여러분의 합격을 응원하는

해커스경찰의 특별 혜택!

회독용 답안지 (PDF)

해커스경찰(police.Hackers.com) 접속 후 로그인 ▶ 상단의 [교재 · 서점 → 무료 학습 자료] 클릭 ▶
본 교재 우측의 [자료받기] 클릭하여 이용

KB218816

FREE 경찰헌법 특강

해커스경찰(police.Hackers.com) 접속 후 로그인 ▶ 상단의 [무료강좌 → 경찰 무료강의] 클릭하여 이용

해커스경찰 온라인 단과강의 20% 할인쿠폰

4BB594974DD7A547

해커스경찰(police.Hackers.com) 접속 후 로그인 ▶ 상단의 [내강의실] 클릭 ▶
[쿠폰/포인트] 클릭 ▶ 쿠폰번호 입력 후 이용

* 등록 후 7일간 사용 가능(ID당 1회에 한해 등록 가능)

경찰 합격예측 온라인 모의고사 응시권 + 해설강의 수강권

73B3D636755F7AH9

해커스경찰(police.Hackers.com) 접속 후 로그인 ▶ 상단의 [내강의실] 클릭 ▶
[쿠폰/포인트] 클릭 ▶ 쿠폰번호 입력 후 이용

* ID당 1회에 한해 등록 가능

쿠폰 이용 관련 문의 **1588-4055**

단기 합격을 위한
해커스경찰 커리큘럼

입문

탄탄한 기본기와 핵심 개념 완성!

누구나 이해하기 쉬운 개념 설명과 풍부한 예시로 부담없이 쌩기초 다지기

TIP 베이스가 있다면 **기본 단계**부터!

기본+심화

필수 개념 학습으로 이론 완성!

반드시 알아야 할 기본 개념과 문제풀이 전략을 학습하고
심화 개념 학습으로 고득점을 위한 응용력 다지기

기출+예상 문제풀이

문제풀이로 집중 학습하고 실력 업그레이드!

기출문제의 유형과 출제 의도를 이해하고 최신 출제 경향을 반영한
예상문제를 풀어보며 본인의 취약영역을 파악 및 보완하기

동형문제풀이

동형모의고사로 실전력 강화!

실제 시험과 같은 형태의 실전모의고사를 풀어보며 실전감각 극대화

최종 마무리

시험 직전 실전 시뮬레이션!

각 과목별 시험에 출제되는 내용들을 최종 점검하며 실전 완성

PASS

* 커리큘럼 및 세부 일정은 상이할 수 있으며,
자세한 사항은 해커스경찰 사이트에서 확인하세요.

해커스경찰

신동욱

경찰헌법

기출문제집

해커스경찰

신동욱

약력

현 | 해커스 경찰학원 헌법 강의
해커스 공무원학원 헌법, 행정법 강의

전 | 경찰청 헌법특강, EBS 특강
경찰교육원 간부후보생 헌법특강
서울시교육청 핵심인재과정 헌법특강
교육부 평생교육진흥원 학점은행 교수
성균관대, 단국대, 전남대, 충북대 등 특강교수

저서

해커스경찰 신동욱 경찰헌법 실전동형모의고사 2
해커스경찰 신동욱 경찰헌법 실전동형모의고사 1
해커스경찰 신동욱 경찰헌법 최신 3개년 판례집
해커스경찰 신동욱 경찰헌법 진도별 문제풀이 500제
해커스경찰 신동욱 경찰헌법 쟁점별 기출지문 OX
해커스경찰 신동욱 경찰헌법 기출문제집
해커스경찰 신동욱 경찰헌법 핵심요약집
해커스경찰 신동욱 경찰헌법 기본서
해커스공무원 신(神)헌법 실전동형모의고사 2
해커스공무원 신(神)헌법 실전동형모의고사 1
해커스공무원 신(神)헌법 단원별 기출문제집
해커스공무원 처음 헌법 조문해설집
해커스공무원 처음 헌법 만화판례집
해커스공무원 신(神)헌법 기본서
조문이론 판례분석 헌법, 법학사
스마트 신동욱 헌법, 윌비스

서문

2025년 3월 15일 실시된 경찰헌법 시험은 전체적으로 무난하게 예상했던 바와 같이 출제되었습니다. 최신판례 외에는 대부분의 문제가 경찰 시험을 비롯한 각종 기출문제에서 자주 출제되었던 내용들이 그대로 출제되어 적정한 난이도와 변별력을 갖춘 균형잡힌 출제였다고 평가할 수 있습니다. 앞으로도 이러한 경향은 계속 될 것으로 예상됩니다.

본인은 교재와 강의를 통해서 모든 문제를 적중하였습니다. 앞으로의 시험도 본 교재와 함께라면 충분히 대비할 수 있습니다. 향후 수험전략도 각종 헌법시험의 기출문제들을 열심히 학습하는 것이 가장 중요한 전략이라고 보시면 됩니다. 최근 각종 시험에서 헌법의 출제경향은 뚜렷합니다. 헌법조문 그리고 중요판례 위주의 출제가 주류적인 경향입니다. 경찰헌법도 이와 다르지 않습니다. 다만, 다른 시험과 구별된 공부범위와 분량조절만 유의해 주시면 됩니다.
2025년 실시된 1차 시험에서도 경찰청에서 공지한 바와 같이 기본권에서 80%, 그리고 헌법총설에서 20%가 그대로 출제되었습니다. 다음 시험준비도 기본권 위주로 하시되 헌법총설은 중요쟁점과 기출문제 위주로만 잘 대비하시면 되겠습니다.

본 교재는 다음과 같은 점을 염두에 두고 집필하였습니다.

첫째, 2025년 경찰헌법 기출문제와 경찰승진 기출문제를 모두 반영하였습니다.

둘째, 최근 6년 이내의 각종 기출문제들을 중심으로 구성하였습니다. 최근 각종 시험의 기출경향이 더욱 유사해져 가는 경향을 보이기 때문에 최신 문제 위주로 선택하였습니다.

셋째, 문제의 유사성이 높을 것으로 예상되는 경정승진 등 경찰관련 시험의 기출문제들을 많이 반영하였습니다.

넷째, 문제의 난이도나 문제의 다양성도 종합적으로 고려하여 어떤 유형에도 대비될 수 있도록 충분히 배려하였습니다.

다섯째, 문제의 수와 분량도 크게 부담 없이 회독수를 반복할 수 있도록 적정한 수준을 유지하였습니다. 더 많은 문제를 연습하고 싶으신 분들은 해커스경찰 강의를 통해서 공급받으실 수 있습니다.

더불어 경찰공무원 시험 전문 **해커스경찰(police.Hackers.com)**에서 학원강의나 인터넷 동영상강의를 함께 이용하여 꾸준히 수강한다면 학습효과를 극대화할 수 있을 것입니다.

아무쪼록 본 교재를 바탕으로 반복적으로 출제되는 전형적인 문제유형을 익히고 연습해서 고득점으로 조기 합격하시기를 기원합니다.

2025년 4월

신동욱

목차

해커스경찰
police.Hackers.com

제1편

헌법 총론

제1장 | 헌법과 헌법학

■ 헌법의 개념, 관습헌법

01 다음 관습헌법에 관한 설명 중 가장 옳지 않은 것은? (다툼이 있는 경우 판례에 의함) 24. 해경간부

① 관습헌법이 성립하기 위하여서는 관습이 성립하는 사항이 단지 법률로 정할 사항이 아니라 반드시 헌법에 의하여 규율되어 법률에 대하여 효력상 우위를 가져야 할 만큼 헌법적으로 중요한 기본적 사항이 되어야 한다.

② 헌법 제1조 제2항에 따라 국민이 대한민국의 주권자이며, 국민은 최고의 헌법제정권력이기 때문에 성문헌법의 제·개정에 참여할 뿐만 아니라 헌법전에 포함되지 아니한 헌법사항을 필요에 따라 관습의 형태로 직접 형성할 수 있다.

③ 국가를 대표하는 대통령과 민주주의적 통치원리에 핵심적 역할을 하는 의회의 소재지 및 대법원의 소재지를 정하는 문제는 국가의 정체성을 표현하는 형식적 헌법사항이다.

④ 관습헌법은 일반적인 헌법사항에 해당하는 내용 중에서도 특히 국가의 기본적이고 핵심적인 사항으로서 법률에 의하여 규율하는 것이 적합하지 아니한 사항을 대상으로 한다.

해설

③ [×] 헌법기관의 소재지, 특히 국가를 대표하는 대통령과 민주주의적 통치원리에 핵심적 역할을 하는 의회의 소재지를 정하는 문제는 국가의 정체성(正體性)을 표현하는 실질적 헌법사항의 하나이다. 여기서 국가의 정체성이란 국가의 정서적 통일의 원천으로서 그 국민의 역사와 경험, 문화와 정치 및 경제, 그 권력구조나 정신적 상징 등이 종합적으로 표출됨으로써 형성되는 국가적 특성이라 할 수 있다(헌재 2004.10.21, 2004헌마554 등).

① [O] 관습헌법이 성립하기 위하여서는 관습이 성립하는 사항이 단지 법률로 정할 사항이 아니라 반드시 헌법에 의하여 규율되어 법률에 대하여 효력상 우위를 가져야 할 만큼 헌법적으로 중요한 기본적 사항이 되어야 한다. 일반적으로 실질적인 헌법사항이라고 함은 널리 국가의 조직에 관한 사항이나 국가기관의 권한 구성에 관한 사항 혹은 개인의 국가권력에 대한 지위를 포함하여 말하는 것이지만, 관습헌법은 이와 같은 일반적인 헌법사항에 해당하는 내용 중에서도 특히 국가의 기본적이고 핵심적인 사항으로서 법률에 의하여 규율하는 것이 적합하지 아니한 사항을 대상으로 한다(헌재 2004.10.21, 2004헌마554 등).

② [O] 헌법 제1조 제2항은 '대한민국의 주권은 국민에게 있고, 모든 권력은 국민으로부터 나온다.'고 규정한다. 이와 같이 국민이 대한민국의 주권자이며, 국민은 최고의 헌법제정권력이기 때문에 성문헌법의 제·개정에 참여할 뿐만 아니라 헌법전에 포함되지 아니한 헌법사항을 필요에 따라 관습의 형태로 직접 형성할 수 있다(헌재 2004.10.21, 2004헌마554 등).

④ [O] 관습헌법이 성립하기 위하여서는 관습이 성립하는 사항이 단지 법률로 정할 사항이 아니라 반드시 헌법에 의하여 규율되어 법률에 대하여 효력상 우위를 가져야 할 만큼 헌법적으로 중요한 기본적 사항이 되어야 한다. 일반적으로 실질적인 헌법사항이라고 함은 널리 국가의 조직에 관한 사항이나 국가기관의 권한 구성에 관한 사항 혹은 개인의 국가권력에 대한 지위를 포함하여 말하는 것이지만, 관습헌법은 이와 같은 일반적인 헌법사항에 해당하는 내용 중에서도 특히 국가의 기본적이고 핵심적인 사항으로서 법률에 의하여 규율하는 것이 적합하지 아니한 사항을 대상으로 한다(헌재 2004.10.21, 2004헌마554 등).

02 헌법의 개념에 관한 설명으로 가장 적절하지 않은 것은? (다툼이 있는 경우 판례에 의함)

23. 경찰 1차

① 관습헌법도 성문헌법과 마찬가지로 주권자인 국민의 헌법적 결단의 의사 표현이고 성문헌법과 동등한 효력을 가지며, 관습헌법의 요건들은 그 성립의 요건일 뿐 효력 유지의 요건은 아니다.

② 관습헌법이 성립하기 위하여서는 관습이 성립하는 사항이 단지 법률로 정할 사항이 아니라 반드시 헌법에 의하여 규율되어 법률에 대하여 효력상 우위를 가져야 할 만큼 헌법적으로 중요한 기본적 사항이 되어야 한다.

③ 일반적인 헌법사항 중 과연 어디까지가 기본적이고 핵심적인 헌법사항에 해당하는지 여부는 일반추상적인 기준을 설정하여 재단할 수는 없고, 개별적 문제사항에서 헌법적 원칙성과 중요성 및 헌법원리를 통하여 평가하는 구체적 판단에 의하여 확정하여야 한다.

④ 성문헌법이라고 하여도 그 속에 모든 헌법사항을 빠짐없이 완전히 규율하는 것은 불가능하고 또한 헌법은 국가의 기본법으로서 간결성과 함축성을 추구하기 때문에 형식적 헌법전에는 기재되지 아니한 사항이라도 이를 불문헌법 내지 관습헌법으로 인정할 소지가 있다.

해설

① [×] 관습헌법은 주권자인 국민에 의하여 유효한 헌법규범으로 인정되는 동안에만 존속하는 것이며, 관습법의 존속요건의 하나인 국민적 합의성이 소멸되면 관습헌법으로서의 법적 효력도 상실하게 된다. 관습헌법의 요건들은 그 성립의 요건일 뿐만 아니라 효력 유지의 요건이다(헌재 2004.10.21, 2004헌마554).

② [O] 관습헌법이 성립하기 위하여서는 관습이 성립하는 사항이 단지 법률로 정할 사항이 아니라 반드시 헌법에 의하여 규율되어 법률에 대하여 효력상 우위를 가져야 할 만큼 헌법적으로 중요한 기본적 사항이 되어야 한다. 일반적으로 실질적인 헌법사항이라고 함은 널리 국가의 조직에 관한 사항이나 국가기관의 권한 구성에 관한 사항 혹은 개인의 국가권력에 대한 지위를 포함하여 말하는 것이지만, 관습헌법은 이와 같은 일반적인 헌법사항에 해당하는 내용 중에서도 특히 국가의 기본적이고 핵심적인 사항으로서 법률에 의하여 규율하는 것이 적합하지 아니한 사항을 대상으로 한다(헌재 2004.10.21, 2004헌마554).

③ [O] 일반적인 헌법사항 중 과연 어디까지가 이러한 기본적이고 핵심적인 헌법사항에 해당하는지 여부는 일반추상적인 기준을 설정하여 재단할 수는 없고, 개별적 문제사항에서 헌법적 원칙성과 중요성 및 헌법원리를 통하여 평가하는 구체적 판단에 의하여 확정하여야 한다(헌재 2004.10.21, 2004헌마554).

④ [O] 성문헌법이라고 하여도 그 속에 모든 헌법사항을 빠짐없이 완전히 규율하는 것은 불가능하고 또한 헌법은 국가의 기본법으로서 간결성과 함축성을 추구하기 때문에 형식적 헌법전에는 기재되지 아니한 사항이라도 이를 불문헌법 내지 관습헌법으로 인정할 소지가 있다. 특히 헌법제정 당시 자명하거나 전제된 사항 및 보편적 헌법원리와 같은 것은 반드시 명문의 규정을 두지 아니하는 경우도 있다. 그렇다고 해서 헌법사항에 관하여 형성되는 관행 내지 관례가 전부 관습헌법이 되는 것은 아니고 강제력이 있는 헌법규범으로서 인정되려면 엄격한 요건들이 충족되어야만 하며, 이러한 요건이 충족된 관습만이 관습헌법으로서 성문의 헌법과 동일한 법적 효력을 가진다(헌재 2004.10.21, 2004헌마554).

03 헌법의 개념에 관한 설명으로 가장 적절하지 않은 것은? (다툼이 있는 경우 판례에 의함)

23. 경찰경채

① 불문헌법 내지 관습헌법도 성문헌법과 동일한 법적 효력을 가진다.

② 실질적 의미의 헌법과 형식적 의미의 헌법은 입법기술적으로나 헌법정책적 이유로 인하여 일치할 수 없다.

③ 헌법은 국민적 합의에 의해 제정된 국민생활의 최고 도덕규범이며 정치생활의 가치규범으로서 정치와 사회질서의 지침을 제공하고 있기 때문에 민주사회에서는 헌법의 규범을 준수하고 그 권위를 보존하는 것을 기본으로 한다.

④ 우리 헌법은 헌법의 개정이 통상의 법률개정보다 까다로운 절차와 방법을 요구하는 연성헌법에 속한다.

정답 | 01 ③ 02 ① 03 ④

해설

④ [×] 우리 헌법은 헌법의 개정이 국민투표를 통하여서만 가능하도록 규정하고 있어 강한 경성헌법에 속한다.

① [O] 헌법사항에 관하여 형성되는 관행 내지 관례가 전부 관습헌법이 되는 것은 아니고 강제력이 있는 헌법규범으로서 인정되려면 엄격한 요건들이 충족되어야만 하며, 이러한 요건이 충족된 관습만이 관습헌법으로서 성문의 헌법과 동일한 법적 효력을 가진다. … 관습헌법도 성문헌법과 마찬가지로 주권자인 국민의 헌법적 결단의 의사의 표현이며 성문헌법과 동등한 효력을 가진다고 보아야 한다(헌재 2004.10.21, 2004헌마554 등).

② [O] '실질적 의미의 헌법'이란 국가적 공동생활에 관한 기본적인 사항(헌법사항)을 규정하는 법규범 전체를 말한다. 헌법전을 비롯하여 법률(국적법, 국회법, 정당법, 정부조직법, 법원조직법 등), 명령, 규칙은 물론 관습법까지도 헌법사항을 규정한 것이면 실질적 의미의 헌법에 포함된다. '형식적 의미의 헌법'이란 헌법전의 형식으로 존재하거나 최고의 형식적 효력을 가진 법규범을 헌법이라 할 경우의 헌법을 의미한다. "영국에는 헌법이 없다."라고 할 때에는 형식적 의미의 헌법이 없다는 것을 뜻한다. 형식적 의미의 헌법과 실질적 의미의 헌법은 그 내용이 일치하는 것이 보통이며 바람직하다고 할 수 있다. 그러나 입법기술상의 이유(실질적 의미의 헌법을 모두 성문화할 수는 없다는 점) 또는 헌법정책상의 이유(실질적 의미의 헌법이 아니더라도 헌법에 편입시키는 경우가 있다는 점)로 인하여 양자가 항상 일치하는 것은 아니며, 그 사이에는 간격이 생기게 된다. 헌법수호의 대상으로서 헌법은 두 가지 의미의 헌법을 모두 포함한다.

③ [O] 헌법은 국민적 합의에 의해 제정된 국민생활의 최고 도덕규범이며 정치생활의 가치규범으로서 정치와 사회질서의 지침을 제공하고 있기 때문에 민주사회에서는 헌법의 규범을 준수하고 그 권위를 보존하는 것을 기본으로 한다(헌재 1989.9.8, 88헌가6).

04 관습헌법에 관한 설명 중 가장 적절하지 않은 것은? (다툼이 있는 경우 판례에 의함)

22. 경찰승진

① 우리나라는 성문헌법을 가진 나라로서 기본적으로 우리 헌법전이 헌법의 법원(法源)이 된다.

② 성문헌법이라고 하여도 그 속에 모든 헌법사항을 빠짐없이 완전히 규율하는 것은 불가능하고 또한 헌법은 국가의 기본법으로서 간결성과 함축성을 추구하기 때문에 형식적 헌법전에는 기재되지 아니한 사항이라도 이를 불문헌법 내지 관습헌법으로 인정할 소지가 있다.

③ 관습헌법도 성문헌법과 마찬가지로 주권자인 국민의 헌법적 결단의 의사 표현이나, 성문헌법과 동등한 효력을 가진다고 볼 수는 없고, 보충적으로 효력을 가진다고 보아야 한다.

④ 헌법 제1조 제2항 따라 국민이 대한민국의 주권자이며, 국민은 최고의 헌법제정권력이기 때문에 성문헌법의 제·개정에 참여할 뿐만 아니라 헌법전에 포함되지 아니한 헌법사항을 필요에 따라 관습의 형태로 직접 형성할 수 있다.

해설

③ [×] 관습헌법도 성문헌법과 마찬가지로 주권자인 국민의 헌법적 결단의 의사의 표현이며 성문헌법과 동등한 효력을 가진다고 보아야 한다. 국민주권주의는 성문이든 관습이든 실정법 전체의 정립에의 국민의 참여를 요구한다고 할 것이며, 국민에 의하여 정립된 관습헌법은 입법권자를 구속하며 헌법으로서의 효력을 가진다[헌재 2004.10.21, 2004헌마554·566(병합)].

①② [O] 우리나라는 성문헌법을 가진 나라로서 기본적으로 우리 헌법전(憲法典)이 헌법의 법원(法源)이 된다. 그러나 성문헌법이라고 하여도 그 속에 모든 헌법사항을 빠짐없이 완전히 규율하는 것은 불가능하고 또한 헌법은 국가의 기본법으로서 간결성과 함축성을 추구하기 때문에 형식적 헌법전에는 기재되지 아니한 사항이라도 이를 불문헌법(不文憲法) 내지 관습헌법으로 인정할 소지가 있다[헌재 2004.10.21, 2004헌마554·566(병합)].

④ [O] 헌법 제1조 제2항은 '대한민국의 주권은 국민에게 있고, 모든 권력은 국민으로부터 나온다.'고 규정한다. 이와 같이 국민이 대한민국의 주권자이며, 국민은 최고의 헌법제정권력이기 때문에 성문헌법의 제·개정에 참여할 뿐만 아니라 헌법전에 포함되지 아니한 헌법사항을 필요에 따라 관습의 형태로 직접 형성할 수 있다[헌재 2004.10.21, 2004헌마554·566(병합)].

05 관습헌법에 대한 설명으로 가장 적절하지 않은 것은? (다툼이 있는 경우 헌법재판소 판례에 의함) 22. 경찰간부

① 관습헌법은 주권자인 국민에 의하여 유효한 헌법규범으로 인정되는 동안에만 존속한다.

② 관습헌법규범은 헌법전에 그에 상반하는 법규범을 첨가함에 의하여 폐지하게 된다.

③ 국민은 성문헌법의 제·개정에는 직접 참여하지만, 헌법전에 포함되지 아니한 헌법사항을 필요에 따라 관습의 형태로 직접 형성할 수 없다.

④ 관습헌법은 성문헌법과 동등한 효력을 가지며, 형식적 헌법전에는 기재되지 않은 사항이라도 이를 불문헌법 내지 관습헌법으로 인정할 소지가 있다.

해설

③ [×], ④ [O] 헌법 제1조 제2항은 "대한민국의 주권은 국민에게 있고, 모든 권력은 국민으로부터 나온다."라고 규정한다. 이와 같이 국민이 대한민국의 주권자이며, 국민은 최고의 헌법제정권력이기 때문에 성문헌법의 제·개정에 참여할 뿐만 아니라 헌법전에 포함되지 아니한 헌법사항을 필요에 따라 관습의 형태로 직접 형성할 수 있다. 그렇다면 관습헌법도 성문헌법과 마찬가지로 주권자인 국민의 헌법적 결단의 의사표현이며 성문헌법과 동등한 효력을 가진다고 보아야 한다(헌재 2004.10.21, 2004헌마554).

①② [O] 관습헌법규범은 헌법전에 그에 상반하는 법규범을 첨가함에 의하여 폐지하게 되는 점에서 헌법전으로부터 관계되는 헌법조항을 삭제함으로써 폐지되는 성문헌법규범과는 구분된다. 한편 이러한 형식적인 헌법개정 외에도, 관습헌법은 그것을 지탱하고 있는 국민적 합의성을 상실함에 의하여 법적 효력을 상실할 수 있다. 관습헌법은 주권자인 국민에 의하여 유효한 헌법규범으로 인정되는 동안에만 존속하는 것이며, 관습법의 존속요건의 하나인 국민적 합의성이 소멸되면 관습헌법으로서의 법적 효력도 상실하게 된다. 관습헌법의 요건들은 그 성립의 요건일 뿐만 아니라 효력 유지의 요건이다(헌재 2004.10.21, 2004헌마554).

06 관습헌법에 대한 설명으로 가장 적절하지 않은 것은? (다툼이 있는 경우 헌법재판소 판례에 의함) 23. 경찰간부

① 헌법은 국가의 기본법으로서 간결성과 함축성을 추구하기 때문에 형식적 헌법전에는 기재되지 아니한 사항이라도 이를 관습헌법으로 인정할 소지가 있다.

② 관습헌법이 성립하기 위하여서는 관습이 성립하는 사항이 단지 법률로 정할 사항이 아니라 반드시 헌법에 의하여 규율되어 법률에 대하여 효력상 우위를 가져야 할 만큼 헌법적으로 중요한 기본적 사항이 되어야 한다.

③ 관습헌법도 성문헌법과 마찬가지로 주권자인 국민의 헌법적 결단의 의사의 표현이지만, 관습헌법이 성문헌법과 동일한 효력을 가지는 것은 아니다.

④ 국민주권주의는 성문이든 관습이든 실정법 전체의 정립에 국민의 참여를 요구한다고 할 것이며, 국민에 의하여 정립된 관습헌법은 입법권자를 구속하며 헌법으로서 효력을 가진다.

해설

③ [×] 관습헌법은 성문헌법과 동일한 효력을 갖는다. 관습헌법도 성문헌법과 마찬가지로 주권자인 국민의 헌법적 결단의 의사의 표현이며 성문헌법과 동등한 효력을 가진다고 보아야 한다(헌재 2004.10.21, 2004헌마554 등).

① [O] 성문헌법이라고 하여도 그 속에 모든 헌법사항을 빠짐없이 완전히 규율하는 것은 불가능하고 또한 헌법은 국가의 기본법으로서 간결성과 함축성을 추구하기 때문에 형식적 헌법전에는 기재되지 아니한 사항이라도 이를 불문헌법(不文憲法) 내지 관습헌법으로 인정할 소지가 있다(헌재 2004.10.21, 2004헌마554 등).

② [O] 관습헌법이 성립하기 위하여서는 관습이 성립하는 사항이 단지 법률로 정할 사항이 아니라 반드시 헌법에 의하여 규율되어 법률에 대하여 효력상 우위를 가져야 할 만큼 헌법적으로 중요한 기본적 사항이 되어야 한다(헌재 2004.10.21, 2004헌마554 등).

④ [O] 국민주권주의는 성문이든 관습이든 실정법 전체의 정립에의 국민의 참여를 요구한다고 할 것이며, 국민에 의하여 정립된 관습헌법은 입법권자를 구속하며 헌법으로서의 효력을 가진다(헌재 2004.10.21, 2004헌마554 등).

정답 | 04 ③ 05 ③ 06 ③

■ 합헌적 법률해석

01 다음 헌법해석 및 합헌적 법률해석에 관한 설명 중 가장 옳지 않은 것은? (다툼이 있는 경우 판례에 의함)

24. 해경간부

① 법률 또는 법률조항은 원칙적으로 가능한 범위 안에서 합헌적으로 해석하여야 하나 그 해석은 법의 문구와 목적에 따른 한계가 있다. 이러한 한계를 벗어난 합헌적 해석은 실질적 의미에서의 입법작용을 뜻하게 되어 결과적으로 입법권자의 입법권을 침해하는 것이 된다.

② 조세법률주의가 지배하는 조세법 영역에서 경과규정의 미비라는 명백한 입법의 공백을 방지하고 형평성의 왜곡을 시정하기 위해 실효된 법률조항을 유효한 것으로 해석하는 것은 헌법정신에 맞도록 법률의 내용을 해석 · 보충하거나 정정하는 헌법합치적 법률해석이다.

③ 어떤 법률의 개념이 다의적이고 그 어의의 테두리 안에서 여러 가지 해석이 가능할 때 헌법을 최고법규로 하는 통일적인 법질서의 형성을 위하여 헌법에 합치되는 해석, 즉 합헌적인 해석을 택하여야 하며, 이에 의하여 위헌적인 결과가 될 해석을 배제하면서 합헌적이고 긍정적인 면은 살려야 한다는 것이 헌법의 일반법리이다.

④ 헌법해석은 헌법이 담고 추구하는 이상과 이념에 따른 역사적, 사회적 요구를 올바르게 수용하여 헌법적 방향을 제시하는 헌법의 창조적 기능을 수행하여 국민의 욕구와 의식에 알맞은 실질적 국민주권의 실현을 보장하는 것이어야 한다.

해설

② [×] 과세요건법정주의 및 과세요건명확주의를 포함하는 조세법률주의가 지배하는 조세법의 영역에서는 경과규정의 미비라는 명백한 입법의 공백을 방지하고 형평성의 왜곡을 시정하는 것은 원칙적으로 입법자의 권한이고 책임이지 법문의 한계 안에서 법률을 해석 · 적용하는 법원이나 과세관청의 몫은 아니다. 뿐만 아니라 구체적 타당성을 이유로 법률에 대한 유추해석 내지 보충적 해석을 하는 것도 어디까지나 '유효한' 법률조항을 대상으로 할 수 있는 것이지 이미 '실효된' 법률조항은 그러한 해석의 대상이 될 수 없다. 따라서 관련 당사자가 공평에 반하는 이익을 얻을 가능성이 있다 하여 이미 실효된 법률조항을 유효한 것으로 해석하여 과세의 근거로 삼는 것은 과세근거의 창설을 국회가 제정하는 법률에 맡기고 있는 헌법상 권력분립원칙과 조세법률주의의 원칙에 반한다(헌재 2012.5.31, 2009헌바123 등).

① [O] 법률 또는 법률의 위 조항은 원칙적으로 가능한 범위안에서 합헌적으로 해석함이 마땅하나 그 해석은 법의 문구와 목적에 따른 한계가 있다. 즉, 법률의 조항의 문구가 간직하고 있는 말의 뜻을 넘어서 말의 뜻이 완전히 다른 의미로 변질되지 아니하는 범위내이어야 한다는 문의적 한계와 입법권자가 그 법률의 제정으로써 추구하고자 하는 입법자의 명백한 의지와 입법의 목적을 헛되게 하는 내용으로 해석할 수 없다는 법목적에 따른 한계가 바로 그것이다. 왜냐하면, 그러한 범위를 벗어난 합헌적 해석은 그것이 바로 실질적 의미에서의 입법작용을 뜻하게 되어 결과적으로 입법권자의 입법권을 침해하는 것이 되기 때문이다(헌재 1989.7.14, 88헌가5 등).

③ [O] 어떤 법률의 개념이 다의적이고 그 어의의 테두리 안에서 여러 가지 해석이 가능할 때, 헌법을 최고법규로 하는 통일적인 법질서의 형성을 위하여 헌법에 합치되는 해석, 즉 합헌적인 해석을 택하여야 하며, 이에 의하여 위헌적인 결과가 될 해석은 배제하면서 합헌적이고 긍정적인 면은 살려야 한다는 것이 헌법의 일반법리이다(헌재 1990.4.2, 89헌가113).

④ [O] 헌법의 해석은 헌법이 담고 추구하는 이상과 이념에 따른 역사적, 사회적 요구를 올바르게 수용하여 헌법적 방향을 제시하는 헌법의 창조적 기능을 수행하여 국민적 욕구와 의식에 알맞는 실질적 국민주권의 실현을 보장하는 것이어야 한다. 그러므로 헌법의 해석과 헌법의 적용이 우리 헌법이 지향하고 추구하는 방향에 부합하는 것이 아닐 때에는, 헌법적용의 방향제시와 헌법적 지도로써 정치적 불안과 사회적 혼란을 막는 가치관을 설정하여야 한다(헌재 1989.9.8, 88헌가6).

02 헌법해석과 합헌적 법률해석에 관한 설명으로 가장 적절하지 않은 것은? (다툼이 있는 경우 판례에 의함)

25. 경정승진

① 어떤 법률의 개념이 다의적이고 그 어의의 테두리 안에서 여러 가지 해석이 가능한 경우에는 헌법을 최고법규로 하는 통일적인 법질서의 형성을 위하여 헌법에 합치되는 해석을 택해야 한다.

② 구 사회보호법 제5조 제1항("보호대상자가 다음 각호의 1에 해당하는 때에는 10년의 보호감호에 처한다. 다만, 보호대상자가 50세 이상인 때에는 7년의 보호감호에 처한다.")은 그 요건에 해당하는 경우에는 법원으로 하여금 감호청구의 이유 유무, 즉 재범의 위험성의 유무를 불문하고 반드시 감호의 선고를 하도록 강제한 것임이 위 법률의 조항의 문의임은 물론 입법권자의 의지임을 알 수 있으므로 위 조항에 대한 합헌적 해석은 문의의 한계를 벗어난 것이다.

③ 헌법 제12조 제4항 본문에 규정된 "구속"을 형사절차상 구속뿐 아니라 행정절차상 구속까지 의미하는 것이라고 해석하는 것은 문언해석의 한계를 넘는다.

④ 합헌적법률해석은 어디까지나 법률조항의 문언과 목적에 비추어 가능한 범위 안에서의 해석을 전제로 하는 것이고, 법률조항의 문구 및 그로부터 추단되는 입법자의 명백한 의사에도 불구하고 문언상 가능한 해석의 범위를 넘어 다른 의미로 해석할 수는 없다.

해설

③ [×] '국민의 신체와 생명에 대한 보호를 강화'하는 것이 현행 헌법의 주요 개정이유임을 고려하면, 현행 헌법이 종래의 "구금"을 "구속"으로 바꾼 것은 헌법 제12조에 규정된 신체의 자유의 보장 범위를 구금된 사람뿐 아니라 구인된 사람에게까지 넓히기 위한 것으로 해석하는 것이 타당하다. 위와 같은 점을 종합해 보면, 헌법 제12조 제4항 본문에 규정된 "구속"을 형사절차상 구속뿐 아니라 행정절차상 구속까지 의미하는 것으로 보아도 문언해석의 한계를 넘지 않는다(헌재 2018.5.31, 2014헌마346).

① [O] 어떤 법률의 개념이 다의적이고 그 어의의 테두리 안에서 여러 가지 해석이 가능할 때, 헌법을 최고법규로 하는 통일적인 법질서의 형성을 위하여 헌법에 합치되는 해석, 즉 합헌적인 해석을 택하여야 하며, 이에 의하여 위헌적인 결과가 될 해석은 배제하면서 합헌적이고 긍정적인 면은 살려야 한다는 것이 헌법의 일반법리이다(헌재 1990.4.2, 89헌가113).

② [O] 법 제5조 제1항의 요건에 해당되는 경우에는 법원으로 하여금 감호청구의 이유 유무 즉, 재범의 위험성의 유무를 불문하고 반드시 감호의 선고를 하도록 강제한 것임이 위 법률의 조항의 문의임은 물론 입법권자의 의지임을 알 수 있으므로 위 조항에 대한 합헌적 해석은 문의의 한계를 벗어난 것이라 할 것이다(헌재 1989.7.14, 88헌가5 등).

④ [O] 합헌적 법률해석은 어디까지나 법률조항의 문언과 목적에 비추어 가능한 범위 안에서의 해석을 전제로 하는 것이고, 법률조항의 문구 및 그로부터 추단되는 입법자의 명백한 의사에도 불구하고 문언상 가능한 해석의 범위를 넘어 다른 의미로 해석할 수는 없다(헌재 2007.11.29, 2005헌가10).

정답 | 01 ② 02 ③

03 헌법해석과 합헌적 법률해석에 대한 설명으로 가장 적절하지 않은 것은? (다툼이 있는 경우 헌법재판소 판례에 의함)

22. 경찰간부

① 헌법정신에 맞도록 법률의 내용을 해석 · 보충하거나 정정하는 '헌법합치적 법률해석'은 '유효한' 법률조항의 의미나 문구를 대상으로 하는 것이므로 입법의 공백을 방지하기 위하여 실효된 법률 조항을 유효한 것으로 해석하는 결과에 이르는 것은 '헌법합치적 법률해석'을 이유로도 정당화될 수 없다.

② 통일정신, 국민주권원리 등은 우리나라 헌법의 연혁적 · 이념적 기초로서 헌법이나 법률해석에서의 해석기준으로 작용한다고 할 수 있으나, 그에 기하여 곧바로 국민의 개별적 기본권성을 도출해내기는 어렵다.

③ 헌법재판소의 헌법해석은 헌법이 내포하고 있는 특정한 가치를 탐색 · 확인하고 이를 규범적으로 관철하는 작업인 점에 비추어, 헌법재판소가 행하는 구체적 규범통제의 심사기준은 원칙적으로 법률제정 당시에 규범적 효력을 가지는 헌법이다.

④ 헌법 제8조 제1항은 정당설립의 자유, 정당조직의 자유, 정당활동의 자유를 포괄하는 정당의 자유를 보장하는 규정이므로 정당의 자유의 주체는 정당을 설립하려는 개개인과 이를 통해 조직된 정당이다.

해설

③ [×] 유신헌법 일부 조항과 긴급조치 등이 기본권을 지나치게 침해하고 자유민주적 기본질서를 훼손하였다는 반성에 따른 헌법 개정사, 국민의 기본권의 강화 · 확대라는 헌법의 역사성, 헌법재판소의 헌법해석은 헌법이 내포하고 있는 특정한 가치를 탐색 · 확인하고 이를 규범적으로 관철하는 작업인 점에 비추어, 헌법재판소가 행하는 구체적 규범통제의 심사기준은 원칙적으로 헌법재판을 할 당시에 규범적 효력을 가지는 현행 헌법이다(헌재 2013.3.21, 2010헌바70).

① [O] 헌법정신에 맞도록 법률의 내용을 해석 · 보충하거나 정정하는 '헌법합치적 법률해석' 역시 '유효한' 법률조항의 의미나 문구를 대상으로 하는 것이지, 이를 넘어 이미 실효된 법률조항을 대상으로 하여 헌법합치적인 법률해석을 할 수는 없는 것이어서, 유효하지 않은 법률조항을 유효한 것으로 해석하는 결과에 이르는 것은 '헌법합치적 법률해석'을 이유로도 정당화될 수 없다 할 것이다(헌재 2012.5.31, 2009헌바123).

② [O] 통일정신, 국민주권원리 등은 우리나라 헌법의 연혁적 · 이념적 기초로서 헌법이나 법률해석에서의 해석기준으로 작용한다고 할 수 있지만 그에 기하여 곧바로 국민의 개별적 기본권성을 도출해내기는 어려우며, 헌법전문에 기재된 대한민국 임시정부의 법통을 계승하는 부분에 위배된다는 점이 청구인들의 법적 지위에 현실적이고 구체적인 영향을 미친다고 볼 수도 없다(헌재 2008.11.27, 2008헌마517).

④ [O] 정당설립의 자유는 정당설립의 자유만이 아니라 정당활동의 자유를 포함한다. 따라서 정당의 자유의 주체는 정당을 설립하려는 개개인과 이를 통해 조직된 정당 모두에게 인정되는 것이다(헌재 2006.3.30, 2004헌마246).

04 헌법해석 및 합헌적 법률해석에 관한 설명으로 옳지 않은 것은? (다툼이 있는 경우 헌법재판소 판례에 의함)

23. 소방간부

① 헌법 제12조 제4항 본문에 규정된 "구속"을 형사절차상 구속뿐 아니라 행정절차상 구속까지 의미하는 것으로 해석하는 것은 문언해석의 한계를 넘는 것이다.

② 일반 응시자의 공무담임권과의 관계를 고려할 때 헌법 제32조 제6항의 문언은 엄격하게 해석할 필요가 있고, 위 조항에 따라 우선적인 근로의 기회를 부여받는 대상자는 '국가유공자', '상이군경', 그리고 '전몰군경의 유가족'이라고 보아야 한다.

③ 합헌적 법률해석은 법률에 대한 특정한 해석방법을 위헌적인 것으로 배제함으로써 실질적으로 '해석에 의한 법률의 부분적 폐지'를 의미하므로, 법률에 대하여 실질적인 일부위헌선언을 함으로써 법률을 수정하는 권한은 규범통제에 관한 독점적인 권한을 부여받은 헌법재판소에 유보되어야 한다.

④ 합헌적 법률해석은 어디까지나 법률조항의 문언과 목적에 비추어 가능한 범위 안에서의 해석을 전제로 하는 것이고, 법률조항의 문구 및 그로부터 추단되는 입법자의 명백한 의사에도 불구하고 문언상 가능한 해석의 범위를 넘어 다른 의미로 해석할 수는 없다.

⑤ 종업원의 위반행위에 대하여 양벌조항으로서 개인인 영업주에게도 동일하게 처벌하도록 규정하고 있는 보건범죄단속에 관한 특별조치법 규정에 그 문언상 명백한 의미와 달리 "종업원의 범죄행위에 대해 영업주의 선임감독상의 과실(기타 영업주의 귀책사유)이 인정되는 경우"라는 요건을 추가하여 해석하는 것은 문언상 가능한 범위를 넘어서는 해석으로서 허용되지 않는다.

해설

① [×] 헌법 제12조 제4항 본문의 문언 및 헌법 제12조의 조문 체계, 변호인 조력권의 속성, 헌법이 신체의 자유를 보장하는 취지를 종합하여 보면 헌법 제12조 제4항 본문에 규정된 "구속"은 사법절차에서 이루어진 구속뿐 아니라, 행정절차에서 이루어진 구속까지 포함하는 개념이다(헌재 2018.5.31, 2014헌마346).

② [O] 일반 응시자의 공무담임권과의 관계를 고려할 때 헌법 제32조 제6항의 문언은 엄격하게 해석할 필요가 있고, 위 조항에 따라 우선적인 근로의 기회를 부여받는 대상자는 '국가유공자', '상이군경', 그리고 '전몰군경의 유가족'이라고 보아야 한다(헌재 2012.11.29, 2011헌마533).

③ [O] 합헌적 법률해석은 법률에 대한 특정한 해석방법을 위헌적인 것으로 배제함으로써 실질적으로 '해석에 의한 법률의 부분적 폐지'를 의미하므로, 법률에 대하여 실질적인 일부위헌선언을 함으로써 법률을 수정하는 권한은 규범통제에 관한 독점적인 권한을 부여받은 헌법재판소에 유보되어야 한다(헌재 2003.2.11, 2001헌마386).

④ [O] 합헌적 법률해석은 어디까지나 법률조항의 문언과 목적에 비추어 가능한 범위 안에서의 해석을 전제로 하는 것이고, 법률조항의 문구 및 그로부터 추단되는 입법자의 명백한 의사에도 불구하고 문언상 가능한 해석의 범위를 넘어 다른 의미로 해석할 수는 없다(헌재 1989.7.14, 88헌가5 등).

⑤ [O] 합헌적 법률해석은 어디까지나 법률조항의 문언과 목적에 비추어 가능한 범위 안에서의 해석을 전제로 하는 것이고, 법률조항의 문구 및 그로부터 추단되는 입법자의 명백한 의사에도 불구하고 문언상 가능한 해석의 범위를 넘어 다른 의미로 해석할 수는 없다. 따라서 이 사건 법률조항을 그 문언상 명백한 의미와 달리 "종업원의 범죄행위에 대해 영업주의 선임감독상의 과실(기타 영업주의 귀책사유)이 인정되는 경우"라는 요건을 추가하여 해석하는 것은 문언상 가능한 범위를 넘어서는 해석으로서 허용되지 않는다고 보아야 한다(헌재 2007.11.29, 2005헌가10).

정답 | 03 ③ 04 ①

05 헌법해석과 합헌적 법률해석에 관한 설명 중 가장 적절한 것은? (다툼이 있는 경우 판례에 의함) 23. 경찰승진

① 합헌적 법률해석은 헌법해석의 일종으로 민주주의와 권력분립원칙의 관점에서 입법자의 입법권에 대한 존중과 규범유지의 원칙에 의하여 정당화된다.

② 헌법의 기본원리는 헌법의 이념적 기초인 동시에 헌법을 지배하는 지도원리로서 입법이나 정책결정의 방향을 제시하며 공무원을 비롯한 모든 국민 · 국가기관이 헌법을 존중하고 수호하도록 하는 지침이 되며, 구체적 기본권을 도출하는 근거로 될 수는 있으나 기본권의 해석 및 기본권제한입법의 합헌성 심사에 있어 해석기준의 하나로서 작용하지는 못한다.

③ 헌법정신에 맞도록 법률의 내용을 해석 · 보충하거나 정정하는 '헌법합치적 법률해석' 역시 '유효한' 법률조항의 의미나 문구를 대상으로 하는 것이지, 이를 넘어 이미 실효된 법률조항을 대상으로 하여 헌법합치적인 법률해석을 할 수는 없는 것이어서, 유효하지 않은 법률조항을 유효한 것으로 해석하는 결과에 이르는 것은 '헌법합치적 법률해석'을 이유로도 정당화될 수 없다.

④ 헌법은 전문과 각 개별조항이 서로 밀접한 관련을 맺으면서 하나의 통일된 가치 체계를 이루고 있는 것으로서, 헌법의 제규정 가운데는 헌법의 근본가치를 보다 추상적으로 선언한 것도 있고 이를 보다 구체적으로 표현한 것도 있을 수 있으나, 이념적 · 논리적으로는 규범 상호간의 우열을 인정할 수는 없다.

해설

③ [O] 헌법정신에 맞도록 법률의 내용을 해석 · 보충하거나 정정하는 '헌법합치적 법률해석' 역시 '유효한' 법률조항의 의미나 문구를 대상으로 하는 것이지, 이를 넘어 이미 실효된 법률조항을 대상으로 하여 헌법합치적인 법률해석을 할 수는 없는 것이어서, 유효하지 않은 법률조항을 유효한 것으로 해석하는 결과에 이르는 것은 '헌법합치적 법률해석'을 이유로도 정당화될 수 없다 할 것이다(헌재 2012.5.31, 2009헌바123).

① [×] 합헌적 법률해석은 법률 문언이 다의적이어서 위헌으로도 합헌으로도 해석될 수 있으면, 합헌으로 해석될 여지가 있는 한, 이를 위헌으로 판단하여서는 아니 되고 헌법에 합치되는 쪽으로 해석하여야 한다는 '법률'의 해석원칙이다.

② [×] 헌법의 기본원리는 헌법의 이념적 기초인 동시에 헌법을 지배하는 지도원리로서 입법이나 정책결정의 방향을 제시하며 공무원을 비롯한 모든 국민 · 국가기관이 헌법을 존중하고 수호하도록 하는 지침이 되며, 구체적 기본권을 도출하는 근거로 될 수는 없으나 기본권의 해석 및 기본권제한입법의 합헌성 심사에 있어 해석기준의 하나로서 작용한다(헌재 1996.4.25, 92헌바47).

④ [×] 헌법은 전문과 각 개별조항이 서로 밀접한 관련을 맺으면서 하나의 통일된 가치체계를 이루고 있는 것으로서, 헌법의 제규정 가운데는 헌법의 근본가치를 보다 추상적으로 선언한 것도 있고, 이를 보다 구체적으로 표현한 것도 있으므로 이념적 · 논리적으로는 헌법규범 상호간의 우열을 인정할 수 있는 것이 사실이다(헌재 1996.6.13, 94헌바20).

06 헌법해석에 관한 다음 설명 중 가장 옳지 않은 것은? (다툼이 있는 경우 헌법재판소 결정 및 대법원 판례에 의함)

23. 법원직

① 헌법의 기본원리는 헌법의 이념적 기초인 동시에 헌법을 지배하는 지도원리로서 입법이나 정책결정의 방향을 제시하며 공무원을 비롯한 모든 국민과 국가기관이 헌법을 존중하고 수호하도록 하는 지침이 되며, 구체적 기본권을 도출하는 근거로 될 수 있다.

② 헌법은 전문과 각 개별조항이 서로 밀접한 관련을 맺으면서 하나의 통일된 가치체계를 이루고 있는 것으로서, 이념적 · 논리적으로 규범 상호간의 우열을 인정할 수 있다 하더라도, 그것이 헌법의 어느 특정규정이 다른 규정의 효력을 전면적으로 부인할 수 있을 정도의 개별적 헌법규정 상호간에 효력상의 차등을 의미하는 것이라고는 볼 수 없다.

③ 헌법해석은 헌법이 담고 추구하는 이상과 이념에 따른 역사적, 사회적 요구를 올바르게 수용하여 헌법적 방향을 제시하는 헌법의 창조적 기능을 수행하여 국민의 욕구와 의식에 알맞은 실질적 국민주권의 실현을 보장하는 것이어야 한다.

④ 헌법재판소가 행하는 구체적 규범통제의 심사기준은 원칙적으로 규범이 제정될 당시의 헌법이 아니라 헌법재판을 할 당시에 규범적 효력을 가지는 헌법이다.

해설

① [×] 헌법의 기본원리는 헌법의 이념적 기초인 동시에 헌법을 지배하는 지도원리로서 입법이나 정책결정의 방향을 제시하며 공무원을 비롯한 모든 국민·국가기관이 헌법을 존중하고 수호하도록 하는 지침이 되며, 구체적 기본권을 도출하는 근거로 될 수는 없으나 기본권의 해석 및 기본권제한입법의 합헌성 심사에 있어 해석기준의 하나로서 작용한다(헌재 1996.4.25, 92헌바47).

② [O] 헌법은 전문과 각 개별조항이 서로 밀접한 관련을 맺으면서 하나의 통일된 가치체계를 이루고 있는 것으로서, 헌법의 제규정 가운데는 헌법의 근본가치를 보다 추상적으로 선언한 것도 있고, 이를 보다 구체적으로 표현한 것도 있으므로 이념적·논리적으로는 헌법규범 상호간의 우열을 인정할 수 있는 것이 사실이다. 그러나 이때 인정되는 헌법규범 상호간의 우열은 추상적 가치규범의 구체화에 따른 것으로서 헌법의 통일적 해석에 있어서는 유용할 것이지만, 그것이 헌법의 어느 특정규정이 다른 규정의 효력을 전면적으로 부인할 수 있을 정도의 개별적 헌법규정 상호간에 효력상의 차등을 의미하는 것이라고는 볼 수 없다(헌재 1996.6.13, 94헌바20).

③ [O] 헌법의 해석은 헌법이 담고 추구하는 이상과 이념에 따른 역사적, 사회적 요구를 올바르게 수용하여 헌법적 방향을 제시하는 헌법의 창조적 기능을 수행하여 국민적 욕구와 의식에 알맞는 실질적 국민주권의 실현을 보장하는 것이어야 한다(헌재 1989.9.8, 88헌가6).

④ [O] 헌법재판소의 헌법해석은 헌법이 내포하고 있는 특정한 가치를 탐색·확인하고 이를 규범적으로 관철하는 작업인 점에 비추어, 헌법재판소가 행하는 구체적 규범통제의 심사기준은 원칙적으로 헌법재판을 할 당시에 규범적 효력을 가지는 현행헌법이다(헌재 2013.3.21, 2010헌바132).

07 헌법해석과 합헌적 법률해석에 관한 설명으로 가장 적절하지 않은 것은? (다툼이 있는 경우 판례에 의함)

24. 경찰 1차

① 헌법의 해석은 헌법이 담고 추구하는 이상과 이념에 따른 역사적, 사회적 요구를 올바르게 수용하여 헌법적 방향을 제시하는 헌법의 창조적 기능을 수행하여 국민적 욕구와 의식에 알맞는 실질적 국민주권의 실현을 보장하는 것이어야 한다.

② 현행 헌법 제12조에서 종래의 “구금”을 “구속”으로 바꾼 것은 신체의 자유의 보장 범위를 구금된 사람뿐 아니라 구인된 사람에게까지 넓히기 위한 것으로 해석하는 것이 타당하다.

③ 법률 또는 법률조항은 원칙적으로 가능한 범위 안에서 합헌적으로 해석하여야 하나 그 해석은 문의적 한계와 법목적에 따른 한계가 있다. 이러한 한계를 벗어난 합헌적 해석은 그것이 바로 실질적 의미에서의 입법작용을 뜻하게 되어 결과적으로 입법권자의 입법권을 침해하는 것이 된다.

④ 조세법률주의가 지배하는 조세법의 영역에서 경과규정의 미비라는 명백한 입법의 공백을 방지하고 형평성의 왜곡을 시정하기 위해 실효된 법률조항을 유효한 것으로 해석하는 것은 헌법정신에 맞도록 법률의 내용을 해석·보충하거나 정정하는 ‘헌법합치적 법률해석’에 따른 해석이다.

해설

④ [×] 과세요건법정주의 및 과세요건명확주의를 포함하는 조세법률주의가 지배하는 조세법의 영역에서는 경과규정의 미비라는 명백한 입법의 공백을 방지하고 형평성의 왜곡을 시정하는 것은 원칙적으로 입법자의 권한이고 책임이지, 법률조항의 법문의 한계 안에서 법률을 해석·적용하여야 하는 법원이나 과세관청의 몫은 아니라 할 것이다. … 헌법정신에 맞도록 법률의 내용을 해석·보충하거나 정정하는 ‘헌법합치적 법률해석’ 역시 ‘유효한’ 법률조항의 의미나 문구를 대상으로 하는 것이지, 이를 넘어 이미 실효된 법률조항을 대상으로 하여 헌법합치적인 법률해석을 할 수는 없는 것이어서, 유효하지 않은 법률조항을 유효한 것으로 해석하는 결과에 이르는 것은 ‘헌법합치적 법률해석’을 이유로도 정당화될 수 없다 할 것이다(헌재 2012.5.31, 2009헌바123 등).

① [O] 헌법의 해석은 헌법이 담고 추구하는 이상과 이념에 따른 역사적, 사회적 요구를 올바르게 수용하여 헌법적 방향을 제시하는 헌법의 창조적 기능을 수행하여 국민적 욕구와 의식에 알맞는 실질적 국민주권의 실현을 보장하는 것이어야 한다. 그러므로 헌법의 해석과 헌법의 적용이 우리 헌법이 지향하고 추구하는 방향에 부합하는 것이 아닐 때에는, 헌법적용의 방향제시와 헌법적 지도로써 정치적 불안과 사회적 혼란을 막는 가치관을 설정하여야 한다(헌재 1989.9.8, 88헌가6).

정답 | 05 ③ 06 ① 07 ④

② [O] 우리 헌법은 제헌 헌법 이래 신체의 자유를 보장하는 규정을 두었는데, 원래 "구금"이라는 용어를 사용해 오다가 현행 헌법 개정시에 이를 "구속"이라는 용어로 바꾸었다. 현행헌법 개정시에 종전의 "구금"을 "구속"으로 바꾼 이유를 정확히 확인할 수 있는 자료를 찾기는 어렵다. 다만 '국민의 신체와 생명에 대한 보호를 강화'하는 것이 현행 헌법의 주요 개정이유임을 고려하면, 현행 헌법이 종래의 "구금"을 "구속"으로 바꾼 것은 헌법 제12조에 규정된 신체의 자유의 보장 범위를 구금된 사람뿐 아니라 구인된 사람에게까지 넓히기 위한 것으로 해석하는 것이 타당하다(헌재 2018.5.31, 2014헌마346).

③ [O] 법률 또는 법률의 위 조항은 원칙적으로 가능한 범위 안에서 합헌적으로 해석함이 마땅하나 그 해석은 법의 문구와 목적에 따른 한계가 있다. 즉, 법률의 조항의 문구가 간직하고 있는 말의 뜻을 넘어서 말의 뜻이 완전히 다른 의미로 변질되지 아니하는 범위 내이어야 한다는 문의적 한계와 입법권자가 그 법률의 제정으로써 추구하고자 하는 입법자의 명백한 의지와 입법의 목적을 헛되게 하는 내용으로 해석할 수 없다는 법목적에 따른 한계가 바로 그것이다. 왜냐하면, 그러한 범위를 벗어난 합헌적 해석은 그것이 바로 실질적 의미에서의 입법작용을 뜻하게 되어 결과적으로 입법권자의 입법권을 침해하는 것이 되기 때문이다(헌재 1989.7.14, 88헌가5 등).

■ 헌법개정

01 헌법개정에 관한 설명으로 옳지 않은 것을 모두 고른 것은? 24. 경찰 2차

㉠ 헌법개정은 국회재적의원 과반수 또는 대통령을 수반으로 하는 정부의 발의로 제안된다.
㉡ 대통령의 임기연장 또는 중임변경을 위한 헌법개정은 그 헌법개정 제안 당시의 대통령에 대하여는 효력이 없다.
㉢ 제안된 헌법개정안은 국회가 20일 이상의 기간 이를 공고하여야 한다.
㉣ 국회는 헌법개정안이 공고된 날로부터 60일 이내에 의결하여야 하며, 국회의 의결은 재적의원 3분의 2 이상의 찬성을 얻어야 하는데, 표결은 무기명투표로 한다.
㉤ 헌법개정안은 국회가 의결한 후 30일 이내에 국민투표에 붙여 국회의원선거권자 과반수의 투표와 투표자 과반수의 찬성을 얻어야 한다.

① ㉠, ㉡, ㉤
② ㉠, ㉢, ㉣
③ ㉡, ㉢, ㉣
④ ㉢, ㉣, ㉤

해설

옳지 않은 것은 ㉠, ㉢, ㉣이다.

㉠ [×] '대통령을 수반으로 하는 정부의 발의'가 아닌 '대통령의 발의'이다.

> 헌법 제128조 ① 헌법개정은 국회재적의원 과반수 또는 대통령의 발의로 제안된다.

㉡ [O]

> 헌법 제128조 ② 대통령의 임기연장 또는 중임변경을 위한 헌법개정은 그 헌법개정 제안 당시의 대통령에 대하여는 효력이 없다.

㉢ [×] 국회가 아닌 대통령이 공고한다.

> 헌법 제129조 제안된 헌법개정안은 대통령이 20일 이상의 기간 이를 공고하여야 한다.

㉣ [×] 표결은 무기명투표가 아닌 '기명투표'로 한다.

> 헌법 제130조 ① 국회는 헌법개정안이 공고된 날로부터 60일 이내에 의결하여야 하며, 국회의 의결은 재적의원 3분의 2 이상의 찬성을 얻어야 한다.
> 국회법 제112조 【표결방법】 ④ 헌법개정안은 기명투표로 표결한다.

㉤ [O]

> 헌법 제130조 ② 헌법개정안은 국회가 의결한 후 30일 이내에 국민투표에 붙여 국회의원선거권자 과반수의 투표와 투표자 과반수의 찬성을 얻어야 한다.

02 헌법의 제·개정에 대한 설명으로 가장 적절하지 않은 것은? (다툼이 있는 경우 헌법재판소 판례에 의함)

25. 경찰간부

① 우리 헌법의 각 개별규정 가운데 무엇이 헌법제정규정이고 무엇이 헌법개정규정인지를 구분하는 것이 가능하지 아니할 뿐 아니라, 각 개별규정에 그 효력상의 차이를 인정하여야 할 형식적인 이유를 찾을 수 없다.
② 성문헌법의 개정은 헌법의 조문이나 문구의 명시적이고 직접적인 변경을 내용으로 하는 헌법개정안의 제출에 의하여야 하고, 하위규범인 법률의 형식으로 일반적인 입법절차에 의하여 개정될 수는 없다.
③ 대법원은 헌법개정에 관한 국민투표에 관하여 국민투표법 또는 국민투표법에 의하여 발하는 명령에 위반하는 사실이 있는 경우라도 국민투표의 결과에 영향이 미쳤다고 인정하는 때에 한하여 국민투표 무효의 판결을 하여야 하며, 국민투표의 일부의 무효를 판결할 수는 없다.
④ 헌법개정에 관한 국민투표의 효력에 관하여 이의가 있는 투표인은 투표인 10만인 이상의 찬성을 얻어 중앙선거관리위원회위원장을 피고로 하여 투표일로부터 20일 이내에 대법원에 제소할 수 있다.

해설

③ [×] 국민투표의 일부의 무효를 판결할 수도 있다.

> 국민투표법 제93조【국민투표무효의 판결】대법원은 제92조의 규정에 의한 소송에 있어서 국민투표에 관하여 이 법 또는 이 법에 의하여 발하는 명령에 위반하는 사실이 있는 경우라도 국민투표의 결과에 영향이 미쳤다고 인정하는 때에 한하여 국민투표의 전부 또는 일부의 무효를 판결한다.

① [O] 우리 헌법의 각 개별규정 가운데 무엇이 헌법제정규정이고 무엇이 헌법개정규정인지를 구분하는 것이 가능하지 아니할 뿐 아니라, 각 개별규정에 그 효력상의 차이를 인정하여야 할 형식적인 이유를 찾을 수 없다. 헌법제정권과 헌법개정권의 구별론이나 헌법개정한계론은 그 자체로서의 이론적 타당성 여부와 상관없이 우리 헌법재판소가 헌법의 개별규정에 대하여 위헌심사를 할 수 있다는 논거로 원용될 수 있는 것이 아니다(헌재 1995.12.28, 95헌바3).
② [O] 성문헌법의 개정은 헌법의 조문이나 문구의 명시적이고 직접적인 변경을 내용으로 하는 헌법개정안의 제출에 의하여야 하고, 하위규범인 법률의 형식으로, 일반적인 입법절차에 의하여 개정될 수는 없다(헌재 2013.11.28, 2012헌마166).
④ [O]

> 국민투표법 제92조【국민투표무효의 소송】국민투표의 효력에 관하여 이의가 있는 투표인은 투표인 10만인 이상의 찬성을 얻어 중앙선거관리위원회위원장을 피고로 하여 투표일로부터 20일 이내에 대법원에 제소할 수 있다.

03 헌법개정에 대한 설명으로 옳은 것은?

25. 5급

① 헌법개정은 대통령만의 발의로 제안된다.
② 제안된 헌법개정안은 대통령이 15일 이상의 기간 이를 공고하여야 한다.
③ 국회는 헌법개정안의 공고가 끝난 날로부터 60일 이내에 의결하여야 하며, 국회의 의결은 재적의원 3분의 2 이상의 찬성을 얻어야 한다.
④ 대통령의 임기연장 또는 중임변경을 위한 헌법개정은 그 헌법개정 제안 당시의 대통령에 대하여는 효력이 없다.

정답 | 01 ② 02 ③ 03 ④

해설

④ [O]

헌법 제128조 ② 대통령의 임기연장 또는 중임변경을 위한 헌법개정은 그 헌법개정 제안 당시의 대통령에 대하여는 효력이 없다.

① [×]

헌법 제128조 ① 헌법개정은 국회재적의원 과반수 또는 대통령의 발의로 제안된다.

② [×]

헌법 제129조 제안된 헌법개정안은 대통령이 20일 이상의 기간 이를 공고하여야 한다.

③ [×]

헌법 제130조 ① 국회는 헌법개정안이 공고된 날로부터 60일 이내에 의결하여야 하며, 국회의 의결은 재적의원 3분의 2 이상의 찬성을 얻어야 한다.

04 현행 헌법상 헌법개정에 대한 설명으로 가장 적절한 것은? 21. 경찰승진

① 제안된 헌법개정안은 대통령이 30일 이상의 기간 이를 공고하여야 한다.

② 국회는 헌법개정안이 공고된 날로부터 60일 이내에 의결하여야 하며, 국회의 의결은 재적의원 3분의 2 이상의 찬성을 얻어야 한다.

③ 헌법개정안은 국회가 의결한 후 20일 이내에 국민투표에 붙여 국회의원선거권자 과반수의 투표와 투표자 과반수의 찬성을 얻어야 한다.

④ 대통령의 임기연장 또는 중임변경을 위한 헌법개정은 그 헌법개정 제안 당시의 대통령에 대하여도 효력이 있다.

해설

② [O] 국회는 헌법개정안이 공고된 날로부터 60일 이내에 의결하여야 하며, 국회의 의결은 재적의원 3분의 2 이상의 찬성을 얻어야 한다(제130조 제1항).

① [×] 제안된 헌법개정안은 대통령이 20일 이상의 기간 이를 공고하여야 한다(제129조).

③ [×] 헌법개정안은 국회가 의결한 후 30일 이내에 국민투표에 붙여 국회의원선거권자 과반수의 투표와 투표자 과반수의 찬성을 얻어야 한다(제130조 제2항).

④ [×] 대통령의 임기연장 또는 중임변경을 위한 헌법개정은 그 헌법개정 제안 당시의 대통령에 대하여는 효력이 없다(제128조 제2항).

05 헌법개정에 관한 설명으로 가장 적절한 것은? (다툼이 있는 경우 판례에 의함) 22. 경찰승진

① 우리 헌법은 헌법개정의 한계에 관한 규정을 두고 있으며, 헌법의 개정을 법률의 개정과는 달리 국민투표에 의하여 이를 확정하도록 규정하고 있다.

② 국회는 헌법개정안이 공고된 날로부터 60일 이내에 의결하여야 하며, 국회의 의결은 무기명투표로 한다.

③ 헌법개정안이 국회가 의결한 후 30일 이내에 국민투표에 붙여 국회의원선거권자 과반수의 투표와 투표자 과반수의 찬성을 얻은 때에는 헌법개정은 확정되며, 대통령은 즉시 이를 공포하여야 한다.

④ 우리 헌법의 각 개별규정 가운데 무엇이 헌법제정규정이고 무엇이 헌법개정규정인지를 구분하는 것이 가능할 뿐만 아니라, 그 효력상의 차이도 인정할 수 있다.

해설

③ [O]

> 헌법 제130조 ② 헌법개정안은 국회가 의결한 후 30일 이내에 국민투표에 붙여 국회의원선거권자 과반수의 투표와 투표자 과반수의 찬성을 얻어야 한다.
> ③ 헌법개정안이 제2항의 찬성을 얻은 때에는 헌법개정은 확정되며, 대통령은 즉시 이를 공포하여야 한다.

① [×] 더욱이 헌법개정의 한계에 관한 규정을 두지 아니하고 헌법의 개정을 법률의 개정과는 달리 국민투표에 의하여 이를 확정하도록 규정하고 있는(헌법 제130조 제2항) 현행의 우리 헌법상으로는 과연 어떤 규정이 헌법핵 내지는 헌법제정규범으로서 상위규범이고 어떤 규정이 단순한 헌법개정규범으로서 하위규범인지를 구별하는 것이 가능하지 아니하며, 달리 헌법의 각 개별규정 사이에 그 효력상의 차이를 인정하여야 할 아무런 근거도 찾을 수 없다(헌재 1996.6.13, 94헌바20).

② [×] 헌법개정안은 기명투표로 표결한다.

> 헌법 제130조 ① 국회는 헌법개정안이 공고된 날로부터 60일 이내에 의결하여야 하며, 국회의 의결은 재적의원 3분의 2 이상의 찬성을 얻어야 한다.
>
> 국회법 제112조【표결방법】④ 헌법개정안은 기명투표로 표결한다.

④ [×] 우리 헌법의 각 개별규정 가운데 무엇이 헌법제정규정이고 무엇이 헌법개정규정인지를 구분하는 것이 가능하지 아니할 뿐 아니라, 각 개별규정에 그 효력상의 차이를 인정하여야 할 형식적인 이유를 찾을 수 없다. 이러한 점과 앞에서 검토한 현행 헌법 및 헌법재판소법의 명문의 규정취지에 비추어, 헌법제정권과 헌법개정권의 구별론이나 헌법개정한계론은 그 자체로서의 이론적 타당성 여부와 상관없이 우리 헌법재판소가 헌법의 개별규정에 대하여 위헌심사를 할 수 있다는 논거로 원용될 수 있는 것이 아니다(헌재 1995.12.28, 95헌바3).

06 헌법개정절차에 관한 설명으로 가장 적절하지 않은 것은?

23. 경찰 1차

① 헌법개정의 발의는 국회재적의원 과반수 또는 대통령에 의해 행해지며, 대통령의 임기연장 또는 중임변경을 위한 헌법개정은 그 헌법개정 제안 당시의 대통령에 대하여는 효력이 없다.

② 국회는 헌법개정안의 공고기간이 만료된 날로부터 60일 이내에 의결하여야 하며 국회의 의결은 재적의원 3분의 2 이상의 찬성을 얻어야 한다.

③ 헌법개정안은 국회가 의결한 후 30일 이내에 국민투표에 붙여 국회의원선거권자 과반수의 투표와 투표자 과반수의 찬성을 얻어야 한다.

④ 국민투표의 효력에 관하여 이의가 있는 투표인은 투표인 10만인 이상의 찬성을 얻어 중앙선거관리위원회위원장을 피고로 하여 투표일로부터 20일 이내에 대법원에 제소할 수 있다.

해설

② [×], ① [O] 헌법개정안의 공고된 날로부터 60일 이내에 의결하여야 한다.

> 헌법 제128조 ① 헌법개정은 국회재적의원 과반수 또는 대통령의 발의로 제안된다.
> ② 대통령의 임기연장 또는 중임변경을 위한 헌법개정은 그 헌법개정 제안 당시의 대통령에 대하여는 효력이 없다.

③ [O]

> 헌법 제130조 ② 헌법개정안은 국회가 의결한 후 30일 이내에 국민투표에 붙여 국회의원선거권자 과반수의 투표와 투표자 과반수의 찬성을 얻어야 한다.

④ [O]

> 국민투표법 제92조【국민투표무효의 소송】국민투표의 효력에 관하여 이의가 있는 투표인은 투표인 10만인 이상의 찬성을 얻어 중앙선거관리위원회위원장을 피고로 하여 투표일로부터 20일 이내에 대법원에 제소할 수 있다.

정답 | 04 ② 05 ③ 06 ②

07 헌법개정에 관한 설명 중 가장 적절하지 않은 것은? (다툼이 있는 경우 판례에 의함) 22. 경찰 1차

① 헌법개정은 국회재적의원 과반수 또는 대통령의 발의로 제안되며, 제안된 헌법개정안은 대통령이 20일 이상의 기간 이를 공고하여야 한다.

② 우리 헌법의 각 개별규정 가운데 무엇이 헌법제정규정이고 무엇이 헌법개정규정인지를 구분하는 것이 가능하지 아니할 뿐 아니라, 각 개별규정에 그 효력상의 차이를 인정하여야 할 형식적인 이유를 찾을 수 없다.

③ 제7차 헌법개정에서는 대통령이 제안한 헌법개정안은 국민투표로 확정되며, 국회의원이 제안한 헌법개정안은 국회의 의결을 거쳐 통일주체국민회의의 의결로 확정되도록 하였다.

④ 헌법개정안이 국회에서 의결된 후 60일 이내에 국민투표에 붙여 국회의원선거권자 과반수의 투표와 투표자 과반수의 찬성을 얻으면 헌법개정은 확정되며, 국회의장은 즉시 이를 공포하여야 한다.

해설

④ [×] 헌법개정안이 국회에서 의결된 후 30일 이내에 국민투표에 붙여 국회의원선거권자 과반수의 투표와 투표자 과반수의 찬성을 얻으면 헌법개정은 확정되며, 대통령은 즉시 이를 공포하여야 한다.

> 헌법 제130조 ② 헌법개정안은 국회가 의결한 후 30일 이내에 국민투표에 붙여 국회의원선거권자 과반수의 투표와 투표자 과반수의 찬성을 얻어야 한다.
> ③ 헌법개정안이 제2항의 찬성을 얻은 때에는 헌법개정은 확정되며, 대통령은 즉시 이를 공포하여야 한다.

① [O]

> 헌법 제128조 ① 헌법개정은 국회재적의원 과반수 또는 대통령의 발의로 제안된다.
> ② 대통령의 임기연장 또는 중임변경을 위한 헌법개정은 그 헌법개정 제안 당시의 대통령에 대하여는 효력이 없다.
> 제129조 제안된 헌법개정안은 대통령이 20일 이상의 기간 이를 공고하여야 한다.

② [O] 우리 헌법의 각 개별규정 가운데 무엇이 헌법제정규정이고 무엇이 헌법개정규정인지를 구분하는 것이 가능하지 아니할 뿐 아니라, 각 개별규정에 그 효력상의 차이를 인정하여야 할 형식적인 이유를 찾을 수 없다. 이러한 점과 앞에서 검토한 현행 헌법 및 헌법재판소법의 명문의 규정취지에 비추어, 헌법제정권과 헌법개정권의 구별론이나 헌법개정한계론은 그 자체로서의 이론적 타당성 여부와 상관없이 우리 헌법재판소가 헌법의 개별규정에 대하여 위헌심사를 할 수 있다는 논거로 원용될 수 있는 것이 아니다(헌재 1995. 12.28, 95헌바3).

③ [O] 제7차 헌법개정(1972년)에서는 헌법개정절차가 누가 제안했는지 여부에 따라서 이원화되었다. 대통령이 제안한 헌법개정안은 국민투표로 확정되며, 국회의원이 제안한 헌법개정안은 국회의 의결을 거쳐 통일주체국민회의의 의결로 확정되도록 하였다.

08 헌법의 개정에 관한 다음 설명 중 가장 옳지 않은 것은? (다툼이 있는 경우 대법원 판례 및 헌법재판소 결정에 의함)

22. 법원행시

① 헌법개정은 국회재적의원 과반수 또는 대통령의 발의로 제안되고, 헌법개정안에 대한 국회의 의결은 국회의원 재적의원 3분의 2 이상의 찬성을 얻어야 한다.

② 헌법개정안은 국회가 의결한 후 30일 이내에 국민투표에 붙여야 하고, 국회의원선거권자 과반수의 투표와 투표자 과반수의 찬성을 얻어야 한다.

③ 우리나라 헌법은 9차례 개정되었는데, 그중 국회의 의결과 국민투표를 모두 거쳐 개정된 헌법은 제6차 및 제9차 개정헌법이다.

④ 헌법개정절차에 국민투표가 처음 도입된 것은 제5차 개정헌법이다.

⑤ 현행 헌법은 제9차 개정헌법으로 국회의 의결을 거친 다음 국민투표에 의하여 확정되었고, 대통령이 즉시 이를 공포함으로써 그 효력이 발생하였다.

해설

⑤ [×] 제9차 개정헌법은 1987년 10월 29일 공포되었으나, 부칙의 규정에 따라 1988년 2월 25일부터 시행되었다.

> 제9차 개정헌법(1987년) 부칙 제1조【시행일】이 헌법은 1988년 2월 25일부터 시행한다. 다만, 이 헌법을 시행하기 위하여 필요한 법률의 제정·개정과 이 헌법에 의한 대통령 및 국회의원의 선거 기타 이 헌법시행에 관한 준비는 이 헌법시행 전에 할 수 있다.

①② [○]

> 헌법 제128조 ① 헌법개정은 국회재적의원 과반수 또는 대통령의 발의로 제안된다.
> ② 대통령의 임기연장 또는 중임변경을 위한 헌법개정은 그 헌법개정 제안 당시의 대통령에 대하여는 효력이 없다.
>
> 제130조 ① 국회는 헌법개정안이 공고된 날로부터 60일 이내에 의결하여야 하며, 국회의 의결은 재적의원 3분의 2 이상의 찬성을 얻어야 한다.
> ② 헌법개정안은 국회가 의결한 후 30일 이내에 국민투표에 붙여 국회의원선거권자 과반수의 투표와 투표자 과반수의 찬성을 얻어야 한다.
> ③ 헌법개정안이 제2항의 찬성을 얻은 때에는 헌법개정은 확정되며, 대통령은 즉시 이를 공포하여야 한다.

③ [○] 제5차 개정헌법은 헌법개정절차에 국민투표가 처음으로 도입되었고, 이에 따라 제6차 개정헌법은 국회의결을 거쳐 국민투표에 의해 확정되었다. 이후 제7차 개정헌법(유신헌법)은 비상계엄을 선포하고 비상조치를 단행하여 국회가 해산된 가운데 비상국무회의에서 헌법개정안을 공고하였고, 국민투표로 확정되었다. 제7차 개정헌법은 헌법개정에 대한 국민발안제 폐지하였고, 헌법개정절차를 이원화하였다. 제8차 개정헌법은 헌법개정심의위원회가 개헌안을 작성하고 국민투표에 회부되어 확정되었고, 헌법개정절차의 일원화(국민투표로만 확정시킬 수 있음)하였다. 이후 제9차 개정헌법은 국회의결을 거쳐 국민투표로 확정되었다.

④ [○] 제5차 개정헌법은 헌법개정절차에서 국민투표가 처음으로 도입되었다.

09 헌법개정에 대한 설명으로 옳지 않은 것은?

23. 5급 공채

① 헌법개정은 국회재적의원 과반수 또는 대통령의 발의로 제안된다.

② 제안된 헌법개정안은 대통령이 30일 이상의 기간 이를 공고하여야 한다.

③ 국회는 헌법개정안이 공고된 날로부터 60일 이내에 의결하여야 하며, 국회의 의결은 재적의원 3분의 2 이상의 찬성을 얻어야 한다.

④ 헌법개정안은 국회가 의결한 후 30일 이내에 국민투표에 붙여 국회의원선거권자 과반수의 투표와 투표자 과반수의 찬성을 얻어야 한다.

정답 | 07 ④ 08 ⑤ 09 ②

해설

② [×] 30일이 아닌 20일 이상의 기간 이를 공고하여야 한다.

> 헌법 제129조 제안된 헌법개정안은 대통령이 20일 이상의 기간 이를 공고하여야 한다.

① [O]

> 헌법 제128조 ① 헌법개정은 국회재적의원 과반수 또는 대통령의 발의로 제안된다.

③ [O]

> 헌법 제130조 ① 국회는 헌법개정안이 공고된 날로부터 60일 이내에 의결하여야 하며, 국회의 의결은 재적의원 3분의 2 이상의 찬성을 얻어야 한다.

④ [O]

> 헌법 제130조 ② 헌법개정안은 국회가 의결한 후 30일 이내에 국민투표에 붙여 국회의원선거권자 과반수의 투표와 투표자 과반수의 찬성을 얻어야 한다.

10 헌법개정에 관한 설명 중 옳은 것(○)과 옳지 않은 것(×)을 올바르게 조합한 것은? (다툼이 있는 경우 판례에 의함)

22. 변호사

> ㉠ 국회는 헌법개정안이 공고된 날로부터 60일 이내에 의결하여야 하며, 국회의 의결은 국회재적의원 300명 중 200명 이상의 찬성을 얻어야 한다.
> ㉡ 헌법상 헌법개정안은 국회가 의결한 후 30일 이내에 국민투표에 붙여 국회의원선거권자 과반수의 투표와 투표자 과반수의 찬성을 얻어야 한다.
> ㉢ 헌법개정은 국회재적의원 300명 중 150명 이상의 발의로 제안될 수 있다.
> ㉣ 성문헌법의 개정은 헌법의 조문이나 문구의 명시적이고 직접적인 변경을 내용으로 하는 헌법개정안의 제출에 의하여야 하고, 하위규범인 법률의 형식으로, 일반적인 입법절차에 의하여 개정될 수 없다.

	㉠	㉡	㉢	㉣
①	○	○	○	×
②	○	○	×	○
③	○	×	×	○
④	×	○	×	○
⑤	×	×	○	×

해설

㉠ [O]

> 헌법 제130조 ① 국회는 헌법개정안이 공고된 날로부터 60일 이내에 의결하여야 하며, 국회의 의결은 재적의원 3분의 2 이상의 찬성을 얻어야 한다.

㉡ [O]

> 헌법 제130조 ② 헌법개정안은 국회가 의결한 후 30일 이내에 국민투표에 붙여 국회의원선거권자 과반수의 투표와 투표자 과반수의 찬성을 얻어야 한다.

ⓒ [×] 국회재적의원 과반수의 발의를 요건으로 한다. 따라서 151명 이상의 발의로 제안될 수 있다.

헌법 제128조 ① 헌법개정은 국회재적의원 과반수 또는 대통령의 발의로 제안된다.

ⓓ [O] 성문헌법의 개정은 헌법의 조문이나 문구의 명시적이고 직접적인 변경을 내용으로 하는 헌법개정안의 제출에 의하여야 하고, 하위규범인 법률의 형식으로, 일반적인 입법절차에 의하여 개정될 수는 없다. 한미무역협정의 경우, 국회의 동의를 필요로 하는 조약의 하나로서 법률적 효력이 인정되므로, 그에 의하여 성문헌법이 개정될 수는 없으며, 따라서 한미무역협정으로 인하여 청구인의 헌법 제130조 제2항에 따른 헌법개정절차에서의 국민투표권이 침해될 가능성은 인정되지 아니한다(헌재 2013.11.28, 2012헌마166).

11 헌법개정에 대한 설명으로 옳은 것은?

22. 비상계획관

① 1948년 제헌헌법은 민주공화국, 국민주권주의, 국제평화주의에 관한 규정은 개폐할 수 없다고 규정하였다.

② 1954년 제2차 개정헌법에서는 "헌법개정의 제안은 대통령, 민의원 또는 참의원의 재적의원 3분지 1 이상 또는 민의원의원선거권자 50만인 이상의 찬성으로써 한다."고 규정하였다.

③ 1972년 제7차 개정헌법에서는 국회의원이 제안한 헌법개정안은 통일주체국민회의의 의결을 거쳐 국민투표로 확정되도록 하였다.

④ 현행헌법은 "국회는 헌법개정안이 제안된 날로부터 60일 이내에 의결하여야 하며, 국회재적의원 3분의 2 이상의 찬성을 얻은 때에 헌법개정은 확정된다."고 규정하고 있다.

해설

② [O]

제2차 개정헌법(1954년) 제98조 ① 헌법개정의 제안은 대통령, 민의원 또는 참의원의 재적의원 3분지 1이상 또는 민의원의원 선거권자 50만인 이상의 찬성으로써 한다.

① [×] 명문의 개정금지조항은 1954년 헌법(2차 개정)~1960년 헌법(4차 개정)에서 규정하였다.

③ [×]

제7차 개정헌법(1972년) 제124조 ② 대통령이 제안한 헌법개정안은 국민투표로 확정되며, 국회의원이 제안한 헌법개정안은 국회의 의결을 거쳐 통일주체국민회의의 의결로 확정된다.

④ [×]

헌법 제130조 ① 국회는 헌법개정안이 공고된 날로부터 60일 이내에 의결하여야 하며, 국회의 의결은 재적의원 3분의 2 이상의 찬성을 얻어야 한다. ② 헌법개정안은 국회가 의결한 후 30일 이내에 국민투표에 붙여 국회의원선거권자 과반수의 투표와 투표자 과반수의 찬성을 얻어야 한다. ③ 헌법개정안이 제2항의 찬성을 얻은 때에는 헌법개정은 확정되며, 대통령은 즉시 이를 공포하여야 한다.

정답 | 10 ② 11 ②

12 헌법개정 절차에 관한 설명으로 가장 옳지 않은 것은? 22. 법무사

① 헌법개정은 국회재적의원 과반수 또는 대통령의 발의로 제안된다.

② 제안된 헌법개정안은 대통령이 20일 이상의 기간 이를 공고하여야 하고, 국회는 헌법개정안이 공고된 날로부터 60일 이내에 의결하여야 한다.

③ 헌법개정안에 대한 국회의 의결은 재적의원 3분의 2 이상의 찬성을 얻어 확정되고, 대통령은 국회의 의결을 거친 즉시 이를 공포하여야 한다.

④ 대통령의 임기를 연장하거나 중임변경을 위한 헌법개정은 그 헌법개정 제안 당시의 대통령에 대하여는 효력이 없다.

⑤ 대통령이 발의하는 헌법개정안에 대하여는 국무회의의 심의를 거쳐야 한다.

해설

③ [×], ② [O]

> 헌법 제130조 ① 국회는 헌법개정안이 공고된 날로부터 60일 이내에 의결하여야 하며, 국회의 의결은 재적의원 3분의 2 이상의 찬성을 얻어야 한다.
> ② 헌법개정안은 국회가 의결한 후 30일 이내에 국민투표에 붙여 국회의원선거권자 과반수의 투표와 투표자 과반수의 찬성을 얻어야 한다.
> ③ 헌법개정안이 제2항의 찬성을 얻은 때에는 헌법개정은 확정되며, 대통령은 즉시 이를 공포하여야 한다.

①④ [O]

> 헌법 제128조 ① 헌법개정은 국회재적의원 과반수 또는 대통령의 발의로 제안된다.
> ② 대통령의 임기연장 또는 중임변경을 위한 헌법개정은 그 헌법개정 제안 당시의 대통령에 대하여는 효력이 없다.

⑤ [O]

> 헌법 제89조 다음 사항은 국무회의의 심의를 거쳐야 한다.
> 3. 헌법개정안 · 국민투표안 · 조약안 · 법률안 및 대통령령안

13 헌법개정에 관한 설명으로 가장 적절하지 않은 것은? (다툼이 있는 경우 판례에 의함) 23. 경찰경채

① 우리 헌법은 헌법개정절차의 대상을 단지 '헌법'이라고만 하고 있으므로, 관습헌법도 헌법에 해당하는 이상 헌법개정의 대상인 헌법에 포함된다고 보아야 한다.

② 한미무역협정은 우호통상항해조약의 하나로서 성문헌법을 개정하는 효력이 없으므로 한미무역협정의 체결로 헌법개정절차에서의 국민투표권 침해의 가능성은 인정될 수 없다.

③ 대통령의 임기연장 또는 중임변경을 위한 헌법개정은 그 헌법개정 공고 당시의 대통령에 대하여는 효력이 없다.

④ 헌법개정의 한계에 관한 규정을 직접 두고 있지 않는 우리 헌법체계에서는 어떤 규정이 헌법핵 내지는 헌법제정규범으로서 상위규범이고 어떤 규정이 단순한 헌법개정규범으로서 하위규범인지를 구별하는 것이 가능하지 아니하며, 달리 헌법의 각 개별규정 사이에 그 효력상의 차이를 인정하여야 할 아무런 근거도 찾을 수 없다.

해설

③ [×] 공고 당시가 아닌 제안 당시의 대통령에 대하여 효력이 없다.

> 헌법 제128조 ② 대통령의 임기연장 또는 중임변경을 위한 헌법개정은 그 헌법개정 제안 당시의 대통령에 대하여는 효력이 없다.

① [O] 우리 헌법의 경우 헌법 제10장 제128조 내지 제130조는 일반법률의 개정절차와는 다른 엄격한 헌법개정절차를 정하고 있으며, 동 헌법개정절차의 대상을 단지 '헌법'이라고만 하고 있다. 따라서 관습헌법도 헌법에 해당하는 이상 여기서 말하는 헌법개정의 대상인 헌법에 포함된다고 보아야 한다(헌재 2004.10.21, 2004헌마554 등).

② [O] 한미무역협정의 경우, 헌법 제60조 제1항에 의하여 국회의 동의를 필요로 하는 우호통상항해조약의 하나로서 법률적 효력이 인정되므로, 규범통제의 대상이 됨은 별론으로 하고, 그에 의하여 성문헌법이 개정될 수는 없다. 이같이 한미무역협정이 성문헌법을 개정하는 효력이 없는 이상, 한미무역협정의 체결로 헌법 개정 절차에서의 국민투표권이 행사될 수 있을 정도로 헌법이 개정된 것이라고 할 수 없으므로 그 침해의 가능성은 인정되지 않는다(헌재 2013.11.28, 2012헌마166).

④ [O] 헌법개정의 한계에 관한 규정을 두지 아니하고 헌법의 개정을 법률의 개정과는 달리 국민투표에 의하여 이를 확정하도록 규정하고 있는(헌법 제130조 제2항) 현행의 우리헌법상으로는 과연 어떤 규정이 헌법핵 내지는 헌법제정규범으로서 상위규범이고 어떤 규정이 단순한 헌법개정규범으로서 하위규범인지를 구별하는 것이 가능하지 아니하며, 달리 헌법의 각 개별규정 사이에 그 효력상의 차이를 인정하여야 할 아무런 근거도 찾을 수 없다(헌재 1996.6.13, 94헌마118 등).

14 헌법개정에 관한 다음 설명 중 가장 옳지 않은 것은? (다툼이 있는 경우 헌법재판소 결정 및 대법원 판례에 의함)

23. 법원직

① 현행 대한민국헌법은 1987년 개정에 의한 것이다.
② 헌법개정은 국회재적의원 과반수 또는 대통령의 발의로 제안된다.
③ 국회는 헌법개정안이 공고된 날로부터 60일 이내에 의결하여야 하며, 국회의 의결은 재적의원 3분의 2 이상의 찬성을 얻어야 한다.
④ 헌법개정안은 국회가 의결한 후 30일 이내에 국민투표에 붙여 국회의원선거권자 과반수의 찬성을 얻어야 한다.

해설

④ [×] 국회의원선거권자 과반수의 찬성이 아니라 국회의원선거권자 과반수의 투표와 투표자 과반수의 찬성을 얻어야 한다.

> 헌법 제130조 ② 헌법개정안은 국회가 의결한 후 30일 이내에 국민투표에 붙여 국회의원선거권자 과반수의 투표와 투표자 과반수의 찬성을 얻어야 한다.

① [O] 현행 헌법은 1987년에 전부개정된 것이다.

② [O]

> 헌법 제128조 ① 헌법개정은 국회재적의원 과반수 또는 대통령의 발의로 제안된다.

③ [O]

> 헌법 제130조 ① 국회는 헌법개정안이 공고된 날로부터 60일 이내에 의결하여야 하며, 국회의 의결은 재적의원 3분의 2 이상의 찬성을 얻어야 한다.

정답 | 12 ③ 13 ③ 14 ④

15 헌법의 개정에 관한 설명으로 옳은 것은?

24. 소방간부

① 대통령이 헌법개정안을 발의하려면 국회재적의원 과반수의 찬성을 얻어야 한다.

② 현행 헌법은 대통령의 임기연장 또는 중임변경을 위한 헌법개정은 할 수 없다고 규정하고 있다.

③ 헌법개정안은 국회가 의결한 후 20일 이상의 공고기간을 거쳐 국민투표에 붙여진다.

④ 헌법개정안에 대한 국회의 의결은 재적의원 3분의 2 이상의 찬성을 얻어야 한다.

⑤ 헌법개정안은 국민투표에서 국회의원선거권자 과반수의 투표와 투표자 과반수의 찬성을 얻은 후 대통령이 이를 공포한 때에 확정된다.

해설

④ [O]

> 헌법 제130조 ① 국회는 헌법개정안이 공고된 날로부터 60일 이내에 의결하여야 하며, 국회의 의결은 재적의원 3분의 2 이상의 찬성을 얻어야 한다.

① [×]

> 헌법 제128조 ① 헌법개정은 국회재적의원 과반수 또는 대통령의 발의로 제안된다.
>
> 제89조 다음 사항은 국무회의의 심의를 거쳐야 한다.
>
> 3. 헌법개정안 · 국민투표안 · 조약안 · 법률안 및 대통령령안

② [×]

> 헌법 제128조 ② 대통령의 임기연장 또는 중임변경을 위한 헌법개정은 그 헌법개정 제안 당시의 대통령에 대하여는 효력이 없다.

③⑤ [×]

> 헌법 제130조 ② 헌법개정안은 국회가 의결한 후 30일 이내에 국민투표에 붙여 국회의원선거권자 과반수의 투표와 투표자 과반수의 찬성을 얻어야 한다.
>
> ③ 헌법개정안이 제2항의 찬성을 얻은 때에는 헌법개정은 확정되며, 대통령은 즉시 이를 공포하여야 한다.

16 헌법개정에 대한 설명으로 옳지 않은 것은?

24. 5급 공채

① 대통령의 임기연장 또는 중임변경을 위한 헌법개정은 그 헌법개정 제안 당시의 대통령에 대하여는 효력이 없다.

② 국회는 헌법개정안의 공고기간이 만료된 날로부터 60일 이내에 헌법개정안을 의결하여야 하며, 국회의 의결은 재적의원 3분의 2 이상의 찬성을 얻어야 한다.

③ 헌법개정안은 국회가 의결한 후 30일 이내에 국민투표에 붙여 국회의원 선거권자 과반수의 투표와 투표자 과반수의 찬성을 얻어야 한다.

④ 대통령이 헌법개정안을 발의하기 위해서는 국무회의의 심의를 거쳐야 한다.

해설

② [×] '공고된 날로부터' 60일 이내에 의결하여야 한다.

> 헌법 제130조 ① 국회는 헌법개정안이 공고된 날로부터 60일 이내에 의결하여야 하며, 국회의 의결은 재적의원 3분의 2 이상의 찬성을 얻어야 한다.

① [O]

> 헌법 제128조 ② 대통령의 임기연장 또는 중임변경을 위한 헌법개정은 그 헌법개정 제안 당시의 대통령에 대하여는 효력이 없다.

③ [O]

> 헌법 제130조 ② 헌법개정안은 국회가 의결한 후 30일 이내에 국민투표에 붙여 국회의원선거권자 과반수의 투표와 투표자 과반수의 찬성을 얻어야 한다.

④ [O]

> 헌법 제89조 다음 사항은 국무회의의 심의를 거쳐야 한다.
> 3. 헌법개정안 · 국민투표안 · 조약안 · 법률안 및 대통령령안

17 헌법의 제정과 개정에 관한 설명으로 가장 적절한 것은? (다툼이 있는 경우 판례에 의함) 24. 경찰 1차

① 헌법을 개정하는 것은 주권자인 국민이 보유하는 가장 기본적인 권리로서 가장 강력하게 보호되어야 할 권리 중의 권리이지만, 헌법을 폐지하고 다른 내용의 헌법을 모색하는 것은 국민에게 허용되지 않는 권리이다.

② 헌법개정안은 국회에서 재적의원 3분의 2 이상의 찬성에 따른 국회의 의결을 거친 다음 국민투표에서 국회의원선거권자 과반수의 찬성을 얻어 확정된다.

③ 헌법의 제규정 가운데는 헌법의 근본가치를 보다 추상적으로 선언한 것도 있고, 이를 보다 구체적으로 표현한 것도 있어서 이념적 · 논리적으로는 규범 상호간의 우열을 인정할 수 있으므로, 우리 헌법의 각 개별규정 가운데 무엇이 헌법제정규정이고 무엇이 헌법개정규정인지를 구분하는 것이 가능할 뿐 아니라, 각 개별규정에 그 효력상의 차이를 인정할 수도 있다.

④ 우리 헌법은 제128조 내지 제130조에서 일반법률의 개정절차와는 다른 엄격한 헌법개정절차를 정하고 있으며 헌법개정절차의 대상을 단지 '헌법'이라고만 하고 있으므로, 관습헌법도 헌법에 해당하는 이상 여기서 말하는 헌법개정의 대상인 헌법에 포함된다고 보아야 한다.

해설

④ [O] 우리 헌법의 경우 헌법 제10장 제128조 내지 제130조는 일반법률의 개정절차와는 다른 엄격한 헌법개정절차를 정하고 있으며, 동 헌법개정절차의 대상을 단지 '헌법'이라고만 하고 있다. 따라서 관습헌법도 헌법에 해당하는 이상 여기서 말하는 헌법개정의 대상인 헌법에 포함된다고 보아야 한다(헌재 2004.10.21, 2004헌마554 등).

① [×] 헌법을 개정하거나 폐지하고 다른 내용의 헌법을 모색하는 것은 주권자인 국민이 보유하는 가장 기본적인 권리로서, 가장 강력하게 보호되어야 할 권리 중의 권리에 해당한다. 무릇 집권세력의 정책과 도덕성, 혹은 정당성에 대하여 정치적인 반대의사를 표시하는 것은 헌법이 보장하는 정치적 자유의 가장 핵심적인 부분이기 때문이다(헌재 2013.3.21, 2010헌바132 등).

② [×]

> 헌법 제130조 ① 국회는 헌법개정안이 공고된 날로부터 60일 이내에 의결하여야 하며, 국회의 의결은 재적의원 3분의 2 이상의 찬성을 얻어야 한다.
> ② 헌법개정안은 국회가 의결한 후 30일 이내에 국민투표에 붙여 국회의원선거권자 과반수의 투표와 투표자 과반수의 찬성을 얻어야 한다.
> ③ 헌법개정안이 제2항의 찬성을 얻은 때에는 헌법개정은 확정되며, 대통령은 즉시 이를 공포하여야 한다.

③ [×] 우리 헌법의 각 개별규정 가운데 무엇이 헌법제정규정이고 무엇이 헌법개정규정인지를 구분하는 것이 가능하지 아니할 뿐 아니라, 각 개별규정에 그 효력상의 차이를 인정하여야 할 형식적인 이유를 찾을 수 없다. … 헌법은 전문과 단순한 개별조항의 상호관련성이 없는 집합에 지나지 않는 것이 아니고 하나의 통일된 가치체계를 이루고 있는 것이므로, 헌법의 전문과 각 개별규정은 서로 밀접한 관련을 맺고 있고, 따라서 헌법의 제규정 가운데는 헌법의 근본가치를 보다 추상적으로 선언한 것도 있고, 이를 보다 구체적으로 표현한 것도 있어서 이념적 · 논리적으로는 규범 상호간의 우열을 인정할 수 있는 것이 사실이다(헌재 1995.12.28, 95헌바3).

정답 | 15 ④ 16 ② 17 ④

18 통치행위에 대한 설명으로 옳지 않은 것은? (다툼이 있는 경우 판례에 의함)

23. 입법고시

① 대통령이 개성공단의 운영을 즉시 전면 중단하기로 결정하고, 통일부장관은 대통령의 지시에 따라 철수계획을 마련하여 관련 기업인들에게 통보한 다음 개성공단 전면중단 성명을 발표하고, 이에 대응한 북한의 조치에 따라 개성공단에 체류 중인 국민들 전원을 대한민국 영토 내로 귀환하도록 한 일련의 행위로 이루어진 개성공단 전면중단 조치는 고도의 정치적 결단을 요하는 통치행위에 해당하여 헌법소원심판의 대상이 될 수 없다.

② 국군의 외국에의 파견결정과 같이 성격상 외교 및 국방에 관련된 고도의 정치적 결단이 요구되는 사안에 대한 국민의 대의기관의 결정은 헌법소원심판의 대상이 될 수 없다.

③ 금융실명제실시의 효과를 목적으로 한 긴급재정경제명령과 같이 국가긴급권에 관련된 고도의 정치적 결단이 요구되는 사안에 대한 대통령의 결정은 통치행위라도 헌법소원심판의 대상이 될 수 있다.

④ 한미연합사령부의 창설 및 한미연합연습 양해각서의 체결 이후 연례적으로 실시되어 온 한미연합 군사훈련의 일종인 전시증원연습을 하기로 한 대통령의 결정은 국방에 관련되는 고도의 정치적 결단을 요하는 통치행위에 해당된다고 보기 어려워 헌법소원심판의 대상이 될 수 있다.

⑤ 남북정상회담의 개최는 고도의 정치적 성격을 지니고 있는 행위이므로 특별한 사정이 없는 한 그 당부를 심판하는 것은 사법권의 내재적 · 본질적 한계를 넘어서는 것이지만, 남북정상회담의 개최과정에서 관할 주무관청에 신고하지 아니하거나 관할 주무관청의 협력사업 승인을 얻지 아니한 채 북한 측에 사업권의 대가 명목으로 송금한 행위 자체는 헌법상 법치국가원리와 평등원칙 등에 비추어 볼 때 사법심사의 대상이 된다.

해설

① [×] 개성공단 전면중단 조치가 고도의 정치적 결단을 요하는 문제이기는 하나, 조치 결과 개성공단 투자기업인 청구인들에게 기본권 제한이 발생하였고, 국민의 기본권 제한과 직접 관련된 공권력의 행사는 고도의 정치적 고려가 필요한 행위라도 헌법과 법률에 따라 결정하고 집행하도록 견제하는 것이 헌법재판소 본연의 임무이므로, 그 한도에서 헌법소원심판의 대상이 될 수 있다(헌재 2022.1.27, 2016헌마364).

② [O] 외국에의 국군의 파견결정은 파견군인의 생명과 신체의 안전뿐만 아니라 국제사회에서의 우리나라의 지위와 역할, 동맹국과의 관계, 국가안보문제 등 궁극적으로 국민 내지 국익에 영향을 미치는 복잡하고도 중요한 문제로서 국내 및 국제정치관계 등 제반상황을 고려하여 미래를 예측하고 목표를 설정하는 등 고도의 정치적 결단이 요구되는 사안이다. 따라서 그와 같은 결정은 그 문제에 대해 정치적 책임을 질 수 있는 국민의 대의기관이 관계분야의 전문가들과 광범위하고 심도 있는 논의를 거쳐 신중히 결정하는 것이 바람직하며 우리 헌법도 그 권한을 국민으로부터 직접 선출되고 국민에게 직접 책임을 지는 대통령에게 부여하고 그 권한행사에 신중을 기하도록 하기 위해 국회로 하여금 파병에 대한 동의여부를 결정할 수 있도록 하고 있는바, 현행 헌법이 채택하고 있는 대의민주제 통치구조하에서 대의기관인 대통령과 국회의 그와 같은 고도의 정치적 결단은 가급적 존중되어야 한다(헌재 2004.4.29, 2003헌마814).

③ [O] 대통령의 긴급재정경제명령은 국가긴급권의 일종으로서 고도의 정치적 결단에 의하여 발동되는 행위이고 그 결단을 존중하여야 할 필요성이 있는 행위라는 의미에서 이른바 통치행위에 속한다고 할 수 있으나, 통치행위를 포함하여 모든 국가작용은 국민의 기본권적 가치를 실현하기 위한 수단이라는 한계를 반드시 지켜야 하는 것이고, 헌법재판소는 헌법의 수호와 국민의 기본권 보장을 사명으로 하는 국가기관이므로 비록 고도의 정치적 결단에 의하여 행해지는 국가작용이라고 할지라도 그것이 국민의 기본권 침해와 직접 관련되는 경우에는 당연히 헌법재판소의 심판대상이 된다(헌재 1996.2.29, 93헌마186).

④ [O] 한미연합 군사훈련은 1978. 한미연합사령부의 창설 및 1979.2.15. 한미연합연습 양해각서의 체결 이후 연례적으로 실시되어 왔고, 특히 이 사건 연습은 대표적인 한미연합 군사훈련으로서, 피청구인이 2007.3.경에 한 이 사건 연습결정이 새삼 국방에 관련되는 고도의 정치적 결단에 해당하여 사법심사를 자제하여야 하는 통치행위에 해당된다고 보기 어렵다(헌재 2009.5.28, 2007헌마369).

⑤ [O] 남북정상회담의 개최는 고도의 정치적 성격을 지니고 있는 행위라 할 것이므로 특별한 사정이 없는 한 그 당부를 심판하는 것은 사법권의 내재적 · 본질적 한계를 넘어서는 것이 되어 적절하지 못하지만, 남북정상회담의 개최과정에서 재정경제부장관에게 신고하지 아니하거나 통일부장관의 협력사업 승인을 얻지 아니한 채 북한 측에 사업권의 대가 명목으로 송금한 행위 자체는 헌법상 법치국가의 원리와 법 앞에 평등원칙 등에 비추어 볼 때 사법심사의 대상이 된다고 판단한 원심판결을 수긍한 사례(대판 2004.3.26, 2003도7878).

정답 | 18 ①

제2장 | 대한민국헌법 총설

제1절 | 대한민국헌정사

01 헌법에서 처음 명문으로 규정한 시기가 같은 개별 기본권끼리 묶이지 않은 것은? 24. 경찰 2차

① 1948년 헌법: 양심의 자유 - 근로자의 이익분배균점권 - 공무원파면청구권

② 1962년 헌법: 인간으로서의 존엄과 가치 - 직업선택의 자유 - 인간다운 생활을 할 권리

③ 1980년 헌법: 행복추구권 - 사생활의 비밀과 자유 - 환경권

④ 1987년 헌법: 사상의 자유 - 형사피해자의 재판절차상 진술권 - 범죄피해자구조청구권

해설

④ [×] 형사피해자의 재판절차진술권과 범죄피해자구조청구권은 현행헌법에 처음 명문으로 규정되었다. 사상의 자유는 헌법에 명문으로 규정된 적이 없다.

① [O] 양심의 자유는 1948년 헌법에서 종교의 자유와 같은 조항에서 함께 규정되었으나 1962년 제5차 개정헌법에서 종교의 자유와 분리하여 규정하였다. 근로자의 이익분배균점권과 공무원 파면청구권은 1948년 헌법에 규정되었으나 1962년 헌법에서 삭제되었다.

> 제헌헌법(1948년) 제12조 모든 국민은 신앙과 양심의 자유를 가진다.
>
> 제18조 근로자의 단결, 단체교섭과 단체행동의 자유는 법률의 범위 내에서 보장된다. 영리를 목적으로 하는 사기업에 있어서는 근로자는 법률의 정하는 바에 의하여 이익의 분배에 균점할 권리가 있다.
>
> 제27조 공무원은 주권을 가진 국민의 수임자이며 언제든지 국민에 대하여 책임을 진다. 국민은 불법행위를 한 공무원의 파면을 청원할 권리가 있다.

② [O]

> 제5차 개정헌법(1962년) 제8조 모든 국민은 인간으로서의 존엄과 가치를 가지며, 이를 위하여 국가는 국민의 기본적 인권을 최대한으로 보장할 의무를 진다.
>
> 제13조 모든 국민은 직업선택의 자유를 가진다.
>
> 제30조 ① 모든 국민은 인간다운 생활을 할 권리를 가진다.

③ [O]

> 제8차 개정헌법(1980년) 제9조 모든 국민은 인간으로서의 존엄과 가치를 가지며, 행복을 추구할 권리를 가진다. 국가는 개인이 가지는 불가침의 기본적 인권을 확인하고 이를 보장할 의무를 진다.
>
> 제16조 모든 국민은 사생활의 비밀과 자유를 침해받지 아니한다.
>
> 제33조 모든 국민은 깨끗한 환경에서 생활할 권리를 가지며, 국가와 국민은 환경보전을 위하여 노력하여야 한다.

정답 | 01 ④

02 대한민국 헌정사에 대한 설명으로 옳지 않은 것은?

25. 입법고시

① 1948년 제헌헌법은 대통령과 부통령을 국회에서 선출하도록 하였으며, 국회는 단원제로 구성하였다.
② 1954년 제2차 개정헌법에서 초대 대통령에 대한 3선 제한을 철폐하였다.
③ 1960년 제3차 개정헌법은 의원내각제를 채택하였으며, 헌법재판소를 신설하였다.
④ 1972년 제7차 개정헌법은 대통령을 통일주체국민회의에서 선출하였으며, 국회의 국정감사권을 폐지하였다.
⑤ 1980년 제8차 개정헌법은 대통령을 대통령 선거인단에서 선출하였으며, 대통령에게 긴급조치권을 부여하였다.

해설

⑤ [×] 제7차 개정헌법(1972년)은 대통령에게 긴급조치권을 부여하였고, 제8차 개정헌법(1980년)은 대통령에게 비상조치권을 부여하였다.

> 제8차 개정헌법(1980년) 제39조 ① 대통령은 대통령선거인단에서 무기명투표로 선거한다.
>
> 제51조 ① 대통령은 천재 · 지변 또는 중대한 재정 · 경제상의 위기에 처하거나, 국가의 안전을 위협하는 교전상태나 그에 준하는 중대한 비상사태에 처하여 국가를 보위하기 위하여 급속한 조치를 할 필요가 있다고 판단할 때에는 내정 · 외교 · 국방 · 경제 · 재정 · 사법 등 국정전반에 걸쳐 필요한 비상조치를 할 수 있다.
>
> 제7차 개정헌법(1972년) 제53조 ① 대통령은 천재 · 지변 또는 중대한 재정 · 경제상의 위기에 처하거나, 국가의 안전보장 또는 공공의 안녕질서가 중대한 위협을 받거나 받을 우려가 있어, 신속한 조치를 할 필요가 있다고 판단할 때에는 내정 · 외교 · 국방 · 경제 · 재정 · 사법 등 국정전반에 걸쳐 필요한 긴급조치를 할 수 있다.

① [O]

> 제헌헌법(1948년) 제32조 국회는 보통, 직접, 평등, 비밀선거에 의하여 공선된 의원으로써 조직한다.
>
> 제53조 대통령과 부통령은 국회에서 무기명투표로써 각각 선거한다.

② [O] 1954년 제2차 개정헌법은 초대 대통령에 대해서는 3선 제한(중임 제한)을 철폐하였다.

> 제2차 개정헌법(1954년) 제55조 대통령과 부통령의 임기는 4년으로 한다. 단 재선에 의하여 1차 중임할 수 있다.
>
> 부칙 이 헌법 공포당시의 대통령에 대하여는 제55조 제1항 단서의 제한을 적용하지 아니한다.

③ [O] 제3차 개정헌법(1960년)은 정부형태를 의원내각제로 규정하였고, 우리나라 헌정사상 최초로 헌법재판소를 도입하여 법률의 위헌여부 심사, 헌법에 관한 최종적 해석, 국가기관간의 권한쟁의, 정당의 해산, 탄핵재판, 대통령 · 대법원장과 대법관의 선거에 관한 소송을 관장하도록 규정하였지만 구성되지는 못하였다.
④ [O] 제7차 개정헌법(1972년)은 대통령을 통일주체국민회의에서 간선으로 선출하였고, 제헌헌법(1972년)부터 규정하였던 국회의 국정감사권을 폐지하여 국회의 권한이 약화되었다.

> 제7차 개정헌법(1972년) 제39조 ① 대통령은 통일주체국민회의에서 토론 없이 무기명투표로 선거한다.

03 대한민국 헌법의 역사에 관한 설명 중 옳은 것을 모두 고른 것은?

25. 변호사

ㄱ. 1948년 제헌헌법은 국무원을 대통령과 국무총리 기타의 국무위원으로 조직되는 합의체로서 대통령의 권한에 속한 중요 국책을 의결하는 기구로 규정하였다.
ㄴ. 1960년 헌법(제3차 개정헌법)은 대통령의 임기를 5년으로 하고 재선에 의하여 1차에 한해 중임할 수 있도록 규정하였다.
ㄷ. 1962년 헌법(제5차 개정헌법)은 대통령이 국회의 동의를 얻어 국무총리를 임명하도록 하였다.
ㄹ. 1972년 헌법(제7차 개정헌법)은 국회 외에 통일주체국민회의를 두고, 여기에 대통령 선출권 및 국회의원 3분의 1 선출권을 부여하였다.
ㅁ. 1980년 헌법(제8차 개정헌법)은 국회가 국무총리 또는 국무위원에 대하여 개별적으로 그 해임을 의결할 수 있도록 하되, 국무총리에 대한 해임의결은 국회가 임명동의를 한 후 1년 이내에는 할 수 없도록 하였다.

① ㄷ, ㄹ ② ㄷ, ㅁ ③ ㄱ, ㄴ, ㄹ
④ ㄱ, ㄴ, ㄷ, ㅁ ⑤ ㄱ, ㄴ, ㄹ, ㅁ

해설

옳은 것은 ㉠, ㉡, ㉣, ㉤이다.

ㄱ. [O]

> 제헌헌법(1948년) 제68조 국무원은 대통령과 국무총리 기타의 국무위원으로 조직되는 합의체로서 대통령의 권한에 속한 중요 국책을 의결한다.

ㄴ. [O]

> 제3차 개정헌법(1960년) 제55조 대통령의 임기는 5년으로 하고 재선에 의하여 1차에 한하여 중임할 수 있다.

ㄷ. [×] 제5차 개정헌법에서 국무총리는 국회의 동의를 거치지 않았다.

> 제5차 개정헌법(1962년) 제84조 ① 국무총리는 대통령이 임명하고, 국무위원은 국무총리의 제청으로 대통령이 임명한다.

ㄹ. [O]

> 제7차 개정헌법(1972년) 제39조 ① 대통령은 통일주체국민회의에서 토론없이 무기명투표로 선거한다.
> ② 통일주체국민회의에서 재적대의원 과반수의 찬성을 얻은 자를 대통령당선자로 한다.
> 제40조 ① 통일주체국민회의는 국회의원 정수의 3분의 1에 해당하는 수의 국회의원을 선거한다.
> ② 제1항의 국회의원의 후보자는 대통령이 일괄 추천하며, 후보자 전체에 대한 찬반을 투표에 붙여 재적대의원 과반수의 출석과 출석대의원 과반수의 찬성으로 당선을 결정한다.

ㅁ. [O]

> 제8차 개정헌법(1980년) 제99조 ① 국회는 국무총리 또는 국무위원에 대하여 개별적으로 그 해임을 의결할 수 있다. 다만, 국무총리에 대한 해임의결은 국회가 임명동의를 한 후 1년 이내에는 할 수 없다.

정답 | 02 ⑤ 03 ⑤

04 헌정사에 대한 설명으로 옳은 것만을 〈보기〉에서 모두 고르면?

24. 국회직 8급

> ㄱ. 1948년 제헌헌법은 국민투표를 거치지 않고 국회에서 의결하였으며, 대통령제를 채택하였으나 부통령을 두지 않고 의원내각제적 요소인 국무원제와 국무총리제를 가미하였다.
> ㄴ. 1960년 제3차 개정헌법은 대법원장과 대법관의 선거제를 채택하였으며, 중앙선거관리위원회의 헌법기관화 등을 규정하였다.
> ㄷ. 1962년 제5차 개정헌법은 대법원장과 대법관을 법관추천회의의 제청에 따라 대통령이 임명하도록 하였다.
> ㄹ. 1972년 제7차 개정헌법은 국민투표에 의한 최초의 개헌으로 대통령의 긴급조치권, 국회의 회기 단축과 국정감사제 폐지 등을 규정하였다.
> ㅁ. 1980년 제8차 개정헌법은 행복추구권, 형사피고인의 무죄추정, 사생활의 비밀과 자유의 불가침을 신설하였으며, 헌법에 국회의 국정조사권을 규정하였다.

① ㄱ, ㄴ
② ㄴ, ㅁ
③ ㄱ, ㄷ, ㄹ
④ ㄴ, ㄹ, ㅁ
⑤ ㄷ, ㄹ, ㅁ

해설

옳은 것은 ㄴ, ㅁ이다.

ㄱ. [×] 1948년 제헌헌법은 국민투표를 거치지 않고 국회에서 의결하였으며, 대통령제를 채택하고 부통령을 두었으며, 의원내각제적 요소인 국무원제와 국무총리제를 가미하였다.

> 제헌헌법(1948년) 제53조 대통령과 부통령은 국회에서 무기명투표로써 각각 선거한다.

ㄴ. [O] 1960년 제3차 개정헌법은 대법원장과 대법관의 선거제를 채택하였으며, 중앙선거관리위원회의 헌법기관화 등을 규정하였다.

ㄷ. [×] 1962년 제5차 개정헌법은 대법원장인 법관은 법관추천회의의 제청에 따라 대통령이 임명하고, 대법원판사인 법관은 대법원장의 제청으로 대통령이 임명하도록 하였다.

> 제5차 개정헌법(1962년) 제99조 ① 대법원장인 법관은 법관추천회의의 제청에 의하여 대통령이 국회의 동의를 얻어 임명한다. 대통령은 법관추천회의의 제청이 있으면 국회에 동의를 요청하고, 국회의 동의를 얻으면 임명하여야 한다.
> ② 대법원판사인 법관은 대법원장이 법관추천회의의 동의를 얻어 제청하고 대통령이 임명한다. 이 경우에 제청이 있으면 대통령은 이를 임명하여야 한다.

ㄹ. [×] 제5차 개정헌법(1962년)은 1962년 12월 6일 국가재건최고회의의 의결을 거쳐 12월 17일 국민투표를 통해 확정되었고, 헌정사상 처음으로 국민투표를 통해 확정된 헌법이다. 1972년 제7차 개정헌법도 국민투표에 의한 개헌으로 대통령의 긴급조치권, 국회의 회기 단축과 국정감사제 폐지 등을 규정하였다.

ㅁ. [O] 1980년 제8차 개정헌법은 행복추구권, 형사피고인의 무죄추정, 사생활의 비밀과 자유의 불가침을 신설하였으며, 국회의 국정조사권을 규정하였다.

05 대한민국 헌정사에 관한 설명으로 옳지 않은 것은?

25. 소방간부

① 제헌헌법은 대통령이 사고로 인하여 직무를 수행할 수 없을 때에는 부통령이 그 권한을 대행하도록 규정하였다.
② 1960.6.15. 개정헌법(제2공화국 헌법)은 국회를 민의원과 참의원으로 구성하도록 함으로써 양원제를 채택하였다.
③ 1972.12.27. 개정헌법(유신헌법)은 대통령의 임기를 6년으로 정하면서, 통일주체국민회의에서 간접선거로 대통령을 선출하도록 하였다.
④ 1980.10.27. 개정헌법(제5공화국 헌법)은 대통령의 임기를 7년으로 정하면서, 대통령선거는 대통령선거인단에 의한 간접선거방식으로 규정하였다.
⑤ 1987.10.29. 개정헌법(현행헌법)은 헌법에 마련된 개정절차에 따라 여야 합의에 의하여 개정된 헌법이나, 군(軍)의 정치적 중립을 규정하지는 못하였다.

해설

⑤ [×] 헌법에 마련된 개정절차에 따라 여야 합의에 의하여 개정된 헌법이며, 군(軍)의 정치적 중립을 명문화하였다.

헌법 제5조 ② 국군은 국가의 안전보장과 국토방위의 신성한 의무를 수행함을 사명으로 하며, 그 정치적 중립성은 준수된다.

① [O]

제헌헌법(1948년) 제52조 대통령이 사고로 인하여 직무를 수행할 수 없을 때에는 부통령이 그 권한을 대행하고 대통령, 부통령 모두 사고로 인하여 그 직무를 수행할 수 없을 때에는 국무총리가 그 권한을 대행한다.

② [O]

제3차 개정헌법(1960년) 제31조 입법권은 국회가 행한다. 국회는 민의원과 참의원으로써 구성한다.

③ [O]

제7차 개정헌법(1972년) 제39조 ① 대통령은 통일주체국민회의에서 토론없이 무기명투표로 선거한다. 제47조 대통령의 임기는 6년으로 한다.

④ [O]

제8차 개정헌법(1980년) 제39조 ① 대통령은 대통령선거인단에서 무기명투표로 선거한다. 제45조 대통령의 임기는 7년으로 하며, 중임할 수 없다.

06 역대 헌법에 관한 설명으로 가장 적절한 것은?

25. 경찰 1차

① 1948년 제헌헌법은 선거권자의 연령을 "20세"로 규정하였다.
② 1954년 제2차 개정헌법은 처음으로 지방자치를 규정하였다.
③ 1960년 제3차 개정헌법은 헌법기관으로서 "중앙선거위원회"를 규정하였다.
④ 1962년 제5차 개정헌법은 지방자치단체의 장을 주민이 직접 선거하도록 규정하였다.

해설

③ [O] 1960년 제3차 개정헌법은 3·15 부정선거에 대한 반성으로 중앙선거관리위원회를 헌법기관으로 처음 규정하였다. 각급선거관리위원회는 1962년 제5차 개정헌법에서 규정하였다.

제3차 개정헌법(1960년) 제75조의2 선거의 관리를 공정하게 하기 위하여 중앙선거위원회를 둔다.

① [×] 1948년 제헌헌법은 선거권자의 연령을 직접 규정하지 않았고 법률에 위임했다. 1960년 제3차 개정헌법부터 선거권자의 연령을 20세로 규정하였다(제3차 개정헌법부터 제8차 개정헌법까지 직접 규정했었고, 현행헌법은 법률에 위임하고 있다).

제헌헌법(1948년) 제25조 모든 국민은 법률의 정하는 바에 의하여 공무원을 선거할 권리가 있다. 제3차 개정헌법(1960년) 제25조 모든 국민은 20세에 달하면 법률의 정하는 바에 의하여 공무원을 선거할 권리가 있다. 현행헌법 제24조 모든 국민은 법률이 정하는 바에 의하여 선거권을 가진다.

정답 | 04 ② 05 ⑤ 06 ③

② [×] 지방자치는 1948년 제헌헌법부터 규정하였다.

제헌헌법(1948년) 제96조 지방자치단체는 법령의 범위내에서 그 자치에 관한 행정사무와 국가가 위임한 행정사무를 처리하며 재산을 관리한다.

④ [×] 1960년 제3차 개정헌법에서 규정한 내용이다. 제5차 개정헌법은 지방자치단체의 장의 선임방법 등은 법률로 정하도록 했다.

제3차 개정헌법(1960년) 제97조 ② 지방자치단체의 장의 선임방법은 법률로써 정하되 적어도 시, 읍, 면의 장은 그 주민이 직접 이를 선거한다. 제5차 개정헌법(1962년) 제110조 ② 지방의회의 조직·권한·의원선거와 지방자치단체의 장의 선임방법 기타 지방자치단체의 조직과 운영에 관한 사항은 법률로 정한다.

07 대한민국 헌법의 역사에 관한 설명으로 가장 적절하지 않은 것은?

25. 경정승진

① 1960년 제3차 개정헌법은 공무원의 신분보장 및 정치적 중립성에 관한 조항을 신설하였다.

② 1962년 제5차 개정헌법은 인간의 존엄과 가치에 관한 조항을 신설하였다.

③ 1972년 제7차 개정헌법은 범죄피해자구조청구권에 관한 조항을 신설하였다.

④ 1987년 제9차 개정헌법은 신체의 자유와 관련하여 적법절차조항을 신설하였다.

해설

③ [×]

현행헌법(1987년) 제30조 타인의 범죄행위로 인하여 생명·신체에 대한 피해를 받은 국민은 법률이 정하는 바에 의하여 국가로부터 구조를 받을 수 있다.

① [O] 1960년 3·15 부정선거 이후 제3차 개정헌법에서 "공무원의 정치적 중립성과 신분은 법률의 정하는 바에 의하여 보장된다."라는 규정이 신설되어 직업공무원제도의 핵심 내용이 규정되었다.

제3차 개정헌법(1960년) 제27조 ② 공무원의 정치적 중립성과 신분은 법률의 정하는 바에 의하여 보장된다.

② [O]

제5차 개정헌법(1962년) 제8조 모든 국민은 인간으로서의 존엄과 가치를 가지며, 이를 위하여 국가는 국민의 기본적 인권을 최대한으로 보장할 의무를 진다.

④ [O] 적법절차의 원칙(due process of law)은 공권력에 의한 국민의 생명·자유·재산의 침해는 반드시 합리적이고 정당한 법률에 의거해서 정당한 절차를 밟은 경우에만 유효하다는 원리로서, 1987.10.29. 공포된 9차 개정헌법에서 처음으로 인신보호를 위한 헌법상의 기속원리로 채택되었는데, 그 의미는 누구든지 합리적이고 정당한 법률의 근거가 있고 적법한 절차에 의하지 아니하고는 체포·구속·압수·수색을 당하지 아니함은 물론, 형사처벌 및 행정벌과 보안처분, 강제노역 등을 받지 아니한다고 이해되는바, 이는 형사절차상의 제한된 범위 내에서만 적용되는 것이 아니라 국가작용으로서 기본권 제한과 관련되든 아니든 모든 입법작용 및 행정작용에도 광범위하게 적용된다고 해석하여야 한다(헌재 2001.11.29, 2001헌바41).

08 우리나라 헌정사에 대한 설명으로 가장 적절하지 않은 것은? 21. 경찰승진

① 제헌헌법(1948년)에서는 영리를 목적으로 하는 사기업 근로자의 이익분배균점권, 생활무능력자의 보호를 명시하였다.
② 제2차 개정헌법(1954년)에서는 주권의 제약 또는 영토의 변경을 가져올 국가안위에 관한 중대사항은 국회의 가결을 거친 후 국민투표에 붙여 결정하도록 하였다.
③ 제7차 개정헌법(1972년)에서는 대통령에게 국회의원 정수의 2분의 1의 추천권을 부여하였다.
④ 제8차 개정헌법(1980년)에서는 깨끗한 환경에서 생활할 권리인 환경권을 처음으로 규정하였다.

해설

③ [×] 제7차 개정헌법(1972년)에서는 대통령에게 국회의원 정수의 3분의 1의 추천권을 부여하였다.

> 제7차 개정헌법(1972년) 제40조 ① 통일주체국민회의는 국회의원 정수의 3분의 1에 해당하는 수의 국회의원을 선거한다.
> ② 제1항의 국회의원의 후보자는 대통령이 일괄 추천하며, 후보자 전체에 대한 찬반을 투표에 붙여 재적대의원 과반수의 출석과 출석대의원 과반수의 찬성으로 당선을 결정한다.
> ③ 제2항의 찬성을 얻지 못한 때에는 대통령은 당선의 결정이 있을 때까지 계속하여 후보자의 전부 또는 일부를 변경한 후보자명부를 다시 작성하여 통일주체국민회의에 제출하고 그 선거를 요구하여야 한다.
> ④ 대통령이 제2항의 후보자를 추천하는 경우에, 통일주체국민회의에서 선거할 국회의원 정수의 5분의 1의 범위 안에서 순위를 정한 예비후보자명부를 제출하여 제2항의 의결을 얻으면, 예비후보자는 명부에 기재된 순위에 따라 궐위된 통일주체국민회의선출 국회의원의 직을 승계한다.

① [O] 제헌헌법(1948년)에는 영리를 목적으로 하는 사기업 근로자의 이익분배균점권, 생활무능력자의 보호를 명시하였다.

> 제헌헌법(1948년) 제18조 근로자의 단결, 단체교섭과 단체행동의 자유는 법률의 범위내에서 보장된다.
> 영리를 목적으로 하는 사기업에 있어서는 근로자는 법률의 정하는 바에 의하여 이익의 분배에 균점할 권리가 있다.
>
> 제19조 노령, 질병 기타 근로능력의 상실로 인하여 생활유지의 능력이 없는 자는 법률의 정하는 바에 의하여 국가의 보호를 받는다.

② [O] 제2차 개정헌법(1954년)에서는 주권의 제약 또는 영토의 변경을 가져올 국가안위에 관한 중대사항은 국회의 가결을 거친 후 국민투표에 붙여 결정하도록 하였다.

> 제2차 개정헌법(1954년) 제7조의2 대한민국의 주권의 제약 또는 영토의 변경을 가져올 국가안위에 관한 중대사항은 국회의 가결을 거친 후에 국민투표에 부하여 민의원의원선거권자 3분지 2 이상의 투표와 유효투표 3분지 2 이상의 찬성을 얻어야 한다.
> 전항의 국민투표의 발의는 국회의 가결이 있은 후 1개월 이내에 민의원의원선거권자 50만인 이상의 찬성으로써 한다.
> 국민투표에서 찬성을 얻지 못한 때에는 제1항의 국회의 가결사항은 소급하여 효력을 상실한다.
> 국민투표의 절차에 관한 사항은 법률로써 정한다.

④ [O] 제8차 개정헌법(1980년)에서는 깨끗한 환경에서 생활할 권리인 환경권을 처음으로 규정하였다.

> 제8차 개정헌법(1980년) 제33조 모든 국민은 깨끗한 환경에서 생활할 권리를 가지며, 국가와 국민은 환경보전을 위하여 노력하여야 한다.

정답 | 07 ③ 08 ③

09 대한민국헌정사에 대한 설명으로 옳은 것은?

22. 5급 공채

① 1960년 제3차 개정헌법은 대법원장과 대법관의 선거제를 처음 채택하였다.
② 1972년 제7차 개정헌법은 중앙선거관리위원회를 헌법기관으로 처음 도입하였다.
③ 1980년 제8차 개정헌법은 인간의 존엄과 가치를 최초로 규정하였다.
④ 1987년 제9차 개정헌법은 국가의 적정임금보장을 최초로 규정하였다.

해설

① [O]

제3차 개정헌법(1960년) 제78조 대법원장과 대법관은 법관의 자격이 있는 자로써 조직되는 선거인단이 이를 선거하고 대통령이 확인한다.

▶ 제5차 개정헌법에서 다시 대통령이 임명하도록 개정하였다.

② [×] 제3차 개정헌법은 중앙선거관리위원회를 헌법기관으로 처음 도입하였다.

▶ 각급 선관위는 제5차 개정헌법에서 헌법기관으로 처음 도입하였다.

③ [×] 제5차 개정헌법은 인간의 존엄과 가치를 최초로 규정하였다.

④ [×] 제8차 개정헌법은 국가의 적정임금보장에 노력하여야 함을 최초로 규정하였다.

제8차 개정헌법(1980년) 제30조 ① 모든 국민은 근로의 권리를 가진다. 국가는 사회적·경제적 방법으로 근로자의 고용의 증진과 적정임금의 보장에 노력하여야 한다.

▶ 제9차 개정헌법에서는 최저임금제의 시행을 규정하였다.

제9차 개정헌법(1987년) 제32조 ① 모든 국민은 근로의 권리를 가진다. 국가는 사회적·경제적 방법으로 근로자의 고용의 증진과 적정임금의 보장에 노력하여야 하며, 법률이 정하는 바에 의하여 최저임금제를 시행하여야 한다.

10 대한민국헌정사에 대한 설명으로 옳지 않은 것은?

22. 입법고시

① 1952년 제1차 개정헌법에서는 국회의 구조와 관련하여 양원제를 최초로 규정하였다.
② 1960년 제3차 개정헌법에서는 헌법개정에 대한 국민투표를 최초로 규정하였다.
③ 1962년 제5차 개정헌법에서는 인간다운 생활을 할 권리를 최초로 규정하였다.
④ 1980년 제8차 개정헌법에서는 평생교육에 관한 권리를 최초로 규정하였다.
⑤ 1987년 제9차 개정헌법에서는 형사피의자의 형사보상청구권을 최초로 규정하였다.

해설

② [×] 헌법개정에 대한 국민투표를 최초로 규정한 것은 5차 개정헌법에서의 일이다.

① [O] 1952년 제1차 개정헌법에서는 국회의 구조와 관련하여 양원제를 최초로 규정하였으나, 실제로 시행되지는 않았다.

③ [O] 1962년 제5차 개정헌법에서는 인간다운 생활을 할 권리를 최초로 규정하였다.

④ [O] 1980년 제8차 개정헌법에서는 평생교육에 관한 권리를 최초로 규정하였다.

▶ 모든 국민의 균등하게 교육을 받을 권리는 제헌헌법에서 최초로 규정하였다.

▶ "능력에 따라" 균등하게 교육을 받을 권리는 제5차 개정헌법에서 최초로 규정하였다.

⑤ [O] 형사보상청구권은 건국헌법에서부터 규정된 사항으로 피고인만을 대상으로 하였다가 현행헌법에서 인정범위를 피의자까지 확대하였다.

11 우리나라 헌법재판제도의 역사에 대한 설명으로 옳지 않은 것만을 <보기>에서 모두 고르면? 22. 국회직 8급

〈보기〉

㉠ 제헌헌법은 탄핵사건을 심판하기 위하여 법률로써 헌법위원회를 설치하도록 규정하였다.
㉡ 제3차 개정헌법은 헌법재판소가 탄핵재판, 정당의 해산, 권한쟁의, 헌법소원을 관장하도록 규정하였다.
㉢ 제5차 개정헌법은 탄핵사건을 심판하기 위하여 탄핵심판위원회를 두도록 규정하였다.
㉣ 제7차 개정헌법은 헌법위원회가 탄핵, 정당의 해산, 법원의 제청에 의한 법률의 위헌여부를 심판하도록 규정하였다.
㉤ 제8차 개정헌법은 대법원이 탄핵, 정당의 해산, 법률의 위헌 여부를 심판하도록 규정하였다.

① ㉠, ㉡, ㉢
② ㉠, ㉡, ㉤
③ ㉠, ㉢, ㉣
④ ㉡, ㉣, ㉤
⑤ ㉢, ㉣, ㉤

해설

옳지 않은 것은 ㉠, ㉡, ㉤이다.

㉠ [×] 제헌헌법에서 헌법위원회는 위헌법률심판을 담당하였으며, 탄핵사건은 탄핵재판소가 담당하였다.

> 제헌헌법(1948년) 제47조 탄핵사건을 심판하기 위하여 법률로써 탄핵재판소를 설치한다.

㉡ [×] 제3차 개정헌법은 헌법재판소가 위헌법률심판, 탄핵심판, 정당해산심판, 권한쟁의심판을 관장하였다. 헌법소원은 현행헌법(제9차 개정헌법)에서 최초로 도입하였다.

㉢ [O] 제5차 개정헌법은 탄핵사건을 심판하기 위하여 탄핵심판위원회를 두었다.

㉣ [O] 제7차 개정헌법은 헌법위원회가 탄핵, 정당의 해산, 법원의 제청에 의한 법률의 위헌여부를 심판하였다.

㉤ [×] 제7차, 제8차 개정헌법은 헌법위원회가 탄핵, 정당의 해산, 법원의 제청에 의한 법률의 위헌 여부를 심판하도록 규정하였다.

☑ 헌법제도의 역사

<table>
<tr><th>구분</th><th>제1공화국</th><th>제2공화국</th><th>제3공화국</th><th>제4, 제5공화국</th><th>제6공화국</th></tr>
<tr><td>위헌
법률심판</td><td>헌법위원회</td><td>헌법재판소
(추상적 · 구체적)</td><td>대법원</td><td rowspan="3">헌법위원회</td><td rowspan="5">헌법재판소
(헌법소원
최초도입)</td></tr>
<tr><td>탄핵심판</td><td>탄핵재판소</td><td>○</td><td>탄핵심판위원회</td></tr>
<tr><td>정당해산</td><td>×</td><td>○</td><td>대법원</td></tr>
<tr><td>권한쟁의</td><td>×</td><td>○(국가기관만)</td><td>×</td><td rowspan="2">×</td></tr>
<tr><td>헌법소원</td><td>×</td><td>×</td><td>×</td></tr>
</table>

정답 | 09 ① 10 ② 11 ②

12 우리 헌정사에 대한 설명으로 가장 적절한 것은?

22. 경찰간부

① 1948년 제헌헌법은 대통령, 부통령, 국무총리를 모두 두었으며 대통령 궐위시 부통령이 지위를 승계한다고 규정하였다.

② 1952년 제1차 개정헌법은 국회의 양원제를 규정하여 민의원과 참의원이 운영되었으며 국무위원에 대한 개별적 불신임제를 채택하였다.

③ 1960년 제3차 개정헌법은 기본권의 본질적 내용 침해금지 조항을 신설하였으며 선거권 연령을 법률로 위임하지 않고 헌법에서 직접 규정하였다.

④ 1972년 제7차 개정헌법은 대통령이 제안한 헌법개정안이 통일주체국민회의의 의결로 확정하도록 규정하였고 대통령에게 국회의원 정수 3분의 2의 추천권을 부여하였다.

해설

③ [O] 1960년 제3차 개정헌법은 기본권의 본질적 내용 침해금지 조항을 신설하였다.

▶ 기본권의 본질적 내용 침해금지 조항은 이후 1972년 제7차 개정헌법에서 삭제되었다가, 1980년 제8차 개정헌법에서 부활되었다.

① [×] 1954년 제2차 개정헌법에서 대통령 궐위시 부통령이 승계한다고 규정하였다.

▶ 제헌헌법은 대통령 또는 부통령 궐위된 때에는 즉시 그 후임자를 선거한다고 규정하였다.

② [×] 1952년 제1차 개정헌법은 국회의 양원제를 규정하였으나, 실제로는 단원제로 운영되었다. 국회의 국무원에 대한 개별적 불신임제를 채택(=국무원연대책임제 폐지)한 것은 1954년 제2차 개정헌법에서의 일이다.

▶ 1952년 제1차 개정헌법은 국무원의 권한에 속하는 일반국무에 관하여는 국무총리와 국무위원의 연대책임을 규정하였다.

제1차 개정헌법(1952년) 제70조 ③ 국무총리와 국무위원은 국회에 대하여 국무원의 권한에 속하는 일반국무에 관하여는 연대책임을 지고 각자의 행위에 관하여는 개별책임을 진다.

④ [×] 1972년 제7차 개정헌법은 대통령이 제안한 헌법개정안이 국민투표로, 국회의원이 제안한 경우에는 통일주체국민회의의 의결로 확정하도록 규정하였고, 대통령에게 국회의원 정수 3분의 1의 추천권을 부여하였다.

제7차 개정헌법(1972년) 제40조 ① 통일주체국민회의는 국회의원 정수의 3분의 1에 해당하는 수의 국회의원을 선거한다. ② 제1항의 국회의원의 후보자는 대통령이 일괄 추천하며, 후보자 전체에 대한 찬반을 투표에 붙여 재적대의원 과반수의 출석과 출석대의원 과반수의 찬성으로 당선을 결정한다.

▶ 대통령이 국회의원 정수 3분의 1의 추천하면 통일주체국민회의는 국회의원 정수의 3분의 1에 해당하는 수의 국회의원을 선거한다. 즉, 대통령의 국회의원 정수 3분의 1의 추천권과, 통일주체국민회의의 국회의원 정수의 3분의 1의 선거권은 별개가 아니다.

13 우리 헌법의 역사에 대한 설명으로 옳은 것은?

22. 국회직 9급

① 1962년 제5차 개정헌법에서는 헌법재판소가 위헌법률심사를 담당하였다.

② 1980년 제8차 개정헌법에서는 대통령 직선제를 채택하였다.

③ 1972년 제7차 개정헌법에서는 대법원이 위헌법률심사와 정당해산심판을 담당하였다.

④ 1948년 제헌헌법에서는 사회정의 실현과 균형 있는 국민경제 발전에 필요한 범위 내에서 개인의 경제상 자유를 보장하였다.

⑤ 1987년 제9차 개정헌법에서는 근로자의 적정임금 보장, 재외국민보호의무 규정을 신설하고 형사보상청구권을 피의자까지 확대인정하였다.

해설

④ [O]

제헌헌법(1948년) 제84조 대한민국의 경제질서는 모든 국민에게 생활의 기본적 수요를 충족할 수 있게 하는 사회정의의 실현과 균형있는 국민경제의 발전을 기함을 기본으로 삼는다. 각인의 경제상 자유는 이 한계 내에서 보장된다.

① [×] 제4차 개정헌법(제3공화국 헌법)에서는 대법원이 위헌법률심사를 담당하였다.

② [×] 제1차 개정헌법에서 직선제를 채택하였다가, 제3차 개정헌법(제2공화국 헌법)에서 간선제로 변경하였다. 이후 5차 개정헌법(제3공화국 헌법)에서 다시 직선제로 변경하였고, 제7차 개정헌법(제4공화국 헌법)에서 간선제로 변경하였다. 이후 제9차 개정헌법(현행헌법)에서 직선제로 변경하였다.

③ [×] 제7차 개정헌법에서는 위헌법률심사, 탄핵심판, 위헌정당해산심판을 헌법위원회가 담당하였다. 제8차 개헌에서도 이를 유지하였다.

⑤ [×] 근로자의 적정임금 보장, 재외국민보호 규정을 신설한 것은 제8차 개정헌법이다. 재외국민보호'의무'를 추가한 것은 제9차 개정헌법이다. 건국헌법에서부터 규정되었던 피고인에 대한 형사보상청구권의 범위를 확대한 것은 제9차 개정헌법(현행 헌법)에서의 개정 사항이다.

14 헌정사에 대한 설명으로 옳지 않은 것은?

22. 국가직 7급

① 제1차 헌법개정(1952년 헌법)에서는 국무위원 임명에 있어서 국무총리의 제청권을 규정하였다.

② 제3차 헌법개정(1960년 헌법)에서는 위헌법률심판 및 헌법소원심판을 위한 헌법재판소를 설치하였다.

③ 제5차 헌법개정(1962년 헌법)에서는 헌법전문(前文)을 최초로 개정하여 4·19 이념을 명문화하였다.

④ 제8차 헌법개정(1980년 헌법)에서는 행복추구권, 사생활의 비밀과 자유에 관한 규정을 신설하였다.

해설

② [×] 헌법소원심판은 현행헌법에서 최초로 도입되었다.

① [O]

제1차 개정헌법(1952년) 제69조 국무위원은 국무총리의 제청에 의하여 대통령이 임면한다.

③ [O] 제5차 개정헌법(1962년)에서 헌법전문을 최초로 개정하여 "4·19의거와 5·16혁명의 이념에 입각"한다고 규정하였다.

제5차 개정헌법(1962년) 전문 유구한 역사와 전통에 빛나는 우리 대한국민은 3·1운동의 숭고한 독립정신을 계승하고 4·19의거와 5·16혁명의 이념에 입각하여 새로운 민주공화국을 건설함에 있어서, … 1948년 7월 12일에 제정된 헌법을 이제 국민투표에 의하여 개정한다.

④ [O] 1980년 제5공화국 헌법에서 행복추구권, 사생활의 비밀과 자유 등을 최초로 규정하였다.

제8차 개정헌법(1980년) 제9조 모든 국민은 인간으로서의 존엄과 가치를 가지며, 행복을 추구할 권리를 가진다. 국가는 개인이 가지는 불가침의 기본적 인권을 확인하고 이를 보장할 의무를 진다.

제16조 모든 국민은 사생활의 비밀과 자유를 침해받지 아니한다.

정답 | 12 ③ 13 ④ 14 ②

15 헌법의 역사에 관한 설명 중 옳은 것은?

23. 변호사

① 1948년 헌법은 국가의 세입·세출의 결산, 국가 및 법률에 정한 단체의 회계 검사와 행정기관 및 공무원의 직무에 관한 감찰을 하기 위하여 대통령 소속하에 감사원을 두도록 규정하였다.

② 1954년 헌법은 대통령이 사고로 인하여 직무를 수행할 수 없을 때에는 부통령이 그 권한을 대행하고, 대통령·부통령 모두 사고로 인하여 그 직무를 수행할 수 없을 때에는 국무총리가 그 권한을 대행하도록 규정하였다.

③ 1962년 헌법은 국회의원에 입후보하려면 소속 정당의 추천을 받도록 규정하였다.

④ 1972년 헌법은 국민의 주권적 수임기관으로 통일주체국민회의를 설치하고, 통일주체국민회의에서 대통령과 국회의원 정수의 2분의 1에 해당하는 수의 국회의원을 선출하도록 규정하였다.

⑤ 1980년 헌법은 국회가 국무총리 또는 국무위원에 대하여 개별적으로 그 해임을 건의할 수 있으나, 국무총리에 대한 해임건의는 국회가 임명동의를 한 후 1년 이내에는 할 수 없도록 규정하였다.

해설

③ [O]

> 제5차 개정헌법(1962년) 제36조 ③ 국회의원 후보가 되려하는 자는 소속정당의 추천을 받아야 한다.
> 제64조 ③ 대통령후보가 되려 하는 자는 소속정당의 추천을 받아야 한다.

① [×] 해당 지문은 현행 헌법의 내용으로 감사원은 제3공화국 헌법 때 처음 생긴 것이다.

> 헌법 제97조 국가의 세입·세출의 결산, 국가 및 법률이 정한 단체의 회계검사와 행정기관 및 공무원의 직무에 관한 감찰을 하기 위하여 대통령 소속하에 감사원을 둔다.

② [×] 해당 지문은 제헌헌법의 내용으로, 제2차 개정헌법 때 국무총리제도는 폐지되었다.

> 제헌헌법(1948년) 제52조 대통령이 사고로 인하여 직무를 수행할 수 없을 때에는 부통령이 그 권한을 대행하고 대통령, 부통령 모두 사고로 인하여 그 직무를 수행할 수 없을 때에는 국무총리가 그 권한을 대행한다.

④ [×]

> 제7차 개정헌법(1972년) 제40조 ① 통일주체국민회의는 국회의원 정수의 3분의 1에 해당하는 수의 국회의원을 선거한다.

⑤ [×] 국회는 해임건의권이 아닌 의결권이 있었다.

> 제8차 개정헌법(1980년) 제99조 ① 국회는 국무총리 또는 국무위원에 대하여 개별적으로 그 해임을 의결할 수 있다. 다만, 국무총리에 대한 해임의결은 국회가 임명동의를 한 후 1년 이내에는 할 수 없다.

16 대한민국헌정사에 대한 설명으로 옳은 것은?

23. 입법고시

① 1948년 제헌헌법은 국회 의결을 거쳐 국민투표로 확정되었다.

② 1954년 제2차 개정헌법에서 국무총리제를 폐지하고, 헌법개정안에 대한 국민발안제도와 주권제약·영토변경에 대한 국민투표제도를 규정하였다.

③ 1960년 제3차 개정헌법에서 최초로 양원제를 규정하였다.

④ 1969년 제6차 개정헌법에서 대통령의 임기는 4년으로 하고, 1차에 한하여 중임할 수 있도록 규정하였다.

⑤ 1980년 제8차 개정헌법에서 법원의 제청에 의한 법률의 위헌여부 심판, 탄핵의 심판, 정당의 해산심판 및 법률이 정하는 헌법소원에 관한 심판을 헌법위원회가 관장하도록 규정하였다.

해설

② [O] 1954년 제2차 개정헌법에 대한 옳은 내용이다.
① [×] 1948년 제헌헌법은 국민투표를 거치지 않고 확정되었다.
③ [×] 1952년 제1차 개정헌법에서 최초로 양원제를 규정하였다.
④ [×] 1969년 제6차 개정헌법에서 대통령의 연임을 3기로 한정하였다. 대통령의 임기를 4년으로 하고 1차에 한하여 중임할 수 있도록 규정한 것은 제헌헌법과 제5차 개정헌법이다.
⑤ [×] 헌법소원에 관한 심판이 최초로 규정된 것은 제9차 개정헌법이다.

17 대한민국헌정사에 관한 설명으로 가장 적절한 것은? (다툼이 있는 경우 판례에 의함) 23. 경찰경채

① 우리 헌법은 제헌헌법 이래 신체의 자유를 보장하는 규정을 두었는데, 원래 '구금'이라는 용어를 사용해 오다가 현행 헌법개정시에 이를 '구속'이라는 용어로 바꾸었다.
② 1980년 개정헌법에서는 주권적 수임기관인 통일주체국민회의가 토론 없이 무기명투표로 대통령을 선거하며, 국회의원 정수의 3분의 1에 해당하는 수의 국회의원을 선거한다고 규정하였다.
③ 1972년 개정헌법에서는 인간의 존엄과 가치에 관한 규정을 처음 도입하였다.
④ 1960년 개정헌법에서는 국회가 단원제였으며, 재적국회의원 3분지 2 이상의 투표로 대통령을 선출하고, 대통령이 지명한 국무총리에 대한 동의권을 가진다고 규정하였다.

해설

① [O] 우리 헌법은 제헌헌법 이래 신체의 자유를 보장하는 규정을 두었는데, 원래 "구금"이라는 용어를 사용해 오다가 현행 헌법개정시에 이를 "구속"이라는 용어로 바꾸었다. 현행헌법 개정시에 종전의 "구금"을 "구속"으로 바꾼 이유를 정확히 확인할 수 있는 자료를 찾기는 어렵다. 다만 '국민의 신체와 생명에 대한 보호를 강화'하는 것이 현행 헌법의 주요 개정이유임을 고려하면, 현행 헌법이 종래의 "구금"을 "구속"으로 바꾼 것은 헌법 제12조에 규정된 신체의 자유의 보장 범위를 구금된 사람뿐 아니라 구인된 사람에게까지 넓히기 위한 것으로 해석하는 것이 타당하다(헌재 2018.5.31, 2014헌마346).
② [×] 1980년 개정헌법이 아닌 1972년 개정헌법이다.

> 제7차 개정헌법(1972년) 제39조 ① 대통령은 통일주체국민회의에서 토론 없이 무기명투표로 선거한다.
> 제40조 ① 통일주체국민회의는 국회의원 정수의 3분의 1에 해당하는 수의 국회의원을 선거한다.

③ [×] 1972년 개정헌법이 아닌 1962년 개정헌법이다.

> 제5차 개정헌법(1962년) 제8조 모든 국민은 인간으로서의 존엄과 가치를 가지며, 이를 위하여 국가는 국민의 기본적 인권을 최대한으로 보장할 의무를 진다.

④ [×] 단원제가 아닌 양원제였으며, 민의원이 국무총리에 대한 동의권을 갖는다고 규정하였다.

> 제3차 개정헌법(1960년) 제31조 입법권은 국회가 행한다. 국회는 민의원과 참의원으로써 구성한다.
> 제53조 대통령은 양원합동회의에서 선거하고 재적국회의원 3분지 2 이상의 투표를 얻어 당선된다.
> 제69조 국무총리는 대통령이 지명하여 민의원의 동의를 얻어야 한다.

정답 | 15 ③ 16 ② 17 ①

18 역대 헌법에 관한 설명으로 가장 적절하지 않은 것은? 23. 경찰 2차

① 1952년 제1차 개정헌법에서는 국무총리와 국무위원은 국회에 대하여 국무원의 권한에 속하는 일반 국무에 관하여는 연대책임을 지고 각자의 행위에 관하여는 개별책임을 진다고 규정하였다.

② 1962년 제5차 개정헌법에서는 국회의원 후보가 되려 하는 자는 소속 정당의 추천을 받아야 하며, 국회의원이 임기 중 당적을 이탈하거나 변경한 때 또는 소속 정당이 해산된 때에는 그 자격이 상실되지만 합당 또는 제명으로 소속이 달라지는 경우에는 예외로 한다고 규정하였다.

③ 1972년 제7차 개정헌법에서는 대통령은 통일주체국민회의에서 토론 없이 무기명투표로 선거하고, 국회의원 정수의 3분의 1에 해당하는 수의 국회의원도 통일주체국민회의에서 선거하도록 규정하였다.

④ 1980년 제8차 개정헌법에서는 국회가 상호원조 또는 안전보장에 관한 조약, 국제조직에 관한 조약, 통상조약, 주권의 제약에 관한 조약, 강화조약, 국가나 국민에게 중대한 재정적 부담을 지우는 조약 또는 입법사항에 관한 조약의 체결비준에 대한 동의권을 가진다고 규정하였다.

해설

④ [×] 1980년 제8차 개정헌법 제96조에는 '중요한' 국제조직에 관한 조약, 통상조약이 아닌 '우호통상항해조약'이라고 규정하고 있다.

> 제8차 개정헌법(1980년) 제96조 ① 국회는 상호원조 또는 안전보장에 관한 조약, 중요한 국제조직에 관한 조약, 우호통상항해조약, 주권의 제약에 관한 조약, 강화조약, 국가나 국민에게 중대한 재정적 부담을 지우는 조약 또는 입법사항에 관한 조약의 체결·비준에 대한 동의권을 가진다.
>
> 제7차 개정헌법(1972년) 제95조 ① 국회는 상호원조 또는 안전보장에 관한 조약, 국제조직에 관한 조약, 통상조약, 어업조약, 강화조약, 국가나 국민에게 재정적 부담을 지우는 조약, 외국군대의 지위에 관한 조약 또는 입법사항에 관한 조약의 체결·비준에 대한 동의권을 가진다.

① [O]

> 제1차 개정헌법(1952년) 제70조 ③ 국무총리와 국무위원은 국회에 대하여 국무원의 권한에 속하는 일반국무에 관하여는 연대책임을 지고 각자의 행위에 관하여는 개별책임을 진다.

② [O]

> 제5차 개정헌법(1962년) 제38조 국회의원은 임기중 당적을 이탈하거나 변경한 때 또는 소속정당이 해산된 때에는 그 자격이 상실된다. 다만, 합당 또는 제명으로 소속이 달라지는 경우에는 예외로 한다.

③ [O]

> 제7차 개정헌법(1972년) 제39조 ① 대통령은 통일주체국민회의에서 토론 없이 무기명투표로 선거한다.
>
> 제40조 ① 통일주체국민회의는 국회의원 정수의 3분의 1에 해당하는 수의 국회의원을 선거한다.

19 대한민국헌법 제정과 개정에 대한 설명으로 가장 적절하지 않은 것은? 23. 경찰간부

① 1948년 제헌헌법에서 대한민국의 경제질서는 모든 국민에게 생활의 기본적 수요를 충족할 수 있게 하는 사회정의의 실현과 균형있는 국민경제의 발전을 기함을 기본으로 하며, 각인의 경제상 자유는 이 한계 내에서 보장된다고 규정하였다.
② 제3차 헌법개정(1960년 6월 헌법)에서는 대한민국의 주권의 제약 또는 영토의 변경을 가져올 국가안위에 관한 중대사항은 국회의 가결을 거친 후에 국민투표에 부하여 민의원의원선거권자 3분지 2 이상의 투표와 유효투표 3분지 2 이상의 찬성을 얻어야 한다고 처음으로 규정하였다.
③ 제5차 헌법개정(1962년 헌법)에서 국회의원은 임기중 당적을 이탈하거나 변경한 때 또는 소속정당이 해산된 때에는 그 자격을 상실하나, 합당 또는 제명으로 소속이 달라지는 경우에는 예외로 하도록 규정하였다.
④ 제7차 헌법개정(1972년 헌법)에서는 조국의 평화적 통일을 추진하기 위하여 온 국민의 총의에 의한 국민적 조직체로서 조국통일의 신성한 사명을 가진 국민의 주권적 수임기관으로서 통일주체국민회의를 설치하였다.

해설

② [×] 제3차 개정헌법이 아닌 제2차 개정헌법(1954년)에 대한 설명이다.

> 제2차 개정헌법(1954년) 제7조의2 대한민국의 주권의 제약 또는 영토의 변경을 가져올 국가안위에 관한 중대사항은 국회의 가결을 거친 후에 국민투표에 부하여 민의원의원선거권자 3분지 2 이상의 투표와 유효투표 3분지 2 이상의 찬성을 얻어야 한다.

① [O]

> 제헌헌법(1948년) 제84조 대한민국의 경제 질서는 모든 국민에게 생활의 기본적 수요를 충족할 수 있게 하는 사회정의의 실현과 균형 있는 국민 경제의 발전을 기함을 기본으로 삼는다. 각인의 경제상 자유는 이 한계 내에서 보장된다.

③ [O]

> 제5차 개정헌법(1962년) 제38조 국회의원은 임기중 당적을 이탈하거나 변경한 때 또는 소속정당이 해산된 때에는 그 자격이 상실된다. 다만, 합당 또는 제명으로 소속이 달라지는 경우에는 예외로 한다.

④ [O]

> 제7차 개정헌법(1972년) 제35조 통일주체국민회의는 조국의 평화적 통일을 추진하기 위한 온 국민의 총의에 의한 국민적 조직체로서 조국통일의 신성한 사명을 가진 국민의 주권적 수임기관이다.

20 대한민국헌법의 역사에 관한 설명 중 가장 적절하지 않은 것은? 24. 경정승진

① 1960년 제3차 개정헌법은 중앙선거위원회를 처음으로 규정하였다.
② 1962년 제5차 개정헌법은 기본권의 본질적 내용의 침해금지조항을 처음으로 규정하였다.
③ 1980년 제8차 개정헌법은 형사피고인의 무죄추정원칙을 처음으로 명문화하였다.
④ 1987년 제9차 개정헌법은 적법절차원칙을 처음으로 명문화하였다.

정답 | 18 ④ 19 ② 20 ②

해설

② [×] 제3차 개정헌법(1960년)은 기본권의 본질적 내용의 침해금지조항을 처음으로 규정하였다.

① [O] 제헌헌법은 선거관리를 행정부의 권한으로 하고 별도로 독립된 선거관리기구를 두지 않았다. 이후 제3차 개정헌법(1960년)에서는 3·15 부정선거에 대한 반성으로 중앙선거관리위원회를 별도로 처음 규정하였다.

③ [O] 제8차 개정헌법(1980년)은 형사피고인의 무죄추정원칙을 처음으로 명문화하였다.

④ [O] 현행헌법인 제9차 개정헌법(1987년)은 적법절차원칙을 처음으로 명문화하였다.

제2절 | 대한민국의 국가형태와 구성요소

■ 국적법

01 다음 국적에 관한 설명 중 가장 옳지 않은 것은? (다툼이 있는 경우 판례에 의함) 24. 해경간부

① 대한민국 국적을 취득한 외국인으로서 외국 국적을 가지고 있는 자는 대한민국 국적을 취득한 날부터 1년 내에 그 외국 국적을 포기하여야 하며, 이를 이행하지 아니하여 대한민국 국적을 상실한 자가 그 후 1년 내에 그 외국 국적을 포기하면 법무부장관에게 신고함으로써 대한민국 국적을 재취득할 수 있다.

② 대한민국의 국민으로서 외국인과의 혼인으로 그 배우자의 국적을 취득하게 된 자는 그 외국국적을 취득한 때부터 6개월 내에 법무부장관에게 대한민국의 국적을 보유할 의사가 있다는 뜻을 신고하지 아니하면 그 외국 국적을 취득한 때로부터 소급하여 대한민국 국적을 상실한 것으로 본다.

③ '품행이 단정할 것'이라는 외국인의 귀화허가요건은 '귀화신청자를 대한민국의 새로운 구성원으로 받아들이는 데 지장이 없을 만한 품성과 행실을 갖춘 것'을 의미하므로 명확성원칙에 위배되지 않는다.

④ 출생 당시에 모가 자녀에게 외국 국적을 취득하게 할 목적으로 외국에서 체류 중이었던 사실이 인정되는 자는 대한민국에서 외국 국적을 행사하지 않겠다는 서약을 한 후 대한민국 국적을 선택한다는 뜻을 신고할 수 있다.

해설

④ [×] 출생 당시에 모가 자녀에게 외국 국적을 취득하게 할 목적으로 외국에서 체류 중이었던 사실이 인정되는 자는 외국 국적을 포기한 경우에만 대한민국 국적을 선택한다는 뜻을 신고할 수 있다(국적법 제13조 제3항).

> 국적법 제13조 【대한민국 국적의 선택 절차】 ① 복수국적자로서 제12조 제1항 본문에 규정된 기간 내에 대한민국 국적을 선택하려는 자는 외국 국적을 포기하거나 법무부장관이 정하는 바에 따라 대한민국에서 외국 국적을 행사하지 아니하겠다는 뜻을 서약하고 법무부장관에게 대한민국 국적을 선택한다는 뜻을 신고할 수 있다.
> ② 복수국적자로서 제12조 제1항 본문에 규정된 기간 후에 대한민국 국적을 선택하려는 자는 외국 국적을 포기한 경우에만 법무부장관에게 대한민국 국적을 선택한다는 뜻을 신고할 수 있다. 다만, 제12조 제3항 제1호의 경우에 해당하는 자는 그 경우에 해당하는 때부터 2년 이내에는 제1항에서 정한 방식으로 대한민국 국적을 선택한다는 뜻을 신고할 수 있다.
> ③ 제1항 및 제2항 단서에도 불구하고 출생 당시에 모가 자녀에게 외국 국적을 취득하게 할 목적으로 외국에서 체류 중이었던 사실이 인정되는 자는 외국 국적을 포기한 경우에만 대한민국 국적을 선택한다는 뜻을 신고할 수 있다.

① [O]

> 국적법 제10조 【국적 취득자의 외국 국적 포기 의무】 ① 대한민국 국적을 취득한 외국인으로서 외국 국적을 가지고 있는 자는 대한민국 국적을 취득한 날부터 1년 내에 그 외국 국적을 포기하여야 한다.
> ③ 제1항 또는 제2항을 이행하지 아니한 자는 그 기간이 지난 때에 대한민국 국적을 상실(喪失)한다.
>
> 제11조 【국적의 재취득】 ① 제10조 제3항에 따라 대한민국 국적을 상실한 자가 그 후 1년 내에 그 외국 국적을 포기하면 법무부장관에게 신고함으로써 대한민국 국적을 재취득할 수 있다.

② [O]

> 국적법 제15조【외국 국적 취득에 따른 국적 상실】② 대한민국의 국민으로서 다음 각 호의 어느 하나에 해당하는 자는 그 외국 국적을 취득한 때부터 6개월 내에 법무부장관에게 대한민국 국적을 보유할 의사가 있다는 뜻을 신고하지 아니하면 그 외국 국적을 취득한 때로 소급(遡及)하여 대한민국 국적을 상실한 것으로 본다.
> 1. 외국인과의 혼인으로 그 배우자의 국적을 취득하게 된 자

③ [O] 심판대상조항은 외국인에게 대한민국 국적을 부여하는 '귀화'의 요건을 정한 것인데, '품행', '단정' 등 용어의 사전적 의미가 명백하고, 심판대상조항의 입법취지와 용어의 사전적 의미 및 법원의 일반적인 해석 등을 종합해 보면, '품행이 단정할 것'은 '귀화신청자를 대한민국의 새로운 구성원으로서 받아들이는 데 지장이 없을 만한 품성과 행실을 갖춘 것'을 의미하고, 구체적으로 이는 귀화신청자의 성별, 연령, 직업, 가족, 경력, 전과관계 등 여러 사정을 종합적으로 고려하여 판단될 것임을 예측할 수 있다. 따라서 심판대상조항은 명확성원칙에 위배되지 아니한다(헌재 2016.7.28, 2014헌바421).

02 국적에 대한 설명으로 옳지 않은 것은? 24. 국회직 8급

① 법무부장관은 거짓이나 그 밖의 부정한 방법으로 귀화허가, 국적회복허가, 국적의 이탈 허가 또는 국적보유판정을 받은 자에 대하여 그 허가 또는 판정을 취소할 수 있다.

② 복수국적자가 외국에 주소가 있는 경우에만 국적이탈을 신고할 수 있도록 하는 국적법 제14조 제1항 본문은 복수국적자의 기회주의적 국적이탈을 방지하여 국민으로서 마땅히 부담해야 할 의무에 대한 악의적 면탈을 방지하고 국가공동체 운영의 기본원리를 지키고자 적어도 외국에 주소가 있는 자에게만 국적이탈을 허용하려는 것이므로 목적이 정당하고 그 수단도 적합하다.

③ 직계존속이 외국에서 영주할 목적 없이 체류한 상태에서 출생한 자는 병역의무를 해소한 경우에만 국적이탈 신고할 수 있도록 하는 구 국적법 제12조 제3항은 출입국 등 거주·이전 그 자체에 제한을 가하고 있으므로, 출입국에 관련하여 그 출생자의 거주·이전의 자유가 침해되는지 여부가 문제된다.

④ 복수국적자가 제1국민역에 편입된 날부터 3개월 이내에 하나의 국적을 선택하여야 하고 그때까지 대한민국 국적을 이탈하지 않으면 병역의무가 해소된 후에야 이탈할 수 있도록 한 국적법 조항은 '병역의무의 공평성 확보'라는 입법목적을 훼손하지 않으면서도 기본권을 덜 침해하는 방법이 있는데도 그러한 예외를 전혀 두지 않고 일률적으로 병역의무 해소 전에는 국적이탈을 할 수 없도록 하는바, 이는 피해의 최소성 원칙에 위배된다.

⑤ 국적회복허가에 애초 허가가 불가능한 불법적 요소가 개입되어 있었다면 어느 순간에 불법적 요소가 발견되었든 상관없이 그 허가를 취소함으로써 국법질서를 회복할 필요성이 있다.

해설

③ [×] 심판대상조항은 '직계존속이 외국에서 영주할 목적 없이 체류한 상태에서 출생한 자'에 대해서는 병역의무를 해소한 경우에만 대한민국 국적이탈을 신고할 수 있도록 하므로, 위와 같이 출생한 사람의 국적이탈의 자유를 제한한다. 다만 거주·이전의 자유를 규정한 헌법 제14조는 국적이탈의 자유의 근거조항이고 심판대상조항은 출입국 등 거주·이전 그 자체에 어떠한 제한을 가한다고 보기 어려운바, 출입국에 관련하여 거주·이전의 자유가 침해된다는 청구인의 주장에 대해서는 판단하지 아니한다. … 심판대상조항은 과잉금지원칙에 위배되어 국적이탈의 자유를 침해하지 아니한다(헌재 2023.2.23, 2019헌바462).

① [O]

> 국적법 제21조【허가 등의 취소】① 법무부장관은 거짓이나 그 밖의 부정한 방법으로 귀화허가, 국적회복허가, 국적의 이탈 허가 또는 국적보유판정을 받은 자에 대하여 그 허가 또는 판정을 취소할 수 있다.

정답 | 01 ④ 02 ③

② [O] 심판대상조항은 복수국적자의 기회주의적 국적이탈을 방지하여 국민으로서 마땅히 부담해야 할 의무에 대한 악의적 면탈을 방지하고 국가공동체 운영의 기본원리를 지키고자 적어도 외국에 주소가 있는 자에게만 국적이탈을 허용하려는 것이므로 목적이 정당하고 그 수단도 적합하다. … 심판대상조항은 과잉금지원칙에 위배되지 아니하므로 국적이탈의 자유를 침해하지 아니한다(헌재 2023.2.23, 2020헌바603).

④ [O] 병역준비역에 편입된 복수국적자의 국적선택 기간이 지났다고 하더라도, 그 기간 내에 국적이탈 신고를 하지 못한 데 대하여 사회통념상 그에게 책임을 묻기 어려운 사정, 즉 정당한 사유가 존재하고, 또한 병역의무 이행의 공평성 확보라는 입법목적을 훼손하지 않음이 객관적으로 인정되는 경우라면, 병역준비역에 편입된 복수국적자에게 국적선택 기간이 경과하였다고 하여 일률적으로 국적이탈을 할 수 없다고 할 것이 아니라, 예외적으로 국적이탈을 허가하는 방안을 마련할 여지가 있다. 이처럼 '병역의무의 공평성확보'라는 입법목적을 훼손하지 않으면서도 기본권을 덜 침해하는 방법이 있는데도 심판대상 법률조항은 그러한 예외를 전혀 두지 않고 일률적으로 병역의무 해소 전에는 국적이탈을 할 수 없도록 하는바, 이는 피해의 최소성 원칙에 위배된다. … 심판대상 법률조항은 과잉금지원칙에 위배되어 청구인의 국적이탈의 자유를 침해한다(헌재 2020.9.24, 2016헌마889).

⑤ [O] 심판대상조항은 국적 취득에 있어 진실성을 담보하고 사회구성원 사이의 신뢰를 확보하며 나아가 국가질서를 유지하기 위한 것으로 입법목적의 정당성이 인정되며, 하자 있는 국적회복허가를 취소하도록 하는 것은 위와 같은 입법목적을 달성하기 위한 적합한 방법이다. … 따라서 국적회복허가에 애초 허가가 불가능한 불법적 요소가 개입되어 있었다면 어느 순간에 불법적 요소가 발견되었든 상관없이 그 허가를 취소함으로써 국법질서를 회복할 필요성이 있다. … 따라서 심판대상조항은 과잉금지원칙에 위배하여 거주·이전의 자유 및 행복추구권을 침해하지 아니한다(헌재 2020.2.27, 2017헌바434).

03 국민의 헌법상 지위에 관한 설명으로 옳지 않은 것은? (다툼이 있는 경우 판례에 의함)

25. 소방간부

① 자신의 정치적 생각을 합법적인 집회와 시위를 통해 설파하거나 서명운동 등을 통해 자신과 의견이 같은 세력을 규합해 나가는 것은 국가의 안전에 대한 위협이 아니라 우리 헌법의 근본이념인 자유민주적 기본질서의 핵심적인 보장 영역에 속한다.

② 국민은 그 자체로 주권자이자 헌법개정의 주체로서 헌법에 의하여 설치되고 헌법과 법률에 의하여 독자적인 권한을 부여받은 기관이라고 할 수 있으므로 권한쟁의심판의 당사자가 될 수 있다.

③ 민주사회에서 헌법을 준수하고 그 권위를 보존하는 것을 기본으로 하는 까닭은 헌법이 국민적 합의에 의해 제정된 국민생활의 최고 도덕규범이며 정치생활의 가치규범으로서 정치와 사회질서의 지침을 제공하고 있기 때문이다.

④ 대의민주주의를 원칙으로 하는 오늘날의 민주정치 아래에서 국민의 참여는 기본적으로 선거를 통하여 이루어지므로 선거는 주권자인 국민이 그 주권을 행사하는 통로라고 할 수 있다.

⑤ 헌법 제2조 제1항에서 "대한민국의 국민이 되는 요건은 법률로 정한다."라고 규정한 것은 대한민국 국적의 취득뿐만 아니라 국적의 유지, 상실을 둘러싼 전반적인 법률관계를 법률로 형성하도록 입법자에게 위임한 것이다.

해설

② [×] 헌법재판소가 권한쟁의심판을 청구할 수 있는 국가기관의 종류와 범위에 관해 확립한 기준에 비추어 볼 때, '국민'인 청구인은 그 자체로는 헌법에 의하여 설치되고 헌법과 법률에 의하여 독자적인 권한을 부여받은 기관이라고 할 수 없으므로, '국민'인 청구인은 권한쟁의심판의 당사자가 되는 '국가기관'이 아니다(헌재 2017.5.25, 2016헌라2).

① [O] 자신의 정치적 생각을 집회와 시위를 통해 설파하거나 서명운동 등을 통해 자신과 의견이 같은 세력을 규합해 나가는 것은 국가의 안전에 대한 위협이 아니라, 우리 헌법의 근본이념인 '자유민주적 기본질서'의 핵심적인 보장 영역에 속한다(대판 2020.6.4, 2015다233807).

③ [O] 헌법은 국민적 합의에 의해 제정된 국민생활의 최고 도덕규범이며 정치생활의 가치규범으로서 정치와 사회질서의 지침을 제공하고 있기 때문에 민주사회에서는 헌법의 규범을 준수하고 그 권위를 보존하는 것을 기본으로 한다(헌재 1989.9.8, 88헌가6).

④ [O] 헌법 제1조가 천명하고 있는 국민주권의 원리는 국민의 합의로 국가권력을 조직한다는 것이다. 이를 위해서는 주권자인 국민이 정치과정에 참여하는 기회가 되도록 폭넓게 보장될 것이 요구된다. 대의민주주의를 원칙으로 하는 오늘날의 민주정치 아래에서 국민의 참여는 기본적으로 선거를 통하여 이루어지므로 선거는 주권자인 국민이 그 주권을 행사하는 통로라고 할 수 있다(헌재 2018.1.25, 2015헌마821 등).

⑤ [O] 헌법 제2조 제1항은 "대한민국의 국민이 되는 요건은 법률로 정한다"고 하여 기본권의 주체인 국민에 관한 내용을 입법자가 형성하도록 하고 있다. 이는 대한민국 국적의 '취득'뿐만 아니라 국적의 유지, 상실을 둘러싼 전반적인 법률관계를 법률에 규정하도록 위임하고 있는 것으로 풀이할 수 있다(헌재 2014.6.26, 2011헌마502).

04 국민에 대한 설명으로 옳지 않은 것은? (다툼이 있는 경우 판례에 의함) 25. 5급

① 현행 헌법은 대한민국의 국민이 되는 요건을 직접 정하지 않고 법률에 위임하고 있다.
② 출생 당시에 모가 대한민국 국민이더라도 부가 외국인인 경우에는 출생과 동시에 대한민국의 국적을 취득할 수 없다.
③ 부모가 모두 분명하지 아니한 경우, 대한민국에서 출생한 자는 출생과 동시에 대한민국 국적을 취득한다.
④ 현행 헌법은 "국가는 법률이 정하는 바에 의하여 재외국민을 보호할 의무를 진다."라고 규정하고 있다.

해설

② [×] 모가 대한민국 국민이면 부가 외국인이라도 출생과 동시에 대한민국 국적을 취득한다.
① [O]

> 헌법 제2조 ① 대한민국의 국민이 되는 요건은 법률로 정한다.

③ [O]

> 국적법 제2조 【출생에 의한 국적 취득】 ① 다음 각 호의 어느 하나에 해당하는 자는 출생과 동시에 대한민국 국적(國籍)을 취득한다.
> 1. 출생 당시에 부(父)또는 모(母)가 대한민국의 국민인 자
> 2. 출생하기 전에 부가 사망한 경우에는 그 사망 당시에 부가 대한민국의 국민이었던 자
> 3. 부모가 모두 분명하지 아니한 경우나 국적이 없는 경우에는 대한민국에서 출생한 자

④ [O]

> 헌법 제2조 ② 국가는 법률이 정하는 바에 의하여 재외국민을 보호할 의무를 진다.

05 재외국민을 보호할 국가의 의무에 대한 설명으로 옳지 않은 것은? 24. 국가직 7급

① '2021학년도 대학입학전형기본사항' 중 재외국민 특별전형 지원자격 가운데 학생의 부모의 해외체류 요건 부분으로 인해 지원예정자의 학부모인 청구인은 직접적인 법률상의 불이익을 입게 되므로 기본권 침해의 자기관련성이 인정된다.
② 재외국민을 보호할 국가의 의무에 의하여 재외국민이 거류국에 있는 동안 받는 보호는 조약 기타 일반적으로 승인된 국제법규와 당해 거류국의 법령에 의하여 누릴 수 있는 모든 분야에서의 정당한 대우를 받도록 거류국과의 관계에서 국가가 하는 외교적 보호와 국외거주 국민에 대하여 정치적인 고려에서 특별히 법률로써 정하여 베푸는 법률·문화·교육 기타 제반영역에서의 지원을 뜻하는 것이다.
③ 1993년 12월 31일 이전에 출생한 사람들에 대한 예외를 두지 않고 재외국민 2세의 지위를 상실할 수 있도록 규정한 병역법 시행령 조항은, 출생년도를 기준으로 한 특례가 앞으로도 지속될 것이라는 신뢰에 대하여 보호가치가 인정된다고 볼 수 없고 병역의무의 평등한 이행을 확보하기 위하여 출생년도와 상관없이 모든 재외국민 2세를 동일하게 취급하는 것은 합리적인 이유가 있으므로, 청구인들의 평등권을 침해하지 아니한다.
④ 주민등록이 되어 있지 않고 국내거소신고도 하지 않은 재외국민이라도 추상적 위험이나 선거기술상 이유로 국민투표권을 박탈할 수 없다.

정답 | 03 ② 04 ② 05 ①

해설

① [×] 이 사건 전형사항으로 인해 재외국민 특별전형 지원을 제한받는 사람은 각 대학의 2021학년도 재외국민 특별전형 지원(예정)자이다. 학부모인 청구인의 부담은 간접적인 사실상의 불이익에 해당하므로, 이 사건 전형사항으로 인한 기본권침해의 자기관련성이 인정되지 않는다(헌재 2020.3.26, 2019헌마212).

② [O] 헌법 제2조 제2항에서 정한 국가의 재외국민 보호의무에 의하여 재외국민이 거류국에 있는 동안 받게 되는 보호는, 조약 기타 일반적으로 승인된 국제법규와 당해 거류국의 법령에 의하여 누릴 수 있는 모든 분야에서 정당한 대우를 받도록 거류국과의 관계에서 국가가 하는 외교적 보호와 국외 거주 국민에 대하여 정치적인 고려에서 특별히 법률로써 정하여 베푸는 법률·문화·교육 기타 제반 영역에서의 지원을 뜻하는 것이다(헌재 2010.7.29, 2009헌가13).

③ [O] 1993.12.31. 이전에 출생한 재외국민 2세와 1994.1.1. 이후 출생한 재외국민 2세는 병역의무의 이행을 연기하고 있다는 점에서 차이가 없고, 3년을 초과하여 국내에 체재한 경우 실질적인 생활의 근거지가 대한민국에 있다고 볼 수 있어 더 이상 특례를 인정해야 할 필요가 없다는 점에서도 동일하다. 1993.12.31. 이전에 출생한 재외국민 2세 중에는 기존 제도가 유지될 것으로 믿고 국내에 생활의 기반을 형성한 경우가 있을 수 있으나, 출생년도를 기준으로 한 특례가 앞으로도 지속될 것이라는 신뢰에 대하여 보호가치가 인정된다고 볼 수 없고, 병역의무의 평등한 이행을 확보하기 위하여 출생년도와 상관없이 모든 재외국민 2세를 동일하게 취급하는 것은 합리적인 이유가 있으므로, 심판대상조항은 청구인들의 평등권을 침해하지 아니한다(헌재 2021.5.27, 2019헌마177 등).

④ [O] 재외선거인은 대의기관을 선출할 권리가 있는 국민으로서 대의기관의 의사결정에 대해 승인할 권리가 있으므로, 국민투표권자에는 재외선거인이 포함된다고 보아야 한다. 또한, 국민투표는 선거와 달리 국민이 직접 국가의 정치에 참여하는 절차이므로, 국민투표권은 대한민국 국민의 자격이 있는 사람에게 반드시 인정되어야 하는 권리이다. 이처럼 국민의 본질적 지위에서 도출되는 국민투표권을 추상적 위험 내지 선거기술상의 사유로 배제하는 것은 헌법이 부여한 참정권을 사실상 박탈한 것과 다름없다. 따라서 국민투표법조항은 재외선거인의 국민투표권을 침해한다(헌재 2014.7.24, 2009헌마256 등).

06 국적법상 국적에 대한 설명으로 가장 적절한 것은? 21. 경찰승진

① 대한민국에서 발견된 기아는 대한민국에서 출생한 것으로 간주한다.

② 대한민국 국민으로서 자진하여 외국 국적을 취득한 자는 그 외국 국적을 취득한 때부터 6개월 후에 대한민국 국적을 상실한다.

③ 대한민국의 국민만이 누릴 수 있는 권리 중 대한민국의 국민이었을 때 취득한 것으로서 양도할 수 있는 것은 그 권리와 관련된 법령에서 따로 정한 바가 없으면 2년 내에 대한민국의 국민에게 양도하여야 한다.

④ 대한민국 국적을 취득한 외국인으로서 외국 국적을 가지고 있는 자는 대한민국 국적을 취득한 날부터 1년 내에 그 외국 국적을 포기하여야 한다.

해설

④ [O] 대한민국 국적을 취득한 외국인으로서 외국 국적을 가지고 있는 자는 대한민국 국적을 취득한 날부터 1년 내에 그 외국 국적을 포기하여야 한다(국적법 제10조 제1항).

① [×] 대한민국에서 발견된 기아는 대한민국에서 출생한 것으로 추정한다.

> 국적법 제2조 【출생에 의한 국적 취득】 ① 다음 각 호의 어느 하나에 해당하는 자는 출생과 동시에 대한민국 국적(國籍)을 취득한다.
> 1. 출생 당시에 부(父)또는 모(母)가 대한민국의 국민인 자
> 2. 출생하기 전에 부가 사망한 경우에는 그 사망 당시에 부가 대한민국의 국민이었던 자
> 3. 부모가 모두 분명하지 아니한 경우나 국적이 없는 경우에는 대한민국에서 출생한 자
> ② 대한민국에서 발견된 기아(棄兒)는 대한민국에서 출생한 것으로 추정한다.

② [×] 대한민국 국민으로서 자진하여 외국 국적을 취득한 자는 그 외국 국적을 취득한 때에 대한민국 국적을 상실한다.

> 국적법 제15조 【외국 국적 취득에 따른 국적 상실】 ① 대한민국의 국민으로서 자진하여 외국 국적을 취득한 자는 그 외국 국적을 취득한 때에 대한민국 국적을 상실한다.

③ [×] 대한민국의 국민이었을 때 취득한 것으로서 양도(讓渡)할 수 있는 것은 그 권리와 관련된 법령에서 따로 정한 바가 없으면 3년 내에 대한민국의 국민에게 양도하여야 한다.

> 국적법 제18조【국적상실자의 권리 변동】① 대한민국 국적을 상실한 자는 국적을 상실한 때부터 대한민국의 국민만이 누릴 수 있는 권리를 누릴 수 없다.
> ② 제1항에 해당하는 권리 중 대한민국의 국민이었을 때 취득한 것으로서 양도(讓渡)할 수 있는 것은 그 권리와 관련된 법령에서 따로 정한 바가 없으면 3년 내에 대한민국의 국민에게 양도하여야 한다.

07 국적에 관한 설명 중 옳지 않은 것은? (다툼이 있는 경우 판례에 의함) 22. 변호사

① 외국인인 개인이 특정한 국가의 국적을 선택할 권리가 자연권으로서 또는 우리 헌법상 당연히 인정된다고 할 수 없다.

② 병역준비역에 편입된 사람이 그 이후 국적이탈이라는 방법을 통해서 병역의무에서 벗어날 수 없도록 국적이탈이 가능한 기간을 제한하는 것은 병역의무 이행의 공평성 확보라는 목적을 달성하는 데 적합한 수단이다.

③ 국적을 이탈하거나 변경하는 것은 헌법 제14조가 보장하는 거주·이전의 자유에 포함된다.

④ 복수국적자에 대하여 병역준비역에 편입된 날부터 3개월 이내에 대한민국 국적을 이탈하지 않으면 병역의무를 해소한 후에야 이를 가능하도록 한 국적법 조항은 국적선택제도를 통하여 병역의무를 면탈하지 못하게 하려는 것으로 복수국적자의 국적이탈의 자유를 침해한다고 볼 수 없다.

⑤ 외국인이 귀화허가를 받기 위해서는 '품행이 단정할 것'의 요건을 갖추도록 규정한 것은 명확성원칙에 위배되지 않는다.

해설

④ [×] 복수국적자는 제1국민역에 편입된 날부터 3개월 이내에 대한민국 국적을 이탈하지 않으면 병역의무를 해소한 후에야 국적이탈이 가능하도록 한 것은 과잉금지원칙에 위반하여 복수국적자의 국적이탈의 자유를 침해한다(헌재 2020.9.24, 2016헌마889).

① [O] "이중국적자의 국적선택권"이라는 개념은 별론으로 하더라도, 일반적으로 외국인인 개인이 특정한 국가의 국적을 선택할 권리가 자연권으로서 또는 우리 헌법상 당연히 인정된다고는 할 수 없다고 할 것이다(헌재 2006.3.30, 2003헌마806).

② [O] 심판대상 법률조항의 입법목적은 병역준비역에 편입된 사람이 병역의무를 면탈하기 위한 수단으로 국적을 이탈하는 것을 제한하여 병역의무 이행의 공평을 확보하려는 것이다. 헌법 제39조 제1항은 모든 국민은 법률이 정하는 바에 의하여 국방의 의무를 부담한다고 규정하고, 국민인 남성은 헌법과 병역법 등이 정하는 바에 따라 병역의무를 성실하게 수행하여야 하는바(병역법 제3조 제1항 참조), 병역의무의 이행에 공평을 확보하려는 심판대상 법률조항의 입법목적은 정당하다. 또한, 심판대상 법률조항은 위와 같이 국적이탈이 가능한 기간을 제한함으로써 병역준비역에 편입된 사람이 그 이후 국적이탈이라는 방법을 통해서는 병역의무에서 벗어날 수 없도록 하므로, 병역의무 이행의 공평성 확보라는 목적을 달성하는 데 적합한 수단이다(헌재 2020.9.24, 2016헌마889).

③ [O] 국적을 이탈하거나 변경하는 것은 헌법 제14조가 보장하는 거주·이전의 자유에 포함된다(헌재 2006.11.30, 2005헌마739).

⑤ [O] 심판대상조항은 외국인에게 대한민국 국적을 부여하는 '귀화'의 요건을 정한 것인데, '품행', '단정' 등 용어의 사전적 의미가 명백하고, 심판대상조항의 입법취지와 용어의 사전적 의미 및 법원의 일반적인 해석 등을 종합해 보면, '품행이 단정할 것'은 '귀화신청자를 대한민국의 새로운 구성원으로서 받아들이는 데 지장이 없을 만한 품성과 행실을 갖춘 것'을 의미하고, 구체적으로 이는 귀화신청자의 성별, 연령, 직업, 가족, 경력, 전과관계 등 여러 사정을 종합적으로 고려하여 판단될 것임을 예측할 수 있다. 따라서 심판대상조항은 명확성원칙에 위배되지 아니한다(헌재 2016.7.28, 2014헌바21).

정답 | 06 ④ 07 ④

08 다음 설명 중 가장 옳은 것은? (다툼이 있는 경우 대법원 판례 및 헌법재판소 결정에 의함)

22. 법원행시

① 헌법상 통일 관련 조항의 해석으로 국민의 통일에 대한 기본권이 도출된다.

② 대한민국 영토에서 출생한 자는 원칙적으로 대한민국 국민이 된다.

③ 헌법상 영토조항만을 근거로 국민의 구체적 기본권이 도출된다고 할 수는 없으므로 영토에 관한 권리를 이른바 '영토권'이라 구성하여 헌법소원으로 그 구제를 청구하는 것은 불가능하다.

④ 북한은 국제연합에도 가입한 국제법상의 국가이므로 북한과 체결한 '남북사이의 화해와 불가침 및 교류·협력에 관한 합의서'는 국가간의 '조약'으로서 국내법과 동일한 효력을 갖는다.

⑤ 헌법 제3조는 "대한민국의 영토는 한반도와 그 부속도서로 한다."라고 규정하고 있으므로 북한지역은 당연히 대한민국의 영토가 되지만, 입법자는 남북한의 특수관계적 성격을 고려하여 북한지역을 외국에 준하는 지역으로 규정할 수 있다.

해설

⑤ [O] 개별 법률의 적용 내지 준용에 있어서는 남북한의 특수관계적 성격을 고려하여 북한지역을 외국에 준하는 지역으로, 북한주민 등을 외국인에 준하는 지위에 있는 자로 규정할 수 있다고 할 것이다(헌재 2005.6.30, 2003헌바114).

① [×] 헌법상의 여러 통일관련 조항들은 국가의 통일의무를 선언한 것이기는 하지만, 그로부터 국민 개개인의 통일에 대한 기본권, 특히 국가기관에 대하여 통일과 관련된 구체적인 행동을 요구하거나 일정한 행동을 할 수 있는 권리가 도출된다고 볼 수 없다(헌재 2000.7.20, 98헌바63).

② [×] 우리나라는 국적취득에 있어서 속인주의를 원칙으로 하고 있다. 따라서 대한민국 영토에서 출생하였는지와 관계없이 대한민국 국적을 취득함을 원칙으로 한다.

③ [×] 영토조항만을 근거로 하여 독자적으로는 헌법소원을 청구할 수 없다할지라도, 모든 국가권능의 정당성의 근원인 국민의 기본권 침해에 대한 권리구제를 위하여 그 전제조건으로서 영토에 관한 권리를, 이를테면 영토권이라 구성하여, 이를 헌법소원의 대상인 기본권의 하나로 간주하는 것은 가능한 것으로 판단된다[헌재 2001.3.21, 99헌마139·142·156·160(병합)].

④ [×] 남북합의서는 남북관계를 "나라와 나라 사이의 관계가 아닌 통일을 지향하는 과정에서 잠정적으로 형성되는 특수관계"(전문 참조)임을 전제로 하여 이루어진 합의문서인바, 이는 한민족공동체 내부의 특수관계를 바탕으로 한 당국간의 합의로서 남북당국의 성의 있는 이행을 상호 약속하는 일종의 공동성명 또는 신사협정에 준하는 성격을 가짐에 불과하다(헌재 1997.1.16, 92헌바6).

09 국적과 재외국민에 관한 다음 설명 중 가장 옳지 않은 것은? (다툼이 있는 경우 헌법재판소 결정 및 대법원 판례에 의함)

22. 법원직 9급

① 국적법은 부모양계혈통주의를 원칙으로 하고 출생지주의를 예외적으로 인정하고 있다.

② 주된 생활의 근거를 외국에 두고 있는 복수국적자가 병역준비역에 편입된 때부터 대한민국 국적으로부터 이탈한다는 뜻을 신고하지 않고 3개월이 지난 경우 병역의무 해소 전에는 예외 없이 대한민국 국적에서 이탈할 수 없도록 제한하는 국적법 조항은 국적이탈의 자유를 침해한다.

③ 국가의 재외국민 보호의무는 재외국민이 조약 기타 일반적으로 승인된 국제법규와 거류국의 법령에 의하여 누릴 수 있는 모든 분야에서 정당한 대우를 받도록 거류국과의 관계에서 국가가 외교적 보호를 행하는 것과 국외 거주 국민에 대하여 정치적인 고려에서 특별히 법률로써 정하여 베푸는 법률·문화·교육 기타 제반영역에서의 지원을 의미한다.

④ 여행금지국가로 고시된 사정을 알면서도 외교부장관으로부터 예외적 여권사용 등의 허가를 받지 않고 여행금지국가를 방문하는 등의 행위를 형사처벌하는 여권법 규정은 국가의 재외국민 보호의무를 이행하기 위하여 법률에 구체화된 것으로서 그 목적의 정당성은 인정되나, 과도한 처벌 규정으로 인하여 거주·이전의 자유를 침해한다.

해설

④ [×] 외교부장관으로부터 허가를 받은 경우에는 이 사건 처벌조항으로 형사처벌되지 않도록 가벌성이 제한되어 있고, 이를 위반한 경우에도 1년 이하의 징역 또는 1천만원 이하의 벌금으로 처벌수준이 비교적 경미하다. 따라서 이 사건 처벌조항으로 인하여 거주·이전의 자유가 제한되는 것을 최소화하고 있다. 국외 위난상황이 우리나라의 국민 개인이나 국가·사회에 미칠 수 있는 피해는 매우 중대한 반면, 이 사건 처벌조항으로 인한 불이익은 완화되어 있으므로, 이 사건 처벌조항이 법익의 균형성원칙에 반하지 않는다. 그러므로 이 사건 처벌조항은 과잉금지원칙에 반하여 청구인의 거주·이전의 자유를 침해하지 않는다(헌재 2020.2.27, 2016헌마945).

① [O] 국적법은 부모양계혈통주의(속인주의)를 원칙으로 하고 출생지주의(속지주의)를 예외적으로 인정하고 있다.

② [O] 복수국적자는 제1국민역에 편입된 날부터 3개월 이내에 대한민국 국적을 이탈하지 않으면 병역의무를 해소한 후에야 국적이탈이 가능하도록 한 것은 과잉금지원칙에 위반하여 복수국적자의 국적이탈의 자유를 침해한다(헌재 2020.9.24, 2016헌마889).

③ [O] 헌법 제2조 제2항에서 정한 국가의 재외국민 보호의무에 의하여 재외국민이 거류국에 있는 동안 받게 되는 보호는, 조약 기타 일반적으로 승인된 국제법규와 당해 거류국의 법령에 의하여 누릴 수 있는 모든 분야에서 정당한 대우를 받도록 거류국과의 관계에서 국가가 하는 외교적 보호와 국외 거주 국민에 대하여 정치적인 고려에서 특별히 법률로써 정하여 베푸는 법률·문화·교육 기타 제반 영역에서의 지원을 뜻하는 것이므로, 국내에 주소를 두지 아니한 피상속인의 국내 소재 재산에 대하여 상속세를 부과함에 있어서 그 과세표준 산정시 인적공제를 적용하지 않도록 규정한 구 상속세법 제11조 제1항 부분에 대한 관계에서 위 헌법규정의 보호법익은 그대로 적용된다고 보기 어려운 것이고, 따라서, 위 법률조항이 비거주자에 대하여 상속세 인적공제 적용을 배제하였다 하더라도 국가가 헌법 제2조 제2항에 규정한 재외국민을 보호할 의무를 행하지 않은 경우라고는 볼 수 없다(헌재 2001.12.20, 2001헌바25).

10 현행 국적법 규정으로 옳지 않은 것은 몇 개인가? 22. 경찰간부

㉠ 공무원이 그 직무상 대한민국 국적을 상실한 자를 발견하면 3개월 이내에 법무부장관에게 그 사실을 통보하여야 한다.
㉡ 복수국적자로서 외국 국적을 선택하려는 자는 외국에 주소가 있는 경우에만 주소지 관할 재외공관의 장을 거쳐 법무부장관에게 대한민국 국적을 이탈한다는 뜻을 신고할 수 있다.
㉢ 복수국적자는 대한민국의 법령 적용에서 대한민국 국민으로만 처우한다.
㉣ 출생 당시에 모가 자녀에게 외국 국적을 취득하게 할 목적으로 외국에서 체류 중이었던 사실이 인정되는 자는 외국 국적을 포기한 경우에만 대한민국 국적을 선택한다는 뜻을 신고할 수 있다.

① 1개 ② 2개
③ 3개 ④ 4개

해설

옳지 않은 것은 1개(㉠)이다.

㉠ [×] 지체 없이 통보하여야 한다(국적법 제14조의5 제1항).

> 국적법 제14조의5 【복수국적자에 관한 통보의무 등】 ① 공무원이 그 직무상 복수국적자를 발견하면 지체 없이 법무부장관에게 그 사실을 통보하여야 한다.

㉡ [O]

> 국적법 제14조 【대한민국 국적의 이탈 요건 및 절차】 ① 복수국적자로서 외국 국적을 선택하려는 자는 외국에 주소가 있는 경우에만 주소지 관할 재외공관의 장을 거쳐 법무부장관에게 대한민국 국적을 이탈한다는 뜻을 신고할 수 있다.

㉢ [O]

> 국적법 제11조의2 【복수국적자의 법적 지위 등】 ① 출생이나 그 밖에 이 법에 따라 대한민국 국적과 외국 국적을 함께 가지게 된 사람으로서 대통령령으로 정하는 사람[이하 "복수국적자"(複數國籍者)라 한다]은 대한민국의 법령 적용에서 대한민국 국민으로만 처우한다.

정답 | 08 ⑤ 09 ④ 10 ①

㉣ [O]

국적법 제13조【대한민국 국적의 선택 절차】③ 제1항 및 제2항 단서에도 불구하고 출생 당시에 모가 자녀에게 외국 국적을 취득하게 할 목적으로 외국에서 체류 중이었던 사실이 인정되는 자는 외국 국적을 포기한 경우에만 대한민국 국적을 선택한다는 뜻을 신고할 수 있다.

11 국적에 대한 설명으로 옳지 않은 것은? (다툼이 있는 경우 판례에 의함) 22. 국회직 9급

① 출생 당시에 모가 자녀에게 외국 국적을 취득하게 할 목적으로 외국에서 체류 중이었던 사실이 인정되는 자는 외국 국적을 포기한 경우에만 대한민국 국적을 선택한다는 뜻을 신고할 수 있다.

② 대한민국 국적을 취득한 외국인으로서 외국 국적을 가지고 있는 자는 대한민국 국적을 취득한 날부터 1년 내에 그 외국 국적을 포기하여야 한다.

③ 제1국민역에 편입된 날부터 3개월 이내에 대한민국 국적을 이탈하지 않으면 병역의무를 해소한 후에야 국적이탈이 가능하도록 한 것은, 복수국적자의 국적이탈의 자유를 침해하지 않는다.

④ 부계혈통주의 원칙은 출생한 당시 자녀의 국적을 부의 국적에만 맞추고 모의 국적은 단지 보충적인 의미만을 부여하는 차별을 의미하므로 위헌이다.

⑤ 대한민국 국적을 취득한 사실이 없는 외국인은 법무부장관의 귀화허가를 받아 대한민국 국적을 취득할 수 있는 반면, 대한민국의 국민이었던 외국인은 법무부장관의 국적회복허가를 받아 대한민국 국적을 취득할 수 있다.

해설

③ [×] 복수국적자는 제1국민역에 편입된 날부터 3개월 이내에 대한민국 국적을 이탈하지 않으면 병역의무를 해소한 후에야 국적이탈이 가능하도록 한 것은 과잉금지원칙에 위반하여 복수국적자의 국적이탈의 자유를 침해한다(헌재 2020.9.24, 2016헌마889).

① [O]

국적법 제13조【대한민국 국적의 선택 절차】③ 제1항 및 제2항 단서에도 불구하고 출생 당시에 모가 자녀에게 외국 국적을 취득하게 할 목적으로 외국에서 체류 중이었던 사실이 인정되는 자는 외국 국적을 포기한 경우에만 대한민국 국적을 선택한다는 뜻을 신고할 수 있다.

② [O]

국적법 제10조【국적 취득자의 외국 국적 포기 의무】① 대한민국 국적을 취득한 외국인으로서 외국 국적을 가지고 있는 자는 대한민국 국적을 취득한 날부터 1년 내에 그 외국 국적을 포기하여야 한다.

④ [O] 부계혈통주의 원칙을 채택한 구법조항은 출생한 당시의 자녀의 국적을 부의 국적에만 맞추고 모의 국적은 단지 보충적인 의미만을 부여하는 차별을 하고 있다. 이렇게 한국인 부와 외국인 모 사이의 자녀와 한국인 모와 외국인 부 사이의 자녀를 차별취급하는 것은, 모가 한국인인 자녀와 그 모에게 불리한 영향을 끼치므로 헌법 제11조 제1항의 남녀평등원칙에 어긋난다(헌재 2000.8.31, 97헌가12).

⑤ [O]

국적법 제4조【귀화에 의한 국적 취득】① 대한민국 국적을 취득한 사실이 없는 외국인은 법무부장관의 귀화허가(歸化許可)를 받아 대한민국 국적을 취득할 수 있다. 제9조【국적회복에 의한 국적 취득】① 대한민국의 국민이었던 외국인은 법무부장관의 국적회복허가(國籍回復許可)를 받아 대한민국 국적을 취득할 수 있다.

12 국적의 취득 등에 관한 설명 중 옳은 것은 모두 몇 개인가? (다툼이 있는 경우 판례에 의함) 22. 경찰 2차

> ㉠ 우리나라가 선천적 국적취득에 관하여 부계혈통주의에서 부모양계혈통주의로 개정한 것은 가족생활에 있어서 양성의 평등원칙에 부합한다.
> ㉡ 외국인이 국적법상 귀화요건을 갖추었더라도 법무부장관은 그 외국인의 귀화 허가 여부에 대한 재량권을 가진다.
> ㉢ 외국인이 복수국적을 누릴 자유는 우리 헌법상 행복추구권에 의하여 보호되는 기본권이라고 보기 어렵다.
> ㉣ "대한민국의 국민으로서 자진하여 외국 국적을 취득한 자는 그 외국 국적을 취득한 때에 대한민국 국적을 상실한다."는 국적법 조항은 청구인의 거주·이전의 자유 및 행복추구권을 침해하는 것은 아니다.
> ㉤ 국적회복과 귀화는 모두 외국인이 후천적으로 법무부장관의 허가라는 주권적 행정절차를 통하여 대한민국 국적을 취득하는 제도라는 점에서 동일하나, 귀화는 대한민국 국적을 취득한 사실이 없는 순수한 외국인이 법무부장관의 허가를 받아 대한민국 국적을 취득할 수 있도록 하는 절차인 데 비해, 국적회복허가는 한때 대한민국 국민이었던 자를 대상으로 한다는 점, 귀화는 일정한 요건을 갖춘 사람에게만 허가할 수 있는 반면, 국적회복허가는 일정한 사유에 해당하는 사람에 대해서만 국적회복을 허가하지 아니한다는 점에서 차이가 있다.

① 2개 ② 3개
③ 4개 ④ 5개

해설

모두 옳다.

㉠ [O] 부계혈통주의 원칙을 채택한 구법조항은 출생한 당시의 자녀의 국적을 부의 국적에만 맞추고 모의 국적은 단지 보충적인 의미만을 부여하는 차별을 하고 있다. 이렇게 한국인 부와 외국인 모 사이의 자녀와 한국인 모와 외국인 부 사이의 자녀를 차별취급하는 것은, 모가 한국인인 자녀와 그 모에게 불리한 영향을 끼치므로 헌법 제11조 제1항의 남녀평등원칙에 어긋난다(헌재 2000.8.31, 97헌가12).

▶ 국적법은 국적에 관하여 혈통주의, 부모양계혈통주의를 채택하고 있다. 1997.12.13. 개정된 국적법은 부계혈통주의를 부모양계혈통주의로 개정하였다. 부계혈통주의에서 부모양계혈통주의로 개정한 것은 가족생활에 있어서 양성의 평등원칙에 부합한다.

㉡ [O] 국적법 제4조 제1항은 "외국인은 법무부장관의 귀화허가를 받아 대한민국의 국적을 취득할 수 있다."라고 규정하고, 그 제2항은 "법무부장관은 귀화 요건을 갖추었는지를 심사한 후 그 요건을 갖춘 자에게만 귀화를 허가한다."라고 정하고 있다. 국적은 국민의 자격을 결정짓는 것이고, 이를 취득한 사람은 국가의 주권자가 되는 동시에 국가의 속인적 통치권의 대상이 되므로, 귀화허가는 외국인에게 대한민국 국적을 부여함으로써 국민으로서의 법적 지위를 포괄적으로 설정하는 행위에 해당한다. 한편, 국적법 등 관계 법령 어디에도 외국인에게 대한민국의 국적을 취득할 권리를 부여하였다고 볼 만한 규정이 없다. 이와 같은 귀화허가의 근거 규정의 형식과 문언, 귀화허가의 내용과 특성 등을 고려해 보면, 법무부장관은 귀화신청인이 귀화 요건을 갖추었다 하더라도 귀화를 허가할 것인지 여부에 관하여 재량권을 가진다고 보는 것이 타당하다(대판 2010.10.28, 2010두6496).

㉢ [O] 참정권과 입국의 자유에 대한 외국인의 기본권주체성이 인정되지 않고, 외국인이 대한민국 국적을 취득하면서 자신의 외국 국적을 포기한다 하더라도 이로 인하여 재산권 행사가 직접 제한되지 않으며, 외국인이 복수국적을 누릴 자유가 우리 헌법상 행복추구권에 의하여 보호되는 기본권이라고 보기 어려우므로, 외국인의 기본권주체성 내지 기본권침해가능성을 인정할 수 없다(헌재 2014.6.26, 2011헌마502).

㉣ [O] 국적에 관한 사항은 당해 국가가 역사적 전통과 정치·경제·사회·문화 등 제반사정을 고려하여 결정할 문제인바, 자발적으로 외국 국적을 취득한 자에게 대한민국 국적도 함께 보유할 수 있게 허용한다면, 출입국·체류관리가 어려워질 수 있고, 각 나라에서 권리만 행사하고 병역·납세와 같은 의무는 기피하는 등 복수국적을 악용할 우려가 있으며, 복수국적자로 인하여 외교적 보호권이 중첩되는 등의 문제가 발생할 여지도 있다. 한편, 국적법은 예외적으로 복수국적을 허용함과 동시에, 대한민국 국민이었던 외국인에 대해서는 국적회복허가라는 별도의 용이한 절차를 통해 국적을 회복시켜주는 조항들을 두고 있다. 따라서 국적법 제15조 제1항이 대한민국 국민인 청구인의 거주·이전의 자유 및 행복추구권을 침해한다고 볼 수 없다(헌재 2014.6.26, 2011헌마502).

> 국적법 제15조 【외국 국적 취득에 따른 국적 상실】 ① 대한민국의 국민으로서 자진하여 외국 국적을 취득한 자는 그 외국 국적을 취득한 때에 대한민국 국적을 상실한다.

정답 | 11 ③ 12 ④

ⓜ [O] 국적회복이란 한때 대한민국 국민이었던 외국인이 법무부장관의 국적회복허가를 받아 대한민국의 국적을 취득하는 것을 말한다(국적법 제9조 제1항). 국적회복과 귀화는 모두 외국인이 후천적으로 법무부장관의 허가라는 주권적 행정절차를 통하여 대한민국 국적을 취득하는 제도라는 점에서 동일하나, 귀화는 대한민국 국적을 취득한 사실이 없는 순수한 외국인이 법무부장관의 허가를 받아 대한민국 국적을 취득할 수 있도록 하는 절차인데 비해(국적법 제4조 내지 제7조), 국적회복허가는 한 때 대한민국 국민이었던 자를 대상으로 한다는 점, 귀화는 일정한 요건을 갖춘 사람에게만 허가할 수 있는 반면(국적법 제5조 내지 제7조), 국적회복허가는 일정한 사유에 해당하는 사람에 대해서만 국적회복을 허가하지 아니한다는 점(국적법 제9조 제2항)에서 차이가 있다. 국적법이 이처럼 귀화제도와 국적회복제도를 구분하고 있는 것은 과거 대한민국 국민이었던 자의 국적취득절차를 간소화함으로써 국적취득상의 편의를 증진시키고자 하는 것이다(헌재 2020.2.27, 2017헌바434).

13 대한민국 국민에 관한 다음 설명 중 가장 옳지 않은 것은?

22. 법무사

① 현행 헌법은 입법자에게 대한민국의 국민이 되는 요건을 법률로 정할 것을 위임하고 있다.
② 북한주민 역시 일반적으로 대한민국 국민에 포함된다.
③ 우리나라의 국적법은 종래 부계혈통주의를 채택한 적이 있다.
④ 외국인이 대한민국 국민과 혼인하면 자동으로 대한민국 국적을 취득한다.
⑤ 대한민국 국민이었던 외국인은 법무부장관의 국적회복허가를 받아 대한민국 국적을 취득할 수 있는데, 병역을 기피할 목적으로 대한민국 국적을 상실하였거나 이탈하였던 사람은 제외된다.

해설

④ [×] 그 배우자와 혼인한 상태로 대한민국에 2년 이상 계속하여 주소가 있어야 한다.

> 국적법 제6조【간이귀화 요건】② 배우자가 대한민국의 국민인 외국인으로서 다음 각 호의 어느 하나에 해당하는 사람은 제5조 제1호 및 제1호의2의 요건을 갖추지 아니하여도 귀화허가를 받을 수 있다.
> 1. 그 배우자와 혼인한 상태로 대한민국에 2년 이상 계속하여 주소가 있는 사람

① [O]

> 헌법 제2조 ① 대한민국의 국민이 되는 요건은 법률로 정한다.

② [O] 북한에 거주하고 있는 주민도 대한민국의 영토 내에 거주하고 있는 국민이라고 보는 것이 대법원 판례이다(대판 1996.11.12, 96누1221).
③ [O] 우리나라 국적법은 국적에 관하여 혈통주의, 부모양계혈통주의, 복수국적자에 대한 국적선택주의 등을 채택하고 있다. 1997.12.13. 개정된 국적법은 부계혈통주의를 부모양계혈통주의로 개정하였다.
⑤ [O]

> 국적법 제9조【국적회복에 의한 국적 취득】② 법무부장관은 병역을 기피할 목적으로 대한민국 국적을 상실하였거나 이탈하였던 자에게는 국적회복을 허가하지 아니한다.

14 국적에 관한 설명 중 옳지 않은 것은? (다툼이 있는 경우 판례에 의함) 23. 변호사

① '품행이 단정할 것'이라는 외국인의 귀화허가 요건은 귀화신청자를 대한민국의 새로운 구성원으로 받아들이는 데 지장이 없을 만한 품성과 행실을 갖춘 것을 의미하므로 명확성원칙에 위배되지 않는다.

② 법무부장관으로 하여금 거짓이나 그 밖의 부정한 방법으로 귀화허가를 받은 자에 대하여 그 허가를 취소할 수 있도록 하면서 그 취소권의 행사기간을 따로 정하고 있지 않은 것은 귀화허가 취소로 인한 불이익보다 국적 관련 행정의 적법성 확보라는 공익이 더 우월하여 과잉금지원칙에 위배되지 않는다.

③ 병역준비역에 편입된 복수국적자에게 편입된 때부터 3개월 이내에 하나의 국적을 선택하도록 하고, 그 기간이 경과하면 병역의무 해소 전에는 대한민국 국적에서 이탈할 수 없도록 하는 것은 병역준비역에 편입된 복수국적자에게 예외적으로 국적이탈을 허가하는 방안을 마련할 여지가 있다는 점에서 과잉금지원칙에 위배된다.

④ 국적이탈 신고서에 '가족관계기록사항에 관한 증명서'를 첨부하도록 하는 것은 국적이탈 신고와 관련하여 구체적으로 어떠한 서류를 제출하도록 하는 것인지 불분명하므로 명확성원칙에 위배된다.

⑤ 법무부장관은 출생에 의하여 대한민국 국적을 취득한 복수국적자에 대해서는 그가 대한민국의 국익에 반하는 행위를 하여 대한민국 국적을 보유함이 현저히 부적합하다고 인정하는 경우에도 해당 복수국적자의 국적 상실을 결정할 수 없다.

해설

④ [×] 심판대상 시행규칙조항은 국적이탈 신고자에게 신고서에 '가족관계기록사항에 관한 증명서'를 첨부하여 제출하도록 규정하는바, 실무상 국적이탈 신고자는 가족관계등록법에 따른 국적이탈자 본인의 기본증명서와 가족관계증명서, 부와 모의 기본증명서, 대한민국 국적의 부와 외국국적의 모 사이에서 출생한 경우에는 부의 혼인관계증명서 등(이하 '기본증명서 등'이라 한다)을 제출해야 한다. 국적이탈 신고자의 대한민국 국적 및 다른 국적 취득 경위, 성별, 부모의 국적 등 그 신고 당시의 구체적 사정이 다양하므로 시행규칙에서 첨부서류의 명칭을 직접 규정하는 것이 적절하지 않을 수 있고, 첨부할 서류의 내용이나 증명 취지를 고려하여 지금과 같이 표현하는 것 외에 다른 방법을 상정하기 어려우므로, 심판대상 시행규칙조항은 명확성원칙에 위배되지 않는다(헌재 2020.9.24, 2016헌마889).

① [O] 심판대상조항은 외국인에게 대한민국 국적을 부여하는 '귀화'의 요건을 정한 것인데, '품행', '단정' 등 용어의 사전적 의미가 명백하고, 심판대상조항의 입법취지와 용어의 사전적 의미 및 법원의 일반적인 해석 등을 종합해 보면, '품행이 단정할 것'은 '귀화신청자를 대한민국의 새로운 구성원으로서 받아들이는 데 지장이 없을 만한 품성과 행실을 갖춘 것'을 의미하고, 구체적으로 이는 귀화신청자의 성별, 연령, 직업, 가족, 경력, 전과관계 등 여러 사정을 종합적으로 고려하여 판단될 것임을 예측할 수 있다. 따라서 심판대상조항은 명확성원칙에 위배되지 아니한다(헌재 2016.7.28, 2014헌바421).

② [O] 부정한 방법으로 귀화허가를 받았음에도 상당기간이 경과하였다고 하여 귀화허가의 효력을 그대로 둔 채 행정형벌이나 행정질서벌 등으로 제재를 가하는 것은 부정한 방법에 의한 국적취득을 용인하는 결과가 된다. 이 사건 법률조항의 위임을 받은 시행령은 귀화허가취소사유를 구체적이고 한정적으로 규정하고 있을 뿐 아니라, 법무부장관의 재량으로 위법의 정도, 귀화허가 후 형성된 생활관계, 귀화허가취소시 받게 될 당사자의 불이익 등은 물론 귀화허가시부터 취소시까지의 시간의 경과 정도 등을 고려하여 취소권 행사 여부를 결정하도록 하고 있으며, 귀화허가가 취소된다고 하더라도 외국인으로서 체류허가를 받아 계속 체류하거나 종전의 하자를 치유하여 다시 귀화허가를 받을 수 있으므로, 이 사건 법률조항이 귀화허가취소권의 행사기간을 제한하지 않았다고 하더라도 침해의 최소성원칙에 위배되지 아니한다. 한편, 귀화허가가 취소되는 경우 국적을 상실하게 됨에 따른 불이익을 받을 수 있으나, 국적 관련 행정의 적법성 확보라는 공익이 훨씬 더 크므로 법익균형성의 원칙에도 위배되지 아니한다. 따라서 이 사건 법률조항은 거주 · 이전의 자유 및 행복추구권을 침해하지 아니한다(헌재 2015.9.24, 2015헌바26).

③ [O] 복수국적자의 주된 생활근거지나 대한민국에서의 체류 또는 거주 경험 등 구체적 사정에 따라서는 사회통념상 심판대상 법률조항이 정하는 기간 내에 국적이탈 신고를 할 것으로 기대하기 어려운 사유가 인정될 여지가 있다. 주무관청이 구체적 심사를 통하여, 주된 생활근거를 국내에 두고 상당한 기간 대한민국 국적자로서의 혜택을 누리다가 병역의무를 이행하여야 할 시기에 근접하여 국적을 이탈하려는 복수국적자를 배제하고 병역의무 이행의 공평성이 훼손되지 않는다고 볼 수 있는 경우에만 예외적으로 국적선택 기간이 경과한 후에도 국적이탈을 허가하는 방식으로 제도를 운용한다면, 병역의무 이행의 공평성이 훼손될 수 있다는 우려는 불식될 수 있다. 심판대상 법률조항은 과잉금지원칙에 위배되어 청구인의 국적이탈의 자유를 침해한다(헌재 2020.9.24, 2016헌마889).

⑤ [O]

> 국적법 제14조의4【대한민국 국적의 상실결정】① 법무부장관은 복수국적자가 다음 각 호의 어느 하나의 사유에 해당하여 대한민국의 국적을 보유함이 현저히 부적합하다고 인정하는 경우에는 청문을 거쳐 대한민국 국적의 상실을 결정할 수 있다. 다만, 출생에 의하여 대한민국 국적을 취득한 자는 제외한다.

정답 | 13 ④ 14 ④

15 국적에 관한 설명으로 옳지 않은 것은? (다툼이 있는 경우 헌법재판소 판례에 의함) 23. 소방간부

① 복수국적자는 18세가 되어 병역준비역에 편입된 때부터 3개월이 지나기 전이라면 자유롭게 국적을 이탈할 수 있고, 그 이후부터 병역의무가 해소되는 시점까지만 국적이탈이 금지되는 국적법 제12조 제2항은 입법자가 국방과 병역형평이라는 헌법적 가치를 한 축으로, 국적이탈이라는 개인의 기본권적 가치를 다른 한 축으로 하여 어느 한쪽을 일방적으로 희생시키지 아니하고 나름의 조정과 형량을 한 결과이므로 과잉금지원칙에 위배되지 않는다.

② 대한민국의 민법상 성년이 되기 전에 외국인에게 입양된 후 외국 국적을 취득하고 외국에서 계속 거주하다가 국적법 제9조에 따라 국적회복허가를 받은 자는 대한민국 국적을 취득한 날부터 1년 내에 외국 국적을 포기하거나 법무부장관이 정하는 바에 따라 대한민국에서 외국 국적을 행사하지 아니하겠다는 뜻을 법무부장관에게 서약하여야 한다.

③ 외국 국적 포기 의무를 이행하지 않아서 대한민국 국적을 상실한 자가 그 후 1년 내에 그 외국 국적을 포기하면 법무부장관에게 신고함으로써 대한민국 국적을 재취득할 수 있다.

④ 외국인이 귀화허가를 받기 위해서는 '품행이 단정할 것'의 요건을 갖추도록 한 국적법 조항은 명확성원칙에 위배되지 아니한다.

⑤ 중앙행정기관의 장이 복수국적자를 외국인과 동일하게 처우하는 내용으로 법령을 제정 또는 개정하려는 경우에는 미리 법무부장관과 협의하여야 한다.

해설

① [×] 복수국적자의 주된 생활근거지나 대한민국에서의 체류 또는 거주 경험 등 구체적 사정에 따라서는 사회통념상 심판대상 법률조항이 정하는 기간 내에 국적이탈 신고를 할 것으로 기대하기 어려운 사유가 인정될 여지가 있다. 주무관청이 구체적 심사를 통하여, 주된 생활근거를 국내에 두고 상당한 기간 대한민국 국적자로서의 혜택을 누리다가 병역의무를 이행하여야 할 시기에 근접하여 국적을 이탈하려는 복수국적자를 배제하고 병역의무 이행의 공평성이 훼손되지 않는다고 볼 수 있는 경우에만 예외적으로 국적선택 기간이 경과한 후에도 국적이탈을 허가하는 방식으로 제도를 운용한다면, 병역의무 이행의 공평성이 훼손될 수 있다는 우려는 불식될 수 있다. 심판대상 법률조항의 존재로 인하여 복수국적을 유지하게 됨으로써 대상자가 겪어야 하는 실질적 불이익은 구체적 사정에 따라 상당히 클 수 있다. 국가에 따라서는 복수국적자가 공직 또는 국가안보와 직결되는 업무나 다른 국적국과 이익충돌 여지가 있는 업무를 담당하는 것이 제한될 가능성이 있다. 현실적으로 이러한 제한이 존재하는 경우, 특정 직업의 선택이나 업무 담당이 제한되는 데 따르는 사익 침해를 가볍게 볼 수 없다. 심판대상 법률조항은 과잉금지원칙에 위배되어 청구인의 국적이탈의 자유를 침해한다(헌재 2020.9.24, 2016헌마889).

② [O]

국적법 제10조 【국적 취득자의 외국 국적 포기 의무】 ① 대한민국 국적을 취득한 외국인으로서 외국 국적을 가지고 있는 자는 대한민국 국적을 취득한 날부터 1년 내에 그 외국 국적을 포기하여야 한다. ② 제1항에도 불구하고 다음 각 호의 어느 하나에 해당하는 자는 대한민국 국적을 취득한 날부터 1년 내에 외국 국적을 포기하거나 법무부장관이 정하는 바에 따라 대한민국에서 외국 국적을 행사하지 아니하겠다는 뜻을 법무부장관에게 서약하여야 한다.

③ [O]

국적법 제11조 【국적의 재취득】 ① 제10조 제3항에 따라 대한민국 국적을 상실한 자가 그 후 1년 내에 그 외국 국적을 포기하면 법무부장관에게 신고함으로써 대한민국 국적을 재취득할 수 있다.

④ [O] 심판대상조항은 외국인에게 대한민국 국적을 부여하는 '귀화'의 요건을 정한 것인데, '품행', '단정' 등 용어의 사전적 의미가 명백하고, 심판대상조항의 입법취지와 용어의 사전적 의미 및 법원의 일반적인 해석 등을 종합해 보면, '품행이 단정할 것'은 '귀화신청자를 대한민국의 새로운 구성원으로서 받아들이는 데 지장이 없을 만한 품성과 행실을 갖춘 것'을 의미하고, 구체적으로 이는 귀화신청자의 성별, 연령, 직업, 가족, 경력, 전과관계 등 여러 사정을 종합적으로 고려하여 판단될 것임을 예측할 수 있다. 따라서 심판대상조항은 명확성원칙에 위배되지 아니한다(헌재 2016.7.28, 2014헌바421).

⑤ [O]

국적법 제11조의2 【복수국적자의 법적 지위 등】 ③ 중앙행정기관의 장이 복수국적자를 외국인과 동일하게 처우하는 내용으로 법령을 제정 또는 개정하려는 경우에는 미리 법무부장관과 협의하여야 한다.

16 국적에 관한 설명으로 가장 적절하지 않은 것은? (다툼이 있는 경우 판례에 의함) 23. 경찰 2차

① 출생이나 그 밖에 국적법에 따라 대한민국 국적과 외국 국적을 함께 가지게 된 사람으로서 대통령령으로 정하는 사람은 대한민국의 법령 적용에서 대한민국 국민으로만 처우한다.

② 대한민국의 국민이 아닌 자로서 대한민국의 국민인 부 또는 모에 의하여 인지된 자가 대한민국의 민법상 미성년자이면서 출생 당시에 부 또는 모가 대한민국의 국민이었을 경우에는 법무부장관에게 신고함으로써 대한민국 국적을 취득할 수 있다.

③ 직계존속이 외국에서 영주할 목적 없이 체류한 상태에서 출생한 자는 병역의무를 해소한 경우에만 국적이탈을 신고할 수 있도록 하는 구 국적법 제12조 제3항은 혈통주의에 따라 출생과 동시에 대한민국 국적을 취득하게 되므로 병역의무를 해소해야만 국적이탈을 허용하게 되는 결과를 가져오지만, 과잉금지원칙에 위배되지 아니하므로 국적이탈의 자유를 침해하지 않는다.

④ 외국인이 귀화허가를 받기 위해서는 '품행이 단정할 것'의 요건을 갖추도록 한 구 국적법 제5조 제3호는 귀화신청자의 성별, 연령, 직업, 가족, 경력, 전과관계 등 여러 사정을 종합적으로 고려하여 판단하는 것이 자의적일 수 있어 명확성원칙에 위배된다.

해설

④ [×] 심판대상조항은 외국인에게 대한민국 국적을 부여하는 '귀화'의 요건을 정한 것인데, '품행', '단정' 등 용어의 사전적 의미가 명백하고, 심판대상조항의 입법취지와 용어의 사전적 의미 및 법원의 일반적인 해석 등을 종합해 보면, '품행이 단정할 것'은 '귀화신청자를 대한민국의 새로운 구성원으로서 받아들이는 데 지장이 없을 만한 품성과 행실을 갖춘 것'을 의미하고, 구체적으로 이는 귀화신청자의 성별, 연령, 직업, 가족, 경력, 전과관계 등 여러 사정을 종합적으로 고려하여 판단될 것임을 예측할 수 있다. 따라서 심판대상조항은 명확성원칙에 위배되지 아니한다(헌재 2016.7.28, 2014헌바421).

① [O]

> 국적법 제11조의2【복수국적자의 법적 지위 등】① 출생이나 그 밖에 이 법에 따라 대한민국 국적과 외국 국적을 함께 가지게 된 사람으로서 대통령령으로 정하는 사람[이하 "복수국적자"(複數國籍者)라 한다]은 대한민국의 법령 적용에서 대한민국 국민으로만 처우한다.

② [O]

> 국적법 제3조【인지에 의한 국적 취득】① 대한민국의 국민이 아닌 자(이하 "외국인"이라 한다)로서 대한민국의 국민인 부 또는 모에 의하여 인지(認知)된 자가 다음 각 호의 요건을 모두 갖추면 법무부장관에게 신고함으로써 대한민국 국적을 취득할 수 있다.
> 1. 대한민국의 민법상 미성년일 것
> 2. 출생 당시에 부 또는 모가 대한민국의 국민이었을 것

③ [O] 심판대상조항은 직계존속이 외국에서 영주할 목적 없이 체류한 상태에서 출생한 복수국적자로 하여금 병역의무 해소 후에만 대한민국 국적을 이탈할 수 있도록 제도적으로 제한함으로써, 병역의무의 공평한 분담과 그에 대한 국민적 신뢰를 확보하여 충실한 병역의무 이행을 위한 여건을 마련하고자 하는 것이므로 목적의 정당성과 수단의 적합성이 인정된다. 심판대상조항은 국적이탈을 이용한 편법적 병역기피를 방지하면서도, 출생할 무렵 직계존속에게 외국에 영주할 목적이 인정되어 장차 성장과정에서 대한민국과의 유대관계가 인정되기 어려울 것으로 예상되는 사람에게는 국적이탈에 과도한 부담을 지우지 않도록 필요한 최소한의 범위에서 조화롭게 국적이탈을 규제하려는 것이므로, 침해의 최소성도 충족한다. 심판대상조항은 법익의 균형성도 충족한다. 심판대상조항은 과잉금지원칙에 위배되지 아니하므로 국적이탈의 자유를 침해하지 아니한다(헌재 2023.2.23, 2019헌바462).

정답 | 15 ① 16 ④

17 국적에 관한 설명 중 가장 적절하지 않은 것은? (다툼이 있는 경우 판례에 의함)

24. 경정승진

① 국적은 성문의 법령을 통해서가 아니라 국가의 생성과 더불어 존재하며, 국적법의 내용은 국민의 범위를 구체화, 현실화하는 헌법사항을 규율하고 있다.

② 국적법상 부모가 모두 국적이 없는 경우라도 대한민국에서 출생한 사람은 대한민국 국적을 취득한다.

③ 대한민국 국민으로서 자진하여 외국 국적을 취득한 사람은 그 외국 국적을 취득한 때에 대한민국 국적을 상실한다.

④ 복수국적자로서 외국 국적을 선택하려는 자는 외국에 주소가 있는 경우에만 국적이탈을 신고할 수 있도록 정한 국적법 조항은 과잉금지원칙에 위배되어 국적이탈의 자유를 침해한다.

해설

④ [×] 심판대상조항은 국가 공동체의 운영원리를 보호하고자 복수국적자의 기회주의적 국적이탈을 방지하기 위한 것으로, 더 완화된 대안을 찾아보기 어려운 점, 외국에 생활근거 없이 주로 국내에서 생활하며 대한민국과 유대관계를 형성한 자가 단지 법률상 외국 국적을 지니고 있다는 사정을 빌미로 국적을 이탈하려는 행위를 제한한다고 하여 과도한 불이익이 발생한다고 보기도 어려운 점 등을 고려할 때 심판대상조항은 과잉금지원칙에 위배되어 국적이탈의 자유를 침해하지 아니한다(헌재 2023.2.23, 2020헌바603).

① [○] 국적은 국가와 그의 구성원 간의 법적유대(法的紐帶)이고 보호와 복종관계를 뜻하므로 이를 분리하여 생각할 수 없다. 즉, 국적은 국가의 생성과 더불어 발생하고 국가의 소멸은 바로 국적의 상실 사유인 것이다. 국적은 성문의 법령을 통해서가 아니라 국가의 생성과 더불어 존재하는 것이므로, 헌법의 위임에 따라 국적법이 제정되나 그 내용은 국가의 구성요소인 국민의 범위를 구체화, 현실화하는 헌법사항을 규율하고 있는 것이다(헌재 2000.8.31, 97헌가12).

② [○]

> 국적법 제2조 【출생에 의한 국적 취득】 ① 다음 각 호의 어느 하나에 해당하는 자는 출생과 동시에 대한민국 국적(國籍)을 취득한다.
> 3. 부모가 모두 분명하지 아니한 경우나 국적이 없는 경우에는 대한민국에서 출생한 자

③ [○]

> 국적법 제15조 【외국 국적 취득에 따른 국적 상실】 ① 대한민국의 국민으로서 자진하여 외국 국적을 취득한 자는 그 외국 국적을 취득한 때에 대한민국 국적을 상실한다.

18 재외국민의 보호에 대한 설명으로 가장 적절하지 않은 것은? (다툼이 있는 경우 헌법재판소 판례에 의함)

23. 경찰간부

① 헌법에서 재외국민에 대한 국가의 보호를 처음으로 명시한 것은 제5공화국 헌법(제8차 개헌)이다.

② 대한민국 국적을 갖고 있는 영유아 중에서 재외국민인 영유아를 보육료·양육수당의 지원대상에서 제외하는 것은 국내에 거주하면서 재외국민인 영유아를 양육하는 부모들의 평등권을 침해한다.

③ "이민"은 우리 국민이 생업에 종사하기 위하여 외국에 이주하거나 외국인과 혼인 및 연고관계로 인하여 이주하는 자를 의미하는데, 국적법 제12조 소정의 사유에 의하여 국적을 상실하지 않는 한 대한민국 재외국민으로서 기본권을 향유한다.

④ 정부수립이전 이주동포를 재외동포의 출입국과 법적 지위에 관한 법률의 적용대상에서 제외함으로써 정부수립 이후 이주동포와 차별하는 것은 평등원칙에 위배되지 않는다.

해설

④ [×] 재외동포법은 외국국적동포등에게 광범한 혜택을 부여하고 있는바, 이 사건 심판대상규정은 대한민국 정부수립 이전에 국외로 이주한 동포와 그 이후 국외로 이주한 동포를 구분하여 후자에게는 위와 같은 혜택을 부여하고 있고, 전자는 그 적용대상에서 제외하고 있다. … 이 사건 심판대상규정이 청구인들과 같은 정부수립이전이주동포를 재외동포법의 적용대상에서 제외한 것은 합리적 이유 없이 정부수립이전이주동포를 차별하는 자의적인 입법이어서 헌법 제11조의 평등원칙에 위배된다(헌재 2001.11.29, 99헌마494).

① [O] 재외국민 보호조항은 제5공화국 헌법에서 최초로 규정하였다.

제8차 개정헌법(1980년) 제2조 ② 재외국민은 국가의 보호를 받는다.

② [O] 심판대상조항은 영유아에 대한 보육료·양육수당 지급에 있어 국내거주 재외국민을 대한민국 국적을 보유하고 국내에 주민등록을 두고 있는 국민에 비해 차별하고 있으며, 그와 같은 차별에 아무런 합리적 근거도 인정될 수 없으므로 청구인들의 헌법상 기본권인 평등권을 침해한다(헌재 2018.1.25, 2015헌마1047).

③ [O] 이민은 한 나라의 국민이 다른 나라에서 영주할 목적으로 이주하는 것을 말하는데 국적을 상실하지 않는 한 의연 대한민국 국민으로서의 기본권을 향유한다(헌재 1993.12.23, 89헌마189).

▶ 해당 사건은 1980년 해직공무원의보상등에관한특별조치법의 적용대상자에서 외국으로 이민 간 해직공무원을 제외한 것이 평등권, 거주·이전의 자유를 침해한 것이 아니며 재외국민 보호의무를 행하지 않은 경우라고 볼 수 없다는 사건이었다.

■ 영토조항과 통일조항

01 헌법상 영토와 평화통일에 대한 설명으로 옳지 않은 것은? 다툼이 있는 경우 판례에 의함) 24. 지방직 7급

① 대한민국의 영토에 관한 조항은 1948년 헌법 당시부터 존재하였다.

② '남북사이의 화해와 불가침 및 교류·협력에 관한 합의서'는 남북관계를 "나라와 나라 사이의 관계가 아닌 통일을 지향하는 과정에서 잠정적으로 형성되는 특수관계"임을 전제로 하여 이루어진 합의문서인바, 이는 한민족공동체 내부의 특수관계를 바탕으로 한 당국간의 합의로서 남북당국의 성의있는 이행을 상호 약속하는 일종의 공동성명 또는 신사협정에 준하는 성격을 가짐에 불과하다.

③ 대한민국의 영해는 기선으로부터 측정하여 그 바깥쪽 12해리의 선까지에 이르는 수역으로 하나, 대통령령으로 정하는 바에 따라 일정수역의 경우에는 12해리 이내에서 영해의 범위를 따로 정할 수 있다.

④ 조선인을 부친으로 하여 출생한 자는 북한법의 규정에 따라 북한국적을 취득하여 중국 주재 북한대사관으로부터 북한의 해외공민증을 발급받은 경우라도, 대한민국 국적을 취득하기 위해서는 일정한 요건을 갖추어 국적회복절차를 거쳐야 한다.

해설

④ [×] 조선인을 부친으로 하여 출생한 자는 남조선과도정부법률 제11호 국적에관한임시조례의 규정에 따라 조선국적을 취득하였다가 제헌헌법의 공포와 동시에 대한민국 국적을 취득하였다 할 것이고, 설사 그가 북한법의 규정에 따라 북한국적을 취득하여 중국 주재 북한대사관으로부터 북한의 해외공민증을 발급받은 자라 하더라도 북한지역 역시 대한민국의 영토에 속하는 한반도의 일부를 이루는 것이어서 대한민국의 주권이 미칠 뿐이고, 대한민국의 주권과 부딪치는 어떠한 국가단체나 주권을 법리상 인정할 수 없는 점에 비추어 볼 때, 그러한 사정은 그가 대한민국 국적을 취득하고 이를 유지함에 있어 아무런 영향을 끼칠 수 없다(대판 1996.11.12, 96누1221).

① [O] 영토에 관한 조항은 1948년 헌법 당시부터 현재까지 동일한 내용으로 계속 유지되고 있다.

② [O] 소위 남북합의서는 남북관계를 "나라와 나라 사이의 관계가 아닌 통일을 지향하는 과정에서 잠정적으로 형성되는 특수관계"임을 전제로 하여 이루어진 합의문서인바, 이는 한민족공동체 내부의 특수관계를 바탕으로 한 당국간의 합의로서 남북당국의 성의있는 이행을 상호 약속하는 일종의 공동성명 또는 신사협정에 준하는 성격을 가짐에 불과하다(헌재 1997.1.16, 92헌바6 등).

③ [O]

영해 및 접속수역법 제1조【영해의 범위】대한민국의 영해는 기선(基線)으로부터 측정하여 그 바깥쪽 12해리의 선까지에 이르는 수역(水域)으로 한다. 다만, 대통령령으로 정하는 바에 따라 일정수역의 경우에는 12해리 이내에서 영해의 범위를 따로 정할 수 있다.

정답 | 17 ④ 18 ④ 01 ④

02 다음 대한민국의 영역에 관한 설명 중 가장 옳지 않은 것은? (다툼이 있는 경우 판례에 의함)

24. 해경

① 독도 등을 중간수역으로 정한 대한민국과 본국 간의 어업에 관한 협정은 배타적 경제수역을 직접 규정한 것이 아닐 뿐만 아니라 배타적 경제수역이 설정된다 하더라도 영해를 제외한 수역을 의미하며, 이러한 점들은 이 협정에서의 이른바 중간수역에 대해서도 동일하다고 할 것이므로 독도의 영유권 문제나 영해 문제와는 직접적인 관련을 가지지 않는다.

② 헌법상 영토조항에도 불구하고 북한의 의과대학이 곧 의료면허 취득요건상 국내대학으로 인정되는 것은 아니다.

③ 헌법 해석상 대한민국 정부가 현재 중국의 영토인 간도 지역을 회복하여야 할 작위의무가 도출된다고 보기 어렵다.

④ 저작권법의 효력은 헌법 제3조에도 불구하고 대한민국의 주권 범위 밖에 있는 북한지역에 미치지 않는다.

해설

④ [×] 타인의 저작물을 복제, 배포, 발행함에 필요한 요건과 저작재산권의 존속기간을 규정한 저작권법 제36조 제1항, 제41조, 제42조, 제47조 제1항의 효력은 대한민국 헌법 제3조에 의하여 여전히 대한민국의 주권범위내에 있는 북한지역에도 미치는 것이므로 6.25 사변 전후에 납북되거나 월북한 문인들이 저작한 작품들을 발행하려면, 아직 그 저작재산권의 존속기간이 만료되지 아니하였음이 역수상 명백한 만큼, 동인들이나 그 상속인들로부터 저작재산권의 양수 또는 저작물이용 허락을 받거나 문화부장관의 승인을 얻어야 하고 이를 인정할 자료가 없는 이상 원고는 위 작품들의 출판 및 판매금지처분의 부존재확인을 구할 법률상 지위에 있는 자라고 할 수 없고, 헌법상 국민에게 부여된 출판의 자유로부터도 확인을 구할 법률상의 지위가 부여된다고 볼 수 없다(대판 1990.9.28, 89누6396).

① [O] 이 사건 협정조항은 어업에 관한 협정으로서 배타적경제수역을 직접 규정한 것이 아니고, 이러한 점들은 이 사건 협정에서의 이른바 중간수역에 대해서도 동일하다고 할 것이어서 독도가 중간수역에 속해 있다 할지라도 독도의 영유권문제나 영해문제와는 직접적인 관련을 가지지 아니하므로, 이 사건 협정조항이 헌법상 영토조항을 위반하였다고 할 수 없다(헌재 2009.2.26, 2007헌바35).

② [O] 의료법 제5조는 의사면허 등 의료면허의 취득에 관하여 규정하면서 국내대학 졸업자와 외국대학 졸업자를 구별하여 그 요건을 달리 정하고 있는데, 북한의 의과대학이 헌법 제3조의 영토조항에도 불구하고 국내대학으로 인정될 수 없고 또한 보건복지부장관이 인정하는 외국의 대학에도 해당하지 아니하므로, 북한의 의과대학 등을 졸업한 탈북의료인의 경우 국내 의료면허취득은 북한이탈주민의보호및정착지원에관한법률 제14조에 의할 수밖에 없다(헌재 2006.11.30, 2006헌마679).

③ [O] 우리 헌법에 피청구인 또는 대한민국 정부가 현재 중국의 영토인 간도 지역을 회복하여야 할 작위의무가 특별히 규정되어 있다거나 헌법 해석상 그러한 작위의무가 도출된다고 보기 어려울 뿐만 아니라, 중국에 대해 간도협약이 무효임을 주장하여야 하는 어떠한 법적인 의무가 있다고도 볼 수 없다(헌재 2009.9.22, 2009헌마516).

03 북한 및 북한주민에 대한 설명으로 가장 적절하지 않은 것은? (다툼이 있는 경우 헌법재판소 판례에 의함)

25. 경찰간부

① 우리 헌법이 "대한민국의 영토는 한반도와 그 부속도서로 한다"는 영토조항(제3조)을 두고 있는 이상 북한지역은 당연히 대한민국의 영토가 되므로, 개별법률의 적용 내지 준용에 있어서 남북한의 특수관계적 성격을 고려하더라도 북한지역을 외국에 준하는 지역으로 규정할 수 없다.

② 마약거래범죄자인 북한이탈주민을 보호대상자로 결정하지 않을 수 있도록 규정한 북한이탈주민의 보호 및 정착지원에 관한 법률 제9조 제1항 제1호 중 '마약거래'에 관한 부분은 북한이탈주민의 인간다운 생활을 할 권리를 침해한다고 볼 수 없다.

③ 북한이탈주민의 보호 및 정착지원에 관한 법률상 '북한이탈주민'이란 군사분계선 이북지역에 주소, 직계가족, 배우자, 직장 등을 두고 있는 사람으로서 북한을 벗어난 후 외국 국적을 취득하지 아니한 사람을 말한다.

④ 탈북의료인에게 국내 의료면허를 부여할 것인지 여부는 북한의 의학교육 실태와 탈북의료인의 의료수준, 탈북의료인의 자격증명방법 등을 고려하여 입법자가 그의 입법형성권의 범위 내에서 규율할 사항이지, 헌법조문이나 헌법해석에 의하여 바로 입법자에게 국내 의료면허를 부여할 입법의무가 발생한다고 볼 수는 없다.

해설

① [×] 우리 헌법이 "대한민국의 영토는 한반도와 그 부속도서로 한다"는 영토조항(제3조)을 두고 있는 이상 대한민국의 헌법은 북한지역을 포함한 한반도 전체에 그 효력이 미치고 따라서 북한지역은 당연히 대한민국의 영토가 되므로, 북한을 법 소정의 "외국"으로, 북한의 주민 또는 법인 등을 "비거주자"로 바로 인정하기는 어렵지만, 개별 법률의 적용 내지 준용에 있어서는 남북한의 특수관계적 성격을 고려하여 북한지역을 외국에 준하는 지역으로, 북한주민 등을 외국인에 준하는 지위에 있는 자로 규정할 수 있다고 할 것이다(헌재 2005.6.30, 2003헌바114).

② [O] 마약거래범죄자라는 이유로 보호대상자로 결정되지 못한 북한이탈주민도 정착지원시설 보호, 거주지 보호, 학력 및 자격 인정, 국민연금 특례 등의 보호 및 지원을 받을 수 있고, 일정한 요건 아래 '국민기초생활 보장법'에 따른 급여, 의료급여법에 따른 의료급여, '주택공급에 관한 규칙'에 따른 국민임대주택 수급자격 등을 부여받을 수 있다. 이러한 점에 비추어 보면 보호대상자가 아닌 북한이탈주민에 대하여도 인간다운 생활을 위한 객관적인 최소한의 보장은 이루어지고 있는 것이라고 할 수 있다. 따라서 심판대상조항이 마약거래범죄자인 북한이탈주민의 인간다운 생활을 할 권리를 침해한다고 볼 수 없다(헌재 2014.3.27, 2012헌바192).

③ [O]

북한이탈주민의 보호 및 정착지원에 관한 법률 제2조【정의】이 법에서 사용하는 용어의 뜻은 다음과 같다. 1. "북한이탈주민"이란 군사분계선 이북지역(이하 "북한"이라 한다)에 주소, 직계가족, 배우자, 직장 등을 두고 있는 사람으로서 북한을 벗어난 후 외국 국적을 취득하지 아니한 사람을 말한다.

④ [O] 청구인과 같은 탈북의료인에게 국내 의료면허를 부여할 것인지 여부는 북한의 의학교육 실태와 탈북의료인의 의료수준, 탈북의료인의 자격증명방법 등을 고려하여 입법자가 그의 입법형성권의 범위 내에서 규율한 사항이지, 헌법조문이나 헌법해석에 의하여 바로 입법자에게 국내 의료면허를 부여할 입법의무가 발생한다고 볼 수는 없다(헌재 2006.11.30, 2006헌마679).

04 헌법상 영토조항에 관한 설명 중 가장 적절하지 않은 것은? (다툼이 있는 경우 판례에 의함) 22. 경찰승진

① 영토조항만을 근거로 하여 독자적으로 헌법소원을 청구할 수 있다.

② 국민의 기본권 침해에 대한 권리구제를 위하여 그 전제조건으로서 영토에 관한 권리를 영토권이라 구성하여, 이를 헌법소원의 대상인 기본권으로 간주하는 것은 가능하다.

③ 우리 헌법이 "대한민국의 영토는 한반도와 그 부속도서로 한다."는 영토조항(제3조)을 두고 있는 이상 대한민국의 헌법은 북한지역을 포함한 한반도 전체에 그 효력이 미치고 따라서 북한지역은 당연히 대한민국의 영토가 된다.

④ 외국환거래의 일방 당사자가 북한의 주민일 경우 그는 남북교류협력에 관한 법률상 '북한의 주민'에 해당하는 것이므로, 북한의 조선아시아태평양위원회가 외국환거래법 제15조에서 말하는 '거주자'나 '비거주자'에 해당하는지 또는 남북교류협력에 관한 법률상 '북한의 주민'에 해당하는지 여부는 법률해석의 문제에 불과한 것이고, 헌법 제3조의 영토조항과는 관련이 없다.

해설

① [×] "헌법전문에 기재된 3·1정신"은 우리나라 헌법의 연혁적·이념적 기초로서 헌법이나 법률해석에서의 해석기준으로 작용한다고 할 수 있지만, 그에 기하여 곧바로 국민의 개별적 기본권성을 도출해낼 수는 없다고 할 것이므로, 헌법소원의 대상인 "헌법상 보장된 기본권"에 해당하지 아니한다. 국민의 개별적 기본권이 아니라 할지라도 기본권 보장의 실질화를 위하여서는, 영토조항만을 근거로 하여 독자적으로는 헌법소원을 청구할 수 없다(헌재 2001.3.21, 99헌마139 등).

② [O] 모든 국가권능의 정당성의 근원인 국민의 기본권 침해에 대한 권리구제를 위하여 그 전제조건으로서 영토에 관한 권리를, 이를테면 영토권이라 구성하여, 이를 헌법소원의 대상인 기본권의 하나로 간주하는 것은 가능한 것으로 판단된다(헌재 2001.3.21, 99헌마139).

③ [O] 우리 헌법이 "대한민국의 영토는 한반도와 그 부속도서로 한다"는 영토조항(제3조)을 두고 있는 이상 대한민국의 헌법은 북한지역을 포함한 한반도 전체에 그 효력이 미치고 따라서 북한지역은 당연히 대한민국의 영토가 된다(헌재 2005.6.30, 2003헌바114).

정답 | 02 ④ 03 ① 04 ①

④ [O] 당해사건과 같이 남한과 북한 주민 사이의 외국환 거래에 대하여는 법 제15조 제3항에 규정되어 있는 "거주자 또는 비거주자" 부분 즉 대한민국 안에 주소를 둔 개인 또는 법인인지 여부가 문제되는 것이 아니라, 남북교류협력에 관한 법률(이하 '남북교류협력법'이라 한다) 제26조 제3항의 "남한과 북한" 즉 군사분계선 이남지역과 그 이북지역의 주민인지 여부가 문제되는 것이다. 즉, 외국환거래의 일방 당사자가 북한의 주민일 경우 그는 이 사건 법률조항의 '거주자' 또는 '비거주자'가 아니라 남북교류법의 '북한의 주민'에 해당하는 것이다. 그러므로, 당해사건에서 아태위원회가 법 제15조 제3항에서 말하는 '거주자'나 '비거주자'에 해당하는지 또는 남북교류법상 '북한의 주민'에 해당하는지 여부는 법률해석의 문제에 불과한 것이고, 헌법 제3조의 영토조항과는 관련이 없다(헌재 2005.6.30, 2003헌바114).

05 헌법 제3조에 대한 설명으로 가장 적절한 것은? (다툼이 있는 경우 판례에 의함)

23. 경찰간부

① 국민의 기본권 침해에 대한 권리구제를 위한 전제조건으로서 영토에 관한 권리를 영토권이라 구성하여 기본권의 하나로 간주하는 것은 불가능하다.

② 독도 등을 중간수역으로 정한 '대한민국과 일본국 간의 어업에 관한 협정'의 해당 조항은 배타적 경제수역을 직접 규정한 것이고, 영해문제와 직접적인 관련을 가지므로 헌법상 영토조항을 위반한 것이다.

③ 북한이 국제사회에서 하나의 주권국가로 존속하고 있고, 우리정부가 북한 당국자의 명칭을 쓰면서 정상회담 등을 제의하였다 하여 북한이 대한민국의 영토고권을 침해하는 반국가단체가 아니라고 단정할 수 없다.

④ 저작권법의 효력은 헌법 제3조에도 불구하고 대한민국의 주권 범위 밖에 있는 북한지역에 미치지 않는다.

해설

③ [O] 북한이 국제사회에서 하나의 주권국가로 존속하고 있고, 우리정부가 북한 당국자의 명칭을 쓰면서 정상회담 등을 제의하였다 하여 북한이 대한민국의 영토고권을 침해하는 반국가단체가 아니라고 단정할 수 없다(대판 1990.9.25, 90도1451).

① [×] 국민의 개별적 기본권이 아니라 할지라도 기본권보장의 실질화를 위하여서는, 영토조항만을 근거로 하여 독자적으로는 헌법소원을 청구할 수 없다 할지라도, 모든 국가권능의 정당성의 근원인 국민의 기본권 침해에 대한 권리구제를 위하여 그 전제조건으로서 영토에 관한 권리를, 이를테면 영토권이라 구성하여, 이를 헌법소원의 대상인 기본권의 하나로 간주하는 것은 가능한 것으로 판단된다(헌재 2001.3.21, 99헌마139).

② [×] 이 사건 협정은 배타적경제수역을 직접 규정한 것이 아닐 뿐만 아니라 배타적경제수역이 설정된다 하더라도 영해를 제외한 수역을 의미하며, 이러한 점들은 이 사건 협정에서의 이른바 중간수역에 대해서도 동일하다고 할 것이므로 독도가 중간수역에 속해 있다 할지라도 독도의 영유권문제나 영해문제와는 직접적인 관련을 가지지 아니한 것임은 명백하다 할 것이다(헌재 2001.3.21, 99헌마139).

④ [×] 헌법 제3조는 북한지역도 대한민국의 영토임을 선언하고 있으므로, 우리나라 저작권법의 효력은 대한민국의 주권범위 내에 있는 북한지역에도 미친다(서울고등법원 2006.3.29, 2004나14033).

06 헌법상 통일에 대한 설명으로 옳은 것은? (다툼이 있는 경우 헌법재판소 판례에 의함) 22. 국회직 8급

① 국가의 안전과 자유민주적 기본질서를 보장하고 국민의 안전을 확보하는 가운데 평화적 통일을 이루기 위한 기반을 조성하기 위하여 북한주민 등과의 접촉에 관하여 남북관계의 전문기관인 통일부장관에게 그 승인권을 준 법률조항은 국민의 통일에 대한 기본권을 위헌적으로 침해한 것이다.

② 북한을 법 소정의 "외국"으로, 북한의 주민 또는 법인 등을 "비거주자"로 바로 인정하기는 어렵지만, 개별 법률의 적용 내지 준용에 있어서는 남북한의 특수관계적 성격을 고려하여 북한지역을 외국에 준하는 지역으로, 북한주민 등을 외국인에 준하는 지위에 있는 자로 규정할 수 있다.

③ 1992년 발효된 남북사이의 화해와 불가침 및 교류협력에 관한 합의서는 남북한 당국이 각기 정치적인 책임을 지고 상호간에 그 성의 있는 이행을 약속한 것이므로, 국내법과 동일한 효력이 있는 조약이나 이에 준하는 것으로 보아야 한다.

④ 1990년에 남북교류협력에 관한 법률이 제정되었다고 하더라도, '남한과 북한의 주민'이라는 행위 주체 사이에 '투자 기타 경제에 관한 협력사업'이라는 행위를 할 경우에는 이 법이 다른 법률보다 우선적으로 적용되는 것은 아니다.

⑤ 헌법의 통일관련 조항들은 국가의 통일의무를 선언한 것이지만 단순한 선언규정에 그친다 할 수는 없는 것이므로, 이들 조항으로부터 국민 개개인의 통일에 대한 기본권을 도출할 수 있다.

해설

② [O] 우리 헌법이 영토조항(제3조)을 두고 있는 이상 대한민국의 헌법은 북한지역을 포함한 한반도 전체에 그 효력이 미치고 따라서 북한지역은 당연히 대한민국의 영토가 되므로, 북한을 법 소정의 "외국"으로, 북한의 주민 또는 법인 등을 "비거주자"로 바로 인정하기는 어렵지만, 개별 법률의 적용 내지 준용에 있어서는 남북한의 특수관계적 성격을 고려하여 북한지역을 외국에 준하는 지역으로, 북한주민 등을 외국인에 준하는 지위에 있는 자로 규정할 수 있다고 할 것이다(헌재 2005.6.30, 2003헌바114).

① [×] 헌법상의 여러 통일관련 조항들은 국가의 통일의무를 선언한 것이기는 하지만, 그로부터 국민 개개인의 통일에 대한 기본권, 특히 국가기관에 대하여 통일과 관련된 구체적인 행동을 요구하거나 일정한 행동을 할 수 있는 권리가 도출된다고 볼 수 없다(헌재 2000.7.20, 98헌바63).

③ [×] 1992.2.19. 발효된 '남북사이의 화해와 불가침 및 교류협력에 관한 합의서'는 일종의 공동성명 또는 신사협정에 준하는 성격을 가짐에 불과하여 법률이 아님은 물론 국내법과 동일한 효력이 있는 조약이나 이에 준하는 것으로 볼 수 없다(헌재 2000.7.20, 98헌바63).

④ [×] 남한과 북한의 주민(법인, 단체 포함) 사이의 투자 기타 경제에 관한 협력사업 및 이에 수반되는 거래에 대하여는 우선적으로 남북교류법과 동법시행령 및 위 외국환관리지침이 적용되며, 관련 범위 내에서 외국환거래법이 준용된다. 즉, '남한과 북한의 주민'이라는 행위 주체 사이에 '투자 기타 경제에 관한 협력사업'이라는 행위를 할 경우에는 남북교류법이 다른 법률보다 우선적으로 적용되고, 필요한 범위 내에서 외국환거래법 등이 준용되는 것이다(헌재 2005.6.30, 2003헌바114).

⑤ [×] 헌법상의 여러 통일관련 조항들은 국가의 통일의무를 선언한 것이기는 하지만, 그로부터 국민 개개인의 통일에 대한 기본권, 특히 국가기관에 대하여 통일과 관련된 구체적인 행동을 요구하거나 일정한 행동을 할 수 있는 권리가 도출된다고 볼 수 없다(헌재 2000.7.20, 98헌바63).

정답 | 05 ③ 06 ②

제3절 | 한국헌법의 기본원리

■ 헌법 전문

01 헌법 전문에 대한 설명으로 적절하지 않은 것은 몇 개인가? (다툼이 있는 경우 헌법재판소 판례에 의함)

25. 경찰간부

> 가. 1962년 제5차 개정헌법에서 헌법 전문을 처음으로 개정하여 4·19의거의 이념을 명문화하였다.
> 나. "자유민주적 기본질서에 입각한 평화적 통일정책"은 현행헌법 전문에서 규정하고 있다.
> 다. 헌법은 전문에서 '3·1운동으로 건립된 대한민국임시정부의 법통을 계승'한다고 선언하고 있는바, 국가는 일제로부터 조국의 자주독립을 위하여 공헌한 독립유공자와 그 유족에 대하여 응분의 예우를 하여야 할 헌법적 의무를 지닌다.
> 라. 헌법 전문에서 '대한민국은 3·1운동으로 건립된 대한민국임시정부의 법통을 계승하(였다)'라고 규정되어 있지만, 국가가 독립유공자의 후손인 청구인에게 일본제국주의의 각종 통치기구 등으로부터 수탈당한 청구인 조상들의 특정 토지에 관하여 보상을 해주어야 할 작위의무가 헌법에서 유래하는 작위의무로 특별히 구체적으로 규정되어 있다거나 해석상 도출된다고 볼 수 없다.

① 없음　　② 1개
③ 2개　　④ 3개

해설

적절하지 않은 것은 1개(나)이다.

가. [O] 제5차 개정헌법(1962년)은 최초로 헌법전문을 개정하여 "4·19의거와 5·16혁명의 이념에 입각"한다고 선언하였다.

> 제5차 개정헌법(1962년) 전문 유구한 역사와 전통에 빛나는 우리 대한국민은 3·1운동의 숭고한 독립정신을 계승하고 4·19의거와 5·16혁명의 이념에 입각하여 새로운 민주공화국을 건설함에 있어서, … 1948년 7월 12일에 제정된 헌법을 이제 국민투표에 의하여 개정한다.

나. [×]

> 헌법 전문
> 유구한 역사와 전통에 빛나는 우리 대한국민은 3·1운동으로 건립된 대한민국임시정부의 법통과 불의에 항거한 4·19민주이념을 계승하고, 조국의 민주개혁과 평화적 통일의 사명에 입각하여 정의·인도와 동포애로써 민족의 단결을 공고히 하고, 모든 사회적 폐습과 불의를 타파하며, 자율과 조화를 바탕으로 자유민주적 기본질서를 더욱 확고히 하여 … 1948년 7월 12일에 제정되고 8차에 걸쳐 개정된 헌법을 이제 국회의 의결을 거쳐 국민투표에 의하여 개정한다.
> 제4조 대한민국은 통일을 지향하며, 자유민주적 기본질서에 입각한 평화적 통일 정책을 수립하고 이를 추진한다.

다. [O] 헌법은 전문(前文)에서 "3·1운동으로 건립된 대한민국임시정부의 법통을 계승"한다고 선언하고 있다. 이는 대한민국이 일제에 항거한 독립운동가의 공헌과 희생을 바탕으로 이룩된 것임을 선언한 것이고, 그렇다면 국가는 일제로부터 조국의 자주독립을 위하여 공헌한 독립유공자와 그 유족에 대하여는 응분의 예우를 하여야 할 헌법적 의무를 지닌다고 보아야 할 것이다(헌재 2005.6.30, 2004헌마859).

라. [O] 헌법 전문에서 '대한민국은 3·1운동으로 건립된 대한민국임시정부의 법통을 계승하(였다)'라고 규정되어 있지만, 위 내용만으로 국가가 독립유공자의 후손인 청구인에게 일본제국주의의 각종 통치기구 등으로부터 수탈당한 청구인 조상들의 강릉 일대의 특정 토지에 관하여 보상을 해주어야 할 작위의무가 헌법에서 유래하는 작위의무로 특별히 구체적으로 규정되어 있다거나 해석상 도출된다고 볼 수 없다(헌재 2019.7.2, 2019헌마647).

02 헌법 전문(前文)에 대한 설명으로 옳지 않은 것은? (다툼이 있는 경우 판례에 의함) 25. 5급

① 헌법 전문은 헌법의 이념 내지 가치를 제시하고 있는 헌법규범의 일부로서 헌법으로서의 규범적 효력을 나타내기 때문에 구체적으로는 헌법소송에서의 재판규범인 동시에 헌법이나 법률해석에서의 해석기준이 되고, 입법형성권 행사의 한계와 정책결정의 방향을 제시하며, 나아가 모든 국가기관과 국민이 존중하고 지켜가야 하는 최고의 가치규범이다.

② 1980년 제8차 개정헌법의 전문에서는 3·1운동의 숭고한 독립정신과 4·19의거 및 5·16혁명의 이념을 계승하고 자유민주적 기본질서를 더욱 공고히 한다고 규정하였다.

③ 헌법재판소는 헌법 전문에 기재된 3·1정신은 헌법이나 법률해석의 기준으로 작용하지만, 그에 기하여 곧바로 국민의 개별적 기본권성을 도출해낼 수는 없다고 본다.

④ 현행헌법은 전문에서 '3·1운동으로 건립된 대한민국임시정부의 법통'의 계승을 천명하고 있는바, 일제강점기에 일본군위안부로 강제 동원된 피해자들의 훼손된 인간의 존엄과 가치를 회복시켜야 할 의무는 대한민국임시정부의 법통을 계승한 지금의 정부가 국민에 대하여 부담하는 가장 근본적인 보호의무에 속한다.

해설

② [×] 제7차 개정헌법(1972년) 전문에서 규정한 내용이다.

① [O] 헌법 전문은 헌법의 이념 내지 가치를 제시하고 있는 헌법규범의 일부적으로는 헌법소송에서의 재판규범로서 헌법으로서의 규범적 효력을 나타내기 때문에 구체인 동시에 헌법이나 법률해석에서의 해석기준이 되고, 입법형성권 행사의 한계와 정책결정의 방향을 제시하며, 나아가 모든 국가기관과 국민이 존중하고 지켜가야 하는 최고의 가치규범이다(헌재 2006.3.30, 2003헌마806).

③ [O] "헌법 전문에 기재된 3·1정신"은 우리나라 헌법의 연혁적·이념적 기초로서 헌법이나 법률해석에서의 해석기준으로 작용한다고 할 수 있지만, 그에 기하여 곧바로 국민의 개별적 기본권성을 도출해낼 수는 없다고 할 것이므로, 헌법소원의 대상인 "헌법상 보장된 기본권"에 해당하지 아니한다(헌재 2001.3.21, 99헌마139 등).

④ [O] 우리 헌법은 전문에서 "3·1운동으로 건립된 대한민국임시정부의 법통"의 계승을 천명하고 있는바, 비록 우리 헌법이 제정되기 전의 일이라 할지라도 국가가 국민의 안전과 생명을 보호하여야 할 가장 기본적인 의무를 수행하지 못한 일제강점기에 위안부로 강제 동원되어 인간의 존엄과 가치가 말살된 상태에서 장기간 비극적인 삶을 영위하였던 피해자들의 훼손된 인간의 존엄과 가치를 회복시켜야 할 의무는 대한민국임시정부의 법통을 계승한 지금의 정부가 국민에 대하여 부담하는 의무에 속한다고 할 것이다(헌재 2011.8.30, 2006헌마788).

03 헌법전문(前文)에 대한 설명으로 가장 적절하지 않은 것은? (다툼이 있는 경우 판례에 의함) 21. 경찰승진

① 현행 헌법전문은 "1945년 7월 12일에 제정되고 9차에 걸쳐 개정된 헌법을 이제 국회의 의결을 거쳐 국민투표에 의하여 개정한다."고 규정하고 있다.

② 헌법전문에 규정된 3·1정신은 우리나라 헌법의 연혁적·이념적 기초로서 헌법이나 법률해석에서의 기준으로 작용한다고 할 수 있지만, 그에 기하여 곧바로 국민의 개별적 기본권성을 도출해낼 수는 없다고 할 것이므로, 헌법소원의 대상인 헌법상 보장된 기본권에 해당하지 아니한다.

③ 헌법전문은 1962년 제5차 개정헌법에서 처음으로 개정되었다.

④ 현행 헌법전문에는 '조국의 민주개혁', '국민생활의 균등한 향상', '세계평화와 인류공영에 이바지함' 등이 규정되어 있다.

정답 | 01 ② 02 ② 03 ①

해설

① [×], ④ [O] 현행 헌법전문은 "1948년 7월 12일에 제정되고 8차에 걸쳐 개정된 헌법을 이제 국회의 의결을 거쳐 국민투표에 의하여 개정한다."고 규정하고 있다.

> 헌법전문
> 유구한 역사와 전통에 빛나는 우리 대한국민은 3 · 1운동으로 건립된 대한민국임시정부의 법통과 불의에 항거한 4 · 19민주이념을 계승하고, 조국의 민주개혁과 평화적 통일의 사명에 입각하여 정의 · 인도와 동포애로써 민족의 단결을 공고히 하고, 모든 사회적 폐습과 불의를 타파하며, 자율과 조화를 바탕으로 자유민주적 기본질서를 더욱 확고히 하여 정치 · 경제 · 사회 · 문화의 모든 영역에 있어서 각인의 기회를 균등히 하고, 능력을 최고도로 발휘하게 하며, 자유와 권리에 따르는 책임과 의무를 완수하게 하여, 안으로는 국민생활의 균등한 향상을 기하고 밖으로는 항구적인 세계평화와 인류공영에 이바지함으로써 우리들과 우리들의 자손의 안전과 자유와 행복을 영원히 확보할 것을 다짐하면서 1948년 7월 12일에 제정되고 8차에 걸쳐 개정된 헌법을 이제 국회의 의결을 거쳐 국민투표에 의하여 개정한다.

② [O] "헌법전문에 기재된 3.1정신"은 우리나라 헌법의 연혁적 · 이념적 기초로서 헌법이나 법률해석에서의 해석기준으로 작용한다고 할 수 있지만, 그에 기하여 곧바로 국민의 개별적 기본권성을 도출해낼 수는 없다고 할 것이므로, 헌법소원의 대상인 "헌법상 보장된 기본권"에 해당하지 아니한다(헌재 2001.3.21, 99헌마139).

③ [O] 헌법전문을 개정한 개헌: 제5차 · 제7차 · 제8차 · 제9차(▶ 5879: 오빠친구)

04 헌법전문(前文)과 기본원리에 관한 설명으로 가장 적절하지 않은 것은? (다툼이 있는 경우 판례에 의함)

23. 경찰 1차

① 우리 헌법의 전문과 본문의 전체에 담겨있는 최고 이념은 국민주권주의와 자유민주주의에 입각한 입헌민주헌법의 본질적 기본원리에 기초하고 있다.

② 헌법전문에서 "3 · 1운동으로 건립된 대한민국임시정부의 법통을 계승"한다고 선언하고 있는데 이는 대한민국이 일제에 항거한 독립운동가의 공헌과 희생을 바탕으로 이룩된 것임을 선언한 것이고, 그렇다면 국가는 일제로부터 조국의 자주독립을 위하여 공헌한 독립유공자와 그 유족에 대하여는 응분의 예우를 하여야 할 헌법적 의무를 지닌다.

③ 통일정신, 국민주권원리 등은 우리나라 헌법의 연혁적 · 이념적 기초로서 헌법이나 법률해석에서의 해석기준으로 작용할 뿐만 아니라 그에 기하여 곧바로 국민의 개별적 기본권성이 도출된다.

④ 우리 헌법이 제정되기 전의 일이라 할지라도 국가가 국민의 안전과 생명을 보호하여야 할 가장 기본적인 의무를 수행하지 못한 일제강점기에 일본군위안부로 강제 동원되어 인간의 존엄과 가치가 말살된 상태에서 장기간 비극적인 삶을 영위하였던 피해자들의 훼손된 인간의 존엄과 가치를 회복시켜야 할 의무는 대한민국임시정부의 법통을 계승한 지금의 정부가 국민에 대하여 부담하는 가장 근본적인 보호의무에 속한다.

해설

③ [×] 통일정신, 국민주권원리 등은 우리나라 헌법의 연혁적 · 이념적 기초로서 헌법이나 법률해석에서의 해석기준으로 작용한다고 할 수 있지만, 그에 기하여 곧바로 국민의 개별적 기본권성을 도출해 내기는 어렵다(헌재 2008.11.27, 2008헌마517).

① [O] 국민주권과 국민대표제 우리 헌법의 전문과 본문의 전체에 담겨있는 최고 이념은 국민주권주의와 자유민주주의에 입각한 입헌민주헌법의 본질적 기본원리에 기초하고 있다. 기타 헌법상의 제원칙도 여기에서 연유되는 것이므로 이는 헌법전을 비롯한 모든 법령해석의 기준이 되고, 입법형성권 행사의 한계와 정책결정의 방향을 제시하며, 나아가 모든 국가기관과 국민이 존중하고 지켜가야 하는 최고의 가치규범이다(헌재 1989.9.8, 88헌가6).

② [O] 헌법은 전문(前文)에서 "3 · 1운동으로 건립된 대한민국임시정부의 법통을 계승"한다고 선언하고 있다. 이는 대한민국이 일제에 항거한 독립운동가의 공헌과 희생을 바탕으로 이룩된 것임을 선언한 것이고, 그렇다면 국가는 일제로부터 조국의 자주독립을 위하여 공헌한 독립유공자와 그 유족에 대하여는 응분의 예우를 하여야 할 헌법적 의무를 지닌다고 보아야 할 것이다. 다만 그러한 의무는 국가가 독립유공자의 인정절차를 합리적으로 마련하고 독립유공자에 대한 기본적 예우를 해주어야 한다는 것을 뜻할 뿐이며, 당사자가 주장하는 특정인을 반드시 독립유공자로 인정하여야 하는 것을 뜻할 수는 없다(헌재 2005.6.30, 2004헌마859).

④ [O] 우리 헌법은 전문에서 "3 · 1운동으로 건립된 대한민국임시정부의 법통"의 계승을 천명하고 있는바, 비록 우리 헌법이 제정되기 전의 일이라 할지라도 국가가 국민의 안전과 생명을 보호하여야 할 가장 기본적인 의무를 수행하지 못한 일제강점기에 일본군위안부로 강제 동원되어 인간의 존엄과 가치가 말살된 상태에서 장기간 비극적인 삶을 영위하였던 피해자들의 훼손된 인간의 존엄과 가치를 회복시켜야 할 의무는 대한민국임시정부의 법통을 계승한 지금의 정부가 국민에 대하여 부담하는 가장 근본적인 보호의무에 속한다고 할 것이다(헌재 2011.8.30, 2006헌마788).

05 헌법전문(前文)에 관한 설명 중 옳은 것(O)과 옳지 않은 것(×)을 올바르게 조합한 것은? (다툼이 있는 경우 판례에 의함)

22. 변호사

> ㉠ 태평양전쟁 전후 일제에 의한 강제동원으로 피해를 입은 자에 대한 위로금 지급에 있어 대한민국 국적을 갖고 있지 않은 유족을 위로금 지급대상에서 제외하는 것은 정의 · 인도와 동포애로써 민족의 단결을 공고히 할 것을 규정한 헌법전문에 비추어 헌법에 위반된다.
> ㉡ 헌법전문이 규정하는 대한민국임시정부의 법통 계승은 선언적 · 추상적 의미에 불과하므로, 우리 헌법이 제정되기 전에 발생한 일제강점기 피해자들의 훼손된 인간의 존엄과 가치를 회복시켜야 할 의무는 지금의 정부가 국민에 대하여 부담하는 근본적 보호의무에 속한다고 볼 수 없다.
> ㉢ 헌법전문에 기재된 3 · 1 정신은 우리나라 헌법의 연혁적 · 이념적 기초로서 헌법이나 법률해석에서의 해석기준으로 작용할 수 있지만, 그에 기하여 곧바로 국민의 개별적 기본권성을 도출해낼 수는 없다.
> ㉣ 국가가 일제로부터 조국의 자주독립을 위하여 공헌한 독립유공자와 그 유족에 대하여는 응분의 예우를 하여야 할 헌법적 의무를 헌법전문으로부터 도출할 수 있다.

	㉠	㉡	㉢	㉣
①	O	O	O	×
②	O	×	×	×
③	×	O	O	×
④	×	×	O	O
⑤	×	×	×	O

해설

㉠ [×] 사할린 지역 강제동원 희생자의 범위를 1990.9.30.까지 사망 또는 행방불명된 사람으로 제한하고, 대한민국 국적을 갖고 있지 않은 유족을 위로금 지급대상에서 제외한 것은 합리적 이유가 있어 입법재량의 범위를 벗어난 것으로 볼 수 없으므로, 심판대상조항이 '정의 · 인도와 동포애로써 민족의 단결을 공고히' 할 것을 규정한 헌법전문의 정신에 위반된다고 볼 수 없다(헌재 2015.12.23, 2013헌바11).

㉡ [×] 헌법전문, 제2조 제2항, 제10조와 이 사건 협정 제3조의 문언에 비추어 볼 때, 피청구인이 위 협정 제3조에 따라 분쟁해결의 절차로 나아갈 의무는 일본국에 의해 자행된 조직적이고 지속적인 불법행위에 의하여 인간의 존엄과 가치를 심각하게 훼손당한 자국민들이 배상청구권을 실현하도록 협력하고 보호하여야 할 헌법적 요청에 의한 것으로서, 그 의무의 이행이 없으면 청구인들의 기본권이 중대하게 침해될 가능성이 있으므로, 피청구인의 작위의무는 헌법에서 유래하는 작위의무로서 그것이 법령에 구체적으로 규정되어 있는 경우라고 할 것이다(헌재 2011.8.30, 2008헌마648).

정답 | 04 ③ 05 ④

㉢ [O] "헌법전문에 기재된 3·1정신"은 우리나라 헌법의 연혁적·이념적 기초로서 헌법이나 법률해석에서의 해석기준으로 작용한다고 할 수 있지만, 그에 기하여 곧바로 국민의 개별적 기본권성을 도출해낼 수는 없다고 할 것이므로, 헌법소원의 대상인 "헌법상 보장된 기본권"에 해당하지 아니한다(헌재 2001.3.21, 99헌마139).

㉣ [O] 헌법은 국가유공자 인정에 관하여 명문 규정을 두고 있지 않으나 전문(前文)에서 "3·1운동으로 건립된 대한민국임시정부의 법통을 계승"한다고 선언하고 있다. 이는 대한민국이 일제에 항거한 독립운동가의 공헌과 희생을 바탕으로 이룩된 것임을 선언한 것이고, 그렇다면 국가는 일제로부터 조국의 자주독립을 위하여 공헌한 독립유공자와 그 유족에 대하여는 응분의 예우를 하여야 할 헌법적 의무를 지닌다(헌재 2005.6.30, 2004헌마859).

06 대한민국헌법전문(前文)에 규정된 내용이 아닌 것은? 22. 소방간부

① 1948년 7월 12일에 제정되고 9차에 걸쳐 개정된 헌법
② 3·1운동으로 건립된 대한민국임시정부의 법통
③ 4·19민주이념
④ 국민생활의 균등한 향상
⑤ 항구적인 세계평화와 인류공영

해설

① [×] 현행 헌법전문은 "1948년 7월 12일에 제정되고 8차에 걸쳐 개정된 헌법을 이제 국회의 의결을 거쳐 국민투표에 의하여 개정한다."라고 규정하고 있다.

> 헌법전문
> 유구한 역사와 전통에 빛나는 우리 대한국민은 ② 3·1운동으로 건립된 대한민국 임시정부의 법통과 불의에 항거한 ③ 4·19 민주이념을 계승하고, 조국의 민주개혁과 평화적 통일의 사명에 입각하여 정의·인도와 동포애로써 민족의 단결을 공고히 하고, 모든 사회적 폐습과 불의를 타파하며, 자율과 조화를 바탕으로 자유민주적 기본질서를 더욱 확고히 하여 정치·경제·사회·문화의 모든 영역에 있어서 각인의 기회를 균등히 하고, 능력을 최고도로 발휘하게 하며, 자유와 권리에 따르는 책임과 의무를 완수하게 하여, 안으로는 ④ 국민생활의 균등한 향상을 기하고 밖으로는 항구적인 세계평화와 인류공영에 이바지함으로써 우리들과 우리들의 자손의 안전과 자유와 행복을 영원히 확보할 것을 다짐하면서 ① 1948년 7월 12일에 제정되고 8차에 걸쳐 개정된 헌법을 이제 국회의 의결을 거쳐 국민투표에 의하여 개정한다.

07 현행 헌법전문(前文)에 규정되어 있는 내용으로만 연결된 것은? 22. 경찰간부

① 우리 대한민국 - 조국의 민주개혁 - 세계평화와 인류공영
② 5·18 민주화운동의 이념 - 자유민주적 기본질서 - 평화적 통일의 사명
③ 민족의 단결 - 국민생활의 균등한 향상 - 대한민국 임시정부의 법통
④ 8차에 걸쳐 개정된 헌법 - 개인의 존엄과 양성의 평등 - 전통문화의 계승·발전

해설

헌법전문
유구한 역사와 전통에 빛나는 우리 대한국민은 3·1운동으로 건립된 대한민국임시정부의 법통과 불의에 항거한 4·19민주이념을 계승하고, 조국의 민주개혁과 평화적 통일의 사명에 입각하여 정의·인도와 동포애로써 민족의 단결을 공고히 하고, 모든 사회적 폐습과 불의를 타파하며, 자율과 조화를 바탕으로 자유민주적 기본질서를 더욱 확고히 하여 정치·경제·사회·문화의 모든 영역에 있어서 각인의 기회를 균등히 하고, 능력을 최고도로 발휘하게 하며, 자유와 권리에 따르는 책임과 의무를 완수하게 하여, 안으로는 국민생활의 균등한 향상을 기하고 밖으로는 항구적인 세계평화와 인류공영에 이바지함으로써 우리들과 우리들의 자손의 안전과 자유와 행복을 영원히 확보할 것을 다짐하면서 1948년 7월 12일에 제정되고 8차에 걸쳐 개정된 헌법을 이제 국회의 의결을 거쳐 국민투표에 의하여 개정한다.

③ [O] "민족의 단결", "국민생활의 균등한 향상", "대한민국 임시정부의 법통"은 모두 헌법전문에 규정되어 있다.
① [×] 우리 대한민국 ➔ 우리 대한국민
② [×] "5.18 민주화운동의 이념"은 현행 헌법전문 내용에 포함되어 있지 않다.
④ [×] 전통문화의 계승·발전은 헌법 제9조의 내용이고, 개인의 존엄과 양성의 평등은 헌법 제36조 제1항의 내용이다.

헌법 제9조 국가는 전통문화의 계승·발전과 민족문화의 창달에 노력하여야 한다.
제36조 ① 혼인과 가족생활은 개인의 존엄과 양성의 평등을 기초로 성립되고 유지되어야 하며, 국가는 이를 보장한다.

08 현행 대한민국헌법의 전문(前文)에 관한 다음 설명 중 가장 옳지 않은 것은? 22. 법무사

① 국회의 의결을 거쳐 국민투표에 의하여 개정함을 명백히 밝히고 있다.
② 헌법전문에서 말하는 전통이란 역사성과 시대성을 띤 개념이므로 오늘날의 의미로 포착하여야 한다.
③ 3·1정신은 우리나라 헌법의 연혁적·이념적 기초로서 헌법이나 법률해석에서의 해석기준으로 작용할 수 있지만, 그에 기초하여 곧바로 국민의 개별적 기본권성을 도출해낼 수는 없다.
④ 3·1운동으로 건립된 대한민국임시정부의 법통을 계승한다고 선언한 헌법전문으로부터 국가의 독립유공자와 그 유족에 대한 예우를 하여야 할 헌법적 의무가 도출될 수 있다.
⑤ 3·1운동의 정신과 4·19민주이념이 헌법전문에 함께 규정되어 있는 점을 감안하여 보면, 4·19혁명공로자에 대한 보훈 수준은 애국지사와 동일하게 설정되어야 한다.

해설

⑤ [×] 국가유공자나 그 가족에 대한 보상은 국가유공자의 희생과 공헌의 정도에 따른다. 4·19혁명공로자와 건국포장을 받은 애국지사는 활동기간의 장단(長短), 활동 당시의 시대적 상황, 국권이 침탈되었는지 여부, 인신의 자유 제약 정도, 입은 피해의 정도, 기회비용 면에서 차이가 있다. 이와 같은 점을 고려하면, 입법자가 4·19혁명공로자의 희생과 공헌의 정도를 건국포장을 받은 애국지사와 달리 평가하여 이 사건 법률조항에서 4·19혁명공로자에 대한 보훈급여의 종류를 수당으로 정하고, 이 사건 시행령조항에서 보훈급여의 지급금액을 애국지사보다 적게 규정한 것이 합리적인 이유 없는 차별이라 할 수 없다(현재 2022.2.24, 2019헌마883).
① [O]

헌법전문
… 8차에 걸쳐 개정된 헌법을 이제 국회의 의결을 거쳐 국민투표에 의하여 개정한다.

정답 | 06 ① 07 ③ 08 ⑤

② [O] 헌법은 국가사회의 최고규범이므로 가족제도가 비록 역사적 · 사회적 산물이라는 특성을 지니고 있다 하더라도 헌법의 우위로부터 벗어날 수 없으며, 가족법이 헌법이념의 실현에 장애를 초래하고, 헌법규범과 현실과의 괴리를 고착시키는데 일조하고 있다면 그러한 가족법은 수정되어야 한다. 우리 헌법은 제정 당시부터 특별히 혼인의 남녀동권을 헌법적 혼인질서의 기초로 선언함으로써 우리 사회 전래의 가부장적인 봉건적 혼인질서를 더 이상 용인하지 않겠다는 헌법적 결단을 표현하였으며, 현행 헌법에 이르러 양성평등과 개인의 존엄은 혼인과 가족제도에 관한 최고의 가치규범으로 확고히 자리잡았다. 한편, 헌법전문과 헌법 제9조에서 말하는 "전통", "전통문화"란 역사성과 시대성을 띤 개념으로서 헌법의 가치질서, 인류의 보편가치, 정의와 인도정신 등을 고려하여 오늘날의 의미로 포착하여야 하며, 가족제도에 관한 전통 · 전통문화란 적어도 그것이 가족제도에 관한 헌법이념인 개인의 존엄과 양성의 평등에 반하는 것이어서는 안 된다는 한계가 도출되므로, 전래의 어떤 가족제도가 헌법 제36조 제1항이 요구하는 개인의 존엄과 양성평등에 반한다면 헌법 제9조를 근거로 그 헌법적 정당성을 주장할 수는 없다(헌재 2005.2.3, 2001헌가9).

③ [O] 통일정신, 국민주권원리 등은 우리나라 헌법의 연혁적 · 이념적 기초로서 헌법이나 법률해석에서의 해석기준으로 작용한다고 할 수 있지만 그에 기하여 곧바로 국민의 개별적 기본권성을 도출해내기는 어려우며, 헌법전문에 기재된 대한민국 임시정부의 법통을 계승하는 부분에 위배된다는 점이 청구인들의 법적 지위에 현실적이고 구체적인 영향을 미친다고 볼 수도 없다(헌재 2008.11.27, 2008헌마517).

④ [O] 헌법은 국가유공자 인정에 관하여 명문 규정을 두고 있지 않으나 전문(前文)에서 "3 · 1운동으로 건립된 대한민국임시정부의 법통을 계승"한다고 선언하고 있다. 이는 대한민국이 일제에 항거한 독립운동가의 공헌과 희생을 바탕으로 이룩된 것임을 선언한 것이고, 그렇다면 국가는 일제로부터 조국의 자주독립을 위하여 공헌한 독립유공자와 그 유족에 대하여는 응분의 예우를 하여야 할 헌법적 의무를 지닌다(헌재 2005.6.30, 2004헌마859).

09 헌법전문(前文)에 관한 설명으로 옳은 것은? (다툼이 있는 경우 판례에 의함)

23. 소방간부

① 헌법은 전문에서 "3 · 1운동으로 건립된 대한민국임시정부의 법통"의 계승을 천명하고 있으나, 일제강점기에 일본군위안부로 강제 동원되어 인간의 존엄과 가치가 말살된 상태에서 장기간 비극적인 삶을 영위하였던 피해자들의 훼손된 인간의 존엄과 가치를 회복시켜야 할 의무는 우리 헌법이 제정되기 전의 일이므로 정부가 국민에 대하여 부담하는 보호의무에 속하지 않는다.

② 헌법전문에 기재된 3 · 1정신은 우리나라 헌법의 연혁적 · 이념적 기초로서 헌법이나 법률해석에서의 해석기준으로 작용한다고 할 수 있고, 그에 기하여 곧바로 국민의 개별적 기본권성을 도출해낼 수 있다.

③ 헌법은 전문에서 유구한 역사와 전통에 빛나는 우리 대한국민은 3 · 1운동으로 건립된 대한민국 임시정부의 법통을 계승한다고 규정하고 있음에도 불구하고 일제강점기 일본의 한반도 지배는 규범적인 관점에서 불법적인 강점에 지나지 않는다고 할 수는 없다.

④ 헌법은 국가유공자 인정에 관하여 명문 규정을 두고 있지 않으나, 전문에서 "3 · 1운동으로 건립된 대한민국임시정부의 법통을 계승"한다고 선언하고 있으므로 국가는 일제로부터 조국의 자주독립을 위하여 공헌한 독립유공자와 그 유족에 대하여는 응분의 예우를 하여야 할 헌법적 의무를 지닌다.

⑤ 국가의 안전과 자유민주적 기본질서를 보장하고 국민의 안전을 확보하는 가운데 평화적 통일을 이루기 위한 기반을 조성하기 위하여 북한주민 등과의 접촉에 관하여 남북관계의 전문기관인 통일부장관에게 그 승인권을 준 남북교류협력에 관한 법률 제9조 제3항은 평화통일의 사명을 천명한 헌법전문 등 헌법상의 통일 관련 조항에 위반된다.

해설

④ [O] 헌법은 국가유공자 인정에 관하여 명문 규정을 두고 있지 않으나 전문(前文)에서 "3 · 1운동으로 건립된 대한민국임시정부의 법통을 계승"한다고 선언하고 있다. 이는 대한민국이 일제에 항거한 독립운동가의 공헌과 희생을 바탕으로 이룩된 것임을 선언한 것이고, 그렇다면 국가는 일제로부터 조국의 자주독립을 위하여 공헌한 독립유공자와 그 유족에 대하여는 응분의 예우를 하여야 할 헌법적 의무를 지닌다(헌재 2005.6.30, 2004헌마859).

① [×] 우리 헌법은 전문에서 "3 · 1운동으로 건립된 대한민국임시정부의 법통"의 계승을 천명하고 있는바, 비록 우리 헌법이 제정되기 전의 일이라 할지라도 국가가 국민의 안전과 생명을 보호하여야 할 가장 기본적인 의무를 수행하지 못한 일제강점기에 일본군위안부로 강제 동원되어 인간의 존엄과 가치가 말살된 상태에서 장기간 비극적인 삶을 영위하였던 피해자들의 훼손된 인간의 존엄과 가치를 회복시켜야 할 의무는 대한민국임시정부의 법통을 계승한 지금의 정부가 국민에 대하여 부담하는 가장 근본적인 보호의무에 속한다고 할 것이다(헌재 2011.8.30, 2006헌마788).

② [×] "헌법전문에 기재된 3·1정신"은 우리나라 헌법의 연혁적·이념적 기초로서 헌법이나 법률해석에서의 해석기준으로 작용한다고 할 수 있지만, 그에 기하여 곧바로 국민의 개별적 기본권성을 도출해낼 수는 없다(헌재 2001.3.21, 99헌마139).
③ [×] 대한민국헌법 규정에 비추어 볼 때 일제강점기 일본의 한반도 지배는 규범적인 관점에서 불법적인 강점에 지나지 않고, 일본의 불법적인 지배로 인한 법률관계 중 대한민국의 헌법정신과 양립할 수 없는 것은 그 효력이 배제된다고 보아야 하므로, 일본판결 이유는 일제강점기의 강제동원 자체를 불법이라고 보고 있는 대한민국헌법의 핵심적 가치와 정면으로 충돌하는 것이어서 이러한 판결 이유가 담긴 일본판결을 그대로 승인하는 결과는 그 자체로 대한민국의 선량한 풍속이나 그 밖의 사회질서에 어긋나는 것임이 분명하므로 우리나라에서 일본판결을 승인하여 효력을 인정할 수 없는데도, 이와 달리 본 원심판결에 법리오해의 위법이 있다(대판 2012.5.24, 2009다22549).
⑤ [×] 북한주민과의 접촉이 그 과정에서 불필요한 마찰과 오해를 유발하여 긴장이 조성되거나, 무절제한 경쟁적 접촉으로 남북한간의 원만한 협력관계에 나쁜 영향을 미칠 수도 있으며, 북한의 정치적 목적에 이용되거나 국가의 안전보장이나 자유민주적 기본질서에 부정적인 영향을 미치는 통로로 이용될 가능성도 완전히 배제할 수 없으므로 통일부장관이 북한주민 등과의 접촉을 원하는 자로부터 승인신청을 받아 구체적인 내용을 검토하여 승인 여부를 결정하는 절차는 현 단계에서는 불가피하므로 남북교류협력에 관한 법률 제9조 제3항은 평화통일을 선언한 헌법전문, 헌법 제4조, 헌법 제66조 제3항 및 기타 헌법상의 통일조항에 위배된다고 볼 수 없다(헌재 2000.7.20, 98헌바63).

■ 국민주권원리

01 다음 국민주권에 관한 설명 중 가장 옳지 않은 것은? (다툼이 있는 경우 판례에 의함) 24. 해경

① 국민주권주의는 국가권력의 민주적 정당성을 의미하므로 주권의 소재와 통치권의 담당자가 언제나 같을 것을 요구한다.
② 국민주권주의는 모든 국가권력이 국민의 의사에 기초해야 한다는 의미일 뿐 국민이 정치적 의사 결정에 관한 모든 정보를 제공받고 직접 참여하여야 한다는 의미는 아니다.
③ 통일정신, 국민주권원리 등은 우리나라 헌법의 연혁적·이념적 기초로서 헌법이나 법률해석에서의 해석기준으로 작용한다고 할 수 있지만 그에 기하여 곧바로 국민의 개별적 기본권성을 도출해내기는 어렵다.
④ 우리 헌법의 전문과 본문의 전체에 담겨있는 최고 이념은 국민주권주의와 자유민주주의에 입각한 입헌민주헌법의 본질적 기본원리에 기초하고 있다. 기타 헌법상의 제원칙도 여기에서 연유되는 것이므로 이는 헌법전을 비롯한 모든 법령해석의 기준이 되고, 입법형성권 행사의 한계와 정책결정의 방향을 제시하며, 나아가 모든 국가기관과 국민이 존중하고 지켜가야 하는 최고의 가치규범이다.

해설
① [×] 국민주권주의는 국가권력의 민주적 정당성을 의미하는 것이기는 하나, 그렇다고 하여 국민전체가 직접 국가기관으로서 통치권을 행사하여야 한다는 것은 아니므로 주권의 소재와 통치권의 담당자가 언제나 같을 것을 요구하는 것이 아니고, 예외적으로 국민이 주권을 직접 행사하는 경우 이외에는 국민의 의사에 따라 통치권의 담당자가 정해짐으로써 국가권력의 행사도 궁극적으로 국민의 의사에 의하여 정당화될 것을 요구하는 것이다(헌재 2009.3.26, 2007헌마843).
② [O] 이 사건 각 고시조항에서 평가서 초안 및 평가서 작성시 '중대사고'에 대한 평가를 제외하도록 하였다고 하여, 국가가 국민의 생명·신체의 안전을 보호하는 데 적절하고 효율적인 최소한의 조치조차 취하지 아니한 것이라고 보기는 어렵다. … 청구인들은, 이 사건 각 고시조항이 국민들의 정확하고 공정한 여론 형성을 방해하므로 민주주의 원리에도 위반된다고 주장한다. 민주주의 원리의 한 내용인 국민주권주의는 모든 국가권력이 국민의 의사에 기초해야 한다는 의미일 뿐 국민이 정치적 의사결정에 관한 모든 정보를 제공받고 직접 참여하여야 한다는 의미는 아니므로, 청구인들의 이 부분 주장 역시 이유 없다(헌재 2016.10.27, 2012헌마121).
③ [O] 통일정신, 국민주권원리 등은 우리나라 헌법의 연혁적·이념적 기초로서 헌법이나 법률해석에서의 해석기준으로 작용한다고 할 수 있지만 그에 기하여 곧바로 국민의 개별적 기본권성을 도출해내기는 어려우며, 헌법전문에 기재된 대한민국 임시정부의 법통을 계승하는 부분에 위배된다는 점이 청구인들의 법적지위에 현실적이고 구체적인 영향을 미친다고 볼 수도 없다(헌재 2008.11.27, 2008헌마517).

정답 | 09 ④ 01 ①

④ [O] 우리 헌법의 전문과 본문의 전체에 담겨있는 최고 이념은 국민주권주의와 자유민주주의에 입각한 입헌민주헌법의 본질적 기본원리에 기초하고 있다. 기타 헌법상의 제원칙도 여기에서 연유되는 것이므로 이는 헌법전을 비롯한 모든 법령해석의 기준이 되고, 입법형성권 행사의 한계와 정책결정의 방향을 제시하며, 나아가 모든 국가기관과 국민이 존중하고 지켜가야 하는 최고의 가치규범이다(헌재 1989.9.8, 88헌가6).

02 국민주권 및 민주주의 원리에 대한 설명으로 가장 적절하지 않은 것은? (다툼이 있는 경우 헌법재판소 판례에 의함)

25. 경찰간부

① 국민주권의 원리는 공권력의 구성 · 행사 · 통제를 지배하는 우리 통치질서의 기본원리이므로, 공권력의 일종인 지방자치권과 국가교육권도 이 원리에 따른 국민적 정당성기반을 갖추어야만 한다.

② 국민주권주의는 국가권력의 민주적 정당성을 의미하는 것이기는 하나, 그렇다고 하여 국민전체가 직접 국가기관으로서 통치권을 행사하여야 한다는 것은 아니므로, 주권의 소재와 통치권의 담당자가 언제나 같을 것을 요구하는 것이 아니다.

③ 민주주의 원리의 한 내용인 국민주권주의는 모든 국가권력이 국민의 의사에 기초해야 한다는 의미일 뿐만 아니라 국민이 정치적 의사결정에 관한 모든 정보를 제공받고 직접 참여하여야 한다는 의미이다.

④ 국민주권의 원리는 기본적 인권의 존중, 권력분립제도, 복수정당제도 등과 함께 헌법 제8조 제4항이 의미하는 민주적 기본질서의 주요한 요소라고 볼 수 있다.

해설

③ [×] 청구인들은, 이 사건 각 고시조항이 국민들의 정확하고 공정한 여론 형성을 방해하므로 민주주의 원리에도 위반된다고 주장한다. 민주주의 원리의 한 내용인 국민주권주의는 모든 국가권력이 국민의 의사에 기초해야 한다는 의미일 뿐 국민이 정치적 의사결정에 관한 모든 정보를 제공받고 직접 참여하여야 한다는 의미는 아니므로, 청구인들의 이 부분 주장 역시 이유 없다(헌재 2016.10.27, 2012헌마121).

① [O] 국민주권의 원리는 공권력의 구성 · 행사 · 통제를 지배하는 우리 통치질서의 기본원리이므로, 공권력의 일종인 지방자치권과 국가교육권(교육입법권 · 교육행정권 · 교육감독권 등)도 이 원리에 따른 국민적 정당성기반을 갖추어야만 한다(헌재 2000.3.30, 99헌바113).

② [O] 국민주권주의는 국가권력의 민주적 정당성을 의미하는 것이기는 하나, 그렇다고 하여 국민전체가 직접 국가기관으로서 통치권을 행사하여야 한다는 것은 아니므로 주권의 소재와 통치권의 담당자가 언제나 같을 것을 요구하는 것이 아니고, 예외적으로 국민이 주권을 직접 행사하는 경우 이외에는 국민의 의사에 따라 통치권의 담당자가 정해짐으로써 국가권력의 행사도 궁극적으로 국민의 의사에 의하여 정당화될 것을 요구하는 것이다(헌재 2009.3.26, 2007헌마843).

④ [O] 헌법 제8조 제4항이 의미하는 '민주적 기본질서'는, 개인의 자율적 이성을 신뢰하고 모든 정치적 견해들이 각각 상대적 진리성과 합리성을 지닌다고 전제하는 다원적 세계관에 입각한 것으로서, 모든 폭력적 · 자의적 지배를 배제하고, 다수를 존중하면서도 소수를 배려하는 민주적 의사결정과 자유 · 평등을 기본원리로 하여 구성되고 운영되는 정치적 질서를 말하며, 구체적으로는 국민주권의 원리, 기본적 인권의 존중, 권력분립제도, 복수정당제도 등이 현행 헌법상 주요한 요소라고 볼 수 있다(헌재 2014.12.19, 2013헌다1).

03 헌법의 기본원리에 대한 설명으로 옳지 않은 것은? 23. 5급 공채

① 헌법의 기본원리는 헌법의 이념적 기초인 동시에 헌법을 지배하는 지도원리로서 입법이나 정책 결정의 방향을 제시하며 공무원을 비롯한 모든 국민·국가기관이 헌법을 존중하고 수호하도록 하는 지침이 된다.
② 헌법의 기본원리는 기본권의 해석 및 기본권 제한 입법의 합헌성 심사에 있어 해석기준의 하나로서 작용한다.
③ 기본적 인권, 국가권력의 법률기속, 권력분립 등의 관념들은 자유주의의 요청에 해당하며, 우리 헌법상에는 '법치주의 원리'로 반영되어 있다.
④ 국회의장의 불법적인 의안처리로 헌법의 기본원리가 훼손되었다면 그로 인하여 구체적 기본권을 침해당했는지 여부와 상관없이 국회의원의 헌법소원심판청구는 허용된다.

해설

④ [×] 헌법소원심판에서 공권력의 행사 또는 불행사가 위헌인지 여부를 판단함에 있어서 국민주권주의, 법치주의, 적법절차의 원리 등 헌법의 기본원리를 그 기준으로 적용할 수는 있으나, 공권력의 행사 또는 불행사로 헌법의 기본원리가 훼손되었다고 하여 그 점만으로 국민의 기본권이 직접 현실적으로 침해된 것이라고 할 수는 없고 또한 공권력 행사가 헌법의 기본원리에 위반된다는 주장만으로 헌법상 보장된 기본권의 주체가 아닌 자가 헌법소원을 청구할 수도 없는 것이므로, 설사 국회의장인 피청구인의 불법적인 의안처리행위로 헌법의 기본원리가 훼손되었다고 하더라도 그로 인하여 헌법상 보장된 구체적 기본권을 침해당한 바 없는 국회의원인 청구인들에게 헌법소원심판청구가 허용된다고 할 수는 없다(헌재 1995.2.23, 91헌마231).
①② [O] 헌법의 기본원리는 헌법의 이념적 기초인 동시에 헌법을 지배하는 지도원리로서 입법이나 정책결정의 방향을 제시하며 공무원을 비롯한 모든 국민·국가기관이 헌법을 존중하고 수호하도록 하는 지침이 되며, 구체적 기본권을 도출하는 근거로 될 수는 없으나 기본권의 해석 및 기본권제한입법의 합헌성 심사에 있어 해석기준의 하나로서 작용한다(헌재 1996.4.25, 92헌바47).
③ [O] 기본적 인권, 국가권력의 법률기속, 권력분립 등의 관념들은 자유주의의 요청에 해당하며, 우리 헌법상에는 '법치주의의 원리'로 반영되어 있다(헌재 2014.12.19, 2013헌다1).

04 민주적 기본질서에 관한 설명 중 가장 적절하지 않은 것은? (다툼이 있는 경우 판례에 의함) 22. 경찰 1차

① 현행 헌법에서 직접 '자유민주적 기본질서'를 명시하고 있는 것은 헌법전문(前文)과 제4조의 통일조항이다.
② 정당의 목적이나 활동이 민주적 기본질서에 위배될 때에는 정부는 헌법재판소에 그 해산을 제소할 수 있고, 정당은 헌법재판소의 심판에 의하여 해산된다.
③ 정당해산 사유로서의 '민주적 기본질서의 위배'란, 민주적 기본질서에 대한 단순한 위반이나 저촉만으로도 족하며, 반드시 민주사회의 불가결한 요소인 정당의 존립을 제약해야 할 만큼 그 정당의 목적이나 활동이 민주적 기본질서에 대하여 실질적인 해악을 끼칠 수 있는 구체적 위험성을 초래하는 경우까지 포함하는 것은 아니다.
④ 헌법에서 채택하고 있는 사회국가의 원리는 자유민주적 기본질서의 범위 내에서 이루어져야 하고, 국민 개인의 자유와 창의를 보완하는 범위 내에서 이루어지는 내재적 한계를 지니고 있다.

해설

③ [×] 헌법 제8조 제4항은 정당해산심판의 사유를 "정당의 목적이나 활동이 민주적 기본질서에 위배될 때"로 규정하고 있는데, 여기서 말하는 민주적 기본질서의 '위배'란, 민주적 기본질서에 대한 단순한 위반이나 저촉을 의미하는 것이 아니라, 민주사회의 불가결한 요소인 정당의 존립을 제약해야 할 만큼 그 정당의 목적이나 활동이 우리 사회의 민주적 기본질서에 대하여 실질적인 해악을 끼칠 수 있는 구체적 위험성을 초래하는 경우를 가리킨다(헌재 2014.12.19, 2013헌다1).
① [O]

헌법 제4조 대한민국은 통일을 지향하며, 자유민주적 기본질서에 입각한 평화적 통일 정책을 수립하고 이를 추진한다.

정답 | 02 ③ 03 ④ 04 ③

② [O]

> 헌법 제8조 ① 정당의 설립은 자유이며, 복수정당제는 보장된다.
> ② 정당은 그 목적 · 조직과 활동이 민주적이어야 하며, 국민의 정치적 의사형성에 참여하는 데 필요한 조직을 가져야 한다.
> ③ 정당은 법률이 정하는 바에 의하여 국가의 보호를 받으며, 국가는 법률이 정하는 바에 의하여 정당운영에 필요한 자금을 보조할 수 있다.
> ④ 정당의 목적이나 활동이 민주적 기본질서에 위배될 때에는 정부는 헌법재판소에 그 해산을 제소할 수 있고, 정당은 헌법재판소의 심판에 의하여 해산된다.

④ [O] 우리 헌법은 그 전문에서 "모든 영역에 있어서 각인의 기회를 균등히 하고 … 안으로는 국민생활의 균등한 향상을 기하고"라고 천명하고, 제23조 제2항과 여러 '사회적 기본권' 관련 조항, 제119조 제2항 이하의 경제질서에 관한 조항 등에서 모든 국민에게 그 생활의 기본적 수요를 충족시키려는 이른바 사회국가의 원리를 동시에 채택하여 구현하려하고 있다. 그러나 이러한 사회국가의 원리는 자유민주적 기본질서의 범위 내에서 이루어져야 하고, 국민 개인의 자유와 창의를 보완하는 범위 내에서 이루어지는 내재적 한계를 지니고 있다 할 것이다(헌재 2001.9.27, 2000헌마238).

05 헌법의 기본원리에 관한 설명으로 옳지 않은 것은? (다툼이 있는 경우 헌법재판소 판례에 의함) 24. 소방간부

① 헌법의 기본원리는 헌법의 이념적 기초인 동시에 헌법을 지배하는 지도원리로서, 구체적 기본권을 도출하는 근거로 될 수는 없으나 기본권의 해석 및 기본권제한입법의 합헌성 심사에 있어 해석기준의 하나로서 작용한다.

② 헌법의 기본원리인 대의제 민주주의하에서 국회의원 선거권은 국민의 대표자인 국회의원을 선출하는 권리뿐만 아니라, 개별 유권자 혹은 집단으로서의 국민의 의사를 선출된 국회의원이 그대로 대리하여 줄 것을 요구할 수 있는 권리를 포함한다.

③ 자기책임의 원리는 인간의 자유와 유책성, 그리고 인간의 존엄성을 진지하게 반영한 원리로서 그것이 비단 민사법이나 형사법에 국한된 원리라기보다는 근대법의 기본이념으로서 법치주의에 당연히 내재하는 원리이다.

④ 우리 헌법은 사회국가원리를 명문으로 규정하고 있지는 않지만, 헌법의 전문, 사회적 기본권의 보장, 경제 영역에서 적극적으로 계획하고 유도하고 재분배하여야 할 국가의 의무를 규정하는 경제에 관한 조항 등과 같이 사회국가원리의 구체화된 여러 표현을 통하여 사회국가원리를 수용하고 있다.

⑤ 국민주권의 원리는 공권력의 구성 · 행사 · 통제를 지배하는 우리 통치질서의 기본원리이므로, 공권력의 일종인 지방자치권과 국가교육권도 이 원리에 따른 국민적 정당성기반을 갖추어야만 한다.

해설

② [×] 헌법의 기본원리인 대의제 민주주의하에서 국회의원 선거권이란 것은 국회의원을 보통 · 평등 · 직접 · 비밀선거에 의하여 국민의 대표자인 국회의원을 선출하는 권리에 그치고, 개별 유권자 혹은 집단으로서의 국민의 의사를 선출된 국회의원이 그대로 대리하여 줄 것을 요구할 수 있는 권리까지 포함하는 것은 아니다(헌재 1998.10.29, 96헌마186).

① [O] 헌법의 기본원리는 헌법의 이념적 기초인 동시에 헌법을 지배하는 지도원리로서 입법이나 정책결정의 방향을 제시하며 공무원을 비롯한 모든 국민 · 국가기관이 헌법을 존중하고 수호하도록 하는 지침이 되며, 구체적 기본권을 도출하는 근거로 될 수는 없으나 기본권의 해석 및 기본권제한입법의 합헌성 심사에 있어 해석기준의 하나로서 작용한다(헌재 1996.4.25, 92헌바47).

③ [O] 자기책임의 원리는 인간의 자유와 유책성, 그리고 인간의 존엄성을 진지하게 반영한 원리로서 그것이 비단 민사법이나 형사법에 국한된 원리라기보다는 근대법의 기본이념으로서 법치주의에 당연히 내재하는 원리로 볼 것이고 헌법 제13조 제3항은 그 한 표현에 해당하는 것으로서 자기책임의 원리에 반하는 제재는 그 자체로서 헌법위반을 구성한다고 할 것이다(헌재 2004.6.24, 2002헌가27).

④ [O] 우리 헌법은 사회국가원리를 명문으로 규정하고 있지는 않지만, 헌법의 전문, 사회적 기본권의 보장(헌법 제31조 내지 제36조), 경제 영역에서 적극적으로 계획하고 유도하고 재분배하여야 할 국가의 의무를 규정하는 경제에 관한 조항(헌법 제119조 제2항 이하) 등과 같이 사회국가원리의 구체화된 여러 표현을 통하여 사회국가원리를 수용하였다(헌재 2002.12.18, 2002헌마52).

⑤ [O] 국민주권의 원리는 공권력의 구성 · 행사 · 통제를 지배하는 우리 통치질서의 기본원리이므로, 공권력의 일종인 지방자치권과 국가교육권(교육입법권 · 교육행정권 · 교육감독권 등)도 이 원리에 따른 국민적 정당성기반을 갖추어야만 한다(헌재 2000.3.30, 99헌바113).

06 헌법상 기본원리에 관한 설명 중 가장 적절하지 않은 것은? (다툼이 있는 경우 판례에 의함) 24. 경정승진

① 국민주권주의를 구현하기 위하여 헌법은 국가의 의사결정 방식으로 대의제를 채택하고, 이를 가능하게 하는 선거제도를 규정함과 아울러 선거권, 피선거권을 기본권으로 보장하며, 대의제를 보완하기 위한 방법으로 직접민주제 방식의 하나인 국민투표제도를 두고 있다.

② 규범 상호간의 체계정당성 원리는 입법자의 자의를 금지하여 규범의 명확성, 예측가능성 및 규범에 대한 신뢰와 법적 안정성을 확보하기 위한 것으로, 이는 국가공권력에 대한 통제와 이를 통한 국민의 자유와 권리의 보장을 이념으로 하는 법치주의원리로부터 도출된다.

③ 문화국가원리는 견해와 사상의 다양성을 그 본질로 하며, 이를 실현하는 국가의 문화정책은 불편부당의 원칙에 따라야 하는바, 모든 국민은 정치적 견해 등에 관계없이 문화 표현과 활동에서 차별을 받지 않아야 한다.

④ 우리 헌법은 사회국가원리를 명문으로 규정하면서 이를 구체화하고 있는데, 이 중 헌법 제119조 제2항에 규정된 '경제주체간의 조화를 통한 경제민주화'의 이념은 경제영역에서 정의로운 사회질서를 형성하기 위하여 추구할 수 있는 국가목표일 뿐, 개인의 기본권을 제한하는 국가행위를 정당화하는 헌법규범은 아니다.

해설

④ [×] 1. 우리 헌법은 사회국가원리를 명문으로 규정하고 있지는 않지만, 헌법의 전문, 사회적 기본권의 보장(헌법 제31조 내지 제36조), 경제 영역에서 적극적으로 계획하고 유도하고 재분배하여야 할 국가의 의무를 규정하는 경제에 관한 조항(헌법 제119조 제2항 이하) 등과 같이 사회국가원리의 구체화된 여러 표현을 통하여 사회국가원리를 수용하였다(헌재 2002.12.18, 2002헌마52).
2. 헌법 제119조 제2항에 규정된 '경제주체간의 조화를 통한 경제민주화'의 이념은 경제영역에서 정의로운 사회질서를 형성하기 위하여 추구할 수 있는 국가목표로서 개인의 기본권을 제한하는 국가행위를 정당화하는 헌법규범이다(헌재 2003.11.27, 2001헌바35).

① [O] 국민주권주의를 구현하기 위하여 헌법은 국가의 의사결정 방식으로 대의제를 채택하고, 이를 가능하게 하는 선거제도를 규정함과 아울러 선거권, 피선거권을 기본권으로 보장하며, 대의제를 보완하기 위한 방법으로 직접민주제 방식의 하나인 국민투표제도를 두고 있다(헌재 2009.3.26, 2007헌마843).

② [O] 체계정당성의 원리는 동일 규범 내에서 또는 상이한 규범 간에 그 규범의 구조나 내용 또는 규범의 근거가 되는 원칙 면에서 상호 배치되거나 모순되어서는 아니 된다는 하나의 헌법적 요청이다. 이처럼 규범 상호간의 체계정당성을 요구하는 이유는 입법자의 자의를 금지하여 규범의 명확성, 예측가능성 및 규범에 대한 신뢰와 법적 안정성을 확보하기 위한 것이고, 이는 국가공권력에 대한 통제와 이를 통한 국민의 자유와 권리의 보장을 이념으로 하는 법치주의원리로부터 도출되는 것이라고 할 수 있다(헌재 2015.7.30, 2013헌바120).

③ [O] 우리 헌법상 문화국가원리는 견해와 사상의 다양성을 그 본질로 하며, 이를 실현하는 국가의 문화정책은 불편부당의 원칙에 따라야 하는바, 모든 국민은 정치적 견해 등에 관계없이 문화 표현과 활동에서 차별을 받지 않아야 한다(헌재 2020.12.23, 2017헌마416).

07 헌법의 기본원리에 관한 설명으로 가장 적절하지 않은 것은? (다툼이 있는 경우 판례에 의함) 24. 경찰 1차

① 헌법의 기본원리는 헌법의 이념적 기초인 동시에 헌법을 지배하는 지도원리로서 입법이나 정책결정의 방향을 제시하며 공무원을 비롯한 모든 국민·국가기관이 헌법을 존중하고 수호하도록 하는 지침이고 법률조항의 위헌 여부를 심사할 때 해석기준으로 삼을 수도 있다.

② '책임 없는 자에게 형벌을 부과할 수 없다'는 형벌에 관한 책임주의는 형사법의 기본원리로서, 헌법상 법치국가의 원리에 내재하는 원리인 동시에 헌법 제10조의 취지로부터 도출되는 원리이므로 법인에게는 적용되지 않는다.

③ 정부는 문화국가실현에 관한 과제를 수행함에 있어 문화의 다양성, 자율성, 창조성이 조화롭게 실현될 수 있도록 중립성을 지키면서 문화에 대한 지원 및 육성을 하도록 유의하여야 한다.

④ 헌법은 법치주의를 그 기본원리의 하나로 하고 있으며, 법치주의는 행정작용에 국회가 제정한 형식적 법률의 근거가 요청된다는 법률유보를 그 핵심적 내용의 하나로 하고 있다.

정답 | 05 ② 06 ④ 07 ②

해설

② [×] '책임 없는 자에게 형벌을 부과할 수 없다.'는 형벌에 관한 책임주의는 형사법의 기본원리로서, 헌법상 법치국가의 원리에 내재하는 원리인 동시에 헌법 제10조의 취지로부터 도출되는 원리이고, 법인의 경우도 자연인과 마찬가지로 책임주의원칙이 적용된다고 할 것이다(헌재 2010.7.29, 2009헌가18 등).

① [○] 헌법의 기본원리는 헌법의 이념적 기초인 동시에 헌법을 지배하는 지도원리로서 입법이나 정책결정의 방향을 제시하며 공무원을 비롯한 모든 국민·국가기관이 헌법을 존중하고 수호하도록 하는 지침이 되며, 구체적 기본권을 도출하는 근거로 될 수는 없으나 기본권의 해석 및 기본권제한입법의 합헌성 심사에 있어 해석기준의 하나로서 작용한다(헌재 1996.4.25, 92헌바47).

③ [○] 아직까지 국가지원에의 의존도가 높은 우리나라 문화예술계 환경을 고려할 때, 정부는 문화국가실현에 관한 과제를 수행함에 있어 과거 문화간섭정책에서 벗어나 문화의 다양성, 자율성, 창조성이 조화롭게 실현될 수 있도록 중립성을 지키면서 문화에 대한 지원 및 육성을 하도록 유의하여야 한다(헌재 2020.12.23, 2017헌마416).

④ [○] 헌법은 법치주의를 그 기본원리의 하나로 하고 있으며, 법치주의는 행정작용에 국회가 제정한 형식적 법률의 근거가 요청된다는 법률유보를 그 핵심적 내용의 하나로 하고 있다. 헌법 제37조 제2항은 기본권제한에 관한 일반적 법률유보조항이라고 할 수 있는데, 법률유보의 원칙은 '법률에 의한 규율'만을 요청하는 것이 아니라 '법률에 근거한 규율'을 요청하는 것이기 때문에 기본권의 제한에는 법률의 근거가 필요할 뿐이고 기본권제한의 형식이 반드시 법률의 형식일 필요는 없다(헌재 2011.4.28, 2009헌바167).

■ 사회국가원리

01 다음 헌법재판소의 결정 내용 중 가장 옳지 않은 것은? 24. 해경간부

① 헌법 제8조 제4항이 의미하는 '민주적 기본질서'는 모든 폭력적·자의적 지배를 배제하고, 다수를 존중하면서도 소수를 배려하는 민주적 의사결정과 자유·평등을 기본원리로 하여 구성되고 운영되는 정치적 질서를 말한다.

② 국민주권의 원리는 공권력의 구성·행사·통제를 지배하는 우리 통치질서의 기본원리이므로, 공권력의 일종인 지방자치권과 국가교육권도 국민주권의 원리에 따른 국민적 정당성기반을 갖추어야 한다.

③ 근대의 입헌적 민주주의 체제는 사회의 공적 자율성에 기한 정치적 의사결정을 추구하는 민주주의 원리와 국가권력이나 다수의 정치적 의사로부터 개인의 권리, 즉 개인의 사적 자율성을 보호해 줄 수 있는 법치주의 원리라는 두 가지 주요한 원리에 따라 구성되고 운영된다.

④ 사회국가란 사회정의의 이념을 헌법에 수용한 국가, 경제·사회·문화의 모든 영역에서 정의로운 사회질서의 형성을 위하여 사회현상에 관여하고 간섭하고 분배하고 조정하는 국가를 말하지만, 국가에게 국민 각자가 실제로 자유를 행사할 수 있는 그 실질적 조건을 마련해 줄 의무까지 부여하는 것은 아니다.

해설

④ [×] 사회국가란 사회정의의 이념을 헌법에 수용한 국가, 사회현상에 대하여 방관적인 국가가 아니라 경제·사회·문화의 모든 영역에서 정의로운 사회질서의 형성을 위하여 사회현상에 관여하고 간섭하고 분배하고 조정하는 국가이며, 궁극적으로는 국민 각자가 실제로 자유를 행사할 수 있는 그 실질적 조건을 마련해 줄 의무가 있는 국가를 의미한다(헌재 2004.10.28, 2002헌마328).

① [○] 헌법 제8조 제4항이 의미하는 '민주적 기본질서'는, 개인의 자율적 이성을 신뢰하고 모든 정치적 견해들이 각각 상대적 진리성과 합리성을 지닌다고 전제하는 다원적 세계관에 입각한 것으로서, 모든 폭력적·자의적 지배를 배제하고, 다수를 존중하면서도 소수를 배려하는 민주적 의사결정과 자유·평등을 기본원리로 하여 구성되고 운영되는 정치적 질서를 말하며, 구체적으로는 국민주권의 원리, 기본적 인권의 존중, 권력분립제도, 복수정당제도 등이 현행 헌법상 주요한 요소라고 볼 수 있다(헌재 2014.12.19, 2013헌다1).

② [○] 국민주권의 원리는 공권력의 구성·행사·통제를 지배하는 우리 통치질서의 기본원리이므로, 공권력의 일종인 지방자치권과 국가교육권(교육입법권·교육행정권·교육감독권 등)도 이 원리에 따른 국민적 정당성기반을 갖추어야만 한다(헌재 2000.3.30, 99헌바113).

③ [○] 근대의 입헌적 민주주의 체제는 사회의 공적 자율성에 기한 정치적 의사결정을 추구하는 민주주의 원리와, 국가권력이나 다수의 정치적 의사로부터 개인의 권리, 즉 개인의 사적 자율성을 보호해 줄 수 있는 법치주의 원리라는 두 가지 주요한 원리에 따라 구성되고 운영된다(헌재 2014.12.19, 2013헌다1).

02 다음 헌법의 기본원리에 관한 설명 중 가장 옳지 않은 것은? (다툼이 있는 경우 판례에 의함) 24. 해경간부

① 사회국가의 원리는 자유민주적 기본질서의 범위 내에서 이루어져야 하고, 국민 개인의 자유와 창의를 보완하는 범위 내에서 이루어지는 내재적 한계를 지니고 있다.

② 헌법의 기본원리는 헌법의 이념적 기초인 동시에 헌법을 지배하는 지도원리로서 입법이나 정책결정의 방향을 제시하며, 구체적 기본권을 도출하는 근거가 되고 기본권의 해석 및 기본권제한 입법의 합헌성 심사에 있어 해석기준의 하나로 작용한다.

③ 자기책임원리는 자기결정권의 한계논리로서 책임부담의 근거로 기능하는 동시에, 자기가 결정하지 않은 것이나 결정할 수 없는 것에 대하여는 책임을 지지 않고 책임부담의 범위도 스스로 결정한 결과 내지 그와 상관관계가 있는 부분에 국한됨을 의미하는 책임의 한정원리로 기능한다.

④ 민주주의 원리는 개인의 자율적 판단능력을 존중하고 사회의 자율적인 의사결정이 궁극적으로 올바른 방향으로 전개될 것이라는 신뢰를 바탕으로 하고 있다.

해설

② [×] 헌법의 기본원리는 헌법의 이념적 기초인 동시에 헌법을 지배하는 지도원리로서 입법이나 정책결정의 방향을 제시하며 공무원을 비롯한 모든 국민·국가기관이 헌법을 존중하고 수호하도록 하는 지침이 되며, 구체적 기본권을 도출하는 근거로 될 수는 없으나 기본권의 해석 및 기본권제한입법의 합헌성 심사에 있어 해석기준의 하나로서 작용한다(헌재 1996.4.25, 92헌바47).

① [O] 사회국가의 원리는 자유민주적 기본질서의 범위 내에서 이루어져야 하고, 국민 개인의 자유와 창의를 보완하는 범위내에서 이루어지는 내재적 한계를 지니고 있다할 것이다. 우리 재판소도 "우리 헌법은 자유민주적 기본질서 및 시장경제질서를 기본으로 하면서 위 질서들에 수반되는 모순을 제거하기 위하여 사회국가원리를 수용하여 실질적인 자유와 평등을 아울러 달성하려는 근본이념을 가지고 있다"라고 판시한 것은 이러한 맥락에서 이루어진 것이다(헌재 2001.9.27, 2000헌마238 등).

③ [O] 헌법 제10조가 정하고 있는 행복추구권에서 파생되는 자기결정권 내지 일반적 행동자유권은 이성적이고 책임감 있는 사람의 자기 운명에 대한 결정·선택을 존중하되 그에 대한 책임은 스스로 부담함을 전제로 한다. 자기책임의 원리는 이와 같이 자기결정권의 한계논리로서 책임부담의 근거로 기능하는 동시에 자기가 결정하지 않은 것이나 결정할 수 없는 것에 대하여는 책임을 지지 않고 책임부담의 범위도 스스로 결정한 결과 내지 그와 상관관계가 있는 부분에 국한됨을 의미하는 책임의 한정원리로 기능한다(헌재 2013.5.30, 2011헌바360 등).

④ [O] 민주주의 원리는 개인의 자율적 판단능력을 존중하고 사회의 자율적인 의사결정이 궁극적으로 올바른 방향으로 전개될 것이라는 신뢰를 바탕으로 하고 있다. 이 신뢰는 국민들이 공동체의 최종적인 정치적 의사를 책임질 수 있다는, 즉 국민들이 주권자로서의 충분한 능력과 자격을 동등하게 가진다는 규범적 판단에 기초한다(헌재 2014.12.19, 2013헌다1).

정답 | 01 ④ 02 ②

03 사회국가원리에 관한 설명으로 옳은 것은? (다툼이 있는 경우 판례에 의함)

25. 소방간부

① 헌법은 사회보장 · 사회복지의 증진과 관련한 국가의 의무를 명문으로 규정한 바 없으므로, 이에 관한 국가의 의무는 해석상으로만 인정될 뿐이다.

② 사회국가원리를 구현하기 위해서는 국민의 자유와 권리를 일정 부분 제한할 수밖에 없으므로, 국민의 자유와 권리의 본질적 내용까지도 침해할 수 있다.

③ 사회국가란 사회정의의 이념을 헌법에 수용한 국가, 즉 사회현상에 대하여 방관적인 국가가 아니라 경제 · 사회 · 문화의 모든 영역에서 정의로운 사회질서의 형성을 위하여 사회현상에 관여하고 간섭하고 분배하고 조정하는 국가이다.

④ 국가는 사회적 · 경제적 방법으로 근로자의 고용의 증진과 적정임금의 보장에 노력하여야 하나, 최저임금제를 시행할 헌법상 의무는 없다.

⑤ 사회적 법치국가이념을 추구하는 자유민주국가에서는 공직제도를 사회국가의 실현수단으로 인정하지 않으므로, 현대민주주의 국가에 있어 사회국가원리에 입각한 공직제도는 상정하기 어렵다.

해설

③ [O] 사회국가란 사회정의의 이념을 헌법에 수용한 국가, 사회현상에 대하여 방관적인 국가가 아니라 경제 · 사회 · 문화의 모든 영역에서 정의로운 사회질서의 형성을 위하여 사회현상에 관여하고 간섭하고 분배하고 조정하는 국가이며, 궁극적으로는 국민 각자가 실제로 자유를 행사할 수 있는 그 실질적 조건을 마련해 줄 의무가 있는 국가를 의미한다(헌재 2004.10.28, 2002헌마328).

① [×]

헌법 제34조 ② 국가는 사회보장 · 사회복지의 증진에 노력할 의무를 진다.

② [×] 사회국가원리를 구현하기 위해서는 국민의 자유와 권리를 일정 부분 제한할 수밖에 없다고 하더라도, 국민의 자유와 권리의 본질적 내용까지도 침해하는 제한은 허용되지 않는다.

④ [×]

헌법 제32조 ① 모든 국민은 근로의 권리를 가진다. 국가는 사회적 · 경제적 방법으로 근로자의 고용의 증진과 적정임금의 보장에 노력하여야 하며, 법률이 정하는 바에 의하여 최저임금제를 시행하여야 한다.

⑤ [×] 1. 현대민주주의 국가에 이르러서는 사회국가원리에 입각한 공직제도의 중요성이 특히 강조되고 있는바, 이는 사회적 법치국가이념을 추구하는 자유민주국가에서 공직제도란 사회국가의 실현수단일뿐 아니라, 그 자체가 사회국가의 대상이며 과제라는 점을 이념적인 기초로 한다(헌재 2003.10.30, 2002헌마684).

2. 모든 공무원들에게 보호가치 있는 이익과 권리를 인정해 주고, 자유의 영역이 확대될 수 있도록 공직자로서의 직무의무를 가능한 선까지 완화하며, 직무환경을 최대한으로 개선해 주고, 공직수행에 상응하는 생활부양을 해 주며, 퇴직 후나 재난 · 질병에 대처한 사회보장의 혜택을 마련하는 것 등을 그 내용으로 한다(헌재 2007.6.28, 2007헌가3).

04 사회국가원리와 사회적 기본권에 관한 설명 중 가장 적절한 것은? (다툼이 있는 경우 판례에 의함) 22. 경찰승진

① 우리 헌법은 '사회국가원리'를 헌법전문과 경제질서 부분에서 명문으로 직접 규정하고 있다.

② 사회국가란 경제 · 사회 · 문화의 모든 영역에서 정의로운 사회질서의 형성을 위하여 사회현상에 관여하고 간섭하고 분배하고 조정하는 국가이며, 궁극적으로는 국민 각자가 실제로 자유를 행사할 수 있는 그 실질적 조건을 마련해 줄 의무가 있는 국가이다.

③ 사회적 기본권은 입법과정이나 정책결정과정에서 사회적 기본권에 규정된 국가목표의 무조건적인 최우선적 배려를 요청하는 것이며, 이러한 의미에서 사회적 기본권은 국가의 모든 의사결정과정에서 사회적 기본권이 담고 있는 국가목표를 최우선적으로 고려하여야 할 국가의 의무를 의미한다.

④ 국가가 인간다운 생활을 보장하기 위한 헌법적 의무를 다하였는지의 여부가 사법심사의 대상이 된 경우, 국가가 최저생활보장에 관한 입법을 전혀 하지 아니한 경우에만 한하여 헌법에 위반된다고 할 수 있다.

해설

② [O], ① [×] 우리 헌법은 사회국가원리를 명문으로 규정하고 있지는 않지만, 헌법의 전문, 사회적 기본권의 보장(헌법 제31조 내지 제36조), 경제 영역에서 적극적으로 계획하고 유도하고 재분배하여야 할 국가의 의무를 규정하는 경제에 관한 조항(헌법 제119조 제2항 이하) 등과 같이 사회국가원리의 구체화된 여러 표현을 통하여 사회국가원리를 수용하였다. 사회국가란 한마디로, 사회정의의 이념을 헌법에 수용한 국가, 사회현상에 대하여 방관적인 국가가 아니라 경제 · 사회 · 문화의 모든 영역에서 정의로운 사회질서의 형성을 위하여 사회현상에 관여하고 간섭하고 분배하고 조정하는 국가이며, 궁극적으로는 국민 각자가 실제로 자유를 행사할 수 있는 그 실질적 조건을 마련해 줄 의무가 있는 국가이다(헌재 2002.12.18, 2002헌마52).

③ [×] 국가는 사회적 기본권에 의하여 제시된 국가의 의무와 과제를 언제나 국가의 현실적인 재정 · 경제능력의 범위 내에서 다른 국가과제와의 조화와 우선순위결정을 통하여 이행할 수밖에 없다. 그러므로 사회적 기본권은 입법과정이나 정책결정과정에서 사회적 기본권에 규정된 국가목표의 무조건적인 최우선적 배려가 아니라 단지 적절한 고려를 요청하는 것이다(헌재 2002.12.18, 2002헌마52).

④ [×] 국가가 인간다운 생활을 보장하기 위한 헌법적인 의무를 다하였는지의 여부가 사법적 심사의 대상이 된 경우에는, 국가가 생계보호에 관한 입법을 전혀 하지 아니하였다든가 그 내용이 현저히 불합리하여 헌법상 용인될 수 있는 재량의 범위를 명백히 일탈한 경우에 한하여 헌법에 위반된다고 할 수 있다(헌재 2004.10.28, 2002헌마328).

05 사회국가원리에 대한 설명으로 옳지 않은 것은? (다툼이 있는 경우 판례에 의함) 22. 국가직 7급

① 사회국가란 사회정의의 이념을 헌법에 수용한 국가로 경제 · 사회 · 문화의 모든 영역에서 사회현상에 관여하고 간섭하고 분배하고 조정하는 국가를 말하지만 국가에게 국민 각자가 실제로 자유를 행사할 수 있는 그 실질적 조건을 마련해 줄 의무까지 부여하는 것은 아니다.

② 국가는 복지국가를 실현하기 위하여 가능한 수단을 동원할 책무를 진다고 할 것이나 가능한 여러 가지 수단들 가운데 구체적으로 어느 것을 선택할 것인가는 기본적으로 입법자의 재량에 속한다.

③ 특수한 불법행위책임에 관하여 위험책임의 원리를 수용하는 것은 입법정책에 관한 사항으로서 입법자의 재량에 속한다고 할 것이므로 자동차손해배상보장법 조항이 운행자의 재산권을 본질적으로 제한하거나 평등의 원칙에 위반되지 아니하는 이상 위험책임의 원리에 기하여 무과실책임을 지운 것만으로 헌법 제119조 제1항의 자유시장 경제질서에 위반된다고 할 수 없다.

④ 저소득층 지역가입자에 대하여 국가가 국고지원을 통하여 보험료를 보조하는 것은 경제적 · 사회적 약자에게도 의료보험의 혜택을 제공해야 할 사회국가적 의무를 이행하기 위한 것으로서 국고지원에 있어서의 지역가입자와 직장가입자의 차별취급은 사회국가원리의 관점에서 합리적인 차별에 해당하여 평등원칙에 위반되지 아니한다.

정답 | 03 ③ 04 ② 05 ①

해설

① [×] 우리 헌법은 사회국가원리를 명문으로 규정하고 있지는 않지만, 헌법의 전문, 사회적 기본권의 보장(제31조 내지 제36조), 경제 영역에서 적극적으로 계획·유도하고 재분배하여야 할 국가의 의무를 규정하는 경제에 관한 조항(제119조 제2항 이하) 등과 같이 사회국가원리의 구체화된 여러 표현을 통하여 사회국가원리를 수용하였다. 사회국가란 한마디로 사회정의의 이념을 헌법에 수용한 국가·사회현상에 대하여 방관적인 국가가 아니라 경제·사회·문화의 모든 영역에서 정의로운 사회질서의 형성을 위하여 사회현상에 간섭하고 분배하고 조정하는 국가이며, 궁극적으로는 국민 각자가 실제로 자유를 행사할 수 있는 그 실질적 조건을 마련해 줄 의무가 있는 국가이다(헌재 2002.12.18, 2002헌마52).

② [O] 국가는 이러한 복지국가를 실현하기 위하여 가능한 수단을 동원할 책무를 진다고 할 것이다. 그러나, 가능한 여러가지 수단들 가운데 구체적으로 어느 것을 선택할 것인가는 기본적으로 입법자의 재량에 속하는 것이고, 따라서 입법자는 그 목적을 추구함에 있어 그에게 부여된 입법재량권을 남용하였거나 그 한계를 일탈하여 명백히 불공정 또는 불합리하게 자의적으로 입법형성권을 행사하였다는 등 특별한 사정이 없는 한 헌법위반의 문제는 야기되지 아니한다고 할 것이다(헌재 2001.1.18, 2000헌바7).

③ [O] 자유시장 경제질서를 기본으로 하면서도 사회국가원리를 수용하고 있는 우리 헌법의 이념에 비추어 일반불법행위책임에 관하여는 과실책임의 원리를 기본원칙으로 하면서 이 사건 법률조항과 같은 특수한 불법행위책임에 관하여 위험책임의 원리를 수용하는 것은 입법정책에 관한 사항으로서 입법자의 재량에 속한다고 할 것이다. 따라서 이 사건 법률조항이 아래에서 보는 바와 같이 운행자의 재산권을 본질적으로 제한하거나 평등의 원칙에 위반되지 아니하는 이상 위험책임의 원리에 기하여 무과실책임을 지운 것만으로 헌법 제119조 제1항의 자유시장 경제질서나 청구인이 주장하는 헌법전문 및 헌법 제13조 제3항의 연좌제금지의 원칙에 위반된다고 할 수 없다(헌재 1998.5.28, 96헌가4).

④ [O] 직장가입자에 비하여, 지역가입자에는 노인, 실업자, 퇴직자 등 소득이 없거나 저소득의 주민이 다수 포함되어 있고, 이러한 저소득층 지역가입자에 대하여 국가가 국고지원을 통하여 보험료를 보조하는 것은, 경제적·사회적 약자에게도 의료보험의 혜택을 제공해야 할 사회국가적 의무를 이행하기 위한 것으로서, 국고지원에 있어서의 지역가입자와 직장가입자의 차별취급은 사회국가원리의 관점에서 합리적인 차별에 해당하는 것으로서 평등원칙에 위반되지 아니한다(헌재 2000.6.29, 99헌마289).

■ 법치국가원리

01 법치주의에 대한 설명으로 옳지 않은 것은? (다툼이 있는 경우 판례에 의함) 24. 지방직 7급

① 수신료 징수업무를 지정받은 자가 수신료를 징수하는 때, 그 고유업무와 관련된 고지행위와 결합하여 이를 행해서는 안 된다고 규정한 방송법 시행령 조항은 수신료의 구체적인 고지방법에 관한 규정인바, 이를 법률에서 직접 정하지 않았다고 하여 의회유보원칙에 위반된다고 볼 수 없다.

② 민사법규는 행위규범의 측면이 강조되는 형벌법규와는 달리 기본적으로는 재판법규의 측면이 훨씬 강조되므로, 사회현실에 나타나는 여러 가지 현상에 관하여 일반적으로 흠결 없이 적용될 수 있도록 보다 추상적인 표현을 사용하는 것이 상대적으로 더 가능하다.

③ 새로운 법령에 의한 신뢰이익의 침해는 새로운 법령이 과거의 사실 또는 법률관계에 소급적용되는 경우에 한하여 문제되는 것은 아니고, 과거에 발생하였지만 완성되지 않고 진행 중인 사실 또는 법률관계 등을 새로운 법령이 규율함으로써 종전에 시행되던 법령의 존속에 대한 신뢰이익을 침해하게 되는 경우에도 신뢰보호의 원칙이 적용될 수 있다.

④ 교육제도 법정주의는 교육의 영역에서 본질적이고 중요한 결정은 입법자에게 유보되어야 한다는 의회유보의 원칙을 규정한 것으로 학교제도에 관한 포괄적인 국가의 규율권한을 부여한 것으로 볼 수는 없다.

해설

④ [×] 헌법 제31조 제6항은 "학교교육 및 평생교육을 포함한 교육제도와 그 운영, 교육재정 및 교원의 지위에 관한 기본적인 사항은 법률로 정한다."라고 하여 교육제도 법정주의를 규정하고 있는바, 교육제도 법정주의는 소극적으로는 교육의 영역에서 본질적이고 중요한 결정은 입법자에게 유보되어야 한다는 의회유보의 원칙을 규정한 것이지만, 한편 적극적으로는 헌법이 국가에 학교제도를 통한 교육을 시행하도록 위임하고 있다는 점에서 학교제도에 관한 포괄적인 국가의 규율권한을 부여한 것이기도 하다(헌재 2012.11.29, 2011헌마827).

① [O] 집행명령의 경우 법률의 구체적·개별적 위임 여부 등이 문제되지 않고, 다만 상위법의 집행과 무관한 독자적인 내용을 정할 수 없다는 한계가 있다. 심판대상조항은 청구인이 방송법 제67조 제2항에 따라 수신료 징수업무를 위탁하는 경우, 수탁자가 수신료를 징수할 때 고유업무와 관련된 고지행위와 결합하여 이를 행하지 않도록 하는 수신료 징수업무의 구체적인 시행방법을 규정하고 있을 뿐이라는 점에서, 방송법 제65조 및 제67조 제2항의 집행과 무관한 새로운 법률사항을 정한 것이라고 보기 어렵고, 집행명령의 한계를 일탈하였다고 볼 수도 없다. 따라서 심판대상조항은 법률유보원칙에 위배된다고 볼 수 없다(헌재 2024.5.30, 2023헌마820 등).

② [O] 법치국가원리의 한 표현인 명확성의 원칙은 기본적으로 모든 기본권제한 입법에 대하여 요구되지만 … 민사법규는 행위규범의 측면이 강조되는 형벌법규와는 달리 기본적으로는 재판법규의 측면이 훨씬 강조되므로, 사회현실에 나타나는 여러 가지 현상에 관하여 일반적으로 흠결 없이 적용될 수 있도록 보다 추상적인 표현을 사용하는 것이 상대적으로 더 가능하다고 본다(헌재 2007.10.25, 2005헌바96).

③ [O] 새로운 법령에 의한 신뢰이익의 침해는 새로운 법령이 과거의 사실 또는 법률관계에 소급적용되는 경우에 한하여 문제되는 것은 아니고, 과거에 발생하였지만 완성되지 않고 진행중인 사실 또는 법률관계 등을 새로운 법령이 규율함으로써 종전에 시행되던 법령의 존속에 대한 신뢰이익을 침해하게 되는 경우에도 신뢰보호의 원칙이 적용될 수 있다(대판 2006.11.16, 2003두12899).

02 다음 소급입법에 관한 설명 중 가장 옳지 않은 것은? (다툼이 있는 경우 판례에 의함) 24. 해경간부

① 선불식 할부거래업자에게 개정 법률이 시행되기 전에 체결된 선불식 할부계약에 대하여도 소비자피해보상보험계약 등을 체결할 의무를 부과한 할부거래에 관한 법률 조항은 소급입법금지원칙에 위반되지 아니한다.

② 시혜적 소급입법에 있어서는 국민의 권리를 제한하거나 새로운 의무를 부과하는 경우와는 달리 입법자에게 보다 광범위한 입법형성의 자유가 인정된다.

③ 소방공무원이 재난·재해현장에서 화재진압이나 인명구조작업 중 입은 위해뿐만 아니라 그 업무수행을 위한 긴급한 출동·복귀 및 부수활동 중 위해에 의하여 사망한 경우까지 그 유족에게 순직공무원보상을 하여 주는 제도를 도입하면서 부칙조항이 신법을 소급하는 경과규정을 두지 않았다고 하더라도 이를 입법재량을 벗어난 불합리한 차별이라고 할 수 없다.

④ 상가건물 임차인의 계약갱신요구권 행사 기간을 5년에서 10년으로 연장한 상가건물 임대차보호법 조항을 개정법 시행 이전에 체결되었더라도 개정법 시행 이후 갱신되는 임대차에 적용하도록 한 동법 부칙조항은 진정소급입법에 해당하여 소급입법금지원칙에 위배된다.

해설

④ [×] 개정법조항은 구 '상가건물 임대차보호법' 제10조 제2항에서 5년으로 정하고 있던 임차인의 계약갱신요구권 행사 기간을 10년으로 연장하였고, 이 사건 부칙조항은 개정법조항을 개정법 시행 후 갱신되는 임대차에도 적용한다. '개정법 시행 후 갱신되는 임대차'에는 구법조항에 따른 의무임대차기간이 경과하여 임대차가 갱신되지 않고 기간만료 등으로 종료되는 경우는 제외되고 구법조항에 따르더라도 여전히 갱신될 수 있는 경우만 포함되므로, 이 사건 부칙조항은 아직 진행과정에 있는 사안을 규율대상으로 한다. 따라서 헌법 제13조 제2항이 말하는 소급입법에 의한 재산권 침해는 문제되지 않는다(헌재 2021.10.28, 2019헌마106 등).

① [O] 선불식 할부계약이 체결되고 선수금이 지급되었다고 하더라도 그 계약에 따른 선불식 할부거래업자의 재화 또는 용역 제공 의무는 여전히 남아 있게 된다. 따라서 선수금보전의무조항은 현재 진행 중인 사실관계에 적용되는 것이어서 진정소급입법에 해당된다고 볼 수 없으므로 소급입법금지원칙에 위배되지 아니한다(헌재 2017.7.27, 2015헌바240).

② [O] 신법이 피적용자에게 유리한 경우에는 이른바 시혜적인 소급입법이 가능하지만 이를 입법자의 의무라고는 할 수 없고, 그러한 소급입법을 할 것인지의 여부는 입법재량의 문제로서 그 판단은 일차적으로 입법기관에 맡겨져 있으며, 이와 같은 시혜적 조치를 할 것인가 하는 문제는 국민의 권리를 제한하거나 새로운 의무를 부과하는 경우와는 달리 형성의 자유가 인정된다고 할 것이다(헌재 1995.12.28, 95헌마196).

③ [O] 소방공무원이 재난·재해현장에서 화재진압이나 인명구조작업 중 입은 위해뿐만 아니라 그 업무수행을 위한 긴급한 출동·복귀 및 부수활동 중 위해에 의하여 사망한 경우까지 그 유족에게 순직공무원보상을 하여 주는 제도를 도입하면서 이 사건 부칙조항이 신법을 소급하는 경과규정을 두지 않았다고 하더라도 소급적용에 따른 국가의 재정부담, 법적 안정성 측면 등을 종합적으로 고려하여 입법정책적으로 정한 것이므로 입법재량의 범위를 벗어나 불합리한 차별이라고 할 수 없다(헌재 2012.8.23, 2011헌바169).

정답 | 01 ④ 02 ④

03 신뢰보호원칙에 대한 설명으로 옳지 않은 것은? 24. 국회직 8급

① 구 법령에 따라 폐자동차재활용업 등록을 한 자에게도 3년 이내에 등록기준을 갖추도록 한 전기·전자제품 및 자동차의 자원순환에 관한 법률 시행령 부칙 제3조 제1항 및 제2항 중 '3년' 부분은 신뢰보호원칙에 위배되어 그 등록을 한 자의 직업의 자유를 침해한다.

② 헌법재판소가 성인대상 성범죄자에 대하여 10년 동안 일률적으로 의료기관에의 취업제한 등을 하는 규정에 대하여 위헌결정을 한 뒤, 개정법 시행일 전까지 성인대상 성범죄로 형을 선고받아 그 형이 확정된 사람에 대해서 형의 종류 또는 형량에 따라 기간에 차등을 두어 의료기관에의 취업 등을 제한하는 아동·청소년의 성보호에 관한 법률 부칙 제5조 제1호는 신뢰보호원칙에 위배되지 아니한다.

③ 공익법인이 유예기한이 지난 후에도 보유기준을 초과하여 주식을 보유하는 경우 10년을 초과하지 않는 범위에서 매년 가산세를 부과하도록 정한 구 상속세 및 증여세법 제78조 제4항 중 제49조 제1항 제2호에 관한 부분은 신뢰보호원칙에 반하지 아니한다.

④ 무기징역의 집행 중에 있는 자의 가석방 요건을 종전의 '10년 이상'에서 '20년 이상' 형 집행 경과로 강화한 개정 형법 제72조 제1항을 형법 개정 당시에 이미 수용 중인 사람에게도 적용하는 형법 부칙 조항이 신뢰보호원칙에 위배되어 신체의 자유를 침해한다고 볼 수 없다.

⑤ 사법연수원의 소정 과정을 마치더라도 바로 판사임용자격을 취득할 수 없고 일정 기간 이상의 법조경력을 갖추어야 판사로 임용될 수 있도록 법원조직법을 개정하면서, 이를 동법 개정 시점에 사법 시험에 합격하였으나 아직 사법연수원에 입소하지 않은 자에게 적용하는 것은 신뢰보호원칙에 위반되지 않는다.

해설

① [×] 이 사건 부칙조항이 정한 3년의 유예기간은 법령의 개정으로 인한 상황변화에 적절히 대처하기에 상당한 기간으로 지나치게 짧은 것이라 할 수 없으므로, 이 사건 부칙조항은 신뢰보호원칙에 위배되어 청구인의 직업의 자유를 침해하지 아니한다(헌재 2022.9.29, 2019헌마1352).

② [O] 성인대상 성범죄자에게 일률적으로 10년 동안 의료기관에의 취업제한을 하도록 한 조항에 대한 헌법재판소의 2016.3.31, 2013헌마585등 위헌결정에 따르더라도 재범의 위험성 및 필요성에 상응하는 취업제한 기간을 정하여 부과하는 의료기관 취업제한이 가능함은 예상할 수 있었다고 보아야 하고, 취업제한은 장래의 위험을 방지하기 위한 것으로서, 향후 성인대상 성범죄자에게 의료기관 취업제한이 없을 것이라는 기대는 정당한 신뢰 또는 헌법상 보호가치 있는 신뢰로 보기 어렵다. … 이 사건 부칙조항은 신뢰보호원칙에 위배되지 아니한다(헌재 2023.5.25, 2020헌바45).

③ [O] 출연재산을 변칙적인 탈세나 부의 증식 내지 세습수단으로 악용하는 것을 방지하기 위하여 입법자는 공익법인에 출연한 내국법인 주식 중 증여세과세가액에 산입하지 않는 한도기준을 낮추고, 더 나아가 유예기한 경과 후까지 기준을 초과하여 보유하는 경우에는 가산세를 부과하는 것으로 법을 개정하여 왔으며, 심판대상조항은 기존 입법들의 연장선상에서 그 문제점을 보완한 것이다.
관련 규정의 개정 경과에 비추어 청구인과 같은 공익사업 영위자는 제도의 시행과정에서 발생하는 문제점을 제거하기 위하여 추가적인 법률개정이 필요할 수 있음을 충분히 예상할 수 있었으므로 법률의 존속에 대한 신뢰이익의 보호가치는 크다고 할 수 없는 반면 조세회피나 부의 세습을 방지함으로써 얻게 되는 공익은 막중하므로 심판대상조항은 신뢰보호원칙에 반하지 아니한다(헌재 2023.7.20, 2019헌바223).

④ [O] 수형자가 형법에 규정된 형 집행경과기간 요건을 갖춘 것만으로 가석방을 요구할 권리를 취득하는 것은 아니므로, 10년간 수용되어 있으면 가석방 적격심사 대상자로 선정될 수 있었던 구 형법 제72조 제1항에 대한 청구인의 신뢰를 헌법상 권리로 보호할 필요성이 있다고 할 수 없다. … 그렇다면 죄질이 더 무거운 무기징역형을 선고받은 수형자를 가석방할 수 있는 형 집행 경과기간이 개정 형법 시행 후에 유기징역형을 선고받은 수형자의 경우와 같거나 오히려 더 짧게 되는 불합리한 결과를 방지하고, 사회를 방위하기 위한 이 사건 부칙조항이 신뢰보호원칙에 위배되어 청구인의 신체의 자유를 침해한다고 볼 수 없다(헌재 2013.8.29, 2011헌마408).

⑤ [O] 청구인들이 신뢰한 개정 이전의 구 법원조직법 제42조 제2항에 의하더라도 판사임용자격을 가지는 자는 '사법시험에 합격하여 사법연수원의 소정 과정을 마친 자'로 되어 있었고, 청구인들이 사법시험에 합격하여 사법연수원에 입소하기 이전인 2011.7.18. 이미 법원조직법이 개정되어 판사임용자격에 일정기간의 법조경력을 요구함에 따라 구 법원조직법이 제공한 신뢰가 변경 또는 소멸되었다. 그렇다면, 청구인들의 신뢰에 대한 보호가치가 크다고 볼 수 없고, 반면 충분한 사회적 경험과 연륜을 갖춘 판사로부터 재판을 받도록 하여 국민의 기본권을 보장하고 사법에 대한 국민의 신뢰를 보호하려는 공익은 매우 중대하다. 따라서 이 사건 심판대상조항이 신뢰보호원칙에 위반하여 청구인들의 공무담임권을 침해한다고 볼 수 없다(헌재 2014.5.29, 2013헌마127 등).

04 신뢰보호원칙과 소급입법금지원칙에 대한 설명으로 옳지 않은 것은? (다툼이 있는 경우 헌법재판소 판례에 의함)

24. 국가직 7급

① 법률의 제정이나 개정 시 구법질서에 대한 당사자의 신뢰가 합리적이고도 정당하며 법률의 제정이나 개정으로 야기되는 당사자의 손해가 극심하여 새로운 입법으로 달성하고자 하는 공익적 목적이 그러한 당사자의 신뢰의 파괴를 정당화할 수 없다면, 그러한 새로운 입법은 신뢰보호원칙상 허용될 수 없다.

② 조세법의 영역에 있어서는 국가가 조세·재정정책을 탄력적·합리적으로 운용할 필요성이 매우 큰 만큼, 조세에 관한 법규·제도는 신축적으로 변할 수밖에 없다는 점에서 납세의무자로서는 구법질서에 의거한 신뢰를 바탕으로 적극적으로 새로운 법률관계를 형성하였다든지 하는 특별한 사정이 없는 한 원칙적으로 현재의 세법이 변함없이 유지되리라고 기대하거나 신뢰할 수는 없다.

③ 신법이 피적용자에게 유리한 경우에는 이른바 시혜적 소급입법이 가능하지만, 그러한 소급입법을 할 것인가의 여부는 그 일차적인 판단이 입법기관에 맡겨져 있다.

④ 부당환급받은 세액을 징수하는 근거규정인 개정조항을 개정된 법 시행 후 최초로 환급세액을 징수하는 분부터 적용하도록 규정한 법인세법 부칙 제9조는, 개정 후 법인세법의 시행 이전에 결손금 소급공제 대상 중소기업이 아닌 법인이 결손금 소급공제로 법인세를 환급받은 경우에도 개정조항을 적용할 수 있도록 규정하고 있다고 하더라도 이미 종결한 과세요건사실에 소급하여 적용할 수 있도록 하는 것은 아니므로, 진정소급입법에 해당하지 않는다.

해설

④ [×] 심판대상조항은 개정 후 법인세법의 시행 이전에 결손금 소급공제 대상 중소기업이 아닌 법인이 결손금 소급공제로 법인세를 환급받은 경우에도 이 사건 개정조항을 적용할 수 있도록 규정하고 있으므로, 이는 이미 종결한 과세요건사실에 소급하여 적용할 수 있도록 하는 것이다. 따라서 심판대상조항은 청구인이 이 사건 개정조항이 시행되기 전 환급세액을 수령한 부분까지 사후적으로 소급하여 적용되는 것으로서 헌법 제13조 제2항에 따라 원칙적으로 금지되는 이미 완성된 사실·법률관계를 규율하는 진정소급입법에 해당한다(헌재 2014.7.24, 2012헌바105).

① [O] 신뢰보호의 원칙은 헌법상 법치국가의 원칙으로부터 도출되는데, 그 내용은 법률의 제정이나 개정시 구법질서에 대한 당사자의 신뢰가 합리적이고도 정당하며 법률의 제정이나 개정으로 야기되는 당사자의 손해가 극심하여 새로운 입법으로 달성하고자 하는 공익적 목적이 그러한 당사자의 신뢰의 파괴를 정당화할 수 없다면, 그러한 새로운 입법은 신뢰보호의 원칙상 허용될 수 없다는 것이다(헌재 2002.11.28, 2002헌바45).

② [O] 조세법의 영역에 있어서는 국가가 조세·재정정책을 탄력적·합리적으로 운용할 필요성이 매우 큰 만큼, 조세에 관한 법규·제도는 신축적으로 변할 수밖에 없다는 점에서 납세의무자로서는 구법질서에 의거한 신뢰를 바탕으로 적극적으로 새로운 법률관계를 형성하였다든지 하는 특별한 사정이 없는 한 원칙적으로 세율 등 현재의 세법이 변함없이 유지되리라고 기대하거나 신뢰할 수는 없다(헌재 2002.2.28, 99헌바4).

③ [O] 신법이 피적용자에게 유리한 경우에는 이른바 시혜적인 소급입법이 가능하지만 이를 입법자의 의무라고는 할 수 없고, 그러한 소급입법을 할 것인지의 여부는 입법재량의 문제로서 그 판단은 일차적으로 입법기관에 맡겨져 있으며, 이와 같은 시혜적조치를 할 것인가 하는 문제는 국민의 권리를 제한하거나 새로운 의무를 부과하는 경우와는 달리 입법자에게 보다 광범위한 입법형성의 자유가 인정된다고 할 것이다(헌재 1995.12.28, 95헌마196).

정답 | 03 ① 04 ④

05 신뢰보호원칙에 관한 설명 중 옳은 것은? (다툼이 있는 경우 판례에 의함)

25. 변호사

① 위헌인 법률일지라도 해당 법률에 대한 헌법재판소의 위헌 결정이 있기 전까지는 합헌성이 추정되므로 합헌적인 법률에 기초한 신뢰이익과 동일한 정도의 보호, 즉 '헌법에서 유래하는 국가의 보호의무'까지 요청된다.

② 취업지원 실시기관 채용시험의 가점 적용대상에서 보국수훈자의 자녀를 제외하는 내용으로 법을 개정하면서, 가까운 장래에 보국수훈자의 자녀가 되어 채용시험의 가점을 받게 될 것이라는 신뢰를 장기간 형성해 온 사람에 대하여 경과조치를 두지 않은 국가유공자 등 예우 및 지원에 관한 법률 부칙조항은 신뢰보호원칙에 위배된다.

③ 구 법령에 따라 폐자동차재활용업 등록을 한 자에게도 3년 이내에 등록기준을 갖추도록 한 전기 · 전자제품 및 자동차의 자원순환에 관한 법률 시행령 부칙조항에서 정한 3년의 유예기간은 법령의 개정으로 인한 상황변화에 적절히 대처하기에는 지나치게 짧다고 할 수 있으므로 신뢰보호원칙에 위배된다.

④ 댐사용권의 취소 · 변경 처분을 할 경우 국가는 댐사용권자가 납부한 부담금이나 납부금의 일부를 반환하도록 하고, 반환할 금액은 대통령령에서 정하는 상각액을 뺀 금액을 초과하지 못하도록 규정한 구 댐건설 및 주변지역지원 등에 관한 법률 조항을 이미 댐사용권을 취득하여 행사하고 있던 댐사용권자에 적용하더라도, 댐사용권의 존속에 대한 댐사용권자의 신뢰이익보다 다목적댐을 통한 수자원의 합리적 개발 · 이용이라는 공익적 가치가 매우 크다고 볼 수 있어 신뢰보호원칙에 위배되지 않는다.

⑤ 여러 개의 의료기관을 운영할 수 있을 것이라는 의료인의 구법 질서에 대한 신뢰는 헌법상 보호가치가 있는 신뢰이므로, 이후 해당 의료법 조항이 의료인은 어떠한 명목으로도 둘 이상의 의료기관을 운영할 수 없다는 내용으로 개정되었다면 신뢰보호원칙에 위배된다.

해설

④ [O] 댐사용권은 공공재인 수자원의 효율적인 이용과 관련되고, 존속기한의 정함이 없으며 취소 또는 변경의 가능성이 내재되어 있는 점, 수자원의 중요성과 대체 불가능성 등을 고려하면 댐사용권의 존속에 대한 청구인의 신뢰이익보다는 다목적댐을 통한 수자원의 합리적 개발 · 이용이라는 공익적 가치가 매우 크다고 볼 수 있다. 따라서 부담금반환조항이 헌법상 신뢰보호원칙에 반한다고 볼 수 없다(헌재 2022.10.27, 2019헌바44).

① [×] 비록 우리 재판소의 결정에 의하여 구 교육공무원법 제11조 제1항이 위헌으로 선언되었으나, 우리 헌법재판소법 제47조 제2항은 장래효의 원칙을 규정함으로써 위헌법률이 당연히 무효인 것이 아니라 위헌결정으로 장래 효력을 상실하도록 되어 있어 헌법재판소에 의한 위헌확인 시까지는 유효한 신뢰의 근거로 작용할 수 있다. 그러나, 이러한 신뢰이익은 위헌적 법률의 존속에 관한 것에 불과하여 위헌적인 상태를 제거해야 할 법치국가적 공익과 비교형량해 보면 공익이 신뢰이익에 대하여 원칙적인 우위를 차지하기 때문에 합헌적인 법률에 기초한 신뢰이익과 동일한 정도의 보호, 즉 "헌법에서 유래하는 국가의 보호의무"까지는 요청할 수는 없다(헌재 2006.3.30, 2005헌마598).

② [×] 채용시험의 가점에 관한 국가유공자법 개정이 예측가능하고, 채용시험의 가점은 단지 법률이 부여한 기회를 활용한 것으로서 원칙적으로 사적 위험부담의 범위에 속하는 점, … 등을 종합하면, 개정 국가유공자법 시행 직후에 국가유공자로 등록된 사람의 가족에 대하여 경과규정을 두지 않았다는 이유만으로 심판대상조항이 헌법상의 신뢰보호원칙에 위배되어 직업선택의 자유, 공무담임권을 침해하였다고 볼 수 없다(헌재 2015.2.26, 2012헌마400).

③ [×] 이 사건 부칙조항이 정한 3년의 유예기간은 법령의 개정으로 인한 상황변화에 적절히 대처하기에 상당한 기간으로 지나치게 짧은 것이라 할 수 없으므로, 이 사건 부칙조항은 신뢰보호원칙에 위배되어 청구인의 직업의 자유를 침해하지 아니한다(헌재 2022.9.29, 2019헌마1352).

⑤ [×] 이 사건 법률조항으로 인하여 침해되는 의료인의 신뢰이익이, 건전한 의료질서를 확립하고 나아가 국민건강상의 위해를 방지한다는 공익에 우선하여 특별히 헌법적으로 보호해야 할 가치나 필요성이 있다고 보기 어렵다. 따라서 이 사건 법률조항은 신뢰보호원칙에 반하지 않는다(헌재 2019.8.29, 2014헌바212 등).

06 다음 법치주의에 관한 설명 중 가장 옳지 않은 것은? (다툼이 있는 경우 판례에 의함) 24. 해경간부

① 오늘날 법률 외에 다른 지역적 제한사유를 규정하기만 하면 충분한 것이 아니라, 국가공동체와 그 구성원에게 기본적이고도 중요한 의미를 갖는 영역, 특히 국민의 기본권실현과 관련된 영역에 있어서는 국민의 대표자인 입법자가 그 본질적 사항에 대해서 스스로 결정하여야 한다는 요구까지 내포하고 있다.

② 오늘날 사회현상의 복잡화에 따라 국민의 권리 · 의무에 관한 사항이라 하여 모두 입법부에서 제정한 법률만으로 다 정할 수는 없으므로 반드시 구체적이고 개별적으로 한정된 사항이 아니더라도 하위법령에 위임하는 것이 허용된다.

③ 공소시효제도가 헌법 제12조 제1항 및 제13조 제1항에 정한 죄형법정주의의 보호범위에 바로 속하지 않는다면, 소급입법의 헌법적 한계는 법적 안정성과 신뢰보호원칙을 포함하는 법치주의의 원칙에 따른 기준으로 판단하여야 한다.

④ '책임 없는 자에게 형벌을 부과할 수 없다'는 형벌에 관한 책임주의는 형사법의 기본원리로서, 헌법상 법치국가의 원리에 내재하는 원리인 동시에 헌법 제10조의 취지로부터 도출되는 원리이다.

해설

② [×] 아무리 권력분립이나 법치주의가 민주정치의 원리라 하더라도 현대국가의 사회적 기능증대와 사회현상의 복잡화에 따라 국민의 권리 · 의무에 관한 사항이라 하여 모두 입법부에서 제정한 법률만으로 다 정할 수는 없는 것이기 때문에 합리적인 이유가 있으면 예외적으로 행정부에서 제정한 명령에 위임하는 것을 허용하지 않을 수 없다. 법률의 위임은 반드시 구체적이고 개별적으로 한정된 사항에 대하여 행해져야 한다. 그러나 그렇지 아니하고 일반적이고 포괄적인 위임을 한다면 이는 사실상 입법권을 백지위임하는 것이나 다름없어 의회입법의 원칙이나 법치주의를 부인하는 것이 되고 행정권의 부당한 자의와 기본권행사에 대한 무제한적 침해를 초래할 위험이 있기 때문이다(헌재 1994.7.29, 93헌가12).

① [O] 오늘날 법률유보원칙은 단순히 행정작용이 법률에 근거를 두기만 하면 충분한 것이 아니라, 국가공동체와 그 구성원에게 기본적이고도 중요한 의미를 갖는 영역, 특히 국민의 기본권실현에 관련된 영역에 있어서는 행정에 맡길 것이 아니라 국민의 대표자인 입법자 스스로 그 본질적 사항에 대하여 결정하여야 한다는 요구까지 내포하는 것으로 이해하여야 한다(이른바 의회유보원칙)(헌재 1999.5.27, 98헌바70).

③ [O] 공소시효제도가 헌법 제12조 제1항 및 제13조 제1항에 정한 죄형법정주의의 보호범위에 바로 속하지 않는다면, 소급입법의 헌법적 한계는 법적 안정성과 신뢰보호원칙을 포함하는 법치주의의 원칙에 따른 기준으로 판단하여야 한다(헌재 1996.2.16, 96헌가2 등).

④ [O] '책임 없는 자에게 형벌을 부과할 수 없다'는 형벌에 관한 책임주의는 형사법의 기본원리로서, 헌법상 법치국가의 원리에 내재하는 원리인 동시에 헌법 제10조의 취지로부터 도출되는 원리이고, 법인의 경우도 자연인과 마찬가지로 책임주의원칙이 적용된다(헌재 2012.10.25, 2012헌가18).

정답 | 05 ④ 06 ②

07 법치국가원리에 관한 설명으로 가장 적절하지 않은 것은? (다툼이 있는 경우 헌법재판소 판례에 의함)

25. 경찰 1차

① 조세에 관한 법규·제도는 신축적으로 변할 수밖에 없다는 점에서 납세의무자로서는 구법질서에 의거한 신뢰를 바탕으로 적극적으로 새로운 법률관계를 형성하였다든지 하는 특별한 사정이 없는 한, 현재의 세법이 변함없이 유지되리라고 기대하거나 신뢰할 수는 없다.

② 수신료 징수업무를 지정받은 자가 수신료를 징수하는 때 그 고유업무와 관련된 고지행위와 결합하여 이를 행해서는 안 된다고 규정한 방송법 시행령 조항으로 인하여, 한국방송공사가 징수할 수 있는 수신료의 금액이나 범위의 변경은 없고 오로지 그 징수방법이 기존 전기요금과 통합하여 납부통지하던 것에서 이를 분리하여 납부통지하는 것으로 변경될 뿐, 위 조항이 신뢰보호원칙에 위배된다고 볼 수 없다.

③ 입법자가 형식적 법률로 스스로 규율하여야 하는 사항이 어떤 것인가는 일률적으로 획정할 수 없고 구체적 사례에서 관련된 이익 내지 가치의 중요성, 규제 내지 침해의 정도와 방법 등을 고려하여 개별적으로 결정할 수 있을 뿐이나, 적어도 헌법상 보장된 국민의 자유나 권리를 제한할 때에는 그 제한의 본질적인 사항에 관한 한 입법자가 법률로써 스스로 규율하여야 할 것이다.

④ 주택 임대차와 관련한 임차인의 보호 및 주택의 이용에 관한 정책은 입법자가 정책적으로 결정하여야 할 사항으로 원칙적으로 광범위한 입법형성의 자유가 인정되므로, 특단의 사정이 없는 한 구법상의 기대이익을 존중하여야 할 입법자의 의무가 있는 것은 아니라고 할 것이어서 신뢰보호원칙에 위배되는지 여부는 문제되지 않는다.

해설

④ [×] 주택 임대차와 관련한 임차인의 보호 및 주택의 이용에 관한 정책은 임차인에 대한 사회적 보호의 필요성, 임대차 시장의 여건, 사회경제적 사정 등을 종합적으로 고려하여 입법자가 정책적으로 결정하여야 할 사항으로 원칙적으로 광범위한 입법형성의 자유가 인정된다. 따라서 특단의 사정이 없는 한 구법상의 기대이익을 존중하여야 할 입법자의 의무가 있는 것은 아니나, 이 경우에도 신뢰보호원칙에 위배되는지 여부는 여전히 문제된다. … 부칙조항은 신뢰보호원칙에 반하여 청구인들의 계약의 자유와 재산권을 침해하지 아니한다(헌재 2024.2.28, 2020헌마1343 등).

① [O] 조세법의 영역에 있어서는 국가가 조세·재정정책을 탄력적·합리적으로 운용할 필요성이 매우 큰 만큼, 조세에 관한 법규·제도는 신축적으로 변할 수밖에 없다는 점에서 납세의무자로서는 구법질서에 의거한 신뢰를 바탕으로 적극적으로 새로운 법률관계를 형성하였다든지 하는 특별한 사정이 없는 한 원칙적으로 세율 등 현재의 세법이 변함없이 유지되리라고 기대하거나 신뢰할 수는 없다(헌재 2002.2.28, 99헌바4).

② [O] 개정 전 법령이 전기요금과 수신료를 통합하여 징수하는 방식만을 전제로 하였다거나 그러한 수신료 징수방식에 대한 신뢰를 유도하였다고 볼 수 없으며, 청구인과 한국전력공사 간 TV 방송수신료 징수업무 위·수탁 계약서도 관련 법률의 개정 등 사유를 예정하고 있는 점, 심판대상조항으로 인하여 청구인이 징수할 수 있는 수신료의 금액이나 범위의 변경은 없고 수신료 납부통지 방법만이 변경되는 점 등을 고려할 때 심판대상조항이 신뢰보호원칙에 위배된다고 볼 수 없다(헌재 2024.5.30, 2023헌마820 등).

③ [O] 입법자가 형식적 법률로 스스로 규율하여야 하는 사항이 어떤 것인가는 일률적으로 획정할 수 없고 구체적인 사례에서 관련된 이익 내지 가치의 중요성, 규제 내지 침해의 정도와 방법 등을 고려하여 개별적으로 결정할 수 있을 뿐이나 적어도 헌법상 보장된 국민의 자유나 권리를 제한한 때에는 그 제한의 본질적인 사항에 관한 한 입법자가 법률로써 스스로 규율하여야 할 것이다(헌재 2009.10.29, 2007헌바63).

08 법치국가원리에 대한 설명으로 옳지 않은 것은? (다툼이 있는 경우 판례에 의함) 25. 5급

① 시혜적인 소급입법을 할 것인지의 여부는 입법재량의 문제로서 그 판단은 일차적으로 입법기관에 맡겨져 있는 것이므로 입법자에게 보다 광범위한 입법형성의 자유가 인정된다.

② 일반적으로 일정한 공권력 작용이 체계정당성 원리를 위반하게 되면 곧 위헌이 되는 것이므로, 별도로 비례의 원칙이나 평등의 원칙 등 일정한 헌법의 규정이나 원칙을 위반하여야 하는 것은 아니다.

③ 형벌에 관한 책임주의는 형사법의 기본원리로서, 헌법상 법치국가의 원리에 내재하는 원리인 동시에, 국민 누구나 인간으로서의 존엄과 가치를 가지고 스스로의 책임에 따라 자신의 행동을 결정할 것을 보장하고 있는 헌법 제10조의 취지로부터 도출되는 원리이다.

④ 근대의 입헌적 민주주의 체제는 사회의 공적 자율성에 기한 정치적 의사결정을 추구하는 민주주의 원리와, 국가권력이나 다수의 정치적 의사로부터 개인의 권리, 즉 개인의 사적 자율성을 보호해 줄 수 있는 법치주의 원리라는 두 가지 주요한 원리에 따라 구성되고 운영된다.

해설

② [×] 일반적으로 일정한 공권력작용이 위헌이 되는 것은 아니다. 입법자에게 보다 광범위한 입법형성의 체계정당성에 위반한다고 해서 곧 즉 체계정당성 위반(Systemwidrigkeit) 자체가 바로 위헌이 되는 것은 아니고 이는 비례의 원칙이나 평등원칙위반 내지 입법의 자의금지위반 등의 위헌성을 시사하는 하나의 징후일 뿐이다. 그러므로 체계정당성위반은 비례의 원칙이나 평등원칙위반 내지 입법자의 자의금지위반 등 일정한 위헌성을 시사하기는 하지만 아직 위헌은 아니고, 그것이 위헌이 되기 위해서는 결과적으로 비례의 원칙이나 평등의 원칙 등 일정한 헌법의 규정이나 원칙을 위반하여야 한다(헌재 2005.6.30, 2004헌바40).

① [O] 신법이 피적용자에게 유리한 경우에는 이른바 시혜적인 소급입법이 가능하지만 이를 입법자의 의무라고는 할 수 없고, 그러한 소급입법을 할 것인지의 여부는 입법재량의 문제로서 그 판단은 일차적으로 입법기관에 맡겨져 있으며, 이와 같은 시혜적 조치를 할 것인가 하는 문제는 국민의 권리를 제한하거나 새로운 의무를 부과하는 경우와는 달리 자유가 인정된다고 할 것이다(헌재 1995.12.28, 95헌마196).

③ [O] '책임 없는 자에게 형벌을 부과할 수 없다'는 형벌에 관한 책임주의는 형사법의 기본원리로서, 헌법상 법치국가의 원리에 내재하는 원리인 동시에 헌법 제10조의 취지로부터 도출되는 원리이고, 법인의 경우도 자연인과 마찬가지로 책임주의원칙이 적용된다(헌재 2012.10.25, 2012헌가18).

④ [O] 근대의 입헌적 민주주의 체제는 사회의 공적 자율성에 기한 정치적 의사결정을 추구하는 민주주의 원리와, 국가권력이나 다수의 정치적 의사로부터 개인의 권리, 즉 개인의 사적 자율성을 보호해 줄 수 있는 법치주의 원리라는 두 가지 주요한 원리에 따라 구성되고 운영된다(헌재 2014.12.19, 2013헌다1).

정답 | 07 ④ 08 ②

09 헌법상 신뢰보호원칙에 대한 설명으로 가장 적절하지 않은 것은? (다툼이 있는 경우 판례에 의함) 21. 경찰승진

① 신뢰보호원칙은 헌법상 법치국가원리로부터 도출되는 것으로, 법률이 개정되는 경우 구법질서에 대한 당사자의 신뢰가 합리적이고도 정당하며 법률의 제정이나 개정으로 야기되는 당사자의 손해가 극심하여 새로운 입법으로 달성하고자 하는 공익적 목적이 그러한 당사자의 신뢰의 파괴를 정당화할 수 없다면, 그러한 새로운 입법은 신뢰보호원칙상 허용될 수 없다.

② 법적 안정성의 객관적 요소로서 신뢰보호원칙은 한번 제정된 법규범은 원칙적으로 존속력을 갖고 자신의 행위기준으로 작용하리라는 헌법상 원칙이다.

③ 신뢰보호원칙의 위반 여부는 한편으로는 침해되는 이익의 보호가치, 침해의 정도, 신뢰의 손상 정도, 신뢰침해의 방법 등과 또 다른 한편으로는 새로운 입법을 통하여 실현하고자 하는 공익적 목적 등을 종합적으로 형량하여야 한다.

④ 법률에 따른 개인의 행위가 단지 법률이 반사적으로 부여하는 기회의 활용을 넘어서 국가에 의하여 일정 방향으로 유인된 것이라면 특별히 보호가치가 있는 신뢰이익이 인정될 수 있고, 이러한 경우 원칙적으로 개인의 신뢰보호가 국가의 법률개정이익에 우선된다고 볼 여지가 있다.

해설

② [×] 법적 안정성은 객관적 요소로서 법질서의 신뢰성 · 항구성 · 법적 투명성과 법적 평화를 의미하고, 이와 내적인 상호연관관계에 있는 법적 안정성의 주관적 측면은 한번 제정된 법규범은 원칙적으로 존속력을 갖고 자신의 행위기준으로 작용하리라는 개인의 신뢰보호원칙이다(헌재 1996.2.16, 96헌가2).

▶ 신뢰보호원칙은 법적 안정성의 주관적 측면이다.

① [O] 신뢰보호의 원칙은 헌법상 법치국가의 원칙으로부터 도출되는데 그 내용은 법률의 제정이나 개정시 구법질서에 대한 당사자의 신뢰가 합리적이고도 정당하며 법률의 제정이나 개정으로 야기되는 당사자의 손해가 극심하여 새로운 입법으로 달성하고자 하는 공익적 목적이 그러한 당사자의 신뢰의 파괴를 정당화할 수 없다면, 그러한 새로운 입법은 신뢰보호의 원칙상 허용될 수 없다는 것이다. 이러한 신뢰보호원칙의 위반 여부를 판단하기 위해서는, 한편으로는 침해받은 신뢰이익의 보호가치, 침해의 중한 정도, 신뢰가 손상된 정도, 신뢰침해의 방법 등과 다른 한편으로는 새로운 입법을 통해 실현하고자 하는 공익적 목적을 종합적으로 비교 · 형량하여 판단하여야 한다(헌재 2002.11.28, 2002헌바45).

③ [O] 신뢰보호원칙의 위배 여부를 판단하기 위하여는, 한편으로는 침해받은 이익의 보호가치, 침해의 중한 정도, 신뢰가 손상된 정도, 신뢰침해의 방법 등과 다른 한편으로는 새 입법을 통해 실현하고자 하는 공익적 목적을 종합적으로 비교 · 형량하여야 한다(헌재 1995.10.26, 94헌바12).

④ [O] 개인의 신뢰이익에 대한 보호가치는 ㉠ 법령에 따른 개인의 행위가 국가에 의하여 일정방향으로 유인된 신뢰의 행사인지, ㉡ 아니면 단지 법률이 부여한 기회를 활용한 것으로서 원칙적으로 사적 위험부담의 범위에 속하는 것인지 여부에 따라 달라진다. 만일 법률에 따른 개인의 행위가 단지 법률이 반사적으로 부여하는 기회의 활용을 넘어서 국가에 의하여 일정 방향으로 유인된 것이라면 특별히 보호가치가 있는 신뢰이익이 인정될 수 있고, 원칙적으로 개인의 신뢰보호가 국가의 법률개정이익에 우선된다고 볼 여지가 있다(헌재 2002.11.28, 2002헌바45).

10 법치주의에 관한 설명 중 가장 적절하지 않은 것은? (다툼이 있는 경우 판례에 의함) 22. 경찰 1차

① 실종기간이 구법 시행기간 중에 만료되는 때에도 그 실종이 개정 민법 시행일 후에 선고된 때에는 상속에 관하여 개정민법의 규정을 적용하도록 한 민법 부칙의 조항은 재산권보장에 관한 신뢰보호원칙에 위배된다고 볼 수 없다.

② 공소시효제도가 헌법 제12조 제1항 및 제13조 제1항에 정한 죄형법정주의의 보호범위에 바로 속하지 않는다면, 소급입법의 헌법적 한계는 법적 안정성과 신뢰보호원칙을 포함하는 법치주의의 원칙에 따른 기준으로 판단하여야 한다.

③ 신뢰보호원칙은 객관적 요소로서 법질서의 신뢰성·항구성·법적 투명성과 법적 평화를 의미하고, 이와 내적인 상호 연관 관계에 있는 법적 안정성은 한번 제정된 법규범은 원칙적으로 존속력을 갖고 자신의 행위기준으로 작용하리라는 개인의 주관적 기대이다.

④ 임차인의 계약갱신요구권 행사 기간을 10년으로 규정한 상가건물 임대차보호법의 개정법 조항을 개정법 시행 후 갱신되는 임대차에 대하여도 적용하도록 규정한 동법 부칙의 규정은 신뢰보호원칙에 위배되어 임대인의 재산권을 침해한다고 볼 수 없다.

해설

③ [×] 법적 안정성은 객관적 요소로서 법질서의 신뢰성·항구성·법적 투명성과 법적 평화를 의미하고, 이와 내적인 상호연관관계에 있는 법적 안정성의 주관적 측면은 한번 제정된 법규범은 원칙적으로 존속력을 갖고 자신의 행위기준으로 작용하리라는 개인의 신뢰보호원칙이다(헌재 1996.2.16, 96헌가2).

① [O] 상속제도나 상속권의 내용은 입법 정책적으로 결정하여야 할 사항으로서 원칙적으로 입법형성의 영역에 속하고, 부재자의 참여 없이 진행되는 실종선고 심판절차에서 법원으로서는 실종 여부나 실종이 된 시기 등에 대하여 청구인의 주장과 청구인이 제출한 소명자료를 기초로 실종 여부나 실종기간의 기산일을 판단하게 되는 측면이 있는바, 이로 인하여 발생할 수 있는 상속인의 범위나 상속분 등의 변경에 따른 법률관계의 불안정을 제거하여 법적 안정성을 추구하고, 실질적으로 남녀간 공평한 상속이 가능하도록 개정된 민법상의 상속규정을 개정민법 시행 후 실종이 선고되는 부재자에게까지 확대 적용함으로써 얻는 공익이 매우 크므로, 심판대상조항은 신뢰보호원칙에 위배하여 재산권을 침해하지 아니한다(헌재 2016.10.27, 2015헌바203).

② [O] 공소시효가 아직 완성되지 않은 경우 위 법률조항은 단지 진행 중인 공소시효를 연장하는 법률로서 이른바 부진정소급효를 갖게 되나, 공소시효제도에 근거한 개인의 신뢰와 공시시효의 연장을 통하여 달성하려는 공익을 비교형량하여 공익이 개인의 신뢰보호이익에 우선하는 경우에는 소급효를 갖는 법률도 헌법상 정당화될 수 있다. 위 법률조항의 경우에는 왜곡된 한국 반세기 헌정사의 흐름을 바로 잡아야 하는 시대적 당위성과 아울러 집권과정에서의 헌정질서파괴범죄를 범한 자들을 응징하여 정의를 회복하여야 한다는 중대한 공익이 있는 반면, 공소시효는 행위자의 의사와 관계없이 정지될 수도 있는 것이어서 아직 공소시효가 완성되지 않은 이상 예상된 시기에 이르러 반드시 시효가 완성되리라는 것에 대한 보장이 없는 불확실한 기대일 뿐이므로 공소시효에 대하여 보호될 수 있는 신뢰보호이익은 상대적으로 미약하여 위 법률조항은 헌법에 위반되지 아니한다(헌재 1996.2.16, 96헌가2).

④ [O] 개정법 조항은 상가건물 임차인의 계약갱신요구권 행사 기간을 연장함으로써 상가건물에 대한 임차인의 시설투자비, 권리금 등 비용을 회수할 수 있는 기간을 충실히 보장하기 위한 것인데, 개정법 조항을 개정법 시행 후 새로이 체결되는 임대차에만 적용할 경우 임대인들이 새로운 임대차계약에 이를 미리 반영하여 임대료가 한꺼번에 급등할 수 있고 이는 결과적으로 개정법 조항의 입법취지에도 반하는 것이다. 이에 이 사건 부칙조항은 이러한 부작용을 막고 개정법 조항의 실효성을 확보하기 위해서 개정법 조항 시행 이전에 체결되었더라도 개정법 시행 이후 갱신되는 임대차인 경우 개정법 조항의 연장된 기간을 적용하도록 정한 것이므로, 이와 같은 공익은 긴급하고도 중대하다. 따라서 이 사건 부칙조항은 신뢰보호원칙에 위배되어 임대인의 재산권을 침해한다고 볼 수 없다(헌재 2021.10.28, 2019헌마106).

정답 | 09 ② 10 ③

11 명확성원칙에 대한 설명으로 가장 적절하지 않은 것은? (다툼이 있는 경우 판례에 의함) 21. 경찰승진

① 취소소송 등의 제기시 '회복하기 어려운 손해'를 집행정지의 요건으로 규정한 행정소송법 조항은 명확성원칙에 위배되지 않는다.

② 어린이집이 시 · 도지사가 정한 수납한도액을 초과하여 보호자로부터 필요경비를 수납한 것에 대해 해당 시 · 도지사가 영유아보육법에 근거하여 발할 수 있도록 한 '시정 또는 변경' 명령은 명확성원칙에 위배되지 않는다.

③ 전문과목을 표시한 치과의원은 그 표시한 '전문과목'에 해당하는 환자만을 진료하여야 한다고 규정한 의료법 조항은 명확성원칙에 위배되지 않는다.

④ '공중도덕상 유해한 업무'에 취업시킬 목적으로 근로자를 파견한 사람을 형사처벌하도록 한 구 파견근로자보호 등에 관한 법률 조항은 명확성원칙에 위배되지 않는다.

해설

④ [×] '공중도덕(公衆道德)'은 시대상황, 사회가 추구하는 가치 및 관습 등 시간적 · 공간적 배경에 따라 그 내용이 얼마든지 변할 수 있는 규범적 개념이므로, 그것만으로는 구체적으로 무엇을 의미하는지 설명하기 어렵다. 심판대상조항과 관련하여 파견법이 제공하고 있는 정보는 파견사업주가 '공중도덕상 유해한 업무'에 취업시킬 목적으로 근로자를 파견한 경우 불법파견에 해당하여 처벌된다는 것뿐이다. 파견법 전반에 걸쳐 심판대상조항과 유의미한 상호관계에 있는 다른 조항을 발견할 수 없고, 파견법 제5조, 제16조 등 일부 관련성이 인정되는 규정은 심판대상조항 해석기준으로 활용하기 어렵다. 결국, 심판대상조항의 입법목적, 파견법의 체계, 관련조항 등을 모두 종합하여 보더라도 '공중도덕상 유해한 업무'의 내용을 명확히 알 수 없다. 아울러 심판대상조항에 관한 이해관계기관의 확립된 해석기준이 마련되어 있다거나, 법관의 보충적 가치판단을 통한 법문 해석으로 심판대상조항의 의미내용을 확인할 수 있다는 사정을 발견하기도 어렵다. 심판대상조항은 건전한 상식과 통상적 법감정을 가진 사람으로 하여금 자신의 행위를 결정해 나가기에 충분한 기준이 될 정도의 의미내용을 가지고 있다고 볼 수 없으므로 죄형법정주의의 명확성원칙에 위배된다(헌재 2016.11.24, 2015헌가23).

① [O] 집행정지 요건 조항에서 집행정지 요건으로 규정한 '회복하기 어려운 손해'는 대법원 판례에 의하여 '특별한 사정이 없는 한 금전으로 보상할 수 없는 손해로서 이는 금전보상이 불능인 경우 내지는 금전보상으로는 사회관념상 행정처분을 받은 당사자가 참고 견딜 수 없거나 또는 참고 견디기가 현저히 곤란한 경우의 유형, 무형의 손해'를 의미한 것으로 해석할 수 있고, '긴급한 필요'란 손해의 발생이 시간상 임박하여 손해를 방지하기 위해서 본안판결까지 기다릴 여유가 없는 경우를 의미하는 것으로, 이는 집행정지가 임시적 권리구제제도로서 잠정성, 긴급성, 본안소송에의 부종성의 특징을 지니는 것이라는 점에서 그 의미를 쉽게 예측할 수 있다. 이와 같이 심판대상조항은 법관의 법 보충작용을 통한 판례에 의하여 합리적으로 해석할 수 있고, 자의적인 법해석의 위험이 있다고 보기 어려우므로 명확성원칙에 위배되지 않는다(헌재 2018.1.25, 2016헌바208).

② [O] 어린이집이 보호자로부터 관할 시 · 도지사가 정한 한도액을 초과하여 보호자로부터 필요경비를 수납하는 것이라는 점을 종합적으로 고려하면, 심판대상조항이 규정하고 있는 '시정 또는 변경' 명령은 '영유아보육법 제38조 위반행위에 대하여 그 위법사실을 시정하도록 함으로써 정상적인 법질서를 회복하는 것을 목적으로 행해지는 행정작용'으로, 여기에는 과거의 위반행위로 인하여 취득한 필요경비 한도 초과액에 대한 환불명령도 포함됨을 어렵지 않게 예측할 수 있다. 따라서 심판대상조항은 명확성원칙에 위배되지 않는다(헌재 2017.12.28, 2016헌바249).

③ [O] (전문과목을 표시한 치과의원은 제표시한 전문과목에 해당하는 환자만을 진료하여야 한다는 조항에 대하여) 치과전문의가 되기 위해서는 치과의사 면허를 받은 자가 치과전공의 수련과정을 거쳐 치과전문의 자격시험에 합격해야 하므로, 심판대상조항의 수범자인 치과전문의는 각 전문과목의 진료내용과 진료영역 및 전문과목간의 차이점 등을 알 수 있다. 따라서 심판대상조항은 명확성원칙에 위배되어 직업수행의 자유를 침해한다고 볼 수 없다(헌재 2015.5.28, 2013헌마799).

12 신뢰보호의 원칙에 관한 설명 중 가장 적절한 것은? (다툼이 있는 경우 판례에 의함) 22. 경찰승진

① 기존의 퇴직연금 수급자에게 전년도 평균임금월액을 초과한 소득월액이 있는 경우에 그 초과 액수에 따라 퇴직연금 중 일부의 지급을 정지하는 것은 보호해야 할 퇴직연금 수급자의 신뢰의 가치는 매우 큰 반면, 공무원연금 재정의 파탄을 막고 공무원연금제도를 건실하게 유지하려는 공익적 가치는 그리 크지 않으므로 헌법상 신뢰보호의 원칙에 위반된다.

② 외국에서 치과대학을 졸업한 대한민국 국민이 국내 치과의사 면허시험에 응시하기 위해서는 기존의 응시요건에 추가하여 새로이 예비시험에 합격할 것을 요건으로 규정한 의료법의 '예비시험' 조항은 외국에서 치과대학을 졸업한 국민들이 가지는 합리적 기대를 저버리는 것으로서 신뢰보호의 원칙상 허용되지 아니한다.

③ 무기징역의 집행 중에 있는 자의 가석방 요건을 종전의 '10년 이상'에서 '20년 이상' 형 집행 경과로 강화한 개정 형법 조항을 형법 개정시에 이미 수용 중인 사람에게도 적용하는 것은 가석방을 기대하고 있던 수형자가 국가 공권력에 대해 가지고 있던 적법한 신뢰를 보호하지 않는 것으로서 신뢰보호의 원칙에 위반된다.

④ 사법연수원의 소정 과정을 마치더라도 바로 판사임용자격을 취득할 수 없고 일정기간 이상의 법조경력을 갖추어야 판사로 임용될 수 있도록 한 법원조직법 개정조항의 시행일 및 그 경과조치에 관한 부칙은, 동법 개정 시점에 이미 사법연수원에 입소하여 사법연수생의 신분을 가지고 있었던 자가 사법연수원을 수료하는 해의 판사 임용에 지원하는 경우에 적용되는 한 신뢰보호의 원칙에 위반된다.

해설

④ [O] 종전 규정의 적용을 받게 된 이 사건 법원조직법 개정 당시 사법연수원 2년차들과 개정 규정의 적용을 받게 된 이 사건 법원조직법 개정 당시 사법연수원 1년차들인 청구인들 사이에 '판사의 임용자격을 강화하여 충분한 사회적 경험과 연륜을 갖춘 판사가 재판할 수 있도록 하려는 공익'의 실현 관점에서 이들을 달리 볼 만한 합리적인 이유를 찾기도 어렵다. 따라서 이 사건 심판대상 조항이 개정법 제42조 제2항의 시행일을 2013.1.1.로 하여 법 개정 당시 이미 사법연수원에 입소한 사람들에게 적용되도록 하면서 이들에 대한 경과조치로 부칙 제2조만을 규정한 것은 청구인들의 신뢰보호에 미흡한 것으로 신뢰보호원칙에 반한다고 할 것이다(헌재 2012.11.29, 2011헌마786).

① [×] 기존의 퇴직연금 수급자에게 전년도 평균임금월액을 초과한 소득월액이 있는 경우에만 그 초과 액수에 따라 퇴직연금 중 일부(2분의 1 범위 내)의 지급을 정지할 뿐이다. 즉 퇴직한 공무원이 평균임금월액을 초과한 소득월액을 얻는 경우는 드물 것이어서 지급정지 대상자 자체가 소수일 수밖에 없고 평균적인 지급정지액 역시 적은 액수에 그칠 것으로 보이므로, 이 사건 심판대상조항에 의하여 퇴직연금 수급자들이 입는 불이익은 그다지 크지 않다 할 것이다. 따라서 보호해야 할 퇴직연금 수급자의 신뢰의 가치는 그리 크지 않은 반면, 공무원연금 재정의 파탄을 막고 공무원연금제도를 건실하게 유지하려는 공익적 가치는 긴급하고 또한 중요한 것이므로, 이 사건 심판대상조항이 헌법상 신뢰보호의 원칙에 위반된다고 할 수 없다(헌재 2008.2.28, 2005헌마872).

② [×] 청구인들이 장차 치과의사 면허시험을 볼 수 있는 자격 요건에 관하여 가진 구법에 대한 신뢰는 합법적이고 정당한 것이므로 보호가치 있는 신뢰에 해당하는 것이지만, 한편 청구인들에게 기존의 면허시험 요건에 추가하여 예비시험을 보게 하는 것은 이미 존재하는 여러 가지 면허제도상의 법적 규제에 추가하여 새로운 규제를 하나 더 부가하는 것에 그치고, 이러한 규제가 지나치게 가혹한 것이라고 하기 어려운 반면, 이러한 제도를 통한 공익적 목적은 위에서 본 바와 같이 그 정당성이 인정된다. 따라서 경과규정은 신뢰보호의 원칙에 위배한 것이라 보기 어렵다(헌재 2003.4.24, 2002헌마611).

③ [×] 수형자가 형법에 규정된 형 집행경과기간 요건을 갖춘 것만으로 가석방을 요구할 권리를 취득하는 것은 아니므로, 10년간 수용되어 있으면 가석방 적격심사 대상자로 선정될 수 있었던 구 형법 제72조 제1항에 대한 청구인의 신뢰를 헌법상 권리로 보호할 필요성이 있다고 할 수 없다. 가석방 제도의 실제 운용에 있어서도 구 형법 제72조 제1항이 정한 10년보다 장기간의 형 집행 이후에 가석방을 해 왔고, 무기징역형을 선고받은 수형자에 대하여 가석방을 한 예가 많지 않으며, 2002년 이후에는 20년 미만의 집행기간을 경과한 무기징역형 수형자가 가석방된 사례가 없으므로, 청구인의 신뢰가 손상된 정도도 크지 아니하다. 그렇다면 죄질이 더 무거운 무기징역형을 선고받은 수형자를 가석방할 수 있는 형 집행 경과기간이 개정 형법 시행 후에 유기징역형을 선고받은 수형자의 경우와 같거나 오히려 더 짧게 되는 불합리한 결과를 방지하고, 사회를 방위하기 위한 이 사건 부칙조항이 신뢰보호원칙에 위배되어 청구인의 신체의 자유를 침해한다고 볼 수 없다(헌재 2013.8.29, 2011헌마408).

정답 | 11 ④ 12 ④

13 신뢰보호원칙과 소급입법금지원칙에 관한 설명 중 가장 적절하지 않은 것은? (다툼이 있는 경우 판례에 의함)

23. 경찰승진

① 법률에 따른 개인의 행위가 단지 법률이 반사적으로 부여하는 기회의 활용을 넘어서 국가에 의하여 일정 방향으로 유인된 것이라면 특별히 보호가치가 있는 신뢰이익이 인정될 수 있고, 원칙적으로 개인의 신뢰보호가 국가의 법률 개정이익에 우선된다고 볼 여지가 있다.

② 부진정소급입법에 있어서는 소급효를 요구하는 공익상의 사유와 신뢰보호의 요청 사이의 교량과정에서 신뢰보호의 관점이 입법자의 형성권에 제한을 가하게 되므로 원칙적으로 허용되지 않는다.

③ 진정소급입법이 허용되는 예외적인 경우로는 일반적으로 국민이 소급입법을 예상할 수 있었거나 법적 상태가 불확실하고 혼란스러워 보호할 만한 신뢰이익이 적은 경우와 소급입법에 의한 당사자의 손실이 없거나 아주 경미한 경우 그리고 신뢰보호의 요청에 우선하는 심히 중대한 공익상의 사유가 소급입법을 정당화하는 경우를 들 수 있다.

④ 신법이 피적용자에게 유리한 경우에는 이른바 시혜적인 소급입법이 가능하지만 이를 입법자의 의무라고는 할 수 없고, 그러한 소급입법을 할 것인지의 여부는 입법재량의 문제로서 그 판단은 일차적으로 입법기관에 맡겨져 있으며, 이와 같은 시혜적 조치를 할 것인가 하는 문제는 국민의 권리를 제한하거나 새로운 의무를 부과하는 경우와는 달리 입법자에게 보다 광범위한 입법형성의 자유가 인정된다.

해설

② [×], ③ [O] 부진정소급입법은 원칙적으로 허용되지만 소급효를 요구하는 공익상의 사유와 신뢰보호의 요청 사이의 교량과정에서 신뢰보호의 관점이 입법자의 형성권에 제한을 가하게 되는데 반하여, 기존의 법에 의하여 형성되어 이미 굳어진 개인의 법적 지위를 사후입법을 통하여 박탈하는 것 등을 내용으로 하는 진정소급입법은 개인의 신뢰보호와 법적 안정성을 내용으로 하는 법치국가원리에 의하여 특단의 사정이 없는 한 헌법적으로 허용되지 아니하는 것이 원칙이고, 다만 일반적으로 국민이 소급입법을 예상할 수 있었거나 법적 상태가 불확실하고 혼란스러워 보호할 만한 신뢰이익이 적은 경우와 소급입법에 의한 당사자의 손실이 없거나 아주 경미한 경우 그리고 신뢰보호의 요청에 우선하는 심히 중대한 공익상의 사유가 소급입법을 정당화하는 경우 등에는 예외적으로 진정소급입법이 허용된다(헌재 1999.7.22, 97헌바76).

① [O] 개인의 신뢰이익에 대한 보호가치는 ㉠ 법령에 따른 개인의 행위가 국가에 의하여 일정방향으로 유인된 신뢰의 행사인지, ㉡ 아니면 단지 법률이 부여한 기회를 활용한 것으로서 원칙적으로 사적 위험부담의 범위에 속하는 것인지 여부에 따라 달라진다. 만일 법률에 따른 개인의 행위가 단지 법률이 반사적으로 부여하는 기회의 활용을 넘어서 국가에 의하여 일정 방향으로 유인된 것이라면 특별히 보호가치가 있는 신뢰이익이 인정될 수 있고, 원칙적으로 개인의 신뢰보호가 국가의 법률개정이익에 우선된다고 볼 여지가 있다(헌재 2002.11.28, 2002헌바45).

④ [O] 신법이 피적용자에게 유리한 경우에는 이른바 시혜적인 소급입법이 가능하지만 이를 입법자의 의무라고는 할 수 없고, 그러한 소급입법을 할 것인지의 여부는 입법재량의 문제로서 그 판단은 일차적으로 입법기관에 맡겨져 있으며, 이와 같은 시혜적 조치를 할 것인가 하는 문제는 국민의 권리를 제한하거나 새로운 의무를 부과하는 경우와는 달리 입법자에게 보다 광범위한 입법형성의 자유가 인정된다고 할 것이다(헌재 1995.12.28, 95헌마196).

14 소급입법금지원칙에 대한 설명으로 옳지 않은 것은? (다툼이 있는 경우 판례에 의함)

23. 입법고시

① 소급입법은 신법이 이미 종료된 사실관계에 작용하는지 아니면 현재 진행 중에 있는 사실관계에 작용하는지에 따라 '진정소급입법'과 '부진정소급입법'으로 구분되며, 헌법 제13조 제2항이 금지하고 있는 소급입법은 진정소급효를 가지는 법률만을 의미한다.

② 진정소급입법은 원칙적으로 금지되지만, 법적 상태가 불확실하고 혼란스러웠거나 하여 보호할 만한 신뢰의 이익이 적은 경우와 신뢰보호의 요청에 우선하는 심히 중대한 공익상의 사유가 소급입법을 정당화하는 경우에는 예외적으로 허용될 수 있다.

③ 공무원 퇴직연금의 연금액 조정기준을 '보수월액의 변동'에서 향후 특정시점부터 '전전년도와 대비한 전년도 전국소비자물가변동률'으로 변경하면서, 이를 기존의 퇴직연금수급권자에게도 적용하도록 규정하는 것은 진정소급입법에 해당한다.

④ 우리 헌법이 규정한 형벌불소급의 원칙은 '행위의 가벌성'에 관한 것이기 때문에 소추가능성에만 연관될 뿐이고 가벌성에는 영향을 미치지 않는 공소시효에 관한 규정은 원칙적으로 그 효력범위에 포함되지 않는다.

⑤ 노역장유치는 그 실질이 신체의 자유를 박탈하는 것으로서 징역형과 유사한 형벌적 성격을 가지고 있으므로 형벌불소급원칙의 적용대상이 된다.

해설

③ [×] 그러나 이와 같이 이미 퇴직연금수급권의 기초가 되는 요건사실이 충족되어 성립된 퇴직연금수급권의 내용은 급부의무자의 일회성 이행행위에 의하여 만족되는 것이 아니고 일정기간 계속적으로 이행기가 도래하는 계속적 급부를 목적으로 하는 것인데 이 사건 조정규정 및 이 사건 경과규정은 개정법이 발효되기 이전의 법률관계, 즉 이미 발생하여 이행기에 도달한 퇴직연금수급권의 내용을 변경함이 없이 단지 개정법이 발효된 이후의 법률관계, 즉 장래 이행기가 도래하는 (일정 범위의) 퇴직연금수급권의 내용을 변경함에 불과하므로 이를 헌법 제13조 제2항이 금하고 있는, 진정소급효를 가지는 법률에 해당한다고 할 수 없다(현재 2005.6.30, 2004헌바42).

① [O] 소급입법은 신법이 이미 종료된 사실관계에 작용하는지 아니면 현재 진행 중인 사실관계에 작용하는지에 따라 '진정소급입법'과 '부진정소급입법'으로 구분되고, 전자는 헌법적으로 허용되지 않는 것이 원칙이며 특단의 사정이 있는 경우에만 예외적으로 허용될 수 있는 반면, 후자는 원칙적으로 허용되지만 소급효를 요구하는 공익상의 사유와 신뢰보호의 요청 사이의 교량과정에서 신뢰보호의 관점이 입법자의 형성권에 제한을 가하게 된다(현재 1995.10.26, 94헌바12).

② [O] 진정소급입법이 허용되는 예외적인 경우로는 일반적으로, 국민이 소급입법을 예상할 수 있었거나, 법적 상태가 불확실하고 혼란스러웠거나 하여 보호할 만한 신뢰의 이익이 적은 경우와 소급입법에 의한 당사자의 손실이 없거나 아주 경미한 경우, 그리고 신뢰보호의 요청에 우선하는 심히 중대한 공익상의 사유가 소급입법을 정당화하는 경우를 들 수 있다(현재 1996.2.16, 96헌가2).

④ [O] 형벌불소급의 원칙은 "행위의 가벌성", 즉 형사소추가 "언제부터 어떠한 조건하에서" 가능한가의 문제에 관한 것이고, "얼마동안" 가능한가의 문제에 관한 것은 아니므로, 과거에 이미 행한 범죄에 대하여 공소시효를 정지시키는 법률이라 하더라도 그 사유만으로 헌법 제12조 제1항 및 제13조 제1항에 규정한 죄형법정주의의 파생원칙인 형벌불소급의 원칙에 언제나 위배되는 것으로 단정할 수는 없다(현재 1996.2.16, 96헌가2).

⑤ [O] 노역장유치는 그 실질이 신체의 자유를 박탈하는 것으로서 징역형과 유사한 형벌적 성격을 가지고 있으므로 형벌불소급원칙의 적용대상이 된다(현재 2017.10.26, 2015헌바239).

정답 | 13 ② 14 ③

15 헌법상 기본원리에 관한 설명 중 옳은 것을 모두 고른 것은? (다툼이 있는 경우 판례에 의함) 22. 변호사

> ㉠ 오늘날 문화국가에서의 문화정책은 그 초점이 문화 그 자체에 있는 것이 아니라 문화가 생겨날 수 있는 문화풍토를 조성하는 데 두어야 하므로 국가는 엘리트문화뿐만 아니라 서민문화, 대중문화도 그 가치를 인정하고 정책적인 배려의 대상으로 하여야 한다.
> ㉡ 국회·대통령과 같은 정치적 권력기관은 헌법 규정에 따라 국민으로부터 직선되나, 지방자치기관은 지방자치제의 권력분립적 속성상 중앙정치기관의 구성과는 다소 상이한 방법으로 국민주권·민주주의원리가 구현될 수 있다.
> ㉢ 체계정당성의 원리는 국가권력에 대한 통제와 이를 통한 국민의 자유와 권리의 보장을 이념으로 하는 법치주의의 원리로부터 도출되는데, 이러한 체계정당성 위반은 비례의 원칙이나 평등의 원칙 등 일정한 헌법의 규정이나 원칙을 위반하여야만 비로소 위헌이 된다.
> ㉣ 자기책임의 원리는 인간의 자유와 유책성, 그리고 인간의 존엄성을 진지하게 반영한 원리로서 헌법 제10조의 취지로부터 도출되는 것이지, 법치주의에 내재하는 원리는 아니다.
> ㉤ 정당이 자유민주적 기본질서를 부정하고 이를 적극적으로 제거하려는 경우 중앙선거관리위원회는 그 정당의 등록을 취소할 수 있다.

① ㉠, ㉢
② ㉡, ㉣
③ ㉠, ㉡, ㉢
④ ㉡, ㉣, ㉤
⑤ ㉢, ㉣, ㉤

해설

옳은 것은 ㉠, ㉡, ㉢이다.

㉠ [O] 문화국가원리의 실현과 문화정책문화국가원리는 국가의 문화국가실현에 관한 과제 또는 책임을 통하여 실현되는바, 국가의 문화정책과 밀접 불가분의 관계를 맺고 있다. 과거 국가절대주의사상의 국가관이 지배하던 시대에는 국가의 적극적인 문화간섭정책이 당연한 것으로 여겨졌다. 그러나 오늘날에 와서는 국가가 어떤 문화현상에 대하여도 이를 선호하거나, 우대하는 경향을 보이지 않는 불편부당의 원칙이 가장 바람직한 정책으로 평가받고 있다. 오늘날 문화국가에서의 문화정책은 그 초점이 문화 그 자체에 있는 것이 아니라 문화가 생겨날 수 있는 문화풍토를 조성하는 데 두어야 한다(헌재 2004.5.27, 2003헌가1).

㉡ [O] 헌법상 권력분립의 원리는 지방의회와 지방자치단체의 장 사이에서도 상호견제와 균형의 원리로서 실현되고 있다. 다만 지방자치단체의 장과 지방의회는 정치적 권력기관이긴 하지만 지방자치제도가 본질적으로 훼손되지 않는다면, 중앙·지방간 권력의 수직적 분배라고 하는 지방자치제의 권력분립적 속성상 중앙정부와 국회 사이의 구성 및 관여와는 다른 방법으로 국민주권·민주주의원리가 구현될 수 있다. 따라서 지방의회와 지방자치단체의 장 사이에서의 권력분립제도에 따른 상호견제와 균형은 현재 우리 사회 내 지방자치의 수준과 특성을 감안하여 국민주권·민주주의원리가 최대한 구현될 수 있도록 하는 효율적이고도 발전적인 방식이 되어야 한다(헌재 2014.1.28, 2012헌바216).

㉢ [O] 체계정당성의 원리는 동일 규범 내에서 또는 상이한 규범간에 그 규범의 구조나 내용 또는 규범의 근거가 되는 원칙 면에서 상호 배치되거나 모순되어서는 안 된다는 하나의 헌법적 요청이며, 국가공권력에 대한 통제와 이를 통한 국민의 자유와 권리의 보장을 이념으로 하는 법치주의원리로부터 도출되는데, 이러한 체계정당성 위반은 비례의 원칙이나 평등의 원칙 등 일정한 헌법의 규정이나 원칙을 위반하여야만 비로소 위헌이 되며, 체계정당성의 위반을 정당화할 합리적인 사유의 존재에 대하여는 입법 재량이 인정된다(헌재 2005.6.30, 2004헌바40).

㉣ [×] 헌법 제10조가 정하고 있는 행복추구권에서 파생되는 자기결정권 내지 일반적 행동자유권은 이성적이고 책임감 있는 사람의 자기의 운명에 대한 결정·선택을 존중하되 그에 대한 책임은 스스로 부담함을 전제로 한다. 자기책임의 원리는 이와 같이 자기결정권의 한계논리로서 책임부담의 근거로 기능하는 동시에 자기가 결정하지 않은 것이나 결정할 수 없는 것에 대하여는 책임을 지지 않고 책임부담의 범위도 스스로 결정한 결과 내지 그와 상관관계가 있는 부분에 국한됨을 의미하는 책임의 한정원리로 기능한다. 이러한 자기책임의 원리는 인간의 자유와 유책성, 그리고 인간의 존엄성을 진지하게 반영한 원리로서 그것이 비단 민사법이나 형사법에 국한된 원리라기보다는 근대법의 기본이념으로서 법치주의에 당연히 내재하는 원리로 볼 것이고 헌법 제13조 제3항은 그 한 표현에 해당하는 것으로서 자기책임의 원리에 반하는 제재는 그 자체로서 헌법위반을 구성한다고 할 것이다(헌재 2004.6.24, 2002헌가27).

㉤ [×] 자유민주적 기본질서를 부정하고 이를 적극적으로 제거하려는 조직도, 국민의 정치적 의사형성에 참여하는 한, '정당의 자유'의 보호를 받는 정당에 해당하며, 오로지 헌법재판소가 그의 위헌성을 확인한 경우에만 정당은 정치생활의 영역으로부터 축출될 수 있다(헌재 1999.12.23, 99헌마135).

16 법치국가원리에 관한 설명으로 옳지 않은 것은? (다툼이 있는 경우 헌법재판소 판례에 의함) 22. 소방간부

① 신뢰보호의 원칙은 법치국가원리에 근거를 두고 있는 헌법상의 원칙으로서 특정한 법률에 의하여 발생한 법률관계는 그 법에 따라 파악되고 판단되어야 하고, 과거의 사실관계가 그 뒤에 생긴 새로운 법률의 기준에 따라 판단되지 않는다는 국민의 신뢰를 보호하기 위한 것이다.

② 근대의 입헌적 민주주의 체제는 사회의 공적 자율성에 기한 정치적 의사결정을 추구하는 민주주의 원리와, 국가권력이나 다수의 정치적 의사로부터 개인의 권리, 즉 개인의 사적 자율성을 보호해 줄 수 있는 법치주의 원리라는 두 가지 주요한 원리에 따라 구성되고 운영된다.

③ 자유민주적 법치국가는 모든 국민에게 사상의 자유와 법질서에 대하여 비판할 수 있는 자유를 보장하고 정당한 절차에 의하여 헌법과 법률을 개정할 수 있는 장치를 마련하고 있는 만큼 그에 상응하여 다른 한편으로 국민의 국법질서에 대한 자발적인 참여와 복종을 그 존립의 전제로 하고 있다.

④ '책임 없는 자에게 형벌을 부과할 수 없다.'라는 책임주의는 형사법의 기본원리로서 헌법상 자기책임의 원칙으로부터 도출되는 원리이지 헌법상 법치국가원리로부터 도출되는 것은 아니다.

⑤ 입법자가 형식적 법률로 스스로 규율하여야 하는 사항이 어떤 것인가는 일률적으로 획정할 수 없고, 구체적 사례에서 관련된 이익 내지 가치의 중요성, 규제 내지 침해의 정도와 방법 등을 고려하여 개별적으로 결정할 수 있을 뿐이다.

해설

④ [×] '책임없는 자에게 형벌을 부과할 수 없다'는 형벌에 관한 책임주의는 형사법의 기본원리로서, 헌법상 법치국가의 원리에 내재하는 원리인 동시에, 국민 누구나 인간으로서의 존엄과 가치를 가지고 스스로의 책임에 따라 자신의 행동을 결정할 것을 보장하고 있는 헌법 제10조의 취지로부터 도출되는 원리이다(헌재 2007.11.29, 2005헌가10).

① [O] 신뢰보호원칙은 법치국가원리에 근거를 두고 있는 헌법상 원칙으로서, 특정한 법률에 의하여 발생한 법률관계는 그 법에 따라 파악되고 판단되어야 하고 과거의 사실관계가 그 뒤에 생긴 새로운 법률의 기준에 따라 판단되지 않는다는 국민의 신뢰를 보호하기 위한 것이다(헌재 2012.11.29, 2011헌마786).

② [O] 근대의 입헌적 민주주의 체제는 사회의 공적 자율성에 기한 정치적 의사결정을 추구하는 민주주의 원리와, 국가권력이나 다수의 정치적 의사로부터 개인의 권리, 즉 개인의 사적 자율성을 보호해 줄 수 있는 법치주의 원리라는 두 가지 주요한 원리에 따라 구성되고 운영된다(헌재 2014.12.19, 2013헌다1).

③ [O] 자유민주적 법치국가는 모든 국민에게 사상의 자유와 법질서에 대하여 비판할 수 있는 자유를 보장하고 정당한 절차에 의하여 헌법과 법률을 개정할 수 있는 장치를 마련하고 있는 만큼 그에 상응하여 다른 한편으로 국민의 국법질서에 대한 자발적인 참여와 복종을 그 존립의 전제로 하고 있다(헌재 2002.4.25, 98헌마425).

⑤ [O] 입법자가 형식적 법률로 스스로 규율하여야 하는 사항이 어떤 것인가는 일률적으로 획정할 수 없고 구체적 사례에서 관련된 이익 내지 가치의 중요성, 규제 내지 침해의 정도와 방법 등을 고려하여 개별적으로 결정할 수 있을 뿐이나, 적어도 헌법상 보장된 국민의 자유나 권리를 제한할 때에는 그 제한의 본질적인 사항에 관한 한 입법자가 법률로써 스스로 규율하여야 할 것이다(헌재 2008.2.28, 2006헌바70).

정답 | 15 ③ 16 ④

17 민주주의와 법치주의 원리에 대한 설명으로 옳지 않은 것은? (다툼이 있는 경우 판례에 의함) 22. 입법고시

① 자유민주적 기본질서에 위해를 준다 함은 모든 폭력적 지배와 자의적 지배, 즉 반국가 단체의 일인독재 내지 일당독재를 배제하고 다수의 의사에 의한 국민의 자치, 자유·평등의 기본 원칙에 의한 법치주의적 통치질서의 유지를 어렵게 만드는 것이다.

② 직접민주제는 대의제가 안고 있는 문제점과 한계를 극복하기 위하여 예외적으로 도입된 제도라 할 것이므로 법률에 의하여 직접민주제를 도입하는 경우에는 기본적으로 대의제와 조화를 이루어야 하고, 대의제의 본질적인 요소나 근본적인 취지를 부정하여서는 아니 된다.

③ 법률유보원칙은 국민의 기본권 실현과 관련된 영역에 있어서는 국민의 대표자인 입법자가 그 본질적 사항에 대해서 스스로 결정하여야 한다는 요구까지 내포하고 있다.

④ 기존의 법에 의하여 형성되어 이미 굳어진 개인의 법적 지위를 사후입법을 통하여 박탈하는 것 등을 내용으로 하는 진정소급입법은 개인의 신뢰보호와 법적 안정성을 내용으로 하는 법치국가원리에 의하여 헌법적으로 허용되지 않기 때문에 어떠한 경우라도 허용될 수 없다.

⑤ 기본권을 제한하는 법률을 제정할 때 입법자는 동일 규범 내에서 혹은 당해 기본권을 규율하는 상이한 규범간에 구조나 내용 또는 원칙 면에서 상호 배치되거나 모순되는 입법을 해서는 안 된다는 헌법적 요청을 '체계정당성원리'라 하는데, 그 위반 자체가 바로 위헌은 아니며 평등원칙 위반 내지 입법의 자의금지위반 등 위헌성을 시사하는 하나의 징후에 불과하고, 이것은 법치주의원리로부터 도출되는 것이다.

해설

④ [×] 소급입법은 새로운 입법으로 이미 종료된 사실관계 또는 법률관계에 작용케 하는 진정소급입법과 현재 진행 중인 사실관계 또는 법률관계에 작용케 하는 부진정소급입법으로 나눌 수 있는바, 부진정소급입법은 원칙적으로 허용되지만 소급효를 요구하는 공익상의 사유와 신뢰보호의 요청 사이의 교량과정에서 신뢰보호의 관점이 입법자의 형성권에 제한을 가하게 되는데 반하여, 기존의 법에 의하여 형성되어 이미 굳어진 개인의 법적 지위를 사후입법을 통하여 박탈하는 것 등을 내용으로 하는 진정소급입법은 개인의 신뢰보호와 법적 안정성을 내용으로 하는 법치국가원리에 의하여 특단의 사정이 없는 한 헌법적으로 허용되지 아니하는 것이 원칙이고, 다만 일반적으로 국민이 소급입법을 예상할 수 있었거나 법적 상태가 불확실하고 혼란스러워 보호할 만한 신뢰이익이 적은 경우와 소급입법에 의한 당사자의 손실이 없거나 아주 경미한 경우 그리고 신뢰보호의 요청에 우선하는 심히 중대한 공익상의 사유가 소급입법을 정당화하는 경우 등에는 예외적으로 진정소급입법이 허용된다(헌재 1999.7.22, 97헌바76).

① [O] 자유민주적 기본질서에 위해를 준다 함은 모든 폭력적 지배와 자의적 지배, 즉 반국가단체의 일인독재내지 일당독재를 배제하고 다수의 의사에 의한 국민의 자치, 자유·평등의 기본원칙에 의한 법치주의적 통치질서의 유지를 어렵게 만드는 것으로서 구체적으로는 기본적 인권의 존중, 권력분립, 의회제도, 복수정당제도, 선거제도, 사유재산과 시장경제를 골간으로 한 경제질서 및 사법권의 독립 등 우리의 내부체재를 파괴·변혁시키려는 것이다(헌재 1990.4.2, 89헌가113).

② [O] 근대국가가 대부분 대의제를 채택하고도 후에 이르러 직접민주제적인 요소를 일부 도입한 역사적인 사정에 비추어 볼 때, 직접민주제는 대의제가 안고 있는 문제점과 한계를 극복하기 위하여 예외적으로 도입된 제도라 할 것이므로, 헌법적인 차원에서 직접민주제를 직접 헌법에 규정하는 것은 별론으로 하더라도 법률에 의하여 직접민주제를 도입하는 경우에는 기본적으로 대의제와 조화를 이루어야 하고, 대의제의 본질적인 요소나 근본적인 취지를 부정하여서는 아니된다는 내재적인 한계를 지닌다 할 것이다(헌재 2009.3.26, 2007헌마843).

③ [O] 오늘날 법률유보원칙은 단순히 행정작용이 법률에 근거를 두기만 하면 충분한 것이 아니라, 국가공동체와 그 구성원에게 기본적이고도 중요한 의미를 갖는 영역, 특히 국민의 기본권실현과 관련된 영역에 있어서는 국민의 대표자인 입법자가 그 본질적 사항에 대해서 스스로 결정하여야 한다는 요구까지 내포하고 있다(의회유보원칙)(헌재 1999.5.27, 98헌바70).

⑤ [O] 체계정당성의 원리라는 것은 동일 규범 내에서 또는 상이한 규범간에 그 규범의 구조나 내용 또는 규범의 근거가 되는 원칙 면에서 상호 배치되거나 모순되어서는 아니 된다는 하나의 헌법적 요청이다. 즉, 이는 규범 상호간의 구조와 내용 등이 모순됨이 없이 체계와 균형을 유지하도록 입법자를 기속하는 헌법적 원리라고 볼 수 있다. 이처럼 규범 상호간의 체계정당성을 요구하는 이유는 입법자의 자의를 금지하여 규범의 명확성, 예측가능성 및 규범에 대한 신뢰와 법적 안정성을 확보하기 위한 것이고 이는 국가공권력에 대한 통제와 이를 통한 국민의 자유와 권리의 보장을 이념으로 하는 법치주의원리로부터 도출되는 것이라고 할 수 있다(헌재 2010.6.24, 2007헌바101).

18 신뢰보호의 원칙에 대한 설명으로 적절한 것을 모두 고른 것은? (다툼이 있는 경우 헌법재판소 판례에 의함)

22. 경찰간부

> ㉠ 전부개정된 성폭력범죄의 처벌에 관한 특례법 시행 전에 행하여졌으나 아직 공소시효가 완성되지 아니한 성폭력범죄에 대해서도 공소시효의 정지·배제조항을 적용하는 성폭력범죄의 처벌에 관한 특례법 조항은 신뢰보호원칙에 위반되지 않는다.
> ㉡ 실제 평균임금이 노동부장관이 고시하는 한도금액 이상일 경우 그 한도금액을 실제임금으로 의제하는 최고보상제도가 시행되기 전에 이미 재해를 입고 산재보상수급권이 확정적으로 발생한 경우에도 적용하는 산업재해보상보험법 부칙조항은 신뢰보호원칙에 위반된다.
> ㉢ 상가건물 임차인의 계약갱신요구권 행사기간을 10년으로 연장한 개정법 조항의 시행 이전에 체결되었더라도 개정법 시행 이후 갱신되는 임대차의 경우에 개정법 조항의 연장된 기간을 적용하는 상가건물임대차 보호법 부칙조항은 신뢰보호원칙에 위반된다.
> ㉣ 위법건축물에 대해 이행강제금을 부과하도록 하면서 이행강제금제도 도입 전의 건축물에 대해 이행강제금제도 적용의 예외를 두지 않는 건축법 부칙조항은 신뢰보호원칙에 위반되지 않는다.

① ㉠, ㉡, ㉢
② ㉠, ㉡, ㉣
③ ㉠, ㉢, ㉣
④ ㉡, ㉢, ㉣

해설

적절한 것은 ㉠, ㉡, ㉣이다.

㉠ [O] 형사소송법의 공소시효에 관한 조항이 적용된다는 신뢰는, 제2심판대상조항을 통해 전부개정 법률 시행 전에 행하여졌으나 아직 공소시효가 완성되지 아니한 성폭력범죄에 대해서도 공소시효의 정지·배제 조항을 적용하여 범죄자를 처벌할 수 있도록 함으로써 훼손된 법질서를 회복하고 실체적 정의를 구현하고자 하는 공익에 우선하여 특별히 헌법적으로 보호할 만한 필요성이 있다고 보기 어려우므로, 제2심판대상조항은 신뢰보호원칙에 반한다고 할 수 없다(헌재 2021.6.24, 2018헌바457).

㉡ [O] 심판대상조항은 실제 평균임금이 노동부장관이 고시하는 한도금액 이상일 경우 그 한도금액을 실제임금으로 의제하는 최고보상제도를 2003.1.1.부터 기존 피재근로자인 청구인들에도 적용함으로써, 평균임금에 대한 청구인들의 정당한 법적 신뢰를 심각하고 예상하지 못한 방법으로 제약하여 청구인들에게 불이익을 초래하였다. … 심판대상조항이 달성하려는 공익은 한정된 재원으로 보다 많은 재해근로자와 그 유족들에게 적정한 사회보장적 급여를 실시하고 재해근로자 사이에 보험급여의 형평성을 제고하여 소득재분배의 기능을 수행하는 데 있는 것으로 보인다. 장해급여제도는 본질적으로 소득재분배를 위한 제도가 아니고, 손해배상 내지 손실보상적 급부인 점에 그 본질이 있는 것으로, 산업재해보상보험이 갖는 두 가지 성격 중 사회보장적 급부로서의 성격은 상대적으로 약하고 재산권적인 보호의 필요성은 보다 강하다고 볼 수 있어 다른 사회보험수급권에 비하여 보다 엄격한 보호가 필요하다. 장해급여제도에 사회보장 수급권으로서의 성격도 있는 이상 소득재분배의 도모나 새로운 산재보상사업의 확대를 위한 자금마련의 목적으로 최고보상제를 도입하는 것 자체는 입법자의 결단으로서 형성적 재량권의 범위 내에 있다고 보더라도, 그러한 입법자의 결단은 최고보상제도 시행 이후에 산재를 입는 근로자들부터 적용될 수 있을 뿐, 제도 시행 이전에 이미 재해를 입고 산재보상수급권이 확정적으로 발생한 청구인들에 대하여 그 수급권의 내용을 일시에 급격히 변경하여 가면서까지 적용할 수 있는 것은 아니라고 보아야 할 것이다. 따라서, 심판대상조항은 신뢰보호의 원칙에 위배하여 청구인들의 재산권을 침해하는 것으로서 헌법에 위반된다(헌재 2009.5.28, 2005헌바20).

㉢ [×] 이 사건 부칙조항(=임차인의 계약갱신요구권 행사기간을 10년으로 규정한 '상가건물 임대차보호법' 제10조 제2항을 개정법 시행 후 갱신되는 임대차에 대하여도 적용하도록 규정한 '상가건물 임대차보호법' 부칙 제2조 중 '갱신되는 임대차'에 관한 부분)은 개정법 조항을 개정법 시행 당시 존속 중인 임대차 전반이 아니라, 개정법 시행 후 갱신되는 임대차에 한하여 적용하도록 한정되어 있고, 임차인이 계약갱신요구권을 행사하더라도 임대인은 '상가건물 임대차보호법'에 따라 정당한 사유가 있거나 임차인에게 귀책사유가 있는 경우 갱신거절이 가능하며, 합의하여 임대인이 임차인에게 상당한 보상을 제공한 경우 등에도 마찬가지로 임대인이 임대차계약의 구속에서 벗어날 수 있는 길을 열어두고 있다. 따라서 이 사건 부칙조항이 임차인의 안정적인 영업을 지나치게 보호한 나머지 임대인에게만 일방적으로 가혹한 부담을 준다고 보기는 어렵다. 개정법 조항은 상가건물 임차인의 계약갱신요구권 행사기간을 연장함으로써 상가건물에 대한 임차인의 시설투자비, 권리금 등 비용을 회수할 수 있는 기간을 충실히 보장하기 위한 것인데, 개정법 조항을 개정법 시행 후 새로이 체결되는 임대차에만 적용할 경우 임대인들이 새로운 임대차계약에 이를 미리 반영하여 임대료가 한꺼번에 급등할 수 있고 이는 결과적으로 개정법 조항의 입법취지에도 반하는 것이다. 이에 이 사건 부칙조항은 이러한 부작용을 막고 개정법 조항의 실효성을 확보하기 위해서 개정법 조항 시행 이전에 체결되었더라도 개정법 시행 이후 갱신되는 임대차인 경우 개정법 조항의 연장된 기간을 적용하도록 정한 것이므로, 이와 같은 공익은 긴급하고도 중대하다. 따라서 이 사건 부칙조항은 신뢰보호원칙에 위배되어 임대인의 재산권을 침해한다고 볼 수 없다(헌재 2021.10.28, 2019헌마106).

정답 | 17 ④ 18 ②

㉣ [O] 위법건축물에 대하여 종전처럼 과태료만이 부과될 것이라고 기대한 신뢰는 제도상의 공백에 따른 반사적인 이익에 불과하여 그 보호가치가 그리 크지 않은 데다가, 이미 이행강제금 도입으로 인한 국민의 혼란이나 부담도 많이 줄어든 상태인 반면, 이행강제금제도 도입 전의 위법건축물이라 하더라도 이행강제금을 부과함으로써 위법상태를 치유하여 건축물의 안전, 기능, 미관을 증진하여야 한다는 공익적 필요는 중대하다 할 것이다. 따라서 이 사건 부칙조항은 신뢰보호원칙에 위배된다고 볼 수 없다(헌재 2015.10.21, 2013헌바248).

19 헌법상 기본원리에 대한 설명으로 가장 적절하지 않은 것은? (다툼이 있는 경우 헌법재판소 판례에 의함)

22. 경찰간부

① 국제법적으로 조약은 국제법 주체들이 일정한 법률효과를 발생시키기 위하여 체결한 국제법의 규율을 받는 국제적 합의를 말하며 서면에 의한 경우가 대부분이지만 예외적으로 구두합의도 조약의 성격을 가질 수 있다.

② '중대사고'에 대한 평가를 제외하는 '원자력이용시설 방사선환경영향평가서 작성 등에 관한 규정' 조항은 국민들이 원전과 관련하여 정확하고 공정한 여론을 형성하는 것을 방해하므로 민주주의 원리에 위반된다.

③ 문화국가의 원리는 문화의 개방성 내지 다원성의 표지와 연결되는데, 국가의 문화 육성의 대상에는 원칙적으로 모든 사람에게 문화창조의 기회를 부여한다는 의미에서 모든 문화가 포함되므로 엘리트문화뿐만 아니라 서민문화, 대중문화도 그 가치를 인정하고 정책적인 배려의 대상으로 한다.

④ 규율대상이 기본권적 중요성을 가질수록 그리고 그에 관한 공개적 토론의 필요성 내지 상충하는 이익간 조정의 필요성이 클수록, 그것이 국회의 법률에 의해 직접 규율될 필요성 및 그 규율밀도의 요구 정도는 그만큼 더 증대되는 것으로 보아야 한다.

해설

② [×] 민주주의 원리의 한 내용인 국민주권주의는 모든 국가권력이 국민의 의사에 기초해야 한다는 의미일 뿐 국민이 정치적 의사결정에 관한 모든 정보를 제공받고 직접 참여하여야 한다는 의미는 아니므로, 청구인들의 이 부분 주장 역시 이유 없다(헌재 2016.10.27, 2012헌마121).

▶ 지문의 내용은 청구인들의 주장이었으나, 받아들여지지 않았다.

① [O] 국제법적으로, 조약은 국제법 주체들이 일정한 법률효과를 발생시키기 위하여 체결한 국제법의 규율을 받는 국제적 합의를 말하며 서면에 의한 경우가 대부분이지만 예외적으로 구두합의도 조약의 성격을 가질 수 있다. 국가는 경우에 따라 조약과는 달리 법적 효력 내지 구속력이 없는 합의도 하는데, 이러한 합의는 많은 경우 일정한 공동 목표의 확인이나 원칙의 선언과 같이 구속력을 부여하기에는 너무 추상적이거나 구체성이 없는 내용을 담고 있으며, 대체로 조약체결의 형식적 절차를 거치지 않는다. 이러한 합의도 합의 내용이 상호 준수되리라는 기대하에 체결되므로 합의를 이행하지 않는 국가에 대해 항의나 비판의 근거가 될 수는 있으나, 이는 법적 구속력과는 구분된다(헌재 2019.12.27, 2016헌마253).

③ [O] 오늘날 문화국가에서의 문화정책은 그 초점이 문화 그 자체에 있는 것이 아니라 문화가 생겨날 수 있는 문화풍토를 조성하는 데 두어야 한다. 문화국가원리의 이러한 특성은 문화의 개방성 내지 다원성의 표지와 연결되는데, 국가의 문화육성대상에는 원칙적으로 모든 사람에게 문화창조의 기회를 부여한다는 의미에서 모든 문화가 포함된다. 따라서 엘리트문화뿐만 아니라 서민문화·대중문화도 그 가치를 인정하고 정책적인 배려의 대상으로 하여야 한다(헌재 2004.5.27, 2003헌가1·2004헌가4).

④ [O] 규율대상이 기본권적 중요성을 가질수록 그리고 그에 관한 공개적 토론의 필요성 내지 상충하는 이익간 조정의 필요성이 클수록, 그것이 국회의 법률에 의해 직접 규율될 필요성 및 그 규율밀도의 요구 정도는 그만큼 더 증대되는 것으로 보아야 한다(헌재 2004.3.25, 2001헌마882).

20 신뢰보호원칙에 관한 설명 중 가장 적절하지 않은 것은? (다툼이 있는 경우 판례에 의함)

22. 경찰 2차

① 신뢰보호의 원칙은 법치국가원리에 근거를 두고 있는 헌법상의 원칙으로서 특정한 법률에 의하여 발생한 법률관계는 그 법에 따라 파악되고 판단되어야 하고, 과거의 사실관계가 그 뒤에 생긴 새로운 법률의 기준에 따라 판단되지 않는다는 국민의 신뢰를 보호하기 위한 것이다.

② 구 매장 및 묘지 등에 관한 법률이 장사 등에 관한 법률로 전부개정되면서 그 부칙에서 종전의 법령에 따라 설치된 봉안시설을 신법에 의하여 설치된 봉안시설로 보도록 함으로써 구법에 따라 설치허가를 받은 봉안시설 설치·관리인의 기존의 법상태에 대한 신뢰는 이미 보호되었다고 할 것이므로, 더 나아가 신법 시행 후 추가로 설치되는 부분에 대해서까지 기존의 법상태에 대한 보호가치 있는 신뢰가 있다고 보기 어렵다.

③ 부진정소급입법의 경우 입법권자의 입법형성권보다 당사자가 구법질서에 기대했던 신뢰보호의 견지에서 그리고 법적 안정성을 도모하기 위해 특단의 사정이 없는 한 구법에 의하여 이미 얻은 자격 또는 권리를 새 입법을 하는 마당에 그대로 존중할 의무가 있다고 할 것이나, 진정소급입법의 경우에는 구법질서에 대하여 기대했던 당사자의 신뢰보호보다는 광범위한 입법권자의 입법형성권을 경시해서는 안될 일이므로 특단의 사정이 없는 한 새 입법을 하면서 구법관계 내지 구법상의 기대이익을 존중하여야 할 의무가 발생하지는 않는다.

④ '개성공단의 정상화를 위한 합의서'에는 국내법과 동일한 법적 구속력을 인정하기 어렵고, 과거 사례 등에 비추어 개성공단의 중단 가능성은 충분히 예상할 수 있었으므로, 개성공단 전면중단 조치는 신뢰보호원칙을 위반하여 개성공단 투자기업인 청구인들의 영업의 자유와 재산권을 침해하지 아니한다.

해설

③ [×] 과거의 사실관계 또는 법률관계를 규율하기 위한 소급입법의 태양에는 이미 과거에 완성된 사실 또는 법률관계를 규율의 대상으로 하는 이른바 진정소급효의 입법과 이미 과거에 시작하였으나 아직 완성되지 아니하고 진행과정에 있는 사실 또는 법률관계를 규율의 대상으로 하는 이른바 부진정소급효의 입법을 상정할 수 있다고 할 것이다. 전자(=진정소급입법)의 경우에는 입법권자의 입법형성권보다도 당사자가 구법질서에 기대했던 신뢰보호의 견지에서 그리고 법적 안정성을 도모하기 위해 특단의 사정이 없는 한 구법에 의하여 이미 얻은 자격 또는 권리를 새 입법을 하는 마당에 그대로 존중할 의무가 있다고 할 것이나, 후자(=부진정소급입법)의 경우에는 구법질서에 대하여 기대했던 당사자의 신뢰보호보다는 광범위한 입법권자의 입법형성권을 경시해서는 안될 일이므로 특단의 사정이 없는 한 새 입법을 하면서 구법관계 내지 구법상의 기대이익을 존중하여야 할 의무가 발생하지는 않는다고 할 것이다.

① [O] 신뢰보호의 원칙은 법치국가원리에 근거를 두고 있는 헌법상의 원칙으로서 특정한 법률에 의하여 발생한 법률관계는 그 법에 따라 파악되고 판단되어야 하고 과거의 사실관계가 그 뒤에 생긴 새로운 법률의 기준에 따라 판단되지 않는다는 국민의 신뢰를 보호하기 위한 것이나, 사회환경이나 경제여건의 변화에 따른 정책적인 필요에 의하여 공권력행사의 내용은 신축적으로 바뀔 수밖에 없고 그 바뀐 공권력행사에 의하여 발생된 새로운 법질서와 기존의 법질서와의 사이에는 어느 정도 이해관계의 상충이 불가피하므로, 국민들의 국가의 공권력행사에 관하여 가지는 모든 기대 내지 신뢰가 절대적인 권리로서 보호되는 것은 아니다(헌재 2001.6.28, 2001헌마132).

② [O] 구 매장법이 장사법으로 전부개정되면서 그 부칙 제3조에서 종전의 법령에 따라 설치된 봉안시설을 장사법에 의하여 설치된 봉안시설로 보도록 함으로써 구 매장법에 따라 설치허가를 받은 봉안시설 설치·관리인의 기존의 법상태에 대한 신뢰는 이미 보호되었다. 더 나아가 장사법 시행 후 추가로 설치되는 부분에 대해서까지 기존의 법상태에 대한 보호가치 있는 신뢰가 있다고 보기 어렵다. 따라서 심판대상조항은 신뢰보호원칙에 위반되지 아니한다(헌재 2021.08.31, 2019헌바453).

④ [O] '개성공단의 정상화를 위한 합의서'에는 국내법과 동일한 법적 구속력을 인정하기 어렵고, 과거 사례 등에 비추어 개성공단의 중단 가능성은 충분히 예상할 수 있었으므로, 개성공단 전면중단 조치는 신뢰보호원칙을 위반하여 개성공단 투자기업인 청구인들의 영업의 자유와 재산권을 침해하지 아니한다(헌재 2022.1.27, 2016헌마364).

▶ '개성공단의 정상화를 위한 합의서'는 남북한 당국이 각기 정치적인 책임을 지고 상호간에 성의 있는 이행을 약속한 것이기는 하나, 국회 동의도 이루어지지 않은 것이어서 국내법과 동일한 법적 구속력을 인정하기 어렵다(대판 1999.7.23, 98두14525 ; 헌재 2000.7.20, 98헌바63).

정답 | 19 ② 20 ③

21 법치주의에 관한 설명으로 옳은 것은 모두 몇 개인가? (다툼이 있는 경우 판례에 의함) 23. 경찰 2차

> ㉠ 헌법 제37조 제2항은 기본권제한에 관한 일반적 법률유보 조항이고, 법률유보의 원칙은 '법률에 의한 규율'을 요청하고 있으므로, 기본권 제한에는 법률의 근거가 필요하고 반드시 법률의 형식으로 하여야 한다.
> ㉡ 법률유보원칙은 단순히 행정작용이 법률에 근거를 두기만 하면 충분한 것이 아니라, 국가공동체와 그 구성원에게 기본적이고도 중요한 의미를 갖는 영역, 특히 국민의 기본권실현에 관련된 영역에 있어서는 행정에 맡길 것이 아니라 국민의 대표자인 입법자 스스로 그 본질적 사항에 대해 결정하여야 한다는 요구까지 내포한다.
> ㉢ 체계정당성의 원리는 동일 규범 내에서 또는 상이한 규범간에 그 규범의 구조나 내용 또는 규범의 근거가 되는 원칙면에서 상호 배치되거나 모순되어서는 안 된다는 하나의 헌법적 요청이고, 이러한 체계정당성 위반은 비례의 원칙이나 평등의 원칙 등 일정한 헌법의 규정이나 원칙을 위반하여야만 비로소 위헌이 된다.
> ㉣ 소급입법은 신법이 이미 종료된 사실관계에 작용하는지 아니면 현재 진행중인 사실관계에 작용하는지에 따라 '진정소급입법'과 '부진정소급입법'으로 구분되고, 전자는 헌법적으로 허용되지 않는 것이 원칙이며 특단의 사정이 있는 경우에만 예외적으로 허용될 수 있는 반면, 후자는 원칙적으로 허용되지만 소급효를 요구하는 공익상의 사유와 신뢰보호의 요청 사이의 교량과정에서 신뢰보호의 관점이 입법자의 형성권에 제한을 가하게 된다.

① 1개
② 2개
③ 3개
④ 4개

해설

옳은 것은 3개(㉡, ㉢, ㉣)이다.

㉠ [×] 헌법 제37조 제2항은 "국민의 모든 자유와 권리는 … 법률로써 제한할 수 있으며"라고 하여 법률유보원칙을 규정하고 있다. 여기서 '법률'이란 국회가 제정한 형식적 의미의 법률을 말한다. 입법자는 행정부로 하여금 규율하도록 입법권을 위임할 수 있으므로, 법률에 근거한 행정입법에 의해서도 기본권 제한이 가능하다. 즉 기본권 제한에 관한 법률유보원칙은 '법률에 의한 규율'을 요청하는 것이 아니라 '법률에 근거한 규율'을 요청하는 것이므로, 기본권 제한에는 법률의 근거가 필요할 뿐이고 기본권 제한의 형식이 반드시 법률의 형식일 필요는 없으므로 법규명령, 규칙, 조례 등 실질적 의미의 법률을 통해서도 기본권 제한이 가능하다(헌재 2013.7.25, 2012헌마167).

㉡ [O] 오늘날 법률유보원칙은 단순히 행정작용이 법률에 근거를 두기만 하면 충분한 것이 아니라, 국가공동체와 그 구성원에게 기본적이고도 중요한 의미를 갖는 영역, 특히 국민의 기본권실현에 관련된 영역에 있어서는 행정에 맡길 것이 아니라 국민의 대표자인 입법자 스스로 그 본질적 사항에 대하여 결정하여야 한다는 요구까지 내포하는 것으로 이해하여야 한다(이른바 의회유보원칙)(헌재 1999.5.27, 98헌바70).

㉢ [O] 체계정당성의 원리는 동일 규범 내에서 또는 상이한 규범간에 그 규범의 구조나 내용 또는 규범의 근거가 되는 원칙면에서 상호 배치되거나 모순되어서는 안 된다는 하나의 헌법적 요청이며, 국가공권력에 대한 통제와 이를 통한 국민의 자유와 권리의 보장을 이념으로 하는 법치주의원리로부터 도출되는데, 이러한 체계정당성 위반은 비례의 원칙이나 평등의 원칙 등 일정한 헌법의 규정이나 원칙을 위반하여야만 비로소 위헌이 되며, 체계정당성의 위반을 정당화할 합리적인 사유의 존재에 대하여는 입법 재량이 인정된다(헌재 2004.11.25, 2002헌바66)

㉣ [O] 소급입법은, 신법이 이미 종료된 사실관계에 작용하는지, 아니면 현재 진행 중인 사실관계에 작용하는지에 따라 "진정소급입법"과 "부진정소급입법"으로 구분되고, 전자는 헌법적으로 허용되지 않는 것이 원칙이며, 특단의 사정이 있는 경우에만 예외적으로 허용될 수 있는 반면, 후자는 원칙적으로 허용되지만 소급효를 요구하는 공익상의 사유와 신뢰보호의 요청 사이의 교량과정에서 신뢰보호의 관점이 입법자의 형성권에 제한을 가하게 된다(헌재 2001.4.26, 99헌바55).

22 우리 헌법의 기본원리에 관한 설명으로 가장 적절하지 않은 것은? (다툼이 있는 경우 판례에 의함) 23. 경찰경채

① 진정소급입법은 원칙적으로 허용되지만 소급효를 요구하는 공익상의 사유와 신뢰보호의 요청 사이의 교량과정에서 신뢰보호의 관점이 입법자의 형성권에 제한을 가하게 된다.

② 위헌정당해산심판사유 중에서 민주적 기본질서의 '위배'란, 민주적 기본질서에 대한 단순한 위반이나 저촉을 의미하는 것이 아니라, 민주사회의 불가결한 요소인 정당의 존립을 제약해야 할 만큼 그 정당의 목적이나 활동이 우리 사회의 민주적 기본질서에 대하여 실질적인 해악을 끼칠 수 있는 구체적 위험성을 초래하는 경우를 가리킨다.

③ 오늘날 문화국가에서의 문화정책은 그 초점이 문화 그 자체에 있는 것이 아니라 문화가 생겨날 수 있는 문화풍토를 조성하는 데 두어야 한다.

④ 자유민주적 기본질서 및 시장경제원리는 헌법의 지배원리로서 모든 법령의 해석기준이 된다.

해설

① [×] 소급입법은 새로운 입법으로 이미 종료된 사실관계 또는 법률관계에 작용하도록 하는 진정소급입법과 현재 진행중인 사실관계 또는 법률관계에 작용하도록 하는 부진정소급입법으로 나눌 수 있는바, 부진정소급입법은 원칙적으로 허용되지만 소급효를 요구하는 공익상의 사유와 신뢰보호의 요청 사이의 교량과정에서 신뢰보호의 관점이 입법자의 형성권에 제한을 가하게 되는 데 반하여, 진정소급입법은 개인의 신뢰보호와 법적 안정성을 내용으로 하는 법치국가원리에 의하여 특단의 사정이 없는 한 헌법적으로 허용되지 아니하는 것이 원칙이나 예외적으로 국민이 소급입법을 예상할 수 있었거나, 법적 상태가 불확실하고 혼란스러웠거나 하여 보호할 만한 신뢰의 이익이 적은 경우와 소급입법에 의한 당사자의 손실이 없거나 아주 경미한 경우, 그리고 신뢰보호의 요청에 우선하는 심히 중대한 공익상의 사유가 소급입법을 정당화하는 경우에는 허용될 수 있다(헌재 2011.3.31, 2008헌바141등).

② [O] 헌법 제8조 제4항은 정당해산심판의 사유를 "정당의 목적이나 활동이 민주적 기본질서에 위배될 때"로 규정하고 있는데, 여기서 말하는 민주적 기본질서의 '위배'란, 민주적 기본질서에 대한 단순한 위반이나 저촉을 의미하는 것이 아니라, 민주사회의 불가결한 요소인 정당의 존립을 제약해야 할 만큼 그 정당의 목적이나 활동이 우리 사회의 민주적 기본질서에 대하여 실질적인 해악을 끼칠 수 있는 구체적 위험성을 초래하는 경우를 가리킨다(헌재 2014.12.19, 2013헌다1).

③ [O] 오늘날 문화국가에서의 문화정책은 그 초점이 문화 그 자체에 있는 것이 아니라 문화가 생겨날 수 있는 문화풍토를 조성하는 데 두어야 한다. 문화국가원리의 이러한 특성은 문화의 개방성 내지 다원성의 표지와 연결되는데, 국가의 문화육성의 대상에는 원칙적으로 모든 사람에게 문화창조의 기회를 부여한다는 의미에서 모든 문화가 포함된다. 따라서 엘리트문화뿐만 아니라 서민문화, 대중문화도 그 가치를 인정하고 정책적인 배려의 대상으로 하여야 한다(헌재 2004.5.27, 2003헌가1 등).

④ [O] 우리 국민들의 정치적 결단인 자유민주적 기본질서 및 시장경제원리에 대한 깊은 신념과 준엄한 원칙은 현재뿐 아니라 과거와 미래를 통틀어 일관되게 우리 헌법을 관류하는 지배원리로서 모든 법령의 해석기준이 되므로 이 법의 해석 및 적용도 이러한 틀 안에서 이루어져야 할 것이다(헌재 2001.9.27, 2000헌마238 등).

정답 | 21 ③ 22 ①

23 신뢰보호원칙에 관한 설명으로 가장 적절한 것은? (다툼이 있는 경우 판례에 의함) 24. 경찰 1차

① 법률에 따른 개인의 행위가 단지 법률이 반사적으로 부여하는 기회의 활용을 넘어서 국가에 의하여 일정 방향으로 유인된 것이라면, 원칙적으로 국가의 법률개정이익이 개인의 신뢰보호에 우선된다고 볼 여지가 있다.

② 산업재해보상보험법 개정을 통하여 최고보상제도를 신설하고, 개정법 시행 전에 장해사유가 발생하여 이미 장해보상연금을 수령하고 있던 수급권자에게도 감액된 보상연금을 지급하도록 하더라도, 2년 6개월의 경과기간 동안 구법을 적용한 후 일률적이고 전면적으로 최고보상제도를 적용하도록 하였다면 신뢰보호원칙에 위배되지 않는다.

③ 헌법상 법치국가원리의 파생원칙인 신뢰보호의 원칙은 국민이 법률적 규율이 장래에도 지속할 것이라는 합리적인 신뢰를 바탕으로 이에 적응하여 개인의 법적 지위를 형성해 왔을 때에는 국가로 하여금 그와 같은 국민의 신뢰를 되도록 보호할 것을 요구하는 것으로, 법률이나 그 하위법규에 적용되는 것이지 국가관리의 입시제도와 같은 제도운영지침의 개폐에 적용되는 것은 아니다.

④ 조세법의 영역에 있어서는 특별한 사정이 없는 한 현재의 세법이 변함없이 유지되리라는 납세자의 기대나 신뢰는 보호될 수 없다.

해설

④ [O] 조세법의 영역에 있어서는 국가가 조세·재정정책을 탄력적·합리적으로 운용할 필요성이 매우 큰 만큼, 조세에 관한 법규·제도는 신축적으로 변할 수밖에 없다는 점에서 납세의무자로서는 구법질서에 의거한 신뢰를 바탕으로 적극적으로 새로운 법률관계를 형성하였다든지 하는 특별한 사정이 없는 한 원칙적으로 세율 등 현재의 세법이 변함없이 유지되리라고 기대하거나 신뢰할 수는 없다(헌재 2002.2.28, 99헌바4).

① [×] 개인의 신뢰이익에 대한 보호가치는 법령에 따른 개인의 행위가 국가에 의하여 일정방향으로 유인된 신뢰의 행사인지, 아니면 단지 법률이 부여한 기회를 활용한 것으로서 원칙적으로 사적 위험부담의 범위에 속하는 것인지 여부에 따라 달라진다. 만일 법률에 따른 개인의 행위가 단지 법률이 반사적으로 부여하는 기회의 활용을 넘어서 국가에 의하여 일정 방향으로 유인된 것이라면 특별히 보호가치가 있는 신뢰이익이 인정될 수 있고, 원칙적으로 개인의 신뢰보호가 국가의 법률개정이익에 우선된다고 볼 여지가 있다(헌재 2002.11.28, 2002헌바45).

② [×] 장해급여제도에 사회보장 수급권으로서의 성격도 있는 이상 소득재분배의 도모나 새로운 산재보상사업의 확대를 위한 자금마련의 목적으로 최고보상제를 도입하는 것 자체는 입법자의 결단으로서 형성적 재량권의 범위 내에 있다고 보더라도, 그러한 입법자의 결단은 최고보상제도 시행 이후에 산재를 입는 근로자들부터 적용될 수 있을 뿐, 제도 시행 이전에 이미 재해를 입고 산재보상수급권이 확정적으로 발생한 청구인들에 대하여 그 수급권의 내용을 일시에 급격히 변경하여 가면서까지 적용할 수 있는 것은 아니라고 보아야 할 것이다. 따라서, 심판대상조항은 신뢰보호의 원칙에 위배하여 청구인들의 재산권을 침해하는 것으로서 헌법에 위반된다(헌재 2009.5.28, 2005헌바20 등).

③ [×] 헌법상의 법치국가원리의 파생원칙인 신뢰보호의 원칙은 국민이 법률적 규율이나 제도가 장래에도 지속할 것이라는 합리적인 신뢰를 바탕으로 이에 적응하여 개인의 법적 지위를 형성해 왔을 때에는 국가로 하여금 그와 같은 국민의 신뢰를 되도록 보호할 것을 요구한다. … 이 원칙은 법률이나 그 하위법규뿐만 아니라 국가관리의 입시제도와 같이 국·공립대학의 입시전형을 구속하여 국민의 권리에 직접 영향을 미치는 제도운영지침의 개폐에도 적용되는 것이다(헌재 1997.7.16, 97헌마38).

24 신뢰보호의 원칙에 대한 설명으로 옳지 않은 것은? (다툼이 있는 경우 판례에 의함)

22. 지방직 7급

① 입법자가 반복하여 음주운전을 하는 자를 총포소지허가의 결격사유로 규제하지 않을 것이라는 데 대한 신뢰가 보호가치 있는 신뢰라고 보기 어렵다.

② 무기징역의 집행 중에 있는 자의 가석방 요건을 종전의 '10년 이상'에서 '20년 이상' 형 집행 경과로 강화한 개정 형법 조항을 형법 개정 당시에 이미 수용 중인 사람에게도 적용하는 형법 부칙 규정은 신뢰보호원칙에 위배되지 아니한다.

③ 부진정소급입법은 원칙적으로 허용되지만 소급효를 요구하는 공익상의 사유와 신뢰보호의 요청 사이의 교량과정에서 신뢰보호의 관점이 입법자의 형성권에 제한을 가하게 된다.

④ 위법건축물에 대하여 이행강제금을 부과하도록 하면서 이행강제금제도 도입 전의 위법건축물에 대하여도 적용의 예외를 두지 아니한 건축법(2008.3.21. 법률 제8974호) 부칙 규정은 신뢰보호의 원칙에 위반된다.

해설

④ [×] 위법건축물에 대하여 종전처럼 과태료만이 부과될 것이라고 기대한 신뢰는 제도상의 공백에 따른 반사적인 이익에 불과하여 그 보호가치가 그리 크지 않은 데다가, 이미 이행강제금 도입으로 인한 국민의 혼란이나 부담도 많이 줄어든 상태인 반면, 이행강제금제도 도입 전의 위법건축물이라 하더라도 이행강제금을 부과함으로써 위법상태를 치유하여 건축물의 안전, 기능, 미관을 증진하여야 한다는 공익적 필요는 중대하다 할 것이다. 따라서 이 사건 부칙조항은 신뢰보호원칙에 위배된다고 볼 수 없다(헌재 2015.10.21, 2013헌바248).

① [O] 총포의 소지는 원칙적으로 금지되고 예외적으로 허가되는 것이므로, 그 결격사유 또한 새로이 규정, 시행될 수 있다. 따라서 이에 대한 청구인의 신뢰는 보호가치 있는 신뢰라고 보기 어려운 반면, 총기 안전사고를 예방하여 공공의 안전을 확보하는 것은 가능한 조속히 달성해야 하는 것으로서 그 공익적 가치가 중대하다. 심판대상조항은 신뢰보호원칙에 반하여 직업의 자유 및 일반적 행동의 자유를 침해한다고 할 수 없다(헌재 2018.4.26, 2017헌바341).

② [O] 수형자가 형법에 규정된 형 집행경과기간 요건을 갖춘 것만으로 가석방을 요구할 권리를 취득하는 것은 아니므로, 10년간 수용되어 있으면 가석방 적격심사 대상자로 선정될 수 있었던 구 형법 제72조 제1항에 대한 청구인의 신뢰를 헌법상 권리로 보호할 필요성이 있다고 할 수 없다. … 그렇다면 죄질이 더 무거운 무기징역형을 선고받은 수형자를 가석방할 수 있는 형 집행 경과기간이 개정 형법 시행 후에 유기징역형을 선고받은 수형자의 경우와 같거나 오히려 더 짧게 되는 불합리한 결과를 방지하고, 사회를 방위하기 위한 이 사건 부칙조항이 신뢰보호원칙에 위배되어 청구인의 신체의 자유를 침해한다고 볼 수 없다(헌재 2013.8.29, 2011헌마408).

③ [O] 새로운 입법으로 이미 종료된 사실관계에 작용케 하는 진정소급입법은 헌법적으로 허용되지 않는 것이 원칙이며 특단의 사정이 있는 경우에만 예외적으로 허용될 수 있는 반면, 현재 진행 중인 사실관계에 작용케 하는 부진정소급입법은 원칙적으로 허용되지만 소급효를 요구하는 공익상의 사유와 신뢰보호의 요청 사이의 교량과정에서 신뢰보호의 관점이 입법자의 형성권에 제한을 가하게 된다(헌재 1998.11.26, 97헌바58).

정답 | 23 ④ 24 ④

25 법치국가원리에 대한 설명으로 옳지 않은 것은? (다툼이 있는 경우 판례에 의함) 22. 지방직 7급

① 오늘날 법률유보원칙은 국가공동체와 그 구성원에게 기본적이고도 중요한 의미를 갖는 영역, 특히 국민의 기본권 실현과 관련된 영역에 있어서는 국민의 대표자인 입법자가 그 본질적 사항에 대해서 스스로 결정하여야 한다는 요구까지 내포하고 있다.

② 죄형법정주의란 무엇이 범죄이며 그에 대한 형벌이 어떠한 것인가를 반드시 국민의 대표로 구성된 입법부가 제정한 법률로써 정하여야 한다는 원칙을 말하므로, 형사처벌요건을 입법부가 행정부에서 제정한 명령이나 규칙에 위임하는 것은 허용되지 않는다.

③ 법률이 구체적인 사항을 대통령령에 위임하고 있고, 그 대통령령에 규정되거나 제외된 부분의 위헌성이 문제되는 경우, 헌법의 근본원리인 권력분립주의와 의회주의 내지 법치주의의 원리상, 법률조항의 위임에 따라 대통령령으로 규정한 내용이 헌법에 위반될 경우라도 그로 인하여 정당하고 적법하게 입법권을 위임한 수권법률조항까지도 위헌으로 되는 것은 아니다.

④ 자기책임원리는 인간의 자유와 유책성, 그리고 인간의 존엄성을 진지하게 반영한 원리로 민사법이나 형사법에 국한된 원리라기보다는 근대법의 기본이념으로서 법치주의에 당연히 내재하는 원리이다.

해설

② [×] 죄형법정주의란 자유주의, 권력분립, 법치주의 및 국민주권의 원리에 입각한 것으로서, 무엇이 범죄이며 그에 대한 형벌이 어떠한 것인가를 반드시 국민의 대표로 구성된 입법부가 제정한 법률로써 정하여야 한다는 원칙을 말한다. 하지만 현대국가의 사회적 기능이 증대되고 사회현상이 복잡·다양화됨에 따라 모든 형사처벌요건을 입법부가 제정한 법률만으로 다 정할 수는 없기 때문에 합리적인 이유가 있으면 예외적으로 행정부에서 제정한 명령이나 규칙에 위임하는 것이 허용된다(헌재 2014.2.27, 2013헌바106).

① [O] 오늘날 법률유보원칙은 단순히 행정작용이 법률에 근거를 두기만 하면 충분한 것이 아니라, 국가공동체와 그 구성원에게 기본적이고도 중요한 의미를 갖는 영역, 특히 국민의 기본권실현에 관련된 영역에 있어서는 행정에 맡길 것이 아니라 국민의 대표자인 입법자 스스로 그 본질적 사항에 대하여 결정하여야 한다는 요구까지 내포하는 것으로 이해하여야 한다(이른바 의회유보원칙)(헌재 1999.5.27, 98헌바70).

③ [O] 법률이 구체적인 사항을 대통령령에 위임하고 있고, 그 대통령령에 규정되거나 제외된 부분의 위헌성이 문제되는 경우, 헌법의 근본원리인 권력분립주의와 의회주의 내지 법치주의의 원리상, 법률조항의 위임에 따라 대통령령으로 규정한 내용이 헌법에 위반될 경우라도 그 대통령령의 규정이 위헌으로 되는 것은 별론으로 하고, 그로 인하여 정당하고 적법하게 입법권을 위임한 수권법률조항까지 위헌으로 되는 것은 아니라고 할 것이다(헌재 2019.2.28, 2017헌바245).

④ [O] 자기책임의 원리는 인간의 자유와 유책성, 그리고 인간의 존엄성을 진지하게 반영한 원리로서 그것이 비단 민사법이나 형사법에 국한된 원리라기보다는 근대법의 기본이념으로서 법치주의에 당연히 내재하는 원리로 볼 것이고 헌법 제13조 제3항은 그 한 표현에 해당하는 것으로서 자기책임의 원리에 반하는 제재는 그 자체로서 헌법위반을 구성한다고 할 것이다(헌재 2004.6.24, 2002헌가27).

■ 문화국가원리

01 다음 문화국가원리에 관한 설명 중 가장 옳은 것은? (다툼이 있는 경우 판례에 의함) 24. 해경

① 헌법 제9조의 규정취지와 민족문화유산의 본질에 비추어 볼 때, 국가가 민족문화유산을 보호하고자 하는 경우 이에 관한 헌법적 보호법익은 '민족문화유산의 존속' 그 자체를 보장하는 것에 그치지 않고, 민족문화유산의 훼손 등에 관한 가치보상이 있는지 여부도 이러한 헌법적 보호법익과 직접적인 관련이 있다.

② 국가는 학교교육에 관한 한, 교육제도의 형성에 관한 폭넓은 권한을 가지고 있지만, 학교교육 밖의 사적인 교육영역에서는 원칙적으로 부모의 자녀교육권이 우위를 차지하고, 국가 또한 헌법이 지향하는 문화국가이념에 비추어, 학교교육과 같은 제도교육 외에 사적인 교육의 영역에서도 사인의 교육을 지원하고 장려해야 할 의무가 있으므로 사적인 교육영역에 대한 국가의 규율권한에는 한계가 있다.

③ 문화국가원리는 국가의 문화정책과 밀접 불가분의 관계를 맺고 있는바, 오늘날 문화국가에서의 문화정책은 문화풍토의 조성이 아니라 문화 그 자체에 초점을 두어야 한다.

④ 대학 부근 학교환경위생정화구역 내에서의 극장 시설 및 영업을 금지하는 것은 유해환경을 방지하고 학생들에게 평온하고 건강한 환경을 마련해 주기 위한 것으로서 대학생의 자유로운 문화향유에 관한 권리 등 행복추구권을 침해한다고 볼 수 없다.

해설

② [O] 국가는 학교교육에 관한 한, 교육제도의 형성에 관한 폭넓은 권한을 가지고 있지만, 학교교육 밖의 사적인 교육영역에서는 원칙적으로 부모의 자녀교육권이 우위를 차지하고, 국가 또한 헌법이 지향하는 문화국가이념에 비추어, 학교교육과 같은 제도교육 외에 사적인 교육의 영역에서도 사인의 교육을 지원하고 장려해야 할 의무가 있으므로 사적인 교육영역에 대한 국가의 규율권한에는 한계가 있다(헌재 2009.10.29, 2008헌마635).

① [×] 헌법 제9조의 규정취지와 민족문화유산의 본질에 비추어 볼 때, 국가가 민족문화유산을 보호하고자 하는 경우 이에 관한 헌법적 보호법익은 '민족문화유산의 존속' 그 자체를 보장하는 것이고, 원칙적으로 민족문화유산의 훼손등에 관한 가치보상이 있는지 여부는 이러한 헌법적 보호법익과 직접적인 관련이 없다(헌재 2003.1.30, 2001헌바64).

③ [×] 문화국가원리는 국가의 문화국가실현에 관한 과제 또는 책임을 통하여 실현되는바, 국가의 문화정책과 밀접 불가분의 관계를 맺고 있다. 과거 국가절대주의사상의 국가관이 지배하던 시대에는 국가의 적극적인 문화간섭정책이 당연한 것으로 여겨졌다. 그러나 오늘날에 와서는 국가가 어떤 문화현상에 대하여도 이를 선호하거나, 우대하는 경향을 보이지 않는 불편부당의 원칙이 가장 바람직한 정책으로 평가받고 있다. 오늘날 문화국가에서의 문화정책은 그 초점이 문화 그 자체에 있는 것이 아니라 문화가 생겨날 수 있는 문화풍토를 조성하는 데 두어야 한다(헌재 2004.5.27, 2003헌가1 등).

④ [×] 오늘날 영화 및 공연을 중심으로 하는 문화산업은 높은 부가가치를 실현하는 첨단산업으로서의 의미를 가지고 있다. 따라서 직업교육이 날로 강조되는 대학교육에 있어서 문화에의 손쉬운 접근가능성은 중요한 기본권으로서의 의미를 갖게 된다. 이 사건 법률조항은 대학생의 자유로운 문화향유에 관한 권리 등 행복추구권을 침해하고 있다(헌재 2004.5.27, 2003헌가1 등).

정답 | 25 ② 01 ②

02 문화국가원리에 대한 설명으로 옳지 않은 것은? (다툼이 있는 경우 판례에 의함) 22. 5급 공채

① 우리 헌법상 문화국가원리는 견해와 사상의 다양성을 그 본질로 하며, 이를 실현하는 국가의 문화정책은 불편부당의 원칙에 따라야 하는바, 모든 국민은 정치적 견해 등에 관계없이 문화 표현과 활동에서 차별을 받지 않아야 한다.

② 국가의 문화육성의 대상에는 원칙적으로 모든 사람에게 문화창조의 기회를 부여한다는 의미에서 모든 문화가 포함되므로 엘리트문화뿐만 아니라 서민문화, 대중문화도 그 가치를 인정하고 정책적인 배려의 대상으로 하여야 한다.

③ 헌법은 문화국가를 실현하기 위하여 보장되어야 할 정신적 기본권으로 양심과 사상의 자유, 종교의 자유, 언론·출판의 자유, 학문과 예술의 자유 등을 규정하고 있는바, 이들 기본권은 견해와 사상의 다양성을 그 본질로 하는 문화국가원리의 불가결의 조건이라고 할 것이다.

④ 오늘날 문화국가에서의 문화정책은 문화가 생겨날 수 있는 문화풍토를 조성하는 것이 아니라 문화 그 자체에 초점을 두어야 한다.

해설

④ [×] 오늘날 문화국가에서의 문화정책은 그 초점이 문화 그 자체에 있는 것이 아니라 문화가 생겨날 수 있는 문화풍토를 조성하는 데 두어야 한다(헌재 2004.5.27, 2003헌가).

① [O] 문화국가원리는 국가의 문화국가 실현에 관한 과제 또는 책임을 통하여 실현되는바, 국가의 문화정책과 밀접불가분의 관계를 맺고 있다. 과거 국가절대주의사상의 국가관이 지배하던 시대에는 국가의 적극적인 문화간섭정책이 당연한 것으로 여겨졌다. 그러나 오늘날에 와서는 국가가 어떤 문화현상에 대하여도 이를 선호하거나, 우대하는 경향을 보이지 않는 불편부당의 원칙이 가장 바람직한 정책으로 평가받고 있다(헌재 2004.5.27, 2003헌가1·2004헌가4).

② [O] 국가의 문화육성대상에는 원칙적으로 모든 사람에게 문화창조의 기회를 부여한다는 의미에서 모든 문화가 포함된다. 따라서 엘리트문화뿐만 아니라 서민문화·대중문화도 그 가치를 인정하고 정책적인 배려의 대상으로 하여야 한다(헌재 2004.5.27, 2003헌가1·2004헌가4).

③ [O] 헌법은 문화국가를 실현하기 위하여 보장되어야 할 정신적 기본권으로 양심과 사상의 자유, 종교의 자유, 언론·출판의 자유, 학문과 예술의 자유 등을 규정하고 있는바, 개별성·고유성·다양성으로 표현되는 문화는 사회의 자율영역을 바탕으로 한다고 할 것이고, 이들 기본권은 견해와 사상의 다양성을 그 본질로 하는 문화국가원리의 불가결의 조건이라고 할 것이다(헌재 2004.5.27, 2003헌가).

03 문화국가원리에 관한 설명 중 가장 적절하지 않은 것은? (다툼이 있는 경우 판례에 의함) 22. 경찰 2차

① 우리 헌법상 문화국가원리는 견해와 사상의 다양성을 그 본질로 하며, 이를 실현하는 국가의 문화정책은 불편부당의 원칙에 따라야 한다.

② 문화창달을 위하여 문화예술 공연관람자 등에게 예술감상에 의한 정신적 풍요의 대가로 문화예술진흥기금을 납입하게 하는 것은 헌법의 문화국가이념에 반하는 것이 아니다.

③ 국가의 문화육성의 대상에는 원칙적으로 모든 사람에게 문화창조의 기회를 부여한다는 의미에서 모든 문화가 포함되므로, 엘리트문화, 서민문화, 대중문화 모두 그 가치가 인정되고 정책적인 배려의 대상이 되어야 한다.

④ 고액 과외교습을 방지하기 위하여 모든 학생으로 하여금 오로지 학원에서만 사적으로 배울 수 있도록 규율한다는 것은 개성과 창의성, 다양성을 지향하는 문화국가원리에 위반된다.

해설

② [×] 공연 등을 보는 국민이 예술적 감상의 기회를 가진다고 하여 이것을 집단적 효용성으로 평가하는 것도 무리이다. 공연관람자 등이 예술감상에 의한 정신적 풍요를 느낀다면 그것은 헌법상의 문화국가원리에 따라 국가가 적극 장려할 일이지, 이것을 일정한 집단에 의한 수익으로 인정하여 그들에게 경제적 부담을 지우는 것은 헌법의 문화국가이념(제9조)에 역행하는 것이다(헌재 2003.12.18, 2002헌가2).

▶ 영화관 관람객이 입장권 가액의 100분의3을 부과금으로 부담하도록 하고 영화관 경영자는 이를 징수하여 영화진흥위원회에 납부하도록 강제하는 영화상영관 입장권 부과금 제도는 영화관 관람객의 재산권 및 영화관 경영자의 직업수행의 자유를 침해하지 아니한다. 그리고 영화관 관람객은 영화의 본래적·전형적 소비자라는 점에서 이들의 평등권도 침해하지 않는다(헌재 2008.11.27, 2007헌마860).

① [O] 문화국가원리의 실현과 문화정책문화국가원리는 국가의 문화국가실현에 관한 과제 또는 책임을 통하여 실현되는바, 국가의 문화정책과 밀접 불가분의 관계를 맺고 있다. 과거 국가절대주의사상의 국가관이 지배하던 시대에는 국가의 적극적인 문화간섭정책이 당연한 것으로 여겨졌다. 그러나 오늘날에 와서는 국가가 어떤 문화현상에 대하여도 이를 선호하거나, 우대하는 경향을 보이지 않는 불편부당의 원칙이 가장 바람직한 정책으로 평가받고 있다. 오늘날 문화국가에서의 문화정책은 그 초점이 문화 그 자체에 있는 것이 아니라 문화가 생겨날 수 있는 문화풍토를 조성하는 데 두어야 한다(헌재 2004.5.27, 2003헌가1).

③ [O] 오늘날 문화국가에서의 문화정책은 그 초점이 문화 그 자체에 있는 것이 아니라 문화가 생겨날 수 있는 문화풍토를 조성하는 데 두어야 한다. 문화국가원리의 이러한 특성은 문화의 개방성 내지 다원성의 표지와 연결되는데, 국가의 문화육성의 대상에는 원칙적으로 모든 사람에게 문화창조의 기회를 부여한다는 의미에서 모든 문화가 포함된다. 따라서 엘리트문화뿐만 아니라 서민문화, 대중문화도 그 가치를 인정하고 정책적인 배려의 대상으로 하여야 한다(헌재 2004.10.28, 2003헌가18).

④ [O] 단지 일부 지나친 고액과외교습을 방지하기 위하여 모든 학생으로 하여금 오로지 학원에서만 사적으로 배울 수 있도록 규율(개인적인 과외교습을 금지)한다는 것은 어디에도 그 예를 찾아볼 수 없는 것일 뿐만 아니라 자기결정과 자기책임을 생활의 기본원칙으로 하는 헌법의 인간상이나 개성과 창의성, 다양성을 지향하는 문화국가원리에도 위반되는 것이다(헌재 2000.4.27, 98헌가16).

04 문화국가원리에 대한 설명으로 가장 적절하지 않은 것은? (다툼이 있는 경우 헌법재판소 판례에 의함)

23. 경찰간부

① 우리나라는 건국헌법 이래 문화국가의 원리를 헌법의 기본원리로 채택하고 있다.

② 헌법은 문화국가를 실현하기 위하여 보장되어야 할 정신적 기본권으로 양심과 사상의 자유, 종교의 자유, 언론·출판의 자유, 학문과 예술의 자유 등을 규정하고 있는바, 이들 기본권은 문화국가원리의 불가결의 조건이다.

③ 국가의 문화육성의 대상에는 원칙적으로 모든 사람에게 문화창조의 기회를 부여한다는 의미에서 엘리트문화뿐만 아니라 서민문화, 대중문화도 포함하여야 한다.

④ 문화는 사회의 자율영역을 바탕으로 하지만, 이를 근거로 혼인과 가족의 보호가 헌법이 지향하는 자유민주적 문화국가의 필수적인 전제조건이라 하기는 어렵다.

해설

④ [×] 혼인과 가족의 보호는 헌법이 지향하는 자유민주적 문화국가의 필수적인 전제조건이다. 개별성·고유성·다양성으로 표현되는 문화는 사회의 자율영역을 바탕으로 하고, 사회의 자율영역은 무엇보다도 바로 가정으로부터 출발하기 때문이다(헌재 2000.4.27, 98헌가16).

① [O] 우리나라는 건국헌법 이래 문화국가의 원리를 헌법의 기본원리로 채택하고 있다. 우리 현행 헌법은 전문에서 "문화의 … 영역에 있어서 각인의 기회를 균등히" 할 것을 선언하고 있을 뿐 아니라, 국가에게 전통문화의 계승 발전과 민족문화의 창달을 위하여 노력할 의무를 지우고 있다(제9조)(헌재 2004.5.27, 2003헌가1).

헌법 제9조 국가는 전통문화의 계승·발전과 민족문화의 창달에 노력하여야 한다.

② [O] 헌법은 문화국가를 실현하기 위하여 보장되어야 할 정신적 기본권으로 양심과 사상의 자유, 종교의 자유, 언론·출판의 자유, 학문과 예술의 자유 등을 규정하고 있는바, 개별성·고유성·다양성으로 표현되는 문화는 사회의 자율영역을 바탕으로 한다고 할 것이고, 이들 기본권은 견해와 사상의 다양성을 그 본질로 하는 문화국가원리의 불가결의 조건이라고 할 것이다(헌재 2004.5.27, 2003헌가1).

③ [O] 국가의 문화육성의 대상에는 원칙적으로 모든 사람에게 문화창조의 기회를 부여한다는 의미에서 모든 문화가 포함된다. 따라서 엘리트문화뿐만 아니라 서민문화, 대중문화도 그 가치를 인정하고 정책적인 배려의 대상으로 하여야 한다(헌재 2004.5.27, 2003헌가1).

정답 | 02 ④ 03 ② 04 ④

제4절 | 한국헌법의 기본질서

■ 경제질서

01 헌법상 경제질서에 대한 설명으로 옳지 않은 것은? (다툼이 있는 경우 판례에 의함) 25. 입법고시

① 대한민국의 경제질서는 개인과 기업의 경제상의 자유와 창의를 존중함을 기본으로 한다.

② 국가는 균형있는 국민경제의 성장 및 안정과 적정한 소득의 분배를 유지하고, 시장의 지배와 경제력의 남용을 방지하며, 경제주체 간의 조화를 통한 경제의 민주화를 위하여 경제에 관한 규제와 조정을 할 수 있다.

③ 헌법 제119조는 헌법상 경제질서에 관한 일반조항으로서 국가의 경제정책에 대한 헌법적 지침을 제시하며 독자적인 위헌심사의 기준이 될 수 있다.

④ 광물 기타 중요한 지하자원·수산자원·수력과 경제상 이용할 수 있는 자연력은 법률이 정하는 바에 의하여 일정한 기간 그 채취·개발 또는 이용을 특허할 수 있다.

⑤ 국가는 국민 모두의 생산 및 생활의 기반이 되는 국토의 효율적이고 균형있는 이용·개발과 보전을 위하여 법률이 정하는 바에 의하여 그에 관한 필요한 제한과 의무를 과할 수 있다.

해설

③ [×] 헌법 제119조는 헌법상 경제질서에 관한 일반조항으로서 국가의 경제정책에 대한 하나의 헌법적 지침일 뿐 그 자체가 기본권의 성질을 가진다거나 독자적인 위헌심사의 기준이 된다고 할 수 없으므로, 청구인들의 이러한 주장에 대하여는 더 나아가 살펴보지 않는다(헌재 2017.7.27, 2015헌바278 등).

① [O]

> 헌법 제119조 ① 대한민국의 경제질서는 개인과 기업의 경제상의 자유와 창의를 존중함을 기본으로 한다.

② [O]

> 헌법 제119조 ② 국가는 균형있는 국민경제의 성장 및 안정과 적정한 소득의 분배를 유지하고, 시장의 지배와 경제력의 남용을 방지하며, 경제주체간의 조화를 통한 경제의 민주화를 위하여 경제에 관한 규제와 조정을 할 수 있다.

④ [O]

> 헌법 제120조 ① 광물 기타 중요한 지하자원·수산자원·수력과 경제상 이용할 수 있는 자연력은 법률이 정하는 바에 의하여 일정한 기간 그 채취·개발 또는 이용을 특허할 수 있다.

⑤ [O]

> 헌법 제122조 국가는 국민 모두의 생산 및 생활의 기반이 되는 국토의 효율적이고 균형있는 이용·개발과 보전을 위하여 법률이 정하는 바에 의하여 그에 관한 필요한 제한과 의무를 과할 수 있다.

02 다음 경제질서에 관한 설명 중 가장 옳지 않은 것은? (다툼이 있는 경우 판례에 의함) 24. 해경간부

① 헌법 제119조 제1항에 비추어볼 때 개인의 사적 거래에 대한 공법적 규제는 사후적 · 구체적 규제보다는 사전적 · 일반적 규제방식을 택하여 국민의 거래자유를 최대한 보장하여야 한다.

② 국민연금제도는 상호부조의 원리에 입각한 사회연대성에 기초하여 소득재분배의 기능을 함으로써 사회적 시장경제질서에 부합하는 제도이므로, 국민연금에 가입을 강제하는 법률조항은 헌법의 시장경제질서에 위배되지 않는다.

③ 헌법 제119조 이하의 경제에 관한 장은 경제영역에서의 국가목표를 명시적으로 규정함으로써 국가가 경제정책을 통하여 달성하여야 할 '공익'을 구체화하는 동시에 헌법 제37조 제2항에 규정된 '공공복리'를 구체화하고 있다.

④ 헌법이 보장하는 소비자보호운동은 소비자의 제반 권익을 증진할 목적으로 이루어지는 구체적 활동을 의미하는 것으로, 단체를 통한 활동뿐만 아니라 하나 또는 그 이상의 소비자가 동일한 목표로 함께 의사를 합치하여 벌이는 운동도 포함한다.

해설

① [×] "대한민국의 경제질서는 개인과 기업의 경제상의 자유와 창의를 존중함을 기본으로 한다."고 규정한 헌법 제119조 제1항에 비추어 보더라도, 개인의 사적 거래에 대한 공법적 규제는 되도록 사전적 · 일반적 규제보다는, 사후적 · 구체적 규제방식을 택하여 국민의 거래자유를 최대한 보장하여야 할 것이다(헌재 2012.8.23, 2010헌가65).

② [O] 우리 헌법의 경제질서 원칙에 비추어 보면, 사회보험방식에 의하여 재원을 조성하여 반대급부로 노후생활을 보장하는 강제저축 프로그램으로서의 국민연금제도는 상호부조의 원리에 입각한 사회연대성에 기초하여 고소득계층에서 저소득층으로, 근로세대에서 노년세대로, 현재세대에서 다음세대로 국민간에 소득재분배의 기능을 함으로써 오히려 위 사회적 시장경제질서에 부합하는 제도라 할 것이므로, 국민연금제도는 헌법상의 시장경제질서에 위배되지 않는다(헌재 2001.2.22, 99헌마365).

③ [O] 우리 헌법은 헌법 제119조 이하의 경제에 관한 장에서 "균형있는 국민경제의 성장과 안정, 적정한 소득의 분배, 시장의 지배와 경제력남용의 방지, 경제주체간의 조화를 통한 경제의 민주화, 균형있는 지역경제의 육성, 중소기업의 보호육성, 소비자보호 등"의 경제영역에서의 국가목표를 명시적으로 규정함으로써 국가가 경제정책을 통하여 달성하여야 할 "공익"을 구체화하고, 동시에 헌법 제37조 제2항의 기본권제한을 위한 일반법률유보에서의 "공공복리"를 구체화하고 있다(헌재 1996.12.26, 96헌가18).

④ [O] 현행 헌법이 보장하는 소비자보호운동이란 '공정한 가격으로 양질의 상품 또는 용역을 적절한 유통구조를 통해 적절한 시기에 안전하게 구입하거나 사용할 소비자의 제반 권익을 증진할 목적으로 이루어지는 구체적 활동'을 의미하고, 단체를 조직하고 이를 통하여 활동하는 형태, 즉 근로자의 단결권이나 단체행동권에 유사한 활동뿐만 아니라, 하나 또는 그 이상의 소비자가 동일한 목표로 함께 의사를 합치하여 벌이는 운동이면 모두 이에 포함된다 할 것이다(헌재 2011.12.29, 2010헌바54).

03 다음 중 경제질서에 관한 설명으로 옳은 것은 모두 몇 개인가? (다툼이 있는 경우 판례에 의함) 24. 해경

㉠ 발행부수만을 기준으로 특정 신문사업자를 정부가 기금지원에서 배제하고 다른 사업자에게만 기금을 지원하는 차별적 규제를 행하는 것은 헌법상의 시장경제질서에 위반된다.

㉡ 불매운동의 목표로서의 '소비자의 권익'이란 원칙적으로 사업자가 제공하는 물품이나 용역의 소비생활과 관련된 것으로서 상품의 질이나 가격, 유통구조, 안정성 등 시장적 이익에 국한된다.

㉢ 자경농지의 양도소득세 면제대상자를 '농지소재지에 거주하는 거주자'로 제한하는 것은 외지인의 농지투기를 방지하고 조세부담을 덜어주어 농업과 농촌을 활성화하기 위한 것이므로 경자유전의 원칙에 위배되지 않는다.

㉣ 법령에 의한 인 · 허가없이 장래의 경제적 손실을 금전 또는 유가증권으로 보전해 줄 것을 약정하고 회비 등의 명목으로 금전을 수입하는 행위(유사수신행위)를 금지하고 이에 위반시 형사처벌하는 법률조항은 우리 헌법의 경제질서에 위배되는 것이라 할 수 없다.

① 1개 ② 2개
③ 3개 ④ 4개

정답 | 01 ③ 02 ① 03 ④

해설

모두 옳다.

㉠ [O] 신문의 자유는 개별 신문의 존재와 내용에 영향을 주는 것뿐만 아니라 신문의 경쟁을 왜곡하지 말 것까지 요구한다. 발행부수만을 기준으로 특정 신문사업자를 정부가 기금지원에서 배제하고 다른 사업자에게만 기금을 지원하는 차별적 규제를 행하는 것은 자유롭고 공정한 경쟁을 통해 형성될 신문시장의 구도를 국가가 개입하여 인위적으로 변경시키는 것이고 이것은 헌법이 보장하려는 자유로운 신문제도에 역행하며 자유와 창의를 존중함을 기본으로 삼는 헌법상의 시장경제질서에 어긋난다. 따라서 이 조항은 합리적인 이유 없이 발행부수가 많은 신문사업자를 차별하는 것이므로 평등의 원칙에 위배된다(헌재 2006.6.29, 2005헌마165 등).

㉡ [O] 불매운동의 목표로서의 '소비자의 권익'이란 원칙적으로 사업자가 제공하는 물품이나 용역의 소비생활과 관련된 것으로서 상품의 질이나 가격, 유통구조, 안전성 등 시장적 이익에 국한된다(헌재 2011.12.29, 2010헌바54 등).

㉢ [O] 위 규정의 입법목적이 외지인의 농지투기를 방지하고 조세부담을 덜어주어 농업·농촌을 활성화하는 데 있음을 고려하면 위 규정은 경자유전의 원칙을 실현하기 위한 것으로 볼 것이지 경자유전의 원칙에 위배된다고 볼 것은 아니라 할 것이다(헌재 2003.11.27, 2003헌바2).

㉣ [O] 어떤 분야의 경제활동을 사인간의 사적 자치에 완전히 맡길 경우 심각한 사회적 폐해가 예상되는데도 국가가 아무런 관여를 하지 않는다면 오히려 공정한 경쟁질서가 깨어지고 경제주체간의 부조화가 일어나게 되어 헌법상의 경제질서에 반하는 결과가 초래될 것이다. 이와 같은 관점에서 볼 때, 경제주체간의 부조화를 방지하고 금융시장의 공정성을 확보하기 위하여 마련된 이 사건 법률조항은 그 정당성이 헌법 제119조 제2항에 의하여 뒷받침될 수 있으며, 따라서 우리 헌법의 경제질서에 반하는 것이라 할 수 없다(헌재 2003.2.27, 2002헌바4).

04 경제질서에 관한 설명으로 옳지 않은 것은? (다툼이 있는 경우 판례에 의함)

25. 소방간부

① 농업생산성의 제고와 농지의 합리적인 이용을 위하거나 불가피한 사정으로 발생하는 농지의 소작제도는 법률이 정하는 바에 의하여 예외적으로 인정될 수 있다.

② 국가는 균형 있는 국민경제의 성장 및 안정과 적정한 소득의 분배를 유지하고, 시장의 지배와 경제력의 남용을 방지하며, 경제주체 간의 조화를 통한 경제의 민주화를 위하여 경제에 관한 규제와 조정을 할 수 있다.

③ 법령에 의한 인·허가 없이 장래의 경제적 손실을 금전 또는 유가증권으로 보전해 줄 것을 약정하고 회비 등의 명목으로 금전을 수입하는 유사수신행위를 처벌하는 것은 금융시장의 공정성을 확보하기 위한 것이므로 헌법상 경제질서에 위배되지 않는다.

④ 민법상 일반불법행위에 관한 기본원리인 과실책임의 원칙이 헌법 제119조 제1항의 자유시장 경제질서에서 파생된 것이라면, 위험원을 지배하는 자에게 책임을 지우는 위험책임의 원리는 헌법상 사회국가원리의 실현을 위한 것이다.

⑤ 토지는 원칙적으로 생산이나 대체가 불가능하여 공급이 제한되어 있고 국민경제의 측면에서 다른 재산권과 같게 다룰 수 있는 성질의 것이 아니어서 공동체의 이익이 더 강하게 관철될 것이 요구되므로 헌법은 토지재산권의 제한에 관한 광범위한 입법형성권을 부여하고 있다.

해설

① [×]

헌법 제121조 ① 국가는 농지에 관하여 경자유전의 원칙이 달성될 수 있도록 노력하여야 하며, 농지의 소작제도는 금지된다. ② 농업생산성의 제고와 농지의 합리적인 이용을 위하거나 불가피한 사정으로 발생하는 농지의 임대차와 위탁경영은 법률이 정하는 바에 의하여 인정된다.

② [O]

헌법 제119조 ② 국가는 균형있는 국민경제의 성장 및 안정과 적정한 소득의 분배를 유지하고, 시장의 지배와 경제력의 남용을 방지하며, 경제주체간의 조화를 통한 경제의 민주화를 위하여 경제에 관한 규제와 조정을 할 수 있다.

③ [O] 어떤 분야의 경제활동을 사인간의 사적 자치에 완전히 맡길 경우 심각한 사회적 폐해가 예상되는데도 국가가 아무런 관여를 하지 않는다면 오히려 공정한 경쟁질서가 깨어지고 경제주체간의 부조화가 일어나게 되어 헌법상의 경제질서에 반하는 결과가 초래될 것이다. 이와 같은 관점에서 볼 때, 경제주체간의 부조화를 방지하고 금융시장의 공정성을 확보하기 위하여 마련된 이 사건 법률조항은 그 정당성이 헌법 제119조 제2항에 의하여 뒷받침될 수 있으며, 따라서 우리 헌법의 경제질서에 반하는 것이라 할 수 없다(헌재 2003.2.27, 2002헌바4).

④ [O] 우리 민법은 헌법 제119조 제1항의 자유시장 경제질서에서 파생된 과실책임의 원칙을 일반불법행위에 관한 기본원리로 삼고 있다. 그런데, 현대산업사회에서는 고속교통수단, 광업 및 원자력산업 등의 위험원(危險源)이 발달하고 산업재해 및 환경오염으로 인한 피해가 증가함에 따라, 헌법이념의 하나인 사회국가원리의 실현을 위하여 과실책임의 원리를 수정하여 위험원을 지배하는 자로 하여금 그 위험이 현실화된 경우의 손해를 부담하게 하는 위험책임의 원리가 필요하게 되었다. … 이 사건 법률조항이 위험책임의 원리에 기하여 무과실책임을 지운 것만으로 자유시장 경제질서에 위반된다고 할 수 없다(헌재 1998.5.28, 96헌가4).

⑤ [O] 토지는 생산이나 대체가 불가능하여 공급이 제한되어 있고 한국의 가용토지면적이 인구에 비하여 절대적으로 부족한 반면에, 모든 국민이 생산 및 생활의 기반으로서 토지의 합리적인 이용에 의존하고 있다. 따라서, 토지는 국민경제의 관점에서나 그 사회적기능에 있어서 다른 재산권과 같게 다루어야 할 성질의 것이 아니므로 다른 재산권에 비하여 보다 강하게 공동체의 이익을 관철할 것이 요구된다(헌재 1999.10.21, 97헌바26).

05 헌법 기본원리에 관한 설명으로 가장 적절하지 않은 것은? (다툼이 있는 경우 판례에 의함)

25. 경정승진

① 헌법상 경제질서에 관한 일반조항인 헌법 제119조는 그 자체로 기본권의 성질을 가지고 독자적인 위헌심사의 기준이 되는 것이며 단순히 국가의 경제정책에 대한 하나의 헌법적 지침으로 볼 수 없다.

② 헌법적 신뢰보호는 개개의 국민이 어떠한 경우에도 '실망'을 하지 않도록 하여 주는 데까지 미칠 수는 없는 것이며, 입법자는 구법질서가 더 이상 그 법률관계에 적절하지 못하며 합목적적이지도 아니함에도 불구하고 그 수혜자군을 위하여 이를 계속 유지하여 줄 의무는 없다.

③ 의회민주주의원리는 국가의 정책결정에 참여할 권한을 국민의 대표기관인 의회에 유보하는 것에 그치지 않고 나아가 의사결정과정의 민주적 정당성까지 요구한다.

④ 주민자치제를 본질로 하는 민주적 지방자치제도가 안정적으로 뿌리내린 현 시점에서 지방자치단체의 장 선거권을 지방의회의원 선거권, 나아가 국회의원 선거권 및 대통령 선거권과 구별하여 하나는 법률상의 권리로, 나머지는 헌법상의 권리로 이원화하는 것은 허용될 수 없다.

해설

① [×] 헌법 제119조는 헌법상 경제질서에 관한 일반조항으로서 국가의 경제정책에 대한 하나의 헌법적 지침일 뿐 그 자체가 기본권의 성질을 가진다거나 독자적인 위헌심사의 기준이 된다고 할 수 없으므로, 청구인들의 이러한 주장에 대하여는 더 나아가 살펴보지 않는다(헌재 2017.7.27, 2015헌바278 등).

② [O] 헌법적 신뢰보호는 개개의 국민이 어떠한 경우에도 '실망'을 하지 않도록 하여 주는 데까지 미칠 수는 없는 것이며, 입법자는 구법질서가 더 이상 그 법률관계에 적절하지 못하며 합목적적이지도 아니함에도 불구하고 그 수혜자군을 위하여 이를 계속 유지하여 줄 의무는 없다(헌재 2008.11.27, 2007헌마389).

③ [O] 의회민주주의 원리는 국가의 정책결정에 참여할 권한을 국민의 대표기관인 의회에 유보하는 것에 그치지 않고, 의사결정과정의 민주적 정당성까지 요구한다(헌재 2016.5.26, 2015헌라1).

④ [O] 지방자치단체의 대표인 단체장은 지방의회의원과 마찬가지로 주민의 자발적 지지에 기초를 둔 선거를 통해 선출되어야 한다. … 주민자치제를 본질로 하는 민주적 지방자치제도가 안정적으로 뿌리내린 현 시점에서 지방자치단체의 장 선거권을 지방의회의원 선거권, 나아가 국회의원 선거권 및 대통령 선거권과 구별하여 하나는 법률상의 권리로, 나머지는 헌법상의 권리로 이원화하는 것은 허용될 수 없다. 그러므로 지방자치단체의 장 선거권 역시 다른 선거권과 마찬가지로 헌법 제24조에 의해 보호되는 기본권으로 인정하여야 한다(헌재 2016.10.27, 2014헌마797).

정답 | 04 ① 05 ①

06 헌법에 명시된 경제에 대한 설명으로 옳지 않은 것은? 23. 5급 공채

① 농업생산성의 제고와 농지의 합리적인 이용을 위하거나 불가피한 사정으로 발생하는 농지의 소작과 위탁경영은 법률이 정하는 바에 의하여 인정된다.

② 국가는 국민 모두의 생산 및 생활의 기반이 되는 국토의 효율적이고 균형있는 이용·개발과 보전을 위하여 법률이 정하는 바에 의하여 그에 관한 필요한 제한과 의무를 과할 수 있다.

③ 국가는 건전한 소비행위를 계도하고 생산품의 품질향상을 촉구하기 위한 소비자보호운동을 법률이 정하는 바에 의하여 보장한다.

④ 국가는 농·어민과 중소기업의 자조조직을 육성하여야 하며, 그 자율적 활동과 발전을 보장한다.

해설

① [×] 농지의 소작은 인정되지 않는다.

> 헌법 제121조 ② 농업생산성의 제고와 농지의 합리적인 이용을 위하거나 불가피한 사정으로 발생하는 농지의 임대차와 위탁경영은 법률이 정하는 바에 의하여 인정된다.

② [O]

> 헌법 제122조 ② 국가는 국민 모두의 생산 및 생활의 기반이 되는 국토의 효율적이고 균형있는 이용·개발과 보전을 위하여 법률이 정하는 바에 의하여 그에 관한 필요한 제한과 의무를 과할 수 있다.

③ [O]

> 헌법 제124조 국가는 건전한 소비행위를 계도하고 생산품의 품질향상을 촉구하기 위한 소비자보호운동을 법률이 정하는 바에 의하여 보장한다.

④ [O]

> 헌법 제123조 ⑤ 국가는 농·어민과 중소기업의 자조조직을 육성하여야 하며, 그 자율적 활동과 발전을 보장한다.

07 헌법상 경제질서에 관한 설명 중 옳지 않은 것을 모두 고른 것은? (다툼이 있는 경우 판례에 의함)

23. 변호사

> ㉠ 입법자는 경제영역에서의 국가목표를 이루기 위하여 가능한 여러 정책 중 필요하다고 판단되는 경제정책을 선택할 수 있고, 입법자의 그러한 정책판단과 선택은 경제에 관한 국가적 규제·조정 권한의 행사로서 존중되어야 하는 것이 원칙이다.
> ㉡ 택시운송사업자에게 운송수입금 전액 수납의무를 부과하는 것은 헌법 제126조에 의하여 원칙적으로 금지되는 기업 경영과 관련한 국가의 광범위한 감독과 통제 또는 관리에 해당되지 않는다.
> ㉢ 법령에 의한 인·허가 없이 장래의 경제적 손실을 금전 또는 유가증권으로 보전해 줄 것을 약정하고 회비 등의 명목으로 금전을 수입하는 행위를 금지하는 것은 사인간의 사적 자치, 경제상의 자유와 창의를 존중함을 기본으로 하는 헌법 제119조 제1항의 경제질서에 어긋난다.
> ㉣ 농지의 임대차는 절대 금지되나, 농업생산성의 제고와 농지의 합리적인 이용을 위한 농지의 위탁경영은 법률이 정하는 바에 의하여 인정된다.
> ㉤ 소비자불매운동은 헌법이나 법률의 규정에 비추어 정당하게 평가되는 경우에만 법적 책임이 면제되므로, 물품 등의 공급자나 사업자 이외의 제3자를 상대로 하는 불매운동은 제3자의 권리를 부당하게 침해하지 않더라도 형사책임이나 민사책임이 면제되지 않는다.

① ㉠, ㉡, ㉢
② ㉠, ㉣, ㉤
③ ㉡, ㉢, ㉣
④ ㉡, ㉢, ㉤
⑤ ㉢, ㉣, ㉤

해설

옳지 않은 것은 ㉢, ㉣, ㉤이다.

㉠ [O] 입법자는 경제현실의 역사와 미래에 대한 전망, 목적달성에 소요되는 경제적 사회적 비용, 당해 경제문제에 관한 국민 내지 이해관계인의 인식 등 제반사정을 두루 감안하여 가능한 여러 정책 중 필요하다고 판단되는 경제정책을 선택할 수 있고, 입법자의 그러한 정책판단과 선택은 그것이 독과점규제 지역경제육성 중소기업보호라는 헌법적 요청을 구체화시키고 실현시키는 것인 한, 그리고 그것이 현저히 합리성을 결여한 것이라고 볼 수 없는 한 경제에 관한 국가적 규제 조정권한의 행사로서 존중되어야 하고 사법적 판단에 의해 함부로 대체되어서는 아니 된다(헌재 1996.12.26, 96헌가18).

㉡ [O] 이 사건 법률조항들이 규정하는 운송수입금 전액관리제로 인하여 청구인들이 기업경영에 있어서 영리추구라고 하는 사기업 본연의 목적을 포기할 것을 강요받거나 전적으로 사회·경제정책적 목표를 달성하는 방향으로 기업활동의 목표를 전환해야 하는 것도 아니고, 그 기업경영과 관련하여 국가의 광범위한 감독과 통제 또는 관리를 받게 되는 것도 아니며, 더구나 청구인들 소유의 기업에 대한 재산권이 박탈되거나 통제를 받게 되어 그 기업이 사회의 공동재산의 형태로 변형된 것도 아니므로, 이 사건 법률조항들이 헌법 제126조에 위반된다고 볼 수 없다(헌재 2009.9.24, 2008헌바75).

㉢ [×] 어떤 분야의 경제활동을 사인간의 사적 자치에 완전히 맡길 경우 심각한 사회적 폐해가 예상되는데도 국가가 아무런 관여를 하지 않는다면 공정한 경쟁질서가 깨어지고 경제주체간의 부조화가 일어나게 되어 오히려 헌법상의 경제질서에 반하는 결과가 초래될 것이므로, 경제주체간의 부조화를 방지하고 금융시장의 공정성을 확보하기 위하여 마련된 위 법률조항은 우리 헌법의 경제질서에 위배되는 것이라 할 수 없다(헌재 2003.2.27, 2002헌바4).

㉣ [×]

> 헌법 제121조 ① 국가는 농지에 관하여 경자유전의 원칙이 달성될 수 있도록 노력하여야 하며, 농지의 소작제도는 금지된다.
> ② 농업생산성의 제고와 농지의 합리적인 이용을 위하거나 불가피한 사정으로 발생하는 농지의 임대차와 위탁경영은 법률이 정하는 바에 의하여 인정된다.

㉤ [×] 소비자보호운동의 일환으로서, 구매력을 무기로 소비자가 자신의 선호를 시장에 실질적으로 반영하려는 시도인 소비자불매운동은 모든 경우에 있어서 그 정당성이 인정될 수는 없고, 헌법이나 법률의 규정에 비추어 정당하다고 평가되는 범위에 해당하는 경우에만 형사책임이나 민사책임이 면제된다고 할 수 있다(헌재 2011.12.29, 2010헌바54).

정답 | 06 ① 07 ⑤

08 헌법의 기본이념과 질서에 대한 설명으로 옳지 않은 것은?

23. 5급 공채

① 국민주권주의는 국가권력의 민주적 정당성을 요구하는 것이므로, 국민전체가 직접 국가기관으로서 통치권을 행사하여야 한다는 것을 의미한다.

② 국제연합(UN)의 "인권에 관한 세계선언" 각 조항이 바로 보편적인 법적 구속력을 가지거나 국제법적 효력을 갖는 것으로 볼 것은 아니다.

③ '남북사이의 화해와 불가침 및 교류협력에 관한 합의서'는 일종의 공동성명 또는 신사협정에 준하는 성격을 가짐에 불과하여 법률이 아님은 물론 국내법과 동일한 효력이 있는 조약이나 이에 준하는 것으로 볼 수 없다.

④ 원칙적으로 모든 국민이 균등하게 선거에 참여할 것을 요청하는 보통·평등선거원칙은 국민의 자기지배를 의미하는 국민주권의 원리에 입각한 민주국가를 실현하기 위한 필수적 요건이다.

해설

① [×] 국민주권주의는 국가권력의 민주적 정당성을 의미하는 것이기는 하나, 그렇다고 하여 국민전체가 직접 국가기관으로서 통치권을 행사하여야 한다는 것은 아니므로 주권의 소재와 통치권의 담당자가 언제나 같을 것을 요구하는 것이 아니고, 예외적으로 국민이 주권을 직접 행사하는 경우 이외에는 국민의 의사에 따라 통치권의 담당자가 정해짐으로써 국가권력의 행사도 궁극적으로 국민의 의사에 의하여 정당화될 것을 요구하는 것이다(헌재 2009.3.26, 2007헌마843).

② [O] 국제연합(UN)의 "인권에 관한 세계선언"은 아래에서 보는 바와 같이 선언적인 의미를 가지고 있을 뿐 법적 구속력을 가진 것은 아니고, 우리나라가 아직 국제노동기구의 정식회원국은 아니기 때문에 이 기구의 제87호 조약 및 제98호 조약이 국내법적 효력을 갖는 것은 아니지만(헌재 1991.7.22, 89헌가106).

③ [O] 소위 남북합의서는 남북관계를 "나라와 나라 사이의 관계가 아닌 통일을 지향하는 과정에서 잠정적으로 형성되는 특수관계"임을 전제로 하여 이루어진 합의문서인바, 이는 한민족공동체 내부의 특수관계를 바탕으로 한 당국간의 합의로서 남북당국의 성의있는 이행을 상호 약속하는 일종의 공동성명 또는 신사협정에 준하는 성격을 가짐에 불과하다(헌재 2000.7.20, 98헌바63).

④ [O] 원칙적으로 모든 국민이 균등하게 선거에 참여할 것을 요청하는 보통·평등선거원칙은 국민의 자기지배를 의미하는 국민주권의 원리에 입각한 민주국가를 실현하기 위한 필수적 요건이다. 원칙적으로 모든 국민이 선거권과 피선거권을 가진다는 것은 바로 국민의 자기지배를 의미하는 민주국가에의 최대한의 접근을 의미하기 때문이다(헌재 1999.5.27, 98헌마214).

09 헌법상 경제질서에 대한 설명으로 옳지 않은 것은? (다툼이 있는 경우 판례에 의함) 23. 입법고시

① 국방상 또는 국민경제상 긴절한 필요로 인하여 법률이 정하는 경우를 제외하고는, 사영기업을 국유 또는 공유로 이전하거나 그 경영을 통제 또는 관리할 수 없다.

② 헌법 제119조는 자유시장 경제질서를 기본으로 하면서 사회국가원리를 수용하여 실질적인 자유와 평등을 아울러 달성하려는 것을 근본이념으로 한다.

③ 광물 기타 중요한 지하자원 · 수산자원 · 수력과 경제상 이용할 수 있는 자연력은 법률이 정하는 바에 의하여 일정한 기간 그 채취 · 개발 또는 이용을 특허할 수 있다.

④ 헌법 제119조 제2항에 규정된 '경제주체간의 조화를 통한 경제민주화'의 이념은 경제영역에서 정의로운 사회질서를 형성하기 위하여 추구할 수 있는 국가목표로서 개인의 기본권을 제한하는 국가행위를 정당화하는 헌법규범이다.

⑤ 전통시장 등의 보호라는 명분으로 대형마트 등의 영업 자체를 규제하는 심판대상조항은 자유시장경제라는 우리 헌법상 경제질서에 반하는 규제입법으로서 시대의 흐름과 소매시장구조의 재편에 역행할 뿐만 아니라 소비자의 자기결정권을 과도하게 침해하여 헌법에 위배된다.

해설

⑤ [×] 청구인들은 심판대상조항이 특정 시간 및 일자에 대형마트 등을 이용하려는 소비자의 자기결정권을 침해한다고 주장한다. 그러나 소비자의 자기결정권은 물품 및 용역의 구입 · 사용에 있어서 거래의 상대방, 구입장소, 가격, 거래조건 등을 자유로이 선택할 권리를 의미하는 것인데(헌재 1996.12.26, 96헌가18 참조), 심판대상조항에 따른 영업규제로 인하여 소비자들이 받는 불편함은 단지 심야시간이나 특정 일자에 대형마트 등을 이용하지 못하는 것에 불과하므로 이를 이유로 소비자의 자기결정권이 제한된다고 볼 수 없다. 가사 소비자의 자기결정권이 제한된다고 보더라도, 위에서 본 바와 같이 심판대상조항이 대형마트 등 운영자인 청구인들의 직업수행의 자유를 침해하는지 여부 및 평등원칙 위배 여부가 이 사건의 주된 쟁점이고, 소비자의 자기결정권이 제한되는 것은 대형마트 등의 영업을 제한함에 따라 발생하는 효과이므로, 대형마트 등 운영자의 직업수행의 자유 침해 여부 및 평등원칙 위배 여부를 판단하는 과정에서 함께 고려하는 것으로 충분하므로 별도로 판단하지 않는다(헌재 2018.6.28, 2016헌바77 등).
▶ 소비자의 자기결정권을 침해하지 않는다.

① [O]

> 헌법 제126조 국방상 또는 국민경제상 긴절한 필요로 인하여 법률이 정하는 경우를 제외하고는, 사영기업을 국유 또는 공유로 이전하거나 그 경영을 통제 또는 관리할 수 없다.

② [O] 헌법 제119조는 제1항에서 대한민국의 경제질서는 개인과 기업의 경제상의 자유와 창의를 존중함을 기본으로 한다고 규정하여 사유재산제도, 사적 자치의 원칙, 과실책임의 원칙을 기초로 하는 자유시장 경제질서를 기본으로 하고 있음을 선언하면서, 한편 그 제2항에서 국가는 … 경제주체간의 조화를 통한 경제의 민주화를 위하여 경제에 관한 규제와 조정을 할 수 있다고 규정하고, 헌법 제34조는 모든 국민은 인간다운 생활을 할 권리를 가진다(제1항), 신체장애자 및 질병 · 노령 기타의 사유로 생활능력이 없는 국민은 법률이 정하는 바에 의하여 국가의 보호를 받는다(제5항)고 규정하여 사회국가원리를 수용하고 있다. 결국 우리 헌법은 자유시장 경제질서를 기본으로 하면서 사회국가원리를 수용하여 실질적인 자유와 평등을 아울러 달성하려는 것을 근본이념으로 하고 있는 것이다(헌재 1998.5.28, 96헌가4 등).

③ [O]

> 헌법 제120조 ① 광물 기타 중요한 지하자원 · 수산자원 · 수력과 경제상 이용할 수 있는 자연력은 법률이 정하는 바에 의하여 일정한 기간 그 채취 · 개발 또는 이용을 특허할 수 있다.

④ [O] 헌법 제119조 제2항에 규정된 '경제주체간의 조화를 통한 경제민주화'의 이념은 경제영역에서 정의로운 사회질서를 형성하기 위하여 추구할 수 있는 국가목표로서 개인의 기본권을 제한하는 국가행위를 정당화하는 헌법규범이다(헌재 2003.11.27, 2001헌바35).

정답 | 08 ① 09 ⑤

10 헌법상 경제질서에 대한 설명으로 옳지 않은 것은? (다툼이 있는 경우 헌법재판소 판례에 의함)

22. 국회직 8급

① 헌법 제119조 이하의 경제에 관한 장은 국가가 경제정책을 통하여 달성하여야 할 '공익'을 구체화하고, 동시에 헌법 제37조 제2항의 기본권 제한을 위한 법률유보에서의 '공공복리'를 구체화하고 있다.

② 우리나라 헌법상의 경제질서는 사유재산제를 바탕으로 하고 자유경쟁을 존중하는 자유시장경제질서를 근간으로 하는 것이므로, 사회정의를 실현하기 위하여 국가적 규제와 조정을 용인하는 사회적 시장경제질서와는 양립할 수 없다.

③ 특정의료기관이나 특정의료인의 기능·진료방법에 관한 광고를 금지하는 것은 새로운 의료인들에게 자신의 기능이나 기술 혹은 진단 및 치료방법에 관한 광고와 선전을 할 기회를 배제함으로써 기존의 의료인과의 경쟁에서 불리한 결과를 초래하므로, 자유롭고 공정한 경쟁을 추구하는 헌법상의 시장경제질서에 부합되지 않는다.

④ 국방상 또는 국민경제상 긴절한 필요로 인하여 법률이 정하는 경우를 제외하고는, 사영기업을 국유 또는 공유로 이전하거나 그 경영을 통제 또는 관리할 수 없다.

⑤ 헌법 제119조 제2항에 규정된 '경제주체간의 조화를 통한 경제민주화'의 이념은 경제영역에서 정의로운 사회질서를 형성하기 위하여 추구할 수 있는 국가목표로서 개인의 기본권을 제한하는 국가행위를 정당화하는 헌법규범이다.

해설

② [×] 우리 헌법상의 경제질서는 사유재산제를 바탕으로 하고 자유경쟁을 존중하는 자유시장경제질서를 기본으로 하면서도 이에 수반되는 갖가지 모순을 제거하고 사회복지·사회정의를 실현하기 위하여 국가적 규제와 조정을 용인하는 사회적 시장경제질서로서의 성격을 띠고 있다(헌재 2000.6.1, 99헌마553).

① [O] 우리 헌법은 헌법 제119조 이하의 경제에 관한 장에서 "균형있는 국민경제의 성장과 안정, 적정한 소득의 분배, 시장의 지배와 경제력남용의 방지, 경제주체간의 조화를 통한 경제의 민주화, 균형있는 지역경제의 육성, 중소기업의 보호육성, 소비자보호 등"의 경제영역에서의 국가목표를 명시적으로 규정함으로써 국가가 경제정책을 통하여 달성하여야 할 "공익"을 구체화하고, 동시에 헌법 제37조 제2항의 기본권 제한을 위한 일반법률유보에서의 "공공복리"를 구체화하고 있다. 그러나 경제적 기본권의 제한을 정당화하는 공익이 헌법에 명시적으로 규정된 목표에만 제한되는 것은 아니고, 헌법은 단지 국가가 실현하려고 의도하는 전형적인 경제목표를 예시적으로 구체화하고 있을 뿐이므로 기본권의 침해를 정당화할 수 있는 모든 공익을 아울러 고려하여 법률의 합헌성 여부를 심사하여야 한다(헌재 1996.12.26, 96헌가18).

③ [O] 비약적으로 증가되는 의료인 수를 고려할 때, 이 사건 조항에 의한 의료광고의 금지는 새로운 의료인들에게 자신의 기능이나 기술 혹은 진단 및 치료방법에 관한 광고와 선전을 할 기회를 배제함으로써, 기존의 의료인과의 경쟁에서 불리한 결과를 초래할 수 있는데, 이는 자유롭고 공정한 경쟁을 추구하는 헌법상의 시장경제질서에 부합되지 않는다(헌재 2005.10.27, 2003헌가3).

④ [O]

헌법 제126조 국방상 또는 국민경제상 긴절한 필요로 인하여 법률이 정하는 경우를 제외하고는, 사영기업을 국유 또는 공유로 이전하거나 그 경영을 통제 또는 관리할 수 없다.

⑤ [O] 헌법 제119조 제2항에 규정된 '경제주체간의 조화를 통한 경제민주화'의 이념은 경제영역에서 정의로운 사회질서를 형성하기 위하여 추구할 수 있는 국가목표로서 개인의 기본권을 제한하는 국가행위를 정당화하는 헌법규범이다(헌재 2003.11.27, 2001헌바35).

11 사회적 시장경제질서에 대한 설명으로 가장 적절한 것은? (다툼이 있는 경우 헌법재판소 판례에 의함)

22. 경찰간부

① 헌법 제119조는 헌법상 경제질서에 관한 일반조항으로서 국가의 경제정책에 대한 하나의 지침이자 구체적 기본권 도출의 근거로 기능하며 독자적인 위헌심사의 기준이 된다.

② 헌법 제119조 제1항에 비추어볼 때 개인의 사적 거래에 대한 공법적 규제는 사후적·구체적 규제보다는 사전적·일반적 규제방식을 택하여 국민의 거래자유를 최대한 보장하여야 한다.

③ 헌법 제119조 제2항에 규정된 '경제주체간의 조화를 통한 경제민주화'의 이념은 경제영역에서 정의로운 사회질서를 형성하기 위하여 추구할 수 있는 국가목표일 뿐 개인의 기본권을 제한하는 국가행위를 정당화하는 헌법규범은 아니다.

④ 헌법 제119조 제2항은 국가가 경제영역에서 실현하여야 할 목표의 하나로 '적정한 소득의 분배'를 들고 있으나 이로부터 소득에 대해 누진세율에 따른 종합과세를 시행하여야 할 구체적인 헌법적 의무가 입법자에게 부과되는 것은 아니다.

해설

④ [O] 헌법 제119조 제2항은 국가가 경제영역에서 실현하여야 할 목표의 하나로서 "적정한 소득의 분배"를 들고 있지만, 이로부터 반드시 소득에 대하여 누진세율에 따른 종합과세를 시행하여야 할 구체적인 헌법적 의무가 조세입법자에게 부과되는 것이라고 할 수 없다(헌재 1999.11.25, 98헌마55).

① [×] 헌법은 제119조에서 개인의 경제적 자유를 보장하면서 사회정의를 실현하기 위한 경제질서를 선언하고 있다. 이 규정은 헌법상 경제질서에 관한 일반조항으로서 국가의 경제정책에 대한 하나의 헌법적 지침이고, 동 조항이 언급하는 '경제적 자유와 창의'는 직업의 자유, 재산권의 보장, 근로3권과 같은 경제에 관한 기본권 및 비례의 원칙과 같은 법치국가원리에 의하여 비로소 헌법적으로 구체화된다(헌재 2002.10.31, 99헌바76).

▶ 기본권 도출의 근거로 기능하는 것이 아니다. 오히려 본 조항의 중요내용인 '경제적 자유와 창의'는 직업의 자유, 재산권의 보장, 근로3권과 같은 경제에 관한 기본권에 의해 구체화된다.

② [×] "대한민국의 경제질서는 개인과 기업의 경제상의 자유와 창의를 존중함을 기본으로 한다."라고 규정한 헌법 제119조 제1항에 비추어 보더라도, 개인의 사적 거래에 대한 공법적 규제는 되도록 사전적·일반적 규제보다는, 사후적·구체적 규제방식을 택하여 국민의 거래자유를 최대한 보장하여야 할 것이다(헌재 2012.8.23, 2010헌가65).

③ [×] 헌법 제119조 제2항에 규정된 '경제주체간의 조화를 통한 경제민주화'의 이념은 경제영역에서 정의로운 사회질서를 형성하기 위하여 추구할 수 있는 국가목표로서 개인의 기본권을 제한하는 국가행위를 정당화하는 헌법규범이다(헌재 2003.11.27, 2001헌바35).

정답 | 10 ② 11 ④

12 경제질서에 대한 설명으로 옳은 것은? (다툼이 있는 경우 판례에 의함) 22. 국회직 9급

① 헌법 제119조 제2항의 '적정한 소득의 분배를 유지'하기 위해서는 소득에 대한 누진세율에 따른 종합과세를 시행하여야 할 구체적인 헌법적 의무가 조세입법자에게 부과된다.

② 의약품 도매상 허가를 받기 위해 필요한 창고면적의 최소기준을 규정하고 있는 약사법 조항들은 국가의 중소기업 보호·육성의무를 위반한다.

③ 헌법 제119조는 헌법상 경제질서에 관한 일반조항으로서 국가의 경제정책에 대한 하나의 헌법상 지침이 됨과 동시에 경제에 관한 기본권의 성질도 포함하고 있으므로 독자적인 위헌심사의 기준이 될 수 있다.

④ 헌법 제119조 제2항에 규정된 '경제주체간의 조화를 통한 경제민주화' 이념은 경제영역에서 정의로운 사회질서를 형성하기 위하여 추구할 수 있는 국가목표일 뿐 개인의 기본권을 제한하는 국가행위를 정당화하는 헌법규범은 아니다.

⑤ 헌법 제119조 제1항이 규정하고 있는 '경제적 자유와 창의'는 직업의 자유, 재산권의 보장, 근로3권과 같은 경제에 관한 기본권 및 비례의 원칙과 같은 법치국가원리에 의하여 비로소 헌법적으로 구체화된다

해설

⑤ [O] 헌법은 제119조에서 개인의 경제적 자유를 보장하면서 사회정의를 실현하기 위한 경제질서를 선언하고 있다. 이 규정은 헌법상 경제질서에 관한 일반조항으로서 국가의 경제정책에 대한 하나의 헌법적 지침이고, 동 조항이 언급하는 '경제적 자유와 창의'는 직업의 자유, 재산권의 보장, 근로3권과 같은 경제에 관한 기본권 및 비례의 원칙과 같은 법치국가원리에 의하여 비로소 헌법적으로 구체화된다(헌재 2002.10.31, 99헌바76).

① [×] 헌법 제119조 제2항은 국가가 경제영역에서 실현하여야 할 목표의 하나로서 "적정한 소득의 분배"를 들고 있지만, 이로부터 반드시 소득에 대하여 누진세율에 따른 종합과세를 시행하여야 할 구체적인 헌법적 의무가 조세입법자에게 부과되는 것이라고 할 수 없다(헌재 1999.11.25, 98헌마55).

② [×] 이 사건 면적조항이 규정한 264제곱미터라는 창고면적 기준은 과거 의약품 도매상 창고면적에 대한 기준이 있었던 때에 시행되었던 것과 같은 것으로, 이러한 시설기준이 지나치게 과도하다는 사정을 찾을 수 없으므로 이에 대한 입법자의 정책적 판단은 존중되어야 한다. … 이 사건 법률조항들의 입법취지는 중소기업을 대상으로 하여 그 영업을 규제하려는 것이 아니며, 그 내용도 중소기업에 대해 제한을 가하는 것이 아니므로, 헌법 제123조 제3항에 규정된 국가의 중소기업 보호·육성의무를 위반하였다고 볼 수 없다(헌재 2014.4.24, 2012헌마811).

③ [×] 헌법은 제119조에서 개인의 경제적 자유를 보장하면서 사회정의를 실현하기 위한 경제질서를 선언하고 있다. 이 규정은 헌법상 경제질서에 관한 일반조항으로서 국가의 경제정책에 대한 하나의 헌법적 지침이고, 동 조항이 언급하는 '경제적 자유와 창의'는 직업의 자유, 재산권의 보장, 근로3권과 같은 경제에 관한 기본권 및 비례의 원칙과 같은 법치국가원리에 의하여 비로소 헌법적으로 구체화된다. 따라서 이 사건에서 청구인들이 헌법 제119조 제1항과 관련하여 주장하는 내용은 구체화된 헌법적 표현인 경제적 기본권을 기준으로 심사되어야 한다(헌재 2002.10.31, 99헌바76 등).

▶ 헌법상 경제질서조항 그 자체가 기본권적 성질을 가지는 것은 아니다.

④ [×] 헌법 제119조 제2항에 규정된 '경제주체간의 조화를 통한 경제민주화'의 이념은 경제영역에서 정의로운 사회질서를 형성하기 위하여 추구할 수 있는 국가목표로서 개인의 기본권을 제한하는 국가행위를 정당화하는 헌법규범이다(헌재 2003.11.27, 2001헌바35).

13 헌법상 경제질서에 관한 설명으로 옳지 않은 것은?

24. 소방간부

① 국가는 지역간의 균형있는 발전을 위하여 지역경제를 육성할 의무를 진다.

② 국민경제상 긴절한 필요로 인하여 법률이 정하는 경우에는 사영기업을 국유 또는 공유로 이전하거나 경영을 통제 또는 관리할 수 있다.

③ 국가는 농지에 관하여 경자유전의 원칙이 달성될 수 있도록 노력하여야 하며, 농지의 임대차나 위탁경영은 허용될 수 없다.

④ 국가는 국토의 효율적이고 균형 있는 이용·개발과 보전을 위하여 법률이 정하는 바에 의하여 그에 관한 필요한 제한과 의무를 과할 수 있다.

⑤ 광물 기타 중요한 지하자원·수산자원·수력과 경제상 이용할 수 있는 자연력은 법률이 정하는 바에 의하여 일정한 기간 그 채취·개발 또는 이용을 특허할 수 있다.

해설

③ [×]

헌법 제121조 ① 국가는 농지에 관하여 경자유전의 원칙이 달성될 수 있도록 노력하여야 하며, 농지의 소작제도는 금지된다. ② 농업생산성의 제고와 농지의 합리적인 이용을 위하거나 불가피한 사정으로 발생하는 농지의 임대차와 위탁경영은 법률이 정하는 바에 의하여 인정된다.

① [O]

헌법 제123조 ② 국가는 지역간의 균형있는 발전을 위하여 지역경제를 육성할 의무를 진다.

② [O]

헌법 제126조 국방상 또는 국민경제상 긴절한 필요로 인하여 법률이 정하는 경우를 제외하고는, 사영기업을 국유 또는 공유로 이전하거나 그 경영을 통제 또는 관리할 수 없다.

④ [O]

헌법 제122조 국가는 국민 모두의 생산 및 생활의 기반이 되는 국토의 효율적이고 균형있는 이용·개발과 보전을 위하여 법률이 정하는 바에 의하여 그에 관한 필요한 제한과 의무를 과할 수 있다.

⑤ [O]

헌법 제120조 ① 광물 기타 중요한 지하자원·수산자원·수력과 경제상 이용할 수 있는 자연력은 법률이 정하는 바에 의하여 일정한 기간 그 채취·개발 또는 이용을 특허할 수 있다.

정답 | 12 ⑤ 13 ③

14 헌법상 경제질서에 대한 설명으로 옳지 않은 것은?

24. 5급 공채

① 국가는 국민 모두의 생산 및 생활의 기반이 되는 국토의 효율적이고 균형있는 이용·개발과 보전을 위하여 법률이 정하는 바에 의하여 그에 관한 필요한 제한과 의무를 과할 수 있다.

② 국가는 경제주체간의 조화를 통한 경제의 민주화를 위하여 경제에 관한 규제와 조정을 할 수 있다.

③ 농지에 관하여는 경자유전의 원칙이 달성되어야 하므로, 농지의 임대차나 위탁경영은 허용될 수 없다.

④ 우리 헌법의 경제질서는 사유재산제를 바탕으로 하고 자유경쟁을 존중하는 자유시장 경제질서를 기본으로 하면서도 이에 수반되는 갖가지 모순을 제거하고 사회복지·사회정의를 실현하기 위하여 국가적 규제와 조정을 용인하는 사회적 시장경제질서로서의 성격을 띠고 있다.

해설

③ [×]

> 헌법 제121조 ① 국가는 농지에 관하여 경자유전의 원칙이 달성될 수 있도록 노력하여야 하며, 농지의 소작제도는 금지된다.
> ② 농업생산성의 제고와 농지의 합리적인 이용을 위하거나 불가피한 사정으로 발생하는 농지의 임대차와 위탁경영은 법률이 정하는 바에 의하여 인정된다.

① [O]

> 헌법 제122조 국가는 국민 모두의 생산 및 생활의 기반이 되는 국토의 효율적이고 균형있는 이용·개발과 보전을 위하여 법률이 정하는 바에 의하여 그에 관한 필요한 제한과 의무를 과할 수 있다.

② [O]

> 헌법 제119조 ② 국가는 균형있는 국민경제의 성장 및 안정과 적정한 소득의 분배를 유지하고, 시장의 지배와 경제력의 남용을 방지하며, 경제주체간의 조화를 통한 경제의 민주화를 위하여 경제에 관한 규제와 조정을 할 수 있다.

④ [O] 우리 헌법은 전문 및 제119조 이하의 경제에 관한 장에서 균형있는 국민경제의 성장과 안정, 적정한 소득의 분배, 시장의 지배와 경제력남용의 방지, 경제주체간의 조화를 통한 경제의 민주화, 균형있는 지역경제의 육성, 중소기업의 보호육성, 소비자보호 등 경제영역에서의 국가목표를 명시적으로 규정함으로써, 우리 헌법의 경제질서는 사유재산제를 바탕으로 하고 자유경쟁을 존중하는 자유시장경제질서를 기본으로 하면서도 이에 수반되는 갖가지 모순을 제거하고 사회복지·사회정의를 실현하기 위하여 국가적 규제와 조정을 용인하는 사회적 시장경제질서로서의 성격을 띠고 있다(헌재 2001.6.28, 2001헌마132).

15 헌법상 경제조항에 대한 설명으로 옳은 것은? (다툼이 있는 경우 판례에 의함)

22. 지방직 7급

① 헌법 제119조 제2항은 국가가 경제영역에서 실현하여야 할 목표의 하나로서 적정한 소득의 분배를 들고 있지만, 이로부터 반드시 소득에 대하여 누진세율에 따른 종합과세를 시행하여야 할 구체적인 헌법적 의무가 조세입법자에게 부과되는 것이라고 할 수 없다.

② 헌법 제119조 제2항에 규정된 경제주체간의 조화를 통한 경제민주화의 이념은 경제영역에서 정의로운 사회질서를 형성하기 위하여 추구할 수 있는 국가목표에 그치므로 개인의 기본권을 제한하는 국가행위를 정당화하는 헌법규범이라고 볼 수 없다.

③ 경제적 기본권을 제한하는 법률의 합헌성 여부를 심사하는 경우, 그 법률을 정당화하는 공익은 헌법에 명시적으로 규정된 목표에만 제한된다.

④ 주택재개발사업에서 부과하는 임대주택공급의무는 재개발로 발생하는 세입자들의 주거문제를 해결하기 위한 제도이고, 재건축사업에서 임대주택공급제도는 개발이익의 환수차원에서 부과되는 의무라 할 것이므로, 두 사업 모두에 임대주택공급의무를 부과하는 것은 재건축조합의 조합원 등의 평등권을 침해하고 있다.

해설

① [O] 헌법 제119조 제2항은 국가가 경제영역에서 실현하여야 할 목표의 하나로서 "적정한 소득의 분배"를 들고 있지만, 이로부터 반드시 소득에 대하여 누진세율에 따른 종합과세를 시행하여야 할 구체적인 헌법적 의무가 조세입법자에게 부과되는 것이라고 할 수 없다. 오히려 입법자는 사회·경제정책을 시행함에 있어서 소득의 재분배라는 관점만이 아니라 서로 경쟁하고 충돌하는 여러 목표, 예컨대 "균형있는 국민경제의 성장 및 안정", "고용의 안정" 등을 함께 고려하여 서로 조화시키려고 시도하여야 하고, 끊임없이 변화하는 사회·경제상황에 적응하기 위하여 정책의 우선순위를 정할 수도 있다(헌재 1999.11.25, 98헌마55).

② [×] 헌법 제119조 제2항에 규정된 '경제주체간의 조화를 통한 경제민주화'의 이념은 경제영역에서 정의로운 사회질서를 형성하기 위하여 추구할 수 있는 국가목표로서 개인의 기본권을 제한하는 국가행위를 정당화하는 헌법규범이다(헌재 2003.11.27, 2001헌바35).

③ [×] 경제적 기본권의 제한을 정당화하는 공익이 헌법에 명시적으로 규정된 목표에만 제한되는 것은 아니고, 헌법은 단지 국가가 실현하려고 의도하는 전형적인 경제목표를 예시적으로 구체화하고 있을 뿐이므로 기본권의 침해를 정당화할 수 있는 모든 공익을 아울러 고려하여 법률의 합헌성 여부를 심사하여야 한다(헌재 1996.12.26, 96헌가18).

④ [×] 임대주택공급의무는 이 사건 재건축사업뿐만이 아니라 재개발사업에도 부과되고 있으나, 주택재개발사업에서 부과하는 임대주택공급의무는 재개발로 발생하는 세입자들의 주거문제를 해결하기 위한 제도이고, 이 사건 재건축임대주택공급제도는 개발이익의 환수차원에서 부과되는 의무라 할 것이므로 두 사업 모두에 임대주택공급의무를 부과하고 있더라도 이것이 평등권을 침해하고 있다고는 볼 수 없다(헌재 2008.10.30, 2005헌마222).

■ 국제질서

01 헌법 제6조에 관한 설명으로 가장 적절한 것은? (다툼이 있는 경우 헌법재판소 판례에 의함) 24. 경찰 2차

① 국제법존중주의는 국제법과 국내법의 동등한 효력을 인정한다는 취지이므로, '유엔 시민적·정치적 권리 규약 위원회'가 국가보안법의 폐지나 개정을 권고하였다는 이유만으로도 이적행위조항과 이적표현물 소지조항은 국제법존중주의에 위배된다.

② '시민적 및 정치적 권리에 관한 국제규약'(이하 '자유권규약')은 국내법체계상에서 법률적 효력을 가지므로, 헌법에서 명시적으로 입법위임을 하고 있거나 우리 헌법의 해석상 입법의무가 발생하는 경우가 아니라도, 자유권규약이 명시적으로 입법을 요구하고 있거나 그 해석상 국가의 기본권보장의무가 인정되는 경우에는 곧바로 국가의 입법의무가 도출된다.

③ '국제통화기금협정' 제9조 제3항(사법절차의 면제) 및 제8항(직원 및 피용자의 면제와 특권)은 국회의 동의를 얻어 체결된 것으로서, 헌법 제6조 제1항에 따라 국내법적, 법률적 효력을 가지는 바, 가입국의 재판권 면제에 관한 것이므로 성질상 국내에 바로 적용될 수 있는 법규범으로서 위헌법률심판의 대상이 된다.

④ '세계무역기구설립을위한마라케쉬협정'은 적법하게 체결되어 공포된 조약이므로 국내법과 같은 효력을 갖는 것이지만, 그로 인하여 새로운 범죄를 구성하거나 범죄자에 대한 처벌이 가중되는 것은 법률에 의하지 아니한 형사처벌이다.

해설

③ [O] 이 사건 조항[국제통화기금협정 제9조(지위, 면제 및 특권) 제3항(사법절차의 면제) 및 제8항(직원 및 피용자의 면제와 특권), 전문기구의특권과면제에관한협약 제4절, 제19절(a)]은 각 국회의 동의를 얻어 체결된 것으로서, 헌법 제6조 제1항에 따라 국내법적, 법률적 효력을 가지는바, 가입국의 재판권 면제에 관한 것이므로 성질상 국내에 바로 적용될 수 있는 법규범으로서 위헌법률심판의 대상이 된다(헌재 2001.9.27, 2000헌바20).

① [×] 청구인은 이적행위조항과 이적표현물 소지조항이 국제법존중주의에 위배된다고 주장한다. 그러나 헌법 제6조 제1항에서 선언하고 있는 국제법존중주의는 국제법과 국내법의 동등한 효력을 인정한다는 취지일 뿐이므로 유엔 자유권위원회가 국가보안법의 폐지나 개정을 권고하였다는 이유만으로 이적행위조항과 이적표현물 소지조항이 국제법존중주의에 위배되는 것은 아니다(헌재 2024.2.28, 2023헌바381).

정답 | 14 ③ 15 ① 01 ③

② [×] '시민적 및 정치적 권리에 관한 국제규약'(이하 '자유권규약'이라 한다)의 조약상 기구인 자유권규약위원회의 견해는 규약을 해석함에 있어 중요한 참고기준이 되고, 규약 당사국은 그 견해를 존중하여야 한다. … 자유권규약위원회의 견해가 규약 당사국의 국내법 질서와 충돌할 수 있고, 그 이행을 위해서는 각 당사국의 역사적, 사회적, 정치적 상황 등이 충분히 고려될 필요가 있으므로, 우리 입법자가 자유권규약위원회의 견해(Views)의 구체적인 내용에 구속되어 그 모든 내용을 그대로 따라야만 하는 의무를 부담한다고 볼 수는 없다. … 따라서 우리나라가 자유권규약의 당사국으로서 자유권규약위원회의 견해를 존중하고 고려하여야 한다는 점을 감안하더라도, 피청구인에게 이 사건 견해에 언급된 구제조치를 그대로 이행하는 법률을 제정할 구체적인 입법의무가 발생하였다고 보기는 어려우므로, 이 사건 심판청구는 헌법소원심판의 대상이 될 수 없는 입법부작위를 대상으로 한 것으로서 부적법하다(헌재 2018.7.26, 2011헌마306 등).

④ [×] 마라케쉬협정도 적법하게 체결되어 공포된 조약이므로 국내법과 같은 효력을 갖는 것이어서 그로 인하여 새로운 범죄를 구성하거나 범죄자에 대한 처벌이 가중된다고 하더라도 이것은 국내법에 의하여 형사처벌을 가중한 것과 같은 효력을 갖게 되는 것이다. 따라서 마라케쉬협정에 의하여 관세법위반자의 처벌이 가중된다고 하더라도 이를 들어 법률에 의하지 아니한 형사처벌이라거나 행위시의 법률에 의하지 아니한 형사처벌이라고 할 수 없다(헌재 1998.11.26, 97헌바65).

02 국제법존중주의에 대한 설명으로 옳은 것은?

24. 국가직 7급

① 국제법존중주의는 국제법과 국내법의 동등한 효력을 인정한다는 취지인바, '유엔 시민적 · 정치적 권리규약 위원회'가 국가보안법의 폐지나 개정을 권고하였으므로 국가보안법 제7조 제1항 중 '찬양 · 고무 · 선전 또는 이에 동조한 자'에 관한 부분은 국제법존중주의에 위배된다.

② 국제노동기구협약 제135호 기업의 근로자 대표에게 제공되는 보호 및 편의에 관한 협약 제2조 제1항은 근로자대표가 직무를 신속 · 능률적으로 수행할 수 있도록 기업으로부터 적절한 편의가 제공되어야 한다고 규정하고 있는바, 노조전임자 급여 금지, '근로시간 면제 제도' 및 노동조합이 이를 위반하여 급여 지급을 요구하고 이를 관철할 목적의 쟁의행위를 하는 것을 금지하는 노동조합 및 노동관계조정법 해당 조항들은 위 협약에 배치되므로 국제법존중주의 원칙에 위배된다.

③ 우리 헌법에서 명시적으로 입법위임을 하고 있거나 우리 헌법의 해석상 입법의무가 발생하는 경우가 아니더라도, 국제인권규범이 명시적으로 입법을 요구하고 있거나 국제인권규범의 해석상 국가의 기본권보장의무가 인정되는 경우에는 곧바로 국가의 입법의무가 도출된다.

④ 국제법존중주의는 우리나라가 가입한 조약과 일반적으로 승인된 국제법규가 국내법과 같은 효력을 가진다는 것으로서 조약이나 국제법규가 국내법에 우선한다는 것은 아니다.

해설

④ [O] 헌법 제6조 제1항의 국제법 존중주의는 우리나라가 가입한 조약과 일반적으로 승인된 국제법규가 국내법과 같은 효력을 가진다는 것으로서 조약이나 국제법규가 국내법에 우선한다는 것은 아니다(헌재 2001.4.26, 99헌가13).

① [×] 청구인은 이적행위조항과 이적표현물 소지조항이 국제법존중주의에 위배된다고 주장한다. 그러나 헌법 제6조 제1항에서 선언하고 있는 국제법존중주의는 국제법과 국내법의 동등한 효력을 인정한다는 취지일 뿐이므로 유엔 자유권위원회가 국가보안법의 폐지나 개정을 권고하였다는 이유만으로 이적행위조항과 이적표현물 소지조항이 국제법존중주의에 위배되는 것은 아니다(헌재 2024.2.28, 2023헌바381).

② [×] 국제노동기구협약 제135호 '기업의 근로자 대표에게 제공되는 보호 및 편의에 관한 협약' 제2조 제1항은 "근로자대표에 대하여 그 지위나 활동을 이유로 불리한 조치를 할 수 없고, 근로자대표가 직무를 신속 · 능률적으로 수 행할 수 있도록 기업으로부터 적절할 편의가 제공되어야 한다."고 정하고 있는데, 노조전임자에 대한 급여 지급 금지에 대한 절충안으로 근로시간 면제 제도가 도입된 이상, 이 사건 노조법 조항들이 위 협약에 배치된다고 보기 어렵다. 따라서 이 사건 노조법조항들은 국제법 존중주의 원칙에 위배되지 않는다(헌재 2014.5.29, 2010헌마606).

③ [×] 자유권규약위원회의 견해가 규약 당사국의 국내법 질서와 충돌할 수 있고, 그 이행을 위해서는 각당사국의 역사적, 사회적, 정치적 상황 등이 충분히 고려될 필요가 있으므로, 우리 입법자가 자유권규약위원회의 견해(Views)의 구체적인 내용에 구속되어 그 모든 내용을 그대로 따라야만 하는 의무를 부담한다고 볼 수는 없다. 나아가 기존에 유죄판결을 받은 양심적 병역거부자에 대해 전과기록 말소 등의 구제조치를 할 것인지에 대하여는 입법자에게 광범위한 입법재량이 부여되어 있다고 보아야 한다. 따라서 우리나라가 자유권규약의 당사국으로서 자유권규약위원회의 견해를 존중하고 고려하여야 한다는 점을 감안하더라도, 피청구인에게 이 사건 견해에 언급된 구제조치를 그대로 이행하는 법률을 제정할 구체적인 입법의무가 발생하였다고 보기는 어려우므로, 이 사건 심판청구는 헌법소원심판의 대상이 될 수 없는 입법부작위를 대상으로 한 것으로서 부적법하다(헌재 2018.7.26, 2011헌마306).

03 국제평화주의 및 문화국가 원리에 대한 설명으로 가장 적절하지 않은 것은? (다툼이 있는 경우 헌법재판소 판례에 의함)

25. 경찰간부

① '시민적 및 정치적 권리에 관한 국제규약'(자유권규약)의 조약상 기구인 자유권규약위원회의 견해(Views)는 규약당사국이 존중해야 하므로, 그 견해에 따라 우리 입법자는 기존에 유죄판결을 받은 양심적병역거부자에 대해 전과기록말소 등의 구제조치를 할 입법의무가 발생한다.

② 국내에 주소 등을 두고 있지 아니한 원고에게 법원이 소송비용담보제공명령을 하도록 한 구 민사소송법 제117조 제1항이 주로 외국인에게 적용된다는 사정만으로 외국인의 지위를 침해하는 법률조항이라고 할 수는 없으므로 헌법 제6조 제2항에 위배되지 아니한다.

③ 헌법 전문과 헌법 제9조에서 말하는 "전통", "전통문화"란 역사성과 시대성을 띤 개념으로서 헌법의 가치질서, 인류의 보편가치, 정의와 인도정신 등을 고려하여 오늘날의 의미로 포착하여야 한다.

④ 국가가 민족문화유산을 보호하고자 하는 경우 이에 관한 헌법적 보호법익은 '민족문화유산의 존속' 그 자체를 보장하는 것이고, 원칙적으로 민족문화유산의 훼손등에 관한 가치보상(價値補償)이 있는지 여부는 이러한 헌법적 보호법익과 직접적인 관련이 없다.

해설

① [×] '시민적 및 정치적 권리에 관한 국제규약'(이하 '자유권규약'이라 한다)의 조약상 기구인 자유권규약위원회의 견해는 규약을 해석함에 있어 중요한 참고기준이 되고, 규약 당사국은 그 견해를 존중하여야 한다. … 기존에 유죄판결을 받은 양심적 병역거부자에 대해 전과기록 말소 등의 구제조치를 할 것인지에 대하여는 입법자에게 광범위한 입법재량이 부여되어 있다고 보아야 한다. 따라서 우리나라가 자유권규약의 당사국으로서 자유권규약위원회의 견해를 존중하고 고려하여야 한다는 점을 감안하더라도, 피청구인에게 이 사건 견해에 언급된 구제조치를 그대로 이행하는 법률을 제정할 구체적인 입법의무가 발생하였다고 보기는 어려우므로, 이 사건 심판청구는 헌법소원심판의 대상이 될 수 없는 입법부작위를 대상으로 한 것으로서 부적법하다(헌재 2018.7.26, 2011헌마306).

② [O] 우리나라에 효력이 있는 국제법과 조약 중 국내에 주소 등을 두고 있지 아니한 외국인이 소를 제기한 경우에 소송비용 담보제공명령을 금지하는 국제법이나 조약을 찾아볼 수 없을 뿐만 아니라, 구 민사소송법 제117조 제1항은 그 적용대상을 외국인으로 한정하고 있지 아니하고, 앞서 본 바와 같이 위 조항이 외국인을 포함하여 국내에 주소 등을 두고 있지 아니한 원고의 재판청구권을 침해한다고 볼 수 없으므로, 위 법률조항이 주로 외국인에게 적용된다는 사정만으로 외국인의 지위를 침해하는 법률조항이라고 할 수는 없다. 따라서 구 민사소송법 제117조 제1항은 헌법 제6조 제2항에 위배되지 아니한다(헌재 2011.12.29, 2011헌바57).

③ [O] 헌법 전문과 헌법 제9조에서 말하는 "전통", "전통문화"란 역사성과 시대성을 띤 개념으로서 헌법의 가치질서, 인류의 보편가치, 정의와 인도정신 등을 고려하여 오늘날의 의미로 포착하여야 하며, 가족제도에 관한 전통·전통문화란 적어도 그것이 가족제도에 관한 헌법이념인 개인의 존엄과 양성의 평등에 반하는 것이어서는 안 된다는 한계가 도출되므로, 전래의 어떤 가족제도가 헌법 제36조 제1항이 요구하는 개인의 존엄과 양성평등에 반한다면 헌법 제9조를 근거로 그 헌법적 정당성을 주장할 수는 없다(헌재 2005.2.3, 2001헌가9 등).

④ [O] 헌법 제9조의 규정취지와 민족문화유산의 본질에 비추어 볼 때, 국가가 민족문화유산을 보호하고자 하는 경우 이에 관한 헌법적 보호법익은 '민족문화유산의 존속' 그 자체를 보장하는 것이고, 원칙적으로 민족문화유산의 훼손등에 관한 가치보상이 있는지 여부는 이러한 헌법적 보호법익과 직접적인 관련이 없다(헌재 2003.1.30, 2001헌바64).

정답 | 02 ④ 03 ①

04 국제법에 대한 설명으로 옳지 않은 것은? (다툼이 있는 경우 판례에 의함) 25. 입법고시

① 외교관계에 관한 비엔나협약상 외교관 등을 파견한 국가는 판결의 집행으로부터의 면제의 특권을 포기할 수 있는 것인바, 동 협약에 가입하여 외국의 대사관저에 대하여 강제집행을 할 수 없다는 이유로 국가가 손실을 보상하는 법률을 제정하여야 할 헌법상의 명시적인 입법위임이 인정되는 것은 아니다.

② 국제노동기구(ILO) 산하 '결사의 자유위원회'의 권고는 국내법과 같은 효력이 있거나 일반적으로 승인된 국제법규라고 볼 수 없다.

③ 헌법에 따라 적법하게 체결되어 공포된 조약은 국내법과 같은 효력을 갖지만, 조약으로 새로운 범죄를 구성하거나 범죄자에 대한 처벌이 가중되는 것은 법률에 의하지 아니한 형사처벌이고 행위시의 법률에 의하지 아니한 형사처벌에 해당하여 죄형법정주의의 원칙에 위배된다.

④ 전 세계적으로 양심적 병역거부권의 보장에 관한 일반적으로 승인된 국제법규가 존재한다거나 국제관습법이 형성되었다고 할 수 없다.

⑤ 미국산 쇠고기 및 쇠고기 제품 수입위생조건(구 농림수산식품부 고시)은 국회의 동의를 받아야 하는 조약에 해당하지 않는다.

해설

③ [×] 마라케쉬협정도 적법하게 체결되어 공포된 조약이므로 국내법과 같은 효력을 갖는 것이어서 그로 인하여 새로운 범죄를 구성하거나 범죄자에 대한 처벌이 가중된다고 하더라도 이것은 국내법에 의하여 형사처벌을 가중한 것과 같은 효력을 갖게 되는 것이다. 따라서 마라케쉬협정에 의하여 관세법위반자의 처벌이 가중된다고 하더라도 이를 들어 법률에 의하지 아니한 형사처벌이라거나 행위시의 법률에 의하지 아니한 형사처벌이라고 할 수 없으므로, 마라케쉬협정에 의하여 가중된 처벌을 하게 된 구 특가법 제6조 제2항 제1호나 농안법 제10조의3이 죄형법정주의에 어긋나거나 청구인의 기본적 인권과 신체의 자유를 침해하는 것이라고 할 수 없다(헌재 1998.11.26, 97헌바65).

① [O] 외교관계에관한비엔나협약 제32조 제1항과 제4항에 의하여 외교관 등을 파견한 국가는 판결의 집행으로부터의 면제의 특권을 포기할 수도 있는 것이므로 위 협약에 가입하는 것이 바로 헌법 제23조 제3항 소정의 '공공필요에 의한 재산권의 제한'에 해당하는 것은 아니다. 외국의 대사관저에 대하여 강제집행을 할 수 없다는 이유로 집달관이 청구인들의 강제집행의 신청의 접수를 거부하여 강제집행이 불가능하게 된 경우 국가가 청구인들에게 손실을 보상하는 법률을 제정하여야 할 헌법상의 명시적인 입법위임은 인정되지 아니하고, 헌법의 해석으로도 그러한 법률을 제정함으로써 청구인들의 기본권을 보호하여야 할 입법자의 행위의무 내지 보호의무가 발생하였다고 볼 수 없다(헌재 1998.5.28, 96헌마44).

② [O] 국제노동기구 산하 '결사의 자유위원회'의 권고는 국내법과 같은 효력이 있거나 일반적으로 승인된 국제법규라고 볼 수 없고, 앞서 검토한 바와 같이 이 사건 노조법 조항들이 국제노동기구의 관련 협약 및 권고와 충돌하지 않는 이유와 마찬가지로 개정 노조법에서 노조전임자가 사용자로부터 급여를 지급받는 것을 금지함과 동시에 그 절충안으로 근로시간 면제 제도를 도입한 이상 이 사건 노조법 조항들이 결사의 자유위원회의 권고 내용과 배치된다고 보기도 어렵다. 그러므로 이 사건 노조법 조항들은 헌법상 국제법 존중주의 원칙에 위배되지 않는다(헌재 2014.5.29, 2010헌마606).

④ [O] 유럽 등의 일부국가에서 양심적 병역거부권이 보장된다고 하더라도 전 세계적으로 양심적 병역거부권의 보장에 관한 국제관습법이 형성되었다고 할 수 없어 양심적 병역거부가 일반적으로 승인된 국제법규로서 우리나라에 수용될 수는 없으므로, 이 사건 법률조항에 의하여 양심적 병역거부자를 형사처벌한다고 하더라도 국제법 존중의 원칙을 선언하고 있는 헌법 제6조 제1항에 위반된다고 할 수 없다(헌재 2011.8.30, 2007헌가12 등).

⑤ [O] 이 사건 고시가 헌법 제60조 제1항에서 말하는 조약에 해당하지 아니함이 분명하므로 국회의 동의를 받아야 하는 것은 아니고, 한편 이 사건 고시에서 "미국 연방 육류검사법에 기술된 대로" 미국산 쇠고기를 정의한다거나[제1조(1)], 미국정부가 제1조(9)(나)의 적용과 관련하여 "미국 규정[9CFR310.22(a)]에 정의된" 것을 제거한다(부칙 제5항)고 규정함으로써 미국의 법률 또는 규정을 원용하고 있으나, 이는 미국과의 이 사건 쇠고기 협상 내용을 반영할 수밖에 없는 이 사건 고시의 국제통상적인 성격과 전문적이고 기술적인 규율 내용 등을 고려한 표기방식에 불과한 만큼 이러한 표기에 의하여 미국의 법령이 국내법과 같은 효력을 가질 수는 없는 것이므로, 이와 다른 전제에 선 청구인들의 이 부분 주장은 위 헌법규정 위반이 기본권 보호의무 위반으로 귀결되는 것인지 여부에 대하여 더 나아가 살펴볼 필요 없이 이유 없다(헌재 2008.12.26, 2008헌마419).

05 국제법존중주의에 관한 설명으로 가장 적절한 것은? (다툼이 있는 경우 헌법재판소 판례에 의함) 25. 경찰 1차

① '유엔 시민적 · 정치적 권리 규약 위원회'가 국가보안법의 폐지나 개정을 권고하였다는 이유만으로 이적행위조항과 이적표현물 소지조항이 국제법존중주의에 위배되는 것은 아니다.

② "세계인권선언"은 인권 및 기본적 자유의 보편적인 존중과 준수의 촉진을 위하여 모든 국민과 모든 나라가 달성하여야할 공통의 기준으로 선언하는 의미가 있으므로, 그 선언내용인 각 조항은 바로 보편적인 법적 구속력을 가지거나 국제법적 효력을 갖는다.

③ 국제노동기구의 '결사의 자유위원회'나 국제연합의 '경제적 · 사회적 및 문화적 권리위원회' 및 경제협력개발기구(OECD)의 '노동조합자문위원회'가 우리나라에 대하여 가능한 한 빨리 모든 영역의 공무원들에게 노동3권을 보장할 것을 권고하고 있으므로, 이를 위헌심사 척도로 삼을 수 있다.

④ 개인통보에 대한 '시민적 및 정치적 권리에 관한 국제규약'의 조약상 기구인 자유권규약위원회의 견해(Views)는 사법적인 판결이나 결정과 같은 법적 구속력이 인정된다고 볼 것이다.

해설

① [O] 헌법 제6조 제1항에서 선언하고 있는 국제법존중주의는 국제법과 국내법의 동등한 효력을 인정한다는 취지일 뿐이므로 유엔 자유권위원회가 국가보안법의 폐지나 개정을 권고하였다는 이유만으로 이적행위조항과 이적표현물 소지조항이 국제법존중주의에 위배되는 것은 아니다(헌재 2024.2.28, 2023헌바381).

② [×] "세계인권선언"에 관하여 보면, … 모든 국민과 모든 나라가 달성하여야 할 공통의 기준으로 선언하는 의미는 있으나 그 선언내용인 각 조항이 바로 보편적인 법적구속력을 가지거나 국제법적 효력을 갖는 것으로 볼 것은 아니다(헌재 2005.10.27, 2003헌바50 등).

③ [×] 국제노동기구의 '결사의 자유위원회'나 국제연합의 '경제적 · 사회적 및 문화적 권리위원회' 및 경제협력개발기구(OECD)의 '노동조합자문위원회' 등의 국제기구들이 우리나라에 대하여 가능한 한 빨리 모든 영역의 공무원들에게 노동3권을 보장할 것을 권고하고 있다고 하더라도 이를 위 법률조항의 위헌심사 척도로 삼을 수는 없다(헌재 1998.7.16, 97헌바23).

④ [×] 자유권규약위원회의 심리가 서면으로 비공개로 진행되는 점 등을 고려하면, 개인통보에 대한 자유권규약위원회의 견해(Views)에 사법적인 판결이나 결정과 같은 법적 구속력이 인정된다고 단정하기는 어렵다. 또한, 자유권규약위원회의 견해가 규약 당사국의 국내법 질서와 충돌할 수 있고, 그 이행을 위해서는 각 당사국의 역사적, 사회적, 정치적 상황 등이 충분히 고려될 필요가 있으므로, 우리 입법자가 자유권규약위원회의 견해(Views)의 구체적인 내용에 구속되어 그 모든 내용을 그대로 따라야만 하는 의무를 부담한다고 볼 수는 없다(헌재 2018.7.26, 2011헌마306 등).

06 조약 및 국제법규에 대한 설명으로 가장 적절하지 않은 것은? (다툼이 있는 경우 판례에 의함) 21. 경찰승진

① 대한민국과 아메리카합중국간의 상호방위조약 제4조에 의한 시설과 구역 및 대한민국에서의 합중국군대의 지위에 관한 협정은 국회의 관여 없이 체결되는 행정협정이므로 국회의 동의를 요하지 않는다.

② 국회는 상호원조 또는 안전보장에 관한 조약, 중요한 국제조직에 관한 조약, 우호통상항해조약, 주권의 제약에 관한 조약, 강화조약, 국가나 국민에게 중대한 재정적 부담을 지우는 조약 또는 입법사항에 관한 조약의 체결 · 비준에 대한 동의권을 가진다.

③ 국제노동기구의 제87호 협약(결사의 자유 및 단결권 보장에 관한 협약), 제98호 협약(단결권 및 단체교섭권에 대한 원칙의 적용에 관한 협약), 제151호 협약(공공부문에서의 단결권 보호 및 고용조건의 결정을 위한 절차에 관한 협약)은 헌법 제6조 제1항에서 말하는 일반적으로 승인된 국제법규로서 헌법적 효력을 갖는 것이 아니다.

④ 우루과이라운드의 협상결과 체결된 마라케쉬협정은 적법하게 체결되어 공포된 조약이다.

정답 | 04 ③ 05 ① 06 ①

해설

① [×] 이 사건 조약은 그 명칭이 "협정"으로 되어 있어 국회의 관여 없이 체결되는 행정협정처럼 보이기도 하나 우리나라의 입장에서 볼 때에는 외국군대의 지위에 관한 것이고, 국가에게 재정적 부담을 지우는 내용과 입법사항을 포함하고 있으므로 국회의 동의를 요하는 조약으로 취급되어야 한다(헌재 1999.4.29, 97헌가14).

② [O] 헌법 제60조 제1항

③ [O] 국제노동기구 제87호 협약(결사의 자유 및 단결권 보장에 관한 협약), 제98호 협약(단결권 및 단체교섭권에 대한 원칙의 적용에 관한 협약), 제151호 협약(공공부문에서의 단결권 보호 및 고용조건의 결정을 위한 절차에 관한 협약)에 대하여는 우리나라가 비준한 바가 없고, 헌법 제6조 제1항에서 말하는 일반적으로 승인된 국제법규로서 헌법적 효력을 갖는 것이라고 볼 만한 근거도 없으므로, 이 사건 심판대상조항들에 대한 위헌심사의 척도가 될 수 없다(헌재 2008.12.26, 2006헌마518).

④ [O] 마라케쉬협정도 적법하게 체결되어 공포된 조약이므로 국내법과 같은 효력을 갖는 것이어서 그로 인하여 새로운 범죄를 구성하거나 범죄자에 대한 처벌이 가중된다고 하더라도 이것은 국내법에 의하여 형사처벌을 가중한 것과 같은 효력을 갖게 되는 것이다. 따라서 마라케쉬협정에 의하여 관세법위반자의 처벌이 가중된다고 하더라도 이를 들어 법률에 의하지 아니한 형사처벌이라거나 행위시의 법률에 의하지 아니한 형사처벌이라고 할 수 없다(헌재 1998.11.26, 97헌바65).

07 국제평화주의와 국제법존중주의에 대한 설명으로 옳지 않은 것은? (다툼이 있는 경우 판례에 의함)

22. 입법고시

① 헌법 제6조 제1항의 국제법존중주의는 우리나라가 가입한 조약과 일반적으로 승인된 국제법규가 국내법과 같은 효력을 가진다는 것으로서 조약이나 국제법규가 국내법에 우선한다는 것은 아니다.

② 평화적 생존권은 이를 헌법에 열거되지 아니한 기본권으로서 특별히 새롭게 인정할 필요성이 있다거나 그 권리내용이 비교적 명확하여 구체적 권리로서의 실질에 부합한다고 보기 어려워 헌법상 보장된 기본권이라고 할 수 없다.

③ 국회는 상호원조 또는 안전보장에 관한 조약, 중요한 국제조직에 관한 조약, 우호통상항해조약, 주권에 관한 조약, 강화조약, 국가나 국민에게 중대한 재정적 부담을 지우는 조약 또는 입법 사항에 관한 조약의 체결·비준에 대한 동의권을 갖는다.

④ 조약은 국가·국제기구 등 국제법 주체 사이에 권리의무관계를 창출하기 위하여 서면 형식으로 체결되고 국제법에 의하여 규율되는 합의라고 할 수 있다.

⑤ 조약의 체결·비준의 주체인 대통령이 국회의 동의를 필요로 하는 조약에 대하여 국회의 동의절차를 거치지 아니한 채 체결·비준하는 경우 국회의원의 심의·표결권을 침해한 것이다.

해설

⑤ [×] 조약의 체결·비준의 주체인 피청구인이 국회의 동의를 필요로 하는 조약에 대하여 국회의 동의절차를 거치지 아니한 채 체결·비준하는 경우 국회의 조약에 대한 체결·비준 동의권이 침해되는 것이므로, 이를 다투는 권한쟁의심판의 당사자는 국회가 되어야 할 것이다. … 권한쟁의심판에 있어 '제3자 소송담당'을 허용하는 법률의 규정이 없는 현행법 체계하에서 국회의 구성원인 청구인들은 국회의 조약에 대한 체결·비준 동의권의 침해를 주장하는 권한쟁의심판을 청구할 수 없다 할 것이므로, 청구인들의 이 부분 심판청구는 청구인적격이 없어 부적법하다(헌재 2007.7.26, 2005헌라8).

① [O] 헌법 제6조 제1항의 국제법 존중주의는 우리나라가 가입한 조약과 일반적으로 승인된 국제법규가 국내법과 같은 효력을 가진다는 것으로서 조약이나 국제법규가 국내법에 우선한다는 것은 아니다(헌재 2001.4.26, 99헌가13).

② [O] 평화적 생존권이란 이름으로 주장하고 있는 평화란 헌법의 이념 내지 목적으로서 추상적인 개념에 지나지 아니하고, 평화적 생존권은 이를 헌법에 열거되지 아니한 기본권으로서 특별히 새롭게 인정할 필요성이 있다거나 그 권리내용이 비교적 명확하여 구체적 권리로서의 실질에 부합한다고 보기 어려워 헌법상 보장된 기본권이라고 할 수 없다(헌재 2009.5.28, 2007헌마369).

③ [O]

> 헌법 제60조 ① 국회는 상호원조 또는 안전보장에 관한 조약, 중요한 국제조직에 관한 조약, 우호통상항해조약, 주권의 제약에 관한 조약, 강화조약, 국가나 국민에게 중대한 재정적 부담을 지우는 조약 또는 입법사항에 관한 조약의 체결·비준에 대한 동의권을 가진다.

④ [O] 조약은 '국가 · 국제기구 등 국제법 주체 사이에 권리의무관계를 창출하기 위하여 서면 형식으로 체결되고 국제법에 의하여 규율되는 합의'이다(헌재 2008.3.27, 2006헌라4).

▶ 국제법적으로, 조약은 국제법 주체들이 일정한 법률효과를 발생시키기 위하여 체결한 국제법의 규율을 받는 국제적 합의를 말하며 서면에 의한 경우가 대부분이지만 예외적으로 구두합의도 조약의 성격을 가질 수 있다(헌재 2019.12.27, 2016헌마253).

08 헌법상 국제질서에 관한 설명 중 옳은 것은? (다툼이 있는 경우 판례에 의함)

23. 변호사

① 이른바 한미주둔군지위협정(SOFA)은 비록 그 내용이 외국군대의 지위에 관한 것이고 국민에게 재정적 부담을 지우는 입법사항을 포함하고 있다 하더라도, 그 명칭이 협정으로 되어 있어 국회의 동의 없이 체결될 수 있는 행정협정에 해당한다.

② 헌법에 따라 적법하게 체결되어 공포된 조약은 국내법과 동일한 효력을 갖지만, 죄형법정주의원칙상 조약으로 새로운 범죄를 구성하거나 범죄자에 대한 처벌을 가중할 수 없다.

③ 지급거절될 것을 예견하고 수표를 발행한 사람이 그 수표의 지급제시기일에 수표금이 지급되지 아니하게 한 경우 수표의 발행인을 처벌하는 것은, 계약상 의무의 이행불능만을 이유로 구금하는 것을 금지한 시민적 및 정치적 권리에 관한 국제규약에 정면으로 배치되지 않아 국제법 존중주의에 위배되지 않는다.

④ 헌법에 의하여 체결 · 공포된 조약과 달리 일반적으로 승인된 국제법규는 헌법절차에 의해서 승인되었다고 볼 수 없으므로 국내법과 같은 효력을 갖지 않는다.

⑤ 이라크 파병 결정은 고도의 정치적 결단을 요하는 문제이므로, 그것이 헌법과 법률이 정한 절차를 준수했는지, 그리고 이라크 전쟁이 국제규범에 어긋나는 침략전쟁인지 등에 대하여 사법적 기준으로 심판하는 것은 자제되어야 한다.

해설

③ [O] 이 사건 법률조항에서 규정하고 있는 부정수표 발행행위는 지급제시될 때에 지급거절될 것을 예견하면서도 수표를 발행하여 지급거절에 이르게 하는 것으로 그 보호법익은 수표거래의 공정성이며 결코 '계약상 의무의 이행불능만을 이유로 구금' 되는 것이 아니므로 국제법 존중주의에 입각한다 하더라도 국제연합 인권규약 제11조의 명문에 정면으로 배치되는 것이 아니다(헌재 2001.4.26, 99헌가13).

① [×] 이 사건 조약은 그 명칭이 "협정"으로 되어있어 국회의 관여없이 체결되는 행정협정처럼 보이기도 하나 우리나라의 입장에서 볼 때에는 외국군대의 지위에 관한 것이고, 국가에게 재정적 부담을 지우는 내용과 근로자의 지위, 미군에 대한 형사재판권, 민사청구권 등 입법사항을 포함하고 있으므로 국회의 동의를 요하는 조약으로 취급되어야 하는 것이다(헌재 1999.4.29, 97헌가14).

② [×] 마라케쉬협정도 적법하게 체결되어 공포된 조약이므로 국내법과 같은 효력을 갖는 것이어서 그로 인하여 새로운 범죄를 구성하거나 범죄자에 대한 처벌이 가중된다고 하더라도 이것은 국내법에 의하여 형사처벌을 가중한 것과 같은 효력을 갖게 되는 것이다. 따라서 마라케쉬협정에 의하여 관세법위반자의 처벌이 가중된다고 하더라도 이를 들어 법률에 의하지 아니한 형사처벌이라거나 행위시의 법률에 의하지 아니한 형사처벌이라고 할 수 없다(헌재 1998.11.26, 97헌바65).

④ [×]

헌법 제6조 ① 헌법에 의하여 체결 · 공포된 조약과 일반적으로 승인된 국제법규는 국내법과 같은 효력을 가진다.

⑤ [×] 이 사건 파견결정은 그 성격상 국방 및 외교에 관련된 고도의 정치적 결단을 요하는 문제로서, 헌법과 법률이 정한 절차를 지켜 이루어진 것임이 명백하므로, 대통령과 국회의 판단은 존중되어야 하고 우리 재판소가 사법적 기준만으로 이를 심판하는 것은 자제되어야 한다(헌재 2004.4.29, 2003헌마814).

정답 | 07 ⑤ 08 ③

제5절 | 한국헌법의 기본제도

■ 정당제도

01 정당에 관한 설명으로 가장 적절하지 않은 것은? (다툼이 있는 경우 판례에 의함) 24. 경찰 2차

① 정당은 개인과 국가를 잇는 중간매체로서, 정당의 중개인적 역할로 말미암아 국민의 정치적 의사는 선거를 통하지 아니하고도 국가기관 의사결정에 영향력을 미칠 수 있다.

② 정당이 헌법재판소 정당해산결정에 따라 해산된 경우 그 결정 취지에서 그 소속 비례대표지방의회의원의 의원직 상실이 곧바로 도출된다고 할 수 없다.

③ 헌법이 특별히 정당설립의 자유와 복수정당제를 보장하고, 정당의 해산을 엄격한 요건 아래 인정하면서 정당을 특별히 보호한다고 하여도, 정당은 국민의 자발적 조직으로서, 그 법적 성격은 일반적으로 사적·정치적 결사 내지는 법인격 없는 사단이므로, 정당이 공권력의 행사 주체로서 국가기관의 지위가 있는 것은 아니다.

④ 임기 만료에 따른 국회의원선거에 참여하여 의석을 얻지 못하고 유효투표 총수의 100분의 2 이상을 득표하지 못할 때 정당 등록을 취소하더라도 정당설립의 자유는 침해되지 않는다.

해설

④ [×] 정당등록취소조항은 어느 정당이 대통령선거나 지방자치선거에서 아무리 좋은 성과를 올리더라도 국회의원선거에서 일정 수준의 지지를 얻는 데 실패하면 등록이 취소될 수밖에 없어 불합리하고, 신생·군소정당으로 하여금 국회의원선거에의 참여 자체를 포기하게 할 우려도 있어 법익의 균형성 요건도 갖추지 못하였다. 따라서 정당등록취소조항은 과잉금지원칙에 위반되어 청구인들의 정당설립의 자유를 침해한다(헌재 2014.1.28, 2012헌마431 등).

① [O] 정당은 정치권력에 영향을 행사하려는 모든 중요한 세력, 이익, 시도 등을 인식하고 취합·선별하여 내부적으로 조정을 한 다음, 국민이 선택할 수 있는 정책으로 형성한다. 정당은 정부와 국회의 주요 핵심 공직의 선출이나 임명에 결정적인 역할을 하고 의회와 정부 등 정치적 지도기관의 정책의 결정에 영향력을 행사함으로써 국가의사형성에 결정적 영향을 미친다. 정당은 개인과 국가를 잇는 중간매체로서, 정당의 중개인적 역할로 말미암아 국민의 정치적 의사가 선거를 치루지 아니하고도 국가기관의 의사결정에 영향력을 미칠 수 있다(헌재 1999.11.25, 95헌마154).

② [O] 비례대표지방의회의원의 의원직 상실이 헌법재판소의 정당해산결정 취지에서 곧바로 도출된다고 할 수 없고, 이 사건 조항의 '해산'을 자진해산뿐 아니라 정당해산 결정에 의한 해산까지 의미하는 것으로 해석한다 하여 정당해산결정의 헌법적 효력과 정면으로 배치된다고 할 수 없으며, 기본권제한의 법률유보원칙을 포기하면서까지 비례대표지방의회의원의 퇴직사유를 확대하는 것이 합헌적 해석이라고 할 수도 없다(대판 2021.4.29, 2016두39825).

③ [O] 정당은 국민의 자발적 조직으로, 그 법적 성격은 일반적으로 사적·정치적 결사 내지는 법인격 없는 사단으로 파악된다. 비록 헌법이 특별히 정당설립의 자유와 복수정당제를 보장하고, 정당의 해산을 엄격한 요건하에서 인정하는 등 정당을 특별히 보호하고 있으나, 이는 정당이 공권력의 행사 주체로서 국가기관의 지위를 갖는다는 의미가 아니고 사인에 의해서 자유로이 설립될 수 있다는 것을 의미한다. 따라서 정당은 특별한 사정이 없는 한 권한쟁의심판절차의 당사자가 될 수는 없다(헌재 2020.5.27, 2019헌라6 등).

02 정당에 대한 설명으로 옳지 않은 것은? (다툼이 있는 경우 판례에 의함)

24. 지방직 7급

① 정당의 법적 성격은 일반적으로 사적·정치적 결사 내지는 법인격 없는 사단으로 파악되고 있지만, 국민의 정치적 의사형성에 중간 매개체적 역할을 수행하고 있으므로 공권력 행사의 주체가 될 수 있다.

② 정당해산심판의 사유 중 민주적 기본질서에 위배된다는 것은 민주사회의 불가결한 요소인 정당의 존립을 제약해야 할 만큼 그 정당의 목적이나 활동이 우리 사회의 민주적 기본질서에 대하여 실질적인 해악을 끼칠 수 있는 구체적 위험성을 초래하는 경우를 의미한다.

③ 헌법재판소의 해산결정에 의해 해산된 정당의 잔여재산은 국고에 귀속되나, 정당이 자진해산한 경우 잔여재산은 당헌이 정하는 바에 따라 처분하고, 처분되지 않은 재산은 국고에 귀속된다.

④ 헌법재판소의 위헌정당 해산결정으로 해산된 정당 소속의 국회의원의 의원직은 당선방식을 불문하고 모두 상실되어야 하나, 위헌정당 소속 비례대표지방의회의원은 의원직을 유지한다.

해설

① [×] 정당은 국민의 이익을 위하여 책임 있는 정치적 주장이나 정책을 추진하고 공직선거의 후보자를 추천 또는 지지함으로써 국민의 정치적 의사형성에 참여함을 목적으로 하는 국민의 자발적 조직으로, 그 법적 성격은 일반적으로 사적·정치적 결사 내지는 법인격 없는 사단으로 파악되고 있고, 이러한 정당의 법률관계에 대하여는 정당법의 관계 조문 이외에 일반 사법 규정이 적용되므로, 정당은 공권력 행사의 주체가 될 수 없다(헌재 2007.10.30, 2007헌마1128).

② [O] 헌법 제8조 제4항은 정당해산심판의 사유를 "정당의 목적이나 활동이 민주적 기본질서에 위배될 때"로 규정하고 있는데, 여기서 말하는 민주적 기본질서의 '위배'란, 민주적 기본질서에 대한 단순한 위반이나 저촉을 의미하는 것이 아니라, 민주사회의 불가결한 요소인 정당의 존립을 제약해야 할 만큼 그 정당의 목적이나 활동이 우리 사회의 민주적 기본질서에 대하여 실질적인 해악을 끼칠 수 있는 구체적 위험성을 초래하는 경우를 가리킨다(헌재 2014.12.19, 2013헌다1).

③ [O]

> 정당법 제48조【해산된 경우 등의 잔여재산 처분】 ① 정당이 제44조 제1항의 규정에 의하여 등록이 취소되거나 제45조의 규정에 의하여 자진해산한 때에는 그 잔여재산은 당헌이 정하는 바에 따라 처분한다.
> ② 제1항의 규정에 의하여 처분되지 아니한 정당의 잔여재산 및 헌법재판소의 해산결정에 의하여 해산된 정당의 잔여재산은 국고에 귀속한다.

④ [O] 1. 헌법재판소의 해산결정으로 정당이 해산되는 경우에 그 정당 소속 국회의원이 의원직을 상실하는지에 대하여 명문의 규정은 없으나, 정당해산심판제도의 본질은 민주적 기본질서에 위배되는 정당을 정치적 의사형성과정에서 배제함으로써 국민을 보호하는 데에 있는데 해산정당 소속 국회의원의 의원직을 상실시키지 않는 경우 정당해산결정의 실효성을 확보할 수 없게 되므로, 이러한 정당해산 제도의 취지 등에 비추어 볼 때 헌법재판소의 정당해산결정이 있는 경우 그 정당 소속 국회의원의 의원직은 당선방식을 불문하고 모두 상실되어야 한다(헌재 2014.12.19, 2013헌다1).

2. 헌법재판소의 위헌정당 해산결정에 따라 해산된 정당 소속 비례대표 지방의회의원 갑이 공직선거법 제192조 제4항에 따라 지방의회의원직을 상실하는지가 문제 된 사안에서, 공직선거법 제192조 제4항은 소속 정당이 헌법재판소의 정당해산결정에 따라 해산된 경우 비례대표 지방의회의원의 퇴직을 규정하는 조항이라고 할 수 없어 갑이 비례대표 지방의회의원의 지위를 상실하지 않았다(대판 2021.4.29, 2016두39825).

정답 | 01 ④ 02 ①

03 정당제도에 대한 설명으로 〈보기〉에서 옳은 것(○)과 옳지 않은 것(×)을 올바르게 조합한 것은? 24. 국회직 8급

ㄱ. 정당을 창당하고자 하는 창당준비위원회가 정당법상의 요건을 갖추어 등록을 신청하면 중앙선거관리위원회는 정당법상 외의 요건으로 이를 거부할 수 없고 반드시 수리하여야 한다.

ㄴ. 정치활동을 하는 사람이 금품을 받았을 때에 그것이 비록 정치활동을 위하여 제공된 것이 아니더라도, 정치자금법 제45조 제1항의 위반죄로 처벌할 수 있다.

ㄷ. 국민의 자유로운 정당설립 및 가입을 제한하는 법률은 그 목적이 헌법상 허용된 것이어야 할 뿐만 아니라 중대한 것이어야 하고, 그를 넘어서 제한을 정당화하는 공익이나 대처해야 할 위험이 어느 정도 명백하게 현실적으로 존재해야만 비로소 헌법에 위반되지 아니한다.

ㄹ. 정당설립의 자유는 비록 헌법 제8조 제1항 전단에 규정되어 있지만, 국민 개인과 정당의 기본권이라고 할 수 있으며, 당연히 이를 근거로 하여 헌법재판소법 제68조 제1항에 따른 헌법소원심판을 청구할 수 있다고 보아야 할 것이다.

ㅁ. 합당하는 정당들은 대의기관의 결의나 합동회의의 결의로써 합당할 수 있으며, 신설정당이 합당 전 정당들의 권리·의무를 승계하지 않기로 정하였다면, 이는 정당내부의 자율적 규율 사항에 해당하므로 그 결의는 효력이 있다.

	ㄱ	ㄴ	ㄷ	ㄹ	ㅁ
①	○	○	×	×	×
②	×	○	×	×	○
③	×	×	○	○	×
④	○	○	○	○	×
⑤	○	×	○	○	×

해설

ㄱ. [○] 정당법 제15조도 "등록신청을 받은 관할 선거관리위원회는 형식적 요건을 구비하는 한 이를 거부하지 못한다."라고 규정하여, 정당이 정당법에서 정한 형식적 요건을 구비한 경우 중앙선거관리위원회는 이를 반드시 수리하도록 하고, 정당법에 명시된 요건이 아닌 다른 사유로 정당등록신청을 거부하는 등으로 정당설립의 자유를 제한할 수 없도록 하고 있다. 따라서 정당을 창당하고자 하는 창당준비위원회가 정당법상의 요건을 갖추어 등록을 신청하면, 중앙선거관리위원회는 정당법상 외의 요건으로 이를 거부할 수 없고 반드시 수리하여야 한다(헌재 2023.9.26, 2021헌가23 등).

ㄴ. [×] 정치자금법에서 수수를 금지하는 정치자금은 정치활동을 위하여 정치활동을 하는 자에게 제공되는 금전 등 일체를 의미한다. 금품이 '정치자금'에 해당하는지 여부는 그 금품이 '정치활동'을 위하여 제공되었는지 여부에 달려 있다. 따라서 정치활동을 하는 사람이 금품을 받았다고 해도 그것이 정치활동을 위하여 제공된 것이 아니라면 같은 법 제45조 제1항 위반죄로 처벌할 수 없다(대판 2018.5.11, 2018도3577).

ㄷ. [○] 정당이 국민의 정치적 의사형성에서 차지하는 중요성과 정당에 대한 각별한 보호를 규정한 헌법적 결정에 비추어, 국민의 자유로운 정당설립 및 가입을 제한하는 법률은 그 목적이 헌법상 허용된 것이어야 할 뿐 아니라 중대한 것이어야 하고, 그를 넘어서 제한을 정당화하는 공익이나 대처해야 할 위험이 어느 정도 명백하게 현실적으로 존재해야만 비로소 헌법에 위반되지 아니한다(헌재 1999.12.23, 99헌마135).

ㄹ. [○] 정당설립의 자유는 비록 헌법 제8조 제1항 전단에 규정되어 있지만 국민 개인과 정당의 '기본권'이라 할 수 있고, 당연히 이를 근거로 하여 헌법소원심판을 청구할 수 있다. 정당법상 정당등록요건을 다투는 정당(청구인)이 청구한 사건에서도 헌법 제21조 제1항 결사의 자유의 특별규정으로서, 헌법 제8조 제1항 전단의 '정당설립의 자유'가 침해 여부가 문제되는 기본권이라고 할 것이다(헌재 2006.3.30, 2004헌마246).

ㅁ. [×] 정당법 제4조의2 제1항, 제2항에 의하면, 정당이 새로운 당명으로 합당(신설합당)하거나 다른 정당에 합당(흡수합당)될 때에는 합당을 하는 정당들의 대의기관이나 그 수임기관의 합동회의의 결의로써 합당할 수 있고, 정당의 합당은 소정의 절차에 따라 중앙선거관리위원회에 등록 또는 신고함으로써 성립하는 것으로 규정되어 있는 한편, 같은 조 제5항에 의하면, 합당으로 신설 또는 존속하는 정당은 합당 전 정당의 권리의무를 승계하는 것으로 규정되어 있는바, 위 정당법 조항에 의한 합당의 경우에 합당으로 인한 권리의무의 승계조항은 강행규정으로서 합당 전 정당들의 해당 기관의 결의나 합동회의의 결의로써 달리 정하였더라도 그 결의는 효력이 없다(대판 2002.2.8, 2001다68969).

04 다음 정당제도에 관한 설명 중 가장 옳지 않은 것은?

24. 해경

① 정당의 창당준비위원회는 중앙당의 경우 200명 이상의, 시·도당의 경우에는 100명 이상의 발기인으로 구성한다.
② 정당은 그 대의기관의 결의로써 해산할 수 있으며, 정당이 해산한 때에는 그 대표자는 지체 없이 그 뜻을 관할 선거관리위원회에 신고하여야 한다.
③ 정당의 목적이나 활동이 민주적 기본질서에 위배될 때에는 국회는 헌법재판소에 그 해산을 제소할 수 있고, 정당은 헌법재판소의 심판에 의하여 해산된다.
④ 정당이 그 소속 국회의원을 제명하기 위해서는 당헌이 정하는 절차를 거치는 외에 그 소속 국회의원 전원의 2분의 1 이상의 찬성이 있어야 한다.

해설

③ [×] 정부는 국무회의의 심의를 거쳐 헌법재판소에 정당해산심판을 청구할 수 있다.

> 헌법재판소법 제55조 【정당해산심판의 청구】 정당의 목적이나 활동이 민주적 기본질서에 위배될 때에는 정부는 국무회의의 심의를 거쳐 헌법재판소에 정당해산심판을 청구할 수 있다.

① [O]

> 정당법 제6조 【발기인】 창당준비위원회는 중앙당의 경우에는 200명 이상의, 시·도당의 경우에는 100명 이상의 발기인으로 구성한다.

② [O]

> 정당법 제45조 【자진해산】 ① 정당은 그 대의기관의 결의로써 해산할 수 있다.
> ② 제1항의 규정에 의하여 정당이 해산한 때에는 그 대표자는 지체 없이 그 뜻을 관할 선거관리위원회에 신고하여야 한다.

④ [O]

> 정당법 제33조 【정당소속 국회의원의 제명】 정당이 그 소속 국회의원을 제명하기 위해서는 당헌이 정하는 절차를 거치는 외에 그 소속 국회의원 전원의 2분의 1 이상의 찬성이 있어야 한다.

05 정당제도에 관한 설명으로 옳지 않은 것은? (다툼이 있는 경우 판례에 의함)

25. 소방간부

① 국민의 정치적 의사형성을 매개하는 정당의 역할은 오늘날 민주주의에서 필수불가결한 요소이기 때문에 정당의 자유로운 설립과 활동은 민주주의 실현의 전제조건이 된다.
② 헌법 제8조 제4항에서 규정하는 민주적 기본질서란 이것이 보장되지 않으면 우리의 입헌적 민주주의 체제가 유지될 수 없다고 평가되는 최소한의 핵심적인 내용을 뜻한다.
③ 오늘날 민주주의에서 정당이 차지하는 핵심적 역할에 비추어 볼 때, 민주적 기본질서에 대한 단순한 위반이나 저촉만으로도 위헌정당해산의 필요성이 인정될 수 있다.
④ 복수 당적 보유를 금지하는 정당법 조항은 당원들의 존재와 당원들 사이에 공유되는 가치를 기반으로 하는 정당의 정체성을 보존하고 정당 간의 위법·부당한 간섭을 방지함으로써 정당정치를 보호·육성하기 위한 것으로 볼 수 있다.
⑤ 정당등록취소조항이 단 한 번의 국회의원선거에서 의석을 얻지 못하고 일정 수준의 득표를 하지 못하였다는 이유로 정당등록을 취소하는 것은 입법목적 달성을 위해 필요한 최소한의 수단이라고 볼 수 없다.

정답 | 03 ⑤ 04 ③ 05 ③

해설

③ [×] 헌법 제8조 제4항은 정당해산심판의 사유를 "정당의 목적이나 활동이 민주적 기본질서에 위배될 때"로 규정하고 있는데, 여기서 말하는 민주적 기본질서의 '위배'란, 민주적 기본질서에 대한 단순한 위반이나 저촉을 의미하는 것이 아니라, 민주사회의 불가결한 요소인 정당의 존립을 제약해야 할 만큼 그 정당의 목적이나 활동이 우리사회의 민주적 기본질서에 대하여 실질적인 해악을 끼칠 수 있는 구체적 위험성을 초래하는 경우를 가리킨다(헌재 2014.12.19, 2013헌다1).

① [O] 정당은 국민과 국가의 중개자로서 정치적 도관(導管)의 기능을 수행하여 주체적·능동적으로 국민의 다원적 정치의사를 유도·통합함으로써 국가정책의 결정에 직접 영향을 미칠 수 있는 규모의 정치적 의사를 형성하고 있다. 이와 같이, 정당은 오늘날 대중민주주의에 있어서 국민의 정치의사형성의 담당자이며 매개자이자 민주주의에 있어서 필수불가결한 요소이기 때문에, 정당의 자유로운 설립과 활동은 민주주의 실현의 전제조건이라고 할 수 있다(헌재 2004.3.25, 2001헌마710).

② [O] 정당해산심판제도가 수호하고자 하는 민주적 기본질서는 우리가 오늘날의 입헌적 민주주의 체제를 구성하고 운영하는 데에 필요한 가장 핵심적인 내용이나 요소를 의미하는 것으로서, 민주적이고 자율적인 정치적 절차를 통해 국민적 의사를 형성·실현하기 위한 요소, 즉 민주주의 원리에 입각한 요소들과, 이러한 정치적 절차를 운영하고 보호하는 데에 필요한 기본적인 요소, 즉 법치주의 원리에 입각한 요소들 중에서 필요불가결한 부분이 중심이 되어야 한다. 이는 이것이 보장되지 않으면 우리의 입헌적 민주주의 체제가 유지될 수 없다고 평가되는 최소한의 내용이라 하겠다(헌재 2014.12.19, 2013헌다1).

④ [O] 심판대상조항은 정당의 정체성을 보존하고 정당 간의 위법·부당한 간섭을 방지함으로써 정당정치를 보호·육성하기 위한 것으로 볼 수 있다. 이러한 입법목적은 국민의 정치적 의사형성에 중대한 영향을 미치는 정당의 헌법적 기능을 보호하기 위한 것으로 정당하고, 복수 당적 보유를 금지하는 것은 입법목적 달성을 위한 적합한 수단에 해당한다. … 따라서 심판대상조항이 정당의 당원인 청구인들의 정당 가입·활동의 자유를 침해한다고 할 수 없다(헌재 2022.3.31, 2020헌마1729).

⑤ [O] 일정기간 동안 공직선거에 참여할 기회를 수 회 부여하고 그 결과에 따라 등록취소 여부를 결정하는 등 덜 기본권 제한적인 방법을 상정할 수 있고, 정당법에서 법정의 등록요건을 갖추지 못하게 된 정당이나 일정 기간 국회의원선거 등에 참여하지 아니한 정당의 등록을 취소하도록 하는 등 현재의 법체계 아래에서도 입법목적을 실현할 수 있는 다른 장치가 마련되어 있으므로, 정당등록취소조항은 침해의 최소성 요건을 갖추지 못하였다. … 정당등록취소조항은 과잉금지원칙에 위반되어 청구인들의 정당설립의 자유를 침해한다(헌재 2014.1.28, 2012헌마431 등).

06

정당에 관한 설명으로 가장 적절한 것은? (다툼이 있는 경우 헌법재판소 판례에 의함) 25. 경찰 1차

① 정당은 공법상 법인으로서 공권력행사의 주체에 해당하지만, 국립대학이나 공영방송과 마찬가지로 헌법소원심판을 청구할 수 있다.

② 대한민국 국적이 없는 외국인도 18세 이상이면 정당원이 될 수 있다.

③ 정치자금법상 "보조금"이라 함은 정당의 보호·육성을 위하여 국가가 정당에 지급하는 금전이나 유가증권을 말한다.

④ 정치자금법에 따라 회계보고된 자료의 열람기간을 공고일부터 3월간으로 제한한 정치자금법 조항은 정치자금을 둘러싼 분쟁 등의 장기화 방지 및 행정부담의 경감을 위한 것으로서, 열람을 신청한 청구인의 알권리를 침해하지 않는다.

해설

③ [O]

> 정치자금법 제3조 【정의】 이 법에서 사용하는 용어의 정의는 다음과 같다.
> 6. "보조금"이라 함은 정당의 보호·육성을 위하여 국가가 정당에 지급하는 금전이나 유가증권을 말한다.

① [×] 정당은 국민의 이익을 위하여 책임 있는 정치적 주장이나 정책을 추진하고 공직선거의 후보자를 추천 또는 지지함으로써 국민의 정치적 의사형성에 참여함을 목적으로 하는 국민의 자발적 조직으로(정당법 제2조), 그 법적 성격은 일반적으로 사적·정치적 결사 내지는 법인격 없는 사단으로 파악되고 있고, 이러한 정당의 법률관계에 대하여는 정당법의 관계 조문 이외에 일반 사법 규정이 적용되므로, 정당은 공권력 행사의 주체가 될 수 없다(헌재 2007.10.30, 2007헌마1128).

② [×] 외국인은 정당원이 될 수 없다.

> 정당법 제22조 【발기인 및 당원의 자격】 ② 대한민국 국민이 아닌 자는 당원이 될 수 없다.

④ [×] 정치자금의 수입과 지출명세서 등에 대한 사본교부 신청이 허용된다고 하더라도, 검증자료에 해당하는 영수증, 예금통장을 직접 열람함으로써 정치자금 수입·지출의 문제점을 발견할 수 있다는 점에서 이에 대한 접근이 보장되어야 한다. 영수증, 예금통장은 현행 법령하에서 사본교부가 되지 않아 열람을 통해 확인할 수밖에 없음에도 열람 중 필사가 허용되지 않고 열람기간마저 3월간으로 짧아 그 내용을 파악하고 분석하기 쉽지 않다. 또한 열람기간이 공직선거법상의 단기 공소시효조차 완성되지 아니한, 공고일부터 3개월 후에 만료된다는 점에서도 지나치게 짧게 설정되어 있다. … 이 사건 열람기간제한 조항은 과잉금지원칙에 위배되어 알 권리를 침해한다(헌재 2021.5.27, 2018헌마1168).

07 정당의 자유에 대한 설명으로 옳지 않은 것은? (다툼이 있는 경우 판례에 의함)

25. 5급

① 헌법상 정당설립의 자유는 설립할 정당의 조직형태를 어떠한 내용으로 할 것인가에 관한 정당조직 선택의 자유 및 그와 같이 선택된 조직을 결성할 자유를 포괄하는 정당조직의 자유를 포함한다.

② 헌법은 정당의 자유 보장을 전제로 하여 정당의 목적·조직·활동이 민주적이어야 하고 그 조직이 국민의 정치적 의사형성에 참여하는데 필요한 조직이어야 한다는 요청을 규정하고 있으나, 이 규정이 정당의 자유의 헌법적 근거를 제공하는 근거규범으로 기능한다고는 볼 수 없다.

③ 정당의 명칭은 그 정당의 정책과 정치적 신념을 나타내는 대표적인 표지에 해당하지만, 헌법상 정당설립의 자유에 자신들이 원하는 명칭을 사용하여 정당을 설립하거나 활동할 자유까지 포함하는 것은 아니다.

④ 헌법상 정당의 자유는 국민이 개인적으로 갖는 기본권일 뿐만 아니라, 단체로서의 정당이 가지는 기본권이기도 하다.

해설

③ [×] 헌법 제8조 제1항 전단은 단지 정당설립의 자유만을 명시적으로 규정하고 있지만, 정당의 설립만이 보장될 뿐 설립된 정당이 언제든지 해산될 수 있거나 정당의 활동이 임의로 제한될 수 있다면 정당설립의 자유는 사실상 아무런 의미가 없게 되므로, 정당설립의 자유는 당연히 정당존속의 자유와 정당활동의 자유를 포함하는 것이다. 한편, 정당의 명칭은 그 정당의 정책과 정치적 신념을 나타내는 대표적인 표지에 해당하므로, 정당설립의 자유는 자신들이 원하는 명칭을 사용하여 정당을 설립하거나 정당활동을 할 자유도 포함한다고 할 것이다(헌재 2014.1.28, 2012헌마431 등).

① [O] 헌법 제8조 제1항이 명시하는 정당설립의 자유는 설립할 정당의 조직형태를 어떠한 내용으로 할 것인가에 관한 정당조직 선택의 자유 및 그와 같이 선택된 조직을 결성할 자유를 포괄하는 '정당조직의 자유'를 포함한다. … 헌법 제8조 제1항은 정당활동의 자유도 보장하고 있기 때문에 위 조항은 결국 정당설립의 자유, 정당조직의 자유, 정당활동의 자유 등을 포괄하는 정당의 자유를 보장하고 있다(헌재 2004.12.16, 2004헌마456).

② [O] 헌법 제8조 제2항은 헌법 제8조 제1항에 의하여 정당의 자유가 보장됨을 전제로 하여, 그러한 자유를 누리는 정당의 목적·조직·활동이 민주적이어야 한다는 요청, 그리고 그 조직이 국민의 정치적 의사형성에 참여하는데 필요한 조직이어야 한다는 요청을 내용으로 하는 것으로서, 정당에 대하여 정당의 자유의 한계를 부과하는 것임과 동시에 입법자에 대하여 그에 필요한 입법을 해야 할 의무를 부과하고 있다. 그러나 이에 나아가 정당의 자유의 헌법적 근거를 제공하는 근거규범으로서 기능한다고는 할 수 없다(헌재 2004.12.16, 2004헌마456).

④ [O] 헌법 제8조 제1항은 정당설립의 자유, 정당조직의 자유, 정당활동의 자유 등을 포괄하는 정당의 자유를 보장하고 있다. 이러한 정당의 자유는 국민이 개인적으로 갖는 기본권일 뿐만 아니라, 단체로서의 정당이 가지는 기본권이기도 하다(헌재 2004.12.16, 2004헌마456).

정답 | 06 ③ 07 ③

08 정당제도에 대한 설명으로 가장 적절한 것은? (다툼이 있는 경우 판례에 의함)

21. 경찰승진

① 정당설립의 자유는 등록된 정당에게만 인정되는 기본권이므로, 등록이 취소되어 권리능력 없는 사단인 정당에게는 인정되지 않는다.

② 정당이 비례대표국회의원선거 및 비례대표지방의회의원선거에 후보자를 추천하는 때에는 그 후보자 중 100분의 30 이상을 여성으로 추천하되, 그 후보자명부의 순위의 매 홀수에는 여성을 추천하여야 한다.

③ 정당이 그 소속 국회의원을 제명하기 위해서는 당헌이 정하는 절차를 거치는 외에 그 소속 국회의원 전원의 2분의 1 이상의 찬성이 있어야 한다.

④ 임기만료에 의한 국회의원선거에 참여하여 의석을 얻지 못하고 유효투표총수의 100분의 2 이상을 득표하지 못한 정당에 대해 등록취소하도록 한 정당법 조항은 헌법에 위반되지 않는다.

해설

③ [O] 정당법 제33조

① [×] 정당설립의 자유는 그 성질상 등록된 정당에게만 인정되는 기본권이 아니라 청구인과 같이 등록정당은 아니지만 권리능력 없는 사단의 실체를 가지고 있는 정당에게도 인정되는 기본권이라고 할 수 있다(헌재 2006.3.30, 2004헌마246).

② [×] 정당이 비례대표국회의원선거 및 비례대표지방의회의원선거에 후보자를 추천하는 때에는 그 후보자 중 100분의 50 이상을 여성으로 추천하되, 그 후보자명부의 순위의 매 홀수에는 여성을 추천하여야 한다(공직선거법 제47조 제3항).

④ [×] 실질적으로 국민의 정치적 의사형성에 참여할 의사나 능력이 없는 정당을 정치적 의사형성과정에서 배제함으로써 정당제 민주주의 발전에 기여하고자 하는 한도에서 정당등록취소조항의 입법목적의 정당성과 수단의 적합성을 인정할 수 있다. 그러나 정당등록의 취소는 정당의 존속 자체를 박탈하여 모든 형태의 정당활동을 불가능하게 하므로, 그에 대한 입법은 필요최소한의 범위에서 엄격한 기준에 따라 이루어져야 한다. 그런데 일정기간 동안 공직선거에 참여할 기회를 수 회 부여하고 그 결과에 따라 등록취소 여부를 결정하는 등 덜 기본권 제한적인 방법을 상정할 수 있고, 정당법에서 법정의 등록요건을 갖추지 못하게 된 정당이나 일정기간 국회의원선거 등에 참여하지 아니한 정당의 등록을 취소하도록 하는 등 현재의 법체계 아래에서도 입법목적을 실현할 수 있는 다른 장치가 마련되어 있으므로, 정당등록취소조항은 침해의 최소성 요건을 갖추지 못하였다. 나아가, 정당등록취소조항은 어느 정당이 대통령선거나 지방자치선거에서 아무리 좋은 성과를 올리더라도 국회의원선거에서 일정 수준의 지지를 얻는 데 실패하면 등록이 취소될 수밖에 없어 불합리하고, 신생·군소정당으로 하여금 국회의원선거에의 참여 자체를 포기하게 할 우려도 있어 법익의 균형성 요건도 갖추지 못하였다. 따라서 정당등록취소조항은 과잉금지원칙에 위반되어 청구인들의 정당설립의 자유를 침해한다(헌재 2014.1.28, 2012헌마431).

09 정당제도에 관한 설명으로 가장 적절한 것은? (다툼이 있는 경우 판례에 의함)

22. 경찰승진

① 정당의 설립은 자유이나 복수정당제는 헌법상 바로 보장되는 것은 아니고, 구체적인 법률의 규정이 존재하여야 비로소 보장된다.

② 정당은 그 목적 조직과 활동 및 강령이 민주적이면 족하고, 국민의 정치적 의사형성에 참여하는 데 필요한 조직을 반드시 가져야 하는 것은 아니다.

③ 정당의 목적이나 활동이 민주적 기본질서에 위배될 때에는 국회는 헌법재판소에 그 해산을 제소할 수 있고, 정당은 헌법재판소의 심판에 의하여 해산된다.

④ 헌법 제8조 제4항이 의미하는 '민주적 기본질서'는 그 외연이 확장될수록 정당해산결정의 가능성은 확대되고 이와 동시에 정당활동의 자유는 축소될 것이므로, 헌법 제8조 제4항의 민주적 기본질서는 최대한 엄격하고 협소한 의미로 이해해야 한다.

해설

④ [O] 헌법 제8조 제4항의 민주적 기본질서 개념은 정당해산결정의 가능성과 긴밀히 결부되어 있다. 이 민주적 기본질서의 외연이 확장될수록 정당해산결정의 가능성은 확대되고, 이와 동시에 정당활동의 자유는 축소될 것이다. 민주사회에서 정당의 자유가 지니는 중대한 함의나 정당해산심판제도의 남용가능성 등을 감안한다면, 헌법 제8조 제4항의 민주적 기본질서는 최대한 엄격하고 협소한 의미로 이해해야 한다(헌재 2014.12.19, 2013헌다).

① [×]

> 헌법 제8조 ① 정당의 설립은 자유이며, 복수정당제는 보장된다.

② [×]

> 헌법 제8조 ② 정당은 그 목적·조직과 활동이 민주적이어야 하며, 국민의 정치적 의사형성에 참여하는 데 필요한 조직을 가져야 한다.

③ [×]

> 헌법 제8조 ④ 정당의 목적이나 활동이 민주적 기본질서에 위배될 때에는 정부는 헌법재판소에 그 해산을 제소할 수 있고, 정당은 헌법재판소의 심판에 의하여 해산된다.

10 정당제도에 관한 설명 중 옳은 것을 모두 고른 것은? (다툼이 있는 경우 판례에 의함) 23. 경찰승진

> ㉠ 헌법 제8조 제4항의 민주적 기본질서 개념은 그 외연이 확장될수록 정당해산결정의 가능성은 확대되고 이와 동시에 정당 활동의 자유는 축소될 것이므로 최대한 엄격하고 협소한 의미로 이해해야 한다.
> ㉡ 입법자는 정당설립의 자유를 최대한 보장하는 방향으로 입법하여야 하고, 헌법재판소는 정당설립의 자유를 제한하는 법률의 합헌성을 심사할 때에 헌법 제37조 제2항에 따라 엄격한 비례심사를 하여야 한다.
> ㉢ 정당의 목적이나 활동이 민주적 기본질서에 위배될 때에는 국회는 헌법재판소에 그 해산을 제소할 수 있고, 정당은 헌법재판소의 심판에 의하여 해산된다.
> ㉣ 정당설립의 자유는 등록된 정당에게만 인정되는 기본권이므로 등록이 취소되어 권리능력 없는 사단의 실체만을 가지고 있는 정당에게는 인정되지 않는다.

① ㉠, ㉡ ② ㉡, ㉢
③ ㉢, ㉣ ④ ㉠, ㉣

해설

옳은 것은 ㉠, ㉡이다.

㉠ [O] 헌법 제8조 제4항의 민주적 기본질서 개념은 정당해산결정의 가능성과 긴밀히 결부되어 있다. 이 민주적 기본질서의 외연이 확장될수록 정당해산결정의 가능성은 확대되고, 이와 동시에 정당 활동의 자유는 축소될 것이다. 민주 사회에서 정당의 자유가 지니는 중대한 함의나 정당해산심판제도의 남용가능성 등을 감안한다면, 헌법 제8조 제4항의 민주적 기본질서는 최대한 엄격하고 협소한 의미로 이해해야 한다(헌재 2014.12.19, 2013헌다1).

㉡ [O] 정당은 국민과 국가의 중개자로서 정치적 도관의 기능을 수행하여 주체적·능동적으로 국민의 다원적 정치의사를 유도·통합함으로써 국가정책의 결정에 직접 영향을 미칠 수 있는 규모의 정치적 의사를 형성하고 있다. 오늘날 대의민주주의에서 차지하는 정당의 이러한 의의와 기능을 고려하여, 헌법 제8조 제1항은 국민 누구나가 원칙적으로 국가의 간섭을 받지 아니하고 정당을 설립할 권리를 기본권으로 보장함과 아울러 복수정당제를 제도적으로 보장하고 있다. 따라서 입법자는 정당설립의 자유를 최대한 보장하는 방향으로 입법하여야 하고, 헌법재판소는 정당설립의 자유를 제한하는 법률의 합헌성을 심사할 때에 헌법 제37조 제2항에 따라 엄격한 비례심사를 하여야 한다(헌재 2014.1.28, 2012헌마431).

㉢ [×]

> 헌법 제8조 ④ 정당의 목적이나 활동이 민주적 기본질서에 위배될 때에는 정부는 헌법재판소에 그 해산을 제소할 수 있고, 정당은 헌법재판소의 심판에 의하여 해산된다.

㉣ [×] 정당설립의 자유는 그 성질상 등록된 정당에게만 인정되는 기본권이 아니라 청구인과 같이 등록정당은 아니지만 권리능력 없는 사단의 실체를 가지고 있는 정당에게도 인정되는 기본권이라고 할 수 있다(헌재 2006.3.30, 2004헌마246).

정답 | 08 ③ 09 ④ 10 ①

11 정당제도에 대한 설명으로 가장 적절하지 않은 것은? (다툼이 있는 경우 헌법재판소 판례에 의함) 23. 경찰간부

① 헌법에서 정당조항이 처음 채택된 것은 1960년 제2공화국 헌법(제3차 개헌)이며, 제5공화국 헌법(제8차 개헌)에서 정당에 대한 국고보조금 조항을 신설하였다.

② 당론과 다른 견해를 가진 소속 국회의원을 당해 교섭단체대표의원의 요청에 따라 다른 상임위원회로의 전임(사·보임)하는 국회의장의 조치는 특별한 사정이 없는 한 헌법상 용인될 수 있는 "정당내부의 사실상 강제"의 범위 내에 해당한다.

③ 정당의 법적 성격은 일반적으로 사적·정치적 결사 내지는 법인격 없는 사단으로 파악되고, 정당의 법률관계에는 정당법의 관계 조문 이외에 일반 사법(私法) 규정이 적용된다.

④ 헌법 제8조 제4항의 '민주적 기본질서'는 현행 헌법이 채택한 민주주의의 구체적 모습과 동일하게 보아야 한다.

해설

④ [×] 민주 사회에서 정당의 자유가 지니는 중대한 함의나 정당해산심판제도의 남용가능성 등을 감안한다면, 헌법 제8조 제4항의 민주적 기본질서는 최대한 엄격하고 협소한 의미로 이해해야 한다. 따라서 민주적 기본질서를 현행 헌법이 채택한 민주주의의 구체적 모습과 동일하게 보아서는 안 된다(헌재 2014.12.19, 2013헌다1).

① [O] 1960년 제3차 개정헌법에서 정당조항을 처음 도입하였으며, 제8차 개정헌법에서 최초로 정당에 대한 국고보조금 조항을 도입하였다.

> 제3차 개정헌법(1960년) 제13조 모든 국민은 언론, 출판의 자유와 집회, 결사의 자유를 제한받지 아니한다. 정당은 법률의 정하는 바에 의하여 국가의 보호를 받는다. 단, 정당의 목적이나 활동이 헌법의 민주적 기본질서에 위배될 때에는 정부가 대통령의 승인을 얻어 소추하고 헌법재판소가 판결로써 그 정당의 해산을 명한다.
>
> 제8차 개정헌법(1980년) 제7조 ③ 정당은 법률이 정하는 바에 의하여 국가의 보호를 받으며, 국가는 법률이 정하는 바에 의하여 정당의 운영에 필요한 자금을 보조할 수 있다.

② [O] 당론과 다른 견해를 가진 소속 국회의원을 당해 교섭단체의 필요에 따라 다른 상임위원회로의 전임(사·보임)하는 조치는 특별한 사정이 없는 한 헌법상 용인될 수 있는 "정당내부의 사실상 강제"의 범위내에 해당한다고 할 것이다(헌재 2003.10.30, 2002헌라1).

③ [O] 정당의 법적 성격은 일반적으로 사적·정치적 결사 내지는 법인격 없는 사단으로 파악되고 있고, 이러한 정당의 법률관계에 대하여는 정당법의 관계 조문 이외에 일반 사법 규정이 적용되며, 정당이 탈당신청서를 처리할지 여부를 결정하는 행위는 자발적 조직 내부의 의사결정에 지나지 아니한다(헌재 2020.1.21, 2020헌마60).

12 정당제도에 관한 설명으로 가장 적절하지 않은 것은? (다툼이 있는 경우 판례에 의함) 23. 경찰 2차

① 정당의 명칭은 그 정당의 정책과 정치적 신념을 나타내는 대표적인 표지에 해당하므로, 정당설립의 자유는 자신들이 원하는 명칭을 사용하여 정당을 설립하거나 정당활동을 할 자유도 포함한다.

② 정당의 중앙당과 지구당과의 복합적 구조에 비추어 정당의 지구당은 단순히 중앙당의 하부조직이 아니라 어느 정도의 독자성을 가진 단체로서 법인격 없는 사단에 해당한다.

③ 정당의 목적이나 활동이 민주적 기본질서에 위배될 때에는 법원은 헌법재판소에 그 해산을 제소할 수 있고, 정당은 헌법재판소의 심판에 의하여 해산된다.

④ 대한민국 국민이 아닌 자는 정당의 당원이 될 수 없으며, 누구든지 2 이상의 정당의 당원이 되지 못한다.

해설

③ [×] 법원이 아닌 정부가 정당의 해산을 제소할 수 있다.

> 헌법 제8조 ④ 정당의 목적이나 활동이 민주적 기본질서에 위배될 때에는 정부는 헌법재판소에 그 해산을 제소할 수 있고, 정당은 헌법재판소의 심판에 의하여 해산된다.

① [O] 정당의 명칭은 그 정당의 정책과 정치적 신념을 나타내는 대표적인 표지에 해당하므로, 정당설립의 자유는 자신들이 원하는 명칭을 사용하여 정당을 설립하거나 정당활동을 할 자유도 포함한다고 할 것이다(헌재 2014.1.28, 2012헌마431).

② [O] 중앙당과 지구당과의 복합적 구조에 비추어 정당의 지구당은 단순한 중앙당의 하부조직이 아니라 어느 정도의 독자성을 가진 단체로서 역시 법인격 없는 사단에 해당한다고 보아야 할 것이다(헌재 1993.7.29, 92헌마262).

④ [O]

> 정당법 제22조【발기인 및 당원의 자격】① 16세 이상의 국민은 공무원 그 밖에 그 신분을 이유로 정당가입이나 정치활동을 금지하는 다른 법령의 규정에 불구하고 누구든지 정당의 발기인 및 당원이 될 수 있다.
> ② 대한민국 국민이 아닌 자는 당원이 될 수 없다.
> 제42조【강제입당 등의 금지】② 누구든지 2 이상의 정당의 당원이 되지 못한다.

13 정당제도에 관한 설명 중 가장 적절하지 않은 것은? (다툼이 있는 경우 판례에 의함) 24. 경정승진

① 정당의 해산을 명하는 헌법재판소의 결정은 중앙선거관리위원회가 정당법에 따라 집행한다.

② 등록이 취소된 정당과 자진해산한 정당의 잔여재산은 당헌이 정하는 바에 따라 처분한다.

③ 정당법상 시 · 도당은 당해 관할구역 안에 주소를 두고 있는 1천인 이상의 당원을 가져야 한다고 규정하고 있는데, 이는 정당의 자유를 침해하지 아니한다.

④ 헌법 제8조 제1항은 정당설립의 자유, 정당조직의 자유, 정당활동의 자유 등을 포괄하는 정당의 자유를 보장하는 규정이므로, 국민이 개인적으로 가지는 기본권이 아니라 정당이 단체로서 가지는 기본권이다.

해설

④ [×] 헌법 제8조 제1항은 정당설립의 자유, 정당조직의 자유, 정당활동의 자유 등을 포괄하는 정당의 자유를 보장하고 있다. 이러한 정당의 자유는 국민이 개인적으로 갖는 기본권일 뿐만 아니라, 단체로서의 정당이 가지는 기본권이기도 하다(헌재 2004.12.16, 2004헌마456).

① [O]

> 헌법재판소법 제60조【결정의 집행】정당의 해산을 명하는 헌법재판소의 결정은 중앙선거관리위원회가 정당법에 따라 집행한다.

② [O]

> 정당법 제48조【해산된 경우 등의 잔여재산 처분】① 정당이 제44조(등록의 취소) 제1항의 규정에 의하여 등록이 취소되거나 제45조(자진해산)의 규정에 의하여 자진해산한 때에는 그 잔여재산은 당헌이 정하는 바에 따라 처분한다.

③ [O] 법정당원수 조항은 국민의 정치적 의사형성에의 참여를 실현하기 위한 지속적이고 공고한 조직의 최소한을 갖추도록 하는 것이다. 우리나라에 현존하는 정당의 수, 각 시 · 도의 인구 및 유권자수, 인구수 또는 선거인수 대비 당원의 비율, 당원의 자격 등을 종합하여 보면, 각 시 · 도당에 1천인 이상의 당원을 요구하는 법정당원수 조항이 신생정당의 창당을 현저히 어렵게 하여 과도한 부담을 지운 것으로 보기는 어렵다. 따라서 법정당원수 조항이 과잉금지원칙을 위반하여 정당의 자유를 침해한다고 볼 수 없다(헌재 2023.9.26, 2021헌가23 등).

정답 | 11 ④ 12 ③ 13 ④

14 정당제도에 대한 설명으로 옳지 않은 것은?

24. 5급 공채

① 정당해산심판제도가 정당을 보호하기 위한 취지에서 도입된 것이고 다른 한편으로는 정당의 강제적 해산가능성을 헌법상 인정하는 것이므로, 그 자체가 민주주의에 대한 제약이자 위협이 될 수는 없다.

② 정당해산제도의 취지 등에 비추어 볼 때 헌법재판소의 정당해산결정이 있는 경우 그 정당 소속 국회의원의 의원직은 당선 방식을 불문하고 모두 상실되어야 한다.

③ 정당은 단순히 행정부의 통상적인 처분에 의해서는 해산될 수 없고, 오직 헌법재판소가 그 정당의 위헌성을 확인하고 해산의 필요성을 인정한 경우에만 정당정치의 영역에서 배제된다.

④ 정당해산심판제도는 정당 존립의 특권, 특히 그 중에서도 정부의 비판자로서 야당의 존립과 활동을 특별히 보장하고자 하는 헌법제정자의 규범적 의지의 산물로 이해되어야 한다.

해설

① [×] 정당해산심판제도가 비록 정당을 보호하기 위한 취지에서 도입된 것이라 하더라도 다른 한편 이는 정당의 강제적 해산가능성을 헌법상 인정하는 것이므로, 그 자체가 민주주의에 대한 제약이자 위협이 될 수 있음을 또한 깊이 주의해야 한다. 정당해산심판제도는 운영 여하에 따라 그 자체가 민주주의에 대한 해악이 될 수 있으므로 일종의 극약처방인 셈이다. 따라서 정치적 비판자들을 탄압하기 위한 용도로 남용되는 일이 생기지 않도록 정당해산심판제도는 매우 엄격하고 제한적으로 운용되어야 한다(헌재 2014.12.19, 2013헌다1).

② [O] 헌법재판소의 해산결정으로 정당이 해산되는 경우에 그 정당 소속 국회의원이 의원직을 상실하는지에 대하여 명문의 규정은 없으나, 정당해산심판제도의 본질은 민주적 기본질서에 위배되는 정당을 정치적 의사형성과정에서 배제함으로써 국민을 보호하는 데에 있는데 해산정당 소속 국회의원의 의원직을 상실시키지 않는 경우 정당해산결정의 실효성을 확보할 수 없게 되므로, 이러한 정당해산제도의 취지 등에 비추어 볼 때 헌법재판소의 정당해산결정이 있는 경우 그 정당 소속 국회의원의 의원직은 당선 방식을 불문하고 모두 상실되어야 한다(헌재 2014.12.19, 2013헌다1).

③ [O] 모든 정당의 존립과 활동은 최대한 보장되며, 설령 어떤 정당이 민주적 기본질서를 부정하고 이를 적극적으로 공격하는 것으로 보인다 하더라도 국민의 정치적 의사형성에 참여하는 정당으로서 존재하는 한 우리 헌법에 의해 최대한 두텁게 보호되므로, 단순히 행정부의 통상적인 처분에 의해서는 해산될 수 없고, 오직 헌법재판소가 그 정당의 위헌성을 확인하고 해산의 필요성을 인정한 경우에만 정당정치의 영역에서 배제된다는 것이다(헌재 2014.12.19, 2013헌다1).

④ [O] 정당해산심판제도는 정당 존립의 특권, 특히 그중에서도 정부의 비판자로서 야당의 존립과 활동을 특별히 보장하고자 하는 헌법제정자의 규범적 의지의 산물로 이해되어야 한다. 그러나 한편 이 제도로 인해서, 정당 활동의 자유가 인정된다 하더라도 민주적 기본질서를 침해해서는 안 된다는 헌법적 한계 역시 설정된다 할 것이다(헌재 2014.12.19, 2013헌다1).

■ 선거제도

01 선거제도에 대한 설명으로 가장 적절하지 않은 것은? (다툼이 있는 경우 헌법재판소 판례에 의함) 25. 경찰간부

① 선거구 획정에 있어서 인구비례의 원칙에 의한 투표가치의 평등은 헌법적 요청으로서 다른 요소에 비해 기본적이고 일차적인 기준이어야 하므로, 자치구·시·군의원 선거구 획정에 있어서 행정구역 내지 지역대표성 등 2차적 요소를 고려해서는 아니된다.

② 헌법 제24조는 모든 국민은 '법률이 정하는 바에 의하여' 선거권을 가진다고 규정함으로써 법률유보의 형식을 취하고 있지만, 이것은 국민의 선거권이 '법률이 정하는 바에 따라서만 인정될 수 있다'는 포괄적인 입법권의 유보하에 있음을 의미하는 것이 아니라 국민의 기본권을 법률에 의하여 구체화하라는 뜻이며 선거권을 법률을 통해 구체적으로 실현하라는 의미이다.

③ 비례대표제를 채택하는 경우 직접선거의 원칙은 의원의 선출뿐만 아니라 정당의 비례적인 의석확보도 선거권자의 투표에 의하여 직접 결정될 것을 요구하는바, 비례대표의원의 선거는 지역구의원의 선거와는 별도의 선거이므로 이에 관한 유권자의 별도의 의사표시, 즉 정당명부에 대한 별도의 투표가 있어야 한다.

④ 예비후보자 선거비용을 후보자가 부담한다고 하더라도 그것이 지나치게 다액이라서 선거공영제의 취지에 반하는 정도에 이른다고 할 수는 없고, 예비후보자의 선거비용을 보전해 줄 경우 선거가 조기에 과열되어 악용될 수 있으므로, 예비후보자의 선거비용을 보전대상에서 제외하고 있는 공직선거법 제122조의2 제2항 제1호 중 '지역구국회의원선거의 후보자'에 관한 부분은 선거운동의 자유를 침해하지 않는다.

해설

① [×] 선거구 획정에 있어서 인구비례의 원칙에 의한 투표가치의 평등은 헌법적 요청으로서 다른 요소에 비하여 기본적이고 일차적인 기준이므로, 입법자로서는 인구편차의 허용한계를 최대한 엄격하게 설정함으로써 투표가치의 평등을 관철하기 위한 최대한의 노력을 기울여야 한다. … 자치구·시·군의원 선거구 획정에 있어서는 행정구역 내지 지역대표성 등 2차적 요소도 인구비례의 원칙에 못지않게 함께 고려해야 할 필요성이 크다(헌재 2018.6.28, 2014헌마166).

② [O] 헌법 제24조는 모든 국민은 '법률이 정하는 바에 의하여' 선거권을 가진다고 규정함으로써 법률유보의 형식을 취하고 있지만, 이것은 국민의 선거권이 '법률이 정하는 바에 따라서만 인정될 수 있다'는 포괄적인 입법권의 유보하에 있음을 의미하는 것이 아니다. 국민의 기본권을 법률에 의하여 구체화하라는 뜻이며 선거권을 법률을 통해 구체적으로 실현하라는 의미이다(헌재 2007.6.28, 2004헌마644 등).

③ [O] 비례대표제를 채택하는 경우 직접선거의 원칙은 의원의 선출뿐만 아니라 정당의 비례적인 의석확보도 선거권자의 투표에 의하여 직접 결정될 것을 요구하는바, 비례대표의원의 선거는 지역구의원의 선거와는 별도의 선거이므로 이에 관한 유권자의 별도의 의사표시, 즉 정당명부에 대한 별도의 투표가 있어야 함에도 현행제도는 정당명부에 대한 투표가 따로 없으므로 결국 비례대표의원의 선출에 있어서는 정당의 명부작성행위가 최종적·결정적인 의의를 지니게 되고, 선거권자들의 투표행위로써 비례대표의원의 선출을 직접·결정적으로 좌우할 수 없으므로 직접선거의 원칙에 위배된다(헌재 2001.7.19, 2000헌마91 등).

④ [O] 선거비용의 상당 부분을 공적으로 부담하고 있거나 선거비용액의 상한을 제한하여 전체적으로 후보자의 부담을 경감시켜주고 있는 점을 고려한다면 예비후보자 선거비용을 후보자가 부담한다고 하더라도 그것이 지나치게 다액이라서 선거공영제의 취지에 반하는 정도에 이른다고 할 수는 없다. 그러므로 선거비용 보전 제한조항은 침해의 최소성 원칙에 반하지 않는다. 예비후보자 선거비용을 보전해 줄 경우 선거가 조기에 과열되어 예비후보자 제도의 취지를 넘어서 악용될 수 있고, 탈법적인 선거운동 등을 단속하기 위한 행정력의 낭비도 증가할 수 있는 반면, 선거비용 보전 제한조항으로 인하여 후보자가 받는 불이익은 일부 경제적 부담을 지는 것인데, 후원금을 기부받아 선거비용을 지출할 수 있으므로 그 부담이 경감될 수 있다. 따라서 선거비용 보전 제한조항은 법익균형성원칙에도 반하지 않는다. 그러므로 선거비용 보전 제한조항은 청구인들의 선거운동의 자유를 침해하지 않는다(헌재 2018.7.26, 2016헌마524 등).

정답 | 14 ① 01 ①

02 다음 설명 중 가장 옳은 것은?

24. 법원직

① 예비후보자의 선거비용을 보전하지 않도록 규정한 공직선거법 해당 조항은 선거운동의 자유를 침해한다.

② 국회의원을 후원회지정권자로 정하면서 지방의회의원을 후원회지정권자에서 제외하는 구 정치자금법 해당 조항은, 지방의회의원에게 소요되는 정치자금이 국회의원에 비해 적고 후원회의 설치 및 운영을 허용할 필요도 크지 않으므로, 평등권을 침해한다고 보기 어렵다.

③ 지역구 국회의원 예비후보자의 기탁금 반환 사유를 예비후보자의 사망, 당내경선 탈락으로 한정하고 있는 구 공직선거법 해당 조항은 재산권을 침해한다.

④ 선거운동기간 전에 개별적으로 대면하여 말로 하는 선거운동을 금지하고 처벌하는 공직선거법 해당 조항은, 탈법적인 선거운동 규제를 통한 선거의 공정성을 달성하고 부당한 과열경쟁으로 인한 사회·경제적 손실을 방지할 수 있으므로, 정치적 표현의 자유를 침해하지 않는다.

해설

③ [O] 예비후보자가 본선거에서 정당후보자로 등록하려 하였으나 자신의 의사와 관계없이 정당 공천관리위원회의 심사에서 탈락하여 본선거의 후보자로 등록하지 아니한 것은 후보자 등록을 하지 못할 정도에 이르는 객관적이고 예외적인 사유에 해당한다. 따라서 이러한 사정이 있는 예비후보자가 납부한 기탁금은 반환되어야 함에도 불구하고, 심판대상조항이 이에 관한 규정을 두지 아니한 것은 입법형성권의 범위를 벗어난 과도한 제한이라고 할 수 있다. … 그러므로 심판대상조항은 과잉금지원칙에 반하여 청구인의 재산권을 침해한다(헌재 2018.1.25, 2016헌마541).

① [×] 선거비용의 상당 부분을 공적으로 부담하고 있거나 선거비용액의 상한을 제한하여 전체적으로 후보자의 부담을 경감시켜주고 있는 점을 고려한다면 예비후보자 선거비용을 후보자가 부담한다고 하더라도 그것이 지나치게 다액이라서 선거공영제의 취지에 반하는 정도에 이른다고 할 수는 없다. 그러므로 선거비용 보전 제한조항은 침해의 최소성 원칙에 반하지 않는다. … 그러므로 선거비용 보전 제한조항은 청구인들의 선거운동의 자유를 침해하지 않는다(헌재 2018.7.26, 2016헌마524 등).

② [×] 지방의회의원은 주민의 대표자이자 지방의회의 구성원으로서 주민들의 다양한 의사와 이해관계를 통합하여 지방자치단체의 의사를 형성하는 역할을 하므로, 지방의회의원의 전문성을 확보하고 원활한 의정활동을 지원하기 위해서는 지방의회의원들에게도 후원회를 허용하여 정치자금을 합법적으로 확보할 수 있는 방안을 마련해 줄 필요가 있다. … 따라서 심판대상조항이 국회의원과 달리 지방의회의원을 후원회지정권자에서 제외하고 있는 것은 불합리한 차별로서 청구인들의 평등권을 침해한다(헌재 2022.11.24, 2019헌마528 등).

④ [×] 심판대상조항은 입법목적을 달성하는 데 지장이 없는 선거운동방법, 즉 돈이 들지 않는 방법으로서 '후보자 간 경제력 차이에 따른 불균형 문제'나 '사회·경제적 손실을 초래할 위험성'이 낮은, 개별적으로 대면하여 말로 지지를 호소하는 선거운동까지 금지하고 처벌함으로써, 과잉금지원칙에 반하여 선거운동 등 정치적 표현의 자유를 과도하게 제한하고 있다. 결국 이 사건 선거운동기간조항 중 선거운동기간 전에 개별적으로 대면하여 말로 하는 선거운동에 관한 부분, 이 사건 처벌조항 중 '그 밖의 방법'에 관한 부분 가운데 개별적으로 대면하여 말로 하는 선거운동을 한 자에 관한 부분은 과잉금지원칙에 반하여 선거운동 등 정치적 표현의 자유를 침해한다(헌재 2022.2.24, 2018헌바146).

03 선거제도에 대한 설명으로 옳지 않은 것은? (다툼이 있는 경우 판례에 의함)

25. 입법고시

① 국회의 의원 정수는 지역구국회의원 254명과 비례대표국회의원 46명을 합하여 300명으로 한다.

② 국회의원 선거기간을 14일로 정한 것은 선거운동의 자유를 형해화할 정도로 과도하게 제한하는 것으로 볼 수 없어 헌법에 위반되지 아니한다.

③ 국회의원의 임기가 개시된 후에 실시하는 보궐선거에 의한 의원의 임기는 당선이 결정된 때부터 개시되며 전임자의 잔임기간으로 한다.

④ 대통령, 국회의원, 지방자치단체의 장 및 지방의회의원 선거에 있어서 당선의 효력에 이의가 있는 선거인은 대법원에 소를 제기할 수 있다.

⑤ 선거일 현재 금고 이상의 형의 선고를 받고 그 형이 실효되지 아니한 자는 국회의원 피선거권이 없다.

해설

④ [×] 대통령선거, 국회의원선거, 비례대표시·도의원선거, 시도지사선거에 있어서는 대법원에 소를 제기할 수 있고, 지역구시·도의원 선거, 자치구·시·군의원선거, 자치구·시·군의 장 선거에 있어서는 그 선거구를 관할하는 고등법원에 소를 제기할 수 있다.

① [O]

> 공직선거법 제21조【국회의 의원정수】① 국회의 의원정수는 지역구국회의원 254명과 비례대표국회의원 46명을 합하여 300명으로 한다.

② [O] 선거운동의 기간을 제한하는 것 자체가 청구인의 정치적 기본권을 과도하게 제한하는 것이 아니라고 할 때, 선거운동의 기간을 어느 정도로 할 것인지 여부는 입법정책에 맡겨져 있다고 볼 수 있고, 그 구체적인 기간이 선거운동의 자유를 형해화할 정도로 과도하게 제한하는 것으로 볼 수 없다면 이 역시 위헌이라고 볼 수 없다. … 그렇다면 이 사건 심판대상인 공직선거법 제33조 제1항 제2호에서 정하는 선거운동 기간은 제한의 입법목적, 제한의 내용, 우리나라에서의 선거의 태양, 현실적 필요성 등을 고려할 때 필요하고도 합리적인 제한이며, 선거운동의 자유를 형해화할 정도로 과도하게 제한하는 것으로 볼 수 없다 할 것이므로 헌법에 위반되지 않는다(헌재 2005.2.3, 2004헌마216).

③ [O]

> 공직선거법 제14조【임기개시】② 국회의원과 지방의회의원(이하 이 항에서 "의원"이라 한다)의 임기는 총선거에 의한 전임의원의 임기만료일의 다음 날부터 개시된다. 다만, 의원의 임기가 개시된 후에 실시하는 선거와 지방의회의원의 증원선거에 의한 의원의 임기는 당선이 결정된 때부터 개시되며 전임자 또는 같은 종류의 의원의 잔임기간으로 한다.

⑤ [O]

> 공직선거법 제19조【피선거권이 없는 자】선거일 현재 다음 각 호의 어느 하나에 해당하는 자는 피선거권이 없다.
> 1. 제18조(선거권이 없는 자) 제1항 제1호·제3호 또는 제4호에 해당하는 자
> 2. 금고 이상의 형의 선고를 받고 그 형이 실효되지 아니한 자

04 선거에 관한 설명 중 옳은 것을 모두 고른 것은? (다툼이 있는 경우 판례에 의함)

25. 변호사

> ㄱ. 누구든지 선거기간 중 선거에 영향을 미치게 하기 위하여 '그 밖의 집회나 모임'을 개최할 수 없도록 하고, 이를 위반하는 자를 처벌하는 공직선거법 조항은 정치적 표현의 자유를 침해하지 않는다.
> ㄴ. 당선되거나 되게 하거나 되지 못하게 할 목적으로 공연히 사실을 적시하여 후보자가 되고자 하는 자를 비방한 자를 처벌하는 공직선거법 조항은 죄형법정주의의 명확성원칙에 위배되지는 않으나, 과잉금지원칙에 위배되어 정치적 표현의 자유를 침해한다.
> ㄷ. 1년 이상의 징역형을 선고받고 그 집행이 종료되지 아니한 사람의 선거권을 제한하는 공직선거법 조항은 과실범, 고의범 등 범죄의 종류를 불문하고 침해된 법익의 내용을 불문하며 형 집행 중에 이루어지는 재량적 행정처분인 가석방 여부를 고려하지 않으므로 선거권을 침해한다.
> ㄹ. 공직선거법상 지방공사 상근직원에 대하여 일체의 선거운동을 금지하는 것은 선거운동의 자유를 중대하게 제한하는 정도에 비하여 선거의 공정성 및 형평성의 확보라는 공익에 기여하는 바가 크지 않으므로, 지방공사 상근직원의 선거운동의 자유를 침해한다.
> ㅁ. 기본적으로 사법인적인 성격을 지니는 농협중앙회의 중앙회장선거에서 회장을 선출하거나 선거운동을 하는 것은 헌법에 의하여 보호되는 선거권의 범위에 포함된다.

① ㄱ, ㄴ　② ㄴ, ㄹ　③ ㄴ, ㅁ
④ ㄱ, ㄷ, ㄹ　⑤ ㄷ, ㄹ, ㅁ

정답 | 02 ③　03 ④　04 ②

해설

옳은 것은 ㄴ, ㄹ이다.

ㄱ. [×] 심판대상조항은 정치적 의사표현이 활발하게 교환되어야 할 선거기간 중에, 오히려 특정 후보자나 정당이 특정한 정책에 대한 찬성이나 반대를 하고 있다는 언급마저도 할 수 없는 범위 내에서만 집회나 모임의 방법으로 정치적 의사를 표현하도록 하여, 평소보다 일반 유권자의 정치적 표현의 자유를 더 제한하고 있다. 선거의 공정이나 평온에 대한 구체적인 위험이 없어, 규제가 불필요하거나 또는 예외적으로 허용하는 것이 가능한 경우에도, 선거기간 중 선거에 영향을 미칠 염려가 있거나 미치게 하기 위한 일반 유권자의 집회나 모임을 전면적으로 금지하고 위반 시 처벌하는 것은 침해의 최소성에 반한다. … 심판대상조항은 집회의 자유, 정치적 표현의 자유를 침해한다(헌재 2022.7.21, 2018헌바164).

ㄴ. [O] (1) 비방금지 조항의 '비방'은 사회생활에서 존중되는 모든 것에 대하여 정당한 이유 없이 상대방을 깎아내리거나 헐뜯는 것을 의미하는바, 죄형법정주의의 명확성원칙에 위배되지 않는다.

(2) 비방행위가 허위사실에 해당할 경우에는 허위사실공표금지 조항으로 처벌하면 족하고, 허위가 아닌 사실에 대한 경우 후보자가 되고자 하는 자는 스스로 반박함으로써 유권자들이 그의 능력과 자질 등을 올바르게 판단할 수 있는 자료를 얻을 수 있게 하여야 한다. 비방금지 조항 단서에 위법성 조각사유가 규정되어 있기는 하나, 일단 구성요건에 해당되는 행위를 한 사람은 수사나 형사소추의 위험에 놓이게 되고, 표현의 자유에 대한 위축효과가 발생할 수 있다. … 이를 종합하면, 비방금지 조항은 과잉금지원칙에 위배되어 정치적 표현의 자유를 침해한다(헌재 2024.6.27, 2023헌바78).

ㄷ. [×] 심판대상조항이 과실범, 고의범 등 범죄의 종류를 불문하고, 침해된 법익의 내용을 불문하며, 형 집행 중에 이뤄지는 재량적 행정처분인 가석방 여부를 고려하지 않고 선거권을 제한한다고 하여 불필요한 제한을 부과한다고 할 수 없다. 1년 이상의 징역형을 선고받은 사람의 선거권을 제한함으로써 형사적·사회적 제재를 부과하고 준법의식을 강화한다는 공익이, 형 집행기간 동안 선거권을 행사하지 못하는 수형자 개인의 불이익보다 작다고 할 수 없다. 따라서 심판대상조항은 과잉금지원칙을 위반하여 청구인의 선거권을 침해하지 아니한다(헌재 2017.5.25, 2016헌마292 등).

ㄹ. [O] 심판대상조항과 같이 지방공사 상근직원에 대하여 일체의 선거운동을 금지하는 것은, 선거운동의 자유를 중대하게 제한하는 정도에 비하여 선거의 공정성 및 형평성의 확보라는 공익에 기여하는 바가 크지 않으므로, 법익의 균형성을 충족하지 못하는 것이다. … 심판대상조항은 과잉금지원칙을 위반하여 지방공사 상근직원의 선거운동의 자유를 침해한다(헌재 2024.1.25, 2021헌가14).

ㅁ. [×] 청구인은 심판대상조항들이 중앙회장선거 후보자의 선거운동의 자유를 침해한다고 주장하나, 사법인적인 성격을 지니는 농협중앙회의 중앙회장선거에서 회장을 선출하거나 선거운동을 하는 것은 헌법에 의하여 보호되는 선거권의 범위에 포함되지 아니한다(헌재 2019.7.25, 2018헌바85).

05 정당과 선거제도에 관한 설명으로 가장 적절하지 않은 것은? (다툼이 있는 경우 판례에 의함) 25. 경정승진

① 국회의원 선거구 획정과 관련하여 헌법이 허용하는 인구편차의 기준을 인구편차 상하 33⅓%, 인구비례 2:1을 넘어 인구편차를 완화하는 것은 지나친 투표가치의 불평등을 야기한다고 볼 수 없다.

② 경찰청장이 퇴직일부터 2년 이내에 정당의 발기인 또는 당원이 될 수 없도록 한 구 경찰법 제11조 제4항은 경찰청장의 정당설립 및 가입의 자유를 침해하는 조항이다.

③ 비례대표제를 채택하는 한 직접선거의 원칙은 의원의 선출뿐만이 아니라 정당의 비례적인 의석확보도 선거권자의 투표에 의하여 직접 결정될 것을 요구한다.

④ 선거권자의 국적이나 선거인의 의사능력 등 선거권 및 선거제도의 본질상 요청되는 사유에 의한 내재적 제약을 제외하고 보통선거의 원칙에 위배되는 선거권제한입법을 하기 위해서는 기본권제한입법에 관한 헌법 제37조 제2항의 규정에 따라야 한다.

해설

① [×] 인구편차 상하 33⅓%를 넘어 인구편차를 완화하는 것은 지나친 투표가치의 불평등을 야기하는 것으로, 이는 대의민주주의의 관점에서 바람직하지 아니하고, 국회를 구성함에 있어 국회의원의 지역대표성이 고려되어야 한다고 할지라도 이것이 국민주권주의의 출발점인 투표가치의 평등보다 우선시 될 수는 없다. 현재의 시점에서 헌법이 허용하는 인구편차의 기준을 인구편차 상하 33⅓%를 넘어서지 않는 것으로 봄이 타당하다. 따라서 심판대상 선거구구역표 중 인구편차 상하 33⅓%의 기준을 넘어서는 선거구에 관한 부분은 위 선거구가 속한 지역에 주민등록을 마친 청구인들의 선거권 및 평등권을 침해한다(헌재 2014.10.30, 2012헌마190).

② [O] 경찰청장이 퇴임후 공직선거에 입후보하는 경우 당적취득금지의 형태로써 정당의 추천을 배제하고자 하는 이 사건 법률조항이 어느 정도로 입법목적인 '경찰청장 직무의 정치적 중립성'을 확보할 수 있을지 그 실효성이 의문시된다. 따라서 이 사건 법률조항은 정당의 자유를 제한함에 있어서 갖추어야 할 적합성의 엄격한 요건을 충족시키지 못한 것으로 판단되므로 이 사건 법률조항은 정당설립 및 가입의 자유를 침해하는 조항이다(헌재 1999.12.23, 99헌마135).

③ [O] 역사적으로 직접선거의 원칙은 중간선거인의 부정을 의미하였고, 다수대표제하에서는 이러한 의미만으로도 충분하다고 할 수 있다. 그러나 비례대표제하에서 선거결과의 결정에는 정당의 의석배분이 필수적인 요소를 이룬다. 그러므로 비례대표제를 채택하는 한 직접선거의 원칙은 의원의 선출뿐만 아니라 정당의 비례적인 의석확보도 선거권자의 투표에 의하여 직접 결정될 것을 요구하는 것이다(헌재 2001.7.19, 2000헌마91 등).

④ [O] 선거권자의 국적이나 선거인의 의사능력 등 선거권 및 선거제도의 본질상 요청되는 사유에 의한 내재적 제한을 제외하고 보통선거의 원칙에 위배되는 선거권 제한 입법을 하기 위해서는 기본권 제한 입법에 관한 헌법 제37조 제2항의 규정에 따라야 한다(헌재 1999.1.28, 97헌마253 등).

06 선거권과 선거제도에 관한 설명 중 가장 적절한 것은? (다툼이 있는 경우 판례에 의함)

22. 경찰승진

① 지방자치단체의 장 선거권은 헌법 제24조에 의해 보호되는 기본권으로 인정된다.

② 선거권의 제한은 불가피하게 요청되는 개별적 · 구체적 사유가 존재함이 명백할 경우 정당화될 수 있으며, 막연하고 추상적인 위험이나 국가의 노력에 의해 극복될 수 없는 기술상의 어려움이나 장애 등을 사유로도 그 제한이 정당화될 수 있다.

③ 주민등록법상 주민등록을 할 수 없는 재외국민의 대통령선거권 행사를 전면 부정하는 것은 헌법에 위배되지 않는다.

④ 민주주의 국가에서 국민주권과 대의제 민주주의의 실현수단으로서 선거권이 갖는 중요성으로 인해 입법자는 선거권을 최대한 보장하는 방향으로 입법을 하여야 하는 반면, 헌법재판소가 선거권을 제한하는 법률의 합헌성을 심사하는 경우 그 심사 강도는 완화하여야 한다.

해설

① [O] 주민자치제를 본질로 하는 민주적 지방자치제도가 안정적으로 뿌리내린 현 시점에서 지방자치단체의 장 선거권을 지방의회의원 선거권, 나아가 국회의원선거권 및 대통령선거권과 구별하여 하나는 법률상의 권리로, 나머지는 헌법상의 권리로 이원화하는 것은 허용될 수 없다. 그러므로 지방자치단체의 장 선거권 역시 다른 선거권과 마찬가지로 헌법 제24조에 의해 보호되는 기본권으로 인정하여야 한다(헌재 2016.10.27, 2014헌마797).

②③ [×] 선거권의 제한은 불가피하게 요청되는 개별적 · 구체적 사유가 존재함이 명백할 경우에만 정당화될 수 있고, 막연하고 추상적인 위험이나 국가의 노력에 의해 극복될 수 있는 기술상의 어려움이나 장애 등을 사유로 그 제한이 정당화될 수 없다. 단지 주민등록이 되어 있는지 여부에 따라 선거인명부에 오를 자격을 결정하여 그에 따라 선거권 행사 여부가 결정되도록 함으로써 엄연히 대한민국의 국민임에도 불구하고 주민등록법상 주민등록을 할 수 없는 재외국민의 선거권 행사를 전면적으로 부정하고 있는 법 제37조 제1항은 어떠한 정당한 목적도 찾기 어려우므로 헌법 제37조 제2항에 위반하여 재외국민의 선거권과 평등권을 침해하고 보통선거원칙에도 위반된다(헌재 2007.6.28, 2004헌마644).

④ [×] 민주주의 국가에서 국민주권과 대의제 민주주의의 실현수단으로서 선거권이 갖는 이 같은 중요성으로 인해 한편으로 입법자는 선거권을 최대한 보장하는 방향으로 입법을 하여야 하며, 또 다른 한편에서 선거권을 제한하는 법률의 합헌성을 심사하는 경우에는 그 심사의 강도도 엄격하여야 하는 것이다. 따라서 선거권을 제한하는 입법은 위 헌법 제24조에 의해서 곧바로 정당화될 수는 없고, 헌법 제37조 제2항의 규정에 따라 국가안전보장 · 질서유지 또는 공공복리를 위하여 필요하고 불가피한 예외적인 경우에만 그 제한이 정당화될 수 있으며, 그 경우에도 선거권의 본질적인 내용을 침해할 수 없다(헌재 2007.6.28, 2004헌마644).

정답 | 05 ① 06 ①

07 선거권 또는 선거제도에 대한 설명으로 가장 적절하지 않은 것은? (다툼이 있는 경우 판례에 의함)

21. 경찰승진

① 1년 이상의 징역형 선고를 받고 그 집행이 종료되지 않은 사람의 선거권을 제한하는 공직선거법 조항은 선거권을 침해하지 않는다.

② 집행유예기간 중인 사람의 선거권을 제한하고 있는 공직선거법 조항은 과잉금지원칙에 위반하여 선거권을 침해한다.

③ 선거 후보자의 배우자가 그와 함께 다니는 사람 중에서 지정한 1명도 명함교부를 할 수 있도록 한 공직선거법 조항은 배우자의 유무라는 우연한 사정에 근거하여 차별 취급하고 있으므로 배우자 없는 후보자의 평등권을 침해한다.

④ 재외선거인으로 하여금 선거를 실시할 때마다 재외선거인 등록신청을 하도록 한 공직선거법상 재외선거인 등록신청조항은 재외선거인의 선거권을 침해한다.

해설

④ [×] 재외선거인의 등록신청서에 따라 재외선거인명부를 작성하는 방법은 해당 선거에서 투표할 권리가 있는지 확인함으로써 투표의 혼란을 막고, 선거권이 있는 재외선거인을 재외선거인명부에 등록하기 위한 합리적인 방법이다. 따라서 재외선거인등록신청조항이 재외선거권자로 하여금 선거를 실시할 때마다 재외선거인 등록신청을 하도록 규정한 것이 재외선거인의 선거권을 침해한다고 볼 수 없다(헌재 2014.7.24, 2009헌마256 등).

① [O] 심판대상조항은 공동체 구성원으로서 기본적 의무를 저버린 수형자에 대하여 사회적·형사적 제재를 부과하고, 수형자와 일반국민의 준법의식을 제고하기 위한 것이다. 법원의 양형관행을 고려할 때 1년 이상의 징역형을 선고받은 사람은 공동체에 상당한 위해를 가하였다는 점이 재판과정에서 인정된 자이므로, 이들에 한해서는 사회적·형사적 제재를 가하고 준법의식을 제고할 필요가 있다. … 따라서 심판대상조항은 과잉금지원칙을 위반하여 청구인의 선거권을 침해하지 아니한다(헌재 2017.5.25, 2016헌마292 등).

② [O] 심판대상조항은 집행유예자와 수형자에 대하여 전면적·획일적으로 선거권을 제한하고 있다. 심판대상조항의 입법목적에 비추어 보더라도, 구체적인 범죄의 종류나 내용 및 불법성의 정도 등과 관계없이 일률적으로 선거권을 제한하여야 할 필요성이 있다고 보기는 어렵다. 범죄자가 저지른 범죄의 경중을 전혀 고려하지 않고 수형자와 집행유예자 모두의 선거권을 제한하는 것은 침해의 최소성원칙에 어긋난다. 특히 집행유예자는 집행유예 선고가 실효되거나 취소되지 않는 한 교정시설에 구금되지 않고 일반인과 동일한 사회생활을 하고 있으므로, 그들의 선거권을 제한해야 할 필요성이 크지 않다. 따라서 심판대상조항은 청구인들의 선거권을 침해하고, 보통선거원칙에 위반하여 집행유예자와 수형자를 차별취급하는 것이므로 평등원칙에도 어긋난다(헌재 2014.1.28, 2012헌마409 등).

③ [O] 이 사건 3호 법률조항은, 명함 고유의 특성이나 가족관계의 특수성을 반영하여 단독으로 명함교부 및 지지호소를 할 수 있는 주체를 예비후보자의 배우자나 직계존·비속 본인에게 한정하고 있는 이 사건 1호 법률조항에 더하여, 배우자가 그와 함께 다니는 사람 중에서 지정한 1명까지 보태어 명함교부 및 지지호소를 할 수 있도록 하여 배우자 유무에 따른 차별효과를 크게 한다. … 이것은 명함 본래의 기능에 부합하지 아니할 뿐만 아니라, 선거운동 기회균등의 원칙에 반하고, 예비후보자의 선거운동의 강화에만 치우친 나머지, 배우자의 유무라는 우연적인 사정에 근거하여 합리적 이유 없이 배우자 없는 예비후보자를 차별 취급하는 것이므로, 이 사건 3호 법률조항은 청구인의 평등권을 침해한다(헌재 2013.11.28, 2011헌마267).

08 선거제도에 대한 설명으로 가장 적절하지 않은 것은? (다툼이 있는 경우 판례에 의함)

21. 경찰승진

① 지역구국회의원 예비후보자에게 지역구국회의원이 납부할 기탁금의 100분의 20에 해당하는 금액을 기탁금으로 납부하도록 정한 공직선거법 조항은 공무담임권을 침해하지 않는다.

② 소선거구 다수대표제를 규정하여 다수의 사표가 발생한다 하더라도 그 이유만으로 헌법상 요구된 선거의 대표성의 본질을 침해한다고 할 수 없다.

③ 헌법재판소는 시·도의회의원 지역선거구 획정과 관련하여 헌법이 허용하는 인구편차의 기준을 인구편차 상하 50%(인구비례 3 : 1)로 변경하였다.

④ 국회의원선거에 있어서 선거의 효력에 관하여 이의가 있는 선거인·정당(후보자를 추천한 정당에 한한다) 또는 후보자는 선거일로부터 45일 이내에 헌법재판소에 소를 제기할 수 있다.

해설

④ [×] 대통령선거 및 국회의원선거에 있어서 선거의 효력에 관하여 이의가 있는 선거인·정당 또는 후보자는 선거일부터 30일 이내에 당해 선거구선거관리위원회위원장을 피고로 하여 대법원에 소를 제기할 수 있다(공직선거법 제222조 제1항).

① [O] 예비후보자 기탁금조항은 예비후보자의 무분별한 난립을 막고 책임성과 성실성을 담보하기 위한 것으로서, 입법목적의 정당성과 수단의 적합성이 인정된다. 또한 예비후보자 기탁금제도보다 덜 침해적인 다른 방법이 명백히 존재한다고 할 수 없고, 일정한 범위의 선거운동이 허용된 예비후보자의 기탁금 액수를 해당 선거의 후보자등록시 납부해야 하는 기탁금의 100분의 20인 300만원으로 설정한 것은 입법재량의 범위를 벗어난 것으로 볼 수 없으므로 침해의 최소성원칙에 위배되지 아니한다. 그리고 위 조항으로 인하여 예비후보자로 등록하려는 사람의 공무담임권 제한은 이로써 달성하려는 공익보다 크다고 할 수 없어 법익의 균형성원칙에도 반하지 않는다. 따라서 예비후보자 기탁금조항은 청구인의 공무담임권을 침해하지 않는다(헌재 2017.10.26, 2016헌마623).

② [O] 소선거구 다수대표제는 다수의 사표가 발생할 수 있다는 문제점이 제기됨에도 불구하고 정치의 책임성과 안정성을 강화하고 인물 검증을 통해 당선자를 선출하는 등 장점을 가지며, 선거의 대표성이나 평등선거의 원칙 측면에서도 다른 선거제도와 비교하여 반드시 열등하다고 단정할 수 없다. 또한 비례대표선거제도를 통하여 소선거구 다수대표제를 채택함에 따라 발생하는 정당의 득표비율과 의석비율간의 차이를 보완하고 있다. 그리고 유권자들의 후보들에 대한 각기 다른 지지는 자연스러운 것이고, 선거제도상 모든 후보자들을 당선시키는 것은 불가능하므로 사표의 발생은 불가피한 측면이 있다. 이러한 점들을 고려하면, 선거권자들에게 성별, 재산 등에 의한 제한 없이 모두 투표참여의 기회를 부여하고(보통선거), 선거권자 1인의 투표를 1표로 계산하며(평등선거), 선거결과가 선거권자에 의해 직접 결정되고(직접선거), 투표의 비밀이 보장되며(비밀선거), 자유로운 투표를 보장함으로써(자유선거) 헌법상의 선거원칙은 모두 구현되는 것이므로, 이에 더하여 국회의원선거에서 사표를 줄이기 위해 소선거구 다수대표제를 배제하고 다른 선거제도를 채택할 것까지 요구할 수는 없다. 따라서 심판대상조항이 청구인의 평등권과 선거권을 침해한다고 할 수 없다(헌재 2016.5.26, 2012헌마374).

③ [O] 시·도의원은 주로 지역적 사안을 다루는 지방의회의 특성상 지역대표성도 겸하고 있고, 우리나라는 도시와 농어촌간의 인구격차가 크고 각 분야에 있어서의 개발불균형이 현저하다는 특수한 사정이 존재하므로, 시·도의원지역구 획정에 있어서는 행정구역 내지 지역대표성 등 2차적 요소도 인구비례의 원칙에 못지않게 함께 고려해야 할 필요성이 크다. 인구편차 상하 50%를 기준으로 하는 방안은 투표가치의 비율이 인구비례를 기준으로 볼 때의 등가의 한계인 2 : 1의 비율에 그 50%를 가산한 3 : 1 미만이 되어야 한다는 것으로서 인구편차 상하 33⅓%를 기준으로 하는 방안보다 2차적 요소를 폭넓게 고려할 수 있고, 인구편차 상하 60%의 기준에서 곧바로 인구편차 상하 33⅓%의 기준을 채택하는 경우 시·도의원지역구를 조정함에 있어 예기치 않은 어려움에 봉착할 가능성이 매우 크므로, 현시점에서는 시·도의원지역구 획정에서 허용되는 인구편차 기준을 인구편차 상하 50%(인구비례 3 : 1)로 변경하는 것이 타당하다. 심판대상 선거구구역표는 서울특별시의회의원 선거구의 평균인구수로부터 상하 50% 이내의 인구편차를 보이고 있으므로, 청구인들의 선거권 및 평등권을 침해한다고 할 수 없다(헌재 2018.6.28, 2014헌마189).

09 선거제도에 관한 설명 중 가장 적절하지 않은 것은? (다툼이 있는 경우 판례에 의함)

22. 경찰 1차

① 대통령선거에서 대통령후보자가 1인일 때에는 그 득표수가 선거권자총수의 3분의 1 이상이 아니면 대통령으로 당선될 수 없다.

② 공직선거법상 선거일 현재 1년 이상의 징역 또는 금고의 형의 선고를 받고 그 집행이 종료되지 아니하거나 그 집행을 받지 아니하기로 확정되지 아니한 사람 및 그 형의 집행유예를 선고 받고 유예기간 중에 있는 사람은 선거권이 없다.

③ 지방자치단체의 장 선거권을 지방의회의원 선거권, 나아가 국회의원선거권 및 대통령선거권과 구별하여 하나는 법률상의 권리로, 나머지는 헌법상의 권리로 이원화하는 것은 허용될 수 없으므로 지방자치단체의 장 선거권 역시 다른 선거권과 마찬가지로 헌법 제24조에 의해 보호되는 기본권으로 인정하여야 한다.

④ 방송광고, 후보자 등의 방송연설, 방송시설주관 후보자연설의 방송, 선거방송토론위원회 주관 대담 토론회의 방송에서 한국수화언어 또는 자막의 방영을 재량사항으로 규정한 공직선거법 조항이 자의적으로 비청각장애인과 청각장애인인 청구인을 달리 취급하여 청구인의 평등권을 침해한다고 보기는 어렵다.

정답 | 07 ④ 08 ④ 09 ②

해설

② [×] 형의 집행유예를 선고받고 유예기간 중에 있는 사람은 선거권이 있다.

> 공직선거법 제18조【선거권이 없는 자】① 선거일 현재 다음 각 호의 어느 하나에 해당하는 사람은 선거권이 없다.
> 1. 금치산선고를 받은 자
> 2. 1년 이상의 징역 또는 금고의 형의 선고를 받고 그 집행이 종료되지 아니하거나 그 집행을 받지 아니하기로 확정되지 아니한 사람. 다만, 그 형의 집행유예를 선고받고 유예기간 중에 있는 사람은 제외한다.

① [O]

> 헌법 제67조 ① 대통령은 국민의 보통·평등·직접·비밀선거에 의하여 선출한다.
> ② 제1항의 선거에 있어서 최고득표자가 2인 이상인 때에는 국회의 재적의원 과반수가 출석한 공개회의에서 다수표를 얻은 자를 당선자로 한다.
> ③ 대통령후보자가 1인일 때에는 그 득표수가 선거권자 총수의 3분의 1 이상이 아니면 대통령으로 당선될 수 없다.
> ④ 대통령으로 선거될 수 있는 자는 국회의원의 피선거권이 있고 선거일 현재 40세에 달하여야 한다.

③ [O] 헌법에서 지방자치제를 제도적으로 보장하고 있고, 지방자치는 지방자치단체가 독자적인 자치기구를 설치해서 그 자치단체의 고유사무를 국가기관의 간섭 없이 스스로의 책임 아래 처리하는 것이라는 점에서 지방자치단체의 대표인 단체장은 지방의회의원과 마찬가지로 주민의 자발적 지지에 기초를 둔 선거를 통해 선출되어야 한다. 공직선거 관련법상 지방자치단체의 장 선임방법은 '선거'로 규정되어 왔고, 지방자치단체의 장을 선거로 선출하여 온 우리 지방자치제의 역사에 비추어 볼 때, 지방자치단체의 장에 대한 주민직선제 이외의 다른 선출방법을 허용할 수 없다는 관행과 이에 대한 국민적 인식이 광범위하게 존재한다고 볼 수 있다. 주민자치제를 본질로 하는 민주적 지방자치제도가 안정적으로 뿌리내린 현 시점에서 지방자치단체의 장 선거권을 지방의회의원 선거권, 나아가 국회의원 선거권 및 대통령선거권과 구별하여 하나는 법률상의 권리로, 나머지는 헌법상의 권리로 이원화하는 것은 허용될 수 없다. 그러므로 지방자치단체의 장 선거권 역시 다른 선거권과 마찬가지로 헌법 제24조에 의해 보호되는 기본권으로 인정하여야 한다(헌재 2016.10.27, 2014헌마797).

④ [O] 수화방송 등을 의무사항으로 규정하지 아니한 취지는 수화방송 등이 원칙적으로 실시되어야 함을 부정하는 의미가 아니라 방송사업자 등의 시설장비나 기술수준 등에서 비롯되는 불가피한 사유로 말미암아 수화방송 등을 적시에 실시할 수 없는 경우도 있을 수 있다는 사정을 고려하였기 때문이라고 보이는 점, 현 단계에서 수화방송 등을 어떠한 예외도 없이 반드시 실시하여야만 하는 의무사항으로 규정할 경우 후보자의 선거운동의 자유와 방송사업자의 보도·편성의 자유를 제한하는 문제가 있을 수 있다는 점 등을 종합하면, 비록 심판대상조항이 수화방송 등을 할 수 없는 예외사유를 보다 제한적으로 구체화하여 규정하는 것이 바람직하다고 볼 수는 있겠지만, 이 사건에서 심판대상조항이 입법자의 입법형성의 범위를 벗어난 것으로서 청구인들의 참정권, 평등권 등 헌법상 기본권을 침해하는 정도의 것이라고 볼 수 없다(헌재 2009.5.28, 2006헌마285).

10 **선거제도에 대한 설명으로 옳지 않은 것은? (다툼이 있는 경우 판례에 의함)** 23. 입법고시

① 주민등록이 되어 있지 않고 국내거소신고도 하지 않은 재외국민에게 국회의원 재·보궐선거의 선거권을 부여하지 않는 공직선거법 조항은 재외국민의 선거권을 침해한다.

② 지방자치단체장과 지방의회의원에 대한 선거권도 헌법 제24조에 의하여 보호되는 기본권이다.

③ 1년 이상의 징역형을 선고받고 그 집행이 종료되지 않은 사람의 선거권을 제한하는 공직선거법 조항은 선거권을 침해하지 않는다.

④ 보통선거제도는 일정한 연령에 이르지 못한 국민에 대하여 선거권을 제한하는 것을 당연한 전제로 삼고 있고, 입법자가 선거권 행사연령을 정하는 것은 현저하게 불합리하고 불공정하지 않는 한 재량범위에 속한다.

⑤ 국회의원 지역선거구에 있어, 전국 선거구의 최대인구수와 최소인구수의 비율이 2 : 1 이하로 유지되면 평등선거원칙에 위배되지 않는다.

해설

① [×] 재외선거인 등록신청조항이 재외선거인에게 국회의원재·보궐선거의 선거권을 인정하지 않은 것이 나머지 청구인들의 선거권을 침해하거나 보통선거원칙에 위배된다고 볼 수 없다(헌재 2014.7.24, 2009헌마256).

☑ 관련 판례

입법자는 재외선거제도를 형성하면서, 잦은 재·보궐선거는 재외국민으로 하여금 상시적인 선거체제에 직면하게 하는 점, 재외 재·보궐선거의 투표율이 높지 않을 것으로 예상되는 점, 재·보궐선거 사유가 확정될 때마다 전 세계 해외 공관을 가동하여야 하는 등 많은 비용과 시간이 소요된다는 점을 종합적으로 고려하여 재외선거인에게 국회의원의 재·보궐선거권을 부여하지 않았다고 할 것이고, 이와 같은 선거제도의 형성이 현저히 불합리하거나 불공정하다고 볼 수 없다. 따라서 재외선거인 등록신청조항은 재외선거인의 선거권을 침해하거나 보통선거원칙에 위배된다고 볼 수 없다(헌재 2014.7.24, 2009헌마256).

② [O] 지방의회의원 선거권은 헌법에 명시되어 있으며, 지방자치단체의 장 선거권은 판례가 인정하는 헌법상의 기본권이다.

헌법 제118조 ② 지방의회의 조직·권한·의원선거와 지방자치단체의 장의 선임방법 기타 지방자치단체의 조직과 운영에 관한 사항은 법률로 정한다.

주민자치제를 본질로 하는 민주적 지방자치제도가 안정적으로 뿌리내린 현 시점에서 지방자치단체의 장 선거권을 지방의회의원 선거권, 나아가 국회의원 선거권 및 대통령 선거권과 구별하여 하나는 법률상의 권리로, 나머지는 헌법상의 권리로 이원화하는 것은 허용될 수 없다. 그러므로 지방자치단체의 장 선거권 역시 다른 선거권과 마찬가지로 헌법 제24조에 의해 보호되는 기본권으로 인정하여야 한다(헌재 2016.10.27, 2014헌마797).

③ [O] 1년 이상의 징역형을 선고받은 사람의 선거권을 제한함으로써 형사적·사회적 제재를 부과하고 준법의식을 강화한다는 공익이, 형 집행기간 동안 선거권을 행사하지 못하는 수형자 개인의 불이익보다 작다고 할 수 없다. 따라서 심판대상조항은 과잉금지원칙을 위반하여 청구인의 선거권을 침해하지 아니한다(헌재 2017.5.25, 2016헌마292).

④ [O] 보통선거제도는 일정한 연령에 이르지 못한 국민에 대하여 선거권을 제한하는 것을 당연한 전제로 삼고 있고, 헌법은 제24조에서 모든 국민은 '법률이 정하는 바'에 의하여 선거권을 가진다고 규정함으로써 선거권 연령의 구분을 입법자에게 위임하고 있으므로, 보통선거에서 선거권 연령을 몇 세로 정할 것인가의 문제는 입법자가 그 나라의 역사, 전통과 문화, 국민의 의식수준, 교육적 요소, 미성년자의 신체적·정신적 자율성, 정치적 사회적 영향 등 여러 가지 사항을 종합하여 결정하는 것으로서, 이는 입법자가 입법목적 달성을 위한 선택의 문제이고 입법자가 선택한 수단이 현저하게 불합리하고 불공정한 것이 아닌 한 재량에 속하는 것인바, 공선법 제15조 제1항이 선거권 연령을 20세 이상으로 제한하고 있는 것은, 입법자가 미성년자의 정신적 신체적 자율성의 불충분 외에도 교육적인 측면에서 예견되는 부작용과 일상생활 여건상 독자적으로 정치적인 판단을 할 수 있는 능력에 대한 의문 등 여러 가지 사정을 고려하여 규정한 것이어서 이를 입법부에게 주어진 합리적인 재량의 범위를 벗어난 것으로 볼 수 없으므로, 위 법 조항은 18~19세 미성년자들에게 보장된 헌법 제11조 제1항의 평등권이나 제41조 제1항의 보통·평등선거의 원칙에 위반하는 것이 아니다(헌재 2001.6.28, 2000헌마111).

⑤ [O] 인구편차 상하 33⅓%를 넘어 인구편차를 완화하는 것은 지나친 투표가치의 불평등을 야기하는 것으로, 이는 대의민주주의의 관점에서 바람직하지 아니하고, 국회를 구성함에 있어 국회의원의 지역대표성이 고려되어야 한다고 할지라도 이것이 국민주권주의의 출발점인 투표가치의 평등보다 우선시 될 수는 없다. 특히, 현재는 지방자치제도가 정착되어 지역대표성을 이유로 헌법상 원칙인 투표가치의 평등을 현저히 완화할 필요성이 예전에 비해 크지 아니하다. 또한, 인구편차의 허용기준을 완화하면 할수록 과대대표되는 지역과 과소대표되는 지역이 생길 가능성 또한 높아지는데, 이는 지역정당구조를 심화시키는 부작용을 야기할 수 있다. 같은 농·어촌 지역 사이에서도 나타날 수 있는 이와 같은 불균형은 농·어촌 지역의 합리적인 변화를 저해할 수 있으며, 국토의 균형발전에도 도움이 되지 아니한다. 나아가, 인구편차의 허용기준을 점차로 엄격하게 하는 것이 외국의 판례와 입법추세임을 고려할 때, 우리도 인구편차의 허용기준을 엄격하게 하는 일을 더 이상 미룰 수 없다. 현재의 시점에서 헌법이 허용하는 인구편차의 기준을 인구편차 상하 33⅓%, 인구비례 2 : 1을 넘어서지 않는 것으로 변경하는 것이 타당하다(헌재 2014.10.30, 2012헌마192).

정답 | 10 ①

11 선거에 관한 설명 중 옳지 않은 것을 모두 고른 것은?

24. 경정승진

> ㉠ 대통령 및 국회의원의 선거권 연령은 헌법에 18세 이상으로 명문화되어 있다.
> ㉡ 대통령선거에 있어서 최고득표자가 2인 이상인 때에는 국회의 재적의원 과반수가 출석한 공개회의에서 다수표를 얻은 자를 당선자로 한다.
> ㉢ 출입국관리법 제10조에 따른 영주의 체류자격 취득일 후 3년이 경과한 외국인으로서 같은 법 제34조에 따라 해당 지방자치단체의 외국인등록대장에 올라 있는 사람은 그 구역에서 선거하는 지방자치단체의 의회의원 및 장의 선거권이 있다.
> ㉣ 임기만료에 의한 국회의원선거의 선거일은 그 임기만료일 전 60일 이후 첫 번째 수요일이다.

① ㉠, ㉡
② ㉠, ㉣
③ ㉡, ㉢
④ ㉢, ㉣

해설

옳지 않은 것은 ㉠, ㉣이다.

㉠ [×] 헌법이 아닌 공직선거법에 명문화되어 있다.

> 공직선거법 제15조 【선거권】 ① 18세 이상의 국민은 대통령 및 국회의원의 선거권이 있다. 다만, 지역구국회의원의 선거권은 18세 이상의 국민으로서 제37조 제1항에 따른 선거인명부작성기준일 현재 다음 각 호의 어느 하나에 해당하는 사람에 한하여 인정된다.

㉡ [O]

> 헌법 제67조 ② 제1항의 선거에 있어서 최고득표자가 2인 이상인 때에는 국회의 재적의원 과반수가 출석한 공개회의에서 다수표를 얻은 자를 당선자로 한다.

㉢ [O]

> 공직선거법 제15조 【선거권】 ② 18세 이상으로서 제37조 제1항에 따른 선거인명부작성기준일 현재 다음 각 호의 어느 하나에 해당하는 사람은 그 구역에서 선거하는 지방자치단체의 의회의원 및 장의 선거권이 있다.
> 3. 출입국관리법 제10조에 따른 영주의 체류자격 취득일 후 3년이 경과한 외국인으로서 같은 법 제34조에 따라 해당 지방자치단체의 외국인등록대장에 올라 있는 사람

㉣ [×]

> 공직선거법 제34조 【선거일】 ① 임기만료에 의한 선거의 선거일은 다음 각호와 같다.
> 1. 대통령선거는 그 임기만료일전 70일 이후 첫번째 수요일
> 2. 국회의원선거는 그 임기만료일전 50일 이후 첫번째 수요일
> 3. 지방의회의원 및 지방자치단체의 장의 선거는 그 임기만료일전 30일 이후 첫번째 수요일

12 선거권과 피선거권에 대한 설명으로 옳은 것은? (다툼이 있는 경우 판례에 의함)

24. 입법고시

① 지방자치단체의 장 선거권은 국회의원 선거권 및 대통령 선거권과 구별되는 법률상의 권리다.
② 공직선거법에 따르면 선거일 현재 18세 이상의 국민은 원칙적으로 국회의원의 피선거권을 가진다.
③ 공직선거법상 선거일 현재 1년 이상의 징역 또는 금고의 형을 선고받고 그 집행이 종료되지 아니하거나 그 집행을 받지 아니하기로 확정되지 아니한 사람 및 그 형의 집행유예를 선고받고 유예기간 중에 있는 사람은 선거권이 없다.
④ 공직선거법상 대통령의 피선거권 자격에서 40세 이상의 국민일 것을 요건으로 할 뿐 거주기간의 제한은 없다.
⑤ 출입국관리법 제10조에 따른 영주의 체류자격 취득일 후 3년이 경과한 외국인은 국회의원의 선거권이 있다.

해설

② [O]

> 공직선거법 제16조 【피선거권】 ② 18세 이상의 국민은 국회의원의 피선거권이 있다.

① [×] 민주적 지방자치제도가 안정적으로 뿌리내린 현시점에서 지방자치단체의 장 선거권을 지방의회의원 선거권, 나아가 국회의원 선거권 및 대통령 선거권과 구별하여 하나는 법률상의 권리로, 나머지는 헌법상의 권리로 이원화하는 것은 허용될 수 없다. 그러므로 지방자치단체의 장 선거권 역시 다른 선거권과 마찬가지로 헌법 제24조에 의해 보호되는 기본권으로 인정하여야 한다(헌재 2016.10.27, 2014헌마797).

③ [×] 집행유예를 선고받고 유예기간 중에 있는 사람은 선거권이 있다.

> 공직선거법 제18조 【선거권이 없는 자】 ① 선거일 현재 다음 각 호의 어느 하나에 해당하는 사람은 선거권이 없다.
> 2. 1년 이상의 징역 또는 금고의 형의 선고를 받고 그 집행이 종료되지 아니하거나 그 집행을 받지 아니하기로 확정되지 아니한 사람. 다만, 그 형의 집행유예를 선고받고 유예기간 중에 있는 사람은 제외한다.

④ [×] 5년 이상 국내에 거주하고 있는 40세 이상의 국민은 대통령의 피선거권이 있다.

> 공직선거법 제16조 【피선거권】 ① 선거일 현재 5년 이상 국내에 거주하고 있는 40세 이상의 국민은 대통령의 피선거권이 있다. 이 경우 공무로 외국에 파견된 기간과 국내에 주소를 두고 일정기간 외국에 체류한 기간은 국내거주기간으로 본다.

⑤ [×] 외국인에게 국회의원선거권과 대통령선거권은 인정되지 않는다.

> 공직선거법 제15조 【선거권】 ② 18세 이상으로서 제37조 제1항에 따른 선거인명부작성기준일 현재 다음 각 호의 어느 하나에 해당하는 사람은 그 구역에서 선거하는 지방자치단체의 의회의원 및 장의 선거권이 있다.
> 3. 출입국관리법 제10조에 따른 영주의 체류자격 취득일 후 3년이 경과한 외국인으로서 같은 법 제34조에 따라 해당 지방자치단체의 외국인등록대장에 올라 있는 사람

13 선거권과 선거제도에 대한 설명으로 옳지 않은 것은? 24. 5급 공채

① 평등선거의 원칙은 평등의 원칙이 선거제도에 적용된 것으로서 투표의 수적 평등을 그 내용으로 할 뿐만 아니라, 일정한 집단의 의사가 정치과정에서 반영될 수 없도록 차별적으로 선거구를 획정하는 이른바 '게리맨더링'에 대한 부정을 의미하기도 한다.

② 보통선거라 함은 개인의 납세액이나 소유하는 재산을 선거권의 요건으로 하는 제한선거에 대응하는 것으로, 이러한 요건뿐만 아니라 그 밖에 사회적 신분 · 인종 · 성별 · 종교 · 교육 등을 요건으로 하지 않고 일정한 연령에 달한 모든 국민에게 선거권을 인정하는 제도를 말한다.

③ 정당이 비례대표국회의원선거에 후보자를 추천하는 때에는 그 후보자 중 100분의 50 이상을 여성으로 추천하되, 그 후보자명부의 순위의 매 홀수에는 여성을 추천하여야 한다.

④ 자치구 · 시 · 군의원 선거구를 획정할 때, 인구편차 상하 60%(인구비례 4 : 1)의 기준을 헌법상 허용되는 인구편차 기준으로 삼는 것이 가장 적절하다.

정답 | 11 ② 12 ② 13 ④

해설

④ [×] 자치구·시·군의원 선거는 중선거구제로서 선거구 간 인구편차의 조정이 상대적으로 용이한 점 등을 고려하면, 현시점에서 인구편차의 허용한계를 보다 엄격하게 설정할 필요가 있다. 그렇다면 현재의 시점에서 자치구·시·군의원 선거구 획정과 관련하여 헌법이 허용하는 인구편차의 기준을 인구편차 상하 50%(인구비례 3 : 1)로 변경하는 것이 타당하다(헌재 2018.6.28, 2014헌마166).

① [O] 평등선거의 원칙은 평등의 원칙이 선거제도에 적용된 것으로서 투표의 수적 평등, 즉 1인 1표의 원칙(one person, one vote)과 투표의 성과가치의 평등, 즉 1표의 투표가치가 대표자선정이라는 선거의 결과에 대하여 기여한 정도에 있어서도 평등하여야 한다는 원칙(one vote, one value)을 그 내용으로 할 뿐만 아니라, 일정한 집단의 의사가 정치과정에서 반영될 수 없도록 차별적으로 선거구를 획정하는 이른바 '게리맨더링'에 대한 부정을 의미하기도 한다(헌재 2001.10.25, 2000헌마92 등).

② [O] 보통선거라 함은 개인의 납세액이나 소유하는 재산을 선거권의 요건으로 하는 제한선거에 대응하는 것으로 이러한 요건뿐만 아니라 그 밖에 사회적 신분·인종·성별·종교·교육 등을 요건으로 하지 않고 일정한 연령에 달한 모든 국민에게 선거권을 인정하는 제도를 말한다(헌재 1997.6.26, 96헌마89).

③ [O]

공직선거법 제47조【정당의 후보자추천】③ 정당이 비례대표국회의원선거 및 비례대표지방의회의원선거에 후보자를 추천하는 때에는 그 후보자 중 100분의 50 이상을 여성으로 추천하되, 그 후보자명부의 순위의 매 홀수에는 여성을 추천하여야 한다.

■ 공무원제도

01 공무원제도에 관한 설명으로 옳지 않은 것은? (다툼이 있는 경우 판례에 의함) 25. 소방간부

① 공무원은 국민 전체에 대한 봉사자로서 국민에 대하여 책임을 지므로 특정인이나 특정 집단을 위해서가 아니라 주권자인 국민 전체를 위해 항상 객관적이고 공정하게 직무를 수행하여야 한다.

② 직업공무원제도하에서는 과학적 직위분류제(職位分類制), 성적주의 등에 따른 인사의 공정성을 유지하는 장치가 중요하지만 특히, 공무원의 정치적 중립과 신분보장은 그 중추적 요소라고 할 수 있다.

③ 공무원의 신분은 무제한 보장되는 것이 아니고 공무원의 지위 및 공무의 특수성을 고려하여 헌법이 정한 신분보장의 원칙 아래 법률로 그 내용을 정할 수 있다.

④ 공무원은 헌법 제7조에 따른 정치적 중립이 요구되므로, 공무원이 선거운동의 기획에 참여하거나 그 기획의 실시에 관여하는 행위는 공무원의 지위를 이용하는지 여부와 관계없이 금지된다.

⑤ 국가공무원법상 당연퇴직제도는 공무원의 직무수행에 대한 국민의 신뢰, 공무원직에 대한 신용 등을 유지하고, 그 직무의 정상적인 운영을 확보하는 데 기여한다.

해설

④ [×] 선거의 공정성을 확보하기 위하여 선거에 대한 부당한 영향력의 행사 기타 선거결과에 영향을 미치는 행위를 금지하여 선거에서의 공무원의 중립의무를 실현하고자 한다면, 공무원이 '그 지위를 이용하여' 하는 선거운동의 기획행위를 막는 것으로도 충분하다. 이러한 점에서 이 사건 법률조항은 수단의 적정성과 피해의 최소성 원칙에 반한다. … 이 사건 법률조항은 공무원의 정치적 표현의 자유를 침해하나, 다만 위와 같은 위헌성은 공무원이 '그 지위를 이용하여' 하는 선거운동의 기획행위 외에 사적인 지위에서 하는 선거운동의 기획행위까지 포괄적으로 금지하는 것에서 비롯된 것이므로, 이 사건 법률조항은 공무원의 지위를 이용하지 아니한 행위에까지 적용하는 한 헌법에 위반된다(헌재 2008.5.29, 2006헌마1096).

① [O] 헌법 제7조 제1항은 "공무원은 국민 전체에 대한 봉사자이며, 국민에 대하여 책임을 진다."라고 규정하여, 공무원은 특정인이나 특정 집단을 위해서가 아니라 주권자인 국민 전체를 위해 항상 객관적이고 공정하게 직무를 수행하여야 함을 밝히고 있다(헌재 2018.4.26, 2016헌마611).

② [O] 직업공무원제도하에 있어서는 과학적 직위분류제(職位分類制), 성적주의 등에 따른 인사의 공정성을 유지하는 장치가 중요하지만 특히 공무원의 정치적 중립과 신분보장은 그 중추적 요소라고 할 수 있는 것이다(헌재 헌재 1989.12.18, 89헌마32 등).

③ [O] 공무원이 정당한 이유없이 해임되지 아니하도록 신분을 보장하여 국민전체에 대한 봉사자로서 성실히 근무할 수 있도록 하기 위한 것임과 동시에, 공무원의 신분은 무제한 보장되는 것이 아니라 공무의 특수성을 고려하여 헌법이 정한 신분보장의 원칙 아래 법률로 그 내용을 정할 수 있도록 한 것이며, … 당연퇴직 규정인 국가공무원법 제69조와 지방공무원법 제61조, 직권면직 규정인 국가공무원법 제70조와 지방공무원법 제62조 등에서 공무원에 대하여 신분상 불이익처분을 할 수 있는 사유를 규정하고 있다(헌재 1997.11.27, 95헌바14).

⑤ [O] 국가공무원법은 당연퇴직제도를 마련하여 재직 중 공직에 대한 국민의 신뢰를 손상시키고 원활한 공무수행에 어려움을 초래하여 공공의 이익을 해할 우려가 있는 사유가 있는 사람은 공직으로부터 배제될 수 있도록 규정하고 있다. 이는 공무원의 직무수행에 대한 국민의 신뢰, 공무원직에 대한 신용 등을 유지하고, 그 직무의 정상적인 운영을 확보하는 데 기여한다(헌재 2022.12.22, 2020헌가8).

02 공무담임권 및 공무원제도에 대한 설명으로 가장 적절하지 않은 것은? (다툼이 있는 경우 판례에 의함)

21. 경찰승진

① 지방자치단체의 장이 '공소 제기된 후 구금상태에 있는 경우' 부단체장이 그 권한을 대행하도록 규정한 지방자치법 조항은 지방자치단체장의 공무담임권을 침해하지 않는다.

② 공무담임권의 보호영역에는 공직취임기회의 자의적인 배제뿐만 아니라 공무원 신분의 부당한 박탈이나 권한의 부당한 정지, 승진시험의 응시제한이나 이를 통한 승진기회의 보장 등이 포함된다.

③ 공무담임권은 국민이 국가나 공공단체의 구성원으로서 직무를 담당할 수 있는 권리를 뜻하고, 여기서 직무를 담당한다는 것은 공무담임에 관하여 능력과 적성에 따라 평등한 기회를 보장받는 것을 의미한다.

④ 공무원의 신분이나 직무와 관련이 없는 범죄의 경우에도 퇴직급여 등을 제한하는 것은 공무원범죄를 예방하고 공무원이 재직 중 성실히 근무하도록 유도하는 입법목적을 달성하는 데 적합한 수단이라고 볼 수 없다.

해설

② [×] 공무담임권의 보호영역에는 공직취임 기회의 자의적인 배제뿐 아니라, 공무원 신분의 부당한 박탈이나 권한(직무)의 부당한 정지도 포함된다. 다만, '승진시험의 응시제한'이나 이를 통한 승진기회의 보장 문제는 공직신분의 유지나 업무수행에는 영향을 주지 않는 단순한 내부 승진인사에 관한 문제에 불과하여 공무담임권의 보호영역에 포함된다고 보기는 어렵다고 할 것이다(헌재 2010.3.25, 2009헌마538).

① [O] 형사재판을 위하여 신체가 구금되어 정상적이고 시의적절한 직무를 수행하기 어려운 상황에 처한 자치단체장을 직무에서 배제시킴으로써 자치단체행정의 원활하고 효율적인 운영을 도모하는 한편 주민의 복리에 초래될 것으로 예상되는 위험을 미연에 방지하려는 이 사건 법률조항의 입법목적은 입법자가 추구할 수 있는 정당한 공익이라 할 것이고, 이를 실현하기 위하여 해당 자치단체장을 구금상태가 해소될 때까지 잠정적으로 그 직무에서 배제시키는 것은 일응 유효·적절한 수단이라고 볼 수 있다. … 따라서 이 사건 법률조항은 청구인의 공무담임권을 제한함에 있어 과잉금지원칙에 위배되지 않는다(헌재 2011.4.28, 2010헌마474).

③ [O] 공무담임권은, 국민이 국가나 공공단체의 구성원으로서 직무를 담당할 수 있는 권리를 뜻하고, 여기서 직무를 담당한다는 것은 공무담임에 관하여 능력과 적성에 따라 평등한 기회를 보장받는 것을 의미한다(헌재 2018.7.26, 2017헌마1183).

④ [O] 공무원의 신분이나 직무상 의무와 관련이 없는 범죄의 경우에도 퇴직급여 등을 제한하는 것은, 공무원범죄를 예방하고 공무원이 재직 중 성실히 근무하도록 유도하는 입법목적을 달성하는 데 적합한 수단이라고 볼 수 없다. … 나아가 이 사건 법률조항은 퇴직급여에 있어서는 국민연금법상의 사업장 가입자에 비하여, 퇴직수당에 있어서는 근로기준법상의 근로자에 비하여 각각 차별대우를 하고 있는바, 이는 자의적인 차별에 해당한다(헌재 2007.3.29, 2005헌바33).

정답 | 01 ④ 02 ②

03 공무원제도에 관한 설명으로 가장 적절하지 않은 것은? (다툼이 있는 경우 판례에 의함) 23. 경찰 1차

① 선거에서 중립의무가 있는 구 공직선거 및 선거부정방지법 제9조의 '공무원'이란 원칙적으로 국가와 지방자치단체의 모든 공무원, 즉 좁은 의미의 직업공무원은 물론이고, 대통령, 국무총리, 국무위원, 지방자치단체의 장을 포함한다.

② 국회의원과 지방의회의원은 정당의 대표자이자 선거운동의 주체로서의 지위로 말미암아 선거에서의 정치적 중립성이 요구될 수 없으므로 구 공직선거 및 선거부정방지법 제9조의 '공무원'에 해당하지 않는다.

③ 선거에서 대통령의 중립의무는 헌법 제7조 제2항이 보장하는 직업공무원제도로부터 나오는 헌법적 요청이다.

④ 직업공무원제도는 헌법과 법률에 의하여 공무원의 신분이 보장되는 공직구조에 관한 제도이며, 여기서 말하는 공무원에는 정치적 공무원이라든가 임시적 공무원은 포함되지 않는다.

해설

③ [×] 대통령은 행정부의 수반이고 국가공무원법의 적용을 받는 공무원이다. 이러한 공무원은 선거에서 정치적 중립의무를 지고 있는바, 이는 공무원의 지위를 규정하는 헌법 제7조 제1항, 자유선거원칙을 규정하는 헌법 제47조 제1항 및 제67조 제1항, 정당의 기회균등을 보장하는 헌법 제116조 제1항에서 나오는 헌법적 요청이다(헌재 2008.1.17, 2007헌마700).

▶ 제7조 제2항이 아니다.

① [O] 여기서의 공무원이란 원칙적으로 국가와 지방자치단체의 모든 공무원, 즉 좁은 의미의 직업공무원은 물론이고, 적극적인 정치활동을 통하여 국가에 봉사하는 정치적 공무원(예컨대, 대통령, 국무총리, 국무위원, 도지사, 시장, 군수, 구청장 등 지방자치단체의 장)을 포함한다(헌재 2004.5.14, 2004헌나1).

② [O] 정당의 대표자이자 선거운동의 주체로서의 지위로 말미암아, 선거에서의 정치적 중립성이 요구될 수 없는 국회의원과 지방의회의원은 공선법 제9조의 '공무원'에 해당하지 않는다(헌재 2004.5.14, 2004헌나1).

④ [O] 우리나라는 직업공무원제도를 채택하고 있는데, 이는 공무원이 집권세력의 논공행상의 제물이 되는 엽관제도를 지양하고 정권교체에 따른 국가작용의 중단과 혼란을 예방하고 일관성 있는 공무수행의 독자성을 유지하기 위하여 헌법과 법률에 의하여 공무원의 신분이 보장되는 공직구조에 관한 제도이다. 여기서 말하는 공무원은 국가 또는 공공단체와 근로관계를 맺고 이른바 공법상 특별권력관계 내지 특별행정법관계 아래 공무를 담당하는 것을 직업으로 하는 협의의 공무원을 말하며 정치적 공무원이라든가 임시적 공무원은 포함되지 않는 것이다(헌재 1989.12.18, 89헌마32 등).

04 공무원제도에 관한 다음 설명 중 가장 옳지 않은 것은? (다툼이 있는 경우 헌법재판소 결정 및 대법원 판례에 의함)

23. 법원직

① 공무원의 기부금모집을 금지하고 있는 국가공무원법 조항은 선거의 공정성을 확보하기 위한 것이라 하더라도 직급이나 직무의 성격에 대한 검토 혹은 기부금 상한액을 낮추는 방법 등에 대한 고려 없이 일률적으로 모든 공무원의 기부금 모집을 전면적으로 금지함으로써 과도한 제한을 초래하므로 공무원의 정치적 의사표현의 자유를 침해하는 것이다.

② 서울교통공사의 상근직원은 서울교통공사의 경영에 관여하거나 실질적인 영향력을 미칠 수 있는 권한이 있다고 인정하기 어려우므로, 당원이 아닌 자에게도 투표권을 부여하여 실시하는 당내경선에서 서울교통공사의 상근직원이 경선운동을 할 수 없도록 일률적으로 금지·처벌하는 것은 정치적 표현의 자유를 과도하게 제한하는 것이다.

③ 사실상 노무에 종사하는 공무원 중 대통령령 등이 정하는 자에 한하여 근로3권을 인정하는 국가공무원법 조항은, 근로3권이 보장되는 공무원의 범위를 사실상 노무에 종사하는 공무원으로 한정하고 있으나, 이는 헌법 제33조 제2항에 근거한 것으로, 전체국민의 공공복리와 사실상 노무에 종사하는 공무원의 직무의 내용, 노동조건 등을 고려해 보았을 때 입법자에게 허용된 입법재량권의 범위를 벗어난 것이라 할 수 없다.

④ 공무원의 정당가입이 허용된다면, 공무원의 정치적 행위가 직무 내의 것인지 직무 외의 것인지 구분하기 어려운 경우가 많고, 설사 공무원이 근무시간 외에 혹은 직무와 관련 없이 정당과 관련된 정치적 표현행위를 한다 하더라도 공무원의 정치적 중립성에 대한 국민의 기대와 신뢰는 유지되기 어렵다.

해설

① [×] 특히, 정치운동 중 특정 정당 또는 특정인을 지지 또는 반대하기 위하여 기부금을 모집 또는 모집하게 하거나, 공공자금을 이용 또는 이용하게 하는 행위는 정치활동에 대한 지지·지원인 동시에 정책적 영향력 행사의 의도 또는 가능성을 내포하고 있는 행위로서, 이러한 행위는 공무원의 정치적 중립성에 정면으로 반하는 행위이다. 따라서 이 사건 기부금모집 금지조항은 위와 같은 입법목적의 달성에 적합한 수단임이 인정된다. 이 사건 기부금모집 금지조항이 과잉금지원칙을 위배하여 정치적 의사표현의 자유를 제한한다고 볼 수 없다(헌재 2012.7.26, 2009헌바298).

② [O] 심판대상조항이 서울교통공사 상근임원의 경선운동을 금지하는 데 더하여 상근직원에게까지 경선운동을 금지하는 것은 당내경선의 형평성과 공정성을 확보한다는 입법목적에 비추어 보았을 때 과도한 제한이라고 볼 수 있다. 이처럼 심판대상조항이 정치적 표현의 자유를 중대하게 제한하는 반면, 당내경선의 형평성과 공정성의 확보라는 공익에 기여하는 바가 크다고 보기 어렵다. 따라서 심판대상조항은 법익의 균형성을 충족하지 못하였다. 심판대상조항은 과잉금지원칙을 위반하여 정치적 표현의 자유를 침해한다(헌재 2021.9.6, 2021헌가24).

③ [O] 헌법 제33조 제2항이 직접 '법률이 정하는 자'만이 노동3권을 향유할 수 있다고 규정하고 있어서 '법률이 정하는 자' 이외의 공무원은 노동3권의 주체가 되지 못하므로, '법률이 정하는 자' 이외의 공무원에 대해서도 노동3권이 인정됨을 전제로 하여 헌법 제37조 제2항의 과잉금지원칙을 적용할 수는 없는 것이다. 한편, 법 제66조 제1항은 근로3권이 보장되는 공무원의 범위를 사실상 노무에 종사하는 공무원에 한정하고 있으나, 이는 헌법 제33조 제2항에 근거한 것이고, 전체국민의 공공복리와 사실상 노무에 공무원의 직무의 내용, 노동조건 등을 고려해 보았을 때 입법자에게 허용된 입법재량권의 범위를 벗어난 것이라 할 수 없다(헌재 2007.8.30, 2003헌바51).

④ [O] 공무원의 정당가입이 허용된다면, 공무원의 정치적 행위가 직무 내의 것인지 직무 외의 것인지 구분하기 어려운 경우가 많고, 설사 공무원이 근무시간 외에 혹은 직무와 관련 없이 정당과 관련한 정치적 표현행위를 한다 하더라도 공무원의 정치적 중립성에 대한 국민의 기대와 신뢰는 유지되기 어렵다(헌재 2020.4.23, 2018헌마551).

정답 | 03 ③ 04 ①

■ 지방자치제도

01 기초자치단체의 자치사무에 대한 광역지방자치단체의 감사에 대한 설명으로 옳지 않은 것은? (다툼이 있는 경우 판례에 의함)

24. 지방직7급

① 광역지방자치단체가 기초지방자치단체의 자치사무에 대한 감사에 착수하기 위해서는 자치사무에 관하여 특정한 법령위반행위가 확인되었거나 위법행위가 있었으리라는 합리적 의심이 가능한 경우이어야 하고 그 감사대상을 특정하여야 한다.

② 광역지방자치단체가 기초지방자치단체의 자치사무에 대한 감사에 착수하기 위해서는 법령에 따른 사전조사와 관계없이 감사대상 지방자치단체에게 특정된 감사대상을 사전에 통보할 것까지 요구된다.

③ 지방자치단체의 자치사무에 관한 한 기초지방자치단체는 광역지방자치단체와 대등하고 상이한 권리주체에 해당하고, 광역지방자치단체의 기초지방자치단체에 대한 감사는 상이한 법인격 주체 사이의 감독권의 행사로서 외부적 효과를 가지는 통제에 해당한다고 보아야 한다.

④ 당초 특정된 감사대상과 관련성이 인정되는 것으로서 당해 절차에서 함께 감사를 진행하더라도 감사대상 지방자치단체가 절차적인 불이익을 받을 우려가 없고, 해당 감사대상을 적발하기 위한 목적으로 감사가 진행된 것으로 볼 수 없는 사항에 대하여는 감사대상의 확장 내지 추가가 허용된다.

해설

② [×] 연간 감사계획에 포함되지 아니하고 사전조사가 수행되지 아니한 감사의 경우 지방자치법에 따른 감사의 절차와 방법 등에 관한 사항을 규정하는 '지방자치단체에 대한 행정감사규정' 등 관련 법령에서 감사대상이나 내용을 통보할 것을 요구하는 명시적인 규정이 없다. 광역지방자치단체가 자치사무에 대한 감사에 착수하기 위해서는 감사대상을 특정하여야 하나, 특정된 감사대상을 사전에 통보할 것까지 요구된다고 볼 수는 없다(현재 2023.3.23, 2020헌라5).

① [O] 광역지방자치단체가 기초지방자치단체의 자치사무에 대한 감사에 착수하기 위해서는 자치사무에 관하여 특정한 법령위반행위가 확인되었거나 위법행위가 있었으리라는 합리적 의심이 가능한 경우이어야 하고 그 감사대상을 특정하여야 하며, 위법사항을 특정하지 않고 개시하는 감사 또는 법령위반사항을 적발하기 위한 감사는 허용될 수 없다(현재 2023.3.23, 2020헌라5).

③ [O] 지방자치단체의 자치사무에 관한 한 기초지방자치단체는 광역지방자치단체와 대등하고 상이한 권리주체에 해당하고, 광역지방자치단체의 기초지방자치단체에 대한 감사는 상이한 법인격 주체 사이의 감독권의 행사로서 외부적 효과를 가지는 통제에 해당한다고 보아야 한다. 따라서 중앙행정기관에 의한 통제나 상급지방자치단체에 의한 통제는 그 내용에 있어서 차이가 있다고 할 수 없는데, 구 지방자치법 제171조도 시·도지사의 지방자치단체의 자치사무에 대한 감사권을 법령위반사항으로 제한하여 상급지방자치단체에 의한 자치사무 감사 또한 중앙행정기관의 감독권과 마찬가지로 그 대상과 범위가 한정적인 감사임을 명시하고 있다(현재 2023.3.23, 2020헌라5).

④ [O] 지방자치단체의 자치사무에 대한 무분별한 감사권의 행사는 헌법상 보장된 지방자치권을 침해할 가능성이 크므로, 원칙적으로 감사 과정에서 사전에 감사대상으로 특정되지 아니한 사항에 관하여 위법사실이 발견되었다고 하더라도 감사대상을 확장하거나 추가하는 것은 허용되지 않는다. 다만, 자치사무의 합법성 통제라는 감사의 목적이나 감사의 효율성 측면을 고려할 때, 당초 특정된 감사대상과 관련성이 인정되는 것으로서 당해 절차에서 함께 감사를 진행하더라도 감사대상 지방자치단체가 절차적인 불이익을 받을 우려가 없고, 해당 감사대상을 적발하기 위한 목적으로 감사가 진행된 것으로 볼 수 없는 사항에 대하여는 감사대상의 확장 내지 추가가 허용된다(현재 2023.3.23, 2020헌라5).

02 지방자치에 대한 설명으로 옳지 않은 것은? 24. 국가직 7급

① 지방자치제도의 보장은 지방자치단체에 의한 자치행정을 일반적으로 보장한다는 것뿐이고, 마치 국가가 영토고권을 가지는 것과 마찬가지로 지방자치단체에게 자신의 관할구역 내에 속하는 영토·영해·영공을 자유로이 관리하고 관할구역 내의 사람과 물건을 독점적·배타적으로 지배할 수 있는 권리가 부여되어 있다고 할 수는 없다.

② 개정된 구 지방자치법의 취지와 공유수면과 매립지의 성질상 차이 등을 종합하여 볼 때, 신생 매립지는 구 지방자치법 제4조 제3항에 따라 같은 조 제1항이 처음부터 배제되어 종전의 관할구역과의 연관성이 단절되고, 행정자치부장관의 결정이 확정됨으로써 비로소 관할 지방자치단체가 정해지며, 그 전까지 해당 매립지는 어느 지방자치단체에도 속하지 않는다.

③ 집회 또는 시위를 하기 위하여 인천애(愛)뜰 중 잔디마당과 그 경계 내 부지에 대한 사용허가 신청을 한 경우 인천광역시장이 이를 허가할 수 없도록 제한하는 인천애뜰의 사용 및 관리에 관한 조례는 지방자치법에 근거하여 인천광역시가 인천애뜰의 사용 및 관리에 필요한 사항을 규율하기 위하여 제정되었으므로 법률유보원칙에 위배되지 않는다.

④ 조례의 제정권자인 지방의회는 선거를 통해서 그 지역적인 민주적 정당성을 지니고 있는 주민의 대표기관이고, 헌법이 지방자치단체에 대해 포괄적인 자치권을 보장하고 있다고 하더라도, 자치조례에 대한 법률의 위임 역시 법규명령에 대한 법률의 위임과 같이 반드시 구체적으로 범위를 정하여 하여야 하며 포괄적인 위임은 허용되지 아니한다.

해설

④ [×] 조례의 제정권자인 지방의회는 선거를 통해서 그 지역적인 민주적 정당성을 지니고 있는 주민의 대표기관이고 헌법이 지방자치단체에 포괄적인 자치권을 보장하고 있는 취지로 볼 때, 조례에 대한 법률의 위임은 법규명령에 대한 법률의 위임과 같이 반드시 구체적으로 범위를 정하여 할 필요가 없으며 포괄적인 것으로 족하다(헌재 1995.4.20, 92헌마264 등).

① [O] 헌법 제117조, 제118조가 제도적으로 보장하고 있는 지방자치의 본질적 내용은 '자치단체의 보장, 자치기능의 보장 및 자치사무의 보장'이라고 할 것이나, 지방자치제도의 보장은 지방자치단체에 의한 자치행정을 일반적으로 보장한다는 것뿐이고 특정자치단체의 존속을 보장한다는 것은 아니므로, 마치 국가가 영토고권을 가지는 것과 마찬가지로, 지방자치단체에게 자신의 관할구역내에 속하는 영토, 영해, 영공을 자유로이 관리하고 관할구역 내의 사람과 물건을 독점적, 배타적으로 지배할 수 있는 권리가 부여되어 있다고 할 수는 없다(헌재 2006.3.30, 2003헌라2).

② [O] 개정 지방자치법의 취지와 공유수면과 매립지의 성질상 차이 등을 종합하여 볼 때, 신생 매립지는 개정 지방자치법 제4조 제3항에 따라 같은 조 제1항이 처음부터 배제되어 종전의 관할구역과의 연관성이 단절되고, 행정안전부장관의 결정이 확정됨으로써 비로소 관할 지방자치단체가 정해지며, 그 전까지 해당 매립지는 어느 지방자치단체에도 속하지 않는다 할 것이다. 그렇다면 이 사건 매립지의 매립 전 공유수면에 대한 관할권을 가졌을 뿐인 청구인들이, 그 후 새로이 형성된 이 사건 매립지에 대해서까지 어떠한 권한을 보유하고 있다고 볼 수 없으므로, 이 사건에서 청구인들의 자치권한이 침해되거나 침해될 현저한 위험이 있다고 보기는 어렵다(헌재 2020.7.16, 2015헌라3).

③ [O] 조례에 대한 법률의 위임은 법규명령에 대한 법률의 위임과 같이 반드시 구체적으로 범위를 정할 필요가 없으며, 포괄적으로도 할 수 있다. 이 사건 조례는 지방자치법 제13조 제2항 제1호 자목 및 제5호 나목 등에 근거하여 인천광역시가 소유한 공유재산이자 공공시설인 인천애뜰의 사용 및 관리에 필요한 사항을 규율하기 위하여 제정되었고, 심판대상조항은 잔디마당과 그 경계 내부지의 사용 기준을 정하고 있다. 그렇다면 심판대상조항은 법률의 위임 내지는 법률에 근거하여 규정된 것이라고 할 수 있으므로 법률유보원칙에 위배되지 않는다. … 그렇다면 심판대상조항은 과잉금지원칙에 위배되어 청구인들의 집회의 자유를 침해한다(헌재 2023.9.26, 2019헌마1417).

정답 | 01 ② 02 ④

03 지방자치에 관한 설명으로 옳지 않은 것은? (다툼이 있는 경우 판례에 의함) 25. 소방간부

① 제도적 보장으로서 주민의 자치권은 원칙적으로 개별 주민들에게 인정된 권리라 볼 수 없으므로 현직 자치단체장에 대하여 3기 초과 연임을 제한하였다는 이유만으로 그 법률조항이 주민의 자치권을 심각하게 훼손한다고 볼 수 없다.

② 주민은 법령으로 정하는 바에 따라 소속 지방자치단체의 재산과 공공시설을 이용할 권리와 그 지방자치단체로부터 균등하게 행정의 혜택을 받을 권리를 가진다.

③ 헌법은 자치입법권의 허용 근거만을 마련해 두고 있을 뿐, 조례에의 위임입법은 어떤 범위 내에서 어떤 기준에 의하여 위임할 수 있는지에 관하여 명시적 규정을 두고 있지 않다.

④ 지방자치의 헌법적 보장은 지방자치의 핵심영역이라 할 수 있는 자치단체, 자치기능, 자치사무의 보장이 어떠한 경우라도 입법 기타 중앙정부의 침해로부터 보호되어야 함을 의미한다.

⑤ 헌법이 규정하는 지방자치단체의 자치권에는 그 소속 공무원에 대한 인사와 처우를 스스로 결정하는 권한이 포함되지만, 이에 관한 예산을 스스로 편성하여 집행하는 권한은 포함되지 않는다.

해설

⑤ [×] 헌법 제117조 제1항은 "지방자치단체는 주민의 복리에 관한 사무를 처리하고 재산을 관리하며, 법령의 범위안에서 자치에 관한 규정을 제정할 수 있다"고 규정하여 지방자치제도의 보장과 지방자치단체의 자치권을 규정하고 있다. 헌법이 규정하는 이러한 자치권 가운데에는 자치에 관한 규정을 스스로 제정할 수 있는 자치입법권은 물론이고 그밖에 그 소속 공무원에 대한 인사와 처우를 스스로 결정하고 이에 관련된 예산을 스스로 편성하여 집행하는 권한이 성질상 당연히 포함된다(헌재 2002.10.31, 2002헌라2).

① [O] 제도적 보장으로서 주민의 자치권은 원칙적으로 개별 주민들에게 인정된 권리라 볼 수 없으며, 청구인들의 주장을 주민들의 지역에 관한 의사결정에 참여 내지 주민투표에 관한 권리침해로 이해하더라도 이러한 권리를 헌법이 보장하는 기본권인 참정권이라고 할 수 없는 것이다. 즉, 헌법상의 주민자치의 범위는 법률에 의하여 형성되고, 핵심영역이 아닌 한 법률에 의하여 제한될 수 있는 것이다. 돌이켜 이 사건 법률조항에 관하여 살펴보면, 이 사건 법률조항이 현직 자치단체 장에 대하여 3기 초과 연임을 제한하고 있더라도 그것만으로는 주민의 자치권을 심각하게 훼손한다고 볼 수 없다(헌재 2006.2.23, 2005헌마403).

② [O]

지방자치법 제17조【주민의 권리】② 주민은 법령으로 정하는 바에 따라 소속 지방자치단체의 재산과 공공시설을 이용할 권리와 그 지방자치단체로부터 균등하게 행정의 혜택을 받을 권리를 가진다.

③ [O] 헌법은 자치입법권의 허용근거만을 마련해 두고 있을 뿐 조례에의 위임입법은 어떤 범위 내에서 어떤 기준에 의하여 위임할 수 있는지에 관하여 명시적 규정을 두고 있지 않다(헌재 2004.9.23, 2002헌바76).

④ [O] 지방자치제도의 헌법적 보장은 한마디로 국민주권의 기본원리에서 출발하여 주권의 지역적 주체로서의 주민에 의한 자기통치의 실현으로 요약할 수 있고, 이러한 지방자치의 본질적 내용인 핵심영역(자치단체 · 자치기능 · 자치사무의 보장)은 어떠한 경우라도 입법 기타 중앙정부의 침해로부터 보호되어야 한다는 것을 의미한다(헌재 2014.1.28, 2012헌바216).

04 지방자치제도에 대한 설명으로 옳지 않은 것은? (다툼이 있는 경우 판례에 의함) 25. 5급

① 지방자치단체는 법령의 범위에서 그 사무에 관하여 조례를 제정할 수 있지만, 주민의 권리 제한 또는 의무 부과에 관한 사항이나 벌칙을 정할 때에는 법률의 위임이 있어야 한다.
② 지방자치단체의 자치권이 미치는 관할 구역의 범위에는 육지는 물론 바다도 포함되므로, 공유수면에 대한 지방자치단체의 자치권한이 존재한다.
③ 지방자치단체는 주민의 복리에 관한 사무를 처리하고 재산을 관리하며, 법령의 범위 안에서 자치에 관한 규정을 제정할 수 있다.
④ 지방자치단체 주민으로서의 자치권 또는 주민권은 헌법에 의하여 직접 보장된 개인의 주관적 공권이므로 그 침해를 이유로 헌법소원심판을 청구할 수 있다.

해설

④ [×] 지방자치단체 주민으로서의 자치권 또는 주민권은 "헌법에 의하여 직접 보장된 개인의 주관적 공권"이 아니어서, 그 침해만을 이유로 하여 국가사무인 고속철도의 역의 명칭 결정의 취소를 구하는 헌법소원심판을 청구할 수 없다(헌재 2006.3.30, 2003헌마837).

① [O]

> 지방자치법 제28조【조례】① 지방자치단체는 법령의 범위에서 그 사무에 관하여 조례를 제정할 수 있다. 다만, 주민의 권리 제한 또는 의무 부과에 관한 사항이나 벌칙을 정할 때에는 법률의 위임이 있어야 한다.

② [O] 지방자치법 제4조 제1항에 규정된 지방자치단체의 구역은 주민·자치권과 함께 지방자치단체의 구성요소로서 자치권을 행사할 수 있는 장소적 범위를 말하며, 자치권이 미치는 관할 구역의 범위에는 육지는 물론 바다도 포함되므로, 공유수면에 대한 지방자치단체의 자치권한이 존재한다(헌재 2006.8.31, 2003헌라1).

③ [O]

> 헌법 제117조 ① 지방자치단체는 주민의 복리에 관한 사무를 처리하고 재산을 관리하며, 법령의 범위 안에서 자치에 관한 규정을 제정할 수 있다.

정답 | 03 ⑤ 04 ④

05 지방자치제도에 관한 설명 중 옳고 그름의 표시(○, ×)가 바르게 된 것은? (다툼이 있는 경우 판례에 의함)

23. 경찰승진

㉠ 조례의 제정권자인 지방의회는 선거를 통해서 그 지역적인 민주적 정당성을 지니고 있는 주민의 대표기관이고 헌법이 지방자치단체에 포괄적인 자치권을 보장하고 있는 취지로 볼 때, 조례에 대한 법률의 위임은 법규명령에 대한 법률의 위임과 같이 반드시 구체적으로 범위를 정하여 할 필요가 없으며 포괄적인 것으로 족하다.
㉡ 주민자치제를 본질로 하는 민주적 지방자치제도가 안정적으로 뿌리내린 현 시점에서 지방자치단체의 장 선거권을 지방의회의원 선거권, 나아가 국회의원 선거권 및 대통령 선거권과 구별하여 하나는 법률상의 권리로, 나머지는 헌법상의 권리로 이원화하는 것은 허용될 수 없으므로 지방자치단체의 장 선거권 역시 다른 선거권과 마찬가지로 헌법 제24조에 의해 보호되는 기본권으로 인정하여야 한다.
㉢ 헌법상 지방자치제도보장의 핵심영역 내지 본질적 부분이 특정 지방자치단체의 존속을 보장하는 것이 아니며 지방자치단체에 의한 자치행정을 일반적으로 보장하는 것이므로, 현행법에 따른 지방자치단체의 중층구조 또는 지방자치단체로서 특별시·광역시 및 도와 함께 시·군 및 구를 계속하여 존속하도록 할지 여부는 결국 입법자의 입법형성권의 범위에 들어가는 것으로 보아야 한다.
㉣ 지방자치단체가 자치조례를 제정할 수 있는 사항은 지방자치단체의 고유사무인 자치사무와 개별법령에 의하여 지방자치단체에 위임된 단체위임사무에 한하고, 국가사무가 지방자치단체의 장에게 위임된 기관위임사무는 원칙적으로 자치조례의 제정범위에 속하지 않는다.

	㉠	㉡	㉢	㉣
①	×	○	○	×
②	○	×	○	○
③	○	○	×	○
④	○	○	○	○

해설

㉠ [○] 조례의 제정권자인 지방의회는 선거를 통해서 그 지역적인 민주적 정당성을 지니고 있는 주민의 대표기관이고 헌법이 지방자치단체에 포괄적인 자치권을 보장하고 있는 취지로 볼 때, 조례에 대한 법률의 위임은 법규명령에 대한 법률의 위임과 같이 반드시 구체적으로 범위를 정하여 할 필요가 없으며 포괄적인 것으로 족하다(헌재 1995.4.20, 92헌마264, 279).

㉡ [○] 주민자치제를 본질로 하는 민주적 지방자치제도가 안정적으로 뿌리내린 현 시점에서 지방자치단체의 장 선거권을 지방의회의원 선거권, 나아가 국회의원 선거권 및 대통령 선거권과 구별하여 하나는 법률상의 권리로, 나머지는 헌법상의 권리로 이원화하는 것은 허용될 수 없다. 그러므로 지방자치단체의 장 선거권 역시 다른 선거권과 마찬가지로 헌법 제24조에 의해 보호되는 기본권으로 인정하여야 한다(헌재 2016.10.27, 2014헌마797).

㉢ [○] 법상 지방자치제도보장의 핵심영역 내지 본질적 부분이 특정 지방자치단체의 존속을 보장하는 것이 아니며 지방자치단체에 의한 자치행정을 일반적으로 보장하는 것이므로, 현행법에 따른 지방자치단체의 중층구조 또는 지방자치단체로서 특별시·광역시 및 도와 함께 시·군 및 구를 계속하여 존속하도록 할지 여부는 결국 입법자의 입법형성권의 범위에 들어가는 것으로 보아야 한다. 같은 이유로 일정구역에 한하여 당해 지역 내의 지방자치단체인 시·군을 모두 폐지하여 중층구조를 단층화하는 것 역시 입법자의 선택범위에 들어가는 것이다(헌재 2006.4.27, 2005헌마1190).

㉣ [○] 지방자치단체가 자치조례를 제정할 수 있는 것은 원칙적으로 이러한 자치사무와 단체위임사무에 한하므로, 국가사무가 지방자치단체의 장에게 위임된 기관위임사무와 같이 지방자치단체의 장이 국가기관의 지위에서 수행하는 사무일 뿐 지방자치단체 자체의 사무라고 할 수 없는 것은 원칙적으로 자치조례의 제정 범위에 속하지 않는다(대판 2001.11.27, 2001추57).

06 지방자치단체에 관한 다음 설명 중 가장 옳지 않은 것은? (다툼이 있는 경우 헌법재판소 결정 및 대법원 판례에 의함)

23. 법원직

① 법령에서 조례로 정하도록 위임한 사항은 그 법령의 하위법령에서 그 위임의 내용과 범위를 제한하거나 직접 규정할 수 없다.

② 지방자치단체가 고유사무인 자치사무에 관하여 자치조례를 제정하는 경우에도 주민의 권리제한 또는 의무부과에 관한 사항에 해당하는 조례를 제정할 경우에는 법률의 위임이 있어야 하고 그러한 위임 없이 제정된 조례는 효력이 없다.

③ 지방의회 사무직원의 임용권을 지방자치단체의 장에게 부여하도록 규정한 것은 지방의회와 지방자치단체의 장 사이의 상호견제와 균형의 원리에 비추어 헌법상 권력분립원칙에 위반된다.

④ 지방자치단체의 자치권이 미치는 관할구역의 범위에는 육지는 물론 바다도 포함되므로, 공유수면에 대해서도 지방자치단체의 자치권한이 존재한다고 보아야 한다.

해설

③ [×] 지방자치단체의 장에게 지방의회 사무직원의 임용권을 부여하고 있는 심판대상조항은 지방자치법 제101조, 제105조 등에서 규정하고 있는 지방자치단체의 장의 일반적 권한의 구체화로서 우리 지방자치의 현황과 실상에 근거하여 지방의회 사무직원의 인력수급 및 운영 방법을 최대한 효율적으로 규율하고 있다고 할 것이다. 심판대상조항에 따른 지방의회 의장의 추천권이 적극적이고 실질적으로 발휘된다면 지방의회 사무직원의 임용권이 지방자치단체의 장에게 있다고 하더라도 그것이 곧바로 지방의회와 집행기관 사이의 상호견제와 균형의 원리를 침해할 우려로 확대된다거나 또는 지방자치제도의 본질적 내용을 침해한다고 볼 수는 없다(헌재 2014.1.28, 2012헌바216).

① [O]

지방자치법 제28조【조례】② 법령에서 조례로 정하도록 위임한 사항은 그 법령의 하위 법령에서 그 위임의 내용과 범위를 제한하거나 직접 규정할 수 없다.

② [O] 지방자치단체는 그 고유사무인 자치사무와 개별법령에 의하여 지방자치단체에 위임된 단체위임사무에 관하여 자치조례를 제정할 수 있지만 그 경우라도 주민의 권리제한 또는 의무부과에 관한 사항이나 벌칙은 법률의 위임이 있어야 하며, 기관위임사무에 관하여 제정되는 이른바 위임조례는 개별법령에서 일정한 사항을 조례로 정하도록 위임하고 있는 경우에 한하여 제정할 수 있으므로, 주민의 권리제한 또는 의무부과에 관한 사항이나 벌칙에 해당하는 조례를 제정할 경우에는 그 조례의 성질을 묻지 아니하고 법률의 위임이 있어야 하고 그러한 위임 없이 제정된 조례는 효력이 없다(대판 2007.12.13, 2006추52).

④ [O] 지방자치법 제4조 제1항에 규정된 지방자치단체의 구역은 주민 · 자치권과 함께 자치단체의 구성요소이고, 자치권이 미치는 관할구역의 범위에는 육지는 물론 바다도 포함되므로, 공유수면에 대해서도 지방자치단체의 자치권한이 미친다(헌재 2015.7.30, 2010헌라2).

정답 | 05 ④ 06 ③

07 기초지방자치단체 A의 자치사무에 대한 광역지방자치단체 B, 행정안전부 및 감사원의 감사에 대한 설명으로 가장 적절하지 않은 것은? (다툼이 있는 경우 헌법재판소 판례에 의함) 23. 경찰간부

① A의 자치사무에 대한 B의 감사과정에서 사전에 감사대상으로 특정되지 않은 사항에 관하여 위법사실이 발견된 경우, 당초 특정된 감사대상과 관련성이 있어 함께 감사를 진행해도 A가 절차적인 불이익을 받을 우려가 없고, 해당 감사대상을 적발하기 위한 목적으로 감사가 진행된 것으로 볼 수 없는 사항에 대하여는 감사대상의 확장 내지 추가가 허용된다.

② B가 A의 자치사무에 대한 감사에 착수하기 위해서는 감사대상을 특정하고, 특정된 감사대상을 A에게 사전 통보해야 한다.

③ A의 자치사무에 대한 행정안전부 감사는 합법성 감사로 제한되어야 하고, 포괄적 · 사전적 일반감사나 법령위반사항을 적발하기 위한 감사는 허용되지 않는다.

④ A의 자치사무에 대한 감사원의 감사는 합법성 감사에 한정되지 않고, 합목적성 감사가 가능하여 사전적 · 포괄적 감사가 인정된다.

해설

② [×] 사전통보는 불요하다. 광역지방자치단체가 자치사무에 대한 감사에 착수하기 위해서는 감사대상을 특정하여야 하나, 특정된 감사대상을 사전에 통보할 것까지 요구된다고 볼 수는 없다(헌재 2023.3.23, 2020헌라5).

① [O] 지방자치단체의 자치사무에 대한 무분별한 감사권의 행사는 헌법상 보장된 지방자치권을 침해할 가능성이 크므로, 원칙적으로 감사 과정에서 사전에 감사대상으로 특정되지 아니한 사항에 관하여 위법사실이 발견되었다고 하더라도 감사대상을 확장하거나 추가하는 것은 허용되지 않는다. 다만, 자치사무의 합법성 통제라는 감사의 목적이나 감사의 효율성 측면을 고려할 때, 당초 특정된 감사대상과 관련성이 인정되는 것으로서 당해 절차에서 함께 감사를 진행하더라도 감사대상 지방자치단체가 절차적인 불이익을 받을 우려가 없고, 해당 감사대상을 적발하기 위한 목적으로 감사가 진행된 것으로 볼 수 없는 사항에 대하여는 감사대상의 확장 내지 추가가 허용된다(헌재 2023.3.23, 2020헌라5).

③ [O] 지방자치제 실시를 유보하던 개정전 헌법 부칙 제10조를 삭제한 현행헌법 및 이에 따라 자치사무에 관한 감사규정은 존치하되 '위법성 감사'라는 단서를 추가하여 자치사무에 대한 감사를 축소한 구 지방자치법 제158조 신설경위, 자치사무에 관한 한 중앙행정기관과 지방자치단체의 관계가 상하의 감독관계에서 상호보완적 지도 · 지원의 관계로 변화된 지방자치법의 취지, 중앙행정기관의 감독권 발동은 지방자치단체의 구체적 법위반을 전제로 하여 작동되도록 제한되어 있는 점, 그리고 국가감독권 행사로서 지방자치단체의 자치사무에 대한 감사원의 사전적 · 포괄적 합목적성 감사가 인정되므로 국가의 중복감사의 필요성이 없는 점 등을 종합하여 보면, 중앙행정기관의 지방자치단체의 자치사무에 대한 구 지방자치법 제158조 단서 규정의 감사권은 사전적 · 일반적인 포괄감사권이 아니라 그 대상과 범위가 한정적인 제한된 감사권이라 해석함이 마땅하다(헌재 2009.5.28, 2006헌라6).

④ [O] 감사원법은 지방자치단체의 위임사무나 자치사무의 구별 없이 합법성 감사뿐만 아니라 합목적성 감사도 허용하고 있는 것으로 보이므로, 감사원의 지방자치단체에 대한 이 사건 감사는 법률상 권한 없이 이루어진 것은 아니다(헌재 2008.5.29, 2005헌라3).

08 지방자치제도에 대한 설명으로 옳지 않은 것은? (다툼이 있는 경우 판례에 의함)

24. 입법고시

① 지방자치의 본질상 자치행정에 대한 국가의 관여는 가능한 한 배제하는 것이 바람직하지만, 지방자치도 국가적 법질서의 테두리 안에서만 인정되는 것이고, 지방행정도 중앙행정과 마찬가지로 국가행정의 일부이므로 지방자치단체가 어느 정도 국가적 감독·통제를 받는 것은 불가피하다.

② 일정구역에 한하여 모든 자치단체를 전면적으로 폐지하거나 지방자치단체인 시·군이 수행해온 자치사무를 국가의 사무로 이관하는 것이 아니라 당해 지역 내의 지방자치단체인 시·군을 모두 폐지하여 중층구조를 단층화하는 것은 입법자의 선택범위에 들어가는 것이다.

③ 마치 국가가 영토고권을 가지는 것과 마찬가지로, 지방자치단체에게 자신의 관할구역 내에 속하는 영토·영해·영공을 자유로이 관리하고 관할구역 내의 사람과 물건을 독점적·배타적으로 지배할 수 있는 권리가 부여되어 있다.

④ 지방자치단체와 다른 지방자치단체의 관계에서 어느 지방자치단체가 특정한 행정동 명칭을 독점적·배타적으로 사용할 권한이 있다고 볼 수는 없다.

⑤ 교육감과 해당 지방자치단체 상호간의 권한쟁의심판은 '상이한 권리주체 간'의 권한쟁의심판으로 볼 수 없으므로, 헌법재판소가 관장하는 지방자치단체 상호간의 권한쟁의심판에 속하지 않는다.

해설

③ [×] 헌법 제117조, 제118조가 제도적으로 보장하고 있는 지방자치의 본질적 내용은 '자치단체의 보장, 자치기능의 보장 및 자치사무의 보장'이라고 할 것이나, 지방자치제도의 보장은 지방자치단체에 의한 자치행정을 일반적으로 보장한다는 것뿐이고 특정자치단체의 존속을 보장한다는 것은 아니므로, 마치 국가가 영토고권을 가지는 것과 마찬가지로, 지방자치단체에게 자신의 관할구역 내에 속하는 영토, 영해, 영공을 자유로이 관리하고 관할구역 내의 사람과 물건을 독점적, 배타적으로 지배할 수 있는 권리가 부여되어 있다고 할 수는 없다(헌재 2006.3.30, 2003헌라2).

① [O] 지방자치의 본질상 자치행정에 대한 국가의 관여는 가능한 한 배제하는 것이 바람직하지만, 지방자치도 국가적 법질서의 테두리 안에서만 인정되는 것이고, 지방행정도 중앙행정과 마찬가지로 국가행정의 일부이므로, 지방자치단체가 어느 정도 국가적 감독, 통제를 받는 것은 불가피하다(헌재 2008.5.29, 2005헌라3).

② [O] 일정구역에 한하여 모든 자치단체를 전면적으로 폐지하거나 지방자치단체인 시·군이 수행해온 자치사무를 국가의 사무로 이관하는 것이 아니라 당해 지역 내의 지방자치단체인 시·군을 모두 폐지하여 중층구조를 단층화하는 것 역시 입법자의 선택범위에 들어가는 것이다(헌재 2006.4.27, 2005헌마1190).

④ [O] 적어도 지방자치단체와 다른 지방자치단체의 관계에서 어느 지방자치단체가 특정한 행정동 명칭을 독점적·배타적으로 사용할 권한이 있다고 볼 수는 없으므로 위와 같은 조례의 개정으로 청구인의 행정동 명칭에 관한 권한이 침해될 가능성이 있다고 볼 수 없다(헌재 2009.11.26, 2008헌라3).

⑤ [O] '지방교육자치에 관한 법률'은 교육감을 시·도의 교육·학예에 관한 사무의 '집행기관'으로 규정하고 있으므로, 교육감과 해당 지방자치단체 상호간의 권한쟁의심판은 '서로 상이한 권리주체 간'의 권한쟁의심판청구로 볼 수 없다. … 따라서 시·도의 교육·학예에 관한 집행기관인 교육감과 해당 지방자치단체 사이의 내부적 분쟁과 관련된 심판청구는 헌법재판소가 관장하는 권한쟁의심판에 속하지 아니한다(헌재 2016.6.30, 2014헌라1).

정답 | 07 ② 08 ③

09 지방자치에 대한 설명으로 옳지 않은 것은? 24. 5급 공채

① 지방자치단체는 주민의 복리에 관한 사무를 처리하고 재산을 관리하며, 법령의 범위 안에서 자치에 관한 규정을 제정할 수 있다.

② 헌법은 지방의회의 조직 · 권한 · 의원선거와 지방자치단체의 장의 선임방법 기타 지방자치단체의 조직과 운영에 관한 사항은 법률로 정하도록 하고 있다.

③ 주민투표권 및 주민소환권은 헌법상 보장되는 기본권으로 인정된다.

④ 국가가 영토고권을 가지는 것과 마찬가지로 지방자치단체에게 자신의 관할구역 내에 속하는 영토 · 영해 · 영공을 자유로이 관리하고 관할구역 내의 사람과 물건을 독점적 · 배타적으로 지배할 수 있는 권리가 부여되어 있다고 할 수는 없다.

해설

③ [×] 우리 헌법은 법률에 정하는 바에 따른 '선거권'(헌법 제24조)과 '공무담임권'(헌법 제25조) 및 국가안위에 관한 중요정책과 헌법개정에 대한 '국민투표권'(헌법 제72조, 제130조)만을 헌법상의 참정권으로 보장하고 있으므로, 지방자치법에서 규정한 주민투표권이나 주민소환청구권은 그 성질상 위에서 본 선거권, 공무담임권, 국민투표권과는 다른 것이어서 이를 법률이 보장하는 참정권이라고 할 수 있을지언정 헌법이 보장하는 참정권이라 할 수는 없다(헌재 2011.12.29, 2010헌바368).

① [O]

헌법 제117조 ① 지방자치단체는 주민의 복리에 관한 사무를 처리하고 재산을 관리하며, 법령의 범위 안에서 자치에 관한 규정을 제정할 수 있다.

② [O]

헌법 제118조 ② 지방의회의 조직 · 권한 · 의원선거와 지방자치단체의 장의 선임방법 기타 지방자치단체의 조직과 운영에 관한 사항은 법률로 정한다.

④ [O] 헌법 제117조, 제118조가 제도적으로 보장하고 있는 지방자치의 본질적 내용은 '자치단체의 보장, 자치기능의 보장 및 자치사무의 보장'이라고 할 것이나, 지방자치제도의 보장은 지방자치단체에 의한 자치행정을 일반적으로 보장한다는 것뿐이고 특정자치단체의 존속을 보장한다는 것은 아니므로, 마치 국가가 영토고권을 가지는 것과 마찬가지로, 지방자치단체에게 자신의 관할구역 내에 속하는 영토, 영해, 영공을 자유로이 관리하고 관할구역 내의 사람과 물건을 독점적, 배타적으로 지배할 수 있는 권리가 부여되어 있다고 할 수는 없다(헌재 2006.3.30, 2003헌라2).

■ 교육제도

01 대학의 자치에 관한 설명 중 가장 적절하지 않은 것은? (다툼이 있는 경우 판례에 의함) 22. 경찰 1차

① 대학 본연의 기능인 학술의 연구나 교수, 학생선발 지도 등과 관련된 교무 학사행정의 영역에서는 대학구성원의 결정이 우선한다고 볼 수 있으나, 대학의 재정, 시설 및 인사 등의 영역에서는 학교법인이 기본적인 윤곽을 결정하게 되므로, 대학구성원에게는 이러한 영역에 대한 참여권이 인정될 여지가 없다.

② 헌법 제31조 제4항이 규정하는 교육의 자주성 및 대학의 자율성은 헌법 제22조 제1항이 보장하는 학문의 자유의 확실한 보장을 위해 꼭 필요한 것으로서 대학에 부여된 헌법상 기본권인 대학의 자율권이므로, 국립대학인 청구인도 이러한 대학의 자율권의 주체로서 헌법소원심판의 청구인능력이 인정된다.

③ 대학의 자율성 즉, 대학의 자치란 대학이 그 본연의 임무인 연구와 교수를 외부의 간섭 없이 수행하기 위하여 인사 학사시설 재정 등의 사항을 자주적으로 결정하여 운영하는 것을 말한다. 따라서 연구 교수활동의 담당자인 교수가 그 핵심주체라 할 것이나, 연구 교수활동의 범위를 좁게 한정할 이유가 없으므로 학생, 직원 등도 포함될 수 있다.

④ 이사회와 재경위원회에 일정 비율 이상의 외부인사를 포함하는 내용 등을 담고 있는 구 국립대학법인 서울대학교 설립 운영에 관한 법률 규정의 이른바 '외부인사 참여 조항'이 대학의 자율의 본질적인 부분을 침해하였다고 볼 수 없다.

해설

① [×] 대학 본연의 기능인 학술의 연구나 교수, 학생선발 · 지도 등과 관련된 교무 · 학사행정의 영역에서는 대학구성원의 결정이 우선한다고 볼 수 있으나, 학교법인으로서도 설립 목적을 구현하는 차원에서 조정적 개입은 가능하다고 할 것이고, 우리 법제상 학교법인에게만 권리 능력이 인정되므로 각종 법률관계의 형성이나 법적 분쟁의 해결에는 법인이 대학을 대표하게 될 것이다. 한편, 대학의 재정, 시설 및 인사 등의 영역에서는 학교법인이 기본적인 윤곽을 결정하되, 대학구성원에게는 이러한 영역에 대하여 일정 정도 참여권을 인정하는 것이 필요하다(헌재 2013.11.28, 2007헌마1189).

② [O] 헌법 제31조 제4항이 규정하는 교육의 자주성 및 대학의 자율성은 헌법 제22조 제1항이 보장하는 학문의 자유의 확실한 보장을 위해 꼭 필요한 것으로서 대학에 부여된 헌법상 기본권인 대학의 자율권이므로, 국립대학인 청구인도 이러한 대학의 자율권의 주체로서 헌법 소원심판의 청구인능력이 인정된다(헌재 2015.12.23, 2014헌마1149).

③ [O] 대학의 자율성 즉, 대학의 자치란 대학이 그 본연의 임무인 연구와 교수를 외부의 간섭 없이 수행하기 위하여 인사 · 학사 · 시설 · 재정 등의 사항을 자주적으로 결정하여 운영하는 것을 말한다. 따라서 연구 · 교수활동의 담당자인 교수가 그 핵심주체라 할 것이나, 연구 · 교수활동의 범위를 좁게 한정할 이유가 없으므로 학생, 직원 등도 포함될 수 있다(헌재 2013.11.28, 2007헌마1189).

④ [O] 학교법인의 이사회 등에 외부인사를 참여시키는 것은 다양한 이해관계자의 참여를 통해 개방적인 의사결정을 보장하고, 외부의 환경 변화에 민감하게 반응함과 동시에 외부의 감시와 견제를 통해 대학의 투명한 운영을 보장하기 위한 것이며, 대학 운영의 투명성과 공공성을 높이기 위해 정부도 의사형성에 참여하도록 할 필요가 있는 점, 사립학교의 경우 이사와 감사의 취임 시 관할청의 승인을 받도록 하고, 관련법령을 위반하는 경우 관할청이 취임 승인을 취소할 수 있도록 하고 있는 점 등을 고려하면, 외부인사 참여 조항은 대학의 자율의 본질적인 부분을 침해하였다고 볼 수 없다(헌재 2014.4.24, 2011헌마612).

정답 | 09 ③ 01 ①

■ 가족제도

01 혼인과 가족생활에 관한 설명으로 가장 적절한 것은? (다툼이 있는 경우 헌법재판소 판례에 의함) 24. 경찰 2차

① 태아의 성별고지 행위는 그 자체로 태아를 포함하여 누구에게도 해가 되는 행위가 아니지만, 보다 풍요롭고 행복한 가족생활을 영위하도록 하기 위해 진료과정에서 알게 된 태아에 대한 성별 정보는 낙태방지를 위하여 임신 32주 이전에는 고지하지 못하도록 금지하여야 할 이유가 있다.

② 당사자 사이에 혼인의사의 합의가 없음을 원인으로 하는 혼인무효판결에 의한 가족관계등록부 정정신청으로 해당 가족관계등록부가 정정된 때, '그 혼인무효사유가 한쪽 당사자나 제3자의 범죄행위로 인한 경우'에 한정하여 등록부 재작성 신청권을 부여한 '가족관계등록부의 재작성에 관한 사무처리지침' 조항은 혼인과 가족생활을 스스로 결정하고 형성할 수 있는 자유를 제한한다.

③ 국가에게 혼인과 가족생활의 보호자로서 부모의 자녀양육을 지원할 헌법상 과제가 부여되어 있다 하더라도, 그로부터 곧바로 헌법이 국가에게 자녀를 양육하는 모든 병역의무 이행자들의 출퇴근 복무를 보장하여 자녀가 있는 대체복무요원들까지 합숙복무의 예외를 인정하여야 할 명시적인 입법의무를 부여하였다고 할 수는 없다.

④ '혼인 중 여자와 남편 아닌 남자 사이에서 출생한 자녀에 대한 생부의 출생신고'를 허용하도록 규정하지 아니한 가족관계의 등록 등에 관한 법률 조항은 과잉금지원칙을 위배하여 생부인 청구인들의 가족생활의 자유를 침해한다.

해설

③ [O] 국가에게 혼인과 가족생활의 보호자로서 부모의 자녀양육을 지원할 헌법상 과제가 부여되어 있다 하더라도, 그로부터 곧바로 헌법이 국가에게 자녀를 양육하는 모든 병역의무 이행자들의 출퇴근 복무를 보장하여 자녀가 있는 대체복무요원들까지 합숙복무의 예외를 인정하여야 할 명시적인 입법의무를 부여하였다고 할 수는 없다. 입법자는 병역의무자의 합숙의무에 관한 입법을 함에 있어 제도의 목적, 대상 병역의 복무형태와 수행업무 및 지위, 병역 인력운영 상황, 국민정서 등 제반 사정을 고려하여야 하므로, 병역의무자에 대한 출퇴근 허용 요건이나 허용 대상, 허용 기간 등을 어떻게 정할 것인지는 상당 부분 입법자의 재량에 맡겨져 있다고 보아야 한다(헌재 2024.5.30, 2021헌마117 등).

① [×] 부모가 태아의 성별을 알고자 하는 것은 본능적이고 자연스러운 욕구로, 태아의 성별을 비롯하여 태아에 대한 모든 정보에 접근을 방해받지 않을 권리는 부모로서 누려야 할 마땅한 권리이다. 태아의 성별고지 행위는 그 자체로 태아를 포함하여 누구에게도 해가 되는 행위가 아니므로, 보다 풍요롭고 행복한 가족생활을 영위하도록 하기 위해 진료과정에서 알게 된 태아에 대한 성별 정보를 굳이 임신 32주 이전에는 고지하지 못하도록 금지하여야 할 이유는 없는 것이다. … 따라서 심판대상조항은 과잉금지원칙을 위반하여 부모가 태아의 성별 정보에 대한 접근을 방해받지 않을 권리를 침해한다(헌재 2024.2.28, 2022헌마356 등).

② [×] 청구인은 심판대상조항이 사생활의 비밀과 자유, 혼인과 가족생활에 관한 기본권, 행복추구권, 평등권도 침해한다고 주장한다. 그러나 심판대상조항은 신분등록제도에 관한 규정일 뿐, 혼인과 가족생활을 스스로 결정하고 형성할 수 있는 자유를 제한하고 있다고 볼 수 없고, 사생활의 비밀과 자유는 개인정보자기결정권의 근거조항이며, 행복추구권이나 평등권 침해 주장은 심판대상조항이 등록부 재작성 신청권자를 한정한 것이 과도하여 개인정보자기결정권을 침해한다는 주장과 다르지 않으므로, 이에 관하여도 별도로 판단하지 않는다. … 무효인 혼인의 기록사항 전체에 하나의 선을 긋고, 말소 내용과 사유를 각 해당 사항란에 기재하는 방식의 정정 표시는 청구인의 인격주체성을 식별할 수 있게 하는 개인정보에 해당하고, 이와 같은 정보를 보존하는 심판대상조항은 청구인의 개인정보자기결정권을 제한한다. … 심판대상조항은 과잉금지원칙을 위반하여 청구인의 개인정보자기결정권을 침해하지 않는다(헌재 2024.1.25, 2020헌마65).

④ [×] 생부인 청구인들은 침해되는 기본권으로 양육권 및 가족생활의 자유도 주장하고 있다. 심판대상조항들은 출생신고에 관한 조항으로서 생부인 청구인들이 혼인 외 출생자인 청구인들을 양육하는 것을 직접 제한하지 아니한다. 아울러 생부가 생래적 혈연관계에 있는 그 자녀와 가족관계를 형성하는 것은 민법상 친생추정과 부인, 인지에 관한 규정들에 의하여 제한되는 것일 뿐, 심판대상조항들에 의하여 제한되는 것이 아니다. … 혼인 중 여자와 남편 아닌 남자 사이에서 출생한 자녀에 해당하는 혼인 외 출생자인 청구인들의 태어난 즉시 '출생등록될 권리'를 침해한다(헌재 2023.3.23, 2021헌마975).

▶ 주의할 것은 생부인 청구인들의 평등권을 침해하지 않는다는 점이다.

02 다음 설명 중 가장 옳지 않은 것은? 24. 법원직

① 민법상 친생추정제도는 자의 복리를 위해 매우 중요한 제도이다.

② 태어난 즉시 '출생등록될 권리'는 헌법에 명시되지 아니한 독자적 기본권으로서, 자유로운 인격실현을 보장하는 자유권적 성격과 아동의 건강한 성장과 발달을 보장하는 사회적 기본권의 성격을 함께 지닌다.

③ 혼인 중인 여자와 남편 아닌 남자 사이에서 출생한 자녀에 대한 생부의 출생신고를 허용하도록 규정하지 않은 가족관계의 등록 등에 관한 법률 해당 조항은 혼인 외 출생자들의 태어난 즉시 '출생등록될 권리'를 침해한다.

④ 혼인 중인 여자와 남편 아닌 남자 사이에서 출생한 자녀에 대한 생부의 출생신고를 허용하도록 규정하지 않은 가족관계의 등록 등에 관한 법률 해당 조항은 합리적 이유 없이 혼인 외 출생자의 신고의무를 모에게만 부과하고, 생부에게는 출생신고를 하도록 규정하지 않고 있어 평등원칙에 반한다.

해설

④ [×] 심판대상조항들이 혼인 중인 여자와 남편 아닌 남자 사이에서 출생한 자녀의 경우에 혼인 외 출생자의 신고의무를 모에게만 부과하고, 남편 아닌 남자인 생부에게 자신의 혼인 외 자녀에 대해서 출생신고를 할 수 있도록 규정하지 아니한 것은 모는 출산으로 인하여 그 출생자와 혈연관계가 형성되는 반면에, 생부는 그 출생자와의 혈연관계에 대한 확인이 필요할 수도 있고, 그 출생자의 출생사실을 모를 수도 있다는 점에 있으며, 이에 따라 가족관계등록법은 모를 중심으로 출생신고를 규정하고, 모가 혼인 중일 경우에 그 출생자는 모의 남편의 자녀로 추정하도록 한 민법의 체계에 따르도록 규정하고 있는 점에 비추어 합리적인 이유가 있다. 그렇다면, 심판대상조항들은 생부인 청구인들의 평등권을 침해하지 않는다(헌재 2023.3.23, 2021헌마975).

① [O] 출생과 동시에 자에게 안정된 법적 지위를 부여함으로써 자의 출생 시 법적 보호의 공백을 없앴다는 측면에서 친생추정은 여전히 자의 복리를 위하여 매우 중요하다. … 이와 같이 민법 제정 이후의 사회적·법률적·의학적 사정변경을 전혀 반영하지 아니한 채, 이미 혼인관계가 해소된 이후에 자가 출생하고 생부가 출생한 자를 인지하려는 경우마저도, 아무런 예외 없이 그 자를 전남편의 친생자로 추정함으로써 친생부인의 소를 거치도록 하는 심판대상조항은 입법형성의 한계를 벗어나 모가 가정생활과 신분관계에서 누려야 할 인격권, 혼인과 가족생활에 관한 기본권을 침해한다(헌재 2015.4.30, 2013헌마623).

② [O] 태어난 즉시 '출생등록될 권리'는 앞서 언급한 기본권 등의 어느 하나에 완전히 포섭되지 않으며, 이들을 이념적 기초로 하는 헌법에 명시되지 아니한 독자적 기본권으로서, 자유로운 인격실현을 보장하는 자유권적 성격과 아동의 건강한 성장과 발달을 보장하는 사회적 기본권의 성격을 함께 지닌다(헌재 2023.3.23, 2021헌마975).

③ [O] 심판대상조항들은 입법형성권의 한계를 넘어서서 실효적으로 출생등록될 권리를 보장하고 있다고 볼 수 없으므로, 혼인 중 여자와 남편 아닌 남자 사이에서 출생한 자녀에 해당하는 혼인 외 출생자인 청구인들의 태어난 즉시 '출생등록될 권리'를 침해한다(헌재 2023.3.23, 2021헌마975).

정답 | 01 ③ 02 ④

03 혼인과 가족생활의 보호에 대한 설명으로 옳지 않은 것은?

24. 국가직 7급

① 1세대 3주택 이상에 해당하는 주택에 대하여 양도소득세 중과세를 규정하고 있는 구 소득세법 조항이 혼인이나 가족생활을 근거로 부부 등 가족이 있는 자를 혼인하지 아니한 자 등에 비하여 차별 취급하는 것이라면 비례의 원칙에 의한 심사에 의하여 정당화되지 않는 한 헌법 제36조 제1항에 위반된다.

② 입법자는 계속적 · 포괄적 생활공동체, 당사자의 의사와 관계없는 친족 등 신분관계의 형성과 확장가능성, 구성원 상호간의 이타적 유대관계의 성격이나 상호신뢰 · 협력의 중요성, 시대와 사회의 변화에 따른 공동체의 다양성 증진 및 인식 · 기능의 변화 등을 두루 고려하여, 사회의 기초단위이자 구성원을 보호하고 부양하는 자율적 공동체로서의 가족의 순기능이 더욱 고양될 수 있도록 혼인과 가정을 보호해야 한다.

③ 혼인한 남성 등록의무자는 본인의 직계존 · 비속의 재산을 등록하도록 하면서, 개정 전 공직자윤리법 조항에 따라 이미 재산등록을 한 혼인한 여성 등록의무자에게만 배우자의 직계존 · 비속의 재산을 등록하도록 예외를 규정한 공직자윤리법 부칙조항은 성별에 의한 차별금지 및 혼인과 가족생활에서의 양성의 평등을 천명하고 있는 헌법에 정면으로 위배되는 것으로 그 목적의 정당성을 발견할 수 없다.

④ 입양신고 시 신고사건 본인이 시 · 읍 · 면에 출석하지 아니하는 경우에는 신고사건 본인의 신분증명서를 제시하도록 한 가족관계의 등록 등에 관한 법률 해당 조항 전문 중 '신고 사건 본인의 주민등록증 · 운전면허증 · 여권, 그 밖에 대법원규칙으로 정하는 신분증명서를 제시하거나' 부분은 입양신고서의 기재사항은 일방 당사자의 신분증명서를 가지고 있다면 손쉽게 가족관계증명서를 발급받아 알 수 있어 진정한 입양의 합의가 존재한다는 점을 담보할 수 없으므로 입양당사자의 가족생활의 자유를 침해한다.

해설

④ [×] 이 사건 법률조항은 입양의 당사자가 출석하지 않아도 입양신고를 하여 가족관계를 형성할 수 있는 자유를 보장하면서도, 출석하지 아니한 당사자의 신분증명서를 제시하도록 하여 입양당사자의 신고의사의 진실성을 담보하기 위한 조항이다. … 신분증명서를 부정사용하여 입양신고가 이루어질 경우 형법에 따라 형사처벌되고, 그렇게 이루어진 허위입양은 언제든지 입양무효확인의 소를 통하여 구제받을 수 있다. 비록 출석하지 아니한 당사자의 신분증명서를 요구하는 것이 허위의 입양을 방지하기 위한 완벽한 조치는 아니라고 하더라도 이 사건 법률조항이 원하지 않는 가족관계의 형성을 방지하기에 전적으로 부적합하거나 매우 부족한 수단이라고 볼 수는 없다. 따라서 이 사건 법률조항이 입양당사자의 가족생활의 자유를 침해한다고 보기 어렵다(헌재 2022.11.24, 2019헌바108).

① [O] 이러한 헌법원리로부터 도출되는 차별금지의 명령은 헌법 제11조 제1항의 평등원칙과 결합하여 혼인과 가족을 부당한 차별로부터 보호하고자 하는 목적을 지니고 있고, 따라서 특정한 조세 법률조항이 혼인이나 가족생활을 근거로 부부 등 가족이 있는 자를 혼인하지 아니한 자 등에 비하여 차별 취급하는 것이라면 비례의 원칙에 의한 심사에 의하여 정당화되지 않는 한 헌법 제36조 제1항에 위반된다 할 것이다, … 결국 이 사건 법률조항은 과잉금지원칙에 반하여 헌법 제36조 제1항이 정하고 있는 혼인에 따른 차별금지원칙에 위배되고, 혼인의 자유를 침해한다(헌재 2011.11.24, 2009헌바146).

② [O] 입법자는 혼인 및 가족관계가 가지는 고유한 특성, 예컨대 계속적 · 포괄적 생활공동체, 당사자의 의사와 관계없는 친족 등 신분관계의 형성과 확장가능성, 구성원 상호간의 이타(利他)적 유대관계의 성격이나 상호 신뢰 · 협력의 중요성, 시대와 사회의 변화에 따른 공동체의 다양성 증진 및 인식 · 기능의 변화 등을 두루 고려하여, 사회의 기초단위이자 구성원을 보호하고 부양하는 자율적 공동체로서의 가족의 순기능이 더욱 고양될 수 있도록 혼인과 가정을 보호하고, 개인의 존엄과 양성의 평등에 기초한 혼인 · 가족제도를 실현해야 한다(헌재 2022.10.27, 2018헌바115).

③ [O] 이 사건 부칙조항은 개정 전 공직자윤리법 조항이 혼인관계에서 남성과 여성에 대한 차별적 인식에 기인한 것이라는 반성적 고려에 따라 개정 공직자윤리법 조항이 시행되었음에도 불구하고, 일부 혼인한 여성 등록의무자에게 이미 개정 전 공직자윤리법 조항에 따라 재산등록을 하였다는 이유만으로 남녀차별적인 인식에 기인하였던 종전의 규정을 따를 것을 요구하고 있다. … 이는 성별에 의한 차별금지 및 혼인과 가족생활에서의 양성의 평등을 천명하고 있는 헌법에 정면으로 위배되는 것으로 그 목적의 정당성을 인정할 수 없다. 따라서 이 사건 부칙조항은 평등원칙에 위배된다(헌재 2021.9.30, 2019헌가3).

04 다음 혼인과 가족생활에 관한 설명 중 가장 옳지 않은 것은? (다툼이 있는 경우 판례에 의함) 24. 해경간부

① '출생등록될 권리'는 헌법에 명시되지 아니한 독자적 기본권으로서, 자유로운 인격실현을 보장하는 자유권적 성격과 아동의 건강한 성장과 발달을 보장하는 사회적 기본권의 성격을 함께 지닌다.

② 부모가 자녀의 이름을 지어주는 것은 자녀의 양육과 가족생활을 위하여 필수적인 것이고, 가족생활의 핵심적 요소라 할 수 있으므로, '부모가 자녀의 이름을 지을 자유'는 혼인과 가족생활을 보장하는 헌법 제36조 제1항과 행복추구권을 보장하는 헌법 제10조에 의하여 보호받는다.

③ 육아휴직신청권은 헌법 제36조 제1항 등으로부터 개인에게 직접 주어지는 헌법적 차원의 권리라고 볼 수는 없고, 입법자가 입법의 목적, 수혜자의 상황, 국가예산, 전체적인 사회보장수준, 국민정서 등 여러 요소를 고려하여 제정하는 입법에 적용요건, 적용대상, 기간 등 구체적인 사항이 규정될 때 비로소 형성되는 법률상의 권리이다.

④ 중혼을 혼인취소의 사유로 정하면서 후혼의 취소가 가혹한 결과를 발생시키는 경우에도 취소청구권의 제척기간 또는 소멸사유를 규정하지 않은 것은 후혼배우자의 혼인과 가족생활에 관한 기본권을 침해한다.

해설

④ [×] 중혼은 일부일처제에 반하는 상태로, 언제든지 중혼을 취소할 수 있게 하는 것은 헌법 제36조 제1항의 규정에 의하여 국가에 부과된, 개인의 존엄과 양성의 평등을 기초로 한 혼인과 가족생활의 유지·보장의무 이행에 부합한다. 그렇다면 중혼 취소청구권의 소멸사유나 제척기간을 두지 않음으로 인해 후혼배우자가 처하게 되는 불안정한 신분상 지위가 문제되는 이 사건에서 헌법 제36조 제1항 위반 여부는 직접적으로 문제된다고 보기 어렵다. … 따라서 중혼 취소청구권의 소멸에 관하여 아무런 규정을 두지 않았다 하더라도, 이 사건 법률조항이 현저히 입법재량의 범위를 일탈하여 후혼배우자의 인격권 및 행복추구권을 침해하지 아니한다(헌재 2014.7.24, 2011헌바275).

① [O] 태어난 즉시 '출생등록될 권리'는 '출생 후 곧바로' 등록될 권리를 뜻하는 것이 아니라 '출생 후 아동이 보호를 받을 수 있을 최대한 빠른 시점'에 아동의 출생과 관련된 기본적인 정보를 국가가 관리할 수 있도록 등록할 권리로서, 아동이 사람으로서 인격을 자유로이 발현하고, 부모와 가족 등의 보호하에 건강한 성장과 발달을 할 수 있도록 최소한의 보호장치를 마련하도록 요구할 수 있는 권리이다. 이는 헌법 제10조의 인간의 존엄과 가치 및 행복추구권으로부터 도출되는 일반적 인격권을 실현하기 위한 기본적인 전제로서 헌법 제10조뿐만 아니라, 헌법 제34조 제1항의 인간다운 생활을 할 권리, 헌법 제36조 제1항의 가족생활의 보장, 헌법 제34조 제4항의 국가의 청소년 복지향상을 위한 정책실시의무 등에도 근거가 있다. 이와 같은 태어난 즉시 '출생등록될 권리'는 앞서 언급한 기본권 등의 어느 하나에 완전히 포섭되지 않으며, 이들을 이념적 기초로 하는 헌법에 명시되지 아니한 독자적 기본권으로서, 자유로운 인격실현을 보장하는 자유권적 성격과 아동의 건강한 성장과 발달을 보장하는 사회적 기본권의 성격을 함께 지닌다(헌재 2023.3.23, 2021헌마975).

② [O] 부모가 자녀의 이름을 지어주는 것은 자녀의 양육과 가족생활을 위하여 필수적인 것이고, 가족생활의 핵심적 요소라 할 수 있으므로, '부모가 자녀의 이름을 지을 자유'는 혼인과 가족생활을 보장하는 헌법 제36조 제1항과 행복추구권을 보장하는 헌법 제10조에 의하여 보호받는다(헌재 2016.7.28, 2015헌마964).

③ [O] 육아휴직신청권은 헌법 제36조 제1항 등으로부터 개인에게 직접 주어지는 헌법적 차원의 권리라고 볼 수는 없고, 입법자가 입법의 목적, 수혜자의 상황, 국가예산, 전체적인 사회보장수준, 국민정서 등 여러 요소를 고려하여 제정하는 입법에 적용요건, 적용대상, 기간 등 구체적인 사항이 규정될 때 비로소 형성되는 법률상의 권리이다(헌재 2008.10.30, 2005헌마1156).

정답 | 03 ④ 04 ④

05 혼인과 가족생활에 대한 설명으로 가장 적절하지 않은 것은? (다툼이 있는 경우 헌법재판소 판례에 의함)

25. 경찰간부

① 혼인의사의 합의가 없음을 원인으로 혼인무효판결을 받았으나 혼인무효사유가 한쪽 당사자나 제3자의 범죄행위로 인한 경우에 해당하지 않는 사람에 대해서는 가족관계등록부 재작성 신청권이 인정되지 않고, 정정된 가족관계등록부가 보존되도록 한 '가족관계등록부의 재작성에 관한 사무처리지침' 조항 중 '혼인무효'에 관한 부분은 혼인과 가족생활을 스스로 결정하고 형성할 수 있는 자유를 제한한다.

② 입법자는 혼인 및 가족관계가 가지는 고유한 특성 등을 두루 고려하여, 사회의 기초단위이자 구성원을 보호하고 부양하는 자율적 공동체로서의 가족의 순기능이 더욱 고양될 수 있도록 혼인과 가정을 보호하고 개인의 존엄과 양성의 평등에 기초한 혼인·가족제도를 실현해야 한다.

③ 부부의 자산소득을 합산하여 과세하도록 규정하고 있는 소득세법 제61조 제1항이 자산소득합산과세의 대상이 되는 혼인한 부부를 혼인하지 않은 부부나 독신자에 비하여 차별취급하는 것은 헌법상 정당화되지 아니하기 때문에 헌법 제36조 제1항에 위반된다.

④ 혼인한 등록의무자 모두 배우자가 아닌 본인의 직계존·비속의 재산을 등록하도록 공직자윤리법이 개정되었음에도 불구하고, 개정 전 공직자윤리법 조항에 따라 이미 배우자의 직계존·비속의 재산을 등록한 혼인한 여성 등록의무자는 종전과 동일하게 계속해서 배우자의 직계존·비속의 재산을 등록하도록 규정한 같은 법 부칙 제2조는 그 목적의 정당성을 인정할 수 없다.

해설

① [×] 청구인은 심판대상조항이 사생활의 비밀과 자유, 혼인과 가족생활에 관한 기본권, 행복추구권, 평등권도 침해한다고 주장한다. 그러나 심판대상조항은 신분등록제도에 관한 규정일 뿐, 혼인과 가족생활을 스스로 결정하고 형성할 수 있는 자유를 제한하고 있다고 볼 수 없고, 사생활의 비밀과 자유는 개인정보자기결정권의 근거조항이며, 행복추구권이나 평등권 침해 주장은 심판대상조항이 등록부 재작성 신청권자를 한정한 것이 과도하여 개인정보자기결정권을 침해한다는 주장과 다르지 않으므로, 이에 관하여도 별도로 판단하지 않는다. … 심판대상조항은 과잉금지원칙을 위반하여 청구인의 개인정보자기결정권을 침해하지 않는다(헌재 2024.1.25, 2020헌마65).

② [O] 입법자는 혼인 및 가족관계가 가지는 고유한 특성, 예컨대 계속적·포괄적 생활공동체, 당사자의 의사와 관계없는 친족 등 신분관계의 형성과 확장가능성, 구성원 상호간의 이타(利他)적 유대관계의 성격이나 상호 신뢰·협력의 중요성, 시대와 사회의 변화에 따른 공동체의 다양성 증진 및 인식·기능의 변화 등을 두루 고려하여, 사회의 기초단위이자 구성원을 보호하고 부양하는 자율적 공동체로서의 가족의 순기능이 더욱 고양될 수 있도록 혼인과 가정을 보호하고, 개인의 존엄과 양성의 평등에 기초한 혼인·가족제도를 실현해야 한다(헌재 2022.10.27, 2018헌바115).

③ [O] 부부간의 인위적인 자산 명의의 분산과 같은 가장행위 등은 상속세및증여세법상 증여의제규정 등을 통해서 방지할 수 있고, 부부의 공동생활에서 얻어지는 절약가능성을 담세력과 결부시켜 조세의 차이를 두는 것은 타당하지 않으며, 자산소득이 있는 모든 납세의무자 중에서 혼인한 부부가 혼인하였다는 이유만으로 혼인하지 않은 자산소득자보다 더 많은 조세부담을 하여 소득을 재분배하도록 강요받는 것은 부당하며, 부부 자산소득 합산과세를 통해서 혼인한 부부에게 가하는 조세부담의 증가라는 불이익이 자산소득합산과세를 통하여 달성하는 사회적 공익보다 크다고 할 것이므로, 소득세법 제61조 제1항이 자산소득합산과세의 대상이 되는 혼인한 부부를 혼인하지 않은 부부나 독신자에 비하여 차별취급하는 것은 헌법상 정당화되지 아니하기 때문에 헌법 제36조 제1항에 위반된다(헌재 2002.8.29, 2001헌바82).

④ [O] 이 사건 부칙조항은 개정 전 공직자윤리법 조항이 혼인관계에서 남성과 여성에 대한 차별적 인식에 기인한 것이라는 반성적 고려에 따라 개정 공직자윤리법 조항이 시행되었음에도 불구하고, 일부 혼인한 여성 등록의무자에게 이미 개정 전 공직자윤리법 조항에 따라 재산등록을 하였다는 이유만으로 남녀차별적인 인식에 기인하였던 종전의 규정을 따를 것을 요구하고 있다. … 이는 성별에 의한 차별금지 및 혼인과 가족생활에서의 양성의 평등을 천명하고 있는 헌법에 정면으로 위배되는 것으로 그 목적의 정당성을 인정할 수 없다. 따라서 이 사건 부칙조항은 평등원칙에 위배된다(헌재 2021.9.30, 2019헌가3).

06 혼인과 가족에 관한 권리에 대한 설명으로 옳은 것은? (다툼이 있는 경우 판례에 의함) 25. 입법고시

① 8촌 이내의 혈족 사이에서는 혼인할 수 없도록 하는 민법 조항(금혼조항) 및 이를 위반한 혼인을 무효로 하는 민법 조항(무효조항)은 혼인의 자유를 침해하지 않는다.

② 출생신고 시 자녀의 이름에 사용할 수 있는 한자의 범위를 '통상 사용되는 한자'로 제한하는 가족관계의 등록 등에 관한 법률 조항 및 가족관계의 등록 등에 관한 규칙 조항은 '부모가 자녀의 이름을 지을 자유'를 침해한다.

③ 입양신고 시 신고사건 본인이 출석하지 아니하는 경우에는 신고사건 본인의 신분증명서를 제시하도록 한 가족관계의 등록 등에 관한 법률 조항은 입양당사자의 가족생활의 자유를 침해한다.

④ '부모의 자녀에 대한 교육권'은 헌법에 명문으로 규정되어 있지는 않지만, 혼인과 가족생활을 보장하는 헌법 제36조 제1항, 행복추구권을 보장하는 헌법 제10조 및 "국민의 자유와 권리는 헌법에 열거되지 아니한 이유로 경시되지 아니한다."고 규정한 헌법 제37조 제1항에서 도출되는 기본권이다.

⑤ 국립묘지 안장 대상자의 사망 당시의 배우자가 재혼한 경우에는 국립묘지에 안장된 안장 대상자와 합장할 수 없도록 규정한 국립묘지의 설치 및 운영에 관한 법률 조항은 재혼을 제한하는 결과를 초래하여 혼인의 자유를 침해한다.

해설

④ [O] '부모의 자녀에 대한 교육권'은 비록 헌법에 명문으로 규정되어 있지는 아니하지만, 이는 모든 인간이 국적과 관계없이 누리는 양도할 수 없는 불가침의 인권으로서 혼인과 가족생활을 보장하는 헌법 제36조 제1항, 행복추구권을 보장하는 헌법 제10조 및 "국민의 자유와 권리는 헌법에 열거되지 아니한 이유로 경시되지 아니한다"고 규정하는 헌법 제37조 제1항에서 나오는 중요한 기본권이다(헌재 2000.4.27, 98헌가16 등).

① [×] (1) 이 사건 금혼조항은 과잉금지원칙에 위배하여 혼인의 자유를 침해하지 않는다.
(2) 이 사건 무효조항은 과잉금지원칙에 위배하여 혼인의 자유를 침해한다(헌재 2022.10.27, 2018헌바115).

② [×] 심판대상조항은 자녀의 이름에 사용할 수 있는 한자를 정함에 있어 총 8,142자를 '인명용 한자'로 지정하고 있는데 이는 결코 적지 아니하고, '인명용 한자'의 범위를 일정한 절차를 거쳐 계속 확대함으로써 이름에 한자를 사용함에 있어 불편함이 없도록 하는 보완장치를 강구하고 있다. 또한 '인명용 한자'가 아닌 한자를 사용하였다고 하더라도, 출생신고나 출생자 이름 자체가 불수리되는 것은 아니고, 가족관계등록부에 해당 이름이 한글로만 기재되어 종국적으로 해당 한자가 함께 기재되지 않는 제한을 받을 뿐이며, 가족관계 등록부나 그와 연계된 공적 장부 이외에 사적 생활의 영역에서 해당 한자 이름을 사용하는 것을 금지하는 것도 아니다. 따라서 심판대상조항은 자녀의 이름을 지을 자유를 침해하지 않는다(헌재 2016.7.28, 2015헌마964).

③ [×] 이 사건 법률조항은 입양의 당사자가 출석하지 않아도 입양신고를 하여 가족관계를 형성할 수 있는 자유를 보장하면서도, 출석하지 아니한 당사자의 신분증명서를 제시하도록 하여 입양당사자의 신고의사의 진실성을 담보하기 위한 조항이다. … 신분증명서를 부정 사용하여 입양신고가 이루어질 경우 형법에 따라 형사처벌되고, 그렇게 이루어진 허위입양은 언제든지 입양무효확인의 소를 통하여 구제받을 수 있다. 비록 출석하지 아니한 당사자의 신분증명서를 요구하는 것이 허위의 입양을 방지하기 위한 완벽한 조치는 아니라고 하더라도 이 사건 법률조항이 원하지 않는 가족관계의 형성을 방지하기에 전적으로 부적합하거나 매우 부족한 수단이라고 볼 수는 없다. 따라서 이 사건 법률조항이 입양당사자의 가족생활의 자유를 침해한다고 보기 어렵다(헌재 2022.11.24, 2019헌바108).

⑤ [×] 청구인은, 심판대상조항이 안장 대상자의 배우자가 재혼한 경우에는 종전 혼인에서 발생한, 국립묘지에 안장 대상자와 합장될 수 있는 권리를 소멸시킴으로써 재혼을 제한하는 결과를 초래하여 헌법 제36조 제1항을 위반한다고 주장한다. 그러나 심판대상조항이 안장 대상자의 배우자가 재혼하는 것을 법적으로 금지하고 있지 않는 이상, 재혼으로 인해 국립묘지에 합장되지 못한다 하더라도 혼인과 가족생활 보장에 관한 헌법 제36조 제1항이 문제되는 것은 아니므로, 이에 대해서는 판단하지 않는다. 따라서 심판대상조항은 평등원칙에 위배되지 않는다(헌재 2022.11.24, 2020헌바463).

정답 | 05 ① 06 ④

07 혼인 및 가족제도에 대한 헌법재판소의 결정으로 옳지 않은 것은? (다툼이 있는 경우 판례에 의함) 25. 5급

① 생존 사실혼 배우자에게 상속권을 인정하지 않은 민법 제1003조 제1항 중 '배우자' 부분은 법률혼주의를 채택한 취지에 비추어 볼 때, 제3자에게 영향을 미쳐 명확성과 획일성이 요청되는 상속과 같은 법률관계에서는 사실혼을 법률혼과 동일하게 취급할 수 없으므로, 사실혼 배우자의 평등권을 침해하지 않는다.

② 혼인 종료 후 300일 이내에 출생한 자를 전남편의 친생자로 추정하는 민법 제844조 제2항 중 '혼인관계종료의 날로부터 300일 내에 출생한 자'에 관한 부분은 모가 가정생활과 신분관계에서 누려야 할 인격권, 혼인과 가족생활에 관한 기본권을 침해한다.

③ 8촌 이내의 혈족 사이에서는 혼인할 수 없도록 하는 민법 조항 및 이를 위반한 혼인을 무효로 하는 민법 조항은 가족질서를 보호하고 유지한다는 공익이 매우 중요하기 때문에 과잉금지원칙에 위배되지 않으므로 혼인의 자유를 침해하지 않는다.

④ 민법 조항에 중혼을 혼인취소의 사유로 정하면서 그 취소청구권의 제척기간 또는 소멸사유를 규정하지 않았더라도 현저히 입법재량의 범위를 일탈하여 후혼 배우자의 인격권 및 행복추구권을 침해하는 것은 아니다.

해설

③ [×] (1) 금혼조항은 위와 같이 근친혼으로 인하여 가까운 혈족 사이의 상호 관계 및 역할, 지위와 관련하여 발생할 수 있는 혼란을 방지하고 가족제도의 기능을 유지하기 위한 것이므로 그 입법목적이 정당하다. 또한 8촌 이내의 혈족 사이의 법률상의 혼인을 금지한 것은 근친혼의 발생을 억제하는 데 기여하므로 입법목적 달성에 적합한 수단에 해당한다. … 금혼조항은 과잉금지원칙에 위배하여 혼인의 자유를 침해하지 않는다.

(2) 무효조항의 입법목적은 가령 직계혈족 및 형제자매 사이의 혼인과 같이 근친혼이 가족제도의 기능을 심각하게 훼손하는 경우에 한정하여 무효로 하고 그 밖의 근친혼에 대하여는 혼인이 소급하여 무효가 되지 않고 혼인의 취소를 통해 장래를 향하여 해소할 수 있도록 규정함으로써 기왕에 형성된 당사자나 자녀의 법적 지위를 보장하더라도 충분히 달성할 수 있다. … 이 사건 무효조항은 이 사건 금혼조항을 위반한 경우를 전부 무효로 하고 있으므로 침해최소성과 법익균형성에 반한다. 따라서 이 사건 무효조항은 과잉금지원칙에 위배하여 혼인의 자유를 침해한다(헌재 2022.10.27, 2018헌바115).

① [O] 이 사건 법률조항이 사실혼 배우자에게 상속권을 인정하지 아니하는 것은 상속인에 해당하는지 여부를 객관적인 기준에 의하여 파악할 수 있도록 함으로써 상속을 둘러싼 분쟁을 방지하고, 상속으로 인한 법률관계를 조속히 확정시키며, 거래의 안전을 도모하기 위한 것이다. 사실혼 배우자는 혼인신고를 함으로써 상속권을 가질 수 있고, 증여나 유증을 받는 방법으로 상속에 준하는 효과를 얻을 수 있으며, 근로기준법, 국민연금법 등에 근거한 급여를 받을 권리 등이 인정된다. 따라서 이 사건 법률조항이 사실혼 배우자의 상속권을 침해한다고 할 수 없다. 법률혼주의를 채택한 취지에 비추어 볼 때 제3자에게 영향을 미쳐 명확성과 획일성이 요청되는 상속과 같은 법률관계에서는 사실혼을 법률혼과 동일하게 취급할 수 없으므로, 이 사건 법률조항이 사실혼 배우자의 평등권을 침해한다고 보기 어렵다. 법적으로 승인되지 아니한 사실혼은 헌법 제36조 제1항의 보호범위에 포함되지 아니하므로, 이 사건 법률조항은 헌법 제36조 제1항에 위반되지 않는다(헌재 2014.8.28, 2013헌바119).

② [O] 출생과 동시에 자에게 안정된 법적 지위를 부여함으로써 자의 출생 시 법적 보호의 공백을 없앴다는 측면에서 친생추정은 여전히 자의 복리를 위하여 매우 중요하다. … 이와 같이 민법 제정 이후의 사회적·법률적·의학적 사정변경을 전혀 반영하지 아니한 채, 이미 혼인관계가 해소된 이후에 자가 출생하고 생부가 출생한 자를 인지하려는 경우마저도, 아무런 예외 없이 그 자를 전남편의 친생자로 추정함으로써 친생부인의 소를 거치도록 하는 심판대상조항은 입법형성의 한계를 벗어나 모가 가정생활과 신분관계에서 누려야 할 인격권, 혼인과 가족생활에 관한 기본권을 침해한다(헌재 2015.4.30, 2013헌마623).

④ [O] 이 사건 법률조항은 우리 사회의 중대한 공익이며 헌법 제36조 제1항으로부터 도출되는 일부일처제를 실현하기 위한 것이다. … 따라서 중혼 취소청구권의 소멸에 관하여 아무런 규정을 두지 않았다 하더라도, 이 사건 법률조항이 현저히 입법재량의 범위를 일탈하여 후혼배우자의 인격권 및 행복추구권을 침해하지 아니한다(헌재 2014.7.24, 2011헌바275).

08 혼인과 가족생활에 관한 설명 중 옳은 것(○)과 옳지 않은 것(×)을 올바르게 조합한 것은? (다툼이 있는 경우 판례에 의함)
25. 변호사

ㄱ. 장래 가족의 구성원이 될 태아의 성별 정보에 대한 접근을 국가로부터 방해받지 않을 부모의 권리는 헌법 제10조로부터 도출되는 일반적 인격권에 의하여 보호된다.
ㄴ. '혼인 중 여자와 남편 아닌 남자 사이에서 출생한 자녀에 대한 생부의 출생신고'를 허용하도록 규정하지 아니한 가족관계의 등록 등에 관한 법률 조항은 혼인 외 출생자에 대한 생부의 양육권을 직접 제한한다.
ㄷ. 헌법 제36조 제1항에 규정된 혼인과 가족생활의 보장은 소극적으로는 국가권력의 부당한 침해에 대한 개인의 주관적 방어권으로서 국가권력이 혼인과 가정이란 사적인 영역을 침해하는 것을 금지하면서, 적극적으로는 혼인과 가정을 제3자 등으로부터 보호해야 할 뿐만 아니라 개인의 존엄과 양성의 평등을 바탕으로 성립되고 유지되는 혼인·가족제도를 실현해야 할 국가의 과제를 부과하고 있음을 의미한다.
ㄹ. 헌법 제34조 및 제36조가 가족생활을 보호하고 청소년의 복지향상을 위해 노력할 과제를 국가에 부여하고 있으므로, 이러한 헌법조항의 해석만으로도 양육비 대지급제 등 양육비의 이행을 실효적으로 담보하기 위한 구체적 제도에 대한 입법의무가 도출된다.
ㅁ. 태어난 즉시 '출생등록될 권리'는 '출생 후 아동이 보호를 받을 수 있을 최대한 빠른 시점'에 아동의 출생과 관련된 기본적인 정보를 국가가 관리할 수 있도록 등록할 권리로서, 자유로운 인격실현을 보장하는 자유권적 성격과 아동의 건강한 성장과 발달을 보장하는 사회적 기본권의 성격을 함께 지닌 헌법에 명시되지 아니한 독자적 기본권이다.

	ㄱ	ㄴ	ㄷ	ㄹ	ㅁ
①	○	×	○	×	○
②	×	○	×	○	×
③	○	×	○	○	×
④	×	○	×	○	○
⑤	○	○	○	×	○

해설

ㄱ. [○] 헌법 제10조로부터 도출되는 일반적 인격권에는 각 개인이 그 삶을 사적으로 형성할 수 있는 자율영역에 대한 보장이 포함되어 있음을 감안할 때, 장래 가족의 구성원이 될 태아의 성별 정보에 대한 접근을 국가로부터 방해받지 않을 부모의 권리는 이와 같은 일반적 인격권에 의하여 보호된다고 보아야 할 것인바, 이 사건 규정은 일반적 인격권으로부터 나오는 부모의 태아 성별 정보에 대한 접근을 방해받지 않을 권리를 제한하고 있다고 할 것이다(헌재 2008.7.31, 2004헌마1010 등).
ㄴ. [×] 생부인 청구인들은 침해되는 기본권으로 양육권 및 가족생활의 자유도 주장하고 있다. 심판대상조항들은 출생신고에 관한 조항으로서 생부인 청구인들이 혼인 외 출생자인 청구인들을 양육하는 것을 직접 제한하지 아니한다(헌재 2023.3.23, 2021헌마975).
ㄷ. [○] 헌법 제36조 제1항은 "혼인과 가족생활은 개인의 존엄과 양성의 평등을 기초로 성립되고 유지되어야 하며, 국가는 이를 보장한다"고 하여 혼인 및 그에 기초하여 성립된 부모와 자녀의 생활공동체인 가족생활이 국가의 특별한 보호를 받는다는 것을 규정하고 있다. 이 헌법규정은 소극적으로는 국가권력의 부당한 침해에 대한 개인의 주관적 방어권으로서 국가권력이 혼인과 가정이란 사적인 영역을 침해하는 것을 금지하면서, 적극적으로는 혼인과 가정을 제3자 등으로부터 보호해야 할 뿐이 아니라 개인의 존엄과 양성의 평등을 바탕으로 성립되고 유지되는 혼인·가족제도를 실현해야 할 국가의 과제를 부과하고 있다(헌재 2000.4.27, 98헌가16 등).
ㄹ. [×] 헌법 제34조 및 제36조가 가족생활을 보호하고 청소년의 복지향상을 위해 노력할 과제를 국가에게 부여하고 있다고 할지라도, 이러한 헌법조항의 해석만으로는 청구인들이 주장하는 바와 같이 양육비 대지급제 등 양육비의 이행을 실효적으로 담보하기 위한 구체적 제도에 대한 입법의무가 곧바로 도출된다고 보기는 어렵다. … 이 사건 심판청구는 헌법소원의 대상이 될 수 없는 진정입법부작위를 심판대상으로 한 것으로서 부적법하다(헌재 2021.12.23, 2019헌마168).
ㅁ. [○] 태어난 즉시 '출생등록될 권리'는 '출생 후 아동이 보호를 받을 수 있을 최대한 빠른 시점'에 아동의 출생과 관련된 기본적인 정보를 국가가 관리할 수 있도록 등록할 권리로서, 아동이 사람으로서 인격을 자유로이 발현하고, 부모와 가족 등의 보호하에 건강한 성장과 발달을 할 수 있도록 최소한의 보호장치를 마련하도록 요구할 수 있는 권리이다. 이는 헌법에 명시되지 아니한 독자적 기본권으로서, 자유로운 인격실현을 보장하는 자유권적 성격과 아동의 건강한 성장과 발달을 보장하는 사회적 기본권의 성격을 함께 지닌다(헌재 2023.3.23, 2021헌마975).

정답 | 07 ③ 08 ①

09 혼인과 가족생활 보장에 관한 설명으로 옳지 않은 것은? (다툼이 있는 경우 판례에 의함) 25. 소방간부

① 헌법 제36조 제1항은 혼인과 가족생활을 스스로 결정하고 형성할 수 있는 자유를 기본권으로 보장하고, 혼인과 가족에 대한 제도를 보장하며, 혼인과 가족에 관련되는 공법 및 사법의 모든 영역에 영향을 미치는 헌법원리 내지 원칙규범으로서의 성격도 가진다.

② 국립묘지 안장 대상자의 사망 당시의 배우자가 재혼한 경우에 국립묘지에 안장된 안장 대상자와 합장할 수 없도록 하는 것은 안장 대상자가 사망한 뒤 그 배우자의 재혼을 제한하는 결과를 초래하여 혼인과 가족생활 보장에 관한 헌법 제36조 제1항에 위반된다.

③ 8촌 이내의 혈족 사이에서는 혼인할 수 없도록 하는 민법 제809조 제1항은 근친혼으로 인하여 발생할 수 있는 혼란을 방지하고 가족제도의 기능을 유지하기 위한 것으로서 혼인의 자유를 침해하지 않는다.

④ 헌법 제36조 제1항은 양육비 채권의 집행권원을 얻었음에도 양육비 채무자가 이를 이행하지 아니하는 경우 그 이행을 용이하게 확보하도록 하는 내용의 구체적이고 명시적인 입법의무를 부여하였다고 볼 수 없다.

⑤ 혼인과 가족생활을 스스로 결정하고 형성할 수 있는 자유는 입양당사자가 자신의 의사에 따라 입양을 하거나 입양될 자유뿐만 아니라, 입양의 의사가 없을 때에는 강제로 입양을 하거나 입양되는 것을 방지하여 원하지 않는 가족관계를 형성하지 아니할 자유도 포함한다.

해설

② [×] 청구인은, 심판대상조항이 안장 대상자의 배우자가 재혼한 경우에는 종전 혼인에서 발생한, 국립묘지에 안장 대상자와 합장될 수 있는 권리를 소멸시킴으로써 재혼을 제한하는 결과를 초래하여 헌법 제36조 제1항을 위반한다고 주장한다. 그러나 심판대상조항이 안장 대상자의 배우자가 재혼하는 것을 법적으로 금지하고 있지 않는 이상, 재혼으로 인해 국립묘지에 합장되지 못한다 하더라도 혼인과 가족생활 보장에 관한 헌법 제36조 제1항이 문제되는 것은 아니므로, 이에 대해서는 판단하지 않는다(헌재 2022.11.24, 2020헌바463).

① [O] 헌법 제36조 제1항은 "혼인과 가족생활은 개인의 존엄과 양성의 평등을 기초로 성립되고 유지되어야 하며, 국가는 이를 보장한다."라고 규정하고 있는데, 헌법 제36조 제1항은 혼인과 가족생활을 스스로 결정하고 형성할 수 있는 자유를 기본권으로서 보장하고, 혼인과 가족에 대한 제도를 보장한다. 그리고 헌법 제36조 제1항은 혼인과 가족에 관련되는 공법 및 사법의 모든 영역에 영향을 미치는 헌법원리 내지 원칙규범으로서의 성격도 가지는데, 이는 적극적으로는 적절한 조치를 통해서 혼인과 가족을 지원하고 제삼자에 의한 침해 앞에서 혼인과 가족을 보호해야 할 국가의 과제를 포함하며, 소극적으로는 불이익을 야기하는 제한조치를 통해서 혼인과 가족을 차별하는 것을 금지해야 할 국가의 의무를 포함한다(헌재 2002.8.29, 2001헌바82).

③ [O] 이 사건 금혼조항은 위와 같이 근친혼으로 인하여 가까운 혈족 사이의 상호 관계 및 역할, 지위와 관련하여 발생할 수 있는 혼란을 방지하고 가족제도의 기능을 유지하기 위한 것이므로 그 입법목적이 정당하다. 또한 8촌 이내의 혈족 사이의 법률상의 혼인을 금지한 것은 근친혼의 발생을 억제하는 데 기여하므로 입법목적 달성에 적합한 수단에 해당한다. … 그렇다면 이 사건 금혼조항은 과잉금지원칙에 위배하여 혼인의 자유를 침해하지 않는다(헌재 2022.10.27, 2018헌바115).

④ [O] 우선 헌법 제36조 제1항은 혼인과 가족을 보호해야 한다는 국가의 일반적 과제를 규정하였을 뿐, 청구인들의 주장과 같이 양육비 채권의 집행권원을 얻었음에도 양육비 채무자가 이를 이행하지 아니하는 경우 그 이행을 용이하게 확보하도록 하는 내용의 구체적이고 명시적인 입법의무를 부여하였다고 볼 수 없다. … 이 사건 심판청구는 헌법소원의 대상이 될 수 없는 진정입법부작위를 심판대상으로 한 것으로서 부적법하다(헌재 2021.12.23, 2019헌마168).

⑤ [O] 헌법 제36조 제1항에서 보호하고 있는 혼인과 가족생활을 스스로 결정하고 형성할 수 있는 자유는 입양과 관련하여서는 입양당사자가 자신의 의사에 따라 입양 여부를 결정할 수 있는 자유로 나타난다. 이는 입양당사자가 적극적으로 자신의 의사에 따라 입양을 하거나 입양될 자유뿐만 아니라, 입양의 의사가 없을 때에는 강제로 입양을 하거나 입양되는 것을 방지하여 원하지 않는 가족관계를 형성하지 아니할 자유도 모두 포함한다(헌재 2022.11.24, 2019헌바108).

10 혼인과 가족생활의 보장에 관한 설명으로 가장 적절한 것은? (다툼이 있는 경우 판례에 의함) 25. 경정승진

① 이름은 인간의 모든 사회적 생활관계 형성의 기초가 된다는 점에서 중요한 사회질서에 속하고, 이름의 특정은 사회 전체의 법적 안정성의 기초이므로 이를 위해 국가는 개인이 사용하는 이름에 대해 일정한 규율을 가할 수 있다.

② 육아휴직신청권은 헌법 제36조 제1항 등으로부터 개인에게 직접 주어지는 헌법적 차원의 권리라고 볼 수 있다.

③ 남성 단기복무장교를 육아휴직 허용 대상에서 제외하고 있는 구 군인사법 조항 중 육아휴직 부분은 국가가 사회적 기본권으로서의 양육권 보장을 위해 이행하여야 할 최소한의 의무를 이행하지 않은 것으로 헌법상 용인될 수 있는 재량의 범위를 명백히 일탈한 것이다.

④ 헌법 제36조 제1항은 혼인과 가족을 보호해야 한다는 국가의 일반적 과제를 규정하고 있는바, 양육비 채권의 집행권원을 얻었음에도 양육비 채무자가 이를 이행하지 아니하는 경우 그 이행을 용이하게 확보하도록 하는 내용의 구체적이고 명시적인 입법의무를 부여하였다고 볼 수 있다.

해설

① [O] 이름은 인간의 모든 사회적 생활관계 형성의 기초가 된다는 점에서 중요한 사회질서에 속한다. 이름의 특정은 사회 전체의 법적 안정성의 기초이므로 이를 위해 국가는 개인이 사용하는 이름에 대해 일정한 규율을 가할 수 있다(헌재 2016.7.28, 2015헌마964).

② [×] 육아휴직신청권은 헌법 제36조 제1항 등으로부터 개인에게 직접 주어지는 헌법적 차원의 권리라고 볼 수는 없고, 입법자가 입법의 목적, 수혜자의 상황, 국가예산, 전체적인 사회보장수준, 국민정서 등 여러 요소를 고려하여 제정하는 입법에 적용요건, 적용대상, 기간 등 구체적인 사항이 규정될 때 비로소 형성되는 법률상의 권리이다(헌재 2008.10.30, 2005헌마1156).

③ [×] 이 사건 법률조항은 입법자가 육아휴직신청권이 가지는 근로자로서의 권리성, 육아휴직의 허용 대상을 확대할 경우 예산과 인력이 추가로 소요되는 점, 다른 의무복무군인과의 형평성 등을 고려하여 육아휴직의 허용 대상을 정한 것이므로, 국가가 헌법상 용인될 수 있는 재량의 범위를 명백히 일탈함으로써 사회적 기본권으로서의 양육권을 최소한 보장하여야 할 의무를 불이행한 것으로 볼 수 없다(헌재 2008.10.30, 2005헌마1156).

④ [×] 우선 헌법 제36조 제1항은 혼인과 가족을 보호해야 한다는 국가의 일반적 과제를 규정하였을 뿐, 청구인들의 주장과 같이 양육비 채권의 집행권원을 얻었음에도 양육비 채무자가 이를 이행하지 아니하는 경우 그 이행을 용이하게 확보하도록 하는 내용의 구체적이고 명시적인 입법의무를 부여하였다고 볼 수 없다. … 양육비 대지급제 등 양육비 이행의 실효성을 더 높이는 내용의 법률을 제정할 헌법의 명시적인 입법위임이 존재한다고 볼 수 없고, 헌법해석상 기존의 양육비 이행을 확보하기 위하여 마련된 여러 입법 이외에 양육비 대지급제 등과 같은 구체적·개별적 사항에 대한 입법의무가 새롭게 발생된다고도 볼 수 없으므로, 이 사건 심판청구는 헌법소원의 대상이 될 수 없는 진정입법부작위를 심판대상으로 한 것으로서 부적법하다(헌재 2021.12.23, 2019헌마168).

11 혼인과 가족제도에 대한 설명으로 가장 적절하지 않은 것은? (다툼이 있는 경우 판례에 의함) 21. 경찰승진

① 혼인 종료 후 300일 이내에 출생한 자를 전(前)남편의 친생자로 추정함으로써 친생부인의 소를 거치도록 하는 민법 조항은 혼인과 가족생활에 관한 기본권을 침해한다.

② 부모가 자녀의 이름을 지어주는 것은 자녀의 양육과 가족생활을 위하여 필수적인 것이고, 가족생활에 핵심적 요소라 할 수 있으므로, 부모가 자녀의 이름을 지을 자유는 혼인과 가족생활을 보장하는 헌법 제36조 제1항과 행복추구권을 보장하는 헌법 제10조에 의하여 보호받는다.

③ 원칙적으로 3년 이상 혼인 중인 부부만이 친양자 입양을 할 수 있도록 규정하여 독신자는 친양자 입양을 할 수 없도록 한 구 민법 조항은 독신자의 가족생활의 자유를 침해한다.

④ 1세대 3주택 이상에 해당하는 주택에 대하여 양도소득세 중과세를 규정하고 있는 구 소득세법 조항은 헌법 제36조 제1항이 정하고 있는 혼인에 따른 차별금지원칙에 위배되고, 혼인의 자유를 침해한다.

정답 | 09 ② 10 ① 11 ③

해설

③ [×] 입양특례법에서는 독신자도 일정한 요건을 갖추면 양친이 될 수 있도록 규정하고 있으나, 입양의 대상, 요건, 절차 등에서 민법상의 친양자 입양과 다른 점이 있으므로, 입양특례법과 달리 민법에서 독신자의 친양자 입양을 허용하지 않는 것에는 합리적인 이유가 있다. 따라서 심판대상조항은 독신자의 평등권을 침해한다고 볼 수 없다(헌재 2013.9.26, 2011헌가42).

① [O] 혼인 종료 후 300일 내에 출생한 자녀가 전남편의 친생자가 아님이 명백하고, 전남편이 친생추정을 원하지도 않으며, 생부가 그 자를 인지하려는 경우에도, 그 자녀는 전남편의 친생자로 추정되어 가족관계등록부에 전남편의 친생자로 등록되고, 이는 엄격한 친생부인의 소를 통해서만 번복될 수 있다. 그 결과 심판대상조항은 이혼한 모와 전남편이 새로운 가정을 꾸리는 데 부담이 되고, 자녀와 생부가 진실한 혈연관계를 회복하는 데 장애가 되고 있다. 이와 같이 민법 제정 이후의 사회적 · 법률적 · 의학적 사정변경을 전혀 반영하지 아니한 채, 이미 혼인관계가 해소된 이후에 자가 출생하고 생부가 출생한 자를 인지하려는 경우마저도, 아무런 예외 없이 그 자를 전남편의 친생자로 추정함으로써 친생부인의 소를 거치도록 하는 심판대상조항은 입법형성의 한계를 벗어나 모가 가정생활과 신분관계에서 누려야 할 인격권, 혼인과 가족생활에 관한 기본권을 침해한다(헌재 2015.4.30, 2013헌마623).

② [O] 부모가 자녀의 이름을 지어주는 것은 자녀의 양육과 가족생활을 위하여 필수적인 것이고, 가족생활의 핵심적 요소라 할 수 있으므로, '부모가 자녀의 이름을 지을 자유'는 혼인과 가족생활을 보장하는 헌법 제36조 제1항과 행복추구권을 보장하는 헌법 제10조에 의하여 보호받는다(헌재 2016.7.28, 2015헌마964).

④ [O] 혼인으로 새로이 1세대를 이루는 자를 위하여 상당한 기간 내에 보유 주택수를 줄일 수 있도록 하고 그러한 경과규정이 정하는 기간 내에 양도하는 주택에 대해서는 혼인 전의 보유 주택수에 따라 양도소득세를 정하는 등의 완화규정을 두는 것과 같은 손쉬운 방법이 있음에도 이러한 완화규정을 두지 아니한 것은 최소침해성원칙에 위배된다고 할 것이고, 이 사건 법률조항으로 인하여 침해되는 것은 헌법이 강도 높게 보호하고자 하는 헌법 제36조 제1항에 근거하는 혼인에 따른 차별금지 또는 혼인의 자유라는 헌법적 가치라 할 것이므로 이 사건 법률조항이 달성하고자 하는 공익과 침해되는 사익 사이에 적절한 균형관계를 인정할 수 없어 법익균형성원칙에도 반한다. 결국 이 사건 법률조항은 과잉금지원칙에 반하여 헌법 제36조 제1항이 정하고 있는 혼인에 따른 차별금지원칙에 위배되고, 혼인의 자유를 침해한다(헌재 2011.11.24, 2009헌바146).

12 혼인과 가족생활을 보장하는 헌법 제36조 제1항에 관한 설명 중 옳은 것(○)과 옳지 않은 것(×)을 올바르게 조합한 것은? (다툼이 있는 경우 판례에 의함)

23. 변호사

> ㉠ 법적으로 승인되지 아니한 사실혼은 헌법 제36조 제1항의 보호범위에 포함된다고 보기 어렵다.
> ㉡ 헌법 제36조 제1항은 혼인과 가족에 관련되는 공법 및 사법의 모든 영역에 영향을 미치는 헌법원리 내지 원칙규범으로서의 성격을 가질 뿐, 위 조항으로부터 혼인과 가족생활을 스스로 결정하고 형성할 수 있는 자유까지 도출되지는 않는다.
> ㉢ 육아휴직신청권은 헌법 제36조 제1항으로부터 개인에게 직접 주어지는 헌법적 차원의 권리이다.
> ㉣ 출생신고 시 자녀의 이름에 사용할 수 있는 한자의 범위를 대법원규칙이 정하는 '인명용 한자'로 한정하는 것은 헌법 제36조 제1항에 의하여 보호되는 '부모의 자녀 이름을 지을 자유'를 침해한다.

	㉠	㉡	㉢	㉣
①	○	×	×	×
②	○	×	○	○
③	×	○	×	×
④	×	×	○	×
⑤	×	×	×	○

해설

㉠ [O] 법적으로 승인되지 아니한 사실혼은 헌법 제36조 제1항의 보호범위에 포함되지 아니한다(헌재 2014.8.28, 2013헌바119).

㉡ [×] 헌법 제36조 제1항은 "혼인과 가족생활은 개인의 존엄과 양성의 평등을 기초로 성립되고 유지되어야 하며, 국가는 이를 보장한다."라고 규정하고 있는데, 헌법 제36조 제1항은 혼인과 가족생활을 스스로 결정하고 형성할 수 있는 자유를 기본권으로서 보장하고, 혼인과 가족에 대한 제도를 보장한다(헌재 2002.8.29, 2001헌바82).

ⓒ [×] 육아휴직신청권은 헌법 제36조 제1항 등으로부터 개인에게 직접 주어지는 헌법적 차원의 권리라고 볼 수는 없고, 입법자가 입법의 목적, 수혜자의 상황, 국가예산, 전체적인 사회보장수준, 국민정서 등 여러 요소를 고려하여 제정하는 입법에 적용요건, 적용대상, 기간 등 구체적인 사항이 규정될 때 비로소 형성되는 법률상의 권리이다(헌재 2008.10.30, 2005헌마1156).

ⓓ [×] 심판대상조항은 자녀의 이름에 사용할 수 있는 한자를 정함에 있어 총 8,142자를 '인명용 한자'로 지정하고 있는데 이는 결코 적지 아니하고, '인명용 한자'의 범위를 일정한 절차를 거쳐 계속 확대함으로써 이름에 한자를 사용함에 있어 불편함이 없도록 하는 보완장치를 강구하고 있다. 또한 '인명용 한자'가 아닌 한자를 사용하였다고 하더라도, 출생신고나 출생자 이름 자체가 불수리되는 것은 아니고, 가족관계등록부에 해당 이름이 한글로만 기재되어 종국적으로 해당 한자가 함께 기재되지 않는 제한을 받을 뿐이며, 가족관계등록부나 그와 연계된 공적 장부 이외에 사적 생활의 영역에서 해당 한자 이름을 사용하는 것을 금지하는 것도 아니다. 따라서 심판대상조항은 자녀의 이름을 지을 자유를 침해하지 않는다(헌재 2016.7.28, 2015헌마964).

13 혼인 및 가족제도에 관한 설명으로 옳지 않은 것은? (다툼이 있는 경우 헌법재판소 판례에 의함) 23. 소방간부

① 민법 시행 이전의 "여호주가 사망하거나 출가하여 호주상속이 없이 절가된 경우, 유산은 그 절가된 가(家)의 가족이 승계하고 가족이 없을 때는 출가녀(出家女)가 승계한다."는 구 관습법이 절가된 가의 유산 귀속순위를 정함에 있어 합리적 이유 없이 출가한 여성을 그 가적에 남아 있는 가족과 차별하여 평등원칙에 위배되었다고 볼 수 없다.

② 8촌 이내의 혈족 사이에서는 혼인할 수 없도록 하는 민법 조항 및 이를 위반한 혼인을 무효로 하는 민법 조항은 가족질서를 보호하고 유지한다는 공익이 매우 중요하므로 법익균형성에 위반되지 아니하므로 혼인의 자유를 침해하지 않는다.

③ 헌법 제36조 제1항은 혼인과 가족에 관련되는 공법 및 사법의 모든 영역에 영향을 미치는 헌법원리 내지 원칙규범으로서의 성격도 가지는데, 이는 적극적으로는 적절한 조치를 통해서 혼인과 가족을 지원하고 제삼자에 의한 침해 앞에서 혼인과 가족을 보호해야 할 국가의 과제를 포함하며, 소극적으로는 불이익을 야기하는 제한조치를 통해서 혼인과 가족을 차별하는 것을 금지해야 할 국가의 의무를 포함한다.

④ 민법 조항에 중혼을 혼인취소의 사유로 정하면서 그 취소청구권의 제척기간 또는 소멸사유를 규정하지 않았더라도 현저히 입법재량의 범위를 일탈하여 후혼배우자의 인격권 및 행복추구권을 침해하지 아니한다.

⑤ 혼인 종료 후 300일 이내에 출생한 자를 전남편의 친생자로 추정하는 민법 제844조 제2항 중 "혼인관계종료의 날로부터 300일 내에 출생한 자"에 관한 부분은 모가 가정생활과 신분관계에서 누려야 할 인격권, 혼인과 가족생활에 관한 기본권을 침해한다.

해설

② [×] 이 사건 무효조항은 8촌 이내 혈족 사이의 혼인을 일률적으로 무효로 정함으로써, 당사자가 진정한 의사로 혼인신고를 한 경우에도 일방당사자 또는 제3자의 주장에 의하여 언제든지 혼인신고를 정정할 수 있도록 하고 있어서 이른바 축출이혼의 수단으로 악용될 소지가 있다. 또한 8촌 이내의 혈족을 확인할 수 있는 신분공시제도가 마련되어 있지 아니함에도 이 사건 무효조항이 8촌 이내 혈족 사이의 혼인을 당연무효사유로 정한 것은, 혼인당사자에게 불측의 손해를 야기함은 물론 그 자녀의 복리를 현저히 저해하므로, 과잉금지원칙에 위반된다(헌재 2022.10.27, 2018헌바115).

① [O] 이 사건 관습법이 절가된 가의 재산을 그 가적에 남아 있는 가족에게 우선 승계하도록 하는 것은 가의 재산관리나 제사 주재 등 현실적 필요와 민법 시행 이전의 사회상황과 문화를 반영한 것으로 나름대로 합리적 이유가 있었다. 또한 호주가 살아 있을 때 출가한 여성에게 재산의 일부 또는 전부를 분재할 수도 있는 것이어서 이 사건 관습법으로 인하여 출가한 여성이 상속으로부터 완전히 배제되는 것도 아니었다. 헌법 시행 이전에 성립된 평등원칙에 어긋나는 구 관습법이 헌법 제정과 동시에 모두 위헌이 되고 소급하여 실효된다고 볼 수는 없다. 민법의 제정 및 시행으로 이미 폐지된 구 관습법에 대하여 역사적 평가를 넘어 현행 헌법을 기준으로 소급적으로 그 효력을 모두 부인할 경우 이를 기초로 형성된 모든 법률관계가 한꺼번에 뒤집어져 엄청난 혼란을 일으킬 수 있다. 이상과 같은 사정을 종합하여 보면, 민법 시행으로 폐지된 이 사건 관습법이 절가된 가의 유산 귀속순위를 정함에 있어 합리적 이유 없이 출가한 여성을 그 가적에 남아 있는 가족과 차별하여 평등원칙에 위배되었다고 볼 수 없다(헌재 2016.4.28, 2013헌바396).

정답 | 12 ① 13 ②

③ [O] 헌법 제36조 제1항은 혼인과 가족에 관련되는 공법 및 사법의 모든 영역에 영향을 미치는 헌법원리 내지 원칙규범으로서의 성격도 가지는데, 이는 적극적으로는 적절한 조치를 통해서 혼인과 가족을 지원하고 제삼자에 의한 침해 앞에서 혼인과 가족을 보호해야 할 국가의 과제를 포함하며, 소극적으로는 불이익을 야기하는 제한조치를 통해서 혼인과 가족을 차별하는 것을 금지해야 할 국가의 의무를 포함한다(헌재 2002.8.29, 2001헌바82).

④ [O] 이 사건 법률조항은 중혼을 혼인무효사유가 아니라 혼인취소사유로 정하고 있는데, 혼인 취소의 효력은 기왕에 소급하지 아니하므로 중혼이라 하더라도 법원의 취소판결이 확정되기 전까지는 유효한 법률혼으로 보호받는다. 후혼의 취소가 가혹한 결과가 발생하는 경우에는 구체적 사건에서 법원이 권리남용의 법리 등으로 해결하고 있다. 따라서 중혼 취소청구권의 소멸에 관하여 아무런 규정을 두지 않았다 하더라도, 이 사건 법률조항이 현저히 입법재량의 범위를 일탈하여 후혼배우자의 인격권 및 행복추구권을 침해하지 아니한다(헌재 2014.7.24, 2011헌바275).

⑤ [O] 심판대상조항에 따르면, 혼인 종료 후 300일 내에 출생한 자녀가 전남편의 친생자가 아님이 명백하고, 전남편이 친생추정을 원하지도 않으며, 생부가 그 자를 인지하려는 경우에도, 그 자녀는 전남편의 친생자로 추정되어 가족관계등록부에 전남편의 친생자로 등록되고, 이는 엄격한 친생부인의 소를 통해서만 번복될 수 있다. 그 결과 심판대상조항은 이혼한 모와 전남편이 새로운 가정을 꾸리는 데 부담이 되고, 자녀와 생부가 진실한 혈연관계를 회복하는 데 장애가 되고 있다. 이와 같이 민법 제정 이후의 사회적·법률적·의학적 사정변경을 전혀 반영하지 아니한 채, 이미 혼인관계가 해소된 이후에 자가 출생하고 생부가 출생한 자를 인지하려는 경우마저도, 아무런 예외 없이 그 자를 전남편의 친생자로 추정함으로써 친생부인의 소를 거치도록 하는 심판대상조항은 입법형성의 한계를 벗어나 모가 가정생활과 신분관계에서 누려야 할 인격권, 혼인과 가족생활에 관한 기본권을 침해한다(헌재 2015.4.30, 2013헌마623).

14 혼인과 가족생활의 보장에 관한 설명 중 가장 적절하지 않은 것은? (다툼이 있는 경우 판례에 의함) 23. 경찰승진

① 1991.1.1.부터 그 이전에 성립된 계모자 사이의 법정혈족관계를 소멸시키도록 한 민법 부칙 조항은 계자의 친부와 계모의 혼인에 따라 가족생활을 자유롭게 형성할 권리를 침해하지 않는다.

② 헌법재판소는 원칙적으로 3년 이상 혼인 중인 부부만이 친양자 입양을 할 수 있도록 규정하여 독신자는 친양자 입양을 할 수 없도록 한 것이 독신자의 가족생활의 자유를 침해하지 않는다고 하면서, 편친 가정에 대한 사회적 편견 내지 불안감 때문에 독신자 가정에서 양육되는 자녀는 성장 과정에서 사회적으로 어려움을 겪게 될 가능성이 높다는 점을 그 근거의 하나로 제시하고 있다.

③ 헌법 제36조 제1항이 국가에게 자녀 양육을 지원할 의무를 부과하고 있고 해당 헌법 조항에서 육아휴직제도의 헌법적 근거를 찾을 수 있으므로, 육아휴직신청권은 헌법으로부터 개인에게 직접 주어지는 헌법적 차원의 권리라고 볼 수 있다.

④ 헌법에서 규정하는 '혼인'이란 양성이 평등하고 존엄한 개인으로서 자유로운 의사의 합치에 의하여 생활공동체를 이루는 것을 의미하므로, 법적으로 승인되지 아니한 사실혼은 헌법 제36조 제1항의 보호범위에 포함된다고 보기 어렵다.

해설

③ [×] 육아휴직신청권은 헌법 제36조 제1항 등으로부터 개인에게 직접 주어지는 헌법적 차원의 권리라고 볼 수는 없고, 입법자가 입법의 목적, 수혜자의 상황, 국가예산, 전체적인 사회보장수준, 국민정서 등 여러 요소를 고려하여 제정하는 입법에 적용요건, 적용대상, 기간 등 구체적인 사항이 규정될 때 비로소 형성되는 법률상의 권리에 불과하다 할 것이다(헌재 2008.10.30, 2005헌마1156).

① [O] 이 사건 법률조항은 계자의 친부와 계모의 혼인의사를 일률적으로 계자에 대한 입양 또는 그 대리의 의사로 간주하기는 어려우므로, 계자의 친부와 계모의 혼인에 따라 가족생활을 자유롭게 형성할 권리를 침해하지 아니하고, 또한 개인의 존엄과 양성평등에 반하는 전래의 가족제도를 개선하기 위한 입법이므로 가족제도를 보장하는 헌법 제36조 제1항에 위반된다고 볼 수도 없다(헌재 2011.2.24, 2009헌바89).

② [O] 현실적인 측면에서 보더라도, 편친 가정에 대한 사회적 편견 내지 불안감 때문에 독신자 가정에서 양육되는 자녀는 성장 과정에서 사회적으로 어려움을 겪게 될 가능성이 높으며 이로 인해 양육에 부정적인 영향이 미칠 수 있다. 심판대상조항으로 인하여 양자가 혼인관계를 바탕으로 한 안정된 가정에 입양되어 더 나은 양육조건에서 성장할 수 있게 되므로 양자의 복리가 증진되는 반면, 독신자는 친양자 입양을 할 수 없게 되어 가족생활의 자유가 다소 제한되지만 여전히 일반입양은 할 수 있으므로 제한되는 사익이 위 공익보다 결코 크다고 할 수 없다. 결국 심판대상조항은 과잉금지원칙에 위반하여 독신자의 가족생활의 자유를 침해한다고 볼 수 없다(헌재 2013.9.26, 2011헌가42).

④ [O] 헌법 제36조 제1항에서 규정하는 '혼인'이란 양성이 평등하고 존엄한 개인으로서 자유로운 의사의 합치에 의하여 생활공동체를 이루는 것으로서 법적으로 승인받은 것을 말하므로, 법적으로 승인되지 아니한 사실혼은 헌법 제36조 제1항의 보호범위에 포함된다고 보기 어렵다(헌재 2014.8.28, 2013헌바119).

15 혼인과 가족생활에 대한 설명으로 가장 적절한 것은? (다툼이 있는 경우 판례에 의함) 23. 경찰간부

① 8촌 이내의 혈족 사이에서는 혼인할 수 없도록 하는 민법 제809조 제1항은 입법목적의 달성에 필요한 범위를 넘는 과도한 제한으로서 침해의 최소성을 충족하지 못하므로 혼인의 자유를 침해한다.

② 육아휴직신청권은 비록 헌법에 명문으로 규정되어 있지는 아니하지만, 이는 모든 인간이 누리는 불가침의 인권으로서 혼인과 가족생활을 보장하는 헌법 제36조 제1항, 행복추구권을 보장하는 헌법 제10조 및 '국민의 자유와 권리는 헌법에 열거되지 아니한 이유로 경시되지 아니한다.'고 규정한 헌법 제37조 제1항에서 나오는 중요한 기본권이다.

③ 헌법 제36조 제1항은 혼인과 가족을 보호해야 한다는 국가의 일반적 과제를 규정하였을 뿐, 청구인들의 주장과 같이 양육비채권의 집행권원을 얻었음에도 양육비 채무자가 이를 이행하지 아니하는 경우 그 이행을 용이하게 확보하도록 하는 내용의 구체적이고 명시적인 입법의무를 부여하였다고 볼 수 없다.

④ 대한민국 국민으로 태어난 아동은 태어난 즉시 '출생등록될 권리'를 가지며, 이러한 권리는 '법 앞에 국민으로 인정받을 권리'로서 법률로써 제한할 수 있을 뿐이다.

해설

③ [O] 헌법 제36조 제1항은 혼인과 가족을 보호해야 한다는 국가의 일반적 과제를 규정하였을 뿐, 청구인들의 주장과 같이 양육비채권의 집행권원을 얻었음에도 양육비 채무자가 이를 이행하지 아니하는 경우 그 이행을 용이하게 확보하도록 하는 내용의 구체적이고 명시적인 입법의무를 부여하였다고 볼 수 없다. 기타 인간다운 생활을 할 권리 등을 천명하고 있는 헌법 제34조 제1항, 재산권 보장을 규정하고 있는 헌법 제23조 제1항 등 다른 헌법조항을 살펴보아도 청구인들의 주장과 같은 법률의 입법에 대한 구체적·명시적인 입법위임은 존재하지 아니한다(헌재 2021.12.23, 2019헌마168).

① [×] 금혼조항은 근친혼으로 인하여 가까운 혈족 사이의 상호관계 및 역할, 지위와 관련하여 발생할 수 있는 혼란을 방지하고 가족제도의 기능을 유지하기 위한 것으로서 정당한 입법목적 달성을 위한 적합한 수단에 해당한다. 이 사건 금혼조항은, 촌수를 불문하고 부계혈족 간의 혼인을 금지한 구 민법상 동성동본금혼 조항에 대한 헌법재판소의 헌법불합치 결정의 취지를 존중하는 한편, 우리 사회에서 통용되는 친족의 범위 및 양성평등에 기초한 가족관계 형성에 관한 인식과 합의에 기초하여 혼인이 금지되는 근친의 범위를 한정한 것이므로 그 합리성이 인정되며, 입법목적 달성에 불필요하거나 과도한 제한을 가하는 것이라고는 볼 수 없으므로 침해의 최소성에 반한다고 할 수 없다(헌재 2022.10.27, 2018헌바115).

▶ 헌법재판소는 금혼조항을 위반하여 혼인한 경우 혼인을 무효로 하는 무효조항이 입법목적 달성에 필요한 범위를 넘는 과도한 제한으로서 침해의 최소성을 충족하지 못한다고 보아서 헌법불합치 판결을 내렸다. 금혼조항과 무효조항의 결론이 다르다는 것을 암기해야 한다.

② [×] 육아휴직신청권은 헌법 제36조 제1항 등으로부터 개인에게 직접 주어지는 헌법적 차원의 권리라고 볼 수는 없고, 입법자가 입법의 목적, 수혜자의 상황, 국가예산, 전체적인 사회보장수준, 국민정서 등 여러 요소를 고려하여 제정하는 입법에 적용요건, 적용대상, 기간 등 구체적인 사항이 규정될 때 비로소 형성되는 법률상의 권리에 불과하다 할 것이다(헌재 2008.10.30, 2005헌마1156).

④ [×] 대한민국 국민으로 태어난 아동은 태어난 즉시 '출생등록될 권리'를 가진다. 이러한 권리는 '법 앞에 인간으로 인정받을 권리'로서 모든 기본권 보장의 전제가 되는 기본권이므로 법률로써도 이를 제한하거나 침해할 수 없다(대판 2020.6.8, 2020스575).

정답 | 14 ③ 15 ③

16 다음 설명 중 가장 옳지 않은 것은? (다툼이 있는 경우 헌법재판소 결정 및 대법원 판례에 의함) 23. 법원직

① 부모가 자녀의 이름을 지어주는 것은 자녀의 양육과 가족생활을 위하여 필수적인 것이고, 가족생활의 핵심적 요소라 할 수 있으므로, '부모가 자녀의 이름을 지을 자유'는 혼인과 가족생활을 보장하는 헌법 제36조 제1항과 행복추구권을 보장하는 헌법 제10조에 의하여 보호받는다.

② 이름은 인간의 모든 사회적 생활관계 형성의 기초가 된다는 점에서 중요한 사회질서에 속한다. 이름의 특정은 사회 전체의 법적 안정성의 기초이므로 이를 위해 국가는 개인이 사용하는 이름에 대해 일정한 규율을 가할 수 있다.

③ 헌법은 국가사회의 최고규범이므로 가족제도가 비록 역사적 · 사회적 산물이라는 특성을 지니고 있다 하더라도 헌법의 우위로부터 벗어날 수 없으며, 가족법이 헌법이념의 실현에 장애를 초래하고, 헌법규범과 현실과의 괴리를 고착시키는 데 일조하고 있다면 그러한 가족법은 수정되어야 한다.

④ 헌법재판소는 8촌 이내의 혈족 사이에서는 혼인할 수 없도록 하는 민법 제809조 제1항이 혼인의 자유를 침해한다고 보았다.

해설

④ [×] 이 사건 금혼조항은 근친혼으로 인하여 가까운 혈족 사이의 상호관계 및 역할, 지위와 관련하여 발생할 수 있는 혼란을 방지하고 가족제도의 기능을 유지하기 위한 것으로서 정당한 입법목적 달성을 위한 적합한 수단에 해당한다. 이 사건 금혼조항은, 촌수를 불문하고 부계혈족 간의 혼인을 금지한 구 민법상 동성동본금혼 조항에 대한 헌법재판소의 헌법불합치 결정의 취지를 존중하는 한편, 우리 사회에서 통용되는 친족의 범위 및 양성평등에 기초한 가족관계 형성에 관한 인식과 합의에 기초하여 혼인이 금지되는 근친의 범위를 한정한 것이므로 그 합리성이 인정되며, 입법목적 달성에 불필요하거나 과도한 제한을 가하는 것이라고는 볼 수 없으므로 침해의 최소성에 반한다고 할 수 없다. 나아가 이 사건 금혼조항으로 인하여 법률상의 배우자 선택이 제한되는 범위는 친족관계 내에서도 8촌 이내의 혈족으로, 넓다고 보기 어렵다. 그에 비하여 8촌 이내 혈족 사이의 혼인을 금지함으로써 가족질서를 보호하고 유지한다는 공익은 매우 중요하므로 이 사건 금혼조항은 법익균형성에 위반되지 아니한다. 그렇다면 이 사건 금혼조항은 과잉금지원칙에 위배하여 혼인의 자유를 침해하지 않는다(헌재 2022.10.27, 2018헌바115).

① [○] 부모가 자녀의 이름을 지어주는 것은 자녀의 양육과 가족생활을 위하여 필수적인 것이고, 가족생활의 핵심적 요소라 할 수 있으므로, '부모가 자녀의 이름을 지을 자유'는 혼인과 가족생활을 보장하는 헌법 제36조 제1항과 행복추구권을 보장하는 헌법 제10조에 의하여 보호받는다(헌재 2016.7.28, 2015헌마964).

② [○] 이름은 인간의 모든 사회적 생활관계 형성의 기초가 된다는 점에서 중요한 사회질서에 속한다. 이름의 특정은 사회 전체의 법적 안정성의 기초이므로 이를 위해 국가는 개인이 사용하는 이름에 대해 일정한 규율을 가할 수 있다(헌재 2005.12.22, 2003헌가5등).

③ [○] 헌법은 국가사회의 최고규범이므로 가족제도가 비록 역사적 · 사회적 산물이라는 특성을 지니고 있다 하더라도 헌법의 우위로부터 벗어날 수 없으며, 가족법이 헌법이념의 실현에 장애를 초래하고, 헌법규범과 현실과의 괴리를 고착시키는 데 일조하고 있다면 그러한 가족법은 수정되어야 한다(헌재 2005.2.3, 2001헌가9).

17 혼인과 가족생활에 관한 권리에 대한 설명으로 가장 적절하지 않은 것은? (다툼이 있는 경우 판례에 의함)

23. 경찰 2차

① 헌법 제36조 제1항은 혼인과 가족에 관련되는 공법 및 사법의 모든 영역에 영향을 미치는 헌법원리 내지 원칙규범으로서의 성격도 가진다.

② 태어난 즉시 '출생등록될 권리'는 헌법상의 기본권이 아니라 법률상의 권리이므로 '혼인 중 여자와 남편 아닌 남자 사이에서 출생한 자녀에 대한 생부의 출생신고'를 허용하도록 규정하지 아니한 가족관계의 등록 등에 관한 법률조항이 혼인 외 출생자인 청구인들의 태어난 즉시 '출생등록될 권리'를 침해하는 것은 아니다.

③ 사실혼 배우자는 혼인신고를 함으로써 상속권을 가질 수 있고, 증여나 유증을 받는 방법으로 상속에 준하는 효과를 얻을 수 있으며, 근로기준법, 국민연금법 등에 근거한 급여를 받을 권리등이 인정된다는 측면에서 볼 때, 사실혼 배우자에게 상속권을 인정하지 않는 민법 조항이 사실혼 배우자인 청구인의 상속권을 침해하는 것은 아니다.

④ 부모가 자녀의 이름을 지어주는 것은 자녀의 양육과 가족생활을 위하여 필수적인 것이고, 가족생활의 핵심적 요소라 할 수 있으므로, '부모가 자녀의 이름을 지을 자유'는 혼인과 가족생활을 보장하는 헌법 제36조 제1항과 행복추구권을 보장하는 헌법 제10조에 의하여 보호받는다.

해설

② [×] 태어난 즉시 '출생등록될 권리'는 '출생 후 아동이 보호를 받을 수 있을 최대한 빠른 시점'에 아동의 출생과 관련된 기본적인 정보를 국가가 관리할 수 있도록 등록할 권리로서, 아동이 사람으로서 인격을 자유로이 발현하고, 부모와 가족 등의 보호하에 건강한 성장과 발달을 할 수 있도록 최소한의 보호장치를 마련하도록 요구할 수 있는 권리이다. 이는 헌법에 명시되지 아니한 독자적 기본권으로서, 자유로운 인격실현을 보장하는 자유권적 성격과 아동의 건강한 성장과 발달을 보장하는 사회적 기본권의 성격을 함께 지닌다. … 심판대상조항들은 입법형성권의 한계를 넘어서서 실효적으로 출생등록될 권리를 보장하고 있다고 볼 수 없으므로, 혼인 중 여자와 남편 아닌 남자 사이에서 출생한 자녀에 해당하는 혼인 외 출생자인 청구인들의 태어난 즉시 '출생등록될 권리'를 침해한다(헌재 2023.3.23, 2021헌마975).

참고 판례

대한민국 국민으로 태어난 아동은 태어난 즉시 '출생등록될 권리'를 가진다. 이러한 권리는 '법 앞에 인간으로 인정받을 권리'로서 모든 기본권 보장의 전제가 되는 기본권이므로 법률로써도 이를 제한하거나 침해할 수 없다(대판 2020.6.8, 2020스575).

① [O] 헌법 제36조 제1항은 혼인과 가족에 관련되는 공법 및 사법의 모든 영역에 영향을 미치는 헌법원리 내지 원칙규범으로서의 성격도 가진다(헌재 2002.8.29, 2001헌바82).

③ [O] 이 사건 법률조항이 사실혼 배우자에게 상속권을 인정하지 아니하는 것은 상속인에 해당하는지 여부를 객관적인 기준에 의하여 파악할 수 있도록 함으로써 상속을 둘러싼 분쟁을 방지하고, 상속으로 인한 법률관계를 조속히 확정시키며, 거래의 안전을 도모하기 위한 것이다. 사실혼 배우자는 혼인신고를 함으로써 상속권을 가질 수 있고, 증여나 유증을 받는 방법으로 상속에 준하는 효과를 얻을 수 있으며, 근로기준법, 국민연금법 등에 근거한 급여를 받을 권리 등이 인정된다. 따라서 이 사건 법률조항이 사실혼 배우자의 상속권을 침해한다고 할 수 없다(헌재 2014.8.28, 2013헌바119).

④ [O] 부모가 자녀의 이름을 지어주는 것은 자녀의 양육과 가족생활을 위하여 필수적인 것이고, 가족생활의 핵심적 요소라 할 수 있으므로, '부모가 자녀의 이름을 지을 자유'는 혼인과 가족생활을 보장하는 헌법 제36조 제1항과 행복추구권을 보장하는 헌법 제10조에 의하여 보호받는다(헌재 2016.7.28, 2015헌마964).

정답 | 16 ④ 17 ②

18 "혼인과 가족생활은 개인의 존엄과 양성의 평등을 기초로 성립되고 유지되어야 하며, 국가는 이를 보장한다."라고 규정하고 있는 헌법 제36조 제1항에 관한 설명으로 옳지 않은 것은? (다툼이 있는 경우 헌법재판소 판례에 의함)

24. 소방간부

① 헌법 제36조 제1항은 혼인과 가족에 관련되는 공법 및 사법의 모든 영역에 영향을 미치는 헌법원리 내지 원칙규범으로서의 성격도 가진다.

② 헌법 제36조 제1항의 헌법원리로부터 도출되는 차별금지의 명령은 헌법 제11조 제1항에서 보장되는 평등원칙을 혼인과 가족생활영역에서 더욱 더 구체화함으로써 혼인과 가족을 부당한 차별로부터 특별히 더 보호하려는 목적을 가진다.

③ 헌법 제36조 제1항은 혼인제도와 가족제도에 관한 헌법원리를 규정한 것으로서 혼인제도와 가족제도는 인간의 존엄성 존중과 민주주의의 원리에 따라 규정되어야 함을 천명한 것이다.

④ 헌법 제36조 제1항은 적극적으로는 적절한 조치를 통해서 혼인과 가족을 지원하고 제3자에 의한 침해 앞에서 혼인과 가족을 보호해야 할 국가의 과제를 포함하며, 소극적으로는 불이익을 야기하는 제한조치를 통해서 혼인과 가족을 차별하는 것을 금지해야 할 국가의 의무를 포함한다.

⑤ 헌법 제36조 제1항에서 규정하는 '혼인'이란 양성이 평등하고 존엄한 개인으로서 자유로운 의사의 합치에 의하여 생활공동체를 이루는 것을 말하므로, 사실혼도 헌법 제36조 제1항의 보호범위에 포함된다.

해설

⑤ [×] 헌법 제36조 제1항에서 규정하는 '혼인'이란 양성이 평등하고 존엄한 개인으로서 자유로운 의사의 합치에 의하여 생활공동체를 이루는 것으로서 법적으로 승인받은 것을 말하므로, 법적으로 승인되지 아니한 사실혼은 헌법 제36조 제1항의 보호범위에 포함된다고 보기 어렵다(헌재 2014.8.28, 2013헌바119).

① [O] 헌법 제36조 제1항은 혼인과 가족생활을 스스로 결정하고 형성할 수 있는 자유를 기본권으로서 보장하는 것이며, 나아가 이는 혼인과 가족에 관련되는 공법 및 사법의 모든 영역에 영향을 미치는 헌법원리 내지 원칙규범으로서의 성격도 가진다(헌재 2012.5.31, 2010헌바87).

② [O] 이러한 헌법원리로부터 도출되는 차별금지명령은 헌법 제11조 제1항에서 보장되는 평등원칙을 혼인과 가족생활영역에서 더욱 더 구체화함으로써 혼인과 가족을 부당한 차별로부터 특별히 더 보호하려는 목적을 가진다. 이 때 특정한 법률조항이 혼인한 자를 불리하게 하는 차별취급은 중대한 합리적 근거가 존재하여 헌법상 정당화되는 경우에만 헌법 제36조 제1항에 위배되지 아니한다(헌재 2002.8.29, 2001헌바82).

③ [O] 헌법 제36조 제1항은 혼인제도와 가족제도에 관한 헌법원리를 규정한 것으로서 혼인제도와 가족제도는 인간의 존엄성 존중과 민주주의의 원리에 따라 규정되어야 함을 천명한 것이다. 이 규정은 가족생활이 '양성의 평등'을 기초로 성립, 유지될 것을 명문화한 것으로 이해되므로 입법자가 가족제도를 형성함에 있어서는 이를 반드시 고려할 것을 요구하고 있다(헌재 2000.8.31, 97헌가12).

④ [O] 헌법 제36조 제1항은 … 적극적으로는 적절한 조치를 통해서 혼인과 가족을 지원하고 제3자에 의한 침해 앞에서 혼인과 가족을 보호해야 할 국가의 과제를 포함하며, 소극적으로는 불이익을 야기하는 제한조치를 통해서 혼인과 가족을 차별하는 것을 금지해야 할 국가의 의무를 포함한다(헌재 2012.5.31, 2010헌바87).

19 혼인과 가족생활의 보호에 대한 설명으로 옳은 것은? (다툼이 있는 경우 판례에 의함) 24. 입법고시

① 법적으로 승인되지 아니한 사실혼도 헌법 제36조 제1항의 보호범위에 포함된다.
② 8촌 이내 혈족의 혼인을 일률적으로 금지하는 민법 조항은 과잉금지원칙에 위배되어 혼인의 자유를 침해한다.
③ 헌법 제36조 제1항은 혼인과 가족생활을 스스로 결정하고 형성할 수 있는 자유를 기본권으로서 보장하는 것일 뿐, 혼인과 가족에 대한 제도를 보장하는 것은 아니다.
④ 태어난 즉시 출생등록될 권리는 헌법 제10조뿐만 아니라, 헌법 제34조 제1항의 인간다운 생활을 할 권리, 헌법 제36조 제1항의 가족생활의 보장, 헌법 제34조 제4항의 국가의 청소년 복지향상을 위한 정책실시의무 등에도 근거가 있다.
⑤ 육아휴직신청권은 헌법 제36조 제1항으로부터 개인에게 직접 주어지는 헌법적 차원의 권리이다.

해설

④ [O] 태어난 즉시 '출생등록될 권리'는 '출생 후 곧바로' 등록될 권리를 뜻하는 것이 아니라 '출생 후 아동이 보호를 받을 수 있을 최대한 빠른 시점'에 아동의 출생과 관련된 기본적인 정보를 국가가 관리할 수 있도록 등록할 권리로서, 아동이 사람으로서 인격을 자유로이 발현하고, 부모와 가족 등의 보호하에 건강한 성장과 발달을 할 수 있도록 최소한의 보호장치를 마련하도록 요구할 수 있는 권리이다. 이는 헌법 제10조의 인간의 존엄과 가치 및 행복추구권으로부터 도출되는 일반적 인격권을 실현하기 위한 기본적인 전제로서 헌법 제10조뿐만 아니라, 헌법 제34조 제1항의 인간다운 생활을 할 권리, 헌법 제36조 제1항의 가족생활의 보장, 헌법 제34조 제4항의 국가의 청소년 복지향상을 위한 정책실시의무 등에도 근거가 있다(헌재 2023.3.23, 2021헌마975).

① [×] 헌법 제36조 제1항에서 규정하는 '혼인'이란 양성이 평등하고 존엄한 개인으로서 자유로운 의사의 합치에 의하여 생활공동체를 이루는 것으로서 법적으로 승인받은 것을 말하므로, 법적으로 승인되지 아니한 사실혼은 헌법 제36조 제1항의 보호범위에 포함된다고 보기 어렵다(헌재 2014.8.28, 2013헌바119).

② [×] 이 사건 금혼조항은 위와 같이 근친혼으로 인하여 가까운 혈족 사이의 상호 관계 및 역할, 지위와 관련하여 발생할 수 있는 혼란을 방지하고 가족제도의 기능을 유지하기 위한 것이므로 그 입법목적이 정당하다. 또한 8촌 이내의 혈족 사이의 법률상의 혼인을 금지한 것은 근친혼의 발생을 억제하는 데 기여하므로 입법목적 달성에 적합한 수단에 해당한다. … 그렇다면 이 사건 금혼조항은 과잉금지원칙에 위배하여 혼인의 자유를 침해하지 않는다(헌재 2022.10.27, 2018헌바115).

③ [×] 헌법 제36조 제1항은 "혼인과 가족생활은 개인의 존엄과 양성의 평등을 기초로 성립되고 유지되어야 하며, 국가는 이를 보장한다."라고 규정하고 있는데, 헌법 제36조 제1항은 혼인과 가족생활을 스스로 결정하고 형성할 수 있는 자유를 기본권으로서 보장하고, 혼인과 가족에 대한 제도를 보장한다(헌재 2002.8.29, 2001헌바82).

⑤ [×] 육아휴직신청권은 헌법 제36조 제1항 등으로부터 개인에게 직접 주어지는 헌법적 차원의 권리라고 볼 수는 없고, 입법자가 입법의 목적, 수혜자의 상황, 국가예산, 전체적인 사회보장수준, 국민정서 등 여러 요소를 고려하여 제정하는 입법에 적용요건, 적용대상, 기간 등 구체적인 사항이 규정될 때 비로소 형성되는 법률상의 권리이다(헌재 2008.10.30, 2005헌마1156).

정답 | 18 ⑤ 19 ④

제2편

기본권론

제1장 | 기본권 총론

제1절 | 기본권의 의의

01 〈보기〉에서 기본권에 관한 설명으로 옳은 것만을 있는 대로 고른 것은? (다툼이 있는 경우 판례에 의함)

25. 소방간부

ㄱ. 주민투표권은 헌법 제117조, 제118조에서 보장하고 있는 지방자치제도에 근거한 것이며 헌법 제37조 제1항의 헌법에 열거되지 아니한 권리 중 하나이다.
ㄴ. 모든 국가권능의 정당성의 근원인 국민의 기본권 침해에 대한 권리구제를 위하여 그 전제조건으로서 영토에 관한 권리를, 이를테면 영토권이라 구성하여, 이를 헌법소원의 대상인 기본권의 하나로 간주하는 것은 가능하다.
ㄷ. 국회의원의 법률안 심의·표결권은 의회민주주의의 원리, 입법권을 국회에 귀속시키고 있는 헌법 제40조, 국민에 의하여 선출되는 국회의원으로 국회를 구성한다고 규정한 헌법 제41조 제1항 및 국회의결에 관하여 규정한 헌법 제49조로부터 도출되는 기본권이다.
ㄹ. 평화적 생존권은 헌법에 열거되지 아니한 기본권으로서 특별히 새롭게 인정할 필요성이 있다거나 그 권리내용이 비교적 명확하여 구체적 권리로서의 실질에 부합한다고 보기 어려워 헌법상 보장된 기본권이라고 할 수 없다.

① ㄱ, ㄴ
② ㄱ, ㄹ
③ ㄴ, ㄷ
④ ㄴ, ㄹ
⑤ ㄷ, ㄹ

해설

옳은 것은 ㄴ, ㄹ이다.

ㄱ. [×] 우리 헌법은 간접적인 참정권으로 선거권(헌법 제24조), 공무담임권(헌법 제25조)을, 직접적인 참정권으로 국민투표권(헌법 제72조, 제130조)을 규정하고 있을 뿐 주민투표권을 기본권으로 규정한 바가 없고 제117조, 제118조에서 제도적으로 보장하고 있는 지방자치단체의 자치의 내용도 자치단체의 설치와 존속 그리고 그 자치기능 및 자치사무로서 지방자치단체의 자치권의 본질적 사항에 관한 것이므로 주민투표권을 헌법상 보장되는 기본권이라고 하거나 헌법 제37조 제1항의 "헌법에 열거되지 아니한 권리"의 하나로 보기 어렵다(헌재 2005.12.22, 2004헌마530).

ㄴ. [O] 국민의 개별적 기본권이 아니라 할지라도 기본권보장의 실질화를 위하여서는, 영토조항만을 근거로 하여 독자적으로는 헌법소원을 청구할 수 없다 할지라도, 모든 국가권능의 정당성의 근원인 국민의 기본권 침해에 대한 권리구제를 위하여 그 전제조건으로서 영토에 관한 권리를, 이를테면 영토권이라 구성하여, 이를 헌법소원의 대상인 기본권의 하나로 간주하는 것은 가능한 것으로 판단된다(헌재 2001.3.21, 99헌마139 등).

ㄷ. [×] 국회의원의 법률안 심의·표결권은 의회민주주의의 원리, 입법권을 국회에 귀속시키고 있는 헌법 제40조, 국민에 의하여 선출되는 국회의원으로 국회를 구성한다고 규정한 헌법 제41조 제1항 및 국회의결에 관하여 규정한 헌법 제49조로부터 당연히 도출되는 헌법상의 권한이다(헌재 2020.5.27, 2019헌라1).

ㄹ. [O] 청구인들이 평화적 생존권이란 이름으로 주장하고 있는 평화란 헌법의 이념 내지 목적으로서 추상적인 개념에 지나지 아니하고, 평화적 생존권은 이를 헌법에 열거되지 아니한 기본권으로서 특별히 새롭게 인정할 필요성이 있다거나 그 권리내용이 비교적 명확하여 구체적 권리로서의 실질에 부합한다고 보기 어려워 헌법상 보장된 기본권이라고 할 수 없다(헌재 2009.5.28, 2007헌마369).

제2절 | 기본권의 주체

01 외국인의 기본권 주체성에 대한 설명으로 가장 적절하지 않은 것은? (다툼이 있는 경우 헌법재판소 판례에 의함)

25. 경찰간부

① 헌법상 근로의 권리는 '일할 환경에 관한 권리'를 내포하고 있는바, 건강한 작업환경, 일에 대한 정당한 보수, 합리적인 근로조건의 보장 등을 요구할 수 있는 권리 등은 외국인에게도 기본권 주체성이 인정된다.

② 외국인들이 이미 적법하게 고용허가를 받아 적법하게 우리나라에 입국하여 우리나라에서 일정한 생활관계를 형성 · 유지하는 등, 우리사회에서 정당한 노동인력으로서의 지위를 부여받은 상황임을 전제로 하는 이상, 해당 외국인에게도 직장 선택의 자유에 대한 기본권주체성을 인정할 수 있다.

③ 외국인은 자격제도 자체를 다툴 수 있는 기본권주체성이 인정되지 않지만, 국가자격제도와 관련된 평등권에 관하여는 따로 기본권 주체성을 인정할 수 있다.

④ 외국인이 복수국적을 누릴 자유가 우리 헌법상 행복추구권에 의하여 보호되는 기본권이라고 보기 어려우므로 외국인의 기본권 주체성 내지 기본권 침해가능성을 인정할 수 없다.

해설

③ [×] 국가정책에 따라 정부의 허가를 받은 외국인은 정부가 허가한 범위 내에서 소득활동을 할 수 있는 것이므로, 외국인이 국내에서 누리는 직업의 자유는 법률에 따른 정부의 허가에 의해 비로소 발생하는 권리이다. 따라서 외국인인 청구인에게는 그 기본권주체성이 인정되지 아니하며, 자격제도 자체를 다툴 수 있는 기본권주체성이 인정되지 아니하는 이상 국가자격제도에 관련된 평등권에 관하여 따로 기본권주체성을 인정할 수 없다(헌재 2014.8.28, 2013헌마359).

① [O] 근로의 권리가 "일할 자리에 관한 권리"만이 아니라 "일할 환경에 관한 권리"도 함께 내포하고 있는바, 후자는 인간의 존엄성에 대한 침해를 방어하기 위한 자유권적 기본권의 성격도 갖고 있어 건강한 작업환경, 일에 대한 정당한 보수, 합리적인 근로조건의 보장 등을 요구할 수 있는 권리 등을 포함한다고 할 것이므로 외국인 근로자라고 하여 이 부분에까지 기본권 주체성을 부인할 수는 없다(헌재 2007.8.30, 2004헌마670).

② [O] 청구인이 이미 적법하게 고용허가를 받아 적법하게 우리나라에 입국하여 우리나라에서 일정한 생활관계를 형성, 유지하는 등, 우리 사회에서 정당한 노동인력으로서의 지위를 부여받은 상황임을 전제로 하는 이상, 이 사건 청구인에게 직장 선택의 자유에 대한 기본권 주체성을 인정할 수 있다 할 것이다(헌재 2011.9.29, 2007헌마1083 등).

④ [O] 일반적으로 외국인이 특정한 국가의 국적을 선택할 권리가 자연권으로서 또는 우리 헌법상 당연히 인정될 수는 없는 것이어서 외국인이 복수국적을 누릴 자유가 우리 헌법상 행복추구권에 의하여 보호되는 기본권이라고 보기 어려우므로, 국적법 제10조 제1항에 의하여 청구인의 재산권, 행복추구권이 침해될 가능성은 없다(헌재 2014.6.26, 2011헌마502).

정답 | 01 ④ 01 ③

02 기본권 주체성에 관한 설명으로 가장 적절한 것은? (다툼이 있는 경우 헌법재판소 판례에 의함) 24. 경찰 2차

① 카자흐스탄 국적의 고려인은 외국국적동포로서 '인간의 권리'뿐 아니라 '국민의 권리'에 대해서도 기본권 주체성이 있다.

② 18세 이상으로서 선거인명부작성기준일 현재 영주의 체류자격 취득일 후 3년이 지난 외국인으로서 해당 지방자치단체의 외국인등록대장에 올라 있는 사람에게 그 구역에서 선거하는 지방자치단체 의회의원과 장의 피선거권을 부여하므로 외국인도 피선거권의 주체가 될 수 있다.

③ 공법인이나 이에 준하는 지위를 가진 자라 하더라도 공무를 수행하거나 고권적 행위를 하는 경우가 아닌 사경제 주체로서 활동하는 경우나 조직법상 국가로부터 독립한 고유 업무를 수행하는 경우, 그리고 다른 공권력 주체와의 관계에서 지배복종관계가 성립되어 일반 사인처럼 그 지배하에 있는 경우 등에는 기본권 주체가 될 수 있다.

④ 법인인 서울대학교와 인천대학교를 제외하고 국립대학교는 정부조직법 제4조 부속기관의 일종인 교육훈련기관으로서 영조물에 불과하므로 대학의 자율권과 관련하여 기본권 주체가 될 수 없다.

해설

③ [O] 공법인이나 이에 준하는 지위를 가진 자라 하더라도 공무를 수행하거나 고권적 행위를 하는 경우가 아닌 사경제 주체로서 활동하는 경우나 조직법상 국가로부터 독립한 고유 업무를 수행하는 경우, 그리고 다른 공권력 주체와의 관계에서 지배복종관계가 성립되어 일반 사인처럼 그 지배하에 있는 경우 등에는 기본권 주체가 될 수 있다(헌재 2013.9.26, 2012헌마271).

① [×] 우리 재판소는, 헌법재판소법 제68조 제1항 소정의 헌법소원은 기본권의 주체이어야만 청구할 수 있다고 한 다음, '국민' 또는 국민과 유사한 지위에 있는 '외국인'은 기본권의 주체가 될 수 있다고 판시하였다. 즉, 인간의 존엄과 가치 및 행복추구권 등과 같이 단순히 '국민의 권리'가 아닌 '인간의 권리'로 볼 수 있는 기본권에 대해서는 외국인도 기본권 주체가 될 수 있다고 하여 인간의 권리에 대하여는 원칙적으로 외국인의 기본권 주체성을 인정하였다. 이와 같이 외국인에게는 모든 기본권이 무한정 인정될 수 있는 것이 아니라 '인간의 권리'의 범위 내에서만 인정되는 것이므로, 먼저 이 사건 법률조항이 제한하고 있는 것이 어떤 기본권과 관련되는 것인지를 확정하고, 그 기본권이 권리성질상 외국인인 청구인에게 기본권 주체성을 인정할 수 있는 것인지 살펴야 할 것이다(헌재 2011.9.29, 2007헌마1083 등). 카자흐스탄 국적의 고려인은 외국인이므로 국민의 권리가 아닌 인간의 권리에 대해서만 기본권 주체성이 있다.

② [×] 공직선거법은 제15조 제2항 제2호에서 '영주의 체류자격 취득일로부터 3년이 경과한 19세(현 18세) 이상의 외국인'에 대해서도 일정한 요건하에 지방선거 선거권을 부여하고 있다. 그런데 외국인의 지방선거 선거권은 헌법상의 권리라 할 수는 없고 단지 공직선거법이 인정하고 있는 '법률상의 권리'에 불과하다(헌재 2007.6.28, 2004헌마644 등).

▶ 일정한 외국인에게 법률상 권리로서 지방선거권이 인정되지만, 외국인에게 피선거권은 인정되지 않는다.

④ [×] 헌법 제31조 제4항이 규정하는 교육의 자주성 및 대학의 자율성은 헌법 제22조 제1항이 보장하는 학문의 자유의 확실한 보장을 위해 꼭 필요한 것으로서 대학에 부여된 헌법상 기본권인 대학의 자율권이므로, 국립대학인 청구인도 이러한 대학의 자율권의 주체로서 헌법소원심판의 청구인능력이 인정된다(헌재 2015.12.23, 2014헌마1149).

03 외국인의 기본권에 관한 설명으로 옳은 것(○)과 옳지 않은 것(×)을 올바르게 조합한 것은? (다툼이 있는 경우 판례에 의함)

25. 변호사

ㄱ. 국민건강보험법상 지역가입자인 국내체류 외국인이 보험료를 체납한 경우에는 그 체납기간이나 체납횟수 등과 관계없이 국민건강보험공단이 1회 체납만으로도 다음달부터 곧바로 체납한 보험료를 완납할 때까지 보험급여를 하지 않도록 내국인등과 달리 규정한 것은 평등권을 침해한다.
ㄴ. 강제퇴거명령을 받은 외국인을 대한민국 밖으로 송환할 수 있을 때까지 보호시설에 인치·수용할 수 있도록 하면서 그 보호기간의 상한을 마련하지 아니한 출입국관리법 조항은 피보호자의 신체의 자유를 침해한다.
ㄷ. 인천국제공항에서 난민인정신청을 하였으나 난민인정심사불회부결정을 받은 외국인을 인천국제공항 송환대기실에 약 5개월째 수용하고 환승구역으로의 출입을 막은 것은 헌법 제12조 제4항 본문에 규정된 '구속'에 해당하며, 구속 상태에서 변호인의 접견신청을 거부한 것은 변호인의 조력을 받을 권리를 침해한다.
ㄹ. 외국인근로자의 고용 등에 관한 법률에서 외국인근로자를 고용한 사업 또는 사업장의 사용자는 외국인근로자의 출국 등에 따른 퇴직금 지급을 위하여 외국인근로자를 피보험자로 하는 보험 또는 신탁에 가입하도록 규정하고 있는데, 이 출국만기보험금은 퇴직금의 성질을 가지고 있어서 그 지급시기에 관한 것은 근로조건의 문제이므로 외국인근로자에게도 기본권 주체성이 인정된다.
ㅁ. 코로나19 확산으로 경제적 타격을 입은 국민들을 지원하기 위한 긴급재난지원금 가구구성 및 이의신청 처리기준(2차)이 긴급재난지원금 지급 대상인 '외국인만으로 구성된 가구'에 '영주권자 및 결혼이민자'는 포함시키면서 '난민인정자'를 제외한 것은 합리적 이유 없는 차별이므로 난민인정자의 평등권을 침해한다.

	ㄱ	ㄴ	ㄷ	ㄹ	ㅁ
①	○	○	○	○	○
②	○	×	○	×	○
③	○	○	○	○	×
④	×	○	○	○	×
⑤	×	○	×	×	○

해설

ㄱ. [O] 보험급여제한 조항은 외국인의 경우 보험료의 1회 체납만으로도 별도의 공단 처분 없이 곧바로 그 다음 달부터 보험급여를 제한하도록 규정하고 있으므로, 보험료가 체납되었다는 통지도 실시되지 않는다. … 보험료 체납에도 불구하고 보험급여를 실시할 수 있는 예외를 전혀 인정하지 않는 것은 합리적인 이유 없이 외국인을 내국인등과 달리 취급한 것이다. 따라서 보험급여제한 조항은 청구인들의 평등권을 침해한다(헌재 2023.9.26, 2019헌마1165).
ㄴ. [O] 보호기간의 상한을 두지 아니함으로써 강제퇴거대상자를 무기한 보호하는 것을 가능하게 하는 것은 보호의 일시적·잠정적 강제조치로서의 한계를 벗어나는 것이라는 점, … 심판대상조항은 침해의 최소성과 법익균형성을 충족하지 못한다. 따라서 심판대상조항은 과잉금지원칙을 위반하여 피보호자의 신체의 자유를 침해한다(헌재 2023.3.23, 2020헌가1 등).
ㄷ. [O] 청구인은 이 사건 변호인 접견신청 거부 당시 헌법 제12조 제4항 본문에 규정된 "구속" 상태였다. 이 사건 변호인 접견신청 거부는 현행법상 아무런 법률상 근거가 없이 청구인의 변호인의 조력을 받을 권리를 제한한 것이므로, 청구인의 변호인의 조력을 받을 권리를 침해한 것이다(헌재 2018.5.31, 2014헌마346).
ㄹ. [O] 헌법상 근로의 권리는 '일할 자리에 관한 권리'만이 아니라 '일할 환경에 관한 권리'도 의미하는데, '일할 환경에 관한 권리'는 인간의 존엄성에 대한 침해를 방어하기 위한 권리로서 외국인에게도 인정되며, 건강한 작업환경, 일에 대한 정당한 보수, 합리적인 근로조건의 보장 등을 요구할 수 있는 권리 등을 포함한다. 여기서의 근로조건은 임금과 그 지불방법, 취업시간과 휴식시간 등 근로계약에 의하여 근로자가 근로를 제공하고 임금을 수령하는 데 관한 조건들이고, 이 사건 출국만기보험금은 퇴직금의 성질을 가지고 있어서 그 지급시기에 관한 것은 근로조건의 문제이므로 외국인인 청구인들에게도 기본권 주체성이 인정된다. … 심판대상조항이 청구인들의 근로의 권리를 침해한다고 보기 어렵다(헌재 2016.3.31, 2014헌마367).

정답 | 02 ③ 03 ①

ㅁ. [O] '영주권자 및 결혼이민자'는 한국에서 영주하거나 장기 거주할 목적으로 합법적으로 체류하고 있고, '난민인정자' 역시 우리나라에 합법적으로 체류하면서 취업활동에 제한을 받지 않는다는 점에서 영주권자 및 결혼이민자와 차이가 있다고 보기 어렵다. … 이 사건 처리기준이 긴급재난지원금 지급 대상인 외국인만으로 구성된 가구에 '영주권자 및 결혼이민자'를 포함시키면서 '난민인정자'를 제외한 것은 합리적 이유 없는 차별이라 할 것이므로, 이 사건 처리기준은 난민인정자인 청구인의 평등권을 침해한다(헌재 2024.3.28, 2020헌마1079).

04 기본권의 주체에 관한 설명으로 옳은 것은? (다툼이 있는 경우 판례에 의함)

25. 소방간부

① 사자(死者)에 대한 사회적 명예와 평가의 훼손은 사자와의 관계를 통하여 스스로의 인격상을 형성하고 명예를 지켜온 그들의 후손의 인격권을 제한하는 것은 아니다.

② 공직자가 국가기관의 지위에서 순수한 직무상의 권한행사와 관련하여 기본권 침해를 주장하는 경우에는 기본권의 주체성을 인정하기 어려우나, 그 외의 사적인 영역에 있어서는 기본권의 주체가 될 수 있다.

③ 헌법상 근로의 권리는 일할 환경에 관한 권리와 일할 자리에 관한 권리를 의미하는데, 일할 자리에 관한 권리는 인간의 존엄성에 대한 침해를 방어하기 위한 권리로서 외국인에게도 인정된다.

④ 초기배아는 수정이 된 배아라는 점에서 형성 중인 생명의 첫걸음을 떼었다고 볼 수 있으므로 생명권에 관한 기본권 주체성을 인정할 수 있다.

⑤ 법인은 원칙적으로 사법인에 한하여 기본권의 주체가 될 수 있고 공법인은 기본권의 주체가 될 수 없으므로, 공법인성과 사법인성을 겸유한 특수한 법인인 축협중앙회는 기본권의 주체가 될 수 없다.

해설

② [O] 공직자가 국가기관의 지위에서 순수한 직무상의 권한행사와 관련하여 기본권 침해를 주장하는 경우에는 기본권의 주체성을 인정하기 어렵다 할 것이나, 그 외의 사적인 영역에 있어서는 기본권의 주체가 될 수 있는 것이다. 청구인은 선출직 공무원인 하남시장으로서 이 사건 법률 조항으로 인하여 공무담임권 등이 침해된다고 주장하여, 순수하게 직무상의 권한행사와 관련된 것이라기보다는 공직의 상실이라는 개인적인 불이익과 연관된 공무담임권을 다투고 있으므로, 이 사건에서 청구인에게는 기본권의 주체성이 인정된다 할 것이다(헌재 2009.3.26, 2007헌마843).

① [×] 이 사건 법률조항에 근거하여 친일반민족행위진상규명위원회(이하 '반민규명위원회'라 한다)의 조사대상자 선정 및 친일반민족행위결정이 이루어지면, 조사대상자의 사회적 평가에 영향을 미치므로 헌법 제10조에서 유래하는 일반적 인격권이 제한받는다. 다만 이러한 결정에 있어서 대부분의 조사대상자는 이미 사망하였을 것이 분명하나, 조사대상자가 사자(死者)의 경우에도 인격적 가치에 대한 중대한 왜곡으로부터 보호되어야 한다. 사자(死者)에 대한 사회적 명예와 평가의 훼손은 사자(死者)와의 관계를 통하여 스스로의 인격상을 형성하고 명예를 지켜온 그들의 후손의 인격권, 즉 유족의 명예 또는 유족의 사자(死者)에 대한 경애추모의 정을 제한하는 것이다(헌재 2010.10.28, 2007헌가23).

③ [×] 근로의 권리가 "일할 자리에 관한 권리"만이 아니라 "일할 환경에 관한 권리"도 함께 내포하고 있는바, 후자는 인간의 존엄성에 대한 침해를 방어하기 위한 자유권적 기본권의 성격도 갖고 있어 건강한 작업환경, 일에 대한 정당한 보수, 합리적인 근로조건의 보장 등을 요구할 수 있는 권리 등을 포함한다고 할 것이므로 외국인 근로자라고 하여 이 부분에까지 기본권 주체성을 부인할 수는 없다(헌재 2007.8.30, 2004헌마670).

④ [×] 초기배아는 수정이 된 배아라는 점에서 형성중인 생명의 첫걸음을 떼었다고 볼 여지가 있기는 하나 아직 모체에 착상되거나 원시선이 나타나지 않은 이상 현재의 자연과학적 인식 수준에서 독립된 인간과 배아 간의 개체적 연속성을 확정하기 어렵다고 봄이 일반적이라는 점, 배아의 경우 현재의 과학기술 수준에서 모태 속에서 수용될 때 비로소 독립적인 인간으로의 성장가능성을 기대할 수 있다는 점, 수정 후 착상 전의 배아가 인간으로 인식된다거나 그와 같이 취급하여야 할 필요성이 있다는 사회적 승인이 존재한다고 보기 어려운 점 등을 종합적으로 고려할 때, 기본권 주체성을 인정하기 어렵다(헌재 2010.5.27, 2005헌마346).

⑤ [×] 헌법상 기본권의 주체가 될 수 있는 법인은 원칙적으로 사법인에 한하는 것이고 공법인은 헌법의 수범자이지 기본권의 주체가 될 수 없다. 축협중앙회는 지역별 · 업종별 축협과 비교할 때, 회원의 임의탈퇴나 임의해산이 불가능한 점 등 그 공법인성이 상대적으로 크다고 할 것이지만, 이로써 공법인이라고 단정할 수는 없을 것이고, 이 역시 그 존립목적 및 설립형식에서의 자주적 성격에 비추어 사법인적 성격을 부인할 수 없으므로, 축협중앙회는 공법인성과 사법인성을 겸유한 특수한 법인으로서 이 사건에서 기본권의 주체가 될 수 있다(헌재 2000.6.1, 99헌마553).

05 다음 중 기본권의 주체에 관한 설명으로 옳은 것은 모두 몇 개인가? (다툼이 있는 경우 판례에 의함)

24. 해경간부

> ㉠ 법률이 교섭단체를 구성한 정당에 정책연구위원을 두도록 하여 그렇지 못한 정당을 차별화하는 경우 교섭단체를 구성하지 못한 정당은 기본권을 침해받을 가능성이 있다.
> ㉡ 사자(死者)에 대한 사회적 명예와 평가의 훼손은 사자와의 관계를 통하여 스스로의 인격상을 형성하고 명예를 지켜온 그들 후손의 인격권, 즉 유족의 명예 또는 유족의 사자에 대한 경애추모의 정을 침해한다.
> ㉢ 공법인은 기본권의 수범자로서 국민의 기본권을 보호 내지 실현하여야 할 책임과 의무를 지닐 뿐이므로 기본권의 주체가 될 여지가 없다.
> ㉣ 기본권 주체성의 인정 문제와 기본권 제한의 정도는 별개의 문제이므로 외국인에게 근로의 권리에 대한 기본권 주체성을 인정한다는 것이 곧바로 우리 국민과 동일한 수준의 보장을 한다는 것을 의미하는 것은 아니다.

① 1개 ② 2개
③ 3개 ④ 4개

해설

옳은 것은 3개(㉠, ㉡, ㉣)이다.

㉠ [O] 교섭단체에 정책연구위원을 둔다는 국회법 제34조 제1항 규정은 교섭단체를 구성한 정당에게 정책연구위원을 배정한다는 것과 실질적으로 다를 바 없다고 할 것인바, 이 규정은 교섭단체 소속의원과 그렇지 못한 의원을 차별하는 것인 동시에, 교섭단체를 구성한 정당과 그렇지 못한 정당도 차별하고 있다고 할 것이다. 그렇다면 국회의원 20인 이상을 확보하지 못하여 교섭단체를 구성하지 못한 청구인은 이 사건 규정으로 인하여 자신의 기본권을 침해받을 가능성이 있다. … 이 사건 규정이 입법재량을 넘어 비교섭단체인 정당을 불합리하게 차별한다고 볼 수 없다(헌재 2008.3.27, 2004헌마654).

㉡ [O] 이 사건 결정의 조사대상자를 비롯하여 대부분의 조사대상자는 이미 사망하였을 것이 분명하나, 조사대상자가 사자(死者)인 경우에도 인격적 가치에 대한 중대한 왜곡으로부터 보호되어야 하고, 사자(死者)에 대한 사회적 명예와 평가의 훼손은 사자와의 관계를 통하여 스스로의 인격상을 형성하고 명예를 지켜온 그들 후손의 인격권, 즉 유족의 명예 또는 유족의 사자(死者)에 대한 경애추모의 정을 침해한다고 할 것이다. 따라서 심판대상조항은 조사대상자의 사회적 평가와 아울러 이를 토대로 인격상을 형성하여 온 그 유족들의 인격권을 제한한다(헌재 2013.5.30, 2012헌바19).

㉢ [×] 국가, 지방자치단체나 그 기관 또는 국가조직의 일부나 공법인은 국민의 기본권을 보호 내지 실현해야 할 '책임'과 '의무'를 지는 주체로서 헌법소원을 청구할 수 없다. 다만, 공법인이나 이에 준하는 지위를 가진 자라 하더라도 공무를 수행하거나 고권적 행위를 하는 경우가 아닌 사경제 주체로서 활동하는 경우나 조직법상 국가로부터 독립한 고유 업무를 수행하는 경우, 그리고 다른 공권력 주체와의 관계에서 지배복종관계가 성립되어 일반 사인처럼 그 지배하에 있는 경우 등에는 기본권 주체가 될 수 있다(헌재 2013.9.26, 2012헌마271).

㉣ [O] 기본권 주체성의 인정 문제와 기본권 제한의 정도는 별개의 문제이므로 외국인에게 근로의 권리에 대한 기본권 주체성을 인정한다는 것이 곧바로 우리 국민과 동일한 수준의 보장을 한다는 것을 의미하는 것은 아니다(헌재 2016.3.31, 2014헌마367).

정답 | 04 ② 05 ③

06 기본권 주체성에 관한 설명으로 옳은 것은 모두 몇 개인가? (다툼이 있는 경우 판례에 의함) 25. 경정승진

> ㉠ 법인은 사단법인·재단법인 또는 영리법인·비영리법인을 가리지 아니하고 일정한 한계 내에서는 헌법상 보장된 기본권이 침해되었음을 이유로 헌법소원심판을 청구할 수 있으며, 법인 아닌 사단·재단이라고 하더라도 대표자의 정함이 있고 독립된 사회적 조직체로서 활동하는 때에는 성질상 법인이 누릴 수 있는 기본권을 침해당하게 되면 그의 이름으로 헌법소원심판을 청구할 수 있다.
> ㉡ 헌법재판소법 제68조 제1항의 헌법소원은 기본권의 주체만 청구할 수 있는데, 단순히'국민의 권리'가 아니라 '인간의 권리'로 볼 수 있는 기본권에 대해서는 외국인도 기본권의 주체이지만, 청구인이 침해받았다고 주장하는 변호인의 조력을 받을 권리는 성질상 국민의 권리에 해당되므로 청구인인 외국인은 그 주체가 될 수 없다.
> ㉢ 상공회의소는 사업범위, 조직, 회계 등에 있어서 상공회의소법에 따른 규율을 받고 있는 특수성을 가지고 있으나, 기본적으로는 관할구역의 상공업계를 대표하여 그 권익을 대변하고 회원에게 기술 및 정보 등을 제공하여 회원의 경제적·사회적 지위를 높임으로써 상공업의 발전을 꾀함을 목적으로 하는 조직으로 목적이나 설립, 관리 면에서 자주적인 단체로 사법인이라고 할 것이므로 상공회의소와 관련해서도 결사의 자유는 보장된다.
> ㉣ 학교가 보유·관리하는 정보는 국가기관이나 지방자치단체 등이 보유·관리하는 정보와 마찬가지로 국민의 알권리의 대상이 되는 공적 정보에 해당하므로, 국립대학법인 서울대학교가 정보공개의무를 부담하는 경우에 있어서는 국민의 알권리를 보호해야 할 의무를 부담하는 기본권 수범자의 지위에 있다.

① 1개 ② 2개
③ 3개 ④ 4개

해설

옳은 것은 3개(㉠, ㉢, ㉣)이다.

㉠ [O] 법인도 사단법인·재단법인 또는 영리법인·비영리법인을 가리지 아니하고 위 한계내에서는 헌법상 보장된 기본권이 침해되었음을 이유로 헌법소원심판을 청구할 수 있다. 또한, 법인 아닌 사단·재단이라고 하더라도 대표자의 정함이 있고 독립된 사회적 조직체로서 활동하는 때에는 성질상 법인이 누릴 수 있는 기본권을 침해당하게 되면 그의 이름으로 헌법소원심판을 청구할 수 있다(헌재 1991.6.3, 90헌마56).

㉡ [×] 헌법재판소법 제68조 제1항의 헌법소원은 기본권의 주체만 청구할 수 있는데, 단순히 '국민의 권리'가 아니라 '인간의 권리'로 볼 수 있는 기본권에 대해서는 외국인도 기본권의 주체이다. 청구인이 침해받았다고 주장하는 변호인의 조력을 받을 권리는 성질상 인간의 권리에 해당되므로 외국인도 주체이다(헌재 2018.5.31, 2014헌마346).

㉢ [O] 기본적으로는 관할구역의 상공업계를 대표하여 그 권익을 대변하고 회원에게 기술 및 정보 등을 제공하여 회원의 경제적·사회적 지위를 높임으로써 상공업의 발전을 꾀함을 목적으로 하는 조직으로 목적이나 설립, 관리 면에서 자주적인 단체로 사법인이라고 할 것이므로 상공회의소와 관련해서도 결사의 자유는 보장된다고 할 것이다(헌재 2006.5.25, 2004헌가1).

㉣ [O] 학교는 국민의 '교육을 받을 권리'를 보장하는 핵심적인 역할과 기능을 담당하는 등 그 수행하는 업무가 뚜렷한 공공성을 갖고 있는바, 학교가 보유·관리하는 정보는 국가기관이나 지방자치단체 등이 보유·관리하는 정보와 마찬가지로 국민의 알 권리의 대상이 되는 공적 정보에 해당한다. 따라서 국립대학법인 서울대학교(이하 '서울대학교'라고 한다)가 정보공개의무를 부담하는 경우에 있어서는 국민의 알 권리를 보호해야 할 의무를 부담하는 기본권 수범자의 지위에 있다고 할 것이다(헌재 2023.3.23, 2018헌바385).

07 기본권의 개념과 주체에 대한 설명으로 옳지 않은 것은? (다툼이 있는 경우 판례에 의함) 25. 5급

① 헌법상 통일 관련 조항들은 국가의 통일의무를 선언한 것으로 이들 조항으로부터 국민 개개인은 국가기관에 대하여 통일과 관련된 구체적인 행동을 요구하거나 일정한 행동을 할 수 있는 권리가 도출된다.

② 국민의 기본권 침해에 대한 권리구제를 위하여 그 전제조건으로서 영토에 관한 권리를 영토권이라 하여 이를 헌법소원의 대상인 기본권의 하나로 간주하는 것은 가능하다.

③ 태아에 대한 국가의 기본권 보호의무로부터 태아의 출생 전에, 또한 태아가 살아서 출생할 것인가와는 무관하게, 태아를 위하여 민법상 일반적 권리능력까지 인정하여야 한다는 헌법적 요청이 도출되지 않는다.

④ 농지개량조합은 조직, 재산의 형성·유지 및 그 목적과 활동전반에 나타나는 매우 짙은 공적인 성격을 감안할 때 공법인이라고 봄이 상당하므로 헌법소원의 청구인적격을 인정할 수 없다.

해설

① [×] 헌법상의 여러 통일 관련 조항들은 국가의 통일의무를 선언한 것이기는 하지만, 그로부터 국민 개개인의 통일에 대한 기본권, 특히 국가기관에 대하여 통일과 관련된 구체적인 행위를 요구하거나 일정한 행동을 할 수 있는 권리가 도출된다고 볼 수는 없다(헌재 2000.7.20, 98헌바63).

② [O] 국민의 개별적 기본권이 아니라 할지라도 기본권보장의 실질화를 위하여서는, 영토조항만을 근거로 하여 독자적으로는 헌법소원을 청구할 수 없다 할지라도, 모든 국가권능의 정당성의 근원인 국민의 기본권 침해에 대한 권리구제를 위하여 그 전제조건으로서 영토에 관한 권리를, 이를테면 영토권이라 구성하여, 이를 헌법소원의 대상인 기본권의 하나로 간주하는 것은 가능한 것으로 판단된다(헌재 2001.3.21, 99헌마139 등).

③ [O] 태아는 형성 중의 인간으로서 생명을 보유하고 있으므로 국가는 태아를 위하여 각종 보호조치들을 마련해야 할 의무가 있다. 하지만 그와 같은 국가의 기본권 보호의무로부터 태아의 출생 전에, 또한 태아가 살아서 출생할 것인가와는 무관하게, 태아를 위하여 민법상 일반적 권리능력까지도 인정하여야 한다는 헌법적 요청이 도출되지는 않는다(헌재 2008.7.31, 2004헌바81).

④ [O] 농지개량조합은 … 주요사업인 농업생산기반시설의 정비·유지·관리사업은 농업생산성의 향상 등 그 조합원들의 권익을 위한 것만이 아니고 수해의 방지 및 수자원의 적정한 관리 등 일반국민들에게도 직접 그 영향을 미치는 고도의 공익성을 띠고 있는 점 등 농지개량조합의 조직, 재산의 형성·유지 및 그 목적과 활동전반에 나타나는 매우 짙은 공적인 성격을 고려하건대, 이를 공법인이라고 봄이 상당하므로 헌법소원의 청구인적격을 인정할 수 없다(헌재 2000.11.30, 99헌마190).

08 헌법재판소가 기본권 주체성을 인정한 경우만 묶은 것으로 가장 적절한 것은? (다툼이 있는 경우 판례에 의함) 21. 경찰승진

㉠ 착상 전 초기배아	㉡ 불법체류 중인 외국인
㉢ 지방자치단체	㉣ 축협중앙회

① ㉠, ㉡ ② ㉡, ㉢ ③ ㉡, ㉣ ④ ㉢, ㉣

해설

주체성이 인정되는 경우는 ㉡, ㉣이다.

㉠ [×] 초기배아는 수정이 된 배아라는 점에서 형성 중인 생명의 첫걸음을 떼었다고 볼 여지가 있기는 하나 아직 모체에 착상되거나 원시선이 나타나지 않은 이상 현재의 자연과학적 인식 수준에서 독립된 인간과 배아간의 개체적 연속성을 확정하기 어렵다고 봄이 일반적이라는 점, 배아의 경우 현재의 과학기술 수준에서 모태 속에서 수용될 때 비로소 독립적인 인간으로의 성장가능성을 기대할 수 있다는 점, 수정 후 착상 전의 배아가 인간으로 인식된다거나 그와 같이 취급하여야 할 필요성이 있다는 사회적 승인이 존재한다고 보기 어려운 점 등을 종합적으로 고려할 때, 기본권 주체성을 인정하기 어렵다(헌재 2010.5.27, 2005헌마346).

정답 | 06 ③ 07 ① 08 ③

㉡ [O] 불법체류 중인 외국인들이라 하더라도, 불법체류라는 것은 관련 법령에 의하여 체류자격이 인정되지 않는다는 것일 뿐이므로, '인간의 권리'로서 외국인에게도 주체성이 인정되는 일정한 기본권에 관하여 불법체류 여부에 따라 그 인정 여부가 달라지는 것은 아니다(헌재 2012.8.23, 2008헌마430).

㉢ [×] 기본권의 보장에 관한 각 헌법규정의 해석상 국민(또는 국민과 유사한 지위에 있는 외국인과 사법인)만이 기본권의 주체라 할 것이고, 국가나 국가기관 또는 국가조직의 일부나 공법인은 기본권의 '수범자'이지 기본권의 주체로서 그 '소지자'가 아니고 오히려 국민의 기본권을 보호 내지 실현해야 할 책임과 의무를 지니고 있는 지위에 있을 뿐이므로, 공법인인 지방자치단체의 의결기관인 청구인 의회는 기본권의 주체가 될 수 없고 따라서 헌법소원을 제기할 수 있는 적격이 없다(헌재 1998.3.26, 96헌마345).

㉣ [O] 법인 등 결사체도 그 조직과 의사형성에 있어서, 그리고 업무수행에 있어서 자기결정권을 가지고 있어 결사의 자유의 주체가 된다고 봄이 상당하므로, 축협중앙회는 그 회원조합들과 별도로 결사의 자유의 주체가 된다(헌재 2000.6.1, 99헌마553).

09 기본권의 주체에 관한 설명 중 가장 적절하지 않은 것은? (다툼이 있는 경우 판례에 의함) 22. 경찰 1차

① 불법체류 중인 외국인들이라 하더라도, 불법체류라는 것은 관련법령에 의하여 체류자격이 인정되지 않는다는 것일 뿐이므로, '인간의 권리'로서 외국인에게도 주체성이 인정되는 일정한 기본권에 관하여 불법체류 여부에 따라 그 인정 여부가 달라지는 것은 아니다.

② 근로의 권리의 구체적인 내용에 따라, 국가에 대하여 고용증진을 위한 사회적·경제적 정책을 요구할 수 있는 권리는 사회권적 기본권으로서 국민에 대하여만 인정해야 하지만, 자본주의 경제질서하에서 근로자가 기본적 생활수단을 확보하고 인간의 존엄성을 보장받기 위하여 최소한의 근로조건을 요구할 수 있는 권리는 자유권적 기본권의 성격도 아울러 가지므로 이러한 경우 외국인근로자에게도 그 기본권 주체성을 인정함이 타당하다.

③ 청구인은 공법상 재단법인인 방송문화진흥회가 최다출자자인 방송사업자로서 방송법 등 관련 규정에 의하여 공법상의 의무를 부담하고 있으므로, 그 설립목적이 언론의 자유의 핵심 영역인 방송사업이라고 하더라도 이러한 업무수행과 관련해서는 기본권 주체가 될 수 없다.

④ 대통령도 국민의 한사람으로서 제한적으로나마 기본권의 주체가 될 수 있는바, 대통령은 소속 정당을 위하여 정당활동을 할 수 있는 사인으로서의 지위와 국민 모두에 대한 봉사자로서 공익실현의 의무가 있는 헌법기관으로서의 지위를 동시에 갖는데 최소한 전자의 지위와 관련하여는 기본권 주체성을 갖는다고 할 수 있다.

해설

③ [×] 청구인은 공법상 재단법인인 방송문화진흥회가 최다출자자인 방송사업자로서 방송법 등 관련 규정에 의하여 공법상의 의무를 부담하고 있지만, 그 설립목적이 언론의 자유의 핵심영역인 방송사업이므로 이러한 업무수행과 관련해서는 기본권 주체가 될 수 있고, 그 운영을 광고수익에 전적으로 의존하고 있는 만큼 이를 위해 사경제 주체로서 활동하는 경우에도 기본권 주체가 될 수 있다. 이 사건 심판청구는 청구인이 그 운영을 위한 영업활동의 일환으로 방송광고를 판매하는 지위에서 그 제한과 관련하여 이루어진 것이므로 그 기본권 주체성이 인정된다(헌재 2013.9.26, 2012헌마271).

① [O] 헌법재판소법 제68조 제1항 소정의 헌법소원은 기본권의 주체이어야만 청구할 수 있는데, 단순히 '국민의 권리'가 아니라 '인간의 권리'로 볼 수 있는 기본권에 대해서는 외국인도 기본권의 주체가 될 수 있다. 나아가 청구인들이 불법체류 중인 외국인들이라 하더라도, 불법체류라는 것은 관련법령에 의하여 체류자격이 인정되지 않는다는 것일 뿐이므로, '인간의 권리'로서 외국인에게도 주체성이 인정되는 일정한 기본권에 관하여 불법체류 여부에 따라 그 인정 여부가 달라지는 것은 아니다(헌재 2012.8.23, 2008헌마430).

② [O] 외국인의 기본권은 원칙적으로 '국민의 권리'가 아닌 '인간의 권리'의 범위 내에서만 인정될 것이다. 근로의 권리의 구체적인 내용에 따라, 국가에 대하여 고용증진을 위한 사회적·경제적 정책을 요구할 수 있는 권리는 사회권적 기본권으로서 국민에 대하여만 인정해야 하지만, 자본주의 경제질서하에서 근로자가 기본적 생활수단을 확보하고 인간의 존엄성을 보장받기 위하여 최소한의 근로조건을 요구할 수 있는 권리는 자유권적 기본권의 성격도 아울러 가지므로 이러한 경우 외국인 근로자에게도 그 기본권 주체성을 인정함이 타당하다(헌재 2008.1.17, 2004헌마670).

④ [O] 국가기관의 직무를 담당하는 자연인이 제기한 헌법소원이 언제나 부적법하다고 볼 수는 없다. 만일 심판대상 조항이나 공권력 작용이 넓은 의미의 국가조직영역 내에서 공적 과제를 수행하는 주체의 권한 내지 직무영역을 제약하는 성격이 강한 경우에는 그 기본권 주체성이 부정될 것이지만, 그것이 '일반 국민으로서 국가에 대하여 가지는 헌법상의 기본권을 제약하는 성격이 강한 경우'에는 기본권 주체성을 인정할 수 있다. 그러므로 대통령도 국민의 한 사람으로서 제한적으로나마 기본권의 주체가 될 수 있는바, 대통령은 소속 정당을 위하여 정당활동을 할 수 있는 사인으로서의 지위와 국민 모두에 대한 봉사자로서 공익실현의 의무가 있는 헌법기관으로서의 지위를 동시에 갖는데 최소한 전자의 지위와 관련하여는 기본권 주체성을 갖는다(헌재 2008.1.17, 2007헌마700).

10 기본권 주체에 관한 설명으로 가장 적절하지 않은 것은? (다툼이 있는 경우 판례에 의함) 23. 경찰 1차

① 법인도 그 성질에 반하지 않는 범위 내에서 인격권의 한 내용인 사회적 신용이나 명예 등의 주체가 될 수 있으나, 방송사업자가 심의규정을 위반한 경우 그 의사에 반하여 '시청자에 대한 사과'를 명령할 수 있도록 규정한 구 방송법 조항은 방송사업자의 인격권을 제한하는 것은 아니다.

② 외국인에게는 제한적으로 직업의 자유에 대한 기본권주체성을 인정할 수 있는데, 근로관계가 형성되기 전단계인 특정한 직업을 선택할 수 있는 권리는 국가정책에 따라 법률로써 외국인에게 제한적으로 허용되는 것이지 헌법상 기본권에서 유래되는 것은 아니다.

③ 아직 모체에 착상되거나 원시선이 나타나지 않은 초기배아는 독립된 인간과 배아간 개체적 연속성을 확정하기 어렵고, 배아는 모태 속에서 수용될 때 비로소 독립적인 인간으로의 성장가능성을 기대할 수 있어 기본권 주체성을 인정하기 어렵다.

④ 사자(死者)에 대한 사회적 명예와 평가의 훼손은 사자와의 관계를 통하여 스스로의 인격상을 형성하고 명예를 지켜온 그들 후손의 인격권, 즉 유족의 명예 또는 유족의 사자에 대한 경애추모의 정을 침해한다.

해설

① [×] 법인도 법인의 목적과 사회적 기능에 비추어 볼 때 그 성질에 반하지 않는 범위 내에서 인격권의 한 내용인 사회적 신용이나 명예 등의 주체가 될 수 있고 법인이 이러한 사회적 신용이나 명예 유지 내지 법인격의 자유로운 발현을 위하여 의사결정이나 행동을 어떻게 할 것인지를 자율적으로 결정하는 것도 법인의 인격권의 한 내용을 이룬다고 할 것이다. 그렇다면 이 사건 심판대상조항은 방송사업자의 의사에 반한 사과행위를 강제함으로써 방송사업자의 인격권을 제한한다. … 이 사건 심판대상조항은 과잉금지원칙에 위배되어 방송사업자의 인격권을 침해한다(헌재 2012.8.23, 2009헌가27).

② [O] 헌법재판소의 결정례 중에는 외국인이 대한민국 법률에 따른 허가를 받아 국내에서 일정한 직업을 수행함으로써 근로관계가 형성된 경우, 그 직업은 그 외국인의 생활의 기본적 수요를 충족시키는 방편이 되고 또한 개성신장의 바탕이 된다는 점에서 외국인은 그 근로관계를 계속 유지함에 있어서 국가의 방해를 받지 않고 자유로운 선택과 결정을 할 자유가 있고 그러한 범위에서 제한적으로 직업의 자유에 대한 기본권주체성을 인정할 수 있다고 하였다(헌재 2011.9.29, 2007헌마1083등 참조). 하지만 이는 이미 근로관계가 형성되어 있는 예외적인 경우에 제한적으로 인정한 것에 불과하다. 그러한 근로관계가 형성되기 전단계인 특정한 직업을 선택할 수 있는 권리는 국가정책에 따라 법률로써 외국인에게 제한적으로 허용되는 것이지 헌법상 기본권에서 유래되는 것은 아니다(헌재 2014.8.28, 2013헌마359).

③ [O] 초기배아는 수정이 된 배아라는 점에서 형성 중인 생명의 첫걸음을 떼었다고 볼 여지가 있기는 하나 아직 모체에 착상되거나 원시선이 나타나지 않은 이상 현재의 자연과학적 인식 수준에서 독립된 인간과 배아간의 개체적 연속성을 확정하기 어렵다고 봄이 일반적이라는 점, 배아의 경우 현재의 과학기술 수준에서 모태 속에서 수용될 때 비로소 독립적인 인간으로의 성장가능성을 기대할 수 있다는 점, 수정 후 착상 전의 배아가 인간으로 인식된다거나 그와 같이 취급하여야 할 필요성이 있다는 사회적 승인이 존재한다고 보기 어려운 점 등을 종합적으로 고려할 때, 기본권 주체성을 인정하기 어렵다(헌재 2010.5.27, 2005헌마346).

④ [O] 조사대상자가 사자(死者)인 경우에도 인격적 가치에 대한 중대한 왜곡으로부터 보호되어야 하고, 사자(死者)에 대한 사회적 명예와 평가의 훼손은 사자와의 관계를 통하여 스스로의 인격상을 형성하고 명예를 지켜온 그들 후손의 인격권, 즉 유족의 명예 또는 유족의 사자(死者)에 대한 경애추모의 정을 침해한다고 할 것이다(헌재 2013.5.30, 2012헌바19).

정답 | 09 ③ 10 ①

11 기본권 주체에 관한 설명 중 옳지 않은 것을 모두 고른 것은? (다툼이 있는 경우 판례에 의함) 23. 변호사

> ㉠ 변호인의 조력을 받을 권리는 성질상 인간의 권리에 해당하므로 외국인도 그 주체가 된다.
> ㉡ 인간의 존엄과 가치에서 유래하는 인격권은 자연적 생명체인 개인의 존재를 전제로 하므로 성질상 법인에는 적용될 수 없다.
> ㉢ 대학의 자치의 주체는 대학이고, 법인격이 없는 국립대학교 교수회는 대학의 자치의 주체가 될 수 없다.
> ㉣ 정당법상 정당등록은 정당의 성립요건이자 존속요건이므로, 정당등록이 취소된 정당이 정당등록 요건을 다투기 위하여 청구한 헌법소원심판은 청구인능력이 없어 부적법하다.

① ㉠, ㉡
② ㉡, ㉢
③ ㉢, ㉣
④ ㉠, ㉡, ㉢
⑤ ㉡, ㉢, ㉣

해설

옳지 않은 것은 ㉡, ㉢, ㉣이다.

㉠ [O] 헌법재판소법 제68조 제1항의 헌법소원은 기본권의 주체만 청구할 수 있는데, 단순히 '국민의 권리'가 아니라 '인간의 권리'로 볼 수 있는 기본권에 대해서는 외국인도 기본권의 주체이다. 청구인이 침해받았다고 주장하는 변호인의 조력을 받을 권리는 성질상 인간의 권리에 해당되므로 외국인도 주체이다(헌재 2018.5.31, 2014헌마346).

㉡ [×] 법인도 법인의 목적과 사회적 기능에 비추어 볼 때 그 성질에 반하지 않는 범위 내에서 인격권의 한 내용인 사회적 신용이나 명예 등의 주체가 될 수 있고 법인이 이러한 사회적 신용이나 명예 유지 내지 법인격의 자유로운 발현을 위하여 의사결정이나 행동을 어떻게 할 것인지를 자율적으로 결정하는 것도 법인의 인격권의 한 내용을 이룬다고 할 것이다. 그렇다면 이 사건 심판대상조항은 방송사업자의 의사에 반한 사과행위를 강제함으로써 방송사업자의 인격권을 제한한다(헌재 2012.8.23, 2009헌가27).

㉢ [×] 헌법재판소는 대학의 자율성은 헌법 제22조 제1항이 보장하고 있는 학문의 자유의 확실한 보장수단으로 꼭 필요한 것으로서 대학에게 부여된 헌법상의 기본권으로 보고 있다. 그러나 대학의 자치의 주체를 기본적으로 대학으로 본다고 하더라도 교수나 교수회의 주체성이 부정된다고 볼 수는 없고, 가령 학문의 자유를 침해하는 대학의 장에 대한 관계에서는 교수나 교수회가 주체가 될 수 있고, 또한 국가에 의한 침해에 있어서는 대학 자체 외에도 대학 전구성원이 자율성을 갖는 경우도 있을 것이므로 문제되는 경우에 따라서 대학, 교수, 교수회 모두가 단독, 혹은 중첩적으로 주체가 될 수 있다고 보아야 할 것이다(헌재 2006.4.27, 2005헌마104).

㉣ [×] 청구인(사회당)은 등록이 취소된 이후에도, 취소 전 사회당의 명칭을 사용하면서 대외적인 정치활동을 계속하고 있고, 대내외 조직 구성과 선거에 참여할 것을 전제로 하는 당헌과 대내적 최고의사결정기구로서 당대회와, 대표단 및 중앙위원회, 지역조직으로 시·도위원회를 두는 등 계속적인 조직을 구비하고 있는 사실 등에 비추어 보면, 청구인은 등록이 취소된 이후에도 '등록정당'에 준하는 '권리능력 없는 사단'으로서의 실질을 유지하고 있다고 볼 수 있으므로 이 사건 헌법소원의 청구인능력을 인정할 수 있다(헌재 2006.3.30, 2004헌마246).

12 외국인의 기본권 주체성에 대한 설명으로 옳지 않은 것은? (다툼이 있는 경우 헌법재판소 판례에 의함)

22. 국회직 8급

① 인간의 존엄과 가치, 행복추구권은 대체로 '인간의 권리'로서 외국인도 주체가 될 수 있다고 보아야 하고, 평등권도 인간의 권리로서 참정권 등에 대한 성질상의 제한 및 상호주의에 따른 제한이 있을 수 있을 뿐이다.

② 외국인에게 직장 선택의 자유에 대한 기본권 주체성을 인정한다는 것은 곧바로 이들에게 우리 국민과 동일한 수준의 직장 선택의 자유가 보장된다는 것을 의미한다.

③ '일할 환경에 관한 권리'는 인간의 존엄성에 대한 침해를 방어하기 위한 권리로서 외국인에게도 인정되며, 건강한 작업환경, 일에 대한 정당한 보수, 합리적인 근로조건의 보장 등을 요구할 수 있는 권리 등을 포함한다.

④ 불법체류라는 것은 관련 법령에 의하여 체류자격이 인정되지 않는다는 것일 뿐이므로, '인간의 권리'로서 외국인에게도 주체성이 인정되는 일정한 기본권에 관하여 불법체류 여부에 따라 그 인정 여부가 달라지는 것은 아니다.

⑤ 직장 선택의 자유는 국민의 권리가 아닌 인간의 권리로 보아야 할 것이므로, 적법하게 고용허가를 받아 우리 사회에서 정당한 노동인력으로서의 지위를 부여받은 외국인에게도 직장선택의 자유에 대한 기본권 주체성을 인정할 수 있다.

해설

② [×] 기본권 주체성의 인정문제와 기본권 제한의 정도는 별개의 문제이므로, 외국인에게 직장 선택의 자유에 대한 기본권 주체성을 인정한다는 것이 곧바로 이들에게 우리 국민과 동일한 수준의 직장 선택의 자유가 보장된다는 것을 의미하는 것은 아니라고 할 것이다(헌재 2011.9.29, 2007헌마1083).

① [O] 인간의 존엄과 가치, 행복추구권은 대체로 '인간의 권리'로서 외국인도 주체가 될 수 있다고 보아야 하고, 평등권도 인간의 권리로서 참정권 등에 대한 성질상의 제한 및 상호주의에 따른 제한이 있을 수 있을 뿐이다(헌재 2001.11.29, 99헌마494).

③ [O] 근로의 권리가 "일할 자리에 관한 권리"만이 아니라 "일할 환경에 관한 권리"도 함께 내포하고 있는바, 후자는 인간의 존엄성에 대한 침해를 방어하기 위한 자유권적 기본권의 성격도 갖고 있어 건강한 작업환경, 일에 대한 정당한 보수, 합리적인 근로조건의 보장 등을 요구할 수 있는 권리 등을 포함한다고 할 것이므로 외국인 근로자라고 하여 이 부분에까지 기본권 주체성을 부인할 수는 없다. 즉, 근로의 권리의 구체적인 내용에 따라, 국가에 대하여 고용증진을 위한 사회적·경제적 정책을 요구할 수 있는 권리는 사회권적 기본권으로서 국민에 대하여만 인정해야 하지만, 자본주의 경제질서하에서 근로자가 기본적 생활수단을 확보하고 인간의 존엄성을 보장받기 위하여 최소한의 근로조건을 요구할 수 있는 권리는 자유권적 기본권의 성격도 아울러 가지므로 이러한 경우 외국인 근로자에게도 그 기본권 주체성을 인정함이 타당하다(헌재 2007.8.30, 2004헌마670).

④ [O] 불법체류라는 것은 관련 법령에 의하여 체류자격이 인정되지 않는다는 것일 뿐이므로, '인간의 권리'로서 외국인에게도 주체성이 인정되는 일정한 기본권에 관하여 불법체류여부에 따라 그 인정 여부가 달라지는 것은 아니다. 청구인들이 침해받았다고 주장하고 있는 신체의 자유, 주거의 자유, 변호인의 조력을 받을 권리, 재판청구권 등은 성질상 인간의 권리에 해당한다고 볼 수 있으므로, 위 기본권들에 관하여는 청구인들의 기본권 주체성이 인정된다(헌재 2012.8.23, 2008헌마430).

⑤ [O] 직업의 자유 중 이 사건에서 문제되는 직장 선택의 자유는 인간의 존엄과 가치 및 행복추구권과도 밀접한 관련을 가지는 만큼 단순히 국민의 권리가 아닌 인간의 권리로 보아야 할 것이므로 외국인도 제한적으로라도 직장 선택의 자유를 향유할 수 있다고 보아야 한다. 청구인들이 이미 적법하게 고용허가를 받아 적법하게 우리나라에 입국하여 우리나라에서 일정한 생활관계를 형성, 유지하는 등, 우리 사회에서 정당한 노동인력으로서의 지위를 부여받은 상황임을 전제로 하는 이상, 이 사건 청구인들에게 직장 선택의 자유에 대한 기본권 주체성을 인정할 수 있다 할 것이다(헌재 2011.9.29, 2007헌마1083).

정답 | 11 ⑤ 12 ②

13 기본권 주체에 대한 설명으로 가장 적절하지 않은 것은? (다툼이 있는 경우 헌법재판소 판례에 의함)

22. 경찰간부

① 공법상 재단법인인 방송문화진흥회가 최다출자자인 방송사업자로서 방송법 등 관련 규정에 의하여 공법상의 의무를 부담하고 있지만, 그 설립목적이 언론의 자유의 핵심 영역인 방송 사업이므로 이러한 업무수행과 관련해서 기본권 주체가 될 수 있다.

② 일할 자리에 관한 권리는 국민에게만 인정되지만, 일할 환경에 관한 권리는 외국인에게도 인정된다.

③ 아동과 청소년은 부모와 국가에 의한 단순한 보호의 대상이 아닌 독자적인 인격체이며, 그의 인격권은 성인과 마찬가지로 인간의 존엄성 및 행복추구권을 보장하는 헌법 제10조에 의하여 보호된다.

④ 정당은 권리능력 없는 사단으로서 기본권 주체성이 인정되므로 '미국산 쇠고기 수입의 위생조건에 관한 고시'와 관련하여 생명 · 신체의 안전에 관한 기본권 침해를 이유로 헌법소원을 청구할 수 있다.

해설

④ [×] 이 사건에서 침해된다고 하여 주장되는 기본권은 생명 · 신체의 안전에 관한 것으로서 성질상 자연인에게만 인정되는 것이므로, 이와 관련하여 청구인 진보신당과 같은 권리능력 없는 단체는 위와 같은 기본권의 행사에 있어 그 주체가 될 수 없다(헌재 2008.12.26, 2008헌마419).

① [O] 청구인은 공법상 재단법인인 방송문화진흥회가 최다출자자인 방송사업자로서 방송법 등 관련 규정에 의하여 공법상의 의무를 부담하고 있지만, 그 설립목적이 언론의 자유의 핵심 영역인 방송 사업이므로 이러한 업무 수행과 관련해서는 기본권 주체가 될 수 있고, 그 운영을 광고수익에 전적으로 의존하고 있는 만큼 이를 위하여 사경제 주체로서 활동하는 경우에도 기본권 주체가 될 수 있다. 이 사건 심판청구는 청구인이 그 운영을 위한 영업활동의 일환으로 방송광고를 판매하는 지위에서 그 제한과 관련하여 이루어진 것이므로 그 기본권 주체성이 인정된다(헌재 2013.9.26, 2012헌마271).

② [O] 근로의 권리가 '일할 자리에 관한 권리'만이 아니라 '일할 환경에 관한 권리'도 함께 내포하고 있는바, 후자는 인간의 존엄성에 대한 침해를 방어하기 위한 자유권적 기본권의 성격도 갖고 있어 건강한 작업환경, 일에 대한 정당한 보수, 합리적인 근로조건의 보장 등을 요구할 수 있는 권리 등을 포함한다고 할 것이므로 외국인근로자라고 하여 이 부분에까지 기본권 주체성을 부인할 수는 없다(헌재 2007.8.30, 2004헌마670).

③ [O] 아동과 청소년은 인격의 발전을 위하여 어느 정도 부모와 학교의 교사 등 타인에 의한 결정을 필요로 하는 아직 성숙하지 못한 인격체이지만, 부모와 국가에 의한 교육의 단순한 대상이 아닌 독자적인 인격체이며, 그의 인격권은 성인과 마찬가지로 인간의 존엄성 및 행복추구권을 보장하는 헌법 제10조에 의하여 보호된다(헌재 2000.4.27, 98헌가16).

14 기본권 주체성에 관한 설명 중 가장 적절하지 않은 것은? (다툼이 있는 경우 판례에 의함)

22. 경찰 2차

① 학교안전사고 예방 및 보상에 관한 법률에 의하여 설립된 학교안전공제회는 행정관청 또는 그로부터 행정권한을 위임받은 공공단체로 공법인에 해당할 뿐, 사법인적 성격을 갖는 것은 아니므로 기본권의 주체가 될 수 없다.

② 모든 인간은 헌법상 생명권의 주체가 되나, 자궁에 착상하기 전 또는 원시선이 나타나기 전까지의 '초기배아'에게는 기본권 주체성을 인정하기 어렵다.

③ 헌법에 법인의 기본권 향유능력을 인정하는 명문의 규정이 없지만, 언론 · 출판의 자유, 재산권의 보장 등과 같이 성질상 법인이 누릴 수 있는 기본권은 법인에게 적용된다.

④ 대학 자치의 주체를 기본적으로 대학으로 본다고 하더라도 교수나 교수회의 주체성이 부정된다고 볼 수 없는바, 가령 학문의 자유를 침해하는 대학의 장에 대한 관계에서는 교수나 교수회가 주체가 될 수 있고, 또한 국가에 의한 침해에 있어서는 대학 자체 외에도 대학 전구성원이 자율성을 갖는 경우도 있을 것이므로 문제되는 경우에 따라서 대학, 교수, 교수회 모두가 단독, 혹은 중첩적으로 주체가 될 수 있다고 보아야 할 것이다.

해설

① [×] 학교안전법 제정 이전 설립 · 운영되어 오던 사단법인 학교안전공제회는 학교안전법 제정으로 그 권리 · 의무가 공제회에 포괄적으로 승계되었고, 그 직원 또한 공제회의 직원으로 간주되기에 이르렀지만[부칙(2007.1.26. 법률 제8267호) 제4조], 공제회는 민법이 적용되던 과거 학교안전공제회와 동일한 성격의 단체일 뿐, 행정관청 또는 그로부터 행정권한을 위임받은 단체로 보기 어렵다. 또한, 학교장은 공제회의 당연가입자로서 공제료를 납부하여야 하는데, 공제료에 충당하기 위한 금액의 전부 또는 일부를 피공제자로부터 징수하므로(제49조 제1항), 피공제자로부터 징수한 금액이 기금의 주된 수입원이 된다. 뿐만 아니라 학교안전법에 의하면 공제급여를 지급받고자 하는 자는 공제회에 공제급여의 지급을 청구하고, 공제회는 청구를 받은 날부터 14일 이내에 공제급여의 지급 여부를 결정하도록 하고 있으나, 공제회와 학교장 사이에 체결된 공제회 가입계약은 피해 학생 등과 같은 제3자를 위한 계약으로 위 계약에 기하여 공제회에 대한 보상금 직접 청구권을 인정하고 있는 것에 불과하므로, 이러한 청구권이 공법상 권리라고 볼 근거도 없고, 공제급여 지급결정이 항고소송의 대상인 행정처분이라고 볼 수도 없다(대판 2012.12.13, 2010두20874). 이와 같은 점들은 공제회의 사법인적 성격을 보여주는 특징이라 할 수 있다(헌재 2015.7.30, 2014헌가7).

② [O] 초기배아는 수정이 된 배아라는 점에서 형성 중인 생명의 첫걸음을 떼었다고 볼 여지가 있기는 하나 아직 모체에 착상되거나 원시선이 나타나지 않은 이상 현재의 자연과학적 인식 수준에서 독립된 인간과 배아 간의 개체적 연속성을 확정하기 어렵다고 봄이 일반적이라는 점, 배아의 경우 현재의 과학기술 수준에서 모태 속에서 수용될 때 비로소 독립적인 인간으로의 성장가능성을 기대할 수 있다는 점, 수정 후 착상 전의 배아가 인간으로 인식된다거나 그와 같이 취급하여야 할 필요성이 있다는 사회적 승인이 존재한다고 보기 어려운 점 등을 종합적으로 고려할 때, 기본권 주체성을 인정하기 어렵다(헌재 2010.5.27, 2005헌마346).

③ [O] 우리 헌법은 법인의 기본권향유능력을 인정하는 명문의 규정을 두고 있지 않지만, 본래 자연인에게 적용되는 기본권규정이라도 언론 · 출판의 자유, 재산권의 보장등과 같이 성질상 법인이 누릴 수 있는 기본권을 당연히 법인에게도 적용하여야 한 것으로 본다(헌재 1991.6.3, 90헌마56).

④ [O] 대학의 자치의 주체를 기본적으로 대학으로 본다고 하더라도 교수나 교수회의 주체성이 부정된다고 볼 수는 없고, 가령 학문의 자유를 침해하는 대학의 장에 대한 관계에서는 교수나 교수회가 주체가 될 수 있고, 또한 국가에 의한 침해에 있어서는 대학 자체 외에도 대학 전구성원이 자율성을 갖는 경우도 있을 것이므로 문제되는 경우에 따라서 대학, 교수, 교수회 모두가 단독, 혹은 중첩적으로 주체가 될 수 있다고 보아야 할 것이다(헌재 2006.4.27, 2005헌마1047).

15 기본권의 주체성에 대한 설명으로 옳지 않은 것은? (다툼이 있는 경우 판례에 의함) 22. 국가직 7급

① 무소속 국회의원으로서 교섭단체소속 국회의원과 동등하게 대우받을 권리는 입법권을 행사하는 국가기관인 국회를 구성하는 국회의원의 지위에서 향유할 수 있는 권한인 동시에 헌법이 일반국민에게 보장하고 있는 기본권이라고 할 수 있다.

② 국가 정책에 따라 정부의 허가를 받은 외국인은 정부가 허가한 범위 내에서 소득활동을 할 수 있는 것이므로 외국인이 국내에서 누리는 직업의 자유는 법률 이전에 헌법에 의해서 부여된 기본권이라고 할 수는 없고, 법률에 따른 정부의 허가에 의해 비로소 발생하는 권리이다.

③ 정당이 등록이 취소된 이후에도 '등록정당'에 준하는 '권리능력 없는 사단'으로서의 실질을 유지하고 있다고 볼 수 있으면 헌법소원의 청구인능력을 인정할 수 있다.

④ 공법상 재단법인인 방송문화진흥회가 최다출자자인 방송사업자는 방송법 등 관련 규정에 의하여 공법상의 의무를 부담하고 있지만, 그 설립목적이 언론의 자유의 핵심 영역인 방송 사업이므로 이러한 업무 수행과 관련해서는 기본권 주체가 될 수 있고, 그 운영을 광고수익에 전적으로 의존하고 있는 만큼 이를 위해 사경제 주체로서 활동하는 경우에도 기본권 주체가 될 수 있다.

정답 | 13 ④ 14 ① 15 ①

해설

① [×] 국회의원이 이 사건 법률조항에 의하여 침해당하였다고 주장하는 기본권은 국회의원이 국회 상임위원회에 소속하여 활동할 권리, 국회의원이 무소속 국회의원으로서 교섭단체소속 국회의원과 동등하게 대우받을 권리라는 것으로서 이는 입법권을 행사하는 국가기관인 국회를 구성하는 국회의원의 지위에서 주장하는 권리일지언정 헌법이 일반국민에게 보장하고 있는 기본권이라고 할 수는 없다. 그러므로 국회의 구성원인 지위에서 공권력작용의 주체가 되어 오히려 국민의 기본권을 보호 내지 실현할 책임과 의무를 지는 국회의원이 위와 같은 권한을 침해당하였다고 하더라도 이는 헌법재판소법 제68조 제1항에서 말하는 기본권의 침해에는 해당하지 않으므로, 이러한 경우 국회의원은 개인의 권리구제수단인 헌법소원을 청구할 수 없다고 할 것이다(헌재 2000.8.31, 2000헌마156).

② [○] 헌법에서 인정하는 직업의 자유는 원칙적으로 대한민국 국민에게 인정되는 기본권이지, 외국인에게 인정되는 기본권은 아니다. 국가 정책에 따라 정부의 허가를 받은 외국인은 정부가 허가한 범위 내에서 소득활동을 할 수 있는 것이므로, 외국인이 국내에서 누리는 직업의 자유는 법률 이전에 헌법에 의해서 부여된 기본권이라고 할 수는 없고, 법률에 따른 정부의 허가에 의해 비로소 발생하는 권리이다(헌재 2014.8.28, 2013헌마359).

③ [○] 등록이 취소된 이후에도 '등록정당'에 준하는 '권리능력 없는 사단'으로서의 실질을 유지하고 있다고 볼 수 있으므로 이 사건 헌법소원의 청구인능력을 인정할 수 있다(헌재 2006.3.30, 2004헌마246).

④ [○] 공법상 재단법인인 방송문화진흥회가 최다출자자인 방송사업자로서 방송법 등 관련 규정에 의하여 공법상의 의무를 부담하고 있지만, 상법에 의하여 설립된 주식회사로 설립목적은 언론의 자유의 핵심 영역인 방송사업이므로 이러한 업무 수행과 관련하여 당연히 기본권 주체가 될 수 있고, 그 운영을 광고수익에 전적으로 의존하고 있는 만큼 이를 위해 사경제 주체로서 활동하는 경우에도 기본권 주체가 될 수 있는바, 이 사건 심판청구는 청구인이 그 운영을 위한 영업활동의 일환으로 방송광고를 판매하는 지위에서 그 제한과 관련하여 이루어진 것이므로 그 기본권 주체성을 인정할 수 있다(헌재 2013.9.26, 2012헌마271).

16 기본권 주체에 관한 설명으로 옳지 않은 것은? (다툼이 있는 경우 헌법재판소 판례에 의함)

23. 소방간부

① 국민과 유사한 지위에 있는 외국인도 원칙적으로 기본권의 주체가 될 수 있다.

② 공법상 재단법인인 방송문화진흥회가 최다출자자인 방송사업자는 그 설립목적이 언론의 자유의 핵심 영역인 방송사업이므로 이러한 업무 수행과 관련해서는 기본권 주체가 될 수 있다.

③ 헌법상 기본권의 주체가 될 수 있는 법인은 원칙적으로 사법인에 한하는 것이고 공법인은 헌법의 수범자이지 기본권의 주체가 될 수 없다.

④ 등록 취소된 정당은 정당으로서의 실질적인 활동을 계속하고 있더라도 기본권 주체성을 인정할 수 없다.

⑤ 법인도 법인의 목적과 사회적 기능에 비추어 볼 때, 그 성질에 반하지 않는 범위 내에서 인격권의 한 내용인 사회적 신용이나 명예의 주체가 될 수 있다.

해설

④ [×] 청구인(사회당)은 등록이 취소된 이후에도, 취소 전 사회당의 명칭을 사용하면서 대외적인 정치활동을 계속하고 있고, 대내외 조직 구성과 선거에 참여할 것을 전제로 하는 당헌과 대내적 최고의사결정기구로서 당대회와, 대표단 및 중앙위원회, 지역조직으로 시·도위원회를 두는 등 계속적인 조직을 구비하고 있는 사실 등에 비추어 보면, 청구인은 등록이 취소된 이후에도 '등록정당'에 준하는 '권리능력 없는 사단'으로서의 실질을 유지하고 있다고 볼 수 있으므로 이 사건 헌법소원의 청구인능력을 인정할 수 있다(헌재 2006.3.30, 2004헌마246).

① [○] '외국인'은 '국민'과 유사한 지위에 있으므로 원칙적으로 기본권 주체성이 인정된다(헌재 2001.11.29, 99헌마494).

② [○] 청구인은 공법상 재단법인인 방송문화진흥회가 최다출자자인 방송사업자로서 방송법 등 관련 규정에 의하여 공법상의 의무를 부담하고 있지만, 그 설립목적이 언론의 자유의 핵심 영역인 방송 사업이므로 이러한 업무 수행과 관련해서는 기본권 주체가 될 수 있고, 그 운영을 광고수익에 전적으로 의존하고 있는 만큼 이를 위해 사경제 주체로서 활동하는 경우에도 기본권 주체가 될 수 있다. 이 사건 심판청구는 청구인이 그 운영을 위한 영업활동의 일환으로 방송광고를 판매하는 지위에서 그 제한과 관련하여 이루어진 것이므로 그 기본권 주체성이 인정된다(헌재 2013.9.26, 2012헌마271).

③ [○] 헌법상 기본권의 주체가 될 수 있는 법인은 원칙적으로 사법인에 한하는 것이고 공법인은 헌법의 수범자이지 기본권의 주체가 될 수 없다(헌재 2000.6.1, 99헌마553).

⑤ [○] 법인도 법인의 목적과 사회적 기능에 비추어 볼 때 그 성질에 반하지 않는 범위 내에서 인격권의 한 내용인 사회적 신용이나 명예 등의 주체가 될 수 있다(헌재 2012.8.23, 2009헌가27).

17 기본권 주체에 관한 설명 중 옳은 것을 모두 고른 것은? (다툼이 있는 경우 판례에 의함) 23. 경찰승진

> ㉠ 법인은 법인의 목적과 사회적 기능에 비추어 볼 때 그 성질에 반하지 않는 범위 내에서 인격권의 한 내용인 사회적 신용이나 명예 등의 주체가 될 수 있지만, 법인이 사회적 신용이나 명예 유지 내지 법인격의 자유로운 발현을 위하여 의사결정이나 행동을 어떻게 할 것인지를 자율적으로 결정하는 것은 법인의 인격권의 내용이 아니다.
> ㉡ 법인 아닌 사단·재단의 경우 대표자의 정함이 있고 독립된 사회적 조직체로서 활동한다고 하더라도 그의 이름으로 헌법소원심판을 청구할 수는 없다.
> ㉢ 대통령은 기본권의 '수범자'이지 기본권 주체로서 그 '소지자'가 아니므로 소속 정당을 위하여 정당활동을 할 수 있는 사인으로서의 지위는 인정되지 않는다.
> ㉣ 성질상 인간의 권리에 해당한다고 볼 수 있는 재판청구권에 관하여는 외국인의 기본권 주체성이 인정되지만, 불법체류 중인 외국인에게는 재판청구권에 관한 기본권 주체성이 인정되지 않는다.

① 없음　② ㉠
③ ㉡, ㉢　④ ㉠, ㉡, ㉣

해설
모두 옳지 않다.
㉠ [×] 법인도 법인의 목적과 사회적 기능에 비추어 볼 때 그 성질에 반하지 않는 범위 내에서 인격권의 한 내용인 사회적 신용이나 명예 등의 주체가 될 수 있고 법인이 이러한 사회적 신용이나 명예 유지 내지 법인격의 자유로운 발현을 위하여 의사결정이나 행동을 어떻게 할 것인지를 자율적으로 결정하는 것도 법인의 인격권의 한 내용을 이룬다고 할 것이다(헌재 2012.8.23, 2009헌가27).
㉡ [×] 법인 아닌 사단 또는 재단이라고 하더라도 대표자의 정함이 있고 독립된 사회조직체로서 활동하는 단체는 성질상 법인이 누릴 수 있는 기본권을 침해당한 경우에 그 단체의 이름으로 헌법소원심판청구를 할 수 있다(헌재 1991.6.3, 90헌마56).
㉢ [×] 대통령도 국민의 한사람으로서 제한적으로나마 기본권의 주체가 될 수 있는바, 대통령은 소속 정당을 위하여 정당활동을 할 수 있는 사인으로서의 지위와 국민 모두에 대한 봉사자로서 공익실현의 의무가 있는 헌법기관으로서의 지위를 동시에 갖는데 최소한 전자의 지위와 관련하여는 기본권 주체성을 갖는다고 할 수 있다(헌재 2008.1.17, 2007헌마700).
㉣ [×] 헌법재판소법 제68조 제1항 소정의 헌법소원은 기본권의 주체이어야만 청구할 수 있는데, 단순히 '국민의 권리'가 아니라 '인간의 권리'로 볼 수 있는 기본권에 대해서는 외국인도 기본권의 주체가 될 수 있다. 나아가 청구인들이 불법체류 중인 외국인들이라 하더라도, 불법체류라는 것은 관련 법령에 의하여 체류자격이 인정되지 않는다는 것일 뿐이므로, '인간의 권리'로서 외국인에게도 주체성이 인정되는 일정한 기본권에 관하여 불법체류 여부에 따라 그 인정 여부가 달라지는 것은 아니다. 청구인들이 침해받았다고 주장하고 있는 신체의 자유, 주거의 자유, 변호인의 조력을 받을 권리, 재판청구권 등은 성질상 인간의 권리에 해당한다고 볼 수 있으므로, 위 기본권들에 관하여는 청구인들의 기본권 주체성이 인정된다(헌재 2012.8.23, 2008헌마430).

18 기본권의 주체에 대한 설명으로 옳지 않은 것은? (다툼이 있는 경우 판례에 의함) 23. 입법고시

① 고용허가를 받아 우리 사회에서 정당한 노동인력으로서 지위를 부여받은 외국인들은 직장선택의 자유와 근로의 권리 중 인간의 존엄성 보장에 필요한 최소한의 근로조건을 요구할 수 있는 '일할 환경에 관한 권리'가 보장된다.
② 개인이 자연인으로서 향유하게 되는 기본권은 그 성질상 당연히 법인에게 적용될 수 없다. 따라서 인간의 존엄과 가치에서 유래하는 인격권은 그 성질상 법인에게는 적용될 수 없다.
③ 헌법 제31조 제4항이 규정하는 교육의 자주성 및 대학의 자율성은 대학에 부여된 헌법상 기본권인 대학의 자율권이므로 국립대학도 이러한 대학의 자율권의 주체로서 헌법소원심판의 청구인능력이 인정된다.
④ 형성 중인 생명인 태아에게는 생명에 대한 권리가 인정되어야 하나 모체에 착상되기 전 혹은 원시선이 나타나기 전의 수정란 상태의 초기배아에게는 생명권의 주체성을 인정할 수 없다.
⑤ 특정 정당이 등록 취소된 이후에도 계속해서 등록정당에 준하는 권리능력 없는 사단으로서의 실질을 유지하고 있다면 정당설립의 자유를 향유하는 기본권 주체가 될 수 있다.

정답 | 16 ④　17 ①　18 ②

해설

② [×] 법인도 법인의 목적과 사회적 기능에 비추어 볼 때 그 성질에 반하지 않는 범위 내에서 인격권의 한 내용인 사회적 신용이나 명예 등의 주체가 될 수 있고 법인이 이러한 사회적 신용이나 명예 유지 내지 법인격의 자유로운 발현을 위하여 의사결정이나 행동을 어떻게 할 것인지를 자율적으로 결정하는 것도 법인의 인격권의 한 내용을 이룬다고 할 것이다. 그렇다면 이 사건 심판대상조항은 방송사업자의 의사에 반한 사과행위를 강제함으로써 방송사업자의 인격권을 제한한다(헌재 2012.8.23, 2009헌가27).

▶ 헌법재판소는 법인의 인격권을 인정한 바 있다.

① [O] 근로의 권리 중 인간의 존엄성 보장에 필요한 최소한의 근로조건을 요구할 수 있는 '일할 환경에 관한 권리' 역시 외국인에게 보장되고(헌재 2007.8.30, 2004헌마670), 고용허가를 받아 우리 사회에서 정당한 노동인력으로서 지위를 부여받은 외국인들의 직장 선택의 자유도 인간의 권리로서 보장된다(헌재 2011.9.29, 2007헌마1083 등).

③ [O] 헌법 제31조 제4항이 규정하는 교육의 자주성 및 대학의 자율성은 헌법 제22조 제1항이 보장하는 학문의 자유의 확실한 보장을 위해 꼭 필요한 것으로서 대학에 부여된 헌법상 기본권인 대학의 자율권이므로, 국립대학인 청구인도 이러한 대학의 자율권의 주체로서 헌법소원심판의 청구인능력이 인정된다(헌재 2015.12.23, 2014헌마1149).

④ [O] 초기배아는 수정이 된 배아라는 점에서 형성 중인 생명의 첫걸음을 떼었다고 볼 여지가 있기는 하나 아직 모체에 착상되거나 원시선이 나타나지 않은 이상 현재의 자연과학적 인식 수준에서 독립된 인간과 배아간의 개체적 연속성을 확정하기 어렵다고 봄이 일반적이라는 점, 배아의 경우 현재의 과학기술 수준에서 모태 속에서 수용될 때 비로소 독립적인 인간으로의 성장가능성을 기대할 수 있다는 점, 수정 후 착상 전의 배아가 인간으로 인식된다거나 그와 같이 취급하여야 할 필요성이 있다는 사회적 승인이 존재한다고 보기 어려운 점 등을 종합적으로 고려할 때, 기본권 주체성을 인정하기 어렵다(헌재 2010.5.27, 2005헌마346).

⑤ [O] 청구인은 등록이 취소된 이후에도 '등록정당'에 준하는 '권리능력 없는 사단'으로서의 실질을 유지하고 있다고 볼 수 있으므로 이 사건 헌법소원의 청구인능력을 인정할 수 있다. 또한, 정당설립의 자유는 그 성질상 등록된 정당에게만 인정되는 기본권이 아니라 청구인과 같이 등록정당은 아니지만 권리능력 없는 사단의 실체를 가지고 있는 정당에게도 인정되는 기본권이라고 할 수 있고, 청구인이 등록정당으로서의 지위를 갖추지 못한 것은 결국 이 사건 법률조항 및 같은 내용의 현행 정당법(제17조, 제18조)의 정당등록요건규정 때문이고, 장래에도 이 사건 법률조항과 같은 내용의 현행 정당법 규정에 따라 기본권 제한이 반복될 위험이 있으므로, 심판청구의 이익을 인정할 수 있다(헌재 2006.3.30, 2004헌마246).

19 기본권 주체에 대한 설명으로 가장 적절하지 않은 것은? (다툼이 있는 경우 헌법재판소 판례에 의함)

23. 경찰간부

① 법률이 교섭단체를 구성한 정당에 정책연구위원을 두도록 하여 그렇지 못한 정당을 차별하는 경우 교섭단체를 구성하지 못한 정당은 기본권을 침해받을 가능성이 있다.

② 법인 등 결사체도 그 조직과 의사형성, 업무수행에 있어서 자기결정권을 가지고 있어 결사의 자유의 주체가 된다.

③ 헌법상 기본권의 주체가 될 수 있는 법인은 원칙적으로 사법인(私法人)에 한하는 것이고 공법인(公法人)은 헌법의 수범자이지 기본권의 주체가 될 수 없다.

④ 축산업협동조합중앙회(이하 '축협중앙회')는 공법인성과 사법인성을 겸유한 특수한 법인으로서 기본권의 주체가 될 수 있으며, 이 경우 축협중앙회의 공법인적 특성이 축협중앙회의 기본권 행사에 제약요소로 작용하지 않는다.

해설

④ [×] 축협중앙회는 공법인성과 사법인성을 겸유한 특수한 법인으로서 이 사건에서 기본권의 주체가 될 수 있다고는 할 것이지만, 위와 같이 두드러진 공법인적 특성이 축협중앙회가 가지는 기본권의 제약요소로 작용하는 것만은 이를 피할 수 없다고 할 것이다(헌재 2000.6.1, 99헌마553).

① [O] 국회법은 정당과 원내교섭단체간의 일체성을 인정하여, 국회에 20인 이상의 소속의원을 가진 정당은 하나의 교섭단체로 보고, 국회의원은 둘 이상의 교섭단체에 소속될 수 없으며, 국회의원의 소속 정당이 변경된 경우에는 지체 없이 의장에게 보고하도록 하고 있다. 따라서 교섭단체에 정책연구위원을 둔다는 국회법 제34조 제1항 규정은 교섭단체를 구성한 정당에게 정책연구위원을 배정한다는 것과 실질적으로 다를 바 없다고 할 것인바, 이 규정은 교섭단체 소속의원과 그렇지 못한 의원을 차별하는 것인 동시에, 교섭단체를 구성한 정당과 그렇지 못한 정당도 차별하고 있다고 할 것이다. 그렇다면 국회의원 20인 이상을 확보하지 못하여 교섭단체를 구성하지 못한 청구인은 이 사건 규정으로 인하여 자신의 기본권을 침해받을 가능성이 있다(헌재 2008.3.27, 2004헌마654).

▶ 헌재는 교섭단체 소속의원의 입법활동을 보좌하기 위하여 교섭단체에 정책연구위원을 두도록 하는 국회법 제34조 제1항이 교섭단체를 구성한 정당과 그렇지 못한 정당을 차별하는 규정이라고 보았지만 정책연구위원을 교섭단체 구성 여부만을 기준으로 배정하는 것이 소수정당의 평등권을 침해하지는 않는다고 보았다.

② [O] 법인 등 결사체도 그 조직과 의사형성에 있어서, 그리고 업무수행에 있어서 자기결정권을 가지고 있어 결사의 자유의 주체가 된다고 봄이 상당하므로, 축협중앙회는 그 회원조합들과 별도로 결사의 자유의 주체가 된다(헌재 2000.6.1, 99헌마553).
③ [O] 헌법상 기본권의 주체가 될 수 있는 법인은 원칙적으로 사법인에 한하는 것이고, 공법인은 헌법의 수범자이지 기본권의 주체가 될 수 없다(헌재 2000.6.1, 99헌마553).

20 기본권 주체에 관한 설명으로 가장 적절하지 않은 것은? (다툼이 있는 경우 판례에 의함)

23. 경찰 2차

① 아동과 청소년은 인격의 발전을 위하여 어느 정도 부모와 학교의 교사 등 타인에 의한 결정을 필요로 하는 아직 성숙하지 못한 인격체이지만, 부모와 국가에 의한 단순한 보호의 대상이 아닌 독자적인 인격체이며, 그의 인격권은 성인과 마찬가지로 인간의 존엄성 및 행복추구권을 보장하는 헌법 제10조에 의하여 보호된다.
② 불법체류 중인 외국인은 성질상 인간의 권리에 해당되는 신체의 자유, 주거의 자유, 변호인의 조력을 받을 권리, 재판청구권 등에 대해 주체성이 인정되므로 국가인권위원회의 공정한 조사를 받을 권리도 불법체류 중인 외국인에게 헌법상 인정되는 기본권이다.
③ 정당은 국민의 정치적 의사형성에 참여하기 위한 조직이지만, 구성원과는 독립하여 그 자체로서 기본권의 주체가 될 수 있다.
④ 주택재개발정비사업조합은 노후·불량한 건축물이 밀집한 지역에서 주거환경을 개선하여 도시의 기능을 정비하고 주거생활의 질을 높여야 할 국가의 의무를 대신하여 실현하는 기능을 수행하고 있으므로 구 도시 및 주거환경정비법상 주택재개발정비사업조합이 공법인의 지위에서 기본권의 수범자로 기능하면서 행정심판의 피청구인이 된 경우에는 기본권의 주체가 될 수 없다.

해설

② [×] 청구인들(불법체류 외국인)이 침해받았다고 주장하고 있는 신체의 자유, 주거의 자유, 변호인의 조력을 받을 권리, 재판청구권 등은 성질상 인간의 권리에 해당한다고 볼 수 있으므로, 위 기본권들에 관하여는 청구인들의 기본권 주체성이 인정된다. 그러나 '국가인권위원회의 공정한 조사를 받을 권리'는 헌법상 인정되는 기본권이라고 하기 어렵고, 이 사건 보호 및 강제퇴거가 청구인들의 노동3권을 직접 제한하거나 침해한 바 없음이 명백하므로, 위 기본권들에 대하여는 본안판단에 나아가지 아니한다(헌재 2012.8.23, 2008헌마430).
▶ 국가인권위원회의 공정한 조사를 받을 권리는 외국인에게 헌법상 인정되는 기본권이 아니다.
① [O] 아동과 청소년은 인격의 발전을 위하여 어느 정도 부모와 학교의 교사 등 타인에 의한 결정을 필요로 하는 아직 성숙하지 못한 인격체이지만, 부모와 국가에 의한 교육의 단순한 대상이 아닌 독자적인 인격체이며, 그의 인격권은 성인과 마찬가지로 인간의 존엄성 및 행복추구권을 보장하는 헌법 제10조에 의하여 보호된다(헌재 2000.4.27, 98헌가16).
③ [O] 청구인 진보신당은 국민의 정치적 의사형성에 참여하기 위한 조직으로 성격상 권리능력 없는 단체에 속하지만, 구성원과는 독립하여 그 자체로서 기본권의 주체가 될 수 있고, 그 조직 자체의 기본권이 직접 침해당한 경우 자신의 이름으로 헌법소원심판을 청구할 수 있다(헌재 2008.12.26, 2008헌마419).
④ [O] 재개발조합의 공공성과 도시정비법에서 위 조합에 행정처분을 할 수 있는 권한을 부여한 취지 등을 종합하여 볼 때, 재개발조합이 공법인의 지위에서 행정처분의 주체가 되는 경우에 있어서는, 위 조합은 재개발사업에 관한 국가의 기능을 대신하여 수행하는 공권력 행사자 내지 기본권 수범자의 지위에 있다고 할 것이다. 이 사건에서도 재개발조합은 사법상의 당사자로서 상대방에게 계약상 권리 등을 행사한 것이 아니라 도시정비법 제89조 제1항에 따라 기본권의 수범자인 행정청의 지위에서 국민에게 이 사건 청산금부과처분을 하였기 때문에, 행정심판의 피청구인이 되어 심판대상조항의 규율을 받게 된 것이다. 이상의 사정을 종합하여 볼 때, 재개발조합이 기본권의 수범자로 기능하면서 행정심판의 피청구인이 된 경우에 적용되는 심판대상조항의 위헌성을 다투는 이 사건에 있어, 재개발조합인 청구인은 기본권의 주체가 된다고 볼 수 없다(헌재 2022.7.21, 2019헌바543).

정답 | 19 ④ 20 ②

21 기본권의 주체에 관한 설명으로 옳은 것은? (다툼이 있는 경우 헌법재판소 판례에 의함)

24. 소방간부

① 헌법 제31조 제4항이 규정하는 교육의 자주성 및 대학의 자율성은 헌법 제22조 제1항이 보장하는 학문의 자유의 확실한 보장을 위해 꼭 필요한 것으로서 대학에 부여된 헌법상 기본권인 대학의 자율권이므로, 국립대학도 대학의 자율권의 주체가 될 수 있다.

② 모든 인간은 헌법상 생명권의 주체가 되며 형성 중의 생명인 태아에게 생명권 주체성이 인정되므로, 수정 후 모체에 착상되기 전인 초기배아에 대해서도 기본권 주체성을 인정할 수 있다.

③ 변호인의 조력을 받을 권리는 성질상 국민의 권리에 해당하므로 외국인은 그 주체가 될 수 없다.

④ 국가 조직영역 내에서 공적 과제를 수행하는 대통령은 소속 정당을 위하여 정당활동을 할 수 있는 사인으로서의 지위를 가지는 경우에도 기본권 주체성을 갖는다고 할 수 없다.

⑤ 자본주의 경제질서하에서 근로자가 기본적 생활수단을 확보하고 인간의 존엄성을 보장받기 위하여 최소한의 근로조건을 요구할 수 있는 권리는 사회권적 기본권으로서의 성질을 가지므로 외국인에 대해서는 기본권 주체성을 인정할 수 없다.

해설

① [O] 헌법 제31조 제4항이 규정하는 교육의 자주성 및 대학의 자율성은 헌법 제22조 제1항이 보장하는 학문의 자유의 확실한 보장을 위해 꼭 필요한 것으로서 대학에 부여된 헌법상 기본권인 대학의 자율권이므로, 국립대학인 청구인도 이러한 대학의 자율권의 주체로서 헌법소원심판의 청구인능력이 인정된다(헌재 2015.12.23, 2014헌마1149).

② [×] 초기배아는 수정이 된 배아라는 점에서 형성 중인 생명의 첫걸음을 떼었다고 볼 여지가 있기는 하나 아직 모체에 착상되거나 원시선이 나타나지 않은 이상 현재의 자연과학적 인식 수준에서 독립된 인간과 배아 간의 개체적 연속성을 확정하기 어렵다고 봄이 일반적이라는 점, 배아의 경우 현재의 과학기술 수준에서 모태 속에서 수용될 때 비로소 독립적인 인간으로의 성장가능성을 기대할 수 있다는 점, 수정 후 착상 전의 배아가 인간으로 인식된다거나 그와 같이 취급하여야 할 필요성이 있다는 사회적 승인이 존재한다고 보기 어려운 점 등을 종합적으로 고려할 때, 기본권 주체성을 인정하기 어렵다(헌재 2010.5.27, 2005헌마346).

③ [×] 헌법재판소법 제68조 제1항의 헌법소원은 기본권의 주체만 청구할 수 있는데, 단순히 '국민의 권리'가 아니라 '인간의 권리'로 볼 수 있는 기본권에 대해서는 외국인도 기본권의 주체이다. 청구인이 침해받았다고 주장하는 변호인의 조력을 받을 권리는 성질상 인간의 권리에 해당되므로 외국인도 주체이다(헌재 2018.5.31, 2014헌마346).

④ [×] 심판대상조항이나 공권력 작용이 넓은 의미의 국가 조직영역 내에서 공적 과제를 수행하는 주체의 권한 내지 직무영역을 제약하는 성격이 강한 경우에는 그 기본권 주체성이 부정될 것이지만, 그것이 일반 국민으로서 국가에 대하여 가지는 헌법상의 기본권을 제약하는 성격이 강한 경우에는 기본권 주체성을 인정할 수 있다. … 대통령도 국민의 한사람으로서 제한적으로나마 기본권의 주체가 될 수 있는바, 대통령은 소속 정당을 위하여 정당활동을 할 수 있는 사인으로서의 지위와 국민 모두에 대한 봉사자로서 공익실현의 의무가 있는 헌법기관으로서의 지위를 동시에 갖는데 최소한 전자의 지위와 관련하여는 기본권 주체성을 갖는다고 할 수 있다(헌재 2008.1.17, 2007헌마700).

⑤ [×] 근로의 권리의 구체적인 내용에 따라, 국가에 대하여 고용증진을 위한 사회적·경제적 정책을 요구할 수 있는 권리는 사회권적 기본권으로서 국민에 대하여만 인정해야 하지만, 자본주의 경제질서하에서 근로자가 기본적 생활수단을 확보하고 인간의 존엄성을 보장받기 위하여 최소한의 근로조건을 요구할 수 있는 권리는 자유권적 기본권의 성격도 아울러 가지므로 이러한 경우 외국인 근로자에게도 그 기본권 주체성을 인정함이 타당하다(헌재 2007.8.30, 2004헌마670).

22 외국인의 기본권 주체성에 관한 설명으로 가장 적절하지 않은 것은? (다툼이 있는 경우 판례에 의함)

23. 경찰경채

① 인간의 존엄과 가치 및 행복추구권 등과 같이 단순히 '국민의 권리'가 아닌 '인간의 권리'로 볼 수 있는 기본권에 대해서는 외국인도 기본권 주체가 될 수 있다.

② 최소한의 근로조건을 요구할 수 있는 권리는 자유권적 기본권의 성격도 아울러 가지므로 이러한 경우 외국인 근로자에게도 그 기본권 주체성을 인정함이 타당하다.

③ 외국국적동포가 국내에서 누리는 직업의 자유는 법률 이전에 헌법에 의해서 부여된 기본권이다.

④ 인천공항출입국 · 외국인청장이 행한 인천국제공항 송환대기실에 수용된 난민에 대한 변호인 접견거부는 현행법상 아무런 법률상 근거가 없이 송환대기실에 수용된 난민의 변호인의 조력을 받을 권리를 제한한 것이므로, 송환대기실에 수용된 난민의 변호인의 조력을 받을 권리를 침해한 것이다.

해설

③ [×] 헌법에서 인정하는 직업의 자유는 원칙적으로 대한민국 국민에게 인정되는 기본권이지, 외국인에게 인정되는 기본권은 아니다. 국가 정책에 따라 정부의 허가를 받은 외국인은 정부가 허가한 범위 내에서 소득활동을 할 수 있는 것이므로, 외국인이 국내에서 누리는 직업의 자유는 법률 이전에 헌법에 의해서 부여된 기본권이라고 할 수는 없고, 법률에 따른 정부의 허가에 의해 비로소 발생하는 권리이다. … 외국국적동포라는 사유만으로 헌법상 기본권주체성의 범위가 확장되는 것은 아니며, 청구인이 외국국적동포라고 하여 다른 외국인과 달리 취급되지 아니한다(헌재 2014.8.28, 2013헌마359).

① [○] 인간의 존엄과 가치 및 행복추구권 등과 같이 단순히 '국민의 권리'가 아닌 '인간의 권리'로 볼 수 있는 기본권에 대해서는 외국인도 기본권 주체가 될 수 있다고 하여 인간의 권리에 대하여는 원칙적으로 외국인의 기본권 주체성을 인정하였다(헌재 2011.9.29, 2007헌마1083 등).

② [○] 근로의 권리의 구체적인 내용에 따라, 국가에 대하여 고용증진을 위한 사회적 · 경제적 정책을 요구할 수 있는 권리는 사회권적 기본권으로서 국민에 대하여만 인정해야 하지만, 자본주의 경제질서하에서 근로자가 기본적 생활수단을 확보하고 인간의 존엄성을 보장받기 위하여 최소한의 근로조건을 요구할 수 있는 권리는 자유권적 기본권의 성격도 아울러 가지므로 이러한 경우 외국인 근로자에게도 그 기본권 주체성을 인정함이 타당하다(헌재 2007.8.30, 2004헌마670).

④ [○] 이 사건 변호인 접견신청 거부는 현행법상 아무런 법률상 근거가 없이 청구인의 변호인의 조력을 받을 권리를 제한한 것이므로, 청구인의 변호인의 조력을 받을 권리를 침해한 것이다. 또한 청구인에게 변호인 접견신청을 허용한다고 하여 국가안전보장, 질서유지, 공공복리에 어떠한 장애가 생긴다고 보기는 어렵고, 필요한 최소한의 범위 내에서 접견 장소 등을 제한하는 방법을 취한다면 국가안전보장이나 환승구역의 질서유지 등에 별다른 지장을 주지 않으면서도 청구인의 변호인 접견권을 제대로 보장할 수 있다. 따라서 이 사건 변호인 접견신청 거부는 국가안전보장이나 질서유지, 공공복리를 위해 필요한 기본권 제한 조치로 볼 수도 없다(헌재 2018.5.31, 2014헌마346).

정답 | 21 ① 22 ③

23 기본권의 주체에 대한 설명으로 옳지 않은 것은? (다툼이 있는 경우 판례에 의함)

24. 입법고시

① 근로의 권리 중 '일할 자리에 관한 권리'가 아닌 '일할 환경에 관한 권리'에 대해서는 외국인의 기본권 주체성이 인정된다.

② 불법체류 중인 외국인에 대해서는 기본권 주체성이 부인된다.

③ 수정란이 모체에 착상되기 이전이나 원시선이 나타나기 이전의 초기배아에 대해서는 기본권 주체성이 인정되지 않는다.

④ 정당이 등록이 취소된 이후에도 '등록정당'에 준하는 '권리능력 없는 사단'으로서의 실질을 유지하고 있다고 볼 수 있으면 헌법소원의 청구인능력을 인정할 수 있다.

⑤ 공법인이나 이에 준하는 지위를 가진 자라 하더라도 사경제 주체로서 활동하는 경우나 조직법상 국가로부터 독립한 고유 업무를 수행하는 경우, 그리고 다른 공권력 주체와의 관계에서 지배복종관계가 성립되어 일반 사인처럼 그 지배하에 있는 경우 등에는 기본권 주체가 될 수 있다.

해설

② [×] 헌법재판소법 제68조 제1항 소정의 헌법소원은 기본권의 주체이어야만 청구할 수 있는데, 단순히 '국민의 권리'가 아니라 '인간의 권리'로 볼 수 있는 기본권에 대해서는 외국인도 기본권의 주체가 될 수 있다. 나아가 청구인들이 불법체류 중인 외국인들이라 하더라도, 불법체류라는 것은 관련 법령에 의하여 체류자격이 인정되지 않는다는 것일 뿐이므로, '인간의 권리'로서 외국인에게도 주체성이 인정되는 일정한 기본권에 관하여 불법체류 여부에 따라 그 인정 여부가 달라지는 것은 아니다(헌재 2012.8.23, 2008헌마430).

① [O] 근로의 권리는 생활의 기본적인 수요를 충족시킬 수 있는 생활수단을 확보해 주고 나아가 인격의 자유로운 발현과 인간의 존엄성을 보장해 주는 것으로서 사회권적 기본권의 성격이 강하므로 이에 대한 외국인의 기본권주체성을 전면적으로 인정하기는 어렵다. 근로의 권리가 "일할 자리에 관한 권리"만이 아니라 "일할 환경에 관한 권리"도 함께 내포하고 있는바, 후자는 인간의 존엄성에 대한 침해를 방어하기 위한 자유권적 기본권의 성격도 갖고 있어 건강한 작업환경, 일에 대한 정당한 보수, 합리적인 근로조건의 보장 등을 요구할 수 있는 권리 등을 포함한다고 할 것이므로 외국인 근로자라고 하여 이 부분에까지 기본권 주체성을 부인할 수는 없다(헌재 2007.8.30, 2004헌마670).

③ [O] 초기배아는 수정이 된 배아라는 점에서 형성중인 생명의 첫걸음을 떼었다고 볼 여지가 있기는 하나 아직 모체에 착상되거나 원시선이 나타나지 않은 이상 현재의 자연과학적 인식 수준에서 독립된 인간과 배아 간의 개체적 연속성을 확정하기 어렵다고 봄이 일반적이라는 점, 배아의 경우 현재의 과학기술 수준에서 모태 속에서 수용될 때 비로소 독립적인 인간으로의 성장가능성을 기대할 수 있다는 점, 수정 후 착상 전의 배아가 인간으로 인식된다거나 그와 같이 취급하여야 할 필요성이 있다는 사회적 승인이 존재한다고 보기 어려운 점 등을 종합적으로 고려할 때, 기본권 주체성을 인정하기 어렵다(헌재 2010.5.27, 2005헌마346).

④ [O] 청구인(사회당)은 등록이 취소된 이후에도, 취소 전 사회당의 명칭을 사용하면서 대외적인 정치활동을 계속하고 있고, 대내외 조직 구성과 선거에 참여할 것을 전제로 하는 당헌과 대내적 최고의사결정기구로서 당대회와, 대표단 및 중앙위원회, 지역조직으로 시·도위원회를 두는 등 계속적인 조직을 구비하고 있는 사실 등에 비추어 보면, 청구인은 등록이 취소된 이후에도 '등록정당'에 준하는 '권리능력 없는 사단'으로서의 실질을 유지하고 있다고 볼 수 있으므로 이 사건 헌법소원의 청구인능력을 인정할 수 있다(헌재 2006.3.30, 2004헌마246).

⑤ [O] 국가, 지방자치단체나 그 기관 또는 국가조직의 일부나 공법인은 국민의 기본권을 보호 내지 실현해야 할 '책임'과 '의무'를 지는 주체로서 헌법소원을 청구할 수 없다. 다만 공법인이나 이에 준하는 지위를 가진 자라 하더라도 공무를 수행하거나 고권적 행위를 하는 경우가 아닌 사경제 주체로서 활동하는 경우나 조직법상 국가로부터 독립한 고유 업무를 수행하는 경우, 그리고 다른 공권력 주체와의 관계에서 지배복종관계가 성립되어 일반 사인처럼 그 지배하에 있는 경우 등에는 기본권 주체가 될 수 있다(헌재 2013.9.26, 2012헌마271).

24 법인의 기본권 주체성에 대한 설명으로 옳지 않은 것은?

24. 5급 공채

① 공법상 재단법인인 방송문화진흥회가 최다출자자인 주식회사 형태의 공영방송사는 방송법 등 관련 규정에 의하여 공법상의 의무를 부담하고 있지만, 그 운영을 광고수익에 전적으로 의존하고 있다면 이를 위해 사경제 주체로서 활동하는 경우에는 기본권 주체가 될 수 있다.

② 행복을 추구할 권리는 그 성질상 자연인에게 인정되는 기본권이기 때문에 법인에게는 적용되지 않는다.

③ 지방자치법은 지방자치단체를 법인으로 하도록 하고 있으므로, 지방자치단체도 기본권의 주체가 된다.

④ 헌법은 법인의 기본권 주체성에 관한 명문의 규정을 두고 있지 않다.

해설

③ [×] 지방자치단체는 기본권의 주체가 될 수 없다는 것이 헌법재판소의 입장이며, 이를 변경해야 할 만한 사정이나 필요성이 없으므로 지방자치단체인 춘천시의 헌법소원 청구는 부적법하다(헌재 2006.12.28, 2006헌마312).

① [O] 청구인의 경우 공법상 재단법인인 방송문화진흥회가 최다출자자인 방송사업자로서 방송법 등 관련 규정에 의하여 공법상의 의무를 부담하고 있지만, 상법에 의하여 설립된 주식회사로 설립목적은 언론의 자유의 핵심 영역인 방송사업이므로 이러한 업무 수행과 관련하여 당연히 기본권 주체가 될 수 있고, 그 운영을 광고수익에 전적으로 의존하고 있는 만큼 이를 위해 사경제 주체로서 활동하는 경우에도 기본권 주체가 될 수 있는바, 이 사건 심판청구는 청구인이 그 운영을 위한 영업활동의 일환으로 방송광고를 판매하는 지위에서 그 제한과 관련하여 이루어진 것이므로 그 기본권 주체성을 인정할 수 있다(헌재 2013.9.26, 2012헌마271).

② [O] 청구인들은 학교법인이다. 법인격이 있는 사법상의 사단이나 재단은 성질상 기본권주체가 될 수 있는 범위에서 청구인능력을 가진다. 그런데 헌법 제10조의 인간으로서의 존엄과 가치, 행복을 추구할 권리는 그 성질상 자연인에게 인정되는 기본권이라고 할 것이어서, 법인인 청구인들에게는 적용되지 않는다고 할 것이다(헌재 2006.12.28, 2004헌바67).

④ [O] 우리 헌법은 법인의 기본권향유능력을 인정하는 명문의 규정을 두고 있지 않지만, 본래 자연인에게 적용되는 기본권규정이라도 언론·출판의 자유, 재산권의 보장 등과 같이 성질상 법인이 누릴 수 있는 기본권에 관한 규정은 당연히 법인에게도 적용하여야 할 것이므로 법인도 사단법인·재단법인 또는 영리법인·비영리법인을 가리지 아니하고 위 한계 내에서는 헌법상 보장된 기본권이 침해되었음을 이유로 헌법소원심판을 청구할 수 있다(헌재 2006.1.26, 2005헌마424).

25 기본권 주체에 관한 설명으로 가장 적절한 것은? (다툼이 있는 경우 판례에 의함)

24. 경찰 1차

① 의료인에게 면허된 의료행위 이외의 의료행위를 금지하고 처벌하는 의료법 조항이 제한하고 있는 직업의 자유는 국가자격제도정책과 국가의 경제상황에 따라 법률에 의하여 제한할 수 있고 인류보편적인 성격을 지니고 있지 아니하는 국민의 권리이므로 원칙적으로 외국인에게 인정되는 기본권은 아니다.

② 거주·이전의 자유는 인간의 권리에 해당하므로 외국인에게 거주·이전의 자유의 내용인 출·입국의 자유에 대한 기본권주체성이 인정된다.

③ 국가 및 그 기관 또는 조직의 일부나 공법인은 원칙적으로 기본권의 '수범자'로서 기본권의 주체가 되지 못하므로, 주민소환에 관한 법률서 주민소환의 청구사유에 제한을 두지 아니하였다는 이유로 지방자치단체장이 자신의 공무담임권 침해를 다툴 수는 없다.

④ 중소기업중앙회는 중소기업협동조합법에 의해 설치되고 국가가 그 육성을 위해 재정을 보조해주는 등 공법인적 성격을 강하게 가지고 있으므로 결사의 자유를 누릴 수 있는 단체에 해당되지는 않는다.

정답 | 23 ② 24 ③ 25 ①

해설

① [O] 직업의 자유는 국가자격제도정책과 국가의 경제상황에 따라 법률에 의하여 제한할 수 있고 인류보편적인 성격을 지니고 있지 아니하므로 국민의 권리에 해당한다. 이와 같이 헌법에서 인정하는 직업의 자유는 원칙적으로 대한민국 국민에게 인정되는 기본권이지, 외국인에게 인정되는 기본권은 아니다. 국가 정책에 따라 정부의 허가를 받은 외국인은 정부가 허가한 범위 내에서 소득활동을 할 수 있는 것이므로, 외국인이 국내에서 누리는 직업의 자유는 법률 이전에 헌법에 의해서 부여된 기본권이라고 할 수는 없고, 법률에 따른 정부의 허가에 의해 비로소 발생하는 권리이다(헌재 2014.8.28, 2013헌마359).

② [×] 거주·이전의 자유는 국민의 권리에 해당하므로 외국인에게는 거주·이전의 자유가 인정되지 않는 것이 원칙이다. 외국인에게는 입국의 자유가 인정되지 않으므로, 외국인이 국내에 입국하기 위해서는 입국허가를 받아야 한다. 참정권에 대한 외국인의 기본권주체성은 인정되지 아니하고, 이 사건에서 청구인이 주장하는 거주·이전의 자유는 입국의 자유에 관한 것이므로 이에 대해서도 외국인의 기본권주체성은 인정되지 아니한다(헌재 2014.6.26, 2011헌마502).

③ [×] 공직자가 국가기관의 지위에서 순수한 직무상의 권한행사와 관련하여 기본권 침해를 주장하는 경우에는 기본권의 주체성을 인정하기 어렵다 할 것이나, 그 외의 사적인 영역에 있어서는 기본권의 주체가 될 수 있는 것이다. 청구인은 선출직 공무원인 하남시장으로서 이 사건 법률 조항으로 인하여 공무담임권 등이 침해된다고 주장하여, 순수하게 직무상의 권한행사와 관련된 것이라기보다는 공직의 상실이라는 개인적인 불이익과 연관된 공무담임권을 다투고 있으므로, 이 사건에서 청구인에게는 기본권의 주체성이 인정된다 할 것이다(헌재 2009.3.26, 2007헌마843).

④ [×] 중소기업중앙회는, 비록 국가가 그 육성을 위해 재정을 보조해주고 중앙회의 업무에 적극 협력할 의무를 부담할 뿐만 아니라 중소기업 전체의 발전을 위한 업무, 국가나 지방자치단체가 위탁하는 업무 등 공공성이 매우 큰 업무를 담당하여 상당한 정도의 공익단체성, 공법인성을 가지고 있다고 하더라도, 기본적으로는 회원 간의 상호부조, 협동을 통해 중소기업자의 경제적 지위를 향상시키기 위한 자조조직(自助組織)으로서 사법인에 해당한다. 따라서 결사의 자유를 누릴 수 있는 단체에 해당하고, 이러한 결사의 자유에는 당연히 그 내부기관 구성의 자유가 포함되므로, 중앙회 회장선거에 있어 선거운동을 제한하는 것은 단체구성원들의 결사의 자유를 제한하는 것이 된다(헌재 2021.7.15, 2020헌가9).

제3절 | 기본권의 효력

01 다음 기본권의 갈등에 관한 설명 중 가장 옳지 않은 것은? (다툼이 있는 경우 판례에 의함) 24. 해경간부

① 종교단체가 일정규모 이상의 양로시설을 설치하고자 하는 경우 신고하도록 의무를 부담시키는 것은 종교단체의 종교의 자유와 인간다운 생활을 할 권리를 제한한다.

② 친양자 입양을 성립시키기 위해 친생부모의 동의를 요하도록 하는 경우 가족생활에 관한 친생부모의 기본권과 친양자가 될 자의 기본권이 충돌하게 된다.

③ 행복추구권은 다른 기본권에 대한 보충적 기본권으로서의 성격을 지니므로, 공무담임권이라는 우선적으로 적용되는 기본권이 존재하여 그 침해 여부를 판단하는 이상, 행복추구권 침해 여부를 독자적으로 판단할 필요가 없다.

④ 종립학교의 종교교육의 자유와 학생의 소극적 종교행위의 자유가 충돌하는 경우 종립학교는 원칙적으로 학생의 종교의 자유를 고려한 대책을 마련하는 등의 조치를 취하는 속에서 종교교육의 자유를 누린다.

해설

① [×] 심판대상조항에 의하여 신고의 대상이 되는 양로시설에 종교단체가 운영하는 양로시설을 제외하지 않는 것은 자유로운 양로시설 운영을 통한 선교의 자유, 즉 종교의 자유 제한의 문제를 불러온다. 심판대상조항이 노인들의 거주·이전의 자유 및 인간다운 생활을 할 권리를 침해한다고 주장한다. 그러나 심판대상조항은 종교단체에서 운영하는 양로시설도 일정규모 이상의 경우 신고하도록 한 규정일 뿐, 거주·이전의 자유나 인간다운 생활을 할 권리의 제한을 불러온다고 볼 수 없으므로 이에 대해서는 별도로 판단하지 아니한다(헌재 2016.6.30, 2015헌바46).

② [O] 친양자 입양은 친생부모의 기본권과 친양자가 될 자의 기본권이 서로 대립·충돌하는 관계라고 볼 수 있다. 그리고 이들 기본권은 공히 가족생활에 대한 기본권으로서 그 서열이나 법익의 형량을 통하여 어느 한쪽의 기본권을 일방적으로 우선시키고 다른 쪽을 후퇴시키는 것은 부적절하다(헌재 2012.5.31, 2010헌바87).

③ [O] 행복추구권은 다른 기본권에 대한 보충적 기본권으로서의 성격을 지니므로, 공무담임권이라는 우선적으로 적용되는 기본권이 존재하여(청구인들이 주장하는 불행이란 결국 교원직 상실에서 연유하는 것에 불과하다) 그 침해여부를 판단하는 이상, 행복추구권 침해여부를 독자적으로 판단할 필요가 없다(헌재 2000.12.14, 99헌마112 등).

④ [O] 고등학교 평준화정책에 따른 학교 강제배정제도가 위헌이 아니라고 하더라도 여전히 종립학교(종교단체가 설립한 사립학교)가 가지는 종교교육의 자유 및 운영의 자유와 학생들이 가지는 소극적 종교행위의 자유 및 소극적 신앙고백의 자유 사이에 충돌이 생기게 되는데, 이와 같이 하나의 법률관계를 둘러싸고 두 기본권이 충돌하는 경우에는 구체적인 사안에서의 사정을 종합적으로 고려한 이익형량과 함께 양 기본권 사이의 실제적인 조화를 꾀하는 해석 등을 통하여 이를 해결하여야 하고, 그 결과에 따라 정해지는 양 기본권 행사의 한계 등을 감안하여 그 행위의 최종적인 위법성 여부를 판단하여야 한다. … 비록 종립학교의 학교법인이 국·공립학교의 경우와는 달리 종교교육을 할 자유와 운영의 자유를 가진다고 하더라도, 그 종립학교가 공교육체계에 편입되어 있는 이상 원칙적으로 학생의 종교의 자유, 교육을 받을 권리를 고려한 대책을 마련하는 등의 조치를 취하는 속에서 그러한 자유를 누린다고 해석하여야 한다(대판 2010.4.22, 2008다38288).

02 기본권의 제3자적 효력(기본권의 대사인적 효력)에 대한 설명으로 옳지 않은 것은? (다툼이 있는 경우 판례에 의함)

24. 지방직 7급

① 헌법상의 기본권은 제1차적으로 개인의 자유로운 영역을 공권력의 침해로부터 보호하기 위한 방어적 권리이지만 다른 한편으로 헌법의 기본적인 결단인 객관적인 가치질서를 구체화한 것으로서, 사법을 포함한 모든 법 영역에 그 영향을 미치는 것이므로 사인간의 사적인 법률관계도 헌법상의 기본권 규정에 적합하게 규율되어야 한다.

② 기본권 규정은 그 성질상 사법관계에 직접 적용될 수 있는 예외적인 것을 제외하고는 사법상의 일반원칙을 규정한 민법 제2조(신의성실), 제103조(반사회질서의 법률행위), 제750조(불법행위의 내용), 제751조(재산 이외의 손해의 배상) 등의 내용을 형성하고 그 해석 기준이 되어 간접적으로 사법관계에 효력을 미치게 된다.

③ 사적 단체를 포함하여 사회공동체 내에서 개인이 성별에 따른 불합리한 차별을 받지 아니하고 자신의 희망과 소양에 따라 다양한 사회적·경제적 활동을 영위하는 것은 그 인격권 실현의 본질적 부분에 해당하므로 평등권이라는 기본권의 침해도 민법 제750조(불법행위의 내용)의 일반규정을 통하여 사법상 보호되는 인격적 법익침해의 형태로 구체화되어 논하여질 수 있지만, 그 위법성 인정을 위하여는 사인간의 평등권 보호에 관한 별개의 입법이 있어야 한다.

④ 사적 단체는 사적 자치의 원칙 내지 결사의 자유에 따라 그 단체의 형성과 조직, 운영을 자유롭게 할 수 있으므로, 사적 단체가 그 성격이나 목적에 비추어 그 구성원을 성별에 따라 달리 취급하는 것이 일반적으로 금지된다고 할 수는 없다.

정답 | 01 ① 02 ③

해설

③ [×] 헌법 제11조는 "모든 국민은 법 앞에 평등하다. 누구든지 성별·종교 또는 사회적 신분에 의하여 정치적·경제적·사회적·문화적 생활의 모든 영역에 있어서 차별을 받지 아니한다."라고 규정하여 평등의 원칙을 선언함과 동시에 모든 국민에게 평등권을 보장하고 있다. 따라서 사적 단체를 포함하여 사회공동체 내에서 개인이 성별에 따른 불합리한 차별을 받지 아니하고 자신의 희망과 소양에 따라 다양한 사회적·경제적 활동을 영위하는 것은 그 인격권 실현의 본질적 부분에 해당하므로 평등권이라는 기본권의 침해도 민법 제750조의 일반규정을 통하여 사법상 보호되는 인격적 법익침해의 형태로 구체화되어 논하여질 수 있고, 그 위법성 인정을 위하여 반드시 사인간의 평등권 보호에 관한 별개의 입법이 있어야만 하는 것은 아니다(대판 2011.1.27, 2009다19864).

① [O] 헌법상의 기본권은 제1차적으로 개인의 자유로운 영역을 공권력의 침해로부터 보호하기 위한 방어적 권리이지만 다른 한편으로 헌법의 기본적인 결단인 객관적인 가치질서를 구체화한 것으로서, 사법(私法)을 포함한 모든 법 영역에 그 영향을 미치는 것이므로 사인간의 사적인 법률관계도 헌법상의 기본권 규정에 적합하게 규율되어야 한다(대판 2010.4.22, 2008다38288).

② [O] 기본권 규정은 그 성질상 사법관계에 직접 적용될 수 있는 예외적인 것을 제외하고는 사법상의 일반원칙을 규정한 민법 제2조, 제103조, 제750조, 제751조 등의 내용을 형성하고 그 해석 기준이 되어 간접적으로 사법관계에 효력을 미치게 된다(대판 2010.4.22, 2008다38288).

④ [O] 사적 단체는 사적 자치의 원칙 내지 결사의 자유에 따라 그 단체의 형성과 조직, 운영을 자유롭게 할 수 있으므로, 사적 단체가 그 성격이나 목적에 비추어 그 구성원을 성별에 따라 달리 취급하는 것이 일반적으로 금지된다고 할 수는 없다. 그러나 사적 단체의 구성원에 대한 성별에 따른 차별처우가 사회공동체의 건전한 상식과 법감정에 비추어 볼 때 도저히 용인될 수 있는 한계를 벗어난 경우에는 사회질서에 위반되는 행위로서 위법한 것으로 평가할 수 있고, 위와 같은 한계를 벗어났는지 여부는 사적 단체의 성격이나 목적, 차별처우의 필요성, 차별처우에 의한 법익 침해의 양상 및 정도 등을 종합적으로 고려하여 판단하여야 한다(대판 2011.1.27, 2009다19864).

03 기본권의 대사인적 효력에 관한 설명으로 옳지 않은 것은? (다툼이 있는 경우 판례에 의함) 25. 소방간부

① 기본권은 사법(私法)을 포함한 모든 법 영역에 그 영향을 미치는 것이므로 사인간의 사적인 법률관계도 헌법상의 기본권 규정에 적합하게 규율되어야 한다.

② 사인에 의한 평등권 침해도 민법 제750조의 일반규정을 통하여 사법상 보호되는 인격적 법익침해의 형태로 구체화되어 논해질 수 있으며, 그 위법성 인정을 위해서는 반드시 사인간의 평등권 보호에 관한 별개의 입법이 있어야만 한다.

③ 항공운송업을 영위하는 회사가 취업규칙에서 소속 직원들이 수염을 기르지 못하도록 일률적·전면적으로 강제하는 것은 항공기의 조종을 책임지는 기장의 일반적 행동자유권을 침해한다.

④ 종립학교가 고등학교 평준화정책에 따라 강제배정된 학생들을 상대로 학교와 다른 신앙을 가진 학생의 기본권을 고려하지 않은 것은 학생의 종교에 관한 인격적 법익을 침해하는 위법한 행위이다.

⑤ 기본권 규정은 그 성질상 사법관계에 직접 적용될 수 있는 예외적인 것을 제외하고는 사법상의 일반원칙을 규정한 민법 제2조, 제103조, 제750조, 제751조 등의 내용을 형성하고 그 해석 기준이 되어 간접적으로 사법관계에 효력을 미치게 된다.

해설

② [×] 헌법 제11조는 "모든 국민은 법 앞에 평등하다. 누구든지 성별·종교 또는 사회적 신분에 의하여 정치적·경제적·사회적·문화적 생활의 모든 영역에 있어서 차별을 받지 아니한다."라고 규정하여 평등의 원칙을 선언함과 동시에 모든 국민에게 평등권을 보장하고 있다. 따라서 사적 단체를 포함하여 사회공동체 내에서 개인이 성별에 따른 불합리한 차별을 받지 아니하고 자신의 희망과 소양에 따라 다양한 사회적·경제적 활동을 영위하는 것은 그 인격권 실현의 본질적 부분에 해당하므로 평등권이라는 기본권의 침해도 민법 제750조의 일반규정을 통하여 사법상 보호되는 인격적 법익침해의 형태로 구체화되어 논하여질 수 있고, 그 위법성 인정을 위하여 반드시 사인간의 평등권 보호에 관한 별개의 입법이 있어야만 하는 것은 아니다(대판 2011.1.27, 2009다19864).

① [O] 헌법상의 기본권은 제1차적으로 개인의 자유로운 영역을 공권력의 침해로부터 보호하기 위한 방어적 권리이지만 다른 한편으로 헌법의 기본적인 결단인 객관적인 가치질서를 구체화한 것으로서, 사법(私法)을 포함한 모든 법 영역에 그 영향을 미치는 것이므로 사인간의 사적인 법률관계도 헌법상의 기본권 규정에 적합하게 규율되어야 한다(대판 2010.4.22, 2008다38288).

③ [O] 원고는 항공운항의 안전을 위하여 항공기 기장의 턱수염을 전면적으로 금지할 필요가 있다는 취지로 주장하나, 이러한 주장을 뒷받침할 만한 별다른 합리적 이유와 근거도 찾아보기 어렵다. 오히려 원고는 항공기 기장을 포함한 원고 소속 외국인 직원들에게는 수염을 기르는 것을 부분적으로 허용하여 왔고, 다른 항공사들도 운항승무원이 수염을 기르는 것을 전면적으로 금지하고 있지 않다. 아울러 원고가 취업규칙을 개정하여 개별적인 업무의 특성과 필요성을 고려하여, 구체적·개별적으로 수염의 형태를 포함하여 용모와 복장 등을 합리적으로 제한하는 것이 불가능하거나 어려워 보이지 않는다. 그러므로 이 사건 조항은 원고가 보유하는 영업의 자유의 한계를 넘어서 참가인의 일반적 행동자유권을 과도하게 제한하는 것으로서, 참가인 등 근로자의 일반적 행동자유권을 침해한다(대판 2018.9.13, 2017두38560).

④ [O] 종립학교가 특정 종교의 교리를 전파하는 종파적인 종교행사와 종교과목 수업을 실시하면서 참가 거부가 사실상 불가능한 분위기를 조성하는 등 신앙을 갖지 않거나 학교와 다른 신앙을 가진 학생들의 기본권을 고려하지 않은 것은, 학생의 종교에 관한 인격적 법익을 침해하는 위법한 행위이고, 그로 인하여 인격적 법익을 침해받는 학생이 있을 것임이 충분히 예견가능하고 그 침해가 회피가능하므로 과실 역시 인정된다(대판 2010.4.22, 2008다38288).

⑤ [O] 기본권 규정은 그 성질상 사법관계에 직접 적용될 수 있는 예외적인 것을 제외하고는 사법상의 일반원칙을 규정한 민법제2조, 제103조, 제750조, 제751조 등의 내용을 형성하고 그 해석 기준이 되어 간접적으로 사법관계에 효력을 미치게 된다(대판 2010.4.22, 2008다38288).

04 기본권의 충돌에 관한 설명으로 옳지 않은 것은? (다툼이 있는 경우 판례에 의함)

25. 소방간부

① 하나의 법률관계를 둘러싸고 두 기본권이 충돌하는 경우에는 구체적인 사안에서의 사정을 종합적으로 고려한 이익형량과 함께 양 기본권 사이의 실제적인 조화를 꾀하는 해석 등을 통하여 이를 해결해야 한다.

② 상하의 위계질서가 있는 기본권끼리 충돌하는 경우에는 상위기본권우선의 원칙에 따라 하위기본권이 제한될 수 있으므로, 흡연권과 혐연권 충돌 시 흡연권은 혐연권을 침해하지 않는 한에서 인정되어야 한다.

③ 명예의 보호는 인격의 자유로운 발전과 인간의 존엄성 보호뿐만 아니라 민주주의의 실현에 기여하므로, 표현의 자유와 인격권의 충돌 시에는 인격권이 우선된다.

④ 개인적 단결권과 집단적 단결권이 충돌하는 경우 기본권의 서열이론이나 법익형량의 원리에 입각하여 어느 기본권이 더 상위기본권이라고 단정할 수는 없다.

⑤ 노동조합의 적극적 단결권은 근로자 개인의 단결하지 않을 자유보다 중시된다고 할 것이어서 노동조합에 적극적 단결권을 부여한다고 하여 이를 두고 곧바로 근로자의 단결하지 아니할 자유의 본질적인 내용을 침해한다고 단정할 수는 없다.

해설

③ [×] 1. 표현의 자유와 인격권의 우열은 쉽게 단정할 성질의 것이 아니다(헌재 2021.7.15, 2021헌마88).
2. '사인의 사생활의 비밀과 자유 또는 인격권'과 '사인의 표현의 자유'라는 서로 다른 주체의 기본권이 충돌하는 경우에는 헌법의 통일성을 유지하기 위하여 상충하는 기본권 모두가 최대한 그 기능과 효력을 나타낼 수 있도록 하는 조화로운 방법이 모색되어야 하므로, 과잉금지의 원칙에 따라 이 사건 법률조항의 입법 목적을 달성하기 위하여 마련된 수단이 표현의 자유를 제한하는 정도와 사생활의 비밀과 자유 또는 인격권을 보호하는 정도 사이에 적정한 비례를 유지하여야 한다(헌재 2020.11.26, 2016헌마275·606).

① [O] 고등학교 평준화정책에 따른 학교 강제배정제도가 위헌이 아니라고 하더라도 여전히 종립학교(종교단체가 설립한 사립학교)가 가지는 종교교육의 자유 및 운영의 자유와 학생들이 가지는 소극적 종교행위의 자유 및 소극적 신앙고백의 자유 사이에 충돌이 생기게 되는데, 이와 같이 하나의 법률관계를 둘러싸고 두 기본권이 충돌하는 경우에는 구체적인 사안에서의 사정을 종합적으로 고려한 이익형량과 함께 양 기본권 사이의 실제적인 조화를 꾀하는 해석 등을 통하여 이를 해결하여야 하고, 그 결과에 따라 정해지는 양 기본권 행사의 한계 등을 감안하여 그 행위의 최종적인 위법성 여부를 판단하여야 한다(대판 2010.4.22, 2008다38288).

② [O] 상하의 위계질서가 있는 기본권끼리 충돌하는 경우에는 상위기본권우선의 원칙에 따라 하위기본권이 제한될 수 있으므로, 흡연권은 혐연권을 침해하지 않는 한에서 인정되어야 한다(헌재 2004.8.26, 2003헌마457).

정답 | 03 ② 04 ③

④ [O] 개인적 단결권과 집단적 단결권이 충돌하는 경우 기본권의 서열이론이나 법익형량의 원리에 입각하여 어느 기본권이 더 상위기본권이라고 단정할 수는 없다. … 따라서 이러한 경우 헌법의 통일성을 유지하기 위하여 상충하는 기본권 모두가 최대한으로 그 기능과 효력을 발휘할 수 있도록 조화로운 방법을 모색하되, 법익형량의 원리, 입법에 의한 선택적 재량 등을 종합적으로 참작하여 심사하여야 한다(헌재 2005.11.24, 2002헌바95 등).

⑤ [O] 이 경우 근로자의 단결하지 아니할 자유와 노동조합의 적극적 단결권(조직강제권)이 충돌하게 되나, 근로자에게 보장되는 적극적 단결권이 단결하지 아니할 자유보다 특별한 의미를 갖고 있고, 노동조합의 조직강제권도 이른바 자유권을 수정하는 의미의 생존권(사회권)적 성격을 함께 가지는 만큼 근로자 개인의 자유권에 비하여 보다 특별한 가치로 보장되는 점 등을 고려하면, 노동조합의 적극적 단결권은 근로자 개인의 단결하지 않을 자유보다 중시된다고 할 것이고, 또 노동조합에게 위와 같은 조직강제권을 부여한다고 하여 이를 근로자의 단결하지 아니할 자유의 본질적인 내용을 침해하는 것으로 단정할 수는 없다(헌재 2005.11.24, 2002헌바95 등).

05 기본권 충돌에 관한 설명 중 가장 적절하지 않은 것은? (다툼이 있는 경우 판례에 의함)

22. 경찰승진

① 상이한 복수의 기본권 주체를 전제로 한다.

② 충돌하는 기본권이 반드시 상이한 기본권이어야 하는 것은 아니다.

③ 상하의 위계질서가 있는 기본권끼리 충돌하는 경우에는 상위기본권우선의 원칙에 따라 하위기본권이 제한될 수 있다.

④ 노동조합의 적극적 단결권은 근로자 개인의 단결하지 않을 자유보다 중시된다고 할 수 없어, 노동조합에 적극적 단결권(조직강제권)을 부여하는 것은 근로자의 단결하지 아니할 자유의 본질적인 내용을 침해한다.

해설

④ [×] 이 사건 법률조항은 노동조합의 조직유지·강화를 위하여 당해 사업장에 종사하는 근로자의 3분의 2 이상을 대표하는 노동조합)의 경우 단체협약을 매개로 한 조직강제[이른바 유니언 샵(Union Shop) 협정의 체결]를 용인하고 있다. 이 경우 근로자의 단결하지 아니할 자유와 노동조합의 적극적 단결권(조직강제권)이 충돌하게 되나, 근로자에게 보장되는 적극적 단결권이 단결하지 아니할 자유보다 특별한 의미를 갖고 있고, 노동조합의 조직강제권도 이른바 자유권을 수정하는 의미의 생존권(사회권)적 성격을 함께 가지는 만큼 근로자 개인의 자유권에 비하여 보다 특별한 가치로 보장되는 점 등을 고려하면, 노동조합의 적극적 단결권은 근로자 개인의 단결하지 않을 자유보다 중시된다고 할 것이고, 또 노동조합에게 위와 같은 조직강제권을 부여한다고 하여 이를 근로자의 단결하지 아니할 자유의 본질적인 내용을 침해하는 것으로 단정할 수는 없다(헌재 2005.11.24, 2002헌바95).

① [O] 기본권의 충돌이란 상이한 복수의 기본권 주체가 서로의 권익을 실현하기 위해 하나의 동일한 사건에서 국가에 대하여 서로 대립되는 기본권의 적용을 주장하는 경우를 말하는데, 한 기본권 주체의 기본권행사가 다른 기본권 주체의 기본권행사를 제한 또는 희생시킨다는 데 그 특징이 있다(헌재 2005.11.24, 2002헌바95).

② [O] 기본권 충돌에 있어 대립되는 기본권은 반드시 상이한 기본권일 필요는 없다.

③ [O] 상하의 위계질서가 있는 기본권끼리 충돌하는 경우에는 상위기본권우선의 원칙에 따라 하위기본권이 제한될 수 있으므로, 흡연권은 혐연권을 침해하지 않는 한에서 인정되어야 한다(헌재 2004.8.26, 2003헌마45).

06 기본권의 충돌 또는 경합에 관한 다음 설명 중 옳지 않은 것은 모두 몇 개인가? (다툼이 있는 경우 헌법재판소 결정 및 대법원 판례에 의함)

22. 법원직 9급

> ㉠ 흡연권과 혐연권의 관계처럼 상하의 위계질서가 있는 기본권끼리 충돌하는 경우 상위기본권우선의 원칙에 따라 하위기본권이 제한될 수 있으므로, 흡연권은 혐연권을 침해하지 않는 한에서 인정되어야 한다.
>
> ㉡ 노동조합이 당해 사업장에 종사하는 근로자의 3분의 2 이상을 대표하고 있을 때에는 근로자가 그 노동조합의 조합원이 될 것을 고용조건으로 하는 단체협약[이른바 유니언 샵(Union Shop)]과 관련하여 근로자의 단결하지 아니할 자유와 노동조합의 적극적 단결권(조직강제권)이 충돌하나, 근로자에게 보장되는 적극적 단결권이 단결하지 아니할 자유보다 특별한 의미를 가지고 있으므로 노동조합의 적극적 단결권은 근로자 개인의 단결하지 않을 자유보다 중시된다.
>
> ㉢ 채권자취소권에 관한 민법 규정으로 인하여 채권자의 재산권과 채무자 및 수익자의 일반적 행동의 자유, 그리고 채권자의 재산권과 수익자의 재산권이 동일한 장에서 충돌한다. 따라서 이러한 경우에는 상충하는 기본권 모두가 최대한으로 그 기능과 효력을 발휘할 수 있도록 이른바 규범조화적 해석방법에 따라 심사하여야 한다.
>
> ㉣ 기업의 경영에 관한 의사결정의 자유 등 영업의 자유와 근로자들이 누리는 일반적 행동자유권 등이 '근로조건' 설정을 둘러싸고 충돌하는 경우에는, 근로조건과 인간의 존엄성 보장 사이의 헌법적 관련성을 염두에 두고 구체적인 사안에서의 사정을 종합적으로 고려한 이익형량과 함께 기본권들 사이의 실제적인 조화를 꾀하는 해석 등을 통하여 이를 해결하여야 한다.

① 0개　② 1개
③ 2개　④ 3개

해설

모두 옳다.

㉠ [O] 흡연권은 사생활의 자유를 실질적 핵으로 하는 것이고 혐연권은 사생활의 자유뿐만 아니라 생명권에까지 연결되는 것이므로 혐연권이 흡연권보다 상위의 기본권이다. 상하의 위계질서가 있는 기본권끼리 충돌하는 경우에는 상위기본권우선의 원칙에 따라 하위기본권이 제한될 수 있으므로, 흡연권은 혐연권을 침해하지 않는 한에서 인정되어야 한다(헌재 2004.8.26, 2003헌마457).

㉡ [O] 당해 사업장에 종사하는 근로자의 3분의 2 이상을 대표하는 노동조합의 경우 단체협약을 매개로 한 조직강제[이른바 유니언 샵(Union Shop) 협정의 체결]를 용인하고 있는 노동조합및노동관계조정법 조항은, 근로자의 단결하지 아니할 자유와 노동조합의 적극적 단결권(조직강제권)이 충돌하게 되나, 근로자에게 보장되는 적극적 단결권이 단결하지 아니할 자유보다 특별한 의미를 갖고 있고, 노동조합의 조직강제권도 이른바 자유권을 수정하는 의미의 생존권(사회권)적 성격을 함께 가지는 만큼 근로자 개인의 자유권에 비하여 보다 특별한 가치로 보장되는 점 등을 고려하면, 노동조합의 적극적 단결권은 근로자 개인의 단결하지 않을 자유보다 중시된다고 할 것이고, 또 노동조합에게 위와 같은 조직강제권을 부여한다고 하여 이를 근로자의 단결하지 아니할 자유의 본질적인 내용을 침해하는 것으로 단정할 수는 없다(헌재 2005.11.24, 2002헌바95).

㉢ [O] 이 사건 법률조항은 채권자에게 채권의 실효성 확보를 위한 수단으로서 채권자취소권을 인정함으로써, 채권자의 재산권과 채무자와 수익자의 일반적 행동의 자유 내지 계약의 자유 및 수익자의 재산권이 서로 충돌하게 되는바, 위와 같은 채권자와 채무자 및 수익자의 기본권들이 충돌하는 경우에 기본권의 서열이나 법익의 형량을 통하여 어느 한 쪽의 기본권을 우선시키고 다른 쪽의 기본권을 후퇴시킬 수는 없다고 할 것이다. 사적자치의 원칙은 헌법 제10조의 행복추구권 속에 함축된 일반적 행동자유권에서 파생된 것으로서 헌법 제119조 제1항의 자유시장 경제질서의 기초이자 우리 헌법상의 원리이고, 계약자유의 원칙은 사적자치권의 기본원칙으로서 이러한 사적자치의 원칙이 법률행위의 영역에서 나타난 것이므로, 채권자의 재산권과 채무자 및 수익자의 일반적 행동의 자유권 중 어느 하나를 상위기본권이라고 할 수는 없을 것이고, 채권자의 재산권과 수익자의 재산권 사이에서도 어느 쪽이 우월하다고 할 수는 없을 것이기 때문이다. 따라서 이러한 경우에는 헌법의 통일성을 유지하기 위하여 상충하는 기본권 모두가 최대한으로 그 기능과 효력을 발휘할 수 있도록 조화로운 방법을 모색하되(규범조화적 해석), 법익형량의 원리, 입법에 의한 선택적 재량 등을 종합적으로 참작하여 심사하여야 할 것이다(헌재 2007.10.25, 2005헌바96).

㉣ [O] 기업의 경영에 관한 의사결정의 자유 등 영업의 자유와 근로자들이 누리는 일반적 행동자유권 등이 '근로조건' 설정을 둘러싸고 충돌하는 경우에는, 근로조건과 인간의 존엄성 보장 사이의 헌법적 관련성을 염두에 두고 구체적인 사안에서의 사정을 종합적으로 고려한 이익형량과 함께 기본권들 사이의 실제적인 조화를 꾀하는 해석 등을 통하여 이를 해결하여야 하고, 그 결과에 따라 정해지는 두 기본권 행사의 한계 등을 감안하여 두 기본권의 침해 여부를 살피면서 근로조건의 최종적인 효력 유무 판단과 관련한 법령 조항을 해석·적용하여야 한다(대판 2018.9.13, 2017두62549).

정답 | 05 ④　06 ①

07 기본권 갈등에 대한 설명으로 가장 적절하지 않은 것은? (다툼이 있는 경우 헌법재판소 판례에 의함)

22. 경찰간부

① 민법상 채권자취소권이 헌법에 부합하는 이유는 채권자의 재산권과 채무자의 일반적 행동자유권 중에서 이익형량의 원칙에 비추어 채권자의 재산권이 상위의 기본권이기 때문이다.

② 형제·자매에게 가족관계등록부 등의 기록사항에 관한 증명서 교부청구권을 부여하는 것은 본인의 개인정보자기결정권을 제한하는 것으로 개인정보자기결정권 침해 여부를 판단한 이상 인간의 존엄과 가치 및 행복추구권, 사생활의 비밀과 자유는 판단하지 않는다.

③ 노동조합 및 노동관계조정법상 유니온 샵(Union Shop) 조항은 특정한 노동조합의 가입을 강제하는 단체협약의 체결을 용인하고 있으므로 근로자의 개인적 단결권과 노동조합의 집단적 단결권이 서로 충돌하는 경우에 해당하며 이를 기본권의 서열이론이나 법익형량의 원리에 입각하여 어느 기본권이 더 상위기본권이라고 단정할 수는 없다.

④ 어떤 법령이 직업의 자유와 행복추구권 양자를 제한하는 외관을 띠는 경우 두 기본권의 경합문제가 발생하고, 보호영역으로서 '직업'이 문제될 때 행복추구권과 직업의 자유는 특별관계에 있다.

해설

① [×] 채권자의 재산권과 채무자와 수익자의 일반적 행동의 자유 내지 계약의 자유 및 수익자의 재산권이 서로 충돌하게 되는바, 위와 같은 채권자와 채무자 및 수익자의 기본권들이 충돌하는 경우에 기본권의 서열이나 법익의 형량을 통하여 어느 한 쪽의 기본권을 우선시키고 다른 쪽의 기본권을 후퇴시킬 수는 없다고 할 것이다. 사적자치의 원칙은 헌법 제10조의 행복추구권 속에 함축된 일반적 행동자유권에서 파생된 것으로서 헌법 제119조 제1항의 자유시장 경제질서의 기초이자 우리 헌법상의 원리이고, 계약자유의 원칙은 사적자치권의 기본원칙으로서 이러한 사적자치의 원칙이 법률행위의 영역에서 나타난 것이므로, 채권자의 재산권과 채무자 및 수익자의 일반적 행동의 자유권 중 어느 하나를 상위기본권이라고 할 수는 없을 것이고, 채권자의 재산권과 수익자의 재산권 사이에서도 어느 쪽이 우월하다고 할 수는 없을 것이기 때문이다. 따라서 이러한 경우에는 헌법의 통일성을 유지하기 위하여 상충하는 기본권 모두가 최대한으로 그 기능과 효력을 발휘할 수 있도록 조화로운 방법을 모색하되(규범조화적 해석), 법익형량의 원리, 입법에 의한 선택적 재량 등을 종합적으로 참작하여 심사하여야 할 것이다(헌재 2007.10.25, 2005헌바96).

② [O] 청구인은 형제·자매에게 가족관계등록부 등의 기록사항에 관한 증명서 교부청구권을 부여하는 이 사건 법률조항에 의하여 인간의 존엄과 가치 및 행복추구권, 사생활의 비밀과 자유가 침해된다고 주장하나, 위 기본권들은 모두 개인정보자기결정권의 헌법적 근거로 거론되는 것으로서 청구인의 개인정보에 대한 공개와 이용이 문제되는 이 사건에서 개인정보자기결정권 침해 여부를 판단하는 이상 별도로 판단하지 않는다. 개인정보가 수록된 가족관계등록법상 각종 증명서를 본인의 동의 없이도 형제자매가 발급받을 수 있도록 하는 것은 과잉금지원칙을 위반하여 개인정보자기결정권을 침해한다(헌재 2016.6.30, 2015헌마924).

▶ 청구인은 이 사건 법률조항에 의하여 인간의 존엄과 가치 및 행복추구권, 사생활의 비밀과 자유가 침해된다고 주장하나, 위 기본권들은 모두 개인정보자기결정권의 헌법적 근거로 거론되는 것으로서 청구인의 개인정보에 대한 공개와 이용이 문제되는 이 사건에서 개인정보자기결정권 침해 여부를 판단하는 이상 별도로 판단하지 않는다(헌재 2016.6.30, 2015헌마924).

③ [O] 이 사건 법률조항은 특정한 노동조합의 가입을 강제하는 단체협약의 체결을 용인하고 있으므로 근로자의 개인적 단결권(단결선택권)과 노동조합의 집단적 단결권(조직강제권)이 동일한 장에서 서로 충돌한다. 이와 같이 개인적 단결권과 집단적 단결권이 충돌하는 경우 기본권의 서열이론이나 법익형량의 원리에 입각하여 어느 기본권이 더 상위기본권이라고 단정할 수는 없다. 이러한 경우 헌법의 통일성을 유지하기 위하여 상충하는 기본권 모두가 최대한으로 그 기능과 효력을 발휘할 수 있도록 조화로운 방법을 모색하되(규범조화적 해석), 법익형량의 원리, 입법에 의한 선택적 재량 등을 종합적으로 참작하여 심사하여야 한다(헌재 2005.11.24, 2002헌바95).

④ [O] 어떠한 법령이 수범자의 직업의 자유와 행복추구권 양자를 제한하는 외관을 띠는 경우 두 기본권의 경합 문제가 발생하는데, 보호영역으로서 '직업'이 문제되는 경우 행복추구권과 직업의 자유는 서로 일반특별관계에 있어 기본권의 내용상 특별성을 갖는 직업의 자유의 침해 여부가 우선하므로 행복추구권 관련 위헌 여부의 심사는 배제되어야 한다(헌재 2008.11.27, 2005헌마161).

08 기본권의 경합과 충돌에 관한 설명으로 옳지 않은 것은? (다툼이 있는 경우 헌법재판소 판례에 의함)

23. 소방간부

① 보호영역으로서의 '선거운동'의 자유가 문제되는 경우 표현의 자유 및 선거권과 일반적 행동자유권으로서의 행복추구권은 서로 특별관계에 있어 기본권의 내용상 특별성을 갖는 표현의 자유 및 선거권이 우선 적용된다.

② 상하의 위계질서가 있는 기본권끼리 충돌하는 경우에는 상위기본권우선의 원칙에 따라 하위기본권이 제한될 수 있으므로, 결국 혐연권은 흡연권을 침해하지 않는 한에서 인정되어야 한다.

③ 반론권은 보도기관이 사실에 대한 보도과정에서 타인의 인격권 및 사생활의 비밀과 자유에 대한 중대한 침해가 될 직접적 위험을 초래하게 되는 경우 이러한 법익을 보호하기 위한 적극적 요청에 의하여 마련된 제도인 것이지 언론의 자유를 제한하기 위한 소극적 필요에서 마련된 것은 아니기 때문에 이에 따른 보도기관이 누리는 언론의 자유에 대한 제약의 문제는 결국 피해자의 반론권과 서로 충돌하는 관계에 있다.

④ 사인간 기본권 충돌의 경우 입법자에 의한 규제와 개입은 개별 기본권 주체에 대한 기본권 제한의 방식으로 흔하게 나타나며, 노사관계의 경우에도 국가의 개입이 기본권을 침해하는지 여부가 문제 될 수는 있으나, 사적 계약관계라는 이유로 국가가 개입할 수 없다고 볼 것은 아니다.

⑤ 하나의 규제로 인하여 여러 기본권이 동시에 제약을 받는 기본권 경합의 경우에는 기본권 침해를 주장하는 청구인들의 의도 및 기본권을 제한하는 입법자의 객관적 동기 등을 참작하여 사안과 가장 밀접한 관계가 있고 또 침해의 정도가 큰 주된 기본권을 중심으로 해서 그 제한의 한계를 따져 보아야 한다.

해설

② [×] 상하의 위계질서가 있는 기본권끼리 충돌하는 경우에는 상위기본권우선의 원칙에 따라 하위기본권이 제한될 수 있으므로, 흡연권은 혐연권을 침해하지 않는 한에서 인정되어야 한다(헌재 2004.8.26, 2003헌마457).

① [O] 보호영역으로서의 '선거운동'의 자유가 문제되는 경우 표현의 자유 및 선거권과 일반적 행동자유권으로서의 행복추구권은 서로 특별관계에 있어 기본권의 내용상 특별성을 갖는 표현의 자유 및 선거권이 우선 적용된다고 할 것이므로, 이하에서는 행복추구권 침해 여부에 관하여 따로 판단하지 아니한다(헌재 2004.4.29, 2002헌마467).

③ [O] 반론권은 보도기관이 사실에 대한 보도과정에서 타인의 인격권 및 사생활의 비밀과 자유에 대한 중대한 침해가 될 직접적 위험을 초래하게 되는 경우 이러한 법익을 보호하기 위한 적극적 요청에 의하여 마련된 제도인 것이지 언론의 자유를 제한하기 위한 소극적 필요에서 마련된 것은 아니기 때문에 이에 따른 보도기관이 누리는 언론의 자유에 대한 제약의 문제는 결국 피해자의 반론권과 서로 충돌하는 관계에 있는 것으로 보아야 할 것이다(헌재 1991.9.16, 89헌마165).

④ [O] 사인간 기본권 충돌의 경우 입법자에 의한 규제와 개입은 개별 기본권 주체에 대한 기본권 제한의 방식으로 흔하게 나타나며, 노사관계의 경우도 마찬가지이다. 예컨대, 사용자와 근로자는 근로계약 체결단계에서부터 계약상 의무 위반에 이르기까지 근로기준법, 최저임금법 등 노동 관계법령에 의한 국가적 개입을 받고 있으며, 이러한 국가의 개입이 기본권을 침해하는지 여부가 문제될 수는 있으나, 사적 계약관계라는 이유로 국가가 개입할 수 없다고 볼 것은 아니다(헌재 2022.5.26, 2012헌바66).

⑤ [O] 하나의 규제로 인해 여러 기본권이 동시에 제약을 받는 기본권 경합의 경우에는 기본권 제한을 주장하는 의도 및 입법자의 객관적 동기 등을 참작하여 사안과 가장 밀접한 관계에 있고 침해의 정도가 큰 주된 기본권을 중심으로 해서 제한의 한계를 따져보아야 할 것이다(헌재 2009.5.28, 2005헌바20 등).

정답 | 07 ① 08 ②

09 기본권의 충돌과 경합에 관한 설명 중 가장 적절하지 않은 것은? (다툼이 있는 경우 판례에 의함)

23. 경찰승진

① 근로자의 개인적 단결권(단결선택권)과 노동조합의 집단적 단결권(조직강제권)이 충돌하는 경우 헌법의 통일성을 유지하기 위하여 상충하는 기본권 모두가 최대한으로 그 기능과 효력을 발휘할 수 있도록 조화로운 방법을 모색하되 법익형량의 원리, 입법에 의한 선택적 재량 등을 종합적으로 참작하여 심사하여야 한다.

② 흡연권은 사생활의 자유를 실질적 핵으로 하는 것이고 혐연권은 사생활의 자유뿐만 아니라 생명권에까지 연결되는 것이므로 혐연권이 흡연권보다 상위의 기본권이라 할 수 있고, 상하의 위계질서가 있는 기본권끼리 충돌하는 경우에는 상위기본권우선의 원칙에 따라 하위기본권이 제한될 수 있으므로, 흡연권은 혐연권을 침해하지 않는 한에서 인정되어야 한다.

③ 공무원직의 선택 내지 제한에 있어서는 공무담임권에 관한 헌법규정이 직업의 자유에 대한 특별규정으로서 우선적으로 적용되어야 한다.

④ 기본권의 경합이란 상이한 복수의 기본권 주체가 서로의 권익을 실현하기 위해 하나의 동일한 사건에서 국가에 대하여 서로 대립되는 기본권의 적용을 주장하는 경우를 말한다.

해설

④ [×] 기본권의 충돌이란 상이한 복수의 기본권 주체가 서로의 권익을 실현하기 위해 하나의 동일한 사건에서 국가에 대하여 서로 대립되는 기본권의 적용을 주장하는 경우를 말하는데, 한 기본권 주체의 기본권행사가 다른 기본권 주체의 기본권행사를 제한 또는 희생시킨다는 데 그 특징이 있다(헌재 2005.11.24, 2002헌바95).

① [O] 개인적 단결권과 집단적 단결권이 충돌하는 경우 기본권의 서열이론이나 법익형량의 원리에 입각하여 어느 기본권이 더 상위기본권이라고 단정할 수는 없다. 왜냐하면 개인적 단결권은 헌법상 단결권의 기초이자 집단적 단결권의 전제가 되는 반면에, 집단적 단결권은 개인적 단결권을 바탕으로 조직·강화된 단결체를 통하여 사용자와 사이에 실질적으로 대등한 관계를 유지하기 위하여 필수불가결한 것이기 때문이다. 즉 개인적 단결권이든 집단적 단결권이든 기본권의 서열이나 법익의 형량을 통하여 어느 쪽을 우선시키고 다른 쪽을 후퇴시킬 수는 없다고 할 것이다. 따라서 이러한 경우 헌법의 통일성을 유지하기 위하여 상충하는 기본권 모두가 최대한으로 그 기능과 효력을 발휘할 수 있도록 조화로운 방법을 모색하되, 법익형량의 원리, 입법에 의한 선택적 재량 등을 종합적으로 참작하여 심사하여야 한다(헌재 2005.11.24, 2002헌바95).

② [O] 흡연권은 사생활의 자유를 실질적 핵으로 하는 것이고 혐연권은 사생활의 자유뿐만 아니라 생명권에까지 연결되는 것이므로 혐연권이 흡연권보다 상위의 기본권이다. 상하의 위계질서가 있는 기본권끼리 충돌하는 경우에는 상위기본권우선의 원칙에 따라 하위기본권이 제한될 수 있으므로, 흡연권은 혐연권을 침해하지 않는 한에서 인정되어야 한다(헌재 2004.8.26, 2003헌마457).

③ [O] 공무원직의 선택 내지는 제한에 있어서는 공무담임권에 관한 헌법규정이 직업의 자유에 대한 특별규정으로서 우선적으로 적용되어야 하며 직업의 자유의 적용은 배제된다고 보아야 할 것이므로 … (헌재 2000.12.14, 99헌마112).

10 기본권의 효력에 관한 설명으로 옳은 것을 모두 고른 것은? (다툼이 있는 경우 판례에 의함) 23. 경찰경채

> ㉠ 기본권의 대국가적 효력은 국가권력에 대한 개인의 방어적 권리라는 기본권의 성격에서 비롯된다.
> ㉡ 기본권의 제3자적 효력(대사인적 효력)은 기본권의 객관적 가치질서로서의 성격과 밀접한 관련이 있다.
> ㉢ 기본권 규정은 그 성질상 사법관계에 직접 적용될 수 있는 예외적인 것을 제외하고는 사법상의 일반원칙을 규정한 민법 제2조, 제103조, 제750조, 제751조 등의 내용을 형성하고 그 해석의 기준이 되어 간접적으로 사법관계에 효력을 미치게 된다.
> ㉣ 평등권이라는 기본권의 침해도 민법 제750조의 일반규정을 통하여 사법상 보호되는 인격적 법익침해의 형태로 구체화되어 논하여질 수 있지만, 그 위법성 인정을 위하여는 반드시 사인간의 평등권 보호에 관한 별개의 입법이 있어야 한다.

① ㉠
② ㉠, ㉡
③ ㉠, ㉡, ㉢
④ ㉠, ㉡, ㉢, ㉣

해설

옳은 것은 ㉠, ㉡, ㉢이다.

㉠ [O] 기본권의 대국가적 효력은 국가와 국민의 관계에서 국민의 기본권은 주관적 공권으로서 직접적으로 모든 국가작용을 구속하는 것을 의미한다. 역사적으로 기본권은 국가권력에 대한 개인의 방어적 권리라는 성격으로 정립되어 왔으며, 국민이 개개인이 누리는 주관적 공권이기 때문에 기본권의 대국가적 효력은 당연히 인정된다.

㉡ [O] 기본권의 대사인적 효력이란 기본권이 국가의 국민의 관계를 넘어서 사인간에도 효력이 인정되어 사인의 법률행위나 사인 상호간의 법률관계에도 적용되는 것을 의미한다. 기본권을 사회구성원이 지키고 존중할 책임과 의무를 지는 객관적 가치질서로서의 성격으로 보면 기본권의 대사인적 효력이 인정될 수 있다.

㉢ [O] 기본권 규정은 그 성질상 사법관계에 직접 적용될 수 있는 예외적인 것을 제외하고는 사법상의 일반원칙을 규정한 민법 제2조, 제103조, 제750조, 제751조 등의 내용을 형성하고 그 해석 기준이 되어 간접적으로 사법관계에 효력을 미치게 된다(대판 2010.4.22, 2008다38288).

㉣ [×] 헌법 제11조는 "모든 국민은 법 앞에 평등하다. 누구든지 성별·종교 또는 사회적 신분에 의하여 정치적·경제적·사회적·문화적 생활의 모든 영역에 있어서 차별을 받지 아니한다."라고 규정하여 평등의 원칙을 선언함과 동시에 모든 국민에게 평등권을 보장하고 있다. 따라서 사적 단체를 포함하여 사회공동체 내에서 개인이 성별에 따른 불합리한 차별을 받지 아니하고 자신의 희망과 소양에 따라 다양한 사회적·경제적 활동을 영위하는 것은 그 인격권 실현의 본질적 부분에 해당하므로 평등권이라는 기본권의 침해도 민법 제750조의 일반규정을 통하여 사법상 보호되는 인격적 법익침해의 형태로 구체화되어 논하여질 수 있고, 그 위법성 인정을 위하여 반드시 사인간의 평등권 보호에 관한 별개의 입법이 있어야만 하는 것은 아니다(대판 2011.1.27, 2009다19864).

정답 | 09 ④ 10 ③

11 기본권 경합에 대한 설명으로 가장 적절하지 않은 것은? (다툼이 있는 경우 헌법재판소 판례에 의함)

23. 경찰간부

① 기본권 경합의 경우에는 기본권 침해를 주장하는 청구인의 의도 및 기본권을 제한하는 입법자의 객관적 동기 등을 참작하여 사안과 가장 밀접한 관계에 있고 또 침해의 정도가 큰 주된 기본권을 중심으로 그 제한의 한계를 살핀다.

② 청구인은 의료인이 아니라도 문신시술업을 합법적인 직업으로 영위할 수 있어야 함을 주장하고 있고, 의료법 조항의 1차적 의도도 보건위생상 위해 가능성이 있는 행위를 규율하고자 하는 경우에는 직업선택의 자유를 중심으로 위헌 여부를 살피는 이상 예술의 자유 침해 여부는 판단하지 아니한다.

③ 선거기간 중 모임을 처벌하는 공직선거법 조항에 대한 입법자의 1차적 의도는 선거기간 중 집회를 금지하는 데 있으며, 헌법상 결사의 자유보다 집회의 자유가 두텁게 보호되고, 위 조항에 의하여 직접 제약되는 자유 역시 집회의 자유이므로 집회의 자유를 침해하는지를 살핀다.

④ 국립대학교 총장임용후보자 선거 시 투표에서 일정 수 이상을 득표한 경우에만 기탁금 전액이나 일부를 후보자에게 반환하고, 반환되지 않은 기탁금은 국립대학교 발전기금에 귀속시키는 기탁금귀속조항에 대해서는 재산권보다 공무담임권을 중심으로 살핀다.

해설

④ [×] 이 사건 기탁금귀속조항은 후보자가 사망하거나 제1차 투표에서 유효투표수의 100분의 15 이상을 득표한 경우에는 기탁금 전액을, 제1차 투표에서 유효투표수의 100분의 10 이상 100분의 15 미만을 득표한 경우에는 기탁금 반액을 후보자에게 반환하고, 반환되지 않은 기탁금은 경북대학교 발전기금에 귀속되도록 하고 있다. 이하에서는 이 사건 기탁금귀속조항이 후보자의 재산권을 침해하는지 여부에 대하여 살핀다(헌재 2022.5.26, 2020헌마1219).

▶ 기탁금귀속조항과 달리 기탁금납부조항은 공무담임권의 침해 여부 위주로 판단하였다.

☑ 기탁금납부조항에 관한 판단

> 헌법 제25조의 공무담임권은 모든 국민이 누구나 그 능력과 적성에 따라 공직에 취임할 수 있는 균등한 기회를 보장한다. 이 사건 기탁금납부조항은 국립대학인 경북대학교에서 총장임용후보자선거의 후보자가 되려는 사람에게 기탁금 납부를 요구하므로, 이들의 공무담임권을 제한한다.
> 한편 청구인은 이 사건 기탁금납부조항이 경제적 능력이 없는 사람의 후보자 지원을 어렵게 하므로 평등권을 침해한다고 주장하나, 이는 공무담임권 침해 여부를 판단할 때 함께 판단할 수 있으므로 별도로 살피지 아니한다.
> 또한 청구인은 이 사건 기탁금납부조항이 기탁금을 납부하지 않을 자유를 제한함으로써 일반적 행동자유권을 침해한다고 주장하나, 이는 기탁금 납부를 요구함으로써 후보자 등록을 제한하는 것이 공무담임권을 침해한다는 주장과 다를 바 없으므로 이에 대해서 별도로 판단하지 않는다.
> 따라서 이하에서는 이 사건 기탁금납부조항이 공무담임권을 침해하는지 여부에 대하여 살핀다(헌재 2022.5.26, 2020헌마1219).

① [O] 하나의 규제로 인하여 여러 기본권이 동시에 제약을 받는 기본권 경합의 경우에는 기본권 침해를 주장하는 청구인의 의도 및 기본권을 제한하는 입법자의 객관적 동기 등을 참작하여 사안과 가장 밀접한 관계가 있고 또 침해의 정도가 큰 주된 기본권을 중심으로 해서 그 제한의 한계를 따져 보아야 한다(헌재 2020.7.16, 2018헌마566).

② [O] 청구인들은 의료인이 아니더라도 문신시술업을 합법적인 직업으로 영위할 수 있어야 함을 주장하고 있고, 심판대상조항의 일차적 의도도 보건위생상 위해 가능성이 있는 행위를 규율하고자 하는 데 있으며, 심판대상조항에 의한 예술의 자유 또는 표현의 자유의 제한은 문신시술업이라는 직업의 자유에 대한 제한을 매개로 하여 간접적으로 제약되는 것이라 할 것인바, 사안과 가장 밀접하고 침해의 정도가 큰 직업선택의 자유를 중심으로 심판대상조항의 위헌 여부를 살피는 이상 예술의 자유와 표현의 자유 침해 여부에 대하여는 판단하지 아니한다(헌재 2022.3.31, 2017헌마1343).

③ [O] 심판대상조항에 대한 입법자의 일차적 의도는 선거기간 중 모임, 즉 집회를 금지하고자 하는 데 있으며, 단체의 모임은 단체의 다양한 활동 중의 하나에 불과하고, 헌법상 결사의 자유보다는 집회의 자유가 두텁게 보호되며, 위 조항에 의하여 직접 제약되는 자유 역시 집회의 자유라고 할 것이다. 따라서 아래에서는 심판대상조항이 과잉금지원칙에 위반하여 집회의 자유를 침해하는지를 살핀다(헌재 2013.12.26, 2010헌가90).

12 다음 사례에 관한 설명으로 가장 적절하지 않은 것은? (다툼이 있는 경우 판례에 의함) 23. 경찰 2차

> 甲은 지방자치단체장으로 2006.7.1. 재직하고 있는 자로서 다음 지방자치단체장 선거에도 신분을 유지한 채로 출마하고자 하였다. 그런데 당시 공직선거법 제86조 제1항 및 제255조 제1항에서는 공무원이 '선거운동이 기획에 참여하거나 그 기획의 실시에 관여하는 행위'를 못하도록 하였고, 이를 위반한 경우 처벌하도록 규정하고 있었다. 이에 甲은 위 조항이 자신의 기본권을 침해한다며 헌법소원심판을 청구하였다.

① 위 사례는 하나의 규제로 인하여 청구인 甲의 정치적 표현의 자유와 공무담임권이 동시에 제약을 받을 수 있는 기본권경합에 해당한다.

② 선거운동의 기획행위는 공직 출마를 곧바로 제한하는 것이어서 정치적 표현의 자유보다는 공무담임권과 더 밀접한 관계가 있으므로 위 사례는 청구인 甲의 공무담임권을 침해하고 있는지 여부를 중심으로 해결한다.

③ 위 공직선거법 제86조 제1항 및 제255조 제1항은 '선거운동', '기획', '참여', '관여'라는 약간의 불명확성을 지닌 구성요건을 사용하여 법관의 보충적인 해석이 필요하다고 하더라도 헌법이 요구하는 죄형법정주의의 명확성의 원칙에 위배된다고 할 수 없다.

④ 공무원이라 하더라도 그 지위를 이용하지 않고 사적인 지위에서 선거운동의 기획행위를 하는 것까지 금지하는 것은 선거의 공정성을 보장하려는 입법목적을 달성하기 위한 합리적인 차별 취급이라고 볼 수 없으므로 위 조항은 청구인 甲의 평등권을 침해한다.

해설

② [×], ① [O] 선거운동의 자유는 널리 선거과정에서 자유로이 의사를 표현할 자유의 일환으로 정치적 표현의 자유의 한 태양인바, 이 사건 법률조항은 공무원에 대하여 '선거운동의 기획에 참여하거나 그 기획의 실시에 관여하는 행위'(이하 이를 '선거운동의 기획행위'라고 한다)를 금지함으로써 공무원의 정치적 표현의 자유를 제한하고 있다고 볼 것이다. 한편 공무원이 공직선거의 출마예정자일 경우 이 사건 법률조항은 입후보를 위한 선거운동의 기획행위를 금지한다는 측면에서 공무담임권(피선거권)을 제한하는 측면도 있다. 이 사건에서 정치적 표현의 자유와 공무담임권의 제한은 하나의 규제로 인하여 동시에 제약을 받을 수 있는 기본권경합의 성격을 지니는바, 선거운동의 기획행위는 공직출마를 곧바로 제한하는 것은 아니어서 공무담임권보다는 정치적 표현의 자유와 더 밀접한 관계에 있으므로, 이 사건 법률조항이 비례의 원칙에 위배하여 청구인의 정치적 표현의 자유를 침해하고 있는지 여부를 중심으로 살펴보기로 한다(헌재 2008.5.29, 2006헌마1096).

③ [O] 이 사건 법률조항이 그 조문에 "선거운동", "기획", "참여", "관여"라는 약간의 불명확성을 지닌 구성요건을 사용하여 법관의 보충적인 해석이 필요하다고 하더라도 그 점만으로 헌법이 요구하는 죄형법정주의의 명확성의 원칙에 위배된다고 할 수 없다(헌재 2008.5.29, 2006헌마1096).

④ [O] 공무원이 그 지위를 이용하여 한 선거운동의 기획행위를 금지하는 것은 선거의 공정성을 보장하기 위한 것인바, 이로써 공무원인 입후보자와 공무원이 아닌 다른 입후보자, 지방자치단체장과 국회의원과 그 보좌관, 비서관, 비서 및 지방의회의원을 차별하는 것은 합리적 이유가 있다고 볼 것이다. 그러나 위에서 본 바와 같이 이 사건 법률조항이 공무원이라 하더라도 그 지위를 이용하지 않고 사적인 지위에서 선거운동의 기획행위를 하는 것까지 금지하는 것은 선거의 공정성을 보장하려는 입법목적을 달성하기 위한 합리적인 차별취급이라고 볼 수 없으므로 평등권을 침해한다고 볼 것이다(헌재 2008.5.29, 2006헌마1096).

정답 | 11 ④ 12 ②

13 기본권의 충돌에 관한 설명으로 가장 적절하지 않은 것은? (다툼이 있는 경우 판례에 의함)

23. 경찰경채

① 기본권의 충돌이란 상이한 복수의 기본권주체가 서로의 권익을 실현하기 위해 하나의 동일한 사건에서 국가에 대하여 서로 대립되는 기본권의 적용을 주장하는 경우를 말하는데, 한 기본권 주체의 기본권행사가 다른 기본권주체의 기본권행사를 제한 또는 희생시킨다는 데 그 특징이 있다.

② 흡연자와 비흡연자가 함께 생활하는 공간에서의 흡연행위는 필연적으로 흡연자의 기본권과 비흡연자의 기본권이 충돌하는 상황이 초래된다. 이 경우 혐연권은 흡연권을 침해하지 않는 한에서 인정되어야 한다.

③ 근로자의 단결하지 아니할 자유와 노동조합의 적극적 단결권이 충돌하는 경우 단결권 상호간의 충돌은 아니라고 하더라도 여전히 헌법상 보장된 일반적 행동의 자유 또는 결사의 자유와 적극적 단결권 사이의 기본권 충돌의 문제가 제기될 수 있다.

④ 국가가 태아의 생명 보호를 위해 확정적으로 만들어 놓은 자기낙태죄 조항의 위헌성을 심사함에 있어 동 조항의 존재와 역할을 간과한 채, 임신한 여성의 자기결정권과 태아의 생명권의 직접적인 충돌을 해결해야 하는 사안으로 보는 것은 적절하지 않다.

해설

② [×] 흡연자가 비흡연자에게 아무런 영향을 미치지 않는 방법으로 흡연을 하는 경우에는 기본권의 충돌이 일어나지 않는다. 그러나 흡연자와 비흡연자가 함께 생활하는 공간에서의 흡연행위는 필연적으로 흡연자의 기본권과 비흡연자의 기본권이 충돌하는 상황이 초래된다. 그런데 흡연권은 위와 같이 사생활의 자유를 실질적 핵으로 하는 것이고 혐연권은 사생활의 자유뿐만 아니라 생명권에까지 연결되는 것이므로 혐연권이 흡연권보다 상위의 기본권이라 할 수 있다. 이처럼 상하의 위계질서가 있는 기본권끼리 충돌하는 경우에는 상위기본권우선의 원칙에 따라 하위기본권이 제한될 수 있으므로, 결국 흡연권은 혐연권을 침해하지 않는 한에서 인정되어야 한다(헌재 2004.8.26, 2003헌마457).

① [O] 기본권의 충돌이란 상이한 복수의 기본권주체가 서로의 권익을 실현하기 위해 하나의 동일한 사건에서 국가에 대하여 서로 대립되는 기본권의 적용을 주장하는 경우를 말하는데, 한 기본권주체의 기본권행사가 다른 기본권주체의 기본권행사를 제한 또는 희생시킨다는 데 그 특징이 있다(헌재 2005.11.24, 2002헌바95 등).

③ [O] 근로자가 노동조합을 결성하지 아니할 자유나 노동조합에 가입을 강제당하지 아니할 자유, 그리고 가입한 노동조합을 탈퇴할 자유는 근로자에게 보장된 단결권의 내용에 포섭되는 권리로서가 아니라 헌법 제10조의 행복추구권에서 파생되는 일반적 행동의 자유 또는 제21조 제1항의 결사의 자유에서 그 근거를 찾을 수 있다. 이와 같이 근로자의 단결하지 아니할 자유와 노동조합의 적극적 단결권이 충돌하는 경우 단결권 상호간의 충돌은 아니라고 하더라도 여전히 헌법상 보장된 일반적 행동의 자유 또는 결사의 자유와 적극적 단결권 사이의 기본권 충돌의 문제가 제기될 수 있다(헌재 2005.11.24, 2002헌바95 등).

④ [O] 이 사안은 국가가 태아의 생명 보호를 위해 확정적으로 만들어 놓은 자기낙태죄 조항이 임신한 여성의 자기결정권을 제한하고 있는 것이 과잉금지원칙에 위배되어 위헌인지 여부에 대한 것이다. 자기낙태죄 조항의 존재와 역할을 간과한 채 임신한 여성의 자기결정권과 태아의 생명권의 직접적인 충돌을 해결해야 하는 사안으로 보는 것은 적절하지 않다(헌재 2019.4.11, 2017헌바127).

14 기본권 충돌에 대한 설명으로 가장 적절하지 않은 것은? (다툼이 있는 경우 헌법재판소 판례에 의함)

23. 경찰간부

① 단체협약을 매개로 한 조직강제[이른바 유니언 샵(UnionShop) 협정 체결]를 용인하는 경우 근로자 개인의 단결하지 않을 자유는 노동조합의 적극적 단결권보다 중시된다.

② 국민의 수학권과 교사의 수업의 자유는 다 같이 보호되어야 하겠지만 양자가 충돌하는 경우 국민의 수학권이 더 우선적으로 보호되어야 한다.

③ 흡연권은 사생활의 자유를 실질적 핵으로 하는 것이고 혐연권은 사생활의 자유뿐만 아니라 생명권에까지 연결되는 것이므로 혐연권이 흡연권보다 상위의 기본권이다.

④ 피해자의 반론게재청구권으로 해석되는 정정보도청구권제도는 언론의 자유와는 서로 충돌되는 면이 있으나 전체적으로는 상충되는 기본권 사이에 합리적인 조화를 이루고 있다.

해설

① [×] 헌법재판소는 근로자 개인의 단결하지 않을 자유(=소극적 단결권)보다 적극적 단결권이 중시된다고 보았다.
이 사건 법률조항은 노동조합의 조직유지 · 강화를 위하여 당해 사업장에 종사하는 근로자의 3분의 2 이상을 대표하는 노동조합(이하 '지배적 노동조합'이라 한다)의 경우 단체협약을 매개로 한 조직강제[이른바 유니언 샵(Union Shop) 협정의 체결]를 용인하고 있다. 이 경우 근로자의 단결하지 아니할 자유와 노동조합의 적극적 단결권(조직강제권)이 충돌하게 되나, 근로자에게 보장되는 적극적 단결권이 단결하지 아니할 자유보다 특별한 의미를 갖고 있고, 노동조합의 조직강제권도 이른바 자유권을 수정하는 의미의 생존권(사회권)적 성격을 함께 가지는 만큼 근로자 개인의 자유권에 비하여 보다 특별한 가치로 보장되는 점 등을 고려하면, 노동조합의 적극적 단결권은 근로자 개인의 단결하지 않을 자유보다 중시된다고 할 것이고, 또 노동조합에게 위와 같은 조직강제권을 부여한다고 하여 이를 근로자의 단결하지 아니할 자유의 본질적인 내용을 침해하는 것으로 단정할 수는 없다(헌재 2005.11.24, 2002헌바95).

② [O] 국민의 수학권과 교사의 수업의 자유는 다 같이 보호되어야 하겠지만 그중에서도 국민의 수학권이 더 우선적으로 보호되어야 한다. 그것은 국민의 수학권의 보장은 우리 헌법이 지향하고 있는 문화국가, 민주복지국가의 이념구현을 위한 기본적 토대이고, 국민이 인간으로서 존엄과 가치를 가지며 행복을 추구하고(헌법 제10조 전문) 인간다운 생활을 영위하는데(헌법 제34조) 필수적인 조건이고 대전제이며, 국민의 수학권이 교육제도를 통하여 충분히 실현될 때 비로서 모든 국민은 모든 영역에 있어서 각인의 기회를 균등히 하고 능력을 최고도로 발휘할 수 있게 될 것이기 때문이다(헌재 1992.11.12, 89헌마88).

③ [O] 흡연권은 사생활의 자유를 실질적 핵으로 하는 것이고 혐연권은 사생활의 자유뿐만 아니라 생명권에까지 연결되는 것이므로 혐연권이 흡연권보다 상위의 기본권이다(헌재 2004.8.26, 2003헌마457).

④ [O] 정정보도청구권제도는 그 명칭에 불구하고 피해자의 반론게재청구권으로 해석되고 이는 언론의 자유와는 비록 서로 충돌되는 면이 없지 아니하나 전체적으로는 상충되는 기본권 사이에 합리적인 조화를 이루고 있는 것으로 판단된다(헌재 1991.9.16, 89헌마165).

15 기본권의 충돌이란 상이한 복수의 기본권주체가 서로의 권익을 실현하기 위해 하나의 동일한 사건에서 국가에 대하여 서로 대립되는 기본권의 적용을 주장하는 경우를 말하는데 헌법재판소는 이를 해결하기 위한 방법으로 기본권의 서열이론, 법익형량의 원리, 실제적 조화의 원리(=규범조화적 해석) 등을 사용한다. 다음 중 헌법재판소가 흡연권과 혐연권의 충돌을 해결하기 위해 사용한 방법과 같은 방법으로 기본권 충돌을 해결한 사례는?

24. 경찰 1차

① 정기간행물의등록등에관한법률상의 피해자의 반론권과 보도기관의 언론의 자유 사이의 충돌
② 통신비밀보호법이 위법하게 취득한 타인간의 대화내용을 공개하는 자를 처벌하는 경우 대화 공개자의 표현의 자유와 대화자의 통신의 비밀 사이의 충돌
③ 유니언 샵(Union Shop) 협정 체결을 용인하고 있는 노동조합및노동관계조정법에 의한 노동조합의 적극적 단결권과 근로자의 단결하지 아니할 자유 사이의 충돌
④ 유니언 샵(Union Shop) 협정 체결을 용인하고 있는 노동조합및노동관계조정법에 의한 노동조합의 집단적 단결권과 근로자의 단결선택권 사이의 충돌

해설

③ [O] 이 경우 근로자의 단결하지 아니할 자유와 노동조합의 적극적 단결권(조직강제권)이 충돌하게 되나, 근로자에게 보장되는 적극적 단결권이 단결하지 아니할 자유보다 특별한 의미를 갖고 있고, 노동조합의 조직강제권도 이른바 자유권을 수정하는 의미의 생존권(사회권)적 성격을 함께 가지는 만큼 근로자 개인의 자유권에 비하여 보다 특별한 가치로 보장되는 점 등을 고려하면, 노동조합의 적극적 단결권은 근로자 개인의 단결하지 않을 자유보다 중시된다고 할 것이고, 또 노동조합에게 위와 같은 조직강제권을 부여한다고 하여 이를 근로자의 단결하지 아니할 자유의 본질적인 내용을 침해하는 것으로 단정할 수는 없다(헌재 2005.11.24, 2002헌바95 등).

① [×] 보도기관이 누리는 언론의 자유에 대한 제약의 문제는 결국 피해자의 반론권과 서로 충돌하는 관계에 있는 것으로 보아야 할 것이다. 이와 같이 두 기본권이 서로 충돌하는 경우에는 헌법의 통일성을 유지하기 위하여 상충하는 기본권 모두가 최대한으로 그 기능과 효력을 나타낼 수 있도록 하는 조화로운 방법이 모색되어야 할 것이고, 결국은 이 법에 규정한 정정보도청구제도가 과잉금지의 원칙에 따라 그 목적이 정당한 것인가 그러한 목적을 달성하기 위하여 마련된 수단 또한 언론의 자유를 제한하는 정도가 인격권과의

정답 | 13 ② 14 ① 15 ③

사이에 적정한 비례를 유지하는 것인가의 여부가 문제된다 할 것이다. … 정정보도청구권제도는 그 명칭에 불구하고 피해자의 반론게재청구권으로 해석되고 이는 언론의 자유와는 비록 서로 충돌되는 면이 없지 아니하나 전체적으로는 상충되는 기본권 사이에 합리적인 조화를 이루고 있는 것으로 판단된다(헌재 1991.9.16, 89헌마165).

② [×] 이 사건 법률조항은 다른 한편으로는 위법하게 취득한 타인간의 대화내용을 공개하는 자를 처벌함으로써 그 대화내용을 공개하는 자의 표현의 자유를 제한하게 된다. … 따라서 이 사건 법률조항에 의하여 대화자의 통신의 비밀과 공개자의 표현의 자유라는 두 기본권이 충돌하게 된다. 이와 같이 두 기본권이 충돌하는 경우 헌법의 통일성을 유지하기 위하여 상충하는 기본권 모두 최대한으로 그 기능과 효력을 발휘할 수 있도록 조화로운 방법이 모색되어야 하므로, 과잉금지원칙에 따라서 이 사건 법률조항의 목적이 정당한 것인가, 그러한 목적을 달성하기 위하여 마련된 수단이 표현의 자유를 제한하는 정도와 대화의 비밀을 보호하는 정도 사이에 적정한 비례를 유지하고 있는가의 관점에서 심사하기로 한다. … 이 사건 법률조항이 상충되는 개인간의 대화의 비밀과 공개자의 표현의 자유 사이에 법익균형을 상실하고 있다고는 보기 어렵다(헌재 2011.8.30, 2009헌바42).

④ [×] 개인적 단결권(단결선택권)과 집단적 단결권(조직강제권)이 충돌하는 경우 기본권의 서열이론이나 법익형량의 원리에 입각하여 어느 기본권이 더 상위기본권이라고 단정할 수는 없다. 개인적 단결권이든 집단적 단결권이든 기본권의 서열이나 법익의 형량을 통하여 어느 쪽을 우선시키고 다른 쪽을 후퇴시킬 수는 없다. … 이러한 경우 헌법의 통일성을 유지하기 위하여 상충하는 기본권 모두가 최대한으로 그 기능과 효력을 발휘할 수 있도록 조화로운 방법을 모색하되, 법익형량의 원리, 입법에 의한 선택적 재량 등을 종합적으로 참작하여 심사하여야 한다(헌재 2005.11.24, 2002헌바95 등).

제4절 I 기본권의 한계와 제한

01 다음 기본권의 제한에 관한 설명 중 가장 옳은 것은? (다툼이 있는 경우 판례에 의함) 24. 해경간부

① 방송사업자가 구 방송법상 심의규정을 위반한 경우 방송통신위원회로 하여금 전문성과 독립성을 갖춘 방송통신심의위원회의 심의를 거쳐 '시청자에 대한 사과'를 명할 수 있도록 규정한 것은 침해의 최소성원칙에 위배되지 않는다.

② 형법상 자기낙태죄 조항은 태아의 생명을 보호하기 위한 것으로서 그 입법목적이 정당하고, 낙태를 방지하기 위하여 임신한 여성의 낙태를 형사처벌하는 것은 이러한 입법목적을 달성하는 데 적합한 수단이다.

③ 긴급재정경제명령은 평상시의 헌법 질서에 따른 권력행사 방법으로서는 대처할 수 없는 재정 · 경제상의 국가위기 상황에 처하여 이를 극복하기 위하여 발동되는 비상입법조치라는 속성상 기본권제한의 한계로서의 과잉금지원칙의 준수가 요구되지 않는다.

④ 감염병예방법에 근거한 집합제한 조치로 인하여 일반음식점 영업이 제한되어 영업이익이 감소된 경우, 일반음식점 운영자가 소유하는 영업 시설 · 장비 등에 대한 구체적인 사용 · 수익 및 처분권한을 제한받는 것이므로 보상규정의 부재는 일반음식점 운영자의 재산권을 제한한다고 볼 수 있다.

해설

② [O] 자기낙태죄 조항은 태아의 생명을 보호하기 위한 것으로서 그 입법목적이 정당하고, 낙태를 방지하기 위하여 임신한 여성의 낙태를 형사처벌하는 것은 이러한 입법목적을 달성하는 데 적합한 수단이다. … 자기낙태죄 조항은 입법목적을 달성하기 위하여 필요한 최소한의 정도를 넘어 임신한 여성의 자기결정권을 제한하고 있어 침해의 최소성을 갖추지 못하고 있으며, 법익균형성의 원칙도 위반하였다고 할 것이므로, 과잉금지원칙을 위반하여 임신한 여성의 자기결정권을 침해하는 위헌적인 규정이다(헌재 2019.4.11, 2017헌바127).

① [×] 심의규정을 위반한 방송사업자에게 '주의 또는 경고'만으로도 반성을 촉구하고 언론사로서의 공적 책무에 대한 인식을 제고시킬 수 있고, 위 조치만으로도 심의규정에 위반하여 '주의 또는 경고'의 제재조치를 받은 사실을 공표하게 되어 이를 다른 방송사업자나 일반 국민에게 알리게 됨으로써 여론의 왜곡 형성 등을 방지하는 한편, 해당 방송사업자에게는 해당 프로그램의 신뢰도 하락에 따른 시청률 하락 등의 불이익을 줄 수 있다. 또한, '시청자에 대한 사과'에 대하여는 '명령'이 아닌 '권고'의 형태를 취할 수도 있다. 이와 같이 기본권을 보다 덜 제한하는 다른 수단에 의하더라도 이 사건 심판대상조항이 추구하는 목적을 달성할 수 있으므로 이 사건 심판대상조항은 침해의 최소성원칙에 위배된다. … 따라서 이 사건 심판대상조항은 과잉금지원칙에 위배되어 방송사업자의 인격권을 침해한다(헌재 2012.8.23, 2009헌가27).

③ [×] 대통령의 긴급재정경제명령은 평상시의 헌법 질서에 따른 권력행사방법으로서는 대처할 수 없는 재정 · 경제상의 국가위기 상황에 처하여 이를 극복하기 위하여 발동되는 비상입법조치라는 속성으로부터 일시적이긴 하나 다소간 권력분립의 원칙과 개인의 기본권에 대한 침해를 가져오는 것은 어쩔 수 없는 것이다. … 즉, 긴급재정경제명령이 아래에서 보는 바와 같은 헌법 제76조 소정의 요건과 한계에 부합하는 것이라면 그 자체로 목적의 정당성, 수단의 적정성, 피해의 최소성, 법익의 균형성이라는 기본권제한의 한계로서의 과잉금지원칙을 준수하는 것이 되는 것이다. 그러므로 이 사건 긴급명령이 헌법 제76조가 정하고 있는 요건과 한계에 부합하는 것인지 살펴본다(헌재 1996.2.29, 93헌마186).

④ [×] 감염병예방법 제49조 제1항 제2호에 근거한 집합제한 조치로 인하여 청구인들의 일반음식점 영업이 제한되어 영업이익이 감소되었다 하더라도, 청구인들이 소유하는 영업 시설 · 장비 등에 대한 구체적인 사용 · 수익 및 처분권한을 제한받는 것은 아니므로, 보상규정의 부재가 청구인들의 재산권을 제한한다고 볼 수 없다(헌재 2023.6.29, 2020헌마1669).

02 법률에 근거한 기본권 제한에 관한 설명으로 가장 적절하지 않은 것은? (다툼이 있는 경우 판례에 의함)

24. 경찰 2차

① 법률에서 명시적으로 규정된 제재보다 더 가벼운 것을 하위 규칙에서 규정하더라도 만일 그것이 기본권 제한적 효과를 지니게 된다면, 이는 행정법적 법률유보원칙에 어긋나는지와 상관없이 헌법 제37조 제2항에 따라 엄격한 법률적 근거를 지녀야 한다.

② 법률 위임의 구체성 · 명확성의 요구 정도는 규제대상의 종류와 성격에 따라서 달라지는데, 기본권침해 영역에서는 급부행정 영역에서보다는 구체성 요구가 강화되고, 다양한 사실관계를 규율하거나 사실관계가 수시로 변화될 것이 예상되면 위임의 명확성 요건이 완화되어야 한다.

③ 법률의 위임규정 자체가 그 의미 내용을 정확하게 알 수 있는 용어를 사용하여 위임 한계를 분명히 밝히는데도 하위법령이 그 문언적 의미의 한계를 벗어나거나, 위임규정에서 사용하는 용어의 의미를 넘어 그 범위를 확장 혹은 축소함으로써 위임 내용을 구체화하는 단계를 벗어나 새로운 입법으로 평가할 수 있다면 이는 위임 한계를 일탈한 것으로 허용되지 않는다.

④ 법률에서 일부 내용을 하위법령에 위임할 때, 해당 법률에서 사용된 추상적 용어가 하위법령에서 규정될 내용과는 별도로 독자적인 규율 내용을 정하려는 것이라도 포괄위임금지원칙 위반 여부와 별도로 명확성원칙이 문제될 수 없다.

해설

④ [×] 법률에서 일부 내용을 하위법령에 위임하는 경우 법률에서 사용된 추상적 용어가 하위법령에 규정될 내용과는 별도로 독자적인 규율 내용을 정하기 위한 것이라면 별도로 명확성원칙이 문제될 수 있으나, 그 추상적 용어가 하위법령에 규정될 내용의 범위를 구체적으로 정해주기 위한 역할을 하는 경우라면 명확성원칙 위반의 문제는 결국 포괄위임금지원칙 위반의 문제로 포섭된다(헌재 2021.10.28, 2019헌바148).

① [O] 이 사건 경고의 경우 법률(구 방송법 제100조 제1항)에서 명시적으로 규정된 제재보다 더 가벼운 것을 하위 규칙에서 규정한 경우이므로, 그러한 제재가 행정법에서 요구되는 법률유보원칙에 어긋났다고 단정하기 어려운 측면이 있다. 그러나 만일 그것이 기본권 제한적 효과를 지니게 된다면, 이는 행정법적 법률유보원칙의 위배 여부에도 불구하고 헌법 제37조 제2항에 따라 엄격한 법률적 근거를 지녀야 한다(헌재 2007.11.29, 2004헌마290).

② [O] 위임의 구체성 · 명확성의 요구 정도는 규제대상의 종류와 성격에 따라서 달라진다. 기본권침해영역에서는 급부행정영역에서보다는 구체성의 요구가 강화되고, 다양한 사실관계를 규율하거나 사실관계가 수시로 변화될 것이 예상될 때에는 위임의 명확성의 요건이 완화되어야 한다(헌재 2008.4.24, 2004헌바48).

③ [O] 법률의 위임 규정 자체가 그 의미 내용을 정확하게 알 수 있는 용어를 사용하여 위임의 한계를 분명히 하고 있는데도 시행령이 그 문언적 의미의 한계를 벗어났다든지, 위임 규정에서 사용하고 있는 용어의 의미를 넘어 그 범위를 확장하거나 축소함으로써 위임 내용을 구체화하는 단계를 벗어나 새로운 입법을 한 것으로 평가할 수 있다면, 이는 위임의 한계를 일탈한 것으로서 허용되지 아니한다(대판 2012.12.20, 2011두30878).

정답 | 01 ② 02 ④

03 다음 기본권 제한에 관한 설명 중 가장 옳지 않은 것은? (다툼이 있는 경우 판례에 의함) 24. 해경

① 국가공무원법 제66조 제1항 본문 중 '그 밖에 공무 외의 일을 위한 집단행위'는 '공익에 반하는 목적을 위하여 직무전념의무를 해태하는 등의 영향을 가져오거나, 공무에 대한 국민의 신뢰에 손상을 가져올 수 있는 공무원 다수의 결집된 행위'를 말하는 것으로 한정 해석되므로 명확성원칙에 위반되지 않는다.

② 비상계엄이 선포된 경우, 영장제도와 언론·출판·집회·결사의 자유에 대한 특별한 조치를 통하여 기본권 제한을 할 수 있는 명시적인 헌법상 근거가 존재한다.

③ 입법자가 선택한 수단보다 국민의 기본권을 덜 침해하는 수단이 존재하더라도 그 다른 수단이 효과 측면에서 입법자가 선택한 수단과 동등하거나 유사하다고 단정할 만한 명백한 근거가 없는 이상, 과잉금지원칙에 위반된다고는 할 수 없다.

④ 보험사기를 이유로 체포된 공인이 아닌 피의자를 수사기관이 기자들에게 경찰서 내에서 수갑을 차고 얼굴을 드러낸 상태에서 조사받는 모습을 촬영할 수 있도록 허용한 행위는 피의자의 재범방지 및 범죄예방을 위한 것으로 목적의 정당성이 인정된다.

해설

④ [×] 피청구인은 기자들에게 청구인이 경찰서 내에서 수갑을 차고 얼굴을 드러낸 상태에서 조사받는 모습을 촬영할 수 있도록 허용하였는데, 청구인에 대한 이러한 수사 장면을 공개 및 촬영하게 할 어떠한 공익 목적도 인정하기 어려우므로 촬영허용행위는 목적의 정당성이 인정되지 아니한다. … 또한 촬영허용행위는 언론 보도를 보다 실감나게 하기 위한 목적 외에 어떠한 공익도 인정할 수 없는 반면, 청구인은 피의자로서 얼굴이 공개되어 초상권을 비롯한 인격권에 대한 중대한 제한을 받았고, 촬영한 것이 언론에 보도될 경우 범인으로서의 낙인 효과와 그 파급효는 매우 가혹하여 법익균형성도 인정되지 아니하므로, 촬영허용행위는 과잉금지원칙에 위반되어 청구인의 인격권을 침해하였다(헌재 2014.3.27, 2012헌마652).

① [O] 이 사건 국가공무원법 규정의 '공무 외의 일을 위한 집단행위'는 언론·출판·집회·결사의 자유를 보장하고 있는 헌법 제21조 제1항과 국가공무원법의 입법취지, 국가공무원법상 공무원의 성실의무와 직무전념의무 등을 종합적으로 고려할 때, '공익에 반하는 목적을 위하여 직무전념의무를 해태하는 등의 영향을 가져오거나, 공무에 대한 국민의 신뢰에 손상을 가져올 수 있는 공무원 다수의 결집된 행위'를 말하는 것으로 한정 해석되므로 명확성원칙에 위반된다고 볼 수 없다(헌재 2014.8.28, 2011헌바32 등).

② [O]

> 헌법 제77조 ③ 비상계엄이 선포된 때에는 법률이 정하는 바에 의하여 영장제도, 언론·출판·집회·결사의 자유, 정부나 법원의 권한에 관하여 특별한 조치를 할 수 있다.

③ [O] 과잉금지원칙의 한 내용인 '최소침해의 원칙'이라는 것은 어디까지나 입법목적의 달성에 있어 동일한 효과를 나타내는 수단 중에서 되도록 당사자의 기본권을 덜 침해하는 수단을 채택하라는 헌법적 요구인바, 입법자가 택한 수단보다 국민의 기본권을 덜 침해하는 수단이 존재하더라도 그 다른 수단이 효과 측면에서 입법자가 선택한 수단과 동등하거나 유사하다고 단정할 만한 명백한 근거가 없는 이상, 그것이 과잉금지원칙에 반한다고 할 수는 없다(헌재 2012.8.23, 2010헌가65).

04 기본권 제한의 일반원칙에 대한 설명으로 옳지 않은 것은? (다툼이 있는 경우 판례에 의함) 24. 지방직 7급

① 오늘날 법률유보원칙은 단순히 행정작용이 법률에 근거를 두기만 하면 충분한 것이 아니라, 국가공동체와 그 구성원에게 기본적이고도 중요한 의미를 갖는 영역, 특히 국민의 기본권실현에 관련된 영역에 있어서는 행정에 맡길 것이 아니라 국민의 대표자인 입법자 스스로 그 본질적 사항에 대하여 결정하여야 한다는 요구까지 내포하는 것으로 이해하여야 한다.

② 개별사건법률은 개별사건에만 적용되는 것이므로 원칙적으로 평등원칙에 위배되는 자의적인 규정이라는 강한 의심을 불러일으키지만, 위헌 여부는 그 형식만으로 가려지는 것이 아니라, 나아가 평등의 원칙이 추구하는 실질적 내용이 정당한지 아닌지를 따져야 비로소 가려진다.

③ 기본권 제한에 관한 법률유보의 원칙은 '법률에 근거한 규율'을 요청하는 것이 아니라 '법률에 의한 규율'을 요청하는 것이므로, 기본권의 제한의 형식은 반드시 법률의 형식이어야 한다.

④ 법문언이 해석을 통해서, 즉 법관의 보충적인 가치판단을 통해서 그 의미내용을 확인해 낼 수 있고, 그러한 보충적 해석이 해석자의 개인적인 취향에 따라 좌우될 가능성이 없다면 명확성의 원칙에 반한다고 할 수 없다.

해설

③ [×] 헌법 제37조 제2항은 기본권제한에 관한 일반적 법률유보조항이라고 할 수 있는데 법률유보의 원칙은 '법률에 의한 규율'을 요청하는 것이 아니라 '법률에 근거한 규율'을 요청하는 것이기 때문에 기본권의 제한에는 법률의 근거가 필요할 뿐이고 기본권 제한의 형식이 반드시 법률의 형식일 필요는 없는 것이다(헌재 2003.11.27, 2002헌마193).

① [O] 오늘날 법률유보원칙은 단순히 행정작용이 법률에 근거를 두기만 하면 충분한 것이 아니라, 국가공동체와 그 구성원에게 기본적이고도 중요한 의미를 갖는 영역, 특히 국민의 기본권실현에 관련된 영역에 있어서는 행정에 맡길 것이 아니라 국민의 대표자인 입법자 스스로 그 본질적 사항에 대하여 결정하여야 한다는 요구까지 내포하는 것으로 이해하여야 한다(이른바 의회유보원칙)(헌재 1999.5.27, 98헌바70).

② [O] 개별사건법률은 개별사건에만 적용되는 것이므로 원칙적으로 평등원칙에 위배되는 자의적인 규정이라는 강한 의심을 불러일으킨다. 그러나 개별사건법률금지의 원칙이 법률제정에 있어서 입법자가 평등원칙을 준수할 것을 요구하는 것이기 때문에, 특정규범이 개별사건법률에 해당한다 하여 곧바로 위헌을 뜻하는 것은 아니다. 비록 특정법률 또는 법률조항이 단지 하나의 사건만을 규율하려고 한다 하더라도 이러한 차별적 규율이 합리적인 이유로 정당화될 수 있는 경우에는 합헌적일 수 있다. 따라서 개별사건법률의 위헌 여부는, 그 형식만으로 가려지는 것이 아니라 나아가 평등의 원칙이 추구하는 실질적 내용이 정당한지 아닌지를 따져야 비로소 가려진다(헌재 1996.2.16, 96헌가2 등).

④ [O] 법규범의 문언은 어느 정도 가치개념을 포함한 일반적, 규범적 개념을 사용하지 않을 수 없는 것이기 때문에 명확성의 원칙이란 기본적으로 최대한이 아닌 최소한의 명확성을 요구하는 것으로서, 법문언이 법관의 보충적인 가치판단을 통해서 그 의미내용을 확인할 수 있고, 그러한 보충적 해석이 해석자의 개인적인 취향에 따라 좌우될 가능성이 없다면 명확성의 원칙에 반한다고 할 수 없다(헌재 2005.12.22, 2004헌바45).

정답 | 03 ④ 04 ③

05 기본권의 제한에 관한 설명으로 가장 적절하지 않은 것은? (다툼이 있는 경우 판례에 의함)

25. 경정승진

① 헌법 제37조 제2항은 국민의 자유와 권리를 제한하는 근거와 그 제한의 한계를 설정하여 국민의 자유와 권리의 제한은 "법률"로써만 할 수 있다고 규정하고 있는바, 이는 기본권의 제한이 원칙적으로 국회에서 제정한 형식적 의미의 법률에 의해서만 가능하다는 것을 의미하고, 직접 법률에 의하지 아니하는 예외적인 경우라 하더라도 엄격히 법률에 근거하여야 한다는 것을 또한 의미한다.

② 육군3사관학교 사관생도는 군장교를 배출하기 위하여 국가가 모든 재정을 부담하는 특수교육기관인 육군3사관학교의 구성원으로서, 학교에 입학한 날에 육군 사관생도의 병적에 편입하고 준사관에 준하는 대우를 받는 특수한 신분관계에 있다고 하더라도 그 존립목적을 달성하기 위하여 일반 국민보다 상대적으로 기본권이 더 제한될 수는 없다.

③ 대상법률이 형성법률인 경우 위헌성 판단은 기본권 제한의 한계규정인 헌법 제37조 제2항에 따른 과잉금지 내지 비례의 원칙의 적용을 받는 것이 아니라, 그러한 형성법률이 그 재량의 한계인 자유민주주의 등 헌법상의 기본원리를 지키면서 관련 기본권이나 객관적 가치질서의 보장에 기여하는지 여부에 따라 판단된다.

④ 법치국가원리의 한 표현인 명확성의 원칙은 기본적으로 모든 기본권제한 입법에 대하여 요구되지만 민사법규는 행위규범의 측면이 강조되는 형벌법규와는 달리 기본적으로는 재판법규의 측면이 훨씬 강조되므로, 사회현실에 나타나는 여러 가지 현상에 관하여 일반적으로 흠결 없이 적용될 수 있도록 보다 추상적인 표현을 사용하는 것이 상대적으로 더 가능하다고 본다.

해설

② [×] 사관생도는 군 장교를 배출하기 위하여 국가가 모든 재정을 부담하는 특수교육기관인 육군3사관학교의 구성원으로서, 학교에 입학한 날에 육군 사관생도의 병적에 편입하고 준사관에 준하는 대우를 받는 특수한 신분관계에 있다. 따라서 그 존립 목적을 달성하기 위하여 필요한 한도내에서 일반 국민보다 상대적으로 기본권이 더 제한될 수 있으나, 그러한 경우에도 법률유보원칙, 과잉금지원칙 등 기본권 제한의 헌법상 원칙들을 지켜야 한다(대판 2018.8.30, 2016두60591).

① [O] 헌법 제37조 제2항은 국민의 자유와 권리를 제한하는 근거와 그 제한의 한계를 설정하여 국민의 자유와 권리의 제한은 "법률"로써만 할 수 있다고 규정하고 있는바, 이는 기본권의 제한이 원칙적으로 국회에서 제정한 형식적 의미의 법률에 의해서만 가능하다는 것을 의미하고, 직접 법률에 의하지 아니하는 예외적인 경우라 하더라도 엄격히 법률에 근거하여야 한다는 것을 또한 의미하는데, 기본권을 제한하는 공권력의 행사가 법률에 근거하지 아니하고 있다면, 이는 헌법 제37조 제2항에 위반하여 국민의 기본권을 침해하는 것이다(헌재 2000.12.14, 2000헌마659).

③ [O] 대상법률이 형성법률인 경우 위헌성 판단은 기본권 제한의 한계 규정인 헌법 제37조 제2항에 따른 과잉금지 내지 비례의 원칙의 적용을 받는 것이 아니라, 그러한 형성법률이 그 재량의 한계인 자유민주주의 등 헌법상의 기본원리를 지키면서 관련 기본권이나 객관적 가치질서의 보장에 기여하는지 여부에 따라 판단된다(헌재 2006.4.27, 2005헌마1047 등).

④ [O] 법치국가원리의 한 표현인 명확성의 원칙은 기본적으로 모든 기본권제한 입법에 대하여 요구되지만 … 민사법규는 행위규범의 측면이 강조되는 형벌법규와는 달리 기본적으로는 재판법규의 측면이 훨씬 강조되므로, 사회현실에 나타나는 여러 가지 현상에 관하여 일반적으로 흠결 없이 적용될 수 있도록 보다 추상적인 표현을 사용하는 것이 상대적으로 더 가능하다고 본다(헌재 2007.10.25, 2005헌바96).

06 기본권 제한에 관한 설명 중 가장 적절하지 않은 것은? (다툼이 있는 경우 판례에 의함) 22. 경찰승진

① 법률유보의 원칙은 '법률에 의한' 규율만을 뜻하는 것이 아니라 '법률에 근거한' 규율을 요청하는 것이므로 기본권 제한의 형식이 반드시 법률의 형식일 필요는 없고 법률에 근거를 두면서 헌법 제75조가 요구하는 위임의 구체성과 명확성을 구비하기만 하면 위임입법에 의하여도 기본권 제한을 할 수 있다.

② 텔레비전방송수신료금액의 결정은 납부의무자의 범위 등과 함께 수신료에 관한 본질적인 중요한 사항이라고 보기 어려우므로 한국방송공사법 제36조 제1항이 국회의 결정이나 관여를 배제하고 한국방송공사로 하여금 수신료금액을 결정해서 문화관광부장관의 승인을 얻도록 하더라도 법률유보원칙에 위반되지 않는다.

③ 침해의 최소성의 관점에서, 입법자는 그가 의도하는 공익을 달성하기 위하여 우선 기본권을 보다 적게 제한하는 단계인 기본권행사의 '방법'에 관한 규제로써 공익을 실현할 수 있는가를 시도하고 이러한 방법으로는 공익달성이 어렵다고 판단되는 경우에 비로소 그 다음 단계인 기본권행사의 '여부'에 관한 규제를 선택해야 한다.

④ 특정규범이 개별사건법률에 해당한다 하여 곧바로 위헌을 뜻하는 것은 아니며, 비록 특정법률 또는 법률조항이 단지 하나의 사건만을 규율하려고 한다 하더라도 이러한 차별적 규율이 합리적인 이유로 정당화될 수 있는 경우에는 합헌적일 수 있다.

해설

② [×] 오늘날 법률유보원칙은 단순히 행정작용이 법률에 근거를 두기만 하면 충분한 것이 아니라, 국가공동체와 그 구성원에게 기본적이고도 중요한 의미를 갖는 영역, 특히 국민의 기본권실현과 관련된 영역에 있어서는 국민의 대표자인 입법자가 그 본질적 사항에 대해서 스스로 결정하여야 한다는 요구까지 내포하고 있다(의회유보원칙). 그런데 텔레비전방송수신료는 대다수 국민의 재산권 보장의 측면이나 한국방송공사에게 보장된 방송자유의 측면에서 국민의 기본권실현에 관련된 영역에 속하고, 수신료금액의 결정은 납부의무자의 범위 등과 함께 수신료에 관한 본질적인 중요한 사항이므로 국회가 스스로 행하여야 하는 사항에 속하는 것임에도 불구하고 한국방송공사법 제36조 제1항에서 국회의 결정이나 관여를 배제한 채 한국방송공사로 하여금 수신료금액을 결정해서 문화관광부장관의 승인을 얻도록 한 것은 법률유보원칙에 위반된다(헌재 1999.5.27, 98헌바70).

① [O] 국민의 기본권은 헌법 제37조 제2항에 의하여 국가안전보장, 질서유지 또는 공공복리를 위하여 필요한 경우에 한하여 이를 제한할 수 있으나 그 제한은 원칙적으로 법률로써만 가능하며, 제한하는 경우에도 기본권의 본질적 내용을 침해할 수 없고 필요한 최소한도에 그쳐야 한다. 이러한 법률유보의 원칙은 '법률에 의한' 규율만을 뜻하는 것이 아니라 '법률에 근거한' 규율을 요청하는 것이므로 기본권 제한의 형식이 반드시 법률의 형식일 필요는 없고 법률에 근거를 두면서 헌법 제75조가 요구하는 위임의 구체성과 명확성을 구비하기만 하면 위임입법에 의하여도 기본권 제한을 할 수 있다 할 것이다(헌재 2005.2.24, 2003헌마289).

③ [O] 입법자는 공익실현을 위하여 기본권을 제한하는 경우에도 입법목적을 실현하기에 적합한 여러 수단 중에서 되도록 국민의 기본권을 가장 존중하고 기본권을 최소로 침해하는 수단을 선택해야 한다. 기본권을 제한하는 규정은 기본권 행사의 '방법'에 관한 규정과 기본권행사의 '여부'에 관한 규정으로 구분할 수 있다. 침해의 최소성의 관점에서, 입법자는 그가 의도하는 공익을 달성하기 위하여 우선 기본권을 보다 적게 제한하는 단계인 기본권행사의 '방법'에 관한 규제로써 공익을 실현할 수 있는가를 시도하고 이러한 방법으로는 공익달성이 어렵다고 판단되는 경우에 비로소 그 다음 단계인 기본권행사의 '여부'에 관한 규제를 선택해야 한다(헌재 1998.5.28, 96헌가5).

④ [O] 개별사건법률은 개별사건에만 적용되는 것이므로 원칙적으로 평등원칙에 위배되는 자의적인 규정이라는 강한 의심을 불러일으킨다. 그러나 개별사건법률금지의 원칙이 법률제정에 있어서 입법자가 평등원칙을 준수할 것을 요구하는 것이기 때문에, 특정규범이 개별사건법률에 해당한다 하여 곧바로 위헌을 뜻하는 것은 아니다. 비록 특정법률 또는 법률조항이 단지 하나의 사건만을 규율하려고 한다 하더라도 이러한 차별적 규율이 합리적인 이유로 정당화될 수 있는 경우에는 합헌적일 수 있다. 따라서 개별사건법률의 위헌 여부는, 그 형식만으로 가려지는 것이 아니라, 나아가 평등의 원칙이 추구하는 실질적 내용이 정당한지 아닌지를 따져야 비로소 가려진다(헌재 1996.2.16, 96헌가2).

정답 | 05 ② 06 ②

07 기본권의 제한에 관한 설명 중 가장 적절하지 않은 것은? (다툼이 있는 경우 판례에 의함)

22. 경찰 1차

① 형법 제304조 중 "혼인을 빙자하여 음행의 상습 없는 부녀를 기망하여 간음한 자" 부분은 형벌규정을 통하여 추구하고자 하는 목적 자체가 헌법에 의하여 허용되지 않는 것으로서 그 정당성이 인정되지 않는다.

② 배우자 있는 자의 간통행위 및 그와의 상간행위를 2년 이하의 징역에 처하도록 규정한 형법 제241조는 선량한 성풍속 및 일부일처제에 기초한 혼인제도를 보호하고 부부간 정조의무를 지키게 하기 위한 것으로 그 입법목적의 정당성은 인정된다.

③ 운전면허를 받은 사람이 다른 사람의 자동차 등을 훔친 경우에는 운전면허를 필요적으로 취소하도록 한 구 도로교통법 조항 중 '다른 사람의 자동차 등을 훔친 경우' 부분은 다른 사람의 자동차 등을 훔친 범죄행위에 대한 행정적 제재를 강화하여 자동차 등의 운행과정에서 야기될 수 있는 교통상의 위험과 장해를 방지함으로써 안전하고 원활한 교통을 확보하고자 하는 것으로서 그 입법목적이 정당하다.

④ 형법 제269조 제1항의 자기낙태죄 조항은 태아의 생명을 보호하기 위한 것으로서 그 입법목적은 정당하지만, 낙태를 방지하기 위하여 임신한 여성의 낙태를 형사처벌하는 것은 이러한 입법목적을 달성하는 데 적절하고 실효성 있는 수단이라고 할 수 없다.

해설

④ [×] 자기낙태죄 조항은 태아의 생명을 보호하기 위한 것으로서 그 입법목적이 정당하고, 낙태를 방지하기 위하여 임신한 여성의 낙태를 형사처벌하는 것은 이러한 입법목적을 달성하는 데 적합한 수단이다. … 자기낙태죄 조항은 입법목적을 달성하기 위하여 필요한 최소한의 정도를 넘어 임신한 여성의 자기결정권을 제한하고 있어 침해의 최소성을 갖추지 못하였고, 태아의 생명보호라는 공익에 대하여만 일방적이고 절대적인 우위를 부여함으로써 법익균형성의 원칙도 위반하였으므로, 과잉금지원칙을 위반하여 임신한 여성의 자기결정권을 침해한다(헌재 2019.4.11, 2017헌바127).

① [O] 이 사건 법률조항의 경우 입법목적에 정당성이 인정되지 않는다. 첫째, 남성이 위력이나 폭력 등 해악적 방법을 수반하지 않고서 여성을 애정행위의 상대방으로 선택하는 문제는 그 행위의 성질상 국가의 개입이 자제되어야 할 사적인 내밀한 영역인데다 또 그 속성상 과장이 수반되게 마련이어서 우리 형법이 혼전 성관계를 처벌대상으로 하지 않고 있으므로 혼전 성관계의 과정에서 이루어지는 통상적 유도행위 또한 처벌해야 할 이유가 없다. 결국 이 사건 법률조항은 목적의 정당성, 수단의 적절성 및 피해최소성을 갖추지 못하였고 법익의 균형성도 이루지 못하였으므로, 헌법 제37조 제2항의 과잉금지원칙을 위반하여 남성의 성적 자기결정권 및 사생활의 비밀과 자유를 과잉제한하는 것으로 헌법에 위반된다(헌재 2009.11.26, 2008헌바58).

② [O] 심판대상조항은 선량한 성풍속 및 일부일처제에 기초한 혼인제도를 보호하고 부부간 정조의무를 지키게 하기 위한 것으로 그 입법목적의 정당성은 인정된다. 오늘날 간통죄는 간통행위자 중 극히 일부만 처벌될 뿐만 아니라 잠재적 범죄자를 양산하여 그들의 기본권을 제한할 뿐, 혼인제도 및 정조의무를 보호하기 위한 실효성은 잃게 되었다. 혼인과 가정의 유지는 당사자의 자유로운 의지와 애정에 맡겨야지, 형벌을 통하여 타율적으로 강제될 수 없는 것이므로, 심판대상조항이 일부일처제의 혼인제도와 가정질서를 보호한다는 목적을 달성하는 데 적절하고 실효성 있는 수단이라고 할 수 없다. 결국, 심판대상조항은 수단의 적절성 및 침해최소성을 갖추지 못하였고 법익의 균형성도 상실하였으므로, 과잉금지원칙을 위반하여 국민의 성적 자기결정권 및 사생활의 비밀과 자유를 침해하는 것으로 헌법에 위반된다(헌재 2015.2.26, 2009헌바17).

③ [O] 심판대상조항은 다른 사람의 자동차 등을 훔친 범죄행위에 대한 행정적 제재를 강화하여 자동차 등의 운행과정에서 야기될 수 있는 교통상의 위험과 장해를 방지함으로써 안전하고 원활한 교통을 확보하고자 하는 것으로서 그 입법목적이 정당하다. 다른 사람의 자동차 등을 훔친 경우 운전면허를 필요적으로 취소하도록 하는 것은 이러한 입법목적을 달성하는 데 기여할 수 있으므로 수단의 적정성도 인정된다. … 자동차 등의 절도 범죄로 야기되는 교통상의 위험과 장해를 방지하기 위하여 그에 대한 행정적 제재를 강화할 필요가 있다 하더라도, 위와 같이 임의적 운전면허 취소 또는 정지사유로 규정하면서 철저한 단속과 엄격한 법집행 등을 통해 불법의 정도에 상응하는 제재수단을 선택하도록 하는 것으로도 충분히 그 목적을 달성하는 것이 가능하다. … 심판대상조항은 침해의 최소성원칙에 위반된다. … 심판대상조항은 자동차 절취행위에 이르게 된 경위, 행위의 태양, 당해 범죄의 경중이나 그 위법성의 정도, 운전자의 형사처벌 여부 등 제반사정을 고려할 여지를 전혀 두지 아니한 채 자동차 등을 훔치는 범죄행위에 해당하는 모든 경우에 필요적으로 운전면허를 취소하도록 함으로써 그것이 달성하려는 공익의 비중에도 불구하고 운전면허 소지자의 직업의 자유 내지 일반적 행동의 자유를 과도하게 제한하고 있다. 따라서 심판대상조항은 법익의 균형성원칙에도 위반된다(헌재 2017.5.25, 2016헌가6).

08 기본권 제한 및 한계에 대한 설명으로 옳지 않은 것은? (다툼이 있는 경우 판례에 의함) 22. 5급 공채

① 금치처분을 받은 수형자에 대하여 집필의 목적과 내용 등을 묻지 아니하고 일체의 집필행위를 금지하는 것은 입법목적 달성을 위한 필요최소한의 제한이라는 한계를 벗어난 것으로서 과잉금지의 원칙에 위반된다.

② 방송사업자가 구 방송법상 심의규정을 위반한 경우 방송통신위원회로 하여금 전문성과 독립성을 갖춘 방송통신심의위원회의 심의를 거쳐 '시청자에 대한 사과'를 명할 수 있도록 규정한 것은 침해의 최소성원칙에 위배되지 않는다.

③ 정부에 대한 반대 견해나 비판에 대하여 합리적인 홍보와 설득으로 대처하는 것이 아니라 비판적 견해를 가졌다는 이유만으로 국가의 지원에서 일방적으로 배제함으로써 정치적 표현의 자유를 제재하는 공권력의 행사는 헌법의 근본원리인 국민주권주의와 자유민주적 기본질서에 반하는 것으로 그 목적의 정당성을 인정할 수 없다.

④ 육군3사관학교 사관생도는 군 장교를 배출하기 위하여 국가가 모든 재정을 부담하는 특수교육기관인 육군3사관학교의 구성원이므로 그 존립 목적을 달성하기 위하여 필요한 한도 내에서 일반 국민보다 상대적으로 기본권이 더 제한될 수 있으나, 그러한 경우에도 법률유보원칙, 과잉금지원칙 등 기본권 제한의 헌법상 원칙들을 지켜야 한다.

해설

② [×] 심의규정을 위반한 방송사업자에게 '주의 또는 경고'만으로도 반성을 촉구하고 언론사로서의 공적 책무에 대한 인식을 제고시킬 수 있고, 위 조치만으로도 심의규정에 위반하여 '주의 또는 경고'의 제재조치를 받은 사실을 공표하게 되어 이를 다른 방송사업자나 일반 국민에게 알리게 됨으로써 여론의 왜곡형성 등을 방지하는 한편, 해당 방송사업자에게는 해당 프로그램의 신뢰도 하락에 따른 시청률 하락 등의 불이익을 줄 수 있다. 또한 '시청자에 대한 사과'에 대하여는 '명령'이 아닌 '권고'의 형태를 취할 수도 있다. 이와 같이 기본권을 보다 덜 제한하는 다른 수단에 의하더라도 이 사건 심판대상조항이 추구하는 목적을 달성할 수 있으므로 이 사건 심판대상조항은 침해의 최소성원칙에 위배된다(헌재 2012.8.23, 2009헌가27).

① [O] 금치처분을 받은 자에 대하여 집필의 목적과 내용 등을 묻지 않고, 또 대상자에 대한 교화 또는 처우상 필요한 경우까지도 예외 없이 일체의 집필행위를 금지하고 있음은 입법목적달성을 위한 필요최소한의 제한이라는 한계를 벗어난 것으로서 과잉금지의 원칙에 위반된다(헌재 2005.2.24, 2003헌마289).

③ [O] 정부에 대한 반대 견해나 비판에 대하여 합리적인 홍보와 설득으로 대처하는 것이 아니라 비판적 견해를 가졌다는 이유만으로 국가의 지원에서 일방적으로 배제함으로써 정치적 표현의 자유를 제재하는 공권력의 행사는 헌법의 근본원리인 국민주권주의와 자유민주적 기본질서에 반하는 것으로 그 목적의 정당성을 인정할 수 없다(헌재 2013.3.21, 2010헌바132).

④ [O] 사관생도는 군 장교를 배출하기 위하여 국가가 모든 재정을 부담하는 특수교육기관인 육군3사관학교의 구성원으로서, 학교에 입학한 날에 육군 사관생도의 병적에 편입하고 준사관에 준하는 대우를 받는 특수한 신분관계에 있다. 따라서 그 존립 목적을 달성하기 위하여 필요한 한도 내에서 일반 국민보다 상대적으로 기본권이 더 제한될 수 있으나, 그러한 경우에도 법률유보원칙, 과잉금지원칙 등 기본권 제한의 헌법상 원칙들을 지켜야 한다(대판 2018.8.30, 2016두60591).

정답 | 07 ④ 08 ②

09 기본권 제한에 대한 설명으로 가장 적절하지 않은 것은? (다툼이 있는 경우 헌법재판소 판례에 의함)

22. 경찰간부

① 영상물에 수록된 미성년 피해자 진술에 있어서 원진술자인 미성년 피해자에 대한 피고인의 반대신문권을 실질적으로 배제하여 피고인의 방어권을 과도하게 제한하는 구 성폭력범죄의 처벌 및 피해자보호 등에 관한 법률 조항은 피해의 최소성 요건을 갖추지 못하였다.

② '변호인의 피의자신문 참여 운영 지침'상 피의자신문에 참여한 변호인이 피의자 옆에 앉는 경우 피의자 뒤에 앉는 경우보다 수사를 방해할 가능성이나 수사기밀을 유출할 가능성이 높아진다고 볼 수 있으므로, 후방착석요구행위의 목적의 정당성과 수단의 적절성이 인정된다.

③ 마약류 관리에 관한 법률을 위반하여 금고 이상의 실형을 선고받고 그 집행이 끝나거나 면제된 날부터 20년이 지나지 아니한 것을 택시운송사업의 운전업무 종사자격의 결격사유 및 취소사유로 정한 구 여객자동차 운수사업법 조항은 침해의 최소성 원칙에 위배된다.

④ 임차주택의 양수인이 임대인의 지위를 승계하도록 규정한 구 주택임대차보호법 조항은 임차인의 주거생활의 안정을 도모함과 동시에 주민등록이라는 공시기능을 통하여 주택 양수인의 불측의 손해를 예방할 수 있도록 하고 있으므로, 기본권 침해의 최소성 원칙에 반하지 않는다.

해설

② [×] 피의자신문에 참여한 변호인이 피의자 옆에 앉는다고 하여 피의자 뒤에 앉는 경우보다 수사를 방해할 가능성이 높아진다거나 수사기밀을 유출할 가능성이 높아진다고 볼 수 없으므로, 이 사건 후방착석요구행위의 목적의 정당성과 수단의 적절성을 인정할 수 없다. 그런데 이 사건에서 변호인의 수사방해나 수사기밀의 유출에 대한 우려가 없고, 조사실의 장소적 제약 등과 같이 이 사건 후방착석요구행위를 정당화할 그 외의 특별한 사정도 없으므로, 이 사건 후방착석요구행위는 침해의 최소성 요건을 충족하지 못한다. 이 사건 후방착석요구행위로 얻어질 공익보다는 변호인의 피의자신문참여권 제한에 따른 불이익의 정도가 크므로, 법익의 균형성 요건도 충족하지 못한다. 따라서 이 사건 후방착석요구행위는 변호인인 청구인의 변호권을 침해한다(헌재 2017.11.30, 2016헌마503).

① [O] 미성년 피해자의 2차 피해를 방지하는 것은, 성폭력범죄에 관한 형사절차를 형성함에 있어 포기할 수 없는 중요한 가치이나 그 과정에서 피고인의 공정한 재판을 받을 권리도 보장되어야 한다. 성폭력범죄의 특성상 영상물에 수록된 미성년 피해자 진술이 사건의 핵심 증거인 경우가 적지 않음에도 심판대상조항은 진술증거의 오류를 탄핵할 수 있는 효과적인 방법인 피고인의 반대신문권을 보장하지 않고 있다. … 그러나 심판대상조항으로 인한 피고인의 방어권 제한의 중대성과 미성년 피해자의 2차 피해를 방지할 수 있는 여러 조화적인 대안들이 존재함을 고려할 때, 심판대상조항이 달성하려는 공익이 제한되는 피고인의 사익보다 우월하다고 쉽게 단정하기는 어렵다. 따라서 심판대상조항은 과잉금지원칙을 위반하여 공정한 재판을 받을 권리를 침해한다(헌재 2021.12.23, 2018헌바524).

③ [O] 심판대상조항은 구체적 사안의 개별성과 특수성을 고려할 수 있는 여지를 일체 배제하고 그 위법의 정도나 비난 가능성의 정도가 미약한 경우까지도 획일적으로 20년이라는 장기간 동안 택시운송사업의 운전업무 종사자격을 제한하는 것이므로 침해의 최소성 원칙에 위배되며, 법익의 균형성 원칙에도 반한다(헌재 2015.12.23, 2014헌바446).

④ [O] 심판대상조항에 따른 임대인 지위의 승계는 주택임대차보호법 제3조 제1항 소정의 대항력 요건을 갖춘 임차인이 있을 경우에만 이루어지는 것인데, 이 경우 주택임대차보호법은 대항력의 요건으로서 주택의 인도와 주민등록을 요구하고 있으므로 적어도 임차인의 이름과 전입일 만큼은 공부인 주민등록표에 의하여 공시되어 거래의 안전이 보장된다. 따라서 임차주택을 대상으로 하여 법률관계를 맺으려는 자는 대항력 있는 임차인이 존재함으로 인하여 발생할 수 있는 위험을 예상하여 그에 대한 적절한 예방조치를 취할 수 있다. 그런데 이는 임대차보증금반환채무에 대한 지연손해금 승계의 경우에도 마찬가지이다. 임차주택을 양도한 임대인에게 이미 발생한 지연손해금도 임차인 보호의 측면 및 주민등록의 공시기능으로 인한 양수인의 예측가능성의 측면에서 임대차보증금반환채무의 승계와 달리 볼 이유가 없기 때문이다. 결국 심판대상조항은 임차인의 주거생활의 안정을 도모함과 동시에 주민등록이라는 공시기능을 통하여 주택 양수인의 불측의 손해를 예방할 수 있도록 하고 있으므로, 과잉금지원칙에 위반된다고 볼 수 없다(헌재 2017.8.31, 2016헌바146).

10 기본권 제한 및 제한의 한계에 관한 설명 중 가장 적절하지 않은 것은? (다툼이 있는 경우 판례에 의함)

23. 경찰승진

① 모든 국민은 소급입법에 의하여 참정권의 제한을 받지 아니한다.

② 공공필요에 의한 재산권의 수용·사용 또는 제한 및 그에 대한 보상은 법률로써 하되, 정당한 보상을 지급하여야 한다.

③ 법률이 정하는 주요방위산업체에 종사하는 근로자의 단체행동권은 법률이 정하는 바에 의하여 이를 제한하거나 인정하지 않을 수 있다.

④ 중대한 재정·경제상의 위기에 처하여 국회의 집회를 기다릴 여유가 없을 때에 국가의 안전보장 또는 공공의 안녕질서를 유지하기 위하여 필요한 경우에 발동되는 대통령의 긴급재정경제명령은 고도의 정치적 결단에 의한 행위로서 그 결단을 가급적 존중하여야 할 필요성이 있는 국가작용이므로, 그것이 국민의 기본권 침해와 직접 관련되는 경우에도 헌법재판소의 심판대상이 될 수 없다.

해설

④ [×] 대통령의 긴급재정경제명령은 국가긴급권의 일종으로서 고도의 정치적 결단에 의하여 발동되는 행위이고 그 결단을 존중하여야 할 필요성이 있는 행위라는 의미에서 이른바 통치행위에 속한다고 할 수 있으나, 통치행위를 포함하여 모든 국가작용은 국민의 기본권적 가치를 실현하기 위한 수단이라는 한계를 반드시 지켜야 하는 것이고, 헌법재판소는 헌법의 수호와 국민의 기본권 보장을 사명으로 하는 국가기관이므로 비록 고도의 정치적 결단에 의하여 행해지는 국가작용이라고 할지라도 그것이 국민의 기본권 침해와 직접 관련되는 경우에는 당연히 헌법재판소의 심판대상이 된다(헌재 1996.2.29, 93헌마186).

① [O]

헌법 제13조 ② 모든 국민은 소급입법에 의하여 참정권의 제한을 받거나 재산권을 박탈당하지 아니한다.

② [O]

헌법 제23조 ③ 공공필요에 의한 재산권의 수용·사용 또는 제한 및 그에 대한 보상은 법률로써 하되, 정당한 보상을 지급하여야 한다.

③ [O]

헌법 제33조 ③ 법률이 정하는 주요방위산업체에 종사하는 근로자의 단체행동권은 법률이 정하는 바에 의하여 이를 제한하거나 인정하지 아니할 수 있다.

정답 | 09 ② 10 ④

11 기본권 제한에 대한 설명으로 옳지 않은 것은? 23. 5급 공채

① 도로를 차단하고 불특정 다수인을 상대로 실시하는 일제단속식 음주단속은 그 자체로는 도로교통법에 근거를 둔 적법한 경찰작용이다.

② 음주운전 금지규정 위반 또는 음주측정거부 전력을 가중요건으로 삼으면서 해당 전력과 관련하여 아무런 시간적 제한도 두지 않은 채 뒤에 행해진 음주운전 금지규정 위반행위를 가중처벌하는 것은 책임에 비해 과도한 형벌을 규정한 것이다.

③ 음주운전의 경우 운전의 개념에 '도로 외의 곳'을 포함하도록 한 도로교통법 조항은 건전한 일반상식을 가진 사람에 의하여 일의적으로 파악되기 어려우므로 죄형법정주의의 명확성원칙에 위배된다.

④ 음주측정거부자에 대해 필요적으로 면허를 취소할 것을 규정한 도로교통법 조항은 재산권, 직업선택의 자유, 행복추구권 또는 양심의 자유에 대한 과도한 제한에 해당하지 않는다.

해설

③ [×] 심판대상조항에 규정된 '도로 외의 곳'이란 '도로 외의 모든 곳 가운데 자동차등을 그 본래의 사용방법에 따라 사용할 수 있는 공간'으로 해석할 수 있다. 따라서 심판대상조항이 죄형법정주의의 명확성원칙에 위배된다고 할 수 없다(헌재 2016.2.25, 2015헌가11).

① [O] 음주운전으로 인한 피해를 예방하여야 하는 공익은 대단히 중대하며, 그러한 단속방식이 그 공익을 보호함에 효율적인 수단임에 반하여, 일제단속식 음주단속으로 인하여 받는 국민의 불이익은 비교적 경미하다. 검문을 당하는 국민의 불이익은 교통체증으로 인한 약간의 시간적 손실, 주관적·정서적 불쾌감 정도에 불과하고, 음주측정을 실시하는 경우라 할지라도 그것은 단속현장에서 짧은 시간 내에 간단히 실시되고 측정결과도 즉석에서 알 수 있는 호흡측정 방법에 의하여 실시되므로 편이성이 높다. 따라서 도로를 차단하고 불특정 다수인을 상대로 실시하는 일제단속식 음주단속은 그 자체로는 도로교통법 제41조 제2항 전단에 근거를 둔 적법한 경찰작용이다(헌재 2004.1.29, 2002헌마293).

② [O] 심판대상조항은 음주측정거부 전력을 가중요건으로 삼으면서 해당 전력과 관련하여 형의 선고나 유죄의 확정판결을 받을 것을 요구하지 않는 데다 아무런 시간적 제한도 두지 않은 채 뒤에 행해진 음주측정거부행위를 가중처벌하도록 하고 있어, 과거의 위반행위 이후 상당히 오랜 시간이 지나 '반규범적 행위'나 '반복적인 행위' 등이라고 평가하기 어려운 음주측정거부행위를 한 사람에 대해서는 책임에 비해 과도한 형벌을 규정하고 있다고 하지 않을 수 없다(헌재 2022.8.31, 2022헌가18, 19, 20).

④ [O] 음주운전이 초래할 수 있는 잠재적인 사고 위험성의 심각도에 비추어 볼 때 음주운전행위 및 음주측정 거부행위의 심각한 위험성은 여러 가지 다른 이유에 의하여 현실로 발생하는 경미한 교통사고의 경우와는 비교할 수 없을 정도로 훨씬 더 크다. 따라서 음주측정 거부행위에 대한 제재로서 운전면허를 반드시 취소하도록 하는 것이 법익간의 균형을 도외시한 것이라고 보기 어렵다. 또한 앞에서 본 바에 의하면 음주측정은 음주운전을 단속하기 위한 불가피한 전치적(前置的) 조치라고 인정되므로 경찰관의 음주측정요구에 응하는 것은 법률이 운전자에게 부과한 정당한 의무라고 할 것이고 법률이 부과한 이러한 정당한 의무의 불이행에 대하여 이 정도의 제재를 가하는 것은 양심의 자유나 행복추구권 등에 대한 침해가 될 수 없다(헌재 2004.12.16, 2003헌바87).

12 과잉금지원칙(비례원칙)에 관한 설명 중 가장 적절하지 않은 것은? (다툼이 있는 경우 판례에 의함)

22. 경찰승진

① 과잉금지원칙은 기본권 제한의 방법상 한계로서 헌법 제37조 제2항의 '필요한 경우에 한하여' 부분에서 그 근거를 찾을 수 있다.

② 국민의 기본권을 제한하는 입법은 그 목적이 헌법 및 법률의 체제상 정당성이 인정되어야 하고, 그 목적의 달성을 위하여 방법이 효과적이고 적절하여야 하며, 입법권자가 선택한 방법이 설사 적절하다고 하더라도 보다 완화된 형태나 방법을 모색함으로써 기본권의 제한은 필요한 최소한도에 그치도록 하여야 하며, 입법에 의하여 보호하려는 공익과 침해되는 사익을 비교형량할 때 보호되는 공익이 더 커야 한다.

③ 입법목적을 달성하기 위한 수단으로서 반드시 가장 합리적이며 효율적인 수단을 선택하여야 하는 것은 아니라고 할지라도 적어도 현저하게 불합리하고 불공정한 수단의 선택은 피하여야 한다.

④ 입법자가 임의적 규정으로도 법의 목적을 실현할 수 있는 경우, 구체적 사안의 개별성과 특수성을 고려할 수 있는 가능성을 일체 배제하는 필요적 규정을 둔다면 이는 비례원칙의 한 요소인 '수단의 적합성(적절성) 원칙'에 위배된다.

해설

④ [×] 입법자가 임의적 규정으로도 법의 목적을 실현할 수 있는 경우에 구체적 사안의 개별성과 특수성을 고려할 수 있는 가능성을 일체 배제하는 필요적 규정을 둔다면, 이는 비례의 원칙의 한 요소인 '최소침해성의 원칙'에 위배된다(헌재 1998.5.28, 96헌가12).

① [O] 헌법은 제37조 2항에서 국민의 모든 자유와 권리는 국가안전보장 · 질서유지 · 공공이익을 위하여 필요한 경우에 한하여 법률로써 제한할 수 있지만, 제한하는 경우에도 자유와 권리의 본질적인 내용은 침해할 수 없다. 여기에는 네 가지의 법률유보의 한계가 내포되어 있는데, 목적상의 한계는 '국가안전보장 · 질서유지 · 공공복리를 위하여'라는 규정에 있으며, 형식상의 한계는 '법률로써 제한할 수 있다'는 규정, 내용상의 한계는 '본질적인 내용은 침해할 수 없다'라는 규정, 방법상의 한계는 '필요한 경우에 한하여'라는 규정이 바로 그것이다.

② [O] 과잉금지의 원칙이라는 것은 국가가 국민의 기본권을 제한하는 내용의 입법활동을 함에 있어서, 준수하여야 할 기본원칙 내지 입법활동의 한계를 의미하는 것으로서 국민의 기본권을 제한하려는 입법의 목적이 헌법 및 법률의 체제상 그 정당성이 인정되어야 하고(목적의 정당성), 그 목적의 달성을 위하여 그 방법(조세의 소급우선)이 효과적이고 적절하여야 하며(방법의 적절성), 입법권자가 선택한 기본권 제한(담보물권의 기능상실과 그것에서 비롯되는 사유재산권 침해)의 조치가 입법목적달성을 위하여 설사 적절하다 할지라도 보다 완화된 형태나 방법을 모색함으로써 기본권의 제한은 필요한 최소한도에 그치도록 하여야 하며(피해의 최소성), 그 입법에 의하여 보호하려는 공익과 침해되는 사익을 비교형량할 때 보호되는 공익이 더 커야 한다(법익의 균형성)는 헌법상의 원칙이다(헌재 1990.9.3, 89헌가95).

③ [O] 입법목적을 달성하기 위한 수단으로서 반드시 가장 합리적이며 효율적인 수단을 선택하여야 하는 것은 아니라고 할지라도 적어도 현저하게 불합리하고 불공정한 수단의 선택은 피하여야 할 것인바 복수조합설립금지라는 수단을 선택한 것은 현저하게 불합리하고 불공정한 것이므로 이는 위헌임이 명백하다(헌재 1996.4.25, 92헌바47).

정답 | 11 ③ 12 ④

13 과잉금지원칙 내지 비례원칙에 관한 다음 설명 중 가장 옳지 않은 것은? (다툼이 있는 경우 대법원 판례 및 헌법재판소 결정에 의함) 22. 법원행시

① 자동차 등을 이용하여 살인 또는 강간 등 행정안전부령이 정하는 범죄행위를 한 때 운전면허를 필요적으로 취소하도록 하는 구 도로교통법 조항은 과잉금지원칙에 위배된다.

② 성폭력범죄의 처벌 등에 관한 특례법(2012.12.18. 법률 제11556호로 전부개정된 것) 제30조 제6항 중 '제1항에 따라 촬영한 영상물에 수록된 피해자의 진술은 공판준비기일 또는 공판기일에 조사 과정에 동석하였던 신뢰관계에 있는 사람 또는 진술조력인의 진술에 의하여 그 성립의 진정함이 인정된 경우에 증거로 할 수 있다' 부분 가운데 19세 미만 성폭력범죄 피해자에 관한 부분은 과잉금지원칙에 위배된다.

③ 음주운전 금지규정을 2회 이상 위반한 사람을 2년 이상 5년 이하의 징역이나 1천만원 이상 2천만원 이하의 벌금에 처하도록 한 구 도로교통법 조항은 책임과 형벌간의 비례원칙에 위배된다.

④ 신고를 하지 아니하고 물품을 수입한 경우 해당 물품을 필요적으로 몰수하도록 규정한 관세법 조항은 책임과 형벌간의 비례원칙에 위배된다.

⑤ 경비업을 경영하고 있는 자에게 경비업과 그 밖의 업종을 겸영하지 못하도록 금지하고 있는 경비업법 조항은 과잉금지원칙에 위배된다.

해설

④ [×] 수입신고는 통관절차의 핵심 요소로서, 정상적인 수입신고가 이루어지지 않으면 통관당국은 해당 물품의 반입 여부를 파악할 방법이 없어 통관절차의 진행 자체를 불가능하게 하므로, 통관질서의 확립을 위해 엄격하게 처벌할 필요가 있다. 따라서 통관우체국을 경유하였다 하더라도 수입신고 없이 우편물통관절차를 거친 행위는 무신고 수입행위에 해당하고, 이에 대하여 필요적 몰수·추징만 규정한다고 하여 과도한 제한이라고 할 수 없다(헌재 2019.11.28, 2018헌바105).

① [O] 자동차 등을 이용한 범죄를 근절하기 위하여 그에 대한 행정적 제재를 강화할 필요가 있다 하더라도 구 도로교통법 제65조 제5호나 현행 도로교통법 제93조 제1항과 같이 임의적 운전면허 취소 또는 정지사유로 규정함으로써 불법의 정도에 상응하는 제재수단을 선택할 수 있도록 하여도 충분히 그 목적을 달성하는 것이 가능함에도, 심판대상조항은 이에 그치지 아니하고 필요적으로 운전면허를 취소하도록 하여 구체적 사안의 개별성과 특수성을 고려할 수 있는 여지를 일체 배제하고 있다. 나아가 심판대상조항 중 '자동차 등을 이용하여' 부분은 포섭될 수 있는 행위 태양이 지나치게 넓을 뿐만 아니라, 하위법령에서 규정될 대상범죄를 국민의 생명과 재산에 큰 위협을 초래할 수 있는 중대한 범죄로 그 위임의 범위를 한정하고 있으나 심판대상조항의 입법목적을 달성하기 위하여 반드시 규제할 필요가 있는 범죄행위가 아닌 경우까지 이에 포함될 우려가 있어 침해의 최소성원칙에 위배된다. 심판대상조항은 운전을 생업으로 하는 자에 대하여는 생계에 지장을 초래할 만큼 중대한 직업의 자유의 제약을 초래하고, 운전을 업으로 하지 않는 자에 대하여도 일상생활에 심대한 불편을 초래하여 일반적 행동의 자유를 제약하므로 법익의 균형성원칙에도 위배된다. 따라서 심판대상조항은 직업의 자유 및 일반적 행동의 자유를 침해하여 헌법에 위반된다(헌재 2015.5.28, 2013헌가6).

② [O] 미성년 피해자의 2차 피해를 방지하는 것은, 성폭력범죄에 관한 형사절차를 형성함에 있어 포기할 수 없는 중요한 가치이나 그 과정에서 피고인의 공정한 재판을 받을 권리도 보장되어야 한다. 성폭력범죄의 특성상 영상물에 수록된 미성년 피해자 진술이 사건의 핵심 증거인 경우가 적지 않음에도 심판대상조항은 진술증거의 오류를 탄핵할 수 있는 효과적인 방법인 피고인의 반대신문권을 보장하지 않고 있다. … 그러나 심판대상조항으로 인한 피고인의 방어권 제한의 중대성과 미성년 피해자의 2차 피해를 방지할 수 있는 여러 조화적인 대안들이 존재함을 고려할 때, 심판대상조항이 달성하려는 공익이 제한되는 피고인의 사익보다 우월하다고 쉽게 단정하기는 어렵다. 따라서 심판대상조항은 과잉금지원칙을 위반하여 공정한 재판을 받을 권리를 침해한다(헌재 2021.12.23, 2018헌바524).

③ [O] 범죄 전력이 있음에도 다시 범행한 경우 가중된 행위책임을 인정할 수 있다고 하더라도, 전범을 이유로 아무런 시간적 제한 없이 무제한 후범을 가중처벌하는 예는 찾기 어렵고, 공소시효나 형의 실효를 인정하는 취지에도 부합하지 않는다. 또한 심판대상조항은 과거 위반 전력, 혈중알코올농도 수준 등에 비추어, 보호법익에 미치는 위험 정도가 비교적 낮은 유형의 재범 음주운전행위도 일률적으로 그 법정형의 하한인 2년 이상의 징역 또는 1천만원 이상의 벌금을 기준으로 처벌하도록 하고 있어 책임과 형벌 사이의 비례성을 인정하기 어렵다. 따라서 심판대상조항은 책임과 형벌간의 비례원칙에 위반된다(헌재 2021.11.25, 2019헌바446, 2020헌가17, 2021헌바77).

⑤ [O] 이 사건 법률조항은 청구인들과 같이 경비업을 경영하고 있는 자들이나 다른 업종을 경영하면서 새로이 경비업에 진출하고자 하는 자들로 하여금 경비업을 전문으로 하는 별개의 법인을 설립하지 않는 한 경비업과 그 밖의 업종간에 택일하도록 법으로 강제하고 있다. 이와 같이 당사자의 능력이나 자격과 상관없는 객관적 사유에 의한 제한은 월등하게 중요한 공익을 위하여 명백하고 확실한 위험을 방지하기 위한 경우에만 정당화될 수 있고, 따라서 헌법재판소가 이 사건을 심사함에 있어서는 헌법 제37조 제2항이 요구하는 바 과잉금지의 원칙, 즉 엄격한 비례의 원칙이 그 심사척도가 된다. … 이 사건 법률조항으로 달성하고자 하는 공익인 경비업체의 전문화, 경비원의 불법적인 노사분규개입방지 등은 그 실현 여부가 분명하지 않은 데 반하여, 경비업자인 청구인들이나 새로이 경비업에 진출하고자 하는 자들이 짊어져야 할 직업의 자유에 대한 기본권침해의 강도는 지나치게 크다고 할 수 있으므로, 이 사건 법률조항은 보호하려는 공익과 기본권침해간의 현저한 불균형으로 법익의 균형성을 잃고 있다(헌재 2002.4.25, 2001헌마614).

14 명확성의 원칙에 관한 다음 설명 중 옳지 않은 것은 모두 몇 개인가? (다툼이 있는 경우 대법원 판례 및 헌법재판소 결정에 의함)

22. 법원행시

> ㉠ 모든 법규범의 문언을 순수하게 기술적 개념만으로 구성하는 것은 입법적으로 불가능하고 바람직하지도 않기 때문에 입법자는 어느 정도 가치개념을 포함한 일반적, 규범적 개념을 사용할 수 있다.
> ㉡ 명확성의 원칙은 기본적으로 최대한의 명확성을 요구한다. 만일 법 해석·적용단계에서 법관의 보충적인 가치판단을 통해서 비로소 그 의미내용을 확인해 낼 수 있다면, 이는 곧바로 명확성원칙에 위반된다.
> ㉢ 법률에서 저속한 간행물을 출간한 출판사에 대하여 등록취소를 할 수 있는 것으로 규정한 경우, 이때 '저속'은 다소 불명확하기는 하지만, 명확성의 원칙에 위반되지는 않는다.
> ㉣ '기타 특히 신용할 만한 정황에 의하여 작성된 문서'를 증거능력 있는 서류로 규정한 형사소송법 규정은 그 의미내용이 뚜렷하지 않아 명확성원칙에 위반된다.
> ㉤ 처벌법규의 구성요건이 어느 정도 명확하여야 하는가는 일률적으로 정할 수 없고, 각 구성요건의 특수성과 그러한 법적 규제의 원인이 된 여건이나 처벌의 정도 등을 고려하여 종합적으로 판단하여야 한다.

① 없음 ② 1개 ③ 2개
④ 3개 ⑤ 4개

해설

옳지 않은 것은 3개(㉡, ㉢, ㉣)이다.

㉠ [O] 모든 법규범의 문언을 순수하게 기술적 개념만으로 구성하는 것은 입법 기술적으로 불가능하고 또 바람직하지도 않기 때문에 어느 정도 가치개념을 포함한 일반적, 규범적 개념을 사용하지 않을 수 없으므로 법 문언이 해석을 통해서, 즉 법관의 보충적인 가치판단을 통해서 그 의미내용을 확인해 낼 수 있고, 그러한 보충적 해석이 해석자의 개인적인 취향에 따라 좌우될 가능성이 없다면 명확성의 원칙에 반한다고 할 수 없다 할 것이다(헌재 2001.6.28, 99헌바31).

㉡ [×] 명확성의 원칙이란 기본적으로 최대한이 아닌 최소한의 명확성을 요구하는 것이다. 그러므로 법문언이 해석을 통해서, 즉 법관의 보충적인 가치판단을 통해서 그 의미내용을 확인해낼 수 있고, 그러한 보충적 해석이 해석자의 개인적인 취향에 따라 좌우될 가능성이 없다면 명확성의 원칙에 반한다고 할 수 없다 할 것이다(헌재 1998.4.30, 95헌가16).

㉢ [×] "음란"의 개념과는 달리 "저속"의 개념은 그 적용범위가 매우 광범위할 뿐만 아니라 법관의 보충적인 해석에 의한다 하더라도 그 의미내용을 확정하기 어려울 정도로 매우 추상적이다. 이 "저속"의 개념에는 출판사등록이 취소되는 성적 표현의 하한이 열려 있을 뿐만 아니라 폭력성이나 잔인성 및 천한 정도도 그 하한이 모두 열려 있기 때문에 출판을 하고자 하는 자는 어느 정도로 자신의 표현내용을 조절해야 되는지를 도저히 알 수 없도록 되어 있어 명확성의 원칙 및 과도한 광범성의 원칙에 반한다. … 그렇다면 이 사건 법률조항 중 "음란한 간행물" 부분은 헌법에 위반되지 아니하고, "저속한 간행물" 부분은 명확성의 원칙에 반할 뿐만 아니라 출판의 자유와 성인의 알 권리를 침해하는 규정이어서 헌법에 위반된다(헌재 1998.4.30, 95헌가16).

㉣ [×] 전문법칙과 관련된 형사소송법 규정들의 체계와 규정취지, 여기에 더하여 '기타'라는 문언에 의하여 형사소송법 제315조 제1호와 제2호의 문서들을 '특히 신용할 만한 정황에 의하여 작성된 문서'의 예시로 삼고 있는 이 사건 법률조항의 규정형식을 종합해 보면, 이 사건 법률조항에서 규정한 '기타 특히 신용할 만한 정황에 의하여 작성된 문서'란 형사소송법 제315조 제1호와 제2호에서 열거된 공권적 증명문서 및 업무상 통상문서에 준하여 '굳이 반대신문의 기회 부여 여부가 문제되지 않을 정도로 고도의 신용성의 정황적 보장이 있는 문서'를 의미하는 것으로 해석할 수 있으므로, 이 사건 법률조항은 명확성원칙에 위배되지 않는다(헌재 2013.10.24, 2011헌바79).

㉤ [O] 처벌법규의 구성요건이 어느 정도 명확하여야 하는가는 일률적으로 정할 수 없고, 각 구성요건 의 특수성과 그러한 법적 규제의 원인이 된 여건이나 처벌의 정도 등을 고려하여 종합적으로 판단하여야 한다(헌재 2005.10.27, 2003헌바50).

정답 | 13 ④ 14 ④

15 과잉금지원칙에 대한 설명으로 가장 적절한 것은? (다툼이 있는 경우 헌법재판소 판례에 의함) 22. 경찰간부

① 특정경제범죄 가중처벌 등에 관한 법률에서 금융회사 등 임직원의 직무에 속하는 사항의 알선에 관하여 금품 등 수수행위 금지 조항은 금품 등을 대가로 다른 사람을 위하여 중개하거나 편의를 도모하는 것을 할 수 없게 하므로 과잉금지원칙에 위배된다.

② 변호사법에서 변호사는 계쟁권리(係爭權利)를 양수할 수 없다고 규정하고 이를 위반시 형사처벌을 부과하도록 규정한 것은 변호사가 당해 업무를 처리하며 정당한 보수를 받는 방법을 일률적으로 금지하고 있으므로 과잉금지원칙에 위배된다.

③ 구 식품위생법에서 식품의약품안전처장이 식품의 사용기준을 정하여 고시하고, 고시된 사용기준에 맞지 아니하는 식품을 판매하는 행위를 금지·처벌하는 규정들은 생녹용의 사용 조건을 엄격하게 제한한 후 이 기준에 따라서만 생녹용을 판매할 수 있도록 하므로 과잉금지원칙에 위배된다.

④ 구 공직선거법에서 지방자치단체의 장 선거 예비후보자가 정당의 공천심사에서 탈락한 후 후보자등록을 하지 않은 경우를 기탁금 반환 사유로 규정하지 않은 것은 과잉금지원칙에 위배된다.

해설

④ [O] 예비후보자가 본선거에서 정당후보자로 등록하려 하였으나 자신의 의사와 관계없이 정당 공천관리위원회의 심사에서 탈락하여 본선거의 후보자로 등록하지 아니한 것은 후보자 등록을 하지 못할 정도에 이르는 객관적이고 예외적인 사유에 해당한다. 따라서 이러한 사정이 있는 예비후보자가 납부한 기탁금은 반환되어야 함에도 불구하고, 심판대상조항이 이에 관한 규정을 두지 아니한 것은 입법형성권의 범위를 벗어난 과도한 제한이라고 할 수 있다. … 그러므로 심판대상조항은 과잉금지원칙에 반하여 청구인의 재산권을 침해한다(헌재 2018.1.25, 2016헌마541).

① [×] 국민경제와 국민생활에 중대한 영향을 미치는 금융업무의 투명성과 공정성을 확보하기 위하여 금융기관 임직원의 수재죄를 공무원의 수뢰죄와 같은 수준으로 가중처벌하는 것은 합리적 이유가 있고, 수수액이 많을수록 국가경제에 미치는 병폐와 피해가 심화되고 범죄에 대한 비난가능성도 일반적으로 높아진다고 보는 것이 합리적이어서 심판대상조항이 책임과 형벌간의 비례원칙에 위반되지 아니하며, 변호사나 공인회계사 등이 자신이 담당하고 있는 전문영역에서 공정성을 해하는 행위를 하더라도 주로 직접적인 이해당사자에게 영향을 미치는 것과 달리, 금융기관 임직원이 불공정하게 직무를 수행하여 금융기관의 공공성이 무너지게 되면 경제적 파급력과 사회전반에 미치는 영향이 매우 크다는 점에서 심판대상조항이 변호사 등 다른 직역에 종사하는 사람보다 중하게 금융기관 임직원의 수재행위 등을 처벌하더라도 형벌체계상의 균형성을 상실하여 평등원칙에 위배되지 아니한다고 판단하였다(헌재 2017.12.28, 2016헌바281).

② [×] 심판대상조항으로 인하여 변호사가 보수의 명목으로 계쟁권리를 양수하지 못하게 되는 점이 있으나 이는 심판대상조항이 추구하는 입법목적인 변호사의 품위와 직무의 독립성 유지 및 의뢰인과의 이익 충돌 방지라는 공익적 중대함에 결코 미치지 못한다. 그러므로 심판대상조항은 법익의 균형성도 갖추었다(헌재 2021.10.28, 2020헌바48).

▶ 청구인은 성공보수를 포함한 보수의 지급을 계쟁권리로 갈음해야 하는 상황이 있을 수 있음에도 심판대상조항에 따라 계쟁권리의 양수가 일체 금지되는 것은 과도한 제한이라는 취지로 주장하나, 심판대상조항이 성공보수 약정 자체를 금지하는 것은 아니므로 민사사건에서 성공보수를 계쟁권리 양수 이외의 다른 방식으로 받을 수 있다. 즉, 심판대상조항에서 성공보수를 계쟁권리로 하였을 경우 의뢰인과의 이해관계가 충돌되는 경우가 발생할 수 있고 사법시스템 전반에 대한 신뢰도 하락의 원인이 될 수 있다는 점에서 이를 규제하는 것이지, 애초에 변호사의 성공보수 약정 자체를 막는 것은 아니다. 분쟁이 종결된 이후에는 성공보수 명목으로 계쟁권리를 양수하는 것도 가능하다(헌재 2021.10.28, 2020헌바48).

③ [×] 불특정 다수를 상대로 유통되는 식품으로 인하여 생기는 위생상의 위해를 방지하고 식품의 안전성에 대한 신뢰를 확보하여 국민들이 안심하고 식품을 구입·섭취할 수 있도록 함으로써 국민보건을 증진하려는 공익은 중대하다. 식품의 섭취로 부작용이 발생하거나 건강이 훼손되면 원상회복이 매우 어렵거나 치명적인 손상이 발생할 수 있어 예방적이고 선제적인 조치가 요구된다. 심판대상조항들이 식품의약품안전처장이 정하여 고시하는 식품의 범위를 판매를 목적으로 하는 식품으로 한정하고 있으며, 그 사유 역시 국민보건을 위하여 필요한 경우로 제한하고 있고, 심판대상조항들이 정하고 있는 법정형 또한 과도하다고 보기 어렵다. 따라서 심판대상조항들은 과잉금지원칙에 위배되어 직업수행의 자유를 침해하지 아니한다(헌재 2021.2.25, 2017헌바222).

16 과잉금지의 원칙에 대한 설명으로 옳지 않은 것은? (다툼이 있는 경우 판례에 의함) 22. 국회직 9급

① 과잉금지의 원칙은 기본권 제한의 한계로서 헌법 제37조 제2항과 법치주의원리에서 그 근거를 찾을 수 있다.

② 수단의 적합성은 해당 기본권 제한조치가 목적의 달성에 어느 정도 기여하는 것으로 충분하며, 목적을 달성하는 데 유일한 수단일 필요는 없다.

③ 기본권을 제한할 필요성이 있는 경우에 기본권 행사의 방법을 통하여 목적을 달성할 수 있는 경우 기본권 행사 여부에 대한 규제조치를 취하는 것은 최소침해의 원칙에 위반된다.

④ 법익의 균형성이란 기본권 제한에 의하여 보호하려는 공익과 침해되는 사익을 비교·형량할 때 보호되는 공익이 더 크거나 혹은 적어도 양자간에 균형이 유지되어야 한다는 원칙이다.

⑤ 직업선택의 자유에 있어서 필요한 경우 객관적 사유에 따라 직업에의 접근을 제한하여야 하며, 이러한 조치를 통하여 목적을 달성할 수 없는 경우 주관적 사유에 따라 직업선택의 자유를 제한하여야 한다.

해설

⑤ [×] 좁은 의미의 직업선택의 자유를 제한하는 것은 인격발현에 대한 침해의 효과가 직업수행의 자유를 제한하는 경우보다 일반적으로 크기 때문에 전자에 대한 제한은 후자에 대한 제한보다 더 엄격한 제약을 받는다. 또한 직업선택의 자유를 제한하는 경우에 기본권 주체의 능력이나 자격 등 주관적 사유에 의한 제한보다는 기본권 주체와는 전혀 무관한 객관적 사유를 이유로 하는 제한이 가장 심각한 제약이 되므로, 객관적 사유에 의한 직업선택의 자유의 제한은 가장 엄격한 요건이 갖추어진 경우에만 허용될 수 있고 그 제한 법률에 대한 심사기준도 엄격한 비례의 원칙이 적용된다(헌재 2002.4.25, 2001헌마614).

①③④ [O] 국가작용 중 특히 입법작용에 있어서의 과잉입법금지의 원칙이라 함은 국가가 국민의 기본권을 제한하는 내용의 입법활동을 함에 있어서 준수하여야 할 기본원칙 내지 입법활동의 한계를 의미하는 것으로서, 국민의 기본권을 제한하려는 입법의 목적이 헌법 및 법률의 체제상 그 정당성이 인정되어야 하고(목적의 정당성), 그 목적의 달성을 위하여 그 방법이 효과적이고 적절하여야 하며(방법의 적정성), 입법권자가 선택한 기본권 제한의 조치가 입법목적달성을 위하여 설사 적절하다 할지라도 보다 완화된 형태나 방법을 모색함으로써 기본권의 제한은 필요한 최소한도에 그치도록 하여야 하며(피해의 최소성), 그 입법에 의하여 보호하려는 공익과 침해되는 사익을 비교형량할 때 보호되는 공익이 더 커야한다(법익의 균형성)는 법치국가의 원리에서 당연히 파생되는 헌법상의 기본원리의 하나인 비례의 원칙을 말하는 것이다. 이를 우리 헌법은 제37조 제1항에서 "국민의 자유와 권리는 헌법에 열거되지 아니한 이유로 경시되지 아니한다." 제2항에서 "국민의 모든 자유와 권리는 국가안전보장, 질서유지 또는 공공복리를 위하여 필요한 경우에 한하여 법률로써 제한할 수 있으며, 제한하는 경우에도 자유와 권리의 본질적인 내용을 침해할 수 없다."라고 선언하여 입법권의 한계로서 과잉입법금지의 원칙을 명문으로 인정하고 있으며 이에 대한 헌법위반 여부의 판단은 헌법 제111조와 제107조에 의하여 헌법재판소에서 관장하도록 하고 있다(헌재 1992.12.24, 92헌가8).

② [O] 국가작용에 있어서 취해진 어떠한 조치나 선택된 수단은 그것이 달성하려는 사안의 목적에 적합하여야 함은 당연하지만 그 조치나 수단이 목적달성을 위하여 유일무이한 것일 필요는 없는 것이다(헌재 1989.12.22, 88헌가13).

정답 | 15 ④ 16 ⑤

17 다음 중 헌법재판소가 과잉금지원칙 심사를 하면서 목적의 정당성이 부인된다고 판단한 것을 모두 고른 것은? (다툼이 있는 경우 판례에 의함)

23. 경찰승진

㉠ 혼인을 빙자하여 음행의 상습 없는 부녀를 기망하여 간음한 자를 처벌하는 형법 조항
㉡ 경비업을 경영하고 있는 자들이나 다른 업종을 경영하면서 새로이 경비업에 진출하고자 하는 자들로 하여금, 경비업을 전문으로 하는 별개의 법인을 설립하지 않는 한 경비업과 그 밖의 업종을 겸영하지 못하도록 금지하고 있는 경비업법 조항
㉢ 검찰수사관이 피의자신문에 참여한 변호인에게 피의자 후방에 앉으라고 요구한 행위
㉣ 야당 후보 지지나 정부 비판적 정치 표현행위에 동참한 전력이 있는 문화예술인이나 단체를 정부의 문화예술 지원사업에서 배제하도록 지시한 행위

① ㉠, ㉡
② ㉢, ㉣
③ ㉠, ㉢, ㉣
④ ㉠, ㉡, ㉢, ㉣

해설

목적의 정당성이 부인되는 것은 ㉠, ㉢, ㉣이다.

㉠ [×] 이 사건 법률조항은 개인의 내밀한 성생활의 영역을 형사처벌의 대상으로 삼음으로써 남성의 성적 자기결정권과 사생활의 비밀과 자유라는 기본권을 지나치게 제한하는 것인 반면, 이로 인하여 추구되는 공익은 오늘날 보호의 실효성이 현격히 저하된 음행의 상습없는 부녀들만의 '성행위 동기의 착오의 보호'로서 그것이 침해되는 기본권보다 중대하다고는 볼 수 없으므로, 법익의 균형성도 상실하였다. 결국 이 사건 법률조항은 목적의 정당성, 수단의 적절성 및 피해최소성을 갖추지 못하였고 법익의 균형성도 이루지 못하였으므로, 헌법 제37조 제2항의 과잉금지원칙을 위반하여 남성의 성적 자기결정권 및 사생활의 비밀과 자유를 과잉제한하는 것으로 헌법에 위반된다(헌재 2009.11.26, 2008헌바58).

㉡ [O] 비전문적인 영세경비업체의 난립을 막고 전문경비업체를 양성하며, 경비원의 자질을 높이고 무자격자를 차단하여 불법적인 노사분규 개입을 막고자 하는 입법목적 자체는 정당하다고 보여진다(헌재 2002.4.25, 2001헌마614).

㉢ [×] 피의자신문에 참여한 변호인이 피의자 옆에 앉는다고 하여 피의자 뒤에 앉는 경우보다 수사를 방해할 가능성이 높아진다거나 수사기밀을 유출할 가능성이 높아진다고 볼 수 없으므로, 이 사건 후방착석요구행위의 목적의 정당성과 수단의 적절성을 인정할 수 없다(헌재 2017.11.30, 2016헌마503).

㉣ [×] 이 사건 지원배제 지시는 정부에 대한 비판적 견해를 가진 청구인들을 제재하기 위한 목적으로 행한 것인데, 이는 헌법의 근본원리인 국민주권주의와 자유민주적 기본질서에 반하므로, 그 목적의 정당성을 인정할 수 없어 청구인들의 표현의 자유를 침해한다(헌재 2020.12.23, 2017헌마416).

☑ 목적의 정당성을 부정한 판례

1. 동성동본금혼제도 사건(95헌가6)
2. 혼인빙자간음죄 사건(2008헌바58)
3. 노동단체의 정치자금 기부금지 사건(95헌마154)
4. 기초의회의원선거 정당표방금지 사건(2001헌가4)
5. 재외국민 선거권 제한 사건(2004헌마644)
6. 경찰서조사실 수갑 찬 채 조사받는 모습 촬영 사건(2012헌마652)
7. 유신헌법상 긴급조치 제1호, 제2호, 제9호 위헌 사건(2010헌바70)
8. 변호사 후방착석요구 사건(2016헌마503)
9. 교육공무원 아닌 대학교원들 단결권 제한 사건(2015헌가38) 예 교육공무원인 대학교원 - 입법형성권한계 일탈
10. 특정 문화예술인 지원사업 배제 사건(2017헌마416) - 자의금지심사
11. 혼인한 여성만 계속해서 배우자 직계존·비속의 재산등록 사건(2019헌가3) - 비례의 원칙심사

18 헌법재판소가 책임과 형벌 사이의 비례원칙에 관해 판단한 내용 중 가장 적절하지 않은 것은? (다툼이 있는 경우 판례에 의함)

23. 경찰승진

① 형사법상 책임원칙은 형벌은 범행의 경중과 행위자의 책임 사이에 비례성을 갖추어야 하고 특별한 이유로 형을 가중하는 경우에도 형벌의 양은 행위자의 책임의 정도를 초과해서는 안 된다는 것을 의미한다.

② 상관을 살해한 경우 사형만을 유일한 법정형으로 규정하고 있는 군형법 조항은 책임과 형벌 사이의 비례원칙에 위배된다.

③ 예비군대원 본인의 부재시 예비군훈련 소집통지서를 수령한 같은 세대 내의 가족 중 성년자가 정당한 사유없이 소집통지서를 본인에게 전달하지 아니한 경우 형사처벌을 하는 예비군법 조항은 책임과 형벌 사이의 비례원칙에 위배되지 않는다.

④ 초·중등학교 교원이 자신이 보호하는 아동에 대하여 아동학대범죄를 범한 때에는 그 죄에 정한 형의 2분의 1까지 가중하여 처벌하도록 한 아동학대범죄의 처벌 등에 관한 특례법 조항은 책임과 형벌 사이의 비례원칙에 위배되지 않는다.

해설

③ [×] 심판대상조항은 예비군대원 본인이 부재중이기만 하면 예비군대원 본인과 세대를 같이한다는 이유만으로 가족 중 성년자가 소집통지서를 전달할 의무를 위반하면 6개월 이하의 징역 또는 500만원 이하의 벌금이라는 형사처벌을 하고 있는데, 이는 예비군훈련을 위한 소집통지서의 전달이라는 정부의 공적 의무와 책임을 단지 행정사무의 편의를 위하여 개인에게 전가하는 것으로, 이것이 실효적인 예비군훈련 실시를 위한 전제로 그 소집을 담보하고자 하는 것이라도 지나치다고 아니할 수 없다. 심판대상조항은 국가안보 등에 관한 현실의 변화를 외면한 채 여전히 예비군대원 본인과 세대를 같이 하는 가족 중 성년자에 대하여 단지 소집통지서를 본인에게 전달하지 아니하였다는 이유로 형사처벌을 하고 있는데, 그 필요성과 타당성에 깊은 의문이 들지 않을 수 없다. 심판대상조항은 행정절차적 협력의무에 불과한 소집통지서 전달의무의 위반에 대하여 과태료 등의 행정적 제재가 아닌 형사처벌을 부과하고 있는데, 이는 형벌의 보충성에 반하고, 책임에 비하여 처벌이 지나치게 과도하여 비례원칙에도 위반된다. 위와 같은 사정들에 비추어 보면, 심판대상조항은 책임과 형벌간의 비례원칙에 위반된다(헌재 2022.5.26, 2019헌가12).

① [O] 범죄와 형벌의 균형은 헌법질서에 기초한 그 시대의 가치체계와 일치되어야 한다. 행위의 불법성에 대한 인식에 일정한 가치합의가 있다고 해도 그 행위에 대한 법적 평가는 헌법의 가치체계를 존중하면서 형벌법규 전반에 걸쳐 일정한 비례관계가 갖추어지지 않으면 안 되는 것이다. 기본법인 형법에 규정되어 있는 구체적인 법정형은 개별적인 보호법익에 대한 통일적인 가치체계를 표현하고 있다고 볼 때, 사회적 상황의 변경으로 인해 특정 범죄에 대한 형량이 더 이상 타당하지 않을 때에는 원칙적으로 법정형에 대한 새로운 검토를 요하나, 특별한 이유로 형을 가중하는 경우에도 형벌의 양은 행위자의 책임의 정도를 초과해서는 안 된다(헌재 2004.12.16, 2003헌가12).

② [O] 법정형의 종류와 범위를 정하는 것이 기본적으로 입법자의 권한에 속하는 것이라고 하더라도, 형벌은 죄질과 책임에 상응하도록 적절한 비례성이 지켜져야 하는바, 군대 내 명령체계유지 및 국가방위라는 이유만으로 가해자와 상관 사이에 명령복종관계가 있는지 여부를 불문하고 전시와 평시를 구분하지 아니한 채 다양한 동기와 행위태양의 범죄를 동일하게 평가하여 사형만을 유일한 법정형으로 규정하고 있는 이 사건 법률조항은, 범죄의 중대성 정도에 비하여 심각하게 불균형적인 과중한 형벌을 규정함으로써 죄질과 그에 따른 행위자의 책임 사이에 비례관계가 준수되지 않아 인간의 존엄과 가치를 존중하고 보호하려는 실질적 법치국가의 이념에 어긋나고, 형벌체계상 정당성을 상실한 것이다(헌재 2007.11.29, 2006헌가13).

④ [O] 아동학대범죄를 발견하고 신고하여야 할 법적 의무를 지고 있는 초·중등교육법상 교원이 오히려 자신이 보호하는 아동에 대하여 아동학대범죄를 저지르는 행위에 대해서는 높은 비난가능성과 불법성이 인정되는 점, 심판대상조항이 각 죄에 정한 형의 2분의 1을 가중하도록 하고 있다고 하더라도 이는 법정형의 범위를 넓히는 것일 뿐이어서, 법관은 구체적인 행위의 태양, 죄질의 정도와 수법 등을 고려하여 법정형의 범위 내에서 행위자의 책임에 따른 적절한 형벌을 과하는 것이 가능한 점 등을 종합하여 보면, 심판대상조항이 책임과 형벌간의 비례원칙에 어긋나는 과잉형벌을 규정하였다고 볼 수 없다(헌재 2021.3.25, 2018헌바388).

정답 | 17 ③ 18 ③

19 과잉금지원칙(비례원칙)에 관한 설명으로 가장 적절한 것은? (다툼이 있는 경우 판례에 의함) 24. 경찰 1차

① 보험사기를 이유로 체포된 공인이 아닌 피의자를 수사기관이 기자들에게 경찰서 내에서 수갑을 차고 얼굴을 드러낸 상태에서 조사받는 모습을 촬영할 수 있도록 허용한 행위는 피의자의 재범방지 및 범죄예방을 위한 것으로 목적의 정당성이 인정된다.

② 기본권을 제한하는 규정은 기본권행사의 '방법'과 '여부'에 관한 규정으로 구분할 수 있다. 방법의 적절성의 관점에서, 입법자는 우선 기본권행사의 '방법'에 관한 규제로써 공익을 실현할 수 있는가를 시도하고 이러한 방법으로는 공익달성이 어렵다고 판단되는 경우에 기본권행사의 '여부'에 관한 규제를 선택해야 한다.

③ 변호사시험 성적을 합격자에게 공개하지 않도록 규정한 변호사시험법 조항은 법학전문대학원 간의 과다경쟁 및 서열화를 방지하고, 교육과정이 충실하게 이행될 수 있도록 하여 다양한 분야의 전문성을 갖춘 양질의 변호사를 양성하기 위한 것으로 그 입법목적은 정당하나 입법목적을 달성하는 적절한 수단이라고 볼 수는 없다.

④ 형사재판에 피고인으로 출석하는 수형자에 대하여 사복착용을 불허하는 형의 집행 및 수용자의 처우에 관한 법률 조항은 형사재판을 받는 수형자의 도주를 방지하기 위한 것으로 목적의 정당성은 인정되나, 재판 과정에서 재소자용 의류를 입게 하는 것이 도주의 방지를 위한 필요하고도 유용한 수단이라고 보기는 어렵다.

해설

③ [O] 변호사시험 성적 비공개를 통하여 법학전문대학원 간의 과다경쟁 및 서열화를 방지하고, 교육과정이 충실하게 이행될 수 있도록 하여 다양한 분야의 전문성을 갖춘 양질의 변호사를 양성하기 위한 심판대상조항의 입법목적은 정당하다. … 오히려 시험성적을 공개하는 경우 경쟁력 있는 법률가를 양성할 수 있고, 각종 법조직역에 채용과 선발의 객관적 기준을 제공할 수 있다. 따라서 변호사시험 성적의 비공개는 기존 대학의 서열화를 고착시키는 등의 부작용을 낳고 있으므로 수단의 적절성이 인정되지 않는다. … 심판대상조항은 과잉금지원칙에 위배하여 청구인들의 알 권리를 침해한다(헌재 2015.6.25, 2011헌마769 등).

① [×] 피청구인은 기자들에게 청구인이 경찰서 내에서 수갑을 차고 얼굴을 드러낸 상태에서 조사받는 모습을 촬영할 수 있도록 허용하였는데, 청구인에 대한 이러한 수사 장면을 공개 및 촬영하게 할 어떠한 공익 목적도 인정하기 어려우므로 촬영허용행위는 목적의 정당성이 인정되지 아니한다. … 촬영허용행위는 언론 보도를 보다 실감나게 하기 위한 목적 외에 어떠한 공익도 인정할 수 없는 반면, 청구인은 피의자로서 얼굴이 공개되어 초상권을 비롯한 인격권에 대한 중대한 제한을 받았고, 촬영한 것이 언론에 보도될 경우 범인으로서의 낙인 효과와 그 파급효는 매우 가혹하여 법익균형성도 인정되지 아니하므로, 촬영허용행위는 과잉금지원칙에 위반되어 청구인의 인격권을 침해하였다(헌재 2014.3.27, 2012헌마652).

② [×] 입법자는 공익실현을 위하여 기본권을 제한하는 경우에도 입법목적을 실현하기에 적합한 여러 수단 중에서 되도록 국민의 기본권을 가장 존중하고 기본권을 최소로 침해하는 수단을 선택해야 한다. 기본권을 제한하는 규정은 기본권행사의 '방법'에 관한 규정과 기본권행사의 '여부'에 관한 규정으로 구분할 수 있다. 침해의 최소성의 관점에서, 입법자는 그가 의도하는 공익을 달성하기 위하여 우선 기본권을 보다 적게 제한하는 단계인 기본권행사의 '방법'에 관한 규제로써 공익을 실현할 수 있는가를 시도하고 이러한 방법으로는 공익달성이 어렵다고 판단되는 경우에 비로소 그다음 단계인 기본권행사의 '여부'에 관한 규제를 선택해야 한다.

④ [×] 수형자가 재소자용 의류가 아닌 사복을 입고 법정에 출석하게 되면 일반 방청객들과 구별이 어려워 도주할 우려가 있고, 실제 도주를 하면 일반인과 구별이 어려워 이를 제지하거나 체포하는 데에도 어려움이 있다. 수형자가 형사재판의 피고인으로 출석할 경우 재소자용 의류를 입게 하는 것은 이와 같은 도주예방과 교정사고 방지에 필요하고도 유용한 수단이므로, 그 목적의 정당성과 수단의 적합성은 인정된다. … 형사재판과 같이 피고인의 방어권 보장이 절실한 경우조차 아무런 예외 없이 일률적으로 사복착용을 금지하는 것은 침해의 최소성 원칙에 위배된다. … 심판대상조항은 법익의 균형성 원칙에도 위배된다(헌재 2015.12.23, 2013헌마712).

20 기본권 제한에 관한 설명으로 가장 적절하지 않은 것은? (다툼이 있는 경우 판례에 의함)

23. 경찰 2차

① 긴급재정경제명령은 평상시의 헌법질서에 따른 권력행사 방법으로서는 대처할 수 없는 재정 · 경제상의 국가위기 상황에 처하여 이를 극복하기 위하여 발동되는 비상입법조치라는 속성상 기본권제한의 한계로서의 과잉금지원칙의 준수가 요구되지 않는다.

② 국가공무원법 제66조 제1항 본문 중 '그 밖에 공무 외의 일을 위한 집단행위' 부분은 '공익에 반하는 목적을 위하여 직무전념 의무를 해태하는 등의 영향을 가져오는 집단적 행위'라고 한정하여 해석하는 한 명확성 원칙에 위반되지 않는다.

③ 교도소의 안전 및 질서유지를 위하여 행해지는 규율과 징계로 인한 수용자의 기본권의 제한도 다른 방법으로는 그 목적을 달성할 수 없는 경우에만 예외적으로 허용되어야 한다.

④ 사회복무요원의 정치적 행위를 금지하는 병역법 제33조 제2항 본문 제2호 중 '그 밖의 정치단체에 가입하는 등 정치적 목적을 지닌 행위'에 관한 부분은 과잉금지원칙에 위배되어 사회복무요원인 청구인의 정치적 표현의 자유 및 결사의 자유를 침해한다.

해설

① [×] 대통령의 긴급재정경제명령은 평상시의 헌법 질서에 따른 권력행사방법으로서는 대처할 수 없는 재정 · 경제상의 국가위기 상황에 처하여 이를 극복하기 위하여 발동되는 비상입법조치라는 속성으로부터 일시적이긴 하나 다소간 권력분립의 원칙과 개인의 기본권에 대한 침해를 가져오는 것은 어쩔 수 없는 것이다. 그렇기 때문에 헌법은 긴급재정경제명령의 발동에 따른 기본권침해를 위기상황의 극복을 위하여 필요한 최소한에 그치도록 그 발동요건과 내용, 한계를 엄격히 규정함으로써 그 남용 또는 악용의 소지를 줄임과 동시에 긴급재정경제명령이 헌법에 합치하는 경우라면 이에 따라 기본권을 침해받는 국민으로서도 특별한 사정이 없는 한 이를 수인할 것을 요구하고 있는 것이다. 즉 긴급재정경제명령이 아래에서 보는 바와 같은 헌법 제76조 소정의 요건과 한계에 부합하는 것이라면 그 자체로 목적의 정당성, 수단의 적정성, 피해의 최소성, 법익의 균형성이라는 기본권제한의 한계로서의 과잉금지원칙을 준수하는 것이 되는 것이다(헌재 1996.2.29, 93헌마186).

▶ 긴급재정경제명령이라도 과잉금지원칙의 준수가 요구된다.

② [O] 이 사건 심판대상조항의 '공무 외의 일을 위한 집단 행위'는 언론 · 출판 · 집회 · 결사의 자유를 보장하고 있는 헌법 제21조 제1항과 국가공무원법의 입법취지, 국가공무원법상의 성실의무와 직무전념의무 등을 종합적으로 고려할 때, '공익에 반하는 목적을 위하여 직무전념의무를 해태하는 등의 영향을 가져오거나 공무에 대한 국민의 신뢰에 손상을 가져올 수 있는 공무원 다수의 결집된 행위'를 말하는 것으로 한정 해석되므로 명확성원칙에 위반된다고 볼 수 없다(헌재 2014.8.28, 2011헌바50).

③ [O] 수용시설 내의 질서 및 안전 유지를 위하여 행해지는 규율과 징계를 통한 기본권의 제한은 단지 공동생활의 유지를 위하여 수용자에게 구금과는 별도로 부가적으로 가해지는 고통으로서 다른 방법으로는 그 목적을 달성할 수 없는 경우에만 예외적으로 허용되어야 할 것이다(헌재 2005.2.24, 2003헌마289).

④ [O] 이 사건 법률조항 중 '그 밖의 정치단체에 가입하는 등 정치적 목적을 지닌 행위'에 관한 부분은 명확성의 원칙 및 과잉금지원칙에 위배되어 청구인의 정치적 표현의 자유 및 결사의 자유를 침해한다(헌재 2021.11.25, 2019헌마534).

정답 | 19 ③ 20 ①

21 기본권 제한에 관한 설명 중 가장 적절하지 않은 것은? (다툼이 있는 경우 판례에 의함) 24. 경정승진

① 입법자가 선택한 수단보다 국민의 기본권을 덜 침해하는 수단이 존재하더라도 그 다른 수단이 효과 측면에서 입법자가 선택한 수단과 동등하거나 유사하다고 단정할 만한 명백한 근거가 없는 이상 과잉금지원칙에 위반된다고는 할 수 없다.

② 형사재판과 같이 피고인의 방어권 보장이 절실한 경우조차 피고인으로 출석하는 수형자에 대하여 예외 없이 사복착용을 금지한 것은 과잉금지원칙에 위배된다.

③ 공기총의 소지허가를 받은 자로 하여금 그 공기총을 일률적으로 허가관청이 지정하는 곳에 보관하도록 하고 있는 총포·도검·화약류 등의 안전관리에 관한 법률 조항은 보관방법에 대한 제한일 뿐이므로 과잉금지원칙에 위배되지 않는다.

④ 보호의무자 2인의 동의 및 정신건강의학과 전문의 1인의 진단을 요건으로 정신질환자를 정신의료기관에 보호입원시켜 치료를 받도록 하는 정신보건법 조항은 과잉금지원칙에 위배되지 않는다.

해설

④ [×] 심판대상조항이 정신질환자를 신속·적정하게 치료하고, 정신질환자 본인과 사회의 안전을 도모한다는 공익을 위한 것임은 인정되나, 정신질환자의 신체의 자유 침해를 최소화할 수 있는 적절한 방안을 마련하지 아니함으로써 지나치게 기본권을 제한하고 있다. 따라서 심판대상조항은 법익의 균형성 요건도 충족하지 못한다. 그렇다면 심판대상조항은 과잉금지원칙을 위반하여 신체의 자유를 침해한다(헌재 2016.9.29, 2014헌가9).

① [O] 과잉금지원칙의 한 내용인 '최소침해의 원칙'이라는 것은 어디까지나 입법목적의 달성에 있어 동일한 효과를 나타내는 수단 중에서 되도록 당사자의 기본권을 덜 침해하는 수단을 채택하라는 헌법적 요구인바, 입법자가 택한 수단보다 국민의 기본권을 덜 침해하는 수단이 존재하더라도 그 다른 수단이 효과 측면에서 입법자가 선택한 수단과 동등하거나 유사하다고 단정할 만한 명백한 근거가 없는 이상, 그것이 과잉금지원칙에 반한다고 할 수는 없다(헌재 2012.8.23, 2010헌가65).

② [O] 형집행법 제82조 단서와 같이 도주우려가 크거나 특히 부적당한 사유가 있는 경우에는 사복착용을 제한함으로써 도주 및 교정사고의 위험을 줄일 수 있으므로 형사재판과 같이 피고인의 방어권 보장이 절실한 경우조차 아무런 예외 없이 일률적으로 사복착용을 금지하는 것은 침해의 최소성 원칙에 위배된다. … 따라서 심판대상조항이 형사재판의 피고인으로 출석하는 수형자에 대하여 형집행법 제82조를 준용하지 아니한 것은 과잉금지원칙에 위반되어 청구인의 공정한 재판을 받을 권리, 인격권, 행복추구권을 침해한다(헌재 2015.12.23, 2013헌마712).

③ [O] 심판대상조항들은 공기총을 안전하게 관리하고 공기총으로 인한 위험과 재해를 미리 방지하여 공공의 안전을 유지하기 위한 것으로서, 공기총을 지정된 장소에 보관하도록 한 것은 위와 같은 목적을 달성하는 데에 적합한 수단이다. 따라서 심판대상조항들은 목적의 정당성 및 수단의 적합성이 인정된다. … 따라서 심판대상조항들은 과잉금지원칙에 반하지 않는다(헌재 2019.6.28, 2018헌바400).

제5절 | 기본권의 침해와 구제

01 입법부작위에 관한 다음 설명 중 가장 옳은 것은? (다툼이 있는 경우 헌법재판소 결정 및 대법원 판례에 의함)

23. 법원직

① 입법자가 불충분하게 규율한 이른바 부진정입법부작위에 대하여 헌법소원을 제기하려면 그것이 평등의 원칙에 위배된다는 등 헌법위반을 내세워 적극적인 헌법소원을 제기하여야 하며, 이 경우에는 기본권 침해 상태가 계속되고 있으므로 헌법재판소법 소정의 청구기간을 준수할 필요는 없다.

② 하위 행정입법의 제정 없이 상위 법령의 규정만으로도 법률의 집행이 이루어질 수 있는 경우라 하더라도 상위 법령이 행정입법에 위임하고 있다면 하위 행정입법을 하여야 할 헌법적 작위의무가 인정된다.

③ 법률에서 군법무관의 봉급과 그 밖의 보수를 법관 및 검사의 예에 준하여 지급하도록 하는 대통령령을 제정할 것을 규정하였다 하더라도, 군복무를 하고 있는 군장교들은 전투력의 확보를 위한 특수집단의 한 구성요소이므로 군조직 밖의 기준으로 군조직의 다른 요소와 분리시켜 기본적인 보수에 있어 우대적 차별을 하는 것은 불합리하므로, 대통령이 지금까지 해당 대통령령을 제정하지 않는다 하더라도 이는 군법무관의 재산권을 침해하지 아니한다.

④ 진정입법부작위에 대한 헌법소원은, 헌법에서 기본권보장을 위하여 법령에 명시적인 입법위임을 하였음에도 입법자가 이를 이행하지 아니한 경우이거나, 헌법해석상 특정인에게 구체적인 기본권이 생겨 이를 보장하기 위한 국가의 행위의무 내지 보호의무가 발생하였음이 명백함에도 불구하고 입법자가 아무런 입법조치를 취하지 아니한 경우에 한하여 허용된다.

해설

④ [O] 진정입법부작위에 대한 헌법소원심판청구는 헌법에서 기본권 보장을 위해 법률에 명시적으로 입법위임을 하였음에도 불구하고 입법자가 이를 이행하지 않고 있는 경우이거나, 헌법 해석상 특정인의 기본권을 보호하기 위한 국가의 입법의무가 발생하였음이 명백함에도 불구하고 입법자가 아무런 입법조치를 취하지 않고 있는 경우에 한하여 허용된다(헌재 2003.5.15, 2000헌마192등).

① [×] 행정입법의 경우에도 "부진정 입법부작위"를 대상으로 헌법소원을 제기하려면 그 입법부작위를 헌법소원의 대상으로 삼을 수는 없고, 결함이 있는 당해 입법규정 그 자체를 대상으로 하여 그것이 평등의 원칙에 위배된다는 등 헌법위반을 내세워 적극적인 헌법소원을 제기하여야 하며, 이 경우에는 법령에 의하여 직접 기본권이 침해되는 경우라고 볼 수 있으므로 헌법재판소법 제69조 제1항 소정의 청구기간을 준수하여야 한다(헌재 2009.7.14, 2009헌마349).

② [×] 삼권분립의 원칙, 법치행정의 원칙을 당연한 전제로 하고 있는 우리 헌법 하에서 행정권의 행정입법 등 법집행의무는 헌법적 의무라고 보아야 할 것이다. 그런데 이는 행정입법의 제정이 법률의 집행에 필수불가결한 경우로서 행정입법을 제정하지 아니하는 것이 곧 행정권에 의한 입법권 침해의 결과를 초래하는 경우를 말하는 것이므로, 만일 하위 행정입법의 제정 없이 상위 법령의 규정만으로도 집행이 이루어질 수 있는 경우라면 하위 행정입법을 하여야 할 헌법적 작위의무는 인정되지 아니한다(헌재 2005.12.22, 2004헌마66).

③ [×] 한편 법률이 군법무관의 보수를 판사, 검사의 예에 의하도록 규정하면서 그 구체적 내용을 시행령에 위임하고 있다면, 이는 군법무관의 보수의 내용을 법률로써 일차적으로 형성한 것이고, 따라서 상당한 수준의 보수청구권이 인정되는 것이라 해석함이 상당하다. 그러므로 이 사건에서 대통령이 법률의 명시적 위임에도 불구하고 지금까지 해당 시행령을 제정하지 않아 그러한 보수청구권이 보장되지 않고 있다면 그러한 입법부작위는 정당한 이유 없이 청구인들의 재산권을 침해하는 것으로써 헌법에 위반된다(헌재 2004.2.26, 2001헌마718).

정답 | 21 ④ 01 ④

02 부작위에 의한 기본권 침해에 관한 설명으로 가장 적절한 것은? (다툼이 있는 경우 판례에 의함) 24. 경찰 1차

① 가족관계의 등록 등에 관한 법률이 직계혈족이기만 하면 사실상 자유롭게 그 자녀의 가족관계증명서와 기본증명서의 교부를 청구하여 발급받을 수 있도록 규정함으로써 가정폭력 피해자의 개인정보가 가정폭력 가해자인 전 배우자에게 무단으로 유출될 수 있는 경우, 이는 가정폭력 피해자를 보호하기 위한 구체적 방안을 마련하지 아니한 진정입법부작위에 해당되어 가정폭력 피해자인 청구인의 개인정보자기결정권을 침해한다.

② 국군포로의 송환 및 대우 등에 관한 법률에 따라 대통령은 등록포로, 등록하기 전에 사망한 귀환포로, 귀환하기 전에 사망한 국군포로에 대한 예우의 신청, 기준, 방법 등에 필요한 사항을 대통령령으로 제·개정할 의무가 있음에도 상당한 기간 동안 정당한 사유없이 그 예우에 관한 사항을 대통령령에 규정하지 않은 행정입법부작위는 등록포로 등의 가족인 청구인의 명예권을 침해한다.

③ 진실·화해를 위한 과거사정리 기본법에 따라 행정안전부장관, 법무부장관 등은 진실규명사건 피해자의 명예회복을 위해 적절한 조치를 취할 의무가 있으나 이는 법령에서 유래하는 작위의무이지 헌법에서 유래하는 작위의무는 아니다.

④ 통일부장관이 2010.5.24. 발표한 북한에 대한 신규투자 불허 및 진행 중인 사업의 투자확대 금지 등을 내용으로 하는 대북조치로 인하여 재산상 손실을 입은 자에 대한 보상입법을 마련하지 않은 경우, 이는 헌법 해석상 보상규정을 두어야 할 입법의무가 도출됨에도 이를 이행하지 아니한 진정입법부작위에 해당하여 개성공단 내의 토지이용권을 사용·수익할 수 없게 된 청구인의 재산권을 침해한다.

해설

② [O] 국군포로법 제15조의5 제2항은 같은 조 제1항에 따른 예우의 신청, 기준, 방법 등에 필요한 사항은 대통령령으로 정한다고 규정하고 있으므로, 피청구인은 등록포로, 등록하기 전에 사망한 귀환포로, 귀환하기 전에 사망한 국군포로에 대한 예우의 신청, 기준, 방법 등에 필요한 사항을 대통령령으로 제정할 의무가 있다. … 대통령령을 제정할 의무가 있음에도, 그 의무는 상당 기간 동안 불이행되고 있고, 이를 정당화할 이유도 찾아보기 어렵다. 그렇다면 이 사건 행정입법부작위는 등록포로 등의 가족인 청구인의 명예권을 침해하는 것으로서 헌법에 위반된다(헌재 2018.5.31, 2016헌마626).

① [×] 이 사건 법률조항이 불완전·불충분하게 규정되어, 직계혈족이 가정폭력의 가해자로 판명된 경우 주민등록법 제29조 제6항 및 제7항과 같이 가정폭력 피해자가 가정폭력 가해자를 지정하여 가족관계증명서 및 기본증명서의 교부를 제한하는 등의 가정폭력 피해자의 개인정보를 보호하기 위한 구체적 방안을 마련하지 아니한 부진정입법부작위가 과잉금지원칙을 위반하여 청구인의 개인정보자기결정권을 침해한다(헌재 2020.8.28, 2018헌마927).

③ [×] 과거사정리법의 제정 경위 및 입법 목적, 과거사정리법의 제규정 등을 종합적으로 살펴볼 때, 과거사정리법 제36조 제1항과 제39조는 '진실규명결정에 따라 규명된 진실에 따라 국가와 피청구인들을 포함한 정부의 각 기관은 피해자의 명예회복을 위해 적절한 조치를 취하고, 가해자와 피해자 사이의 화해를 적극 권유하기 위하여 필요한 조치를 취하여야 할 구체적 작위의무'를 규정하고 있는 조항으로 볼 것이고, 이러한 피해자에 대한 작위의무는 헌법에서 유래하는 작위의무로서 그것이 법령에 구체적으로 규정되어 있는 경우라고 할 것이다(헌재 2021.9.30, 2016헌마1034).

④ [×] 경제협력사업에 참여하는 기업이나 개인으로서는 남북관계의 개선과 평화적 통일의 기틀을 마련하는 데 기여한 측면이 있고, 헌법 전문과 제4조 등에서 평화통일에 관한 내용을 규정하고 있으며, 경제협력사업이 평화적 통일을 위한 기반 조성의 일환으로 이루어진 것이라 하더라도, 재산상 손실의 위험성이 이미 예상된 상황에서 발생한 재산상 손실에 대해 헌법 해석상으로 어떠한 보상입법의 의무가 도출된다고까지 보기는 어렵다. … 이러한 사정을 종합하면 헌법 해석상으로도 청구인의 재산상 손실에 대하여 보상규정을 두어야 할 입법의무가 도출된다고 할 수 없다(헌재 2022.5.26, 2016헌마95).

03 국가인권위원회에 대한 설명으로 가장 적절하지 않은 것은? (다툼이 있는 경우 판례에 의함)

21. 경찰승진

① 국가인권위원회는 헌법에 의하여 설치되고 헌법과 법률에 의하여 독자적인 권한을 부여받은 국가기관이라 할 수 없으므로 권한쟁의심판의 당사자능력이 인정되지 않는다.

② 진정에 대한 국가인권위원회의 기각결정은 항고소송의 대상이 되는 행정처분에 해당하지 않으므로 헌법재판소법 제68조 제1항에 의한 헌법소원의 대상이 된다.

③ 국가인권위원회는 피해자의 명시한 의사에 반하여 피해자를 위한 법률구조 요청을 할 수 없다.

④ 국가인권위원회의 진정에 대한 조사 · 조정 및 심의는 비공개로 한다. 다만, 국가인권위원회의 의결이 있을 때에는 공개할 수 있다.

해설

② [×] 국가인권위원회는 법률상의 독립된 국가기관이고, 피해자인 진정인에게는 국가인권위원회법이 정하고 있는 구제조치를 신청할 법률상 신청권이 있는데 국가인권위원회가 진정을 각하 및 기각결정을 할 경우 피해자인 진정인으로서는 자신의 인격권 등을 침해하는 인권침해 또는 차별행위 등이 시정되고 그에 따른 구제조치를 받을 권리를 박탈당하게 되므로, 진정에 대한 국가인권위원회의 각하 및 기각결정은 피해자인 진정인의 권리행사에 중대한 지장을 초래하는 것으로서 항고소송의 대상이 되는 행정처분에 해당하므로, 그에 대한 다툼은 우선 행정심판이나 행정소송에 의하여야 할 것이다[헌재 2015.3.26, 2013헌마214 · 245 · 445 · 804 · 833, 2014헌마104 · 506 · 1047(병합)].

① [○] 권한쟁의심판의 당사자능력은 헌법에 의하여 설치된 국가기관에 한정하여 인정하는 것이 타당하므로, 법률에 의하여 설치된 청구인에게는 권한쟁의심판의 당사자능력이 인정되지 아니한다(헌재 2010.10.28, 2009헌라6).

③ [○]

> 국가인권위원회법 제47조【피해자를 위한 법률구조 요청】① 위원회는 진정에 관한 위원회의 조사, 증거의 확보 또는 피해자의 권리 구제를 위하여 필요하다고 인정하면 피해자를 위하여 대한법률구조공단 또는 그 밖의 기관에 법률구조를 요청할 수 있다.
> ② 제1항에 따른 법률구조 요청은 피해자의 명시한 의사에 반하여 할 수 없다.

④ [○] 국가인권위원회법 제49조

■ 기본권 보호의무

01 다음 국가의 기본권 보호의무에 관한 설명 중 가장 옳지 않은 것은? (다툼이 있는 경우 판례에 의함)

24. 해경간부

① 원전 건설을 내용으로 하는 전원개발사업 실시계획에 대한 승인권한을 다른 전원개발과 마찬가지로 산업통상자원부장관에게 부여하는 법률조항은 국민의 생명 · 신체에 관한 국가의 보호의무를 위반한 것이 아니다.

② 검사만 치료감호를 청구할 수 있고 법원은 검사에게 치료감호청구를 요구할 수 있다고만 정하여 치료감호대상자의 치료감호 청구권이나 법원의 직권에 의한 치료감호를 인정하지 않은 것은 국민의 보건에 관한 국가의 보호의무에 반한다.

③ 개인의 생명 · 신체의 안전에 관한 기본권보호의무 위배 여부를 과소보호금지원칙을 기준으로 심사한 결과, 과소보호금지원칙 위반이 아닌 경우에도 다른 기본권에 대한 과잉금지원칙 위반을 이유로 기본권 침해를 인정하는 것은 가능하다.

④ 국가는 개인이 가지는 불가침의 기본적 인권을 확인하고 이를 보장할 의무를 지기에, 적어도 생명 · 신체의 보호와 같은 중요한 기본권적 법익 침해에 대해서는 그것이 국가가 아닌 제3자로서의 사인에 의해서 유발된 것이라고 하더라도 국가가 적극적인 보호의 의무를 진다.

정답 | 02 ② 03 ② 01 ②

해설

② [×] '정신건강증진 및 정신질환자 복지서비스 지원에 관한 법률', '형의 집행 및 수용자의 처우에 관한 법률'에 있는 다른 제도들을 통하여 국민의 정신건강을 유지하는 데에 필요한 국가적 급부와 배려가 이루어지고 있으므로, 이 사건 법률조항들에서 치료감호대상자의 치료감호 청구권이나 법원의 직권에 의한 치료감호를 인정하지 않는다 하더라도 국민의 보건에 관한 국가의 보호의무에 반한다고 보기 어렵다(헌재 2021.1.28, 2019헌가24 등).

① [O] 전원개발사업을 실시할 때에는 우리나라 전체의 전력수급상황이나 장기적인 에너지 정책에 부합하는지 여부 등을 고려하여 그 필요성을 따져보아야 하므로, 이를 종합적으로 검토하기 위하여 전원개발사업 실시 단계에서 일률적으로 산업통상자원부장관의 승인을 받도록 한 것은 그 타당성이 있다. … 따라서 이 사건 승인조항에서 원전건설을 내용으로 하는 전원개발사업 실시계획에 대한 승인권한을 다른 전원개발과 마찬가지로 산업통상자원부장관에게 부여하고 있다 하더라도, 국가가 국민의 생명 · 신체의 안전을 보호하기 위하여 필요한 최소한의 보호조치를 취하지 아니한 것이라고 보기는 어렵다(헌재 2016.10.27, 2015헌바358).

③ [O] 헌법재판소는 교통사고처리특례법 사건에서 "이 사건 법률조항은 국가의 기본권보호의무의 위반 여부에 관한 심사기준인 과소보호금지의 원칙에 위반한 것이라고 볼 수 없다. … 이 사건 법률조항은 과잉금지원칙에 위반하여 업무상 과실 또는 중대한 과실에 의한 교통사고로 중상해를 입은 피해자의 재판절차진술권을 침해한 것이라 할 것이다."(헌재 2009.2.26, 2005헌마764 등)라고 판시하여 기본권보호의무 위배 여부를 과소보호금지원칙을 기준으로 심사한 결과, 과소보호금지원칙 위반이 아닌 경우에도 다른 기본권에 대한 과잉금지원칙 위반을 이유로 기본권 침해를 인정하는 것은 가능하다는 입장이다.

④ [O] 헌법 제10조의 규정에 의하면, 국가는 개인이 가지는 불가침의 기본적 인권을 확인하고 이를 보장할 의무를 지고 기본권은 공동체의 객관적 가치질서로서의 성격을 가지므로, 적어도 생명 · 신체의 보호와 같은 중요한 기본권적 법익 침해에 대해서는 그것이 국가가 아닌 제3자로서의 사인에 의해서 유발된 것이라고 하더라도 국가가 적극적인 보호의 의무를 진다(헌재 2019.12.27, 2018헌마730).

02 다음 국가의 기본권 보호의무에 관한 설명 중 가장 옳지 않은 것은? (다툼이 있는 경우 판례에 의함) 24. 해경

① 국가의 기본권 보호의무를 입법자 또는 그로부터 위임받은 집행자가 어떻게 실현하여야 할 것인가 하는 문제는 원칙적으로 권력분립과 민주주의의 원칙에 따라 국민에 의하여 직접 민주적 정당성을 부여받고 자신의 결정에 대하여 정치적 책임을 지는 입법자의 책임범위에 속한다.

② 가축사육시설의 환경이 지나치게 열악할 경우 그러한 시설에서 사육되고 생산된 축산물을 섭취하는 인간의 건강도 악화될 우려가 있으므로, 국가로서는 건강하고 위생적이며 쾌적한 시설에서 가축을 사육할 수 있도록 필요한 적절하고도 효율적인 조치를 취함으로써 소비자인 국민의 생명 · 신체의 안전에 관한 기본권을 보호할 구체적인 헌법적 의무가 있다.

③ 국민의 민주적 의사를 최대한 표출하도록 해야 할 시 · 도지사 선거에서 확성장치를 사용하는 선거운동으로부터 발생하는 불편은 어느 정도 감수해야 하므로, 국가가 공직선거법상 확성장치의 최고 출력 내지 소음에 관한 규제기준을 마련하지 않았더라도 이것이 국가의 기본권보호의무를 불이행한 것이라고 보기는 어렵다.

④ 담배사업법은 담배성분의 표시나 경고문구의 표시, 담배광고의 제한 등 여러 규제들을 통하여 직접흡연으로부터 국민의 생명 · 신체의 안전을 보호하려고 노력하고 있으므로 담배사업법이 국가의 보호의무에 관한 과소보호금지원칙을 위반하여 청구인의 생명 · 신체의 안전에 관한 권리를 침해하였다고 볼 수 없다.

해설

③ [×] 심판대상조항이 선거운동의 자유를 감안하여 선거운동을 위한 확성장치를 허용할 공익적 필요성이 인정된다고 하더라도 정온한 생활환경이 보장되어야 할 주거지역에서 출근 또는 등교 이전 및 퇴근 또는 하교 이후 시간대에 확성장치의 최고출력 내지 소음을 제한하는 등 사용시간과 사용지역에 따른 수인한도 내에서 확성장치의 최고출력 내지 소음 규제기준에 관한 규정을 두지 아니한 것은, 국민이 건강하고 쾌적하게 생활할 수 있는 양호한 주거환경을 위하여 노력하여야 할 국가의 의무를 부과한 헌법 제35조 제3항에 비추어 보면, 적절하고 효율적인 최소한의 보호조치를 취하지 아니하여 국가의 기본권 보호의무를 과소하게 이행한 것으로서, 청구인의 건강하고 쾌적한 환경에서 생활할 권리를 침해하므로 헌법에 위반된다(헌재 2019.12.27, 2018헌마730).

① [O] 국가가 국민의 생명 · 신체의 안전을 보호할 의무를 진다 하더라도, 국가의 보호의무를 입법자 또는 그로부터 위임받은 집행자가 어떻게 실현할 것인가 하는 문제는 원칙적으로 권력분립과 민주주의 원칙에 따라 국민에 의하여 직접 민주적 정당성을 부여받고 자신의 결정에 대하여 정치적 책임을 지는 입법자의 책임범위에 속하므로, 헌법재판소는 단지 제한적으로만 입법자 또는 그로부터 위임받은 집행자에 의한 보호의무의 이행을 심사할 수 있다(헌재 2016.10.27, 2012헌마121).

② [O] 가축사육시설의 환경이 지나치게 열악할 경우 그러한 시설에서 사육되고 생산된 축산물을 섭취하는 인간의 건강도 악화될 우려가 있으므로, 국가로서는 건강하고 위생적이며 쾌적한 시설에서 가축을 사육할 수 있도록 필요한 적절하고도 효율적인 조치를 취함으로써 소비자인 국민의 생명·신체의 안전에 관한 기본권을 보호할 구체적인 헌법적 의무가 있다. … 따라서 심판대상조항이 국민의 생명·신체의 안전에 대한 국가의 보호의무에 관한 과소보호금지원칙에 위배되었다고 볼 수는 없다(헌재 2015.9.24, 2013헌마384).

④ [O] 담배사업법은 담배성분의 표시나 경고문구의 표시, 담배광고의 제한 등 여러 규제들을 통하여 직접흡연으로부터 국민의 생명·신체의 안전을 보호하려고 노력하고 있다. 따라서 담배사업법이 국가의 보호의무에 관한 과소보호금지 원칙을 위반하여 청구인의 생명·신체의 안전에 관한 권리를 침해하였다고 볼 수 없다(헌재 2015.4.30, 2012헌마38).

03 기본권 보호의무에 대한 설명으로 가장 적절하지 않은 것은? (다툼이 있는 경우 헌법재판소 판례에 의함)

25. 경찰간부

① 헌법 제10조 제2문은 "국가는 개인이 가지는 불가침의 기본적 인권을 확인하고 이를 보장할 의무를 진다"고 규정함으로써, 소극적으로 국가권력이 국민의 기본권을 침해하는 것을 금지하는데 그치지 아니하고 나아가 적극적으로 국민의 기본권을 타인의 침해로부터 보호할 의무를 부과하고 있다.

② 기본권 보호의무는 주로 사인인 제3자에 의한 개인의 생명이나 신체의 훼손에서 문제되는데 이는 국가의 보호의무 없이는 타인에 의하여 개인의 신체나 생명 등 법익이 무력화될 정도의 상황에서만 적용될 수 있다.

③ 태아가 사산한 경우에 한해서 태아 자신에게 불법적인 생명침해로 인한 손해배상청구권을 인정하지 않고 있다고 하여 단지 그 이유만으로 입법자가 태아의 생명보호를 위해 국가에서 요구되는 최소한의 보호조치마저 취하지 않는 것이라고는 할 수 없다.

④ 국가가 기본권 보호의무를 다하지 못하였다는 이유로 입법부작위 내지 불완전한 입법이 헌법에 위반된다고 판단할 때에는, 국가권력에 의해 국민의 기본권이 침해당하는 경우와는 다른 판단기준이 적용되어서는 아니된다.

해설

④ [×] 국민의 기본권에 대한 국가의 적극적 보호의무는 궁극적으로 입법자의 입법행위를 통하여 비로소 실현될 수 있는 것이기 때문에, 입법자의 입법행위를 매개로 하지 아니하고 단순히 기본권이 존재한다는 것만으로 헌법상 광범위한 방어적 기능을 갖게되는 기본권의 소극적 방어권으로서의 측면과 근본적인 차이가 있다. 즉, 기본권에 대한 보호의무자로서의 국가는 국민의 기본권에 대한 침해자로서의 지위에 서는 것이 아니라 국민과 동반자로서의 지위에 서는 점에서 서로 다르다. 따라서 국가가 국민의 기본권을 보호하기 위한 충분한 입법조치를 취하지 아니함으로써 기본권보호의무를 다하지 못하였다는 이유로 입법부작위 내지 불완전한 입법이 헌법에 위반된다고 판단하기 위하여는, 국가권력에 의해 국민의 기본권이 침해당하는 경우와는 다른 판단기준이 적용되어야 마땅하다(헌재 1997.1.16, 90헌마110).

① [O] 헌법 제10조 제2문은 "국가는 개인이 가지는 불가침의 기본적 인권을 확인하고 이를 보장할 의무를 진다"고 규정함으로써, 소극적으로 국가권력이 국민의 기본권을 침해하는 것을 금지하는데 그치지 아니하고 나아가 적극적으로 국민의 기본권을 타인의 침해로부터 보호할 의무를 부과하고 있다(헌재 2005.7.26, 2005헌마676).

② [O] 기본권 보호의무란 기본권적 법익을 기본권 주체인 사인에 의한 위법한 침해 또는 침해의 위험으로부터 보호하여야 하는 국가의 의무를 말하며, 주로 사인인 제3자에 의한 개인의 생명이나 신체의 훼손에서 문제되는데, 이는 타인에 의하여 개인의 신체나 생명 등 법익이 국가의 보호의무 없이는 무력화될 정도의 상황에서만 적용될 수 있다(헌재 2009.2.26, 2005헌마764).

③ [O] 입법자는 형법과 모자보건법 등 관련규정들을 통하여 태아의 생명에 대한 직접적 침해위험을 규범적으로 충분히 방지하고 있으므로, 이 사건 법률조항들이 태아가 사산한 경우에 한해서 태아 자신에게 불법적인 생명침해로 인한 손해배상청구권을 인정하지 않고 있다고 하여 단지 그 이유만으로 입법자가 태아의 생명보호를 위해 국가에게 요구되는 최소한의 보호조치마저 취하지 않은 것이라 비난할 수 없다(헌재 2008.7.31, 2004헌바81).

정답 | 02 ③ 03 ④

04 기본권 보호의무에 관한 설명으로 가장 적절한 것은? (다툼이 있는 경우 판례에 의함) 25. 경정승진

① 주거지역에서 출근 또는 등교 이전 및 퇴근 또는 하교 이후 시간대에 확성장치의 최고출력 내지 소음을 제한하는 등 사용시간과 사용지역에 따른 수인한도 내에서 확성장치의 최고출력내지 소음 규제기준에 관한 규정을 두지 아니한 공직선거법 조항은 적절하고 효율적인 최소한의 보호조치를 취하지 아니하여 국가의 기본권 보호의무를 과소하게 이행한 것이다.

② 구 산업단지 인·허가 절차 간소화를 위한 특례법에서 산업단지의 지정권자로 하여금 산업단지계획안에 대한 주민의견청취와 동시에 환경영향평가서 초안에 대한 주민의견청취를 진행하도록 한 의견청취 동시진행조항은 환경상 위해로부터 지역주민을 포함한 국민의 생명·신체의 안전을 보호하기 위하여 필요한 최소한의 보호조치를 취한 것으로 보기는 어려우므로 국가의 기본권 보호의무에 위배된다.

③ 태평양전쟁 전후 강제동원된 자 중 국외 강제동원자에 대해서만 의료지원금을 지급하도록 규정하고 있는 구 태평양전쟁 전후 국외 강제동원희생자 등 지원에 관한 법률 조항은 국내 강제 동원자들에 대한 국가의 지원이 매우 불충분하므로 국민에 대한 국가의 기본권 보호의무에 위배된다.

④ 원자력발전소건설을 내용으로 하는 전원개발사업 실시계획에 대한 승인권한을 산업통상자원부장관에게 부여하고 있는 전원개발촉진법 조항은 비록 원자력안전법에서 건설허가 및 운영허가 등의 절차를 거치도록 하여 원전으로 인한 피해가 발생하지 않도록 조치들을 강구하고 있다고 하더라도 국가가 국민의 생명·신체의 안전을 보호하기 위하여 필요한 최소한의 보호조치를 취하지 아니한 것으로 국가의 기본권 보호의무에 위배된다.

해설

① [O] 심판대상조항이 선거운동의 자유를 감안하여 선거운동을 위한 확성장치를 허용할 공익적 필요성이 인정된다고 하더라도 정온한 생활환경이 보장되어야 할 주거지역에서 출근 또는 등교 이전 및 퇴근 또는 하교 이후 시간대에 확성장치의 최고출력 내지 소음을 제한하는 등 사용시간과 사용지역에 따른 수인한도 내에서 확성장치의 최고출력 내지 소음 규제기준에 관한 규정을 두지 아니한 것은, 국민이 건강하고 쾌적하게 생활할 수 있는 양호한 주거환경을 위하여 노력하여야 할 국가의 의무를 부과한 헌법 제35조 제3항에 비추어 보면, 적절하고 효율적인 최소한의 보호조치를 취하지 아니하여 국가의 기본권 보호의무를 과소하게 이행한 것으로서, 청구인의 건강하고 쾌적한 환경에서 생활할 권리를 침해하므로 헌법에 위반된다(헌재 2019.12.27, 2018헌마730).

② [×] 국가가 산업단지계획의 승인 및 그에 따른 산업단지의 조성·운영으로 인하여 초래될 수 있는 환경상 위해로부터 지역주민을 포함한 국민의 생명·신체의 안전을 보호하기 위하여 필요한 최소한의 보호조치를 취하지 아니한 것이라고 보기는 어려우므로, 의견청취동시진행조항이 국가의 기본권 보호의무에 위배되었다고 할 수 없다(헌재 2016.12.29, 2015헌바280).

③ [×] 비록 태평양전쟁 관련 강제동원자들에 대한 국가의 지원이 충분하지 못한 점이 있다하더라도, 이 사건은 국가가 국내 강제동원자들을 위하여 아무런 보호조치를 취하지 아니하였다거나 아니면 국가가 취한 조치가 전적으로 부적합하거나 매우 불충분한 것임이 명백한 경우라고 단정하기 어려우므로, 태평양전쟁 전후 강제동원된 자 중 국외 강제동원자에 대해서만 의료지원금을 지급하도록 규정하고 있는 것이 국민에 대한 국가의 기본권 보호의무에 위배된다고 볼 수 없다(헌재 2011.2.24, 2009헌마94).

④ [×] 전원개발사업을 실시할 때에는 우리나라 전체의 전력수급상황이나 장기적인 에너지 정책에 부합하는지 여부 등을 고려하여 그 필요성을 따져보아야 하므로, 이를 종합적으로 검토하기 위하여 전원개발사업 실시 단계에서 일률적으로 산업통상자원부장관의 승인을 받도록 한 것은 그 타당성이 있다. … 따라서 이 사건 승인조항에서 원전 건설을 내용으로 하는 전원개발사업 실시계획에 대한 승인권한을 다른 전원개발과 마찬가지로 산업통상자원부장관에게 부여하고 있다 하더라도, 국가가 국민의 생명·신체의 안전을 보호하기 위하여 필요한 최소한의 보호조치를 취하지 아니한 것이라고 보기는 어렵다(헌재 2016.10.27, 2015헌바358).

05 국가의 기본권 보호의무에 관한 설명으로 가장 적절하지 않은 것은? (다툼이 있는 경우 판례에 의함)

23. 경찰 1차

① 선거운동을 위한 확성장치를 허용할 공익적 필요성이 인정된다고 하더라도 정온한 생활환경이 보장되어야 할 주거지역에서 사용시간과 사용지역에 따른 수인한도 내에서 확성장치의 최고출력 내지 소음 규제기준에 관한 규정을 두지 아니한 공직선거법 조항은 주거지역 거주자의 건강하고 쾌적한 환경에서 생활할 권리를 침해한다.

② 담배사업법은 담배성분의 표시나 경고문구의 표시, 담배광고의 제한 등 여러 규제들을 통하여 직접흡연으로부터 국민의 생명 · 신체의 안전을 보호하려고 노력하고 있어, 담배사업법이 국가의 보호의무에 관한 과소보호금지 원칙을 위반하여 흡연자의 생명 · 신체의 안전에 관한 권리를 침해하였다고 볼 수 없다.

③ 업무상과실 또는 중대한 과실로 인한 교통사고로 말미암아 피해자로 하여금 상해에 이르게 하였으나 보험 등에 가입한 경우 운전자에 대한 공소를 제기할 수 없도록 한 구 교통사고처리특례법 조항은 교통사고 피해자의 생명 · 신체의 안전에 관한 국가의 기본권 보호의무를 명백히 위반한 것이다.

④ 민법 조항들이 권리능력의 존재 여부를 출생시를 기준으로 확정하고 태아에 대해서는 살아서 출생할 것을 조건으로 손해배상청구권을 인정하더라도 태아에 대한 국가의 생명권 보호의무를 위반한 것이라 볼 수 없다.

해설

③ [×] 이 사건 법률조항을 두고 국가가 일정한 교통사고범죄에 대하여 형벌권을 행사하지 않음으로써 도로교통의 전반적인 위험으로부터 국민의 생명과 신체를 적절하고 유효하게 보호하는 아무런 조치를 취하지 않았다든지, 아니면 국가가 취한 현재의 제반 조치가 명백하게 부적합하거나 부족하여 그 보호의무를 명백히 위반한 것이라고 할 수 없다(헌재 2009.2.26, 2005헌마764).

① [O] 심판대상조항이 선거운동의 자유를 감안하여 선거운동을 위한 확성장치를 허용할 공익적 필요성이 인정된다고 하더라도 정온한 생활환경이 보장되어야 할 주거지역에서 출근 또는 등교 이전 및 퇴근 또는 하교 이후 시간대에 확성장치의 최고출력 내지 소음을 제한하는 등 사용시간과 사용지역에 따른 수인한도 내에서 확성장치의 최고출력 내지 소음 규제기준에 관한 규정을 두지 아니한 것은, 국민이 건강하고 쾌적하게 생활할 수 있는 양호한 주거환경을 위하여 노력하여야 할 국가의 의무를 부과한 헌법 제35조 제3항에 비추어 보면, 적절하고 효율적인 최소한의 보호조치를 취하지 아니하여 국가의 기본권 보호의무를 과소하게 이행한 것으로서, 청구인의 건강하고 쾌적한 환경에서 생활할 권리를 침해하므로 헌법에 위반된다(헌재 2019.12.27, 2018헌마730).

② [O] 담배사업법은 담배의 제조 및 판매 자체는 금지하고 있지 않지만, 현재로서는 흡연과 폐암 등의 질병 사이에 필연적인 관계가 있다거나 흡연자 스스로 흡연 여부를 결정할 수 없을 정도로 의존성이 높아서 국가가 개입하여 담배의 제조 및 판매 자체를 금지하여야만 한다고 보기는 어렵다. 또한, 담배사업법은 담배성분의 표시나 경고문구의 표시, 담배광고의 제한 등 여러 규제들을 통하여 직접흡연으로부터 국민의 생명 · 신체의 안전을 보호하려고 노력하고 있다. 따라서 담배사업법이 국가의 보호의무에 관한 과소보호금지 원칙을 위반하여 청구인의 생명 · 신체의 안전에 관한 권리를 침해하였다고 볼 수 없다(헌재 2015.4.30, 2012헌마38).

④ [O] 이 사건 법률조항들이 권리능력의 존재 여부를 출생시를 기준으로 확정하고 태아에 대해서는 살아서 출생할 것을 조건으로 손해배상청구권을 인정한다 할지라도 이러한 입법적 태도가 입법형성권의 한계를 명백히 일탈한 것으로 보기는 어려우므로 이 사건 법률조항들이 국가의 생명권 보호의무를 위반한 것이라 볼 수 없다(헌재 2008.7.31, 2004헌바81).

정답 | 04 ① 05 ③

06 기본권 보호의무에 관한 설명 중 가장 적절하지 않은 것은? (다툼이 있는 경우 판례에 의함) 22. 경찰승진

① 기본권 보호의무란 국민의 기본권적 법익을 기본권 주체인 사인에 의한 위법한 침해 또는 침해의 위험으로부터 보호하여야 하는 국가의 의무를 말하며, 주로 사인인 제3자에 의한 개인의 생명이나 신체의 훼손에서 문제된다.

② 국가의 기본권 보호의무의 이행은 입법자의 입법을 통하여 비로소 구체화되는 것이고, 국가가 그 보호의무를 어떻게 어느 정도로 이행할 것인지는 원칙적으로 한 나라의 정치 · 경제 · 사회 · 문화적인 제반 여건과 재정 사정 등을 감안하여 입법정책적으로 판단하여야 하는 입법재량의 범위에 속한다.

③ 국가가 국민의 생명 · 신체의 안전에 대한 보호의무를 다하지 않았는지 여부를 헌법재판소가 심사할 때에는 국가가 이를 보호하기 위하여 적어도 적절하고 효율적인 최소한의 보호조치를 취하였는가하는 이른바 '과소보호금지원칙' 위반 여부를 기준으로 한다.

④ 사산된 태아에게 불법적인 생명침해로 인한 손해배상청구권을 인정하지 않는 것은 입법형성권의 한계를 명백히 일탈한 것으로서 국가의 기본권 보호의무를 위반한 것이다.

해설

④ [×] 입법자는 형법과 모자보건법 등 관련규정들을 통하여 태아의 생명에 대한 직접적 침해위험을 규범적으로 충분히 방지하고 있으므로, 이 사건 법률조항들이 태아가 사산한 경우에 한해서 태아 자신에게 불법적인 생명침해로 인한 손해배상청구권을 인정하지 않고 있다고 하여 단지 그 이유만으로 입법자가 태아의 생명보호를 위해 국가에게 요구되는 최소한의 보호조치마저 취하지 않은 것이라 비난할 수 없다(헌재 2008.7.31, 2004헌바81).

① [O] 헌법상 기본권 보호의무란 기본권적 법익을 기본권 주체인 사인에 의한 위법한 침해 또는 침해의 위험으로부터 보호하여야 하는 국가의 의무를 말하며, 주로 사인인 제3자에 의한 개인의 생명이나 신체의 훼손에서 문제되는 것이다(대판 2018.10.25, 2018두44302).

② [O] 국가의 기본권 보호의무의 이행은 입법자의 입법을 통하여 비로소 구체화되는 것이고, 국가가 그 보호의무를 어떻게 어느 정도로 이행할 것인지는 입법자가 제반사정을 고려하여 입법정책적으로 판단하여야 하는 입법재량의 범위에 속하는 것이기 때문이다(헌재 2008.7.31, 2004헌바81).

③ [O] 헌법재판소는 권력분립의 관점에서 소위 "과소보호금지원칙"을, 즉 국가가 국민의 기본권 보호를 위하여 적어도 적절하고 효율적인 최소한의 보호조치를 취했는가를 기준으로 심사하게 된다. 따라서 입법부작위나 불완전한 입법에 의한 기본권의 침해는 입법자의 보호의무에 대한 명백한 위반이 있는 경우에만 인정될 수 있다. 다시 말하면 국가가 국민의 법익을 보호하기 위하여 아무런 보호조치를 취하지 않았든지 아니면 취한 조치가 법익을 보호하기에 명백하게 부적합하거나 불충분한 경우에 한하여 헌법재판소는 국가의 보호의무의 위반을 확인할 수 있을 뿐이다(헌재 2008.7.31, 2004헌바81).

07 기본권 보호의무에 관한 설명 중 옳은 것을 모두 고른 것은? (다툼이 있는 경우 판례에 의함) 22. 변호사

> ㉠ 국가가 국민의 생명·신체의 안전에 대한 보호의무를 다하지 않았는지 여부를 헌법재판소가 심사할 때에는 '과소보호금지원칙'의 위반 여부를 기준으로 삼아, 국민의 생명·신체의 안전을 보호하기 위한 조치가 필요한 상황인데도 국가가 아무런 보호조치를 취하지 않았든지 아니면 취한 조치가 법익을 보호하기에 전적으로 부적합하거나 매우 불충분한 것임이 명백한 경우에 한하여 국가의 보호의무 위반을 확인하여야 한다.
> ㉡ 개인의 생명·신체의 안전에 관한 기본권 보호의무 위배 여부를 과소보호금지원칙을 기준으로 심사한 결과 동 원칙 위반이 아닌 경우에도 다른 기본권에 대한 과잉금지원칙 위반을 이유로 기본권 침해를 인정하는 것은 가능하다.
> ㉢ 헌법 제35조 제1항은 국가와 국민에게 환경보전을 위하여 노력하여야 할 의무를 부여하고 있고, 환경침해는 사인에 의해서도 빈번하게 유발되고 있으며 생명·신체와 같은 중요한 기본권의 법익 침해로 이어질 수 있다는 점에서 국가는 사인인 제3자에 의한 환경권 침해에 대해서도 기본권 보호조치를 취할 의무를 진다.
> ㉣ 국민의 민주적 의사를 최대한 표출하도록 해야 할 시·도지사선거에서 확성장치를 사용하는 선거운동으로부터 발생하는 불편은 어느 정도 감수해야 하므로, 국가가 공직선거법상 확성장치의 최고출력 내지 소음에 관한 규제기준을 마련하지 않았더라도 이것이 국가의 기본권 보호의무를 불이행한 것이라고 보기는 어렵다.

① ㉠, ㉡
② ㉢, ㉣
③ ㉠, ㉡, ㉢
④ ㉡, ㉢, ㉣
⑤ ㉠, ㉡, ㉢, ㉣

해설

옳은 것은 ㉠, ㉡, ㉢이다.

㉠ [O] 국가가 국민의 생명·신체의 안전에 대한 보호의무를 다하지 않았는지 여부를 헌법재판소가 심사할 때에는 국가가 이를 보호하기 위하여 적어도 적절하고 효율적인 최소한의 보호조치를 취하였는가 하는 이른바 '과소보호 금지원칙'의 위반 여부를 기준으로 삼아, 국민의 생명·신체의 안전을 보호하기 위한 조치가 필요한 상황인데도 국가가 아무런 보호조치를 취하지 않았든지 아니면 취한 조치가 법익을 보호하기에 전적으로 부적합하거나 매우 불충분한 것임이 명백한 경우에 한하여 국가의 보호의무의 위반을 확인하여야 한다(헌재 2008.12.26, 2008헌마419).

㉡ [O] 교통사고처리 특례법 제4조 제1항 본문 중 업무상 과실 또는 중대한 과실로 인한 교통사고로 말미암아 피해자로 하여금 '중상해'에 이르게 한 경우 공소를 제기할 수 없도록 규정한 부분이 재판절차진술권 및 평등권을 침해하였는지 여부에 대해서 판단한 결정(헌재 2009.02.26, 2005헌마764)에서 국가의 기본권보호의무의 위반 여부에 관한 심사기준인 과소보호금지의 원칙에 위반한 것이라고 볼 수 없다고 판단하면서, 교통사고의 중상해 피해자 및 사망사고의 피해자와 재판절차진술권의 행사에 있어서 달리 취급한 것은 단서조항에 해당하지 아니하는 교통사고로 중상해를 입은 피해자들의 평등권을 침해하는 것이라고 판단하였다.

㉢ [O] 헌법 제10조의 규정에 의하면, 국가는 개인이 가지는 불가침의 기본적 인권을 확인하고 이를 보장할 의무를 지고 기본권은 공동체의 객관적 가치질서로서의 성격을 가지므로, 적어도 생명·신체의 보호와 같은 중요한 기본권적 법익 침해에 대해서는 그것이 국가가 아닌 제3자로서의 사인에 의해서 유발된 것이라고 하더라도 국가가 적극적인 보호의 의무를 진다. 그렇다면 국가가 국민의 기본권을 적극적으로 보장하여야 할 의무가 인정된다는 점, 헌법 제35조 제1항이 국가와 국민에게 환경보전을 위하여 노력하여야 할 의무를 부여하고 있는 점, 환경침해는 사인에 의해서 빈번하게 유발되므로 입법자가 그 허용 범위에 관해 정할 필요가 있다는 점, 환경피해는 생명·신체의 보호와 같은 중요한 기본권적 법익 침해로 이어질 수 있다는 점 등을 고려할 때, 일정한 경우 국가는 사인인 제3자에 의한 국민의 환경권 침해에 대해서도 적극적으로 기본권 보호조치를 취할 의무를 진다. 더욱이 이 사건에서 소음의 유발은 공직선거법이 허용한 일정 기간의 공직선거 운동기간 중에 공적 의사를 형성하는 과정 중에 발생하는 것이므로, 비록 그 소음이 후보자 등 사인에 의해서 유발되고 있는 것이라고 하더라도 공적 활동으로서 이해되는 측면도 있는바, 공적 영역에서 발생하는 환경권 침해 가능성에 대해 국가가 규율할 의무는 좀 더 분명해진다(헌재 2019.12.27, 2018헌마73).

정답 | 06 ④ 07 ③

㉣ [×] 심판대상조항은 선거운동의 자유를 감안하여 선거운동을 위하여 확성장치를 허용하여야 할 공익적 필요성이 인정된다고 하더라도, 정온한 생활환경이 보장되어야 할 주거지역에서 출근 또는 등교 이전 및 퇴근 또는 하교 이후 시간까지 지속 시간 및 최고출력 또는 소음 규제 없이 확성장치를 사용하여 선거운동을 할 수 있도록 허용한 것은 수인한도를 초과하는 소음이 발생하도록 방치하는 것이다. … 출근 또는 등교 이전 및 퇴근 또는 하교 이후 시간대의 주거지역에서 확성장치의 최고출력 또는 소음을 제한하는 등 사용시간과 사용지역에 따른 수인한도 내에서 확성장치의 최고출력 내지 소음 규제기준에 관한 구체적인 규정을 두어야 할 것이다. 그러므로 심판대상조항이 이러한 규정을 두고 있지 아니한 것은 관련 법익을 형량하여 보더라도 적절하고 효율적인 최소한의 보호조치를 취하지 아니함으로써 국가의 기본권 보호의무를 과소하게 이행하였다고 평가되고, 이는 청구인의 건강하고 쾌적한 환경에서 생활할 권리의 침해를 가져온다(헌재 2019.12.27, 2018헌마730).

08 국가의 기본권 보호의무에 대한 설명으로 옳지 않은 것만을 <보기>에서 모두 고르면? (다툼이 있는 경우 헌법재판소 판례에 의함)

22. 국회직 8급

〈보기〉

㉠ 검사만 치료감호를 청구할 수 있고 법원은 검사에게 치료감호청구를 요구할 수 있다고만 정하여 치료감호대상자의 치료감호 청구권이나 법원의 직권에 의한 치료감호를 인정하지 않은 것은 국민의 보건에 관한 국가의 보호의무에 반한다.

㉡ 주거지역에서 출근 또는 등교 이전 및 퇴근 또는 하교 이후 시간대에 확성장치의 최고출력 내지 소음을 제한하는 등 사용시간과 사용지역에 따른 수인한도 내에서 확성장치의 최고출력 내지 소음 규제기준에 관한 구체적인 규정을 두어야 함에도 이러한 규정을 두지 아니한 것은 적절하고 효율적인 최소한의 보호조치를 취하지 아니하여 국가의 기본권 보호의무를 과소하게 이행한 것이다.

㉢ 자동차 운전자가 업무상 과실 또는 중대한 과실로 인한 교통사고로 말미암아 피해자로 하여금 중상해에 이르게 한 경우, 가해차량이 종합보험 등에 가입되어 있음을 이유로 공소를 제기할 수 없도록 한 것은 형벌까지 동원해야 보호법익을 유효적절하게 보호할 수 있다는 의미에서 교통사고 피해자에 대한 국가의 기본권 보호의무를 위반한 것이다.

㉣ 종래 산업단지의 지정을 위한 개발계획 단계와 산업단지 개발을 위한 실시계획 단계에서 각각 개별적으로 진행하던 주민의견청취절차 또는 주민의견수렴절차를 한 번의 절차에서 동시에 진행하도록 하는 것은 국가가 산업단지계획의 승인 및 그에 따른 산업단지의 조성·운영으로 인하여 초래될 수 있는 환경상 위해로부터 지역주민을 포함한 국민의 생명·신체의 안전을 보호하기 위하여 필요한 최소한의 보호조치를 취하지 아니함으로써 국가의 기본권 보호의무를 과소하게 이행한 것이다.

㉤ 가축사육시설의 환경이 지나치게 열악할 경우 그러한 시설에서 사육되고 생산된 축산물을 섭취하는 인간의 건강도 악화될 우려가 있으므로, 국가로서는 건강하고 위생적이며 쾌적한 시설에서 가축을 사육할 수 있도록 필요한 적절하고도 효율적인 조치를 취함으로써 소비자인 국민의 생명·신체의 안전에 관한 기본권을 보호할 구체적인 헌법적 의무가 있다.

① ㉠, ㉢　② ㉡, ㉢　③ ㉣, ㉤
④ ㉠, ㉢, ㉣　⑤ ㉠, ㉢, ㉣, ㉤

해설

옳지 않은 것은 ㉠, ㉢, ㉣이다.

㉠ [×] 이 사건 법률조항에서 치료감호청구권자를 검사로 한정한 것은 개인적인 감정이나 집단적 이해관계 또는 여론에 좌우되지 않고 국가형벌권을 객관적으로 행사하도록 하여 재판의 적정성 및 합리성을 기하고자 하는 것이므로 이 사건 법률조항이 청구인의 평등권을 침해한다고 볼 수 없다. 마약류중독자들에 대한 국가적 급부와 배려는 다른 법률조항들에 의하여 충분히 이루어지고 있으므로 이 사건 법률조항에서 청구인의 치료감호청구권을 인정하지 않는다 하더라도 국민의 보건에 관한 권리를 침해한다고 볼 수 없다(헌재 2010.4.29, 2008헌마622).

㉡ [O] 심판대상조항은 선거운동의 자유를 감안하여 선거운동을 위하여 확성장치를 허용하여야 할 공익적 필요성이 인정된다고 하더라도, 정온한 생활환경이 보장되어야 할 주거지역에서 출근 또는 등교 이전 및 퇴근 또는 하교 이후 시간까지 지속 시간 및 최고출력 또는 소음 규제 없이 확성장치를 사용하여 선거운동을 할 수 있도록 허용한 것은 수인한도를 초과하는 소음이 발생하도록 방치하는 것이다. … 출근 또는 등교 이전 및 퇴근 또는 하교 이후 시간대의 주거지역에서 확성장치의 최고출력 또는 소음을 제한하는 등 사용시간과 사용지역에 따른 수인한도 내에서 확성장치의 최고출력 내지 소음 규제기준에 관한 구체적인 규정을 두어야 할 것이다. 그러므로 심판대상조항이 이러한 규정을 두고 있지 아니한 것은 관련 법익을 형량하여 보더라도 적절하고 효율적인 최소한의 보호조치를 취하지 아니함으로써 국가의 기본권 보호의무를 과소하게 이행하였다고 평가되고, 이는 청구인의 건강하고 쾌적한 환경에서 생활할 권리의 침해를 가져온다(헌재 2019.12.27, 2018헌마730).

㉢ [×] 국가의 신체와 생명에 대한 보호의무는 교통과실범의 경우 발생한 침해에 대한 사후처벌뿐만 아니라 무엇보다도 우선적으로 운전면허취득에 관한 법규 등 전반적인 교통 관련 법규의 정비, 운전자와 일반 국민에 대한 지속적인 계몽과 교육, 교통안전에 관한 시설의 유지 및 확충, 교통사고 피해자에 대한 보상제도 등 여러 가지 사전적·사후적 조치를 함께 취함으로써 이행되고, 이 경우 형벌은 국가가 취할 수 있는 유효적절한 수많은 수단 중의 하나일 뿐이지 결코 형벌까지 동원하여야만 보호법익을 유효적절하게 보호할 수 있다는 의미의 최종적인 유일한 수단이 될 수는 없으므로 이 사건 법률조항은 국가의 기본권 보호의무의 위반 여부에 관한 심사기준인 과소보호금지의 원칙에 위반한 것이라고 볼 수 없다(헌재 2009.2.26, 2005헌마764).

㉣ [×] 의견청취동시진행조항은 종래 산업단지의 지정을 위한 개발계획 단계와 산업단지 개발을 위한 실시계획 단계에서 각각 개별적으로 진행하던 산업단지개발계획안과 환경영향평가서 초안에 대한 주민의견청취절차 또는 주민의견수렴절차를 산업단지 인·허가 절차의 간소화를 위하여 한 번의 절차에서 동시에 진행하도록 하고 있을 뿐, 환경영향평가서 초안에 대한 주민의견수렴절차 자체를 생략하거나 주민이 환경영향평가서 초안을 열람하고 그에 대한 의견을 제출함에 있어 어떠한 방법상·내용상 제한을 가하고 있지도 않다. 또한 입법자는 산단절차간소화법 및 환경영향평가법 등에 환경영향평가서 초안에 대한 지역주민의 의견수렴이 부실해지는 것을 방지하기 위한 여러 보완장치를 마련해 두고 있다. 따라서 국가가 산업단지계획의 승인 및 그에 따른 산업단지의 조성·운영으로 인하여 초래될 수 있는 환경상 위해로부터 지역주민을 포함한 국민의 생명·신체의 안전을 보호하기 위하여 필요한 최소한의 보호조치를 취하지 아니한 것이라고 보기는 어려우므로, 의견청취동시진행조항이 국가의 기본권 보호의무에 위배되었다고 할 수 없다(헌재 2016.12.29, 2015헌바280).

㉤ [O] 이 사건 기준은 가축사육업 허가를 받거나 등록을 하고자 할 경우 가축사육시설이 갖추어야 하는 기준이다. 그런데 가축사육시설의 환경이 지나치게 열악할 경우 그러한 시설에서 사육되고 생산된 축산물을 섭취하는 인간의 건강도 악화될 우려가 있다. 따라서 국가로서는 건강하고 위생적이며 쾌적한 시설에서 가축이 서식할 수 있도록 필요한 적절하고도 효율적인 조치를 취함으로써, 소비자인 국민의 생명·신체의 안전에 관한 기본권을 보호할 구체적인 헌법적 의무가 있다(헌재 2015.09.24, 2013헌마384).

정답 | 08 ④

09 기본권 보호의무에 관한 설명 중 가장 적절하지 않은 것은? (다툼이 있는 경우 판례에 의함) 22. 경찰 2차

① 국민의 생명·신체의 안전이 질병 등으로부터 위협받거나 받게 될 우려가 있는 경우 국가로서는 그 위험의 원인과 정도에 따라 사회·경제적인 여건 및 재정사정 등을 감안하여 국민의 생명·신체의 안전을 보호하기에 필요한 적절하고 효율적인 입법·행정상의 조치를 취하여 그 침해의 위험을 방지하고 이를 유지할 포괄적인 의무를 진다.

② 담배사업법은 담배성분의 표시나 경고문구의 표시, 담배광고의 제한 등 여러 규제들을 통하여 직접흡연으로부터 국민의 생명·신체의 안전을 보호하려고 노력하고 있으므로 담배사업법이 국가의 보호의무에 관한 과소보호금지원칙을 위반하여 청구인의 생명·신체의 안전에 관한 권리를 침해하였다고 볼 수 없다.

③ 구 전원개발촉진법 제2조 제1호에서 원전 건설을 내용으로 하는 전원개발사업 실시계획에 대한 승인권한을 다른 전원개발과 마찬가지로 산업통상자원부장관에게 부여하고 있다 하더라도, 국가가 국민의 생명·신체의 안전을 보호하기 위하여 필요한 최소한의 보호조치를 취하지 아니한 것이라고 보기는 어렵다.

④ 대통령은 행정부의 수반으로서 국가가 국민의 생명과 신체의 안전 보호의무를 충실하게 이행할 수 있도록 권한을 행사하고 직책을 수행하여야 하는 의무를 부담하므로, 국민의 생명이 위협받는 재난상황이 발생한 경우 직접 구조 활동에 참여하여야 하는 등 구체적이고 특정한 행위의무까지 발생한다고 볼 수 있다.

해설

④ [×] 대통령은 행정부의 수반으로서 국가가 국민의 생명과 신체의 안전 보호의무를 충실하게 이행할 수 있도록 권한을 행사하고 직책을 수행하여야 하는 의무를 부담한다. 하지만 국민의 생명이 위협받는 재난상황이 발생하였다고 하여 대통령이 직접 구조 활동에 참여하여야 하는 등 구체적이고 특정한 행위의무까지 바로 발생한다고 보기는 어렵다(헌재 2017.3.10, 2016헌나1).

① [O] 생명·신체의 안전에 관한 권리는 인간의 존엄과 가치의 근간을 이루는 기본권일 뿐만 아니라, 헌법은 "모든 국민은 보건에 관하여 국가의 보호를 받는다."고 규정하여 질병으로부터 생명·신체의 보호 등 보건에 관하여 특별히 국가의 보호의무를 강조하고 있으므로(제36조 제3항), 국민의 생명·신체의 안전이 질병 등으로부터 위협받거나 받게 될 우려가 있는 경우 국가로서는 그 위험의 원인과 정도에 따라 사회·경제적인 여건 및 재정사정 등을 감안하여 국민의 생명·신체의 안전을 보호하기에 필요한 적절하고 효율적인 입법·행정상의 조치를 취하여 그 침해의 위험을 방지하고 이를 유지할 포괄적인 의무를 진다 할 것이다(헌재 2008.12.26, 2008헌마419 등).

② [O] 담배사업법은 담배의 제조 및 판매 자체는 금지하고 있지 않지만, 현재로서는 흡연과 폐암 등의 질병 사이에 필연적인 관계가 있다거나 흡연자 스스로 흡연 여부를 결정할 수 없을 정도로 의존성이 높아서 국가가 개입하여 담배의 제조 및 판매 자체를 금지하여야만 한다고 보기는 어렵다. 또한 담배사업법은 담배성분의 표시나 경고문구의 표시, 담배광고의 제한 등 여러 규제들을 통하여 직접흡연으로부터 국민의 생명·신체의 안전을 보호하려고 노력하고 있다. 따라서 담배사업법이 국가의 보호의무에 관한 과소보호금지원칙을 위반하여 청구인의 생명·신체의 안전에 관한 권리를 침해하였다고 볼 수 없다(헌재 2015.4.30, 2012헌마38).

③ [O] 국가는 원전의 건설·운영을 산업통상자원부장관의 전원개발사업 실시계획 승인만으로 가능하도록 한 것이 아니라, '원자력안전법'에서 규정하고 있는 건설허가 및 운영허가 등의 절차를 거치도록 하고 있다. 원전 사고로 인한 방사능 피해는 전원개발사업 실시계획 승인 단계에서가 아니라 원전의 건설·운영과정에서 발생하므로 원전 건설·운영의 허가 단계에서 보다 엄격한 기준을 마련하여 원전으로 인한 피해가 발생하지 않도록 조치들을 강구하고 있다. 따라서 이 사건 승인조항에서 원전 건설을 내용으로 하는 전원개발사업 실시계획에 대한 승인권한을 다른 전원개발과 마찬가지로 산업통상자원부장관에게 부여하고 있다 하더라도, 국가가 국민의 생명·신체의 안전을 보호하기 위하여 필요한 최소한의 보호조치를 취하지 아니한 것이라고 보기는 어렵다(헌재 2016.10.27, 2015헌바358).

10 국가의 기본권 보호의무에 관한 설명 중 가장 적절하지 않은 것은? (다툼이 있는 경우 판례에 의함)

23. 경찰승진

① 헌법재판소는 국가의 기본권 보호의무란 사인인 제3자에 의해 발생하는 생명이나 신체에 대한 침해로부터 이를 보호하여야 할 국가의 의무를 말하는 것으로, 국가가 직접 주방용오물분쇄기의 사용을 금지하여 개인의 기본권을 제한하는 경우에는 국가의 기본권 보호의무 위반 여부가 문제되지 않는다고 판단하였다.

② 선거운동을 위하여 확성장치를 허용하여야 할 공익적 필요성이 인정된다고 하더라도, 공직선거법이 주거지역에서의 최고출력 내지 소음을 제한하는 등 대상지역에 따른 수인한도 내에서 공직선거운동에 사용되는 확성장치의 최고출력 내지 소음 규제기준을 두고 있지 아니한 것은, 국민이 건강하고 쾌적하게 생활할 수 있는 양호한 주거환경을 유지하기 위하여 노력하여야 할 국가의 의무를 부과한 헌법 규정에 비추어 보면 국가의 기본권 보호의무를 과소하게 이행하고 있는 것이다.

③ 국가가 국민의 생명 · 신체의 안전에 대한 보호의무를 다하지 않았는지 여부를 헌법재판소가 심사할 때에는, 국가가 이를 보호하기 위한 최대한의 보호조치를 취하였는가 하는 이른바 '과잉금지원칙'의 위반 여부를 기준으로 삼아야 한다.

④ 국가에게 태아의 생명을 보호할 의무가 있다고 하더라도 생명의 연속적 발전과정에 대하여 생명이라는 공통요소만을 이유로 하여 언제나 동일한 법적 효과를 부여하여야 하는 것은 아니므로 국가가 생명을 보호하는 입법적 조치를 취함에 있어 인간생명의 발달단계에 따라 그 보호정도나 보호수단을 달리하는 것은 불가능하지 않다.

해설

③ [×] 국가가 국민의 건강하고 쾌적한 환경에서 생활할 권리에 대한 보호의무를 다하지 않았는지 여부를 헌법재판소가 심사할 때에는 국가가 이를 보호하기 위하여 적어도 적절하고 효율적인 최소한의 보호조치를 취하였는가 하는 이른바 '과소보호금지원칙'의 위반 여부를 기준으로 삼아야 한다(헌재 2019.12.27, 2018헌마730).

① [O] 주방용오물분쇄기를 사용하지 못하면 음식물 찌꺼기 등을 음식물류 폐기물로 분리 배출하여야 하므로 그 처리에 다소 불편을 겪을 수는 있으나, 심판대상조항이 음식물 찌꺼기 등의 배출 또는 처리 자체를 금지하는 것은 아니다. 뿐만 아니라 국가의 기본권 보호의무란 사인인 제3자에 의한 생명이나 신체에 대한 침해로부터 이를 보호하여야 할 국가의 의무를 말하는 것으로, 이 사건처럼 국가가 직접 주방용오물분쇄기의 사용을 금지하여 개인의 기본권을 제한하는 경우에는 국가의 기본권 보호의무 위반 여부가 문제되지 않는다. 따라서 청구인들의 위 주장에 대해서는 판단하지 않는다(헌재 2018.6.28, 2016헌마1151).

② [O] 심판대상조항이 선거운동의 자유를 감안하여 선거운동을 위한 확성장치를 허용할 공익적 필요성이 인정된다고 하더라도 정온한 생활환경이 보장되어야 할 주거지역에서 출근 또는 등교 이전 및 퇴근 또는 하교 이후 시간대에 확성장치의 최고출력 내지 소음을 제한하는 등 사용시간과 사용지역에 따른 수인한도 내에서 확성장치의 최고출력 내지 소음 규제기준에 관한 규정을 두지 아니한 것은, 국민이 건강하고 쾌적하게 생활할 수 있는 양호한 주거환경을 위하여 노력하여야 할 국가의 의무를 부과한 헌법 제35조 제3항에 비추어 보면, 적절하고 효율적인 최소한의 보호조치를 취하지 아니하여 국가의 기본권 보호의무를 과소하게 이행한 것으로서, 청구인의 건강하고 쾌적한 환경에서 생활할 권리를 침해하므로 헌법에 위반된다(헌재 2019.12.27, 2018헌마730).

④ [O] 생명의 발달단계와 자기결정권의 행사를 고려한 법적 보호 수단 및 정도 국가에게 태아의 생명을 보호할 의무가 있다고 하더라도 생명의 연속적 발전과정에 대하여 생명이라는 공통요소만을 이유로 하여 언제나 동일한 법적 효과를 부여하여야 하는 것은 아니다. 동일한 생명이라 할지라도 법질서가 생명의 발전과정을 일정한 단계들로 구분하고 그 각 단계에 상이한 법적 효과를 부여하는 것이 불가능하지 않다(헌재 2019.4.11, 2017헌바127).

정답 | 09 ④ 10 ③

11 기본권 보호의무에 대한 설명으로 옳지 않은 것은? (다툼이 있는 경우 판례에 의함)

23. 입법고시

① 국가의 기본권 보호의무란 사인인 제3자에 의한 생명이나 신체에 대한 침해로부터 이를 보호하여야 할 국가의 의무를 말하는 것으로, 국가가 직접 주방용오물분쇄기의 사용을 금지하여 개인의 기본권을 제한하는 경우에는 국가의 기본권 보호의무 위반 여부가 문제되지 않는다.

② 권리능력의 존재 여부를 출생시를 기준으로 확정하고 태아에 대해서는 살아서 출생할 것을 조건으로 손해배상청구권을 인정한 법률조항은 국가의 생명권 보호의무를 위반한 것이라 볼 수 없다.

③ 공직선거법이 주거지역에서 선거운동시 확성장치 사용에 따른 소음 규제기준을 전혀 마련하지 않은 것은 국가의 기본권 보호의무를 과소하게 이행한 것으로서 헌법에 위반된다.

④ 국가가 국민의 생명·신체의 안전에 대한 보호의무를 다하지 않았는지 여부를 헌법재판소가 심사할 때에는 국가가 이를 보호하기 위하여 적어도 적절하고 효율적인 최소한의 보호조치를 취하였는지 여부를 기준으로 삼아야 한다.

⑤ 교통사고처리 특례법 중 업무상 과실 또는 중대한 과실로 인한 교통사고로 말미암아 피해자로 하여금 상해를 입게 한 경우 공소를 제기할 수 없도록 한 부분은 국가의 기본권 보호의무를 위반한 것이다.

해설

⑤ [×] 교통사고처리 특례법 제4조 제1항 본문 중 업무상 과실 또는 중대한 과실로 인한 교통사고로 말미암아 피해자로 하여금 중상해에 이르게 한 경우에 공소를 제기할 수 없도록 규정한 부분은 헌법에 위반된다(헌재 2009.2.26, 2005헌마764).

① [O] 주방용오물분쇄기를 사용하지 못하면 음식물 찌꺼기 등을 음식물류 폐기물로 분리 배출하여야 하므로 그 처리에 다소 불편을 겪을 수는 있으나, 심판대상조항이 음식물 찌꺼기 등의 배출 또는 처리 자체를 금지하는 것은 아니다. 뿐만 아니라 국가의 기본권 보호의무란 사인인 제3자에 의한 생명이나 신체에 대한 침해로부터 이를 보호하여야 할 국가의 의무를 말하는 것으로, 이 사건처럼 국가가 직접 주방용오물분쇄기의 사용을 금지하여 개인의 기본권을 제한하는 경우에는 국가의 기본권 보호의무 위반 여부가 문제되지 않는다. 따라서 청구인들의 위 주장에 대해서는 판단하지 않는다(헌재 2018.6.28, 2016헌마1151).

② [O] 이 사건 법률조항들이 권리능력의 존재 여부를 출생시를 기준으로 확정하고 태아에 대해서는 살아서 출생할 것을 조건으로 손해배상청구권을 인정한다 할지라도 이러한 입법적 태도가 입법형성권의 한계를 명백히 일탈한 것으로 보기는 어려우므로 이 사건 법률조항들이 국가의 생명권 보호의무를 위반한 것이라 볼 수 없다(헌재 2008.7.31, 2004헌바81).

③ [O] 심판대상조항이 선거운동의 자유를 감안하여 선거운동을 위한 확성장치를 허용할 공익적 필요성이 인정된다고 하더라도 정온한 생활환경이 보장되어야 할 주거지역에서 출근 또는 등교 이전 및 퇴근 또는 하교 이후 시간대에 확성장치의 최고출력 내지 소음을 제한하는 등 사용시간과 사용지역에 따른 수인한도 내에서 확성장치의 최고출력 내지 소음 규제기준에 관한 규정을 두지 아니한 것은, 국민이 건강하고 쾌적하게 생활할 수 있는 양호한 주거환경을 위하여 노력하여야 할 국가의 의무를 부과한 헌법 제35조 제3항에 비추어 보면, 적절하고 효율적인 최소한의 보호조치를 취하지 아니하여 국가의 기본권 보호의무를 과소하게 이행한 것으로서, 청구인의 건강하고 쾌적한 환경에서 생활할 권리를 침해하므로 헌법에 위반된다(헌재 2019.12.27, 2018헌마730).

④ [O] 국가가 국민의 생명·신체의 안전에 대한 보호의무를 다하지 않았는지 여부를 헌법재판소가 심사할 때에는 국가가 이를 보호하기 위하여 적어도 적절하고 효율적인 최소한의 보호조치를 취하였는가 하는 이른바 '과소보호 금지원칙'의 위반 여부를 기준으로 삼아, 국민의 생명·신체의 안전을 보호하기 위한 조치가 필요한 상황인데도 국가가 아무런 보호조치를 취하지 않았든지 아니면 취한 조치가 법익을 보호하기에 전적으로 부적합하거나 매우 불충분한 것임이 명백한 경우에 한하여 국가의 보호의무의 위반을 확인하여야 한다(헌재 2008.12.26, 2008헌마419 등).

12 기본권보호의무에 관한 설명으로 옳지 않은 것은? (다툼이 있는 경우 헌법재판소 판례에 의함) 24. 소방간부

① 국가는 개인이 가지는 불가침의 기본적 인권을 확인하고 이를 보장할 의무를 지기에, 적어도 생명 · 신체의 보호와 같은 중요한 기본권적 법익 침해에 대해서는 그것이 국가가 아닌 제3자로서의 사인에 의해서 유발된 것이라고 하더라도 국가가 적극적인 보호의 의무를 진다.

② 국가의 기본권보호의무로부터 태아의 출생 전에, 또한 태아가 살아서 출생할 것인가와는 무관하게, 태아를 위하여 민법상 일반적 권리능력을 인정하여야 한다는 헌법적 요청이 도출된다.

③ 국가가 국민의 건강하고 쾌적한 환경에서 생활할 권리에 대한 보호의무를 다하지 않았는지의 여부를 헌법재판소가 심사할 때에는 국가가 이를 보호하기 위하여 적어도 적절하고 효율적인 최소한의 보호조치를 취하였는가 하는, 이른바 과소보호금지원칙의 위반 여부를 기준으로 삼아야 한다.

④ 국가의 보호의무를 어떻게 실현하여야 할 것인가 하는 문제는 원칙적으로 권력분립과 민주주의의 원칙에 따라 국민에 의하여 직접 민주적 정당성을 부여받고 자신의 결정에 대하여 정치적 책임을 지는 입법자의 책임범위에 속하므로, 헌법재판소는 단지 제한적으로만 보호의무의 이행을 심사할 수 있다.

⑤ 공직선거법이 정온한 생활환경이 보장되어야 할 주거지역에서 출근 또는 등교 이전 및 퇴근 또는 하교 이후 시간대에 확성장치의 최고출력 내지 소음을 제한하는 등 사용시간과 사용지역에 따른 수인한도 내에서 확성장치의 최고출력 내지 소음 규제기준에 관한 규정을 두지 아니한 것은 헌법에 위반된다.

해설

② [×] 태아는 형성 중의 인간으로서 생명을 보유하고 있으므로 국가는 태아를 위하여 각종 보호조치들을 마련해야 할 의무가 있다. 하지만 그와 같은 국가의 기본권 보호의무로부터 태아의 출생 전에, 또한 태아가 살아서 출생할 것인가와는 무관하게, 태아를 위하여 민법상 일반적 권리능력까지도 인정하여야 한다는 헌법적 요청이 도출되지는 않는다(헌재 2008.7.31, 2004헌바81).

① [O] 헌법 제10조의 규정에 의하면, 국가는 개인이 가지는 불가침의 기본적 인권을 확인하고 이를 보장할 의무를 지고 기본권은 공동체의 객관적 가치질서로서의 성격을 가지므로, 적어도 생명 · 신체의 보호와 같은 중요한 기본권적 법익 침해에 대해서는 그것이 국가가 아닌 제3자로서의 사인에 의해서 유발된 것이라고 하더라도 국가가 적극적인 보호의 의무를 진다(헌재 2019.12.27, 2018헌마730).

③ [O] 국가가 국민의 건강하고 쾌적한 환경에서 생활할 권리에 대한 보호의무를 다하지 않았는지 여부를 헌법재판소가 심사할 때에는 국가가 이를 보호하기 위하여 적어도 적절하고 효율적인 최소한의 보호조치를 취하였는가 하는 이른바 '과소보호금지원칙'의 위반 여부를 기준으로 삼아야 한다(헌재 2019.12.27, 2018헌마730).

④ [O] 국가가 국민의 건강하고 쾌적한 환경에서 생활할 권리를 보호할 의무를 진다고 하더라도, 국가의 기본권 보호의무를 입법자가 어떻게 실현하여야 할 것인가 하는 문제는 원칙적으로 권력분립과 민주주의의 원칙에 따라 국민에 의하여 직접 민주적 정당성을 부여받고 자신의 결정에 대하여 정치적 책임을 지는 입법자의 책임범위에 속한다. 헌법재판소는 단지 제한적으로만 입법자에 의한 보호의무의 이행을 심사할 수 있다(헌재 2020.3.26, 2017헌마1281).

⑤ [O] 심판대상조항이 선거운동의 자유를 감안하여 선거운동을 위한 확성장치를 허용할 공익적 필요성이 인정된다고 하더라도 정온한 생활환경이 보장되어야 할 주거지역에서 출근 또는 등교 이전 및 퇴근 또는 하교 이후 시간대에 확성장치의 최고출력 내지 소음을 제한하는 등 사용시간과 사용지역에 따른 수인한도 내에서 확성장치의 최고출력 내지 소음 규제기준에 관한 규정을 두지 아니한 것은, 국민이 건강하고 쾌적하게 생활할 수 있는 양호한 주거환경을 위하여 노력하여야 할 국가의 의무를 부과한 헌법 제35조 제3항에 비추어 보면, 적절하고 효율적인 최소한의 보호조치를 취하지 아니하여 국가의 기본권 보호의무를 과소하게 이행한 것으로서, 청구인의 건강하고 쾌적한 환경에서 생활할 권리를 침해하므로 헌법에 위반된다(헌재 2019.12.27, 2018헌마730).

정답 | 11 ⑤ 12 ②

제2장 | 인간의 존엄과 가치, 행복추구권, 법 앞의 평등

제1절 | 인간의 존엄과 가치(인격권)

01 인격권에 대한 설명으로 적절하지 않은 것은 몇 개인가? (다툼이 있는 경우 헌법재판소 판례에 의함)

25. 경찰간부

가. 혼인 종료 후 300일 이내에 출생한 자를 전남편의 친생자로 추정하는 민법 제844조 제2항 중 '혼인관계의 종료의 날로부터 300일 이내에 출생한 자'에 관한 부분은 모(母)가 가정생활과 신분관계에서 누려야 할 인격권을 침해한다.

나. 청구인인 수형자가 출정할 때 교도관이 동행하면서 청구인에게 행정법정 방청석에서 청구인의 변론 순서가 될 때까지 보호장비를 착용하도록 한 것은, 과잉금지의 원칙에 위반되어 청구인의 인격권을 침해한다.

다. 민사재판에 당사자로 출석하는 수형자에 대하여 사복착용을 허용하지 아니한 것은 수형자의 인격권을 침해하지 아니한다.

라. 헌법 제10조로부터 도출되는 일반적 인격권에는 개인의 명예에 관한 권리도 포함될 수 있으나, '명예'는 사람이나 그 인격에 대한 사회적 평가, 즉 객관적·외부적 가치평가를 말하는 것이지 단순히 주관적·내면적인 명예감정은 포함되지 않는다.

① 없음
② 1개
③ 2개
④ 3개

해설

적절하지 않는 것은 1개(나)이다.

가. [O] 민법 제정 이후의 사회적·법률적·의학적 사정변경을 전혀 반영하지 아니한 채, 이미 혼인관계가 해소된 이후에 자가 출생하고 생부가 출생한 자를 인지하려는 경우마저도, 아무런 예외 없이 그 자를 전남편의 친생자로 추정함으로써 친생부인의 소를 거치도록 하는 심판대상조항은 입법형성의 한계를 벗어나 모가 가정생활과 신분관계에서 누려야 할 인격권, 혼인과 가족생활에 관한 기본권을 침해한다(헌재 2015.4.30, 2013헌마623).

나. [×] 보호장비 사용행위는 수형자가 법정에 출정하게 된 기회를 이용하여 도주와 같은 교정사고를 저지르는 것을 예방하기 위한 것으로 그 목적은 정당하다. … 보호장비 사용행위는 과잉금지원칙을 위반하여 청구인의 신체의 자유와 인격권을 침해하지 않는다(헌재 2018.7.26, 2017헌마1238).

다. [O] 수형자가 민사법정에 출석하기까지 교도관이 반드시 동행하여야 하므로 수용자의 신분이 드러나게 되어 있어 재소자용 의류를 입었다는 이유로 인격권과 행복추구권이 제한되는 정도는 제한적이고, 형사법정 이외의 법정 출입 방식은 미결수용자와 교도관 전용 통로 및 시설이 존재하는 형사재판과 다르며, 계호의 방식과 정도도 확연히 다르다. 따라서 심판대상조항이 민사재판에 출석하는 수형자에 대하여 사복착용을 허용하지 아니한 것은 청구인의 인격권과 행복추구권을 침해하지 아니한다(헌재 2015.12.23, 2013헌마712).

라. [O] 헌법 제10조로부터 도출되는 일반적 인격권에는 개인의 명예에 관한 권리도 포함되는바, 이때 '명예'는 사람이나 그 인격에 대한 '사회적 평가', 즉 객관적·외부적 가치평가를 말하는 것이지 단순히 주관적·내면적인 명예감정은 법적으로 보호받는 명예에 포함된다고 할 수 없다. 왜냐하면, 헌법이 인격권으로 보호하는 명예의 개념을 사회적·외부적 징표에 국한하지 않는다면 주관적이고 개별적인 내심의 명예감정까지 명예에 포함되어 모든 주관적 명예감정의 손상이 법적 분쟁화될 수 있기 때문이다(헌재 2010.11.25, 2009헌마147).

02 자기책임의 원리에 관한 설명으로 가장 적절하지 않은 것은? (다툼이 있는 경우 헌법재판소 판례에 의함)

25. 경찰 1차

① 종업원 등이 저지른 행위의 결과에 대한 영업주 개인의 독자적인 책임에 관하여 전혀 규정하지 않은 채, 단순히 개인 영업주가 고용한 종업원 등이 업무에 관하여 범죄행위를 하였다는 이유만으로 영업주 개인에 대하여 형벌을 과하는 것은, 아무런 비난받을 만한 행위를 하지 않은 사람에 대해서까지 다른 사람의 범죄행위를 이유로 처벌하는 것으로서 책임주의원칙에 반한다.

② 법인의 종업원 등이 법인의 업무에 관하여 범죄행위를 하면 그 법인에게도 동일한 벌금형을 과하도록 규정한 구 증권거래법 조항은, 종업원 등이 저지른 행위의 결과에 대한 법인의 독자적인 책임에 관하여 전혀 규정하지 않은 채, 단순히 법인이 고용한 종업원 등이 업무에 관하여 범죄행위를 하였다는 이유만으로 법인에 대하여 형사처벌을 과하고 있어 책임주의원칙에 반한다.

③ '자동차운전전문학원을 졸업하고 운전면허를 받은 사람 중 교통사고를 일으킨 비율이 대통령령이 정하는 비율을 초과하는 때'에는 운전전문학원의 등록을 취소하거나 1년 이내의 운영정지를 명할 수 있도록 한 도로교통법 조항은, 운전전문학원의 귀책사유를 불문하고 수료생이 일으킨 교통사고를 자동적으로 운전전문학원의 법적 책임으로 연관시키는 것으로, 운전전문학원이 주체적으로 행해야 하는 자기책임의 범위를 벗어난 것이다.

④ 법인의 대표자가 법인의 업무에 관하여 일정한 범죄행위를 할 경우 그 법인도 함께 처벌하는 구 외국환거래법상 양벌규정은 법인의 독자적인 책임에 관하여 전혀 규정하지 않은 채, 단순히 법인의 대표자가 업무에 관하여 범죄행위를 하였다는 이유만으로 법인에 대하여 형사처벌을 과하고 있어 책임주의원칙에 반한다.

해설

④ [×] 법인 대표자의 법규위반행위에 대한 법인의 책임은, 법인 자신의 법규위반행위로 평가될 수 있는 행위에 대한 법인의 직접책임으로서, 대표자의 고의에 의한 위반행위에 대하여는 법인 자신의 고의에 의한 책임을, 대표자의 과실에 의한 위반행위에 대하여는 법인 자신의 과실에 의한 책임을 부담하는 것이므로, 법인의 대표자가 법인의 업무에 관하여 일정한 범죄행위를 할 경우 그 법인도 함께 처벌하는 이 사건 구 외국환거래법상 양벌규정은 책임주의원칙에 위배되지 아니한다(헌재 2011.12.29, 2010헌바11).

① [O] 종업원 등이 저지른 행위의 결과에 대한 법인의 독자적인 책임에 관하여 전혀 규정하지 않은 채, 단순히 법인이 고용한 종업원 등이 업무에 관하여 범죄행위를 하였다는 이유만으로 법인에 대하여 형사처벌을 과하고 있는바, 이는 다른 사람의 범죄에 대하여 그 책임 유무를 묻지 않고 형벌을 부과함으로써 법치국가의 원리 및 죄형법정주의로부터 도출되는 책임주의원칙에 반한다(헌재 2013.6.27, 2013헌가10).

② [O] 법인의 종업원 등이 법인의 업무에 관하여 범죄행위를 하면 그 법인에게도 동일한 벌금형을 과하도록 규정되어 있는 구 증권거래법 제215조 중 "법인의 대리인·사용인 기타 종업원이 그 법인의 업무에 관하여 제207조의3의 위반행위를 한 때에는 그 법인에 대하여도 해당 조의 벌금형을 과한다."는 부분은 책임주의원칙에 위배된다(헌재 2013.6.27, 2013헌가10).

③ [O] 교통사고는 본질적으로 우연성을 내포하고 있고 사고의 원인도 다양하며, 이는 운전기술의 미숙함으로 인한 것일 수도 있으나, 졸음운전이나 주취운전과 같이 운전기술과 별다른 연관이 없는 경우도 있다. 이 사건 조항이 운전전문학원의 귀책사유를 불문하고 수료생이 일으킨 교통사고를 자동적으로 운전전문학원의 법적 책임으로 연관시키고 있는 것은 운전전문학원이 주체적으로 행해야 하는 자기책임의 범위를 벗어난 것이며, 교통사고율이 높아 운전교육이 좀더 충실히 행해져야 하며 오늘날 사회적 위험의 관리를 위한 위험책임제도가 필요하다는 사정만으로 정당화될 수 없다. … 이 사건 조항은 비례의 원칙에 어긋나 직업의 자유를 침해한다(헌재 2005.7.21, 2004헌가30).

정답 | 01 ② 02 ④

03 인격권에 대한 설명으로 옳지 않은 것은? 24. 국회직 8급

① 선거기사심의위원회가 불공정한 선거기사를 보도하였다고 인정한 언론사에 대하여 언론중재위원회를 통하여 사과문을 게재할 것을 명하도록 하는 공직선거법 조항과 해당 언론사가 사과문 게재 명령을 지체 없이 이행하지 않을 경우 형사처벌하는 구 공직선거법 조항은 언론사의 인격권을 침해한다.

② 일본제국주의의 국권침탈이 시작된 러·일전쟁 개전 시부터 1945년 8월 15일까지 조선총독부 중추원 참의로 활동한 행위를 친일반민족행위로 규정한 일제강점하 반민족행위 진상규명에 관한 특별법 조항은 조사대상자 또는 그 유족의 인격권을 제한한다.

③ 민사법정 내 보호장비 사용행위는 형의 집행 및 수용자의 처우에 관한 법률 조항 등에 근거를 두고 있으므로 법률유보원칙에 위배되어 민사법정에 출정하는 수형자의 인격권을 침해하지 않는다.

④ 이미 출국 수속 과정에서 일반적인 보안검색을 마친 승객을 상대로, 촉수검색(patdown)과 같은 추가적인 보안검색 실시를 예정하고 있는 '국가항공보안계획'은 촉수검색 대상자의 인격권을 침해한다.

⑤ 헌법 제10조로부터 도출되는 일반적 인격권 중 개인의 명예에 관한 권리에서 말하는 명예는 사람이나 그 인격에 대한 사회적 평가, 즉 객관적·외부적 가치평가를 말하는 것이지 단순히 주관적·내면적인 명예감정은 포함되지 않는다.

해설

④ [×] 이 사건 국가항공보안계획은, 이미 출국 수속 과정에서 일반적인 보안검색을 마친 승객을 상대로, 촉수검색(patdown)과 같은 추가적인 보안 검색 실시를 예정하고 있으므로 이로 인한 인격권 및 신체의 자유 침해 여부가 문제된다. 이 사건 국가항공보안계획은 민간항공 보안에 관한 국제협약의 준수 및 항공기 안전과 보안을 위한 것으로 입법목적의 정당성 및 수단의 적합성이 인정되고, 항공운송사업자가 다른 체약국의 추가 보안검색 요구에 응하지 않을 경우 항공기의 취항 자체가 거부될 수 있으므로 이 사건 국가항공보안계획에 따른 추가 보안검색 실시는 불가피하며, 관련 법령에서 보안검색의 구체적 기준 및 방법 등을 마련하여 기본권 침해를 최소화하고 있으므로 침해의 최소성도 인정된다. … 따라서 이 사건 국제항공보안계획은 헌법상 과잉금지원칙에 위반되지 않으므로, 청구인의 기본권을 침해하지 아니한다(헌재 2018.2.22, 2016헌마780).

① [O] 이 사건 사과문 게재 조항은 정기간행물 등을 발행하는 언론사가 보도한 선거기사의 내용이 공정하지 아니하다고 인정되는 경우 선거기사심의위원회의 사과문 게재 결정을 통하여 해당 언론사로 하여금 그 잘못을 인정하고 용서를 구하게 하고 있다. 이는 언론사 스스로 인정하거나 형성하지 아니한 윤리적·도의적 판단의 표시를 강제하는 것으로서 언론사가 가지는 인격권을 제한하는 정도가 매우 크다. … 결국 이 사건 법률조항들은 언론사의 인격권을 침해하여 헌법에 위반된다(헌재 2015.7.30, 2013헌가8).

② [O] 헌법 제10조로부터 도출되는 일반적 인격권에는 개인의 명예에 관한 권리도 포함되는바, 이 사건 법률조항에 근거하여 반민규명위원회의 조사대상자 선정 및 친일반민족행위결정이 이루어지면(이에 관하여 작성된 조사보고서 및 편찬된 사료는 일반에 공개된다), 조사대상자의 사회적 평가가 침해되어 헌법 제10조에서 유래하는 일반적 인격권이 제한받는다고 할 수 있다. 다만 이 사건 결정의 조사대상자를 비롯하여 대부분의 조사대상자는 이미 사망하였을 것이 분명하나, 조사대상자가 사자(死者)의 경우에도 인격적 가치에 대한 중대한 왜곡으로부터 보호되어야 하고, 사자(死者)에 대한 사회적 명예와 평가의 훼손은 사자(死者)와의 관계를 통하여 스스로의 인격상을 형성하고 명예를 지켜온 그들의 후손의 인격권, 즉 유족의 명예 또는 유족의 사자(死者)에 대한 경애추모의 정을 제한하는 것이다(헌재 2010.10.28, 2007헌가23).

③ [O] 민사법정 내 보호장비 사용행위는 법정에서 계호업무를 수행하는 교도관으로 하여금 수용자가 도주 등 돌발행동으로 교정사고를 일으키고 법정질서를 문란하게 할 우려가 있는 때에 교정사고를 예방하고 법정질서 유지에 협력하기 위하여 수용자에게 수갑, 포승을 사용할 수 있도록 한 것으로, '형의 집행과 수용자의 처우에 관한 법률' 제97조 제1항, 제98조, 같은 법 시행령 제120조 제2항, 같은 법 시행규칙 제172조 제1항, 제179조 제1항, 제180조 등에 근거를 두고 있으므로, 법률유보원칙에 위반되어 청구인의 인격권과 신체의 자유를 침해하지 아니한다(헌재 2018.6.28, 2017헌마181).

⑤ [O] 헌법 제10조로부터 도출되는 일반적 인격권에는 개인의 명예에 관한 권리도 포함되는바, 이때 '명예'는 사람이나 그 인격에 대한 '사회적 평가', 즉 객관적·외부적 가치평가를 말하는 것이지 단순히 주관적·내면적인 명예감정은 법적으로 보호받는 명예에 포함된다고 할 수 없다. 왜냐하면, 헌법이 인격권으로 보호하는 명예의 개념을 사회적·외부적 징표에 국한하지 않는다면 주관적이고 개별적인 내심의 명예감정까지 명예에 포함되어 모든 주관적 명예감정의 손상이 법적 분쟁화될 수 있기 때문이다(헌재 2010.11.25, 2009헌마147).

04 다음 중 헌법 제10조에 관한 설명으로 옳은 것을 모두 고른 것은? (다툼이 있는 경우 판례에 의함)

24. 해경간부

㉠ 범죄사실에 관한 보도 과정에서 대상자의 실명 공개에 대한 공공의 이익이 대상자의 명예나 사생활의 비밀에 관한 이익보다 우월하다고 인정되어 실명에 의한 보도가 허용되는 경우에는, 비록 대상자의 의사에 반하여 그의 실명이 공개되었다고 하더라도 그의 성명권이 위법하게 침해되었다고 할 수 없다.
㉡ 헌법 제10조로부터 도출되는 일반적 인격권에는 개인의 명예에 관한 권리도 포함되며, 여기서 말하는 '명예'는 사람이나 그 인격에 대한 '사회적 평가', 즉 객관적·외부적 가치평가뿐만 아니라 단순히 주관적·내면적인 명예감정까지 포함한다.
㉢ 국가에게 태아의 생명을 보호할 의무가 있다고 하더라도 생명의 연속적 발전과정에 대하여 생명이라는 공통요소만을 이유로 하여 언제나 동일한 법적 효과를 부여하여야 하므로, 국가가 생명을 보호하는 입법적 조치를 취함에 있어 인간생명의 발달단계에 따라 그 보호정도나 보호수단을 달리하는 것은 불가능하다.
㉣ 민사재판에 당사자로 출석하는 수형자에 대하여 사복착용을 불허하는 것은 수형자의 인격권을 침해하지 아니한다.

① ㉠, ㉡ ② ㉠, ㉣
③ ㉡, ㉢ ④ ㉢, ㉣

해설

옳은 것은 ㉠, ㉣이다.

㉠ [O] 개인은 자신의 성명의 표시 여부에 관하여 스스로 결정할 권리를 가지나, 성명의 표시행위가 공공의 이해에 관한 사실과 밀접불가분한 관계에 있고 그 목적 달성에 필요한 한도에 있으며 그 표현내용·방법이 부당한 것이 아닌 경우에는 그 성명의 표시는 위법하다고 볼 수 없다. 따라서 범죄사실에 관한 보도 과정에서 대상자의 실명 공개에 대한 공공의 이익이 대상자의 명예나 사생활의 비밀에 관한 이익보다 우월하다고 인정되어 실명에 의한 보도가 허용되는 경우에는, 비록 대상자의 의사에 반하여 그의 실명이 공개되었다고 하더라도 그의 성명권이 위법하게 침해되었다고 할 수 없다(대판 2009.9.10, 2007다71).

㉡ [×] 헌법 제10조로부터 도출되는 일반적 인격권에는 개인의 명예에 관한 권리도 포함되는바, 이때 '명예'는 사람이나 그 인격에 대한 '사회적 평가', 즉 객관적·외부적 가치평가를 말하는 것이지 단순히 주관적·내면적인 명예감정은 법적으로 보호받는 명예에 포함된다고 할 수 없다. 왜냐하면, 헌법이 인격권으로 보호하는 명예의 개념을 사회적·외부적 징표에 국한하지 않는다면 주관적이고 개별적인 내심의 명예감정까지 명예에 포함되어 모든 주관적 명예감정의 손상이 법적 분쟁화될 수 있기 때문이다(헌재 2010.11.25, 2009헌마147).

㉢ [×] 모든 인간은 헌법상 생명권의 주체가 되며, 형성 중의 생명인 태아에게도 생명에 대한 권리가 인정되어야 한다. 태아가 비록 그 생명의 유지를 위하여 모(母)에게 의존해야 하지만, 그 자체로 모(母)와 별개의 생명체이고, 특별한 사정이 없는 한, 인간으로 성장할 가능성이 크기 때문이다. 따라서 태아도 헌법상 생명권의 주체가 되며, 국가는 헌법 제10조 제2문에 따라 태아의 생명을 보호할 의무가 있다. … 생명의 전체적 과정에 대해 법질서가 언제나 동일한 법적 보호 내지 효과를 부여하고 있는 것은 아니다. 따라서 국가가 생명을 보호하는 입법적 조치를 취함에 있어 인간생명의 발달단계에 따라 그 보호정도나 보호수단을 달리하는 것은 불가능하지 않다(헌재 2019.4.11, 2017헌바127).

㉣ [O] 수형자가 민사법정에 출석하기까지 교도관이 반드시 동행하여야 하므로 수용자의 신분이 드러나게 되어 있어 재소자용 의류를 입었다는 이유로 인격권과 행복추구권이 제한되는 정도는 제한적이고, 형사법정 이외의 법정 출입 방식은 미결수용자와 교도관 전용 통로 및 시설이 존재하는 형사재판과 다르며, 계호의 방식과 정도도 확연히 다르다. 따라서 심판대상조항이 민사재판에 출석하는 수형자에 대하여 사복착용을 허용하지 아니한 것은 청구인의 인격권과 행복추구권을 침해하지 아니한다(헌재 2015.12.23, 2013헌마712).

정답 | 03 ④ 04 ②

05 인격권에 관한 설명으로 가장 적절하지 않은 것은? (다툼이 있는 경우 판례에 의함) 25. 경정승진

① 임신 32주 이전에 태아의 성별 고지를 금지하는 의료법 조항은 낙태로 나아갈 의도가 없는 부모까지 규제하여 기본권을 제한하는 과도한 입법으로 과잉금지원칙을 위반하여 헌법 제10조 일반적 인격권에서 나오는 부모가 태아의 성별 정보에 대한 접근을 방해받지 않을 권리를 침해한다.

② 헌법이 보호하는 명예권은 그 기본권 주체가 가지고 있는 인격과 명예가 부당하게 훼손되는 것의 배제를 청구할 권리이지, 국가가 기본권 주체에게 최대한의 사회적 평가를 부여하도록 국가에게 요청할 권리라고 볼 수는 없다.

③ 태어난 즉시 '출생등록될 권리'는 아동이 사람으로서 인격을 자유로이 발현하고, 부모와 가족 등의 보호하에 건강한 성장과 발달을 할 수 있도록 최소한의 보호장치를 마련하도록 요구할 수 있는 권리로서 이는 헌법에 명시되지 아니한 독자적 기본권이다.

④ 부 또는 모가 사망한 때에는 인지청구의 소의 제소기간을 부 또는 모의 사망을 안 날로부터 1년 내로 규정한 것은 과잉금지원칙에 위배하여 인지청구를 하고자 하는 국민의 인간으로서의 존엄과 가치 그리고 행복을 추구하는 기본권을 침해하는 것이다.

해설

④ [×] 부 또는 모가 사망한 경우 인지청구의 제소기간을 너무 장기간으로 설정하는 것은 법률관계를 불안정하게 하여 다른 상속인들의 이익이나 공익을 위하여 바람직하지 않으므로 인지청구의 제소기간을 부 또는 모의 사망을 알게 된 때로부터 1년으로 제한하여 법률관계를 조속히 안정시키는 것은 혼인외 출생자의 이익과 공동상속인 등 이해관계인의 이익을 조화시킨 것이다. 따라서 이 사건 법률조항이 인지청구의 소의 제소기간을 부 또는 모의 사망을 안 날로부터 1년 내로 규정한 것은 과잉금지원칙에 위배되지 아니하므로 인지청구를 하고자 하는 국민의 인간으로서의 존엄과 가치 그리고 행복을 추구하는 기본권을 침해하는 것은 아니다(헌재 2001.5.31, 98헌바9).

① [O] 태아의 생명 보호를 위해 국가가 개입하여 규제해야 할 단계는 성별고지가 아니라 낙태행위인데, 심판대상조항은 낙태로 나아갈 의도가 없는 부모까지 규제하여 기본권을 제한하는 과도한 입법으로 침해의 최소성에 반하고, 법익의 균형성도 상실하였다. 따라서 심판대상조항은 과잉금지원칙을 위반하여 부모가 태아의 성별 정보에 대한 접근을 방해받지 않을 권리를 침해한다(헌재 2024.2.28, 2022헌마356 등).

② [O] 헌법이 보호하는 명예권은 그 기본권 주체가 가지고 있는 인격과 명예가 부당하게 훼손되는 것의 배제를 청구할 권리이지, 국가가 기본권 주체에게 최대한의 사회적 평가를 부여하도록 국가에게 요청할 권리라고 볼 수는 없다(헌재 2014.6.26, 2012헌마757).

③ [O] 태어난 즉시 '출생등록될 권리'는 '출생 후 아동이 보호를 받을 수 있을 최대한 빠른 시점'에 아동의 출생과 관련된 기본적인 정보를 국가가 관리할 수 있도록 등록할 권리로서, 아동이 사람으로서 인격을 자유로이 발현하고, 부모와 가족 등의 보호하에 건강한 성장과 발달을 할 수 있도록 최소한의 보호장치를 마련하도록 요구할 수 있는 권리이다. 이는 헌법에 명시되지 아니한 독자적 기본권으로서, 자유로운 인격실현을 보장하는 자유권적 성격과 아동의 건강한 성장과 발달을 보장하는 사회적 기본권의 성격을 함께 지닌다(헌재 2023.3.23, 2021헌마975).

06 인간의 존엄과 가치에 관한 설명 중 가장 적절하지 않은 것은? (다툼이 있는 경우 판례에 의함) 22. 경찰 1차

① 친생부인의 소의 제척기간을 규정한 민법 규정 중 "부(夫)가 그 사유가 있음을 안 날부터 2년 내" 부분은 부(夫)가 가정생활과 신분관계에서 누려야 할 인격권을 침해한다.

② 수용자를 교정시설에 수용할 때마다 전자영상 검사기를 이용하여 수용자의 항문 부위에 대한 신체검사를 하는 것이 수용자의 인격권을 침해하는 것은 아니다.

③ 외부 민사재판에 출정할 때 운동화를 착용하게 해달라는 수형자인 청구인의 신청에 대하여 이를 불허한 피청구인 교도소장의 행위는 청구인의 인격권을 침해한다고 볼 수 없다.

④ 선거기사심의위원회가 불공정한 선거기사를 보도하였다고 인정한 언론사에 대하여 언론중재위원회를 통하여 사과문을 게재할 것을 명하도록 하는 공직선거법 조항 중 '사과문 게재' 부분과, 해당 언론사가 사과문 게재 명령을 지체 없이 이행하지 않을 경우 형사처벌하는 구 공직선거법 규정 중 해당 부분은 언론사의 인격권을 침해한다.

해설

① [×] 헌재 1997.3.27, 95헌가14 등 결정의 취지에 따라 2005.3.31. 법률 제7427호로 개정된 민법 제847조 제1항은 '친생부인의 사유가 있음을 안 날'을 제척기간의 기산점으로 삼음으로써 부(夫)가 혈연관계의 진실을 인식할 때까지 기간의 진행을 유보하고, '그로부터 2년'을 제척기간으로 삼음으로써 부(夫)의 친생부인의 기회를 실질적으로 보장하고 있다. 또한 2년이란 기간은 자녀의 불안정한 지위를 장기간 방치하지 않기 위한 것으로서 지나치게 짧다고 볼 수 없다. 따라서 민법 제847조 제1항 중 "부(夫)가 그 사유가 있음을 안 날부터 2년 내" 부분은 친생부인의 소의 제척기간에 관한 입법재량의 한계를 일탈하지 않은 것으로서 헌법에 위반되지 아니한다(헌재 2015.3.26, 2012헌바357).

② [O] 이 사건 신체검사는 교정시설의 안전과 질서를 유지하기 위한 것으로 그 목적이 정당하고, 항문 부위에 대한 금지물품의 은닉여부를 효과적으로 확인할 수 있는 적합한 검사방법으로 그 수단이 적절하다. 교정시설을 이감 · 수용할 때마다 전자영상 신체검사를 실시하는 것은, 수용자가 금지물품을 취득하여 소지 · 은닉하고 있을 가능성을 배제할 수 없고, 외부관찰 등의 방법으로는 쉽게 확인할 수 없기 때문이다. 이 사건 신체검사는 사전에 검사의 목적과 방법을 고지한 후, 다른 사람이 볼 수 없는 차단된 장소에서 실시하는 등 검사받는 사람의 모욕감 내지 수치심 유발을 최소화하는 방법으로 실시하였는바, 기본권 침해의 최소성요건을 충족하였다. 또한 이 사건 신체검사로 인하여 수용자가 느끼는 모욕감이나 수치심이 결코 작다고 할 수는 없지만, 흉기 기타 위험물이나 금지물품을 교정시설 내로 반입하는 것을 차단함으로써 수용자 및 교정시설 종사자들의 생명 · 신체의 안전과 교정시설 내의 질서를 유지한다는 공적인 이익이 훨씬 크다 할 것이므로, 법익의 균형성 요건 또한 충족된다. 이 사건 신체검사는 필요한 최소한도를 벗어나 과잉금지원칙에 위배되어 청구인의 인격권 내지 신체의 자유를 침해한다고 볼 수 없다(헌재 2011.5.26, 2010헌마775).

③ [O] 이 사건 운동화착용불허행위는 시설 바깥으로의 외출이라는 기회를 이용한 도주를 예방하기 위한 것으로서 그 목적이 정당하고, 위와 같은 목적을 달성하기 위한 적합한 수단이라 할 것이다. 또한 신발의 종류를 제한하는 것에 불과하여 법익침해의 최소성과 균형성도 갖추었다 할 것이므로, 이 사건 운동화착용불허행위가 기본권 제한에 있어서의 과잉금지원칙에 반하여 청구인의 인격권과 행복추구권을 침해하였다고 볼 수 없다(헌재 2011.2.24, 2009헌마209).

④ [O] 이 사건 사과문 게재 조항은 정기간행물 등을 발행하는 언론사가 보도한 선거기사의 내용이 공정하지 아니하다고 인정되는 경우 선거기사심의위원회의 사과문 게재 결정을 통하여 해당 언론사로 하여금 그 잘못을 인정하고 용서를 구하게 하고 있다. 이는 언론사 스스로 인정하거나 형성하지 아니한 윤리적 · 도의적 판단의 표시를 강제하는 것으로서 언론사가 가지는 인격권을 제한하는 정도가 매우 크다. 더욱이 이 사건 처벌 조항은 형사처벌을 통하여 그 실효성을 담보하고 있다. 그런데 공직선거법에 따르면, 언론사가 불공정한 선거기사를 보도하는 경우 선거기사심의위원회는 사과문 게재 명령 외에도 정정보도문의 게재 명령을 할 수 있다. 또한 해당 언론사가 '공정보도의무를 위반하였다는 결정을 선거기사심의위원회로부터 받았다는 사실을 공표'하도록 하는 방안, 사과의 의사표시가 필요한 경우에도 사과의 '권고'를 하는 방법을 상정할 수 있다. 나아가, 이 사건 법률조항들이 추구하는 목적, 즉 선거기사를 보도하는 언론사의 공적인 책임의식을 높임으로써 민주적이고 공정한 여론 형성 등에 이바지한다는 공익이 중요하다는 점에는 이론의 여지가 없으나, 언론에 대한 신뢰가 무엇보다 중요한 언론사에 대하여 그 사회적 신용이나 명예를 저하시키고 인격의 자유로운 발현을 저해함에 따라 발생하는 인격권 침해의 정도는 이 사건 법률조항들이 달성하려는 공익에 비해 결코 작다고 할 수 없다. 결국 이 사건 법률조항들은 언론사의 인격권을 침해하여 헌법에 위반된다(헌재 2015.7.30, 2013헌가8).

정답 | 05 ④ 06 ①

07 인격권에 관한 설명으로 옳은 것을 모두 고른 것은? (다툼이 있는 경우 판례에 의함) 23. 경찰 1차

> ㉠ 범죄사실에 관한 보도 과정에서 대상자의 실명 공개에 대한 공공의 이익이 대상자의 명예나 사생활의 비밀에 관한 이익보다 우월하다고 인정되어 실명에 의한 보도가 허용되는 경우에는, 비록 대상자의 의사에 반하여 그의 실명이 공개되었다고 하더라도 그의 성명권이 위법하게 침해되었다고 할 수 없다.
> ㉡ 입양이나 재혼 등과 같이 가족관계의 변동과 새로운 가족관계의 형성에 있어서 구체적인 사정들에 따라서는 양부 또는 계부의 성으로의 변경이 개인의 인격적 이익과 매우 밀접한 관계를 가짐에도 부성(父姓)의 사용만을 강요하여 성의 변경을 허용하지 않는 것은 개인의 인격권을 침해한다.
> ㉢ 사법경찰관이 보험사기범 검거라는 보도자료 배포 직후 기자들의 취재 요청에 응하여 피의자가 경찰서 조사실에서 양손에 수갑을 찬 채 조사받는 모습을 촬영할 수 있도록 허용한 행위는 과잉금지원칙에 위반되어 피의자의 인격권을 침해한다.
> ㉣ 지역아동센터의 시설별 신고정원의 80% 이상을 돌봄취약아동으로 구성하도록 한 보건복지부 '2019년 지역아동센터 지원사업안내' 관련 부분은 돌봄취약아동과 일반아동을 분리함으로써 아동들의 인격권을 침해한다.

① ㉠, ㉣ ② ㉠, ㉡, ㉢
③ ㉡, ㉢, ㉣ ④ ㉠, ㉡, ㉢, ㉣

해설

옳은 것은 ㉠, ㉡, ㉢이다.

㉠ [O] 개인은 자신의 성명의 표시 여부에 관하여 스스로 결정할 권리를 가지나, 성명의 표시행위가 공공의 이해에 관한 사실과 밀접불가분한 관계에 있고 그 목적 달성에 필요한 한도에 있으며 그 표현내용·방법이 부당한 것이 아닌 경우에는 그 성명의 표시는 위법하다고 볼 수 없다. 따라서, 범죄사실에 관한 보도 과정에서 대상자의 실명 공개에 대한 공공의 이익이 대상자의 명예나 사생활의 비밀에 관한 이익보다 우월하다고 인정되어 실명에 의한 보도가 허용되는 경우에는, 비록 대상자의 의사에 반하여 그의 실명이 공개되었다고 하더라도 그의 성명권이 위법하게 침해되었다고 할 수 없다(헌재 2009.9.10, 2007다71).

㉡ [O] 입양이나 재혼 등과 같이 가족관계의 변동과 새로운 가족관계의 형성에 있어서 구체적인 사정들에 따라서는 양부 또는 계부 성으로의 변경이 개인의 인격적 이익과 매우 밀접한 관계를 가짐에도 부성의 사용만을 강요하여 성의 변경을 허용하지 않는 것은 개인의 인격권을 침해한다(헌재 2005.12.22, 2003헌가5).

㉢ [O] 피청구인은 기자들에게 청구인이 경찰서 내에서 수갑을 차고 얼굴을 드러낸 상태에서 조사받는 모습을 촬영할 수 있도록 허용하였는데, 청구인에 대한 이러한 수사 장면을 공개 및 촬영하게 할 어떠한 공익 목적도 인정하기 어려우므로 촬영허용행위는 목적의 정당성이 인정되지 아니한다. 피의자의 얼굴을 공개하더라도 그로 인한 피해의 심각성을 고려하여 모자, 마스크 등으로 피의자의 얼굴을 가리는 등 피의자의 신원이 노출되지 않도록 침해를 최소화하기 위한 조치를 취하여야 하는데, 피청구인은 그러한 조치를 전혀 취하지 아니하였으므로 침해의 최소성원칙도 충족하였다고 볼 수 없다. 또한 촬영허용행위는 언론 보도를 보다 실감나게 하기 위한 목적 외에 어떠한 공익도 인정할 수 없는 반면, 청구인은 피의자로서 얼굴이 공개되어 초상권을 비롯한 인격권에 대한 중대한 제한을 받았고, 촬영한 것이 언론에 보도될 경우 범인으로서의 낙인 효과와 그 파급효는 매우 가혹하여 법익균형성도 인정되지 아니하므로, 촬영허용행위는 과잉금지원칙에 위반되어 청구인의 인격권을 침해하였다(헌재 2014.3.27, 2012헌마652).

㉣ [×] 이 사건 이용아동규정이 돌봄취약아동을 지역아동센터 시설별 신고정원의 80% 이상 유지하도록 한 것이 수권법률조항의 목적에 배치되거나 관련 조항의 내용을 위반함으로써 법률유보원칙을 위반하여 청구인들의 기본권을 침해한다고 할 수 없다. 이 사건 이용아동규정은 과잉금지원칙에 위반하여 청구인 운영자들의 직업수행의 자유 및 청구인 아동들의 인격권을 침해하지 않는다(헌재 2022.1.27, 2019헌마583).

08 인간의 존엄과 가치 및 행복추구권에 관한 설명 중 가장 적절하지 않은 것은? (다툼이 있는 경우 판례에 의함)

22. 경찰승진

① 헌법 제10조로부터 도출되는 일반적 인격권에는 개인의 명예에 관한 권리도 당연히 포함되며, '명예'에는 사람이나 그 인격에 대한 '사회적 평가', 즉 객관적 · 외부적 가치평가뿐만 아니라 주관적 · 내면적인 명예감정도 포함된다.

② 헌법 제10조의 행복추구권은 국민이 행복을 추구하기 위하여 필요한 급부를 국가에게 적극적으로 요구할 수 있는 것을 내용으로 하는 것이 아니라, 국민이 행복을 추구하기 위한 활동을 국가권력의 간섭없이 자유롭게 할 수 있다는 포괄적인 의미의 자유권으로서의 성격을 가진다.

③ 인수자가 없는 시체를 생전의 본인의 의사와는 무관하게 해부용 시체로 제공될 수 있도록 규정한 시체 해부 및 보존에 관한 법률의 조항은 시체의 처분에 대한 자기결정권을 침해한다.

④ 비어업인이 잠수용 스쿠버장비를 사용하여 수산자원을 포획 · 채취하는 것을 금지하는 수산자원관리법 시행규칙의 규정 중 '잠수용 스쿠버장비 사용'에 관한 부분은 일반적 행동의 자유를 침해하지 않는다.

해설

① [×] 헌법 제10조가 보호하는 명예는 사람이나 그 인격에 대한 사회적 평가, 즉 객관적 · 외부적 가치평가를 가리키며 단순한 주관적 · 내면적 명예감정은 헌법이 보호하는 명예에 포함되지 않는다(헌재 2010.11.25, 2009헌마147).

② [O] 헌법 제10조의 인간의 존엄과 가치를 침해한다고 할 수 없으며 헌법 제10조의 행복추구권은 국민이 행복을 추구하기 위한 활동을 국가권력의 간섭 없이 자유롭게 할 수 있다는 포괄적인 의미의 자유권으로서의 성격을 가진다고 할 것이다(헌재 2011.3.31, 2009헌마617).

③ [O] 인수자가 없는 시체를 생전의 본인의 의사와는 무관하게 해부용 시체로 제공될 수 있도록 규정한 이 사건 법률조항은 인수자가 없는 시체를 해부용으로 제공될 수 있도록 함으로써 사인(死因)의 조사와 병리학적 · 해부학적 연구의 기초가 되는 해부용 시체의 공급을 원활하게 하여 국민 보건을 향상시키고 의학 교육 및 연구에 기여하기 위한 것으로서, 그 목적의 정당성 및 수단의 적합성은 인정된다. 최근 5년간 이 사건 법률조항으로 인하여 인수자가 없는 시체를 해부용으로 제공한 사례는 단 1건에 불과하고, 실제로 의과대학이 필요로 하는 해부용 시체는 대부분 시신기증에 의존하고 있어 이 사건 법률조항이 아니더라도 의과대학에서 필요로 하는 해부용 시체는 다른 방법으로 충분히 공급될 수 있다. 그런데 시신 자체의 제공과는 구별되는 장기나 인체조직에 있어서는 본인이 명시적으로 반대하는 경우 이식 · 채취될 수 없도록 규정하고 있음에도 불구하고, 이 사건 법률조항은 본인이 해부용 시체로 제공되는 것에 대해 반대하는 의사표시를 명시적으로 표시할 수 있는 절차도 마련하지 않고 본인의 의사와는 무관하게 해부용 시체로 제공될 수 있도록 규정하고 있다는 점에서 침해의 최소성 원칙을 충족했다고 보기 어렵고, 실제로 해부용 시체로 제공된 사례가 거의 없는 상황에서 이 사건 법률조항이 추구하는 공익이 사후 자신의 시체가 자신의 의사와는 무관하게 해부용 시체로 제공됨으로써 침해되는 사익보다 크다고 할 수 없으므로 이 사건 법률조항은 청구인의 시체 처분에 대한 자기결정권을 침해한다(헌재 2015.11.26, 2012헌마940).

④ [O] 비어업인이 잠수용 스쿠버장비를 사용하여 수산자원을 포획 · 채취하는 것을 금지하는 수산자원관리법 시행규칙 제6조 중 '잠수용 스쿠버장비 사용'에 관한 부분은 청구인의 일반적 행동의 자유를 침해하지 않는다(헌재 2016.10.27, 2013헌마450).

09 일반적 인격권에 대한 설명으로 가장 적절하지 않은 것은? (다툼이 있는 경우 판례에 의함)

21. 경찰승진

① 중혼을 혼인취소의 사유로 정하면서 그 취소청구권의 제척기간 또는 소멸사유를 규정하지 않은 민법 조항은 후혼 배우자의 인격권을 침해한다.

② 성명(姓名)은 개인의 정체성과 개별성을 나타내는 인격의 상징으로서 개인이 사회 속에서 자신의 생활영역을 형성하고 발현하는 기초가 되는 것이므로 자유로운 성(姓)의 사용은 헌법상 인격권으로부터 보호된다.

③ 민사재판의 당사자로 출석하는 수형자에 대하여 사복착용을 허용하지 않는 형의 집행 및 수용자의 처우에 관한 법률 조항은 인격권을 침해하지 않는다.

④ 상체승의 포승과 수갑을 채우고 별도의 포승으로 다른 수용자와 연승한 행위는 인격권을 침해하지 않는다.

정답 | 07 ② 08 ① 09 ①

해설

① [×] 중혼을 혼인무효사유가 아니라 혼인취소사유로 정하고 있는데, 혼인취소의 효력은 기왕에 소급하지 아니하므로 중혼이라 하더라도 법원의 취소판결이 확정되기 전까지는 유효한 법률혼으로 보호받는다. 후혼의 취소가 가혹한 결과가 발생하는 경우에는 구체적 사건에서 법원이 권리남용의 법리 등으로 해결하고 있다. 따라서 중혼 취소청구권의 소멸에 관하여 아무런 규정을 두지 않았다 하더라도, 이 사건 법률조항이 현저히 입법재량의 범위를 일탈하여 후혼배우자의 인격권 및 행복추구권을 침해하지 아니한다(헌재 2014.7.24, 2011헌바275).

② [O] 성명은 개인의 동일성을 식별하는 기호로서 개인의 정체성과 개별성을 상징한다. 사회 속에서 개인이 어떠한 성명으로 상징되고 인식되는가는 누구보다도 그 성명을 사용하는 개인에게 중요한 문제라고 할 것이므로 개인은 원칙적으로 자신이 원하는 내용으로 성명을 결정하여 사용할 수 있어야 한다. 따라서 성명의 구성요소인 성(姓)도 개인의 의사에 따라 자유롭게 결정하고 사용할 수 있다고 할 것이다(헌재 2005.12.22, 2003헌가6).

③ [O] 민사재판에서 법관이 당사자의 복장에 따라 불리한 심증을 갖거나 불공정한 재판진행을 하게 되는 것은 아니므로, 심판대상조항이 민사재판의 당사자로 출석하는 수형자에 대하여 사복착용을 불허하는 것으로 공정한 재판을 받을 권리가 침해되는 것은 아니다. 수형자가 민사법정에 출석하기까지 교도관이 반드시 동행하여야 하므로 수용자의 신분이 드러나게 되어 있어 재소자용 의류를 입었다는 이유로 인격권과 행복추구권이 제한되는 정도는 제한적이고, 형사법정 이외의 법정 출입 방식은 미결수용자와 교도관 전용 통로 및 시설이 존재하는 형사재판과 다르며, 계호의 방식과 정도도 확연히 다르다. 따라서 심판대상조항이 민사재판에 출석하는 수형자에 대하여 사복착용을 허용하지 아니한 것은 청구인의 인격권과 행복추구권을 침해하지 아니한다(헌재 2015.12.23, 2013헌마712).

④ [O] 교정사고의 예방 등을 통한 공익이 수형자가 입게 되는 자유 제한보다 훨씬 크므로, 이 사건 호송행위는 청구인의 인격권 내지 신체의 자유를 침해하지 아니한다(헌재 2014.5.29, 2013헌마280).

10 기본권에 관한 헌법재판소의 입장으로 옳지 않은 것은? (다툼이 있는 경우 헌법재판소 판례에 의함)

22. 소방간부

① 인격권은 헌법 제10조의 인간의 존엄과 가치로부터 유래한다.

② 헌법에 열거되지 아니한 기본권을 새롭게 인정하려면, 그 필요성이 특별히 인정되고, 그 권리내용이 비교적 명확하여 구체적 기본권으로서의 실체 즉, 권리내용을 규범 상대방에게 요구할 힘이 있고 그 실현이 방해되는 경우 재판에 의하여 그 실현을 보장받을 수 있는 구체적 권리로서의 실질에 부합하여야 한다.

③ '부모의 자녀에 대한 교육권'은 비록 헌법에 명문으로 규정되어 있지는 아니하지만, 이는 모든 인간이 누리는 불가침의 인권으로서 혼인과 가족생활을 보장하는 헌법 제36조 제1항, 행복추구권을 보장하는 헌법 제10조 및 "국민의 자유와 권리는 헌법에 열거되지 아니한 이유로 경시되지 아니한다."고 규정하는 헌법 제37조 제1항에서 나오는 기본권이다.

④ 헌법 제31조 제4항이 보장하는 대학의 자율성이란 대학의 운영에 관한 모든 사항을 외부의 간섭없이 자율적으로 결정할 수 있는 자유를 말한다.

⑤ 출국만기보험금의 지급시기에 관한 것은 근로조건의 문제이고 생존권적 성격을 가지므로 외국인에게는 기본권 주체성이 인정되지 않는다.

해설

⑤ [×] 헌법상 근로의 권리는 '일할 자리에 관한 권리'만이 아니라 '일할 환경에 관한 권리'도 의미하는데, '일할 환경에 관한 권리'는 인간의 존엄성에 대한 침해를 방어하기 위한 권리로서 외국인에게도 인정되며, 건강한 작업환경, 일에 대한 정당한 보수, 합리적인 근로조건의 보장 등을 요구할 수 있는 권리 등을 포함한다. 여기서의 근로조건은 임금과 그 지불방법, 취업시간과 휴식시간 등 근로계약에 의하여 근로자가 근로를 제공하고 임금을 수령하는 데 관한 조건들이고, 이 사건 출국만기보험금은 퇴직금의 성질을 가지고 있어서 그 지급시기에 관한 것은 근로조건의 문제이므로 외국인인 청구인들에게도 기본권 주체성이 인정된다(헌재 2016.3.31, 2014헌마367).

① [O] 헌법 제10조는 모든 기본권 보장의 종국적 목적이자 기본이념이라 할 수 있는 인간의 본질적이고 고유한 가치인 인간의 존엄과 가치로부터 유래하는 인격권을 보장하고 있다(헌재 2018.2.22, 2016헌마780).

② [O] 헌법에 열거되지 아니한 기본권을 새롭게 인정하려면, 그 필요성이 특별히 인정되고, 그 권리내용(보호영역)이 비교적 명확하여 구체적 기본권으로서의 실체 즉, 권리내용을 규범 상대방에게 요구할 힘이 있고 그 실현이 방해되는 경우 재판에 의하여 그 실현을 보장받을 수 있는 구체적 권리로서의 실질에 부합하여야 할 것이다(헌재 2009.5.28, 2007헌마369).

③ [O] '부모의 자녀에 대한 교육권'은 비록 헌법에 명문으로 규정되어 있지는 아니하지만, 이는 모든 인간이 국적과 관계없이 누리는 양도할 수 없는 불가침의 인권으로서 혼인과 가족생활을 보장하는 헌법 제36조 제1항, 행복추구권을 보장하는 헌법 제10조 및 "국민의 자유와 권리는 헌법에 열거되지 아니한 이유로 경시되지 아니한다."고 규정하는 헌법 제37조 제1항에서 나오는 중요한 기본권이다(헌재 2000.4.27, 98헌가16).

④ [O] 헌법 제31조 제4항이 보장하는 대학의 자율성이란 대학의 운영에 관한 모든 사항을 외부의 간섭 없이 자율적으로 결정할 수 있는 자유를 말한다. 국립대학인 세무대학은 공법인으로서 사립대학과 마찬가지로 대학의 자율권이라는 기본권의 보호를 받으므로, 세무대학은 국가의 간섭 없이 인사·학사·시설·재정 등 대학과 관련된 사항들을 자주적으로 결정하고 운영할 자유를 갖는다(헌재 2001.2.22, 99헌마613).

11 인간으로서의 존엄과 가치 및 행복추구권에 대한 설명으로 옳지 않은 것은? (다툼이 있는 경우 판례에 의함)

22. 지방직 7급

① 성폭력범죄의 처벌 등에 관한 특례법에 규정된 카메라등이용촬영죄는 인격권에 포함된다고 볼 수 있는 '자신의 신체를 함부로 촬영 당하지 않을 자유'를 보호하기 위한 것이다.

② 자신이 속한 부분사회의 자치적 운영에 참여하는 것은 사회공동체의 유지, 발전을 위하여 필요한 행위로서 특정한 기본권의 보호범위에 들어가지 않는 경우에는 일반적 행동자유권의 보호대상이 될 수 있다.

③ 교통사고 발생에 고의나 과실이 있는 운전자는 물론, 아무런 책임이 없는 무과실 운전자도 자신이 운전하는 차로 인하여 교통사고가 발생하기만 하면 즉시 정차하여 사상자를 구호하는 등 필요한 조치를 할 의무를 규정하고, 교통사고 발생시 사상자 구호 등 필요한 조치를 하지 않은 자를 형사처벌하는 도로교통법 조항은 과잉금지원칙에 위반되어 운전자의 일반적 행동자유권을 침해한다.

④ 운전면허를 받은 사람이 다른 사람의 자동차 등을 훔친 경우에는 운전면허를 필요적으로 취소하도록 하는 것은 임의적 취소 혹은 정지라는 보다 덜 제한적인 수단이 있어 일반적 행동자유권(운전을 업으로 하는 자에 대하여는 직업의 자유)에 대한 과도한 침해가 되어 위헌이다.

해설

③ [×] 사고발생에 고의나 과실이 있는 운전자는 물론 아무런 책임 없는 무과실 운전자도 자신이 운전하는 차로 인하여 교통사고가 발생하기만 하면 즉시 정차하여 사상자를 구호하는 등 필요한 조치를 할 의무가 발생한다. … 교통사고 발생시 조치의무를 형사처벌로 강제하는 심판대상조항은, 교통사고로 인한 사상자의 신속한 구호 및 교통상의 위험과 장해의 방지·제거를 통하여 안전하고 원활한 교통을 확보하기 위한 것으로, 입법목적의 정당성 및 수단의 적합성을 인정할 수 있다. … 따라서 심판대상조항은 청구인의 일반적 행동자유권을 침해하지 않는다(헌재 2019.4.11, 2017헌가28).

① [O] 성폭력처벌법은 성폭력범죄 피해자의 생명과 신체의 안전을 보장하고 건강한 사회질서를 확립하는 것을 그 목적으로 하고(제1조), 카메라등이용촬영죄는 이른바 '몰래카메라'의 폐해가 사회문제화 되면서 촬영대상자의 의사에 반하는 촬영 및 반포 등의 행위를 처벌하기 위한 조항이다. 따라서 심판대상조항은 개인의 초상권 내지 명예권과 유사한 권리로서 일반적 인격권에 포함된다고 볼 수 있는 '자신의 신체를 함부로 촬영 당하지 않을 자유'와 '사회의 건전한 성풍속 확립'을 보호하기 위한 것이라고 볼 수 있다(헌재 2017.6.29, 2015헌바243).

② [O] 자신이 속한 부분사회의 자치적 운영에 참여하는 것은 사회공동체의 유지, 발전을 위하여 필요한 행위로서 특정한 기본권의 보호범위에 들어가지 않는 경우에는 일반적 행동자유권의 대상이 되므로, 사적 자치의 영역에 국가가 개입하여 법령으로 자치활동의 목적이나 절차, 그 방식 또는 내용을 규율함으로써 일부 구성원들의 자치활동에 대한 참여를 제한한다면 해당 구성원들의 일반적 행동자유권이 침해될 가능성이 있다(헌재 2015.7.30, 2012헌마957).

④ [O] 자동차등의 절도 범죄로 야기되는 교통상의 위험과 장해를 방지하기 위하여 그에 대한 행정적 제재를 강화할 필요가 있다 하더라도, 위와 같이 임의적 운전면허 취소 또는 정지사유로 규정하면서 철저한 단속과 엄격한 법집행 등을 통해 불법의 정도에 상응하는 제재수단을 선택하도록 하는 것으로도 충분히 그 목적을 달성하는 것이 가능하다. … 따라서 심판대상조항은 침해의 최소성 원칙에 위반된다. … 심판대상조항은 직업의 자유 내지 일반적 행동의 자유를 침해하여 헌법에 위반된다(헌재 2017.5.25, 2016헌가6).

정답 | 10 ⑤ 11 ③

12 인간의 존엄과 가치 및 행복추구권에 관한 설명으로 가장 적절하지 않은 것은? (다툼이 있는 경우 판례에 의함)

23. 경찰 2차

① 행복추구권에서 도출되는 일반적 행동의 자유는 적극적으로 자유롭게 행동하는 것은 물론 소극적으로 행동을 하지 않을 자유도 포함하므로, 교통사고 발생 시 사상자 구호 등 필요한 조치를 하지 않은 자에 대한 형사처벌을 규정한 구 도로교통법 조항은 과잉금지원칙에 위반되어 운전자인 청구인의 일반적 행동자유권을 침해한다.

② 자기책임원리는 자기결정권의 한계논리로서 책임부담의 근거로 기능하는 동시에, 자기가 결정하지 않은 것이나 결정할 수 없는 것에 대하여는 책임을 지지 않고 책임부담의 범위도 스스로 결정한 결과 내지 그와 상관관계가 있는 부분에 국한됨을 의미하는 책임의 한정원리로 기능한다.

③ 교정시설의 1인당 수용면적이 수형자의 인간으로서의 기본 욕구에 따른 생활조차 어렵게 할 만큼 지나치게 협소하다면, 이는 그 자체로 국가형벌권 행사의 한계를 넘어 수형자의 인간의 존엄과 가치를 침해하는 것이다.

④ 일반적 행동자유권은 가치있는 행동만 보호영역으로 하는 것은 아니므로, 개인이 대마를 자유롭게 수수하고 흡연할 자유도 헌법 제10조의 행복추구권에서 나오는 일반적 행동자유권의 보호영역에 속한다.

해설

① [×] 심판대상조항은 교통사고가 발생한 경우 운전자등에게 조치의무를 부과한 구 도로교통법 제54조 제1항의 준수를 형사처벌로써 강제하는 조항으로, 교통사고로 인한 사상자의 신속한 구호 및 교통상의 위험과 장해의 방지 · 제거를 통하여 안전하고 원활한 교통을 확보하는 것을 목적으로 한다. 이러한 입법목적은 정당하고 조치의무를 이행하지 않을 경우 형사처벌하는 것은 해당 의무 준수 강제에 효과적이고 적합한 수단이 된다. 심판대상조항은 최소침해성의 원칙에 위배되지 않는다. 심판대상조항이 운전자등의 시간적, 경제적 손해를 유발할 가능성이 있는 것은 사실이나 이미 발생한 피해자의 생명 · 신체에 대한 피해 구호와 안전한 교통의 회복이라는 공익은 운전자등이 제한당하는 사익보다 크므로, 심판대상조항이 법익균형성을 갖추었다고 볼 수 있다. 이상에서 본 바와 같이 심판대상조항은 과잉금지원칙에 위반된다고 보기 어렵다(헌재 2019.4.11, 2017헌가28).

② [O] 자기책임원리는 이와 같이 자기결정권의 한계논리로서 책임부담의 근거로 기능하는 동시에 자기가 결정하지 않은 것이나 결정할 수 없는 것에 대하여는 책임을 지지 않고 책임부담의 범위도 스스로 결정한 결과 내지 그와 상관관계가 있는 부분에 국한됨을 의미하는 책임의 한정원리로 기능한다(헌재 2017.5.25, 2014헌바360).

③ [O] 교정시설의 1인당 수용면적이 수형자의 인간으로서의 기본 욕구에 따른 생활조차 어렵게 할 만큼 지나치게 협소하다면, 이는 그 자체로 국가형벌권 행사의 한계를 넘어 수형자의 인간의 존엄과 가치를 침해하는 것이다(헌재 2016.12.29, 2013헌마142).

④ [O] 일반적 행동자유권은 적극적으로 자유롭게 행동을 하는 것은 물론 소극적으로 행동을 하지 않을 자유도 포함되고, 가치있는 행동만 보호영역으로 하는 것은 아닌 것인바, 개인이 대마를 자유롭게 수수하고 흡연할 자유도 헌법 제10조의 행복추구권에서 나오는 일반적 행동자유권의 보호영역에 속한다(헌재 2005.11.24, 2005헌바46).

13 인격권에 대한 설명으로 가장 적절한 것은? (다툼이 있는 경우 헌법재판소 판례에 의함)

23. 경찰간부

① 학교폭력 가해학생에 대한 조치로 피해학생에 대한 서면사과를 규정한 구 학교폭력예방 및 대책에 관한 법률상 조항은 가해학생의 인격권을 침해한다.

② 지역아동센터 시설별 신고정원의 80% 이상을 돌봄취약아동으로 구성하도록 정한 '2019년 지역아동센터 지원 사업안내'규정은 돌봄취약아동이 일반아동과 교류할 기회를 제한하므로 청구인 아동들의 인격권을 침해한다.

③ 경찰이 보도자료 배포 직후 기자들의 취재요청에 응하여 경찰서조사실에서 얼굴과 수갑이 드러난 채 조사받는 보험사기피의자의 모습을 촬영할 수 있도록 허용한 행위는 보도를 실감나게 제공하려는 공익적 목적이 크므로 피의자의 인격권을 침해하지 않는다.

④ 출국 수속 과정에서 일반적인 보안검색을 마친 승객을 상대로, 촉수검색(patdown)과 같은 추가적인 보안검색 실시를 예정하고 있는 '국가항공보안계획'은 청구인의 인격권을 침해하지 않는다.

해설

④ [O] 이 사건 국가항공보안계획은 민간항공 보안에 관한 국제협약의 준수 및 항공기 안전과 보안을 위한 것으로 입법목적의 정당성 및 수단의 적합성이 인정되고, 항공운송사업자가 다른 체약국의 추가 보안검색 요구에 응하지 않을 경우 항공기의 취항 자체가 거부될 수 있으므로 이 사건 국가항공보안계획에 따른 추가 보안검색 실시는 불가피하며, 관련 법령에서 보안검색의 구체적 기준 및 방법 등을 마련하여 기본권 침해를 최소화하고 있으므로 침해의 최소성도 인정된다. 또한 국내외적으로 항공기 안전사고와 테러 위협이 커지는 상황에서, 민간항공의 보안 확보라는 공익은 매우 중대한 반면, 추가 보안검색 실시로 인해 승객의 기본권이 제한되는 정도는 그리 크지 아니하므로 법익의 균형성도 인정된다. 따라서 이 사건 국제항공보안계획은 헌법상 과잉금지원칙에 위반되지 않으므로, 청구인의 기본권을 침해하지 아니한다(헌재 2018.2.22, 2016헌마780).

① [×] 서면사과 조치는 내용에 대한 강제 없이 자신의 행동에 대한 반성과 사과의 기회를 제공하는 교육적 조치로 마련된 것이고, 가해학생에게 의견진술 등 적정한 절차적 기회를 제공한 뒤에 학교폭력 사실이 인정되는 것을 전제로 내려지는 조치이며, 이를 불이행하더라도 추가적인 조치나 불이익이 없다. 또한 이러한 서면사과의 교육적 효과는 가해학생에 대한 주의나 경고 또는 권고적인 조치만으로는 달성하기 어렵다. 따라서 이 사건 서면사과조항이 가해학생의 양심의 자유와 인격권을 과도하게 침해한다고 보기 어렵다(헌재 2023.2.23, 2019헌바93).

② [×] 돌봄취약아동이 일반아동과 함께 초·중등학교를 다니고 방과 후에도 다른 돌봄기관을 이용할 선택권이 보장되고 있는 이상, 설령 이 사건 이용아동규정에 따라 돌봄취약아동이 일반아동과 교류할 기회가 다소 제한된다고 하더라도 그것만으로 청구인 아동들의 인격 형성에 중대한 영향을 미친다고 보기는 어렵다. 이 사건 이용아동규정은 과잉금지원칙에 위반하여 청구인 운영자들의 직업수행의 자유 및 청구인 아동들의 인격권을 침해하지 않는다(헌재 2022.1.27, 2019헌마583).

③ [×] 피청구인은 기자들에게 청구인이 경찰서 내에서 수갑을 차고 얼굴을 드러낸 상태에서 조사받는 모습을 촬영할 수 있도록 허용하였는데, 청구인에 대한 이러한 수사 장면을 공개 및 촬영하게 할 어떠한 공익 목적도 인정하기 어려우므로 촬영허용행위는 목적의 정당성이 인정되지 아니한다. 피의자의 얼굴을 공개하더라도 그로 인한 피해의 심각성을 고려하여 모자, 마스크 등으로 피의자의 얼굴을 가리는 등 피의자의 신원이 노출되지 않도록 침해를 최소화하기 위한 조치를 취하여야 하는데, 피청구인은 그러한 조치를 전혀 취하지 아니하였으므로 침해의 최소성 원칙도 충족하였다고 볼 수 없다. 또한 촬영허용행위는 언론 보도를 보다 실감나게 하기 위한 목적 외에 어떠한 공익도 인정할 수 없는 반면, 청구인은 피의자로서 얼굴이 공개되어 초상권을 비롯한 인격권에 대한 중대한 제한을 받았고, 촬영한 것이 언론에 보도될 경우 범인으로서의 낙인 효과와 그 파급효는 매우 가혹하여 법익균형성도 인정되지 아니하므로, 촬영허용행위는 과잉금지원칙에 위반되어 청구인의 인격권을 침해하였다(헌재 2014.3.27, 2012헌마652).

14 학교폭력예방 및 대책에 관한 법률에 관한 헌법재판소의 판단으로 가장 적절하지 않은 것은? 23. 경찰경채

① 가해학생에 대한 조치로 피해학생에 대한 서면사과를 규정한 조항은 가해학생의 양심의 자유와 인격권을 과도하게 침해한다고 본다.

② 가해학생에 대한 조치로 피해학생 및 신고·고발한 학생에 대한 접촉, 협박 및 보복행위의 금지를 규정한 조항은 가해학생의 일반적 행동자유권을 침해한다고 보기 어렵다.

③ 피해학생이 가해학생과 동일한 학급 내에 있으면서 지속적으로 학교폭력의 위험에 노출된다면 심대한 정신적, 신체적 피해를 입을 수 있으므로, 가해학생에 대한 조치로 학급교체를 규정한 조항은 가해학생의 일반적 행동자유권을 과도하게 침해한다고 보기 어렵다.

④ 가해학생에 대한 조치별 적용 기준의 기본적인 내용을 법률에서 직접 규정하고 있으며, 사건 조치별 적용기준 위임규정에 따라 대통령령에 규정될 내용은 세부적인 기준에 관한 내용이 될 것임을 충분히 예측할 수 있으므로, 사건 조치별 적용기준 위임규정은 포괄위임금지원칙에 위배되지 않는다.

해설

① [×] 서면사과 조치는 내용에 대한 강제 없이 자신의 행동에 대한 반성과 사과의 기회를 제공하는 교육적 조치로 마련된 것이고, 가해학생에게 의견진술 등 적정한 절차적 기회를 제공한 뒤에 학교폭력 사실이 인정되는 것을 전제로 내려지는 조치이며, 이를 불이행하더라도 추가적인 조치나 불이익이 없다. 또한 이러한 서면사과의 교육적 효과는 가해학생에 대한 주의나 경고 또는 권고적인 조치만으로는 달성하기 어렵다. … 따라서 이 사건 서면사과조항이 가해학생의 양심의 자유와 인격권을 과도하게 침해한다고 보기 어렵다(헌재 2023.2.23, 2019헌바93 등).

정답 | 12 ① 13 ④ 14 ①

② [O] 가해학생의 접촉, 협박이나 보복행위를 금지하는 것은 피해학생과 신고 · 고발한 학생의 안전한 학교생활을 위한 불가결한 조치이다. 이 사건 접촉 등 금지조항은 가해학생의 의도적인 접촉 등만을 금지하고 통상적인 학교 교육활동 과정에서 의도하지 않은 접촉까지 모두 금지하는 것은 아니며, 학교폭력의 지속성과 은닉성, 가해학생의 접촉, 협박 및 보복행위 가능성, 피해학생의 피해정도 등을 종합적으로 고려하여 이루어지는 것이므로, 가해학생의 일반적 행동자유권을 침해한다고 보기 어렵다(헌재 2023.2.23, 2019헌바93 등).

③ [O] 이 사건 학급교체조항은 학교폭력의 심각성, 가해학생의 반성 정도, 피해학생의 피해 정도 등을 고려하여 가해학생과 피해학생의 격리가 필요한 경우에 행해지는 조치로서 가해학생은 학급만 교체될 뿐 기존에 받았던 교육 내용이 변경되는 것은 아니다. 피해학생이 가해학생과 동일한 학급 내에 있으면서 지속적으로 학교폭력의 위험에 노출된다면 심대한 정신적, 신체적 피해를 입을 수 있으므로, 이 사건 학급교체조항이 가해학생의 일반적 행동자유권을 과도하게 침해한다고 보기 어렵다(헌재 2023.2.23, 2019헌바93 등).

④ [O] 가해학생에 대한 각 조치별 적용기준을 학교폭력의 태양이나 심각성, 피해학생의 피해 정도나 가해학생에 미치는 교육적 효과 등 여러 가지 요소를 종합적으로 고려하여 정하는 것이 피해학생의 보호와 가해학생의 선도 및 교육에 보다 효과적인 방법이 될 수 있으므로, 대통령령에 위임할 필요성이 인정된다. 또한, 구 학교폭력예방법 제17조는 가해학생에 대한 조치의 경중 및 각 조치의 병과 여부 등 조치별 적용 기준의 기본적인 내용을 법률에서 직접 규정하고 있으므로, 이 사건 조치별 적용기준 위임규정에 따라 대통령령에 규정될 내용은 자치위원회가 가해학생에 대한 조치의 내용을 정함에 있어 고려해야 할 학교폭력의 태양이나 정도, 피해학생의 피해 정도나 피해 회복 여부, 가해학생의 태도 등 세부적인 기준에 관한 내용이 될 것임을 충분히 예측할 수 있다. 따라서 이 사건 조치별 적용기준 위임규정은 포괄위임금지원칙에 위배되지 않는다(헌재 2023.2.23, 2019헌바93 등).

15 헌법 제10조에 관한 설명으로 옳지 않은 것은? (다툼이 있는 경우 헌법재판소 판례에 의함) 24. 소방간부

① 환자는 장차 죽음에 임박한 상태에 이를 경우에 대비하여 미리 의료인 등에게 연명치료 거부 또는 중단에 관한 의사를 밝히는 등의 방법으로 죽음에 임박한 상태에서 인간으로서의 존엄과 가치를 지키기 위하여 연명치료의 거부 또는 중단을 결정할 수 있고, 이 결정은 헌법상 기본권인 자기결정권의 한 내용으로서 보장된다.

② 언어와 그 언어를 표기하는 방식인 글자는 정신생활의 필수적인 도구이며 타인과의 소통을 위한 가장 기본적인 수단인바, 한자를 의사소통의 수단으로 사용하는 것은 행복추구권에서 파생되는 일반적 행동의 자유 내지 개성의 자유로운 발현의 한 내용이다.

③ 일반적 행동자유권에는 위험한 생활방식으로 살아갈 권리도 포함되므로, 좌석안전띠를 매지 않을 자유는 헌법 제10조의 행복추구권에서 나오는 일반적 행동자유권의 보호영역에 속한다.

④ 전동킥보드에 대하여 최대속도는 시속 25km 이내로 제한하여야 한다는 안전기준을 둔 것은 헌법 제10조의 행복추구권에서 파생되는 소비자의 자기결정권을 제한할 뿐, 일반적 행동자유권까지 제한하는 것은 아니다.

⑤ 자기결정권에는 여성이 그의 존엄한 인격권을 바탕으로 하여 자율적으로 자신의 생활영역을 형성해 나갈 수 있는 권리가 포함되고, 여기에는 임신한 여성이 자신의 신체를 임신상태로 유지하여 출산할 것인지 여부에 대하여 결정할 수 있는 권리가 포함되어 있다.

해설

④ [×] 심판대상조항은 소비자가 자신의 의사에 따라 자유롭게 제품을 선택하는 것을 제약함으로써 헌법 제10조의 행복추구권에서 파생되는 소비자의 자기결정권을 제한하고, 나아가 헌법 제10조의 행복추구권에서 파생되는 일반적 행동자유권도 함께 제한한다. … 심판대상조항은 과잉금지원칙을 위반하여 소비자의 자기결정권 및 일반적 행동자유권을 침해하지 아니한다(헌재 2020.2.27, 2017헌마1339).

① [O] 환자가 장차 죽음에 임박한 상태에 이를 경우에 대비하여 미리 의료인 등에게 연명치료 거부 또는 중단에 관한 의사를 밝히는 등의 방법으로 죽음에 임박한 상태에서 인간으로서의 존엄과 가치를 지키기 위하여 연명치료의 거부 또는 중단을 결정할 수 있다 할 것이고, 위 결정은 헌법상 기본권인 자기결정권의 한 내용으로서 보장된다 할 것이다(헌재 2009.11.26, 2008헌마385).

② [O] 헌법 제10조 전문은 "모든 국민은 인간으로서의 존엄과 가치를 가지며, 행복을 추구할 권리를 가진다."고 규정하여 행복추구권을 보장하고, 이러한 행복추구권은 일반적인 행동자유권과 개성의 자유로운 발현권을 포함한다. 언어와 그 언어를 표기하는 방식인 글자는 정신생활의 필수적인 도구이며 타인과의 소통을 위한 가장 기본적인 수단인바, 한자를 의사소통의 수단으로 사용하는 것은 행복추구권에서 파생되는 일반적 행동의 자유 내지 개성의 자유로운 발현의 한 내용이다(헌재 2016.11.24, 2012헌마854).

③ [O] 일반적 행동자유권은 모든 행위를 할 자유와 행위를 하지 않을 자유로 가치있는 행동만 그 보호영역으로 하는 것은 아닌 것으로, 그 보호영역에는 개인의 생활방식과 취미에 관한 사항도 포함되며, 여기에는 위험한 스포츠를 즐길 권리와 같은 위험한 생활방식으로 살아갈 권리도 포함된다. 따라서 좌석안전띠를 매지 않을 자유는 헌법 제10조의 행복추구권에서 나오는 일반적 행동자유권의 보호영역에 속한다(헌재 2003.10.30, 2002헌마518).

⑤ [O] 자기결정권은 인간의 존엄성을 실현하기 위한 수단으로서 인간이 자신의 생활영역에서 인격의 발현과 삶의 방식에 관한 근본적인 결정을 자율적으로 내릴 수 있는 권리다. … 따라서 자기결정권에는 여성이 그의 존엄한 인격권을 바탕으로 하여 자율적으로 자신의 생활영역을 형성해 나갈 수 있는 권리가 포함되고, 여기에는 임신한 여성이 자신의 신체를 임신상태로 유지하여 출산할 것인지 여부에 대하여 결정할 수 있는 권리가 포함되어 있다(헌재 2019.4.11, 2017헌바127).

16 인간의 존엄과 가치, 행복추구권에 관한 설명 중 가장 적절하지 않은 것은? (다툼이 있는 경우 판례에 의함)

24. 경정승진

① 배아생성자의 배아에 대한 결정권은 헌법상 명문으로 규정되어 있지는 않지만 일반적 인격권의 한 유형으로서의 헌법상 권리이다.

② 이동통신사사업자가 제공하는 전기통신역무를 타인의 통신용으로 제공하는 것을 원칙적으로 금지하고 위반 시에는 형사처벌하는 전기통신사업법 조항은 이동통신서비스 이용자의 일반적 행동자유권을 침해한다.

③ 명의신탁이 증여로 의제되는 경우 명의신탁의 당사자에게 증여세의 과세가액 및 과세표준을 납세지 관할 세무서장에게 신고할 의무를 부과하는 상속세 및 증여세법 조항은 해당 명의신탁 당사자의 일반적 행동자유권을 침해하지 않는다.

④ 이미 출국 수속 과정에서 일반적인 보안검색을 마친 승객들을 대상으로, 체약국의 요구가 있는 경우 촉수검색과 같은 추가적인 보안검색을 실시할 수 있도록 정한 국가항공보안계획은 과잉금지원칙에 위반되지 않으므로 해당 승객의 인격권을 침해하지 않는다.

해설

② [×] 이동통신서비스를 타인의 통신용으로 제공한 사람들은 이동통신시장에 대포폰이 다량 공급되는 원인으로 작용하고 있으므로, 대포폰을 이용한 보이스피싱 등 신종범죄로부터 통신의 수신자 등을 보호하기 위해서는 이동통신서비스를 타인의 통신용으로 제공하는 것을 금지하고 위반 시 처벌할 필요성이 크다. … 따라서 심판대상조항은 이동통신서비스 이용자의 일반적 행동자유권을 침해하지 아니한다(헌재 2022.6.30, 2019헌가14).

① [O] 배아생성자는 배아에 대해 자신의 유전자정보가 담긴 신체의 일부를 제공하고, 또 배아가 모체에 성공적으로 착상하여 인간으로 출생할 경우 생물학적 부모로서의 지위를 갖게 되므로, 배아의 관리 또는 처분에 대한 결정권을 가진다. 이러한 배아생성자의 배아에 대한 결정권은 헌법상 명문으로 규정되어 있지는 아니하지만, 헌법 제10조로부터 도출되는 일반적 인격권의 한 유형으로서의 헌법상 권리라 할 것이다(헌재 2010.5.27, 2005헌마346).

③ [O] 심판대상조항은 명의신탁이 증여로 의제되는 경우 명의신탁의 당사자에게도 다른 여타의 증여세 납세의무자와 동일하게 증여세 신고의무를 부과함으로써, 효과적인 조세 부과 및 징수를 담보하고, 궁극적으로는 명의신탁을 내세워 조세를 회피하는 것을 방지하여 조세정의와 조세평등을 실현하려는 것이다. … 따라서 심판대상조항이 일반적 행동의 자유를 침해한다고 볼 수 없다(헌재 2022.2.24, 2019헌바225 등).

④ [O] 이 사건 국가항공보안계획은, 이미 출국 수속 과정에서 일반적인 보안검색을 마친 승객을 상대로, 촉수검색(patdown)과 같은 추가적인 보안 검색 실시를 예정하고 있으므로 이로 인한 인격권 및 신체의 자유 침해 여부가 문제된다. 이 사건 국가항공보안계획은 민간항공 보안에 관한 국제협약의 준수 및 항공기 안전과 보안을 위한 것으로 입법목적의 정당성 및 수단의 적합성이 인정되고, 항공운송사업자가 다른 체약국의 추가 보안검색 요구에 응하지 않을 경우 항공기의 취항 자체가 거부될 수 있으므로 이 사건 국가항공보안계획에 따른 추가 보안검색 실시는 불가피하며, 관련 법령에서 보안검색의 구체적 기준 및 방법 등을 마련하여 기본권 침해를 최소화하고 있으므로 침해의 최소성도 인정된다. … 따라서 이 사건 국제항공보안계획은 헌법상 과잉금지원칙에 위반되지 않으므로, 청구인의 기본권을 침해하지 아니한다(헌재 2018.2.22, 2016헌마780).

정답 | 15 ④ 16 ②

17 일반적 인격권에 대한 설명으로 옳지 않은 것은? (다툼이 있는 경우 판례에 의함)

24. 입법고시

① 일반적 인격권에는 개인의 명예에 관한 권리도 포함되는데, 여기서 말하는 '명예'는 사람이나 그 인격에 대한 '사회적 평가', 즉 객관적 · 외부적 가치평가를 말하는 것이지 단순히 주관적 · 내면적인 명예감정은 포함하지 않는다.

② 외부 민사재판에 출정할 때 운동화를 착용하게 해달라는 수형자의 신청에 대하여 이를 불허한 교도소장의 행위는 수형자의 인격권을 침해하였다고 볼 수 없다.

③ 변호사 정보 제공 웹사이트 운영자가 변호사들의 개인신상정보를 기반으로 한 인맥지수를 정보주체의 동의 없이 공개하는 서비스를 제공하는 행위는 변호사들의 개인정보에 관한 인격권을 침해한다.

④ 장래 가족 구성원이 될 태아의 성별 정보에 대한 접근을 국가로부터 방해받지 않을 부모의 권리는 일반적 인격권으로부터 도출된다.

⑤ 법인은 그 성질상 인격권의 한 내용인 사회적 신용이나 명예 등의 주체가 될 수 없다.

해설

⑤ [×] 법인도 법인의 목적과 사회적 기능에 비추어 볼 때 그 성질에 반하지 않는 범위 내에서 인격권의 한 내용인 사회적 신용이나 명예 등의 주체가 될 수 있고 법인이 이러한 사회적 신용이나 명예 유지 내지 법인격의 자유로운 발현을 위하여 의사결정이나 행동을 어떻게 할 것인지를 자율적으로 결정하는 것도 법인의 인격권의 한 내용을 이룬다고 할 것이다(헌재 2012.8.23, 2009헌가27).

① [O] 헌법 제10조로부터 도출되는 일반적 인격권에는 개인의 명예에 관한 권리도 포함되는바, 이 때 '명예'는 사람이나 그 인격에 대한 '사회적 평가', 즉 객관적 · 외부적 가치평가를 말하는 것이지 단순히 주관적 · 내면적인 명예감정은 법적으로 보호받는 명예에 포함된다고 할 수 없다. 왜냐하면, 헌법이 인격권으로 보호하는 명예의 개념을 사회적 · 외부적 징표에 국한하지 않는다면 주관적이고 개별적인 내심의 명예감정까지 명예에 포함되어 모든 주관적 명예감정의 손상이 법적 분쟁화될 수 있기 때문이다(헌재 2010.11.25, 2009헌마147).

② [O] 이 사건 운동화착용불허행위는 시설 바깥으로의 외출이라는 기회를 이용한 도주를 예방하기 위한 것으로서 그 목적이 정당하고, 위와 같은 목적을 달성하기 위한 적합한 수단이라 할 것이다. 또한 신발의 종류를 제한하는 것에 불과하여 법익침해의 최소성과 균형성도 갖추었다 할 것이므로, 이 사건 운동화착용불허행위가 기본권제한에 있어서의 과잉금지원칙에 반하여 청구인의 인격권과 행복추구권을 침해하였다고 볼 수 없다(헌재 2011.2.24, 2009헌마209).

③ [O] 변호사 정보 제공 웹사이트 운영자가 변호사들의 개인신상정보를 기반으로 변호사들의 인맥지수를 산출하여 공개하는 서비스를 제공한 사안에서, 인맥지수의 사적 · 인격적 성격, 산출과정에서 왜곡 가능성, 인맥지수 이용으로 인한 변호사들의 이익 침해와 공적 폐해의 우려, 그에 반하여 이용으로 달성될 공적인 가치의 보호 필요성 정도 등을 종합적으로 고려하면, 운영자가 변호사들의 개인신상정보를 기반으로 한 인맥지수를 공개하는 표현행위에 의하여 얻을 수 있는 법적 이익이 이를 공개하지 않음으로써 보호받을 수 있는 변호사들의 인격적 법익에 비하여 우월하다고 볼 수 없어, 결국 운영자의 인맥지수 서비스 제공행위는 변호사들의 개인정보에 관한 인격권을 침해하는 위법한 것이다(대판 2011.9.2, 2008다42430).

④ [O] 헌법 제10조로부터 도출되는 일반적 인격권에는 각 개인이 그 삶을 사적으로 형성할 수 있는 자율영역에 대한 보장이 포함되어 있음을 감안할 때, 장래 가족의 구성원이 될 태아의 성별 정보에 대한 접근을 국가로부터 방해받지 않을 부모의 권리는 이와 같은 일반적 인격권에 의하여 보호된다고 보아야 할 것인바, 이 사건 규정은 일반적 인격권으로부터 나오는 부모의 태아 성별 정보에 대한 접근을 방해받지 않을 권리를 제한하고 있다고 할 것이다. 이 사건 규정은 과잉금지원칙을 위반하여 의사의 직업수행의 자유 및 임부나 그 가족이 태아 성별 정보에 대한 접근을 방해받지 않을 권리 등을 침해하고 있으므로 헌법에 위반된다 할 것이다(헌재 2008.7.31, 2004헌마1010 등).

제2절 | 행복추구권

01 〈보기〉의 헌법 제10조에 관한 설명에서 옳은 것(○)과 옳지 않은 것(×)을 올바르게 조합한 것은? (다툼이 있는 경우 판례에 의함)

25. 소방간부

〈보기〉

ㄱ. 행복추구권을 통해 국민은 행복을 추구하기 위하여 필요한 급부를 국가에게 적극적으로 요구할 수 있다.
ㄴ. 부모의 자녀교육권은 기본권의 주체인 부모의 자기결정권이라는 의미에서 보장되는 자유가 아니라, 자녀의 보호와 인격발현을 위하여 부여되는 기본권이다.
ㄷ. 일반적 행동자유권은 가치있는 행동만을 그 보호영역으로 하지만, 예외적인 경우에는 위험한 스포츠를 즐길 권리와 같은 위험한 생활방식으로 살아갈 권리도 그 보호영역에 포함된다.
ㄹ. 법인도 법인의 목적과 사회적 기능에 비추어 볼 때 그 성질에 반하지 않는 범위 내에서 인격권의 한 내용인 사회적 신용이나 명예 등의 주체가 될 수 있다.

	ㄱ	ㄴ	ㄷ	ㄹ
①	×	○	×	○
②	×	○	○	×
③	○	×	×	○
④	×	×	○	○
⑤	○	○	×	×

해설

ㄱ. [×] 헌법 제10조의 행복추구권은 국민이 행복을 추구하기 위하여 필요한 급부를 국가에게 적극적으로 요구할 수 있는 것을 내용으로 하는 것이 아니라, 국민이 행복을 추구하기 위한 활동을 국가권력의 간섭 없이 자유롭게 할 수 있다는 포괄적인 의미의 자유권으로서의 성격을 가진다(헌재 2008.10.30, 2006헌바35).
ㄴ. [○] 부모의 자녀교육권은 다른 기본권과는 달리, 기본권의 주체인 부모의 자기결정권이라는 의미에서 보장되는 자유가 아니라, 자녀의 보호와 인격발현을 위하여 부여되는 기본권이다. 다시 말하면, 부모의 자녀교육권은 자녀의 행복이란 관점에서 보장되는 것이며, 자녀의 행복이 부모의 교육에 있어서 그 방향을 결정하는 지침이 된다(헌재 2009.10.29, 2008헌마635).
ㄷ. [×] 일반적 행동자유권은 모든 행위를 할 자유와 행위를 하지 않을 자유로 가치있는 행동만 그 보호영역으로 하는 것은 아닌 것으로, 그 보호영역에는 개인의 생활방식과 취미에 관한 사항도 포함되며, 여기에는 위험한 스포츠를 즐길 권리와 같은 위험한 생활방식으로 살아갈 권리도 포함된다(헌재 2003.10.30, 2002헌마518).
ㄹ. [○] 법인도 법인의 목적과 사회적 기능에 비추어 볼 때 그 성질에 반하지 않는 범위 내에서 인격권의 한 내용인 사회적 신용이나 명예 등의 주체가 될 수 있고 법인이 이러한 사회적 신용이나 명예 유지 내지 법인격의 자유로운 발현을 위하여 의사결정이나 행동을 어떻게 할 것인지를 자율적으로 결정하는 것도 법인의 인격권의 한 내용을 이룬다고 할 것이다(헌재 2012.8.23, 2009헌가27).

정답 | 17 ⑤ 01 ①

02 자기결정권에 대한 설명으로 가장 적절하지 않은 것은? (다툼이 있는 경우 헌법재판소 판례에 의함)

25. 경찰간부

① 개인의 인격권・행복추구권에는 개인의 자기운명결정권이 전제되는 것이고, 이 자기운명결정권에는 임신과 출산에 관한 결정, 즉 임신과 출산의 과정에 내재하는 특별한 희생을 강요당하지 않을 자유가 포함되어 있다.

② 배우자 있는 자의 간통행위 및 그와의 상간행위를 2년 이하의 징역에 처하도록 규정한 형법 제241조는 입법목적의 정당성이 인정되지만, 혼인빙자간음행위를 형사처벌하는 형법 제304조 중 "혼인을 빙자하여 음행의 상습없는 부녀를 기망하여 간음한 자" 부분은 입법목적의 정당성이 인정되지 않는다.

③ 임신한 여성의 자기낙태를 처벌하는 형법 제269조 제1항은 태아의 생명을 보호하기 위한 것으로서 그 입법목적은 정당하지만, 낙태를 방지하기 위하여 임신한 여성의 낙태를 형사처벌하는 것은 이러한 입법목적을 달성하는 데 적합한 수단이라고 할 수 없다.

④ 헌법이 보장하는 인간의 존엄성 및 행복추구권은 국가의 교육권한과 부모의 교육권의 범주 내에서 아동에게도 자신의 교육환경에 관하여 스스로 결정할 권리를 부여한다.

해설

③ [×] 자기낙태죄 조항은 태아의 생명을 보호하기 위한 것으로서 그 입법목적이 정당하고, 낙태를 방지하기 위하여 임신한 여성의 낙태를 형사처벌하는 것은 이러한 입법목적을 달성하는 데 적합한 수단이다. … 자기낙태죄 조항은 입법목적을 달성하기 위하여 필요한 최소한의 정도를 넘어 임신한 여성의 자기결정권을 제한하고 있어 침해의 최소성을 갖추지 못하고 있으며, 법익균형성의 원칙도 위반하였다고 할 것이므로, 과잉금지원칙을 위반하여 임신한 여성의 자기결정권을 침해하는 위헌적인 규정이다(헌재 2019.4.11, 2017헌바127).

① [O] 헌법 제10조는 "모든 국민은 인간으로서의 존엄과 가치를 가지며, 행복을 추구할 권리를 가진다. 국가는 개인이 가지는 불가침의 기본적 인권을 확인하고 이를 보장할 의무를 진다."라고 규정하여 개인의 인격권과 행복추구권을 보장하고 있다. 개인의 인격권・행복추구권에는 개인의 자기운명결정권이 전제되는 것이고, 이 자기운명결정권에는 임신과 출산에 관한 결정, 즉 임신과 출산의 과정에 내재하는 특별한 희생을 강요당하지 않을 자유가 포함되어 있다(헌재 2012.8.23, 2010헌바402).

② [O] 1. 간통죄 처벌조항(형법 제241조)은 선량한 성풍속 및 일부일처제에 기초한 혼인제도를 보호하고 부부간 정조의무를 지키게 하기 위한 것으로 그 입법목적의 정당성은 인정된다. …심판대상조항은 수단의 적절성 및 침해최소성을 갖추지 못하였고 법익의 균형성도 상실하였으므로, 과잉금지원칙을 위반하여 국민의 성적 자기결정권 및 사생활의 비밀과 자유를 침해하는 것으로 헌법에 위반된다(헌재 2015.2.26, 2009헌바17 등).

2. 혼인빙자간음죄(형법 제304조) 처벌조항의 경우 형벌규정을 통하여 추구하고자 하는 목적 자체가 헌법에 의하여 허용되지 않는 것으로서 그 정당성이 인정되지 않는다. … 목적의 정당성, 수단의 적절성 및 피해최소성을 갖추지 못하였고 법익의 균형성도 이루지 못하였으므로, 헌법 제37조 제2항의 과잉금지원칙을 위반하여 남성의 성적자기결정권 및 사생활의 비밀과 자유를 과잉제한하는 것으로 헌법에 위반된다(헌재 2009.11.26, 2008헌바58 등).

④ [O] 아동과 청소년은 인격의 발전을 위하여 어느 정도 부모와 학교의 교사 등 타인에 의한 결정을 필요로 하는 아직 성숙하지 못한 인격체이지만, 부모와 국가에 의한 단순한 보호의 대상이 아닌 독자적인 인격체이며, 그의 인격권은 성인과 마찬가지로 인간의 존엄성 및 행복추구권을 보장하는 헌법 제10조에 의하여 보호된다. 따라서 헌법이 보장하는 인간의 존엄성 및 행복추구권은 국가의 교육권한과 부모의 교육권의 범주 내에서 아동에게도 자신의 교육환경에 관하여 스스로 결정할 권리, 그리고 자유롭게 문화를 향유할 권리를 부여한다고 할 것이다(헌재 2004.5.27, 2003헌가1 등).

03 일반적 행동자유권에 대한 설명으로 적절하지 않은 것은 몇 개인가? (다툼이 있는 경우 헌법재판소 판례에 의함)

25. 경찰간부

가. 가족에 대한 수형자의 접견교통권은 비록 헌법에 열거되지는 아니하였지만 헌법 제10조의 행복추구권에 포함되는 기본권의 하나로서의 일반적 행동자유권으로부터 나온다.
나. 자신이 속한 부분사회의 자치적 운영에 참여하는 것은 사회공동체의 유지, 발전을 위하여 필요한 행위로서 특정한 기본권의 보호범위에 들어가지 않는 경우에는 일반적 행동자유권의 대상이 된다.
다. 거짓이나 그 밖의 부정한 수단으로 운전면허를 받은 경우 모든 범위의 운전면허를 필요적으로 취소하도록 규정하여, '부정 취득하지 않은 운전면허'까지 필요적으로 취소하도록 한 것은, 과잉금지원칙에 반하여 운전면허 소유자의 일반적 행동의 자유를 침해하지 않는다.
라. 병역의무의 이행으로서의 현역병 복무는 국가가 간섭하지 않으면 자유롭게 할 수 있는 행위에 속하므로, 현역병으로 복무할 권리는 일반적 행동자유권에 포함된다고 할 수 있다.

① 1개 ② 2개
③ 3개 ④ 4개

해설

적절하지 않은 것은 2개(다, 라)이다.

가. [O] 수형자가 갖는 접견교통권은 가족 등 외부와 연결될 수 있는 통로를 적절히 개방하고 유지함으로써 가족 등 타인과 교류하는 인간으로서의 기본적인 생활관계가 인신의 구속으로 완전히 단절되어 정신적으로 황폐하게 되는 것을 방지하기 위하여 반드시 보장되지 않으면 안되는 인간으로서의 기본적인 권리에 해당하므로 성질상 헌법상의 기본권에 속한다. 이러한 수형자의 접견교통권은 비록 헌법에 열거되지는 아니하였지만 헌법 제10조의 행복추구권에 포함되는 기본권의 하나로서의 일반적 행동자유권으로부터 나온다고 할 것이다(헌재 2009.9.24, 2007헌마738).

나. [O] 자신이 속한 부분사회의 자치적 운영에 참여하는 것은 사회공동체의 유지, 발전을 위하여 필요한 행위로서 특정한 기본권의 보호범위에 들어가지 않는 경우에는 일반적 행동자유권의 대상이 되므로, 사적 자치의 영역에 국가가 개입하여 법령으로 자치활동의 목적이나 절차, 그 방식 또는 내용을 규율함으로써 일부 구성원들의 자치활동에 대한 참여를 제한한다면 해당 구성원들의 일반적 행동자유권이 침해될 가능성이 있다. … 심판대상조항은 동별 대표자선거의 입후보자가 1명인 경우 그 선출요건에 대하여 규정하고 있을 뿐 입주자대표회의의 구성과 운영에의 참여 자체를 제한하거나 동별 대표자를 선출할 권리 또는 그 선거에 입후보할 기회를 제한하고 있지 아니하므로, 청구인의 일반적 행동자유권을 제한한다고 보기 어렵다(헌재 2015.7.30, 2012헌마957).

다. [×] 심판대상조항이 '부정 취득하지 않은 운전면허'까지 필요적으로 취소하도록 한 것은, 임의적 취소·정지 사유로 함으로써 구체적 사안의 개별성과 특수성을 고려하여 불법의 정도에 상응하는 제재수단을 선택하도록 하는 등 완화된 수단에 의해서도 입법목적을 같은 정도로 달성하기에 충분하므로, 피해의 최소성 원칙에 위배된다. … 심판대상조항 중 각 '거짓이나 그 밖의 부정한 수단으로 받은 운전면허를 제외한 운전면허'를 필요적으로 취소하도록 한 부분은, 과잉금지원칙에 반하여 일반적 행동의 자유 또는 직업의 자유를 침해한다(헌재 2020.6.25, 2019헌가9 등).

라. [×] 헌법 제10조의 행복추구권에서 파생하는 일반적 행동자유권은 모든 행위를 하거나 하지 않을 자유를 내용으로 하나, 그 보호대상으로서의 행동이란 국가가 간섭하지 않으면 자유롭게 할 수 있는 행위 내지 활동을 의미하고, 이를 국가권력이 가로막거나 강제하는 경우 자유권의 침해로서 논의될 수 있다 할 것인데, 병역의무의 이행으로서의 현역병 복무는 국가가 간섭하지 않으면 자유롭게 할 수 있는 행위에 속하지 않으므로, 현역병으로 복무할 권리가 일반적 행동자유권에 포함된다고 할 수도 없다(헌재 2010.12.28, 2008헌마527).

정답 | 02 ③ 03 ②

04 일반적 행동자유권에 관한 설명으로 가장 적절하지 않은 것은? (다툼이 있는 경우 헌법재판소 판례에 의함)

24. 경찰 2차

① 일반적 행동자유권의 보호영역에는 가치 있는 행동만 포함된다.

② 일반적 행동자유권에는 적극적으로 자유롭게 행동을 하는 것은 물론 소극적으로 행동을 하지 않을 자유, 즉 부작위의 자유도 포함된다.

③ 무상 또는 일회적·일시적으로 가르치는 행위는 일반적 행동자유권에 속한다.

④ 행복추구권에는 일반적 행동자유권과 개성의 자유로운 발현권이 함축되어 있다.

해설

① [×] 일반적 행동자유권은 가치 있는 행동만 그 보호영역으로 하는 것은 아니다. 그 보호영역에는 개인의 생활방식과 취미에 관한 사항도 포함되며, 여기에는 위험한 스포츠를 즐길 권리와 같은 위험한 생활방식으로 살아갈 권리도 포함된다(헌재 2016.2.25, 2015헌가11).

② [O] 일반적 행동자유권에는 적극적으로 자유롭게 행동을 하는 것은 물론 소극적으로 행동을 하지 않을 자유, 즉 부작위의 자유도 포함된다(헌재 2021.8.31, 2020헌마12 등).

③ [O] 직업의 자유에 의하여 헌법상 보호되는 생활영역인 '직업'은 그 개념상 '어느 정도 지속적인 소득활동'을 그 요건으로 하므로, 무상 또는 일회적·일시적으로 가르치는 행위는 헌법 제15조의 직업의 자유에 의하여 보호되는 생활영역이 아니다. 이러한 성격과 형태의 가르치는 행위는 일반적 행동의 자유에 속하는 것으로서 헌법 제10조의 행복추구권에 의하여 보호된다(헌재 2000.4.27, 98헌가16 등).

④ [O] 헌법 제10조 전문은 "모든 국민은 인간으로서의 존엄과 가치를 가지며, 행복을 추구할 권리를 가진다."고 규정하고 있다. 여기의 행복추구권 속에 함축된 일반적인 행동자유권과 개성의 자유로운 발현권은 국가안전보장, 질서유지 또는 공공복리에 반하지 않는 한 입법 기타 국정상 최대의 존중을 필요로 하는 것이라고 볼 것이다(헌재 1991.6.3, 89헌마204).

05 다음 일반적 행동자유권에 관한 설명 중 가장 옳지 않은 것은? (다툼이 있는 경우 판례에 의함)

24. 해경

① 언어와 그 언어를 표기하는 방식인 글자는 정신생활의 필수적인 도구이며 타인과의 소통을 위한 가장 기본적인 수단인바, 한자를 의사소통의 수단으로 사용하는 것은 행복추구권에서 파생되는 일반적 행동의 자유 내지 개성의 자유로운 발현의 한 내용이다.

② 의료분쟁 조정신청의 대상인 의료사고가 사망에 해당하는 경우 구체적 사안의 개별성과 특수성을 고려하지 않고 자동적으로 조정절차가 개시되도록 한 법률조항은 보건의료인의 일반적 행동의 자유를 침해한다.

③ 자신이 속한 부분사회의 자치적 운영에 참여하는 것은 사회공동체의 유지, 발전을 위하여 필요한 행위로서 특정한 기본권의 보호범위에 들어가지 않는 경우에는 일반적 행동자유권의 대상이 된다.

④ 병역의무의 이행으로서의 현역병 복무는 국가가 간섭하지 않으면 자유롭게 할 수 있는 행위에 속하지 않으므로, 현역병으로 복무할 권리가 일반적 행동자유권에 포함된다고 할 수 없다.

해설

② [×] 심판대상조항은 사망의 결과가 발생한 경우 조정절차가 자동적으로 개시되도록 함으로써 의료분쟁 조정제도를 활성화하고 제도의 실효성을 제고하며, 사망이라는 중한 결과로 인한 피해를 신속·공정하게 구제하고, 환자와 보건의료인 양 당사자가 소송 외의 분쟁해결 수단을 적극 활용할 수 있도록 하여 의료분쟁에 따른 부담을 완화하고 이를 신속·공정하게 해결하기 위한 것으로서 그 목적이 정당하고, 수단의 적합성 또한 인정된다. … 따라서 심판대상조항은 청구인의 일반적 행동의 자유를 침해하지 아니한다(헌재 2021.5.27, 2019헌마321).

① [O] 헌법 제10조 전문은 "모든 국민은 인간으로서의 존엄과 가치를 가지며, 행복을 추구할 권리를 가진다."고 규정하여 행복추구권을 보장하고, 이러한 행복추구권은 일반적인 행동자유권과 개성의 자유로운 발현권을 포함한다. 언어와 그 언어를 표기하는 방식인 글자는 정신생활의 필수적인 도구이며 타인과의 소통을 위한 가장 기본적인 수단인바, 한자를 의사소통의 수단으로 사용하는 것은 행복추구권에서 파생되는 일반적 행동의 자유 내지 개성의 자유로운 발현의 한 내용이다(헌재 2016.11.24, 2012헌마854).

③ [O] 자신이 속한 부분사회의 자치적 운영에 참여하는 것은 사회공동체의 유지, 발전을 위하여 필요한 행위로서 특정한 기본권의 보호범위에 들어가지 않는 경우에는 일반적 행동자유권의 대상이 되므로, 사적 자치의 영역에 국가가 개입하여 법령으로 자치활동의 목적이나 절차, 그 방식 또는 내용을 규율함으로써 일부 구성원들의 자치활동에 대한 참여를 제한한다면 해당 구성원들의 일반적 행동자유권이 침해될 가능성이 있다(헌재 2015.7.30, 2012헌마957).

④ [O] 헌법 제10조의 행복추구권에서 파생하는 일반적 행동자유권은 모든 행위를 하거나 하지 않을 자유를 내용으로 하나, 그 보호대상으로서의 행동이란 국가가 간섭하지 않으면 자유롭게 할 수 있는 행위 내지 활동을 의미하고, 이를 국가권력이 가로막거나 강제하는 경우 자유권의 침해로서 논의될 수 있다 할 것인데, 병역의무의 이행으로서의 현역병 복무는 국가가 간섭하지 않으면 자유롭게 할 수 있는 행위에 속하지 않으므로, 현역병으로 복무할 권리가 일반적 행동자유권에 포함된다고 할 수도 없다(헌재 2010.12.28, 2008헌마527).

06 계약의 자유에 대한 〈보기〉의 설명 중 옳은 것만을 모두 고르면? (다툼이 있는 경우 판례에 의함)

25. 입법고시

ㄱ. 단순변심을 포함하여 학습자가 수강을 계속할 수 없는 사유가 발생한 경우 학원설립·운영자로 하여금 학습자로부터 받은 교습비 등을 반환하도록 하면서, 그 반환 사유 및 반환 금액 등을 대통령령으로 정하도록 한 학원의 설립·운영 및 과외 교습에 관한 법률 조항은 과잉금지원칙에 위배되어 학원설립·운영자의 계약의 자유를 침해한다.
ㄴ. 계약자유의 원칙 내지 경제상의 자유는 절대적인 것이 아니라 약자·보호·독점방지·실질적 평등·경제 정의 등의 관점에서 법률상 제한될 수 있음은 물론이고, 국가의 과세작용과 관련하여서도 적지 않은 제약을 받지 않을 수 없다.
ㄷ. 사적자치의 원칙이란 자신의 일을 자신의 의사로 결정하고 행하는 자유뿐만 아니라 원치 않으면 하지 않을 자유로, 헌법 제10조의 행복추구권에서 파생되는 일반적 행동자유권의 하나이다.
ㄹ. 계약의 자유는 헌법 제119조 제1항의 '개인의 경제상의 자유'의 일종이 아니라, 헌법 제10조의 행복추구권에 내포된 일반적 행동자유권으로부터 파생되는 기본권이다.

① ㄴ　② ㄷ　③ ㄱ, ㄹ
④ ㄴ, ㄷ　⑤ ㄷ, ㄹ

해설

옳은 것은 ㄴ, ㄷ이다.

ㄱ. [×] 교습계약의 특성상 장기간의 교습비등을 일시불로 선불하도록 하는 경우가 많아 분쟁발생의 소지가 크므로 국가가 이에 일부 개입할 필요가 있는 점, 교습계약 당사자들이 교습비등의 반환여부 및 반환금액 등을 자유롭게 정하도록 한다면 상대적으로 불리한 지위에 놓이는 학습자에게 계약해지로 인한 위험이 전가될 수 있는 점, 구체적인 반환사유 및 반환금액 등을 대통령령으로 정하도록 하고 있는 점 등을 고려할 때, 교습비등반환조항은 과잉금지원칙에 반하여 학원설립·운영자의 계약의 자유를 침해한다고 볼 수 없다(헌재 2024.8.29, 2021헌바74).

ㄴ. [O] 계약의 자유 내지 경제상의 자유는 절대적인 것이 아니라 약자 보호, 독점 방지, 실질적 평등, 경제정의 등의 관점에서 법률상 제한될 수 있을 뿐 아니라 국가의 과세작용과 관련하여서도 적지 않은 제약을 받지 않을 수 없다 할 것이므로, 국가는 조세법률주의 기타 헌법적 한계를 준수하는 한, 재정수입, 사회적·경제적 규제와 조정을 위하여 위와 같은 사적 자치에 개입하거나 사법상 법률행위의 내용 및 효력에 간섭할 수 있는 것이고, 그러한 개입과 간섭의 수단 및 정도의 선택은 일차적으로 과세입법자의 정책 판단·형성에 맡겨져 있다고 할 수 있으며, 다만 이와 같이 계약의 자유를 제한하더라도 헌법 제37조 제2항에 규정된 기본권 제한 입법의 한계를 준수하여야 함은 물론이므로, 그 본질적인 내용이 침해되거나 비례의 원칙 내지 과잉금지의 원칙에 위배되는 입법은 할 수 없는 것이다(헌재 2002.1.31, 2000헌바35).

정답 | 04 ①　05 ②　06 ④

ㄷ. [O] 사적자치의 원칙이란 자신의 일을 자신의 의사로 결정하고 행하는 자유뿐만 아니라 원치 않으면 하지 않을 자유로서, 우리 헌법 제10조의 행복추구권에서 파생되는 일반적 행동자유권의 하나이며, 법률행위의 영역에서는 계약자유의 원칙으로 나타나는데, 계약자유의 원칙은 계약의 체결에서부터 종결에 이르기까지 모든 단계에서 자신의 자유의사에 따라 계약관계를 형성하는 것으로서, 계약의 내용, 이행의 상대방 및 방법의 변경뿐만 아니라 계약 자체의 이전이나 폐기도 당사자 자신의 의사로 결정하는 자유를 의미한다(헌재 2014.3.27, 2011헌바126).

ㄹ. [×] 일반적 행동자유권에는 적극적으로 자유롭게 행동을 하는 것은 물론 소극적으로 행동을 하지 않을 자유, 즉 부작위의 자유도 포함되는 것으로, 법률행위의 영역에 있어서는 계약을 체결할 것인가의 여부, 체결한다면 어떠한 내용의, 어떠한 상대방과의 관계에서, 어떠한 방식으로 계약을 체결하느냐 하는 것도 당사자 자신이 자기의사로 결정하는 자유뿐만 아니라 원치 않으면 계약을 체결하지 않을 자유, 즉 원치 않는 계약의 체결은 법이나 국가에 의하여 강제받지 않을 자유인 이른바 계약자유의 원칙도, 여기의 일반적 행동자유권으로부터 파생되는 것이라 할 것이다. 이는 곧 헌법 제119조 제1항의 개인의 경제상의 자유의 일종이기도 하다(헌재 1991.6.3, 89헌마204).

07 일반적 행동자유권에 관한 설명으로 가장 적절하지 않은 것은? (다툼이 있는 경우 판례에 의함) 25. 경정승진

① 학교폭력예방 및 대책에 관한 법률에서 가해학생과 함께 그 보호자도 특별교육을 이수하도록 의무화한 것은 가해학생 보호자의 일반적 행동자유권을 침해하지 않는다.

② 한자를 의사소통의 수단으로 사용하는 것은 행복추구권에서 파생되는 일반적 행동의 자유 내지 개성의 자유로운 발현의 한 내용이다.

③ 가사소송에서 본인출석주의를 규정한 가사소송법 조항은 가사소송 당사자의 일반적 행동의 자유를 침해한다.

④ '사회복지법인의 운영의 자유'는 헌법 제10조에서 보장되는 행복추구권의 구체적인 한 표현인 일반적인 행동자유권 내지 사적자치권으로 보장되는 것이다.

해설

③ [×] 가사소송에서는 당사자 본인의 진술을 청취하고 그 진의를 파악하는 것이 중요하므로, 이 사건 법률조항은 입법목적의 정당성이 인정되며, 당사자 본인의 출석을 법적인 의무로 강제하는 것은 입법목적의 달성에 적합한 수단이다. 당사자 본인에게 출석의무를 부과하고 과태료 등 별도의 제재를 통하여 출석을 강제하는 것 외에 그 출석을 확보하기에 적절한 다른 수단을 찾기 어려우며, 특별한 사정이 있는 경우 재판장의 허가를 통하여 소송대리인이 대리 출석할 수 있는 길도 열려 있으므로, 피해의 최소성도 인정된다. 가사소송의 특성상 당사자 본인의 진술을 직접 들어 적정한 재판을 하여야 하는 공익은, 청구인이 변론기일에 출석하지 아니하고 대리인을 출석시킴으로써 생업 등의 시간을 확보하고자 하는 사익에 비하여 결코 작다고 할 수 없어 법익의 균형성도 인정되므로, 이 사건 법률조항은 가사소송 당사자의 일반적 행동의 자유를 침해하지 아니한다(헌재 2012.10.25, 2011헌마598).

① [O] 학교폭력예방법에서 가해학생과 함께 그 보호자도 특별교육을 이수하도록 의무화한 것은 교육의 주체인 보호자의 참여를 통해 학교폭력 문제를 보다 근본적으로 해결하기 위한 것이다. 가해학생이 학교폭력에 이르게 된 원인을 발견하여 이를 근본적으로 치유하기 위해서는 가족 공동체의 일원으로서 가해학생과 밀접 불가분의 유기적 관계를 형성하고 있는 보호자의 교육 참여가 요구된다. 따라서 특별교육이수규정이 가해학생 보호자의 일반적 행동자유권을 침해한다고 볼 수 없다(헌재 2013.10.24, 2012헌마832).

② [O] 헌법 제10조 전문은 "모든 국민은 인간으로서의 존엄과 가치를 가지며, 행복을 추구할 권리를 가진다."고 규정하여 행복추구권을 보장하고, 이러한 행복추구권은 일반적인 행동자유권과 개성의 자유로운 발현권을 포함한다. 언어와 그 언어를 표기하는 방식인 글자는 정신생활의 필수적인 도구이며 타인과의 소통을 위한 가장 기본적인 수단인바, 한자를 의사소통의 수단으로 사용하는 것은 행복추구권에서 파생되는 일반적 행동의 자유 내지 개성의 자유로운 발현의 한 내용이다(헌재 2016.11.24, 2012헌마854).

④ [O] 모든 국민에게 사회복지법인을 설립할 자유가 인정되고 사회복지법인은 복지사업의 주체로서 이용자들에 대한 자율적인 복지사업을 행하기 위한 포괄적인 법인운영권을 보장받아야 한다. 이러한 '사회복지법인의 운영의 자유'는 헌법 제10조에서 보장되는 행복추구권의 구체적인 한 표현인 일반적인 행동자유권 내지 사적자치권으로 보장되는 것이다(헌재 2005.2.3, 2004헌바10).

08 기본권의 범위 또는 보호영역에 대한 설명으로 옳은 것은?

23. 5급 공채

① 지방자치단체의 장 선거권은 주민투표권과 마찬가지로 법률이 보장하는 권리일 뿐이지 헌법이 보장하는 기본권으로 볼 수 없다.

② 오늘날 전쟁과 테러 혹은 무력행위로부터 자유로워야 하는 것은 인간의 존엄과 가치를 실현하고 행복을 추구하기 위한 기본전제가 되므로 헌법 제10조로부터 평화적 생존권을 인정할 수 있다.

③ 음란표현은 언론·출판의 자유의 보호영역 내에 있지 않다.

④ 육아휴직신청권은 헌법 제36조 제1항 등으로부터 개인에게 직접 주어지는 헌법적 차원의 권리라고 볼 수는 없고, 입법자가 여러 가지 요소를 고려하여 제정하는 입법에 적용요건, 적용대상, 기간 등 구체적인 사항이 규정될 때 비로소 형성되는 법률상의 권리이다.

해설

④ [O] 육아휴직신청권은 헌법 제36조 제1항 등으로부터 개인에게 직접 주어지는 헌법적 차원의 권리라고 볼 수는 없고, 입법자가 입법의 목적, 수혜자의 상황, 국가예산, 전체적인 사회보장수준, 국민정서 등 여러 요소를 고려하여 제정하는 입법에 적용요건, 적용대상, 기간 등 구체적인 사항이 규정될 때 비로소 형성되는 법률상의 권리이다(헌재 2008.10.30, 2005헌마1156).

① [×] 주민자치제를 본질로 하는 민주적 지방자치제도가 안정적으로 뿌리내린 현 시점에서 지방자치단체의 장 선거권을 지방의회의원 선거권, 나아가 국회의원 선거권 및 대통령 선거권과 구별하여 하나는 법률상의 권리로, 나머지는 헌법상의 권리로 이원화하는 것은 허용될 수 없다. 그러므로 지방자치단체의 장 선거권 역시 다른 선거권과 마찬가지로 헌법 제24조에 의해 보호되는 기본권으로 인정하여야 한다(헌재 2016.10.27, 2014헌마797).

② [×] 청구인들이 평화적 생존권이란 이름으로 주장하고 있는 평화란 헌법의 이념 내지 목적으로서 추상적인 개념에 지나지 아니하고, 평화적 생존권은 이를 헌법에 열거되지 아니한 기본권으로서 특별히 새롭게 인정할 필요성이 있다거나 그 권리내용이 비교적 명확하여 구체적 권리로서의 실질에 부합한다고 보기 어려워 헌법상 보장된 기본권이라고 할 수 없다(헌재 2009.5.28, 2007헌마369).

③ [×] 이 사건 법률조항의 음란표현은 헌법 제21조가 규정하는 언론·출판의 자유의 보호영역 내에 있다고 볼 것인바, 종전에 이와 견해를 달리하여 음란표현은 헌법 제21조가 규정하는 언론·출판의 자유의 보호영역에 해당하지 아니한다는 취지로 판시한 우리 재판소의 의견(헌재 1998.4.30, 95헌가16, 판례집 10-1, 327, 340-341)을 변경한다(헌재 2009.5.28, 2006헌바109).

09 인간의 존엄과 가치 및 행복추구권에 관한 설명으로 옳지 않은 것은? (다툼이 있는 경우 헌법재판소 판례에 의함)

23. 소방간부

① 일반적 행동자유권의 보호영역에는 개인의 생활방식과 취미에 관한 사항도 포함된다.

② 장래 가족의 구성원이 될 태아의 성별 정보에 대한 접근을 국가로부터 방해받지 않을 부모의 권리는 일반적 인격권에 의하여 보호된다.

③ 경찰이 언론사 기자들의 취재 요청에 응하여 피의자가 경찰서 내에서 양손에 수갑을 찬 채 조사받는 모습을 촬영할 수 있도록 허용한 행위는 피의자의 인격권을 침해하지 않는다.

④ 부모가 자녀의 이름을 지어주는 것은 자녀의 양육과 가족생활을 위하여 필수적인 것이고, 가족생활의 핵심적 요소라 할 수 있으므로, '부모가 자녀의 이름을 지을 자유'는 혼인과 가족생활을 보장하는 헌법 제36조 제1항과 행복추구권을 보장하는 헌법 제10조에 의하여 보호받는다.

⑤ 모자보건법에서 정한 사유에 해당하지 않는다면 결정가능기간 중에 다양하고 광범위한 사회적·경제적 사유를 이유로 낙태갈등 상황을 겪고 있는 경우까지도 예외 없이 전면적·일률적으로 임신의 유지 및 출산을 강제하고, 이를 위반한 경우 형사처벌하는 자기낙태죄 조항은 여성의 자기결정권을 침해한다.

정답 | 07 ③ 08 ④ 09 ③

해설

③ [×] 원칙적으로 '범죄사실' 자체가 아닌 그 범죄를 저지른 자에 관한 부분은 일반 국민에게 널리 알려야 할 공공성을 지닌다고 할 수 없고, 이에 대한 예외는 공개수배의 필요성이 있는 경우 등에 극히 제한적으로 인정될 수 있을 뿐이다. 피청구인은 기자들에게 청구인이 경찰서 내에서 수갑을 차고 얼굴을 드러낸 상태에서 조사받는 모습을 촬영할 수 있도록 허용하였는데, 청구인에 대한 이러한 수사 장면을 공개 및 촬영하게 할 어떠한 공익 목적도 인정하기 어려우므로 촬영허용행위는 목적의 정당성이 인정되지 아니한다. 또한 촬영허용행위는 언론 보도를 보다 실감나게 하기 위한 목적 외에 어떠한 공익도 인정할 수 없는 반면, 청구인은 피의자로서 얼굴이 공개되어 초상권을 비롯한 인격권에 대한 중대한 제한을 받았고, 촬영한 것이 언론에 보도될 경우 범인으로서의 낙인 효과와 그 파급효는 매우 가혹하여 법익균형성도 인정되지 아니하므로, 촬영허용행위는 과잉금지원칙에 위반되어 청구인의 인격권을 침해하였다(헌재 2014.3.27, 2012헌마652).

① [O] 일반적 행동자유권은 모든 행위를 할 자유와 행위를 하지 않을 자유로 가치 있는 행동만 그 보호영역으로 하는 것은 아닌 것으로, 그 보호영역에는 개인의 생활방식과 취미에 관한 사항도 포함되며, 여기에는 위험한 스포츠를 즐길 권리와 같은 위험한 생활방식으로 살아갈 권리도 포함된다(헌재 2003.10.30, 2002헌마518).

② [O] 헌법 제10조로부터 도출되는 일반적 인격권에는 각 개인이 그 삶을 사적으로 형성할 수 있는 자율영역에 대한 보장이 포함되어 있음을 감안할 때, 장래 가족의 구성원이 될 태아의 성별 정보에 대한 접근을 국가로부터 방해받지 않을 부모의 권리는 이와 같은 일반적 인격권에 의하여 보호된다고 보아야 할 것이다(헌재 2008.7.31, 2004헌마1010).

④ [O] 부모가 자녀의 이름을 지어주는 것은 자녀의 양육과 가족생활을 위하여 필수적인 것이고, 가족생활의 핵심적 요소라 할 수 있으므로, '부모가 자녀의 이름을 지을 자유'는 혼인과 가족생활을 보장하는 헌법 제36조 제1항과 행복추구권을 보장하는 헌법 제10조에 의하여 보호받는다(헌재 2016.7.28, 2015헌마964).

⑤ [O] 자기낙태죄 조항은 모자보건법에서 정한 사유에 해당하지 않는다면 결정가능기간 중에 다양하고 광범위한 사회적 · 경제적 사유를 이유로 낙태갈등 상황을 겪고 있는 경우까지도 예외 없이 전면적 · 일률적으로 임신의 유지 및 출산을 강제하고, 이를 위반한 경우 형사처벌하고 있다. 따라서, 자기낙태죄 조항은 입법목적을 달성하기 위하여 필요한 최소한의 정도를 넘어 임신한 여성의 자기결정권을 제한하고 있어 침해의 최소성을 갖추지 못하였고, 태아의 생명 보호라는 공익에 대하여만 일방적이고 절대적인 우위를 부여함으로써 법익균형성의 원칙도 위반하였으므로, 과잉금지원칙을 위반하여 임신한 여성의 자기결정권을 침해한다(헌재 2019.4.11, 2017헌바127).

10 일반적 행동자유권에 관한 설명 중 옳은 것을 모두 고른 것은? (다툼이 있는 경우 판례에 의함) 22. 경찰 1차

㉠ 헌법 제10조 전문의 행복추구권에는 일반적 행동자유권이 포함되는바, 이는 적극적으로 자유롭게 행동을 하는 것은 물론 소극적으로 행동을 하지 않을 자유도 포함하는 권리로 포괄적인 의미의 자유권이다.

㉡ 육군 장교가 민간법원에서 약식명령을 받아 확정되면 자진신고할 의무를 규정한, '2020년도 장교 진급 지시'의 해당 부분 중 '민간법원에서 약식명령을 받아 확정된 사실이 있는 자'에 관한 부분은 청구인인 육군 장교의 일반적 행동의 자유를 침해한다.

㉢ 일반적 행동자유권의 보호영역에는 가치 있는 행동뿐만 아니라 개인의 생활방식과 취미에 관한 사항도 포함되며, 여기에는 위험한 스포츠를 즐길 권리와 같은 위험한 생활방식으로 살아갈 권리도 포함된다. 따라서 운전 중 휴대용 전화를 사용할 자유는 헌법 제10조의 행복추구권에서 나오는 일반적 행동자유권의 보호영역에 속한다.

㉣ 의료분쟁 조정신청의 대상인 의료사고가 사망에 해당하는 경우 한국의료분쟁조정중재원의 원장은 지체 없이 조정절차를 개시해야 한다고 규정한 의료사고 피해구제 및 의료분쟁조정 등에 관한 법률 제27조 제9항 전문 중 '사망'에 관한 부분이 청구인의 일반적 행동의 자유를 침해한다고 할 수 없다.

① ㉠, ㉡
② ㉠, ㉢, ㉣
③ ㉡, ㉢, ㉣
④ ㉠, ㉡, ㉢, ㉣

해설
옳은 것은 ㉠, ㉢, ㉣이다.

㉠ [O] 헌법 제10조 전문은 모든 국민은 인간으로서의 존엄과 가치를 지니며, 행복을 추구할 권리를 가진다고 규정하여 행복추구권을 보장하고 있고, 행복추구권은 그의 구체적인 표현으로서 일반적인 행동자유권과 개성의 자유로운 발현권을 포함한다. 일반적 행동자유권은 개인이 행위를 할 것인가의 여부에 대하여 자유롭게 결단하는 것을 전제로 하여 이성적이고 책임감 있는 사람이라면 자기에 관한 사항은 스스로 처리할 수 있을 것이라는 생각에서 인정되는 것이다. 일반적 행동자유권에는 적극적으로 자유롭게 행동을 하는 것은 물론 소극적으로 행동을 하지 않을 자유, 즉 부작위의 자유도 포함되며, 포괄적인 의미의 자유권으로서 일반조항적인 성격을 가진다(헌재 2003.10.30, 2002헌마518).

㉡ [×] 형사사법정보시스템과 육군 장교 관련 데이터베이스를 연동하여 신분을 확인하는 방법 또는 범죄경력자료를 조회하는 방법 등은, 군사보안 및 기술상의 한계가 존재하고 파악할 수 있는 약식명령의 범위도 한정되므로, 자진신고의무를 부과하는 방법과 같은 정도로 입법목적을 달성하기 어렵다. 청구인들이 자진신고의무를 부담하는 것은 수사 및 재판 단계에서 의도적으로 신분을 밝히지 않은 행위에서 비롯된 것으로서 이미 예상 가능한 불이익인 반면, '군사법원에서 약식명령을 받아 확정된 경우'와 그 신분을 밝히지 않아 '민간법원에서 약식명령을 받아 확정된 경우' 사이에 발생하는 인사상 불균형을 방지함으로써 군 조직의 내부 기강 및 질서를 유지하고자 하는 공익은 매우 중대하다. 20년도 육군지시 자진신고조항 및 21년도 육군지시 자진신고조항은 과잉금지원칙에 반하여 일반적 행동의 자유를 침해하지 않는다(헌재 2021.8.31, 2020헌마12).

㉢ [O] 헌법 제10조 전문의 행복추구권에는 그 구체적인 표현으로서 일반적 행동자유권이 포함된다. 일반적 행동자유권의 보호영역에는 가치 있는 행동뿐만 아니라 개인의 생활방식과 취미에 관한 사항도 포함되며, 여기에는 위험한 스포츠를 즐길 권리와 같은 위험한 생활방식으로 살아갈 권리도 포함된다. 따라서 운전 중 휴대용 전화를 사용할 자유는 헌법 제10조의 행복추구권에서 나오는 일반적 행동자유권의 보호영역에 속한다(헌재 2021.6.24, 2019헌바5).

㉣ [O] 환자의 사망이라는 중한 결과가 발생한 경우 환자 측으로서는 피해를 신속·공정하게 구제하기 위해 조정절차를 적극적으로 활용할 필요가 있고, 보건의료인의 입장에서도 이러한 경우 분쟁으로 비화될 가능성이 높아 원만하게 분쟁을 해결할 수 있는 절차가 마련될 필요가 있으므로, 의료분쟁 조정절차를 자동으로 개시할 필요성이 인정된다. 조정절차가 자동으로 개시되더라도 피신청인은 이의신청을 통해 조정절차에 참여하지 않을 수 있고, 조정의 성립까지 강제되는 것은 아니므로 합의나 조정결정의 수용 여부에 대해서는 자유롭게 선택할 수 있으며, 채무부존재확인의 소 등을 제기하여 소송절차에 따라 분쟁을 해결할 수도 있다. 따라서 의료사고로 사망의 결과가 발생한 경우 의료분쟁 조정절차를 자동으로 개시하도록 한 심판대상조항이 청구인의 일반적 행동의 자유를 침해한다고 할 수 없다(헌재 2021.5.27, 2019헌마321).

11 일반적 행동자유권에 대한 설명으로 옳지 않은 것은? (다툼이 있는 경우 판례에 의함)

23. 입법고시

① 일반적 행동자유권에서 자유란 적극적으로 자유롭게 행동하는 것은 물론 소극적으로 행동하지 않을 자유, 즉 부작위의 자유도 포함되는 포괄적인 자유를 말한다.

② 일반적 행동자유권은 가치 있는 행동만 그 보호영역으로 하는 것은 아니다. 그 보호영역에는 개인의 생활방식과 취미에 관한 사항도 포함되며, 여기에는 위험한 스포츠를 즐길 권리와 같은 위험한 생활방식으로 살아갈 권리도 포함된다.

③ 가사소송에서 본인출석주의를 규정한 가사소송법 조항은 소송당사자의 일반적 행동의 자유를 침해하지 않는다.

④ 공무원의 기부금품 모집을 금지하는 기부금품의 모집 및 사용에 관한 법률 조항은 과잉금지원칙에 부합하여 일반적 행동자유권을 침해하지 않는다.

⑤ 일반 공중의 사용에 제공된 공공용물을 그 제공 목적대로 이용하는 일반사용 내지 보통사용에 관한 권리는 일반적 행동자유권의 보호영역에 포함되지 않는다.

정답 | 10 ② 11 ⑤

해설

⑤ [×] 일반 공중의 사용에 제공된 공공용물을 그 제공 목적대로 이용하는 것은 일반사용 내지 보통사용에 해당하는 것으로 따로 행정주체의 허가를 받을 필요가 없는 행위이고, 구 '서울특별시 서울광장의 사용 및 관리에 관한 조례'도 사용허가를 받아야 하는 광장의 사용은 불특정 다수 시민의 자유로운 광장 이용을 제한하는 경우로 정하여(위 조례 제2조 제1호) 개별적으로 서울광장을 통행하거나 서울광장에서 여가활동이나 문화활동을 하는 것은 아무런 제한 없이 허용하고 있다. 이처럼 일반 공중에게 개방된 장소인 서울광장을 개별적으로 통행하거나 서울광장에서 여가활동이나 문화활동을 하는 것은 일반적 행동자유권의 내용으로 보장됨에도 불구하고, 피청구인이 이 사건 통행제지행위에 의하여 청구인들의 이와 같은 행위를 할 수 없게 하였으므로 청구인들의 일반적 행동자유권의 침해 여부가 문제된다(헌재 2011.6.30, 2009헌마406).

① [O] 일반적 행동자유권에는 적극적으로 자유롭게 행동을 하는 것은 물론 소극적으로 행동을 하지 않을 자유, 즉 부작위의 자유도 포함되며, 포괄적인 의미의 자유권으로서 일반조항적인 성격을 가진다(헌재 1991.6.3, 89헌마204).

② [O] 일반적 행동자유권은 모든 행위를 할 자유와 행위를 하지 않을 자유로 가치 있는 행동만 그 보호영역으로 하는 것은 아닌 것으로, 그 보호영역에는 개인의 생활방식과 취미에 관한 사항도 포함되며, 여기에는 위험한 스포츠를 즐길 권리와 같은 위험한 생활방식으로 살아갈 권리도 포함된다(헌재 2003.10.30, 2002헌마518).

③ [O] 가사소송의 특성상 당사자 본인의 진술을 직접 들어 적정한 재판을 하여야 하는 공익은, 청구인이 변론기일에 출석하지 아니하고 대리인을 출석시킴으로써 생업 등의 시간을 확보하고자 하는 사익에 비하여 결코 작다고 할 수 없어 법익의 균형성도 인정되므로, 이 사건 법률조항은 가사소송 당사자의 일반적 행동의 자유를 침해하지 아니한다(헌재 2012.10.25, 2011헌마598).

④ [O] 공무원의 기부금품 모집을 금지하는 '기부금품의 모집 및 사용에 관한 법률'은 과잉금지원칙이나 평등원칙에 반하여 공무원인 청구인들의 일반적 행동자유권을 침해하지 않는다(헌재 2019.11.28, 2018헌마579).

12 일반적 행동자유권에 관한 설명 중 옳고 그름의 표시(○, ×)가 바르게 된 것은? (다툼이 있는 경우 판례에 의함)

23. 경찰승진

㉠ 일반적 행동자유권은 모든 행위를 할 자유와 행위를 하지 않을 자유로 그 보호영역에는 개인의 생활방식과 취미에 관한 사항도 포함되지만, 사회적으로 가치 있는 행동만 그 보호영역으로 하므로 위험한 스포츠를 즐길 권리와 같은 위험한 생활방식으로 살아갈 권리는 보호영역에 속하지 않는다. ㉡ 자동차 운전자가 좌석안전띠를 매지 않을 자유는 일반적 행동자유권의 보호영역에 속하지 않는다. ㉢ 술에 취한 상태로 도로 외의 곳에서 운전할 자유는 일반적 행동자유권의 보호영역에 속한다. ㉣ 일반 공중에게 개방된 장소인 서울광장을 개별적으로 통행하거나 서울광장에서 여가활동이나 문화활동을 하는 것은 일반적 행동자유권의 내용으로 보장된다.

	㉠	㉡	㉢	㉣
①	×	×	○	○
②	×	×	×	○
③	○	○	×	×
④	○	×	×	×

해설

㉠ [×] 일반적 행동자유권은 모든 행위를 할 자유와 행위를 하지 않을 자유로 가치 있는 행동만 그 보호영역으로 하는 것은 아닌 것으로, 그 보호영역에는 개인의 생활방식과 취미에 관한 사항도 포함되며, 여기에는 위험한 스포츠를 즐길 권리와 같은 위험한 생활방식으로 살아갈 권리도 포함된다(헌재 2003.10.30, 2002헌마518).

㉡ [×] 좌석안전띠를 매지 않을 자유는 헌법 제10조의 행복추구권에서 나오는 일반적 행동자유권의 보호영역에 속한다(헌재 2003.10.30, 2002헌마518).

㉢ [O] 일반적 행동자유권은 가치 있는 행동만 그 보호영역으로 하는 것은 아니다. 그 보호영역에는 개인의 생활방식과 취미에 관한 사항도 포함되며, 여기에는 위험한 스포츠를 즐길 권리와 같은 위험한 생활방식으로 살아갈 권리도 포함된다. 그런데 심판대상조항은 술에 취한 상태로 도로 외의 곳에서 운전하는 것을 금지하고 이에 위반했을 때 처벌하도록 하고 있으므로 일반적 행동의 자유를 제한한다(헌재 2003.10.30, 2002헌마518).

㉣ [O] 일반 공중에게 개방된 장소인 서울광장을 개별적으로 통행하거나 서울광장에서 여가활동이나 문화활동을 하는 것은 일반적 행동자유권의 내용으로 보장된다(현재 2011.6.30, 2009헌마406).

13 인격권에 대한 설명으로 옳지 않은 것은? (다툼이 있는 경우 판례에 의함)

22. 국가직 7급

① 장래 가족의 구성원이 될 태아의 성별 정보에 대한 접근을 국가로부터 방해받지 않을 부모의 권리는 일반적 인격권에 의하여 보호된다.

② 이미 출국 수속 과정에서 일반적인 보안검색을 마친 승객을 상대로 촉수검색(patdown)과 같은 추가적인 보안 검색 실시를 예정하고 있는 국가항공보안계획은 달성하고자 하는 공익에 비해 추가 보안검색으로 인해 대상자가 느낄 모욕감이나 수치심의 정도가 크다고 할 수 있으므로 과잉금지원칙에 위반되어 해당 승객의 인격권을 침해한다.

③ 사자(死者)에 대한 사회적 명예와 평가의 훼손은 사자와의 관계를 통하여 스스로의 인격상을 형성하고 명예를 지켜온 그 후손의 인격권을 제한한다.

④ 변호사 정보 제공 웹사이트 운영자가 변호사들의 개인신상정보를 기반으로 한 인맥지수를 공개하는 서비스를 제공하는 행위는 변호사들의 개인정보에 관한 인격권을 침해한다.

해설

② [×] 이 사건 국가항공보안계획은, 이미 출국 수속 과정에서 일반적인 보안검색을 마친 승객을 상대로, 촉수검색(patdown)과 같은 추가적인 보안 검색 실시를 예정하고 있으므로 이로 인한 인격권 및 신체의 자유 침해 여부가 문제된다. 이 사건 국가항공보안계획은 민간항공 보안에 관한 국제협약의 준수 및 항공기 안전과 보안을 위한 것으로 입법목적의 정당성 및 수단의 적합성이 인정되고, 항공운송사업자가 다른 체약국의 추가 보안검색 요구에 응하지 않을 경우 항공기의 취항 자체가 거부될 수 있으므로 이 사건 국가항공보안계획에 따른 추가 보안검색 실시는 불가피하며, 관련 법령에서 보안검색의 구체적 기준 및 방법 등을 마련하여 기본권 침해를 최소화하고 있으므로 침해의 최소성도 인정된다. 또한 국내외적으로 항공기 안전사고와 테러 위협이 커지는 상황에서, 민간항공의 보안 확보라는 공익은 매우 중대한 반면, 추가 보안검색 실시로 인해 승객의 기본권이 제한되는 정도는 그리 크지 아니하므로 법익의 균형성도 인정된다. 따라서 이 사건 국제항공보안계획은 헌법상 과잉금지원칙에 위반되지 않으므로, 청구인의 기본권을 침해하지 아니한다(현재 2018.2.22, 2016헌마780).

① [O] 헌법 제10조로부터 도출되는 일반적 인격권에는 각 개인이 그 삶을 사적으로 형성할 수 있는 자율영역에 대한 보장이 포함되어 있음을 감안할 때, 장래 가족의 구성원이 될 태아의 성별 정보에 대한 접근을 국가로부터 방해받지 않을 부모의 권리는 이와 같은 일반적 인격권에 의하여 보호된다고 보아야 할 것인바, 이 사건 규정은 일반적 인격권으로부터 나오는 부모의 태아 성별 정보에 대한 접근을 방해받지 않을 권리를 제한하고 있다고 할 것이다(현재 2008.7.31, 2004헌마1010).

③ [O] 친일반민족행위반민규명위원회의 조사대상자 선정 및 친일반민족행위결정이 이루어지면, 조사대상자의 사회적 평가에 영향을 미치므로 헌법 제10조에서 유래하는 일반적 인격권이 제한받는다. 다만, 이러한 결정에 있어서 대부분의 조사대상자는 이미 사망하였을 것이 분명하나, 조사대상자가 사자(死者)의 경우에도 인격적 가치에 대한 중대한 왜곡으로부터 보호되어야 한다. 사자(死者)에 대한 사회적 명예와 평가의 훼손은 사자(死者)와의 관계를 통하여 스스로의 인격상을 형성하고 명예를 지켜온 그들의 후손의 인격권, 즉 유족의 명예 또는 유족의 사자(死者)에 대한 경애추모의 정을 제한하는 것이다(현재 2010.10.28, 2007헌가23).

④ [O] 변호사 정보 제공 웹사이트 운영자가 변호사들의 개인신상정보를 기반으로 변호사들의 인맥지수를 산출하여 공개하는 서비스를 제공한 사안에서, 인맥지수의 사적·인격적 성격, 산출과정에서 왜곡 가능성, 인맥지수 이용으로 인한 변호사들의 이익 침해와 공적 폐해의 우려, 그에 반하여 이용으로 달성될 공적인 가치의 보호 필요성 정도 등을 종합적으로 고려하면, 운영자가 변호사들의 개인신상정보를 기반으로 한 인맥지수를 공개하는 표현행위에 의하여 얻을 수 있는 법적 이익이 이를 공개하지 않음으로써 보호받을 수 있는 변호사들의 인격적 법익에 비하여 우월하다고 볼 수 없어, 결국 운영자의 인맥지수 서비스 제공행위는 변호사들의 개인정보에 관한 인격권을 침해하는 위법한 것이다(대판 2011.9.2, 2008다42430).

정답 | 12 ① 13 ②

14 자기결정권에 대한 설명으로 옳지 않은 것은? (다툼이 있는 경우 판례에 의함) 22. 5급 공채

① 형법상 자기낙태죄 조항은 입법목적을 달성하기 위하여 필요한 최소한의 정도를 넘어 임신한 여성의 자기결정권을 제한하고 있어 침해의 최소성을 갖추지 못하였고, 태아의 생명 보호라는 공익에 대하여만 일방적이고 절대적인 우위를 부여함으로써 법익균형성의 원칙도 위반하였으므로 과잉금지원칙을 위반하여 임신한 여성의 자기결정권을 침해한다.

② 성폭력범죄의 처벌 등에 관한 특례법상 정신적인 장애로 항거불능 또는 항거곤란 상태에 있음을 이용하여 사람을 간음한 사람을 무기징역 또는 7년 이상의 징역에 처하도록 규정한 것은 정신적 장애인의 성적 자기결정권을 침해한다.

③ 전동킥보드의 최고속도를 25km/h 이내로 제한하는 것은 소비자가 그보다 빠른 제품을 구매하지 못하여 겪는 자기결정권 및 일반적 행동자유권의 제약에 비하여, 소비자의 생명·신체에 대한 위해 및 도로교통상의 위험을 방지하고 향후 자전거도로 통행이 가능해질 경우를 대비하여 소비자의 편의를 도모한다는 공익이 중대하므로 과잉금지원칙에 위반되지 않는다.

④ 본인이 해부용 시체로 제공되는 것에 대해 반대하는 의사표시를 명시적으로 표시할 수 있는 절차도 마련하지 않고 본인의 의사와는 무관하게 인수자가 없는 시체를 해부용으로 제공될 수 있도록 규정하고 있는 시체 해부 및 보존에 관한 법률 조항은 사실상 연고가 없는 청구인의 시체 처분에 대한 자기결정권을 침해한다.

해설

② [×] 심판대상조항은 정신적 장애인과 성관계를 한 모든 사람을 처벌하는 것이 아니라, 정신적 장애를 원인으로 한 항거불능 혹은 항거곤란 상태를 이용하여, 즉 성적 자기결정권을 행사할 수 없는 장애인을 간음한 사람을 처벌하는 조항이다. 성적 자기결정권을 행사할 능력이 있는 19세 이상의 정신적 장애인과 정상적인 합의하에 성관계를 한 사람은 심판대상조항에 의하여 처벌되지 아니하므로, 심판대상조항이 정신적 장애인의 성적 자기결정권을 침해하거나 장애인과 비장애인을 차별하지 아니한다(헌재 2016.11.24, 2015헌바136).

① [O] 자기낙태죄 조항은 모자보건법에서 정한 사유에 해당하지 않는다면 결정가능기간 중에 다양하고 광범위한 사회적·경제적 사유를 이유로 낙태갈등 상황을 겪고 있는 경우까지도 예외 없이 전면적·일률적으로 임신의 유지 및 출산을 강제하고, 이를 위반한 경우 형사처벌하고 있다. 따라서, 자기낙태죄 조항은 입법목적을 달성하기 위하여 필요한 최소한의 정도를 넘어 임신한 여성의 자기결정권을 제한하고 있어 침해의 최소성을 갖추지 못하였고, 태아의 생명 보호라는 공익에 대하여만 일방적이고 절대적인 우위를 부여함으로써 법익균형성의 원칙도 위반하였으므로, 과잉금지원칙을 위반하여 임신한 여성의 자기결정권을 침해한다(헌재 2019.4.11, 2017헌바127).

③ [O] 전동킥보드의 자전거도로 통행을 허용하는 조치를 실시하기 위해서는 제조·수입되는 전동킥보드가 일정 속도 이상으로는 동작하지 않도록 제한하는 것이 선행되어야 한다. 소비자가 아직 전동킥보드의 자전거도로 통행이 가능하지 않음에도 불구하고 최고속도 제한기준을 준수한 제품만을 구입하여 이용할 수밖에 없는 불편함이 있다고 하여 전동킥보드의 최고속도를 제한하는 안전기준의 도입이 입법목적 달성을 위한 수단으로서의 적합성을 잃었다고 볼 수는 없다. 최고속도 제한을 두지 않는 방식이 이를 두는 방식에 비해 확실히 더 안전한 조치라고 볼 근거가 희박하고, 최고속도가 시속 25km라는 것은 자전거도로에서 통행하는 다른 자전거보다 속도가 더 높아질수록 사고위험이 증가할 수 있는 측면을 고려한 기준 설정으로서, 전동킥보드 소비자의 자기결정권 및 일반적 행동자유권을 박탈할 정도로 지나치게 느린 정도라고 보기 어렵다. 심판대상조항은 과잉금지원칙을 위반하여 소비자의 자기결정권 및 일반적 행동자유권을 침해하지 아니한다(헌재 2020.2.27, 2017헌마1339).

④ [O] 이 사건 법률조항은 인수자가 없는 시체를 해부용으로 제공될 수 있도록 함으로써 사인(死因)의 조사와 병리학적·해부학적 연구의 기초가 되는 해부용 시체의 공급을 원활하게 하여 국민 보건을 향상시키고 의학 교육 및 연구에 기여하기 위한 것으로서, 그 목적의 정당성 및 수단의 적합성은 인정된다. … 그런데 시신 자체의 제공과는 구별되는 장기나 인체조직에 있어서는 본인이 명시적으로 반대하는 경우 이식·채취될 수 없도록 규정하고 있음에도 불구하고, 이 사건 법률조항은 본인이 해부용 시체로 제공되는 것에 대해 반대하는 의사표시를 명시적으로 표시할 수 있는 절차도 마련하지 않고 본인의 의사와는 무관하게 해부용 시체로 제공될 수 있도록 규정하고 있다는 점에서 침해의 최소성 원칙을 충족했다고 보기 어렵고, 실제로 해부용 시체로 제공된 사례가 거의 없는 상황에서 이 사건 법률조항이 추구하는 공익이 사후 자신의 시체가 자신의 의사와는 무관하게 해부용 시체로 제공됨으로써 침해되는 사익보다 크다고 할 수 없으므로 이 사건 법률조항은 청구인의 시체 처분에 대한 자기결정권을 침해한다(헌재 2015.11.26, 2012헌마940).

15 헌법 제10조에 관한 설명 중 옳은 것은? (다툼이 있는 경우 판례에 의함)

22. 지방직 7급

① 헌법 제10조로부터 도출되는 일반적 인격권에는 개인의 명예에 관한 권리도 포함되며, 여기서 말하는 '명예'는 사람이나 그 인격에 대한 '사회적 평가', 즉 객관적 · 외부적 가치평가뿐만 아니라 단순히 주관적 · 내면적인 명예감정까지 포함한다.

② 자동차 운전 중 휴대용 전화를 사용하는 것을 금지하고, 이를 위반시 처벌하도록 규정한 것은 운전자의 일반적 행동자유권을 침해하는 것이다.

③ 버스전용차로로 통행할 수 있는 차가 아닌 차의 버스전용차로 통행을 원칙적으로 금지하고 대통령령으로 정하는 예외적인 경우에만 이를 허용하도록 규정한 것은 일반승용차 소유자의 일반적 행동자유권의 일환인 통행의 자유를 침해한다.

④ 거짓이나 그 밖의 부정한 수단으로 운전면허를 받은 경우 모든 범위의 운전면허를 필요적으로 취소하도록 규정하여 부정 취득하지 않은 운전면허까지 필요적으로 취소하도록 한 것은 운전면허 소유자의 일반적 행동의 자유를 침해한다.

⑤ 일반적 행동자유권은 개인에게 가치 있는 행동을 그 보호영역으로 하는 것이므로, 여기에는 위험한 스포츠를 즐길 권리와 같이 위험한 생활방식으로 살아갈 권리가 포함되지 않는다.

해설

④ [O] 위법이나 비난의 정도가 미약한 사안을 포함한 모든 경우에 부정 취득하지 않은 운전면허까지 필요적으로 취소하고 이로 인해 2년 동안 해당 운전면허 역시 받을 수 없게 하는 것은, 공익의 중대성을 감안하더라도 지나치게 기본권을 제한하는 것이므로, 법익의 균형성 원칙에도 위배된다. 따라서 심판대상조항 중 각 '거짓이나 그 밖의 부정한 수단으로 받은 운전면허를 제외한 운전면허'를 필요적으로 취소하도록 한 부분은, 과잉금지원칙에 반하여 일반적 행동의 자유 또는 직업의 자유를 침해한다(헌재 2020.6.25, 2019헌가9).

① [×] 헌법 제10조로부터 도출되는 일반적 인격권에는 개인의 명예에 관한 권리도 포함될 수 있으나, 여기서 말하는 '명예'는 사람이나 그 인격에 대한'사회적 평가', 즉 객관적 · 외부적 가치평가를 말하는 것이지 단순히 주관적 · 내면적인 명예감정은 포함하지 않는다고 보아야 한다(헌재 2005.10.27, 2002헌마425).

② [×] 운전 중 전화를 받거나 거는 것, 수신된 문자메시지의 내용을 확인하는 것과 같이 휴대용 전화를 단순 조작하는 경우에도 전방주시율, 돌발 상황에 대한 대처능력 등이 저하되어 교통사고의 위험이 증가하므로, 국민의 생명 · 신체 · 재산을 보호하기 위해서는 휴대용 전화의 사용을 원칙적으로 금지할 필요가 있다. 운전 중 안전에 영향을 미치지 않거나 긴급한 필요가 있는 경우에는 휴대용 전화를 이용할 수 있고, 지리안내 영상 또는 교통정보안내 영상, 국가비상사태 · 재난상황 등 긴급한 상황을 안내하는 영상, 운전을 할 때 자동차등의 좌우 또는 전후방을 볼 수 있도록 도움을 주는 영상이 표시되는 범위에서 휴대용 전화를 '영상표시장치'로 사용하는 행위도 허용된다. 이 사건 법률조항으로 인하여 청구인은 운전 중 휴대용 전화 사용의 편익을 누리지 못하고 그 의무에 위반할 경우 20만원 이하의 벌금이나 구류 또는 과료에 처해질 수 있으나 이러한 부담은 크지 않다. 이에 비하여 운전 중 휴대용 전화 사용 금지로 교통사고의 발생을 줄임으로써 보호되는 국민의 생명 · 신체 · 재산은 중대하다. 그러므로 이 사건 법률조항은 과잉금지원칙에 반하여 청구인의 일반적 행동의 자유를 침해하지 않는다(헌재 2021.6.24, 2019헌바5).

③ [×] 심판대상조항은 원활하고 효율적인 교통을 확보하는 것을 목적으로 하는 것으로서 입법목적의 정당성이 인정되고, 전용차로통행차가 아닌 차에 대하여 전용차로 통행을 원칙적으로 금지하고 이를 위반한 운전자에게 과태료를 부과하는 것은 원활한 교통의 확보라는 입법 목적을 달성하기 위한 적합한 수단이다. 도로교통법 관련 법령은 부득이하게 전용차로 통행이 필요한 경우에는 예외를 두거나 우회전을 하기 위하여 전용차로로 진입을 하여야 하는 경우 합리적인 범위 내에서 청색 점선을 설치하여 그 통행이 가능하도록 하고 있으므로, 심판대상조항에 의한 전용차로 통행 제한이 지나치다고 보기는 어렵다(헌재 2018.11.29, 2017헌바465).

⑤ [×] 일반적 행동자유권은 모든 행위를 할 자유와 행위를 하지 않을 자유로 가치 있는 행동만 그 보호영역으로 하는 것은 아닌 것으로, 그 보호영역에는 개인의 생활방식과 취미에 관한 사항도 포함되며, 여기에는 위험한 스포츠를 즐길 권리와 같은 위험한 생활방식으로 살아갈 권리도 포함된다. 따라서 좌석안전띠를 매지 않을 자유는 헌법 제10조의 행복추구권에서 나오는 일반적 행동자유권의 보호영역에 속한다. 이 사건 심판대상조항들은 운전할 때 좌석안전띠를 매야 할 의무를 지우고 이에 위반했을 때 범칙금을 부과하고 있으므로 청구인의 일반적 행동의 자유에 대한 제한이 존재한다(헌재 2003.10.30, 2002헌마518).

정답 | 14 ② 15 ④

16 일반적 행동자유권에 관한 다음 설명 중 가장 옳지 않은 것은? (다툼이 있는 경우 대법원 판례 및 헌법재판소 결정에 의함)

22. 법원행시

① 행복추구권 속에는 일반적 행동자유권이 들어있고, 이 일반적 행동자유권으로부터 계약의 자유가 파생된다.

② 일반적 행동자유권에는 적극적으로 자유롭게 행동을 하는 것은 물론 소극적으로 행동을 하지 않을 자유, 즉 부작위의 자유도 포함된다.

③ 게임물 관련사업자에게 게임물 이용자의 회원가입시 본인인증을 할 수 있는 절차를 마련하도록 하고 있는 법률조항은 인터넷게임을 이용하고자 하는 사람들에게 본인인증이라는 사전적 절차를 거칠 것을 강제함으로써, 개개인이 생활방식과 취미활동을 자유롭게 선택하고 이를 원하는 방식대로 영위하고자 하는 일반적 행동의 자유를 제한한다.

④ 공공장소에서 전면금연을 실시하는 금연구역조항이 흡연자의 일반적 행동자유권을 침해한다고 볼 수 없다.

⑤ 인천 영종도에 거주하는 주민들에게 인천국제공항고속도로의 사용료를 징수하는 것은 대체도로가 없는 주민들에 대하여 통행료납부를 사실상 강요하는 것이 되어 일반적 행동자유권을 침해하고, 영종도에 거주하거나 영종도 외부에 직장을 두고 있는 사람들로 하여금 도로의 사용료 부담 때문에 영종도에 자유롭게 거주하는 것을 꺼리게 하고 영종도 외부에 직장을 갖는 것을 주저하게 하여 거주·이전의 자유 및 직업선택의 자유를 침해한다.

해설

⑤ [×] 청구인들은 이 공항고속도로를 이용하지 않고도, 이 도로개설 이전의 영종도 주민들과 마찬가지로, 뱃길을 이용하여 자유로이 다른 곳으로 이동할 수도 있고 다른 곳으로 거주를 옮길 수도 있으며 또 이 도로를 이용하는 경우에도 비록 통행료의 부담이 있기는 하지만 그 부담의 정도가 이전의 자유를 실제로 제약할 정도로, 이용의 편익에 비하여, 현저히 크다고는 볼 수 없다. 따라서 인천국제공항고속도로를 건설한 민간사업시행자가 고속도로 사용료를 징수하는 근거인 심판대상조항으로 인하여 청구인들의 거주·이전의 자유나 직업선택의 자유가 제한된 것으로 볼 수 없다(헌재 2005.12.22, 2004헌바64).

① [O] 헌법 제10조 전문은 모든 국민은 인간으로서의 존엄과 가치를 지니며, 행복을 추구할 권리를 가진다고 규정하여 행복추구권을 보장하고 있고, 행복추구권은 그의 구체적인 표현으로서 일반적인 행동자유권과 개성의 자유로운 발현권을 포함한다(헌재 2003.10.30, 2002헌마518).

② [O] 일반적 행동자유권은 적극적으로 자유롭게 행동을 하는 것은 물론 소극적으로 행동을 하지 않을 자유도 포함되고, 가치있는 행동만 보호영역으로 하는 것은 아닌 것인바, 개인이 대마를 자유롭게 수수하고 흡연할 자유도 헌법 제10조의 행복추구권에서 나오는 일반적 행동자유권의 보호영역에 속한다. 이 사건 법률조항은 대마의 흡연과 수수를 금지하고 그 위반행위에 대하여 형벌을 가함으로써 청구인의 행복추구권을 제한하고 있다(헌재 2005.11.24, 2005헌바46).

③ [O] 게임물 관련사업자에게 게임물 이용자의 회원가입시 본인인증을 할 수 있는 절차를 마련하도록 하고 있는 게임산업진흥에 관한 법률이 청구인들의 일반적 행동의 자유 및 개인정보자기결정권을 침해하지 않는다(헌재 2015.3.26, 2013헌마517).

④ [O] 금연구역조항은 금연구역 지정에 관한 선례인 헌재 2004.8.26, 2003헌마457 결정이 선고될 당시보다 금연구역을 확대하여 흡연자의 일반적 행동자유권을 더 강하게 제한하고는 있지만, 금연구역조항이 기존의 금연·흡연구역의 분리운영만으로는 담배연기를 완전히 차단하기 어렵다는 점을 고려하여 공공장소에서 전면금연을 실시함으로써 국민 건강을 증진시키기 위하여 만들어진 것인 점, 흡연실을 별도로 설치할 수 있는 점, 우리나라 흡연율은 여전히 높은 점 등을 고려할 때, 금연구역조항이 흡연자의 일반적 행동자유권을 침해한다고 볼 수 없다(헌재 2014.9.25, 2013헌마411).

17 일반적 행동자유권에 대한 설명 중 가장 적절하지 않은 것은? (다툼이 있는 경우 헌법재판소 판례에 의함)

22. 경찰간부

① 주방용오물분쇄기의 사용을 금지하는 환경부고시는 공공수역의 수질오염을 방지함으로써 달성되는 공익이 인정되나, 분쇄기를 이용하여 음식물 찌꺼기 등을 처리할 수 없으므로 행복추구권으로부터 도출되는 일반적 행동자유권을 침해한다.

② 자동차운전 중 휴대용 전화사용을 원칙적으로 금지하고 이를 형사처벌로 강제하는 것은 과잉금지원칙에 반하여 일반적 행동자유권을 침해한다고 볼 수 없다.

③ 교도소 사동에서 인원점검을 하면서 청구인을 비롯한 수형자들을 정렬시킨 후 차례로 번호를 외치도록 한 행위는 과잉금지원칙에 위배되어 청구인의 인격권 및 일반적 행동의 자유를 침해하지 않는다.

④ 육군장교가 민간법원 약식명령을 받아 확정된 사실에 대해 자진신고 의무를 부과한 2020년도 육군지시 자진신고조항 및 2021년도 육군지시 자진신고조항은 과잉금지원칙을 위반하여 일반적 행동의 자유를 침해하지 않는다.

해설

① [×] 주방용오물분쇄기를 판매하거나 판매하고자 하는 청구인들은 심판대상조항이 주방용오물분쇄기의 판매를 금지하고 있어 이를 직업으로 삼거나 직업 활동의 하나로 하고자 하여도 할 수 없으므로, 좁은 의미의 직업선택의 자유와 직업수행의 자유를 포함하는 직업의 자유를 제한받는다. 주방용오물분쇄기를 사용하고자 하는 청구인들은 심판대상조항이 주방용오물분쇄기의 사용을 금지하고 있어 이를 이용하여 자유롭게 음식물 찌꺼기 등을 처리할 수 없으므로, 행복추구권으로부터 도출되는 일반적 행동자유권을 제한받는다. 주방용오물분쇄기의 판매·사용을 금지하여 분쇄된 음식물 찌꺼기 등이 하수도로 배출되는 것을 막는 것은 수질오염 방지라는 입법목적을 달성하는 적절한 수단이므로, 목적의 정당성 및 수단의 적절성이 인정된다. … 심판대상조항은 과잉금지원칙에 위반하여 청구인들의 일반적 행동자유권, 직업의 자유를 침해하지 않는다(헌재 2018.6.28, 2016헌마1151).

② [O] 운전 중 전화를 받거나 거는 것, 수신된 문자메시지의 내용을 확인하는 것과 같이 휴대용 전화를 단순 조작하는 경우에도 전방주시율, 돌발 상황에 대한 대처능력 등이 저하되어 교통사고의 위험이 증가하므로, 국민의 생명·신체·재산을 보호하기 위해서는 휴대용 전화의 사용을 원칙적으로 금지할 필요가 있다. 운전 중 안전에 영향을 미치지 않거나 긴급한 필요가 있는 경우에는 휴대용 전화를 이용할 수 있고, 지리안내 영상 또는 교통정보안내 영상, 국가비상사태·재난상황 등 긴급한 상황을 안내하는 영상, 운전을 할 때 자동차등의 좌우 또는 전후방을 볼 수 있도록 도움을 주는 영상이 표시되는 범위에서 휴대용 전화를 '영상표시장치'로 사용하는 행위도 허용된다. 이 사건 법률조항으로 인하여 청구인은 운전 중 휴대용 전화 사용의 편익을 누리지 못하고 그 의무에 위반할 경우 20만원 이하의 벌금이나 구류 또는 과료에 처해질 수 있으나 이러한 부담은 크지 않다. 이에 비하여 운전 중 휴대용 전화 사용 금지로 교통사고의 발생을 줄임으로써 보호되는 국민의 생명·신체·재산은 중대하다. 그러므로 이 사건 법률조항은 과잉금지원칙에 반하여 청구인의 일반적 행동의 자유를 침해하지 않는다(헌재 2021.6.24, 2019헌바5).

③ [O] 이 사건 점호행위는 신속하고 정확하게 거실 내 인원수를 확인함과 동시에 수형자의 건강상태 내지 심리상태, 수용생활 적응 여부 등을 살펴 각종의 교정사고를 예방하거나 사후에 신속하게 대처할 수 있도록 함으로써 교정시설의 안전과 질서를 유지하기 위한 것으로 그 목적이 정당하고, 그 목적을 달성하기 위한 적절한 수단이 된다. … 이 사건 점호행위와 같은 방법이 효과적이며, 점검관이 목산(目算)하는 방법은 인원점검의 정확성·신속성 측면에서 다수의 수형자가 생활하는 혼거실에 대한 인원점검방법으로는 부적절할 뿐만 아니라 효과적인 방법이 될 수 없다. 따라서 이 사건 점호행위는 과잉금지원칙에 위배되어 청구인의 인격권 및 일반적 행동의 자유를 침해한다 할 수 없다(헌재 2012.7.26, 2011헌마332).

④ [O] 육군 장교가 민간법원에서 약식명령을 받아 확정되면 자진신고할 의무를 규정한, '2020년도 장교 진급 지시' Ⅳ. 제4장 5. 가. 2) 나) 중 '민간법원에서 약식명령을 받아 확정된 사실이 있는 자'에 관한 부분(이하 '20년도 육군지시 자진신고조항'이라 한다) 및 '2021년도 장교 진급 지시' 제20조 제1항 제2호 나목 중 '민간법원에서 약식명령을 받아 확정된 사실이 있는 자'에 관한 부분(이하 '21년도 육군지시 자진신고조항'이라 한다)은 과잉금지원칙을 위배하여 청구인의 일반적 행동의 자유를 침해하지 아니한다(헌재 2021.8.31, 2020헌마12).

정답 | 16 ⑤ 17 ①

18 계약의 자유에 관한 다음 설명 중 가장 옳지 않은 것은? (다툼이 있는 경우 헌법재판소 결정 및 대법원 판례에 의함)

22. 법원직 9급

① 계약의 자유는 계약을 체결할 것인지의 여부, 체결한다면 어떠한 내용의 계약을, 어떠한 상대방과의 관계에서, 어떠한 방식으로 체결하느냐 하는 것도 당사자 자신이 자기의사로 결정하는 자유뿐만 아니라, 원치 않는 계약의 체결을 법이나 국가에 의하여 강제 받지 않을 자유도 포함한다.

② 최저임금의 적용을 위해 주(週) 단위로 정해진 근로자의 임금을 시간에 대한 임금으로 환산할 때, 해당 임금을 1주 동안의 소정근로시간 수와 법정 주휴시간 수를 합산한 시간 수로 나누도록 한 규정은 임금의 수준에 관한 사용자의 계약의 자유를 침해하지 않는다.

③ 증여계약의 합의해제에 따라 신고기한 이내에 증여받은 재산을 반환하는 경우 처음부터 증여가 없었던 것으로 보는 대상에서 '금전'을 제외한 규정은 수증자의 계약의 자유를 침해한다.

④ 석조, 석회조, 연와조 또는 이와 유사한 견고한 건물 기타 공작물의 소유를 목적으로 하는 토지임대차나 식목, 채염을 목적으로 하는 토지임대차를 제외한 임대차의 존속기간을 예외 없이 20년으로 제한한 조항은 사적 자치에 의한 자율적 거래관계 형성을 왜곡하므로 계약의 자유를 침해한다.

해설

③ [×] 금전증여의 경우에는 증여와 동시에 본래 수증자가 보유하고 있던 자산에 혼입되어 수증자의 자산에서 증여받은 금전만을 분리하여 특정할 수 없게 되므로 설령 사후에 증여자가 수증자로부터 같은 액수의 금전을 돌려받더라도 그 동일성을 인정할 수 없어 증여받은 금전 자체의 반환이라고 하기 어려운 점 등에 비추어 보면, 합의해제에 의하여 같은 액수의 금전 반환이 이루어졌다 하더라도 법률적인 측면은 물론 경제적인 측면에서도 수증자의 재산이 실질적으로 증가되었다고 볼 수밖에 없다. 나아가 금전증여의 경우 합의해제가 행해지는 통상의 동기가 조세회피 내지 편법적 절세에 있는 이상, 보호하여야 할 사적 자치의 이익이 크다고 할 수 없어 법익의 균형성도 충족되므로 심판대상조항은 과잉금지원칙에 위배되어 수증자의 계약의 자유 및 재산권을 침해한다고 할 수 없다(헌재 2015.12.23, 2013헌바117).

① [O] 이른바 계약자유의 원칙이란 계약을 체결할 것인가의 여부, 체결한다면 어떠한 내용의, 어떠한 상대방과의 관계에서, 어떠한 방식으로 계약을 체결하느냐 하는 것도 당사자 자신이 자기의사로 결정하는 자유뿐만 아니라, 원치 않으면 계약을 체결하지 않을 자유를 말하여, 이는 헌법상의 행복추구권속에 함축된 일반적 행동자유권으로부터 파생되는 것이라 할 것이다(헌재 1991.6.3, 89헌마204).

② [O] 최저임금 적용을 위한 임금의 시간급 환산시 법정 주휴시간 수를 포함한 시간 수로 나누어야 하는지에 관하여 종전에 대법원 판례와 고용노동부의 해석이 서로 일치하지 아니하여 근로 현장에서 혼란이 초래되었다. 이 사건 시행령조항은 그와 같은 불일치와 혼란을 해소하기 위한 것으로서, 그 취지와 필요성을 인정할 수 있다. 비교대상 임금에는 주휴수당이 포함되어 있고, 주휴수당은 근로기준법에 따라 주휴시간에 대하여 당연히 지급해야 하는 임금이라는 점을 감안하면, 비교대상 임금을 시간급으로 환산할 때 소정근로시간 수 외에 법정 주휴시간 수까지 포함하여 나누도록 하는 것은 그 합리성을 수긍할 수 있다. 근로기준법이 근로자에게 유급주휴일을 보장하도록 하고 있다는 점을 고려할 때, 소정근로시간 수와 법정 주휴시간 수 모두에 대하여 시간급 최저임금액 이상을 지급하도록 하는 것이 그 자체로 사용자에게 지나치게 가혹하다고 보기는 어렵다. 따라서 이 사건 시행령조항은 과잉금지원칙에 위배되어 사용자의 계약의 자유 및 직업의 자유를 침해한다고 볼 수 없다(헌재 2020.6.25, 2019헌마15).

④ [O] 임대차계약을 통하여 합리적이고 효과적인 임차물 관리 및 개량방식의 설정이 가능함에도 불구하고, 임대인 또는 소유자가 임차물의 가장 적절한 관리자라는 전제하에 임대차의 존속기간을 제한함으로써 임차물 관리 및 개량의 목적을 이루고자 하는 것은 임차물의 관리소홀 및 개량미비로 인한 가치하락 방지라는 목적 달성을 위한 필요한 최소한의 수단이라고 볼 수 없다. 이 사건 법률조항은 제정 당시에 비해 현저히 변화된 현재의 사회경제적 현상을 제대로 반영하지 못하는 데 그치는 것이 아니라, 당사자가 20년이 넘는 임대차를 원할 경우 우회적인 방법을 취할 수밖에 없게 함으로써 사적 자치에 의한 자율적 거래관계 형성을 왜곡하고 있다. 토지임대차의 경우, 견고한 건물 소유 목적인지 여부에 따라 이 사건 법률조항의 적용 여부에 차이를 두는 것은, 소유건물이 견고한 건물에 해당하는지 여부가 불분명한 경우도 있어 이에 대한 분쟁이 유발될 수 있을 뿐 아니라, 건축기술이 발달된 오늘날 견고한 건물에 해당하는지 여부가 임대차존속기간 제한의 적용 여부를 결정하는 기준이 되기에는 부적절하다. 또한 지하매설물 설치를 위한 토지임대차나 목조건물과 같은 소위 비견고건물의 소유를 위한 토지임대차의 경우 이 사건 법률조항으로 인해 임대차기간이 갱신되지 않는 한 20년이 경과한 후에는 이를 제거 또는 철거해야 하는데, 이는 사회경제적으로도 손실이 아닐 수 없다. 이 사건 법률조항은 입법취지가 불명확하고, 사회경제적 효율성 측면에서 일정한 목적의 정당성이 인정된다 하더라도 과잉금지원칙을 위반하여 계약의 자유를 침해한다(헌재 2013.12.26, 2011헌바234).

19 행복추구권에 대한 설명으로 적절하지 않은 것은 몇 개인가? (다툼이 있는 경우 헌법재판소 판례에 의함)

23. 경찰간부

㉮ 협의상 이혼을 하고자 하는 경우 부부가 함께 관할 가정법원에 출석하여 협의이혼의사확인신청서를 제출하도록 하는 가족관계의 등록 등에 관한 규칙상 조항은 청구인의 일반적 행동자유권을 침해하지 않는다.
㉯ 누구든지 금융회사 등에 종사하는 자에게 타인의 금융거래의 내용에 관한 정보 또는 자료를 요구하는 것을 금지하고 이를 위반시 형사처벌하는 구 금융실명거래 및 비밀보장에 관한 법률상 조항은 과잉금지원칙에 반하여 일반적 행동자유권을 침해하지 않는다.
㉰ 어린이보호구역에서 제한속도 준수의무 또는 안전운전의무를 위반하여 어린이를 상해에 이르게 한 경우 가중처벌하는 특정범죄 가중처벌 등에 관한 법률상 조항은 과잉금지원칙에 위반되어 청구인들의 일반적 행동자유권을 침해한다.
㉱ 만성신부전증환자에 대한 외래 혈액투석 의료급여수가의 기준을 정액수가로 규정한 '의료급여수가의 기준 및 일반기준'상 조항은 과잉금지원칙에 반하여 수급권자인 청구인의 의료행위선택권을 침해한다.

① 1개
② 2개
③ 3개
④ 4개

해설

적절하지 않은 것은 3개(㉯, ㉰, ㉱)이다.

㉮ [O] 이 사건 규칙조항에서 협의이혼의사확인신청을 할 때 부부 쌍방으로 하여금 직접 법원에 출석하여 신청서를 제출하도록 한 것은, 일시적 감정이나 강압에 의한 이혼을 방지하고 협의상 이혼이 그 절차가 시작될 때부터 당사자 본인의 의사로 진지하고 신중하게 이루어지도록 하기 위한 것이므로, 목적의 정당성 및 수단의 적합성이 인정된다. 당사자의 진정한 이혼의사를 확인하기 위하여는 양 당사자로 하여금 이혼의사확인신청서를 직접 제출하도록 하는 것이 보다 확실한 방법이고, 일정한 경우에는 부부 한 쪽만 출석할 수 있도록 예외가 인정되고 있으며, 법원 출석이 곤란하거나 불편한 경우 재판상 이혼 절차를 이용할 수도 있으므로, 침해의 최소성도 인정된다. 한편, 이 사건 규칙조항은 협의상 이혼의 사유 자체를 제한하거나 당사자에게 과도한 부담이 되는 절차를 요구하는 것이 아닌 반면에, 이 사건 규칙조항을 통해 협의상 이혼이 당사자의 자유롭고 진지한 의사에 기하도록 함으로써 달성될 수 있는 공익은 결코 작지 않으므로, 법익의 균형성도 인정된다. 따라서 이 사건 규칙조항은 과잉금지원칙에 반하여 청구인 노O태의 일반적 행동자유권을 침해하지 않는다(헌재 2016.6.30, 2015헌마894).

㉯ [×] 심판대상조항이 정보제공요구를 하게 된 사유나 행위의 태양, 요구한 거래정보의 내용을 고려하지 아니하고 일률적으로 일반 국민들이 거래정보의 제공을 요구하는 것을 금지하고 그 위반 시 형사처벌을 하는 것은 그 공익에 비하여 지나치게 일반 국민의 일반적 행동자유권을 제한하는 것이다. 따라서 심판대상조항은 과잉금지원칙에 반하여 일반적 행동자유권을 침해한다(헌재 2022.2.24, 2020헌가5).

㉰ [×] 어린이 보호구역에서 제한속도 준수의무 또는 안전운전의무를 위반하여 어린이를 상해에 이르게 한 경우 1년 이상 15년 이하의 징역 또는 500만 원 이상 3천만 원 이하의 벌금에, 사망에 이르게 한 경우 무기 또는 3년 이상의 징역에 처하도록 규정한 '특정범죄 가중처벌 등에 관한 법률' 제5조의13은 과잉금지원칙에 위반되어 청구인들의 일반적 행동자유권을 침해하지 않는다(헌재 2023.2.23, 2020헌마460).
▶ 헌법재판소는 해당조항이 명확성원칙에도 위반되지 않는다고 했다.

㉱ [×] 심판대상조항에 의한 정액수가제는 혈액투석에 소요되는 과도한 비용을 효율적으로 관리함으로써 의료급여재정을 안정화하여 더 많은 환자들에게 의료급여의 혜택이 돌아가게 하려는 것으로서 입법목적의 정당성과 수단의 적합성이 인정된다. … 그렇다면 한정된 의료재정의 범위 내에서 적정하고 지속적인 의료서비스를 제공하기 위해서는 환자의 의료행위선택권 역시 제한될 수밖에 없으며, 의료재정의 범위 내에서 의료급여 수급권자에 대한 의료의 질을 유지하기 위하여 현행 정액수가제와 같은 정도로 입법목적을 달성하면서 기본권을 덜 제한하는 수단이 명백히 존재한다고 보기 어려우므로, 심판대상조항은 침해의 최소성과 법익의 균형성을 갖추었다. 따라서 심판대상조항은 수급권자인 청구인의 의료행위선택권을 침해하지 아니한다(헌재 2020.4.23, 2017헌마103).

정답 | 18 ③ 19 ③

20 자기결정권에 관한 설명으로 가장 적절하지 않은 것은? (다툼이 있는 경우 판례에 의함) 23. 경찰경채

① 무연고 시신을 생전 본인의 의사와 무관하게 해부용 시체로 제공될 수 있도록 한 법률 규정은 자기결정권을 침해한다고 보기 어렵다.

② 교원의 교원단체 및 노동조합 가입정보는 사생활의 비밀과 자유 및 이를 구체화한 개인정보자기결정권에 의하여 보장된다.

③ 혼인빙자간음죄는 과잉금지원칙을 위반하여 남성의 성적자기결정권 및 사생활의 비밀과 자유를 과잉제한하는 것으로 헌법에 위반된다.

④ 환자가 장차 죽음에 임박한 상태에 이를 경우를 대비하여 미리 의료인 등에게 연명치료 거부 또는 중단에 관한 의사를 밝히는 등의 방법으로 죽음에 임박한 상태에서 인간으로서의 존엄과 가치를 지키기 위하여 연명치료의 거부 또는 중단을 결정할 수 있다 할 것이고, 위 결정은 헌법상 기본권인 자기결정권의 한 내용으로서 보장된다.

해설

① [×] 이 사건 법률조항은 본인이 해부용 시체로 제공되는 것에 대해 반대하는 의사표시를 명시적으로 표시할 수 있는 절차도 마련하지 않고 본인의 의사와는 무관하게 해부용 시체로 제공될 수 있도록 규정하고 있다는 점에서 침해의 최소성원칙을 충족했다고 보기 어렵고, 실제로 해부용 시체로 제공된 사례가 거의 없는 상황에서 이 사건 법률조항이 추구하는 공익이 사후 자신의 시체가 자신의 의사와는 무관하게 해부용 시체로 제공됨으로써 침해되는 사익보다 크다고 할 수 없으므로 이 사건 법률조항은 청구인의 시체 처분에 대한 자기결정권을 침해한다(헌재 2015.11.26, 2012헌마940).

② [O] 정보의 주체는 자신에 관한 정보가 언제 누구에게 어느 범위까지 알려지고 또 이용되도록 할 것인지를 그 정보주체가 스스로 결정할 수 있는 권리, 즉 개인정보 자기결정권을 가지는바, 교원의 교원단체 및 노동조합 가입 정보에 대한 공개는 당해 교원의 개인정보 자기결정권에 대해서도 제한을 가하는 것이라 할 수 있다. 결국, 이 사건은 교원의 교원단체 및 노동조합 가입에 관한 정보의 공개를 요구하는 청구인들의 알 권리 및 그것을 통한 교육권과 그 정보의 비공개를 요청하는 정보주체인 교원의 사생활의 비밀과 자유 및 이를 구체화한 개인정보 자기결정권이 충돌하는 문제상황이다(헌재 2011.12.29, 2010헌마293).

③ [O] 이 사건 법률조항의 경우 형벌규정을 통하여 추구하고자 하는 목적 자체가 헌법에 의하여 허용되지 않는 것으로서 그 정당성이 인정되지 않는다고 할 것이다. … 이 사건 법률조항은 목적의 정당성, 수단의 적절성 및 피해최소성을 갖추지 못하였고 법익의 균형성도 이루지 못하였으므로, 헌법 제37조 제2항의 과잉금지원칙을 위반하여 남성의 성적자기결정권 및 사생활의 비밀과 자유를 과잉제한하는 것으로 헌법에 위반된다(헌재 2009.11.26, 2008헌바58 등).

④ [O] 비록 연명치료 중단에 관한 결정 및 그 실행이 환자의 생명단축을 초래한다 하더라도 이를 생명에 대한 임의적 처분으로서 자살이라고 평가할 수 없고, 오히려 인위적인 신체침해 행위에서 벗어나서 자신의 생명을 자연적인 상태에 맡기고자 하는 것으로서 인간의 존엄과 가치에 부합한다 할 것이다. 그렇다면 환자가 장차 죽음에 임박한 상태에 이를 경우에 대비하여 미리 의료인 등에게 연명치료 거부 또는 중단에 관한 의사를 밝히는 등의 방법으로 죽음에 임박한 상태에서 인간으로서의 존엄과 가치를 지키기 위하여 연명치료의 거부 또는 중단을 결정할 수 있다 할 것이고, 위 결정은 헌법상 기본권인 자기결정권의 한 내용으로서 보장된다 할 것이다(헌재 2009.11.26, 2008헌마385).

21 일반적 행동자유권에 대한 설명으로 옳지 않은 것은? (다툼이 있는 경우 판례에 의함) 24. 입법고시

① 일반적 행동자유권에는 적극적으로 자유롭게 행동을 하는 것은 물론 소극적으로 행동을 하지 않을 자유, 즉 부작위의 자유도 포함된다.

② 일반적 행동자유권은 가치 있는 행동만 그 보호영역으로 하는 것이어서, 여기에는 위험한 스포츠를 즐길 권리와 같은 위험한 생활방식으로 살아갈 권리는 포함되지 않는다.

③ 법률행위의 영역에 있어서 계약자유의 원칙은 일반적 행동자유권으로부터 파생되는 것이다.

④ 개인이 대마를 자유롭게 수수하고 흡연할 자유도 일반적 행동 자유권의 보호영역에 속한다.

⑤ 지역 방언을 자신의 언어로 선택하여 공적 또는 사적인 의사소통과 교육의 수단으로 사용하는 것은 일반적 행동의 자유 내지 개성의 자유로운 발현의 한 내용이 된다.

해설

② [×] 일반적 행동자유권은 모든 행위를 할 자유와 행위를 하지 않을 자유로 가치있는 행동만 그 보호영역으로 하는 것은 아닌 것으로, 그 보호영역에는 개인의 생활방식과 취미에 관한 사항도 포함되며, 여기에는 위험한 스포츠를 즐길 권리와 같은 위험한 생활방식으로 살아갈 권리도 포함된다(헌재 2003.10.30, 2002헌마518).

① [O] 일반적 행동자유권은 개인이 행위를 할 것인가의 여부에 대하여 자유롭게 결단하는 것을 전제로 하여 이성적이고 책임감 있는 사람이라면 자기에 관한 사항은 스스로 처리할 수 있을 것이라는 생각에서 인정되는 것이다. 일반적 행동자유권에는 적극적으로 자유롭게 행동을 하는 것은 물론 소극적으로 행동을 하지 않을 자유, 즉 부작위의 자유도 포함되며, 포괄적인 의미의 자유권으로서 일반조항적인 성격을 가진다(헌재 2003.10.30, 2002헌마518).

③ [O] 일반적 행동자유권에는 적극적으로 자유롭게 행동을 하는 것은 물론 소극적으로 행동을 하지 않을 자유 즉 부작위의 자유도 포함되는 것으로, 법률행위의 영역에 있어서는 계약을 체결할 것인가의 여부, 체결한다면 어떠한 내용의, 어떠한 상대방과의 관계에서, 어떠한 방식으로 계약을 체결하느냐 하는 것도 당사자 자신이 자기의사로 결정하는 자유뿐만 아니라 원치 않으면 계약을 체결하지 않을 자유 즉 원치 않는 계약의 체결은 법이나 국가에 의하여 강제받지 않을 자유인 이른바 계약자유의 원칙도, 여기의 일반적 행동자유권으로부터 파생되는 것이라 할 것이다(헌재 1991.6.3, 89헌마204).

④ [O] 일반적 행동자유권은 적극적으로 자유롭게 행동을 하는 것은 물론 소극적으로 행동을 하지 않을 자유도 포함되고, 가치있는 행동만 보호영역으로 하는 것은 아닌 것인바, 개인이 대마를 자유롭게 수수하고 흡연할 자유도 헌법 제10조의 행복추구권에서 나오는 일반적 행동자유권의 보호영역에 속한다. 이 사건 법률조항은 대마의 흡연과 수수를 금지하고 그 위반행위에 대하여 형벌을 가함으로써 청구인의 행복추구권을 제한하고 있다(헌재 2005.11.24, 2005헌바46).

⑤ [O] 이와 같은 지역 방언을 자신의 언어로 선택하여 공적 또는 사적인 의사소통과 교육의 수단으로 사용하는 것은 행복추구권에서 파생되는 일반적 행동의 자유 내지 개성의 자유로운 발현의 한 내용이 된다 할 것이다(헌재 2009.5.28, 2006헌마618).

22 자기결정권에 대한 설명으로 옳지 않은 것은? (다툼이 있는 경우 판례에 의함)

24. 입법고시

① 자기결정권은 인간의 존엄성을 실현하기 위한 수단으로서 인간이 자신의 생활영역에서 인격의 발현과 삶의 방식에 관한 근본적인 결정을 자율적으로 내릴 수 있는 권리이다.

② 본인의 생전 의사에 관계없이 인수자가 없는 시체를 해부용으로 제공하도록 규정하고 있는 법률조항은 자신의 사후에 시체가 본인의 의사와는 무관하게 처리될 수 있게 한다는 점에서 시체의 처분에 대한 자기결정권을 제한한다.

③ 배아생성자의 배아에 대한 결정권은 헌법상 명문으로 규정되어 있지는 아니하지만, 헌법 제10조로부터 도출되는 일반적 인격권의 한 유형으로서의 헌법상 권리라 할 것이다.

④ 전동킥보드에 대하여 최대속도는 시속 25km를 넘지 않아야 한다고 규정한 구 안전확인대상생활용품의 안전기준 조항은 소비자가 자신의 의사에 따라 자유롭게 제품을 선택하는 것을 제약함으로써 헌법 제10조의 행복추구권에서 파생되는 소비자의 자기결정권을 제한한다.

⑤ 개인정보자기결정권의 보호대상이 되는 개인정보는 개인의 내밀한 영역이나 사사(私事)의 영역에 속하는 정보에 국한되며, 공적 생활에서 형성되었거나 이미 공개된 개인정보까지 포함하는 것은 아니다.

해설

⑤ [×] 개인정보자기결정권의 보호대상이 되는 개인정보는 개인의 신체, 신념, 사회적 지위, 신분 등과 같이 개인의 인격주체성을 특징짓는 사항으로서 그 개인의 동일성을 식별할 수 있게 하는 일체의 정보라고 할 수 있고, 반드시 개인의 내밀한 영역이나 사사(私事)의 영역에 속하는 정보에 국한되지 않고 공적 생활에서 형성되었거나 이미 공개된 개인정보까지 포함한다(헌재 2005.5.26, 99헌마513 등).

① [O] 자기결정권은 인간의 존엄성을 실현하기 위한 수단으로서 인간이 자신의 생활영역에서 인격의 발현과 삶의 방식에 관한 근본적인 결정을 자율적으로 내릴 수 있는 권리이다(헌재 2019.4.11, 2017헌바127).

② [O] 만일 자신의 사후에 시체가 본인의 의사와는 무관하게 처리될 수 있다고 한다면 기본권 주체인 살아있는 자의 자기결정권이 보장되고 있다고 보기는 어렵다. 따라서 본인의 생전 의사에 관계없이 인수자가 없는 시체를 해부용으로 제공하도록 규정하고 있는 이 사건 법률조항은 청구인의 시체의 처분에 대한 자기결정권을 제한한다고 할 것이다. … 이 사건 법률조항은 청구인의 시체 처분에 대한 자기결정권을 침해한다(헌재 2015.11.26, 2012헌마940).

정답 | 20 ① 21 ② 22 ⑤

③ [O] 배아생성자는 배아에 대해 자신의 유전자정보가 담긴 신체의 일부를 제공하고, 또 배아가 모체에 성공적으로 착상하여 인간으로 출생할 경우 생물학적 부모로서의 지위를 갖게 되므로, 배아의 관리 또는 처분에 대한 결정권을 가진다. 이러한 배아생성자의 배아에 대한 결정권은 헌법상 명문으로 규정되어 있지는 아니하지만, 헌법 제10조로부터 도출되는 일반적 인격권의 한 유형으로서의 헌법상 권리라 할 것이다(헌재 2010.5.27, 2005헌마346).

④ [O] 심판대상조항은 소비자가 자신의 의사에 따라 자유롭게 제품을 선택하는 것을 제약함으로써 헌법 제10조의 행복추구권에서 파생되는 소비자의 자기결정권을 제한하고, 나아가 헌법 제10조의 행복추구권에서 파생되는 일반적 행동자유권도 함께 제한한다. … 심판대상조항은 과잉금지원칙을 위반하여 소비자의 자기결정권 및 일반적 행동자유권을 침해하지 아니한다(헌재 2020.2.27, 2017헌마1339).

23 일반적 행동의 자유에 관한 설명으로 가장 적절하지 않은 것은? (다툼이 있는 경우 판례에 의함) 24. 경찰 1차

① 경찰공무원이 교통의 안전과 위험방지를 위하여 필요하다고 인정하는 경우 운전자가 술에 취하였는지를 호흡조사로 측정할 수 있도록 하고 운전자는 이러한 경찰공무원의 측정에 응하여야 하도록 규정한 도로교통법 조항은 운전자인 청구인의 일반적 행동의 자유를 제한한다.

② 응급의료종사자의 응급환자에 대한 진료를 폭행, 협박, 위계, 위력, 그 밖의 방법으로 방해하는 것을 금지하고 이에 위반하는 자를 형사처벌하는 응급의료에 관한 법률 조항은 해당 응급환자인 청구인의 일반적 행동의 자유를 제한한다.

③ 국내에 도착한 외국물품을 수입통관절차를 거치지 않고 다시 외국으로 반출하려면, 해당 물품의 품명 · 규격 · 수량 및 가격 등을 세관장에게 신고하도록 하는 관세법 조항은 환승 여행객인 청구인의 일반적 행동자유권을 제한한다.

④ 치료감호 가종료 시 3년의 보호관찰이 시작되도록 한 치료감호 등에 관한 법률 조항은 피보호관찰자인 청구인의 일반적 행동자유권을 제한한다.

해설

② [×] 이 사건 각 심판대상조항은 응급환자 본인의 의료에 관한 자기결정권을 직접 제한하거나 그러한 제한을 규범의 목적으로 하고 있지 않다. 또한, 응급환자 본인의 행위가 응급환자의 생명과 건강에 중대한 위해를 가할 우려가 있어 사회통념상 용인될 수 없는 정도의 것으로 '응급진료 방해 행위'로 평가되는 경우 이는 정당한 자기결정권 내지 일반적 행동의 자유의 한계를 벗어난 것이므로, 이를 다른 응급진료 방해 행위와 마찬가지로 금지하고 형사처벌의 대상으로 한다고 하여 자기결정권 내지 일반적 행동의 자유의 제한의 문제가 발생하는 것은 아니다(헌재 2019.6.28, 2018헌바128).

① [O] 심판대상조항은 운전자에게 경찰공무원의 음주측정 요구에 응할 의무를 부과함으로써 음주측정 요구에 응하지 않을 자유, 즉 일반적 행동의 자유를 제한하는바, 심판대상조항이 과잉금지원칙에 반하여 운전자인 청구인의 일반적 행동자유권을 침해하는지 여부를 살펴본다(헌재 2023.10.26, 2019헌바91).

③ [O] 이 사건 신고의무조항이 과잉금지원칙에 반하여 환승 여행객의 일반적 행동자유권을 침해하는지 여부를 살핀다. … 이 사건 신고의무조항은 과잉금지원칙에 반하여 환승 여행객의 일반적 행동자유권을 침해하지 아니한다(헌재 2023.6.29, 2020헌바177 등).

④ [O] 이 사건 법률조항에 의하여 보호관찰이 개시되면 청구인은 자신의 의사와는 무관하게 치료감호심의위원회나 보호관찰관의 지도 · 감독에 따라야 하는 등 헌법 제10조의 행복추구권에서 파생되는 일반적 행동의 자유를 제한받게 된다. 한편, 보호관찰을 위하여 필요하다고 인정되는 경우 청구인은 보호관찰소장의 소환 및 심문에 응하여야 하고 그 과정에서 일부 신체의 자유를 제한받을 수도 있으나, 이는 예외적인 경우에 해당하므로, 이 사건에서는 일반적 행동의 자유에 대한 침해 여부를 중심으로 판단하기로 한다(헌재 2012.12.27, 2011헌마285).

24 자기책임의 원리에 관한 설명 중 가장 적절하지 않은 것은? (다툼이 있는 경우 판례에 의함)

24. 경정승진

① 자기책임의 원리는 민사법이나 형사법에 국한된 원리라기보다는 근대법의 기본이념으로서 법치주의에 당연히 내재하는 원리로 볼 것이고 자기책임의 원리에 반하는 제재는 그 자체로서 헌법에 위반된다.

② 선박소유자가 고용한 선장이 선박소유자의 업무에 관하여 범죄행위를 하면 그 선박소유자에게도 동일한 벌금형을 과하도록 규정한 구 선박안전법 조항은, 다른 사람의 범죄에 대하여 그 책임 유무를 묻지 않고 형벌을 부과하는 것으로서 책임주의원칙에 반한다.

③ 공직선거 후보자의 배우자가 공직선거및선거부정방지법상 중대 선거범죄를 범함으로 인하여 징역형 또는 300만원 이상의 벌금형의 선고를 받은 때에 그 후보자의 당선을 무효로 하는 조항은 연좌제에 해당하지 아니한다.

④ 구 공직자윤리법상 매각 또는 백지신탁의 대상이 되는 주식의 보유한도액을 결정함에 있어 국회의원 본인뿐만 아니라 본인과 일정한 친족관계가 있는 자들의 보유주식 역시 포함하도록 하고 있는 것은 연좌제에 해당하여 헌법에 위배된다.

해설

④ [×] 이 사건 법률조항이 매각 또는 백지신탁의 대상이 되는 주식의 보유한도액을 결정함에 있어 국회의원 본인뿐만 아니라 본인과 일정한 친족관계가 있는 자들의 보유주식 역시 포함하도록 하고 있는 것은 본인과 친족 사이의 실질적·경제적 관련성에 근거한 것이지, 실질적으로 의미 있는 관련성이 없음에도 오로지 친족관계 그 자체만으로 불이익한 처우를 가하는 것이 아니므로 헌법 제13조 제3항에 위배되지 아니한다(헌재 2012.8.23, 2010헌가65).

① [O] 자기책임의 원리는 인간의 자유와 유책성, 그리고 인간의 존엄성을 진지하게 반영한 원리로서 그것이 비단 민사법이나 형사법에 국한된 원리라기보다는 근대법의 기본이념으로서 법치주의에 당연히 내재하는 원리로 볼 것이고 헌법 제13조 제3항은 그 한 표현에 해당하는 것으로서 자기책임의 원리에 반하는 제재는 그 자체로서 헌법위반을 구성한다고 할 것이다(헌재 2004.6.24, 2002헌가27).

② [O] 이 사건 법률조항은 선장의 범죄행위에 관하여 비난할 근거가 되는 선박소유자의 의사결정 및 행위구조, 즉 선장이 저지른 행위의 결과에 대한 선박소유자의 독자적인 책임에 관하여 전혀 규정하지 않은 채, 단순히 선박소유자가 고용한 선장이 업무에 관하여 범죄행위를 하였다는 이유만으로 선박소유자에 대하여 형사처벌을 과하고 있는바, 이는 다른 사람의 범죄에 대하여 그 책임 유무를 묻지 않고 형벌을 부과하는 것으로서, 법치국가의 원리 및 죄형법정주의로부터 도출되는 책임주의원칙에 반한다(헌재 2013.9.26, 2013헌가15).

③ [O] 배우자는 후보자와 일상을 공유하는 자로서 선거에서는 후보자의 분신과도 같은 역할을 하게 되는바, 배우자의 중대 선거범죄를 이유로 후보자의 당선을 무효로 하는 이 사건 법률조항은 배우자가 죄를 저질렀다는 이유만으로 후보자에게 불이익을 주는 것이 아니라, 후보자와 불가분의 선거운명공동체를 형성하여 활동하게 마련인 배우자의 실질적 지위와 역할을 근거로 후보자에게 연대책임을 부여한 것이므로 헌법 제13조 제3항에서 금지하고 있는 연좌제에 해당하지 아니한다(헌재 2005.12.22, 2005헌마19).

정답 | 23 ② 24 ④

25 기본권에 대한 설명으로 옳지 않은 것은?

24. 5급 공채

① 평화적 생존권은 이를 헌법에 열거되지 아니한 기본권으로서 특별히 새롭게 인정할 필요성이 있고 그 권리내용이 비교적 명확하여 구체적 권리로서의 실질에 부합하므로 헌법상 보장된 기본권이라고 할 수 있다.

② 부모가 자녀의 이름을 지어주는 것은 자녀의 양육과 가족생활을 위하여 필수적인 것이고, 가족생활의 핵심적 요소라 할 수 있으므로, '부모가 자녀의 이름을 지을 자유'는 혼인과 가족생활을 보장하는 헌법 제36조 제1항과 행복추구권을 보장하는 헌법 제10조에 의하여 보호받는다.

③ 헌법전문(前文)에 기재된 3·1정신은 우리나라 헌법의 연혁적·이념적 기초로서 헌법이나 법률해석에서의 해석기준으로 작용한다고 할 수 있지만 그에 기하여 곧바로 국민의 개별적 기본권성을 도출해낼 수는 없다고 할 것이므로, 헌법소원의 대상인 "헌법상 보장된 기본권"에 해당하지 아니한다.

④ 헌법 제10조로부터 도출되는 일반적 인격권에는 개인의 명예에 관한 권리도 포함될 수 있으나, '명예'는 사람이나 그 인격에 대한 '사회적 평가', 즉 객관적·외부적 가치평가를 말하는 것이지 단순히 주관적·내면적인 명예감정은 포함되지 않는다.

해설

① [×] 청구인들이 평화적 생존권이란 이름으로 주장하고 있는 평화란 헌법의 이념 내지 목적으로서 추상적인 개념에 지나지 아니하고, 평화적 생존권은 이를 헌법에 열거되지 아니한 기본권으로서 특별히 새롭게 인정할 필요성이 있다거나 그 권리내용이 비교적 명확하여 구체적 권리로서의 실질에 부합한다고 보기 어려워 헌법상 보장된 기본권이라고 할 수 없다(헌재 2009.5.28, 2007헌마369).

② [O] 부모가 자녀의 이름을 지어주는 것은 자녀의 양육과 가족생활을 위하여 필수적인 것이고, 가족생활의 핵심적 요소라 할 수 있으므로, '부모가 자녀의 이름을 지을 자유'는 혼인과 가족생활을 보장하는 헌법 제36조 제1항과 행복추구권을 보장하는 헌법 제10조에 의하여 보호받는다(헌재 2016.7.28, 2015헌마964).

③ [O] "헌법전문에 기재된 3·1정신"은 우리나라 헌법의 연혁적·이념적 기초로서 헌법이나 법률해석에서의 해석기준으로 작용한다고 할 수 있지만, 그에 기하여 곧바로 국민의 개별적 기본권성을 도출해낼 수는 없다고 할 것이므로, 헌법소원의 대상인 "헌법상 보장된 기본권"에 해당하지 아니한다(헌재 2001.3.21, 99헌마139 등).

④ [O] 헌법 제10조로부터 도출되는 일반적 인격권에는 개인의 명예에 관한 권리도 포함되는바, 이 때 '명예'는 사람이나 그 인격에 대한 '사회적 평가', 즉 객관적·외부적 가치평가를 말하는 것이지 단순히 주관적·내면적인 명예감정은 법적으로 보호받는 명예에 포함된다고 할 수 없다. 왜냐하면, 헌법이 인격권으로 보호하는 명예의 개념을 사회적·외부적 징표에 국한하지 않는다면 주관적이고 개별적인 내심의 명예감정까지 명예에 포함되어 모든 주관적 명예감정의 손상이 법적 분쟁화될 수 있기 때문이다(헌재 2010.11.25, 2009헌마147).

제3절 I 평등권

01 다음 설명 중 가장 옳지 않은 것은?

24. 법원직

① 조례에 의한 규제가 지역 여건이나 환경 등 그 특성에 따라 다르게 나타나는 것은 헌법이 지방자치단체의 자치입법권을 인정한 이상 당연히 예상되는 결과이다. 자신들이 거주하는 지역의 학원조례조항으로 인하여 다른 지역 주민들에 비하여 더한 규제를 받게 되었다 하여 평등권이 침해되었다고 볼 수는 없다.

② 별도의 가중적 구성요건표지를 규정하지 않은 채 형법 조항과 똑같은 구성요건을 규정하면서 법정형만 상향 조정한 특별법 조항이라 하더라도 헌법의 기본원리에 위배된다거나 평등원칙에 위반된다고 볼 수 없다.

③ 평등의 원칙은 입법자에게 본질적으로 같은 것을 자의적으로 다르게, 본질적으로 다른 것을 자의적으로 같게 취급하는 것을 금하고 있다. 그러므로 비교의 대상을 이루는 두 개의 사실관계 사이에 서로 상이한 취급을 정당화할 수 있을 정도의 차이가 없음에도 불구하고 두 사실관계를 서로 다르게 취급한다면, 입법자는 이로써 평등권을 침해하게 된다.

④ 헌법상 평등의 원칙은 국가가 언제 어디에서 어떤 계층을 대상으로 하여 기본권에 관한 사항이나 제도의 개선을 시작할 것인지를 선택하는 것을 방해하지는 않는다. 따라서 국가가 종전의 상황을 개선함에 있어서 그 개선의 효과가 일부의 사람에게만 미치고 동일한 상황하에 있는 다른 사람에게는 미치지 않아 그들 사이에 일견 차별이 생기게 된다고 하더라도 그것만으로는 평등의 원칙을 위반한 것이라고는 할 수 없다.

해설

② [×] 심판대상조항은 별도의 가중적 구성요건표지를 규정하지 않은 채 형법 조항과 똑같은 구성요건을 규정하면서 법정형만 상향 조정하여 어느 조항으로 기소하는지에 따라 벌금형의 선고 여부가 결정되고, 선고형에 있어서도 심각한 형의 불균형을 초래하게 함으로써 형사특별법으로서 갖추어야 할 형벌체계상의 정당성과 균형을 잃어 인간의 존엄성과 가치를 보장하는 헌법의 기본원리에 위배될 뿐만 아니라 그 내용에 있어서도 평등원칙에 위반되어 위헌이다(헌재 2015.2.26, 2014헌가16 등).

① [O] 조례에 의한 규제가 지역 여건이나 환경 등 그 특성에 따라 다르게 나타나는 것은 헌법이 지방자치단체의 자치입법권을 인정한 이상 당연히 예상되는 결과이다. 청구인들이 자신들이 거주하는 지역의 학원조례조항으로 인하여 다른 지역 주민들에 비하여 더한 규제를 받게 되었다 하여 평등권이 침해되었다고 볼 수는 없다(헌재 2016.5.26, 2014헌마374).

③ [O] 평등의 원칙은 입법자에게 본질적으로 같은 것을 자의적으로 다르게, 본질적으로 다른 것을 자의적으로 같게 취급하는 것을 금하고 있다. 그러므로 비교의 대상을 이루는 두 개의 사실관계 사이에 서로 상이한 취급을 정당화할 수 있을 정도의 차이가 없음에도 불구하고 두 사실관계를 서로 다르게 취급한다면, 입법자는 이로써 평등권을 침해하게 된다(헌재 1996.12.26, 96헌가18).

④ [O] 헌법상 평등의 원칙은 국가가 언제 어디에서 어떤 계층을 대상으로 하여 기본권에 관한 사항이나 제도의 개선을 시작할 것인지를 선택하는 것을 방해하지는 않는다. 즉, 국가는 합리적인 기준에 따라 능력이 허용하는 범위 내에서 법적 가치의 상향적 구현을 위한 제도의 단계적 개선을 추진할 수 있는 길을 선택할 수 있어야 한다. … 따라서 국가가 종전의 상황을 개선함에 있어서 그 개선의 효과가 일부의 사람에게만 미치고 동일한 상황하에 있는 다른 사람에게는 미치지 않아 그들 사이에 일견 차별이 생기게 된다고 하더라도 그것만으로는 평등의 원칙을 위반한 것이라고는 할 수 없다(헌재 2005.10.27, 2003헌바50 등).

정답 I 25 ① 01 ②

02 다음 평등권에 관한 설명 중 가장 옳지 않은 것은? (다툼이 있는 경우 판례에 의함)

24. 해경간부

① 일반직 공무원은 기술·연구 또는 행정 일반에 대한 업무를 담당하는 공무원으로서 경찰공무원과는 담당 직무가 다르고, 공무원 재산등록제도의 취지에 비추어 본 재산등록의 필요성 정도도 서로 다르므로, 일반직 공무원과 달리 경찰업무의 특수성을 고려하여 경사 계급까지 공직자 재산등록의무를 부과한 것은 합리적인 이유가 있으므로 경사의 평등권을 침해한다고 볼 수 없다.

② 국립묘지 안장 대상자의 사망 당시의 배우자가 재혼한 경우에는 국립묘지에 안장된 안장 대상자와 합장할 수 없도록 규정한 국립묘지의 설치 및 운영에 관한 법률 조항은 안장 대상자의 사망 후 배우자가 재혼하였다는 이유만으로 그 기여를 전혀 고려하지 않고 일률적으로 국립묘지 합장 대상에서 제외하여 재혼한 배우자를 불합리하게 차별한 것으로서 평등원칙에 위배된다.

③ 변호사선임서 등을 공공기관에 제출할 때 소속 지방변호사회를 경유하도록 하는 변호사법 조항은 다른 전문직과 비교하여 차별취급의 합리적 이유가 있다고 할 것이므로 변호사의 평등권을 침해하지 아니한다.

④ 치과전문의 자격 인정 요건으로 '외국의 의료기관에서 치과의사 전문의 과정을 이수한 사람'을 포함하지 아니한 치과의사전문의의 수련 및 자격인정 등에 관한 규정은 청구인들의 평등권을 침해한다.

해설

② [×] 안장 대상자의 사망 후 재혼하지 않은 배우자나 배우자 사망 후 안장 대상자가 재혼한 경우의 종전 배우자는 자신이 사망할 때까지 안장 대상자의 배우자로서의 실체를 유지하였다는 점에서 합장을 허용하는 것이 국가와 사회를 위하여 헌신하고 희생한 안장 대상자의 충의와 위훈의 정신을 기리고자 하는 국립묘지 안장의 취지에 부합하고, 안장 대상자의 사망 후 그 배우자가 재혼을 통하여 새로운 가족관계를 형성한 경우에 그를 안장 대상자와의 합장 대상에서 제외하는 것은 합리적인 이유가 있다. 따라서 심판대상조항은 평등원칙에 위배되지 않는다(헌재 2022.11.24, 2020헌바463).

① [O] 일반직 공무원은 기술·연구 또는 행정 일반에 대한 업무를 담당하는 공무원으로서 경찰공무원과는 담당 직무가 다르고, 공무원 재산등록제도의 취지에 비추어 본 재산등록의 필요성 정도도 서로 다르다. 일반직 공무원과 달리 경찰업무의 특수성을 고려하여 경사 계급까지 등록의무를 부과한 것은 합리적인 이유가 있으므로 심판대상조항이 청구인 권OO의 평등권을 침해한다고 볼 수 없다(헌재 2024.2.28, 2021헌마845).

③ [O] 다른 전문직에 비하여 변호사는 포괄적인 직무영역과 그에 따른 더 엄격한 직무의무를 부담하고 있는바, 이는 변호사 직무의 공공성 및 그 포괄적 직무범위에 따른 사회적 책임성을 고려한 것으로서, 다른 전문직과 비교하여 차별취급의 합리적 이유가 있다고 할 것이므로, 변호사법 제29조는 변호사의 평등권을 침해하지 아니한다(헌재 2013.5.30, 2011헌마131).

④ [O] 1976년부터 2003년까지 의사전문의와 치과전문의를 함께 규율하던 구 '전문의의 수련 및 자격 인정 등에 관한 규정'이 의사전문의 자격 인정 요건과 치과전문의 자격 인정 요건에 대하여 동일하게 규정하였던 점이나, 의사전문의와 치과전문의 모두 환자의 치료를 위한 전문성을 필요로 한다는 점을 감안하면, 치과전문의의 자격 인정 요건을 의사전문의의 경우와 다르게 규정할 특별한 사정이 있다고 보기도 어렵다. 따라서 심판대상조항은 청구인들의 평등권을 침해한다(헌재 2015.9.24, 2013헌마197).

03 평등권에 대한 설명으로 옳은 것은?

24. 국회직 8급

① 내국인 및 영주(F-5)·결혼이민(F-6)의 체류자격을 가진 외국인과 달리 외국인 지역가입자에 대하여 납부할 월별 보험료의 하한을 전년도 전체 가입자의 평균을 고려하여 정하는 구 장기체류 재외국민 및 외국인에 대한 건강보험 적용기준 제6조 제1항에 의한 별표2 제1호 단서는 합리적인 이유 없이 외국인을 내국인 등과 달리 취급한 것으로서 평등권을 침해한다.

② 헌법재판소는 동물약국 개설자가 수의사 또는 수산질병관리사의 처방전 없이 판매할 수 없는 동물용의약품을 규정한 처방대상 동물용 의약품 지정에 관한 규정 제3조가 의약분업이 이루어지지 않은 동물 분야에서 수의사가 동물용의약품에 대한 처방과 판매를 사실상 독점할 수 있도록 하여 동물약국 개설자의 직업수행의 자유를 침해하는지 여부를 판단하는 이상 평등권 침해 여부에 관하여는 따로 판단하지 아니하였다.

③ 확정판결의 기초가 된 민사나 형사의 판결, 그 밖의 재판 또는 행정처분이 다른 재판이나 행정처분에 따라 바뀌어 당사자가 행정소송의 확정판결에 대하여 재심을 제기하는 경우, 재심제기기간을 30일로 정한 민사소송법을 준용하는 행정소송법 제8조 제2항 중 민사소송법 제456조 제1항 가운데 제451조 제1항 제8호에 관한 부분을 준용하는 부분은 행정소송 당사자의 평등권을 침해한다.

④ 구 감염병의 예방 및 관리에 관한 법률 제70조 제1항에 감염병환자가 방문한 영업장의 폐쇄 등과 달리, 감염병의 예방을 위하여 집합제한 조치를 받은 영업장의 손실을 보상하는 규정을 두고 있지 않은 것은 평등권을 침해한다.

⑤ 예비역 복무의무자의 범위에서 일반적으로 여성을 제외하는 구 병역법 제3조 제1항 중 '예비역 복무'에 관한 부분 및 지원에 의하여 현역복무를 마친 여성을 일반적인 여성의 경우와 동일하게 예비역 복무의무자의 범위에서 제외하는 군인사법 제41조 제4호 및 단서, 제42조는 상근예비역으로 복무 중이던 자의 평등권을 침해한다.

해설

② [O] 심판대상조항에 따라 동물약국에서 수의사 등의 처방전 없이는 판매할 수 없는 동물용의약품이 더욱 늘어나게 되었으므로, 심판대상조항이 동물약국 개설자인 청구인들의 직업수행의 자유를 침해하는지 여부를 살펴본다. … 심판대상조항이 동물약국 개설자인 청구인들의 직업수행의 자유를 침해하는지 여부를 판단하는 이상 평등권 침해 여부에 관하여는 따로 판단하지 아니한다. … 심판대상조항이 동물약국 개설자에 대한 과도한 제약이라고 보기 어려워, 동물약국 개설자인 청구인들의 직업수행의 자유를 침해하지 아니한다(헌재 2023.6.29, 2021헌마199).

① [×] 보험료하한 조항이 보험급여와 보험료 납부의 상관관계를 고려하고, 외국인의 보험료 납부의무 회피를 위한 출국 등의 제도적 남용 행태를 막기 위하여 외국인 지역가입자가 납부해야 할 월별 보험료의 하한을 내국인등 지역가입자가 부담하는 보험료 하한(보험료가 부과되는 연도의 전전년도 평균 보수월액보험료의 1천분의 60 이상 1천분의 65 미만의 범위에서 보건복지부장관이 정하여 고시하는 금액)보다 높게 정한 것은 합리적인 이유가 있는 차별이다(헌재 2023.9.26, 2019헌마1165).

③ [×] 대립 당사자 간에 발생한 법률적 분쟁에 관하여 사실관계를 확정한 후 법을 해석·적용함으로써 분쟁을 해결한다는 절차적 측면에서 민사소송과 행정소송은 유사하다. 재심기간제한조항이 민사소송과 동일하게 재심제기기간을 30일로 정한 것이 행정소송 당사자의 평등권을 침해하지 않는다(헌재 2023.9.26, 2020헌바258).

④ [×] 정부는 집합제한 조치로 인한 부담을 완화하기 위하여 다양한 지원을 하였고, '소상공인 보호 및 지원에 관한 법률'이 2021년 개정되어 집합제한 조치로 인한 손실을 보상하는 규정이 신설되었다. … 따라서 심판대상조항의 개정 배경과 보상 대상인 조치의 특성에 비추어 영업상 손실이 발생할 것으로 쉽게 예측할 수 있는 감염병환자 방문 시설의 폐쇄 등과 달리, 집합제한 또는 금지 조치로 인한 영업상 손실을 보상하는 규정을 입법자가 미리 마련하지 않았다고 하여 곧바로 평등권을 침해하는 것이라고 할 수 없다(헌재 2023.6.29, 2020헌마1669).

⑤ [×] 예비역은 국가비상사태에 병력동원의 대상이 되므로, 일정한 신체적 능력과 군전력으로서의 소양이 필요한 점을 고려할 때, 현시점에서 일반적으로 여성을 예비역 복무의무자에서 제외한 입법자의 판단이 현저히 자의적이라고 단정하기 어렵다. 다만, 지원에 의하여 현역복무를 마친 여성의 경우 예비전력의 자질을 갖춘 것으로 추정할 수 있으나, 전시 요구되는 장교와 병의 비율, 예비역 인력운영의 효율성 등을 고려할 때, 현역복무를 마친 여성에 대한 예비역 복무의무 부과는 합리적 병력충원제도의 설계, 여군의 역할 확대 및 복무 형태의 다양성 요구 충족 등을 복합적으로 고려하여 결정할 사항으로, 현시점에서 이에 대한 입법자의 판단이 현저히 자의적이라고 단정하기 어렵다. 따라서 이 사건 예비역 조항은 청구인의 평등권을 침해하지 아니한다(헌재 2023.10.26, 2018헌마357).

정답 | 02 ② 03 ②

04 평등 위반 여부를 심사하는 데 있어서 심사기준이 나머지 셋과 다른 하나는? (다툼이 있는 경우 헌법재판소 판례에 의함)

25. 경찰간부

① 임대의무기간이 10년인 공공건설임대주택의 분양전환가격을 임대의무기간이 5년인 공공건설임대주택의 분양전환가격과 다른 기준에 따라 산정하도록 하는 구 임대주택법 시행규칙 조항의 해당 부분

② 교통사고처리특례법 조항 중 업무상 과실 또는 중대한 과실로 인한 교통사고로 말미암아 피해자로 하여금 중상해에 이르게 한 경우에 공소를 제기할 수 없도록 규정한 부분

③ 상이연금 수급자에 대한 공무원 재직기간 합산방법을 규정하지 않은 구 공무원연금법 조항

④ 사망한 가입자 등에 의하여 생계를 유지하고 있지 않은 자녀 또는 25세 이상인 자녀를 유족연금을 받을 수 있는 자녀의 범위에 포함시키지 않은 국민연금법 조항 중 해당 부분

해설

② [엄격한 심사] 단서조항에 해당하지 않는 교통사고로 중상해를 입은 피해자와 단서조항에 해당하는 교통사고의 중상해 피해자 및 사망사고의 피해자 사이의 차별문제는 교통사고 운전자의 기소 여부에 따라 피해자의 헌법상 보장된 재판절차진술권이 행사될 수 있는지 여부가 결정되어 이는 기본권 행사에 있어서 중대한 제한을 구성하기 때문에 엄격한 심사기준에 의하여 판단한다. … 교통사고로 중상해를 입은 피해자들의 평등권을 침해하는 것이라 할 것이다(헌재 2009.2.26, 2005헌마764 등).

① [완화된 심사] 심판대상조항으로 인한 10년 임대주택의 임차인과 5년 임대주택의 임차인 사이의 차별 취급은 헌법에서 특별히 평등을 요구하는 경우이거나, 차별 대우로 인하여 자유권의 행사에 중대한 제한을 받는 경우에 해당한다고 볼 수 없고, 사회보장 영역에 관하여는 입법부 내지 입법에 의하여 위임을 받은 행정부에게 사회복지의 이념에 명백히 어긋나지 않는 한 광범위한 형성의 자유가 부여된다. 이 점을 고려하면, 심판대상조항으로 인하여 10년 임대주택의 임차인과 5년 임대주택의 임차인 사이의 차별 취급이 평등권을 침해하는지 여부를 심사할 때에는 완화된 심사기준인 자의금지원칙을 적용한다. … 심판대상조항이 10년 임대주택의 분양전환가격 산정기준을 달리 정한 데에는 합리적 이유가 있으므로, 심판대상조항으로 인하여 10년 임대주택에 거주하는 임차인의 평등권은 침해되지 아니한다(헌재 2021.4.29, 2019헌마202).

③ [완화된 심사] 공무원연금법상 퇴직연금수급과 관련한 재직기간 합산제도는 연금제도의 일환으로서, 공무원연금제도는 기본적으로 사회보장적 급여로서의 성격을 가지고, 입법자가 연금수급권의 구체적 내용을 어떻게 형성할 것인지에 관해서 원칙적으로 광범위한 형성의 자유를 가지고 있는바, 이는 헌법에서 특별히 평등을 요구하고 있는 분야도 아니고, 기본권에 중대한 제한을 초래하는 영역도 아니어서 엄격한 심사가 아닌 완화된 심사척도, 즉 입법재량의 일탈 혹은 남용 여부의 판단에 따른다. … 두 연금체계의 구조 및 다른 급여제도를 전체적으로 고려할 때 상이연금수급자가 장해연금수급자에 비해 불리하다고 단정하기 어렵고 평등원칙에 위배된다고 볼 수 없다(헌재 2019.12.27, 2017헌바169).

④ [완화된 심사] 이 사건 유족 범위 조항에 의한 차별은 헌법에서 특별히 평등을 요구하고 있는 영역에 관한 것이거나 관련 기본권에 대한 중대한 제한을 초래하는 것이 아니므로, 이 사건 유족 범위 조항이 청구인들의 평등권을 침해하는지 여부를 심사함에 있어서는 완화된 심사기준에 따라 입법자의 결정에 합리적인 이유가 있는지를 심사하기로 한다. … 이 사건 유족 범위 조항은 청구인들의 평등권을 침해하지 않는다(헌재 2019.2.28, 2017헌마432).

05 평등의 원칙 또는 평등권에 대한 설명으로 가장 적절하지 않은 것은? (다툼이 있는 경우 헌법재판소 판례에 의함)

25. 경찰간부

① 전기판매사업자에게 약관의 명시 · 교부의무를 면제한 약관의 규제에 관한 법률 해당 조항 중 '전기사업'에 관한 부분은 일반 사업자와 달리 전기판매사업자에 대하여 약관의 명시 · 교부의무를 면제하고 있더라도 평등원칙에 위반되지 아니한다.

② '국가, 지방자치단체, 공공기관의 운영에 관한 법률에 따른 공공기관'이 시행하는 개발사업과 달리, 학교법인이 시행하는 개발사업은 그 일체를 개발부담금의 제외 또는 경감 대상으로 규정하지 않은 개발이익 환수에 관한 법률 해당 조항 중 '공공기관의 운영에 관한 법률에 따른 공공기관'에 관한 부분은 평등원칙에 위반된다.

③ 헌법불합치결정에 따라 실질적인 혼인관계가 존재하지 아니한 기간을 제외하고 분할연금을 산정하도록 개정된 국민연금법 조항을 개정법 시행 후 최초로 분할연금 지급사유가 발생한 경우부터 적용하도록 하는 국민연금법 부칙 제2조가 분할연금 지급 사유 발생시점이 신법 조항 시행일 전 · 후인지와 같은 우연한 사정을 기준으로 달리 취급하는 것은 합리적인 이유를 찾기 어렵다.

④ '직계혈족, 배우자, 동거친족, 동거가족 또는 그 배우자' 이외의 친족 사이의 재산범죄를 친고죄로 규정한 형법 제328조 제2항은 일정한 친족 사이에서 발생한 재산범죄의 경우 피해자의 고소를 소추조건으로 정하여 피해자의 의사에 따라 국가형벌권 행사가 가능하도록 한 것으로서 합리적 이유가 있다.

해설

② [×] '국가'는 개발이익의 환수 주체이고, '지방자치단체'는 개발이익의 배분 대상이므로, 이들이 시행하는 개발사업의 경우 그 개발이익을 환수할 필요성이 없거나 낮다. '공공기관'이 시행하는 개발사업의 경우, 그 개발이익을 공공기관이 일단 보유하고 있다가 추후 국가사업을 대행하거나 위임받아 수행할 때 다시 사용하도록 할 수 있다는 점에서, 개발이익을 전부 환수할 필요성이 낮다. 따라서 국가 등이 시행하는 개발사업은, 개발부담금 제외 또는 경감 대상으로 규정할 이유가 있다. 반면 '학교법인'이 시행하는 개발사업의 경우, 그 개발이익이 곧바로 국가 또는 지방자치단체에 귀속된다거나 추후 국가사업에 다시 사용될 것이 예정되어 있지 않다. 또한 해당 개발이익은 학교법인과 사립학교의 학생 및 교직원 등만이 독점적으로 향유할 뿐 공동체 전체가 공평하게 향유할 수도 없으므로, 개발부담금 제외 또는 경감 대상으로 규정할 특별한 이유를 찾을 수 없다. 결국 심판대상조항은 국가 등과 학교법인을 합리적인 이유 없이 차별취급한다고 볼 수 없으므로, 평등원칙에 위반되지 않는다(헌재 2024.5.30, 2020헌바179).

① [O] 전기판매사업자는 전기사용자의 이익을 보호하기 위해 마련된 전기사업법과 그 시행령에서 정한 기준에 따라 공급약관을 마련하고, 주무관청의 인가를 받아야 하므로 전기판매사업자가 관련 규정을 준수하여 공급약관을 작성 또는 변경하고 인가받았다면, 그 내용의 공정성이 어느 정도 확보되어 소비자 보호라는 목적을 일응 달성할 수 있다. … 전기사용자는 전기판매사업자인 한국전력공사의 사업소와 인터넷 홈페이지를 통해 공급약관을 확인할 수 있다. 따라서 심판대상조항이 일반 사업자와 달리 전기판매사업자에 대하여 약관의 명시 · 교부의무를 면제하더라도, 그러한 차별을 정당화할 합리적인 이유가 존재한다고 볼 수 있으므로, 심판대상조항은 평등원칙에 위반되지 않는다(헌재 2024.4.25, 2022헌바65).

③ [O] 심판대상조항은 국민연금법 제64조 제1항 및 제4항의 개정규정을 신법 조항 시행 후 최초로 분할연금 지급 사유가 발생한 경우부터 적용하도록 규정하고 있는바, 실질적인 혼인관계가 해소되어 분할연금의 기초가 되는 노령연금 수급권 형성에 아무런 기여가 없는 경우에는 노령연금 분할을 청구할 전제를 갖추지 못한 것으로 볼 수 있다는 점에서 분할연금 지급 사유 발생 시점이 신법 조항 시행일 전인 경우와 후인 경우 사이에 아무런 차이가 없으므로, 분할연금 지급 사유 발생시점이 신법 조항 시행일 전 · 후인지와 같은 우연한 사정을 기준으로 달리 취급하는 것은 합리적인 이유를 찾기 어렵다. … 따라서 심판대상조항은 평등원칙에 위반된다(헌재 2024.5.30, 2019헌가29).

④ [O] 친족 사이에 발생한 재산범죄의 경우 친족관계의 특성상 친족 사회 내부에서 피해의 회복 등 자율적으로 문제를 해결할 가능성이 크고 재산범죄는 피해의 회복이나 손해의 전보가 비교적 용이한 경우가 많은 점, 형사소송법은 고소권자인 피해자의 고소의 의사표시가 어려운 경우의 보완규정을 두고 있는 점을 종합하면, 피해자의 고소를 소추조건으로 하여 피해자의 의사에 따라 국가형벌권 행사가 가능하도록 한 심판대상조항은 합리적 이유가 있으므로 평등원칙에 위배된다고 보기 어렵다(헌재 2024.6.27, 2023헌바449).

정답 | 04 ② 05 ②

06 평등권 또는 평등원칙에 대한 설명으로 옳지 않은 것은? (다툼이 있는 경우 판례에 의함)

24. 지방직 7급

① 법정형의 종류와 범위를 정함에 있어서 고려해야 할 사항 중 가장 중요한 것은 당해 범죄의 보호법익과 죄질로서, 보호법익이 다르면 법정형의 내용이 다를 수 있고 보호법익이 같지만 죄질이 다를 경우 법정형의 내용이 달라질 수는 없다.

② 과거 전통적으로 남녀의 생활관계가 일정한 형태로 형성되어 왔다는 사실이나 관념에 기인하는 차별, 즉 성역할에 관한 고정관념에 기초한 차별은 허용되지 않는다.

③ 내국인등 지역가입자와 달리 외국인 지역가입자가 보험료를 체납한 경우에는 다음 달부터 곧바로 보험급여를 제한하는 국민건강보험법 조항은, 외국인 지역가입자에 대하여 체납횟수와 경제적 사정 등을 전혀 고려하지 않고 예외 없이 1회의 보험료 체납사실만으로도 보험급여를 제한하고 있어 외국인 지역가입자의 평등권을 합리적 이유 없이 침해한다.

④ 특별시장 · 광역시장 · 특별자치시장 · 도지사 · 특별자치도지사 선거의 예비후보자를 후원회지정권자에서 제외하고 있는 정치자금법 조항은 이들 예비후보자의 평등권을 침해한다.

해설

① [×] 법정형의 종류와 범위를 정함에 있어서 고려해야 할 사항 중 가장 중요한 것은 당해 범죄의 보호법익과 죄질로서, 보호법익이 다르면 법정형의 내용이 다를 수 있고, 보호법익이 같다고 하더라도 죄질이 다르면 또 그에 따라 법정형의 내용이 달라질 수밖에 없다. 그러므로 보호법익과 죄질이 서로 다른 둘 또는 그 이상의 범죄를 동일 선상에 놓고 그 중 어느 한 범죄의 법정형을 기준으로 하여 단순한 평면적인 비교로써 다른 범죄의 법정형의 과중 여부를 판정하여서는 아니 된다(헌재 2010.2.25, 2008헌가20).

② [O] 헌법 제36조 제1항은 혼인과 가족생활에서 양성의 평등대우를 명하고 있으므로 남녀의 성을 근거로 하여 차별하는 것은 원칙적으로 금지되고, 성질상 오로지 남성 또는 여성에게만 특유하게 나타나는 문제의 해결을 위하여 필요한 예외적 경우에만 성차별적 규율이 정당화된다. 과거 전통적으로 남녀의 생활관계가 일정한 형태로 형성되어 왔다는 사실이나 관념에 기인하는 차별, 즉 성역할에 관한 고정관념에 기초한 차별은 허용되지 않는다(헌재 2005.2.3, 2001헌가9 등).

③ [O] 외국인 지역가입자에 대한 보험급여 제한을 내국인등과 달리 실시하는 것 자체는 합리적인 이유가 있는 차별이나, 보험급여제한 조항은 다음과 같은 점에서 합리적인 수준을 현저히 벗어난다. 보험급여제한 조항은 외국인의 경우 보험료의 1회 체납만으로도 별도의 공단 처분 없이 곧바로 그 다음 달부터 보험급여를 제한하도록 규정하고 있으므로, 보험료가 체납되었다는 통지도 실시되지 않는다. … 보험료 체납에도 불구하고 보험급여를 실시할 수 있는 예외를 전혀 인정하지 않는 것은 합리적인 이유 없이 외국인을 내국인등과 달리 취급한 것이다. 따라서 보험급여제한 조항은 청구인들의 평등권을 침해한다(헌재 2023.9.26, 2019헌마1165).

④ [O] 그동안 정치자금법이 여러 차례 개정되어 후원회지정권자의 범위가 지속적으로 확대되어 왔음에도 불구하고, 국회의원선거의 예비후보자 및 그 예비후보자에게 후원금을 기부하고자 하는 자와 광역자치단체장선거의 예비후보자 및 이들 예비후보자에게 후원금을 기부하고자 하는 자를 계속하여 달리 취급하는 것은, 불합리한 차별에 해당하고 입법재량을 현저히 남용하거나 한계를 일탈한 것이다. 따라서 심판대상조항 중 광역자치단체장선거의 예비후보자에 관한 부분은 청구인들 중 광역자치단체장선거의 예비후보자 및 이들 예비후보자에게 후원금을 기부하고자 하는 자의 평등권을 침해한다(헌재 2019.12.27, 2018헌마301 등).

07 처분(적) 법률 및 개별사건법률에 대한 설명으로 옳지 않은 것은?

24. 국가직 7급

① 개별사건법률금지의 원칙은 "법률은 일반적으로 적용되어야지 어떤 개별사건에만 적용되어서는 아니된다"는 법원칙으로서 헌법상의 평등원칙에 근거하고 있는 것으로 풀이된다.

② 폐지대상인 세무대학설치법 자체가 이미 처분법률에 해당하는 것이라고 하더라도, 이를 폐지하는 법률도 당연히 그에 상응하여 처분법률의 형식을 띨 수밖에 없는 것은 아니다.

③ 주식회사 연합뉴스를 국가기간뉴스통신사로 지정하고 이에 대한 재정지원 등을 규정한 뉴스통신 진흥에 관한 법률 제10조 등은 연합뉴스사를 바로 법률로써 국가기간뉴스통신사로 지정하는 처분적 법률에 해당한다.

④ 개별사건법률의 위헌 여부는, 그 형식만으로 가려지는 것이 아니라, 나아가 평등의 원칙이 추구하는 실질적 내용이 정당한지 아닌지를 따져야 비로소 가려진다.

해설

② [×] 이 사건 폐지법은 세무대학설치의 법적 근거로 제정된 기존의 세무대학설치법을 폐지함으로써 세무대학을 폐교하는 법적 효과를 발생하는 것이므로, 동법은 세무대학과 그 폐지만을 규율목적으로 삼는 처분법률의 형식을 띤다. 그러나 이와 같은 처분법률의 형식은 폐지대상인 세무대학설치법 자체가 이미 처분법률에 해당하는 것이므로, 이를 폐지하는 법률도 당연히 그에 상응하여 처분법률의 형식을 띨 수밖에 없는 필연적 현상이다(헌재 2001.2.22, 99헌마613).

① [O] 개별사건법률금지의 원칙은 "법률은 일반적으로 적용되어야지 어떤 개별사건에만 적용되어서는 아니된다"는 법원칙으로서 헌법상의 평등원칙에 근거하고 있는 것으로 풀이되고, 그 기본정신은 입법자에 대하여 기본권을 침해하는 법률은 일반적 성격을 가져야 한다는 형식을 요구함으로써 평등원칙위반의 위험성을 입법과정에서 미리 제거하려는 데 있다 할 것이다(헌재 1996.2.16, 96헌가2 등).

③ [O] 심판대상조항은 상법상의 주식회사에 불과한 연합뉴스사를 주무관청인 문화관광부장관의 지정절차도 거치지 아니하고 바로 법률로써 국가기간뉴스통신사로 지정하고, 법이 정하는 계약조건으로 정부와 뉴스정보 구독계약을 체결하게 하며, 정부가 위탁하는 공익업무와 관련하여 정부의 예산으로 재정지원을 할 수 있는 법적 근거를 법률로써 창설하고 있는바, 이는 특정인에 대해서만 적용되는 '개인대상법률'으로서 처분적 법률에 해당한다(헌재 2005.6.30, 2003헌마841).

④ [O] 개별사건법률금지의 원칙이 법률제정에 있어서 입법자가 평등원칙을 준수할 것을 요구하는 것이기 때문에, 특정규범이 개별사건법률에 해당한다 하여 곧바로 위헌을 뜻하는 것은 아니다. 비록 특정법률 또는 법률조항이 단지 하나의 사건만을 규율하려고 한다 하더라도 이러한 차별적 규율이 합리적인 이유로 정당화될 수 있는 경우에는 합헌적일 수 있다. 따라서 개별사건법률의 위헌여부는, 그 형식만으로 가려지는 것이 아니라, 나아가 평등의 원칙이 추구하는 실질적 내용이 정당한지 아닌지를 따져야 비로소 가려진다(헌재 1996.2.16, 96헌가2 등).

08 평등원칙 위반 여부의 심사기준을 자의금지원칙과 비례원칙으로 나눌 때, 다음 중 비례원칙을 적용한 것을 모두 고른 것은? (다툼이 있는 경우 판례에 의함)

24. 해경간부

> ㉠ 상이연금 수급자에 대한 공무원 재직기간 합산방법을 규정하지 않은 구 공무원연금법 조항
> ㉡ 교통사고처리특례법 조항 중 업무상 과실 또는 중대한 과실로 인한 교통사고로 말미암아 피해자로 하여금 중상해를 이르게 한 경우에 공소를 제기할 수 없도록 규정한 부분
> ㉢ 대한민국 국민인 남자에 한하여 병역의무를 부과한 구 병역법 조항
> ㉣ 혼인한 등록의무자 모두 배우자가 아닌 본인의 직계존·비속의 재산을 등록하도록 법조항이 개정되었음에도 불구하고, 개정 전 조항에 따라 이미 배우자의 직계존·비속의 재산을 등록한 혼인한 여성 등록의무자는 종전과 동일하게 계속해서 배우자의 직계존·비속의 재산을 등록하도록 규정한 공직자윤리법 조항

① ㉠, ㉡
② ㉠, ㉢
③ ㉡, ㉣
④ ㉢, ㉣

해설

비례원칙을 적용한 것은 ㉡, ㉣이다.

㉠ [자의금지원칙] 공무원연금법상 퇴직연금수급과 관련한 재직기간 합산제도는 연금제도의 일환으로서, 공무원연금제도는 기본적으로 사회보장적 급여로서의 성격을 가지고, 입법자가 연금수급권의 구체적 내용을 어떻게 형성할 것인지에 관해서 원칙적으로 광범위한 형성의 자유를 가지고 있는바, 이는 헌법에서 특별히 평등을 요구하고 있는 분야도 아니고, 기본권에 중대한 제한을 초래하는 영역도 아니어서 엄격한 심사가 아닌 완화된 심사척도, 즉 입법재량의 일탈 혹은 남용 여부의 판단에 따른다. … 두 연금체계의 구조 및 다른 급여제도를 전체적으로 고려할 때 상이연금수급자가 장해연금수급자에 비해 불리하다고 단정하기 어렵고 평등원칙에 위배된다고 볼 수 없다(헌재 2019.12.27, 2017헌바169).

㉡ [비례원칙] 단서조항에 해당하지 않는 교통사고로 중상해를 입은 피해자와 단서조항에 해당하는 교통사고의 중상해 피해자 및 사망사고의 피해자 사이의 차별문제는 교통사고 운전자의 기소 여부에 따라 피해자의 헌법상 보장된 재판절차진술권이 행사될 수 있는지 여부가 결정되어 이는 기본권 행사에 있어서 중대한 제한을 구성하기 때문에 엄격한 심사기준에 의하여 판단한다. … 교통사고로 중상해를 입은 피해자들의 평등권을 침해하는 것이라 할 것이다(헌재 2009.2.26, 2005헌마764 등).

정답 | 06 ① 07 ② 08 ③

ⓒ [자의금지원칙] 이 사건 법률조항은 헌법이 특별히 양성평등을 요구하는 경우나 관련 기본권에 중대한 제한을 초래하는 경우의 차별취급을 그 내용으로 하고 있다고 보기 어려우며, 징집대상자의 범위 결정에 관하여는 입법자의 광범위한 입법형성권이 인정된다는 점에 비추어 … 이 사건 법률조항이 평등권을 침해하는지 여부는 완화된 심사척도에 따라 자의금지원칙 위반 여부에 의하여 판단하기로 한다. … 결국 이 사건 법률조항이 성별을 기준으로 병역의무자의 범위를 정한 것은 자의금지원칙에 위배하여 평등권을 침해하지 않는다(헌재 2011.6.30, 2010헌마460).

ⓓ [비례원칙] 이 사건 부칙조항으로 인해 혼인한 남성 등록의무자와 일부 혼인한 여성 등록의무자 간에 등록대상재산의 범위에 차이가 발생하게 되었으므로, 이에 대해서는 엄격한 심사척도를 적용하여 비례성 원칙에 따른 심사를 행하여야 할 것이다. … 이는 성별에 의한 차별금지 및 혼인과 가족생활에서의 양성의 평등을 천명하고 있는 헌법에 정면으로 위배되는 것으로 그 목적의 정당성을 인정할 수 없다. 따라서 이 사건 부칙조항은 평등원칙에 위배된다(헌재 2021.9.30, 2019헌가3).

09 다음 평등권에 관한 설명 중 가장 옳지 않은 것은? (다툼이 있는 경우 판례에 의함)

24. 해경

① 국가라 할지라도 국고작용으로 인한 민사관계에 있어서는 일반인과 같이 원칙적으로 대등하게 다루어져야 하며 국가라고 하여 우대하여야 할 헌법상의 근거가 없다.

② 공익신고자 보호법상 보상금의 의의와 목적을 고려하면 공익신고 유도 필요성에 차이가 있는 내부 공익신고자와 외부 공익신고자를 달리 취급하는 것은 합리성을 인정할 수 있다.

③ 근로자의 날을 법정유급휴일로 할 것인지에 있어서 공무원과 일반근로자를 다르게 취급할 이유가 없으므로 근로자의 날을 공무원의 법정유급휴일로 정하지 않은 것은 공무원과 일반근로자를 자의적으로 차별하는 것에 해당하여 평등권을 침해한다.

④ 초·중등학교 교원에 대하여는 정당가입을 금지하면서 대학교원에게는 허용하는 것은 기초적인 지식전달, 연구기능 등 직무의 본질이 서로 다른 점을 고려한 합리적 차별이므로 평등원칙에 반하지 아니한다.

해설

③ [×] 공무원의 유급휴일을 정할 때에는 공무원의 근로자로서의 지위뿐만 아니라 국민전체의 봉사자로서 국가 재정으로 봉급을 지급받는 특수한 지위도 함께 고려하여야 하고, 공무원의 경우 유급휴가를 포함한 근로조건이 법령에 의해 정해진다는 사정도 함께 감안하여야 하므로, 단지 근로자의 날과 같은 특정일을 일반근로자에게는 유급휴일로 인정하면서 공무원에게는 유급휴일로 인정하지 않는다고 하여 이를 곧 자의적인 차별이라고 할 수는 없다. … 따라서 심판대상조항이 근로자의 날을 공무원의 법정유급휴일에 해당하는 관공서 공휴일로 규정하지 않은 데에는 합리적인 이유가 있다 할 것이므로, 심판대상조항이 청구인들의 평등권을 침해한다고 볼 수 없다(헌재 2015.11.26, 2015헌마756).

① [O] 헌법전문 및 헌법상의 평등의 원칙과 사유재산권의 보장은 그가 누구냐에 따라 차별대우가 있어서는 아니되고 비록 국가라 할지라도 국고작용으로 인한 민사(民事)관계에 있어서는 일반인과 같이 원칙적으로 대등하게 다루어져야 하며 국가라고하여 우대하여야 할 헌법상의 근거가 없으며 이는 입법을 함에 있어서도 따라야 할 우리 헌법의 기본원리이다(헌재 1991.5.13, 89헌가97).

② [O] 공익침해행위의 효율적인 발각과 규명을 위해서는 내부 공익신고가 필수적인데, 내부 공익신고자는 조직 내에서 배신자라는 오명을 쓰기 쉬우며, 공익신고로 인하여 신분상, 경제상 불이익을 받을 개연성이 높다. 이 때문에 보상금이라는 경제적 지원조치를 통해 내부 공익신고를 적극적으로 유도할 필요성이 인정된다. 반면, '내부 공익신고자가 아닌 공익신고자'는 공익신고로 인해 불이익을 입을 개연성이 높지 않기 때문에 공익신고 유도를 위한 보상금 지급이 필수적이라 보기 어렵다. '공익신고자 보호법'상 보상금의 의의와 목적을 고려하면, 이와 같이 공익신고 유도 필요성에 있어 차이가 있는 내부 공익신고자와 외부 공익신고자를 달리 취급하는 것에 합리성을 인정할 수 있다. … 이 사건 법률조항이 평등원칙에 위배된다고 볼 수 없다(헌재 2021.5.27, 2018헌바127).

④ [O] 현행 교육법령은, 초·중등학교의 교원 즉 교사는 법령이 정하는 바에 따라 학생을 교육하는 자이고, 반면에 대학의 교원은 학생을 교육·지도하고 학문을 연구하되 학문연구만을 전담할 수 있다고 하여 양자의 직무를 달리 규정하고 있다. … 그렇다면 초·중등학교 교원에 대해서는 정당가입과 선거운동의 자유를 금지하면서 대학교원에게는 이를 허용한다 하더라도, 이는 양자간 직무의 본질이나 내용 그리고 근무태양이 다른 점을 고려할 때 합리적인 차별이라고 할 것이므로 청구인이 주장하듯 헌법상의 평등권을 침해한 것이라고 할 수 없다(헌재 2004.3.25, 2001헌마710).

10 평등권 및 평등원칙에 대한 설명으로 옳지 않은 것은? (다툼이 있는 경우 판례에 의함)

25. 입법고시

① 초·중등학교 교원에 대하여는 정당가입을 금지하면서 대학 교원에게는 정당가입을 허용하는 것은 직무의 본질이 서로 다른 점을 고려한 합리적 차별이므로 평등원칙에 위배되지 않는다.

② 외국인만으로 구성된 가구 중 영주권자 및 결혼이민자만을 긴급재난지원금 지급대상에 포함시키고 난민인정자를 제외한 것은, 영주권자 및 결혼이민자는 한국에서 영주하거나 장기 거주할 목적으로 합법적으로 체류한다는 점에서 합리적인 차이가 있으므로 난민인정자의 평등권을 침해하지 않는다.

③ 내국인 등과 달리 외국인 지역가입자에 대해서는 보험료를 체납한 경우 다음 달부터 곧바로 보험급여를 제한하는 것은, 보험료 체납 시 보험급여를 실시할 수 있는 예외를 전혀 인정하지 않아 합리적인 이유 없이 외국인을 내국인 등과 달리 취급한 것으로 외국인 지역가입자의 평등권을 침해한다.

④ 특별교통수단에 있어 표준휠체어만을 기준으로 휠체어 고정설비의 안전기준을 정한 것은 표준휠체어를 이용할 수 없는 장애인에 대한 고려 없이 고정설비의 안전기준을 정하여 불합리하고, 표준휠체어를 이용할 수 있는 장애인과 표준휠체어를 이용할 수 없는 장애인을 합리적 이유 없이 달리 취급하여 평등권을 침해한다.

⑤ 근로자의 날을 관공서의 공휴일에 포함시키지 않은 관공서의 공휴일에 관한 규정 조항은 공무원의 평등권을 침해하지 않는다.

해설

② [×] 코로나19로 인하여 경제적 타격을 입었다는 점에 있어서는 영주권자, 결혼이민자, 난민인정자간에 차이가 있을 수 없으므로 그 회복을 위한 지원금 수급 대상이 될 자격에 있어서 역시 이들 사이에 차이가 발생한다고 볼 수 없다. 또한, '영주권자 및 결혼이민자'는 한국에서 영주하거나 장기 거주할 목적으로 합법적으로 체류하고 있고, '난민인정자' 역시 우리나라에 합법적으로 체류하면서 취업활동에 제한을 받지 않는다는 점에서 영주권자 및 결혼이민자와 차이가 있다고 보기 어렵다. … 그렇다면 이 사건 처리기준이 긴급재난지원금 지급 대상인 외국인만으로 구성된 가구에 '영주권자 및 결혼이민자'를 포함시키면서 '난민인정자'를 제외한 것은 합리적 이유 없는 차별이라 할 것이므로, 이 사건 처리기준은 난민인정자인 청구인의 평등권을 침해한다(헌재 2024.3.28, 2020헌마1079).

① [O] 현행 교육법령은, 초·중등학교의 교원, 즉 교사는 법령이 정하는 바에 따라 학생을 교육하는 자이고, 반면에 대학의 교원은 학생을 교육·지도하고 학문을 연구하되 학문연구만을 전담할 수 있다고 하여 양자의 직무를 달리 규정하고 있다. … 그렇다면 초·중등학교 교원에 대해서는 정당가입과 선거운동의 자유를 금지하면서 대학교원에게는 이를 허용한다 하더라도, 이는 양자간 직무의 본질이나 내용 그리고 근무태양이 다른 점을 고려할 때 합리적인 차별이라고 할 것이므로 청구인이 주장하듯 헌법상의 평등권을 침해한 것이라고 할 수 없다(헌재 2004.3.25, 2001헌마710).

③ [O] 외국인 지역가입자에 대한 보험급여 제한을 내국인등과 달리 실시하는 것 자체는 합리적인 이유가 있는 차별이나, 보험급여제한 조항은 다음과 같은 점에서 합리적인 수준을 현저히 벗어난다. 보험급여제한 조항은 외국인의 경우 보험료의 1회 체납만으로도 별도의 공단 처분 없이 곧바로 그 다음 달부터 보험급여를 제한하도록 규정하고 있으므로, 보험료가 체납되었다는 통지도 실시되지 않는다. … 보험료 체납에도 불구하고 보험급여를 실시할 수 있는 예외를 전혀 인정하지 않는 것은 합리적인 이유 없이 외국인을 내국인등과 달리 취급한 것이다. 따라서 보험급여제한 조항은 청구인들의 평등권을 침해한다(헌재 2023.9.26, 2019헌마1165).

④ [O] 심판대상조항은 교통약자의 이동편의를 위한 특별교통수단에 표준휠체어만을 기준으로 휠체어 고정설비의 안전기준을 정하고 있어 표준휠체어를 사용할 수 없는 장애인은 안전기준에 따른 특별교통수단을 이용할 수 없게 된다. 그런데 표준휠체어를 이용할 수 없는 장애인은 장애의 정도가 심하여 특수한 설비가 갖춰진 차량이 아니고서는 사실상 이동이 불가능하다. 그럼에도 불구하고 표준휠체어를 이용할 수 없는 장애인에 대한 고려 없이 표준휠체어만을 기준으로 고정설비의 안전기준을 정하는 것은 불합리하고, 특별교통수단에 장착되는 휠체어 탑승설비 연구·개발사업 등을 추진할 국가의 의무를 제대로 이행한 것이라 보기도 어렵다. … 따라서 심판대상조항은 합리적 이유 없이 표준휠체어를 이용할 수 있는 장애인과 표준휠체어를 이용할 수 없는 장애인을 달리 취급하여 청구인의 평등권을 침해한다(헌재 2023.5.25, 2019헌마1234).

⑤ [O] 공무원의 유급휴일을 정할 때에는 공무원의 근로자로서의 지위뿐만 아니라 국민전체의 봉사자로서 국가 재정으로 봉급을 지급받는 특수한 지위도 함께 고려하여야 하고, 공무원의 경우 유급휴가를 포함한 근로조건이 법령에 의해 정해진다는 사정도 함께 감안하여야 하므로, 단지 근로자의 날과 같은 특정일을 일반근로자에게는 유급휴일로 인정하면서 공무원에게는 유급휴일로 인정하지 않는다고 하여 이를 곧 자의적인 차별이라고 할 수는 없다. … 따라서 심판대상조항이 근로자의 날을 공무원의 법정유급휴일에 해당하는 관공서 공휴일로 규정하지 않은 데에는 합리적인 이유가 있다 할 것이므로, 심판대상조항이 청구인들의 평등권을 침해한다고 볼 수 없다(헌재 2015.11.26, 2015헌마756).

정답 | 09 ③ 10 ②

11 평등권 혹은 평등원칙에 관한 설명 중 옳은 것은? (다툼이 있는 경우 판례에 의함)

25. 변호사

① 헌법이 군사법원을 특별법원으로 설치하도록 허용하면서 대법원을 군사재판의 최종심으로 하고 있으므로 군사법원법에 의한 군사재판을 국민참여재판 대상사건의 범위에서 제외하고 있는 국민의 형사재판 참여에 관한 법률 조항은 평등원칙에 위배된다.

② 여러 체육시설 가운데 회원제로 운영되는 골프장의 이용자만을 국민체육진흥법상 국민체육진흥계정 조성에 관한 조세 외적 부담을 져야 할 책임이 있는 집단으로 선정한 것은 평등원칙에 위배되지 않는다.

③ 초·중등학교 교원이 공직선거 등에 입후보하고자 하는 경우 선거일 전 90일까지 그 직을 그만두도록 하는 공직선거법 조항은 평등권을 침해한다.

④ 국가유공자 등 예우 및 지원에 관한 법률에서 6·25전몰군경자녀에게 6·25전몰군경자녀수당을 지급하면서 수급권자를 1명에 한정하고 나이가 많은 자를 우선하도록 정한 것은 나이가 적은 6·25전몰군경자녀의 평등권을 침해하지 않는다.

⑤ 특별교통수단에 있어 표준휠체어만을 기준으로 휠체어 고정설비의 안전기준을 정하고 있는 교통약자의 이동편의 증진법 시행규칙 조항은 표준휠체어를 이용할 수 없는 장애인의 평등권을 침해한다.

해설

⑤ [O] 심판대상조항은 교통약자의 이동편의를 위한 특별교통수단에 표준휠체어만을 기준으로 휠체어 고정설비의 안전기준을 정하고 있어 표준휠체어를 사용할 수 없는 장애인은 안전기준에 따른 특별교통수단을 이용할 수 없게 된다. 그런데 표준휠체어를 이용할 수 없는 장애인은 장애의 정도가 심하여 특수한 설비가 갖춰진 차량이 아니고서는 사실상 이동이 불가능하다. 그럼에도 불구하고 표준휠체어를 이용할 수 없는 장애인에 대한 고려 없이 표준휠체어만을 기준으로 고정설비의 안전기준을 정하는 것은 불합리하고, 특별교통수단에 장착되는 휠체어 탑승설비 연구·개발사업 등을 추진할 국가의 의무를 제대로 이행한 것이라 보기도 어렵다. … 따라서 심판대상조항은 합리적 이유 없이 표준휠체어를 이용할 수 있는 장애인과 표준휠체어를 이용할 수 없는 장애인을 달리 취급하여 청구인의 평등권을 침해한다(헌재 2023.5.25, 2019헌마1234).

① [×] 입법자는 헌법 제110조 제1항에 따라 법률로 군사법원을 설치함에 있어 군사재판의 특수성을 고려하여 그 조직·권한 및 재판관의 자격 등을 일반법원과 달리 정하는 것이 허용되는바, 입법자가 광범위한 입법재량 내에서 외부의 침략으로부터 국가를 보존한다는 목적을 위해 존재하는 집단인 군의 특수성을 고려하여 군사법원법에 의한 군사재판을 국민참여재판 대상사건에서 제외한 이상 … 따라서 심판대상조항은 평등원칙에 위배되지 아니한다(헌재 2021.6.24, 2020헌바499).

② [×] 수많은 체육시설 중 유독 골프장 부가금 징수 대상 시설의 이용자만을 국민체육진흥계정 조성에 관한 조세 외적 부담을 져야 할 책임이 있는 집단으로 선정한 것에는 합리성이 결여되어 있다. 골프장 부가금 등을 재원으로 하여 조성된 국민체육진흥계정의 설치 목적이 국민체육의 진흥에 관한 사항 전반을 아우르고 있다는 점에 비추어 볼 때, 국민 모두를 대상으로 하는 광범위하고 포괄적인 수준의 효용성을 놓고 부담금의 정당화 요건인 집단적 효용성을 갖추었다고 단정하기도 어렵다. 심판대상조항이 규정하고 있는 골프장 부가금은 일반 국민에 비해 특별히 객관적으로 밀접한 관련성을 가진다고 볼 수 없는 골프장 부가금 징수 대상 시설 이용자들을 대상으로 하는 것으로서 합리적 이유가 없는 차별을 초래하므로, 헌법상 평등원칙에 위배된다(헌재 2019.12.27, 2017헌가21).

③ [×] 선거직의 특수성, 직업정치인과 교원의 업무 내용상 차이, 직무내용이나 직급에 따른 구별 가능성 등에 비추어, 국회의원, 지방자치단체 의회의원이나 장, 정부투자기관의 직원 등과 비교하여 교원이 불합리하게 차별받는다고 볼 수 없으며, 수업 내용 및 학생에 미치는 영향력 등을 고려할 때 대학 교원과의 사이에서도 불합리한 차별이 발생한다고 보기 어렵다. 현직 교육감의 경우 교육감선거 입후보 시 그 직을 그만두도록 하면 임기가 사실상 줄어들게 되어, 업무의 연속성과 효율성이 저해될 우려가 크다는 점 등을 고려할 때, 현직 교육감과 비교하더라도 교원인 청구인들의 평등권이 침해된다고 볼 수 없다(헌재 2019.11.28, 2018헌마222).

④ [×] 이 사건 법률조항은 6·25전몰군경자녀에게 이 사건 수당을 지급함에 있어 수급권자의 수를 확대할 수 있는 어떠한 예외도 두지 않고 1명에게만 한정하여 지급하도록 하고, 그 1명도 나이가 많은 자를 우선하도록 정하고 있는바, 다음과 같은 이유에서 그 합리성을 인정하기 어렵다. … 따라서 이 사건 법률조항은 나이가 적은 6·25전몰군경자녀의 평등권을 침해한다(헌재 2021.3.25, 2018헌가6).

12 평등권 및 평등원칙에 관한 설명으로 옳지 않은 것은? (다툼이 있는 경우 판례에 의함) 25. 소방간부

① 누범을 가중하여 처벌하는 것은 합리적 근거 있는 차별이어서 헌법상 평등의 원칙에 위배되지 아니한다.

② 헌법상 평등의 원칙은 국가가 언제 어디에서 어떤 계층을 대상으로 하여 기본권에 관한 사항이나 제도의 개선을 시작할 것인지를 선택하는 것을 방해하지 않는다.

③ 평등원칙의 적용에서 부담금 문제는 차별취급의 합리성 문제로서 자의금지원칙에 의한 심사대상이고, 부담금의 선별적 부과라는 차별에 합리성이 있는지 여부는 그것이 행위 형식의 남용으로서 부담금의 헌법적 정당화 요건을 갖추었는지 여부와 관련이 있다.

④ 헌법 제11조 제1항 후문에서 규정한 "성별 · 종교 또는 사회적 신분"은 절대적인 차별금지사유로 볼 수 있으므로 입법자는 어떠한 경우에도 이를 사유로 하는 차별적 입법을 할 수 없다.

⑤ 공직자윤리법 부칙조항으로 인해 혼인한 남성 등록의무자와 일부 혼인한 여성 등록의무자 간에 등록대상재산의 범위에 차이가 발생하게 된 것이 평등원칙에 위배되는지에 대해서는 엄격한 심사척도를 적용하여 비례성 원칙에 따른 심사를 행하여야 한다.

해설

④ [×] 사회적 신분에 대한 차별금지는 헌법 제11조 제1항 후문에서 예시된 것인데, 헌법 제11조 제1항 후문의 규정은 불합리한 차별의 금지에 초점이 있는 것으로서, 예시한 사유가 있는 경우에 절대적으로 차별을 금지할 것을 요구함으로써 입법자에게 인정되는 입법형성권을 제한하는 것은 아니다(헌재 2011.3.31, 2008헌바141 등).

① [O] 누범을 가중하여 처벌하는 것은 사회방위, 범죄의 특별예방 및 일반예방, 더 나아가 사회의 질서유지의 목적을 달성하기 위한 하나의 수단이기도 하는 것이므로 이는 합리적 근거 있는 차별이어서 헌법상의 평등의 원칙에 위배되지 아니한다(헌재 1995.2.23, 93헌바43).

② [O] 헌법상 평등의 원칙은 국가가 언제 어디에서 어떤 계층을 대상으로 하여 기본권에 관한 사항이나 제도의 개선을 시작할 것인지를 선택하는 것을 방해하지는 않는다. 즉, 국가는 합리적인 기준에 따라 능력이 허용하는 범위 내에서 법적 가치의 상향적 구현을 위한 제도의 단계적 개선을 추진할 수 있는 길을 선택할 수 있어야 한다(헌재 2005.10.27, 2003헌바50 등).

③ [O] 부담금은 국민의 재산권을 제한하여 일반 국민이 아닌 특별한 의무자집단에 대하여 부과되는 특별한 재정책임이므로, 납부의무자들을 일반 국민이나 다른 집단과 달리 취급하여 이들을 불리하게 대우함에 있어서 합리적 이유가 있어야 하며 자의적인 차별은 납부의무자들의 평등권을 침해한다. 평등원칙의 적용에 있어서 부담금의 문제는 합리성의 문제로서 자의금지원칙에 의한 심사 대상인데, 선별적 부담금의 부과라는 차별이 합리성이 있는지 여부는 그것이 행위형식의 남용으로서 부담금의 헌법적 정당화 요건을 갖추었는지 여부와 관련이 있다(헌재 2008.11.27, 2007헌마860).

⑤ [O] 이 사건 부칙조항으로 인해 혼인한 남성 등록의무자와 일부 혼인한 여성 등록의무자 간에 등록대상재산의 범위에 차이가 발생하게 되었으므로, 이에 대해서는 엄격한 심사척도를 적용하여 비례성 원칙에 따른 심사를 행하여야 할 것이다. … 이는 성별에 의한 차별금지 및 혼인과 가족생활에서의 양성의 평등을 천명하고 있는 헌법에 정면으로 위배되는 것으로 그 목적의 정당성을 인정할 수 없다. 따라서 이 사건 부칙조항은 평등원칙에 위배된다(헌재 2021.9.30, 2019헌가3).

정답 | 11 ⑤ 12 ④

13 평등원칙에 관한 설명으로 가장 적절한 것은? (다툼이 있는 경우 헌법재판소 판례에 의함)

25. 경찰 1차

① 2000년 7월 1일 이전에 결정 · 고시된 도시계획시설결정의 실효에 관한 기산일을 2000년 7월 1일로 정한 국토의 계획 및 이용에 관한 법률 부칙 해당 부분은 2000년 7월 1일 이후에 고시된 도시계획시설결정의 실효기간은 고시일로부터 20년인 데 비하여, 그 전에 고시된 도시계획시설결정의 실효기간은 고시일로부터 20년이 초과되는 결과를 가져오는데 이러한 차별에는 합리적인 이유가 없으므로 평등원칙에 반한다.

② 성폭력범죄를 저질러 벌금형이 확정된 체육지도자의 자격을 필요적으로 취소하도록 개정된 국민체육진흥법 조항을 개정법 시행 후 발생하는 자격취소사유부터 적용하도록 한 같은 법 부칙 제4조 중 해당 부분은 개정법 시행일을 기준으로 하여 성폭력범죄로 이미 벌금형이 확정된 체육지도자와 그렇지 않은 체육지도자를 합리적인 이유 없이 달리 취급하는 것이므로 평등원칙에 위반된다.

③ 사회보호법을 폐지하면서도 폐지법률 시행 이전에 이미 보호감호 판결이 확정되어 있는 자에 대하여는 종전 사회보호법에 따라 보호감호 처분이 집행되도록 하였고, 그때까지 판결이 확정되지 않은 자에 대하여는 종전 사회보호법이 적용되지 않도록 한 사회보호법 부칙 제2조는 합리적 근거가 있다 할 것이므로 평등원칙에 반한다고 할 수 없다.

④ 공유재산 및 물품 관리법 제6조 제1항을 위반하여 행정재산을 사용하거나 수익한 자를 형사처벌하는 공유재산 및 물품 관리법 제99조는 사유재산을 점유한 자의 경우와 달리 형사적 제재를 가하는 것으로서 합리적 이유가 없으므로 평등원칙에 위배된다.

해설

③ [O] 입법자가 종전 사회보호법을 폐지하면서 적지 않은 수의 보호감호 대상자를 일시에 석방할 경우 초래될 사회적 혼란의 방지, 법원의 양형 실무 및 확정판결에 대한 존중 등을 고려하여 법률 폐지 이전에 이미 보호감호 판결이 확정된 자에 대하여는 보호감호를 집행하도록 한 것이므로 이중처벌에 해당하거나 비례원칙에 위반하여 신체의 자유를 과도하게 침해한다고 볼 수 없으며, 판결 미확정자와의 사이에 발생한 차별은 입법재량 범위 내로서 이를 정당화할 합리적 근거가 있으므로 헌법상 평등의 원칙에 반하지 아니한다(헌재 2009.3.26, 2007헌바50).

① [×] 2000.7.1. 이전과 이후에 고시된 도시계획시설결정들 사이에 다른 실효기간이 적용되는 것이나 2000.7.1. 이전에 결정 · 고시된 도시계획시설결정들 사이에 이미 경과된 기간의 장단에 따라 차등을 두지 않고 일률적으로 실효기산일을 적용하는 것에는 모두 합리적인 이유가 있으므로, 이 사건 부칙조항은 평등원칙에 위반되지 아니한다(헌재 2024.8.29, 2020헌바602 등).

② [×] 이 사건 부칙조항이 개정법 시행일을 기준으로 하여 성폭력범죄로 이미 벌금형이 확정된 체육지도자와 그렇지 않은 체육지도자를 달리 취급하지만, 이는 자격취소조항의 입법목적을 효과적으로 달성하기 위한 것이다. 개정 전 국민체육진흥법 시행 당시 이미 성폭력범죄로 벌금형이 확정된 체육지도자의 경우 개정 전 국민체육진흥법에 근거한 제재처분의 요건이 충족된 상태이므로, 이들과 유죄판결 등의 확정 여부가 아직 결정되지도 아니한 체육지도자 사이에는 본질적인 차이가 있다. 따라서 이 사건 부칙조항은 평등원칙에 위반되지 아니한다(헌재 2024.8.29, 2023헌바73).

④ [×] 사유재산의 적절한 관리, 활용은 기본적으로 소유자인 사인의 이익에 기여할 뿐이지만, 행정재산의 적절한 관리, 활용은 지방자치단체와 주민 전체의 이익에 귀속되고 특히 지방자치단체를 위한 재원 확보의 수단이라는 점에서, 행정재산을 정당한 권원 없이 사용 · 수익하는 경우 사유재산과 달리 형사적 제재를 가하는 것은 합리적인 이유가 있으므로 평등원칙에 위배되지 않는다(헌재 2024.8.29, 2022헌바170).

14 평등권에 관한 설명으로 가장 적절하지 않은 것은? (다툼이 있는 경우 판례에 의함) 25. 경정승진

① 외국인만으로 구성된 가구 중 영주권자 및 결혼이민자만을 긴급재난지원금 지급대상에 포함시키고 난민인정자를 제외한 것은 합리적 이유 없는 차별이라 할 것이므로 난민인정자인 청구인의 평등권을 침해한다.

② 특정한 조세 법률조항이 혼인이나 가족생활을 근거로 부부 등 가족이 있는 자를 혼인하지 아니한 자 등에 비하여 차별 취급하는 것이 과세단위를 설정하는데 있어 입법자의 입법형성의 재량에 속하는 정책적 문제라면 헌법 제36조 제1항에 위반되는지 여부는 단지 차별의 합리적인 이유의 유무만을 확인하는 정도로 심사하여야 한다.

③ 중혼의 취소청구권자로 직계존속과 4촌 이내의 방계혈족을 규정하면서도 직계비속을 제외한 민법 조항에 대해, 평등원칙을 위반했는지 여부를 판단함에 있어서 중혼의 취소청구권자를 어느 범위까지 포함할 것인지 여부에 관하여는 입법자의 입법재량의 폭이 넓은 영역이라 할 것이므로 자의금지원칙 위반 여부를 심사하는 것으로 족하다.

④ 제1종 운전면허를 받은 사람이 정기적성검사 기간 내에 적성검사를 받지 아니한 경우에 행정형벌을 과하도록 규정한 구 도로교통법 조항은 제1종 운전면허를 받은 사람이 정기적성검사를 받지 아니한 경우를 제2종 운전면허를 받은 사람과 달리 취급하는 것에는 합리적인 이유가 있다고 할 수 있으므로 평등원칙에 위반되지 아니한다.

해설

② [×] 특정한 조세 법률조항이 혼인이나 가족생활을 근거로 부부 등 가족이 있는 자를 혼인하지 아니한 자 등에 비하여 차별 취급하는 것이라면 비례의 원칙에 의한 심사에 의하여 정당화되지 않는 한 헌법 제36조 제1항에 위반된다 할 것이다. 이는 단지 차별의 합리적인 이유의 유무만을 확인하는 정도를 넘어, 차별의 이유와 차별의 내용 사이에 적정한 비례적 균형관계가 이루어져 있는지에 대해서도 심사하여야 한다는 것을 의미하고, 위와 같은 헌법원리는 조세 관련 법령에서 과세단위를 정하는 것이 입법자의 입법형성의 재량에 속하는 정책적 문제라고 하더라도 그 한계로서 적용되는 것이다(헌재 2008.11.13, 2006헌바112 등).

① [O] 코로나19로 인하여 경제적 타격을 입었다는 점에 있어서는 영주권자, 결혼이민자, 난민인정자간에 차이가 있을 수 없으므로 그 회복을 위한 지원금 수급 대상이 될 자격에 있어서 역시 이들 사이에 차이가 발생한다고 볼 수 없다. 또한, '영주권자 및 결혼이민자'는 한국에서 영주하거나 장기 거주할 목적으로 합법적으로 체류하고 있고, '난민인정자' 역시 우리나라에 합법적으로 체류하면서 취업활동에 제한을 받지 않는다는 점에서 영주권자 및 결혼이민자와 차이가 있다고 보기 어렵다. … 그렇다면 이 사건 처리기준이 긴급재난지원금 지급 대상인 외국인만으로 구성된 가구에 '영주권자 및 결혼이민자'를 포함시키면서 '난민인정자'를 제외한 것은 합리적 이유 없는 차별이라 할 것이므로, 이 사건 처리기준은 난민인정자인 청구인의 평등권을 침해한다(헌재 2024.3.28, 2020헌마1079).

③ [O] 중혼의 취소청구권자를 규정하면서 직계비속을 취소청구권자에 포함시키지 아니한 법률조항에서, 중혼의 취소청구권자를 어느 범위까지 포함할 것인지 여부에 관하여는 입법자의 입법재량의 폭이 넓은 영역이라 할 것이어서, 이 사건 법률조항이 평등원칙을 위반했는지 여부를 판단함에 있어서는 자의금지원칙 위반 여부를 심사하는 것으로 족하다고 할 것이다. … 합리적인 이유 없이 직계비속을 차별하고 있어, 평등원칙에 위반된다(헌재 2010.7.29, 2009헌가8).

④ [O] 도로교통법 등 행정법규 위반자에 대한 행정제재의 종류와 범위를 선택하는 문제는 기본적으로 당해 행정목적과 위반행위의 태양 등 여러 사정을 고려하여 입법자가 결정할 사항으로 원칙적으로 폭넓은 입법재량 내지 입법형성권의 범위 내에 있는 것이므로 이 사건 벌칙조항에 관련한 평등권 심사의 경우 자의금지원칙에 위배되는지 여부를 판단하면 될 것이다. … 제1종 운전면허를 받은 사람이 정기적성검사를 받지 아니한 경우를 제2종 운전면허를 받은 사람과 달리 취급하는 것에는 합리적인 이유가 있다고 할 수 있으므로, 심판대상조항은 평등원칙에 위반되지 아니한다(헌재 2015.2.26, 2012헌바268).

정답 | 13 ③ 14 ②

15 평등권 또는 평등원칙에 대한 설명으로 가장 적절하지 않은 것은? (다툼이 있는 경우 판례에 의함)

21. 경찰승진

① 보훈보상대상자의 부모에 대한 유족보상금 지급시, 수급권자를 부모 1인에 한정하고 나이가 많은 자를 우선하도록 규정한 보훈보상대상자 지원에 관한 법률 조항은 부모 중 나이가 많은 자와 그렇지 않은 자를 합리적 이유 없이 차별하여 나이가 적은 부모의 평등권을 침해한다.

② 대한민국 국적을 가지고 있는 영유아 중에서 재외국민인 영유아를 보육료 · 양육수당의 지원대상에서 제외되도록 한 보건복지부지침은 국내에 거주하면서 재외국민인 영유아를 양육하는 부모를 차별하는 것으로서 평등권을 침해한다.

③ 사립학교 관계자와 언론인 못지않게 공공성이 큰 민간분야 종사자에 대하여 부정청탁 및 금품등 수수의 금지에 관한 법률이 적용되지 않는 것은 언론인과 사립학교 관계자의 평등권을 침해한다.

④ 산업재해보상보험법이 근로자가 사업주의 지배관리 아래 출퇴근하던 중 발생한 사고로 부상 등이 발생한 경우에만 업무상 재해로 인정하고, 도보나 자기 소유 교통수단 또는 대중교통수단 등을 이용하여 출퇴근하는 경우를 업무상 재해로 인정하지 않는 것은 평등원칙에 위배된다.

해설

③ [×] 사립학교 관계자와 언론인만 '공직자 등'에 포함시켜 공직자와 같은 의무를 부담시키고 있는데, 이들 조항이 청구인들의 일반적 행동자유권 등을 침해하지 않는 이상, 민간부문 중 우선 이들만 '공직자 등'에 포함시킨 입법자의 결단이 자의적 차별이라 보기는 어렵다. 교육과 언론은 공공성이 강한 영역으로 공공부문과 민간부문이 함께 참여하고 있고, 참여 주체의 신분에 따른 차별을 두기 어려운 분야이다. 따라서 사립학교 관계자와 언론인 못지않게 공공성이 큰 민간분야 종사자에 대해서 청탁금지법이 적용되지 않는다는 이유만으로 부정청탁금지조항과 금품수수금지조항 및 신고조항과 제재조항이 청구인들의 평등권을 침해한다고 볼 수 없다(헌재 2016.7.28, 2015헌마236).

① [O] 국가가 보훈보상대상자 및 그 유족에게 지급할 구체적인 보상의 내용 등에 관한 사항은 국가의 재정부담 능력과 전체적인 사회보장 수준, 보훈보상대상자에 대한 평가기준 등에 따라 정해질 수밖에 없으므로, 보훈보상대상자의 유족보상금 지급에 있어 유족의 생활보호 측면 외에도 국가의 재정부담 능력이 중요한 요소로 고려되어야 하는 것은 사실이다. 그러나 국가의 재정부담 능력 등이 허락하는 한도에서 보상금 총액을 일정액으로 제한하되, 그 범위 내에서 적어도 같은 순위의 유족들에게는 생활정도에 따라 보상금을 분할해서 지급하는 방법이 가능하다. 만약 다른 유족에 비하여 특별히 경제적으로 어려운 자가 있고, 그 이외의 유족에게는 생활보호의 필요성이 인정되지 않는다는 별도의 소명이 존재한다면 그 경우에는 보상금 수급권자의 범위를 경제적으로 어려운 자에게 한정하는 방법도 가능하다. 이처럼 국가의 재정부담을 늘리지 않으면서도 보훈보상대상자 유족의 실질적인 생활보호에 충실할 수 있는 방안이 존재하는 상황에서, 부모에 대한 보상금 지급에 있어서 예외 없이 오로지 1명에 한정하여 지급해야 할 필요성이 크다고 볼 수 없다. 심판대상조항이 국가의 재정부담능력의 한계를 이유로 하여 부모 1명에 한정하여 보상금을 지급하도록 하면서 어떠한 예외도 두지 않은 것에는 합리적 이유가 있다고 보기 어렵다(헌재 2018.6.28, 2016헌가14).

② [O] 재외국민, 특히 외국의 영주권을 보유하고 있으나 상당한 기간 국내에서 계속 거주하고 있는 자들은 주민등록법상 재외국민으로 등록 · 관리될 뿐 '국민인 주민'이라는 점에서는 다른 일반 국민과 실질적으로 동일하므로, 단지 외국의 영주권을 취득한 재외국민이라는 이유로 달리 취급할 아무런 이유가 없어 위와 같은 차별은 청구인들의 평등권을 침해한다(헌재 2018.1.25, 2015헌마1047).

④ [O] 사업장 규모나 재정여건의 부족 또는 사업주의 일방적 의사나 개인 사정 등으로 출퇴근용 차량을 제공받지 못하거나 그에 준하는 교통수단을 지원받지 못하는 비혜택근로자는 비록 산재보험에 가입되어 있다 하더라도 출퇴근 재해에 대하여 보상을 받을 수 없는데, 이러한 차별을 정당화할 수 있는 합리적 근거를 찾을 수 없다. 통상의 출퇴근 재해를 산재보험법상 업무상 재해로 인정할 경우 산재보험 재정상황이 악화되거나 사업주 부담 보험료가 인상될 수 있다는 문제점은 보상대상을 제한하거나 근로자에게도 해당 보험료의 일정 부분을 부담시키는 방법 등으로 어느 정도 해결할 수 있다. 반면에 통상의 출퇴근 중 재해를 입은 비혜택근로자는 가해자를 상대로 불법행위 책임을 물어도 충분한 구제를 받지 못하는 것이 현실이고, 심판대상조항으로 초래되는 비혜택근로자와 그 가족의 정신적 · 신체적 혹은 경제적 불이익은 매우 중대하다. 따라서 심판대상조항은 합리적 이유 없이 비혜택근로자를 자의적으로 차별하는 것이므로, 헌법상 평등원칙에 위배된다(헌재 2016.9.29, 2014헌바254).

16 평등원칙 내지 평등권에 관한 설명 중 가장 적절하지 않은 것은? (다툼이 있는 경우 판례에 의함) 22. 경찰승진

① 고소인이나 고발인만을 항고권자로 규정한 검찰청법 조항은 동법상 항고를 통하여 불복할 수 없게 된 기소유예 처분을 받은 피의자를 고소인이나 고발인에 비하여 합리적 이유 없이 차별하는 것이라 할 수 없다.

② 경찰공무원은 교육훈련 또는 직무수행 중 사망한 경우 국가유공자 등 예우 및 지원에 관한 법률상 순직군경으로 예우받을 수 있는 것과는 달리, 소방공무원은 화재진압, 구조·구급 업무 수행 또는 이와 관련된 교육훈련 중 사망한 경우에 한하여 순직 군경으로서 예우를 받을 수 있도록 하는 소방공무원법 규정은 소방공무원에 대한 합리적인 이유 없는 차별에 해당한다.

③ 대한민국 국민인 남자에 한하여 병역의무를 부과한 구 병역법 조항이 평등권을 침해하는지 여부는 완화된 심사척도에 따라 자의금지원칙 위반 여부에 의하여 판단한다.

④ 일반 형사소송절차와 달리 소년심판절차에서 검사에게 상소권이 인정되지 않는 것은 객관적이고 합리적인 이유가 있어 피해자의 평등권을 침해한다고 볼 수 없다.

해설

② [×] 소방공무원과 경찰공무원은 업무의 내용이 서로 다르고, 그로 인해 업무수행 중에 노출되는 위험상황의 성격과 정도에 있어서도 서로 동일하다고 볼 수 없다. 더욱이 경찰공무원의 경우에는 전쟁이 발생하거나 이에 준하는 상황이 발생하는 경우 군인과 마찬가지로 고도의 위험을 무릅쓰고 부여된 업무를 수행할 것이 기대되므로 정책적인 배려에서 예우법은 군인이나 경찰공무원이 직무수행 중 사망한 경우에는 순직군경으로 예우하도록 하고 있다. 그리고 그동안 국가는 소방공무원이 국가유공자로 예우를 받게 되는 대상자의 범위 등을 국가의 재정능력, 전체적인 사회보장의 수준과 국가에 대한 공헌과 희생의 정도 등을 감안하여 합리적인 범위 내에서 단계적으로 확대해왔다. 그렇다면 국가에 대한 공헌과 희생, 업무의 위험성의 정도, 국가의 재정상태 등을 고려하여 화재진압, 구조·구급 업무수행 또는 이와 관련된 교육훈련 이외의 사유로 직무수행 중 사망한 소방공무원에 대하여 순직군경으로서의 보훈혜택을 부여하지 않는다고 해서 이를 합리적인 이유없는 차별에 해당한다고 볼 수 없다(헌재 2005.9.29, 2004헌바53).

① [O] 검찰청법상 항고제도의 인정 여부는 기본적으로 입법정책에 속하는 문제로서 그 주체, 대상의 범위 등의 제한도 그것이 현저히 불합리하지 아니한 이상 헌법에 위반되는 것이라 할 수 없고, 고소인·고발인과 피의자는 기본적으로 대립적 이해관계에서 기소유예처분에 불복할 이익을 지니며, 검찰청법상 항고제도의 성격과 취지 및 한정된 인적·물적 사법자원의 측면, 그리고 이 사건 법률조항이 헌법소원심판청구 등 피의자의 다른 불복수단까지 원천적으로 봉쇄하는 것은 아닌 점 등을 종합하면, 이 사건 법률조항이 피의자를 고소인·고발인에 비하여 합리적 이유 없이 차별하는 것이라 할 수 없다(헌재 2012.7.26, 2010헌마642).

③ [O] 이 사건 법률조항은 헌법이 특별히 양성평등을 요구하는 경우나 관련 기본권에 중대한 제한을 초래하는 경우의 차별취급을 그 내용으로 하고 있다고 보기 어려우며, 징집대상자의 범위 결정에 관하여는 입법자의 광범위한 입법형성권이 인정된다는 점에 비추어 이 사건 법률조항이 평등권을 침해하는지 여부는 완화된 심사기준에 따라 판단하여야 한다(헌재 2011.6.30, 2010헌마460).

④ [O] 소년심판은 형사소송절차와는 달리 소년에 대한 후견적 입장에서 소년의 환경조정과 품행교정을 위한 보호처분을 하기 위한 심문절차이며, 보호처분을 함에 있어 범행의 내용도 참작하지만 주로 소년의 환경과 개인적 특성을 근거로 소년의 개선과 교화에 부합하는 처분을 부과하게 되므로 일반 형벌의 부과와는 차이가 있다. 그리고 소년심판은 심리의 객체로 취급되는 소년에 대한 후견적 입장에서 법원의 직권에 의해 진행되므로 검사의 관여가 반드시 필요한 것이 아니고 이에 따라 소년심판의 당사자가 아닌 검사가 상소 여부에 관여하는 것이 배제된 것이다. 위와 같은 소년심판절차의 특수성을 감안하면, 차별대우를 정당화하는 객관적이고 합리적인 이유가 존재한다고 할 것이어서 이 사건 법률조항은 청구인의 평등권을 침해하지 않는다(헌재 2012.7.26, 2011헌마232).

정답 | 15 ③ 16 ②

17 평등권에 관한 설명으로 가장 적절하지 않은 것은? (다툼이 있는 경우 판례에 의함) 23. 경찰 1차

① 재산권의 청구는 공법상의 법률관계를 전제로 하는 당사자소송이라는 점에서 민사소송과 본질적으로 달라, 국가를 상대로 한 당사자소송에서 가집행선고를 제한하는 행정소송법 조항은 국가만을 차별적으로 우대하는 데 합리적 이유가 있으므로 평등원칙에 위반되지 않는다.

② 애국지사 본인과 순국선열의 유족은 본질적으로 다른 집단이므로 구 독립유공자예우에 관한 법률 시행령 조항이 순국선열의 유족보다 애국지사 본인에게 높은 보상금 지급액 기준을 두고 있다고 하여 순국선열의 유족의 평등권이 침해되었다고 볼 수 없다.

③ 보상금의 지급을 신청할 수 있는 자의 범위를 '내부 공익신고자'로 한정함으로써 '외부 공익신고자'를 보상금 지급 대상에서 배제하도록 정한 공익신고자 보호법 조항 중 '내부 공익신고자' 부분은 평등원칙에 위배되지 않는다.

④ 학생 선발시기 구분에 있어 초·중등교육법 시행령 조항이 자사고를 후기학교로 규정함으로써 과학고와 달리 취급하고, 일반고와 같이 취급하는 데에는 합리적인 이유가 있으므로 자사고 학교법인의 평등권을 침해하지 아니한다.

해설

① [×] 불필요한 상소권의 남용을 억제하고 신속한 권리실현을 도모한다는 가집행선고의 목적은, 재산권의 청구에 관한 판결이라는 점에서는 민사소송과 당사자소송간에 본질적인 차이가 없다고 할 것이다. 따라서 심판대상조항이 당사자소송의 피고인 국가를 우대하여 결과적으로 그 원고를 차별하는 것은 합리적인 이유가 없으므로, 이러한 점에서도 평등원칙에 위반된다(헌재 2022.2.24, 2020헌가12).

② [O] 애국지사 본인과 순국선열의 유족은 본질적으로 다른 집단이므로, 이 사건 독립유공자법 시행령 조항이 같은 서훈 등급임에도 순국선열의 유족보다 애국지사 본인에게 높은 보상금 지급액 기준을 두고 있다 하여 곧 청구인의 평등권이 침해되었다고 볼 수 없다(헌재 2018.1.25, 2016헌마319).

③ [O] 이 사건 법률조항이 보상금의 지급을 신청할 수 있는 자의 범위를 내부 공익신고자로 한정함으로써 보상금 지급대상에서 외부 공익신고자를 배제한 것이 자의금지원칙에 위배된다고 볼 수 없다. 이 사건 법률조항은 평등원칙에 위배되지 아니한다(헌재 2021.5.27, 2018헌바127).

④ [O] 이 사건 동시선발 조항이 자사고를 후기학교로 규정함으로써 과학고와 달리 취급하고, 일반고와 같이 취급하는 데에는 합리적인 이유가 있으므로, 이 사건 동시선발 조항은 청구인 학교법인의 평등권을 침해하지 아니한다(헌재 2019.4.11, 2018헌마221).

18 평등권 또는 평등원칙에 관한 설명 중 옳은 것은? (다툼이 있는 경우 판례에 의함) 22. 변호사

① 국민참여재판 배심원의 자격을 만 20세 이상으로 규정한 것은 국민참여재판제도의 취지와 배심원의 권한 및 의무 등 여러 사정을 종합적으로 고려하여 만 20세에 이르기까지 교육 및 경험을 쌓은 자로 하여금 배심원의 책무를 담당하도록 한 것이므로 만 20세 미만의 자를 자의적으로 차별한 것은 아니다.

② 대한민국 국민인 남자에 한하여 병역의무를 부과하는 병역법 조항은 우리 헌법이 특별히 명시적으로 차별을 금지하는 사유인 '성별'을 기준으로 병역의무를 부과하므로 이 조항이 평등권을 침해하는지 여부에 대해서는 자의금지원칙이 아닌 비례성원칙에 따른 심사를 하여야 한다.

③ 광역자치단체장선거의 예비후보자를 후원회지정권자에서 제외하여, 국회의원선거의 예비후보자에게 후원금을 기부하고자 하는 자와 광역자치단체장선거의 예비후보자에게 후원금을 기부하고자 하는 자를 달리 취급하는 것은 합리적 차별에 해당하고 입법재량의 한계를 일탈한 것은 아니다.

④ 평등원칙은 법 적용상의 평등을 의미하여 행정권과 사법권만을 구속할 뿐이므로, 평등원칙이 입법권까지 구속하는 것은 아니다.

⑤ 헌법 제11조 제1항에서의 사회적 신분이란 사회에서 장기간 점하는 지위로서 일정한 사회적 평가를 수반하는 것을 의미하므로 전과자도 사회적 신분에 해당되고, 따라서 누범을 가중처벌하는 것은 전과자라는 사회적 신분을 이유로 차별대우를 하는 것이어서 평등원칙에 위배된다.

해설

① [○] 배심원으로서의 권한을 수행하고 의무를 부담할 능력과 민법상 행위능력, 선거권 행사능력, 군 복무능력, 연소자 보호와 연계된 취업능력 등이 동일한 연령기준에 따라 판단될 수 없고, 각 법률들의 입법취지와 해당 영역에서 고려하여야 할 제반사정, 대립되는 관련 이익들을 교량하여 입법자가 각 영역마다 그에 상응하는 연령기준을 달리 정할 수 있다. 따라서 심판대상조항이 우리나라 국민참여재판제도의 취지와 배심원의 권한 및 의무 등 여러 사정을 종합적으로 고려하여 만 20세에 이르기까지 교육 및 경험을 쌓은 자로 하여금 배심원의 책무를 담당하도록 정한 것은 입법형성권의 한계 내의 것으로 자의적인 차별이라고 볼 수 없다(헌재 2021.5.27, 2019헌가1).

② [×] '성별'의 경우를 살펴보면, 성별은 개인이 자유로이 선택할 수 없고 변경하기 어려운 생래적인 특징으로서 개인의 인간으로서의 존엄과 가치에 영향을 미치는 요소는 아니다. 그럼에도 불구하고 역사적으로 매우 오랜 기간 동안 대표적인 차별가능사유로서 정당화되어 왔기 때문에, 불합리한 차별을 극복해야 할 절실한 필요에 의하여 우리 헌법이 이를 차별금지의 사유로 예시하기에 이른 것이다. 그러나 이와 같은 헌법규정이 남성과 여성의 차이, 예컨대 임신이나 출산과 관련된 신체적 차이 등을 이유로 한 차별취급까지 금지하는 것은 아니며, 성별에 의한 차별취급이 곧바로 위헌의 강한 의심을 일으키는 사례군으로서 언제나 엄격한 심사를 요구하는 것이라고 단정짓기는 어렵다(헌재 2010.11.25, 2006헌마328).

③ [×] 그동안 정치자금법이 여러 차례 개정되어 후원회지정권자의 범위가 지속적으로 확대되어 왔음에도 불구하고, 국회의원선거의 예비후보자 및 그 예비후보자에게 후원금을 기부하고자 하는 자와 광역자치단체장선거의 예비후보자 및 이들 예비후보자에게 후원금을 기부하고자 하는 자를 계속하여 달리 취급하는 것은, 불합리한 차별에 해당하고 입법재량을 현저히 남용하거나 한계를 일탈한 것이다. 따라서 심판대상조항 중 광역자치단체장선거의 예비후보자에 관한 부분은 청구인들 중 광역자치단체장선거의 예비후보자 및 이들 예비후보자에게 후원금을 기부하고자 하는 자의 평등권을 침해한다(헌재 2019.12.27, 2018헌마301 · 43).

▶ 자치구의회의원의 경우 선거비용 이외에 정치자금의 필요성이 크지 않으며 선거비용 측면에서도 대통령선거나 국회의원선거에 비하여 선거운동 기간이 비교적 단기여서 상대적으로 선거비용이 적게 드는 점 등에 비추어 보면, 국회의원선거의 예비후보자와 달리 자치구의회의원선거의 예비후보자에게 후원회를 통한 정치자금의 조달을 불허하는 것에는 합리적인 이유가 있다. 따라서 심판대상조항 중 자치구의회의원선거의 예비후보자에 관한 부분은 청구인들 중 자치구의회의원선거의 예비후보자 및 이들 예비후보자에게 후원금을 기부하고자 하는 자의 평등권을 침해한다고 볼 수 없다(헌재 2019.12.27, 2018헌마301 · 43).

④ [×] 우리 헌법이 선언하고 있는 "인간의 존엄성"과 "법 앞에 평등"은 행정부나 사법부에 의한 법적용상의 평등만을 의미하는 것이 아니고, 입법권자에게 정의와 형평의 원칙에 합당하게 합헌적으로 법률을 제정하도록 하는 것을 명하는 법내용상의 평등을 의미하고 있다(헌재 1992.4.28, 90헌바24).

⑤ [×] 누범을 가중처벌하는 것은 전범에 대한 형벌의 경고적 기능을 무시하고 다시 범죄를 저질렀다는 점에서 비난가능성이 많고, 누범이 증가하고 있다는 현실에서 사회방위, 범죄의 특별예방 및 일반예방이라는 형벌목적에 비추어 보아, 형법 제35조가 누범에 대하여 형을 가중한다고 해서 그것이 인간의 존엄성 존중이라는 헌법의 이념에 반하는 것도 아니며, 누범을 가중하여 처벌하는 것은 사회방위, 범죄의 특별예방 및 일반예방, 더 나아가 사회의 질서유지의 목적을 달성하기 위한 하나의 수단이기도 하는 것이므로 이는 합리적 근거 있는 차별이어서 헌법상의 평등의 원칙에 위배되지 아니한다(헌재 1995.2.23, 93헌바43).

정답 | 17 ① 18 ①

19 헌법상 평등에 관한 설명으로 옳지 않은 것은? (다툼이 있는 경우에는 헌법재판소 판례에 의함) 22. 소방간부

① 헌법 제11조 제1항의 규범적 의미는 '법 적용의 평등'에서 끝나지 않고, 더 나아가 입법자에 대해서도 그가 입법을 통해서 권리와 의무를 분배함에 있어서 적용할 가치평가의 기준을 정당화할 것을 요구하는 '법 제정의 평등'을 포함한다.

② 입법자가 헌법 제11조 제1항의 평등원칙에 어느 정도로 구속되는가는 그 규율대상과 차별기준의 특성을 고려하여 구체적으로 결정된다.

③ 헌법재판소의 심사기준이 되는 행위규범으로서의 평등원칙은 단지 자의적인 입법의 금지기준만을 의미하는 것이 아니므로 헌법재판소는 입법자의 결정에서 차별을 정당화할 수 있는 합리적인 이유가 있는 경우에도 평등원칙의 위반을 선언해야 한다.

④ 헌법이 규정한 평등의 원칙은 국가가 언제 어디에서 어떤 계층을 대상으로 하여 기본권에 관한 상황이나 제도의 개선을 시작할 것인지를 선택하는 것을 방해하지는 않는다.

⑤ 모든 국민은 법 앞에 평등하다. 누구든지 성별·종교 또는 사회적 신분에 의하여 정치적·경제적·사회적·문화적 생활의 모든 영역에 있어서 차별을 받지 아니한다.

해설

③ [×] 평등원칙은 행위규범으로서 입법자에게, 객관적으로 같은 것은 같게 다른 것은 다르게, 규범의 대상을 실질적으로 평등하게 규율할 것을 요구하고 있다. 그러나 헌법재판소의 심사기준이 되는 통제규범으로서의 평등원칙은 단지 자의적인 입법의 금지기준만을 의미하게 되므로 헌법재판소는 입법자의 결정에서 차별을 정당화할 수 있는 합리적인 이유를 찾아볼 수 없는 경우에만 평등원칙의 위반을 선언하게 된다. 즉, 헌법에 따른 입법자의 평등실현의무는 헌법재판소에 대하여는 단지 자의금지원칙으로 그 의미가 한정축소된다(헌재 1997.1.16, 90헌마110).

① [O] 헌법 제11조 제1항의 규범적 의미는 이와 같은 '법 적용의 평등'에서 끝나지 않고, 더 나아가 입법자에 대해서도 그가 입법을 통해서 권리와 의무를 분배함에 있어서 적용할 가치평가의 기준을 정당화할 것을 요구하는 '법 제정의 평등'을 포함한다(헌재 2000.8.31, 97헌가12).

② [O] 평등원칙은 입법자가 법률을 제정함에 있어서 법적 효과를 달리 부여하기 위하여 선택한 차별의 기준이 객관적으로 정당화될 수 없을 때에는 그 기준을 법적 차별의 근거로 삼는 것을 금지한다. 이때 입법자가 헌법 제11조 제1항의 평등원칙에 어느 정도로 구속되는가는 그 규율대상과 차별기준의 특성을 고려하여 구체적으로 결정된다(헌재 2000.8.31, 97헌가12).

④ [O] 헌법 제11조 제1항이 규정하는 평등의 원칙은 국가가 언제 어디에서 어떤 계층을 대상으로 하여 기본권에 관한 상황이나 제도의 개선을 시작할 것인지를 선택하는 것을 방해하지는 아니한다. 그것이 허용되지 아니한다면, 모든 사항과 계층을 대상으로 하여 동시에 제도의 개선을 추진하는 예외적 경우를 제외하고는 어떠한 제도의 개선도 평등의 원칙 때문에 그 시행이 불가능하다는 결과에 이르게 되어 불합리할 뿐 아니라 평등의 원칙이 실현하고자 하는 가치와도 어긋나기 때문이다(헌재 2019.9.26, 2018헌마315).

⑤ [O]

> 헌법 제11조 ① 모든 국민은 법 앞에 평등하다. 누구든지 성별·종교 또는 사회적 신분에 의하여 정치적·경제적·사회적·문화적 생활의 모든 영역에 있어서 차별을 받지 아니한다.

20 평등권에 대한 설명으로 옳은 것은? (다툼이 있는 경우 판례에 의함)

22. 5급 공채

① 초·중등학교 교원에 대하여는 정당가입을 금지하면서 대학교원에게는 허용하는 것은 기초적인 지식전달, 연구기능 등 직무의 본질이 서로 다른 점을 고려한 합리적 차별이므로 평등원칙에 반하지 아니한다.

② 국민참여재판 배심원의 자격을 만 20세 이상으로 정한 것은 민법상 성년연령이 만 19세로 개정된 점이나 선거권 연령이 만 18세로 개정된 점을 고려해 볼 때, 만 19세 및 만 18세의 국민을 합리적인 이유 없이 차별취급하는 것이다.

③ 형벌체계에 있어서 법정형의 균형은 한치의 오차도 없이 반드시 실현되어야 하는 헌법상 절대원칙이므로, 특정한 범죄에 대한 형벌이 그 자체로서의 책임과 형벌의 비례원칙에 위반되지 않더라도 보호법익과 죄질이 유사한 범죄에 대한 형벌과 비교할 때 형벌체계상의 균형을 상실할 우려가 있는 경우에는 평등원칙에 반한다고 할 수 있다.

④ 근로자의 날을 법정유급휴일로 할 것인지에 있어서 공무원과 일반근로자를 다르게 취급할 이유가 없으므로 근로자의 날을 공무원의 법정유급휴일로 정하지 않은 것은 공무원과 일반근로자를 자의적으로 차별하는 것에 해당하여 평등권을 침해한다.

해설

① [O] 정치적 중립성, 초·중등학교 학생들에 대한 교육기본권 보장이라는 공익은 공무원들이 제한받는 사익에 비해 중대하므로 법익의 균형성 또한 인정된다. 따라서 이 사건 정당가입 금지조항은 과잉금지원칙에 위배되지 않는다. 이 사건 정당가입 금지조항이 초·중등학교 교원에 대해서는 정당가입의 자유를 금지하면서 대학의 교원에게 이를 허용한다 하더라도, 이는 기초적인 지식전달, 연구기능 등 양자간 직무의 본질과 내용, 근무 태양이 다른 점을 고려한 합리적인 차별이므로 평등원칙에 위배되지 않는다(헌재 2014.3.27, 2011헌바42).

② [×] 심판대상조항이 우리나라 국민참여재판제도의 취지와 배심원의 권한 및 의무 등 여러 사정을 종합적으로 고려하여 만 20세에 이르기까지 교육 및 경험을 쌓은 자로 하여금 배심원의 책무를 담당하도록 정한 것은 입법형성권의 한계 내의 것으로 자의적인 차별이라고 볼 수 없다(헌재 2021.5.27, 2019헌가19).

③ [×] 특정한 범죄에 대한 형벌이 그 자체로서의 책임과 형벌의 비례원칙에 위반되지 않더라도 보호법익과 죄질이 유사한 범죄에 대한 형벌과 비교할 때 현저히 불합리하거나 자의적이어서 형벌체계상의 균형을 상실한 것이 명백한 경우에는 평등원칙에 반하여 위헌이라 할 수 있다. 그러나 형벌체계에 있어서 법정형의 균형은 한치의 오차도 없이 반드시 실현되어야 하는 헌법상 절대원칙은 아니다. 법정형의 종류와 범위를 정함에 있어서 당해 범죄의 보호법익과 죄질뿐만 아니라 범죄예방을 위한 형사정책적 사정 등도 모두 고려되어야 하므로, 보호법익과 죄질이 다르면 법정형의 내용이 다를 수 있고, 형사정책적 고려가 다르면 또 그에 따라 법정형의 내용이 달라질 수밖에 없다. 중요한 것은, 범죄와 형벌 사이의 간극이 너무 커서 형벌 본래의 목적과 기능에 본질적으로 반하고 실질적 법치국가의 원리에 비추어 허용될 수 없을 정도인지 여부이다(헌재 2021.2.25, 2019헌바58).

④ [×] 공무원과 일반근로자는 그 직무 성격의 차이로 인하여 근로조건을 정하는 방식이나 내용에 있어서 차이가 있을 뿐만 아니라 근로자의 날을 법정유급휴일로 정할 필요성에 있어서도 차이가 있다. 따라서 심판대상조항이 근로자의 날을 공무원의 법정유급휴일에 해당하는 관공서 공휴일로 규정하지 않은 데에는 합리적인 이유가 있다 할 것이므로, 심판대상조항이 청구인들의 평등권을 침해한다고 볼 수 없다(헌재 2015.11.26, 2015헌마756).

정답 | 19 ③ 20 ①

21 평등권 및 평등원칙에 대한 설명으로 옳지 않은 것은? (다툼이 있는 경우 판례에 의함)

22. 입법고시

① '수사가 진행 중이거나 형사재판이 계속 중이었다가 그 사유가 소멸한 경우'에는 잔여 퇴직급여 등에 대해 이자를 가산하는 규정을 두면서, '형이 확정되었다가 그 사유가 소멸한 경우'에는 이자 가산 규정을 두지 않은 군인연금법 규정은 평등원칙에 위반된다.

② 주택재개발사업의 경우 학교용지부담금 부과 대상에서 '기존 거주자와 토지 및 건축물의 소유자에게 분양하는 경우'에 해당하는 개발사업분만 제외하고, 현금청산의 대상이 되어 제3자에게 분양됨으로써 기존에 비하여 가구 수가 증가하지 아니하는 개발사업분을 제외하지 아니한 학교용지 확보 등에 관한 특례법 규정은 평등원칙에 위반된다.

③ 현역병 및 사회복무요원과 달리 공무원의 초임호봉 획정에 인정되는 경력에 산업기능요원의 경력을 제외하도록 한 공무원보수규정의 조항은 평등권을 침해하지 아니한다.

④ 근로자가 사업주의 지배관리 아래 출퇴근하던 중 발생한 사고로 부상 등이 발생한 경우만 업무상 재해로 인정하는 산업재해보상보험법 규정은 평등원칙에 위반된다.

⑤ 형의 집행이 종료 또는 면제된 자와 달리 집행유예를 선고받은 소년범에 대하여는 자격완화 특례규정을 두지 아니하여 자격제한을 함에 있어 군인사법 등 해당 법률의 적용을 받도록 한 소년법 규정은 평등원칙에 위반되지 않는다.

해설

⑤ [×] 집행유예는 실형보다 죄질이나 범정이 더 가벼운 범죄에 관하여 선고하는 것이 보통인데, 이 사건 구법 조항은 집행유예보다 중한 실형을 선고받고 집행이 종료되거나 면제된 경우에는 자격에 관한 법령의 적용에 있어 형의 선고를 받지 아니한 것으로 본다고 하여 공무원 임용 등에 자격제한을 두지 않으면서 집행유예를 선고받은 경우에 대해서는 이와 같은 특례조항을 두지 아니하여 불합리한 차별을 야기하고 있다. … 더욱이 집행유예 기간을 경과한 자의 경우에는 원칙적으로 형의 선고에 의한 법적 효과가 장래를 향하여 소멸하고 향후 자격제한 등의 불이익을 받지 아니함에도, 이 사건 구법 조항에 따르면 집행유예를 선고받은 자의 자격제한을 완화하지 아니하여 집행유예 기간이 경과한 경우에도 그 후 일정 기간 자격제한을 받게 되었으므로, 명백히 자의적인 차별에 해당하여 평등원칙에 위반된다(헌재 2018.1.25, 2017헌가7 등).

① [O] '금고 이상의 형을 받았다가 재심으로 무죄판결을 받은 사람'은 군 복무 중 급여제한사유에 해당함이 없이 직무상 의무를 다한 성실한 군인이라는 점에서 '수사 중이거나 형사재판 계속 중이었다가 불기소처분 등을 받은 사람'과 차이가 없다. 급여제한사유에 해당하지 않는 사람임이 뒤늦게라도 밝혀졌다면, 수사 중이거나 형사재판 계속 중이어서 잠정적·일시적으로 지급을 유보하였던 경우인지, 아니면 당해 형사절차가 종료되어 확정적으로 지급을 제한하였던 경우인지에 따라 잔여 퇴직급여에 대한 이자 가산 여부를 달리 할 이유가 없다. 또한 이들은 '퇴직급여 등을 본래 지급받을 수 있었던 때 지급받지 못하고 일정한 기간이 경과한 후에 지급받는다'는 점에서도 차이가 없다. 금고 이상의 형이 확정되었다가 재심에서 무죄판결을 받은 사람은 처음부터 유죄판결이 없었던 것과 같은 상태가 되었으므로 '유죄판결을 받지 않았다면 본래 퇴직급여 등을 받을 수 있었던 날'에 퇴직급여를 지급받을 수 있었던 사람들이다. 따라서 미지급기간동안 잔여 퇴직급여에 발생하였을 경제적 가치의 증가를 전혀 반영하지 않고 잔여 퇴직급여 원금만을 지급하는 것은 제대로 된 권리 회복이라고 볼 수 없다. 이러한 점들을 종합하면, 잔여 퇴직급여에 대한 이자 지급 여부에 있어 양자를 달리 취급하는 것은 합리적 이유 없는 차별로서 평등원칙을 위반한다(헌재 2016.7.28, 2015헌바20).

▶ 심판대상조항에 대하여 단순위헌결정을 할 경우 '수사가 진행 중이거나 형사재판이 계속 중인 사람'에 대한 퇴직급여 제한 및 이자 가산 규정이 사라지는 법적 공백 상태가 발생하게 된다. 따라서 단순위헌결정을 하는 대신 헌법불합치결정을 하기로 한다. 심판대상조항은 그 위헌성이 제거될 때까지 잠정적으로 적용되어야 하고, 입법자는 늦어도 2017.12.31.까지는 개선 입법을 하여야 할 것이다(헌재 2016.7.28, 2015헌바20).

② [O] 이 사건 법률조항이 주택재건축사업의 경우 학교용지부담금 부과대상에서 '기존 거주자와 토지 및 건축물의 소유자에게 분양하는 경우'에 해당하는 개발사업분만 제외하고, 매도나 현금청산의 대상이 되어 제3자에게 분양됨으로써 기존에 비하여 가구수가 증가하지 아니하는 개발사업분을 제외하지 아니한 것은 주택재건축사업의 시행자들 사이에 학교시설 확보의 필요성을 유발하는 정도와 무관한 불합리한 기준으로 학교용지부담금의 납부액을 달리하는 차별을 초래하므로 이 사건 법률조항은 평등원칙에 위배된다(헌재 2013.7.25, 2011헌가32).

③ [O] 심판대상조항은 병역의무로 인하여 본인의 의사와 관계없이 징집·소집되어 적정한 보수를 받지 못하고 공무수행으로 복무한 기간을 공무원 초임호봉에 반영함으로써, 상대적으로 열악한 환경에서 병역의무를 이행한 공로를 금전적으로 보상하고자 함에 그 취지가 있다. 그런데 사회복무요원은 공익 수행을 목적으로 한 제도로 그 직무가 공무수행으로 인정되고, 본인의사에 관계없이 소집되며 현역병에 준하는 최소한의 보수만 지급됨에 반하여, 산업기능요원은 국가산업 육성을 목적으로 한 제도로 그 직무가 공무수행으로 인정되지 아니하고, 본인의사에 따라 편입 가능하며 근로기준법 및 최저임금법의 적용을 받는다. 심판대상조항은 이와 같은 실질적 차이를 고려하여 상대적으로 열악한 환경에서 병역의무를 이행한 것으로 평가되는 현역병 및 사회복무요원의 공로를 보상하도록 한 것으로 산업기능요원과의 차별취급에 합리적 이유가 있으므로, 청구인의 평등권을 침해하지 아니한다(헌재 2016.6.30, 2014헌마192).

④ [O] 도보나 자기 소유 교통수단 또는 대중교통수단 등을 이용하여 출퇴근하는 산업재해보상보험(이하 '산재보험'이라 한다) 가입 근로자(이하 '비혜택근로자'라 한다)는 사업주가 제공하거나 그에 준하는 교통수단을 이용하여 출퇴근하는 산재보험 가입 근로자(이하 '혜택근로자'라 한다)와 같은 근로자인데도 사업주의 지배관리 아래 있다고 볼 수 없는 통상적 경로와 방법으로 출퇴근하던 중에 발생한 재해(이하 '통상의 출퇴근 재해'라 한다)를 업무상 재해로 인정받지 못한다는 점에서 차별취급이 존재한다. … 사업장 규모나 재정여건의 부족 또는 사업주의 일방적 의사나 개인 사정 등으로 출퇴근용 차량을 제공받지 못하거나 그에 준하는 교통수단을 지원받지 못하는 비혜택근로자는 비록 산재보험에 가입되어 있다 하더라도 출퇴근 재해에 대하여 보상을 받을 수 없는데, 이러한 차별을 정당화할 수 있는 합리적 근거를 찾을 수 없다(헌재 2016.9.29, 2014헌바254).

22 <보기>에서 평등원칙 위반 여부의 심사기준이 같은 사안끼리 묶인 것은? (다툼이 있는 경우 헌법재판소 판례에 의함)

22. 국회직 8급

〈보기〉

㉠ 국가를 상대로 하는 당사자소송의 경우에는 가집행선고를 할 수 없다고 규정한 것은 평등원칙에 반한다.
㉡ 제대군인이 공무원채용시험 등에 응시한 때에 과목별 득점에 과목별 만점의 5% 또는 3%를 가산하는 제대군인 가산점제도를 규정한 것은 헌법에 위반된다.
㉢ 대한민국 국민인 남자에 한하여 병역의무를 부과한 것은 평등권을 침해하지 않는다.
㉣ 혼인한 등록의무자 모두 배우자가 아닌 본인의 직계존·비속의 재산을 등록하도록 법조항이 개정되었음에도 불구하고, 개정 전 조항에 따라 이미 배우자의 직계존·비속의 재산을 등록한 혼인한 여성 등록의무자는 종전과 동일하게 계속해서 배우자의 직계존·비속의 재산을 등록하도록 규정한 것은 평등원칙에 위배된다.

① (㉠), (㉡, ㉢, ㉣)
② (㉠, ㉡), (㉢, ㉣)
③ (㉠, ㉢), (㉡, ㉣)
④ (㉠, ㉣), (㉡, ㉢)
⑤ (㉠, ㉡, ㉣), (㉢)

해설

㉠㉢은 완화된 심사기준이, ㉡㉣은 엄격한 심사기준이 적용된다.

㉠ 국민이 국가를 상대로 한 소송에서 얻어낸 승소판결에는 아무리 확신있는 판결이라고 할지라도 가집행의 선고를 할 수 없게 되어 있어 결국 재산권과 신속한 재판을 받을 권리의 보장에 있어 소송당사자를 차별하여 국가를 우대하고 있는 것이 명백하고 이처럼 민사소송의 당사자를 차별하여 국가를 우대할만한 합리적 이유도 찾기 어렵다(헌재 1989.1.25, 88헌가7).

㉡ 가산점제도는 헌법 제32조 제4항이 특별히 남녀평등을 요구하고 있는 "근로" 내지 "고용"의 영역에서 남성과 여성을 달리 취급하는 제도이고, 또한 헌법 제25조에 의하여 보장된 공무담임권이라는 기본권의 행사에 중대한 제약을 초래하는 것이기 때문에 엄격한 심사척도가 적용된다(헌재 1999.12.23, 98헌마363).

㉢ 헌법이 특별히 양성평등을 요구하는 경우나 관련 기본권에 중대한 제한을 초래하는 경우의 차별취급을 그 내용으로 하고 있다고 보기 어려우며, 징집대상자의 범위 결정에 관하여는 입법자의 광범위한 입법형성권이 인정된다는 점에 비추어 대한민국 국민인 남자에 한하여 병역의무를 부과한 이 사건 법률조항이 평등권을 침해하는지 여부는 완화된 심사기준에 따라 판단하여야 한다. 대한민국 국민인 남자에 한하여 병역의무를 부과한 것은 평등권을 침해하지 않는다(헌재 2011.6.30, 2010헌마460).

㉣ 혼인한 남성 등록의무자와 이미 개정전 공직자윤리법 조항에 따라 재산등록을 한 혼인한 여성 등록의무자를 달리 취급하고 있는바, 이 사건 부칙조항이 평등원칙에 위배되는지 여부를 판단함에 있어서는 엄격한 심사척도를 적용하여 비례성 원칙에 따른 심사를 하여야 한다(헌재 2021.9.30, 2019헌가3).

정답 | 21 ⑤ 22 ③

23 평등권에 대한 설명으로 옳지 않은 것은? (다툼이 있는 경우 판례에 의함) 22. 비상계획관

① 입법자가 근로자 퇴직급여 보장법상 퇴직급여제도를 설정함에 있어 4주간을 평균하여 1주간의 소정근로시간이 15시간 미만인 근로자를 그 지급대상에서 배제함으로써 차별취급이 발생하였다고 하더라도 이를 입법재량을 벗어난 자의적인 재량권 행사라고 보기는 어렵다.

② 제도의 단계적 개선을 추진하는 경우에 언제 어디에서 어떤 계층을 대상으로 하여 기본권에 관한 사항이나 제도의 개선을 시작할 것인지를 선택하는 것에는 입법형성의 자유가 인정된다.

③ 공중보건의사로 편입되어 군사교육에 소집된 자에게 군사교육 소집기간 동안의 보수를 지급하지 않도록 규정하였다고 하더라도 이는 한정된 국방예산의 범위 내에서 효율적인 병역 제도의 형성을 위하여 공중보건의사의 신분, 복무 내용, 복무 환경, 전체 복무기간 동안의 보수수준 및 처우, 군사교육의 내용 및 기간 등을 종합적으로 고려하여 결정한 것이므로, 평등권을 침해한다고 보기 어렵다.

④ 지역가입자에 대한 보험료 산정 · 부과시 소득 외에 재산 등의 요소를 추가적으로 고려하도록 한 국민건강보험법 조항은 합리적 이유 없이 지역가입자를 차별하는 것이므로 헌법상 평등원칙에 위배된다.

해설

④ [×] 새로운 체제로의 개편은 보험재정의 안정성을 확보할 수 있는 한도에서 이루어져야 하는데, 소득만을 기반으로 보험료를 부과할 경우 지역가입자의 재산 등을 기반으로 한 보험재정 부분에 대한 보충 방안이 확실히 마련된 것으로 보이지 않는다. 따라서 현재의 보험료 산정 · 부과 방식에 다소 불합리한 점이 있다 하더라도 그러한 불합리성이 부분적 · 단계적 제도 개선을 통해 어느 정도 해결될 수 있다면 이원적 부과체계 자체가 합리적이지 않다고 단정할 수 없다. 지역가입자에 대한 보험료 산정 · 부과 시 소득 외에 재산 등의 요소를 추가적으로 고려하는 데에 합리적 이유가 있다 할 것이고, 재산 등의 요소를 추가적으로 고려함에 있어 발생하는 문제점은 보험재정의 안정성을 유지하는 한도 내에서 개선되어 나아가는 중이므로, 심판대상조항이 헌법상 평등원칙에 위반된다고 할 수 없다 (헌재 2016.12.29, 2015헌바199, 판례집 28-2하, 436, 437).

① [O] 심판대상조항이 퇴직급여제도의 설정에 있어 초단시간근로자를 그 적용대상에서 배제함으로써 초단시간근로자를 통상의 근로자 또는 그 외 단시간근로자와 달리 취급한 것에는 합리적 이유가 있다. 퇴직급여제도가 적용되는 범위가 확대되고 있는 등 근로자를 보호하기 위한 입법개선 노력이 있어 왔고, 입법자가 법적 가치의 상향적 구현을 단계적으로 추구하는 과정에서 사용자와의 이해관계를 조정하기 위한 그 나름의 합리적 이유를 확인할 수 있으므로, 이를 입법재량을 벗어난 자의적인 재량권행사라고 보기는 어렵다. 따라서 심판대상조항은 평등원칙에 위배되지 아니한다(헌재 2021.11.25, 2015헌바334 등, 판례집 33-2, 547, 548).

② [O] 헌법재판소는 "헌법상 평등의 원칙은 국가가 언제 어디에서 어떤 계층을 대상으로 하여 기본권에 관한 사항이나 제도의 개선을 시작할 것인지를 선택하는 것을 방해하지 않는다. 말하자면 국가는 합리적인 기준에 따라 능력이 허용하는 범위 내에서 법적 가치의 상향적 구현을 위한 제도의 단계적인 개선을 추진할 수 있는 길을 선택할 수 있어야 한다. 그것이 허용되지 않는다면 모든 사항과 계층을 대상으로 하여 동시에 제도의 개선을 추진하는 예외적인 경우를 제외하고는 어떠한 제도의 개선도 평등의 원칙 때문에 그 시행이 불가능하다는 결과에 이르게 되어 불합리할 뿐만 아니라 평등의 원칙이 실현하고자 하는 가치에도 어긋나기 때문이다."라고 판시하여(헌재 2011.6.30, 2008헌마715, 판례집 23-1하, 430, 439 등 참조), 제도의 단계적 개선을 추진하는 경우 언제 어디에서 어떤 계층을 대상으로 하여 제도 개선을 시작할 것인지를 선택하는 것에 대하여 입법자에게 형성의 자유를 인정하고 있다(헌재 2012.6.27, 2010헌마716, 판례집 24-1하, 754, 765).

③ [O] 공중보건의사는 의사 등 전문자격 보유자를 대상으로 하고, 현역병보다 자유로운 환경에서 복무하며, 임기제 공무원으로 신분이 보장되고, 자신의 전문지식과 능력을 그대로 활용할 수 있으며, 장교에 해당하는 보수를 지급받고 있어 그 복무의 내용이나 성격이 현역병이나 사회복무요원과 같다고 보기 어렵고, 공중보건의사에 대한 군사교육은 복무기간 내내 비군사적인 복무에 종사하게 될 공중보건의사에게 단 1회 30일 이내의 기간에 한하여 이루어지고, 그 기간 동안 의식주에 필요한 기본물품이 제공된다는 점 등을 고려하면 공중보건의사가 받는 불이익이 심대하다고 보기도 어렵다. 따라서 심판대상조항이 공중보건의사로 편입되어 군사교육 소집된 자에게 군사교육 소집기간 동안의 보수를 지급하지 않도록 규정하였다고 하더라도 이는 한정된 국방예산의 범위 내에서 효율적인 병역 제도의 형성을 위하여 공중보건의사의 신분, 복무 내용, 복무 환경, 전체 복무기간 동안의 보수 수준 및 처우, 군사교육의 내용 및 기간 등을 종합적으로 고려하여 결정한 것이므로, 평등권을 침해한다고 보기 어렵다(헌재 2020.9.24, 2017헌마643, 판례집 32-2, 320, 320).

24 다음 설명 중 가장 옳지 않은 것은? (다툼이 있는 경우 헌법재판소 결정 및 대법원 판례에 의함)

22. 법원직 9급

① 혼인한 등록의무자는 배우자가 아닌 본인의 직계존·비속의 재산을 등록하도록 법이 개정되었으나, 개정 전 이미 배우자의 직계존·비속의 재산을 등록한 혼인한 여성 등록의무자는 종전과 동일하게 계속해서 배우자의 직계존·비속의 재산을 등록하도록 한 부칙 조항은 그 목적의 정당성을 발견할 수 없다.

② 중혼의 취소권자를 민법이 규정하면서 직계비속을 제외한 것은 합리적 이유 없이 직계존속에게는 중혼의 취소청구권을 부여하고 직계비속에게는 부여하지 않았다고 할 것이어서 평등원칙에 반한다.

③ 국채에 대한 소멸시효를 5년 단기로 규정하여 민사 일반채권자나 회사채 채권자에 비하여 국채 채권자를 차별 취급한 것은 합리적인 이유 없는 차별에 해당하지 않는다.

④ 우체국보험금 및 환급금 청구채권 전액에 대하여 압류를 금지하여 우체국보험 가입자의 채권자와 일반 인보험 가입자의 채권자를 차별 취급하는 것은 합리적인 사유가 존재하므로 헌법상 평등원칙에 위배되지 아니한다.

해설

④ [×] 이 사건 법률조항은 국가가 운영하는 우체국보험에 가입한다는 사정만으로 일반 보험회사의 인보험에 가입한 경우와는 달리 그 수급권이 사망·장해나 입원 등으로 인하여 발생한 것인지, 만기나 해약으로 발생한 것인지 등에 대한 구별조차 없이 그 전액에 대하여 무조건 압류를 금지하여 우체국보험 가입자를 보호함으로써 우체국보험 가입자의 채권자를 일반 인보험 가입자의 채권자에 비하여 불합리하게 차별취급하는 것이므로, 헌법 제11조 제1항의 평등원칙에 위반된다(헌재 2008.5.29, 2006헌바5).

① [O] 이 사건 부칙조항은 개정 전 공직자윤리법 조항이 혼인관계에서 남성과 여성에 대한 차별적 인식에 기인한 것이라는 반성적 고려에 따라 개정 공직자윤리법 조항이 시행되었음에도 불구하고, 일부 혼인한 여성 등록의무자에게 이미 개정 전 공직자윤리법 조항에 따라 재산등록을 하였다는 이유만으로 남녀차별적인 인식에 기인하였던 종전의 규정을 따를 것을 요구하고 있다. 그런데 혼인한 남성 등록의무자와 달리 혼인한 여성 등록의무자의 경우에만 본인이 아닌 배우자의 직계존·비속의 재산을 등록하도록 하는 것은 여성의 사회적 지위에 대한 그릇된 인식을 양산하고, 가족관계에 있어 시가와 친정이라는 이분법적 차별구조를 정착시킬 수 있으며, 이것이 사회적 관계로 확장될 경우에는 남성우위·여성비하의 사회적 풍토를 조성하게 될 우려가 있다. 이는 성별에 의한 차별금지 및 혼인과 가족생활에서의 양성의 평등을 천명하고 있는 헌법에 정면으로 위배되는 것으로 그 목적의 정당성을 인정할 수 없다. 따라서 이 사건 부칙조항은 평등원칙에 위배된다(헌재 2021.9.30, 2019헌가3).

② [O] 중혼의 취소청구권자를 규정한 이 사건 법률조항은 그 취소청구권자로 직계존속과 4촌 이내의 방계혈족을 규정하면서도 직계비속을 제외하였는바, 직계비속을 제외하면서 직계존속만을 취소청구권자로 규정한 것은 가부장적·종법적인 사고에 바탕을 두고 있고, 직계비속이 상속권 등과 관련하여 중혼의 취소청구를 구할 법률적인 이해관계가 직계존속과 4촌 이내의 방계혈족 못지않게 크며, 그 취소청구권자의 하나로 규정된 검사에게 취소청구를 구한다고 하여도 검사로 하여금 직권발동을 촉구하는 것에 지나지 않은 점 등을 고려할 때, 합리적인 이유 없이 직계비속을 차별하고 있어, 평등원칙에 위반된다(헌재 2010.7.29, 2009헌가8).

③ [O] (1) 국채가 발행되는 공공자금관리기금의 운용계획수립 및 집행에 있어서 채권·채무관계를 조기에 확정하고 예산 수립의 불안정성을 제거하여 공공자금관리기금을 합리적으로 운용하기 위하여 단기소멸시효를 둘 필요성이 크고, 국채는 일반기업 및 개인의 채무보다 채무이행에 대한 신용도가 매우 높아서 채권자가 용이하게 채권을 행사할 수 있으므로 오랫동안 권리행사를 하지 않은 채권자까지 보호할 필요성이 그리 크지 않으며, 공공기관 기록물 중 예산·회계관련 기록물들의 보존기간이 5년으로 정해져 있어서 소멸시효기간을 이보다 더 장기로 정하는 것은 적절하지 않을 뿐만 아니라, 상사채권뿐만 아니라, 국가 또는 지방자치단체에 대한 채권, 연금법상 채권, 공기업이 발행하는 채권 등이 모두 5년의 소멸시효 기간을 규정하고 있는 점을 종합하건대, 이 사건 법률조항이 국채에 대한 소멸시효를 5년 단기로 규정하여 민사 일반채권자나 회사채 채권자에 비하여 국채 채권자를 차별 취급한 것은 합리적인 사유가 존재하므로 헌법상 평등원칙에 위배되지 아니한다.

(2) 이 사건 법률조항이 국채에 대하여 5년의 소멸시효를 정한 것은 국가의 채권·채무관계를 조기에 확정하여 재정을 합리적으로 운용하기 위한 합리적인 이유가 있고, 5년의 단기시효기간이 채권자의 재산권을 본질적으로 침해할 정도로 지나치게 짧고 불합리하다고 할 수 없으므로 헌법 제23조 제1항의 재산권보장 규정에 위반된다고 볼 수 없다(헌재 2010.4.29, 2009헌바120).

정답 | 23 ④ 24 ④

25 평등권 및 평등원칙에 대한 설명으로 가장 적절한 것은? (다툼이 있는 경우 헌법재판소 판례에 의함)

22. 경찰간부

① 공익신고자 보호법상 보상금의 의의와 목적을 고려하면 공익신고 유도 필요성에 있어 차이가 있는 내부 공익신고자와 외부 공익신고자를 달리 취급하는 것은 합리성을 인정할 수 있다.

② 초·중등교육법 시행령 중 자율형사립고(자사고) 지원자의 평준화지역 후기학교 중복지원금지조항은 고등학교 진학 기회에 있어서 자사고 지원자들에 대한 차별을 정당화할 수 있을 정도로 차별 목적과 차별 정도 간에 비례성을 갖춘 것이다.

③ 개정 전 공직자윤리법 조항에 따라 이미 재산등록을 한 혼인한 여성 등록의무자에게만 배우자의 직계존·비속의 재산을 등록하도록 예외를 규정한 공직자윤리법 부칙조항은 평등원칙에 위배되지 않는다.

④ 임대의무기간이 10년인 공공건설임대주택의 분양전환가격을 임대의무기간이 5년인 공공건설임대주택의 분양전환가격과 서로 다른 기준으로 산정하는 구 임대주택법 시행규칙 조항은 10년 임대주택에 거주하는 임차인의 평등권을 침해한다.

해설

① [O] 공익침해행위의 효율적인 발각과 규명을 위해서는 내부 공익신고가 필수적인데, 내부 공익신고자는 조직 내에서 배신자라는 오명을 쓰기 쉬우며, 공익신고로 인하여 신분상, 경제상 불이익을 받을 개연성이 높다. 이 때문에 보상금이라는 경제적 지원조치를 통해 내부 공익신고를 적극적으로 유도할 필요성이 인정된다. 반면, '내부 공익신고자가 아닌 공익신고자'(이하 '외부 공익신고자'라 한다)는 공익신고로 인해 불이익을 입을 개연성이 높지 않기 때문에 공익신고 유도를 위한 보상금 지급이 필수적이라 보기 어렵다. '공익신고자 보호법'상 보상금의 의의와 목적을 고려하면, 이와 같이 공익신고 유도 필요성에 있어 차이가 있는 내부 공익신고자와 외부 공익신고자를 달리 취급하는 것에 합리성을 인정할 수 있다. 또한, 무차별적 신고로 인한 행정력 낭비 등 보상금이 초래한 전문신고자의 부작용 문제를 근본적으로 해소하고 공익신고의 건전성을 제고하고자 보상금 지급대상을 내부 공익신고자로 한정한 입법자의 판단이 충분히 납득할만한 점, 외부 공익신고자도 일정한 요건을 갖추는 경우 포상금, 구조금 등을 지급 받을 수 있는 점 등을 아울러 고려할 때, 이 사건 법률조항이 평등원칙에 위배된다고 볼 수 없다(헌재 2021.5.27, 2018헌바127).

② [×] 자사고와 평준화지역 후기학교의 입학전형 실시권자가 달라 자사고 불합격자에 대한 평준화지역 후기학교 배정에 어려움이 있다면 이를 해결할 다른 제도를 마련하였어야 함에도, 이 사건 중복지원금지 조항은 중복지원금지 원칙만을 규정하고 자사고 불합격자에 대하여 아무런 고등학교 진학 대책을 마련하지 않았다. 결국 이 사건 중복지원금지 조항은 고등학교 진학 기회에 있어서 자사고 지원자들에 대한 차별을 정당화할 수 있을 정도로 차별 목적과 차별 정도 간에 비례성을 갖춘 것이라고 볼 수 없다(헌재 2019.4.11, 2018헌마221).

③ [×] 이 사건 부칙조항은 개정 전 공직자윤리법 조항이 혼인관계에서 남성과 여성에 대한 차별적 인식에 기인한 것이라는 반성적 고려에 따라 개정 공직자윤리법 조항이 시행되었음에도 불구하고, 일부 혼인한 여성 등록의무자에게 이미 개정 전 공직자윤리법 조항에 따라 재산등록을 하였다는 이유만으로 남녀차별적인 인식에 기인하였던 종전의 규정을 따를 것을 요구하고 있다. 그런데 혼인한 남성 등록의무자와 달리 혼인한 여성 등록의무자의 경우에만 본인이 아닌 배우자의 직계존·비속의 재산을 등록하도록 하는 것은 여성의 사회적 지위에 대한 그릇된 인식을 양산하고, 가족관계에 있어 시가와 친정이라는 이분법적 차별구조를 정착시킬 수 있으며, 이것이 사회적 관계로 확장될 경우에는 남성우위·여성비하의 사회적 풍토를 조성하게 될 우려가 있다. 이는 성별에 의한 차별금지 및 혼인과 가족생활에서의 양성의 평등을 천명하고 있는 헌법에 정면으로 위배되는 것으로 그 목적의 정당성을 인정할 수 없다. 따라서 이 사건 부칙조항은 평등원칙에 위배된다(헌재 2021.9.30, 2019헌가3).

④ [×] 구 임대주택법령상 10년 임대주택의 임차인은 5년 임대주택의 임차인보다 장기간 동안 주변 시세에 비하여 저렴한 임대보증금과 임대료를 지불하면서 거주하고 위 기간 동안 재산을 형성하여 당해 공공건설임대주택을 분양전환을 통하여 취득할 기회를 부여받게 되므로, 10년 임대주택과 5년 임대주택은 임차인의 주거의 안정성을 보장한다는 면에서 차이가 있다. 위 차이는 장기간 임대사업의 불확실성을 감당하게 되는 임대사업자의 수익성과 연결된다. 10년 임대주택과 5년 임대주택에 동일한 분양전환가격 산정기준을 적용하면 전자의 공급이 감소되는 결과로 이어진다. 심판대상조항이 10년 임대주택의 분양전환가격의 상한만을 정하되 상한을 감정평가금액으로 규정한 것은 임대사업자에게 일정한 수익성을 보장하고 감정평가법인을 통하여 분양전환 당시의 객관적 주택가격을 충실히 반영하기 위함이다. 분양전환제도의 목적은 임차인이 일정 기간 거주한 이후 우선 분양전환을 통하여 당해 임대주택을 소유할 권리를 부여하는 것이지 당해 임대주택의 소유를 보장하기 위한 것은 아니다. 이를 고려하면, 5년 임대주택과 동일한 분양전환가격 산정기준을 적용받지 않는다고 하여 10년 임대주택의 임차인이 합리적 이유 없이 차별 취급되고 있다고 보기 어렵다. 임차인은 입주자 모집공고 등을 통해 임대의무기간의 장단, 분양전환가격 산정기준의 유불리를 파악하여 자신의 상황에 맞는 공공건설임대주택을 선택할 수 있다. 심판대상조항이 10년 임대주택의 분양전환가격 산정기준을 달리 정한 데에는 합리적 이유가 있으므로, 심판대상조항으로 인하여 10년 임대주택에 거주하는 임차인의 평등권은 침해되지 아니한다(헌재 2021.4.29, 2019헌마202).

26 평등권에 대한 설명으로 옳지 않은 것은? (다툼이 있는 경우 판례에 의함)

22. 국회직 9급

① 일반 응시자와 달리 공무원의 근무연수 및 계급에 따라 행정사 자격시험의 제1차시험을 면제하거나 제1차시험의 전 과목과 제2차시험의 일부과목을 면제하는 것은 평등권을 침해하지 않는다.

② 사회적 특수계급의 제도는 인정되지 아니하며, 어떠한 형태로도 이를 창설할 수 없다.

③ 보훈보상 대상자의 부모에 대한 유족보상금 지급 시, 부모 중 수급권자를 나이가 많은 1인에 한정하고 어떠한 예외도 두지 않는 보훈보상대상자 지원에 관한 법률규정은 보상금을 지급받지 못하는 부모 일방의 평등권을 침해하지 않는다.

④ 군인·군무원·경찰공무원 기타 법률이 정하는 자가 전투·훈련 등 직무집행과 관련하여 받은 손해에 대하여는 법률이 정하는 보상 외에 국가 또는 공공단체에 공무원의 직무상 불법행위로 인한 배상은 청구할 수 없다.

⑤ 모든 국민은 능력에 따라 균등하게 교육을 받을 권리를 가진다. 모든 국민은 그 보호하는 자녀에게 적어도 초등교육과 법률이 정하는 교육을 받게 할 의무를 진다.

해설

③ [×] 부모에 대한 보상금 지급에 있어서 예외 없이 오로지 1명에 한정하여 지급해야 할 필요성이 크다고 볼 수 없다. 심판대상조항이 국가의 재정부담능력의 한계를 이유로 하여 부모 1명에 한정하여 보상금을 지급하도록 하면서 어떠한 예외도 두지 않은 것에는 합리적 이유가 있다고 보기 어렵다. 심판대상조항 중 나이가 많은 자를 우선하도록 한 것 역시 문제된다. 나이에 따른 차별은 연장자를 연소자에 비해 우대하는 전통적인 유교사상에 기초한 것으로 보이나, 부모 중 나이가 많은 자가 나이가 적은 자를 부양한다고 일반화할 합리적인 이유가 없고, 부모 상호간에 노동능력 감소 및 부양능력에 현저히 차이가 있을 정도의 나이 차이를 인정하기 어려운 경우도 많다. 오히려 직업이나 보유재산에 따라 연장자가 경제적으로 형편이 더 나은 경우에도 그 보다 생활이 어려운 유족을 배제하면서까지 연장자라는 이유로 보상금을 지급하는 것은 보상금 수급권이 갖는 사회보장적 성격에 부합하지 아니한다. 심판대상조항은 나이가 적은 부모 일방의 평등권을 침해하여 헌법에 위반되나, 단순위헌결정을 하여 당장 그 효력을 상실시킬 경우에는 보훈보상대상자의 유족인 부모에 대한 보상금 지급의 근거 규정이 사라지게 되어 그 입법목적을 달성하기 어려운 법적 공백 상태가 발생할 수 있다. 또한, 심판대상조항의 위헌적 상태를 제거함에 있어서 어떠한 기준 및 요건에 의해 보상금 수급권자를 결정하고, 수급권자의 범위를 어떻게 정할 것인지 등에 관하여 헌법재판소의 결정취지의 한도 내에서 입법자에게 재량이 부여된다 할 것이므로 입법자가 합헌적인 방향으로 법률을 개선할 때까지 그 효력을 존속하게 하여 이를 적용하게 할 필요가 있다(헌재 2018.06.28, 2016헌가14).

① [O] 경력공무원에 대하여 행정사 자격시험 중 일부를 면제하는 것은 상당 기간 행정의 실무 경험을 갖춘 공무원의 경우 행정에 관련된 전문 지식이나 능력을 이미 갖춘 것으로 볼 수 있기 때문이다. 15년 이상 공무원으로 근무하면서 7급 이상의 직에 근무한 경험이 있거나, 5급 이상 공무원의 지위에서 5년 이상 근무하였다면, 행정절차 및 사무관리에 관하여 상당한 수준의 경험 및 전문지식을 갖춘 것으로 볼 수 있으므로, 제2차시험 중 행정절차론 및 사무관리론을 면제한 시험면제조항은 합리적인 이유가 있다. 국·공립학교 교사나 직업군인을 비롯하여 대부분의 공무원들은 직렬이나 담당 업무를 불문하고 일정한 행정업무를 담당하고 있고, 그와 같은 행정경험이 행정사 업무 수행에 기여할 것이라는 입법자의 판단이 현저하게 잘못되었다고 보기 어렵다. 따라서 시험면제조항은 일반 응시자인 청구인들의 평등권이나 직업선택의 자유를 침해하지 아니한다(헌재 2016.2.25, 2013헌마626).

② [O]

헌법 제11조 ② 사회적 특수계급의 제도는 인정되지 아니하며, 어떠한 형태로도 이를 창설할 수 없다.

④ [O]

헌법 제29조 ② 군인·군무원·경찰공무원 기타 법률이 정하는 자가 전투·훈련등 직무집행과 관련하여 받은 손해에 대하여는 법률이 정하는 보상외에 국가 또는 공공단체에 공무원의 직무상 불법행위로 인한 배상은 청구할 수 없다.

⑤ [O]

헌법 제31조 ① 모든 국민은 능력에 따라 균등하게 교육을 받을 권리를 가진다. ② 모든 국민은 그 보호하는 자녀에게 적어도 초등교육과 법률이 정하는 교육을 받게 할 의무를 진다.

정답 | 25 ① 26 ③

27 평등권 내지 평등원칙에 관한 설명 중 옳은 것은 모두 몇 개인가? (다툼이 있는 경우 판례에 의함)

22. 경찰 1차

㉠ 조세를 비롯한 공과금 부과에서의 평등원칙은, 공과금 납부의무자가 법률에 의하여 법적인 평등 부담뿐만 아니라 사실적으로도 평등하게 부담을 받을 것을 요청한다.
㉡ 유사한 성격의 규율대상에 대하여 이미 입법이 있다 하더라도, 평등원칙을 근거로 입법자에게 청구인들에게도 적용될 입법을 하여야 할 헌법상의 의무가 발생한다고 볼 수 없다.
㉢ 국가라 할지라도 국고작용으로 인한 민사관계에 있어서는 일반인과 같이 원칙적으로 대등하게 다루어져야 하며 국가라고 하여 우대하여야 할 헌법상의 근거가 없다.
㉣ 국가를 상대로 하는 당사자소송의 경우에는 가집행선고를 할 수 없다고 규정한 행정소송법 제43조는 공법상 법률관계를 전제로 한다는 점에서 일반 사법상 법률관계와 달리 취급할 합리적 이유가 있으므로 평등원칙에 위배되지 아니한다.

① 1개 ② 2개
③ 3개 ④ 4개

해설

옳은 것은 3개(㉠, ㉡, ㉢)이다.

㉠ [O] 조세를 비롯한 공과금의 부과에서의 평등원칙은, 공과금 납부의무자가 법률에 의하여 법적 및 사실적으로 평등하게 부담을 받을 것을 요청한다. 즉 납부의무자의 균등부담의 원칙은, 공과금 납부의무의 규범적 평등과 공과금의 징수를 통한 납부의무의 관철에 있어서의 평등이라는 두 가지 요소로 이루어진다. 만일 입법자가 규범적으로만 국민에게 균등한 부담을 부과하는 것에 그치고, 납부의무의 관철에 있어서 국민간에 현저한 차이가 발생하도록 방치한다면, 납부의무자간의 균등부담의 원칙, 즉 공과금부과에서의 평등은 실현될 수 없다. 따라서 납부의무를 부과하는 실체적 법률은 '사실적 결과에 있어서도 부담의 평등'을 원칙적으로 보장할 수 있는 절차적 규범이나 제도적 조치와 결합되어서 납부의무자간의 균등부담을 보장해야 한다(헌재 2000.6.29, 99헌마289).

㉡ [O] 민주화운동관련자명예회복및보상등에관한법률, 의문사진상규명에관한특별법, 제주 4·3사건진상규명및희생자명예회복에관한특별법의 적용 대상자와 청구인들의 피해가 본질적으로 같은 성격을 갖고 있음에도 불구하고 청구인들의 피해에 대한 보상 입법을 제정하지 않은 것은 평등의 원칙에 반한다고, 즉 위와 같은 법률 등이 제정되었으므로 입법자에게는 평등의 원칙에 따라 청구인들에 대한 보상 입법을 하여야 의무가 발생하였다는 취지의 주장을 하므로 살펴본다. … 가사 그것이 본질적으로 동일하다고 보더라도 이를 근거로 입법자에게 청구인들에게도 적용될 유사한 내용의 입법을 하여야 할 헌법상의 의무가 발생한다고 볼 수 없다. 왜냐하면 평등원칙은 원칙적으로 입법자에게 헌법적으로 아무런 구체적인 입법의무를 부과하지 않고, 다만, 입법자가 평등원칙에 반하는 일정 내용의 입법을 하게 되면, 이로써 피해를 입게 된 자는 직접 당해 법률조항을 대상으로 하여 평등원칙의 위반여부를 다툴 수 있을 뿐이기 때문이다(헌재 2003.1.30, 2002헌마358).

㉢ [O] 헌법전문 및 헌법상의 평등의 원칙과 사유재산권의 보장은 그가 누구냐에 따라 차별대우가 있어서는 아니되고 비록 국가라 할지라도 국고작용으로 인한 민사(民事)관계에 있어서는 일반인과 같이 원칙적으로 대등하게 다루어져야 하며 국가라고 하여 우대하여야 할 헌법상의 근거가 없으며 이는 입법을 함에 있어서도 따라야 할 우리 헌법의 기본원리이다(헌재 1991.5.13, 89헌가97).

㉣ [×] 재산권의 청구가 공법상 법률관계를 전제로 한다는 점만으로 국가를 상대로 하는 당사자소송에서 국가를 우대할 합리적인 이유가 있다고 할 수 없고, 집행가능성 여부에 있어서도 국가와 지방자치단체 등이 실질적인 차이가 있다고 보기 어렵다는 점에서, 심판대상조항은 국가가 당사자소송의 피고인 경우 가집행의 선고를 제한하여, 국가가 아닌 공공단체 그 밖의 권리주체가 피고인 경우에 비하여 합리적인 이유 없이 차별하고 있으므로 평등원칙에 반한다(헌재 2022.2.24, 2020헌가12).

28 평등권 또는 평등원칙에 대한 설명으로 옳지 않은 것은? (다툼이 있는 경우 판례에 의함)

22. 국가직 7급

① 친일반민족행위자의 후손이라는 점이 헌법 제11조 제1항 후문의 사회적 신분에 해당한다면 헌법에서 특별히 평등을 요구하고 있는 경우에 해당하여 친일반민족행위자의 후손에 대한 차별은 평등권 침해 여부의 심사에서 엄격한 기준을 적용해야 한다.

② 국민연금법이 형제자매를 사망일시금 수급권자로 규정하고 있는 것과는 달리 공무원연금법이 형제자매를 연금수급권자에서 제외하고 있다 하여도 합리적인 이유에 의한 차별로서 국민연금법상의 수급권의 범위와 비교하여 헌법상 평등권을 침해하였다고 볼 수 없다.

③ 평등원칙 위반의 특수성은 대상 법률이 정하는 '법률효과' 자체가 위헌이 아니라 그 법률효과가 수범자의 한 집단에만 귀속되어 '다른 집단과 사이에 차별'이 발생한다는 점에 있기 때문에, 평등원칙의 위반을 인정하기 위해서는 우선 법적용과 관련하여 상호 배타적인 '두 개의 비교집단'을 일정한 기준에 따라서 구분할 수 있어야 한다.

④ 변호인선임서 등을 공공기관에 제출할 때 소속 지방변호사회를 경유하도록 하는 변호사법 조항은 다른 전문직과 비교하여 차별취급의 합리적 이유가 있다고 할 것이므로 변호사의 평등권을 침해하지 아니한다.

해설

① [×] 평등권침해 여부를 심사함에 있어 엄격한 심사척도에 의할 것인지, 완화된 심사척도에 의할 것인지는 입법자에게 인정되는 입법형성권의 정도에 따라 달라지게 될 것이다. 헌법에서 특별히 평등을 요구하고 있는 경우나 차별적 취급으로 인하여 관련 기본권에 대한 중대한 제한을 초래하게 되는 경우에는 입법형성권은 축소되고, 보다 엄격한 심사척도가 적용되어야 할 것이다. 사회적 신분에 대한 차별금지는 헌법 제11조 제1항 후문에서 예시된 것인데, 헌법 제11조 제1항 후문의 규정은 불합리한 차별의 금지에 초점이 있는 것으로서, 예시한 사유가 있는 경우에 절대적으로 차별을 금지할 것을 요구함으로써 입법자에게 인정되는 입법형성권을 제한하는 것은 아니다. 그렇다면 친일반민족행위자의 후손이라는 점이 헌법 제11조 제1항 후문의 사회적 신분에 해당한다 할지라도 이것만으로는 헌법에서 특별히 평등을 요구하고 있는 경우라고 할 수 없고, 아래와 같이 친일재산의 국가귀속은 연좌제금지원칙이 적용되는 경우라고 볼 수도 없으며 그 외 달리 친일반민족행위자의 후손을 특별히 평등하게 취급하도록 규정한 헌법 규정이 없는 이상, 친일반민족행위자의 후손에 대한 차별은 평등권 침해 여부의 심사에서 엄격한 기준을 적용해야 하는 경우라 볼 수 없다. 또한, 이 사건 귀속조항은 친일반민족행위자의 후손이 가지는 모든 재산을 귀속대상으로 규정한 것이 아니라 그가 선조로부터 상속받은 재산 중 친일행위의 대가인 것만 귀속대상으로 규정하고 있다. 그렇다면 이 사건 귀속조항은 그 차별취급으로 기본권에 대한 중대한 제한을 초래하는 경우라고 할 수 없으므로, 역시 평등권 침해 여부의 심사에서 엄격한 기준을 적용해야 하는 경우에 해당하지 않는다. 따라서 이 사건 귀속조항으로 인한 차별이 청구인들의 평등권을 침해하였는지 여부에 대한 심사는 완화된 기준이 적용되어야 한다(헌재 2011.3.31, 2008헌바141).

② [○] 공무원연금과 국민연금이 사회보장적 성격을 가진다는 점에서 동일하기는 하나, 양자는 제도의 도입 목적과 배경, 재원의 조성 등에 차이가 있고, 특히 공무원연금은 국민연금에 비하여 재정건전성 확보를 통하여 국가의 재정 부담을 낮출 필요가 절실하다는 점 등에 비추어 볼 때, 공무원연금의 수급권자에서 형제자매를 제외한 것은 합리적인 이유가 있다고 할 것이다. 따라서 국민연금법이 형제자매를 사망일시금 수급권자로 규정하고 있는 것과는 달리 공무원연금법이 형제자매를 연금수급권자에서 제외하고 있다 하여도 합리적인 이유에 의한 차별로서, 이 사건 법률조항이 국민연금법상의 수급권의 범위와 비교하여 헌법상 평등권을 침해하였다고 볼 수 없다(헌재 2014.5.29, 2012헌마555).

③ [○] 평등원칙 위반의 특수성은 대상 법률이 정하는 '법률효과' 자체가 위헌이 아니라, 그 법률효과가 수범자의 한 집단에만 귀속하여 '다른 집단과 사이에 차별'이 발생한다는 점에 있기 때문에, 평등원칙의 위반을 인정하기 위해서는 우선 법적용에 관련하여 상호배타적인 '두 개의 비교집단'을 일정한 기준에 따라서 구분할 수 있어야 한다(헌재 2003.12.18, 2002헌마593).

④ [○] 다른 전문직에 비하여 변호사는 포괄적인 직무영역과 그에 따른 더 엄격한 직무의무를 부담하고 있는바, 이는 변호사 직무의 공공성 및 그 포괄적 직무범위에 따른 사회적 책임성을 고려한 것으로서, 다른 전문직과 비교하여 차별취급의 합리적 이유가 있다고 할 것이므로, 변호사법 제29조(변호인선임서 등의 지방변호사회 경유제도)는 변호사의 평등권을 침해하지 아니한다(헌재 2013.5.30, 2011헌마131).

정답 | 27 ③ 28 ①

29 평등권에 관한 설명으로 옳은 것은? (다툼이 있는 경우 헌법재판소 판례에 의함) 23. 소방간부

① 후원회를 설치·운영할 수 있는 자를 국회의원으로 한정하고 지방의회의원을 제외한 것은 지방의회의원의 평등권을 침해한다.

② 근로자의 날을 관공서의 공휴일에 포함시키지 않은 관공서의 공휴일에 관한 규정은 공무원의 평등권을 침해한다.

③ 정치자금법규정이 단일 지역단위 선거구의 지역구 국회의원인지 다수 지역단위 선거구의 지역구국회의원인지 여부에 차이를 두지 않고 정치자금법에서 정하지 아니한 방법으로 정치자금을 기부받은 경우 정치자금부정수수죄로 처벌하는 것이 불합리하므로 평등원칙에 반한다.

④ 근로자퇴직급여 보장법 제3조 단서가 가사사용인을 일반 근로자와 달리 근로자퇴직급여 보장법의 적용범위에서 배제하고 있다 하더라도 합리적 이유가 있는 차별로서 평등원칙에 위배되지 아니한다.

⑤ 국가를 우대할 합리적인 이유가 있으므로 국가를 상대로 하는 당사자소송의 경우에는 가집행선고를 할 수 없다고 규정한 행정소송법 제43조는 평등원칙에 위배되지 않는다.

해설

① [O] 지방의회는 유능한 신인정치인의 유입 통로가 되므로, 지방의회의원에게 후원회를 지정할 수 없도록 하는 것은 경제력을 갖추지 못한 사람의 정치입문을 저해할 수도 있다. 심판대상조항이 국회의원과 달리 지방의회의원을 후원회지정권자에서 제외하고 있는 것은 불합리한 차별로서 청구인들의 평등권을 침해한다(헌재 2022.11.24, 2019헌마528).

④ [O] 퇴직급여법을 적용할 경우 이용자에게는 퇴직금 또는 퇴직연금 지급을 위한 직접적인 비용 부담 외에도 퇴직급여제도 설정 및 운영과 관련한 노무관리 비용과 인력의 부담도 발생한다. 그런데 가사사용인 이용 가정의 경우 일반적인 사업 또는 사업장과 달리 퇴직급여법이 요구하는 사항들을 준수할만한 여건과 능력을 갖추지 못한 경우가 대부분인 것이 현실이다. 이러한 현실을 무시하고 퇴직급여법을 가사사용인의 경우에도 전면 적용한다면 가사사용인 이용자가 감당하기 어려운 경제적·행정적 부담을 가중시키는 부작용을 초래할 우려가 있다. 이를 종합하면 심판대상조항이 가사사용인을 일반 근로자와 달리 퇴직급여법의 적용범위에서 배제하고 있다 하더라도 합리적 이유가 있는 차별로서 평등원칙에 위배되지 아니한다(헌재 2022.10.27, 2019헌바454).

② [×] 공무원과 일반근로자는 그 직무 성격의 차이로 인하여 근로조건을 정함에 있어서 그 방식이나 내용에 차이가 있을 뿐만 아니라, 근로자의 날을 법정유급휴일로 정할 필요성에도 차이가 있다. 따라서 심판대상조항이 근로자의 날을 공무원의 법정유급휴일에 해당하는 관공서 공휴일로 규정하지 않은 데에는 합리적인 이유가 있다 할 것이므로, 심판대상조항이 청구인들의 평등권을 침해한다고 볼 수 없다(헌재 2015.5.28, 2013헌마343).

③ [×] 심판대상조항이 단일 지역단위 선거구의 지역구국회의원인지 다수 지역단위 선거구의 지역구국회의원인지 여부에 차이를 두지 않고 정치자금법에서 정하지 아니한 방법으로 정치자금을 기부받은 경우 정치자금부정수수죄로 처벌하는 것이 불합리하다고 보기는 어려우므로, 평등원칙에 위반되지 아니한다(헌재 2022.10.27, 2019헌바19).

⑤ [×] 심판대상조항은 재산권의 청구에 관한 당사자소송 중에서도 피고가 공공단체 그 밖의 권리주체인 경우와 국가인 경우를 다르게 취급한다. 가집행의 선고는 불필요한 상소권의 남용을 억제하고 신속한 권리실행을 하게 함으로써 국민의 재산권과 신속한 재판을 받을 권리를 보장하기 위한 제도이고, 당사자소송 중에는 사실상 같은 법률조항에 의하여 형성된 공법상 법률관계라도 당사자를 달리하는 경우가 있다. 동일한 성격인 공법상 금전지급 청구소송임에도 피고가 누구인지에 따라 가집행선고를 할 수 있는지 여부가 달라진다면 상대방 소송 당사자인 원고로 하여금 불합리한 차별을 받도록 하는 결과가 된다. 재산권의 청구가 공법상 법률관계를 전제로 한다는 점만으로 국가를 상대로 하는 당사자소송에서 국가를 우대할 합리적인 이유가 있다고 할 수 없고, 집행가능성 여부에 있어서도 국가와 지방자치단체 등이 실질적인 차이가 있다고 보기 어렵다는 점에서, 심판대상조항은 국가가 당사자소송의 피고인 경우 가집행의 선고를 제한하여, 국가가 아닌 공공단체 그 밖의 권리주체가 피고인 경우에 비하여 합리적인 이유 없이 차별하고 있으므로 평등원칙에 반한다(헌재 2022.2.24, 2020헌가12).

30 평등권(평등원칙)에 관한 설명 중 가장 적절하지 않은 것은? (다툼이 있는 경우 판례에 의함) 23. 경찰승진

① 헌법 제11조 제1항에서 정한 법 앞에서의 평등의 원칙은 본질적으로 같은 것은 같게, 본질적으로 다른 것은 다르게 취급할 것을 요구하는 것으로 일체의 차별적 대우를 부정하는 절대적 평등을 의미하는 것이 아니라 입법과 법의 적용에 있어서 합리적인 근거가 없는 차별을 배제하는 상대적 평등을 의미한다.

② 헌법재판소는 헌법이 특별히 평등을 요구하고 있는 경우와 차별적 취급으로 인하여 관련 기본권에 대한 중대한 제한을 초래하게 되는 경우에는 엄격한 심사척도인 비례성원칙에 따른 심사를 한다.

③ 평등원칙 위반여부를 심사함에 있어서 자의금지원칙에 따른 심사의 경우에는 차별취급이 존재하는 경우 이를 자의적인 것으로 볼 수 있는지 여부를 심사하는데, 차별취급의 자의성은 합리적인 이유가 결여된 것을 의미하므로 차별대우를 정당화하는 객관적이고 합리적인 이유가 존재한다면 차별대우는 자의적인 것이 아니게 된다.

④ 헌법상 평등원칙의 규범적 의미는 '법 적용의 평등'을 의미하는 것이지, 입법자가 입법을 통해서 권리와 의무를 분배함에 있어서 적용할 가치평가의 기준을 정당화할 것을 요구하는 '법 제정의 평등'을 포함하는 것은 아니다.

해설

④ [×] 헌법 제11조 제1항의 규범적 의미는 이와 같은 '법 적용의 평등'에서 끝나지 않고, 더 나아가 입법자에 대해서도 그가 입법을 통해서 권리와 의무를 분배함에 있어서 적용할 가치평가의 기준을 정당화할 것을 요구하는 '법 제정의 평등'을 포함한다(헌재 2000.8.31, 97헌가12).

① [O] 평등의 원칙은 본질적으로 같은 것은 같게, 본질적으로 다른 것은 다르게 취급할 것을 요구한다. 그렇지만 이러한 평등은 일체의 차별적 대우를 부정하는 절대적 평등을 의미하는 것이 아니라 입법과 법의 적용에 있어서 합리적인 근거가 없는 차별을 배제하는 상대적 평등을 뜻하고 따라서 합리적 근거가 있는 차별은 평등의 원칙에 반하는 것이 아니다(헌재 1999.5.27, 98헌바2).

② [O] 평등위반 여부를 심사함에 있어 엄격한 심사척도에 의할 것인지, 완화된 심사척도에 의할 것인지는 입법자에게 인정되는 입법형성권의 정도에 따라 달라지게 될 것이나, 헌법에서 특별히 평등을 요구하고 있는 경우와 차별적 취급으로 인하여 관련 기본권에 대한 중대한 제한을 초래하게 된다면 입법형성권은 축소되어 보다 엄격한 심사척도가 적용되어야 할 것이다(헌재 1999.12.23, 98헌마363).

③ [O] 일반적으로 자의금지원칙에 관한 심사요건은 ㉠ 본질적으로 동일한 것을 다르게 취급하고 있는지에 관련된 차별취급의 존재 여부와, ㉡ 이러한 차별취급이 존재한다면 이를 자의적인 것으로 볼 수 있는지 여부라고 할 수 있다. 한편, ㉠의 요건에 관련하여 두 개의 비교집단이 본질적으로 동일한가의 판단은 일반적으로 당해 법규정의 의미와 목적에 달려 있고, ㉡의 요건에 관련하여 차별취급의 자의성은 합리적인 이유가 결여된 것을 의미하므로, 차별대우를 정당화하는 객관적이고 합리적인 이유가 존재한다면 차별대우는 자의적인 것이 아니게 된다(헌재 2002.11.28, 2002헌바45).

31 평등권에 대한 설명으로 옳지 않은 것은? 23. 5급 공채

① 초·중등교육법상의 교원과는 달리 법률로써 고등교육법에서 규율하는 대학 교원들의 단결권을 인정하지 않더라도, 대학 교원은 헌법과 법률로써 신분이 보장되고 정당가입과 선거운동 등이 가능하므로 평등권을 침해하는 것은 아니다.

② 사법시험에 합격하여 사법연수원의 과정을 마친 자와 달리 변호사시험 합격자들에게 6개월의 실무수습을 거치도록 하는 변호사법 규정이 합리적 이유가 없는 자의적 차별이라고 보기는 어렵다.

③ 대한민국 국민인 남자에 한하여 병역의무를 부과한 구 병역법 조항이 성별을 기준으로 병역의무자의 범위를 정한 것은 평등권을 침해하지 않는다.

④ 제대군인지원에 관한 법률에 규정된 가산점제도(과목별 만점의 5% 또는 3%를 가산)는 제대군인에 비하여 여성 및 제대군인이 아닌 남성을 부당한 방법으로 지나치게 차별하는 것으로서 헌법 제11조에 위배된다.

정답 | 29 ①④[복수정답] 30 ④ 31 ①

해설

① [×] 헌법재판소에서는 '교원의 노동조합 설립 및 운영 등에 관한 법률'의 적용대상을 초·중등교육법 제19조 제1항의 교원이라고 규정함으로써, 고등교육법에서 규율하는 대학 교원들의 단결권을 인정하지 않는 '교원의 노동조합 설립 및 운영 등에 관한 법률'이 헌법에 위반된다고 판시한 바 있다(헌재 2018.8.30, 2015헌가38).

▶ 지문은 반대의견의 입장이다.

② [O] 사법시험에 합격하여 사법연수원의 과정을 마친 자와 판사나 검사의 자격이 있는 자는 사법연수원의 정형화된 이론과 실무수습을 거치거나, 법조실무경력이 있는 반면, 청구인들과 같은 변호사시험 합격자들의 실무수습은 법학전문대학원 별로 편차가 크고 비정형적으로 이루어지고 있으므로, 변호사 시험 합격자들에게 6개월의 실무수습을 거치도록 하는 것을 합리적 이유가 없는 자의적 차별이라고 보기는 어렵다(헌재 2014.9.25, 2013헌마424).

③ [O] 이 사건 법률조항이 성별을 기준으로 병역의무자의 범위를 정한 것은 자의금지원칙에 위배하여 평등권을 침해하지 않는다(헌재 2011.6.30, 2010헌마460).

④ [O] 제대군인의 기회가 박탈당할 수 있게 하는 등 차별취급을 통하여 달성하려는 입법목적의 비중에 비하여 차별로 인한 불평등의 효과가 극심하므로 가산점제도는 차별취급의 비례성을 상실하고 있다. 그렇다면 가산점제도는 제대군인에 비하여, 여성 및 제대군인이 아닌 남성을 부당한 방법으로 지나치게 차별하는 것으로서 헌법 제11조에 위배되며, 이로 인하여 청구인들의 평등권이 침해된다(헌재 1999.12.23, 98헌마363).

32 평등권에 대한 설명으로 옳지 않은 것은? (다툼이 있는 경우 판례에 의함) 23. 입법고시

① 독립유공자의 손자녀 중 1명에게만 보상금을 지급하도록 하면서 같은 순위의 손자녀가 2명 이상이면 생활수준과 관계없이 나이가 많은 손자녀를 우선하도록 한 것은 평등권을 침해한다.

② 전과자도 헌법 제11조 제1항의 '사회적 신분'에 해당된다고 할 것이며, 누범을 가중처벌하는 것은 전과자라는 사회적 신분을 이유로 차별대우를 하는 것이 되어 평등원칙에 위배된다.

③ 대한민국 국민인 남성에 한하여 병역의무를 부과한 병역법 규정은 헌법이 특별히 양성평등을 요구하는 경우나 관련 기본권에 중대한 제한을 초래하는 경우의 차별취급을 그 내용으로 하고 있다고 보기 어렵다.

④ 부담금은 국민의 재산권을 제한하여 일반 국민이 아닌 특별한 의무자집단에 대하여 부과되는 특별한 재정책임으로, 평등원칙의 적용에 있어서 부담금의 문제는 합리성의 문제로서 자의금지원칙에 의한 심사대상이다.

⑤ 국가가 합리적인 기준에 따라 능력이 허용하는 범위 내에서 법적 가치의 상향적인 구현을 위한 제도의 단계적 개선을 추진할 수 있는 방안을 선택하는 것은 평등원칙에 위배되지 않는다.

해설

② [×] 헌법 제11조 제1항은 "모든 국민은 법 앞에 평등하다. 누구든지 성별·종교 또는 사회적 신분에 의하여 정치적·경제적·사회적·문화적 생활의 모든 영역에 있어서 차별을 받지 아니한다."라고 규정하고 있는바 여기서 사회적 신분이란 사회에서 장기간 점하는 지위로서 일정한 사회적 평가를 수반하는 것을 의미한다 할 것이므로 전과자도 사회적 신분에 해당된다고 할 것이며 누범을 가중처벌하는 것이 전과자라는 사회적 신분을 이유로 차별대우를 하는 것이 되어 헌법상의 평등의 원칙에 위배되는 것이 아닌가 하는 의문이 생길 수 있으므로 이에 대하여 살펴본다. 위 헌법상의 평등의 원칙은 일체의 차별적 대우를 부정하는 절대적 평등을 의미하는 것이 아니라 입법과 법의 적용에 있어서 합리적인 근거가 없는 차별을 하여서는 아니 된다는 상대적 평등을 뜻하고 따라서 합리적인 근거가 있는 차별 내지 불평등은 평등의 원칙에 반하는 것이 아니다. 그리고 합리적인 근거가 있는 차별인가의 여부는 그 차별이 인간의 존엄성 존중이라는 헌법원리에 반하지 아니하면서 정당한 입법목적을 달성하기 위하여 필요하고도 적정한 것인가를 기준으로 하여 판단하여야 한다. 누범을 가중처벌하는 것은 전범에 대한 형벌의 경고적 기능을 무시하고 다시 범죄를 저질렀다는 점에서 비난가능성이 많고, 누범이 증가하고 있다는 현실에서 사회방위, 범죄의 특별예방 및 일반예방이라는 형벌목적에 비추어 보아, 형법 제35조가 누범에 대하여 형을 가중한다고 해서 그것이 인간의 존엄성 존중이라는 헌법의 이념에 반하는 것도 아니며, 누범을 가중하여 처벌하는 것은 사회방위, 범죄의 특별예방 및 일반예방, 더 나아가 사회의 질서유지의 목적을 달성하기 위한 하나의 적정한 수단이기도 하는 것이므로 이는 합리적 근거 있는 차별이어서 헌법상의 평등의 원칙에 위배되지 아니한다고 할 것이다(헌재 1995.2.23, 93헌바43).

① [O] 이 사건 심판대상 조항은 국가가 독립유공자와 그 유족에 대한 예우의 일종인 유족보상금 지급에 있어서 자의적으로 의무를 이행함으로써 합리적인 이유 없이 보상금 수급권자의 수를 일률적으로 제한하고, 독립유공자의 선순위 자녀의 자녀인 손자녀가 여러 명인 경우에 그 중 나이가 많은 자와 그렇지 않은 자를 합리적인 이유 없이 차별하고 있으므로 청구인의 평등권을 침해하여 헌법에 위반된다(헌재 2013.10.24, 2011헌마724).

③ [O] 이 사건 법률조항은 헌법이 특별히 양성평등을 요구하는 경우나 관련 기본권에 중대한 제한을 초래하는 경우의 차별취급을 그 내용으로 하고 있다고 보기 어려우며, 징집대상자의 범위 결정에 관하여는 입법자의 광범위한 입법형성권이 인정된다는 점에 비추어 이 사건 법률조항이 평등권을 침해하는지 여부는 완화된 심사기준에 따라 판단하여야 한다(헌재 2010.11.25, 2006헌마328).

④ [O] 부담금은 국민의 재산권을 제한하여 일반 국민이 아닌 특별한 의무자집단에 대하여 부과되는 특별한 재정책임이므로, 납부의무자들을 일반 국민들과 달리 취급하여 이들을 불리하게 대우함에 있어서 합리적인 이유가 있어야 하며 자의적인 차별은 납부의무자들의 평등권을 침해한다. 평등원칙의 적용에 있어서 부담금의 문제는 합리성의 문제로서 자의금지원칙에 의한 심사 대상인데, 선별적 부담금의 부과라는 차별이 합리성이 있는지 여부는 그것이 행위 형식의 남용으로서 앞서 본 부담금의 헌법적 정당화 요건을 갖추었는지 여부와 관련이 있다(헌재 2019.12.27, 2017헌가21).

⑤ [O] 헌법상 평등의 원칙은 국가가 언제 어디서 어떤 계층을 대상으로 하여 기본권에 관한 상황이나 제도의 개선을 시작할 것인지를 선택하는 것을 방해하지는 않는다. 말하자면 국가는 합리적인 기준에 따라 능력이 허용하는 범위 내에서 법적 가치의 상향적인 구현을 위한 제도의 단계적 개선을 추진할 수 있는 길을 선택할 수 있어야 한다. 그것이 허용되지 않는다면 모든 사항과 계층을 대상으로 하여 동시에 제도의 개선을 추진하는 예외적인 경우를 제외하고는 어떠한 제도의 개선도 평등의 원칙 때문에 그 시행이 불가능하다는 결과에 이르게 되어 불합리할 뿐만 아니라 평등의 원칙이 실현하고자 하는 가치와도 어긋나기 때문이다(헌재 2002.6.27, 2000헌마642 등).

33 평등권 및 평등의 원칙에 관한 설명으로 가장 적절하지 않은 것은? (다툼이 있는 경우 판례에 의함)

23. 경찰 2차

① 구 건설근로자의 고용개선 등에 관한 법률 제14조 제2항 중 구 산업재해보상보험법 제63조 제1항 가운데 '그 근로자가 사망할 당시 대한민국 국민이 아닌 자로서 외국에서 거주하고 있던 유족은 제외한다'를 준용하는 부분은 합리적 이유없이 외국거주 외국인 유족을 대한민국 국민인 유족 및 국내거주 외국인 유족과 차별하는 것으로 평등원칙에 위반된다.

② 국회의원을 후원회 지정권자로 정하면서 지방자치법의 '도'의회의원, '시'의회의원을 후원회지정권자에서 제외하고 있는 정치자금법 제6조 제2호는 국회의원과 지방의회의원의 업무의 특성을 고려한 합리적 차별로 평등권을 침해하지 않는다.

③ 국군포로로서 억류기간동안의 보수를 지급받을 권리를 국내로 귀환하여 등록절차를 거친 자에게만 인정하는 국군포로의 송환 및 대우등에 관한 법률 제9조 제1항은 귀환하지 않은 국군포로를 합리적 이유 없이 차별한 것이라 볼 수 없어 평등원칙에 위배되지 않는다.

④ 사회복무요원에게 현역병의 봉급에 해당하는 보수를 지급하도록 정한 구 병역법시행령 제62조 제1항 본문, 사회복무요원에게 교통비, 중식비의 실비를 지급하도록 정한 구 병역법 시행령 제62조 제2항 전단, 구 사회복무요원 복무관리 규정 제41조 제3항 본문 전단은 사회복무요원을 현역병에 비하여 합리적 이유 없이 자의적으로 차별한 것이라 볼 수 없어 사회복무요원인 청구인의 평등권을 침해하지 않는다.

해설

② [×] 현재 지방의회의원에게 지급되는 의정활동비 등은 의정활동에 전념하기에 충분하지 않고, 지방의회는 유능한 신인정치인의 유입통로가 되므로, 지방의회의원에게 후원회를 지정할 수 없도록 하는 것은 경제력을 갖추지 못한 사람의 정치입문을 저해할 수도 있다. 따라서 심판대상조항이 국회의원과 달리 지방의회의원을 후원회지정권자에서 제외하고 있는 것은 불합리한 차별로서 청구인들의 평등권을 침해한다(헌재 2022.11.24, 2019헌마528).

① [O] 심판대상조항이 '일시금'의 형식으로 지급되는 퇴직공제금과는 지급 방식이 다른 산재보험법의 유족보상연금에 관한 규정을 준용하도록 하여 '외국거주 외국인유족'을 퇴직공제금을 지급받을 유족의 범위에서 제외한 것은 현저히 자의적인 것이라 할 것이다. 한편, 퇴직공제금은 '일시금'으로 지급되므로 '피공제자(건설근로자)의 사망 당시 유족인지 여부'만 확인하면 된다는 점은 앞서 본 바와 같으므로, 퇴직공제금 수급 자격에 있어 '외국거주 외국인유족'이 '외국인'이라는 사정 또는 '외국에 거주'한다는 사정이 '대한민국 국민인 유족' 혹은 '국내거주 외국인유족'과 달리 취급받을 합리적인 이유가 될 수 없다. 따라서 심판대상조항은 합리적 이유 없이 '외국거주 외국인유족'을 '대한민국 국민인 유족' 및 '국내거주 외국인유족'과 차별하는 것이므로 평등원칙에 위반된다(헌재 2023.3.23, 2020헌바471).

정답 | 32 ② 33 ②

③ [O] 국군포로의 신원, 귀환동기, 억류기간 중의 행적을 확인하여 등록 및 등급을 부여하는 것은 국군포로가 국가를 위하여 겪은 희생을 위로하고 국민의 애국정신을 함양한다는 국군포로송환법의 취지에 비추어 볼 때 보수를 지급하기 위해 선행되어야 할 필수적인 절차이다. 귀환하지 못한 국군포로의 경우 등록을 할 수가 없고, 대우와 지원을 받을 대상자가 현재 대한민국에 존재하지 않아 보수를 지급하는 제도의 실효성이 인정되기 어렵다. 따라서 심판대상조항은 평등원칙에 위배되지 않는다(헌재 2022.12.22, 2020헌바39).

④ [O] 현역병은 엄격한 규율이 적용되는 내무생활을 하면서 총기·폭발물 사고 등 위험에 노출되어 있는데, 병역의무 이행에 대한 보상의 정도를 결정할 때 위와 같은 현역병 복무의 특수성을 반영할 수 있으며, 사회복무요원은 생계유지를 위하여 필요한 경우 복무기관의 장의 허가를 얻어 겸직할 수 있는 점 등을 고려하면, 심판대상조항이 사회복무요원에게 현역병의 봉급과 동일한 보수를 지급하면서 중식비, 교통비, 제복 등을 제외한 다른 의식주 비용을 추가로 지급하지 않는다 하더라도, 사회복무요원을 현역병에 비하여 합리적 이유 없이 자의적으로 차별한 것이라고 볼 수 없다. 따라서 심판대상조항은 청구인들의 평등권을 침해하지 아니한다(헌재 2019.2.28, 2017헌마374).

34 평등권 및 평등원칙에 관한 설명으로 옳지 않은 것은? (다툼이 있는 경우 헌법재판소 판례에 의함) 24. 소방간부

① 평등의 원칙은 국민의 기본권 보장에 관한 우리 헌법의 최고원리로서 국가가 입법을 하거나 법을 해석 및 집행함에 있어 따라야 할 기준인 동시에, 국가에 대하여 합리적 이유 없이 불평등한 대우를 하지 말 것과, 평등한 대우를 요구할 수 있는 모든 국민의 권리로서, 국민의 기본권 중의 기본권인 것이다.

② 평등의 원칙은 일체의 차별적 대우를 부정하는 절대적 평등을 의미하는 것이 아니라 상대적 평등을 뜻하므로 합리적 근거 있는 차별 내지 불평등은 평등의 원칙에 반하는 것이 아니다.

③ 일반적으로 차별이 정당한지 여부에 대해서는 자의성 여부를 심사하지만, 헌법에서 특별히 평등을 요구하고 있는 경우나 차별적 취급으로 인하여 관련 기본권에 대한 중대한 제한을 초래하게 된다면 입법형성권은 축소되어 보다 엄격한 심사척도가 적용된다.

④ 대한민국 국민인 남자에 한하여 병역의무를 부과한 병역법 규정은 국방의 의무 이행에 수반된 기본권 제약이 관련 기본권에 대한 중대한 제한을 초래하는 차별취급을 그 내용으로 하므로, 이 규정이 평등권을 침해하는지 여부는 엄격한 심사기준에 따라 판단하여야 한다.

⑤ 국가라 할지라도 국고작용으로 인한 민사관계에 있어서는 일반인과 같이 원칙적으로 대등하게 다루어져야 하며 국가라고 하여 우대하여야 할 헌법상의 근거가 없다.

해설

④ [×] 이 사건 법률조항은 헌법이 특별히 양성평등을 요구하는 경우나 관련 기본권에 중대한 제한을 초래하는 경우의 차별취급을 그 내용으로 하고 있다고 보기 어려우며, 징집대상자의 범위 결정에 관하여는 입법자의 광범위한 입법형성권이 인정된다는 점에 비추어 이 사건 법률조항이 평등권을 침해하는지 여부는 완화된 심사기준에 따라 판단하여야 한다(헌재 2010.11.25, 2006헌마328).

① [O] 헌법은 그 전문에 "정치, 경제, 사회, 문화의 모든 영역에 있어서 각인의 기회를 균등히 하고"라고 규정하고, 제11조 제1항에 "모든 국민은 법 앞에 평등하다"고 규정하여 기회균등 또는 평등의 원칙을 선언하고 있는바, 평등의 원칙은 국민의 기본권 보장에 관한 우리 헌법의 최고원리로서 국가가 입법을 하거나 법을 해석 및 집행함에 있어 따라야 할 기준인 동시에, 국가에 대하여 합리적 이유 없이 불평등한 대우를 하지 말 것과, 평등한 대우를 요구할 수 있는 모든 국민의 권리로서, 국민의 기본권 중의 기본권인 것이다(헌재 1989.1.25, 88헌가7).

② [O] 헌법 제11조 제1항의 평등의 원칙은 일체의 차별적 대우를 부정하는 절대적 평등을 의미하는 것이 아니라 입법과 법의 적용에 있어서 합리적 근거 없는 차별을 하여서는 아니된다는 상대적 평등을 뜻하고 따라서 합리적 근거 있는 차별 내지 불평등은 평등의 원칙에 반하는 것이 아니다(헌재 1994.2.24, 92헌바43).

③ [O] 일반적으로 차별이 정당한지 여부에 대해서는 자의성 여부를 심사하지만, 헌법에서 특별히 평등을 요구하고 있는 경우나 차별적 취급으로 인하여 관련 기본권에 대한 중대한 제한을 초래하게 된다면 입법형성권은 축소되어 보다 엄격한 심사척도가 적용된다(헌재 2011.2.24, 2008헌바56).

⑤ [O] 국가라 할지라도 국고작용으로 인한 민사관계에 있어서는 일반인과 같이 원칙적으로 대등하게 다루어져야 하며 국가라고 하여 우대하여야 할 헌법상의 근거가 없다(헌재 2000.2.24, 99헌바17 등).

35 헌법재판소가 평등권 위반에 대한 심사기준으로 비례원칙을 적용한 것은? 24. 경정승진

① 제대군인지원에 관한 법률에 의하여 공익근무요원의 경우와 달리 산업기능요원의 군 복무기간을 공무원 재직기간으로 산입하지 않은 경우

② 뉴스통신 진흥에 관한 법률에 의하여 연합뉴스사만을 국가기간뉴스통신사로 지정하여 각종 지원을 하는 경우

③ 출입국관리법 시행규칙에 의하여 단순 노무행위 등 취업활동 종사자 중 불법체류가 많이 발생하는 중국 등 국가의 국민에 대하여 사증발급 신청시 일정한 첨부서류를 제출하도록 한 경우

④ 공무원임용및시험시행규칙에 따른 국가공무원 7급 시험에서 정보관리기술사, 정보처리기사 자격 소지자에 대해서는 가산점을 부여하고 정보처리기능사 자격 소지자에게는 가산점을 부여하지 않은 경우

해설

④ [비례원칙] 이 사건 조항의 경우, 7급 공무원 시험에서 정보관리기술사, 정보처리기사, 정보처리산업기사 자격 소지자에 대해서는 만점의 2~3%에 해당하는 가산점을 부여하면서, 정보처리기능사의 경우에는 아무런 가산점을 부여하지 않는바, 이는 같은 유사한 분야에 관한 자격증의 종류에 따라 가산점에 차이를 둠으로써 청구인과 같은 정보처리기능사 자격을 가진 응시자가 공무담임권을 행사하는데 있어 차별을 가져오는 것이므로, 이 사건에서는 그러한 차별을 정당화할 수 있을 정도로 목적과 수단 간의 비례성이 존재하는지를 검토하여야 할 것이다(헌재 2003.9.25, 2003헌마30).

① [자의금지원칙] 이 사건 제대군인법지원법 조항과 공무원연금법 조항은 군 복무기간을 공무원 재직기간에 산입할 수 있도록 하여 군복무를 마친 자에 대해 일종의 혜택을 부여하는 법률이라 할 수 있는바, 이러한 수혜적 성격의 법률에 있어서는 입법자에게 광범위한 입법형성의 자유가 인정되므로 제정된 법률의 내용이 객관적으로 인정되는 합리적인 근거를 가지지 못하여 현저히 자의적일 경우에만 헌법에 위반된다고 할 수 있다. 그렇다면 이 사건 심판대상 조항들에 의한 차별이 합리적인 근거를 가지지 못하여 자의적 입법인지 여부를 살펴보기로 한다(헌재 2012.8.23, 2010헌마328).

② [자의금지원칙] 자의금지원칙에 입각하여 비교집단으로서 청구인 회사와 연합뉴스사가 국가기간뉴스통신사의 지정 및 뉴스통신사의 진흥을 위한 우선적 처우와 관련하여 본질적으로 어떻게 구별되고, 그러한 차이점이 심판대상조항이 정한 차별취급을 정당화할 정도의 합리적 이유를 가지고 있는지 여부에 관하여 본다(헌재 2005.6.30, 2003헌마841).

③ [자의금지원칙] 출입국관리에 관한 사항 중 외국인의 입국에 관한 사항은 주권국가로서의 기능을 수행하는데 필요한 것으로서 광범위한 정책재량의 영역이므로, 심판대상조항들이 청구인 김O철의 평등권을 침해하는지 여부는 자의금지원칙 위반 여부에 의하여 판단하기로 한다(헌재 2014.4.24, 2011헌마474 등).

정답 | 34 ④ 35 ④

36 평등권 또는 평등원칙에 관한 설명 중 가장 적절하지 않은 것은? (다툼이 있는 경우 판례에 의함) 24. 경정승진

① 국민의 형사재판 참여에 관한 법률에서 국민참여재판 배심원의 자격을 만 20세 이상으로 규정한 것은 국민참여제도의 취지와 배심원의 권한 및 의무 등 여러 사정을 종합적으로 고려하여 만 20세에 이르기까지 교육 및 경험을 쌓은 자로 하여금 배심원의 책무를 담당하도록 한 것이므로 만 20세 미만의 자를 자의적으로 차별한 것은 아니다.

② 공직자윤리법에서 혼인한 재산등록의무자 모두 배우자가 아닌 본인의 직계존·비속의 재산을 등록하도록 개정되었음에도 불구하고, 개정 전 조항에 따라 이미 배우자의 직계존·비속의 재산을 등록한 혼인한 여성 등록의무자의 경우에만, 예외적으로 종전과 동일하게 계속해서 배우자의 직계존·비속의 재산을 등록하도록 규정한 것은 평등원칙에 위배된다.

③ 산업재해보상보험법에서 업무상 재해에 통상의 출퇴근 재해를 포함시키는 개정 법률조항을 개정법 시행 후 최초로 발생하는 재해부터 적용하도록 한 것은, 산재보험의 재정상황 등 실무적 여건이나 경제상황 등을 고려한 것으로 헌법상 평등원칙에 위반되지 않는다.

④ 보훈보상대상자의 부모에 대한 유족보상금 지급 시 수급권자를 부모 중 1인에 한정하고 나이가 많은 자를 우선하도록 한 보훈보상대상자 지원에 관한 법률은 합리적인 이유 없이 보상금 수급권자의 수를 일률적으로 제한하고, 부모 중 나이가 많은 자와 그렇지 않은 자를 합리적인 이유 없이 차별하고 있으므로 나이가 적은 부모 일방의 평등권을 침해한다.

해설

③ [×] 심판대상조항이 신법 조항의 소급적용을 위한 경과규정을 두지 않음으로써 개정법 시행일 전에 통상의 출퇴근 사고를 당한 비혜택근로자를 보호하기 위한 최소한의 조치도 취하지 않은 것은, 산재보험의 재정상황 등 실무적 여건이나 경제상황 등을 고려한 것이라고 하더라도, 그 차별을 정당화할 만한 합리적인 이유가 있는 것으로 보기 어렵고, 이 사건 헌법불합치결정의 취지에도 어긋난다. 따라서 심판대상조항은 헌법상 평등원칙에 위반된다(헌재 2019.9.26, 2018헌바218 등).

① [O] 심판대상조항이 우리나라 국민참여재판 제도의 취지와 배심원의 권한 및 의무 등 여러 사정을 종합적으로 고려하여 만 20세에 이르기까지 교육 및 경험을 쌓은 자로 하여금 배심원의 책무를 담당하도록 정한 것은 입법형성권의 한계 내의 것으로 자의적인 차별이라고 볼 수 없다(헌재 2021.5.27, 2019헌가19).

② [O] 이 사건 부칙조항은 개정 전 공직자윤리법 조항이 혼인관계에서 남성과 여성에 대한 차별적 인식에 기인한 것이라는 반성적 고려에 따라 개정 공직자윤리법 조항이 시행되었음에도 불구하고, 일부 혼인한 여성 등록의무자에게 이미 개정 전 공직자윤리법 조항에 따라 재산등록을 하였다는 이유만으로 남녀차별적인 인식에 기인하였던 종전의 규정을 따를 것을 요구하고 있다. … 이는 성별에 의한 차별금지 및 혼인과 가족생활에서의 양성의 평등을 천명하고 있는 헌법에 정면으로 위배되는 것으로 그 목적의 정당성을 인정할 수 없다. 따라서 이 사건 부칙조항은 평등원칙에 위배된다(헌재 2021.9.30, 2019헌가3).

④ [O] 심판대상조항이 국가의 재정부담능력의 한계를 이유로 하여 부모 1명에 한정하여 보상금을 지급하도록 하면서 어떠한 예외도 두지 않은 것에는 합리적 이유가 있다고 보기 어렵다. 심판대상조항 중 나이가 많은 자를 우선하도록 한 것 역시 문제된다. 나이에 따른 차별은 연장자를 연소자에 비해 우대하는 전통적인 유교사상에 기초한 것으로 보이나, 부모 중 나이가 많은 자가 나이가 적은 자를 부양한다고 일반화할 합리적인 이유가 없고, 부모 상호간에 노동능력 감소 및 부양능력에 현저히 차이가 있을 정도의 나이 차이를 인정하기 어려운 경우도 많다. 오히려 직업이나 보유재산에 따라 연장자가 경제적으로 형편이 더 나은 경우에도 그 보다 생활이 어려운 유족을 배제하면서까지 연장자라는 이유로 보상금을 지급하는 것은 보상금 수급권이 갖는 사회보장적 성격에 부합하지 아니한다(헌재 2018.6.28, 2016헌가14).

37 헌법상 평등원칙(평등권)에 대한 <보기>의 설명 중 옳은 것만을 모두 고르면? (다툼이 있는 경우 판례에 의함)

24. 입법고시

〈보기〉

ㄱ. 형법상 모욕죄 · 사자명예훼손죄와 정보통신망 이용촉진 및 정보보호 등에 관한 법률(이하 "정보통신망법"이라 한다)의 명예훼손죄는 사람의 가치에 대한 사회적 평가인 이른바 '외적 명예'를 보호법익으로 한다는 점에서 불법성이 유사함에도, 형법상 친고죄인 모욕죄 · 사자명예훼손죄와 달리 정보통신망법이 제70조 제2항의 명예훼손죄를 반의사불벌죄로 규정한 것은 형벌체계상 균형을 상실하여 평등원칙에 위반된다.

ㄴ. 1983.1.1. 이후에 출생한 A형 혈우병 환자에 한하여 유전자재조합제제에 대한 요양급여를 인정하는 보건복지가족부 고시조항은 제도의 단계적인 개선에 해당하므로, 환자의 범위를 한정하는 과정에서 A형 혈우병환자들의 출생 시기에 따라 이들에 대한 유전자재조합제제의 요양급여 허용 여부를 달리 취급하는 것은 합리적인 이유가 있는 차별이다.

ㄷ. 중혼의 취소청구권자를 어느 범위까지 포함할 것인지 여부에 관하여는 입법자의 입법재량의 폭이 넓은 영역이라는 점에서 자의금지원칙 위반 여부를 심사하는 것으로 충분하다.

ㄹ. 병역법 제34조 제3항이 전문연구요원과 달리 공중보건의사가 군사교육에 소집된 기간을 복무기간에 산입하지 않도록 규정하고 있더라도 이는 합리적인 이유가 있는 차별이므로 공중보건의사의 평등권을 침해하지 않는다.

① ㄱ, ㄴ
② ㄱ, ㄷ
③ ㄴ, ㄷ
④ ㄴ, ㄹ
⑤ ㄷ, ㄹ

해설

옳은 것은 ㄷ, ㄹ이다.

ㄱ. [×] 형법상 모욕죄 · 사자명예훼손죄와 정보통신망법의 명예훼손죄는 사람의 가치에 대한 사회적 평가인 이른바 '외적 명예'를 보호법익으로 한다는 점에 공통점이 있다. 그러나 형법상 모욕죄는 피해자에 대한 구체적 사실이 아닌 추상적 판단과 감정을 표현하고, 형법상 사자명예훼손죄는 생존한 사람이 아닌 사망한 사람에 대한 허위사실 적시라는 점에서 불법성이 감경된다. 반면, 정보통신망법의 명예훼손죄는 비방할 목적으로 정보통신망을 이용하여 거짓사실을 적시한다는 점에서 불법성이 가중된다는 차이가 있다. 위와 같은 사정과 함께, 국가소추주의의 예외 내지 제한으로서 친고죄 · 반의사불벌죄가 지니는 의미, 공소권 행사로 얻을 수 있는 이익과 피해자의 의사에 따라 공소권 행사를 제한함으로써 얻을 수 있는 이익의 조화 등을 입법자는 종합적으로 형량하여 그 친고죄 · 반의사불벌죄 여부를 달리 정한 것이므로, 심판대상조문은 형벌체계상 균형을 상실하지 않아 평등원칙에 위반되지 아니한다(헌재 2021.4.29, 2018헌바113).

ㄴ. [×] 이 사건 고시조항이 수혜자 한정의 기준으로 정한 환자의 출생 시기는 그 부모가 언제 혼인하여 임신, 출산을 하였는지와 같은 우연한 사정에 기인하는 결과의 차이일 뿐, 이러한 차이로 인해 A형 혈우병 환자들에 대한 치료제인 유전자재조합제제의 요양급여 필요성이 달라진다고 할 수는 없으므로, A형 혈우병 환자들의 출생 시기에 따라 이들에 대한 유전자재조합제제의 요양급여 허용 여부를 달리 취급하는 것은 합리적인 이유가 있는 차별이라고 할 수 없다. 따라서 이 사건 고시조항은 청구인들의 평등권을 침해하는 것이다(헌재 2012.6.27, 2010헌마716).

ㄷ. [O] 중혼의 취소청구권자를 규정하면서 직계비속을 취소청구권자에 포함시키지 아니한 법률조항에서, 중혼의 취소청구권자를 어느 범위까지 포함할 것인지 여부에 관하여는 입법자의 입법재량의 폭이 넓은 영역이라 할 것이어서, 이 사건 법률조항이 평등원칙을 위반했는지 여부를 판단함에 있어서는 자의금지원칙 위반 여부를 심사하는 것으로 족하다고 할 것이다(헌재 2010.7.29, 2009헌가8).

ㄹ. [O] 공중보건의사는 장교의 지위에 있는 군의관과 입법 연혁, 선발과정, 보수, 수행 업무의 내용 등 여러 가지 면에서 동일하거나 유사한 측면이 있다는 점을 고려하면, 군사교육소집기간의 복무기간 산입 여부와 같은 정책적인 사항에 대하여 전문연구요원과 달리 규정한다고 해서 이를 부당한 차별취급이라고 단정하기는 어렵다. 따라서 심판대상조항이 전문연구요원과 달리 공중보건의사의 군사교육소집기간을 복무기간에 산입하지 않은 데에는 합리적 이유가 있으므로, 청구인들의 평등권을 침해하지 않는다(헌재 2020.9.24, 2019헌마472 등).

정답 | 36 ③ 37 ⑤

38 평등권에 대한 설명으로 옳은 것은? 24. 5급 공채

① 헌법은 누구든지 성별·종교 또는 사회적 신분에 의하여 정치적·경제적·사회적·문화적 생활의 모든 영역에 있어서 차별을 받지 아니한다고 규정하고 있다.

② 헌법재판소는 평등권의 침해 여부를 심사할 때, 원칙적으로 완화된 심사의 경우 자의금지원칙에 의한 심사를 하고 엄격심사의 경우 과소보호금지원칙에 의한 심사를 한다.

③ 평등원칙은 일체의 차별적 대우를 부정하는 절대적 평등을 의미하는 것으로, 입법과 법의 적용에 있어서 합리적 이유 없는 차별을 하여서는 아니 된다는 상대적 평등을 의미하는 것은 아니다.

④ 훈장은 이를 받은 자와 그 자손에게 효력이 있으나, 이에 대한 특권은 훈장을 받은 자에게만 인정된다.

해설

① [O]

> 헌법 제11조 ① 모든 국민은 법 앞에 평등하다. 누구든지 성별·종교 또는 사회적 신분에 의하여 정치적·경제적·사회적·문화적 생활의 모든 영역에 있어서 차별을 받지 아니한다.

② [×] 헌법재판소에서 평등위반 여부를 심사함에 있어서는 헌법에서 특별히 평등을 요구하고 있는 경우나 차별적 취급으로 인하여 관련 기본권에 중대한 제한을 초래하는 경우에는 엄격한 심사척도가 적용되어야 하지만, 그렇지 않은 경우에는 완화된 심사척도인 자의금지원칙에 의하여 심사하면 족하다(헌재 2007.6.28, 2005헌마1179).

③ [×] 일반적으로 평등원칙은 입법자에게 본질적으로 같은 것을 자의적으로 다르게, 본질적으로 다른 것을 자의적으로 같게 취급하는 것을 금하고 있다. 하지만 이러한 평등원칙은 일체의 차별적 대우를 부정하는 절대적 평등을 의미하는 것이 아니라 입법과 법의 적용에 있어서 합리적인 근거가 없는 차별을 하여서는 아니 된다는 상대적 평등을 뜻하고, 따라서 합리적 근거가 있는 차별 또는 불평등은 평등원칙에 반하는 것이 아니다(헌재 2015.5.28, 2013헌바82 등).

④ [×]

> 헌법 제11조 ③ 훈장 등의 영전은 이를 받은 자에게만 효력이 있고, 어떠한 특권도 이에 따르지 아니한다.

39 평등권에 관한 설명으로 가장 적절하지 않은 것은? (다툼이 있는 경우 판례에 의함) 24. 경찰 1차

① 지원에 의하여 현역복무를 마친 여성의 경우 현역복무 과정에서의 훈련과 경험을 통해 예비전력으로서의 자질을 갖추고 있을 것으로 추정할 수 있으므로 지원에 의하여 현역복무를 마친 여성을 예비역 복무의무자의 범위에서 제외한 군인사법 조항은 예비역 복무의무자인 남성인 청구인의 평등권을 침해한다.

② 자율형 사립고등학교를 지원한 학생에게 평준화지역 후기학교에 중복지원하는 것을 금지한 초·중등교육법시행령 조항은 매우 보편화된 일반교육에 해당하는 고등학교 진학 기회를 제한하는 것으로 당사자에게 미치는 기본권 제한의 효과가 크다는 점에서 엄격한 심사척도에 의하여 평등원칙 위배여부를 심사하여야 한다.

③ 독립유공자의 사망시기에 따라 그 손자녀의 보상금 지급 요건을 달리하거나 보상금 수급대상을 독립유공자의 손자녀 1명으로 한정한 독립유공자예우에 관한 법률 조항은 헌법에서 특히 평등을 요구하는 영역에서의 차별에 해당하지 않고 관련 기본권에 중대한 제한을 초래하지도 않는다.

④ 평등권으로서 교육을 받을 권리는 '취학·진학의 기회균등', 즉 각자의 능력에 상응하는 교육을 받을 수 있도록 학교 입학에 있어서 자의적 차별이 금지되어야 한다는 차별금지원칙을 의미한다.

해설

① [×] 지원에 의하여 현역복무를 마친 여성의 경우, 현역복무에 필요한 신체적 능력을 갖추었다고 볼 수 있고, 현역복무 과정에서의 훈련과 경험을 통해 예비전력으로서 갖추어야 할 자질을 갖추고 있을 것으로 추정할 수 있으므로, 이러한 집단에 대하여 예비역 복무의무를 부과하지 않으면서 현역복무를 마친 남자에게만 예비역 복무의무를 부과하는 것이 합리적인지 여부에 의문이 제기될 수 있다. 그러나 국가 비상시 요청되는 예비전력의 성격이나 전시 요구되는 장교와 병의 비율, 예비역 인력 운영의 효율성 등을 고려하면, 현역복무를 마친 여성에 대한 예비역 복무 의무 부과는 국방력의 유지 및 병역동원의 소요(所要)를 충족할 수 있는 합리적 병력충원제도의 설계와 국방의 의무의 공평한 분담, 건전한 국가 재정, 여군의 역할 확대 및 복무 형태의 다양성 요구 충족 등을 복합적으로 고려하여 결정할 사항으로, 현재의 시점에서 제반 상황을 종합적으로 고려한 입법자의 판단이 현저히 자의적이라고 단정하기 어렵다. 이 사건 예비역 조항으로 인한 차별취급을 정당화할 합리적 이유가 인정되므로, 이 사건 예비역 조항은 청구인의 평등권을 침해하지 아니한다(헌재 2023.10.26, 2018헌마357).

② [O] 비록 고등학교 교육이 의무교육은 아니지만 매우 보편화된 일반교육임을 알 수 있다. 따라서 고등학교 진학 기회의 제한은 대학 등 고등교육기관에 비하여 당사자에게 미치는 제한의 효과가 더욱 크므로 보다 더 엄격히 심사하여야 한다. 따라서 이 사건 중복지원금지 조항의 차별 목적과 차별의 정도가 비례원칙을 준수하는지 살펴본다. … 결국 이 사건 중복지원금지 조항은 고등학교 진학 기회에 있어서 자사고 지원자들에 대한 차별을 정당화할 수 있을 정도로 차별 목적과 차별의 정도 간에 비례성을 갖춘 것이라고 볼 수 없다. 따라서 이 사건 중복지원금지 조항은 청구인 학생 및 학부모의 평등권을 침해하여 헌법에 위반된다(헌재 2019.4.11, 2018헌마221).

③ [O] 심판대상조항이 독립유공자의 사망시기에 따라 그 손자녀의 보상금 지급 요건을 달리하거나 보상금 수급대상을 독립유공자의 손자녀 1명으로 한정하는 것은 헌법에서 특히 평등을 요구하는 영역에서의 차별에 해당한다고 볼 수 없고, 심판대상조항이 관련 기본권에 중대한 제한을 초래하는 것으로 보기도 어렵다. 독립유공자의 유족에 대한 예우의 제공대상, 범위 및 내용 등은 국가의 경제수준, 재정능력, 전체적인 사회보장 수준, 국민 통합의 필요성 등을 종합적으로 고려하여 결정할 문제로서, 입법자의 광범위한 입법형성의 자유에 속한다. 따라서 심판대상조항의 내용이 현저하게 합리성이 결여되어 있는 것이 아닌 한 평등권을 침해한다고 할 수 없다. … 심판대상조항은 청구인의 평등권을 침해한다고 할 수 없다(헌재 2022.1.27, 2020헌마594).

④ [O] 헌법은 제31조 제1항에서 "능력에 따라 균등하게"라고 하여 교육영역에서 평등원칙을 구체화하고 있다. 헌법 제31조 제1항은 헌법 제11조의 일반적 평등조항에 대한 특별규정으로서 교육의 영역에서 평등원칙을 실현하고자 하는 것이다. 평등권으로서 교육을 받을 권리는 '취학의 기회균등', 즉 각자의 능력에 상응하는 교육을 받을 수 있도록 학교 입학에 있어서 자의적 차별이 금지되어야 한다는 차별금지원칙을 의미한다(헌재 2017.12.28, 2016헌마679).

40 평등권 및 평등원칙에 대한 설명으로 가장 적절한 것은? (다툼이 있는 경우 헌법재판소 판례에 의함)

23. 경찰간부

① 국공립어린이집, 사회복지법인어린이집, 법인 · 단체등 어린이집등과 달리 민간어린이집에는 보육교직원 인건비를 지원하지 않는 '2020년도 보육사업안내(2020.1.10. 보건복지부지침)'상 조항은 합리적 근거 없이 민간어린이집을 운영하는 청구인을 차별하여 청구인의 평등권을 침해한다.

② 국립묘지 안장 대상자의 사망 당시의 배우자가 재혼한 경우에는 국립묘지에 안장된 안장대상자와 합장할 수 없도록 규정한 국립묘지의 설치 및 운영에 관한 법률상 조항은 재혼한 배우자를 불합리하게 차별한 것으로 평등원칙에 위배된다.

③ 사관생도의 사관학교 교육기간을 현역병 등의 복무기간과 달리 연금 산정의 기초가 되는 군 복무기간으로 산입할 수 있도록 규정하지 아니한 구 군인연금법상 조항은 현저히 자의적인 차별이라고 볼 수 없다.

④ 1991년 개정 농어촌의료법이 적용되기 전에 공중보건의사로 복무한 사람이 사립학교 교직원으로 임용된 경우 공중보건의사로 복무한 기간을 사립학교 교직원 재직기간에 산입하도록 규정하지 않은 사립학교교직원 연금법상 조항은 공중보건의사가 출 · 퇴근을 하며 병역을 이행한다는 점에서 그 복무기간을 재직기간에 산입하지 않는 것에 합리적 이유가 있다.

정답 | 38 ① 39 ① 40 ③

해설

③ [O] 군인연금법상 군 복무기간 산입제도의 목적과 취지, 현역병 등과 사관생도의 신분, 역할, 근무환경 등을 종합적으로 고려하면, 심판대상조항이 사관학교에서의 교육기간을 현역병 등의 복무기간과 달리 연금 산정의 기초가 되는 복무기간으로 산입하도록 규정하지 않은 것이 현저히 자의적인 차별이라고 볼 수 없다(헌재 2022.6.30, 2019헌마150).

① [×] 민간어린이집, 가정어린이집은 인건비 지원을 받지 않지만 만 3세 미만의 영유아를 보육하는 등 일정한 요건을 충족하면 보육교직원 인건비 등에 대한 조사를 바탕으로 산정된 기관보육료를 지원받는다. 보건복지부장관이 민간어린이집, 가정어린이집에 대하여 국공립어린이집 등과 같은 기준으로 인건비 지원을 하는 대신 기관보육료를 지원하는 것은 전체 어린이집 수, 어린이집 이용 아동수를 기준으로 할 때 민간어린이집, 가정어린이집의 비율이 여전히 높고 보육예산이 한정되어 있는 상황에서 이들에 대한 지원을 국공립어린이집 등과 같은 수준으로 당장 확대하기 어렵기 때문이다. 이와 같은 어린이집에 대한 이원적 지원 체계는 기존의 민간어린이집을 공적 보육체계에 포섭하면서도 나머지 민간어린이집은 기관보육료를 지원하여 보육의 공공성을 확대하는 방향으로 단계적 개선을 이루어나가고 있다. 이상을 종합하여 보면, 심판대상조항이 합리적 근거 없이 민간어린이집을 운영하는 청구인을 차별하여 청구인의 평등권을 침해하였다고 볼 수 없다(헌재 2022.2.24, 2020헌마177).

② [×] 국립묘지 안장 대상자의 사망 당시의 배우자가 재혼한 경우에는 국립묘지에 안장된 안장 대상자와 합장할 수 없도록 한 것은 평등원칙에 위배되지 않는다(헌재 2022.11.24, 2020헌바463).

④ [×] 구 병역법 등의 규정에 의하면 의사·치과의사 등의 자격이 있는 사람이 병적에 편입되어 공중보건의사와 군의관 중 어떠한 형태로 복무할 것인지는 본인의 의사가 아니라 국방부장관에 의하여 결정되는 점, 군의관과 공중보건의사는 모두 병역의무 이행의 일환으로 의료분야의 역무를 수행한 점, 공중보건의사는 접적지역, 도서, 벽지 등 의료취약지역에서 복무하면서 그 지역 안에서 거주하여야 하고 그 복무에 관하여 국가의 강력한 통제를 받았던 점 등을 종합하면, 1991년 개정 농어촌의료법 시행 전에 공중보건의사로 복무하였던 사람이 사립학교 교직원으로 임용되었을 경우 현역병 등과 달리 공중보건의사 복무기간을 재직기간에 반영하도록 규정하지 아니한 것은 차별취급에 합리적인 이유가 없다. 따라서 심판대상조항은 평등원칙에 위배된다(헌재 2016.2.25, 2015헌가15).

41 평등권에 관한 다음 설명 중 가장 옳지 않은 것은? (다툼이 있는 경우 헌법재판소 결정 및 대법원 판례에 의함)

23. 법원직

① 현역병 및 사회복무요원과 달리 공무원의 초임호봉 획정에 인정되는 경력에 산업기능요원의 경력을 제외하도록 한 공무원보수규정은 산업기능요원의 평등권을 침해하지 않는다.

② 근로자가 사업주의 지배관리 아래 출퇴근하던 중 발생한 사고로 부상 등이 발생한 경우만 업무상 재해로 인정하는 산업재해보상보험법(2007.12.14. 법률 제8694호로 전부개정된 것) 제37조 제1항 제1호 다목은 평등원칙에 위반된다.

③ 실업급여에 관한 고용보험법의 적용에 있어 '65세 이후에 새로이 고용된 자'를 그 적용대상에서 배제한 고용보험법(2013.6.4. 법률 제11864호로 개정된 것)은 65세 이후 고용된 사람의 평등권을 침해하지 않는다.

④ 공무원의 시간외·야간·휴일근무수당의 산정방법을 정하고 있는 구 '공무원수당 등에 관한 규정'은 공무원에 대한 수당 지급을 근로기준법보다 불리하게 규정하고 있는바, 공무원과 일반근로자를 합리적 이유 없이 차별하는 것으로서 평등권을 침해한다.

해설

④ [×] 공무원에 대한 수당 지급이 근로기준법보다 불리하다 하더라도 이는 불가피한 측면이 있다. 또한 근로기준법에서 예외 없이 통상임금의 50% 이상을 가산하여 초과근무수당을 지급하도록 한 것은 사용자로 하여금 초과근무에 대하여 더 많은 금전적 보상을 하도록 함으로써 될 수 있는 한 초과근무를 억제하기 위한 것인데, 공무원의 경우 이와 같은 목적에서 수당을 산정하고 있지 않으므로, 근로기준법보다 적은 액수의 수당을 지급한다 하여 이를 불합리한 차별이라고 보기 어렵다. 따라서 심판대상조항들이 청구인의 평등권을 침해한다고 할 수 없다(헌재 2017.8.31, 2016헌마404).

① [O] 심판대상조항은 병역의무로 인하여 본인의 의사와 관계없이 징집·소집되어 적정한 보수를 받지 못하고 공무수행으로 복무한 기간을 공무원 초임호봉에 반영함으로써, 상대적으로 열악한 환경에서 병역의무를 이행한 공로를 금전적으로 보상하고자 함에 그 취지가 있다. 그런데 사회복무요원은 공익 수행을 목적으로 한 제도로, 그 직무가 공무수행으로 인정되고, 본인의사에 관계없이 소집되며, 현역병에 준하는 최소한의 보수만 지급됨에 반하여, 산업기능요원은 국가산업 육성을 목적으로 한 제도로, 그 직무가 공무수행으로 인정되지 아니하고, 본인의사에 따라 편입 가능하며, 근로기준법 및 최저임금법의 적용을 받는다. 심판대상조항은 이와 같은 실질적 차이를 고려하여 상대적으로 열악한 환경에서 병역의무를 이행한 것으로 평가되는 현역병 및 사회복무요원의 공로를 보상하도록 한 것으로 산업기능요원과의 차별취급에 합리적 이유가 있으므로, 청구인의 평등권을 침해하지 아니한다(헌재 2016.6.30, 2014헌마192).

② [O] 심판대상조항이 신법 조항의 소급적용을 위한 경과규정을 두지 않음으로써 개정법 시행일 전에 통상의 출퇴근 사고를 당한 비혜택근로자를 보호하기 위한 최소한의 조치도 취하지 않은 것은, 산재보험의 재정상황 등 실무적 여건이나 경제상황 등을 고려한 것이라고 하더라도, 그 차별을 정당화할 만한 합리적인 이유가 있는 것으로 보기 어렵고, 이 사건 헌법불합치결정의 취지에도 어긋난다. 따라서 심판대상조항은 헌법상 평등원칙에 위반된다(헌재 2019.9.26, 2018헌바218).

③ [O] '65세 이후 고용된 자'의 경우 고용보험법상 고용안정 · 직업능력개발사업의 지원대상에는 포함되지만, 실업급여의 지급목적, 경제활동인구의 연령별 비율, 보험재정상태 등을 고려하여 '65세 이전에 고용된 자'와 달리 이직 시 실업급여를 지급하지 않는다고 해서 이를 합리적인 이유 없는 차별이라고 단정할 수 없다. '65세 이후 고용된 자'도 실업이라는 사회적 위험으로부터 보호되어야 할 필요성, 고령층의 경제활동인구 비율 증가 등을 고려하여 실업급여 지급대상을 확대하는 것이 바람직할 수 있으나, 보험재정이나 우리의 사회보장을 위한 전반적인 법률체계 등을 고려할 때 이를 한꺼번에 모두 해결하기는 어려우며, 단계적인 개선을 통하여 해결해 나가는 수밖에 없을 것이다. 이상에서 본 바와 같이, 심판대상조항이 '65세 이후 고용' 여부를 기준으로 실업급여 적용 여부를 달리한 것은 합리적 이유가 있다고 할 것이므로, 이로 인해 청구인의 평등권이 침해되었다고 보기 어렵다(헌재 2018.6.28, 2017헌마238).

42 평등권에 관한 설명으로 가장 적절하지 않은 것은? (다툼이 있는 경우 판례에 의함)

23. 경찰경채

① 법 앞에서의 평등의 원칙은 법을 적용함에 있어서뿐만 아니라, 입법을 함에 있어서도 불합리한 차별대우를 하여서는 아니된다는 것을 의미하는 것이다.

② 헌법에서 규정하고 있는 평등의 원칙은 절대적 평등을 의미하는 것이 아니라 상대적 평등을 뜻한다.

③ 헌법 제11조 제1항의 사회적 신분이란 사회에서 장기간 점하는 지위로서 일정한 사회적 평가를 수반하는 것을 의미한다 할 것이므로 전과자도 사회적 신분에 해당된다.

④ 존속살해죄에 대한 가중처벌은 형벌체계상 균형을 잃은 자의적 입법으로서 평등의 원칙에 위반된다.

해설

④ [×] 조선시대 이래 현재에 이르기까지 존속살해죄에 대한 가중처벌은 계속되어 왔고, 그러한 입법의 배경에는 우리 사회의 효를 강조하는 유교적 관념 내지 전통사상이 자리 잡고 있는 점, 존속살해는 그 패륜성에 비추어 일반살인죄에 비하여 고도의 사회적 비난을 받아야 할 이유가 충분한 점, … 고려할 때 이 사건 법률조항이 형벌체계상 균형을 잃은 자의적 입법으로서 평등원칙에 위반된다고 볼 수 없다(헌재 2013.7.25, 2011헌바267).

① [O] 헌법 제11조 제1항에 정한 법 앞에서의 평등의 원칙은 일체의 차별적 대우를 부정하는 절대적 평등을 의미하는 것은 아니며, 법을 적용함에 있어서뿐만 아니라 입법을 함에 있어서도 불합리한 차별대우를 하여서는 아니된다는 것을 뜻한다(헌재 2003.6.26, 2002헌마484).

② [O] 헌법 제11조 제1항은 "모든 국민은 법 앞에 평등하다. 누구든지 성별 · 종교 또는 사회적 신분에 의하여 정치적 · 경제적 · 사회적 · 문화적 생활의 모든 영역에 있어서 차별을 받지 아니한다."라고 규정하고 있는바, 이러한 평등원칙은 일체의 차별적 대우를 부정하는 절대적 평등을 의미하는 것이 아니라 입법과 법의 적용에 있어서 합리적인 근거가 없는 차별을 하여서는 안 된다는 상대적 평등을 뜻하므로 합리적 근거가 있는 차별 또는 불평등은 평등원칙에 반하는 것이 아니다(헌재 2013.3.21, 2012헌바21).

③ [O] 사회적 신분이란 사회에서 장기간 점하는 지위로서 일정한 사회적 평가를 수반하는 것을 의미한다 할 것이므로 전과자도 사회적 신분에 해당된다고 할 것이며 누범을 가중처벌하는 것이 전과자라는 사회적 신분을 이유로 차별대우를 하는 것이 되어 헌법상의 평등의 원칙에 위배되는 것이 아닌가 하는 의문이 생길 수 있으므로 이에 대하여 살펴본다(헌재 1995.2.23, 93헌바43).

정답 | 41 ④ 42 ④

43 출생등록과 관련된 내용으로 가장 적절하지 않은 것은? (다툼이 있는 경우 판례에 의함) 23. 경찰경채

① 태어난 즉시 '출생등록될 권리'는 '출생 후 아동이 보호를 받을 수 있을 최대한 빠른 시점'에 아동의 출생과 관련된 기본적인 정보를 국가가 관리할 수 있도록 등록할 권리이다.

② '출생등록될 권리'는 헌법에 명시되지 아니한 독자적 기본권으로서, 자유로운 인격실현을 보장하는 자유권적 성격과 아동의 건강한 성장과 발달을 보장하는 사회적 기본권의 성격을 함께 지닌다.

③ 태어난 즉시 '출생등록될 권리'는 입법자가 출생등록제도를 통하여 형성하고 구체화하여야 할 권리이며, 입법자는 출생등록제도를 형성함에 있어 단지 출생등록의 이론적 가능성을 허용하는 것에 그쳐서는 아니되며, 실효적으로 출생등록될 권리가 보장되도록 하여야 한다.

④ 혼인 중인 여자와 남편 아닌 남자 사이에서 출생한 자녀의 경우에 모와 생부를 차별하여 혼인 외 출생자의 신고의무를 모에게만 부과하고, 남편 아닌 남자인 생부에게 자신의 혼인 외 자녀에 대해서 출생신고를 하도록 규정하지 아니한 것은 합리적인 이유가 없어 생부의 평등권을 침해한다.

해설

④ [×] 심판대상조항들이 혼인 중인 여자와 남편 아닌 남자 사이에서 출생한 자녀의 경우에 혼인 외 출생자의 신고의무를 모에게만 부과하고, 남편 아닌 남자인 생부에게 자신의 혼인 외 자녀에 대해서 출생신고를 할 수 있도록 규정하지 아니한 것은 모는 출산으로 인하여 그 출생자와 혈연관계가 형성되는 반면에, 생부는 그 출생자와의 혈연관계에 대한 확인이 필요할 수도 있고, 그 출생자의 출생사실을 모를 수도 있다는 점에 있으며, 이에 따라 가족관계등록법은 모를 중심으로 출생신고를 규정하고, 모가 혼인 중일 경우에 그 출생자는 모의 남편의 자녀로 추정하도록 한 민법의 체계에 따르도록 규정하고 있는 점에 비추어 합리적인 이유가 있다. 그렇다면, 심판대상조항들은 생부인 청구인들의 평등권을 침해하지 않는다(헌재 2023.3.23, 2021헌마975).

① [O] 태어난 즉시 '출생등록될 권리'는 '출생 후 아동이 보호를 받을 수 있을 최대한 빠른 시점'에 아동의 출생과 관련된 기본적인 정보를 국가가 관리할 수 있도록 등록할 권리로서, 아동이 사람으로서 인격을 자유로이 발현하고, 부모와 가족 등의 보호하에 건강한 성장과 발달을 할 수 있도록 최소한의 보호장치를 마련하도록 요구할 수 있는 권리이다(헌재 2023.3.23, 2021헌마975).

② [O] 태어난 즉시 '출생등록될 권리'는 헌법에 명시되지 아니한 독자적 기본권으로서, 자유로운 인격실현을 보장하는 자유권적 성격과 아동의 건강한 성장과 발달을 보장하는 사회적 기본권의 성격을 함께 지닌다. … 심판대상조항들은 입법형성권의 한계를 넘어서서 실효적으로 출생등록될 권리를 보장하고 있다고 볼 수 없으므로, 혼인 중 여자와 남편 아닌 남자 사이에서 출생한 자녀에 해당하는 혼인 외 출생자인 청구인들의 태어난 즉시 '출생등록될 권리'를 침해한다(헌재 2023.3.23, 2021헌마975).

③ [O] 태어난 즉시 '출생등록될 권리'는 입법자가 출생등록제도를 통하여 형성하고 구체화하여야 할 권리이다. 그러나 태어난 즉시 '출생등록될 권리'의 실현은 일반적인 사회적 기본권과 달리 국가 자원 배분의 문제와는 직접적인 관련이 없고, 이를 제한하여야 할 다른 공익을 상정하기 어려우며, 출생등록이 개인의 인격 발현에 미치는 중요한 의미를 고려할 때, 입법자는 출생등록제도를 형성함에 있어 단지 출생등록의 이론적 가능성을 허용하는 것에 그쳐서는 아니 되며, 실효적으로 출생등록될 권리가 보장되도록 하여야 한다(헌재 2023.3.23, 2021헌마975).

정답 | 43 ④

제3장 | 자유권적 기본권

제1절 | 인신의 자유권

■ 생명권

01 생명권에 대한 설명으로 옳지 않은 것은? (다툼이 있는 경우 판례에 의함) 25. 5급

① 생명에 대한 권리는 비록 헌법에 명문의 규정이 없다 하더라도 인간의 생존본능과 존재목적에 바탕을 둔 선험적이고 자연법적인 권리로서 헌법에 규정된 모든 기본권의 전제로서 기능하는 기본권 중의 기본권이다.

② 태아가 비록 그 생명의 유지를 위하여 모에게 의존해야 하지만, 그 자체로 모와 별개의 생명체이고 특별한 사정이 없는 한 인간으로 성장할 가능성이 크므로 태아에게도 생명권이 인정되어야 한다.

③ 국가에게는 태아의 생명을 보호할 의무가 있으므로, 생명의 연속적 발전과정에 대하여 생명이라는 공통요소를 이유로 하여 언제나 동일한 법적 효과를 부여하여야 한다.

④ 모든 인간의 생명은 자연적 존재로서 동등한 가치를 갖는다고 할 것이나 그 동등한 가치가 서로 충돌하게 되거나 생명의 침해에 못지 아니한 중대한 공익을 침해하는 등의 경우에는 국민의 생명·재산 등을 보호할 책임이 있는 국가는 어떠한 생명 또는 법익이 보호되어야 할 것인지 그 규준을 제시할 수 있다.

해설

③ [×] 국가는 헌법 제10조 제2문에 따라 태아의 생명을 보호할 의무가 있다 … 생명의 전체적 과정에 대해 법질서가 언제나 동일한 법적 보호 내지 효과를 부여하고 있는 것은 아니다. 따라서 국가가 생명을 보호하는 입법적 조치를 취함에 있어 인간생명의 발달단계에 따라 그 보호정도나 보호수단을 달리하는 것은 불가능하지 않다(헌재 2019.4.11, 2017헌바127).

① [O] 생명에 대한 권리, 즉 생명권은 비록 헌법에 명문의 규정이 없다 하더라도 인간의 생존본능과 존재목적에 바탕을 둔 선험적이고 자연법적인 권리로서 헌법에 규정된 모든 기본권의 전제로서 기능하는 기본권 중의 기본권이다. 모든 인간은 헌법상 생명권의 주체가 되며, 형성 중의 생명인 태아에게도 생명에 대한 권리가 인정되어야 한다. 따라서 태아도 헌법상 생명권의 주체가 되며, 국가는 헌법 제10조에 따라 태아의 생명을 보호할 의무가 있다(헌재 2008.7.31, 2004헌바81).

② [O] 모든 인간은 헌법상 생명권의 주체가 되며, 형성 중의 생명인 태아에게도 생명에 대한 권리가 인정되어야 한다. 태아가 비록 그 생명의 유지를 위하여 모(母)에게 의존해야 하지만, 그 자체로 모(母)와 별개의 생명체이고, 특별한 사정이 없는 한, 인간으로 성장할 가능성이 크기 때문이다. 따라서 태아도 헌법상 생명권의 주체가 되며, 국가는 헌법 제10조 제2문에 따라 태아의 생명을 보호할 의무가 있다(헌재 2019.4.11, 2017헌바127).

④ [O] 결국 모든 인간의 생명은 자연적 존재로서 동등한 가치를 갖는다고 할 것이나 그 동등한 가치가 서로 충돌하게 되거나 생명의 침해에 못지 아니한 중대한 공익을 침해하는 등의 경우에는 국민의 생명·재산 등을 보호할 책임이 있는 국가는 어떠한 생명 또는 법익이 보호되어야 할 것인지 그 규준을 제시할 수 있는 것이다(헌재 1996.11.28, 95헌바1).

정답 | 01 ③

02 생명권과 신체의 자유에 관한 설명으로 가장 적절하지 않은 것은? (다툼이 있는 경우 판례에 의함)

25. 경정승진

① 생명권의 제한은 어떠한 상황에서든 곧바로 개인의 생명권의 본질적인 내용을 침해하는 것으로서 기본권 제한의 한계를 넘는 것으로 본다면, 이는 생명권을 제한이 불가능한 절대적 기본권으로 인정하는 것과 동일한 결과를 가져오게 된다.

② 디엔에이감식시료 채취 대상범죄에 대하여 형의 선고를 받아 확정된 사람으로부터 디엔에이감식시료를 채취할 수 있도록 규정한 디엔에이신원확인정보의 이용 및 보호에 관한 법률조항은 과도하게 신체의 자유를 침해한다고 볼 수 없다.

③ 주민등록증 발급대상자에 대하여 열 손가락의 지문을 날인할 의무를 부과하는 것은 신체의 안정성을 저해하고 신체활동의 자유를 제약한다고 볼 수 있으므로 신체의 자유를 침해한다.

④ 보호의무자 2인의 동의와 정신건강의학과 전문의 1인의 진단으로 정신질환자에 대한 보호입원이 가능하도록 한 정신보건법 조항은 과잉금지원칙을 위반하여 신체의 자유를 침해한다.

해설

③ [×] 우리 헌법 제12조 제1항 전문에서 보장하는 신체의 자유는 신체의 안정성이 외부로부터의 물리적인 힘이나 정신적인 위험으로부터 침해당하지 아니할 자유와 신체활동을 임의적이고 자율적으로 할 수 있는 자유를 말하는 것이다. 그렇다면 이 사건 시행령조항이 주민등록증 발급대상자에 대하여 열 손가락의 지문을 날인할 의무를 부과하는 것만으로는 신체의 안정성을 저해한다거나 신체활동의 자유를 제약한다고 볼 수 없으므로, 이 사건 시행령조항에 의한 신체의 자유의 침해가능성은 없다고 할 것이다(헌재 2005.5.26, 99헌마513 등).

① [O] 생명권의 제한은 어떠한 상황에서든 곧바로 개인의 생명권의 본질적인 내용을 침해하는 것으로서 기본권 제한의 한계를 넘는 것으로 본다면, 이는 생명권을 제한이 불가능한 절대적 기본권으로 인정하는 것과 동일한 결과를 가져오게 된다. 그러나 앞서 본 바와 같이 생명권 역시 그 제한을 정당화할 수 있는 예외적 상황 하에서는 헌법상 그 제한이 허용되는 기본권인 점 및 생명권 제한구조의 특수성을 고려한다면, 생명권 제한이 정당화될 수 있는 예외적인 경우에는 생명권의 박탈이 초래된다 하더라도 곧바로 기본권의 본질적인 내용을 침해하는 것이라 볼 수는 없다(헌재 2010.2.25, 2008헌가23).

② [O] 이 사건 채취조항들은 범죄 수사 및 예방을 위하여 특정범죄의 수형자로부터 디엔에이감식시료를 채취할 수 있도록 하는 것이다. 디엔에이감식시료 채취 대상범죄는 재범의 위험성이 높아 디엔에이신원확인정보를 수록·관리할 필요성이 높으며, 이 사건 법률은 시료를 서면 동의 또는 영장에 의하여 채취하되, 채취 이유, 채취할 시료의 종류 및 방법을 고지하도록 하고 있고, … 제한되는 신체의 자유의 정도는 일상생활에서 경험할 수 있는 정도의 미약한 것으로서 범죄 수사 및 예방의 공익에 비하여 크다고 할 수 없어 법익의 균형성도 인정된다. 따라서 이 사건 채취조항들이 과도하게 신체의 자유를 침해한다고 볼 수 없다(헌재 2014.8.28, 2011헌마28 등).

④ [O] 보호의무자 2인이 정신과전문의와 공모하거나, 그로부터 방조·용인을 받는 경우 보호입원 제도가 남용될 위험성은 더욱 커지는 점, … 등을 종합하면, 심판대상조항은 침해의 최소성 원칙에 위배된다. … 그렇다면 심판대상조항은 과잉금지원칙을 위반하여 신체의 자유를 침해한다(헌재 2016.9.29, 2014헌가9).

03 생명권에 대한 설명으로 적절하지 않은 것을 모두 고른 것은? (다툼이 있는 경우 판례에 의함) 22. 경찰승진

> ㉠ 생명권은 인간의 생존본능과 존재목적에 바탕을 둔 선험적이고 자연법적인 권리로서 헌법에 규정된 모든 기본권의 전제로서 기능하는 기본권 중의 기본권이다.
> ㉡ 국가는 헌법 제10조, 제12조 등에 따라 태아의 생명을 보호할 의무가 있지만, 태아는 헌법상 생명권의 주체로 인정되지 않는다.
> ㉢ 인간이라는 생명체의 형성이 출생 이전의 그 어느 시점에서 시작됨을 인정하더라도, 법적으로 사람의 시기를 출생의 시점에서 시작되는 것으로 보는 것은 헌법적으로 금지된다.
> ㉣ 연명치료 중단, 즉 생명단축에 관한 자기 결정은 생명권 보호의 헌법적 가치와 충돌하므로 '연명치료 중단에 관한 자기결정권'의 인정 여부가 문제되는 '죽음에 임박한 환자'란 '의학적으로 환자가 의식의 회복가능성이 없고 생명과 관련된 중요한 생체기능의 상실을 회복할 수 없으며 환자의 신체상태에 비추어 짧은 시간 내에 사망에 이를 수 있음이 명백한 경우'를 의미한다.

① ㉠, ㉡ ② ㉠, ㉢
③ ㉡, ㉢ ④ ㉢, ㉣

해설
적절하지 않은 것은 ㉡, ㉢이다.
㉠ [O], ㉡ [X] 생명권은 비록 헌법에 명문의 규정이 없다 하더라도 인간의 생존본능과 존재목적에 바탕을 둔 선험적이고 자연법적인 권리로서 헌법에 규정된 모든 기본권의 전제로서 기능하는 기본권 중의 기본권이다. 모든 인간은 헌법상 생명권의 주체가 되며, 형성 중의 생명인 태아에게도 생명에 대한 권리가 인정되어야 한다. 따라서 태아도 헌법상 생명권의 주체가 되며, 국가는 헌법 제10조에 따라 태아의 생명을 보호할 의무가 있다(헌재 2008.7.31, 2004헌바81).
㉢ [X] 법치국가원리로부터 나오는 법적 안정성의 요청은 인간의 권리능력이 언제부터 시작되는가에 관하여 가능한 한 명확하게 그 시점을 확정할 것을 요구한다. 따라서 인간이라는 생명체의 형성이 출생 이전의 그 어느 시점에서 시작됨을 인정하더라도, 법적으로 사람의 시기를 출생의 시점에서 시작되는 것으로 보는 것이 헌법적으로 금지된다고 할 수 없다(헌재 2008.7.31, 2004헌바81).
㉣ [O] 환자가 장차 죽음에 임박한 상태에 이를 경우에 대비하여 미리 의료인 등에게 연명치료 거부 또는 중단에 관한 의사를 밝히는 등의 방법으로 죽음에 임박한 상태에서 인간으로서의 존엄과 가치를 지키기 위하여 연명치료의 거부 또는 중단을 결정할 수 있다 할 것이고, 위 결정은 헌법상 기본권인 자기결정권의 한 내용으로서 보장된다 할 것이다(헌재 2009.11.26, 2008헌마385).

정답 | 02 ③ 03 ③

04 다음 설명 중 가장 옳지 않은 것은? (다툼이 있는 경우 헌법재판소 결정 및 대법원 판례에 의함) 23. 법원직

① 절대적 종신형제도는 사형제도와는 또 다른 위헌성 문제를 야기할 수 있고, 현행 형사법령 하에서도 가석방제도의 운영 여하에 따라 사회로부터의 영구적 격리가 가능한 절대적 종신형과 상대적 종신형의 각 취지를 살릴 수 있다는 점 등을 고려하면, 현행 무기징역형제도가 상대적 종신형 외에 절대적 종신형을 따로 두고 있지 않은 것이 형벌체계상 정당성과 균형을 상실하여 헌법 제11조의 평등원칙에 반한다거나 형벌이 죄질과 책임에 상응하도록 비례성을 갖추어야 한다는 책임원칙에 반한다고 단정하기 어렵다.

② 헌법은 절대적 기본권을 명문으로 인정하고 있지 아니하며, 헌법 제37조 제2항에서는 국민의 모든 자유와 권리는 국가안전보장·질서유지 또는 공공복리를 위하여 필요한 경우에 한하여 법률로써 제한할 수 있도록 규정하고 있어, 비록 생명이 이념적으로 절대적 가치를 지닌 것이라 하더라도 생명에 대한 법적 평가가 예외적으로 허용될 수 있다.

③ 생명권의 경우, 다른 일반적인 기본권 제한의 구조와는 달리, 생명의 일부 박탈이라는 것을 상정할 수 없고 생명권에 대한 제한은 필연적으로 생명권의 완전한 박탈을 의미하게 되기 때문에 생명권의 제한이 정당화될 수 있는 예외적인 경우라 하더라도 생명권의 박탈이 초래된다면 곧바로 기본권의 본질적인 내용을 침해하는 것이라 볼 수 있다.

④ 헌법 제12조 제1항의 신체의 자유는, 신체의 안정성이 외부로부터의 물리적인 힘이나 정신적인 위험으로부터 침해당하지 아니할 자유와 신체활동을 임의적이고 자율적으로 할 수 있는 자유를 말한다. 디엔에이감식시료 채취의 구체적인 방법은 구강점막 또는 모근을 포함한 모발을 채취하는 방법으로 하고, 위 방법들에 의한 채취가 불가능하거나 현저히 곤란한 경우에는 분비물, 체액을 채취하는 방법으로 한다. 그렇다면 디엔에이감식시료의 채취행위는 신체의 안정성을 해한다고 볼 수 있으므로 신체의 자유를 제한한다.

해설

③ [×] 생명권의 경우, 다른 일반적인 기본권 제한의 구조와는 달리, 생명의 일부 박탈이라는 것을 상정할 수 없기 때문에 생명권에 대한 제한은 필연적으로 생명권의 완전한 박탈을 의미하게 되는바, 위와 같이 생명권의 제한이 정당화될 수 있는 예외적인 경우에는 생명권의 박탈이 초래된다 하더라도 곧바로 기본권의 본질적인 내용을 침해하는 것이라 볼 수는 없다(헌재 2010.2.25, 2008헌가23).

① [O] 절대적 종신형제도는 사형제도와는 또 다른 위헌성 문제를 야기할 수 있고, 현행 형사법령 하에서도 가석방제도의 운영 여하에 따라 사회로부터의 영구적 격리가 가능한 절대적 종신형과 상대적 종신형의 각 취지를 살릴 수 있다는 점 등을 고려하면, 현행 무기징역형제도가 상대적 종신형 외에 절대적 종신형을 따로 두고 있지 않은 것이 형벌체계상 정당성과 균형을 상실하여 헌법 제11조의 평등원칙에 반한다거나 형벌이 죄질과 책임에 상응하도록 비례성을 갖추어야 한다는 책임원칙에 반한다고 단정하기 어렵다(헌재 2010.2.25, 2008헌가23).

② [O] 헌법은 절대적 기본권을 명문으로 인정하고 있지 아니하며, 헌법 제37조 제2항에서는 국민의 모든 자유와 권리는 국가안전보장·질서유지 또는 공공복리를 위하여 필요한 경우에 한하여 법률로써 제한할 수 있도록 규정하고 있어, 비록 생명이 이념적으로 절대적 가치를 지닌 것이라 하더라도 생명에 대한 법적 평가가 예외적으로 허용될 수 있다고 할 것이므로, 생명권 역시 헌법 제37조 제2항에 의한 일반적 법률유보의 대상이 될 수밖에 없다(헌재 2010.2.25, 2008헌가23).

④ [O] 헌법 제12조 제1항의 신체의 자유는, 신체의 안정성이 외부로부터의 물리적인 힘이나 정신적인 위험으로부터 침해당하지 아니할 자유와 신체활동을 임의적이고 자율적으로 할 수 있는 자유를 말한다. 디엔에이감식시료 채취의 구체적인 방법은 구강점막 또는 모근을 포함한 모발을 채취하는 방법으로 하고, 위 방법들에 의한 채취가 불가능하거나 현저히 곤란한 경우에는 분비물, 체액을 채취하는 방법으로 한다. 그러므로 디엔에이감식시료의 채취행위는 신체의 안정성을 해한다고 볼 수 있으므로 이 사건 채취 조항은 신체의 자유를 제한한다(헌재 2014.8.28, 2011헌마28등).

■ 신체의 자유

01 신체의 자유에 대한 설명으로 옳지 않은 것은? 24. 국회직 8급

① 변호인의 조력을 받을 권리에는 피고인이 변호인을 통하여 수사서류를 포함한 소송관계서류를 열람 및 등사하고, 이에 대한 검토결과를 토대로 공격과 방어의 준비를 할 수 있는 권리도 포함된다.

② 헌법은 사후영장을 청구할 수 있는 경우로서 현행범인인 경우와 장기 3년 이상의 형에 해당하는 죄를 범하고 도피 또는 증거인멸의 염려가 있을 때로 한정하고 있다.

③ 정신성적 장애인을 치료감호시설에 수용하는 기간은 15년을 초과할 수 없다고 규정한 구 치료감호 등에 관한 법률 제16조 제2항 제1호 중 제2조 제1항 제3호에 해당하는 자에 관한 부분은 과잉금지원칙을 위반하여 정신성적 장애인의 신체의 자유를 침해한다.

④ 진술거부권은 형사절차에서만 보장되는 것은 아니고, 행정절차에서도 그 진술이 자기에게 형사상 불리한 경우에는 묵비권을 가지고 이를 강요받지 아니할 국민의 기본권으로 보장된다.

⑤ 강제퇴거명령을 받은 사람을 즉시 대한민국 밖으로 송환할 수 없는 경우에 송환할 수 있을 때까지 보호시설에 보호할 수 있도록 하여 보호기간 상한을 마련하지 아니한 출입국관리법 규정은 퇴거 명령을 받은 사람의 신체의 자유를 침해한다.

해설

③ [×] 치료감호기간 조항은 정신성적 장애인이 치료감호시설에 수용될 수 있는 기간의 상한을 정함으로써 치료의 필요성 및 재범의 위험성에 따라 탄력적으로 치료감호를 집행하는 동시에, 정신성적 장애인의 기본권이 과도하게 제한되는 것을 방지하기 위한 것이다. 정신성적 장애는 그 증상이나 정도, 치료의 방법 등에 따라 치료의 종료 시기가 달라질 수 있으므로 이를 일률적으로 예측하기 어렵고, 그에 따른 재범의 위험성 소멸시기를 예측하는 것도 어려우므로 정신성적 장애인에 대한 치료감호는 그 본질상 집행단계에서 기간을 확정할 수밖에 없다. … 따라서 치료감호기간 조항은 과잉금지원칙을 위반하여 청구인의 신체의 자유를 침해하지 않는다(헌재 2017.4.27, 2016헌바452).

① [O] 변호인의 조력을 받을 권리는 변호인과의 자유로운 접견교통권에 그치지 아니하고 더 나아가 변호인을 통하여 수사서류를 포함한 소송관계 서류를 열람·등사하고 이에 대한 검토결과를 토대로 공격과 방어의 준비를 할 수 있는 권리도 포함된다고 보아야 할 것이므로 변호인의 수사기록 열람·등사에 대한 지나친 제한은 결국 피고인에게 보장된 변호인의 조력을 받을 권리를 침해하는 것이다(헌재 1997.11.27, 94헌마60).

② [O]

> 헌법 제12조 ③ 체포·구속·압수 또는 수색을 할 때에는 적법한 절차에 따라 검사의 신청에 의하여 법관이 발부한 영장을 제시하여야 한다. 다만, 현행범인인 경우와 장기 3년 이상의 형에 해당하는 죄를 범하고 도피 또는 증거인멸의 염려가 있을 때에는 사후에 영장을 청구할 수 있다.

④ [O] 진술거부권은 형사절차에서만 보장되는 것은 아니고 행정절차이거나 국회에서의 질문 등 어디에서나 그 진술이 자기에게 형사상 불리한 경우에는 묵비권을 가지고 이를 강요받지 아니할 국민의 기본권으로 보장된다(헌재 1990.8.27, 89헌가118).

⑤ [O] 심판대상조항은 강제퇴거대상자를 대한민국 밖으로 송환할 수 있을 때까지 보호시설에 인치·수용하여 강제퇴거명령을 효율적으로 집행할 수 있도록 함으로써 외국인의 출입국과 체류를 적절하게 통제하고 조정하여 국가의 안전과 질서를 도모하고자 하는 것으로, 입법목적의 정당성과 수단의 적합성은 인정된다. 그러나 보호기간의 상한을 두지 아니함으로써 강제퇴거대상자를 무기한 보호하는 것을 가능하게 하는 것은 보호의 일시적·잠정적 강제조치로서의 한계를 벗어나는 것이라는 점, 보호기간의 상한을 법에 명시함으로써 보호기간의 비합리적인 장기화 내지 불확실성에서 야기되는 피해를 방지할 수 있어야 하는데, 단지 강제퇴거명령의 효율적 집행이라는 행정목적 때문에 기간의 제한이 없는 보호를 가능하게 하는 것은 행정의 편의성과 획일성만을 강조한 것으로 피보호자의 신체의 자유를 과도하게 제한하는 것인 점, … 등을 고려하면, 심판대상조항은 침해의 최소성과 법익균형성을 충족하지 못한다. 따라서 심판대상조항은 과잉금지원칙을 위반하여 피보호자의 신체의 자유를 침해한다(헌재 2023.3.23, 2020헌가1 등).

정답 | 04 ③ 01 ③

02 신체의 자유에 관한 다음 설명 중 가장 옳지 않은 것은?

24. 법원직

① 강제퇴거명령을 받은 사람을 보호할 수 있도록 하면서 보호기간의 상한을 마련하지 않은 출입국관리법 해당 조항은 침해의 최소성과 법익의 균형성을 충족하지 못하여 피보호자의 신체의 자유를 침해한다.

② 금치의 징벌을 받은 수용자에 대해 금치기간 중 실외운동을 원칙적으로 제한하고, 예외적으로 실외운동을 허용하는 경우에도 실외운동의 기회가 부여되어야 하는 최저기준을 명시하지 않고 있는 구 형의 집행 및 수용자의 처우에 관한 법률 해당 규정은 침해의 최소성 원칙에 위배되어 신체의 자유를 침해한다.

③ 외국에서 형의 전부 또는 일부의 집행을 받은 자에 대하여 형을 감경 또는 면제할 수 있도록 한 구 형법 해당 조항은 신체의 자유를 침해하지 않는다.

④ 약식명령에 대한 정식재판청구권 회복청구 시 필요적 집행 정지가 아닌 임의적 집행정지로 규정된 형사소송법 해당 조항이 신체의 자유를 침해한다고 볼 수는 없다.

해설

③ [×] 외국에서 실제로 형의 집행을 받았음에도 불구하고 우리 형법에 의한 처벌 시 이를 전혀 고려하지 않는다면 신체의 자유에 대한 과도한 제한이 될 수 있으므로 그와 같은 사정은 어느 범위에서든 반드시 반영되어야 하고, 이러한 점에서 입법형성권의 범위는 다소 축소될 수 있다. 입법자는 국가형벌권의 실현과 국민의 기본권 보장의 요구를 조화시키기 위하여 형을 필요적으로 감면하거나 외국에서 집행된 형의 전부 또는 일부를 필요적으로 산입하는 등의 방법을 선택하여 청구인의 신체의 자유를 덜 침해할 수 있음에도, 이 사건 법률조항과 같이 우리 형법에 의한 처벌 시 외국에서 받은 형의 집행을 전혀 반영하지 아니할 수도 있도록 한 것은 과잉금지원칙에 위배되어 신체의 자유를 침해한다(헌재 2015.5.28, 2013헌바129).

① [O] 보호기간의 상한을 두지 아니함으로써 강제퇴거대상자를 무기한 보호하는 것을 가능하게 하는 것은 보호의 일시적·잠정적 강제조치로서의 한계를 벗어나는 것이라는 점, 보호기간의 상한을 법에 명시함으로써 보호기간의 비합리적인 장기화 내지 불확실성에서 야기되는 피해를 방지할 수 있어야 하는데, 단지 강제퇴거명령의 효율적 집행이라는 행정목적 때문에 기간의 제한이 없는 보호를 가능하게 하는 것은 행정의 편의성과 획일성만을 강조한 것으로 피보호자의 신체의 자유를 과도하게 제한하는 것인 점, … 등을 고려하면, 심판대상조항은 침해의 최소성과 법익균형성을 충족하지 못한다. 따라서 심판대상조항은 과잉금지원칙을 위반하여 피보호자의 신체의 자유를 침해한다(헌재 2023.3.23, 2020헌가1 등).

② [O] 실외운동은 구금되어 있는 수용자의 신체적·정신적 건강을 유지하기 위한 최소한의 기본적 요청이고, 수용자의 건강 유지는 교정교화와 건전한 사회복귀라는 형 집행의 근본적 목표를 달성하는 데 필수적이다. 위 조항은 예외적으로 실외운동을 허용하는 경우에도, 실외운동의 기회가 부여되어야 하는 최저기준을 법령에서 명시하고 있지 않으므로, 침해의 최소성 원칙에 위배된다. 위 조항은 수용자의 정신적·신체적 건강에 필요 이상의 불이익을 가하고 있고, 이는 공익에 비하여 큰 것이므로 위 조항은 법익의 균형성 요건도 갖추지 못하였다. 따라서 위 조항은 청구인의 신체의 자유를 침해한다(헌재 2016.5.26, 2014헌마45).

④ [O] 이 사건 법률조항은 약식명령에 대한 정식재판청구권 회복청구가 인용되는 경우 정식재판절차가 개시되어 약식명령이 확정되지 않은 상태로 되돌아간다는 점을 고려하여, 정식재판 청구기간 경과에 귀책사유가 없는 피고인을 재판의 부당한 집행으로부터 보호하면서, 필요적 집행정지로 인한 벌금형의 실효성 저하를 방지하고자 법원으로 하여금 구체적 사정을 고려하여 재판의 집행정지 여부를 결정하도록 하는 규정이다. … 따라서 이 사건 법률조항이 신체의 자유를 침해한다고 볼 수 없다(헌재 2014.5.29, 2012헌마104).

03 신체의 자유에 관한 설명으로 옳지 않은 것은? (다툼이 있는 경우 판례에 의함)

25. 소방간부

① 무죄추정의 원칙상 금지되는 '불이익'은 유죄를 근거로 그에 대하여 사회적 비난 내지 기타 응보적 의미의 차별 취급을 가하는 유죄 인정의 효과로서의 불이익을 의미한다.

② 적법절차의 원칙은 국가작용으로서 기본권 제한과 관련되든 아니든 모든 입법작용 및 행정작용에도 광범위하게 적용되는 것이다.

③ 헌법 제13조 제1항이 규정한 '이중처벌금지원칙'에서 '처벌'은 범죄에 대한 국가의 형벌권 실행으로서의 과벌뿐만 아니라 국가가 행하는 일체의 제재나 불이익처분을 모두 포함하는 것으로 보아야 한다.

④ 헌법 제13조 제3항의 연좌제금지는 친족의 행위와 본인 간에 실질적으로 의미 있는 아무런 관련성을 인정할 수 없음에도 불구하고 오로지 친족이라는 사유 그 자체만으로 불이익한 처우를 가하는 경우에만 적용된다.

⑤ 헌법 제12조 제4항 본문은 "누구든지 체포 또는 구속을 당한 때에는 즉시 변호인의 조력을 받을 권리를 가진다."라고 규정하고 있으나 피의자 또는 피고인에게는 체포 또는 구속 여부에 불구하고 변호인의 조력을 받을 권리가 인정된다.

해설

③ [×] 헌법 제13조 제1항이 정한 "이중처벌금지의 원칙"은 동일한 범죄행위에 대하여 국가가 형벌권을 거듭 행사할 수 없도록 함으로써 국민의 기본권 특히 신체의 자유를 보장하기 위한 것이므로, 그 "처벌"은 원칙으로 범죄에 대한 국가의 형벌권 실행으로서의 과벌을 의미하는 것이고, 국가가 행하는 일체의 제재(制裁)나 불이익처분을 모두 그에 포함된다고 할 수는 없다(헌재 1994.6.30, 92헌바38).

① [O] 무죄추정의 원칙상 금지되는 '불이익'이란 '범죄사실의 인정 또는 유죄를 전제로 그에 대하여 법률적 · 사실적 측면에서 유형 · 무형의 차별취급을 가하는 유죄인정의 효과로서의 불이익'을 뜻하고, 이는 비단 형사절차 내에서의 불이익뿐만 아니라 기타 일반 법생활 영역에서의 기본권 제한과 같은 경우에도 적용된다(헌재 2010.9.2, 2010헌마418).

② [O] 적법절차의 원칙은 헌법조항에 규정된 형사절차상의 제한된 범위내에서만 적용되는 것이 아니라 국가작용으로서 기본권제한과 관련되든 관련되지 않든 모든 입법작용 및 행정작용에도 광범위하게 적용된다고 해석하여야 할 것이고, 나아가 형사소송절차와 관련시켜 적용함에 있어서는 형벌권의 실행절차인 형사소송의 전반을 규율하는 기본원리로 이해하여야 하는 것이다(헌재 1992.12.24, 92헌가8).

④ [O] "모든 국민은 자기의 행위가 아닌 친족의 행위로 인하여 불이익한 처우를 받지 아니한다."고 규정하고 있는 헌법 제13조 제3항은 '친족의 행위와 본인 간에 실질적으로 의미 있는 아무런 관련성을 인정할 수 없음에도 불구하고 오로지 친족이라는 사유 그 자체만으로' 불이익한 처우를 가하는 경우에만 적용된다(헌재 2005.12.22, 2005헌마19).

⑤ [O] 헌법 제12조 제4항 본문은 "누구든지 체포 또는 구속을 당한 때에는 즉시 변호인의 조력을 받을 권리를 가진다."라고 규정하고 있으며, 헌법재판소는 "불구속 피의자의 경우에도 변호인의 조력을 받을 권리는 우리 헌법에 나타난 법치국가원리, 적법절차원칙에서 인정되는 당연한 내용이고, 헌법 제12조 제4항도 이를 전제로 특히 신체구속을 당한 사람에 대하여 변호인의 조력을 받을 권리의 중요성을 강조하기 위하여 별도로 명시하고 있다고 할 것이다."라고 판시한 바 있다. 이와 같이 피의자 또는 피고인(이하 '피의자 또는 피고인'을 '피의자 등'이라고 한다)에게는 체포 또는 구속 여부에 불구하고 변호인의 조력을 받을 권리가 인정된다(헌재 2019.2.28, 2015헌마1204).

정답 | 02 ③ 03 ③

04 신체의 자유에 관한 설명 중 가장 적절한 것은? (다툼이 있는 경우 판례에 의함)
23. 경찰승진

① 노역장유치는 신체의 자유를 박탈하여 징역형과 유사한 형벌적 성격을 가지고 있으나, 벌금형에 부수적으로 부과되는 환형처분에 불과하여 형벌불소급원칙이 적용되지 않는다.

② 병(兵)에 대한 징계처분으로 병을 부대나 함정 내의 영창, 그 밖의 구금장소에 감금하는 것을 규정한 구 군인사법에 의한 영창처분은 신체의 자유를 제한하는 구금에 해당하고, 이로 인해 헌법 제12조가 보호하려는 신체의 자유가 제한된다.

③ 신체의 자유는 신체의 안정성이 외부의 물리적인 힘이나 정신적인 위험으로부터 침해당하지 아니할 자유와 신체활동을 임의적이고 자율적으로 할 수 있는 자유를 의미하므로, 형법 조항에 의해 형의 집행유예와 동시에 사회봉사명령을 선고받은 경우, 자신의 의사와 무관하게 사회봉사를 하지 않을 수 없게 되어 신체의 자유를 제한받는다.

④ 디엔에이신원확인정보의 이용 및 보호에 관한 법률 및 동법 시행령에 의한 디엔에이감식시료의 채취는 구강점막 또는 모근을 포함한 모발을 채취하는 방법 또는 분비물, 체액을 채취하는 방법으로 이루어지는데, 이 채취행위가 신체의 안정성을 해한다고 볼 수는 없으므로 신체의 자유를 제한하는 것은 아니다.

해설

② [O] 심판대상조항은 병(兵)을 대상으로 한 영창처분을 "부대나 함정 내의 영창, 그 밖의 구금장소에 감금하는 것을 말하며, 그 기간은 15일 이내로 한다."고 규정하고 있으므로, 심판대상조항에 의한 영창처분은 신체의 자유를 제한하는 구금에 해당하고, 이로 인해 헌법 제12조가 보호하려는 신체의 자유가 제한된다(헌재 2020.9.24, 2017헌바157).

① [×] 형벌불소급원칙에서 의미하는 '처벌'은 형법에 규정되어 있는 형식적 의미의 형벌 유형에 국한되지 않으며, 범죄행위에 따른 제재의 내용이나 실제적 효과가 형벌적 성격이 강하여 신체의 자유를 박탈하거나 이에 준하는 정도로 신체의 자유를 제한하는 경우에는 형벌불소급원칙이 적용되어야 한다. 노역장유치는 그 실질이 신체의 자유를 박탈하는 것으로서 징역형과 유사한 형벌적 성격을 가지고 있으므로 형벌불소급원칙의 적용대상이 된다(헌재 2017.10.26, 2015헌바239).

③ [×] 이 사건 법률조항에 의하여 형의 집행유예와 동시에 사회봉사명령을 선고받은 청구인은 자신의 의사와 무관하게 사회봉사를 하지 않을 수 없게 되어 헌법 제10조의 행복추구권에서 파생하는 일반적 행동의 자유를 제한받게 된다. 청구인은 이 사건 법률조항이 신체의 자유를 제한한다고 주장하나, 이 사건 법률조항에 의한 사회봉사명령은 청구인에게 근로의무를 부과함에 그치고 공권력이 신체를 구금하는 등의 방법으로 근로를 강제하는 것은 아니어서 이 사건 법률조항이 신체의 자유를 제한한다고 볼 수 없다(헌재 2012.3.29, 2010헌바100).

④ [×] 디엔에이신원확인정보를 취득하기 위하여 대상자로부터 디엔에이감식시료를 채취하는 행위는 대상자의 동의 또는 영장에 의하여 이루어지고, 대상자의 신체의 자유를 제한하게 되나 앞에서 본 것처럼 그 제한의 정도는 미약하고 일시적이며 일회성에 그친다(헌재 2014.8.28, 2011헌마28).

05 신체의 자유에 대한 설명으로 가장 적절하지 않은 것은? (다툼이 있는 경우 판례에 의함)
21. 경찰승진

① 체포·구속·압수 또는 수색을 할 때에는 적법한 절차에 따라 검사의 신청에 의하여 법관이 발부한 영장을 제시하여야 한다. 다만, 현행범인인 경우와 장기 3년 이상의 형에 해당하는 죄를 범하고 도피 또는 증거인멸의 염려가 없을 때에는 사후에 영장을 청구할 수 있다.

② 외국에서 형의 전부 또는 일부의 집행을 받은 자에 대하여 형을 감경 또는 면제할 수 있도록 규정한 형법 조항은 신체의 자유를 침해한다.

③ 상소제기 후의 미결구금일수 산입을 규정하면서 상소제기 후 상소취하시까지의 구금일수 통산에 관하여는 규정하지 아니함으로써 이를 본형 산입의 대상에서 제외되도록 한 형사소송법 조항은 신체의 자유를 지나치게 제한하는 것으로서 헌법에 위반된다.

④ 변호인이 피의자신문에 자유롭게 참여할 수 있는 권리는 피의자가 가지는 변호인의 조력을 받을 권리를 실현하는 수단이므로 헌법상 기본권인 변호인의 변호권으로서 보호되어야 한다.

해설

① [×]

> 헌법 제12조 ③ 체포·구속·압수 또는 수색을 할 때에는 적법한 절차에 따라 검사의 신청에 의하여 법관이 발부한 영장을 제시하여야 한다. 다만, 현행범인인 경우와 장기 3년 이상의 형에 해당하는 죄를 범하고 도피 또는 증거인멸의 염려가 있을 때에는 사후에 영장을 청구할 수 있다.

② [O] 입법자는 국가형벌권의 실현과 국민의 기본권 보장의 요구를 조화시키기 위하여 형을 필요적으로 감면하거나 외국에서 집행된 형의 전부 또는 일부를 필요적으로 산입하는 등의 방법을 선택하여 청구인의 신체의 자유를 덜 침해할 수 있음에도, 이 사건 법률조항과 같이 우리 형법에 의한 처벌시 외국에서 받은 형의 집행을 전혀 반영하지 아니할 수도 있도록 한 것은 과잉금지원칙에 위배되어 신체의 자유를 침해한다(헌재 2015.5.28, 2013헌바129).

③ [O] 헌법상 무죄추정의 원칙에 따라, 유죄판결이 확정되기 전의 피의자 또는 피고인은 아직 죄 있는 자가 아니므로 그들을 죄 있는 자에 준하여 취급함으로써 법률적·사실적 측면에서 유형·무형의 불이익을 주어서는 아니 되고, 특히 미결구금은 신체의 자유를 침해 받는 피의자 또는 피고인의 입장에서 보면 실질적으로 자유형의 집행과 다를 바 없으므로 인권보호 및 공평의 원칙상 형기에 전부 산입되어야 한다. 따라서 상소제기 후 상소취하시까지의 구금 역시 미결구금에 해당하는 이상 그 구금일수도 형기에 전부 산입되어야 한다. 그런데 이 사건 법률조항들은 구속 피고인의 상소제기 후 상소취하시까지의 구금일수를 본형 형기 산입에서 제외함으로써 기본권 중에서도 가장 본질적 자유인 신체의 자유를 침해하고 있다(헌재 2009.12.29, 2008헌가13).

④ [O] 변호인이 피의자신문에 자유롭게 참여할 수 있는 권리는 피의자가 가지는 변호인의 조력을 받을 권리를 실현하는 수단이므로 헌법상 기본권인 변호인의 변호권으로서 보호되어야 한다(헌재 2017.11.30, 2016헌마503).

06 신체의 자유에 대한 설명으로 옳지 않은 것은? (다툼이 있는 경우 판례에 의함) 21. 국가직 7급

① 관광진흥개발기금 관리·운용업무에 종사토록 하기 위하여 문화체육관광부 장관에 의해 채용된 민간 전문가에 대해 형법상 뇌물죄의 적용에 있어서 공무원으로 의제하는 관광진흥개발기금법의 규정은 신체의 자유를 과도하게 제한하는 것은 아니다.

② 구 미성년자보호법의 해당 조항 중 "잔인성"과 "범죄의 충동을 일으킬 수 있게"라는 부분은 그 적용 범위를 법집행기관의 자의적인 판단에 맡기고 있으므로 죄형법정주의에서 파생된 명확성의 원칙에 위배된다.

③ 군인 아닌 자가 유사군복을 착용함으로써 군인에 대한 국민의 신뢰가 실추되는 것을 방지하기 위해 유사군복의 착용을 금지하는 것은 허용되지만, 유사군복을 판매목적으로 소지하는 것까지 금지하는 것은 과잉금지원칙에 위반된다.

④ 디엔에이신원확인정보의 수집·이용은 수형인 등에게 심리적 압박으로 인한 범죄예방효과를 가진다는 점에서 보안처분의 성격을 지니지만, 처벌적인 효과가 없는 비형벌적 보안처분으로서 소급입법금지원칙이 적용되지 않는다.

해설

③ [×] 군인 아닌 자가 유사군복을 입고 군인임을 사칭하여 군인에 대한 국민의 신뢰를 실추시키는 행동을 하는 등 군에 대한 신뢰저하 문제로 이어져 향후 발생할 국가안전보장상의 부작용을 상정해볼 때, 단지 유사군복의 착용을 금지하는 것으로는 입법목적을 달성하기에 부족하고, 유사군복을 판매 목적으로 소지하는 것까지 금지하여 유사군복이 유통되지 않도록 하는 사전적 규제조치가 불가피하다. … 이를 판매 목적으로 소지하지 못하여 입는 개인의 직업의 자유나 일반적 행동의 자유의 제한 정도는, 국가안전을 보장하고자 하는 공익에 비하여 결코 중하다고 볼 수 없다. 따라서 심판대상조항은 과잉금지원칙을 위반하여 직업의 자유 내지 일반적 행동의 자유를 침해한다고 볼 수 없다(헌재 2019.4.11, 2018헌가14).

① [O] 민간 전문가가 기금 운용 정책 전반에 관하여 문화체육관광부 장관을 보좌하는 직무를 수행함에 있어서 청렴성이나 공정성이 필요하다. 위 조항은 민간 전문가를 모든 영역에서 공무원으로 의제하는 것이 아니라 직무의 불가매수성을 담보한다는 요청에 의해 금품수수행위 등 직무 관련 비리행위를 엄격히 처벌하기 위해 형법 제129조 등의 적용에 대하여만 공무원으로 의제하고 있으므로 입법목적 달성에 필요한 정도를 넘어선 과잉형벌이라고 할 수 없고, 신체의 자유 등 헌법상 기본권 제한의 정도가 달성하려는 공익에 비하여 중하다고 할 수 없다. … 결론적으로 이 사건 공무원 의제조항이 과잉금지원칙에 위배되어 청구인의 신체의 자유 등 헌법상 기본권을 침해한다고 볼 수 없다(헌재 2014.7.24, 2012헌바188).

정답 | 04 ② 05 ① 06 ③

② [O] '잔인성'에 대하여는 아직 판례상 그 개념규정이 확립되지 않은 상태이고 그 사전적 의미는 "인정이 없고 모짊"이라고 할 수 있는 바, 이에 의하면 미성년자의 감정이나 의지, 행동 등 그 정신생활의 모든 영역을 망라하는 것으로서 … 법집행자의 자의적인 판단을 허용할 여지가 높다고 할 것이다. … "범죄의 충동을 일으킬 수 있게" 한다는 것이 과연 확정적이든 미필적이든 고의를 품도록 하는 것에만 한정되는 것인지, 인식의 유무를 가리지 않고 실제로 구성요건에 해당하는 행위로 나아가게 하는 일체의 것을 의미하는지, 더 나아가 단순히 그 행위에 착수하는 단계만으로도 충분한 것인지, 그 결과까지 의욕하거나 실현하도록 하여야만 하는 것인지를 전혀 알 수 없다. … 이 사건 미성년자보호법 조항은 법관의 보충적인 해석을 통하여도 그 규범내용이 확정될 수 없는 모호하고 막연한 개념을 사용함으로써 그 적용범위를 법집행기관의 자의적인 판단에 맡기고 있으므로, 죄형법정주의에서 파생된 명확성의 원칙에 위배된다(헌재 2002.2.28, 99헌가8).

④ [O] 디엔에이신원확인정보의 수집 · 이용은 수형인 등에게 심리적 압박으로 인한 범죄예방효과를 가진다는 점에서 보안처분의 성격을 지니지만, 처벌적인 효과가 없는 비형벌적 보안처분으로서 소급입법금지원칙이 적용되지 않는다. 이 사건 법률의 소급적용으로 인한 공익적 목적이 당사자의 손실보다 더 크므로, 이 사건 부칙조항이 법률 시행 당시 디엔에이감식시료 채취 대상범죄로 실형이 확정되어 수용 중인 사람들까지 이 사건 법률을 적용한다고 하여 소급입법금지원칙에 위배되는 것은 아니다(헌재 2014.8.28, 2011헌마28 등).

07 신체의 자유에 관한 설명 중 가장 적절하지 않은 것은? (다툼이 있는 경우 판례에 의함)

22. 경찰승진

① 교도소 내 엄중격리대상자에 대하여 이동시 계구를 사용하고 교도관이 동행계호하는 행위 및 1인 운동장을 사용하게 하는 처우가 필요한 경우에 한하여 부득이한 범위 내에서 실시되고 있으므로 신체의 자유를 과도하게 제한하여 헌법을 위반한 것이라고 볼 수 없다.

② 과태료는 행정상 의무위반자에게 부과하는 행정질서벌로서 그 기능과 역할이 형벌에 준하는 것이므로 죄형법정주의의 규율대상에 해당한다.

③ 행위 당시의 판례에 의하면 처벌대상이 되지 아니하는 것으로 해석되었던 행위를 판례의 변경에 따라 확인된 내용의 형법 조항에 근거하여 처벌한다고 하여 그것이 형벌불소급원칙에 위반된다고 할 수 없다.

④ 법관으로 하여금 미결구금일수를 형기에 산입하되, 그 미결구금일수 중 일부를 산입하지 않을 수 있게 허용하는 형법 규정은 무죄추정의 원칙 및 적법절차의 원칙 등을 위배하여 신체의 자유를 침해한다.

해설

② [×] 죄형법정주의는 무엇이 범죄이며 그에 대한 형벌이 어떠한 것인가는 국민의 대표로 구성된 입법부가 제정한 법률로써 정하여야 한다는 원칙인데, 과태료는 행정상의 질서유지를 위한 행정질서벌에 해당할 뿐 형벌이라고 할 수 없어 죄형법정주의의 규율대상에 해당하지 아니한다(헌재 2003.12.18, 2002헌바49).

① [O] 교도소 내 엄중격리대상자에 대하여 이동시 계구를 사용하고 교도관이 동행계호하는 행위 및 1인 운동장을 사용하게 하는 처우는 신체의 자유를 과도하게 제한하는 것이 아니다(헌재 2008.5.29, 2005헌마137).

③ [O] 형사처벌의 근거가 되는 것은 법률이지 판례가 아니고, 형법 조항에 관한 판례의 변경은 그 법률조항의 내용을 확인하는 것에 지나지 아니하여 이로써 그 법률조항 자체가 변경된 것이라고 볼 수는 없으므로, 행위 당시의 판례에 의하면 처벌대상이 되지 아니하는 것으로 해석되었던 행위를 판례의 변경에 따라 확인된 내용의 형법 조항에 근거하여 처벌한다고 하여 그것이 헌법상 평등의 원칙과 형벌불소급의 원칙에 반한다고 할 수는 없다(대판 1999.9.17, 97도3349).

④ [O] 형법 제57조 제1항은 해당 법관으로 하여금 미결구금일수를 형기에 산입하되, 그 산입범위는 재량에 의하여 결정하도록 하고 있는바, 이처럼 미결구금일수 산입범위의 결정을 법관의 자유재량에 맡기는 이유는 피고인이 고의로 부당하게 재판을 지연시키는 것을 막아 형사재판의 효율성을 높이고, 피고인의 남상소를 방지하여 상소심 법원의 업무부담을 줄이는 데 있다. 그러나 미결구금을 허용하는 것 자체가 헌법상 무죄추정의 원칙에서 파생되는 불구속수사의 원칙에 대한 예외인데, 형법 제57조 제1항 중 "또는 일부 부분"은 그 미결구금일수 중 일부만을 본형에 산입할 수 있도록 규정하여 그 예외에 대하여 사실상 다시 특례를 설정함으로써, 기본권 중에서도 가장 본질적인 신체의 자유에 대한 침해를 가중하고 있다(헌재 2009.6.25, 2007헌바25).

08 헌법상 신체의 자유에 관한 규정 중 가장 적절하지 않은 것은?

22. 경찰 1차

① 누구든지 체포 또는 구속의 이유와 변호인의 조력을 받을 권리가 있음을 고지받지 아니하고는 체포 또는 구속을 당하지 아니한다. 체포 또는 구속을 당한 자의 가족 등 법률이 정하는 자에게는 그 이유와 일시·장소가 지체 없이 통지되어야 한다.

② 체포·구속·압수 또는 수색을 할 때에는 적법한 절차에 따라 검사의 신청에 의하여 법관이 발부한 영장을 제시하여야 한다. 다만, 현행범인인 경우와 장기 3년 이상의 형에 해당하는 죄를 범하고 도피 또는 증거인멸의 염려가 있을 때에는 사후에 영장을 청구할 수 있다.

③ 모든 국민은 신체의 자유를 가진다. 누구든지 법률과 적법절차에 의하지 아니하고는 체포·구속·압수·수색을 받지 아니하며, 법률에 의하지 아니하고는 심문·처벌·보안처분 또는 강제노역을 받지 아니한다.

④ 피고인의 자백이 고문·폭행·협박·구속의 부당한 장기화 또는 기망 기타의 방법에 의하여 자의로 진술된 것이 아니라고 인정될 때 또는 정식재판에 있어서 피고인의 자백이 그에게 불리한 유일한 증거일 때에는 이를 유죄의 증거로 삼거나 이를 이유로 처벌할 수 없다.

해설

③ [×] 모든 국민은 신체의 자유를 가진다. 누구든지 법률에 의하지 아니하고는 체포·구속·압수·수색 또는 심문을 받지 아니하며, 법률과 적법한 절차에 의하지 아니하고는 처벌·보안처분 또는 강제노역을 받지 아니한다(제12조 제1항).

① [O] 누구든지 체포 또는 구속의 이유와 변호인의 조력을 받을 권리가 있음을 고지받지 아니하고는 체포 또는 구속을 당하지 아니한다. 체포 또는 구속을 당한 자의 가족등 법률이 정하는 자에게는 그 이유와 일시·장소가 지체 없이 통지되어야 한다(제12조 제5항).

② [O] 체포·구속·압수 또는 수색을 할 때에는 적법한 절차에 따라 검사의 신청에 의하여 법관이 발부한 영장을 제시하여야 한다. 다만, 현행범인인 경우와 장기 3년 이상의 형에 해당하는 죄를 범하고 도피 또는 증거인멸의 염려가 있을 때에는 사후에 영장을 청구할 수 있다(제12조 제3항).

④ [O] 피고인의 자백이 고문·폭행·협박·구속의 부당한 장기화 또는 기망 기타의 방법에 의하여 자의로 진술된 것이 아니라고 인정될 때 또는 정식재판에 있어서 피고인의 자백이 그에게 불리한 유일한 증거일 때에는 이를 유죄의 증거로 삼거나 이를 이유로 처벌할 수 없다(제12조 제7항).

09 신체의 자유에 대한 설명으로 옳지 않은 것은? (다툼이 있는 경우 판례에 의함)

22. 입법고시

① 징역형의 집행유예를 선고하면서 부과된 사회봉사명령은 대상자에게 근로의무를 부과함에 그치고 공권력이 신체를 구금하는 등의 방법으로 근로를 강제하는 것이 아니므로 신체의 자유를 제한한다고 볼 수 없다.

② 영장주의는 형사절차와 관련하여 체포·구속·압수·수색의 강제처분을 할 때 신분이 보장되는 법관이 발부한 영장에 의하지 않으면 안 된다는 원칙으로서 형사절차뿐만 아니라 징계절차에도 적용된다.

③ 강제퇴거명령을 받은 사람을 즉시 대한민국 밖으로 송환할 수 없으면 송환할 수 있을 때까지 보호시설에 수용하는 것은 퇴거명령을 받은 사람의 신체의 자유를 침해하지 않는다.

④ 보안처분이라 하더라도 형벌적 성격이 강하여 신체의 자유를 박탈하거나 박탈에 준하는 정도로 신체의 자유를 제한하는 경우에는 소급입법금지원칙이 적용된다.

⑤ 형법상의 노역장유치 조항은 재력 있는 자가 단기간의 노역장유치로 고액의 벌금을 면제받는 이른바 황제노역을 방지하기 위해 벌금액수에 따라 유치기간의 하한을 정한 것으로 과잉금지원칙에 반해 신체의 자유를 침해하는 것이라 볼 수 없다.

정답 | 07 ② 08 ③ 09 ②③[복수정답]

해설

② [×] 청구인은 이 사건 영창조항이 헌법상 영장주의에 위배된다는 주장도 하나, 헌법 제12조 제3항에서 규정하고 있는 영장주의란 형사절차와 관련하여 체포·구속·압수·수색의 강제처분을 할 때 신분이 보장되는 법관이 발부한 영장에 의하지 않으면 안 된다는 원칙으로, 형사절차가 아닌 징계절차에도 그대로 적용된다고 볼 수 없다. 따라서 이 사건 영창조항이 헌법상 영장주의에 위반되는지 여부는 더 나아가 판단하지 아니한다(헌재 2016.3.31, 2013헌바190).

③ [×] 강제퇴거명령을 받은 사람을 보호할 수 있도록 하면서 보호기간의 상한을 마련하지 아니한 출입국관리법 제63조 제1항은 과잉금지원칙 및 적법절차원칙에 위배되어 피보호자의 신체의 자유를 침해한다(헌재 2023.3.23, 2020헌가1 등)[판례변경].

① [○] 사회봉사명령은 청구인에게 근로의무를 부과함에 그치고 공권력이 신체를 구금하는 등의 방법으로 근로를 강제하는 것은 아니어서 이 사건 법률조항이 신체의 자유를 제한한다고 볼 수 없다. … 이 사건 법률조항에 의한 사회봉사명령이 직접적으로 청구인에게 직업의 선택 및 수행을 금지 또는 제한하는 것은 아니고, 사회봉사명령 이행기간 중에 직업의 선택 및 수행이 사실상 어려워지는 면이 있다 하더라도 이는 사회봉사명령으로 인하여 일반적 행동의 자유가 제한됨에 따라 부수적으로 발생하는 결과일 뿐이므로 이 사건 법률조항이 직업의 자유를 제한한다고 볼 수도 없다(헌재 2012.3.29, 2010헌바100).

④ [○] 보안처분은 형벌과는 달리 행위자의 장래 재범위험성에 근거하는 것으로서, 행위시가 아닌 재판시의 재범위험성 여부에 대한 판단에 따라 보안처분 선고를 결정하므로 원칙적으로 재판 당시 현행법을 소급적용할 수 있다고 보는 것이 타당하고 합리적이다. 그러나 보안처분의 범주가 넓고 그 모습이 다양한 이상, 보안처분에 속한다는 이유만으로 일률적으로 소급효금지원칙이 적용된다거나 그렇지 않다고 단정해서는 안되고, 보안처분이라는 우회적인 방법으로 형벌불소급의 원칙을 유명무실하게 하는 것을 허용해서도 안 된다. 따라서 보안처분이라 하더라도 형벌적 성격이 강하여 신체의 자유를 박탈하거나 박탈에 준하는 정도로 신체의 자유를 제한하는 경우에는 소급효금지원칙을 적용하는 것이 법치주의 및 죄형법정주의에 부합한다(헌재 2012.12.27, 2010헌가82 등).

⑤ [○] 벌금에 비해 노역장유치기간이 지나치게 짧게 정해지면 경제적 자력이 충분함에도 고액의 벌금 납입을 회피할 목적으로 복역하는 자들이 있을 수 있으므로, 벌금 납입을 심리적으로 강제할 수 있는 최소한의 유치기간을 정할 필요가 있다. 또한 고액 벌금에 대한 유치기간의 하한을 법률로 정해두면 1일 환형유치금액 간에 발생하는 불균형을 최소화할 수 있다. 노역장유치조항은 주로 특별형법상 경제범죄 등에 적용되는데, 이러한 범죄들은 범죄수익의 박탈과 함께 막대한 경제적 손실을 가하지 않으면 범죄의 발생을 막기 어렵다. 노역장유치조항은 벌금 액수에 따라 유치기간의 하한이 증가하도록 하여 범죄의 경중이나 죄질에 따른 형평성을 도모하고 있고, 노역장유치기간의 상한이 3년인 점과 선고되는 벌금 액수를 고려하면 그 하한이 지나치게 장기라고 보기 어렵다. 또한 노역장유치조항은 유치기간의 하한을 정하고 있을 뿐이므로 법관은 그 범위 내에서 다양한 양형요소들을 고려하여 1일 환형유치금액과 노역장유치기간을 정할 수 있다. 이러한 점들을 종합하면 노역장유치조항은 과잉금지원칙에 반하여 청구인들의 신체의 자유를 침해한다고 볼 수 없다(헌재 2017.10.26, 2015헌바239).

10 신체의 자유에 관한 다음 설명 중 가장 옳지 않은 것은? (다툼이 있는 경우 헌법재판소 결정 및 대법원 판례에 의함)

22. 법원직 9급

① 병(兵)에 대한 징계처분으로 일정기간 부대나 함정(艦艇) 내의 영창, 그 밖의 구금장소에 감금하는 영창처분이 가능하도록 규정한 조항은 병(兵)의 신체의 자유를 침해하지 않는다.

② 신체의 자유는 외부의 물리적인 힘뿐만 아니라 정신적인 위험으로부터도 신체의 안정성이 침해당하지 아니할 자유를 포함한다.

③ 직장 변경을 제한하거나 특정한 직장에서 계속 근로를 강제하는 것이 곧바로 신체의 안전성을 침해한다거나 신체의 자유로운 이동과 활동을 제한하는 것이라고 볼 수는 없다.

④ 전동킥보드의 최고속도는 25km/h를 넘지 않아야 한다고 규정한 조항은 소비자의 자기결정권 및 일반적 행동자유권을 제한할 뿐, 신체의 자유를 제한하는 것은 아니다.

해설

① [×] 병의 복무규율준수를 강화하고, 복무기강을 엄정히 하여 지휘명령체계를 확립하고 전투력을 제고하는 것은 징계를 중하게 하는 것으로 달성되는 데는 한계가 있고, 병의 비위행위를 개선하고 행동을 교정할 수 있도록 적절한 교육과 훈련을 제공하고, 비합리적인 병영 내 문화를 개선할 때 가능할 것이다. 또한, 영창제도가 갖고 있는 위하력이 인신구금보다는 병역법상 복무기간의 불산입에서 기인하는 바가 더 크다는 지적에 비추어 볼 때, 인신의 자유를 덜 제한하면서도 병의 비위행위를 효율적으로 억지할 수 있는 징계수단을 강구하는 것은 얼마든지 가능하다고 볼 수 있다. … 심판대상조항은 병의 신체의 자유를 필요 이상으로 과도하게 제한하므로, 침해의 최소성 원칙에 어긋난다(헌재 2020.9.24, 2017헌바157).

② [O] 신체의 자유는 신체의 안전성이 외부로부터의 물리적인 힘이나 정신적인 위험으로부터 침해당하지 아니할 자유와 신체활동을 임의적이고 자율적으로 할 수 있는 자유를 말한다(헌재 2016.9.29, 2014헌가9).

③ [O] 직장 변경을 제한하거나 특정한 직장에서 계속 근로를 강제하는 것이 곧바로 신체의 안전성을 침해한다거나 신체의 자유로운 이동과 활동을 제한하는 것이라고 볼 수는 없다. 또한 청구인들은 본안 심판대상조항들의 사업장 변경 제한이 법률과 적법한 절차에 따르지 않은 것이라 볼 만한 주장도 하지 않고 있다. 따라서 본안 심판대상조항들은 신체의 자유를 제한하지 아니한다(헌재 2021.12.23, 2020헌마395).

④ [O] 전동킥보드가 낼 수 있는 최고속도가 시속 25km라는 것은, 자전거보다 빨라 출근통행의 수요를 일정 부분 흡수할 수 있는 반면, 자전거도로에서 통행하는 다른 자전거보다 속도가 더 높아질수록 사고위험이 증가할 수 있는 측면을 고려한 기준 설정으로서, 전동킥보드 소비자의 자기결정권 및 일반적 행동자유권을 박탈할 정도로 지나치게 느린 정도라고 보기 어렵다. 심판대상조항은 과잉금지원칙을 위반하여 소비자의 자기결정권 및 일반적 행동자유권을 침해하지 아니한다(헌재 2020.2.27, 2017헌마1339).

11 신체의 자유에 대한 설명으로 옳지 않은 것은? (다툼이 있는 경우 판례에 의함) 22. 국회직 9급

① 법관으로 하여금 미결구금일수를 형기에 산입하되, 그 미결구금일수 중 일부를 산입하지 않을 수 있게 허용하는 형법 규정은 무죄추정의 원칙 및 적법절차의 원칙 등을 위배하여 신체의 자유를 침해한다.

② 진술거부권의 보호대상이 되는 진술이란 형사상 자신에게 불이익이 될 수 있는 진술이므로 범죄의 성립과 양형에서의 불리한 사실 등을 말하는 것이며, 그 진술내용이 자기의 형사책임에 관련되는 것일 것을 전제로 한다.

③ 교도소의 안전과 질서유지를 위하여 마약류 관련 수형자에 대하여 소변을 받아 제출하도록 한 것은, 강제처분으로 영장주의의 원칙이 적용된다.

④ 변호인의 조력을 받을 권리에는 변호인을 선임하고, 변호인과 접견하며, 변호인의 조언과 상담을 받고, 변호인을 통해 방어권 행사에 필요한 사항들을 준비하고 행사하는 것 등이 모두 포함된다.

⑤ 가정폭력범죄의 처벌 등에 관한 특례법이 정한 보호처분 중의 하나인 사회봉사명령은 형사처벌에 대신하여 부과되는 것으로서 가정폭력범죄를 범한 자에게 여가시간을 박탈하여 실질적으로 신체의 자유를 제한하므로 형벌불소급 원칙의 적용을 받는다.

해설

③ [×] 헌법 제12조 제3항의 영장주의는 법관이 발부한 영장에 의하지 아니하고는 수사에 필요한 강제처분을 하지 못한다는 원칙으로 소변을 받아 제출하도록 한 것은 교도소의 안전과 질서유지를 위한 것으로 수사에 필요한 처분이 아닐 뿐만 아니라 검사대상자들의 협력이 필수적이어서 강제처분이라고 할 수도 없어 영장주의의 원칙이 적용되지 않는다(헌재 2006.7.27, 2005헌마277).

① [O] 형법 제57조 제1항은 해당 법관으로 하여금 미결구금일수를 형기에 산입하되, 그 산입범위는 재량에 의하여 결정하도록 하고 있는바, … 헌법상 무죄추정의 원칙에 따라 유죄판결이 확정되기 전에 피의자 또는 피고인을 죄 있는 자에 준하여 취급함으로써 법률적·사실적 측면에서 유형·무형의 불이익을 주어서는 아니되고, 특히 미결구금은 신체의 자유를 침해받는 피의자 또는 피고인의 입장에서 보면 실질적으로 자유형의 집행과 다를 바 없으므로, 인권보호 및 공평의 원칙상 형기에 전부 산입되어야 한다. 따라서 형법 제57조 제1항 중 "또는 일부 부분"은 헌법상 무죄추정의 원칙 및 적법절차의 원칙 등을 위배하여 합리성과 정당성 없이 신체의 자유를 침해한다(헌재 2009.6.25, 2007헌바25).

② [O] 진술거부권에 있어서의 진술이란 형사상 자신에게 불이익이 될 수 있는 진술이므로 범죄의 성립과 양형에서의 불리한 사실 등을 말하는 것이고, 그 진술내용이 자기의 형사책임에 관련되는 것일 것을 전제로 한다(헌재 2014.9.25, 2013헌마11).

④ [O] 변호인의 조력을 받을 권리에는 변호인을 선임하고, 변호인과 접견하며, 변호인의 조언과 상담을 받고, 변호인을 통해 방어권 행사에 필요한 사항들을 준비하고 행사하는 것 등이 모두 포함된다(헌재 2011.5.26, 2009헌마341).

⑤ [O] 가정폭력범죄의 처벌 등에 관한 특례법이 정한 보호처분 중의 하나인 사회봉사명령은 가정폭력범죄를 범한 자에 대하여 환경의 조정과 성행의 교정을 목적으로 하는 것으로서 형벌 그 자체가 아니라 보안처분의 성격을 가지는 것이 사실이다. 그러나 한편으로 이는 가정폭력범죄행위에 대하여 형사처벌 대신 부과되는 것으로서, 가정폭력범죄를 범한 자에게 의무적 노동을 부과하고 여가시간을 박탈하여 실질적으로는 신체적 자유를 제한하게 되므로, 이에 대하여는 원칙적으로 형벌불소급의 원칙에 따라 행위시법을 적용함이 상당하다(대판 2008.7.24, 2008어4).

정답 | 10 ① 11 ③

12 신체의 자유에 대한 설명으로 옳지 않은 것은? (다툼이 있는 경우 판례에 의함) 22. 국가직 7급

① 변호인의 조력을 받을 권리에 대한 헌법과 법률의 규정 및 취지에 비추어 보면 형사절차가 종료되어 교정시설에 수용 중인 수형자는 원칙적으로 변호인의 조력을 받을 권리의 주체가 될 수 없다.

② 헌법 제12조 제4항 본문에 규정된 '구속'은 사법절차에서 이루어진 구속뿐 아니라 행정절차에서 이루어진 구속까지 포함하는 개념이므로 헌법 제12조 제4항 본문에 규정된 변호인의 조력을 받을 권리는 행정절차에서 구속을 당한 사람에게도 즉시 보장된다.

③ 음주운전 금지규정을 2회 이상 위반한 사람을 2년 이상 5년 이하의 징역이나 1천만원 이상 2천만원 이하의 벌금에 처하도록 한 구 도로교통법 조항은 보호법익에 미치는 위험 정도가 비교적 낮은 유형의 재범 음주운전행위도 일률적으로 그 법정형의 하한인 2년 이상의 징역 또는 1천만원 이상의 벌금을 기준으로 처벌하도록 하고 있어 책임과 형벌 간의 비례원칙에 위반된다.

④ 체포 또는 구속된 자와 변호인 등 간의 접견이 실제로 이루어지는 경우에 있어서의 '자유로운 접견'은 어떠한 명분으로도 제한될 수 없는 성질의 것이므로 변호인 등과의 접견 자체에 대하여 아무런 제한도 가할 수 없다는 것을 의미한다.

해설

④ [×] 미결수용자와 변호인과의 접견에 대해 어떠한 명분으로도 제한할 수 없다고 한 것은 구속된 자와 변호인 간의 접견이 실제로 이루어지는 경우에 있어서의 '자유로운 접견', 즉 '대화내용에 대하여 비밀이 완전히 보장되고 어떠한 제한, 영향, 압력 또는 부당한 간섭 없이 자유롭게 대화할 수 있는 접견'을 제한할 수 없다는 것이지, 변호인과의 접견 자체에 대해 아무런 제한도 가할 수 없다는 것을 의미하는 것이 아니므로 미결수용자의 변호인 접견권 역시 국가안전보장 · 질서유지 또는 공공복리를 위해 필요한 경우에는 법률로써 제한될 수 있음은 당연하다(헌재 2011.5.26, 2009헌마341).

① [O] 우리 재판소는 변호인의 조력을 받을 권리가 수형자의 경우에도 그대로 보장되는지에 대하여, 변호인의 조력을 받을 권리에 대한 헌법과 법률의 규정 및 취지에 비추어 보면 형사절차가 종료되어 교정시설에 수용 중인 수형자는 원칙적으로 변호인의 조력을 받을 권리의 주체가 될 수 없다고 선언한 바 있다(헌재 2004.12.16, 2002헌마478).

② [O] 헌법 제12조 제4항 본문에 규정된 "구속"은 사법절차에서 이루어진 구속뿐 아니라, 행정절차에서 이루어진 구속까지 포함하는 개념이다. 따라서 헌법 제12조 제4항 본문에 규정된 변호인의 조력을 받을 권리는 행정절차에서 구속을 당한 사람에게도 즉시 보장된다(헌재 2018.5.31, 2014헌마346).

③ [O] 심판대상조항은 과거 위반 전력, 혈중알코올농도 수준 등에 비추어, 보호법익에 미치는 위험 정도가 비교적 낮은 유형의 재범음주운전행위도 일률적으로 그 법정형의 하한인 2년 이상의 징역 또는 1천만원 이상의 벌금을 기준으로 처벌하도록 하고 있어 책임과 형벌 사이의 비례성을 인정하기 어렵다. 따라서 심판대상조항은 책임과 형벌 간의 비례원칙에 위반된다(헌재 2021.11.25, 2019헌바446).

13 헌법 제12조에 관한 설명으로 옳지 않은 것은? (다툼이 있는 경우 헌법재판소 판례에 의함) 22. 소방간부

① 누구든지 법률에 의하지 아니하고는 체포·구속·압수·수색 또는 심문을 받지 아니하며, 법률과 적법한 절차에 의하지 아니하고는 처벌·보안처분 또는 강제노역을 받지 아니한다.

② 체포·구속·압수 또는 수색을 할 때에는 적법한 절차에 따라 검사의 신청에 의하여 법관이 발부한 영장을 제시하여야 한다. 다만, 현행범인인 경우와 장기 3년 이상의 형에 해당하는 죄를 범하고 도피 또는 증거인멸의 염려가 있을 때에는 사후에 영장을 청구할 수 있다.

③ 헌법상 신체의 자유에는 안정성이 외부로부터의 물리적인 힘이나 정신적인 위험으로부터 침해당하지 아니할 자유와 신체활동을 임의적이고 자율적으로 할 수 있는 자유가 포함된다.

④ 누구든지 체포 또는 구속의 이유와 변호인의 조력을 받을 권리가 있음을 고지받지 아니하고는 체포 또는 구속을 당하지 아니한다. 체포 또는 구속을 당한 자의 가족등 법률이 정하는 자에게는 그 이유와 일시·장소가 지체없이 통지되어야 한다.

⑤ 신체의 자유를 최대한으로 보장하려는 헌법정신, 특히 영장주의 원칙으로 인하여 불구속수사·불구속재판을 원칙으로 하고 예외적으로 피의자 또는 피고인이 도피할 우려가 있거나 증거를 인멸할 우려가 있는 때에 한하여 구속수사 또는 구속재판이 인정된다.

해설

⑤ [×] 신체의 자유를 최대한으로 보장하려는 헌법정신, 특히 무죄추정의 원칙으로 인하여 불구속수사·불구속재판을 원칙으로 하고 예외적으로 피의자 또는 피고인이 도피할 우려가 있거나 증거를 인멸할 우려가 있는 때에 한하여 구속수사 또는 구속재판이 인정될 따름이며 구속수사 또는 구속재판이 허용될 경우라도 인신의 구속은 신체의 자유에 대한 본질적인 제약임에 비추어 그 구속기간은 가능한 한 최소한에 그쳐야 하고 특히 수사기관에 의한 신체구속은 신체적·정신적 고통 외에도 자백강요, 사술(詐術), 유도(誘導), 고문 등의 사전예방을 위하여서도 최소한에 그쳐야 할 뿐더러 구속기간의 제한은 수사를 촉진시켜 형사피의자의 신체구속이라는 고통을 감경시켜 주고 신속한 공소제기 및 그에 따른 신속한 재판을 가능케 한다는 점에서 헌법 제27조 제3항에서 보장된 신속한 재판을 받을 권리의 실현을 위하여서도 불가결한 조건이다(헌재 1992.4.14, 90헌마82).

① [O]

헌법 제12조 ① 모든 국민은 신체의 자유를 가진다. 누구든지 법률에 의하지 아니하고는 체포·구속·압수·수색 또는 심문을 받지 아니하며, 법률과 적법한 절차에 의하지 아니하고는 처벌·보안처분 또는 강제노역을 받지 아니한다.

② [O]

헌법 제12조 ③ 체포·구속·압수 또는 수색을 할 때에는 적법한 절차에 따라 검사의 신청에 의하여 법관이 발부한 영장을 제시하여야 한다. 다만, 현행범인인 경우와 장기 3년 이상의 형에 해당하는 죄를 범하고 도피 또는 증거인멸의 염려가 있을 때에는 사후에 영장을 청구할 수 있다.

③ [O] 헌법 제12조 제1항은 "모든 국민은 신체의 자유를 가진다."라고 규정하여 신체의 자유를 헌법상 기본권의 하나로 보장하고 있다. 신체의 자유는 신체의 안정성이 외부로부터의 물리적인 힘이나 정신적인 위험으로부터 침해당하지 아니할 자유와 신체활동을 임의적이고 자율적으로 할 수 있는 자유를 말한다(헌재 2018.8.30, 2014헌마681).

④ [O]

헌법 제12조 ⑤ 누구든지 체포 또는 구속의 이유와 변호인의 조력을 받을 권리가 있음을 고지받지 아니하고는 체포 또는 구속을 당하지 아니한다. 체포 또는 구속을 당한 자의 가족등 법률이 정하는 자에게는 그 이유와 일시·장소가 지체없이 통지되어야 한다.

정답 | 12 ④ 13 ⑤

14 신체의 자유에 관한 설명으로 가장 적절하지 않은 것은? (다툼이 있는 경우 판례에 의함)

23. 경찰경채

① 출입국관리법에 따라 강제퇴거대상자를 대한민국 밖으로 송환할 수 있을 때까지 보호시설에 인치·수용하여 강제퇴거명령을 효율적으로 집행할 수 있도록 함으로써 외국인의 출입국과 체류를 적절하게 통제하고 조정하여 국가의 안전과 질서를 도모하는 것은, 입법목적의 정당성과 수단의 적합성이 인정된다.

② 출입국관리법에 따른 보호시설 인치·수용의 경우 보호기간의 상한을 두지 아니함으로써 강제퇴거대상자를 무기한 보호하는 것을 가능하게 하는 것은 보호의 일시적·잠정적 강제조치로서의 한계를 벗어나는 것이라는 점 등을 고려할 때 침해의 최소성과 법익균형성을 충족하지 못한다.

③ 적법절차의 원칙은 형사절차상의 제한된 범위 내에서만 적용되는 것이 아니라 국가작용으로서 기본권 제한과 관련되는 경우에 한해 모든 입법작용 및 행정작용에도 광범위하게 적용된다고 해석하여야 한다.

④ 평시에 일어난 군대 내 상관살해를 그 동기와 행위태양을 묻지 아니하고 무조건 사형으로 다스리는 것은 형벌체계상의 정당성을 잃은 것이다.

해설

③ [×] 적법절차의 원칙은 공권력에 의한 국민의 생명·자유·재산의 침해는 반드시 합리적이고 정당한 법률에 의거해서 정당한 절차를 밟은 경우에만 유효하다는 원리로서 형사절차상의 제한된 범위 내에서만 적용되는 것이 아니라 국가작용으로서 기본권 제한과 관련되든 아니든 모든 입법작용 및 행정작용에도 광범위하게 적용된다(헌재 2013.7.25, 2012헌가1).

①② [O] 심판대상조항은 강제퇴거대상자를 대한민국 밖으로 송환할 수 있을 때까지 보호시설에 인치·수용하여 강제퇴거명령을 효율적으로 집행할 수 있도록 함으로써 외국인의 출입국과 체류를 적절하게 통제하고 조정하여 국가의 안전과 질서를 도모하고자 하는 것으로, 입법목적의 정당성과 수단의 적합성은 인정된다. 그러나 보호기간의 상한을 두지 아니함으로써 강제퇴거대상자를 무기한 보호하는 것을 가능하게 하는 것은 보호의 일시적·잠정적 강제조치로서의 한계를 벗어나는 것이라는 점, 보호기간의 상한을 법에 명시함으로써 보호기간의 비합리적인 장기화 내지 불확실성에서 야기되는 피해를 방지할 수 있어야 하는데, 단지 강제퇴거명령의 효율적 집행이라는 행정목적 때문에 기간의 제한이 없는 보호를 가능하게 하는 것은 행정의 편의성과 획일성만을 강조한 것으로 피보호자의 신체의 자유를 과도하게 제한하는 것인 점, … 등을 고려하면, 심판대상조항은 침해의 최소성과 법익균형성을 충족하지 못한다. 따라서 심판대상조항은 과잉금지원칙을 위반하여 피보호자의 신체의 자유를 침해한다(헌재 2023.3.23, 2020헌가1).

④ [O] 우리 형법은 사람의 생명을 박탈한 고의적인 살인범을 고살과 모살의 구분없이 사형, 무기 또는 5년 이상의 징역형으로 규정하여 구체적 사건을 재판하는 법관에게 범행의 정상과 범죄인의 죄질을 참작한 후 탄력적으로 형을 선택하여 선고하고 작량감경할 사유가 있는 경우에는 집행유예의 선고가 가능하도록 폭넓은 법정형을 정하고 있고, 존속살인의 경우에도 사형, 무기 또는 7년 이상의 징역형에 처하도록 하고 있으며, 군형법상 초병살해의 경우에도 사형 또는 무기징역에 처하도록 하고 있는 점을 비교 교량해 보면 평시에 일어난 군대 내 상관살해를 그 동기와 행위태양을 묻지 아니하고 무조건 사형으로 다스리는 것은 형벌체계상의 정당성을 잃은 것으로서 범죄의 중대성 정도에 비하여 심각하게 불균형적인 과중한 형벌이고, 형사정책적인 관점에서 보거나 작금의 세계적인 입법추세에 비추어 보더라도 적정한 형벌의 제정이라고 보기 어렵다(헌재 2007.11.29, 2006헌가13).

15 신체의 자유에 관한 설명으로 옳지 않은 것은? (다툼이 있는 경우 헌법재판소 판례에 의함)

24. 소방간부

① 헌법 제12조 제1항의 적법절차원칙은 형사소송절차에 국한되지 않고 모든 국가작용 전반에 대하여 적용되므로, 전투경찰순경의 인신구금을 내용으로 하는 영창처분에 있어서도 적법절차원칙이 준수되어야 한다.

② 동일한 범죄행위에 대하여 형벌과 보안처분이 병과된다고 하여 헌법 제13조 제1항 후단 소정의 이중처벌금지원칙에 위반된다고 할 수 없다.

③ 보안처분이라 하더라도 형벌적 성격이 강하여 신체의 자유를 박탈하거나 박탈에 준하는 정도로 신체의 자유를 제한하는 경우에는 형벌불소급의 원칙이 적용된다.

④ 무죄추정의 원칙상 금지되는 '불이익'은 비단 형사절차 내에서의 불이익뿐만 아니라 기타 일반 법생활 영역에서의 기본권 제한과 같은 경우에도 적용된다.

⑤ 헌법 제12조 제4항 본문에 규정된 '구속'은 형사절차에서 이루어진 구속을 의미하므로, 변호인의 조력을 받을 권리를 보장한 헌법 제12조 제4항 본문은 행정절차상 구속에는 적용된다고 볼 수 없다.

해설

⑤ [×] 헌법 제12조 제4항 본문의 문언 및 헌법 제12조의 조문 체계, 변호인 조력권의 속성, 헌법이 신체의 자유를 보장하는 취지를 종합하여 보면 헌법 제12조 제4항 본문에 규정된 "구속"은 사법절차에서 이루어진 구속뿐 아니라, 행정절차에서 이루어진 구속까지 포함하는 개념이다. 따라서 헌법 제12조 제4항 본문에 규정된 변호인의 조력을 받을 권리는 행정절차에서 구속을 당한 사람에게도 즉시 보장된다(헌재 2018.5.31, 2014헌마346).

① [O] 헌법 제12조 제1항의 적법절차원칙은 형사소송절차에 국한되지 않고 모든 국가작용 전반에 대하여 적용되므로, 전투경찰순경의 인신구금을 내용으로 하는 영창처분에 있어서도 적법절차원칙이 준수되어야 한다(헌재 2016.3.31, 2013헌바190).

② [O] 보안처분은 그 본질, 추구하는 목적 및 기능에 있어 형벌과는 다른 독자적 의의를 가진 사회보호적인 처분이므로 형벌과 보안처분은 서로 병과하여 선고한다고 해서 그것이 헌법 제13조 제1항 후단 소정의 이중처벌금지원칙에 해당되지 아니한다는 것이 헌법재판소의 확립된 견해이고, 보안관찰법상 보안관찰처분 역시 그 본질이 위에서 살펴본 바와 같이 헌법 제12조 제1항에 근거한 보안처분인 이상, 형의 집행종료 후 별도로 보안관찰처분을 명할 수 있다고 규정한 보안관찰처분 근거조항이 헌법 제13조 제1항이 규정한 이중처벌금지원칙에 위반되었다고 할 수 없다(헌재 2015.11.26, 2014헌바475).

③ [O] 헌법재판소는 '보안처분이라 하더라도 형벌적 성격이 강하여 신체의 자유를 박탈하거나 박탈에 준하는 정도로 신체의 자유를 제한하는 경우에는 형벌불소급원칙이 적용된다.'고 판시하고 있다(헌재 2017.10.26, 2015헌바239 등).

④ [O] 무죄추정의 원칙상 금지되는 '불이익'이란 '범죄사실의 인정 또는 유죄를 전제로 그에 대하여 법률적·사실적 측면에서 유형·무형의 차별취급을 가하는 유죄인정의 효과로서의 불이익'을 뜻하고, 이는 비단 형사절차 내에서의 불이익뿐만 아니라 기타 일반 법생활 영역에서의 기본권 제한과 같은 경우에도 적용된다(헌재 2010.9.2, 2010헌마418).

16 신체의 자유에 대한 설명으로 옳지 않은 것은?

24. 5급 공채

① 누구든지 체포 또는 구속을 당한 때에는 즉시 변호인의 조력을 받을 권리를 가지는데, 헌법은 형사피의자와 형사피고인이 스스로 변호인을 구할 수 없을 때에는 법률이 정하는 바에 의하여 국가가 변호인을 붙인다고 규정하고 있다.

② 체포·구속·압수 또는 수색을 할 때에는 적법한 절차에 따라 검사의 신청에 의하여 법관이 발부한 영장을 제시하여야 하나, 현행범인인 경우와 장기 3년 이상의 형에 해당하는 죄를 범하고 도피 또는 증거인멸의 염려가 있을 때에는 사후에 영장을 청구할 수 있다.

③ 누구든지 법률에 의하지 아니하고는 체포·구속·압수·수색 또는 심문을 받지 아니하며, 법률과 적법한 절차에 의하지 아니하고는 처벌·보안처분 또는 강제노역을 받지 아니한다.

④ 누구든지 체포 또는 구속을 당한 때에는 적부의 심사를 법원에 청구할 권리를 가진다.

해설

① [×]

> 헌법 제12조 ④ 누구든지 체포 또는 구속을 당한 때에는 즉시 변호인의 조력을 받을 권리를 가진다. 다만, 형사피고인이 스스로 변호인을 구할 수 없을 때에는 법률이 정하는 바에 의하여 국가가 변호인을 붙인다.

② [O]

> 헌법 제12조 ③ 체포·구속·압수 또는 수색을 할 때에는 적법한 절차에 따라 검사의 신청에 의하여 법관이 발부한 영장을 제시하여야 한다. 다만, 현행범인인 경우와 장기 3년 이상의 형에 해당하는 죄를 범하고 도피 또는 증거인멸의 염려가 있을 때에는 사후에 영장을 청구할 수 있다.

③ [O]

> 헌법 제12조 ① 모든 국민은 신체의 자유를 가진다. 누구든지 법률에 의하지 아니하고는 체포·구속·압수·수색 또는 심문을 받지 아니하며, 법률과 적법한 절차에 의하지 아니하고는 처벌·보안처분 또는 강제노역을 받지 아니한다.

정답 | 14 ③ 15 ⑤ 16 ①

④ [O]

헌법 제12조 ⑥ 누구든지 체포 또는 구속을 당한 때에는 적부의 심사를 법원에 청구할 권리를 가진다.

17 신체의 자유에 관한 설명 중 옳은 것을 모두 고른 것은? (다툼이 있는 경우 판례에 의함) 24. 경정승진

㉠ 수형자가 민사재판에 출정하여 법정 대기실 내 쇠창살 격리시설 안에 유치되어 있는 동안 교도소장이 출정계호교도관을 통해 수형자에게 양손수갑 1개를 앞으로 사용한 행위는 신체의 자유를 침해한 것이다. ㉡ 민사집행법상 재산명시의무를 위반한 채무자에 대하여 법원의 결정으로 20일 이내의 감치에 처하도록 규정한 것은 신체의 자유를 침해하지 않는다. ㉢ 지방의회에서의 사무감사 · 조사를 위한 증인의 동행명령장제도는 증인의 신체의 자유를 억압하여 일정 장소로 인치하는 것으로서 헌법 제12조 제3항의 체포 또는 구속에 준하는 사안이므로 동행명령장을 집행하기 위해서는 법관이 발부한 영장제시가 필요하다. ㉣ 약식명령에 대한 정식재판청구권 회복청구시 필요적 집행정지가 아닌 임의적 집행정지로 규정한 형사소송법 조항은 약식명령에 의한 벌금형을 납부하지 않아 노역장에 유치된 자의 신체의 자유를 침해한 것이다.

① ㉠, ㉡
② ㉡, ㉢
③ ㉡, ㉣
④ ㉢, ㉣

해설

옳은 것은 ㉡, ㉢이다.

㉠ [×] 이 사건 보호장비 사용행위는 수형자가 도주나 자해, 다른 사람에 대한 위해와 같은 교정사고를 저지르는 것을 예방하고, 법원 내 질서 유지에 협력하기 위한 것으로, 그 목적의 정당성 및 수단의 적합성이 인정된다. … 따라서 이 사건 보호장비 사용행위는 과잉금지원칙을 위반하여 청구인의 신체의 자유 및 인격권을 침해하지 않는다(헌재 2023.6.29, 2018헌마1215).

㉡ [O] 심판대상조항은 민사집행법상 재산명시의무를 위반한 채무자에 대하여 법원이 결정으로 20일 이내의 감치에 처하도록 규정한 것으로서, 구 민사소송법에서 형사처벌하던 것을 재산명시의무를 간접강제하기 위한 민사적 제재로 전환하였고, 금전지급을 목적으로 하는 집행권원에 기초한 경우에만 인정되며, 채무자로서는 재산명시기일에 출석하여 재산목록을 제출하고 선서를 하기만 하면 감치의 제재를 받지 않으며, 감치를 명하더라도 최대 20일을 초과할 수 없고, 감치의 집행 중이라도 채무자가 재산명시의무를 이행하거나 채무를 변제하면 즉시 석방되는 점에 비추어, 과잉금지원칙에 반하여 청구인의 신체의 자유를 침해하지 아니한다(헌재 2014.9.25, 2013헌마11).

㉢ [O] 지방의회에서의 사무감사 · 조사를 위한 증인의 동행명령장제도도 증인의 신체의 자유를 억압하여 일정 장소로 인치하는 것으로서 헌법 제12조 제3항의 "체포 또는 구속"에 준하는 사태로 보아야 하고, 거기에 현행범 체포와 같이 사후에 영장을 발부받지 아니하면 목적을 달성할 수 없는 긴박성이 있다고 인정할 수는 없으므로, 헌법 제12조 제3항에 의하여 법관이 발부한 영장의 제시가 있어야 함에도 불구하고 동행명령장을 법관이 아닌 지방의회 의장이 발부하고 이에 기하여 증인의 신체의 자유를 침해하여 증인을 일정 장소에 인치하도록 규정된 조례안은 영장주의원칙을 규정한 헌법 제12조 제3항에 위반된 것이다(대판 1995.6.30, 93추83).

㉣ [×] 이 사건 법률조항은 약식명령에 대한 정식재판청구권 회복청구가 인용되는 경우 정식재판절차가 개시되어 약식명령이 확정되지 않은 상태로 되돌아간다는 점을 고려하여, 정식재판 청구기간 경과에 귀책사유가 없는 피고인을 재판의 부당한 집행으로부터 보호하면서, 필요적 집행정지로 인한 벌금형의 실효성 저하를 방지하고자 법원으로 하여금 구체적 사정을 고려하여 재판의 집행정지 여부를 결정하도록 하는 규정이다. … 따라서 이 사건 법률조항이 신체의 자유를 침해한다고 볼 수 없다(헌재 2014.5.29, 2012헌마104).

18 신체의 자유에 관한 설명으로 가장 적절하지 않은 것은? (다툼이 있는 경우 판례에 의함) 24. 경찰 1차

① 디엔에이감식시료의 채취행위는 신체의 안정성을 해한다고 볼 수 있으므로 디엔에이감식시료 채취의 근거인 디엔에이신원확인정보의 이용 및 보호에 관한 법률 조항은 디엔에이감식시료의 채취대상자인 청구인의 신체의 자유를 제한한다.

② 강제퇴거명령을 받은 사람을 보호할 수 있도록 하면서 보호기간의 상한을 마련하지 아니한 출입국관리법 조항은 과잉금지원칙 및 적법절차원칙에 위배되어 피보호자의 신체의 자유를 침해한다.

③ 1억 원 이상의 벌금형을 선고하는 경우 노역장유치기간의 하한을 정한 형법 조항을 시행일 이후 최초로 공소제기되는 경우부터 적용하도록 한 형법 부칙조항은 형벌불소급원칙에 위배되지 않는다.

④ 행정절차상 강제처분에 의해 신체의 자유가 제한되는 경우 강제처분의 집행기관으로부터 독립된 중립적인 기관이 이를 통제하도록 하는 것은 적법절차원칙의 중요한 내용에 해당한다.

해설

③ [×] 노역장유치조항은 1억 원 이상의 벌금형을 선고받는 자에 대하여 유치기간의 하한을 중하게 변경시킨 것이므로, 이 조항 시행 전에 행한 범죄행위에 대해서는 범죄행위 당시에 존재하였던 법률을 적용하여야 한다. 그런데 부칙조항은 노역장유치조항의 시행 전에 행해진 범죄행위에 대해서도 공소제기의 시기가 노역장유치조항의 시행 이후이면 이를 적용하도록 하고 있으므로, 이는 범죄행위 당시보다 불이익한 법률을 소급 적용하도록 하는 것으로서 헌법상 형벌불소급원칙에 위반된다(헌재 2017.10.26, 2015헌바239 등).

① [O] 디엔에이감식시료 채취의 구체적인 방법은 구강점막 또는 모근을 포함한 모발을 채취하는 방법으로 하고, 위 방법들에 의한 채취가 불가능하거나 현저히 곤란한 경우에는 분비물, 체액을 채취하는 방법으로 한다. 그렇다면 디엔에이감식시료의 채취행위는 신체의 안정성을 해한다고 볼 수 있으므로 이 사건 채취조항들은 신체의 자유를 제한한다. … 이 사건 채취조항들이 과도하게 신체의 자유를 침해한다고 볼 수 없다(헌재 2014.8.28, 2011헌마28 등).

② [O] 보호기간의 상한을 두지 아니함으로써 강제퇴거대상자를 무기한 보호하는 것을 가능하게 하는 것은 보호의 일시적·잠정적 강제조치로서의 한계를 벗어나는 것이라는 점, … 등을 고려하면, 심판대상조항은 침해의 최소성과 법익균형성을 충족하지 못한다. 따라서 심판대상조항은 과잉금지원칙을 위반하여 피보호자의 신체의 자유를 침해한다. 출입국관리법상 보호의 개시 또는 연장 단계에서 집행기관으로부터 독립된 중립적 기관에 의한 통제절차가 마련되어 있지 아니하다. … 심판대상조항은 적법절차원칙에 위배되어 피보호자의 신체의 자유를 침해한다(헌재 2023.3.23, 2020헌가1 등).

④ [O] 행정절차상 강제처분에 의해 신체의 자유가 제한되는 경우 강제처분의 집행기관으로부터 독립된 중립적인 기관이 이를 통제하도록 하는 것은 적법절차원칙의 중요한 내용에 해당한다. 심판대상조항에 의한 보호는 신체의 자유를 제한하는 정도가 박탈에 이르러 형사절차상 '체포 또는 구속'에 준하는 것으로 볼 수 있는 점을 고려하면, 보호의 개시 또는 연장 단계에서 그 집행기관인 출입국관리공무원으로부터 독립되고 중립적인 지위에 있는 기관이 보호의 타당성을 심사하여 이를 통제할 수 있어야 한다. … 따라서 심판대상조항은 적법절차원칙에 위배되어 피보호자의 신체의 자유를 침해한다(헌재 2023.3.23, 2020헌가1 등).

정답 | 17 ② 18 ③

19 수용자에 관한 다음 설명 중 가장 옳지 않은 것은? (다툼이 있는 경우 대법원 판례 및 헌법재판소 결정에 의함)

22. 법원행시

① 미결수용자로서 사건에 서로 관련이 있는 사람은 분리수용하고 서로간의 접촉을 금지하여 공모를 통한 범죄의 증거인멸을 방지할 필요가 있고, 구치소의 종교행사 장소가 매우 협소하다는 등의 이유로 수형자 및 노역장유치자에 대하여만 종교행사 등에의 참석을 허용하고 미결수용자에 대하여는 일괄적으로 종교행사 등에의 참석을 금지한 행위는 헌법에 위반된다.

② 수용자가 금치의 징벌을 받은 경우 금치기간 중 공동행사 참가 정지, 텔레비전 시청 제한, 신문·도서·잡지 외 자비구매물품 사용 제한의 처우 제한이 함께 부과되더라도, 헌법에 위반되지 아니한다.

③ 금치의 징벌을 받은 사람에 대해 금치기간 동안 실외운동을 원칙적으로 금지하고, 예외적으로 허용하는 것은 수용자에 대한 신체의 자유를 침해한 것으로 헌법에 위반된다.

④ 금치처분을 받은 미결수용자에게 금치기간 중 집필, 서신수수를 원칙적으로 제한하는 것은 헌법에 위반된다.

⑤ 헌법재판소는 집행유예기간 중인 자에 대한 선거권의 제한에 관하여는 단순위헌결정을 하였으나, 수형자에 대한 선거권의 제한에 관하여는 입법시한까지 개선입법과 잠정적용을 명하는 헌법불합치결정을 하였다.

해설

④ [×] 미결수용자가 교정시설 내에서 규율위반행위 등을 이유로 금치처분을 받은 경우 금치기간 중 서신수수, 접견, 전화통화를 제한하는 '형의 집행 및 수용자의 처우에 관한 법률' 제112조 제3항 본문 중 미결수용자에게 적용되는 제108조 제11호 부분, 제12호 부분(이하 '이 사건 접견제한 조항'이라 한다), 제9호 부분(이하 '이 사건 전화통화제한 조항')이 청구인의 통신의 자유를 침해하는지 여부(소극)(헌재 2016.4.28, 2012헌마549).

① [O] 피청구인은 미결수용자로서 사건에 서로 관련이 있는 사람은 분리수용하고 서로간의 접촉을 금지하여 공모를 통한 범죄의 증거인멸을 방지할 필요가 있고, 대구구치소의 종교행사 장소가 매우 협소하다는 등의 이유로 수형자 및 노역장유치자에 대하여만 종교행사 등에의 참석을 허용하고 미결수용자에 대하여는 일괄적으로 종교행사 등에의 참석을 금지하여 왔다. … 따라서 이 사건 종교행사 등 참석불허처우는 과잉금지원칙을 위반하여 청구인의 종교의 자유를 침해한 것이다(헌재 2011.12.29, 2009헌마527).

② [O] 형집행법 제112조 제3항 본문 중 제108조 제4호에 관한 부분은 금치의 징벌을 받은 사람에 대해 금치기간 동안 공동행사 참가 정지라는 불이익을 가함으로써, 규율의 준수를 강제하여 수용시설 내의 안전과 질서를 유지하기 위한 것으로서, 목적의 정당성 및 수단의 적합성이 인정된다. 금치처분을 받은 사람은 최장 30일 이내의 기간 동안 공동행사에 참가할 수 없으나, 서신수수, 접견을 통해 외부와 통신할 수 있고, 종교상담을 통해 종교활동을 할 수 있다. 또한, 위와 같은 불이익은 규율 준수를 통하여 수용질서를 유지한다는 공익에 비하여 크다고 할 수 없다. 따라서 위 조항은 청구인의 통신의 자유, 종교의 자유를 침해하지 아니한다(헌재 2016.5.26, 2014헌마45).

③ [O] 위 조항은 금치처분을 받은 사람에 대하여 실외운동을 원칙적으로 금지하고, 다만 소장의 재량에 의하여 이를 예외적으로 허용하고 있다. 그러나 소란, 난동을 피우거나 다른 사람을 해할 위험이 있어 실외운동을 허용할 경우 금치처분의 목적 달성이 어려운 예외적인 경우에 한하여 실외운동을 제한하는 덜 침해적인 수단이 있음에도 불구하고, 위 조항은 금치처분을 받은 사람에게 원칙적으로 실외운동을 금지한다. 나아가 위 조항은 예외적으로 실외운동을 허용하는 경우에도, 실외운동의 기회가 부여되어야 하는 최저기준을 법령에서 명시하고 있지 않으므로, 침해의 최소성 원칙에 위배된다. 위 조항은 수용자의 정신적·신체적 건강에 필요 이상의 불이익을 가하고 있고, 이는 공익에 비하여 큰 것이므로 위 조항은 법익의 균형성 요건도 갖추지 못하였다. 따라서 위 조항은 청구인의 신체의 자유를 침해한다(헌재 2016.5.26, 2014헌마45).

⑤ [O] 헌법재판소는 집행유예자와 수형자의 선거권을 제한하는 공직선거법 조항은 선거권을 침해하고 헌법 제41조 제1항 및 제67조 제1항이 규정한 보통선거원칙에 위반하여 집행유예자와 수형자를 차별취급하는 것이므로 평등의 원칙에도 어긋난다고 하면서, 수형자에 대한 선거권 제한은 헌법불합치, 집행유예자에 대한 선거권 제한은 위헌결정을 내렸다(헌재 2014.1.28, 2012헌마409).

■ 죄형법정주의

01 죄형법정주의에 대한 설명으로 옳지 않은 것은? 24. 국회직 8급

① 구 소방시설공사업법 제39조 중 '제36조 제3호에 해당하는 위반행위를 하면 그 행위자를 벌한다'에 관한 부분이 '처벌대상으로 규정하고 있는 행위자'에는 감리업자 이외에 실제 감리업무를 수행한 감리원도 포함되는지 여부가 불명확하므로 죄형법정주의의 명확성원칙에 위배된다.

② 형벌불소급원칙에서 의미하는 '처벌'은 형법에 규정되어 있는 형식적 의미의 형벌 유형에 국한되지 않으며, 범죄행위에 따른 제재의 내용이나 실제적 효과가 형벌적 성격이 강하여 신체의 자유를 박탈하거나 이에 준하는 정도로 신체의 자유를 제한하는 경우에는 형벌불소급원칙이 적용되어야 한다.

③ 납세의무자가 체납처분의 집행을 면탈할 목적으로 그 재산을 은닉·탈루하거나 거짓 계약을 하였을 때 형사처벌하는 조세범 처벌법 제7조 제1항 중 '납세의무자가 체납처분의 집행을 면탈할 목적으로' 부분은 죄형법정주의의 명확성원칙에 위배되지 않는다.

④ 종합문화재수리업을 하려는 자에게 요구되는 기술능력의 등록 요건을 대통령령에 위임하고 있는 문화재수리 등에 관한 법률 제14조 제1항 문화재수리업 중 '종합문화재수리업'을 하려는 자의 '기술능력'에 관한 부분은 죄형법정주의에 위배되지 않는다.

⑤ 자산유동화계획에 의하지 아니하고 여유자금을 투자한 자를 처벌하는 자산유동화에 관한 법률 제40조 제2호 중 '제22조의 규정에 위반하여 자산유동화계획에 의하지 아니하고 여유자금을 투자한 자' 부분은 죄형법정주의의 명확성원칙에 위배되지 않는다.

해설

① [×] 이 사건 양벌규정의 문언과 관련 규정의 내용, 입법목적 및 확립된 판례를 통한 해석방법 등을 종합하여 보면, 위 조항이 처벌대상으로 규정하고 있는 '행위자'에는 감리업자 이외에 실제 감리업무를 수행한 감리원도 포함된다는 점을 충분히 알 수 있으므로, 이 사건 양벌규정은 죄형법정주의의 명확성원칙에 위배된다고 볼 수 없다(헌재 2023.2.23, 2020헌바314).

② [O] 형벌불소급원칙에서 의미하는 '처벌'은 형법에 규정되어 있는 형식적 의미의 형벌 유형에 국한되지 않으며, 범죄행위에 따른 제재의 내용이나 실제적 효과가 형벌적 성격이 강하여 신체의 자유를 박탈하거나 이에 준하는 정도로 신체의 자유를 제한하는 경우에는 형벌불소급원칙이 적용되어야 한다. 노역장유치는 그 실질이 신체의 자유를 박탈하는 것으로서 징역형과 유사한 형벌적 성격을 가지고 있으므로 형벌불소급원칙의 적용대상이 된다(헌재 2017.10.26, 2015헌바239 등).

③ [O] 국세기본법에서 규정하고 있는 납세의무자의 정의 및 납세의무의 성립시기 등에 의하면, 심판대상조항의 '납세의무자'란 면탈하고자 하는 체납처분과 관련된 국세를 납부할 의무가 있는 자를 의미하는 것이고, 그 지위는 과세요건이 충족되어 해당 납세의무가 성립된 때 취득하게 되므로, 심판대상조항은 '납세의무가 성립된 이후'의 시기에 행해진 행위만을 처벌하는 것임이 명백하다. 또한 심판대상조항은 정부의 국세징수권을 보호법익으로 하는 점, 심판대상조항이 명시적으로 요구하고 있는 '체납처분의 집행을 면탈할 목적'은 적어도 체납처분의 집행을 받을 우려가 있는 시점에서야 인정될 수 있는 점 등을 고려한다면, 심판대상조항은 '체납처분의 집행을 받을 우려가 있는 객관적인 상태가 발생한 이후'의 시기에 행해진 행위만을 처벌하는 것임이 명백하다. 심판대상조항은 죄형법정주의의 명확성원칙에 위배되지 않는다(헌재 2023.8.31, 2020헌바498).

④ [O] 종합문화재수리업의 기술능력에 관한 구체적인 사항은 문화재수리업의 시장 현실, 문화재수리 기술 및 관련 정책의 변화 등을 고려하여 그때그때의 상황에 맞게 규율하여야 할 필요가 있으므로 위임의 필요성이 인정된다. 또한, 관련조항 등을 종합하여 보면, 대통령령에 규정될 내용은 종합문화재수리업에 필요한 일정한 기술 및 자격을 갖춘 문화재수리기술자·문화재수리기능자 등의 인원수 내지 수준 등에 관한 사항이 될 것임을 충분히 예측할 수 있다. 따라서 심판대상조항은 죄형법정주의 및 포괄위임금지원칙에 위배되지 아니한다(헌재 2023.6.29, 2020헌바109).

⑤ [O] 심판대상조항의 수범자는 유동화전문회사의 임직원이거나 자산유동화거래 업무와 관련된 전문 지식과 경험을 가진 자로 한정될 것인데, 이들은 자산유동화계획의 내용 중 여유자금의 투자에 관한 사항이 무엇인지, 그리고 어떠한 행위가 '자산유동화계획에 의하지 않은 여유자금 투자'인지를 충분히 파악하고 예측할 수 있는 지위에 있다. 따라서 심판대상조항이 수범자의 입장에서 예측가능성 내지 명확성을 결여한 조항이라고 보기 어렵다. 또한 '여유자금'의 사전적 정의와 심판대상조항의 입법목적, 관련 판례 등을 종합적으로 고려하면, 어떠한 행위가 자산유동화계획에 의하지 않은 여유자금 투자로서 처벌되는지에 관한 합리적이고 객관적인 해석기준이 법관의 보충적 해석을 통하여 충분히 마련되어 있다고 판단되므로, 심판대상조항이 죄형법정주의의 명확성원칙에 반한다고 볼 수 없다(헌재 2023.10.26, 2023헌가1).

정답 | 19 ④ 01 ①

02 명확성원칙에 관한 다음 설명 중 옳지 않은 것은 모두 몇 개인가? 24. 법원직

ㄱ. "공공의 안녕질서" 또는 "미풍양속"은 '모든 국민이 준수하고 지킬 것이 요구되는 최소한도의 질서 또는 도덕률'을 의미한다고 보아야 할 것이므로, 공공의 안녕질서 또는 미풍양속을 해하는 통신을 금지하는 구 전기통신사업법 해당 조항은 명확성원칙에 위배되지 아니한다.
ㄴ. 명확성원칙은 헌법상 내재하는 법치국가원리로부터 파생될 뿐만 아니라, 국민의 자유와 권리를 보호하는 기본권 보장으로부터도 나온다.
ㄷ. 임대인이 실제 거주를 이유로 임대차 계약의 갱신을 거절한 후 '정당한 사유 없이' 제3자에게 임대한 경우의 손해배상책임을 규정한 주택임대차보호법 해당 조항은, 임대인이 손해배상책임을 면할 수 있는 '정당한 사유'가 임대인이 갱신거절 당시에는 예측할 수 없었던 것으로서 제3자에게 목적 주택을 임대할 수밖에 없었던 불가피한 사정을 의미하는 것으로 해석되는 점 등에 비추어 명확성원칙에 반하지 아니한다.
ㄹ. 명확성원칙의 엄격한 적용이 요구되는 경우에는 그 적용대상자와 금지 행위를 구체적으로 알 수 있도록 구체적이고 서술적인 개념에 의하여 규정하여야 하고, 다소 광범위하여 법관의 보충적인 해석을 필요로 하는 개념을 사용해서는 아니된다.

① 0개
② 1개
③ 2개
④ 3개

해설

옳지 않은 것은 2개(ㄱ, ㄹ)이다.

ㄱ. [×] 표현의 자유를 규제하는 입법에 있어서 명확성의 원칙은 특별히 중요한 의미를 지닌다. "공공의 안녕질서", "미풍양속"은 매우 추상적인 개념이어서 어떠한 표현행위가 과연 "공공의 안녕질서"나 "미풍양속"을 해하는 것인지, 아닌지에 관한 판단은 사람마다의 가치관, 윤리관에 따라 크게 달라질 수밖에 없고, 법집행자의 통상적 해석을 통하여 그 의미내용을 객관적으로 확정하기도 어렵다. … 전기통신사업법 제53조 제1항은 규제되는 표현의 내용이 명확하지 아니하여 명확성의 원칙에 위배된다(헌재 2002.6.27, 99헌마480).

☑ 비교 판례

학교보건법 제6조 제1항 제15호 중 '미풍양속을 해하는 행위 및 시설' 부분이 명확성 원칙에 위반되는지 여부(소극)
학교정화구역을 설정하고 일정한 행위와 시설을 금지하는 목적이 학교의 보건·위생과 학습환경에 나쁜 영향을 주는 행위 및 시설을 금지하기 위한 것이라는 점에 비추어 보면, 이 사건 금지조항의 '미풍양속을 해하는 행위 및 시설'의 개념은 '미풍양속을 해하는 행위 및 시설' 중에서도 학교의 보건·위생과 학습환경에 나쁜 영향을 주는 행위 및 시설을 의미한다고 해석할 수 있다. 따라서 금지조항 중 '미풍양속을 해하는 행위 및 시설' 부분은 죄형법정주의 또는 명확성의 원칙에 위반된다고 보기 어렵다(헌재 2008.4.24, 2006헌바60).

ㄴ. [O] 명확성원칙은 헌법상 내재하는 법치국가원리로부터 파생될 뿐만 아니라, 국민의 자유와 권리를 보호하는 기본권보장으로부터도 나온다. 헌법 제37조 제2항에 의거하여 국민의 자유와 권리를 제한하는 법률은 명확하게 규정되어야 한다(헌재 2006.3.30, 2005헌바78).

ㄷ. [O] 증액청구의 산정 기준이 되는 '약정한' 차임이나 보증금의 구체적 액수는 임대차계약을 통해 확인 가능하고, 차임과 보증금이 모두 존재할 경우 차임을 보증금으로 환산한 총 보증금을 산정 기준으로 삼는 것이 타당한 점, 임대인이 손해배상책임을 면할 수 있는 '정당한 사유'란, 임대인이 갱신거절 당시에는 예측할 수 없었던 것으로서 제3자에게 목적 주택을 임대할 수밖에 없었던 불가피한 사정을 의미하는 것으로 해석되는 점 등에 비추어 명확성원칙에 반하지 아니한다(헌재 2024.2.28, 2020헌마1343 등).

ㄹ. [×] 명확성원칙의 엄격한 적용이 요구되는 경우라 하더라도 입법자가 모든 구성요건을 단순한 의미의 서술적인 개념에 의하여 규정하여야 하는 것은 아니다. 구성요건이 다소 광범위하여 어떤 범위에서는 법관의 보충적인 해석을 필요로 하는 개념을 사용하였다고 하더라도, 건전한 상식과 통상적인 법감정을 가진 사람으로 하여금 그 적용대상자가 누구이며 구체적으로 어떠한 행위가 금지되고 있는지 여부를 충분히 알 수 있도록 규정되어 있다면 명확성원칙에 위반되지 않는다고 보아야 한다(헌재 2014.9.25, 2012헌바325).

03 다음 명확성원칙에 관한 설명 중 가장 옳지 않은 것은? (다툼이 있는 경우 판례에 의함) 24. 해경

① 법률사건의 수임에 관하여 알선의 대가로 금품을 제공하거나 이를 약속한 변호사를 형사처벌하는 구 변호사법 조항 중 '법률사건'과 '알선'의 의미가 불분명하다고 할 수 없으므로 위 조항은 죄형법정주의의 명확성원칙에 위배되지 않는다.

② 청원경찰법상 품위손상행위란 '청원경찰이 경찰관에 준하여 경비 및 공안업무를 하는 주체로서 직책을 맡아 수행해 나가기에 손색이 없는 인품에 어울리지 않는 행위를 함으로써 국민이 가지는 청원경찰에 대한 정직성, 공정성, 도덕성에 대한 믿음을 떨어뜨릴 우려가 있는 행위'라고 해석할 수 있으므로 명확성원칙에 위배되지 않는다.

③ 건설업자가 부정한 방법으로 건설업의 등록을 한 경우, 건설업 등록을 필요적으로 말소하도록 규정한 건설산업기본법 조항 중 '부정한 방법'의 개념은 모호하여 법률해석을 통하여 구체화될 수 없으므로 명확성원칙에 위배된다.

④ '여러 사람의 눈에 뜨이는 곳에서 공공연하게 알몸을 지나치게 내놓거나 가려야 할 곳을 내놓아 다른 사람에게 부끄러운 느낌이나 불쾌감을 준 사람'을 처벌하는 경범죄처벌법 조항은 그 의미를 알기 어렵고 그 의미를 확정하기도 곤란하므로 명확성원칙에 위배된다.

해설

③ [×] 건설산업기본법 조항 중 '부정한 방법'이란, 실제로는 기술능력 · 자본금 · 시설 · 장비 등에 관하여 법령이 정한 건설업 등록요건을 갖추지 못하였음에도 자본금의 납입을 가장하거나 허위신고를 통하여 기술능력이나 시설, 장비 등의 보유를 가장하는 수단을 사용함으로써 등록요건을 충족시킨 것처럼 위장하여 등록하는 방법을 말하는 것으로 그 내용이 충분히 구체화되고 제한된다고 판단된다. 따라서 이 사건 법률조항에 규정된 '부정한 방법'의 개념이 약간의 모호함에도 불구하고 법률해석을 통하여 충분히 구체화될 수 있고, 이로써 행정청과 법원의 자의적인 법적용을 배제하는 객관적인 기준을 제공하고 있으므로 이 사건 조항은 법률의 명확성원칙에 위반되지 않는다(헌재 2004.7.15, 2003헌바35 등).

① [O] 이 사건 법률조항이 규정하는 '법률사건'이란 '법률상의 권리 · 의무의 발생 · 변경 · 소멸에 관한 다툼 또는 의문에 관한 사건'을 의미하고, '알선'이란 법률사건의 당사자와 그 사건에 관하여 대리 등의 법률사무를 취급하는 상대방(변호사 포함) 사이에서 양자 간에 법률사건이나 법률사무에 관한 위임계약 등의 체결을 중개하거나 그 편의를 도모하는 행위를 말하는바, 이 사건 법률조항에 의하여 금지되고, 처벌되는 행위의 의미가 문언상 불분명하다고 할 수 없으므로 이 사건 법률조항은 죄형법정주의의 명확성원칙에 위배되지 않는다(헌재 2013.2.28, 2012헌바62).

② [O] 이 사건 품위손상조항에서 규정하고 있는 품위손상행위란, 청원경찰직에 대한 국민의 신뢰를 제고하고 성실하고 공정한 직무수행을 담보하고자 하는 입법취지, 용어의 사전적 의미 등을 종합하면, '청원경찰이 경찰관에 준하여 경비 및 공안업무를 하는 주체로서 직책을 맡아 수행해 나가기에 손색이 없는 인품에 어울리지 않는 행위를 함으로써 국민이 가지는 청원경찰에 대한 정직성, 공정성, 도덕성에 대한 믿음을 떨어뜨릴 우려가 있는 행위'라고 해석할 수 있으므로 명확성원칙에 위배되지 않는다(헌재 2022.5.26, 2019헌바530).

④ [O] 심판대상조항은 알몸을 '지나치게 내놓는' 것이 무엇인지 그 판단 기준을 제시하지 않아 무엇이 지나친 알몸노출행위인지 판단하기 쉽지 않고, '가려야 할 곳'의 의미도 알기 어렵다. 심판대상조항 중 '부끄러운 느낌이나 불쾌감'은 사람마다 달리 평가될 수밖에 없고, 노출되었을 때 부끄러운 느낌이나 불쾌감을 주는 신체부위도 사람마다 달라 '부끄러운 느낌이나 불쾌감'을 통하여 '지나치게'와 '가려야 할 곳' 의미를 확정하기도 곤란하다. … 따라서 심판대상조항은 죄형법정주의의 명확성원칙에 위배된다(헌재 2016.11.24, 2016헌가3).

정답 | 02 ③ 03 ③

04 죄형법정주의의 명확성원칙에 대한 설명으로 가장 적절한 것은? (다툼이 있는 경우 헌법재판소 판례에 의함)

25. 경찰간부

① 의약외품이 아닌 것을 용기 · 포장 또는 첨부 문서에 의학적 효능 · 효과 등이 있는 것으로 오인될 우려가 있는 표시를 하거나, 이와 같은 의약외품과 유사하게 표시된 것을 판매하는 것을 금지하는 구 약사법 조항 가운데 '표시' 및 '표시된 것의 판매'에 관한 부분을 준용하는 부분의 '의학적 효능 · 효과 등'이라는 표현은 명확성원칙에 위배된다.

② 회계관계직원 등의 책임에 관한 법률 제2조 제1호 카목의 '그 밖에 국가의 회계사무를 처리하는 사람'은 그 의미가 불명확하므로 명확성원칙에 위배된다.

③ 허위재무제표작성 및 허위감사보고서작성을 처벌하는 주식회사 등의 외부감사에 관한 법률 조항 중 '그 위반행위로 얻은 이익 또는 회피한 손실액의 2배 이상 5배 이하의 벌금'은 명확성원칙에 위배되지 않는다.

④ 누구든지 선박의 감항성의 결함을 발견한 때에는 해양수산부령이 정하는 바에 따라 그 내용을 해양수산부장관에게 신고하여야 한다고 규정한 구 선박안전법 조항 중 '선박의 감항성의 결함'에 관한 부분은 명확성원칙에 위배된다.

해설

③ [O] '그 위반행위로 얻은 이익 또는 회피한 손실액의 2배 이상 5배 이하의 벌금형'을 규정한 심판대상조항은 애매모호하거나 추상적이어서 법관의 자의적인 해석이 가능하다고 볼 수 없어 죄형법정주의의 명확성원칙에 위배되지 않는다(헌재 2024.7.18, 2022헌가6).

▶ 해당 판례에서 "배수벌금형을 규정하면서도 허위재무제표작성 행위 또는 허위감사보고서작성 행위로 얻은 이익이나 회피한 손실액이 없거나 산정하기 곤란한 경우에 관한 벌금 상한액을 규정하지 아니한 심판대상조항은, 허위재무제표작성죄나 허위감사보고서작성죄에서 그와 같이 이익 또는 회피한 손실액이 없거나 산정이 곤란한 경우에 법원으로 하여금 그 죄질과 책임에 비례하는 벌금형을 선고할 수 없도록 하여 책임과 형벌 간의 비례원칙에 위배된다"고 해서 헌법불합치 결정을 하였다.

① [×] 의약외품이 아닌 것을 용기 · 포장 또는 첨부 문서에 의학적 효능 · 효과 등이 있는 것으로 오인될 우려가 있는 표시를 하거나, 이와 같은 의약외품과 유사하게 표시된 것을 판매하는 것을 금지하는 구 약사법 제66조 중 제61조 제2항 가운데 '표시' 및 '표시된 것의 판매'에 관한 부분을 준용하는 부분의 '의학적 효능 · 효과 등'이라는 표현은 해당 물품이 약사법 제2조 제7호에서 정한 바대로 사용됨으로써 발생할 것으로 기대되는 일정한 효능 · 효과를 의미하는바, 약사법의 다른 규정들과의 체계 조화적 해석 등을 통해 법률의 적용단계에서 다의적 해석의 우려 없이 그 의미가 구체화될 수 있으므로, 죄형법정주의의 명확성원칙에 위반되지 않는다(헌재 2024.4.25, 2022헌바204).

② [×] '그 밖에 국가의 회계사무를 처리하는 사람'이란 회계직원책임법 제2조 제1호 가목부터 차목까지에 열거된 직명을 갖지 않는 사람이라도 실질적으로 그와 유사한 회계관계업무를 처리하는 사람으로, 그 업무를 전담하는지 여부나 직위의 높고 낮음은 불문함을 예측할 수 있다. 따라서 회계직원책임법 제2조 제1호 카목 및 이를 구성요건으로 하고 있는 이 사건 특정범죄가중법 조항은 죄형법정주의의 명확성원칙에 위배되지 아니한다(헌재 2024.4.25, 2021헌바21 등).

④ [×] 신고의무조항의 '선박의 감항성의 결함'이란 '선박안전법에서 규정하고 있는 각종 검사 기준에 부합하지 아니하는 상태로서, 선박이 안전하게 항해할 수 있는 성능인 감항성과 직접적인 관련이 있는 흠결'이라는 의미로 명확하게 해석할 수 있으므로, 신고의무조항은 죄형법정주의의 명확성원칙에 위배되지 않는다(헌재 2024.5.30, 2020헌바234).

05 명확성원칙에 대한 설명 중 옳지 않은 것을 모두 고른 것은? (다툼이 있는 경우 판례에 의함)

25. 변호사

ㄱ. 누구든지 이 법의 규정에 의한 공개장소에서의 연설·대담장소에서 기타 어떠한 방법으로도 연설·대담장소 등의 질서를 문란하게 하는 행위를 금지하고 있는 공직선거법 조항 중 '기타 어떠한 방법으로도' 부분은 죄형법정주의의 명확성원칙에 위배된다.
ㄴ. 복수국적자로서 외국 국적을 선택하려는 자는 외국에 주소가 있는 경우에만 국적이탈을 허용하고 있는 국적법 조항에서 '외국에 주소가 있는 경우'는 명확성원칙에 위배되지 않는다.
ㄷ. 정당방위와 같은 위법성 조각사유 규정은 구성요건 조항에 대한 소극적 한계를 정하고 있는 규정이므로 명확성원칙이 적용되기는 하나, 적극적으로 범죄 성립을 정하는 구성요건 규정은 아니므로 죄형법정주의가 요구하는 정도의 명확성원칙이 적용된다고는 할 수 없다.
ㄹ. 규율대상인 대전제(일반조항)를 규정함과 동시에 거기에 해당하는 구체적 개별 사례들을 예시적으로 규정하는 예시적 입법형식이 명확성원칙에 위배되지 않으려면, 일반조항 자체가 구체적인 예시들을 포괄할 수 있는 의미를 담고 있는 개념이어야 하지만, 예시한 구체적인 사례들이 그 자체로 일반조항의 해석을 위한 판단지침까지 내포하고 있어야 하는 것은 아니다.
ㅁ. 사용자가 근로자에 대하여 '정당한 이유' 없이 해고 등을 한 경우 처벌하도록 한 「근로기준법」 조항은 일반인이 법률전문가의 도움을 받지 않고서는 '정당한 이유'에 무엇이 해당하는지 예측하기 어려우므로 명확성원칙에 위배된다.

① ㄱ, ㄴ
② ㄹ, ㅁ
③ ㄱ, ㄷ, ㅁ
④ ㄴ, ㄷ, ㄹ
⑤ ㄱ, ㄷ, ㄹ, ㅁ

해설

옳지 않은 것은 ㄱ, ㄷ, ㄹ, ㅁ이다.

ㄱ. [×] 심판대상조항의 입법취지와 목적, 다른 공직선거법 규정과의 관계, 문언적 의미 등을 종합하면, '기타 어떠한 방법으로도'가 연설·대담을 방해할 정도에 이르지 않더라도 자유롭고 평온한 분위기를 깨뜨려 후보자 등과 선거인 사이에 원활한 소통을 저해하거나 사고가 발생할 우려가 있는 모든 행위태양을 의미한다는 것을 알 수 있다. 따라서 심판대상조항은 죄형법정주의의 명확성원칙에 위배되지 않는다(헌재 2023.5.25, 2019헌가13).

ㄴ. [O] 국적법 제14조 제1항 본문의 '외국에 주소가 있는 경우'라는 표현은 입법취지 및 그에 사용된 단어의 사전적 의미 등을 고려할 때 다른 나라에 생활근거가 있는 경우를 뜻함이 명확하므로 명확성원칙에 위배되지 아니한다(헌재 2023.2.23, 2020헌바603).

ㄷ. [×] 정당방위 규정은 법 각칙 전체의 구성요건 조항에 대한 소극적 한계를 정하고 있는 규정으로서, 한편으로는 위법성을 조각시켜 범죄의 성립을 부정하는 기능을 하지만, 다른 한편으로는 정당방위가 인정되지 않는 경우 위법한 행위로서 범죄의 성립을 인정하게 하는 기능을 하므로 적극적으로 범죄 성립을 정하는 구성요건 규정은 아니라 하더라도 죄형법정주의가 요구하는 명확성 원칙이 적용된다(헌재 2001.6.28, 99헌바31).

ㄹ. [×] 예시적 입법형식의 경우, 구성요건의 대전제인 일반조항의 내용이 지나치게 포괄적이어서 법관의 자의적인 해석을 통하여 그 적용범위를 확장할 가능성이 있다면 죄형법정주의의 원칙에 위배될 수 있다. 따라서 예시적 입법형식이 법률 명확성의 원칙에 위배되지 않으려면, 예시한 개별적인 구성요건이 그 자체로 일반조항의 해석을 위한 판단지침을 내포하고 있어야 할 뿐만 아니라, 그 일반조항 자체가 그러한 구체적인 예시를 포괄할 수 있는 의미를 담고 있는 개념이 되어야 한다(헌재 2009.7.30, 2007헌마718).

ㅁ. [×] 이 사건 법률조항은 비록 법문상으로는 "정당한 이유"라는 일반추상적 용어를 사용하고 있으나 일반인이라도 법률전문가의 도움을 받아 무엇이 금지되는 것인지 여부에 관하여 예측하는 것이 가능한 정도라고 할 것이어서 수범자인 사용자가 해고에 관하여 자신의 행위를 결정해 나가기에 충분한 기준이 될 정도의 의미내용을 가지고 있다. 그렇다면 이 사건 법률조항이 형사처벌의 대상이 되는 해고의 기준을 일반추상적 개념인 "정당한 이유"의 유무에 두고 있기는 하지만, 그 의미에 대하여 법적 자문을 고려한 예견가능성이 있고, 집행자의 자의가 배제될 정도로 의미가 확립되어 있으며, 입법 기술적으로도 개선가능성이 있다는 특별한 사정이 보이지 아니하므로 헌법상 명확성의 원칙에 반하지 아니한다(헌재 2005.3.31, 2003헌바12).

정답 | 04 ③ 05 ⑤

06 죄형법정주의 명확성원칙에 관한 설명으로 옳은 것은 모두 몇 개인가? (다툼이 있는 경우 헌법재판소 판례에 의함)

25. 경찰 1차

> ㉠ 자산유동화계획에 의하지 아니하고 여유자금을 투자한 자를 처벌하는 자산유동화에 관한 법률 제40조 제2호 중 '제22조의 규정에 위반하여 자산유동화계획에 의하지 아니하고 여유자금을 투자한 자' 부분은 죄형법정주의의 명확성원칙에 반하지 않는다.
> ㉡ 허위재무제표작성죄와 허위감사보고서작성죄에 대하여 배수벌금을 규정하면서도, '그 위반행위로 얻은 이익 또는 회피한 손실액이 없거나 산정하기 곤란한 경우'에 관한 벌금 상한액을 규정하지 아니한 주식회사 등의 외부감사에 관한 법률 제39조 제1항 중 '그 위반행위로 얻은 이익 또는 회피한 손실액의 2배 이상 5배 이하의 벌금'에 관한 부분은 죄형법정주의의 명확성원칙에 위배된다.
> ㉢ 대통령령에서 정하여질 구체적인 소음 기준의 내용으로 규정한 '타인에게 심각한 피해를 주는 소음'의 의미가 명확하지 않으므로 집회 및 시위에 관한 법률 제14조 제1항은 죄형법정주의의 명확성원칙에 위배된다.
> ㉣ 당선되거나 되게 하거나 되지 못하게 할 목적으로 공연히 사실을 적시하여 후보자가 되고자 하는 자를 비방한 자를 처벌하는 공직선거법 제251조 중 '비방' 부분은 죄형법정주의의 명확성원칙에 위배된다.

① 1개 ② 2개
③ 3개 ④ 4개

해설

옳지 않은 것은 1개(㉠)이다.

㉠ [O] 심판대상조항의 수범자는 유동화전문회사의 임직원이거나 자산유동화거래 업무와 관련된 전문 지식과 경험을 가진 자로 한정될 것인데, 이들은 자산유동화계획의 내용 중 여유자금의 투자에 관한 사항이 무엇인지, 그리고 어떠한 행위가 '자산유동화계획에 의하지 않은 여유자금 투자'인지를 충분히 파악하고 예측할 수 있는 지위에 있다. 따라서 심판대상조항이 수범자의 입장에서 예측가능성 내지 명확성을 결여한 조항이라고 보기 어렵다. 또한 '여유자금'의 사전적 정의와 심판대상조항의 입법목적, 관련 판례 등을 종합적으로 고려하면, 어떠한 행위가 자산유동화계획에 의하지 않은 여유자금 투자로서 처벌되는지에 관한 합리적이고 객관적인 해석기준이 법관의 보충적 해석을 통하여 충분히 마련되어 있다고 판단되므로, 심판대상조항이 죄형법정주의의 명확성원칙에 반한다고 볼 수 없다(헌재 2023.10.26, 2023헌가1).

㉡ [×] '그 위반행위로 얻은 이익 또는 회피한 손실액의 2배 이상 5배 이하의 벌금형'을 규정한 심판대상조항은 애매모호하거나 추상적이어서 법관의 자의적인 해석이 가능하다고 볼 수 없어 죄형법정주의의 명확성원칙에 위배되지 않는다(헌재 2024.7.18, 2022헌가6).

㉢ [×] 집시법 제14조 제1항 중 '타인에게 심각한 피해를 주는 소음' 부분의 죄형법정주의의 명확성원칙 위반 여부는 포괄위임금지원칙 위반 여부에 대한 심사로써 충족된다 할 것이므로 죄형법정주의의 명확성원칙 위반 여부에 대하여는 별도로 판단하지 아니한다. 집회 또는 시위에서 발생하는 소음의 제한과 관련하여 세부적인 사항은 대상지역, 시간대, 측정방법 등을 고려하여 탄력적으로 정할 필요가 있다. '집회 및 시위에 관한 법률' 제14조 제1항은 '타인에게 심각한 피해를 주는 소음'으로 대통령령이 규정할 소음기준을 정하고 있고, 이에 따라 대통령령에서 대상지역이나 시간대 등을 고려하여 소음기준이 정해질 것임을 충분히 예측할 수 있으므로, '집회 및 시위에 관한 법률' 제14조 제1항은 죄형법정주의 및 포괄위임금지원칙에 위배되지 않는다(헌재 2024.3.28, 2020헌바586).

㉣ [×] 비방금지 조항의 '비방'은 사회생활에서 존중되는 모든 것에 대하여 정당한 이유 없이 상대방을 깎아내리거나 헐뜯는 것을 의미하는바, 죄형법정주의의 명확성원칙에 위배되지 않는다(헌재 2024.6.27, 2023헌바78).

07 죄형법정주의에 대한 설명으로 적절하지 않은 것을 모두 고른 것은? (다툼이 있는 경우 판례에 의함)

22. 경찰승진

> ㉠ 죄형법정주의는 범죄와 형벌이 법률로 정하여져야 함을 의미하는 것으로 이러한 죄형법정주의에서 파생되는 명확성의 원칙은 누구나 법률이 처벌하고자 하는 행위가 무엇이며, 그에 대한 형벌이 어떠한 것인지를 예견할 수 있어야 하나, 반드시 그에 따라 자신의 행위를 결정할 수 있도록 하는 구성요건의 명확성까지 요구하는 것은 아니다.
> ㉡ 형벌 구성요건의 실질적 내용을 법률에서 직접 규정하지 아니하고 새마을금고의 정관에 위임한 것은 범죄와 형벌에 관하여는 입법부가 제정한 형식적 의미의 법률로써 정하여야 한다는 죄형법정주의원칙에 위반된다.
> ㉢ 법정형의 폭이 지나치게 넓게 되면 자의적인 형벌권의 행사가 가능하게 되어 형벌체계상의 불균형을 초래할 수 있을 뿐만 아니라, 피고인이 구체적인 형의 예측이 현저하게 곤란해지고 죄질에 비하여 무거운 형에 처해질 위험에 직면하게 되므로 법정형의 폭이 지나치게 넓어서는 아니 된다는 것은 죄형법정주의의 한 내포라고 할 수 있다.
> ㉣ 처벌을 규정하고 있는 법률조항이 구성요건이 되는 행위를 같은 법률조항에서 직접 규정하지 않고 다른 법률조항에서 이미 규정한 내용을 원용하였다거나 그 내용 중 일부를 괄호 안에 규정한 경우 그 사실만으로 명확성원칙에 위반된다.

① ㉠, ㉡　　② ㉠, ㉣
③ ㉡, ㉢　　④ ㉢, ㉣

해설

적절하지 않은 것은 ㉠, ㉣이다.

㉠ [×] 죄형법정주의는 범죄와 형벌이 법률로 정하여져야 함을 의미하는 것으로 이러한 죄형법정주의에서 파생되는 명확성의 원칙은 누구나 법률이 처벌하고자 하는 행위가 무엇이며, 그에 대한 형벌이 어떠한 것인지를 예견할 수 있고, 그에 따라 자신의 행위를 결정할 수 있도록 구성요건이 명확할 것을 의미하는 것이다(헌재 2001.1.18, 99헌바112).

㉡ [O] 형벌 구성요건의 실질적 내용을 법률에서 직접 규정하지 아니하고 금고의 정관에 위임한 것은 범죄와 형벌에 관하여는 입법부가 제정한 형식적 의미의 "법률"로써 정하여야 한다는 죄형법정주의 원칙에 위반된다(헌재 2001.1.18, 99헌바112).

㉢ [O] 법정형의 폭이 지나치게 넓게 되면 자의적인 형벌권의 행사가 가능하게 되어 형벌체계상의 불균형을 초래할 수 있을 뿐만 아니라, 피고인이 구체적인 형의 예측이 현저하게 곤란해지고 죄질에 비하여 무거운 형에 처해질 위험성에 직면하게 된다고 할 수 있으므로 법정형의 폭이 지나치게 넓어서는 아니 된다는 것은 죄형법정주의의 한 내포라고도 할 수 있다(헌재 1997.9.25, 96헌가16).

㉣ [×] 처벌을 규정하고 있는 법률조항이 구성요건이 되는 행위를 같은 법률조항에서 직접 규정하지 않고 다른 법률조항에서 이미 규정한 내용을 원용하였다거나 그 내용 중 일부를 괄호 안에 규정하였다는 사실만으로 명확성원칙에 위반된다고 할 수는 없다(헌재 2010.3.25, 2009헌바121).

정답 | 06 ① 07 ②

08 명확성원칙에 관한 설명으로 가장 적절하지 않은 것은? (다툼이 있는 경우 판례에 의함) 23. 경찰 1차

① 공익을 해할 목적으로 전기통신설비에 의하여 공연히 허위의 통신을 한 자를 형사 처벌하는 구 전기통신사업법 조항은, 수범자인 국민에 대하여 일반적으로 허용되는 '허위의 통신' 가운데 어떤 목적의 통신이 금지되는 것인지 고지하여 주지 못하므로 표현의 자유에서 요구하는 명확성원칙에 위배된다.

② 사회복무요원의 정치적 행위를 금지하는 병역법 조항 중 '정치적 목적을 지닌 행위'는 '특정 정당, 정치인을 지지·반대하거나 공직선거에 있어서 특정 후보자를 당선·낙선하게 하는 등 그 정파성·당파성에 비추어 정치적 중립성을 훼손할 가능성이 높은 행위'로 한정하여 해석되므로 명확성원칙에 위배되지 않는다.

③ 청원경찰법상 품위손상행위란 '청원경찰이 경찰관에 준하여 경비 및 공안업무를 하는 주체로서 직책을 맡아 수행해 나가기에 손색이 없는 인품에 어울리지 않는 행위를 함으로써 국민이 가지는 청원경찰에 대한 정직성, 공정성, 도덕성에 대한 믿음을 떨어뜨릴 우려가 있는 행위'라고 해석할 수 있으므로 명확성원칙에 위배되지 않는다.

④ '여러 사람의 눈에 뜨이는 곳에서 공공연하게 알몸을 지나치게 내놓거나 가려야 할 곳을 내놓아 다른 사람에게 부끄러운 느낌이나 불쾌감을 준 사람'을 처벌하는 구 경범죄 처벌법 조항은 무엇이 지나친 알몸노출행위인지 판단하기 쉽지 않고, '가려야 할 곳'의 의미도 알기 어려우며, '부끄러운 느낌이나 불쾌감'을 통하여 '지나치게'와 '가려야 할 곳' 의미를 확정하기도 곤란하여 죄형법정주의의 명확성원칙에 위배된다.

해설

② [×] 이 사건 법률조항 중 '정치적 목적을 지닌 행위'에 관한 부분은 법적용기관인 법관의 보충적 법해석을 통하여도 그 규범내용이 확정될 수 없는 모호하고 막연한 개념을 사용하고 있으므로 명확성원칙에 위반되어 청구인의 결사의 자유와 정치적 표현의 자유를 침해한다(헌재 2021.11.25, 2019헌마534).

① [O] 물론 입법에 있어서 추상적 가치개념의 사용이 필요한 것은 일반적으로 부인할 수 없고, "공익"이라는 개념을 사용하는 것이 언제나 허용되지 않는다고 단정할 수도 없다. 법률의 입법목적, 규율의 대상이 되는 법률관계나 행위의 성격, 관련 법규범의 내용 등에 따라서는 그러한 개념의 사용이 허용되는 경우도 있을 수 있을 것이다. 그러나 '허위의 통신'이라는 행위 자체에 내재된 위험성이나 전기통신의 효율적 관리와 발전을 추구하는 전기통신기본법의 입법목적을 고려하더라도 확정될 수 없는 막연한 "공익" 개념을 구성요건요소로 삼아서 표현행위를 규제하고, 나아가 형벌을 부과하는 이 사건 법률조항은 표현의 자유에서 요구하는 명확성의 요청 및 죄형법정주의의 명확성원칙에 부응하지 못하는 것이라 할 것이다. 따라서, 이 사건 법률조항은 명확성의 원칙에 위배하여 헌법에 위반된다(헌재 2010.12.28, 2008헌바157).

③ [O] 특정 행위가 청원경찰로서 품위를 손상하는 행위인지 여부는 청원경찰의 구체적 언행과 그에 대한 내부의 평가 및 국민 일반의 인식, 해당 행위가 사회에 미치는 파장 등을 종합적으로 고려하여 구체적으로 판단할 수 있을 것이다. 따라서 이 사건 품위손상조항은 명확성원칙에 위배되지 않는다(헌재 2022.5.26, 2019헌바530).

④ [O] 심판대상조항의 불명확성을 해소하기 위해 노출이 허용되지 않는 신체부위를 예시적으로 열거하거나 구체적으로 특정하여 분명하게 규정하는 것이 입법기술상 불가능하거나 현저히 곤란하지도 않다. 예컨대 이른바 '바바리맨'의 성기노출행위를 규제할 필요가 있다면 노출이 금지되는 신체부위를 '성기'로 명확히 특정하면 될 것이다. 따라서 심판대상조항은 죄형법정주의의 명확성원칙에 위배된다(헌재 2016.11.24, 2016헌가3).

09 죄형법정주의에 관한 설명 중 가장 적절하지 않은 것은? (다툼이 있는 경우 판례에 의함)

23. 경찰승진

① 죄형법정주의는 무엇이 처벌될 행위인가를 국민이 예측가능한 형식으로 정하도록 하여 개인의 법적 안정성을 보호하고 성문의 형벌법규에 의한 실정법질서를 확립하여 국가형벌권의 자의적 행사로부터 개인의 자유와 권리를 보장하려는 법치국가 형법의 기본원칙이다.

② '신고하지 아니한 시위에 대하여 관할 경찰관서장이 해산명령을 발한 경우에, 시위 참가자가 해산명령을 받고도 지체 없이 해산하지 아니한 행위'를 징역 또는 벌금·구류 또는 과료로 처벌하는 집회 및 시위에 관한 법률 조항이 해산명령의 발령 여부를 관할 경찰관서장의 재량에 맡기고 있는 것은 구성요건의 실질적 내용을 전적으로 관할 경찰관서장에게 위임한 것으로 죄형법정주의의 법률주의에 위반된다.

③ 처벌법규의 구성요건이 다소 광범위하여 어떤 범위에서는 법관의 보충적인 해석을 필요로 하는 개념을 사용하였다고 하더라도 헌법이 요구하는 처벌법규의 명확성에 반드시 배치되는 것이라고는 볼 수 없다.

④ 형벌조항에도 법규범의 흠결을 보완하고 변화하는 사회에 대한 법규범의 적응력을 확보하기 위하여 예시적 입법형식은 가능하고, 예시적 입법형식이 법률명확성의 원칙에 위배되지 않으려면 예시한 구체적인 사례(개개 구성요건)들이 그 자체로 일반조항의 해석을 위한 판단지침을 내포하고 있어야 하고, 그 일반조항 자체가 그러한 구체적인 예시들을 포괄할 수 있는 의미를 담고 있는 개념이어야 한다.

해설

② [×] 심판대상조항은 '신고하지 아니한 시위에 대하여 관할경찰관서장이 해산명령을 발한 경우에, 시위 참가자가 해산명령을 받고도 지체 없이 해산하지 아니한 행위'를 구성요건으로 하고 있고, '6개월 이하의 징역 또는 50만원 이하의 벌금·구류 또는 과료'를 처벌내용으로 하고 있으므로, 범죄 구성요건과 처벌의 내용을 성문의 법률로 규정하고 있다. 그리고 심판대상조항이 해산명령의 발령 여부를 관할 경찰관서장의 재량에 맡기고 있는 것은 미신고 시위 현장의 다양한 상황에 따라 탄력적·유동적으로 대응할 필요성이 있다는 점을 고려한 것일 뿐, 구성요건의 실질적 내용을 전적으로 관할 경찰관서장에게 위임한 것으로 볼 수 없다. 그러므로 심판대상조항은 죄형법정주의의 법률주의에 위반되지 아니한다(헌재 2016.9.29, 2014헌바492).

① [O] 죄형법정주의는 무엇이 처벌될 행위인가를 국민이 예측가능한 형식으로 정함으로써 개인의 법적 안정성을 보호하고 성문의 형벌법규에 의한 실정법질서를 확립하여 국가형벌권의 자의적인 행사로부터 개인의 자유와 권리를 보장하려는 법치국가형법의 기본원칙이므로 무엇이 범죄이며 그에 대한 형벌이 어떠한 것인가는 반드시 국민의 대표로 구성된 입법부가 법률로 이를 정하여야 한다(헌재 1995.9.28, 93헌바50).

③ [O] 처벌법규의 구성요건이 명확하여야 한다고 하여 모든 구성요건을 단순한 서술적 개념으로 규정하여야 하는 것은 아니고, 다소 광범위하여 법관의 보충적인 해석을 필요로 하는 개념을 사용하였다고 하더라도 통상의 해석방법에 의하여 건전한 상식과 통상적인 법감정을 가진 사람이면 당해 처벌법규의 보호법익과 금지된 행위 및 처벌의 종류와 정도를 알 수 있도록 규정하였다면 처벌법규의 명확성에 배치되는 것이 아니다(대판 2014.1.29, 2013도12939).

④ [O] 예시적 입법형식이 법률 명확성의 원칙에 위배되지 않으려면 예시한 구체적인 사례들이 그 자체로 일반조항의 해석을 위한 판단지침을 내포하고 있어야 할 뿐 아니라, 그 일반조항 자체가 그러한 구체적인 예시들을 포괄할 수 있는 의미를 담고 있는 개념이어야 한다(헌재 2014.7.24, 2013헌바169).

정답 | 08 ② 09 ②

10 죄형법정주의의 명확성원칙에 대한 설명으로 옳지 않은 것은? (다툼이 있는 경우 판례에 의함) 22. 입법고시

① '여러 사람의 눈에 뜨이는 곳에서 공공연하게 알몸을 지나치게 내놓거나 가려야 할 곳을 내놓아 다른 사람에게 부끄러운 느낌이나 불쾌감을 준 사람'을 처벌하는 경범죄처벌법 조항은 죄형법정주의의 명확성원칙에 위반되지 않는다.

② '운행 중인 자동차의 운전자를 폭행하거나 협박한 사람'을 처벌하는 특정범죄 가중처벌 등에 관한 법률 조항 가운데 '운행 중' 부분은 죄형법정주의의 명확성원칙에 위반되지 않는다.

③ 카메라 등을 이용하여 성적 욕망 또는 수치심을 유발할 수 있는 다른 사람의 신체를 촬영한 촬영물을 그 의사에 반하여 반포한 경우 등을 처벌하는 성폭력범죄의 처벌 등에 관한 특례법 조항은 죄형법정주의의 명확성원칙에 위반되지 않는다.

④ 응급의료에 관한 법률 조항 중 '누구든지 응급의료종사자의 응급환자에 대한 진료를 폭행, 협박, 위계, 위력, 그 밖의 방법으로 방해하여서는 아니 된다.'는 부분 가운데 '그 밖의 방법' 부분은 죄형법정주의의 명확성원칙에 위반되지 않는다.

⑤ 도로교통법 조항 중 '자동차의 운전자는 고속도로 등에서 자동차의 고장 등 부득이한 사정이 있는 경우를 제외하고는 갓길로 통행하여서는 아니 된다.' 부분 중 '부득이한 사정' 부분은 죄형법정주의의 명확성원칙에 위반되지 않는다.

해설

① [×] '여러 사람의 눈에 뜨이는 곳에서 공공연하게 알몸을 지나치게 내놓거나 가려야 할 곳을 내놓아 다른 사람에게 부끄러운 느낌이나 불쾌감을 준 사람'을 처벌하는 경범죄처벌법 제3조 제1항 제33호가 죄형법정주의의 명확성원칙에 위배된다(헌재 2016.11.24, 2016헌가3).

② [O] 이 사건 운행조항의 입법취지, 규정형식 등을 종합하여 보면, '운행 중'이란 '운행 중 또는 일시 주·정차 한 경우로서 운전자에 대한 폭행으로 인하여 운전자, 승객 또는 보행자 등의 안전을 위협할 수 있는 상황'을 의미한다고 해석될 수 있다. 반면 그 보호법익을 해칠 우려가 없는 경우로서 '공중의 교통안전과 질서를 저해할 우려가 없는 장소에서 계속적인 운행의 의사 없이 자동차를 주·정차한 경우'는 법관의 해석에 의하여 '운행 중'의 의미에서 배제된다. 따라서 이 사건 운행조항은 건전한 상식과 통상적인 법감정을 가진 일반인이 구체적으로 어떠한 경우가 이에 해당하는지 알 수 있고, 법관의 자의적인 해석으로 확대될 염려가 없다고 할 것이므로 죄형법정주의에서 요구하는 형벌법규의 명확성원칙에 위배된다고 볼 수 없다(헌재 2017.11.30, 2015헌바336).

③ [O] 심판대상조항은 최근 사회적으로 물의가 되고 있는 '몰래카메라'의 폐해를 방지하기 위한 것으로서, '자신의 신체를 함부로 촬영당하지 않을 자유' 등 인격권을 보호하는 것을 목적으로 한다. 최근의 급격한 기술발전에 따라 카메라등이용촬영죄의 피해자가 입는 피해는 매우 심각하므로, 민사상 손해배상청구, 과태료 등은 그 피해를 방지하기 위한 적절한 대체수단으로 볼 수 없다. 심판대상조항은 사회통념에 비추어 성적 수치심이나 혐오감을 일으키는 촬영행위만을 처벌하고 있고, '성적 욕망 또는 수치심'은 법원이 제시한 해석기준에 따라 엄격한 요건을 충족한 경우에만 인정되며, 촬영대상자의 승낙이 있는 경우에는 처벌대상에서 제외함으로써, 심판대상조항으로 인한 처벌 범위를 합리적으로 제한하고 있다. 구 성폭력처벌법상 다른 범죄의 법정형과 비교해 볼 때 심판대상조항이 입법재량의 한계를 일탈하였다고 보이지는 않고, 심판대상조항은 법정형의 하한을 두고 있지 아니하므로 행위의 개별성에 맞추어 책임에 부합하는 형을 선고하는 것이 가능하다. 심판대상조항으로 행위자는 구성요건의 엄격한 해석 하에 일반적 행동자유권을 제한받는 데 반하여, 이를 통해 피해자 개인의 '함부로 촬영당하지 않을 자유'를 보호하고 사회일반의 건전한 성적 풍속 및 성도덕을 보호하며 공공의 혐오감과 불쾌감을 방지할 수 있으므로, 결국 보호하여야 할 공익이 더욱 크다고 할 수 있다. 따라서 심판대상조항이 과잉금지원칙에 위배되어 청구인의 일반적 행동자유권을 침해한다고 볼 수 없다(헌재 2017.6.29, 2015헌바243).

④ [O] 응급의료법의 입법 취지, 규정형식 및 문언의 내용을 종합하여 볼 때, 건전한 상식과 통상적인 법 감정을 가진 일반인이라면 구체적인 사건에서 어떠한 행위가 이 사건 금지조항의 '그 밖의 방법'에 의하여 규율되는지 충분히 예견할 수 있고, 이는 법관의 보충적 해석을 통하여 확정될 수 있는 개념이다. 따라서 이 사건 금지조항의 '그 밖의 방법' 부분은 죄형법정주의의 명확성의 원칙에 위반된다고 할 수 없다(헌재 2019.6.28, 2018헌바128).

⑤ [O] 갓길의 설치 이유와 갓길 통행을 허용하는 위와 같은 도로교통법 조항, 그리고 '부득이'의 사전적 의미를 더하여 보면, 금지조항이 규정한 '부득이한 사정'이란 사회통념상 차로로의 통행을 기대하기 어려운 특별한 사정을 의미한다고 해석된다. 그렇다면 건전한 상식과 통상적인 법감정을 가진 수범자는 금지조항이 규정한 부득이한 사정이 어떠한 것인지 충분히 알 수 있고, 법관의 보충적인 해석을 통하여 그 의미가 확정될 수 있다. 그러므로 이 사건 금지조항 중 '부득이한 사정' 부분은 죄형법정주의의 명확성원칙에 위배되지 않는다(헌재 2021.08.31, 2020헌바100).

11 명확성원칙에 관한 다음 설명 중 가장 옳지 않은 것은? (다툼이 있는 경우 헌법재판소 결정 및 대법원 판례에 의함)

22. 법원직 9급

① 술에 취한 상태에서의 운전을 금지하는 도로교통법 조항을 2회 이상 위반한 음주운전자를 가중처벌하는 조항은 죄형법정주의의 명확성원칙에 위배되지 않는다.

② 인터넷언론사는 선거운동기간 중 당해 홈페이지 게시판 등에 정당·후보자에 대한 지지·반대 등의 정보를 게시하는 경우 실명을 확인받는 기술적 조치를 하도록 하는 조항에서 '인터넷언론사' 부분 및 정당 후보자에 대한 '지지·반대' 부분은 명확성원칙에 위배되지 않는다.

③ 방송편성에 관하여 간섭을 금지하는 조항의 '간섭'에 관한 부분은 명확성의 원칙에 위배되지 않는다.

④ 상법 제635조 제1항에 규정된 자, 그 외의 회사의 회계업무를 담당하는 자, 감사인 등으로 하여금 감사보고서에 기재하여야 할 사항을 기재하지 아니하거나 허위의 기재를 한 때를 처벌하는 조항은 명확성의 원칙에 위배되지 않는다.

해설

④ [×] 이 사건 법률조항은 '감사보고서에 기재하여야 할 사항'을 기재하지 아니하는 행위를 범죄의 구성요건으로 정하고 있다. 그런데 동 법률이나 상법 등 관련 법률들은 '감사보고서에 기재하여야 할 사항'이 어떠한 내용과 범위의 것을 의미하는지에 관하여는 별도로 아무런 규정을 두고 있지 않다. 또한 감사보고서는 회계감사기준에 따라 작성되는 것인데 동 감사기준은 증권관리위원회 혹은 금융감독위원회에 의하여 정하여지도록 법률에 규정되어 있을 뿐이므로 결국 감사보고서에 기재하여야 할 사항도 전적으로 위 위원회들의 판단에 따라 정하여지고 또한 수시로 얼마든지 변경될 수 있는 것이 되어 법률에 의하여 그 대강 혹은 기본적 사항이 규율되고 있다고 할 수 없다. 한편 이 사건 법률조항의 주된 수범자는 회계분야의 전문가로서 자격을 가진 공인회계사들이며 회계원칙을 숙지하고 있는 이들이 일반인들보다는 감사보고서에 기재하여야 할 사항을 더 잘 알 수 있는 지위에 있는 것은 사실이나, 회계감사기준상 사용되고 있는 제반 일반적, 추상적 개념들을 수범자가 어느 정도로 엄격하게 혹은 광범하게 해석하느냐에 따라 폭넓은 재량을 가져오고 있기 때문에 이와 같은 회계전문가에게 있어서도 그 기재의 범위가 반드시 명확하다고 할 수 없다. 따라서 이 사건 법률조항 중 '감사보고서에 기재하여야 할 사항' 부분은 그 의미가 법률로서 확정되어 있지 아니하고, 법률 문언의 전체적, 유기적인 구조와 구성요건의 특수성, 규제의 여건 등을 종합하여 고려하여 보더라도 수범자가 자신의 행위를 충분히 결정할 수 있을 정도로 내용이 명확하지 아니하여 동 조항부분은 죄형법정주의에서 요구하는 명확성의 원칙에 위배된다(헌재 2004.1.29, 2002헌가20).

▶ '감사보고서에 기재하여야 할 사항'이 어느 범위에 이르는지 여부에 관하여는 헌법상 요구되는 명확성이 인정된다고 할 수 없으나, 이러한 불명확성은 '감사보고서에 허위의 기재를 한 행위'의 내용을 정하는 데 있어서는 영향을 미칠 수 없으므로 이를 이유로 동 개념이 불명확하여진다고 할 수 없다. 따라서 이 사건 법률조항 중 '감사보고서에 허위의 기재를 한 때'라고 한 부분은 그것이 형사처벌의 구성요건을 이루는 개념으로서 수범자가 법률의 규정만으로 충분히 그 내용의 대강을 파악할 만큼 명확한 것이라고 할 것이므로 죄형법정주의의 한 내용인 형벌법규의 명확성의 원칙에 반한다고 할 수 없다(헌재 2004.1.29, 2002헌가20).

① [O] 심판대상조항의 문언, 입법목적과 연혁, 관련 규정과의 관계 및 법원의 해석 등을 종합하여 볼 때, 심판대상조항에서 '제44조 제1항을 2회 이상 위반한 사람'이란 '2006.6.1. 이후 도로교통법 제44조 제1항을 위반하여 술에 취한 상태에서 운전을 하였던 사실이 인정되는 사람으로서, 다시 같은 조 제1항을 위반하여 술에 취한 상태에서 운전한 사람'을 의미함을 충분히 알 수 있으므로, 심판대상조항은 죄형법정주의의 명확성원칙에 위반되지 아니한다(헌재 2021.11.25, 2019헌바446).

② [O] 공직선거법 및 관련 법령이 구체적으로 '인터넷언론사'의 범위를 정하고 있고, 중앙선거관리위원회가 설치·운영하는 인터넷선거보도심의위원회가 심의대상인 인터넷언론사를 결정하여 공개하는 점 등을 종합하면 '인터넷언론사'는 불명확하다고 볼 수 없으며, '지지·반대'의 사전적 의미와 심판대상조항의 입법목적, 공직선거법 관련 조항의 규율내용을 종합하면, 건전한 상식과 통상적인 법 감정을 가진 사람이면 자신의 글이 정당·후보자에 대한 '지지·반대'의 정보를 게시하는 행위인지 충분히 알 수 있으므로, 실명확인 조항 중 "인터넷언론사" 및 "지지·반대" 부분은 명확성원칙에 반하지 않는다(헌재 2021.1.28, 2018헌마456).

비교 심판대상조항(=실명확인 조항을 비롯하여, 행정안전부장관 및 신용정보업자는 실명인증자료를 관리하고 중앙선거관리위원회가 요구하는 경우 지체 없이 그 자료를 제출해야 하며, 실명확인을 위한 기술적 조치를 하지 아니하거나 실명인증의 표시가 없는 정보를 삭제하지 않는 경우 과태료를 부과하도록 정한 공직선거법 조항)은 정치적 의사표현이 가장 긴요한 선거운동기간 중에 인터넷언론사 홈페이지 게시판 등 이용자로 하여금 실명확인을 하도록 강제함으로써 익명표현의 자유와 언론의 자유를 제한하고, 모든 익명표현을 규제함으로써 대다수 국민의 개인정보자기결정권도 광범위하게 제한하고 있다는 점에서 이와 같은 불이익은 선거의 공정성 유지라는 공익보다 결코 과소평가될 수 없다. 그러므로 심판대상조항은 과잉금지원칙에 반하여 인터넷언론사 홈페이지 게시판 등 이용자의 익명표현의 자유와 개인정보자기결정권, 인터넷언론사의 언론의 자유를 침해한다(헌재 2021.11.25, 2019헌바446).

정답 | 10 ① 11 ④

③ [O] 금지조항(=방송편성에 관하여 간섭을 금지하는 방송법 제4조 제2항의 '간섭'에 관한 부분)은 방송편성의 자유와 독립을 보장하기 위하여, 방송사 외부에 있는 자가 방송편성에 관계된 자에게 방송편성에 관해 특정한 요구를 하는 등의 방법으로, 방송편성에 관한 자유롭고 독립적인 의사결정에 영향을 미칠 수 있는 행위 일체를 금지한다는 의미임을 충분히 알 수 있다. 따라서 금지조항은 죄형법정주의의 명확성원칙에 위반되지 아니한다(헌재 2021.8.31, 2019헌바439).

12 소급입법에 대한 설명으로 옳지 않은 것은 몇 개인가? (다툼이 있는 경우 헌법재판소 판례에 의함)

22. 경찰간부

㉠ 부당환급 받은세액을 징수하는 근거 규정인 개정조항을 개정된 법 시행 후 최초로 환급세액을 징수하는 분부터 적용하도록 규정한 법인세법 부칙조항은 헌법 제13조 제2항에 따라 원칙적으로 금지되는 이미 완성된 사실·법률관계를 규율하는 진정소급입법에 해당한다.
㉡ 친일재산을 그 취득·증여 등 원인행위시에 국가의 소유로 하도록 규정한 친일반민족행위자 재산의 국가귀속에 관한 특별법 조항은 현재 진행 중인 사실관계 또는 법률관계에 작용하는 부진정소급입법에 해당한다.
㉢ 헌법 제13조 제2항에 의하면 모든 국민은 소급입법에 의하여 재산권의 제한을 받거나 참정권을 박탈당하지 아니한다.
㉣ 형벌불소급의 원칙은 형사소추가 "언제부터 어떠한 조건하에서" 가능한가의 문제에 관한 것이고, "얼마동안" 가능한가의 문제에 관한 것이 아니다.

① 1개　　② 2개
③ 3개　　④ 4개

해설

옳지 않은 것은 2개(㉡, ㉢)이다.

㉠ [O] 심판대상조항은 개정조항이 시행되기 전 환급세액을 수령한 부분까지 사후적으로 소급하여 개정된 징수조항을 적용하는 것으로서 헌법 제13조 제2항에 따라 원칙적으로 금지되는 이미 완성된 사실·법률관계를 규율하는 진정소급입법에 해당한다(헌재 2014.7.24, 2012헌바10).

㉡ [×] 이 사건 귀속조항은 진정소급입법에 해당하나 헌법 제13조 제2항에 반하지 않는다(헌재 2011.3.31, 2008헌바141).

㉢ [×] 헌법 제13조 제2항의 내용은 소급입법에 의한 "재산권의 제한"과 "참정권의 박탈"의 금지이다.

> 헌법 제13조 ② 모든 국민은 소급입법에 의하여 참정권의 제한을 받거나 재산권을 박탈당하지 아니한다.

㉣ [O] 우리 헌법이 규정한 형벌불소급의 원칙은 형사소추가 '언제부터 어떠한 조건하에서' 가능한가의 문제이고, '얼마 동안' 가능한가의 문제는 아니다(헌재 1996.2.16, 96헌가2).

13 명확성원칙에 위반되는 경우는 몇 개인가? (다툼이 있는 경우 헌법재판소 판례에 의함) 22. 경찰간부

> ㉠ 성폭력범죄의 처벌 등에 관한 특례법상 공중밀집장소추행죄 조항에 규정된 '추행'
> ㉡ 군복 및 군용장구의 단속에 관한 법률상 판매 목적 소지 금지조항에 규정된 '유사군복'
> ㉢ 도로교통법상 갓길 통행 금지조항의 예외 사유로 규정된 '부득이한 사정'
> ㉣ 국가공무원법상 정치 운동 금지조항에 규정된 '그 밖의 정치단체'
> ㉤ 형법상 야간주거침입절도죄 조항에 규정된 '건조물'
> ㉥ 도로교통법상 위험운전치사상죄 벌칙조항에 규정된 '제44조 제1항을 2회 이상 위반한 사람'
> ㉦ 수질 및 수생태계 보전에 관한 법률상 벌칙조항에 규정된 '다량의 토사를 유출하거나 버려 상수원 또는 하천, 호소를 현저히 오염되게 한 자'

① 1개 ② 2개
③ 3개 ④ 4개

해설

위반되는 경우는 2개(㉣, ㉦)이다.

㉠ [명확성원칙 위반 ×] 건전한 상식과 통상적 법감정을 가진 사람이라면 어떠한 행위가 심판대상조항의 '추행'에 해당하는지 합리적으로 파악할 수 있으므로, 심판대상조항 중 '추행' 부분은 죄형법정주의의 명확성원칙에 위반되지 아니한다(헌재 2021.3.25, 2019헌바413).

㉡ [명확성원칙 위반 ×] 건전한 상식과 통상적인 법감정을 가진 사람은 군복단속법상 판매목적 소지가 금지되는 '유사군복'에 어떠한 물품이 해당하는지를 예측할 수 있고, 유사군복을 정의한 조항에서 법 집행자에게 판단을 위한 합리적 기준이 제시되고 있어 심판대상조항이 자의적으로 해석되고 적용될 여지가 크다고 할 수 없다. 심판대상조항은 죄형법정주의의 명확성원칙에 위반되지 아니한다(헌재 2019.4.11, 2018헌가14).

㉢ [명확성원칙 위반 ×] 금지조항이 규정한 '부득이한 사정'이란 사회통념상 차로로의 통행을 기대하기 어려운 특별한 사정을 의미한다고 해석된다. 건전한 상식과 통상적인 법감정을 가진 수범자는 금지조항이 규정한 부득이한 사정이 어떠한 것인지 충분히 알 수 있고, 법관의 보충적인 해석을 통하여 그 의미가 확정될 수 있다. 그러므로 금지조항 중 '부득이한 사정' 부분은 죄형법정주의의 명확성원칙에 위배되지 않는다(헌재 2021.8.31, 2020헌바100).

㉣ [명확성원칙 위반 O] 국가공무원법조항 중 '그 밖의 정치단체'에 관한 부분은, '그 밖의 정치단체'라는 불명확한 개념을 사용하고 있어, 표현의 자유를 규제하는 법률조항, 형벌의 구성요건을 규정하는 법률조항에 대하여 헌법이 요구하는 명확성원칙의 엄격한 기준을 충족하지 못하였다(헌재 2020.04.23, 2018헌마551).

㉤ [명확성원칙 위반 ×] '건조물'이란 주위벽 또는 기둥과 지붕 또는 천정으로 구성된 구조물로서 사람이 기거하거나 출입할 수 있는 장소를 말하고 그 위요지를 포함하며, 위요지는 건조물에 필수적으로 부속하는 부분으로서 그 관리인에 의하여 일상생활에서 감시·관리가 예정되어 있고 건조물에 대한 사실상의 평온을 보호할 필요성이 있는 부분을 말한다. 위요지가 되기 위해서는 건조물에 인접한 그 주변 토지로서 관리자가 외부와의 경계에 문과 담 등을 설치하여 그 토지가 건조물의 이용을 위하여 제공되었다는 것이 명확히 드러나야 하므로 법 집행기관이 심판대상조항을 자의적으로 해석할 염려가 없다. 따라서 심판대상조항이 죄형법정주의의 명확성원칙에 위배된다고 볼 수 없다(헌재 2020.9.24, 2018헌바383).

㉥ [명확성원칙 위반 ×] 심판대상조항의 문언, 입법목적과 연혁, 관련 규정과의 관계 및 법원의 해석 등을 종합하여 볼 때, 심판대상조항에서 '제44조 제1항을 2회 이상 위반한 사람'이란 '2006.6.1. 이후 도로교통법 제44조 제1항을 위반하여 술에 취한 상태에서 운전을 하였던 사실이 인정되는 사람으로서, 다시 같은 조 제1항을 위반하여 술에 취한 상태에서 운전한 사람'을 의미함을 충분히 알 수 있으므로, 심판대상조항은 죄형법정주의의 명확성원칙에 위반되지 아니한다(헌재 2021.11.25, 2019헌바446).

㉦ [명확성원칙 위반 O] 공공수역에 다량의 토사를 유출하거나 버려 상수원 또는 하천·호소를 현저히 오염되게 한 자를 처벌하는 이 사건 벌칙규정이나 관련 법령 어디에도 '토사'의 의미나 '다량'의 정도, '현저히 오염'되었다고 판단할 만한 기준에 대하여 아무런 규정도 하지 않고 있으므로, 일반 국민으로서는 자신의 행위가 처벌대상인지 여부를 예측하기 어렵고, 감독 행정관청이나 법관의 자의적인 법해석과 집행을 초래할 우려가 매우 크므로 이 사건 벌칙규정은 죄형법정주의의 명확성원칙에 위배된다(헌재 2013.7.25, 2011헌가26).

정답 | 12 ② 13 ②

14 소급입법에 관한 다음 설명 중 가장 옳지 않은 것은? 22. 법무사

① '소급입법'은 신법이 이미 종료된 사실관계나 법률관계에 적용되는지, 아니면 현재 진행 중인 사실관계나 법률관계에 적용되는지에 따라 '진정소급입법'과 '부진정소급입법'으로 구분되고, 전자는 헌법상 원칙적으로 허용되지 않고 특단의 사정이 있는 경우에만 예외적으로 허용되는 반면, 후자는 원칙적으로 허용되지만 소급효를 요구하는 공익상의 사유와 신뢰보호 요청 사이의 비교형량 과정에서 신뢰보호의 관점이 입법자의 입법형성권에 일정한 제한을 가하게 된다.

② 신법이 피적용자에게 유리한 경우에는 이른바 시혜적인 소급입법이 가능하지만, 그러한 소급입법을 할 것인지 여부는 그 일차적인 판단이 입법기관에 맡겨져 있으므로 입법자는 입법목적, 사회실정, 법률의 개정 이유나 경위 등을 참작하여 결정할 수 있고, 그 판단이 합리적 재량의 범위를 벗어나 현저하게 불합리하고 불공정한 것이 아닌 한 헌법에 위반된다고 할 수는 없다.

③ 공소시효제도는 행위의 가벌성이 아닌 소추가능성에만 연관된 것이기는 하나, 소추가능성은 행위의 가벌성을 전제로 하므로, 원칙적으로 형벌불소급의 원칙이 적용된다.

④ 형벌불소급원칙에서 의미하는 '처벌'은 형법에 규정되어 있는 형식적 의미의 형벌 유형에 국한되지 않으며, 범죄행위에 따른 제재의 내용이나 실제적 효과가 형벌적 성격이 강하여 신체의 자유를 박탈하거나 이에 준하는 정도로 신체의 자유를 제한하는 경우에는 형벌불소급원칙이 적용되어야 한다.

⑤ 특정 범죄자에 대한 위치추적 전자장치 부착 등에 관한 법률에 의한 전자장치 부착명령은 형벌과 구별되는 비형벌적 보안처분으로서 소급효금지원칙이 적용되지 아니한다.

해설

③ [×] 형벌불소급의 원칙은 "행위의 가벌성", 즉 형사소추가 "언제부터 어떠한 조건하에서" 가능한가의 문제에 관한 것이고, "얼마동안" 가능한가의 문제에 관한 것은 아니므로, 과거에 이미 행한 범죄에 대하여 공소시효를 정지시키는 법률이라 하더라도 그 사유만으로 헌법 제12조 제1항 및 제13조 제1항에 규정한 죄형법정주의의 파생원칙인 형벌불소급의 원칙에 언제나 위배되는 것으로 단정할 수는 없다(헌재 1996.2.16, 96헌가2).

① [O] 소급입법은 새로운 입법으로 이미 종료된 사실관계 또는 법률관계에 작용케 하는 진정소급입법과 현재 진행 중인 사실관계 또는 법률관계에 작용케 하는 부진정소급입법으로 나눌 수 있는바, 부진정소급입법은 원칙적으로 허용되지만 소급효를 요구하는 공익상의 사유와 신뢰보호의 요청 사이의 교량과정에서 신뢰보호의 관점이 입법자의 형성권에 제한을 가하게 되는 데 반하여, 기존의 법에 의하여 형성되어 이미 굳어진 개인의 법적 지위를 사후입법을 통하여 박탈하는 것 등을 내용으로 하는 진정소급입법은 개인의 신뢰보호와 법적 안정성을 내용으로 하는 법치국가원리에 의하여 특단의 사정이 없는 한 헌법적으로 허용되지 아니하는 것이 원칙이고, 다만 일반적으로 국민이 소급입법을 예상할 수 있었거나 법적 상태가 불확실하고 혼란스러워 보호할 만한 신뢰이익이 적은 경우와 소급입법에 의한 당사자의 손실이 없거나 아주 경미한 경우 그리고 신뢰보호의 요청에 우선하는 심히 중대한 공익상의 사유가 소급입법을 정당화하는 경우 등에는 예외적으로 진정소급입법이 허용된다(헌재 1999.7.22, 97헌바76 등).

② [O] 신법이 피적용자에게 유리한 경우에는 이른바 시혜적인 소급입법이 가능하지만 이를 입법자의 의무라고는 할 수 없고, 그러한 소급입법을 할 것인지의 여부는 입법재량의 문제로서 그 판단은 일차적으로 입법기관에 맡겨져 있으며, 이와 같은 시혜적 조치를 할 것인가 하는 문제는 국민의 권리를 제한하거나 새로운 의무를 부과하는 경우와는 달리 입법자에게 보다 광범위한 입법형성의 자유가 인정된다(헌재 1995.12.28, 95헌마196).

④ [O] 형벌불소급원칙에서 의미하는 '처벌'은 형법에 규정되어 있는 형식적 의미의 형벌 유형에 국한되지 않으며, 범죄행위에 따른 제재의 내용이나 실제적 효과가 형벌적 성격이 강하여 신체의 자유를 박탈하거나 이에 준하는 정도로 신체의 자유를 제한하는 경우에는 형벌불소급원칙이 적용되어야 한다. 노역장유치는 그 실질이 신체의 자유를 박탈하는 것으로서 징역형과 유사한 형벌적 성격을 가지고 있으므로 형벌불소급원칙의 적용대상이 된다. 노역장유치조항은 1억원 이상의 벌금형을 선고받는 자에 대하여 유치기간의 하한을 중하게 변경시킨 것이므로, 이 조항 시행 전에 행한 범죄행위에 대해서는 범죄행위 당시에 존재하였던 법률을 적용하여야 한다. 그런데 부칙조항은 노역장유치조항의 시행 전에 행해진 범죄행위에 대해서도 공소제기의 시기가 노역장유치조항의 시행 이후이면 이를 적용하도록 하고 있으므로, 이는 범죄행위 당시보다 불이익한 법률을 소급적용하도록 하는 것으로서 헌법상 형벌불소급원칙에 위반된다(헌재 2017.10.26, 2015헌바239 등).

⑤ [O] 특정 범죄자에 대한 위치추적 전자장치 부착 등에 관한 법률에 의한 성폭력범죄자에 대한 전자감시제도는, 성폭력범죄자의 재범 방지와 성행교정을 통한 재사회화를 위하여 그의 행적을 추적하여 위치를 확인할 수 있는 전자장치를 신체에 부착하게 하는 부가적인 조치를 취함으로써 성폭력범죄로부터 국민을 보호함을 목적으로 하는 일종의 보안처분이다. 이러한 전자감시제도의 목적과 성격, 운영에 관한 법률의 규정 내용 및 취지 등을 종합해 보면, 전자감시제도는 범죄행위를 한 자에 대한 응보를 주된 목적으로 책임을 추궁하는 사후적 처분인 형벌과 구별되어 본질을 달리한다(대판 2011.7.28, 2011도5813, 2011전도99).

15 명확성원칙에 대한 설명으로 옳은 것은? (다툼이 있는 경우 판례에 의함) 22. 지방직 7급

① 공중도덕상 유해한 업무에 취업시킬 목적으로 근로자를 파견한 사람을 형사처벌하도록 규정한 구 파견근로자보호 등에 관한 법률 조항 중 '공중도덕상 유해한 업무' 부분은 그 행위의 의미가 문언상 불분명하다고 할 수 없으므로 죄형법정주의의 명확성원칙에 위배되지 않는다.

② 외국인이 귀화허가를 받기 위해서는 '품행이 단정할 것'의 요건을 갖추도록 한 구 국적법 조항은 그 해석이 불명확하여 수범자의 예측가능성을 해하고, 법 집행기관의 자의적인 집행을 초래할 정도로 불명확하다고 할 수 있으므로, 명확성원칙에 위배된다.

③ 혈액투석 정액수가에 포함되는 비용의 범위를 정한 '의료급여수가의 기준 및 일반기준' 제7조 제2항 본문의 정액범위조항에 사용된 '등'은 열거된 항목 외에 같은 종류의 것이 더 있음을 나타내는 의미로 해석할 수 있으나, 다른 조항과의 유기적 · 체계적 해석을 통해 그 적용범위를 합리적으로 파악할 수는 없으므로 명확성원칙에 위배된다.

④ 형의 선고와 함께 소송비용 부담의 재판을 받은 피고인이 '빈곤'을 이유로 해서만 집행면제를 신청할 수 있도록 한 형사소송법 규정에 따른 소송비용에 관한 부분 중 '빈곤'은 경제적 사정으로 소송비용을 납부할 수 없는 경우를 지칭하는 것으로 해석될 수 있으므로 명확성원칙에 위배되지 않는다.

해설

④ [O] '빈곤'은 경제적 사정으로 소송비용을 납부할 수 없는 경우를 지칭하는 것으로 해석될 수 있으므로 집행면제 신청 조항은 명확성원칙에 위배되지 않는다(헌재 2021.2.25, 2019헌바64).

① [×] 파견법은 '공중도덕상 유해한 업무'에 관한 정의조항은 물론 그 의미를 해석할 수 있는 수식어를 두지 않았으므로, 심판대상조항이 규율하는 사항을 바로 알아내기도 어렵다. … 심판대상조항은 건전한 상식과 통상적 법감정을 가진 사람으로 하여금 자신의 행위를 결정해 나가기에 충분한 기준이 될 정도의 의미내용을 가지고 있다고 볼 수 없으므로 죄형법정주의의 명확성원칙에 위배된다(헌재 2016.11.24, 2015헌가23).

② [×] 심판대상조항은 외국인에게 대한민국 국적을 부여하는 '귀화'의 요건을 정한 것인데, '품행', '단정' 등 용어의 사전적 의미가 명백하고, 심판대상조항의 입법취지와 용어의 사전적 의미 및 법원의 일반적인 해석 등을 종합해 보면, '품행이 단정할 것'은 '귀화신청자를 대한민국의 새로운 구성원으로서 받아들이는 데 지장이 없을 만한 품성과 행실을 갖춘 것'을 의미하고, 구체적으로 이는 귀화신청자의 성별, 연령, 직업, 가족, 경력, 전과관계 등 여러 사정을 종합적으로 고려하여 판단될 것임을 예측할 수 있다. 따라서 심판대상조항은 명확성원칙에 위배되지 아니한다(헌재 2016.7.28, 2014헌바421).

③ [×] 정액범위조항에 사용된 '등'은 열거된 항목 외에 같은 종류의 것이 더 있음을 나타내는 의미로 해석할 수 있고, 다른 조항과의 유기적 · 체계적 해석을 통해 그 적용범위를 합리적으로 파악할 수 있으므로, 명확성원칙에 위배되지 않는다(헌재 2020.4.23, 2017헌마103).

정답 | 14 ③ 15 ④

16 명확성원칙에 대한 설명으로 옳은 것은? (다툼이 있는 경우 판례에 의함)

22. 지방직 7급

① 공중도덕상 유해한 업무에 취업시킬 목적으로 근로자를 파견한 사람을 형사처벌하도록 규정한 구 파견근로자보호 등에 관한 법률 조항 중 '공중도덕상 유해한 업무' 부분은 그 행위의 의미가 문언상 불분명하다고 할 수 없으므로 죄형법정주의의 명확성원칙에 위배되지 않는다.

② 외국인이 귀화허가를 받기 위해서는 '품행이 단정할 것'의 요건을 갖추도록 한 구 국적법 조항은 그 해석이 불명확하여 수범자의 예측가능성을 해하고, 법 집행기관의 자의적인 집행을 초래할 정도로 불명확하다고 할 수 있으므로, 명확성원칙에 위배된다.

③ 혈액투석 정액수가에 포함되는 비용의 범위를 정한 '의료급여수가의 기준 및 일반기준' 제7조 제2항 본문의 정액범위조항에 사용된 '등'은 열거된 항목 외에 같은 종류의 것이 더 있음을 나타내는 의미로 해석할 수 있으나, 다른 조항과의 유기적·체계적 해석을 통해 그 적용범위를 합리적으로 파악할 수는 없으므로 명확성원칙에 위배된다.

④ 형의 선고와 함께 소송비용 부담의 재판을 받은 피고인이 '빈곤'을 이유로 해서만 집행면제를 신청할 수 있도록 한 형사소송법 규정에 따른 소송비용에 관한 부분 중 '빈곤'은 경제적 사정으로 소송비용을 납부할 수 없는 경우를 지칭하는 것으로 해석될 수 있으므로 명확성원칙에 위배되지 않는다.

해설

④ [O] '빈곤'은 경제적 사정으로 소송비용을 납부할 수 없는 경우를 지칭하는 것으로 해석될 수 있으므로 집행면제 신청 조항은 명확성원칙에 위배되지 않는다(헌재 2021.2.25, 2019헌바64).

① [×] 파견법은 '공중도덕상 유해한 업무'에 관한 정의조항은 물론 그 의미를 해석할 수 있는 수식어를 두지 않았으므로, 심판대상조항이 규율하는 사항을 바로 알아내기도 어렵다. … 심판대상조항은 건전한 상식과 통상적 법감정을 가진 사람으로 하여금 자신의 행위를 결정해 나가기에 충분한 기준이 될 정도의 의미내용을 가지고 있다고 볼 수 없으므로 죄형법정주의의 명확성원칙에 위배된다(헌재 2016.11.24, 2015헌가23).

② [×] 심판대상조항은 외국인에게 대한민국 국적을 부여하는 '귀화'의 요건을 정한 것인데, '품행', '단정' 등 용어의 사전적 의미가 명백하고, 심판대상조항의 입법취지와 용어의 사전적 의미 및 법원의 일반적인 해석 등을 종합해 보면, '품행이 단정할 것'은 '귀화신청자를 대한민국의 새로운 구성원으로서 받아들이는 데 지장이 없을 만한 품성과 행실을 갖춘 것'을 의미하고, 구체적으로 이는 귀화신청자의 성별, 연령, 직업, 가족, 경력, 전과관계 등 여러 사정을 종합적으로 고려하여 판단될 것임을 예측할 수 있다. 따라서 심판대상조항은 명확성원칙에 위배되지 아니한다(헌재 2016.7.28, 2014헌바421).

③ [×] 정액범위조항에 사용된 '등'은 열거된 항목 외에 같은 종류의 것이 더 있음을 나타내는 의미로 해석할 수 있고, 다른 조항과의 유기적·체계적 해석을 통해 그 적용범위를 합리적으로 파악할 수 있으므로, 명확성원칙에 위배되지 않는다(헌재 2020.4.23, 2017헌마103).

17 헌법상 형벌불소급원칙 또는 소급입법금지원칙에 대한 설명으로 가장 적절하지 않은 것은? (다툼이 있는 경우 헌법재판소 판례에 의함)

23. 경찰간부

① "이 법 시행 전의 행위에 대한 벌칙의 적용에 있어서는 종전의 규정에 따른다."는 도로교통법 부칙(2010.7.23. 법률 제10382호) 조항은 헌법 제13조 제1항의 형벌불소급원칙 보호영역에 포섭된다.

② 노역장유치조항의 시행 전에 행해진 범죄행위에 대해서 공소제기의 시기가 노역장유치조항의 시행 이후이면 노역장유치조항을 적용하도록 하는 것은 헌법상 형벌불소급원칙에 위반된다.

③ 디엔에이신원확인정보의 수집·이용이 범죄의 예방효과를 가지는 보안처분으로서의 성격을 일부 지닌다고 하더라도 이는 비형벌적 보안처분으로서 소급입법금지원칙이 적용되지 않는다.

④ 아동·청소년의 성보호에 관한 법률이 정하고 있는 아동·청소년대상 성범죄자의 아동·청소년 관련 교육기관 등에의 취업제한제도는 형법이 규정하고 있는 형벌에 해당되지 않으므로 헌법 제13조 제1항 전단의 형벌불소급원칙이 적용되지 않는다.

해설

① [×] 청구인은, 이 사건 부칙조항이 죄형법정주의 파생원칙인 형벌불소급원칙에 위반된다고 주장하나, 형벌불소급원칙이란 형벌법규는 시행된 이후의 행위에 대해서만 적용되고 시행 이전의 행위에 대해서는 소급하여 불리하게 적용되어서는 안 된다는 원칙인바, 이 사건 부칙조항은 개정된 법률 이전의 행위를 소급하여 형사처벌하도록 규정하고 있는 것이 아니라 형사처벌을 규정하고 있던 행위시법이 사후 폐지되었음에도 신법이 아닌 행위시법에 의하여 형사처벌하도록 규정한 것으로서, 헌법 제13조 제1항의 형벌불소급원칙 보호영역에 포섭되지 아니한다(헌재 2015.2.26, 2012헌바268).

② [O] 부칙조항은 노역장유치조항의 시행 전에 행해진 범죄행위에 대해서도 공소제기의 시기가 노역장유치조항의 시행 이후이면 이를 적용하도록 하고 있으므로, 이는 범죄행위 당시보다 불이익한 법률을 소급 적용하도록 하는 것으로서 헌법상 형벌불소급원칙에 위반된다(헌재 2017.10.26, 2015헌바239).

③ [O] 디엔에이신원확인정보의 수집·이용은 수형인등에게 심리적 압박으로 인한 범죄예방효과를 가진다는 점에서 보안처분의 성격을 지니지만, 처벌적인 효과가 없는 비형벌적 보안처분으로서 소급입법금지원칙이 적용되지 않는다(헌재 2014.8.28, 2011헌마28).

④ [O] 헌법 제13조 제1항 전단은 소급적인 범죄구성요건의 제정과 소급적인 형벌의 가중을 엄격히 금하고 있다. 헌법재판소는 이 형벌불소급 원칙을 엄격히 해석하여, 비형벌적 보안처분에는 이 원칙이 적용되지 않는다고 판단해 왔다. 청소년성보호법이 정하고 있는 취업제한제도로 인해 성범죄자에게 일정한 직종에 종사하지 못하는 제재가 부과되기는 하지만, 위 취업제한제도는 형법이 규정하고 있는 형벌에 해당하지 않으므로, 헌법 제13조 제1항 전단의 형벌불소급 원칙이 적용되지 않는다(헌재 2016.3.31, 2013헌마585).

18 다음 설명 중 가장 옳지 않은 것은? (다툼이 있는 경우 헌법재판소 결정 및 대법원 판례에 의함) 23. 법원직

① 죄형법정주의에서 파생되는 명확성의 원칙은, 누구나 법률이 처벌하고자 하는 행위가 무엇이며 그에 대한 형벌이 어떠한 것인지를 예견할 수 있고 그에 따라 자신의 행위를 결정지을 수 있도록 구성요건이 명확할 것을 의미한다.

② 처벌법규의 구성요건을 일일이 세분하여 명확성의 요건을 모든 경우에 요구하는 것은 입법기술상 불가능하거나 현저히 곤란하므로, 처벌법규의 구성요건이 어느 정도 명확하여야 하는가는 일률적으로 정할 수 없고, 각 구성요건의 특수성과 그러한 법적 규제의 원인이 된 여건이나 처벌의 정도 등을 고려하여 종합적으로 판단하여야 하며, 다소 광범위하고 어느 정도의 범위에서는 법관의 보충적인 해석을 필요로 하는 개념을 사용하여 규정하였다고 하더라도 그 적용단계에서 다의적으로 해석될 우려가 없는 이상 그 점만으로 헌법이 요구하는 명확성의 요구에 배치된다고는 보기 어렵다.

③ 범죄의 처벌에 관한 문제, 즉 법정형의 종류와 범위의 선택은 입법자가 결정할 사항이지만, 광범위한 입법재량 내지 형성의 자유가 인정된다고 볼 수 없다.

④ 국회의 입법재량 내지 입법정책적 고려에 있어서도 국민의 자유와 권리의 제한은 필요 최소한에 그쳐야 하며, 기본권의 본질적인 내용을 침해하는 입법은 할 수 없으므로, 헌법이나 법률에 의하여 명시된 죄형법정주의와 소급효의 금지 및 이에 유래하는 유추해석금지의 원칙 외에 지켜져야 할 입법원칙이 있다.

해설

③ [×] 어떤 범죄를 어떻게 처벌할 것인가 하는 문제, 즉 법정형의 종류와 범위의 선택은 그 범죄의 죄질과 보호법익에 대한 고려뿐만 아니라 우리의 역사와 문화, 입법당시의 시대적 상황, 국민일반의 가치관 내지 법감정 그리고 범죄예방을 위한 형사정책적 측면 등 여러가지 요소를 종합적으로 고려하여 입법자가 결정할 사항으로서 광범위한 입법재량 내지 형성의 자유가 인정되어야 할 분야이다(헌재 1999.5.27, 98헌바26).

① [O] 죄형법정주의에서 파생되는 명확성의 원칙은 누구나 법률이 처벌하고자 하는 행위가 무엇이며 그에 대한 형벌이 어떠한 것인지를 예견할 수 있고 그에 따라 자신의 행위를 결정할 수 있도록 구성요건이 명확할 것을 의미하는 것이다(헌재 2002.2.28, 99헌가8).

정답 | 16 ④ 17 ① 18 ③

② [O] 처벌법규의 구성요건이 명확하여야 한다고 하여 입법권자가 모든 구성요건을 단순한 의미의 서술적인 개념에 의하여 규정하여야 한다는 것은 아니다. 처벌법규의 구성요건이 다소 광범위하여 어떤 범위에서는 법관의 보충적인 해석을 필요로 하는 개념을 사용하였다고 하더라도, 그 점만으로 헌법이 요구하는 처벌법규의 명확성에 반드시 배치되는 것이라고는 볼 수 없다. 그렇지 않으면, 처벌법규의 구성요건이 지나치게 구체적이고 정형적이 되어 부단히 변화하는 다양한 생활관계를 제대로 규율할 수 없게 될 것이기 때문이다. 다만, 자의를 허용하지 않는 통상의 해석방법에 의하더라도 당해 처벌법규의 보호법익과 그에 의하여 금지된 행위 및 처벌의 종류와 정도를 누구나 알 수 있도록 규정되어 있어야 하는 것이다. 따라서 처벌법규의 구성요건이 어느 정도 명확하여야 하는가는 일률적으로 정할 수 없고, 각 구성요건의 특수성과 그러한 법적규제의 원인이 된 여건이나 처벌의 정도 등을 고려하여 종합적으로 판단하여야 한다(헌재 1993.3.11, 92헌바33). 다소 광범위하고 어느 정도의 범위에서는 법관의 보충적인 해석을 필요로 하는 개념을 사용하여 규정하였다고 하더라도 그 적용단계에서 다의적(多義的)으로 해석될 우려가 없는 이상 그 점만으로 헌법이 요구하는 명확성의 요구에 배치된다고는 보기 어렵다 할 것이다(헌재 1989.12.22, 88헌가13).

④ [O] 국회의 입법재량 내지 입법정책적 고려에 있어서도 국민의 자유와 권리의 제한은 필요한 최소한에 그쳐야 하며, 기본권의 본질적인 내용을 침해하는 입법은 할 수 없으므로, 헌법이나 법률에 의하여 명시된 죄형법정주의와 소급효의 금지 및 이에 유래하는 유추해석 금지의 원칙 외에 지켜져야 할 입법원칙이 있다(헌재 2002.4.25, 2001헌가27).

19 명확성원칙에 관한 설명 중 가장 적절하지 않은 것은? (다툼이 있는 경우 판례에 의함) 24. 경정승진

① 여러 사람의 눈에 뜨이는 곳에서 공공연하게 알몸을 '지나치게 내놓거나 가려야 할 곳'을 내놓아 다른 사람에게 부끄러운 느낌이나 불쾌감을 준 사람을 처벌하는 경범죄처벌법 조항은 죄형법정주의의 명확성원칙에 위배된다.

② 개발제한구역의 지정 및 관리에 관한 특별조치법 위반으로 인해 시정명령을 받고도 이를 이행하지 아니한 위반행위자 등에 대해, 이를 상당한 기간까지 이행하지 않으면 이행강제금을 부과·징수한다는 뜻을 토지소유자에게 미리 문서로 계고하도록 하는 규정에서 '상당한 기간' 부분은 명확성원칙에 위배되지 않는다.

③ 자동차의 운전자는 고속도로 등에서 자동차의 고장 등 '부득이한 사정'이 있는 경우를 제외하고는 갓길 통행을 금지하고 있는 도로교통법 조항은 죄형법정주의의 명확성원칙에 위배되지 않는다.

④ 게임물 관련사업자에 대하여 '경품 등의 제공을 통한 사행성 조장'을 원칙적으로 금지시키고 있는 게임산업진흥에 관한 법률 조항에서, '경품' 및 '조장'과는 달리 '사행성'은 다른 법률에서도 정의규정을 두고 있지 않아 지나치게 불명확하여 법집행기관의 자의적인 해석을 가능하게 하므로 죄형법정주의의 명확성원칙에 위배된다.

해설

④ [×] 건전한 상식과 통상적인 법감정을 가진 사람들은 어떠한 행위가 이 사건 의무조항이 정하는 구성요건에 해당되는지 여부를 충분히 파악할 수 있다고 판단되고, 그것이 지나치게 불명확하여 법 집행기관의 자의적인 해석을 가능하게 한다고 보기는 어려우므로, 이 사건 의무조항은 죄형법정주의의 명확성원칙에 위배되지 아니한다(헌재 2020.12.23, 2017헌바463 등).

① [O] 심판대상조항은 알몸을 '지나치게 내놓는' 것이 무엇인지 그 판단 기준을 제시하지 않아 무엇이 지나친 알몸노출행위인지 판단하기 쉽지 않고, '가려야 할 곳'의 의미도 알기 어렵다. 심판대상조항 중 '부끄러운 느낌이나 불쾌감'은 사람마다 달리 평가될 수밖에 없고, 노출되었을 때 부끄러운 느낌이나 불쾌감을 주는 신체부위도 사람마다 달라 '부끄러운 느낌이나 불쾌감'을 통하여 '지나치게'와 '가려야 할 곳' 의미를 확정하기도 곤란하다. … 따라서 심판대상조항은 죄형법정주의의 명확성원칙에 위배된다(헌재 2016.11.24, 2016헌가3).

② [O] 이 경우 상당한 기간이 어느 정도의 기간을 의미하는지를 수범자가 예측할 수 있는가에 관한 문제는 여전히 남아있는데, 토지소유자로서는 이행강제금의 사전계고를 받기 전에 시정명령을 이미 받은 상태에 있었을 것이며, 그와 더불어 이행강제금은 1년에 2회를 초과하여 부과하지는 못한다는 제한이 있으므로 이를 감안하면 이행강제금 부과의 사전계고 시에 부여될 이행기간이 어느 정도일지를 대략 예측할 수 있다. 이러한 점들을 종합하면, 사전계고조항은 불명확한 규정이라고 할 수 없다(헌재 2023.2.23, 2019헌바550).

③ [O] 금지조항이 규정한 '부득이한 사정'이란 사회통념상 차로로의 통행을 기대하기 어려운 특별한 사정을 의미한다고 해석된다. 건전한 상식과 통상적인 법감정을 가진 수범자는 금지조항이 규정한 부득이한 사정이 어떠한 것인지 충분히 알 수 있고, 법관의 보충적인 해석을 통하여 그 의미가 확정될 수 있다. 그러므로 금지조항 중 '부득이한 사정' 부분은 죄형법정주의의 명확성원칙에 위배되지 않는다(헌재 2021.8.31, 2020헌바100).

20 명확성원칙에 대한 설명으로 옳지 않은 것은? (다툼이 있는 경우 판례에 의함) 24. 입법고시

① 명확성원칙에서 명확성의 정도는 모든 법률에 있어서 동일한 정도로 요구되는 것은 아니고, 개개의 법률이나 법조항의 성격에 따라 요구되는 정도에 차이가 있을 수 있다.

② 응급의료에 관한 법률 조항 중 '누구든지 응급의료종사자의 응급환자에 대한 진료를 폭행, 협박, 위계, 위력, 그 밖의 방법으로 방해하여서는 아니된다'는 부분 가운데 '그 밖의 방법' 부분은 죄형법정주의의 명확성원칙에 위반되지 않는다.

③ 형법상 정당방위 규정은 범죄 성립을 정하는 구성요건 규정이 아니기 때문에 죄형법정주의가 요구하는 명확성원칙이 적용되지 않는다.

④ 술에 취한 상태에서의 운전을 금지하는 도로교통법 조항을 2회 이상 위반한 음주운전자를 가중처벌하는 조항은 죄형법정주의의 명확성원칙에 위배되지 않는다.

⑤ 인터넷언론사로 하여금 선거운동기간 중 당해 홈페이지 게시판 등에 정당 · 후보자에 대한 지지 · 반대 등의 정보를 게시하는 경우 실명을 확인받는 기술적 조치를 하도록 정한 공직선거법 조항에서 '인터넷언론사' 부분 및 정당 후보자에 대한 '지지 · 반대' 부분은 명확성원칙에 위배되지 않는다.

해설

③ [×] 정당방위가 인정되지 않는 경우 위법한 행위로서 범죄의 성립을 인정하게 하는 기능을 하므로 적극적으로 범죄 성립을 정하는 구성요건 규정은 아니라 하더라도 죄형법정주의가 요구하는 명확성 원칙의 적용이 완전히 배제된다고는 할 수 없다. 따라서 범죄의 성립과 처벌은 법률에 의하여야 한다는 죄형법정주의 본래의 취지에 비추어 볼 때 정당방위와 같은 위법성 조각사유 규정에도 죄형법정주의의 명확성 원칙은 적용된다 할 것이다(헌재 2001.6.28, 99헌바31).

① [O] 명확성의 원칙에서 명확성의 정도는 모든 법률에 있어서 동일한 정도로 요구되는 것은 아니고, 개개의 법률이나 법조항의 성격에 따라 요구되는 정도에 차이가 있을 수 있으며, 각각의 구성요건의 특수성과 그러한 법률이 제정되게 된 배경이나 상황에 따라 달라질 수 있다고 할 것이다(헌재 2002.7.18, 2000헌바57).

② [O] 응급의료법의 입법 취지, 규정형식 및 문언의 내용을 종합하여 볼 때, 건전한 상식과 통상적인 법 감정을 가진 일반인이라면 구체적인 사건에서 어떠한 행위가 이 사건 금지조항의 '그 밖의 방법'에 의하여 규율되는지 충분히 예견할 수 있고, 이는 법관의 보충적 해석을 통하여 확정될 수 있는 개념이다. 따라서 이 사건 금지조항의 '그 밖의 방법' 부분은 죄형법정주의의 명확성의 원칙에 위반된다고 할 수 없다(헌재 2019.6.28, 2018헌바128).

④ [O] 심판대상조항의 문언, 입법목적과 연혁, 관련 규정과의 관계 및 법원의 해석 등을 종합하여 볼 때, 심판대상조항에서 '제44조 제1항을 2회 이상 위반한 사람'이란 '2006.6.1. 이후 도로교통법 제44조 제1항을 위반하여 술에 취한 상태에서 운전을 하였던 사실이 인정되는 사람으로서, 다시 같은 조 제1항을 위반하여 술에 취한 상태에서 운전한 사람'을 의미함을 충분히 알 수 있으므로, 심판대상조항은 죄형법정주의의 명확성원칙에 위반되지 아니한다(헌재 2021.11.25, 2019헌바446 등).

⑤ [O] 공직선거법 및 관련 법령이 구체적으로 '인터넷언론사'의 범위를 정하고 있고, 중앙선거관리위원회가 설치 · 운영하는 인터넷선거보도심의위원회가 심의대상인 인터넷언론사를 결정하여 공개하는 점 등을 종합하면 '인터넷언론사'는 불명확하다고 볼 수 없으며, '지지 · 반대'의 사전적 의미와 심판대상조항의 입법목적, 공직선거법 관련 조항의 규율내용을 종합하면, 건전한 상식과 통상적인 법감정을 가진 사람이면 자신의 글이 정당 · 후보자에 대한 '지지 · 반대'의 정보를 게시하는 행위인지 충분히 알 수 있으므로, 실명확인 조항 중 "인터넷언론사" 및 "지지 · 반대" 부분은 명확성 원칙에 반하지 않는다(헌재 2021.1.28, 2018헌마456 등).

정답 | 19 ④ 20 ③

■ 형벌과 책임 간의 비례원칙

01 다음 책임과 형벌 사이의 비례원칙에 관한 설명 중 가장 옳지 않은 것은? (다툼이 있는 경우 판례에 의함)

24. 해경간부

① 예비군대원 본인의 부재시 예비군훈련 소집통지서를 수령한 같은 세대 내의 가족 중 성년자가 정당한 사유 없이 소집통지서를 본인에게 전달하지 아니한 경우 형사처벌을 하는 예비군법 조항은 책임과 형벌 사이의 비례원칙에 위배되지 않는다.

② 초·중등학교 교원이 자신이 보호하는 아동에 대하여 아동학대범죄를 범한 때에는 그 죄에 정한 형의 2분의 1까지 가중하여 처벌하도록 한 아동학대범죄의 처벌 등에 관한 특례법 조항은 책임과 형벌 사이의 비례원칙에 위배되지 않는다.

③ 형법상의 범죄와 똑같은 구성요건을 규정하면서 법정형만 상향 조정한 특정범죄 가중처벌 등에 관한 법률 조항은 형사특별법으로서 갖추어야 할 형벌체계상의 정당성과 균형을 잃고 있다.

④ 무신고 수출입의 경우 법인을 범인으로 보고 필요적으로 몰수·추징하도록 규정한 구 관세법 조항은, 법인이 그 위반행위를 방지하기 위하여 주의와 감독을 게을리하지 아니한 경우에는 몰수·추징 대상에서 제외되므로, 책임과 형벌 사이의 비례원칙에 위배되지 않는다.

해설

① [×] 예비군대원 본인과 세대를 같이 하는 가족 중 성년자라면 특별한 사정이 없는 한 소집통지서를 본인에게 전달함으로써 훈련불참으로 인한 불이익을 받지 않도록 각별히 신경을 쓸 것임이 충분히 예상되고, 설령 그들이 소집통지서를 전달하지 아니하여 행정절차적 협력의무를 위반한다고 하여도 과태료 등의 행정적 제재를 부과하는 것만으로도 그 목적의 달성이 충분히 가능하다고 할 것임에도 불구하고, 심판대상조항은 훨씬 더 중한 형사처벌을 하고 있어 그 자체만으로도 형벌의 보충성에 반하고, 책임에 비하여 처벌이 지나치게 과도하여 비례원칙에도 위반된다고 할 것이다(헌재 2022.5.26, 2019헌가12).

② [O] 심판대상조항이 각 죄의 정한 형의 2분의 1을 가중하도록 하고 있다고 하더라도 이는 법정형의 범위를 넓히는 것일 뿐 일률적으로 2분의 1을 가중하는 것이 아니고 그것을 상한으로 하여 형을 정할 수 있다는 뜻이다. … 심판대상조항이 청구인의 주장과 같이 아동학대범죄의 종류와 행위 태양, 행위의 의도 등을 고려하지 않고 일률적으로 형을 가중한다고 볼 수 없다. … 초·중등학교 교원이 자신이 보호하는 아동에 대하여 아동학대범죄를 범한 때에는 그 죄에 정한 형의 2분의 1까지 가중하여 처벌하도록 한 심판대상조항은 입법재량의 범위를 벗어났다거나 책임과 형벌 간의 비례원칙에 어긋나는 과잉형벌을 규정하였다고 보기 어렵다(헌재 2021.3.25, 2018헌바388).

③ [O] 심판대상조항은 별도의 가중적 구성요건표지를 규정하지 않은 채 형법 조항과 똑같은 구성요건을 규정하면서 법정형만 상향 조정하여 어느 조항으로 기소하는지에 따라 벌금형의 선고 여부가 결정되고, 선고형에 있어서도 심각한 형의 불균형을 초래하게 함으로써 형사특별법으로서 갖추어야 할 형벌체계상의 정당성과 균형을 잃어 인간의 존엄성과 가치를 보장하는 헌법의 기본원리에 위배될 뿐만 아니라 그 내용에 있어서도 평등원칙에 위반되어 위헌이다(헌재 2015.2.26, 2014헌가16 등).

④ [O] 법인의 업무와 관련된 무신고 수출입행위는 법인의 관리·감독 형태 등 구조적인 문제로 인하여도 발생할 수 있으므로, 무신고 수출입 업무의 귀속 주체인 법인을 행위자와 동일하게 몰수·추징 대상으로 하여 위반행위의 발생을 방지하고 관련 조항의 규범력을 확보할 필요가 있으며, 법인이 그 위반행위를 방지하기 위하여 주의와 감독을 게을리 하지 아니한 경우에는 몰수·추징 대상에서 제외되므로, 이 사건 법인적용조항은 책임과 형벌 간의 비례원칙에 위반된다고 할 수 없다(헌재 2021.7.15, 2020헌바201).

02 형벌과 책임 간의 비례원칙에 대한 설명으로 옳지 않은 것은? (다툼이 있는 경우 판례에 의함) 25. 입법고시

① 상관을 살해한 경우 사형만을 유일한 법정형으로 규정한 군형법 조항은 형벌과 책임 간의 비례원칙에 위배된다.

② 공연한 방법으로 상관을 모욕한 사람을 처벌하는 군형법 조항은 법관이 징역형이나 금고형 외에 벌금형을 선택할 수 없도록 하여 형벌의 개별화원칙에 부응하지 못하고 있으므로 형벌과 책임 간의 비례원칙에 위배된다.

③ 관세법상의 몰수·추징은 재산상 이익을 환수하는 데 그치는 것이 아니라 징벌적인 성격도 가지고 있고 행위자의 책임과 형벌의 비례관계는 주형과 부가형을 통산하여 인정되는 것이므로 주형의 구체적 양형과정에서 필요적 몰수·추징의 부가형을 참작하여 구체적 형평성을 기할 수도 있다.

④ 초·중등교육법상 교원으로서 자신이 보호하는 아동에 대하여 아동학대범죄를 범한 때에 그 죄에 정한 형의 2분의 1까지 가중처벌하도록 한 아동학대범죄의 처벌 등에 관한 특례법 규정은 형벌과 책임 간의 비례원칙에 위배되지 않는다.

⑤ 형법 제129조 제1항의 수뢰죄를 범한 사람에게 수뢰액의 2배 이상 5배 이하의 벌금을 필요적으로 병과하도록 한 특정범죄 가중처벌 등에 관한 법률 조항은 형벌과 책임 간의 비례원칙에 위배되지 않는다.

해설

② [×] 군조직의 특성상 상관을 모욕하는 행위는 개인의 인격적 법익에 대한 침해를 넘어 군기를 문란하게 하는 행위로서 군조직의 위계질서를 파괴할 위험성이 크므로, 죄질과 책임이 가볍지 않다. 심판대상조항은 징역이나 금고형의 하한을 두고 있지 않아 1개월부터 3년까지 다양한 기간의 형을 선고할 수 있고, 정상참작감경을 하지 않더라도 징역이나 금고형의 집행유예를 선고하거나 형의 선고를 유예할 수 있다. 심판대상조항은 책임과 형벌 간의 비례원칙에 위반된다고 볼 수 없다(헌재 2024.8.29, 2022헌가7 등).

① [O] 법정형의 종류와 범위를 정하는 것이 기본적으로 입법자의 권한에 속하는 것이라고 하더라도, 형벌은 죄질과 책임에 상응하도록 적절한 비례성이 지켜져야 하는바, 군대 내 명령체계유지 및 국가방위라는 이유만으로 가해자와 상관 사이에 명령복종관계가 있는지 여부를 불문하고 전시와 평시를 구분하지 아니한 채 다양한 동기와 행위태양의 범죄를 동일하게 평가하여 사형만을 유일한 법정형으로 규정하고 있는 이 사건 법률조항은, 범죄의 중대성 정도에 비하여 심각하게 불균형적인 과중한 형벌을 규정함으로써 죄질과 그에 따른 행위자의 책임 사이에 비례관계가 준수되지 않아 인간의 존엄과 가치를 존중하고 보호하려는 실질적 법치국가의 이념에 어긋나고, 형벌체계상 정당성을 상실한 것이다(헌재 2007.11.29, 2006헌가13).

③ [O] 관세법상의 몰수·추징은 재산상 이익을 환수하는 데 그치는 것이 아니라 징벌적인 성격도 가지고 있고, 행위자의 책임과 형벌의 비례관계는 주형과 부가형을 통산하여 인정되는 것이어서 주형의 구체적인 양형과정에서 필요적 몰수·추징의 부가형을 참작하여 구체적 형평성을 기할 수 있다. 또한, 법관은 주형에 대하여 선고를 유예하지 아니하면서 그에 부가할 추징에 대하여서만 선고를 유예할 수는 없으나, 필요적 몰수의 경우라 하더라도 주형에 대하여 선고를 유예하는 경우에는 부가형인 필요적 몰수나 추징에 대하여 선고를 유예할 수 있으므로, 단순히 몰수·추징의 경우만을 따로 떼어내어 책임과 형벌의 비례원칙에 반한다고 단정하기는 어렵다(헌재 2010.5.27, 2009헌가28).

④ [O] 아동학대범죄를 발견하고 신고하여야 할 법적 의무를 지고 있는 초·중등교육법상 교원이 오히려 자신이 보호하는 아동에 대하여 아동학대범죄를 저지르는 행위에 대해서는 높은 비난가능성과 불법성이 인정되는 점, 심판대상조항이 각 죄에 정한 형의 2분의 1을 가중하도록 하고 있다고 하더라도 이는 법정형의 범위를 넓히는 것일 뿐이어서, 법관은 구체적인 행위의 태양, 죄질의 정도와 수법 등을 고려하여 법정형의 범위 내에서 행위자의 책임에 따른 적절한 형벌을 과하는 것이 가능한 점 등을 종합하여 보면, 심판대상조항이 책임과 형벌 간의 비례원칙에 어긋나는 과잉형벌을 규정하였다고 볼 수 없다(헌재 2021.3.25, 2018헌바388).

⑤ [O] 종래의 징역형 위주의 처벌규정은 수뢰죄의 예방 및 척결에 미흡하여 큰 실효를 거두지 못하여 왔고, 범죄 수익을 소비 또는 은닉한 경우 몰수·추징형의 집행이 불가능할 수 있고, 범죄수익의 박탈만으로는 범죄의 근절에 충분하지 않을 수 있다는 점까지 고려하여 징역형 뿐 아니라 벌금형을 필요적으로 병과하는 심판대상조항을 도입한 입법자의 결단은 입법재량의 한계를 벗어난 것이라고 단정할 수 없다. … 결국, 심판대상조항이 그 범죄의 죄질 및 이에 따른 행위자의 책임에 비하여 지나치게 가혹한 것이어서 형벌과 책임 간의 비례원칙에 위배되었다고 볼 수 없다(헌재 2017.7.27, 2016헌바42).

정답 | 01 ① 02 ②

03 책임과 형벌 사이의 비례원칙에 관한 설명으로 가장 적절하지 않은 것은? (다툼이 있는 경우 판례에 의함)

25. 경정승진

① 어떤 범죄를 어떻게 처벌할 것인가 하는 문제, 즉 법정형의 종류와 범위의 선택은 입법자가 결정할 사항으로서 광범위한 입법재량 내지 형성의 자유가 인정되어야 할 분야이다.

② 국회에서 허위의 진술을 한 증인을 위증죄로 처벌하는 구 국회에서의 증언·감정 등에 관한 법률 조항은 형법상 위증죄보다 무거운 법정형을 정하고 있어 형벌체계상의 정당성이나 균형성을 상실하고 있으므로 평등원칙에 위배된다.

③ 주거침입강제추행죄의 법정형을 주거침입강간죄와 동일하게 규정한 구 성폭력범죄의 처벌 등에 관한 특례법 조항은 책임과 형벌간의 비례원칙에 위반되지 아니한다.

④ 형법상 모욕죄와 사자명예훼손죄를 친고죄로 정하고 있음에 반하여, 정보통신망 이용촉진 및 정보보호 등에 관한 법률상 명예훼손죄를 반의사불벌죄로 정하고 있는 것은 형벌체계상 균형을 상실하지 않아 평등원칙에 위반되지 아니한다.

해설

② [×] 심판대상조항은 형법상 위증죄보다 무거운 법정형을 정하고 있으나, 국회에서의 위증죄가 지니는 불법의 중대성, 별도의 엄격한 고발 절차를 거쳐야 처벌될 수 있는 점 등을 고려할 때 형벌체계상의 정당성이나 균형성을 상실하고 있지 아니하므로 평등원칙에 위배된다고 할 수 없다(헌재 2015.9.24, 2012헌바410).

① [O] 어떤 범죄를 어떻게 처벌할 것인가 하는 문제, 즉 법정형의 종류와 범위의 선택은 그 범죄의 죄질과 보호법익에 대한 고려뿐만이 아니라 우리의 역사와 문화, 입법 당시의 시대적 상황, 국민 일반의 가치관 내지 법감정 그리고 범죄예방을 위한 형사정책적 측면 등 여러 가지 요소를 종합적으로 고려하여 입법자가 결정할 사항으로서 광범위한 입법재량 내지 형성의 자유가 인정되어야 할 분야이다(헌재 2006.4.27, 2005헌가2).

③ [O] 강제추행죄의 피해자들은 심각한 정신적·정서적 장애를 경험할 수 있고, 그 후유증으로 장기간 사회생활에 큰 지장을 받을 수 있는데, 사생활의 중심으로 개인의 인격과 불가분적으로 연결되어 있어 개인의 생명, 신체, 재산의 안전은 물론 인간 행복의 최소한의 조건이자 개인의 사적 영역으로서 보장되어야 하는 주거에서 강제추행을 당한다면 그로 인한 피해는 보다 심각할 수 있다. 더구나 이러한 범행이 배우자 또는 가족이 목격하는 가운데 행해진 경우에는 단순히 피해자의 성적 자기결정권의 침해를 넘어 생활의 기초단위인 한 가정을 철저하게 파괴하는 결과를 초래할 수도 있다. 따라서 입법자가 이러한 중대한 법익 침해자에 대해 특별형법인 성폭력처벌법에 '주거침입강제추행죄'라는 구성요건을 별도로 신설한 것은 필요하고도 바람직한 입법조치라 할 것이다. 이 사건 법률조항의 법정형은 무기징역 또는 5년 이상의 징역이므로 행위자에게 정상을 참작할 만한 특별한 사정이 있는 때에는 법관은 작량감경을 통하여 얼마든지 집행유예를 선고할 수 있고, 그 불법의 중대성에 비추어 볼 때 법정형에 벌금을 규정하지 않은 것이 불합리하다고 할 수도 없다. 그러므로 이 사건 법률조항은 책임과 형벌 간의 비례원칙에 위반되지 아니한다(헌재 2013.7.25, 2012헌바320).

④ [O] 법상 모욕죄는 피해자에 대한 구체적 사실이 아닌 추상적 판단과 감정을 표현하고, 형법상 사자명예훼손죄는 생존한 사람이 아닌 사망한 사람에 대한 허위사실 적시라는 점에서 불법성이 감경된다. 반면, 정보통신망법의 명예훼손죄는 비방할 목적으로 정보통신망을 이용하여 거짓사실을 적시한다는 점에서 불법성이 가중된다는 차이가 있다. … 심판대상조문은 형벌체계상 균형을 상실하지 않아 평등원칙에 위반되지 아니한다(헌재 2021.4.29, 2018헌바113).

04 책임과 형벌의 비례원칙에 위반되지 않는 것은? (다툼이 있는 경우 헌법재판소 판례에 의함) 23. 경찰간부

① 음주운항 전력이 있는 사람이 다시 음주운항을 한 경우 2년 이상 5년 이하의 징역이나 2천만 원 이상 3천만 원 이하의 벌금에 처하도록 규정한 해사안전법상 조항

② 예비군대원의 부재시 예비군훈련 소집통지서를 수령한 같은 세대 내의 가족 중 성년자가 정당한 사유 없이 소집통지서를 본인에게 전달하지 아니한 경우 6개월 이하의 징역 또는 500만 원 이하의 벌금에 처하도록 규정한 예비군법상 조항

③ 주거침입강제추행죄 및 주거침입준강제추행죄에 대하여 무기징역 또는 7년 이상의 징역에 처하도록 한 성폭력범죄의 처벌 등에 관한 특례법상 조항

④ 금융회사 등의 임직원이 그 직무에 관하여 금품이나 그 밖의 이익을 수수, 요구 또는 약속한 경우 5년 이하의 징역 또는 10년 이하의 자격정지에 처하도록 규정한 특정경제범죄 가중처벌 등에 관한 법률상 조항

해설

④ [O] 금융회사 등의 업무는 국가경제와 국민생활에 중대한 영향을 미치므로 금융회사 등 임직원의 직무 집행의 투명성과 공정성을 확보하는 것은 매우 중요하고, 이러한 필요성에 있어서는 임원과 직원 사이에 차이가 없다. 그리고 금융회사 등 임직원이 금품 등을 수수, 요구, 약속하였다는 사실만으로 직무의 불가매수성은 심각하게 손상되고, 비록 그 시점에는 부정행위가 없었다고 할지라도 장차 실제 부정행위로 이어질 가능성도 배제할 수 없다. 따라서 부정한 청탁이 있었는지 또는 실제 배임행위로 나아갔는지를 묻지 않고 금품 등을 수수·요구 또는 약속하는 행위를 처벌하고 있는 수재행위처벌조항은 책임과 형벌 간의 비례원칙에 위배되지 아니한다(헌재 2020.3.26, 2017헌바129).

① [×] 음주운항 전력이 있는 사람이 다시 음주운항을 한 경우 2년 이상 5년 이하의 징역이나 2천만 원 이상 3천만 원 이하의 벌금에 처하도록 규정한 해사안전법 제104조의2 제2항 중 '제41조 제1항을 위반하여 2회 이상 술에 취한 상태에서 선박의 조타기를 조작한 운항자'에 관한 부분은 책임과 형벌 간의 비례원칙에 위반된다(헌재 2022.8.31, 2022헌가10).

② [×] 예비군대원 본인과 세대를 같이 하는 가족 중 성년자라면 특별한 사정이 없는 한 소집통지서를 본인에게 전달함으로써 훈련불참으로 인한 불이익을 받지 않도록 각별히 신경을 쓸 것임이 충분히 예상되고, 설령 그들이 소집통지서를 전달하지 아니하여 행정절차적 협력의무를 위반한다고 하여도 과태료 등의 행정적 제재를 부과하는 것만으로도 그 목적의 달성이 충분히 가능하다고 할 것임에도 불구하고, 심판대상조항은 훨씬 더 중한 형사처벌을 하고 있어 그 자체만으로도 형벌의 보충성에 반하고, 책임에 비하여 처벌이 지나치게 과도하여 비례원칙에도 위반된다고 할 것이다(헌재 2022.5.26, 2019헌가12).

③ [×] 주거침입강제추행죄 및 주거침입준강제추행죄에 대하여 무기징역 또는 7년 이상의 징역에 처하도록 한 심판대상조항은 그 법정형이 형벌 본래의 목적과 기능을 달성함에 있어 필요한 정도를 일탈하였고, 각 행위의 개별성에 맞추어 그 책임에 알맞은 형을 선고할 수 없을 정도로 과중하므로, 책임과 형벌 간의 비례원칙에 위배된다(헌재 2023.2.23, 2021헌가9).

정답 | 03 ② 04 ④

05 책임과 형벌 사이의 비례원칙에 관한 설명 중 가장 적절하지 않은 것은? (다툼이 있는 경우 판례에 의함)

24. 경정승진

① 입법자가 법정형 책정에 관한 여러 가지 요소를 종합적으로 고려하여 법률 그 자체로 법관에 의한 양형재량의 범위를 좁혀 놓았다고 하더라도, 그것이 당해 범죄의 보호법익과 죄질에 비추어 범죄와 형벌 간의 비례의 원칙상 수긍할 수 있는 합리성이 있다면 이러한 법률을 위헌이라고 할 수 없다.

② 위험한 물건을 휴대한 경우를 가중적 구성요건으로 하여 상해죄보다 가중처벌하고 있는 형법상 특수상해죄 조항은 책임과 형벌 사이의 비례원칙에 위배되지 않는다.

③ 밀수입 등의 예비행위를 본죄에 준하여 처벌하도록 규정한 특정범죄 가중처벌 등에 관한 법률 조항은 구체적 행위의 개별성과 고유성을 고려한 양형판단의 가능성을 배제하는 가혹한 형벌로서 책임과 형벌 사이의 비례원칙에 위배된다.

④ 사람을 공갈하여 재물의 교부를 받거나 재산상의 이익을 취득하여 그 이득액이 5억 원 이상인 경우 이득액을 기준으로 가중처벌하는 구 특정경제범죄 가중처벌 등에 관한 법률 조항은 책임과 형벌 사이의 비례원칙에 위배된다.

해설

④ [×] 구체적 사안에 따라 작량감경하여 집행유예도 선고될 수 있는 점, 재산범죄에서 이득액이 불법성의 핵심적인 부분을 이루는 점, 이득액에 따른 단계적 가중처벌의 명시를 통해 일반예방 및 법적 안정성에 기여할 수 있고, 법원의 양형편차를 줄여 사법에 대한 신뢰를 제고할 수 있는 점 등을 고려할 때, 이득액을 기준으로 한 가중처벌이 책임과 형벌 간 비례원칙에 위배된다고 볼 수 없다(헌재 2021.2.25, 2019헌바128 등).

① [O] 입법자가 법정형 책정에 관한 여러 가지 요소의 종합적 고려에 따라 법률 그 자체로 법관에 의한 양형재량의 범위를 좁혀 놓았다 하더라도 그것이 당해 범죄의 보호법익과 죄질에 비추어 범죄와 형벌간의 비례의 원칙상 수긍할 수 있는 정도의 합리성이 있다면 이러한 법률을 위헌이라고 할 수 없을 것인데, 입법자가 이 사건 규정에서 벌금형을 필요적으로 병과하도록 하고 있는 것은 일정액 이상의 조세포탈범에 대하여 그 위법성과 비난가능성의 정도를 높게 평가하여 징벌의 강도를 높이고자 한 결단에서 비롯된 것이므로 법관의 양형재량권을 침해하고 있다고 볼 수 없다(헌재 2005.7.21, 2003헌바98).

② [O] 상해죄의 경우에는 위험한 물건을 휴대하여 범행을 하였을 경우를 가중하여 처벌하는 조항이 형법에 규정되어 있지 않으므로, 폭처법에 위험한 물건을 휴대하여 형법상의 상해죄를 범한 경우를 가중 처벌하는 규정을 둘 필요성이 없다고 할 수 없다. 폭처법상 상해죄 조항의 법정형은 징역 3년 이상으로서 법관이 작량감경을 하지 않더라도 집행유예의 선고가 가능하며, 작량감경에 의하여 피고인의 책임에 상응하는 형을 선고할 수 있다. 따라서 위 선례와 달리 판단할 사정의 변경이나 필요성이 있다고 인정되지 아니하므로, 폭처법상 상해죄 조항은 책임과 형벌간의 비례원칙에 위배되지 아니한다(헌재 2015.9.24, 2015헌가17).

③ [O] 예비행위를 본죄에 준하여 처벌하도록 하고 있는 심판대상조항은 그 불법성과 책임의 정도에 비추어 지나치게 과중한 형벌을 규정하고 있는 것이다. 또한 예비행위의 위험성은 구체적인 사건에 따라 다름에도 심판대상조항에 의하면 위험성이 미약한 예비행위까지도 본죄에 준하여 처벌하도록 하고 있어 행위자의 책임을 넘어서는 형벌이 부과되는 결과가 발생한다. … 따라서 심판대상조항은 구체적 행위의 개별성과 고유성을 고려한 양형판단의 가능성을 배제하는 가혹한 형벌로서 책임과 형벌 사이의 비례성의 원칙에 위배된다(헌재 2019.2.28, 2016헌가13).

■ 이중처벌금지원칙

01 다음 이중처벌금지원칙에 관한 설명 중 가장 옳지 않은 것은? (다툼이 있는 경우 판례에 의함) 24. 해경간부

① 신상정보 공개·고지명령은 형벌과는 목적이나 심사대상 등을 달리하는 보안처분에 해당하므로 동일한 범죄행위에 대하여 형벌이 부과된 이후 다시 신상정보 공개·고지명령이 선고 및 집행된다고 하여 이중처벌금지원칙에 위반된다고 할 수 없다.

② 양도담보 채권자가 이전등기시 채권관계를 기재한 서면을 제출하지 않은 경우, 형사처벌 이외에 과징금을 부과하는 것은 범죄에 대하여 국가가 형벌권을 실행하는 '과벌'에 해당하지 않는다.

③ 일정한 성폭력범죄를 범한 사람에게 유죄판결을 선고하는 경우 성폭력치료프로그램 이수명령을 병과하도록 한 것은 그 목적이 과거의 범죄행위에 대한 제재로서 대상자의 건전한 사회복귀 및 범죄예방과 사회보호에 있어 형벌과 본질적 차이가 나지 않는 보안처분에 해당하므로, 동일한 범죄행위에 대하여 형벌과 병과될 경우 이중처벌금지원칙에 위배된다.

④ 보호관찰이나 사회봉사 또는 수강을 조건으로 집행유예를 선고받은 자의 집행유예가 취소되는 경우 사회봉사 등 의무를 이행하였는지 여부와 관계없이 유예되었던 본형 전부를 집행하는 것은 이중처벌금지원칙에 위반되지 아니한다.

해설

③ [×] 이수명령은 그 목적이 과거의 범죄행위에 대한 제재가 아니라 대상자의 건전한 사회복귀의 촉진 및 범죄예방과 사회보호에 있다는 점에서, 형벌과 본질적 차이가 있는 보안처분에 해당한다. 따라서 동일한 범죄행위에 대하여 이수명령이 형벌과 병과된다고 하여 이중처벌금지원칙에 위반된다고 할 수 없다(헌재 2016.12.29, 2016헌바153).

① [O] 이중처벌은 처벌 또는 제재가 동일한 행위를 대상으로 거듭 행해질 때 발생하는 문제이다. 그런데 신상정보 공개·고지명령은 형벌과는 목적이나 심사대상 등을 달리하는 보안처분에 해당하므로, 동일한 범죄행위에 대하여 처벌금지의 원칙에 위반된다고 할 수 없다(헌재 2016.5.26, 2015헌바212).

② [O] 이 사건 과징금 부과조항에 따른 과징금은 양도담보를 명의신탁과 구별하여 명의신탁 규제의 실효성을 도모한다는 목적에서, 양도담보 채권자로 하여금 채권관계 서면을 제출하도록 강제하기 위하여 위반자에게 부과·징수하는 금전이라 할 수 있고, 이는 과거의 일정한 법률위반 행위에 대하여 제재를 과함을 목적으로 하는 행정벌과 구별되는 것이다. 따라서 이 사건 과징금 부과조항에 따른 과징금의 부과는 범죄에 대하여 국가가 형벌권을 실행하는 과벌에 해당하지 아니하므로, 헌법 제13조 제1항이 금지하는 이중처벌금지원칙에 위배되지 아니한다(헌재 2012.4.24, 2011헌바62).

④ [O] 집행유예가 취소되는 경우에 부활되는 본형은 이미 판결이 확정된 동일한 사건에 대하여 다시 심판한 결과 부과되는 것이 아니라 동일한 심판작용을 거쳐 집행유예의 선고와 함께 선고되었던 것으로 일사부재리의 원칙과는 무관하다고 할 것이다. 가사 의무의 이행부분이 부활되는 형기에 반영되지 아니함으로써 사실상 중첩적인 제재의 효과를 지닌다고 보더라도, 금지원칙에서 말하는 '처벌'로 보기 어렵다. 따라서 이 사건 법률조항은 이중처벌금지원칙에 위반되지 아니한다(헌재 2013.6.27, 2012헌바345 등).

정답 | 05 ④ 01 ③

02 이중처벌금지원칙에 관한 설명 중 옳고 그름의 표시(○, ×)가 바르게 된 것은? (다툼이 있는 경우 판례에 의함)

24. 경정승진

> ㉠ 확정된 구제명령을 따르지 않은 사용자에게 형벌을 부과하고 있음에도, 구제명령을 받은 후 이행기한까지 구제명령을 이행하지 아니한 사용자에게 별도의 이행강제금을 부과하는 것은 이중처벌금지원칙에 위배되지 아니한다.
> ㉡ 추징은 몰수에 갈음하여 그 가액의 납부를 명령하는 사법처분이나 부가형의 성질을 갖는 일종의 형벌이고, 출국금지처분 역시 거주·이전의 자유를 제한하는 형벌적 성격을 갖기 때문에, 일정 금액 이상의 추징금을 미납한 자에게 내리는 출국금지처분은 이중처벌금지원칙에 위배된다.
> ㉢ 보호관찰이나 사회봉사 또는 수강을 조건으로 집행유예를 선고받은 자의 집행유예가 취소되는 경우 사회봉사 등 의무를 이행하였는지 여부와 관계없이 유예되었던 본형 전부를 집행하는 것은 이중처벌금지원칙에 위반되지 아니한다.
> ㉣ 이미 3회 이상의 음주운전으로 운전면허취소처분을 받은 사람이 신규면허를 취득한 후에 음주운전으로 1회만 적발되더라도 이미 처벌받은 3회의 음주운전 전력에 근거해 운전면허를 재차 취소하도록 하는 것은 이중처벌금지원칙에 위배된다.

	㉠	㉡	㉢	㉣
①	×	○	○	×
②	○	×	○	×
③	○	×	×	○
④	○	○	○	○

해설

㉠ [○] 이행강제금은 행정상 간접적인 강제집행 수단의 하나로서, 과거의 일정한 법률위반 행위에 대한 제재인 형벌이 아니라 장래의 의무이행 확보를 위한 강제수단일 뿐이어서, 범죄에 대하여 국가가 형벌권을 실행하는 과벌에 해당하지 아니한다. 따라서 심판대상조항은 이중처벌금지원칙에 위배되지 아니한다(헌재 2014.5.29, 2013헌바171).

㉡ [×] 추징은 몰수에 갈음하여 그 가액의 납부를 명령하는 사법처분이나 부가형의 성질을 가지므로, 주형은 아니지만 부가형으로서의 추징도 일종의 형벌임을 부인할 수는 없다. 그러나 일정액수의 추징금을 납부하지 않은 자에게 내리는 출국금지의 행정처분은 형법 제41조상의 형벌이 아니라 형벌의 이행확보를 위하여 출국의 자유를 제한하는 행정조치의 성격을 지니고 있다. 그렇다면 심판대상 법조항에 의한 출국금지처분은 헌법 제13조 제1항상의 이중처벌금지원칙에 위배된다고 할 수 없다(헌재 2004.10.28, 2003헌가18).

㉢ [○] 집행유예가 취소되는 경우에 부활되는 본형은 이미 판결이 확정된 동일한 사건에 대하여 다시 심판한 결과 부과되는 것이 아니라 동일한 심판작용을 거쳐 집행유예의 선고와 함께 선고되었던 것으로 일사부재리의 원칙과는 무관하다고 할 것이다. 가사 의무의 이행 부분이 부활되는 형기에 반영되지 아니함으로써 사실상 중첩적인 제재의 효과를 지닌다고 보더라도, … 이를 이중처벌금지원칙에서 말하는 '처벌'로 보기 어렵다. 따라서 이 사건 법률조항은 이중처벌금지원칙에 위반되지 아니한다(헌재 2013.6.27, 2012헌바345 등).

㉣ [×] 운전면허 취소처분은 형법상에 규정된 형(刑)이 아니고, 그 절차도 일반 형사소송절차와는 다를 뿐만 아니라, 주취 중 운전금지라는 행정상 의무의 존재를 전제하면서 그 이행을 확보하기 위해 마련된 수단이라는 점에서 형벌과는 다른 목적과 기능을 가지고 있다고 할 것이므로, 운전면허 취소처분을 이중처벌금지원칙에서 말하는 "처벌"로 보기 어렵다. 따라서 이 사건 법률조항은 이중처벌금지원칙에 위반되지 아니한다(헌재 2010.3.25, 2009헌바83).

03 이중처벌금지원칙에 관한 설명 중 가장 적절한 것은? (다툼이 있는 경우 판례에 의함) 22. 경찰승진

① 신상정보 공개·고지명령은 형벌과는 목적이나 심사대상 등을 달리하는 보안처분에 해당하므로 동일한 범죄행위에 대하여 형벌이 부과된 이후 다시 신상정보 공개 고지명령이 선고 및 집행된다고 하여 이중처벌금지원칙에 위반된다고 할 수 없다.

② 헌법 제13조 제1항에서 말하는 '처벌'은 범죄에 대한 국가의 형벌권 실행으로서의 과벌을 의미하는 것인바, 국가가 행하는 일체의 제재나 불이익처분 모두 그 '처벌'에 포함이 된다.

③ 일정한 성폭력범죄를 범한 사람에게 유죄판결을 선고하는 경우 성폭력치료프로그램 이수명령을 병과하도록 한 것은 그 목적이 과거의 범죄행위에 대한 제재로서 대상자의 건전한 사회복귀 및 범죄예방과 사회보호에 있어 형벌과 본질적 차이가 나지 않는 보안처분에 해당하므로, 동일한 범죄행위에 대하여 형벌과 병과될 경우 이중처벌금지원칙에 위배된다.

④ 헌법재판소는 외국에서 형의 전부 또는 일부의 집행을 받은 자에 대하여 형을 감경 또는 면제할 수 있도록 규정한 형법 제7조가 이중처벌금지원칙에 위배되어 위헌이라고 판시하였다.

해설

① [O] 이중처벌은 처벌 또는 제재가 동일한 행위를 대상으로 거듭 행해질 때 발생하는 문제이다. 그런데 신상정보 공개·고지명령은 형벌과는 목적이나 심사대상 등을 달리하는 보안처분에 해당하므로 동일한 범죄행위에 대하여 형벌이 부과된 이후 다시 신상정보 공개·고지명령이 선고 및 집행된다고 하여 이중처벌금지의 원칙에 위반된다고 할 수 없다(헌재 2016.12.29, 2015헌바196).

② [×] 헌법 제13조 제1항에서 말하는 "처벌"은 원칙으로 범죄에 대한 국가의 형벌권 실행으로서의 과벌을 의미하는 것이고, 국가가 행하는 일체의 제재나 불이익처분을 모두 그 "처벌"에 포함시킬 수는 없다 할 것이다(헌재 1994.6.30, 92헌바38).

③ [×] 이수명령은 형벌과 본질적 차이가 있는 보안처분에 해당하므로, 동일한 범죄행위에 대하여 형벌과 병과되더라도 이중처벌금지원칙에 위배된다고 할 수 없다(헌재 2016.12.29, 2016헌바153).

④ [×] 외국의 형사판결은 원칙적으로 우리 법원을 기속하지 않으므로 동일한 범죄행위에 관하여 다수의 국가에서 재판 또는 처벌을 받는 것이 배제되지 않는다. 따라서 이중처벌금지원칙은 동일한 범죄에 대하여 대한민국 내에서 거듭 형벌권이 행사되어서는 안 된다는 뜻으로 새겨야 할 것이므로 이 사건 법률조항은 헌법 제13조 제1항의 이중처벌금지원칙에 위배되지 아니한다(헌재 2015.5.28, 2013헌바129).

04 이중처벌금지원칙에 관한 설명 중 가장 적절하지 않은 것은? (다툼이 있는 경우 판례에 의함) 23. 경찰승진

① 헌법재판소는 공무원의 징계 사유가 공금 횡령인 경우에는 해당 징계 외에 공금 횡령액의 5배 내의 징계부가금을 부과하도록 한 지방공무원법 조항에 대하여, 징계부가금이 제재적 성격을 지니고 있더라도 이를 헌법 제13조 제1항에서 말하는 '처벌'에 해당한다고 볼 수 없으므로 이중처벌금지원칙에 위배되지 않는다고 판단하였다.

② 헌법재판소는 일정한 성폭력범죄를 범한 사람에 대하여 유죄판결을 선고하면서 성폭력 치료프로그램의 이수명령을 병과하도록 한 성폭력범죄의 처벌 등에 관한 특례법 조항에 대하여, 이 조항에 의한 이수명령은 보안처분에 해당하므로 이중처벌금지원칙에 위반되지 않는다고 판단하였다.

③ 헌법재판소는 특정 범죄자에 대하여 위치추적 전자장치를 부착할 수 있도록 한 구 특정 범죄자에 대한 위치추적 전자장치 부착 등에 관한 법률 조항에 대하여, 이 조항에 의한 전자장치 부착은 보안처분에 해당하므로 이중처벌금지원칙에 위반되지 않는다고 판단하였다.

④ 헌법재판소는 보호감호와 형벌은 다같이 신체의 자유를 박탈하는 수용처분이라는 점에서 집행상 뚜렷한 구분이 되지 않기 때문에 형벌과 보호감호를 서로 병과하여 선고하는 것은 이중처벌금지원칙에 위반된다고 판단하였다.

정답 | 02 ② 03 ① 04 ④

해설

④ [×] 보호감호와 형벌은 비록 다같이 신체의 자유를 박탈하는 수용처분이라는 점에서 집행상 뚜렷한 구분이 되지 않는다고 하더라도 그 본질, 추구하는 목적과 기능이 전혀 다른 별개의 제도이므로 형벌과 보호감호를 서로 병과하여 선고한다 하여 헌법 제13조 제1항에 정한 이중처벌금지의 원칙에 위반되는 것은 아니라 할 것이다(헌재 1989.7.14, 88헌가5).

① [O] 징계부가금은 공무원의 업무질서를 유지하기 위하여 공금의 횡령이라는 공무원의 의무 위반 행위에 대하여 지방자치단체가 사용자의 지위에서 행정 절차를 통해 부과하는 행정적 제재이다. 비록 징계부가금이 제재적 성격을 지니고 있더라도 이를 두고 헌법 제13조 제1항에서 금지하는 국가형벌권 행사로서의 '처벌'에 해당한다고 볼 수 없으므로, 심판대상조항은 이중처벌금지원칙에 위배되지 않는다(헌재 2015.2.26, 2012헌바435).

② [O] 이수명령은 형벌과 본질적 차이가 있는 보안처분에 해당하므로, 동일한 범죄행위에 대하여 형벌과 병과되더라도 이중처벌금지원칙에 위배된다고 할 수 없다(헌재 2016.12.29, 2016헌바153).

③ [O] 전자장치 부착은 과거의 불법에 대한 응보가 아닌 장래의 재범 위험성을 방지하기 위한 보안처분에 해당되므로, 부착명령청구조항은 헌법 제13조 제1항 후단의 이중처벌금지원칙에 위배되지 아니한다(헌재 2015.9.24, 2015헌바35).

05 이중처벌금지원칙에 관한 설명 중 가장 적절한 것은? (다툼이 있는 경우 판례에 의함)

22. 경찰승진

① 신상정보 공개·고지명령은 형벌과는 목적이나 심사대상 등을 달리하는 보안처분에 해당하므로 동일한 범죄행위에 대하여 형벌이 부과된 이후 다시 신상정보 공개·고지명령이 선고 및 집행된다고 하여 이중처벌금지원칙에 위반된다고 할 수 없다.

② 헌법 제13조 제1항에서 말하는 '처벌'은 범죄에 대한 국가의 형벌권 실행으로서의 과벌을 의미하는 것인바, 국가가 행하는 일체의 제재나 불이익처분 모두 그 '처벌'에 포함이 된다.

③ 일정한 성폭력범죄를 범한 사람에게 유죄판결을 선고하는 경우 성폭력치료프로그램 이수명령을 병과하도록 한 것은 그 목적이 과거의 범죄행위에 대한 제재로서 대상자의 건전한 사회복귀 및 범죄예방과 사회보호에 있어 형벌과 본질적 차이가 나지 않는 보안처분에 해당하므로, 동일한 범죄행위에 대하여 형벌과 병과될 경우 이중처벌금지원칙에 위배된다.

④ 헌법재판소는 외국에서 형의 전부 또는 일부의 집행을 받은 자에 대하여 형을 감경 또는 면제할 수 있도록 규정한 형법(1953.9.18. 법률 제293호로 제정된 것) 제7조가 이중처벌금지원칙에 위배되어 위헌이라고 판시하였다.

해설

① [O] 이중처벌금지원칙은 판결이 확정되면 동일한 사건에 대해서는 다시 심판할 수 없다는 일사부재리원칙을 선언한 것으로서 국민의 신체의 자유를 보장하기 위한 것이다. 이러한 이중처벌은 처벌 또는 제재가 동일한 행위를 대상으로 거듭 행해질 때 발생하는 문제이다. 그런데 신상정보 공개·고지명령은 형벌과는 목적이나 심사대상 등을 달리하는 보안처분에 해당하므로 동일한 범죄행위에 대하여 형벌이 부과된 이후 다시 신상정보 공개·고지명령이 선고 및 집행된다고 하여 이중처벌금지의 원칙에 위반된다고 할 수 없다(헌재 2016.12.29, 2015헌바196).

② [×] 헌법 제13조 제1항은 "모든 국민은 … 동일한 범죄에 대하여 거듭 처벌받지 아니한다."고 하여 이른바 "이중처벌금지의 원칙"을 규정하고 있는바, 이 원칙은 한번 판결이 확정되면 동일한 사건에 대해서는 다시 심판할 수 없다는 "일사부재리의 원칙"이 국가형벌권의 기속원리로 헌법상 선언된 것으로서, 동일한 범죄행위에 대하여 국가가 형벌권을 거듭 행사할 수 없도록 함으로써 국민의 기본권 특히 신체의 자유를 보장하기 위한 것이라고 할 수 있다. 이러한 점에서 헌법 제13조 제1항에서 말하는 "처벌"은 원칙으로 범죄에 대한 국가의 형벌권 실행으로서의 과벌을 의미하는 것이고, 국가가 행하는 일체의 제재나 불이익처분을 모두 그 "처벌"에 포함시킬 수는 없다 할 것이다(헌재 1994.6.30, 92헌바38).

③ [×] 이수명령은 형벌과 본질적 차이가 있는 보안처분에 해당하므로, 동일한 범죄행위에 대하여 형벌과 병과되더라도 이중처벌금지원칙에 위배된다고 할 수 없다(헌재 2016.12.29, 2016헌바153).

④ [×] 형사판결은 국가주권의 일부분인 형벌권 행사에 기초한 것으로서, 외국의 형사판결은 원칙적으로 우리 법원을 기속하지 않으므로 동일한 범죄행위에 관하여 다수의 국가에서 재판 또는 처벌을 받는 것이 배제되지 않는다. 따라서 이중처벌금지원칙은 동일한 범죄에 대하여 대한민국 내에서 거듭 형벌권이 행사되어서는 안 된다는 뜻으로 새겨야 할 것이므로 이 사건 법률조항은 헌법 제13조 제1항의 이중처벌금지원칙에 위배되지 아니한다(헌재 2015.5.28, 2013헌바129).

☑ 참고 판례

> 입법자는 외국에서 형의 집행을 받은 자에게 어떠한 요건 아래, 어느 정도의 혜택을 줄 것인지에 대하여 일정 부분 재량권을 가지고 있으나, 신체의 자유는 정신적 자유와 더불어 헌법이념의 핵심인 인간의 존엄과 가치를 구현하기 위한 가장 기본적인 자유로서 모든 기본권 보장의 전제조건이므로 최대한 보장되어야 하는바, 외국에서 실제로 형의 집행을 받았음에도 불구하고 우리 형법에 의한 처벌시 이를 전혀 고려하지 않는다면 신체의 자유에 대한 과도한 제한이 될 수 있으므로 그와 같은 사정은 어느 범위에서든 반드시 반영되어야 하고, 이러한 점에서 입법형성권의 범위는 다소 축소될 수 있다. 입법자는 국가형벌권의 실현과 국민의 기본권 보장의 요구를 조화시키기 위하여 형을 필요적으로 감면하거나 외국에서 집행된 형의 전부 또는 일부를 필요적으로 산입하는 등의 방법을 선택하여 청구인의 신체의 자유를 덜 침해할 수 있음에도, 이 사건 법률조항과 같이 우리 형법에 의한 처벌시 외국에서 받은 형의 집행을 전혀 반영하지 아니할 수도 있도록 한 것은 과잉금지원칙에 위배되어 신체의 자유를 침해한다(헌재 2015.5.28, 2013헌바129).

06 이중처벌금지의 원칙에 대한 설명으로 가장 적절하지 않은 것은? (다툼이 있는 경우 헌법재판소 판례에 의함)

22. 경찰간부

① 벌금형을 선고받는 자가 그 벌금을 납입하지 않은 때에 그 집행방법의 변경으로 하게 되는 노역장 유치는 이미 형벌을 받은 사건에 대해 또다시 형을 부과하는 것이 아니라, 단순한 형벌 집행 방법의 변경에 불과한 것이므로 헌법 제13조 제1항 후단의 이중처벌금지의 원칙에 위반되지 않는다.

② 집행유예의 취소시 부활되는 본형은 집행유예의 선고와 함께 선고되었던 것으로 판결이 확정된 동일한 사건에 대하여 다시 심판한 결과 부과되는 것이 아니므로 일사부재리의 원칙과 무관하다.

③ 신상정보 공개·고지 명령은 형벌과는 목적이나 심사대상 등을 달리하는 보안처분에 해당하므로 동일한 범죄행위에 대하여 형벌이 부과된 이후 다시 신상정보 공개·고지 명령이 선고 및 집행된다고 하여 이중처벌금지의 원칙에 위반된다고 할 수 없다.

④ 헌법 제13조 제1항이 정한 이중처벌금지의 원칙은 동일한 범죄행위에 대하여 국가가 형벌권을 거듭 행사할 수 없도록 함으로써 국민의 신체의 자유를 보장하기 위한 것이므로, 국가가 행하는 일체의 제재나 불이익처분을 모두 그 처벌에 포함된다.

해설

④ [×] 헌법 제13조 제1항이 정한 "이중처벌금지의 원칙"은 동일한 범죄행위에 대하여 국가가 형벌권을 거듭 행사할 수 없도록 함으로써 국민의 기본권 특히 신체의 자유를 보장하기 위한 것이므로, 그 '처벌'은 원칙적으로 범죄에 대한 국가의 형벌권 실행으로서의 과벌을 의미하는 것이고, 국가가 행하는 일체의 제재나 불이익처분을 모두 그에 포함된다고 할 수는 없다(헌재 2008.7.31, 2007헌바85).
비교 연좌제를 금지하고 있는 헌법 제13조 제3항에서 말하는 '불이익한 처우'란 형사법상의 불이익만이 아니라 국가로부터의 어떠한 불이익한 처분도 받지 않는다는 것을 의미한다.

① [O] 벌금형을 선고받은 자가 그 벌금을 납입하지 않은 때에 그 집행방법의 변경으로 하게 되는 노역장 유치는 이미 형벌을 받은 사건에 대하여 또다시 형을 부과하는 것이 아니라, 단순한 형벌집행방법의 변경에 불과한 것이므로 헌법 제13조 제1항 후단의 이중처벌금지의 원칙에 위반되지 아니한다(헌재 2009.3.26, 2008헌바52).

② [O] 집행유예의 취소시 부활되는 본형은 집행유예의 선고와 함께 선고되었던 것으로 판결이 확정된 동일한 사건에 대하여 다시 심판한 결과 부과되는 것이 아니므로 일사부재리의 원칙과 무관하고, 사회봉사명령 또는 수강명령은 그 성격, 목적, 이행방식 등에서 형벌과 본질적 차이가 있어 이중처벌금지원칙에서 말하는 '처벌'이라 보기 어려우므로, 이 사건 법률조항은 이중처벌금지원칙에 위반되지 아니한다(헌재 2013.6.27, 2012헌바345).

③ [O] 신상정보 공개·고지명령은 형벌과는 목적이나 심사대상 등을 달리하는 보안처분에 해당하므로 동일한 범죄행위에 대하여 형벌과 병과된다고 하여 이중처벌금지의 원칙에 위반된다고 할 수 없다(헌재 2016.5.26, 2015헌바212).

정답 | 05 ① 06 ④

07 일사부재리 내지 이중처벌금지원칙에 관한 설명 중 가장 적절하지 않은 것은? (다툼이 있는 경우 판례에 의함)

22. 경찰 2차

① 형법이 누범을 가중처벌하는 것은 전범에 대하여 형벌을 받았음에도 다시 범행을 하였다는 데 있는 것이지, 전범에 대하여 처벌을 받았음에도 다시 범행을 하는 경우 전범도 후범과 일괄하여 다시 처벌한다는 것은 아님이 명백하므로, 누범에 대하여 형을 가중하는 것이 일사부재리원칙에 위배하는 것은 아니다.

② 행정법은 의무를 명하거나 금지를 설정함으로써 일정한 행정목적을 달성하려고 하는데, 그 실효성을 확보하기 위하여 행정형벌, 과태료, 영업허가의 취소·정지, 과징금 등을 가함으로써 의무위반 당사자로 하여금 더 이상 위반을 하지 않도록 유도하는 것이 필요하고, 이와 같이 '제재를 통한 억지'는 행정규제의 본원적 기능이라 볼 수 있으므로, 어떤 행정제재의 기능이 오로지 제재에 있다고 하여 이를 헌법 제13조 제1항에서 말하는 '이중처벌'에 해당한다고 할 수 없다.

③ 공직선거법위반죄를 범하여 형사처벌을 받은 공무원에 대하여 당선무효라는 불이익을 가하는 것은 공직선거법위반 행위 자체에 대한 국가의 형벌권 실행으로서의 과벌에 해당하므로, 이중처벌금지원칙에 위배될 가능성이 크다.

④ 형사판결은 국가주권의 일부분인 형벌권 행사에 기초한 것으로서, 외국의 형사판결은 원칙적으로 우리 법원을 기속하지 않으므로 동일한 범죄행위에 관하여 다수의 국가에서 재판 또는 처벌을 받는 것이 배제되지 않는다고 할 것인바, 외국에서 형의 전부 또는 일부의 집행을 받은 자에 대하여 형을 감경 또는 면제할 수 있도록 규정한 형법 제7조는 이중처벌금지원칙에 위반되지 아니한다.

해설

③ [×] 공직선거법위반죄를 범하여 형사처벌을 받은 공무원에 대하여 당선무효라는 불이익을 가하는 것은 선거의 공정성을 해친 자에게 일정한 불이익을 줌으로써 선거의 공정성을 확보하고, 불법적인 방법으로 당선된 공직자에 의한 장래의 부적절한 공직수행을 차단하기 위한 법적 조치로서, 공직선거법위반 행위 자체에 대한 국가의 형벌권 실행으로서의 과벌에 해당하지 아니하므로, 헌법 제13조 제1항이 금지하는 이중처벌금지원칙이 적용되지 않는다. 따라서 공직선거법위반죄를 범함으로 인하여 징역형의 선고를 받은 공직자의 당선을 무효로 하는 당선무효조항은 이중처벌금지원칙에 위반되지 아니한다(헌재 2015.2.26, 2012헌마581).

① [O] 형법 제35조 제1항이 누범을 가중처벌하는 것은 전범(前犯)에 대하여 형벌을 받았음에도 다시 범행을 하였다는 데 있는 것이지, 전범에 대하여 처벌을 받았음에도 다시 범행을 하는 경우에는 전범도 후범(後犯)과 일괄하여 다시 처벌한다는 것은 아님이 명백하므로, 누범에 대하여 형을 가중하는 것이 헌법상의 일사부재리의 원칙에 위배하여 피고인의 기본권을 침해하는 것이라고는 볼 수 없다(헌재 1995.2.23, 93헌바43).

② [O] 어떤 행정처분에 제재(制裁)와 억지(抑止)의 성격·기능만이 있다 하여 이를 '국가형벌권의 행사'로서의 '처벌'이라고 볼 수 없다. 행정법은 의무를 명하거나 금지를 설정함으로써 일정한 행정목적을 달성하려고 하는데, 그 실효성을 확보하기 위하여는 의무의 위반이 있을 때에 행정형벌, 과태료, 영업허가의 취소·정지, 과징금 등과 같은 불이익을 가함으로써 의무위반 당사자나 다른 의무자로 하여금 더 이상 위반을 하지 않도록 유도하는 것이 필요하다. 이와 같이 '제재를 통한 억지'는 행정규제의 본원적 기능이라 볼 수 있는 것이고, 따라서 어떤 행정제재의 기능이 오로지 제재(및 이에 결부된 억지)에 있다고 하여 이를 헌법 제13조 제1항에서 말하는 '처벌'에 해당한다고 할 수 없다. 부당이득 환수와 같은 부가적 기능 없이 오로지 제재적 기능만 있는 행정제재는 실질적으로 형사처벌과 다를 바 없다고 본다면 헌법 제13조 제1항에 규정된 이중처벌금지원칙의 적용범위가 너무 넓어지고, 그 결과 행정목적 실현을 위한 제재의 체계에 경직성을 초래하게 된다(헌재 2003.7.24, 2001헌가25).

④ [O] 형사판결은 국가주권의 일부분인 형벌권 행사에 기초한 것으로서, 외국의 형사판결은 원칙적으로 우리 법원을 기속하지 않으므로 동일한 범죄행위에 관하여 다수의 국가에서 재판 또는 처벌을 받는 것이 배제되지 않는다. 따라서 이중처벌금지원칙은 동일한 범죄에 대하여 대한민국 내에서 거듭 형벌권이 행사되어서는 안 된다는 뜻으로 새겨야 할 것이므로 이 사건 법률조항은 헌법 제13조 제1항의 이중처벌금지원칙에 위배되지 아니한다(헌재 2015.05.28, 2013헌바129).

■ 연좌제금지

01 연좌제금지에 대한 설명으로 가장 적절한 것은? (다툼이 있는 경우 헌법재판소 판례에 의함) 25. 경찰간부

① 직계존속이 외국에서 영주할 목적 없이 체류한 상태에서 출생한 자는 병역의무를 해소한 경우에만 국적이탈을 신고할 수 있도록 하는 구 국적법 제12조 제3항은 헌법상 연좌제금지원칙의 규율 대상이다.

② 고위공직자범죄수사처 설치 및 운영에 관한 법률 제2조 및 같은 법 제3조 제1항에 따라 고위공직자의 가족은 고위공직자의 직무와 관련하여 죄를 범한 경우 수사처의 수사대상이 되는데, 이는 헌법상 연좌제금지원칙에서 규율하고자 하는 대상이다.

③ 학교법인의 이사장과 특정관계에 있는 사람의 학교장 임명을 제한하는 사립학교법 해당 조항은 배우자나 직계가족이라는 인적 관계의 특성상 당연히 예상할 수 있는 일체성 내지 유착가능성을 근거로 일정한 제약을 가하는 것이다.

④ 변호사법 해당 조항 중 법무법인에 관하여 합명회사 사원의 무한연대책임을 정한 상법 제212조, 신입사원에게 동일한 책임을 부과하는 상법 제213조, 퇴사한 사원에게 퇴사등기 후 2년 내에 동일한 책임을 부과하는 상법 제225조 제1항을 준용하는 부분은 연좌제금지원칙이 적용된다.

해설

③ [O] 법 제54조의3 제3항은 그 제한이 이루어지는 영역이 공공성과 함께 학교법인으로부터의 자주성도 담보되어야 하는 사립학교의 장이라는 직책이라는 점에서, 가족 간에 실질적으로 의미 있는 아무런 관련성을 인정할 수 없음에도 불구하고 오로지 배우자 등의 관계에 있다는 사유 자체만으로 불이익을 주는 것이 아니라, 아래에서 보는 바와 같이 배우자나 직계가족이라는 인적 관계의 특성상 당연히 예상할 수 있는 일체성 내지 유착가능성을 근거로 일정한 제약을 가하는 것이다. 따라서 그와 같이 제한하고 있다는 것만으로 곧바로 헌법이 금지하고 있는 연좌제에 위배된다 할 수는 없고, 다만 위 조항이 학교법인이나 이사장의 배우자 등에게 가하고 있는 제한의 정도가 과잉하여 이들의 기본권을 침해하는지 여부만이 문제된다 할 것이다. 따라서 위 법률조항이 이사장의 배우자 등의 직업의 자유나 학교법인의 사립학교 운영의 자유를 과잉제한하여 헌법에 위배된다고 할 수 없다(헌재 2013.11.28, 2007헌마1189 등).

① [×] 청구인은 심판대상조항이 국적을 이탈하려는 자 본인이 아닌 그 직계존속의 행위에 따라 국적이탈에 불이익한 처우를 가하므로, 헌법 제13조 제3항의 연좌제금지원칙에 위반된다고 주장한다. 헌법 제13조 제3항은 친족의 행위와 본인 간에 실질적으로 의미 있는 아무런 관련성을 인정할 수 없음에도 불구하고 오로지 친족이라는 사유 그 자체만으로 불이익한 처우를 가하는 경우에 적용된다. 그런데 선천적 복수국적자가 지닌 대한민국 국민으로서의 지위는 혈통에 의하여 출생과 동시에 국적법에 따라 자동적으로 취득하는 것으로, 복수국적의 선천적 취득과 이로 인한 국적이탈의 문제는 헌법상 연좌제금지원칙에서 규율하고자 하는 대상이라 볼 수 없다. 따라서 이 부분 주장에 대해서는 별도로 살펴보지 않는다. … 심판대상조항은 과잉금지원칙에 위배되어 국적이탈의 자유를 침해하지 아니한다(헌재 2023.2.23, 2019헌바462).

② [×] 고위공직자의 가족은 고위공직자의 직무와 관련하여 스스로 범한 죄에 대해서만 수사처의 수사를 받거나 기소되므로, 친족의 행위와 본인 간에 실질적으로 의미 있는 아무런 관련성을 인정할 수 없음에도 불구하고 오로지 친족이라는 사유 그 자체만으로 불이익한 처우를 가하는 경우에만 적용되는 연좌제금지 원칙이나 자기책임의 원리 위반 여부는 문제되지 않는다(헌재 2021.1.28, 2020헌마264 등).

④ [×] 친족관계의 존부를 필요조건으로 하지 아니하는 법무법인 구성원변호사 사이의 관계에 연좌제 금지 원칙이 적용될 여지가 없고, 행복추구권 침해 여부는 보다 밀접한 기본권인 재산권 침해 여부에 대하여 판단하는 이상 따로 판단하지 아니한다. … 심판대상조항으로 인하여 보호하려는 변호사의 공공성, 법률서비스의 안정성 및 사법제도 전반에 대한 국민의 신뢰라는 공익과 법무법인의 구성원변호사가 법무법인의 채무에 대해 보충적인 책임을 지면서 발생하는 재산상의 부담이라는 사익을 비교형량할 때, 결코 그 공익이 사익보다 작다고 할 수 없으므로 법익의 균형성 역시 지켜지고 있다. 심판대상조항은 청구인들의 재산권을 침해하지 아니한다(헌재 2016.11.24, 2014헌바203 등).

정답 | 07 ③ 01 ③

■ 적법절차원칙

01 적법절차에 관한 설명으로 가장 적절한 것은? (다툼이 있는 경우 헌법재판소 판례에 의함) 24. 경찰 2차

① 세무대학의 폐지를 목적으로 하는 법률안을 의결하는 경우 입법절차에 있어서 당연히 이해관계자들의 의견을 조사하는 등 청문절차를 거쳐야 하므로, 별도의 청문절차를 거치지 않은 것만으로도 헌법 제12조 적법절차에 위반된다.

② 행정절차상 강제처분에 의해 신체의 자유가 제한되는 경우 강제처분의 집행기관으로부터 독립된 중립적인 기관이 이를 통제하도록 하는 것은 적법절차원칙의 내용에 해당하지 않는다.

③ 형사재판에 계속 중인 사람에 대하여 출국을 금지할 수 있다고 규정한 출입국관리법 조항에 따른 출국금지결정은 성질상 신속성과 밀행성을 요하므로 출국금지 대상자에게 사전통지를 하거나 청문을 실시하지 않더라도, 출국금지 후 즉시 서면으로 통지하도록 하고 있고, 출국금지결정에 대해 사후적으로 다툴 수 있는 기회를 제공하므로 적법절차원칙에 위배된다고 보기 어렵다.

④ 수사기관 등이 전기통신사업자에게 이용자의 성명 등 통신자료의 열람이나 제출을 요청할 수 있도록 한 전기통신사업법 조항은, 효율적인 수사와 정보수집의 신속성, 밀행성 등의 필요성을 고려하여 정보주체인 이용자에게 그 내역을 통지하도록 하는 것이 적절하지 않기 때문에 사후통지절차를 두지 않더라도 적법절차원칙에 위배되지 않는다.

해설

③ [O] 심판대상조항에 따른 출국금지결정은 성질상 신속성과 밀행성을 요하므로, 출국금지 대상자에게 사전통지를 하거나 청문을 실시하도록 한다면 국가 형벌권 확보라는 출국금지제도의 목적을 달성하는 데 지장을 초래할 우려가 있다. 나아가 출국금지 후 즉시 서면으로 통지하도록 하고 있고, 이의신청이나 행정소송을 통하여 출국금지결정에 대해 사후적으로 다툴 수 있는 기회를 제공하여 절차적 참여를 보장해 주고 있으므로 적법절차원칙에 위배된다고 보기 어렵다(헌재 2015.9.24, 2012헌바302).

① [×] 정부는 이 사건 폐지법률안을 국회에 제출하기에 앞서 행정절차법 제41조와 법제업무운영규정 제15조에 따라 입법예고를 통해 이해당사자는 물론 전 국민에게 세무대학 폐지의 의사를 미리 공표하였으며, 헌법 제89조에 따라 국무회의의 심의를 거치는 등 헌법과 법률이 정한 절차와 방법을 준수하였다. 따라서 국회가 이 사건 폐지법을 제정하는 과정에서 별도의 청문절차를 거치지 않았다고 해서 그것만으로 곧 헌법 제12조의 적법절차를 위반하였다고 볼 수는 없다(헌재 2001.2.22, 99헌마613).

② [×] 행정절차상 강제처분에 의해 신체의 자유가 제한되는 경우 강제처분의 집행기관으로부터 독립된 중립적인 기관이 이를 통제하도록 하는 것은 적법절차원칙의 중요한 내용에 해당한다. 심판대상조항에 의한 보호는 신체의 자유를 제한하는 정도가 박탈에 이르러 형사절차상 '체포 또는 구속'에 준하는 것으로 볼 수 있는 점을 고려하면, 보호의 개시 또는 연장 단계에서 그 집행기관인 출입국관리공무원으로부터 독립되고 중립적인 지위에 있는 기관이 보호의 타당성을 심사하여 이를 통제할 수 있어야 한다(헌재 2023.3.23, 2020헌가1 등).

④ [×] 효율적인 수사와 정보수집의 신속성, 밀행성 등의 필요성을 고려하여 사전에 정보주체인 이용자에게 그 내역을 통지하도록 하는 것이 적절하지 않다면 수사기관 등이 통신자료를 취득한 이후에 수사 등 정보수집의 목적에 방해가 되지 않는 범위 내에서 통신자료의 취득사실을 이용자에게 통지하는 것이 얼마든지 가능하다. 그럼에도 이 사건 법률조항은 통신자료 취득에 대한 사후통지절차를 두지 않아 적법절차원칙에 위배된다(헌재 2022.7.21, 2016헌마388 등).

02 적법절차원칙에 대한 설명으로 옳지 않은 것은? 24. 국가직 7급

① 강제퇴거명령을 받은 사람을 보호할 수 있도록 하면서 보호기간의 상한을 마련하지 아니한 출입국관리법 제63조 제1항은 적법절차원칙에 위배된다.

② 토지 등 소유자의 100분의 30 이상이 정비예정구역의 해제를 요청하는 경우 특별시장 등 해제권자로 하여금 지방도시계획위원회의 심의를 거쳐 정비예정구역의 지정을 해제할 수 있도록 한 구 도시 및 주거환경정비법 조항 중 '정비예정구역'에 관한 부분은 토지등 소유자에게는 정비계획의 입안을 제안할 수 있는 방법이 없는 점 등을 종합적으로 고려하면 적법절차원칙에 위반된다.

③ 치료감호 가종료 시 3년의 보호관찰이 시작되도록 한 치료감호 등에 관한 법률 조항은 3년의 보호관찰기간 종료 전이라도 6개월마다 치료감호의 종료 여부 심사를 치료감호심의위원회에 신청할 수 있고, 그 신청에 관한 치료감호심의위원회의 기각결정에 불복하는 경우 행정소송을 제기하여 법관에 의한 재판을 받을 수 있다는 점 등을 고려하면 적법절차원칙에 반하지 않는다.

④ 수사기관 등이 전기통신사업자에게 이용자의 성명 등 통신자료의 열람이나 제출을 요청할 수 있도록 한 전기통신사업법 제83조 제3항 중 '검사 또는 수사관서의 장(군수사기관의 장을 포함한다), 정보수사기관의 장의 수사, 형의 집행 또는 국가안전보장에 대한 위해방지를 위한 정보수집을 위한 통신자료 제공요청'에 관한 부분은 통신자료 취득에 대한 사후통지절차를 두지 않아 적법절차원칙에 위배된다.

해설

② [×] 심판대상조항은 정비예정구역으로 지정되어 있는 상태에서 정비사업이 장기간 방치됨으로써 발생하는 법적 불안정성을 해소하고, 정비예정구역 내 토지등소유자의 재산권 행사를 보장하기 위한 것이다. 아직 정비계획의 수립 및 정비구역 지정이 이루어지지 않고 있는 정비예정구역을 대상으로 하는 점, 경기, 사업성 또는 주민갈등 등 다양한 사유로 인하여 정비예정구역에 대한 정비계획 수립 등이 이루어지지 않을 가능성도 있는 점, 정비예정구역으로 지정되어 있을 뿐인 단계에서부터 토지등소유자의 100분의 30 이상이 정비예정구역 해제를 요구하고 있는 상황이라면 추후 정비사업의 시행이 지연되거나 좌초될 가능성이 큰 점, 토지등소유자에게는 정비계획의 입안을 제안할 수 있는 방법이 있는 점, 정비예정구역 해제를 위해서는 지방도시계획위원회의 심의를 거쳐야 하고, 정비예정구역의 해제는 해제권자의 재량적 행위인 점, 정비예정구역 해제에 관한 위법이 있는 경우 항고소송을 통하여 이를 다툴 수 있는 점 등을 종합적으로 고려하면, 심판대상조항이 적법절차원칙에 위반된다고 볼 수 없다(헌재 2023.6.29, 2020헌바63).

① [O] 현재 출입국관리법상 보호의 개시 또는 연장 단계에서 집행기관으로부터 독립된 중립적 기관에 의한 통제절차가 마련되어 있지 아니하다. … 심판대상조항에 따른 보호명령을 발령하기 전에 당사자에게 의견을 제출할 수 있는 절차적 기회가 마련되어 있지 아니하다. 따라서 심판대상조항은 적법절차원칙에 위배되어 피보호자의 신체의 자유를 침해한다(헌재 2023.3.23, 2020헌가1 등).

③ [O] 치료감호와 보호관찰은 모두 적법절차원칙의 적용대상인 보안처분이지만 보호관찰은 '시설 외 처분'으로서 '시설 내 처분'인 치료감호보다 경한 처분이고, 독립성과 전문성을 갖춘 치료감호심의위원회로 하여금 치료의 필요성과 재범의 위험성을 판단 하도록 한 것은 합리성이 인정된다. 또한 3년의 보호관찰기간 종료 전이라도 6개월마다 치료감호의 종료 여부 심사를 치료감호심의위원회에 신청할 수 있고, 그 신청에 관한 치료감호심의위원회의 기각 결정에 불복하는 경우 행정소송을 제기하여 법관에 의한 재판을 받을 수 있다. 따라서 심판대상조항은 적법절차원칙에 반하여 청구인의 재판청구권을 침해하지 아니한다(헌재 2023.10.26, 2021헌마839).

④ [O] 이 사건 법률조항에 의한 통신자료 제공요청이 있는 경우 통신자료의 정보주체인 이용자에게는 통신자료 제공요청이 있었다는 점이 사전에 고지되지 아니하며, 전기통신사업자가 수사기관 등에게 통신자료를 제공한 경우에도 이러한 사실이 이용자에게 별도로 통지되지 않는다. 그런데 당사자에 대한 통지는 당사자가 기본권 제한 사실을 확인하고 그 정당성 여부를 다툴 수 있는 전제조건이 된다는 점에서 매우 중요하다. 효율적인 수사와 정보수집의 신속성, 밀행성 등의 필요성을 고려하여 사전에 정보주체인 이용자에게 그 내역을 통지하도록 하는 것이 적절하지 않다면 수사기관 등이 통신자료를 취득한 이후에 수사 등 정보수집의 목적에 방해가 되지 않는 범위 내에서 통신자료의 취득사실을 이용자에게 통지하는 것이 얼마든지 가능하다. 그럼에도 이 사건 법률조항은 통신자료 취득에 대한 사후통지절차를 두지 않아 적법절차원칙에 위배된다(헌재 2022.7.21, 2016헌마388 등).

정답 | 01 ③ 02 ②

03 다음 적법절차원칙에 관한 설명 중 가장 옳지 않은 것은? (다툼이 있는 경우 판례에 의함) 24. 해경

① 강제퇴거명령을 받은 사람을 보호할 수 있도록 하면서 보호기간의 상한을 마련하지 아니한 출입국관리법 조항에 의한 보호는 형사절차상 '체포 또는 구속'에 준하는 것으로 볼 수 있는 점을 고려하면, 보호의 개시 또는 연장 단계에서 그 집행기관인 출입국관리공무원으로부터 독립되고 중립적인 지위에 있는 기관이 보호의 타당성을 심사하여 이를 통제할 수 있어야 한다.

② 수뢰죄를 범하여 금고 이상의 형의 선고유예를 받은 국가공무원은 별도의 징계절차를 거치지 아니하고 당연퇴직되도록 한 국가공무원법 조항은 적법절차원칙에 위반되지 않는다.

③ 효율적인 수사와 정보수집의 신속성, 밀행성 등의 필요성을 고려하여 사전에 정보주체인 이용자에게 그 내역을 통지하도록 하는 것이 적절하지 않다면 수사기관 등이 통신자료를 취득한 이후에 수사 등 정보수집의 목적에 방해가 되지 않는 범위 내에서 통신자료의 취득사실을 이용자에게 통지하는 것이 얼마든지 가능함에도, 전기통신사업법 조항이 통신자료 취득에 대한 사후통지절차를 두지 않은 것은 적법절차원칙에 위배된다.

④ 범칙금 통고처분을 받고도 납부기간 이내에 범칙금을 납부하지 아니한 사람에 대하여 행정청에 대한 이의제기나 의견진술 등의 기회를 주지 않고 경찰서장이 곧바로 즉결심판을 청구하도록 한 것은 적법절차원칙에 위배된다.

해설

④ [×] 도로교통법상 범칙금 납부통고는 위반행위에 대한 제재를 신속 · 간편하게 종결할 수 있게 하는 제도로서, 이에 불복하여 범칙금을 납부하지 아니한 자에게는 재판절차라는 완비된 절차적 보장이 주어진다. 도로교통법 위반사례가 격증하고 있는 현실에서 통고처분에 대한 이의제기 등 행정청 내부 절차를 추가로 둔다면 절차의 중복과 비효율을 초래하고 신속한 사건처리에 저해가 될 우려도 있다. 따라서 이 사건 즉결심판청구 조항에서 의견진술 등의 별도의 절차를 두지 않은 것이 현저히 불합리하여 적법절차원칙에 위배된다고 보기 어렵다(헌재 2014.8.28, 2012헌바433).

① [O] 심판대상조항에 의한 보호는 신체의 자유를 제한하는 정도가 박탈에 이르러 형사절차상 '체포 또는 구속'에 준하는 것으로 볼 수 있는 점을 고려하면, 보호의 개시 또는 연장 단계에서 그 집행기관인 출입국관리공무원으로부터 독립되고 중립적인 지위에 있는 기관이 보호의 타당성을 심사하여 이를 통제할 수 있어야 한다. 그러나 현재 출입국관리법상 보호의 개시 또는 연장 단계에서 집행기관으로부터 독립된 중립적 기관에 의한 통제절차가 마련되어 있지 아니하다. … 따라서 심판대상조항은 적법절차원칙에 위배되어 피보호자의 신체의 자유를 침해한다(헌재 2023.3.23, 2020헌가1 등).

② [O] 범죄행위로 인하여 형사처벌을 받은 공무원에 대하여 신분상 불이익처분을 하는 법률을 제정함에 있어 어느 방법을 선택할 것인가는 원칙적으로 입법자의 재량에 속한다. 일정한 사항이 법정 당연퇴직사유에 해당하는지 여부만이 문제되는 당연퇴직의 성질상 그 절차에서 당사자의 진술권이 반드시 보장되어야 하는 것은 아니고, 심판대상조항이 청구인의 공무담임권 등을 침해하지 아니하는 이상 적법절차원칙에 위반되지 아니한다(헌재 2013.7.25, 2012헌바409).

③ [O] 효율적인 수사와 정보수집의 신속성, 밀행성 등의 필요성을 고려하여 사전에 정보주체인 이용자에게 그 내역을 통지하도록 하는 것이 적절하지 않다면 수사기관 등이 통신자료를 취득한 이후에 수사 등 정보수집의 목적에 방해가 되지 않는 범위 내에서 통신자료의 취득사실을 이용자에게 통지하는 것이 얼마든지 가능하다. 그럼에도 이 사건 법률조항은 통신자료 취득에 대한 사후통지절차를 두지 않아 적법절차원칙에 위배된다. … 이 사건 법률조항이 통신자료 취득에 대한 사후통지절차를 규정하고 있지 않은 것은 적법절차원칙에 위배하여 청구인들의 개인정보자기결정권을 침해한다(헌재 2022.7.21, 2016헌마388 등).

04 적법절차원칙에 관한 설명으로 가장 적절하지 않은 것은? (다툼이 있는 경우 판례에 의함) 25. 경정승진

① 헌법 제12조 제1항은 적법절차원칙의 일반조항이고, 제12조 제3항의 적법절차원칙은 기본권 제한 정도가 가장 심한 형사상 강제처분의 영역에서 기본권을 더욱 강하게 보장하려는 의지를 담아 중복 규정된 것이다.

② 적법절차원칙은 형사소송절차에 국한되지 않고 모든 국가작용전반에 대하여 적용되는 것이므로 국민에게 부담을 주는 행정작용인 과징금 부과의 절차에 있어서도 적법절차원칙이 준수되어야 한다.

③ 징벌혐의의 조사를 위하여 14일간 청구인을 조사실에 분리수용하고 공동행사참가 등 처우를 제한한 교도소장의 행위에 대해 법원에 의한 개별적인 통제절차를 두고 있지 않다는 점만으로 적법절차원칙에 위반된 것이라고 볼 수는 없다.

④ 전자우편에 대한 압수수색 집행의 경우에도 급속을 요하는 때에는 사전통지를 생략할 수 있도록 한 형사소송법 조항은 피의자 등이 압수수색 사실을 사전 통지받을 권리 및 이를 전제로 한 참여권을 제한받을 수밖에 없으므로 적법절차원칙에 위배된다.

해설

④ [×] 이 사건 법률조항에 의하여 피의자 등이 압수수색 사실을 사전 통지받을 권리 및 이를 전제로 한 참여권을 일정 정도 제한받게 되기는 하지만, 그 제한은 '사전통지에 의하여 압수수색의 목적을 달성할 수 없는 예외적인 경우'로 한정되어 있고, 전자우편의 경우에도 사용자가 그 계정에서 탈퇴하거나 메일 내용을 삭제 · 수정함으로써 증거를 은닉 · 멸실시킬 가능성을 배제할 수 없으며, 준항고제도나 위법수집증거의 증거능력 배제 규정 등 조항 적용의 남용을 적절히 통제할 수 있는 방법이 마련되어 있는 점, 반면에 이와 같은 제한을 통해 압수수색 제도가 전자우편에 대하여도 실효적으로 기능하도록 함으로써 실체적 진실 발견 및 범죄수사의 목적을 달성할 수 있도록 하여야 할 공익은 매우 크다고 할 수 있는 점 등을 종합해 보면, 이 사건 법률조항에 의하여 형성된 절차의 내용이 적법절차원칙에서 도출되는 절차적 요청을 무시하였다거나 비례의 원칙이나 과잉금지원칙을 위반하여 합리성과 정당성을 상실하였다고 볼 수 없다(헌재 2012.12.27, 2011헌바225).

① [O] 헌법은 제12조 제1항에서 신체의 자유의 보장과 적법절차의 원칙을 선언하고 같은 조 제3항에서 체포 · 구속 등에 있어서 '적법한 절차에 따라' 법관이 발부한 영장에 의할 것을 천명하고 있다. 헌법상 적법절차의 원칙은 국가작용으로서 기본권 제한과 관련되든 아니든 모든 입법작용 및 행정작용에도 광범위하게 적용되는 것으로서, 법률이 정한 형식적 절차와 실체적 내용이 모두 합리성과 정당성을 갖춘 적정한 것이어야 한다는 실질적 의미를 지니고 있으며, 형사소송절차와 관련하여서는 형사소송절차의 전반을 기본권 보장의 측면에서 규율하여야 한다는 기본원리를 천명하고 있는 것으로 이해된다. 따라서 헌법 제12조 제1항은 적법절차원칙의 일반조항이고, 제12조 제3항의 적법절차원칙은 기본권 제한 정도가 가장 심한 형사상 강제처분의 영역에서 기본권을 더욱 강하게 보장하려는 의지를 담아 중복 규정된 것이라고 해석함이 상당하다(헌재 2012.6.27, 2011헌가36).

② [O] 헌법 제12조 제1항은 "… 법률과 적법한 절차에 의하지 아니하고는 처벌 · 보안처분 또는 강제노역을 받지 아니한다"라고 하여 적법절차원칙을 규정하고 있는데, 헌법재판소는 이 원칙이 형사소송절차에 국한되지 않고 모든 국가작용 전반에 대하여 적용된다고 밝힌 바 있으므로, 국민에게 부담을 주는 행정작용인 과징금 부과의 절차에 있어서도 적법절차원칙이 준수되어야 할 것이다(헌재 2003.7.24, 2001헌가25).

③ [O] 분리수용과 처우제한은 징벌제도의 일부로서 징벌 혐의의 입증을 위한 과정이고, 그 과정을 거쳐 징벌처분을 내리기 위해서는 징벌위원회의 의결이라는 사전 통제절차를 거쳐야 하며, 내려진 징벌처분에 대해서는 행정소송을 통해 불복할 수 있다는 점, 조사단계에서의 분리수용이나 처우제한에까지 일일이 법원에 의한 사전 또는 사후통제를 요구한다면 징벌제도 시행에 있어서 비효율을 초래할 수 있다는 점, 조사단계에서 징벌혐의의 고지와 의견진술의 기회 부여가 이루어진다는 점 등을 종합하여 볼 때, 분리수용 및 처우제한에 대해 법원에 의한 개별적인 통제절차를 두고 있지 않다는 점만으로 이 사건 분리수용 및 이 사건 처우제한이 적법절차원칙에 위반된 것이라고 볼 수는 없다(헌재 2014.9.25, 2012헌마523).

정답 | 03 ④ 04 ④

05 적법절차원칙에 관한 설명 중 가장 적절하지 않은 것은? (다툼이 있는 경우 판례에 의함)

23. 경찰승진

① 적법절차원칙은 형사절차상의 제한된 범위 내에서만 적용되는 것이 아니라 국가작용으로서 기본권 제한과 관련되든 아니든 모든 입법작용 및 행정작용에도 광범위하게 적용된다.

② 적법절차원칙이란, 국가공권력이 국민에 대하여 불이익한 결정을 하기에 앞서 국민은 자신의 견해를 진술할 기회를 가짐으로써 절차의 진행과 그 결과에 영향을 미칠 수 있어야 한다는 법원리를 말하는 것이므로, 국가기관이 국민과의 관계에서 공권력을 행사함에 있어서 준수해야 할 법원칙으로서 형성된 적법절차의 원칙을 국가기관에 대하여 헌법을 수호하고자 하는 탄핵소추절차에는 직접 적용할 수 없다.

③ 적법절차원칙에서 도출할 수 있는 중요한 절차적 요청으로는 당사자에게 적절한 고지를 행할 것, 당사자에게 의견 및 자료 제출의 기회를 부여할 것 등을 들 수 있다.

④ 범칙금 통고처분을 받고도 납부기간 이내에 범칙금을 납부하지 아니한 사람에 대하여 행정청에 대한 이의제기나 의견진술 등의 기회를 주지 않고 경찰서장이 곧바로 즉결심판을 청구하도록 한 구 도로교통법 조항은 적법절차원칙에 위배된다.

해설

④ [×] 도로교통법상 범칙금 납부통고는 위반행위에 대한 제재를 신속·간편하게 종결할 수 있게 하는 제도로서, 이에 불복하여 범칙금을 납부하지 아니한 자에게는 재판절차라는 완비된 절차적 보장이 주어진다. 도로교통법 위반사례가 격증하고 있는 현실에서 통고처분에 대한 이의제기 등 행정청 내부 절차를 추가로 둔다면 절차의 중복과 비효율을 초래하고 신속한 사건처리에 저해가 될 우려도 있다. 따라서 이 사건 즉결심판청구 조항에서 의견진술 등의 별도의 절차를 두지 않은 것이 현저히 불합리하여 적법절차원칙에 위배된다고 보기 어렵다(헌재 2014.8.28, 2012헌바433).

① [O] 적법절차의 원칙은 헌법조항에 규정된 형사절차상의 제한된 범위 내에서만 적용되는 것이 아니라 국가작용으로서 기본권 제한과 관련되든 관련되지 않든 모든 입법작용 및 행정작용에도 광범위하게 적용된다고 해석하여야 할 것이다(헌재 1992.12.24, 92헌가8).

② [O] 국가기관이 국민과의 관계에서 공권력을 행사함에 있어서 준수해야 할 법원칙으로서 형성된 적법절차의 원칙을 국가기관에 대하여 헌법을 수호하고자 하는 탄핵소추절차에는 직접 적용할 수 없다(헌재 2004.5.14, 2004헌나1).

③ [O] 적법절차원칙에서 도출할 수 있는 중요한 절차적 요청으로는 당사자에게 적절한 고지를 행할 것, 당사자에게 의견 및 자료 제출의 기회를 부여할 것 등을 들 수 있겠으나, 이 원칙이 구체적으로 어떠한 절차를 어느 정도로 요구하는지는 일률적으로 말하기 어렵고, 규율되는 사항의 성질, 관련 당사자의 사익, 절차의 이행으로 제고될 가치, 국가작용의 효율성, 절차에 소요되는 비용, 불복의 기회 등 다양한 요소들을 형량하여 개별적으로 판단할 수밖에 없다(헌재 2006.5.25, 2004헌바12).

06 적법절차에 관한 설명으로 가장 적절하지 않은 것은? (다툼이 있는 경우 판례에 의함) 23. 경찰 1차

① 징계절차를 진행하지 아니함을 통보하지 않은 경우에는 징계시효가 연장되지 않는다는 예외규정을 두지 않은 구 지방공무원법 조항은, 수사 중인 사건에 대하여 징계절차를 진행하지 않음에도 징계시효가 당연히 연장되어 징계혐의자는 징계시효가 연장되는지를 알지 못한 채 불이익을 입을 수 있어 적법절차원칙에 위배된다.

② 관계행정청이 등급분류를 받지 아니하거나 등급분류를 받은 게임물과 다른 내용의 게임물을 발견한 경우 관계공무원으로 하여금 이를 영장없이 수거·폐기하게 할 수 있도록 한 구 음반·비디오물 및 게임물에 관한 법률 조항은 그 소유자 또는 점유자에게 수거증을 교부하도록 하는 등 절차적 요건을 규정하고 있어 적법절차원칙에 위배되지 않는다.

③ 검사가 법원의 증인으로 채택된 수감자를 그 증언에 이르기까지 거의 매일 검사실로 하루 종일 소환하여 피고인 측 변호인이 접근하는 것을 차단하고 검찰에서의 진술을 번복하는 증언을 하지 않도록 회유·압박하는 행위는, 증인의 증언 전에 일방당사자만이 증인과의 접촉을 독점하여 상대방은 증인이 어떠한 내용을 증언할 것인지를 알 수 없어 그에 대한 방어를 준비할 수 없게 되므로 적법절차원칙에 위배된다.

④ 범칙금 통고처분을 받고도 납부기간 이내에 범칙금을 납부하지 아니한 사람에 대하여 행정청에 대한 이의제기나 의견진술 등의 기회를 주지 않고 경찰서장이 곧바로 즉결심판을 청구하도록 한 구 도로교통법 조항은, 이에 불복하여 범칙금을 납부하지 아니한 자에게는 재판절차라는 완비된 절차적 보장이 주어지므로 적법절차원칙에 위배되지 않는다.

해설

① [×] 수사 중인 사건에 대하여 징계절차를 진행하지 아니하더라도 징계혐의자는 수사가 종료되는 장래 어느 시점에서 징계절차가 진행될 수 있다는 점을 충분히 예측하여 대비할 수 있고, 수사가 종료되어 징계절차가 진행되는 경우에도 징계혐의자는 관련 법령에 따라 방어권을 충분히 보호받을 수 있다. 심판대상조항을 통해 달성되는 공정한 징계제도 운용이라는 이익은, 징계혐의자가 징계절차를 진행하지 아니함을 통보받지 못하여 징계시효가 연장되었음을 알지 못함으로써 입는 불이익보다 크다. 그렇다면 심판대상조항이 징계시효 연장을 규정하면서 징계절차를 진행하지 아니함을 통보하지 아니한 경우에는 징계시효가 연장되지 않는다는 예외규정을 두지 않았다고 하더라도 적법절차원칙에 위배되지 아니한다(헌재 2017.6.29, 2015헌바29).

② [O] 이 사건 법률조항은 앞에서 본바와 같이 급박한 상황에 대처하기 위한 것으로서 그 불가피성과 정당성이 충분히 인정되는 경우이므로, 이 사건 법률조항이 영장 없는 수거를 인정한다고 하더라도 이를 두고 헌법상 영장주의에 위배되는 것으로는 볼 수 없고, 위 구 음반·비디오물 및 게임물에 관한 법률 제24조 제4항에서 관계공무원이 당해 게임물 등을 수거한 때에는 그 소유자 또는 점유자에게 수거증을 교부하도록 하고 있고, 동조 제6항에서 수거 등 처분을 하는 관계공무원이나 협회 또는 단체의 임·직원은 그 권한을 표시하는 증표를 지니고 관계인에게 이를 제시하도록 하는 등의 절차적 요건을 규정하고 있으므로, 이 사건 법률조항이 적법절차의 원칙에 위배되는 것으로 보기도 어렵다(헌재 2002.10.31, 2000헌가12).

③ [O] 오늘날의 재판절차는 그 과정에서 상대방에게 예기치 못한 타격을 가하는 일이 없도록 하는 것을 중요한 목표 중의 하나로 하고 있다고 할 것인데, 만약 증인의 증언 전에 일방당사자만이 그와의 접촉을 독점하고 상대방의 접촉을 제한함으로써, 그 증인이 어떠한 내용의 증언을 할 것인지를 알지 못하여 그에 대한 방어를 준비할 수 없도록 한다면, 결국 그 당사자로 하여금 상대방이 가하는 예기치 못한 타격에 그대로 노출될 수밖에 없는 위험을 감수하라는 것이 되어, 헌법 제12조 제1항 후문이 규정하고 있는 '적법절차의 원칙'에도 반한다(헌재 2001.8.30, 99헌마496).

④ [O] 도로교통법상 범칙금 납부통고는 위반행위에 대한 제재를 신속·간편하게 종결할 수 있게 하는 제도로서, 이에 불복하여 범칙금을 납부하지 아니한 자에게는 재판절차라는 완비된 절차적 보장이 주어진다. 도로교통법 위반사례가 격증하고 있는 현실에서 통고처분에 대한 이의제기 등 행정청 내부 절차를 추가로 둔다면 절차의 중복과 비효율을 초래하고 신속한 사건처리에 저해가 될 우려도 있다. 따라서 이 사건 즉결심판청구 조항에서 의견진술 등의 별도의 절차를 두지 않은 것이 현저히 불합리하여 적법절차원칙에 위배된다고 보기 어렵다(헌재 2014.8.28, 2012헌바433).

정답 | 05 ④ 06 ①

07 적법절차원칙에 대한 설명으로 옳지 않은 것은? (다툼이 있는 경우 판례에 의함) 23. 입법고시

① 국회의 탄핵소추절차는 국회와 대통령이라는 헌법기관 사이의 문제이고, 국회의 탄핵소추의결에 의하여 사인으로서의 대통령의 기본권이 침해되는 것이 아니라, 국가기관으로서의 대통령의 권한행사가 정지되는 것이므로 적법절차의 원칙이 직접 적용되지 않는다.

② 적법절차원칙에서 도출될 수 있는 중요한 절차적 요청으로서는 당사자에게 적절한 고지를 할 것, 당사자에게 의견 및 자료 제출의 기회를 부여할 것을 들 수 있다.

③ 적법절차의 원칙은 헌법조항에 규정된 형사절차상의 제한된 범위 내에서만 적용되는 것이 아니라 국가작용으로서 기본권 제한과 관련되든 관련되지 않든 모든 입법작용 및 행정작용에도 광범위하게 적용된다.

④ 법관이 아닌 행정부 소속기관으로 치료감호심의위원회를 두고 보호감호의 관리 및 집행에 관한 사항을 심사·결정하도록 한 것은 위원회의 구성, 심사절차 및 심사대상 등을 고려할 필요없이 그 자체로 적법절차원칙에 위배된다.

⑤ 전투경찰순경의 인신구금을 내용으로 하는 영창처분에 대하여 영장주의가 적용될 여지는 없으나, 적법절차원칙은 준수되어야 한다.

해설

④ [×] 치료감호심의위원회의 심사대상은 이미 판결에 의하여 확정된 보호감호처분을 집행하는 것에 불과하므로 이를 법관에게 맡길 것인지, 아니면 제3의 기관에 맡길 것인지는 입법 재량의 범위 내에 있으며, 위원회의 결정에 대하여 불복이 있는 경우 행정소송 등 사법심사의 길이 열려 있으므로 법관에 의한 재판을 받을 권리를 침해한다고 할 수 없다. 나아가, 치료감호심의위원회의 구성, 심사절차 및 심사대상에 비추어 볼 때 위원회가 보호감호의 관리 및 집행에 관한 사항을 심사·결정하도록 한 것이 헌법상 적법절차 원칙에 위배된다고 볼 수 없다(헌재 2009.3.26, 2007헌바50).

① [O] 적법절차원칙이란, 국가공권력이 국민에 대하여 불이익한 결정을 하기에 앞서 국민은 자신의 견해를 진술할 기회를 가짐으로써 절차의 진행과 그 결과에 영향을 미칠 수 있어야 한다는 법원리를 말한다. 그런데 이 사건의 경우, 국회의 탄핵소추절차는 국회와 대통령이라는 헌법기관 사이의 문제이고, 국회의 탄핵소추의결에 의하여 사인으로서의 대통령의 기본권이 침해되는 것이 아니라, 국가기관으로서의 대통령의 권한행사가 정지되는 것이다. 따라서 국가기관이 국민과의 관계에서 공권력을 행사함에 있어서 준수해야 할 법원칙으로서 형성된 적법절차의 원칙을 국가기관에 대하여 헌법을 수호하고자 하는 탄핵소추절차에는 직접 적용할 수 없다고 할 것이고, 그 외 달리 탄핵소추절차와 관련하여 피소추인에게 의견진술의 기회를 부여할 것을 요청하는 명문의 규정도 없으므로, 국회의 탄핵소추절차가 적법절차원칙에 위배되었다는 주장은 이유 없다(헌재 2004.5.14, 2004헌나1).

② [O] 적법절차원칙에서 도출할 수 있는 중요한 절차적 요청으로는 당사자에게 적절한 고지를 행할 것, 당사자에게 의견 및 자료 제출의 기회를 부여할 것 등을 들 수 있겠으나, 이 원칙이 구체적으로 어떠한 절차를 어느 정도로 요구하는지는 일률적으로 말하기 어렵고, 규율되는 사항의 성질, 관련 당사자의 사익(私益), 절차의 이행으로 제고될 가치, 국가작용의 효율성, 절차에 소요되는 비용, 불복의 기회 등 다양한 요소들을 형량하여 개별적으로 판단할 수밖에 없다(헌재 2006.5.25, 2004헌바12).

③ [O] 적법절차의 원칙은 헌법조항에 규정된 형사절차상의 제한된 범위 내에서만 적용되는 것이 아니라 국가작용으로서 기본권 제한과 관련되든 관련되지 않든 모든 입법작용 및 행정작용에도 광범위하게 적용된다고 해석하여야 할 것이고, 나아가 형사소송절차와 관련시켜 적용함에 있어서는 형벌권의 실행절차인 형사소송의 전반을 규율하는 기본원리로 이해하여야 하는 것이다. 더구나 형사소송절차에 있어서 신체의 자유를 제한하는 법률과 관련시켜 적용함에 있어서는 법률에 따른 형벌권의 행사라고 할지라도 신체의 자유의 본질적인 내용을 침해하지 않아야 할 뿐 아니라 비례의 원칙이나 과잉입법금지의 원칙에 반하지 아니하는 한도 내에서만 그 적정성과 합헌성이 인정될 수 있음을 특히 강조하고 있는 것으로 해석하여야 할 것이다(헌재 1992.12.24, 92헌가8).

⑤ [O] 헌법 제12조 제1항은 "… 법률과 적법한 절차에 의하지 아니하고는 처벌·보안처분 또는 강제노역을 받지 아니한다."라고 규정하여 적법절차원칙을 선언하고 있는데, 이 원칙은 형사소송절차에 국한되지 않고 모든 국가작용 전반에 대하여 적용된다고 할 것이므로(헌재 2003.7.24, 2001헌가25), 전투경찰순경의 인신구금을 그 내용으로 하는 영창처분에 있어서도 헌법상 적법절차원칙이 준수될 것이 요청된다(헌재 2016.3.31, 2013헌바190).

08 적법절차의 원칙 및 영장주의에 관한 설명으로 옳지 않은 것은? (다툼이 있는 경우 헌법재판소 판례에 의함)

23. 소방간부

① 형사절차가 아니라 하더라도 실질적으로 수사기관에 의한 인신구속과 동일한 효과를 발생시키는 인신구금은 영장주의의 본질상 그 적용대상이 되어야 한다.

② 긴급체포한 피의자를 구속하고자 할 때에는 48시간 이내에 구속영장을 청구하되, 그렇지 않은 경우 사후 영장청구 없이 피의자를 즉시 석방하도록 한 형사소송법 조항은 헌법상 영장주의에 위반되지 않는다.

③ 수사기관 등이 전기통신사업자에게 이용자의 성명 등 통신자료의 열람이나 제출을 요청할 수 있도록 한 전기통신사업법 해당 조항은 통신자료취득에 대한 사후통지절차를 두지 않아 적법절차원칙에 위배된다.

④ 교도소장이 교도소 수용자가 없는 상태에서 거실이나 작업장을 검사하는 행위는 적법절차원칙에 위배된다.

⑤ 소변을 받아 제출하도록 한 것은 교도소의 안전과 질서유지를 위한 것으로 수사에 필요한 처분이 아닐 뿐만 아니라 검사대상자들의 협력이 필수적이어서 강제처분이라고 할 수도 없어 영장주의의 원칙이 적용되지 않는다.

해설

④ [×] 이 사건 검사행위가 추구하는 목적의 중대성, 검사행위의 불가피성과 은밀성이 요구되는 특성, 이에 비하여 수형자의 부담이 크지 아니한 점, 수형자의 이의나 불복이 있을 경우 그 구제를 위해 일정한 절차적 장치를 두고 있는 점 등을 종합해 볼 때 이 사건 검사행위는 적법절차원칙에 위배되지 아니한다(헌재 2011.10.25, 2009헌마691).

① [O] 신체의 자유를 침해하는 강제처분은 형사절차 이외에 국가권력작용에서도 얼마든지 일어날 수 있고, 그것이 형사절차에 의한 것이 아니라 하더라도 사실상 형사절차에서 이루어진 것과 같이 기본권에 중대한 침해를 초래한다면 이러한 경우에도 그 구속 사유의 충족 여부, 구속 절차의 하자 여부 등에 대하여 중립적인 법관의 판단을 받도록 하는 것이 영장주의의 본질인 것이다. 따라서 형사절차가 아니라 하더라도 실질적으로 수사기관에 의한 인신구속과 동일한 효과를 발생시키는 인신구금은 영장주의의 본질상 그 적용대상이 되어야 한다(헌재 2020.9.24, 2017헌바157 등).

② [O] 이 사건 영장청구조항은 수사기관이 긴급체포한 피의자를 사후 영장청구 없이 석방할 수 있도록 규정하고 있다. 피의자를 긴급체포하여 조사한 결과 구금을 계속할 필요가 없다고 판단하여 48시간 이내에 석방하는 경우까지도 수사기관이 반드시 체포영장발부절차를 밟게 한다면, 이는 피의자, 수사기관 및 법원 모두에게 비효율을 초래할 가능성이 있고, 경우에 따라서는 오히려 인권침해적인 상황을 발생시킬 우려도 있다. 형사소송법은 긴급체포를 예외적으로만 허용하고 있고 피의자 석방시 석방의 사유 등을 법원에 통지하도록 하고 있으며 긴급체포된 피의자도 체포적부심사를 청구할 수 있어 긴급체포제도의 남용을 예방하고 있다. 따라서 이 사건 영장청구조항은 헌법상 영장주의에 위반되지 아니한다(헌재 2021.3.25, 2018헌바212).

③ [O] 이 사건 법률조항에 의한 통신자료 제공요청이 있는 경우 통신자료의 정보주체인 이용자에게는 통신자료 제공요청이 있었다는 점이 사전에 고지되지 아니하며, 전기통신사업자가 수사기관 등에게 통신자료를 제공한 경우에도 이러한 사실이 이용자에게 별도로 통지되지 않는다. 그런데 당사자에 대한 통지는 당사자가 기본권 제한 사실을 확인하고 그 정당성 여부를 다툴 수 있는 전제조건이 된다는 점에서 매우 중요하다. 효율적인 수사와 정보수집의 신속성, 밀행성 등의 필요성을 고려하여 사전에 정보주체인 이용자에게 그 내역을 통지하도록 하는 것이 적절하지 않다면 수사기관 등이 통신자료를 취득한 이후에 수사 등 정보수집의 목적에 방해가 되지 않는 범위 내에서 통신자료의 취득사실을 이용자에게 통지하는 것이 얼마든지 가능하다. 그럼에도 이 사건 법률조항은 통신자료 취득에 대한 사후통지절차를 두지 않아 적법절차원칙에 위배된다(헌재 2022.7.21, 2016헌마388).

⑤ [O] 헌법 제12조 제3항의 영장주의는 법관이 발부한 영장에 의하지 아니하고는 수사에 필요한 강제처분을 하지 못한다는 원칙으로 소변을 받아 제출하도록 한 것은 교도소의 안전과 질서유지를 위한 것으로 수사에 필요한 처분이 아닐 뿐만 아니라 검사대상자들의 협력이 필수적이어서 강제처분이라고 할 수도 없어 영장주의의 원칙이 적용되지 않는다(헌재 2006.7.27, 2005헌마277).

정답 | 07 ④ 08 ④

09 적법절차원칙에 관한 설명 중 가장 적절하지 않은 것은? (다툼이 있는 경우 판례에 의함) 22. 경찰승진

① 헌법 제12조 제1항 후문은 "누구든지 법률에 의하지 아니하고는 체포 · 구속 · 압수 · 수색 또는 심문을 받지 아니하며, 법률과 적법한 절차에 의하지 아니하고는 처벌 · 보안처분 또는 강제노역을 받지 아니한다."고 규정하여 적법절차원칙을 헌법원리로 수용하고 있다.

② 적법절차원칙은 법률이 정한 형식적 절차와 실체적 내용이 모두 합리성과 정당성을 갖춘 적정한 것이어야 한다는 실질적 의미를 지니고 있는 것으로 이해된다.

③ 형사소송절차와 관련하여 보면 적법절차원칙은 형벌권의 실행절차인 형사소송의 전반을 규율하는 기본원리로서, 형사피고인의 기본권이 공권력에 의하여 침해당할 수 있는 가능성을 최소화하도록 절차를 형성 · 유지할 것을 요구하고 있다.

④ 자격정지 이상의 선고유예를 받고 그 선고유예기간 중에 있는 자에 대하여 당연퇴직을 규정하고 있는 경찰공무원법 규정은 재판청구권을 침해하고, 적법절차원칙에 위배되어 위헌이다.

해설

④ [×] 형사처벌을 받은 공무원에 대하여 신분상 불이익처분을 하는 법률을 제정함에 있어서 형사처벌을 받은 사실 그 자체를 이유로 일정한 신분상 불이익처분이 내려지도록 법률에 규정하는 방법과 별도의 징계절차를 거쳐 신분상 불이익처분을 하는 방법 중 어느 방법을 선택할 것인가는 입법자의 재량에 속하는 것이고, 당연퇴직은 일정한 사항이 법정 당연퇴직사유에 해당하는지 여부만이 문제될 뿐이어서 당연퇴직의 성질상 그 절차에서 당사자의 진술권이 반드시 절차적 권리로 보장되어야 하는 것도 아니므로 이 사건 규정이 재판청구권을 침해하거나 적법절차의 원리를 위배하였다고 할 수 없다(헌재 1998.4.30, 96헌마7).

①③ [O] 헌법은 제12조 제1항 후문에서 "모든 국민은 … 법률과 적법절차에 의하지 아니하고는 처벌 · 보안처분 또는 강제노역을 받지 아니한다."고 규정하여 적법절차에 의한 형사처벌의 원칙을 선언하고 있다. 이 적법절차원칙은 절차가 법률로 정하여져야 할 뿐만 아니라 적용되는 법률의 내용에 있어서도 합리성과 정당성을 갖춘 적정한 것이어야 한다는 것을 뜻하고, 특히 형사소송절차와 관련하여 보면 형벌권의 실행절차인 형사소송의 전반을 규율하는 기본원리로서, 형사피고인의 기본권이 공권력에 의하여 침해당할 수 있는 가능성을 최소화하도록 절차를 형성 · 유지할 것을 요구하고 있다(헌재 1998.7.16, 97헌바2).

② [O] 헌법 제12조에서 선언하고 있는 적법절차원칙은 기본권 제한과 관련되든 아니든 모든 입법작용 및 행정작용에 광범위하게 적용되는 것으로서, 법률이 정한 형식적 절차와 실체적 내용이 모두 합리성과 정당성을 갖춘 적정한 것이어야 한다는 실질적 의미를 지니고 있으며, 형사소송절차와 관련하여서는 형벌권의 실행절차인 형사소송의 전반을 규율하는 기본원리로 이해하여야 한다(헌재 2014.1.28, 2012헌바298).

10 적법절차원리에 대한 설명으로 옳지 않은 것은? (다툼이 있는 경우 판례에 의함) 22. 비상계획관

① 국가기관이 국민과의 관계에서 공권력을 행사함에 있어서 준수해야 할 법원칙으로서 형성된 적법절차의 원칙을 국가기관에 대하여 헌법을 수호하고자 하는 탄핵소추절차에는 직접 적용할 수 없다.

② 공익의 대표자로서 준사법기관적 성격을 가지고 있는 검사에게만 치료감호 청구권한을 부여한 것은, 본질적으로 자유박탈적이고 침익적 처분인 치료감호와 관련하여 재판의 적정성 및 합리성을 기하기 위한 것이므로 적법절차원칙에 반하지 않는다.

③ 피청구인인 중앙선거관리위원회 위원장이 청구인인 대통령에게 한 '대통령의 선거중립의무 준수요청 조치'와 '대통령의 선거 중립의무 준수 재촉구 조치' 전에 청구인에게 의견 진술의 기회를 부여하지 않은 것이 적법절차원칙에 어긋나서 청구인의 기본권을 침해한다고 볼 수 없다.

④ 특정공무원범죄의 범인에 대한 추징판결을 범인 외의 자가 그 정황을 알면서 취득한 불법재산 및 그로부터 유래한 재산에 대하여 그 범인 외의 자를 상대로 집행할 수 있도록 규정한 공무원범죄에 관한 몰수특례법 제9조의2에 의한 추징판결의 집행이 그 성질상 신속성과 밀행성을 요구한다는 사정만으로 이 조항이 추징판결을 집행하기에 앞서 제3자에게 통지하거나 의견을 진술할 기회를 부여하지 않은 데에 합리적인 이유가 있다고 할 수 없으므로 적법절차원칙에 위배된다.

해설

④ [×] 심판대상조항의 입법목적은 국가형벌권의 실현을 보장하고 불법재산의 철저한 환수를 통해 공직사회의 부정부패 요인을 근원적으로 제거하는 것이다. 심판대상조항은 제3자에게 범죄가 인정됨을 전제로 제3자에 대하여 형사적 제재를 가하는 것이 아니라, 특정공무원범죄를 범한 범인에 대한 추징판결의 집행 대상을 제3자가 취득한 불법재산 등에까지 확대하여 제3자에게 물적 유한책임을 부과하는 것이다. 확정된 형사판결의 집행에 관한 절차를 어떻게 정할 것인지는 입법자의 입법형성권에 속하는 사항이므로, 심판대상조항에 따라 추징판결을 집행함에 있어서 형사소송절차와 같은 엄격한 절차가 요구된다고 보기는 어렵다. 심판대상조항에 따른 추징판결의 집행은 그 성질상 신속성과 밀행성을 요구하는데, 제3자에게 추징판결의 집행사실을 사전에 통지하거나 의견 제출의 기회를 주게 되면 제3자가 또다시 불법재산 등을 처분하는 등으로 인하여 집행의 목적을 달성할 수 없게 될 가능성이 높다. 따라서 심판대상조항이 제3자에 대하여 특정공무원범죄를 범한 범인에 대한 추징판결을 집행하기에 앞서 제3자에게 통지하거나 의견을 진술할 기회를 부여하지 않은 데에는 합리적인 이유가 있다. 나아가 제3자는 심판대상조항에 의한 집행에 관한 검사의 처분이 부당함을 이유로 재판을 선고한 법원에 재판의 집행에 관한 이의신청을 할 수 있다(형사소송법 제489조). 또한 제3자는 각 집행절차에서 소송을 통해 불복하는 등 사후적으로 심판대상조항에 의한 집행에 대하여 다툴 수 있다. 따라서 심판대상조항은 적법절차원칙에 위배된다고 볼 수 없다(헌재 2020.2.27, 2015헌가4, 판례집 32-1상, 1, 2).

① [O] 적법절차원칙이란, 국가공권력이 국민에 대하여 불이익한 결정을 하기에 앞서 국민은 자신의 견해를 진술할 기회를 가짐으로써 절차의 진행과 그 결과에 영향을 미칠 수 있어야 한다는 법원리를 말한다. 그런데 이 사건의 경우, 국회의 탄핵소추절차는 국회와 대통령이라는 헌법기관 사이의 문제이고, 국회의 탄핵소추의결에 의하여 사인으로서의 대통령의 기본권이 침해되는 것이 아니라, 국가기관으로서의 대통령의 권한행사가 정지되는 것이다. 따라서 국가기관이 국민과의 관계에서 공권력을 행사함에 있어서 준수해야 할 법원칙으로서 형성된 적법절차의 원칙을 국가기관에 대하여 헌법을 수호하고자 하는 탄핵소추절차에는 직접 적용할 수 없다고 할 것이고, 그 외 달리 탄핵소추절차와 관련하여 피소추인에게 의견진술의 기회를 부여할 것을 요청하는 명문의 규정도 없으므로, 국회의 탄핵소추절차가 적법절차원칙에 위배되었다는 주장은 이유 없다(헌재 2004.5.14, 2004헌나1, 판례집 16-1, 609, 610).

② [O] 피고인 스스로 치료감호를 청구할 수 있는 권리나, 법원으로부터 직권으로 치료감호를 선고받을 수 있는 권리는 헌법상 재판청구권의 보호범위에 포함되지 않는다. 공익의 대표자로서 준사법기관적 성격을 가지고 있는 검사에게만 치료감호 청구권한을 부여한 것은, 본질적으로 자유박탈적이고 침익적 처분인 치료감호와 관련하여 재판의 적정성 및 합리성을 기하기 위한 것이므로 적법절차원칙에 반하지 않는다. 그렇다면 이 사건 법률조항들은 재판청구권을 침해하거나 적법절차원칙에 반한다고 보기 어렵다(헌재 2021.1.28, 2019헌가24 등, 판례집 33-1, 1, 1).

③ [O] 각급 선거관리위원회의 의결을 거쳐 행하는 사항에 대하여는 원칙적으로 행정절차에 관한 규정이 적용되지 않는바(행정절차법 제3조 제2항 제4호), 이는 권력분립의 원리와 선거관리위원회 의결절차의 합리성을 고려한 것으로 보인다. 또한 선거운동의 특성상 선거법 위반행위인지 여부와 그에 대한 조치는 가능하면 신속하게 결정되어야 할 뿐 아니라, 선거관리위원회법 제14조의2의 조치가 위반행위자에 대하여 종국적 법률효과를 발생시키는 것도 아니므로, 위반행위자에게 의견진술의 기회를 보장하는 것이 반드시 필요하거나 적절하다고 보기는 어렵다. 이와 같이 선거관리의 특성, 이 사건 조치가 규율하는 행위의 성격, 위 조치의 제재효과 및 기본권침해의 정도 등을 종합하여 볼 때, 청구인에게 위 조치 전에 의견진술의 기회를 부여하지 않은 것이 적법절차원칙에 어긋나서 청구인의 기본권을 침해한다고 볼 수 없다(헌재 2008.1.17, 2007헌마700, 판례집 20-1상, 139, 144).

11 적법절차의 원칙에 대한 설명으로 가장 적절하지 않은 것은? (다툼이 있는 경우 헌법재판소 판례에 의함)

22. 경찰간부

① 적법절차의 원칙은 법률이 정한 형식적 절차와 실체적 내용이 모두 합리성과 정당성을 갖춘 적정한 것이어야 한다는 실질적 의미를 지니고 있다.

② 헌법 제12조 제1항의 처벌, 보안처분, 강제노역 및 제12조 제3항의 영장주의와 관련하여 각각 적법절차의 원칙을 규정하고 있지만, 이는 그 대상을 한정적으로 열거하고 있는 것으로 해석하는 것이 우리나라의 통설적 견해이다.

③ 적법절차의 원칙은 모든 국가작용을 지배하는 독자적인 헌법의 기본원리로서 해석되어야 할 원칙이라는 점에서 입법권의 유보적 한계를 선언하는 과잉입법금지의 원칙과 구별된다.

④ 적법절차의 원칙은 헌법 조항에 규정된 형사절차상의 제한된 범위 내에서만 적용되는 것이 아니라 국가작용으로서 기본권 제한과 관련되든 관련되지 않든 모든 입법작용 및 행정작용에도 광범위하게 적용된다.

정답 | 09 ④ 10 ④ 11 ②

해설

② [×] 우리 현행 헌법에서는 제12조 제1항의 처벌, 보안처분, 강제노역 등 및 제12조 제3항의 영장주의와 관련하여 각각 적법절차의 원칙을 규정하고 있지만 이는 그 대상을 한정적으로 열거하고 있는 것이 아니라 그 적용대상을 예시한 것에 불과하다고 해석하는 것이 우리의 통설적 견해이다(헌재 1992.12.24, 92헌가8).

① [O] 적법절차원칙은 법률이 정한 형식적 절차와 실체적 내용이 모두 합리성과 정당성을 갖춘 적정한 것이어야 한다는 실질적 의미를 지니고 있으며, 형사소송절차와 관련하여서는 형사소송절차의 전반을 기본권 보장의 측면에서 규율하여야 한다는 기본원리를 천명하고 있는 것으로 이해된다(헌재 2012.12.27, 2011헌바225).

③④ [O] 현행 헌법이 명문화하고 있는 적법절차의 원칙은 단순히 입법권의 유보제한이라는 한정적인 의미에 그치는 것이 아니라 모든 국가작용을 지배하는 독자적인 헌법의 기본원리로서 해석되어야 할 원칙이라는 점에서 입법권의 유보적 한계를 선언하는 과잉입법금지의 원칙과는 구별된다고 할 것이다. 따라서 적법절차의 원칙은 헌법조항에 규정된 형사절차상의 제한된 범위 내에서만 적용되는 것이 아니라 국가작용으로서 기본권 제한과 관련되든 관련되지 않든 모든 입법작용 및 행정작용에도 광범위하게 적용된다고 해석하여야 할 것이고, 나아가 형사소송절차와 관련시켜 적용함에 있어서는 형벌권의 실행절차인 형사소송의 전반을 규율하는 기본원리로 이해하여야 하는 것이다(헌재 1992.12.24, 92헌가8).

12 적법절차원칙에 관한 다음 설명 중 가장 옳지 않은 것은? (다툼이 있는 경우 헌법재판소 결정 및 대법원 판례에 의함)

23. 법원직

① 심급제도에 대한 입법재량의 범위와 범죄인인도심사의 법적 성격 그리고 범죄인인도법에서의 심사절차에 관한 규정 등을 종합할 때, 범죄인인도심사를 서울고등법원의 단심제로 정하고 있는 것은 적법절차원칙에서 요구되는 합리성과 정당성을 결여한 것이라고 볼 수 없다.

② 헌법 제12조 제1항 후문과 제3항에 규정된 적법절차의 원칙은 형사절차상의 제한된 범위뿐만 아니라 국가작용으로서 모든 입법 및 행정작용에도 광범위하게 적용된다.

③ 검사만 치료감호를 청구할 수 있고, 법원은 검사에게 치료감호청구를 요구할 수 있다고만 규정한 '치료감호 등에 관한 법률' 조항은 자의적 행정처분의 가능성을 초래하므로 적법절차원칙에 위반된다.

④ 행정상 즉시강제는 그 본질상 급박성을 요건으로 하고 있어 법관의 영장을 기다려서는 그 목적을 달성할 수 없어 원칙적으로 영장주의가 적용되지 않는다.

해설

③ [×] '피고인 스스로 치료감호를 청구할 수 있는 권리'가 헌법상 재판청구권의 보호범위에 포함된다고 보기는 어렵고, 검사뿐만 아니라 피고인에게까지 치료감호 청구권을 주어야만 절차의 적법성이 담보되는 것도 아니므로, 이 사건 법률조항이 청구인의 재판청구권을 침해하거나 적법절차의 원칙에 반한다고 볼 수 없다(헌재 2010.4.29, 2008헌마622).

① [O] 심급제도에 대한 입법재량의 범위와 범죄인인도심사의 법적 성격 그리고 범죄인인도법에서의 심사절차에 관한 규정 등을 종합할 때, 이 사건 법률조항이 범죄인인도심사를 서울고등법원의 단심제로 하고 있다고 해서 적법절차원칙에서 요구되는 합리성과 정당성을 결여한 것이라 볼 수 없다(헌재 2003.1.30, 2001헌바95).

② [O] 헌법 제12조 제1항 후문과 제3항에 규정된 적법절차의 원칙은 형사절차상의 제한된 범위뿐만 아니라 국가작용으로서 모든 입법 및 행정작용에도 광범위하게 적용된다(헌재 1992.12.24, 92헌가8).

④ [O] 행정상 즉시강제는 상대방의 임의이행을 기다릴 시간적 여유가 없을 때 하명 없이 바로 실력을 행사하는 것으로서, 그 본질상 급박성을 요건으로 하고 있어 법관의 영장을 기다려서는 그 목적을 달성할 수 없다고 할 것이므로, 원칙적으로 영장주의가 적용되지 않는다고 보아야 할 것이다(헌재 2002.10.31, 2000헌가12).

13 적법절차원칙에 관한 설명으로 가장 적절하지 않은 것은? (다툼이 있는 경우 판례에 의함) 24. 경정승진

① 일정기간 수사관서에 출석하지 않았다는 사유로 관세법 위반 압수물품을 별도의 재판이나 처분 없이 국고에 귀속시키도록 한 구 관세법 조항은 적법절차원칙에 위배된다.

② 원전개발에 있어서 인근 주민 및 관계전문가 등으로부터 의견을 듣는 청취절차의 주체가 반드시 행정기관이나 독립된 제3의 기관이 아니더라도 공정성과 객관성이 담보되는 절차가 마련되어 있는 경우, 전원개발사업자가 그 주체가 되어도 적법절차원칙에 위배되지 않는다.

③ 법원에 의한 범죄인인도심사는 형사절차와 같은 전형적인 사법절차의 대상에 해당되지 않으며 법률에 의하여 인정된 특별한 절차이므로, 범죄인인도법이 범죄인인도심사를 서울고등법원의 전속관할인 단심제로 정하고 있더라도, 적법절차원칙에서 요구되는 합리성과 정당성을 결여한 것은 아니다.

④ 헌법에서 채택하고 있는 적법절차원칙은 모든 국가작용이 아닌 신체의 자유와 관련되는 형사처벌에만 적용되며, 행정상의 불이익으로 전투경찰순경에 대한 징계처분 중 하나인 인신구금을 내용으로 하는 영창처분에는 적용되지 않는다.

해설

④ [×] 헌법 제12조 제1항의 적법절차원칙은 형사소송절차에 국한되지 않고 모든 국가작용 전반에 대하여 적용되므로, 전투경찰순경의 인신구금을 내용으로 하는 영창처분에 있어서도 적법절차원칙이 준수되어야 한다. … 이 사건 영창조항이 헌법에서 요구하는 수준의 절차적 보장 기준을 충족하지 못했다고 볼 수 없으므로 헌법 제12조 제1항의 적법절차원칙에 위배되지 아니한다(헌재 2016.3.31, 2013헌바190).

▶ 영창처분에도 적법절차원칙은 적용되지만 적법절차원칙에 위배되지는 않는다고 했다.

① [O] 관세법상 몰수할 것으로 인정되는 물품을 압수한 경우에 있어서 범인이 당해관서에 출두하지 아니하거나 또는 범인이 도주하여 그 물품을 압수한 날로부터 4월을 경과한 때에는 당해 물품은 별도의 재판이나 처분 없이 국고에 귀속한다고 규정하고 있는 이 사건 법률조항은 재판이나 청문의 절차도 밟지 아니하고 압수한 물건에 대한 피의자의 재산권을 박탈하여 국고귀속시킴으로써 그 실질은 몰수형을 집행한 것과 같은 효과를 발생하게 하는 것이므로 헌법상의 적법절차의 원칙과 무죄추정의 원칙에 위배된다(헌재 1997.5.29, 96헌가17).

② [O] 객관성과 공정성 담보에 특별한 문제가 없다면, 이해관계인의 의견을 수렴함에 있어 그 주체를 반드시 행정기관이나 독립된 제3의 기관으로 하는 것이 헌법의 적법절차 원칙상 필수적으로 요구되는 것이라고는 할 수 없다. 이 사건 의견청취조항은 주민등으로부터의 의견청취절차를 시행하는 주체를 전원개발사업자로 정하고 있으나, 전원개발촉진법 시행령은 의견청취 방법 및 절차를 규정함에 있어 시장·군수·구청장 등 지방자치단체의 장을 통하여 진행하도록 하는 일련의 규정을 두고 있는바, 이는 의견청취절차의 주체를 전원개발사업자로 하면서도 그 객관성과 공정성을 담보하고자 마련한 보완장치라 할 수 있다. … 따라서 이 사건 의견청취조항은 적법절차원칙에 위배되지 아니한다(헌재 2016.10.27, 2015헌바358).

③ [O] 법원에 의한 범죄인인도심사는 국가형벌권의 확정을 목적으로 하는 형사절차와 같은 전형적인 사법절차의 대상에 해당되는 것은 아니며, 법률(범죄인인도법)에 의하여 인정된 특별한 절차라 볼 것이다. 그렇다면 심급제도에 대한 입법재량의 범위와 범죄인인도심사의 법적 성격 그리고 범죄인인도법에서의 심사절차에 관한 규정 등을 종합할 때, 이 사건 법률조항이 범죄인인도심사를 서울고등법원의 단심제로 하고 있다고 해서 적법절차원칙에서 요구되는 합리성과 정당성을 결여한 것이라 볼 수 없다(헌재 2003.1.30, 2001헌바95).

정답 | 12 ③ 13 ④

■ 영장주의

01 영장주의에 대한 설명으로 옳지 않은 것은? 24. 국가직 7급

① 형의 집행 및 수용자의 처우에 관한 법률 제41조 제2항 중 '미결수용자의 접견내용의 녹음 · 녹화'에 관한 부분에 따라 접견내용을 녹음 · 녹화하는 것은 직접적으로 물리적 강제력을 수반하는 강제처분에 해당되므로 영장주의에 위배된다.

② 긴급체포한 피의자를 구속하고자 할 때에는 48시간 이내에 구속영장을 청구하되, 그렇지 않은 경우 사후 영장청구 없이 피의자를 즉시 석방하도록 한 형사소송법 제200조의4 제1항 및 제2항은 헌법상 영장주의에 위반되지 아니한다.

③ 피청구인 김포시장이 2015년 7월 3일 피청구인 김포경찰서장에게 피의자인 청구인들의 이름, 생년월일, 전화번호, 주소를 제공한 행위는 영장주의가 적용되지 않는다.

④ 체포영장을 집행하는 경우 필요한 때에는 타인의 주거 등에서 피의자 수사를 할 수 있도록 한 형사소송법 제216조 제1항 제1호 중 제200조의2에 관한 부분은 체포영장이 발부된 피의자가 타인의 주거 등에 소재할 개연성은 소명되나, 수색에 앞서 영장을 발부받기 어려운 긴급한 사정이 인정되지 않는 경우에도 영장 없이 피의자 수색을 할 수 있다는 것이므로 영장주의에 위반된다.

해설

① [×] 이 사건 녹음조항에 따라 접견내용을 녹음 · 녹화하는 것은 직접적으로 물리적 강제력을 수반하는 강제처분이 아니므로 영장주의가 적용되지 않아 영장주의에 위배된다고 할 수 없다. 또한, 미결수용자와 불구속 피의자 · 피고인을 본질적으로 동일한 집단이라고 할 수 없고, 불구속 피의자 · 피고인과는 달리 미결수용자에 대하여 법원의 허가 없이 접견내용을 녹음 · 녹화하도록 하는 것도 충분히 합리적 이유가 있으므로 이 사건 녹음조항은 평등원칙에 위배되지 않는다(헌재 2016.11.24, 2014헌바401).

② [○] 이 사건 영장청구조항은 수사기관이 긴급체포한 피의자를 사후 영장청구 없이 석방할 수 있도록 규정하고 있다. 피의자를 긴급체포하여 조사한 결과 구금을 계속할 필요가 없다고 판단하여 48시간 이내에 석방하는 경우까지도 수사기관이 반드시 체포영장발부절차를 밟게 한다면, 이는 피의자, 수사기관 및 법원 모두에게 비효율을 초래할 가능성이 있고, 경우에 따라서는 오히려 인권침해적인 상황을 발생시킬 우려도 있다. … 이 사건 영장청구조항은 체포한 때로부터 48시간 이내라 하더라도 피의자를 구속할 필요가 있는 때에는 지체 없이 구속영장을 청구하도록 함으로써 사후영장청구의 시간적 요건을 강화하고 있다. 따라서 이 사건 영장청구조항은 헌법상 영장주의에 위반되지 아니한다(헌재 2021.3.25, 2018헌바212).

③ [○] 이 사건 사실조회행위는 강제력이 개입되지 아니한 임의수사에 해당하므로, 이에 응하여 이루어진 이 사건 정보제공행위에도 영장주의가 적용되지 않는다. 그러므로 이 사건 정보제공행위가 영장주의에 위배되어 청구인들의 개인정보자기결정권을 침해한다고 볼 수 없다(헌재 2018.8.30, 2016헌마483).

④ [○] 심판대상조항은 체포영장을 발부받아 피의자를 체포하는 경우에 필요한 때에는 영장 없이 타인의 주거 등 내에서 피의자 수사를 할 수 있다고 규정함으로써, 앞서 본 바와 같이 별도로 영장을 발부받기 어려운 긴급한 사정이 있는지 여부를 구별하지 아니하고 피의자가 소재할 개연성만 소명되면 영장 없이 타인의 주거 등을 수색할 수 있도록 허용하고 있다. 이는 체포영장이 발부된 피의자가 타인의 주거 등에 소재할 개연성은 소명되나, 수색에 앞서 영장을 발부받기 어려운 긴급한 사정이 인정되지 않는 경우에도 영장 없이 피의자 수색을 할 수 있다는 것이므로, 헌법 제16조의 영장주의 예외 요건을 벗어나는 것으로서 영장주의에 위반된다(헌재 2018.4.26, 2015헌바370 등).

02 다음 영장주의에 관한 설명 중 가장 옳지 않은 것은? (다툼이 있는 경우 판례에 의함) 24. 해경간부

① 범죄의 피의자로 입건된 사람들에게 경찰공무원이나 검사의 신문을 받으면서 자신의 신원을 밝히지 않고 지문채취에 불응하는 경우 형사처벌을 통하여 지문채취를 강제하는 법률조항은 영장주의에 위배되지 아니한다.

② 기지국 수사를 허용하는 통신사실 확인자료 제공요청은 통신비밀보호법이 규정하는 강제처분에 해당하므로, 법관이 발부한 영장에 의하지 않고 관할 지방법원 또는 지원의 허가만 받으면 이를 가능하게 한 것은 영장주의에 위반된다.

③ 출입국관리법에 의한 법무부장관의 출국금지결정은 형사재판에 계속 중인 국민의 출국의 자유를 제한하는 행정처분일 뿐이고, 영장주의가 적용되는 신체에 대하여 직접적으로 물리적 강제력을 수반하는 강제처분은 아니다.

④ 관계행정청이 등급분류를 받지 아니하거나 등급분류를 받은 게임물과 다른 내용의 게임물을 발견한 경우 관계공무원으로 하여금 이를 수거·폐기하게 할 수 있도록 한 법률조항은 급박한 상황에 대처하기 위한 것으로서 그 불가피성과 정당성이 충분히 인정되는 경우이므로, 영장 없는 수거를 인정하더라도 영장주의에 위배되는 것으로 볼 수 없다.

해설

② [×] 기지국 수사를 허용하는 통신사실 확인자료 제공요청은 법원의 허가를 받으면, 해당 가입자의 동의나 승낙을 얻지 아니하고도 제3자인 전기통신사업자에게 해당 가입자에 관한 통신사실 확인자료의 제공을 요청할 수 있도록 하는 수사방법으로, 기지국수사는 통신비밀보호법이 정한 강제처분에 해당되므로 헌법상 영장주의가 적용된다. 헌법상 영장주의의 본질은 강제처분을 함에 있어 중립적인 법관이 구체적 판단을 거쳐야 한다는 점에 있는바, 이 사건 허가조항은 수사기관이 전기통신사업자에게 통신사실 확인자료 제공을 요청함에 있어 관할 지방법원 또는 지원의 허가를 받도록 규정하고 있으므로 헌법상 영장주의에 위배되지 아니한다(헌재 2018.6.28, 2012헌마538 등).

① [O] 이 사건 법률조항은 수사기관이 직접 물리적 강제력을 행사하여 피의자에게 강제로 지문을 찍도록 하는 것을 허용하는 규정이 아니며 형벌에 의한 불이익을 부과함으로써 심리적·간접적으로 지문채취를 강요하고 있으므로 피의자가 본인의 판단에 따라 수용여부를 결정한다는 점에서 궁극적으로 당사자의 자발적 협조가 필수적임을 전제로 하므로 물리력을 동원하여 강제로 이루어지는 경우와는 질적으로 차이가 있다. 따라서 이 사건 법률조항에 의한 지문채취의 강요는 영장주의에 의하여야 할 강제처분이라 할 수 없다. … 따라서 이 사건 법률조항이 지문채취거부를 처벌할 수 있도록 하는 것이 비록 피의자에게 지문채취를 강요하는 측면이 있다 하더라도 수사의 편의성만을 위하여 영장주의의 본질을 훼손하고 형해화한다고 할 수는 없다(헌재 2004.9.23, 2002헌가17 등).

③ [O] 심판대상조항에 따른 법무부장관의 출국금지결정은 형사재판에 계속 중인 국민의 출국의 자유를 제한하는 행정처분일 뿐이고 영장주의가 적용되는 신체에 대하여 직접적으로 물리적 강제력을 수반하는 강제처분이라고 할 수는 없다. 따라서 심판대상조항이 헌법 제12조 제3항의 영장주의에 위배된다고 볼 수 없다(헌재 2015.9.24, 2012헌바302).

④ [O] 이 사건 법률조항은 앞에서 본바와 같이 급박한 상황에 대처하기 위한 것으로서 그 불가피성과 정당성이 충분히 인정되는 경우이므로, 이 사건 법률조항이 영장 없는 수거를 인정한다고 하더라도 이를 두고 헌법상 영장주의에 위배되는 것으로는 볼 수 없고, 위 구 음반·비디오물및게임물에관한법률 제24조 제4항에서 관계공무원이 당해 게임물 등을 수거한 때에는 그 소유자 또는 점유자에게 수거증을 교부하도록 하고 있고, 동조 제6항에서 수거 등 처분을 하는 관계공무원이나 협회 또는 단체의 임·직원은 그 권한을 표시하는 증표를 지니고 관계인에게 이를 제시하도록 하는 등의 절차적 요건을 규정하고 있으므로, 이 사건 법률조항이 적법절차의 원칙에 위배되는 것으로 보기도 어렵다(헌재 2002.10.31, 2000헌가12).

정답 | 01 ① 02 ②

03 영장주의에 대한 설명으로 가장 적절한 것은? (다툼이 있는 경우 헌법재판소 판례에 의함) 25. 경찰간부

① 강제퇴거명령을 받은 사람을 보호할 수 있도록 하면서 보호기간의 상한을 마련하지 아니한 출입국관리법 제63조 제1항에 따른 보호는 형사절차상 '체포 또는 구속'에 준하는 것으로서 신체의 자유를 제한하므로 영장주의에 위배된다.

② 형의 집행 및 수용자의 처우에 관한 법률 조항 중 '미결수용자의 접견내용의 녹음 · 녹화'에 관한 부분은 청구인에 대하여 직접적으로 어떠한 물리적 강제력을 행사하는 강제처분을 수반하는 것이 아니므로 영장주의의 적용대상이 아니다.

③ 수사기관 등이 전기통신사업자에게 이용자의 성명 등 통신자료의 열람이나 제출을 요청할 수 있도록 한 전기통신사업법 조항 중 해당 부분은 영장주의에 위배된다.

④ 병(兵)에 대한 징계처분으로 일정기간 부대나 함정(艦艇) 내의 영창, 그 밖의 구금장소에 감금하는 영창처분이 가능하도록 규정한 구 군인사법 조항 중 '영창'에 관한 부분은 영장주의에 위반된다.

해설

② [O] 이 사건 녹음조항에 따라 접견내용을 녹음 · 녹화하는 것은 직접적으로 물리적 강제력을 수반하는 강제처분이 아니므로 영장주의가 적용되지 않아 영장주의에 위배된다고 할 수 없다(헌재 2016.11.24, 2014헌바401).

① [×] 출입국관리법상의 외국인보호는 형사절차상 '체포 또는 구속'에 준하는 것으로서 외국인의 신체의 자유를 박탈하는 것이므로, 검사의 신청, 판사의 발부라는 엄격한 영장주의는 아니더라도, 적어도 출입국관리공무원이 아닌 객관적 · 중립적 지위에 있는 자가 그 인신구속의 타당성을 심사할 수 있는 장치가 있어야 한다(헌재 2023.3.23, 2020헌가1 등).

▶ 헌법재판소에서 영장주의 위배 여부는 쟁점이 아니었고, 판단하지도 않았다.

③ [×] 이 사건 법률조항은 수사기관 등이 전기통신사업자에 대하여 통신자료의 제공을 요청할 수 있는 권한을 부여하면서 전기통신사업자는 '그 요청에 따를 수 있다'고 규정하고 있을 뿐, 전기통신사업자에게 수사기관 등의 통신자료 제공요청에 응하거나 협조하여야 할 의무를 부과하지 않으며, 달리 전기통신사업자의 통신자료 제공을 강제할 수 있는 수단을 마련하고 있지 아니하다. 따라서 이 사건 법률조항에 따른 통신자료 제공요청은 강제력이 개입되지 아니한 임의수사에 해당하고 이를 통한 수사기관 등의 통신자료 취득에는 영장주의가 적용되지 아니하는바, 이 사건 법률조항은 헌법상 영장주의에 위배되지 아니한다(헌재 2022.7.21, 2016헌마388 등).

④ [×] 심판대상조항에 의한 영창처분은 신체의 자유를 제한하는 구금에 해당하고, 이로 인해 헌법 제12조가 보호하려는 신체의 자유가 제한된다. … 심판대상조항은 병의 신체의 자유를 필요 이상으로 과도하게 제한하므로, 침해의 최소성 원칙에 어긋난다. 병의 복무기강을 엄정히 함으로써 군대 내 지휘명령체계를 확립하고 전투력을 제고한다는 공익은 국토방위와 직결된 것으로 매우 중요한 공익이다. 그러나 심판대상조항은 병의 신체의 자유를 필요 이상으로 과도하게 제한할 수 있도록 규정되어 있으므로, 그로 인하여 제한되는 사익이 병의 복무기강을 엄정히 한다는 공익에 비하여 결코 가볍다고 볼 수 없다. 따라서 심판대상조항은 법익의 균형성 요건도 충족하지 못한다. 이와 같은 점을 종합할 때, 심판대상조항은 과잉금지원칙에 위배된다(헌재 2020.9.24, 2017헌바157 등).

▶ 법정의견은 영장주의 적용여부에 대한 판단을 하지 않았다. 법정의견에 대한 보충의견(4인)은 심판대상조항이 과잉금지원칙에 위배될 뿐만 아니라, 영장주의에도 위배되어 위헌이라고 하였다. 재판관 2인의 반대의견은 영장주의는 징계절차에 그대로 적용된다고 볼 수 없으며, 과잉금지원칙에도 위배되지 않는다고 하였다.

04 영장주의에 관한 설명으로 가장 적절하지 않은 것은? (다툼이 있는 경우 헌법재판소 판례에 의함) 25. 경찰 1차

① 헌법상 영장주의의 본질은 강제처분을 함에 있어 중립적인 법관이 구체적 판단을 거쳐야 한다는 점에 있는바, 수사기관이 전기통신사업자에게 통신사실 확인자료 제공을 요청함에 있어 관할 지방법원 또는 지원의 허가를 받도록 한 통신비밀보호법상 조항은 헌법상 영장주의에 위배되지 아니한다.

② 수사기관 등이 전기통신사업자에게 이용자의 성명 등 통신자료의 제공을 요청할 수 있도록 규정한 전기통신사업법상 조항은, 전기통신사업자에게 통신자료 제공요청에 응하거나 협조하여야 할 의무를 부과하지 않으며, 달리 전기통신사업자의 통신자료 제공을 강제할 수 있는 수단을 마련하고 있지 아니하여 임의수사에 해당하고, 이를 통한 수사기관 등의 통신자료 취득에는 영장주의가 적용되지 아니한다.

③ 헌법 제16조 후문은 영장주의에 대한 예외를 명문화하고 있지 않지만, 헌법 제16조의 영장주의에 대해서도 그 예외를 인정하되, 그 장소에 범죄혐의 등을 입증할 자료나 피의자가 존재할 개연성이 소명되고, 사전에 영장을 발부받기 어려운 긴급한 사정이 있는 경우에만 제한적으로 허용될 수 있다고 보는 것이 타당하다.

④ 각급선거관리위원회 위원·직원의 선거범죄 조사에 있어서 피조사자에게 자료제출의무를 부과하고, 허위자료를 제출하는 경우 형사처벌하는 구 공직선거법 조항에 의한 자료제출요구는 그 성질상 물리적 강제력을 수반하는 강제처분이므로 영장주의가 적용된다.

해설

④ [×] 심판대상조항은 피조사자로 하여금 자료제출요구에 응할 의무를 부과하고, 허위 자료를 제출한 경우 형사처벌하고 있으나, 이는 형벌에 의한 불이익이라는 심리적, 간접적 강제수단을 통하여 진실한 자료를 제출하도록 함으로써 조사권 행사의 실효성을 확보하기 위한 것이다. 이와 같이 심판대상조항에 의한 자료제출요구는 행정조사의 성격을 가지는 것으로 수사기관의 수사와 근본적으로 그 성격을 달리하며, 청구인에 대하여 직접적으로 어떠한 물리적 강제력을 행사하는 강제처분을 수반하는 것이 아니므로 영장주의의 적용대상이 아니다(헌재 2019.9.26, 2016헌바381).

① [O] 통신사실 확인자료 제공요청은 수사 또는 내사의 대상이 된 가입자 등의 동의나 승낙을 얻지 아니하고도 공공기관이 아닌 전기통신사업자를 상대로 이루어지는 것으로 통신비밀보호법이 정한 수사기관의 강제처분이다. 이러한 통신사실 확인자료 제공요청과 관련된 수사기관의 권한남용 및 그로 인한 정보주체의 기본권 침해를 방지하기 위해서는 법원의 통제를 받을 필요가 있으므로, 통신사실 확인자료 제공요청에는 헌법상 영장주의가 적용된다. … 이 사건 허가조항은 수사기관이 전기통신사업자에게 위치정보 추적자료 제공을 요청함에 있어 관할 지방법원 또는 지원의 허가를 받도록 규정하고 있으므로 헌법상 영장주의에 위배되지 아니한다(헌재 2018.6.28, 2012헌마191 등).

② [O] 헌법상 영장주의는 체포·구속·압수·수색 등 기본권을 제한하는 강제처분에 적용되므로, 강제력이 개입되지 않은 임의수사에 해당하는 수사기관 등의 통신자료 취득에는 영장주의가 적용되지 않는다. … 이 사건 법률조항은 수사기관 등이 전기통신사업자에 대하여 통신자료의 제공을 요청할 수 있는 권한을 부여하면서 전기통신사업자는 '그 요청에 따를 수 있다'고 규정하고 있을 뿐, 전기통신사업자에게 수사기관 등의 통신자료 제공요청에 응하거나 협조하여야 할 의무를 부과하지 않으며, 달리 전기통신사업자의 통신자료 제공을 강제할 수 있는 수단을 마련하고 있지 아니하다. 따라서 이 사건 법률조항에 따른 통신자료 제공요청은 강제력이 개입되지 아니한 임의수사에 해당하고 이를 통한 수사기관 등의 통신자료 취득에는 영장주의가 적용되지 아니하는바, 이 사건 법률조항은 헌법상 영장주의에 위배되지 아니한다(헌재 2022.7.21, 2016헌마388 등).

③ [O] 헌법 제16조가 주거의 자유와 관련하여 영장주의를 선언하고 있는 이상, 그 예외는 매우 엄격한 요건 하에서만 인정되어야 하는 점 등을 종합하면, 헌법 제16조의 영장주의에 대해서도 그 예외를 인정하되, 이는 그 장소에 범죄혐의 등을 입증할 자료나 피의자가 존재할 개연성이 소명되고, 사전에 영장을 발부받기 어려운 긴급한 사정이 있는 경우에만 제한적으로 허용될 수 있다고 보는 것이 타당하다(헌재 2018.4.26, 2015헌바370 등).

정답 | 03 ② 04 ④

05 영장주의에 관한 설명으로 옳지 않은 것은 모두 몇 개인가? (다툼이 있는 경우 판례에 의함) 25. 경정승진

> ㉠ 행정상 즉시강제는 상대방의 임의이행을 기다릴 시간적 여유가 없을 때 하명 없이 바로 실력을 행사하는 것으로서, 그 본질상 급박성을 요건으로 하고 있어 법관의 영장을 기다려서는 그 목적을 달성할 수 없다고 할 것이므로, 원칙적으로 영장주의가 적용되지 않는다.
> ㉡ 형사재판에 계속 중인 사람에 대하여 법무부장관이 6개월 이내의 기간을 정하여 출국을 금지할 수 있는 출입국관리법 조항은 헌법 제12조 제3항의 영장주의에 위배된다고 볼 수 없다.
> ㉢ 법원이 피고인의 구속 또는 그 유지 여부의 필요성에 관하여 한 재판의 효력이 검사나 다른 기관의 이견이나 불복이 있다 하여 좌우되거나 제한받는다면 이는 영장주의에 위반된다.
> ㉣ 현행범을 체포한 때부터 "48시간 이내"를 사후영장의 청구기간으로 정한 형사소송법 조항은 입법재량을 현저히 일탈한 것으로 헌법상 영장주의에 위반된다.

① 1개 ② 2개
③ 3개 ④ 4개

해설

옳지 않은 것은 1개(㉣)이다.

㉠ [O] 영장주의가 행정상 즉시강제에도 적용되는지에 관하여는 논란이 있으나, 행정상 즉시강제는 상대방의 임의이행을 기다릴 시간적 여유가 없을 때 하명 없이 바로 실력을 행사하는 것으로서, 그 본질상 급박성을 요건으로 하고 있어 법관의 영장을 기다려서는 그 목적을 달성할 수 없다고 할 것이므로, 원칙적으로 영장주의가 적용되지 않는다고 보아야 할 것이다(헌재 2002.10.31, 2000헌가12).

㉡ [O] 심판대상조항에 따른 법무부장관의 출국금지결정은 형사재판에 계속 중인 국민의 출국의 자유를 제한하는 행정처분일 뿐이고 영장주의가 적용되는 신체에 대하여 직접적으로 물리적 강제력을 수반하는 강제처분이라고 할 수는 없다. 따라서 심판대상조항이 헌법 제12조 제3항의 영장주의에 위배된다고 볼 수 없다(헌재 2015.9.24, 2012헌바302).

㉢ [O] 법원이 피고인의 구속 또는 그 유지 여부의 필요성에 관하여 한 재판의 효력이 검사나 다른 기관의 이견이나 불복이 있다 하여 좌우되거나 제한받는다면 이는 영장주의에 위반된다고 할 것인바, 구속집행정지결정에 대한 검사의 즉시항고를 인정하는 이 사건 법률조항은 검사의 불복을 그 피고인에 대한 구속집행을 정지할 필요가 있다는 법원의 판단보다 우선시킬 뿐만 아니라, 사실상 법원의 구속집행정지결정을 무의미하게 할 수 있는 권한을 검사에게 부여한 것이라는 점에서 헌법 제12조 제3항의 영장주의원칙에 위배된다(헌재 2012.6.27, 2011헌가36).

㉣ [×] 피의자를 구속하고자 할 때에는 "지체 없이" 구속영장을 청구하되, 체포한 때부터 48시간을 넘지 않도록 하여 48시간이라는 한도 내에서도 신속하게 사후영장을 청구하도록 사후영장청구의 시간적 요건을 강화하였다. 이 사건 영장청구조항이 사후 구속영장의 청구기간을 48시간 이내로 규정한 것이 헌법상 영장주의에 반한다고 할 수 없다(헌재 2021.3.25, 2018헌바212).

06 헌법상 영장주의에 관한 설명 중 가장 적절하지 않은 것은? (다툼이 있는 경우 판례에 의함) 23. 경찰승진

① 영장주의란 형사절차와 관련하여 체포·구속·압수 등의 강제처분을 함에 있어서는 사법권 독립에 의하여 그 신분이 보장되는 법관이 발부한 영장에 의하지 않으면 아니 된다는 원칙이고, 따라서 영장주의의 본질은 신체의 자유를 침해하는 강제처분을 함에 있어서는 중립적인 법관이 구체적 판단을 거쳐 발부한 영장에 의하여야만 한다는 데에 있다.

② 숨을 호흡측정기에 한두 번 불어 넣는 방식으로 행하여지는 음주측정은 그 성질상 강제될 수 있는 것이 아니고 당사자의 자발적 협조가 필수적인 것이므로 영장을 필요로 하는 강제처분이라 할 수 없다.

③ 기지국 수사를 허용하는 통신사실 확인자료 제공요청은 법원의 허가를 받으면, 해당 가입자의 동의나 승낙을 얻지 아니하고도 제3자인 전기통신사업자에게 해당 가입자에 관한 통신사실 확인자료의 제공을 요청할 수 있도록 하는 수사방법으로, 통신비밀보호법이 규정하는 강제처분에 해당하여 헌법상 영장주의가 적용되므로, 영장이 아닌 법원의 허가를 받도록 하고 있는 동법 조항은 헌법상 영장주의에 위배된다.

④ 전기통신사업법은 수사기관 등이 전기통신사업자에 대하여 통신자료의 제공을 요청할 수 있는 권한을 부여하면서 전기통신사업자에게 수사기관 등의 통신자료 제공요청에 응하거나 협조하여야 할 의무를 부과하지 않으며, 달리 전기통신사업자의 통신자료 제공을 강제할 수 있는 수단을 마련하고 있지 아니하므로, 동법에 따른 통신자료 제공요청은 강제력이 개입되지 아니한 임의수사에 해당하고 이를 통한 수사기관 등의 통신자료 취득에는 영장주의가 적용되지 아니한다.

해설

③ [×] 기지국수사는 통신비밀보호법이 정한 강제처분에 해당되므로 헌법상 영장주의가 적용된다. 헌법상 영장주의의 본질은 강제처분을 함에 있어 중립적인 법관이 구체적 판단을 거쳐야 한다는 점에 있는바, 이 사건 허가조항은 수사기관이 전기통신사업자에게 통신사실 확인자료 제공을 요청함에 있어 관할 지방법원 또는 지원의 허가를 받도록 규정하고 있으므로 헌법상 영장주의에 위배되지 아니한다(헌재 2018.6.28, 2012헌마538).

① [O] 헌법 제12조 제3항의 영장주의는 적법절차원칙에서 도출되는 원리로서, 형사절차와 관련하여 체포·구속·압수·수색의 강제처분을 함에 있어서는 사법권독립에 의하여 신분이 보장되는 법관이 발부한 영장에 의하지 않으면 아니 된다는 원칙이다. 따라서 영장주의의 본질은 강제처분을 함에 있어서는 중립적인 법관이 구체적 판단을 거쳐 발부한 영장에 의하여야만 한다는 데에 있다(헌재 2012.5.31, 2010헌마672).

② [O] 도로교통법 제41조 제2항에 규정된 음주측정은 성질상 강제될 수 있는 것이 아니며 궁극적으로 당사자의 자발적 협조가 필수적인 것이므로 이를 두고 법관의 영장을 필요로 하는 강제처분이라 할 수 없다(헌재 1997.3.27, 96헌가11).

④ [O] 이 사건 법률조항은 수사기관 등이 전기통신사업자에 대하여 통신자료의 제공을 요청할 수 있는 권한을 부여하면서 전기통신사업자는 '그 요청에 따를 수 있다'고 규정하고 있을 뿐, 전기통신사업자에게 수사기관 등의 통신자료 제공요청에 응하거나 협조하여야 할 의무를 부과하지 않으며, 달리 전기통신사업자의 통신자료 제공을 강제할 수 있는 수단을 마련하고 있지 아니하다. 따라서 이 사건 법률조항에 따른 통신자료 제공요청은 강제력이 개입되지 아니한 임의수사에 해당하고 이를 통한 수사기관 등의 통신자료 취득에는 영장주의가 적용되지 아니하는바, 이 사건 법률조항은 헌법상 영장주의에 위배되지 아니한다(헌재 2022.7.21, 2016헌마388).

정답 | 05 ① 06 ③

07 영장주의에 관한 설명으로 가장 적절하지 않은 것은? (다툼이 있는 경우 판례에 의함) 23. 경찰 1차

① 헌법에서 규정된 영장신청권자로서의 검사는 검찰권을 행사하는 국가기관인 검사로서 공익의 대표자이자 수사단계에서의 인권옹호기관으로서의 지위에서 그에 부합하는 직무를 수행하는 자를 의미하는 것이지 검찰청법상 검사만을 지칭하는 것은 아니다.

② 형의 집행 및 수용자의 처우에 관한 법률에 따라 미결수용자의 접견 내용을 녹음·녹화하는 것은 직접적으로 물리적 강제력을 수반하는 강제처분이 아니므로 영장주의가 적용되지 않는다.

③ 형사소송법 제199조 제2항 등에 따른 수사기관의 사실조회행위에 대하여 공사단체가 이에 응하거나 협조하여야 할 의무를 부담하는 것은 아니므로, 이러한 사실조회행위는 강제력이 개입되지 아니한 임의수사에 해당하고 이에 응하여 이루어진 정보제공행위에는 영장주의가 적용되지 않는다.

④ 국가보안법위반죄 등 일부 범죄혐의자를 법관의 영장 없이 구속, 압수, 수색할 수 있도록 규정하고, 법관에 의한 사후영장제도도 마련하지 않은 구 인신구속 등에 관한 임시 특례법 조항은 국가비상사태에 준하는 상황에서 내려진 특별한 조치임을 감안하면 영장주의의 본질을 침해한다고 볼 수 없다.

해설

④ [×] 이 사건 법률조항은 수사기관이 법관에 의하여 발부된 영장 없이 일부 범죄 혐의자에 대하여 구속 등 강제처분을 할 수 있도록 규정하고 있을 뿐만 아니라, 그와 같이 영장 없이 이루어진 강제처분에 대하여 일정한 기간 내에 법관에 의한 사후영장을 발부받도록 하는 규정도 마련하지 아니함으로써, 수사기관이 법관에 의한 구체적 판단을 전혀 거치지 않고서도 임의로 불특정한 기간 동안 피의자에 대한 구속 등 강제처분을 할 수 있도록 하고 있는바, 이는 이 사건 법률조항의 입법목적과 그에 따른 입법자의 정책적 선택이 자의적이었는지 여부를 따질 필요도 없이 형식적으로 영장주의의 본질을 침해한다고 하지 않을 수 없다(헌재 2012.12.27, 2011헌가5).

① [O] 헌법에서 수사단계에서의 영장신청권자를 검사로 한정한 것은 다른 수사기관에 대한 수사지휘권을 확립시켜 인권유린의 폐해를 방지하고, 법률전문가인 검사를 거치도록 함으로써 기본권침해가능성을 줄이고자 한 것이다. 헌법에 규정된 영장신청권자로서의 검사는 검찰권을 행사하는 국가기관인 검사로서 공익의 대표자이자 수사단계에서의 인권옹호기관으로서의 지위에서 그에 부합하는 직무를 수행하는 자를 의미하는 것이지, 검찰청법상 검사만을 지칭하는 것으로 보기 어렵다(헌재 2021.1.28, 2020헌마264 등).

② [O] 이 사건 녹음조항에 따라 접견내용을 녹음·녹화하는 것은 직접적으로 물리적 강제력을 수반하는 강제처분이 아니므로 영장주의가 적용되지 않아 영장주의에 위배된다고 할 수 없다(헌재 2016.11.24, 2014헌바401).

③ [O] 이 사건 사실조회행위는 강제력이 개입되지 아니한 임의수사에 해당하므로, 이에 응하여 이루어진 이 사건 정보제공행위에도 영장주의가 적용되지 않는다. 그러므로 이 사건 정보제공행위가 영장주의에 위배되어 청구인들의 개인정보자기결정권을 침해한다고 볼 수 없다(헌재 2018.8.30, 2016헌마483).

08 영장제도에 관한 설명 중 가장 적절하지 않은 것은? (다툼이 있는 경우 판례에 의함)

22. 경찰승진

① 디엔에이감식시료채취영장 발부 과정에서 채취대상자에게 자신의 의견을 밝히거나 영장 발부 후 불복할 수 있는 절차 등에 관하여 규정하지 아니한 디엔에이신원확인정보의 이용 및 보호에 관한 법률의 규정은 과잉금지원칙을 위반하여 채취대상자의 재판청구권을 침해한다.

② 수사기관이 법원으로부터 영장 또는 감정처분허가장을 발부받지 아니한 채 피의자의 동의 없이 피의자의 신체로부터 혈액을 채취하고 사후에도 지체 없이 영장을 발부받지 아니한 채 그 혈액 중 알코올농도에 관한 감정을 의뢰하였다면, 이러한 과정을 거쳐 얻은 감정의뢰회보 등은 원칙적으로 그 절차위반행위가 적법절차의 실질적인 내용을 침해하여 피고인이나 변호인의 동의가 있더라도 유죄의 증거로 사용할 수 없다.

③ 체포영장을 집행하는 경우 필요한 때에는 타인의 주거 등에서 피의자 수사를 할 수 있도록 한 형사소송법 규정의 해당 부분이 체포영장이 발부된 피의자가 타인의 주거 등에 소재할 개연성은 소명되나 수색에 앞서 영장을 발부받기 어려운 긴급한 사정이 인정되지 않더라도 영장 없이 피의자 수색을 할 수 있도록 한 것은 영장주의에 위반되지 않는다.

④ 압수·수색영장을 발부받아 압수·수색의 방법으로 소변을 채취하는 경우 압수대상물인 피의자의 소변을 확보하기 위한 수사기관의 노력에도 불구하고, 피의자가 인근 병원 응급실 등 소변 채취에 적합한 장소로 이동하는 것에 동의하지 않거나 저항하는 등 임의동행을 기대할 수 없는 사정이 있는 때에는 수사기관으로서는 소변 채취에 적합한 장소로 피의자를 데려가기 위해서 필요 최소한의 유형력을 행사하는 것이 허용되며, 이는 '압수·수색영장의 집행에 필요한 처분'에 해당한다.

해설

③ [×] 헌법 제12조 제3항과는 달리 헌법 제16조 후문은 "주거에 대한 압수나 수색을 할 때에는 검사의 신청에 의하여 법관이 발부한 영장을 제시하여야 한다."라고 규정하고 있을 뿐 영장주의에 대한 예외를 명문화하고 있지 않다. 그러나 헌법 제12조 제3항과 헌법 제16조의 관계, 주거 공간에 대한 긴급한 압수·수색의 필요성, 주거의 자유와 관련하여 영장주의를 선언하고 있는 헌법 제16조의 취지 등을 종합하면, 헌법 제16조의 영장주의에 대해서도 그 예외를 인정하되, 이는 ㉠ 그 장소에 범죄혐의 등을 입증할 자료나 피의자가 존재할 개연성이 소명되고, ㉡ 사전에 영장을 발부받기 어려운 긴급한 사정이 있는 경우에만 제한적으로 허용될 수 있다고 보는 것이 타당하다. 심판대상조항은 체포영장을 발부받아 피의자를 체포하는 경우에 필요한 때에는 영장 없이 타인의 주거 등 내에서 피의자 수사를 할 수 있다고 규정함으로써, 앞서 본 바와 같이 별도로 영장을 발부받기 어려운 긴급한 사정이 있는지 여부를 구별하지 아니하고 피의자가 소재할 개연성만 소명되면 영장 없이 타인의 주거 등을 수색할 수 있도록 허용하고 있다. 이는 체포영장이 발부된 피의자가 타인의 주거 등에 소재할 개연성은 소명되나, 수색에 앞서 영장을 발부받기 어려운 긴급한 사정이 인정되지 않는 경우에도 영장 없이 피의자 수색을 할 수 있다는 것이므로, 헌법 제16조의 영장주의 예외 요건을 벗어나는 것으로서 영장주의에 위반된다(헌재 2018.4.26, 2015헌바370).

① [O] 디엔에이감식시료채취영장 발부 과정에서 채취대상자에게 자신의 의견을 밝히거나 영장 발부 후 불복할 수 있는 절차 등에 관하여 규정하지 아니한 '디엔에이신원확인정보의 이용 및 보호에 관한 법률'은 청구인들의 재판청구권을 침해한다(헌재 2018.8.30, 2016헌마344).

② [O] 수사기관이 법원으로부터 영장 또는 감정처분허가장을 발부받지 아니한 채 피의자의 동의 없이 피의자의 신체로부터 혈액을 채취하고 사후에도 지체 없이 영장을 발부받지 아니한 채 혈액 중 알코올농도에 관한 감정을 의뢰하였다면, 이러한 과정을 거쳐 얻은 감정의뢰회보 등은 형사소송법상 영장주의 원칙을 위반하여 수집하거나 그에 기초하여 획득한 증거로서, 원칙적으로 절차위반행위가 적법절차의 실질적인 내용을 침해하여 피고인이나 변호인의 동의가 있더라도 유죄의 증거로 사용할 수 없다(대판 2012.11.15, 2011도15258).

④ [O] 압수·수색의 방법으로 소변을 채취하는 경우 압수대상물인 피의자의 소변을 확보하기 위한 수사기관의 노력에도 불구하고, 피의자가 인근 병원 응급실 등 소변 채취에 적합한 장소로 이동하는 것에 동의하지 않거나 저항하는 등 임의동행을 기대할 수 없는 사정이 있는 때에는 수사기관으로서는 소변 채취에 적합한 장소로 피의자를 데려가기 위해서 필요 최소한의 유형력을 행사하는 것이 허용된다. 이는 형사소송법 제219조, 제120조 제1항에서 정한 '압수·수색영장의 집행에 필요한 처분'에 해당한다고 보아야 한다. 그렇지 않으면 피의자의 신체와 건강을 해칠 위험이 적고 피의자의 굴욕감을 최소화하기 위하여 마련된 절차에 따른 강제 채뇨가 불가능하여 압수영장의 목적을 달성할 방법이 없기 때문이다(대판 2018.7.12, 2018도6219).

정답 | 07 ④ 08 ③

09 영장주의에 관한 설명 중 옳지 않은 것은? (다툼이 있는 경우 판례에 의함) 22. 변호사

① 관계행정청이 등급분류를 받지 아니하거나 등급분류를 받은 게임물과 다른 내용의 게임물을 발견한 경우 관계공무원으로 하여금 이를 수거·폐기하게 할 수 있도록 한 것은, 급박한 상황에 대처하기 위한 것으로서 그 불가피성과 정당성이 충분히 인정되는 경우이므로, 영장 없는 수거를 인정한다고 하더라도 영장주의에 위배되는 것으로 볼 수 없다.

② 각급선거관리위원회 위원·직원의 선거범죄 조사에 있어서 피조사자에게 자료제출의무를 부과한 공직선거법 조항에 따른 자료제출요구는, 행정조사의 성격을 가지는 것으로 수사기관의 수사와 근본적으로 그 성격을 달리하며, 그 상대방에 대하여 직접적으로 어떠한 물리적 강제력을 행사하는 강제처분을 수반하는 것이 아니므로 영장주의의 적용대상이 아니다.

③ 체포영장을 발부받아 피의자를 체포하는 경우에, 필요한 때에는 영장 없이 타인의 주거 등 내에서 피의자 수색을 할 수 있도록 규정한 것은 수색에 앞서 영장을 발부받기 어려운 긴급한 사정이 인정되지 않는 경우에도 영장 없이 피의자 수색을 할 수 있다는 것이므로 영장주의에 위반된다.

④ 범죄피의자로 입건된 사람에게 검사의 신문을 받으면서 자신의 신원을 밝히지 않고 지문채취에 불응하는 경우 형사처벌을 통하여 지문채취를 강제하더라도 이를 영장주의에 의하여야 할 강제처분이라고 할 수 없다.

⑤ 기지국 수사를 허용하는 통신사실 확인자료 제공요청은 통신비밀보호법이 규정하는 강제처분에 해당하므로, 법관이 발부한 영장에 의하지 않고 관할 지방법원 또는 지원의 허가만 받으면 이를 가능하게 한 것은 영장주의에 위반된다.

해설

⑤ [×] 이 사건 허가조항은 기지국 수사의 필요성, 실체진실의 발견 및 신속한 범죄수사의 요청, 통신사실 확인자료의 특성, 수사현실 등을 종합적으로 고려하여, 수사기관으로 하여금 법원의 허가를 받아 특정 시간대 특정 기지국에서 발신된 모든 전화번호 등 통신사실 확인자료의 제공을 요청할 수 있도록 하고 있다. 영장주의의 본질이 강제처분을 함에 있어서는 인적·물적 독립을 보장받는 중립적인 법관이 구체적 판단을 거쳐야만 한다는 데에 있음을 고려할 때, 통신비밀보호법이 정하는 방식에 따라 관할 지방법원 또는 지원의 허가를 받도록 하고 있는 이 사건 허가조항은 실질적으로 영장주의를 충족하고 있다 할 것이다. 따라서 이 사건 허가조항은 헌법상 영장주의에 위배되지 아니한다(헌재 2018.6.28, 2012헌마538).

① [O] 관계공무원이 당해 게임물 등을 수거한 때에는 그 소유자 또는 점유자에게 수거증을 교부하도록 하고 있고, 수거 등 처분을 하는 관계공무원이나 협회 또는 단체의 임·직원은 그 권한을 표시하는 증표를 지니고 관계인에게 이를 제시하도록 하는 등의 절차적 요건을 규정하고 있으므로, 이 사건 법률조항이 적법절차의 원칙에 위배되는 것으로 보기도 어렵다(헌재 2002.10.31, 2000헌가12).

② [O] 심판대상조항에 의한 자료제출요구는 그 성질상 대상자의 자발적 협조를 전제로 할 뿐이고 물리적 강제력을 수반하지 아니한다. 심판대상조항은 피조사자로 하여금 자료제출요구에 응할 의무를 부과하고, 허위 자료를 제출한 경우 형사처벌하고 있으나, 이는 형벌에 의한 불이익이라는 심리적, 간접적 강제수단을 통하여 진실한 자료를 제출하도록 함으로써 조사권 행사의 실효성을 확보하기 위한 것이다. 이와 같이 심판대상조항에 의한 자료제출요구는 행정조사의 성격을 가지는 것으로 수사기관의 수사와 근본적으로 그 성격을 달리하며, 청구인에 대하여 직접적으로 어떠한 물리적 강제력을 행사하는 강제처분을 수반하는 것이 아니므로 영장주의의 적용대상이 아니다(헌재 2019.9.26, 2016헌바381).

③ [O] 심판대상조항은 체포영장을 발부받아 피의자를 체포하는 경우에 필요한 때에는 영장 없이 타인의 주거 등 내에서 피의자 수사를 할 수 있다고 규정함으로써, 앞서 본 바와 같이 별도로 영장을 발부받기 어려운 긴급한 사정이 있는지 여부를 구별하지 아니하고 피의자가 소재할 개연성만 소명되면 영장 없이 타인의 주거 등을 수색할 수 있도록 허용하고 있다. 이는 체포영장이 발부된 피의자가 타인의 주거 등에 소재할 개연성은 소명되나, 수색에 앞서 영장을 발부받기 어려운 긴급한 사정이 인정되지 않는 경우에도 영장 없이 피의자 수색을 할 수 있다는 것이므로, 헌법 제16조의 영장주의 예외 요건을 벗어나는 것으로서 영장주의에 위반된다(헌재 2018.4.26, 2015헌바370).

④ [O]

> **범죄의 피의자로 입건된 사람들로 하여금 경찰공무원이나 검사의 신문을 받으면서 자신의 신원을 밝히지 않고 지문채취에 불응하는 경우 벌금, 과료, 구류의 형사처벌을 받도록 하고 있는 이 사건 법률조항이 적법절차의 원칙에 위반되는지 여부(소극)**
> 이 사건 법률조항은 피의자의 신원확인을 원활하게 하고 수사활동에 지장이 없도록 하기 위한 것으로, 수사상 피의자의 신원확인은 피의자를 특정하고 범죄경력을 조회함으로써 타인의 인적사항 도용과 범죄 및 과사실의 은폐 등을 차단하고 형사사법제도를 적정하게 운영하기 위해 필수적이라는 점에서 그 목적은 정당하고, 지문채취는 신원확인을 위한 경제적이고 간편하면서도 확실성이 높은 적절한 방법이다. 또한 이 사건 법률조항은 형벌에 의한 불이익을 부과함으로써 심리적·간접적으로 지문

채취를 강제하고 그것도 보충적으로만 적용하도록 하고 있어 피의자에 대한 피해를 최소화하기 위한 고려를 하고 있으며, 지문채취 그 자체가 피의자에게 주는 피해는 그리 크지 않은 반면 일단 채취된 지문은 피의자의 신원을 확인하는 효과적인 수단이 될 뿐 아니라 수사절차에서 범인을 검거하는 데에 중요한 역할을 한다. 한편, 이 사건 법률조항에 규정되어 있는 법정형은 형법상의 제재로서는 최소한에 해당되므로 지나치게 가혹하여 범죄에 대한 형벌 본래의 목적과 기능을 달성함에 필요한 정도를 일탈하였다고 볼 수도 없다[헌재 2004.9.23, 2002헌가17 · 18(병합)].

10 영장주의에 관한 다음 설명 중 가장 옳은 것은? (다툼이 있는 경우 헌법재판소 결정 및 대법원 판례에 의함)

22. 법원직 9급

① 헌법 제12조 제3항이 정한 영장주의는 수사기관이 강제처분을 함에 있어 중립적 기관인 법원의 허가를 얻는 것뿐만 아니라 법원에 의한 사후 통제까지 마련되어야 함을 의미한다.

② 경찰서장이 국민건강보험공단에게 청구인들의 요양급여내역 제공을 요청한 행위는 강제력이 개입되지 않은 임의수사에 해당하므로 이에 응하여 이루어진 정보제공행위에는 영장주의가 적용되지 않는다.

③ 각급선거관리위원회 위원 · 직원의 선거범죄 조사에 있어서 피조사자에게 자료제출요구를 하는 것은 범죄와 관련한 수사의 성격을 가지므로 영장주의의 적용 대상에 해당한다.

④ 형식적으로 영장주의를 준수하였다면 실질적인 측면에서 입법자가 합리적인 선택범위를 일탈하는 등 그 입법형성권을 남용하였더라도 그러한 법률이 자의금지원칙에 위배되어 위헌이라고 볼 수는 없다.

해설

② [O] 이 사건 사실조회조항은 수사기관에 사실조회의 권한을 부여하고 있을 뿐이고, 이에 근거한 이 사건 사실조회행위에 대하여 국민건강보험공단이 응하거나 협조하여야 할 의무를 부담하는 것이 아니다. 따라서 이 사건 사실조회행위는 강제력이 개입되지 아니한 임의수사에 해당하므로, 이에 응하여 이루어진 이 사건 정보제공행위에도 영장주의가 적용되지 않는다. 그러므로 이 사건 정보제공행위는 영장주의원칙에 위배되지 않는다(헌재 2018.8.30, 2014헌마368).

① [×] 헌법 제12조 제3항이 정한 영장주의가 수사기관이 강제처분을 함에 있어 중립적 기관인 법원의 허가를 얻어야 함을 의미하는 것 외에 법원에 의한 사후 통제까지 마련되어야 함을 의미한다고 보기 어렵다(헌재 2018.8.30, 2016헌마263).

③ [×] 심판대상조항에 의한 자료제출요구는 그 성질상 대상자의 자발적 협조를 전제로 할 뿐이고 물리적 강제력을 수반하지 아니한다. 심판대상조항은 피조사자로 하여금 자료제출요구에 응할 의무를 부과하고, 허위 자료를 제출한 경우 형사처벌하고 있으나, 이는 형벌에 의한 불이익이라는 심리적, 간접적 강제수단을 통하여 진실한 자료를 제출하도록 함으로써 조사권 행사의 실효성을 확보하기 위한 것이다. 이와 같이 심판대상조항에 의한 자료제출요구는 행정조사의 성격을 가지는 것으로 수사기관의 수사와 근본적으로 그 성격을 달리하며, 청구인에 대하여 직접적으로 어떠한 물리적 강제력을 행사하는 강제처분을 수반하는 것이 아니므로 영장주의의 적용대상이 아니다(헌재 2019.9.26, 2016헌바381).

④ [×] 우리 헌법제정권자가 제헌 헌법(제9조) 이래 현행 헌법(제12조 제3항)에 이르기까지 채택하여 온 영장주의의 본질은 신체의 자유를 침해하는 강제처분을 함에 있어서는 인적 · 물적 독립을 보장받는 제3자인 법관이 구체적 판단을 거쳐 발부한 영장에 의하여야만 한다는 데에 있으므로, 우선 형식적으로 영장주의에 위배되는 법률은 곧바로 헌법에 위반되고, 나아가 형식적으로는 영장주의를 준수하였더라도 실질적인 측면에서 입법자가 합리적인 선택범위를 일탈하는 등 그 입법형성권을 남용하였다면 그러한 법률은 자의금지원칙에 위배되어 헌법에 위반된다고 보아야 한다(헌재 2012.12.27, 2011헌가5).

정답 | 09 ⑤ 10 ②

11 영장주의에 대한 설명으로 가장 적절하지 않은 것은? (다툼이 있는 경우 헌법재판소 판례에 의함) 22. 경찰간부

① 헌법에 규정된 영장신청권자로서의 검사는 검찰권을 행사하는 국가기관인 검사로서 공익의 대표자이자 수사단계에서의 인권옹호기관으로서의 지위에서 그에 부합하는 직무를 수행하는 자를 의미하는 것으로 검찰청법상 검사만을 지칭한다.

② 각급 선거관리위원회 위원·직원의 선거범죄조사에 있어서 자료제출요구에 응할 의무를 부과하고 허위자료를 제출하는 경우 형사처벌을 규정한 구 공직선거법 조항은 자료제출요구가 대상자의 자발적 협조를 전제하고 물리적 강제력을 수반하지 않으므로 영장주의의 적용대상이 아니다.

③ 체포영장을 발부받아 피의자를 체포하는 경우 필요한 때에는 영장 없이 타인의 주거 등 내에서 피의자 수사를 할 수 있다고 규정한 형사소송법 조항은 피의자가 존재할 개연성만 소명되면 타인의 주거 등에 대한 영장 없는 수색을 허용하므로 영장주의에 위반된다.

④ 피의자를 긴급체포한 경우 사후 체포영장을 청구하도록 규정하지 않고 피의자를 구속하고자 할 때에 한하여 구속영장을 청구하도록 규정한 형사소송법상 영장청구조항은 헌법상 영장주의에 위반된다고 단정할 수 없다.

해설

① [×] 헌법에 규정된 영장신청권자로서의 검사는 검찰권을 행사하는 국가기관인 검사로서 공익의 대표자이자 수사단계에서의 인권옹호기관으로서의 지위에서 그에 부합하는 직무를 수행하는 자를 의미하는 것이지, 검찰청법상 검사만을 지칭하는 것으로 보기 어렵다. 실제로 군사법원법 및 '특별검사의 임명 등에 관한 법률' 등에 의하여 검찰청법상 검사 외에 군검사와 특별검사도 영장신청권을 행사한다(헌재 2021.1.28, 2020헌마26).

② [O] 선거관리위원회의 본질적 기능은 선거의 공정한 관리 등 행정기능이고, 그 효과적인 기능 수행과 집행의 실효성을 확보하기 위한 수단으로서 선거범죄 조사권을 인정하고 있다. 심판대상조항에 의한 자료제출요구는 위와 같은 조사권의 일종으로서 행정조사에 해당하고, 선거범죄 혐의 유무를 명백히 하여 공소의 제기와 유지 여부를 결정하려는 목적으로 범인을 발견·확보하고 증거를 수집·보전하기 위한 수사기관의 활동인 수사와는 근본적으로 그 성격을 달리한다. 심판대상조항에 의한 자료제출요구는 그 성질상 대상자의 자발적 협조를 전제로 할 뿐이고 물리적 강제력을 수반하지 아니한다. 심판대상조항은 피조사자로 하여금 자료제출요구에 응할 의무를 부과하고, 허위 자료를 제출한 경우 형사처벌하고 있으나, 이는 형벌에 의한 불이익이라는 심리적, 간접적 강제수단을 통하여 진실한 자료를 제출하도록 함으로써 조사권 행사의 실효성을 확보하기 위한 것이다. 이와 같이 심판대상조항에 의한 자료제출요구는 행정조사의 성격을 가지는 것으로 수사기관의 수사와 근본적으로 그 성격을 달리하며, 청구인에 대하여 직접적으로 어떠한 물리적 강제력을 행사하는 강제처분을 수반하는 것이 아니므로 영장주의의 적용대상이 아니다(헌재 2019.9.26, 2016헌바381).

③ [O] 심판대상조항은 체포영장을 발부받아 피의자를 체포하는 경우에 '필요한 때'에는 영장 없이 타인의 주거 등 내에서 피의자 수사를 할 수 있다고 규정함으로써, 별도로 영장을 발부받기 어려운 긴급한 사정이 있는지 여부를 구별하지 아니하고 피의자가 소재할 개연성이 있으면 영장 없이 타인의 주거 등을 수색할 수 있도록 허용하고 있다. 이는 체포영장이 발부된 피의자가 타인의 주거 등에 소재할 개연성은 인정되나, 수색에 앞서 영장을 발부받기 어려운 긴급한 사정이 인정되지 않는 경우에도 영장 없이 피의자 수색을 할 수 있다는 것이므로, 위에서 본 헌법 제16조의 영장주의 예외요건을 벗어난다. … 심판대상조항에 대하여 단순위헌결정을 하는 대신 헌법불합치결정을 선고하되, 2020.3.31.을 시한으로 입법자가 심판대상조항의 위헌성을 제거하고 합헌적인 내용으로 법률을 개정할 때까지 심판대상조항이 계속 적용되도록 할 필요가 있다. 다만 심판대상조항은 포영장이 발부된 피의자가 타인의 주거 등에 소재할 개연성이 소명되고, 그 장소를 수색하기에 앞서 별도로 수색영장을 발부받기 어려운 긴급한 사정이 있는 경우에 한하여 적용되어야 할 것이다(헌재 2018.4.26, 2015헌바370).

④ [O] 이 사건 영장청구조항은 수사기관이 긴급체포한 피의자를 사후 영장청구 없이 석방할 수 있도록 규정하고 있다. 피의자를 긴급체포하여 조사한 결과 구금을 계속할 필요가 없다고 판단하여 48시간 이내에 석방하는 경우까지도 수사기관이 반드시 체포영장발부절차를 밟게 한다면, 이는 피의자, 수사기관 및 법원 모두에게 비효율을 초래할 가능성이 있고, 경우에 따라서는 오히려 인권침해적인 상황을 발생시킬 우려도 있다. 형사소송법은 긴급체포를 예외적으로만 허용하고 있고 피의자 석방 시 석방의 사유 등을 법원에 통지하도록 하고 있으며 긴급체포된 피의자도 체포적부심사를 청구할 수 있어 긴급체포제도의 남용을 예방하고 있다. 이 사건 영장청구조항은 사후 구속영장의 청구시한을 체포한 때부터 48시간으로 정하고 있다. 이는 긴급체포의 특수성, 긴급체포에 따른 구금의 성격, 형사절차에 불가피하게 소요되는 시간 및 수사현실 등에 비추어 볼 때 입법재량을 현저하게 일탈한 것으로 보기 어렵다. 또한 이 사건 영장청구조항은 체포한 때로부터 48시간 이내라 하더라도 피의자를 구속할 필요가 있는 때에는 지체 없이 구속영장을 청구하도록 함으로써 사후영장청구의 시간적 요건을 강화하고 있다. 따라서 이 사건 영장청구조항은 헌법상 영장주의에 위반되지 아니한다(헌재 2021.3.25, 2018헌바212).

12 영장주의에 대한 설명으로 가장 적절하지 않은 것은? (다툼이 있는 경우 헌법재판소 판례에 의함)

22. 경찰간부

① 헌법에 규정된 영장신청권자로서의 검사는 검찰권을 행사하는 국가기관인 검사로서 공익의 대표자이자 수사단계에서의 인권옹호기관으로서의 지위에서 그에 부합하는 직무를 수행하는 자를 의미하는 것으로 검찰청법상 검사만을 지칭한다.

② 각급 선거관리위원회 위원·직원의 선거범죄조사에 있어서 자료제출요구에 응할 의무를 부과하고 허위자료를 제출하는 경우 형사처벌을 규정한 구 공직선거법 조항은 자료제출요구가 대상자의 자발적 협조를 전제하고 물리적 강제력을 수반하지 않으므로 영장주의의 적용대상이 아니다.

③ 체포영장을 발부받아 피의자를 체포하는 경우 필요한 때에는 영장 없이 타인의 주거 등 내에서 피의자 수사를 할 수 있다고 규정한 형사소송법 조항은 피의자가 존재할 개연성만 소명되면 타인의 주거 등에 대한 영장 없는 수색을 허용하므로 영장주의에 위반된다.

④ 피의자를 긴급체포한 경우 사후 체포영장을 청구하도록 규정하지 않고 피의자를 구속하고자 할 때에 한하여 구속영장을 청구하도록 규정한 형사소송법상 영장청구조항은 헌법상 영장주의에 위반된다고 단정할 수 없다.

해설

① [×] 헌법에 규정된 영장신청권자로서의 검사는 검찰권을 행사하는 국가기관인 검사로서 공익의 대표자이자 수사단계에서의 인권옹호기관으로서의 지위에서 그에 부합하는 직무를 수행하는 자를 의미하는 것이지, 검찰청법상 검사만을 지칭하는 것으로 보기 어렵다. 실제로 군사법원법 및 '특별검사의 임명 등에 관한 법률' 등에 의하여 검찰청법상 검사 외에 군검사와 특별검사도 영장신청권을 행사한다(헌재 2021.1.28, 2020헌마26).

② [O] 선거관리위원회의 본질적 기능은 선거의 공정한 관리 등 행정기능이고, 그 효과적인 기능 수행과 집행의 실효성을 확보하기 위한 수단으로서 선거범죄 조사권을 인정하고 있다. 심판대상조항에 의한 자료제출요구는 위와 같은 조사권의 일종으로서 행정조사에 해당하고, 선거범죄 혐의 유무를 명백히 하여 공소의 제기와 유지 여부를 결정하려는 목적으로 범인을 발견·확보하고 증거를 수집·보전하기 위한 수사기관의 활동인 수사와는 근본적으로 그 성격을 달리한다. 심판대상조항에 의한 자료제출요구는 그 성질상 대상자의 자발적 협조를 전제로 할 뿐이고 물리적 강제력을 수반하지 아니한다. 심판대상조항은 피조사자로 하여금 자료제출요구에 응할 의무를 부과하고, 허위 자료를 제출한 경우 형사처벌하고 있으나, 이는 형벌에 의한 불이익이라는 심리적, 간접적 강제수단을 통하여 진실한 자료를 제출하도록 함으로써 조사권 행사의 실효성을 확보하기 위한 것이다. 이와 같이 심판대상조항에 의한 자료제출요구는 행정조사의 성격을 가지는 것으로 수사기관의 수사와 근본적으로 그 성격을 달리하며, 청구인에 대하여 직접적으로 어떠한 물리적 강제력을 행사하는 강제처분을 수반하는 것이 아니므로 영장주의의 적용대상이 아니다(헌재 2019.9.26, 2016헌바381).

③ [O] 심판대상조항은 체포영장을 발부받아 피의자를 체포하는 경우에 '필요한 때'에는 영장 없이 타인의 주거 등 내에서 피의자 수사를 할 수 있다고 규정함으로써, 별도로 영장을 발부받기 어려운 긴급한 사정이 있는지 여부를 구별하지 아니하고 피의자가 소재할 개연성이 있으면 영장 없이 타인의 주거 등을 수색할 수 있도록 허용하고 있다. 이는 체포영장이 발부된 피의자가 타인의 주거 등에 소재할 개연성은 인정되나, 수색에 앞서 영장을 발부받기 어려운 긴급한 사정이 인정되지 않는 경우에도 영장 없이 피의자 수색을 할 수 있다는 것이므로, 위에서 본 헌법 제16조의 영장주의 예외요건을 벗어난다. … 심판대상조항에 대하여 단순위헌결정을 하는 대신 헌법불합치결정을 선고하되, 2020.3.31.을 시한으로 입법자가 심판대상조항의 위헌성을 제거하고 합헌적인 내용으로 법률을 개정할 때까지 심판대상조항이 계속 적용되도록 할 필요가 있다. 다만 심판대상조항은 체포영장이 발부된 피의자가 타인의 주거 등에 소재할 개연성이 소명되고, 그 장소를 수색하기에 앞서 별도로 수색영장을 발부받기 어려운 긴급한 사정이 있는 경우에 한하여 적용되어야 할 것이다(헌재 2018.4.26, 2015헌바370).

④ [O] 이 사건 영장청구조항은 수사기관이 긴급체포한 피의자를 사후 영장청구 없이 석방할 수 있도록 규정하고 있다. 피의자를 긴급체포하여 조사한 결과 구금을 계속할 필요가 없다고 판단하여 48시간 이내에 석방하는 경우까지도 수사기관이 반드시 체포영장발부절차를 밟게 한다면, 이는 피의자, 수사기관 및 법원 모두에게 비효율을 초래할 가능성이 있고, 경우에 따라서는 오히려 인권침해적인 상황을 발생시킬 우려도 있다. 형사소송법은 긴급체포를 예외적으로만 허용하고 있고 피의자 석방시 석방의 사유 등을 법원에 통지하도록 하고 있으며 긴급체포된 피의자도 체포적부심사를 청구할 수 있어 긴급체포제도의 남용을 예방하고 있다. 이 사건 영장청구조항은 사후 구속영장의 청구시한을 체포한 때부터 48시간으로 정하고 있다. 이는 긴급체포의 특수성, 긴급체포에 따른 구금의 성격, 형사절차에 불가피하게 소요되는 시간 및 수사현실 등에 비추어 볼 때 입법재량을 현저하게 일탈한 것으로 보기 어렵다. 또한 이 사건 영장청구조항은 체포한 때로부터 48시간 이내라 하더라도 피의자를 구속할 필요가 있는 때에는 지체 없이 구속영장을 청구하도록 함으로써 사후영장청구의 시간적 요건을 강화하고 있다. 따라서 이 사건 영장청구조항은 헌법상 영장주의에 위반되지 아니한다(헌재 2021.3.25, 2018헌바212).

정답 | 11 ① 12 ①

13 영장주의에 관한 설명 중 가장 적절하지 않은 것은? (다툼이 있는 경우 판례에 의함) 22. 경찰 2차

① 형사재판에 계속 중인 사람에 대하여 출국을 금지할 수 있다고 규정한 출입국관리법 조항에 따른 법무부장관의 출국금지결정은 형사재판에 계속 중인 국민의 출국의 자유를 제한하는 행정처분일 뿐이고, 영장주의가 적용되는 신체에 대하여 직접적으로 물리적 강제력을 수반하는 강제처분이라고 할 수는 없다.

② 영장주의는 법관이 발부한 영장에 의하지 아니하고는 수사에 필요한 강제처분을 하지 못한다는 원칙으로서, 마약류사범인 청구인에게 마약류반응검사를 위하여 소변을 받아 제출하도록 한 것은 교도소의 안전과 질서유지를 위한 것으로 수사에 필요한 처분이 아닐 뿐만 아니라 검사대상자들의 협력이 필수적이어서 강제처분이라고 할 수도 없어 영장주의의 원칙이 적용되지 않는다.

③ 영장주의는 구속개시 시점에 있어서 신체의 자유에 대한 박탈의 허용만이 아니라 그 구속영장의 효력을 계속 유지할 것인지 아니면 정지 또는 실효시킬 것인지 여부의 결정도 오직 법관의 판단에 의하여만 결정되어야 한다는 것을 의미한다.

④ 병(兵)에 대한 징계처분으로 일정기간 부대나 함정(艦艇) 내의 영창에 감금하는 처분이 가능하도록 규정한 구 군인사법 조항은 군(軍)이라는 특수한 신분관계에서 오는 불가피성 및 그 내용과 집행의 실질, 효과 등에 비추어 볼 때, 그 본질이 일반 형사절차에서 이루어지는 인신구금과 동일하게 취급하기 어렵다는 측면에서 영장주의 원칙이 적용되지 않는다.

해설

④ [×] 병에 대한 영창처분사건(헌재 2020.9.24, 2017헌바157 등)에서 9명의 헌법재판관 중 7명이 병에 대한 영창처분은 과잉금지의 원칙에 위반되어 위헌이라는 의견이었고, 위헌의견을 낸 7명의 헌법재판관 중에서 4명은 영장주의원칙에도 위반된다는 보충의견을 제시하였다. 그리고 2명의 헌법재판관은 과잉금지의 원칙에 위배되지 않고, 병에 대한 영창처분은 영장주의 원칙이 적용되지 않기 때문에 영장주의 원칙에도 위배되지 않는다는 합헌의견이었다. 이 지문은 합헌의견을 출제한 것이다.

> [법정의견]
> 심판대상조항은 병의 복무규율 준수를 강화하고, 복무기강을 엄정히 하기 위하여 제정된 것으로 군의 지휘명령체계의 확립과 전투력 제고를 목적으로 하는바, 그 입법목적은 정당하고, 심판대상조항은 병에 대하여 강력한 위하력을 발휘하므로 수단의 적합성도 인정된다. 심판대상조항에 의한 영창처분은 징계처분임에도 불구하고 신분상 불이익 외에 신체의 자유를 박탈하는 것까지 그 내용으로 삼고 있어 징계의 한계를 초과한 점, … 등에 비추어 심판대상조항은 침해의 최소성 원칙에 어긋난다. 군대 내 지휘명령체계를 확립하고 전투력을 제고한다는 공익은 매우 중요한 공익이나, 심판대상조항으로 과도하게 제한되는 병의 신체의 자유가 위 공익에 비하여 결코 가볍다고 볼 수 없어, 심판대상조항은 법익의 균형성 요건도 충족하지 못한다. 심판대상조항은 과잉금지원칙에 위배된다(헌재 2020.9.24, 2017헌바157 등).
>
> [법정의견에 대한 보충의견]
> 헌법상 신체의 자유는 헌법 제12조 제1항의 문언과 자연권적 속성에 비추어 볼 때 형사절차에 한정하여 보호되는 기본권이 아니다. 헌법 제12조 제3항의 영장주의가 수사기관에 의한 체포·구속을 전제하여 규정된 것은 형사절차의 경우 법관에 의한 사전적 통제의 필요성이 강하게 요청되기 때문이지, 형사절차 이외의 국가권력작용에 대해 영장주의를 배제하는 것이 아니고, 오히려 그 본질은 인신구속과 같이 중대한 기본권 침해를 야기할 때는 법관이 구체적 판단을 거쳐 발부한 영장에 의하여야 한다는 것이다. 따라서 형사절차가 아니라 하더라도 실질적으로 수사기관에 의한 인신구속과 동일한 효과를 발생시키는 인신구금은 영장주의의 본질상 그 적용대상이 되어야 한다. 심판대상조항에 의한 영창처분은 그 내용과 집행의 실질, 효과에 비추어 볼 때, 그 본질이 사실상 형사절차에서 이루어지는 인신구금과 같이 기본권에 중대한 침해를 가져오는 것으로 헌법 제12조 제1항, 제3항의 영장주의 원칙이 적용된다. 심판대상조항은 헌법 제12조 제1항, 제3항의 영장주의에 위배된다.
>
> [2인의 합헌의견]
> 헌법 제12조 제3항의 문언이나 성격상 영장주의는 징계절차에 그대로 적용된다고 볼 수 없다. 심판대상조항은 과잉금지원칙에 반하지 않는다.

① [O] 심판대상조항에 따른 법무부장관의 출국금지결정은 형사재판에 계속 중인 국민의 출국의 자유를 제한하는 행정처분일 뿐이고 영장주의가 적용되는 신체에 대하여 직접적으로 물리적 강제력을 수반하는 강제처분이라고 할 수는 없다. 따라서 심판대상조항이 헌법 제12조 제3항의 영장주의에 위배된다고 볼 수 없다(헌재 2015.9.24, 2012헌바302).

② [O] 헌법 제12조 제3항의 영장주의는 법관이 발부한 영장에 의하지 아니하고는 수사에 필요한 강제처분을 하지 못한다는 원칙으로 소변을 받아 제출하도록 한 것은 교도소의 안전과 질서유지를 위한 것으로 수사에 필요한 처분이 아닐 뿐만 아니라 검사대상자들의 협력이 필수적이어서 강제처분이라고 할 수도 없어 영장주의의 원칙이 적용되지 않는다(헌재 2006.7.27, 2005헌마277).

③ [O] 헌법 제12조 제3항에 규정된 영장주의는 구속의 개시시점에 한하지 않고 구속영장의 효력을 계속 유지할 것인지 아니면 취소 또는 실효시킬 것인지의 여부도 사법권독립의 원칙에 의하여 신분이 보장되고 있는 법관의 판단에 의하여 결정되어야 한다는 것을 의미하고, 따라서 형사소송법 제331조 단서규정과 같이 구속영장의 실효 여부를 검사의 의견에 좌우되도록 하는 것은 헌법상 적법절차의 원칙에 위배된다(헌재 1992.12.24, 92헌가8).

14 영장주의 및 적법절차원칙에 대한 설명으로 옳지 않은 것은? (다툼이 있는 경우 판례에 의함) 22. 지방직 7급

① 헌법 제12조 제3항이 영장의 발부에 관하여 '검사의 신청'에 의할 것을 규정한 취지는 모든 영장의 발부에 검사의 신청이 필요하다는 데에 있는 것이 아니라 수사단계에서 영장의 발부를 신청할 수 있는 자를 검사로 한정함으로써 검사 아닌 다른 수사기관의 영장신청에서 오는 인권유린의 폐해를 방지하고자 함에 있다.

② 전투경찰순경에 대한 징계처분을 규정하고 있는 구 전투경찰대 설치법의 조항 중 '전투경찰순경에 대한 영창' 부분은 그 사유의 제한, 징계대상자의 출석권과 진술권의 보장 및 법률에 의한 별도의 불복절차가 마련되어 있으므로 헌법 제12조 제1항의 적법절차원칙에 위배되지 않는다.

③ 피의자를 긴급체포하여 조사한 결과 구금을 계속할 필요가 없다고 판단하여 48시간 이내에 석방하는 경우까지도 수사기관이 반드시 체포영장발부절차를 밟게 하는 것은 인권침해적 상황을 예방하는 적절한 방법이다.

④ 헌법 제12조 제3항의 영장주의는 법관이 발부한 영장에 의하지 아니하고는 수사에 필요한 강제처분을 하지 못한다는 원칙으로, 교도소장이 마약류 관련 수형자에게 소변을 받아 제출하도록 한 것은 교도소의 안전과 질서유지를 위한 것으로 수사에 필요한 처분이 아닐 뿐만 아니라 검사대상자들의 협력이 필수적이어서 강제처분이라고 할 수도 없어 영장주의의 원칙이 적용되지 않는다.

해설

③ [×] 이 사건 영장청구조항은 수사기관이 긴급체포한 피의자를 사후 영장청구 없이 석방할 수 있도록 규정하고 있다. 피의자를 긴급체포하여 조사한 결과 구금을 계속할 필요가 없다고 판단하여 48시간 이내에 석방하는 경우까지도 수사기관이 반드시 체포영장발부절차를 밟게 한다면, 이는 피의자, 수사기관 및 법원 모두에게 비효율을 초래할 가능성이 있고, 경우에 따라서는 오히려 인권침해적인 상황을 발생시킬 우려도 있다. 형사소송법은 긴급체포를 예외적으로만 허용하고 있고 피의자 석방 시 석방의 사유 등을 법원에 통지하도록 하고 있으며 긴급체포된 피의자도 체포적부심사를 청구할 수 있어 긴급체포제도의 남용을 예방하고 있다. … 따라서 이 사건 영장청구조항은 헌법상 영장주의에 위반되지 아니한다(헌재 2021.3.25, 2018헌바212).

① [O] 헌법 제12조 제3항이 영장의 발부에 관하여 "검사의 신청"에 의할 것을 규정한 취지는 모든 영장 발부에 검사의 신청이 필요하다는 데에 있는 것이 아니라 수사단계에서 영장의 발부를 신청할 수 있는 자를 검사로 한정함으로써 검사 아닌 다른 수사기관의 영장신청에서 오는 인권유린의 폐해를 방지하고자 함에 있으므로, 공판단계에서 법원이 직권에 의하여 구속영장을 발부할 수 있음을 규정한 형사소송법 제70조 제1항 및 제73조 중 "피고인을 … 구인 또는 구금함에는 구속영장을 발부하여야 한다." 부분은 헌법 제12조 제3항에 위반되지 아니한다(헌재 1997.3.27, 96헌바28 등).

② [O] 전투경찰순경에 대한 영창처분은 그 사유가 제한되어 있고, 징계위원회의 심의절차를 거쳐야 하며, 징계 심의 및 집행에 있어 징계대상자의 출석권과 진술권이 보장되고 있다. 또한 소청과 행정소송 등 별도의 불복절차가 마련되어 있고 소청에서 당사자 의견진술 기회 부여를 소청결정의 효력에 영향을 주는 중요한 절차적 요건으로 규정하는바, 이러한 점들을 종합하면 이 사건 영창조항이 헌법에서 요구하는 수준의 절차적 보장 기준을 충족하지 못했다고 볼 수 없으므로 헌법 제12조 제1항의 적법절차원칙에 위배되지 아니한다(헌재 2016.3.31, 2013헌바190).

④ [O] 헌법 제12조 제3항의 영장주의는 법관이 발부한 영장에 의하지 아니하고는 수사에 필요한 강제처분을 하지 못한다는 원칙으로 소변을 받아 제출하도록 한 것은 교도소의 안전과 질서유지를 위한 것으로 수사에 필요한 처분이 아닐 뿐만 아니라 검사대상자들의 협력이 필수적이어서 강제처분이라고 할 수도 없어 영장주의의 원칙이 적용되지 않는다. … 이 사건 소변채취를 법관의 영장을 필요로 하는 강제처분이라고 할 수 없어 구치소 등 교정시설 내에서 위와 같은 방법에 의한 소변채취가 법관의 영장이 없이 실시되었다고 하여 헌법 제12조 제3항의 영장주의에 위배하였다고 할 수는 없다(헌재 2006.7.27, 2005헌마277).

정답 | 13 ④ 14 ③

15 적법절차 및 영장주의에 대한 설명으로 가장 적절하지 않은 것은? (다툼이 있는 경우 헌법재판소 판례에 의함)

23. 경찰간부

① 구 도시 및 주거환경정비법 조항이 정비예정구역 내 토지등소유자의 100분의 30 이상의 해제 요청이라는 비교적 완화된 요건만으로 정비예정구역 해제 절차에 나아갈 수 있도록 하였다고 하여 적법절차원칙에 위반된다고 보기는 어렵다.

② 강제퇴거명령을 받은 사람을 보호할 수 있도록 하면서 보호기간의 상한을 마련하지 아니한 출입국관리법상 보호는 그 개시 또는 연장단계에서 공정하고 중립적인 기관에 의한 통제절차가 없고 당사자에게 의견을 제출할 기회도 보장하고 있지 아니하므로 헌법상 적법절차원칙에 위배된다.

③ 기지국 수사를 허용하는 통신사실 확인자료 제공요청의 경우 관할 지방법원 또는 지원의 허가를 받도록 규정한 통신비밀보호법상 조항은 헌법상 영장주의에 위배되지 않는다.

④ 서울용산경찰서장이 국민건강보험공단에 청구인들의 요양급여내역의 제공을 요청한 사실조회행위는 임의수사에 해당하나 이에 응해 이루어진 정보제공행위에 대해서는 헌법상 영장주의가 적용된다.

해설

④ [×] 이 사건 사실조회행위는 강제력이 개입되지 아니한 임의수사에 해당하므로, 이에 응하여 이루어진 이 사건 정보제공행위에도 영장주의가 적용되지 않는다. 그러므로 이 사건 정보제공행위가 영장주의에 위배되어 청구인들의 개인정보자기결정권을 침해한다고 볼 수 없다(헌재 2018.8.30, 2014헌마368).

① [O] 심판대상조항은 정비예정구역으로 지정되어 있는 상태에서 정비사업이 장기간 방치됨으로써 발생하는 법적 불안정성을 해소하고, 정비예정구역 내 토지등소유자의 재산권 행사를 보장하기 위한 것이다. 아직 정비계획의 수립 및 정비구역 지정이 이루어지지 않고 있는 정비예정구역을 대상으로 하는 점, 경기, 사업성 또는 주민갈등 등 다양한 사유로 인하여 정비예정구역에 대한 정비계획 수립 등이 이루어지지 않을 가능성도 있는 점, 정비예정구역으로 지정되어 있을 뿐인 단계에서부터 토지등소유자의 100분의 30 이상이 정비예정구역 해제를 요구하고 있는 상황이라면 추후 정비사업의 시행이 지연되거나 좌초될 가능성이 큰 점, 토지등소유자에게는 정비계획의 입안을 제안할 수 있는 방법이 있는 점, 정비예정구역 해제를 위해서는 지방도시계획위원회의 심의를 거쳐야 하고, 정비예정구역의 해제는 해제권자의 재량적 행위인 점, 정비예정구역 해제에 관한 위법이 있는 경우 항고소송을 통하여 이를 다툴 수 있는 점 등을 종합적으로 고려하면, 심판대상조항이 적법절차원칙에 위반된다고 볼 수 없다(헌재 2023.6.29, 2020헌바63).

② [O] 행정절차상 강제처분에 의해 신체의 자유가 제한되는 경우 강제처분의 집행기관으로부터 독립된 중립적인 기관이 이를 통제하도록 하는 것은 적법절차원칙의 중요한 내용에 해당한다. 심판대상조항에 의한 보호는 신체의 자유를 제한하는 정도가 박탈에 이르러 형사절차상 '체포 또는 구속'에 준하는 것으로 볼 수 있는 점을 고려하면, 보호의 개시 또는 연장 단계에서 그 집행기관인 출입국관리공무원으로부터 독립되고 중립적인 지위에 있는 기관이 보호의 타당성을 심사하여 이를 통제할 수 있어야 한다. 그러나 현재 출입국관리법상 보호의 개시 또는 연장 단계에서 집행기관으로부터 독립된 중립적 기관에 의한 통제절차가 마련되어 있지 아니하다. 또한 당사자에게 의견 및 자료 제출의 기회를 부여하는 것은 적법절차원칙에서 도출되는 중요한 절차적 요청이므로, 심판대상조항에 따라 보호를 하는 경우에도 피보호자에게 위와 같은 기회가 보장되어야 하나, 심판대상조항에 따른 보호명령을 발령하기 전에 당사자에게 의견을 제출할 수 있는 절차적 기회가 마련되어 있지 아니하다. 따라서 심판대상조항은 적법절차원칙에 위배되어 피보호자의 신체의 자유를 침해한다(헌재 2023.3.23, 2020헌가1).

③ [O] 이 사건 허가조항은 기지국 수사의 필요성, 실체진실의 발견 및 신속한 범죄수사의 요청, 통신사실 확인자료의 특성, 수사현실 등을 종합적으로 고려하여, 수사기관으로 하여금 법원의 허가를 받아 특정 시간대 특정 기지국에서 발신된 모든 전화번호 등 통신사실 확인자료의 제공을 요청할 수 있도록 하고 있다. 영장주의의 본질이 강제처분을 함에 있어서는 인적·물적 독립을 보장받는 중립적인 법관이 구체적 판단을 거쳐야만 한다는 데에 있음을 고려할 때, 통신비밀보호법이 정하는 방식에 따라 관할 지방법원 또는 지원의 허가를 받도록 하고 있는 이 사건 허가조항은 실질적으로 영장주의를 충족하고 있다 할 것이다. 따라서 이 사건 허가조항은 헌법상 영장주의에 위배되지 아니한다(헌재 2018.6.28, 2012헌마538).

16 영장주의에 관한 다음 설명 중 가장 옳지 않은 것은? (다툼이 있는 경우 헌법재판소 결정 및 대법원 판례에 의함)

23. 법원직

① 헌법상 영장주의는 체포·구속·압수·수색 등 기본권을 제한하는 강제처분에 적용되므로, 강제력이 개입되지 않은 임의수사에 해당하는 수사기관 등의 통신자료 취득에는 영장주의가 적용되지 않는다.

② 기지국 수사를 허용하는 통신사실 확인자료 제공요청은 법원의 허가에 의해 해당 가입자의 동의나 승낙을 얻지 아니하고도 제3자인 전기통신사업자에게 해당 가입자에 관한 통신사실 확인자료의 제공을 요청할 수 있도록 하는 수사방법이므로 헌법상 영장주의가 적용되지 않는다.

③ 체포영장을 발부받아 피의자를 체포하는 경우에 필요한 때에는 영장 없이 타인의 주거 등 내에서 피의자 수사를 할 수 있도록 한 형사소송법 조항은 별도로 영장을 발부받기 어려운 긴급한 사정이 있는지 여부를 구별하지 않고 피의자가 소재할 개연성만 소명되면 영장 없이 타인의 주거 등을 수색할 수 있도록 허용하고 있어 헌법 제16조의 영장주의에 위반된다.

④ 형사재판에 계속 중인 사람에 대하여 출국을 금지할 수 있다고 규정한 출입국관리법 조항에 따른 법무부장관의 출국금지결정은 형사재판에 계속 중인 국민의 출국의 자유를 제한하는 행정처분일 뿐이고, 영장주의가 적용되는 신체에 대하여 직접적으로 물리적 강제력을 수반하는 강제처분이라고 할 수 없다.

해설

② [×] 기지국 수사를 허용하는 통신사실 확인자료 제공요청은 법원의 허가를 받으면, 해당 가입자의 동의나 승낙을 얻지 아니하고도 제3자인 전기통신사업자에게 해당 가입자에 관한 통신사실 확인자료의 제공을 요청할 수 있도록 하는 수사방법으로, 통신비밀보호법이 규정하는 강제처분에 해당하므로 헌법상 영장주의가 적용된다. … 이 사건 허가조항은 기지국 수사의 필요성, 실체진실의 발견 및 신속한 범죄수사의 요청, 통신사실 확인자료의 특성, 수사현실 등을 종합적으로 고려하여, 수사기관으로 하여금 법원의 허가를 받아 특정 시간대 특정 기지국에서 발신된 모든 전화번호 등 통신사실 확인자료의 제공을 요청할 수 있도록 하고 있다. 영장주의의 본질이 강제처분을 함에 있어서는 인적·물적 독립을 보장받는 중립적인 법관이 구체적 판단을 거쳐야만 한다는 데에 있음을 고려할 때, 통신비밀보호법이 정하는 방식에 따라 관할 지방법원 또는 지원의 허가를 받도록 하고 있는 이 사건 허가조항은 실질적으로 영장주의를 충족하고 있다 할 것이다. 따라서 이 사건 허가조항은 헌법상 영장주의에 위배되지 아니한다(헌재 2018.6.28, 2012헌마538).

① [O] 이 사건 법률조항에 따른 통신자료 제공요청은 강제력이 개입되지 아니한 임의수사에 해당하고 이를 통한 수사기관 등의 통신자료 취득에는 영장주의가 적용되지 아니한다(헌재 2022.7.21, 2016헌마388).

③ [O] 심판대상조항은 체포영장을 발부받아 피의자를 체포하는 경우에 필요한 때에는 영장 없이 타인의 주거 등 내에서 피의자 수사를 할 수 있다고 규정함으로써, 앞서 본 바와 같이 별도로 영장을 발부받기 어려운 긴급한 사정이 있는지 여부를 구별하지 아니하고 피의자가 소재할 개연성만 소명되면 영장 없이 타인의 주거 등을 수색할 수 있도록 허용하고 있다. 이는 체포영장이 발부된 피의자가 타인의 주거 등에 소재할 개연성은 소명되나, 수색에 앞서 영장을 발부받기 어려운 긴급한 사정이 인정되지 않는 경우에도 영장 없이 피의자 수색을 할 수 있다는 것이므로, 헌법 제16조의 영장주의 예외 요건을 벗어나는 것으로서 영장주의에 위반된다(헌재 2018.4.26, 2015헌바370).

④ [O] 형사재판에 계속 중인 사람에 대하여 출국을 금지할 수 있다고 규정한 출입국관리법 조항에 따른 법무부장관의 출국금지결정은 형사재판에 계속 중인 국민의 출국의 자유를 제한하는 행정처분일 뿐이고, 영장주의가 적용되는 신체에 대하여 직접적으로 물리적 강제력을 수반하는 강제처분이라고 할 수는 없다. 따라서 심판대상조항이 헌법 제12조 제3항의 영장주의에 위배된다고 볼 수 없다(헌재 2015.9.24, 2012헌바302).

정답 | 15 ④ 16 ②

■ 무죄추정의 원칙

01 무죄추정원칙에 대한 설명으로 가장 적절한 것은? (다툼이 있는 경우 헌법재판소 판례에 의함) 22. 경찰간부

① 공금 횡령 비위로 징계부가금 부과를 의결받은 자에 대한 법원의 유죄판결 확정 전 징계부가금 집행은 무죄추정원칙에 위배된다.

② 변호사에 대한 징계 절차가 개시되어 그 재판이나 징계 결정의 결과 등록취소, 영구제명 또는 제명에 이르게 될 가능성이 매우 크고, 그대로 두면 장차 의뢰인이나 공공의 이익을 해칠 구체적인 위험성이 있는 경우 법무부징계위원회의 의결을 거쳐 법무부장관이 업무정지를 명하더라도 무죄추정원칙에 위배된다.

③ 소년보호사건에서 1심 결정 집행에 의한 소년원 수용기간을 항고심 결정에 의한 보호기간에 산입하지 않는 것은 무죄추정원칙에 위배된다.

④ 수형자로 하여금 형사재판 출석 시 아무런 예외 없이 사복착용을 금지하는 것은 무죄추정원칙에 위배될 소지가 크나, 민사재판의 당사자로 출석 시 사복착용 불허로 인하여 공정한 재판을 받을 권리가 침해되는 것은 아니다.

해설

④ [O] (1) 수형자라 하더라도 확정되지 않은 별도의 형사재판에서만큼은 미결수용자와 같은 지위에 있으므로, 이러한 수형자로 하여금 형사재판 출석시 아무런 예외 없이 사복착용을 금지하고 재소자용 의류를 입도록 하여 인격적인 모욕감과 수치심 속에서 재판을 받도록 하는 것은 재판부나 검사 등 소송관계자들에게 유죄의 선입견을 줄 수 있고, 이미 수형자의 지위로 인해 크게 위축된 피고인의 방어권을 필요 이상으로 제약하는 것이다. 또한 형사재판에 피고인으로 출석하는 수형자의 사복착용을 추가로 허용함으로써 통상의 미결수용자와 구별되는 별도의 계호상 문제점이 발생된다고 보기 어렵다. 따라서 심판대상조항이 형사재판의 피고인으로 출석하는 수형자에 대하여 사복착용을 허용하지 아니한 것은 청구인의 공정한 재판을 받을 권리, 인격권, 행복추구권을 침해한다.
(2) 민사재판에서 법관이 당사자의 복장에 따라 불리한 심증을 갖거나 불공정한 재판진행을 하게 되는 것은 아니므로, 심판대상조항이 민사재판의 당사자로 출석하는 수형자에 대하여 사복착용을 불허하는 것으로 공정한 재판을 받을 권리가 침해되는 것은 아니다. 수형자가 민사법정에 출석하기까지 교도관이 반드시 동행하여야 하므로 수용자의 신분이 드러나게 되어 있어 재소자용 의류를 입었다는 이유로 인격권과 행복추구권이 제한되는 정도는 제한적이고, 형사법정 이외의 법정 출입 방식은 미결수용자와 교도관 전용 통로 및 시설이 존재하는 형사재판과 다르며, 계호의 방식과 정도도 확연히 다르다. 따라서 심판대상조항이 민사재판에 출석하는 수형자에 대하여 사복착용을 허용하지 아니한 것은 청구인의 인격권과 행복추구권을 침해하지 아니한다(헌재 2015.12.23, 2013헌마712).

① [×] 행정소송에 관한 판결이 확정되기 전에 행정청의 처분에 대하여 공정력과 집행력을 인정하는 것은 징계부가금에 국한되는 것이 아니라 우리 행정법체계에서 일반적으로 채택되고 있는 것이므로, 징계부가금 부과처분에 대하여 공정력과 집행력을 인정한다고 하여 이를 확정판결 전의 형벌집행과 같은 것으로 보아 곧바로 무죄추정원칙에 위배된다고 할 수 없다(헌재 2015.2.26, 2012헌바435).

② [×] 법적용기관이 구체적 사안에 따라 업무정지명령의 발령 여부를 결정하도록 재량을 부여하고 있고, 위 조항을 비롯한 변호사법의 관련조항들은 업무정지명령의 요건 및 기간을 엄격하게 제한하고 있으며, 법무부징계위원회라는 합의제 기관의 의결을 거치도록 하고, 해당 변호사에게 청문의 기회를 부여하는 한편 업무정지명령의 사유가 없어진 것으로 인정할 만한 상당한 이유가 있으면 업무정지명령을 해제할 수 있도록 규정함으로써 필요최소한의 범위 내에서만 해당 변호사의 기본권을 제한하고 있다. 나아가, 이 사건 법률조항이 달성하고자 하는 공익에 비하여 위 조항으로 인한 직업수행의 자유 제한의 정도가 결코 중하다고 볼 수 없다. 따라서 이 사건 법률조항이 과잉금지원칙을 위반하여 청구인의 직업수행의 자유를 침해한다고 할 수 없다(헌재 2014.4.24, 2012헌바45).

③ [×] 소년보호사건은 소년의 개선과 교화를 목적으로 하는 것으로서 통상의 형사사건과는 구별되어야 하고, 법원이 소년의 비행사실이 인정되고 보호의 필요성이 있다고 판단하여 소년원 송치처분을 함과 동시에 이를 집행하는 것은 무죄추정원칙과는 무관하다. 소년보호사건에서 소년은 피고인이 아닌 피보호자이며, 원 결정에 따라 소년원 송치처분을 집행하는 것은 비행을 저지른 소년에 대한 보호의 필요성이 시급하다고 판단하였기 때문에 즉시 보호를 하기 위한 것이지, 소년이 비행을 저질렀다는 전제하에 그에게 불이익을 주거나 처벌을 하기 위한 것이 아니다. 또한 항고심에서는 1심 결정과 그에 따른 집행을 감안하여 항고심 판단 시를 기준으로 소년에 대한 보호의 필요성과 그 정도를 판단하여 새로운 처분을 하는 것이다. 따라서 1심 결정에 의한 소년원 수용기간을 항고심 결정에 의한 보호기간에 산입하지 않더라도 이는 무죄추정원칙과는 관련이 없으므로 이 사건 법률조항은 무죄추정원칙에 위배되지 않는다(헌재 2015.12.23, 2014헌마768).

02 무죄추정원칙에 관한 설명 중 가장 적절하지 않은 것은? (다툼이 있는 경우 판례에 의함) 24. 경정승진

① 무죄추정의 원칙상 금지되는 '불이익'이란 '범죄사실의 인정 또는 유죄를 전제로 그에 대하여 법률적 · 사실적 측면에서 유형 · 무형의 차별 취급을 가하는 유죄인정의 효과로서의 불이익'을 말한다.

② 지방자치단체의 장이 공소 제기된 후 구금상태에 있음을 이유로 부단체장이 그 권한을 대행하도록 한 지방자치법 조항은 무죄추정원칙에 위배되지 않는다.

③ 독점규제 및 공정거래에 관한 법률상 사업자단체의 법위반행위가 있을 때 공정거래위원회가 당해 사업자단체에 대하여 법위반사실의 공표를 명할 수 있도록 규정한 것은 무죄추정원칙에 위배된다.

④ 구 아동 · 청소년의 성보호에 관한 법률상 성폭력범죄 피해 아동의 진술이 수록된 영상녹화물에 대하여 피해아동의 법정진술 없이도 조사과정에 동석하였던 신뢰관계에 있는 자의 진술에 의하여 그 성립의 진정함이 인정된 때 그 증거능력을 인정하는 조항은 무죄추정원칙에 위배된다.

해설

④ [×] 청구인은 증거능력 특례조항이 헌법 제27조 제4항에서 정한 무죄추정의 원칙에 반한다고 주장한다. 그러나 증거능력 특례조항은 피고인이 유죄라는 전제에서 전문증거의 증거능력을 인정하는 것이 아니라, 피해아동이 법정에서 피해경험을 진술함으로 인하여 입을 수 있는 2차 피해를 방지하는 데 목적이 있을 뿐이다. 또 아동진술의 특수성에 비추어, 사건이 발생한 초기에 이루어진 피해아동의 진술을 영상녹화하여 전문적이고 과학적인 방법을 통해 그 신빙성을 검증하는 것이 피고인의 무고함을 밝히는 데 보다 적합한 수단이 될 수도 있으므로, 증거능력 특례조항이 피고인이 유죄임을 전제로 한 규정이라고 볼 수 없다. 따라서 청구인의 이 부분 주장도 받아들일 수 없다(헌재 2013.12.26, 2011헌바108).

▶ 이 사건에서는 '증거능력 특례조항'이 공정한 재판을 받을 권리를 침해하지 않는다고 했으나, '성폭력범죄의 처벌 등에 관한 특례법' 사건에서는 공정한 재판을 받을 권리를 침해한다고 했다(헌재 2021.12.23, 2018헌바524).

☑ 비교 판례

성폭력범죄의 처벌 등에 관한 특례법 제30조 제6항 중 '제1항에 따라 촬영한 영상물에 수록된 피해자의 진술은 공판준비기일 또는 공판기일에 조사 과정에 동석하였던 신뢰관계에 있는 사람 또는 진술조력인의 진술에 의하여 그 성립의 진정함이 인정된 경우에 증거로 할 수 있다'는 부분 가운데 19세 미만 성폭력범죄 피해자에 관한 부분은 헌법에 위반된다(헌재 2021.12.23, 2018헌바524).

① [O] 무죄추정의 원칙상 금지되는 '불이익'이란 '범죄사실의 인정 또는 유죄를 전제로 그에 대하여 법률적 · 사실적 측면에서 유형 · 무형의 차별취급을 가하는 유죄인정의 효과로서의 불이익'을 뜻하고, 이는 비단 형사절차 내에서의 불이익뿐만 아니라 기타 일반 법생활 영역에서의 기본권 제한과 같은 경우에도 적용된다(헌재 2010.9.2, 2010헌마418).

② [O] 이 사건 법률조항은 공소 제기된 자로서 구금되었다는 사실 자체에 사회적 비난의 의미를 부여한다거나 그 유죄의 개연성에 근거하여 직무를 정지시키는 것이 아니라, 구금의 효과, 즉 구속되어 있는 자치단체장의 물리적 부재상태로 말미암아 자치단체행정의 원활하고 계속적인 운영에 위험이 발생할 것이 명백하여 이를 미연에 방지하기 위하여 직무를 정지시키는 것이므로, '범죄사실의 인정 또는 유죄의 인정에서 비롯되는 불이익'이라거나 '유죄를 근거로 하는 사회윤리적 비난'이라고 볼 수 없다. 따라서 무죄추정의 원칙에 위반되지 않는다(헌재 2011.4.28, 2010헌마474).

③ [O] 공정거래위원회의 고발조치 등으로 장차 형사절차 내에서 진술을 해야 할 행위자에게 사전에 이와 같은 법위반사실의 공표를 하게 하는 것은 형사절차 내에서 법위반사실을 부인하고자 하는 행위자의 입장을 모순에 빠뜨려 소송수행을 심리적으로 위축시키거나, 법원으로 하여금 공정거래위원회 조사결과의 신뢰성 여부에 대한 불합리한 예단을 촉발할 소지가 있고 이는 장차 진행될 형사절차에도 영향을 미칠 수 있다. 결국 법위반사실의 공표명령은 공소제기조차 되지 아니하고 단지 고발만 이루어진 수사의 초기단계에서 아직 법원의 유무죄에 대한 판단이 가려지지 아니하였는데도 관련 행위자를 유죄로 추정하는 불이익한 처분이 된다(헌재 2002.1.31, 2001헌바43).

정답 | 01 ④ 02 ④

■ 진술거부권

01 진술거부권에 대한 설명으로 가장 적절하지 않은 것은? (다툼이 있는 경우 헌법재판소 판례에 의함)

25. 경찰간부

① 명의신탁이 증여로 의제되는 경우 명의신탁의 당사자에게 '증여세의 과세가액 및 과세표준을 납세지관할세무서장에게 신고할 의무'를 부과하는 구 상속세 및 증여세법 제68조 제1항 본문의 '제4조의 규정에 의하여 증여세납세의무가 있는 자' 가운데 제4조 제1항 본문 중 해당 부분은 형사상 불리한 진술을 강요하는 것이라고 볼 수 없다.

② 정치자금의 수입·지출에 관한 내역을 회계장부에 허위 기재하거나 관할 선거관리위원회에 허위 보고한 정당의 회계책임자를 형사처벌하는 구 정치자금에관한법률 제31조 제1호 중 제22조 제1항의 허위기재 부분은, 기재행위가 "진술"의 범위에 포함되지 않으므로, 진술거부권을 제한한다고 볼 수 없다.

③ 진술거부권은 형사절차뿐만 아니라 행정절차나 국회에서의 조사절차 등에서도 보장되고, 현재 피의자나 피고인으로서 수사 또는 공판절차에 계속 중인 사람뿐만 아니라 장차 피의자나 피고인이 될 사람에게도 보장되며, 고문 등 폭행에 의한 강요는 물론 법률로써도 진술을 강요당하지 아니함을 의미한다.

④ 민사집행법상 재산명시의무를 위반한 채무자에 대하여 법원이 결정으로 20일 이내의 감치에 처하도록 규정한 같은 법 제68조 제1항은 형사상 불이익한 진술을 강요하는 것이라고 할 수 없으므로 진술거부권을 침해하지 아니한다.

해설

② [×] 헌법상 진술거부권의 보호대상이 되는 "진술"이라 함은 언어적 표출, 즉 개인의 생각이나 지식, 경험사실을 정신작용의 일환인 언어를 통하여 표출하는 것을 의미하는바, 정치자금을 받고 지출하는 행위는 당사자가 직접 경험한 사실로서 이를 문자로 기재하도록 하는 것은 당사자가 자신의 경험을 말로 표출한 것의 등가물(等價物)로 평가할 수 있으므로, 위 조항들이 정하고 있는 기재행위 역시 "진술"의 범위에 포함된다고 할 것이다. … 결국, 정당의 회계책임자가 불법 정치자금이라도 그 수수 내역을 회계장부에 기재하고 이를 신고할 의무가 있다고 규정하고 있는 위 조항들은 헌법 제12조 제2항이 보장하는 진술거부권을 침해한다고 할 수 없다(헌재 2005.12.22, 2004헌바25).

① [O] 심판대상조항에 따라 명의신탁의 당사자가 신고의무를 이행하는 것은 조세포탈을 확인하기 위한 것이 아니라 이미 성립한 납세의무를 확정하기 위하여 과세를 위한 기초정보를 과세관청에 제공하는 것에 불과하다. … 심판대상조항이 형사상 불리한 진술을 강요하는 것이라고 볼 수 없으므로, 심판대상조항으로 인하여 헌법 제12조 제2항에 규정된 진술거부권이 제한된다고 볼 수 없다. … 따라서 심판대상조항이 일반적 행동의 자유를 침해한다고 볼 수 없다(헌재 2022.2.24, 2019헌바225 등).

③ [O] 헌법 제12조 제2항은 "모든 국민은 고문을 받지 아니하며, 형사상 자기에게 불리한 진술을 강요당하지 아니한다."고 규정하여 형사책임에 관하여 자신에게 불이익한 진술을 강요당하지 아니할 것을 국민의 기본권으로 보장하고 있다. 진술거부권은 형사절차뿐만 아니라 행정절차나 국회에서의 조사절차 등에서도 보장되며, 현재 피의자나 피고인으로서 수사 또는 공판절차에 계속중인 사람뿐만 아니라 장차 피의자나 피고인이 될 사람에게도 보장된다. 또한 진술거부권은 고문 등 폭행에 의한 강요는 물론 법률로써도 진술을 강요당하지 아니함을 의미한다(헌재 2014.9.25, 2013헌마11).

④ [O] 재산목록을 제출하고 그 진실함을 법관 앞에서 선서하는 것은 개인의 인격형성에 관계되는 내심의 가치적·윤리적 판단에 해당하지 않아 양심의 자유의 보호대상이 아니고, 감치의 제재를 통해 이를 강제하는 것이 형사상 불이익한 진술을 강요하는 것이라고 할 수 없으므로, 심판대상조항은 청구인의 양심의 자유 및 진술거부권을 침해하지 아니한다. … 과잉금지원칙에 반하여 청구인의 신체의 자유를 침해하지 아니한다(헌재 2014.9.25, 2013헌마11).

02 진술거부권에 대한 설명으로 가장 적절한 것은? (다툼이 있는 경우 헌법재판소 판례에 의함)

23. 경찰간부

① 육군 장교가 민간법원에서 약식명령을 받아 확정되면 자진 신고할 의무를 규정한 '2020년도 장교 진급 지시' 중 '민간법원에서 약식명령을 받아 확정된 사실이 있는 자'에 관한 부분은 육군 장교인 청구인의 진술거부권을 침해한다.

② 피의자가 수사기관에서 신문을 받음에 있어서 진술거부권을 제대로 행사하기 위해서뿐만 아니라 진술거부권을 행사하지 않고 적극적으로 진술하기 위해서는 변호인이 피의자의 후방에 착석하는 것으로도 충분하다.

③ '대체유류'를 제조하였다고 신고하는 것이 곧 석유사업법위반죄를 시인하는 것이나 마찬가지라고 할 수 없고, 신고의무 이행 시 과세절차가 곧바로 석유사업법위반죄의 처벌을 위한 자료의 수집 · 획득 절차로 이행되는 것도 아니므로 유사석유제품을 제조하여 조세를 포탈한 자를 처벌하도록 규정한 구 조세범처벌법 조항이 형사상 불리한 진술을 강요하는 것이라고 볼 수 없다.

④ 성매매를 한 자를 형사처벌 하도록 규정한 성매매알선 등 행위의 처벌에 관한 법률상 자발적 성매매와 성매매피해자를 구분하는 차별적 범죄화는 성판매자로 하여금 성매매피해자로 구제받기 위하여 성매매 사실을 스스로 진술하게 하므로 성판매자의 진술거부권을 침해한다.

해설

③ [O] '대체유류'를 제조하였다고 신고하는 것이 곧 석유사업법위반죄를 시인하는 것이나 마찬가지라고 할 수 없고, 신고의무 이행 시 과세절차가 곧바로 석유사업법위반죄의 처벌을 위한 자료의 수집 · 획득 절차로 이행되는 것도 아니므로, 교통 · 에너지 · 환경세 등의 납부 의무가 발생하고 그 세금을 신고 · 납부기한 내에 납부하지 아니하는 등의 사유로 심판대상조항에 따라 처벌된다고 하더라도 이를 두고 심판대상조항이 형사상 불리한 진술을 강요하는 것이라고 볼 수 없다. 따라서 심판대상조항은 진술거부권을 제한하지 아니한다(헌재 2017.7.27, 2012헌바323).

① [×] 자진신고로 인해 확정된 약식명령에 대하여, 군사법원법 제2조 제1항 제1호에서 규정한 신분적 재판권 위반을 이유로 형사소송법 제441조에 따른 비상상고 절차가 개시될 수 있다고 하더라도, 원판결이 피고인에게 불이익한 때에만 다시 판결을 하게 되므로(형사소송법 제446조 제1호 참조), 비상상고 절차가 청구인 김○○에게 형사상 불이익하게 작용할 여지는 없다. 따라서 20년도 육군지시 자진신고조항은 어느 모로 보나 형사상 불이익한 진술을 강요한다고 볼 수 없으므로, 진술거부권을 제한하지 아니한다(헌재 2021.8.31, 2020헌마12).

② [×] 피의자신문과정이 위압적으로 진행되는 과정에서 발생할 수 있는 인권 침해의 요소를 방지하기 위하여 진술거부권의 고지, 증거능력의 배제와 같은 규정들이 마련되어 있다(형사소송법 제244조의3, 제309조). 그러나 진술거부권이 규정되어 있다고 하더라도, 피의자가 수사기관에서 신문을 받음에 있어서 진술거부권을 제대로 행사하기 위해서 뿐만 아니라 진술거부권을 행사하지 않고 적극적으로 진술하기 위해서는 변호인이 피의자의 후방에 착석할 것이 아니라 피의자의 옆에 앉아 조력할 필요가 있다(헌재 2017.11.30, 2016헌마503)

④ [×] 제청법원은 심판대상조항이 진술거부권을 침해하고 국제협약에 위반된다고 주장하나, 심판대상조항은 성판매자에게 형사상 불이익한 진술의무를 부과하는 조항이라 볼 수 없으므로 진술거부권을 제한하지 아니하며, 국내법과 동일한 효력을 가지는 국제협약은 위헌심사의 기준이 되지 못한다는 점에서 위 주장은 모두 이유 없다(헌재 2016.3.31, 2013헌가2).

정답 | 01 ② 02 ③

■ 변호인의 조력을 받을 권리

01 다음 변호인의 조력을 받을 권리에 관한 설명 중 가장 옳지 않은 것은? (다툼이 있는 경우 판례에 의함)

24. 해경간부

① 검찰수사관이 피의자신문에 참여한 변호인에게 피의자 후방에 앉으라고 요구한 행위는 변호인의 변호권을 침해한다.

② 인천국제공항에서 난민인정신청을 하였으나 난민인정심사불회부결정을 받은 외국인을 인천국제공항 송환대기실에서 약 5개월째 수용하고 환승구역으로의 출입을 막은 상태에서 변호인의 접견신청을 거부한 것은 변호인의 조력을 받을 권리를 침해한 것이다.

③ 교도소장이 금지물품 동봉 여부를 확인하기 위하여 미결수용자와 같은 지위에 있는 수형자의 변호인이 위 수형자에게 보낸 서신을 개봉한 후 교부한 행위는 검열금지규정의 실효성을 담보할 수 없기 때문에 수형자의 변호인의 조력을 받을 권리를 침해한다.

④ 불구속 피의자나 피고인의 경우 형사소송법상 특별한 명문의 규정이 없더라도 스스로 선임한 변호인의 조력을 받기 위하여 변호인을 옆에 두고 조언과 상담을 구하는 것은 수사절차의 개시에서부터 재판절차의 종료에 이르기까지 언제나 가능하다.

해설

③ [×] 이 사건 서신개봉행위는 교정사고를 미연에 방지하고 교정시설의 안전과 질서 유지를 위한 것이다. 수용자에게 변호인이 보낸 형사소송관련 서신이라는 이유만으로 금지물품 확인 과정 없이 서신이 무분별하게 교정시설 내에 들어오게 된다면, 이를 악용하여 마약·담배 등 금지물품의 반입 등이 이루어질 가능성을 배제하기 어렵다. 금지물품을 확인할 뿐 변호인이 보낸 서신 내용의 열람·지득 등 검열을 하는 것이 아니어서, 이 사건 서신개봉행위로 인하여 미결수용자와 같은 지위에 있는 수형자가 새로운 형사사건 및 형사재판에서 방어권행사에 불이익이 있었다거나 그 불이익이 예상된다고 보기도 어렵다. … 이 사건 서신개봉행위와 같이 금지물품이 들어 있는지를 확인하기 위하여 서신을 개봉하는 것만으로는 미결수용자와 같은 지위에 있는 수형자가 변호인의 조력을 받을 권리를 침해하지 아니한다(헌재 2021.10.28, 2019헌마973).

① [O] 변호인이 피의자신문에 자유롭게 참여할 수 있는 권리는 피의자가 가지는 변호인의 조력을 받을 권리를 실현하는 수단이라고 할 수 있으므로 헌법상 기본권인 변호인의 변호권으로서 보호되어야 한다. 피의자신문에 참여한 변호인이 피의자 옆에 앉는다고 하여 피의자 뒤에 앉는 경우보다 수사를 방해할 가능성이 높아진다거나 수사기밀을 유출할 가능성이 높아진다고 볼 수 없으므로, 이 사건 후방착석요구행위의 목적의 정당성과 수단의 적절성을 인정할 수 없다. … 따라서 이 사건 후방착석요구행위는 변호인인 청구인의 변호권을 침해한다(헌재 2017.11.30, 2016헌마503).

② [O] 청구인은 이 사건 변호인 접견신청 거부가 있었을 당시 행정기관인 피청구인에 의해 송환대기실에 구속된 상태였으므로, 헌법 제12조 제4항 본문에 따라 변호인의 조력을 받을 권리가 있다. … 이 사건 변호인 접견신청 거부는 현행법상 아무런 법률상 근거가 없이 청구인의 변호인의 조력을 받을 권리를 제한한 것이므로, 청구인의 변호인의 조력을 받을 권리를 침해한 것이다. 또한 청구인에게 변호인 접견신청을 허용한다고 하여 국가안전보장, 질서유지, 공공복리에 어떠한 장애가 생긴다고 보기는 어렵고, 필요한 최소한의 범위 내에서 접견 장소 등을 제한하는 방법을 취한다면 국가안전보장이나 환승구역의 질서유지 등에 별다른 지장을 주지 않으면서도 청구인의 변호인 접견권을 제대로 보장할 수 있다. 따라서 이 사건 변호인 접견신청 거부는 국가안전보장이나 질서유지, 공공복리를 위해 필요한 기본권 제한 조치로 볼 수도 없다(헌재 2018.5.31, 2014헌마346).

④ [O] 불구속 피의자나 피고인의 경우 형사소송법상 특별한 명문의 규정이 없더라도 스스로 선임한 변호인의 조력을 받기 위하여 변호인을 옆에 두고 조언과 상담을 구하는 것은 수사절차의 개시에서부터 재판절차의 종료에 이르기까지 언제나 가능하다(헌재 2004.9.23, 2000헌마138).

02 변호인의 조력을 받을 권리에 대한 설명으로 옳지 않은 것은? 24. 국회직 8급

① 인천국제공항에서 난민인정신청을 하였으나 난민인정심사불회부결정을 받은 외국인을 인천국제공항 송환대기실에 약 5개월째 수용하고 환승구역으로의 출입을 막은 상태에서 변호인의 접견신청을 거부한 것은 헌법 제12조 제4항 본문에 의한 변호인의 조력을 받을 권리를 침해한 것이다.

② 헌법 해석상 변호인의 조력을 받을 권리로부터 70세 이상인 불구속 피의자에 대하여 피의자신문을 할 때 법률구조제도에 대한 안내 등을 통해 피의자가 변호인의 조력을 받을 권리를 행사하도록 조치할 법무부장관의 작위의무가 곧바로 도출된다고 볼 수 없다.

③ 별건으로 공소제기 후 확정되어 검사가 보관하고 있는 서류에 대하여 법원의 열람·등사 허용 결정이 있었음에도 검사가 피고인에 대한 형사사건과의 관련성을 부정하면서 해당 서류의 열람·등사를 허용하지 아니한 행위는 피고인의 변호인의 조력을 받을 권리를 침해한다.

④ 교도소장이 금지물품 동봉 여부를 확인하기 위하여 미결수용자와 같은 지위에 있는 수형자의 변호인이 위 수형자에게 보낸 서신을 개봉한 후 교부한 행위는 검열금지규정의 실효성을 담보할 수 없기 때문에 수형자의 변호인의 조력을 받을 권리를 침해한다.

⑤ 검찰수사관이 피의자신문에 참여한 변호인에게 피의자 후방에 앉으라고 요구한 행위는 변호인의 변호권을 침해하는 것이다.

해설

④ [×] 이 사건 서신개봉행위는 교정사고를 미연에 방지하고 교정시설의 안전과 질서 유지를 위한 것이다. 수용자에게 변호인이 보낸 형사소송관련 서신이라는 이유만으로 금지물품 확인 과정 없이 서신이 무분별하게 교정시설 내에 들어오게 된다면, 이를 악용하여 마약·담배 등 금지물품의 반입 등이 이루어질 가능성을 배제하기 어렵다. … 이 사건 서신개봉행위와 같이 금지물품이 들어 있는지를 확인하기 위하여 서신을 개봉하는 것만으로는 미결수용자와 같은 지위에 있는 수형자가 변호인의 조력을 받을 권리를 침해하지 아니한다(헌재 2021.10.28, 2019헌마973).

① [O] 이 사건 변호인 접견신청 거부는 현행법상 아무런 법률상 근거가 없이 청구인의 변호인의 조력을 받을 권리를 제한한 것이므로, 청구인의 변호인의 조력을 받을 권리를 침해한 것이다. 또한 청구인에게 변호인 접견신청을 허용한다고 하여 국가안전보장, 질서유지, 공공복리에 어떠한 장애가 생긴다고 보기는 어렵고, 필요한 최소한의 범위 내에서 접견 장소 등을 제한하는 방법을 취한다면 국가안전보장이나 환승구역의 질서유지 등에 별다른 지장을 주지 않으면서도 청구인의 변호인 접견권을 제대로 보장할 수 있다. 따라서 이 사건 변호인 접견신청 거부는 국가안전보장이나 질서유지, 공공복리를 위해 필요한 기본권 제한 조치로 볼 수도 없다(헌재 2018.5.31, 2014헌마346).

② [O] 헌법은 명문으로 '70세 이상인 불구속 피의자에 대하여 피의자신문을 할 때 법률구조제도에 대한 안내 등을 통해 피의자가 변호인의 조력을 받을 권리를 행사하도록 조치할 작위의무'를 규정하고 있지 아니하다. 한편, 변호인이 피의자의 조력자로서의 역할을 수행할 수 있도록 하기 위한 절차적 권리 등은 구체적 입법형성을 통해 비로소 부여되므로, 헌법 해석상 변호인의 조력을 받을 권리로부터 위와 같은 법무부장관의 작위의무가 곧바로 도출된다고 볼 수도 없다. 위와 같은 법무부장관의 작위의무가 법률구조법, 형사소송법 등 관련 법령에 구체적으로 규정되어 있지도 아니하다. 따라서 이 사건 행정부작위에 대한 심판청구는 헌법소원의 대상이 될 수 없는 공권력의 불행사에 대한 것으로서 부적법하다(헌재 2023.2.23, 2020헌마1030).

③ [O] 법원이 검사의 열람·등사 거부처분에 정당한 사유가 없다고 판단하고 그러한 거부처분이 피고인의 헌법상 기본권을 침해한다는 취지에서 수사서류의 열람·등사를 허용하도록 명한 이상, 법치국가와 권력분립의 원칙상 검사로서는 당연히 법원의 그러한 결정에 지체 없이 따라야 하며, 이는 별건으로 공소제기되어 확정된 관련 형사사건 기록에 관한 경우에도 마찬가지이다. 그렇다면 피청구인의 이 사건 거부행위는 청구인의 신속·공정한 재판을 받을 권리 및 변호인의 조력을 받을 권리를 침해한다(헌재 2022.6.30, 2019헌마356).

⑤ [O] 변호인이 피의자신문에 자유롭게 참여할 수 있는 권리는 피의자가 가지는 변호인의 조력을 받을 권리를 실현하는 수단이라고 할 수 있으므로 헌법상 기본권인 변호인의 변호권으로서 보호되어야 한다. 피의자신문에 참여한 변호인이 피의자 옆에 앉는다고 하여 피의자 뒤에 앉는 경우보다 수사를 방해할 가능성이 높아진다거나 수사기밀을 유출할 가능성이 높아진다고 볼 수 없으므로, 이 사건 후방착석요구행위의 목적의 정당성과 수단의 적절성을 인정할 수 없다. … 따라서 이 사건 후방착석요구행위는 변호인인 청구인의 변호권을 침해한다(헌재 2017.11.30, 2016헌마503).

정답 | 01 ③ 02 ④

03 변호인의 조력을 받을 권리에 대한 설명으로 가장 적절하지 않은 것은? (다툼이 있는 경우 헌법재판소 판례에 의함)

25. 경찰간부

① 피고인의 피해자에 대한 공탁은 형사재판에서 피고인에게 유리한 양형사유로 기능할 수 있으며, 소송절차 밖에서 이루어지는 공탁 과정에서 변호인의 역할이 필수적으로 요구되므로, 피고인의 형사공탁에 관한 변호인의 조력은 피고인을 조력할 변호인의 권리 중 그것이 보장되지 않으면 피고인이 변호인의 조력을 받는다는 것이 유명무실하게 되는 핵심적인 부분이라고 보아야 한다.

② '변호인이 되려는 자'의 접견교통권은 피의자 · 피고인을 조력하기 위한 핵심적인 부분으로서 피의자 · 피고인이 가지는 '변호인이 되려는 자'의 조력을 받을 권리가 실질적으로 확보되기 위해서는 '변호인이 되려는 자'의 접견교통권 역시 헌법상 기본권으로서 보장되어야 한다.

③ 교도소장이 금지물품 동봉 여부를 확인하기 위하여 미결수용자와 같은 지위에 있는 수형자의 변호인이 위 수형자에게 보낸 서신을 개봉한 후 교부한 행위는 미결수용자와 같은 지위에 있는 수형자가 변호인의 조력을 받을 권리를 침해하지 아니한다.

④ 형의 선고와 함께 소송비용 부담의 재판을 받은 피고인이 '빈곤'을 이유로 해서만 집행면제를 신청할 수 있도록 한 형사소송법 제487조 중 제186조 제1항 본문에 따른 소송비용에 관한 부분이 변호인의 선임이나 변호 자체를 제한하는 것은 아니다.

해설

① [×] 피고인의 피해자에 대한 공탁은 형사재판에서 피고인에게 유리한 양형사유로 기능할 수는 있으나, 소송절차 밖에서 이루어지는 공탁 과정에서 변호인의 역할이 필수적으로 요구되는 것은 아니다. 그러므로 피고인의 형사공탁에 관한 변호인의 조력이, 앞서 본 피의자 등과의 접견교통 내지 면접교섭, 변호인으로서의 법적 조언 및 상담, 피의자신문 참여, 수사기록 열람 · 등사 등과 같은 정도의 핵심적인 부분, 즉 피고인을 조력할 변호인의 권리 중 그것이 보장되지 않으면 피고인이 변호인의 조력을 받는다는 것이 유명무실하게 되는 핵심적인 부분이라고 보기는 어렵다(헌재 2021.8.31, 2019헌마516 등).

② [O] '변호인이 되려는 자'의 접견교통권은 피의자 등을 조력하기 위한 핵심적인 부분으로서, 피의자 등이 가지는 헌법상의 기본권인 '변호인이 되려는 자'와의 접견교통권과 표리의 관계에 있다. 따라서 피의자 등이 가지는 '변호인이 되려는 자'의 조력을 받을 권리가 실질적으로 확보되기 위해서는 '변호인이 되려는 자'의 접견교통권 역시 헌법상 기본권으로서 보장되어야 한다(헌재 2019.2.28, 2015헌마1204).

③ [O] 이 사건 서신개봉행위는 교정사고를 미연에 방지하고 교정시설의 안전과 질서 유지를 위한 것이다. 수용자에게 변호인이 보낸 형사소송관련 서신이라는 이유만으로 금지물품 확인 과정 없이 서신이 무분별하게 교정시설 내에 들어오게 된다면, 이를 악용하여 마약 · 담배 등 금지물품의 반입 등이 이루어질 가능성을 배제하기 어렵다. … 이 사건 서신개봉행위와 같이 금지물품이 들어 있는지를 확인하기 위하여 서신을 개봉하는 것만으로는 미결수용자와 같은 지위에 있는 수형자가 변호인의 조력을 받을 권리를 침해하지 아니한다(헌재 2021.10.28, 2019헌마973).

④ [O] 집행면제 신청 조항은 피고인이 소송비용의 전부 또는 일부를 부담하는 것을 전제로 하여 그 집행면제 신청 사유를 '빈곤'으로 제한하는 조항인바, 면제 신청사유에 해당하지 않아 소송비용을 부담하게 되는 피고인의 방어권 행사가 위축될 수 있다는 점에서 재판청구권이 제한된다. 그러나 위 조항이 변호인의 선임이나 변호 자체를 제한하는 것은 아니므로 변호인의 조력을 받을 권리의 제한 여부는 판단하지 아니한다(헌재 2021.2.25, 2019헌바64).

04 변호인의 조력을 받을 권리에 관한 설명으로 가장 적절하지 않은 것은? (다툼이 있는 경우 판례에 의함)

25. 경정승진

① 변호인의 조력을 받을 권리 역시 다른 모든 헌법상 기본권과 마찬가지로 국가안전보장·질서유지 또는 공공복리를 위하여 필요한 경우에는 법률로써 제한할 수 있지만, 변호인의 조력을 받을 권리의 내용 중 하나인 변호인과의 접견교통권은 법률로써도 제한할 수 없다.

② 임의동행의 형식으로 수사기관에 연행된 피의자에게도 변호인 또는 변호인이 되려는 자와의 접견교통권은 당연히 인정된다고 보아야 하고, 임의동행의 형식으로 연행된 피내사자의 경우에도 변호인과의 접견교통권이 보장된다.

③ 변호인과 상담하고 조언을 구할 권리는 변호인의 조력을 받을 권리의 내용 중 구체적인 입법형성이 필요한 다른 절차적 권리의 필수적인 전제요건으로서 변호인의 조력을 받을 권리 그 자체에서 막바로 도출된다.

④ 변호인의 조력을 받을 권리는 신체구속을 당한 사람에게 변호인과 사이의 충분한 접견교통을 허용함은 물론 교통내용에 대하여 비밀이 보장되고 부당한 간섭이 없어야 하는 것이며, 이러한 취지는 접견의 경우뿐만 아니라 변호인과 미결수용자 사이의 서신에도 적용된다.

해설

① [×] 변호인의 조력을 받을 권리 역시 다른 모든 헌법상 기본권과 마찬가지로 국가안전보장·질서유지 또는 공공복리를 위하여 필요한 경우에는 법률로써 제한할 수 있는 것이며, 변호인의 조력을 받을 권리의 내용 중 하나인 변호인과의 접견교통권 역시 국가안전보장·질서유지 또는 공공복리를 위해 필요한 경우에는 법률로써 제한될 수 있다(헌재 2016.4.28, 2015헌마243).

② [O] 변호인의 조력을 받을 권리를 실질적으로 보장하기 위하여는 변호인과의 접견교통권의 인정이 당연한 전제가 되므로, 임의동행의 형식으로 수사기관에 연행된 피의자에게도 변호인 또는 변호인이 되려는 자와의 접견교통권은 당연히 인정된다고 보아야 하고, 임의동행의 형식으로 연행된 피내사자의 경우에도 이는 마찬가지이다(대판 1996.6.3, 96모18).

③ [O] 피의자·피고인의 구속 여부를 불문하고 조언과 상담을 통하여 이루어지는 변호인의 조력자로서의 역할은 변호인선임권과 마찬가지로 변호인의 조력을 받을 권리의 내용 중 가장 핵심적인 것이고, 변호인과 상담하고 조언을 구할 권리는 변호인의 조력을 받을 권리의 내용 중 구체적인 입법형성이 필요한 다른 절차적 권리의 필수적인 전제요건으로서 변호인의 조력을 받을 권리 그 자체에서 막바로 도출되는 것이다(헌재 2004.9.23, 2000헌마138).

④ [O] 헌법 제12조 제4항 본문은 신체구속을 당한 사람에 대하여 변호인의 조력을 받을 권리를 규정하고 있는바, 이를 위하여서는 신체구속을 당한 사람에게 변호인과 사이의 충분한 접견교통을 허용함은 물론 교통내용에 대하여 비밀이 보장되고 부당한 간섭이 없어야 하는 것이며, 이러한 취지는 접견의 경우뿐만 아니라 변호인과 미결수용자 사이의 서신에도 적용되어 그 비밀이 보장되어야 할 것이다(헌재 1995.7.21, 92헌마144).

정답 | 03 ① 04 ①

05 변호인의 조력을 받을 권리에 관한 설명으로 가장 적절하지 않은 것은? (다툼이 있는 경우 판례에 의함)

23. 경찰 1차

① 우리 헌법은 변호인의 조력을 받을 권리가 불구속 피의자 · 피고인 모두에게 포괄적으로 인정되는지 여부에 관하여 명시적으로 규율하고 있지는 않지만, 불구속 피의자의 경우에도 변호인의 조력을 받을 권리는 우리 헌법에 나타난 법치국가원리, 적법절차원칙에서 인정되는 당연한 내용이다.

② 법원이 검사의 열람 · 등사 거부처분에 정당한 사유가 없다고 판단하고 그러한 거부처분이 피고인의 헌법상 기본권을 침해한다는 취지에서 수사서류의 열람 · 등사를 허용하도록 명한 이상 검사로서는 당연히 법원의 그러한 결정에 지체 없이 따라야 하지만, 별건으로 공소제기되어 확정된 관련 형사사건 기록에 관한 경우에는 이를 따르지 않을 수 있다.

③ 헌법 제12조 제4항 본문에 규정된 "구속"은 사법절차에서 이루어진 구속뿐 아니라 행정절차에서 이루어진 구속까지 포함하는 개념으로, 헌법 제12조 제4항 본문에 규정된 변호인의 조력을 받을 권리는 행정절차에서 구속을 당한 사람에게도 즉시 보장된다.

④ 변호인과 상담하고 조언을 구할 권리는 변호인의 조력을 받을 권리의 내용 중 구체적인 입법형성이 필요한 다른 절차적 권리의 필수적인 전제요건으로서 변호인의 조력을 받을 권리 그 자체에서 막바로 도출되는 것이다.

해설

② [×] 법원이 검사의 열람 · 등사 거부처분에 정당한 사유가 없다고 판단하고 그러한 거부처분이 피고인의 헌법상 기본권을 침해한다는 취지에서 수사서류의 열람 · 등사를 허용하도록 명한 이상, 법치국가와 권력분립의 원칙상 검사로서는 당연히 법원의 그러한 결정에 지체 없이 따라야 하며, 이는 별건으로 공소제기되어 확정된 관련 형사사건 기록에 관한 경우에도 마찬가지이다(헌재 2022.6.30, 2019헌마356).

① [O] 우리 헌법은 변호인의 조력을 받을 권리가 불구속 피의자 · 피고인 모두에게 포괄적으로 인정되는지 여부에 관하여 명시적으로 규율하고 있지는 않지만, 불구속 피의자의 경우에도 변호인의 조력을 받을 권리는 우리 헌법에 나타난 법치국가원리, 적법절차원칙에서 인정되는 당연한 내용이고, 헌법 제12조 제4항도 이를 전제로 특히 신체구속을 당한 사람에 대하여 변호인의 조력을 받을 권리의 중요성을 강조하기 위하여 별도로 명시하고 있다. 피의자 · 피고인의 구속 여부를 불문하고 조언과 상담을 통하여 이루어지는 변호인의 조력자로서의 역할은 변호인선임권과 마찬가지로 변호인의 조력을 받을 권리의 내용 중 가장 핵심적인 것이고, 변호인과 상담하고 조언을 구할 권리는 변호인의 조력을 받을 권리의 내용 중 구체적인 입법형성이 필요한 다른 절차적 권리의 필수적인 전제요건으로서 변호인의 조력을 받을 권리 그 자체에서 막바로 도출되는 것이다(헌재 2004.9.23, 2000헌마138).

③ [O] 헌법 제12조 제4항 본문의 문언 및 헌법 제12조의 조문 체계, 변호인 조력권의 속성, 헌법이 신체의 자유를 보장하는 취지를 종합하여 보면 헌법 제12조 제4항 본문에 규정된 "구속"은 사법절차에서 이루어진 구속뿐 아니라, 행정절차에서 이루어진 구속까지 포함하는 개념이다. 따라서 헌법 제12조 제4항 본문에 규정된 변호인의 조력을 받을 권리는 행정절차에서 구속을 당한 사람에게도 즉시 보장된다(헌재 2018.5.31, 2014헌마346).

④ [O] 피의자 · 피고인의 구속 여부를 불문하고 조언과 상담을 통하여 이루어지는 변호인의 조력자로서의 역할은 변호인선임권과 마찬가지로 변호인의 조력을 받을 권리의 내용 중 가장 핵심적인 것이고, 변호인과 상담하고 조언을 구할 권리는 변호인의 조력을 받을 권리의 내용 중 구체적인 입법형성이 필요한 다른 절차적 권리의 필수적인 전제요건으로서 변호인의 조력을 받을 권리 그 자체에서 막바로 도출되는 것이다(헌재 2004.9.23, 2000헌마138).

06 변호인의 조력을 받을 권리에 관한 설명 중 가장 적절하지 않은 것은? (다툼이 있는 경우 판례에 의함)

22. 경찰승진

① 미결수용자와 변호인간에 주고받는 서류를 확인하고 이를 소송 관계서류처리부에 등재하는 행위는 그 자체만으로는 미결수용자의 변호인 접견교통권을 제한하는 행위라고 볼 수는 없다.

② 피고인에게 보장된 변호인의 조력을 받을 권리는 변호인과의 자유로운 접견교통권에 그치지 아니하고 더 나아가 변호인을 통하여 수사서류를 포함한 소송관계 서류를 열람·등사하고 이에 대한 검토결과를 토대로 공격과 방어의 준비를 할 수 있는 권리도 포함된다.

③ 변호인과의 자유로운 접견은 신체구속을 당한 사람에게 보장된 변호인의 조력을 받을 권리의 가장 중요한 내용이어서 국가안전 보장·질서유지 또는 공공복리 등 어떠한 명분으로도 제한될 수 있는 성질의 것이 아니라고 할 것이나, 이는 구속된 자와 변호인간의 접견이 실제로 이루어지는 경우에 있어서의 '자유로운 접견', 즉 '대화내용에 대하여 비밀이 완전히 보장되고 어떠한 제한, 영향, 압력 또는 부당한 간섭 없이 자유롭게 대화할 수 있는 접견'을 제한할 수 없다는 것이지, 변호인과의 접견 자체에 대해 아무런 제한도 가할 수 없다는 것을 의미하는 것은 아니다.

④ 변호인의 조력을 받을 권리는 '형사사건에서 변호인의 조력을 받을 권리'를 의미한다고 보아야 할 것이므로 형사절차가 종료되어 교정시설에 수용 중인 수형자나 미결수용자가 형사사건의 변호인이 아닌 민사재판, 행정재판, 헌법재판 등에서 변호사와 접견할 경우에는 원칙적으로 헌법상 변호인의 조력을 받을 권리의 주체가 될 수 없다.

해설

① [×] 변호인의 조력을 받을 권리의 한 내용인 변호인 접견교통권에는 접견 자체뿐만 아니라 미결수용자와 변호인간의 서류 또는 물건의 수수도 포함되고, 이에 따라 형사소송법 제34조는 변호인 또는 변호인이 되려는 자는 신체구속을 당한 피고인 또는 피의자와 접견하고 서류 또는 물건을 수수할 수 있으며 의사로 하여금 진료하게 할 수 있도록 규정하였다. 따라서 미결수용자와 변호인간에 주고받는 서류를 확인하고 이를 소송관계서류처리부에 등재하는 행위는 미결수용자의 변호인 접견교통권을 제한하는 행위이다(헌재 2016. 4.28, 2015헌마243).

② [O] 변호인의 조력을 받을 권리는 변호인과의 자유로운 접견교통권에 그치지 아니하고 더 나아가 변호인을 통하여 수사서류를 포함한 소송관계 서류를 열람·등사하고 이에 대한 검토결과를 토대로 공격과 방어의 준비를 할 수 있는 권리도 포함된다고 보아야 할 것이므로 변호인의 수사기록 열람·등사에 대한 지나친 제한은 결국 피고인에게 보장된 변호인의 조력을 받을 권리를 침해하는 것이다(헌재 1997.11.27, 94헌마60).

③ [O] 미결수용자와 변호인과의 접견에 대해 어떠한 명분으로도 제한할 수 없다고 한 것은 구속된 자와 변호인간의 접견이 실제로 이루어지는 경우에 있어서의 '자유로운 접견', 즉 '대화내용에 대하여 비밀이 완전히 보장되고 어떠한 제한, 영향, 압력 또는 부당한 간섭 없이 자유롭게 대화할 수 있는 접견'을 제한할 수 없다는 것이지, 변호인과의 접견 자체에 대해 아무런 제한도 가할 수 없다는 것을 의미하는 것이 아니므로 미결수용자의 변호인접견권 역시 국가안전보장·질서유지 또는 공공복리를 위해 필요한 경우에는 법률로써 제한될 수 있음은 당연하다(헌재 2011.5.26, 2009헌마341).

④ [O] 변호인의 조력을 받을 권리에 대한 헌법과 법률의 규정 및 취지에 비추어 보면, '형사사건에서 변호인의 조력을 받을 권리'를 의미한다고 보아야 할 것이므로 형사절차가 종료되어 교정시설에 수용 중인 수형자나 미결수용자가 형사사건의 변호인이 아닌 민사재판, 행정재판, 헌법재판 등에서 변호사와 접견할 경우에는 원칙적으로 헌법상 변호인의 조력을 받을 권리의 주체가 될 수 없다(헌재 2013.8.29, 2011헌마122).

정답 | 05 ② 06 ①

07 변호인의 조력을 받을 권리에 대한 설명으로 옳지 않은 것은?

23. 5급 공채

① 형사절차가 종료되어 교정시설에 수용 중인 수형자는 원칙적으로 변호인의 조력을 받을 권리의 주체가 된다.
② 변호인의 조력을 받을 권리는 체포 또는 구속을 당하지 아니한 불구속 피의자나 피고인에게도 인정된다.
③ 행정절차에서 구속된 사람에게도 변호인의 조력을 받을 권리가 인정된다.
④ 변호인이 피의자신문에 자유롭게 참여할 수 있는 권리는 피의자가 가지는 변호인의 조력을 받을 권리를 실현하는 수단이므로 헌법상 기본권인 변호인의 변호권으로서 보호되어야 한다.

해설

① [×] 형사절차가 종료되어 교정시설에 수용 중인 수형자는 원칙적으로 변호인의 조력을 받을 권리의 주체가 될 수 없다. 다만, 수형자의 경우에도 재심절차 등에는 변호인 선임을 위한 일반적인 교통·통신이 보장될 수도 있겠으나, 기록에 의하면 청구인은 교도소 내에서의 처우를 왜곡하여 외부인과 연계, 교도소 내의 질서를 해칠 목적으로 변호사에게 이 사건 서신을 발송하려는 것이므로 이와 같은 경우에는 변호인의 조력을 받을 권리가 보장되는 경우에 해당한다고 할 수 없다(헌재 1998.8.27, 96헌마398).
② [O] 우리 헌법은 변호인의 조력을 받을 권리가 불구속 피의자·피고인 모두에게 포괄적으로 인정되는지 여부에 관하여 명시적으로 규율하고 있지는 않지만, 불구속 피의자의 경우에도 변호인의 조력을 받을 권리는 우리 헌법에 나타난 법치국가원리, 적법절차원칙에서 인정되는 당연한 내용이고, 헌법 제12조 제4항도 이를 전제로 특히 신체구속을 당한 사람에 대하여 변호인의 조력을 받을 권리의 중요성을 강조하기 위하여 별도로 명시하고 있다. 피의자·피고인의 구속 여부를 불문하고 조언과 상담을 통하여 이루어지는 변호인의 조력자로서의 역할은 변호인선임권과 마찬가지로 변호인의 조력을 받을 권리의 내용 중 가장 핵심적인 것이고, 변호인과 상담하고 조언을 구할 권리는 변호인의 조력을 받을 권리의 내용 중 구체적인 입법형성이 필요한 다른 절차적 권리의 필수적인 전제요건으로서 변호인의 조력을 받을 권리 그 자체에서 막바로 도출되는 것이다(헌재 2004.9.23, 2000헌마138).
③ [O] 헌법 제12조 제4항 본문의 문언 및 헌법 제12조의 조문 체계, 변호인 조력권의 속성, 헌법이 신체의 자유를 보장하는 취지를 종합하여 보면 헌법 제12조 제4항 본문에 규정된 "구속"은 사법절차에서 이루어진 구속뿐 아니라, 행정절차에서 이루어진 구속까지 포함하는 개념이다. 따라서 헌법 제12조 제4항 본문에 규정된 변호인의 조력을 받을 권리는 행정절차에서 구속을 당한 사람에게도 즉시 보장된다(헌재 2018.5.31, 2014헌마346).
④ [O] 변호인이 피의자신문에 자유롭게 참여할 수 있는 권리는 피의자가 가지는 변호인의 조력을 받을 권리를 실현하는 수단이므로 헌법상 기본권인 변호인의 변호권으로서 보호되어야 한다(헌재 2017.11.30, 2016헌마503).

08 변호인의 조력을 받을 권리에 관한 설명 중 옳은 것을 모두 고른 것은? (다툼이 있는 경우 판례에 의함)

23. 경찰승진

㉠ 난민인정심사불회부 결정을 받은 후 인천국제공항 송환대기실에 행정절차상 구속된 외국인의 변호인 접견신청을 인천공항출입국·외국인청장이 거부한 행위는 변호인의 조력을 받을 권리를 침해한 것이다. ㉡ 피의자 및 피고인이 가지는 변호인의 조력을 받을 권리가 실질적으로 확보되기 위해서는, 피의자 및 피고인에 대한 변호인의 조력할 권리의 핵심적인 부분도 헌법상 기본권으로서 보호되어야 한다. ㉢ 변호인 선임을 위하여 피의자 등이 가지는 '변호인이 되려는 자'와의 접견교통권은 헌법상 기본권으로 보호되어야 한다. ㉣ '변호인이 되려는 자'의 접견교통권은 피의자 등을 조력하기 위한 핵심적인 권리로서, 피의자 등이 가지는 '변호인이 되려는 자'의 조력을 받을 권리가 실질적으로 확보되기 위하여 법률상의 권리로 보장되어야 한다.

① ㉠, ㉡
② ㉡, ㉢
③ ㉠, ㉡, ㉢
④ ㉡, ㉢, ㉣

해설

옳은 것은 ㉠, ㉡, ㉢이다.

㉠ [O] 이 사건 변호인 접견신청 거부는 현행법상 아무런 법률상 근거가 없이 청구인의 변호인의 조력을 받을 권리를 제한한 것이므로, 청구인의 변호인의 조력을 받을 권리를 침해한 것이다. 또한 청구인에게 변호인 접견신청을 허용한다고 하여 국가안전보장, 질서유지, 공공복리에 어떠한 장애가 생긴다고 보기는 어렵고, 필요한 최소한의 범위 내에서 접견 장소 등을 제한하는 방법을 취한다면 국가안전보장이나 환승구역의 질서유지 등에 별다른 지장을 주지 않으면서도 청구인의 변호인 접견권을 제대로 보장할 수 있다. 따라서 이 사건 변호인 접견신청 거부는 국가안전보장이나 질서유지, 공공복리를 위해 필요한 기본권 제한 조치로 볼 수도 없다(헌재 2018.5.31, 2014헌마346).

㉡ [O] 피의자 및 피고인이 가지는 변호인의 조력을 받을 권리가 실질적으로 확보되기 위해서는, 피의자 및 피고인에 대한 변호인의 조력할 권리의 핵심적인 부분은 헌법상 기본권으로서 보호되어야 한다(헌재 2019.2.28, 2015헌마1204).

㉢ [O] '변호인이 되려는 자'의 접견교통권은 피의자 등을 조력하기 위한 핵심적인 부분으로서, 피의자 등이 가지는 헌법상의 기본권인 '변호인이 되려는 자'와의 접견교통권과 표리의 관계에 있다. 따라서 피의자 등이 가지는 '변호인이 되려는 자'의 조력을 받을 권리가 실질적으로 확보되기 위해서는 '변호인이 되려는 자'의 접견교통권 역시 헌법상 기본권으로서 보장되어야 한다(헌재 2019.2.28, 2015헌마1204).

㉣ [×] '변호인이 되려는 자'의 접견교통권은 피의자 등을 조력하기 위한 핵심적인 권리로서, 피의자 등이 가지는 '변호인이 되려는 자'의 조력을 받을 권리가 실질적으로 확보되기 위하여 이 역시 헌법상 기본권으로서 보장되어야 한다(헌재 2019.2.28, 2015헌마1204).

09 **다음 사례에 대한 설명으로 옳은 것은? (다툼이 있는 경우 판례에 의함)** 22. 비상계획관

> 청구인 A는 외국인으로서 2013년 11월 20일 인천국제공항에 도착하였다. A는 입국시에 수단 주재 한국대사관이 발급한 단기 상용목적의 사증을 가지고 있었는데, 입국 심사 과정에서 난민인정신청을 하였다. 인천국제공항 출입국관리공무원은 A에 대하여 입국목적이 사증에 부합함을 증명하지 못하였다는 이유로 입국불허결정을 하였고, 피청구인 B는 A가 타고 온 비행기의 운수사업자인 중국남방항공에 대하여 A를 국외로 송환하라는 내용의 송환지시서를 발부하면서, 송환지시서에 "항공사 및 출국대기실에 난민심사를 위해 대기하여야 함을 고지함"이라고 부기하여 즉각적인 집행을 보류하였다. A는 2013년 11월 20일부터 인천국제공항 환승구역 내에 설치된 송환대기실에 수용되었고, A의 변호인 C는 2014년 4월 25일 청구인에 대한 접견을 신청하였으나, B가 이를 거부하자 A는 이 사건 헌법소원심판을 청구하였다.

① A가 침해받았다고 주장하는 변호인의 조력을 받을 권리는 성질상 인간의 권리에 해당되므로 A의 헌법소원 심판청구는 청구인 적격이 인정된다.

② 헌법 제12조 제1항은 제1문에서 "모든 국민은 신체의 자유를 가진다."고 규정하고 있는바, 이는 문언상 형사절차만을 염두에 둔 것이 분명하다.

③ 입국불허결정을 받아 송환대기실에 수용된 외국인은 대한민국에 입국할 수 없을 뿐 외국으로 자진출국하기 위해서는 언제든지 송환대기실 밖으로 나올 자유가 있었으므로 오랜 기간 동안 송환대기실을 벗어나 환승구역으로 이동하는 것이 금지되어 있었다고 하더라도 A는 송환대기실에 구금되어 있었다고 볼 수 없다.

④ 헌법 제12조 제4항 본문에 규정된 변호인의 조력을 받을 권리는 형사절차에서 피의자 또는 피고인의 방어권을 보장하기 위한 것으로서 출입국관리법상 보호 또는 강제퇴거의 절차에도 적용된다고 보기 어렵다.

정답 | 07 ① 08 ③ 09 ①

해설

① [O] 청구인은 외국인이다. 헌법재판소법 제68조 제1항의 헌법소원은 기본권의 주체만 청구할 수 있는데, 단순히 '국민의 권리'가 아니라 '인간의 권리'로 볼 수 있는 기본권에 대해서는 외국인도 기본권의 주체이다. 청구인이 침해받았다고 주장하는 변호인의 조력을 받을 권리는 성질상 인간의 권리에 해당되므로 외국인도 주체이다(헌재 2012.8.23, 2008헌마430 참조). 따라서 청구인의 심판청구는 청구인 적격이 인정된다(헌재 2018.5.31, 2014헌마346, 판례집 30-1하, 166, 172).

② [×] 헌법 제12조 제1항은 제1문에서 "모든 국민은 신체의 자유를 가진다."고 규정한다. 신체의 자유를 보장하는 헌법 제12조 제1항 제1문은 문언상 형사절차만을 염두에 둔 것이 아님이 분명하다. 또한 신체의 자유는 그에 대한 제한이 형사절차에서 가해졌든 행정절차에서 가해졌든 간에 보장되어야 하는 자연권적 속성의 기본권이므로, 신체의 자유가 제한된 절차가 형사절차인지 아닌지는 신체의 자유의 보장 범위와 방법을 정함에 있어 부차적인 요소에 불과하다(헌재 2018.5.31, 2014헌마346, 판례집 30-1하, 166, 174).

③ [×] 입국불허결정을 받아 송환대기실에 수용된 외국인은 대한민국에 입국할 수 없을 뿐 외국으로 자진출국하기 위해서는 언제든지 송환대기실 밖으로 나올 자유가 있으므로 강제로 갇혀 있는 상태가 아니라는 반론이 있을 수 있다. 그러나 국적국의 박해를 피해 온 청구인의 구체적·현실적 사정에 비추어 보면, 청구인에게 출국의 자유란 실현불가능한 관념적 가능성에 불과하므로 송환대기실에 "구속"되었는지 여부를 판단함에 있어 고려할 요소가 아니다. 설사 그러한 출국가능성을 고려한다 하더라도 청구인은 오랜 기간 동안 송환대기실을 벗어나 환승구역으로 이동하는 것이 금지되어 있었다는 점에서 폐쇄된 공간인 송환대기실에 구금되어 있었음이 분명하다(헌재 2018.5.31, 2014헌마346, 판례집 30-1하, 166, 177).

④ [×] 헌법 제12조 제4항 본문의 문언 및 헌법 제12조의 조문 체계, 변호인 조력권의 속성, 헌법이 신체의 자유를 보장하는 취지를 종합하여 보면 헌법 제12조 제4항 본문에 규정된 "구속"은 사법절차에서 이루어진 구속뿐 아니라, 행정절차에서 이루어진 구속까지 포함하는 개념이다. 따라서 헌법 제12조 제4항 본문에 규정된 변호인의 조력을 받을 권리는 행정절차에서 구속을 당한 사람에게도 즉시 보장된다. 종래 이와 견해를 달리하여 헌법 제12조 제4항 본문에 규정된 변호인의 조력을 받을 권리는 형사절차에서 피의자 또는 피고인의 방어권을 보장하기 위한 것으로서 출입국관리법상 보호 또는 강제퇴거의 절차에도 적용된다고 보기 어렵다고 판시한 우리 재판소 결정(헌재 2012.8.23, 2008헌마430)은, 이 결정 취지와 저촉되는 범위 안에서 변경한다(헌재 2018.5.31, 2014헌마346, 판례집 30-1하, 166, 166).

10 다음 설명 중 가장 옳지 않은 것은? (다툼이 있는 경우 헌법재판소 결정 및 대법원 판례에 의함)

22. 법원직 9급

① 헌법은 사후영장을 청구할 수 있는 경우를 현행범인인 경우와 장기 3년 이상의 형에 해당하는 죄를 범하고 도피 또는 증거인멸의 염려가 있을 때로 한정하고 있다.

② '변호인이 되려는 자'의 접견교통권은 피체포자 등의 '변호인의 조력을 받을 권리'를 기본권으로 인정한 결과 발생하는 간접적이고 부수적인 효과로서 형사소송법 등 개별 법률을 통하여 구체적으로 형성된 법률상의 권리에 불과하다.

③ 진술거부권은 형사절차에서만 보장되는 것은 아니고, 행정절차 또는 국회에서의 질문 등 어디에서나 그 진술이 자기에게 형사상 불리한 경우 이를 강요받지 아니할 국민의 기본권으로 보장된다.

④ 경찰서장이 구속적부심사 중에 있는 피구속자의 변호인에게 고소장과 피의자신문조서에 대한 열람 및 등사를 거부한 것은 변호인의 피구속자를 조력할 권리 및 알 권리를 침해한 것이다.

해설

② [×] 변호인 선임을 위하여 피의자·피고인(이하 '피의자 등'이라 한다)이 가지는 '변호인이 되려는 자'와의 접견교통권은 헌법상 기본권으로 보호되어야 하고, '변호인이 되려는 자'의 접견교통권은 피의자 등이 변호인을 선임하여 그로부터 조력을 받을 권리를 공고히 하기 위한 것으로서, 그것이 보장되지 않으면 피의자 등이 변호인 선임을 통하여 변호인으로부터 충분한 조력을 받는다는 것이 유명무실하게 될 수밖에 없다. 이와 같이 '변호인이 되려는 자'의 접견교통권은 피의자 등을 조력하기 위한 핵심적인 부분으로서, 피의자 등이 가지는 헌법상의 기본권인 '변호인이 되려는 자'와의 접견교통권과 표리의 관계에 있다. 따라서 피의자 등이 가지는 '변호인이 되려는 자'의 조력을 받을 권리가 실질적으로 확보되기 위해서는 '변호인이 되려는 자'의 접견교통권 역시 헌법상 기본권으로서 보장되어야 한다(헌재 2019.2.28, 2015헌마1204).

① [O]

> 헌법 제12조 ③ 체포·구속·압수 또는 수색을 할 때에는 적법한 절차에 따라 검사의 신청에 의하여 법관이 발부한 영장을 제시하여야 한다. 다만, 현행범인인 경우와 장기 3년 이상의 형에 해당하는 죄를 범하고 도피 또는 증거인멸의 염려가 있을 때에는 사후에 영장을 청구할 수 있다.

③ [O] 진술거부권은 자기부죄거부의 특권(自己負罪拒否의 特權, privilege against self-incrimination)에서 유래하는 권리로서, 피고인 또는 피의자가 공판절차나 수사절차에서 법원 또는 수사기관의 신문에 대하여 형사상 자신에게 불리한 진술을 거부할 수 있는 권리로 묵비권(默秘權, right of silence)이라고도 하는바, 헌법이 진술거부권을 기본적 권리로 보장하는 것은 형사피의자나 피고인의 인권을 형사소송의 목적인 실체적 진실발견이나 구체적 사회정의의 실현이라는 국가적 이익보다 우선적으로 보호함으로써 인간의 존엄성과 생존가치를 보장하고 나아가 비인간적인 자백의 강요와 고문을 근절하려는 데 있고, 이러한 진술거부권은 형사절차에서만 보장되는 것은 아니고 행정절차이거나 국회에서의 질문 등 어디에서나 그 진술이 자기에게 형사상 불리한 경우에는 묵비권을 가지고 이를 강요받지 아니할 국민의 기본권으로 보장되며, 이는 고문 등 폭력에 의한 강요는 물론 법률에 의하여서도 진술을 강요당하지 아니함을 의미한다(헌재 1998.7.16, 96헌바35).

④ [O] 구속적부심사건 피의자의 변호인에게 고소장과 피의자신문조서에 대한 열람 및 등사를 거부한 경찰서장의 정보비공개결정이 변호인의 피구속자를 조력할 권리 및 알 권리를 침해하여 헌법에 위반된다(헌재 2003.3.27, 2000헌마474).

11 **변호사 갑(甲)은 수형자 을(乙)을 접견하고자 하나 소송계속 사실 소명자료를 제출하지 못하는 경우 접촉차단시설이 설치되지 않은 장소에서 60분간 이루어지는 변호사접견 대신 접촉차단시설이 설치된 일반접견실에서 10분 내외의 일반접견만 가능하다는 교정당국의 답변을 받았다. 이 답변의 근거가 되는 법규정은 아래와 같다. 이에 대한 헌법적 판단 내용으로 가장 적절하지 않은 것은? (다툼이 있는 경우 헌법재판소 판례에 의함)**

22. 경찰간부

> 형의 집행 및 수용자의 처우에 관한 법률 시행규칙(2016.6.28. 법무부령 제870호로 개정된 것)
> 제29조의2【소송사건의 대리인인 변호사의 접견 등 신청】 소송사건의 대리인인 변호사가 수용자를 접견하고자 하는 경우에는 별지 제32호 서식의 신청서에 다음 각호의 자료를 첨부하여 소장에게 제출하여야 한다.

① 심판대상조항은 소송사건과 무관하게 수형자를 접견하는 소위 '집사 변호사'의 접견권 남용행위를 방지하기 위해 제정되었으므로 입법목적의 정당성은 인정된다.

② 심판대상조항은 변호사 접견권 남용행위 방지에 실효적인 수단이며 수형자의 재판청구권 행사에 장애를 초래하지 않으므로 수단의 적합성이 인정된다.

③ 심판대상조항은 변호사와의 상담이 가장 필요한 시기에 소송계속이 발생하지 않았다는 이유로 변호사 접견을 금지하고 있어 수형자와의 접견을 통한 변호사의 직무수행에 큰 장애를 초래할 수 있다는 점에 비추어 침해의 최소성에 위배된다.

④ 심판대상조항은 소송계속 사실 소명자료를 요구하더라도 실제 달성되는 공익이 크다고 보기는 어려운 반면 변호사의 도움이 가장 필요한 시기에 접견에 대한 제한의 강도가 커서 수형자의 재판청구권이 심각하게 제한되는 불이익도 크다는 면에서 법익의 균형성에 위배된다.

정답 | 10 ② 11 ②

해설

② [×] 심판대상조항이 소송계속 사실 소명자료를 제출하도록 규정하고 있어 집사 변호사가 접견권을 남용하여 소를 제기하지도 아니한 채 수형자와 접견하는 것이 방지되는 것은 사실이다. 그러나 집사 변호사라면 소 제기 여부를 진지하게 고민할 필요가 없으므로 얼마든지 불필요한 소송을 제기하고 변호사접견을 이용할 수 있다. 집사 변호사를 고용하는 수형자 역시 소송의 승패와 상관없이 변호사를 고용할 확실한 동기가 있고 이를 위한 충분한 자력이 있는 경우가 보통이므로 손쉽게 변호사접견을 이용할 수 있다. 그에 반해 진지하게 소 제기 여부 및 변론 방향을 고민해야 하는 변호사라면 일반접견만으로는 수형자에게 충분한 조력을 제공하기가 어렵고, 수형자 역시 소송의 승패가 불확실한 상황에서 접견마저 충분하지 않다면 변호사를 신뢰하고 소송절차를 진행하기가 부담스러울 수밖에 없다. 따라서 심판대상조항이 변호사의 접견권 남용행위 방지에 실효적인 수단이라고 보기 어려울 뿐 아니라 수형자의 재판청구권 행사에 장애를 초래할 뿐이므로, 심판대상조항은 수단의 적합성이 인정되지 아니한다(헌재 2021.10.28, 2018헌마60).

① [O] 소송대리인인 변호사에게 일반접견 횟수에 포함되지 않는 월 4회의 접견 횟수 및 회당 60분의 접견 시간을 보장하고 그러한 접견을 미결수용자에 대한 접견과 마찬가지로 접촉차단시설이 설치되지 않은 장소에서 실시하게 되면, 변호사들이 접견권을 남용할 가능성도 높아지고 종전에 비해 교정시설 내에 더 많은 공간과 교정인력을 필요로 하게 된다. 따라서 심판대상조항은 집사 변호사 등에 의한 접견권 남용행위를 방지함으로써, 한정된 교정시설 내의 수용질서 및 규율을 유지하고, 수용된 상태에서 소송수행을 해야 하는 수형자들의 변호사접견을 원활하게 실시하기 위한 것으로서, 그 입법목적은 정당하다(헌재 2021.10.28, 2018헌마60).

③ [O] 심판대상조항은 수형자를 위해 곧 소송을 제기하고자 하는 변호사의 접견까지도 차단하게 된다. 변호사는 수형자와 상담을 하면서 먼저 신뢰관계를 쌓고 증거자료를 확보하여 소 제기 여부 및 변론 방향을 결정한 후 비로소 서면을 작성하고 소를 제기하므로, 이 시기에 소송준비가 집중적으로 이루어지는 것이 보통이다. 그럼에도 심판대상조항은 변호사와의 상담이 가장 필요한 시기에 소송계속이 발생하지 않았다는 이유로 변호사접견을 금지하고 있어 수형자와의 접견을 통한 변호사의 직무수행에 큰 장애를 초래할 수 있다. … 심판대상조항은 침해의 최소성에 위배된다(헌재 2021.10.28, 2018헌마60).

④ [O] 변호사접견은 그 시간 및 횟수가 한정되어 있어 남용 가능성이 크지 않고, 형집행법은 이미 변호사의 접견권 남용행위를 방지할 수 있는 장치들을 갖추고 있으므로, 심판대상조항에서 소송계속 사실 소명자료를 요구한다고 하더라도 실제 달성되는 공익이 크다고 보기는 어렵다. 반면, 변호사가 소송사건의 대리인으로 선임되었음에도 심판대상조항으로 인해 변호사접견을 하지 못할 경우 발생하는 문제점은 단순히 변호사 개인의 직업 활동상 불편이 초래되는 차원에 그치는 것이 아니다. 변호사는 수형자와의 접견을 위해 부득이 일반접견을 이용할 수밖에 없는데, 일반접견은 앞서 살펴본 바와 같이 접촉차단시설이 설치된 일반접견실에서 10분 내외 짧게 이루어지므로 그 시간은 변호사접견의 1/6 수준에 그친다. 또한 그 대화 내용은 청취 · 기록 · 녹음 · 녹화의 대상이 되므로 교정시설에서 부당한 처우를 당했다는 등의 사정이 있는 수형자는 위축된 나머지 그만 법적 구제를 단념할 가능성마저 배제할 수 없다. 비록 변호사의 노력 여하에 따라 신속히 소가 제기됨으로써 위와 같이 변호사접견이 불허되는 기간이 단축될 수도 있기는 하나, 변호사의 도움이 가장 필요한 시기에 접견에 대한 제한의 정도가 위와 같이 크다는 점에서 수형자의 재판청구권 역시 심각하게 제한될 수밖에 없고, 이로 인해 법치국가원리로 추구되는 정의에 반하는 결과를 낳을 수도 있다는 점에서, 위와 같은 불이익은 매우 크다고 볼 수 있다. 따라서 심판대상조항은 법익의 균형성에 위배된다(헌재 2021.10.28, 2018헌마60).

12 변호인의 조력을 받을 권리에 관한 설명 중 가장 적절하지 않은 것은? (다툼이 있는 경우 판례에 의함)

22. 경찰 2차

① 변호인의 조력을 받을 권리란 국가권력의 일방적인 형벌권 행사에 대항하여 자신에게 부여된 헌법상 · 소송법상 권리를 효율적이고 독립적으로 행사하기 위하여 변호인의 도움을 얻을 피의자 및 피고인의 권리를 말한다.

② 교정시설 내 수용자와 변호사 사이의 접견교통권의 보장은 헌법상 보장되는 재판청구권의 한 내용 또는 그로부터 파생되는 권리로 볼 수 있다.

③ 변호인접견실에 CCTV를 설치하여 교도관이 그 CCTV를 통해 미결수용자와 변호인간의 접견을 관찰한 행위는 변호인의 조력을 받을 권리를 침해한다.

④ '변호인이 되려는 자'의 접견교통권은 피의자 등을 조력하기 위한 핵심적인 부분으로서, 피의자 등이 가지는 헌법상의 기본권인 '변호인이 되려는 자'와의 접견교통권과 표리의 관계에 있으므로 피의자 등이 가지는 '변호인이 되려는 자'의 조력을 받을 권리가 실질적으로 확보되기 위해서는 '변호인이 되려는 자'의 접견교통권 역시 헌법상 기본권으로서 보장되어야 한다.

해설

③ [×] 금지물품의 수수나 폭행 등 교정사고를 방지하고 적절하게 대처하기 위해서는 변호인접견실 또한 계호할 필요가 있으며, 변호인접견실에 CCTV를 설치하는 것은 교도관의 육안에 의한 시선계호를 CCTV 장비에 의한 시선계호로 대체한 것에 불과하므로, 이 사건 CCTV 관찰행위는 그 목적의 정당성과 수단의 적합성이 인정된다. … 따라서 이 사건 CCTV 관찰행위는 청구인의 변호인의 조력을 받을 권리를 침해하지 아니한다(헌재 2016.4.28, 2015헌마243).

① [O] 변호인의 조력을 받을 권리란 국가권력의 일방적인 형벌권 행사에 대항하여 자신에게 부여된 헌법상·소송법상 권리를 효율적이고 독립적으로 행사하기 위하여 변호인의 도움을 얻을 피의자 및 피고인의 권리를 말한다. 헌법은 제12조 제4항에서 "누구든지 체포 또는 구속을 당한 때에는 즉시 변호인의 조력을 받을 권리를 가진다."고 규정하여 변호인의 조력을 받을 권리를 헌법상 기본권으로 명시하고 있다. 수형자는 원칙적으로 변호인의 조력을 받을 권리의 주체가 될 수 없다고 하더라도, 예외적으로 교정시설 수용 중 새로 기소된 '형사사건'에 있어서는 헌법상 변호인의 조력을 받을 권리의 주체가 될 수 있다. 따라서 청구인이 교정시설 수용 중 새로 기소된 형사사건에 있어 변호인이 청구인에게 보낸 서신을 피청구인이 개봉한 행위는 변호인과의 자유로운 접견·교통을 제한하는바, 이 사건 서신개봉행위는 헌법 제12조 제4항에서 정하는 변호인의 조력을 받을 권리를 제한한다(헌재 2021.10.28, 2019헌마973).

② [O] 교도소장이 접견과정에서 소송사건의 대리인인 변호사와의 접견내용을 녹취하게 되면 그 접견내용에 대한 비밀을 보장받기 어려우므로, 수형자인 청구인의 입장에서는 변호사와의 자유로운 접견을 방해받게 되고, 그로 인하여 민사소송, 행정소송, 헌법소송 등에서 충분하고도 효과적인 소송수행이 어려울 수 있다. 따라서 수형자의 민사사건 등에 있어서의 변호사와의 접견교통권은 헌법상 재판을 받을 권리의 한 내용 또는 그로부터 파생되는 권리로서 보장될 필요가 있다(헌재 2004.12.16, 2002헌마478).

④ [O] 변호인 선임을 위하여 피의자·피고인이 가지는 '변호인이 되려는 자'와의 접견교통권은 헌법상 기본권으로 보호되어야 하고, '변호인이 되려는 자'의 접견교통권은 피의자 등이 변호인을 선임하여 그로부터 조력을 받을 권리를 공고히 하기 위한 것으로서, 그것이 보장되지 않으면 피의자 등이 변호인 선임을 통하여 변호인으로부터 충분한 조력을 받는다는 것이 유명무실하게 될 수밖에 없다. 이와 같이 '변호인이 되려는 자'의 접견교통권은 피의자 등을 조력하기 위한 핵심적인 부분으로서, 피의자 등이 가지는 헌법상의 기본권인 '변호인이 되려는 자'와의 접견교통권과 표리의 관계에 있다. 따라서 피의자 등이 가지는 '변호인이 되려는 자'의 조력을 받을 권리가 실질적으로 확보되기 위해서는 '변호인이 되려는 자'의 접견교통권 역시 헌법상 기본권으로서 보장되어야 한다(헌재 2019.2.28, 2015헌마1204).

13 변호인의 조력을 받을 권리에 대한 설명으로 가장 적절하지 않은 것은? (다툼이 있는 경우 헌법재판소 판례에 의함)

23. 경찰간부

① 수형자가 형사사건의 변호인이 아닌 민사사건, 행정사건, 헌법소원사건 등에서 변호사와 접견할 경우에는 원칙적으로 헌법상 변호인의 조력을 받을 권리의 주체가 될 수 없다.

② 살인미수 등 사건의 수형자이면서 공무집행방해 등 사건의 미결수용자와 같은 지위에 있는 수형자의 변호인이 위 수형자에게 보낸 서신을 교도소장이 금지물품 동봉 여부를 확인하기 위하여 개봉한 후 교부한 행위는 위 수형자가 갖는 변호인의 조력을 받을 권리를 침해하지 않는다.

③ 별건으로 공소제기 후 확정되어 검사가 보관하고 있는 서류에 대해 법원의 열람·등사 허용 결정이 있었음에도 불구하고 청구인에 대한 형사사건과 별건이라는 이유로 검사가 해당 서류의 열람·등사를 허용하지 아니한 행위는 청구인이 갖는 변호인의 조력을 받을 권리를 침해한다.

④ 난민인정신청을 하였으나 난민인정심사불회부 결정을 받고 인천공항 송환대기실에 계속 수용된 외국인의 경우 형사절차에서 구속된 자로는 볼 수는 없으므로 변호인의 조력을 받을 권리는 보장되지 않는다.

해설

④ [×] 헌법 제12조 제4항 본문의 문언 및 헌법 제12조의 조문 체계, 변호인 조력권의 속성, 헌법이 신체의 자유를 보장하는 취지를 종합하여 보면 헌법 제12조 제4항 본문에 규정된 "구속"은 사법절차에서 이루어진 구속뿐 아니라, 행정절차에서 이루어진 구속까지 포함하는 개념이다. 따라서 헌법 제12조 제4항 본문에 규정된 변호인의 조력을 받을 권리는 행정절차에서 구속을 당한 사람에게도 즉시 보장된다(헌재 2018.5.31, 2014헌마346).

정답 | 12 ③ 13 ④

① [O] 변호인의 조력을 받을 권리는 '형사사건'에서의 변호인의 조력을 받을 권리를 의미한다. 따라서 수형자가 형사사건의 변호인이 아닌 민사사건, 행정사건, 헌법소원사건 등에서 변호사와 접견할 경우에는 원칙적으로 헌법상 변호인의 조력을 받을 권리의 주체가 될 수 없다 할 것이다(헌재 2013.9.26, 2011헌마398).

② [O] 이 사건 서신개봉행위로 인하여 미결수용자가 변호인과 자유롭게 소송관련 서신을 수수함으로써 누릴 수 있는 편익이 일부 제한되었다고 하더라도, 변호인과의 서신 수수 이외에도 형집행법상 변호인과의 접견, 전화통화 등을 통해 변호인의 충분한 조력이 가능한 이상 위와 같은 정도의 사익의 제한이 달성되는 공익에 비하여 중대하다고 보기 어렵다. … 이 사건 서신개봉행위는 과잉금지원칙에 위반되지 아니하므로 청구인의 변호인의 조력을 받을 권리를 침해하지 아니한다(헌재 2021.10.28, 2019헌마973).

③ [O] 법원이 열람·등사 허용 결정을 하였음에도 검사가 이를 신속하게 이행하지 아니하는 경우에는 해당 증인 및 서류 등을 증거로 신청할 수 없는 불이익을 받는 것에 그치는 것이 아니라, 그러한 검사의 거부행위는 피고인의 열람·등사권을 침해하고, 나아가 피고인의 신속·공정한 재판을 받을 권리 및 변호인의 조력을 받을 권리까지 침해하게 되는 것이다(헌재 2022.6.30, 2019헌마356).

14 변호인의 조력을 받을 권리에 대한 설명으로 옳지 않은 것은? (다툼이 있는 경우 판례에 의함) 24. 입법고시

① 형사절차가 종료되어 교정시설에 수용 중인 수형자나 미결수용자가 형사사건의 변호인이 아닌 민사재판, 행정재판, 헌법재판 등에서 변호사와 접견할 경우에는 원칙적으로 헌법상 변호인의 조력을 받을 권리의 주체가 될 수 없다.

② 일반적으로 형사사건에 있어 변호인의 조력을 받을 권리는 피의자나 피고인을 불문하고 보장되나, 그중 특히 국선변호인의 조력을 받을 권리는 피고인에게만 인정되는 것으로 해석함이 상당하다.

③ 헌법 제12조 제4항 본문에 규정된 구속은 사법절차에서 이루어진 구속만을 의미하므로, 헌법 제12조 제4항 본문에 규정된 변호인의 조력을 받을 권리는 행정절차에서 구속을 당한 사람에게는 보장되지 않는다.

④ 피구속자를 조력할 변호인의 권리 중 그것이 보장되지 않으면 피구속자가 변호인으로부터 조력을 받는다는 것이 유명무실하게 되는 핵심적인 부분은, '조력을 받을 피구속자의 기본권'과 표리의 관계에 있기 때문에, 이러한 핵심부분에 관한 변호인의 조력할 권리 역시 헌법상의 기본권으로서 보호되어야 한다.

⑤ 변호인이 피의자신문에 자유롭게 참여할 수 있는 권리는 피의자가 가지는 변호인의 조력을 받을 권리를 실현하는 수단이라고 할 수 있으므로 헌법상 기본권인 변호인의 변호권으로서 보호되어야 한다.

해설

③ [×] 헌법 제12조 제4항 본문의 문언 및 헌법 제12조의 조문 체계, 변호인 조력권의 속성, 헌법이 신체의 자유를 보장하는 취지를 종합하여 보면 헌법 제12조 제4항 본문에 규정된 "구속"은 사법절차에서 이루어진 구속뿐 아니라, 행정절차에서 이루어진 구속까지 포함하는 개념이다. 따라서 헌법 제12조 제4항 본문에 규정된 변호인의 조력을 받을 권리는 행정절차에서 구속을 당한 사람에게도 즉시 보장된다(헌재 2018.5.1, 2014헌마346).

① [O] 변호인의 조력을 받을 권리에 대한 헌법과 법률의 규정 및 취지에 비추어 보면, '형사사건에서 변호인의 조력을 받을 권리'를 의미한다고 보아야 할 것이므로 형사절차가 종료되어 교정시설에 수용 중인 수형자나 미결수용자가 형사사건의 변호인이 아닌 민사재판, 행정재판, 헌법재판 등에서 변호사와 접견할 경우에는 원칙적으로 헌법상 변호인의 조력을 받을 권리의 주체가 될 수 없다. 따라서 이 사건 접견조항에 의하여 헌법상 변호인의 조력을 받을 권리가 제한된다고 볼 수는 없다(헌재 2013.8.29, 2011헌마122).

② [O] 헌법 제12조 제4항의 "누구든지 체포 또는 구속을 당한 때에는 즉시 변호인의 조력을 받을 권리를 가진다. 다만, 형사피고인이 스스로 변호인을 구할 수 없을 때에는 법률이 정하는 바에 의하여 국가가 변호인을 붙인다."는 규정은, 일반적으로 형사사건에 있어 변호인의 조력을 받을 권리는 피의자나 피고인을 불문하고 보장되나, 그중 특히 국선변호인의 조력을 받을 권리는 피고인에게만 인정되는 것으로 해석함이 상당하다(헌재 2008.9.25, 2007헌마1126).

④ [O] 피의자 및 피고인을 조력할 변호인의 권리 중 그것이 보장되지 않으면 그들이 변호인의 조력을 받는다는 것이 유명무실하게 되는 핵심적인 부분은 헌법상 기본권인 피의자 및 피고인이 가지는 변호인의 조력을 받을 권리와 표리의 관계에 있다 할 수 있다. 따라서 피의자 및 피고인이 가지는 변호인의 조력을 받을 권리가 실질적으로 확보되기 위해서는, 피의자 및 피고인에 대한 변호인의 조력할 권리의 핵심적인 부분(이하 '변호인의 변호권'이라 한다)은 헌법상 기본권으로서 보호되어야 한다(헌재 2017.11.30, 2016헌마503).

⑤ [O] 변호인이 피의자신문에 자유롭게 참여할 수 있는 권리는 피의자가 가지는 변호인의 조력을 받을 권리를 실현하는 수단이라고 할 수 있으므로 헌법상 기본권인 변호인의 변호권으로서 보호되어야 한다. … 이 사건 후방착석요구행위는 변호인의 변호권에 대한 제한을 정당화할 사유가 있다고 할 수 없다. … 그렇다면 이 사건 후방착석요구행위는 그 목적의 정당성과 수단의 적절성이 인정될 수 있는지 의문이며, 침해의 최소성 및 법익의 균형성 요건을 충족하지 못한다(헌재 2017.11.30, 2016헌마503).

제2절 | 사생활의 자유권

■ 사생활의 자유

01 사생활의 비밀과 자유에 관한 설명으로 가장 적절한 것은? (다툼이 있는 경우 헌법재판소 판례에 의함)

24. 경찰 2차

① 어린이집에 폐쇄회로 텔레비전(CCTV)을 원칙적으로 설치하도록 정한 영유아보호법 조항은 보호자 전원이 반대하지 않는 한 어린이집에 의무적으로 CCTV를 설치하도록 정하고 있으므로 어린이집 보육교사(원장 포함) 및 영유아의 사생활의 비밀과 자유를 침해한다.

② 대체복무요원 생활관 내부의 공용공간에 CCTV를 설치하여 촬영하는 행위는 군부대와 달리 대체복무요원들의 모든 사적 활동의 동선을 촬영하여, 개인의 행동과 심리에 심각한 제약을 느끼게 하므로 대체복무요원들의 사생활의 비밀과 자유를 침해한다.

③ 교도소장이 수형자의 정신과진료 현장과 정신과 화상진료 현장에 각각 간호직교도관을 입회시킨 것은, 수형자에게 사생활 노출 염려로 솔직한 증세를 의사에게 전달하지 못하게 함으로써 해당 수형자의 사생활의 비밀과 자유를 침해한다.

④ 헌법 제17조가 보호하고자 하는 기본권은 '사생활영역'의 자유로운 형성과 비밀유지라고 할 것이며, 공적인 영역의 활동은 다른 기본권에 의한 보호는 별론으로 하고 사생활의 비밀과 자유가 보호하는 것은 아니라고 할 것이다.

해설

④ [O] 헌법 제17조가 보호하고자 하는 기본권은 '사생활영역'의 자유로운 형성과 비밀유지라고 할 것이며, 공적인 영역의 활동은 다른 기본권에 의한 보호는 별론으로 하고 사생활의 비밀과 자유가 보호하는 것은 아니라고 할 것이다(헌재 2003.10.30, 2002헌마518).

① [×] 어린이집 CCTV 설치는 어린이집에서 발생하는 안전사고와 보육교사 등에 의한 아동학대를 방지하기 위한 것으로, 그 자체로 어린이집 운영자나 보육교사 등으로 하여금 사전에 영유아 안전사고 방지에 만전을 기하고 아동학대행위를 저지르지 못하도록 하는 효과가 있고, 어린이집 내 안전사고나 아동학대 발생 여부의 확인이 필요한 경우 도움이 될 수 있으므로, CCTV 설치 조항은 목적의 정당성과 수단의 적합성이 인정된다. … 그러므로 CCTV 설치 조항은 과잉금지원칙을 위반하여 청구인들의 기본권을 침해하지 않는다(헌재 2017.12.28, 2015헌마994).

② [×] CCTV 촬영행위는 교정시설의 계호, 경비, 보안, 안전, 관리 등을 위한 목적에서 행해지는 것이다. CCTV 촬영행위는 대체복무 생활관에서 합숙하는 청구인들의 안전한 생활을 보호해주는 측면도 있다. 청구인들의 생활관 내부에 설치된 CCTV들은 외부인의 허가 없는 출입이나 이동, 시설의 안전, 화재, 사고 등을 확인할 수 있는 위치들에 설치되어 있고, 개별적인 생활공간에는 CCTV가 설치되어 있지 않다. 따라서 CCTV 촬영행위는 과잉금지원칙을 위반하여 청구인들의 사생활의 비밀과 자유를 침해하지 아니한다(헌재 2024.5.30, 2022헌마707 등).

③ [×] 이 사건 동행계호행위는 교정사고를 예방하고 수용자 및 진료 담당 의사의 신체 등을 보호하기 위한 것이다. 청구인이 상습적으로 교정질서 문란행위를 저지른 전력이 있는 점, 정신질환의 증상으로 자해 또는 타해 행동이 나타날 우려가 있는 점, 교정시설은 수형자의 교정교화와 건전한 사회복귀를 도모하기 위한 시설로서 정신질환자의 치료 중심 수용 환경 조성에는 한계가 있는 점 등을 고려하면 이 사건 동행계호행위는 과잉금지원칙에 반하여 청구인의 사생활의 비밀과 자유를 침해하지 않는다(헌재 2024.1.25, 2020헌마1725).

정답 | 14 ③ 01 ④

02 사생활의 비밀과 자유에 대한 설명으로 옳지 않은 것은? (다툼이 있는 경우 판례에 의함)

24. 지방직 7급

① 금융감독원의 4급 이상 직원에 대하여 사유재산에 관한 정보인 재산사항을 등록하도록 한 공직자윤리법의 재산등록 조항은, 그들의 비리유혹을 억제하고 업무집행의 투명성을 확보하여 국민의 신뢰를 제고하며 궁극적으로 금융기관의 검사 및 감독이라는 공적 업무에 종사하는 금융감독원 직원의 책임성을 확보하려는 것으로 그 공익이 중대하므로, 사생활의 비밀과 자유를 침해하지 않는다.

② 특정인의 사생활 등을 조사하는 일을 업으로 하는 행위를 금지한 것은 이를 업으로 하려는 자의 사생활의 자유를 제한하는 것이다.

③ 성기구의 판매 행위를 제한할 경우 성기구를 사용하려는 소비자는 성기구를 구하는 것이 불가능하거나 매우 어려워 결국 성기구를 이용하여 성적 만족을 얻으려는 사람의 은밀한 내적 영역에 대한 기본권인 사생활의 비밀과 자유가 제한된다고 볼 수 있다.

④ 공판정에서 진술을 하는 피고인 · 증인 등도 인간으로서의 존엄과 가치를 가지며, 사생활의 비밀과 자유를 침해받지 아니할 권리를 가지고 있으므로, 본인이 비밀로 하고자 하는 사적인 사항이 일반에 공개되지 아니하고 자신의 인격적 징표가 타인에 의하여 일방적으로 이용당하지 아니할 권리가 있다.

해설

② [×] 사생활 등 조사업 금지조항은 특정인의 소재 · 연락처 및 사생활 등 조사의 과정에서 자행되는 불법행위를 막고 개인정보 등의 오용 · 남용으로부터 개인의 사생활의 비밀과 평온을 보호하기 위하여 마련되었다. … 청구인은 '사생활 등 조사업 금지조항'에 의하여 특정인의 소재 및 연락처를 알아내거나 사생활 등을 조사하는 일을 업으로 할 수 없게 됨으로써 직업선택의 자유가 제한되고, '탐정 등 명칭사용 금지조항'에 의하여 탐정명칭을 사용할 수 없게 됨으로써 직업수행의 자유가 제한되므로, 이 사건 금지조항이 청구인의 직업의 자유를 침해하는지 여부가 문제된다(헌재 2018.6.28, 2016헌마473).
▶ 사생활의 자유 제한은 쟁점이 아니었다.

① [○] 이 사건 재산등록 조항에 의하여 제한되는 사생활 영역은 재산관계에 한정되고, 그 사항을 알게 되는 자도 등록사항을 심사하는 일부 관계자로 극히 일부이므로 청구인들의 재산사항에 관한 사생활 공개라는 불이익은 그리 크지 않은 반면, 이 사건 재산등록 조항이 달성하려는 공익은 금융감독원의 4급 이상 직원의 비리유혹을 억제하고 업무집행의 투명성을 확보하여 국민의 신뢰를 제고하며 궁극적으로 금융기관의 검사 및 감독이라는 공적 업무에 종사하는 금융감독원 직원의 책임성을 확보하려는 것으로 중대하므로, 이 사건 재산등록 조항으로 인하여 달성하려는 공익과 제한되는 사익 간에 법익균형성도 충족된다. … 따라서 이 사건 재산등록 조항은 청구인들의 사생활의 비밀과 자유를 침해하지 아니한다(헌재 2014.6.26, 2012헌마331).

③ [○] 이 사건 법률조항으로 인하여 청구인과 같은 성기구 판매자의 직업수행의 자유가 제한받게 된다. 또한, 위헌소원 심판청구에 의하여 확정되는 것은 심판의 대상일 뿐 해당 법률조항이 가지는 규범의 위헌성은 심판대상규범의 법적 효과를 고려하여 모든 헌법적인 관점에서 심사할 수 있고, 성기구의 판매 행위를 제한할 경우 성기구를 사용하려는 소비자는 성기구를 구하는 것이 불가능하거나 매우 어려워 결국 성기구를 이용하여 성적 만족을 얻으려는 사람의 은밀한 내적 영역에 대한 기본권인 사생활의 비밀과 자유가 제한된다고 볼 수 있다. … 따라서 이 사건 법률조항은 과잉금지원칙에 위반하여 청구인의 직업수행의 자유 및 소비자들의 사생활의 비밀과 자유를 침해한다고 할 수 없다(헌재 2013.8.29, 2011헌바176).

④ [○] 공판정에서 진술을 하는 피고인 · 증인 등도 인간으로서의 존엄과 가치를 가지며(헌법 제10조), 사생활의 비밀과 자유를 침해받지 아니할 권리를 가지고 있으므로(헌법 제17조), 본인이 비밀로 하고자 하는 사적인 사항이 일반에 공개되지 아니하고 자신의 인격적 징표가 타인에 의하여 일방적으로 이용당하지 아니할 권리가 있다(헌재 1995.12.28, 91헌마114).

03 다음 사생활의 비밀과 자유에 관한 설명 중 가장 옳지 않은 것은? (다툼이 있는 경우는 판례에 의함) 24. 해경

① 어린이집에 폐쇄회로 텔레비전(CCTV: Closed Circuit Television)을 원칙적으로 설치하도록 정한 영유아보육법 조항은 CCTV 설치로 보육교사 및 영유아의 신체나 행동이 그대로 CCTV에 촬영·녹화된다는 점에서 보육교사 및 영유아의 사생활의 비밀과 자유를 제한한다.

② 헌법 제17조가 보호하고자 하는 기본권은 '사생활영역'의 자유로운 형성과 비밀유지라고 할 것이며, 공적인 영역의 활동은 다른 기본권에 의한 보호는 별론으로 하고 사생활의 비밀과 자유가 보호하는 것은 아니라고 할 것이다.

③ 공직자의 자질·도덕성·청렴성에 관한 사실은 그 내용이 개인적인 사생활에 관한 것이라 할지라도 순수한 사생활의 영역에 있다고 보기 어려워, 이에 대한 문제 제기 내지 비판은 허용되어야 한다.

④ 지문은 그 정보주체를 타인으로부터 식별가능하게 하는 개인정보가 아니므로, 경찰청장이 이를 보관·전산화하여 범죄수사목적에 이용하는 것은 정보주체의 개인정보자기결정권을 제한하는 것이 아니다.

해설

④ [×] 개인정보자기결정권은 자신에 관한 정보가 언제 누구에게 어느 범위까지 알려지고 또 이용되도록 할 것인지를 그 정보주체가 스스로 결정할 수 있는 권리, 즉 정보주체가 개인정보의 공개와 이용에 관하여 스스로 결정할 권리를 말하는바, 개인의 고유성, 동일성을 나타내는 지문은 그 정보주체를 타인으로부터 식별가능하게 하는 개인정보이므로, 시장·군수 또는 구청장이 개인의 지문정보를 수집하고, 경찰청장이 이를 보관·전산화하여 범죄수사목적에 이용하는 것은 모두 개인정보자기결정권을 제한하는 것이다(헌재 2005.5.26, 99헌마513 등).

① [O] CCTV 설치 조항으로 인해 보호자 전원이 반대하지 않는 한 어린이집 설치·운영자는 어린이집에 CCTV를 설치할 의무를 지게 되고 CCTV 설치 시 녹음기능 사용을 할 수 없으므로, 위 조항은 어린이집 설치·운영자인 청구인들의 직업수행의 자유를 제한한다. 그리고 어린이집에 CCTV 설치로 어린이집 원장을 포함하여 보육교사 및 영유아의 신체나 행동이 그대로 CCTV에 촬영·녹화되므로 CCTV 설치 조항은 이들의 사생활의 비밀과 자유를 제한하며, 어린이집에 CCTV 설치를 원하지 않는 부모의 자녀교육권도 제한한다. … 그러므로 CCTV 설치 조항은 과잉금지원칙을 위반하여 청구인들의 기본권을 침해하지 않는다(헌재 2017.12.28, 2015헌마994).

② [O] 헌법 제17조가 보호하고자 하는 기본권은 '사생활영역'의 자유로운 형성과 비밀유지라고 할 것이며, 공적인 영역의 활동은 다른 기본권에 의한 보호는 별론으로 하고 사생활의 비밀과 자유가 보호하는 것은 아니라고 할 것이다(헌재 2003.10.30, 2002헌마518).

③ [O] 공직자의 공무집행과 직접적인 관련이 없는 개인적인 사생활에 관한 사실이라도 일정한 경우 공적인 관심 사안에 해당할 수 있다. 공직자의 자질·도덕성·청렴성에 관한 사실은 그 내용이 개인적인 사생활에 관한 것이라 할지라도 순수한 사생활의 영역에 있다고 보기 어렵다. 이러한 사실은 공직자 등의 사회적 활동에 대한 비판 내지 평가의 한 자료가 될 수 있고, 업무집행의 내용에 따라서는 업무와 관련이 있을 수도 있으므로, 이에 대한 문제제기 내지 비판은 허용되어야 한다(헌재 2013.12.26, 2009헌마747).

정답 | 02 ② 03 ④

04 사생활의 비밀과 자유에 대한 설명으로 가장 적절하지 않은 것은? (다툼이 있는 경우 헌법재판소 판례에 의함)

25. 경찰간부

① 청소년유해물건 중 청소년의 심신을 심각하게 손상시킬 우려가 있는 성 관련 물건을 대통령령으로 정하는 기준에 따라 청소년보호위원회가 결정하고 여성가족부장관이 고시하도록 하여, 요철식 특수콘돔(GAT-101) 등을 청소년에게 판매하지 못하도록 한 청소년 보호법 조항은 청소년의 사생활의 비밀과 자유를 침해하지 않는다.

② 공직자의 자질 · 도덕성 · 청렴성에 관한 사실은 그 내용이 개인적인 사생활에 관한 것이라 할지라도 순수한 사생활의 영역에 있다고 보기 어려워, 이에 대한 문제제기 내지 비판은 허용되어야 한다.

③ 4급 이상 공무원들의 병역 면제사유인 질병명을 관보와 인터넷을 통해 공개하도록 하는 것은, 공적 관심의 정도가 약한 4급 이상의 공무원들까지 대상으로 삼아 모든 질병명을 아무런 예외 없이 공개토록 한 것으로, 해당 공무원들의 사생활의 비밀과 자유를 침해하는 것이다.

④ 인체면역결핍 바이러스에 감염된 사람이 혈액 또는 체액을 통하여 다른 사람에게 전파매개행위를 하는 것을 처벌하는 후천성면역결핍증예방법 조항은, 감염인 중에서도 의료인의 처방에 따른 치료법을 성실히 이행하는 감염인의 전파매개행위까지도 예외 없이 처벌함으로써 이들의 사생활의 자유를 침해한다.

해설

④ [×] 심판대상조항으로 인하여 감염인에게는 상대방에게 감염사실을 고지하거나 예방조치를 사용해야 하므로 자유로운 방식의 성행위가 제한되나, 그렇지 않으면 상대방은 감염인과의 성행위로 인하여 완치가 불가능한 바이러스에 감염되어 평생 매일 약을 복용하여야 하는 등 심각한 위험에 처하게 될 수 있다. 이러한 점을 감안하면, 감염인의 사생활의 자유 및 일반적 행동자유권이 제약되는 것에 비하여 국민의 건강 보호라는 공익을 달성하는 것은 더욱 중대하다. 따라서 심판대상조항은 과잉금지원칙을 위반하여 감염인의 사생활의 자유 및 일반적 행동자유권을 침해하지 아니한다(헌재 2023.10.26, 2019헌가30).

① [○] 청소년보호위원회는 전문가들의 검토 의견을 반영하여 요철식 특수콘돔 및 약물주입 콘돔(이하 '이 사건 성기구'라 한다) 등을 청소년유해물건으로 결정한 것이므로, 특별한 사정이 없는 한 절차적 정당성과 전문성의 측면에서 그 내용이 적정하게 결정되었으리라 신뢰할 수 있다. … 청소년의 건전한 성장과 발달을 위하여 특별한 보호가 제공될 필요가 있다는 점을 고려하면, 개별 청소년의 신체적 · 정신적 성숙도의 차이, 콘돔의 세부적인 형태나 종류를 고려하지 않고 청소년에 대한 판매를 전면적으로 금지하는 것이 과도한 제한이라 볼 수 없다. 심판대상조항은 과잉금지원칙을 위반하여 성기구 판매자의 직업수행의 자유 및 청소년의 사생활의 비밀과 자유를 침해하지 않는다(헌재 2021.6.24, 2017헌마408).

② [○] 공직자의 공무집행과 직접적인 관련이 없는 개인적인 사생활에 관한 사실이라도 일정한 경우 공적인 관심 사안에 해당할 수 있다. 공직자의 자질 · 도덕성 · 청렴성에 관한 사실은 그 내용이 개인적인 사생활에 관한 것이라 할지라도 순수한 사생활의 영역에 있다고 보기 어렵다. 이러한 사실은 공직자 등의 사회적 활동에 대한 비판 내지 평가의 한 자료가 될 수 있고, 업무집행의 내용에 따라서는 업무와 관련이 있을 수도 있으므로, 이에 대한 문제제기 내지 비판은 허용되어야 한다(헌재 2013.12.26, 2009헌마747).

③ [○] 이 사건 법률조항이 공적 관심의 정도가 약한 4급 이상의 공무원들까지 대상으로 삼아 모든 질병명을 아무런 예외 없이 공개토록 한 것은 입법목적 실현에 치중한 나머지 사생활 보호의 헌법적 요청을 현저히 무시한 것이고, 이로 인하여 청구인들을 비롯한 해당 공무원들의 헌법 제17조가 보장하는 기본권인 사생활의 비밀과 자유를 침해하는 것이다(헌재 2007.5.31, 2005헌마1139).

05 사생활의 비밀과 자유 및 개인정보자기결정권에 관한 설명으로 옳지 않은 것은? (다툼이 있는 경우 판례에 의함)

25. 소방간부

① 13세 이상 16세 미만의 사람에 대하여 간음 또는 추행을 한 19세 이상의 자를 강간죄, 유사강간죄, 강제추행죄의 예에 따라 처벌하도록 한 형법 조항은 개인의 성생활이라는 내밀한 사적 생활영역에서의 행위를 제한하므로 사생활의 비밀과 자유를 제한한다.

② 국가가 경찰공무원에 대해 사유재산에 관한 정보를 등록하게 하는 것은 사유재산에 관한 사적 영역의 자유로운 형성과 설계를 제한하는 것이므로, 사생활의 비밀과 자유를 제한한다.

③ 변호사의 업무는 다른 어느 직업적 활동보다도 강한 공공성을 내포한다는 점을 감안할 때, 변호사의 업무와 관련된 수임사건의 건수 및 수임액은 변호사의 내밀한 개인적 영역에 속하는 것이라고 보기 어렵다.

④ 거짓이나 그 밖의 부정한 방법으로 보조금을 교부받은 어린이집에 대하여 그 대표자 또는 원장의 의사와 관계없이 어린이집의 명칭, 종류, 주소, 대표자 또는 어린이집 원장의 성명 등을 공표하도록 하는 것은 개인정보자기결정권을 제한한다.

⑤ 가명정보는 원래의 상태로 복원하기 위한 추가 정보의 사용·결합 없이 그 자체만으로는 특정 개인을 알아볼 수 없고 극히 예외적인 경우에만 정보주체의 식별이 이루어지므로 개인정보자기결정권의 보호대상이 되는 개인정보에 해당하지 아니한다.

해설

⑤ [×]

> 개인정보 보호법 제2조【정의】 이 법에서 사용하는 용어의 뜻은 다음과 같다.
> 1. "개인정보"란 살아 있는 개인에 관한 정보로서 다음 각 목의 어느 하나에 해당하는 정보를 말한다.
>   다. 가목 또는 나목을 제1호의2에 따라 가명처리함으로써 원래의 상태로 복원하기 위한 추가 정보의 사용·결합 없이는 특정 개인을 알아볼 수 없는 정보(이하 "가명정보"라 한다)
>
> 1의2. "가명처리"란 개인정보의 일부를 삭제하거나 일부 또는 전부를 대체하는 등의 방법으로 추가 정보가 없이는 특정 개인을 알아볼 수 없도록 처리하는 것을 말한다.

① [O] 19세 이상인 자는 심판대상조항으로 인하여 13세 이상 16세 미만인 사람을 성행위의 상대방으로 선택할 수 없으므로, 심판대상조항은 19세 이상인 자의 성적 자기결정권을 제한한다. 또한 심판대상조항은 개인의 성생활이라는 내밀한 사적 생활영역에서의 행위를 제한하므로 헌법 제17조가 보장하는 사생활의 비밀과 자유 역시 제한한다. … 따라서 심판대상조항은 과잉금지원칙에 위반하여 성적 자기결정권 및 사생활의 비밀과 자유를 침해하지 아니한다(헌재 2024.6.27, 2022헌바106 등).

② [O] 본인이나 배우자 등이 소유하고 있는 부동산이나 동산, 유가증권 등 재산의 종류와 그 가액 또는 그 재산의 변동사항 등에 관한 정보는 스스로의 뜻에 따라 삶을 영위해 나가면서 개성을 신장시키기 위한 전제가 되는 사유재산에 관한 정보로서 사적 영역에 관한 것이다. 따라서 국가가 사유재산에 관한 정보를 등록하게 하는 것은 사유재산에 관한 사적 영역의 자유로운 형성과 설계를 제한하는 것이므로, 헌법 제17조가 보장하는 사생활의 비밀과 자유를 제한하는 것이라고 할 것이다. … 이 사건 시행령조항이 청구인의 사생활의 비밀과 자유를 침해한다고 할 수 없다(헌재 2010.10.28, 2009헌마544).

③ [O] 일반적으로 경제적 내지 직업적 활동은 복합적인 사회적 관계를 전제로 하여 다수 주체 간의 상호작용을 통하여 이루어지는 것이고, 특히 변호사의 업무는 다른 어느 직업적 활동보다도 강한 공공성을 내포한다는 점 등을 감안하여 볼 때, 변호사의 업무와 관련된 수임사건의 건수 및 수임액이 변호사의 내밀한 개인적 영역에 속하는 것이라고 보기 어렵고, 따라서 이 사건 법률조항이 청구인들의 사생활의 비밀과 자유를 침해하는 것이라 할 수 없다(헌재 2009.10.29, 2007헌마667).

④ [O] 심판대상조항은 거짓이나 그 밖의 부정한 방법으로 보조금을 교부받거나 보조금을 유용한 어린이집에 대하여 그 어린이집 대표자 또는 원장의 의사와 관계없이 어린이집의 명칭, 종류, 주소, 대표자 또는 어린이집 원장의 성명 등을 불특정 다수인이 알 수 있도록 하고 있으므로 공표대상자의 개인정보자기결정권을 제한한다. … 심판대상조항은 과잉금지원칙을 위반하여 인격권 및 개인정보자기결정권을 침해하지 아니한다(헌재 2022.3.31, 2019헌바520).

정답 | 04 ④ 05 ⑤

06 사생활의 비밀과 자유에 관한 설명으로 가장 적절한 것은? (다툼이 있는 경우 헌법재판소 판례에 의함)

25. 경찰 1차

① 헌법 제17조가 보호하고자 하는 기본권은 '사생활영역'의 자유로운 형성과 비밀유지라고 할 것이며, 공적인 영역의 활동이라 하더라도 사생활의 비밀과 자유의 보호대상에 포함된다.

② 공직자의 공무집행과 직접적인 관련이 없는 개인적인 사생활에 관한 사실이라면 공적인 관심 사안에 해당할 수 없고, 비록 공직자의 자질·도덕성·청렴성에 관한 사실이라도 그 내용이 개인적인 사생활에 관한 것이라면 사생활의 영역에 있는 것이므로, 이러한 사실은 공직자 등의 사회적 활동에 대한 비판 내지 평가의 한 자료가 될 수 없다.

③ 자신의 인격권이나 명예권을 보호하기 위하여 대외적으로 해명을 하는 행위는 표현의 자유에 속하는 영역일 뿐 이미 사생활의 자유에 의하여 보호되는 범주를 벗어난 행위이므로, 그 행위가 선거에 영향을 미치게 하기 위한 것이라는 이유로 이를 하지 못하게 된다 하더라도 사생활의 자유를 침해하지 아니한다.

④ 4급 이상 공무원들의 병역 면제사유인 질병명을 관보와 인터넷을 통해 공개하도록 하는 법률조항은 병무행정에 관한 비리근절과 병역부담평등에 대한 사회적 요구를 반영한 것으로서, 신고의무자인 공무원의 사생활의 비밀을 침해하는 것은 아니다.

해설

③ [O] 자신의 인격권이나 명예권을 보호하기 위하여 대외적으로 해명을 하는 행위는 표현의 자유에 속하는 영역일 뿐 이미 사생활의 자유에 의하여 보호되는 범주를 벗어난 행위이고, 또한, 자신의 태도나 입장을 외부에 설명하거나 해명하는 행위는 진지한 윤리적 결정에 관계된 행위라기보다는 단순한 생각이나 의견, 사상이나 확신 등의 표현행위라고 볼 수 있어, 그 행위가 선거에 영향을 미치게 하기 위한 것이라는 이유로 이를 하지 못하게 된다 하더라도 내면적으로 구축된 인간의 양심이 왜곡 굴절된다고는 할 수 없다는 점에서 양심의 자유의 보호영역에 포괄되지 아니하므로, 위 제93조 제1항은 사생활의 자유나 양심의 자유를 침해하지 아니한다(헌재 2001.8.30, 99헌바92 등).

① [×] 헌법 제17조가 보호하고자 하는 기본권은 '사생활영역'의 자유로운 형성과 비밀유지라고 할 것이며, 공적인 영역의 활동은 다른 기본권에 의한 보호는 별론으로 하고 사생활의 비밀과 자유가 보호하는 것은 아니라고 할 것이다(헌재 2003.10.30, 2002헌마518).

② [×] 공직자의 공무집행과 직접적인 관련이 없는 개인적인 사생활에 관한 사실이라도 일정한 경우 공적인 관심 사안에 해당할 수 있다. 공직자의 자질·도덕성·청렴성에 관한 사실은 그 내용이 개인적인 사생활에 관한 것이라 할지라도 순수한 사생활의 영역에 있다고 보기 어렵다. 이러한 사실은 공직자 등의 사회적 활동에 대한 비판 내지 평가의 한 자료가 될 수 있고, 업무집행의 내용에 따라서는 업무와 관련이 있을 수도 있으므로, 이에 대한 문제제기 내지 비판은 허용되어야 한다(헌재 2013.12.26, 2009헌마747).

④ [×] 이 사건 법률조항이 공적 관심의 정도가 약한 4급 이상의 공무원들까지 대상으로 삼아 모든 질병명을 아무런 예외 없이 공개토록 한 것은 입법목적 실현에 치중한 나머지 사생활 보호의 헌법적 요청을 현저히 무시한 것이고, 이로 인하여 청구인들을 비롯한 해당 공무원들의 헌법 제17조가 보장하는 기본권인 사생활의 비밀과 자유를 침해하는 것이다(헌재 2007.5.31, 2005헌마1139).

07 사생활의 비밀과 자유에 관한 설명으로 가장 적절하지 않은 것은? (다툼이 있는 경우 판례에 의함)

25. 경정승진

① 변호사에게 전년도에 처리한 수임사건의 건수 및 수임액은 변호사의 영업에 있어서 매우 중요하고 은밀한 것으로 내밀한 개인적 영역에 속하는 것이므로 이를 소속 지방변호사회에 보고하도록 한 것은 변호사의 사생활의 비밀과 자유를 침해한다.

② 헌법 제17조가 보호하고자 하는 기본권은'사생활영역'의 자유로운 형성과 비밀유지라고 할 것이며, 공적인 영역의 활동은 다른 기본권에 의한 보호는 별론으로 하고 사생활의 비밀과 자유가 보호하는 것은 아니다.

③ 성폭력범죄를 2회 이상 범하여 그 습벽이 인정된 때에 해당하고 성폭력범죄를 다시 범할 위험성이 인정되는 자에 대해 검사의 청구와 법원의 판결로 3년 이상 20년 이하의 기간 동안 전자장치 부착을 명할 수 있도록 한 것은 사생활의 비밀과 자유를 침해하지 않는다.

④ 자동차를 도로에서 운전하는 중에 좌석안전띠를 착용할 것인가 여부의 생활관계는 개인의 전체적 인격과 생존에 관계되는 '사생활의 기본조건'이라거나 자기결정의 핵심적 영역 또는 인격적 핵심과 관련된다고 보기 어려워 더 이상 사생활영역의 문제가 아니다.

해설

① [×] 일반적으로 경제적 내지 직업적 활동은 복합적인 사회적 관계를 전제로 하여 다수 주체 간의 상호작용을 통하여 이루어지는 것이고, 특히 변호사의 업무는 다른 어느 직업적 활동보다도 강한 공공성을 내포한다는 점 등을 감안하여 볼 때, 변호사의 업무와 관련된 수임사건의 건수 및 수임액이 변호사의 내밀한 개인적 영역에 속하는 것이라고 보기 어렵고, 따라서 이 사건 법률조항이 청구인들의 사생활의 비밀과 자유를 침해하는 것이라 할 수 없다(헌재 2009.10.29, 2007헌마667).

② [O] 헌법 제17조가 보호하고자 하는 기본권은 '사생활영역'의 자유로운 형성과 비밀유지라고 할 것이며, 공적인 영역의 활동은 다른 기본권에 의한 보호는 별론으로 하고 사생활의 비밀과 자유가 보호하는 것은 아니라고 할 것이다(헌재 2003.10.30, 2002헌마518).

③ [O] 이 사건 전자장치부착조항은 성폭력범죄로부터 국민을 보호하고 성폭력범죄자의 재범을 방지하고자 하는 입법목적의 정당성 및 수단의 적절성이 인정되며, … 이 사건 전자장치부착조항이 보호하고자 하는 이익에 비해 재범의 위험성이 있는 성폭력범죄자가 입는 불이익이 결코 크다고 할 수 없어 법익의 균형성원칙에 반하지 아니하므로, 이 사건 전자장치부착조항이 과잉금지원칙에 위배하여 피부착자의 사생활의 비밀과 자유, 개인정보자기결정권, 인격권을 침해한다고 볼 수 없다(헌재 2012.12.27, 2011헌바89).

④ [O] 자동차를 도로에서 운전하는 중에 좌석안전띠를 착용할 것인가 여부의 생활관계가 개인의 전체적 인격과 생존에 관계되는 '사생활의 기본조건'이라거나 자기결정의 핵심적 영역 또는 인격적 핵심과 관련된다고 보기 어려워 더 이상 사생활영역의 문제가 아니므로, 운전할 때 운전자가 좌석안전띠를 착용할 의무는 청구인의 사생활의 비밀과 자유를 침해하는 것이라 할 수 없다(헌재 2003.10.30, 2002헌마518).

정답 | 06 ③ 07 ①

08 사생활의 비밀과 자유 또는 개인정보자기결정권에 대한 설명으로 가장 적절하지 않은 것은? (다툼이 있는 경우 판례에 의함)

21. 경찰승진

① 징벌혐의의 조사를 받고 있는 수용자가 변호인 아닌 자와 접견할 당시 교도관이 참여하여 대화내용을 기록하게 한 행위는 수용자의 사생활의 비밀과 자유를 침해한다.

② 교도소장이 교도소 수용자가 없는 상태에서 실시한 거실 및 작업장 검사행위는 수용자의 사생활의 비밀과 자유를 침해하지 않는다.

③ 형제자매에게 가족관계등록부 등의 기록사항에 관한 증명서 교부청구권을 부여하는 가족관계의 등록 등에 관한 법률 조항은 개인정보자기결정권을 침해한다.

④ 통계청장이 인구주택총조사의 방문 면접조사를 실시하면서, 담당 조사원을 통해 청구인에게 인구주택총조사 조사표의 조사항목들에 응답할 것을 요구한 행위는 개인정보자기결정권을 침해하지 않는다.

해설

① [×] 접견내용을 녹음·녹화하는 경우 수용자 및 그 상대방에게 그 사실을 말이나 서면 등으로 알려주어야 하고 취득된 접견기록물은 법령에 의해 보호·관리되고 있으므로 사생활의 비밀과 자유에 대한 침해를 최소화하는 수단이 마련되어 있다는 점, 청구인이 나눈 접견내용에 대한 사생활의 비밀로서의 보호가치에 비해 증거인멸의 위험을 방지하고 교정시설 내의 안전과 질서유지에 기여하려는 공익이 크고 중요하다는 점에 비추어 볼 때, 이 사건 접견참여·기록이 청구인의 사생활의 비밀과 자유를 침해하였다고 볼 수 없다(헌재 2014.9.25, 2012헌마523).

② [O] 교도소의 안전과 질서를 유지하고, 수형자의 교화·개선에 지장을 초래할 수 있는 물품을 차단하기 위한 것으로서 그 목적이 정당하고, 수단도 적절하며, 검사의 실효성을 확보하기 위한 최소한의 조치로 보이고, 달리 덜 제한적인 대체수단을 찾기 어려운 점 등에 비추어 보면 이 사건 검사행위가 과잉금지원칙에 위배하여 사생활의 비밀 및 자유를 침해하였다고 할 수 없다(헌재 2011.10.25, 2009헌마691).

③ [O] 형제자매는 언제나 이해관계를 같이 하는 것은 아니므로 형제자매가 본인에 대한 개인정보를 오남용 또는 유출할 가능성은 얼마든지 있다. 그런데 이 사건 법률조항은 증명서 발급에 있어 형제자매에게 정보주체인 본인과 거의 같은 지위를 부여하고 있으므로, 이는 증명서 교부청구권자의 범위를 필요한 최소한도로 한정한 것이라고 볼 수 없다. 본인은 인터넷을 이용하거나 위임을 통해 각종 증명서를 발급받을 수 있으며, 가족관계등록법 제14조 제1항 단서 각 호에서 일정한 경우에는 제3자도 각종 증명서의 교부를 청구할 수 있으므로 형제자매는 이를 통해 각종 증명서를 발급받을 수 있다. 따라서 이 사건 법률조항은 침해의 최소성에 위배된다. 또한, 이 사건 법률조항을 통해 달성하려는 공익에 비해 초래되는 기본권 제한의 정도가 중대하므로 법익의 균형성도 인정하기 어려워, 이 사건 법률조항은 청구인의 개인정보자기결정권을 침해한다(헌재 2016.6.30, 2015헌마924).

④ [O] 1인 가구 및 맞벌이 부부의 증가, 오늘날 직장인이나 학생들의 근무·학업 시간, 도시화·산업화가 진행된 현대사회의 생활형태 등을 고려하면, 출근 시간 직전인 오전 7시 30분경 및 퇴근 직후인 오후 8시 45분경이 방문 면접조사를 실시하기에 불합리할 정도로 이르거나 늦은 시간이라고 단정하기 어렵다. 나아가 관련 법령이나 실제 운용상 표본조사 대상 가구의 개인정보 남용을 방지할 수 있는 여러 제도적 장치도 충분히 마련되어 있다. 따라서 심판대상행위가 과잉금지원칙을 위반하여 청구인의 개인정보자기결정권을 침해하였다고 볼 수 없다(헌재 2017.7.27, 2015헌마1094).

09 사생활의 비밀과 자유에 대한 설명으로 옳지 않은 것은? (다툼이 있는 경우 판례에 의함) 22. 5급 공채

① 사생활의 비밀은 국가가 사생활영역을 들여다보는 것에 대한 보호를 제공하는 기본권이며, 사생활의 자유는 국가가 사생활의 자유로운 형성을 방해하거나 금지하는 것에 대한 보호를 의미한다.

② 인터넷회선 감청은 타인과의 관계를 전제로 하는 개인의 사적 영역을 보호하려는 헌법 제18조의 통신의 비밀과 자유 외에 헌법 제17조 사생활의 비밀과 자유도 제한한다.

③ 공직자의 자질 · 도덕성 · 청렴성에 관한 사실이 개인적인 사생활에 관한 것이라면, 순수한 사생활의 영역에 있다고 보아야 할 것이므로 공적인 관심 사안에 해당할 수 없다.

④ 자동차를 도로에서 운전하는 중에 좌석안전띠를 착용할 것인가 여부의 생활관계가 개인의 전체적 인격과 생존에 관계되는 '사생활의 기본조건'이라거나 자기결정의 핵심적 영역 또는 인격적 핵심과 관련된다고 보기 어려워, 운전할 때 운전자가 좌석안전띠를 착용할 의무는 운전자의 사생활의 비밀과 자유를 침해하는 것이라 할 수 없다.

해설

③ [×] 공직자의 공무집행과 직접적인 관련이 없는 개인적인 사생활에 관한 사실이라도 일정한 경우 공적인 관심 사안에 해당할 수 있다. 공직자의 자질 · 도덕성 · 청렴성에 관한 사실은 그 내용이 개인적인 사생활에 관한 것이라 할지라도 순수한 사생활의 영역에 있다고 보기 어렵다. 이러한 사실은 공직자 등의 사회적 활동에 대한 비판 내지 평가의 한 자료가 될 수 있고, 업무집행의 내용에 따라서는 업무와 관련이 있을 수도 있으므로, 이에 대한 문제제기 내지 비판은 허용되어야 한다(헌재 2013.12.26, 2009헌마747).

① [O] 헌법 제17조는 모든 국민이 사생활의 비밀과 자유를 침해받지 아니할 권리를 규정하고 있는바, 사생활의 비밀은 국가가 사생활영역을 들여다보는 것에 대한 보호를 제공하는 기본권이며, 사생활의 자유는 국가가 사생활의 자유로운 형성을 방해하거나 금지하는 것에 대한 보호를 의미한다(헌재 2016.11.24, 2014헌바401).

② [O] 인터넷회선 감청은 해당 인터넷회선을 통하여 흐르는 모든 정보가 감청 대상이 되므로, 이를 통해 드러나게 되는 개인의 사생활 영역은 전화나 우편물 등을 통하여 교환되는 통신의 범위를 넘는다. 더욱이 오늘날 이메일, 메신저, 전화 등 통신뿐 아니라, 각종 구매, 게시물 등록, 금융서비스 이용 등 생활의 전 영역이 인터넷을 기반으로 이루어지기 때문에, 인터넷회선 감청은 타인과의 관계를 전제로 하는 개인의 사적 영역을 보호하려는 헌법 제18조의 통신의 비밀과 자유 외에 헌법 제17조의 사생활의 비밀과 자유도 제한하게 된다(헌재 2018.8.30, 2016헌마263).

④ [O] 일반 교통에 사용되고 있는 도로는 국가와 지방자치단체가 그 관리책임을 맡고 있는 영역이며, 수많은 다른 운전자 및 보행자 등의 법익 또는 공동체의 이익과 관련된 영역으로, 그 위에서 자동차를 운전하는 행위는 더 이상 개인적인 내밀한 영역에서의 행위가 아니며, 자동차를 도로에서 운전하는 중에 좌석안전띠를 착용할 것인가 여부의 생활관계는 더 이상 사생활영역의 문제가 아니므로, 운전할 때 운전자가 좌석안전띠를 착용할 의무는 사생활의 비밀과 자유를 침해하는 것이라 할 수 없다(헌재 2003.10.30, 2002헌마518).

정답 | 08 ① 09 ③

10 사생활의 비밀과 자유에 관한 설명으로 가장 적절하지 않은 것은? (다툼이 있는 경우 판례에 의함)

23. 경찰 2차

① 인터넷 언론사의 공개된 게시판 · 대화방에서 스스로의 의사에 의하여 정당 · 후보자에 대한 지지 · 반대의 글을 게시하는 행위가 사생활 비밀의 자유에 의하여 보호되는 영역이라고 할 수 없다.

② 공직자의 공무집행과 직접적인 관련이 없는 개인적인 사생활에 관한 사실은 어떠한 경우에도 공적인 관심사안에 해당될 수 없다.

③ 공직선거에 후보자로 등록하고자 하는 자에게 실효된 형을 포함한 금고 이상의 형의 범죄경력에 관한 증명서류를 제출하도록 한 구 공직선거법 조항은 청구인의 사생활의 비밀과 자유를 침해한다고 볼 수 없다.

④ 금융감독원의 4급 이상 직원에 대하여 재산등록의무를 부과하는 구 공직자윤리법 제3조 제1항 제13호 중 구 공직자윤리법 시행령 제3조 제4항 제15호에 관한 부분이 금융감독원의 4급 직원인 청구인의 사생활의 비밀과 자유를 침해하는 것은 아니다.

해설

② [×] 공직자의 공무집행과 직접적인 관련이 없는 개인적인 사생활에 관한 사실이라도 일정한 경우 공적인 관심 사안에 해당할 수 있다. 공직자의 자질 · 도덕성 · 청렴성에 관한 사실은 그 내용이 개인적인 사생활에 관한 것이라 할지라도 순수한 사생활의 영역에 있다고 보기 어렵다(헌재 2013.12.26, 2009헌마747).

① [O] 인터넷언론사의 공개된 게시판 · 대화방에서 스스로의 의사에 의하여 정당 · 후보자에 대한 지지 · 반대의 글을 게시하는 행위가 양심의 자유나 사생활 비밀의 자유에 의하여 보호되는 영역이라고 할 수 없다(헌재 2010.2.25, 2008헌마324).

③ [O] 후보자의 실효된 형까지 포함한 금고 이상의 형의 범죄경력을 공개함으로써 국민의 알권리를 충족하고 공정하고 정당한 선거권 행사를 보장하고자 하는 이 사건 법률조항의 입법목적은 정당하며, 이러한 입법목적을 달성하기 위하여는 선거권자가 후보자의 모든 범죄경력을 인지한 후 그 공직적합성을 판단하는 것이 효과적이다. 또한 금고 이상의 범죄경력에 실효된 형을 포함시키는 이유는 선거권자가 공직후보자의 자질과 적격성을 판단할 수 있도록 하기 위한 점, 전과기록은 통상 공개재판에서 이루어진 국가의 사법작용의 결과라는 점, 전과기록의 범위와 공개시기 등이 한정되어 있는 점 등을 종합하면, 이 사건 법률조항은 피해최소성의 원칙에 반한다고 볼 수 없고, 공익적 목적을 위하여 공직선거 후보자의 사생활의 비밀과 자유를 한정적으로 제한하는 것이어서 법익균형성의 원칙도 충족한다. 따라서 이 사건 법률조항은 청구인들의 사생활의 비밀과 자유를 침해한다고 볼 수 없다(헌재 2008.4.24, 2006헌마402).

④ [O] 이 사건 재산등록 조항은 청구인들의 사생활의 비밀과 자유를 침해하지 아니한다. 한편, 한국은행과 예금보험공사의 직원에 비하여 금융감독원 직원의 금융기관에 대한 실질적인 영향력 및 그로 인한 비리 개연성은 훨씬 높다고 보여지므로 금융감독원의 재산등록 대상 직원을 한국은행 및 예금보험공사 직원보다 넓게 4급 이상으로 정한 데에도 합리적 이유가 있다. 따라서 이 사건 재산등록 조항은 청구인들의 평등권을 침해하지 아니한다(헌재 2014.6.26, 2012헌마331).

11 사생활의 비밀과 자유 또는 개인정보자기결정권에 관한 다음 설명 중 가장 옳지 않은 것은? (다툼이 있는 경우 헌법재판소 결정 및 대법원 판례에 의함) 23. 법원직

① 보안관찰처분대상자가 교도소 등에서 출소한 후 7일 이내에 출소사실을 신고하도록 정한 구 보안관찰법 제6조 제1항 전문 중 출소 후 신고의무에 관한 부분 및 이를 위반할 경우 처벌하도록 정한 보안관찰법 제27조 제2항 중 구 보안관찰법 제6조 제1항 전문 가운데 출소 후 신고의무에 관한 부분은 과잉금지원칙을 위반하여 사생활의 비밀과 자유 및 개인정보자기결정권을 침해하지 않는다.

② '가족관계의 등록 등에 관한 법률' 제14조 제1항 본문 중 '직계혈족이 제15조에 규정된 증명서 가운데 가족관계증명서 및 기본증명서의 교부를 청구'하는 부분이 가정폭력 피해자의 개인정보를 보호하기 위한 구체적 방안을 마련하지 아니하였다고 하더라도 가정폭력 피해자인 청구인의 개인정보자기결정권을 침해하는 것은 아니다.

③ 소년에 대한 수사경력자료의 삭제와 보존기간에 대하여 규정하면서 법원에서 불처분결정된 소년부송치 사건에 대하여 규정하지 않은 구 '형의 실효 등에 관한 법률' 제8조의2 제1항 및 제3항과 '형의 실효 등에 관한 법률' 제8조의2 제1항 및 제3항은 과잉금지원칙에 반하여 개인정보자기결정권을 침해한다.

④ 초상권, 사생활의 비밀과 자유에 대한 부당한 침해는 불법행위를 구성하고 위 침해는 그것이 공개된 장소에서 이루어졌다거나 민사소송의 증거를 수집할 목적으로 이루어졌다는 사유만으로는 정당화되지 않는다.

해설

② [×] 이 사건 법률조항은 가정폭력 가해자에 대한 별도의 제한 없이 직계혈족이기만 하면 사실상 자유롭게 그 자녀의 가족관계증명서와 기본증명서의 교부를 청구하여 발급받을 수 있도록 함으로써, 그로 인하여 가정폭력 피해자인 청구인의 개인정보가 가정폭력 가해자인 전 배우자에게 무단으로 유출될 수 있는 가능성을 열어놓고 있다. 따라서 과잉금지원칙에 위배되어 청구인의 개인정보자기결정권을 침해한다(헌재 2020.8.28, 2018헌마927).

① [O] 출소후신고조항 및 위반 시 처벌조항은 과잉금지원칙을 위반하여 청구인의 사생활의 비밀과 자유 및 개인정보자기결정권을 침해하지 아니한다(헌재 2021.6.24, 2017헌바479).

③ [O] 법원에서 불처분결정된 소년부송치 사건에 대한 수사경력자료의 보존기간과 삭제에 대한 규정을 두지 않은 이 사건 구법 조항은 과잉금지원칙을 위반하여 소년부송치 후 불처분결정을 받은 자의 개인정보자기결정권을 침해한다(헌재 2021.6.24, 2018헌가2).

④ [O] 초상권 및 사생활의 비밀과 자유에 대한 부당한 침해는 불법행위를 구성하는데, 위 침해는 그것이 공개된 장소에서 이루어졌다거나 민사소송의 증거를 수집할 목적으로 이루어졌다는 사유만으로 정당화되지 아니한다(대판 2006.10.13, 2004다16280).

정답 | 10 ② 11 ②

12 다음 설명 중 가장 옳지 않은 것은? 23. 법원직

① 사람의 육체적 · 정신적 상태나 건강에 대한 정보, 성생활에 대한 정보와 같은 것은 인간의 존엄성이나 인격의 내적 핵심을 이루는 요소이다. 따라서 외부세계의 어떤 이해관계에 따라 그에 대한 정보를 수집하고 공표하는 것이 쉽게 허용되어서는 개인의 내밀한 인격과 자기정체성이 유지될 수 없다.

② 헌법 제17조는 "모든 국민은 사생활의 비밀과 자유를 침해받지 아니한다."고 규정하여 사생활의 비밀과 자유를 국민의 기본권의 하나로 보장하고 있다. 헌법 제17조가 보호하고자 하는 기본권은 사생활영역의 자유로운 형성과 비밀유지라고 할 것이다.

③ 헌법 제10조는 개인의 인격권과 행복추구권을 보장하고 있고, 인격권과 행복추구권은 개인의 자기운명결정권을 전제로 한다. 이러한 자기운명결정권에는 성행위 여부 및 그 상대방을 결정할 수 있는 성적 자기결정권이 포함되어 있고, 경제적 대가를 매개로 하여 성행위 여부를 결정할 수 있는 것 또한 성적 자기결정권과 관련되어 있다 볼 것이다.

④ 4급 이상의 공무원의 경우 모든 질병명을 예외 없이 공개토록 하는 것은 입법목적 실현을 위해 필요하기 때문에 해당 공무원들의 헌법 제17조가 보장하는 기본권인 사생활의 비밀과 자유를 침해한다고 보기는 어렵다.

해설

④ [×] 이 사건 법률조항은 사생활 보호의 헌법적 요청을 거의 고려하지 않은 채 인격 또는 사생활의 핵심에 관련되는 질병명과 그렇지 않은 것을 가리지 않고 무차별적으로 공개토록 하고 있으며, 일정한 질병에 대한 비공개요구권도 인정하고 있지 않다. 그리하여 그 공개 시 인격이나 사생활의 심각한 침해를 초래할 수 있는 질병이나 심신장애내용까지도 예외 없이 공개함으로써 신고의무자인 공무원의 사생활의 비밀을 심각하게 침해하고 있다(헌재 2007.5.31, 2005헌마1139).

① [O] 사람의 육체적 · 정신적 상태나 건강에 대한 정보, 성생활에 대한 정보와 같은 것은 인간의 존엄성이나 인격의 내적 핵심을 이루는 요소이다. 따라서 외부세계의 어떤 이해관계에 따라 그에 대한 정보를 수집하고 공표하는 것이 쉽게 허용되어서는 개인의 내밀한 인격과 자기정체성이 유지될 수 없다(헌재 2007.5.31, 2005헌마1139).

② [O] 헌법 제17조가 보호하고자 하는 기본권은 사생활영역의 자유로운 형성과 비밀유지라고 할 것이다(헌재 2003.10.30, 2002헌마518).

③ [O] 헌법 제10조는 개인의 인격권과 행복추구권을 보장하고 있고, 인격권과 행복추구권은 개인의 자기운명결정권을 전제로 한다. 이러한 자기운명결정권에는 성행위 여부 및 그 상대방을 결정할 수 있는 성적 자기결정권이 포함되어 있고, 경제적 대가를 매개로 하여 성행위 여부를 결정할 수 있는 것 또한 성적 자기결정권과 관련되어 있다 볼 것이므로 심판대상조항은 개인의 성적 자기결정권을 제한한다(헌재 2016.3.31, 2013헌가2).

13 사생활의 비밀과 자유 및 개인정보자기결정권에 관한 설명으로 옳지 않은 것은? (다툼이 있는 경우 헌법재판소 판례에 의함) 24. 소방간부

① 사생활의 자유는 사회공동체의 일반적인 생활규범의 범위 내에서 사생활을 자유롭게 형성해 나가고 그 설계 및 내용에 대해서 외부로부터 간섭을 받지 아니할 권리이다.

② 사생활의 비밀과 자유에 의해 보호되는 대상에서 공적인 영역의 활동이 배제되는 것은 아니다.

③ 흡연권은 인간의 존엄과 행복추구권을 규정한 헌법 제10조와 사생활의 자유를 규정한 헌법 제17조에 의하여 뒷받침된다.

④ 개인정보자기결정권의 보호대상이 되는 개인정보는 개인의 신체, 신념, 사회적 지위, 신분 등과 같이 개인의 인격주체성을 특징짓는 사항으로서 그 개인의 동일성을 식별할 수 있게 하는 일체의 정보라고 할 수 있다.

⑤ 개인정보의 종류와 성격, 정보처리의 방식과 내용 등에 따라 수권법률의 명확성 요구의 정도는 달라지고, 일반적으로 볼 때 개인의 인격에 밀접히 연관된 민감한 정보일수록 규범명확성의 요청은 더 강해진다고 할 수 있다.

해설

② [×] 헌법 제17조가 보호하고자 하는 기본권은 '사생활영역'의 자유로운 형성과 비밀유지라고 할 것이며, 공적인 영역의 활동은 다른 기본권에 의한 보호는 별론으로 하고 사생활의 비밀과 자유가 보호하는 것은 아니라고 할 것이다(헌재 2003.10.30, 2002헌마518).

① [O] 헌법 제17조가 보장하는 '사생활의 비밀'은 사생활과 관련된 사사로운 자신만의 영역이 본인의 의사에 반해서 타인에게 알려지지 않도록 할 수 있는 권리로서 국가가 사생활영역을 들여다보는 것에 대한 보호를 제공하는 기본권이라 할 것이고, '사생활의 자유'란 사회공동체의 일반적인 생활규범의 범위 내에서 사생활을 자유롭게 형성해 나가고 그 설계 및 내용에 대해서 외부로부터의 간섭을 받지 아니할 권리로서 국가가 사생활의 자유로운 형성을 방해하거나 금지하는 것에 대한 보호를 의미한다(헌재 2010.10.28, 2009헌마544).

③ [O] 흡연자들이 자유롭게 흡연할 권리를 흡연권이라고 한다면, 이러한 흡연권은 인간의 존엄과 행복추구권을 규정한 헌법 제10조와 사생활의 자유를 규정한 헌법 제17조에 의하여 뒷받침된다(헌재 2004.8.26, 2003헌마457).

④ [O] 개인정보자기결정권은 자신에 관한 정보가 언제 누구에게 어느 범위까지 알려지고 또 이용되도록 할 것인지를 그 정보주체가 스스로 결정할 수 있는 권리이다. 개인정보자기결정권의 보호대상이 되는 개인정보는 개인의 신체, 신념, 사회적 지위, 신분 등과 같이 개인의 인격주체성을 특징짓는 사항으로서 그 개인을 식별할 수 있게 하는 일체의 정보라고 할 수 있다(헌재 2015.12.23, 2013헌바68 등).

⑤ [O] 정보화사회로의 이러한 급속한 진전에 직면하여 개인정보 보호의 필요성은 날로 증대하고 있다고 볼 때, 국가권력에 의하여 개인정보자기결정권을 제한함에 있어서는 개인정보의 수집 · 보관 · 이용 등의 주체, 목적, 대상 및 범위 등을 법률에 구체적으로 규정함으로써 그 법률적 근거를 보다 명확히 하는 것이 바람직하다. 그러나 개인정보의 종류와 성격, 정보처리의 방식과 내용 등에 따라 수권법률의 명확성 요구의 정도는 달라진다 할 것이고, 일반적으로 볼 때 개인의 인격에 밀접히 연관된 민감한 정보일수록 규범명확성의 요청은 더 강해진다고 할 수 있다(헌재 2005.7.21, 2003헌마282 등).

14 사생활의 비밀과 자유에 관한 설명 중 가장 적절하지 않은 것은? (다툼이 있는 경우 판례에 의함) 24. 경정승진

① 법무부 훈령인 구 계호업무지침에 따라 교도소장이 수용자가 없는 상태에서 거실 및 작업장을 검사한 행위는 비록 교도소의 안전과 질서를 유지하고, 수형자의 교화 · 개선에 지장을 초래할 수 있는 물품을 차단하기 위한 것이라 하더라도, 보다 덜 제한적인 대체수단을 찾을 수 있으므로 수용자의 사생활의 비밀과 자유를 침해한다.

② 일반 교통에 사용되고 있는 도로는 국가와 지방자치단체가 그 관리책임을 맡고 있는 영역이며, 수많은 다른 운전자 및 보행자 등의 법익 또는 공동체의 이익과 관련된 영역으로, 그 위에서 자동차를 운전하는 행위는 더 이상 개인적인 내밀한 영역에서의 행위가 아니다.

③ 보호자 전원이 반대하지 않는 한 어린이집에 의무적으로 CCTV를 설치하도록 정한 영유아보육법 조항은 어린이집 보육교사의 사생활의 비밀과 자유를 침해하는 것은 아니다.

④ 변호사의 업무는 다른 어느 직업적 활동보다도 강한 공공성을 내포한다는 점 등을 감안하여 볼 때, 변호사의 업무와 관련된 수임사건의 건수 및 수임액이 변호사의 내밀한 개인적 영역에 속하는 것이라고 보기 어렵다.

해설

① [×] 이 사건 검사행위는 교도소의 안전과 질서를 유지하고, 수형자의 교화 · 개선에 지장을 초래할 수 있는 물품을 차단하기 위한 것으로서 그 목적이 정당하고, 수단도 적절하며, 검사의 실효성을 확보하기 위한 최소한의 조치로 보이고, 달리 덜 제한적인 대체수단을 찾기 어려운 점 등에 비추어 보면 이 사건 검사행위가 과잉금지원칙에 위배하여 사생활의 비밀 및 자유를 침해하였다고 할 수 없다(헌재 2011.10.25, 2009헌마691).

② [O] 일반교통에 사용되고 있는 도로는 국가와 지방자치단체가 그 관리책임을 맡고 있는 영역이며, 수많은 다른 운전자 및 보행자 등의 법익 또는 공동체의 이익과 관련된 영역으로, 그 위에서 자동차를 운전하는 행위는 더 이상 개인적인 내밀한 영역에서의 행위가 아니다(헌재 2003.10.30, 2002헌마518).

정답 | 12 ④ 13 ② 14 ①

③ [O] 어린이집 CCTV 설치는 어린이집에서 발생하는 안전사고와 보육교사 등에 의한 아동학대를 방지하기 위한 것으로, 그 자체로 어린이집 운영자나 보육교사 등으로 하여금 사전에 영유아 안전사고 방지에 만전을 기하고 아동학대행위를 저지르지 못하도록 하는 효과가 있고, 어린이집 내 안전사고나 아동학대 발생 여부의 확인이 필요한 경우 도움이 될 수 있으므로, CCTV 설치 조항은 목적의 정당성과 수단의 적합성이 인정된다. … 그러므로 CCTV 설치 조항은 과잉금지원칙을 위반하여 청구인들의 기본권을 침해하지 않는다(헌재 2017.12.28, 2015헌마994).

④ [O] 일반적으로 경제적 내지 직업적 활동은 복합적인 사회적 관계를 전제로 하여 다수 주체 간의 상호작용을 통하여 이루어지는 것이고, 특히 변호사의 업무는 다른 어느 직업적 활동보다도 강한 공공성을 내포한다는 점 등을 감안하여 볼 때, 변호사의 업무와 관련된 수임사건의 건수 및 수임액이 변호사의 내밀한 개인적 영역에 속하는 것이라고 보기 어렵고, 따라서 이 사건 법률조항이 청구인들의 사생활의 비밀과 자유를 침해하는 것이라 할 수 없다(헌재 2009.10.29, 2007헌마667).

15 사생활의 비밀과 자유에 관한 설명으로 가장 적절하지 않은 것은? (다툼이 있는 경우 판례에 의함) 24. 경찰 1차

① 사생활의 비밀이란 사생활에 관한 사항으로 일반인에게 아직 알려지지 아니하고 일반인의 감수성을 기준으로 할 때 공개를 원하지 않을 사항을 말한다.

② 사생활의 비밀과 자유는 개인의 내밀한 내용의 비밀을 유지할 권리, 개인이 자신의 사생활의 불가침을 보장받을 수 있는 권리, 개인의 양심영역이나 성적 영역과 같은 내밀한 영역에 대한 보호, 인격적인 감정세계의 존중의 권리와 정신적인 내면생활이 침해받지 아니할 권리 등을 보호한다.

③ 어린이집에 폐쇄회로 텔레비전(CCTV: Closed Circuit Television)을 원칙적으로 설치하도록 정한 영유아보육법 조항은 CCTV 설치로 보육교사 및 영유아의 신체나 행동이 그대로 CCTV에 촬영·녹화된다는 점에서 보육교사 및 영유아의 사생활의 비밀과 자유를 제한한다.

④ 인터넷 통신망을 통해 송·수신하는 전기통신에 대한 감청을 범죄수사를 위한 통신제한조치의 하나로 정한 통신비밀보호법 조항은 인터넷회선 감청을 위해 법원의 허가를 얻도록 정하고 있으나, 해당 인터넷회선을 통하여 흐르는 모든 정보가 감청 대상이 되므로 개별성, 특정성을 전제로 하는 영장주의를 유명무실하게 함으로써 감청대상자인 청구인의 사생활의 비밀과 자유를 침해한다.

해설

④ [×] 헌법 제12조 제3항이 정한 영장주의가 수사기관이 강제처분을 함에 있어 중립적 기관인 법원의 허가를 얻어야 함을 의미하는 것 외에 법원에 의한 사후 통제까지 마련되어야 함을 의미한다고 보기 어렵고, 청구인의 주장은 결국 인터넷회선 감청의 특성상 집행 단계에서 수사기관의 권한 남용을 방지할 만한 별도의 통제 장치를 마련하지 않는 한 통신 및 사생활의 비밀과 자유를 과도하게 침해하게 된다는 주장과 같은 맥락이므로, 이 사건 법률조항이 과잉금지원칙에 반하여 청구인의 기본권을 침해하는지 여부에 대하여 판단하는 이상, 영장주의 위반 여부에 대해서는 별도로 판단하지 아니한다. … 이 사건 법률조항은 과잉금지원칙에 반하여 청구인의 통신 및 사생활의 비밀과 자유를 침해한다(헌재 2018.8.30, 2016헌마263).

① [O] 헌법 제17조에서 보장하는 사생활의 비밀이란 사생활에 관한 사항으로 일반인에게 아직 알려지지 아니하고 일반인의 감수성을 기준으로 할 때 공개를 원하지 않을 사항을 말한다(헌재 2018.8.30, 2016헌마263).

② [O] 사생활의 비밀은 국가가 사생활영역을 들여다보는 것에 대한 보호를 제공하는 기본권이며, 사생활의 자유는 국가가 사생활의 자유로운 형성을 방해하거나 금지하는 것에 대한 보호를 의미한다. 구체적으로 사생활의 비밀과 자유가 보호하는 것은 개인의 내밀한 내용의 비밀을 유지할 권리, 개인이 자신의 사생활의 불가침을 보장받을 수 있는 권리, 개인의 양심영역이나 성적 영역과 같은 내밀한 영역에 대한 보호, 인격적인 감정세계의 존중의 권리와 정신적인 내면생활이 침해받지 아니할 권리 등이다. 요컨대 헌법 제17조가 보호하고자 하는 기본권은 사생활영역의 자유로운 형성과 비밀유지라고 할 것이다(헌재 2007.5.31, 2005헌마1139).

③ [O] CCTV 설치 조항으로 인해 보호자 전원이 반대하지 않는 한 어린이집 설치·운영자는 어린이집에 CCTV를 설치할 의무를 지게 되고 CCTV 설치 시 녹음기능 사용을 할 수 없으므로, 위 조항은 어린이집 설치·운영자인 청구인들의 직업수행의 자유를 제한한다. 그리고 어린이집에 CCTV 설치로 어린이집 원장을 포함하여 보육교사 및 영유아의 신체나 행동이 그대로 CCTV에 촬영·녹화되므로 CCTV 설치 조항은 이들의 사생활의 비밀과 자유를 제한하며, 어린이집에 CCTV 설치를 원하지 않는 부모의 자녀교육권도 제한한다(헌재 2017.12.28, 2015헌마994).

16 사생활의 비밀과 자유에 대한 설명으로 옳지 않은 것은? (다툼이 있는 경우 판례에 의함) 22. 입법고시

① 4급 이상 공무원들의 병역 면제사유인 질병명을 관보와 인터넷을 통해 공개하도록 하는 것은 '부정한 병역면탈의 방지'와 '병역의무의 자진이행에 기여'라는 입법목적을 달성하기 위한 것으로서 사생활의 비밀과 자유를 침해하는 것이 아니다.

② '전자발찌'로 불리는 '위치추적 전자장치'의 부착명령을 규정한 특정 범죄자에 대한 위치추적 전자장치 부착 등에 관한 법률 조항은 피부착자의 개인정보자기결정권을 제한할 뿐만 아니라 피부착자의 위치와 이동경로를 실시간으로 파악하여 24시간 감시할 수 있도록 하고 있으므로 피부착자의 사생활의 비밀과 자유를 제한한다.

③ 교도소 내 거실이나 작업장은 수용자의 사생활 영역이거나 사생활에 연결될 수 있는 영역이므로 수용자가 없는 상태에서 교도소장이 비밀리에 거실 및 작업장에서 개인물품 등을 검사하는 행위는 수용자의 사생활의 비밀과 자유를 제한한다.

④ 헌법 제17조의 사생활의 자유란 사회공동체의 일반적인 생활규범의 범위 내에서 사생활을 자유롭게 형성해 나가고 그 설계 및 내용에 대해서 외부로부터의 간섭을 받지 아니할 권리를 말하는바 흡연을 하는 행위는 이와 같은 사생활의 영역에 포함된다.

⑤ 자동차를 도로에서 운전하는 중에 좌석안전띠를 착용할 것인가 여부는 더 이상 사생활영역의 문제가 아니므로 운전할 때 좌석안전띠를 착용할 의무는 운전자의 사생활의 비밀과 자유를 침해하는 것이 아니다.

해설

① [×] 이 사건 법률조항이 공적 관심의 정도가 약한 4급 이상의 공무원들까지 대상으로 삼아 모든 질병명을 아무런 예외 없이 공개토록 한 것은 입법목적 실현에 치중한 나머지 사생활 보호의 헌법적 요청을 현저히 무시한 것이고, 이로 인하여 청구인들을 비롯한 해당 공무원들의 헌법 제17조가 보장하는 기본권인 사생활의 비밀과 자유를 침해하는 것이다(헌재 2007.5.31, 2005헌마1139).

② [O] 전자장치부착조항은 피부착자의 위치와 이동경로를 실시간으로 파악하여 피부착자를 24시간 감시할 수 있도록 하고 있으므로 피부착자의 사생활의 비밀과 자유를 제한하며, 피부착자의 위치와 이동경로 등 '위치 정보'를 수집, 보관, 이용한다는 측면에서 개인정보자기결정권도 제한한다(헌재 2012.12.27, 2011헌바89).

③ [O] 이 사건 검사행위는 교도소의 안전과 질서를 유지하고, 수형자의 교화·개선에 지장을 초래할 수 있는 물품을 차단하기 위한 것으로서 그 목적이 정당하고, 수단도 적절하며, 검사의 실효성을 확보하기 위한 최소한의 조치로 보이고, 달리 덜 제한적인 대체수단을 찾기 어려운 점 등에 비추어 보면 이 사건 검사행위가 과잉금지원칙에 위배하여 사생활의 비밀 및 자유를 침해하였다고 할 수 없다(헌재 2011.10.25, 2009헌마691).

④ [O] 사생활의 자유란 사회공동체의 일반적인 생활규범의 범위 내에서 사생활을 자유롭게 형성해 나가고 그 설계 및 내용에 대해서 외부로부터의 간섭을 받지 아니할 권리를 말하는바(헌재 2001.8.30, 99헌바92), 흡연을 하는 행위는 이와 같은 사생활의 영역에 포함된다고 할 것이므로, 흡연권은 헌법 제17조에서 그 헌법적 근거를 찾을 수 있다(헌재 2004.8.26, 2003헌마457).

⑤ [O] 일반 교통에 사용되고 있는 도로는 국가와 지방자치단체가 그 관리책임을 맡고 있는 영역이며, 수많은 다른 운전자 및 보행자 등의 법익 또는 공동체의 이익과 관련된 영역으로, 그 위에서 자동차를 운전하는 행위는 더 이상 개인적인 내밀한 영역에서의 행위가 아니며, 자동차를 도로에서 운전하는 중에 좌석안전띠를 착용할 것인가 여부의 생활관계는 더 이상 사생활영역의 문제가 아니므로, 운전할 때 운전자가 좌석안전띠를 착용할 의무는 사생활의 비밀과 자유를 침해하는 것이라 할 수 없다(헌재 2003.10.30, 2002헌마518).

정답 | 15 ④ 16 ①

17 사생활의 비밀과 자유에 대한 설명으로 옳지 않은 것은? (다툼이 있는 경우 판례에 의함) 22. 국회직 9급

① 존속상해치사죄와 같은 범죄행위는 헌법상 보호되는 사생활의 영역에 속한다고 볼 수 없을 뿐만 아니라, 가중처벌하는 것이 사생활의 자유를 침해하는 것은 아니다.

② 선거운동 과정에서 자신의 인격권이나 명예권을 보호하기 위하여 대외적으로 해명을 하는 행위는 사생활의 자유에 의하여 보호되는 범주를 벗어난 행위라고 볼 것이다.

③ 변호사에게 전년도에 처리한 수임사건의 건수 및 수임액을 소속 지방변호사회에 보고하도록 하는 법 규정은 헌법상 필요한 부분을 넘어 사생활 비밀의 자유를 과도하게 침해한다.

④ 교도소장이 수용자가 없는 상태에서 실시한 거실 검사 행위는 교도소의 안전과 질서를 유지하고 수형자의 교화·개선에 지장을 초래할 수 있는 물품을 차단하기 위한 것으로서, 과잉금지원칙에 위배하여 수형자의 사생활의 비밀과 자유를 침해하였다고 할 수 없다.

⑤ 피고인이나 변호인에 의한 공판정에서의 녹취는 진술인의 인격권 또는 사생활의 비밀과 자유에 대한 침해를 수반하고, 실체적 진실발견 등 다른 법익과 충돌할 개연성이 있으므로, 녹취를 금지해야 할 필요성이 녹취를 허용함으로써 달성하고자 하는 이익보다 큰 경우에는 녹취를 금지 또는 제한함이 타당하다.

해설

③ [×] 변호사에게 전년도에 처리한 수임사건의 건수 및 수임액을 소속 지방변호사회에 보고하도록 규정하고 있는 구 변호사법 제28조의2는 청구인들의 영업의 자유를 침해하지 않는다(헌재 2009.10.29, 2007헌마667).

① [O] 존속상해치사죄와 같은 범죄행위가 헌법상 보호되는 사생활의 영역에 속한다고 볼 수 없을 뿐만 아니라, 이 사건 법률조항의 입법목적이 정당하고 그 형의 가중에 합리적 이유가 있으며 직계존속이 아닌 통상인에 대한 상해치사죄도 형사상 처벌되고 있는 이상, 그 가중처벌에 의하여 가족관계상 비속의 사생활이 왜곡된다거나 존속에 대한 효의 강요나 개인 윤리문제에의 개입 등 외부로부터 부당한 간섭이 있는 것이라고는 말할 수 없으므로, 이 사건 법률조항은 헌법 제17조의 사생활의 자유를 침해하지 아니한다(헌재 2002.3.28, 2000헌바53).

② [O] 자신의 인격권이나 명예권을 보호하기 위하여 대외적으로 해명을 하는 행위는 표현의 자유에 속하는 영역일 뿐 이미 사생활의 자유에 의하여 보호되는 범주를 벗어난 행위이고, 또한, 자신의 태도나 입장을 외부에 설명하거나 해명하는 행위는 진지한 윤리적 결정에 관계된 행위라기보다는 단순한 생각이나 의견, 사상이나 확신 등의 표현행위라고 볼 수 있어, 그 행위가 선거에 영향을 미치게 하기 위한 것이라는 이유로 이를 하지 못하게 된다 하더라도 내면적으로 구축된 인간의 양심이 왜곡·굴절된다고는 할 수 없다는 점에서 양심의 자유의 보호영역에 포괄되지 아니하므로, 위 제93조 제1항은 사생활의 자유나 양심의 자유를 침해하지 아니한다(헌재 2001.8.30, 99헌바92).

④ [O] 이 사건 검사행위는 교도소의 안전과 질서를 유지하고, 수형자의 교화·개선에 지장을 초래할 수 있는 물품을 차단하기 위한 것으로서 그 목적이 정당하고, 수단도 적절하며, 검사의 실효성을 확보하기 위한 최소한의 조치로 보이고, 달리 덜 제한적인 대체수단을 찾기 어려운 점 등에 비추어 보면 이 사건 검사행위가 과잉금지원칙에 위배하여 사생활의 비밀 및 자유를 침해하였다고 할 수 없다(헌재 2011.10.25, 2009헌마691).

⑤ [O] 피고인이나 변호인에 의한 공판정에서의 녹취는 진술인의 인격권 또는 사생활의 비밀과 자유에 대한 침해를 수반하고, 실체적 진실발견 등 다른 법익과 충돌할 개연성이 있으므로, 녹취를 금지해야 할 필요성이 녹취를 허용함으로써 달성하고자 하는 이익보다 큰 경우에는 녹취를 금지 또는 제한함이 타당하다(헌재 1995.12.28, 91헌마114).

■ 개인정보자기결정권

01 개인정보자기결정권에 대한 설명으로 옳은 것은? 24. 국가직 7급

① 법무부장관은 변호사시험 합격자가 결정되면 즉시 명단을 공고하여야 한다고 규정한 변호사시험법 제11조 중 '명단 공고' 부분은 합격자 공고 후에 누구나 언제든지 이를 검색, 확인할 수 있고, 합격자 명단이 언론 기사나 인터넷 게시물 등에 인용되어 널리 전파될 수도 있어서 이러한 사익침해 상황은 시간이 흘러도 해소되지 않으므로 과잉금지원칙에 위배되어 청구인들의 개인정보자기결정권을 침해한다.

② 감염병 전파 차단을 위한 개인정보 수집의 수권조항인 구 감염병의 예방 및 관리에 관한 법률 해당 조항은 정보수집의 목적 및 대상이 제한되어 있으나, 관련 규정에서 절차적 통제장치를 마련하지 못하여 정보의 남용 가능성이 있어 정보주체의 개인정보자기결정권을 침해한다.

③ 무효인 혼인의 기록사항 전체에 하나의 선을 긋고, 말소 내용과 사유를 각 해당 사항란에 기재하는 방식의 정정 표시는 청구인의 인격주체성을 식별할 수 있게 하는 개인정보에 해당하고, 이와 같은 정보를 보존하는 가족관계등록부의 재작성에 관한 사무처리지침 조항 중 해당 부분은 청구인의 개인정보자기결정권을 제한한다.

④ 주민등록증에 지문을 수록하도록 한 구 주민등록법 제24조 제2항 본문 중 '지문(指紋)'에 관한 부분은, 주민등록증의 수록사항의 하나로 지문을 규정하고 있을 뿐 "오른손 엄지손가락 지문"이라고 특정한 바가 없으므로, 과잉금지원칙을 위반하여 개인정보자기결정권을 침해한다.

해설

③ [O] 심판대상조항에 따라 청구인과 같이 혼인의사의 합의가 없음을 원인으로 혼인무효판결을 받았으나 혼인무효사유가 한쪽 당사자나 제3자의 범죄행위로 인한 경우에 해당하지 않는 사람에 대해서는 등록부 재작성 신청권이 인정되지 않고, 정정된 등록부가 보존된다. 무효인 혼인의 기록사항 전체에 하나의 선을 긋고, 말소 내용과 사유를 각 해당 사항란에 기재하는 방식의 정정 표시는 청구인의 인격주체성을 식별할 수 있게 하는 개인정보에 해당하고, 이와 같은 정보를 보존하는 심판대상조항은 청구인의 개인정보자기결정권을 제한한다. … 심판대상조항은 과잉금지원칙을 위반하여 청구인의 개인정보자기결정권을 침해하지 않는다(헌재 2024.1.25, 2020헌마65).

① [×] 심판대상조항의 입법목적은 공공성을 지닌 전문직인 변호사에 관한 정보를 널리 공개하여 법률서비스 수요자가 필요한 정보를 얻는 데 도움을 주고, 변호사시험 관리 업무의 공정성과 투명성을 간접적으로 담보하는 데 있다. … 따라서 심판대상조항이 과잉금지원칙에 위배되어 청구인들의 개인정보자기결정권을 침해한다고 볼 수 없다(헌재 2020.3.26, 2018헌마77 등).

② [×] 심판대상조항은 보건당국이 전문성을 가지고 감염병의 성질과 전파정도, 유행상황이나 위험정도, 예방 백신이나 치료제의 개발 여부 등에 따라 정보 수집이 필요한 범위를 판단하여 정보를 요청할 수 있도록 하여 효과적인 방역을 달성할 수 있도록 한다. 또한 정보수집의 목적 및 대상이 제한되어 있고, 관련 규정에서 절차적 통제장치를 마련하여 정보의 남용 가능성을 통제하고 있다. 심판대상조항은 감염병이 유행하고 신속한 방역조치가 필요한 예외적인 상황에서 일시적이고 한시적으로 적용되는 반면, 인적사항에 관한 정보를 이용한 적시적이고 효과적인 방역대책은 국민의 생명과 건강을 보호하고 사회적·경제적인 손실 방지를 위하여 필요한 것인 점에서 그 공익의 혜택 범위와 효과가 광범위하고 중대하다. 따라서 심판대상조항은 과잉금지원칙에 반하여 청구인의 개인정보자기결정권을 침해하지 않는다(헌재 2024.4.25, 2020헌마1028).

④ [×] 주민등록법상 지문날인제도는 신원확인기능의 효율적인 수행을 도모하고, 신원확인의 정확성 내지 완벽성을 제고하기 위하여 17세 이상 모든 국민의 열 손가락 지문정보를 수집하고 이를 보관·전산화하여 이용하는 것이다. 경찰이 범죄수사나 사고피해자의 신원확인 등을 위하여 지문정보를 효율적으로 이용하기 위해서는 사전에 광범위한 지문정보를 보관하여야 할 필요가 있는 점, 한 손가락 지문정보로는 신원확인이 불가능하게 되는 경우가 흔히 발생할 수 있는 점, 다른 여러 신원확인수단 중에서 정확성·간편성·효율성 등의 종합적인 측면에서 지문정보와 비견할 만한 것은 현재에도 찾아보기 어려운 점을 종합하면, 이 사건 법률조항, 이 사건 시행령 조항 및 이 사건 보관등행위는 과잉금지원칙에 위반되지 않는다(헌재 2024.4.25, 2020헌마542).

정답 | 17 ③ 01 ③

02 다음 개인정보자기결정권에 관한 설명 중 가장 옳지 않은 것은? (다툼이 있는 경우는 판례에 의함) 24. 해경

① 거짓이나 그 밖의 부정한 방법으로 보조금을 교부받거나 보조금을 유용한 어린이집 운영정지, 폐쇄명령 또는 과징금처분을 받은 어린이집에 대해 그 위반사실을 공표하도록 규정한 구 영유아보육법 조항은 개인정보자기결정권을 침해한다.

② 야당 소속 후보자 지지 혹은 정부 비판은 정치적 견해로서 개인의 인격주체성을 특징짓는 개인정보에 해당하고, 그것이 지지 선언 등의 형식으로 공개적으로 이루어진 것이라고 하더라도 여전히 개인정보자기결정권의 보호범위 내에 속한다.

③ 개인정보자기결정권의 보호대상이 되는 개인정보는 반드시 개인의 내밀한 영역이나 사사(私事)의 영역에 속하는 정보에 국한되지 않고 공적 생활에서 형성되었거나 이미 공개된 개인정보까지 포함한다.

④ 소년에 대한 수사경력자료의 삭제와 보존기간에 대하여 규정하면서 법원에서 불처분결정된 소년부송치 사건에 대하여 규정하지 않은 구 형의 실효 등에 관한 법률의 규정은 과잉금지원칙을 위반하여 소년부송치 후 불처분결정을 받은 자의 개인정보자기결정권을 침해한다.

해설

① [×] 어린이집의 투명한 운영을 담보하고 영유아 보호자의 보육기관 선택권을 실질적으로 보장하기 위해서는 보조금을 부정수급하거나 유용한 어린이집의 명단 등을 공표하여야 할 필요성이 있으며, 심판대상조항은 공표대상이나 공표정보, 공표기간 등을 제한적으로 규정하고 공표 전에 의견진술의 기회를 부여하여 공표대상자의 절차적 권리도 보장하고 있다. 나아가 심판대상조항을 통하여 추구하는 영유아의 건강한 성장 도모 및 영유아 보호자들의 보육기관 선택권 보장이라는 공익이 공표대상자의 법 위반사실이 일정기간 외부에 공표되는 불이익보다 크다. 따라서 심판대상조항은 과잉금지원칙을 위반하여 인격권 및 개인정보자기결정권을 침해하지 아니한다(헌재 2022.3.31, 2019헌바520).

② [O] 이 사건 정보수집 등 행위는 청구인 윤OO, 정OO이 과거 야당 후보를 지지하거나 세월호 참사에 대한 정부의 대응을 비판한 의사표시에 관한 정보를 대상으로 한다. 이러한 야당 소속 후보자 지지 혹은 정부 비판은 정치적 견해로서 개인의 인격주체성을 특징짓는 개인정보에 해당하고, 그것이 지지 선언 등의 형식으로 공개적으로 이루어진 것이라고 하더라도 여전히 개인정보자기결정권의 보호범위 내에 속한다. … 국가가 개인의 정치적 견해에 관한 정보를 수집·보유·이용하는 등의 행위는 개인정보자기결정권에 대한 중대한 제한이 되므로 이를 위해서는 법령상의 명확한 근거가 필요함에도 그러한 법령상 근거가 존재하지 않으므로 이 사건 정보수집 등 행위는 법률유보원칙을 위반하여 청구인들의 개인정보자기결정권을 침해한다(헌재 2020.12.23, 2017헌마416).

③ [O] 개인정보자기결정권은 자신에 관한 정보가 언제 누구에게 어느 범위까지 알려지고 또 이용되도록 할 것인지를 그 정보주체가 스스로 결정할 수 있는 권리이다. 즉 정보주체가 개인정보의 공개와 이용에 관하여 스스로 결정할 권리를 말한다. 개인정보자기결정권의 보호대상이 되는 개인정보는 개인의 신체, 신념, 사회적 지위, 신분 등과 같이 개인의 인격주체성을 특징짓는 사항으로서 그 개인의 동일성을 식별할 수 있게 하는 일체의 정보라고 할 수 있고, 반드시 개인의 내밀한 영역이나 사사(私事)의 영역에 속하는 정보에 국한되지 않고 공적 생활에서 형성되었거나 이미 공개된 개인정보까지 포함한다(헌재 2005.5.26, 99헌마513 등).

④ [O] 이 사건 구법 조항이 법원에서 불처분결정된 소년부송치 사건에 대한 수사경력자료의 삭제 및 보존기간에 대하여 규정하지 아니하여 수사경력자료에 기록된 개인정보가 당사자의 사망 시까지 보존되면서 이용되는 것은 당사자의 개인정보자기결정권에 대한 제한에 해당하는바, 이 사건 구법 조항이 과잉금지원칙을 위반하여 개인정보자기결정권을 침해하는지 여부가 문제된다. … 따라서 법원에서 불처분결정된 소년부송치 사건에 대한 수사경력자료의 보존기간과 삭제에 대한 규정을 두지 않은 이 사건 구법 조항은 과잉금지원칙을 위반하여 소년부송치 후 불처분결정을 받은 자의 개인정보자기결정권을 침해한다(헌재 2021.6.24, 2018헌가2).

03 개인정보자기결정권에 대한 설명으로 옳은 것은? (다툼이 있는 경우 판례에 의함) 25. 입법고시

① 감염병 전파 차단을 위한 개인정보 수집의 수권조항인 감염병의 예방 및 관리에 관한 법률 조항은 정보수집의 목적 및 대상이 제한되어 있으나 관련 규정에서 절차적 통제장치를 마련하지 못하여 정보의 남용 가능성을 통제하지 못하고 있으므로 개인정보자기결정권을 침해한다.

② 시장 · 군수 · 구청장으로 하여금 주민등록증 발급신청서를 관할 경찰서 지구대장 등에게 보내도록 한 주민등록법 시행규칙 조항은 주민등록법 및 같은 법 시행령 등에 아무런 근거가 없이 제정된 것이라고 볼 수밖에 없으므로, 법률유보원칙에 위배되어 개인정보자기결정권을 침해한다.

③ 연말정산 간소화를 위하여 의료기관에게 환자들의 의료비 내역에 관한 정보를 국세청에 제출하도록 한 소득세법 조항은 환자들의 개인정보자기결정권을 침해한다.

④ 가명정보의 재식별을 예외 없이 금지하는 개인정보 보호법의 재식별금지조항은 개인정보자기결정권을 침해하지 않는다.

⑤ 미결수용자인 청구인에게 징벌을 부과한 뒤 그 규율위반 내용 및 징벌처분 결과 등을 법원에 양형 참고자료로 통보한 행위는 개인정보자기결정권을 침해한다.

해설

④ [O] 재식별금지조항은 가명정보를 통해서는 특정 개인을 알아볼 수 없도록 함으로써 정보주체의 개인정보자기결정권을 충분히 보호하고자 하는 것으로서 그 입법목적이 정당하고, 재식별을 금지하여 특정 개인을 알아볼 가능성을 최소화하는 것은 그와 같은 입법목적을 달성하기에 적합한 수단이다. … 따라서 재식별금지조항은 청구인들의 개인정보자기결정권을 침해하지 않는다(헌재 2023.10.26, 2020헌마1477 등).

① [×] 심판대상조항은 보건당국이 전문성을 가지고 감염병의 성질과 전파정도, 유행상황이나 위험정도, 예방 백신이나 치료제의 개발 여부 등에 따라 정보 수집이 필요한 범위를 판단하여 정보를 요청할 수 있도록 하여 효과적인 방역을 달성할 수 있도록 한다. 또한 정보수집의 목적 및 대상이 제한되어 있고, 관련 규정에서 절차적 통제장치를 마련하여 정보의 남용 가능성을 통제하고 있다. 심판대상조항은 감염병이 유행하고 신속한 방역조치가 필요한 예외적인 상황에서 일시적이고 한시적으로 적용되는 반면, 인적사항에 관한 정보를 이용한 적시적이고 효과적인 방역대책은 국민의 생명과 건강을 보호하고 사회적 · 경제적인 손실 방지를 위하여 필요한 것인 점에서 그 공익의 혜택 범위와 효과가 광범위하고 중대하다. 따라서 심판대상조항은 과잉금지원칙에 반하여 청구인의 개인정보자기결정권을 침해하지 않는다(헌재 2024.4.25, 2020헌마1028).

② [×] 주민등록법상 지문날인제도는 주민등록제도 일반에 관한 입법목적 외에도 치안유지나 국가안보가 보다 적극적으로 고려된 것이고, 이러한 입법목적에는 날인된 지문의 범죄수사목적상 이용도 포함된다. '개인정보 보호법' 제15조 제1항 제3호, 제18조 제2항 제7호의 규정내용과 '국가경찰과 자치경찰의 조직 및 운영에 관한 법률' 및 '경찰관 직무집행법'이 국민의 생명 · 신체 및 재산의 보호, 범죄의 예방 · 진압 및 수사 등을 경찰의 임무로 규정하고 있는 점 등을 고려하면, 시장 · 군수 · 구청장이 주민등록증 발급신청서를 관할 경찰서의 지구대장 또는 파출소장에게 보내도록 한 이 사건 규칙조항이 법률유보원칙에 위반된다고 볼 수 없다(헌재 2024.4.25, 2020헌마542).

③ [×] 근로소득자인 청구인들의 진료정보가 본인들의 동의 없이 국세청 등으로 제출 · 전송 · 보관되는 것은 위 청구인들의 개인정보자기결정권을 제한하는 것이지만, 이 사건 법령조항은 의료비 특별공제를 받고자 하는 근로소득자의 연말정산을 위한 소득공제증빙자료 제출의 불편을 해소하는 동시에 이에 따른 근로자와 사업자의 시간적 · 경제적 비용을 절감하고 부당한 소득공제를 방지하려는데 그 목적이 있고, 위 목적을 달성하기 위하여, 연말정산에 필요한 항목 등을 제출대상으로 삼고 있으므로, 그 방법의 적절성 또한 인정된다. … 이 사건 법령조항이 헌법상 과잉금지 원칙에 위배하여 청구인들의 개인정보자기결정권을 침해하였다고 볼 수 없다(헌재 2008.10.30, 2006헌마1401 등).

⑤ [×] 이 사건 통보행위는 해당 미결수용자에 대한 적정한 양형을 실현하고 형사재판절차를 원활하게 진행하기 위한 것이다. 이로 인하여 제공되는 개인정보의 내용은 정보주체와 관련한 객관적이고 외형적인 사항들로서 엄격한 보호의 대상이 되지 아니하고, 개인정보가 제공되는 상대방이 체포 · 구속의 주체인 법원으로 한정되며, 양형 참고자료를 통보 받은 법원으로서는 관련 법령에 따라 이를 목적 외의 용도로 이용하거나 제3자에게 제공할 수 없다. 이 사건 통보행위로 인해 제공되는 정보의 성격이나 제공 상대방의 한정된 범위를 고려할 때 그로 인한 기본권 제한의 정도가 크지 않은 데 비해, 이로 인하여 달성하고자 하는 적정한 양형의 실현 및 형사재판절차의 원활한 진행과 같은 공익은 훨씬 중대하다. 이 사건 통보행위는 과잉금지원칙에 위배되어 청구인의 개인정보자기결정권을 침해하였다고 볼 수 없다(헌재 2023.9.26, 2022헌마926).

정답 | 02 ① 03 ④

04 개인정보자기결정권에 관한 설명으로 가장 적절한 것은? (다툼이 있는 경우 판례에 의함) 25. 경정승진

① 개인정보자기결정권의 보호대상이 되는 개인정보는 개인의 내밀한 영역이나 사사(私事)의 영역에 속하는 정보에 국한되고 공적 생활에서 형성되었거나 이미 공개된 개인정보는 포함되지 않는다.

② 보안관찰처분대상자가 교도소 등에서 출소한 후 7일 이내에 출소사실을 신고하도록 하고 이를 위반한 경우 처벌하도록 정한 보안관찰법 조항은 과잉금지원칙을 위반하여 그 대상자의 개인정보자기결정권을 침해하지 아니한다.

③ 개인별로 주민등록번호를 부여하면서 주민등록번호 변경에 관한 규정을 두고 있지 않은 주민등록법 조항은 주민등록번호 불법유출 등을 원인으로 자신의 주민등록번호를 변경하고자 하는 사람들의 개인정보자기결정권을 침해하는 것은 아니다.

④ 법무부장관은 변호사시험 합격자가 결정되면 즉시 명단을 공고하여야 한다고 규정한 변호사시험법 조항은 성명이 공개된 사람의 합격 사실뿐만 아니라 위 정보를 결합하여 특정인의 불합격 사실도 알 수 있으므로 응시자들의 개인정보자기결정권을 침해한다.

해설

② [O] 대상자에게 출소 후 7일 이내에 거주예정지 관할경찰서장에 대하여 출소사실을 신고하여야 한다는 의무를 부과하고 위반 시 이를 처벌하도록 규정한 법 제6조 제1항 전문 중 후단 부분 및 제27조 제2항 부분은, 우리 헌법이 보안처분을 수용하여 이에 관한 규정을 두고 있고, 법이 대상자의 재범의 위험성을 예방하고 건전한 사회복귀를 촉진하기 위해 보안관찰처분에 대해 규정하고 있는 점 등에 비추어 그 입법목적의 정당성이 인정된다. … 따라서 출소후 신고조항 및 위반 시 처벌조항은 과잉금지원칙을 위반하여 청구인의 사생활의 비밀과 자유 및 개인정보자기결정권을 침해하지 아니한다(헌재 2021.6.24, 2017헌바479).

① [×] 개인정보자기결정권은 자신에 관한 정보가 언제 누구에게 어느 범위까지 알려지고 또 이용되도록 할 것인지를 그 정보주체가 스스로 결정할 수 있는 권리이다. 즉 정보주체가 개인정보의 공개와 이용에 관하여 스스로 결정할 권리를 말한다. 개인정보자기결정권의 보호대상이 되는 개인정보는 개인의 신체, 신념, 사회적 지위, 신분 등과 같이 개인의 인격주체성을 특징짓는 사항으로서 그 개인의 동일성을 식별할 수 있게 하는 일체의 정보라고 할 수 있고, 반드시 개인의 내밀한 영역이나 사사(私事)의 영역에 속하는 정보에 국한되지 않고 공적 생활에서 형성되었거나 이미 공개된 개인정보까지 포함한다(헌재 2005.5.26, 99헌마513 등).

③ [×] 주민등록번호는 모든 국민에게 일련의 숫자 형태로 부여되는 고유한 번호로서 당해 개인을 식별할 수 있는 정보에 해당하는 개인정보이다. 그런데 심판대상조항은 국가가 주민등록번호를 부여·관리·이용하면서 그 변경에 관한 규정을 두지 않음으로써 주민등록번호 불법 유출 등을 원인으로 자신의 주민등록번호를 변경하고자 하는 청구인들의 개인정보자기결정권을 제한하고 있다. … 주민등록번호 유출 또는 오·남용으로 인하여 발생할 수 있는 피해 등에 대한 아무런 고려 없이 주민등록번호 변경을 일체 허용하지 않는 것은 그 자체로 개인정보자기결정권에 대한 과도한 침해가 될 수 있다. … 따라서 주민등록번호 변경에 관한 규정을 두고 있지 않은 심판대상조항은 과잉금지원칙에 위배되어 개인정보자기결정권을 침해한다(헌재 2015.12.23, 2013헌바68 등).

④ [×] 심판대상조항의 입법목적은 공공성을 지닌 전문직인 변호사에 관한 정보를 널리 공개하여 법률서비스 수요자가 필요한 정보를 얻는 데 도움을 주고, 변호사시험 관리 업무의 공정성과 투명성을 간접적으로 담보하는 데 있다. … 따라서 심판대상조항이 과잉금지원칙에 위배되어 청구인들의 개인정보자기결정권을 침해한다고 볼 수 없다(헌재 2020.3.26, 2018헌마77 등).

05 개인정보자기결정권에 대한 설명으로 옳지 않은 것은? (다툼이 있는 경우 판례에 의함) 25. 5급

① 개인정보자기결정권의 보호대상이 되는 개인정보는 반드시 개인의 내밀한 영역에 속하는 정보에 국한되지 않고 공적 생활에서 형성되었거나 이미 공개된 개인정보까지 포함한다.

② 자신의 주민등록표를 열람하거나 그 등·초본을 교부받는 경우에도 소정의 수수료를 부과하도록 하고 있는 규정은 개인정보자기결정권을 침해한다고 볼 수 없다.

③ 게임물 관련 사업자에게 게임물 이용자의 회원가입 시 본인인증을 할 수 있는 절차를 마련하고 있는 게임산업진흥에 관한 법률의 조항은 개인정보자기결정권을 침해하지 아니한다.

④ 수사경력자료의 보존 및 보존기간을 정하면서 범죄경력자료의 삭제에 대해 규정하지 않은 형의 실효 등에 관한 법률 제8조의2는 개인정보자기결정권을 침해한다.

해설

④ [×] 범죄경력자료를 범인 추적과 실체적 진실 발견, 각종 결격사유 판단 등을 위한 자료로 사용하기 위해 보존하는 것은 그 목적에 있어 정당하고 수단의 적합성을 갖추고 있다.… 또한 형실효법은 범죄경력자료의 불법조회나 누설에 대한 금지 및 벌칙 규정을 두고 있고 범죄경력자료를 조회·회보할 수 있는 사유를 제한하고 있으므로 개인의 범죄경력에 관한 정보가 수사나 재판 등에 필요한 정도를 넘어 외부의 일반인들에게까지 공개될 가능성은 극히 적고, 범죄경력자료의 보존 그 자체만으로 전과자들의 사회복귀가 저해되는 것도 아니다. 따라서 이 사건 수사경력자료 정리조항에서 범죄경력자료의 삭제를 규정하지 않은 것이 청구인의 개인정보 자기결정권을 침해한다고 볼 수 없다(헌재 2012.7.26, 2010헌마446).

① [O] 개인정보자기결정권의 보호대상이 되는 개인정보는 개인의 신체, 신념, 사회적 지위, 신분 등과 같이 개인의 인격주체성을 특징짓는 사항으로서 그 개인의 동일성을 식별할 수 있게 하는 일체의 정보라고 할 수 있고, 반드시 개인의 내밀한 영역이나 사사(私事)의 영역에 속하는 정보에 국한되지 않고 공적 생활에서 형성되었거나 이미 공개된 개인정보까지 포함한다(헌재 2005.5.26, 99헌마513 등).

② [O] 주민등록표 열람 및 그 등·초본 교부에 따른 수수료는 특정인의 신원증명 등의 편익을 위하여 행정기관의 인적·물적 시설에 드는 비용을 조달하려는 목적에서 부과되는 것으로서 수수료 부과 자체의 정당성이 인정되고, 소요되는 비용에 비하여 그 수수료 액수가 지나치게 고액이라든가 부당하게 책정되었다고 볼 수 없으므로, 이 사건 심판대상조항으로 인하여 청구인들의 개인정보자기결정권 및 재산권이 침해된다고 할 수 없다(헌재 2013.7.25, 2011헌마364).

③ [O] 인터넷게임을 이용하고자 하는 사람들은 본인인증 절차를 거치기 위한 전제로서 공인인증기관이나 본인확인기관에 실명이나 주민등록번호 등의 정보를 제공할 것이 강제되고, 이러한 기관들은 개인정보의 보유 및 이용기간 동안 이러한 정보들을 보유할 수 있으므로(정보통신망법 제29조 제1항 제2호), 본인인증 및 동의확보 조항은 인터넷게임 이용자가 자기의 개인정보에 대한 제공, 이용 및 보관에 관하여 스스로 결정할 권리인 개인정보자기결정권을 제한한다. … 따라서 본인인증 조항은 청구인들의 일반적 행동의 자유 및 개인정보자기결정권을 침해하지 아니한다(헌재 2015.3.26, 2013헌마517).

06 헌법상 자기결정권에 관한 설명 중 가장 적절하지 않은 것은? (다툼이 있는 경우 판례에 의함) 22. 경찰 2차

① 지역 주민의 의사가 반영되지 않은 채 이루어진 미군기지의 이전은 인근 지역에 거주하는 주민들의 삶을 결정함에 있어서 사회적으로 영향을 미치므로 헌법상 보장된 개인의 자기결정권을 제한하는 것이다.

② 형법상 자기낙태죄 조항은 모자보건법이 정한 예외를 제외하고는 임신기간 전체를 통틀어 모든 낙태를 전면적·일률적으로 금지하고, 이를 위반할 경우 형벌을 부과함으로써 임신의 유지·출산을 강제하고 있으므로, 임신한 여성의 자기결정권을 제한한다.

③ 환자가 장차 죽음에 임박한 상태에 이를 경우에 대비하여 미리 의료인 등에게 연명치료 거부 또는 중단에 관한 의사를 밝히는 등의 방법으로 죽음에 임박한 상태에서 인간으로서의 존엄과 가치를 지키기 위하여 연명치료의 거부 또는 중단을 결정할 수 있다 할 것이고, 위 결정은 헌법상 기본권인 자기결정권의 한 내용으로 보장이 되나, 입법자에게 헌법 해석상 '연명치료 중단 등에 관한 법률'을 제정할 입법의무까지 인정된다고 보기는 어렵다.

④ 소주도매업자로 하여금 그 영업장소 소재지에서 생산되는 자도소주를 의무적으로 총구입액의 100분의 50 이상을 구입하도록 하는 자도소주 구입명령제도는 소비자가 자신의 의사에 따라 자유롭게 상품을 선택하는 자기결정권을 제한한다.

해설

① [×] 미군기지의 이전은 공공정책의 결정 내지 시행에 해당하는 것으로서 인근 지역에 거주하는 사람들의 삶을 결정함에 있어서 사회적 영향을 미치게 되나, 개인의 인격이나 운명에 관한 사항은 아니며 각자의 개성에 따른 개인적 선택에 직접적인 제한을 가하는 것이 아니다. 따라서 그와 같은 사항은 헌법상 자기결정권의 보호범위에 포함된다고 볼 수 없다(헌재 2006.2.23, 2005헌마268).

② [O] 자기낙태죄 조항은 모자보건법에서 정한 사유에 해당하지 않는다면 결정가능기간 중에 다양하고 광범위한 사회적·경제적 사유를 이유로 낙태갈등 상황을 겪고 있는 경우까지도 예외 없이 전면적·일률적으로 임신의 유지 및 출산을 강제하고, 이를 위반한 경우 형사처벌하고 있다. 따라서, 자기낙태죄 조항은 입법목적을 달성하기 위하여 필요한 최소한의 정도를 넘어 임신한 여성의 자기결정권을 제한하고 있어 침해의 최소성을 갖추지 못하였고, 태아의 생명 보호라는 공익에 대하여만 일방적이고 절대적인 우위를 부여함으로써 법익균형성의 원칙도 위반하였으므로, 과잉금지원칙을 위반하여 임신한 여성의 자기결정권을 침해한다(헌재 2019.4.11, 2017헌바127).

정답 | 04 ② 05 ④ 06 ①

③ [O] 환자가 장차 죽음에 임박한 상태에 이를 경우에 대비하여 미리 의료인 등에게 연명치료 거부 또는 중단에 관한 의사를 밝히는 등의 방법으로 죽음에 임박한 상태에서 인간으로서의 존엄과 가치를 지키기 위하여 연명치료의 거부 또는 중단을 결정할 수 있다 할 것이고, 위 결정은 헌법상 기본권인 자기결정권의 한 내용으로서 보장된다 할 것이다. … '연명치료 중단에 관한 자기결정권'을 보장하는 방법으로서 '법원의 재판을 통한 규범의 제시'와 '입법' 중 어느 것이 바람직한가는 입법정책의 문제로서 국회의 재량에 속한다 할 것이다. 그렇다면 헌법해석상 '연명치료 중단 등에 관한 법률'을 제정할 국가의 입법의무가 명백하다고 볼 수 없다(헌재 2009.11.26, 2008헌마385).

④ [O] 소주도매업자로 하여금 그 영업장소 소재지에서 생산되는 자도소주를 의무적으로 총구입액의 100분의 50 이상을 구입하도록 하는 자도소주구입명령제도는 전국적으로 자유경쟁을 배제한 채 지역할거주의로 자리잡게 되고 그로써 지역독과점현상의 고착화를 초래하므로, '독과점규제'란 공익을 달성하기에 적정한 조치로 보기 어렵다. … 따라서 구입명령제도는 소주판매업자의 직업의 자유는 물론 소주제조업자의 경쟁 및 기업의 자유, 즉 직업의 자유와 소비자의 행복추구권에서 파생된 자기결정권을 지나치게 침해하는 위헌적인 규정이다(헌재 1996.12.26, 96헌가18).

07 개인정보자기결정권에 관한 설명으로 옳지 않은 것은? (다툼이 있는 경우 헌법재판소 판례에 의함) 23. 소방간부

① 정보주체의 배우자나 직계혈족이 정보주체의 위임 없이도 정보주체의 가족관계 상세증명서의 교부청구를 할 수 있도록 하는 가족관계의 등록 등에 관한 법률의 해당 조항은 개인정보자기결정권을 침해하지 않는다.

② 거짓이나 그 밖의 부정한 방법으로 보조금을 교부받거나 보조금을 유용하여 어린이집 운영정지, 폐쇄명령 또는 과징금 처분을 받은 어린이집에 대하여 그 위반사실을 공표하도록 한 구 영유아 보육법 해당 규정은 과잉금지원칙을 위반하여 개인정보자기결정권을 침해하지 않는다.

③ 보안관찰처분대상자가 교도소 등에서 출소한 후 7일 이내에 출소사실을 신고하도록 정한 구 보안관찰법 해당 규정 전문 중 출소 후 신고의무에 관한 부분은 개인정보자기결정권을 침해하지 않는다.

④ 소년에 대한 수사경력자료의 삭제와 보존기간에 대하여 규정하면서 법원에서 불처분결정된 소년부송치 사건에 대하여 규정하지 않은 구 형의 실효 등에 관한 법률 해당 조항은 개인정보자기결정권을 침해하지 않는다.

⑤ 대통령의 지시로 문화체육관광부장관이 야당 소속후보를 지지하였거나 정부에 비판적 활동을 한 문화예술인이나 단체를 정부의 문화예술 지원사업에서 배제할 목적으로 개인의 정치적 견해에 관한 정보를 수집·보유·이용한 행위는 개인정보자기결정권을 침해한다.

해설

④ [×] 어떤 범죄가 행해진 후 시간이 흐를수록 수사의 단서로서나 상습성 판단자료, 양형자료로서의 가치는 감소하므로, 모든 소년부송치 사건의 수사경력자료를 해당 사건의 경중이나 결정 이후 경과한 시간 등에 대한 고려 없이 일률적으로 당사자가 사망할 때까지 보존할 필요가 있다고 보기는 어렵고, 불처분결정된 소년부송치 사건의 수사경력자료가 조회 및 회보되는 경우에도 이를 통해 추구하는 실체적 진실발견과 형사사법의 정의 구현이라는 공익에 비해, 당사자가 입을 수 있는 실질적 또는 심리적 불이익과 그로 인한 재사회화 및 사회복귀의 어려움이 더 크다. 따라서 심판대상조항은 과잉금지원칙을 위반하여 소년부송치 후 불처분결정을 받은 자의 개인정보자기결정권을 침해한다(헌재 2021.6.24, 2018헌가2).

① [O] 심판대상조항은 정보주체의 배우자나 직계혈족이 스스로의 정당한 법적 이익을 지키기 위하여 정보주체 본인의 위임 없이도 가족관계 상세증명서를 간편하게 발급받을 수 있게 해 주는 것이므로, 상세증명서 추가 기재 자녀의 입장에서 보아도 자신의 개인정보가 공개되는 것을 중대한 불이익이라고 평가하기는 어렵다. 나아가 가족관계 관련 법령은 가족관계증명서 발급 청구에 관한 부당한 목적을 파악하기 위하여 '청구사유기재'라는 나름의 소명절차를 규정하는 점 등을 아울러 고려하면 심판대상조항은 그 입법목적과 그로 인해 제한되는 개인정보자기결정권 사이에 적절한 균형을 달성한 것으로 평가할 수 있다. 심판대상조항은 과잉금지원칙에 위배되어 청구인의 개인정보자기결정권을 침해하지 아니한다(헌재 2022.11.24, 2021헌마130).

② [O] 영유아보육법에 따라 어린이집 설치·운영자에게 지급되는 보조금은 영유아를 건강하고 안전하게 보호·양육하고 영유아의 발달 특성에 맞는 교육을 제공할 수 있도록 그 비용을 국가나 지방자치단체가 지원하는 것이다. 이러한 보조금을 부정수급하거나 유용하는 부패행위는 영유아보육의 질과 직결되어 그로 인한 불이익이 고스란히 영유아들에게 전가되므로 이를 근절할 필요가 크다. 어린이집의 투명한 운영을 담보하고 영유아 보호자의 보육기관 선택권을 실질적으로 보장하기 위해서는 보조금을 부정수급하거나 유용한 어린이집의 명단 등을 공표하여야 할 필요성이 있으며, 심판대상조항은 공표대상이나 공표정보, 공표기간 등을 제한적으로 규정하고 공표 전에 의견진술의 기회를 부여하여 공표대상자의 절차적 권리도 보장하고 있다. 나아가 심판대상조항을 통하여 추구하는 영유아의 건강한 성장 도모 및 영유아 보호자들의 보육기관 선택권 보장이라는 공익이 공표대상자의 법 위반사실이 일정기간 외부에 공표되는 불이익보다 크다. 따라서 심판대상조항은 과잉금지원칙을 위반하여 인격권 및 개인정보자기결정권을 침해하지 아니한다(헌재 2022.3.31, 2019헌바520).

③ [O] 출소 후 출소사실을 신고하여야 하는 신고의무 내용에 비추어 보안관찰처분대상자(이하 '대상자'라 한다)의 불편이 크다거나 7일의 신고기간이 지나치게 짧다고 할 수 없다. 보안관찰해당범죄는 민주주의체제의 수호와 사회질서의 유지, 국민의 생존 및 자유에 중대한 영향을 미치는 범죄인 점, 보안관찰법은 대상자를 파악하고 재범의 위험성 등 보안관찰처분의 필요성 유무의 판단 자료를 확보하기 위하여 위와 같은 신고의무를 규정하고 있다는 점 등에 비추어 출소 후 신고의무 위반에 대한 제재수단으로 형벌을 택한 것이 과도하다거나 법정형이 다른 법률들에 비하여 각별히 과중하다고 볼 수도 없다. 따라서 출소 후 신고조항 및 위반시 처벌조항은 과잉금지원칙을 위반하여 청구인의 사생활의 비밀과 자유 및 개인정보자기결정권을 침해하지 아니한다(헌재 2021.6.24, 2017헌바479).

⑤ [O] 이 사건 정보수집 등 행위의 대상인 정치적 견해에 관한 정보는 공개된 정보라 하더라도 개인의 인격주체성을 특징짓는 것으로, 개인정보자기결정권의 보호범위 내에 속하며, 국가가 개인의 정치적 견해에 관한 정보를 수집·보유·이용하는 등의 행위는 개인정보자기결정권에 대한 중대한 제한이 되므로 이를 위해서는 법령상의 명확한 근거가 필요함에도 그러한 법령상 근거가 존재하지 않으므로 이 사건 정보수집 등 행위는 법률유보원칙을 위반하여 청구인들의 개인정보자기결정권을 침해한다(헌재 2020.12.23, 2017헌마416).

08 개인정보자기결정권에 관한 설명 중 가장 적절하지 않은 것은? (다툼이 있는 경우 판례에 의함) 23. 경찰승진

① 구치소장이 검사의 요청에 따라 미결수용자와 그 배우자의 접견녹음파일을 미결수용자의 동의 없이 제공하더라도, 이러한 제공행위는 형사사법의 실체적 진실을 발견하고 이를 통해 형사사법의 적정한 수행을 도모하기 위한 것으로 미결수용자의 개인정보자기결정권을 침해하는 것은 아니다.

② 야당 소속 후보자 지지 혹은 정부 비판은 정치적 견해로서 개인의 인격주체성을 특징짓는 개인정보에 해당하지만, 그것이 지지 선언 등의 형식으로 공개적으로 이루어진 것이라면 개인정보자기결정권의 보호범위 내에 속하지 않는다.

③ 국민건강보험공단이 경찰서장에게 2년 내지 3년 동안의 '전문의 병원이 포함된 요양기관명, 급여일자'를 포함한 요양급여내역을 제공한 행위는 개인정보자기결정권을 침해한다.

④ 영유아보육법은 CCTV 열람의 활용 목적을 제한하고 있고, 어린이집 원장은 열람시간 지정 등을 통해 보육활동에 지장이 없도록 보호자의 열람 요청에 적절히 대응할 수 있으므로 동법의 CCTV 열람조항으로 보육교사의 개인정보자기결정권이 필요 이상으로 과도하게 제한된다고 볼 수 없다.

해설

② [×] 이러한 야당 소속 후보자 지지 혹은 정부 비판은 정치적 견해로서 개인의 인격주체성을 특징짓는 개인정보에 해당하고, 그것이 지지 선언 등의 형식으로 공개적으로 이루어진 것이라고 하더라도 여전히 개인정보자기결정권의 보호범위 내에 속한다(헌재 2020.12.23, 2017헌마416).

① [O] 이 사건 제공행위는 형사사법의 실체적 진실을 발견하고 이를 통해 형사사법의 적정한 수행을 도모하기 위한 것으로 그 목적이 정당하고, 수단 역시 적합하다. 또한, 접견기록물의 제공은 제한적으로 이루어지고, 제공된 접견내용은 수사와 공소제기 등에 필요한 범위 내에서만 사용하도록 제도적 장치가 마련되어 있으며, 사적 대화내용을 분리하여 제공하는 것은 그 구분이 실질적으로 불가능하고, 범죄와 관련 있는 대화내용을 쉽게 파악하기 어려워 전체제공이 불가피한 점 등을 고려할 때 침해의 최소성 요건도 갖추고 있다. 나아가 접견내용이 기록된다는 사실이 미리 고지되어 그에 대한 보호가치가 그리 크다고 볼 수 없는 점 등을 고려할 때, 법익의 불균형을 인정하기도 어려우므로, 과잉금지원칙에 위반하여 청구인의 개인정보자기결정권을 침해하였다고 볼 수 없다(헌재 2012.12.27, 2010헌마153).

③ [O] 서울용산경찰서장에게 제공된 요양기관명에는 전문의의 병원도 포함되어 있어 청구인들의 질병의 종류를 예측할 수 있는 점, 2년 내지 3년 동안의 요양급여정보는 청구인들의 건강 상태에 대한 총체적인 정보를 구성할 수 있는 점 등에 비추어 볼 때, 이 사건 정보제공행위로 인한 청구인들의 개인정보자기결정권에 대한 침해는 매우 중대하다. 그렇다면 이 사건 정보제공행위는 이 사건 정보제공조항 등이 정한 요건을 충족한 것으로 볼 수 없고, 침해의 최소성 및 법익의 균형성에 위배되어 청구인들의 개인정보자기결정권을 침해하였다(헌재 2018.8.30, 2014헌마368).

④ [O] 법은 CCTV 열람의 활용 목적을 제한하고 있고, 어린이집 원장은 열람시간 지정 등을 통해 보육활동에 지장이 없도록 보호자의 열람 요청에 적절히 대응할 수 있으므로 이 조항으로 어린이집 원장이나 보육교사 등의 기본권이 필요 이상으로 과도하게 제한된다고 볼 수 없다(헌재 2017.12.28, 2015헌마994).

정답 | 07 ④ 08 ②

09 개인정보자기결정권에 관한 설명 중 가장 적절하지 않은 것은? (다툼이 있는 경우 판례에 의함) 22. 경찰 1차

① 아동 · 청소년 성매수죄로 유죄가 확정된 자는 신상정보 등록대상자가 되도록 규정한 성폭력범죄의 처벌 등에 관한 특례법 제42조 제1항 중 "구 아동 · 청소년의 성보호에 관한 법률 제2조 제2호 가운데 제10조 제1항의 범죄로 유죄판결이 확정된 자는 신상정보 등록대상자가 된다."는 부분은 청구인의 개인정보자기결정권을 침해하지 않는다.

② 성적목적공공장소침입죄로 형을 선고받아 유죄판결이 확정된 자는 신상정보 등록대상자가 된다고 규정한 성폭력범죄의 처벌 등에 관한 특례법 제42조 제1항 중 "제12조의 범죄로 유죄판결이 확정된 자"에 관한 부분은 청구인의 개인정보자기결정권을 침해하지 않는다.

③ 통신매체이용음란죄로 유죄판결이 확정된 자는 신상정보 등록대상자가 된다고 규정한 성폭력범죄의 처벌 등에 관한 특례법 제42조 제1항 중 "제13조의 범죄로 유죄판결이 확정된 자는 신상정보 등록대상자가 된다."는 부분은 청구인의 개인정보자기결정권을 침해한다.

④ 가상의 아동 · 청소년이용음란물배포죄로 유죄판결이 확정된 자는 신상정보 등록대상자가 되도록 규정한 성폭력범죄의 처벌 등에 관한 특례법 제42조 제1항 중 구 아동 · 청소년의 성보호에 관한 법률 제8조 제4항의 아동 · 청소년이용음란물 가운데 "아동 · 청소년으로 인식될 수 있는 사람이나 표현물이 등장하는 것"에 관한 부분으로 유죄판결이 확정된 자에 관한 부분은 청구인의 개인정보자기결정권을 침해한다.

해설

④ [×] 등록조항은 아동 · 청소년대상 성범죄의 발생 및 재범을 예방하고 그 범행이 현실적으로 이뤄진 경우에 수사의 효율성과 신속성을 높이기 위한 것으로, 목적의 정당성과 수단의 적합성이 인정된다. 영리를 목적으로 아동 · 청소년이용음란물을 배포하는 행위는 영리를 위하여 적극적으로 아동 · 청소년이용음란물을 유포하여 그에 대한 접촉을 확산시킴으로써 아동 · 청소년에 대한 왜곡된 성적 인식과 태도를 광범위하게 형성하고, 그 결과 아동 · 청소년대상성범죄로 이어질 가능성을 가중시킨다는 점에서 그 죄질이 결코 경미하다고 할 수 없다. 또한 아동 · 청소년이용음란물 단순소지의 경우에는 행위 태양이나 그 불법성의 정도가 다양하게 나타날 수 있는데, 등록조항은 아동 · 청소년이용음란물을 소지한 행위로 징역형이 선고된 경우에는 신상정보 등록대상이 되지만, 벌금형이 선고된 경우에는 신상정보 등록대상에서 제외함으로써 신상정보 등록대상의 범위를 입법목적에 필요한 범위 내로 제한하고 있으므로 침해의 최소성에 위배되지 않는다. 등록조항에 의하여 제한되는 사익에 비하여 아동 · 청소년대상 성범죄의 발생 및 재범 방지와 사회 방위라는 공익이 크다는 점에서, 법익의 균형성도 인정된다. 따라서 등록조항은 청구인의 개인정보자기결정권을 침해하지 않는다(헌재 2017.10.26, 2016헌마656).

① [O] 성범죄의 재범을 억제하고 수사의 효율성을 제고하기 위하여, 일정한 성범죄를 저지른 자로부터 신상정보를 제출받아 보존 · 관리하는 것은 정당한 목적을 위한 적합한 수단이다. 아동 · 청소년 성매수죄로 처벌받은 사람에 대한 정보를 국가가 관리하는 것은 재범을 방지하는 유효한 방법이 될 수 있다. 전과기록이나 수사경력자료는 상대적으로 좁은 범위의 신상 정보를 담고 있고 정보의 변경이 반영되지 않아 등록조항에 의한 정보 수집과 같은 효과를 거둘 수 없다. 아동 · 청소년 성매수죄는 그 죄질이 무겁고, 그 행위 태양 및 불법성이 다양하다고 보기 어려우므로, 입법자가 개별 아동 · 청소년 성매수죄의 행위 태양, 불법성을 구별하지 않은 것이 불필요한 제한이라고 볼 수 없다. 또한, 신상정보 등록대상자가 된다고 하여 그 자체로 사회복귀가 저해되거나 전과자라는 사회적 낙인이 찍히는 것은 아니므로 침해되는 사익은 크지 않고, 반면 등록조항을 통해 달성되는 공익은 매우 중요하다. 따라서 등록조항은 청구인의 개인정보자기결정권을 침해하지 않는다(헌재 2016.2.25, 2013헌마830).

② [O] 등록조항은 성범죄자의 재범을 억제하고 효율적인 수사를 위한 것으로 정당한 목적을 달성하기 위한 적합한 수단이다. 신상정보 등록제도는 국가기관이 성범죄자의 관리를 목적으로 신상정보를 내부적으로만 보존 · 관리하는 것으로, 성범죄자의 신상정보를 일반에게 공개하는 신상정보 공개 · 고지제도와는 달리 법익침해의 정도가 크지 않다. 성적목적공공장소침입죄는 공공화장실 등 일정한 장소를 침입하는 경우에 한하여 성립하므로 등록조항에 따른 등록대상자의 범위는 이에 따라 제한되는바, 등록조항은 침해의 최소성원칙에 위배되지 않는다. 등록조항으로 인하여 제한되는 사익에 비하여 성범죄의 재범 방지와 사회 방위라는 공익이 크다는 점에서 법익의 균형성도 인정된다. 따라서 등록조항은 청구인의 개인정보자기결정권을 침해하지 않는다(헌재 2016.10.27, 2014헌마709).

③ [O] 성범죄자의 재범을 억제하고 재범 발생시 수사의 효율성을 제고하기 위하여, 일정한 성범죄를 저지른 자로부터 신상정보를 제출받아 보존 · 관리하는 것은 정당한 목적을 위한 적합한 수단이다. 그러나, 모든 성범죄자가 신상정보 등록대상이 되어서는 안 되고, 신상정보 등록제도의 입법목적에 필요한 범위 내로 제한되어야 한다. 통신매체이용음란죄의 구성요건에 해당하는 행위 태양은 행위자의 범의 · 범행 동기 · 행위 상대방 · 행위 횟수 및 방법 등에 따라 매우 다양한 유형이 존재하고, 개별 행위유형에 따라 재범의 위험성 및 신상정보 등록 필요성은 현저히 다르다. 그런데 심판대상조항은 통신매체이용음란죄로 유죄판결이 확정된 사람은 누구나 법관의 판단 등 별도의 절차 없이 필요적으로 신상정보 등록대상자가 되도록 하고 있고, 등록된 이후에는 그 결과를 다툴 방법도 없다. 그렇다면 심판대상조항은 통신매체이용음란죄의 죄질 및 재범의 위험성에 따라 등록대상을 축소하거나, 유죄판결 확정과 별도로 신상정보 등록 여부에 관하여 법관의 판단을 받도록 하는 절차를 두는 등 기본권 침해를 줄일 수 있는 다른 수단을 채택하지 않았다는 점에서 침해의 최소성원칙에 위배된다. 또한, 심판대상조항으로 인하여 비교적 불법성이 경미한 통신매체이용음란죄를 저지르고 재범의 위험성이 인정되지 않는 이들에 대하여는 달성되는 공익과 침해되는 사익 사이에 불균형이 발생할 수 있다는 점에서 법익의 균형성도 인정하기 어렵다(헌재 2016.3.31, 2015헌마688).

10 개인정보자기결정권에 관한 설명 중 가장 적절하지 않은 것은? (다툼이 있는 경우 판례에 의함) 22. 경찰승진

① 성폭력범죄의 처벌 등에 관한 특례법상 공중밀집장소에서의 추행죄로 유죄판결이 확정된 자를 신상정보 등록대상자로 규정한 부분은 해당 신상정보 등록대상자의 개인정보자기결정권을 침해하지 않는다.

② 소년에 대한 수사경력자료의 삭제와 보존기간에 대하여 규정하면서 법원에서 불처분결정된 소년부송치 사건에 대하여 규정하지 않은 구 형의 실효 등에 관한 법률의 규정은 과잉금지원칙을 위반하여 소년부송치 후 불처분결정을 받은 자의 개인정보자기결정권을 침해한다.

③ 법무부장관은 변호사시험 합격자가 결정되면 즉시 명단을 공고하여야 한다고 규정한 변호사시험법 규정 중 '명단 공고' 부분은 변호사시험 응시자들의 개인정보자기결정권을 침해한다.

④ 개인정보에 관한 인격권 보호에 의하여 얻을 수 있는 이익과 정보처리 행위로 얻을 수 있는 이익, 즉 정보처리자의 '알 권리'와 이를 기반으로 한 정보수용자의 '알 권리' 및 표현의 자유, 정보 처리자의 영업의 자유, 사회 전체의 경제적 효율성 등의 가치를 구체적으로 비교 형량하여 어느 쪽 이익이 더 우월한 것으로 평가할 수 있는지에 따라 정보처리 행위의 최종적인 위법성 여부를 판단하여야 한다.

해설

③ [×] 심판대상조항은 법무부장관이 시험 관리 업무를 위하여 수집한 응시자의 개인정보 중 합격자의 성명을 공개하도록 하는 데 그치므로, 청구인들의 개인정보자기결정권이 제한되는 범위와 정도는 매우 제한적이다. 합격자 명단이 공고되면 누구나, 언제든지 이를 검색할 수 있으므로, 심판대상조항은 공공성을 지닌 전문직인 변호사의 자격 소지에 대한 일반 국민의 신뢰를 형성하는 데 기여하며, 변호사에 대한 정보를 얻는 수단이 확보되어 법률서비스 수요자의 편의가 증진된다. 합격자 명단을 공고하는 경우, 시험 관리 당국이 더 엄정한 기준과 절차를 통해 합격자를 선정할 것이 기대되므로 시험 관리 업무의 공정성과 투명성이 강화될 수 있다. 따라서 심판대상조항이 과잉금지원칙에 위배되어 청구인들의 개인정보자기결정권을 침해한다고 볼 수 없다(헌재 2020.3.26, 2018헌마77).

① [O] 심판대상조항은 공중밀집장소추행죄로 유죄판결이 확정되면 모두 신상정보 등록대상자가 되도록 함으로써 그 관리의 기초를 마련하기 위한 것이므로, 등록대상 여부를 결정함에 있어 대상 성범죄로 인한 유죄판결 이외에 반드시 재범의 위험성을 고려해야 한다고 보기 어렵고, 현재 사용되는 재범의 위험성 평가 도구의 오류 가능성을 배제하기 어려워 일정한 성폭력범죄자를 일률적으로 등록대상자가 되도록 하는 것이 불가피한 점, 등록대상 성폭력범죄로 유죄판결을 선고할 경우 등록대상자에게 등록대상자라는 사실과 신상정보 제출의무가 있음을 알려주도록 하며, 등록대상자의 범위, 신상정보 제출의무의 내용 및 신상정보의 등록·보존·관리 또한 법률에서 규율하고 있는 점 등을 고려할 때, 헌법재판소의 2016헌마1124 결정은 이 사건에서도 타당하다. 따라서 심판대상조항은 청구인의 개인정보자기결정권을 침해하였다고 볼 수 없다(헌재 2020.6.25, 2019헌마699).

② [O] 어떤 범죄가 행해진 후 시간이 흐를수록 수사의 단서로서나 상습성 판단자료, 양형자료로서의 가치는 감소하므로, 모든 소년부송치 사건의 수사경력자료를 해당 사건의 경중이나 결정 이후 경과한 시간 등에 대한 고려 없이 일률적으로 당사자가 사망할 때까지 보존할 필요가 있다고 보기는 어렵고, 불처분결정된 소년부송치 사건의 수사경력자료가 조회 및 회보되는 경우에도 이를 통해 추구하는 실체적 진실발견과 형사사법의 정의 구현이라는 공익에 비해, 당사자가 입을 수 있는 실질적 또는 심리적 불이익과 그로 인한 재사회화 및 사회복귀의 어려움이 더 크다. 따라서 심판대상조항은 과잉금지원칙을 위반하여 소년부송치 후 불처분결정을 받은 자의 개인정보자기결정권을 침해한다(헌재 2021.6.24, 2018헌가2).

④ [O] 개인정보에 관한 인격권 보호에 의하여 얻을 수 있는 이익과 정보처리 행위로 얻을 수 있는 이익, 즉 정보처리자의 '알 권리'와 이를 기반으로 한 정보수용자의 '알 권리' 및 표현의 자유, 정보처리자의 영업의 자유, 사회 전체의 경제적 효율성 등의 가치를 구체적으로 비교 형량하여 어느 쪽 이익이 더 우월한 것으로 평가할 수 있는지에 따라 정보처리 행위의 최종적인 위법성 여부를 판단하여야 하고, 단지 정보처리자에게 영리 목적이 있었다는 사정만으로 곧바로 정보처리 행위를 위법하다고 할 수는 없다(대판 2016.8.17, 2014다235080).

정답 | 09 ④ 10 ③

11 개인정보자기결정권에 대한 설명으로 옳지 않은 것은? (다툼이 있는 경우 헌법재판소 판례에 의함)

22. 국회직 8급

① 개인정보자기결정권의 보호대상이 되는 개인정보는 반드시 개인의 내밀한 영역이나 사사(私事)의 영역에 속하는 정보에 국한되지 않고 공적 생활에서 형성되었거나 이미 공개된 개인정보까지 포함한다.

② 법무부장관은 변호사시험 합격자가 결정되면 즉시 명단을 공고하여야 한다고 규정한 것은 과잉금지원칙에 위배되어 변호사시험 응시자의 개인정보자기결정권을 침해한다고 볼 수 없다.

③ 보안관찰처분대상자가 교도소 등에서 출소한 후 기존에 신고한 거주예정지 등 정보에 변동이 생길 때마다 7일 이내에 이를 신고하도록 정한 법률조항은, 대상자에게 보안관찰처분의 개시 여부를 결정하기 위함이라는 공익을 위하여 지나치게 장기간 형사처벌의 부담이 있는 신고의무를 지도록 하므로, 이는 과잉금지원칙을 위반하여 대상자의 개인정보자기결정권을 침해한다.

④ 소년에 대한 수사경력자료의 삭제와 보존기간에 대하여 규정하면서 법원에서 불처분결정된 소년부송치 사건에 대하여 규정하지 않은 것은 과잉금지원칙을 위반하여 소년부송치 후 불처분결정을 받은 자의 개인정보자기결정권을 침해한다.

⑤ 보안관찰처분대상자가 교도소 등에서 출소한 후 7일 이내에 출소사실을 신고하도록 하고 이를 위반할 경우 처벌하도록 정한 법률조항은, 보다 완화된 방법으로도 입법목적을 충분히 달성할 수 있다는 점에서 과잉금지원칙에 반하여 그 대상자의 개인정보자기결정권을 침해하는 것이다.

해설

⑤ [×], ③ [O] 출소 후 출소사실을 신고하여야 하는 신고의무 내용에 비추어 보안관찰처분대상자의 불편이 크다거나 7일의 신고기간이 지나치게 짧다고 할 수 없다. 보안관찰해당범죄는 민주주의체제의 수호와 사회질서의 유지, 국민의 생존 및 자유에 중대한 영향을 미치는 범죄인 점, 보안관찰법은 대상자를 파악하고 재범의 위험성 등 보안관찰처분의 필요성 유무의 판단 자료를 확보하기 위하여 위와 같은 신고의무를 규정하고 있다는 점 등에 비추어 출소 후 신고의무 위반에 대한 제재수단으로 형벌을 택한 것이 과도하다거나 법정형이 다른 법률들에 비하여 각별히 과중하다고 볼 수도 없다. 따라서 출소후신고조항 및 위반시 처벌조항은 과잉금지원칙을 위반하여 청구인의 사생활의 비밀과 자유 및 개인정보자기결정권을 침해하지 아니한다(헌재 2021.6.24, 2017헌바479).

① [O] 개인정보자기결정권의 보호대상이 되는 개인정보는 개인의 신체, 신념, 사회적 지위, 신분 등과 같이 개인의 인격주체성을 특징짓는 사항으로서 그 개인의 동일성을 식별할 수 있게 하는 일체의 정보라고 할 수 있고, <u>반드시 개인의 내밀한 영역이나 사사(私事)의 영역에 속하는 정보에 국한되지 않고 공적 생활에서 형성되었거나 이미 공개된 개인정보까지 포함한다</u>(헌재 2005.5.26, 99헌마513, 2004헌마190).

② [O] 심판대상조항은 법무부장관이 시험 관리 업무를 위하여 수집한 응시자의 개인정보 중 합격자의 성명을 공개하도록 하는 데 그치므로, 청구인들의 개인정보자기결정권이 제한되는 범위와 정도는 매우 제한적이다. 합격자 명단이 공고되면 누구나, 언제든지 이를 검색할 수 있으므로, 심판대상조항은 공공성을 지닌 전문직인 변호사의 자격 소지에 대한 일반 국민의 신뢰를 형성하는 데 기여하며, 변호사에 대한 정보를 얻는 수단이 확보되어 법률서비스 수요자의 편의가 증진된다. 합격자 명단을 공고하는 경우, 시험 관리 당국이 더 엄정한 기준과 절차를 통해 합격자를 선정할 것이 기대되므로 시험 관리 업무의 공정성과 투명성이 강화될 수 있다. 따라서 심판대상조항이 과잉금지원칙에 위배되어 청구인들의 개인정보자기결정권을 침해한다고 볼 수 없다(헌재 2020.3.26, 2018헌마77).

④ [O] 어떤 범죄가 행해진 후 시간이 흐를수록 수사의 단서로서나 상습성 판단자료, 양형자료로서의 가치는 감소하므로, 모든 소년부송치 사건의 수사경력자료를 해당 사건의 경중이나 결정 이후 경과한 시간 등에 대한 고려 없이 일률적으로 당사자가 사망할 때까지 보존할 필요가 있다고 보기는 어렵고, 불처분결정된 소년부송치 사건의 수사경력자료가 조회 및 회보되는 경우에도 이를 통해 추구하는 실체적 진실발견과 형사사법의 정의 구현이라는 공익에 비해, 당사자가 입을 수 있는 실질적 또는 심리적 불이익과 그로 인한 재사회화 및 사회복귀의 어려움이 더 크다. 따라서 심판대상조항은 과잉금지원칙을 위반하여 소년부송치 후 불처분결정을 받은 자의 개인정보자기결정권을 침해한다(헌재 2021.06.24, 2018헌가2).

12 개인정보자기결정권에 대한 설명으로 옳지 않은 것은? (다툼이 있는 경우 판례에 의함) 22. 비상계획관

① 이동통신서비스 가입자의 개인정보가 통신에 관한 각종 정보와 연결될 수 있는 가능성이 있다면 본인의 통신 이용 상황과 내용이 수사기관 등 제3자에 의하여 파악될 것이라는 점 또한 충분히 예견될 수 있으므로, 이로 인해 청구인의 사생활의 비밀과 자유가 제한된다고 할 것이다.

② 헌법 제10조 제1문에서 도출되는 일반적 인격권 및 헌법 제17조의 사생활의 비밀과 자유에 의하여 자신에 관한 정보가 언제 누구에게 어느 범위까지 알려지고 또 이용되도록 할 것인지를 정보주체가 스스로 결정할 수 있는 권리로서 개인정보자기결정권이 보장된다.

③ 개인정보자기결정권의 보호대상이 되는 개인정보는 개인의 신체, 신념, 사회적 지위, 신분 등과 같이 개인의 인격주체성을 특징짓는 사항으로서 그 개인의 동일성을 식별할 수 있게 하는 일체의 정보라고 할 수 있고, 반드시 개인의 내밀한 영역이나 사사(私事)의 영역에 속하는 정보에 국한되지 않고 공적 생활에서 형성되었거나 이미 공개된 개인정보까지 포함한다.

④ 가족관계의 등록 등에 관한 법률의 조항 중 '직계혈족이 제15조에 규정된 증명서 가운데 가족관계증명서 및 기본증명서의 교부를 청구'하는 부분이 불완전·불충분하게 규정되어, 가정폭력 가해자인 직계혈족도 그 자녀의 가족관계증명서 및 기본증명서의 발급을 청구하고, 이를 통하여 전 배우자로서 가정폭력 피해자인 청구인의 개인정보를 본인의 동의 없이도 알아낼 수 있도록 하는 것은 청구인의 개인정보자기결정권을 침해한다.

해설

① [×] 사생활의 비밀과 자유에 포섭될 수 있는 사적 영역에 속하는 통신의 자유는 헌법이 제18조에서 별도의 기본권으로 보장하고 있고, 개인정보의 제공으로 인한 사생활의 비밀과 자유가 제한되는 측면은 개인정보자기결정권의 보호영역과 중첩되는 범위에서 관련되어 있다. 따라서 심판대상조항이 청구인들의 통신의 자유, 개인정보자기결정권을 침해하는지 여부를 판단하는 이상 사생활의 비밀과 자유 침해 여부에 관하여는 별도로 판단하지 아니한다. 청구인들은 그 외에도 휴대전화 단말기와 가입자의 인적사항이 연결됨으로써 휴대전화로 생성된 위치정보, 아이피(IP) 주소 등 인터넷 접속 정보를 파악할 수 있는 길이 열리게 되어 사생활의 자유가 제한된다고 주장한다. 그러나 심판대상조항은 본인확인을 거친 후에는 더 이상의 개인정보 수집이나 보관을 의무화하는 규정이 아니며, 이동통신서비스 가입자의 개인정보가 통신에 관한 각종 정보와 연결될 수 있다는 가능성이 있다고 하여 그것만으로 본인의 통신 이용상황과 내용이 수사기관 등 제3자에 의하여 파악될 것이라고 단정할 수는 없다. 청구인들의 위와 같은 주장을 이유로 한 사생활의 비밀과 자유의 제한 문제는 심판대상조항으로 인하여 발생하는 것이 아니다(헌재 2019.9.26, 2017헌마1209, 판례집 31-2상, 340, 341).

② [O] 인간의 존엄과 가치, 행복추구권을 규정한 헌법 제10조 제1문에서 도출되는 일반적 인격권 및 헌법 제17조의 사생활의 비밀과 자유에 의하여 보장되는 개인정보자기결정권은 자신에 관한 정보가 언제 누구에게 어느 범위까지 알려지고 또 이용되도록 할 것인지를 그 정보주체가 스스로 결정할 수 있는 권리이다. 즉 정보주체가 개인정보의 공개와 이용에 관하여 스스로 결정할 권리를 말한다. 개인정보자기결정권의 보호대상이 되는 개인정보는 개인의 신체, 신념, 사회적 지위, 신분 등과 같이 개인의 인격주체성을 특징짓는 사항으로서, 그 개인의 동일성을 식별할 수 있게 하는 일체의 정보라고 할 수 있다. 또한, 그러한 개인정보를 대상으로 한 조사·수집·보관·처리·이용 등의 행위는 모두 원칙적으로 개인정보자기결정권에 대한 제한에 해당한다(헌재 2005.7.21, 2003헌마282 등 참조).

③ [O] 개인정보자기결정권의 보호대상이 되는 개인정보는 개인의 신체, 신념, 사회적 지위, 신분 등과 같이 개인의 인격주체성을 특징짓는 사항으로서 그 개인의 동일성을 식별할 수 있게 하는 일체의 정보라고 할 수 있고, 반드시 개인의 내밀한 영역이나 사사(私事)의 영역에 속하는 정보에 국한되지 않고 공적 생활에서 형성되었거나 이미 공개된 개인정보까지 포함한다(헌재 2005.7.21, 2003헌마282 등, 판례집 17-2, 81, 90).

④ [O] 이 사건 법률조항은 가정폭력 가해자에 대한 별도의 제한 없이 직계혈족이기만 하면 사실상 자유롭게 그 자녀의 가족관계증명서와 기본증명서의 교부를 청구하여 발급받을 수 있도록 함으로써, 그로 인하여 가정폭력 피해자인 청구인의 개인정보가 가정폭력 가해자인 전 배우자에게 무단으로 유출될 수 있는 가능성을 열어놓고 있다. 따라서 과잉금지원칙에 위배되어 청구인의 개인정보자기결정권을 침해한다(헌재 2020.8.28, 2018헌마927, 판례집 32-2, 196, 196).

정답 | 11 ⑤ 12 ①

13 개인정보자기결정권에 대한 설명으로 가장 적절하지 않은 것은? (다툼이 있는 경우 헌법재판소 판례에 의함)

22. 경찰간부

① 가정폭력 가해자에 대한 별도의 제한 없이 직계혈족이기만 하면 그 자녀의 가족관계증명서 및 기본증명서의 교부를 청구하여 발급받을 수 있도록 한 가족관계의 등록 등에 관한 법률 조항은 가정폭력 피해자인 청구인의 개인정보자기결정권을 침해한다.

② 보안관찰처분대상자가 교도소 등에서 출소 후 신고한 거주예정지 등 정보에 변동이 생길 때마다 7일 이내 이를 신고하도록 규정한 보안관찰법상 변동신고조항 및 위반시 처벌조항은 청구인의 개인정보자기결정권을 침해하지 않는다.

③ 카메라등이용촬영죄 유죄판결이 확정된 자를 신상정보 등록대상자로 규정하는 성폭력범죄의 처벌 등에 관한 특례법상 등록대상자조항은 청구인의 개인정보자기결정권을 침해하지 않는다.

④ 소년에 대한 수사경력자료의 삭제 및 보존기간에 대해 규정하면서 법원에서 불처분결정된 소년부송치 사건에 대해서는 규정하지 않은 구 형의 실효 등에 관한 법률 조항은 소년부송치 후 불처분결정을 받은 자의 개인정보자기결정권을 침해한다.

해설

② [×] 변동신고조항 및 위반시 처벌조항은 아직 재범의 위험성 판단이 이루어지지 아니한 대상자에게, 재범의 위험성이 인정되어 보안관찰처분을 받은 사람과 유사한 신고의무 및 그 위반시 동일한 형사처벌을 규정하고 있다. 이는 재범의 위험성이 없으면 보안처분을 부과할 수 없다는 보안처분에 대한 죄형법정주의적 요청에 위배되고, 입법목적 달성에 필요하지 않은 제한까지 부과하는 것이다. 피보안관찰자의 경우 2년마다 그 시점을 기준으로 재범의 위험성을 심사하여 갱신 여부를 결정하도록 하고 있는데, 대상자의 경우에는 정기적 심사도 없이 무기한의 신고의무를 부담하게 된다. 이 때문에 종국결정이라 할 수 있는 보안관찰처분이 없음에도 보안관찰처분이 있는 것과 유사한 효과를 선취하는 불합리한 결과를 초래하고 있다. 따라서 변동신고조항 및 위반시 처벌조항은 과잉금지원칙을 위반하여 청구인의 사생활의 비밀과 자유 및 개인정보자기결정권을 침해한다(헌재 2021.6.24, 2017헌바479).

☑ 비교 판례

> 출소 후 출소사실을 신고하여야 하는 신고의무 내용에 비추어 보안관찰처분대상자(이하 '대상자'라 한다)의 불편이 크다거나 7일의 신고기간이 지나치게 짧다고 할 수 없다. 보안관찰해당범죄는 민주주의체제의 수호와 사회질서의 유지, 국민의 생존 및 자유에 중대한 영향을 미치는 범죄인 점, 보안관찰법은 대상자를 파악하고 재범의 위험성 등 보안관찰처분의 필요성 유무의 판단 자료를 확보하기 위하여 위와 같은 신고의무를 규정하고 있다는 점 등에 비추어 출소 후 신고의무 위반에 대한 제재수단으로 형벌을 택한 것이 과도하다거나 법정형이 다른 법률들에 비하여 각별히 과중하다고 볼 수도 없다. 따라서 출소후신고조항 및 위반시 처벌조항은 과잉금지원칙을 위반하여 청구인의 사생활의 비밀과 자유 및 개인정보자기결정권을 침해하지 아니한다(헌재 2021.6.24, 2017헌바479).

① [O] 이 사건 법률조항은 가정폭력 가해자에 대한 별도의 제한 없이 직계혈족이기만 하면 사실상 자유롭게 그 자녀의 가족관계증명서와 기본증명서의 교부를 청구하여 발급받을 수 있도록 함으로써, 그로 인하여 가정폭력 피해자인 청구인의 개인정보가 가정폭력 가해자인 전 배우자에게 무단으로 유출될 수 있는 가능성을 열어놓고 있다. 따라서 과잉금지원칙에 위배되어 청구인의 개인정보자기결정권을 침해한다(헌재 2020.8.28, 2018헌마927).

③ [O] 성범죄자의 재범을 억제하고 수사의 효율성을 제고하기 위하여, 일정한 성범죄를 저지른 자로부터 신상정보를 제출받아 보존·관리하는 것은 정당한 목적을 위한 적합한 수단이다. 처벌범위 확대, 법정형 강화만으로 카메라등이용촬영범죄를 억제하기에 한계가 있으므로 위 범죄로 처벌받은 사람에 대한 정보를 국가가 관리하는 것은 재범을 방지하는 유효하고 현실적인 방법이 될 수 있다. 카메라등이용촬영죄의 행위 태양, 불법성의 경중은 다양할 수 있으나, 결국 인격체인 피해자의 성적 자유 및 함부로 촬영당하지 않을 자유를 침해하는 성범죄로서의 본질은 같으므로 입법자가 개별 카메라등이용촬영죄의 행위 태양, 불법성을 구별하지 않은 것이 지나친 제한이라고 볼 수 없고, 신상정보 등록대상자가 된다고 하여 그 자체로 사회복귀가 저해되거나 전과자라는 사회적 낙인이 찍히는 것은 아니므로 침해되는 사익은 크지 않은 반면 이 사건 등록조항을 통해 달성되는 공익은 매우 중요하다. 따라서 이 사건 등록조항은 개인정보자기결정권을 침해하지 않는다(헌재 2015.7.30, 2014헌마340).

④ [O] 반사회성이 있는 소년의 환경 조정과 품행 교정을 통해 소년이 우리 사회의 건전한 구성원으로 성장할 수 있도록, 죄를 범한 소년에 대하여 형사재판이 아닌 보호사건으로 심리하여 보호처분을 할 수 있는 절차를 마련한 소년법의 취지에 비추어, 법원에서 소년부송치된 사건을 심리하여 보호처분을 할 수 없거나 할 필요가 없다고 인정하여 불처분결정을 하는 경우 소년부송치 및 불처분결정된 사실이 소년의 장래 신상에 불이익한 영향을 미치지 않는 것이 마땅하다. 또한 어떤 범죄가 행해진 후 시간이 흐를수록 수사의 단서로서나 상습성 판단자료, 양형자료로서의 가치는 감소하므로, 모든 소년부송치 사건의 수사경력자료를 해당 사건의 경중이나 결정 이후 경과한 시간 등에 대한 고려 없이 일률적으로 당사자가 사망할 때까지 보존할 필요가 있다고 보기는 어렵고, 불처분결정된 소년부송치 사건의 수사경력자료가 조회 및 회보되는 경우에도 이를 통해 추구하는 실체적 진실발견과 형사사법의 정의 구현이라는 공익에 비해, 당사자가 입을 수 있는 실질적 또는 심리적 불이익과 그로 인한 재사회화 및 사회복귀의 어려움이 더 크다. 따라서 심판대상조항은 과잉금지원칙을 위반하여 소년부송치 후 불처분결정을 받은 자의 개인정보자기결정권을 침해한다(헌재 2021.6.24, 2018헌가2).

14 **개인정보자기결정권에 관한 설명으로 가장 적절하지 않은 것은? (다툼이 있는 경우 판례에 의함)** 24. 경찰 1차

① 개인정보자기결정권의 보호대상이 되는 개인정보는 개인의 신체, 신념, 사회적 지위, 신분 등과 같이 개인의 인격주체성을 특징짓는 사항으로서 그 개인의 동일성을 식별할 수 있게 하는 일체의 정보이고, 반드시 개인의 내밀한 영역이나 사사(私事)의 영역에 속하는 정보에 국한되지 않고 공적 생활에서 형성되었거나 이미 공개된 개인정보까지 포함한다.

② 디엔에이신원확인정보는 개인 식별을 목적으로 디엔에이감식을 통하여 취득한 정보로서 당해 정보만으로는 특정 개인을 식별할 수 없더라도 다른 정보와 쉽게 결합하여 당해 개인을 식별할 수 있는 정보에 해당하는 개인정보이다.

③ 디엔에이감식시료의 채취대상자가 사망할 때까지 디엔에이신원확인정보를 데이터베이스에 수록, 관리할 수 있도록 규정한 디엔에이신원확인정보의 이용 및 보호에 관한 법률 조항은 대상자의 재범위험성을 고려하지 않고 일률적으로 대상자가 사망할 때까지 디엔에이신원확인정보를 보관한다는 점에서 과잉금지원칙에 위배되어 디엔에이신원확인정보 수록 대상자인 청구인의 개인정보자기결정권을 침해한다.

④ 개별 의료급여기관으로 하여금 수급권자의 진료정보를 국민건강보험공단에 알려줄 의무 등 의료급여 자격관리 시스템에 관하여 규정한 보건복지부 고시조항은 동 조항에 의해 수집되는 정보의 범위가 건강생활유지비의 지원 및 급여일수의 확인을 위해 필요한 정보로 제한되어 있다는 점에서 과잉금지원칙에 위배되어 해당 수급권자인 청구인의 개인정보자기결정권을 침해하지 않는다.

해설

③ [×] 재범의 위험성이 높은 범죄를 범한 수형인 등은 생존하는 동안 재범의 가능성이 있으므로, 디엔에이신원확인정보를 수형인등이 사망할 때까지 관리하여 범죄 수사 및 예방에 이바지하고자 하는 이 사건 삭제조항은 입법목적의 정당성과 수단의 적절성이 인정된다. … 디엔에이신원확인정보를 범죄수사 등에 이용함으로써 달성할 수 있는 공익의 중요성에 비하여 청구인의 불이익이 크다고 보기 어려워 법익균형성도 갖추었다. 따라서 이 사건 삭제조항이 과도하게 개인정보자기결정권을 침해한다고 볼 수 없다(헌재 2014.8.28, 2011헌마28 등).

① [O] 개인정보자기결정권은 자신에 관한 정보가 언제 누구에게 어느 범위까지 알려지고 또 이용되도록 할 것인지를 그 정보주체가 스스로 결정할 수 있는 권리이다. 즉 정보주체가 개인정보의 공개와 이용에 관하여 스스로 결정할 권리를 말한다. 개인정보자기결정권의 보호대상이 되는 개인정보는 개인의 신체, 신념, 사회적 지위, 신분 등과 같이 개인의 인격주체성을 특징짓는 사항으로서 그 개인의 동일성을 식별할 수 있게 하는 일체의 정보라고 할 수 있고, 반드시 개인의 내밀한 영역이나 사사(私事)의 영역에 속하는 정보에 국한되지 않고 공적 생활에서 형성되었거나 이미 공개된 개인정보까지 포함한다(헌재 2005.5.26, 99헌마513 등).

② [O] 디엔에이신원확인정보는 개인 식별을 목적으로 디엔에이감식을 통하여 취득한 정보로서 일련의 숫자 또는 부호의 조합으로 표기된 것인데, 이는 '개인정보 보호법' 제2조 제1호에서 말하는 생존하는 개인에 관한 정보로서 당해정보만으로는 특정개인을 식별할 수 없더라도 다른 정보와 쉽게 결합하여 당해 개인을 식별할 수 있는 정보에 해당하는 개인정보이다. 이 사건 삭제조항은 특별한 사유가 없는 한 사망할 때까지 개인정보인 디엔에이신원확인정보를 데이터베이스에 수록, 관리할 수 있도록 규정하여 개인정보자기결정권을 제한한다(헌재 2014.8.28, 2011헌마28 등).

정답 | 13 ② 14 ③

④ [O] 위 고시조항에 의하여 수집되는 정보의 범위는 건강생활유지비의 지원 및 급여일수의 확인을 위해 필요한 정보로 제한되어 있고, 공인인증서 이용을 통한 개인정보 보호조치 강화, 각종 법률에서의 업무상 비밀 누설 금지의무 부과 및 그 위반시 형벌규정 등을 통해 피해를 최소화하는 장치가 갖추어져 있다 할 것이며, 위 고시 조항으로 인하여 얻게 되는 공익, 즉 수급자격 및 급여액의 정확성을 확보하여 의료급여제도의 원활한 운영을 기한다는 공익이 이로 인하여 제한되는 수급권자의 개인정보자기결정권인 사익보다 크다 할 것이므로 법익의 균형성도 갖추었다고 할 것이다. 따라서, 이 사건 고시조항은 헌법상 과잉금지원칙에 위배되어 청구인들의 개인정보자기결정권을 침해하는 것이라고 볼 수 없다(헌재 2009.9.24, 2007헌마1092).

15 성범죄자의 신상정보 등록과 개인정보자기결정권에 대한 설명으로 가장 적절한 것은? (다툼이 있는 경우 헌법재판소 판례에 의함)

23. 경찰간부

① 통신매체이용음란죄로 유죄판결이 확정된 자를 신상정보 등록대상자로 규정한 조항은 청구인의 개인정보자기결정권을 침해하지 않는다.

② 공중밀집장소추행죄로 유죄판결이 확정된 자를 신상정보 등록대상자로 규정한 조항은 청구인의 개인정보자기결정권을 침해한다.

③ 카메라등이용촬영죄로 유죄판결이 확정된 자의 신상등록정보를 최초 등록일부터 20년간 법무부장관이 보존·관리하여야 한다고 규정한 조항은 청구인들의 개인정보자기결정권을 침해한다.

④ 강제추행죄로 유죄판결이 확정된 자는 신상정보 등록대상자로서 성명, 주민등록번호 등을 제출하여야 하고, 이 정보가 변경된 경우 그 사유와 변경내용을 제출하여야 한다고 규정한 조항은 청구인의 개인정보자기결정권을 침해한다.

해설

③ [O] 성범죄의 재범을 억제하고 수사의 효율성을 제고하기 위하여, 법무부장관이 등록대상자의 재범 위험성이 상존하는 20년 동안 그의 신상정보를 보존·관리하는 것은 정당한 목적을 위한 적합한 수단이다. 그런데 재범의 위험성은 등록대상 성범죄의 종류, 등록대상자의 특성에 따라 다르게 나타날 수 있고, 입법자는 이에 따라 등록기간을 차등화함으로써 등록대상자의 개인정보자기결정권에 대한 제한을 최소화하는 것이 바람직함에도, 이 사건 관리조항은 모든 등록대상 성범죄자에 대하여 일률적으로 20년의 등록기간을 적용하고 있으며, 이 사건 관리조항에 따라 등록기간이 정해지고 나면, 등록의무를 면하거나 등록기간을 단축하기 위해 심사를 받을 수 있는 여지도 없으므로 지나치게 가혹하다. 그리고 이 사건 관리조항이 추구하는 공익이 중요하더라도, 모든 등록대상자에게 20년 동안 신상정보를 등록하게 하고 위 기간 동안 각종 의무를 부과하는 것은 비교적 경미한 등록대상 성범죄를 저지르고 재범의 위험성도 많지 않은 자들에 대해서는 달성되는 공익과 침해되는 사익 사이의 불균형이 발생할 수 있으므로 이 사건 관리조항은 개인정보자기결정권을 침해한다(헌재 2015.7.30, 2014헌마340).

① [×] 통신매체이용음란죄의 구성요건에 해당하는 행위 태양은 행위자의 범의·범행 동기·행위 상대방·행위 횟수 및 방법 등에 따라 매우 다양한 유형이 존재하고, 개별 행위유형에 따라 재범의 위험성 및 신상정보 등록 필요성은 현저히 다르다. 그런데 심판대상조항은 통신매체이용음란죄로 유죄판결이 확정된 사람은 누구나 법관의 판단 등 별도의 절차 없이 필요적으로 신상정보 등록대상자가 되도록 하고 있고, 등록된 이후에는 그 결과를 다툴 방법도 없다. 그렇다면 심판대상조항은 통신매체이용음란죄의 죄질 및 재범의 위험성에 따라 등록대상을 축소하거나, 유죄판결 확정과 별도로 신상정보 등록 여부에 관하여 법관의 판단을 받도록 하는 절차를 두는 등 기본권 침해를 줄일 수 있는 다른 수단을 채택하지 않았다는 점에서 침해의 최소성 원칙에 위배된다(헌재 2016.3.31, 2015헌마688).

② [×] 공중밀집장소추행죄로 유죄판결이 확정된 자를 신상정보 등록대상자로 규정한 조항은 청구인의 개인정보자기결정권을 침해하지 않는다(헌재 2020.6.25, 2019헌마699).

④ [×] 제출조항은 등록대상자의 동일성 식별 및 동선 파악을 위하여 필요한 범위 내에서 정보 제출을 요청할 뿐이고, 성범죄 억제 및 수사 효율이라는 중대한 공익을 위하여 필요하다. 제출조항은 과잉금지원칙을 위반하여 청구인의 개인정보자기결정권을 침해하지 아니한다(헌재 2019.11.28, 2017헌마399).

16 개인정보자기결정권에 관한 설명 중 옳고 그름의 표시(○, ×)가 바르게 된 것은? (다툼이 있는 경우 판례에 의함)

24. 경정승진

> ㉠ 개인정보자기결정권의 보호대상이 되는 개인정보는 개인의 신체, 신념, 사회적 지위, 신분 등과 같이 개인의 인격주체성을 특징짓는 사항으로 그 개인의 동일성을 식별할 수 있게 하는 일체의 정보이며, 반드시 개인의 내밀한 영역이나 사사(私事)의 영역에 속하는 정보에 국한되지 않고 공적 생활에서 형성되었거나 이미 공개된 개인정보까지 포함한다.
> ㉡ 국회의원이 '각급학교 교원의 교원단체 및 교원노조 가입현황 실명자료'를 인터넷을 통하여 공개한 행위는 해당 교원들의 개인정보자기결정권을 침해한다.
> ㉢ 거짓이나 그 밖의 부정한 방법으로 보조금을 교부받거나 보조금을 유용하여 어린이집 운영정지, 폐쇄명령 또는 과징금 처분을 받은 어린이집에 대하여 그 위반사실을 공표하도록 한 구 영유아보육법 조항은 개인정보자기결정권을 침해한다.
> ㉣ 아동·청소년에 대한 강제추행죄로 유죄판결이 확정된 자를 신상정보 등록대상자로 규정하고 그로 하여금 관할 경찰관서의 장에게 신상정보를 제출하도록 하며 신상정보가 변경될 경우 그 사유와 변경내용을 제출하도록 하는 성폭력범죄의 처벌 등에 관한 특례법 조항은 개인정보자기결정권을 침해하지 않는다.

	㉠	㉡	㉢	㉣
①	×	○	○	×
②	○	×	○	○
③	○	○	×	○
④	○	○	○	○

해설

㉠ [O] 개인정보자기결정권은 자신에 관한 정보가 언제 누구에게 어느 범위까지 알려지고 또 이용되도록 할 것인지를 그 정보주체가 스스로 결정할 수 있는 권리이다. 즉, 정보주체가 개인정보의 공개와 이용에 관하여 스스로 결정할 권리를 말한다. 개인정보자기결정권의 보호대상이 되는 개인정보는 개인의 신체, 신념, 사회적 지위, 신분 등과 같이 개인의 인격주체성을 특징짓는 사항으로서 그 개인의 동일성을 식별할 수 있게 하는 일체의 정보라고 할 수 있고, 반드시 개인의 내밀한 영역이나 사사(私事)의 영역에 속하는 정보에 국한되지 않고 공적 생활에서 형성되었거나 이미 공개된 개인정보까지 포함한다(헌재 2005.5.26, 99헌마513 등).

㉡ [O] 국회의원인 甲 등이 '각급학교 교원의 교원단체 및 교원노조 가입현황 실명자료'를 인터넷을 통하여 공개한 사안에서, 위 정보는 개인정보자기결정권의 보호대상이 되는 개인정보에 해당하므로 이를 일반 대중에게 공개하는 행위는 해당 교원들의 개인정보자기결정권과 전국교직원노동조합의 존속, 유지, 발전에 관한 권리를 침해하는 것이고, 甲 등이 위 정보를 공개한 표현행위로 인하여 얻을 수 있는 법적 이익이 이를 공개하지 않음으로써 보호받을 수 있는 해당 교원 등의 법적 이익에 비하여 우월하다고 할 수 없으므로, 甲 등의 정보 공개행위가 위법하다(대판 2014.7.24, 2012다49933).

㉢ [×] 어린이집의 투명한 운영을 담보하고 영유아 보호자의 보육기관 선택권을 실질적으로 보장하기 위해서는 보조금을 부정수급하거나 유용한 어린이집의 명단 등을 공표하여야 할 필요성이 있으며, 심판대상조항은 공표대상이나 공표정보, 공표기간 등을 제한적으로 규정하고 공표 전에 의견진술의 기회를 부여하여 공표대상자의 절차적 권리도 보장하고 있다. 나아가 심판대상조항을 통하여 추구하는 영유아의 건강한 성장 도모 및 영유아 보호자들의 보육기관 선택권 보장이라는 공익이 공표대상자의 법 위반사실이 일정기간 외부에 공표되는 불이익보다 크다. 따라서 심판대상조항은 과잉금지원칙을 위반하여 인격권 및 개인정보자기결정권을 침해하지 아니한다(헌재 2022.3.1, 2019헌바520).

㉣ [O] 제출조항은 등록대상자로 하여금 다시 성범죄를 범할 경우 본인이 쉽게 검거될 수 있다는 인식을 한층 강화하여 재범을 억제하고, 실제로 등록대상자가 재범한 경우에는 수사기관으로 하여금 위 정보를 활용하여 범죄자를 신속하고 효율적으로 검거할 수 있게 하므로, 목적의 정당성과 수단의 적합성이 인정된다. … 따라서 제출조항은 과잉금지원칙을 위반하여 청구인의 개인정보자기결정권을 침해하지 아니한다(헌재 2019.11.28, 2017헌마399).

정답 | 15 ③ 16 ③

■ 주거의 자유

01 주거의 자유에 대한 설명으로 가장 적절하지 않은 것은? (다툼이 있는 경우 판례에 의함) 25. 경찰간부

① 주거는 생활의 기초단위로서 구성원 전체의 인격이 형성되고 발현되는 사적 공간이므로 그 보호의 필요성이 매우 크다.

② 행위자가 범죄 등을 목적으로 음식점에 출입하였거나 영업주가 행위자의 실제 출입 목적을 알았더라면 출입을 승낙하지 않았을 것이라는 사정이 인정되더라도 그러한 사정만으로는 출입 당시 객관적·외형적으로 드러난 행위태양에 비추어 사실상의 평온상태를 해치는 방법으로 음식점에 들어갔다고 평가할 수 없으므로 침입행위에 해당하지 않는다.

③ 피해자의 집 마당은 도로에 바로 접하여 있고 출입을 통제하는 문이나 담 기타 인적·물적 설비가 없으므로, 집 마당을 넘어가 외부출입문을 열고 내부출입문을 손으로 두드린 행위는, 주거의 형태와 용도·성질, 외부인에 대한 출입의 통제·관리의 방식과 상태, 출입 경위와 방법 등을 종합적으로 고려하면, 사실상의 평온상태를 해치는 행위태양으로 주거침입에 해당한다.

④ 헌법 제16조의 영장주의에 대해서도 그 예외를 인정하되, 그 장소에 범죄혐의 등을 입증할 자료나 피의자가 존재할 개연성이 소명되고, 사전에 영장을 발부받기 어려운 긴급한 사정이 있는 경우에만 제한적으로 허용될 수 있다.

해설

③ [×] 피해자의 집 마당은 도로에 바로 접하여 있고 도로에서 피해자의 집으로 들어가는 입구에 그 출입을 통제하는 문이나 담 기타 인적·물적 설비가 없어, 누구나 통상의 보행으로 자유롭게 드나들 수 있는 구조에 해당한다. 따라서 피해자의 집 마당은 주거침입죄의 객체가 되는 위요지에 해당한다고 단정하기 어렵다(헌재 2022.10.27, 2020헌마866).

① [O] 헌법 제16조에서는 모든 국민은 주거의 자유를 침해받지 아니한다고 규정하여 주거의 자유를 기본권으로 특별히 보호하고 있는 바, 주거는 생활의 기초단위로서 구성원 전체의 인격이 형성되고 발현되는 사적 공간이므로 그 보호의 필요성이 매우 크다(헌재 2020.9.24, 2018헌바171).

② [O] 일반인의 출입이 허용된 음식점에 영업주의 승낙을 받아 통상적인 출입방법으로 들어갔다면 특별한 사정이 없는 한 주거침입죄에서 규정하는 침입행위에 해당하지 않는다. 설령 행위자가 범죄 등을 목적으로 음식점에 출입하였거나 영업주가 행위자의 실제 출입 목적을 알았더라면 출입을 승낙하지 않았을 것이라는 사정이 인정되더라도 그러한 사정만으로는 출입 당시 객관적·외형적으로 드러난 행위 태양에 비추어 사실상의 평온상태를 해치는 방법으로 음식점에 들어갔다고 평가할 수 없으므로 침입행위에 해당하지 않는다(대판 2022.5.12, 2022도2907).

④ [O] 헌법 제16조가 주거의 자유와 관련하여 영장주의를 선언하고 있는 이상, 그 예외는 매우 엄격한 요건 하에서만 인정되어야 하는 점 등을 종합하면, 헌법 제16조의 영장주의에 대해서도 그 예외를 인정하되, 이는 그 장소에 범죄혐의 등을 입증할 자료나 피의자가 존재할 개연성이 소명되고, 사전에 영장을 발부받기 어려운 긴급한 사정이 있는 경우에만 제한적으로 허용될 수 있다고 보는 것이 타당하다(헌재 2018.4.26, 2015헌바370 등).

02 주거 및 거주 · 이전의 자유에 관한 설명으로 가장 적절하지 않은 것은? (다툼이 있는 경우 판례에 의함)

25. 경정승진

① 출입국관리법에 의한 보호에 있어서 용의자에 대한 긴급보호를 위해 그의 주거에 들어간 것이라면 그 긴급보호가 적법한 이상 주거의 자유를 침해한 것으로 볼 수 없으므로 청구인에 대한 긴급보호가 적법한 이상 그 긴급보호 과정에서 청구인의 주거에 들어갔다고 하더라도 주거의 자유를 침해하였다고 볼 수 없다.

② 헌법 제16조 후문은 영장주의에 대한 예외를 명문화하고 있지 않지만, 헌법 제16조의 영장주의에 대해서도 그 예외를 인정하되, 그 장소에 범죄혐의 등을 입증할 자료나 피의자가 존재할 개연성이 소명되고, 사전에 영장을 발부받기 어려운 긴급한 사정이 있는 경우에만 제한적으로 허용될 수 있다고 보는 것이 타당하다.

③ 거주 · 이전의 자유는 구체적으로는 국내에서 체류지와 거주지를 자유롭게 정할 수 있는 자유영역뿐 아니라 국외에서 체류지와 거주지를 자유롭게 정할 수 있는 '해외여행 및 해외 이주의 자유'를 포함하고 대한민국의 국적을 이탈할 수 있는 '국적변경의 자유' 등도 그 내용에 포섭된다.

④ 법인이 과밀억제권역 내에 본점의 사업용 부동산으로 건축물을 신축하여 이를 취득하는 경우 취득세를 중과세하는 구 지방세법 조항은 인구유입과 경제력 집중의 효과가 뚜렷한 건물의 신축, 증축 그리고 부속토지의 취득만을 그 적용대상으로 한정하여 부당하게 중과세할 소지를 제거하였다 하더라도 여전히 인구유입 또는 경제력 집중을 유발하는 효과가 없는 경우까지 이 조항을 적용할 수 있으므로 법인의 거주 · 이전의 자유를 침해한다.

해설

④ [×] 이 사건 법률조항은 수도권 내의 과밀억제권역 안에서 법인의 본점의 사업용 부동산, 특히 본점용 건축물을 신축 또는 증축하는 경우에 취득세를 중과세하는 조항이므로, 이 사건 법률조항에 의하여 청구인의 거주 · 이전의 자유와 영업의 자유가 침해되는지 여부가 문제된다. … 구법과 달리 인구유입과 경제력 집중의 효과가 뚜렷한 건물의 신축, 증축 그리고 부속토지의 취득만을 그 적용대상으로 한정하여 부당하게 중과세할 소지를 제거하였다. 최근 대법원 판결도 구체적인 사건에서 인구유입이나 경제력집중 효과에 관한 판단을 전적으로 배제한 것으로는 보기 어렵다. 따라서 이 사건 법률조항은 거주 · 이전의 자유와 영업의 자유를 침해하지 아니한다(헌재 2014.7.24, 2012헌바408).

① [O] 출입국관리법에 의한 보호에 있어서 용의자에 대한 긴급보호를 위해 그의 주거에 들어간 것이라면 그 긴급보호가 적법한 이상 주거의 자유를 침해한 것으로 볼 수 없으므로 청구인에 대한 긴급보호가 적법한 이상 그 긴급보호 과정에서 청구인의 주거에 들어갔다고 하더라도 주거의 자유를 침해하였다고 볼 수 없다(헌재 2012.8.23, 2008헌마430).

② [O] 헌법 제16조가 주거의 자유와 관련하여 영장주의를 선언하고 있는 이상, 그 예외는 매우 엄격한 요건하에서만 인정되어야 하는 점 등을 종합하면, 헌법 제16조의 영장주의에 대해서도 그 예외를 인정하되, 이는 그 장소에 범죄혐의 등을 입증할 자료나 피의자가 존재할 개연성이 소명되고, 사전에 영장을 발부받기 어려운 긴급한 사정이 있는 경우에만 제한적으로 허용될 수 있다고 보는 것이 타당하다(헌재 2018.4.26, 2015헌바370 등).

③ [O] 거주 · 이전의 자유는 국가의 간섭없이 자유롭게 거주와 체류지를 정할 수 있는 자유로서 정치 · 경제 · 사회 · 문화 등 모든 생활영역에서 개성신장을 촉진함으로써 헌법상 보장되고 있는 다른 기본권들의 실효성을 증대시켜주는 기능을 한다. 구체적으로는 국내에서 체류지와 거주지를 자유롭게 정할 수 있는 자유영역뿐 아니라 나아가 국외에서 체류지와 거주지를 자유롭게 정할 수 있는 '해외여행 및 해외 이주의 자유'를 포함하고 덧붙여 대한민국의 국적을 이탈할 수 있는 '국적변경의 자유' 등도 그 내용에 포섭된다고 보아야 한다(헌재 2004.10.28, 2003헌가18).

정답 | 01 ③ 02 ④

03 주거의 자유에 대한 설명으로 가장 적절하지 않은 것은? (다툼이 있는 경우 판례에 의함) 21. 경찰승진

① 헌법 제16조가 영장주의에 대한 예외를 마련하고 있지 않으므로 주거에 대한 압수나 수색에 있어서 영장주의의 예외를 인정할 수 없다.

② 헌법 제16조가 보장하는 주거의 자유는 개방되지 않은 사적 공간인 주거를 공권력이나 제3자에 의해 침해당하지 않도록 함으로써 국민의 사생활영역을 보호하기 위한 권리이다.

③ 주거용 건축물의 사용·수익관계를 정하고 있는 도시 및 주거환경정비법 조항은 헌법 제16조에 의해 보호되는 주거의 자유를 제한하지 않는다.

④ 점유할 권리 없는 자의 점유라고 하더라도 그 주거의 평온은 보호되어야 할 것이므로, 권리자가 그 권리를 실행함에 있어 법에 정하여진 절차에 의하지 아니하고 그 건조물 등에 침입한 경우에 주거침입죄가 성립한다.

해설

① [×]

> 헌법 제16조 모든 국민은 주거의 자유를 침해받지 아니한다. 주거에 대한 압수나 수색을 할 때에는 검사의 신청에 의하여 법관이 발부한 영장을 제시하여야 한다.

헌법 제16조 후문은 "주거에 대한 압수나 수색을 할 때에는 검사의 신청에 의하여 법관이 발부한 영장을 제시하여야 한다."라고 규정하고 있을 뿐 영장주의에 대한 예외를 명문화하고 있지 않다. 그러나 헌법 제12조 제3항과 헌법 제16조의 관계, 주거 공간에 대한 긴급한 압수·수색의 필요성, 주거의 자유와 관련하여 영장주의를 선언하고 있는 헌법 제16조의 취지 등을 종합하면, 헌법 제16조의 영장주의에 대해서도 그 예외를 인정하되, 이는 ㉠ 그 장소에 범죄혐의 등을 입증할 자료나 피의자가 존재할 개연성이 소명되고, ㉡ 사전에 영장을 발부받기 어려운 긴급한 사정이 있는 경우에만 제한적으로 허용될 수 있다고 보는 것이 타당하다(헌재 2018.4.26, 2015헌바370).

②③ [O] 헌법 제16조가 보장하는 주거의 자유는 개방되지 않은 사적 공간인 주거를 공권력이나 제3자에 의해 침해당하지 않도록 함으로써 국민의 사생활영역을 보호하기 위한 권리이므로, 주거용 건축물의 사용·수익관계를 정하고 있는 이 사건 법률조항이 주거의 자유를 제한한다고 볼 수도 없다(헌재 2014.7.24, 2012헌마662).

④ [O] 주거침입죄는 사실상의 주거의 평온을 보호법익으로 하는 것이므로 그 거주자 또는 간수자가 건조물 등에 주거 또는 간수할 권리를 가지고 있는 여부는 범죄의 성립을 좌우하는 것이 아니며 점유할 권리 없는 자의 점유라 하더라도 그 주거의 평온은 보호되어야 할 것이므로 권리자가 그 권리를 실현함에 있어 법에 정하여진 절차에 의하지 아니하고 그 주거 또는 건조물에 침입하는 경우에는 주거침입죄가 성립한다(대판 1984.4.24, 83도1429).

■ 거주·이전의 자유

01 다음 중 거주·이전의 자유에 관한 설명으로 가장 옳지 않은 것은? 24. 법원직

① 거주·이전의 자유에는 국외에서 체류지와 거주지를 자유롭게 정할 수 있는 '해외여행 및 해외이주의 자유'가 포함되고, 이는 필연적으로 외국에서 체류하거나 거주하기 위해서 대한민국을 떠날 수 있는 '출국의 자유'와 외국체류 또는 거주를 중단하고 다시 대한민국으로 돌아올 수 있는 '입국의 자유'를 포함한다.

② 법무부장관으로 하여금 형사재판에 계속 중인 사람에게 6개월 이내 기간을 정하여 출국을 금지할 수 있도록 한 출입국 관리법 해당 규정은 출국의 자유를 침해하지 아니한다.

③ 공익사업에 있어 수용개시일까지 토지 등의 인도의무를 정하는 규정은 토지소유자의 거주·이전의 자유를 침해하지 아니한다.

④ 서울특별시 서울광장은 생활형성의 거주지나 체류지에 해당하고, 서울광장에 출입하고 통행하는 행위가 그 장소를 중심으로 생활을 형성해 나가는 행위에 속하므로, 경찰청장이 경찰버스들로 서울광장을 둘러싸 통행을 제지하는 행위는 거주·이전의 자유를 제한한다.

해설

④ [×] 거주·이전의 자유는 거주지나 체류지라고 볼 만한 정도로 생활과 밀접한 연관을 갖는 장소를 선택하고 변경하는 행위를 보호하는 기본권인바, 이 사건에서 서울광장이 청구인들의 생활형성의 중심지인 거주지나 체류지에 해당한다고 할 수 없고, 서울광장에 출입하고 통행하는 행위가 그 장소를 중심으로 생활을 형성해 나가는 행위에 속한다고 볼 수도 없으므로 청구인들의 거주·이전의 자유가 제한되었다고 할 수 없다. … 따라서 이 사건 통행제지행위는 과잉금지원칙을 위반하여 청구인들의 일반적 행동자유권을 침해한 것이다(헌재 2011.6.30, 2009헌마406).

① [O] 헌법 제14조의 거주·이전의 자유는 국가의 간섭 없이 자유롭게 거주와 체류지를 정할 수 있는 자유로서, 정치·경제·사회·문화 등 모든 생활영역에서 개성 신장을 촉진함으로써 헌법상 보장되고 있는 다른 기본권의 실효성을 증대시키는 기능을 한다. 거주·이전의 자유에는 국외에서 체류지와 거주지를 자유롭게 정할 수 있는 '해외여행 및 해외이주의 자유'가 포함되고, 이는 필연적으로 외국에서 체류하거나 거주하기 위해서 대한민국을 떠날 수 있는 '출국의 자유'와 외국체류 또는 거주를 중단하고 다시 대한민국으로 돌아올 수 있는 '입국의 자유'를 포함한다(헌재 2015.9.24, 2012헌바302).

② [O] 형사재판에 계속 중인 사람의 해외도피를 막아 국가 형벌권을 확보함으로써 실체적 진실발견과 사법정의를 실현하고자 하는 심판대상조항은 그 입법목적이 정당하고, 형사재판에 계속 중인 사람의 출국을 일정 기간 동안 금지할 수 있도록 하는 것은 이러한 입법목적을 달성하는 데 기여할 수 있으므로 수단의 적정성도 인정된다. … 따라서 심판대상조항은 과잉금지원칙에 위배되어 출국의 자유를 침해하지 아니한다(헌재 2015.9.24, 2012헌바302).

③ [O] 심판대상조항들은 효율적인 공익사업의 수행을 담보하기 위하여 수용된 토지 등의 인도의무를 형사처벌로 강제하고 있으므로 그 목적의 정당성과 수단의 적합성이 인정된다. … 인도의무자의 권리가 절차적으로 보호되고 의견제출 및 불복수단이 마련되어 있는 점 등을 고려할 때, 인도의무의 강제로 인한 부담이 공익사업의 적시 수행이라는 공익의 중요성보다 크다고 볼 수 없어 법익균형성을 상실하였다고 볼 수 없다. … 심판대상조항은 과잉금지원칙에 반하여 재산권, 거주·이전의 자유 및 직업의 자유를 침해한다고 볼 수 없다(헌재 2020.5.27, 2017헌바464 등).

02 거주·이전의 자유에 대한 설명으로 가장 적절하지 않은 것은? (다툼이 있는 경우 헌법재판소 판례에 의함)

25. 경찰간부

① 법무부령이 정하는 금액 이상의 추징금을 납부하지 아니한 자에게 출국을 금지할 수 있도록 한 출입국관리법 조항은 단순히 금액을 기준으로 기본적인 인간의 권리를 제한하는 것으로 추징금 미납자의 출국의 자유를 침해한다.

② 복수국적자가 외국에 주소가 있는 경우에만 국적이탈을 신고할 수 있도록 하는 국적법 조항은 기회주의적 국적이탈을 방지하기 위한 것으로, 복수국적자의 국적이탈의 자유를 침해하지 아니한다.

③ 병역준비역에 대하여 27세를 초과하지 않는 범위에서 단기 국외여행을 허가하도록 한 구 '병역의무자 국외여행 업무처리 규정'은 27세가 넘은 병역준비역의 거주·이전의 자유를 침해하지 않는다.

④ 여행금지국가로 고시된 사정을 알면서도 허가를 받지 않고 여행금지국가를 방문하는 등의 행위를 1년 이하의 징역 또는 1천만원 이하의 벌금에 처하도록 규정하고 있는 여권법 조항은 그 처벌수준이 비교적 경미하므로 국민의 거주·이전의 자유를 침해하지 않는다.

해설

① [×] 출국금지의 대상이 되는 추징금은 2,000만원 이상으로 규정하여 비교적 고액의 추징금 미납자에 대하여서만 출국의 자유를 제한할 수 있도록 하고 있으며 실무상 추징금 미납을 이유로 출국금지처분을 함에 있어서는 재산의 해외도피 우려를 중요한 기준으로 삼고 있다. … 일정한 액수의 추징금 미납사실 외에 '재산의 해외도피 우려'라는 국가형벌권실현의 목적에 부합하는 요건을 추가적으로 요구함으로써 출국과 관련된 기본권의 제한을 최소한에 그치도록 배려하고 있다. … 재산의 해외도피 우려가 있는 추징금 미납자에 대하여 하는 출국금지처분이 결코 과중한 조치가 아닌 최소한의 기본권제한조치라고 아니할 수 없다(헌재 2004.10.28, 2003헌가18).

② [O] 심판대상조항은 복수국적자의 기회주의적 국적이탈을 방지하여 국민으로서 마땅히 부담해야 할 의무에 대한 악의적 면탈을 방지하고 국가공동체 운영의 기본원리를 지키고자 적어도 외국에 주소가 있는 자에게만 국적이탈을 허용하려는 것이므로 목적이 정당하고 그 수단도 적합하다. … 심판대상조항은 과잉금지원칙에 위배되지 아니하므로 국적이탈의 자유를 침해하지 아니한다(헌재 2023.2.23, 2020헌바603).

정답 | 03 ① 01 ④ 02 ①

③ [O] 심판대상조항은 병역법령에 의할 때 예외적인 경우가 아니면 27세까지만 징집 연기가 가능하다는 점을 고려하여, 병역준비역에 대하여 27세를 초과하지 않는 범위에서만 단기 국외여행을 허가하도록 규정한다. … 이처럼 심판대상조항은 공정하고 효율적인 병역의무의 이행을 확보한다는 입법목적을 해치지 않으면서도 징집 연기가 가능한 범위에서 국외여행의 자유를 최대한 보장하고 있다. 따라서 심판대상조항은 청구인의 거주·이전의 자유를 침해하지 않는다(헌재 2023.2.23, 2019헌마1157).

④ [O] 이 사건 처벌조항의 입법목적은 국외 위난상황으로부터 국민의 생명·신체나 재산을 보호하고 국외 위난상황으로 인해 국가·사회에 미칠 수 있는 파급 효과를 사전에 예방하는 것이다. 이와 같은 이 사건 처벌조항의 입법목적은 정당하고, 이 사건 처벌조항은 이에 적합한 수단이다. … 그러므로 이 사건 처벌조항은 과잉금지원칙에 반하여 청구인의 거주·이전의 자유를 침해하지 않는다(헌재 2020.2.27, 2016헌마945).

03 거주·이전의 자유에 관한 설명으로 가장 적절한 것은? (다툼이 있는 경우 헌법재판소 판례에 의함)

24. 경찰 2차

① 아프가니스탄 등 전쟁이나 테러위험이 있는 해외 위난지역에서 여권 사용을 제한하거나 방문 또는 체류를 금지한 외교통상부 고시는 거주·이전의 자유를 침해한다.

② 입국의 자유는 인간의 존엄과 가치 및 행복추구권과 밀접한 관련이 있는 인간의 권리에 속하므로, 입국의 자유에 대한 외국인의 기본권 주체성은 인정된다.

③ 국민의 거주·이전의 자유는 국외에서 체류지와 거주지를 자유롭게 정할 수 있는 '해외여행 및 해외이주의 자유'와 외국에서 체류하거나 거주하려고 대한민국을 떠날 수 있는 '출국의 자유'를 포함하지만, 외국체류나 거주를 중단하고 다시 대한민국으로 돌아올 수 있는 '입국의 자유'는 포함하지 않는다.

④ 누구든지 주민등록 여부와 무관하게 거주지를 자유롭게 이전할 수 있어서, 주민등록 여부가 거주·이전의 자유와 직접적인 관계가 있다고 보기도 어렵고, 영내 기거하는 현역병은 병역법으로 말미암아 거주·이전의 자유를 제한받게 된다. 따라서 군인이 영내에 거주할 때 그가 속한 세대의 거주지에 주민등록을 하게 할지라도 그의 거주·이전의 자유는 제한되지 않는다.

해설

④ [O] 누구든지 주민등록 여부와 무관하게 거주지를 자유롭게 이전할 수 있으므로 주민등록 여부가 거주·이전의 자유와 직접적인 관계가 있다고 보기 어려우며, 영내 기거하는 현역병은 병역법으로 인해 거주·이전의 자유를 제한받게 되므로 이 사건 법률조항은 영내 기거 현역병의 거주·이전의 자유를 제한하지 않는다(헌재 2011.6.30, 2009헌마59).

① [×] 외교통상부가 해외 위난지역에서의 국민을 보호하고자 특정 해외 위난지역에서의 여권사용, 방문 또는 체류를 금지한 이 사건 고시는 국민의 생명·신체 및 재산을 보호하기 위한 것으로 그 목적의 정당성과 수단의 적절성이 인정되며, 대상지역을 당시 전쟁이 계속 중이던 이라크와 소말리아, 그리고 실제로 한국인에 대한 테러 가능성이 높았던 아프가니스탄 등 3곳으로 한정하고, 그 기간도 1년으로 하여 그다지 장기간으로 볼 수 없을 뿐 아니라, 부득이한 경우 예외적으로 외교통상부장관의 허가를 받아 여권의 사용 및 방문·체류가 가능하도록 함으로써 국민의 거주·이전의 자유에 대한 제한을 최소화하고 법익의 균형성도 갖추었다. … 이 사건 고시가 과잉금지원칙에 위배하여 청구인들의 거주·이전의 자유를 침해하였다고 볼 수 없다(헌재 2008.6.26, 2007헌마1366).

② [×] 참정권에 대한 외국인의 기본권주체성은 인정되지 아니하고, 이 사건에서 청구인이 주장하는 거주·이전의 자유는 입국의 자유에 관한 것이므로 이에 대해서도 외국인의 기본권주체성은 인정되지 아니한다(헌재 2014.6.26, 2011헌마502).

③ [×] 헌법 제14조의 거주·이전의 자유는 국가의 간섭 없이 자유롭게 거주와 체류지를 정할 수 있는 자유로서, 정치·경제·사회·문화 등 모든 생활영역에서 개성 신장을 촉진함으로써 헌법상 보장되고 있는 다른 기본권의 실효성을 증대시키는 기능을 한다. 거주·이전의 자유에는 국외에서 체류지와 거주지를 자유롭게 정할 수 있는 '해외여행 및 해외이주의 자유'가 포함되고, 이는 필연적으로 외국에서 체류하거나 거주하기 위해서 대한민국을 떠날 수 있는 '출국의 자유'와 외국체류 또는 거주를 중단하고 다시 대한민국으로 돌아올 수 있는 '입국의 자유'를 포함한다(헌재 2015.9.24, 2012헌바302).

04 거주 · 이전의 자유에 대한 설명으로 옳은 것은? 24. 국가직 7급

① 법인이 과밀억제권역 내에 본점의 사업용 부동산으로 건축물을 신축하여 이를 취득하는 경우 취득세를 중과세하는 구 지방세법 해당 조항 본문 중 "본점의 사업용 부동산을 취득하는 경우"에 관한 부분은 인구유입이나 경제력집중 효과에 관한 판단을 전적으로 배제한 것이므로 거주 · 이전의 자유를 침해한다.

② 법무부령이 정하는 금액 이상의 추징금을 납부하지 아니한 자의 출국을 금지할 수 있도록 한 출입국관리법 조항은 거주 · 이전의 자유 중 출국의 자유를 제한하는 것은 아니다.

③ 지방병무청장으로 하여금 병역준비역에 대하여 27세를 초과하지 않는 범위에서 단기 국외여행을 허가하도록 한 구 병역의무자 국외여행 업무처리 규정 해당 조항 중 '병역준비역의 단기 국외여행 허가기간을 27세까지로 정한 부분'은 27세가 넘은 병역준비역인 청구인의 거주 · 이전의 자유를 침해한다.

④ 구 도시 및 주거환경정비법 제40조 제1항 본문이 수용개시일까지 토지 등의 인도의무를 정하는 공익사업을 위한 토지 등의 취득 및 보상에 관한 법률 제43조를 주거용 건축물 소유자에 준용하는 부분은 청구인들의 거주 · 이전의 자유를 침해한다고 볼 수 없다.

해설

④ [O] 심판대상조항들은 효율적인 공익사업의 수행을 담보하기 위하여 수용된 토지 등의 인도의무를 형사처벌로 강제하고 있으므로 그 목적의 정당성과 수단의 적합성이 인정된다. … 인도의무자의 권리가 절차적으로 보호되고 의견제출 및 불복수단이 마련되어 있는 점 등을 고려할 때, 인도의무의 강제로 인한 부담이 공익사업의 적시 수행이라는 공익의 중요성보다 크다고 볼 수 없어 법익균형성을 상실하였다고 볼 수 없다. … 심판대상조항은 과잉금지원칙에 반하여 재산권, 거주 · 이전의 자유 및 직업의 자유를 침해한다고 볼 수 없다(헌재 2020.5.27, 2017헌바464 등).

① [×] 이 사건 법률조항은 수도권 내의 과밀억제권역 안에서 법인의 본점의 사업용 부동산, 특히 본점용 건축물을 신축 또는 증축하는 경우에 취득세를 중과세하는 조항이므로, 이 사건 법률조항에 의하여 청구인의 거주 · 이전의 자유와 영업의 자유가 침해되는지 여부가 문제된다. … 구법과 달리 인구유입과 경제력 집중의 효과가 뚜렷한 건물의 신축, 증축 그리고 부속토지의 취득만을 그 적용대상으로 한정하여 부당하게 중과세할 소지를 제거하였다. 최근 대법원 판결도 구체적인 사건에서 인구유입이나 경제력집중 효과에 관한 판단을 전적으로 배제한 것으로는 보기 어렵다. 따라서 이 사건 법률조항은 거주 · 이전의 자유와 영업의 자유를 침해하지 아니한다(헌재 2014.7.24, 2012헌바408).

② [×] 심판대상 법조항은 일정금액 이상의 추징금을 납부하지 아니한 자에게 법무부장관이 출국을 금지할 수 있도록 함으로써 헌법 제14조상의 거주 · 이전의 자유 중 출국의 자유를 제한하고 있다(헌재 2004.10.28, 2003헌가18).

③ [×] 심판대상조항은 병역법령에 의할 때 예외적인 경우가 아니면 27세까지만 징집 연기가 가능하다는 점을 고려하여, 병역준비역에 대하여 27세를 초과하지 않는 범위에서만 단기 국외여행을 허가하도록 규정한다. … 이처럼 심판대상조항은 공정하고 효율적인 병역의무의 이행을 확보한다는 입법목적을 해치지 않으면서도 징집 연기가 가능한 범위에서 국외여행의 자유를 최대한 보장하고 있다. 따라서 심판대상조항은 청구인의 거주 · 이전의 자유를 침해하지 않는다(헌재 2023.2.23, 2019헌마1157).

정답 | 03 ④ 04 ④

05 거주 · 이전의 자유에 관한 설명으로 가장 적절한 것은? (다툼이 있는 경우 헌법재판소 판례에 의함)

25. 경찰 1차

① 지방자치단체의 장 선거에서 선거일 현재 계속하여 90일 이상 당해 지방자치단체의 관할구역 안에 주민등록이 되어 있을 것을 입후보의 요건으로 하는 공직선거및선거부정방지법 조항은, 입후보자가 그 체류지와 거주지의 자유로운 결정과 선택에 사실상 제약을 받게 되므로 입후보자의 거주 · 이전의 자유를 침해한다.

② 거주지를 기준으로 중 · 고등학교 입학을 제한하는 교육법시행령 조항은, 학부모가 원하는 경우 언제든지 자유로이 거주지를 이전할 수 있으므로 그와 같은 생활상의 불이익만으로는 거주 · 이전의 자유를 제한한다고는 할 수 없고, 설혹 거주 · 이전의 자유를 다소 제한한다고 하더라도 거주 · 이전의 자유를 침해하는 것이라고는 할 수 없다.

③ 헌법 제14조의 거주 · 이전의 자유는 대한민국 영토 안에서 국가의 간섭이나 방해를 받지 않고 생활의 근거지와 거주지를 임의로 선택할 수 있는 자유를 뜻하는 것이지, 자신이 소속된 국적을 버리거나 변경할 자유, 즉 국적이탈의 자유가 포함되는 것은 아니다.

④ 복수국적자에 대하여 병역준비역에 편입된 때부터 3개월 이내에 대한민국 국적을 이탈하지 않으면 병역의무를 해소한 후에야 이를 가능하도록 한 국적법 조항은 과잉금지원칙에 위배되지 않아 국적이탈의 자유를 침해하지 않는다.

해설

② [O] 이 사건 규정이 적용되는 학교에 자녀를 입학시키고자 하는 학부모는 생활상 발생할 수 있는 여러 가지 불이익을 감수하면서라도 당해 학교 소재지로 거주지를 이전하여야 한다. 그러나 학부모는 원하는 경우 언제든지 자유로이 거주지를 이전할 수 있으므로 그와 같은 생활상의 불이익만으로는 이 사건 규정이 거주 · 이전의 자유를 제한한다고는 할 수 없고, … 이 사건 규정이 청구인의 거주 · 이전의 자유를 침해하는 것이라고는 할 수 없다(헌재 1995.2.23, 91헌마204).

① [×] 직업에 관한 규정이나 공직취임의 자격에 관한 제한규정이 그 직업 또는 공직을 선택하거나 행사하려는 자의 거주 · 이전의 자유를 간접적으로 어렵게 하거나 불가능하게 하거나 원하지 않는 지역으로 이주할 것을 강요하게 될 수 있다 하더라도, 그와 같은 조치가 특정한 직업 내지 공직의 선택 또는 행사에 있어서의 필요와 관련되어 있는 것인 한, 그러한 조치에 의하여 직업의 자유 내지 공무담임권이 제한될 수는 있어도 거주 · 이전의 자유가 제한되었다고 볼 수는 없다. 그러므로 선거일 현재 계속하여 90일 이상 당해 지방자치단체의 관할구역 안에 주민등록이 되어 있을 것을 입후보의 요건으로 하는 이 사건 법률조항으로 인하여 청구인이 그 체류지와 거주지의 자유로운 결정과 선택에 사실상 제약을 받는다고 하더라도 청구인의 공무담임권에 대한 위와 같은 제한이 있는 것은 별론으로 하고 거주 · 이전의 자유가 침해되었다고 할 수는 없다(헌재 1996.6.26, 96헌마200).

③ [×] 국적을 이탈하거나 변경하는 것은 헌법 제14조가 보장하는 거주 · 이전의 자유에 포함되고, 이 사건 법률조항들은 복수국적자인 남성이 제1국민역에 편입된 때에는 그때부터 3개월 이내에 외국 국적을 선택하지 않으면 국적법 제12조 제3항 각 호에 해당하는 때, 즉 현역 · 상근예비역 또는 보충역으로 복무를 마치거나, 제2국민역에 편입되거나, 또는 병역면제처분을 받은 때에야 외국 국적의 선택 및 대한민국 국적의 이탈을 할 수 있도록 하고 있으므로, 이 사건 법률조항들은 복수국적자인 청구인의 국적이탈의 자유를 제한한다(헌재 2015.11.26, 2013헌마805 등).

④ [×] '병역의무의 공평성 확보'라는 입법목적을 훼손하지 않으면서도 기본권을 덜 침해하는 방법이 있는데도 심판대상 법률조항은 그러한 예외를 전혀 두지 않고 일률적으로 병역의무 해소 전에는 국적이탈을 할 수 없도록 하는바, 이는 피해의 최소성 원칙에 위배된다. … 복수국적자는 제1국민역에 편입된 날부터 3개월 이내에 대한민국 국적을 이탈하지 않으면 병역의무를 해소한 후에야 국적이탈이 가능하도록 한 것은 과잉금지원칙에 위반하여 복수국적자의 국적이탈의 자유를 침해한다(헌재 2020.9.24, 2016헌마889).

06 거주 · 이전의 자유에 대한 설명으로 가장 적절한 것은? (다툼이 있는 경우 판례에 의함)

21. 경찰승진

① 거주 · 이전의 자유는 해외여행 및 해외 이주의 자유를 포함하고 있지만, 국적변경의 자유는 그 내용에 포섭되지 않는다.

② 영내 기거하는 현역병은 그가 속한 세대의 거주지에서 등록하여야 한다고 규정하고 있는 주민등록법 조항은 거주 · 이전의 자유를 제한하지 않는다.

③ 서울특별시 서울광장을 경찰버스들로 둘러싸 통행을 제지한 행위는 거주 · 이전의 자유를 제한한다.

④ 복수국적자에 대하여 제1국민역에 편입된 날부터 3개월 이내에 대한민국 국적을 이탈하지 않으면 병역의무를 해소한 후에야 이를 가능하도록 한 국적법 조항은 복수국적자의 국적이탈의 자유를 침해하지 않는다.

해설

② [O] 누구든지 주민등록 여부와 무관하게 거주지를 자유롭게 이전할 수 있으므로 주민등록 여부가 거주 · 이전의 자유와 직접적인 관계가 있다고 보기 어려우며, 영내 기거하는 현역병은 병역법으로 인해 거주 · 이전의 자유를 제한받게 되므로 이 사건 법률조항은 영내 기거 현역병의 거주 · 이전의 자유를 제한하지 않는다(헌재 2011.6.30, 2009헌마59).

① [×] 거주 · 이전의 자유란 국민이 자기가 원하는 곳에 주소나 거소를 설정하고 그것을 이전할 자유를 말하며 그 자유에는 국내에서의 거주 · 이전의 자유 이외에 해외여행 및 해외이주의 자유가 포함되고, 해외여행 및 해외이주의 자유는 대한민국의 통치권이 미치지 않는 곳으로 여행하거나 이주할 수 있는 자유로서 구체적으로 우리나라를 떠날 수 있는 출국의 자유와 외국 체류를 중단하고 다시 우리나라로 돌아올 수 있는 입국의 자유를 포함한다(대판 2008.1.24, 2007두10846).

③ [×] 거주 · 이전의 자유는 거주지나 체류지라고 볼 만한 정도로 생활과 밀접한 연관을 갖는 장소를 선택하고 변경하는 행위를 보호하는 기본권인바, 이 사건에서 서울광장이 청구인들의 생활형성의 중심지인 거주지나 체류지에 해당한다고 할 수 없고, 서울광장에 출입하고 통행하는 행위가 그 장소를 중심으로 생활을 형성해 나가는 행위에 속한다고 볼 수도 없으므로 청구인들의 거주 · 이전의 자유가 제한되었다고 할 수 없다(헌재 2011.6.30, 2009헌마406).

④ [×] 병역준비역에 편입된 복수국적자의 국적선택 기간이 지났다고 하더라도, 그 기간 내에 국적이탈 신고를 하지 못한 데 대하여 사회통념상 그에게 책임을 묻기 어려운 사정 즉, 정당한 사유가 존재하고, 병역의무 이행의 공평성 확보라는 입법목적을 훼손하지 않음이 객관적으로 인정되는 경우라면, 병역준비역에 편입된 복수국적자에게 국적선택 기간이 경과하였다고 하여 일률적으로 국적이탈을 할 수 없다고 할 것이 아니라, 예외적으로 국적이탈을 허가하는 방안을 마련할 여지가 있다. 심판대상 법률조항의 존재로 인하여 복수국적을 유지하게 됨으로써 대상자가 겪어야 하는 실질적 불이익은 구체적 사정에 따라 상당히 클 수 있다. 국가에 따라서는 복수국적자가 공직 또는 국가안보와 직결되는 업무나 다른 국적국과 이익충돌 여지가 있는 업무를 담당하는 것이 제한될 가능성이 있다. 현실적으로 이러한 제한이 존재하는 경우, 특정 직업의 선택이나 업무 담당이 제한되는 데 따르는 사익 침해를 가볍게 볼 수 없다. 심판대상 법률조항은 과잉금지원칙에 위배되어 청구인의 국적이탈의 자유를 침해한다(헌재 2020.9.24, 2016헌마889).

07 거주 · 이전의 자유에 관한 설명 중 가장 적절한 것은? (다툼이 있는 경우 판례에 의함)

23. 경찰승진

① 거주 · 이전의 자유에는 국내에서의 거주 · 이전의 자유 외에도 국외 이주, 해외여행의 자유는 포함되나 귀국의 자유까지 포함되는 것은 아니다.

② 영내에 기거하는 군인은 그가 속한 세대의 거주지에서 등록하여야 한다고 규정하고 있는 주민등록법은 영내 기거 현역병의 거주 · 이전의 자유를 제한한다.

③ 형사재판에 계속 중인 사람에 대하여 출국을 금지할 수 있다고 규정한 출입국관리법은 과잉금지원칙에 위배되어 출국의 자유를 침해한다.

④ 북한 고위직 출신의 탈북 인사인 여권발급 신청인에 대하여 신변에 대한 위해 우려가 있다는 이유로 미국 방문을 위한 여권발급을 거부한 것은 거주 · 이전의 자유를 과도하게 제한하는 것이다.

정답 | 05 ② 06 ② 07 ④

해설

④ [O] 여권발급 신청인이 북한 고위직 출신의 탈북 인사로서 신변에 대한 위해 우려가 있다는 이유로 신청인의 미국 방문을 위한 여권발급을 거부한 것은 여권법 제8조 제1항 제5호에 정한 사유에 해당한다고 볼 수 없고 거주·이전의 자유를 과도하게 제한하는 것으로서 위법하다(대판 2008.1.24, 2007두10846).

① [×] 헌법 제14조 제1항은 "모든 국민은 거주·이전의 자유를 가진다."고 규정하고 있고, 이러한 거주·이전의 자유에는 국내에서의 거주·이전의 자유뿐 아니라 국외 이주의 자유, 해외여행의 자유 및 귀국의 자유가 포함된다(헌재 2008.6.26, 2007헌마1366).

② [×] 누구든지 주민등록 여부와 무관하게 거주지를 자유롭게 이전할 수 있으므로 주민등록 여부가 거주·이전의 자유와 직접적인 관계가 있다고 보기 어려우며, 영내 기거하는 현역병은 병역법으로 인해 거주·이전의 자유를 제한받게 되므로 이 사건 법률조항은 영내 기거 현역병의 거주·이전의 자유를 제한하지 않는다(헌재 2011.6.30, 2009헌마59).

③ [×] 형사재판에 계속 중인 사람의 해외도피를 막아 국가 형벌권을 확보함으로써 실체적 진실발견과 사법정의를 실현하고자 하는 심판대상조항은 그 입법목적이 정당하고, 형사재판에 계속 중인 사람의 출국을 일정 기간 동안 금지할 수 있도록 하는 것은 이러한 입법목적을 달성하는 데 기여할 수 있으므로 수단의 적정성도 인정된다. 따라서 심판대상조항은 과잉금지원칙에 위배되어 출국의 자유를 침해하지 아니한다(헌재 2015.9.24, 2012헌바302).

08 거주·이전의 자유에 관한 설명으로 가장 적절하지 않은 것은? (다툼이 있는 경우 판례에 의함) 23. 경찰 1차

① 거주·이전의 자유는 국민에게 그가 선택할 직업 내지 그가 취임할 공직을 그가 선택하는 임의의 장소에서 자유롭게 행사할 수 있는 권리까지 보장하는 것은 아니다.

② 거주·이전의 자유는 거주지나 체류지라고 볼 만한 정도로 생활과 밀접한 연관을 갖는 장소를 선택하고 변경하는 행위를 보호하는 기본권으로서, 생활의 근거지에 이르지 못하는 일시적인 이동을 위한 장소의 선택과 변경까지 그 보호영역에 포함되는 것은 아니다.

③ 복수국적자에 대하여 병역준비역에 편입된 때부터 3개월 이내에 대한민국 국적을 이탈하지 않으면 병역의무를 해소한 후에 이를 가능하도록 한 국적법 조항은 복수국적자의 국적이탈의 자유를 침해한다.

④ 법무부령이 정하는 금액 이상의 추징금 미납자에 대해 출국금지를 규정한 구 출입국관리법 조항은 기본권에 대한 침해가 적은 수단이 마련되어 있음에도 불구하고 추징금 납부를 강제하기 위한 압박수단으로 출국금지를 하는 것으로, 이는 필요한 정도를 넘는 과도한 출국의 자유를 제한하는 것이어서 과잉금지원칙에 위배된다.

해설

④ [×] 심판대상 법조항은 추징금 미납자가 재산을 은닉하고 있어 재산보유현황이나 재산의 소재를 확인하지 못하고 있는 상황에서, 재산을 해외로 도피시키기 위하여 출국을 하려는 경우 추징금 집행, 즉 형벌권 실현의 가장 유효적절한 수단으로 출국을 금지하는 것이다. 또한 추징금 액수에 대하여 2,000만원 이상으로 규정하여 비교적 다액의 추징금 미납자에 대하여만 출국의 자유를 제한할 수 있도록 하고 있다. 또한 추징금 미납사실 외에 '재산의 해외도피 우려'라는 국가형벌권 실현확보 목적에 부합하는 요건을 요구함으로써 최소한도의 기본권 제한이 이루어지도록 하고 있다. 나아가 추징금을 납부하지 않고 재산을 해외로 도피하려는 자에 대하여 그 출국을 금지하여 국가형벌권 실현을 확보함으로써 얻게 되는 국가의 이익 내지 국가법질서 수호의 공익은 형벌집행을 회피하고 재산을 국외로 도피시키려는 자가 받게 되는 출국금지의 불이익보다 현저히 크다(헌재 2004.10.28, 2003헌가18).

① [O] 거주·이전의 자유가 국민에게 그가 선택할 직업 내지 그가 취임할 공직을 그가 선택하는 임의의 장소에서 자유롭게 행사할 수 있는 권리까지 보장하는 것은 아니다(헌재 1996.6.26, 96헌마200).

② [O] 거주·이전의 자유는 국민이 원활하게 개성신장과 경제활동을 해 나가기 위하여는 자유로이 생활의 근거지를 선택하고 변경하는 것이 필수적이라는 고려에 기하여 생활형성의 중심지 즉, 거주지나 체류지라고 볼 만한 정도로 생활과 밀접한 연관을 갖는 장소를 선택하고 변경하는 행위를 보호하는 기본권으로서, 생활의 근거지에 이르지 못하는 일시적인 이동을 위한 장소의 선택과 변경까지 그 보호영역에 포함되는 것은 아니다(헌재 2011.6.30, 2009헌마406).

③ [O] 심판대상 법률조항의 존재로 인하여 복수국적을 유지하게 됨으로써 대상자가 겪어야 하는 실질적 불이익은 구체적 사정에 따라 상당히 클 수 있다. 국가에 따라서는 복수국적자가 공직 또는 국가안보와 직결되는 업무나 다른 국적국과 이익충돌 여지가 있는 업무를 담당하는 것이 제한될 가능성이 있다. 현실적으로 이러한 제한이 존재하는 경우, 특정 직업의 선택이나 업무 담당이 제한되는 데 따르는 사익 침해를 가볍게 볼 수 없다. 심판대상 법률조항은 과잉금지원칙에 위배되어 청구인의 국적이탈의 자유를 침해한다(헌재 2020.9.24, 2016헌마889).

09 거주 · 이전의 자유에 관한 설명 중 가장 적절한 것은? (다툼이 있는 경우 판례에 의함) 24. 경정승진

① 여행금지국가로 고시된 사정을 알면서도 외교부장관으로부터 예외적 여권사용 등의 허가를 받지 않고 여행금지국가를 방문하는 등의 행위를 형사처벌하는 여권법 조항은 여권사용 등 허가 신청인의 거주 · 이전의 자유를 침해한다.

② 법무부장관으로 하여금 거짓이나 그 밖의 부정한 방법으로 귀화허가를 받은 자에 대하여 그 허가를 취소할 수 있도록 규정하면서도 그 취소권의 행사기간을 따로 정하고 있지 아니한 국적법 조항은 귀화허가가 취소되는 당사자의 거주 · 이전의 자유를 침해하지 아니한다.

③ 병역법령에 의할 때 예외적인 경우가 아니면 27세까지만 징집 연기가 가능하다는 점을 고려하여, 병역준비역에 대하여 27세를 초과하지 않는 범위에서만 단기 국외여행을 허가하도록 규정하는 것은 단기 국외여행허가를 받고자 하는 27세가 넘은 병역준비역의 거주 · 이전의 자유를 침해한다.

④ 이륜차의 고속도로 통행 제한은 거주 · 이전의 자유를 제한하는 것이고, 행복추구권에서 우러나오는 일반적 행동의 자유를 제한하는 것은 아니다.

해설

② [○] 이 사건 법률조항이 귀화허가 취소권의 행사기간을 제한하지 않았다고 하더라도 침해의 최소성원칙에 위배되지 아니한다. 한편, 귀화허가가 취소되는 경우 국적을 상실하게 됨에 따른 불이익을 받을 수 있으나, 국적 관련 행정의 적법성 확보라는 공익이 훨씬 더 크므로 법익균형성의 원칙에도 위배되지 아니한다. 따라서 이 사건 법률조항은 거주 · 이전의 자유 및 행복추구권을 침해하지 아니한다(헌재 2015.9.24, 2015헌바26).

① [×] 이 사건 처벌조항의 입법목적은 국외 위난상황으로부터 국민의 생명 · 신체나 재산을 보호하고 국외 위난상황으로 인해 국가 · 사회에 미칠 수 있는 파급 효과를 사전에 예방하는 것이다. 이와 같은 이 사건 처벌조항의 입법목적은 정당하고, 이 사건 처벌조항은 이에 적합한 수단이다. … 그러므로 이 사건 처벌조항은 과잉금지원칙에 반하여 청구인의 거주 · 이전의 자유를 침해하지 않는다(헌재 2020.2.27, 2016헌마945).

③ [×] 심판대상조항은 병역법령에 의할 때 예외적인 경우가 아니면 27세까지만 징집 연기가 가능하다는 점을 고려하여, 병역준비역에 대하여 27세를 초과하지 않는 범위에서만 단기 국외여행을 허가하도록 규정한다. … 이처럼 심판대상조항은 공정하고 효율적인 병역의무의 이행을 확보한다는 입법목적을 해치지 않으면서도 징집 연기가 가능한 범위에서 국외여행의 자유를 최대한 보장하고 있다. 따라서 심판대상조항은 청구인의 거주 · 이전의 자유를 침해하지 않는다(헌재 2023.2.23, 2019헌마1157).

④ [×] 이 사건 법률조항에 의하여 고속도로 또는 자동차전용도로(이하 '고속도로 등'이라 한다)의 통행이 금지되므로, 이륜차를 이용하여 고속도로 등을 통행할 수 있는 자유를 제한당하고 있다. 이는 행복추구권에서 우러나오는 일반적 행동의 자유를 제한하는 것이다. 그러나 이 사건 법률조항이 청구인들의 거주 · 이전의 자유를 제한한다고 보기는 어렵다(헌재 2007.1.17, 2005헌마1111 등).

정답 | 08 ④ 09 ②

■ 통신의 자유

01 다음 중 통신의 자유에 관한 설명으로 옳은 것(O)과 옳지 않은 것(×)을 올바르게 조합한 것은? (다툼이 있는 경우 판례에 의함)

24. 해경간부

> ㉠ 헌법 제18조에서 그 비밀을 보호하는 '통신'의 일반적인 속성으로는 '당사자 간의 동의', '비공개성', '당사자의 특정성' 등을 들 수 있다.
> ㉡ 통신의 비밀이란 서신 · 우편 · 전신의 통신수단을 통하여 개인 간에 의사나 정보의 전달과 교환(의사소통)이 이루어지는 경우, 통신의 내용과 통신이용의 상황이 개인의 의사에 반하여 공개되지 아니할 자유를 의미하므로, 휴대전화 통신계약 체결 단계에서는 아직 통신의 비밀에 대한 제한이 이루어진다고 보기 어렵다.
> ㉢ 인터넷개인방송의 방송자가 비밀번호를 설정하는 등으로 비공개 조치를 취한 후 방송을 송출하는 경우, 방송자로부터 허가를 받지 못한 제3자가 비공개 조치가 된 인터넷개인방송을 비정상적인 방법으로 시청 · 녹화한 것은 통신비밀보호법상의 감청에 해당하지 않는다.
> ㉣ 방송통신심의위원회가 주식회사 OO 외 9개 정보통신서비스제공자 등에게 불법정보 및 청소년에게 유해한 정보 등 심의가 필요하다고 인정되는 정보에 해당하는 895개 웹사이트에 대한 접속차단의 시정을 요구한 행위는 정보통신서비스이용자의 통신의 비밀을 침해한다.

	㉠	㉡	㉢	㉣
①	O	O	×	O
②	O	×	O	×
③	O	O	×	×
④	×	×	×	O

해설

㉠ [O] 헌법 제18조에서 그 비밀을 보호하는 '통신'의 일반적인 속성으로는 '당사자간의 동의', '비공개성', '당사자의 특정성' 등을 들 수 있는바, 이를 염두에 둘 때 위 헌법조항이 규정하고 있는 '통신'의 의미는 '비공개를 전제로 하는 쌍방향적인 의사소통'이라고 할 수 있다(헌재 2001.3.21, 2000헌바25).

㉡ [O] 심판대상조항은 휴대전화를 통한 문자 · 전화 · 모바일 인터넷 등 통신기능을 사용하고자 하는 자에게 반드시 사전에 본인확인 절차를 거치는 데 동의해야만 이를 사용할 수 있도록 하므로, 익명으로 통신하고자 하는 청구인들의 통신의 자유를 제한한다. … 통신의 비밀이란 서신 · 우편 · 전신의 통신수단을 통하여 개인 간에 의사나 정보의 전달과 교환(의사소통)이 이루어지는 경우, 통신의 내용과 통신이용의 상황이 개인의 의사에 반하여 공개되지 아니할 자유를 의미한다. 그러나 가입자의 인적사항이라는 정보는 통신의 내용 · 상황과 관계없는 '비 내용적 정보'이며 휴대전화 통신계약 체결 단계에서는 아직 통신수단을 통하여 어떠한 의사소통이 이루어지는 것이 아니므로 통신의 비밀에 대한 제한이 이루어진다고 보기는 어렵다(헌재 2019.9.26, 2017헌마1209).

㉢ [×] 인터넷개인방송의 방송자가 비밀번호를 설정하는 등으로 비공개 조치를 취한 후 방송을 송출하는 경우에는, 방송자로부터 허가를 받지 못한 사람은 당해 인터넷개인방송의 당사자가 아닌 '제3자'에 해당하고, 이러한 제3자가 비공개 조치가 된 인터넷개인방송을 비정상적인 방법으로 시청 · 녹화하는 것은 통신비밀보호법상의 감청에 해당할 수 있다(대판 2022.10.27, 2022도9877).

㉣ [×] 이 사건 시정요구는 불법정보 등의 유통을 차단함으로써 정보통신에서의 건전한 문화를 창달하고 정보통신의 올바른 이용환경을 조성하고자 하는 것으로서 그 목적이 정당하다. 보안접속 프로토콜(https)을 사용하는 경우에도 접근을 차단할 수 있도록 서버 이름 표시를 확인하여 불법정보 등을 담고 있는 특정 웹사이트에 대한 접속을 차단하는 것은 수단의 적합성이 인정된다. … 그렇다면 이 사건 시정요구는 청구인들의 통신의 비밀과 자유 및 알 권리를 침해하지 아니한다(헌재 2023.10.26, 2019헌마158 등).

02 통신의 비밀과 자유에 대한 설명으로 옳지 않은 것은? 24. 국회직 8급

① 통신비밀보호법 제13조 제1항 중 '검사 또는 사법경찰관은 수사를 위하여 필요한 경우 전기통신사업법에 의한 전기통신사업자에게 제2조 제11호 가목 내지 라목의 통신사실 확인자료의 열람이나 제출을 요청할 수 있다' 부분은 전기통신가입자의 통신의 자유를 침해하지 않는다.

② 인터넷회선 감청은 서버에 저장된 정보가 아니라, 인터넷상에서 발신되어 수신되기까지의 과정 중에 수집되는 정보, 즉 전송 중인 정보의 수집을 위한 수사이므로, 압수·수색과 구별된다.

③ 온라인서비스제공자가 자신이 관리하는 정보통신망에서 아동·청소년이용음란물을 발견하기 위하여 대통령령으로 정하는 조치를 취하지 아니하거나 발견된 아동·청소년이용음란물을 즉시 삭제하고, 전송을 방지 또는 중단하는 기술적인 조치를 취하지 아니한 경우 처벌하는 아동·청소년의 성보호에 관한 법률 제17조 제1항은 서비스이용자의 통신의 비밀을 침해하지 않는다.

④ 방송통신심의위원회가 주식회사 ○○ 외 9개 정보통신서비스제공자 등에 대하여 895개 웹사이트에 대한 접속차단의 시정을 요구한 행위는 정보통신서비스이용자의 통신의 비밀을 침해하지 않는다.

⑤ 통신의 자유란 통신수단을 자유로이 이용하여 의사소통할 권리이고, 이러한 '통신수단의 자유로운 이용'에는 자신의 인적사항을 누구에게도 밝히지 않는 상태로 통신수단을 이용할 자유, 즉 통신수단의 익명성 보장도 포함된다.

해설

① [×] 이동전화의 이용과 관련하여 필연적으로 발생하는 통신사실 확인자료는 비록 비내용적 정보이지만 여러 정보의 결합과 분석을 통해 정보주체에 관한 정보를 유추해낼 수 있는 민감한 정보인 점, 수사기관의 통신사실 확인자료 제공요청에 대해 법원의 허가를 거치도록 규정하고 있으나 수사의 필요성만을 그 요건으로 하고 있어 제대로 된 통제가 이루어지기 어려운 점, 기지국수사의 허용과 관련하여서는 유괴·납치·성폭력범죄 등 강력범죄나 국가안보를 위협하는 각종 범죄와 같이 피의자나 피해자의 통신사실 확인자료가 반드시 필요한 범죄로 그 대상을 한정하는 방안 또는 다른 방법으로는 범죄수사가 어려운 경우(보충성)를 요건으로 추가하는 방안 등을 검토함으로써 수사에 지장을 초래하지 않으면서도 불특정 다수의 기본권을 덜 침해하는 수단이 존재하는 점을 고려할 때, 이 사건 요청조항은 과잉금지원칙에 반하여 청구인의 개인정보자기결정권과 통신의 자유를 침해한다(헌재 2018.6.28, 2012헌마538).

② [O] 인터넷회선 감청은 검사가 법원의 허가를 받으면, 피의자 및 피내사자에 해당하는 감청대상자나 해당 인터넷회선의 가입자의 동의나 승낙을 얻지 아니하고도, 전기통신사업자의 협조를 통해 해당 인터넷회선을 통해 송·수신되는 전기통신에 대해 감청을 집행함으로써 정보주체의 기본권을 제한할 수 있으므로, 법이 정한 강제처분에 해당한다. 또한 인터넷회선 감청은 서버에 저장된 정보가 아니라, 인터넷상에서 발신되어 수신되기까지의 과정 중에 수집되는 정보, 즉 전송 중인 정보의 수집을 위한 수사이므로, 압수·수색과 구별된다. … 이 사건 법률조항은 과잉금지원칙에 위반하는 것으로 청구인의 기본권을 침해한다(헌재 2018.8.30, 2016헌마263).

③ [O] 심판대상조항은 온라인서비스제공자의 직업의 자유, 구체적으로는 영업수행의 자유를 제한하며, 서비스이용자의 통신의 비밀과 표현의 자유를 제한한다. … 심판대상조항을 통하여 아동음란물의 광범위한 유통·확산을 사전적으로 차단하고 이를 통해 아동음란물이 초래하는 각종 폐해를 방지하며 특히 관련된 아동·청소년의 인권 침해 가능성을 사전적으로 차단할 수 있는바, 이러한 공익이 사적 불이익보다 더 크다. 따라서 심판대상조항은 온라인서비스제공자의 영업수행의 자유, 서비스이용자의 통신의 비밀과 표현의 자유를 침해하지 아니한다(헌재 2018.6.28, 2016헌가15).

④ [O] 이 사건 시정요구는 불법정보 등의 유통을 차단함으로써 정보통신에서의 건전한 문화를 창달하고 정보통신의 올바른 이용환경을 조성하고자 하는 것으로서 그 목적이 정당하다. 보안접속 프로토콜(https)을 사용하는 경우에도 접근을 차단할 수 있도록 서버이름 표시(를 확인하여 불법정보 등을 담고 있는 특정 웹사이트에 대한 접속을 차단하는 것은 수단의 적합성이 인정된다. … 그렇다면 이 사건 시정요구는 청구인들의 통신의 비밀과 자유 및 알 권리를 침해하지 아니한다(헌재 2023.10.26, 2019헌마158 등).

⑤ [O] 헌법 제18조로 보장되는 기본권인 통신의 자유란 통신수단을 자유로이 이용하여 의사소통할 권리이다. '통신수단의 자유로운 이용'에는 자신의 인적 사항을 누구에게도 밝히지 않는 상태로 통신수단을 이용할 자유, 즉 통신수단의 익명성 보장도 포함된다. 심판대상조항은 휴대전화를 통한 문자·전화·모바일 인터넷 등 통신기능을 사용하고자 하는 자에게 반드시 사전에 본인확인 절차를 거치는 데 동의해야만 이를 사용할 수 있도록 하므로, 익명으로 통신하고자 하는 청구인들의 통신의 자유를 제한한다(헌재 2019.9.26, 2017헌마1209).

정답 | 01 ③ 02 ①

03 통신의 비밀과 자유에 대한 설명으로 가장 적절하지 않은 것은? (다툼이 있는 경우 판례에 의함) 25. 경찰간부

① 인터넷개인방송의 방송자가 비밀번호를 설정하는 등으로 비공개 조치를 취한 후 방송을 송출하는 경우, 방송자로부터 허가를 받지 못한 제3자가 비공개 조치가 된 인터넷개인방송을 비정상적인 방법으로 시청·녹화한 것은 통신비밀보호법상의 감청에 해당하지 않는다.

② 대화에 원래부터 참여하지 않는 제3자가 일반 공중이 알 수 있도록 공개되지 않은 타인 간의 발언을 녹음하는 것은 특별한 사정이 없는 한 통신비밀보호법 제3조 제1항에 위반된다.

③ 방송통신심의위원회가 정보통신서비스제공자 등에 대하여 특정 웹사이트에 대한 접속차단의 시정을 요구한 것은, 불법정보 등의 유통을 차단함으로써 정보통신에서의 건전한 문화를 창달하고 정보통신의 올바른 이용환경을 조성하고자 하는 것으로서, 정보통신서비스제공자의 통신의 비밀과 자유를 침해하지 아니한다.

④ 통신의 자유란 통신수단을 자유로이 이용하여 의사소통할 권리이며, '통신수단의 자유로운 이용'에는 자신의 인적사항을 누구에게도 밝히지 않는 상태로 통신수단을 이용할 자유, 즉 통신수단의 익명성보장도 포함된다.

해설

① [×] 인터넷개인방송의 방송자가 비밀번호를 설정하는 등으로 비공개 조치를 취한 후 방송을 송출하는 경우에는, 방송자로부터 허가를 받지 못한 사람은 당해 인터넷개인방송의 당사자가 아닌 '제3자'에 해당하고, 이러한 제3자가 비공개 조치가 된 인터넷개인방송을 비정상적인 방법으로 시청·녹화하는 것은 통신비밀보호법상의 감청에 해당할 수 있다(대판 2022.10.27, 2022도9877).

② [O] 구 통신비밀보호법 제3조 제1항이 공개되지 아니한 타인간의 대화를 녹음 또는 청취하지 못하도록 한 것은, 대화에 원래부터 참여하지 않는 제3자가 그 대화를 하는 타인간의 발언을 녹음 또는 청취해서는 아니 된다는 취지이다. 따라서 대화에 원래부터 참여하지 않는 제3자가 일반 공중이 알 수 있도록 공개되지 아니한 타인간의 발언을 녹음하거나 전자장치 또는 기계적 수단을 이용하여 청취하는 것은 특별한 사정이 없는 한 같은 법 제3조 제1항에 위반된다(대판 2016.5.12, 2013도15616).

③ [O] 이 사건 시정요구는 불법정보 등의 유통을 차단함으로써 정보통신에서의 건전한 문화를 창달하고 정보통신의 올바른 이용환경을 조성하고자 하는 것으로서 그 목적이 정당하다. 보안접속 프로토콜(https)을 사용하는 경우에도 접근을 차단할 수 있도록 서버이름 표시(이하 'SNI'라 한다)를 확인하여 불법정보 등을 담고 있는 특정 웹사이트에 대한 접속을 차단하는 것은 수단의 적합성이 인정된다. … 그렇다면 이 사건 시정요구는 청구인들의 통신의 비밀과 자유 및 알 권리를 침해하지 아니한다(헌재 2023.10.26, 2019헌마158 등).

④ [O] 헌법 제18조로 보장되는 기본권인 통신의 자유란 통신수단을 자유로이 이용하여 의사소통할 권리이다. '통신수단의 자유로운 이용'에는 자신의 인적 사항을 누구에게도 밝히지 않는 상태로 통신수단을 이용할 자유, 즉 통신수단의 익명성 보장도 포함된다. 심판대상조항은 휴대전화를 통한 문자·전화·모바일 인터넷 등 통신기능을 사용하고자 하는 자에게 반드시 사전에 본인확인 절차를 거치는 데 동의해야만 이를 사용할 수 있도록 하므로, 익명으로 통신하고자 하는 청구인들의 통신의 자유를 제한한다(헌재 2019.9.26, 2017헌마1209).

04 통신의 비밀과 자유에 관한 설명으로 옳지 않은 것은 모두 몇 개인가? (다툼이 있는 경우 헌법재판소 판례에 의함)

25. 경찰 1차

> ㉠ 방송통신심의위원회가 2019.2.11. 주식회사 ○○ 외 9개 정보통신서비스제공자 등에 대하여 895개 웹사이트에 대한 접속차단의 시정을 요구한 행위는, 그 차단 과정에서 정보통신서비스이용자들이 접속하고자 하는 웹사이트를 알 수 있는 SNI 등의 접속정보가 정보통신서비스제공자에게 공개되어, 정보통신서비스이용자들의 통신의 비밀과 자유를 제한한다.
>
> ㉡ 자기 또는 다른 사람의 성적 욕망을 유발하거나 만족시킬 목적으로 통신매체를 통하여 성적 수치심이나 혐오감을 일으키는 말 등을 상대방에게 도달하게 한 사람을 처벌하는 성폭력범죄의 처벌 등에 관한 특례법 제13조는 통신의 상대방에 대하여 통신매체를 이용한 음란표현행위를 하는 것을 금지하는 것이므로 통신의 자유를 제한한다.
>
> ㉢ 전기통신사업법 제30조 본문 중 '누구든지 전기통신사업자 가운데 이동통신사업자가 제공하는 전기통신역무를 타인의 통신용으로 제공하여서는 아니 된다' 부분이 통신수단을 자유로이 이용하여 타인과 의사소통하려는 이동통신서비스 이용자의 권리나 통신수단에 의하여 이루어지는 이용자와 타인 간의 의사소통과정의 비밀을 제한한다거나 이용자의 발언내용을 제한한다고 보기 어렵다.
>
> ㉣ '패킷감청'의 방식으로 이루어지는 인터넷회선 감청은 현대 사회에 가장 널리 이용되는 의사소통 수단인 인터넷 통신망을 통해 송·수신하는 전기통신에 대한 감청을 범죄수사를 위한 통신제한조치의 하나로 정하고 있으므로, 일차적으로 헌법 제18조가 보장하는 통신의 비밀과 자유를 제한한다.
>
> ㉤ 온라인서비스제공자가 자신이 관리하는 정보통신망에서 아동·청소년이용음란물을 발견하기 위하여 대통령령으로 정하는 조치를 취하지 아니하거나 발견된 아동·청소년이용음란물을 즉시 삭제하고, 전송을 방지 또는 중단하는 기술적인 조치를 취하지 아니한 경우 처벌하는 아동·청소년의 성보호에 관한 법률 제17조 제1항은 서비스 이용자의 통신의 비밀을 침해한다.

① 1개　　② 2개　　③ 3개　　④ 4개

해설

옳지 않은 것은 2개(㉡, ㉤)이다.

㉠ [O] 이 사건 시정요구는 정보통신서비스제공자 등이 피청구인과 사전에 협의한 내용을 바탕으로 기존의 차단 방식과 SNI 차단 방식을 함께 적용하여 특정 웹사이트에 대한 접속을 차단하도록 하므로, 그 차단 과정에서 청구인들이 접속하고자 하는 웹사이트를 알 수 있는 SNI 등의 접속정보가 정보통신서비스제공자에게 공개되어 청구인들의 통신의 비밀과 자유가 제한된다. … 그렇다면 이 사건 시정요구는 청구인들의 통신의 비밀과 자유 및 알 권리를 침해하지 아니한다(헌재 2023.10.26, 2019헌마158 등).

㉡ [×] 개인 사이에 이루어지는 전화, 우편, 컴퓨터, 그 밖의 통신매체를 통하여 성적 수치심이나 혐오감을 일으키는 표현을 전달하는 행위를 처벌함으로써 일정한 내용의 표현 자체를 금지하고 있는 심판대상조항은 청구인과 같은 발신인의 표현의 자유를 제한한다고 볼 수 있다. … 이 사건에서 문제되는 것은 국가가 심판대상조항에 따라 청구인의 통신에 관한 정보를 수집하거나 처리하는 것이 아니라, 통신의 상대방에 대하여 통신매체를 이용한 음란표현행위를 하는 것을 금지하는 것이므로, 심판대상조항으로 인해 청구인의 통신의 자유가 제한되었다고 볼 수 없다(헌재 2019.5.30, 2018헌바489).

㉢ [O] 심판대상조항은 이동통신서비스 이용자로 하여금 해당 서비스를 다른 사람의 통신용으로 제공하는 행위를 금지할 뿐 이동통신서비스 이용자의 의사소통이나 의사표현을 제한하는 내용이 아니다. 그러므로 심판대상조항이 통신수단을 자유로이 이용하여 타인과 의사소통하려는 이동통신서비스 이용자의 권리나 통신수단에 의하여 이루어지는 이용자와 타인 간의 의사소통과정의 비밀을 제한한다거나 이용자의 발언내용을 제한한다고 보기 어렵다(헌재 2022.6.30, 2019헌가14).

㉣ [O] 헌법 제18조는 '모든 국민은 통신의 비밀을 침해받지 아니한다.'라고 규정하여 통신의 비밀 보호를 그 핵심내용으로 하는 통신의 자유를 기본권으로 보장하고 있다. 이 사건 법률조항은 현대 사회에 가장 널리 이용되는 의사소통 수단인 인터넷 통신망을 통해 송·수신하는 전기통신에 대한 감청을 범죄수사를 위한 통신제한조치의 하나로 정하고 있으므로, 일차적으로 헌법 제18조가 보장하는 통신의 비밀과 자유를 제한한다(헌재 2018.8.30, 2016헌마263).

㉤ [×] 온라인서비스제공자가 정보통신망을 제공하는 등 직·간접적으로 아동음란물 유통을 돕거나 방치하는 행위를 처벌함으로써 정보통신망에서 아동음란물의 유통을 억제·차단하여 아동·청소년을 성범죄로부터 보호하려는 심판대상조항의 입법목적은 정당하다. 심판대상조항은 그 폐해가 특히 심각한 아동음란물만을 대상으로 하여 그 보관·유통에 관여한 온라인서비스제공자를 수범자로 하고 있으므로 영업의 자유를 과도하게 제한한다고 단정할 수 없다. … 따라서 심판대상조항은 온라인서비스제공자의 영업수행의 자유, 서비스이용자의 통신의 비밀과 표현의 자유를 침해하지 아니한다(헌재 2018.6.28, 2016헌가15).

정답 | 03 ① 04 ②

05 통신의 자유에 관한 설명으로 가장 적절한 것은? (다툼이 있는 경우 판례에 의함)

25. 경정승진

① 헌법 제18조는 통신의 비밀보호를 그 핵심내용으로 하는 통신의 자유를 기본권으로 보장하고 있는데, 자유로운 의사소통은 통신내용의 비밀을 보장하는 것만으로 충분하고 구체적인 통신으로 발생하는 외형적인 사실관계, 특히 통신관여자의 인적 동일성 · 통신시간 · 통신장소 · 통신횟수 등 통신의 외형을 구성하는 통신이용의 전반적 상황의 비밀까지도 보장해야 하는 것은 아니다.

② '통신수단의 자유로운 이용'에는 자신의 인적 사항을 누구에게도 밝히지 않는 상태로 통신수단을 이용할 자유까지 포함된다고 볼 수 없다.

③ 교도소장이 수용자에게 온 서신을 개봉한 행위는 수용자의 통신의 자유를 침해하는 것이지만 법원, 검찰청 등이 수용자에게 보낸 문서를 열람한 행위는 수용자의 통신의 자유를 침해한다고 볼 수 없다.

④ 통신비밀보호법상 통신사실 확인자료 제공요청은 수사 또는 내사의 대상이 된 가입자 등의 동의나 승낙을 얻지 아니하고도 공공기관이 아닌 전기통신사업자를 상대로 이루어지는 것으로 수사기관의 강제처분에 해당되어 헌법상 영장주의가 적용된다.

해설

④ [O] 통신사실 확인자료 제공요청은 수사 또는 내사의 대상이 된 가입자 등의 동의나 승낙을 얻지 아니하고도 공공기관이 아닌 전기통신사업자를 상대로 이루어지는 것으로 통신비밀보호법이 정한 수사기관의 강제처분이다. 이러한 통신사실 확인자료 제공요청과 관련된 수사기관의 권한남용 및 그로 인한 정보주체의 기본권 침해를 방지하기 위해서는 법원의 통제를 받을 필요가 있으므로, 통신사실 확인자료 제공요청에는 헌법상 영장주의가 적용된다. … 허가조항은 수사기관이 전기통신사업자에게 위치정보 추적자료 제공을 요청함에 있어 관할 지방법원 또는 지원의 허가를 받도록 규정하고 있으므로 헌법상 영장주의에 위배되지 아니한다(헌재 2018.6.28, 2012헌마191 등).

① [×] 헌법 제18조는 '모든 국민은 통신의 비밀을 침해받지 아니한다.'라고 규정하여 통신의 비밀보호를 그 핵심내용으로 하는 통신의 자유를 기본권으로 보장하고 있다. 사생활의 비밀과 자유에 포섭될 수 있는 사적 영역에 속하는 통신의 자유를 헌법이 별개의 조항을 통해 기본권으로 보장하는 이유는 우편이나 전기통신의 운영이 전통적으로 국가독점에서 출발하였기 때문에 개인 간의 의사소통을 전제로 하는 통신은 국가에 의한 침해가능성이 여타의 사적 영역보다 크기 때문이다. 자유로운 의사소통은 통신내용의 비밀을 보장하는 것만으로는 충분하지 아니하고 구체적인 통신으로 발생하는 외형적인 사실관계, 특히 통신관여자의 인적 동일성 · 통신시간 · 통신장소 · 통신횟수 등 통신의 외형을 구성하는 통신이용의 전반적 상황의 비밀까지도 보장해야 한다(헌재 2018.6.28, 2012헌마191 등).

② [×] 헌법 제18조로 보장되는 기본권인 통신의 자유란 통신수단을 자유로이 이용하여 의사소통할 권리이다. '통신수단의 자유로운 이용'에는 자신의 인적 사항을 누구에게도 밝히지 않는 상태로 통신수단을 이용할 자유, 즉 통신수단의 익명성 보장도 포함된다(헌재 2019.9.26, 2017헌마1209).

③ [×] 피청구인의 서신개봉행위는 법령상 금지되는 물품을 서신에 동봉하여 반입하는 것을 방지하기 위하여 구 형의 집행 및 수용자의 처우에 관한 법률(이하 '형집행법'이라 한다) 제43조 제3항 및 구 형집행법 시행령 제65조 제2항에 근거하여 수용자에게 온 서신의 봉투를 개봉하여 내용물을 확인한 행위로서, 교정시설의 안전과 질서를 유지하고 수용자의 교화 및 사회복귀를 원활하게 하기 위한 것이다. 개봉하는 발신자나 수용자를 한정하거나 엑스레이 기기 등으로 확인하는 방법 등으로는 금지물품 동봉 여부를 정확하게 확인하기 어려워, 입법목적을 같은 정도로 달성하면서, 소장이 서신을 개봉하여 육안으로 확인하는 것보다 덜 침해적인 수단이 있다고 보기 어렵다. 또한 서신을 개봉하더라도 그 내용에 대한 검열은 원칙적으로 금지된다. 따라서 서신개봉행위는 청구인의 통신의 자유를 침해하지 아니한다.

피청구인의 문서열람행위는 형집행법 시행령 제67조에 근거하여 법원 등 관계기관이 수용자에게 보내온 문서를 열람한 행위로서, 문서 전달 업무에 정확성을 기하고 수용자의 편의를 도모하며 법령상의 기간준수 여부 확인을 위한 공적 자료를 마련하기 위한 것이다. 수용자 스스로 고지하도록 하거나 특별히 엄중한 계호를 요하는 수용자에 한하여 열람하는 등의 방법으로는 목적 달성에 충분하지 않고, 다른 법령에 따라 열람이 금지된 문서는 열람할 수 없으며, 열람한 후에는 본인에게 신속히 전달하여야 하므로, 문서열람행위는 청구인의 통신의 자유를 침해하지 아니한다(헌재 2021.9.30, 2019헌마919).

06 통신의 자유에 대한 설명으로 가장 적절하지 않은 것은? (다툼이 있는 경우 판례에 의함) 21. 경찰승진

① 육군 신병훈련소에서 교육훈련을 받는 동안 전화사용을 통제하는 육군 신병교육 지침서 규정은 신병교육훈련생들의 통신의 자유를 침해하지 않는다.

② 통신의 자유란 통신수단을 자유로이 이용하여 의사소통할 권리이고, 이러한 '통신수단의 자유로운 이용'에는 자신의 인적사항을 누구에게도 밝히지 않는 상태로 통신수단을 이용할 자유, 즉 통신수단의 익명성 보장도 포함된다.

③ 수용자가 국가기관에 서신을 발송할 경우에 교도소장의 허가를 받도록 하는 것은 통신비밀의 자유를 침해하지 않는다.

④ 검사, 사법경찰관 또는 정보수사기관의 장은 중대한 범죄의 계획이나 실행 등 긴박한 상황에 있는 경우 반드시 법원의 사전허가를 받아 통신제한조치를 하여야 한다.

해설

④ [×]

> 통신비밀보호법 제8조【긴급통신제한조치】① 검사, 사법경찰관 또는 정보수사기관의 장은 국가안보를 위협하는 음모행위, 직접적인 사망이나 심각한 상해의 위험을 야기할 수 있는 범죄 또는 조직범죄 등 중대한 범죄의 계획이나 실행 등 긴박한 상황에 있고 제5조 제1항 또는 제7조 제1항 제1호의 규정에 의한 요건을 구비한 자에 대하여 제6조 또는 제7조 제1항 및 제3항의 규정에 의한 절차를 거칠 수 없는 긴급한 사유가 있는 때에는 법원의 허가 없이 통신제한조치를 할 수 있다.

① [O] 신병교육훈련기간 동안 전화사용을 하지 못하도록 정하고 있는 규율이 청구인을 포함한 신병교육훈련생들의 통신의 자유 등 기본권을 필요한 정도를 넘어 과도하게 제한하는 것이라고 보기 어렵다(헌재 2010.10.28, 2007헌마890).

② [O] 헌법 제18조로 보장되는 기본권인 통신의 자유란 통신수단을 자유로이 이용하여 의사소통할 권리이다. '통신수단의 자유로운 이용'에는 자신의 인적사항을 누구에게도 밝히지 않는 상태로 통신수단을 이용할 자유, 즉 통신수단의 익명성 보장도 포함된다(헌재 2019.9.26, 2017헌마1209).

③ [O] 수용자의 서신에 대한 검열은 국가안전보장 · 질서유지 또는 공공복리라는 정당한 목적을 위하여 부득이할 뿐만 아니라 유효적절한 방법에 의한 최소한의 제한이며, 통신비밀의 자유의 본질적 내용을 침해하는 것이 아니어서 헌법에 위반된다고 할 수 없다(헌재 2001.11.29, 99헌마713).

정답 | 05 ④ 06 ④

07 통신의 자유에 관한 설명 중 옳은 것(○)과 옳지 않은 것(×)을 올바르게 조합한 것은? (다툼이 있는 경우 판례에 의함)

23. 변호사

㉠ 통신제한조치기간의 연장을 허가함에 있어 총연장기간 또는 총연장횟수의 제한을 두지 않은 것은, 주요 범죄 내지 국가안위를 위협하는 음모나 조직화된 집단범죄의 음모가 있는 경우 장기간에 걸친 지속적인 수사가 필요하고 그 증거수집을 위하여 지속적인 통신제한조치가 허용될 필요가 있기 때문이므로, 통신의 자유를 침해하지 않는다.

㉡ 통신의 자유란 통신수단을 자유로이 이용하여 의사소통할 권리이고, 이러한 '통신수단의 자유로운 이용'에는 자신의 인적사항을 누구에게도 밝히지 않는 상태로 통신수단을 이용할 자유, 즉 통신수단의 익명성 보장도 포함된다.

㉢ 헌법 제18조는 통신의 비밀보호를 그 핵심내용으로 하는 통신의 자유를 기본권으로 보장하고 있는데, 자유로운 의사소통은 통신내용의 비밀을 보장하는 것뿐만 아니라 통신관여자의 인적 동일성 · 통신장소 · 통신횟수 · 통신시간 등 통신의 외형을 구성하는 통신이용의 전반적 상황의 비밀까지도 보장한다.

㉣ 패킷감청의 방식으로 이루어지는 인터넷회선 감청은 관련 공무원 등에 대한 비밀준수의무 부과, 통신제한조치로 취득한 자료의 사용제한을 통해 충분한 오 · 남용 방지대책이 마련되어 있는 이상, 수사기관이 감청 집행으로 취득하는 정보의 처리절차에 관하여 아무런 규정을 두고 있지 않더라도 통신의 자유에 대한 침해는 아니다.

	㉠	㉡	㉢	㉣
①	○	○	○	×
②	○	○	×	×
③	×	×	×	×
④	×	○	×	○
⑤	×	○	○	×

해설

㉠ [×] 통신제한조치기간의 연장을 허가함에 있어 총연장기간 또는 총연장횟수의 제한을 두고 그 최소한의 연장기간 동안 범죄혐의를 입증하지 못하는 경우 통신제한조치를 중단하게 한다고 하여도, 여전히 통신제한조치를 해야 할 필요가 있으면 법원에 새로운 통신제한조치의 허가를 청구할 수 있으므로 이로써 수사목적을 달성하는 데 충분하다. 또한 법원이 실제 통신제한조치의 기간연장절차의 남용을 통제하는 데 한계가 있는 이상 통신제한조치 기간연장에 사법적 통제절차가 있다는 사정만으로는 그 남용으로 인하여 개인의 통신의 비밀이 과도하게 제한되는 것을 막을 수 없다. 그럼에도 통신제한조치기간을 연장함에 있어 법운용자의 남용을 막을 수 있는 최소한의 한계를 설정하지 않은 이 사건 법률조항은 침해의 최소성원칙에 위반한다. 나아가 통신제한조치가 내려진 피의자나 피내사자는 자신이 감청을 당하고 있다는 사실을 모르는 기본권 제한의 특성상 방어권을 행사하기 어려운 상태에 있으므로 통신제한조치기간의 연장을 허가함에 있어 총연장기간 또는 총연장횟수의 제한이 없을 경우 수사와 전혀 관계없는 개인의 내밀한 사생활의 비밀이 침해당할 우려도 심히 크기 때문에 기본권 제한의 법익균형성 요건도 갖추지 못하였다. 따라서 이 사건 법률조항은 헌법에 위반된다 할 것이다(헌재 2010.12.28, 2009헌가30).

㉡ [O] 헌법 제18조로 보장되는 기본권인 통신의 자유란 통신수단을 자유로이 이용하여 의사소통할 권리이다. '통신수단의 자유로운 이용'에는 자신의 인적사항을 누구에게도 밝히지 않는 상태로 통신수단을 이용할 자유, 즉 통신수단의 익명성 보장도 포함된다(헌재 2019.9.26, 2017헌마1209).

㉢ [O] 헌법 제18조는 '모든 국민은 통신의 비밀을 침해받지 아니한다.'라고 규정하여 통신의 비밀보호를 그 핵심내용으로 하는 통신의 자유를 기본권으로 보장하고 있다. 자유로운 의사소통은 통신내용의 비밀을 보장하는 것만으로는 충분하지 아니하고 구체적인 통신관계의 발생으로 야기된 모든 사실관계, 특히 통신관여자의 인적 동일성 · 통신장소 · 통신횟수 · 통신시간 등 통신의 외형을 구성하는 통신이용의 전반적 상황의 비밀까지도 보장한다(헌재 2018.6.28, 2012헌마538).

㉣ [×] 인터넷회선 감청은 집행 및 그 이후에 제3자의 정보나 범죄수사와 무관한 정보까지 수사기관에 의해 수집 · 보관되고 있지는 않는지, 수사기관이 원래 허가받은 목적, 범위 내에서 자료를 이용 · 처리하고 있는지 등을 감독 내지 통제할 법적 장치가 강하게 요구된다. 그런데 현행법은 관련 공무원 등에게 비밀준수의무를 부과하고(법 제11조), 통신제한조치로 취득한 자료의 사용제한(법 제12조)을 규정하고 있는 것 외에 수사기관이 감청 집행으로 취득하는 막대한 양의 자료의 처리 절차에 대해서 아무런 규정을 두고 있지 않다. 이러한 여건하에서 인터넷회선의 감청을 허용하는 것은 개인의 통신 및 사생활의 비밀과 자유에 심각한 위협을 초래하게 되므로 이 사건 법률조항으로 인하여 달성하려는 공익과 제한되는 사익 사이의 법익 균형성도 인정되지 아니한다. 그러므로 이 사건 법률조항은 과잉금지원칙에 위반하는 것으로 청구인의 기본권을 침해한다(헌재 2018.8.30, 2016헌마263).

08 통신의 자유에 대한 설명으로 가장 적절하지 않은 것은? (다툼이 있는 경우 판례에 의함)

22. 경찰승진

① 통신비밀보호법 제3조의 규정에 위반하여, 불법검열에 의하여 취득한 우편물이나 그 내용 및 불법감청에 의하여 지득 또는 채록된 전기통신의 내용은 재판 또는 징계절차에서 증거로 사용할 수 없다.

② 통신비밀보호법상 '감청'이란 대상이 되는 전기통신의 송·수신과 동시에 이루어지는 경우만을 의미하고 이미 수신이 완료된 전기통신의 내용을 지득하는 등의 행위는 포함되지 아니한다.

③ 통신제한조치기간의 연장을 허가함에 있어 총연장기간 내지 총연장횟수의 제한을 두지 아니하고 무제한 연장을 허가할 수 있도록 규정한 통신비밀보호법 중 전기통신에 관한 '통신제한조치기간의 연장'에 관한 부분은 과잉금지원칙을 위반하여 통신의 비밀을 침해한다.

④ 피청구인 구치소장이 구치소에 수용 중인 수형자에게 온 서신에 '허가 없이 수수되는 물품'인 녹취서와 사진이 동봉되어 있음을 확인하여 서신수수를 금지하고 발신인인 청구인에게 위 물품을 반송한 것은 과잉금지원칙에 위반되어 청구인의 통신의 자유를 침해한다.

해설

④ [×] 피청구인 OO구치소장이 OO구치소에 수용 중인 수형자에게 온 서신에 '허가 없이 수수되는 물품'인 녹취서와 사진이 동봉되어 있음을 확인하여 서신수수를 금지하고 발신인인 청구인에게 위 물품을 반송한 것은 교정사고를 미연에 방지하고 교정시설의 안전과 질서 유지를 위하여 불가피한 측면이 있다. 또한 청구인은 관심대상수용자로 지정된 자이고, 서신에 동봉된 녹취서는 청구인이 원고인 민사사건 증인의 증언을 녹취한 소송서류로서 타인의 실명과 개인정보가 기재되어 있다. 한편, 수용자 사이에 사진을 자유롭게 교환할 수 있도록 하는 경우 각종 교정사고가 발생할 가능성이 있다. 이와 같은 점을 종합적으로 고려하면, 이 사건 반송행위는 과잉금지원칙에 위반되어 청구인의 통신의 자유를 침해하지 않는다(헌재 2019.12.27, 2017헌마413).

① [O] 통신비밀보호법 제3조의 규정에 위반하여, 불법검열에 의하여 취득한 우편물이나 그 내용 및 불법감청에 의하여 지득 또는 채록된 전기통신의 내용은 재판 또는 징계절차에서 증거로 사용할 수 없다(헌재 2011.8.30, 2009헌바42).

② [O] 통신비밀보호법상 '감청'이란 대상이 되는 전기통신의 송·수신과 동시에 이루어지는 경우만을 의미하고, 이미 수신이 완료된 전기통신의 내용을 지득하는 등의 행위는 포함되지 않는다(대판 2012.10.25, 2012도4644).

③ [O] 통신제한조치기간의 연장을 허가함에 있어 총연장기간 또는 총연장횟수의 제한을 두고 그 최소한의 연장기간 동안 범죄혐의를 입증하지 못하는 경우 통신제한조치를 중단하게 한다고 하여도, 여전히 통신제한조치를 해야 할 필요가 있으면 법원에 새로운 통신제한조치의 허가를 청구할 수 있으므로 이로써 수사목적을 달성하는 데 충분하다. 그럼에도 통신제한조치기간을 연장함에 있어 법운용자의 남용을 막을 수 있는 최소한의 한계를 설정하지 않은 이 사건 법률조항은 침해의 최소성원칙에 위반한다. 그러므로 이 사건 법률조항은 과잉금지원칙에 위반하여 청구인의 통신의 비밀을 침해하였다고 할 것이다(헌재 2010.12.28, 2009헌가30).

정답 | 07 ⑤ 08 ④

09 다음 사례에 관한 설명으로 가장 적절하지 않은 것은? (다툼이 있는 경우 판례에 의함)

23. 경찰 1차

> 검사 乙은 전기통신사업자 A에게 수사를 위하여 시민 甲의 '성명, 주민등록번호, 주소, 전화번호, 가입일' 등의 통신자료 제공을 요청하였고, A는 乙에게 2022.1.1.부터 2022.6.30.까지 甲의 통신자료를 제공하였다. 甲은 수사기관 등이 전기통신사업자에게 통신자료 제공을 요청하면 전기통신사업자가 그 요청에 따를 수 있다고 정한 전기통신사업법 제83조에 대해 헌법소원심판을 청구하였다.

① A가 乙의 통신자료 제공요청에 따라 乙에게 제공한 甲의 성명, 주민등록번호, 주소, 전화번호, 아이디, 가입일 또는 해지일은 甲의 동일성을 식별할 수 있게 해주는 개인정보에 해당하므로 이 사건 법률조항은 甲의 개인정보자기결정권을 제한한다.

② 헌법상 영장주의는 체포·구속·압수·수색 등 기본권을 제한하는 강제처분에 적용되므로 강제력이 개입되지 않은 임의수사에 해당하는 乙의 통신자료 취득에 영장주의가 적용되지 않는다.

③ 이 사건 법률조항 중 '국가안전보장에 대한 위해를 방지하기 위한 정보수집'은 국가의 존립이나 헌법의 기본질서에 대한 위험을 방지하기 위한 목적을 달성함에 있어 요구되는 최소한의 범위 내에서의 정보수집을 의미하는 것으로 해석되므로 명확성원칙에 위배되지 않는다.

④ 효율적인 수사와 정보수집의 신속성, 밀행성 등의 필요성을 고려하여 甲에게 통신자료 제공 내역을 통지하도록 하는 것이 적절하지 않기 때문에, 이 사건 법률조항이 통신자료 취득에 대한 사후통지절차를 두지 않은 것은 적법절차원칙에 위배되지 않는다.

해설

④ [×] 이 사건 법률조항에 의한 통신자료 제공요청이 있는 경우 통신자료의 정보주체인 이용자에게는 통신자료 제공요청이 있었다는 점이 사전에 고지되지 아니하며, 전기통신사업자가 수사기관 등에게 통신자료를 제공한 경우에도 이러한 사실이 이용자에게 별도로 통지되지 않는다. 그런데 당사자에 대한 통지는 당사자가 기본권 제한 사실을 확인하고 그 정당성 여부를 다툴 수 있는 전제조건이 된다는 점에서 매우 중요하다. 효율적인 수사와 정보수집의 신속성, 밀행성 등의 필요성을 고려하여 사전에 정보주체인 이용자에게 그 내역을 통지하도록 하는 것이 적절하지 않다면 수사기관 등이 통신자료를 취득한 이후에 수사 등 정보수집의 목적에 방해가 되지 않는 범위 내에서 통신자료의 취득사실을 이용자에게 통지하는 것이 얼마든지 가능하다. 그럼에도 이 사건 법률조항은 통신자료 취득에 대한 사후통지절차를 두지 않아 적법절차원칙에 위배된다(헌재 2022.7.21, 2016헌마388 등).

① [O] 전기통신사업자가 수사기관 등의 통신자료 제공요청에 따라 수사기관 등에 제공하는 이용자의 성명, 주민등록번호, 주소, 전화번호, 아이디, 가입일 또는 해지일은 청구인들의 동일성을 식별할 수 있게 해주는 개인정보에 해당하므로, 이 사건 법률조항은 개인정보자기결정권을 제한한다(헌재 2022.7.21, 2016헌마388 등).

② [O] 이 사건 법률조항은 수사기관 등이 전기통신사업자에 대하여 통신자료의 제공을 요청할 수 있는 권한을 부여하면서 전기통신사업자는 '그 요청에 따를 수 있다'고 규정하고 있을 뿐, 전기통신사업자에게 수사기관 등의 통신자료 제공요청에 응하거나 협조하여야 할 의무를 부과하지 않으며, 달리 전기통신사업자의 통신자료 제공을 강제할 수 있는 수단을 마련하고 있지 아니하다. 따라서 이 사건 법률조항에 따른 통신자료 제공요청은 강제력이 개입되지 아니한 임의수사에 해당하고 이를 통한 수사기관 등의 통신자료 취득에는 영장주의가 적용되지 아니하는바, 이 사건 법률조항은 헌법상 영장주의에 위배되지 아니한다(헌재 2022.7.21, 2016헌마388 등).

③ [O] 전기통신사업법 제83조는 통신비밀을 보호하기 위한 조항으로 제1항과 제2항에서 전기통신사업자가 취급 중에 있는 통신의 비밀이나 전기통신업무에 종사하는 사람이 재직 중에 통신에 관하여 알게 된 타인의 비밀 등을 누설하여서는 아니 된다고 정하고 있는바, 통신의 비밀에 대한 엄격한 보호를 규정하고 있는 전기통신사업법 제83조의 취지에 비추어 볼 때 '국가안전보장에 대한 위해를 방지하기 위한 정보수집'은 국가의 존립이나 헌법의 기본질서에 대한 위험을 방지하기 위한 목적을 달성함에 있어 요구되는 최소한의 범위 내에서의 정보수집을 의미하는 것으로 해석된다. 그렇다면 이 사건 법률조항은 건전한 상식과 통상적인 법감정을 가진 사람이라면 그 취지를 충분히 예측할 수 있다고 할 것인바, 명확성원칙에 위배되지 아니한다(헌재 2022.7.21, 2016헌마388 등).

10 통신의 자유에 관한 설명 중 가장 적절하지 않은 것은? (다툼이 있는 경우 판례에 의함) 22. 경찰 1차

① 통신비밀보호법상 '통신'이라 함은 우편물 및 전기통신을 말한다.

② 전기통신역무제공에 관한 계약을 체결하는 경우 전기통신사업자로 하여금 가입자에게 본인임을 확인할 수 있는 증서 등을 제시하도록 요구하고 부정가입방지시스템 등을 이용하여 본인인지 여부를 확인하도록 한 전기통신사업법 조항 및 전기통신사업법 시행령 조항은 이동통신서비스에 가입하려는 청구인들의 통신의 비밀을 제한한다.

③ 통신비밀보호법 조항 중 '인터넷회선을 통하여 송수신하는 전기통신'에 관한 부분은 인터넷회선 감청의 특성을 고려하여 그 집행 단계나 집행 이후에 수사기관의 권한 남용을 통제하고 관련 기본권의 침해를 최소화하기 위한 제도적 조치가 제대로 마련되어 있지 않은 상태에서, 범죄수사목적을 이유로 인터넷회선 감청을 통신제한조치 허가 대상 중 하나로 정하고 있으므로 청구인의 기본권을 침해한다.

④ 미결수용자가 교정시설 내에서 규율위반행위 등을 이유로 금치처분을 받은 경우 금치기간 중 서신수수, 접견, 전화통화를 제한하는 형의 집행 및 수용자의 처우에 관한 법률 조항 중 미결수용자에게 적용되는 부분은 미결수용자인 청구인의 통신의 자유를 침해하지 않는다.

해설

② [×] 심판대상조항에 의하여 휴대전화 통신계약 체결을 원하는 자가 이동통신사에 제공하는 데 동의해야 하는 정보는 성명, 생년월일, 주소(여기까지는 온라인·대면 가입 공통), 대면 가입의 경우에는 주민등록번호와 신분증 발급일자, 온라인 가입의 경우에는 공인인증정보나 신용카드정보로서, 개인의 동일성을 식별할 수 있게 하는 정보에 해당한다. 가입자가 이러한 정보 제공에 동의하지 않으면 이동통신사는 휴대전화 통신계약 체결을 거부할 수 있다. 따라서 심판대상조항은 가입자의 개인정보에 대한 제공·이용 여부를 스스로 결정할 권리를 제한하고 있으므로, 개인정보자기결정권을 제한한다. … 통신의 자유란 통신수단을 자유로이 이용하여 의사소통할 권리(헌재 2010.10.28, 2007헌마890 참조)이고, 이러한 '통신수단의 자유로운 이용'에는 자신의 인적사항을 누구에게도 밝히지 않는 상태로 통신수단을 이용할 자유, 즉 통신수단의 익명성 보장도 포함된다. 따라서 심판대상조항은 익명으로 통신하고자 하는 청구인들의 통신의 자유를 제한한다. 반면, 심판대상조항이 통신의 비밀을 제한하는 것은 아니다. 통신의 비밀이란 서신·우편·전신의 통신수단을 통하여 개인간에 의사나 정보의 전달과 교환(의사소통)이 이루어지는 경우, 통신의 내용과 통신이용의 상황이 개인의 의사에 반하여 공개되지 아니할 자유를 의미한다. 그러나 가입자의 인적사항이라는 정보는 통신의 내용·상황과 관계없는 '비내용적 정보'이며 휴대전화 통신계약 체결 단계에서는 아직 통신수단을 통하여 어떠한 의사소통이 이루어지는 것이 아니므로 통신의 비밀에 대한 제한이 이루어진다고 보기는 어렵다. … 심판대상조항은 청구인들의 개인정보자기결정권 및 통신의 자유를 침해하지 아니한다(헌재 2019.9.26, 2017헌마1209).

① [O] "통신"이라 함은 우편물 및 전기통신을 말한다(통신비밀보호법 제2조 제1호).

③ [O] 이 사건 법률조항은 인터넷회선 감청의 특성을 고려하여 그 집행 단계나 집행 이후에 수사기관의 권한 남용을 통제하고 관련 기본권의 침해를 최소화하기 위한 제도적 조치가 제대로 마련되어 있지 않은 상태에서, 범죄수사 목적을 이유로 인터넷회선 감청을 통신제한조치 허가 대상 중 하나로 정하고 있으므로 침해의 최소성 요건을 충족한다고 할 수 없다. 이러한 여건하에서 인터넷회선의 감청을 허용하는 것은 개인의 통신 및 사생활의 비밀과 자유에 심각한 위협을 초래하게 되므로 이 사건 법률조항으로 인하여 달성하려는 공익과 제한되는 사익 사이의 법익 균형성도 인정되지 아니한다. 그러므로 이 사건 법률조항은 과잉금지원칙에 위반하는 것으로 청구인의 기본권을 침해한다(헌재 2018.8.30, 2016헌마263).

④ [O] 금치처분을 받은 미결수용자에 대하여 금치기간 중 서신수수, 접견, 전화통화를 제한하는 것은 대상자를 구속감과 외로움 속에 반성에 전념하게 함으로써 수용시설 내 안전과 질서를 유지하기 위한 것이다. 접견이나 서신수수의 경우에는 교정시설의 장이 수용자의 권리구제 등을 위해 필요하다고 인정한 때에는 예외적으로 허용할 수 있도록 하여 기본권 제한을 최소화하고 있다. 전화통화의 경우에는 위와 같은 예외가 규정되어 있지는 않으나, 증거인멸 우려 등의 측면에서 미결수용자의 전화통화의 자유를 제한할 필요성이 더 크다고 할 수 있다. 나아가 금치처분을 받은 자는 수용시설의 안전과 질서유지에 위반되는 행위, 그중에서도 가장 중하다고 평가된 행위를 한 자이므로 이에 대하여 금치기간 중 일률적으로 전화통화를 금지한다 하더라도 과도하다고 보기 어렵다. 따라서 이 사건 서신수수·접견·전화통화 제한조항은 청구인의 통신의 자유를 침해하지 아니한다(헌재 2016.4.28, 2012 헌마549).

정답 | 09 ④ 10 ②

11

甲은 강도죄를 범하여 유죄의 확정판결을 받고 현재 교도소에 수용 중인 자다. 甲은 교도소 내의 처우에 불만을 가지고, 이와 관련하여 헌법소원심판을 청구하고자 변호사 乙과의 접견을 신청하였으나, 교도소장 丙은 접견을 불허하였다. 이에 甲은 변호사 乙에게 서신을 발송하고자 하였는데 교도소장 丙은 외부로 반출되는 모든 서신에 대해 봉함하지 않은 상태로 사전에 검사받도록 해 온 교도소 관행에 따라 甲의 서신도 무봉함 상태로 제출하게 한 후 검열한 끝에 서신 내용을 문제삼아 외부 발송을 거부하였다. 이 사안에 관한 설명 중 가장 적절하지 않은 것은? (다툼이 있는 경우 판례에 의함)

22. 경찰승진

① 이른바 특별권력관계에서도 기본권의 제한은 법률에 근거해야 한다.

② 교도소장 丙의 서신검열행위는 이른바 권력적 사실행위로서 행정심판이나 행정소송의 대상이 되는 행정처분으로 볼 수 있다.

③ 위 사안에서는 검열행위가 이미 완료되어 행정심판이나 행정소송을 제기하더라도 소의 이익이 부정될 수밖에 없으므로 헌법소원심판청구에서의 보충성원칙의 예외에 해당한다.

④ 교도소장 丙이 甲으로 하여금 서신을 봉함하지 않은 상태로 제출하게 한 것은 교도소 내의 규율과 질서를 유지하기 위한 불가피한 조치로서 甲의 통신비밀의 자유를 침해한다고 볼 수 없다.

해설

④ [×] 시행령조항이 수용자가 보내려는 모든 서신에 대해 무봉함 상태의 제출을 강제함으로써 수용자의 발송 서신 모두를 사실상 검열 가능한 상태에 놓이도록 하는 것은 기본권 제한의 최소침해성요건을 위반하여 수용자인 청구인의 통신비밀의 자유를 침해하는 것이다(헌재 2012.2.23, 2009헌마333).

① [O] 법률에 의한 기본권 제한, 기본권 제한에 대한 사법적 통제 등 법치주의의 기본원칙은 이른바 '특별권력관계'에서도 예외 없이 적용되어야 하는 것이다(헌재 2010.10.28, 2007헌마890).

②③ [O] 수형자의 서신을 교도소장이 검열하는 행위는 이른바 권력적 사실행위로서 행정심판이나 행정소송의 대상이 되는 행정처분으로 볼 수 있으나, 위 검열행위가 이미 완료되어 행정심판이나 행정소송을 제기하더라도 소의 이익이 부정될 수밖에 없으므로 헌법소원심판을 청구하는 외에 다른 효과적인 구제방법이 있다고 보기 어렵기 때문에 보충성의 원칙에 대한 예외에 해당한다(헌재 1998.8.27, 96헌마398).

12

통신의 자유에 대한 설명으로 옳은 것은? (다툼이 있는 경우 판례에 의함)

22. 입법고시

① 금치처분을 받은 수형자에 대하여 서신 수수를 제한하는 것은 징벌실 수용에 따른 격리에 추가하여 통신의 제한을 더하는 것이므로 이는 수형자의 통신의 자유를 침해한다.

② 화상접견시스템이라는 전기통신수단을 이용하여 마약류사범인 미결수용자와 변호인이 아닌 접견인 사이의 접견내용을 모두 녹음·녹화하는 것은 미결수용자의 통신의 비밀을 침해하지 않는다.

③ 통신비밀보호법상의 감청은 그 대상이 되는 전기통신의 송·수신과 동시에 이루어지는 경우뿐 아니라 이미 수신이 완료된 전기통신의 내용을 지득하는 등의 행위를 포함한다.

④ 불법감청에 의하여 지득 또는 채록된 전기통신의 내용은 재판절차에서 증거로 사용될 수 없으나 징계절차에서는 증거로 사용할 수 있다.

⑤ 수사기관의 인터넷 회선감청을 다른 감청과 달리 별도의 제한절차 없이 허용하는 것은 오늘날 정보화 사회에서 날로 지능화되는 범죄수사를 위해 불가피하므로 헌법에 위반된다고 할 수 없다.

해설

② [O] 이 사건 녹음조항은 수용자의 증거인멸의 가능성 및 추가범죄의 발생 가능성을 차단하고, 교정시설 내의 안전과 질서유지를 위한 것으로 목적의 정당성이 인정되며, 수용자는 증거인멸 또는 형사 법령 저촉 행위를 할 경우 쉽게 발각될 수 있다는 점을 예상하여 이를 억제하게 될 것이므로 수단의 적합성도 인정된다. 미결수용자는 접견시 지인 등을 통해 자신의 범죄에 대한 증거를 인멸할 가능성이 있고, 마약류사범의 경우 그 중독성으로 인하여 교정시설 내부로 마약을 반입하여 복용할 위험성도 있으므로 교정시설 내의 안전과 질서를 유지할 필요성은 매우 크다. 또한, 교정시설의 장은 미리 접견내용의 녹음 사실 등을 고지하며, 접견기록물의 엄격한 관리를 위한 제도적 장치도 마련되어 있는 점 등을 고려할 때 침해의 최소성 요건도 갖추고 있다. 나아가 청구인의 접견내용을 녹음 · 녹화함으로써 증거인멸이나 형사 법령 저촉 행위의 위험을 방지하고, 교정시설 내의 안전과 질서유지에 기여하려는 공익은 미결수용자가 받게 되는 사익의 제한보다 훨씬 크고 중요하므로 법익의 균형성도 인정된다. 따라서 이 사건 녹음조항은 과잉금지원칙에 위배되어 청구인의 사생활의 비밀과 자유 및 통신의 비밀을 침해하지 아니한다(헌재 2016.11.24, 2014헌바401).

① [×] 금치 징벌의 목적 자체가 징벌실에 수용하고 엄격한 격리에 의하여 개전을 촉구하고자 하는 것이므로 접견 · 서신수발의 제한은 불가피하며, 행형법 시행령 제145조 제2항은 금치기간 중의 접견 · 서신수발을 금지하면서도, 그 단서에서 소장으로 하여금 "교화 또는 처우상 특히 필요하다고 인정되는 때"에는 금치기간 중이라도 접견 · 서신수발을 허가할 수 있도록 예외를 둠으로써 과도한 규제가 되지 않도록 조치하고 있으므로, 금치 수형자에 대한 접견 · 서신수발의 제한은 수용시설 내의 안전과 질서 유지라는 정당한 목적을 위하여 필요 · 최소한의 제한이다(헌재 2004.12.16, 2002헌마47).

③ [×] 통신비밀보호법 제2조 제3호 및 제7호에 의하면 같은 법상 '감청'은 전자적 방식에 의하여 모든 종류의 음향 · 문언 · 부호 또는 영상을 송신하거나 수신하는 전기통신에 대하여 당사자의 동의 없이 전자장치 · 기계장치 등을 사용하여 통신의 음향 · 문언 · 부호 · 영상을 청취 · 공독하여 그 내용을 지득 또는 채록하거나 전기통신의 송 · 수신을 방해하는 것을 말한다. 그런데 해당 규정의 문언이 송신하거나 수신하는 전기통신행위를 감청의 대상으로 규정하고 있을 뿐 송 · 수신이 완료되어 보관 중인 전기통신 내용은 대상으로 규정하지 않은 점, 일반적으로 감청은 다른 사람의 대화나 통신 내용을 몰래 엿듣는 행위를 의미하는 점 등을 고려하여 보면, 통신비밀보호법상 '감청'이란 대상이 되는 전기통신의 송 · 수신과 동시에 이루어지는 경우만을 의미하고, 이미 수신이 완료된 전기통신의 내용을 지득하는 등의 행위는 포함되지 않는다(대판 2012.10.25, 2012도4644).

④ [×]

> 통신비밀보호법 제4조【불법검열에 의한 우편물의 내용과 불법감청에 의한 전기통신내용의 증거사용 금지】 제3조의 규정에 위반하여, 불법검열에 의하여 취득한 우편물이나 그 내용 및 불법감청에 의하여 지득 또는 채록된 전기통신의 내용은 재판 또는 징계절차에서 증거로 사용할 수 없다.

⑤ [×] 인터넷회선 감청은 인터넷회선을 통하여 흐르는 전기신호 형태의 '패킷'을 중간에 확보한 다음 재조합 기술을 거쳐 그 내용을 파악하는 이른바 '패킷감청'의 방식으로 이루어진다. 따라서 이를 통해 개인의 통신뿐만 아니라 사생활의 비밀과 자유가 제한된다. … 이 사건 법률조항은 인터넷회선 감청의 특성을 고려하여 그 집행 단계나 집행 이후에 수사기관의 권한 남용을 통제하고 관련 기본권의 침해를 최소화하기 위한 제도적 조치가 제대로 마련되어 있지 않은 상태에서, 범죄수사 목적을 이유로 인터넷회선 감청을 통신제한조치 허가 대상 중 하나로 정하고 있으므로 침해의 최소성 요건을 충족한다고 할 수 없다. 이러한 여건하에서 인터넷회선의 감청을 허용하는 것은 개인의 통신 및 사생활의 비밀과 자유에 심각한 위협을 초래하게 되므로 이 사건 법률조항으로 인하여 달성하려는 공익과 제한되는 사익 사이의 법익균형성도 인정되지 아니한다. 그러므로 이 사건 법률조항은 과잉금지원칙에 위반하는 것으로 청구인의 기본권을 침해한다(헌재 2018.8.30, 2016헌마263).

정답 | 11 ④ 12 ②

13 통신의 자유에 대한 설명으로 옳지 않은 것은? (다툼이 있는 경우 헌법재판소 판례에 의함) 22. 국회직 8급

① 전기통신역무제공에 관한 계약을 체결하는 경우 전기통신사업자로 하여금 가입자에게 본인임을 확인할 수 있는 증서 등을 제시하도록 하는 휴대전화 가입 본인확인제는 익명으로 통신하고자 하는 자의 통신의 자유를 제한하는 것은 물론, 통신의 비밀까지도 제한한다.

② 자유로운 의사소통은 통신내용의 비밀을 보장하는 것만으로는 충분하지 아니하고 구체적인 통신으로 발생하는 외형적인 사실관계, 특히 통신관여자의 인적 동일성 · 통신시간 · 통신장소 · 통신횟수 등 통신의 외형을 구성하는 통신이용의 전반적 상황의 비밀까지도 보장해야 한다.

③ 통신의 중요한 수단인 서신의 당사자나 내용은 본인의 의사에 반하여 공개될 수 없으므로 서신의 검열은 원칙으로 금지되나, 수형자가 수발하는 서신에 대한 검열로 인하여 수형자의 통신의 비밀이 일부 제한되는 것은 국가안전보장 · 질서유지 또는 공공복리라는 정당한 목적을 위하여 부득이할 뿐만 아니라 유효적절한 방법에 의한 최소한의 제한이며 통신의 자유의 본질적 내용을 침해하는 것이 아니므로 헌법에 위반된다고 할 수 없다.

④ 수용자가 집필한 문서의 내용이 타인의 사생활의 비밀 또는 자유를 침해하는 등 우려가 있는 때 교정시설의 장이 문서의 외부반출을 금지할 수 있도록 한 것은 이미 표현된 집필문을 외부의 특정한 상대방에게 발송할 수 있는지 여부에 대해 규율하는 것이므로, 이에 의해 제한되는 기본권은 통신의 자유로 보아야 한다.

⑤ 수사기관이 수사를 위하여 필요한 경우 법원의 허가를 얻어 전기통신사업자에게 정보주체의 위치정보 추적자료의 제공을 요청할 수 있게 한 법률조항은, 수사의 필요성만을 그 요건으로 하고 있어 절차적 통제마저도 제대로 이루어지기 어려운 현실인 점 등을 고려할 때, 과잉금지원칙에 반하여 정보주체인 전기통신가입자의 통신의 자유를 침해한다.

해설

① [×] 심판대상조항은 가입자의 개인정보에 대한 제공 · 이용 여부를 스스로 결정할 권리를 제한하고 있으므로, 개인정보자기결정권을 제한한다. … 개인정보자기결정권, 통신의 자유가 제한되는 불이익과 비교했을 때, 명의도용피해를 막고, 차명휴대전화의 생성을 억제하여 보이스피싱 등 범죄의 범행도구로 악용될 가능성을 방지함으로써 잠재적 범죄 피해 방지 및 통신망 질서 유지라는 더욱 중대한 공익의 달성효과가 인정된다. 따라서 심판대상조항은 청구인들의 개인정보자기결정권 및 통신의 자유를 침해하지 않는다(헌재 2019.9.26, 2017헌마1209).

② [O] 자유로운 의사소통은 통신내용의 비밀을 보장하는 것만으로는 충분하지 아니하고 구체적인 통신관계의 발생으로 야기된 모든 사실관계, 특히 통신관여자의 인적 동일성 · 통신장소 · 통신횟수 · 통신시간 등 통신의 외형을 구성하는 통신이용의 전반적 상황의 비밀까지도 보장한다(헌재 2018.6.28, 2012헌마191).

③ [O] 교도관집무규칙 제78조와 재소자계호근무준칙 제284조 등은 서신검열의 기준 및 검열자의 비밀준수의무 등을 규정하고 있으므로, 그와 같은 제도하에서 운용되는 서신검열로 인하여 미결수용자의 통신의 비밀이 일부 제한되는 것은 질서유지 또는 공공복리라는 정당한 목적을 위하여 불가피할 뿐만 아니라 유효적절한 방법에 의한 최소한의 제한으로서 헌법에 위반된다고 할 수는 없다 할 것이다(헌재 1998.8.27, 96헌마398).

④ [O] 청구인은 수용자가 작성한 집필문의 외부반출을 불허하고 이를 영치할 수 있도록 한 심판대상조항에 의해 표현의 자유 또는 예술창작의 자유가 제한된다고 주장하나, 심판대상조항은 집필문을 창작하거나 표현하는 것을 금지하거나 이에 대한 허가를 요구하는 조항이 아니라 이미 표현된 집필문을 외부의 특정한 상대방에게 발송할 수 있는지 여부에 대해 규율하는 것이므로, 제한되는 기본권은 헌법 제18조에서 정하고 있는 통신의 자유로 봄이 상당하다(헌재 2016.5.26, 2013헌바98).

⑤ [O] 이 사건 요청조항이 달성하고자 하는 실체적 진실발견과 국가형벌권의 적정한 행사라는 공익은 중요하고, 이러한 공익목적 달성을 위하여 수사기관이 전기통신사업자로부터 위치정보 추적자료를 제공받는 것은 불가피한 측면이 있다. 그러나 이 사건 요청조항은 공익목적의 달성에 필요한 범위를 벗어나 정보주체의 통신의 자유와 개인정보자기결정권을 과도하게 제한하고 있으므로, 이 사건 요청조항으로 달성하려는 공익이 그로 인해 제한되는 정보주체의 기본권보다 중요하다고 단정할 수 없다. 따라서 이 사건 요청조항은 법익의 균형성 요건을 충족한다고 할 수 없다. 이 사건 요청조항은 과잉금지원칙을 위반하여 청구인들의 개인정보자기결정권 및 통신의 자유를 침해한다(헌재 2018.6.28, 2012헌마191, 550).

14 통신의 자유에 대한 설명으로 가장 적절하지 않은 것은? (다툼이 있는 경우 대법원 및 헌법재판소 판례에 의함)

22. 경찰간부

① 통신사실 확인자료 제공요청은 통신비밀보호법이 정한 수사기관의 강제처분이므로 영장주의가 적용된다.
② 통신비밀보호법상 '감청'이란 대상이 되는 전기통신의 송·수신과 동시에 이루어지는 경우만을 의미하고, 이미 수신이 완료된 전기통신의 내용을 지득하는 등의 행위는 포함되지 않는다.
③ 인터넷회선 감청은 서버에 저장된 정보가 아니라, 인터넷상에서 발신되어 수신되기까지의 과정 중에 수집되는 정보, 즉 전송 중인 정보의 수집을 위한 수사이므로, 압수·수색과 구별되지 않는다.
④ 누구든지 공개되지 아니한 타인간의 대화를 녹음하거나 전자장치 또는 기계적 수단을 이용하여 청취할 수 없다.

해설

③ [×] 인터넷회선 감청은 검사가 법원의 허가를 받으면, 피의자 및 피내사자에 해당하는 감청대상자나 해당 인터넷회선의 가입자의 동의나 승낙을 얻지 아니하고도, 전기통신사업자의 협조를 통해 해당 인터넷회선을 통해 송·수신되는 전기통신에 대해 감청을 집행함으로써 정보주체의 기본권을 제한할 수 있으므로, 법이 정한 강제처분에 해당한다. 또한 인터넷회선 감청은 서버에 저장된 정보가 아니라, 인터넷상에서 발신되어 수신되기까지의 과정 중에 수집되는 정보, 즉 전송 중인 정보의 수집을 위한 수사이므로, 압수·수색과 구별된다(헌재 2018.8.30, 2016헌마263).

① [O] 기지국 수사를 허용하는 통신사실 확인자료 제공요청은 법원의 허가를 받으면, 해당 가입자의 동의나 승낙을 얻지 아니하고도 제3자인 전기통신사업자에게 해당 가입자에 관한 통신사실 확인자료의 제공을 요청할 수 있도록 하는 수사방법으로, 통신비밀보호법이 규정하는 강제처분에 해당하므로 헌법상 영장주의가 적용된다(헌재 2018.6.28, 2012헌마538).

② [O] 통신비밀보호법 제2조 제3호 및 제7호에 의하면 같은 법상 '감청'은 전자적 방식에 의하여 모든 종류의 음향·문언·부호 또는 영상을 송신하거나 수신하는 전기통신에 대하여 당사자의 동의 없이 전자장치·기계장치 등을 사용하여 통신의 음향·문언·부호·영상을 청취·공독하여 그 내용을 지득 또는 채록하거나 전기통신의 송·수신을 방해하는 것을 말한다. 그런데 해당 규정의 문언이 송신하거나 수신하는 전기통신 행위를 감청의 대상으로 규정하고 있을 뿐 송·수신이 완료되어 보관 중인 전기통신 내용은 대상으로 규정하지 않은 점, 일반적으로 감청은 다른 사람의 대화나 통신 내용을 몰래 엿듣는 행위를 의미하는 점 등을 고려하여 보면, 통신비밀보호법상 '감청'이란 대상이 되는 전기통신의 송·수신과 동시에 이루어지는 경우만을 의미하고, 이미 수신이 완료된 전기통신의 내용을 지득하는 등의 행위는 포함되지 않는다(대판 2012.10.25, 2012도4644).

④ [O]

> 통신비밀보호법 제14조【타인의 대화비밀 침해금지】① 누구든지 공개되지 아니한 타인간의 대화를 녹음하거나 전자장치 또는 기계적 수단을 이용하여 청취할 수 없다.

정답 | 13 ① 14 ③

15 통신의 비밀과 통신의 자유에 관한 다음 설명 중 가장 옳지 않은 것은?

22. 법무사

① 인터넷회선 감청은 타인과의 관계를 전제로 하는 개인의 사적 영역을 보호하려는 헌법 제18조의 통신의 비밀과 자유 외에 헌법 제17조의 사생활의 비밀과 자유도 제한하므로, 인터넷회선 감청을 범죄수사를 위한 통신제한조치 허가 대상으로 정함에 있어서는 과잉금지원칙을 준수하여야 한다.

② 교도소장이 법원, 검찰청 등이 수용자에게 보낸 문서를 열람한 행위는 문서 전달 업무에 정확성을 기하고 수용자의 편의를 도모하여 법령상 기간준수 여부 확인을 위한 공적 자료를 마련하기 위한 것이고, 다른 법령에 따라 열람이 금지된 문서는 열람할 수 없으므로 수용자의 통신의 자유를 침해하지 아니한다.

③ 통신제한조치기간의 연장을 허가함에 있어 총연장기간 또는 총연장횟수의 제한을 두지 아니한 통신비밀보호법 조항은 통신의 비밀을 침해한다.

④ 수용자가 밖으로 내보내는 모든 서신을 봉함하지 않은 상태로 교정시설에 제출하도록 하는 것은 수용자의 통신비밀의 자유를 침해한다.

⑤ 전기통신역무제공에 관한 계약을 체결하는 경우 전기통신사업자로 하여금 가입자의 인적사항을 확인할 수 있는 증서를 제시하도록 요구하고 부정가입방지시스템을 이용해 본인인지 여부를 확인하도록 한 규정은 익명 가입을 원하는 자의 통신의 자유를 침해한다.

해설

⑤ [×] 헌법 제18조로 보장되는 기본권인 통신의 자유란 통신수단을 자유로이 이용하여 의사소통할 권리이다. '통신수단의 자유로운 이용'에는 자신의 인적사항을 누구에게도 밝히지 않는 상태로 통신수단을 이용할 자유, 즉 통신수단의 익명성 보장도 포함된다. 심판대상조항은 휴대전화를 통한 문자·전화·모바일 인터넷 등 통신기능을 사용하고자 하는 자에게 반드시 사전에 본인확인 절차를 거치는 데 동의해야만 이를 사용할 수 있도록 하므로, 익명으로 통신하고자 하는 청구인들의 통신의 자유를 제한한다. … 개인정보자기결정권, 통신의 자유가 제한되는 불이익과 비교했을 때, 명의도용피해를 막고, 차명휴대전화의 생성을 억제하여 보이스피싱 등 범죄의 범행도구로 악용될 가능성을 방지함으로써 잠재적 범죄 피해 방지 및 통신망 질서 유지라는 더욱 중대한 공익의 달성효과가 인정된다. 따라서 심판대상조항은 청구인들의 개인정보자기결정권 및 통신의 자유를 침해하지 않는다(헌재 2019.9.26, 2017헌마1209).
▶ 심판대상조항이 통신의 비밀을 제한하는 것은 아니다.

① [O] 헌법 제17조에서 보장하는 사생활의 비밀이란 사생활에 관한 사항으로 일반인에게 아직 알려지지 아니하고 일반인의 감수성을 기준으로 할 때 공개를 원하지 않을 사항을 말한다. 감시, 도청, 비밀녹음, 비밀촬영 등에 의해 다른 사람의 사생활의 비밀을 탐지하거나 사생활의 평온을 침입하는 행위, 사적 사항의 무단 공개 등은 타인의 사생활의 비밀과 자유의 불가침을 해하는 것이다. 인터넷회선 감청은 해당 인터넷회선을 통하여 흐르는 모든 정보가 감청 대상이 되므로, 이를 통해 드러나게 되는 개인의 사생활 영역은 전화나 우편물 등을 통하여 교환되는 통신의 범위를 넘는다. 더욱이 오늘날 이메일, 메신저, 전화 등 통신뿐 아니라, 각종 구매, 게시물 등록, 금융서비스 이용 등 생활의 전 영역이 인터넷을 기반으로 이루어지기 때문에, 인터넷회선 감청은 타인과의 관계를 전제로 하는 개인의 사적 영역을 보호하려는 헌법 제18조의 통신의 비밀과 자유 외에 헌법 제17조의 사생활의 비밀과 자유도 제한하게 된다. 따라서 인터넷회선 감청도 범죄수사를 위한 통신제한조치 허가 대상으로 정한 이 사건 법률조항이 과잉금지원칙에 반하여 피의자 또는 피내사자와 같은 대상자뿐만 아니라 이용자들의 통신 및 사생활의 비밀과 자유를 침해하는지 여부에 대하여 본다(헌재 2018.8.30, 2016헌마263).
▶ 과잉금지원칙을 준수하여야 한다.

② [O] 피청구인(=교도소장)의 문서열람행위는 형집행법 시행령 제67조에 근거하여 법원 등 관계기관이 수용자에게 보내온 문서를 열람한 행위로서, 문서 전달 업무에 정확성을 기하고 수용자의 편의를 도모하며 법령상의 기간준수 여부 확인을 위한 공적 자료를 마련하기 위한 것이다. 수용자 스스로 고지하도록 하거나 특별히 엄중한 계호를 요하는 수용자에 한하여 열람하는 등의 방법으로는 목적 달성에 충분하지 않고, 다른 법령에 따라 열람이 금지된 문서는 열람할 수 없으며, 열람한 후에는 본인에게 신속히 전달하여야 하므로, 문서열람행위는 청구인의 통신의 자유를 침해하지 아니한다(헌재 2021.9.30, 2019헌마919).

③ [O] 통신제한조치기간을 연장함에 있어 법운용자의 남용을 막을 수 있는 최소한의 한계를 설정하지 않은 이 사건 법률조항은 침해의 최소성원칙에 위반한다. 나아가 통신제한조치가 내려진 피의자나 피내사자는 자신이 감청을 당하고 있다는 사실을 모르는 기본권 제한의 특성상 방어권을 행사하기 어려운 상태에 있으므로 통신제한조치기간의 연장을 허가함에 있어 총연장기간 또는 총연장횟수의 제한이 없을 경우 수사와 전혀 관계없는 개인의 내밀한 사생활의 비밀이 침해당할 우려도 심히 크기 때문에 기본권 제한의 법익균형성 요건도 갖추지 못하였다. 따라서 이 사건 법률조항은 헌법에 위반된다 할 것이다(헌재 2010.12.28, 2009헌가30).

④ [O] 이 사건 시행령조항은 교정시설의 안전과 질서유지, 수용자의 교화 및 사회복귀를 원활하게 하기 위해 수용자가 밖으로 내보내는 서신을 봉함하지 않은 상태로 제출하도록 한 것이나, 이와 같은 목적은 교도관이 수용자의 면전에서 서신에 금지물품이 들어 있는지를 확인하고 수용자로 하여금 서신을 봉함하게 하는 방법, 봉함된 상태로 제출된 서신을 X-ray 검색기 등으로 확인한 후 의심이 있는 경우에만 개봉하여 확인하는 방법, 서신에 대한 검열이 허용되는 경우에만 무봉함 상태로 제출하도록 하는 방법 등으로도 얼마든지

달성할 수 있다고 할 것인바, 위 시행령 조항이 수용자가 보내려는 모든 서신에 대해 무봉함 상태의 제출을 강제함으로써 수용자의 발송 서신 모두를 사실상 검열가능한 상태에 놓이도록 하는 것은 기본권 제한의 최소 침해성 요건을 위반하여 수용자인 청구인의 통신 비밀의 자유를 침해하는 것이다(헌재 2012.2.23, 2009헌마333).

16 **통신의 자유에 대한 설명으로 옳지 않은 것은? (다툼이 있는 경우 판례에 의함)** 22. 지방직 7급

① 수형자가 수발하는 서신에 대한 검열로 인하여 수형자의 통신의 비밀이 일부 제한되는 것은 국가안전보장·질서유지 또는 공공복리라는 정당한 목적을 위하여 부득이할 뿐만 아니라 유효적절한 방법에 의한 최소한의 제한이며 통신의 자유의 본질적 내용을 침해하는 것이 아니므로 헌법에 위반된다고 할 수 없다.

② 자유로운 의사소통은 통신내용의 비밀을 보장하는 것만으로는 충분하지 아니하고 구체적인 통신으로 발생하는 외형적인 사실관계, 특히 통신관여자의 인적 동일성·통신시간·통신장소·통신횟수 등 통신의 외형을 구성하는 통신이용의 전반적 상황의 비밀까지도 보장해야 한다.

③ 통신의 자유란 통신수단을 자유로이 이용하여 의사소통할 권리이고, 이러한 '통신수단의 자유로운 이용'에는 자신의 인적사항을 누구에게도 밝히지 않는 상태로 통신수단을 이용할 자유, 즉 통신수단의 익명성 보장도 포함된다.

④ 수용자가 집필한 문서의 내용이 사생활의 비밀 또는 자유를 침해하는 등 우려가 있는 때 교정시설의 장이 문서의 외부반출을 금지하도록 규정한 법률 조항은, 집필문을 창작하거나 표현하는 것을 금지하거나 이에 대한 허가를 요구하는 조항이므로, 제한되는 기본권은 통신의 자유가 아니라 표현의 자유로 보아야 한다.

해설

④ [×] 청구인은 심판대상조항에 의해 표현의 자유 또는 예술창작의 자유가 제한된다고 주장하나, 심판대상조항은 집필문을 창작하거나 표현하는 것을 금지하거나 이에 대한 허가를 요구하는 조항이 아니라 이미 표현된 집필문을 외부의 특정한 상대방에게 발송할 수 있는지 여부에 대해 규율하는 것이므로, 제한되는 기본권은 헌법 제18조에서 정하고 있는 통신의 자유로 봄이 상당하다. 따라서 심판대상조항이 사전검열에 해당한다는 청구인의 주장에 대해서는 판단하지 아니하고, 통신의 자유 침해 여부에 대해서만 판단하기로 한다. … 따라서 심판대상조항은 수용자의 통신의 자유를 침해하지 아니한다(헌재 2016.5.26, 2013헌바98).

보충 수용자의 통신의 자유는 제한하나, 표현의 자유는 제한하지 않는다.

① [O] 헌법 제18조에서 "모든 국민은 통신의 비밀을 침해받지 아니한다."라고 규정하여 통신의 비밀을 침해받지 아니할 권리, 즉 통신의 자유를 국민의 기본권으로 보장하고 있다. 따라서 통신의 중요한 수단인 서신의 당사자나 내용은 본인의 의사에 반하여 공개될 수 없으므로 서신의 검열은 원칙으로 금지된다고 할 것이다. … 이러한 현행법령과 제도하에서 수형자가 수발하는 서신에 대한 검열로 인하여 수형자의 통신의 비밀이 일부 제한되는 것은 국가안전보장·질서유지 또는 공공복리라는 정당한 목적을 위하여 부득이할 뿐만 아니라 유효적절한 방법에 의한 최소한의 제한이며 통신의 자유의 본질적 내용을 침해하는 것이 아니므로 헌법에 위반된다고 할 수 없다(헌재 1998.8.27, 96헌마398).

② [O] 자유로운 의사소통은 통신내용의 비밀을 보장하는 것만으로는 충분하지 아니하고 구체적인 통신으로 발생하는 외형적인 사실관계, 특히 통신관여자의 인적 동일성·통신시간·통신장소·통신횟수 등 통신의 외형을 구성하는 통신이용의 전반적 상황의 비밀까지도 보장해야 한다(헌재 2018.6.28, 2012헌마191 등).

③ [O] 헌법 제18조로 보장되는 기본권인 통신의 자유란 통신수단을 자유로이 이용하여 의사소통할 권리이다. '통신수단의 자유로운 이용'에는 자신의 인적사항을 누구에게도 밝히지 않는 상태로 통신수단을 이용할 자유, 즉 통신수단의 익명성 보장도 포함된다. 심판대상조항은 휴대전화를 통한 문자·전화·모바일 인터넷 등 통신기능을 사용하고자 하는 자에게 반드시 사전에 본인확인 절차를 거치는 데 동의해야만 이를 사용할 수 있도록 하므로, 익명으로 통신하고자 하는 청구인들의 통신의 자유를 제한한다(헌재 2019.9.26, 2017헌마1209).

정답 | 15 ⑤ 16 ④

17 통신의 비밀과 자유에 대한 설명으로 가장 적절하지 않은 것은? (다툼이 있는 경우 헌법재판소 판례에 의함)

23. 경찰간부

① 전기통신역무제공에 관한 계약을 체결하는 경우 전기통신사업자로 하여금 가입자에게 본인임을 확인할 수 있는 증서 등을 제시하도록 요구하고 부정가입방지시스템 등을 이용하여 본인인지 여부를 확인하도록 규정한 전기통신사업법상 조항은 자신들의 인적 사항을 밝히지 않은 채 통신하고자 하는 자들의 통신의 자유를 침해한다.

② 검사 또는 사법경찰관이 수사를 위하여 필요한 경우 전기통신사업법에 의한 전기통신사업자에게 위치정보 추적자료의 열람이나 제출을 요청할 수 있도록 하는 통신비밀보호법상 조항은 과잉금지원칙에 반하여 정보주체의 통신의 자유를 침해한다.

③ 범죄 수사 목적을 이유로 통신제한조치 허가 대상 중 하나로 정하는 인터넷회선 감청의 경우 그 집행단계나 집행 이후에 수사기관의 권한 남용을 통제하고 관련 기본권의 침해를 최소화하기 위한 제도적 조치가 제대로 마련되지 않은 상태에서는 침해의 최소성 요건을 충족하지 않는다.

④ 미결수용자와 변호인 아닌 자와의 접견내용을 녹음·녹화함으로써 증거인멸이나 형사 법령 저촉 행위의 위험을 방지하고 교정시설 내의 안전과 질서유지에 기여하려는 공익은 미결수용자가 받게 되는 사익의 제한보다 훨씬 크고 중요한 것이므로 법익의 균형성이 인정된다.

해설

① [×] 심판대상조항이 이동통신서비스 가입 시 본인확인절차를 거치도록 함으로써 타인 또는 허무인의 이름을 사용한 휴대전화인 이른바 대포폰이 보이스피싱 등 범죄의 범행도구로 이용되는 것을 막고, 개인정보를 도용하여 타인의 명의로 가입한 다음 휴대전화 소액결제나 서비스요금을 그 명의인에게 전가하는 등 명의도용범죄의 피해를 막고자 하는 입법목적은 정당하고, 이를 위하여 본인확인절차를 거치게 한 것은 적합한 수단이다. 가입자는 자신의 주민등록번호를 제공해야 하지만 특히 뒷자리 중 성별을 지칭하는 숫자 외의 6자리는 일회적인 확인 후 폐기되므로 주민등록번호가 이동통신사에 보관되어 계속적으로 이용되는 것이 아니다. 가입자는 대면(오프라인) 가입 대신 온라인 가입절차에서 공인인증서로 본인확인하는 방법을 택하여 주민등록번호의 직접 제공을 피할 수도 있다. … 개인정보자기결정권, 통신의 자유가 제한되는 불이익과 비교했을 때, 명의도용피해를 막고, 차명휴대전화의 생성을 억제하여 보이스피싱 등 범죄의 범행도구로 악용될 가능성을 방지함으로써 잠재적 범죄 피해 방지 및 통신망 질서 유지라는 더욱 중대한 공익의 달성효과가 인정된다. 따라서 심판대상조항은 청구인들의 개인정보자기결정권 및 통신의 자유를 침해하지 않는다(헌재 2019.9.26, 2017헌마1209).

② [O] 이동전화의 이용과 관련하여 필연적으로 발생하는 통신사실 확인자료는 비록 비내용적 정보이지만 여러 정보의 결합과 분석을 통해 정보주체에 관한 정보를 유추해낼 수 있는 민감한 정보인 점, 수사기관의 통신사실 확인자료 제공요청에 대해 법원의 허가를 거치도록 규정하고 있으나 수사의 필요성만을 그 요건으로 하고 있어 제대로 된 통제가 이루어지기 어려운 점, 기지국수사의 허용과 관련하여서는 유괴·납치·성폭력범죄 등 강력범죄나 국가안보를 위협하는 각종 범죄와 같이 피의자나 피해자의 통신사실 확인자료가 반드시 필요한 범죄로 그 대상을 한정하는 방안 또는 다른 방법으로는 범죄수사가 어려운 경우(보충성)를 요건으로 추가하는 방안 등을 검토함으로써 수사에 지장을 초래하지 않으면서도 불특정 다수의 기본권을 덜 침해하는 수단이 존재하는 점을 고려할 때, 이 사건 요청조항은 과잉금지원칙에 반하여 청구인의 개인정보자기결정권과 통신의 자유를 침해한다(헌재 2018.6.28, 2012헌마538).

③ [O] 이 사건 법률조항은 인터넷회선 감청의 특성을 고려하여 그 집행 단계나 집행 이후에 수사기관의 권한 남용을 통제하고 관련 기본권의 침해를 최소화하기 위한 제도적 조치가 제대로 마련되어 있지 않은 상태에서, 범죄수사 목적을 이유로 인터넷회선 감청을 통신제한조치 허가 대상 중 하나로 정하고 있으므로 침해의 최소성 요건을 충족한다고 할 수 없다. 이러한 여건 하에서 인터넷회선의 감청을 허용하는 것은 개인의 통신 및 사생활의 비밀과 자유에 심각한 위협을 초래하게 되므로 이 사건 법률조항으로 인하여 달성하려는 공익과 제한되는 사익 사이의 법익 균형성도 인정되지 아니한다. 그러므로 이 사건 법률조항은 과잉금지원칙에 위반하는 것으로 청구인의 기본권을 침해한다(헌재 2018.8.30, 2016헌마263).

④ [O] 청구인의 접견내용을 녹음함으로써 증거인멸이나 형사법령 저촉행위의 위험을 방지하고, 교정시설 내의 안전과 질서유지에 기여하려는 공익은 청구인의 사익의 제한보다 훨씬 크고 중요한 것이라고 할 것이므로, 법익의 불균형을 인정하기도 어렵다(헌재 2012.12.27, 2010헌마153).

18 다음 설명 중 가장 옳지 않은 것은? (다툼이 있는 경우 헌법재판소 결정 및 대법원 판례에 의함) 23. 법원직

① 헌법 제18조로 보장되는 기본권인 통신의 자유란 통신수단을 자유로이 이용하여 의사소통할 권리이다. '통신수단의 자유로운 이용'이라 하더라도 자신의 인적 사항을 누구에게도 밝히지 않는 상태로 통신수단을 이용할 자유, 즉 통신수단의 익명성 보장은 포함된다고 볼 수 없다.

② 개인정보자기결정권은 자신에 관한 정보가 언제 누구에게 어느 범위까지 알려지고 또 이용되도록 할 것인지를 그 정보주체가 스스로 결정할 수 있는 권리로서, 인간의 존엄과 가치, 행복추구권을 규정한 헌법 제10조 제1문에서 도출되는 일반적 인격권 및 헌법 제17조의 사생활의 비밀과 자유에 의하여 보장된다.

③ 개인정보자기결정권의 보호대상이 되는 개인정보는 개인의 신체, 신념, 사회적 지위, 신분 등과 같이 개인의 인격주체성을 특징짓는 사항으로서 그 개인의 동일성을 식별할 수 있게 하는 일체의 정보라고 할 수 있다.

④ 통신제한조치에 대한 법원의 허가는 통신비밀보호법에 근거한 소송절차 이외의 파생적 사항에 관한 법원의 공권적 법률판단으로 헌법재판소법 제68조 제1항에서 헌법소원의 대상에서 제외하고 있는 법원의 재판에 해당하므로, 이에 대한 헌법소원심판청구는 부적법하다.

해설

① [×] 헌법 제18조로 보장되는 기본권인 통신의 자유란 통신수단을 자유로이 이용하여 의사소통할 권리이다. '통신수단의 자유로운 이용'에는 자신의 인적 사항을 누구에게도 밝히지 않는 상태로 통신수단을 이용할 자유, 즉 통신수단의 익명성 보장도 포함된다. 심판대상조항은 휴대전화를 통한 문자·전화·모바일 인터넷 등 통신기능을 사용하고자 하는 자에게 반드시 사전에 본인확인 절차를 거치는 데 동의해야만 이를 사용할 수 있도록 하므로, 익명으로 통신하고자 하는 청구인들의 통신의 자유를 제한한다(헌재 2019.9.26, 2017헌마1209).

② [O] 개인정보자기결정권은 자신에 관한 정보가 언제 누구에게 어느 범위까지 알려지고 또 이용되도록 할 것인지를 그 정보주체가 스스로 결정할 수 있는 권리로서, 헌법 제10조 제1문에서 도출되는 일반적 인격권 및 헌법 제17조의 사생활의 비밀과 자유에 의하여 보장된다(헌재 2015.6.25, 2014헌마463).

③ [O] 개인정보자기결정권의 보호대상이 되는 개인정보는 개인의 신체, 신념, 사회적 지위, 신분 등과 같이 인격주체성을 특징짓는 사항으로서 개인의 동일성을 식별할 수 있게 하는 일체의 정보를 의미하며, 반드시 개인의 내밀한 영역에 속하는 정보에 국한되지 않고 공적 생활에서 형성되었거나 이미 공개된 개인정보까지도 포함한다(대판 2016.3.10, 2012다105482).

④ [O] 통신제한조치에 대한 법원의 허가는 통신비밀보호법에 근거한 소송절차 이외의 파생적 사항에 관한 법원의 공권적 법률판단으로 헌법재판소법 제68조 제1항에서 헌법소원의 대상에서 제외하고 있는 법원의 재판에 해당하므로, 이에 대한 심판청구는 부적법하다(헌재 2018.8.30, 2016헌마263).

19 통신의 자유 및 개인정보자기결정권에 관한 설명으로 가장 적절하지 않은 것은? (다툼이 있는 경우 판례에 의함) 23. 경찰경채

① 개인정보자기결정권은 자신에 관한 정보가 언제 누구에게 어느 범위까지 알려지고 또 이용되도록 할 것인지를 그 정보주체가 스스로 결정할 수 있는 권리이다.

② 통신의 자유란 통신수단을 자유로이 이용하여 의사소통할 권리이다.

③ 자유로운 의사소통은 통신내용의 비밀을 보장하는 것만으로 충분하다.

④ 통신의 비밀이란 서신·우편·전신의 통신수단을 통하여 개인간에 의사나 정보의 전달과 교환(의사소통)이 이루어지는 경우, 통신의 내용과 통신이용의 상황이 개인의 의사에 반하여 공개되지 아니할 자유를 의미한다.

정답 | 17 ① 18 ① 19 ③

해설

③ [×] 자유로운 의사소통은 통신내용의 비밀을 보장하는 것만으로는 충분하지 아니하고 구체적인 통신으로 발생하는 외형적인 사실관계, 특히 통신관여자의 인적 동일성 · 통신시간 · 통신장소 · 통신횟수 등 통신의 외형을 구성하는 통신이용의 전반적 상황의 비밀까지도 보장해야 한다(헌재 2018.6.28, 2012헌마191 등).

① [O] 개인정보자기결정권은 자신에 관한 정보가 언제 누구에게 어느 범위까지 알려지고 또 이용되도록 할 것인지를 그 정보주체가 스스로 결정할 수 있는 권리로서, 헌법 제10조 제1문에서 도출되는 일반적 인격권 및 헌법 제17조의 사생활의 비밀과 자유에 의하여 보장된다. 개인정보를 대상으로 한 조사 · 수집 · 보관 · 처리 · 이용 등의 행위는 모두 원칙적으로 개인정보자기결정권에 대한 제한에 해당한다(헌재 2018.8.30, 2016헌마483).

② [O] 헌법 제18조로 보장되는 기본권인 통신의 자유란 통신수단을 자유로이 이용하여 의사소통할 권리이다. '통신수단의 자유로운 이용'에는 자신의 인적 사항을 누구에게도 밝히지 않는 상태로 통신수단을 이용할 자유, 즉 통신수단의 익명성 보장도 포함된다(헌재 2019.9.26, 2017헌마1209).

④ [O] 통신의 비밀이란 서신 · 우편 · 전신의 통신수단을 통하여 개인 간에 의사나 정보의 전달과 교환(의사소통)이 이루어지는 경우, 통신의 내용과 통신이용의 상황이 개인의 의사에 반하여 공개되지 아니할 자유를 의미한다. 그러나 가입자의 인적사항이라는 정보는 통신의 내용 · 상황과 관계없는 '비 내용적 정보'이며 휴대전화 통신계약 체결 단계에서는 아직 통신수단을 통하여 어떠한 의사소통이 이루어지는 것이 아니므로 통신의 비밀에 대한 제한이 이루어진다고 보기는 어렵다(헌재 2019.9.26, 2017헌마1209).

20 통신의 자유에 관한 다음 설명 중 가장 옳지 않은 것은? (다툼이 있는 경우 헌법재판소 결정 및 대법원 판례에 의함)

23. 법원직

① 전기통신역무제공에 관한 계약을 체결하는 경우 전기통신사업자로 하여금 가입자에게 본인임을 확인할 수 있는 증서 등을 제시하도록 요구하고 부정가입방지시스템 등을 이용하여 본인인지 여부를 확인하도록 한 전기통신사업법 조항은 과잉금지원칙에 반하여 익명으로 이동통신서비스에 가입하여 통신하고자 하는 자들의 개인정보자기결정권 및 통신의 자유를 침해한다.

② 통신비밀보호법(2005.5.26. 법률 제7503호로 개정된 것) 제13조 제1항 중 '검사 또는 사법경찰관은 수사를 위하여 필요한 경우 전기통신사업법에 의한 전기통신사업자에게 제2조 제11호 가목 내지 라목의 통신사실 확인자료의 열람이나 제출을 요청할 수 있다'는 부분은 과잉금지원칙에 위반되어 개인정보자기결정권과 통신의 자유를 침해한다.

③ 교도소장이 수용자에게 온 서신을 개봉한 행위 및 법원, 검찰청 등이 수용자에게 보낸 문서를 열람한 행위는 수용자의 통신의 자유를 침해하지 않는다.

④ A구치소장이 당시 A구치소에 수용 중인 甲 앞으로 온 서신 속에 허가받지 않은 물품인 사진이 동봉되어 있음을 이유로 甲에게 해당 서신수수를 금지하고 해당 서신을 발신자로서 당시 B교도소에 수용 중인 乙에게 반송한 행위는 과잉금지원칙에 위반하여 乙의 통신의 자유를 침해하지 않는다.

해설

① [×] 개인정보자기결정권, 통신의 자유가 제한되는 불이익과 비교했을 때, 명의도용피해를 막고, 차명휴대전화의 생성을 억제하여 보이스피싱 등 범죄의 범행도구로 악용될 가능성을 방지함으로써 잠재적 범죄 피해 방지 및 통신망 질서 유지라는 더욱 중대한 공익의 달성효과가 인정된다. 따라서 심판대상조항은 청구인들의 개인정보자기결정권 및 통신의 자유를 침해하지 않는다(헌재 2019.9.26, 2017헌마1209).

② [O] 통신비밀보호법(2005.5.26. 법률 제7503호로 개정된 것) 제13조 제1항 중 '검사 또는 사법경찰관은 수사를 위하여 필요한 경우 전기통신사업법에 의한 전기통신사업자에게 제2조 제11호 가목 내지 라목의 통신사실 확인자료의 열람이나 제출을 요청할 수 있다' 부분은 과잉금지원칙에 반하여 청구인의 개인정보자기결정권 및 통신의 자유를 침해한다(헌재 2018.6.28, 2012헌마538).

③ [O] 개봉하는 발신자나 수용자를 한정하거나 엑스레이 기기 등으로 확인하는 방법 등으로는 금지물품 동봉 여부를 정확하게 확인하기 어려워, 입법목적을 같은 정도로 달성하면서, 소장이 서신을 개봉하여 육안으로 확인하는 것보다 덜 침해적인 수단이 있다고 보기 어렵다. 또한 서신을 개봉하더라도 그 내용에 대한 검열은 원칙적으로 금지된다. 따라서 서신개봉행위는 청구인의 통신의 자유를 침해하지 아니한다. 수용자 스스로 고지하도록 하거나 특별히 엄중한 계호를 요하는 수용자에 한하여 열람하는 등의 방법으로는 목적 달성에 충분하지 않고, 다른 법령에 따라 열람이 금지된 문서는 열람할 수 없으며, 열람한 후에는 본인에게 신속히 전달하여야 하므로, 문서열람행위는 청구인의 통신의 자유를 침해하지 아니한다(헌재 2021.9.30, 2019헌마919).

④ [O] 이 사건 지침조항에 의하여 청구인이 직접 자유의 제한, 권리 또는 법적 지위의 박탈이라는 효과를 받게 된다고 볼 수 없고, 교도소장의 서신검열 행위라는 구체적인 집행행위에 의하여 비로소 기본권 침해의 문제가 발생할 수 있는 것이다. 따라서 이 사건 심판청구 중 이 사건 지침조항에 대한 부분은 기본권 침해의 직접성 요건이 인정되지 아니하여 부적법하다(헌재 2017.10.17, 2017헌마1090).

21 통신의 자유에 관한 설명 중 가장 적절하지 않은 것은? (다툼이 있는 경우 판례에 의함) 24. 경정승진

① 법원 등 관계기관이 수용자에게 보낸 문서를 교도소장이 열람한 행위는, 다른 법령에 따라 열람이 금지된 문서는 열람할 수 없고, 열람한 후에는 본인에게 신속히 전달하여야 하므로, 해당 수용자의 통신의 자유를 침해하지 아니한다.

② 통신비밀보호법이 '공개되지 아니한 타인간의 대화를 녹음 또는 청취하지 못한다'라고 정한 것은, 대화에 원래부터 참여하지 않는 제3자가 그 대화를 하는 타인들 간의 발언을 녹음해서는 아니 된다는 취지이다.

③ 사생활의 비밀과 자유에 포섭될 수 있는 사적 영역에 속하는 통신의 자유를 헌법이 별개의 조항을 통해 기본권으로 보장하는 이유는 우편이나 전기통신의 운영이 전통적으로 국가독점에서 출발하였기 때문에 개인 간의 의사소통을 전제로 하는 통신은 국가에 의한 침해가능성이 여타의 사적 영역보다 크기 때문이다.

④ 전기통신역무제공에 관한 계약을 체결하는 경우 전기통신사업자로 하여금 가입자에게 본인임을 확인할 수 있는 증서 등을 제시하도록 요구하고 부정가입방지시스템 등을 이용하여 본인인지 여부를 확인하도록 한 전기통신사업법 조항은 익명으로 이동통신서비스에 가입하여 자신들의 인적 사항을 밝히지 않은 채 통신하고자 하는 사람들의 통신의 자유를 침해한다.

해설

④ [×] 심판대상조항이 이동통신서비스 가입 시 본인확인절차를 거치도록 함으로써 타인 또는 허무인의 이름을 사용한 휴대전화인 이른바 대포폰이 보이스피싱 등 범죄의 범행도구로 이용되는 것을 막고, 개인정보를 도용하여 타인의 명의로 가입한 다음 휴대전화 소액결제나 서비스요금을 그 명의인에게 전가하는 등 명의도용범죄의 피해를 막고자 하는 입법목적은 정당하고, 이를 위하여 본인확인절차를 거치게 한 것은 적합한 수단이다. … 따라서 심판대상조항은 청구인들의 개인정보자기결정권 및 통신의 자유를 침해하지 않는다(헌재 2019.9.26, 2017헌마1209).

① [O] 피청구인의 문서열람행위는 형집행법 시행령 제67조에 근거하여 법원 등 관계기관이 수용자에게 보내온 문서를 열람한 행위로서, 문서 전달 업무에 정확성을 기하고 수용자의 편의를 도모하며 법령상의 기간준수 여부 확인을 위한 공적 자료를 마련하기 위한 것이다. 수용자 스스로 고지하도록 하거나 특별히 엄중한 계호를 요하는 수용자에 한하여 열람하는 등의 방법으로는 목적 달성에 충분하지 않고, 다른 법령에 따라 열람이 금지된 문서는 열람할 수 없으며, 열람한 후에는 본인에게 신속히 전달하여야 하므로, 문서열람행위는 청구인의 통신의 자유를 침해하지 아니한다(헌재 2021.9.30, 2019헌마919).

② [O] 통신비밀보호법 제3조 제1항이 "공개되지 아니한 타인간의 대화를 녹음 또는 청취하지 못한다"라고 정한 것은, 대화에 원래부터 참여하지 않는 제3자가 그 대화를 하는 타인들 간의 발언을 녹음해서는 아니 된다는 취지이다. 3인 간의 대화에 있어서 그중 한 사람이 그 대화를 녹음하는 경우에 다른 두 사람의 발언은 그 녹음자에 대한 관계에서 '타인 간의 대화'라고 할 수 없으므로, 이와 같은 녹음행위가 통신비밀보호법 제3조 제1항에 위배된다고 볼 수는 없다(대판 2006.10.12, 2006도4981).

③ [O] 헌법 제18조는 '모든 국민은 통신의 비밀을 침해받지 아니한다.'라고 규정하여 통신의 비밀보호를 그 핵심내용으로 하는 통신의 자유를 기본권으로 보장하고 있다. 사생활의 비밀과 자유에 포섭될 수 있는 사적 영역에 속하는 통신의 자유를 헌법이 별개의 조항을 통해 기본권으로 보장하는 이유는 우편이나 전기통신의 운영이 전통적으로 국가독점에서 출발하였기 때문에 개인 간의 의사소통을 전제로 하는 통신은 국가에 의한 침해가능성이 여타의 사적 영역보다 크기 때문이다(헌재 2018.6.28, 2012헌마538).

정답 | 20 ① 21 ④

22 통신의 자유에 대한 설명으로 옳지 않은 것은? 24. 5급 공채

① 감청을 헌법 제18조에서 보장하고 있는 통신의 비밀에 대한 침해행위 중의 한 유형으로 이해해서는 안 되며, 감청의 대상으로서의 전기통신을 헌법상의 '통신'개념을 전제로 하고 있다고 보아서도 안 된다.

② 사생활의 비밀과 자유에 포섭될 수 있는 사적 영역에 속하는 통신의 자유를 헌법이 별개의 조항을 통해 기본권으로 보장하는 이유는 우편이나 전기통신의 운영이 전통적으로 국가독점에서 출발하였기 때문에 개인 간의 의사소통을 전제로 하는 통신은 국가에 의한 침해가능성이 여타의 사적 영역보다 크기 때문이다.

③ 자유로운 의사소통은 통신내용의 비밀을 보장하는 것만으로는 충분하지 아니하고 구체적인 통신으로 발생하는 외형적인 사실관계, 특히 통신관여자의 인적 동일성 · 통신시간 · 통신장소 · 통신횟수 등 통신의 외형을 구성하는 통신이용의 전반적 상황의 비밀까지도 보장해야 한다.

④ 헌법 제18조에서 그 비밀을 보호하는 '통신'의 일반적인 속성으로는 '당사자간의 동의', '비공개성', '당사자의 특정성' 등을 들 수 있다.

해설

① [×] 감청이라는 것은 헌법 제18조에서 보장하고 있는 통신의 비밀에 대한 침해행위 중의 한 유형으로 이해하여야 할 것이며 감청의 대상으로서의 전기통신은 앞서 본 헌법상의 '통신'개념을 전제로 하고 있다고 보아야 할 것이다. … 전기통신은 '비공개를 전제로 하는 쌍방향적인 의사소통'이라는 통신의 개념을 전제하고 있는 것이므로, 긴급조난신호와 같이 공개된 의사소통은 감청의 대상이 될 수 없다고 보아야 할 것이다(헌재 2001.3.21, 2000헌바25).

② [O] 헌법 제18조는 '모든 국민은 통신의 비밀을 침해받지 아니한다.'라고 규정하여 통신의 비밀보호를 그 핵심내용으로 하는 통신의 자유를 기본권으로 보장하고 있다. 사생활의 비밀과 자유에 포섭될 수 있는 사적 영역에 속하는 통신의 자유를 헌법이 별개의 조항을 통해 기본권으로 보장하는 이유는 우편이나 전기통신의 운영이 전통적으로 국가독점에서 출발하였기 때문에 개인 간의 의사소통을 전제로 하는 통신은 국가에 의한 침해가능성이 여타의 사적 영역보다 크기 때문이다(헌재 2018.6.28, 2012헌마538).

③ [O] 자유로운 의사소통은 통신내용의 비밀을 보장하는 것만으로는 충분하지 아니하고 구체적인 통신관계의 발생으로 야기된 모든 사실관계, 특히 통신관여자의 인적 동일성 · 통신장소 · 통신횟수 · 통신시간 등 통신의 외형을 구성하는 통신이용의 전반적 상황의 비밀까지도 보장한다(헌재 2018.6.28, 2012헌마538).

④ [O] 헌법 제18조에서 그 비밀을 보호하는 '통신'의 일반적인 속성으로는 '당사자간의 동의', '비공개성', '당사자의 특정성' 등을 들 수 있는바, 이를 염두에 둘 때 위 헌법조항이 규정하고 있는 '통신'의 의미는 '비공개를 전제로 하는 쌍방향적인 의사소통'이라고 할 수 있다(헌재 2001.3.21, 2000헌바25).

제3절 I 정신적 자유권

■ 양심의 자유

01 양심의 자유에 관한 설명으로 가장 적절한 것은? (다툼이 있는 경우 헌법재판소 판례에 의함) 24. 경찰 2차

① 헌법상 보호되는 양심은 어떤 일의 옳고 그름을 판단할 때 그렇게 행동하지 아니하고는 자신의 인격적인 존재가치가 허물어지고 말 것이라는 강력하고 진지한 마음의 소리로서 절박하고 추상적인 양심을 말한다.

② 양심은 그 대상이나 내용 또는 동기에 따라서 판단될 수 있고, 특히 양심상 결정이 이성적 · 합리적인가, 타당한가 또는 법질서나 사회규범 · 도덕률과 일치하는가 하는 관점은 양심의 존재를 판단하는 기준이 될 수 있다.

③ 양심은 민주적 다수의 사고나 가치관과 일치하는 것이 아니라, 개인적 현상으로서 지극히 주관적인 것이다.

④ 국가는 국민의 기본권을 확인하고 보장할 의무가 있으므로, 어떤 사람이 양심적 병역거부를 주장하면 그 사람이 자신의 '양심'을 외부로 표명하여 증명하여야 하는 것이 아니라, 국가가 그 사람의 병역거부가 양심에 따른 것인지를 확인하여야 한다.

해설

③ [O] '양심의 자유'가 보장하고자 하는 '양심'은 민주적 다수의 사고나 가치관과 일치하는 것이 아니라, 개인적 현상으로서 지극히 주관적인 것이다(헌재 2004.8.26, 2002헌가1).

① [×] 헌법상 보호되는 양심은 어떤 일의 옳고 그름을 판단함에 있어서 그렇게 행동하지 아니하고는 자신의 인격적인 존재가치가 허물어지고 말 것이라는 강력하고 진지한 마음의 소리로서 절박하고 구체적인 양심을 말한다(헌재 2018.6.28, 2011헌바379 등).

② [×] 양심은 그 대상이나 내용 또는 동기에 의하여 판단될 수 없으며, 특히 양심상의 결정이 이성적 · 합리적인가, 타당한가 또는 법질서나 사회규범, 도덕률과 일치하는가 하는 관점은 양심의 존재를 판단하는 기준이 될 수 없다(헌재 2004.8.26, 2002헌가1).

④ [×] 특정한 내적인 확신 또는 신념이 양심으로 형성된 이상 그 내용 여하를 떠나 양심의 자유에 의해 보호되는 양심이 될 수 있으므로, 헌법상 양심의 자유에 의해 보호받는 '양심'으로 인정할 것인지의 판단은 그것이 깊고, 확고하며, 진실된 것인지 여부에 따르게 된다. 그리하여 양심적 병역거부를 주장하는 사람은 자신의 '양심'을 외부로 표명하여 증명할 최소한의 의무를 진다(헌재 2018.6.28, 2011헌바379 등).

02 다음 양심의 자유에 관한 설명 중 가장 옳은 것은? (다툼이 있는 경우 판례에 의함) 24. 해경간부

① 입영기피자에 대한 형사처벌은 '양심에 따른 행동을 할 자유', 즉 '작위에 의한 양심실현의 자유'를 제한하는 것이다.

② 법위반사실의 공표명령은 양심의 자유의 보호영역에 해당한다.

③ 양심적 병역거부는 실상 당사자의 '양심에 따른' 혹은 '양심을 이유로 한' 병역거부를 가리키는 것이며 병역거부가 '도덕적이고 정당하다'는 의미도 갖는다.

④ 헌법상 양심의 자유에 의해 보호받는 '양심'으로 인정할 것인지의 판단은 그것이 깊고, 확고하며, 진실된 것인지 여부에 따르게 되므로, 양심적 병역거부를 주장하는 사람은 자신의 '양심'을 외부로 표명하여 증명할 최소한의 의무를 진다.

해설

④ [O] 특정한 내적인 확신 또는 신념이 양심으로 형성된 이상 그 내용 여하를 떠나 양심의 자유에 의해 보호되는 양심이 될 수 있으므로, 헌법상 양심의 자유에 의해 보호받는 '양심'으로 인정할 것인지의 판단은 그것이 깊고, 확고하며, 진실된 것인지 여부에 따르게 된다. 그리하여 양심적 병역거부를 주장하는 사람은 자신의 '양심'을 외부로 표명하여 증명할 최소한의 의무를 진다(헌재 2018.6.28, 2011헌바379 등).

① [×] 양심상의 결정에 따라 입영을 거부하거나 소집에 불응하는 이 사건 청구인 등이 현재의 대법원 판례에 따라 처벌조항에 의하여 형벌을 부과받음으로써 양심에 반하는 행동을 강요받고 있으므로, 이 사건 법률조항은 '양심에 반하는 행동을 강요당하지 아니할 자유', 즉, '부작위에 의한 양심실현의 자유'를 제한하고 있다(헌재 2018.6.28, 2011헌바379 등).

② [×] 이 사건의 경우와 같이 경제규제법적 성격을 가진 공정거래법에 위반하였는지 여부에 있어서도 각 개인의 소신에 따라 어느 정도의 가치판단이 개입될 수 있는 소지가 있고 그 한도에서 다소의 윤리적 도덕적 관련성을 가질 수도 있겠으나, 이러한 법률판단의 문제는 개인의 인격형성과는 무관하며, 대화와 토론을 통하여 가장 합리적인 것으로 그 내용이 동화되거나 수렴될 수 있는 포용성을 가지는 분야에 속한다고 할 것이므로 헌법 제19조에 의하여 보장되는 양심의 영역에 포함되지 아니한다(헌재 2002.1.31, 2001헌바43).

③ [×] 양심의 의미에 따를 때, '양심적' 병역거부는 실상 당사자의 '양심에 따른' 혹은 '양심을 이유로 한' 병역거부를 가리키는 것일 뿐이지 병역거부가 '도덕적이고 정당하다'는 의미는 아닌 것이다. 따라서 '양심적' 병역거부라는 용어를 사용한다고 하여 병역의무이행은 '비양심적'이 된다거나, 병역을 이행하는 거의 대부분의 병역의무자들과 병역의무이행이 국민의 숭고한 의무라고 생각하는 대다수 국민들이 '비양심적'인 사람들이 되는 것은 결코 아니다(헌재 2018.6.28, 2011헌바379 등).

정답 | 22 ① 01 ③ 02 ④

03 양심의 자유에 대한 설명으로 가장 적절하지 않은 것은? (다툼이 있는 경우 판례에 의함)

25. 경찰간부

① 법원의 판결에 의한 사죄광고의 강제는 양심도 아닌 것이 양심인 것처럼 표현할 것의 강제로 인간양심의 왜곡 · 굴절이고 겉과 속이 다른 이중인격형성의 강요인 것으로서 침묵의 자유의 파생인 양심에 반하는 행위의 강제금지에 저촉되는 것이다.

② 방송사업자가 심의규정을 위반한 경우 '시청자에 대한 사과'를 명할 수 있도록 규정한 구 방송법 조항은 방송사업자의 양심의 자유를 침해한다.

③ 병역법 위반 사건에서 피고인이 양심적 병역거부를 주장할 경우 인간의 내면에 있는 양심을 직접 객관적으로 증명할 수는 없으므로 사물의 성질상 양심과 관련성이 있는 간접사실 또는 정황사실을 증명하는 방법으로 판단하여야 한다.

④ 가해학생에 대한 조치로 피해학생에 대한 서면사과를 규정한 구 학교폭력예방 및 대책에 관한 법률 조항은 가해학생에게 반성과 성찰의 기회를 제공하고 피해학생의 피해회복과 정상적인 학교생활로의 복귀를 돕기 위한 것으로 가해학생의 양심의 자유와 인격권을 과도하게 침해한다고 보기 어렵다.

해설

② [×] 이 사건 심판대상조항은 방송사업자의 의사에 반한 사과행위를 강제함으로써 방송사업자의 인격권을 제한하는바, 이러한 제한이 그 목적과 방법 등에 있어서 헌법 제37조 제2항에 의한 헌법적 한계 내의 것인지 살펴본다. … 따라서 이 사건 심판대상조항은 과잉금지원칙에 위배되어 방송사업자의 인격권을 침해한다(헌재 2012.8.23, 2009헌가27).

① [O] 사죄광고의 강제는 양심도 아닌 것이 양심인 것처럼 표현할 것의 강제로 인간양심의 왜곡 · 굴절이고 겉과 속이 다른 이중인격형성의 강요인 것으로서 침묵의 자유의 파생인 양심에 반하는 행위의 강제금지에 저촉되는 것이며 따라서 우리 헌법이 보호하고자 하는 정신적 기본권의 하나인 양심의 자유의 제약(법인의 경우라면 그 대표자에게 양심표명의 강제를 요구하는 결과가 된다.)이라고 보지 않을 수 없다(헌재 1991.4.1, 89헌마160).

③ [O] 구체적인 병역법위반 사건에서 피고인이 양심적 병역거부를 주장할 경우, 그 양심이 과연 위와 같이 깊고 확고하며 진실한 것인지 가려내는 일이 무엇보다 중요하다. 인간의 내면에 있는 양심을 직접 객관적으로 증명할 수는 없으므로 사물의 성질상 양심과 관련성이 있는 간접사실 또는 정황사실을 증명하는 방법으로 판단하여야 한다(대판 2018.11.1, 2016도10912).

④ [O] 이 사건 서면사과조항은 가해학생에게 반성과 성찰의 기회를 제공하고 피해학생의 피해 회복과 정상적인 학교생활로의 복귀를 돕기 위한 것이다. … 따라서 이 사건 서면사과조항이 가해학생의 양심의 자유와 인격권을 과도하게 침해한다고 보기 어렵다(헌재 2023.2.23, 2019헌바93 등).

04 양심의 자유에 대한 설명으로 옳지 않은 것은? (다툼이 있는 경우 판례에 의함)

25. 입법고시

① 양심은 그 대상이나 내용 또는 동기에 의하여 판단될 수 없으며, 특히 양심상의 결정이 이성적 · 합리적인가, 타당한가 또는 법질서나 사회규범, 도덕률과 일치하는가 하는 관점은 양심의 존재를 판단하는 기준이 될 수 없다.

② 사업자단체의 독점규제 및 공정거래에 관한 법률 위반행위가 있을 때 공정거래위원회가 해당 사업자단체에 대하여 '법위반사실의 공표'를 명할 수 있도록 한 것은 양심의 자유를 침해하지 아니한다.

③ 대체복무기관을 '교정시설'로 한정하고, 대체복무요원의 복무기간을 '36개월'로 정하는 한편 대체복무요원으로 하여금 '합숙'하여 복무하도록 정한 대체역의 편입 및 복무 등에 관한 법률 및 같은 법 시행령의 조항들은 양심적 병역거부자의 양심의 자유를 침해한다.

④ 자신의 인격권이나 명예권을 보호하기 위하여 대외적으로 해명을 하는 행위는 단순한 생각이나 의견, 사상이나 확신 등의 표현행위라고 볼 수 있어, 그 행위가 선거에 영향을 미치게 하기 위한 것이라는 이유로 이를 하지 못하게 된다 하더라도 양심의 자유의 보호영역에 포함되지 아니한다.

⑤ 인터넷언론사의 공개된 게시판 · 대화방에서 스스로의 의사에 의하여 정당 · 후보자에 대한 지지 · 반대의 글을 게시하는 행위가 양심의 자유나 사생활 비밀의 자유에 의하여 보호되는 영역이라고 할 수 없다.

해설

③ [×] 법률에서 대체역의 복무형태로 규정한 대체복무요원의 복무 내용과 범위를 정함에 있어서 입법자는 폭넓은 입법형성권을 가진다. … 이와 같은 현역병 복무의 실질적 강도와 현역 등의 복무를 대신하여 병역을 이행한다는 대체복무제의 목적에 비추어 볼 때, 복무기관조항, 기간조항 및 합숙조항으로 인한 고역의 정도가 지나치게 과도하여 양심적 병역거부자가 도저히 대체복무를 선택하기 어렵게 만드는 것으로 볼 수는 없다. 따라서 위 조항들은 과잉금지원칙을 위반하여 청구인들의 양심의 자유를 침해한다고 볼 수 없다(헌재 2024.5.30, 2022헌마707 등).

① [O] '양심'은 민주적 다수의 사고나 가치관과 일치하는 것이 아니라, 개인적 현상으로서 지극히 주관적인 것이다. 양심은 그 대상이나 내용 또는 동기에 의하여 판단될 수 없으며, 특히 양심상의 결정이 이성적·합리적인가, 타당한가 또는 법질서나 사회규범·도덕률과 일치하는가 하는 관점은 양심의 존재를 판단하는 기준이 될 수 없다(헌재 2018.6.28, 2011헌바379 등).

② [O] 이 사건의 경우와 같이 경제규제법적 성격을 가진 공정거래법에 위반하였는지 여부에 있어서도 각 개인의 소신에 따라 어느 정도의 가치판단이 개입될 수 있는 소지가 있고 그 한도에서 다소의 윤리적 도덕적 관련성을 가질 수도 있겠으나, 이러한 법률판단의 문제는 개인의 인격형성과는 무관하며, 대화와 토론을 통하여 가장 합리적인 것으로 그 내용이 동화되거나 수렴될 수 있는 포용성을 가지는 분야에 속한다고 할 것이므로 헌법 제19조에 의하여 보장되는 양심의 영역에 포함되지 아니한다(헌재 2002.1.31, 2001헌바43).

④ [O] 자신의 인격권이나 명예권을 보호하기 위하여 대외적으로 해명을 하는 행위는 표현의 자유에 속하는 영역일 뿐 이미 사생활의 자유에 의하여 보호되는 범주를 벗어난 행위이고, 또한, 자신의 태도나 입장을 외부에 설명하거나 해명하는 행위는 진지한 윤리적 결정에 관계된 행위라기보다는 단순한 생각이나 의견, 사상이나 확신 등의 표현행위라고 볼 수 있어, 그 행위가 선거에 영향을 미치게 하기 위한 것이라는 이유로 이를 하지 못하게 된다 하더라도 내면적으로 구축된 인간의 양심이 왜곡 굴절된다고는 할 수 없다는 점에서 양심의 자유의 보호영역에 포괄되지 아니하므로, 위 제93조 제1항은 사생활의 자유나 양심의 자유를 침해하지 아니한다(헌재 2001.8.30, 99헌바92 등).

⑤ [O] 인터넷언론사의 공개된 게시판·대화방에서 스스로의 의사에 의하여 정당·후보자에 대한 지지·반대의 글을 게시하는 행위는 정당·후보자에 대한 단순한 의견 등의 표현행위에 불과하여 양심의 자유나 사생활 비밀의 자유에 의하여 보호되는 영역이라고 할 수 없으므로, 그 과정에서 실명확인 절차의 부담을 진다고 하더라도 이를 두고 양심의 자유나 사생활 비밀의 자유를 제한받는 것이라고 볼 수 없어 그 침해 여부에 관하여 더 나아가 판단하지 아니한다(헌재 2010.2.25, 2008헌마324 등).

05 양심의 자유에 관한 설명으로 가장 적절한 것은? (다툼이 있는 경우 헌법재판소 판례에 의함) 25. 경찰 1차

① 대체복무요원의 복무기간을 '36개월'로 정한 대체역의 편입 및 복무 등에 관한 법률 조항은, 대체복무요원의 복무 강도가 통상의 현역병과 큰 차이가 나지 않도록 정해졌음에도 대체복무기간을 육군 현역병의 실제 복무기간인 18개월의 2배로 정한 것으로 과잉금지원칙을 위반하여 대체복무요원의 양심의 자유를 침해한다.

② 현 상황에서 순수 민간단체가 주관하는 사회봉사를 수행하고자 하는 자를 위한 적절한 대체복무제도를 통해 병역자원을 효율적으로 관리하고 병역의무의 형평성을 유지하는 것이 가능하므로, 이러한 제도를 대체복무의 형태로 인정하지 아니한 입법자의 판단은 수긍할 수 없다.

③ 이적표현물의 소지·취득행위만으로도 그 표현물의 이적내용이 전파될 가능성을 배제하기 어려우며, 최근 늘어나고 있는 전자매체 형식의 표현물들은 실시간으로 다수에게 반포가 가능하고, 이적표현물이 소지·취득한 사람의 의사와 무관하게 전파, 유통될 가능성도 배제할 수 없으므로, 이적행위를 할 목적으로 문서, 도화 기타의 표현물을 제작·소지·반포·취득한 자를 처벌하는 국가보안법 조항은 과잉금지원칙에 위배되어 양심의 자유를 침해하지 않는다.

④ 서면사과를 강제하지 않고도 얼마든지 학교폭력 가해학생을 교정할 수 있는 방법이 있으므로, 가해학생에게 서면사과를 하도록 규정한 구 학교폭력예방 및 대책에 관한 법률 조항은 가해학생의 양심의 자유와 인격권을 침해한다.

정답 | 03 ② 04 ③ 05 ③

해설

③ [O] 이적표현물의 소지·취득행위만으로도 그 표현물의 이적내용이 전파될 가능성을 배제하기 어렵고, 특히 최근 늘어나고 있는 전자매체 형식의 표현물들은 실시간으로 다수에게 반포가 가능하고 소지·취득한 사람의 의사와 무관하게 전파, 유통될 가능성도 배제할 수 없으므로, 이적표현물을 소지·취득하는 행위가 지니는 위험성이 이를 제작·반포하는 행위에 비해 결코 적다고 보기 어렵다. 따라서 이적표현물 조항은 표현의 자유 및 양심의 자유를 침해하지 아니한다(헌재 2015.4.30, 2012헌바95 등).

① [×] 이와 같은 현역병 복무의 실질적 강도와 현역 등의 복무를 대신하여 병역을 이행한다는 대체복무제의 목적에 비추어 볼 때, 복무기관조항, 기간조항 및 합숙조항으로 인한 고역의 정도가 지나치게 과도하여 양심적 병역거부자가 도저히 대체복무를 선택하기 어렵게 만드는 것으로 볼 수는 없다. 따라서 위 조항들은 과잉금지원칙을 위반하여 청구인들의 양심의 자유를 침해한다고 볼 수 없다(헌재 2024.5.30, 2022헌마1146).

② [×] 우리나라의 병역제도하에서는 공평하고 공정한 징집이라는 병역상의 정의 실현이 강하게 요청된다. 이에 따라 대체복무제도도 현역복무와 대체복무 사이의 형평성이 확보되도록 제도를 설계·시행하는 것이 필요하다. 위에서 본 우리나라의 병역의무 이행과 관련된 현실에 비추어 볼 때, 순수 민간단체가 주관하는 사회봉사를 대체복무로 허용하는 경우에는 관리의 어려움이나 복무 강도의 차이 등으로 인해 현역복무와 대체복무 사이의 형평성 확보에 어려움이 따를 것으로 예상된다. 나아가 양심적 병역거부자를 위한 대체복무제도가 시행된 지 채 5년이 되지 않았고, 순수 민간단체가 주관하는 사회봉사를 대체복무로 허용할지 여부에 대한 충분한 사회적 논의도 이루어진 바 없다. 위와 같은 사정을 종합하면, 현 상황에서 민간 사회봉사제도를 통해 병역자원을 효율적으로 관리하고 병역의무의 형평성을 유지하는 것을 기대하기는 어려우므로, 민간 사회봉사제도를 대체복무의 형태로 인정하지 아니한 입법자의 판단은 수긍할 만하다. … 심판대상조항은 과잉금지원칙을 위반하여 절대적 병역거부자의 양심의 자유를 침해하지 않는다(헌재 2024.8.29, 2021헌마1278).

④ [×] 서면사과 조치는 내용에 대한 강제 없이 자신의 행동에 대한 반성과 사과의 기회를 제공하는 교육적 조치로 마련된 것이고, 가해학생에게 의견진술 등 적정한 절차적 기회를 제공한 뒤에 학교폭력 사실이 인정되는 것을 전제로 내려지는 조치이며, 이를 불이행하더라도 추가적인 조치나 불이익이 없다. 또한 이러한 서면사과의 교육적 효과는 가해학생에 대한 주의나 경고 또는 권고적인 조치만으로는 달성하기 어렵다. … 서면사과조항이 가해학생의 양심의 자유와 인격권을 과도하게 침해한다고 보기 어렵다(헌재 2023.2.23, 2019헌바93 등).

06 양심의 자유에 대한 설명으로 가장 적절하지 않은 것은? (다툼이 있는 경우 판례에 의함) 21. 경찰승진

① 양심적 병역거부자에 대한 관용은 결코 병역의무의 면제와 특혜의 부여에 대한 관용이 아니며, 대체복무제는 병역의무의 일환으로 도입되는 것이므로 현역복무와의 형평을 고려하여 최대한 등가성을 가지도록 설계되어야 한다.

② 양심상의 결정이 법질서나 사회규범·도덕률과 일치하는지 여부는 양심의 존재를 판단하는 기준이 된다.

③ 양심적 결정을 외부로 표현하고 실현할 수 있는 권리인 양심실현의 자유는 법률에 의해 제한될 수 있는 상대적 자유다.

④ 양심적 병역거부의 바탕이 되는 양심상의 결정은 종교적 동기뿐만 아니라 윤리적·철학적 또는 이와 유사한 동기로부터라도 형성될 수 있는 것이므로 양심적 병역거부자의 기본권 침해 여부는 양심의 자유를 중심으로 판단한다.

해설

② [×] '양심의 자유'가 보장하고자 하는 '양심'은 민주적 다수의 사고나 가치관과 일치하는 것이 아니라, 개인적 현상으로서 지극히 주관적인 것이다. 양심은 그 대상이나 내용 또는 동기에 의하여 판단될 수 없으며, 특히 양심상의 결정이 이성적·합리적인가, 타당한가 또는 법질서나 사회규범, 도덕률과 일치하는가 하는 관점은 양심의 존재를 판단하는 기준이 될 수 없다(헌재 2004.8.26, 2002헌가1).

① [O] 양심적 병역거부자에 대한 관용은 결코 병역의무의 면제와 특혜의 부여에 대한 관용이 아니다. 대체복무제는 병역의무의 일환으로 도입되는 것이고 현역복무와의 형평을 고려하여 최대한 등가성을 가지도록 설계되어야 하는 것이기 때문이다(헌재 2018.6.28, 2011헌바379 등).

③ [O] 내심적 자유, 즉 양심형성의 자유와 양심적 결정의 자유는 내심에 머무르는 한 절대적 자유라고 할 수 있지만, 양심실현의 자유는 타인의 기본권이나 다른 헌법적 질서와 저촉되는 경우 헌법 제37조 제2항에 따라 국가안전보장·질서유지 또는 공공복리를 위하여 법률에 의하여 제한될 수 있는 상대적 자유라고 할 수 있다(헌재 1998.7.16, 96헌바35).

④ [O] 종교적 신앙에 의한 행위라도 개인의 주관적·윤리적 판단을 동반하는 것인 한 양심의 자유에 포함시켜 고찰할 수 있고, 앞서 보았듯이 양심적 병역거부의 바탕이 되는 양심상의 결정은 종교적 동기뿐만 아니라 윤리적·철학적 또는 이와 유사한 동기로부터도 형성될 수 있는 것이므로, 이 사건에서는 양심의 자유를 중심으로 기본권 침해 여부를 판단하기로 한다(헌재 2018.6.28, 2011헌바379 등).

07 양심의 자유에 관한 설명 중 가장 적절한 것은? (다툼이 있는 경우 판례에 의함) 22. 경찰승진

① 주민등록증 발급을 위해 열 손가락의 지문을 날인케 하는 것은 신원확인기능의 효율적인 수행을 도모하고, 신원확인의 정확성 내지 완벽성을 제고하기 위한 것이므로 양심의 자유에 대한 최소한의 제한이라고 할 수 있다.

② 양심의 자유가 보장하고자 하는 '양심'은 민주적 다수의 사고나 가치관과 일치하는 것이어야 하며, 양심상의 결정이 이성적 · 합리적인지, 타당한지 또는 법질서나 사회규범, 도덕률과 일치하는지 여부는 양심의 존재를 판단하는 기준이 될 수 있다.

③ 재산목록을 제출하고 그 진실함을 법관 앞에서 선서하는 것은 개인의 인격형성에 관계되는 내심의 가치적 · 윤리적 판단에 해당하지 않아 양심의 자유의 보호대상이 아니다.

④ 양심형성의 자유는 내심에 머무르는 한 타인의 기본권이나 다른 헌법적 질서와 저촉되는 경우 헌법 제37조 제2항에 따라 국가안전보장 · 질서유지 또는 공공복리를 위하여 법률에 의하여 제한될 수 있는 상대적 자유라고 할 수 있다.

해설

③ [O] 재산목록을 제출하고 그 진실함을 법관 앞에서 선서하는 것은 개인의 인격형성에 관계되는 내심의 가치적 · 윤리적 판단에 해당하지 않아 양심의 자유의 보호대상이 아니고, 감치의 제재를 통해 이를 강제하는 것이 형사상 불이익한 진술을 강요하는 것이라고 할 수 없으므로, 심판대상조항은 청구인의 양심의 자유 및 진술거부권을 침해하지 아니한다(헌재 2014.9.25, 2013헌마11).

① [×] 지문을 날인할 것인지 여부의 결정이 선악의 기준에 따른 개인의 진지한 윤리적 결정에 해당한다고 보기는 어려워, 열 손가락 지문날인의 의무를 부과하는 이 사건 시행령조항에 대하여 국가가 개인의 윤리적 판단에 개입한다거나 그 윤리적 판단을 표명하도록 강제하는 것으로 볼 여지는 없다고 할 것이므로, 이 사건 시행령조항에 의한 양심의 자유의 침해가능성 또한 없는 것으로 보인다(헌재 2005.5.26, 99헌마513).

② [×] 양심은 그 대상이나 내용 또는 동기에 의하여 판단될 수 없고, 양심상의 결정이 이성적 · 합리적인지, 타당한지 또는 법질서나 사회규범, 도덕률과 일치하는지 여부는 양심의 존재를 판단하는 기준이 될 수 없다. 일반적으로 민주적 다수는 법과 사회의 질서를 그들의 정치적 의사와 도덕적 기준에 따라 형성하기 때문에, 국가의 법질서나 사회의 도덕률과 갈등을 일으키는 양심은 현실적으로 이러한 법질서나 도덕률에서 벗어나려는 소수의 양심이다. 그러므로 양심상 결정이 어떠한 종교관 · 세계관 또는 그 밖의 가치체계에 기초하고 있는지와 관계없이, 모든 내용의 양심상 결정이 양심의 자유에 의하여 보장되어야 한다(헌재 2011.8.30, 2008헌가22 등).

④ [×] 헌법 제19조가 보호하고 있는 양심의 자유는 양심형성의 자유와 양심적 결정의 자유를 포함하는 내심적 자유(forum internum)뿐만 아니라, 양심적 결정을 외부로 표현하고 실현할 수 있는 양심실현의 자유(forum externum)를 포함한다고 할 수 있다. 내심적 자유, 즉 양심형성의 자유와 양심적 결정의 자유는 내심에 머무르는 한 절대적 자유라고 할 수 있지만, 양심실현의 자유는 타인의 기본권이나 다른 헌법적 질서와 저촉되는 경우 헌법 제37조 제2항에 따라 국가안전보장 · 질서유지 또는 공공복리를 위하여 법률에 의하여 제한될 수 있는 상대적 자유라고 할 수 있다(헌재 1998.7.16, 96헌바35).

정답 | 06 ② 07 ③

08 정신적 자유에 관한 설명으로 가장 적절하지 않은 것은? (다툼이 있는 경우 판례에 의함) 23. 경찰 1차

① '양심의 자유'가 보장하고자 하는 '양심'은 개인적 현상으로서 지극히 주관적인 것으로 그 대상이나 내용 또는 동기에 의하여 판단될 수 없으며, 특히 양심상의 결정이 이성적 · 합리적인가, 타당한가 또는 법질서나 사회규범, 도덕률과 일치하는가 하는 관점은 양심의 존재를 판단하는 기준이 될 수 없다.

② 현역입영 또는 소집 통지서를 받은 사람이 정당한 사유 없이 입영일이나 소집일부터 3일이 지나도 입영하지 아니하거나 소집에 응하지 아니한 경우를 처벌하는 병역법 처벌조항은 과잉금지원칙을 위반하여 양심적 병역거부자의 양심의 자유를 침해한다.

③ 종교전파의 자유는 누구에게나 자신의 종교 또는 종교적 확신을 알리고 선전하는 자유를 말하지만, 이러한 종교전파의 자유에는 국민에게 그가 선택한 임의의 장소에서 자유롭게 행사할 수 있는 권리까지 보장한다고 할 수 없다.

④ 육군훈련소장이 훈련병에게 개신교, 불교, 천주교, 원불교종교행사 중 하나에 참석하도록 한 것은 국가가 종교를 군사력강화라는 목적을 달성하기 위한 수단으로 전락시키거나, 반대로 종교단체가 군대라는 국가권력에 개입하여 선교행위를 하는 등 영향력을 행사할 수 있는 기회를 제공하므로, 국가와 종교의 밀접한 결합을 초래한다는 점에서 헌법상 정교분리원칙에 위배된다.

해설

② [×] 처벌조항은 병역자원의 확보와 병역부담의 형평을 기하고 국가의 안전보장과 국토방위를 통해 헌법상 인정되는 중대한 법익을 실현하고자 하는 것으로 입법목적이 정당하고, 입영기피자 등에 대한 형사처벌은 위 입법목적을 달성하기 위한 적절한 수단이다. 양심적 병역거부자에 대해 형벌을 부과한다고 하여 침해의 최소성 요건을 충족하지 못한다고 볼 수 없다. 병역거부는 양심의 자유를 제한하는 근거가 되는 다른 공익적 가치와 형량할 때 우선적으로 보호받아야 할 보편적 가치를 가진다고 할 수 없다. 반면 처벌조항에 의하여 달성되는 공익은 국가공동체의 안전보장과 국토방위를 수호함으로써, 헌법의 핵심적 가치와 질서를 확보하고 국민의 생명과 자유, 안전과 행복을 지키는 것이다. 따라서 처벌조항에 의하여 제한되는 사익이 달성하려는 공익에 비하여 우월하다고 할 수 없으므로, 처벌조항은 법익의 균형성 요건을 충족한다. 그렇다면 처벌조항은 과잉금지원칙을 위반하여 양심의 자유를 침해하지 아니한다(헌재 2018.6.28, 2011헌바379 · 383 등).

비교 양심적 병역거부자에 대한 대체복무제를 규정하지 아니한 병역종류조항은 과잉금지원칙에 위배하여 양심적 병역거부자의 양심의 자유를 침해한다.

① [O] 양심은 그 대상이나 내용 또는 동기에 의하여 판단될 수 없고, 양심상의 결정이 이성적 · 합리적인지, 타당한지 또는 법질서나 사회규범, 도덕률과 일치하는지 여부는 양심의 존재를 판단하는 기준이 될 수 없다(헌재 2011.8.30, 2008헌가22 등).

③ [O] 이 사건에서 문제되는 종교의 자유는 종교전파의 자유로서 누구에게나 자신의 종교 또는 종교적 확신을 알리고 선전하는 자유를 말하며, 포교행위 또는 선교행위가 이에 해당한다. 그러나 이러한 종교전파의 자유는 국민에게 그가 선택한 임의의 장소에서 자유롭게 행사할 수 있는 권리까지 보장한다고 할 수 없으며, 그 임의의 장소가 대한민국의 주권이 미치지 아니하는 지역 나아가 국가에 의한 국민의 생명 · 신체 및 재산의 보호가 강력히 요구되는 해외 위난지역인 경우에는 더욱 그러하다(헌재 2008.6.26, 2007헌마1366).

④ [O] 피청구인이 청구인들로 하여금 개신교, 천주교, 불교, 원불교 4개 종교의 종교행사 중 하나에 참석하도록 한 것은 그 자체로 종교적 행위의 외적 강제에 해당한다. 이는 피청구인이 위 4개 종교를 승인하고 장려한 것이자, 여타 종교 또는 무종교보다 이러한 4개 종교 중 하나를 가지는 것을 선호한다는 점을 표현한 것이라고 보여질 수 있으므로 국가의 종교에 대한 중립성을 위반하여 특정 종교를 우대하는 것이다. 또한, 이 사건 종교행사 참석조치는 국가가 종교를, 군사력 강화라는 목적을 달성하기 위한 수단으로 전락시키거나, 반대로 종교단체가 군대라는 국가권력에 개입하여 선교행위를 하는 등 영향력을 행사할 수 있는 기회를 제공하므로, 국가와 종교의 밀접한 결합을 초래한다는 점에서 정교분리원칙에 위배된다(헌재 2022.11.24, 2019헌마941).

09 양심의 자유와 종교의 자유에 대한 설명으로 옳지 않은 것은? (다툼이 있는 경우 판례에 의함) 23. 입법고시

① 양심의 자유는 제헌헌법에서 종교의 자유와 같은 조항에서 함께 규정되었으나 1962년 제5차 개정헌법에서 종교의 자유와 분리하여 규정된 것이 현행 헌법에서도 유지되고 있다.

② 종교의 자유는 국민에게 그가 선택한 임의의 장소에서 자유롭게 종교전파를 할 자유까지를 보장하는 것은 아니다.

③ 양심상의 결정이 이성적·합리적인지, 타당한지 또는 법질서나 사회규범, 도덕률과 일치하는지 여부는 양심의 존재를 판단하는 기준이 된다.

④ 종교시설의 건축행위에 대하여 기반시설부담금 부과를 제외하거나 감경하지 아니하였더라도, 종교의 자유를 침해하는 것이 아니다.

⑤ 신앙의 자유는 신과 피안 또는 내세에 대한 인간의 내적 확신에 대한 자유를 말하는 것으로서 이러한 신앙의 자유는 그 자체가 내심의 자유의 핵심이기 때문에 법률로써도 이를 침해할 수 없다.

해설

③ [×] 양심은 그 대상이나 내용 또는 동기에 의하여 판단될 수 없고, 양심상의 결정이 이성적·합리적인지, 타당한지 또는 법질서나 사회규범, 도덕률과 일치하는지 여부는 양심의 존재를 판단하는 기준이 될 수 없다(헌재 2011.8.30, 2008헌가22 등).

① [O] 양심의 자유는 제헌헌법에서 종교의 자유와 같은 조항에서 함께 규정되었고, 1962년 제5차 개정헌법에서 종교의 자유와 분리하여 규정되었다.

② [O] 종교(선교활동)의 자유는 국민에게 그가 선택한 임의의 장소에서 자유롭게 행사할 수 있는 권리까지 보장한다고 할 수 없으며, 그 임의의 장소가 대한민국의 주권이 미치지 아니하는 지역 나아가 국가에 의한 국민의 생명·신체 및 재산의 보호가 강력히 요구되는 해외 위난지역인 경우에는 더욱 그러하다(헌재 2008.6.26, 2007헌마1366).

④ [O] 종교시설의 건축행위에만 기반시설부담금을 면제한다면 국가가 종교를 지원하여 종교를 승인하거나 우대하는 것으로 비칠 소지가 있어 헌법 제20조 제2항의 국교금지·정교분리에 위배될 수도 있다고 할 것이므로 종교시설의 건축행위에 대하여 기반시설부담금 부과를 제외하거나 감경하지 아니하였더라도, 종교의 자유를 침해하는 것이 아니다(헌재 2010.2.25, 2007헌바131).

⑤ [O] 신앙의 자유는 신과 피안 또는 내세에 대한 인간의 내적 확신에 대한 자유를 말하는 것으로서 이러한 신앙의 자유는 그 자체가 내심의 자유의 핵심이기 때문에 법률로써도 이를 침해할 수 없다(헌재 2011.12.29, 2009헌마527).

10 양심의 자유에 대한 설명으로 옳지 않은 것은? 23. 5급 공채

① 수범자가 수혜를 스스로 포기하거나 권고를 거부함으로써 법질서와 충돌하지 아니한 채 자신의 양심을 유지, 보존하는 경우에도 양심 변경에 대한 강요로서 양심의 자유 침해가 된다.

② 양심실현은 적극적인 작위의 방법으로도 실현될 수 있지만 소극적으로 부작위에 의해서도 그 실현이 가능하다.

③ 내심적 자유, 즉 양심형성의 자유와 양심적 결정의 자유는 내심에 머무르는 한 절대적 자유라고 할 수 있다.

④ 양심의 자유에서 현실적으로 문제가 되는 것은 사회적 다수의 양심이 아니라, 국가의 법질서나 사회의 도덕률에서 벗어나려는 소수의 양심이다.

해설

① [×] 양심의 자유는 내심에서 우러나오는 윤리적 확신과 이에 반하는 외부적 법질서의 요구가 서로 회피할 수 없는 상태로 충돌할 때에만 침해될 수 있다. 그러므로 당해 실정법이 특정의 행위를 금지하거나 명령하는 것이 아니라 단지 특별한 혜택을 부여하거나 권고 내지 허용하고 있는 데에 불과하다면, 수범자는 수혜를 스스로 포기하거나 권고를 거부함으로써 법질서와 충돌하지 아니한 채 자신의 양심을 유지, 보존할 수 있으므로 양심의 자유에 대한 침해가 된다 할 수 없다(헌재 2002.4.25, 98헌마425).

②③ [O] 내심적 자유, 즉 양심형성의 자유와 양심적 결정의 자유는 내심에 머무르는 한 절대적 자유라고 할 수 있지만, 양심실현의 자유는 타인의 기본권이나 다른 헌법적 질서와 저촉되는 경우 헌법 제37조 제2항에 따라 국가안전보장·질서유지 또는 공공복리를 위하여 법률에 의하여 제한될 수 있는 상대적 자유라고 할 수 있다. 그리고 양심실현은 적극적인 작위의 방법으로도 실현될 수 있지만 소극적으로 부작위에 의해서도 그 실현이 가능하다 할 것이다(헌재 1998.7.16, 96헌바35).

정답 | 08 ② 09 ③ 10 ①

④ [O] 양심의 자유에서 현실적으로 문제가 되는 것은 사회적 다수의 양심이 아니라, 국가의 법질서나 사회의 도덕률에서 벗어나려는 소수의 양심이다. 따라서 양심상의 결정이 어떠한 종교관·세계관 또는 그 외의 가치체계에 기초하고 있는가와 관계없이, 모든 내용의 양심상의 결정이 양심의 자유에 의하여 보장된다(헌재 2004.8.26, 2002헌가1).

11 양심의 자유에 관한 설명으로 옳지 않은 것은? (다툼이 있는 경우 헌법재판소 판례에 의함) 22. 소방간부

① 단순한 사실관계의 확인과 같이 가치적·윤리적 판단이 개입될 여지가 없는 경우는 물론, 법률해석에 관하여 여러 견해가 갈리는 경우처럼 다소의 가치관련성을 가진다고 하더라도 개인의 인격형성과는 관계가 없는 사사로운 사유나 의견 등은 양심의 자유의 보호대상이 아니다.

② 양심은 그 대상이나 내용 또는 동기에 의하여 판단될 수 없지만, 양심상의 결정이 이성적·합리적인지, 타당한지 또는 법질서나 사회규범, 도덕률과 일치하는지 여부는 양심의 존재를 판단하는 기준이 된다.

③ 열 손가락 지문날인의 의무를 부과하는 주민등록법 시행령조항은 국가가 개인의 윤리적 판단에 개입한다거나 그 윤리적 판단을 표명하도록 강제하는 것이라고 할 수 없으므로 양심의 자유를 침해하는 것이 아니다.

④ 운전 중의 운전자에게 좌석안전띠 착용 의무를 부과하는 것은 운전자의 양심의 자유를 침해하는 것이라 할 수 없다.

⑤ 의사가 환자의 신병(身病)에 관한 사실을 자신의 의사에 반하여 외부에 알리도록 강제하는 법률조항은 의사의 양심의 자유를 제한한다.

해설

② [×] 양심은 그 대상이나 내용 또는 동기에 의하여 판단될 수 없으며, 특히 양심상의 결정이 이성적·합리적인가, 타당한가 또는 법질서나 사회규범·도덕률과 일치하는가 하는 관점은 양심의 존재를 판단하는 기준이 될 수 없다(헌재 2018.6.28, 2011헌바379 등).

① [O] 단순한 사실관계의 확인과 같이 가치적·윤리적 판단이 개입될 여지가 없는 경우는 물론, 법률해석에 관하여 여러 견해가 갈리는 경우처럼 다소의 가치관련성을 가진다고 하더라도 개인의 인격형성과는 관계가 없는 사사로운 사유나 의견 등은 그 보호대상이 아니다(헌재 2002.1.31, 2001헌바43).

③ [O] 지문을 날인할 것인지 여부의 결정이 선악의 기준에 따른 개인의 진지한 윤리적 결정에 해당한다고 보기는 어려워, 열 손가락 지문날인의 의무를 부과하는 이 사건 시행령조항에 대하여 국가가 개인의 윤리적 판단에 개입한다거나 그 윤리적 판단을 표명하도록 강제하는 것으로 볼 여지는 없다고 할 것이므로, 이 사건 시행령조항에 의한 양심의 자유의 침해가능성 또한 없는 것으로 보인다(헌재 2005.5.26, 99헌마513).

④ [O] 제재를 받지 않기 위하여 어쩔 수 없이 좌석안전띠를 매었다 하여 청구인이 내면적으로 구축한 인간양심이 왜곡·굴절되고 청구인의 인격적인 존재가치가 허물어진다고 할 수는 없어 양심의 자유의 보호영역에 속하지 아니하므로, 운전 중 운전자가 좌석안전띠를 착용할 의무는 청구인의 양심의 자유를 침해하는 것이라 할 수 없다(헌재 2003.10.30, 2002헌마518).

⑤ [O] 의사가 자신이 진찰하고 치료한 환자에 관한 사생활과 정신적·신체적 비밀을 유지하고 보존하는 것은 의사의 근원적이고 보편적인 윤리이자 도덕이고, 환자와의 묵시적 약속이라고 할 것이다. 만일 의사가 환자의 신병(身病)에 관한 사실을 자신의 의사에 반하여 외부에 알려야 한다면, 이는 의사로서의 윤리적·도덕적 가치에 반하는 것으로서 심한 양심적 갈등을 겪을 수밖에 없을 것이다. 그런데 소득공제증빙서류 제출의무자들인 의료기관인 의사로서는 과세자료를 제출하지 않을 경우 국세청으로부터 행정지도와 함께 세무조사와 같은 불이익을 받을 수 있다는 심리적 강박감을 가지게 되는바, 결국 이 사건 법령조항에 대하여는 의무불이행에 대하여 간접적이고 사실적인 강제수단이 존재하므로 법적 강제수단의 존부와 관계없이 의사인 청구인들의 양심의 자유를 제한한다. 그러나 이 사건 법령조항은 근로소득자들의 연말정산 간소화라는 공익을 달성하기 위하여 그에 필요한 의료비내역을 국세청장에게 제출하도록 하는 것으로서, 그 목적의 정당성과 수단의 적절성이 인정된다. 또 이 사건 법령조항에 의하여 국세청장에게 제출되는 내용은, 환자의 민감한 정보가 아니고, 과세관청이 소득세 공제액을 산정하기 위한 필요최소한의 내용이며, 이 사건 법령조항으로 얻게 되는 납세자의 편의와 사회적 제비용의 절감을 위한 연말정산 간소화라는 공익이 이로 인하여 제한되는 의사들의 양심실현의 자유에 비하여 결코 적다고 할 수 없으므로, 이 사건 법령조항은 피해의 최소성 원칙과 법익의 균형성도 충족하고 있다. 따라서 이 사건 법령조항은 헌법에 위반되지 아니한다(헌재 2008.10.30, 2006헌마1401).

12 양심의 자유에 관한 다음 설명 중 가장 옳지 않은 것은? (다툼이 있는 경우 대법원 판례 및 헌법재판소 결정에 의함)

22. 법원행시

① '특정한 내용의 행위를 함으로써 공정거래법을 위반하였다는 사실'을 일간지 등에 공표하라는 내용으로 하는 공정거래위원회의 법위반사실 공표명령은 위반행위자의 양심의 자유를 침해하지 않는다.

② 양심의 자유에는 널리 사물의 시시비비나 선악과 같은 윤리적 판단에 국가가 개입해서는 아니되는 내심적 자유는 물론, 이와 같은 윤리적 판단을 국가권력에 의하여 외부에 표명하도록 강제받지 아니할 자유, 즉 침묵의 자유까지 포괄한다.

③ 양심실현의 자유는 법률에 의하여 제한할 수 있는 상대적 자유이지만, 부작위에 의한 양심실현의 자유는 제한할 수 없다.

④ 국가보안법과 집회 및 시위에 관한 법률 등을 위반한 수형자의 가석방 결정 전 준법의지를 확인하기 위해 제출하도록 한 준법서약서에 대하여 헌법재판소는 합헌결정을 하였으나, 이후 준법서약서 제도는 법무부령의 개정으로 폐지되었다.

⑤ 양심의 자유가 내심에 머무르는 한 이는 절대적 자유로서 제한할 수 없다.

해설

③ [×] 양심실현의 자유는 타인의 기본권이나 다른 헌법적 질서와 저촉되는 경우 헌법 제37조 제2항에 따라 국가안전보장·질서유지 또는 공공복리를 위하여 법률에 의하여 제한될 수 있는 상대적 자유라고 할 수 있다. 헌법이 보호하고자 하는 양심은 '어떤 일의 옳고 그름을 판단함에 있어서 그렇게 행동하지 않고는 자신의 인격적 존재가치가 파멸되고 말 것이라는 강력하고 진지한 마음의 소리로서 절박하고 구체적인 양심'을 말하는 것인데, 양심의 자유에는 이러한 양심형성의 자유와 양심상 결정의 자유를 포함하는 내심적 자유뿐만 아니라 소극적인 부작위에 의하여 양심상 결정을 외부로 표현하고 실현할 수 있는 자유, 즉 양심상 결정에 반하는 행위를 강제받지 아니할 자유도 함께 포함되어 있다고 보아야 할 것이므로 양심의 자유는 기본적으로 국가에 대하여, 개인의 양심의 형성 및 실현 과정에 대하여 부당한 법적 강제를 하지 말 것을 요구하는, 소극적인 방어권으로서의 성격을 가진다(대판 2004.7.15, 2004도2965).

① [O] '법위반사실의 공표명령'은 법규정의 문언상으로 보아도 단순히 법위반사실 자체를 공표하라는 것일 뿐, 사죄 내지 사과하라는 의미요소를 가지고 있지는 아니하다. 공정거래위원회의 실제 운용에 있어서도 '특정한 내용의 행위를 함으로써 공정거래법을 위반하였다는 사실'을 일간지 등에 공표하라는 것이어서 단지 사실관계와 법을 위반하였다는 점을 공표하라는 것이지 행위자에게 사죄 내지 사과를 요구하고 있는 것으로는 보이지 않는다. 따라서 이 사건 법률조항의 경우 사죄 내지 사과를 강요함으로 인하여 발생하는 양심의 자유의 침해문제는 발생하지 않는다(헌재 2002.1.31, 2001헌바43).

② [O] 양심의 자유에는 널리 사물의 시시비비나 선악과 같은 윤리적 판단에 국가가 개입해서는 안 되는 내심적 자유는 물론, 이와 같은 윤리적 판단을 국가권력에 의하여 외부에 표명하도록 강제받지 않는 자유, 즉 윤리적 판단사항에 관한 침묵의 자유까지 포괄한다고 할 것이다(헌재 1991.4.1, 89헌마160).

④ [O] 준법서약은 어떤 구체적이거나 적극적인 내용을 담지 않은 채 단순한 헌법적 의무의 확인·서약에 불과하다 할 것이어서 양심의 영역을 건드리는 것이 아니다(헌재 2002.4.25, 98헌마425).

⑤ [O] 내심적 자유, 즉 양심형성의 자유와 양심적 결정의 자유는 내심에 머무르는 한 절대적 자유라고 할 수 있지만, 양심실현의 자유는 타인의 기본권이나 다른 헌법적 질서와 저촉되는 경우 헌법 제37조 제2항에 따라 국가안전보장·질서유지 또는 공공복리를 위하여 법률에 의하여 제한될 수 있는 상대적 자유라고 할 수 있다(헌재 1998.7.16, 96헌바35).

정답 | 11 ② 12 ③

13 양심의 자유에 관한 다음 설명 중 옳지 않은 것은 모두 몇 개인가? (다툼이 있는 경우 헌법재판소 결정 및 대법원 판례에 의함)

22. 법원직 9급

> ㉠ 양심적 병역거부자에 대한 대체복무제를 규정하지 아니한 병역종류조항은 과잉금지원칙에 위배하여 양심적 병역거부자의 양심의 자유를 침해한다.
> ㉡ 양심의 자유는 옳고 그른 것에 대한 판단을 추구하는 가치적·도덕적 마음가짐으로 인간의 윤리적 내심영역인바, 세무사가 행하는 성실신고확인은 확인대상사업자의 소득금액에 대하여 심판대상조항 및 관련 법령에 따라 확인하는 것으로 단순한 사실관계의 확인에 불과한 것이어서 헌법 제19조에 의하여 보장되는 양심의 영역에 포함되지 않는다.
> ㉢ 내심적 자유, 즉 양심형성의 자유와 양심적 결정의 자유는 내심에 머무르는 한 절대적 자유라고 할 수 있지만, 양심실현의 자유는 타인의 기본권이나 다른 헌법적 질서와 저촉되는 경우 헌법 제37조 제2항에 따라 국가안전보장·질서유지 또는 공공복리를 위하여 법률에 의하여 제한될 수 있는 상대적 자유라고 할 수 있다.
> ㉣ 누구라도 자신이 비행을 저질렀다고 믿지 않는 자에게 본심에 반하여 사죄 내지 사과를 강요한다면 이는 윤리적·도의적 판단을 강요하는 것으로서 양심의 자유를 침해하는 행위에 해당하므로, 사업자단체의 독점규제 및 공정거래에 관한 법률 위반행위가 있을 때 공정거래위원회가 당해 사업자단체에 대하여 '법위반사실의 공표'를 명할 수 있도록 하는 법률조항은 양심의 자유를 침해한다.

① 1개 ② 2개
③ 3개 ④ 4개

해설

옳지 않은 것은 1개(㉣)이다.

㉠ [O] 병역종류조항이 대체복무제를 규정하지 아니함으로 인하여 양심적 병역거부자들은 최소 1년 6월 이상의 징역형과 그에 따른 막대한 유·무형의 불이익을 감수하여야 한다. 양심적 병역거부자들에게 공익 관련 업무에 종사하도록 한다면, 이들을 처벌하여 교도소에 수용하고 있는 것보다는 넓은 의미의 안보와 공익실현에 더 유익한 효과를 거둘 수 있을 것이다. 따라서 병역종류조항은 법익의 균형성 요건을 충족하지 못하였다. 그렇다면 양심적 병역거부자에 대한 대체복무제를 규정하지 아니한 병역종류조항은 과잉금지원칙에 위배하여 양심적 병역거부자의 양심의 자유를 침해한다(헌재 2018.6.28, 2011헌바379).

▶ 양심적 병역거부자에 대한 처벌은 대체복무제를 규정하지 아니한 병역종류조항의 입법상 불비와 양심적 병역거부는 처벌조항의 '정당한 사유'에 해당하지 않는다는 법원의 해석이 결합되어 발생한 문제일 뿐, 처벌조항 자체에서 비롯된 문제가 아니므로 처벌조항이 과잉금지원칙을 위반하여 양심적 병역거부자의 양심의 자유를 침해한다고 볼 수는 없다(헌재 2018.6.28, 2011헌바379).

㉡ [O] 청구인은 심판대상조항이 세무사의 양심의 자유를 침해한다고 주장하나 헌법 제19조의 양심의 자유는 옳고 그른 것에 대한 판단을 추구하는 가치적·도덕적 마음가짐으로 인간의 윤리적 내심영역인바, 세무사가 행하는 성실신고확인은 확인대상사업자의 소득금액에 대하여 심판대상조항 및 관련 법령에 따라 확인하는 것으로 단순한 사실관계의 확인에 불과한 것이어서 헌법 제19조에 의하여 보장되는 양심의 영역에 포함되지 않는다(헌재 2019.7.25, 2016헌바392).

㉢ [O] 내심적 자유, 즉 양심형성의 자유와 양심적 결정의 자유는 내심에 머무르는 한 절대적 자유라고 할 수 있지만, 양심실현의 자유는 타인의 기본권이나 다른 헌법적 질서와 저촉되는 경우 헌법 제37조 제2항에 따라 국가안전보장·질서유지 또는 공공복리를 위하여 법률에 의하여 제한될 수 있는 상대적 자유라고 할 수 있다(헌재 1998.7.16, 96헌바35).

㉣ [×] '법위반사실의 공표명령'은 법규정의 문언상으로 보아도 단순히 법위반사실 자체를 공표하라는 것일 뿐, 사죄 내지 사과하라는 의미요소를 가지고 있지는 아니하다. 공정거래위원회의 실제 운용에 있어서도 '특정한 내용의 행위를 함으로써 공정거래법을 위반하였다는 사실'을 일간지 등에 공표하라는 것이어서 단지 사실관계와 법을 위반하였다는 점을 공표하라는 것이지 행위자에게 사죄 내지 사과를 요구하고 있는 것으로는 보이지 않는다. 따라서 이 사건 법률조항의 경우 사죄 내지 사과를 강요함으로 인하여 발생하는 양심의 자유의 침해문제는 발생하지 않는다. 그렇다면 이 사건 법률조항 중 '법위반사실의 공표' 부분은 위반행위자의 양심의 자유를 침해한다고 볼 수 없다(헌재 2002.1.31, 2001헌바43).

14 양심의 자유에 대한 침해로 가장 적절한 것은? (다툼이 있는 경우 헌법재판소 판례에 의함)

22. 경찰간부

① 채무자에게 강제집행의 재산관계를 명시한 재산목록을 제출하게 한 후 선서 의무 부과
② 양심적 병역거부자에 대한 처벌의 예외를 인정하지 않고 일률적으로 형벌을 부과하는 처벌조항
③ 의료기관에게 환자의 진료비 관련 소득공제증빙서류 제출 의무 부과
④ 양심적 병역거부자에 대한 대체복무제를 규정하지 아니한 병역종류조항

해설

④ [양심의 자유 침해 O] 병역종류조항이 대체복무제를 규정하지 아니함으로 인하여 양심적 병역거부자들은 최소 1년 6월 이상의 징역형과 그에 따른 막대한 유·무형의 불이익을 감수하여야 한다. 양심적 병역거부자들에게 공익 관련 업무에 종사하도록 한다면, 이들을 처벌하여 교도소에 수용하고 있는 것보다는 넓은 의미의 안보와 공익실현에 더 유익한 효과를 거둘 수 있을 것이다. 따라서 병역종류조항은 법익의 균형성 요건을 충족하지 못하였다. 그렇다면 양심적 병역거부자에 대한 대체복무제를 규정하지 아니한 병역종류조항은 과잉금지원칙에 위배하여 양심적 병역거부자의 양심의 자유를 침해한다(헌재 2018.6.28, 2011헌바379).

① [양심의 자유 침해 ×] 이 사건에서 채무자가 부담하는 행위의무는 강제집행의 대상이 되는 재산관계를 명시한 재산목록을 제출하고 그 재산목록의 진실함을 법관 앞에서 선서하는 것으로서, 개인의 인격형성에 관계되는 내심의 가치적·윤리적 판단이 개입될 여지가 없는 단순한 사실관계의 확인에 불과한 것이므로, 헌법 제19조에 의하여 보장되는 양심의 영역에 포함되지 않는다. 따라서 심판대상조항은 청구인의 양심의 자유를 침해하지 아니한다(헌재 2014.9.25, 2013헌마11).

② [양심의 자유 침해 ×] 양심적 병역거부자에 대한 처벌은 대체복무제를 규정하지 아니한 병역종류조항의 입법상 불비와 양심적 병역거부는 처벌조항의 '정당한 사유'에 해당하지 않는다는 법원의 해석이 결합되어 발생한 문제일 뿐, 처벌조항 자체에서 비롯된 문제가 아니므로 처벌조항이 과잉금지원칙을 위반하여 양심적 병역거부자의 양심의 자유를 침해한다고 볼 수는 없다(헌재 2018.6.28, 2011헌바379).

③ [양심의 자유 침해 ×] 소득공제증빙서류 제출의무자들인 의료기관인 의사로서는 과세자료를 제출하지 않을 경우 국세청으로부터 행정지도와 함께 세무조사와 같은 불이익을 받을 수 있다는 심리적 강박감을 가지게 되는바, 결국 이 사건 법령조항에 대하여는 의무불이행에 대하여 간접적이고 사실적인 강제수단이 존재하므로 법적 강제수단의 존부와 관계없이 의사인 청구인들의 양심의 자유를 제한한다. 그러나 이 사건 법령조항으로 얻게 되는 납세자의 편의와 사회적 제비용의 절감을 위한 연말정산 간소화라는 공익이 이로 인하여 제한되는 의사들의 양심실현의 자유에 비하여 결코 적다고 할 수 없으므로, 이 사건 법령조항은 피해의 최소성 원칙과 법익의 균형성도 충족하고 있다. 따라서 이 사건 법령조항은 헌법에 위반되지 아니한다(헌재 2008.10.30, 2006헌마1401).

정답 | 13 ① 14 ④

15 양심의 자유에 대한 설명으로 적절하지 않은 것은 몇 개인가? (다툼이 있는 경우 헌법재판소 판례에 의함)

23. 경찰간부

㉮ 양심적 병역거부는 실상 당사자의 양심에 따른 혹은 양심을 이유로 한 병역거부를 가리키는 것이며 병역거부가 도덕적이고 정당하다는 의미도 갖는다.

㉯ 보호되어야 할 양심에는 세계관·인생관·주의·신조 등은 물론 널리 개인의 인격형성에 관계되는 내심에 있어서의 가치적·윤리적 판단이나 단순한 사실관계의 확인과 같이 가치적·윤리적 판단이 개입될 여지가 없는 경우까지도 포함될 수 있다.

㉰ 양심상의 결정이 이성적·합리적인가, 타당한가 또는 법질서나 사회규범, 도덕률과 일치하는가 하는 관점은 양심의 존재를 판단하는 기준이 될 수 있다.

㉱ 의사로 하여금 환자의 진료비 내역 정보를 국세청에 제출하도록 하는 소득세법 해당 조항으로 얻게 되는 납세자의 편의와 사회적 제비용의 절감을 위한 연말정산 간소화라는 공익이 이로 인하여 제한되는 의사들의 양심실현의 자유에 비하여 결코 적다고 할 수 없다.

㉲ 병역의 종류를 현역, 예비역, 보충역, 병역준비역, 전시근로역의 다섯 가지로 한정하여 규정하는 병역종류조항은 대체복무제라는 대안이 있음에도 불구하고 군사훈련을 수반하는 병역의무만을 규정하고 있으므로 정당한 입법목적을 달성하기 위한 적합한 수단에 해당한다고 보기는 어렵다.

㉳ 수범자가 스스로 수혜를 포기하거나 권고를 거부함으로써 법질서와 충돌하지 아니한 채 자신의 양심을 유지, 보존할 수 있는 경우에는 양심의 자유에 대한 침해가 될 수 없다.

① 2개　② 3개　③ 4개　④ 5개

해설

적절하지 않은 것은 4개(㉮, ㉯, ㉰, ㉲)이다.

㉮ [×] 일상생활에서 '양심적' 병역거부라는 말은 병역거부가 '양심적', 즉 도덕적이고 정당하다는 것을 가리킴으로써, 그 반면으로 병역의무를 이행하는 사람은 '비양심적'이거나 '비도덕적'인 사람으로 치부하게 될 여지가 있다. 하지만 앞에서 살펴본 양심의 의미에 따를 때, '양심적' 병역거부는 실상 당사자의 '양심에 따른' 혹은 '양심을 이유로 한' 병역거부를 가리키는 것일 뿐이지 병역거부가 '도덕적이고 정당하다'는 의미는 아닌 것이다(헌재 2018.6.28, 2011헌바379).

㉯ [×] 보호되어야 할 양심에는 세계관·인생관·주의·신조 등은 물론, 이에 이르지 아니하여도 보다 널리 개인의 인격형성에 관계되는 내심에 있어서의 가치적·윤리적 판단도 포함될 수 있다. 그러나 단순한 사실관계의 확인과 같이 가치적·윤리적 판단이 개입될 여지가 없는 경우는 물론, 법률해석에 관하여 여러 견해가 갈리는 경우처럼 다소의 가치관련성을 가진다고 하더라도 개인의 인격형성과는 관계가 없는 사사로운 사유나 의견 등은 그 보호대상이 아니라고 할 것이다(헌재 2002.1.31, 2001헌바43).

㉰ [×] '양심의 자유'가 보장하고자 하는 '양심'은 민주적 다수의 사고나 가치관과 일치하는 것이 아니라, 개인적 현상으로서 지극히 주관적인 것이다. 양심은 그 대상이나 내용 또는 동기에 의하여 판단될 수 없으며, 특히 양심상의 결정이 이성적·합리적인가, 타당한가 또는 법질서나 사회규범, 도덕률과 일치하는가 하는 관점은 양심의 존재를 판단하는 기준이 될 수 없다(헌재 2004.8.26, 2002헌가1).

㉱ [○] 또 이 사건 법령조항에 의하여 국세청장에게 제출되는 내용은, 환자의 민감한 정보가 아니고, 과세관청이 소득세 공제액을 산정하기 위한 필요최소한의 내용이며, 이 사건 법령조항으로 얻게 되는 납세자의 편의와 사회적 제비용의 절감을 위한 연말정산 간소화라는 공익이 이로 인하여 제한되는 의사들의 양심실현의 자유에 비하여 결코 적다고 할 수 없으므로, 이 사건 법령조항은 피해의 최소성 원칙과 법익의 균형성도 충족하고 있다. 따라서 이 사건 법령조항은 헌법에 위반되지 아니한다(헌재 2008.10.30, 2006헌마1401).

㉲ [×] 병역종류조항은, 병역부담의 형평을 기하고 병역자원을 효과적으로 확보하여 효율적으로 배분함으로써 국가안보를 실현하고자 하는 것이므로 정당한 입법목적을 달성하기 위한 적합한 수단이다. 국가가 관리하는 객관적이고 공정한 사전심사절차와 엄격한 사후관리절차를 갖추고, 현역복무와 대체복무 사이에 복무의 난이도나 기간과 관련하여 형평성을 확보해 현역복무를 회피할 요인을 제거한다면, 심사의 곤란성과 양심을 빙자한 병역기피자의 증가 문제를 해결할 수 있으므로, 대체복무제를 도입하면서도 병역의무의 형평을 유지하는 것은 충분히 가능하다. 따라서 대체복무제라는 대안이 있음에도 불구하고 군사훈련을 수반하는 병역의무만을 규정한 병역종류조항은, 침해의 최소성 원칙에 어긋난다(헌재 2018.6.28, 2011헌바379).

▶ 목적의 정당성과 수단의 적합성은 인정하였으나 최소침해성 원칙을 위반하였다는 것을 주의해야 한다.

㉳ [○] 양심의 자유는 내심에서 우러나오는 윤리적 확신과 이에 반하는 외부적 법질서의 요구가 서로 회피할 수 없는 상태로 충돌할 때에만 침해될 수 있다. 그러므로 당해 실정법이 특정의 행위를 금지하거나 명령하는 것이 아니라 단지 특별한 혜택을 부여하거나 권고 내지 허용하고 있는 데에 불과하다면, 수범자는 수혜를 스스로 포기하거나 권고를 거부함으로써 법질서와 충돌하지 아니한 채 자신의 양심을 유지, 보존할 수 있으므로 양심의 자유에 대한 침해가 된다 할 수 없다(헌재 2002.4.25, 98헌마425).

16 양심의 자유에 관한 설명으로 옳지 않은 것은? (다툼이 있는 경우 헌법재판소 판례에 의함) 24. 소방간부

① 헌법이 보호하려는 양심은 어떤 일의 옳고 그름을 판단함에 있어서 그렇게 행동하지 아니하고는 자신의 인격적인 존재가치가 허물어지고 말 것이라는 강력하고 진지한 마음의 소리이지, 막연하고 추상적인 개념으로서의 양심이 아니다.

② 양심형성의 자유와 양심적 결정의 자유는 내심에 머무르는 한 절대적 자유라고 할 수 있지만, 양심실현의 자유는 타인의 기본권이나 다른 헌법적 질서와 저촉되는 경우 법률에 의하여 제한될 수 있는 상대적 자유라고 할 수 있다.

③ 양심의 자유에서 현실적으로 문제가 되는 것은 국가의 법질서나 사회의 도덕률에서 벗어나려는 소수의 양심이지만 양심상의 결정이 어떠한 종교관·세계관 또는 그 외의 가치체계에 기초하고 있는가와 관계없이, 모든 내용의 양심상의 결정이 양심의 자유에 의하여 보장된다고 할 수는 없다.

④ 헌법상 보호되는 양심은 민주적 다수의 사고나 가치관과 일치하는 것이 아니라, 개인적 현상으로서 지극히 주관적인 것이다.

⑤ 병역종류조항에 대체복무제가 규정되지 않음으로 인하여 양심적 병역거부자가 감수하여야 하는 불이익은 심대하고, 이들에게 대체복무를 부과하는 것이 오히려 넓은 의미의 국가안보와 공익 실현에 더 도움이 된다는 점을 고려할 때, 병역종류조항은 기본권 제한의 한계를 초과하여 법익의 균형성 요건을 충족하지 못한다.

해설

③ [×] 일반적으로 민주적 다수는 법질서와 사회질서를 그의 정치적 의사와 도덕적 기준에 따라 형성하기 때문에, 그들이 국가의 법질서나 사회의 도덕률과 양심상의 갈등을 일으키는 것은 예외에 속한다. 양심의 자유에서 현실적으로 문제가 되는 것은 국가의 법질서나 사회의 도덕률에서 벗어나려는 소수의 양심이다. 따라서 양심상의 결정이 어떠한 종교관·세계관 또는 그 외의 가치체계에 기초하고 있는가와 관계없이, 모든 내용의 양심상의 결정이 양심의 자유에 의하여 보장된다(헌재 2004.8.26, 2002헌가1).

① [O] 헌법이 보호하려는 양심은 어떤 일의 옳고 그름을 판단함에 있어서 그렇게 행동하지 아니하고는 자신의 인격적인 존재가치가 허물어지고 말 것이라는 강력하고 진지한 마음의 소리이지, 막연하고 추상적인 개념으로서의 양심이 아니다(헌재 1997.3.27, 96헌가11).

② [O] 내심적 자유, 즉 양심형성의 자유와 양심적 결정의 자유는 내심에 머무르는 한 절대적 자유라고 할 수 있지만, 양심실현의 자유는 타인의 기본권이나 다른 헌법적 질서와 저촉되는 경우 헌법 제37조 제2항에 따라 국가안전보장 질서유지 또는 공공복리를 위하여 법률에 의하여 제한될 수 있는 상대적 자유라고 할 수 있다(헌재 1998.7.16, 96헌바35).

④ [O] '양심의 자유'가 보장하고자 하는 '양심'은 민주적 다수의 사고나 가치관과 일치하는 것이 아니라, 개인적 현상으로서 지극히 주관적인 것이다. 양심은 그 대상이나 내용 또는 동기에 의하여 판단될 수 없으며, 특히 양심상의 결정이 이성적·합리적인가, 타당한가 또는 법질서나 사회규범, 도덕률과 일치하는가 하는 관점은 양심의 존재를 판단하는 기준이 될 수 없다(헌재 2004.8.26, 2002헌가1).

⑤ [O] 병역종류조항이 추구하는 공익은 대단히 중요한 것이기는 하나, 병역종류조항에 대체복무제를 도입한다고 하더라도 위와 같은 공익은 충분히 달성할 수 있다고 판단되는 반면, 병역종류조항에 대체복무제가 규정되지 않음으로 인하여 양심적 병역거부자가 감수하여야 하는 불이익은 심대하고, 이들에게 대체복무를 부과하는 것이 오히려 넓은 의미의 국가안보와 공익 실현에 더 도움이 된다는 점을 고려할 때, 병역종류조항은 기본권 제한의 한계를 초과하여 법익의 균형성 요건을 충족하지 못한 것으로 판단된다(헌재 2018.6.28, 2011헌바379 등).

정답 | 15 ③ 16 ③

17 양심의 자유에 관한 설명 중 가장 적절하지 않은 것은? (다툼이 있는 경우 판례에 의함) 24. 경정승진

① 음주측정요구에 응하여야 할 것인지에 대한 고민은 선과 악의 범주에 관한 진지한 윤리적 결정을 위한 고민이라 할 수 없고, 그 고민 끝에 어쩔 수 없이 음주측정요구에 응하였다 하여 내면적으로 구축된 인간양심이 왜곡 · 굴절된다고 할 수 없으므로 음주측정요구가 양심의 자유를 침해하는 것이라고 할 수 없다.

② 국가의 존립과 안전을 위한 불가결한 헌법적 가치를 담고 있는 국방의 의무와 개인의 인격과 존엄의 기초가 되는 양심의 자유가 서로 충돌하는 경우, 입법자는 두 가치를 양립시킬 수 있는 조화점을 최대한 모색해야 하고, 그것이 불가능해 부득이 어느 하나의 헌법적 가치를 후퇴시킬 수밖에 없는 경우에도 그 목적에 비례하는 범위 내에 그쳐야 한다.

③ 자신의 인격권이나 명예권을 보호하기 위하여 자신의 태도나 입장을 외부에 설명하거나 해명하는 행위는 단순한 생각이나 의견, 사상이나 확신 등의 표현행위라고 볼 수 있어, 그 행위가 선거에 영향을 미치게 하기 위한 것이라는 이유로 이를 하지 못하게 된다 하더라도 양심의 자유의 보호영역에 포괄되지 아니한다.

④ 취업규칙에서 사용자가 사고나 비위행위 등을 저지른 근로자에게 시말서를 제출하도록 명령할 수 있다고 규정하는 경우, 그 시말서가 단순히 사건의 경위를 보고하는 데 그치지 않고 '자신의 잘못을 반성하고 사죄한다는 내용'이 포함된 사죄문 또는 반성문의 의미를 가지고 있다 할지라도 이를 두고 양심의 자유를 침해하였다고 볼 수는 없다.

해설

④ [×] 취업규칙에서 사용자가 사고나 비위행위 등을 저지른 근로자에게 시말서를 제출하도록 명령할 수 있다고 규정하는 경우, 그 시말서가 단순히 사건의 경위를 보고하는 데 그치지 않고 더 나아가 근로관계에서 발생한 사고 등에 관하여 '자신의 잘못을 반성하고 사죄한다는 내용'이 포함된 사죄문 또는 반성문을 의미하는 것이라면, 이는 헌법이 보장하는 내심의 윤리적 판단에 대한 강제로서 양심의 자유를 침해하는 것이므로, 그러한 취업규칙 규정은 헌법에 위배되어 근로기준법 제96조 제1항에 따라 효력이 없고, 그에 근거한 사용자의 시말서 제출명령은 업무상 정당한 명령으로 볼 수 없다(대판 2010.1.14, 2009두6605).

① [O] 음주측정요구에 처하여 이에 응하여야 할 것인지 거부해야 할 것인지 고민에 빠질 수는 있겠으나 그러한 고민은 선과 악의 범주에 관한 진지한 윤리적 결정을 위한 고민이라 할 수 없으므로 그 고민 끝에 어쩔 수 없이 음주측정에 응하였다 하여 내면적으로 구축된 인간양심이 왜곡 · 굴절된다고 할 수 없다. 따라서 이 사건 법률조항을 두고 헌법 제19조에서 보장하는 양심의 자유를 침해하는 것이라고 할 수 없다(헌재 1997.3.27, 96헌가11).

② [O] 이 사건 법률조항은 헌법상 기본의무인 국방의 의무를 구체적으로 형성하는 것이면서 또한 동시에 양심적 병역거부자들의 양심의 자유를 제한하는 것이기도 하다. 이 사건 법률조항으로 인해서 국가의 존립과 안전을 위한 불가결한 헌법적 가치를 담고 있는 국방의 의무와 개인의 인격과 존엄의 기초가 되는 양심의 자유가 상충하게 된다. 이처럼 헌법적 가치가 서로 충돌하는 경우, 입법자는 두 가치를 양립시킬 수 있는 조화점을 최대한 모색해야 하고, 그것이 불가능해 부득이 어느 하나의 헌법적 가치를 후퇴시킬 수밖에 없는 경우에도 그 목적에 비례하는 범위 내에 그쳐야 한다(헌재 2018.6.28, 2011헌바379 등).

③ [O] 자신의 인격권이나 명예권을 보호하기 위하여 대외적으로 해명을 하는 행위는 표현의 자유에 속하는 영역일 뿐 이미 사생활의 자유에 의하여 보호되는 범주를 벗어난 행위이고, 또한, 자신의 태도나 입장을 외부에 설명하거나 해명하는 행위는 진지한 윤리적 결정에 관계된 행위라기보다는 단순한 생각이나 의견, 사상이나 확신 등의 표현행위라고 볼 수 있어, 그 행위가 선거에 영향을 미치게 하기 위한 것이라는 이유로 이를 하지 못하게 된다 하더라도 내면적으로 구축된 인간의 양심이 왜곡 굴절된다고는 할 수 없다는 점에서 양심의 자유의 보호영역에 포괄되지 아니하므로, 위 제93조 제1항은 사생활의 자유나 양심의 자유를 침해하지 아니한다(헌재 2001.8.30, 99헌바92 등).

18 양심의 자유에 관한 설명 중 옳고 그름의 표시(○, ×)가 바르게 된 것은? (다툼이 있는 경우 판례에 의함)

24. 경찰 1차

㉠ 내용상 단순히 국법질서나 헌법체제를 준수하겠다는 취지의 서약을 할 것을 요구하는 준법서약은 어떤 구체적이거나 적극적인 내용을 담지 않은 채 단순한 헌법적 의무의 확인·서약에 불과하다 할 것이어서 양심의 영역을 건드리는 것이 아니다.

㉡ 양심형성의 자유는 외부의 간섭과 강제로부터 절대적으로 보호되는 기본권이므로, 이적표현물의 소지·취득행위가 반포나 판매로 이어지거나 이를 통해 형성된 양심적 결정이 외부로 표현되고 실현되지 아니한 단계에서 이를 처벌하는 것은 헌법상 허용되지 아니한다.

㉢ 가해학생에 대한 조치로 피해학생에 대한 서면사과를 규정한 학교폭력예방법 조항은 서면사과의 교육적 효과는 가해학생에 대한 주의나 경고 또는 권고적인 조치만으로는 달성하기 어렵다는 점을 고려할 때 과잉금지원칙에 위배되어 가해학생의 양심의 자유를 침해하지 않는다.

㉣ 보안관찰처분은 보안관찰처분대상자가 보안관찰해당범죄를 다시 저지를 위험성이 내심의 영역을 벗어나 외부에 표출되는 경우에 재범의 방지를 위하여 내려지는 특별예방적 목적의 처분이므로, 보안관찰처분의 요건과 절차를 규정한 보안관찰법 제2조, 제3조, 제4조, 제12조 제1항, 제14조는 보안관찰처분대상자의 양심의 자유를 침해하지 아니한다.

	㉠	㉡	㉢	㉣
①	×	○	○	×
②	○	×	○	○
③	○	×	×	○
④	○	○	×	×

해설

㉠ [○] 내용상 단순히 국법질서나 헌법체제를 준수하겠다는 취지의 서약을 할 것을 요구하는 이 사건 준법서약은 국민이 부담하는 일반적 의무를 장래를 향하여 확인하는 것에 불과하며, 어떠한 가정적 혹은 실제적 상황하에서 특정의 사유(思惟)를 하거나 특별한 행동을 할 것을 새로이 요구하는 것이 아니다. 따라서 이 사건 준법서약은 어떤 구체적이거나 적극적인 내용을 담지 않은 채 단순한 헌법적 의무의 확인·서약에 불과하다 할 것이어서 양심의 영역을 건드리는 것이 아니다(헌재 2002.4.25, 98헌마425 등).

㉡ [×] 이적표현물의 소지·취득행위만으로도 그 표현물의 이적내용이 전파될 가능성을 배제하기 어렵고, 특히 최근 늘어나고 있는 전자매체 형식의 표현물들은 실시간으로 다수에게 반포가 가능하고 소지·취득한 사람의 의사와 무관하게 전파, 유통될 가능성도 배제할 수 없으므로, 이적표현물을 소지·취득하는 행위가 지니는 위험성이 이를 제작·반포하는 행위에 비해 결코 적다고 보기 어렵다. 따라서 이적표현물 조항은 표현의 자유 및 양심의 자유를 침해하지 아니한다(헌재 2015.4.30, 2012헌바95 등).

㉢ [○] 서면사과 조치는 내용에 대한 강제 없이 자신의 행동에 대한 반성과 사과의 기회를 제공하는 교육적 조치로 마련된 것이고, 가해학생에게 의견진술 등 적정한 절차적 기회를 제공한 뒤에 학교폭력 사실이 인정되는 것을 전제로 내려지는 조치이며, 이를 불이행하더라도 추가적인 조치나 불이익이 없다. 또한 이러한 서면사과의 교육적 효과는 가해학생에 대한 주의나 경고 또는 권고적인 조치만으로는 달성하기 어렵다. … 서면사과조항이 가해학생의 양심의 자유와 인격권을 과도하게 침해한다고 보기 어렵다(헌재 2023.2.23, 2019헌바93 등).

㉣ [○] 보안관찰처분은 보안관찰처분대상자의 내심의 작용을 문제 삼는 것이 아니라, 보안관찰처분대상자가 보안관찰해당범죄를 다시 저지를 위험성이 내심의 영역을 벗어나 외부에 표출되는 경우에 재범의 방지를 위하여 내려지는 특별예방적 목적의 처분이므로, 보안관찰처분 근거규정은 양심의 자유를 침해하지 아니한다(헌재 2015.11.26, 2014헌바475).

정답 | 17 ④ 18 ②

■ 종교의 자유

01 종교의 자유에 관한 다음 설명 중 가장 옳지 않은 것은? 24. 법원직

① 신앙의 자유는 신과 피안 또는 내세에 대한 인간의 내적 확신에 대한 자유를 말하는 것으로서 이러한 신앙의 자유는 그 자체가 내심의 자유의 핵심이기 때문에 법률로써도 이를 침해할 수 없다.

② 연 2회 실시하는 간호조무사 국가시험의 시행일시를 모두 토요일 일몰 전으로 정하여 특정 종교의 교인들로 하여금 안식일에 관한 교리를 위반하도록 하거나 토요일 응시에 제한을 받도록 하는 것은, 두 번의 시험 중 적어도 한 번은 토요일이 아닌 날 시행할 수 있는 등 다른 방법을 고려할 수 있으므로, 과잉금지원칙에 반하여 종교의 자유를 침해한다.

③ 종교시설의 건축행위에 금전적인 부담을 가하는 기반시설부담금은 종교시설의 건축행위에 부담을 주므로 이로써 종교적 행위의 자유가 제한된다.

④ 종교의 자유로부터 종교를 이유로 일반적으로 적용되는 조세나 부담금을 부과하는 법률적용의 면제 등 적극적인 우대 조치를 요구할 권리가 직접 도출된다거나 적극적인 우대조치를 할 국가의 의무가 발생하는 것은 아니다.

해설

② [×] 시험일을 일요일로 정하는 경우 제칠일안식일예수재림교(이하 '재림교'라 한다)를 믿는 청구인의 종교의 자유에 대한 제한은 없을 것이나, 일요일에 종교적 의미를 부여하는 응시자의 종교의 자유를 제한하게 되므로, 종교의 자유 제한 문제는 기본권의 주체만을 달리하여 그대로 존속하게 된다. 또한 대부분의 지방자치단체에서 시험장소 임차 및 인력동원 등의 이유로 일요일 시험실시가 불가하거나 어려워, 현재로서는 일요일에 시험을 시행하는 것도 현실적으로 어려운 상황이다. 이러한 사정을 고려할 때, 연 2회 실시되는 간호조무사 국가시험을 모두 토요일에 실시한다고 하여 그로 인한 기본권 제한이 지나치다고 볼 수 없다. 따라서 이 사건 공고는 과잉금지원칙에 반하여 청구인의 종교의 자유를 침해하지 아니한다(헌재 2023.6.29, 2021헌마171).

① [O] 신앙의 자유는 신과 피안 또는 내세에 대한 인간의 내적 확신에 대한 자유를 말하는 것으로서 이러한 신앙의 자유는 그 자체가 내심의 자유의 핵심이기 때문에 법률로써도 이를 침해할 수 없다(헌재 2011.12.29, 2009헌마527).

③ [O] 기반시설부담금은 종교시설의 건축행위에 금전적인 부담을 가하여 종교적 행위의 자유를 제한하는데, 종교적 행위의 자유는 내심의 신앙의 자유와는 달리 절대적 자유가 아니라 질서유지와 공공복리를 위하여 법률로 제한할 수 있다. … 일반적으로 적용되고 종교에 중립적인 법률의 적용으로 종교시설의 건축행위에 부담이 발생한다는 것만으로는 종교의 자유를 과도하게 제한한다고 할 수 없다(헌재 2010.2.25, 2007헌바131 등).

④ [O] 헌법 제20조 제1항이 보장하고 있는 종교의 자유는 국민을 종교와 관련된 공권력의 강제와 개입으로부터 보호하지만, 이로부터 종교를 이유로 국민이 일반적으로 적용되는 조세나 부담금을 부과하는 법률적용의 면제 등 적극적인 우대조치를 요구할 권리가 직접 도출된다거나 적극적인 우대조치를 할 국가의 의무가 발생하는 것은 아니다(헌재 2010.2.25, 2007헌바131 등).

02 종교의 자유에 대한 설명으로 옳지 않은 것은? 24. 국회직 8급

① 신앙의 자유는 그 자체가 내심의 자유의 핵심이므로 법률로써도 이를 침해할 수 없는 반면, 종교적 행위의 자유와 종교적 집회·결사의 자유는 신앙의 자유와는 달리 절대적 자유가 아니므로 질서유지, 공공복리 등을 위하여 제한할 수 있다.

② 육군훈련소장이 훈련병들로 하여금 육군훈련소 내 종교행사에 참석하도록 한 행위는 국가가 종교를 군사력 강화라는 목적을 달성하기 위한 수단으로 전락시키거나, 반대로 종교단체가 군대라는 국가권력에 개입하여 선교행위를 하는 등 영향력을 행사할 수 있는 기회를 제공하므로, 국가와 종교의 밀접한 결합을 초래한다는 점에서 정교분리원칙에 위배된다.

③ 국가 또는 지방자치단체 외의 자가 양로시설을 설치하고자 하는 경우 신고하도록 규정하고 이를 위반한 경우 처벌하는 노인복지법 제33조 제2항 중 제32조 제1항 제1호의 '양로시설'에 관한 부분 및 노인복지법 제57조 제1항 중 제33조 제2항의 '양로시설'에 관한 부분은 종교단체에서 구호활동의 일환으로 운영하는 양로시설도 예외를 인정함이 없이 신고의무를 부과하고 이를 위반할 경우 형사처벌을 하는 것으로서 과잉금지원칙에 위배되어 종교의 자유를 침해한다.

④ 금치기간 중 공동행사 참가를 정지하는 형의 집행 및 수용자의 처우에 관한 법률 제112조 제3항 본문 중 제108조 제4호에 관한 부분은 금치기간 중인 자의 종교의 자유를 침해하지 않는다.

⑤ 구치소장이 구치소 내 미결수용자를 대상으로 한 개신교 종교행사를 4주에 1회, 일요일이 아닌 요일에 실시한 행위는 미결수용자의 종교의 자유를 침해하지 않는다.

해설

③ [×] 심판대상조항은 양로시설에 입소한 노인들에게 편안하고 쾌적한 주거환경을 제공하도록 국가나 지방자치단체가 관리·감독을 하기 위한 것으로, 이러한 입법목적은 정당하고 신고의무를 위반한 경우 형사제재를 가하는 것은 양로시설 현황을 파악하고 감독하기 위한 것으로 수단의 적절성도 인정된다. 양로시설을 설치하고자 하는 경우 일정한 시설기준과 인력기준 등을 갖추어야 하나, 이는 노인들의 안전한 주거공간 보장을 위한 최소한의 기준에 불과하므로 신고의무 부과가 지나치다고 할 수 없다. 종교단체에서 구호활동의 일환으로 운영하는 양로시설이라고 하더라도 신고대상에서 제외하면 관리·감독의 사각지대가 발생할 수 있으며, 일정 규모 이상의 양로시설의 경우 안전사고나 인권침해 피해정도가 커질 수 있으므로, 예외를 인정함이 없이 신고의무를 부과할 필요가 있다. … 따라서 심판대상조항이 과잉금지원칙에 위배되어 종교의 자유를 침해한다고 볼 수 없다(헌재 2016.6.30, 2015헌바46).

① [O] 헌법 제20조 제1항은 모든 국민은 종교의 자유를 가진다고 규정하여 종교의 자유를 선언하고 있다. 종교의 자유는 일반적으로 신앙의 자유, 종교적 행위의 자유 및 종교적 집회·결사의 자유로 구성된다. 신앙의 자유는 그 자체가 내심의 자유의 핵심이므로 법률로써도 이를 침해할 수 없는 반면, 종교적 행위의 자유와 종교적 집회·결사의 자유는 신앙의 자유와는 달리 절대적 자유가 아니므로 질서유지, 공공복리 등을 위하여 제한할 수 있다(헌재 2023.6.29, 2021헌마171).

② [O] 피청구인이 청구인들로 하여금 개신교, 천주교, 불교, 원불교 4개 종교의 종교행사 중 하나에 참석하도록 한 것은 그 자체로 종교적 행위의 외적 강제에 해당한다. 이는 피청구인이 위 4개 종교를 승인하고 장려한 것이자, 여타 종교 또는 무종교보다 이러한 4개 종교 중 하나를 가지는 것을 선호한다는 점을 표현한 것이라고 보여질 수 있으므로 국가의 종교에 대한 중립성을 위반하여 특정 종교를 우대하는 것이다. 또한, 이 사건 종교행사 참석조치는 국가가 종교를 군사력 강화라는 목적을 달성하기 위한 수단으로 전락시키거나, 반대로 종교단체가 군대라는 국가권력에 개입하여 선교행위를 하는 등 영향력을 행사할 수 있는 기회를 제공하므로, 국가와 종교의 밀접한 결합을 초래한다는 점에서 정교분리원칙에 위배된다(헌재 2022.11.24, 2019헌마941).

④ [O] 금치처분을 받은 사람은 최장 30일 이내의 기간 동안 공동행사에 참가할 수 없으나, 서신수수, 접견을 통해 외부와 통신할 수 있고, 종교상담을 통해 종교활동을 할 수 있다. 또한, 위와 같은 불이익은 규율 준수를 통하여 수용질서를 유지한다는 공익에 비하여 크다고 할 수 없다. 따라서 위 조항은 청구인의 통신의 자유, 종교의 자유를 침해하지 아니한다(헌재 2016.5.26, 2014헌마45).

⑤ [O] OO구치소에 종교행사 공간이 1개뿐이고, 종교행사는 종교, 수형자와 미결수용자, 성별, 수용동 별로 진행되며, 미결수용자는 공범이나 동일사건 관련자가 있는 경우 이를 분리하여 참석하게 해야 하는 점을 고려하면 피청구인이 미결수용자 대상 종교행사를 4주에 1회 실시했더라도 종교의 자유를 과도하게 제한하였다고 보기 어렵고, 구치소의 인적·물적 여건상 하루에 여러 종교행사를 동시에 하기 어려우며, 개신교의 경우에만 그 교리에 따라 일요일에 종교행사를 허용할 경우 다른 종교와의 형평에 맞지 않고, 공휴일인 일요일에 종교행사를 할 행정적 여건도 마련되어 있지 않다는 점을 고려하면, 이 사건 종교행사 처우는 청구인의 종교의 자유를 침해하지 않는다(헌재 2015.4.30, 2013헌마190).

정답 | 01 ② 02 ③

03 종교의 자유에 관한 설명으로 가장 적절하지 않은 것은? (다툼이 있는 경우 헌법재판소 판례에 의함)

24. 경찰 2차

① 출력수(작업에 종사하는 수형자)를 대상으로 원칙적으로 월 3~4회의 종교집회를 실시하는 반면, 미결수용자와 미지정 수형자에 대해서는 원칙적으로 매월 1회, 그것도 공간의 협소함과 관리 인력의 부족을 이유로 수용동별로 돌아가며 종교집회를 실시하여 실제 연간 1회 정도의 종교집회 참석 기회를 부여한 구치소장의 종교집회 참석 제한 처우는 미결수용자 및 미지정 수형자의 종교의 자유를 침해한 것이다.

② 구치소에 종교행사 공간이 1개뿐이고, 종교행사는 종교, 수형자와 미결수용자, 성별, 수용동 별로 진행되며, 미결수용자는 공범이나 동일사건 관련자가 있는 경우 이를 분리하여 참석하게 해야 하는 점을 고려하더라도, 구치소 내 미결수용자를 대상으로 한 개신교 종교행사를 4주에 1회, 일요일이 아닌 요일에 실시한 구치소장의 종교행사 처우는 미결수용자의 종교의 자유를 침해한다.

③ 2009.6.1.부터 2009.10.8.까지 구치소 내에서 실시하는 종교의식 또는 행사에 일률적으로 미결수용자의 참석을 금지한 구치소장의 종교행사 등 참석불허 처우는, 미결수용자의 기본권을 덜 침해하는 수단이 존재함에도 불구하고 이를 전혀 고려하지 아니하였으므로 과잉금지원칙을 위반하여 미결수용자의 종교의 자유를 침해하였다.

④ 금치처분을 받은 사람은 최장 30일 이내의 기간 동안 종교의식 또는 행사에 참석할 수 없으나 종교상담을 통해 종교활동은 할 수 있어서, 금치기간 중 30일 이내 공동행사 참가를 정지하는 형의 집행 및 수용자의 처우에 관한 법률 조항은 수용자의 종교의 자유를 침해하지 아니한다.

해설

② [×] 구치소에 종교행사 공간이 1개뿐이고, 종교행사는 종교, 수형자와 미결수용자, 성별, 수용동 별로 진행되며, 미결수용자는 공범이나 동일사건 관련자가 있는 경우 이를 분리하여 참석하게 해야 하는 점을 고려하면 피청구인이 미결수용자 대상 종교행사를 4주에 1회 실시했더라도 종교의 자유를 과도하게 제한하였다고 보기 어렵고, 구치소의 인적·물적 여건상 하루에 여러 종교행사를 동시에 하기 어려우며, 개신교의 경우에만 그 교리에 따라 일요일에 종교행사를 허용할 경우 다른 종교와의 형평에 맞지 않고, 공휴일인 일요일에 종교행사를 할 행정적 여건도 마련되어 있지 않다는 점을 고려하면, 이 사건 종교행사 처우는 청구인의 종교의 자유를 침해하지 않는다(헌재 2015.4.30, 2013헌마190).

① [O] 피청구인은 출력수(작업에 종사하는 수형자)를 대상으로 원칙적으로 월 3~4회의 종교집회를 실시하는 반면, 미결수용자와 미지정 수형자에 대해서는 원칙적으로 매월 1회, 그것도 공간의 협소함과 관리 인력의 부족을 이유로 수용동별로 돌아가며 종교집회를 실시하여 실제 연간 1회 정도의 종교집회 참석 기회를 부여하고 있다. 이는 미결수용자 및 미지정 수형자의 구금기간을 고려하면 사실상 종교집회 참석 기회가 거의 보장되지 않는 결과를 초래할 수도 있다. 나아가 피청구인은 현재의 시설 여건 하에서도 종교집회의 실시 회수를 출력수와 출력수 외의 수용자의 종교의 자유를 보장하는 범위 내에서 적절히 배분하는 방법, 공범이나 동일사건 관련자가 있는 경우에 한하여 이를 분리하여 종교집회 참석을 허용하는 방법, 미지정 수형자의 경우 추가사건의 공범이나 동일사건 관련자가 없는 때에는 출력수와 함께 종교집회를 실시하는 등의 방법으로 청구인의 기본권을 덜 침해하는 수단이 있음에도 불구하고 이를 전혀 고려하지 아니하였다. 따라서 이 사건 종교집회 참석 제한 처우는 부산구치소의 열악한 시설을 감안하더라도 과잉금지원칙을 위반하여 청구인의 종교의 자유를 침해한 것이다(헌재 2014.6.26, 2012헌마782).

③ [O] 공범 등이 없는 경우 내지 공범 등이 있는 경우라도 공범이나 동일사건 관련자를 분리하여 종교행사 등에의 참석을 허용하는 등의 방법으로 미결수용자의 기본권을 덜 침해하는 수단이 존재함에도 불구하고 이를 전혀 고려하지 아니하였으므로 이 사건 종교행사 등 참석불허 처우는 침해의 최소성 요건을 충족하였다고 보기 어렵다. 그리고, 이 사건 종교행사 등 참석불허 처우로 얻어질 공익의 정도가 무죄추정의 원칙이 적용되는 미결수용자들이 종교행사 등에 참석을 하지 못함으로써 입게 되는 종교의 자유의 제한이라는 불이익에 비하여 결코 크다고 단정하기 어려우므로 법익의 균형성 요건 또한 충족하였다고 할 수 없다. 따라서, 이 사건 종교행사 등 참석불허 처우는 과잉금지원칙을 위반하여 청구인의 종교의 자유를 침해하였다(헌재 2011.12.29, 2009헌마527).

④ [O] 금치처분을 받은 사람은 최장 30일 이내의 기간 동안 공동행사에 참가할 수 없으나, 서신수수, 접견을 통해 외부와 통신할 수 있고, 종교상담을 통해 종교활동을 할 수 있다. 또한, 위와 같은 불이익은 규율 준수를 통하여 수용질서를 유지한다는 공익에 비하여 크다고 할 수 없다. 따라서 위 조항은 청구인의 통신의 자유, 종교의 자유를 침해하지 아니한다(헌재 2016.5.26, 2014헌마45).

04 종교의 자유에 대한 설명으로 가장 적절하지 않은 것은? (다툼이 있는 경우 헌법재판소 판례에 의함)

25. 경찰간부

① 대부분의 지방자치단체에서 시험장소 임차 및 인력동원 등의 이유로 일요일 시험실시가 불가하거나 현실적으로 어려우므로, 연 2회 실시하는 간호조무사 국가시험의 시행일시를 모두 토요일 일몰 전으로 정한 '2021년도 간호조무사 국가시험 시행계획 공고'는 제칠일안식일예수재림교를 믿는 응시자의 종교의 자유를 침해하지 아니한다.

② 종교적인 기관·단체 등의 조직 내에서의 직무상 행위를 이용하여 그 구성원에 대하여 선거운동을 하거나 하게 할 수 없도록 한 공직선거법 조항은 종교적 신념 자체 또는 종교의식, 종교교육, 종교적 집회·결사의 자유 등을 제한하는 것이 아니므로 종교의 자유가 직접적으로 제한된다고 보기 어렵다.

③ 육군훈련소장이 훈련병들로 하여금 개신교, 천주교, 불교, 원불교 4개 종교의 종교행사 중 하나에 참석하도록 한 것은 종교단체가 군대라는 국가권력에 개입하여 선교행위를 하는 등 영향력을 행사할 수 있는 기회를 제공하는 것은 아니므로 정교분리원칙에 위배되는 것은 아니다.

④ 독학학위 취득시험의 시험일을 일요일로 정한 것은 시험장소의 확보와 시험관리를 용이하게 하기 위한 것으로 기독교인인 응시자의 종교의 자유를 침해하지 아니한다.

해설

③ [×] 이 사건 종교행사 참석조치는 국가가 종교를 군사력 강화라는 목적을 달성하기 위한 수단으로 전락시키거나, 반대로 종교단체가 군대라는 국가권력에 개입하여 선교행위를 하는 등 영향력을 행사할 수 있는 기회를 제공하므로, 국가와 종교의 밀접한 결합을 초래한다는 점에서 정교분리원칙에 위배된다(현재 2022.11.24, 2019헌마941).

① [O] 시험일을 일요일로 정하는 경우 제칠일안식일예수재림교(이하 '재림교'라 한다)를 믿는 청구인의 종교의 자유에 대한 제한은 없을 것이나, 일요일에 종교적 의미를 부여하는 응시자의 종교의 자유를 제한하게 되므로, 종교의 자유 제한 문제는 기본권의 주체만을 달리하여 그대로 존속하게 된다. 또한 대부분의 지방자치단체에서 시험장소 임차 및 인력동원 등의 이유로 일요일 시험실시가 불가하거나 어려워, 현재로서는 일요일에 시험을 시행하는 것도 현실적으로 어려운 상황이다. 이러한 사정을 고려할 때, 연 2회 실시되는 간호조무사 국가시험을 모두 토요일에 실시한다고 하여 그로 인한 기본권 제한이 지나치다고 볼 수 없다. 따라서 이 사건 공고는 과잉금지원칙에 반하여 청구인의 종교의 자유를 침해하지 아니한다(현재 2023.6.29, 2021헌마171).

② [O] 청구인들은 직무이용 제한조항이 종교의 자유도 침해한다고 주장하나, 위 조항은 종교적 신념 자체 또는 종교의식, 종교교육, 종교적 집회·결사의 자유 등을 제한하는 것이 아니라, 단지 종교단체 내에서 직무상 지위를 이용한 선거운동을 제한하는 것이므로 그로 인해 종교의 자유가 직접적으로 제한된다고 보기 어렵다. 따라서 직무이용 제한조항이 종교의 자유를 침해하는지 여부에 대해서는 따로 살펴보지 않는다. … 그렇다면 직무이용 제한조항은 과잉금지원칙을 위반하여 선거운동 등 정치적 표현의 자유를 침해하지 않는다(현재 2024.1.25, 2021헌바233 등).

④ [O] 독학학위 취득시험의 시험일을 일요일로 정한 것은, 가능한 한 다수의 국민이 본인의 학업·생계활동 등 일상생활에 지장 없이 시험에 응시할 수 있도록 하고, 시험장소의 확보와 시험관리를 용이하게 하기 위한 것이다. 독학학위 취득시험의 응시 인원, 연령 및 직업 구성, 국가전문자격시험과 공무원시험 등 국가나 지방자치단체가 주관하는 시험이라 할지라도 각각의 시험별로 시행부처 및 시행기관이 달라 시험의 목적과 실시기간 역시 다를 수밖에 없는 점 등을 종합적으로 고려하면 이 사건 1 내지 3과정 시험 공고는 청구인의 종교의 자유를 침해하지 아니한다(현재 2022.12.22, 2021헌마271).

정답 | 03 ② 04 ③

05 종교의 자유에 대한 설명으로 옳지 않은 것은? (다툼이 있는 경우 판례에 의함) 25. 입법고시

① 연 2회 실시되는 간호조무사 국가시험을 모두 토요일에 실시하도록 한 '2021년도 간호조무사 국가시험 시행계획 공고'는 종교의 자유를 침해하지 않는다.

② 육군훈련소장이 훈련병에게 개신교, 천주교, 불교, 원불교 4개 종교의 종교행사 중 하나에 참석하도록 한 것은 그 자체로 종교적 행위의 외적 강제에 해당하고, 국가와 종교의 밀접한 결합을 초래한다는 점에서 정교분리원칙에 위배된다.

③ "누구든지 종교적인 기관·단체 등의 조직 내에서의 직무상 행위를 이용하여 그 구성원에 대하여 선거운동을 하거나 하게 할 수 없다."고 정하고 이를 위반한 경우 처벌하는 공직선거법상 직무이용 제한조항은 종교의 자유 및 표현의 자유를 침해한다.

④ 학교환경위생정화구역 내에서 종교단체가 설치·운영하고자 하는 납골시설의 설치·운영이 금지되는 경우에는 종교의 자유에 대한 제한 문제가 발생한다.

⑤ 종교의 자유의 구체적 내용에 관하여는 일반적으로 '신앙의 자유', '종교적 행위의 자유' 및 '종교적 집회·결사의 자유'의 3요소를 내용으로 한다고 설명된다.

해설

③ [×] 청구인들은 직무이용 제한조항이 종교의 자유도 침해한다고 주장하나, 위 조항은 종교적 신념 자체 또는 종교의식, 종교교육, 종교적 집회·결사의 자유 등을 제한하는 것이 아니라, 단지 종교단체 내에서 직무상 지위를 이용한 선거운동을 제한하는 것이므로 그로 인해 종교의 자유가 직접적으로 제한된다고 보기 어렵다. 따라서 직무이용 제한조항이 종교의 자유를 침해하는지 여부에 대해서는 따로 살펴보지 않는다. … 그렇다면 직무이용 제한조항은 과잉금지원칙을 위반하여 선거운동 등 정치적 표현의 자유를 침해하지 않는다(현재 2024.1.25, 2021헌바233 등).

① [O] 시험일을 일요일로 정하는 경우 제칠일안식일예수재림교(이하 '재림교'라 한다)를 믿는 청구인의 종교의 자유에 대한 제한은 없을 것이나, 일요일에 종교적 의미를 부여하는 응시자의 종교의 자유를 제한하게 되므로, 종교의 자유 제한 문제는 기본권의 주체만을 달리하여 그대로 존속하게 된다. 또한 대부분의 지방자치단체에서 시험장소 임차 및 인력동원 등의 이유로 일요일 시험실시가 불가하거나 어려워, 현재로서는 일요일에 시험을 시행하는 것도 현실적으로 어려운 상황이다. 이러한 사정을 고려할 때, 연 2회 실시되는 간호조무사 국가시험을 모두 토요일에 실시한다고 하여 그로 인한 기본권 제한이 지나치다고 볼 수 없다. 따라서 이 사건 공고는 과잉금지원칙에 반하여 청구인의 종교의 자유를 침해하지 아니한다(현재 2023.6.29, 2021헌마171).

② [O] 피청구인이 청구인들로 하여금 개신교, 천주교, 불교, 원불교 4개 종교의 종교행사 중 하나에 참석하도록 한 것은 그 자체로 종교적 행위의 외적 강제에 해당한다. 이는 피청구인이 위 4개 종교를 승인하고 장려한 것이자, 여타 종교 또는 무종교보다 이러한 4개 종교 중 하나를 가지는 것을 선호한다는 점을 표현한 것이라고 보여질 수 있으므로 국가의 종교에 대한 중립성을 위반하여 특정 종교를 우대하는 것이다. 또한, 이 사건 종교행사 참석조치는 국가가 종교를 군사력 강화라는 목적을 달성하기 위한 수단으로 전락시키거나, 반대로 종교단체가 군대라는 국가권력에 개입하여 선교행위를 하는 등 영향력을 행사할 수 있는 기회를 제공하므로, 국가와 종교의 밀접한 결합을 초래한다는 점에서 정교분리원칙에 위배된다(현재 2022.11.24, 2019헌마941).

④ [O] 종교 의식 내지 종교적 행위와 밀접한 관련이 있는 시설의 설치와 운영은 종교의 자유를 보장하기 위한 전제에 해당되므로 종교적 행위의 자유에 포함된다고 할 것이다. … 따라서 종교단체가 종교적 행사를 위하여 종교집회장 내에 납골시설을 설치하여 운영하는 것은 종교행사의 자유와 관련된 것이라고 할 것이고, 그러한 납골시설의 설치를 금지하는 것은 종교행사의 자유를 제한하는 결과로 된다(현재 2009.7.30, 2008헌가2).

⑤ [O] 종교의 자유의 구체적 내용에 관하여는 일반적으로 신앙의 자유, 종교적 행위의 자유 및 종교적 집회·결사의 자유의 3요소를 내용으로 한다고 설명되고 있다(현재 2001.9.27, 2000헌마159).

06 종교의 자유에 관한 설명으로 가장 적절하지 않은 것은? (다툼이 있는 경우 판례에 의함) 25. 경정승진

① 종교의 자유에는 종교전파의 자유로서 누구에게나 자신의 종교 또는 종교적 확신을 알리고 선전하는 자유가 포함되는데, 이러한 종교전파의 자유는 국민에게 그가 선택한 임의의 장소에서 자유롭게 행사할 수 있는 권리까지 보장한다고 할 수 없다.

② 지방자치단체가 유서 깊은 천주교 성당 일대를 문화관광지로 조성하기 위하여 상급 단체로부터 문화관광지 조성계획을 승인받은 후 사업부지 내 토지 등을 수용재결한 사안에서, 문화관광지조성계획의 승인과 그에 따른 토지 등 수용재결은 헌법의 정교분리원칙이나 평등권에 위배된다.

③ 헌법상 종교의 자유는 국민을 종교와 관련된 공권력의 강제와 개입으로부터 보호하지만, 종교의 자유로부터 종교를 이유로 국민이 일반적으로 적용되는 조세나 부담금을 부과하는 법률적용의 면제 등 적극적인 우대조치를 요구할 권리까지 직접 도출되는 것은 아니다.

④ 종교교육이라 하더라도 그것이 학교나 학원이라는 교육기관의 형태를 취할 경우에는 구 교육법이나 구 학원의 설립·운영에 관한 법률상의 규정에 의한 규제를 받게 된다고 보아야 할 것이고, 종교교육이라고 해서 예외가 될 수 없다.

해설

② [×] 지방자치단체가 유서 깊은 천주교 성당 일대를 문화관광지로 조성하기 위하여 상급 단체로부터 문화관광지 조성계획을 승인받은 후 사업부지 내 토지 등을 수용재결한 사안에서, 위 성당을 문화재로 보호할 가치가 충분하고 위 문화관광지 조성계획은 지방자치단체가 지역경제의 활성화를 도모하기 위하여 추진한 것으로 보이며 특정 종교를 우대·조장하거나 배타적 특권을 부여하는 것으로 볼 수 없어, 그 계획의 승인과 그에 따른 토지 등 수용재결이 헌법의 정교분리원칙이나 평등권에 위배되지 않는다(대판 2009.5.28, 2008두16933).

① [O] 이 사건에서 문제되는 종교의 자유는 종교전파의 자유로서 누구에게나 자신의 종교 또는 종교적 확신을 알리고 선전하는 자유를 말하며, 포교행위 또는 선교행위가 이에 해당한다. 그러나 이러한 종교전파의 자유는 국민에게 그가 선택한 임의의 장소에서 자유롭게 행사할 수 있는 권리까지 보장한다고 할 수 없으며, 그 임의의 장소가 대한민국의 주권이 미치지 아니하는 지역 나아가 국가에 의한 국민의 생명·신체 및 재산의 보호가 강력히 요구되는 해외 위난지역인 경우에는 더욱 그러하다(헌재 2008.6.26, 2007헌마1366).

③ [O] 헌법 제20조 제1항이 보장하고 있는 종교의 자유는 국민을 종교와 관련된 공권력의 강제와 개입으로부터 보호하지만, 이로부터 종교를 이유로 국민이 일반적으로 적용되는 조세나 부담금을 부과하는 법률적용의 면제 등 적극적인 우대조치를 요구할 권리가 직접 도출된다거나 적극적인 우대조치를 할 국가의 의무가 발생하는 것은 아니다(헌재 2010.2.25, 2007헌바131 등).

④ [O] 종교교육이라 하더라도 그것이 학교나 학원이라는 교육기관의 형태를 취할 경우에는 교육법이나 학원법상의 규정에 의한 규제를 받게 된다고 보아야 할 것이고, 종교교육이라고 해서 예외가 될 수 없다 할 것이다. … 위 조항들이 청구인의 종교의 자유 등을 침해하였다고 볼 수 없고, 위 조항들로 인하여 종교교단의 재정적 능력에 따라 학교 내지 학원의 설립상 차별을 초래한다고 해도 거기에는 위와 같은 합리적 이유가 있으므로 평등원칙에 위배된다고 할 수 없다(헌재 2000.3.30, 99헌바14).

정답 | 05 ③ 06 ②

07 종교의 자유에 관한 설명 중 옳은 것을 모두 고른 것은? (다툼이 있는 경우 판례에 의함)

23. 변호사

㉠ 전통사찰의 등록 후에 발생한 사법상 금전채권을 가진 일반 채권자가 전통사찰 소유의 전법(傳法)용 경내지의 건조물 등에 대하여 압류하는 것을 금지하는 법률조항은 종교의 자유의 내용 중 어떠한 것도 제한하지 않는다.

㉡ 국가 또는 지방자치단체 외의 자가 양로시설을 설치하고자 하는 경우 신고하도록 규정하고 이를 위반한 경우 처벌하는 노인복지법조항을 종교단체에서 구호활동의 일환으로 운영하는 양로시설에도 적용하는 것은, 종교의 특수성을 몰각하는 것으로 종교의 자유를 침해한다.

㉢ 종교활동은 헌법상 종교의 자유와 정교분리원칙에 의하여 국가의 간섭으로부터 그 자유가 보장되어 있으므로, 국가기관인 법원은 종교단체 내부관계에 관한 사항에 대하여는 그것이 일반 국민으로서의 권리의무나 법률관계를 규율하는 것이 아닌 이상 원칙적으로 그 실체적인 심리판단을 하지 아니함으로써 당해 종교단체의 자율권을 최대한 보장하여야 한다.

㉣ 종교적 행위의 자유에는 종교적인 확신에 따라 행동하고 교리에 따라 생활할 수 있는 자유와 소극적으로는 자신의 종교적인 확신에 반하는 행위를 강요당하지 않을 자유 그리고 선교의 자유, 종교교육의 자유 등이 포함된다.

① ㉠, ㉡　　② ㉡, ㉣　　③ ㉢, ㉣
④ ㉠, ㉢, ㉣　　⑤ ㉡, ㉢, ㉣

해설

옳은 것은 ㉠, ㉢, ㉣이다.

㉠ [O] 청구인은 이 사건 법률조항이 다른 종교단체의 재산과는 달리 불교 전통사찰 소유의 재산만을 압류 금지 재산으로 규정함으로써 청구인의 종교의 자유를 침해한다고 주장한다. 그러나 종교의 자유는 신앙의 자유, 종교적 행위의 자유 및 종교적 집회·결사의 자유를 그 내용으로 하는바, 이 사건 법률조항은 전통사찰 소유의 일정 재산에 대한 압류를 금지할 뿐이므로 그로 인하여 위와 같은 종교의 자유의 내용 중 어떠한 것도 제한되지는 아니한다(헌재 2012.6.27, 2011헌바34).

㉡ [×] 양로시설을 설치하고자 하는 경우 일정한 시설기준과 인력기준 등을 갖추어야 하나, 이는 노인들의 안전한 주거공간 보장을 위한 최소한의 기준에 불과하므로 신고의무 부과가 지나치다고 할 수 없다. 종교단체에서 구호활동의 일환으로 운영하는 양로시설이라고 하더라도 신고대상에서 제외하면 관리·감독의 사각지대가 발생할 수 있으며, 일정 규모 이상의 양로시설의 경우 안전사고나 인권침해 피해정도가 커질 수 있으므로, 예외를 인정함이 없이 신고의무를 부과할 필요가 있다. 더욱이 일부 사회복지시설들의 탈법적인 운영을 방지하기 위하여는 강력한 제재를 가할 필요성이 인정되며, 사안의 경중에 따라 벌금형의 선고도 가능하므로 심판대상조항에 의한 처벌이 지나치게 과중하다고 볼 수 없다. 심판대상조항에 의하여 제한되는 사익에 비하여 심판대상조항이 달성하려는 공익은 양로시설에 입소한 노인들의 쾌적하고 안전한 주거환경을 보장하는 것으로 이는 매우 중대하다. 따라서 심판대상조항이 과잉금지원칙에 위배되어 종교의 자유를 침해한다고 볼 수 없다(헌재 2016.6.30, 2015헌바46).

㉢ [O] 종교활동은 헌법상 종교의 자유와 정교분리의 원칙에 의하여 국가의 간섭으로부터 그 자유가 보장되어 있으므로, 국가기관인 법원은 종교단체 내부관계에 관한 사항에 대하여는 그것이 일반 국민으로서의 권리의무나 법률관계를 규율하는 것이 아닌 이상 원칙적으로 그 실체적인 심리판단을 하지 아니함으로써 당해 종교단체의 자율권을 최대한 보장하여야 한다(대판 2015.4.23, 2013다20311).

㉣ [O] 종교적 행위의 자유는 종교상의 의식·예배 등 종교적 행위를 각 개인이 임의로 할 수 있는 등 종교적인 확신에 따라 행동하고 교리에 따라 생활할 수 있는 자유와 소극적으로는 자신의 종교적인 확신에 반하는 행위를 강요당하지 않을 자유 그리고 선교의 자유, 종교교육의 자유 등이 포함된다. 종교적 집회·결사의 자유는 종교적 목적으로 같은 신자들이 집회하거나 종교단체를 결성할 자유를 말한다(헌재 2011.12.29, 2009헌마527).

08 종교의 자유에 대한 설명으로 옳지 않은 것은?

23. 5급 공채

① 헌법상 보호되는 종교의 자유에는 특정 종교단체가 그 종교의 지도자와 교리자를 자체적으로 교육시킬 수 있는 종교교육의 자유가 포함된다.

② 종교적 집회·결사의 자유는 그 자체가 내심의 자유의 핵심이기 때문에 헌법 제37조 제2항의 과잉금지의 원칙이 적용되지 않는다.

③ '2010학년도 법학적성시험 시행계획 공고'가 시험의 시행일을 일요일로 정한 것은 청구인의 종교의 자유를 침해하는 것이라 할 수 없다.

④ 국가에 의한 특정 종교의 우대나 차별대우는 금지된다.

해설

② [×] 종교의 자유는 일반적으로 신앙의 자유, 종교적 행위의 자유 및 종교적 집회·결사의 자유의 3요소로 구성된다. 신앙의 자유는 신과 피안 또는 내세에 대한 인간의 내적 확신에 대한 자유를 말하는 것으로서 이러한 신앙의 자유는 그 자체가 내심의 자유의 핵심이기 때문에 법률로써도 이를 침해할 수 없다. 종교적 행위의 자유는 종교상의 의식·예배 등 종교적 행위를 각 개인이 임의로 할 수 있는 등 종교적인 확신에 따라 행동하고 교리에 따라 생활할 수 있는 자유와 소극적으로는 자신의 종교적인 확신에 반하는 행위를 강요당하지 않을 자유 그리고 선교의 자유, 종교교육의 자유 등이 포함된다. 종교적 집회·결사의 자유는 종교적 목적으로 같은 신자들이 집회하거나 종교단체를 결성할 자유를 말한다. 이러한 종교적 행위의 자유와 종교적 집회·결사의 자유는 신앙의 자유와는 달리 절대적 자유가 아니므로 헌법 제37조 제2항에 의거하여 질서유지, 공공복리 등을 위해서 제한할 수 있는데, 그러한 제한은 비례의 원칙이나 종교의 자유의 본질적 내용을 침해해서는 안 된다(헌재 2011.12.29, 2009헌마527).

① [O] 헌법상 보호되는 종교의 자유에는 특정 종교단체가 그 종교의 지도자와 교리자를 자체적으로 교육시킬 수 있는 종교교육의 자유가 포함된다고 볼 것이다(헌재 2000.3.30, 99헌바14).

③ [O] 적성시험 시행공고가 시험의 시행일을 일요일로 정하고 있는 것은 대다수의 국민의 응시기회 보장 및 용이한 시험관리라는 정당한 목적을 달성하기 위한 적절한 수단이며, 시험장으로 임차된 학교들의 구체적인 학사일정에 차이가 있고 주5일 근무제의 시행이 배제되는 사업장이 존재하며 국가시험의 종류에 따라 시험의 시행기관 및 투입비용 등이 다르다는 점에 비추어 위 공고가 피해의 최소성 및 법익균형성원칙에 반하여 종교의 자유를 침해한다고 볼 수 없다(헌재 2010.4.29, 2009헌마399).

④ [O] 헌법 제11조 평등의 원칙, 제20조 정교분리 등에 의해서 국가에 의한 특정 종교의 우대나 차별대우는 금지된다.

09 종교의 자유에 대한 설명으로 가장 적절하지 않은 것은? (다툼이 있는 경우 판례에 의함)

21. 경찰승진

① 헌법 제20조 제2항이 국교금지와 정교분리원칙을 규정하고 있기 때문에, 종교시설의 건축행위에만 기반시설부담금을 면제한다면 국가가 종교를 지원하여 종교를 승인하거나 우대하는 것으로 비칠 소지가 있다.

② 전통사찰에 대하여 채무명의를 가진 일반 채권자가 전통사찰 소유의 전법(傳法)용 경내지의 건조물 등에 대하여 압류하는 것을 금지하는 전통사찰의 보존 및 지원에 관한 법률 조항은 '전통사찰의 일반 채권자'의 재산권을 제한하지만, 종교의 자유의 내용 중 어떠한 것도 제한되지 않는다.

③ 종교전파의 자유는 국민에게 그가 선택한 임의의 장소에서 자유롭게 행사할 수 있는 권리까지 보장한다고 할 수 없다.

④ 구치소장이 수용자 중 미결수용자에 대하여 일률적으로 종교행사 등에의 참석을 불허한 것은 교정시설의 여건 및 수용관리의 적정성을 기하기 위한 것으로서 목적이 정당하고, 일부 수용자에 대한 최소한의 제한에 해당하므로 종교의 자유를 침해한 것으로 볼 수 없다.

정답 | 07 ④ 08 ② 09 ④

해설

④ [×] 무죄추정의 원칙이 적용되는 미결수용자들에 대한 기본권 제한은 징역형 등의 선고를 받아 그 형이 확정된 수형자의 경우보다는 더 완화되어야 할 것임에도, 피청구인이 수용자 중 미결수용자에 대하여만 일률적으로 종교행사 등에의 참석을 불허한 것은 미결수용자의 종교의 자유를 나머지 수용자의 종교의 자유보다 더욱 엄격하게 제한한 것이다. 나아가 공범 등이 없는 경우 내지 공범 등이 있는 경우라도 공범이나 동일사건 관련자를 분리하여 종교행사 등에의 참석을 허용하는 등의 방법으로 미결수용자의 기본권을 덜 침해하는 수단이 존재함에도 불구하고 이를 전혀 고려하지 아니하였으므로 이 사건 종교행사 등 참석불허 처우는 침해의 최소성 요건을 충족하였다고 보기 어렵다. … 따라서, 이 사건 종교행사 등 참석불허 처우는 과잉금지원칙을 위반하여 청구인의 종교의 자유를 침해하였다(헌재 2011.12.29, 2009헌마527).

① [O] 종교의 자유에서 종교에 대한 적극적인 우대조치를 요구할 권리가 직접 도출되거나 우대할 국가의 의무가 발생하지 아니한다. 종교시설의 건축행위에만 기반시설부담금을 면제한다면 국가가 종교를 지원하여 종교를 승인하거나 우대하는 것으로 비칠 소지가 있어 헌법 제20조 제2항의 국교금지 · 정교분리에 위배될 수도 있다고 할 것이므로 종교시설의 건축행위에 대하여 기반시설부담금 부과를 제외하거나 감경하지 아니하였더라도, 종교의 자유를 침해하는 것이 아니다(헌재 2010.2.25, 2007헌바131 등).

② [O] 압류 등 강제집행은 국가가 강제력을 행사함으로써 채권자의 사법상 청구권에 대한 실현을 도모하는 절차로서 채권자의 재산권은 궁극적으로 강제집행에 의하여 그 실현이 보장되는 것인바, 이 사건 법률조항은 전통사찰에 대하여 채무명의를 가진 일반 채권자(이하 '전통사찰의 일반 채권자'라 한다)가 전통사찰 소유의 전법용 경내지의 건조물 등에 대하여 압류하는 것을 금지하고 있으므로 '전통사찰의 일반 채권자'의 재산권을 제한한다. … 청구인은 이 사건 법률조항이 다른 종교단체의 재산과는 달리 불교 전통사찰 소유의 재산만을 압류 금지 재산으로 규정함으로써 청구인의 종교의 자유를 침해한다고 주장한다. 그러나 종교의 자유는 신앙의 자유, 종교적 행위의 자유 및 종교적 집회 · 결사의 자유를 그 내용으로 하는바, 이 사건 법률조항은 전통사찰 소유의 일정 재산에 대한 압류를 금지할 뿐이므로 그로 인하여 위와 같은 종교의 자유의 내용 중 어떠한 것도 제한되지는 아니한다(헌재 2012.6.27, 2011헌바34).

③ [O] 종교의 자유에는 신앙의 자유, 종교적 행위의 자유가 포함되며, 종교적 행위의 자유에는 신앙고백의 자유, 종교적 의식 및 집회 · 결사의 자유, 종교전파 · 교육의 자유 등이 있다. 이 사건에서 문제되는 종교의 자유는 종교전파의 자유로서 누구에게나 자신의 종교 또는 종교적 확신을 알리고 선전하는 자유를 말하며, 포교행위 또는 선교행위가 이에 해당한다. 그러나 이러한 종교전파의 자유는 국민에게 그가 선택한 임의의 장소에서 자유롭게 행사할 수 있는 권리까지 보장한다고 할 수 없으며, 그 임의의 장소가 대한민국의 주권이 미치지 아니하는 지역 나아가 국가에 의한 국민의 생명 · 신체 및 재산의 보호가 강력히 요구되는 해외 위난지역인 경우에는 더욱 그러하다(헌재 2008.6.26, 2007헌마1366).

10 종교의 자유에 관한 다음 설명 중 가장 옳지 않은 것은? (다툼이 있는 경우 헌법재판소 결정 및 대법원 판례에 의함)

22. 법원직 9급

① 종교의 자유에는 자기가 신봉하는 종교를 선전하고 새로운 신자를 규합하기 위한 선교의 자유가 포함되나, 선교의 자유에는 다른 종교의 신자에 대하여 개종을 권고하는 자유를 넘어 타종교를 비판하는 자유까지 포함되었다고 볼 수 없다.

② 종교 의식 내지 종교적 행위와 밀접한 관련이 있는 시설의 설치와 운영은 종교의 자유를 보장하기 위한 전제에 해당되므로 종교적 행위의 자유에 포함된다.

③ '집회 및 시위에 관한 법률'은 종교에 관한 집회에는 옥외집회 및 시위의 신고제를 적용하지 아니한다.

④ 종교교육 및 종교지도자의 양성은 헌법 제20조에 규정된 종교의 자유의 한 내용으로 보장되지만, 그것이 학교라는 교육기관의 형태를 취할 때에는 헌법 제31조 제1항, 제6항의 규정 및 이에 기한 교육법상의 각 규정들에 의한 규제를 받게 된다.

해설

① [×] 우리 헌법 제20조 제1항은 "모든 국민은 종교의 자유를 가진다."라고 규정하고 있는데, 종교의 자유에는 자기가 신봉하는 종교를 선전하고 새로운 신자를 규합하기 위한 선교의 자유가 포함되고 선교의 자유에는 다른 종교를 비판하거나 다른 종교의 신자에 대하여 개종을 권고하는 자유도 포함되는바, 종교적 선전, 타 종교에 대한 비판 등은 동시에 표현의 자유의 보호대상이 되는 것이나, 그 경우 종교의 자유에 관한 헌법 제20조 제1항은 표현의 자유에 관한 헌법 제21조 제1항에 대하여 특별규정의 성격을 갖는다 할 것이므로 종교적 목적을 위한 언론 · 출판의 경우에는 그 밖의 일반적인 언론 · 출판에 비하여 보다 고도의 보장을 받게 된다고 할 것이다(대판 2007.2.8, 2006도4486).

② [O] 종교단체가 종교적 행사를 위하여 종교집회장 내에 납골시설을 설치하여 운영하는 것은 종교행사의 자유와 관련된 것이라고 할 것이고, 그러한 납골시설의 설치를 금지하는 것은 종교행사의 자유를 제한하는 결과로 된다(헌재 2009.7.30, 2008헌가2). ▶ 학교정화구역 내의 납골시설의 설치 · 운영을 절대적으로 금지하고 있는 구 학교보건법조항은 종교의 자유 내지 행복추구권 · 직업의 자유 등 기본권을 침해하지 않는다.

③ [O]

> 집회 및 시위에 관한 법률 제15조【적용의 배제】 학문, 예술, 체육, 종교, 의식, 친목, 오락, 관혼상제(冠婚喪祭) 및 국경행사(國慶行事)에 관한 집회에는 제6조부터 제12조까지의 규정을 적용하지 아니한다.

▶ 집회 및 시위에 관한 법률 제6조(옥외집회 및 시위의 신고 등)

④ [O] 종교교육 및 종교지도자의 양성은 헌법 제20조에 규정된 종교의 자유의 한 내용으로서 보장되지만, 그것이 학교라는 교육기관의 형태를 취할 때에는 헌법 제31조 제1항, 제6항의 규정 및 이에 기한 교육법상의 각 규정들에 의한 규제를 받게 된다(대판 1992.12.22, 92도1742).

11 종교의 자유에 대한 설명으로 가장 적절하지 않은 것은? (다툼이 있는 경우 대법원 및 헌법재판소 판례에 의함)

22. 경찰간부

① 종교적 목적을 위한 언론 · 출판의 자유를 행사하는 과정에서 타 종교의 신앙 대상을 우스꽝스럽게 묘사하거나 다소 모욕적이고 불쾌하게 느껴지는 표현을 사용하였더라도 그것이 그 종교를 신봉하는 신도들에 대한 증오의 감정을 드러내는 것이거나 그 자체로 폭행 · 협박 등을 유발할 우려가 있는 정도가 아닌 이상 허용된다고 보아야 한다.

② 학교 정화구역 내에 납골시설을 금지할 필요성은 납골시설의 운영주체가 국가 · 지방자치단체 등의 공공기관이거나 개인 · 문중 · 종교단체 · 재단법인이든 마찬가지라고 할 것이다.

③ 종교전파의 자유는 국민에게 그가 선택한 임의의 장소에서 자유롭게 행사할 수 있는 권리까지 보장한다고 할 수 없다.

④ 종교시설의 건축행위에 대하여 기반시설부담금 부과를 제외하거나 감경하지 아니하였다면 종교의 자유를 침해하는 것이다.

해설

④ [×] 종교의 자유에서 종교에 대한 적극적인 우대조치를 요구할 권리가 직접 도출되거나 우대할 국가의 의무가 발생하지 아니한다. 종교시설의 건축행위에만 기반시설부담금을 면제한다면 국가가 종교를 지원하여 종교를 승인하거나 우대하는 것으로 비칠 소지가 있어 헌법 제20조 제2항의 국교금지 · 정교분리에 위배될 수도 있다고 할 것이므로 종교시설의 건축행위에 대하여 기반시설부담금 부과를 제외하거나 감경하지 아니하였더라도, 종교의 자유를 침해하는 것이 아니다(헌재 2010.2.25, 2007헌바131).

① [O] 우리 헌법이 종교의 자유를 보장함으로써 보호하고자 하는 것은 종교 자체나 종교가 신봉하는 신앙의 대상이 아니라, 종교를 신봉하는 국민, 즉 신앙인이고, 종교에 대한 비판은 성질상 어느 정도의 편견과 자극적인 표현을 수반하게 되는 경우가 많으므로, 타 종교의 신앙의 대상에 대한 모욕이 곧바로 그 신앙의 대상을 신봉하는 종교단체나 신도들에 대한 명예훼손이 되는 것은 아니고, 종교적 목적을 위한 언론 · 출판의 자유를 행사하는 과정에서 타 종교의 신앙의 대상을 우스꽝스럽게 묘사하거나 다소 모욕적이고 불쾌하게 느껴지는 표현을 사용하였더라도 그것이 그 종교를 신봉하는 신도들에 대한 증오의 감정을 드러내는 것이거나 그 자체로 폭행 · 협박 등을 유발할 우려가 있는 정도가 아닌 이상 허용된다고 보아야 한다(대판 2014.9.4, 2012도13718).

② [O] 학교 정화구역 내에 납골시설을 금지할 필요성은 납골시설의 운영주체가 국가 · 지방자치단체 등의 공공기관이거나 개인 · 문중 · 종교단체 · 재단법인이든 마찬가지라고 할 것이다. 따라서 납골시설의 유형이나 설치주체를 가리지 아니하고 일률적으로 금지한다고 하여 불합리하거나 교육환경에 관한 입법형성권의 한계를 벗어났다고 보기 어렵다(헌재 2009.7.30, 2008헌가2).

③ [O] 종교전파의 자유에는 누구에게나 자신의 종교 또는 종교적 확신을 알리고 선전하는 자유를 말하며, 포교행위 또는 선교행위가 이에 해당한다. 그러나 이러한 종교전파의 자유는 국민에게 그가 선택한 임의의 장소에서 자유롭게 행사할 수 있는 권리까지 보장한다고 할 수 없으며, 그 임의의 장소가 대한민국의 주권이 미치지 아니하는 지역 나아가 국가에 의한 국민의 생명 · 신체 및 재산의 보호가 강력히 요구되는 해외 위난지역인 경우에는 더욱 그러하다(헌재 2008.6.26, 2007헌마1366).

정답 | 10 ① 11 ④

12 종교의 자유에 관한 설명 중 옳은 것을 모두 고른 것은? (다툼이 있는 경우 판례에 의함) 22. 경찰 2차

> ㉠ 종교의 자유에는 선교의 자유가 포함되고, 선교의 자유에는 다른 종교를 비판하거나 다른 종교의 신자에 대하여 개종을 권고하는 자유도 포함된다.
> ㉡ 기독교재단이 설립한 사립대학에서 6학기 동안 대학예배에 참석할 것을 졸업요건으로 하는 학칙은 비록 위 대학예배가 복음 전도나 종교인 양성에 직접적인 목표가 있는 것이 아니고 신앙을 가지지 않을 자유를 침해하지 않는 범위 내에서 학생들에게 종교교육을 함으로써 진리·사랑에 기초한 보편적 교양인을 양성하는 데 목표를 두고 있다고 하더라도 헌법상 보장된 종교의 자유를 침해하는 것이다.
> ㉢ 지방자치단체가 유서 깊은 천주교 성당 일대를 문화관광지로 조성하기 위하여 상급단체로부터 문화관광지 조성계획을 승인받은 후 사업부지 내 토지 등을 수용재결한 것은 헌법의 정교분리원칙에 위배되지 않는다.
> ㉣ 종교시설의 건축행위에만 기반시설부담금을 면제한다면 국가가 종교를 지원하여 종교를 승인하거나 우대하는 것으로 비칠 소지가 있어 헌법 제20조 제2항의 국교금지·정교분리에 위배될 수도 있다.
> ㉤ 종교단체의 복지시설 운영에 대한 제한은 종교단체 내 복지시설을 운영하는 법인의 인격권 및 법인운영의 자유를 제한하는 것이므로 종교의 자유 침해가 아닌 법인운영의 자유를 침해하는지 여부에 대한 문제로 귀결된다.

① ㉠, ㉡, ㉤ ② ㉠, ㉢, ㉣
③ ㉡, ㉣, ㉤ ④ ㉢, ㉣, ㉤

해설

옳은 것은 ㉠, ㉢, ㉣이다.

㉠ [O] 우리 헌법 제20조 제1항은 "모든 국민은 종교의 자유를 가진다."라고 규정하고 있는데, 종교의 자유에는 자기가 신봉하는 종교를 선전하고 새로운 신자를 규합하기 위한 선교의 자유가 포함되고 선교의 자유에는 다른 종교를 비판하거나 다른 종교의 신자에 대하여 개종을 권고하는 자유도 포함되는바, 종교적 선전, 타 종교에 대한 비판 등은 동시에 표현의 자유의 보호대상이 되는 것이나, 그 경우 종교의 자유에 관한 헌법 제20조 제1항은 표현의 자유에 관한 헌법 제21조 제1항에 대하여 특별규정의 성격을 갖는다 할 것이므로 종교적 목적을 위한 언론·출판의 경우에는 그 밖의 일반적인 언론·출판에 비하여 보다 고도의 보장을 받게 된다고 할 것이다(대판 2007.2.8, 2006도4486).

㉡ [×] 기독교 재단이 설립한 사립대학이 학칙으로 대학예배의 6학기 참석을 졸업요건으로 정한 경우, 위 대학교의 대학예배는 목사에 의한 예배뿐만 아니라 강연이나 드라마 등 다양한 형식을 취하고 있고 학생들에 대하여도 예배시간의 참석만을 졸업의 요건으로 할 뿐 그 태도나 성과 등을 평가하지는 않는 사실 등에 비추어 볼 때, 위 대학교의 예배는 복음 전도나 종교인 양성에 직접적인 목표가 있는 것이 아니고 신앙을 가지지 않을 자유를 침해하지 않는 범위 내에서 학생들에게 종교교육을 함으로써 진리·사랑에 기초한 보편적 교양인을 양성하는 데 목표를 두고 있다고 할 것이므로, 대학예배에의 6학기 참석을 졸업요건으로 정한 위 대학교의 학칙은 헌법상 종교의 자유에 반하는 위헌무효의 학칙이 아니다(대판 1998.11.10, 96다37268).

㉢ [O] 지방자치단체가 유서 깊은 천주교성당 일대를 문화관광지로 조성하기 위하여 상급단체로부터 문화관광지 조성계획을 승인받은 후 사업부지 내 토지 등을 수용재결한 사안에서 위 성당을 문화재로 보호할 가치가 충분하고 위 문화관광지 조성계획은 지방자치단체가 지역경제의 활성화를 도모하기 위하여 추진한 것으로 보이며 특정 종교를 우대·조장하거나 배타적 특권을 부여하는 것으로 볼 수 없어, 그 계획의 승인과 그에 따른 토지 등 수용재결이 헌법의 정교분리원칙이나 평등권에 위배되지 않는다(대판 2009.5.28, 2008두16933).

㉣ [O] 종교의 자유에서 종교에 대한 적극적인 우대조치를 요구할 권리가 직접 도출되거나 우대할 국가의 의무가 발생하지 아니한다. 종교시설의 건축행위에만 기반시설부담금을 면제한다면 국가가 종교를 지원하여 종교를 승인하거나 우대하는 것으로 비칠 소지가 있어 헌법 제20조 제2항의 국교금지·정교분리에 위배될 수도 있다고 할 것이므로 종교시설의 건축행위에 대하여 기반시설부담금 부과를 제외하거나 감경하지 아니하였더라도, 종교의 자유를 침해하는 것이 아니다(헌재 2010.2.25, 2007헌바131).

㉤ [×] 심판대상조항은 설치신고대상이 되는 양로시설에 대하여 그 운영주체가 누구인지를 가리지 않고 신고의무를 부과하고 있다. 그런데 종교인 또는 종교단체가 사회취약계층이나 빈곤층을 위해 양로시설과 같은 사회복지시설을 마련하여 선교행위를 하는 것은 오랜 전통으로 확립된 선교행위의 방법이며, 사회적 약자를 위한 시설을 지어 도움을 주는 것은 종교의 본질과 관련이 있다. 따라서 심판대상조항에 의하여 신고의 대상이 되는 양로시설에 종교단체가 운영하는 양로시설을 제외하지 않는 것은 자유로운 양로시설 운영을 통한 선교의 자유, 즉 종교의 자유 제한의 문제를 불러온다. … 청구인은, 심판대상조항이 법인의 인격권 및 법인운영의 자유를 침해한다고 주장하나, 위에서 본 바와 같이 종교단체의 복지시설 운영은 종교의 자유의 영역이므로 종교의 자유를 침해하는지 여부에 대한 문제로 귀결된다(헌재 2016.6.30, 2015헌바46).

13 수용자의 기본권 제한에 대한 설명으로 가장 적절하지 않은 것은? (다툼이 있는 경우 헌법재판소 판례에 의함)

23. 경찰간부

① 수형자와 소송대리인인 변호사의 접견을 일반접견에 포함시켜 시간은 30분 이내로, 횟수는 월 4회로 제한한 것은 수형자의 재판청구권을 침해한다.

② 금치처분을 받은 수형자에게 금치기간 중 실외운동을 원칙적으로 제한하는 것은 수형자의 신체의 자유를 침해한다.

③ 금치처분을 받은 수형자에게 금치기간 중 신문·도서·잡지 외 자비구매물품의 사용을 제한하는 것은 수형자의 일반적 행동의 자유를 침해하지 아니한다.

④ 구치소에 종교행사 공간이 1개뿐이고, 종교행사는 종교, 수형자와 미결수용자, 성별, 수용동 별로 진행되며, 미결수용자는 공범이나 동일사건 관련자가 있는 경우 분리하여 참석하게 해야 하는 점을 고려하더라도, 구치소장이 종교행사를 4주에 1회 실시한 것은 미결수용자의 종교의 자유를 침해한다.

해설

④ [×] OO구치소에 종교행사 공간이 1개뿐이고, 종교행사는 종교, 수형자와 미결수용자, 성별, 수용동 별로 진행되며, 미결수용자는 공범이나 동일사건 관련자가 있는 경우 이를 분리하여 참석하게 해야 하는 점을 고려하면 피청구인이 미결수용자 대상 종교행사를 4주에 1회 실시했더라도 종교의 자유를 과도하게 제한하였다고 보기 어렵고, 구치소의 인적·물적 여건상 하루에 여러 종교행사를 동시에 하기 어려우며, 개신교의 경우에만 그 교리에 따라 일요일에 종교행사를 허용할 경우 다른 종교와의 형평에 맞지 않고, 공휴일인 일요일에 종교행사를 할 행정적 여건도 마련되어 있지 않다는 점을 고려하면, 이 사건 종교행사 처우는 청구인의 종교의 자유를 침해하지 않는다(헌재 2015.4.30, 2013헌마190).

① [O] 수형자와 소송대리인인 변호사의 접견을 일반 접견에 포함시켜 시간은 30분 이내로, 횟수는 월 4회로 제한한 것은 청구인의 재판청구권을 침해한다(헌재 2015.11.26, 2012헌마858).

② [O] 위 조항은 금치처분을 받은 사람에 대하여 실외운동을 원칙적으로 금지하고, 다만 소장의 재량에 의하여 이를 예외적으로 허용하고 있다. 그러나 소란, 난동을 피우거나 다른 사람을 해할 위험이 있어 실외운동을 허용할 경우 금치처분의 목적 달성이 어려운 예외적인 경우에 한하여 실외운동을 제한하는 덜 침해적인 수단이 있음에도 불구하고, 위 조항은 금치처분을 받은 사람에게 원칙적으로 실외운동을 금지한다. 나아가 위 조항은 예외적으로 실외운동을 허용하는 경우에도, 실외운동의 기회가 부여되어야 하는 최저기준을 법령에서 명시하고 있지 않으므로, 침해의 최소성 원칙에 위배된다. 위 조항은 수용자의 정신적·신체적 건강에 필요 이상의 불이익을 가하고 있고, 이는 공익에 비하여 큰 것이므로 위 조항은 법익의 균형성 요건도 갖추지 못하였다. 따라서 위 조항은 청구인의 신체의 자유를 침해한다(헌재 2016.5.26, 2014헌마45).

③ [O] 형집행법 제112조 제3항 본문 중 제108조 제7호의 신문·도서·잡지 외 자비구매물품에 관한 부분은 금치의 징벌을 받은 사람에 대해 금치기간 동안 자비로 구매한 음식물, 의약품 및 의료용품 등 자비구매물품을 사용할 수 없는 불이익을 가함으로써, 규율의 준수를 강제하여 수용시설 내의 안전과 질서를 유지하기 위한 것으로서 목적의 정당성 및 수단의 적합성이 인정된다. 금치처분을 받은 사람은 소장이 지급하는 음식물, 의류·침구, 그 밖의 생활용품을 통하여 건강을 유지하기 위한 필요최소한의 생활을 영위할 수 있고, 의사가 치료를 위하여 처방한 의약품은 여전히 사용할 수 있다. 또한, 위와 같은 불이익은 규율 준수를 통하여 수용질서를 유지한다는 공익에 비하여 크다고 할 수 없다. 따라서 위 조항은 청구인의 일반적 행동의 자유를 침해하지 아니한다(헌재 2016.5.26, 2014헌마45).

정답 | 12 ② 13 ④

14 종교의 자유에 관한 설명으로 옳지 않은 것은? (다툼이 있는 경우 헌법재판소 판례에 의함) 24. 소방간부

① 대학 주변의 학교정화구역에서 종교단체에 의한 납골시설의 설치·운영을 절대적으로 금지하고 있는 구 학교보건법 조항은 종교의 자유 등을 과도하게 제한하여 헌법 제37조 제2항에 위반된다고 보기 어렵다.

② 육군훈련소장이 훈련병들로 하여금 개신교, 천주교, 불교, 원불교 4개 종교의 종교행사 중 하나에 참석하도록 한 것이 그 자체로 종교적 행위의 외적 강제에 해당한다고 볼 수는 없다.

③ 종교시설의 건축행위에 대하여 기반시설부담금 부과를 제외하거나 감경하지 아니하였더라도, 종교의 자유를 침해하는 것이 아니다.

④ 구치소에 종교행사 공간이 1개뿐이고, 종교행사는 종교, 수형자와 미결수용자, 성별, 수용동 별로 진행되며, 미결수용자는 공범이나 동일사건 관련자가 있는 경우 이를 분리하여 참석하게 해야 하는 점을 고려하면 구치소장이 미결수용자 대상 종교행사를 4주에 1회 실시했더라도 종교의 자유를 과도하게 제한하였다고 보기 어렵다.

⑤ 간호조무사 국가시험 실시 요일은 수험생들의 피해를 최소화할 수 있는 방안으로 결정하여야 하지만 연 2회 실시되는 간호조무사 국가시험을 모두 토요일에 실시한다고 하여 토요일에 종교적 의미를 부여하는 종교를 믿는 자의 종교의 자유를 침해하지 아니한다.

해설

② [×] 피청구인이 청구인들로 하여금 개신교, 천주교, 불교, 원불교 4개 종교의 종교행사 중 하나에 참석하도록 한 것은 그 자체로 종교적 행위의 외적 강제에 해당한다. 이는 피청구인이 위 4개 종교를 승인하고 장려한 것이자, 여타 종교 또는 무종교보다 이러한 4개 종교 중 하나를 가지는 것을 선호한다는 점을 표현한 것이라고 보여질 수 있으므로 국가의 종교에 대한 중립성을 위반하여 특정 종교를 우대하는 것이다. 또한, 이 사건 종교행사 참석조치는 국가가 종교를, 군사력 강화라는 목적을 달성하기 위한 수단으로 전락시키거나, 반대로 종교단체가 군대라는 국가권력에 개입하여 선교행위를 하는 등 영향력을 행사할 수 있는 기회를 제공하므로, 국가와 종교의 밀접한 결합을 초래한다는 점에서 정교분리원칙에 위배된다(헌재 2022.11.24, 2019헌마941).

① [O] 납골시설을 기피하는 정서는 사회의 일반적인 풍토와 문화에서 비롯된 것이어서 대학생이 되면 완전히 벗어나게 된다고 단정하기 어렵다. 대학 부근의 정화구역에서도 납골시설의 설치를 금지하는 것이 불합리하거나 불필요하다고 보기 어렵다. 이 사건 법률조항에 의하여 금지되는 것은 학교 부근 200m 이내의 정화구역 내에 국한되는 것이므로, 그로 인하여 기본권이 침해되는 정도는 크지 않다고 할 수 있다. 결국, 이 사건 법률조항은 입법목적을 달성하기 위하여 필요한 한도를 넘어서 종교의 자유, 행복추구권 및 직업의 자유를 과도하게 제한하여 헌법 제37조 제2항에 위반된다고 보기 어렵다(헌재 2009.7.30, 2008헌가2).

③ [O] 종교의 자유에서 종교에 대한 적극적인 우대조치를 요구할 권리가 직접 도출되거나 우대할 국가의 의무가 발생하지 아니한다. 종교시설의 건축행위에만 기반시설부담금을 면제한다면 국가가 종교를 지원하여 종교를 승인하거나 우대하는 것으로 비칠 소지가 있어 헌법 제20조 제2항의 국교금지·정교분리에 위배될 수도 있다고 할 것이므로 종교시설의 건축행위에 대하여 기반시설부담금 부과를 제외하거나 감경하지 아니하였더라도, 종교의 자유를 침해하는 것이 아니다(헌재 2010.2.25, 2007헌바131 등).

④ [O] OO구치소에 종교행사 공간이 1개뿐이고, 종교행사는 종교, 수형자와 미결수용자, 성별, 수용동 별로 진행되며, 미결수용자는 공범이나 동일사건 관련자가 있는 경우 이를 분리하여 참석하게 해야 하는 점을 고려하면 피청구인이 미결수용자 대상 종교행사를 4주에 1회 실시했더라도 종교의 자유를 과도하게 제한하였다고 보기 어렵고, 구치소의 인적·물적 여건상 하루에 여러 종교행사를 동시에 하기 어려우며, 개신교의 경우에만 그 교리에 따라 일요일에 종교행사를 허용할 경우 다른 종교와의 형평에 맞지 않고, 공휴일인 일요일에 종교행사를 할 행정적 여건도 마련되어 있지 않다는 점을 고려하면, 이 사건 종교행사 처우는 청구인의 종교의 자유를 침해하지 않는다(헌재 2015.4.30, 2013헌마190).

⑤ [O] 시험일을 일요일로 정하는 경우 제칠일안식일예수재림교(이하 '재림교'라 한다)를 믿는 청구인의 종교의 자유에 대한 제한은 없을 것이나, 일요일에 종교적 의미를 부여하는 응시자의 종교의 자유를 제한하게 되므로, 종교의 자유 제한 문제는 기본권의 주체만을 달리하여 그대로 존속하게 된다. 또한 대부분의 지방자치단체에서 시험장소 임차 및 인력동원 등의 이유로 일요일 시험실시가 불가하거나 어려워, 현재로서는 일요일에 시험을 시행하는 것도 현실적으로 어려운 상황이다. 이러한 사정을 고려할 때, 연 2회 실시되는 간호조무사 국가시험을 모두 토요일에 실시한다고 하여 그로 인한 기본권 제한이 지나치다고 볼 수 없다. 따라서 이 사건 공고는 과잉금지원칙에 반하여 청구인의 종교의 자유를 침해하지 아니한다(헌재 2023.6.29, 2021헌마171).

■ 표현의 자유

01 선거운동과 정치적 표현의 자유에 관한 설명으로 가장 적절한 것은? (다툼이 있는 경우 헌법재판소 판례에 의함)

24. 경찰 2차

① 농업협동조합법 · 수산업협동조합법에 의하여 설립된 조합(이하 '협동조합')의 상근직원에 대하여 선거운동을 금지하는 구 공직선거법 조항의 해당 부분은 정치적 의사표현 중 당선 또는 낙선을 위한 직접적인 활동만을 금지할 뿐이므로 협동조합 상근직원의 선거운동의 자유를 침해하지 않는다.

② 지방공사 상근직원의 선거운동을 금지하고, 이를 위반한 자를 처벌하는 공직선거법 조항의 해당 부분은 지방공사 상근직원에 대하여 '그 지위를 이용하여' 또는 '그 직무 범위 내에서' 하는 선거운동을 금지하는 방법만으로는 선거의 공정성이 충분히 담보될 수 없어 지방공사 상근직원의 선거운동의 자유를 침해하지 아니한다.

③ 안성시시설관리공단(이하 '공단')의 상근직원이, 당원이 아닌 자에게도 투표권을 부여하는 당내경선에서 경선운동을 할 수 없도록 금지 · 처벌하는 공직선거법 조항의 해당 부분은 당내경선의 공정성과 형평성 확보에 기여하여 공단 상근직원의 정치적 표현의 자유를 침해하지 않는다.

④ 광주광역시 광산구 시설관리공단(이하 '공단')의 상근직원이, 당원이 아닌 자에게도 투표권을 부여하는 당내경선에서 경선운동을 할 수 없도록 금지 · 처벌하는 공직선거법 조항의 해당 부분은, 공단의 상근직원은 공단의 경영에 관여하거나 실질적인 영향력을 미칠 수 있는 권한을 가지고 있고, 경선운동으로 인한 부작용과 폐해가 커서 공단 상근직원의 정치적 표현의 자유를 침해하지 아니한다.

해설

① [O] 협동조합이 가지는 공법인적 특성과 기능적 공공성에 더하여, 협동조합의 상근직원이 각 지역 주민들의 생활에 매우 밀접한 직무를 수행하고 있는 점 등을 고려해볼 때, 협동조합의 상근직원이 그 직을 그대로 유지한 채 선거운동을 할 경우에는 선거의 공정성 · 형평성이 저해될 우려가 있다. … 심판대상조항은 정치적 의사표현 중 당선 또는 낙선을 위한 직접적인 활동만을 금지할 뿐이므로, 협동조합의 상근직원은 여전히 선거와 관련하여 일정 범위 내에서는 자유롭게 자신의 정치적 의사를 표현하면서 후보자에 대한 정보를 충분히 교환할 수 있다. 따라서 심판대상조항은 침해의 최소성 및 법익의 균형성을 충족한다. 결국 심판대상조항은 과잉금지원칙에 반하여 청구인들의 선거운동의 자유를 침해하지 않는다(헌재 2022.11.24, 2020헌마417).

② [×] 지방공사 상근직원의 지위와 권한에 비추어 볼 때, 지방공사의 상근직원이 공직선거에서 선거운동을 한다고 하여 그로 인한 부작용과 폐해가 일반 사기업 직원의 경우보다 크다고 보기 어렵다. … 지방공사 상근직원에 대하여 '그 지위를 이용하여' 또는 '그 직무 범위 내에서' 하는 선거운동을 금지하는 방법으로도 선거의 공정성이 충분히 담보될 수 있다. 결국 심판대상조항은 과잉금지원칙을 위반하여 지방공사 상근직원의 선거운동의 자유를 침해한다(헌재 2024.1.25, 2021헌가14).

③ [×] 안성시시설관리공단의 상근직원은 안성시시설관리공단의 경영에 관여하거나 실질적인 영향력을 미칠 수 있는 권한을 가지고 있지 아니하므로, 경선운동을 한다고 하여 그로 인한 부작용과 폐해가 크다고 보기 어렵다. … 정치적 표현의 자유의 중대한 제한에 비하여, 안성시시설관리공단의 상근직원이 당내경선에서 공무원에 준하는 영향력이 있다고 볼 수 없는 점 등을 고려하면 심판대상조항이 당내경선의 형평성과 공정성의 확보라는 공익에 기여하는 바가 크다고 보기 어렵다. 따라서 심판대상조항은 과잉금지원칙에 반하여 정치적 표현의 자유를 침해한다(헌재 2022.12.22, 2021헌가36).

④ [×] 이 사건 공단의 상근직원은 이 사건 공단의 경영에 관여하거나 실질적인 영향력을 미칠 수 있는 권한을 가지고 있지 아니하므로, 경선운동을 한다고 하여 그로 인한 부작용과 폐해가 크다고 보기 어렵다. … 정치적 표현의 자유의 중대한 제한에 비하여, 이 사건 공단의 상근직원이 당내경선에서 공무원에 준하는 영향력이 있다고 볼 수 없는 점 등을 고려하면 심판대상조항이 당내경선의 형평성과 공정성의 확보라는 공익에 기여하는 바가 크다고 보기 어렵다. 따라서 심판대상조항은 과잉금지원칙에 반하여 정치적 표현의 자유를 침해한다(헌재 2021.4.29, 2019헌가11).

정답 | 14 ② 01 ①

02 표현의 자유에 대한 설명으로 옳은 것은? 24. 국회직 8급

① 남북합의서 위반행위로서 전단 등 살포를 하여 국민의 생명 · 신체에 위해를 끼치거나 심각한 위험을 발생시키는 것을 금지하는 남북관계 발전에 관한 법률 제24조 제1항 제3호 및 이에 위반한 경우 처벌하는 같은 법 제25조 중 제24조 제1항 제3호에 관한 부분은 전단을 살포하려는 자의 표현의 자유를 침해한다고 볼 수 없다.

② 사회복무요원이 정당 가입을 할 수 없도록 규정한 병역법 제33조 제2항 본문 제2호 중 '그 밖의 정치단체에 가입하는 등 정치적 목적을 지닌 행위'에 관한 부분은 사회복무요원의 정치적 표현의 자유를 침해한다.

③ 누구든지 선거일 전 180일부터 선거일까지 선거에 영향을 미치게 하기 위하여 화환을 설치하는 것을 금지하는 공직선거법 규정은 정치적 표현의 자유를 침해한다고 볼 수 없다.

④ 공공기관등이 게시판을 설치 · 운영하려면 그 게시판 이용자의 본인 확인을 위한 방법 및 절차의 마련 등 대통령령으로 정하는 필요한 조치를 하도록 정한 정보통신망 이용촉진 및 정보보호 등에 관한 법률 제44조의5 제1항 제1호는 게시판이용자의 익명표현의 자유를 침해한다.

⑤ 사생활의 비밀의 보호 필요성을 고려할 때 공연히 사실을 적시하여 사람의 명예를 훼손한 자를 처벌하도록 규정한 형법 제307조 제1항 중 '진실한 것으로서 사생활의 비밀에 해당하지 아니한' 사실 적시에 관한 부분은 헌법상 표현의 자유에 위반된다.

해설

② [O] '그 밖의 정치단체'는 문언상 '정당'에 준하는 정치단체만을 의미하는 것이 아니고, 단체의 목적이나 활동에 관한 어떠한 제한도 규정하고 있지 않으며, '정치적 중립성'이라는 입법목적 자체가 매우 추상적인 개념이어서, 이로부터 '정치단체'와 '비정치단체'를 구별할 수 있는 기준을 도출할 수 없다. 이 사건 법률조항은 '정치적 목적을 지닌 행위'의 의미를 개별화 · 유형화 하지 않으며, '그 밖의 정치단체'의 의미가 불명확하므로 이를 예시로 규정하여도 '정치적 목적을 지닌 행위'의 불명확성은 해소되지 않는다. 따라서 위 부분은 명확성원칙에 위배된다.…'그 밖의 정치단체에 가입하는 등 정치적 목적을 지닌 행위'에 관한 부분은 과잉금지원칙에 위배되어 청구인의 정치적 표현의 자유 및 결사의 자유를 침해한다(헌재 2021.11.25, 2019헌마534).

① [×] 국가형벌권의 행사는 중대한 법익에 대한 위험이 명백한 경우에 한하여 최후수단으로 선택되어 필요 최소한의 범위에 그쳐야 하는바, 심판대상조항은 전단등 살포를 금지하는 데서 더 나아가 이를 범죄로 규정하면서 징역형 등을 두고 있으며, 그 미수범도 처벌하도록 하고 있어 과도하다고 하지 않을 수 없다. 심판대상조항으로 북한의 적대적 조치가 유의미하게 감소하고 이로써 접경지역 주민의 안전이 확보될 것인지, 나아가 남북 간 평화통일의 분위기가 조성되어 이를 지향하는 국가의 책무 달성에 도움이 될 것인지 단언하기 어려운 반면, 심판대상조항이 초래하는 정치적 표현의 자유에 대한 제한은 매우 중대하다. 그렇다면 심판대상조항은 과잉금지원칙에 위배되어 청구인들의 표현의 자유를 침해한다(헌재 2023.9.26, 2020헌마1724 등).

③ [×] 심판대상조항은 선거일 전 180일부터 선거일까지라는 장기간 동안 선거와 관련한 정치적 표현의 자유를 광범위하게 제한하고 있다. 화환의 설치는 경제적 차이로 인한 선거 기회 불균형을 야기할 수 있으나, 그러한 우려가 있다고 하더라도 공직선거법상 선거비용 규제 등을 통해서 해결할 수 있다. 또한 공직선거법상 후보자 비방 금지 규정 등을 통해 무분별한 흑색선전 등의 방지도 가능하다. 이러한 점들을 종합하면, 심판대상조항은 목적 달성에 필요한 범위를 넘어 장기간 동안 선거에 영향을 미치게 하기 위한 화환의 설치를 금지하는 것으로, 과잉금지원칙에 위반되어 정치적 표현의 자유를 침해한다(헌재 2023.6.29, 2023헌가12).

④ [×] 심판대상조항에 따른 본인확인조치는 정보통신망의 익명성 등에 따라 발생하는 부작용을 최소화하여 공공기관등의 게시판 이용에 대한 책임성을 확보 · 강화하고, 게시판 이용자로 하여금 언어폭력, 명예훼손, 불법정보의 유통 등의 행위를 자제하도록 함으로써 건전한 인터넷 문화를 조성하기 위한 것이다. 심판대상조항이 규율하는 게시판은 그 성격상 대체로 공공성이 있는 사항이 논의되는 곳으로서 공공기관등이 아닌 주체가 설치 · 운영하는 게시판에 비하여 통상 누구나 이용할 수 있는 공간이므로, 공동체 구성원으로서의 책임이 더욱 강하게 요구되는 곳이라고 할 수 있다. … 따라서 심판대상조항은 청구인의 익명표현의 자유를 침해하지 않는다(헌재 2022.12.22, 2019헌마654).

⑤ [×] 개인의 외적 명예에 관한 인격권 보호의 필요성, 일단 훼손되면 완전한 회복이 사실상 불가능하다는 보호법익의 특성, 사회적으로 명예가 중시되나 명예훼손으로 인한 피해는 더 커지고 있는 우리 사회의 특수성, 명예훼손죄의 비범죄화에 관한 국민적 공감대의 부족 등을 종합적으로 고려하면, 공연히 사실을 적시하여 다른 사람의 명예를 훼손하는 행위를 금지하고 위반 시 형사처벌하도록 정하고 있다고 하여 바로 과도한 제한이라 단언하기 어렵다. … 형법 제307조 제1항은 과잉금지원칙에 반하여 표현의 자유를 침해하지 아니한다(헌재 2021.2.25, 2017헌마1113 등).

03 헌법 제21조 제2항의 허가 및 검열에 대한 설명으로 옳은 것은? 24. 국가직 7급

① 건강기능식품의 기능성 광고는 인체의 구조 및 기능에 대하여 보건용도에 유용한 효과를 준다는 기능성 등에 관한 정보를 널리 알려 해당 건강기능식품의 소비를 촉진시키기 위한 상업광고에 불과하므로 헌법 제21조 제2항의 사전검열 금지 대상이 아니다.

② 의료기기와 관련하여 심의를 받지 아니하거나 심의받은 내용과 다른 내용의 광고를 하는 것을 금지하고, 이를 위반한 경우 행정제재와 형벌을 부과하도록 한 의료기기법 조항들의 해당 부분은 헌법 제21조 제2항의 사전검열금지원칙에 위반된다.

③ 국내 주재 외교기관 인근의 옥외집회 또는 시위를 예외적으로 허용하는 구 집회 및 시위에 관한 법률 제11조 제4호 중 '국내 주재 외국의 외교기관'에 관한 부분은 행정청이 주체가 되어 집회의 허용 여부를 사전에 결정하는 것이므로 헌법 제21조 제2항의 허가제금지에 위배된다.

④ 구 신문 등의 진흥에 관한 법률 제9조 제1항 중 인터넷신문에 관한 부분이 인터넷신문의 명칭, 발행인과 편집인의 인적사항, 발행소 소재지, 발행목적과 발행내용, 발행 구분(무가 또는 유가) 등 인터넷신문의 외형적이고 객관적 사항을 제한적으로 등록하도록 하는 것은 인터넷신문의 내용을 심사·선별하여 사전에 통제하기 위한 규정이 명백하므로 헌법 제21조 제2항에 위배된다.

해설

② [O] 의료기기법상 의료기기 광고의 심의는 식약처장으로부터 위탁받은 한국의료기기산업협회가 수행하고 있지만, 법상 심의주체는 행정기관인 식약처장이고, 식약처장이 언제든지 그 위탁을 철회할 수 있으며, 심의위원회의 구성에 관하여도 식약처고시를 통해 행정권이 개입하고 지속적으로 영향을 미칠 가능성이 존재하는 이상 그 구성에 자율성이 보장되어 있다고 보기 어렵다. 식약처장이 심의기준 등의 개정을 통해 심의 내용 및 절차에 영향을 줄 수 있고, 심의기관의 장이 매 심의결과를 식약처장에게 보고하여야 하며, 식약처장이 재심의를 요청하면 심의기관은 특별한 사정이 없는 한 이에 따라야 한다는 점에서도 그 심의업무 처리에 있어 독립성 및 자율성이 보장되어 있다고 보기 어렵다. 따라서 이 사건 의료기기 광고 사전심의는 행정권이 주체가 된 사전심사로서 헌법이 금지하는 사전검열에 해당하고, 이러한 사전심의제도를 구성하는 심판대상조항은 헌법 제21조 제2항의 사전검열금지원칙에 위반된다(헌재 2020.8.28, 2017헌가35 등).

① [×] 현행 헌법상 사전검열은 표현의 자유 보호대상이면 예외 없이 금지된다. 건강기능식품의 기능성 광고는 인체의 구조 및 기능에 대하여 보건용도에 유용한 효과를 준다는 기능성 등에 관한 정보를 널리 알려 해당 건강기능식품의 소비를 촉진시키기 위한 상업광고이지만, 헌법 제21조 제1항의 표현의 자유의 보호 대상이 됨과 동시에 같은 조 제2항의 사전검열금지 대상도 된다(헌재 2018.6.28, 2016헌가8 등).

③ [×] 심판대상조항은 입법자가 법률로써 직접 집회의 장소적 제한을 규정한 것으로, 행정청이 주체가 되어 집회의 허용 여부를 사전에 결정하는 것이 아니므로 헌법 제21조 제2항의 허가제 금지에 위배되지 않는다. … 심판대상조항은 과잉금지원칙에 위반하여 집회의 자유를 침해한다고 볼 수 없다(헌재 2023.7.20, 2020헌바131).

④ [×] 등록조항은 인터넷신문의 명칭, 발행인과 편집인의 인적사항 등 인터넷신문의 외형적이고 객관적 사항을 제한적으로 등록하도록 하고 있고, 고용조항 및 확인조항은 5인 이상 취재 및 편집 인력을 고용하되, 그 확인을 위해 등록 시 서류를 제출하도록 하고 있다. 이런 조항들은 인터넷신문에 대한 인적 요건의 규제 및 확인에 관한 것으로, 인터넷신문의 내용을 심사·선별하여 사전에 통제하기 위한 규정이 아님이 명백하다. 따라서 등록조항은 사전허가금지원칙에도 위배되지 않는다(헌재 2016.10.27, 2015헌마1206 등).

정답 | 02 ② 03 ②

04 다음 표현의 자유에 관한 설명 중 가장 옳은 것은? (다툼이 있는 경우 판례에 의함)

24. 해경간부

① '익명표현'은 표현의 자유를 행사하는 하나의 방법으로서 그 자체로 규제되어야 하는 것은 아니고, 부정적 효과가 발생하는 것이 예상되는 경우에 한하여 규제될 필요가 있다.

② 누구든지 선거일 전 180일부터 선거일까지 선거에 영향을 미치게 하기 위해 화환을 설치하는 것을 금지하는 공직선거법 규정은 정치적 표현의 자유를 침해한다고 볼 수 없다.

③ 초·중등학교 교육공무원이 정치단체의 결성에 관여하거나 이에 가입하는 행위를 금지한 국가공무원법 조항 중 '그 밖의 정치단체'에 관한 부분은 정치적 표현의 자유를 침해하지 않는다.

④ '음란표현'은 헌법상 언론·출판의 자유의 보호영역 밖에 있다고 보아야 한다.

해설

① [O] 익명표현은 표현의 자유를 행사하는 하나의 방법으로서 그 자체로 규제되어야 하는 것은 아니고, 부정적 효과가 발생하는 것이 예상되는 경우에 한하여 규제될 필요가 있다(헌재 2021.1.28, 2018헌마456 등).

② [×] 심판대상조항은 선거일 전 180일부터 선거일까지라는 장기간 동안 선거와 관련한 정치적 표현의 자유를 광범위하게 제한하고 있다. 화환의 설치는 경제적 차이로 인한 선거 기회 불균형을 야기할 수 있으나, 그러한 우려가 있다고 하더라도 공직선거법상 선거비용 규제 등을 통해서 해결할 수 있다. 또한 공직선거법상 후보자 비방 금지 규정 등을 통해 무분별한 흑색선전 등의 방지도 가능하다. 이러한 점들을 종합하면, 심판대상조항은 목적 달성에 필요한 범위를 넘어 장기간 동안 선거에 영향을 미치게 하기 위한 화환의 설치를 금지하는 것으로, 과잉금지원칙에 위반되어 정치적 표현의 자유를 침해한다(헌재 2023.6.29, 2023헌가12).

③ [×] '정치단체'를 '특정 정당이나 특정 정치인을 지지·반대하는 단체로서 그 결성에 관여하거나 가입하는 경우 공무원 및 교육의 정치적 중립성을 훼손할 가능성이 높은 단체' 등으로 한정하여 해석할 근거도 없다. … 국가공무원법조항 중 '그 밖의 정치단체'에 관한 부분은 가입 등이 금지되는 '정치단체'가 무엇인지 그 규범 내용이 확정될 수 없을 정도로 불분명하여, 헌법상 그 가입 등이 마땅히 보호받아야 할 단체까지도 수범자인 나머지 청구인들이 가입 등의 행위를 하지 못하게 위축시키고 있고, 법 집행 공무원이 지나치게 넓은 재량을 행사하여 금지되는 '정치단체'와 금지되지 않는 단체를 자의적으로 판단할 위험이 있다. 따라서 국가공무원법조항 중 '그 밖의 정치단체'에 관한 부분은 명확성원칙에 위배되어 나머지 청구인들의 정치적 표현의 자유, 결사의 자유를 침해한다(헌재 2020.4.23, 2018헌마551).

④ [×] 음란표현은 헌법 제21조가 규정하는 언론·출판의 자유의 보호영역 내에 있다고 볼 것인바, 종전에 이와 견해를 달리하여 음란표현은 헌법 제21조가 규정하는 언론·출판의 자유의 보호영역에 해당하지 아니한다는 취지로 판시한 우리 재판소의 의견을 변경한다(헌재 2009.5.28, 2006헌바109 등).

05 표현의 자유에 관한 다음 설명 중 가장 옳은 것은?

24. 법원직

① 방송편성에 관하여 간섭을 금지하고 그 위반 행위자를 처벌하는 규정은 민주주의의 원활한 작동을 위한 기초인 방송의 자유를 보장하기 위한 것으로, 방송법과 다른 법률에 의해 방송 보도에 대한 의견 개진 내지 비판의 통로를 충분히 마련하고 있으므로, 과잉금지원칙에 반하여 표현의 자유를 침해한다고 볼 수 없다.

② 의료기기에 대한 광고는 표현의 자유의 보호를 받는 대상이 되지만, 사상이나 지식에 관한 정치적, 시민적 표현행위와는 달리 인격발현과 개성신장에 미치는 효과가 중대하지 아니하므로, 사전검열금지원칙의 적용대상에서 제외된다.

③ 정보통신망 이용촉진 및 정보보호 등에 관한 법률 해당 벌칙 조항의 "음란"이란 인간존엄 내지 인간성을 왜곡하는 노골적이고 적나라한 성표현으로서 오로지 성적 흥미에만 호소할 뿐 전체적으로 보아 하등의 문학적, 예술적, 과학적 또는 정치적 가치를 지니지 않은 것으로서, 사회의 건전한 성도덕을 크게 해칠 뿐만 아니라 사상의 경쟁메커니즘에 의해서도 그 해악이 해소되기 어려우므로, 음란표현은 헌법 제21조가 규정하는 언론·출판의 자유의 보호영역에 해당하지 아니한다.

④ 인터넷언론사는 선거운동기간 중 당해 홈페이지 게시판 등에 정당·후보자에 대한 지지·반대 등의 정보를 게시하는 경우 실명을 확인받는 기술적 조치를 하도록 정하고, 실명 확인을 위한 기술적 조치를 하지 아니하거나 실명인증의 표시가 없는 정보를 삭제하지 않는 경우 과태료를 부과하도록 한 규정은, 선거운동기간 중 무책임하게 선거의 공정성이 훼손되는 것을 방지하기 위한 필요최소한의 조치이므로, 과잉금지원칙에 반하여 인터넷언론사 홈페이지 게시판 등 이용자의 익명표현의 자유를 침해한다고 볼 수 없다.

해설

① [O] 방송의 자유는 민주주의의 원활한 작동을 위한 기초인바, 국가권력은 물론 정당, 노동조합, 광고주 등 사회의 여러 세력이 법률에 정해진 절차에 의하지 아니하고 방송편성에 개입한다면 국민 의사가 왜곡되고 민주주의에 중대한 위해가 발생하게 된다. 심판대상조항은 방송편성의 자유와 독립을 보장하기 위하여 방송에 개입하여 부당하게 영향력을 행사하는 '간섭'에 이르는 행위만을 금지하고 처벌할 뿐이고, 방송법과 다른 법률들은 방송 보도에 대한 의견 개진 내지 비판의 통로를 충분히 마련하고 있다. 따라서 심판대상조항이 과잉금지원칙에 반하여 표현의 자유를 침해한다고 볼 수 없다(헌재 2021.8.31, 2019헌바439).

② [×] 현행 헌법상 사전검열은 표현의 자유 보호대상이면 예외 없이 금지된다. 의료기기에 대한 광고는 의료기기의 성능이나 효능 및 효과 또는 그 원리 등에 관한 정보를 널리 알려 해당 의료기기의 소비를 촉진시키기 위한 상업광고로서 헌법 제21조 제1항의 표현의 자유의 보호대상이 됨과 동시에 같은 조 제2항의 사전검열금지원칙의 적용대상이 된다(헌재 2020.8.28, 2017헌가35 등).

③ [×] 이 사건 법률조항의 음란표현은 헌법 제21조가 규정하는 언론·출판의 자유의 보호영역 내에 있다고 볼 것인바, 종전에 이와 견해를 달리하여 음란표현은 헌법 제21조가 규정하는 언론·출판의 자유의 보호영역에 해당하지 아니한다는 취지로 판시한 우리 재판소의 의견을 변경한다(헌재 2009.5.28, 2006헌바109 등).

④ [×] 선거운동기간 중 정치적 익명표현의 부정적 효과는 익명성 외에도 해당 익명표현의 내용과 함께 정치적 표현행위를 규제하는 관련 제도, 정치적·사회적 상황의 여러 조건들이 아울러 작용하여 발생하므로, 모든 익명표현을 사전적·포괄적으로 규율하는 것은 표현의 자유보다 행정편의와 단속편의를 우선함으로써 익명표현의 자유와 개인정보자기결정권 등을 지나치게 제한한다. … 그러므로 심판대상조항은 과잉금지원칙에 반하여 인터넷언론사 홈페이지 게시판 등 이용자의 익명표현의 자유와 개인정보자기결정권, 인터넷언론사의 언론의 자유를 침해한다(헌재 2021.1.28, 2018헌마456 등).

정답 | 04 ① 05 ①

06 알 권리에 관한 다음 설명 중 가장 옳지 않은 것은? 24. 법원직

① 회계보고된 자료의 열람기간을 3월간으로 제한한 구 정치자금법 해당 조항은, 국민들의 회계자료에 대한 접근권을 본질적으로 침해한다고 보기 어려우므로 알 권리를 침해하지 않는다.

② 정보공개청구권은 정부나 공공기관이 보유하고 있는 정보에 대하여 정당한 이해관계가 있는 자가 그 공개를 요구할 수 있는 권리로, 헌법 제21조에 의해 직접 보장된다.

③ 변호사시험 성적을 합격자에게 공개하지 않도록 규정한 구 변호사시험법 해당 조항은 알 권리(정보공개청구권)를 침해한다.

④ 표현의 자유는 알 권리와 표리일체의 관계에 있다.

해설

① [×] 정치자금의 수입과 지출명세서 등에 대한 사본교부 신청이 허용된다고 하더라도, 검증자료에 해당하는 영수증, 예금통장을 직접 열람함으로써 정치자금 수입·지출의 문제점을 발견할 수 있다는 점에서 이에 대한 접근이 보장되어야 한다. 영수증, 예금통장은 현행 법령 하에서 사본교부가 되지 않아 열람을 통해 확인할 수밖에 없음에도 열람 중 필사가 허용되지 않고 열람기간마저 3월간으로 짧아 그 내용을 파악하고 분석하기 쉽지 않다. 또한 열람기간이 공직선거법상의 단기 공소시효조차 완성되지 아니한, 공고일부터 3개월 후에 만료된다는 점에서도 지나치게 짧게 설정되어 있다. … 그렇다면 이 사건 열람기간제한 조항은 과잉금지원칙에 위배되어 청구인 신○○의 알 권리를 침해한다(헌재 2021.5.27, 2018헌마1168).

② [○] 정보공개청구권은 정부나 공공기관이 보유하고 있는 정보에 대하여 정당한 이해관계가 있는 자가 그 공개를 요구할 수 있는 권리로서, 알 권리의 청구권적 성질과 밀접하게 관련된다. 정보공개청구권은 알 권리의 당연한 내용으로서 헌법 제21조에 의하여 직접 보장된다(헌재 2019.7.25, 2017헌마1329).

③ [○] 변호사시험 성적 비공개를 통하여 법학전문대학원 간의 과다경쟁 및 서열화를 방지하고, 교육과정이 충실하게 이행될 수 있도록 하여 다양한 분야의 전문성을 갖춘 양질의 변호사를 양성하기 위한 심판대상조항의 입법목적은 정당하다. … 오히려 시험성적을 공개하는 경우 경쟁력 있는 법률가를 양성할 수 있고, 각종 법조직역에 채용과 선발의 객관적 기준을 제공할 수 있다. 따라서 변호사시험 성적의 비공개는 기존 대학의 서열화를 고착시키는 등의 부작용을 낳고 있으므로 수단의 적절성이 인정되지 않는다. … 따라서 심판대상조항은 과잉금지원칙에 위배하여 청구인들의 알 권리를 침해한다(헌재 2015.6.25, 2011헌마769 등).

④ [○] 자유로운 의사의 형성은 정보에의 접근이 충분히 보장됨으로써 비로소 가능한 것이며, 그러한 의미에서 정보에의 접근·수집·처리의 자유, 즉 "알 권리"는 표현의 자유와 표리일체의 관계에 있으며 자유권적 성질과 청구권적 성질을 공유하는 것이다(헌재 1991.5.13, 90헌마133).

07 표현의 자유에 대한 설명으로 가장 적절하지 않은 것은? (다툼이 있는 경우 헌법재판소 판례에 의함)

25. 경찰간부

① 누구든지 공직선거법에 의한 공개장소에서의 연설·대담장소에서 '기타 어떠한 방법으로도' 연설·대담장소 등의 질서를 문란하게 하는 행위를 금지하는 공직선거법 조항은, 질서문란행위만을 금지하고 질서를 문란하게 하지 않는 범위 내에서는 다소 소음을 유발하거나 후보자나 정당에 대한 부정적인 견해나 비판적인 의사표현도 가능하므로, 정치적 표현의 자유를 침해한다고 보기 어렵다.

② 당선되거나 되게 하거나 되지 못하게 할 목적으로 공연히 사실을 적시하여 '후보자가 되고자 하는 자'를 비방한 자를 처벌하는 공직선거법 조항의 해당 부분은, 후보자가 되고자 하는 자에 대한 사실적시 비방행위를 일반인에 대한 사실 적시 명예훼손행위보다 더 중하게 처벌하는 것으로, 스스로 공론의 장에 뛰어든 사람의 명예를 일반인의 명예보다 더 두텁게 보호하는 결과가 초래되어, 의견의 표현행위로서 비방한 자의 정치적 표현의 자유를 침해한다.

③ 선거일 전 120일부터 선거일까지 선거에 영향을 미치기 위한 화환설치를 금지하는 「공직선거법」 조항은 목적 달성에 필요한 범위를 넘어 장기간 동안 화환의 설치를 금지하는 것으로 정치적 표현의 자유를 침해한다.

④ 전단 등을 살포하여 국민의 생명·신체에 위해를 끼치거나 심각한 위험을 발생시키는 것을 금지하고 이를 위반하는 경우 처벌하는 남북관계 발전에 관한 법률 조항은 북한 접경지역에서 발생할 수 있는 위험예방을 위한 것으로 북한 접경지역에서 북한으로 전단살포활동을 하는 사람들의 표현의 자유를 침해하지 아니한다.

해설

④ [×] 전단등 살포 행위자가 전달하려는 내용을 북한이 문제 삼기 때문에 심판대상조항을 통해 전단등 살포 행위를 제한하려는 것이다. 이는 '전단등 살포'라는 행위를 제한하는 심판대상조항의 궁극적인 의도가 북한 주민을 상대로 한 북한 체제 비판 등의 내용을 담은 표현을 제한하는 데 있다는 것이고, 이는 결국 심판대상조항이 그 효과에 있어서 주로 특정 관점에 대하여 그 표현을 제한하는 결과를 가져온다고 할 것이다. 따라서 심판대상조항에 의한 표현의 자유 제한이 표현의 내용과 무관한 내용중립적 규제라고 보기는 어려운바, 심판대상조항은 표현의 내용을 규제하는 것으로 봄이 타당하다. … 그렇다면 심판대상조항은 과잉금지원칙에 위배되어 청구인들의 표현의 자유를 침해한다(헌재 2023.9.26, 2020헌마1724 등).

① [○] 심판대상조항은 공개장소에서의 연설·대담의 원활한 진행과 연설·대담장소에서의 안전과 질서를 확보하여 자유로운 선거운동의 기회를 보장하고 선거의 공정성을 달성하기 위한 것이다. 공개장소에서의 연설·대담은 후보자 등이 직접 선거인들을 만나 자신의 식견이나 자질, 정견, 정책 등을 알릴 수 있는 기회이므로, 만약 연설 자체를 방해하는 정도에 이르지 않는다는 이유로 질서문란행위가 허용된다면, 원활한 연설이나 대담을 확보할 수 없을 뿐만 아니라 경우에 따라서는 선거운동을 방해하는 수단으로 악용될 우려가 있다. 심판대상조항은 질서문란행위만을 금지하고 질서를 문란하게 하지 않는 범위 내에서는 다소 소음을 유발하거나 후보자나 정당에 대한 부정적인 견해나 비판적인 의사표현도 가능하다. 따라서 심판대상조항이 과잉금지원칙에 위배되어 정치적 표현의 자유를 침해한다고 보기 어렵다(헌재 2023.5.25, 2019헌가13).

② [○] 비방행위가 허위사실에 해당할 경우에는 허위사실공표금지 조항으로 처벌하면 족하고, 허위가 아닌 사실에 대한 경우 후보자가 되고자 하는 자는 스스로 반박함으로써 유권자들이 그의 능력과 자질 등을 올바르게 판단할 수 있는 자료를 얻을 수 있게 하여야 한다. … 이 사건 비방금지 조항의 법정형은 형법상의 사실 적시 명예훼손죄보다 더 중하고, 선거범죄로 인한 당선무효 규정, 공무담임 등의 제한 규정 및 당선무효된 자 등의 비용반환 규정 등 공직선거법상 특칙이 적용되는 경우 위반자에게는 형법상의 사실 적시 명예훼손죄로 처벌하는 경우보다 더 큰 불이익이 부여된다. 이는 후보자가 되고자 하는 자에 대한 사실 적시 비방행위를 일반인에 대한 사실 적시 명예훼손행위보다 더 중하게 처벌하는 것으로, 스스로 공론의 장에 뛰어든 사람의 명예를 일반인의 명예보다 더 두텁게 보호하는 결과가 초래된다. … 그렇다면 이 사건 비방금지 조항은 과잉금지원칙에 위배되어 정치적 표현의 자유를 침해한다(헌재 2024.6.27, 2023헌바78).

③ [○] 심판대상조항은 선거일 전 180일부터 선거일까지라는 장기간 동안 선거와 관련한 정치적 표현의 자유를 광범위하게 제한하고 있다. 화환의 설치는 경제적 차이로 인한 선거 기회 불균형을 야기할 수 있으나, 그러한 우려가 있다고 하더라도 공직선거법상 선거비용 규제 등을 통해서 해결할 수 있다. 또한 공직선거법상 후보자 비방 금지 규정 등을 통해 무분별한 흑색선전 등의 방지도 가능하다. 이러한 점들을 종합하면, 심판대상조항은 목적 달성에 필요한 범위를 넘어 장기간 동안 선거에 영향을 미치게 하기 위한 화환의 설치를 금지하는 것으로, 과잉금지원칙에 위반되어 정치적 표현의 자유를 침해한다(헌재 2023.6.29, 2023헌가12).

▶ 헌법재판소의 '180일 이내 화환 설치 금지' 부분에 대한 헌법불합치 결정(2023헌가12) 이후 2024.8.30 '120일 이내'로 개정되었는데, 지문의 120일은 개정된 현행법 조항이어서 출제오류로 보여진다.

정답 | 06 ① 07 ④

08 표현의 자유에 대한 설명으로 옳지 않은 것은? (다툼이 있는 경우 판례에 의함)

25. 입법고시

① 초·중등학교의 교육공무원이 정당을 제외한 '그 밖의 정치단체'의 결성에 관여하거나 이에 가입하는 행위를 금지하는 것은 명확성원칙에 위배되어 해당 교육공무원의 정치적 표현의 자유를 침해한다.

② 상업광고는 표현의 자유의 보호영역에 속하지만 사상이나 지식에 관한 정치적·시민적 표현행위와는 차이가 있으므로, 그 규제의 위헌 여부는 비례성원칙이 아닌 자의금지원칙에 따라 심사한다.

③ 여론조사 실시행위에 대한 신고의무를 부과하는 공직선거법 조항은 여론조사 결과의 보도나 공표행위를 규제하는 것이 아니라 여론조사의 실시행위에 대한 신고의무를 부과하는 것이므로, 헌법 제21조 제2항에서 금지한 사전검열에 해당하지 않는다.

④ 공익을 해할 목적으로 전기통신설비에 의하여 공연히 허위의 통신을 한 자를 처벌하는 전기통신기본법 조항은 명확성의 요건을 충족하지 못하여 표현의 자유를 침해한다.

⑤ 당선되거나 되게 하거나 되지 못하게 할 목적으로 공연히 사실을 적시하여 후보자가 되고자 하는 자를 비방한 자를 처벌하는 공직선거법 조항은 과잉금지원칙에 위배되어 정치적 표현의 자유를 침해한다.

해설

② [×] 상업광고는 표현의 자유의 보호영역에 속하지만 사상이나 지식에 관한 정치적, 시민적 표현행위와는 차이가 있고, 한편 직업수행의 자유의 보호영역에 속하지만 인격발현과 개성신장에 미치는 효과가 중대한 것은 아니다. 그러므로 상업광고 규제에 관한 비례의 원칙 심사에 있어서 침해의 최소성 원칙은 같은 목적을 달성하기 위하여 달리 덜 제약적인 수단이 없을 것인지 혹은 입법목적을 달성하기 위하여 필요한 최소한의 제한인지를 심사하기보다는 입법목적을 달성하기 위하여 필요한 범위 내의 것인지를 심사하는 정도로 완화되는 것이 상당하다(헌재 2012.2.23, 2009헌마318).

① [O] '정치단체'를 '특정 정당이나 특정 정치인을 지지·반대하는 단체로서 그 결성에 관여하거나 가입하는 경우 공무원 및 교육의 정치적 중립성을 훼손할 가능성이 높은 단체' 등으로 한정하여 해석할 근거도 없다. … 국가공무원법조항 중 '그 밖의 정치단체'에 관한 부분은 가입 등이 금지되는 '정치단체'가 무엇인지 그 규범 내용이 확정될 수 없을 정도로 불분명하여, 헌법상 그 가입 등이 마땅히 보호받아야 할 단체까지도 수범자인 나머지 청구인들이 가입 등의 행위를 하지 못하게 위축시키고 있고, 법 집행 공무원이 지나치게 넓은 재량을 행사하여 금지되는 '정치단체'와 금지되지 않는 단체를 자의적으로 판단할 위험이 있다. 따라서 국가공무원법조항 중 '그 밖의 정치단체'에 관한 부분은 명확성원칙에 위배되어 나머지 청구인들의 정치적 표현의 자유, 결사의 자유를 침해한다(헌재 2020.4.23, 2018헌마551).

③ [O] 심판대상조항은 여론조사결과의 보도나 공표행위를 규제하는 것이 아니라 여론조사의 실시행위에 대한 신고의무를 부과하는 것이므로, 허가받지 아니한 것의 발표를 금지하는 헌법 제21조 제2항의 사전검열과 관련이 있다고 볼 수 없다. 따라서 심판대상조항은 헌법 제21조 제2항의 검열금지원칙에 위반되지 아니한다(헌재 2015.4.30, 2014헌마360).

④ [O] 이 사건 법률조항은 "공익을 해할 목적"의 허위의 통신을 금지하는바, 여기서의 "공익"은 형벌조항의 구성요건으로서 구체적인 표지를 정하고 있는 것이 아니라, 헌법상 기본권 제한에 필요한 최소한의 요건 또는 헌법상 언론·출판의 자유의 한계를 그대로 법률에 옮겨 놓은 것에 불과할 정도로 그 의미가 불명확하고 추상적이다. … 결국, 이 사건 법률조항은 수범자인 국민에 대하여 일반적으로 허용되는 '허위의 통신' 가운데 어떤 목적의 통신이 금지되는 것인지 고지하여 주지 못하고 있으므로 표현의 자유에서 요구하는 명확성의 요청 및 죄형법정주의의 명확성원칙에 위배하여 헌법에 위반된다(헌재 2010.12.28, 2008헌바157 등).

⑤ [O] 이 사건 비방금지 조항의 법정형은 형법상의 사실 적시 명예훼손죄보다 더 중하고, 선거범죄로 인한 당선무효 규정, 공무담임 등의 제한 규정 및 당선무효된 자 등의 비용반환 규정 등 공직선거법상 특칙이 적용되는 경우 위반자에게는 형법상의 사실 적시 명예훼손죄로 처벌하는 경우보다 더 큰 불이익이 부여된다. 이는 후보자가 되고자 하는 자에 대한 사실 적시 비방행위를 일반인에 대한 사실 적시 명예훼손행위보다 더 중하게 처벌하는 것으로, 스스로 공론의 장에 뛰어든 사람의 명예를 일반인의 명예보다 더 두텁게 보호하는 결과가 초래된다. … 그렇다면 이 사건 비방금지 조항은 과잉금지원칙에 위배되어 정치적 표현의 자유를 침해한다(헌재 2024.6.27, 2023헌바78).

09 다음 알 권리 및 정보공개청구권에 관한 설명 중 가장 옳지 않은 것은? (다툼이 있는 경우 판례에 의함)

24. 해경간부

① 변호사시험 성적 공개청구기간을 변호사시험법 시행일로부터 6개월 내로 제한하는 동법 부칙 조항은 청구인의 정보공개청구권을 침해한다.

② 신문의 편집인 등으로 하여금 아동보호사건에 관련된 아동학대행위자를 특정하여 파악할 수 있는 인적 사항 등을 신문 등 출판물에 싣거나 방송매체를 통하여 방송할 수 없도록 하는 아동학대범죄의 처벌 등에 관한 특례법 제35조 제2항 중 '아동학대행위자'에 관한 부분은 국민의 알 권리를 침해한다.

③ 회계보고된 자료의 열람기간을 3월간으로 제한한 정치자금법 조항은 청구인의 알 권리를 침해한다.

④ 재판이 확정되면 속기록 등을 폐기하도록 규정한 형사소송규칙 제39조가 청구인의 알 권리를 침해하였다고 볼 수 없다.

해설

② [×] 아동학대행위자 대부분은 피해아동과 평소 밀접한 관계에 있으므로, 행위자를 특정하여 파악할 수 있는 식별정보를 신문, 방송 등 매체를 통해 보도하는 것은 피해아동의 사생활 노출 등 2차 피해로 이어질 가능성이 매우 높다. 식별정보 보도 후에는 2차 피해를 차단하기 어려울 수 있고, 식별정보 보도를 허용할 경우 대중에 알려질 가능성을 두려워하는 피해아동이 신고를 자발적으로 포기하게 만들 우려도 있다. 따라서 아동학대행위자에 대한 식별정보의 보도를 금지하는 것이 과도하다고 보기 어렵다. … 보도금지조항은 언론·출판의 자유와 국민의 알 권리를 침해하지 않는다(헌재 2022.10.27, 2021헌가4).

① [O] 변호사의 취업난이 가중되고 있다는 점, 이직을 위해서도 변호사시험 성적이 필요할 수 있다는 점 등을 고려하면, 변호사시험 합격자에게 취업 및 이직에 필요한 상당한 기간 동안 자신의 성적을 활용할 기회를 부여할 필요가 있다. 특례조항에서 정하고 있는 '이 법 시행일부터 6개월 내'라는 기간은 변호사시험 합격자가 취업시장에서 성적 정보에 접근하고 이를 활용하기에 지나치게 짧다. … 특례조항은 과잉금지원칙에 위배되어 청구인의 정보공개청구권을 침해한다(헌재 2019.7.25, 2017헌마1329).

③ [O] 정치자금의 수입과 지출명세서 등에 대한 사본교부 신청이 허용된다고 하더라도, 검증자료에 해당하는 영수증, 예금통장을 직접 열람함으로써 정치자금 수입·지출의 문제점을 발견할 수 있다는 점에서 이에 대한 접근이 보장되어야 한다. 영수증, 예금통장은 현행 법령 하에서 사본교부가 되지 않아 열람을 통해 확인할 수밖에 없음에도 열람 중 필사가 허용되지 않고 열람기간마저 3월간으로 짧아 그 내용을 파악하고 분석하기 쉽지 않다. 또한 열람기간이 공직선거법상의 단기 공소시효조차 완성되지 아니한, 공고일부터 3개월 후에 만료된다는 점에서도 지나치게 짧게 설정되어 있다. … 이 사건 열람기간제한 조항은 과잉금지원칙에 위배되어 청구인의 알 권리를 침해한다(헌재 2021.5.27, 2018헌마1168).

④ [O] 형사소송법은 공판조서 기재의 정확성을 담보하기 위해 작성주체, 방식, 기재요건 등에 관하여 엄격히 규정하고, 피고인 등으로 하여금 재판이 확정되기 전에는 속기록 등의 사본 청구나 공판조서의 열람 또는 등사를 통하여 공판조서의 기재 내용에 대한 이의를 진술할 수 있도록 함으로써 기본권 제한을 최소화하고 있고, 이 사건 규칙조항으로 인한 기본권 제한이 속기록 등의 무용한 보관으로 인한 자원낭비 방지라는 공익보다 결코 크다고 볼 수 없으므로, 피해의 최소성과 함께 법익균형성의 요건도 갖추었다 할 것이어서, 이 사건 규칙조항이 청구인의 알 권리를 침해하였다고 볼 수 없다(헌재 2012.3.29, 2010헌마599).

정답 | 08 ② 09 ②

10 〈보기〉에서 표현의 자유에 관한 설명으로 옳지 않은 것만을 있는 대로 고른 것은? (다툼이 있는 경우 판례에 의함)

25. 소방간부

〈보기〉

ㄱ. 입법자가 선거의 공정성을 보장하기 위해서 부득이하게 선거 국면에서의 정치적 표현의 자유를 제한하는 경우에는 선거운동 등에 대한 제한이 정치적 표현의 자유를 침해하는지 여부를 판단함에 있어서 완화된 심사기준을 적용하여야 한다.

ㄴ. 명예훼손 관련 실정법을 해석·적용할 때에는 공적 인물과 사인, 공적 관심 사안과 사적인 영역에 속하는 사안 간에는 심사기준에 차이를 두어야 하고, 공적 인물의 공적 활동에 대한 명예훼손적 표현은 그 제한이 더 완화되어야 한다.

ㄷ. 헌법이 특정한 표현에 대해 예외적으로 검열을 허용하는 규정을 두지 않은 점, 사전검열금지원칙의 적용이 배제되는 영역을 따로 설정할 경우 그 기준에 대한 객관성을 담보할 수 없다는 점 등을 고려하면, 헌법상 사전검열은 예외 없이 금지되는 것으로 보아야 한다.

ㄹ. 의료에 관한 광고는 일반적인 상품이나 용역 광고와 달리, 고도의 전문적 지식과 기술을 요하면서 국민의 건강에 직결되는 의료행위를 그 내용으로 하므로 그 규제에 대한 과잉금지원칙 위배 여부를 심사함에 있어서는 엄격한 기준을 적용하는 것이 타당하다.

ㅁ. "언론·출판은 타인의 명예나 권리 또는 공중도덕이나 사회윤리를 침해하여서는 아니 된다."라고 규정한 헌법 제21조 제4항 전문은 헌법상 표현의 자유의 보호영역에 대한 한계를 설정한 것이라고 볼 수 없다.

① ㄱ, ㄹ ② ㄱ, ㅁ ③ ㄴ, ㄷ
④ ㄴ, ㄹ ⑤ ㄷ, ㅁ

해설

옳지 않은 것은 ㄱ, ㄹ이다.

ㄱ. [×] 정치적 표현에 대하여는 '자유를 원칙으로, 금지를 예외로' 하여야 하고, '금지를 원칙으로, 허용을 예외로' 해서는 안 된다는 점은 자명하다. 따라서 선거운동 등에 대한 제한이 정치적 표현의 자유를 침해하는지 여부를 판단함에 있어서는 표현의 자유의 규제에 관한 판단기준으로서 엄격한 심사기준을 적용하여야 한다(헌재 2023.6.29, 2023헌가12).

ㄴ. [○] 명예훼손적 표현의 피해자가 공적 인물인지 아니면 사인인지, 그 표현이 공적인 관심 사안에 관한 것인지 순수한 사적인 영역에 속하는 사안인지의 여부에 따라 헌법적 심사기준에는 차이가 있어야 하고, 공적 인물의 공적 활동에 대한 명예훼손적 표현은 그 제한이 더 완화되어야 한다(헌재 2013.12.26, 2009헌마747).

ㄷ. [○] 헌법이 특정한 표현에 대해 예외적으로 검열을 허용하는 규정을 두지 않은 점, 이러한 상황에서 표현의 특성이나 규제의 필요성에 따라 언론·출판의 자유의 보호를 받는 표현 중에서 사전검열금지원칙의 적용이 배제되는 영역을 따로 설정할 경우 그 기준에 대한 객관성을 담보할 수 없다는 점 등을 고려하면, 헌법상 사전검열은 예외 없이 금지되는 것으로 보아야 하므로 의료광고 역시 사전검열금지원칙의 적용대상이 된다(헌재 2015.12.23, 2015헌바75).

ㄹ. [×] 의료에 관한 광고는 표현의 자유의 보호영역에 속하지만 사상이나 지식에 관한 정치적, 시민적 표현 행위와는 차이가 있고, 한편 직업수행의 자유의 보호영역에도 속하지만 인격발현과 개성신장에 미치는 효과가 중대한 것은 아니므로 의료에 관한 광고의 규제에 대한 과잉금지원칙 위배 여부를 심사함에 있어, 그 기준을 완화하는 것이 타당하다(헌재 2016.9.29, 2015헌바325).

ㅁ. [○] 헌법 제21조 제4항은 "언론·출판은 타인의 명예나 권리 또는 공중도덕이나 사회윤리를 침해하여서는 아니 된다."고 규정하고 있는바, 이는 언론·출판의 자유에 따르는 책임과 의무를 강조하는 동시에 언론·출판의 자유에 대한 제한의 요건을 명시한 규정으로 볼 것이고, 헌법상 표현의 자유의 보호영역 한계를 설정한 것이라고는 볼 수 없다(헌재 2009.5.28, 2006헌바109 등).

11 표현의 자유에 관한 설명으로 옳고 그름의 표시(○, ×)가 바르게 된 것은? (다툼이 있는 경우 판례에 의함)

25. 경정승진

> ㉠ 광고가 단순히 상업적인 상품이나 서비스에 관한 사실을 알리는 경우에도 그 내용이 공익을 포함하는 때에는 헌법 제21조의 표현의 자유에 의하여 보호된다.
> ㉡ 구 국가공무원 복무규정 제8조의2 제2항은 "공무원이 직무를 수행할 때 정치적 주장을 표시 또는 상징하는 복장을 하거나 관련 물품을 착용해서는 아니 된다."라고 정하고 있는바, 공무원의 정치적 표현의 자유를 제한하는 규정이라고 볼 수 없다.
> ㉢ 사전검열은 절대적으로 금지되는데, 여기에서 절대적이라 함은 언론·출판의 자유의 보호를 받는 표현에 대해서는 사전검열금지원칙이 예외 없이 적용된다는 의미이다.
> ㉣ 광고의 심의기관이 행정기관인지 여부는 기관의 형식에 의하기보다는 그 실질에 따라 판단되어야 하지만, 행정기관이 자의로 민간심의기구의 심의업무에 개입할 가능성이 열려 있다는 개입가능성의 존재 자체만으로 헌법이 금지하는 사전검열에 해당한다고 볼 수 없다.

	㉠	㉡	㉢	㉣
①	○	○	×	×
②	×	○	×	○
③	○	×	○	×
④	×	×	○	○

해설

㉠ [○] 광고가 단순히 상업적인 상품이나 서비스에 관한 사실을 알리는 경우에도 그 내용이 공익을 포함하는 때에는 헌법 제21조의 표현의 자유에 의하여 보호된다(헌재 2002.12.18, 2000헌마764).

㉡ [×] 이 사건 국가공무원 복무규정 제8조의2 제2항 등은 "공무원이 직무를 수행할 때 정치적 주장을 표시 또는 상징하는 복장을 하거나 관련 물품을 착용해서는 아니 된다."라고 규정하고 있는바, 정치적 주장을 표시·상징하는 복장 등 관련 물품을 착용하는 행위는 복장 등 비언어적인 방법을 통해 정치적 의사표현을 행하는 것이라 할 수 있으므로, 이 사건 국가공무원 복무규정 제8조의2 제2항 등 역시 공무원의 정치적 표현의 자유를 제한하는 규정이라 할 것이다. … 위 규정들은 과잉금지원칙에 반하여 공무원의 정치적 표현의 자유를 침해한다고 할 수 없다(헌재 2012.5.31, 2009헌마705 등).

㉢ [○] 헌법재판소도 사전검열은 절대적으로 금지되고, 여기에서 절대적이라 함은 언론·출판의 자유의 보호를 받는 표현에 대해서는 사전검열금지원칙이 예외 없이 적용된다는 의미라고 하고 있다(헌재 2015.12.23, 2015헌바75).

㉣ [×] 광고의 심의기관이 행정기관인지 여부는 기관의 형식에 의하기보다는 그 실질에 따라 판단되어야 하고, 행정기관의 자의로 민간심의기구의 심의업무에 개입할 가능성이 열려 있다면 개입 가능성의 존재 자체로 헌법이 금지하는 사전검열이라고 보아야 한다(헌재 2020.8.28, 2017헌가35 등).

정답 | 10 ① 11 ③

12 표현의 자유에 대한 설명으로 옳지 않은 것은? (다툼이 있는 경우 판례에 의함)

25. 5급

① 언론·출판의 자유는 현대 자유민주주의의 존립과 발전에 필수불가결한 기본권이며 이를 최대한도로 보장하는 것은 자유민주주의 헌법의 기본원리의 하나이다.

② 언론·출판에 대한 검열은 인정되지 않지만, 집회·결사에 대한 허가는 허용된다.

③ 헌법 제21조 제2항이 금지하는 검열은 사전검열만을 의미하므로 개인이 정보와 사상을 발표하기 이전에 국가기관이 미리 그 내용을 심사·선별하여 일정한 범위 내에서 발표를 저지하는 것만을 의미하고, 헌법상 보호되지 않는 의사표현에 대하여 공개한 뒤에 국가기관이 간섭하는 것을 금지하는 것은 아니다.

④ 집회의 자유는 집회를 통하여 형성된 의사를 집단적으로 표현하고 이를 통하여 불특정 다수인의 의사에 영향을 줄 자유를 포함하므로 이를 내용으로 하는 시위의 자유 또한 집회의 자유를 규정한 헌법 제21조 제1항에 의하여 보호되는 기본권이다.

해설

② [×]

헌법 제21조 ② 언론·출판에 대한 허가나 검열과 집회·결사에 대한 허가는 인정되지 아니한다.

① [O] 언론·출판의 자유는 현대 자유민주주의의 존립과 발전에 필수불가결한 기본권이며 이를 최대한도로 보장하는 것은 자유민주주의 헌법의 기본원리의 하나이다(헌재 1992.6.26, 90헌가23).

③ [O] 헌법 제21조 제2항이 금지하는 검열은 사전검열만을 의미하므로 개인이 정보와 사상을 발표하기 이전에 국가기관이 미리 그 내용을 심사·선별하여 일정한 범위 내에서 발표를 저지하는 것만을 의미하고, 헌법상 보호되지 않는 의사표현에 대하여 공개한 뒤에 국가기관이 간섭하는 것을 금지하는 것은 아니다(헌재 1996.10.4, 93헌가13 등).

④ [O] 집회의 자유는 집회를 통하여 형성된 의사를 집단적으로 표현하고 이를 통하여 불특정 다수인의 의사에 영향을 줄 자유를 포함하므로 이를 내용으로 하는 시위의 자유 또한 집회의 자유를 규정한 헌법 제21조 제1항에 의하여 보호되는 기본권이다(헌재 2005.11.24, 2004헌가17).

13 다음 설명 중 가장 옳은 것은? (다툼이 있는 경우 대법원 판례 및 헌법재판소 결정에 의함)

22. 법원행시

① 종교전파의 자유는 누구에게나 자신의 종교 또는 종교적 확신을 알리고 선전하는 자유를 말하며, 그가 선택한 임의의 장소에서 자유롭게 행사할 수 있는 권리까지 보장한다.

② 민사집행법에 따른 법원의 방송프로그램에 관한 방영금지가처분은 법원이 방송프로그램의 내용을 심사하여 허용 여부를 결정한 것일 때에는 헌법이 정한 사전검열금지원칙에 위반된다.

③ "약사 또는 한약사가 아니면 약국을 개설할 수 없다."고 규정한 약사법 조항은 법인을 구성하여 약국을 개설·운영하려고 하는 약사들의 결사의 자유를 침해하지 않는다.

④ 상업 광고물은 언론·출판의 자유의 보호대상이 되지 않는다.

⑤ 음란표현도 헌법 제21조가 규정하는 언론·출판의 자유의 보호영역에는 포함된다.

해설

⑤ [O] 음란표현도 헌법 제21조가 규정하는 언론·출판의 자유의 보호영역에는 해당하되, 다만 헌법 제37조 제2항에 따라 국가 안전보장·질서유지 또는 공공복리를 위하여 제한할 수 있는 것이라고 해석하여야 할 것이다(헌재 2009.5.28, 2006헌바109).

① [×] 종교전파의 자유에는 누구에게나 자신의 종교 또는 종교적 확신을 알리고 선전하는 자유를 말하며, 포교행위 또는 선교행위가 이에 해당한다. 그러나 이러한 종교전파의 자유는 국민에게 그가 선택한 임의의 장소에서 자유롭게 행사할 수 있는 권리까지 보장한다고 할 수 없으며, 그 임의의 장소가 대한민국의 주권이 미치지 아니하는 지역 나아가 국가에 의한 국민의 생명·신체 및 재산의 보호가 강력히 요구되는 해외 위난지역인 경우에는 더욱 그러하다(헌재 2008.6.26, 2007헌마1366).

② [×] 헌법 제21조 제2항에서 규정한 검열금지의 원칙은 모든 형태의 사전적인 규제를 금지하는 것이 아니고 단지 의사표현의 발표 여부가 오로지 행정권의 허가에 달려있는 사전심사만을 금지하는 것을 뜻하므로, 이 사건 법률조항에 의한 방영금지가처분은 행정권에 의한 사전심사나 금지처분이 아니라 개별 당사자간의 분쟁에 관하여 사법부가 사법절차에 의하여 심리, 결정하는 것이어서 헌법에서 금지하는 사전검열에 해당하지 아니한다(헌재 2001.8.30, 2000헌바36).

③ [×] "약사 또는 한약사가 아니면 약국을 개설할 수 없다."고 규정한 약사법 제16조 제1항은 자연인 약사만이 약국을 개설할 수 있도록 함으로써, 약사가 아닌 자연인 및 일반법인은 물론, 약사들로만 구성된 법인의 약국 설립 및 운영도 금지하고 있는바, 국민의 보건을 위해서는 약국에서 실제로 약을 취급하고 판매하는 사람은 반드시 약사이어야 한다는 제한을 둘 필요가 있을 뿐, 약국의 개설 및 운영 자체를 자연인 약사에게만 허용할 합리적 이유는 없다. 입법자가 약국의 개설 및 운영을 일반인에게 개방할 경우에 예상되는 장단점을 고려한 정책적 판단의 결과 약사가 아닌 일반인 및 일반법인에게 약국개설을 허용하지 않는 것으로 결정하는 것은 그 입법형성의 재량권 내의 것으로서 헌법에 위반된다고 볼 수 없지만, 법인의 설립은 그 자체가 간접적인 직업선택의 한 방법으로서 직업수행의 자유의 본질적 부분의 하나이므로, 정당한 이유 없이 본래 약국개설권이 있는 약사들만으로 구성된 법인에게도 약국개설을 금지하는 것은 입법목적을 달성하기 위하여 필요하고 적정한 방법이 아니고, 입법형성권의 범위를 넘어 과도한 제한을 가하는 것으로서, 법인을 구성하여 약국을 개설·운영하려고 하는 약사들 및 이들로 구성된 법인의 직업선택(직업수행)의 자유의 본질적 내용을 침해하는 것이고, 동시에 약사들이 약국경영을 위한 법인을 설립하고 운영하는 것에 관한 결사의 자유를 침해하는 것이다(헌재 2002.9.19, 2000헌바84).

④ [×] 광고물도 사상·지식·정보 등을 불특정다수인에게 전파하는 것으로서 언론·출판의 자유에 의한 보호를 받는 대상이 됨은 물론이다(헌재 1998.2.27, 96헌바2).

14 언론·출판의 자유에 대한 설명으로 가장 적절하지 않은 것은? (다툼이 있는 경우 헌법재판소 판례에 의함)

22. 경찰간부

① 정보통신망의 발달에 따라 선거기간 중 인터넷 언론사의 선거와 관련한 게시판·대화방 등도 정치적 의사를 형성·전파하는 매체로서 역할을 담당하고 있으므로, 의사의 표현·전파의 형식의 하나로 인정되고 따라서 언론·출판의 자유에 의하여 보호된다고 할 것이다.

② '식품 등의 표시기준'상 식품이나 식품의 용기포장에 음주전후 또는 숙취해소라는 표시를 금지하는 것은 영업의 자유, 표현의 자유 및 특허권을 침해한다.

③ 언론중재 및 피해구제 등에 관한 법률은 언론이 사망한 사람의 인격권을 침해한 경우에 그 피해가 구제될 수 있도록 명문의 규정을 두고 있으며, 사망한 사람의 인격권을 침해하였거나 침해할 우려가 있는 경우의 구제절차는 유족이 수행하도록 규정을 두고 있다.

④ 인터넷 등 전자적 방법에 의한 판결서 열람·복사의 범위를 개정법 시행 이후 확정된 사건의 판결서로 한정하고 있는 군사법원법 부칙조항은 정보공개청구권을 침해한다.

해설

④ [×] 이 사건 부칙조항은 판결서 공개제도를 실현하는 과정에서 그 공개범위를 일정 부분 제한하여 판결서 공개에 필요한 국가의 재정이나 용역의 부담을 경감·조정하고자 하는 것이다. 어떤 새로운 제도를 도입할 때에는 그에 따른 사회적 비용도 함께 고려하여 부분적인 개선 방식을 취할 수도 있으므로, 입법자는 현실적인 조건들을 감안해서 위 부칙조항과 같이 판결서 열람·복사에 관한 개정법의 적용 범위를 일정 부분 제한할 수 있으며, 청구인은 비록 전자적 방법은 아니라 해도 군사법원법 제93조의2에 따라 개정법 시행 이전에 확정된 판결서를 열람·복사할 수 있다. 이 사건 부칙조항으로 인해 청구인이 전자적 방법을 통해 열람·복사할 수 있는 판결서의 범위가 제한된다 하더라도 이는 입법재량의 한계 내에 있으므로, 위 부칙조항이 청구인의 정보공개청구권을 침해한다고 할 수 없다(헌재 2015.12.23, 2014헌마185).

① [O] 언론·출판의 자유의 내용 중 의사표현·전파의 자유에 있어서 의사표현 또는 전파의 매개체는 어떠한 형태이건 가능하며 그 제한이 없다. 즉, 담화·연설·토론·연극·방송·음악·영화·가요 등과 문서·소설·시가·도화·사진·조각·서화 등 모든 형상의 의사표현 또는 의사전파의 매개체를 포함한다. 정보통신망의 발달로 선거기간 중 인터넷언론사의 선거와 관련한 게시판·대화방 등도 정치적 의사를 형성·전파하는 매체로서 역할을 담당하고 있으므로, 의사의 표현·전파의 형식의 하나로 인정되고 따라서 언론·출판의 자유에 의하여 보호된다고 할 것이다(헌재 2010.2.25, 2008헌마324).

정답 | 12 ② 13 ⑤ 14 ④

② [O] 숙취해소용 식품임을 나타내는 표시를 일체 금지하도록 한 이 사건 규정은 기본권 제한입법이 갖추어야 할 피해의 최소성, 법익균형성 등의 요건을 갖추지 못한 것이어서 숙취해소용 식품의 제조·판매에 영업의 자유 및 광고표현의 자유를 과잉금지원칙에 위반하여 침해하는 것이라고 아니할 수 없다. 또한, 특허발명의 명칭이나 내용을 표시할 수 없다면 그 제품은 특허에 관한 설명력과 광고유인효과를 전혀 가질 수 없어 특허제품으로서의 기능과 효과를 제대로 발휘하지 못하게 되고, 이러한 결과는 업(業)으로서의 특허실시권을 사실상 유명무실하게 하는 것이다. 이러한 제한은 헌법상 과잉금지에 어긋나는 것이므로 이로 인하여 청구인들의 헌법상 보호받는 재산권인 특허권도 침해되었다고 할 것이다(헌재 2000.3.30, 99헌마143).

③ [O]

> 언론중재법 제5조【언론등에 의한 피해구제의 원칙】① 언론, 인터넷뉴스서비스 및 인터넷 멀티미디어 방송(이하 "언론등"이라 한다)은 타인의 생명, 자유, 신체, 건강, 명예, 사생활의 비밀과 자유, 초상(肖像), 성명, 음성, 대화, 저작물 및 사적(私的) 문서, 그 밖의 인격적 가치 등에 관한 권리(이하 "인격권"이라 한다)를 침해하여서는 아니 되며, 언론등이 타인의 인격권을 침해한 경우에는 이 법에서 정한 절차에 따라 그 피해를 신속하게 구제하여야 한다.
>
> 제5조의2【사망자의 인격권 보호】① 제5조 제1항의 타인에는 사망한 사람을 포함한다.
> ② 사망한 사람의 인격권을 침해하였거나 침해할 우려가 있는 경우에는 이에 따른 구제절차를 유족이 수행한다.

15 언론·출판의 자유에 대한 설명으로 옳지 않은 것은? (다툼이 있는 경우 판례에 의함) 22. 국가직 7급

① 미결수용자의 규율위반행위 등에 대한 제재로서 금치처분과 함께 금치기간 중 신문과 자비구매도서의 열람을 제한하고 있는 형의 집행 및 수용자의 처우에 관한 법률 조항은 최장 30일의 기간 내에서만 신문이나 도서의 열람을 금지하고 열람을 금지하는 대상에 수용시설 내 비치된 도서는 포함시키지 않고 있으므로 미결수용자의 알 권리를 과도하게 제한한다고 보기 어렵다.

② 일간신문의 지배주주가 뉴스통신 법인의 주식 또는 지분의 2분의 1 이상을 취득 또는 소유하지 못하도록 함으로써 이종 미디어간의 결합을 규제하는 신문법 조항은 언론의 다양성을 보장하기 위한 필요한 한도 내의 제한이라고 할 것이어서 신문의 자유를 침해한다고 할 수 없다.

③ 인터넷신문의 언론으로서의 신뢰성을 제고하기 위해 5인 이상의 취재 및 편집 인력을 정식으로 고용하도록 강제하고, 이에 대한 확인을 위하여 국민연금 등 가입사실을 확인하는 것은 언론의 자유를 침해한다고 할 수 없다.

④ 학교 구성원으로 하여금 성별 등의 사유를 이유로 차별적 언사나 행동, 혐오적 표현 등을 통해 다른 사람의 인권을 침해하지 못하도록 한 서울특별시 학생인권조례 규정은 학교 구성원들의 표현의 자유를 침해한 것이라고 볼 수 없다.

해설

③ [×] 고용조항 및 확인조항은 소규모 인터넷신문이 언론으로서 활동할 수 있는 기회 자체를 원천적으로 봉쇄할 수 있음에 비하여, 인터넷신문의 신뢰도 제고라는 입법목적의 효과는 불확실하다는 점에서 법익의 균형성도 잃고 있다. 따라서 고용조항 및 확인조항은 과잉금지원칙에 위배되어 청구인들의 언론의 자유를 침해한다(헌재 2016.10.27, 2015헌마1206).

① [O] 미결수용자의 규율위반행위 등에 대한 제재로서 금치처분과 함께 금치기간 중 신문과 자비구매도서의 열람을 제한하는 것은, 규율위반자에 대해서는 반성을 촉구하고 일반 수용자에 대해서는 규율 위반에 대한 불이익을 경고하여 수용자들의 규율 준수를 유도하며 궁극적으로 수용질서를 확립하기 위한 것이다. 이 사건 신문 및 도서열람제한 조항은 최장 30일의 기간 내에서만 신문이나 도서의 열람을 금지하고 열람을 금지하는 대상에 수용시설 내 비치된 도서는 포함시키지 않고 있으므로 위 조항들이 청구인의 알 권리를 과도하게 제한한다고 보기 어렵다(헌재 2016.4.28, 2012헌마549).

② [O] 신문법 제15조 제3항에서 일간신문의 지배주주가 뉴스통신 법인의 주식 또는 지분의 2분의 1 이상을 취득 또는 소유하지 못하도록 함으로써 이종 미디어간의 결합을 규제하는 부분은 언론의 다양성을 보장하기 위한 필요한 한도 내의 제한이라고 할 것이어서 신문의 자유를 침해한다고 할 수 없다(헌재 2006.6.29, 2005헌마165).

④ [O] 이 사건 조례 제5조 제3항은 그 표현의 대상이 되는 학교 구성원의 존엄성을 보호하고, 학생이 민주시민으로서의 올바른 가치관을 형성하도록 하며 인권의식을 함양하게 하기 위한 것으로 그 정당성이 인정되고, 수단의 적합성 역시 인정된다. 차별적 언사나 행동, 혐오적 표현은 개인이나 집단에 대한 혐오·적대감을 담고 있는 것으로, 그 자체로 상대방인 개인이나 소수자의 인간으로서의 존엄성을 침해하고, 특정 집단의 가치를 부정하므로, 이러한 차별·혐오표현이 금지되는 것은 헌법상 인간의 존엄성 보장 측면에서 긴요하다. … 이 사건 조례 제5조 제3항은 과잉금지원칙에 위배되어 학교 구성원인 청구인들의 표현의 자유를 침해하지 아니한다(헌재 2019.11.28, 2017헌마1356).

16 언론·출판의 자유에 관한 설명 중 가장 적절하지 않은 것은? (다툼이 있는 경우 판례에 의함) 23. 경찰승진

① 상업광고는 표현의 자유의 보호영역에 속하지만 사상이나 지식에 관한 정치적·시민적 표현 행위와는 차이가 있으므로, 그 규제의 위헌 여부는 완화된 기준인 자의금지원칙에 따라 심사한다.

② 헌법상 사전검열은 표현의 자유 보호대상이면 예외 없이 금지되므로, 건강기능식품의 기능성 광고는 인체의 구조 및 기능에 대하여 보건용도에 유용한 효과를 준다는 기능성 등에 관한 정보를 널리 알려 해당 건강기능식품의 소비를 촉진시키기 위한 상업광고이지만, 표현의 자유의 보호대상이 됨과 동시에 사전검열금지 대상도 된다.

③ '익명표현'은 표현의 자유를 행사하는 하나의 방법으로서 그 자체로 규제되어야 하는 것은 아니고, 부정적 효과가 발생하는 것이 예상되는 경우에 한하여 규제될 필요가 있다.

④ 선거운동기간 중 모든 익명표현을 사전적·포괄적으로 규율하는 것은 익명표현의 자유를 지나치게 제한한다.

해설

① [×] 상업광고는 표현의 자유의 보호영역에 속하지만 사상이나 지식에 관한 정치적, 시민적 표현행위와는 차이가 있고, 한편 직업수행의 자유의 보호영역에 속하지만 인격발현과 개성신장에 미치는 효과가 중대한 것은 아니다. 그러므로 상업광고 규제에 관한 비례의 원칙 심사에 있어서 '피해의 최소성' 원칙은 같은 목적을 달성하기 위하여 달리 덜 제약적인 수단이 없을 것인지 혹은 입법목적을 달성하기 위하여 필요한 최소한의 제한인지를 심사하기보다는 '입법목적을 달성하기 위하여 필요한 범위 내의 것인지'를 심사하는 정도로 완화되는 것이 상당하다(헌재 2005.10.27, 2003헌가3).

② [O] 현행 헌법상 사전검열은 표현의 자유 보호대상이면 예외 없이 금지된다. 건강기능식품의 기능성 광고는 인체의 구조 및 기능에 대하여 보건용도에 유용한 효과를 준다는 기능성 등에 관한 정보를 널리 알려 해당 건강기능식품의 소비를 촉진시키기 위한 상업광고이지만, 헌법 제21조 제1항의 표현의 자유의 보호 대상이 됨과 동시에 같은 조 제2항의 사전검열 금지 대상도 된다(헌재 2018.6.28, 2016헌가8).

③ [O] 익명표현은 표현의 자유를 행사하는 하나의 방법으로서 그 자체로 규제되어야 하는 것은 아니고, 부정적 효과가 발생하는 것이 예상되는 경우에 한하여 규제될 필요가 있다(헌재 2021.1.28, 2018헌마456).

④ [O] 선거운동기간 중 정치적 익명표현의 부정적 효과는 익명성 외에도 해당 익명표현의 내용과 함께 정치적 표현행위를 규제하는 관련 제도, 정치적·사회적 상황의 여러 조건들이 아울러 작용하여 발생하므로, 모든 익명표현을 사전적·포괄적으로 규율하는 것은 표현의 자유보다 행정편의와 단속편의를 우선함으로써 익명표현의 자유와 개인정보자기결정권 등을 지나치게 제한한다(헌재 2021.1.28, 2018헌마456).

17 언론·출판의 자유에 대한 설명으로 옳지 않은 것은? (다툼이 있는 경우 판례에 의함) 23. 입법고시

① 민사소송법에 의한 방영금지가처분을 허용하는 것은 헌법상 검열금지원칙에 위반되지 않는다.

② 오로지 성적 흥미에만 호소할 뿐 전체적으로 보아 하등의 문학적, 예술적, 과학적 또는 정치적 가치를 지니지 않은 음란표현은 언론·출판의 자유에 의한 헌법적 보장을 받지 못한다.

③ 광고물도 사상·지식·정보 등을 불특정다수인에게 전파하는 것으로서 언론·출판의 자유에 의한 보호를 받는 대상이 될 수 있다.

④ 인터넷게시판을 설치·운영하는 정보통신서비스 제공자에게 본인확인조치의무를 부과한 법률규정은 과잉금지원칙에 위배되어 정보통신서비스 제공자의 언론의 자유를 침해한다.

⑤ 보건복지부장관으로부터 위탁을 받은 각 의사협회의 사전심의를 받지 아니한 의료광고를 금지하고 이를 위반한 경우 처벌하는 것은 헌법상 사전검열에 해당하여 헌법에 위반된다.

정답 | 15 ③ 16 ① 17 ②

해설

② [×] 이 사건 법률조항의 음란표현은 헌법 제21조가 규정하는 언론·출판의 자유의 보호영역 내에 있다고 볼 것인바, 종전에 이와 견해를 달리하여 음란표현은 헌법 제21조가 규정하는 언론·출판의 자유의 보호영역에 해당하지 아니한다는 취지로 판시한 우리 재판소의 의견(헌재 1998.4.30, 95헌가16, 판례집 10-1, 327, 340-341)은 이를 변경하기로 하며, 이하에서는 이를 전제로 하여 이 사건 법률 조항의 위헌 여부를 심사하기로 한다(헌재 2009.5.28, 2006헌바109 등).

① [O] 헌법 제21조 제2항에서 규정한 검열 금지의 원칙은 모든 형태의 사전적인 규제를 금지하는 것이 아니고 단지 의사표현의 발표 여부가 오로지 행정권의 허가에 달려있는 사전심사만을 금지하는 것을 뜻하므로, 이 사건 법률조항에 의한 방영금지가처분은 행정권에 의한 사전심사나 금지처분이 아니라 개별 당사자간의 분쟁에 관하여 사법부가 사법절차에 의하여 심리, 결정하는 것이어서 헌법에서 금지하는 사전검열에 해당하지 아니한다(헌재 2001.8.30, 2000헌바36).

③ [O] 음란표현이 언론·출판의 자유의 보호영역에 해당하지 아니한다고 해석할 경우 음란표현에 대하여는 언론·출판의 자유의 제한에 대한 헌법상의 기본원칙, 예컨대 명확성의 원칙, 검열 금지의 원칙 등에 입각한 합헌성 심사를 하지 못하게 될 뿐만 아니라, 기본권 제한에 대한 헌법상의 기본원칙, 예컨대 법률에 의한 제한, 본질적 내용의 침해금지 원칙 등도 적용하기 어렵게 되는 결과, 모든 음란표현에 대하여 사전 검열을 받도록 하고 이를 받지 않은 경우 형사처벌을 하거나, 유통목적이 없는 음란물의 단순소지를 금지하거나, 법률에 의하지 아니하고 음란물출판에 대한 불이익을 부과하는 행위 등에 대한 합헌성 심사도 하지 못하게 됨으로써, 결국 음란표현에 대한 최소한의 헌법상 보호마저도 부인하게 될 위험성이 농후하게 된다는 점을 간과할 수 없다. 이 사건 법률조항의 음란표현은 헌법 제21조가 규정하는 언론·출판의 자유의 보호영역 내에 있다고 볼 것인바, 종전에 이와 견해를 달리하여 음란표현은 헌법 제21조가 규정하는 언론·출판의 자유의 보호영역에 해당하지 아니한다는 취지로 판시한 우리 재판소의 의견을 변경한다(헌재 2009.5.28, 2006헌바109).

④ [O] 본인확인제를 규율하는 이 사건 법령조항들은 과잉금지원칙에 위배하여 인터넷게시판 이용자의 표현의 자유, 개인정보자기결정권 및 인터넷게시판을 운영하는 정보통신서비스 제공자의 언론의 자유를 침해한다(헌재 2012.8.23, 2010헌마47).

⑤ [O] 의료광고의 사전심의는 보건복지부장관으로부터 위탁을 받은 각 의사협회가 행하고 있으나 사전심의의 주체인 보건복지부장관은 언제든지 위탁을 철회하고 직접 의료광고 심의업무를 담당할 수 있는 점, 의료법 시행령이 심의위원회의 구성에 관하여 직접 규율하고 있는 점, 심의기관의 장은 심의 및 재심의 결과를 보건복지부장관에게 보고하여야 하는 점, 보건복지부장관은 의료인 단체에 대해 재정 지원을 할 수 있는 점, 심의기준·절차 등에 관한 사항을 대통령령으로 정하도록 하고 있는 점 등을 종합하여 보면, 각 의사협회는 행정권의 영향력에서 벗어나 독립적이고 자율적으로 사전심의업무를 수행하고 있다고 보기 어렵다. 따라서 이 사건 법률규정들은 사전검열금지원칙에 위배된다(헌재 2015.12.23, 2015헌바75).

18 표현의 자유 및 언론·출판의 자유에 대한 설명으로 가장 적절하지 않은 것은? (다툼이 있는 경우 판례에 의함)

21. 경찰승진

① 사전심의를 받지 않은 건강기능식품의 기능성광고를 금지하고 이를 위반할 경우 형사처벌하도록 한 구 건강기능식품에 관한 법률 조항은 사전검열에 해당하므로 헌법에 위반된다.

② 공포심이나 불안감을 유발하는 문언을 반복적으로 상대방에게 도달하게 한 자를 형사처벌하도록 한 정보통신망 이용촉진 및 정보보호 등에 관한 법률 조항은 표현의 자유를 침해하지 않는다.

③ 인터넷언론사에 대하여 선거일 전 90일부터 선거일까지 후보자 명의의 칼럼이나 저술을 게재하는 보도를 제한하는 구 인터넷선거보도 심의기준 등에 관한 규정 조항은 과잉금지원칙에 반하여 표현의 자유를 침해하지 않는다.

④ 지역농협 이사 선거의 경우 전화(문자메시지를 포함한다)·컴퓨터통신(전자우편을 포함한다)을 이용한 지지·호소의 선거운동방법을 금지하고, 이를 위반한 자를 형사처벌하도록 한 구 농업협동조합법 조항은 표현의 자유를 침해한다.

해설

③ [×] 이 사건 시기제한조항은 선거일 전 90일부터 선거일까지 후보자 명의의 칼럼 등을 게재하는 인터넷선거보도가 불공정하다고 볼 수 있는지에 대해 구체적으로 판단하지 않고 이를 불공정한 선거보도로 간주하여 선거의 공정성을 해치지 않는 보도까지 광범위하게 제한한다. … 이 사건 시기제한조항의 입법목적을 달성할 수 있는 덜 제약적인 다른 방법들이 이 사건 심의기준 규정과 공직선거법에 이미 충분히 존재한다. 따라서 이 사건 시기제한조항은 과잉금지원칙에 반하여 청구인의 표현의 자유를 침해한다(헌재 2019.11.28, 2016헌마90).

① [O] '건강기능식품에 관한 법률'에 따르면 기능성광고의 심의는 식품의약품안전처장으로부터 위탁받은 한국건강기능식품협회에서 수행하고 있지만, 법상 심의주체는 행정기관인 식품의약품안전처장이며, 언제든지 그 위탁을 철회할 수 있고, 심의위원회의 구성에 관하여도 법령을 통해 행정권이 개입하고 지속적으로 영향을 미칠 가능성이 존재하는 이상 그 구성에 자율성이 보장되어 있다고 볼 수 없다. 식품의약품안전처장이 심의기준 등의 제정과 개정을 통해 심의 내용과 절차에 영향을 줄 수 있고, 식품의약품안전처장이 재심의를 권하면 심의기관이 이를 따라야 하며, 분기별로 식품의약품안전처장에게 보고가 이루어진다는 점에서도 그 심의업무의 독립성과 자율성이 있다고 보기 어렵다. 따라서 이 사건 건강기능식품 기능성광고 사전심의는 행정권이 주체가 된 사전심사로서, 헌법이 금지하는 사전검열에 해당하므로 헌법에 위반된다(헌재 2019.5.30, 2019헌가4).

② [O] 형법상 협박죄는 해악의 고지를 그 요건으로 하고 있어서, 해악의 고지는 없으나 반복적인 음향이나 문언 전송 등의 다양한 방법으로 상대방에게 공포심이나 불안감을 유발하는 소위 '사이버스토킹'을 규제하기는 불충분한 반면, 현대정보사회에서 정보통신망을 이용한 불법행위가 급증하는 추세에 있고, 오프라인 공간에서 발생하는 불법행위에 비해 행위유형이 비정형적이고 다양하여 피해자에게 주는 고통이 더욱 클 수도 있어서 규제의 필요성은 매우 크다. … 따라서 심판대상조항은 표현의 자유를 침해하지 아니한다(헌재 2016.12.29, 2014헌바434).

④ [O] 전화·컴퓨터통신은 누구나 손쉽고 저렴하게 이용할 수 있는 매체인 점, 농업협동조합법에서 흑색선전 등을 처벌하는 조항을 두고 있는 점을 고려하면 입법목적 달성을 위하여 위 매체를 이용한 지지 호소까지 금지할 필요성은 인정되지 아니한다. 이 사건 법률조항들이 달성하려는 공익이 결사의 자유 및 표현의 자유 제한을 정당화할 정도로 크다고 보기는 어려우므로, 법익의 균형성도 인정되지 아니한다. 따라서 이 사건 법률조항들은 과잉금지원칙을 위반하여 결사의 자유, 표현의 자유를 침해하여 헌법에 위반된다(헌재 2016.11.24, 2015헌바62).

19 **표현의 자유에 관한 설명 중 가장 적절하지 않은 것은? (다툼이 있는 경우 판례에 의함)** 22. 경찰승진

① 광고가 단순히 상업적인 상품이나 서비스에 관한 사실을 알리는 경우에는 그 내용이 공익을 포함하고 있더라도 헌법 제21조의 표현의 자유에 의하여 보호되는 것은 아니다.

② 음란표현도 헌법 제21조가 규정하는 언론·출판의 자유의 보호 영역에는 해당하나, 헌법 제37조 제2항에 따라 국가안전보장·질서유지 또는 공공복리를 위하여 제한할 수 있는 것이다.

③ 개인의 외적 명예에 관한 인격권 보호의 필요성, 일단 훼손되면 완전한 회복이 사실상 불가능하다는 보호법익의 특성, 사회적으로 명예가 중시되나 명예훼손으로 인한 피해는 더 커지고 있는 우리 사회의 특수성, 명예훼손죄의 비범죄화에 관한 국민적 공감대의 부족 등을 종합적으로 고려하면, 공연히 사실을 적시하여 다른 사람의 명예를 훼손하는 행위를 금지하고 위반시 형사처벌하도록 정하고 있다고 하여 바로 과도한 제한이라 단언하기 어렵다.

④ 신문보도의 명예훼손적 표현의 피해자가 공적 인물인지 아니면 사인인지, 그 표현이 공적인 관심 사안에 관한 것인지 순수한 사적인 영역에 속하는 사안인지의 여부에 따라 헌법적 심사기준에는 차이가 있어야 한다.

해설

① [×] 광고가 단순히 상업적인 상품이나 서비스에 관한 사실을 알리는 경우에도 그 내용이 공익을 포함하는 때에는 헌법 제21조의 표현의 자유에 의하여 보호된다. 헌법은 제21조 제1항에서 "모든 국민은 언론·출판의 자유 … 를 가진다"라고 규정하여 현대 자유민주주의의 존립과 발전에 필수불가결한 기본권으로 언론·출판의 자유를 강력하게 보장하고 있는바, 광고물도 사상·지식·정보 등을 불특정다수인에게 전파하는 것으로서 언론·출판의 자유에 의한 보호를 받는 대상이 됨은 물론이다(헌재 1998.2.27, 96헌바2).

② [O] 음란표현도 헌법 제21조가 규정하는 언론·출판의 자유의 보호영역에는 해당하되, 다만 헌법 제37조 제2항에 따라 국가 안전보장·질서유지 또는 공공복리를 위하여 제한할 수 있는 것이라고 해석하여야 할 것이다. 결국 이 사건 법률조항의 음란표현은 헌법 제21조가 규정하는 언론·출판의 자유의 보호영역 내에 있다고 볼 것인바, 종전에 이와 견해를 달리하여 음란표현은 헌법 제21조가 규정하는 언론·출판의 자유의 보호영역에 해당하지 아니한다는 취지로 판시한 우리 재판소의 의견은 이를 변경하기로 하며, 이하에서는 이를 전제로 하여 이 사건 법률 조항의 위헌 여부를 심사하기로 한다(헌재 2009.5.28, 2006헌바109 등).

③ [O] 이처럼 개인의 외적 명예에 관한 인격권 보호의 필요성, 일단 훼손되면 완전한 회복이 사실상 불가능하다는 보호법익의 특성, 사회적으로 명예가 중시되나 명예훼손으로 인한 피해는 더 커지고 있는 우리 사회의 특수성, 명예훼손죄의 비범죄화에 관한 국민적 공감대의 부족 등을 종합적으로 고려하면, 공연히 사실을 적시하여 다른 사람의 명예를 훼손하는 행위를 금지하고 위반시 형사처벌하도록 정하고 있다고 하여 바로 과도한 제한이라 단언하기 어렵다(헌재 2021.2.25, 2017헌마1113).

정답 | 18 ③ 19 ①

④ [O] 신문보도의 명예훼손적 표현의 피해자가 공적 인물인지 아니면 사인인지, 그 표현이 공적인 관심 사안에 관한 것인지 순수한 사적인 영역에 속하는 사안인지의 여부에 따라 헌법적 심사기준에는 차이가 있어야 한다(헌재 1999.6.24, 97헌마265).

20 표현의 자유에 관한 설명으로 가장 적절하지 않은 것은? (다툼이 있는 경우 판례에 의함)

23. 경찰 1차

① 구 건강기능식품에 관한 법률에 따른 심의는 형식적으로 식품의약품안전처장으로부터 위탁받은 한국건강기능식품협회에서 수행하고 있지만, 실질적으로 행정기관인 식품의약품안전처장이 자의로 개입할 가능성이 있어, 건강기능식품 기능성 광고사전심의는 행정권이 주체가 된 사전심사로서 헌법이 금지하는 사전검열에 해당한다.

② 인터넷언론사가 선거운동기간 중 당해 홈페이지 게시판 등에 정당·후보자에 대한 지지·반대 등의 정보를 게시하는 경우 실명을 확인받도록 정한 공직선거법 조항은 인터넷언론사를 통한 정보의 특성과 우리나라 선거문화의 현실 등을 고려하고 선거의 공정성 확보를 위한 것으로, 게시판 이용자의 정치적 익명표현의 자유, 개인정보자기결정권 및 인터넷언론사의 언론의 자유를 침해한다고 볼 수 없다.

③ 변호사시험 성적을 합격자에게 공개하지 않도록 규정한 구 변호사시험법 조항은 과잉금지원칙에 위배하여 변호사시험합격자의 알 권리를 침해한다.

④ 헌법 제21조 제4항은 "언론·출판은 타인의 명예나 권리 또는 공중도덕이나 사회윤리를 침해하여서는 아니 된다." 고 규정하고 있는바, 이는 언론·출판의 자유에 따르는 책임과 의무를 강조하는 동시에 언론·출판의 자유에 대한 제한의 요건을 명시한 규정으로 볼 것이고, 헌법상 표현의 자유의 보호영역 한계를 설정한 것이라고는 볼 수 없다.

해설

② [×] 심판대상조항은 정치적 의사표현이 가장 긴요한 선거운동기간 중에 인터넷언론사 홈페이지 게시판 등 이용자로 하여금 실명확인을 하도록 강제함으로써 익명표현의 자유와 언론의 자유를 제한하고, 모든 익명표현을 규제함으로써 대다수 국민의 개인정보자기결정권도 광범위하게 제한하고 있다는 점에서 이와 같은 불이익은 선거의 공정성 유지라는 공익보다 결코 과소평가될 수 없다. 그러므로 심판대상조항은 과잉금지원칙에 반하여 인터넷언론사 홈페이지 게시판 등 이용자의 익명표현의 자유와 개인정보자기결정권, 인터넷언론사의 언론의 자유를 침해한다(헌재 2021.1.28, 2018헌마456등).

① [O] 광고의 심의기관이 행정기관인지 여부는 기관의 형식에 의하기보다는 그 실질에 따라 판단되어야 하고, 행정기관이 자의로 개입할 가능성이 열려 있다면 개입 가능성의 존재 자체로 헌법이 금지하는 사전검열이라고 보아야 한다. '건강기능식품에 관한 법률'에 따르면 기능성 광고의 심의는 식품의약품안전처장으로부터 위탁받은 한국건강기능식품협회에서 수행하고 있지만, 법상 심의주체는 행정기관인 식품의약품안전처장이며, 언제든지 그 위탁을 철회할 수 있고, 심의위원회의 구성에 관하여도 법령을 통해 행정권이 개입하고 지속적으로 영향을 미칠 가능성이 존재하는 이상 그 구성에 자율성이 보장되어 있다고 볼 수 없다. 식품의약품안전처장이 심의기준 등의 제정과 개정을 통해 심의 내용과 절차에 영향을 줄 수 있고, 식품의약품안전처장이 재심의를 권하면 심의기관이 이를 따라야 하며, 분기별로 식품의약품안전처장에게 보고가 이루어진다는 점에서도 그 심의업무의 독립성과 자율성이 있다고 보기 어렵다. 따라서 이 사건 건강기능식품 기능성 광고 사전심의는 행정권이 주체가 된 사전심사로서, 헌법이 금지하는 사전검열에 해당하므로 헌법에 위반된다(헌재 2019.5.30, 2019헌가4).

③ [O] 법학교육의 정상화나 교육 등을 통한 우수 인재 배출, 대학원 간의 과다경쟁 및 서열화 방지라는 입법목적은 법학전문대학원 내의 충실하고 다양한 교과과정 및 엄정한 학사관리 등과 같이 알 권리를 제한하지 않는 수단을 통해서 달성될 수 있고, 변호사시험 응시자들은 자신의 변호사시험 성적을 알 수 없게 되므로, 심판대상조항은 침해의 최소성 및 법익의 균형성 요건도 갖추지 못하였다. 따라서 심판대상조항은 과잉금지원칙에 위배하여 청구인들의 알 권리를 침해한다(헌재 2015.6.25, 2011헌마769).

④ [O] 헌법 제21조 제4항 전문은 "언론·출판은 타인의 명예나 권리 또는 공중도덕이나 사회윤리를 침해하여서는 아니 된다."라고 규정한다. 이는 언론·출판의 자유에 따르는 책임과 의무를 강조하는 동시에 언론·출판의 자유에 대한 제한의 요건을 명시한 규정일 뿐, 헌법상 표현의 자유의 보호영역에 대한 한계를 설정한 것이라고 볼 수는 없으므로, 공연한 사실의 적시를 통한 명예훼손적 표현 역시 표현의 자유의 보호영역에 해당한다(헌재 2021.2.25, 2017헌마1113 등).

21 표현의 자유에 관한 설명 중 가장 적절한 것은? (다툼이 있는 경우 판례에 의함) 22. 경찰 1차

① '익명표현'은 표현의 자유를 행사하는 하나의 방법으로서 그 자체로 규제되어야 하는 것은 아니고, 부정적 효과가 발생하는 것이 예상되는 경우에 한하여 규제될 필요가 있다.

② 헌법 제21조 제4항 전문은 "언론·출판은 타인의 명예나 권리 또는 공중도덕이나 사회윤리를 침해하여서는 아니 된다."라고 규정하고 있는바, 이는 헌법상 표현의 자유의 보호영역에 대한 한계를 설정한 것이라고 보아야 한다.

③ '음란표현'은 헌법상 언론·출판의 자유의 보호영역 밖에 있다고 보아야 한다.

④ 인터넷언론사에 대하여 선거일 전 90일부터 선거일까지 후보자 명의의 칼럼이나 저술을 게재하는 보도를 제한하는 구 인터넷선거보도 심의기준 등에 관한 규정은 인터넷 선거보도의 공정성과 선거의 공정성을 확보하려는 것이므로 후보자인 청구인의 표현의 자유를 침해하지 않는다.

해설

① [O] 익명표현은 표현의 자유를 행사하는 하나의 방법으로서 그 자체로 규제되어야 하는 것은 아니고, 부정적 효과가 발생하는 것이 예상되는 경우에 한하여 규제될 필요가 있다(헌재 2021.1.28, 2018헌마456).

② [×] 헌법 제21조 제4항은 "언론·출판은 타인의 명예나 권리 또는 공중도덕이나 사회윤리를 침해하여서는 아니 된다."고 규정하고 있는바, 이는 언론·출판의 자유에 따르는 책임과 의무를 강조하는 동시에 '언론·출판의 자유에 대한 제한의 요건'을 명시한 규정으로 볼 것이고, 헌법상 표현의 자유의 보호영역 한계를 설정한 것이라고는 볼 수 없다(헌재 2009.5.28, 2006헌바109).

③ [×] 음란표현이 언론·출판의 자유의 보호영역에 해당하지 아니한다고 해석할 경우 음란표현에 대하여는 언론·출판의 자유의 제한에 대한 헌법상의 기본원칙, 예컨대 명확성의 원칙, 검열금지의 원칙 등에 입각한 합헌성 심사를 하지 못하게 될 뿐만 아니라, 기본권 제한에 대한 헌법상의 기본원칙, 예컨대 법률에 의한 제한, 본질적 내용의 침해금지 원칙 등도 적용하기 어렵게 되는 결과, 모든 음란표현에 대하여 사전검열을 받도록 하고 이를 받지 않은 경우 형사처벌을 하거나, 유통목적이 없는 음란물의 단순소지를 금지하거나, 법률에 의하지 아니하고 음란물출판에 대한 불이익을 부과하는 행위 등에 대한 합헌성 심사도 하지 못하게 됨으로써, 결국 음란표현에 대한 최소한의 헌법상 보호마저도 부인하게 될 위험성이 농후하게 된다는 점을 간과할 수 없다. 따라서 음란표현은 헌법 제21조가 규정하는 언론·출판의 자유의 보호영역 내에 있다(헌재 2009.5.28, 2006헌바109).

④ [×] 이 사건 시기제한조항은 선거일 전 90일부터 선거일까지 후보자 명의의 칼럼 등을 게재하는 인터넷 선거보도가 불공정하다고 볼 수 있는지에 대해 구체적으로 판단하지 않고 이를 불공정한 선거보도로 간주하여 선거의 공정성을 해치지 않는 보도까지 광범위하게 제한한다. 공직선거법상 인터넷 선거보도 심의의 대상이 되는 인터넷언론사의 개념은 매우 광범위한데, 이 사건 시기제한조항이 정하고 있는 일률적인 규제와 결합될 경우 이로 인해 발생할 수 있는 표현의 자유 제한이 작다고 할 수 없다. 인터넷언론의 특성과 그에 따른 언론시장에서의 영향력 확대에 비추어 볼 때, 인터넷언론에 대하여는 자율성을 최대한 보장하고 언론의 자유에 대한 제한을 최소화하는 것이 바람직하고, 계속 변화하는 이 분야에서 규제 수단 또한 헌법의 틀 안에서 다채롭고 새롭게 강구되어야 한다. 이 사건 시기제한조항의 입법목적을 달성할 수 있는 덜 제약적인 다른 방법들이 이 사건 심의기준 규정과 공직선거법에 이미 충분히 존재한다. 따라서 이 사건 시기제한조항은 과잉금지원칙에 반하여 청구인의 표현의 자유를 침해한다(헌재 2019.11.28, 2016헌마90).

정답 | 20 ② 21 ①

22 甲은 ○○새마을금고 이사장 선거에 출마한 자로서 새마을금고법 제22조 제3항 제1호 내지 제3호 위반을 이유로 기소되었다. 이에 甲은 위 조항이 자신의 기본권을 침해한다고 주장한다. 이에 관한 설명 중 옳은 것은? (다툼이 있는 경우 판례에 의함)

22. 변호사

> 새마을금고법 제22조【임원의 선거운동 제한】③ 누구든지 임원 선거와 관련하여 다음 각 호의 방법 외의 선거운동을 할 수 없다.
> 1. 금고에서 발행하는 선거공보 제작 및 배부
> 2. 금고에서 개최하는 합동연설회에서의 지지 호소
> 3. 전화(문자메시지를 포함한다) 및 컴퓨터통신(전자우편을 포함한다)을 이용한 지지 호소

① 위 새마을금고법 조항은 甲 자신이 원하는 방법으로 자신의 선거공약 등을 자유롭게 표현할 자유를 제한한다.
② 위 새마을금고법 조항은 甲의 결사의 자유를 제한하는 것은 아니다.
③ 결사의 자유에 포함되는 단체활동의 자유는 단체 외부에 대한 활동만을 포함하고, 단체의 조직, 의사형성의 절차 등 단체의 내부적 생활을 스스로 결정하고 형성할 권리인 단체 내부 활동의 자유는 포함하지 않는다.
④ 새마을금고 임원 선거에서 선거운동을 하는 것은 헌법에 의하여 보호되는 선거권의 범위에 포함된다.
⑤ 공적인 역할을 수행하는 결사 또는 그 구성원들이 결사의 자유의 침해를 주장하는 경우, 과잉금지원칙 위반 여부를 판단함에 있어 순수한 사적인 임의결사의 결사의 자유가 제한되는 경우와 동일한 기준을 적용하여야 한다.

해설

① [O] 심판대상조항은 금고에서 발행하는 선거공보 제작 및 배부, 금고에서 개최하는 합동연설회에서의 지지 호소, 전화 및 컴퓨터통신을 이용한 지지 호소의 방법을 통한 선거운동만을 허용함으로써, 임원 선거에 출마하는 후보자가 자신이 원하는 방법으로 자신의 선거공약 등을 자유롭게 표현할 자유를 제한한다(헌재 2018.2.22, 2016헌바364).

② [×] 새마을금고 임원 선거의 과열과 혼탁을 방지함으로써 선거의 공정성을 담보하고자 하는 심판대상조항의 입법목적은 정당하고, 임원 선거와 관련하여 법정된 선거운동방법만을 허용하되 허용되지 아니하는 방법으로 선거운동을 하는 경우 형사처벌하는 것은 이러한 입법목적을 달성하기 위한 적절한 수단이다. 새마을금고 임원 선거는 선거인들이 비교적 소수이고, 선거인들 간의 연대 및 지역적 폐쇄성이 강하여 선거과정에서 공정성을 확보하는 데 많은 어려움이 있는데 비해 불법적인 행태의 적발이 어렵다는 특수성을 가지므로, 공직선거법에 의해 시행되는 선거에 비해 선거운동의 방법을 제한할 필요성이 인정된다. 특히, 호별 방문을 통한 개별적인 지지 호소를 허용하게 되면, 선거가 과열되어 상호비방 등에 의한 혼탁선거가 이루어질 우려가 있고, 선거 결과가 친소관계에 의해 좌우될 가능성은 높아지는 반면 이러한 행위에 대한 단속이나 적발은 더욱 어려워지게 된다. 또한, 허용되는 선거운동 방법을 통해서도 후보자들은 선거인들에게 자신을 충분히 알릴 수 있고, 선거인들 역시 후보자들의 경력이나 공약 등에 관하여 파악할 수 있는 기회를 가질 수 있으므로, 심판대상조항은 침해의 최소성 요건을 갖추었다. 공공성을 가진 특수법인으로 유사금융기관으로서의 지위를 가지는 새마을금고의 임원 선거에서 공정성을 확보하는 것은 임원의 윤리성을 담보하고 궁극적으로는 새마을금고의 투명한 경영을 도모하고자 하는 것으로, 이러한 공익이 이로 인하여 제한되는 사익에 비해 훨씬 크다고 할 것이므로, 심판대상조항은 법익의 균형성도 갖추었다. 따라서 심판대상조항은 청구인의 결사의 자유 및 표현의 자유를 침해하지 아니한다(헌재 2018.2.22, 2016헌바364).

③ [×] 헌법 제21조가 규정하는 결사의 자유라 함은 견해 표명과 정보유통을 집단적으로 구현시켜 사회연대를 촉진하고 국가로부터 사회의 민주성과 자율성을 구현하는 자유로서(헌재 2012.3.29, 2011헌바53 참조), 다수의 자연인 또는 법인이 공동의 목적을 위하여 단체를 결성할 수 있는 자유를 말하고, 이에는 적극적으로 단체결성의 자유, 단체존속의 자유, 단체활동의 자유, 결사에의 가입·잔류의 자유와 소극적으로 기존의 단체로부터 탈퇴할 자유와 결사에 가입하지 아니할 자유가 모두 포함된다. 단체활동의 자유는 단체 외부에 대한 활동뿐만 아니라 단체의 조직, 의사형성의 절차 등 단체의 내부적 생활을 스스로 결정하고 형성할 권리인 단체 내부 활동의 자유를 포함한다(헌재 2017.6.29, 2016헌가1).

④ [×] 헌법 제24조에 의하여 보장되는 선거권이란 국민이 공무원을 선거하는 권리를 의미하는 것으로, 사법인적인 성격을 지니는 새마을금고의 임원 선거에서 임원을 선출하거나 선거운동을 하는 것은 헌법에 의하여 보호되는 선거권의 범위에 포함되지 아니한다(헌재 2018.2.22, 2016헌바364).

⑤ [×] 공적인 역할을 수행하는 결사 또는 그 구성원들이 기본권의 침해를 주장하는 경우 과잉금지원칙 위반 여부를 판단함에 있어, 순수한 사적인 임의결사의 기본권이 제한되는 경우에 비하여 완화된 기준을 적용할 수 있다(헌재 2018.2.22, 2016헌바364).

23 표현의 자유에 관한 다음 설명 중 가장 옳지 않은 것은? (다툼이 있는 경우 대법원 판례 및 헌법재판소 결정에 의함)

22. 법원행시

① 헌법 제21조 제1항에서 보장하고 있는 표현의 자유에는 익명 또는 가명으로 자신의 사상이나 견해를 표명하고 전파할 익명표현의 자유도 포함된다.

② 표현의 자유에 있어 의사표현 또는 전파의 매개체는 어떠한 형태이건 가능하며 그 제한이 없다.

③ 상업광고 규제에 관한 비례의 원칙 심사에 있어서는 사상이나 지식에 관한 정치적 · 시민적 표현행위에 비하여 그 심사의 정도가 완화된다.

④ 정당 후원회를 금지한 법률조항은 불법 정치자금 수수로 인한 정경유착을 막고 정당의 정치자금 조달의 투명성을 확보하여 정당 운영의 투명성과 도덕성을 제고하기 위한 것으로 입법목적의 정당성이 인정되고, 정당 후원회를 금지하더라도 정당에 대하여 재정적 후원을 할 수 있는 다른 방법이 마련되어 있으므로, 정당 활동의 자유와 정치적 표현의 자유를 과도하게 제한한다고 볼 수는 없다.

⑤ 정보통신망을 통해 일반에게 공개된 정보로 사생활 침해, 명예훼손 등 타인의 권리가 침해된 경우 그 침해를 받은 자가 삭제요청을 하면 정보통신서비스 제공자는 권리의 침해 여부를 판단하기 어렵거나 이해당사자간에 다툼이 예상되는 경우에는 30일 이내에서 해당 정보에 대한 접근을 임시적으로 차단하는 조치를 하여야 한다고 규정한 정보통신망 이용촉진 및 정보보호 등에 관한 법률 제44조의2 제2항 중 '임시조치'에 관한 부분 및 같은 조 제4항이 정보게재자의 이의제기권이나 복원권 등을 규정하지 않고 있더라도, 이를 표현의 자유 침해라고 볼 수는 없다.

해설

④ [×] 정당에 대한 재정적 후원을 금지하고 위반시 형사처벌하는 이 사건 법률조항은 정당 후원회를 금지함으로써 불법 정치자금 수수로 인한 정경유착을 막고 정당의 정치자금 조달의 투명성을 확보하여 정당 운영의 투명성과 도덕성을 제고하기 위한 것으로, 입법목적의 정당성은 인정된다. 그러나 정경유착의 문제는 일부 재벌기업과 부패한 정치세력에 국한된 것이고 대다수 유권자들과는 직접적인 관련이 없으므로 일반 국민의 정당에 대한 정치자금 기부를 원천적으로 봉쇄할 필요는 없고, 기부 및 모금한도액의 제한, 기부내역 공개 등의 방법으로 정치자금의 투명성을 충분히 확보할 수 있다. 정치자금 중 당비는 반드시 당원으로 가입해야만 납부할 수 있어 일반 국민으로서 자신이 지지하는 정당에 재정적 후원을 하기 위해 반드시 당원이 되어야 하므로, 정당법상 정당 가입이 금지되는 공무원 등의 경우에는 자신이 지지하는 정당에 재정적 후원을 할 수 있는 방법이 없다. 그리고 현행 기탁금 제도는 중앙선거관리위원회가 국고보조금의 배분비율에 따라 각 정당에 배분 · 지급하는 일반기탁금제도로서, 기부자가 자신이 지지하는 특정 정당에 재정적 후원을 하는 것과는 전혀 다른 제도이므로 이로써 정당 후원회를 대체할 수 있다고 보기도 어렵다. 나아가 정당제 민주주의하에서 정당에 대한 재정적 후원이 전면적으로 금지됨으로써 정당이 스스로 재정을 충당하고자 하는 정당활동의 자유와 국민의 정치적 표현의 자유에 대한 제한이 매우 크다고 할 것이므로, 이 사건 법률조항은 정당의 정당활동의 자유와 국민의 정치적 표현의 자유를 침해한다(헌재 2015.12.23, 2013헌바168).

① [O] 헌법재판소는 인터넷실명제사건에서 '표현의 자유는, 전통적으로는 사상 또는 의견의 자유로운 표명과 그것을 전파할 자유를 의미하는 것으로서, 이러한 자유로운 표명과 전파의 자유에는 자신의 신원을 누구에게도 밝히지 아니한 채 익명 또는 가명으로 자신의 사상이나 견해를 표명하고 전파할 익명표현의 자유도 포함된다'고 판시하였다(헌재 2010.2.25, 2008헌마324).

② [O] 언론 · 출판의 자유의 내용 중 의사표현 · 전파의 자유에 있어서 의사표현 또는 전파의 매개체는 어떠한 형태이건 가능하며 그 제한이 없다. 즉 담화 · 연설 · 토론 · 연극 · 방송 · 음악 · 영화 · 가요 등과 문서 · 소설 · 시가 · 도화 · 사진 · 조각 · 서화 등 모든 형상의 의사표현 또는 의사전파의 매개체를 포함한다(헌재 1993.5.13, 91헌바17).

③ [O] 상업광고 규제에 관한 비례의 원칙 심사에 있어서 침해의 최소성 원칙은 같은 목적을 달성하기 위하여 달리 덜 제약적인 수단이 없을 것인지 혹은 입법목적을 달성하기 위하여 필요한 최소한의 제한인지를 심사하기보다는 입법목적을 달성하기 위하여 필요한 범위 내의 것인지를 심사하는 정도로 완화되는 것이 상당하다(헌재 2016.3.31, 2014헌마794).

⑤ [O] 정보통신망을 통하여 일반에게 공개된 정보로 말미암아 사생활 침해나 명예훼손 등 타인의 권리가 침해된 경우 그 침해를 받은 자가 삭제요청을 하면 정보통신서비스 제공자는 권리의 침해 여부를 판단하기 어렵거나 이해당사자간에 다툼이 예상되는 경우에는 30일 이내에서 해당 정보에 대한 접근을 임시적으로 차단하는 조치를 하여야 한다고 규정하고 있는 '정보통신망 이용촉진 및 정보보호 등에 관한 법률'(2008.6.13. 법률 제9119호로 개정된 것) 제44조의2 제2항 중 '임시조치'에 관한 부분 및 제4항(이하 '이 사건 법률조항'이라 한다)은 … 타인의 명예나 권리를 표현의 자유가 갖는 구체적 한계로까지 규정하여 보호하고 있는 헌법 제21조 제4항의 취지 등에 비추어 볼 때, 사생활 침해, 명예훼손 등 타인의 권리를 침해할 만한 정보가 무분별하게 유통됨으로써 타인의 인격적 법익 기타 권리에 대한 침해가 돌이킬 수 없는 상황에 이르게 될 가능성을 미연에 차단하려는 공익은 매우 절실한 반면, 이 사건 법률조항으로 말미암아 침해되는 정보게재자의 사익은 그리 크지 않으므로, 법익균형성 요건도 충족한다(헌재 2012.5.31, 2010헌마88).

정답 | 22 ① 23 ④

24 표현의 자유에 대한 설명으로 옳지 않은 것은? (다툼이 있는 경우 판례에 의함) 22. 입법고시

① 건강기능식품 기능성광고의 사전심의절차를 규정한 건강기능식품에 관한 법률 조항은 국민의 건강권을 보호하고 국민의 보건에 관한 국가의 보호의무를 이행하기 위하여 사전심의절차를 법률로 규정한 것으로서 사전검열금지원칙이 적용되지 않는다.

② 구체적인 전달이나 전파의 상대방이 없는 집필의 단계를 표현의 자유의 보호영역에 포함시킬 것인지 의문이 있을 수 있으나 집필은 문자를 통한 모든 의사표현의 기본 전제가 된다는 점에서 당연히 표현의 자유의 보호영역에 속해 있다고 보아야 한다.

③ 국가공무원 복무규정 제8조의2 제2항 등은 "공무원이 직무를 수행할 때 정치적 주장을 표시 또는 상징하는 복장을 하거나 관련 물품을 착용해서는 아니 된다."라고 규정하고 있는바, 정치적 주장을 표시·상징하는 복장 등 관련 물품을 착용하는 행위는 복장 등 비언어적인 방법을 통해 정치적 의사표현을 행하는 것이라 할 수 있다.

④ 음란표현은 헌법 제21조가 규정하는 언론·출판의 자유의 보호영역 내에 있다.

⑤ '자유로운' 표명과 전파의 자유에는 자신의 신원을 누구에게도 밝히지 아니한 채 익명 또는 가명으로 자신의 사상이나 견해를 표명하고 전파할 익명표현의 자유도 그 보호영역에 포함된다고 할 것이다.

해설

① [×] 현행 헌법상 사전검열은 표현의 자유의 보호대상이면 예외 없이 금지된다. 건강기능식품의 기능성 광고는 인체의 구조 및 기능에 대하여 보건용도에 유용한 효과를 준다는 기능성 등에 관한 정보를 널리 알려 해당 건강기능식품의 소비를 촉진시키기 위한 상업광고이지만, 헌법 제21조 제1항의 표현의 자유의 보호 대상이 됨과 동시에 같은 조 제2항의 사전검열금지 대상도 된다. … 따라서 이 사건 건강기능식품 기능성광고 사전심의는 그 검열이 행정권에 의하여 행하여진다 볼 수 있고, 헌법이 금지하는 사전검열에 해당하므로 헌법에 위반된다(헌재 2018.6.28, 2016헌가8).

② [O] 일반적으로 문자를 통한 표현행위가 이루어지는 과정을 살펴보면 표현하고자 하는 내용이 내면적으로 형성되고 그것을 문자로 외부적으로 작성하여 그 작성된 것을 외부에 전달하거나 전파하는 단계를 거치게 되는데, 집필행위는 사람의 내면에 있는 생각이 외부로 나타나는 첫 단계의 행위란 점에서 문자를 통한 표현행위의 가장 기초적이고도 전제가 되는 행위라 할 것이다. 일반적으로 표현의 자유는 정보의 전달 또는 전파와 관련지어 생각되므로 구체적인 전달이나 전파의 상대방이 없는 집필의 단계를 표현의 자유의 보호영역에 포함시킬 것인지 의문이 있을 수 있으나, 집필은 문자를 통한 모든 의사표현의 기본 전제가 된다는 점에서 당연히 표현의 자유의 보호영역에 속해 있다고 보아야 한다(헌재 2005.2.24, 2003헌마289).

③ [O] 이 사건 국가공무원 복무규정 제8조의2 제2항 등은 "공무원이 직무를 수행할 때 정치적 주장을 표시 또는 상징하는 복장을 하거나 관련 물품을 착용해서는 아니 된다."라고 규정하고 있는바, 정치적 주장을 표시·상징하는 복장 등 관련 물품을 착용하는 행위는 복장 등 비언어적인 방법을 통해 정치적 의사표현을 행하는 것이라 할 수 있으므로, 이 사건 국가공무원 복무규정 제8조의2 제2항 등 역시 공무원의 정치적 표현의 자유를 제한하는 규정이라 할 것이다.

④ [O] 음란표현이 언론·출판의 자유의 보호영역에 해당하지 아니한다고 해석할 경우 음란표현에 대하여는 언론·출판의 자유의 제한에 대한 헌법상의 기본원칙, 예컨대 명확성의 원칙, 검열금지의 원칙 등에 입각한 합헌성 심사를 하지 못하게 될 뿐만 아니라, 기본권 제한에 대한 헌법상의 기본원칙, 예컨대 법률에 의한 제한, 본질적 내용의 침해금지 원칙 등도 적용하기 어렵게 되는 결과, 모든 음란표현에 대하여 사전 검열을 받도록 하고 이를 받지 않은 경우 형사처벌을 하거나, 유통목적이 없는 음란물의 단순소지를 금지하거나, 법률에 의하지 아니하고 음란물출판에 대한 불이익을 부과하는 행위 등에 대한 합헌성 심사도 하지 못하게 됨으로써, 결국 음란표현에 대한 최소한의 헌법상 보호마저도 부인하게 될 위험성이 농후하게 된다는 점을 간과할 수 없다. 이 사건 법률조항의 음란표현은 헌법 제21조가 규정하는 언론·출판의 자유의 보호영역 내에 있다고 볼 것인바, 종전에 이와 견해를 달리하여 음란표현은 헌법 제21조가 규정하는 언론·출판의 자유의 보호영역에 해당하지 아니한다는 취지로 판시한 우리 재판소의 의견(헌재 1998.4.30, 95헌가16)을 변경한다[헌재 2009.5.28, 2006헌바109, 2007헌바49, 57, 83, 129(병합)].

⑤ [O] 헌법 제21조에서 보장하고 있는 표현의 자유는, 전통적으로는 사상 또는 의견의 자유로운 표명(발표의 자유)과 그것을 전파할 자유(전달의 자유)를 의미하는 것으로서, 개인이 인간으로서의 존엄과 가치를 유지하고 행복을 추구하며 국민주권을 실현하는 데 필수불가결한 것이고, 종교의 자유, 양심의 자유, 학문과 예술의 자유 등의 정신적인 자유를 외부적으로 표현하는 자유이다. 이러한 '자유로운' 표명과 전파의 자유에는 자신의 신원을 누구에게도 밝히지 아니한 채 익명 또는 가명으로 자신의 사상이나 견해를 표명하고 전파할 익명표현의 자유도 그 보호영역에 포함된다고 할 것이다(헌재 2010.2.25, 2008헌마324 등).

25 표현의 자유에 대한 설명으로 옳지 않은 것만을 <보기>에서 모두 고르면? (다툼이 있는 경우 헌법재판소 판례에 의함)

22. 국회직 8급

〈보기〉

㉠ 방송사 외부에 있는 자가 방송편성에 관계된 자에게 방송편성에 관해 특정한 요구를 하는 등의 방법으로, 방송편성에 관한 자유롭고 독립적인 의사결정에 영향을 미칠 수 있는 행위 일체를 금지하고 이를 위반한 자를 처벌하는 것은 시청자의 건전한 방송 비판 내지 의견제시까지 처벌대상으로 삼는 것으로 시청자들의 표현의 자유를 침해한다.

㉡ 공무원이 선거에서 특정정당 또는 특정인을 지지하기 위하여 타인에게 정당에 가입하도록 권유 운동을 한 경우 형사처벌하는 것은 정치적 표현의 자유를 침해한다.

㉢ 사람을 비방할 목적으로 정보통신망을 통하여 공공연하게 거짓의 사실을 드러내어 다른 사람의 명예를 훼손한 자를 형사처벌하는 것은 표현의 자유를 침해하지 않는다.

㉣ 초·중등학교의 교육공무원이 정치단체의 결성에 관여하거나 이에 가입하는 행위를 금지한 국가공무원법 조항 중 '그 밖의 정치단체'에 관한 부분은 정치적 표현의 자유를 침해하지 않는다.

㉤ 선거운동기간 중 당해 홈페이지 게시판 등에 정당·후보자에 대한 지지·반대 등의 정보를 게시하는 경우 인터넷언론사로 하여금 실명을 확인받는 기술적 조치를 하도록 하는 것은 게시판 등 이용자의 익명표현의 자유를 침해한다.

① ㉠, ㉡, ㉣
② ㉠, ㉡, ㉤
③ ㉠, ㉢, ㉤
④ ㉡, ㉢, ㉣
⑤ ㉢, ㉣, ㉤

해설

옳지 않은 것은 ㉠, ㉡, ㉣이다.

㉠ [×] 방송의 자유는 민주주의의 원활한 작동을 위한 기초인바, 국가권력은 물론 정당, 노동조합, 광고주 등 사회의 여러 세력이 법률에 정해진 절차에 의하지 아니하고 방송편성에 개입한다면 국민 의사가 왜곡되고 민주주의에 중대한 위해가 발생하게 된다. 심판대상조항은 방송편성의 자유와 독립을 보장하기 위하여 방송에 개입하여 부당하게 영향력을 행사하는 '간섭'에 이르는 행위만을 금지하고 처벌할 뿐이고, 방송법과 다른 법률들은 방송 보도에 대한 의견 개진 내지 비판의 통로를 충분히 마련하고 있다. 따라서 심판대상조항이 과잉금지원칙에 반하여 표현의 자유를 침해한다고 볼 수 없다(헌재 2021.8.31, 2019헌바439).

㉡ [×] 정당가입권유금지조항은 선거에서 특정정당·특정인을 지지하기 위하여 정당가입을 권유하는 적극적·능동적 의사에 따른 행위만을 금지함으로써 공무원의 정치적 표현의 자유를 최소화하고 있고, 이러한 행위는 단순한 의견개진의 수준을 넘어 선거운동에 해당하므로 입법자는 헌법 제7조 제2항이 정한 공무원의 정치적 중립성 보장을 위해 이를 제한할 수 있다. 그러므로 정당가입권유금지조항은 과잉금지원칙에 반하여 정치적 표현의 자유를 침해하지 아니한다(헌재 2021.08.31, 2018헌바149).

㉢ [O] 심판대상조항은 이러한 명예훼손적 표현을 규제하면서도 '비방할 목적'이라는 초과주관적 구성요건을 추가로 요구하여 그 규제범위를 최소한도로 하고 있고, 헌법재판소와 대법원은 정부 또는 국가기관의 정책결정이나 업무수행과 관련된 사항에 관하여는 표현의 자유를 최대한 보장함으로써 정보통신망에서의 명예보호가 표현의 자유에 대한 지나친 위축효과로 이어지지 않도록 하고 있다. 또한, 민사상 손해배상 등 명예훼손 구제에 관한 다른 제도들이 형사처벌을 대체하여 인터넷 등 정보통신망에서의 악의적이고 공격적인 명예훼손행위를 방지하기에 충분한 덜 제약적인 수단이라고 보기 어렵다. 그러므로 심판대상조항은 과잉금지원칙을 위반하여 표현의 자유를 침해하지 않는다(헌재 2016.2.25, 2013헌바105).

㉣ [×] 국가공무원법 조항 중 '그 밖의 정치단체'에 관한 부분은 어떤 단체에 가입하는가에 관한 집단적 형태의 '표현의 내용'에 근거한 규제이므로, 더욱 규제되는 표현의 개념을 명확하게 규정할 것이 요구된다. 그럼에도 위 조항은 '그 밖의 정치단체'라는 불명확한 개념을 사용하여, 수범자에 대한 위축효과와 법 집행 공무원의 자의적 판단 위험을 야기하고 있다. 위 조항이 명확성원칙에 위배되어 나머지 청구인들의 정치적 표현의 자유, 결사의 자유를 침해하여 헌법에 위반되는 점이 분명한 이상, 과잉금지원칙에 위배되는지 여부에 대하여는 더 나아가 판단하지 않는다(헌재 2020.4.23, 2018헌마551).

㉤ [O] 심판대상조항은 정치적 의사표현이 가장 긴요한 선거운동기간 중에 인터넷언론사 홈페이지 게시판 등 이용자로 하여금 실명확인을 하도록 강제함으로써 익명표현의 자유와 언론의 자유를 제한하고, 모든 익명표현을 규제함으로써 대다수 국민의 개인정보자기결정권도 광범위하게 제한하고 있다는 점에서 이와 같은 불이익은 선거의 공정성 유지라는 공익보다 결코 과소평가될 수 없다. 그러므로 심판대상조항은 과잉금지원칙에 반하여 인터넷언론사 홈페이지 게시판 등 이용자의 익명표현의 자유와 개인정보자기결정권, 인터넷언론사의 언론의 자유를 침해한다(헌재 2021.1.28, 2018헌마456).

정답 | 24 ① 25 ①

26 표현의 자유에 대한 설명으로 가장 적절하지 않은 것은? (다툼이 있는 경우 헌법재판소 판례에 의함)

22. 경찰간부

① 정당에 관련된 표현행위는 직무 내외를 구분하기 어려우므로 '직무와 관련된 표현행위만을 규제' 하는 등 기본권을 최소한도로 제한하는 대안을 상정하기 어렵다.

② 선거일에 선거운동을 한 자를 처벌하는 구 공직선거법 조항은 정치적 표현의 자유를 침해하지 않는다.

③ 사람을 비방할 목적으로 정보통신망을 통하여 공공연하게 거짓의 사실을 드러내어 다른 사람의 명예를 훼손한 자를 형사처벌하도록 규정한 정보통신망 이용촉진 및 정보보호 등에 관한 법률 조항 중 '사람을 비방할 목적' 부분은 청구인들의 표현의 자유를 침해하지 않는다.

④ 시청자는 왜곡된 보도에 대해서 의견 개진 내지 비판을 할 수 있음에도, 방송편성에 관하여 간섭을 금지하는 방송법 조항의 '간섭'에 관한 부분 및 그 위반 행위자를 처벌하는 구 방송법 조항의 '간섭'에 관한 부분은 청구인의 표현의 자유를 침해한다.

해설

④ [×] 금지조항은 방송편성의 자유와 독립을 보장하기 위하여, 방송사 외부에 있는 자가 방송편성에 관계된 자에게 방송편성에 관해 특정한 요구를 하는 등의 방법으로, 방송편성에 관한 자유롭고 독립적인 의사결정에 영향을 미칠 수 있는 행위 일체를 금지한다는 의미임을 충분히 알 수 있다. 따라서 금지조항은 죄형법정주의의 명확성원칙에 위반되지 아니한다. 방송의 자유는 민주주의의 원활한 작동을 위한 기초인바, 국가권력은 물론 정당, 노동조합, 광고주 등 사회의 여러 세력이 법률에 정해진 절차에 의하지 아니하고 방송편성에 개입한다면 국민 의사가 왜곡되고 민주주의에 중대한 위해가 발생하게 된다. 심판대상조항은 방송편성의 자유와 독립을 보장하기 위하여 방송에 개입하여 부당하게 영향력을 행사하는 '간섭'에 이르는 행위만을 금지하고 처벌할 뿐이고, 방송법과 다른 법률들은 방송보도에 대한 의견 개진 내지 비판의 통로를 충분히 마련하고 있다. 따라서 심판대상조항이 과잉금지원칙에 반하여 표현의 자유를 침해한다고 볼 수 없다(헌재 2021.8.31, 2019헌바439).

① [O] 사회복무요원의 정당가입을 허용하되 직무시간 내의 직무와 관련된 정치적 표현행위만을 금지하는 등 기본권을 최소한도로 제한하는 것처럼 보이는 대안을 상정해 볼 수는 있다. 그러나 사회복무요원의 정당 관련 정치적 표현행위가 직무 내의 것인지 직무 외의 것인지 구분하기 어려운 경우가 많고, 설사 사회복무요원이 근무시간 외에 직무와 관련 없는 정당과 관련한 정치적 표현행위를 한다 하더라도, 이를 통해 국민들은 사회복무요원의 정치적 입장을 알 수 있게 된다. 그 결과 사회복무요원의 정치적 중립성에 대한 국민의 신뢰는 유지되기 어렵게 된다. 결국 위와 같은 방법으로는 사회복무요원의 정치적 중립성을 유지하며 업무전념성을 보장하는 입법목적을 동등하게 달성할 수 없다(헌재 2021.11.25, 2019헌마534).

② [O] 이 사건 처벌조항은 선거일의 선거운동을 금지하여 유권자가 평온한 상태에서 투표를 할 수 있도록 함으로써 선거운동의 과열 및 그로 인한 유권자의 자유로운 의사 형성에 대한 방해를 방지한다. 이러한 공익은 민의가 왜곡되는 것을 방지하는 것으로서 중요성이 크다. 반면 이 사건 처벌조항에 의하여 선거운동이 금지되는 기간은 선거일 0시부터 투표마감시각 전까지로 하루도 채 되지 않고 선거일 전일까지 선거운동기간 동안 선거운동이 보장되며 선거기간 개시일 이전에도 일정한 선거운동이 허용된다는 점을 고려해보면, 이 사건 처벌조항에 의하여 제한되는 정치적 표현의 자유가 앞서 살핀 공익보다 더 크다고 보기 어렵다. 따라서 이 사건 처벌조항은 법익의 균형성도 갖춘 것으로 봄이 상당하다(헌재 2021.12.23, 2018헌바152).

③ [O] 우리나라는 현재 인터넷 이용이 상당히 보편화됨에 따라 정보통신망을 이용한 명예훼손범죄가 급증하는 추세에 있고, 인터넷 등 정보통신망을 이용하여 사실에 기초하더라도 왜곡된 의혹을 제기하거나 편파적인 의견이나 평가를 추가로 적시함으로써 실제로는 허위의 사실을 적시하여 다른 사람의 명예를 훼손하는 경우와 다를 바 없거나 적어도 다른 사람의 사회적 평가를 심대하게 훼손하는 경우가 적지 않게 발생하고 있고, 이로 인한 사회적 피해는 심각한 상황이다. 따라서 이러한 명예훼손적인 표현을 규제함으로써 인격권을 보호해야 할 필요성은 매우 크다. 심판대상조항은 이러한 명예훼손적 표현을 규제하면서도 '비방할 목적'이라는 초과주관적 구성요건을 추가로 요구하여 그 규제 범위를 최소한도로 하고 있고, 헌법재판소와 대법원은 정부 또는 국가기관의 정책결정이나 업무수행과 관련된 사항에 관하여는 표현의 자유를 최대한 보장함으로써 정보통신망에서의 명예보호가 표현의 자유에 대한 지나친 위축효과로 이어지지 않도록 하고 있다. 또한, 민사상 손해배상 등 명예훼손 구제에 관한 다른 제도들이 형사처벌을 대체하여 인터넷 등 정보통신망에서의 악의적이고 공격적인 명예훼손행위를 방지하기에 충분한 덜 제약적인 수단이라고 보기 어렵다. 그러므로 심판대상조항은 과잉금지원칙을 위반하여 표현의 자유를 침해하지 않는다(헌재 2016.2.25, 2013헌바105).

27 정치적 표현의 자유에 관한 다음 설명 중 가장 옳지 않은 것은? 22. 법무사

① 공무원이 선거에서 특정정당 또는 특정인을 지지하기 위하여 타인에게 정당에 가입하도록 권유 운동을 한 경우 형사처벌하는 조항은 공무원의 정치적 표현의 자유를 침해한다.

② 당원이 아닌 자에게도 투표권을 부여하는 당내경선에서 지방공기업법에 규정된 시설관리공단의 상근직원이 경선운동을 할 수 없도록 금지하는 조항은 정치적 표현의 자유를 침해한다.

③ 당내경선에서 이루어지는 경선운동은 원칙적으로 공직선거에서의 당선 또는 낙선을 위한 행위인 선거운동에 해당하지 않으므로, 경선운동을 금지하는 조항이 과잉금지원칙에 반하는지 여부를 판단할 때에는 엄격한 심사기준이 적용되어야 한다.

④ 오늘날 정치적 표현의 자유는 자유민주적 기본질서의 구성요소로서 다른 기본권에 비하여 우월한 효력을 가지므로, 공무원이라는 지위에 있다는 이유만으로 정치적 표현의 자유를 전면적으로 부정할 수는 없다.

⑤ 군무원이 연설, 문서 등의 방법으로 정치적 의견을 공표하는 경우 2년 이하의 금고에 처하도록 한 조항은 군무원의 정치적 표현의 자유를 침해하지 않는다.

해설

① [×] 정당가입권유금지조항은 선거에서 특정정당·특정인을 지지하기 위하여 정당가입을 권유하는 적극적·능동적 의사에 따른 행위만을 금지함으로써 공무원의 정치적 표현의 자유를 최소화하고 있고, 이러한 행위는 단순한 의견개진의 수준을 넘어 선거운동에 해당하므로 입법자는 헌법 제7조 제2항이 정한 공무원의 정치적 중립성 보장을 위해 이를 제한할 수 있다. 그러므로 정당가입권유금지조항은 과잉금지원칙에 반하여 정치적 표현의 자유를 침해하지 아니한다(헌재 2021.08.31, 2018헌바149).

② [O] 당내경선의 형평성과 공정성을 확보하기 위한 심판대상조항의 목적의 정당성 및 수단의 적합성이 인정된다. 그러나 이 사건 공단의 상근직원은 이 사건 공단의 경영에 관여하거나 실질적인 영향력을 미칠 수 있는 권한을 가지고 있지 아니하므로, 경선운동을 한다고 하여 그로 인한 부작용과 폐해가 크다고 보기 어렵다. 또한 공직선거법은 이미 이 사건 공단의 상근직원이 당내경선에 직·간접적으로 영향력을 행사하는 행위들을 금지·처벌하는 규정들을 마련하고 있다. 이 사건 공단의 상근직원이 그 지위를 이용하여 경선운동을 하는 행위를 금지·처벌하는 규정을 두는 것은 별론으로 하고, 이 사건 공단의 상근직원의 경선운동을 일률적으로 금지·처벌하는 것은 정치적 표현의 자유를 과도하게 제한하는 것이다. 정치적 표현의 자유의 중대한 제한에 비하여, 이 사건 공단의 상근직원이 당내경선에서 공무원에 준하는 영향력이 있다고 볼 수 없는 점 등을 고려하면 심판대상조항이 당내경선의 형평성과 공정성의 확보라는 공익에 기여하는 바가 크다고 보기 어렵다. 따라서 심판대상조항은 과잉금지원칙에 반하여 정치적 표현의 자유를 침해한다(헌재 2021.4.29, 2019헌가11).

③ [O] 당내경선은 공직선거 자체와는 구별되는 정당 내부의 자발적인 의사결정에 해당하고, 경선운동은 원칙적으로 공직선거에서의 당선 또는 낙선을 위한 행위인 선거운동에 해당하지 않는다. 따라서 당내경선의 형평성과 공정성을 담보하기 위해서 국가가 개입하여야 하는 정도가 공직선거와 동등하다고 보기는 어렵다. 이와 같은 당내경선 및 경선운동의 내용 및 성질과 경선운동은 정치적 표현의 자유의 보호영역에 속하는 점 등을 고려하면, 심판대상조항이 과잉금지원칙에 반하는지 여부를 판단할 때에는 엄격한 심사기준이 적용되어야 한다(헌재 2022.6.30, 2021헌가24).

④ [O] 헌법 제21조 제1항은 "모든 국민은 언론·출판의 자유와 집회·결사의 자유를 가진다."라고 규정하고 있는바, 표현의 자유는 개인이 자기의 인격을 형성하는 개인적 가치인 자기실현의 수단임과 동시에 정치적 의사결정에 참여하는 사회적 가치인 자기통치를 실현하는 수단이라는 점에서 이러한 자유는 공무원에게도 원칙적으로 보장되어야 한다. 더욱이 오늘날 정치적 표현의 자유는 자유민주적 기본질서의 구성요소로서 다른 기본권에 비하여 우월한 효력을 가지므로, 공무원이라는 지위에 있다는 이유만으로 정치적 표현의 자유를 전면적으로 부정할 수는 없다(헌재 2014.8.28, 2011헌바32).

⑤ [O] 군무원이 그 지위를 이용하지 않고 개인의 지위에서 정치적 의견을 공표하거나, 군무원의 특정 사회 문제에 대한 의견이 특정 정당이나 특정 정치인 또는 그들의 정책이나 활동 등에 대한 지지나 반대 의견이 아닌 경우에는 다른 법률에 따라 제한되지 않는 한 허용된다. 그리고 군무원이 정치적 의견을 공표하더라도, 군조직의 질서와 규율을 무너뜨리거나 민주헌정체제에 대한 국민의 신뢰를 훼손할 수 있는 의견을 공표하는 행위에 해당하지 않으면 허용된다. 이와 같이 심판대상조항은 군무원의 정치적 표현의 자유에 대한 제한을 최소한으로 줄이고 있다(헌재 2018.7.26, 2016헌바139).

정답 | 26 ④ 27 ①

28 헌법상 사전검열에 대한 설명으로 가장 적절하지 않은 것은? (다툼이 있는 경우 헌법재판소 판례에 의함)

22. 경찰간부

① 광고의 심의기관이 행정기관인지 여부는 기관의 형식에 의하기보다는 그 실질에 따라 판단되어야 하고, 행정기관의 자의로 민간심의기구의 심의업무에 개입할 가능성이 열려 있다면 개입 가능성의 존재 자체로 헌법이 금지하는 사전검열이라고 보아야 한다.

② 헌법상 사전검열은 표현의 자유의 보호대상이더라도 예외 없이 금지되지는 않는다.

③ 검열은 언론의 내용에 대한 허용될 수 없는 사전적 제한이라는 점에서 헌법 제21조 제2항 전단의 "허가"와 "검열"은 본질적으로 같은 것이라고 할 것이다.

④ 의료기기에 대한 광고는 상업광고로서 헌법 제21조 제1항의 표현의 자유의 보호대상이 됨과 동시에 같은 조 제2항의 사전검열금지원칙의 적용대상이 된다.

해설

② [×] 현행 헌법상 사전검열은 표현의 자유 보호대상이면 예외 없이 금지된다. 건강기능식품의 기능성 광고는 인체의 구조 및 기능에 대하여 보건용도에 유용한 효과를 준다는 기능성 등에 관한 정보를 널리 알려 해당 건강기능식품의 소비를 촉진시키기 위한 상업광고이지만, 헌법 제21조 제1항의 표현의 자유의 보호 대상이 됨과 동시에 같은 조 제2항의 사전검열 금지 대상도 된다. … 따라서 이 사건 건강기능식품 기능성광고 사전심의는 그 검열이 행정권에 의하여 행하여진다 볼 수 있고, 헌법이 금지하는 사전검열에 해당하므로 헌법에 위반된다(헌재 2018.6.28, 2016헌가8).

① [O] 광고의 심의기관이 행정기관인지 여부는 기관의 형식에 의하기보다는 그 실질에 따라 판단되어야 하고, 행정기관의 자의로 개입할 가능성이 열려 있다면 개입 가능성의 존재 자체로 헌법이 금지하는 사전검열이라고 보아야 한다(헌재 2018.6.28, 2016헌가8).

③ [O] 헌법 제21조 제2항은 "언론·출판에 대한 허가나 검열과 집회·결사에 대한 허가는 인정되지 아니한다."라고 규정하고 있는바, 헌법재판소는 헌법 제21조 제2항 전단의 검열금지원칙이 적용되는 '검열'에 관하여 '행정권이 주체가 되어 사상이나 의견 등이 발표되기 이전에 예방적 조치로서 그 내용을 심사, 선별하여 발표를 사전에 억제하는, 즉 허가 받지 아니한 것의 발표를 금지하는 제도'라고 의미를 규명한 바 있고, 같은 조항 내의 '허가'에 대해서도, 언론의 내용에 대한 허용될 수 없는 사전적 제한이라는 점에서 '허가'와 '검열'은 본질적으로 같은 것이며, 위와 같은 요건에 해당되는 허가·검열은 헌법적으로 허용될 수 없다고 판시하고 있다(헌재 2001.5.31, 2000헌바43).

④ [O] 현행 헌법이 사전검열을 금지하는 규정을 두면서 1962년 헌법과 같이 특정한 표현에 대해 예외적으로 검열을 허용하는 규정을 두고 있지 아니한 점, 표현의 특성이나 이에 대한 규제의 필요성에 따라 언론·출판의 자유의 보호를 받는 표현 중에서 사전검열금지원칙의 적용이 배제되는 영역을 따로 설정할 경우 그 기준에 대한 객관성을 담보할 수 없어 종국적으로는 집권자에게 불리한 내용의 표현을 사전에 억제할 가능성을 배제할 수 없게 된다는 점 등을 들어, 현행 헌법상 사전검열은 표현의 자유 보호대상이면 예외 없이 금지된다는 입장을 명시적으로 밝힌 바 있다. 따라서 의료기기에 대한 광고는 의료기기의 성능이나 효능 및 효과 또는 그 원리 등에 관한 정보를 널리 알려 해당 의료기기의 소비를 촉진시키기 위한 상업광고로서 헌법 제21조 제1항의 표현의 자유의 보호대상이 됨과 동시에 같은 조 제2항의 사전검열금지원칙의 적용대상이 된다(헌재 2020.8.28, 2017헌가35).

29 알 권리에 관한 설명 중 가장 적절하지 않은 것은? (다툼이 있는 경우 판례에 의함) 22. 경찰간부

① 국가 또는 지방자치단체의 기관이 보관하고 있는 문서 등에 관하여 이해관계 있는 국민이 공개를 요구함에도 정당한 이유 없이 이에 응하지 아니하거나 거부하는 것은 당해 국민의 알 권리를 침해하는 것이다.

② 군사기밀의 범위는 국민의 표현의 자유 내지 알 권리의 대상영역을 최대한 넓혀줄 수 있도록 필요한 최소한도에 한정되어야 할 것인바, 구 군사기밀보호법 제6조 등은 '군사상의 기밀'이 비공지의 사실로서 적법절차에 따라 군사기밀로서의 표지를 갖추고 그 누설이 국가의 안전보장에 명백한 위험을 초래한다고 볼 만큼의 실질가치를 지닌 것으로 인정되는 경우에 한하여 적용된다 할 것이므로 이러한 해석하에 헌법에 위반되지 아니한다.

③ 공판조서의 절대적 증명력을 규정한 형사소송법 조항은 공판조서의 증명력을 규정하고 있을 뿐 공판조서의 내용에 대한 접근·수집·처리 등에 관한 규정이 아니어서, 정보에의 접근·수집·처리의 자유를 의미하는 알 권리에 어떠한 제한이 있다고 보기 어렵다.

④ 개별 교원이 어떤 교원단체나 노동조합에 가입해 있는지에 대한 정보 공개를 제한하는 것은 학부모인 청구인들의 알 권리를 제한하는 것은 아니다.

해설

④ [×] 부모는 자녀의 교육에 관하여 전반적인 계획을 세우고 자신의 인생관·사회관·교육관에 따라 자녀의 교육을 자유롭게 형성할 권리, 즉 자녀교육권을 가진다. 그리고 자녀교육권을 실질적으로 보장하기 위해서는 자녀의 교육에 필요한 정보가 제공되어야 하는바 학부모는 교육정보에 대한 알 권리를 가진다. 이러한 정보 속에는 자신의 자녀를 가르치는 교원이 어떠한 자격과 경력을 가진 사람인지는 물론 어떠한 정치성향과 가치관을 가지고 있는 사람인지에 대한 정보도 포함되는 것이므로, 교원의 교원단체 및 노동조합 가입에 관한 정보도 알 권리의 한 내용이 될 수 있다. 그러므로 개별 교원이 어떤 교원단체나 노동조합에 가입해 있는지에 대한 정보 공개를 제한하고 있는 이 사건 법률조항 및 이 사건 시행령조항은 학부모인 청구인들의 알 권리를 제한하는 것이며, 학부모는 그런 알 권리를 통해 자녀교육을 행하게 되므로 위 조항들은 동시에 교육권에 대한 제약도 발생시킨다고 할 수 있다. 그런데, 하나의 규제로 인해 여러 기본권이 동시에 제약을 받는 경우에는 사안과 가장 밀접한 관계에 있고 또 침해의 정도가 큰 주된 기본권을 중심으로 해서 그 제한의 한계를 따져 보아야 하는바, 학부모의 교육권은 위 정보에 대한 알 권리의 충족 여부에 따라 간접적으로 영향받는 것이라 할 수 있으므로, 사안과 가장 밀접한 관계에 있고 또 침해의 정도가 큰 알 권리를 중심으로 살펴보기로 한다(헌재 2011.12.29, 2010헌마293).

① [O] 국가 또는 지방자치단체의 기관이 보관하고 있는 문서 등에 관하여 이해관계 있는 국민이 공개를 요구함에도 정당한 이유 없이 이에 응하지 아니하거나 거부하는 것은 당해 국민의 알 권리를 침해하는 것이다(헌재 1994.8.31, 93헌마174). 그러나, 이해관계인의 문서열람청구에 대하여 당해 행정기관이 그가 보관하고 있는 현황대로 문서를 열람하게 하고 당해 문서를 보관하지 않을 경우 그 문서를 보관하고 있지 않음에 대하여 일반인이 납득할 수 있을 정도로 확인의 기회를 부여하였다면, 비록 이해관계인이 문서열람의 목적을 달성하지 못하게 되었다고 하더라도 이를 가지고 알 권리를 침해한 것이라고 할 수는 없다 할 것이다(헌재 1994.8.31, 93헌마174).

② [O] 군사기밀의 범위는 국민의 표현의 자유 내지 "알 권리"의 대상영역을 최대한 넓혀줄 수 있도록 필요한 최소한도에 한정되어야 할 것이며 따라서 군사기밀보호법 제6조, 제7조, 제10조는 동법 제2조 제1항의 "군사상의 기밀"이 비공지의 사실로서 적법절차에 따라 군사기밀로서의 표지를 갖추고 그 누설이 국가의 안전보장에 명백한 위험을 초래한다고 볼 만큼의 실질가치를 지닌 것으로 인정되는 경우에 한하여 적용된다 할 것이므로 그러한 해석하에 헌법에 위반되지 아니한다(헌재 1992.2.25, 89헌가104).

③ [O] 형사소송법 제56조가 알 권리를 침해한다고 주장하나, 위 법률조항은 공판조서의 증명력을 규정하고 있을 뿐 공판조서의 내용에 대한 접근·수집·처리 등에 관한 규정이 아니어서, 정보에의 접근·수집·처리의 자유를 의미하는 알 권리에 어떠한 제한이 있다고 보기 어렵다(헌재 2013.8.29, 2011헌바253).

정답 | 28 ② 29 ④

30 알 권리에 대한 설명으로 옳지 않은 것은?

23. 5급 공채

① 변호사시험 성적을 합격자에게 공개하지 않도록 규정한 변호사시험법의 조항은 변호사시험에 응시하여 합격한 청구인들의 알 권리를 침해하지 않는다.

② 알 권리는 표현의 자유와 표리일체의 관계에 있고, 정보의 공개청구권은 알 권리의 당연한 내용이 되는 것이다.

③ 형사재판이 확정되면 속기록, 녹음물 또는 영상녹화물을 폐기하도록 규정한 형사소송규칙의 조항은 피고인이었던 청구인의 알 권리를 침해하지 않는다.

④ 교원의 개인정보 공개를 금지하고 있는 교육관련기관의 정보공개에 관한 특례법의 조항은 학부모들의 알 권리를 침해하지 않는다.

해설

① [×] 변호사시험 성적의 비공개는 기존 대학의 서열화를 고착시키는 등의 부작용을 낳고 있으므로 수단의 적절성이 인정되지 않는다. 또한 법학교육의 정상화나 교육 등을 통한 우수 인재 배출, 대학원간의 과다경쟁 및 서열화 방지라는 입법목적은 법학전문대학원 내의 충실하고 다양한 교과과정 및 엄정한 학사관리 등과 같이 알 권리를 제한하지 않는 수단을 통해서 달성될 수 있고, 변호사시험 응시자들은 자신의 변호사시험 성적을 알 수 없게 되므로, 심판대상조항은 침해의 최소성 및 법익의 균형성 요건도 갖추지 못하였다. 따라서 심판대상조항은 과잉금지원칙에 위배하여 청구인들의 알 권리를 침해한다(헌재 2015.6.25, 2011헌마769).

② [O] 정보공개청구권은 알 권리의 당연한 내용이며, 알 권리는 헌법 제21조의 표현의 자유에 당연히 포함되는 기본권으로서 개인의 자유권적 기본권에 해당하고, 헌법 제17조의 사생활의 비밀과 자유 또한 개인의 자유권적 기본권에 해당하므로 국민의 알 권리(정보공개청구권)와 개인정보 주체의 사생활의 비밀과 자유 중 어느 하나를 상위 기본권이라고 하거나 어느 쪽이 우월하다고 할 수는 없을 것이기 때문이다(헌재 2010.12.28, 2009헌바258).

③ [O] 위 규칙조항은 재판이 확정된 이후에는 속기록 등의 보관에 따른 사법자원의 낭비를 막기 위해 이를 폐기하도록 한 것으로 그 입법목적이 정당할 뿐만 아니라 방법 또한 적절하다. 또한, 법은 공판조서 기재의 정확성을 담보하기 위해 작성주체, 방식, 기재 요건 등에 관하여 엄격히 규정하고 있고, 피고인 등으로 하여금 재판이 확정되기 전에는 속기록 등의 사본 청구나 공판조서의 열람 또는 등사를 통하여 공판조서의 기재 내용에 대한 이의를 진술할 수 있도록 함으로써 기본권 침해를 최소화하고 있고, 위 규칙조항으로 인한 기본권 제한이 속기록 등의 무용한 보관으로 인한 자원낭비 방지라는 공익보다 결코 크다고 볼 수 없으므로, 피해의 최소성과 함께 법익균형성의 요건도 갖추었다 할 것이다. 따라서 위 규칙 조항이 청구인의 알 권리나 재판을 받을 권리 등을 침해하였다고 볼 수 없다(헌재 2012.3.29, 2010헌마599).

④ [O] 이 사건 법률조항은 교원의 개인정보 공개를 일률적으로 금지하는 듯이 보이지만, 위 법에 의해 준용되는 '공공기관의 정보공개에 관한 법률'은 개인정보라고 하더라도 그 공개의 여지를 두고 비공개결정에 대해서는 불복의 수단을 마련하고 있으므로, 이 사건 법률조항은 학부모들의 알 권리를 침해하지 않는다(헌재 2011.12.29, 2010헌마293).

31 표현의 자유에 대한 설명으로 가장 적절한 것은? (다툼이 있는 경우 헌법재판소 판례에 의함) 23. 경찰간부

① 인터넷언론사는 선거운동기간 중 당해 홈페이지 게시판 등에 정당 · 후보자에 대한 지지 · 반대의 정보를 게시하는 경우 실명을 확인받는 기술적 조치를 하도록 정한 공직선거법 조항 중 "인터넷언론사" 및 "지지 · 반대" 부분은 명확성원칙에 위배된다.

② 변호사 또는 소비자로부터 대가를 받고 법률상담 또는 사건들을 소개 · 알선 · 유인하기 위하여 변호사등을 광고 · 홍보 · 소개하는 행위를 금지하는 대한변호사협회의 '변호사광고에 관한 규정' 중 대가수수 광고금지규정은 과잉금지원칙을 위반하여 청구인들의 표현의 자유를 침해한다.

③ 공공기관 등이 설치 · 운영하는 모든 게시판에 본인확인조치를 한 경우에만 정보를 게시하도록 하는 것은 게시판에 자신의 사상이나 견해를 표현하고자 하는 사람에게 표현의 내용과 수위 등에 대한 자기검열 가능성을 높이는 것이므로 익명표현의 자유를 침해한다.

④ '인터넷선거보도 심의기준 등에 관한 규정' 중 선거일 전 90일부터 선거일까지 인터넷 언론에 후보자 명의의 칼럼 등의 게재를 금지하는 시기제한조항은 과잉금지원칙에 반하여 청구인의 표현의 자유를 침해하지 않는다.

해설

② [O] 이 사건 대가수수 광고금지규정으로 인하여 청구인 변호사들은 광고업자에게 유상으로 광고를 의뢰하는 것이 사실상 금지되어 표현의 자유, 직업의 자유에 중대한 제한을 받게 되고, 청구인 회사로서도 변호사들로부터 광고를 수주하지 못하게 되어 영업에 중대한 제한을 받게 된다. 따라서 위 규정은 법익의 균형성도 갖추지 못하였다. 그러므로 이 사건 대가수수 광고금지규정은 과잉금지원칙을 위반하여 청구인들의 표현의 자유, 직업의 자유를 침해한다(헌재 2022.5.26, 2021헌마619).

① [×] 공직선거법 및 관련 법령이 구체적으로 '인터넷언론사'의 범위를 정하고 있고, 중앙선거관리위원회가 설치 · 운영하는 인터넷선거보도심의위원회가 심의대상인 인터넷언론사를 결정하여 공개하는 점 등을 종합하면 '인터넷언론사'는 불명확하다고 볼 수 없으며, '지지 · 반대'의 사전적 의미와 심판대상조항의 입법목적, 공직선거법 관련 조항의 규율내용을 종합하면, 건전한 상식과 통상적인 법 감정을 가진 사람이면 자신의 글이 정당 · 후보자에 대한 '지지 · 반대'의 정보를 게시하는 행위인지 충분히 알 수 있으므로, 실명확인 조항 중 "인터넷언론사" 및 "지지 · 반대" 부분은 명확성 원칙에 반하지 않는다(헌재 2021.1.28, 2018헌마456).

③ [×] 공공기관등이 게시판을 설치 · 운영하려면 그 게시판 이용자의 본인 확인을 위한 방법 및 절차의 마련 등 대통령령으로 정하는 필요한 조치를 하도록 정한 심판대상조항으로 인한 기본권 제한의 정도가 크지 않다. 그에 반해 공공기관등이 설치 · 운영하는 게시판에 언어폭력, 명예훼손, 불법정보의 유통이 이루어지는 것을 방지함으로써 얻게 되는 건전한 인터넷 문화 조성이라는 공익은 중요하다. 따라서 심판대상조항은 청구인의 익명표현의 자유를 침해하지 않는다(헌재 2022.12.22, 2019헌마654).

④ [×] 공직선거법상 인터넷 선거보도 심의의 대상이 되는 인터넷언론사의 개념은 매우 광범위한데, 이 사건 시기제한조항이 정하고 있는 일률적인 규제와 결합될 경우 이로 인해 발생할 수 있는 표현의 자유 제한이 작다고 할 수 없다. 인터넷언론의 특성과 그에 따른 언론시장에서의 영향력 확대에 비추어 볼 때, 인터넷언론에 대하여는 자율성을 최대한 보장하고 언론의 자유에 대한 제한을 최소화하는 것이 바람직하고, 계속 변화하는 이 분야에서 규제 수단 또한 헌법의 틀 안에서 다채롭고 새롭게 강구되어야 한다. 이 사건 시기제한조항의 입법목적을 달성할 수 있는 덜 제약적인 다른 방법들이 이 사건 심의기준 규정과 공직선거법에 이미 충분히 존재한다. 따라서 이 사건 시기제한조항은 과잉금지원칙에 반하여 청구인의 표현의 자유를 침해한다(헌재 2019.11.28, 2016헌마90).

▶ 한편 헌재는 이 사건 시기제한조항이 모법의 위임범위를 벗어났다고 볼 수 없으므로 법률유보원칙에 반하여 청구인의 표현의 자유를 침해하지 않는다고 했다.

정답 | 30 ① 31 ②

32 알 권리 및 정보공개청구권에 대한 설명으로 가장 적절하지 않은 것은? (다툼이 있는 경우 헌법재판소 판례에 의함)

23. 경찰간부

① 신문의 편집인 등으로 하여금 아동보호사건에 관련된 아동학대행위자를 특정하여 파악할 수 있는 인적사항 등을 신문 등 출판물에 싣거나 방송매체를 통하여 방송할 수 없도록 하는 아동학대범죄의 처벌 등에 관한 특례법상 보도금지조항은 국민의 알권리를 침해하지 않는다.

② 정치자금법에 따라 회계보고된 자료의 열람기간을 3월간으로 제한한 동법상 열람기간제한 조항은 청구인의 알권리를 침해한다.

③ 인터넷 등 전자적 방법에 의한 판결서 열람·복사의 범위를 개정법 시행 이후 확정된 사건의 판결서로 한정하고 있는 군사법원법 부칙조항은 청구인의 정보공개청구권을 침해한다.

④ 변호사시험성적 공개청구기간을 변호사시험법 시행일부터 6개월 내로 제한하는 동법 부칙조항은 청구인의 정보공개청구권을 침해한다.

해설

③ [×] 이 사건 부칙조항은 판결서 공개제도를 실현하는 과정에서 그 공개범위를 일정 부분 제한하여 판결서 공개에 필요한 국가의 재정이나 용역의 부담을 경감·조정하고자 하는 것이다. 어떤 새로운 제도를 도입할 때에는 그에 따른 사회적 비용도 함께 고려하여 부분적인 개선 방식을 취할 수도 있으므로, 입법자는 현실적인 조건들을 감안해서 위 부칙조항과 같이 판결서 열람·복사에 관한 개정법의 적용 범위를 일정 부분 제한할 수 있으며, 청구인은 비록 전자적 방법은 아니라 해도 군사법원법 제93조의2에 따라 개정법 시행 이전에 확정된 판결서를 열람·복사할 수 있다. 이 사건 부칙조항으로 인해 청구인이 전자적 방법을 통해 열람·복사할 수 있는 판결서의 범위가 제한된다 하더라도 이는 입법재량의 한계 내에 있으므로, 위 부칙조항이 청구인의 정보공개청구권을 침해한다고 할 수 없다(헌재 2015.12.23, 2014헌마185).

① [O] 따라서 아동학대행위자에 대한 식별정보의 보도를 금지하는 것이 과도하다고 보기 어렵다. 보도금지조항은 아동학대사건 보도를 전면금지하지 않으며 오직 식별정보에 대한 보도를 금지할 뿐으로, 익명화된 형태의 사건보도는 가능하다. 따라서 보도금지조항으로 제한되는 사익은 아동학대행위자의 식별정보 보도라는 자극적인 보도의 금지에 지나지 않는 반면 이를 통해 달성하려는 2차 피해로부터의 아동보호 및 아동의 건강한 성장이라는 공익은 매우 중요하다. 따라서 보도금지조항은 언론·출판의 자유와 국민의 알 권리를 침해하지 않는다(헌재 2022.10.27, 2021헌가4).

② [O] 이를 종합하면 정치자금을 둘러싼 분쟁 등의 장기화 방지 및 행정부담의 경감을 위해 열람기간의 제한 자체는 둘 수 있다고 하더라도, 현행 기간이 지나치게 짧다는 점은 명확하다. 짧은 열람기간으로 인해 청구인 신OO는 회계보고된 자료를 충분히 살펴 분석하거나, 문제를 발견할 실질적 기회를 갖지 못하게 되는바, 달성되는 공익과 비교할 때 이러한 사익의 제한은 정치자금의 투명한 공개가 민주주의 발전에 가지는 의미에 비추어 중대하다. 그렇다면 이 사건 열람기간제한 조항은 과잉금지원칙에 위배되어 청구인 신OO의 알권리를 침해한다(헌재 2021.5.27, 2018헌마1168).

④ [O] 변호사시험 합격자는 성적 공개 청구기간 내에 열람한 성적 정보를 인쇄하는 등의 방법을 통해 개별적으로 자신의 성적 정보를 보관할 수 있으나, 성적 공개 청구기간이 지나치게 짧아 정보에 대한 접근을 과도하게 제한하는 이상, 이러한 점을 들어 기본권 제한이 충분히 완화되어 있다고 보기도 어렵다. 이상을 종합하면, 특례조항은 과잉금지원칙에 위배되어 청구인의 정보공개청구권을 침해한다(헌재 2019.7.25, 2017헌마1329).

33 '알 권리'에 관한 설명으로 가장 적절하지 않은 것은? (다툼이 있는 경우 판례에 의함)

23. 경찰경채

① 자유로운 의사의 형성은 정보에의 접근이 충분히 보장됨으로써 비로소 가능한 것이며, 그러한 의미에서 정보에의 접근 · 수집 · 처리의 자유, 즉 '알 권리'는 표현의 자유와 표리일체의 관계에 있으며 자유권적 성질과 청구권적 성질을 공유하는 것이다.

② '알 권리'의 자유권적 성질은 일반적으로 정보에 접근하고 수집 · 처리함에 있어서 국가권력의 방해를 받지 아니한다는 것을 말한다.

③ '알 권리'의 청구권적 성질은 의사형성이나 여론 형성에 필요한 정보를 적극적으로 수집하고 수집을 방해하는 방해제거를 청구할 수 있다는 것을 의미하는바, 이는 정보수집권 또는 정보공개청구권으로 나타난다.

④ '알 권리'는 표현의 자유에 당연히 포함되는 것으로 보아야 하지만 생활권적 성질까지도 획득해 나가고 있다고 보기는 어렵다.

해설

④ [×] 나아가 현대사회가 고도의 정보화사회로 이행해감에 따라 "알 권리"는 한편으로 생활권적 성질까지도 획득해 나가고 있다. 이러한 "알 권리"는 표현의 자유에 당연히 포함되는 것으로 보아야 하며 인권에 관한 세계선언 제19조도 "알 권리"를 명시적으로 보장하고 있다(헌재 1991.5.13, 90헌마133).

① [O] 자유로운 의사의 형성은 정보에의 접근이 충분히 보장됨으로써 비로소 가능한 것이며, 그러한 의미에서 정보에의 접근 · 수집 · 처리의 자유, 즉 "알 권리"는 표현의 자유와 표리일체의 관계에 있으며 자유권적 성질과 청구권적 성질을 공유하는 것이다(헌재 1991.5.13, 90헌마133).

②③ [O] 자유권적 성질은 일반적으로 정보에 접근하고 수집 · 처리함에 있어서 국가권력의 방해를 받지 아니한다는 것을 말하며, 청구권적 성질을 의사형성이나 여론 형성에 필요한 정보를 적극적으로 수집하고 수집을 방해하는 방해제거를 청구할 수 있다는 것을 의미하는바, 이는 정보수집권 또는 정보공개청구권으로 나타난다(헌재 1991.5.13, 90헌마133).

34 표현의 자유에 관한 설명으로 옳지 않은 것은? (다툼이 있는 경우 헌법재판소 판례에 의함)

24. 소방간부

① 광고도 사상 · 지식 · 정보 등을 불특정다수인에게 전파하는 것으로서 언론 · 출판의 자유에 의한 보호를 받는 대상이 됨은 물론이고, 상업적 광고표현 또한 보호의 대상이 된다.

② 집회의 자유는 집회를 통하여 형성된 의사를 집단적으로 표현하고 이를 통하여 불특정 다수인의 의사에 영향을 줄 자유를 포함하지만, 집회의 자유의 보장 대상은 평화적, 비폭력적 집회에 한정된다.

③ "언론 · 출판은 타인의 명예나 권리 또는 공중도덕이나 사회윤리를 침해하여서는 아니 된다."라고 규정한 헌법 제21조 제4항 전문은 언론 · 출판의 자유에 대한 제한의 요건을 명시한 것이 아니라 헌법상 표현의 자유의 보호영역에 대한 한계를 설정한 것이다.

④ 집회 · 시위장소는 집회 · 시위의 목적을 달성하는 데 있어서 매우 중요한 역할을 수행하는 경우가 많으므로 장소선택의 자유는 집회 · 시위의 자유의 한 실질을 형성한다.

⑤ 헌법 제21조 제2항의 '허가'는 '행정청이 주체가 되어 집회의 허용 여부를 사전에 결정하는 것'으로서 행정청에 의한 사전허가는 헌법상 금지되지만, 입법자가 법률로써 일반적으로 집회를 제한하는 것은 헌법상 '사전허가금지'에 해당하지 않는다.

정답 | 32 ③ 33 ④ 34 ③

해설

③ [×] 헌법 제21조 제4항은 '언론 · 출판은 타인의 명예나 권리 또는 공중도덕이나 사회윤리를 침해하여서는 아니 된다.'고 규정하고 있는바, 이는 언론 · 출판의 자유에 따르는 책임과 의무를 강조하는 동시에 언론 · 출판의 자유에 대한 제한의 요건을 명시한 규정으로 볼 것이고, 헌법상 표현의 자유의 보호영역 한계를 설정한 것이라고는 볼 수 없다(헌재 2013.6.27, 2012헌바37).

① [O] 광고도 사상 · 지식 · 정보 등을 불특정다수인에게 전파하는 것으로서 언론 · 출판의 자유에 의한 보호를 받는 대상이 됨은 물론이고, 상업적 광고표현 또한 보호 대상이 된다(헌재 2018.6.28, 2016헌가8 등).

② [O] 집회의 자유에는 집회를 통하여 형성된 의사를 집단적으로 표현하고 이를 통하여 불특정 다수인의 의사에 영향을 줄 자유를 포함한다. … 한편, 우리 헌법상 집회의 자유에 의하여 보호되는 것은 오로지 '평화적' 또는 '비폭력적' 집회에 한정되는 것이므로 집회의 자유를 빙자한 폭력행위나 불법행위 등은 헌법적 보호범위를 벗어난 것인 만큼, 형법, '폭력행위 등 처벌에 관한 법률', 도로교통법 등에 의하여 형사처벌되거나 민사상의 손해배상책임 등에 의하여 제재될 수 있다(헌재 2014.3.27, 2010헌가2 등).

④ [O] 집회 · 시위장소는 집회 · 시위의 목적을 달성하는데 있어서 매우 중요한 역할을 수행하는 경우가 많기 때문에 집회 · 시위장소를 자유롭게 선택할 수 있어야만 집회 · 시위의 자유가 비로소 효과적으로 보장되므로 장소선택의 자유는 집회 · 시위의 자유의 한 실질을 형성한다(헌재 2005.11.24, 2004헌가17).

⑤ [O] 헌법 제21조 제2항의 '허가'는 '행정청이 주체가 되어 집회의 허용 여부를 사전에 결정하는 것'으로서 행정청에 의한 사전허가는 헌법상 금지되지만, 입법자가 법률로써 일반적으로 집회를 제한하는 것은 헌법상 '사전허가금지'에 해당하지 않는다(헌재 2014.4.24, 2011헌가29).

35 언론 · 출판의 자유에 관한 설명 중 가장 적절하지 않은 것은? (다툼이 있는 경우 판례에 의함) 24. 경정승진

① 비의료인의 의료에 관한 광고를 금지하고 처벌하는 의료법 조항은 국민의 생명권과 건강권을 보호하고 국민의 보건에 관한 국가의 보호의무를 이행하기 위하여 필요한 최소한도 내의 제한이라고 할 것이므로, 비의료인의 표현의 자유를 침해하지 않는다.

② 사전허가금지의 대상은 언론 · 출판의 자유의 내재적 본질인 표현의 내용을 보장하는 것뿐만 아니라, 언론 · 출판을 위해 필요한 물적 시설이나 언론기업의 주체인 기업인으로서의 활동까지 포함된다.

③ 인터넷신문사업자에게 취재 인력 3명 이상을 포함하여 취재 및 편집 인력 5명 이상을 상시적으로 고용할 것을 요구하는 것은 소규모 인터넷신문이 언론으로서 활동할 수 있는 기회 자체를 원천적으로 봉쇄할 수 있음에 비하여, 인터넷신문의 신뢰도 제고라는 입법목적의 효과는 불확실하다는 점에서 과잉금지원칙에 위배되어 언론의 자유를 침해한다.

④ 표현의 자유는 사상 또는 의견을 자유롭게 표명할 자유와 그것을 전파할 자유를 의미하는 것으로서, 그러한 의사의 자유로운 표명과 전파의 자유에는 자신의 신원을 누구에게도 밝히지 아니한 채 익명 또는 가명으로 자신의 사상이나 견해를 표명하고 전파할 익명표현의 자유도 포함된다.

해설

② [×] 사전허가금지의 대상은 어디까지나 언론 · 출판 자유의 내재적 본질인 표현의 내용을 보장하는 것을 말하는 것이지, 언론 · 출판을 위해 필요한 물적 시설이나 언론기업의 주체인 기업인으로서의 활동까지 포함되는 것으로 볼 수는 없다. 즉, 언론 · 출판에 대한 허가 · 검열금지의 취지는 정부가 표현의 내용에 관한 가치판단에 입각해서 특정 표현의 자유로운 공개와 유통을 사전 봉쇄하는 것을 금지하는 데 있으므로, 내용 규제 그 자체가 아니거나 내용 규제 효과를 초래하는 것이 아니라면 헌법이 금지하는 "허가"에는 해당되지 않는다(헌재 2016.10.27, 2015헌마1206 등).

① [O] 비의료인에게 의료에 관한 광고를 허용할 경우에는 비의료인에 의하여 의료에 관한 부정확한 광고가 양산되고, 그에 의하여 일반인들이 올바른 의료선택을 하지 못하게 되며, 무면허 의료행위가 조장 · 확산될 위험이 있다. 이 사건 법률조항은 이러한 결과를 방지하여 국민의 생명권과 건강권을 보호하고 국민의 보건에 관한 국가의 보호의무를 이행하기 위하여 필요한 최소한도 내의 제한이라고 할 것이므로, 비의료인인 청구인의 표현의 자유, 직업수행의 자유를 침해한다고 볼 수 없다(헌재 2016.9.29, 2015헌바325).

③ [O] 고용조항 및 확인조항은 소규모 인터넷신문이 언론으로서 활동할 수 있는 기회 자체를 원천적으로 봉쇄할 수 있음에 비하여, 인터넷신문의 신뢰도 제고라는 입법목적의 효과는 불확실하다는 점에서 법익의 균형성도 잃고 있다. 따라서 고용조항 및 확인조항은 과잉금지원칙에 위배되어 청구인들의 언론의 자유를 침해한다(헌재 2016.10.27, 2015헌마1206 등).

④ [O] 헌법 제21조 제1항에서 보장하고 있는 표현의 자유는 사상 또는 의견의 자유로운 표명(발표의 자유)과 그것을 전파할 자유(전달의 자유)를 의미하는 것으로서, 그러한 의사의 '자유로운' 표명과 전파의 자유에는 자신의 신원을 누구에게도 밝히지 아니한 채 익명 또는 가명으로 자신의 사상이나 견해를 표명하고 전파할 익명표현의 자유도 포함된다(헌재 2012.8.23, 2010헌마47 등).

36 **알 권리에 관한 설명 중 가장 적절한 것은? (다툼이 있는 경우 판례에 의함)** 24. 경정승진

① 교원의 개인정보 공개를 금지하고 있는 교육관련기관의 정보공개에 관한 특례법 조항은 학부모들의 알 권리를 침해한다.

② 저속한 간행물의 출판을 전면 금지시키고 이를 위반하면 출판사의 등록을 취소시킬 수 있도록 한다고 해서 청소년 보호를 위해 지나치게 과도한 수단을 선택했다거나 성인의 알 권리를 침해하는 것은 아니다.

③ 정보공개청구의 대상이 되는 정보가 이미 다른 사람에게 공개하여 널리 알려져 있다거나 인터넷이나 관보 등을 통하여 공개하여 인터넷검색이나 도서관에서의 열람 등을 통하여 쉽게 알 수 있다는 사정만으로는 비공개결정이 정당화될 수는 없다.

④ 국군의 이념 및 사명을 해할 우려가 있는 도서로 인하여 군인들의 정신전력이 저해되는 것을 방지하기 위하여 불온도서의 소지·전파 등을 금지하는 군인복무규율 조항은 군인의 알 권리를 침해한다.

해설

③ [O] 공개청구의 대상이 되는 정보가 이미 다른 사람에게 공개하여 널리 알려져 있다거나 인터넷이나 관보 등을 통하여 공개하여 인터넷검색이나 도서관에서의 열람 등을 통하여 쉽게 알 수 있다는 사정만으로는 소의 이익이 없다거나 비공개결정이 정당화될 수는 없다(대판 2008.11.27, 2005두15694).

① [×] 이 사건 법률조항은 교원의 개인정보 공개를 일률적으로 금지하는 듯이 보이지만, 위 법에 의해 준용되는 '공공기관의 정보공개에 관한 법률'은 개인정보라고 하더라도 그 공개의 여지를 두고 비공개결정에 대해서는 불복의 수단을 마련하고 있으므로, 이 사건 법률조항은 학부모들의 알 권리를 침해하지 않는다(헌재 2011.12.29, 2010헌마293).

② [×] 저속한 간행물의 출판을 전면 금지시키고 출판사의 등록을 취소시킬 수 있도록 하는 것은 청소년보호를 위해 지나치게 과도한 수단을 선택한 것이고, 또 청소년보호라는 명목으로 성인이 볼 수 있는 것까지 전면 금지시킨다면 이는 성인의 알권리의 수준을 청소년의 수준으로 맞출 것을 국가가 강요하는 것이어서 성인의 알 권리까지 침해하게 된다(헌재 1998.4.30, 95헌가16).

④ [×] 군의 정신전력이 국가안전보장을 확보하는 군사력의 중요한 일부분이라는 점이 분명한 이상, 정신전력을 보전하기 위하여 불온도서의 소지·전파 등을 금지하는 규율조항은 목적의 정당성이 인정된다. 또한 군의 정신전력에 심각한 저해를 초래할 수 있는 범위의 도서로 한정함으로써 침해의 최소성 요건을 지키고 있고, 이 사건 복무규율조항으로 달성되는 군의 정신전력 보존과 이를 통한 군의 국가안전보장 및 국토방위의무의 효과적인 수행이라는 공익은 이 사건 복무규율조항으로 인하여 제한되는 군인의 알 권리라는 사익보다 결코 작다 할 수 없다. 이 사건 복무규율조항은 법익균형성 원칙에도 위배되지 아니한다(헌재 2010.10.28, 2008헌마638).

정답 | 35 ② 36 ③

37 표현의 자유에 대한 설명으로 옳지 않은 것은? (다툼이 있는 경우 판례에 의함) 24. 입법고시

① 건강기능식품의 기능성 광고는 상업광고로서 헌법 제21조 제1항의 표현의 자유의 보호 대상이 됨과 동시에 헌법 제21조 제2항의 사전검열 금지 대상도 된다.

② 군형법상 상관모욕죄는 군조직의 특수성과 강화된 군인의 정치적 중립의무 등에 비추어 수인의 한도 내에 있으므로 군인의 표현의 자유를 침해하는 것은 아니다.

③ 공직자의 자질 · 도덕성 · 청렴성에 관한 사실은 그 내용이 개인적인 사생활에 관한 것이라 할지라도 순수한 사생활의 영역에 있다고 보기 어렵다.

④ 헌법상 사전검열은 금지되나, 예외적인 경우에는 인정될 수도 있다.

⑤ 의사의 자유로운 표명과 전파의 자유에는 자신의 신원을 누구에게도 밝히지 아니한 채 익명 또는 가명으로 자신의 사상이나 견해를 표현하는 익명표현의 자유도 포함된다.

해설

④ [×] 헌법이 특정한 표현에 대해 예외적으로 검열을 허용하는 규정을 두지 않은 점, 이러한 상황에서 표현의 특성이나 규제의 필요성에 따라 언론 · 출판의 자유의 보호를 받는 표현 중에서 사전검열금지원칙의 적용이 배제되는 영역을 따로 설정할 경우 그 기준에 대한 객관성을 담보할 수 없다는 점 등을 고려하면, 헌법상 사전검열은 예외 없이 금지되는 것으로 보아야 하므로 의료광고 역시 사전검열금지원칙의 적용대상이 된다(헌재 2015.12.23, 2015헌바75).

① [O] 건강기능식품의 기능성 광고는 인체의 구조 및 기능에 대하여 보건용도에 유용한 효과를 준다는 기능성 등에 관한 정보를 널리 알려 해당 건강기능식품의 소비를 촉진시키기 위한 상업광고이지만, 헌법 제21조 제1항의 표현의 자유의 보호 대상이 됨과 동시에 같은 조 제2항의 사전검열 금지 대상도 된다. … 따라서 이 사건 건강기능식품 기능성광고 사전심의는 그 검열이 행정권에 의하여 행하여진다 볼 수 있고, 헌법이 금지하는 사전검열에 해당하므로 헌법에 위반된다(헌재 2018.6.28, 2016헌가8 등).

② [O] 만약 군인의 상관에 대한 모욕행위를 형법상의 모욕죄로 처벌한다면, 개인적인 합의로 고소가 취소되었다는 사정만으로 처벌이 불가능하게 되고, 그로 인하여 근무기강을 해이하게 할 위험이 농후할 뿐만 아니라 군의 지휘체계와 사기를 무너뜨려 국토방위와 국가의 안위를 위험에 빠뜨릴 수도 있다. 그에 비하여 심판대상조항으로 제한되는 행위는 상관에 대한 사회적 평가를 저하시킬 만한 추상적 판단이나 경멸적 감정의 표현으로 비록 그 표현에 군인 개인의 정치적 의사 표현이 포함될 수 있다고 하더라도 군조직의 특수성과 강화된 군인의 정치적 중립의무 등에 비추어 그 제한은 수인의 한도 내에 있다고 보인다. … 따라서 심판대상조항은 과잉금지원칙에 위배되어 군인의 표현의 자유를 침해하지 아니한다(헌재 2016.2.25, 2013헌바111).

③ [O] 공직자의 공무집행과 직접적인 관련이 없는 개인적인 사생활에 관한 사실이라도 일정한 경우 공적인 관심 사안에 해당할 수 있다. 공직자의 자질 · 도덕성 · 청렴성에 관한 사실은 그 내용이 개인적인 사생활에 관한 것이라 할지라도 순수한 사생활의 영역에 있다고 보기 어렵다. 이러한 사실은 공직자 등의 사회적 활동에 대한 비판 내지 평가의 한 자료가 될 수 있고, 업무집행의 내용에 따라서는 업무와 관련이 있을 수도 있으므로, 이에 대한 문제제기 내지 비판은 허용되어야 한다(헌재 2013.12.26, 2009헌마747).

⑤ [O] 헌법 제21조 제1항에서 보장하고 있는 표현의 자유는 사상 또는 의견의 자유로운 표명(발표의 자유)과 그것을 전파할 자유(전달의 자유)를 의미하는 것으로서, 그러한 의사의 '자유로운' 표명과 전파의 자유에는 자신의 신원을 누구에게도 밝히지 아니한 채 익명 또는 가명으로 자신의 사상이나 견해를 표명하고 전파할 익명표현의 자유도 포함된다(헌재 2012.8.23, 2010헌마47 등).

38 표현의 자유에 관한 설명으로 가장 적절하지 않은 것은? (다툼이 있는 경우 판례에 의함) 24. 경찰 1차

① 표현의 자유는 국민 개인적인 차원에서는 자유로운 인격발현의 수단임과 동시에 합리적이고 건설적인 의사형성 및 진리발견의 수단이 되며, 국가와 사회적인 차원에서는 민주주의 국가와 사회의 존립과 발전에 필수불가결한 기본권이다.

② 사회복무요원이 정당 가입을 할 수 없도록 규정한 병역법 조항은 사회복지시설에 근무하는 사회복무요원의 경우에는 민간 영역에서 근무하고 그 직무의 성질상 정치적 중립성을 훼손할 가능성이 거의 없음에도 불구하고 일괄적으로 정당에 가입하는 행위를 금지한다는 점에서 과잉금지원칙에 위배되어 사회복무요원인 청구인의 정치적 표현의 자유를 침해한다.

③ 대한민국을 모욕할 목적으로 국기를 손상, 제거 또는 오욕한 자를 처벌하는 형법 조항은 이러한 국기모독행위를 단순히 경범죄로 취급하거나 형벌 이외의 다른 수단으로 제재하여서는 입법목적을 효과적으로 달성하기 어렵다는 점에서 과잉금지원칙에 위배되어 해당 청구인의 표현의 자유를 침해하지 않는다.

④ 남북합의서 위반행위로서 전단등 살포를 하여 국민의 생명·신체에 위해를 끼치거나 심각한 위험을 발생시키는 것을 금지하고 이를 위반한 경우 처벌하는 남북관계 발전에 관한 법률 조항은 그 궁극적인 의도가 북한 주민을 상대로 한 북한 체제 비판 등의 내용을 담은 표현을 제한하는 데 있다는 점에서 표현의 내용과 무관한 내용중립적 규제로 보기는 어렵다.

해설

② [×] 이 사건 법률조항 중 '정당'에 관한 부분은 사회복무요원의 정치적 중립성을 유지하고 업무전념성을 보장하기 위한 것으로, 정당은 개인적 정치활동과 달리 국민의 정치적 의사형성에 미치는 영향력이 크므로 사회복무요원의 정당 가입을 금지하는 것은 입법목적을 달성하기 위한 적합한 수단이다. 정당에 관련된 표현행위는 직무 내외를 구분하기 어려우므로 '직무와 관련된 표현행위만을 규제'하는 등 기본권을 최소한도로 제한하는 대안을 상정하기 어려우며, 위 입법목적이 사회복무요원이 제한받는 사익에 비해 중대하므로 이 사건 법률조항 중 '정당'에 관한 부분은 청구인의 정치적 표현의 자유 및 결사의 자유를 침해하지 않는다(헌재 2021.11.25, 2019헌마534).

① [O] 표현의 자유를 통해 사회구성원 사이에서 다양한 사상과 의견이 자유롭게 교환되고, 공적 사안들에 관한 공개적인 토론과 자유로운 비판이 이루어지게 된다. 표현의 자유는 국민 개인적인 차원에서는 자유로운 인격발현의 수단임과 동시에 합리적이고 건설적인 의사형성 및 진리발견의 수단이 되며, 국가와 사회적인 차원에서는 민주주의 국가와 사회의 존립과 발전에 필수불가결한 기본권이다. 자유로운 논쟁과 의견의 경합은 민주적 의사형성을 가능하게 한다는 점에서, 표현의 자유는 민주주의를 구성하는 본질적 요소이다(헌재 2023.9.26, 2020헌마1724 등).

③ [O] 심판대상조항은 국가가 가지는 고유의 상징성과 위상을 고려하여 일정한 표현방법을 규제하는 것에 불과하므로, 국기모독 행위를 처벌한다고 하여 이를 정부나 정권, 구체적 국가기관이나 제도에 대한 비판을 허용하지 않거나 이를 곤란하게 하는 것으로 볼 수 없다. … 국기모독 행위를 경범죄로 취급하거나 형벌 이외의 다른 수단으로 제재하여서는 입법목적을 효과적으로 달성하기 어렵다. … 심판대상조항은 과잉금지원칙에 위배되어 청구인의 표현의 자유를 침해한다고 볼 수 없고, 표현의 자유의 본질적 내용을 침해한다고도 할 수 없다(헌재 2019.12.27, 2016헌바96).

☑ 비교 판례

대한민국 또는 헌법상 국가기관에 대하여 모욕, 비방, 사실 왜곡, 허위사실 유포 또는 기타 방법으로 대한민국의 안전, 이익 또는 위신을 해하거나 해할 우려가 있는 표현이나 행위에 대하여 형사처벌하도록 규정한 구 형법 제104조의2는 과잉금지원칙에 위배되어 표현의 자유를 침해한다(헌재 2015.10.21, 2013헌가20)[위헌결정].

④ [O] 전단등 살포 행위자가 전달하려는 내용을 북한이 문제 삼기 때문에 심판대상조항을 통해 전단등 살포 행위를 제한하려는 것이다. 이는 '전단등 살포'라는 행위를 제한하는 심판대상조항의 궁극적인 의도가 북한 주민을 상대로 한 북한 체제 비판 등의 내용을 담은 표현을 제한하는 데 있다는 것이고, 이는 결국 심판대상조항이 그 효과에 있어서 주로 특정 관점에 대하여 그 표현을 제한하는 결과를 가져온다고 할 것이다. 따라서 심판대상조항에 의한 표현의 자유 제한이 표현의 내용과 무관한 내용중립적 규제라고 보기는 어려운바, 심판대상조항은 표현의 내용을 규제하는 것으로 봄이 타당하다. … 심판대상조항은 과잉금지원칙에 위배되어 청구인들의 표현의 자유를 침해한다(헌재 2023.9.26, 2020헌마1724 등).

정답 | 37 ④ 38 ②

■ 집회의 자유

01 집회의 자유에 대한 설명으로 옳지 않은 것은? (다툼이 있는 경우 판례에 의함) 24. 지방직 7급

① 누구든지 중앙선거관리위원회의 경계 지점으로부터 100미터 이내의 장소에서는 옥외집회 또는 시위를 하여서는 아니 된다.

② 집회 및 시위에 관한 법률이 옥외집회와 옥내집회를 구분하는 이유는, 옥외집회의 경우 외부세계, 즉 다른 기본권의 주체와 직접적으로 접촉할 가능성으로 인하여 옥내집회와 비교할 때 법익충돌의 위험성이 크다는 점에서 집회의 자유의 행사방법과 절차에 관하여 보다 자세하게 규율할 필요가 있기 때문이다.

③ 헌법 제21조 제2항에서 규정한 집회의 허가제 금지는 헌법 자체에서 직접 집회의 자유에 대한 제한의 한계를 명시한 것이므로 기본권 제한에 관한 일반적 법률유보조항인 헌법 제37조 제2항에 앞서서, 우선적이고 제1차적인 위헌심사기준이 되어야 한다.

④ 집회의 금지와 해산은 집회의 자유를 보다 적게 제한하는 다른 수단, 즉 조건을 붙여 집회를 허용하는 가능성을 모두 소진한 후에 비로소 고려될 수 있는 최종적인 수단이다.

해설

① [×] 중앙선거관리위원회는 경계 지점으로부터 100미터 이내의 장소에서 옥외집회 또는 시위를 금지하는 대상기관이 아니다.

> 집회 및 시위에 관한 법률 제11조 【옥외집회와 시위의 금지 장소】 누구든지 다음 각 호의 어느 하나에 해당하는 청사 또는 저택의 경계 지점으로부터 100미터 이내의 장소에서는 옥외집회 또는 시위를 하여서는 아니 된다.
> 1. 국회의사당. 다만, 다음 각 목의 어느 하나에 해당하는 경우로서 국회의 기능이나 안녕을 침해할 우려가 없다고 인정되는 때에는 그러하지 아니하다.
> 2. 각급 법원, 헌법재판소. 다만, 다음 각 목의 어느 하나에 해당하는 경우로서 각급 법원, 헌법재판소의 기능이나 안녕을 침해할 우려가 없다고 인정되는 때에는 그러하지 아니하다.
> 3. 대통령 관저(官邸), 국회의장 공관, 대법원장 공관, 헌법재판소장 공관
> 4. 국무총리 공관. 다만, 다음 각 목의 어느 하나에 해당하는 경우로서 국무총리 공관의 기능이나 안녕을 침해할 우려가 없다고 인정되는 때에는 그러하지 아니하다.

② [O] 집시법이 옥외집회와 옥내집회를 구분하는 이유는, 옥외집회의 경우 외부세계, 즉 다른 기본권의 주체와 직접적으로 접촉할 가능성으로 인하여 옥내집회와 비교할 때 법익충돌의 위험성이 크다는 점에서 집회의 자유의 행사방법과 절차에 관하여 보다 자세하게 규율할 필요가 있기 때문이다. 이는 한편으로는 집회의 자유의 행사를 실질적으로 가능하게 하기 위한 것이고, 다른 한편으로는 집회의 자유와 충돌하는 제3자의 법익을 충분히 보호하기 위한 것이다(헌재 2003.10.30, 2000헌바67 등).

③ [O] 헌법 제21조 제2항은, 집회에 대한 허가제는 집회에 대한 검열제와 마찬가지이므로 이를 절대적으로 금지하겠다는 헌법개정권력자인 국민들의 헌법가치적 합의이며 헌법적 결단이다. 또한 위 조항은 헌법 자체에서 직접 집회의 자유에 대한 제한의 한계를 명시한 것이므로 기본권 제한에 관한 일반적 법률유보조항인 헌법 제37조 제2항에 앞서서, 우선적이고 제1차적인 위헌심사기준이 되어야 한다(헌재 2009.9.24, 2008헌가25).

④ [O] 집회의 자유를 제한하는 대표적인 공권력의 행위는 집시법에서 규정하는 집회의 금지, 해산과 조건부 허용이다. 집회의 자유에 대한 제한은 다른 중요한 법익의 보호를 위하여 반드시 필요한 경우에 한하여 정당화되는 것이며, 특히 집회의 금지와 해산은 원칙적으로 공공의 안녕질서에 대한 직접적인 위협이 명백하게 존재하는 경우에 한하여 허용될 수 있다. 집회의 금지와 해산은 집회의 자유를 보다 적게 제한하는 다른 수단, 즉 조건을 붙여 집회를 허용하는 가능성을 모두 소진한 후에 비로소 고려될 수 있는 최종적인 수단이다(헌재 2003.10.30, 2000헌바67 등).

02 다음 집회의 자유에 관한 설명 중 가장 옳지 않은 것은? (다툼이 있는 경우 판례에 의함) 24. 해경

① 집회장소가 바로 집회의 목적과 효과에 대하여 중요한 의미를 갖기 때문에, 누구나 '어떤 장소에서' 자신이 계획한 집회를 할 것인가를 원칙적으로 자유롭게 결정할 수 있어야만 집회의 자유가 비로소 효과적으로 보장되는 것이다.

② 집회의 자유는 다수의 의견을 국정에 반영하는 창구로서 그 중요성을 더해가고 있다는 점에서 다수의 보호를 위한 중요한 기본권이다.

③ 집회의 자유는 집회를 통하여 형성된 의사를 집단적으로 표현하고 이를 통하여 불특정다수인의 의사에 영향을 줄 자유를 포함하지만, 집회의 자유의 보장 대상은 평화적, 비폭력적 집회에 한정된다.

④ 광고도 사상 · 지식 · 정보 등을 불특정다수인에게 전파하는 것으로서 언론 · 출판의 자유에 의한 보호를 받는 대상이 됨은 물론이고, 상업적 광고표현 또한 보호의 대상이 된다.

해설

② [×] 집회의 자유는 집권세력에 대한 정치적 반대의사를 공동으로 표명하는 효과적인 수단으로서 현대사회에서 언론매체에 접근할 수 없는 소수집단에게 그들의 권익과 주장을 옹호하기 위한 적절한 수단을 제공한다는 점에서, 소수의견을 국정에 반영하는 창구로서 그 중요성을 더해 가고 있다. 이러한 의미에서 집회의 자유는 소수의 보호를 위한 중요한 기본권인 것이다(헌재 2003.10.30, 2000헌바67 등).

① [O] 집회의 목적 · 내용과 집회의 장소는 일반적으로 밀접한 내적인 연관관계에 있기 때문에, 집회의 장소에 대한 선택이 집회의 성과를 결정짓는 경우가 적지 않다. 집회장소가 바로 집회의 목적과 효과에 대하여 중요한 의미를 가지기 때문에, 누구나 '어떤 장소에서' 자신이 계획한 집회를 할 것인가를 원칙적으로 자유롭게 결정할 수 있어야만 집회의 자유가 비로소 효과적으로 보장되는 것이다. 따라서 집회의 자유는 다른 법익의 보호를 위하여 정당화되지 않는 한, 집회장소를 항의의 대상으로부터 분리시키는 것을 금지한다(헌재 2003.10.30, 2000헌바67 등).

③ [O] 집회의 자유에는 집회를 통하여 형성된 의사를 집단적으로 표현하고 이를 통하여 불특정 다수인의 의사에 영향을 줄 자유를 포함한다. … 한편, 우리 헌법상 집회의 자유에 의하여 보호되는 것은 오로지 '평화적' 또는 '비폭력적' 집회에 한정되는 것이므로 집회의 자유를 빙자한 폭력행위나 불법행위 등은 헌법적 보호범위를 벗어난 것인 만큼, 형법, '폭력행위 등 처벌에 관한 법률', 도로교통법 등에 의하여 형사처벌되거나 민사상의 손해배상책임 등에 의하여 제재될 수 있다(헌재 2014.3.27, 2010헌가2 등).

④ [O] 광고도 사상 · 지식 · 정보 등을 불특정다수인에게 전파하는 것으로서 언론 · 출판의 자유에 의한 보호를 받는 대상이 됨은 물론이고, 상업적 광고표현 또한 보호 대상이 된다(헌재 2018.6.28, 2016헌가8 등).

정답 | 01 ① 02 ②

03 집회의 자유에 대한 설명으로 가장 적절하지 않은 것은? (다툼이 있는 경우 헌법재판소 판례에 의함)

25. 경찰간부

① 국내 주재 외교기관 인근의 옥외집회 또는 시위를 원칙적으로 금지하고 예외적으로 허용하는 구 집회 및 시위에 관한 법률 조항은, 행정청이 주체가 되어 집회의 허용 여부를 사전에 결정하는 것이므로, 헌법 제21조 제2항에서 금지하는 사전허가제에 해당한다.

② 집회 또는 시위를 하기 위하여 인천애(愛)뜰 중 잔디마당과 그 경계 내 부지에 대한 사용허가 신청을 한 경우 인천광역시장이 이를 허가할 수 없도록 제한하는 '인천애(愛)뜰의 사용 및 관리에 관한 조례'는 잔디마당을 집회 장소로 선택할 자유를 완전히 제한하는바, 시민들의 집회의 자유를 침해한다.

③ 국회의장 공관의 경계 지점으로부터 100미터 이내의 장소에서의 옥외집회 또는 시위를 일률적으로 금지하는 구 집회 및 시위에 관한 법률 조항은 입법목적 달성에 필요한 범위를 넘어 집회의 자유를 과도하게 제한하고 있으므로 집회의 자유를 침해한다.

④ 대통령 관저의 경계 지점으로부터 100미터 이내의 장소에서는 옥외집회 또는 시위를 금지한 구 집회 및 시위에 관한 법률 조항은, 대통령 관저 인근 일대를 광범위하게 집회금지장소로 설정함으로써 집회가 금지될 필요가 없는 장소까지도 집회금지장소에 포함되게 하므로 집회의 자유를 침해한다.

해설

① [×] 심판대상조항은 입법자가 법률로써 직접 집회의 장소적 제한을 규정한 것으로, 행정청이 주체가 되어 집회의 허용 여부를 사전에 결정하는 것이 아니므로 헌법 제21조 제2항의 허가제 금지에 위배되지 않는다. … 심판대상조항은 과잉금지원칙에 위반하여 집회의 자유를 침해한다고 볼 수 없다(헌재 2023.7.20, 2020헌바131).

② [O] 심판대상조항은 집회에 대한 허가제를 규정하였다고 보기 어려우므로, 헌법 제21조 제2항 위반 주장에 대해서는 나아가 살펴보지 않기로 한다. … 심판대상조항에 의하여 잔디마당을 집회 장소로 선택할 자유가 완전히 제한되는바, 공공에 위험을 야기하지 않고 시청사의 안전과 기능에도 위협이 되지 않는 집회나 시위까지도 예외 없이 금지되는 불이익이 발생한다. 그렇다면 심판대상조항은 과잉금지원칙에 위배되어 청구인들의 집회의 자유를 침해한다(헌재 2023.9.26, 2019헌마1417).

③ [O] 심판대상조항이 집회 금지 장소로 설정한 '국회의장 공관의 경계 지점으로부터 100미터 이내에 있는 장소'에는, 해당 장소에서 옥외집회·시위가 개최되더라도 국회의장에게 물리적 위해를 가하거나 국회의장 공관으로의 출입 내지 안전에 위협을 가할 우려가 없는 장소까지 포함되어 있다. 또한 대규모로 확산될 우려가 없는 소규모 옥외집회·시위의 경우, 심판대상조항에 의하여 보호되는 법익에 직접적인 위협을 가할 가능성은 상대적으로 낮다. … 그럼에도 심판대상조항은 국회의장 공관 인근 일대를 광범위하게 전면적인 집회 금지 장소로 설정함으로써 입법목적 달성에 필요한 범위를 넘어 집회의 자유를 과도하게 제한하고 있는바, 과잉금지원칙에 반하여 집회의 자유를 침해한다(헌재 2023.3.23, 2021헌가1).

④ [O] 심판대상조항은 대통령 관저 인근 일대를 광범위하게 집회금지장소로 설정함으로써, 집회가 금지될 필요가 없는 장소까지도 집회금지장소에 포함되게 한다. 대규모 집회 또는 시위로 확산될 우려가 없는 소규모 집회의 경우, 심판대상조항에 의하여 보호되는 법익에 대해 직접적인 위협이 될 가능성은 낮고, 이러한 집회가 대통령 등의 안전이나 대통령 관저 출입과 직접적 관련이 없는 장소에서 열릴 경우에는 위험성은 더욱 낮아진다. 또한, '집회 및 시위에 관한 법률' 및 '대통령 등의 경호에 관한 법률'은 폭력적이고 불법적인 집회에 대처할 수 있는 다양한 수단을 두고 있다. 이러한 점을 종합하면, 심판대상조항은 과잉금지원칙에 위배되어 집회의 자유를 침해한다(헌재 2022.12.22, 2018헌바48 등).

04 집회의 자유에 관한 설명으로 가장 적절한 것은? (다툼이 있는 경우 헌법재판소 판례에 의함) 25. 경찰 1차

① 감염병을 예방하기 위하여 집회를 제한하거나 금지하는 구 감염병의 예방 및 관리에 관한 법률 제49조 제1항 제2호의 규율 대상은 일정한 내용과 형식을 갖춘 '행사 자체'로서 '여러 사람의 집합'이므로, 동 조항에 의하여 집회의 내용 자체가 제한된다.

② 집회 또는 시위를 하기 위하여 인천애(愛)뜰 중 잔디마당과 그 경계 내 부지에 대한 사용허가 신청을 한 경우 인천광역시장이 이를 허가할 수 없도록 제한하는 인천애(愛)뜰의 사용 및 관리에 관한 조례 조항은 잔디마당에서 집회 또는 시위를 하려고 하는 경우 시장이 그 사용허가를 할 수 없도록 전면적·일률적으로 불허하고, '예외적 허용'의 가능성을 열어 두고 있지 않아, 헌법 제21조 제2항에서 금지하는 허가제를 규정하였다고 보기 어렵다.

③ 근로자의 날을 관공서의 공휴일에 포함시키지 않은 관공서의 공휴일에 관한 규정 제2조 본문은, 근로자의 날에 출근을 하게 되어 다른 근로자들과 의사교환을 하고 기념행사 및 집회에 참석하는 등 집단적 소통의 기회를 갖지 못하게 하므로, 공무원의 집회의 자유를 침해한다.

④ 누구든지 선거기간 중 선거에 영향을 미치게 하기 위하여 그 밖의 집회나 모임을 개최할 수 없도록 하는 공직선거법 제103조 제3항은, 선거기간에 예외적으로 집회를 허용하는 것이 불가능하므로, 과잉금지원칙에 반하지 않아 일반 유권자의 집회의 자유를 침해하지 않는다.

해설

② [O] 청구인들은 심판대상조항이 헌법 제21조 제2항이 규정하는 집회에 대한 허가제 금지 원칙에 위반된다고 주장한다. 그러나 심판대상조항은 잔디마당에서 집회 또는 시위를 하려고 하는 경우 시장이 그 사용허가를 할 수 없도록 전면적·일률적으로 불허하고, '허가제'의 핵심 요소라 할 수 있는 '예외적 허용'의 가능성을 열어 두고 있지 않다. 그렇다면 심판대상조항은 집회에 대한 허가제를 규정하였다고 보기 어려우므로, 헌법 제21조 제2항 위반 주장에 대해서는 나아가 살펴보지 않기로 한다. … 심판대상조항은 과잉금지원칙에 위배되어 청구인들의 집회의 자유를 침해한다(헌재 2023.9.26, 2019헌마1417).

① [×] 심판대상조항이 규정한 방역을 목적으로 한 집회제한 등 조치는 사람들 사이의 접촉을 통한 감염병 전파를 차단하기 위한 것이다. 방역을 위해 집회를 제한하거나 금지하는 이유는 사람들 사이의 물리적·공간적 거리를 두기 위한 것일 뿐, 집회의 목적이나 동기는 방역의 관점에서 아무런 의미를 가질 수 없다. 감염병 예방조치의 일환으로 이루어지는 집회제한 등 조치의 기준이 되는 것은 집회의 목적이나 내용이 아니라 참가자들 사이의 물리적·공간적 거리의 확보 가능성이다. 결국 심판대상조항의 규율 대상은 일정한 내용과 형식을 갖춘 '행사 자체'가 아니라 '여러 사람의 집합'이고, 따라서 위 조항에 의하더라도 집회의 내용 자체를 제한한다고 보기는 어렵다. … 심판대상조항이 과잉금지원칙에 위배되어 집회의 자유를 침해한다고 볼 수 없다(헌재 2024.8.29, 2022헌바177 등).

③ [×] 근로자의 날을 공휴일로 규정하지 않은 심판대상조항에 따라 공무원인 청구인들은 근로자의 날에도 복무를 하여야 하고 근무시간에 집회를 하거나 기념행사를 자유롭게 할 수 없다. 그러나 심판대상조항은 공무원의 단결권이나 집회의 자유 등을 제한하기 위한 목적의 규정이 아니고, 공무원인 청구인들에게 근로자의 날 기념행사 및 집회 등에 참석하는 것을 직접적으로 방해하거나 금지하는 규정도 아니다. 따라서 심판대상조항이 근로자의 날을 공무원의 유급휴일로 보장하지 않았다고 하여 직접적으로 청구인들의 단결권 및 집회의 자유를 제한한다고 볼 수 없으므로, 심판대상조항은 청구인들의 단결권 및 집회의 자유를 침해하지 아니한다(헌재 2022.8.31, 2020헌마1025).

④ [×] 심판대상조항은 정치적 의사표현이 활발하게 교환되어야 할 선거기간 중에, 오히려 특정 후보자나 정당이 특정한 정책에 대한 찬성이나 반대를 하고 있다는 언급마저도 할 수 없는 범위 내에서만 집회나 모임의 방법으로 정치적 의사를 표현하도록 하여, 평소보다 일반 유권자의 정치적 표현의 자유를 더 제한하고 있다. 선거의 공정이나 평온에 대한 구체적인 위험이 없어, 규제가 불필요하거나 또는 예외적으로 허용하는 것이 가능한 경우에도, 선거기간 중 선거에 영향을 미칠 염려가 있거나 미치게 하기 위한 일반 유권자의 집회나 모임을 전면적으로 금지하고 위반 시 처벌하는 것은 침해의 최소성에 반한다. 선거기간 중 선거와 관련된 집단적 의견표명 일체가 불가능하게 됨으로써 일반 유권자가 받게 되는 집회의 자유, 정치적 표현의 자유에 대한 제한 정도는 매우 중대하므로, 심판대상조항은 집회의 자유, 정치적 표현의 자유를 침해한다(헌재 2022.7.21, 2018헌바164).

정답 | 03 ① 04 ②

05 집회의 자유에 대한 설명으로 가장 적절하지 않은 것은? (다툼이 있는 경우 판례에 의함)

21. 경찰승진

① 헌법상 집회에서 공동의 목적은 내적인 유대 관계로 족하다.

② 집회의 자유에는 집회의 장소를 스스로 결정할 장소선택의 자유가 포함된다.

③ 우리 헌법상 집회의 자유에 의해 보호되는 것은 오로지 평화적 또는 비폭력적 집회에 한정된다.

④ 헌법에서 금지하고 있는 집회에 대한 허가는 입법권이 주체가 되어 집회의 내용 · 시간 · 장소 등을 사전심사하여 일반적인 집회금지를 특정한 경우에 해제함으로써 집회를 할 수 있게 하는 제도를 의미한다.

해설

④ [×] 이 사건 헌법규정에서 금지하고 있는 '허가'는 행정권이 주체가 되어 집회 이전에 예방적 조치로서 집회의 내용 · 시간 · 장소 등을 사전심사하여 일반적인 집회금지를 특정한 경우에 해제함으로써 집회를 할 수 있게 하는 제도, 즉 허가를 받지 아니한 집회를 금지하는 제도를 의미한다(헌재 2009.9.24, 2008헌가25).

① [O] 구 집시법에 '옥외집회'에 대한 정의규정은 있으나 '집회'에 대한 정의규정은 없음은 청구인의 주장과 같다. 그러나 일반적으로 집회는, 일정한 장소를 전제로 하여 특정 목적을 가진 다수인이 일시적으로 회합하는 것을 말하는 것으로 일컬어지고 있고, 그 공동의 목적은 '내적인 유대 관계'로 족하다고 할 것이다(헌재 2009.5.28, 2007헌바22).

② [O] 집회 · 시위장소는 집회 · 시위의 목적을 달성하는 데 있어서 매우 중요한 역할을 수행하는 경우가 많기 때문에 집회 · 시위장소를 자유롭게 선택할 수 있어야만 집회 · 시위의 자유가 비로소 효과적으로 보장되므로 장소선택의 자유는 집회 · 시위의 자유의 한 실질을 형성한다(헌재 2005.11.24, 2004헌가17).

③ [O] 비록 헌법이 명시적으로 밝히고 있지는 않으나, 집회의 자유에 의하여 보호되는 것은 단지 '평화적' 또는 '비폭력적' 집회이다. 집회의 자유는 민주국가에서 정신적 대립과 논의의 수단으로서, 평화적 수단을 이용한 의견의 표명은 헌법적으로 보호되지만, 폭력을 사용한 의견의 강요는 헌법적으로 보호되지 않는다(헌재 2003.10.30, 2000헌바67 등).

06 집회의 자유에 관한 설명 중 가장 적절하지 않은 것은? (다툼이 있는 경우 판례에 의함)

22. 경찰승진

① 집회의 자유는 개인의 인격발현의 요소이자 민주주의를 구성하는 요소라는 이중적 헌법적 기능을 가지고 있다.

② 집회의 자유는 집회를 통하여 형성된 의사를 집단으로 표현하고 이를 통하여 불특정다수인의 의사에 영향을 줄 자유를 포함하므로 이를 내용으로 하는 시위의 자유 또한 집회의 자유를 규정한 헌법 제21조 제1항에 의하여 보호되는 기본권이다.

③ 집회나 시위 해산을 위한 살수차 사용은 집회의 자유 및 신체의 자유에 대한 중대한 제한을 초래하므로 살수차 사용요건이나 기준은 법률에 근거를 두어야 하고, 살수차와 같은 위해성 경찰 장비는 본래의 사용방법에 따라 지정된 용도로 사용되어야 하며 다른 용도나 방법으로 사용하기 위해서는 반드시 법령에 근거가 있어야 한다.

④ 일출시간 전, 일몰시간 후의 옥외집회 또는 시위를 원칙적으로 금지하면서 다만 옥외집회의 경우 예외적으로 관할 경찰관서장이 허용할 수 있도록 하고, 이에 위반하여 옥외집회 또는 시위에 참가한 자를 형사처벌하는 구 집회 및 시위에 관한 법률 조항은 헌법 제21조 제2항의 사전허가제 금지에 위배되어 집회의 자유를 침해한다.

해설

④ [×] 헌법 제21조 제2항에 의하여 금지되는 '허가'는 '행정청이 주체가 되어 집회의 허용 여부를 사전에 결정하는 것'으로, 법률적 제한이 실질적으로 행정청의 허가 없는 옥외집회를 불가능하게 하는 것이라면 헌법상 금지되는 사전허가제에 해당하지만, 그에 이르지 아니하는 한 헌법 제21조 제2항에 반하는 것은 아니다. 이 사건 법률조항의 단서 부분은 본문에 의한 제한을 완화시키려는 것이므로 헌법이 금지하고 있는 '옥외집회에 대한 일반적인 사전허가'라고 볼 수 없다. 한편, 이 사건 법률조항 중 단서 부분은 시위에 대하여 적용되지 않으므로 야간 시위의 금지와 관련하여 헌법상 '허가제 금지' 규정의 위반 여부는 문제되지 아니한다(헌재 2014.4.24, 2011헌가29).

① [O] 집회의 자유는 개인의 인격발현의 요소이자 민주주의를 구성하는 요소라는 이중적 헌법적 기능을 가지고 있다. 인간의 존엄성과 자유로운 인격발현을 최고의 가치로 삼는 우리 헌법질서 내에서 집회의 자유도 다른 모든 기본권과 마찬가지로 일차적으로는 개인의 자기결정과 인격발현에 기여하는 기본권이다. 뿐만 아니라, 집회를 통하여 국민들이 자신의 의견과 주장을 집단적으로 표명함으로써 여론의 형성에 영향을 미친다는 점에서, 집회의 자유는 표현의 자유와 더불어 민주적 공동체가 기능하기 위하여 불가결한 근본요소에 속한다(헌재 2003.10.30, 2000헌바67 등).

② [O] 헌법 제21조 제1항은 "모든 국민은 언론 · 출판의 자유와 집회 · 결사의 자유를 가진다."고 규정하여 집회의 자유를 표현의 자유로서 언론 · 출판의 자유와 함께 국민의 기본권으로 보장하고 있다. 집회의 자유에는 집회를 통하여 형성된 의사를 집단적으로 표현하고 이를 통하여 불특정다수인의 의사에 영향을 줄 자유를 포함한다(헌재 2016.9.29, 2014헌바492).

③ [O] 집회나 시위 해산을 위한 살수차 사용은 집회의 자유 및 신체의 자유에 대한 중대한 제한을 초래하므로 살수차 사용요건이나 기준은 법률에 근거를 두어야 하고, 살수차와 같은 위해성 경찰장비는 본래의 사용방법에 따라 지정된 용도로 사용되어야 하며 다른 용도나 방법으로 사용하기 위해서는 반드시 법령에 근거가 있어야 한다(헌재 2018.5.31, 2015헌마476).

07 집회의 자유에 관한 설명으로 가장 적절하지 않은 것은? (다툼이 있는 경우 판례에 의함) 23. 경찰 1차

① 누구나 '어떤 장소에서' 자신이 계획한 집회를 할 것인가를 원칙적으로 자유롭게 결정할 수 있어야만 집회의 자유가 비로소 효과적으로 보장되는 것이므로, 집회의 자유는 다른 법익의 보호를 위하여 정당화되지 않는 한, 집회장소를 항의의 대상으로부터 분리시키는 것을 금지한다.

② 일반적으로 집회는 일정한 장소를 전제로 하여 특정 목적을 가진 다수인이 일시적으로 회합하는 것을 말하는 것으로 일컬어지고 있고, 그 공동의 목적은 '내적인 유대 관계'로 족하다.

③ 집단적인 폭행 · 협박 · 손괴 · 방화 등으로 공공의 안녕질서에 직접적인 위협을 가할 것이 명백한 집회 또는 시위의 주최를 금지하는 구 집회 및 시위에 관한 법률 조항은 집회의 자유를 침해하지 아니한다.

④ 경찰이 신고범위를 벗어난 동안에만 집회참가자들을 촬영한다 할지라도, 집회참가자에 대한 촬영행위는 집회참가자들에게 심리적 부담으로 작용하여 집회의 자유를 전체적으로 위축시키는 결과를 가져올 수 있으므로 집회의 자유를 침해한다.

해설

④ [×] 미신고 옥외집회 · 시위 또는 신고범위를 넘는 집회 · 시위의 주최자가 집회 · 시위 과정에서 바뀔 수 있고 새로이 실질적으로 옥외집회 · 시위를 주도하는 사람이 나타날 수 있으므로, 경찰은 새로이 집시법을 위반한 사람을 발견 · 확보하고 증거를 수집 · 보전하기 위해서는 미신고 옥외집회 · 시위 또는 신고범위를 넘는 집회 · 시위의 단순 참가자들에 대해서도 촬영할 필요가 있다. 또한 미신고 옥외집회 · 시위 또는 신고범위를 벗어난 옥외집회 · 시위가 적법한 경찰의 해산명령에 불응하는 집회 · 시위로 이어질 수 있으므로, 이에 대비하여 경찰은 미신고 옥외집회 · 시위 또는 신고범위를 벗어난 집회 · 시위를 촬영함으로써, 적법한 경찰의 해산명령에 불응하는 집회 · 시위의 경위나 전후 사정에 관한 자료를 수집할 수 있다. … 옥외집회 · 시위에 대한 경찰의 촬영행위에 의해 취득한 자료는 '개인정보'의 보호에 관한 일반법인 '개인정보 보호법'이 적용될 수 있다. 이 사건에서 피청구인이 신고범위를 벗어난 동안에만 집회참가자들을 촬영한 행위가 과잉금지원칙을 위반하여 집회참가자인 청구인들의 일반적 인격권, 개인정보자기결정권 및 집회의 자유를 침해한다고 볼 수 없다(헌재 2018.8.30, 2014헌마843).

① [O] 집회의 목적 · 내용과 집회의 장소는 일반적으로 밀접한 내적인 연관관계에 있기 때문에, 집회의 장소에 대한 선택이 집회의 성과를 결정짓는 경우가 적지 않다. 집회장소가 바로 집회의 목적과 효과에 대하여 중요한 의미를 가지기 때문에, 누구나 '어떤 장소에서' 자신이 계획한 집회를 할 것인가를 원칙적으로 자유롭게 결정할 수 있어야만 집회의 자유가 비로소 효과적으로 보장되는 것이다. 따라서 집회의 자유는 다른 법익의 보호를 위하여 정당화되지 않는 한, 집회장소를 항의의 대상으로부터 분리시키는 것을 금지한다(헌재 2003.10.30, 2000헌바67).

② [O] 일반적으로 집회는, 일정한 장소를 전제로 하여 특정 목적을 가진 다수인이 일시적으로 회합하는 것을 말하는 것으로 일컬어지고 있고, 그 공동의 목적은 '내적인 유대 관계'로 족하다(헌재 2009.5.28, 2007헌바22).

③ [O] 이 사건 법률조항들을 통해 달성하려는 공공의 안녕질서 유지, 기본권 보호의 필요성은 양보하기 어려운 것이므로, 그로 인해 제한되는 사익과의 관계에서 현저한 불균형이 존재한다고 보기도 어렵다. 따라서 이 사건 법률조항들은 과잉금지원칙에 위반하여 집회의 자유를 침해하지 아니한다(헌재 2010.4.29, 2008헌바118).

정답 | 05 ④ 06 ④ 07 ④

08 집회·결사의 자유에 관한 설명 중 옳지 않은 것을 모두 고른 것은? (다툼이 있는 경우 판례에 의함)

23. 경찰승진

㉠ 집회 및 시위에 관한 법률은 국무총리, 국회의장, 대법원장, 헌법재판소장 공관에 대해 100미터 이내의 장소에서의 옥외집회 또는 시위 금지를 규정하면서 일체의 예외를 두지 않고 있다.
㉡ 각급법원 경계 지점으로부터 100미터 이내 장소에서의 모든 옥외집회를 금지하는 것은 집회의 자유를 침해한다.
㉢ 집회의 자유는 표현의 자유와 더불어 민주적 공동체가 기능하기 위하여 불가결한 근본요소에 속하므로, 폭력을 사용한 의견의 강요라고 하여 헌법적으로 보호되지 않는다 볼 수 없다.
㉣ 집회의 자유는 국가가 개인의 집회참가행위를 감시하고 그에 대한 정보를 수집함으로써 집회에 참가하고자 하는 자로 하여금 불이익을 두려워하여 미리 집회참가를 포기하도록 집회참가의사를 약화시키는 것 등 집회의 자유행사에 영향을 미치는 모든 조치를 금지한다.

① ㉠, ㉡　　② ㉠, ㉢
③ ㉡, ㉢　　④ ㉢, ㉣

해설

옳지 않은 것은 ㉠, ㉢이다.

㉠ [×]

> 집회 및 시위에 관한 법률 제11조【옥외집회와 시위의 금지 장소】누구든지 다음 각 호의 어느 하나에 해당하는 청사 또는 저택의 경계 지점으로부터 100미터 이내의 장소에서는 옥외집회 또는 시위를 하여서는 아니 된다.
> 3. 대통령 관저(官邸), 국회의장 공관, 대법원장 공관, 헌법재판소장 공관
> 4. 국무총리 공관. 다만, 다음 각 목의 어느 하나에 해당하는 경우로서 국무총리 공관의 기능이나 안녕을 침해할 우려가 없다고 인정되는 때에는 그러하지 아니하다.
> 가. 국무총리를 대상으로 하지 아니하는 경우
> 나. 대규모 집회 또는 시위로 확산될 우려가 없는 경우

㉡ [O] 심판대상조항은 각급 법원 인근의 모든 옥외집회를 전면적으로 금지함으로써 상충하는 법익 사이의 조화를 이루려는 노력을 전혀 기울이지 않아, 법익의 균형성 원칙에도 어긋난다. 따라서 심판대상조항은 과잉금지원칙을 위반하여 집회의 자유를 침해한다(헌재 2018.7.26, 2018헌바137).

㉢ [×] 집회의 자유에 의하여 보호되는 것은 단지 '평화적' 또는 '비폭력적' 집회이다. 집회의 자유는 민주국가에서 정신적 대립과 논의의 수단으로서, 평화적 수단을 이용한 의견의 표명은 헌법적으로 보호되지만, 폭력을 사용한 의견의 강요는 헌법적으로 보호되지 않는다(헌재 2003.10.30, 2000헌바67).

㉣ [O] 집회의 자유는 집회에 참가하지 못하게 하는 국가의 강제를 금지할 뿐 아니라, 예컨대 집회장소로의 여행을 방해하거나, 집회장소로부터 귀가하는 것을 방해하거나, 집회참가자에 대한 검문의 방법으로 시간을 지연시킴으로써 집회장소에 접근하는 것을 방해하거나, 국가가 개인의 집회참가행위를 감시하고 그에 관한 정보를 수집함으로써 집회에 참가하고자 하는 자로 하여금 불이익을 두려워하여 미리 집회참가를 포기하도록 집회참가의사를 약화시키는 것 등 집회의 자유행사에 영향을 미치는 모든 조치를 금지한다(헌재 2003.10.30, 2000헌바67).

09 집회 및 시위에 관한 법률(이하 '집시법'이라 함)상 집회에 관한 설명으로 옳지 않은 것은? (다툼이 있는 경우 판례에 의함)

23. 변호사

① 집회신고를 하지 아니하였다는 이유만으로 그 옥외집회를 헌법의 보호범위를 벗어나 개최가 허용되지 않는 집회라고 단정할 수 없다.

② 미신고 옥외집회에 대해 과태료가 아니라 행정형벌을 과하도록 한 것은 과잉형벌에 해당하지 않는다.

③ 집시법에서 미신고 옥외집회를 해산명령 대상으로 정하면서 별도의 해산요건을 규정하고 있지 않더라도, 옥외집회로 인하여 타인의 법익이나 공공의 안녕질서에 대한 직접적인 위험이 명백하게 초래된 경우에 한하여 해산을 명할 수 있다.

④ 옥외집회를 주최하고자 하는 자는 집시법에서 정한 시간 전에 관할 경찰관서장에게 집회신고서를 제출하여 접수시키기만 하면 원칙적으로 옥외집회를 할 수 있으므로, 옥외집회신고서를 반려한 행위가 동일한 경위로 반복적으로 이루어졌다 하더라도 이 반려행위는 헌법소원의 대상이 될 수 없다.

⑤ 2인이 모인 집회도 집시법의 규제대상이 된다.

해설

④ [×] 이 사건 반려행위에 대하여는 법원에서의 권리구제절차 허용 여부가 객관적으로 불확실하다 할 것이므로 이 사건 심판청구는 보충성의 예외에 해당하는 심판청구로서 적법하다. 이 사건 반려행위는 관할경찰관서장에 의하여 아무런 법적 근거 없이 반복되어 왔을 뿐 아니라 그 편의성 때문에 앞으로도 반복될 가능성이 높고, 위 반려행위의 법적 성격과 효과에 관하여 아직 법원의 확립된 해석도 없다. 그렇다면 이 사건 반려행위가 부당한 공권력의 행사로서 청구인들의 기본권을 침해하는지 여부에 관하여 헌법적으로 해명할 필요성이 존재한다(헌재 2008.5.29, 2007헌마712).

① [O] 신고를 하지 아니하였다는 이유만으로 그 옥외집회 또는 시위를 헌법의 보호 범위를 벗어나 개최가 허용되지 않는 집회 내지 시위라고 단정할 수 없다(헌재 2016.9.29, 2014헌바492).

② [O] 어떤 행정법규 위반행위에 대하여, 직접적으로 행정목적과 공익을 침해한 행위로 보아 행정형벌을 과할 것인가, 그리고 행정형벌을 과할 경우 그 법정형의 형종과 형량을 어떻게 정할 것인가는, 기본적으로 입법권자가 제반 사정을 고려하여 결정할 그 입법재량에 속하는 문제이다. 미신고 옥외집회의 주최는 직접적으로 행정목적을 침해하고 나아가 공익을 침해할 고도의 개연성을 띤 행위라고 볼 수 있으므로 이에 대하여 행정형벌을 과하도록 한 구 집시법 제19조 제2항이 집회의 자유를 침해한다고 할 수 없고, 그 법정형이 입법재량의 한계를 벗어난 과중한 처벌이라고 볼 수 없으며, 이로 인하여 신고제가 사실상 허가제화한다고도 볼 수 없다(헌재 2009.5.28, 2007헌바22).

③ [O] 심판대상조항이 미신고 시위를 해산명령의 대상으로 하면서 별도의 해산 요건을 정하고 있지 않더라도, 그 시위로 인하여 타인의 법익이나 공공의 안녕질서에 대한 직접적인 위험이 명백하게 초래된 경우에 한하여 위 조항에 기하여 해산을 명할 수 있고, 이러한 요건을 갖춘 해산명령에 불응하는 경우에만 집시법 제24조 제5호에 의하여 처벌할 수 있다(헌재 2016.9.29, 2014헌바492).

⑤ [O] 구 집회 및 시위에 관한 법률(2007.5.11. 법률 제8424호로 전부 개정되기 전의 것)에 의하여 보장 및 규제의 대상이 되는 집회란 '특정 또는 불특정 다수인이 공동의 의견을 형성하여 이를 대외적으로 표명할 목적 아래 일시적으로 일정한 장소에 모이는 것'을 말하고, 모이는 장소나 사람의 다과에 제한이 있을 수 없으므로, 2인이 모인 집회도 위 법의 규제 대상이 된다고 보아야 한다(대판 2012.5.24, 2010도11381).

정답 | 08 ② 09 ④

10 집회의 자유에 관한 설명으로 옳지 않은 것은? (다툼이 있는 경우 헌법재판소 판례에 의함) 22. 소방간부

① 집회의 자유는 다수의 의견을 국정에 반영하는 창구로서 그 중요성을 더해 가고 있다는 점에서 다수의 보호를 위한 중요한 기본권이다.

② 집회의 자유는 표현의 자유와 더불어 민주적 공동체가 기능하기 위하여 불가결한 근본요소에 속하며, 집단적 의견표명의 자유로서 민주국가에서 정치의사형성에 참여할 수 있는 기회를 제공한다.

③ 집회의 자유는 사회·정치현상에 대한 불만과 비판을 공개적으로 표출케 함으로써 정치적 불만이 있는 자를 사회에 통합하고 정치적 안정에 기여하는 기능을 한다.

④ 집회의 자유는 개인의 인격발현의 요소이자 민주주의를 구성하는 요소라는 이중적 헌법적 기능을 가지고 있으며, 개인의 자기결정과 인격발현에 기여하는 기본권이다.

⑤ 집회장소가 바로 집회의 목적과 효과에 대하여 중요한 의미를 가지기 때문에, 누구나 '어떤 장소에서' 자신이 계획한 집회를 할 것인가를 원칙적으로 자유롭게 결정할 수 있어야만 집회의 자유가 비로소 효과적으로 보장되는 것이다.

해설

① [×] 집회의 자유는 집권세력에 대한 정치적 반대의사를 공동으로 표명하는 효과적인 수단으로서 현대사회에서 언론매체에 접근할 수 없는 소수집단에게 그들의 권익과 주장을 옹호하기 위한 적절한 수단을 제공한다는 점에서, 소수의견을 국정에 반영하는 창구로서 그 중요성을 더해 가고 있다. 이러한 의미에서 집회의 자유는 소수의 보호를 위한 중요한 기본권인 것이다(헌재 2003.10.30, 2000헌바67).

② [O] 집회를 통하여 국민들이 자신의 의견과 주장을 집단적으로 표명함으로써 여론의 형성에 영향을 미친다는 점에서, 집회의 자유는 표현의 자유와 더불어 민주적 공동체가 기능하기 위하여 불가결한 근본요소에 속한다. 집회의 자유는 집단적 의견표명의 자유로서 민주국가에서 정치의사형성에 참여할 수 있는 기회를 제공한다(헌재 2003.10.30, 2000헌바67).

③ [O] 집회의 자유는 사회·정치현상에 대한 불만과 비판을 공개적으로 표출케 함으로써 정치적 불만이 있는 자를 사회에 통합하고 정치적 안정에 기여하는 기능을 한다(헌재 2003.10.30, 2000헌바67).

④ [O] 집회의 자유는 개인의 인격발현의 요소이자 민주주의를 구성하는 요소라는 이중적 헌법적 기능을 가지고 있다. 인간의 존엄성과 자유로운 인격발현을 최고의 가치로 삼는 우리 헌법질서 내에서 집회의 자유도 다른 모든 기본권과 마찬가지로 일차적으로는 개인의 자기결정과 인격발현에 기여하는 기본권이다(헌재 2003.10.30, 2000헌바67).

⑤ [O] 집회의 목적·내용과 집회의 장소는 일반적으로 밀접한 내적인 연관관계에 있기 때문에, 집회의 장소에 대한 선택이 집회의 성과를 결정짓는 경우가 적지 않다. 집회장소가 바로 집회의 목적과 효과에 대하여 중요한 의미를 가지기 때문에, 누구나 '어떤 장소에서' 자신이 계획한 집회를 할 것인가를 원칙적으로 자유롭게 결정할 수 있어야만 집회의 자유가 비로소 효과적으로 보장되는 것이다(헌재 2003.10.30, 2000헌바67).

11 집회의 자유에 대한 설명으로 옳지 않은 것은? (다툼이 있는 경우 판례에 의함) 22. 5급 공채

① 집회 및 시위에 관한 법률상의 '시위'는 반드시 '일반인이 자유로이 통행할 수 있는 장소'에서 이루어져야 한다거나 '행진' 등 장소 이동을 동반해야만 성립하는 것은 아니다.

② 집회의 자유는 민주국가에서 사회·정치현상에 대한 불만과 비판을 공개적으로 표출케 함으로써 정치적 불만이 있는 자를 사회에 통합하고 정치적 안정에 기여하는 기능을 하는 중요한 수단이기 때문에, 평화적 수단을 이용한 의견의 표명뿐만 아니라 폭력을 사용한 의견의 강요 역시 헌법적으로 보호된다.

③ 집회는 특별한 상징적 의미나 집회와 특별한 연관성을 갖는 장소에서 이루어져야 의견표명이 효과적으로 이루어질 수 있으므로 집회 장소를 선택할 자유는 집회의 자유의 실질적 부분을 형성한다.

④ 집회 및 시위에 관한 법률상 미신고 옥외집회 또는 시위를 해산명령 대상으로 하면서 별도의 해산 요건을 정하고 있지 않더라도, 그 옥외집회 또는 시위로 인하여 타인의 법익이나 공공의 안녕질서에 대한 직접적인 위험이 명백하게 초래된 경우에 한하여 해산을 명할 수 있다.

해설

② [×] 집회의 자유에 의하여 보호되는 것은 단지 '평화적' 또는 '비폭력적' 집회이다. 집회의 자유는 민주국가에서 정신적 대립과 논의의 수단으로서, 평화적 수단을 이용한 의견의 표명은 헌법적으로 보호되지만, 폭력을 사용한 의견의 강요는 헌법적으로 보호되지 않는다. 헌법은 집회의 자유를 국민의 기본권으로 보장함으로써, 평화적 집회 그 자체는 공공의 안녕질서에 대한 위험이나 침해로서 평가되어서는 아니 되며, 개인이 집회의 자유를 집단적으로 행사함으로써 불가피하게 발생하는 일반대중에 대한 불편함이나 법익에 대한 위험은 보호법익과 조화를 이루는 범위 내에서 국가와 제3자에 의하여 수인되어야 한다는 것을 헌법 스스로 규정하고 있는 것이다(헌재 2003.10.30, 2000헌바67 · 83).

① [O] 집시법상의 시위는, 다수인이 공동목적을 가지고 ㉠ 도로 · 광장 · 공원 등 공중이 자유로이 통행할 수 있는 장소를 행진함으로써 불특정한 여러 사람의 의견에 영향을 주거나 제압을 가하는 행위와 ㉡ 위력 또는 기세를 보여 불특정한 여러 사람의 의견에 영향을 주거나 제압을 가하는 행위를 말한다고 풀이해야 할 것이다. 따라서 집시법상의 시위는 반드시 '일반인이 자유로이 통행할 수 있는 장소'에서 이루어져야 한다거나 '행진' 등 장소 이동을 동반해야만 성립하는 것은 아니다(헌재 2014.3.27, 2010헌가2).

③ [O] 집회장소가 바로 집회의 목적과 효과에 대하여 중요한 의미를 가지기 때문에, 누구나 '어떤 장소에서' 자신이 계획한 집회를 할 것인가를 원칙적으로 자유롭게 결정할 수 있어야만 집회의 자유가 비로소 효과적으로 보장되는 것이다. 따라서 집회의 자유는 다른 법익의 보호를 위하여 정당화되지 않는 한, 집회장소를 항의의 대상으로부터 분리시키는 것을 금지한다(헌재 2003.10.30, 2000헌바67).

④ [O] 집시법 제20조 제1항 제2호가 미신고 옥외집회 또는 시위를 해산명령의 대상으로 하면서 별도의 해산 요건을 정하고 있지 않더라도, 그 옥외집회 또는 시위로 인하여 타인의 법익이나 공공의 안녕질서에 대한 직접적인 위험이 명백하게 초래된 경우에 한하여 위 조항에 기하여 해산을 명할 수 있고, 이러한 요건을 갖춘 해산명령에 불응하는 경우에만 집시법 제24조 제5호에 의하여 처벌할 수 있다고 보아야 한다(대판 2012.4.26, 2011도6294).

12 집회의 자유에 대한 설명으로 가장 적절하지 않은 것은? (다툼이 있는 경우 헌법재판소 판례에 의함)

22. 경찰간부

① 집회 및 시위에 관한 법률에서 옥외집회나 시위가 사전신고한 범위를 뚜렷이 벗어나 신고제도의 목적달성을 심히 곤란하게 하고, 그로 인하여 질서를 유지할 수 없게 된 경우에 공공의 안녕질서 유지 및 회복을 위해 해산명령을 할 수 있도록 규정한 것은 청구인들의 집회의 자유를 침해한다고 볼 수 없다.

② 집회 장소가 바로 집회의 목적과 효과에 대하여 중요한 의미를 가지기 때문에, 누구나 '어떤 장소'에서 자신이 계획한 집회를 할 것인가를 원칙적으로 자유롭게 결정할 수 있어야만 집회의 자유가 비로소 효과적으로 보장되는 것이다.

③ 집회나 시위 해산을 위한 살수차 사용은 집회의 자유 및 신체의 자유에 대한 중대한 제한을 초래하므로 살수차 사용요건이나 기준은 법률에 근거를 두어야 하고, 살수차와 같은 위해성 경찰장비는 본래의 사용방법에 따라 지정된 용도로 사용되어야 하며 다른 용도나 방법으로 사용하기 위해서는 반드시 법령에 근거가 있어야 한다.

④ 대한민국을 방문하는 외국의 국가 원수를 경호하기 위하여 지정된 경호구역 안에서 서울종로경찰서장이 안전 활동의 일환으로 청구인들의 삼보일배행진을 제지한 행위 등은 과잉금지원칙을 위반하여 청구인들의 집회의 자유 등을 침해한다.

해설

④ [×] 이 사건 공권력 행사는 경호대상자의 안전 보호 및 국가간 친선관계의 고양, 질서유지 등을 위한 것이다. 돌발적이고 경미한 변수의 발생도 대비하여야 하는 경호의 특수성을 고려할 때, 경호활동에는 다양한 취약 요소들에 사전적 · 예방적으로 대비할 수 있는 안전조치가 충분히 이루어질 필요가 있고, 이 사건 공권력 행사는 집회장소의 장소적 특성과 미합중국 대통령의 이동경로, 집회 참가자와의 거리, 질서유지에 필요한 시간 등을 고려하여 경호 목적 달성을 위한 최소한의 범위에서 행해진 것으로 침해의 최소성을 갖추었다. 또한, 이 사건 공권력행사로 인해 제한된 사익은 집회 또는 시위의 자유 일부에 대한 제한으로서 국가간 신뢰를 공고히 하고 발전적인 외교관계를 맺으려는 공익이 위 제한되는 사익보다 덜 중요하다고 할 수 없다. 따라서 이 사건 공권력 행사는 과잉금지원칙을 위반하여 청구인들의 집회의 자유 등을 침해하였다고 할 수 없다(헌재 2021.10.28, 2019헌마1091).

정답 | 10 ① 11 ② 12 ④

① [O] 집시법은 옥외집회나 시위가 사전신고한 범위를 뚜렷이 벗어나 신고제도의 목적달성을 심히 곤란하게 하고, 그로 인하여 질서를 유지할 수 없게 된 경우에 공공의 안녕질서 유지 및 회복을 위해 해산명령을 할 수 있도록 하고 있다. 심판대상조항은 이러한 해산명령제도의 실효성 확보를 위해 해산명령에 불응하는 자를 형사처벌하도록 한 것으로서 입법목적의 정당성과 수단의 적절성이 인정된다. … 심판대상조항이 달성하려는 공공의 안녕질서 유지 및 회복이라는 공익과 심판대상조항으로 인하여 제한되는 청구인들의 집회의 자유 사이의 균형을 상실하였다고 보기 어려우므로, 심판대상조항은 과잉금지원칙을 위반하여 집회의 자유를 침해한다고 볼 수 없다(헌재 2016.9.29, 2015헌바309 등).

② [O] 집회장소가 바로 집회의 목적과 효과에 대하여 중요한 의미를 가지기 때문에, 누구나 '어떤 장소에서' 자신이 계획한 집회를 할 것인가를 원칙적으로 자유롭게 결정할 수 있어야만 집회의 자유가 비로소 효과적으로 보장되는 것이다. 따라서 집회의 자유는 다른 법익의 보호를 위하여 정당화되지 않는 한, 집회장소를 항의의 대상으로부터 분리시키는 것을 금지한다(헌재 2003.10.30, 2000헌바67).

③ [O] 집회나 시위 해산을 위한 살수차 사용은 집회의 자유 및 신체의 자유에 대한 중대한 제한을 초래하므로 살수차 사용요건이나 기준은 법률에 근거를 두어야 하고, 살수차와 같은 위해성 경찰장비는 본래의 사용방법에 따라 지정된 용도로 사용되어야 하며 다른 용도나 방법으로 사용하기 위해서는 반드시 법령에 근거가 있어야 한다. 혼합살수방법은 법령에 열거되지 않은 새로운 위해성 경찰장비에 해당하고 이 사건 지침에 혼합살수의 근거 규정을 둘 수 있도록 위임하고 있는 법령이 없으므로, 이 사건 지침은 법률유보원칙에 위배되고 이 사건 지침만을 근거로 한 이 사건 혼합살수행위 역시 법률유보원칙에 위배된다. 따라서 이 사건 혼합살수행위는 청구인들의 신체의 자유와 집회의 자유를 침해한다(헌재 2018.5.31, 2015헌마476).

13 집회의 자유에 관한 설명 중 가장 적절하지 않은 것은? (다툼이 있는 경우 판례에 의함)

22. 경찰간부

① 집회의 자유는 집권세력에 대한 정치적 반대의사를 공동으로 표명하는 효과적인 수단으로서 현대사회에서 언론매체에 접근할 수 없는 소수집단에게 그들의 권익과 주장을 옹호하기 위한 적절한 수단을 제공한다.

② 대한민국을 방문하는 외국의 국가 원수를 경호하기 위하여 지정된 경호구역 안에서 서울종로경찰서장이 안전 활동의 일환으로 청구인들의 삼보일배행진을 제지한 행위는 집회의 자유를 침해한다.

③ 집회 장소의 선택은 집회의 성과를 결정하는 주요 요인이 되므로, 집회 장소를 선택할 자유는 집회의 자유의 실질적 부분을 형성한다고 볼 수 있다.

④ 옥외집회·시위에 대한 경찰의 촬영행위는 증거보전의 필요성 및 긴급성, 방법의 상당성이 인정되는 때에는 헌법에 위반된다고 할 수 없으나, 경찰이 옥외집회 및 시위 현장을 촬영하여 수집한 자료의 보관·사용 등은 엄격하게 제한하여, 옥외집회·시위 참가자 등의 기본권 제한을 최소화해야 한다.

해설

② [×] 이 사건 공권력 행사는 경호대상자의 안전 보호 및 국가간 친선관계의 고양, 질서유지 등을 위한 것이다. 돌발적이고 경미한 변수의 발생도 대비하여야 하는 경호의 특수성을 고려할 때, 경호활동에는 다양한 취약 요소들에 사전적·예방적으로 대비할 수 있는 안전조치가 충분히 이루어질 필요가 있고, 이 사건 공권력 행사는 집회장소의 장소적 특성과 미합중국 대통령의 이동경로, 집회 참가자와의 거리, 질서유지에 필요한 시간 등을 고려하여 경호 목적 달성을 위한 최소한의 범위에서 행해진 것으로 침해의 최소성을 갖추었다. 또한, 이 사건 공권력행사로 인해 제한된 사익은 집회 또는 시위의 자유 일부에 대한 제한으로서 국가간 신뢰를 공고히 하고 발전적인 외교관계를 맺으려는 공익이 위 제한되는 사익보다 덜 중요하다고 할 수 없다. 따라서 이 사건 공권력 행사는 과잉금지원칙을 위반하여 청구인들의 집회의 자유 등을 침해하였다고 할 수 없다(헌재 2021.10.28, 2019헌마1091).

① [O] 집회의 자유는 집권세력에 대한 정치적 반대의사를 공동으로 표명하는 효과적인 수단으로서 현대 사회에서 언론매체에 접근할 수 없는 소수집단에 그들의 권익과 주장을 옹호하기 위한 적절한 수단을 제공한다는 점에서 소수의견을 국정에 반영하는 창구로서 그 중요성을 더해가고 있다. 이러한 의미에서 집회의 자유는 소수의 보호를 위한 중요한 기본권인 것이다(헌재 2003.10.30, 2000헌바67).

③ [O] 집회 장소는 일반적으로 집회의 목적·내용과 밀접한 연관관계를 가진다. 집회는 특별한 상징적 의미 또는 집회와 특별한 연관성을 가지는 장소, 예를 들면 집회를 통해 반대하고자 하는 대상물이 위치하거나 집회의 계기를 제공한 사건이 발생한 장소 등에서 이루어져야 의견표명이 효과적으로 이루어질 수 있다. 집회 장소의 선택은 집회의 성과를 결정하는 주요 요인이 된다. 따라서 집회 장소를 선택할 자유는 집회의 자유의 실질적 부분을 형성한다(헌재 2018.7.26, 2018헌바137).

④ [O] 옥외집회·시위에 대한 경찰의 촬영행위는 증거보전의 필요성 및 긴급성, 방법의 상당성이 인정되는 때에는 헌법에 위반된다고 할 수 없으나, 경찰이 옥외집회 및 시위 현장을 촬영하여 수집한 자료의 보관·사용 등은 엄격하게 제한하여, 옥외집회·시위 참가자 등의 기본권 제한을 최소화해야 한다. 옥외집회·시위에 대한 경찰의 촬영행위에 의해 취득한 자료는 '개인정보'의 보호에 관한 일반법인 '개인정보 보호법'이 적용될 수 있다(헌재 2018.8.30, 2014헌마843).

14 집회의 자유에 대한 설명으로 옳지 않은 것은? (다툼이 있는 경우 판례에 의함) 22. 지방직 7급

① 일반적으로 집회는 일정한 장소를 전제로 하여 특정 목적을 가진 다수인이 일시적으로 회합하는 것을 말하는 것으로 일컬어지고 있으나, 그 공동의 목적은 적어도 '내적인 유대 관계'를 넘어서 공공의 이익을 추구하는 것이어야 한다.

② 집회의 자유는 개인의 인격발현의 요소이자 민주주의를 구성하는 요소라는 이중적 헌법적 기능을 가지고 있다.

③ 헌법 제21조 제2항은 헌법 자체에서 언론·출판에 대한 허가나 검열의 금지와 더불어 집회에 대한 허가금지를 명시함으로써, 집회의 자유에 있어서는 다른 기본권 조항들과는 달리, '허가'의 방식에 의한 제한을 허용하지 않겠다는 헌법적 결단을 분명히 하고 있다.

④ 누구든지 헌법재판소의 결정에 따라 해산된 정당의 목적을 달성하기 위한 집회 또는 시위를 주최하여서는 아니 된다.

해설

① [×] 일반적으로 집회는, 일정한 장소를 전제로 하여 특정 목적을 가진 다수인이 일시적으로 회합하는 것을 말하는 것으로 일컬어지고 있고, 그 공동의 목적은 '내적인 유대 관계'로 족하다(헌재 2009.5.28, 2007헌바22).

② [O] 집회의 자유는 개인의 인격발현의 요소이자 민주주의를 구성하는 요소라는 이중적 헌법적 기능을 가지고 있다. 인간의 존엄성과 자유로운 인격발현을 최고의 가치로 삼는 우리 헌법질서 내에서 집회의 자유도 다른 모든 기본권과 마찬가지로 일차적으로는 개인의 자기결정과 인격발현에 기여하는 기본권이다. 뿐만 아니라, 집회를 통하여 국민들이 자신의 의견과 주장을 집단적으로 표명함으로써 여론의 형성에 영향을 미친다는 점에서, 집회의 자유는 표현의 자유와 더불어 민주적 공동체가 기능하기 위하여 불가결한 근본요소에 속한다(헌재 2003.10.30, 2000헌바67 등).

③ [O] 집회에 대한 허가 금지조항은 위 표(1)에서 보는 바와 같이 처음으로 1960.6.15. 개정헌법 제28조 제2항 단서에서 규정되었으며, 1962.12.26. 개정헌법 제18조 제2항 본문에서 그대로 유지되었으나 1972.12.27. 개정헌법에서 삭제되었다가 1987.10.29. 개정된 현행 헌법에서 다시 규정된 것이다. … 그동안 삭제되었던 언론·출판에 대한 허가나 검열금지와 함께 집회에 대한 허가제 금지를 다시금 살려내어, 집회의 허용 여부를 행정권의 일방적·사전적 판단에 맡기는 집회에 대한 허가제는 집회에 대한 검열제와 마찬가지이므로 이를 절대적으로 금지하겠다는 헌법개정권력자인 국민들의 헌법가치적 합의이며 헌법적 결단이라고 보아야 할 것이다(헌재 2009.9.24, 2008헌가25).

④ [O]

> 집회 및 시위에 관한 법률 제5조【집회 및 시위의 금지】① 누구든지 다음 각 호의 어느 하나에 해당하는 집회나 시위를 주최하여서는 아니 된다.
> 1. 헌법재판소의 결정에 따라 해산된 정당의 목적을 달성하기 위한 집회 또는 시위
> 2. 집단적인 폭행, 협박, 손괴(損壞), 방화 등으로 공공의 안녕 질서에 직접적인 위협을 끼칠 것이 명백한 집회 또는 시위

정답 | 13 ② 14 ①

15 집회 · 결사의 자유에 관한 설명으로 옳지 않은 것은? (다툼이 있는 경우 헌법재판소 판례에 의함) 23. 소방간부

① 국무총리 공관 인근에서 국무총리를 대상으로 하지 아니하는 옥외집회 · 시위를 금지하고 위반시 처벌하는 것은 집회의 자유를 침해하지 않는다.

② "재판에 영향을 미칠 염려가 있거나 미치게 하기 위한 집회 또는 시위"를 금지하고 이를 위반한 자를 형사처벌하는 구 집회 및 시위에 관한 법률의 해당 조항은 최소침해성원칙에 반한다.

③ 일반적으로 집회는 일정한 장소를 전제로 하여 특정 목적을 가진 다수인이 일시적으로 회합하는 것을 말하는 것으로 그 공동의 목적은 '내적인 유대 관계'로 족하고, 건전한 상식과 통상적인 법감정을 가진 사람이면 집회 및 시위에 관한 법률상 '집회'가 무엇을 의미하는지를 추론할 수 있으므로 '집회'의 개념이 불명확하다고 볼 수 없다.

④ 지역농협 이사 선거의 경우 전화 · 컴퓨터통신을 이용한 지지 호소의 선거운동방법을 금지하고, 이를 위반한 자를 처벌하는 구 농업협동조합법 규정은 결사의 자유를 침해한다.

⑤ 운송사업자로 구성된 협회로 하여금 연합회에 강제로 가입하게 하고 임의로 탈퇴할 수 없도록 하는 화물자동차 운수사업법의 해당 조항 중 '운송사업자로 구성된 협회'에 관한 부분은 결사의 자유를 침해한다고 볼 수 없다.

해설

① [×] 이 사건 금지장소 조항은 그 입법목적을 달성하는 데 필요한 최소한도의 범위를 넘어, 규제가 불필요하거나 또는 예외적으로 허용하는 것이 가능한 집회까지도 이를 일률적 · 전면적으로 금지하고 있다고 할 것이므로 침해의 최소성 원칙에 위배된다. 이 사건 금지장소 조항을 통한 국무총리 공관의 기능과 안녕 보장이라는 목적과 집회의 자유에 대한 제약 정도를 비교할 때, 이 사건 금지장소 조항으로 달성하려는 공익이 제한되는 집회의 자유 정도보다 크다고 단정할 수는 없으므로 이 사건 금지장소 조항은 법익의 균형성원칙에도 위배된다. 따라서 이 사건 금지장소 조항은 과잉금지원칙을 위반하여 집회의 자유를 침해한다(헌재 2018.6.28, 2015헌가28).

② [O] 구 집시법의 옥외집회 · 시위에 관한 일반규정 및 형법에 의한 규제 및 처벌에 의하여 사법의 독립성을 확보할 수 있음에도 불구하고, 이 사건 제2호 부분은 재판에 영향을 미칠 염려가 있거나 미치게 하기 위한 집회 · 시위를 사전적 · 전면적으로 금지하고 있을 뿐 아니라, 어떠한 집회 · 시위가 규제대상에 해당하는지를 판단할 수 있는 아무런 기준도 제시하지 아니함으로써 사실상 재판과 관련된 집단적 의견표명 일체가 불가능하게 되어 집회의 자유를 실질적으로 박탈하는 결과를 초래하므로 최소침해성원칙에 반한다(헌재 2016.9.29, 2014헌가3).

③ [O] 일반적으로 집회는, 일정한 장소를 전제로 하여 특정 목적을 가진 다수인이 일시적으로 회합하는 것을 말하는 것으로 일컬어지고 있고, 그 공동의 목적은 '내적인 유대 관계'로 족하다. 건전한 상식과 통상적인 법감정을 가진 사람이면 위와 같은 의미에서 구 집시법상 '집회'가 무엇을 의미하는지를 추론할 수 있다고 할 것이므로, 구 집시법상 '집회'의 개념이 불명확하다고 할 수 없다(헌재 2009.5.28, 2007헌바22).

④ [O] 전화 · 컴퓨터통신은 누구나 손쉽고 저렴하게 이용할 수 있는 매체인 점, 농업협동조합법에서 흑색선전 등을 처벌하는 조항을 두고 있는 점을 고려하면 입법목적 달성을 위하여 위 매체를 이용한 지지 호소까지 금지할 필요성은 인정되지 아니한다. 이 사건 법률조항들이 달성하려는 공익이 결사의 자유 및 표현의 자유 제한을 정당화할 정도로 크다고 보기는 어려우므로, 법익의 균형성도 인정되지 아니한다. 따라서 이 사건 법률조항들은 과잉금지원칙을 위반하여 결사의 자유, 표현의 자유를 침해하여 헌법에 위반된다(헌재 2016.11.24, 2015헌바62).

⑤ [O] 심판대상조항은 연합회의 전국적인 단일 조직으로서의 지위를 강화함으로써 운송사업자의 공동이익을 효과적으로 증진시키고 법령에 따른 공익적 기능을 원활하게 수행하게 하여 화물자동차 운송사업의 건전한 발전을 도모하기 위한 것이다. 연합회는 공공재적 성격을 가지는 화물자동차 운송사업의 공익성을 구현한다는 점에서 다른 사법인과 차이가 있다. 전국적인 단일 조직을 갖춘 연합회는 협회가 관련 정보를 교환하고 전국적인 협력을 도모할 수 있는 기반이 된다. 연합회는 공제사업의 실시 주체이므로, 원활한 사업 운영을 위해서는 충분한 규모를 갖출 필요가 있다. 연합회는 법령에 따라 다양한 공익적 기능을 수행하는바, 전국적인 단일 조직을 갖추지 못한다면 업무 수행의 효율성과 신속성 등이 저해될 우려가 있다. 국가나 지방자치단체가 공익적 기능을 직접 수행하거나 별개의 단체를 설립하는 방안은 연합회에의 가입강제 내지 임의탈퇴 불가와 같거나 유사한 효과를 가진다고 보기 어렵다. 따라서 심판대상조항이 과잉금지원칙에 위배되어 결사의 자유를 침해한다고 볼 수 없다(헌재 2022.2.24, 2018헌가8).

16 집회의 자유에 대한 설명으로 가장 적절하지 않은 것은? (다툼이 있는 경우 헌법재판소 판례에 의함)

23. 경찰간부

① 막연히 폭력·불법적이거나 돌발적인 상황이 발생할 위험이 있다는 가정만을 근거로 하여 대통령 관저 인근이라는 특정한 장소에서 열리는 모든 집회를 금지하는 것은 헌법적으로 정당화되기 어렵다.

② 미신고 시위로 인하여 타인의 법익이나 공공의 안녕질서에 대한 직접적이고 명백한 위험이 발생한 경우에 해산명령을 발할 수 있도록 하고 이에 응하지 아니하는 행위에 대해 처벌하는 집회 및 시위에 관한 법률상 조항은 달성하려는 공익과 이로 인해 제한되는 청구인의 기본권 사이의 균형을 상실하였다고 보기 어렵다.

③ 신고 범위를 뚜렷이 벗어난 집회·시위로 인하여 질서를 유지할 수 없어 해산을 명령하였음에도 불구하고 이에 불응한 경우에 처벌하는 집회 및 시위에 관한 법률상 조항은 과잉금지원칙을 위반하여 집회의 자유를 침해한다고 볼 수 없다.

④ 재판에 영향을 미칠 염려가 있거나 미치게 하기 위한 집회 또는 시위를 금지하고 이를 위반한 자를 형사처벌하는 구 집회 및 시위에 관한 법률상 조항은 과잉금지원칙을 위반하여 집회의 자유를 침해한다고 볼 수 없다.

해설

④ [×] 이 사건 제2호 부분은 법관의 직무상 독립을 보호하여 사법작용의 공정성과 독립성을 확보하기 위한 것으로 입법목적의 정당성은 인정되나, 국가의 사법권한 역시 국민의 의사에 정당성의 기초를 두고 행사되어야 한다는 점과 재판에 대한 정당한 비판은 오히려 사법작용의 공정성 제고에 기여할 수도 있는 점을 고려하면 사법의 독립성을 확보하기 위한 적합한 수단이라 보기 어렵다. … 이 사건 제2호 부분으로 인하여 달성하고자 하는 공익 실현 효과는 가정적이고 추상적인 반면, 이 사건 제2호 부분으로 인하여 침해되는 집회의 자유에 대한 제한 정도는 중대하므로 법익균형성도 상실하였다. 따라서 이 사건 제2호 부분은 과잉금지원칙에 위배되어 집회의 자유를 침해한다(헌재 2016.9.29, 2014헌가3).

① [O] 따라서 개별적인 경우에 구체적인 위험 상황이 발생하였는지를 고려하지 않고, 막연히 폭력·불법적이거나 돌발적인 상황이 발생할 위험이 있다는 가정만을 근거로 하여 대통령 관저 인근이라는 특정한 장소에서 열리는 모든 집회를 금지하는 것은 헌법적으로 정당화되기 어렵다(헌재 2022.12.22, 2018헌바48).

② [O] 심판대상조항은 미신고 시위를 처음부터 금지하거나 참가 자체를 처벌하는 것이 아니고, 다만 그 시위로 인하여 타인의 법익이나 공공의 안녕질서에 직접적이고 명백한 위험이 발생한 경우에 해산명령을 발할 수 있도록 하고, 이에 응하지 아니하는 행위에 대하여 처벌하는 조항이다. 그렇다면 심판대상조항이 달성하려는 공공의 안녕질서 유지 및 회복이라는 공익과 심판대상조항으로 인하여 제한되는 청구인의 기본권 사이의 균형을 상실하였다고 보기 어렵다(헌재 2016.9.29, 2014헌바492).

③ [O] 심판대상조항은 신고 범위를 뚜렷이 벗어난 집회·시위로 인하여 질서를 유지할 수 없어 해산을 명령하였음에도 불구하고 불응한 경우에만 처벌하도록 하고 있고, 먼저 자진 해산을 요청한 후 참가자들이 자진 해산 요청에 따르지 아니하는 경우라야 해산명령을 하는 점을 고려하면 심판대상조항은 집회의 자유에 대한 제한을 최소화하고 있다. 해산명령에 불응하는 행위는 단순히 행정질서에 장해를 줄 위험성이 있는 정도의 의무태만 내지 의무위반이 아니고 직접적으로 행정목적을 침해하고 나아가 공익을 침해할 고도의 개연성을 띤 행위라고 볼 수 있으므로 심판대상조항이 법정형의 종류 및 범위의 선택에 관한 입법재량의 한계를 벗어난 과중한 처벌이라고도 볼 수 없다. 또한 심판대상조항이 달성하려는 공공의 안녕질서 유지 및 회복이라는 공익과 심판대상조항으로 인하여 제한되는 청구인들의 집회의 자유 사이의 균형을 상실하였다고 보기 어려우므로, 심판대상조항은 과잉금지원칙을 위반하여 집회의 자유를 침해한다고 볼 수 없다(헌재 2016.9.29, 2015헌바309 등).

정답 | 15 ① 16 ④

17 집회의 자유에 관한 설명으로 가장 적절하지 않은 것은? (다툼이 있는 경우 판례에 의함)

23. 경찰경채

① 개인이 집회의 자유를 집단적으로 행사함으로써 불가피하게 발생하는 일반대중에 대한 불편함이나 법익에 대한 위험은 보호법익과 조화를 이루는 범위 내에서 국가와 제3자에 의하여 수인되어야 한다.

② 집회의 자유는 개인의 인격발현의 요소이자 민주주의를 구성하는 요소라는 이중적 헌법적 기능을 가지고 있다.

③ 집회의 자유에 의하여 구체적으로 보호되는 주요행위는 집회의 준비 및 조직, 지휘, 참가, 집회장소·시간의 선택이므로 집회를 방해할 의도로 집회에 참가하는 것도 보호된다.

④ 집회장소가 바로 집회의 목적과 효과에 대하여 중요한 의미를 가지기 때문에, 누구나 '어떤 장소에서' 자신이 계획한 집회를 할 것인가를 원칙적으로 자유롭게 결정할 수 있어야만 집회의 자유가 비로소 효과적으로 보장되는 것이다. 따라서 집회의 자유는 다른 법익의 보호를 위하여 정당화되지 않는 한, 집회장소를 항의의 대상으로부터 분리시키는 것을 금지한다.

해설

③ [×] 집회의 자유는 집회의 시간, 장소, 방법과 목적을 스스로 결정할 권리를 보장한다. 집회의 자유에 의하여 구체적으로 보호되는 주요행위는 집회의 준비 및 조직, 지휘, 참가, 집회장소·시간의 선택이다. 그러나 집회를 방해할 의도로 집회에 참가하는 것은 보호되지 않는다. 주최자는 집회의 대상, 목적, 장소 및 시간에 관하여, 참가자는 참가의 형태와 정도, 복장을 자유로이 결정할 수 있다(헌재 2003.10.30, 2000헌바67 등).

① [○] 헌법은 집회의 자유를 국민의 기본권으로 보장함으로써, 평화적 집회 그 자체는 공공의 안녕질서에 대한 위험이나 침해로서 평가되어서는 아니 되며, 개인이 집회의 자유를 집단적으로 행사함으로써 불가피하게 발생하는 일반대중에 대한 불편함이나 법익에 대한 위험은 보호법익과 조화를 이루는 범위 내에서 국가와 제3자에 의하여 수인되어야 한다는 것을 헌법 스스로 규정하고 있는 것이다(헌재 2003.10.30, 2000헌바67 등).

② [○] 집회의 자유는 개인의 인격발현의 요소이자 민주주의를 구성하는 요소라는 이중적 헌법적 기능을 가지고 있다. 인간의 존엄성과 자유로운 인격발현을 최고의 가치로 삼는 우리 헌법질서 내에서 집회의 자유도 다른 모든 기본권과 마찬가지로 일차적으로는 개인의 자기결정과 인격발현에 기여하는 기본권이다. 뿐만 아니라, 집회를 통하여 국민들이 자신의 의견과 주장을 집단적으로 표명함으로써 여론의 형성에 영향을 미친다는 점에서, 집회의 자유는 표현의 자유와 더불어 민주적 공동체가 기능하기 위하여 불가결한 근본요소에 속한다(헌재 2003.10.30, 2000헌바67 등).

④ [○] 집회의 목적·내용과 집회의 장소는 일반적으로 밀접한 내적인 연관관계에 있기 때문에, 집회의 장소에 대한 선택이 집회의 성과를 결정짓는 경우가 적지 않다. 집회장소가 바로 집회의 목적과 효과에 대하여 중요한 의미를 가지기 때문에, 누구나 '어떤 장소에서' 자신이 계획한 집회를 할 것인가를 원칙적으로 자유롭게 결정할 수 있어야만 집회의 자유가 비로소 효과적으로 보장되는 것이다. 따라서 집회의 자유는 다른 법익의 보호를 위하여 정당화되지 않는 한, 집회장소를 항의의 대상으로부터 분리시키는 것을 금지한다(헌재 2003.10.30, 2000헌바67 등).

18 집회의 자유에 관한 설명 중 가장 적절하지 않은 것은? (다툼이 있는 경우 판례에 의함) 24. 경정승진

① 집회 및 시위에 관한 법률상의 시위는 반드시 '일반인이 자유로이 통행할 수 있는 장소'에서 이루어져야 한다거나 '행진' 등 장소 이동을 동반해야만 성립하는 것은 아니다.

② 국회의장 공관의 경계 지점으로부터 100미터 이내의 장소에서의 옥외집회 또는 시위를 일률적으로 금지하고, 이를 위반한 집회 · 시위의 참가자를 처벌하는 구 집회 및 시위에 관한 법률 조항은 국회의장의 원활한 직무 수행, 공관 거주자 등의 신변 안전, 주거의 평온, 공관으로의 자유로운 출입 등이 저해될 위험이 있음을 고려한 것으로 집회의 자유를 침해하지 않는다.

③ 집회의 금지와 해산은 원칙적으로 공공의 안녕질서에 대한 직접적인 위협이 명백하게 존재하는 경우에 한하여 허용될 수 있다.

④ 관할경찰관서장은 집회 또는 시위의 시간과 장소가 중복되는 2개 이상의 신고가 있는 경우 그 목적으로 보아 서로 상반되거나 방해가 된다고 인정되면 각 옥외집회 또는 시위 간에 시간을 나누거나 장소를 분할하여 개최하도록 권유하는 등 각 옥외집회 또는 시위가 서로 방해되지 아니하고 평화적으로 개최 · 진행될 수 있도록 노력하여야 한다.

해설

② [×] 심판대상조항이 집회 금지 장소로 설정한 '국회의장 공관의 경계 지점으로부터 100미터 이내에 있는 장소' 에는, 해당 장소에서 옥외집회 · 시위가 개최되더라도 국회의장에게 물리적 위해를 가하거나 국회의장 공관으로의 출입 내지 안전에 위협을 가할 우려가 없는 장소까지 포함되어 있다. 또한 대규모로 확산될 우려가 없는 소규모 옥외집회 · 시위의 경우, 심판대상조항에 의하여 보호되는 법익에 직접적인 위협을 가할 가능성은 상대적으로 낮다. … 그럼에도 심판대상조항은 국회의장 공관 인근 일대를 광범위하게 전면적인 집회 금지 장소로 설정함으로써 입법목적 달성에 필요한 범위를 넘어 집회의 자유를 과도하게 제한하고 있는바, 과잉금지원칙에 반하여 집회의 자유를 침해한다(헌재 2023.3.23, 2021헌가1).

① [O] 집시법상의 시위는, 다수인이 공동목적을 가지고 ㉠ 도로 · 광장 · 공원 등 공중이 자유로이 통행할 수 있는 장소를 행진함으로써 불특정한 여러 사람의 의견에 영향을 주거나 제압을 가하는 행위와 ㉡ 위력 또는 기세를 보여 불특정한 여러 사람의 의견에 영향을 주거나 제압을 가하는 행위를 말한다고 풀이해야 할 것이다. 따라서 집시법상의 시위는 반드시 '일반인이 자유로이 통행할 수 있는 장소'에서 이루어져야 한다거나 '행진' 등 장소 이동을 동반해야만 성립하는 것은 아니다(헌재 2014.3.27, 2010헌가2 등).

③ [O] 집회의 자유를 제한하는 대표적인 공권력의 행위는 집시법에서 규정하는 집회의 금지, 해산과 조건부 허용이다. 집회의 자유에 대한 제한은 다른 중요한 법익의 보호를 위하여 반드시 필요한 경우에 한하여 정당화되는 것이며, 특히 집회의 금지와 해산은 원칙적으로 공공의 안녕질서에 대한 직접적인 위협이 명백하게 존재하는 경우에 한하여 허용될 수 있다(헌재 2003.10.30, 2000헌바67 등).

④ [O]

> 집회 및 시위에 관한 법률 제8조【집회 및 시위의 금지 또는 제한 통고】② 관할경찰관서장은 집회 또는 시위의 시간과 장소가 중복되는 2개 이상의 신고가 있는 경우 그 목적으로 보아 서로 상반되거나 방해가 된다고 인정되면 각 옥외집회 또는 시위 간에 시간을 나누거나 장소를 분할하여 개최하도록 권유하는 등 각 옥외집회 또는 시위가 서로 방해되지 아니하고 평화적으로 개최 · 진행될 수 있도록 노력하여야 한다.

정답 | 17 ③ 18 ②

19 집회의 자유에 관한 설명으로 가장 적절한 것은? (다툼이 있는 경우 판례에 의함) 24. 경찰 1차

① 집회 및 시위에 관한 법률상의 시위는 반드시 '일반인이 자유로이 통행할 수 있는 장소'에서 이루어져야 하며 '행진' 등 장소 이동을 동반해야만 성립한다.

② 집회의 자유에 대한 제한은 다른 중요한 법익의 보호를 위하여 반드시 필요한 경우에 한하여 정당화되는 것이며, 특히 집회의 금지는 원칙적으로 공공의 안녕질서에 대한 위협이 예상되는 경우에 한하여 허용될 수 있다.

③ 집회 또는 시위를 하기 위하여 인천애(愛)뜰 중 잔디마당과 그 경계 내 부지에 대한 사용허가 신청을 한 경우 인천광역시장이 이를 허가할 수 없도록 제한하는 인천애(愛)뜰의 사용 및 관리에 관한 조례 조항은 헌법 제21조 제2항이 규정하는 집회에 대한 허가제 금지원칙에 위배된다.

④ 누구든지 선거기간 중 선거에 영향을 미치게 하기 위하여 '그 밖의 집회나 모임'을 개최할 수 없고, 이를 위반하는 자를 처벌하는 공직선거법 조항은 선거의 공정이나 평온에 대한 구체적인 위험이 없는 경우에도 해당 목적을 위한 일반 유권자의 집회나 모임을 전면적으로 금지하고 위반 시 처벌한다는 점에서 과잉금지원칙에 위배되어 해당 일반 유권자의 집회의 자유를 침해한다.

해설

④ [O] 심판대상조항은 정치적 의사표현이 활발하게 교환되어야 할 선거기간 중에, 오히려 특정 후보자나 정당이 특정한 정책에 대한 찬성이나 반대를 하고 있다는 언급마저도 할 수 없는 범위 내에서만 집회나 모임의 방법으로 정치적 의사를 표현하도록 하여, 평소보다 일반 유권자의 정치적 표현의 자유를 더 제한하고 있다. 선거의 공정이나 평온에 대한 구체적인 위험이 없어, 규제가 불필요하거나 또는 예외적으로 허용하는 것이 가능한 경우에도, 선거기간 중 선거에 영향을 미칠 염려가 있거나 미치게 하기 위한 일반 유권자의 집회나 모임을 전면적으로 금지하고 위반 시 처벌하는 것은 침해의 최소성에 반한다. 선거기간 중 선거와 관련된 집단적 의견표명 일체가 불가능하게 됨으로써 일반 유권자가 받게 되는 집회의 자유, 정치적 표현의 자유에 대한 제한 정도는 매우 중대하므로, 심판대상조항은 집회의 자유, 정치적 표현의 자유를 침해한다(헌재 2022.7.21, 2018헌바164).

① [×] 집시법상의 시위는, 다수인이 공동목적을 가지고 ㉠ 도로 · 광장 · 공원 등 공중이 자유로이 통행할 수 있는 장소를 행진함으로써 불특정한 여러 사람의 의견에 영향을 주거나 제압을 가하는 행위와 ㉡ 위력 또는 기세를 보여 불특정한 여러 사람의 의견에 영향을 주거나 제압을 가하는 행위를 말한다고 풀이해야 할 것이다. 따라서 집시법상의 시위는 반드시 '일반인이 자유로이 통행할 수 있는 장소'에서 이루어져야 한다거나 '행진' 등 장소 이동을 동반해야만 성립하는 것은 아니다(헌재 2014.3.27, 2010헌가2 등).

② [×] 집회의 자유를 제한하는 대표적인 공권력의 행위는 집시법에서 규정하는 집회의 금지, 해산과 조건부 허용이다. 집회의 자유에 대한 제한은 다른 중요한 법익의 보호를 위하여 반드시 필요한 경우에 한하여 정당화되는 것이며, 특히 집회의 금지와 해산은 원칙적으로 공공의 안녕질서에 대한 직접적인 위협이 명백하게 존재하는 경우에 한하여 허용될 수 있다(헌재 2003.10.30, 2000헌바67 등).

③ [×] 청구인들은 심판대상조항이 헌법 제21조 제2항이 규정하는 집회에 대한 허가제 금지 원칙에 위반된다고 주장한다. 그러나 심판대상조항은 잔디마당에서 집회 또는 시위를 하려고 하는 경우 시장이 그 사용허가를 할 수 없도록 전면적 · 일률적으로 불허하고, '허가제'의 핵심 요소라 할 수 있는 '예외적 허용'의 가능성을 열어 두고 있지 않다. 그렇다면 심판대상조항은 집회에 대한 허가제를 규정하였다고 보기 어려우므로, 헌법 제21조 제2항 위반 주장에 대해서는 나아가 살펴보지 않기로 한다. 심판대상조항은 법률의 위임 내지는 법률에 근거하여 규정된 것이라고 할 수 있으므로 법률유보원칙에 위배되지 않는다. 심판대상조항에 의하여 잔디마당을 집회 장소로 선택할 자유가 완전히 제한되는바, 공공에 위험을 야기하지 않고 시청사의 안전과 기능에도 위협이 되지 않는 집회나 시위까지도 예외 없이 금지되는 불이익이 발생한다. 심판대상조항은 과잉금지원칙에 위배되어 청구인들의 집회의 자유를 침해한다(헌재 2023.9.26, 2019헌마1417).

20 집회 및 결사의 자유에 관한 다음 설명 중 가장 옳은 것은? (다툼이 있는 경우 헌법재판소 결정 및 대법원 판례에 의함)

23. 법원직

① 집회는 일정한 장소를 전제로 하여 특정 목적을 가진 다수인이 일시적으로 회합하는 것을 말하는 것으로, 여기서의 다수인이 가지는 공동의 목적은 '내적인 유대 관계'로 족하지 않고 공통의 의사형성과 의사표현이라는 공동의 목적이 포함되어야 한다.

② 누구든지 선거기간 중 선거에 영향을 미치게 하기 위하여 그 밖의 집회나 모임을 개최할 수 없고, 이를 위반한 자를 처벌하도록 규정한 공직선거법 조항은 선거기간 중에도 국민들이 제기하는 건전한 비판과 여론 형성을 금지하는 것은 아니므로 집회의 자유를 침해한다고 할 수 없다.

③ 국회의장 공관의 경계지점으로부터 100미터 이내의 장소에서의 옥외집회 또는 시위를 일률적으로 금지하고, 이를 위반한 집회·시위의 참가자를 처벌하는 것은 해당 장소에서 옥외집회·시위가 개최되더라도 국회의장에게 물리적 위해를 가하거나 국회의장 공관으로의 출입 내지 안전에 위협을 가할 우려가 없는 장소까지 포함되어 있다는 점에서 입법목적 달성에 필요한 범위를 넘어 집회의 자유를 과도하게 제한하는 것으로 집회의 자유를 침해한다.

④ 사회복무요원이 정당 가입을 할 수 없도록 규정한 병역법 조항은 사회복무요원의 정치적 중립성 보장과 아무런 관련이 없는 사회적 활동까지 금지한다는 점에서 사회복무요원의 결사의 자유를 침해한다.

해설

③ [O] '집회 및 시위에 관한 법률'은 국회의장 공관의 기능과 안녕을 보호할 다양한 규제 수단을 마련하고 있고, 집회·시위 과정에서의 폭력행위나 업무방해 행위 등은 형사법상의 범죄행위로 처벌되므로, 국회의장 공관 인근에서 예외적으로 옥외집회·시위를 허용한다고 하더라도 국회의장 공관의 기능과 안녕은 충분히 보장될 수 있다. 그럼에도 심판대상조항은 국회의장 공관 인근 일대를 광범위하게 전면적인 집회 금지 장소로 설정함으로써 입법목적 달성에 필요한 범위를 넘어 집회의 자유를 과도하게 제한하고 있는바, 과잉금지원칙에 반하여 집회의 자유를 침해한다(헌재 2023.3.23, 2021헌가1).

① [×] 일반적으로 집회는, 일정한 장소를 전제로 하여 특정 목적을 가진 다수인이 일시적으로 회합하는 것을 말하는 것으로 일컬어지고 있고, 그 공동의 목적은 '내적인 유대 관계'로 족하다(헌재 2009.5.28, 2007헌바22).

② [×] 누구든지 선거기간 중 선거에 영향을 미치게 하기 위하여 그 밖의 집회나 모임을 개최할 수 없고, 이를 위반하는 자를 처벌하는 공직선거법 제103조 제3항은 침해의 최소성에 반한다. 법익의 균형성에도 위배된다. 따라서 심판대상조항은 과잉금지원칙에 반하여 집회의 자유, 정치적 표현의 자유를 침해한다(헌재 2022.7.21, 2018헌바164).

④ [×] 이 사건 법률조항 중 '정당'에 관한 부분은 사회복무요원의 정당가입을 금지함으로써 사회복무요원의 정치적 중립성을 유지하며 업무전념성을 보장하고자 하는 것으로 이러한 입법목적은 정당하다. 이 사건 법률조항 중 '정당'에 관한 부분은 앞서 본 입법목적을 달성하기 위한 효과적이고 적합한 수단이다. 이 사건 법률조항 중 '정당'에 관한 부분은 침해의 최소성에 위반되지 아니한다. 이 사건 법률조항 중 '정당'에 관한 부분이 보호하고자 하는 사회복무요원의 정치적 중립성 유지 및 업무전념성 보장이라는 공익은, 그 지위 및 직무의 성질상 정치적 중립성의 준수가 요청되는 사회복무요원이 정당가입을 금지당함에 따라 제한받는 사익보다 훨씬 중요하기 때문에, 법익의 균형성에 위배되지 않는다. 이 사건 법률조항 중 '정당'에 관한 부분은 과잉금지원칙에 위배되어 청구인의 정치적 표현의 자유 및 결사의 자유를 침해하지 아니한다(헌재 2021.11.25, 2019헌마534).

정답 | 19 ④ 20 ③

■ 결사의 자유

01 결사의 자유에 대한 설명으로 가장 적절하지 않은 것은? (다툼이 있는 경우 헌법재판소 판례에 의함)

25. 경찰간부

① 농업협동조합중앙회(이하 '농협중앙회') 회장선거의 관리를 농협중앙회의 자율에 맡기지 않고 선거관리위원회법에 따른 중앙선거관리위원회에 의무적으로 위탁하도록 한 「농업협동조합법」 조항은 농협중앙회 및 회원조합의 결사의 자유를 침해한다고 볼 수 없다.

② 상호신용금고의 임원과 과점주주로 하여금 상호신용금고의 예금 등과 관련된 채무에 대하여 상호신용금고와 연대하여 책임을 지도록 하고 있는 상호신용금고법 조항이 임원과 과점주주의 연대변제책임이란 조건하에서만 금고를 설립할 수 있도록 규정한다고 해서, 이를 사법상의 단체를 자유롭게 결성하고 운영하는 자유를 제한하는 것으로 볼 수는 없다.

③ 조합장선거에서 후보자가 아닌 사람의 선거운동을 금지하는 공공단체등 위탁선거에 관한 법률 조항은, 조합장선거의 과열과 혼탁을 방지함으로써 선거의 공정성을 담보하고자 하는 것으로서, 조합장선거의 후보자 및 선거인인 조합원의 결사의 자유 등 기본권을 침해하지 아니한다.

④ 선거운동 기간 외에는 중소기업중앙회 회장선거에 관한 선거운동을 제한하는 중소기업협동조합법 조항은, 선거 후유증을 초래할 위험을 방지하기 위한 것으로, 선거운동 기간 동안의 선거운동만으로도 선거에 관한 정보획득, 교환 및 의사결정에 충분하다고 볼 수 있으므로 조합원의 결사의 자유를 침해하지 않는다.

해설

② [×] 위 상호신용금고법 제37조의3은 임원과 과점주주의 연대변제책임이란 조건 하에서만 금고를 설립할 수 있도록 규정함으로써 사법상의 단체를 자유롭게 결성하고 운영하는 자유를 제한하는 규정이다. … 이 사건 법률조항은 '부실경영의 책임이 없는 임원'과 '금고의 경영에 영향력을 행사하여 부실의 결과를 초래한 자 이외의 과점주주'에 대해서도 연대채무를 부담하게 하는 범위 내에서 헌법에 위반된다(헌재 2002.8.29, 2000헌가5 등).

① [O] 의무위탁조항은 농협중앙회장선거의 과열과 혼탁을 방지함으로써 선거의 공정성을 담보하기 위하여 선거관리의 위탁 여부를 농협중앙회의 자율에 맡기지 않고 선거의 공정한 관리를 관장하는 중앙선관위에 의무적으로 위탁하도록 한 조항이다. 농협중앙회의 회원조합이 수행하는 사업 내지 업무가 국민경제에서 상당한 비중을 차지하고, 국가나 국민 전체와 관련된 경제적 기능에 있어서 금융기관에 준하는 공공성을 가진다는 점, 중앙선관위가 수탁하여 관리하는 사무는 주로 선거절차에 관한 사무에 해당하는 점 등을 고려하면 의무위탁조항은 과잉금지원칙에 위반되지 않으므로, 농협중앙회 및 회원조합의 결사의 자유를 침해한다고 볼 수 없다(헌재 2023.5.25, 2021헌바136).

③ [O] 헌법재판소는 2017.6.29, 2016헌가1 결정에서, 심판대상조항과 실질적 내용이 동일한 구 공공단체등 위탁선거에 관한 법률(이하 '위탁선거법'이라 한다) 조항들은 조합장선거의 과열과 혼탁을 방지함으로써 선거의 공정성을 담보하고자 하는 것으로서 그 입법목적이 정당하고, 후보자가 아닌 사람의 선거운동을 전면 금지하고 이를 위반하면 형사처벌하는 것은 입법목적을 달성하기 위한 적정한 수단이 되며, … 조합장선거의 후보자 및 선거인인 조합원의 결사의 자유 등 기본권을 침해하지 아니하므로 헌법에 위반되지 않는다고 판단하였다(헌재 2024.2.28, 2021헌가16).

④ [O] 중소기업중앙회가 사적 결사체여서 결사의 자유, 단체 내부 구성의 자유의 보호대상이 된다고 하더라도, 공법인적 성격 역시 강하게 가지고 있다. 심판대상조항은 후보자 간의 지나친 경쟁과 과열로 선거의 공정성을 해할 위험이나 선거인들 상호 간의 반목 등 선거 후유증을 초래할 위험을 방지하기 위한 것으로, 선거인 수가 소규모이고 선거인들의 선거에 대한 관심이 매우 높은 점 등에 비추어 보면, 선거운동 기간 동안의 선거운동만으로도 선거에 관한 정보획득, 교환 및 의사결정에 충분하다고 볼 수 있으므로, 예비후보자 제도를 두지 않은 것이 특별히 불합리하다거나 부당하다고 판단하기 어렵다. … 그러므로 심판대상조항은 결사의 자유나 표현의 자유를 침해하지 않는다(헌재 2021.7.15, 2020헌가9).

02 집회 · 결사의 자유에 관한 설명으로 옳은 것은 모두 몇 개인가? (다툼이 있는 경우 판례에 의함) 25. 경정승진

> ㉠ 집회 및 시위에 관한 법률에 의하면, 경찰관은 집회 또는 시위의 주최자에게 알리고 그 집회 또는 시위의 장소에 정복(正服)을 입고 출입할 수 있다. 다만, 옥내집회 장소에 출입하는 것은 직무 집행을 위하여 긴급한 경우에만 할 수 있다.
> ㉡ 집회 및 시위에 관한 법률에 의하면, 관할경찰관서장은 집회 또는 시위의 시간과 장소가 중복되는 2개 이상의 신고가 있는 경우 그 목적으로 보아 서로 상반되거나 방해가 된다고 인정되면 두 신고서를 모두 반려한다.
> ㉢ 단체 또는 단체의 구성원들이 유리한 경우에는 설립의 근거법률에 따른 특혜를 누리거나 요구하다가, 제한에 대해서는 사적조직임을 강조하면서 결사의 자유의 침해를 주장하는 경우에 과잉금지원칙 위배 여부를 판단할 때에는, 순수한 사적인 임의결사의 기본권이 제한되는 경우의 심사에 비해서는 완화된 기준을 적용할 수 있다.
> ㉣ 농협 조합장 선출행위는 결사 내 업무집행 및 의사결정기관의 구성에 관한 자율적인 활동이라 할 수 있으므로, 농협 조합장의 임기와 조합장선거의 시기에 관한 사항은 결사의 자유의 보호범위에 속한다.

① 1개 ② 2개
③ 3개 ④ 4개

해설

옳은 것은 3개(㉠, ㉢, ㉣)이다.

㉠ [O]

> 집회 및 시위에 관한 법률제19조【경찰관의 출입】① 경찰관은 집회 또는 시위의 주최자에게 알리고 그 집회 또는 시위의 장소에 정복(正服)을 입고 출입할 수 있다. 다만, 옥내집회 장소에 출입하는 것은 직무 집행을 위하여 긴급한 경우에만 할 수 있다.

㉡ [×]

> 집회 및 시위에 관한 법률 제8조【집회 및 시위의 금지 또는 제한 통고】② 관할경찰관서장은 집회 또는 시위의 시간과 장소가 중복되는 2개 이상의 신고가 있는 경우 그 목적으로 보아 서로 상반되거나 방해가 된다고 인정되면 각 옥외집회 또는 시위 간에 시간을 나누거나 장소를 분할하여 개최하도록 권유하는 등 각 옥외집회 또는 시위가 서로 방해되지 아니하고 평화적으로 개최 · 진행될 수 있도록 노력하여야 한다.

㉢ [O] 상공회의소는 상공업자들의 사적인 단체이기는 하되, 단체 결성 · 가입 · 탈퇴에 상당한 제한이 있는 조직이며, 다른 결사와는 달리 일정한 공적인 역무를 수행하면서, 지방자치단체의 행정지원과 자금지원 등의 혜택을 받고 있는 법인이다. 단체 또는 단체의 구성원들이 유리한 경우에는 설립의 근거법률에 따른 특혜를 누리거나 요구하다가, 제한에 대해서는 사적조직임을 강조하면서 결사의 자유의 침해를 주장하는 경우에 과잉금지원칙 위배 여부를 판단할 때에는, 순수한 사적인 임의결사의 기본권이 제한되는 경우의 심사에 비해서는 완화된 기준을 적용할 수 있다(헌재 2006.5.25, 2004헌가1).

㉣ [O] 결사의 자유에는 '단체활동의 자유'도 포함되는데, 단체활동의 자유는 단체 외부에 대한 활동뿐만 아니라 단체의 조직, 의사형성의 절차 등의 단체의 내부적 생활을 스스로 결정하고 형성할 권리인 '단체 내부 활동의 자유'를 포함한다. 농협의 조합장은 앞서 본 바와 같이 조합을 대표하며 업무를 집행하는 사람으로서, 총회와 이사회의 의장이 되며 이사회의 소집권자이다. 그러므로 조합장 선출행위는 결사 내 업무집행 및 의사결정기관의 구성에 관한 자율적인 활동이라 할 수 있으므로, 농협 조합장의 임기와 조합장선거의 시기에 관한 사항은 결사의 자유의 보호범위에 속한다(헌재 2012.12.27, 2011헌마562 등).

정답 | 01 ② 02 ③

03 결사의 자유를 침해하는 경우로 가장 적절한 것은? (다툼이 있는 경우 헌법재판소 판례에 의함) 23. 경찰간부

① 지역농협 이사 선거의 경우 전화 · 컴퓨터통신을 이용한 지지 · 호소의 선거운동방법을 금지하고 이를 위반한 자에 대한 형사처벌을 규정한 구 농업협동조합법상 조항

② 새마을금고 임원선거와 관련하여 법률에서 정하고 있는 방법 이외의 방법으로 선거운동을 할 수 없도록 하고 이를 위반한 자에 대한 형사처벌을 규정한 새마을금고법상 조항

③ 변리사의 변리사회 가입의무를 규정한 변리사법상 조항

④ 대한민국고엽제전우회와 대한민국월남전참전자회의 중복가입을 금지하는 참전유공자예우 및 단체설립에 관한 법률상 조항

해설

① [O] 전화 · 컴퓨터통신은 누구나 손쉽고 저렴하게 이용할 수 있는 매체인 점, 농업협동조합법에서 흑색선전 등을 처벌하는 조항을 두고 있는 점을 고려하면 입법목적 달성을 위하여 위 매체를 이용한 지지 호소까지 금지할 필요성은 인정되지 아니한다. 이 사건 법률조항들이 달성하려는 공익이 결사의 자유 및 표현의 자유 제한을 정당화할 정도로 크다고 보기는 어려우므로, 법익의 균형성도 인정되지 아니한다. 따라서 이 사건 법률조항들은 과잉금지원칙을 위반하여 결사의 자유, 표현의 자유를 침해하여 헌법에 위반된다(헌재 2016.11.24, 2015헌바62).

② [×] 새마을금고 임원 선거의 과열과 혼탁을 방지함으로써 선거의 공정성을 담보하고자 하는 심판대상조항의 입법목적은 정당하고, 임원 선거와 관련하여 법정된 선거운동방법만을 허용하되 허용되지 아니하는 방법으로 선거운동을 하는 경우 형사처벌하는 것은 이러한 입법목적을 달성하기 위한 적절한 수단이다. … 심판대상조항은 침해의 최소성 요건을 갖추었다. 공공성을 가진 특수법인으로 유사금융기관으로서의 지위를 가지는 새마을금고의 임원 선거에서 공정성을 확보하는 것은 임원의 윤리성을 담보하고 궁극적으로는 새마을금고의 투명한 경영을 도모하고자 하는 것으로, 이러한 공익이 이로 인하여 제한되는 사익에 비해 훨씬 크다고 할 것이므로, 심판대상조항은 법익의 균형성도 갖추었다. 따라서 심판대상조항은 청구인의 결사의 자유 및 표현의 자유를 침해하지 아니한다(헌재 2018.2.22, 2016헌바364).

③ [×] 법 제11조 중 변리사 부분이 청구인의 결사의 자유와 직업수행의 자유를 제한한 것은 비례의 원칙에 위배되지 않으므로 청구인의 결사의 자유와 직업수행의 자유를 침해하지 않으며, 청구인의 평등권도 침해하지 않는다(헌재 2008.7.31, 2006헌마666).

④ [×] 심판대상조항의 입법목적은 양 법인의 중복가입에 따라 발생할 수 있는 두 단체 사이의 마찰, 중복지원으로 인한 예산낭비, 중복가입자의 이해상반행위를 방지하기 위한 것이다. 월남전참전자회의 회원 범위가 고엽제 관련자까지 확대될 경우 상대적으로 고엽제전우회의 조직 구성력이 약화되어 고엽제 관련자에 대한 특별한 보호가 약화될 우려가 있기 때문에, 심판대상조항이 기존에 운영 중인 고엽제전우회의 회원이 월남전 참전자회에 중복가입하는 것을 제한한 것은 불가피한 조치라 할 것이다. 또한 심판대상조항으로 인하여 고엽제 관련자가 월남전참전자회의 회원이 될 수 없는 것이 아니라 월남전 참전자 중 고엽제 관련자는 양 법인 중에서 회원으로 가입할 법인을 선택할 수 있고 언제라도 그 선택의 변경이 가능하므로 심판대상조항이 청구인의 결사의 자유를 전면적으로 제한하는 것은 아니다. 따라서 심판대상조항은 과잉금지원칙에 위배된다고 볼 수 없다(헌재 2016.4.28, 2014헌바442).

04 집회 · 결사의 자유에 대한 설명으로 옳지 않은 것은? 24. 5급 공채

① 누구든지 국회의사당의 경계지점으로부터 100미터 이내의 장소에서 옥외집회 또는 시위를 할 경우 형사처벌한다고 규정한 집회 및 시위에 관한 법률 조항 중 '국회의사당'에 관한 부분은 집회의 자유를 침해한다.

② 집회의 자유는 집회의 시간 · 장소 · 방법 · 목적 등을 스스로 결정하는 것을 내용으로 하며, 구체적으로 보호되는 주요행위는 집회의 준비 · 조직 · 지휘 · 참가 및 집회 장소와 시간의 선택 등이다.

③ 사법인은 그 조직과 의사형성에 있어서, 그리고 업무수행에 있어서 자기결정권을 가진다고 할 수 없으므로 결사의 자유의 주체가 된다고 볼 수 없다.

④ 결사의 자유에는 단체활동의 자유도 포함되는데, 단체활동의 자유는 단체 외부에 대한 활동뿐만 아니라 단체의 조직, 의사형성의 절차 등의 단체의 내부적 생활을 스스로 결정하고 형성할 권리인 '단체 내부 활동의 자유'를 포함한다.

해설

③ [×] 법인 등 결사체도 그 조직과 의사형성에 있어서 그리고 업무수행에 있어서 자기결정권을 가지고 있어 결사의 자유의 주체가 된다고 봄이 상당하므로, 축협중앙회는 그 회원조합들과 별도로 결사의 자유의 주체가 된다(헌재 2000.6.1, 99헌마553).

① [O] 심판대상조항은 국회의사당 인근 일대를 광범위하게 집회금지장소로 설정함으로써, 국회의원에 대한 물리적인 압력이나 위해를 가할 가능성이 없는 장소 및 국회의사당 등 국회 시설에의 출입이나 안전에 지장이 없는 장소까지도 집회금지장소에 포함되게 한다. … 그럼에도 심판대상조항이 국회 부지 또는 담장을 기준으로 100미터 이내의 장소에서 옥외집회를 금지하는 것은 국회의 헌법적 기능에 대한 보호의 필요성을 고려하더라도 지나친 규제라고 할 것이다. … 심판대상조항은 입법목적을 달성하는 데 필요한 최소한도의 범위를 넘어, 규제가 불필요하거나 또는 예외적으로 허용하는 것이 가능한 집회까지도 이를 일률적·전면적으로 금지하고 있으므로 침해의 최소성 원칙에 위배된다. … 심판대상조항은 과잉금지원칙을 위반하여 집회의 자유를 침해한다(헌재 2018.5.31, 2013헌바322 등).

② [O] 집회의 자유는 집회의 시간, 장소, 방법과 목적을 스스로 결정하는 것을 보장하는 것으로, 구체적으로 보호되는 주요 행위는 집회의 준비 및 조직, 지휘, 참가, 집회장소·시간의 선택이다(헌재 2018.6.28, 2015헌가28 등).

④ [O] 헌법 제21조가 규정하는 결사의 자유라 함은 다수의 자연인 또는 법인이 공동의 목적을 위하여 단체를 결성할 수 있는 자유를 의미하는 것으로, 이에는 적극적으로 단체결성의 자유, 단체존속의 자유, 결사에의 가입·잔류의 자유와 소극적으로 기존의 단체로부터 탈퇴할 자유와 결사에 가입하지 아니할 자유가 모두 포함된다. 특히 결사의 자유에 포함되는 단체활동의 자유는 단체 외부에 대한 활동뿐만 아니라 단체의 조직, 의사형성의 절차 등 단체의 내부적 생활을 스스로 결정하고 형성할 권리인 단체 내부 활동의 자유를 포함한다(헌재 2018.2.22, 2016헌바364).

■ 학문의 자유

01 헌법상 대학의 자율성에 관한 다음 설명 중 가장 옳지 않은 것은? 24. 법원직

① 국립대학도 대학의 자율권의 주체로서 헌법소원심판의 청구인능력이 인정된다.

② 대학의 자율성은 대학에게 부여된 헌법상 기본권이나, 교수나 교수회는 그 주체가 될 수 없으므로 교수나 교수회가 청구한 헌법재판소법 제68조 제1항의 헌법소원심판은 기본권 침해의 자기관련성이 인정되지 아니한다.

③ 대학의 자율권의 보호영역에는 학사관리 등 전반적인 것으로 연구와 교육의 내용, 그 방법과 대상, 교과과정의 편성, 학생의 선발, 학생의 전형이 포함되며, 대학의 재산권 행사와 관련된 대학시설의 관리·운영도 포함된다.

④ 설립자가 사립학교나 학교법인을 자유롭게 운영할 자유, 즉 사학의 자유는 비록 헌법에 명문규정은 없으나 헌법 제10조에서 보장되는 행복추구권의 한 내용을 이루는 일반적인 행동의 자유권과 교육의 자주성·전문성·정치적 중립성 및 대학의 자율성을 규정하고 있는 헌법 제31조 제4항 등에 의하여 인정되는 기본권의 하나이다.

해설

② [×] 헌법재판소는 대학의 자율성은 헌법 제22조 제1항이 보장하고 있는 학문의 자유의 확실한 보장수단으로 꼭 필요한 것으로서 대학에게 부여된 헌법상의 기본권으로 보고 있다. 그러나 대학의 자치의 주체를 기본적으로 대학으로 본다고 하더라도 교수나 교수회의 주체성이 부정된다고 볼 수는 없고, 가령 학문의 자유를 침해하는 대학의 장에 대한 관계에서는 교수나 교수회가 주체가 될 수 있고, 또한 국가에 의한 침해에 있어서는 대학 자체 외에도 대학 전구성원이 자율성을 갖는 경우도 있을 것이므로 문제되는 경우에 따라서 대학, 교수, 교수회 모두가 단독, 혹은 중첩적으로 주체가 될 수 있다고 보아야 할 것이다(헌재 2006.4.27, 2005헌마1047 등).

① [O] 헌법 제31조 제4항이 규정하는 교육의 자주성 및 대학의 자율성은 헌법 제22조 제1항이 보장하는 학문의 자유의 확실한 보장을 위해 꼭 필요한 것으로서 대학에 부여된 헌법상 기본권인 대학의 자율권이므로, 국립대학인 청구인도 이러한 대학의 자율권의 주체로서 헌법소원심판의 청구인능력이 인정된다(헌재 2015.12.23, 2014헌마1149).

③ [O] 대학의 자율권의 보호영역에는 대학시설의 관리·운영만이 아니라 학사관리 등 전반적인 것으로 연구와 교육의 내용, 그 방법과 대상, 교과과정의 편성, 학생의 선발, 학생의 전형도 포함된다(헌재 2015.12.23, 2014헌마1149).

④ [O] 설립자가 사립학교나 학교법인을 자유롭게 운영할 자유, 즉 사학의 자유는 비록 헌법에 명문규정은 없으나 헌법 제10조에서 보장되는 행복추구권의 한 내용을 이루는 일반적인 행동의 자유권과 교육의 자주성·전문성·정치적 중립성 및 대학의 자율성을 규정하고 있는 헌법 제31조 제4항 등에 의하여 인정되는 기본권의 하나이다(헌재 2018.12.27, 2016헌바217).

정답 | 03 ① 04 ③ 01 ②

02 대학의 자율성에 관한 설명으로 옳은 것은 모두 몇 개인가? (다툼이 있는 경우 헌법재판소 판례에 의함)

24. 경찰 2차

㉠ 학칙의 제정 또는 개정에 관한 사항 등 대학평의원회의 심의사항을 규정한 고등교육법 조항은 연구와 교육 등 대학의 중심적 기능에 관한 자율적 의사결정을 방해한다고 볼 수 있어, 국·공립대학 교수회 및 교수들의 대학의 자율권을 침해한다.

㉡ 대학의 학문과 연구 활동에서 중요한 역할을 담당하는 교원에게 그와 관련된 영역에서 주도적인 역할을 인정하는 것은 대학의 자율성의 본질에 부합하고 필요하며, 그것은 교육과 연구에 관한 사항은 모두 교원이 전적으로 결정할 수 있어야 한다는 의미이다.

㉢ 서울대학교 2023학년도 저소득학생 특별전형의 모집인원을 모두 수능위주전형으로 선발하도록 정한 '서울대학교 2023학년도 대학 신입학생 입학전형 시행계획'은 저소득학생 특별전형에 응시하고자 하는 수험생들의 기회를 불합리하게 박탈하였고, 이는 대학의 자율성의 범위 내에 있는 것으로 볼 수 없다.

㉣ '대통령긴급조치 제9호'는 학생의 모든 집회·시위와 정치관여행위를 금지하고, 위반자에 대하여는 주무부장관이 학생의 제적을 명하고 소속 학교의 휴업, 휴교, 폐쇄조치를 할 수 있도록 규정하여, 학생의 집회·시위의 자유, 학문의 자유와 대학의 자율성 내지 대학자치의 원칙을 본질적으로 침해한다.

① 1개 ② 2개
③ 3개 ④ 4개

해설

옳은 것은 1개(㉣)이다.

㉠ [×] 이 사건 심의조항은 대학 구성원이 학교 운영의 기본사항에 대한 의사결정 과정에 참여할 수 있는 기회를 절차적으로 보장하는 것으로서, 연구에 관한 사항은 대학평의원회의 심의사항에서 제외하고 있는 점, 교육과정 운영에 관한 사항은 대학평의원회의 자문사항에 해당하는 점, 심의결과가 대학의 의사결정을 기속하지 않는 점 등을 고려할 때 이 사건 심의조항이 연구와 교육 등 대학의 중심적 기능에 관한 자율적 의사결정을 방해한다고 볼 수 없으며, 학교운영이 민주적 절차에 따라 공정하고 투명하게 이루어질 수 있도록 하기 위한 것으로서 합리적 이유가 인정된다. 따라서 이 사건 심의조항이 국·공립대학 교수회 및 교수들의 대학의 자율권을 침해한다고 볼 수 없다(헌재 2023.10.26, 2018헌마872).

㉡ [×] 대학의 학문과 연구 활동에서 중요한 역할을 담당하는 교원에게 그와 관련된 영역에서 주도적인 역할을 인정하는 것은 대학의 자율성의 본질에 부합하고 필요하나, 이것이 교육과 연구에 관한 사항은 모두 교원이 전적으로 결정할 수 있어야 한다는 의미는 아니다. 대학평의원회의 심의·자문사항은 제한적이고, 교원의 인사에 관한 사항에 대해서는 교원으로 구성되는 대학인사위원회가 심의하는 점, 대학평의원회의 심의결과는 대학의 의사결정을 기속하는 효력이 없는 점을 종합하면, 이 사건 구성제한조항으로 인하여 교육과 연구에 관한 사항의 결정에 교원이 주도적 지위를 가질 수 없게 된다고 볼 수 없다(헌재 2023.10.26, 2018헌마872).

㉢ [×] 농어촌학생 특별전형과 저소득학생 특별전형의 전형방법을 동일하게 정하여야 하는 것은 아니고, 수능 성적이 사회통념적 가치기준에 적합한 합리적인 입학전형자료 중 하나인 이상, 이 사건 입시계획이 저소득학생 특별전형에서 학생부 기록 등을 반영함이 없이 수능 성적만으로 학생을 선발하도록 정하였다 하더라도, 이는 대학의 자율성의 범위 내에 있는 것으로서 저소득학생의 응시기회를 불합리하게 박탈하고 있다고 보기 어렵다. … 이 사건 입시계획은 청구인의 균등하게 교육을 받을 권리를 침해하지 않는다(헌재 2022.9.29, 2021헌마929).

㉣ [O] 긴급조치 제9호는 학생의 모든 집회·시위와 정치관여행위를 금지하고, 위반자에 대하여는 주무부장관이 학생의 제적을 명하고 소속 학교의 휴업, 휴교, 폐쇄조치를 할 수 있도록 규정하여, 학생의 집회·시위의 자유, 학문의 자유와 대학의 자율성 내지 대학자치의 원칙을 본질적으로 침해하고, 행위자의 소속 학교나 단체 등에 대한 불이익을 규정하여 헌법상의 자기책임의 원리에도 위반되며, 긴급조치 제1호, 제2호와 같은 이유로 죄형법정주의의 명확성 원칙에 위배되고, 헌법개정권력의 행사와 관련한 참정권, 표현의 자유, 집회·시위의 자유, 영장주의 및 신체의 자유, 학문의 자유 등을 침해한다(헌재 2013.3.21, 2010헌바70).

■ 예술의 자유

01 예술의 자유에 관한 설명 중 가장 적절하지 않은 것은? (다툼이 있는 경우 판례에 의함) 22. 경찰 2차

① 구 음반에 관한 법률 제3조 제1항이 비디오물을 포함하는 음반제작자에 대하여 일정한 시설을 갖추어 문화공보부에 등록할 것을 명하는 것은 예술의 자유를 침해하는 것이다.

② 극장은 영상물 · 공연물 등 의사표현의 매개체를 일반 공중에게 표현하는 장소로서의 의미가 있으므로 극장의 자유로운 운영에 대한 제한은 공연물, 영상물이 지니는 표현물, 예술작품으로서의 성격에 기하여 표현의 자유 및 예술의 자유의 제한효과도 가지고 있다.

③ 자신의 미적 감상 등을 문신시술을 통하여 시각적으로 표현할 수 있다는 측면에서 문신시술이 예술의 자유 또는 표현의 자유의 영역에 포함될 수 있다.

④ 헌법 제22조 제2항은 저작자 · 발명가 · 과학기술자와 예술가의 권리는 법률로써 보호한다고 하여 학문과 예술의 자유를 제도적으로 뒷받침해 주고 학문과 예술의 자유에 내포된 문화국가실현의 실효성을 높이기 위하여 저작자 등의 권리보호를 국가의 과제로 규정하고 있다.

해설

① [×] 구 음반에 관한 법률 제3조 제1항이 비디오물을 포함하는 음반제작자에 대하여 일정한 시설을 갖추어 문화공보부에 등록할 것을 명하는 것은 음반제작에 필수적인 기본시설을 갖추지 못함으로써 발생하는 폐해방지 등의 공공복리 목적을 위한 것으로서 헌법상 금지된 허가제나 검열제와는 다른 차원의 규정이고, 예술의 자유나 언론 · 출판의 자유를 본질적으로 침해하였다거나 헌법 제37조 제2항의 과승금지의 원칙에 반한다고 할 수 없다(헌재 1993.5.13, 91헌바17).

② [O] 이 사건 법률조항은 학교정화구역 내의 극장영업을 금지하고 있다. 극장은 영상물 · 공연물 등 의사표현의 매개체를 일반 공중에 표현하는 장소로서의 의미가 있다. 따라서 극장의 자유로운 운영에 대한 제한은 공연물 · 영상물이 지니는 표현물 · 예술작품으로서의 성격에 기하여 표현의 자유 및 예술의 자유의 제한효과도 가지고 있음을 부인할 수 없다(헌재 2004.5.27, 2003헌가1 · 2004헌가4).

③ [O] 1. 청구인들은 심판대상조항이 예술의 자유와 표현의 자유도 제한한다고 주장하고, 청구인들이 자신의 미적 감상 등을 문신시술을 통하여 시각적으로 표현할 수 있다는 측면에서 문신시술이 예술의 자유 또는 표현의 자유의 영역에 포함될 수 있다. 그런데 하나의 규제로 인해 여러 기본권이 동시에 제약을 받는 기본권 경합의 경우에는 기본권 침해를 주장하는 청구인의 의도 및 기본권을 제한하는 입법자의 객관적 동기 등을 참작하여 사안과 가장 밀접한 관계에 있고 또 침해의 정도가 큰 주된 기본권을 중심으로 해서 그 제한의 한계를 따져 보아야 할 것이다(헌재 1998.4.30, 95헌가16; 헌재 2004.5.27, 2003헌가1등).
2. 이 사건에서 청구인들은 의료인이 아니더라도 문신시술업을 합법적인 직업으로 영위할 수 있어야 함을 주장하고 있고, 심판대상조항의 일차적 의도도 보건위생상 위해 가능성이 있는 행위를 규율하고자 하는 데 있으며, 심판대상조항에 의한 예술의 자유 또는 표현의 자유의 제한은 문신시술업이라는 직업의 자유에 대한 제한을 매개로 하여 간접적으로 제약되는 것이라 할 것인바, 사안과 가장 밀접하고 침해의 정도가 큰 직업선택의 자유를 중심으로 심판대상조항의 위헌 여부를 살피는 이상 예술의 자유와 표현의 자유 침해 여부에 대하여는 판단하지 아니한다(헌재 2022.3.31, 2017헌마1343).

④ [O] 헌법 제22조 제2항은 저작자 · 발명가 · 과학기술자와 예술가의 권리는 법률로써 보호한다고 하여 학문과 예술의 자유를 제도적으로 뒷받침해 주고 학문과 예술의 자유에 내포된 문화국가실현의 실효성을 높이기 위하여 저작자 등의 권리보호를 국가의 과제로 규정하고 있고, 입법자는 특허법을 통하여 발명가의 권리를 보호하고 있다(헌재 2018.8.30, 2017헌바258).

정답 | 02 ① 01 ①

02 학문과 예술의 자유에 관한 설명으로 가장 적절하지 않은 것은? (다툼이 있는 경우 헌법재판소 결정에 의함)

23. 경찰 2차

① 대학의 자율권은 헌법상의 기본권이므로 기본권제한의 일반적 법률유보의 원칙을 규정한 헌법 제37조 제2항에 따라 제한될 수 있고, 대학의 자율의 구체적인 내용은 법률이 정하는 바에 의하여 보장된다.

② 학교정화구역 내에서의 극장시설 및 영업을 금지하고 있는 구 학교보건법 조항은 정화구역 내에서 극장업을 하고자 하는 자의 예술의 자유를 과도하게 침해하여 위헌이다.

③ 구 영화진흥법이 제한상영가 상영등급분류의 구체적 기준을 영상물등급위원회의 규정에 위임하고 있는 것은 그 내용이 사회현상에 따라 급변하는 내용들이고, 특별히 전문성이 요구되는 기술적인 사항에 해당한다고 할 것이므로 포괄위임금지원칙에 위배되지 않는다.

④ 헌법 제22조 제2항은 발명가의 권리를 법률로써 보호하도록 하고 있고, 이에 따라 특허법은 특허권자에게 업(業)으로서 그 특허발명을 실시할 권리를 독점적으로 부여하고 있다. 따라서 특허권자가 그 특허발명의 방법에 의하여 생산한 물건에 발명의 명칭과 내용을 표시하는 것은 특허 실시권에 내재된 요소이며, 그러한 표시를 제한하는 것은 곧 특허권에 대한 제한이라고 보아야 한다.

해설

③ [×] 영화진흥법 제21조 제7항 후문 중 '제3항 제5호' 부분의 위임 규정은 영화상영등급분류의 구체적 기준을 영상물등급위원회의 규정에 위임하고 있는데, 이 사건 위임 규정에서 위임하고 있는 사항은 제한상영가 등급분류의 기준에 대한 것으로 그 내용이 사회현상에 따라 급변하는 내용들도 아니고, 특별히 전문성이 요구되는 것도 아니며, 그렇다고 기술적인 사항도 아닐 뿐만 아니라, 더욱이 표현의 자유의 제한과 관련되어 있다는 점에서 경미한 사항이라고도 할 수 없는데도, 이 사건 위임 규정은 영상물등급위원회 규정에 위임하고 있는바, 이는 그 자체로서 포괄위임금지원칙을 위반하고 있다고 할 것이다. 나아가 이 사건 위임 규정은 등급분류의 기준에 관하여 아무런 언급 없이 영상물등급위원회가 그 규정으로 이를 정하도록 하고 있는바, 이것만으로는 무엇이 제한상영가 등급을 정하는 기준인지에 대해 전혀 알 수 없고, 다른 관련규정들을 살펴보더라도 위임되는 내용이 구체적으로 무엇인지 알 수 없으므로 이는 포괄위임금지원칙에 위반된다 할 것이다(헌재 2008.7.31, 2007헌가4).

① [O] 대학의 자율도 헌법상의 기본권이므로 기본권제한의 일반적 법률유보의 원칙을 규정한 헌법 제37조 제2항에 따라 제한될 수 있고, 대학의 자율의 구체적인 내용은 법률이 정하는 바에 의하여 보장되며, 또한 국가는 헌법 제31조 제6항에 따라 모든 학교제도의 조직, 계획, 운영, 감독에 관한 포괄적인 권한, 즉 학교제도에 관한 전반적인 형성권과 규율권을 부여받았다고 할 수 있고, 다만 그 규율의 정도는 그 시대의 사정과 각급 학교에 따라 다를 수밖에 없는 것이므로 교육의 본질을 침해하지 않는 한 궁극적으로는 입법권자의 형성의 자유에 속하는 것이라 할 수 있다(헌재 2006.4.27, 2005헌마1047).

② [O] 학교 정화구역 내에서의 극장시설 및 영업을 금지하고 있는 이 사건 법률조항은 극장운영자의 표현의 자유 및 예술의 자유도 필요한 이상으로 과도하게 침해하고 있으며, 표현·예술의 자유의 보장과 공연장 및 영화상영관 등이 담당하는 문화국가형성의 기능의 중요성을 간과하고 있다. 따라서 이 사건 법률조항은 표현의 자유 및 예술의 자유를 침해하는 위헌적인 규정이다(헌재 2004.5.27, 2003헌가1).

④ [O] 특허권자가 특허발명의 방법에 의하여 생산한 물건에 발명의 명칭과 내용을 표시하는 것은 특허실시권에 내재된 요소라고 할 것이므로 발명의 명칭에 해당하는 "숙취해소"라는 표시를 제한하는 내용의 이 사건 규정은 청구인들의 특허권 또한 제한하는 것이 된다(헌재 2000.3.30, 99헌마143).

정답 | 02 ③

제4장 | 경제적 기본권

제1절 | 재산권

01 재산권에 대한 설명으로 옳지 않은 것은? (다툼이 있는 경우 판례에 의함) 24. 지방직7급

① 건강보험수급권은 보험사고로 초래되는 재산상 부담을 전보하여 주는 경제적 유용성을 가지므로 헌법상 재산권의 보호범위에 속한다고 볼 수 있다.

② 재산권의 제한에 대하여는 재산권 행사의 대상이 되는 객체가 지닌 사회적인 연관성과 사회적 기능이 크면 클수록 입법자에 의한 보다 광범위한 제한이 허용되며, 개별 재산권이 갖는 자유보장적 기능, 즉 국민 개개인의 자유실현의 물질적 바탕이 되는 정도가 강할수록 엄격한 심사가 이루어져야 한다.

③ 헌법 제23조 제3항에서는 공공필요에 따른 재산권의 수용을 허용하고 있지만, 그 수용의 주체는 국가 등의 공적 기관에 한정된다고 보아야 하므로 사인(私人)인 민간개발자는 공용수용의 주체가 될 수 없다.

④ 헌법 제23조 제3항에 따른 재산권의 수용·사용 또는 제한은 국가가 구체적인 공적 과제를 수행하기 위하여 이미 형성된 구체적인 재산적 권리를 전면적 또는 부분적으로 박탈하거나 제한하는 것을 의미한다.

해설

③ [×] 헌법 제23조 제3항은 정당한 보상을 전제로 하여 재산권의 수용 등에 관한 가능성을 규정하고 있지만, 재산권 수용의 주체를 한정하지 않고 있다. 이는 재산의 수용과 관련하여 그 수용의 주체가 국가 등에 한정되어야 하는지, 아니면 민간기업에게도 허용될 수 있는지 여부에 대하여 헌법이라는 규범적 층위에서는 구체적으로 결정된 내용이 없다는 점을 의미하는 것이다. 따라서 위 수용 등의 주체를 국가 등의 공적 기관에 한정하여 해석할 이유가 없다(헌재 2009.9.24, 2007헌바114).

① [O] 건강보험수급권은 가입자가 납부한 보험료에 대한 반대급부의 성격을 가지며, 보험사고로 초래되는 재산상 부담을 전보하여 주는 경제적 유용성을 가지므로, 헌법상 재산권의 보호범위에 속한다고 볼 수 있다(헌재 2020.4.23, 2017헌바244).

② [O] 재산권의 제한에 대하여는 재산권 행사의 대상이 되는 객체가 지닌 사회적인 연관성과 사회적 기능이 크면 클수록 입법자에 의한 보다 광범위한 제한이 허용되며, 한편 개별 재산권이 갖는 자유보장적 기능, 즉 국민 개개인의 자유실현의 물질적 바탕이 되는 정도가 강할수록 엄격한 심사가 이루어져야 한다(헌재 2005.5.26, 2004헌가10).

④ [O] 헌법 제23조에 의하여 재산권을 제한하는 형태에는, 제1항 및 제2항에 근거하여 재산권의 내용과 한계를 정하는 것과, 제3항에 따른 수용·사용 또는 제한을 하는 것의 두 가지 형태가 있다. 전자는 "입법자가 장래에 있어서 추상적이고 일반적인 형식으로 재산권의 내용을 형성하고 확정하는 것"을 의미하고, 후자는 "국가가 구체적인 공적 과제를 수행하기 위하여 이미 형성된 구체적인 재산적 권리를 전면적 또는 부분적으로 박탈하거나 제한하는 것"을 의미한다(헌재 1999.4.29, 94헌바37).

정답 | 01 ③

02 부담금에 대한 설명으로 옳은 것은? 24. 국가직 7급

① 텔레비전방송수신료는 공영방송사업이라는 특정한 공익사업의 경비조달에 충당하기 위하여 수상기를 소지한 특정 집단에 대하여 부과되는 특별부담금에 해당하여 조세나 수익자부담금과는 구분된다.

② 한강수계 상수원수질개선 및 주민지원 등에 관한 법률이 규정한 '물사용량에 비례한 부담금'은 수도요금과 구별되는 별개의 금전으로서 한강수계로부터 취수된 원수를 정수하여 직접 공급받는 최종 수요자라는 특정 부류의 집단에만 강제적 · 일률적으로 부과되는 것으로서 사용료에 해당한다.

③ 개발이익환수에 관한 법률상 개발부담금은 '부담금'으로서 국세기본법이나 지방세기본법에서 나열하는 국세나 지방세의 목록에 빠져 있으며, 실질적으로 투기방지와 토지의 효율적인 이용 및 개발이익에 관한 사회적 갈등을 조정하기 위해 정책적 측면에서 도입된 유도적 · 조정적 성격을 가지는 특별부담금이다.

④ 영화관 관람객이 입장권 가액의 100분의 3을 부담하도록 하고 영화관 경영자는 이를 징수하여 영화진흥위원회에 납부하도록 강제하는 내용의 영화상영관 입장권 부과금 제도는, 영화예술의 질적 향상과 한국영화 및 영화 · 비디오물산업의 진흥 · 발전의 토대를 구축하도록 유도하는 유도적 부담금이다.

해설

① [O] 헌법재판소는 수신료의 법적 성격에 관하여, 수신료는 공영방송사업이라는 특정한 공익사업의 경비조달에 충당하기 위하여 수상기를 소지한 특정집단에 대하여 부과되는 특별부담금에 해당한다고 판시하였고, 조세나 수익자부담금과는 구분된다고 보았다(헌재 2024.5.30, 2023헌마820 등).

② [×] 물이용부담금은 한강수계법상 한강수계관리기금을 조성하는 재원이다. 물이용부담금은 수도 요금과 구별되는 별개의 금전으로서 한강수계로부터 취수된 원수를 정수하여 직접 공급받는 최종 수요자라는 특정 부류의 집단에만 강제적 · 일률적으로 부과된다. … 물이용부담금은 한강수계관리기금의 재원을 마련하는 데에 그 부과의 목적이 있고, 그 부과 자체로써 수돗물 최종수요자의 행위를 특정한 방향으로 유도하거나 물이용부담금 납부의무자 이외의 다른 집단과의 형평성 문제를 조정하고자 하는 등의 목적이 있다고 보기 어려우므로, 재정조달목적 부담금에 해당한다. … 따라서 부담금부과조항이 과잉금지원칙에 반하여 재산권을 침해한다고 볼 수 없다(헌재 2020.8.28, 2018헌바425).

③ [×] 개발부담금은 비록 그 명칭이 '부담금'이고 국세기본법이나 지방세기본법에서 나열하고 있는 국세나 지방세의 목록에 빠져 있다고 하더라도, '국가 또는 지방자치단체가 재정수요를 충족시키기 위하여 반대급부 없이 법률에 규정된 요건에 해당하는 모든 자에 대하여 일반적 기준에 의하여 부과하는 금전급부'라는 조세로서의 특징을 지니고 있다는 점에서 실질적인 조세로 보아야 할 것이다(헌재 2016.6.30, 2013헌바191 등).

④ [×] 이 사건 부과금은 그 부과의 목적이 한국영화산업의 진흥 발전을 위한 각종 사업의 용도로 쓰일 영화발전기금의 재원을 마련하는 것으로서, 그 부과 자체로써 부과금의 부담 주체인 영화상영관 관람객의 행위를 특정한 방향으로 유도하거나 관람객 이외의 다른 사람들과의 형평성 문제를 조정하고자 하는 등의 목적은 없으며, 또한 추구하는 공적 과제가 부과금으로 재원이 마련된 영화발전기금의 집행 단계에서 실현되므로 순수한 재정조달목적 부담금에 해당한다(헌재 2008.11.27, 2007헌마860).

03 부담금에 관한 다음 설명 중 가장 옳은 것은? 24. 법원직

① 텔레비전방송 수신료는 강제적으로 부과·징수되어 사인의 재산권을 침해한다는 점에서 법률의 근거를 요하기는 하나, 그 실질이 조세와는 구별된다고 할 것이므로 조세법률주의와 같은 정도의 엄격한 법률유보를 요하는 것은 아니고 헌법 제37조 제2항에 근거한 법률유보로서 족하다고 할 것이므로, 반드시 국회가 스스로 수신료금액에 관한 사항을 결정하도록 할 필요는 없다.

② 사업주로 하여금 일정 비율 이상의 장애인을 고용하도록 하고, 이를 위반한 경우 장애인 고용부담금을 납부하도록 한 것은 사업주의 직업의 자유 및 재산권을 침해하지 아니한다.

③ 텔레비전방송 수신료는 한국방송공사의 텔레비전방송을 시청하는 대가이므로 특정 이익의 혜택이나 특정 시설의 사용 가능성에 대한 금전적 급부인 수익자부담금에 해당한다.

④ 한국의료분쟁조정중재원이 의료사고 피해자에게 대불한 손해배상금 대불비용을 보건의료기관개설자 등이 부담하도록 하면서 그 금액과 납부방법 및 관리 등에 관한 사항을 대통령령에 위임한 법률규정은, 대불 재원의 충당 자체가 변동성을 가지기 때문에 부담금을 추가로 부과·징수하기 위한 구체적인 요건과 범위를 미리 확정하는 것은 적절하다고 볼 수 없다는 점을 고려하면, 부담금 부과·징수의 구체적 요건이나 산정기준, 부담금액의 한도 등을 법률에서 규정하지 않았다고 하더라도 포괄위임금지원칙이 요구하는 위임입법의 구체성과 명확성의 한계를 벗어났다고 볼 수 없다.

해설

② [O] 이 사건 고용의무조항 및 고용부담금조항은 장애인이 그 능력에 맞는 직업생활을 통하여 인간다운 생활을 할 수 있도록 장애인의 고용을 촉진하기 위한 것으로 그 입법목적의 정당성이 인정되고, 사업주에게 일정한 비율의 장애인을 고용할 의무를 부과하고 이를 지키지 못한 사업주에게 부담금을 부과하는 것은 장애인고용을 촉진한다는 입법목적을 달성하기 위한 효과적인 방법이므로 방법의 적절성도 인정된다. … 그러므로 이 사건 고용의무조항 및 고용부담금조항은 청구인의 직업의 자유 및 재산권을 침해하지 아니한다(헌재 2012.3.29, 2010헌바432).

① [×] 텔레비전방송수신료는 대다수 국민의 재산권 보장의 측면이나 한국방송공사에게 보장된 방송자유의 측면에서 국민의 기본권실현에 관련된 영역에 속하고, 수신료금액의 결정은 납부의무자의 범위 등과 함께 수신료에 관한 본질적인 중요한 사항이므로 국회가 스스로 행하여야 하는 사항에 속하는 것임에도 불구하고 한국방송공사법 제36조 제1항에서 국회의 결정이나 관여를 배제한 채 한국방송공사로 하여금 수신료금액을 결정해서 문화관광부장관의 승인을 얻도록 한 것은 법률유보원칙에 위반된다(헌재 1999.5.27, 98헌바70).

③ [×] 수신료는 공영방송사업이라는 특정한 공익사업의 소요경비를 충당하기 위한 것으로서 일반 재정수입을 목적으로 하는 조세와 다르다. 또, 텔레비전방송을 수신하기 위하여 수상기를 소지한 자에게만 부과되어 공영방송의 시청가능성이 있는 이해관계인에게만 부과된다는 점에서도 일반 국민 주민을 대상으로 하는 조세와 차이가 있다. 그리고 '공사의 텔레비전방송을 수신하는 자'가 아니라 '텔레비전방송을 수신하기 위하여 수상기를 소지한 자'가 부과대상이므로 실제 방송시청 여부와 관계없이 부과된다는 점, 그 금액이 공사의 텔레비전방송의 수신정도와 관계없이 정액으로 정해져 있는 점 등을 감안할 때 이를 공사의 서비스에 대한 대가나 수익자부담금으로 보기도 어렵다. 따라서 수신료는 공영방송사업이라는 특정한 공익사업의 경비조달에 충당하기 위하여 수상기를 소지한 특정집단에 대하여 부과되는 특별부담금에 해당한다고 할 것이다(헌재 1999.5.27, 98헌바70).

④ [×] 이 사건 위임조항 중 '납부방법 및 관리 등' 부분이 포괄위임금지원칙에 위배되지 않는다. … 이 사건 위임조항 중 '그 금액' 부분은 대불비용 부담금의 금액에 관하여 아무런 기준 없이 대통령령에 위임하였고, 그 결과 보건의료기관개설자가 대불비용 부담금을 얼마나 부담할 것인지를 행정권의 전적인 재량에 맡긴 것이나 다름없게 되었다. 나아가 행정부의 자의적인 행정입법권 행사에 의하여 국민의 재산권이 침해될 우려도 제기된다. 그렇다면 이 사건 위임조항 중 '그 금액' 부분은 포괄위임금지원칙에 위배된다(헌재 2022.7.21, 2018헌바504).

정답 | 02 ① 03 ②

04 재산권에 대한 설명으로 옳지 않은 것은?

24. 국가직 7급

① 가축전염병 예방법에 따른 가축의 살처분으로 인한 재산권의 제약은 가축의 소유자가 수인해야 하는 사회적 제약의 범위에 속하나, 권리자에게 수인의 한계를 넘어 가혹한 부담이 발생하는 예외적인 경우에는 이를 완화하는 보상규정을 두어야 하고, 그 방법에 관하여는 입법자에게 광범위한 형성의 자유가 부여된다.

② 광업권자는 도로 등 일정한 장소에서는 관할 관청의 허가나 소유자 또는 이해관계인의 승낙이 없으면 광물을 채굴할 수 없도록 규정한 구 광업법 조항은 이미 형성된 구체적인 재산권을 공익을 위하여 개별적·구체적으로 박탈하거나 제한하는 것으로서 보상을 요하는 헌법 제23조 제3항의 수용·사용 또는 제한을 규정한 것이다.

③ 의료급여기관이 의료법 제33조 제2항을 위반하였다는 사실을 수사기관의 수사결과로 확인한 경우 시장·군수·구청장으로 하여금 해당 의료급여기관이 청구한 의료급여비용의 지급을 보류할 수 있도록 규정한 의료급여법 조항 중 '의료법 제33조 제2항'에 관한 부분은 과잉금지원칙에 반하여 의료급여기관 개설자의 재산권을 침해한다.

④ 토지구획정리사업에 있어 학교교지를 환지처분의 공고가 있은 다음 날에 국가 등에 귀속되게 하되, 유상으로 귀속되도록 한 구 토지구획정리사업법 제63조 중 '학교교지'에 관한 부분은 과잉금지원칙에 위배되어 사업시행자의 재산권을 침해한다고 할 수 없다.

해설

② [×] 심판대상조항은 이미 형성된 구체적인 재산권을 공익을 위하여 개별적·구체적으로 박탈하거나 제한하는 것으로서 보상을 요하는 헌법 제23조 제3항의 수용·사용 또는 제한을 규정한 것이라고 할 수는 없고, 입법자가 광업권에 관한 권리와 의무를 일반·추상적으로 확정하는, 재산권의 내용과 한계를 정하는 규정인 동시에 공익적 요청에 따른 재산권의 사회적 제약을 구체화하는 규정이라고 보아야 한다(헌법 제23조 제1항 및 제2항)(헌재 2014.2.27, 2010헌바483).

① [O] 가축의 살처분으로 인한 재산권의 제약은 가축의 소유자가 수인해야 하는 사회적 제약의 범위에 속하나, 권리자에게 수인의 한계를 넘어 가혹한 부담이 발생하는 예외적인 경우에는 이를 완화하는 보상규정을 두어야 하고, 그 방법에 관하여는 입법자에게 광범위한 형성의 자유가 부여된다. … 축산계열화사업자가 가축의 소유자라 하여 살처분 보상금을 오직 계약사육농가에만 지급하는 방식은 축산계열화사업자에 대한 재산권의 과도한 부담을 완화하기에 적절한 조정적 보상조치라고 할 수 없다. 따라서 심판대상조항은 조정적 보상조치에 관하여 인정되는 입법형성재량의 한계를 벗어나 가축의 소유자인 축산계열화사업자의 재산권을 침해한다(헌재 2024.5.30, 2021헌가3).

③ [O] 지급보류처분은 잠정적 처분이고, 그 처분 이후 사무장병원에 해당하지 않는다는 사실이 밝혀져서 무죄판결의 확정 등 사정변경이 발생할 수 있으므로, 지급보류처분의 '처분요건'뿐만 아니라 위와 같은 사정변경이 발생할 경우 잠정적인 지급보류상태에서 벗어날 수 있는 '지급보류처분의 취소'에 관하여도 명시적인 규율이 필요하고, 그 '취소사유'는 '처분요건'과 균형이 맞도록 규정되어야 한다. 또한 사정변경사유가 발생할 경우 지급보류처분이 취소될 수 있도록 한다면, 이와 함께 지급보류기간동안 의료기관의 개설자가 수인해야 했던 재산권 제한상황에 대한 적절하고 상당한 보상으로서의 이자 내지 지연손해금의 비율에 대해서도 규율이 필요하다. 이러한 사항들은 심판대상조항으로 인한 기본권 제한이 입법목적 달성에 필요한 최소한도에 그치기 위해 필요한 조치들이지만, 현재 이에 대한 어떠한 입법적 규율도 없다. 따라서 심판대상조항은 과잉금지원칙에 반하여 의료급여기관 개설자의 재산권을 침해한다(헌재 2024.6.27, 2021헌가19).

④ [O] 토지구획정리사업의 시행으로 인하여 생긴 학교교지의 경우, 환지처분의 공고 다음 날에 그 소유권이 국가 또는 지방자치단체에 귀속하도록 한 것은 국가 등이 국민의 교육을 받을 권리를 보장하고자 적기에 적절한 학교교지를 확보하여 교육에 관한 국가의 의무 실현을 위하여 불가피하다. 국가 등은 사업시행자에게 학교교지 취득의 대가를 지급하는 점, 사업계획의 단계에서 학교교지의 위치 및 면적에 대하여 미리 계획되고 협의될 것이 요구된다는 점, 국가 등이 학교교지를 취득함으로써 종전 토지 소유자등이 입은 손실(감보)은 효용이 상승된 환지로 인하여 이미 보상이 되었다는 점 등을 고려하면, 귀속조항이 과잉금지원칙에 위배되어 사업시행자의 재산권을 침해한다고 할 수 없다(헌재 2021.4.29, 2019헌바444 등).

05 다음 중 헌법재판소가 재산권으로 인정한 것은 모두 몇 개인가? (다툼이 있는 경우 판례에 의함) 24. 해경

> ㉠ 건강보험수급권
> ㉡ 개인택시면허
> ㉢ 의료급여수급권
> ㉣ 국민연금법상 사망일시금
> ㉤ 상공회의소의 의결권
> ㉥ 공제회가 관리·운용하는 학교안전공제 및 사고 예방기금

① 2개 ② 3개
③ 4개 ④ 5개

해설

재산권으로 인정한 것은 2개(㉠, ㉡)이다.

㉠ [O] 건강보험수급권은 가입자가 납부한 보험료에 대한 반대급부의 성격을 가지며, 보험사고로 초래되는 재산상 부담을 전보하여 주는 경제적 유용성을 가지므로, 헌법상 재산권의 보호범위에 속한다고 볼 수 있다(헌재 2020.4.23, 2017헌바244).

㉡ [O] 개인택시운송사업자는 장기간의 모범적인 택시운전에 대한 보상의 차원에서 개인택시면허를 취득하였거나, 고액의 프리미엄을 지급하고 개인택시면허를 양수한 사람들이므로 개인택시면허는 자신의 노력으로 혹은 금전적 대가를 치르고 얻은 재산권이라고 할 수 있다(헌재 2012.3.29, 2010헌마443 등).

㉢ [×] 의료급여수급권은 공공부조의 일종으로서 순수하게 사회정책적 목적에서 주어지는 권리이므로 개인의 노력과 금전적 기여를 통하여 취득되는 재산권의 보호대상에 포함된다고 보기 어려워, 이 사건 시행령조항 및 시행규칙조항이 청구인들의 재산권을 침해한다고 할 수 없다(헌재 2009.9.24, 2007헌마1092).

㉣ [×] 사망일시금 제도는 유족연금 또는 반환일시금을 지급받지 못하는 가입자 등의 가족에게 사망으로 소요되는 비용의 일부를 지급함으로써 국민연금제도의 수혜범위를 확대하고자 하는 차원에서 도입되었는데, 국민연금제도가 사회보장에 관한 헌법규정인 제34조 제1항, 제2항, 제5항을 구체화한 제도로서, 국민연금법상 연금수급권 내지 연금수급기대권이 재산권의 보호대상인 사회보장적 급여라고 한다면 사망일시금은 사회보험의 원리에서 다소 벗어난 장제부조적·보상적 성격을 갖는 급여로 사망일시금은 헌법상 재산권에 해당하지 아니하므로, 이 사건 사망일시금 한도 조항이 청구인들의 재산권을 제한한다고 볼 수 없다(헌재 2019.2.28, 2017헌마432).

㉤ [×] 상공회의소의 의결권 또는 회원권은 상공회의소라는 법인의 의사형성에 관한 권리일 뿐 이를 따로 떼어 헌법상 보장되는 재산권이라고 보기 어렵고, 상공회의소의 재산은 법인인 상공회의소의 고유재산이지 회원들이 지분에 따라 반환받을 수 있는 재산이라고 보기 어려워서, 상공업자들의 재산권 제한과도 무관하다(헌재 2006.5.25, 2004헌가1).

㉥ [×] 공제회가 관리·운용하는 기금은 학교안전사고보상공제 사업 등에 필요한 재원을 확보하고, 공제급여에 충당하기 위하여 설치 및 조성되는 것으로서 학교안전법령이 정하는 용도에 사용되는 것일 뿐, 각 공제회에 귀속되어 사적 유용성을 갖는다거나 원칙적 처분권이 있는 재산적 가치라고 보기 어렵고, 공제회가 갖는 기금에 대한 권리는 법에 의하여 정해진 대로 운영할 수 있는 법적 권능에 불과할 뿐 사적 이익을 위해 권리주체에게 귀속될 수 있는 성질의 것이 아니므로, 이는 헌법 제23조 제1항에 의하여 보호되는 공제회의 재산권에 해당되지 않는다(헌재 2015.7.30, 2014헌가7).

정답 | 04 ② 05 ①

06 다음 재산권에 관한 설명 중 가장 옳은 것은? (다툼이 있는 경우 판례에 의함)

24. 해경간부

① 면세유류 관리기관인 수산업협동조합이 관리 부실로 인하여 면세유류 구입카드 또는 출고지시서를 잘못 교부·발급한 경우 해당 석유류에 대한 부가가치세 등 감면세액의 100분의 20에 해당하는 금액을 가산세로 징수하도록 규정한 구 조세특례제한법 조항은 면세유류 관리기관인 수산업협동조합의 재산권을 침해한다.

② 환경개선부담금은 경유에 리터당 부과되는 교통·에너지·환경세와 달리 개별 경유차의 오염유발 수준을 고려하므로, 경유를 연료로 사용하는 자동차의 소유자로부터 환경개선부담금을 부과·징수하도록 정한 환경개선비용 부담법 조항이 과잉금지원칙을 위반하여 경유차 소유자의 재산권을 침해한다.

③ 주택임대차보호법상 임차인 보호 규정들이 임대인의 재산권을 침해하는지 여부를 심사함에 있어서는 비례의 원칙을 기준으로 심사하되, 보다 강화된 심사기준을 적용하여야 할 것이다.

④ 공무원연금법에서 19세 미만인 자녀에 대하여 아무런 제한 없이 퇴직유족연금일시금을 선택할 수 있게 하고, 또 그 금액도 다른 유족과 동일한 계산식에 따라 산출하게 한 것은 다른 유족의 재산권을 침해하지 않는다.

해설

④ [O] 심판대상조항은 10년 이상 재직한 공무원이 재직 중 사망한 경우 퇴직유족연금에 갈음하여 퇴직유족연금일시금을 지급받을 수 있는 선택권을 미성년 자녀인 유족에게 부여하는 내용의 규정이며, 퇴직유족연금일시금을 선택하는 자녀 외의 다른 유족의 퇴직유족연금 수급권을 제한하는 내용의 규정이 아니다. … 따라서 심판대상조항에 따라 자녀인 유족이 퇴직연금일시금을 선택함으로써 결과적으로 다른 유족이 자녀의 퇴직연금 수급권을 이전받지 못하게 된다 하여도 이는 단순한 기대이익을 상실한 것에 불과하고, 이로써 재산권을 제한받는다고 할 수 없다. 따라서 심판대상조항에 대하여 청구인이 주장하는 재산권 침해가 있다고 보기 어렵다(헌재 2024.2.28, 2021헌바141).

① [×] 어업용 면세유의 부정 유통을 근본적으로 차단하려면, 면세유류 관리기관인 수협의 관리 부실로 면세유류 구입카드등이 잘못 교부·발급된 경우 면세유가 실제로 부정 유통되었는지 여부와 관계없이 수협에 관리·감독 책임을 물을 필요가 있다. … 따라서 심판대상조항이 과잉금지원칙에 반하여 면세유류 관리기관인 수협의 재산권을 침해한다고 볼 수 없다(헌재 2021.7.15, 2018헌바338 등).

② [×] 경유차 운행으로 인한 대기오염의 악화는 사회적·경제적 피해비용 및 그에 상응하는 환경개선비용의 증가를 초래한다. 이에 이 사건 법률조항은 경유차 소유자에게 환경개선부담금을 부과하여 경유차 소유와 운행을 자제하도록 유도하고 있다. … 환경개선부담금은, 경유에 리터당 부과되는 교통·에너지·환경세와 달리 개별 경유차의 오염유발 수준을 고려하므로, 교통·에너지·환경세가 규율하지 못하는 별도의 정책적 목적도 수행한다고 볼 수 있다. 따라서 경유차 소유자가 교통·에너지·환경세 외 환경개선부담금을 추가 부담한다고 하더라도 그 부담이 지나치다고 보기 어렵다. 이와 같은 점을 고려할 때, 이 사건 법률조항이 과잉금지원칙을 위반하여 청구인의 재산권을 침해한다고 볼 수 없다(헌재 2022.6.30, 2019헌바440).

③ [×] 주택 임대차관계에서 임차인의 보호가 주거안정의 보장과 관련하여 중요한 공익적 목적이 되는 점을 고려할 때 주택 재산권에 대하여서도 토지 재산권만큼은 아니라도 상당한 정도의 사회적 구속성이 인정된다 할 것이다. … 따라서 입법자는 주택 소유자의 해당 주택에 대한 사용·수익권의 행사 방법과 임대차계약의 내용 및 그 한계를 형성하는 규율을 할 수 있다고 할 것이므로, 주택임대차법상 임차인 보호 규정들이 임대인의 계약의 자유와 재산권을 침해하는지 여부를 심사함에 있어서는 보다 완화된 심사기준을 적용하여야 할 것이다. … 따라서 계약갱신요구 조항, 차임증액한도 조항 및 손해배상 조항은 과잉금지원칙에 반하여 청구인들의 계약의 자유와 재산권을 침해한다고 볼 수 없다(헌재 2024.2.28, 2020헌마1343 등).

07 재산권에 대한 설명으로 옳은 것만을 〈보기〉에서 모두 고르면? 24. 국회직 8급

ㄱ. 주택임대차보호법상 임차인 보호 규정들이 임대인의 재산권을 침해하는지 여부를 심사함에 있어서는 비례의 원칙을 기준으로 심사하되, 보다 강화된 심사기준을 적용하여야 할 것이다.
ㄴ. 구 민간임대주택에 관한 특별법의 등록말소조항은 단기민간임대주택과 아파트 장기일반민간임대주택의 임대의무기간이 종료한 날 그 등록이 말소되도록 할 뿐이고, 종전임대사업자가 이미 받은 세제혜택 등을 박탈하는 내용이 없으므로 재산권이 제한된다고 볼 수 없다.
ㄷ. 도로 등 영조물 주변 일정 범위에서 광업권자의 채굴행위를 제한하는 구 광업법 조항은 헌법 제23조가 정하는 재산권에 대한 사회적 제약의 범위 내에서 광업권을 제한한 것으로 과잉금지원칙에 위배되지 않고 재산권의 본질적 내용도 침해하지 않는 것이어서 광업권자의 재산권을 침해하지 않는다.
ㄹ. 거주자가 건물을 신축하고 그 신축한 건물의 취득일부터 5년 이내에 해당 건물을 양도하는 경우로서 환산가액을 그 취득가액으로 하는 경우 양도소득 결정세액에 더하여 가산세를 부과하도록 하는 구 소득세법 조항은 재산권을 침해한다.
ㅁ. 공무원연금법에서 19세 미만인 자녀에 대하여 아무런 제한 없이 퇴직유족연금일시금을 선택할 수 있게 하고 또 그 금액도 다른 유족과 동일한 계산식에 따라 산출하게 한 것은 다른 유족의 재산권을 침해한다.

① ㄱ, ㄹ ② ㄱ, ㅁ ③ ㄴ, ㄷ
④ ㄱ, ㄴ, ㄹ ⑤ ㄴ, ㄷ, ㄹ, ㅁ

해설

옳은 것은 ㄴ, ㄷ이다.

ㄱ. [×] 주택 임대차관계에서 임차인의 보호가 주거안정의 보장과 관련하여 중요한 공익적 목적이 되는 점을 고려할 때 주택 재산권에 대하여서도 토지 재산권만큼은 아니라도 상당한 정도의 사회적 구속성이 인정된다 할 것이다. … 따라서 입법자는 주택 소유자의 해당 주택에 대한 사용 · 수익권의 행사 방법과 임대차계약의 내용 및 그 한계를 형성하는 규율을 할 수 있다고 할 것이므로, 주택임대차법상 임차인 보호 규정들이 임대인의 계약의 자유와 재산권을 침해하는지 여부를 심사함에 있어서는 보다 완화된 심사기준을 적용하여야 할 것이다. … 따라서 계약갱신요구 조항, 차임증액한도 조항 및 손해배상 조항은 과잉금지원칙에 반하여 청구인들의 계약의 자유와 재산권을 침해한다고 볼 수 없다(헌재 2024.2.28, 2020헌마1343 등).

ㄴ. [O] 임대사업자가 종전 규정에 의한 세제혜택 또는 집값 상승으로 인한 이익 취득이라는 기대를 가졌다 하더라도 이는 당시의 법제도에 대한 단순한 기대이익에 불과하다. 또한 등록말소조항은 단기민간임대주택과 아파트 장기일반민간임대주택의 임대의무기간이 종료한 날 그 등록이 말소되도록 할 뿐, 여기에 더하여 종전 임대사업자가 이미 받은 세제혜택 등을 박탈하는 내용을 담고 있지 아니하다. 따라서 등록말소조항으로 인해 청구인들의 재산권이 제한된다고 볼 수 없다. … 임대사업자의 직업의 자유가 제한된다(헌재 2024.2.28, 2020헌마1482).

ㄷ. [O] 심판대상조항은 광업권이 정당한 토지사용권 등 공익과 충돌하는 것을 조정하는 정당한 입법목적이 있고, 도로와 일정 거리내에서는 허가 또는 승낙 하에서만 채굴할 수 있도록 하는 것은 적절한 수단이 되며, 정당한 이유 없이 허가 또는 승낙을 거부할 수 없도록 하여 광업권이 합리적인 이유 없이 제한되는 일이 없도록 하므로 최소침해성의 원칙에도 부합하고, 실현하고자 하는 공익과 광업권의 침해 정도를 비교형량할 때 적정한 비례관계가 성립하므로 법익균형성도 충족된다. … 결국 심판대상조항은 헌법 제23조가 정하는 재산권에 대한 사회적 제약의 범위 내에서 광업권을 제한한 것으로 비례의 원칙에 위배되지 않고 재산권의 본질적 내용도 침해하지 않는 것이어서 청구인의 재산권을 침해하지 않는다(헌재 2014.2.27, 2010헌바483).

ㄹ. [×] 심판대상조항은 건물을 신축하여 취득한 자가 환산가액 적용을 통하여 양도소득세의 부담을 회피하는 것을 방지하기 위한 것인 바 그 입법목적은 정당하고, 해당 납세의무자에게 일정한 금액을 추가로 부과하는 것은 조세회피의 유인을 억제하는 데 기여할 수 있으므로 수단의 적합성도 인정된다. … 따라서 심판대상조항은 과잉금지원칙을 위반하여 재산권을 침해하지 아니한다(헌재 2024.2.28, 2020헌가15).

ㅁ. [×] 심판대상조항은 10년 이상 재직한 공무원이 재직 중 사망한 경우 퇴직유족연금에 갈음하여 퇴직유족연금일시금을 지급받을 수 있는 선택권을 미성년 자녀인 유족에게 부여하는 내용의 규정이며, 퇴직유족연금일시금을 선택하는 자녀외의 다른 유족의 퇴직유족연금 수급권을 제한하는 내용의 규정이 아니다. … 따라서 심판대상조항에 따라 자녀인 유족이 퇴직연금일시금을 선택함으로써 결과적으로 다른 유족이 자녀의 퇴직연금 수급권을 이전받지 못하게 된다 하여도 이는 단순한 기대이익을 상실한 것에 불과하고, 이로써 재산권을 제한받는다고 할 수 없다. 따라서 심판대상조항에 대하여 청구인이 주장하는 재산권 침해가 있다고 보기 어렵다(헌재 2024.2.28, 2021헌바141).

정답 | 06 ④ 07 ③

08 재산권에 관한 다음 설명 중 가장 옳지 않은 것은? 24. 법원직

① 임차인이 계약갱신을 요구할 경우 임대인이 정당한 사유 없이 이를 거절하지 못하도록 한 주택임대차보호법 해당 조항은 재산권을 침해하지 않는다.

② 임차인이 3기의 차임액에 해당하는 금액에 이르도록 차임을 연체한 경우 임대인의 권리금 회수기회 보호의무가 발생하지 않도록 규정한 상가건물 임대차보호법 해당 조항은 재산권을 침해하지 않는다.

③ 헌법상 보장하고 있는 재산권은 경제적 가치가 있는 모든 공법상·사법상의 권리를 뜻한다.

④ 선거범죄로 당선이 무효로 된 사람에게 반환받은 기탁금과 보전받은 선거비용을 반환하도록 하는 구 공직선거법 해당 조항은 재산권을 침해한다.

해설

④ [×] 이 사건 법률조항은 선거범죄를 억제하고 공정한 선거문화를 확립하고자 하는 목적으로 선거범에 대한 제재를 규정한 것인바, 선거범죄를 범하여 형사처벌을 받은 자에게 가할 불이익에 관하여는 기본적으로 입법자가 결정할 것이고, 이 사건 법률조항이 선고형에 따라 제재대상을 정함으로써 사소하고 경미한 선거범과 구체적인 양형사유가 있는 선거범을 제외하고 있는 등의 사정을 종합해 볼 때, 과잉금지원칙을 위반한 재산권침해라고 할 수 없다(헌재 2011.4.28, 2010헌바232).

① [O] 계약갱신요구 조항, 차임증액한도 조항, 손해배상 조항은 임차인 주거안정 보장을 위한 것으로 임차인의 주거이동률을 낮추고 차임 상승을 제한해 임차인의 주거안정을 도모할 수 있으므로 입법목적의 정당성 및 수단의 적합성이 인정된다. … 임차인의 주거안정이라는 공익에 비해 임대인의 계약의 자유와 재산권 제한 정도가 크다고 볼 수 없어 법익 균형성도 인정된다. 따라서 이들 조항은 과잉금지원칙에 반하여 청구인들의 계약의 자유와 재산권을 침해한다고 볼 수 없다(헌재 2024.2.28, 2020헌마1343 등).

② [O] 심판대상조항은 임차인이 임대차계약에 있어 임차인의 가장 기본적이고 주된 의무인 차임의 지급을 3기의 차임액에 해당하는 금액에 이르도록 이행하지 아니한 경우 임대인과 임차인 간의 신뢰관계가 깨졌다고 보아 당해 임차인을 권리금 회수기회 보호대상에서 제외함으로써 임대인과 임차인 양자 간의 이해관계를 조절하고 있는 것이라 할 수 있다. … 심판대상조항은 입법형성권의 한계를 일탈하여 재산권을 침해한다고 할 수 없다(헌재 2023.6.29, 2021헌바264).

③ [O] 우리 헌법이 보장하고 있는 재산권은 '경제적 가치가 있는 모든 공법상·사법상의 권리'이고, 이때 재산권보장에 의하여 보호되는 재산권은 '사적유용성 및 그에 대한 원칙적 처분권을 내포하는 재산가치가 있는 구체적 권리"를 의미한다(헌재 2008.12.26, 2005헌바34).

09 재산권의 제한에 대한 설명으로 가장 적절한 것은? (다툼이 있는 경우 헌법재판소 판례에 의함) 25. 경찰간부

① 대통령이 2016.2.10.경 개성공단의 운영을 즉시 전면 중단하기로 결정하고, 개성공단에 체류 중인 국민들 전원을 대한민국 영토 내로 귀환하도록 한 개성공단 전면중단 조치에 의해 발생한 영업상 손실이나 주식 등 권리의 가치 하락은 헌법 제23조의 재산권보장의 범위에 속한다.

② 통일부장관이 2010.5.24. 발표한 북한에 대한 신규투자 불허 및 진행 중인 사업의 투자확대 금지 등을 내용으로 하는 대북조치로 인해 개성공단에서 투자하던 사업자의 토지이용권을 사용 · 수익하지 못하게 되는 제한이 발생하였으므로, 이러한 대북조치는 헌법 제23조 제3항 소정의 공용 제한에 해당한다.

③ 댐의 저수 이용상황 등이 변경되는 경우 등 댐사용권을 그대로 유지하는 것이 곤란한 경우 댐사용권을 취소 · 변경할 수 있도록 규정한 구 댐건설 및 주변지역지원 등에 관한 법률 조항은 다목적댐에 관한 독립적 사용권인 댐사용권의 내용과 한계를 정하는 규정인 동시에 사회적 제약을 구체화한 규정이라 보아야 한다.

④ 행정청이 아닌 사업주체가 새로이 설치한 공공시설이 그 시설을 관리할 관리청에 무상으로 귀속되도록 한 구 주택건설촉진법 조항은 재산권의 법률적 수용이라는 법적 외관을 가지고 있으므로 그것이 헌법 제23조 제3항에 따른 정당한 보상의 원칙에 위배되었는지 심사되어야 한다.

해설

③ [O] 댐사용권변경조항은 다목적댐 건설 이후의 주변 환경 변화에 따라 댐의 저수 이용상황이 변경되어 댐사용권을 그대로 유지하는 것이 곤란한 경우 저수의 용도별 배분 및 댐사용권자를 변경함으로써 댐사용권을 둘러싼 법률관계를 일반적이고 추상적으로 규율하고자 하는 규정이다. 즉, 댐사용권변경조항은 이미 형성된 구체적인 재산권을 공익을 위하여 개별적이고 구체적으로 박탈 · 제한하는 것으로서 보상을 요하는 헌법 제23조 제3항의 수용 · 사용 · 제한을 규정한 것이라고 볼 수 없고, 적정한 수자원의 공급 및 수재방지 등 공익적 목적에서 건설되는 다목적댐에 관한 독점적 사용권인 댐사용권의 내용과 한계를 정하는 규정인 동시에 공익적 요청에 따른 재산권의 사회적 제약을 구체화하는 규정이라고 보아야 한다(헌재 2022.10.27, 2019헌바44).

① [×] 헌법상 보장된 재산권은 사적 유용성 및 그에 대한 원칙적인 처분권을 내포하는 재산가치 있는 구체적인 권리이므로, 구체적 권리가 아닌 영리획득의 단순한 기회나 기업활동의 사실적 · 법적 여건은 기업에게는 중요한 의미를 갖는다고 하더라도 재산권보장의 대상이 아니다. 이 사건 중단조치에 의한 영업중단으로 영업상 손실이나 주식 등 권리의 가치하락이 발생하였더라도 이는 영리획득의 기회나 기업활동의 여건 변화에 따른 재산적 손실일 뿐이므로, 헌법 제23조의 재산권보장의 범위에 속한다고 보기 어렵다(헌재 2022.1.27, 2016헌마364).

② [×] 2010.5.24.자 대북조치가 개성공단에서의 신규투자와 투자확대를 불허함에 따라 청구인이 보유한 개성공단 내의 토지이용권을 사용 · 수익하지 못하게 되는 제한이 발생하기는 하였으나, 이는 개성공단이라는 특수한 지역에 위치한 사업용 재산이 받는 사회적 제약이 구체화된 것일 뿐이므로, 공익목적을 위해 이미 형성된 구체적 재산권을 개별적, 구체적으로 제한하는 헌법 제23조 제3항 소정의 공용 제한과는 구별된다. 그렇다면 2010.5.24.자 대북조치로 인한 토지이용권의 제한은 헌법 제23조 제1항, 제2항에 따라 재산권의 내용과 한계를 정한 것인 동시에 재산권의 사회적 제약을 구체화하는 것으로 볼 수 있다(헌재 2022.5.26, 2016헌마95).

④ [×] 심판대상조항은 재산권의 법률적 수용이라는 법적 외관을 가지고 있으나 그 실질은 공공시설의 설치와 그 비용부담자 등에 관하여 규율하고 있는 것이므로, 이를 심사하려면 그것이 헌법 제23조 제3항에 따른 정당한 보상의 원칙에 위배되었는지가 아니라 이러한 공공시설의 설치와 관련한 부담의 부과와 그 소유권의 국가귀속이 재산권에 대한 사회적 제약의 범위 내의 제한인지 여부가 검토되어야 한다. 즉, 심판대상조항은 사업주체가 주택건설사업의 시행으로 새로 설치한 공공시설과 그 부지의 소유권을 '개별적이고 구체적으로' 박탈하려는 데 그 본질이 있는 것이 아니라, 사업지구 안의 공공시설의 소유관계를 일반적이고 추상적으로 규율함으로써 사업주체의 지위를 장래를 향하여 획일적으로 확정하고자 하는 것이므로, 재산권의 내용과 한계를 정한 것으로 이해함이 타당하다(헌재 2015.2.26, 2014헌바177).

정답 | 08 ④ 09 ③

10 재산권에 대한 설명으로 옳지 않은 것은? (다툼이 있는 경우 판례에 의함) 25. 입법고시

① 헌법이 보장하고 있는 재산권은 '사적 유용성 및 그에 대한 원칙적 처분권을 내포하는 재산가치가 있는 구체적 권리'를 의미하며, 단순한 이익이나 재화의 획득에 관한 기회 등은 재산권보장의 대상이 되지 않는다.

② 공무원연금법상의 연금수급권은 재산권의 성격과 사회보장수급권의 성격이 불가분적으로 혼재되어 있는데, 입법자로서는 연금수급권의 구체적 내용을 정함에 있어 어느 한 쪽의 요소에 보다 중점을 둘 수 있다.

③ 사업계획승인을 받은 민간사업주체가 주택건설 대지면적의 95퍼센트 이상의 사용권원을 확보한 경우 사용권원을 확보하지 못한 대지의 모든 소유자에게 매도청구를 할 수 있도록 하는 주택법 조항은 과잉금지원칙에 위배되지 않으므로 재산권을 침해하지 않는다.

④ 헌법 제23조 제3항이 규정한 '정당한 보상'이란 원칙적으로 피수용 재산의 객관적인 재산가치를 완전하게 보상하는 것을 의미하는바, 공시지가를 기준으로 토지수용으로 인한 손실보상액을 산정하되 개발이익을 배제하고 공시기준일부터 재결 시까지의 시점보정을 인근 토지의 가격변동률과 생산자물가상승률에 의하도록 한 것은 정당보상원칙에 위배되지 않는다.

⑤ 의료보험조합의 적립금은 조합원 개인에게 보장되는 재산권의 내용에 포함된다.

해설

⑤ [×] 적립금에는 사법상의 재산권과 비교될 만한 최소한의 재산권적 특성이 결여되어 있다. 따라서 의료보험조합의 적립금은 헌법 제23조에 의하여 보장되는 재산권의 보호대상이라고 볼 수 없다. 그리고 의료보험수급권은 의료보험법상 재산권의 보장을 받는 공법상의 권리이다(헌재 2000.6.29, 99헌마289).

① [O] 헌법 제23조 제1항의 재산권보장에 의하여 보호되는 재산권은 사적유용성 및 그에 대한 원칙적 처분권을 내포하는 재산가치 있는 구체적 권리이다. 그러므로 구체적인 권리가 아닌, 단순한 이익이나 재화의 획득에 관한 기회 등은 재산권보장의 대상이 아니다(헌재 1996.8.29, 95헌바36).

② [O] 공무원연금법상의 퇴직급여, 유족급여 등 각종 급여를 받을 권리, 즉 연금수급권은 일부 재산권으로서의 성격을 지니는 것으로 파악되고 있으나 이는 앞서 본 바와 같이 사회보장수급권의 성격과 불가분적으로 혼재되어 있으므로, 비록 연금수급권에 재산권의 성격이 일부 있다 하더라도 그것은 이미 사회보장법리의 강한 영향을 받지 않을 수 없다 할 것이고, 입법자로서는 연금수급권의 구체적 내용을 정함에 있어 이를 전체로서 파악하여 어느 한 쪽의 요소에 보다 중점을 둘 수 있다 할 것이다(헌재 2009.5.28, 2008헌바107).

③ [O] 심판대상조항은 국토계획법 제49조에 따른 지구단위계획의 결정이 필요한 주택건설사업에서 주택건설대지면적의 95퍼센트 이상의 사용권원을 확보한 민간사업주체에게 매도청구권을 부여하고 있다. 이는 지구단위계획에 따라 승인받은 주택건설사업을 가능하게 하여 주택의 건설·공급을 촉진함으로써 국민의 주거를 안정화하고 주거환경을 개선하기 위한 것으로서 입법목적의 정당성이 인정되고, 공공필요성의 요건도 갖추었다. … 심판대상조항은 과잉금지원칙에 위배되어 재산권을 침해한다고 할 수 없다(헌재 2023.8.31, 2019헌바221 등).

④ [O] 헌법 제23조 제3항이 규정하는 정당한 보상이란 원칙적으로 피수용 재산의 객관적인 재산 가치를 완전하게 보상하는 완전보상을 의미한다. … 이 사건 토지보상조항이 '부동산 가격공시 및 감정평가에 관한 법률'에 의한 공시지가를 기준으로 토지수용으로 인한 손실보상액을 산정하되, 개발이익을 배제하고 공시기준일부터 재결 시까지의 시점보정을 인근 토지의 가격변동률과 생산자물가상승률에 의하도록 한 것은 공시기준일의 표준지의 객관적 가치를 정당하게 반영하는 것이고 표준지의 선정과 시점보정의 방법이 적정하므로, 이 사건 토지보상조항은 헌법 제23조 제3항이 규정한 정당보상의 원칙에 위배되지 않는다(헌재 2013.12.26, 2011헌바162).

11 재산권에 관한 설명으로 옳은 것(O)과 옳지 않은 것(×)을 올바르게 조합한 것은? (다툼이 있는 경우 판례에 의함)

25. 변호사

> ㄱ. 국토의 계획 및 이용에 관한 법률상 문화재와 문화적으로 보존가치가 큰 건축물 등의 미관을 유지·관리하기 위해 필요한 지구를 지정하여 그 지정목적에 부합하지 않는 토지이용을 제한하는 조항들은, 입법자가 '토지재산권에 관한 권리와 의무를 일반·추상적으로 확정하는' 헌법 제23조 제1항 및 제2항의 재산권의 내용과 한계에 관한 규정이자 재산권의 사회적 제약을 구체화하는 규정이다.
> ㄴ. 수분양자가 아닌 개발사업자를 부과대상으로 하는 구 학교용지 확보 등에 관한 특례법상 학교용지부담금은 교육의 기회를 균등하게 보장하여야 한다는 공익과 개발사업자의 재산적 이익이라는 사익을 적절히 형량하고 있으므로, 개발사업자의 재산권을 침해하지 않는다.
> ㄷ. 주택건설사업에서 사업계획승인을 받은 민간사업주체가 주택건설대지면적의 95퍼센트 이상의 사용권원을 확보한 경우 그 민간사업자로 하여금 사용권원을 확보하지 못한 대지의 모든 소유자에게 시가(市價)로 매도청구를 할 수 있도록 한 주택법 조항은 재산권을 침해하지 않는다.
> ㄹ. 선거범죄로 당선이 무효로 된 자에게 이미 반환받은 기탁금과 보전받은 선거비용을 반환하도록 한 구 공직선거법 조항은 당선무효인의 재산권을 침해하지 않는다.
> ㅁ. 분묘기지권에 관한 관습법 중 '분묘기지권의 존속기간에 관하여 당사자 사이에 약정이 있는 등 특별한 사정이 없는 경우에는 권리자가 분묘의 수호와 봉사를 계속하는 한 그 분묘가 존속하고 있는 동안은 분묘기지권은 존속한다'는 부분은 토지소유자의 재산권을 침해하지 않는다.

	ㄱ	ㄴ	ㄷ	ㄹ	ㅁ
①	O	O	O	O	O
②	O	O	O	×	×
③	×	×	×	O	O
④	O	×	O	O	O
⑤	×	O	×	×	×

해설

ㄱ. [O] 문화재와 문화적으로 보존가치가 큰 건축물 등의 미관을 유지·관리하기 위해 필요한 지구를 지정하여 그 지정목적에 부합하지 않는 토지이용을 규제하려는 이 사건 법률조항들은, 입법자가 '토지재산권에 관한 권리와 의무를 일반·추상적으로 확정하는' 재산권의 내용과 한계에 관한 규정이자 재산권의 사회적 제약을 구체화하는 규정이다. … 따라서 이 사건 법률조항들로 인하여 부과되는 재산권의 제한 정도는 사회적 제약 범위를 넘지 않고 공익과 사익 간에 적절한 균형이 이루어져 있으므로, 비례의 원칙에 반하지 아니한다(헌재 2012.7.26, 2009헌바328).

ㄴ. [O] 이 사건 법률조항에 의한 학교용지부담금은 학교용지 확보를 위한 새로운 재원의 마련이라는 정당한 입법목적을 달성하기 위한 적절한 수단으로서 교육의 기회를 균등하게 보장해야 한다는 공익과 개발사업자의 재산적 이익이라는 사익을 적절히 형량하고 있으므로 이 사건 법률조항은 개발사업자의 재산권을 과도하게 침해하지 아니한다(헌재 2008.9.25, 2007헌가1).

ㄷ. [O] 심판대상조항은 국토계획법 제49조에 따른 지구단위계획의 결정이 필요한 주택건설사업에서 주택건설대지면적의 95퍼센트 이상의 사용권원을 확보한 민간사업주체에게 매도청구권을 부여하고 있다. 이는 지구단위계획에 따라 승인받은 주택건설사업을 가능하게 하여 주택의 건설·공급을 촉진함으로써 국민의 주거를 안정화하고 주거환경을 개선하기 위한 것으로서 입법목적의 정당성이 인정되고, 공공필요성의 요건도 갖추었다. … 심판대상조항은 과잉금지원칙에 위배되어 재산권을 침해한다고 할 수 없다(헌재 2023.8.31, 2019헌바221 등).

ㄹ. [O] 이 사건 법률조항은 선거범죄를 억제하고 공정한 선거문화를 확립하고자 하는 목적으로 선거범에 대한 제재를 규정한 것인바, 선거범죄를 범하여 형사처벌을 받은 자에게 가할 불이익에 관하여는 기본적으로 입법자가 결정할 것이고, 이 사건 법률조항이 선고형에 따라 제재대상을 정함으로써 사소하고 경미한 선거범과 구체적인 양형사유가 있는 선거범을 제외하고 있는 등의 사정을 종합해 볼 때, 과잉금지원칙을 위반한 재산권 침해라고 할 수 없다(헌재 2011.4.28, 2010헌바232).

정답 | 10 ⑤ 11 ①

ㅁ. [O] 비록 오늘날 전통적인 장묘문화에 일부 변화가 생겼다고 하더라도 우리 사회에는 분묘기지권의 기초가 된 매장문화가 여전히 자리 잡고 있고, 분묘를 모시는 자손들에게 분묘의 강제적 이장은 경제적 손실을 넘어 분묘를 매개로 형성된 정서적 애착관계 및 지역적 유대감의 상실로 이어질 수밖에 없으며, 이는 우리의 전통문화에도 배치되므로, 이 사건 관습법을 통해 분묘기지권을 보호해야 할 필요성은 여전히 존재한다. … 따라서 이 사건 관습법은 과잉금지원칙에 위배되어 토지소유자의 재산권을 침해한다고 볼 수 없다(헌재 2020.10.29, 2017헌바208).

12 재산권에 관한 설명으로 옳지 않은 것은? (다툼이 있는 경우 판례에 의함)

25. 소방간부

① 민법 조항에 따른 유류분제도는 피상속인의 증여나 유증에 의한 자유로운 재산처분을 제한하고, 피상속인으로부터 증여나 유증을 받았다는 이유로 유류분반환청구의 상대방이 되는 자의 재산권을 역시 제한한다.

② 헌법이 보장하고 있는 재산권의 범위에는 동산·부동산에 대한 모든 종류의 물권은 물론, 재산가치가 있는 모든 사법상의 채권과 특별법상의 권리 및 재산가치 있는 공법상의 권리 등이 포함된다.

③ 가축전염병 예방법상 가축의 살처분으로 인한 재산권 제약은 가축 소유자가 수인해야 하는 사회적 제약에 속하나, 권리자에게 수인의 한계를 넘어 가혹한 부담이 발생하는 예외적인 경우에는 이를 완화하는 보상규정을 두어야 한다.

④ 입법자가 헌법 제23조 제1항 및 제2항에 의하여 재산권의 내용을 구체적으로 형성하고 공익을 위하여 재산권을 제한하는 과정에서 이를 합헌적으로 규율하고자 하는 조정적 보상은 직접적인 금전적 보상에 의하여야 한다.

⑤ 정책실현목적 부담금은 부담금의 정당화 요건 중 '재정조달 대상인 공적 과제와 납부의무자 집단 사이에 존재하는 관련성' 자체보다 '재정조달 이전 단계에서 추구되는 특정 사회적·경제적 정책목적과 부담금의 부과 사이에 존재하는 상관관계'가 더 중요한 의미를 지닌다.

해설

④ [×] 조정적 보상은 입법자가 헌법 제23조 제1항 및 제2항에 의하여 재산권의 내용을 구체적으로 형성하고 공공의 이익을 위하여 재산권을 제한하는 과정에서 이를 합헌적으로 규율하기 위하여 두어야 하는 규정으로서, 헌법 제23조 제3항의 정당한 보상 내지 완전한 보상에까지 이를 필요는 없고, 합헌적으로 조정하는 방법도 반드시 직접적인 금전적 보상의 방법에 한정되지 아니하며, 금전보상에 갈음하거나 기타 손실을 완화할 수 있는 제도를 보완하는 등 여러 가지 다른 방법을 사용할 수 있다. 즉, 입법자에게는 헌법적으로 가혹한 부담의 조정이란 '목적'을 달성하기 위하여 이를 완화·조정할 수 있는 '방법'의 선택에 있어서는 광범위한 형성의 자유가 부여된다(헌재 2020.4.23, 2018헌가17).

① [O] 심판대상조항에 따른 유류분제도는 그 구체적 내용에 비추어 볼 때, 피상속인의 증여나 유증에 의한 자유로운 재산처분을 제한하고, 피상속인으로부터 증여나 유증을 받았다는 이유로 유류분반환청구의 상대방이 되는 자의 재산권을 역시 제한한다. … 패륜적인 상속인의 유류분을 인정하는 것은 일반 국민의 법감정과 상식에 반한다고 할 것이므로, 민법 제1112조 제1호부터 제3호가 유류분상실사유를 별도로 규정하지 아니한 것은 불합리하고 기본권제한입법의 한계를 벗어나 헌법에 위반된다. 또한 상속재산형성에 대한 기여나 상속재산에 대한 기대 등이 거의 인정되지 않는 피상속인의 형제자매에게까지 유류분을 인정하는 민법 제1112조 제4호 역시 불합리하고 기본권제한입법의 한계를 벗어나 헌법에 위반된다(헌재 2024.4.25, 2020헌가4 등).

② [O] 우리 헌법이 보장하고 있는 재산권은 경제적 가치가 있는 모든 공법상·사법상의 권리를 뜻한다. 이러한 재산권의 범위에는 동산·부동산에 대한 모든 종류의 물권은 물론, 재산가치 있는 모든 사법상의 채권과 특별법상의 권리 및 재산가치 있는 공법상의 권리 등이 포함되나, 단순한 기대이익·반사적 이익 또는 경제적인 기회 등은 재산권에 속하지 않는다고 보아야 한다(헌재 1998.7.16, 96헌마246).

③ [O] 가축의 살처분으로 인한 재산권의 제약은 가축의 소유자가 수인해야 하는 사회적 제약의 범위에 속하나, 권리자에게 수인의 한계를 넘어 가혹한 부담이 발생하는 예외적인 경우에는 이를 완화하는 보상규정을 두어야 하고, 그 방법에 관하여는 입법자에게 광범위한 형성의 자유가 부여된다. … 축산계열화사업자가 가축의 소유자라 하여 살처분 보상금을 오직 계약사육농가에만 지급하는 방식은 축산계열화사업자에 대한 재산권의 과도한 부담을 완화하기에 적절한 조정적 보상조치라고 할 수 없다. 따라서 심판대상조항은 조정적 보상조치에 관하여 인정되는 입법형성재량의 한계를 벗어나 가축의 소유자인 축산계열화사업자의 재산권을 침해한다(헌재 2024.5.30, 2021헌가3).

⑤ [O] 정책실현목적 부담금의 경우에는, 특별한 사정이 없는 한, 부담금의 부과가 정당한 사회적·경제적 정책목적을 실현하는 데 적절한 수단이라는 사실이 곧 합리적 이유를 구성할 여지가 많다. 그러므로 이 경우에는 '재정조달 대상인 공적 과제와 납부의무자 집단 사이에 존재하는 관련성' 자체보다는 오히려 '재정조달 이전 단계에서 추구되는 특정 사회적·경제적 정책목적과 부담금의 부과 사이에 존재하는 상관관계'에 더 주목하게 된다(헌재 2004.7.15, 2002헌바42).

13 재산권보장에 관한 설명으로 가장 적절하지 않은 것은? (다툼이 있는 경우 헌법재판소 판례에 의함)

25. 경찰 1차

① 골프장 입장행위에 대하여 1명 1회 입장마다 1만 2천 원의 개별소비세를 골프장 경영자에게 부과하는 개별소비세법 해당 조항은 과잉금지원칙에 반하여 재산권을 침해한다고 볼 수 없다.

② 임대사업자가 종전 규정에 의한 세제혜택에 대한 기대를 가졌거나, 종전과 같은 유형의 임대사업자의 지위를 장래에도 유지할 것을 기대하였다 하더라도 이는 단순한 기대이익에 불과하므로, 장기일반민간임대주택 중 아파트를 임대하는 민간매입임대주택과 단기민간임대주택의 임대의무기간이 종료한 날 그 등록이 말소되도록 하는 민간임대주택에 관한 특별법 해당 조항으로 인해 재산권이 제한된다고 볼 수는 없다.

③ 의료급여기관이 의료법 제33조 제2항을 위반하였다는 사실을 수사기관의 수사 결과로 확인한 경우 시장·군수·구청장으로 하여금 해당 의료급여기관이 청구한 의료급여비용의 지급을 보류할 수 있도록 규정한 의료급여법 해당 조항 중 '의료법 제33조 제2항'에 관한 부분은 의료기관을 개설하여 의료급여기관으로 운영하는 의료기관 개설자의 재산권을 제한한다.

④ 대지사용권을 가지지 아니한 구분소유자가 있을 때 그 전유부분의 철거청구권자에게 구분소유권의 매도청구권을 부여한 집합건물의 소유 및 관리에 관한 법률 제7조는 구분소유자의 재산권을 침해한다.

해설

④ [×] 심판대상조항은 철거청구권자를 위하여 철거 대신 구분소유권 매도청구권을 부여함으로써, 전유부분을 철거하여야 하는 구분소유자의 불이익을 구제하고 건물 철거에 따른 사회·경제적 손실을 줄이기 위한 것이다. 매도청구권으로 인해 구분소유자의 법적 지위가 다소 불안하다고 하더라도, 이를 두고 대지를 무단 점유하는 구분소유자에게 수인할 수 없는 과도한 제한이라고 할 수는 없다. 또한, 구분소유자에게 대지권 매도청구권 또는 구분소유권 매수청구권을 우선적으로 부여하는 입법대안은 대지 권리자의 우선권을 후퇴시키는 것으로서, 심판대상조항과 동일한 입법목적을 달성할 수 있다고 평가하기 어렵다. 그렇다면, 심판대상조항은 구분소유자의 재산권을 침해한다고 볼 수 없다(헌재 2024.6.27, 2023헌가23).

① [O] 헌법재판소는 2012.2.23, 2011헌가8 결정에서 심판대상조항과 동일한 내용의 구 개별소비세법 조항에 대하여, 골프장 입장행위에 대한 개별소비세 부과는 담세력에 상응하는 조세부과를 통해 과세의 형평을 도모하기 위한 것으로서 세율이 자의적이라거나 골프장 이용객 수의 과도한 감소를 초래할 정도라고 보이지 아니하며, 사치성이 없다고 볼 수 있는 골프장 입장에 대하여는 개별소비세를 배제할 수 있는 길을 열어놓고 있는 점에 비추어 과잉금지원칙에 위반되어 재산권을 침해하지 않는다고 판단한 바 있다. … 심판대상조항은 과잉금지원칙에 반하여 재산권을 침해한다고 볼 수 없다(헌재 2024.8.29, 2021헌바34).

② [O] 임대사업자가 종전 규정에 의한 세제혜택 또는 집값 상승으로 인한 이익 취득이라는 기대를 가졌다 하더라도 이는 당시의 법제도에 대한 단순한 기대이익에 불과하다. 또한 등록말소조항은 단기민간임대주택과 아파트 장기일반민간임대주택의 임대의무기간이 종료한 날 그 등록이 말소되도록 할 뿐, 여기에 더하여 종전 임대사업자가 이미 받은 세제혜택 등을 박탈하는 내용을 담고 있지 아니하다. 따라서 등록말소조항으로 인해 청구인들의 재산권이 제한된다고 볼 수 없다. … 등록말소조항은 신뢰보호원칙에 반하여 청구인들의 직업의 자유를 침해하지 아니한다(헌재 2024.2.28, 2020헌마1482).

③ [O] 의료급여기관이 의료급여 제공 후 심사평가원에 의료급여비용의 심사를 청구하였고, 이에 관하여 심사평가원의 심사결과 통보가 있었다면, 의료급여비용 지급청구권은 공단의 지급결정이 있기 전이라고 하더라도 경제적 가치가 있는 권리로서 헌법 제23조에 의하여 보장되는 재산권의 성격을 갖는다고 보아야 한다. 그런데 심판대상조항은 시장·군수·구청장으로 하여금 의료급여기관이 청구한 의료급여비용의 지급을 보류할 수 있도록 하여(앞서 본 바와 같이 관련 업무는 공단에 위탁된다. 이하 같다) 의료급여비용 지급청구권의 행사를 제한하고 있으므로, 결국 의료기관을 개설하여 의료급여기관으로 운영하는 의료기관 개설자의 재산권을 제한한다. … 심판대상조항은 과잉금지원칙에 반하여 의료급여기관 개설자의 재산권을 침해한다(헌재 2024.6.27, 2021헌가19).

정답 | 12 ④ 13 ④

14 재산권에 관한 설명으로 가장 적절하지 않은 것은? (다툼이 있는 경우 판례에 의함)

25. 경정승진

① 상속개시후 인지 또는 재판확정에 의하여 공동상속인이 된 자가 다른 공동상속인에 대해 그 상속분에 상당한 가액의 지급에 관한 상속분가액지급청구권을 행사하는 경우에도 상속회복청구권에 관한 10년의 제척기간을 적용하도록 한 민법 제999조 제2항의 '상속권의 침해행위가 있은 날부터 10년' 중 제1014조에 관한 부분은 제척기간을 통한 법적 안정성만을 지나치게 중시한 나머지 권리구제의 실효성을 외면한 것이므로 상속개시 후인지에 의하여 공동상속인이 된 청구인의 재산권을 침해한다.

② 의료급여비용의지급을 청구한 의료급여기관이 의료법 제33조 제2항을 위반하여 설립된 사무장병원이라는 사실을 수사기관의 수사결과로 확인한 경우 시장·군수·구청장으로 하여금 의료급여 비용의 지급을 보류할 수 있도록 한 의료급여법 제11조의5 제1항 중 '의료법 제33조 제2항'에 관한 부분은 과잉금지원칙에 반하여 의료급여기관 개설자의 재산권을 침해한다고 볼 수 없다.

③ 살처분된 가축의 소유자가 축산계열화사업자인 경우에는 계약 사육농가의 수급권 보호를 위하여 보상금을 계약사육농가에 지급한다고 규정한 가축전염병 예방법 제48조 제1항 제3호 단서는 축산계열화사업자가 가축의 소유자라 하여 살처분보상금을 오직 계약사육농가에게만 지급하는 방식으로 축산계열화사업자에 대한 재산권의 과도한 부담을 완화하기에 적절한 보상조치라고 할 수 없으므로 입법형성재량의 한계를 벗어나 가축의 소유자인 축산계열화사업자의 재산권을 침해한다.

④ 퇴역연금 수급자가 지방의회의원에 취임한 경우, 퇴역연금 전부의 지급을 정지하도록 규정한 구 군인연금법 제27조 제1항 제2호 중 '지방의회의원'에 관한 부분은 과잉금지원칙에 위배되어 지방의회의원에 취임한 퇴역연금수급자의 재산권을 침해한다.

해설

② [×] 지급보류처분은 잠정적 처분이고, 그 처분 이후 사무장병원에 해당하지 않는다는 사실이 밝혀져서 무죄판결의 확정 등 사정변경이 발생할 수 있으므로, 지급보류처분의 '처분요건'뿐만 아니라 위와 같은 사정변경이 발생할 경우 잠정적인 지급보류상태에서 벗어날 수 있는 '지급보류처분의 취소'에 관하여도 명시적인 규율이 필요하고, 그 '취소사유'는 '처분요건'과 균형이 맞도록 규정되어야 한다. 또한 사정변경사유가 발생할 경우 지급보류처분이 취소될 수 있도록 한다면, 이와 함께 지급보류기간동안 의료기관의 개설자가 수인해야 했던 재산권 제한상황에 대한 적절하고 상당한 보상으로서의 이자 내지 지연손해금의 비율에 대해서도 규율이 필요하다. 이러한 사항들은 심판대상조항으로 인한 기본권 제한이 입법목적 달성에 필요한 최소한도에 그치기 위해 필요한 조치들이지만, 현재 이에 대한 어떠한 입법적 규율도 없다. 따라서 심판대상조항은 과잉금지원칙에 반하여 의료급여기관 개설자의 재산권을 침해한다(헌재 2024.6.27, 2021헌가19).

① [O] 상속개시 후 인지 또는 재판의 확정에 의하여 공동상속인이 된 자의 상속분가액지급청구권의 경우에도 '상속권의 침해행위가 있은 날부터 10년'의 제척기간을 정하고 있는 것은, 제척기간을 통한 법적 안정성만을 지나치게 중시한 나머지 상속개시 후 공동상속인이 된 자에게 상속회복에 관한 형식적인 권리나 이론적인 가능성만을 허용하는 것일 뿐 권리구제의 실효성을 외면하는 것이므로, 심판대상조항은 입법형성의 한계를 일탈하여 청구인의 재산권 및 재판청구권을 침해한다(헌재 2024.6.27, 2021헌마1588).

③ [O] 살처분 보상금의 분배는 대상 가축의 살처분으로 인하여 입은 경제적 가치의 손실에 비례하여야 함에도 심판대상조항에 따라 계약사육농가만이 가축의 살처분으로 인한 경제적 가치의 손실을 완전히 회복할 수 있도록 하는 것은, 열세에 놓인 계약사육농가가 갖는 교섭력의 불균형을 시정하기 위하여 필요한 정도를 넘어서는 개입이다. … 이러한 사정들을 종합하면, 축산계열화사업자가 가축의 소유자라 하여 살처분 보상금을 오직 계약사육농가에게만 지급하는 방식은 축산계열화사업자에 대한 재산권의 과도한 부담을 완화하기에 적절한 보상조치라고 할 수 없다. 따라서 심판대상조항은 입법형성재량의 한계를 벗어나 가축의 소유자인 축산계열화사업자의 재산권을 침해한다(헌재 2024.5.30, 2021헌가3).

④ [O] 헌법재판소는 2022.1.27, 2019헌바161 결정에서, 공무원연금법상 퇴직연금 수급자가 지방의회의원에 취임한 경우 연금 전부를 지급 정지하도록 한 구 공무원연금법상 지급정지 조항에 대해, 공무원연금제도는 공무원이 퇴직한 후 생계 및 부양에 어려움이 없도록 적절한 소득을 보장하는 데 주된 취지가 있는데, 지방의회의원이 생계유지 또는 생활보장을 위하여 받는 월정수당만으로는 연금을 대체할 만한 적정한 소득이 있다고 보기 어렵고, 보수 수준과 연계하여 연금의 일부만 감액하거나 적어도 연금과 보수의 합계액이 취임 전 퇴직연금보다 적지 않은 액수로 유지되도록 하여 생활보장에 불이익이 발생하지 않도록 할 수 있는 점을 고려할 때, 과잉금지원칙에 반하여 퇴직연금 수급자의 재산권을 침해한다고 보았다. 위 선례의 취지는 이 사건에도 그대로 타당하고, 심판대상조항은 과잉금지원칙에 반하여 지방의회의원에 취임한 퇴역연금 수급자의 재산권을 침해한다(헌재 2024.4.25, 2022헌가33).

15 헌법재판소가 헌법상 재산권으로 인정한 경우로 가장 적절한 것은? (다툼이 있는 경우 판례에 의함)

21. 경찰승진

① 학교안전공제회가 관리 · 운용하는 학교안전공제 및 사고예방 기금
② 사립학교교직원 연금법상의 퇴직수당을 받을 권리
③ 약사의 한약조제권
④ 의료급여수급권

해설

② [O] '사립학교교직원 연금법'상의 퇴직급여 및 퇴직수당을 받을 권리는 사회적 기본권의 하나인 사회보장수급권임과 동시에 경제적 가치가 있는 권리로서 헌법 제23조에 의하여 보장되는 재산권이다(헌재 2010.7.29, 2008헌가15).

① [×] 공제회가 관리 · 운용하는 기금은 학교안전사고보상공제 사업 등에 필요한 재원을 확보하고, 공제급여에 충당하기 위하여 설치 및 조성되는 것으로서 학교안전법령이 정하는 용도에 사용되는 것일 뿐, 각 공제회에 귀속되어 사적유용성을 갖는다거나 원칙적 처분권이 있는 재산적 가치라고 보기 어렵고, 공제회가 갖는 기금에 대한 권리는 법에 의하여 정해진 대로 운영할 수 있는 법적 권능에 불과할 뿐 사적 이익을 위해 권리주체에게 귀속될 수 있는 성질의 것이 아니므로, 이는 헌법 제23조 제1항에 의하여 보호되는 공제회의 재산권에 해당되지 않는다(헌재 2015.7.30, 2014헌가7).

③ [×] 약사는 단순히 의약품의 판매뿐만 아니라 의약품의 분석, 관리 등의 업무를 다루며, 약사면허 그 자체는 양도 · 양수할 수 없고 상속의 대상도 되지 아니하며, 또한 약사의 한약조제권이란 그것이 타인에 의하여 침해되었을 때 방해를 배제하거나 원상회복 내지 손해배상을 청구할 수 있는 권리가 아니라 법률에 의하여 약사의 지위에서 인정되는 하나의 권능에 불과하고, 더욱이 의약품을 판매하여 얻게 되는 이익 역시 장래의 불확실한 기대이익에 불과한 것이므로, 구 약사법상 약사에게 인정된 한약조제권은 위 헌법조항들이 말하는 재산권의 범위에 속하지 아니한다(헌재 1997.11.27, 97헌바10).

④ [×] 의료급여법상 의료급여수급권은 저소득 국민에 대한 공공부조의 일종으로 순수하게 사회정책적 목적에서 주어지는 권리이므로 개인의 노력과 금전적 기여를 통하여 취득되는 재산권의 보호대상에 포함된다고 보기 어렵다(헌재 2009.9.24, 2007헌마1092).

16 재산권에 관한 설명 중 가장 적절하지 않은 것은? (다툼이 있는 경우 판례에 의함)

22. 경찰승진

① 국민연금법상 연금수급권 내지 연금수급기대권이 재산권의 보호대상인 사회보장적 급여라고 한다면 사망일시금은 헌법상 재산권에 해당한다.
② 공무원연금법이 개정되어 시행되기 전에 청구인이 이미 퇴직하여 퇴직연금을 수급할 수 있는 기초를 상실한 경우에는 공무원 퇴직연금의 수급요건을 재직기간 20년에서 10년으로 완화한 개정 공무원연금법 규정이 청구인의 재산권을 제한한다고 볼 수 없다.
③ '사업인정고시가 있은 후에 3년 이상 토지가 공익용도로 사용된 경우' 토지소유자에게 매수 혹은 수용청구권을 인정한 공익 사업을 위한 토지 등의 취득 및 보상에 관한 법률의 조항을 통하여 인정되는 '수용청구권'은 사적유용성을 지닌 것으로서 재산의 사용, 수익, 처분에 관계되는 법적 권리이므로 헌법상 재산권에 포함된다.
④ 잠수기어업허가를 받아 키조개 등을 채취하는 직업에 종사한다고 하더라도 이는 원칙적으로 자신의 계획과 책임하에 행동하면서 법제도에 의하여 반사적으로 부여되는 기회를 활용하는 것에 불과하므로 잠수기어업허가를 받지 못하여 상실된 이익 등 청구인 주장의 재산권은 헌법 제23조에서 규정하는 재산권의 보호범위에 포함된다고 볼 수 없다.

정답 | 14 ② 15 ② 16 ①

해설

① [×] 국민연금법상 연금수급권 내지 연금수급기대권이 재산권의 보호대상인 사회보장적 급여라고 한다면 사망일시금은 사회보험의 원리에서 다소 벗어난 장제부조적·보상적 성격을 갖는 급여로 사망일시금은 헌법상 재산권에 해당하지 아니하므로, 이 사건 사망일시금 한도 조항이 청구인들의 재산권을 제한한다고 볼 수 없다(헌재 2019.2.28, 2017헌마432).

② [O] 청구인은 심판대상조항이 자신의 재산권 및 인간다운 생활을 할 권리도 침해한다고 주장하나, 공무원연금법이 개정되어 시행되기 전 청구인은 이미 퇴직하여 퇴직연금을 수급할 수 있는 기초를 상실한 상태이므로, 심판대상조항이 청구인의 재산권 및 인간다운 생활을 할 권리를 제한한다고 볼 수 없다(헌재 2017.5.25, 2015헌마933). 심판대상조항은 개정 법률의 적용대상을 법 시행일 당시 재직 중인 공무원으로 한정하여, 공무원의 재직기간이 10년 이상 20년 미만으로 동일하더라도 정년퇴직일이 2016.1.1. 이전인지 이후인지에 따라 퇴직연금의 지급을 달리하고 있으므로, 청구인의 평등권을 제한한다.… 법적 안정성 도모와 연금재정의 건전성 확보, 개정 법률을 시행하기 위한 준비기간의 필요성 등에 비추어 볼 때, 퇴직연금의 수급요건을 완화하면서 유리한 신법을 신법 시행일 이전으로 소급적용하는 경과규정을 두지 않았다고 하더라도 이를 두고 입법재량의 범위를 벗어난 현저히 불합리한 차별이라고 보기 어려우므로, 심판대상조항이 청구인의 평등권을 침해한다고 볼 수 없다(헌재 2017.5.25, 2015헌마933).

③ [O] 헌법이 보장하고 있는 재산권은 경제적 가치가 있는 모든 공법상·사법상의 권리를 뜻하며, 사적유용성 및 그에 대한 원칙적인 처분권을 내포하는 재산가치 있는 구체적인 권리를 의미한다. 이 사건 조항을 통하여 인정되는 '수용청구권'은 사적유용성을 지닌 것으로서 재산의 사용, 수익, 처분에 관계되는 법적 권리이므로 헌법상 재산권에 포함된다고 볼 것이다(헌재 2005.7.21, 2004헌바57).

④ [O] 이 사건의 경우 청구인이 잠수기어업허가를 받아 키조개 등을 채취하는 직업에 종사한다고 하더라도 이는 원칙적으로 자신의 계획과 책임하에 행동하면서 법제도에 의하여 반사적으로 부여되는 기회를 활용하는 것에 불과하므로 잠수기어업허가를 받지 못하여 상실된 이익 등 청구인 주장의 재산권은 헌법 제23조에서 규정하는 재산권의 보호범위에 포함된다고 볼 수 없다(헌재 2008.6.26, 2005헌마173).

17 재산권에 관한 설명 중 옳은 것을 모두 고른 것은? (다툼이 있는 경우 판례에 의함)

23. 변호사

> ㉠ 사회부조와 같이 국가의 일방적인 급부에 대한 권리는 재산권의 보호대상에서 제외되고, 단지 사회법상의 지위가 자신의 급부에 대한 등가물에 해당하는 경우에 한하여 사법상의 재산권과 유사한 정도로 보호받아야 할 공법상의 권리가 인정된다.
> ㉡ 헌법이 규정한 '정당한 보상'이란 손실보상의 원인이 되는 재산권의 침해가 기존의 법질서 안에서 개인의 재산권에 대한 개별적인 침해인 경우에 원칙적으로 피수용재산의 객관적인 재산가치를 완전하게 보상하는 것을 의미한다.
> ㉢ 최저임금을 인상하는 내용의 고시는 근로자에게 지급하여야 할 임금 증가, 생산성 저하, 이윤 감소 등 사업자에게 불이익을 겪게 할 우려가 있으므로 사업자의 재산권을 제한한다.
> ㉣ 헌법 제23조 제3항은 재산권 수용의 주체를 한정하지 않고 있는바, 그 수용의 주체가 국가 등에 한정되어야 하는지, 아니면 민간기업에도 허용될 수 있는지 여부에 대하여 헌법이라는 규범적 층위에서는 구체적으로 결정된 내용이 없다는 것을 의미하므로, 수용의 주체를 국가 등 공적 기관에 한정하여 해석할 이유가 없다.

① ㉠, ㉡
② ㉠, ㉢
③ ㉡, ㉣
④ ㉠, ㉡, ㉣
⑤ ㉠, ㉡, ㉢, ㉣

해설

옳은 것은 ㉠, ㉡, ㉣이다.

㉠ [O] 사회부조와 같이 국가의 일방적인 급부에 대한 권리는 재산권의 보호대상에서 제외되고, 단지 사회법상의 지위가 자신의 급부에 대한 등가물에 해당하는 경우에 한하여 사법상의 재산권과 유사한 정도로 보호받아야 할 공법상의 권리가 인정된다(헌재 2000.6.29, 99헌마289).

㉡ [O] 헌법 제23조 제3항에서 규정한 "정당한 보상"이란 원칙적으로 피수용재산의 객관적인 재산가치를 완전하게 보상하여야 한다는 완전보상을 뜻하는 것이지만, 공익사업의 시행으로 인한 개발이익은 완전보상의 범위에 포함되는 피수용토지의 객관적 가치 내지 피수용자의 손실이라고는 볼 수 없다(헌재 1990.6.25, 89헌마107).

ⓒ [×] 헌법상 보장된 재산권은 원래 사적유용성 및 그에 대한 원칙적인 처분권을 내포하는 재산가치 있는 구체적인 권리이므로 구체적 권리가 아닌 영리획득의 단순한 기회나 기업활동의 사실적·법적 여건은 기업에게는 중요한 의미를 갖는다고 하더라도 재산권 보장의 대상이 아니다. 각 최저임금 고시 부분은 사용자가 최저임금의 적용을 받는 근로자에게 지급하여야 할 임금의 최저액을 정한 것으로 청구인들이 이로 인하여 계약의 자유와 기업의 자유를 제한 받는 결과 근로자에게 지급하여야 할 임금이 늘어나거나 생산성 저하, 이윤 감소 등 불이익을 겪을 우려가 있거나, 그 밖에 사업상 어려움이 발생할 수 있다고 하더라도 이는 기업활동의 사실적·법적 여건에 관한 것으로 재산권 침해는 문제되지 않는다(헌재 2019.12.27, 2017헌마1366).

ⓔ [O] 헌법 제23조 제3항은 정당한 보상을 전제로 하여 재산권의 수용 등에 관한 가능성을 규정하고 있지만, 재산권 수용의 주체를 한정하지 않고 있다. 이는 재산의 수용과 관련하여 그 수용의 주체가 국가 등에 한정되어야 하는지, 아니면 민간기업에게도 허용될 수 있는지 여부에 대하여 헌법이라는 규범적 층위에서는 구체적으로 결정된 내용이 없다는 점을 의미하는 것이다(헌재 2009.9.24, 2007헌바114).

18 다음 설명 중 가장 옳지 않은 것은? (다툼이 있는 경우 대법원 판례 및 헌법재판소 결정에 의함) 22. 법원행시

① 재산권은 자유의 실현과 물질적 삶의 기초이고, 자유실현의 물질적 바탕을 보호하는 재산권의 자유보장적 기능으로 말미암아 자유와 재산권은 불가분의 관계이자 상호보완관계에 있다.

② 사회부조와 같이 수급자의 자기기여 없이 국가의 일방적인 급부를 내용으로 하는 공법상 권리는 재산권의 보호대상에 포함되지 않는다.

③ 상속회복청구권의 행사기간을 상속 개시일로부터 10년으로 제한하는 것은 재산권의 본질적 내용을 침해하는 것으로서 헌법에 위반된다.

④ 산업재해보상보험법상 보험급여와 같이 수급권의 발생요건이 법정되어 있는 경우, 그러한 법정요건을 갖추기 전이라고 하더라도, 헌법이 보장하는 재산권에 해당한다.

⑤ 재정충당 목적의 특별부담금은 반대급부 없는 강제적인 징수인 면에서 조세와 공통점을 가지면서도 헌법상 명시적인 특별통제장치가 결여되어 있으므로, 조세에 준하는 정도 내지 그 이상으로, 특별부담금에 대한 헌법적 통제의 필요성이 요청된다.

해설

④ [×] 보상금수급권은 법률에 의하여 비로소 인정되는 권리이지만 법정요건을 갖춘 후 발생하는 보상금수급권은 구체적인 법적 권리로 보장되고, 그 성질상 경제적·재산적 가치가 있는 공법상의 권리라 할 것인데, 헌법 제23조 제1항, 제13조 제2항이 보장하고 있는 재산권이란 경제적 가치가 있는 공·사법상의 모든 권리를 포함하는 것이므로, 예우법에 의한 보상금수급권도 위 헌법조항들에 의하여 보호받는 재산권의 하나로 보아야 할 것이다(헌재 2006.11.30, 2005헌바25).

① [O] 재산권의 보장은 자유실현의 물질적 바탕을 의미하고, 자유와 재산권은 상호보완관계이자 불가분의 관계에 있다. 재산권의 이러한 자유보장적 기능은 재산권을 어느 정도로 제한할 수 있는가 하는 사회적 의무성의 정도를 결정하는 중요한 기준이 된다. 재산권에 대한 제한의 허용정도는 재산권행사의 대상이 되는 객체가 기본권의 주체인 국민 개개인에 대하여 가지는 의미와 다른 한편으로는 그것이 사회전반에 대하여 가지는 의미가 어떠한가에 달려 있다. 즉 재산권의 행사의 대상이 되는 객체가 지닌 사회적 연관성과 사회적 기능이 크면 클수록 입법자에 의한 보다 광범위한 제한이 정당화된다(헌재 2003.11.27, 2001헌바35).

② [O] 사회부조와 같이 국가의 일방적인 급부에 대한 권리는 재산권의 보호대상에서 제외되고, 단지 사회법상의 지위가 자신의 급부에 대한 등가물에 해당하는 경우에 한하여 사법상의 재산권과 유사한 정도로 보호받아야 할 공법상의 권리가 인정된다(헌재 2000.6.29, 99헌마289).

③ [O] 상속회복청구권은 사망으로 인하여 포괄적인 권리의무의 승계가 이루어지는 상속에 즈음하여 참칭상속인에 의하여 진정상속인의 상속권이 침해되는 때가 적지 않음을 고려하여 진정상속인으로 하여금 참칭상속인을 배제하고 상속권의 내용을 실현할 수 있게 함으로써 진정상속인을 보호하기 위한 권리인바, 상속회복청구권에 대하여 상속개시일부터 10년이라는 단기의 행사기간을 규정함으로 인하여, 위 기간이 경과된 후에는 진정한 상속인은 상속인으로서의 지위와 함께 상속에 의하여 승계한 개개의 권리의무도 총괄적으로 상실하여 참칭상속인을 상대로 재판상 그 권리를 주장할 수 없고, 오히려 그 반사적 효과로서 참칭상속인의 지위는 확정되어 참칭상속인이 상속개시의 시점으로부터 소급하여 상속인으로서의 지위를 취득하게 되므로, 이는 진정상속인의 권리를 심히 제한하여 오히려 참칭상속인을 보호하는 규정으로 기능하고 있는 것이라 할 것이어서, 기본권 제한의 한계를 넘어 헌법상 보장된 상속인의 재산권, 행복추구권, 재판청구권 등을 침해하고 평등원칙에 위배된다(헌재 2001.7.19, 99헌바9).

정답 | 17 ④ 18 ④

▶ 상속회복청구권의 행사기간을 상속권의 침해를 안 날부터 3년, 상속권의 침해행위가 있은 날부터 10년으로 제한하고 있는 민법 제999조 제2항은 상속인의 재산권을 침해하거나 평등원칙에 위반되지 않으며, 상속권 자체를 부인하는 것이 아니라 상속회복청구권의 행사기간만을 제한하는 것이므로 자유시장경제질서에 위반되는 것으로 볼 수도 없다(헌재 2009.9.24, 2008헌바2).

⑤ [O] 재정충당목적의 특별부담금은 반대급부 없는 강제적인 징수인 면에서 조세와 공통점을 가지면서도 헌법상 명시적인 특별통제장치가 결여되어 있다. 그럼에도 불구하고 이러한 조세성 특별부담금이 계속 설치·운용되는 것은 특별부담금의 신설이 조세의 신설에 비하여 국민의 저항이 크지 않고 징수나 집행과정의 어려움이 적어 손쉬운 재원조달 수단이 될 수 있기 때문이고 또한 특별부담금의 수입이 대부분 기금이나 특별회계의 형태로 관리되므로 일반 예산에 비해 안정적으로 사업비를 확보할 수 있다는 장점을 행정당국에 제공하기 때문이다. 그 결과, 조세수입이 대부분 일반회계로 귀속되어 국가 전체적인 관점에서 사업의 타당성이나 우선순위를 엄격히 따져 사용되고 있는 데 비하여 재정충당목적의 특별부담금은 그 사용용도가 한정되어 있음을 기화로 그 재원에 여유가 있는 경우에는 국가재정 전체의 관점에서 볼 때에는 우선순위가 떨어지는 그러한 사업의 추진이나 운영에 방만하게 사용되어 재정운영의 효율성을 떨어뜨리는 문제점까지도 일으킨다. 따라서 조세에 준하는 정도로, 나아가 그 이상으로, 특별부담금에 대한 헌법적 통제의 필요성이 요청된다(헌재 2003.12.18, 2002헌가2).

19 재산권에 대한 설명으로 옳지 않은 것은? (다툼이 있는 경우 판례에 의함) 22. 입법고시

① 개인택시면허는 자신의 노력으로 혹은 금전적 대가를 치르고 얻은 재산권이라고 할 수 있다.

② 공무원의 보수청구권이 법령에 의하여 구체적 내용이 형성되기 전이라면 공무원이 국가 또는 지방자치단체에 대하여 어느 수준의 보수를 청구할 수 있는 권리는 단순한 기대이익에 불과하여 재산권의 내용에 포함된다고 볼 수 없다.

③ 일본국에 의하여 광범위하게 자행된 반인도적 범죄행위에 대하여 일본군위안부 피해자들이 일본에 대하여 가지는 배상청구권은 헌법상 보장되는 재산권이 아니다.

④ 우편법에 규정된 우편물의 지연배달에 따른 손해배상청구권은 헌법이 보장하는 재산권의 내용에 포함되는 권리이다.

⑤ 가축전염병 예방법상의 살처분은 가축의 전염병이 전파가능성과 위해성이 매우 커서 타인의 생명, 신체나 재산에 중대한 침해를 가할 우려가 있는 경우 이를 막기 위해 취해지는 조치로서 가축 소유자가 수인해야 하는 사회적 제약의 범위에 속한다.

해설

③ [×] 일본국에 의하여 광범위하게 자행된 반인도적 범죄행위에 대하여 일본군위안부 피해자들이 일본에 대하여 가지는 배상청구권은 헌법상 보장되는 재산권일 뿐만 아니라, 그 배상청구권의 실현은 무자비하고 지속적으로 침해된 인간으로서의 존엄과 가치 및 신체의 자유를 사후적으로 회복한다는 의미를 가지는 것이므로 피청구인의 부작위로 인하여 침해되는 기본권이 매우 중대하다. … 결국 이 사건 협정 제3조에 의한 분쟁해결절차로 나아가는 것만이 국가기관의 기본권 기속성에 합당한 재량권 행사라 할 것이고, 피청구인의 부작위로 인하여 청구인들에게 중대한 기본권의 침해를 초래하였다 할 것이므로, 이는 헌법에 위반된다(헌재 2011.8.30, 2006헌마788).

① [O] 개인택시운송사업자는 장기간의 모범적인 택시운전에 대한 보상의 차원에서 개인택시면허를 취득하였거나, 고액의 프리미엄을 지급하고 개인택시면허를 양수한 사람들이므로 개인택시면허는 자신의 노력으로 혹은 금전적 대가를 치르고 얻은 재산권이라고 할 수 있다(헌재 2012.3.29, 2010헌마443 등).

② [O] 공무원의 보수청구권은, 법률 및 법률의 위임을 받은 하위법령에 의해 그 구체적 내용이 형성되면 재산적 가치가 있는 공법상의 권리가 되어 재산권의 내용에 포함되지만, 법령에 의하여 구체적 내용이 형성되기 전의 권리, 즉 공무원이 국가 또는 지방자치단체에 대하여 어느 수준의 보수를 청구할 수 있는 권리는 단순한 기대이익에 불과하여 재산권의 내용에 포함된다고 볼 수 없다(헌재 2008.12.26, 2007헌마444).

④ [O] 우편물의 수취인인 청구인은 우편물의 지연배달에 따른 손해배상청구권을 갖게 되는바, 이는 헌법이 보장하는 재산권의 내용에 포함되는 권리이다(헌재 2013.6.27, 2012헌마426).

⑤ [O] 살처분은 가축의 전염병이 전파가능성과 위해성이 매우 커서 타인의 생명, 신체나 재산에 중대한 침해를 가할 우려가 있는 경우 이를 막기 위해 취해지는 조치로서, 가축 소유자가 수인해야 하는 사회적 제약의 범위에 속한다(헌재 2014.4.24, 2013헌바110).

20 재산권에 대한 설명으로 옳지 않은 것은? (다툼이 있는 경우 헌법재판소 판례에 의함) 22. 국회직 8급

① 환매권의 발생기간을 '취득일로부터 10년 이내'로 제한한 것은 토지수용 등의 원인이 된 공익사업의 폐지 등으로 공공필요가 소멸하였음에도 단지 10년이 경과하였다는 사정만으로 환매권이 배제되는 결과가 초래될 수 있으므로 재산권을 침해한다.

② 지역구국회의원선거 예비후보자가 정당의 공천심사에서 탈락한 후 후보자등록을 하지 않은 경우를 기탁금 반환 사유로 규정하지 않은 것은 예비후보자의 재산권을 침해한다.

③ 공무원연금법상 퇴직연금 수급자가 유족연금을 함께 받게 된 경우 그 유족연금액의 2분의 1을 빼고 지급하도록 하는 것은 재산권을 침해한다.

④ 예비군 교육훈련에 참가한 예비군대원이 훈련 과정에서 식비, 여비 등을 스스로 지출함으로써 생기는 경제적 부담은 헌법에서 보장하는 재산권의 범위에 포함된다고 할 수 없고, 예비군 교육훈련 기간 동안의 일실수익과 같은 기회비용 역시 경제적인 기회에 불과하여 재산권의 범위에 포함되지 아니한다.

⑤ 공무원이거나 공무원이었던 사람이 재직 중의 사유로 금고 이상의 형을 받거나 형이 확정된 경우 퇴직급여 및 퇴직수당의 일부를 감액하여 지급함에 있어 그 이후 형의 선고의 효력을 상실하게 하는 특별사면 및 복권을 받은 경우를 달리 취급하는 규정을 두지 아니한 것은 재산권을 침해하지 않는다.

해설

③ [×] 퇴직연금과 유족연금을 비롯한 공무원연금의 재원은 공무원 개인이 부담하는 기여금과 국가가 부담하는 부담금 및 지급보전금으로 구성되므로, 공무원연금법상 퇴직연금을 수급하고 있는 사람은 이미 자신이 재원 형성에 기여한 부분을 넘어 국가로부터 생활보장을 받고 있다고 볼 수 있다. 따라서 공무원으로서 이미 퇴직연금을 수령하고 있는 사람에게 유족연금액을 1/2 감액하였다고 하여 그 감액 비율이 지나치게 크다고 보기도 어렵다. 결국 심판대상조항은 퇴직연금 수급자의 유족연금 수급권을 구체화함에 있어 급여의 적절성을 확보할 필요성, 한정된 공무원연금 재정의 안정적 운영, 우리 국민 전체의 소득 및 생활수준, 공무원 퇴직연금의 급여 수준, 유족연금의 특성, 사회보장의 기본원리 등을 종합적으로 고려하여 유족연금액의 2분의 1을 감액하여 지급하도록 한 것이므로, 입법형성의 한계를 벗어나 청구인의 인간다운 생활을 할 권리 및 재산권을 침해하였다고 볼 수 없다(헌재 2020.6.25, 2018헌마865).

① [O] 환매권 발생기간 '10년'을 예외 없이 유지하게 되면 토지수용 등의 원인이 된 공익사업의 폐지 등으로 공공필요가 소멸하였음에도 단지 10년이 경과하였다는 사정만으로 환매권이 배제되는 결과가 초래될 수 있다. 다른 나라의 입법례에 비추어 보아도 발생기간을 제한하지 않거나 더 길게 규정하면서 행사기간 제한 또는 토지에 현저한 변경이 있을 때 환매거절권을 부여하는 등 보다 덜 침해적인 방법으로 입법목적을 달성하고 있다. 이 사건 법률조항은 침해의 최소성 원칙에 어긋난다(헌재 2020.11.26, 2019헌바131).

② [O] 예비후보자가 본선거에서 정당후보자로 등록하려 하였으나 자신의 의사와 관계없이 정당 공천관리위원회의 심사에서 탈락하여 본선거의 후보자로 등록하지 아니한 것은 후보자 등록을 하지 못할 정도에 이르는 객관적이고 예외적인 사유에 해당한다. 따라서 이러한 사정이 있는 예비후보자가 납부한 기탁금은 반환되어야 함에도 불구하고, 심판대상조항이 이에 관한 규정을 두지 아니한 것은 입법형성권의 범위를 벗어난 과도한 제한이라고 할 수 있다. … 그러므로 심판대상조항은 과잉금지원칙에 반하여 청구인의 재산권을 침해한다(헌재 2018.1.25, 2016헌마541).

④ [O] 예비군 교육훈련에 참가한 예비군대원이 훈련 과정에서 식비, 여비 등을 스스로 지출함으로써 생기는 경제적 부담은 헌법에서 보장하는 재산권의 범위에 포함된다고 할 수 없고(헌재 2003.6.26, 2002헌마484 참조), 예비군 교육훈련 기간 동안의 일실수익과 같은 기회비용 역시 경제적인 기회에 불과하여 재산권의 범위에 포함되지 아니한다(헌재 2019.8.29, 2017헌마828).

⑤ [O] 공무원이 범죄행위로 형사처벌을 받은 경우 국민의 신뢰가 손상되고 공직 전체에 대한 신뢰를 실추시켜 공공의 이익을 해하는 결과를 초래하는 것은 그 이후 특별사면 및 복권을 받아 형의 선고의 효력이 상실된 경우에도 마찬가지이다. 또한, 형의 선고의 효력을 상실하게 하는 특별사면 및 복권을 받았다 하더라도 그 대상인 형의 선고의 효력이나 그로 인한 자격상실 또는 정지의 효력이 장래를 향하여 소멸되는 것에 불과하고, 형사처벌에 이른 범죄사실 자체가 부인되는 것은 아니므로, 공무원 범죄에 대한 제재수단으로서의 실효성을 확보하기 위하여 특별사면 및 복권을 받았다 하더라도 퇴직급여 등을 계속 감액하는 것을 두고 현저히 불합리하다고 평가할 수 없다. 나아가 심판대상조항에 의하여 퇴직급여 등의 감액대상이 되는 경우에도 본인의 기여금 부분은 보장하고 있다. 따라서 심판대상조항은 그 합리적인 이유가 인정되는바, 재산권 및 인간다운 생활을 할 권리를 침해한다고 볼 수 없어 헌법에 위반되지 아니한다(헌재 2020.4.23, 2018헌바402).

정답 | 19 ③ 20 ③

21 다음 중 헌법재판소가 재산권으로 인정한 사례를 모두 고른 것은? (다툼이 있는 경우 헌법재판소 결정 및 대법원 판례에 의함)

22. 법원직 9급

㉠ 강제집행권 ㉡ 주주권 ㉢ 개인택시면허 ㉣ 정당한 지목을 등록함으로써 얻는 이익 ㉤ 구 민법상 법정혈족관계로 인정되던 계모자 사이의 상속권 ㉥ 소멸시효의 기대이익

① ㉠, ㉡, ㉢
② ㉡, ㉢, ㉣
③ ㉡, ㉢, ㉣, ㉤
④ ㉡, ㉢, ㉣, ㉤, ㉥

해설

헌법재판소가 재산권으로 인정한 사례는 ㉡, ㉢, ㉣, ㉤이다.

㉠ [×] 강제집행권은 국가가 보유하는 통치권의 한 작용으로서 민사사법권에 속하는 것이고, 채권자인 청구인들은 국가에 대하여 강제집행권의 발동을 구하는 공법상의 권능인 강제집행청구권만을 보유하고 있을 따름으로서 청구인들이 강제집행권을 침해받았다고 주장하는 권리는 헌법 제23조 제3항 소정의 재산권에 해당되지 아니한다(헌재 1998.5.28, 96헌마44).

㉡ [O] 주주권은, 비록 주주의 자격과 분리하여 양도 · 질권 설정 · 압류할 수 없고 시효에 걸리지 않아 보통의 채권과는 상이한 성질을 갖지만, 다른 한편 주주의 자격과 함께 사용(결의) · 수익(담보제공) · 처분(양도 · 상속)할 수 있다는 점에서는 분명히 '사적유용성 및 그에 대한 원칙적 처분권을 내포하는 재산가치 있는 권리'로 볼 수 있으므로 헌법상 재산권 보장의 대상에 해당한다(헌재 2008.12.26, 2005헌바34).

㉢ [O] 개인택시운송사업자는 장기간의 모범적인 택시운전에 대한 보상의 차원에서 개인택시면허를 취득하였거나, 고액의 프리미엄을 지급하고 개인택시면허를 양수한 사람들이므로 개인택시면허는 자신의 노력으로 혹은 금전적 대가를 치르고 얻은 재산권이라고 할 수 있다(헌재 2012.3.29, 2010헌마443).

㉣ [O] 정당한 지목을 등록함으로써 토지소유자가 누리게 될 이익은 국가가 헌법 제23조에 따라 보장하여 주어야 할 재산권의 한 내포(內包)로 봄이 상당하다(헌재 1999.6.24, 97헌마315).

㉤ [O] 구 민법상 법정혈족관계로 인정되던 계모자 사이의 상속권도 헌법상 보호되는 재산권이라고 볼 수 있다(헌재 2011.2.24, 2009헌바89).

㉥ [×] 소멸시효를 누릴 기대이익은 헌법적으로 보호될 만한 재산권적 성질의 것은 아니며 단순한 기대이익에 불과하다(헌재 2004.3.25, 2003헌바22).

22 헌법재판소가 재산권으로 인정한 경우를 ○, 인정하지 않은 경우를 ×로 표시한다면 가장 적절한 것은? (다툼이 있는 경우 헌법재판소 판례에 의함)

22. 경찰간부

> ㉠ 상공회의소의 의결권
> ㉡ 국민연금법상 사망일시금
> ㉢ 개인택시면허
> ㉣ 관행어업권
> ㉤ 건강보험수급권
> ㉥ 이동전화번호
> ㉦ 불법적인 사용의 경우에 인정되는 수용청구권

	㉠	㉡	㉢	㉣	㉤	㉥	㉦
①	○	×	○	○	×	×	○
②	○	○	×	×	×	○	×
③	×	○	○	×	○	×	○
④	×	×	○	○	○	×	×

해설

㉠ [×] 상공회의소의 의결권 또는 회원권은 상공회의소라는 법인의 의사형성에 관한 권리일 뿐 이를 따로 떼어 헌법상 보장되는 재산권이라고 보기 어렵고, 상공회의소의 재산은 법인인 상공회의소의 고유재산이지 회원들이 지분에 따라 반환받을 수 있는 재산이라고 보기 어려워서, 상공업자들의 재산권 제한과도 무관하다(헌재 2006.5.25, 2004헌가1).

㉡ [×] 헌법재판소는 종래의 결정에서 군인연금법상의 연금수급권(헌재 1994.6.30, 92헌가9), 공무원연금법상의 연금수급권(헌재 1995.7.21, 94헌바27), 국가유공자의 보상수급권(헌재 1995.7.21, 93헌가14)을 헌법상의 재산권에 포함시켰다(헌재 2000.06.29, 99헌마289).

㉢ [○] 개인택시운송사업자는 장기간의 모범적인 택시운전에 대한 보상의 차원에서 개인택시면허를 취득하였거나, 고액의 프리미엄을 지급하고 개인택시면허를 양수한 사람들이므로 개인택시면허는 자신의 노력으로 혹은 금전적 대가를 치르고 얻은 재산권이라고 할 수 있다(헌재 2012.3.29, 2010헌마443 등).

㉣ [○] 대법원 판례에 의하여 인정되는 "관행어업권"은 물권에 유사한 권리로서 공동어업권이 설정되었는지 여부에 관계없이 발생하는 것이고, 그 존속에 있어서도 공동어업권과 운명을 같이 하지 않으며 공동어업권자는 물론 제3자에 대하여서도 주장하고 행사할 수 있는 권리이므로, 재산권에 해당한다(헌재 1999.7.22, 97헌바76).

㉤ [○] 건강보험수급권과 같이 공법상의 권리가 헌법상의 재산권으로 보호받기 위해서는 국가의 일방적인 급부에 의한 것이 아니라 수급자의 상당한 자기기여를 전제로 한다. 그런데 국민건강보험은 개인의 보험료와 국가의 재정으로 운영되고 이 사건 규정의 적용에 의하여 청구인들과 같은 수용자에게 보험급여가 정지되는 경우 동시에 보험료 납부의무도 면제된다. 그렇다면 수급자의 자기기여가 없는 상태이므로 이 사건 규정에 의하여 건강보험수급권이 정지되더라도 이를 사회보장수급권(인간다운 생활을 할 권리)으로 다툴 수 있음은 별론으로 하고 재산권 침해로 다툴 수는 없다고 할 것이다(헌재 2000.6.29, 99헌마289).

㉥ [×] 이동전화번호는 유한한 국가자원으로서, 청구인들이 오랜 기간 같은 이동전화번호를 사용해 왔다 하더라도 이는 국가의 이동전화번호 관련 정책 및 이동전화 사업자와의 서비스 이용계약 관계에 의한 것일 뿐, 청구인들이 이동전화번호에 대하여 사적유용성 및 그에 대한 원칙적 처분권을 내포하는 재산가치 있는 구체적 권리인 재산권을 가진다고 볼 수 없다(헌재 2013.7.25, 2011헌마63).

㉦ [×] 입법자에 의한 재산권의 내용과 한계의 설정은 기존에 성립된 재산권을 제한할 수도 있고, 기존에 없던 것을 새롭게 형성하는 것일 수도 있다. 이 사건 조항은 종전에 없던 재산권을 새로이 형성한 것에 해당되므로, 역으로 그 형성에 포함되어 있지 않은 것은 재산권의 범위에 속하지 않는다. 그러므로 청구인들이 주장하는바 '불법적인 사용의 경우에 인정되는 수용청구권'이란 재산권은 존재하지 않으므로, 이 사건 조항이 그러한 재산권을 제한할 수는 없다. 다만, 입법자는 재산권의 형성에 있어서도 헌법적 한계를 준수하여야 하는바, 이 사건 조항이 '적법한 공용사용'의 경우에 한정하여 수용청구권을 인정한 것은 공용제한에 대한 손실보상을 정하는 법의 취지에 따른 결과로서 입법목적을 달성하기 위한 합리적 수단이며, 불법적 사용에 대해서는 법적인 구제수단이 따로 마련되어 있어 반드시 수용청구권을 부여할 필요는 없으므로, 이 사건 조항이 재산권의 내용과 한계에 관한 입법형성권을 벗어난 것이라 할 수 없다(헌재 2005.7.21, 2004헌바57).

정답 | 21 ③ 22 ④

23 재산권에 관한 다음 설명 중 가장 옳지 않은 것은?

22. 법무사

① 관리처분계획인가의 고시가 있으면 별도의 영업손실보상 없이 재건축사업구역 내 임차권자의 사용·수익을 중지시키는 것은 임차권자의 재산권을 침해한다.

② 공무원연금법상 퇴직연금수급자가 지방의회의원으로 선출되어 받게 되는 보수가 기존의 연금에 미치지 못하는 경우에도 연금 전액의 지급을 정지하도록 한 규정은 그에 해당하는 지방의회의원의 재산권을 침해한다.

③ 지역구국회의원선거 예비후보자가 정당의 공천심사에서 탈락하여 후보자등록을 하지 않은 경우를 지역구국회의원선거 예비후보자의 기탁금 반환 사유로 규정하지 않은 것은 예비후보자의 재산권을 침해한다.

④ 보안거리에 저촉되는 화약류저장소에 대한 시설이전명령 때문에 화약류저장소를 이용한 영업을 하지 못하게 된다 하더라도 그로 인해 상실되는 영리획득의 기회를 헌법에 의해 보장되는 재산권으로 보기는 어렵다.

⑤ 공무원연금법상의 각종 급여는 기본적으로 모두 사회보장적 급여로서의 성격을 가짐과 동시에 공로보상 내지 후불임금으로서의 성격도 함께 가지며, 특히 공무원연금법상 퇴직연금수급권은 경제적 가치 있는 권리로서 헌법 제23조에 의하여 보장되는 재산권으로서의 성격을 가진다.

해설

① [×] 다수의 조합원과 임차인 등 관계자들의 이해관계가 복잡하게 얽혀 있는 정비사업을 원활하고 신속히 진행하기 위해서 관리처분계획인가의 고시가 있으면 임차권자의 사용·수익을 획일적으로 중지시켜야 할 이익은 중대한 반면, 앞서 살펴본 바와 같이 입법자가 선택한 사적 자치에 따른 해결방식이 비현실적이라거나 임차권자의 부담을 조절하는 데 실패하였다는 등의 사정을 찾아보기 어렵다는 점에서 심판대상조항으로 인하여 제한받는 임차권자의 사익은 불확실하고 그 제한의 정도가 중대하다고 보기 어렵다. 따라서 심판대상조항은 법익의 균형성원칙에 위배되지 아니한다. 심판대상조항은 과잉금지원칙을 위반하여 임차권자의 재산권을 침해하지 아니한다(헌재 2020.4.23, 2018헌가17).

② [O] 심판대상조항은 악화된 연금재정을 개선하여 공무원연금제도의 건실한 유지·존속을 도모하고 연금과 보수의 이중수혜를 방지하기 위한 것이다. 퇴직공무원의 적정한 생계 보장이라는 공무원연금제도의 취지에 비추어, 연금 지급을 정지하기 위해서는 '연금을 대체할 만한 소득'이 전제되어야 한다. 지방의회의원이 받는 의정비 중 의정활동비는 의정활동 경비 보전을 위한 것이므로, 연금을 대체할 만한 소득이 있는지 여부는 월정수당을 기준으로 판단하여야 하는데, 월정수당은 지방자치단체에 따라 편차가 크고 안정성이 낮음에도 불구하고 심판대상조항은 연금을 대체할 만한 적정한 소득이 있다고 할 수 없는 경우에도 일률적으로 연금전액의 지급을 정지하여 지급정지제도의 본질 및 취지와 어긋나는 결과를 초래한다. 심판대상조항과 같이 재취업소득액에 대한 고려 없이 퇴직연금 전액의 지급을 정지할 경우 재취업 유인을 제공하지 못하여 정책목적 달성에 실패할 가능성이 크다. 연금과 보수 중 일부를 감액하는 방식으로 선출직에 취임하여 보수를 받는 것이 생활보장에 더 유리하도록 하는 등 기본권을 덜 제한하면서 입법목적을 달성할 수 있는 다양한 방법이 있다. 따라서 심판대상조항은 과잉금지원칙에 위배되어 재산권을 침해한다(헌재 2022.1.27, 2019헌바161).

③ [O] 예비후보자가 본선거에서 정당후보자로 등록하려 하였으나 자신의 의사와 관계없이 정당 공천관리위원회의 심사에서 탈락하여 본선거의 후보자로 등록하지 아니한 것은 후보자 등록을 하지 못할 정도에 이르는 객관적이고 예외적인 사유에 해당한다. 따라서 이러한 사정이 있는 예비후보자가 납부한 기탁금은 반환되어야 함에도 불구하고, 심판대상조항이 이에 관한 규정을 두지 아니한 것은 입법형성권의 범위를 벗어난 과도한 제한이라고 할 수 있다. … 그러므로 심판대상조항은 과잉금지원칙에 반하여 청구인의 재산권을 침해한다(헌재 2018.1.25, 2016헌마541).

④ [O] 청구인은 화약류저장소를 이용한 영업을 못하게 됨으로써 재산권을 침해받는다고 주장한다. 그런데 헌법상 보장된 재산권은 원래 사적유용성 및 그에 대한 원칙적인 처분권을 내포하는 재산가치 있는 구체적인 권리이므로 구체적 권리가 아닌 영리획득의 단순한 기회나 기업활동의 사실적·법적 여건은 기업에게는 중요한 의미를 갖는다고 하더라도 재산권 보장의 대상이 되지 않는다. 따라서 청구인이 시설이전명령에 의해 영업을 하지 못하게 된다 하더라도, 그 상실되는 영리획득의 기회를 헌법에 의해 보장되는 재산권으로 보기는 어렵다(헌재 2021.9.30, 2018헌바456).

⑤ [O] 공무원연금법상의 각종 급여는 모두 사회보장수급권으로서의 성격과 아울러 재산권으로서의 성격도 가지고 있다(헌재 2008.2.28, 2005헌마872).

24 재산권에 관한 설명으로 옳지 않은 것은? (다툼이 있는 경우 헌법재판소 판례에 의함) 23. 소방간부

① 회원제 골프장용 부동산의 재산세에 대하여 1천분의 40의 중과세율을 규정한 구 지방세법 조항은 회원권의 가격, 이용자 중 비회원의 비율, 비회원의 독자적 이용 가능성 등 골프장의 사치성 정도를 평가할 수 있는 다양한 요소들을 전혀 반영하지 아니하고 있으므로 회원제 골프장 운영자 등의 재산권을 침해한다.

② 초·중·고등학교 및 대학교 경계선으로부터 200미터 내로 설정된 학교환경위생정화구역 안에서 여관시설 및 영업행위를 금지하고 있는 학교보건법 조항은 재산권 제한의 범위나 정도는 초·중·고등학교 및 대학교의 건전한 교육환경의 조성과 교육의 능률화라는 공익과 비교형량 하여 볼 때, 재산권을 침해하는 것이라고 할 수 없다.

③ 법정이율을 연 5분으로 정한 민법 조항은 법정이율은 다른 법률의 정함이나 당사자 사이의 약정이 없는 경우에만 적용되고, 법정이율 고정제와 다른 방식으로 이러한 입법목적을 실현하면서 채무자의 재산권을 덜 제한하는 수단이 명백히 존재한다고 보기 어려우므로 채무자의 재산권을 침해하지 않는다.

④ 선출직 공무원으로서 받게 되는 보수가 기존의 연금에 미치지 못하는 경우에도 연금 전액의 지급을 정지하도록 정한 구 공무원연금법규정 중 '지방의회의원'에 관한 부분은 과잉금지원칙에 위배되어 재산권을 침해한다.

⑤ 경북대학교 총장임용후보자선거의 후보자로 등록하려면 3,000만원의 기탁금을 납부하고 제1차 투표에서 유효투표수의 100분의 15 이상을 득표한 경우에는 기탁금 전액을, 100분의 10 이상 100분의 15 미만을 득표한 경우에는 기탁금 반액을 반환하고, 반환되지 않은 기탁금은 경북대학교발전기금에 귀속하도록 정한 경북대학교 총장임용후보자 선정 규정의 해당 조항은 재산권을 침해하지 않는다.

해설

① [×] 회원제 골프장의 회원권 가격 및 비회원의 그린피 등을 고려할 때 골프장 이용행위에 사치성이 없다고 단정할 수는 없고, 골프가 아직은 많은 국민들이 경제적으로 부담 없이 이용하기에는 버거운 고급 스포츠인 점을 부인할 수 없다. 따라서 심판대상조항에 의한 회원제 골프장에 대한 재산세 중과가 사치·낭비풍조를 억제하고 국민계층간의 위화감을 해소하여 건전한 사회기풍을 조성하고자 하는 목적의 정당성을 상실하였다고 볼 수 없고, 심판대상조항은 위와 같은 목적을 달성하기 위한 적합한 수단이 된다. 심판대상조항은 사치·낭비 풍조를 억제함으로써 바람직한 자원배분을 달성하고자 하는 유도적·형성적 정책조세조항으로서 그 중과세율이 입법자의 재량의 범위를 벗어나 회원제 골프장의 운영을 사실상 봉쇄하는 등 소유권의 침해를 야기한다고 보기 어려울 뿐만 아니라, 회원제 골프장을 운영하는 자 또는 골프장 운영을 희망하는 자로서도 자신의 선택에 따라 중과세라는 규제로부터 벗어날 수 있는 길이 열려 있다고 할 것이므로, 과잉금지원칙에 반하여 회원제 골프장 운영자 등의 재산권을 침해한다고 볼 수 없다(헌재 2020.3.26, 2016헌가17).

② [O] 이 사건 법률조항은 학교환경위생정화구역이라는 한정된 지역에서 "여관"이라는 특정 용도로 건물을 사용하는 것을 제한하고 "여관영업"을 제한하는 것이어서 그 사적인 효용성의 일부만 제한하고 동 조항 단서에서 학교환경위생정화위원회의 심의를 거쳐 그 여관영업행위 및 시설이 허용될 수 있는 여지를 마련하고 있는바, 이러한 재산권 제한의 범위나 정도는 초·중·고등학교 및 대학교의 건전한 교육환경의 조성과 교육의 능률화라는 공익과 비교형량하여 볼 때 헌법에서 허용되지 아니한 과도한 제한이라고 할 수는 없다. 따라서 이 사건 법률조항이 재산권을 침해하는 것이라고 할 수 없다(헌재 2006.3.30, 2005헌바110).

③ [O] 법정이율은 다른 법률의 정함이나 당사자 사이의 약정이 없는 경우에만 적용된다. 이율에 관한 표준 규범을 정립한다는 입법목적을 효과적으로 달성하기 위해서는 법률이 일정한 이율을 사전에 고지하여 당사자들에게 명확한 행위지침을 제시할 필요가 있다. 법정이율 고정제와 다른 방식으로 이러한 입법목적을 실현하면서 채무자의 재산권을 덜 제한하는 수단이 명백히 존재한다고 보기 어렵다. 2006년부터 2015년까지 10년 동안의 법정이율과 평균금리의 평균 격차는 0.2% 정도인 것으로 파악되므로, 비록 현재 법정이율이 시장이율보다 높다고 하더라도 그 격차가 과도하다고 단정하기는 어렵다. 따라서 민법 제379조는 채무자의 재산권을 침해하지 않는다(헌재 2017.5.25, 2015헌바421).

④ [O] 심판대상조항은 악화된 연금재정을 개선하여 공무원연금제도의 건실한 유지·존속을 도모하고 연금과 보수의 이중수혜를 방지하기 위한 것이다. 퇴직공무원의 적정한 생계 보장이라는 공무원연금제도의 취지에 비추어, 연금 지급을 정지하기 위해서는 '연금을 대체할 만한 소득'이 전제되어야 한다. 지방의회의원이 받는 의정비 중 의정활동비는 의정활동 경비 보전을 위한 것이므로, 연금을 대체할 만한 소득이 있는지 여부는 월정수당을 기준으로 판단하여야 하는데, 월정수당은 지방자치단체에 따라 편차가 크고 안정성이 낮음에도 불구하고 심판대상조항은 연금을 대체할 만한 적정한 소득이 있다고 할 수 없는 경우에도 일률적으로 연금전액의 지급을 정지하여 지급정지제도의 본질 및 취지와 어긋나는 결과를 초래한다. 심판대상조항과 같이 재취업소득액에 대한 고려 없이 퇴직연금 전액의 지급을 정지할 경우 재취업 유인을 제공하지 못하여 정책목적 달성에 실패할 가능성이 크다. 연금과 보수 중 일부를 감액하는 방식으로 선출직에 취임하여 보수를 받는 것이 생활보장에 더 유리하도록 하는 등 기본권을 덜 제한하면서 입법목적을 달성할 수 있는 다양한 방법이 있다. 따라서 심판대상조항은 과잉금지원칙에 위배되어 재산권을 침해한다(헌재 2022.1.27, 2019헌바161).

정답 | 23 ① 24 ①

⑤ [O] 이 사건 기탁금귀속조항이 적용된 총장임용후보자선거에서 9명에 이르는 적지 않은 후보자가 후보자로 등록하였고, 이 중 3명의 후보자가 납부한 기탁금 전액 내지 반액을 반환받았다. 기탁금 반환 요건을 완화하면 기본권 제한은 완화되지만, 기탁금 납부 부담 또한 줄게 되어 후보자 난립 방지 및 후보자의 성실성 확보라는 목적은 달성하기 어려울 수 있다. 기탁금 반환 요건을 충족하지 못한 후보자들을 모두 불성실하다고 평할 수 없지만, 이러한 반환 요건을 둔 것은 이를 완화할 경우 우려되는 폐해를 막기 위한 불가피한 선택이자 후보자의 진지성과 성실성을 담보하기 위한 최소한의 제한이다. 따라서 이 사건 기탁금귀속조항은 청구인의 재산권을 침해하지 않는다(헌재 2022.5.26, 2020헌마1219).

25 다음 사례에 관한 설명 중 가장 적절한 것은? (다툼이 있는 경우 판례에 의함) 22. 경찰 1차

> 청구인 A는 경장으로 근무 중인 사람으로서 공무원보수규정의 해당 부분이 경찰공무원 임용령 시행규칙상의 '계급환산기준표' 및 '호봉획정을 위한 공무원경력의 상당계급기준표'에 따라 경찰공무원인 자신의 1호봉 봉급월액을 청구인의 계급에 상당하는 군인 계급인 중사의 1호봉 봉급월액에 비해 낮게 규정함으로써 자신의 기본권을 침해한다고 주장하면서 2007년 4월 16일 그 위헌확인을 구하는 헌법소원심판을 청구하였다.

① 청구인 A는 공무원보수규정의 해당 부분이 자신의 평등권, 재산권, 직업선택의 자유 및 행복추구권 등을 침해한다고 주장하는바, 이는 기본권 충돌에 해당한다.

② 경찰공무원과 군인은 공무원보수규정상의 봉급표에 있어서 본질적으로 동일 · 유사한 지위에 있다고 볼 수 없으므로 청구인A의 평등권 침해는 문제되지 않는다.

③ 직업의 자유에 '해당 직업에 합당한 보수를 받을 권리'까지 포함되어 있다고 보아야 하므로, 경장의 1호봉 봉급월액을 중사의 1호봉 봉급월액보다 적게 규정한 것은 청구인 A의 직업수행의 자유를 침해한 것이다.

④ 공무원의 보수청구권은, 법률 및 법률의 위임을 받은 하위법령에 의해 그 구체적 내용이 형성되면 재산적 가치가 있는 공법상의 권리가 되어 재산권의 내용에 포함되지만, 법령에 의하여 구체적 내용이 형성되기 전의 권리, 즉 공무원이 국가 또는 지방자치단체에 대하여 어느 수준의 보수를 청구할 수 있는 권리는 단순한 기대이익에 불과하여 재산권의 내용에 포함된다고 볼 수 없으므로 공무원보수규정의 해당 부분은 청구인 A의 재산권을 침해하지 않는다.

해설

④ [O] 공무원의 보수청구권은, 법률 및 법률의 위임을 받은 하위법령에 의해 그 구체적 내용이 형성되면 재산적 가치가 있는 공법상의 권리가 되어 재산권의 내용에 포함되지만, 법령에 의하여 구체적 내용이 형성되기 전의 권리, 즉 공무원이 국가 또는 지방자치단체에 대하여 어느 수준의 보수를 청구할 수 있는 권리는 단순한 기대이익에 불과하여 재산권의 내용에 포함된다고 볼 수 없다(헌재 2008.12.26, 2007헌마444).

① [×] 기본권의 경합은 하나의 기본권 주체가 국가에 대하여 여러 기본권의 적용을 주장하는 경우에 문제되며, 기본권의 충돌은 서로 다른 기본권 주체가 국가에 대하여 각기 대립되는 기본권의 적용을 주장하는 경우에 문제된다. 위의 지문은 기본권 경합에 해당한다.

② [×] 경찰공무원과 군인의 관계를 보건대, 경찰공무원은 국민의 생명 · 신체 및 재산의 보호와 범죄의 예방 · 진압 및 수사, 치안정보의 수집, 교통의 단속 기타 공공의 안녕과 질서유지를 그 임무로 하고(경찰법 제3조), 군인은 전시와 평시를 막론하고 국방의 의무를 수행하기 위한 군에 복무하면서 대한민국의 자유와 독립을 보전하고 국토를 방위하며 국민의 생명과 재산을 보호하고 나아가 국제평화의 유지에 이바지함을 그 사명으로 하므로(국군조직법 제4조 제1항, 군인복무규율 제4조 제2호), 경찰공무원과 군인은 주된 임무가 다르지만, 양자 모두 국민의 생명 · 신체 및 재산에 대한 구체적이고 직접적인 위험을 예방하고 보호하는 업무를 수행하면서 그 과정에서 생명과 신체에 대한 상당한 위험을 부담한다. 나아가 국가비상사태, 대규모의 테러 또는 소요사태가 발생하였거나 발생할 우려가 있는 경우에는 경찰공무원은 치안유지를 위하여 군인에 상응하는 고도의 위험을 무릅쓰고 부여된 업무를 수행하여야만 한다. 이를 고려하여 볼 때, 직무의 곤란성과 책임의 정도에 따라 결정되는 공무원보수의 책정에 있어서(국가공무원법 제46조 제1항), 경찰공무원과 군인은 본질적으로 동일 · 유사한 집단이라고 할 것이다(헌재 2008.12.26, 2007헌마444).

③ [×] 직업의 자유에 '해당 직업에 합당한 보수를 받을 권리'까지 포함되어 있다고 보기 어려우므로 이 사건 법령조항이 청구인이 원하는 수준보다 적은 봉급월액을 규정하고 있다고 하여 이로 인해 청구인의 직업선택이나 직업수행의 자유가 침해되었다고 할 수 없다(헌재 2008.12.26, 2007헌마444).

26 다음 설명 중 가장 옳지 않은 것은? (다툼이 있는 경우 헌법재판소 결정 및 대법원 판례에 의함) 23. 법원직

① 헌법 제23조 제1항의 재산권보장에 의하여 보호되는 재산권은 사적유용성 및 그에 대한 원칙적 처분권을 내포하는 재산가치 있는 구체적 권리이다. 그러므로 구체적인 권리가 아닌, 단순한 이익이나 재화의 획득에 관한 기회 등은 재산권보장의 대상이 아니다.

② 우리 헌법의 재산권 보장은 사유재산의 처분과 그 상속을 포함하는 것인바, 유언자가 생전에 최종적으로 자신의 재산권에 대하여 처분할 수 있는 법적 가능성을 의미하는 유언의 자유는 생전증여에 의한 처분과 마찬가지로 헌법상 재산권의 보호를 받는다.

③ 헌법재판소는 공법상의 권리가 재산권보장의 보호를 받기 위해서는 '개인의 노력과 금전적 기여를 통하여 취득되고 자신과 그의 가족의 생활비를 충당하기 위한 경제적 가치가 있는 권리'여야 한다고 판시하고, 공무원연금법 및 군인연금법상의 연금수급권이 헌법상 보장되는 재산권에 포함됨을 밝힌 바 있다.

④ 국가는 납세자가 자신과 가족의 기본적인 생계유지를 위하여 꼭 필요로 하는 소득을 제외한 잉여소득 부분에 대해서만 납세의무를 부과할 수 있는 것은 아니므로, 소득에 대한 과세는 원칙적으로 최저생계비를 초과하는 소득에 대해서만 가능하다고 볼 수는 없다.

해설

④ [×] 국가는 납세자가 자신과 가족의 기본적인 생계유지를 위하여 꼭 필요로 하는 소득을 제외한 잉여소득 부분에 대해서만 납세의무를 부과할 수 있다. 따라서 소득에 대한 과세는 원칙적으로 최저생계비를 초과하는 소득에 대해서만 가능하다. 이는 국민에게 인간다운 생활을 할 최소한의 조건을 마련해 주어야 한다는 사회국가원리의 관점에서뿐만 아니라 담세능력은 최저생계를 위한 소득을 초과해야 비로소 발생한다는 담세능력에 의한 과세원칙의 관점에서도 요청되는 것이다(헌재 1999.11.25, 98헌마55).

① [○] 헌법상 보장된 재산권은 사적 유용성 및 그에 대한 원칙적인 처분권을 내포하는 재산가치 있는 구체적인 권리이므로, 구체적 권리가 아닌 단순한 이익이나 영리획득의 단순한 기회 또는 기업활동의 사실적·법적 여건은 기업에게는 중요한 의미를 갖는다고 하더라도 재산권보장의 대상이 아니다(헌재 1996.8.29, 95헌바36).

② [○] 우리 헌법의 재산권 보장은 사유재산의 처분과 그 상속을 포함하는 것인바, 유언자가 생전에 최종적으로 자신의 재산권에 대하여 처분할 수 있는 법적 가능성을 의미하는 유언의 자유는 생전증여에 의한 처분과 마찬가지로 헌법상 재산권의 보호를 받는다(헌재 1989.12.22, 88헌가13).

③ [○] 헌법재판소는 공법상의 권리가 재산권보장의 보호를 받기 위해서는 '개인의 노력과 금전적 기여를 통하여 취득되고 자신과 그의 가족의 생활비를 충당하기 위한 경제적 가치가 있는 권리'여야 한다고 판시하였다(헌재 1995.7.21, 94헌바27).

정답 | 25 ④ 26 ④

27 부담금에 대한 설명으로 가장 적절하지 않은 것은? (다툼이 있는 경우 헌법재판소 판례에 의함) 23. 경찰간부

① 한강수계 상수원수질개선 및 주민지원 등에 관한 법률이 규정한 '물사용량에 비례한 부담금'은 수도요금과 구별되는 별개의 금전으로서 한강수계로부터 취수된 원수를 정수하여 직접 공급받는 최종 수요자라는 특정 부류의 집단에만 강제적 · 일률적으로 부과되므로 재정조달 목적 부담금에 해당한다.

② 경유차 소유자로부터 부과 · 징수하도록 한 환경개선비용 부담법상 환경개선부담금은 '경유차 소유자'라는 특정 부류의 집단에만 특정한 반대급부 없이 강제적 · 일률적으로 부과되는 정책실현목적의 유도적 부담금으로 분류될 수 있다.

③ 주택재개발사업의 경우 학교용지부담금 부과 대상에서 '기존거주자와 토지 및 건축물의 소유자에게 분양하는 경우'에 해당하는 개발사업분만 제외하고, 현금청산의 대상이 되어 제3자에게 일반분양됨으로써 기존에 비하여 가구 수가 증가하지 아니하는 개발사업분을 학교용지부담금 부과 대상에서 제외하지 아니한 것은 평등원칙에 위배되지 않는다.

④ 의료사고 피해구제 및 의료분쟁 조정 등에 관한 법률의 해당 조항이 보건의료기관개설자에게 부과하도록 하는 대불비용부담금은 보건의료기관개설자라는 특정한 집단이 반대급부 없이 납부하는 공과금의 성격을 가지므로 재정조달목적 부담금에 해당한다.

해설

③ [×] 심판대상조항이 주택재개발사업의 경우 학교용지부담금 부과 대상에서 '기존 거주자와 토지 및 건축물의 소유자에게 분양하는 경우'에 해당하는 개발사업분만 제외하고, 현금청산의 대상이 되어 제3자에게 분양됨으로써 기존에 비하여 가구 수가 증가하지 아니하는 개발사업분을 제외하지 아니한 것은, 주택재개발사업의 시행자들 사이에 학교시설 확보의 필요성을 유발하는 정도와 무관한 불합리한 기준으로 학교용지부담금의 납부액을 달리하는 차별을 초래하므로, 심판대상조항은 평등원칙에 위배된다(헌재 2014.4.24, 2013헌가28).

① [O] 물이용부담금은 한강수계의 주민지원사업과 수질개선사업 등에 사용될 한강수계관리기금의 재원을 마련하는 데에 그 부과의 목적이 있을 뿐, 그 부과 자체로써 수돗물 최종수요자의 행위를 특정한 방향으로 유도하거나 물이용부담금 납부의무자 이외의 다른 집단과의 형평성 문제를 조정하고자 하는 등의 목적이 있다고 보기 어렵다. 게다가 뒤에서 보는 바와 같이 부담금 부과조항이 물이용부담금을 통해 추구하는 공적 과제는 한강수계관리기금의 집행 단계에서 비로소 실현된다고 할 수 있으므로, 물이용부담금은 재정조달목적 부담금에 해당한다(헌재 2020.8.28, 2018헌바425).

② [O] 환경개선부담금은 내용상으로는 '원인자부담금'으로 분류될 수 있다. 목적 및 기능상으로는 '환경개선을 위한 투자재원의 합리적 조달'이라는 재정조달목적뿐 아니라 정책실현목적도 갖는다고 볼 수 있다. 환경개선부담금은 경유차의 소유 · 운행 자체를 직접적으로 금지하는 대신 납부의무자에게 일정한 금전적 부담을 지움으로써 위와 같은 행위를 간접적 · 경제적으로 규제하고 억제하려는 유도적 수단의 성격을 가지고 있고, 경유차 소유 및 운행 자제를 통한 대기오염물질 배출의 자발적 저감이라는 정책적 효과가 환경개선부담금의 부과 단계에서 행위자의 행위선택에 영향을 미침으로써 이미 실현되기 때문이다. 따라서 환경개선부담금은 정책실현목적의 유도적 부담금으로 분류될 수 있다(헌재 2022.6.30, 2019헌바440).

④ [O] 보건의료기관개설자의 손해배상금 대불비용 부담은, 손해배상금 대불제도를 운영하기 위한 재원 마련을 위한 것이다. 의료사고에 대한 손해배상책임이 있는 보건의료기관개설자나 보건의료인 등은 사후적으로 구상의무를 짐으로써 대불 재원이 유지되는 관계에 있고, 개별 보건의료기관개설자의 대불비용 부담은 구체적인 손해배상책임의 유무와 관계가 없다. 또한, 이러한 금전납부의무 부과를 통하여 달성하려는 손해배상금 대불제도의 목적은 징수된 부담액으로 마련된 재원을 지출하여 실제로 대불이 이루어짐으로써 실현된다. 따라서 심판대상조항에 따라 손해배상금 대불비용을 보건의료기관개설자가 부담하는 것은, 손해배상금 대불제도의 시행이라는 특정한 공적 과제의 수행을 위한 재원 마련을 목적으로 보건의료기관개설자라는 특정한 집단이 반대급부 없이 납부하는 공과금의 성격을 가지므로, 재정조달목적 부담금에 해당한다(헌재 2022.7.21, 2018헌바504).

28 재산권에 관한 설명으로 가장 적절한 것은? (다툼이 있는 경우 판례에 의함) 23. 경찰 2차

① 헌법의 재산권 보장은 사유재산의 사용과 그 처분을 포함하는 것인바, 유언자가 생전에 최종적으로 자신의 재산권에 대하여 처분할 수 있는 법적 가능성을 의미하는 유언의 자유가 생전증여에 의한 처분과 마찬가지로 헌법상 재산권의 보호를 받는 것은 아니다.

② 환경개선부담금은 경유에 리터당 부과되는 교통·에너지·환경세와 달리 개별 경유차의 오염유발 수준을 고려하므로, 경유를 연료로 사용하는 자동차의 소유자로부터 환경개선부담금을 부과·징수하도록 정한 환경개선비용 부담법 조항이 과잉금지원칙을 위반하여 경유차 소유자의 재산권을 침해한다고는 볼 수 없다.

③ 회원제 골프장용 부동산의 재산세에 대하여 1천분의 40의 중과세율을 규정한 구 지방세법 조항은 모든 회원제 골프장을 동일하게 취급하고 있는바, 이는 회원제 골프장 운영자 등의 재산권을 침해하는 것으로서 과잉금지원칙에 반하여 헌법에 위반된다.

④ 전기통신 금융사기의 피해자가 피해구제 신청을 하는 경우, 피해자의 자금이 송금·이체된 계좌 및 해당 계좌로부터 자금의 이전에 이용된 계좌를 지급정지하는 전기통신금융사기 피해방지 및 피해금 환급에 관한 특별법 조항은 과잉금지원칙을 위반하여 청구인의 재산권을 침해한다.

해설

② [O] 이 사건 법률조항의 입법목적은 경유차가 유발하는 대기오염으로 인해 발생하는 경제적 비용을 환경오염 원인자인 경유차 소유자에게 부과함으로써 경유차 소유 및운행의 자제를 유도하는 한편, 징수된 부담금으로 환경개선을 위한 투자재원을 합리적으로 조달하여, 궁극적으로 국가의 지속적인 발전의 기반이 되는 쾌적한 환경을 조성하는 데 이바지하기 위한 것이다(법 제1조 참조). 이러한 입법목적은 헌법 제35조 제1항에 따라 국가에게 부여된 환경보전이라는 헌법적 과제실현을 위한 것이므로 그 입법목적의 정당성이 인정된다. 경유차 운행의 책임자에 해당하는 경유차 소유자들에게 환경개선부담금을 부과하는 것은 경유차의 소유와 운행을 억제하도록 간접적으로 유도함으로써 궁극적으로는 대기오염물질 배출을 저감시켜 쾌적한 환경을 조성하고자 하는 입법목적 내지 정책목적을 실현하기 위한 적합한 수단이라 할 것이다. 이 사건 법률조항은 침해의 최소성에 위배되지 않는다. 이 사건 법률조항은 법익의 균형성에 반한다고 할 수 없다. 그렇다면, 이 사건 법률조항이 과잉금지원칙을 위반하여 청구인의 재산권을 침해한다고 볼 수 없다(헌재 2022.6.30, 2019헌바440).

① [×] 우리 헌법의 재산권 보장은 사유재산의 처분과 그 상속을 포함하는 것인바, 유언자가 생전에 최종적으로 자신의 재산권에 대하여 처분할 수 있는 법적 가능성을 의미하는 유언의 자유는 생전증여에 의한 처분과 마찬가지로 헌법상 재산권의 보호를 받는다(헌재 2008.3.27, 2006헌바82).

③ [×] 심판대상조항은 사치·낭비 풍조를 억제함으로써 바람직한 자원배분을 달성하고자 하는 유도적·형성적 정책조세조항으로서 그 중과세율(1천분의 40)이 입법자의 재량의 범위를 벗어나 회원제 골프장의 운영을 사실상 봉쇄하는 등 소유권의 침해를 야기한다고 보기 어려울 뿐만 아니라, 회원제 골프장을 운영하는 자 또는 골프장 운영을 희망하는 자로서도 자신의 선택에 따라 중과세라는 규제로부터 벗어날 수 있는 길이 열려 있다고 할 것이므로, 과잉금지원칙에 반하여 회원제 골프장 운영자 등의 재산권을 침해한다고 볼 수 없다(헌재 2020.3.26, 2016헌가17).

④ [×] 통신사기피해환급법은 급증하는 전기통신금융사기 범죄에 대응하여 피해자가 신속히 재산상 피해를 회복할 수 있도록 하기 위하여 채권소멸절차 및 피해금환급절차 등을 규정하고 있다. 그러나 사기범이 사기이용계좌에서 피해금을 먼저 인출한다면 채권소멸절차 및 피해금환급절차에 의하더라도 피해자는 사실상 구제받기 어렵다. 지급정지조항은 피해금이 사기이용계좌에서 인출되는 것을 방지하여 피해자 구제의 실효성을 기하기 위한 것으로서 목적의 정당성이 인정된다. 피해자의 피해구제신청에 따라 신속히 사기이용계좌에 대하여 지급정지 조치를 하는 것은 이러한 입법목적 달성에 기여할 수 있으므로 수단의 적합성도 인정된다. 지급정지조항은 침해의 최소성을 갖추었다. 지급정지조항으로 인하여 달성하려는 공익과 제한되는 사익 사이에 법익의 균형성도 인정된다. 지급정지조항은 과잉금지원칙을 위반하여 청구인의 재산권을 침해하지 아니한다(헌재 2022.6.30, 2019헌마579).

정답 | 27 ③ 28 ②

29 헌법상 재산권으로 보장받을 수 있는 것은 모두 몇 개인가? (다툼이 있는 경우 판례에 의함) 24. 경정승진

> ㉠ 교원의 정년단축으로 기존 교원이 입는 경제적 불이익
> ㉡ 정당한 지목을 토지대장에 등록함으로써 토지소유자가 누리게 될 이익
> ㉢ 공무원연금법상 퇴직연금수급권
> ㉣ 우편법상 우편물의 지연배달에 따른 손해배상청구권
> ㉤ 의료급여법상 의료급여수급권

① 1개 ② 2개
③ 3개 ④ 4개

해설

재산권으로 보장받을 수 있는 것은 3개(㉡, ㉢, ㉣)이다.

㉠ [×] 재산권은 사적유용성 및 그에 대한 원칙적 처분권을 내포하는 재산가치있는 구체적 권리이므로 구체적인 권리가 아닌 단순한 이익이나 재화의 획득에 관한 기회(단순한 기대이익 · 반사적 이익 또는 경제적인 기회)등은 재산권보장의 대상이 아닌 바, 교원의 정년단축으로 기존 교원이 입는 경제적 불이익은 계속 재직하면서 재화를 획득할 수 있는 기회를 박탈당한다는 것인데 이러한 경제적 기회는 재산권 보장의 대상이 아니라는 것이 우리 재판소의 판례이다(헌재 2000.12.14, 99헌마112 등).

㉡ [O] 지목에 관한 등록이나 등록변경 또는 등록의 정정은 단순히 토지행정의 편의나 사실증명의 자료로 삼기 위한 것에 그치는 것이 아니라, 해당 토지소유자의 재산권에 크건 작건 영향을 미친다고 볼 것이며, 정당한 지목을 등록함으로써 토지소유자가 누리게 될 이익은 국가가 헌법 제23조에 따라 보장하여 주어야 할 재산권의 한 내포(內包)로 봄이 상당하다(헌재 1999.6.24, 97헌마315).

㉢ [O] 공무원연금법상의 각종 급여는 기본적으로 모두 사회보장적 급여로서의 성격을 가짐과 동시에 공로보상 내지 후불임금으로서의 성격도 함께 가지며 특히 퇴직연금수급권은 경제적 가치 있는 권리로서 헌법 제23조에 의하여 보장되는 재산권으로서의 성격을 가지는데 다만, 그 구체적인 급여의 내용, 기여금의 액수 등을 형성하는 데에 있어서는 직업공무원제도나 사회보험원리에 입각한 사회보장적 급여로서의 성격으로 인하여 일반적인 재산권에 비하여 입법자에게 상대적으로 보다 폭넓은 재량이 헌법상 허용된다고 볼 수 있다(헌재 2005.6.30, 2004헌바42).

㉣ [O] 우편물의 수취인인 청구인은 우편물의 지연배달에 따른 손해배상청구권을 갖게 되는바, 이는 헌법이 보장하는 재산권의 내용에 포함되는 권리라 할 것이고, 심판대상조항은 위 손해배상청구권의 범위를 제한하는 것이므로 그에 따른 재산권 제한이 발생한다(헌재 2013.6.27, 2012헌마426).

㉤ [×] 의료급여수급권은 공공부조의 일종으로서 순수하게 사회정책적 목적에서 주어지는 권리이므로 개인의 노력과 금전적 기여를 통하여 취득되는 재산권의 보호대상에 포함된다고 보기 어려워, 이 사건 시행령조항 및 시행규칙조항이 청구인들의 재산권을 침해한다고 할 수 없다(헌재 2009.9.24, 2007헌마1092).

30 재산권에 대한 설명으로 옳은 것은? (다툼이 있는 경우 판례에 의함)

24. 입법고시

① 공법상의 권리가 헌법상의 재산권보장의 보호를 받기 위해서는 원칙적으로 권리주체의 노동이나 투자, 특별한 희생에 의하여 획득되어 자신이 행한 급부의 등가물에 해당하는 것이어야 하지만, 예외적으로 사회부조와 같은 국가의 일방적인 급부에 대한 권리도 재산권의 보호대상이 될 수 있다.

② 재산권 행사의 대상이 되는 객체가 지닌 사회적인 연관성과 사회적 기능이 크면 클수록 입법자에 의한 보다 광범위한 제한이 허용되고, 개별 재산권이 갖는 자유보장적 기능이 강할수록 그러한 제한에 대해서는 엄격한 심사가 이루어져야 한다.

③ 헌법 제23조 제3항은 재산권 수용의 주체를 한정하지 않고 있지만 정당한 보상을 전제로 하여 재산권의 수용 등에 관한 가능성을 규정하고 있는 점을 고려하면 수용 등의 주체는 국가 등의 공적 기관으로 한정하여 해석하여야 한다.

④ 개성공단 전면중단 조치는 공익 목적을 위하여 개별적 · 구체적으로 형성된 구체적인 재산권의 이용을 제한하는 공용제한이므로, 이에 대한 정당한 보상이 지급되지 않았다면, 그 조치는 헌법 제23조 제3항을 위반하여 개성공단 투자기업인들의 재산권을 침해한 것이다.

⑤ 정책실현목적 부담금의 경우에는 공적 과제가 부담금 수입의 지출 단계에서 비로소 실현되나, 재정조달목적 부담금의 경우에는 공적 과제의 전부 혹은 일부가 부담금의 부과 단계에서 이미 실현된다.

해설

② [O] 재산권의 제한에 대하여는 재산권 행사의 대상이 되는 객체가 지닌 사회적인 연관성과 사회적 기능이 크면 클수록 입법자에 의한 보다 광범위한 제한이 허용되며, 한편 개별 재산권이 갖는 자유보장적 기능, 즉 국민 개개인의 자유실현의 물질적 바탕이 되는 정도가 강할수록 엄격한 심사가 이루어져야 한다(헌재 2005.5.26, 2004헌가10).

① [×] 공법상의 권리가 헌법상의 재산권보장의 보호를 받기 위해서는 다음과 같은 요건을 갖추어야 한다. 첫째, 공법상의 권리가 권리주체에게 귀속되어 개인의 이익을 위하여 이용가능해야 하며(사적 유용성), 둘째, 국가의 일방적인 급부에 의한 것이 아니라 권리주체의 노동이나 투자, 특별한 희생에 의하여 획득되어 자신이 행한 급부의 등가물에 해당하는 것이어야 하며(수급자의 상당한 자기기여), 셋째, 수급자의 생존의 확보에 기여해야 한다. 이러한 요건을 통하여 사회부조와 같이 국가의 일방적인 급부에 대한 권리는 재산권의 보호대상에서 제외되고, 단지 사회법상의 지위가 자신의 급부에 대한 등가물에 해당하는 경우에 한하여 사법상의 재산권과 유사한 정도로 보호받아야 할 공법상의 권리가 인정된다(헌재 2000.6.29, 99헌마289).

③ [×] 헌법 제23조 제3항은 정당한 보상을 전제로 하여 재산권의 수용 등에 관한 가능성을 규정하고 있지만, 재산권 수용의 주체를 한정하지 않고 있다. 이는 재산의 수용과 관련하여 그 수용의 주체가 국가 등에 한정되어야 하는지, 아니면 민간기업에게도 허용될 수 있는지 여부에 대하여 헌법이라는 규범적 층위에서는 구체적으로 결정된 내용이 없다는 점을 의미하는 것이다. 따라서 위 수용 등의 주체를 국가 등의 공적 기관에 한정하여 해석할 이유가 없다(헌재 2009.9.24, 2007헌바114).

④ [×] 개성공단 전면중단 조치는 공익 목적을 위하여 개별적, 구체적으로 형성된 구체적인 재산권의 이용을 제한하는 공용 제한이 아니므로, 이에 대한 정당한 보상이 지급되지 않았다고 하더라도, 그 조치가 헌법 제23조 제3항을 위반하여 개성공단 투자기업인 청구인들의 재산권을 침해한 것으로 볼 수 없다(헌재 2022.1.27, 2016헌마364).

⑤ [×] 부담금은 그 부과목적과 기능에 따라 ㉠ 순수하게 재정조달의 목적만 가지는 재정조달목적 부담금과 ㉡ 재정조달 목적뿐만 아니라 부담금의 부과 자체로써 국민의 행위를 특정한 방향으로 유도하거나 특정한 공법적 의무의 이행 또는 공공출연으로부터의 특별한 이익과 관련된 집단 간의 형평성 문제를 조정하여 특정한 사회 · 경제정책을 실현하기 위한 정책실현목적 부담금으로 구분될 수 있다. 전자의 경우에는 공적 과제가 부담금 수입의 지출 단계에서 비로소 실현되나, 후자의 경우에는 공적 과제의 전부 혹은 일부가 부담금의 부과 단계에서 이미 실현된다(헌재 2008.11.27, 2007헌마860).

정답 | 29 ③ 30 ②

31 재산권에 대한 설명으로 옳지 않은 것은?

24. 5급 공채

① 헌법 제23조의 재산권은 민법상의 소유권으로 재산적 가치있는 사법상의 물권·채권 등의 권리를 의미하며, 국가로부터의 일방적인 급부가 아닌 자기 노력의 대가나 자본의 투자 등 특별한 희생을 통하여 얻은 공법상의 권리는 포함하지 않는다.

② 재산권에 대한 제한의 허용 정도는 재산권 객체의 사회적 기능, 즉 재산권의 행사가 기본권의 주체와 사회전반에 대하여 가지는 의미에 달려 있다.

③ 헌법은 국민의 구체적 재산권의 자유로운 이용·수익·처분을 보장하면서도 다른 한편 공공필요에 의한 재산권의 수용을 헌법이 규정하는 요건이 갖춰진 경우에 예외적으로 인정하고 있다.

④ 재산권보장은 개인이 현재 누리고 있는 재산권을 개인의 기본권으로 보장한다는 의미와 개인이 재산권을 향유할 수 있는 법제도로서의 사유재산제도를 보장한다는 이중적 의미를 가지고 있다.

해설

① [×] 헌법 제23조의 재산권은 민법상의 소유권뿐만 아니라, 재산적 가치있는 사법상의 물권, 채권 등 모든 권리를 포함하며, 또한, 국가로부터의 일방적인 급부가 아닌 자기 노력의 댓가나 자본의 투자 등 특별한 희생을 통하여 얻은 공법상의 권리도 포함한다(헌재 2009.9.24, 2007헌마1092).

② [O] 재산권에 대한 제한의 허용 정도는 재산권행사의 대상이 되는 객체가 기본권의 주체인 국민 개개인에 대하여 가지는 의미와 다른 한편으로는 그것이 사회전반에 대하여 가지는 의미가 어떠한가에 달려 있다. 즉, 재산권 행사의 대상이 되는 객체가 지닌 사회적인 연관성과 사회적 기능이 크면 클수록 입법자에 의한 보다 광범위한 제한이 정당화된다(헌재 1998.12.24, 89헌마214 등).

③ [O] 우리 헌법은 국민의 구체적 재산권의 자유로운 이용·수익·처분을 보장하면서도 다른 한편 공공필요에 의한 재산권의 수용을 헌법이 규정하는 요건이 갖춰진 경우에 예외적으로 인정하고 있다(헌법 제23조 제3항). 이러한 공공필요를 이유로 사업시행자가 토지수용 등의 절차를 진행하는 경우 원소유자는 강제적으로 재산권을 박탈당하게 되므로 헌법 제23조 제3항에 의한 재산권 박탈은 불가피한 최소한에 그쳐야 한다(헌재 2020.11.26, 2019헌바131).

④ [O] 재산권보장은 개인이 현재 누리고 있는 재산권을 개인의 기본권으로 보장한다는 의미와 개인이 재산권을 향유할 수 있는 법제도로서의 사유재산제도를 보장한다는 이중적 의미를 가지고 있다(헌재 1993.7.29, 92헌바20).

32 헌법상 재산권에 해당하는 것은? (다툼이 있는 경우 헌법재판소 판례에 의함)

24. 소방간부

① 의료급여수급권

② 우편물의 지연배달에 따른 손해배상청구권

③ 상공회의소의 의결권

④ 공제회가 관리·운용하는 학교안전공제 및 사고예방기금

⑤ 국민연금법상 사망일시금

해설

② [O] 우편물의 수취인인 청구인은 우편물의 지연배달에 따른 손해배상청구권을 갖게 되는바, 이는 헌법이 보장하는 재산권의 내용에 포함되는 권리라 할 것이고, 심판대상조항은 위 손해배상청구권의 범위를 제한하는 것이므로 그에 따른 재산권 제한이 발생한다(헌재 2013.6.27, 2012헌마426).

① [×] 의료급여수급권은 공공부조의 일종으로서 순수하게 사회정책적 목적에서 주어지는 권리이므로 개인의 노력과 금전적 기여를 통하여 취득되는 재산권의 보호대상에 포함된다고 보기 어려워, 이 사건 시행령조항 및 시행규칙조항이 청구인들의 재산권을 침해한다고 할 수 없다(헌재 2009.9.24, 2007헌마1092).

③ [×] 상공회의소의 의결권 또는 회원권은 상공회의소라는 법인의 의사형성에 관한 권리일 뿐 이를 따로 떼어 헌법상 보장되는 재산권이라고 보기 어렵고, 상공회의소의 재산은 법인인 상공회의소의 고유재산이지 회원들이 지분에 따라 반환받을 수 있는 재산이라고 보기 어려워서, 상공업자들의 재산권 제한과도 무관하다(헌재 2006.5.25, 2004헌가1).

④ [×] 공제회가 관리·운용하는 기금은 학교안전사고보상공제 사업 등에 필요한 재원을 확보하고, 공제급여에 충당하기 위하여 설치 및 조성되는 것으로서 학교안전법령이 정하는 용도에 사용되는 것일 뿐, 각 공제회에 귀속되어 사적 유용성을 갖는다거나 원칙적 처분권이 있는 재산적 가치라고 보기 어렵고, 공제회가 갖는 기금에 대한 권리는 법에 의하여 정해진 대로 운영할 수 있는 법적 권능에 불과할 뿐 사적 이익을 위해 권리주체에게 귀속될 수 있는 성질의 것이 아니므로, 이는 헌법 제23조 제1항에 의하여 보호되는 공제회의 재산권에 해당되지 않는다(헌재 2015.7.30, 2014헌가7).

⑤ [×] 사망일시금 제도는 유족연금 또는 반환일시금을 지급받지 못하는 가입자 등의 가족에게 사망으로 소요되는 비용의 일부를 지급함으로써 국민연금제도의 수혜범위를 확대하고자 하는 차원에서 도입되었는데, 국민연금제도가 사회보장에 관한 헌법규정인 제34조 제1항, 제2항, 제5항을 구체화한 제도로서, 국민연금법상 연금수급권 내지 연금수급기대권이 재산권의 보호대상인 사회보장적 급여라고 한다면 사망일시금은 사회보험의 원리에서 다소 벗어난 장제부조적·보상적 성격을 갖는 급여로 사망일시금은 헌법상 재산권에 해당하지 아니하므로, 이 사건 사망일시금 한도 조항이 청구인들의 재산권을 제한한다고 볼 수 없다(헌재 2019.2.28, 2017헌마432).

33 재산권에 관한 설명으로 가장 적절하지 않은 것은? (다툼이 있는 경우 판례에 의함) 24. 경찰 1차

① 상업용 음반 등에 관한 저작재산권자의 공연권 및 저작인접권자의 보상청구권은 헌법 제23조에 의하여 보장되는 재산적 가치가 있는 권리에 해당한다.

② 헌법 제23조 제3항은 재산권 수용의 주체를 한정하지 않고 있으므로 그 수용의 주체를 국가 등의 공적 기관에 한정하여 해석할 이유가 없다.

③ 금융위원회위원장이 2019.12.16. 시중 은행을 상대로 투기지역·투기과열지구 내 초고가 아파트(시가 15억 원 초과)에 대한 주택구입용 주택담보대출을 2019.12.17.부터 금지한 조치는 투기적 대출수요뿐 아니라 실수요자의 경우에도 예외 없이 대출을 금지한 점 등을 고려할 때, 해당 주택담보대출을 받고자 하는 청구인의 재산권을 침해한다.

④ 피상속인에 대한 부양의무를 이행하지 않은 직계존속의 경우를 상속결격사유로 규정하지 않은 민법 조항은 상속관계에 관한 법적 안정성의 확보 등을 고려할 때 입법형성권의 한계를 일탈하여 다른 상속인인 청구인의 재산권을 침해하지 않는다.

해설

③ [×] 이 사건 조치는 전반적인 주택시장 안정화를 도모함과 동시에 금융기관의 대출 건전성 관리 차원에서 부동산 부문으로의 과도한 자금흐름을 개선하기 위한 것으로 목적이 정당하다. 또한 초고가 주택에 대한 주택담보대출 금지는 수요 억제를 통해 주택 가격 상승 완화에 기여할 것이므로 수단도 적합하다. … 이 사건 조치는 투기지역·투기과열지구로 그 적용 '장소'를 한정하고, 시가 15억 원 초과 아파트로 '대상'을 한정하였으며, 초고가 아파트를 담보로 한 주택구입목적의 주택담보대출로 '목적'을 구체적으로 한정하였음을 고려할 때, 침해의 최소성과 법익의 균형성도 인정된다. 따라서 이 사건 조치는 과잉금지원칙에 반하여 청구인의 재산권 및 계약의 자유를 침해하지 아니한다(헌재 2023.3.23, 2019헌마1399).

① [O] 상업용 음반 등에 관한 저작재산권자의 공연권 및 저작인접권자의 보상청구권은 헌법 제23조에 의하여 보장되는 재산적 가치가 있는 권리에 해당한다(헌재 2019.11.28, 2016헌마1115 등).

② [O] 헌법 제23조 제3항은 정당한 보상을 전제로 하여 재산권의 수용 등에 관한 가능성을 규정하고 있지만, 재산권 수용의 주체를 한정하지 않고 있다. 이는 재산의 수용과 관련하여 그 수용의 주체가 국가 등에 한정되어야 하는지, 아니면 민간기업에게도 허용될 수 있는지 여부에 대하여 헌법이라는 규범적 층위에서는 구체적으로 결정된 내용이 없다는 점을 의미하는 것이다. 따라서 위 수용 등의 주체를 국가 등의 공적 기관에 한정하여 해석할 이유가 없다(헌재 2009.9.24, 2007헌바114).

④ [O] 부양의무의 이행과 상속은 서로 대응하는 개념이 아니어서, 법정상속인이 피상속인에 대한 부양의무를 이행하지 않았다고 하여 상속인의 지위를 박탈당하는 것도 아니고, 반대로 법정상속인이 아닌 사람이 피상속인을 부양하였다고 하여 상속인이 되는 것도 아니다. 만약 직계존속이 피상속인에 대한 부양의무를 이행하지 않은 경우를 상속결격사유로 본다면, 과연 어느 경우에 상속결격인지 여부를 명확하게 판단하기 어려워 이에 관한 다툼으로 상속을 둘러싼 법적 분쟁이 빈번하게 발생할 가능성이 높고, 그로 인하여 상속관계에 관한 법적 안정성이 심각하게 저해된다. … 심판대상조항이 피상속인에 대한 부양의무를 이행하지 않은 직계존속의 경우를 상속결격사유로 규정하지 않았다고 하더라도 이것이 입법형성권의 한계를 일탈하여 다른 상속인인 청구인의 재산권을 침해한다고 보기 어렵다(헌재 2018.2.22, 2017헌바59).

정답 | 31 ① 32 ② 33 ③

제2절 | 직업의 자유

01 직업의 자유에 대한 설명으로 가장 적절하지 않은 것은? (다툼이 있는 경우 헌법재판소 판례에 의함)

25. 경찰간부

① 세무사 자격 보유 변호사로 하여금 세무사로서 세무사 업무를 할 수 없도록 규정한 세무사법 규정은 세무사 자격에 기한 직업선택의 자유를 지나치게 제한하는 것으로 세무사 자격 보유 변호사의 직업선택의 자유를 침해한다.

② 안경업소 개설은 그 업무를 담당할 자연인인 안경사로 한정할 합리적인 이유가 없으므로, 안경사 면허를 가진 자연인에게만 안경업소의 개설 등을 할 수 있도록 한 구 의료기사 등에 관한 법률 조항은 법인을 구성하여 안경업소를 개설하려는 안경사들의 직업의 자유를 침해한다.

③ 간행물 판매자에게 정가 판매 의무를 부과하고, 가격할인의 범위를 가격할인과 경제상의 이익을 합하여 정가의 15퍼센트 이하로 제한하는 도서정가제는 출판 유통질서의 확립 등을 위해 도입된 제도인바, 판매자의 직업의 자유를 침해하지 않는다.

④ 변호사의 자격이 있는 자에게 더 이상 세무사 자격을 부여하지 않는 구 세무사법 조항은 같은 법 시행일 이후 변호사 자격을 취득한 변호사들의 직업선택의 자유를 침해한다고 볼 수 없다.

해설

② [×] 국민의 눈 건강과 관련된 국민보건의 중요성, 안경사 업무의 전문성, 안경사로 하여금 자신의 책임하에 고객과의 신뢰를 쌓으면서 안경사 업무를 수행하게 할 필요성 등을 고려할 때, 안경업소 개설은 그 업무를 담당할 자연인인 안경사로 한정할 것이 요청된다. 법인 안경업소가 허용되면 영리추구 극대화를 위해 무면허자로 하여금 안경 조제·판매를 하게 하는 등의 문제가 발생할 가능성이 높아지고, 안경 조제·판매 서비스의 질이 하락할 우려가 있다. … 따라서 심판대상조항은 과잉금지원칙에 반하지 아니하여 자연인 안경사와 법인의 직업의 자유를 침해하지 아니한다(헌재 2021.6.24, 2017헌가31).

① [O] 심판대상조항이 세무사 자격 보유 변호사에 대하여 세무사로서의 세무대리를 일체 할 수 없도록 전면 금지하는 것은 세무사 자격 부여의 의미를 상실시키는 것일 뿐만 아니라, 세무사 자격에 기한 직업선택의 자유를 지나치게 제한하는 것이다. … 그렇다면, 심판대상조항은 과잉금지원칙을 위반하여 세무사 자격 보유 변호사의 직업선택의 자유를 침해하므로 헌법에 위반된다(헌재 2018.4.26, 2015헌가19).

③ [O] 종이출판물 시장에서 자본력, 협상력 등의 차이를 그대로 방임할 경우 지역서점과 중소형출판사 등이 현저히 위축되거나 도태될 개연성이 매우 높고 이는 우리 사회 전체의 문화적 다양성 축소로 이어지므로 가격할인 등을 제한하는 입법자의 판단은 합리적일 뿐만 아니라 필요하다고 인정된다. 반면 신간도서에 대하여만, 또는 대형서점 서점에게만 가격할인 등에 관한 제한을 부과하는 것은 실효적인 대안이라고 보기 어렵다. … 따라서 이 사건 심판대상조항은 과잉금지원칙에 위배되어 청구인의 직업의 자유를 침해한다고 할 수 없다(헌재 2023.7.20, 2020헌마104).

④ [O] 이 사건 법률조항은 세무사 자격시험에 합격한 사람 이외에 변호사 자격 소지자에 대하여 세무사 자격을 인정하는 것과 관련된 특혜시비를 없애고 세무사시험에 응시하는 일반 국민과의 형평을 도모함과 동시에 세무분야의 전문성을 제고하여 소비자에게 고품질의 세무서비스를 제공하고자 마련된 조항이다. 이와 같은 입법목적은 정당하고, 변호사에 대한 세무사 자격 자동부여 제도의 폐지는 입법목적을 달성하기 위한 적합한 수단이다. … 따라서 이 사건 법률조항은 과잉금지원칙에 반하여 청구인들의 직업선택의 자유를 침해한다고 볼 수 없다(헌재 2021.7.15, 2018헌마279 등).

02 자격 · 면허 · 허가의 취소가 직업의 자유를 침해하는 경우가 아닌 것은? (다툼이 있는 경우 헌법재판소 판례에 의함)

23. 경찰간부

① 아동학대관련범죄로 처벌받은 어린이집 원장 또는 보육교사의 자격을 행정청으로 하여금 취소할 수 있도록 규정한 영유아보육법상 조항

② 거짓이나 그 밖의 부정한 수단으로 운전면허를 받은 경우 부정취득하지 않은 기존 보유 운전면허까지 필요적으로 취소하도록 규정한 도로교통법상 조항

③ 조종면허를 받은 사람이 동력수상레저기구를 이용하여 범죄행위를 하는 경우 조종면허를 필요적으로 취소하도록 규정한 구 수상레저안전법상 조항

④ 시설경비업을 허가받은 경비업자로 하여금 허가받은 경비업무외의 업무에 경비원을 종사하게 하는 것을 금지하고 이를 위반한 경비업자에 대한 허가를 취소하도록 규정한 경비업법상 조항

해설

① [×] 심판대상조항으로 실현하고자 하는 공익은 영유아를 건강하고 안전하게 보육하는 것으로서, 이로 인하여 어린이집 원장 또는 보육교사 자격을 취득하였던 사람이 그 자격을 취소당한 결과 일정 기간 어린이집에 근무하지 못하는 제한을 받더라도, 그 제한의 정도가 위 공익에 비하여 더 중대하다고 할 수 없다. 따라서 심판대상조항은 과잉금지원칙에 반하여 직업선택의 자유를 침해하지 아니한다(헌재 2023.5.25, 2021헌바234).

② [O] 심판대상조항이 부정 취득한 운전면허를 필요적으로 취소하도록 한 것은 과잉금지원칙에 위반되지 아니하나, 부정 취득하지 않은 운전면허까지 필요적으로 취소하도록 한 것은 과잉금지원칙에 위반되어 직업의 자유를 침해한다(헌재 2020.6.25, 2019헌가9).

③ [O] 범죄행위의 유형, 경중이나 위법성의 정도, 동력수상레저기구의 당해 범죄행위에 대한 기여도 등 제반사정을 전혀 고려하지 않고 필요적으로 조종면허를 취소하도록 규정하였으므로 심판대상조항은 침해의 최소성 원칙에 위배되고, 심판대상조항에 따라 조종면허가 취소되면 면허가 취소된 날부터 1년 동안은 조종면허를 다시 받을 수 없게 되어 법익의 균형성 원칙에도 위배된다. 따라서 심판대상조항은 직업의 자유 및 일반적 행동의 자유를 침해한다(헌재 2015.7.30, 2014헌가13).

④ [O] 비경비업무의 수행이 경비업무의 전념성을 직접적으로 해하지 아니하는 경우가 있음에도 불구하고, 심판대상조항은 경비업무의 전념성이 훼손되는 정도를 고려하지 아니한 채 경비업자가 경비원으로 하여금 비경비업무에 종사하도록 하는 것을 일률적 · 전면적으로 금지하고, 경비업자가 허가받은 시설경비업무 외의 업무에 경비원을 종사하게 한 때에는 필요적으로 경비업의 허가를 취소하도록 규정하고 있는 점 등에 비추어 볼 때, 심판대상조항은 침해의 최소성에 위배되고, 경비업무의 전념성을 중대하게 훼손하지 않는 경우에도 경비원에게 비경비업무를 수행하도록 하면 허가받은 경비업 전체를 취소하도록 하여 경비업을 전부 영위할 수 없도록 하는 것은 법익의 균형성에도 반한다. 따라서 심판대상조항은 과잉금지원칙에 위반하여 시설경비업을 수행하는 경비업자의 직업의 자유를 침해한다(헌재 2023.3.23, 2020헌가19).

정답 | 01 ② 02 ①

03 직업의 자유에 포함되는 것만을 나열한 것은? (다툼이 있는 경우 헌법재판소 판례에 의함)

24. 경찰 2차

① '기업의 설립과 경영의 자유를 의미하는 기업의 자유'와 '원하는 직장을 제공하여 줄 것을 청구할 권리'

② '다른 기업과의 경쟁에서 국가의 간섭이나 방해를 받지 않고 기업활동을 할 수 있는 경쟁의 자유'와 '누구든지 자기가 선택한 직업에 종사하여 이를 영위하고 언제든지 임의로 그것을 바꿀 수 있는 자유'

③ '여러 개의 직업을 선택하여 동시에 함께 행사할 수 있는 겸직의 자유'와 '사용자의 처분에 따른 직장 상실로부터 직접 보호하여 줄 것을 청구할 권리'

④ '한번 선택한 직장의 존속 보호를 청구할 권리'와 '자신이 원하는 직업이나 직종에 종사하는 데 필요한 전문지식을 습득하기 위한 직업교육장을 임의로 선택할 수 있는 직업교육장 선택의 자유'

해설

② [O] 경쟁의 자유는 기본권의 주체가 직업의 자유를 실제로 행사하는데에서 나오는 결과이므로 당연히 직업의 자유에 의하여 보장되고, 다른 기업과의 경쟁에서 국가의 간섭이나 방해를 받지 않고 기업활동을 할 수 있는 자유를 의미한다(헌재 1996.12.26, 96헌가18). 헌법 제15조는 모든 국민은 직업선택의 자유를 가진다고 규정하고 있는데 그 뜻은 누구든지 자기가 선택한 직업에 종사하여 이를 영위하고 언제든지 임의로 그것을 바꿀 수 있는 자유와 여러 개의 직업을 선택하여 동시에 함께 행사할 수 있는 자유, 즉 겸직의 자유도 가질 수 있다는 것이다(헌재 1997.4.24, 95헌마90).

① [×] 1. 헌법은 제15조에서 직업선택의 자유를 보장하고 있는바, 이는 기업의 설립과 경영의 자유를 의미하는 기업의 자유를 포함한다(헌재 1998.10.29, 97헌마345).

2. 원하는 직장을 제공하여 줄 것을 청구하거나 한번 선택한 직장의 존속보호를 청구할 권리를 보장하지 않으며, 또한 사용자의 처분에 따른 직장 상실로부터 직접 보호하여 줄 것을 청구할 수도 없다(헌재 2002.11.28, 2001헌바50).

③ [×] 여러 개의 직업을 선택하여 동시에 함께 행사할 수 있는 자유, 즉 겸직의 자유도 가질 수 있다(헌재 1997.4.24, 95헌마90). 직장선택의 자유는 개인이 그 선택한 직업분야에서 구체적인 취업의 기회를 가지거나, 이미 형성된 근로관계를 계속 유지하거나 포기하는 데에 있어 국가의 방해를 받지 않는 자유로운 선택·결정을 보호하는 것을 내용으로 한다. 그러나 이 기본권은 원하는 직장을 제공하여 줄 것을 청구하거나 한번 선택한 직장의 존속보호를 청구할 권리를 보장하지 않으며, 또한 사용자의 처분에 따른 직장 상실로부터 직접 보호하여 줄 것을 청구할 수도 없다(헌재 2002.11.28, 2001헌바50).

④ [×] 원하는 직장을 제공하여 줄 것을 청구하거나 한번 선택한 직장의 존속보호를 청구할 권리를 보장하지 않으며, 또한 사용자의 처분에 따른 직장 상실로부터 직접 보호하여 줄 것을 청구할 수도 없다(헌재 2002.11.28, 2001헌바50). 직업선택의 자유에는 자신이 원하는 직업 내지 직종에 종사하는데 필요한 전문지식을 습득하기 위한 직업교육장을 임의로 선택할 수 있는 '직업교육장 선택의 자유'도 포함된다(헌재 2009.2.26, 2007헌마1262).

04 직업의 자유에 대한 설명으로 옳지 않은 것은? 24. 국회직 8급

① 근로기준법상 근로시간에 대한 주 52시간 상한제 조항은 연장근로 시간에 관한 사용자와 근로자 간의 계약 내용을 제한한다는 측면에서는 사용자와 근로자의 계약의 자유를 제한하고, 근로자를 고용하여 재화나 용역을 제공하는 사용자의 활동을 제한한다는 측면에서는 직업의 자유를 제한한다.

② 중개법인의 임원이 공인중개사법을 위반하여 300만원 이상의 벌금형의 선고를 받고 3년이 지나지 아니한 자에 해당하는 경우 중개법인의 등록을 필요적으로 취소하도록 하는 것은 해당 중개법인의 직업의 자유를 침해한다.

③ 사업주로부터 위임을 받아 고용보험 및 산재보험에 관한 보험사무를 대행할 수 있는 기관의 자격을 일정한 기준을 충족하는 단체 또는 법인, 공인노무사, 세무사로 한정하고 있는 고용보험 및 산업재해 보상보험의 보험료징수 등에 관한 법률 조항은 개인 공인회계사의 직업의 자유를 침해한다고 볼 수 없다.

④ 교육환경 보호에 관한 법률상의 상대보호구역에서 게임산업진흥에 관한 법률상의 '복합유통게임제공업' 시설을 갖추고 영업을 하는 것을 원칙적으로 금지하는 것은 교육환경보호구역 안의 토지나 건물의 임차인 내지 복합유통게임 제공업을 영위하고자 하는 자의 직업수행의 자유를 침해하지 아니한다.

⑤ 시내버스운송사업자가 사업계획 가운데 운행대수 또는 운행횟수를 증감하려는 때에는 국토교통부장관 또는 시·도지사의 인가를 받거나 신고하도록 하고 이를 위반한 경우 처벌하는 여객자동차 운수사업법 조항은 시내버스운송사업자의 직업수행의 자유를 침해한다고 볼 수 없다.

해설

② [×] 심판대상조항은 적법하게 중개 업무를 영위할 것으로 기대되는 자들로 하여금 부동산중개업을 운영하게 함으로써 부동산거래시장의 전문성 및 공정성과 이에 대한 국민적 신뢰를 확보하기 위한 것인바, 그와 같은 입법목적은 정당하고, 수단의 적합성도 인정된다. … 따라서 심판대상조항은 과잉금지원칙을 위반하여 중개법인의 직업의 자유를 침해하지 않는다(헌재 2024.2.28, 2022헌바109).

① [O] 주 52시간 상한제조항은 연장근로시간에 관한 사용자와 근로자 간의 계약 내용을 제한한다는 측면에서는 사용자와 근로자의 계약의 자유를 제한하고, 근로자를 고용하여 재화나 용역을 제공하는 사용자의 활동을 제한한다는 측면에서는 직업의 자유를 제한한다. … 주 52시간 상한제조항은 과잉금지원칙에 반하여 상시 5명 이상 근로자를 사용하는 사업주인 청구인의 계약의 자유와 직업의 자유, 근로자인 청구인들의 계약의 자유를 침해하지 않는다(헌재 2024.2.28, 2019헌마500).

③ [O] 심판대상조항이 규정하고 있는 단체, 법인이나 개인들은 사업주들의 접근이 비교적 용이하거나, 그 공신력과 신용도를 일정 수준 이상 담보할 수 있거나, 그 직무상 보험사무대행업무의 전문성이 있거나, 이미 상당수의 영세 사업장에서 사실상 보험사무대행업무를 수행하여 와서 보험사무대행기관으로 추가할 현실적 필요성이 있었다는 점에서 보험사무대행기관의 범위에 포함될 나름의 합리적인 이유를 갖고 있다고 볼 수 있다. 반면 개인 공인회계사의 경우는 그 직무와 보험사무대행업무 사이의 관련성이 높다고 보기 어렵고, 사업주들의 접근이 용이하다거나 보험사무대행기관으로 추가해야 할 현실적 필요성이 있다고 보기도 어렵다. … 따라서 심판대상조항은 과잉금지원칙에 위배되어 청구인들의 직업수행의 자유를 침해한다고 볼 수 없다(헌재 2024.2.28, 2020헌마139).

④ [O] 상대보호구역 설정조항과 이 사건 금지조항은, 학생들의 주요 활동공간인 학교주변의 일정 지역 중 최소한의 범위를 교육환경보호구역으로 설정하고, 그 구역 안에서는 학생의 보건·위생, 안전, 학습 등에 지장이 없도록 '청소년 보호법'상 청소년 유해업소인 '복합유통게임제공업'을 금지함으로써 학생들이 건강하고 쾌적한 환경에서 교육받을 수 있게 할 목적을 가진 것으로서, 상대보호구역 안에서는 지역위원회의 심의를 거쳐 학습과 교육환경에 나쁜 영향을 주지 아니한다고 인정하는 행위 및 시설은 허용될 수 있으므로, 이 조항으로 인하여 교육환경보호구역 안의 토지나 건물의 임차인 내지 '복합유통게임제공업'을 영위하고자 하는 사람이 받게 되는 직업수행의 자유 및 재산권의 제한은 과도한 것이라고 보기 어려우므로, 과잉금지원칙을 위반하여 직업수행의 자유 및 재산권을 침해하지 아니한다(헌재 2024.1.25, 2021헌바231).

⑤ [O] 노선을 정하여 여객을 운송하는 시내버스운송사업에서 사업계획 가운데 운행대수 또는 운행횟수의 증감에 관한 사항은 시내버스의 운행거리, 배차간격, 배차시간 등에 영향을 미치는 것으로서, 원활한 운송체계를 확보하고 일반 공중의 교통편의성을 제공하기 위하여 관할관청이 파악해야 하는 필수적인 사항에 해당하고, 이에 이 사건 법률조항은 시내버스운송사업자가 운행대수 또는 운행횟수를 증감하려면 원칙적으로 관할관청으로부터 변경인가를 받도록 하면서도, 국토교통부령이 정하는 경미한 사항의 변경은 관할관청에 대한 신고만으로 사업계획을 변경할 수 있도록 정하고 있는바, 이 사건 법률조항은 직업수행의 자유를 침해하지 아니한다(헌재 2024.1.25, 2020헌마1144).

정답 | 03 ② 04 ②

05 다음 직업의 자유에 관한 설명 중 가장 옳지 않은 것은? (다툼이 있는 경우 판례에 의함)

24. 해경간부

① 변호사 등록을 신청하는 자에게 등록료 100만원을 납부하도록 정한 대한변호사협회의 변호사 등록등에 관한 규칙 조항은 변호사 등록을 하고자 하는 청구인의 직업의 자유를 침해한다.

② 국민권익위원회 심사보호국 소속 5급 이하 7급 이상의 일반직공무원으로 하여금 퇴직일부터 3년간 취업심사대상기관에 취업할 수 없도록 한 공직자윤리법 및 동법 시행령 조항은 과잉금지원칙에 위배되어 직업선택의 자유를 침해하지 않는다.

③ 출석주의를 완화하여 최초의 전자등기신청 전에 한 차례 사용자등록을 하도록 한 부동산등기규칙 조항은 법무사인 청구인들의 직업선택의 자유를 침해하지 않는다.

④ 세무사법 위반으로 벌금형을 받은 세무사의 등록을 필요적으로 취소하도록 한 세무사법 조항은 세무사인 청구인의 직업선택의 자유를 침해하지 않는다.

해설

① [×] 변호사 등록료는 일부 입회비로서의 성격을 가진다는 점과 변호사단체는 변호사 직무의 자유로운 수행을 보장하기 위하여 마련된 제도적 장치임을 고려했을 때, 변협이 그 재원의 일부인 등록료를 어느 정도로 정할지에 대해서는 충분한 자율성과 재량이 보장된다. … 우리나라의 현재 경제상황과 화폐가치, 변호사 개업 후 얻게 될 사회적 지위 및 수입수준, 법정단체에 가입이 강제되는 유사직역의 입회비 등을 고려했을 때 금 1,000,000원이라는 돈이 신규가입을 제한할 정도로 현저하게 과도한 금액이라고 할 수는 없다. 따라서 심판대상조항들은 과잉금지원칙에 위반하여 청구인의 직업의 자유를 침해하지 않는다(헌재 2019.11.28, 2017헌마759).

② [O] 국민권익위원회 심사보호국은 부패관련 각종 신고를 직접 접수, 분류하고 처리하는 부서로서 업무의 공정성과 투명성을 확보하기 위하여서는 소속 공무원들의 재취업을 일정 기간 제한할 필요가 있다. … 따라서 심판대상조항은 과잉금지원칙에 위배되어 청구인의 직업선택의 자유를 침해하지 않는다(헌재 2024.3.28, 2020헌마1527).

③ [O] 청구인들은 출석주의를 완화함으로써 무자격 등기 브로커에 의한 무차별적 등기가 가능하게 되어 전문자격자인 청구인들의 직업에 대한 신뢰가 훼손됨으로써 직업선택의 자유가 침해된다는 취지의 주장도 하나, 이 사건 규칙조항과 사용자등록 지침조항은 무자격 등기 브로커에 의한 등기신청을 허용하는 규정이 아니다. 무자격 브로커에 의한 등기신청의 대리 등 관련 업무의 취급은 법무사법 제3조 제1항에 의해 금지되고, 제74조에 의해 형사처벌 대상이 된다. 이 사건 규칙조항과 사용자등록 지침조항에 의한 사실상의 효과로서 무자격 등기 브로커에 의한 등기가 만연하게 된다거나 그로 인해 청구인들의 직업에 대한 신뢰가 훼손될 수 있다는 것은 막연한 가능성의 주장일 뿐이므로, 그로 인해 청구인들의 직업선택의 자유가 침해될 가능성까지 인정할 수는 없다. 따라서 이 사건 규칙조항과 사용자등록 지침조항이 청구인들의 직업선택의 자유를 침해할 가능성이 있다고 보기 어렵다(헌재 2021.12.23, 2018헌마49).

④ [O] 심판대상조항은 세무사 직무의 공공성과 국민 신뢰의 확보 등을 유지하기 위한 것으로서, 세무사법 위반으로 벌금형을 받은 세무사에 한정하여 등록취소를 하고 있어 입법재량의 범위 내에 있을 뿐 아니라, 벌금형의 집행이 끝나거나 집행을 받지 아니하기로 확정된 후 3년이 지난 때에는 다시 세무사로 등록하여 활동할 수 있는 점 등을 고려하면, 심판대상조항은 세무사인 청구인의 직업선택의 자유를 침해하지 않는다(헌재 2021.10.28, 2020헌바221).

06 다음 직업의 자유에 관한 설명 중 가장 옳은 것은? (다툼이 있는 경우 판례에 의함)

24. 해경

① 중개법인의 임원이 공인중개사법을 위반하여 300만원 이상의 벌금형의 선고를 받고 3년이 지나지 아니한 자에 해당하는 경우 중개법인의 등록을 필요적으로 취소하도록 하는 것은 해당 중개법인의 직업의 자유를 침해한다.

② 주류 판매업면허를 받은 자가 타인과 동업 경영을 하는 경우 관할 세무서장이 해당 주류 판매업자의 면허를 필요적으로 취소하도록 한 구 주세법 조항은 면허가 있는 자들끼리의 동업의 경우도 일률적으로 주류 판매업 면허를 취소하도록 규정하고 있으므로 주류 판매면허업자의 직업적 자유를 침해한다.

③ 직업의 자유에는 '해당 직업에 합당한 보수를 받을 권리'까지 포함되어 있어서 노동자는 동일하거나 동급, 동질의 유사 다른 직업군에서 수령하는 보수에 상응하는 보수를 요구할 수 있다.

④ 허가된 어업의 어획효과를 높이기 위하여 다른 어업의 도움을 받아 조업활동을 하는 행위를 금지한 수산자원관리법 조항은 직업수행의 자유를 침해하지 않는다.

해설

④ [O] 심판대상조항은 어업허가를 부여할 때 고려한 어획능력을 훨씬 초과하여 매우 적극적인 형태의 어업이 이루어질 경우 발생할 수 있는 어업인들 사이의 분쟁을 예방하고, 어업인들 간의 균등한 자원 배분과 수산자원의 보호를 도모하기 위한 것으로, 수산자원관리법상의 수산자원 포획·채취 금지 기간 또는 금지 체장의 설정, 총허용어획량제도의 실시만으로는 수산자원의 남획을 방지하거나 감소된 수산자원의 회복을 위한 충분한 대책이 될 수 없고, 심판대상조항이 신설된 때로부터 30년이 지났음에도 여전히 지속적·반복적으로 위반행위를 한 사례들이 다수 적발되고 있는 점 등을 고려할 때 과잉금지원칙에 위배되어 직업수행의 자유를 침해하지 아니한다(헌재 2023.5.25, 2020헌바604).

① [×] 심판대상조항은 적법하게 중개 업무를 영위할 것으로 기대되는 자들로 하여금 부동산중개업을 운영하게 함으로써 부동산거래시장의 전문성 및 공정성과 이에 대한 국민적 신뢰를 확보하기 위한 것인바, 그와 같은 입법목적은 정당하고, 수단의 적합성도 인정된다. … 따라서 심판대상조항은 과잉금지원칙을 위반하여 중개법인의 직업의 자유를 침해하지 않는다(헌재 2024.2.28, 2022헌바109).

② [×] 주류는 국민건강에 미치는 영향이 크고, 국가의 재정에도 직접 영향을 미치는 것이기 때문에 다른 상품과는 달리 특별히 법률을 제정하여 주류의 제조 및 판매에 걸쳐 폭넓게 국가의 규제를 받도록 하고 있다. 심판대상조항은 주류 유통질서의 핵심이라고 할 수 있는 주류 판매면허업자가 면허 허가 범위를 넘어 사업을 운영하는 것을 제한함으로써, 주류 판매업면허 제도의 실효성을 확보하고자 마련된 것이다. 국가의 관리 감독에서 벗어난 판매업자의 등장으로 유통 질서가 왜곡되는 것을 방지하고 규제의 효용성을 담보하기 위하여 필요하므로, 면허의 필요적 취소를 과도한 제한이라고 볼 수 없다. 따라서 이 조항은 주류 판매면허업자의 직업의 자유를 침해하지 않는다(헌재 2021.4.29, 2020헌바328).

③ [×] 청구인들은 이 사건 입법부작위로 인하여 직업의 자유, 평등권, 재산권, 행복추구권이 침해되었다고 주장한다. 그런데 시행령이 제정되지 않아 법관, 검사와 같은 보수를 받지 못한다 하더라도, 직업의 자유에 '해당 직업에 합당한 보수를 받을 권리'까지 포함되어 있다고 보기 어려우므로 청구인들의 직업선택이나 직업수행의 자유가 침해되었다고 할 수 없다(헌재 2004.2.26, 2001헌마718).

정답 | 05 ① 06 ④

07 직업의 자유에 관한 다음 설명 중 가장 옳지 않은 것은? 24. 법원직

① 어떠한 직업 분야에 관한 자격제도를 만들면서 그 자격요건을 어떻게 설정할 것인가에 관하여는 그 입법재량의 폭이 좁다 할 것이므로, 과잉금지원칙을 적용함에 있어서는 다른 방법으로 직업선택의 자유를 제한하는 경우에 비하여 보다 엄격한 심사가 필요하다.

② 직업의 개념표지 가운데 '계속성'과 관련하여서는 주관적으로 활동의 주체가 어느 정도 계속적으로 해당 소득활동을 영위할 의사가 있고, 객관적으로도 그러한 활동이 계속성을 띨 수 있으면 족한 것으로, 휴가기간 중에 하는 일, 수습직으로서의 활동 등도 포함된다.

③ 헌법 제15조에서 보장하는 '직업'이란 생활의 기본적 수요를 충족시키기 위하여 행하는 계속적인 소득활동을 의미하고, 성매매는 그것이 가지는 사회적 유해성과는 별개로 성판매자의 입장에서 생활의 기본적 수요를 충족하기 위한 소득활동에 해당함을 부인할 수 없다 할 것이므로, 성매매를 한 자를 형사처벌하도록 한 규정은 성판매자의 직업선택의 자유를 제한하고 있다.

④ 직장선택의 자유는 원하는 직장을 제공하여 줄 것을 청구하거나 한 번 선택한 직장의 존속보호를 청구할 권리를 보장하지 않으나, 국가는 직장선택의 자유로부터 나오는 객관적 보호의무, 즉 사용자에 의한 해고로부터 근로자를 보호할 의무를 진다.

해설

① [×] 과잉금지의 원칙을 적용함에 있어서도, 어떠한 직업분야에 관한 자격제도를 만들면서 그 자격요건을 어떻게 설정할 것인가에 관하여는 국가에게 폭넓은 입법재량권이 부여되어 있는 것이므로 다른 방법으로 직업선택의 자유를 제한하는 경우에 비하여 보다 유연하고 탄력적인 심사가 필요하다 할 것이다(헌재 2003.9.25, 2002헌마519).

② [O] 직업의 자유에 의한 보호의 대상이 되는 '직업'은 '생활의 기본적 수요를 충족시키기 위한 계속적 소득활동'을 의미하며 그러한 내용의 활동인 한 그 종류나 성질을 묻지 아니한다. 이러한 직업의 개념표지들은 개방적 성질을 지녀 엄격하게 해석할 필요는 없는바, '계속성'과 관련하여서는 주관적으로 활동의 주체가 어느 정도 계속적으로 해당 소득활동을 영위할 의사가 있고, 객관적으로도 그러한 활동이 계속성을 띨 수 있으면 족하다고 해석되므로 휴가기간 중에 하는 일, 수습직으로서의 활동 따위도 이에 포함된다고 볼 것이고, 또 '생활수단성'과 관련하여서는 단순한 여가활동이나 취미활동은 직업의 개념에 포함되지 않으나 겸업이나 부업은 삶의 수요를 충족하기에 적합하므로 직업에 해당한다고 말할 수 있다(헌재 2003.9.25, 2002헌마519).

③ [O] 헌법 제15조에서 보장하는 '직업'이란 생활의 기본적 수요를 충족시키기 위하여 행하는 계속적인 소득활동을 의미하고, 성매매는 그것이 가지는 사회적 유해성과는 별개로 성판매자의 입장에서 생활의 기본적 수요를 충족하기 위한 소득활동에 해당함을 부인할 수 없다 할 것이므로, 심판대상조항은 성판매자의 직업선택의 자유도 제한하고 있다. … 심판대상조항은 개인의 성적 자기결정권, 사생활의 비밀과 자유, 직업선택의 자유를 침해하지 아니한다(헌재 2016.3.31, 2013헌가2).

④ [O] 이러한 직장선택의 자유는 개인이 그 선택한 직업분야에서 구체적인 취업의 기회를 가지거나, 이미 형성된 근로관계를 계속 유지하거나 포기하는 데에 있어 국가의 방해를 받지 않는 자유로운 선택·결정을 보호하는 것을 내용으로 한다. 그러나 이 기본권은 원하는 직장을 제공하여 줄 것을 청구하거나 한번 선택한 직장의 존속보호를 청구할 권리를 보장하지 않으며, 또한 사용자의 처분에 따른 직장 상실로부터 직접 보호하여 줄 것을 청구할 수도 없다. 다만, 국가는 이 기본권에서 나오는 객관적 보호의무, 즉 사용자에 의한 해고로부터 근로자를 보호할 의무를 질 뿐이다(헌재 2002.11.28, 2001헌바50).

08 직업의 자유에 대한 설명으로 옳지 않은 것은? (다툼이 있는 경우 판례에 의함) 25. 입법고시

① 간행물 판매자에게 정가 판매 의무를 부과하고, 가격 할인의 범위를 가격 할인과 경제상의 이익을 합하여 정가의 15퍼센트 이하로 제한하는 출판문화산업 진흥법 조항은 직업의 자유를 침해한다고 할 수 없다.

② 식품이나 식품의 용기 · 포장에 '음주 전후' 또는 '숙취 해소'라는 표시를 금지하는 것은 과잉금지원칙을 위배하여 영업의 자유를 침해한다.

③ 당사자의 능력이나 자격과 상관없는 객관적 사유에 의한 직업선택의 자유에 대한 제한은 월등하게 중요한 공익을 위하여 명백하고 확실한 위험을 방지하기 위한 경우에만 정당화될 수 있기 때문에 엄격한 비례의 원칙이 그 심사척도가 된다.

④ 공무담임권은 국가 등에게 능력주의를 존중하는 공정한 공직자 선발을 요구할 수 있는 권리라는 점에서 직업선택의 자유보다는 그 기본권의 효과가 현실적 · 구체적이므로, 공직을 직업으로 선택하는 경우에 있어서 직업선택의 자유는 공무담임권을 통해서 그 기본권 보호를 받게 된다.

⑤ 고체 형태의 세안용 비누를 수입 · 판매하려는 자에게 화장품책임판매업 등록을 하고, 책임판매관리자를 의무적으로 두도록 요구하는 화장품법 조항은 직업선택의 자유를 침해한다.

해설

⑤ [×] 심판대상조항은 국민보건향상에 기여하고 국민들이 안심하고 화장품을 사용할 수 있도록 하기 위한 것이다. 고형세안비누는 화장품법상의 화장품에 해당하고, 피부에 매일 직접 작용하는 제품이므로, 식품의약품안전처에서 화장품으로 관리하는 것이 필요하다. … 화장품법 등에서 인체에 직접 적용되는 제품을 식품의약품안전처에서 규율하도록 하고, 동시에 고형세안비누 등을 화장품으로 관리하도록 하는 것이 과잉한 규제라고 보기도 어렵다. 이를 종합하면 심판대상조항은 청구인의 직업선택의 자유를 침해하지 않는다(헌재 2024.5.30, 2021헌마291).

① [O] 종이출판물 시장에서 자본력, 협상력 등의 차이를 그대로 방임할 경우 지역서점과 중소형출판사 등이 현저히 위축되거나 도태될 개연성이 매우 높고 이는 우리 사회 전체의 문화적 다양성 축소로 이어지므로 가격할인 등을 제한하는 입법자의 판단은 합리적일 뿐만 아니라 필요하다고 인정된다. 반면 신간도서에 대하여만, 또는 대형서점 서점에게만 가격할인 등에 관한 제한을 부과하는 것은 실효적인 대안이라고 보기 어렵다. … 따라서 이 사건 심판대상조항은 과잉금지원칙에 위배되어 청구인의 직업의 자유를 침해한다고 할 수 없다(헌재 2023.7.20, 2020헌마104).

② [O] 위 규정은 음주로 인한 건강위해적 요소로부터 국민의 건강을 보호한다는 입법목적하에 음주전후, 숙취해소 등 음주를 조장하는 내용의 표시를 금지하고 있으나, "음주전후", "숙취해소"라는 표시는 이를 금지할 만큼 음주를 조장하는 내용이라 볼 수 없고, 식품에 숙취해소 작용이 있음에도 불구하고 이러한 표시를 금지하면 숙취해소용 식품에 관한 정확한 정보 및 제품의 제공을 차단함으로써 숙취해소의 기회를 국민으로부터 박탈하게 될 뿐만 아니라, 보다 나은 숙취해소용 식품을 개발하기 위한 연구와 시도를 차단하는 결과를 초래하므로, 위 규정은 숙취해소용 식품의 제조 · 판매에 관한 영업의 자유 및 광고표현의 자유를 과잉금지원칙에 위반하여 침해하는 것이다. 특히 청구인들은 "숙취해소용 천연차 및 그 제조방법"에 관하여 특허권을 획득하였음에도 불구하고 위 규정으로 인하여 특허권자인 청구인들조차 그 특허발명제품에 "숙취해소용 천연차"라는 표시를 하지 못하고 "천연차"라는 표시만 할 수밖에 없게 됨으로써 청구인들의 헌법상 보호받는 재산권인 특허권도 침해되었다(헌재 2000.3.30, 99헌마143).

③ [O] 이미 선택한 직업을 어떠한 제약아래 수행하느냐의 관점이나 당사자의 능력이나 자격과도 상관없는 객관적 사유에 의한 이러한 제한은 직업의 자유에 대한 제한 중에서도 가장 심각한 제약이 아닐 수 없다. 따라서 이러한 제한은 월등하게 중요한 공익을 위하여 명백하고 확실한 위험을 방지하기 위한 경우에만 정당화될 수 있다고 보아야 한다. 헌법재판소가 이 사건을 심사함에 있어서는 헌법 제37조 제2항이 요구하는바 과잉금지의 원칙, 즉 엄격한 비례의 원칙이 그 심사척도가 된다는 것도 바로 이러한 이유 때문이다(헌재 2002.4.25, 2001헌마614).

④ [O] 공무담임권은 국가 등에게 능력주의를 존중하는 공정한 공직자선발을 요구할 수 있는 권리라는 점에서 직업선택의 자유보다는 그 기본권의 효과가 현실적 · 구체적이므로, 공직을 직업으로 선택하는 경우에 있어서 직업선택의 자유는 공무담임권을 통해서 그 기본권보호를 받게 된다고 할 수 있으므로 공무담임권을 침해하는지 여부를 심사하는 이상 이와 별도로 직업선택의 자유 침해 여부를 심사할 필요는 없다(헌재 2006.3.30, 2005헌마598).

정답 | 07 ① 08 ⑤

09 직업의 자유에 관한 설명 중 옳은 것(○)과 옳지 않은 것(×)을 올바르게 조합한 것은? (다툼이 있는 경우 판례에 의함)

25. 변호사

ㄱ. 금고 이상의 형의 집행유예선고를 받고 그 유예기간 중에 있는 자에 대하여 특수경비원이 될 수 없도록 규정한 구 경비업법 조항은 민간근로자인 특수경비원에게 공무원과 같은 수준의 준법의무 내지 성실의무를 요구하여 지나치게 공익만을 우선하는 것이므로 직업의 자유를 침해한다.
ㄴ. 성폭력범죄의 처벌 등에 관한 특례법의 성폭력범죄에 해당하는 형법상 강제추행죄를 범하여 금고 이상의 형의 집행유예를 선고받고 그 집행유예기간 중에 있는 사람에 대하여 택시운전자격을 필요적으로 취소하도록 하고 있는 여객자동차 운수사업법 조항은 직업의 자유를 침해하지 않는다.
ㄷ. 아동학대관련범죄로 벌금형이 확정된 날부터 10년이 지나지 아니한 사람은 어린이집을 설치·운영하거나 어린이집에 근무할 수 없도록 한 영유아보육법 조항은 사전에 영유아를 아동학대의 위험으로부터 철저히 보호해야 할 필요성이 인정되므로 직업의 자유를 침해하지 않는다.
ㄹ. 가축사육의 제한이 필요하다고 인정되는 지역에 대해 해당 지방자치단체의 조례로 정하는 바에 따라 가축사육 제한구역을 지정·고시할 수 있도록 규정하고 있는 가축분뇨의 관리 및 이용에 관한 법률 조항은 사실상 특정 지역에서 축산업 종사를 금지한 것으로, 직업수행의 자유를 형해화하여 직업의 자유를 침해한다.
ㅁ. 간행물 판매자에게 정가 판매 의무를 부과하고, 가격할인의 범위를 가격할인과 경제상의 이익을 합하여 정가의 15퍼센트 이하로 제한하는 출판문화산업 진흥법 조항은 이로 인하여 전체적인 소비자후생이 제한되는 정도가 크지 않으므로 직업의 자유를 침해하지 않는다.

	ㄱ	ㄴ	ㄷ	ㄹ	ㅁ
①	○	○	○	○	○
②	×	○	○	○	×
③	○	×	×	○	×
④	×	○	×	×	○
⑤	×	×	○	×	○

해설

ㄱ. [×] 심판대상조항은 특수경비원의 도덕성, 준법의식 등을 확보하고, 성실하고 공정한 직무수행을 위한 자질을 담보하여 국민의 신뢰를 제고하기 위한 것이므로, 입법목적의 정당성 및 수단의 적합성이 인정된다. … 따라서 심판대상조항은 과잉금지원칙에 반하여 특수경비원의 직업의 자유를 침해하지 않는다(헌재 2023.6.29, 2021헌마157).
ㄴ. [○] 택시를 이용하는 국민을 성범죄 등으로부터 보호하고, 여객운송서비스 이용에 대한 불안감을 해소하며, 도로교통에 관한 공공의 안전을 확보하려는 심판대상조항의 입법목적은 정당하고, 또한 해당 범죄를 범한 택시운송사업자의 운전자격의 필요적 취소라는 수단의 적합성도 인정된다. … 따라서 심판대상조항은 과잉금지원칙에 위배되지 않는다(헌재 2018.5.31, 2016헌바14 등).
ㄷ. [×] 이 사건 법률조항은 아동학대관련범죄전력만으로 그가 장래에 동일한 유형의 범죄를 다시 저지를 것을 당연시하고, 형의 집행이 종료된 때부터 10년이 경과하기 전에는 결코 재범의 위험성이 소멸하지 않는다고 보며, 각 행위의 죄질에 따른 상이한 제재의 필요성을 간과함으로써, 아동학대관련범죄전력자 중 재범의 위험성이 없는 자, 아동학대관련범죄전력이 있지만 10년의 기간 안에 재범의 위험성이 해소될 수 있는 자, 범행의 정도가 가볍고 재범의 위험성이 상대적으로 크지 않은 자에게까지 10년 동안 일률적인 취업제한을 부과하고 있는데, 이는 침해의 최소성 원칙과 법익의 균형성 원칙에 위배된다. 따라서 이 사건 법률조항은 청구인들의 직업선택의 자유를 침해한다(헌재 2018.6.28, 2017헌마130 등).
ㄹ. [×] 심판대상조항은 가축사육에 따라 배출되는 환경오염물질 등으로 인하여 지역주민의 생활환경이나 상수원의 수질이 오염되는 것을 방지하기 위한 것이다. 가축사육으로 인한 오염물질 배출을 전적으로 차단할 수 있는 기술적 조치가 현재 존재하고 있다고 단정하기는 어려우므로, 가축의 사육 자체를 제한할 필요성이 인정되고, 오염물질의 환경에 대한 영향력의 정도는 가축의 사육이 이루어지는 장소와 관련성이 크므로 장소적 특성을 기준으로 생활환경이나 자연환경에 대한 위해 가능성이 큰 경우에 가축사육의 제한을 허용하는 심판대상조항의 제한은 부득이하다. … 심판대상조항은 과잉금지원칙에 위배되지 아니한다(헌재 2023.12.21, 2020헌바374).
ㅁ. [○] 지식문화 상품인 간행물에 관한 소비자의 후생이 단순히 저렴한 가격에 상품을 구입함으로써 얻는 경제적 이득에만 한정되지는 않고 다양한 관점의 간행물을 선택할 권리 및 간행물을 선택함에 있어 필요한 지식 및 정보를 용이하게 제공받을 권리도 포괄하므로, 이 사건 심판대상조항으로 인하여 전체적인 소비자후생이 제한되는 정도는 크지 않다. 따라서 이 사건 심판대상조항은 과잉금지원칙에 위배되어 청구인의 직업의 자유를 침해한다고 할 수 없다(헌재 2023.7.20, 2020헌마104).

10 직업의 자유에 관한 설명으로 가장 적절한 것은? (다툼이 있는 경우 판례에 의함)

25. 경정승진

① 직업의 자유에 의한 보호의 대상이 되는'직업'은'생활의 기본적 수요를 충족시키기 위한 계속적 소득활동'을 의미하는바, 단순한 여가활동이나 취미활동, 겸업이나 부업은 직업에 해당한다고 볼 수 없다.

② 자연인인 변호사의 영리행위 겸직을 원칙적으로 금지하고 지방변호사회의 허가를 받아 예외적으로 겸직할 수 있도록 한 변호사법 조항을 법무법인에 대하여 준용하지 않고 있는 것은 법무법인의 영업의 자유를 침해한다.

③ 법무사 1인이 채용할 수 있는 사무원의 수를 5인을 초과하지 못한다고 규정한 법무사규칙 조항은 소속 지방법무사협회가 제반사정을 고려하여 5인을 초과하는 사무원 채용을 승인하는 등의 대안이 있음에도 이를 간과한 것으로 과잉금지의 원칙에 위배되어 법무사인 청구인의 직업의 자유를 침해한다.

④ 게임 결과물의 환전은 게임이용자로부터 게임 결과물을 매수하여 다른 게임이용자에게 이윤을 붙여 되파는 것으로, 이러한 행위를 영업으로 하는 것은 생활의 기본적 수요를 충족시키는 계속적인 소득활동이 될 수 있으므로 게임 결과물의 환전업은 헌법 제15조가 보장하고 있는 직업에 해당한다.

해설

④ [O] 이 사건에서 문제되는 게임 결과물의 환전은 게임이용자로부터 게임 결과물을 매수하여 다른 게임이용자에게 이윤을 붙여 되파는 것으로, 이러한 행위를 영업으로 하는 것은 생활의 기본적 수요를 충족시키는 계속적인 소득활동이 될 수 있으므로, 게임 결과물의 환전업은 헌법 제15조가 보장하고 있는 직업에 해당한다(헌재 2010.2.25, 2009헌바38).

① [×] 직업의 자유에 의한 보호의 대상이 되는 직업은 '생활의 기본적 수요를 충족시키기 위한 계속적 소득활동'을 의미하며 그 종류나 성질은 묻지 아니한다. 이러한 직업의 개념표지들은 개방적 성질을 지녀 엄격하게 해석할 필요는 없다. '계속성'에 관해서는 휴가기간 중에 하는 일, 수습직으로서의 활동 등도 이에 포함되고, '생활수단성'에 관해서는 단순한 여가활동이나 취미활동은 직업의 개념에 포함되지 않으나 겸업이나 부업은 삶의 수요를 충족하기에 적합하므로 직업에 해당한다고 본다(헌재 2003.9.25, 2002헌마519).

② [×] 심판대상조항은 허가를 받아 예외적으로 겸직할 수 있도록 한 변호사법 제38조 제2항을 자연인인 변호사의 영리행위 겸직을 원칙적으로 금지하고 지방변호사회의 법무법인에 대하여 준용하지 않고 있는데, 이것은 법무법인이 변호사 직무에 속하는 업무를 집중적으로 수행할 수 있도록 하는 한편, 법무법인이 변호사 직무와 구분되는 영리행위는 할 수 없도록 함으로써 법무법인이 단순한 영리추구 기업으로 변질되는 것을 방지하고, 또한 법무법인이 변호사 직무와 영리행위를 함께 수행할 때 발생할 수 있는 양자의 혼입(混入)을 방지하기 위한 것이다. 심판대상조항은 목적의 정당성 및 수단의 적합성이 인정된다.… 그렇다면 심판대상조항은 과잉금지원칙에 위반되어 법무법인의 영업의 자유를 침해하지 않는다(헌재 2020.7.16, 2018헌바195).

③ [×] 법무사 1인당 5인이라는 정원은 대법원이 법률에 의해 주어진 권한범위 내에서 법무사의 업무범위 및 그 특성 등을 종합적으로 고려하여 법무사가 적절하게 지도·감독할 수 있다고 판단되는 사무원의 수를 규칙으로 정한 것이라 볼 수 있다. 소속 지방법무사협회가 제반사정을 고려하여 5인을 초과하는 사무원 채용을 승인하는 등의 대안으로는 5인이라는 정원을 둔 목적을 동일하게 달성할 수 있다고 보기 어렵다. … 따라서 법무사규칙 제37조 제5항은 청구인의 직업수행의 자유를 침해하지 않는다(헌재 2023.2.23, 2019헌마1235).

정답 | 09 ④ 10 ④

11 직업의 자유에 대한 설명으로 옳은 것은? (다툼이 있는 경우 판례에 의함) 25. 5급

① 성인대상 성범죄로 형을 선고받아 확정된 자로 하여금 그 형의 집행을 종료한 날부터 10년 동안 의료기관을 개설하거나 의료기관에 취업할 수 없도록 한 구 아동·청소년의 성보호에 관한 법률 조항은 직업선택의 자유를 침해하지 않는다.

② 법인의 임원이 학원의 설립·운영 및 과외교습에 관한 법률을 위반하여 벌금형을 선고받은 경우, 법인의 학원설립·운영 등록이 효력을 잃도록 규정한 학원의 설립·운영 및 과외교습에 관한 법률 조항은 과잉금지원칙에 위배되지 않으므로 직업수행의 자유를 침해하지 않는다.

③ 택시운전자격을 취득한 사람이 강제추행 등 성범죄를 범하여 금고 이상의 형의 집행유예를 선고받은 경우 그 자격을 취소하도록 규정한 여객자동차운수사업법 조항은 과잉금지원칙에 위배되지 않으므로 직업의 자유를 침해하지 않는다.

④ 운전면허를 받은 사람이 자동차를 이용하여 살인 또는 강간 등 행정안전부령이 정하는 범죄행위를 한 때 운전면허를 취소하도록 한 구 도로교통법 조항은 직업의 자유를 침해하지 않는다.

해설

③ [O] 택시를 이용하는 국민을 성범죄 등으로부터 보호하고, 여객운송서비스 이용에 대한 불안감을 해소하며, 도로교통에 관한 공공의 안전을 확보하려는 심판대상조항의 입법목적은 정당하고, 또한 해당 범죄를 범한 택시운송사업자의 운전자격의 필요적 취소라는 수단의 적합성도 인정된다. … 따라서 심판대상조항은 과잉금지원칙에 위배되지 않는다(헌재 2018.5.31, 2016헌바14 등).

① [×] 이 사건 법률조항이 성범죄 전력만으로 그가 장래에 동일한 유형의 범죄를 다시 저지를 것을 당연시하고, 형의 집행이 종료된 때부터 10년이 경과하기 전에는 결코 재범의 위험성이 소멸하지 않는다고 보며, 각 행위의 죄질에 따른 상이한 제재의 필요성을 간과함으로써, 성범죄 전력자 중 재범의 위험성이 없는 자, 성범죄 전력이 있지만 10년의 기간 안에 재범의 위험성이 해소될 수 있는 자, 범행의 정도가 가볍고 재범의 위험성이 상대적으로 크지 않은 자에게까지 10년 동안 일률적인 취업제한을 부과하고 있는 것은 침해의 최소성 원칙과 법익의 균형성 원칙에 위배된다. 따라서 이 사건 법률조항은 청구인들의 직업선택의 자유를 침해한다(헌재 2016.3.31, 2013헌마585 등).

② [×] 이 사건 등록실효조항은 법인의 임원이 학원법을 위반하여 벌금형을 선고받으면 일률적으로 법인의 등록을 실효시키고 있고, 법인으로서는 대표자인 임원이건 그렇지 아니한 임원이건 모든 임원 개개인의 학원법위반범죄와 형사처벌 여부를 항시 감독하여야만 등록의 실효를 면할 수 있게 되므로 학원을 설립하고 운영하는 법인에게 지나치게 과중한 부담을 지우고 있다. 또한 이로 인하여 법인의 등록이 실효되면 해당 임원이 더 이상 임원직을 수행할 수 없게 될 뿐 아니라, 학원법인 소속 근로자는 모두 생계의 위협을 받을 수 있으며, 갑작스러운 수업의 중단으로 학습자 역시 불측의 피해를 입을 수밖에 없으므로 이 사건 등록실효조항은 학원법인의 직업수행의 자유를 침해한다(헌재 2015.5.28, 2012헌마653).

④ [×] 자동차등을 이용한 범죄를 근절하기 위하여 그에 대한 행정적 제재를 강화할 필요가 있다 하더라도 이를 임의적 운전면허 취소 또는 정지사유로 규정함으로써 불법의 정도에 상응하는 제재수단을 선택할 수 있도록 하여도 충분히 그 목적을 달성하는 것이 가능함에도, 심판대상조항은 이에 그치지 아니하고 필요적으로 운전면허를 취소하도록 하여 구체적 사안의 개별성과 특수성을 고려할 수 있는 여지를 일체 배제하고 있다. … 따라서 심판대상조항은 직업의 자유 및 일반적 행동의 자유를 침해한다(헌재 2015.5.28, 2013헌가6).

12 직업의 자유에 대한 설명으로 가장 적절하지 않은 것은? (다툼이 있는 경우 판례에 의함) 21. 경찰승진

① 직업의 자유에는 해당 직업에 대한 합당한 보수를 받을 권리까지 포함되어 있다고 보기 어려우므로 자신이 원하는 수준보다 적은 보수를 법령에서 규정하고 있다고 하여 직업선택이나 직업수행의 자유가 침해된다고 할 수 없다.

② 국가정책에 따라 정부의 허가를 받은 외국인은 정부가 허가한 범위 내에서 소득활동을 할 수 있는 것이므로, 외국인이 국내에서 누리는 직업의 자유는 헌법에 의해서 부여된 기본권이 아닌 법률에 따른 정부의 허가에 의해 비로소 발생하는 권리이다.

③ 직업선택의 자유에는 자신이 원하는 직업 내지 직종에 종사하는 데 필요한 전문지식을 습득하기 위한 직업교육장을 임의로 선택할 수 있는 '직업교육장 선택의 자유'도 포함된다.

④ 직장선택의 자유는 인간의 존엄과 가치 및 행복추구권과도 밀접한 관련을 가지는 만큼 단순히 국민의 권리가 아닌 인간의 권리이기 때문에, 외국인도 국내에서 제한 없이 직장선택의 자유를 향유할 수 있다고 보아야 한다.

해설

④ [×] 직업의 자유 중 이 사건에서 문제되는 직장선택의 자유는 인간의 존엄과 가치 및 행복추구권과도 밀접한 관련을 가지는 만큼 단순히 국민의 권리가 아닌 인간의 권리로 보아야 할 것이므로 외국인도 제한적으로라도 직장선택의 자유를 향유할 수 있다고 보아야 한다. 청구인들이 이미 적법하게 고용허가를 받아 적법하게 우리나라에 입국하여 우리나라에서 일정한 생활관계를 형성, 유지하는 등, 우리 사회에서 정당한 노동인력으로서의 지위를 부여받은 상황임을 전제로 하는 이상, 이 사건 청구인들에게 직장선택의 자유에 대한 기본권 주체성을 인정할 수 있다 할 것이다(헌재 2011.9.29, 2007헌마1083 등).

① [O] 직업의 자유에 '해당 직업에 합당한 보수를 받을 권리'까지 포함되어 있다고 보기 어려우므로 이 사건 법령조항이 청구인이 원하는 수준보다 적은 봉급월액을 규정하고 있다고 하여 이로 인해 청구인의 직업선택이나 직업수행의 자유가 침해되었다고 할 수 없고, 위 조항은 경찰공무원인 경장의 봉급표를 규정한 것으로서 개성 신장을 위한 행복추구권의 제한과는 직접적인 관련이 없으므로, 청구인의 위 주장들은 모두 이유 없다(헌재 2008.12.26, 2007헌마444).

② [O] 이와 같이 헌법에서 인정하는 직업의 자유는 원칙적으로 대한민국 국민에게 인정되는 기본권이지, 외국인에게 인정되는 기본권은 아니다. 국가 정책에 따라 정부의 허가를 받은 외국인은 정부가 허가한 범위 내에서 소득활동을 할 수 있는 것이므로, 외국인이 국내에서 누리는 직업의 자유는 법률 이전에 헌법에 의해서 부여된 기본권이라고 할 수는 없고, 법률에 따른 정부의 허가에 의해 비로소 발생하는 권리이다(헌재 2014.8.28, 2013헌마359).

③ [O] 헌법 제15조에 의한 직업선택의 자유라 함은 자신이 원하는 직업 내지 직종을 자유롭게 선택하는 직업선택의 자유뿐만 아니라 그가 선택한 직업을 자기가 결정한 방식으로 자유롭게 수행할 수 있는 직업수행의 자유를 포함한다. 그리고 직업선택의 자유에는 자신이 원하는 직업 내지 직종에 종사하는 데 필요한 전문지식을 습득하기 위한 직업교육장을 임의로 선택할 수 있는 '직업교육장 선택의 자유'도 포함된다(헌재 2009.2.26, 2007헌마1262).

정답 | 11 ③ 12 ④

13 직업의 자유에 대한 설명으로 가장 적절하지 않은 것을 모두 고른 것은? (다툼이 있는 경우 판례에 의함)

21. 경찰승진

> ㉠ 운전면허를 받은 사람이 자동차 등을 이용하여 살인 또는 강간 등 범죄행위를 한 때 필요적으로 운전면허를 취소하도록 규정한 구 도로교통법 조항은 직업의 자유를 침해한다.
> ㉡ 청원경찰이 금고 이상의 형의 선고유예를 받은 경우 당연퇴직되도록 규정한 청원경찰법 조항은 청원경찰의 직업의 자유를 침해하지 않는다.
> ㉢ 제조업의 직접생산공정업무를 근로자파견의 대상 업무에서 제외하는 파견근로자보호 등에 관한 법률 조항은 사용사업주의 직업수행의 자유를 침해한다.
> ㉣ 성인대상 성범죄로 형을 선고받아 확정된 자에게 그 형의 집행을 종료한 날부터 10년 동안 의료기관을 개설하거나 의료기관에 취업할 수 없도록 한 아동·청소년의 성보호에 관한 법률 조항은 직업선택의 자유를 침해한다.

① ㉠, ㉡
② ㉠, ㉣
③ ㉡, ㉢
④ ㉢, ㉣

해설

옳지 않은 것은 ㉡, ㉢이다.

㉠ [O] 자동차 등을 이용한 범죄를 근절하기 위하여 그에 대한 행정적 제재를 강화할 필요가 있다 하더라도 이를 임의적 운전면허 취소 또는 정지사유로 규정함으로써 불법의 정도에 상응하는 제재수단을 선택할 수 있도록 하여도 충분히 그 목적을 달성하는 것이 가능함에도, 심판대상조항은 이에 그치지 아니하고 필요적으로 운전면허를 취소하도록 하여 구체적 사안의 개별성과 특수성을 고려할 수 있는 여지를 일체 배제하고 있다. 나아가 심판대상조항 중 '자동차 등을 이용하여' 부분은 포섭될 수 있는 행위 태양이 지나치게 넓을 뿐만 아니라, 하위법령에서 규정될 대상범죄에 심판대상조항의 입법목적을 달성하기 위해 반드시 규제할 필요가 있는 범죄행위가 아닌 경우까지 포함될 우려가 있어 침해의 최소성원칙에 위배된다. 심판대상조항은 운전을 생업으로 하는 자에 대하여는 생계에 지장을 초래할 만큼 중대한 직업의 자유의 제약을 초래하고, 운전을 업으로 하지 않는 자에 대하여도 일상생활에 심대한 불편을 초래하여 일반적 행동의 자유를 제약하므로 법익의 균형성원칙에도 위배된다. 따라서 심판대상조항은 직업의 자유 및 일반적 행동의 자유를 침해한다(헌재 2015.5.28, 2013헌가6).

㉡ [×] 청원경찰이 저지른 범죄의 종류나 내용을 불문하고 금고 이상의 형의 선고유예를 받게 되면 당연히 퇴직되도록 규정함으로써 청원경찰에게 공무원보다 더 가혹한 제재를 가하고 있으므로, 침해의 최소성원칙에 위배된다. 심판대상조항은 청원경찰이 저지른 범죄의 종류나 내용을 불문하고 범죄행위로 금고 이상의 형의 선고유예를 받게 되면 당연히 퇴직되도록 규정함으로써 그것이 달성하려는 공익의 비중에도 불구하고 청원경찰의 직업의 자유를 과도하게 제한하고 있어 법익의 균형성 원칙에도 위배된다. 따라서, 심판대상조항은 과잉금지원칙에 반하여 직업의 자유를 침해한다(헌재 2018.1.25, 2017헌가26).

㉢ [×] 제조업의 직접생산공정업무에 파견근로자를 사용하고자 하는 사업주의 직업수행의 자유를 침해한다고 볼 수 없다(헌재 2017.12.28, 2016헌바346).

㉣ [O] 의료기관의 운영자나 종사자의 자질을 일정 수준으로 담보하도록 함으로써, 아동·청소년을 잠재적 성범죄로부터 보호하고, 의료기관의 윤리성과 신뢰성을 높여 아동·청소년 및 그 보호자가 이들 기관을 믿고 이용할 수 있도록 하는 입법목적을 지니는바 이러한 입법목적은 정당하다. 그러나 이 사건 법률조항이 성범죄 전력만으로 그가 장래에 동일한 유형의 범죄를 다시 저지를 것을 당연시하고, 형의 집행이 종료된 때부터 10년이 경과하기 전에는 결코 재범의 위험성이 소멸하지 않는다고 보며, 각 행위의 죄질에 따른 상이한 제재의 필요성을 간과함으로써, 성범죄 전력자 중 재범의 위험성이 없는 자, 성범죄 전력이 있지만 10년의 기간 안에 재범의 위험성이 해소될 수 있는 자, 범행의 정도가 가볍고 재범의 위험성이 상대적으로 크지 않은 자에게까지 10년 동안 일률적인 취업제한을 부과하고 있는 것은 침해의 최소성원칙과 법익의 균형성 원칙에 위배된다. 따라서 이 사건 법률조항은 청구인들의 직업선택의 자유를 침해한다(헌재 2016.3.31, 2013헌마585).

14 직업의 자유에 관한 설명 중 가장 적절하지 않은 것은? (다툼이 있는 경우 판례에 의함) 22. 경찰승진

① 직업선택의 자유에는 직업결정의 자유, 직업종사(직업수행)의 자유, 전직의 자유 등이 포함된다.

② 직장선택의 자유는 개인이 선택한 직업분야에서 구체적인 취업의 기회를 가지거나, 이미 형성된 근로관계를 계속 유지하거나 포기하는 데에 있어 국가의 방해를 받지 않는 자유로운 선택·결정을 보호하는 것을 내용으로 하는바, 이 기본권은 원하는 직장을 제공하여 줄 것을 청구하거나 한번 선택한 직장의 존속 보호를 청구할 권리를 보장하며, 사용자의 처분에 따른 직장 상실로부터 보호하여 줄 것을 청구할 권리도 보장한다.

③ 경쟁의 자유는 기본권의 주체가 직업의 자유를 실제로 행사하는 데에서 나오는 결과이므로 당연히 직업의 자유에 의하여 보장되고, 다른 기업과의 경쟁에서 국가의 간섭이나 방해를 받지 않고 기업활동을 할 수 있는 자유를 의미한다.

④ 헌법 제15조에서 보장하는 '직업'이란 생활의 기본적 수요를 충족시키기 위하여 행하는 계속적인 소득활동을 의미하는바, 성매매는 그것이 가지는 사회적 유해성과는 별개로 성판매자의 입장에서 생활의 기본적 수요를 충족하기 위한 소득활동에 해당함은 부인할 수 없으므로, 성매매를 한 자를 형사처벌하는 성매매알선 등 행위의 처벌에 관한 법률 조항은 성판매자의 직업선택의 자유를 제한한다.

해설

② [×] 직장선택의 자유는 개인이 그 선택한 직업분야에서 구체적인 취업의 기회를 가지거나, 이미 형성된 근로관계를 계속 유지하거나 포기하는 데에 있어 국가의 방해를 받지 않는 자유로운 선택·결정을 보호하는 것을 내용으로 한다. 그러나 이 기본권은 원하는 직장을 제공하여 줄 것을 청구하거나 한번 선택한 직장의 존속보호를 청구할 권리를 보장하지 않으며, 또한 사용자의 처분에 따른 직장 상실로부터 직접 보호하여 줄 것을 청구할 수도 없다(헌재 2002.11.28, 2001헌바50).

① [O] 직업선택의 자유에는 직업결정의 자유, 직업종사(직업수행)의 자유, 전직의 자유 등이 포함되지만 직업결정의 자유나 전직의 자유에 비하여 직업종사(직업수행)의 자유에 대하여서는 상대적으로 더욱 넓은 법률상의 규제가 가능하다고 할 것이고 따라서 다른 기본권의 경우와 마찬가지로 국가안전보장·질서유지 또는 공공복리를 위하여 필요한 경우에는 제한이 가하여질 수 있는 것은 물론이지만 그 제한의 방법은 법률로써만 가능하고 제한의 정도도 필요한 최소한도에 그쳐야 하는 것 또한 의문의 여지가 없이 자명한 것이다(헌재 1993.5.13, 92헌마80).

③ [O] 경쟁의 자유는 기본권의 주체가 직업의 자유를 실제로 행사하는 데에서 나오는 결과이므로 당연히 직업의 자유에 의하여 보장되고, 다른 기업과의 경쟁에서 국가의 간섭이나 방해를 받지 않고 기업활동을 할 수 있는 자유를 의미한다(헌재 1996.12.26, 96헌가18).

④ [O] 심판대상조항은 성매매를 형사처벌하여 성매매 당사자의 성적 자기결정권, 사생활의 비밀과 자유 및 성판매자의 직업선택의 자유를 제한하고 있다(헌재 2016.3.31, 2013헌가2).

정답 | 13 ③ 14 ②

15 직업의 자유에 관한 설명 중 가장 적절한 것은? (다툼이 있는 경우 판례에 의함) 23. 경찰승진

① 법학전문대학원에 입학하는 자들에 대하여 학사 전공별, 출신 대학별로 법학전문대학원 입학정원의 비율을 각각 규정한 법학전문대학원 설치·운영에 관한 법률 조항은 변호사가 되기 위한 과정에 있어 필요한 전문지식을 습득할 수 있는 법학전문대학원에 입학하는 것을 제한할 뿐이므로 직업선택의 자유를 제한하는 것으로 보기 어렵다.

② 등록기준을 법으로 정하고 일정한 등록기준을 충족시켜야 등록을 허용하는 건설업의 등록제는 소위 '객관적 사유에 의한 직업허가규정'에 속하는 것으로서 직업선택의 자유를 제한한다.

③ 유치원, 초·중·고등학교, 대학교 학교환경위생정화구역 내에 당구장시설을 하지 못하도록 제한하는 것은 직업행사의 자유를 침해하는 것이라 할 수 없다.

④ 운전면허를 받은 사람이 자동차를 이용하여 살인 또는 강간 등 행정안전부령이 정하는 범죄행위를 한 때 필요적으로 운전면허를 취소하도록 규정한 구 도로교통법 조항은 직업의 자유 및 일반적 행동자유권을 침해한다.

해설

④ [O] 자동차 등을 이용한 범죄를 근절하기 위하여 그에 대한 행정적 제재를 강화할 필요가 있다 하더라도 이를 임의적 운전면허 취소 또는 정지사유로 규정함으로써 불법의 정도에 상응하는 제재수단을 선택할 수 있도록 하여도 충분히 그 목적을 달성하는 것이 가능함에도, 심판대상조항은 이에 그치지 아니하고 필요적으로 운전면허를 취소하도록 하여 구체적 사안의 개별성과 특수성을 고려할 수 있는 여지를 일체 배제하고 있다. 심판대상조항은 운전을 생업으로 하는 자에 대하여는 생계에 지장을 초래할 만큼 중대한 직업의 자유의 제약을 초래하고, 운전을 업으로 하지 않는 자에 대하여도 일상생활에 심대한 불편을 초래하여 일반적 행동의 자유를 제약하므로 법익의 균형성원칙에도 위배된다. 따라서 심판대상조항은 직업의 자유 및 일반적 행동의 자유를 침해한다(헌재 2015.5.28, 2013헌가6).

① [×] 법 제26조 제2항 및 제3항이 로스쿨에 입학하는 자들에 대하여 학사 전공별로, 그리고 출신 대학별로 로스쿨 입학정원의 비율을 각각 규정한 것은 변호사가 되기 위하여 필요한 전문지식을 습득할 수 있는 로스쿨에 입학하는 것을 제한하는 것이기 때문에 직업교육장 선택의 자유 내지 직업선택의 자유를 제한한다고 할 것이다(헌재 2009.2.26, 2007헌마1262).

② [×] 등록기준을 법으로 정하고 일정한 등록기준을 충족시켜야 등록을 허용하는 건설업의 등록제는 '건설업'이란 직업의 정상적인 수행을 담보하기 위하여 요구되는 최소한의 요건을 규정하는 소위 '주관적 사유에 의한 직업허가규정'에 속하는 것으로서 직업선택의 자유를 제한하는 규정이다(헌재 2007.5.31, 2007헌바3).

③ [×] 유치원 주변에 당구장시설을 허용한다고 하여도 이로 인하여 유치원생이 학습을 소홀히 하거나 교육적으로 나쁜 영향을 받을 위험성이 있다고 보기 어려우므로, 유치원 및 이와 유사한 교육기관의 학교환경위생정화구역 안에서 당구장시설을 하지 못하도록 기본권을 제한하는 것은 입법목적의 달성을 위하여 필요하고도 적정한 방법이라고 할 수 없어 역시 기본권 제한의 한계를 벗어난 것이다(헌재 1997.3.27, 94헌마196).

16 직업의 자유에 관한 설명으로 옳지 않은 것은? (다툼이 있는 경우 헌법재판소 판례에 의함) 22. 소방간부

① 직업선택의 자유는 각자의 생활의 기본적 수요를 충족시키는 방편이 되고 개성신장의 바탕이 된다는 점에서 주관적 공권의 성격을 가지면서도 국민 개개인이 선택한 직업의 수행에 의하여 국가의 사회질서와 경제질서가 형성된다는 점에서 사회적 시장경제질서라고 하는 객관적 법질서의 구성요소이기도 하다.

② 직업수행의 자유는 직업결정의 자유에 비하여 상대적으로 그 제한의 정도가 작다고 할 것이므로 이에 대하여는 공공복리 등 공익상의 이유로 비교적 넓은 법률상의 규제가 가능하다.

③ 이미 국내에서 치과의사면허를 취득하고 외국의 의료기관에서 치과전문의 과정을 이수한 사람들에게 국내에서 전문의 과정을 다시 이수할 것을 요구하는 것은 치과의사의 직업수행의 자유를 침해한다.

④ 건설업자가 명의대여행위를 한 경우 그 대여행위의 동기, 과정 및 피해자의 유무 등을 고려하여 그에 상응하는 조치나 영업정지 및 등록말소 등의 행정상 제재를 부과할 수 있음에도 불구하고, 그 건설업의 등록을 필요적으로 말소하도록 하는 것은 과잉금지 원칙을 위반하여 건설업자의 직업수행의 자유를 침해하는 것이다.

⑤ 범죄의 종류나 내용을 불문하고 금고 이상의 형의 선고유예를 받은 청원경찰을 당연 퇴직되도록 한 법률조항은 청원경찰의 직업의 자유를 침해하는 것이다.

해설

④ [×] 건설업자가 명의대여행위를 한 경우 그 건설업 등록을 필요적으로 말소하도록 한 이 사건 법률조항은 건설업등록제도의 근간을 유지하고 부실공사를 방지하여 국민의 생명과 재산을 보호하려는 것으로 그 목적의 정당성이 인정되고, 명의대여행위가 국민의 생명과 재산에 미치는 위험과 그 위험방지의 긴절성을 고려할 때 반드시 필요하며, 청구인의 직업수행의 자유 및 재산권을 침해한다고 할 수 없다(헌재 2001.3.21, 2000헌바27).

① [O] 헌법 제15조에 의한 직업선택의 자유라 함은 자신이 원하는 직업 내지 직종을 자유롭게 선택하는 직업의 선택의 자유뿐만 아니라 그가 선택한 직업을 자기가 결정한 방식으로 자유롭게 수행할 수 있는 직업의 수행의 자유를 포함한다고 할 것인바, 이 자유는 각자의 생활의 기본적 수요를 충족시키는 방편이 되고 개성신장의 바탕이 된다는 점에서 주관적 공권의 성격을 가지면서도 국민 개개인이 선택한 직업의 수행에 의하여 국가의 사회질서와 경제질서가 형성된다는 점에서 사회적 시장경제질서라고 하는 객관적 법질서의 구성요소이기도 하다(헌재 1995.7.21, 94헌마125).

② [O] 헌법 제15조는 "모든 국민은 직업선택의 자유를 가진다."고 규정함으로써 직업선택의 자유를 보장하고 있으며, 직업선택의 자유는 직업결정의 자유, 직업수행의 자유 등을 포괄하는 직업의 자유를 의미한다. 직업수행의 자유는 직업결정의 자유에 비하여 상대적으로 그 침해의 정도가 작다고 할 것이어서, 이에 대하여는 공공복리 등 공익상의 이유로 비교적 넓은 법률상의 규제가 가능하나, 직업수행의 자유를 제한할 때에도 헌법 제37조 제2항에 의거한 비례의 원칙에 위배되어서는 안 된다(헌재 2017.11.30, 2015헌바377).

③ [O] 이미 국내에서 치과의사면허를 취득하고 외국의 의료기관에서 치과전문의 과정을 이수한 사람들에게 다시 국내에서 전문의 과정을 다시 이수할 것을 요구하는 것은 지나친 부담을 지우는 것이므로, 심판대상조항은 침해의 최소성원칙에 위배되고 법익의 균형성도 충족하지 못한다. 따라서 심판대상조항은 과잉금지원칙에 위배되어 청구인들의 직업수행의 자유를 침해한다(헌재 2015.9.24, 2013헌마197).

⑤ [O] 심판대상조항은 청원경찰이 저지른 범죄의 종류나 내용을 불문하고 범죄행위로 금고 이상의 형의 선고유예를 받게 되면 당연히 퇴직되도록 규정함으로써 그것이 달성하려는 공익의 비중에도 불구하고 청원경찰의 직업의 자유를 과도하게 제한하고 있어 법익의 균형성 원칙에도 위배된다. 따라서, 심판대상조항은 과잉금지원칙에 반하여 직업의 자유를 침해한다(헌재 2018.1.25, 2017헌가26).

정답 | 15 ④ 16 ④

17 직업의 자유에 대한 설명으로 옳은 것은? (다툼이 있는 경우 판례에 의함) 22. 5급 공채

① '거짓이나 그 밖의 부정한 수단으로 운전면허를 받은 행위'에 대한 불이익 처분으로 '부정 취득한 해당 운전면허와 함께 해당 운전자가 보유하고 있는 나머지 운전면허'도 필요적으로 취소하도록 규정한 도로교통법 조항은 일반적 행동의 자유 또는 직업의 자유를 침해하지 않는다.

② 소송사건의 대리인인 변호사가 수형자를 접견하고자 하는 경우 소송계속 사실을 소명할 수 있는 자료를 제출하도록 규정하고 있는 형의 집행 및 수용자의 처우에 관한 법률 시행규칙 중 '수형자 접견'에 관한 부분은 변호사의 직업수행의 자유를 침해하지 않는다.

③ 학원의 설립·운영 및 과외교습에 관한 법률에 따라 설립된 학원 및 체육시설의 설치·이용에 관한 법률에 따라 설립된 체육시설에서 어린이통학버스를 운영함에 있어서 어린이 등과 함께 보호자를 의무적으로 동승하여 운행하도록 하는 도로교통법 조항은 학원 및 체육시설 운영자의 직업수행의 자유를 침해한다.

④ "약사 또는 한약사가 아니면 약국을 개설할 수 없다."고 규정한 약사법 조항은 법인을 구성하여 약국을 개설·운영하려고 하는 약사들 및 이들로 구성된 법인의 직업선택(직업수행)의 자유와 결사의 자유를 침해한다.

해설

④ [O] "약사 또는 한약사가 아니면 약국을 개설할 수 없다."고 규정한 약사법 제16조 제1항은 자연인 약사만이 약국을 개설할 수 있도록 함으로써, 약사가 아닌 자연인 및 일반법인은 물론, 약사들로만 구성된 법인의 약국 설립 및 운영도 금지하고 있는바, 국민의 보건을 위해서는 약국에서 실제로 약을 취급하고 판매하는 사람은 반드시 약사이어야 한다는 제한을 둘 필요가 있을 뿐, 약국의 개설 및 운영 자체를 자연인 약사에게만 허용할 합리적 이유는 없다. 입법자가 약국의 개설 및 운영을 일반인에게 개방할 경우에 예상되는 장단점을 고려한 정책적 판단의 결과 약사가 아닌 일반인 및 일반법인에게 약국개설을 허용하지 않는 것으로 결정하는 것은 그 입법형성의 재량권 내의 것으로서 헌법에 위반된다고 볼 수 없지만, 법인의 설립은 그 자체가 간접적인 직업선택의 한 방법으로서 직업수행의 자유의 본질적 부분의 하나이므로, 정당한 이유 없이 본래 약국개설권이 있는 약사들만으로 구성된 법인에게도 약국개설을 금지하는 것은 입법목적을 달성하기 위하여 필요하고 적정한 방법이 아니고, 입법형성권의 범위를 넘어 과도한 제한을 가하는 것으로서, 법인을 구성하여 약국을 개설·운영하려고 하는 약사들 및 이들로 구성된 법인의 직업선택(직업수행)의 자유의 본질적 내용을 침해하는 것이고, 동시에 약사들이 약국경영을 위한 법인을 설립하고 운영하는 것에 관한 결사의 자유를 침해하는 것이다(헌재 2002.9.19, 2000헌바84).

① [×] 위법이나 비난의 정도가 미약한 사안을 포함한 모든 경우에 부정 취득하지 않은 운전면허까지 필요적으로 취소하고 이로 인해 2년 동안 해당 운전면허 역시 받을 수 없게 하는 것은, 공익의 중대성을 감안하더라도 지나치게 기본권을 제한하는 것이므로, 법익의 균형성 원칙에도 위배된다. 따라서 심판대상조항 중 각 '거짓이나 그 밖의 부정한 수단으로 받은 운전면허를 제외한 운전면허'를 필요적으로 취소하도록 한 부분은, 과잉금지원칙에 반하여 일반적 행동의 자유 또는 직업의 자유를 침해한다(헌재 2020.6.25, 2019헌가9).

② [×] 변호사접견에 '소송계속 사실을 소명할 수 있는 자료'의 제출을 요구함으로써 재심청구 전에는 변호사접견이 허용되지 않도록 규정한 것은 변호사로서의 직업수행의 자유 등을 침해한다(헌재 2021.10.28, 2018헌마60).

③ [×] 이 사건 보호자동승조항이 학원 등 운영자로 하여금 어린이통학버스에 학원 강사 등의 보호자를 함께 태우고 운행하도록 한 것은 어린이 등이 안전사고 위험으로부터 벗어나 안전하고 건강한 생활을 영위하도록 하기 위한 것이다. 어린이통학버스의 동승보호자는 운전자와 함께 탑승함으로써 승·하차 시 뿐만 아니라 운전자만으로 담보하기 어려운 '차량 운전 중' 또는 '교통사고 발생 등의 비상상황 발생 시' 어린이 등의 안전을 효과적으로 담보하는 중요한 역할을 하는 점 등에 비추어 보면, 이 사건 보호자동승조항이 과잉금지원칙에 반하여 청구인들의 직업수행의 자유를 침해한다고 볼 수 없다(헌재 2020.4.23, 2017헌마479).

18 직업의 자유에 대한 설명으로 옳지 않은 것은? (다툼이 있는 경우 판례에 의함) 22. 입법고시

① 운전면허를 받은 사람이 다른 사람의 자동차 등을 훔친 경우에는 운전면허를 필요적으로 취소하도록 한 도로교통법 조항은 운전면허 소지자의 직업의 자유를 침해한다.

② 청원경찰이 자격정지 이상의 형을 선고받은 경우 당연퇴직하도록 한 청원경찰법 조항은 청원경찰의 직업의 자유를 침해한다.

③ 임원이 건설업과 관련 없는 죄로 금고 이상의 형을 선고받은 경우까지 법인의 건설업 등록을 필요적으로 말소하도록 규정한 건설산업기본법 조항은 직업수행의 자유를 침해한다.

④ 국가정책에 따라 정부의 허가를 받은 외국인은 정부가 허가한 범위 내에서 소득활동을 할 수 있는 것이므로 외국인이 국내에서 누리는 직업의 자유는 법률에 따른 정부의 허가에 의해 비로소 발생하는 권리이다.

⑤ 농협·축협 조합장이 범죄의 종류와 관계없이 금고 이상의 형을 선고받고 그 형이 확정되지 아니한 경우에도 이사가 그 직무를 대행하도록 규정한 농업협동조합법 조항은 직업수행의 자유를 침해한다.

해설

② [×] 이 사건 법률조항은 자격정지의 형을 선고받은 자를 청원경찰직에서 당연퇴직시킴으로써 청원경찰의 사회적 책임 및 청원경찰직에 대한 국민의 신뢰를 제고하고, 청원경찰로서의 성실하고 공정한 직무수행을 담보하기 위한 법적 조치이므로, 그 입법목적의 정당성이 인정되고, 범죄행위로 인하여 형사처벌을 받은 청원경찰은 청원경찰로서의 자질에 심각한 흠결이 생겼다고 볼 수 있고, 그 자질에 심각한 흠결이 생긴 청원경찰에 대하여 경비 및 공안업무 수행의 위임을 거두어들여 그에 상응하는 신분상의 불이익을 과하는 것은 국민전체의 이익을 위해 적절한 수단이 될 수 있으므로, 이 사건 법률조항이 범죄행위로 자격정지의 형을 선고받은 자를 청원경찰직에서 배제하도록 한 것은 위와 같은 입법목적을 달성하기 위해 효과적이고 적절한 수단이 될 수 있다. 또한 이 사건 법률조항이 정한 바와 같이 자격정지의 형을 선고받은 자를 청원경찰직에서 당연퇴직시키는 것은 위와 같은 입법목적을 달성하면서도 기본권침해를 최소화하는 수단이라고 할 것이어서 기본권 침해의 최소성 원칙을 준수하였고, 자격정지의 형을 선고받은 청원경찰이 이 사건 법률조항에 따라 당연퇴직되어 입게 되는 직업의 자유에 대한 제한이라는 불이익이 자격정지의 형을 선고받은 자를 청원경찰직에서 당연퇴직시킴으로써 청원경찰에 대한 국민의 신뢰를 제고하고 청원경찰로서의 성실하고 공정한 직무수행을 담보하려는 공익에 비하여 더 중하다고 볼 수는 없으므로, 법익균형성도 지켜지고 있다. 따라서 이 사건 법률조항은 과잉금지원칙을 위반하여 청구인의 직업의 자유를 침해하지 아니한다(헌재 2011.10.25, 2011헌마85).

▶ 심판대상조항은 청원경찰이 저지른 범죄의 종류나 내용을 불문하고 범죄행위로 금고 이상의 형의 선고유예를 받게 되면 당연히 퇴직되도록 규정함으로써 그것이 달성하려는 공익의 비중에도 불구하고 청원경찰의 직업의 자유를 과도하게 제한하고 있어 법익의 균형성 원칙에도 위배된다. 따라서, 심판대상조항은 과잉금지원칙에 반하여 직업의 자유를 침해한다(헌재 2018.1.25, 2017헌가26).

① [O] 자동차 절취행위에 이르게 된 경위, 행위의 태양, 당해 범죄의 경중이나 그 위법성의 정도, 운전자의 형사처벌 여부 등 제반사정을 고려할 여지를 전혀 두지 아니한 채 다른 사람의 자동차등을 훔친 모든 경우에 필요적으로 운전면허를 취소하는 것은, 그것이 달성하려는 공익의 비중에도 불구하고 운전면허 소지자의 직업의 자유 내지 일반적 행동의 자유를 과도하게 제한하는 것이다. 그러므로 심판대상조항은 직업의 자유 내지 일반적 행동의 자유를 침해한다(헌재 2017.5.25, 2016헌가6).

③ [O] 심판대상조항이 건설업과 관련 없는 죄로 임원이 형을 선고받은 경우까지도 법인이 건설업을 영위할 수 없도록 하는 것은 입법목적달성을 위한 적합한 수단에 해당하지 아니하고, 이러한 경우까지도 가장 강력한 수단인 필요적 등록말소라는 제재를 가하는 것은 최소침해성 원칙에도 위배된다. 심판대상조항으로 인하여 건설업자인 법인은 등록이 말소되는 중대한 피해를 입게 되는 반면 심판대상조항이 공익 달성에 기여하는 바는 크지 않아 심판대상조항은 법익균형성 원칙에도 위배된다. 따라서 심판대상조항은 과잉금지원칙에 위배되어 청구인의 직업수행의 자유를 침해한다(헌재 2014.4.24, 2013헌바25).

④ [O] 직업의 자유는 국가자격제도정책과 국가의 경제상황에 따라 법률에 의하여 제한할 수 있는 국민의 권리에 해당한다. 국가정책에 따라 정부의 허가를 받은 외국인은 정부가 허가한 범위 내에서 소득활동을 할 수 있는 것이므로, 외국인이 국내에서 누리는 직업의 자유는 법률에 따른 정부의 허가에 의해 비로소 발생하는 권리이다(헌재 2014.8.28, 2013헌마359).

정답 | 17 ④ 18 ②

⑤ [O] 이 사건 법률조항들의 입법목적을 달성하기 위하여 직무정지라는 불이익을 가한다고 하더라도 그 사유는 형이 확정될 때까지 기다릴 수 없을 정도로 조합장 직무의 원활한 운영에 대한 '구체적인' 위험을 야기할 것이 명백히 예상되는 범죄 등으로 한정되어야 한다. 그런데 이 사건 법률조항들은 조합장이 범한 범죄가 조합장에 선출되는 과정에서 또는 선출된 이후 직무와 관련하여 발생하였는지 여부, 고의범인지 과실범인지 여부, 범죄의 유형과 죄질이 조합장의 직무를 수행할 수 없을 정도로 공공의 신뢰를 중차대하게 훼손하는지 여부 등을 고려하지 아니하고, 단순히 금고 이상의 형을 선고받은 모든 범죄로 그 적용대상을 무한정 확대함으로써 기본권의 최소 침해성 원칙을 위반하였다. 또한 이 사건 법률조항들에 의하여 달성하려는 공익은 모호한 반면에, 금고 이상의 형이 선고되었다는 이유만으로 형의 확정이라는 불확정한 시기까지 직무수행을 정지당하는 조합장의 불이익은 실질적이고 현존하는 기본권 침해로서 위와 같은 공익보다 결코 작다고 할 수 없으므로 이 사건 법률조항들은 법익균형성 요건도 충족하지 못하였다. 따라서 이 사건 법률조항들은 과잉금지원칙에 위반하여 청구인들의 직업수행의 자유를 침해한다(헌재 2013.8.29, 2010헌마562).

19 직업의 자유에 대한 설명으로 옳지 않은 것은? (다툼이 있는 경우 헌법재판소 판례에 의함) 22. 국회직 8급

① 학원이나 체육시설에서 어린이통학버스를 운영하는 자로 하여금 어린이통학버스에 학원 강사 등의 보호자를 동승하여 운행하도록 한 것은 학원 등 운영자의 직업수행의 자유를 지나치게 제한하여 입법형성권의 범위를 현저히 벗어났다거나 기본권 침해의 최소성 원칙에 반한다고 볼 수 없다.

② 변호사의 자격이 있는 자에게 더 이상 세무사 자격을 자동으로 부여하지 않도록 한 것은 과잉금지원칙에 반하여 직업선택의 자유를 침해한다고 볼 수 없다.

③ 거짓이나 그 밖의 부정한 수단으로 운전면허를 받은 경우 모든 범위의 운전면허를 필요적으로 취소하도록 한 것은 과잉금지원칙에 반하여 직업의 자유를 침해한다.

④ 안경사 면허를 가진 자연인에게만 안경업소의 개설 등을 할 수 있도록 한 것은 안경사들로만 구성된 법인 형태의 안경업소 개설까지 허용하지 않으므로 과잉금지원칙에 반하여 자연인 안경사와 법인의 직업의 자유를 침해한다.

⑤ 의료인으로 하여금 어떠한 명목으로도 둘 이상의 의료기관을 개설할 수 없도록 하고 이를 위반할 경우 형사처벌하는 것은 여러 개의 의료기관을 개설하고자 하는 의료인의 직업수행 방법을 제한하고 있다.

해설

④ [×] 국민의 눈 건강과 관련된 국민보건의 중요성, 안경사 업무의 전문성, 안경사로 하여금 자신의 책임하에 고객과의 신뢰를 쌓으면서 안경사 업무를 수행하게 할 필요성 등을 고려할 때, 안경업소 개설은 그 업무를 담당할 자연인 안경사로 한정할 것이 요청된다. 법인 안경업소가 허용되면 영리추구 극대화를 위해 무면허자로 하여금 안경 조제·판매를 하게 하는 등의 문제가 발생할 가능성이 높아지고, 안경 조제·판매 서비스의 질이 하락할 우려가 있다. 또한 대규모 자본을 가진 비안경사들이 법인의 형태로 안경시장을 장악하여 개인 안경업소들이 폐업하면 안경사와 소비자간 신뢰관계 형성이 어려워지고, 독과점으로 인해 안경 구매비용이 상승할 수 있다. 반면 현행법에 의하더라도 안경사들은 협동조합, 가맹점 가입, 동업 등의 방법으로 법인의 안경업소 개설과 같은 조직화, 대형화 효과를 어느 정도 누릴 수 있다. 따라서 심판대상조항은 과잉금지원칙에 반하지 아니하여 자연인 안경사와 법인의 직업의 자유를 침해하지 아니한다(헌재 2021.06.24, 2017헌가31).

① [O] 이 사건 보호자동승조항이 학원 등 운영자로 하여금 어린이통학버스에 학원 강사 등의 보호자를 함께 태우고 운행하도록 한 것은 어린이 등이 안전사고 위험으로부터 벗어나 안전하고 건강한 생활을 영위하도록 하기 위한 것이다. 어린이통학버스의 동승보호자는 운전자와 함께 탑승함으로써 승·하차 시 뿐만 아니라 운전자만으로 담보하기 어려운 '차량 운전 중' 또는 '교통사고 발생 등의 비상상황 발생 시' 어린이 등의 안전을 효과적으로 담보하는 중요한 역할을 하는 점 등에 비추어 보면, 이 사건 보호자동승조항이 과잉금지원칙에 반하여 청구인들의 직업수행의 자유를 침해한다고 볼 수 없다(헌재 2020.4.23, 2017헌마479).

② [O] 변호사가 세무나 회계 등과 관련한 법률사무를 처리할 수 있다고 하여 변호사에게 반드시 세무사의 자격이 부여되어야 하는 것은 아니고 변호사에 대하여 세무사 자격을 부여할 것인지 여부는 국가가 입법 정책적으로 결정할 사안이라는 점, 세무사법은 세무사 제도가 정착되고 세무대리시장의 수급이 안정됨에 따라 세무사 자격 자동부여 대상을 점차 축소하는 방향으로 개정되어 왔다는 점, 변호사에게 세무사의 자격을 부여하면서도 현행법상 실무교육에 더하여 세무대리업무에 특화된 추가교육을 이수하도록 하는 등의 대안을 통해서는 세무사 자격 자동부여와 관련된 특혜시비를 없애고 일반 국민과의 형평을 도모한다는 입법목적을 달성할 수 없는 점, 변호사의 자격을 가진 사람은 세무사 자격이 없더라도 세무사법 제2조 각호에 열거되어 있는 세무사의 직무 중 변호사의 직무로서 할 수 있는 세무대리를 수행할 수 있고 현행법상 조세소송대리는 변호사만이 독점적으로 수행할 수 있는 점 등을 고려하면, 이 사건 법률조항이 피해의 최소성 원칙에 반한다고 보기 어렵다. 나아가, 청구인들은 이 사건 법률조항으로 인하여 변호사의 직무로서 세무대리를 하는 것 외에는 세무대리를 할 수 없게 되어 업무의 범위가 축소되는 불이익을 입었으나, 이러한 불이익이 위 조항으로 달성하고자 하는 공익보다 크다고 볼 수 없다. 따라서 이 사건 법률조항은 과잉금지원칙에 반하여 청구인들의 직업선택의 자유를 침해한다고 볼 수 없다(헌재 2021.7.15, 2018헌마279).

③ [O] 위법이나 비난의 정도가 미약한 사안을 포함한 모든 경우에 부정 취득하지 않은 운전면허까지 필요적으로 취소하고 이로 인해 2년 동안 해당 운전면허 역시 받을 수 없게 하는 것은, 공익의 중대성을 감안하더라도 지나치게 기본권을 제한하는 것이므로, 법익의 균형성 원칙에도 위배된다. 따라서 심판대상조항 중 각 '거짓이나 그 밖의 부정한 수단으로 받은 운전면허를 제외한 운전면허'를 필요적으로 취소하도록 한 부분은, 과잉금지원칙에 반하여 일반적 행동의 자유 또는 직업의 자유를 침해한다(헌재 2020.6.25, 2019헌가9).

⑤ [O] 심판대상조항은 의료인의 의료기관 중복 개설을 허용할 경우 예상되는 폐해를 미리 방지하여 건전한 의료질서를 확립하고 궁극적으로는 국민의 건강을 보호·증진하기 위한 것으로 입법목적의 정당성이 인정된다. 의료인의 의료기관 중복 개설을 허용할 경우, 의료인의 역량이 분산되거나, 비의료인으로 하여금 의료행위를 하도록 하는 등 위법행위에 대한 유인이 증가할 우려가 있고, 국민의 생명·신체에 대한 위험이나 보건위생상 위해를 초래할 수 있다. 또한, 영리 추구가 의료의 주된 목적이 될 경우 의료서비스 수급의 불균형, 의료시장의 독과점 등 부작용이 발생할 우려가 있는바, 이를 사전에 방지할 필요가 있다. … 따라서 심판대상조항이 의료인의 직업수행의 자유를 침해한다고 볼 수 없다(헌재 2021.6.24, 2019헌바342).

20 사립학교 운영의 자유에 대한 설명으로 옳지 않은 것은? (다툼이 있는 경우 헌법재판소 판례에 의함)

22. 국회직 8급

① 사립학교는 그 설립자의 특별한 설립이념을 구현하거나 독자적인 교육방침에 따라 개성 있는 교육을 실시할 수 있을 뿐만 아니라 공공의 이익을 위한 재산출연을 통하여 정부의 공교육 실시를 위한 재정적 투자능력의 한계를 자발적으로 보완해 주는 역할을 담당하므로, 사립학교 설립의 자유와 운영의 독자성을 보장할 필요가 있다.

② 사립유치원에 사학기관 재무·회계 규칙을 적용하여 수입 및 지출할 수 있는 비용의 항목이 한정되는 등 엄격한 재무·회계관리가 이루어진다고 하더라도, 이로 인해 사립유치원 운영의 자율성이 완전히 박탈되는 것은 아니다.

③ 사립학교도 공교육의 일익을 담당한다는 점에서 국·공립학교와 본질적인 차이가 있을 수 없기 때문에 공적인 학교 제도를 보장하여야 할 책무를 진 국가가 일정한 범위 안에서 사립학교의 운영을 관리·감독할 권한과 책임을 진다.

④ 사립유치원은 공교육이라는 공익적 서비스를 제공함에 따라 국가 및 지방자치단체로부터 그 운영재원의 대부분에 해당하는 재정지원 및 다양한 세제혜택을 받고 있으므로 사립유치원의 재정 및 회계의 투명성은 그 유치원에 의하여 수행되는 교육의 공공성과 직결된다.

⑤ 사립유치원의 공통적인 세입·세출 자료가 없는 경우 관할청의 지도·감독에는 한계가 존재할 수밖에 없다는 이유로 사립유치원의 회계를 국가가 관리하는 공통된 회계시스템을 이용하여 처리하도록 하는 것은 개인사업자인 사립유치원의 자유로운 회계처리방법 선택권을 과도하게 침해한다.

해설

⑤ [×] 사립유치원은 비록 설립주체의 사유재산으로 설립·운영되기는 하지만, 유아교육법, 사립학교법 등 교육관계법령에 의하여 국·공립학교와 마찬가지의 재정적 지원과 감독·통제를 받는 학교로서, 사립유치원의 재정 및 회계의 건전성과 투명성은 그 유치원에 의하여 수행되는 교육의 공공성과 직결된다고 할 것이므로, 사립유치원의 회계투명성을 확보하기 위하여 교비회계업무를 처리함에 있어 국가관리회계시스템(에듀파인)을 이용하도록 한 것은 사립유치원 설립·경영자의 사립학교 운영의 자유를 침해하지 아니한다고 결정한 사건이다(헌재 2021.11.25, 2019헌마542).

①③ [O] 사립학교는 그 설립자의 특별한 설립이념을 구현하거나 독자적인 교육방침에 따라 개성 있는 교육을 실시할 수 있을 뿐만 아니라 공공의 이익을 위한 재산출연을 통하여 정부의 공교육 실시를 위한 재정적 투자능력의 한계를 자발적으로 보완해 주는 역할을 담당하므로, 사립학교 설립의 자유와 운영의 독자성을 보장할 필요가 있다. 그러나 다른 한편, 사립학교도 공교육의 일익을 담당한다는 점에서 국·공립학교와 본질적인 차이가 있을 수 없기 때문에 공적인 학교 제도를 보장하여야 할 책무를 진 국가가 일정한 범위 안에서 사립학교의 운영을 감독·통제할 권한과 책임을 지는 것 또한 당연하다 할 것이고, 그 규율의 정도는 그 시대의 사정과 각급 학교의 형편에 따라 다를 수밖에 없는 것이므로, 교육의 본질을 침해하지 않는 한 궁극적으로는 입법권자의 형성의 자유에 속하는 것이라 할 수 있다(헌재 2012.2.23, 2011헌바14).

② [O] 사립유치원이 심판대상조항의 적용으로 수입 및 지출할 수 있는 비용의 항목이 한정되는 등 엄격한 재무·회계관리가 이루어진다고 하더라도 이로 인해 사립유치원 운영의 자율성이 완전히 박탈되는 것은 아니다(헌재 2019.7.25, 2017헌마1038).

정답 | 19 ④ 20 ⑤

④ [O] 개인이 설립한 사립유치원 역시 사립학교법 · 유아교육법상 학교로서 공교육 체계에 편입되어 그 공공성이 강조되고 공익적인 역할을 수행한다. 사립유치원은 공교육이라는 공익적 서비스를 제공함에 따라 국가 및 지방자치단체로부터 그 운영재원의 대부분에 해당하는 재정지원 및 다양한 세제혜택을 받고 있다. 따라서 사립유치원의 재정 및 회계의 투명성은 그 유치원에 의하여 수행되는 교육의 공공성과 직결된다고 할 것이다(헌재 2019.7.25, 2017헌마1038).

21 자격제와 직업의 자유에 대한 설명으로 가장 적절하지 않은 것은? (다툼이 있는 경우 헌법재판소 판례에 의함)

22. 경찰간부

① 의료인이 아닌 자의 무면허의료행위를 일률적 · 전면적으로 금지한 구 의료법 조항은 국민의 생명권과 건강권을 보호하고 국민의 보건에 관한 국가의 보호의무를 이행하기 위한 조치로서, 이러한 기본권의 제한은 비례의 원칙에 부합한다.

② 세무 관련 분야에서 전문성이 인정되는 자격증을 소지한 자를 7급 세무직 공무원 공개경쟁채용시험에서 우대하는 것은 업무상 전문성을 강화하고 자격증 소지 여부가 시험에서 우대를 고려할 객관적 근거가 되며, 가산점제도가 자격증 없는 자들의 응시기회 자체를 제한한다고 보기 어려우므로 과잉금지원칙에 반하지 않는다.

③ 법학전문대학원 입학자 중 법학 외의 분야 및 당해 법학전문대학원이 설치된 대학 외의 대학에서 학사학위를 취득한 자가 차지하는 비율이 입학자의 3분의 1 이상이 되도록 규정한 법학전문대학원 설치 · 운영에 관한 법률 조항은 직업의 자유를 침해하지 않는다.

④ 특정 직업분야에 관한 자격제도를 만들면서 그 자격요건을 어떻게 설정할 것인가는 그 입법재량의 폭이 좁다 할 것이므로 과잉금지원칙을 적용함에 있어서 다른 방법으로 직업선택의 자유를 제한하는 경우에 비해 보다 엄격한 심사가 필요하다.

해설

④ [×] 입법자는 일정한 전문분야에 관한 자격제도를 마련함에 있어서 그 제도를 마련한 목적을 고려하여 정책적인 판단에 따라 그 내용을 구성할 수 있고, 마련한 자격제도의 내용이 불합리하고 불공정하지 않은 한 입법자의 정책판단은 존중되어야 하며, 자격제도에서 입법자에게는 그 자격요건을 정함에 있어 광범위한 입법재량이 인정되는 만큼, 자격요건에 관한 법률조항은 합리적인 근거 없이 현저히 자의적인 경우에만 헌법에 위반된다고 할 수 있다(헌재 2007.5.31, 2003헌마422).

① [O] 의료인이 아닌 자의 의료행위를 금지 · 처벌하는 구 의료법(2002.3.30. 법률 제6686호로 개정되기 전의 것, 이하 '법'이라 한다) 제25조 제1항 본문의 전단부분 및 제66조 제3호 중 제25조 제1항 본문의 전단에 관한 부분(이하 위 조항들은 '이 사건 법률조항'이라 한다)이 의료인이 아닌 자의 의료행위를 전면적으로 금지한 것은 매우 중대한 헌법적 법익인 국민의 생명권과 건강권을 보호하고 국민의 보건에 관한 국가의 보호의무(헌법 제36조 제3항)를 이행하기 위하여 적합한 조치로서, 위와 같은 중대한 공익이 국민의 기본권을 보다 적게 침해하는 다른 방법으로는 효율적으로 실현될 수 없으므로, 직업선택의 자유 등 기본권의 제한은 비례의 원칙에 부합하는 것으로서 헌법적으로 정당화된다(헌재 2005.5.26, 2003헌바86).

② [O] 세무직 국가공무원의 업무상 전문성 강화라는 공익과 함께, 심판대상조항이 정하는 바와 같은 가산점 제도가 1993.12.31. 이후 유지되어 왔고 자격증 없는 자들의 응시기회 자체가 박탈되거나 제한되는 것이 아니며 가산점 부여를 위해서는 일정한 요건을 갖추도록 하고 있는 점 등을 고려하면 법익균형성이 인정된다. 그러므로 이 사건 처벌조항은 과잉금지원칙에 반하여 청구인의 공무담임권을 침해하지 아니한다(헌재 2020.6.25, 2017헌마1178).

③ [O] 다양한 전공자를 대상으로 전문적인 법학교육을 실시하고 다양한 학문풍토를 조성하고자 하는 이 사건 법률 제26조 제2항 및 제3항이 추구하는 입법목적의 정당성이 인정되고, 전공과 출신대학에 따라 로스쿨 입학정원 비율을 제한하는 것은 이 사건 법률 제26조 제2항 및 제3항이 추구하는 입법목적을 달성하기 위한 적절한 방법이 될 수 있고, 입법목적을 달성하는 수단을 선택함에 있어서 입법자의 선택재량의 범위를 일탈하였다고 볼 수 없어서 최소침해성원칙에도 위배되지 아니하며, 로스쿨을 지원함에 있어서 청구인들이 받게 되는 불이익보다 위와 같은 입법목적을 달성하여 얻게 되는 공익이 훨씬 더 크다고 할 것이어서 법익균형성원칙에도 위배되지 아니하므로, 이 사건 법률 제26조 제2항 및 제3항은 비례의 원칙에 위배되지 않기 때문에 청구인들의 직업선택의 자유를 침해하지 아니한다(헌재 2009.2.26, 2007헌마1262).

22 직업의 자유에 대한 설명으로 가장 적절하지 않은 것은? (다툼이 있는 경우 헌법재판소 판례에 의함)

22. 경찰간부

① 유치원 주변 학교환경위생정화구역에서 성관련 청소년유해물건을 제작·생산·유통하는 청소년유해업소를 예외 없이 금지하는 구 학교보건법 조항은 청구인들의 직업의 자유를 침해하지 않는다.

② 세무사법 위반으로 벌금형을 받은 세무사의 등록을 필요적으로 취소하도록 한 세무사법 조항은 벌금형의 집행이 끝나거나 집행을 받지 아니하기로 확정된 후 3년이 지난 때에 다시 세무사로 등록하여 활동할 수 있는 점 등에 비추어 볼 때 청구인의 직업선택의 자유를 침해하지 않는다.

③ 주류 판매업면허를 받은 자가 타인과 동업 경영을 하는 경우 관할 세무서장이 해당 주류 판매업자의 면허를 필요적으로 취소하도록 한 구 주세법 조항은 면허가 있는 자들끼리의 동업의 경우도 일률적으로 주류 판매업면허를 취소하도록 규정하고 있으므로 주류 판매면허업자의 직업의 자유를 침해한다.

④ 성매매는 그것이 가지는 사회적 유해성과는 별개로 성판매자의 입장에서 생활의 기본적 수요를 충족하기 위한 소득활동에 해당함을 부인할 수 없다 할 것이므로, 성매매알선 등 행위의 처벌에 관한 법률에서 성매매를 한 사람을 처벌하는 것은 성판매자의 직업선택의 자유도 제한하고 있다.

해설

③ [×] 주류는 국민건강에 미치는 영향이 크고, 국가의 재정에도 직접 영향을 미치는 것이기 때문에 다른 상품과는 달리 특별히 법률을 제정하여 주류의 제조 및 판매에 걸쳐 폭넓게 국가의 규제를 받도록 하고 있다. 심판대상조항은 주류 유통질서의 핵심이라고 할 수 있는 주류 판매면허업자가 면허 허가 범위를 넘어 사업을 운영하는 것을 제한함으로써, 주류 판매업면허 제도의 실효성을 확보하고자 마련된 것이다. 국가의 관리 감독에서 벗어난 판매업자의 등장으로 유통 질서가 왜곡되는 것을 방지하고 규제의 효용성을 담보하기 위하여 필요하므로, 면허의 필요적 취소를 과도한 제한이라고 볼 수 없다. 따라서 이 조항은 주류 판매면허업자의 직업의 자유를 침해하지 않는다(헌재 2021.4.29, 2020헌바328).

① [O] 이 사건 법률조항들은 유치원 주변 및 아직 유아 단계인 청소년을 유해한 환경으로부터 보호하고 이들의 건전한 성장을 돕기 위한 것으로 그 입법목적이 정당하고, 이를 위해서 유치원 주변의 일정구역 안에서 해당 업소를 절대적으로 금지하는 것은 그러한 유해성으로부터 청소년을 격리하기 위하여 필요·적절한 방법이며, 그 범위가 유치원 부근 200미터 이내에서 금지되는 것에 불과하므로, 청구인들의 직업의 자유를 침해하지 아니한다(헌재 2013.6.27, 2011헌바8 등).

② [O] 심판대상조항으로 인해 세무사 등록이 취소된다 하더라도 영구적으로 세무사 활동이 불가능한 것이 아니라 그 벌금형의 집행이 끝나거나 집행을 받지 아니하기로 확정된 후 3년이 지난 때에는 다시 세무사로 등록하여 활동할 수 있다. 이와 같이 제한되는 사익에 비해 세무사 직무의 공정성 및 직업윤리의식의 유지, 원활한 세무행정의 수행 등 심판대상조항으로 인하여 달성되는 공익은 매우 중대하다 할 것이므로, 심판대상조항은 법익의 균형성도 충족하였다. 따라서 심판대상조항은 과잉금지원칙에 위반되지 아니하므로 세무사법 위반으로 벌금형을 선고받은 세무사의 직업선택의 자유를 침해하지 않는다(헌재 2021.10.28, 2020헌바221).

▶ 변호사, 공인회계사, 변리사, 관세사, 공인중개사 등과 세무사는 각각의 법률에 의하여 부여된 고유한 업무가 다르고 직종 간 특성에 따라 서로 다른 권한과 책임이 있으므로, 각 전문자격제도를 규율하기 위해 제정한 당해 법률 위반을 이유로 그 전문자격을 일정기간 제한하거나 정지시키는 사유 내지 등록취소사유를 정함에 있어 이를 각 법률마다 다르게 규정하고 있다고 할지라도 이를 본질적으로 동일한 집단에 대한 차별취급이라고 볼 수는 없다(헌재 2018.5.31, 2017헌바204).

④ [O] 헌법 제15조에서 보장하는 '직업'이란 생활의 기본적 수요를 충족시키기 위하여 행하는 계속적인 소득활동을 의미하고, 성매매는 그것이 가지는 사회적 유해성과는 별개로 성판매자의 입장에서 생활의 기본적 수요를 충족하기 위한 소득활동에 해당함을 부인할 수 없다 할 것이므로, 심판대상조항은 성판매자의 직업선택의 자유도 제한하고 있다. … 심판대상조항은 개인의 성적 자기결정권, 사생활의 비밀과 자유, 직업선택의 자유를 침해하지 아니한다(헌재 2016.3.31, 2013헌가2).

정답 | 21 ④ 22 ③

23 직업의 자유에 대한 설명으로 옳지 않은 것은? (다툼이 있는 경우 판례에 의함) 22. 국회직 9급

① 안경사 면허를 가진 자연인에게만 안경업소의 개설을 할 수 있도록 한 것은 법인의 직업의 자유를 침해한다.

② 시각장애인에 한하여 안마사 자격인정을 받을 수 있도록 하는 것은 비시각장애인의 직업선택의 자유를 침해하지 않는다.

③ 일반게임제공업자 등이 게임물의 버튼 등 입력장치를 자동으로 조작하여 게임을 진행하는 장치 또는 소프트웨어를 제공하거나 게임물 이용자가 이를 이용하게 해서는 안 된다고 하는 것은 일반게임제공업자의 직업의 자유를 침해하지 않는다.

④ 약사 또는 한약사가 아닌 자연인의 약국 개설을 금지하고 위반시 형사처벌하는 것은 약사 또는 한약사가 아닌 자의 직업선택의 자유를 침해하지 않는다.

⑤ 의료인이 아닌 자의 문신시술업을 금지하고 처벌하는 것은 비의료인의 직업선택의 자유를 침해하지 않는다.

해설

① [×] 국민의 눈 건강과 관련된 국민보건의 중요성, 안경사 업무의 전문성, 안경사로 하여금 자신의 책임하에 고객과의 신뢰를 쌓으면서 안경사 업무를 수행하게 할 필요성 등을 고려할 때, 안경업소 개설은 그 업무를 담당할 자연인 안경사로 한정할 것이 요청된다. 법인 안경업소가 허용되면 영리추구 극대화를 위해 무면허자로 하여금 안경 조제·판매를 하게 하는 등의 문제가 발생할 가능성이 높아지고, 안경 조제·판매 서비스의 질이 하락할 우려가 있다. 또한 대규모 자본을 가진 비안경사들이 법인의 형태로 안경시장을 장악하여 개인 안경업소들이 폐업하면 안경사와 소비자간 신뢰관계 형성이 어려워지고, 독과점으로 인해 안경 구매비용이 상승할 수 있다. 반면 현행법에 의하더라도 안경사들은 협동조합, 가맹점 가입, 동업 등의 방법으로 법인의 안경업소 개설과 같은 조직화, 대형화 효과를 어느 정도 누릴 수 있다. 따라서 심판대상조항은 과잉금지원칙에 반하지 아니하여 자연인 안경사와 법인의 직업의 자유를 침해하지 아니한다(헌재 2021.6.24, 2017헌가31).

② [O] 우리 입법자는 헌법 제10조 및 제34조 제5항에 의한 헌법적 요청에 따라 시각장애인복지정책의 일환으로서 이 사건 법률조항을 규정한 것인바, 그 과정에서 입법자는 앞서 본 바와 같은 제반사정들, 즉 시각장애인에 대한 복지정책이 미흡한 현실에서 안마사는 시각장애인이 선택할 수 있는 거의 유일한 직업이라는 점, 안마사 직역을 비시각장애인에게 허용할 경우 시각장애인의 생계를 보장하기 위한 다른 대안이 충분하지 않다는 점, 시각장애인은 역사적으로 교육·고용 등 일상생활에서 차별을 받아온 소수자로서 실질적인 평등을 구현하기 위해서는 이들을 우대하는 조치를 취할 필요가 있는 점 등을 충분히 고려하여 입법화한 것으로서 이를 존중할 필요가 있다고 할 것이다. 위와 같이 이 사건 법률조항은 시각장애인의 생존권보장이라는 헌법적 요청에 따라 시각장애인과 비시각장애인을 둘러싼 여러 상황을 적절하게 형량한 것으로서 위 법률조항으로 인해 얻게 되는 시각장애인의 생존권 등 공익과 그로 인하여 잃게 되는 일반국민의 직업선택의 자유 등 사익을 비교해 보더라도 공익과 사익 사이에 법익불균형이 발생한다고 단정할 수도 없을 것이다. 따라서 이 사건 법률조항이 비시각장애인을 시각장애인에 비하여 비례의 원칙에 반하여 차별하는 것이라고 할 수 없을 뿐 아니라 비시각장애인의 직업선택의 자유를 과도하게 침해하여 헌법에 위반된다고 보기도 어렵다(헌재 2008.10.30, 2006헌마1098·1116·1117).

③ [O] 심판대상조항으로 인해 일반게임제공업자인 청구인들은 자동진행장치를 게임물 이용자에게 제공하거나 이용하게 하는 영업방식이 제한될 뿐이므로 이로 인한 불이익이 크다고 보기는 어렵다. 청구인들의 기본권이 제한되는 정도는 심판대상조항을 통하여 달성하려는 게임물의 사행적 이용행위를 방지함으로써 건전한 게임문화를 확립하여 국민의 문화적 삶의 질을 향상시키고자 하는 공익에 비하여 중하다고 볼 수 없다. 따라서 심판대상조항은 법익의 균형성도 인정된다. 심판대상조항은 과잉금지원칙을 위반하여 일반게임제공업자인 청구인들의 직업의 자유를 침해한다고 볼 수 없다(헌재 2022.5.26, 2020헌마670, 705).

④ [O] 약사 또는 한약사가 아니면 약국을 개설할 수 없도록 규정한 약사법 제20조 제1항과 이에 위반한 자를 처벌하는 약사법 제93조 제1항 제2호는 헌법에 위반되지 아니한다(헌재 2020.10.29, 2019헌바249).

⑤ [O] 문신시술 자격제도와 같은 대안의 도입 여부는 입법재량의 영역에 해당하고, 입법부가 위와 같은 대안을 선택하지 않고 국민건강과 보건위생을 위하여 의료인만이 문신시술을 하도록 허용하였다고 하여 헌법에 위반된다고 볼 수 없다. 그러므로 심판대상조항은 명확성원칙이나 과잉금지원칙을 위반하여 청구인들의 직업선택의 자유를 침해하지 않는다(헌재 2022.3.31, 2017헌마1343).

24 직업의 자유에 관한 다음 설명 중 가장 옳은 것은?

22. 법무사

① 헌법재판소는 법무사보수기준제가 법무사라는 직업의 선택 그 자체를 제한하는 것이 아니라 직업행사의 자유를 제한하는 제도에 해당한다고 보아 그것이 직업의 자유를 침해하는지 여부를 심사하기 위한 기준으로 비례성원칙이 아닌 자의금지원칙을 적용하였다.

② 출석주의를 완화하여 최초의 전자등기신청 전에 한 차례 사용자등록을 하도록 한 부동산등기규칙 조항은 무자격 등기 브로커에 의한 무차별적 등기를 가능하게 하여 법무사인 청구인들의 직업에 대한 신뢰가 훼손됨으로써 직업 선택의 자유를 침해한다.

③ 법무사 아닌 자가 등기신청대행 등의 법무행위를 업으로 하는 것을 금지하고 이를 위반하는 경우 형사처벌하는 법무사법 조항은 법무사 자격이 없는 일반 국민의 직업선택의 자유를 과도하게 제한하여 헌법에 위반된다.

④ 고소고발장을 법무사만이 그 작성사무를 업으로 할 수 있는 법원과 검찰청의 업무에 관련된 서류로 규정한 것은 일반행정사의 직업선택의 자유 등의 기본권을 침해한다.

⑤ 헌법재판소는 일정한 경력을 가진 공무원이 법무사시험을 보지 않고도 법무사 자격을 취득할 수 있도록 하는 경력공무원에 대한 자격부여제도를 규정하고 있던 법무사법 조항에 대하여 경력공무원이 아닌 일반인들도 법무사시험을 보아 합격하면 법무사가 될 수 있는 길을 열어 놓고 있고, 경력공무원에 대한 자격부여제도가 합리성을 갖고 있어서 법무사시험제도를 유명무실하게 하는 요소를 찾기 어렵다고 보아 법무사라는 직업을 선택하는 자유를 침해하지 않는다고 결정한 적이 있다.

해설

⑤ [O] 법무사법 제4조 제1항 제2호에서 경력공무원에 해당하지 않는 청구인들과 같은 일반인들도 법무사시험을 보아 합격하면 법무사가 될 수 있게 길을 열어 놓고 있으며, 경력공무원에 대한 자격부여제도가 합리성을 갖고 있어서 법무사법의 어느 곳에도 법무사시험제도를 유명무실하게 하는 요소는 찾아 볼 수 없다. 따라서 이 사건 법률조항은 청구인들이 법무사라는 직업을 선택하는 자유를 침해하지 않는다(헌재 2001.11.29, 2000헌마84).

① [×] 법무사보수기준제는 국민으로 하여금 예측가능한 적정한 비용으로 쉽게 법률서비스를 이용할 수 있도록 함으로써 국민의 법률생활의 편익을 도모하고 사법제도의 건전한 발전에 기여하려는 데 있으므로 그 입법목적은 정당하다. 법무사의 업무형태는 비교적 단순하고 대체로 정형화되어 있어 그에 대한 보수를 어느 정도 일률적으로 정하는 것이 가능하므로 위 입법목적을 달성하기 위하여 법무사의 보수를 제한하는 것은 필요하고도 적절한 방법이다. 이 사건 법률조항은 입법자가 보수를 일방적으로 규정하거나 감독기관이 획일적으로 정하도록 한 것이 아니고, 기본권행사의 주체인 법무사들에게 자신들의 업무에 대하여 사회적·경제적 사정을 참작하여 적정한 보수를 정하도록 위임함으로써 기본권을 제한 받는 기본권 주체의 의사가 우선적으로 반영되도록 하는 방법을 택하고 있고 수시로 보수를 증액할 수 있도록 제한을 두지 않음으로써 법무사들이 보수기준제로 인하여 입게 될 피해를 최소화하고 있다. 한편, 이 사건 보수기준제에 의하여 청구인을 비롯한 법무사들이 직업활동의 자유를 제한 받지만, 그보다는 보수를 제한함으로써 달성하고자 하는 공익인 국민의 법률생활의 편익과 사법제도의 건전한 발전의 중대함에 비추어 볼 때, 제한을 통하여 얻는 공익적 성과와 법무사의 직업행사의 자유에 대한 제한의 정도가 합리적인 비례관계를 벗어났다고 볼 수 없다(헌재 2003.6.26, 2002헌바3). ➔ 비례성원칙을 적용

② [×] 출석주의를 완화함으로써 무자격 등기 브로커에 의한 무차별적 등기가 가능하게 되어 전문자격자인 청구인들의 직업에 대한 신뢰가 훼손됨으로써 직업선택의 자유가 침해된다는 취지의 주장도 하나, 이 사건 규칙조항과 사용자등록 지침조항은 무자격 등기 브로커에 의한 등기신청을 허용하는 규정이 아니다. 무자격 브로커에 의한 등기신청의 대리 등 관련 업무의 취급은 법무사법 제3조 제1항에 의해 금지되고, 제74조에 의해 형사처벌 대상이 된다. 이 사건 규칙조항과 사용자등록 지침조항에 의한 사실상의 효과로서 무자격 등기 브로커에 의한 등기가 만연하게 된다거나 그로 인해 청구인들의 직업에 대한 신뢰가 훼손될 수 있다는 것은 막연한 가능성의 주장일 뿐이므로, 그로 인해 청구인들의 직업선택의 자유가 침해될 가능성까지 인정할 수는 없다. 따라서 이 사건 규칙조항과 사용자등록 지침조항이 청구인들의 직업선택의 자유를 침해할 가능성이 있다고 보기 어렵다(헌재 2021.12.23, 2018헌마49).

정답 | 23 ① 24 ⑤

③ [×] 국민의 권리보전과 거래안전이라는 등기제도의 중대한 공익적 기능에 비추어 볼 때, 법무사는 위와 같은 정도의 법률지식 또는 실무경력을 갖추어야만 국민의 권리의무에 중요한 영향을 미치는 법무서류의 작성과 등기·공탁신청대리를 적정·원활하게 수행함으로써 국민의 권리보전에 기여할 수 있다 할 것이므로 위 자격요건이 지나치게 엄격하다고 할 수 없다. 나아가 청구인이 이 사건 법률조항으로 인하여 등기신청대리 등을 업으로 할 수 없는 불이익이 있다 하더라도 청구인에게는 위와 같이 어느 때고 법무사 자격을 취득할 수 있는 기회가 열려 있을 뿐만 아니라 이 사건 법률조항의 입법목적인 공익에 비하여 청구인이 입는 불이익이 결코 크다고 할 수 없으므로 법익의 균형도 유지되어 있다. 그렇다면, 이 사건 법률조항은 청구인의 직업선택의 자유를 침해할 정도로 비례의 원칙에 위배한 것으로 볼 수 없고, 나아가 입법자가 등기신청대행만을 전담하는 자격제도를 따로 두고 있지 않다거나 현재보다 더 완화된 법무사 자격요건을 두고 있지 않다고 하더라도 그것이 곧 청구인의 직업선택의 자유를 침해할 정도로 입법형성의 재량을 일탈한 것이라고 볼 수도 없다고 할 것이다(헌재 2003.9.25, 2001헌마156).

④ [×] 법무사법이 정하는 요건을 갖추어 법무사가 된 자의 경우에는 법원과 검찰청의 업무에 관련된 서류로 고소고발장의 작성업무에 종사할 만한 법률소양을 구비한 것으로 볼 수 있는 반면, 행정사법이 정하는 요건을 갖추어 일반행정사가 된 자의 경우에는 이러한 법률소양을 갖추었다는 보장을 할 수 없다. 따라서 고소고발장의 작성을 법무사에게만 허용하고 일반행정사에 대하여 이를 하지 못하게 한 것은, 국민의 법률생활의 편익과 사법제도의 건전한 발전이라는 공익의 실현에 필요·적정한 수단으로서 그 이유에 합리성이 있으므로, 일반행정사의 직업선택의 자유나 평등권 등을 침해하는 것이라고 볼 수 없다(헌재 2000.7.20, 98헌마52).

25 직업의 자유에 관한 다음 설명 중 가장 옳지 않은 것은?

22. 법무사

① 법 규정이 직업의 자유를 직접 규율하고자 하는 것은 아니지만 간접적으로 직업의 행사를 저해하거나 불가능하게 하는 경우에도 직업의 자유에 대한 제한이 인정될 수 있다.

② 어린이통학버스를 운영함에 있어서 반드시 보호자를 동승하도록 하는 조항은 동승보호자의 추가 고용에 따른 비용 지출을 유발할 뿐 학원의 영업방식을 직접 제한하는 것은 아니므로 그로 인해 직업수행의 자유는 제한되지 아니한다.

③ 헌법 제15조에서 보장하는 직업의 자유에는 기업의 설립과 경영의 자유를 의미하는 기업의 자유도 포함된다.

④ 최저임금의 적용을 위하여 주(週) 단위로 정해진 비교대상 임금을 시간에 대한 임금으로 환산할 때, 1주 동안의 소정근로시간 수와 법정 주휴시간 수를 합산한 시간 수로 해당 임금을 나누도록 하는 규정은 근로자를 고용하여 재화나 용역을 제공하는 사용자의 활동을 제한한다는 측면에서 직업의 자유를 제한한다.

⑤ 외국인근로자의 사업장 변경 사유를 제한하는 규정은, 그로 인해 외국인근로자가 일단 형성된 근로관계를 포기하고 직장을 이탈하는 데 있어 제한을 받게 되므로 직업선택의 자유 중 직장선택의 자유를 제한한다.

해설

② [×] 이 사건 보호자동승조항은 어린이통학버스를 운영함에 있어서 반드시 보호자를 동승하도록 함으로써 학원 등의 영업방식에 제한을 가하고 있으므로 청구인들의 직업수행의 자유를 제한한다. 한편, 청구인들은 이 사건 보호자동승조항으로 인하여 재산권도 침해된다고 주장하나, 이 사건 보호자동승조항은 어린이통학버스 운영자로 하여금 어린이통학버스에 어린이나 영유아를 태울 때 보호자를 동승하도록 규정하고 있을 뿐 어린이통학버스 운영자의 재산권에 제한을 가하는 내용을 규정하고 있지 아니하다(헌재 2020.4.23, 2017헌마479).

① [O] 이 사건 시행령조항은 차량소유자에게 타인에 관한 광고를 금지함으로써, 비영업용 차량을 광고매체로 활용하는 신종 광고대행업을 운영하려는 청구인들의 직업의 자유를 제한하는 효과를 부수적으로 가져온다. 법규정이 비록 직업의 자유를 직접 규율하고자 하는 것은 아니지만 간접적으로 직업의 행사를 저해하거나 또는 불가능하게 하는 경우에도, 직업의 자유에 대한 제한이 인정될 수 있다(헌재 2002.12.18, 2000헌마764).

③ [O] 헌법 제15조는 직업수행의 자유 내지 영업의 자유도 보장하고 있는바, 상업광고를 제한하는 입법은 직업수행의 자유도 동시에 제한하게 된다(헌재 2005.10.27, 2003헌가3).

④ [O] 최저임금 적용을 위한 임금의 시간급 환산시 법정 주휴시간 수를 포함한 시간 수로 나누어야 하는지에 관하여 종전에 대법원 판례와 고용노동부의 해석이 서로 일치하지 아니하여 근로 현장에서 혼란이 초래되었다. 이 사건 시행령조항은 그와 같은 불일치와 혼란을 해소하기 위한 것으로서, 그 취지와 필요성을 인정할 수 있다. 비교대상 임금에는 주휴수당이 포함되어 있고, 주휴수당은 근로기준법에 따라 주휴시간에 대하여 당연히 지급해야 하는 임금이라는 점을 감안하면, 비교대상 임금을 시간급으로 환산할 때 소정근로시간 수 외에 법정 주휴시간 수까지 포함하여 나누도록 하는 것은 그 합리성을 수긍할 수 있다. 근로기준법이 근로자에게 유급주휴일을 보장하도록 하고 있다는 점을 고려할 때, 소정근로시간 수와 법정 주휴시간 수 모두에 대하여 시간급 최저임금액 이상을 지급하도록 하는 것이 그 자체로 사용자에게 지나치게 가혹하다고 보기는 어렵다. 따라서 이 사건 시행령조항은 과잉금지원칙에 위배되어 사용자의 계약의 자유 및 직업의 자유를 침해한다고 볼 수 없다(헌재 2020.6.25, 2019헌마15).

⑤ [O] 이 사건 법률조항은 외국인근로자의 무분별한 사업장 이동을 제한함으로써 내국인근로자의 고용기회를 보호하고 외국인근로자에 대한 효율적인 고용관리로 중소기업의 인력수급을 원활히 하여 국민경제의 균형 있는 발전이 이루어지도록 하기 위하여 도입된 것이다. 나아가 이 사건 법률조항은 일정한 사유가 있는 경우에 외국인근로자에게 3년의 체류기간 동안 3회까지 사업장을 변경할 수 있도록 하고 대통령령이 정하는 부득이한 사유가 있는 경우에는 추가로 사업장 변경이 가능하도록 하여 외국인근로자의 사업장 변경을 일정한 범위 내에서 가능하도록 하고 있으므로 이 사건 법률조항이 입법자의 재량의 범위를 넘어 명백히 불합리하다고 할 수는 없다. 따라서 이 사건 법률조항은 청구인들의 직장선택의 자유를 침해하지 아니한다(헌재 2011.9.29, 2007헌마1083).

26 직업의 자유에 대한 설명으로 옳은 것은? (다툼이 있는 경우 판례에 의함) 22. 국가직 7급

① 안경사 면허를 가진 자연인에게만 안경업소의 개설 등을 할 수 있도록 하고 위반시 처벌하도록 규정한 구 의료기사 등에 관한 법률 조항은 자연인 안경사와 법인의 직업의 자유를 침해한다.

② 택시운전자격을 취득한 사람이 강제추행 등 성범죄를 범하여 금고 이상의 형의 집행유예를 선고받은 경우 그 자격을 취소하도록 규정한 여객자동차 운수사업법 조항은 택시운전자격을 취득한 사람의 직업의 자유를 침해한다.

③ 청원경찰이 금고 이상의 형의 선고유예를 받은 경우 당연퇴직되도록 규정한 청원경찰법 조항은 청원경찰의 직업의 자유를 침해한다.

④ 교통사고로 사람을 사상한 후 필요한 조치 및 신고를 하지 아니하여 벌금 이상의 형을 선고 받고 운전면허가 취소된 사람은 운전면허가 취소된 날부터 4년간 운전면허를 받을 수 없도록 한 도로교통법 조항은 운전자의 직업의 자유를 침해한다.

해설

③ [O] 청원경찰이 저지른 범죄의 종류나 내용을 불문하고 범죄행위로 금고 이상의 형의 선고유예를 받게 되면 당연히 퇴직되도록 규정함으로써 그것이 달성하려는 공익의 비중에도 불구하고 청원경찰의 직업의 자유를 과도하게 제한하고 있어 법익의 균형성원칙에도 위배된다. 따라서, 심판대상조항은 과잉금지원칙에 반하여 직업의 자유를 침해한다(헌재 2018.1.25, 2017헌가26).

① [×] 국민의 눈 건강과 관련된 국민보건의 중요성, 안경사 업무의 전문성, 안경사로 하여금 자신의 책임하에 고객과의 신뢰를 쌓으면서 안경사 업무를 수행하게 할 필요성 등을 고려할 때, 안경업소 개설은 그 업무를 담당할 자연인 안경사로 한정할 것이 요청된다. 법인 안경업소가 허용되면 영리추구 극대화를 위해 무면허자로 하여금 안경 조제·판매를 하게 하는 등의 문제가 발생할 가능성이 높아지고, 안경 조제·판매 서비스의 질이 하락할 우려가 있다. 또한 대규모 자본을 가진 비안경사들이 법인의 형태로 안경시장을 장악하여 개인 안경업소들이 폐업하면 안경사와 소비자간 신뢰관계 형성이 어려워지고, 독과점으로 인해 안경 구매비용이 상승할 수 있다. 반면 현행법에 의하더라도 안경사들은 협동조합, 가맹점 가입, 동업 등의 방법으로 법인의 안경업소 개설과 같은 조직화, 대형화 효과를 어느 정도 누릴 수 있다. 따라서 심판대상조항은 과잉금지원칙에 반하지 아니하여 자연인 안경사와 법인의 직업의 자유를 침해하지 아니한다(헌재 2021.6.24, 2017헌가31).

☑ 비교 판례

> 입법자가 약국의 개설 및 운영을 일반인에게 개방할 경우에 예상되는 장단점을 고려한 정책적 판단의 결과 약사가 아닌 일반인 및 일반법인에게 약국개설을 허용하지 않는 것으로 결정하는 것은 그 입법형성의 재량권 내의 것으로서 헌법에 위반된다고 볼 수 없지만, 법인의 설립은 그 자체가 간접적인 직업선택의 한 방법으로서 직업수행의 자유의 본질적 부분의 하나이므로, 정당한 이유 없이 본래 약국개설권이 있는 약사들만으로 구성된 법인에게도 약국개설을 금지하는 것은 입법목적을 달성하기 위하여 필요하고 적정한 방법이 아니고, 입법형성권의 범위를 넘어 과도한 제한을 가하는 것으로서, 법인을 구성하여 약국을 개설·운영하려고 하는 약사들 및 이들로 구성된 법인의 직업선택(직업수행)의 자유의 본질적 내용을 침해하는 것이고, 동시에 약사들이 약국경영을 위한 법인을 설립하고 운영하는 것에 관한 결사의 자유를 침해하는 것이다(헌재 2002.9.19, 2000헌바84).

정답 | 25 ② 26 ③

② [×] 택시를 이용하는 국민을 성범죄 등으로부터 보호하고, 여객운송서비스 이용에 대한 불안감을 해소하며, 도로교통에 관한 공공의 안전을 확보하려는 심판대상조항의 입법목적은 정당하고, 또한 해당 범죄를 범한 택시운송사업자의 운전자격의 필요적 취소라는 수단의 적합성도 인정된다. 택시 승객은 운전자와 접촉하는 빈도와 밀도가 높고 야간에도 택시를 이용하는 등 위험에 노출될 확률이 높다. 범죄의 개별성·특수성을 일일이 고려하여 해당 운전자의 준법의식 구비 여부를 가리는 방법은 매우 번잡한 절차가 필요하므로, 심판대상조항과 같이 명백하고 일률적인 기준을 설정하는 것은 불가피하다. 법원이 범죄의 모든 정황을 고려한 다음 금고 이상 형의 집행유예를 선택하였다면 사회적 비난가능성도 적지 않다. 이러한 점을 종합하면 임의적 운전자격 취소만으로는 입법목적을 달성하는 데 충분하다고 보기 어려우므로, 침해의 최소성도 인정된다. 운전자격이 취소되더라도 집행유예기간이 경과하면 다시 운전자격을 취득할 수 있으므로 운수종사자가 받는 불이익은 제한적인 반면, 심판대상조항으로 달성되는 입법목적은 매우 중요하므로, 법익의 균형성 요건도 충족한다. 따라서 심판대상조항은 과잉금지원칙에 위배되지 않는다(헌재 2018.5.31, 2016헌바14, 2017헌가24, 2017헌바376).

④ [×] 심판대상조항은 교통사고로 타인의 생명 또는 신체를 침해하고도 이에 따른 피해자의 구호조치와 신고의무를 위반한 사람이 계속하여 교통에 관여하는 것을 금지함으로써, 국민의 생명·신체를 보호하고 도로교통에 관련된 공공의 안전을 확보함과 동시에 4년의 운전면허 결격기간이라는 엄격한 제재를 통하여 교통사고 발생시 구호조치의무 및 신고의무를 이행하도록 하는 예방적 효과를 달성하고자 하는 데 그 입법목적을 가지고 있다. 이러한 입법목적은 정당하고, 그 수단의 적합성 또한 인정된다. 운전자의 기본적인 의무를 위반하여 국민의 생명·신체를 침해하고 교통상의 위해를 초래한 사람이 교통에 계속 관여하는 것을 금지하여 공공의 안전을 확보하는 한편 그와 같은 행위를 억제하는 예방적 효과를 달성하고자 하는 공익은 매우 중대하고, 심판대상조항이 위와 같은 공익의 달성에 기여하는 개연성 역시 인정할 수 있다. 따라서 심판대상조항은 직업의 자유 및 일반적 행동의 자유를 침해하지 않는다(헌재 2017.12.28, 2016헌바254).

27 직업의 자유에 관한 설명으로 옳은 것은? (다툼이 있는 경우 헌법재판소 판례에 의함)

23. 소방간부

① 탐정 유사 명칭의 사용 금지를 규정한 신용정보의 이용 및 보호에 관한 법률 해당 규정이 탐정업 유사직역에 종사하면서 탐정 명칭을 사용하지 못하게 하는 것은 직업수행의 자유를 침해한다.

② 주방에서 발생하는 음식물 찌꺼기 등을 분쇄하여 오수와 함께 배출하는 주방용오물분쇄기의 판매와 사용을 금지하는 환경부고시 주방용오물분쇄기의 판매·사용금지의 규정은 주방용오물분쇄기를 사용하거나 판매하려는 사람들의 직업의 자유를 침해한다.

③ 측량업의 등록을 한 측량업자가 등록기준에 미달하게 된 경우 측량업의 등록을 필요적으로 취소하도록 규정한 구 측량·수로조사 및 지적에 관한 법률의 해당 규정은 직업의 자유를 침해한다.

④ 변호사의 자격이 있는 자에게 더 이상 세무사 자격을 부여하지 않는 구 세무사법 해당 조항은 시행일 이후 변호사 자격을 취득한 사람들의 직업선택의 자유를 침해한다.

⑤ 임원이 금고 이상의 형을 선고받은 경우 법인의 건설업 등록을 필요적으로 말소하도록 규정한 구 건설산업기본법 해당 규정 가운데 법인에 관한 부분은 건설업자인 법인은 등록이 말소되는 중대한 피해를 입게 되는 반면 심판대상조항이 공익달성에 기여하는 바는 크지 않으므로 직업수행의 자유를 침해한다.

해설

⑤ [O] 심판대상조항이 건설업과 관련 없는 죄로 임원이 형을 선고받은 경우까지도 법인이 건설업을 영위할 수 없도록 하는 것은 입법목적달성을 위한 적합한 수단에 해당하지 아니하고, 이러한 경우까지도 가장 강력한 수단인 필요적 등록말소라는 제재를 가하는 것은 최소침해성원칙에도 위배된다. 심판대상조항으로 인하여 건설업자인 법인은 등록이 말소되는 중대한 피해를 입게 되는 반면 심판대상조항이 공익 달성에 기여하는 바는 크지 않아 심판대상조항은 법익균형성원칙에도 위배된다. 따라서 심판대상조항은 과잉금지원칙에 위배되어 청구인의 직업수행의 자유를 침해한다(헌재 2014.4.24, 2013헌바25).

① [×] 청구인은 탐정업의 업무영역에 속하지만 위 조항에 의해 금지되지 않는 업무를 수행하는 것이 불가능하지 않다. 예를 들어, 청구인은 현재에도 도난·분실 등으로 소재를 알 수 없는 물건 등을 찾아주는 일을 직업으로 삼을 수 있고, 개별 법률이 정한 요건을 갖추어 신용조사업, 경비업, 손해사정사 등 법이 특별히 허용하는 범위에서 탐정업 유사직역에 종사할 수 있다. 따라서 위 조항은 과잉금지원칙을 위반하여 직업선택의 자유를 침해하지 아니한다(헌재 2018.6.28, 2016헌마473).

② [×] 주방용오물분쇄기의 판매·사용을 금지하여 분쇄된 음식물 찌꺼기 등이 하수도로 배출되는 것을 막는 것은 수질오염 방지라는 입법목적을 달성하는 적절한 수단이므로, 목적의 정당성 및 수단의 적절성이 인정된다. 심판대상조항으로 인하여 하수의 수질 악화를 막아 공공수역의 수질오염을 방지할 수 있으므로 달성되는 공익은 중대하다. 반면 청구인들은 주방용오물분쇄기를 사용하거나 판매하지 못하는 불이익을 받지만, 이를 사용하지 못하더라도 많은 지역에서 전자태그(RFID), 칩(스티커), 종량제봉투 방식 등으로 음식물류 폐기물을 거점수거용기에 수시로 배출할 수 있고, 수시 배출이 어려운 지역에서는 배출일까지 음식물류 폐기물의 부패나 해충 발생을 막기 위해 가정에서 건조·냉동 등 방식의 음식물쓰레기처리기를 사용할 수 있으며, 나아가 위 환경부고시에서 정한 감량분쇄기를 사용·판매하는 것 또한 가능하므로, 그 불이익이 감수할 수 없을 정도로 크다고 보기 어렵다. 따라서 심판대상조항으로 인하여 제한되는 사익이 달성되는 공익보다 크다고 할 수 없으므로, 법익의 균형성의 원칙도 충족한다. 심판대상조항은 과잉금지원칙에 위반하여 청구인들의 일반적 행동자유권, 직업의 자유를 침해하지 않는다(헌재 2018.6.28, 2016헌마1151).

③ [×] 심판대상조항은 측량업무의 정확성과 신뢰성을 담보하여 토지 관련 법률관계의 법적 안정성과 국민의 권익을 보호하려는 것으로 그 입법목적의 정당성이 인정되고, 이를 위해 심판대상조항은 무자격자가 측량업에 종사하는 것을 방지하므로 수단의 적합성 역시 인정된다(헌재 2020.12.23, 2018헌바458).

④ [×] 변호사 자격 소지자에 대한 세무사 자격 자동부여와 관련된 특혜시비를 없애고 세무사시험에 응시하는 일반 국민과의 형평을 도모함과 동시에 세무분야의 전문성을 제고함으로써 소비자에게 고품질의 세무서비스를 제공하고자 마련된 이 사건 법률조항의 입법목적은 정당하다. 또한 이 사건 법률조항이 변호사에 대한 세무사 자격 자동부여제도를 폐지한 것은 이러한 입법목적을 달성하기 위한 적합한 수단이다. 따라서 이 사건 법률조항이 과잉금지원칙에 반하여 청구인들의 직업선택의 자유를 침해한다고 볼 수 없다(헌재 2021.7.15, 2018헌마279).

28 직업의 자유에 관한 설명으로 가장 적절하지 않은 것은? (다툼이 있는 경우 판례에 의함)

23. 경찰 2차

① 사회복무요원은 출·퇴근 근무를 원칙으로 하며 퇴근 이후에는 상대적으로 자유로운 생활관계를 형성하고 있는바, 사회복무요원이 '복무기관의 장의 허가 없이 다른 직무를 겸하는 행위'를 한 경우 경고처분하고, 경고처분 횟수가 더하여질 때마다 5일을 연장하여 복무하도록 하는 병역법 제33조 제2항은 사회복무요원인 청구인의 직업의 자유를 침해한다.

② 시설경비업을 허가받은 경비업자로 하여금 '허가받은 경비업무 외의 업무에 경비원을 종사하게 하는 것'을 금지하고, 이를 위반한 경비업자에 대한 허가를 취소하도록 정하고 있는 경비업법 제7조 제5항 중 '시설경비업무'에 관한 부분, 같은 법 제19조 제1항 제2호 중 '시설경비업무'에 관한 부분은 과잉금지원칙에 위반하여 시설경비업을 수행하는 경비업자의 직업의 자유를 침해한다.

③ 시각장애인만이 안마사 자격인정을 받을 수 있도록 규정한 의료법 제82조 제1항 중 '장애인복지법에 따른 시각장애인 중' 부분, 시·도지사로부터 안마사 자격인정을 받지 아니한 자는 안마시술소 또는 안마원을 개설할 수 없도록 규정한 의료법 제82조 제3항 중 제33조 제2항 제1호를 준용하는 부분은 비시각장애인인 청구인의 직업선택의 자유를 침해한다고 볼 수 없다.

④ 변호사의 자격이 있는 자에게 더 이상 세무사 자격을 부여하지 않는 구 세무사법 조항은 시행일 이후 변호사 자격을 취득한 청구인의 직업선택의 자유를 침해한다고 볼 수 없다.

해설

① [×] 사회복무요원이 복무기관의 장의 허가 없이 다른 직무를 겸하는 행위를 한 경우 경고처분하고 경고처분 횟수가 더하여질 때마다 5일을 연장하여 복무하도록 하는 병역법 제33조 제2항 본문 제4호 후단은 사회복무요원인 청구인의 직업의 자유 내지 일반적 행동자유권을 침해하지 않는다(헌재 2022.9.29, 2019헌마938).

정답 | 27 ⑤ 28 ①

② [O] 심판대상조항은 시설경비업을 허가받은 경비업자로 하여금 허가받은 경비업무 외의 업무에 경비원을 종사하게 하는 것을 금지하고, 이를 위반한 경비업자에 대한 허가를 취소함으로써 시설경비업무에 종사하는 경비원으로 하여금 경비업무에 전념하게 하여 국민의 생명·신체 또는 재산에 대한 위험을 방지하고자 하는 것으로 입법목적의 정당성 및 수단의 적합성은 인정된다. 그러나 비경비업무의 수행이 경비업무의 전념성을 직접적으로 해하지 아니하는 경우가 있음에도 불구하고, 심판대상조항은 경비업무의 전념성이 훼손되는 정도를 고려하지 아니한 채 경비업자가 경비원으로 하여금 비경비업무에 종사하도록 하는 것을 일률적·전면적으로 금지하고, 경비업자가 허가받은 시설경비업무 외의 업무에 경비원을 종사하게 한 때에는 필요적으로 경비업의 허가를 취소하도록 규정하고 있는 점, 누구든지 경비원으로 하여금 경비업무의 범위를 벗어난 행위를 하게 하여서는 아니 된다며 이에 대한 제재를 규정하고 있는 경비업법 제15조의2 제2항, 제19조 제1항 제7호 등을 통해서도 경비업무의 전념성을 충분히 확보할 수 있는 점 등에 비추어 볼 때, 심판대상조항은 침해의 최소성에 위배되고, 경비업무의 전념성을 중대하게 훼손하지 않는 경우에도 경비원에게 비경비업무를 수행하도록 하면 허가받은 경비업 전체를 취소하도록 하여 경비업을 전부 영위할 수 없도록 하는 것은 법익의 균형성에도 반한다. 따라서 심판대상조항은 과잉금지원칙에 위반하여 시설경비업을 수행하는 경비업자의 직업의 자유를 침해한다(헌재 2023.3.23, 2020헌가19).

③ [O] 시각장애인 안마사제도는 생활전반에 걸쳐 시각장애인에게 가해진 유·무형의 사회적 차별을 보상해 주고 실질적인 평등을 이룰 수 있는 수단이며, 이 사건 자격조항은 시각장애인의 생존권보장이라는 헌법적 요청에 따라 시각장애인과 비시각장애인을 둘러싼 여러 상황을 적절하게 형량한 것으로서, 위 법률조항으로 인해 얻게 되는 시각장애인의 생존권 등 공익과 그로 인해 잃게 되는 일반국민의 직업선택의 자유 등 사익을 비교해 보더라도, 공익과 사익 사이에 법익 불균형이 발생한다고 할 수 없으므로, 이 사건 자격조항이 비시각장애인을 시각장애인에 비하여 비례의 원칙에 반하여 차별하는 것이라고 할 수 없을 뿐 아니라, 비시각장애인의 직업선택의 자유를 과도하게 침해하여 헌법에 위반된다고 보기도 어렵다(헌재 2021.12.23, 2019헌마656).

④ [O] 변호사 자격 소지자에 대한 세무사 자격 자동부여와 관련된 특혜시비를 없애고 세무사시험에 응시하는 일반 국민과의 형평을 도모함과 동시에 세무분야의 전문성을 제고함으로써 소비자에게 고품질의 세무서비스를 제공하고자 마련된 이 사건 법률조항의 입법목적은 정당하다. 또한 이 사건 법률조항이 변호사에 대한 세무사 자격 자동부여제도를 폐지한 것은 이러한 입법목적을 달성하기 위한 적합한 수단이다. 세무사 자격시험에 합격한 사람에 대하여만 세무사 자격을 부여하는 이 사건 법률조항이 피해의 최소성 원칙에 반한다고 보기 어렵다. 이 사건 법률조항은 법익의 균형성도 충족한다. 이 사건 법률조항이 과잉금지원칙에 반하여 청구인들의 직업선택의 자유를 침해한다고 볼 수 없다(헌재 2021.7.15, 2018헌마279).

29 코로나19 팬데믹 상황에서의 기본권 제한에 관한 설명으로 가장 적절하지 않은 것은? (다툼이 있는 경우 판례에 의함)

23. 경찰경채

① 감염병의 유행은 일률적이고 광범위한 기본권 제한을 허용하는 면죄부가 될 수 없고, 감염병의 확산으로 인하여 의료자원이 부족할 수도 있다는 막연한 우려를 이유로 확진환자 등의 국가시험응시를 일률적으로 금지하는 것은 직업선택의 자유를 과도하게 제한한 것이다.

② 고위험자의 정의나 판단기준을 정하고 있지 않다고 하더라도 시험장 출입 시 또는 시험 중에 37.5도 이상의 발열이나 기침 또는 호흡곤란 등의 호흡기 증상이 있는 응시자 중 국가시험주관부서의 판단에 따른 고위험자를 의료기관에 일률적으로 이송하도록 하는 것은 피해의 최소성을 충족한다.

③ 감염병예방법에 근거한 집합제한 조치로 인하여 일반음식점 영업이 제한되어 영업이익이 감소되었다고 하더라도, 일반음식점 운영자가 소유하는 영업시설·장비 등에 대한 구체적인 사용·수익 및 처분권한을 제한받는 것은 아니므로, 보상규정의 부재가 일반음식점 운영자의 재산권을 제한한다고 볼 수 없다.

④ 코로나19 팬데믹 사태로 약사가 환자에게 의약품을 교부함에 있어 그 교부방식을 환자와 약사가 협의하여 결정할 수 있도록 한시적 예외를 인정하였다고 해도 의약품의 판매장소를 약국 내로 제한하는 것은 국민의 건강과 직접 관련된 보건의료 분야라는 점을 고려할 때, 과잉금지원칙을 위반하여 약국개설자의 직업수행의 자유를 침해한다고 볼 수 없다.

해설

② [×] 이 사건 고위험자 이송은 시험장 출입 시 또는 시험 중에 37.5도 이상의 발열이나 기침 또는 호흡곤란 등의 호흡기 증상이 있는 응시자 중 고위험자를 의료기관에 이송하도록 하면서도 고위험자의 정의나 판단기준을 정하고 있지 않다. 따라서 고위험자의 분류 및 이송이 반드시 감염병 확산 방지와 적정한 시험 운영 및 관리를 위하여 필요한 범위 내에서 최소한으로만 이루어질 것이 보장된다고 볼 수 없다. … 따라서 피청구인 측의 판단에 따라 '고위험자'를 일률적으로 의료기관에 이송하도록 한 이 사건 고위험자 이송은 피해의 최소성을 충족하지 못한다. … 따라서 이 사건 알림 중 고위험자를 의료기관에 이송하도록 한 부분은 청구인들의 직업선택의 자유를 침해한다(헌재 2023.2.23, 2020헌마1736).

① [O] 감염병의 유행은 일률적이고 광범위한 기본권 제한을 허용하는 면죄부가 될 수 없고, 감염병의 확산으로 인하여 의료자원이 부족할 수도 있다는 막연한 우려를 이유로 확진환자 등의 응시를 일률적으로 금지하는 것은 청구인들의 기본권을 과도하게 제한한 것이라고 볼 수밖에 없다. 확진환자가 시험장 이외에 의료기관이나 생활치료센터 등 입원치료를 받거나 격리 중인 곳에서 시험을 치를 수 있도록 한다면 감염병 확산 방지라는 목적을 동일하게 달성하면서도 확진환자의 시험 응시 기회를 보장할 수 있다. 따라서 이 사건 알림 중 코로나19 확진환자의 시험 응시를 금지한 부분은 청구인들의 직업선택의 자유를 침해한다(헌재 2023.2.23, 2020헌마1736).

③ [O] 감염병예방법 제49조 제1항 제2호에 근거한 집합제한 조치로 인하여 청구인들의 일반음식점 영업이 제한되어 영업이익이 감소되었다 하더라도, 청구인들이 소유하는 영업 시설·장비 등에 대한 구체적인 사용·수익 및 처분권한을 제한받는 것은 아니므로, 보상규정의 부재가 청구인들의 재산권을 제한한다고 볼 수 없다(헌재 2023.6.29, 2020헌마1669).

④ [O] 최근 코로나19 팬데믹(pandemic) 사태로 인하여 보건복지부 고시로 의사·환자 간 비대면 진료·처방이 한시적으로 허용되고, 약사가 환자에게 의약품을 교부함에 있어 그 교부방식을 환자와 약사가 협의하여 결정할 수 있도록 한시적 예외가 인정되었지만, 의약품 판매는 국민의 건강과 직접 관련된 보건의료 분야라는 점을 고려할 때 선례조항이 의약품의 판매장소를 약국으로 제한하는 것은 여전히 불가피한 측면이 있다. … 과잉금지원칙을 위반하여 약국개설자의 직업수행의 자유를 침해한다고 볼 수 없다(헌재 2023.3.23, 2021헌바400).

30 직업의 자유에 관한 설명으로 가장 적절하지 않은 것은? (다툼이 있는 경우 판례에 의함) 23. 경찰경채

① 직업선택의 자유는 자신이 원하는 직업 내지 직종을 자유롭게 선택하는 직업선택의 자유와 그가 선택한 직업을 자기가 결정한 방식으로 자유롭게 수행할 수 있는 직업수행의 자유를 포함한다.

② 직업선택의 자유는 헌법상 사법인에게도 인정되는 기본권이다.

③ 직업의 선택 혹은 수행의 자유는 각자의 생활의 기본적 수요를 충족시키는 방편이 되고, 또한 개성신장의 바탕이 된다는 점에서 주관적 공권의 성격이 두드러진 것이기는 하나, 다른 한편으로는 국민 개개인이 선택한 직업의 수행에 의하여 국가의 사회질서와 경제질서가 형성된다는 점에서 사회적 시장경제질서라고 하는 객관적 법질서의 구성요소이기도 하다.

④ 직업결정의 자유나 전직의 자유는 직업종사(직업수행)의 자유에 비하여 공익을 위해 상대적으로 더 넓은 법률상의 규제가 가능하다.

해설

④ [×] 헌법 제15조의 직업선택의 자유에는 직업결정의 자유, 직업종사(직업수행)의 자유, 전직의 자유 등이 포함되지만, 직업결정의 자유나 전직의 자유에 비하여 직업종사(직업수행)의 자유에 대하여서는 상대적으로 더욱 넓은 법률상의 규제가 가능하다(헌재 1999.9.16, 96헌마39).

① [O] 헌법 제15조에 의한 직업선택의 자유는 국민이 원하는 직업 내지 직종을 자유롭게 선택하는 직업선택의 자유와 그가 선택한 직업을 자기가 결정한 방식으로 자유롭게 수행할 수 있는 직업수행의 자유를 포함하는 개념이다(헌재 1997.4.24, 95헌마273).

② [O] 직업선택의 자유는 헌법상 사법인에게도 널리 인정되는 기본권이나 공법인은 기본권의 수범자이므로 직업선택의 자유가 인정되지 아니한다.

③ [O] 직업의 선택 혹은 수행의 자유는 각자의 생활의 기본적 수요를 충족시키는 방편이 되고, 또한 개성신장의 바탕이 된다는 점에서 주관적 공권의 성격이 두드러진 것이기는 하나 다른 한편 국가의 사회질서와 경제질서가 형성된다는 점에서 사회적 시장경제질서라고 하는 객관적 법질서의 구성요소이기도 하다(헌재 1997.4.24, 95헌마273).

정답 | 29 ② 30 ④

31 직업의 자유에 관한 다음 설명 중 가장 옳지 않은 것은? (다툼이 있는 경우 헌법재판소 결정 및 대법원 판례에 의함)

23. 법원직

① 소송사건의 대리인인 변호사라 하더라도 소송계속 사실 소명자료를 제출하지 못하면 수형자와 변호사접견을 하지 못하도록 규정한 '형의 집행 및 수용자의 처우에 관한 법률 시행규칙' 제29조의2 제1항 제2호 중 '수형자 접견'에 관한 부분은 변호사의 직업수행의 자유를 침해하지 아니한다.

② 변호사의 자격이 있는 자에게 더 이상 세무사 자격을 부여하지 않는 구 세무사법 제3조는 시행일 이후 변호사 자격을 취득한 자들의 직업선택의 자유를 침해하지 아니한다.

③ 노래연습장에서 주류를 판매·제공하는 행위를 금지하고 이를 위반한 경우 형사처벌하도록 하는 음악산업진흥에 관한 법률 조항은 노래연습장 운영자의 직업수행의 자유를 침해하지 아니한다.

④ 헌법은 직업의 자유를 보장하고 국민의 보건에 관한 국가의 의무를 인정하고 있으나, 시·도지사들이 한약업사 시험을 시행하여야 할 헌법상 작위의무가 규정되어 있다고 볼 수 없다.

해설

① [×] 변호사접견에 '소송계속 사실을 소명할 수 있는 자료'의 제출을 요구함으로써 재심청구 전에는 변호사접견이 허용되지 않도록 규정한 심판대상조항은 과잉금지원칙에 위배되어 변호사인 청구인의 직업수행의 자유를 침해한다(헌재 2021.10.28, 2018헌마60).

② [O] 변호사 자격 소지자에 대한 세무사 자격 자동부여와 관련된 특혜시비를 없애고 세무사시험에 응시하는 일반 국민과의 형평을 도모함과 동시에 세무분야의 전문성을 제고함으로써 소비자에게 고품질의 세무서비스를 제공하고자 마련된 이 사건 법률조항의 입법목적은 정당하다. 또한 이 사건 법률조항이 변호사에 대한 세무사 자격 자동부여제도를 폐지한 것은 이러한 입법목적을 달성하기 위한 적합한 수단이다. 이상의 사정을 종합하여 보면, 세무사 자격시험에 합격한 사람에 대하여만 세무사 자격을 부여하는 이 사건 법률조항이 피해의 최소성 원칙에 반한다고 보기 어렵다. 이 사건 법률조항으로 인하여 변호사의 직무로서 세무대리를 하는 외에는 세무대리를 할 수 없게 되어 업무의 범위가 축소되는 불이익을 입었는바, 이러한 불이익이 이 사건 법률조항으로 달성하고자 하는 공익보다 크다고 볼 수 없으므로, 이 사건 법률조항은 법익의 균형성도 충족한다. 이 사건 법률조항이 과잉금지원칙에 반하여 청구인들의 직업선택의 자유를 침해한다고 볼 수 없다(헌재 2021.7.15, 2018헌마279).

③ [O] 심판대상 의무조항과 관련하여, 헌법재판소는 2006.11.30. 2004헌마431등 사건에서, 노래연습장에서 주류의 판매·제공을 금지하는 조항에 대하여 노래연습장을 건전한 생활문화공간이 되도록 하기 위한 것으로 입법 목적이 정당하고, 주류 판매와 제공의 금지는 이를 달성하기 위한 적합한 수단이며, 청소년의 음주 가능성을 배제하고, 술로 인해 발생하는 사회경제적 손실을 최소화하는 효과 등에 비추어 침해 최소성 원칙에 어긋난다고 볼 수 없고, 노래연습장 운영자가 주류를 판매하지 못하는 불이익이 공익에 비하여 현저히 크다고 보기 어렵다는 이유로 직업의 자유를 침해하지 않는다고 판단하였고, 이러한 선례의 견해는 여전히 타당하고, 이를 변경해야 할 사정변경이나 필요성이 인정되지 않는다(헌재 2020.12.23, 2019헌바82).

④ [O] 시·도지사는 무의약면이 존재하고, 해당 무의약면에 대하여 시장·군수·구청장이 한약업사의 수요·공급을 조절할 필요가 있다고 인정하여 한약업사의 영업허가를 예정하는 경우에 한하여 비로소 한약업사 시험을 시행할 수 있을 뿐이므로, 시·도지사의 한약업사 시험 시행 여부는 약사법령의 규정뿐만 아니라 지역별 의료 실태와 시장·군수·구청장의 재량에 따라 좌우된다. 그렇다면, 약사법 제45조 제3항, 같은 법 시행령 제25조를 들어 피청구인들의 작위의무가 법령에 구체적으로 규정되어 있다고 할 수 없다. 헌법과 약사법령을 종합하건대, 피청구인들에게 헌법에서 유래하는 작위의무가 특별히 구체적으로 규정되어 있다고 볼 수 없다(헌재 2021.6.24, 2019헌마540).

32 직업의 자유에 관한 설명으로 옳지 않은 것은? (다툼이 있는 경우 헌법재판소 판례에 의함) 24. 소방간부

① 직업의 자유에는 직업선택의 자유와 직업수행의 자유가 포함되지만, 자신이 원하는 직업 내지 직종에 종사하는데 필요한 전문지식을 습득하기 위한 직업교육장을 임의로 선택할 수 있는 '직업교육장 선택의 자유'까지 포함된다고 볼 수 없다.

② 직업선택의 자유에서 보호되는 직업이란 생활의 기본적인 수요를 충족시키기 위해 행하는 계속적인 소득활동을 의미하므로, 의무복무로서의 현역병은 헌법 제15조가 선택의 자유로서 보장하는 직업이라고 할 수 없다.

③ 직업행사의 자유에 대한 제한에 있어서는 직업선택의 자유에 비하여 상대적으로 그 침해의 정도가 작다고 할 것이며, 이에 대하여는 공공복리 등 공익상의 이유로 비교적 넓은 법률상의 규제가 가능하지만, 그 경우에도 헌법 제37조 제2항에서 정한 한계인 과잉금지의 원칙은 지켜져야 한다.

④ 당사자의 능력이나 자격과 상관없는 객관적 사유에 의한 직업선택의 자유 제한은 월등하게 중요한 공익을 위하여 명백하고 확실한 위험을 방지하기 위한 경우에만 정당화될 수 있다.

⑤ 수형자인 의뢰인을 접견하는 변호사의 직업수행의 자유 제한에 대한 심사에 있어서는 변호사 자신의 직업 활동에 가해진 제한의 정도를 살펴보아야 할 뿐 아니라 접견의 상대방인 수형자의 재판청구권이 제한되는 효과도 함께 고려되어야 하므로, 그 심사의 강도는 일반적인 경우보다 엄격하게 해야 한다.

해설

① [×] 헌법 제15조에 의한 직업선택의 자유라 함은 자신이 원하는 직업 내지 직종을 자유롭게 선택하는 직업선택의 자유뿐만 아니라 그가 선택한 직업을 자기가 결정한 방식으로 자유롭게 수행할 수 있는 직업수행의 자유를 포함한다. 그리고 직업선택의 자유에는 자신이 원하는 직업 내지 직종에 종사하는데 필요한 전문지식을 습득하기 위한 직업교육장을 임의로 선택할 수 있는 '직업교육장 선택의 자유'도 포함된다(헌재 2009.2.26, 2007헌마1262).

② [O] 이 사건 심판대상조항들이 현역병의 지원이나 현역병으로의 변경처분 신청 대상에서 이미 공익근무요원의 복무를 마친 사람을 제외하는 것이 직업선택의 자유나 일반적 행동의 자유를 침해한다는 주장이 제기될 수 있으나, 직업선택의 자유에서 보호되는 직업이란 생활의 기본적인 수요를 충족시키기 위해 행하는 계속적인 소득활동을 의미하므로, 의무복무로서의 현역병은 헌법 제15조가 선택의 자유로서 보장하는 직업이라고 할 수 없다(헌재 2010.12.28, 2008헌마527).

③ [O] 직업행사의 자유에 대한 제한에 있어서는 직업선택의 자유에 비하여 상대적으로 그 침해의 정도가 작다고 할 것이며, 이에 대하여는 공공복리 등 공익상의 이유로 비교적 넓은 법률상의 규제가 가능하지만, 그 경우에도 헌법 제37조 제2항에서 정한 한계인 '과잉금지의 원칙'은 지켜져야 한다(헌재 2008.2.28, 2006헌마1028).

④ [O] 직업의 자유 제한에 있어서는 '직업행사'의 자유 제한과 '직업선택'의 자유 제한의 경우로 나누어서 그 요건의 엄격성을 달리하여 심사하여야 하는바, 특히 당사자의 능력이나 자격과 상관 없는 객관적 사유에 의한 직업선택의 자유의 제한은 월등하게 중요한 공익을 위하여 명백하고 확실한 위험을 방지하기 위한 경우에만 정당화될 수 있다(헌재 2008.2.28, 2006헌마1028).

⑤ [O] 소송사건의 대리인인 변호사가 수형자인 의뢰인을 접견하는 경우 변호사의 직업 활동은 변호사 개인의 이익을 넘어 수형자의 재판청구권 보장, 나아가 사법을 통한 권리구제라는 법치국가적 공익을 위한 것이기도 하다. 따라서 이러한 변호사의 직업수행의 자유 제한에 대한 심사에 있어서는 변호사 자신의 직업 활동에 가해진 제한의 정도를 살펴보아야 할 뿐 아니라 그로 인해 접견의 상대방인 수형자의 재판청구권이 제한되는 효과도 함께 고려되어야 하므로, 그 심사의 강도는 일반적인 경우보다 엄격하게 해야 할 것이다(헌재 2021.10.28, 2018헌마60).

정답 | 31 ① 32 ①

33 직업의 자유에 관한 설명 중 가장 적절하지 않은 것은? (다툼이 있는 경우 판례에 의함)

24. 경정승진

① 안경사 면허를 가진 자연인에게만 안경업소의 개설 등을 할 수 있도록 하고, 이를 위반 시 처벌하도록 규정한 구 의료기사 등에 관한 법률 조항은 법인을 설립하여 안경업소를 개설하고자 하는 자연인 안경사와 안경업소를 개설하고자 하는 법인의 직업의 자유를 침해한다.

② 금고 이상의 실형을 선고받고 그 집행이 종료된 날부터 3년이 경과되지 않은 경우 중개사무소 개설등록을 취소하도록 하는 공인중개사법 조항은 동 조항으로 인해 개설등록이 취소된 공인중개사의 직업선택의 자유를 침해하지 않는다.

③ '직업'이란 생활의 기본적 수요를 충족시키기 위해서 행하는 계속적인 소득활동을 의미하므로 학교운영위원이 무보수 봉사직이라는 점을 고려하면 운영위원으로서의 활동을 헌법상 직업의 개념에 포함시킬 수 없다.

④ 직업의 자유를 제한함에 있어, 당사자의 능력이나 자격과 상관없는 객관적 사유에 의한 직업선택의 자유의 제한은 월등하게 중요한 공익을 위하여 명백하고 확실한 위험을 방지하기 위한 경우에만 정당화될 수 있다.

해설

① [×] 국민의 눈 건강과 관련된 국민보건의 중요성, 안경사 업무의 전문성, 안경사로 하여금 자신의 책임하에 고객과의 신뢰를 쌓으면서 안경사 업무를 수행하게 할 필요성 등을 고려할 때, 안경업소 개설은 그 업무를 담당할 자연인 안경사로 한정할 것이 요청된다. … 따라서 심판대상조항은 과잉금지원칙에 반하지 아니하여 자연인 안경사와 법인의 직업의 자유를 침해하지 아니한다(헌재 2021.6.24, 2017헌가31).

② [O] 심판대상조항은 공인중개사가 부동산 거래시장에서 수행하는 업무의 공정성 및 그에 대한 국민적 신뢰를 확보하기 위한 것으로서 입법목적의 정당성을 인정할 수 있고, 개업공인중개사가 금고 이상의 실형을 선고받는 경우 중개사무소 개설등록을 필요적으로 취소하여 중개업에 종사할 수 없도록 배제하는 것은 위와 같은 입법목적을 달성하는 데 적절한 수단이 된다. … 따라서 심판대상조항은 과잉금지원칙에 반하여 직업선택의 자유를 침해하지 아니한다(헌재 2019.2.28, 2016헌바467).

③ [O] '직업'이란 생활의 기본적 수요를 충족시키기 위해서 행하는 계속적인 소득활동을 의미하는바, 학교운영위원이 무보수 봉사직이라는 점을 고려하면 운영위원으로서의 활동을 직업으로 보기 어려우므로 이 사건 법률조항이 직업선택의 자유와 관련되는 것은 아니라 할 것이다(헌재 2007.3.29, 2005헌마1144).

④ [O] 직업의 자유를 제한함에 있어, 당사자의 능력이나 자격과 상관없는 객관적 사유에 의한 직업선택의 자유의 제한은 월등하게 중요한 공익을 위하여 명백하고 확실한 위험을 방지하기 위한 경우에만 정당화될 수 있다(헌재 2010.10.28, 2008헌마612 등).

34 직업의 자유에 대한 설명으로 옳지 않은 것은? (다툼이 있는 경우 판례에 의함)

24. 입법고시

① 직업이란 생활의 기본적 수요를 충족시키기 위한 계속적인 소득활동으로서 공공에 무해한 것을 의미하므로, 성매매를 한 자를 형사처벌하는 법률조항은 성판매자의 직업선택의 자유를 제한하는 것이 아니다.

② 법인도 성질상 법인이 누릴 수 있는 기본권의 주체가 되는데, 직업의 자유는 법인에게도 인정된다.

③ 직업수행의 자유는 직업결정의 자유에 비하여 상대적으로 그 제한의 정도가 작다고 할 것이므로 이에 대하여는 공공복리 등 공익상의 이유로 비교적 넓은 법률상의 규제가 가능하다.

④ 아동학대관련범죄로 형을 선고받아 확정된 자로 하여금 그 형이 확정된 때부터 형의 집행이 종료되거나 집행을 받지 아니하기로 확정된 후 10년까지의 기간 동안 아동관련기관인 체육시설 등을 운영하거나 그에 취업할 수 없게 하는 법률조항은 '주관적 요건에 의한 좁은 의미의 직업선택의 자유'에 대한 제한에 해당한다.

⑤ 당사자의 능력이나 자격과 상관없는 '객관적 사유에 의한 직업의 자유의 제한'은 월등하게 중요한 공익을 위하여 명백하고 확실한 위험을 방지하기 위한 경우에만 정당화될 수 있다.

해설

① [×] 헌법 제15조에서 보장하는 '직업'이란 생활의 기본적 수요를 충족시키기 위하여 행하는 계속적인 소득활동을 의미하고, 성매매는 그것이 가지는 사회적 유해성과는 별개로 성판매자의 입장에서 생활의 기본적 수요를 충족하기 위한 소득활동에 해당함을 부인할 수 없다 할 것이므로, 심판대상조항은 성판매자의 직업선택의 자유도 제한하고 있다. … 심판대상조항은 개인의 성적 자기결정권, 사생활의 비밀과 자유, 직업선택의 자유를 침해하지 아니한다(헌재 2016.3.31, 2013헌가2).

② [O] 헌법 제15조에 의한 직업선택의 자유는 자신이 원하는 직업 내지 직종을 자유롭게 선택하는 직업선택의 자유와 그가 선택한 직업을 자기가 결정한 방식으로 자유롭게 수행할 수 있는 직업수행의 자유를 포함하는 개념이고, 법인도 성질상 법인이 누릴 수 있는 기본권의 주체가 되는데, 직업선택의 자유는 헌법상 법인에게도 인정되는 기본권이다(헌재 1991.6.3, 90헌마56).

③ [O] 직업수행의 자유는 직업결정의 자유에 비하여 상대적으로 그 침해의 정도가 작다고 할 것이어서, 이에 대하여는 공공복리 등 공익상의 이유로 비교적 넓은 법률상의 규제가 가능하나, 직업수행의 자유를 제한할 때에도 헌법 제37조 제2항에 의거한 비례의 원칙에 위배되어서는 안 된다(헌재 2017.11.30, 2015헌바377).

④ [O] 청구인들은 심판대상조항에 의하여 형이 확정된 때부터 형의 집행이 종료되거나 집행을 받지 아니하기로 확정된 후 10년까지의 기간 동안 아동관련기관인 체육시설 또는 '초·중등교육법' 제2조 각 호의 학교를 운영하거나 그에 취업할 수 없게 되었다. 이는 일정한 직업을 선택함에 있어 기본권 주체의 능력과 자질에 따른 제한에 해당하므로 이른바 '주관적 요건에 의한 좁은 의미의 직업선택의 자유'에 대한 제한에 해당한다(헌재 2018.6.28, 2017헌마130).

⑤ [O] 직업의 자유를 제한함에 있어, 당사자의 능력이나 자격과 상관없는 객관적 사유에 의한 직업선택의 자유의 제한은 월등하게 중요한 공익을 위하여 명백하고 확실한 위험을 방지하기 위한 경우에만 정당화될 수 있다(헌재 2010.10.28, 2008헌마612 등).

35 직업의 자유에 대한 설명으로 옳지 않은 것은? 24. 5급 공채

① 직업의 자유는 직업선택의 자유와 직업수행의 자유를 포함하는 개념이다.

② 직업의 자유에 의해 보장되는 직업은 생활의 기본적 수요를 충족시키기 위해서 행하는 계속적인 소득활동을 의미한다.

③ 대학생이 방학기간을 이용하여 또는 휴학 중에 학비 등을 벌기 위해 학원강사로서 일하는 행위는 직업의 자유의 보호영역에 속한다.

④ 일반적으로 직업선택의 자유에 대하여는 직업수행의 자유와는 달리 공익 목적을 위하여 상대적으로 폭넓은 입법적 규제가 가능한 것이다.

해설

④ [×] 일반적으로 직업수행의 자유에 대하여는 직업선택의 자유와는 달리 공익 목적을 위하여 상대적으로 폭넓은 입법적 규제가 가능하지만, 직업수행의 자유를 제한할 때에도 헌법 제37조 제2항에 의거한 비례의 원칙에 위배되어서는 안 된다(헌재 2015.7.30, 2014헌마364).

① [O] 헌법 제15조가 천명하는 직업의 자유는 직업선택의 자유와 직업수행의 자유를 포함하는 개념이지만 이러한 직업의 자유도 본질적인 내용에 대한 침해가 아닌 한 국가안전보장·질서유지 또는 공공복리를 위하여 법률로 제한될 수 있는 것이다(헌재 2002.8.29, 2002헌마160).

② [O] 우리 헌법 제15조는 "모든 국민은 직업선택의 자유를 가진다"고 규정하여 직업의 자유를 국민의 기본권의 하나로 보장하고 있는바, 직업의 자유에 의한 보호의 대상이 되는 '직업'은 '생활의 기본적 수요를 충족시키기 위한 계속적 소득활동'을 의미하며 그러한 내용의 활동인 한 그 종류나 성질을 묻지 아니한다(헌재 2003.9.25, 2002헌마519).

③ [O] '직업'은 '생활의 기본적 수요를 충족시키기 위한 계속적 소득활동'을 의미하며 그러한 내용의 활동인 한 그 종류나 성질을 묻지 아니한다. … 비록 학업 수행이 청구인과 같은 대학생의 본업이라 하더라도 방학기간을 이용하여 또는 휴학 중에 학비 등을 벌기 위해 학원강사로서 일하는 행위는 어느 정도 계속성을 띤 소득활동으로서 직업의 자유의 보호영역에 속한다(헌재 2003.9.25, 2002헌마519).

정답 | 33 ① 34 ① 35 ④

36 직업의 자유에 관한 설명으로 가장 적절하지 않은 것은? (다툼이 있는 경우 판례에 의함) 24. 경찰 1차

① 의료인이 아닌 자의 문신시술업을 금지하고 처벌하는 의료법 조항은 문신시술자에 대하여 의료인 자격까지 요구하지 않고도, 시술자의 자격, 위생적인 문신시술 환경, 문신시술 절차 및 방법 등에 관한 규제를 통하여도 안전한 문신시술을 보장할 수 있다는 점에서 과잉금지원칙에 위배되어 문신시술을 업으로 삼고자 하는 청구인의 직업선택의 자유를 침해한다.

② 직업선택의 자유와 직업수행의 자유는 기본권의 주체에 대한 제한의 효과가 다르기 때문에 제한에 있어 적용되는 기준 또한 다르며, 특히 직업수행의 자유에 대한 제한의 경우 인격발현에 대한 침해의 효과가 일반적으로 직업선택 그 자체에 대한 제한에 비하여 작기 때문에, 그에 대한 제한은 보다 폭넓게 허용된다.

③ 교육부장관이 학교법인 ○○학당에게 한 법학전문대학원 설치인가 중 여성만을 입학자격요건으로 하는 입학전형계획을 인정한 부분은 남성인 청구인의 직업선택의 자유를 제한한다.

④ 성매매는 성판매자의 입장에서 생활의 기본적 수요를 충족하기 위한 소득활동에 해당함을 부인할 수 없으므로, 성매매를 한 자를 형사처벌하도록 규정한 성매매알선 등 행위의 처벌에 관한 법률 조항은 성판매자의 직업선택의 자유를 제한하고 있다.

해설

① [×] 문신시술은, 바늘을 이용하여 피부의 완전성을 침해하는 방식으로 색소를 주입하는 것으로, 감염과 염료 주입으로 인한 부작용 등 위험을 수반한다. 이러한 시술 방식으로 인한 잠재적 위험성은 피시술자뿐 아니라 공중위생에 영향을 미칠 우려가 있고, 문신시술을 이용한 반영구화장의 경우라고 하여 반드시 감소된다고 볼 수도 없다. 심판대상조항은 의료인만이 문신시술을 할 수 있도록 하여 그 안전성을 담보하고 있다. … 그러므로 심판대상조항은 명확성원칙이나 과잉금지원칙을 위반하여 청구인들의 직업선택의 자유를 침해하지 않는다(헌재 2022.3.31, 2017헌마1343 등).

② [○] 직업선택의 자유와 직업수행의 자유는 기본권의 주체에 대한 제한의 효과가 다르기 때문에 제한에 있어 적용되는 기준 또한, 다르며, 특히 직업수행의 자유에 대한 제한의 경우 인격발현에 대한 침해의 효과가 일반적으로 직업선택 그 자체에 대한 제한에 비하여 작기 때문에, 그에 대한 제한은 보다 폭넓게 허용된다(헌재 2009.6.25, 2007헌마451).

③ [○] 교육부장관의 이 사건 인가처분은 학교법인 이화학당이 법학전문대학원 설치인가를 받기 위해 제출한 입학전형계획을 그대로 인정함으로써 남성인 청구인의 직업선택의 자유를 제한하고 있다. … 이 사건 인가처분은 청구인의 직업선택의 자유와 대학의 자율성이라는 두 기본권을 합리적으로 조화시킨 것이며 양 기본권의 제한에 있어 적정한 비례관계를 유지한 것이라고 할 것이다. 따라서 이 사건 인가처분이 청구인의 직업선택의 자유를 침해한다고 할 수 없다(헌재 2013.5.30, 2009헌마514).

④ [○] 헌법 제15조에서 보장하는 '직업'이란 생활의 기본적 수요를 충족시키기 위하여 행하는 계속적인 소득활동을 의미하고, 성매매는 그것이 가지는 사회적 유해성과는 별개로 성판매자의 입장에서 생활의 기본적 수요를 충족하기 위한 소득활동에 해당함을 부인할 수 없다 할 것이므로, 심판대상조항은 성판매자의 직업선택의 자유도 제한하고 있다. … 심판대상조항은 개인의 성적 자기결정권, 사생활의 비밀과 자유, 직업선택의 자유를 침해하지 아니한다(헌재 2016.3.31, 2013헌가2).

정답 | 36 ①

제5장 | 정치적 기본권

■ 참정권

01 **참정권에 관한 설명으로 가장 적절하지 않은 것은? (다툼이 있는 경우 판례에 의함)** 25. 경정승진

① 헌법 제72조는 국민투표에 부쳐질 중요정책인지 여부를 대통령이 재량에 의하여 결정하도록 명문으로 규정하고 있는바, 중요정책에 관한 사항이라 하더라도 반드시 국민의 직접적인 의사를 확인하여 결정해야 한다고 보는 것은 전체적인 헌법체계와 조화를 이룰 수 없다.

② 대통령은 헌법상 국민에게 자신에 대한 신임을 국민투표의 형식으로 물을 수 없을 뿐만 아니라, 특정 정책을 국민투표에 붙이면서 이에 자신의 신임을 결부시키는 대통령의 행위도 위헌적인 행위로서 헌법적으로 허용되지 않는다.

③ 헌법 제117조 및 제118조를 통해 대의제 또는 대표제 지방자치를 보장하고 있는바, 지방자치법에서 규정한 주민투표권은 국민투표권과 같이 헌법이 보장하는 참정권이다.

④ 국민투표법에 의하면, 국민투표의 효력에 관하여 이의가 있는 투표인은 투표인 10만인 이상의 찬성을 얻어 중앙선거관리위원회위원장을 피고로 하여 투표일로부터 20일 이내에 대법원에 제소할 수 있다.

제2편 | 기본권론 5장

해설

③ [×] 헌법 제117조 및 제118조가 보장하고 있는 본질적인 내용은 자치단체의 보장, 자치기능의 보장 및 자치사무의 보장으로 어디까지나 지방자치단체의 자치권으로 헌법은 지역 주민들이 자신들이 선출한 자치단체의 장과 지방의회를 통하여 자치사무를 처리할 수 있는 대의제 또는 대표제 지방자치를 보장하고 있을 뿐이지 주민투표에 대하여는 어떠한 규정도 두고 있지 않다. … 지방자치법 제13조의2에서 규정한 주민투표권은 그 성질상 선거권, 공무담임권, 국민투표권과 전혀 다른 것이어서 이를 법률이 보장하는 참정권이라고 할 수 있을지언정 헌법이 보장하는 참정권이라고 할 수는 없다(헌재 2001.6.28, 2000헌마735).

① [O] 헌법 제72조는 "대통령은 필요하다고 인정할 때에는 외교 · 국방 · 통일 기타 국가안위에 관한 중요정책을 국민투표에 붙일 수 있다."고 규정하여 국민투표에 부쳐질 중요정책인지 여부를 대통령이 재량에 의하여 결정하도록 명문으로 규정하고 있다. 특히 우리 헌법은 국민에 의하여 직접 선출된 국민의 대표자가 국민을 대신하여 국가의사를 결정하는 대의민주주의를 기본으로 하고 있어, 중요정책에 관한 사항이라 하더라도 반드시 국민의 직접적인 의사를 확인하여 결정해야 한다고 보는 것은 전체적인 헌법체계와 조화를 이룰 수 없다(헌재 2005.11.24, 2005헌마579 등).

② [O] 대통령은 헌법상 국민에게 자신에 대한 신임을 국민투표의 형식으로 물을 수 없을 뿐만 아니라, 특정 정책을 국민투표에 붙이면서 이에 자신의 신임을 결부시키는 대통령의 행위도 위헌적인 행위로서 헌법적으로 허용되지 않는다. … 헌법은 대통령에게 국민투표를 통하여 직접적이든 간접적이든 자신의 신임여부를 확인할 수 있는 권한을 부여하지 않는다(헌재 2004.5.14, 2004헌나1).

④ [O]

> 국민투표법 제92조【국민투표무효의 소송】국민투표의 효력에 관하여 이의가 있는 투표인은 투표인 10만인 이상의 찬성을 얻어 중앙선거관리위원회위원장을 피고로 하여 투표일로부터 20일 이내에 대법원에 제소할 수 있다.

정답 | 01 ③

02 선거권과 피선거권에 대한 설명으로 옳지 않은 것은? 24. 국회직 8급

① 공직선거법상 '선거인'이란 선거권이 있는 사람으로서 선거인명부 또는 재외선거인명부에 올라 있는 사람을 말한다.

② 선거일 현재 1년 이상의 징역 또는 금고의 형의 선고를 받고 그 집행이 종료되지 아니하거나 그 집행을 받지 아니하기로 확정되지 아니한 사람은 선거권이 없지만, 그 형의 집행유예를 선고받고 유예기간 중에 있는 사람은 선거권이 있다.

③ 선거권도 법률이 정하는 바에 의하여 보장되는 것이므로 입법형성권을 갖고 있는 입법자가 구체적으로 어떠한 입법목적의 달성을 위하여 어떠한 방법을 선택할 것인가는 그것이 현저하게 불합리하고 불공정한 것이 아닌 한 입법자의 재량영역에 속한다.

④ 단지 주민등록이 되어 있는지 여부에 따라 선거인명부에 오를 자격을 결정하여 그에 따라 대통령선거에 대한 선거권행사 여부가 결정되도록 함으로써 엄연히 대한민국의 국민임에도 불구하고 주민등록법상 주민등록을 할 수 없는 재외국민의 대통령선거에 대한 선거권 행사를 전면적으로 부정하는 것은 재외국민의 선거권과 평등권을 침해하고 보통선거원칙에도 위반된다.

⑤ '외국의 영주권을 취득한 재외국민'과 같이 주민등록을 하는 것이 법령의 규정상 아예 불가능한 자들은 지방자치단체의 주민으로서 오랜 기간 생활해 오면서 그 지방자치단체의 사무와 밀접한 이해관계를 형성하여 왔다고 하더라도, 주민등록만을 기준으로 하여 주민등록이 불가능한 재외국민인 주민의 지방선거 피선거권을 부인하는 것은 국내거주 재외국민의 공무담임권을 침해하지 않는다.

해설

⑤ [×] '외국의 영주권을 취득한 재외국민'과 같이 주민등록을 하는 것이 법령의 규정상 아예 불가능한 자들이라도 지방자치단체의 주민으로서 오랜 기간 생활해 오면서 그 지방자치단체의 사무와 얼마든지 밀접한 이해관계를 형성할 수 있고, 주민등록이 아니더라도 그와 같은 거주 사실을 공적으로 확인할 수 있는 방법은 존재한다는 점, … 주민등록만을 기준으로 함으로써 주민등록이 불가능한 재외국민인 주민의 지방선거 피선거권을 부인하는 법 제16조 제3항은 헌법 제37조 제2항에 위반하여 국내거주 재외국민의 공무담임권을 침해한다(헌재 2007.6.28, 2004헌마644 등).

① [O]

공직선거법 제3조【선거인의 정의】 이 법에서 "선거인"이란 선거권이 있는 사람으로서 선거인명부 또는 재외선거인명부에 올라 있는 사람을 말한다.

② [O]

공직선거법 제18조【선거권이 없는 자】 ① 선거일 현재 다음 각 호의 어느 하나에 해당하는 사람은 선거권이 없다. 2. 1년 이상의 징역 또는 금고의 형의 선고를 받고 그 집행이 종료되지 아니하거나 그 집행을 받지 아니하기로 확정되지 아니한 사람. 다만, 그 형의 집행유예를 선고받고 유예기간 중에 있는 사람은 제외한다.

③ [O] 우리 헌법 아래에서 선거권도 법률이 정하는 바에 의하여 보장되는 것이므로 입법형성권을 갖고 있는 입법자가 선거법을 제정하는 경우에 헌법에 명시된 선거제도의 원칙을 존중하는 가운데 구체적으로 어떠한 입법목적의 달성을 위하여 어떠한 방법을 선택할 것인가는 그것이 현저하게 불합리하고 불공정한 것이 아닌 한 입법자의 재량영역에 속한다고 할 것이다(헌재 2004.3.25, 2002헌마411).

④ [O] 단지 주민등록이 되어 있는지 여부에 따라 선거인명부에 오를 자격을 결정하여 그에 따라 선거권 행사 여부가 결정되도록 함으로써 엄연히 대한민국의 국민임에도 불구하고 주민등록법상 주민등록을 할 수 없는 재외국민의 선거권 행사를 전면적으로 부정하고 있는 법 제37조 제1항은 어떠한 정당한 목적도 찾기 어려우므로 헌법 제37조 제2항에 위반하여 재외국민의 선거권과 평등권을 침해하고 보통선거원칙에도 위반된다(헌재 2007.6.28, 2004헌마644 등).

03 다음 중 선거제도와 선거권에 관한 설명으로 옳지 않은 것은 모두 몇 개인가? (다툼이 있는 경우 판례에 의함)

24. 해경간부

> ㉠ 헌법재판소는 1인 1표제하의 비례대표의석 배분방식은 민주주의원리, 직접선거의 원리, 평등선거원리에 위배되지 않는다고 보았다.
> ㉡ 대통령선거에서 대통령후보자가 1인일 때에는 그 득표수가 선거권자 총수의 2분의 1 이상이 아니면 대통령으로 당선될 수 없다.
> ㉢ 지방자치단체장 선거에서 각급선거방송토론위원회가 필수적으로 개최하는 대담·토론회에 대한 참석 기회는 모든 후보자에게 공평하게 주어져야 하므로 그 초청 자격을 제한하고 있는 공직선거법 조항은 후보자들의 선거운동의 기회균등원칙과 관련한 평등권을 침해한다.
> ㉣ 헌법 규정상 대통령 선거에 있어서 최고득표자가 2인 이상인 때에는 국회의 재적의원과반수가 출석한 비공개회의에서 다수표를 얻은 자를 당선자로 한다.

① 1개 ② 2개
③ 3개 ④ 4개

해설

모두 옳지 않다.

㉠ [×] (1) 유권자가 지역구후보자나 그가 속한 정당 중 어느 일방만을 지지할 경우 지역구후보자 개인을 기준으로 투표하든, 정당을 기준으로 투표하든 어느 경우에나 자신의 진정한 의사는 반영시킬 수 없으며, 후보자든 정당이든 절반의 선택권을 박탈당할 수 밖에 없을 뿐만 아니라, 신생정당에 대한 국민의 지지도를 제대로 반영할 수 없어 기존의 세력정당에 대한 국민의 실제 지지도를 초과하여 그 세력정당에 의석을 배분하여 주게 되는바, 이는 선거에 있어 국민의 의사를 제대로 반영하고, 국민의 자유로운 선택권을 보장할 것 등을 요구하는 민주주의원리에 부합하지 않는다.

(2) 비례대표의원의 선거는 지역구의원의 선거와는 별도의 선거이므로 이에 관한 유권자의 별도의 의사표시, 즉 정당명부에 대한 별도의 투표가 있어야 함에도 현행제도는 정당명부에 대한 투표가 따로 없으므로 결국 비례대표의원의 선출에 있어서는 정당의 명부작성행위가 최종적·결정적인 의의를 지니게 되고, 선거권자들의 투표행위로써 비례대표의원의 선출을 직접·결정적으로 좌우할 수 없으므로 직접선거의 원칙에 위배된다.

(3) 무소속후보자에 대한 투표는 그 무소속후보자의 선출에만 기여할 뿐 비례대표의원의 선출에는 전혀 기여하지 못하므로 투표가치의 불평등이 발생하는바, 자신이 지지하는 정당이 자신의 지역구에 후보자를 추천하지 않아 어쩔 수 없이 무소속후보자에게 투표하는 유권자들로서는 자신의 의사에 반하여 투표가치의 불평등을 강요당하게 되는바, 이는 합리적 이유없이 무소속 후보자에게 투표하는 유권자를 차별하는 것이라 할 것이므로 평등선거의 원칙에 위배된다(헌재 2001.7.19, 2000헌마91 등).

㉡ [×]

> 헌법 제67조 ③ 대통령후보자가 1인일 때에는 그 득표수가 선거권자 총수의 3분의 1 이상이 아니면 대통령으로 당선될 수 없다.

㉢ [×] 지방자치단체장선거는 당해 지방자치단체의 진로를 결정하는 중대한 문제인 만큼, 그 선거운동은 유권자들이 후보자의 공약을 쉽게 파악할 수 있도록 효율적이며 광범위하게 이루어질 필요가 있다. … 그렇다면 이 사건 토론회조항이 일정한 요건을 갖춘 후보자에게만 대담·토론회의 참여기회를 부여한다고 하더라도 이를 가리켜 현저하게 자의적인 것이라고 보기 어렵다. … 이 사건 토론회조항은 선거운동의 기회균등원칙과 관련한 평등권을 침해하지 않는다(헌재 2019.9.26, 2018헌마128 등).

㉣ [×]

> 헌법 제67조 ② 제1항의 선거에 있어서 최고득표자가 2인 이상인 때에는 국회의 재적의원 과반수가 출석한 공개회의에서 다수표를 얻은 자를 당선자로 한다.

정답 | 02 ⑤ 03 ④

04 선거권에 대한 설명으로 가장 적절하지 않은 것은? (다툼이 있는 경우 헌법재판소 판례에 의함) 25. 경찰간부

① 선거에 관한 여론조사의 결과에 영향을 미치게 하기 위하여 둘 이상의 전화번호를 착신전환 등의 조치를 하여 같은 사람이 두 차례 이상 응답하는 등의 행위로 100만원 이상의 벌금형의 선고를 받고 그 형이 확정된 후 5년을 경과하지 아니한 자는 선거권이 없다고 규정한 공직선거법 조항은, 공정한 선거를 보장하고 선거범에 대하여 사회적 제재를 부과하며 일반국민에 대하여 선거의 공정성에 대한 의식을 제고하려는 것으로 선거권을 침해하지 아니한다.

② 재외투표기간 개시일에 임박하여 또는 재외투표기간 중에 재외선거사무 중지결정이 있었고 그에 대한 재개결정이 없었던 예외적인 상황에서 재외투표기간 개시일 이후에 귀국한 재외선거인 및 국외부재자신고인이 국내에서 선거일에 투표할 수 있도록 하는 절차를 마련하지 않은 것이, 재외투표기간 개시일 이후에 귀국한 재외선거인등의 선거권을 침해하는 것은 아니다.

③ 사전투표관리관이 투표용지의 일련번호를 떼지 아니하고 선거인에게 교부하도록 정한 공직선거법 조항은 사전투표자들의 선거권을 침해하지 아니한다.

④ 사전투표관리관이 투표용지에 자신의 도장을 찍는 경우 도장의 날인을 인쇄날인으로 갈음할 수 있도록 한 공직선거관리규칙 조항은 현저히 불합리하거나 불공정하여 사전투표자의 선거권을 침해한다고 볼 수 없다.

해설

② [×] 심판대상조항은 재외투표기간 개시일에 임박하여 또는 재외투표기간 중에 재외선거사무 중지결정이 있었고 그에 대한 재개결정이 없었던 예외적인 상황에서도 재외투표기간 개시일 전에 귀국한 경우에 한하여 귀국투표가 가능하도록 규정하고 있다. 이는 형식적으로 재외선거인등의 선거권 자체를 부정하는 것은 아니지만, 위에서 예시한 상황과 같이 재외선거인등의 재외투표가 불가능하거나 현저히 곤란하고, 재외선거인등이 재외투표기간 개시일 전에 귀국하는 것이 불가능하거나 현저히 곤란한 경우에는 사실상 재외선거인등의 선거권을 부정하는 것과 다름없는 결과를 초래할 수 있다. … 심판대상조항이 재외투표기간 개시일에 임박하여 또는 재외투표기간 중에 재외선거사무 중지결정이 있었고 그에 대한 재개결정이 없었던 예외적인 상황에서 재외투표기간 개시일 이후에 귀국한 재외선거인등이 국내에서 선거일에 투표할 수 있도록 하는 절차를 마련하지 아니한 것은 과잉금지원칙을 위반하여 청구인의 선거권을 침해한다(헌재 2022.1.27, 2020헌마895).

① [O] 선거권제한조항은 공정한 선거를 보장하고 선거범에 대하여 사회적 제재를 부과하며 일반국민에 대하여 선거의 공정성에 대한 의식을 제고하려는 목적을 달성하는 데 적합한 수단이다. … 법원이 벌금 100만원 이상의 형을 선고한다면, 여기에는 피고인의 행위가 선거의 공정을 침해할 우려가 높다는 판단과 함께 피고인의 선거권을 일정 기간 박탈하겠다는 판단이 포함되어 있다고 보아야 한다. 선거권 제한을 통하여 달성하려는 선거의 공정성 확보라는 공익이 선거권을 행사하지 못함으로써 침해되는 개인의 사익보다 크다. 따라서 선거권제한조항은 선거권을 침해하지 아니한다(헌재 2022.3.31, 2019헌마986).

③ [O] 공직선거법이 개정되어 사전투표제도를 도입하게 되면서 디지털 기기를 이용한 위조·복사 등의 위험성을 최소화하기 위하여 위조용지 식별이 보다 정확하고 용이한 바코드 방식 일련번호제도를 채택하게 되었다. … 바코드 방식의 일련번호는 육안으로 식별이 어려워 누군가가 바코드를 기억하는 방법으로 비밀투표 원칙에 위배되는 상황을 상정하기 어렵고, 공직선거법은 바코드에 선거인을 식별할 수 있는 개인정보가 들어가지 않도록 관리하므로, 바코드를 투표용지로부터 분리하지 않았다는 이유만으로 비밀투표원칙에 위배된다고 할 수 없다. 따라서 공선법 조항은 청구인들의 선거권을 침해하지 아니한다(헌재 2023.10.26, 2022헌마231 등).

④ [O] 사전투표의 경우 전국 어느 투표소에서든 투표가 가능하므로 각 사전투표소에서는 총 방문자 수나 대기시간을 예측하는 것이 현저히 곤란하다. 심판대상조항은 이러한 점을 고려하여 사전투표의 효율적 진행을 위해 마련되었다. … 심판대상조항으로 인하여 사전투표관리관이 자신의 도장을 직접 찍을 때에 비하여 위조된 투표지의 유입가능성이 있다고 보기 어렵다. 이를 종합해 보면, 심판대상조항이 현저히 불합리하거나 불공정하여 청구인들의 선거권을 침해한다고 볼 수 없다(헌재 2023.10.26, 2022헌마232 등).

05 국민투표권에 대한 설명으로 가장 적절하지 않은 것은? (다툼이 있는 경우 헌법재판소 판례에 의함)

25. 경찰간부

① 국민투표권이란 국민이 국가의 특정 사안에 대해 직접 결정권을 행사하는 권리로서, 각종 선거에서의 선거권 및 피선거권과 더불어 국민의 참정권의 한 내용을 이루는 헌법상 기본권이다.

② 헌법 제130조 제2항에 의한 헌법개정에 관한 국민투표는 대통령 또는 국회가 제안하고 국회의 의결을 거쳐 확정된 헌법개정안에 대하여 주권자인 국민이 최종적으로 그 승인 여부를 결정하는 절차이다.

③ 대의기관의 선출주체가 곧 대의기관의 의사결정에 대한 승인주체가 되는 것은 당연한 논리적 귀결이지만, 국민투표권자의 범위가 대통령선거권자 · 국회의원선거권자의 범위와 일치되어야 하는 것은 아니다.

④ 국민투표법 조항이 국회의원선거권자인 재외선거인에게 국민투표권을 인정하지 않은 것은 국회의원선거권자의 헌법개정안 국민투표참여를 전제하고 있는 헌법 제130조 제2항의 취지에 부합하지 않는다.

해설

③ [×] 헌법 제72조의 중요정책 국민투표와 헌법 제130조의 헌법개정안 국민투표는 대의기관인 국회와 대통령의 의사결정에 대한 국민의 승인절차에 해당한다. 대의기관의 선출주체가 곧 대의기관의 의사결정에 대한 승인주체가 되는 것은 당연한 논리적 귀결이므로, 국민투표권자의 범위는 대통령선거권자 · 국회의원선거권자와 일치되어야 한다(헌재 2014.7.24, 2009헌마256 등).

① [O] 국민투표권이란 국가의 특정 사안에 대해 국민투표라는 형식을 통해 국민이 직접 결정권을 행사하는 권리로서, 각종 선거에서의 선거권 및 피선거권과 더불어 국민의 참정권의 한 내용을 이루는 헌법상 기본권이다. 헌법은 외교 · 국방 · 통일 기타 국가안위에 관한 중요정책을 결정하는 경우(제72조)와 헌법개정안을 확정하는 경우(제130조 제2항)에 국민투표권을 인정하고 있다(헌재 2007.6.28, 2004헌마644 등).

② [O] 헌법 제72조에 의한 중요정책에 관한 국민투표는 국가안위에 관계되는 사항에 관하여 대통령이 제시한 구체적인 정책에 대한 주권자인 국민의 승인절차라 할 수 있고, 헌법 제130조 제2항에 의한 헌법개정에 관한 국민투표는 대통령 또는 국회가 제안하고 국회의 의결을 거쳐 확정된 헌법개정안에 대하여 주권자인 국민이 최종적으로 그 승인 여부를 결정하는 절차이다(헌재 2007.6.28, 2004헌마644 등).

④ [O] 헌법 제130조 제2항에 의하면 헌법개정안 국민투표는 '국회의원선거권자' 과반수의 투표와 투표자의 과반수의 찬성을 얻도록 규정하고 있는바, 헌법은 헌법개정안 국민투표권자로서 국회의원선거권자를 예정하고 있다. 재외선거인은 임기만료에 따른 비례대표국회의원선거에 참여하고 있으므로, 재외선거인에게 국회의원선거권이 있음은 분명하다. 국민투표법조항이 국회의원선거권자인 재외선거인에게 국민투표권을 인정하지 않은 것은 국회의원선거권자의 헌법개정안 국민투표 참여를 전제하고 있는 헌법 제130조 제2항의 취지에도 부합하지 않는다(헌재 2014.7.24, 2009헌마256 등).

정답 | 04 ② 05 ③

06 정치적 기본권에 관한 설명으로 옳고 그름의 표시(○, ×)가 모두 바르게 된 것은? (다툼이 있는 경우 판례에 의함)

23. 경찰 1차

> ㉠ 국가공무원 복무규정 조항이 금지하는 정치적 주장을 표시 또는 상징하는 행위에서의 '정치적 주장'이란 정당 활동이나 선거와 직접적으로 관련되거나 특정 정당과의 밀접한 연계성을 인정할 수 있는 경우 등 정치적 중립성을 훼손할 가능성이 높은 주장에 한정된다고 해석되므로, 명확성원칙에 위배되지 아니한다.
> ㉡ 국가공무원법 제65조 제1항 중 '그 밖의 정치단체'에 관한 부분은 명확성원칙에 위배되어 공무원의 정치적 표현의 자유 및 결사의 자유를 침해한다.
> ㉢ 피성년후견인인 국가공무원은 당연퇴직한다고 규정한 국가공무원법 조항은 성년후견이 개시되지는 않았으나 동일한 정도의 정신적 장애가 발생한 국가공무원의 경우와 비교할 때 사익의 제한 정도가 과도하여 과잉금지원칙에 위반되므로 공무담임권을 침해한다.
> ㉣ 금고 이상의 선고유예를 받고 그 기간 중에 있는 자를 임용결격사유로 삼고 위 사유에 해당하는 자가 임용되더라도 이를 당연무효로 하는 구 국가공무원법 조항은, 입법자의 재량을 일탈하여 공무담임권을 침해한 것이라고 볼 수 없다.

	㉠	㉡	㉢	㉣
①	○	○	○	○
②	○	×	○	×
③	○	×	×	○
④	×	○	×	○

해설

㉠ [○] 위 규정들이 금지하는 '정치적 주장을 표시 또는 상징하는 행위'에서의 '정치적 주장'이란, 정당활동이나 선거와 직접적으로 관련되거나 특정 정당과의 밀접한 연계성을 인정할 수 있는 경우 등 공무원의 정치적 중립성을 훼손할 가능성이 높은 주장에 한정된다고 해석되므로, 명확성원칙에 위배되지 아니한다(헌재 2012.5.31, 2009헌마705).

㉡ [○] 국가공무원법 조항 중 '그 밖의 정치단체'에 관한 부분은 어떤 단체에 가입하는가에 관한 집단적 형태의 '표현의 내용'에 근거한 규제이므로, 더욱 규제되는 표현의 개념을 명확하게 규정할 것이 요구된다. 그럼에도 위 조항은 '그 밖의 정치단체'라는 불명확한 개념을 사용하여, 수범자에 대한 위축효과와 법 집행 공무원의 자의적 판단 위험을 야기하고 있다. 위 조항이 명확성원칙에 위배되어 나머지 청구인들의 정치적 표현의 자유, 결사의 자유를 침해하여 헌법에 위반되는 점이 분명한 이상, 과잉금지원칙에 위배되는지 여부에 대하여는 더 나아가 판단하지 않는다(헌재 2020.4.23, 2018헌마551).

㉢ [○] 심판대상조항이 달성하고자 하는 공익은 우리 헌법상 사회국가원리에 입각한 공무담임권 보장과 조화를 이루는 정도에 한하여 중요성이 인정될 수 있다. 그런데 심판대상조항은 성년후견이 개시되지는 않았으나 동일한 정도의 정신적 장애가 발생한 국가공무원의 경우와 비교할 때 사익의 제한 정도가 과도하고, 성년후견이 개시되었어도 정신적 제약을 극복하여 후견이 종료될 수 있고, 이 경우 법원에서 성년후견 종료심판을 하고 있다는 사실에 비추어 보아도 사익의 제한 정도가 지나치게 가혹하다. 또한 심판대상조항처럼 국가공무원의 당연퇴직사유를 임용결격사유와 동일하게 규정하려면 국가공무원이 재직 중 쌓은 지위를 박탈할 정도의 충분한 공익이 인정되어야 하나, 이 조항이 달성하려는 공익은 이에 미치지 못한다. 따라서 심판대상조항은 과잉금지원칙에 반하여 공무담임권을 침해한다(헌재 2022.12.22, 2020헌가8).

㉣ [○] 이 사건 법률조항은 금고 이상의 형의 선고유예의 판결을 받아 그 기간 중에 있는 사람이 공무원으로 임용되는 것을 금지하고 이러한 사람이 공무원으로 임용되더라도 그 임용을 당연무효로 하는 것으로서, 공직에 대한 국민의 신뢰를 보장하고 공무원의 원활한 직무수행을 도모하기 위하여 마련된 조항이다. 청구인과 같이 임용결격사유에도 불구하고 임용된 임용결격공무원은 상당한 기간 동안 근무한 경우라도 적법한 공무원의 신분을 취득하여 근무한 것이 아니라는 이유로 공무원연금법상 퇴직급여의 지급대상이 되지 못하는 등 일정한 불이익을 받기는 하지만, 재직기간 중 사실상 제공한 근로에 대하여는 그 대가에 상응하는 금액의 반환을 부당이득으로 청구하는 등의 민사적 구제수단이 있는 점을 고려하면, 공직에 대한 국민의 신뢰보장이라는 공익과 비교하여 임용결격공무원의 사익 침해가 현저하다고 보기 어렵다. 따라서 이 사건 법률조항은 입법자의 재량을 일탈하여 공무담임권을 침해한 것이라고 볼 수 없다(헌재 2016.7.28, 2014헌바437).

07 참정권에 관한 설명 중 가장 적절하지 않은 것은? (다툼이 있는 경우 판례에 의함)

23. 경찰승진

① 정당법상의 당원의 자격이 없는 자는 국민투표에 관한 운동을 할 수 없다.

② 재외투표기간 개시일에 임박하여 또는 재외투표기간 중에 재외선거사무 중지결정이 있었고 그에 대한 재개결정이 없었던 예외적인 상황에서 재외투표기간 개시일 이후에 귀국한 재외선거인 및 국외부재자신고인에 대하여 국내에서 선거일에 투표할 수 있도록 하는 절차를 마련하지 않았더라도 선거권을 침해하지 않는다.

③ 헌법재판소는 지방자치단체의 장이 금고 이상의 형을 선고받고 그 형이 확정되지 아니한 경우 부단체장이 그 권한을 대행하도록 규정한 지방자치법 조항이 지방자치단체장의 공무담임권을 침해한다고 판단하였다.

④ 공직선거에 후보자로 등록하고자 하는 자가 제출하여야 하는 범죄경력에 이미 실효된 금고 이상의 형까지 포함시키도록 정한 공직선거법 조항은 실효된 금고 이상의 형의 범죄경력을 가진 후보자의 공무담임권을 침해하지 않는다.

해설

② [×] 심판대상조항을 통해 달성하고자 하는 선거의 공정성은 매우 중요한 가치이다. 그러나 선거의 공정성도 결국에는 선거인의 선거권이 실질적으로 보장될 때 비로소 의미를 가진다. 심판대상조항의 불충분·불완전한 입법으로 인한 청구인의 선거권 제한을 결코 가볍다고 볼 수 없으며, 이는 심판대상조항으로 인해 달성되는 공익에 비해 작지 않다. 따라서 심판대상조항은 과잉금지원칙에 위배되어 청구인의 선거권을 침해한다(헌재 2022.1.27, 2020헌마895).

① [O]

국민투표법 제28조【운동을 할 수 없는 자】① 정당법상의 당원의 자격이 없는 자는 운동을 할 수 없다.

③ [O] 자치단체장직에 대한 공직기강을 확립하고 주민의 복리와 자치단체행정의 원활한 운영에 초래될 수 있는 위험을 예방하기 위한 입법목적을 달성하기 위하여 자치단체장을 직무에서 배제하는 수단을 택하였다 하더라도, 금고 이상의 형을 선고받은 자치단체장을 다른 추가적 요건 없이 직무에서 배제하는 것이 위 입법목적을 달성하기 위한 최선의 방안이라고 단정하기는 어렵고 특히 이 사건 청구인의 경우처럼, 금고이상의 형의 선고를 받은 이후 선거에 의하여 자치단체장으로 선출된 경우에는 '자치단체행정에 대한 주민의 신뢰유지'라는 입법목적은 자치단체장의 공무담임권을 제한할 적정한 논거가 되기 어렵다. 따라서, 이 사건 법률조항은 자치단체장인 청구인의 공무담임권을 침해한다(헌재 2010.9.2, 2010헌마418).

④ [O] 이 사건 법률조항은 후보자선택을 제한하거나 실효된 금고 이상의 형의 범죄경력을 가진 후보자의 당선기회를 봉쇄하는 것이 아니므로 공무담임권과는 직접 관련이 없다(헌재 2008.4.24, 2006헌마402).

정답 | 06 ① 07 ②

■ 공무담임권

01 공무담임권에 관한 다음 설명 중 가장 옳은 것은? 24. 법원직

① 공무원이 특정의 장소에서 근무하는 것 또는 특정의 보직을 받아 근무하는 것을 포함하는 일종의 공무수행의 자유 역시 공무담임권의 보호영역에 포함된다.

② 반인륜적인 범죄인 아동에 대한 성적 학대행위를 저지른 사람이 공무를 수행할 경우 공직 전반에 대한 국민의 신뢰를 유지하기 어려우므로, 아동에게 성적 수치심을 주는 성희롱 등의 성적 학대행위로 형을 선고받아 그 형이 확정된 사람은 일반직공무원으로 임용될 수 없도록 한 국가공무원법 해당 조항이 공무담임권을 침해한다고 보기 어렵다.

③ 금고 이상의 형의 선고유예를 받은 경우 당연히 퇴직되도록 규정한 구 청원경찰법 해당 조항은 청원경찰이 저지른 범죄의 종류나 내용을 불문하고 당연히 퇴직되도록 규정함으로써 직업의 자유를 침해한다.

④ 법원이 성년후견개시 심판을 선고함으로써 직무수행능력의 지속적 결여가 객관적으로 인정된 경우에까지 공무원의 신분을 계속 유지하는 방식으로 생활보장을 해야 한다고 보기는 어려우므로, 피성년후견인인 국가공무원은 당연히 퇴직한다고 정한 국가공무원법 해당 조항이 공무담임권을 침해한다고 보기 어렵다.

해설

③ [O] 심판대상조항은 청원경찰이 저지른 범죄의 종류나 내용을 불문하고 금고 이상의 형의 선고유예를 받게 되면 당연히 퇴직되도록 규정함으로써 청원경찰에게 공무원보다 더 가혹한 제재를 가하고 있으므로, 침해의 최소성 원칙에 위배된다. 심판대상조항은 청원경찰이 저지른 범죄의 종류나 내용을 불문하고 범죄행위로 금고 이상의 형의 선고유예를 받게 되면 당연히 퇴직되도록 규정함으로써 그것이 달성하려는 공익의 비중에도 불구하고 청원경찰의 직업의 자유를 과도하게 제한하고 있어 법익의 균형성 원칙에도 위배된다. 따라서, 심판대상조항은 과잉금지원칙에 반하여 직업의 자유를 침해한다(헌재 2018.1.25, 2017헌가26).

① [×] 헌법 제25조의 공무담임권의 보호영역에는 일반적으로 공직취임의 기회보장, 신분박탈, 직무의 정지에 관련된 사항이 포함되지만, 특별한 사정도 없이 공무원이 특정의 장소에서 근무하는 것이나 특정의 보직을 받아 근무하는 것을 포함하는 일종의 '공무수행의 자유'까지 포함된다고 보기 어렵다(헌재 2014.1.28, 2011헌마239).

② [×] 심판대상조항은 아동과 관련이 없는 직무를 포함하여 모든 일반직공무원 및 부사관에 임용될 수 없도록 하므로, 제한의 범위가 지나치게 넓고 포괄적이다. 또한, 심판대상조항은 영구적으로 임용을 제한하고, 결격사유가 해소될 수 있는 어떠한 가능성도 인정하지 않는다. 아동에 대한 성희롱 등의 성적 학대행위로 형을 선고받은 경우라고 하여도 범죄의 종류, 죄질 등은 다양하므로, 개별 범죄의 비난가능성 및 재범 위험성 등을 고려하여 상당한 기간 동안 임용을 제한하는 덜 침해적인 방법으로도 입법목적을 충분히 달성할 수 있다. 따라서 심판대상조항은 과잉금지원칙에 위배되어 청구인의 공무담임권을 침해한다(헌재 2022.11.24, 2020헌마1181).

④ [×] 심판대상조항은 성년후견이 개시되지는 않았으나 동일한 정도의 정신적 장애가 발생한 국가공무원의 경우와 비교할 때 사익의 제한 정도가 과도하고, 성년후견이 개시되었어도 정신적 제약을 극복하여 후견이 종료될 수 있고, 이 경우 법원에서 성년후견 종료심판을 하고 있다는 사실에 비추어 보아도 사익의 제한 정도가 지나치게 가혹하다. 또한 심판대상조항처럼 국가공무원의 당연퇴직사유를 임용결격사유와 동일하게 규정하려면 국가공무원이 재직 중 쌓은 지위를 박탈할 정도의 충분한 공익이 인정되어야 하나, 이 조항이 달성하려는 공익은 이에 미치지 못한다. 따라서 심판대상조항은 과잉금지원칙에 반하여 공무담임권을 침해한다(헌재 2022.12.22, 2020헌가8).

02 공무담임권에 관한 설명으로 옳은 것은 모두 몇 개인가? (다툼이 있는 경우 헌법재판소 판례에 의함)

24. 경찰 2차

> ㉠ 지방자치단체 공무원이 연구기관이나 교육기관 등에서 연수하기 위한 휴직기간은 2년 이내로 한다고 규정한 지방공무원법 조항은 연수휴직 기간의 상한을 제한하는 내용으로, 공직취임의 기회를 배제하거나 공무원 신분을 박탈하는 것과 관련이 없으므로, 휴직조항으로 인하여 법학전문대학원에 진학하려는 9급 지방공무원의 공무담임권이 침해될 가능성을 인정하기 어렵다.
> ㉡ 농업협동조합장이 지방의회의원선거 후보자가 되려면 지방의회의원의 임기만료일 전 90일까지 그 직에서 해임되도록 규정한 구 지방의회의원선거법 조항은, 특정 계층의 여과된 이익과 전문가적 경험을 지방자치에서 조화있게 반영시키려는 것으로서 농업협동조합장의 공무담임권을 침해하지 않는다.
> ㉢ 회계책임자가 공직선거법이나 정치자금법 소정의 조항을 위반하여 300만원 이상의 벌금형을 선고받아 확정된 경우, 후보자의 당선이 무효로 되도록 규정한 공직선거법 조항은 후보자의 관리·감독책임 없음을 입증하여 면책될 가능성조차 부여하지 않아, 책임주의 원칙에 위배되어 국회의원 당선자의 공무담임권을 침해한다.
> ㉣ 아동·청소년대상 성범죄는 재범 위험성이 높고 시간이 지나도 공무수행을 맡기기에 충분할 만큼 국민의 신뢰가 회복되기 어려우므로, 아동·청소년이용음란물임을 알면서 이를 소지한 죄로 형을 선고받아 그 형이 확정된 사람은 일반직공무원으로 임용될 수 없도록 규정한 국가공무원법 및 지방공무원법 조항은 그 형이 확정된 사람의 공무담임권을 침해하지 않는다.

① 1개　　② 2개
③ 3개　　④ 4개

해설

옳은 것은 1개(㉠)이다.

㉠ [O] 휴직조항은 연수휴직 기간의 상한을 제한하는 내용으로, 공직취임의 기회를 배제하거나 공무원 신분을 박탈하는 것과 관련이 없으므로 휴직조항으로 인하여 공무담임권이 침해될 가능성을 인정하기 어렵다(헌재 2024.2.28, 2020헌마1377).

㉡ [×] 농지개량조합의 조합장과 같은 상근직은 물론 나머지 조합장의 지방의회 진출의 문호개방은 지역직능대표로서의 기능과 역할을 기대할 수 있는 것이고 특정 계층의 여과된 이익과 전문가적 경험을 지방자치에서 조화있게 반영시키는 계기도 될 수 있을 것이다. 물론 의원직 금지규정 등을 없앤다면 조합장에 의한 조합의 정치적 악용 내지 중립성 저해의 가능성이 없지 않을 것이나 명예직 조합장의 영향력행사의 한계 때문에 그 폐해 또한 우려할 만큼 심각한 것은 못될 것이다. 농지개량조합의 조합장은 별론으로 하고, 그 나머지 조합장에 대해서는 적어도 국민의 참정권을 제한함에 있어서 합리성 없는 차별대우의 입법이라고 보지 않을 수 없으며, 이들에 대한 참정권 및 평등권에 관하여 도저히 헌법 제37조 제2항에 의하여 정당화 될 수 없는 과도한 제한이며 그 기본권의 침해라고 볼 것이다. 심판의 대상 중 농업협동조합·수산업협동조합·축산업협동조합·산림조합·엽연초생산협동조·인삼협동조합의 조합장에 관한 부분은 헌법에 위반되고 그 나머지 부분 즉 농지개량조합의 조합장 부분은 헌법에 위반되지 않는다(헌재 1991.3.11, 90헌마28).
▶ 농지개량조합의 조합장에 대한 것은 합헌이지만 농업협동조합장 부분 등 기타 조합장에 관한 부분은 위헌이다.

㉢ [×] 후보자에게 회계책임자의 형사책임을 연대하여 지게 하는 것이 아니라, 선거의 공정성을 해치는 객관적 사실(회계책임자의 불법행위)에 따른 선거결과를 교정하는 것에 불과하고, 또한 후보자는 공직선거법을 준수하면서 공정한 경쟁이 되도록 할 의무가 있는 자로서 후보자 자신뿐만 아니라 최소한 회계책임자 등에 대하여는 선거범죄를 범하지 않도록 지휘·감독할 책임을 지는 것이므로, 이 사건 법률조항은 후보자 '자신의 행위'에 대하여 책임을 지우고 있는 것에 불과하기 때문에, 헌법상 자기책임의 원칙에 위반되지 아니한다. 회계책임자와 후보자는 선거에 임하여 분리하기 어려운 운명공동체라고 보아 회계책임자의 행위를 곧 후보자의 행위로 의제함으로써 선거부정 방지를 도모하고자 한 입법적 결단이 현저히 잘못되었거나 부당하다고 보기 어려운 이상, 감독상의 주의의무 이행이라는 면책사유를 인정하지 않고 후보자에게 법정 연대책임을 지우는 제도를 형성한 것이 반드시 필요 이상의 지나친 규제를 가하여 가혹한 연대책임을 부과함으로써 후보자의 공무담임권을 침해한다고 볼 수 없다(헌재 2010.3.25, 2009헌마170).

㉣ [×] 심판대상조항은 아동·청소년과 관련이 없는 직무를 포함하여 모든 일반직공무원에 임용될 수 없도록 하므로, 제한의 범위가 지나치게 넓고 포괄적이다. 또한, 심판대상조항은 영구적으로 임용을 제한하고, 결격사유가 해소될 수 있는 어떠한 가능성도 인정하지 않는다. 그런데 아동·청소년이용음란물소지죄로 형을 선고받은 경우라고 하여도 범죄의 종류, 죄질 등은 다양하므로, 개별 범죄의 비난가능성 및 재범 위험성 등을 고려하여 상당한 기간 동안 임용을 제한하는 덜 침해적인 방법으로도 입법목적을 충분히 달성할 수 있다. 따라서 심판대상조항은 과잉금지원칙에 위배되어 청구인들의 공무담임권을 침해한다(헌재 2023.6.29, 2020헌마1605 등).

정답 | 01 ③　02 ①

03 다음 공무담임권에 관한 설명 중 가장 옳지 않은 것은? (다툼이 있는 경우 판례에 의함) 24. 해경간부

① 서울교통공사는 공익적인 업무를 수행하기 위한 지방공사이나, 서울특별시와 독립적인 공법인으로서 경영의 자율성이 보장되고, 서울교통공사의 직원의 신분도 지방공무원법이 아닌 지방공기업법과 정관에서 정한 바에 따르는 등, 서울교통공사의 직원이라는 직위가 헌법 제25조가 보장하는 공무담임권의 보호영역인 '공무'의 범위에는 해당하지 않는다.

② 향토예비군 지휘관이 금고 이상의 형의 선고유예를 받은 경우에는 그 직에서 당연해임되도록 규정하고 있는 구 향토예비군설치법시행규칙 조항은 범죄의 종류와 내용을 가리지 않고 모두 당연퇴직 사유로 정함으로써 공무담임권을 침해한다.

③ 공무담임권의 보호영역에는 공직취임 기회의 자의적인 배제뿐 아니라, 공무원 신분의 부당한 박탈이나 권한의 부당한 정지도 포함된다.

④ 국가공무원법 제33조 제6호의4 나목 중 아동복지법 제17조 제2호 가운데 '아동에게 성적 수치심을 주는 성희롱 등의 성적 학대행위로 형을 선고받아 그 형이 확정된 사람은 일반직 공무원으로 임용될 수 없도록 한 것'에 관한 부분은 아동·청소년 대상 성범죄의 재범률을 고려해 볼 때 공무담임권을 침해하지 않는다.

해설

④ [×] 심판대상조항은 아동과 관련이 없는 직무를 포함하여 모든 일반직공무원 및 부사관에 임용될 수 없도록 하므로, 제한의 범위가 지나치게 넓고 포괄적이다. 또한, 심판대상조항은 영구적으로 임용을 제한하고, 결격사유가 해소될 수 있는 어떠한 가능성도 인정하지 않는다. 아동에 대한 성희롱 등의 성적 학대행위로 형을 선고받은 경우라고 하여도 범죄의 종류, 죄질 등은 다양하므로, 개별 범죄의 비난가능성 및 재범 위험성 등을 고려하여 상당한 기간 동안 임용을 제한하는 덜 침해적인 방법으로도 입법목적을 충분히 달성할 수 있다. 따라서 심판대상조항은 과잉금지원칙에 위배되어 청구인의 공무담임권을 침해한다(헌재 2022.11.24, 2020헌마1181).

① [O] 서울교통공사는 공익적인 업무를 수행하기 위한 지방공사이나, 서울특별시와 독립적인 공법인으로서 경영의 자율성이 보장되고, 수행 사업도 국가나 지방자치단체의 독점적 성격을 갖는다고 보기 어려우며, 서울교통공사의 직원의 신분도 지방공무원법이 아닌 지방공기업법과 정관에서 정한 바에 따르는 등, 서울교통공사의 직원이라는 직위가 헌법 제25조가 보장하는 공무담임권의 보호영역인 '공무'의 범위에는 해당하지 않는다(헌재 2021.2.25, 2018헌마174).

② [O] 향토예비군 지휘관이 금고 이상의 형의 선고유예를 받은 경우에는 그 직에서 당연해임하도록 규정하고 있는 이 사건 법률조항은 금고 이상의 선고유예의 판결을 받은 모든 범죄를 포괄하여 규정하고 있을 뿐 아니라, 심지어 오늘날 누구에게나 위험이 상존하는 교통사고 관련 범죄 등 과실범의 경우마저 당연해임의 사유에서 제외하지 않고 있으므로 최소침해성의 원칙에 반한다. … 따라서 이 사건 법률조항은 과잉금지원칙에 위배하여 공무담임권을 침해하는 조항이라고 할 것이다(헌재 2005.12.22, 2004헌마947).

③ [O] 여기서 직무를 담당한다는 것은 모든 국민이 현실적으로 그 직무를 담당할 수 있다는 의미가 아니라, 국민이 공무담임에 관한 자의적이지 않고 평등한 기회를 보장받음을 의미하는바, 공무담임권의 보호영역에는 공직취임 기회의 자의적인 배제뿐 아니라, 공무원 신분의 부당한 박탈이나 권한(직무)의 부당한 정지도 포함된다고 할 것이다(헌재 2007.6.28, 2005헌마1179).

04 공무담임권에 대한 설명으로 옳지 않은 것은?
24. 국가직 7급

① 공무담임권의 보호영역에는 공직취임의 기회의 자의적인 배제뿐 아니라, 공무원 신분의 부당한 박탈까지 포함되는 것이라고 할 것인데, 전자는 후자보다 당해 국민의 법적 지위에 미치는 영향이 더욱 크다.

② 공무담임권의 보호영역에는 일반적으로 공직취임의 기회보장, 신분박탈, 직무의 정지가 포함되는 것일 뿐, 특별한 사정도 없이 여기서 더 나아가 공무원이 특정의 장소에서 근무하는 것 또는 특정의 보직을 받아 근무하는 것을 포함하는 일종의 '공무수행의 자유'까지 그 보호영역에 포함된다고 보기는 어렵다.

③ 판사와 검사의 임용자격을 각각 변호사 자격이 있는 자로 제한하는 법원조직법 제42조 제2항과 검찰청법 제29조 제2호는 변호사시험과 별도로 판·검사 교육후보자로 선발하는 시험 및 국가가 실시하는 교육과정을 거쳐 판·검사로 임용되는 별개의 제도를 도입하지 않았다 하여 공무담임권을 침해하였다고 볼 수 없다.

④ 공무원이 금고 이상의 형의 집행유예 판결을 받은 경우 당연퇴직하도록 규정한 구 지방공무원법 조항 중 해당 부분은 과잉금지원칙에 위배되어 공무담임권을 침해한다고 볼 수 없다.

해설

① [×] 공무담임권의 보호영역에는 공직취임의 기회의 자의적인 배제뿐 아니라, 공무원 신분의 부당한 박탈까지 포함되는 것이라고 할 것이다. 왜냐하면, 후자는 전자보다 당해 국민의 법적 지위에 미치는 영향이 더욱 크다고 할 것이므로, 이를 보호영역에서 배제한다면, 기본권 보호체계에 발생하는 공백을 막기 어려울 것이며, 공무담임권을 규정하고 있는 위 헌법 제25조의 문언으로 보아도 현재 공무를 담임하고 있는 자를 그 공무로부터 배제하는 경우에는 적용되지 않는다고 해석할 수 없기 때문이다(헌재 2003.10.30, 2002헌마684 등).

② [O] 헌법 제25조의 공무담임권의 보호영역에는 일반적으로 공직취임의 기회보장, 신분박탈, 직무의 정지에 관련된 사항이 포함되지만, 특별한 사정도 없이 공무원이 특정의 장소에서 근무하는 것이나 특정의 보직을 받아 근무하는 것을 포함하는 일종의 '공무수행의 자유'까지 포함된다고 보기 어렵다(헌재 2014.1.28, 2011헌마239).

③ [O] 2011.7.18. 법원조직법 개정으로 판사로 임용되기 위해서는 변호사자격을 요구하되, 판사임용자격에 10년 이상의 법조경력을 요구한 취지(법원조직법 제42조 제2항)는 법원이 국민으로부터 신뢰와 존경을 받을 수 있도록 사법제도의 개혁이 필요하다는 사회적 요청에 부응하여 사법부의 인사제도를 개선할 필요에 따라 판사의 임용자격을 강화하여 충분한 사회적 경험과 연륜을 갖춘 판사가 재판할 수 있도록 하기 위함이다. 검찰청법 제29조 제2호가 검사 임용 시 변호사자격을 요구하고 변호사자격 없는 자들을 위한 별도의 교육후보생 선발시험을 도입하지 않은 이유는 법률가로서의 기본소양 및 자질은 지속적인 교육과정 이수를 통하여 배양하여야 한다는 입법자의 정책적 판단에 의한 것이다. 그런데 별도의 선발시험을 거쳐 국가가 실시하는 교육과정을 거치면 판사 또는 검사로 즉시 임용하는 것은 위와 같은 새로운 법조인 양성제도의 취지에 부합한다고 보기 어렵다. 따라서 임용자격조항이 변호사시험과 별도로 판·검사 교육후보자로 선발하는 시험 및 국가가 실시하는 교육과정을 거쳐 판·검사로 임용되는 별개의 제도를 도입하지 않았다 하여 공무담임권을 침해하였다고 볼 수 없다(헌재 2020.10.29, 2017헌마1128).

④ [O] 범죄행위로 인하여 형사처벌을 받은 공무원에게 그에 상응하는 신분상의 불이익을 과하는 것은 국민전체의 이익을 위해 적절한 수단이 될 수 있고 공무원에게 공무를 위임한 국민의 일반의사에도 부합하는 점, 법원이 범죄의 모든 정황을 고려하여 금고 이상의 형의 집행유예 판결을 하였다면 당해 공무원에 대한 사회적 비난가능성이 결코 적지 아니한 점, 공무원이 범죄행위로 인하여 형사처벌을 받은 경우에는 당해 공무원에 대한 국민의 신뢰가 손상되어 원활한 직무수행에 어려움이 생기고 이는 공직전체에 대한 신뢰를 실추시켜 공공의 이익을 해하는 결과를 초래하게 되는 점 등을 고려하면, 이 사건 법률조항이 과잉금지원칙에 위배되어 공무담임권을 침해한다고 볼 수 없다(헌재 2015.10.21, 2015헌바215).

정답 | 03 ④ 04 ①

05 공무담임권에 대한 설명으로 옳은 것은? (다툼이 있는 경우 판례에 의함) 25. 입법고시

① 지방자치단체의 장이 금고 이상의 형을 선고받고 그 형이 확정되지 아니한 경우 부단체장이 그 권한을 대행하도록 한 것은 해당 지방자치단체장의 공무담임권을 침해한다고 보기는 어렵다.

② 공무담임권은 공무원의 재임 기간 동안 충실한 공직 수행을 담보하기 위하여 퇴직급여 및 공무상 재해보상의 보장을 그 보호영역으로 한다.

③ 기능직공무원이 일반직공무원으로 우선 임용될 기회를 주지 않는 것은 공무담임권의 침해 문제가 생길 여지가 있다.

④ 과거 3년 이내의 모든 당원 경력을 법관 임용 결격사유로 정한 것은, 법관의 정치적 중립성을 준수하고 재판의 독립을 지킬 수 있도록 하려는 것이므로 법관이 되려는 자의 공무담임권을 침해하지 않는다.

⑤ 승진시험의 응시제한이나 이를 통한 승진기회의 보장 문제는 공무담임권의 보호영역에 포함된다고 보기는 어렵다.

해설

⑤ [O] 공무담임권의 보호영역에는 공직취임 기회의 자의적인 배제뿐 아니라, 공무원 신분의 부당한 박탈이나 권한(직무)의 부당한 정지도 포함된다. 다만, '승진시험의 응시제한'이나 이를 통한 승진기회의 보장 문제는 공직신분의 유지나 업무수행에는 영향을 주지 않는 단순한 내부 승진인사에 관한 문제에 불과하여 공무담임권의 보호영역에 포함된다고 보기는 어렵다고 할 것이다(헌재 2010.3.25, 2009헌마538).

① [×] 이 사건 법률조항은 필요최소한의 범위를 넘어선 기본권제한에 해당할 뿐 아니라, 이 사건 법률조항으로 인하여 해당 자치단체장은 불확정한 기간 동안 직무를 정지당함은 물론 주민들에게 유죄가 확정된 범죄자라는 선입견까지 주게 되고, 더욱이 장차 무죄판결을 선고받게 되면 이미 침해된 공무담임권은 회복될 수도 없는 등의 심대한 불이익을 입게 되므로, 법익균형성 요건 또한 갖추지 못하였다. 따라서, 이 사건 법률조항은 자치단체장인 청구인의 공무담임권을 침해한다(헌재 2010.9.2, 2010헌마418).

② [×] 헌법 제25조의 공무담임권이 공무원의 재임 기간 동안 충실한 공무 수행을 담보하기 위하여 공무원의 퇴직급여 및 공무상 재해보상을 보장할 것까지 그 보호영역으로 하고 있다고 보기 어렵고, 행복추구권은 행복을 추구하기 위하여 필요한 급부를 국가에 대하여 적극적으로 요구할 수 있음을 내용으로 하는 것이 아니므로, 심판대상조항으로 인한 공무담임권 및 행복추구권의 제한은 문제되지 않는다(헌재 2014.6.26, 2012헌마459).

③ [×] 기능직공무원이 일반직공무원으로 우선 임용될 수 있는 기회의 보장은 공무담임권에서 당연히 파생되는 것으로 볼 수 없다. 특히 공개경쟁시험이나 일반적인 경력경쟁시험보다 유리한 조건으로 청구인들과 같은 조무직렬 기능직공무원들에게 일반직공무원으로 우선 임용될 기회를 주지 않는다고 하여도 청구인들은 기능직공무원으로서 그대로 신분을 유지하게 되므로, 심판대상조항이 청구인들의 공직신분의 유지나 업무수행과 같은 법적 지위에 직접 영향을 미치는 것도 아니다. 따라서 청구인들이 주장하는 일반직공무원으로 우선 임용될 권리 내지 기회보장은 공무담임권의 보호영역에 속하지 아니하고, 심판대상조항으로 인하여 청구인들의 공무담임권 침해 문제가 생길 여지가 없다(헌재 2013.11.28, 2011헌마565).

④ [×] 가사 과거에 당원 신분을 취득한 경력을 규제할 필요성이 있더라도, 적극적으로 정치적 활동을 하였던 경우에 한하여 법관 임용을 제한할 수 있고, 이에 법원조직법은 관련 규정을 별도로 두고 있다. 그럼에도 불구하고, 심판대상조항과 같이 과거 3년 이내의 모든 당원 경력을 법관 임용 결격사유로 정하는 것은, 입법목적 달성을 위해 합리적인 범위를 넘어 정치적 중립성과 재판 독립에 긴밀한 연관성이 없는 경우까지 과도하게 공직취임의 기회를 제한한다. 따라서 심판대상조항은 과잉금지원칙에 반하여 청구인의 공무담임권을 침해한다(헌재 2024.7.18, 2021헌마460).

06 공무담임권에 관한 설명으로 가장 적절하지 않은 것은? (다툼이 있는 경우 헌법재판소 판례에 의함)

25. 경찰 1차

① 군인사법 제10조 제2항 제6호의4 나목 중 아동복지법 제17조 제2호 가운데 '아동에게 성적 수치심을 주는 성희롱 등의 성적 학대행위로 형을 선고받아 그 형이 확정된 사람은 부사관으로 임용될 수 없도록 한 것'에 관한 부분은 공무담임권을 침해하지 않는다.

② 과거 3년 이내의 당원 경력을 법관 임용 결격사유로 정한 법원조직법 제43조 제1항 제5호 중 '당원의 신분을 상실한 날부터 3년이 경과되지 아니한 사람'에 관한 부분은 과잉금지원칙에 반하여 공무담임권을 침해한다.

③ 교육부 및 그 소속기관에서 근무하는 교육연구사 선발에 수석교사가 응시할 수 없도록 응시 자격을 제한한 교육부장관의 '2017년도 교육전문직 선발 계획 공고'와 '2017년도 교육부 및 소속기관 근무 교육전문직 선발 계획'은 공무담임권을 침해하지 않는다.

④ 관련 자격증 소지자에게 관세직 국가공무원 공개경쟁채용시험에서 일정한 가산점을 부여하는 구 공무원임용시험령 제31조 제2항에 따른 별표 11 가운데 1. 행정직군 및 기술직군의 직급별 가산비율 중 6 · 7급의 변호사, 공인회계사, 관세사에 대한 가산비율 5% 부분 및 별표 12 가운데 관세직렬에 관한 부분은 공무담임권을 침해하지 아니한다.

해설

① [×] 아동과 관련이 없는 직무를 포함하여 모든 일반직공무원 및 부사관에 임용될 수 없도록 하므로, 제한의 범위가 지나치게 넓고 포괄적이다. 또한, 심판대상조항은 영구적으로 임용을 제한하고, 결격사유가 해소될 수 있는 어떠한 가능성도 인정하지 않는다. 아동에 대한 성희롱 등의 성적 학대행위로 형을 선고받은 경우라고 하여도 범죄의 종류, 죄질 등은 다양하므로, 개별 범죄의 비난가능성 및 재범 위험성 등을 고려하여 상당한 기간 동안 임용을 제한하는 덜 침해적인 방법으로도 입법목적을 충분히 달성할 수 있다. 따라서 심판대상조항은 과잉금지원칙에 위배되어 청구인의 공무담임권을 침해한다(헌재 2022.11.24, 2020헌마1181).

② [O] 심판대상조항과 같이 과거 3년 이내의 모든 당원 경력을 법관 임용 결격사유로 정하는 것은, 입법목적 달성을 위해 합리적인 범위를 넘어 정치적 중립성과 재판 독립에 긴밀한 연관성이 없는 경우까지 과도하게 공직취임의 기회를 제한한다. 따라서 심판대상조항은 과잉금지원칙에 반하여 청구인의 공무담임권을 침해한다(헌재 2024.7.18, 2021헌마460).

③ [O] 수석교사가 고유 업무인 연구 · 교수 업무에 전념하게 하기 위한 것으로 목적의 정당성이 인정되며, 수석교사를 교육연구사 선발에 응시하지 못하게 하는 것은 위 목적을 달성하기 위한 적합한 수단이다. 교육전문직원으로 전직하면 추후에 교감, 교장으로 임용되는 데 유리한 측면이 있으므로, 수석교사의 교육연구사 선발 응시를 허용하는 경우 수석교사제도의 도입취지가 몰각될 수 있다. 또한 수석교사가 임기 종료 후 재임용을 받지 않거나 수석교사직을 포기하면 교육연구사 선발에 응시할 수 있고, 수석교사직을 잃더라도 교사 지위는 유지된다는 점에 비추어 보면 침해의 최소성 및 법익의 균형성에도 반하지 않는다. 결국 이 사건 공고는 과잉금지원칙에 위배되어 공무담임권을 침해하지 않는다(헌재 2023.2.23, 2017헌마604).

④ [O] 공무원 공개경쟁채용시험에서 자격증에 따른 가산점을 인정하는 목적은 공무원의 업무상 전문성을 강화하기 위함인바, 관세 업무에 전문성을 갖춘 것으로 평가되는 자격증(변호사 · 공인회계사 · 관세사) 소지자들에게 관세직렬 공개경쟁채용시험에서 가산점을 부여하는 것은 관세행정의 전문성을 제고하는 데 기여하는 것으로 목적의 정당성 및 수단의 적합성이 인정된다. … 이 사건 가산점근거조항은 과잉금지원칙에 위배하여 청구인의 공무담임권을 침해하지 아니한다(헌재 2023.2.23, 2019헌마401).

정답 | 05 ⑤ 06 ①

07 공무원제도 및 공무담임권에 관한 설명으로 가장 적절한 것은? (다툼이 있는 경우 판례에 의함) 25. 경정승진

① 직업공무원제도는 헌법이 보장하는 제도적 보장 중의 하나이므로 입법자는 직업공무원제도에 관하여 '최대한 보장'의 원칙의 한계 안에서 폭넓은 입법형성의 자유를 가진다.

② 우리나라는 직업공무원제도를 채택하고 있는데, 여기서 말하는 공무원은 국가 또는 공공단체와 근로관계를 맺고 이른바 공법상 특별권력관계 내지 특별행정법관계 아래 공무를 담당하는 것을 직업으로 하는 협의의 공무원을 말하며 임시적 공무원도 포함된다.

③ 일단 공무원으로 채용된 공무원을 퇴직시키는 것은 공무원이 장기간 쌓은 지위를 박탈해 버리는 것이므로 당연퇴직사유를 임용결격사유와 동일하게 취급하는 것은 타당하지 않다.

④ '승진시험의 응시제한'이나 이를 통한 승진기회의 보장 문제는 공직신분의 유지나 업무수행에는 영향을 주지 않는 단순한 내부 승진인사에 관한 문제에 불과하다고 볼 수 없으므로 공무담임권의 보호영역에 포함된다.

해설

③ [O] 일단 공무원으로 채용된 공무원을 퇴직시키는 것은 공무원이 장기간 쌓은 지위를 박탈해 버리는 것이므로 같은 입법목적을 위한 것이라고 하여도 당연퇴직 사유를 임용결격사유와 동일하게 취급하는 것은 타당하다고 할 수 없다. 따라서 이 사건 법률조항은 헌법 제25조의 공무담임권을 침해한 위헌 법률이다(헌재 2004.9.23, 2004헌가12).

① [×] 기본권 보장은 "최대한 보장의 원칙"이 적용됨에 반하여, 제도적 보장은 그 본질적 내용을 침해하지 아니하는 범위 안에서 입법자에게 제도의 구체적 내용과 형태의 형성권을 폭넓게 인정한다는 의미에서 "최소한 보장의 원칙"이 적용될 뿐이다. 직업공무원제도는 헌법이 보장하는 제도적 보장 중의 하나임이 분명하므로 입법자는 직업공무원제도에 관하여 '최소한 보장'의 원칙의 한계 안에서 폭넓은 입법형성의 자유를 가진다(헌재 1997.4.24, 95헌바48).

② [×] 우리나라는 직업공무원제도를 채택하고 있는데, 이는 공무원이 집권세력의 논공행상의 제물이 되는 엽관제도(獵官制度)를 지양하고 정권교체에 따른 국가작용의 중단과 혼란을 예방하고 일관성 있는 공무수행의 독자성을 유지하기 위하여 헌법과 법률에 의하여 공무원의 신분이 보장되는 공직구조에 관한 제도이다. 여기서 말하는 공무원은 국가 또는 공공단체와 근로관계를 맺고 이른바 공법상 특별권력관계 내지 특별행정법관계 아래 공무를 담당하는 것을 직업으로 하는 협의의 공무원을 말하며 정치적 공무원이라든가 임시적 공무원은 포함되지 않는 것이다(헌재 1989.12.18, 89헌마32 등).

④ [×] 공무담임권의 보호영역에는 공직취임 기회의 자의적인 배제뿐 아니라, 공무원 신분의 부당한 박탈이나 권한(직무)의 부당한 정지도 포함된다. 다만, '승진시험의 응시제한'이나 이를 통한 승진기회의 보장 문제는 공직신분의 유지나 업무수행에는 영향을 주지 않는 단순한 내부 승진인사에 관한 문제에 불과하여 공무담임권의 보호영역에 포함된다고 보기는 어렵다고 할 것이다(헌재 2010.3.25, 2009헌마538).

08 공무원제도 및 공무담임권에 관한 설명 중 가장 적절하지 않은 것은? (다툼이 있는 경우 판례에 의함)

23. 경찰승진

① 경찰공무원이 자격정지 이상의 형의 선고유예를 받은 경우 공무원직에서 당연퇴직하도록 규정하고 있는 구 경찰공무원법 조항은 입법자의 입법형성재량의 범위 내에서 입법된 것이므로 공무담임권을 침해하지 않는다.

② 헌법 제7조가 정하고 있는 직업공무원제도는 공무원이 집권세력의 논공행상의 제물이 되는 엽관제도를 지양하며 정권교체에 따른 국가작용의 중단과 혼란을 예방하고 일관성 있는 공무수행의 독자성을 유지하기 위하여 헌법과 법률에 의하여 공무원의 신분이 보장되도록 하는 공직구조에 관한 제도로 공무원의 정치적 중립과 신분보장을 그 중추적 요소로 한다.

③ 지방자치단체의 직제가 폐지된 경우에 해당 공무원을 직권면직할 수 있도록 규정하고 있는 지방공무원법 조항은 직업공무원제도에 위반되지 않는다.

④ 직업공무원제도는 헌법이 보장하는 제도적 보장 중의 하나이므로 입법자는 직업공무원제도에 관하여 '최소한 보장'의 원칙의 한계 안에서 폭넓은 입법형성의 자유를 가진다.

해설

① [×] 경찰공무원이 자격정지 이상의 형의 선고유예를 받은 경우 공무원직에서 당연퇴직하도록 규정하고 있는 이 사건 법률조항은 자격정지 이상의 선고유예 판결을 받은 모든 범죄를 포괄하여 규정하고 있을 뿐만 아니라 심지어 오늘날 누구에게나 위험이 상존하는 교통사고 관련범죄 등 과실범의 경우마저 당연퇴직의 사유에서 제외하지 않고 있으므로 최소침해성의 원칙에 반한다. 또한, 오늘날 사회국가 원리에 입각한 공직제도의 중요성이 강조되면서 개개 공무원의 공무담임권 보장의 중요성은 더욱 큰 의미를 가지고 있다. 일단 공무원으로 채용된 공무원을 퇴직시키는 것은 공무원이 장기간 쌓은 지위를 박탈해 버리는 것이므로 같은 입법목적을 위한 것이라고 하여도 당연퇴직사유를 임용결격사유와 동일하게 취급하는 것은 타당하다고 할 수 없다. 따라서 이 사건 법률조항은 헌법 제25조의 공무담임권을 침해한 위헌 법률이다(헌재 2004.9.23, 2004헌가12).

② [O] 우리 헌법 제7조가 정하고 있는 직업공무원제도는 공무원이 집권세력의 논공행상의 제물이 되는 엽관제도를 지양하며 정권교체에 따른 국가작용의 중단과 혼란을 예방하고 일관성 있는 공무수행의 독자성을 유지하기 위하여 헌법과 법률에 의하여 공무원의 신분이 보장되도록 하는 공직구조에 관한 제도로 공무원의 정치적 중립과 신분보장을 그 중추적 요소로 한다(헌재 2004.11.25, 2002헌바8).

③ [O] 행정조직의 개폐에 관한 문제에 있어 입법자가 광범위한 입법형성권을 가진다 하더라도 행정조직의 개폐로 인해 행해지는 직권면직은 보다 직접적으로 해당 공무원들의 신분에 중대한 위협을 주게 되므로 직제 폐지 후 실시되는 면직절차에 있어서는 보다 엄격한 요건이 필요한데, 이와 관련하여 지방공무원법 제62조는 직제의 폐지로 인해 직권면직이 이루어지는 경우 임용권자는 인사위원회의 의견을 듣도록 하고 있고, 면직기준으로 임용형태·업무실적·직무수행능력·징계처분사실 등을 고려하도록 하고 있으며, 면직기준을 정하거나 면직대상을 결정함에 있어서 반드시 인사위원회의 의결을 거치도록 하고 있는바, 이는 합리적인 면직기준을 구체적으로 정함과 동시에 그 공정성을 담보할 수 있는 절차를 마련하고 있는 것이라 볼 수 있다. 그렇다면 이 사건 규정이 직제가 폐지된 경우 직권면직을 할 수 있도록 규정하고 있다고 하더라도 이것이 직업공무원제도를 위반하고 있다고는 볼 수 없다(헌재 2004.11.25, 2002헌바8).

④ [O] 직업공무원제도는 헌법이 보장하는 제도적 보장 중의 하나임이 분명하므로 입법자는 직업공무원제도에 관하여 '최소한 보장'의 원칙의 한계 안에서 폭넓은 입법형성의 자유를 가진다(헌재 1997.4.24, 95헌바48).

09 공무담임권에 관한 설명 중 가장 적절하지 않은 것은? (다툼이 있는 경우 판례에 의함)

22. 경찰 1차

① 공무담임권은 국가 등에게 능력주의를 존중하는 공정한 공직자선발을 요구할 수 있는 권리라는 점에서 직업선택의 자유보다는 그 기본권의 효과가 현실적·구체적이므로, 공직을 직업으로 선택하는 경우에 있어서 직업선택의 자유는 공무담임권을 통해서 그 기본권보호를 받게 된다고 할 수 있으므로 공무담임권을 침해하는지 여부를 심사하는 이상 이와 별도로 직업선택의 자유 침해 여부를 심사할 필요는 없다.

② 공무담임권의 보호영역에는 일반적으로 공직취임의 기회보장, 신분박탈, 직무의 정지가 포함될 뿐이고 '승진시험의 응시제한'이나 이를 통한 승진기회의 보장 문제는 공직신분의 유지나 업무수행에는 영향을 주지 않는 단순한 내부 승진인사에 관한 문제에 불과하여 공무담임권의 보호영역에 포함된다고 보기 어렵다.

③ 서울교통공사는 공익적인 업무를 수행하기 위한 지방공사이나 서울특별시와 독립적인 공법인으로서 경영의 자율성이 보장되고, 서울교통공사의 직원의 신분도 지방공무원법이 아닌 지방공기업법과 정관에서 정한 바에 따르는 등, 서울교통공사의 직원이라는 직위가 헌법 제25조가 보장하는 공무담임권의 보호영역인 '공무'의 범위에는 해당하지 않는다.

④ 금고 이상의 형의 선고유예를 받고 그 기간 중에 있는 자를 임용결격사유로 삼고, 위 사유에 해당하는 자가 임용되더라도 이를 당연무효로 하는 구 국가공무원법 조항은 입법자의 재량을 일탈하여 청구인의 공무담임권을 침해한다.

정답 | 07 ③ 08 ① 09 ④

해설

④ [×] 이 사건 법률조항은 금고 이상의 형의 선고유예의 판결을 받아 그 기간 중에 있는 사람이 공무원으로 임용되는 것을 금지하고 이러한 사람이 공무원으로 임용되더라도 그 임용을 당연무효로 하는 것으로서, 공직에 대한 국민의 신뢰를 보장하고 공무원의 원활한 직무수행을 도모하기 위하여 마련된 조항이다. 청구인과 같이 임용결격사유에도 불구하고 임용된 임용결격공무원은 상당한 기간 동안 근무한 경우라도 적법한 공무원의 신분을 취득하여 근무한 것이 아니라는 이유로 공무원연금법상 퇴직급여의 지급대상이 되지 못하는 등 일정한 불이익을 받기는 하지만, 재직기간 중 사실상 제공한 근로에 대하여는 그 대가에 상응하는 금액의 반환을 부당이득으로 청구하는 등의 민사적 구제수단이 있는 점을 고려하면, 공직에 대한 국민의 신뢰보장이라는 공익과 비교하여 임용결격공무원의 사익 침해가 현저하다고 보기 어렵다. 따라서 이 사건 법률조항은 입법자의 재량을 일탈하여 공무담임권을 침해한 것이라고 볼 수 없다(헌재 2016.7.28, 2014헌바437).

① [O] 공무담임권은 국가 등에게 능력주의를 존중하는 공정한 공직자선발을 요구할 수 있는 권리라는 점에서 직업선택의 자유보다는 그 기본권의 효과가 현실적·구체적이므로, 공직을 직업으로 선택하는 경우에 있어서 직업선택의 자유는 공무담임권을 통해서 그 기본권보호를 받게 된다고 할 수 있으므로 공무담임권을 침해하는지 여부를 심사하는 이상 이와 별도로 직업선택의 자유 침해 여부를 심사할 필요는 없다(헌재 2006.3.30, 2005헌마598).

② [O] 공무담임권의 보호영역에는 공직취임 기회의 자의적인 배제뿐 아니라, 공무원 신분의 부당한 박탈이나 권한(직무)의 부당한 정지도 포함된다. 다만, '승진시험의 응시제한'이나 이를 통한 승진기회의 보장 문제는 공직신분의 유지나 업무수행에는 영향을 주지 않는 단순한 내부 승진인사에 관한 문제에 불과하여 공무담임권의 보호영역에 포함된다고 보기는 어렵다고 할 것이다(헌재 2007.6.28, 2005헌마1179).

③ [O] 서울교통공사는 공익적인 업무를 수행하기 위한 지방공사이나, 서울특별시와 독립적인 공법인으로서 경영의 자율성이 보장되고, 수행 사업도 국가나 지방자치단체의 독점적 성격을 갖는다고 보기 어려우며, 서울교통공사의 직원의 신분도 지방공무원법이 아닌 지방공기업법과 정관에서 정한 바에 따르는 등, 서울교통공사의 직원이라는 직위가 헌법 제25조가 보장하는 공무담임권의 보호영역인 '공무'의 범위에는 해당하지 않는다(헌재 2021.2.25, 2018헌마174).

10 공무원제도 및 공무담임권에 대한 설명으로 가장 적절하지 않은 것은? (다툼이 있는 경우 판례에 의함)

22. 경찰승진

① 경찰공무원이 자격정지 이상의 형의 선고유예를 받은 경우 공무원직에서 당연퇴직하도록 규정하고 있는 구 경찰공무원법 조항은 자격정지 이상의 선고유예 판결을 받은 모든 범죄를 포괄하여 규정하고 있을 뿐만 아니라 심지어 오늘날 누구에게나 위험이 상존하는 교통사고 관련범죄 등 과실범의 경우마저 당연퇴직의 사유에서 제외하지 않고 있으므로 최소침해성의 원칙에 반한다.

② 헌법 제7조가 정하고 있는 직업공무원제도는 공무원이 집권세력의 논공행상의 제물이 되는 엽관제도를 지양하며 정권교체에 따른 국가작용의 중단과 혼란을 예방하고 일관성 있는 공무수행의 독자성을 유지하기 위하여 헌법과 법률에 의하여 공무원의 신분이 보장되도록 하는 공직구조에 관한 제도로 공무원의 정치적 중립과 신분보장을 그 중추적 요소로 한다.

③ 공무원이거나 공무원이었던 사람이 재직 중의 사유로 금고 이상의 형을 받거나 형이 확정된 경우 퇴직급여 및 퇴직수당의 일부를 감액하여 지급함에 있어 그 이후 형의 선고의 효력을 상실하게 하는 특별사면 및 복권을 받은 경우를 달리 취급하는 규정을 두지 아니한 구 공무원연금법 규정은 합리적인 이유가 없다고 할 것이므로 청구인의 재산권 및 인간다운 생활을 할 권리를 침해한다.

④ 형사사건으로 기소된 국가공무원을 직위해제할 수 있도록 규정한 구 국가공무원법의 규정에 의한 공무담임권의 제한은 잠정적이고 그 경우에도 공무원의 신분은 유지되고 있다는 점에서 공무원에게 가해지는 신분상 불이익과 보호하려는 공익을 비교할 때 공무집행의 공정성과 그에 대한 국민의 신뢰를 유지하고자 하는 공익이 더욱 크므로 이 사건 법률조항은 공무담임권을 침해하지 않는다.

해설

③ [×] 형의 선고의 효력을 상실하게 하는 특별사면 및 복권을 받았다 하더라도 그 대상인 형의 선고의 효력이나 그로 인한 자격상실 또는 정지의 효력이 장래를 향하여 소멸되는 것에 불과하고, 형사처벌에 이른 범죄사실 자체가 부인되는 것은 아니므로, 공무원 범죄에 대한 제재수단으로서의 실효성을 확보하기 위하여 특별사면 및 복권을 받았다 하더라도 퇴직급여 등을 계속 감액하는 것을 두고 현저히 불합리하다고 평가할 수 없다. 나아가 심판대상조항에 의하여 퇴직급여 등의 감액대상이 되는 경우에도 본인의 기여금 부분은 보장하고 있다. 따라서 심판대상조항은 그 합리적인 이유가 인정되는바, 재산권 및 인간다운 생활을 할 권리를 침해한다고 볼 수 없어 헌법에 위반되지 아니한다(헌재 2020.4.23, 2018헌바402).

① [O] 경찰공무원이 자격정지 이상의 형의 선고유예를 받은 경우 당연퇴직하도록 규정하고 있는 이 사건 법률조항이 헌법 제25조의 공무담임권을 침해한다(헌재 2004.9.23, 2004헌가12).

② [O] 직업공무원제도는 공무원이 집권세력의 논공행상의 제물이 되는 엽관제도를 지양하며 정권교체에 따른 국가작용의 중단과 혼란을 예방하고 일관성 있는 공무수행의 독자성을 유지하기 위하여 헌법과 법률에 의하여 공무원의 신분이 보장되도록 하는 공직구조에 관한 제도로 공무원의 정치적 중립과 신분보장을 그 중추적 요소로 한다(헌재 2004.11.25, 2002헌바8).

④ [O] 이 사건 법률조항의 입법목적은 형사소추를 받은 공무원이 계속 직무를 집행함으로써 발생할 수 있는 공직 및 공무집행의 공정성과 그에 대한 국민의 신뢰를 해할 위험을 예방하기 위한 것으로 정당하고, 직위해제는 이러한 입법목적을 달성하기에 적합한 수단이다. 이 사건 법률조항에 의한 공무담임권의 제한은 잠정적이고 그 경우에도 공무원의 신분은 유지되고 있다는 점에서 공무원에게 가해지는 신분상 불이익과 보호하려는 공익을 비교할 때 공무집행의 공정성과 그에 대한 국민의 신뢰를 유지하고자 하는 공익이 더욱 크다. 따라서 이 사건 법률조항은 공무담임권을 침해하지 않는다(헌재 2006.5.25, 2004헌바12).

11 공무담임권에 관한 다음 설명 중 가장 옳지 않은 것은? (다툼이 있는 경우 헌법재판소 결정 및 대법원 판례에 의함)

22. 법원직 9급

① 경찰공무원이 자격정지 이상의 형의 선고유예를 받은 경우 당연퇴직하도록 규정한 조항은 자격정지 이상의 선고유예 판결을 받은 모든 범죄를 포괄하여 규정하고 있을 뿐만 아니라 과실범의 경우마저 당연퇴직의 사유에서 제외하지 않고 있으므로 공무담임권을 침해한다.

② 청구인이 당선된 당해선거에 관한 것인지를 묻지 않고, 선거에 관한 여론조사의 결과에 영향을 미치게 하기 위하여 둘 이상의 전화번호를 착신 전환 등의 조치를 하여 같은 사람이 두 차례 이상 응답하여 100만원 이상의 벌금형을 선고받은 자로 하여금 지방의회의원의 직에서 퇴직되도록 한 조항은 청구인의 공무담임권을 침해한다.

③ '승진시험의 응시제한'은 공직신분의 유지나 업무 수행에는 영향을 주지 않는 단순한 내부 승진인사에 관한 문제에 불과하여 공무담임권의 보호영역에 포함된다고 보기는 어려우므로, 시험요구일 현재를 기준으로 승진임용이 제한된 자에 대하여 승진시험응시를 제한하도록 한 공무원임용시험령이 공무담임권을 침해하였다고 볼 수 없다.

④ 지역구국회의원선거에 입후보하기 위한 요건으로서 기탁금 및 그 반환에 관한 규정은 입후보에 영향을 주므로 공무담임권을 제한하는 것이고, 이러한 공무담임권에 대한 제한은 과잉금지원칙을 기준으로 하여 판단한다.

해설

② [×] 퇴직조항은 선거에 관한 여론조사의 결과에 부당한 영향을 미치는 행위를 방지하고 선거의 공정성을 담보하며 공직에 대한 국민 또는 주민의 신뢰를 제고한다는 목적을 달성하는 데 적합한 수단이다. 지방의회의원이 선거의 공정성을 해하는 범죄로 유죄판결이 확정되었다면 지방자치행정을 민주적이고 공정하게 수행할 것이라고 기대하기 어렵다. 오히려 그의 직을 유지시킨다면, 이는 공직 전체에 대한 신뢰 훼손으로 이어진다. 대상 범죄인 착신전환 등을 통한 중복 응답 등 범죄는 선거의 공정성을 직접 해하는 범죄로, 위 범죄로 형사처벌을 받은 사람이라면 지방자치행정을 민주적이고 공정하게 수행할 것이라 볼 수 없다. 입법자는 100만원 이상의 벌금형 요건으로 하여 위 범죄로 지방의회의원의 직에서 퇴직할 수 있도록 하는 강력한 제재를 선택한 동시에 퇴직 여부에 대하여 법원으로 하여금 구체적 사정을 고려하여 판단하게 하였다. 당선무효, 기탁금 등 반환, 피선거권 박탈만으로는 퇴직조항, 당선무효, 기탁금 등 반환, 피선거권 박탈이 동시에 적용되는 현 상황과 동일한 정도로 공직에 대한 신뢰를 제고하기 어렵다. 퇴직조항으로 인하여 지방의회의원의 직에서 퇴직하게 되는 사익의 침해에 비하여 선거에 관한 여론조사의 결과에 부당한 영향을 미치는 행위를 방지하고 선거의 공정성을 담보하며 공직에 대한 국민 또는 주민의 신뢰를 제고한다는 공익이 더욱 중대하다. 퇴직조항은 청구인들의 공무담임권을 침해하지 아니한다(헌재 2022.3.31, 2019헌마986). ➜ 공직선거법 제266조 제1항 등 위헌확인

정답 | 10 ③ 11 ②

① [O] 경찰공무원이 자격정지 이상의 형의 선고유예를 받은 경우 공무원직에서 당연퇴직하도록 규정하고 있는 이 사건 법률조항은 자격정지 이상의 선고유예 판결을 받은 모든 범죄를 포괄하여 규정하고 있을 뿐만 아니라 심지어 오늘날 누구에게나 위험이 상존하는 교통사고 관련범죄 등 과실범의 경우마저 당연퇴직의 사유에서 제외하지 않고 있으므로 최소침해성의 원칙에 반한다(헌재 2004.9.23, 2004헌가12).

③ [O] 공무담임권의 보호영역에는 일반적으로 공직취임의 기회보장, 신분박탈, 직무의 정지가 포함될 뿐이고 청구인이 주장하는 '승진시험의 응시제한'이나 이를 통한 승진기회의 보장 문제는 공직신분의 유지나 업무수행에는 영향을 주지 않는 단순한 내부 승진인사에 관한 문제에 불과하여 공무담임권의 보호영역에 포함된다고 보기는 어려우므로 결국 이 사건 심판대상 규정은 청구인의 공무담임권을 침해한다고 볼 수 없다(헌재 2007.6.28, 2005헌마1179).

④ [O] 지역구국회의원선거에 입후보하기 위한 요건으로서의 기탁금 및 그 반환 요건에 관한 규정은 입후보에 영향을 주므로 공무담임권을 제한하는 것이고, 이러한 공무담임권에 대한 제한은 헌법 제37조 제2항이 정하고 있는 바와 같이 법률로써 하여야 하며, 국가안전보장, 질서유지 또는 공공복리 등 정당하고 중요한 공공의 목적을 달성하기 위하여 필요하고 적정한 수단과 방법에 의하여서만 가능하므로, 이러한 과잉금지원칙을 기준으로 하여 공무담임권 침해 여부를 판단한다(헌재 2016.12.29, 2015헌마509).

12 공무담임권에 대한 설명으로 가장 적절하지 않은 것은? (다툼이 있는 경우 헌법재판소 판례에 의함)

22. 경찰간부

① 금고 이상의 형의 선고유예 판결을 받아 그 기간 중에 있는 사람이 공무원으로 임용되는 것을 금지하고 이러한 사람이 공무원으로 임용되더라도 그 임용을 당연무효로 하는 것은 해당 공무원의 공무담임권을 침해하지 않는다.

② 공무담임권의 보호영역에는 공직취임 기회의 자의적인 배제뿐 아니라, 공무원 신분의 부당한 박탈이나 권한의 부당한 정지도 포함된다.

③ 부사관으로 최초로 임용되는 사람의 최고연령을 27세로 정한 군인사법 조항은 군 조직의 특수성, 군 조직 내에서 부사관의 상대적 지위 및 역할 등을 고려하더라도 과잉금지원칙에 위배되어 공무담임권을 침해한다.

④ 주민등록을 하는 것이 법령의 규정상 아예 불가능한, 재외국민인 주민의 지방선거 피선거권을 부인하는 구 공직선거법 조항은 국내거주 재외국민의 공무담임권을 침해한다.

해설

③ [×] 국가의 안전보장과 국토방위의 의무를 수행하기 위하여 군인은 강인한 체력과 정신력을 바탕으로 한 전투력을 유지할 필요가 있고, 이를 위해 군 조직은 위계질서의 확립과 기강확보가 어느 조직보다 중요시된다. 이러한 군의 특수성을 고려할 때 부사관의 임용연령상한을 제한하는 심판대상조항은 그 입법목적이 정당하고, 부사관보다 상위 계급인 소위의 임용연령상한도 27세로 정해져 있는 점, 연령과 체력의 보편적 상관관계 등을 고려할 때 수단의 적합성도 인정된다. 평균수명이 증가하고 취업연령이 전반적으로 늦어지고 있는 것이 오늘날의 현실이나, 부사관 임용을 원하는 사람에게 고등학교 졸업 후 적어도 9년, 대학 졸업 후에도 최소한 4~5년 동안 지원 기회가 제공되고, 특히 제대군인의 경우 최대 3년간 상한 연장특례가 부여되는 점, 군인사법상 부사관의 계급별 연령정년은 하사가 40세로서 낮게 설정되어 있는 반면 근속진급기간은 다소 장기여서, 현재의 정년 및 진급체계를 그대로 둔 채 부사관의 임용연령상한만을 완화하는 경우 부사관 인사체계에 불합리한 결과가 발생할 수 있는 점, 첨단무기·정보를 바탕으로 한 미래전에 대비하기 위해서 각 분야별로 숙련되고 기술력 있는 부사관을 조기에 발굴하여 양성할 필요가 있는데 부사관의 임용연령상한을 상향 조정하는 경우 숙련된 부사관의 활용기간을 단축시키는 결과를 초래할 수 있는 점 등 제반 사정을 종합하여 볼 때, 심판대상조항에서 정한 부사관의 최초 임용연령상한이 지나치게 낮아 부사관 임용을 원하는 사람의 응시기회를 실질적으로 차단한다거나 제한할 정도에 이르렀다고 보기 어렵다. 나아가 심판대상조항으로 인하여 입는 불이익은 부사관 임용지원기회가 27세 이후에 제한되는 것임에 반하여, 이를 통해 달성할 수 있는 공익은 군의 전투력 등 헌법적 요구에 부응하는 적절한 무력의 유지, 궁극적으로 국가안위의 보장과 국민의 생명·재산 보호로서 매우 중대하므로, 법익의 균형성 원칙에도 위배되지 아니한다. 따라서 심판대상조항이 과잉금지의 원칙을 위반하여 청구인들의 공무담임권을 침해한다고 볼 수 없다(헌재 2014.9.25, 2011헌마414).

① [O] 금고 이상의 형의 선고유예를 받고 그 기간 중에 있는 자를 임용결격사유로 삼고, 위 사유에 해당하는 자가 임용되더라도 이를 당연무효로 하는 구 국가공무원법 조항은 입법자의 재량을 일탈하여 공무담임권을 침해한 것이라고 볼 수 없다(헌재 2016.7.28, 2014헌바437).

② [O] 공무담임권의 보호영역에는 공직취임 기회의 자의적인 배제뿐 아니라, 공무원 신분의 부당한 박탈이나 권한(직무)의 부당한 정지도 포함된다. 다만, '승진시험의 응시제한'이나 이를 통한 승진기회의 보장 문제는 공직신분의 유지나 업무수행에는 영향을 주지 않는 단순한 내부 승진인사에 관한 문제에 불과하여 공무담임권의 보호영역에 포함된다고 보기는 어렵다고 할 것이다(헌재 2010.3.25, 2009헌마538).

④ [O] '외국의 영주권을 취득한 재외국민'과 같이 주민등록을 하는 것이 법령의 규정상 아예 불가능한 자들이라도 지방자치단체의 주민으로서 오랜 기간 생활해 오면서 그 지방자치단체의 사무와 얼마든지 밀접한 이해관계를 형성할 수 있고, 주민등록이 아니더라도 그와 같은 거주 사실을 공적으로 확인할 수 있는 방법은 존재한다는 점, 나아가 법 제16조 제2항이 국회의원 선거에 있어서는 주민등록 여부와 관계없이 25세 이상의 국민이라면 누구든지 피선거권을 가지는 것으로 규정함으로써 국내거주 여부를 불문하고 재외국민도 국회의원 선거의 피선거권을 가진다는 사실에 비추어, 주민등록만을 기준으로 함으로써 주민등록이 불가능한 재외국민인 주민의 지방선거 피선거권을 부인하는 법 제16조 제3항은 헌법 제37조 제2항에 위반하여 국내거주 재외국민의 공무담임권을 침해한다(헌재 2007.6.28, 2004헌마644).

13 **공무담임권에 대한 설명으로 옳은 것은? (다툼이 있는 경우 판례에 의함)** 22. 국가직 7급

① 순경 공개경쟁채용시험의 응시연령 상한을 30세 이하로 규정한 경찰공무원임용령 조항은 공무담임권을 침해하지 않는다.

② 군의 특수성을 고려하여 부사관으로 최초로 임용되는 사람의 최고연령을 27세로 정한 군인사법 조항은 부사관임용을 원하는 사람들의 공무담임권을 침해한다.

③ 구 검사징계법상 검사에 대한 징계로서 '면직' 처분을 인정하는 것은 과잉금지원칙에 반하여 공무담임권을 침해한다고 할 수 없다.

④ 공무담임권의 보호영역에는 공무원 신분의 부당한 박탈이나 권한 또는 직무의 부당한 정지뿐만 아니라 승진시험의 응시제한이나 이를 통한 승진기회의 보장 등 내부 승진인사에 관한 문제도 포함된다.

해설

③ [O] 범죄의 수사와 공소제기 업무를 담당하는 검사의 지위와 위상을 고려할 때, 검사가 중대한 비위행위를 하였음에도 계속 그 직무를 수행하도록 한다면 검찰의 직무와 사법질서에 대한 국민의 불신이 초래된다는 점에서, 검사에 대한 징계로서 '면직' 처분을 인정하는 것은 과잉금지원칙에 반하여 공무담임권을 침해한다고 할 수 없다(헌재 2011.12.29, 2009헌바282).

① [×] 순경 공채시험, 소방사 등 채용시험 그리고 소방간부 선발시험의 응시연령 상한을 30세까지로 제한하는 것은 30세가 넘는 사람의 공무담임권을 직접적으로 제한하는 것이므로, 그러한 제한은 헌법 제37조 제2항이 요구하는 과잉금지원칙에 부합되어야 하는데, 침해의 최소성원칙에 위배되어 청구인들의 공무담임권을 침해한다(헌재 2012.5.31, 2010헌마278).

② [×] 심판대상조항으로 인하여 입는 불이익은 부사관 임용지원기회가 27세 이후에 제한되는 것임에 반하여, 이를 통해 달성할 수 있는 공익은 군의 전투력 등 헌법적 요구에 부응하는 적절한 무력의 유지, 궁극적으로 국가안위의 보장과 국민의 생명·재산 보호로서 매우 중대하므로, 법익의 균형성원칙에도 위배되지 아니한다. 따라서 심판대상조항이 과잉금지의 원칙을 위반하여 청구인들의 공무담임권을 침해한다고 볼 수 없다(헌재 2014.9.25, 2011헌마414).

④ [×] 공무담임권의 보호영역에는 일반적으로 공직취임의 기회보장, 신분박탈, 직무의 정지가 포함될 뿐이고 청구인이 주장하는 '승진시험의 응시제한'이나 이를 통한 승진기회의 보장문제는 공직신분의 유지나 업무수행에는 영향을 주지 않는 단순한 내부 승진인사에 관한 문제에 불과하여 공무담임권의 보호영역에 포함된다고 보기는 어려우므로 결국 이 사건 심판대상규정은 청구인의 공무담임권을 침해한다고 볼 수 없다(헌재 2007.6.28, 2005헌마1179).

정답 | 12 ③ 13 ③

14 참정권에 대한 설명으로 옳지 않은 것은? (다툼이 있는 경우 판례에 의함)

22. 지방직 7급

① 헌법상 직접민주주의에 따른 참정권으로 헌법개정안에 대한 국민투표권과, 외교 · 국방 · 통일 기타 국가안위에 관한 중요정책에 대한 국민투표권이 규정되어 있는데 전자는 필수적이고 후자는 대통령의 재량으로 이뤄진다.

② 10개월의 징역형을 선고받고 그 집행이 종료되지 아니한 사람은 선거권이 없다.

③ 출입국관리법 제10조에 따른 영주의 체류자격 취득일 후 3년이 경과한 18세 이상의 외국인으로서 선거인명부작성 기준일 현재 출입국관리법 제34조에 따라 해당 지방자치단체의 외국인등록대장에 올라 있는 사람은 그 구역에서 선거하는 지방자치단체의 의회의원 및 장의 선거권이 있다.

④ 공직을 직업으로 선택하는 경우에 있어서 직업선택의 자유는 공무담임권을 통해서 그 기본권보호를 받게 된다고 할 수 있으므로 공무담임권을 침해하는지 여부를 심사하는 이상 이와 별도로 직업선택의 자유 침해 여부를 심사할 필요는 없다.

해설

② [×] 공직선거법은 1년 이상 수형자에 대해 선거권이 없다고 규정하고 있으므로 10개월의 징역형을 선고받고 그 집행이 종료되지 않은 사람은 선거권이 있다.

> 공직선거법 제18조 【선거권이 없는 자】 ① 선거일 현재 다음 각 호의 어느 하나에 해당하는 사람은 선거권이 없다.
> 2. 1년 이상의 징역 또는 금고의 형의 선고를 받고 그 집행이 종료되지 아니하거나 그 집행을 받지 아니하기로 확정되지 아니한 사람. 다만, 그 형의 집행유예를 선고받고 유예기간 중에 있는 사람은 제외한다.

① [O] 헌법 제72조의 중요정책에 대한 국민투표 부의제는 대통령의 임의적 국민투표제이지만, 헌법 제130조의 헌법개정안에 대한 국민투표제는 필요적 국민투표제이다.

③ [O]

> 공직선거법 제15조 【선거권】 ② 18세 이상으로서 제37조 제1항에 따른 선거인명부작성기준일 현재 다음 각 호의 어느 하나에 해당하는 사람은 그 구역에서 선거하는 지방자치단체의 의회의원 및 장의 선거권이 있다.
> 3. 출입국관리법 제10조에 따른 영주의 체류자격 취득일 후 3년이 경과한 외국인으로서 같은 법 제34조에 따라 해당 지방자치단체의 외국인등록대장에 올라 있는 사람

④ [O] 공무담임권은 국가 등에게 능력주의를 존중하는 공정한 공직자선발을 요구할 수 있는 권리라는 점에서 직업선택의 자유보다는 그 기본권의 효과가 현실적 · 구체적이므로, 공직을 직업으로 선택하는 경우에 있어서 직업선택의 자유는 공무담임권을 통해서 그 기본권보호를 받게 된다고 할 수 있으므로 공무담임권을 침해하는지 여부를 심사하는 이상 이와 별도로 직업선택의 자유 침해 여부를 심사할 필요는 없다(헌재 2006.3.30, 2005헌마598).

15 공무담임권에 대한 설명으로 가장 적절한 것은? (다툼이 있는 경우 헌법재판소 판례에 의함) 23. 경찰간부

① 미성년자에 대하여 성범죄를 범하여 형을 선고받아 확정된 자와 성인에 대한 성폭력범죄를 범하여 벌금 100만 원 이상의 형을 선고받아 확정된 자는 초·중등교육법 상의 교원에 임용될 수 없도록 한 부분은 그 제한의 범위가 지나치게 넓고 포괄적이어서 공무담임권을 침해한다.

② 국가공무원법 해당 조항 중 아동복지법 제17조 제2호 가운데 '아동에게 성적 수치심을 주는 성희롱 등의 성적 학대행위로 형을 선고받아 그 형이 확정된 사람은 일반직 공무원으로 임용될 수 없도록 한 부분은 아동·청소년 대상 성범죄의 재범률을 고려해 볼 때 공무담임권을 침해하지 않는다.

③ 비위공무원에 대한 징계를 통해 불이익을 줌으로써 공직기강을 바로 잡고 공무수행에 대한 국민의 신뢰를 유지하고자 하는 공익은 제한되는 사익 이상으로 중요하므로, 공무원이 감봉처분을 받은 경우 12월간 승진임용을 제한하는 국가공무원법 조항 중 '승진임용'에 관한 부분은 공무담임권을 침해하지 않는다.

④ 피성년후견인인 국가공무원은 당연퇴직한다고 정한 구 국가공무원법 조항 중 '피성년후견인'에 관한 부분은 정신상의 장애로 직무를 감당할 수 없는 국가공무원을 부득이 공직에서 배제하는 불가피한 조치로서 공무담임권을 침해하지 않는다.

해설

③ [O] 징계처분에 따른 승진임용 제한기간을 정함에 있어서는 일반적으로 승진임용에 소요되는 기간을 고려하여 적어도 공무원 징계처분의 취지와 효력을 담보할 수 있는 기간이 설정될 필요가 있다. 감봉의 경우 12개월간 승진임용이 제한되는데 이는 종래 18개월이었던 것을 축소한 것이며, 강등·정직(18개월)이나 견책(6개월)과의 균형을 고려하면 과도하게 긴 기간이라고 보기는 어렵다. 비위공무원에 대한 징계를 통해 불이익을 줌으로써 공직기강을 바로 잡고 공무수행에 대한 국민의 신뢰를 유지하고자 하는 공익은 제한되는 사익 이상으로 중요하다. 이 사건 승진조항은 과잉금지원칙을 위반하여 청구인의 공무담임권을 침해하지 않는다(헌재 2022.3.31, 2020헌마211).

① [×] 아동·청소년과 상시적으로 접촉하고 밀접한 생활관계를 형성하여 이를 바탕으로 교육과 상담이 이루어지고 인성발달의 기초를 형성하는 데 지대한 영향을 미치는 초·중등학교 교원의 업무적인 특수성과 중요성을 고려해 본다면, 최소한 초·중등학교 교육현장에서 성범죄를 범한 자를 배제할 필요성은 어느 공직에서보다 높다고 할 것이고, 아동·청소년 대상 성범죄의 재범률까지 고려해 보면 미성년자에 대하여 성범죄를 범한 자는 교육현장에서 원천적으로 차단할 필요성이 매우 크다. 성인에 대한 성폭력범죄의 경우 미성년자에 대하여 성범죄를 범한 것과 달리, 성폭력범죄 행위로 인하여 형을 선고받기만 하면 곧바로 교원임용이 제한되는 것이 아니고, 100만 원 이상의 벌금형이나 그 이상의 형을 선고받고 그 형이 확정된 사람에 한하여 임용을 제한하고 있는바, 법원이 범죄의 모든 정황을 고려한 다음 벌금 100만 원 이상의 형을 선고하여 그 판결이 확정되었다면, 이는 결코 가벼운 성폭력범죄 행위라고 볼 수 없다. 이처럼 이 사건 결격사유조항은 성범죄를 범하는 대상과 확정된 형의 정도에 따라 성범죄에 관한 교원으로서의 최소한의 자격기준을 설정하였다고 할 것이고, 같은 정도의 입법목적을 달성하면서도 기본권을 덜 제한하는 수단이 명백히 존재한다고 볼 수도 없으므로, 이 사건 결격사유조항은 과잉금지원칙에 반하여 청구인의 공무담임권을 침해하지 아니한다(헌재 2019.7.25, 2016헌마754).

② [×] 심판대상조항은 아동과 관련이 없는 직무를 포함하여 모든 일반직공무원 및 부사관에 임용될 수 없도록 하므로, 제한의 범위가 지나치게 넓고 포괄적이다. 또한, 심판대상조항은 영구적으로 임용을 제한하고, 결격사유가 해소될 수 있는 어떠한 가능성도 인정하지 않는다. 아동에 대한 성희롱 등의 성적 학대행위로 형을 선고받은 경우라고 하여도 범죄의 종류, 죄질 등은 다양하므로, 개별 범죄의 비난가능성 및 재범 위험성 등을 고려하여 상당한 기간 동안 임용을 제한하는 덜 침해적인 방법으로도 입법목적을 충분히 달성할 수 있다. 따라서 심판대상조항은 과잉금지원칙에 위배되어 청구인의 공무담임권을 침해한다(헌재 2022.11.24, 2020헌마1181).

④ [×] 피성년후견인인 국가공무원은 당연퇴직한다고 정한 구 국가공무원법 제69조 제1호 중 제33조 제1호 가운데 '피성년후견인'에 관한 부분, 국가공무원법 제69조 제1호 중 제33조 제1호에 관한 부분은 공무담임권을 침해한다(헌재 2022.12.22, 2020헌가8).

정답 | 14 ② 15 ③

16 공무담임권에 관한 설명 중 가장 적절하지 않은 것은? (다툼이 있는 경우 판례에 의함) 24. 경정승진

① 선출직 공무원의 공무담임권은 선거를 전제로 하는 대의제의 원리에 의하여 발생하는 것이므로 공직의 취임이나 상실에 관련된 어떠한 법률조항이 대의제의 본질에 반한다면 이는 공무담임권도 침해하는 것이라고 볼 수 있다.

② 수뢰죄를 범하여 금고 이상의 형의 선고유예를 받은 국가공무원을 당연퇴직하도록 하는 국가공무원법 조항은 해당 공무원의 공무담임권을 침해하지 않는다.

③ 군인사법상 부사관으로 최초로 임용되는 사람의 최고연령을 27세로 정한 부분은, 계급과 연령의 역전 현상이 현재도 존재하고 상위 계급인 장교의 경우 27세의 연령상한에 상당한 예외가 존재하는 점 등을 고려할 때 부사관 지원자의 공무담임권을 침해한다.

④ 공직선거 및 교육감선거 입후보 시 선거일 전 90일까지 교원직을 그만두도록 하는 공직선거법 및 지방교육자치에 관한 법률 조항은 교원이 그 신분을 지니는 한 계속적으로 직무에 전념할 수 있도록 하기 위한 것으로 교원의 공무담임권을 침해하지 않는다.

해설

③ [×] 국가의 안전보장과 국토방위의 의무를 수행하기 위하여 군인은 강인한 체력과 정신력을 바탕으로 한 전투력을 유지할 필요가 있고, 이를 위해 군 조직은 위계질서의 확립과 기강확보가 어느 조직보다 중요시된다. 이러한 군의 특수성을 고려할 때 부사관의 임용연령상한을 제한하는 심판대상조항은 그 입법목적이 정당하고, 부사관보다 상위 계급인 소위의 임용연령상한도 27세로 정해져 있는 점, 연령과 체력의 보편적 상관관계 등을 고려할 때 수단의 적합성도 인정된다. … 따라서 심판대상조항이 과잉금지의 원칙을 위반하여 청구인들의 공무담임권을 침해한다고 볼 수 없다(헌재 2014.9.25, 2011헌마414).

① [O] 선출직 공무원의 공무담임권은 선거를 전제로 하는 대의제의 원리에 의하여 발생하는 것이므로 공직의 취임이나 상실에 관련된 어떠한 법률조항이 대의제의 본질에 반한다면 이는 공무담임권도 침해하는 것이라고 볼 수 있다(헌재 2009.3.26, 2007헌마843).

② [O] 심판대상조항은 공무원 직무수행에 대한 국민의 신뢰 및 직무의 정상적 운영의 확보, 공무원범죄의 예방, 공직사회의 질서 유지를 위한 것으로서 목적이 정당하고, 형법 제129조 제1항의 수뢰죄를 범하여 금고 이상 형의 선고유예를 받은 국가공무원을 공직에서 배제하는 것은 적절한 수단에 해당한다. … 따라서 심판대상조항은 과잉금지원칙에 반하여 청구인의 공무담임권을 침해하지 아니한다(헌재 2013.7.25, 2012헌바409).

④ [O] 입후보자 사직조항은 교원이 그 신분을 지니는 한 계속적으로 직무에 전념할 수 있도록 하기 위해 선거에 입후보하고자 하는 경우 선거일 전 90일까지 그 직을 그만두도록 하는 것이므로, 입법목적의 정당성과 수단의 적합성이 인정된다. … 과잉금지원칙에 위배하여 공무담임권을 침해한다고 볼 수 없다(헌재 2019.11.28, 2018헌마222).

정답 | 16 ③

제6장 | 청구권적 기본권

제1절 | 청원권

01 다음 중 청원법 규정에 관한 설명으로 ( ) 안에 들어갈 숫자의 합으로 옳은 것은? 24. 해경간부

> ㉠ 공개청원을 접수한 청원기관의 장은 접수일부터 ( )일 이내에 청원심의회의 심의를 거쳐 공개 여부를 결정하고 결과를 청원인에게 알려야 한다.
> ㉡ 청원기관의 장은 공개청원의 공개결정일부터 ( )일간 청원사항에 관하여 국민의 의견을 들어야 한다.
> ㉢ 청원기관의 장은 청원을 접수한 때에는 특별한 사유가 없으면 ( )일 이내(제13조 제1항에 따른 공개청원의 공개 여부 결정기간 및 같은 조 제2항에 따른 국민의 의견을 듣는 기간을 제외한다)에 처리결과를 청원인에게 알려야 한다.

① 105 ② 134
③ 135 ④ 150

해설

㉠ 청원법 제13조 제1항

> 청원법 제13조 【공개청원의 공개 여부 결정 통지 등】 ① 공개청원을 접수한 청원기관의 장은 접수일부터 15일 이내에 청원심의회의 심의를 거쳐 공개 여부를 결정하고 결과를 청원인(공동청원의 경우 대표자를 말한다)에게 알려야 한다.

㉡ 청원법 제13조 제2항

> 청원법 제13조 【공개청원의 공개 여부 결정 통지 등】 ② 청원기관의 장은 공개청원의 공개결정일부터 30일간 청원사항에 관하여 국민의 의견을 들어야 한다.

㉢ 청원법 제21조 제2항

> 청원법 제21조 【청원의 처리 등】 ② 청원기관의 장은 청원을 접수한 때에는 특별한 사유가 없으면 90일 이내(제13조제1항에 따른 공개청원의 공개 여부 결정기간 및 같은 조 제2항에 따른 국민의 의견을 듣는 기간을 제외한다)에 처리결과를 청원인(공동청원의 경우 대표자를 말한다)에게 알려야 한다. 이 경우 공개청원의 처리결과는 온라인청원시스템에 공개하여야 한다.

정답 | 01 ③

02 다음 청원권에 관한 설명 중 가장 옳은 것은? 24. 해경

① 법률 · 명령 · 조례 · 규칙 등의 제정 · 개정 또는 폐지에 대하여 청원기관에 청원할 수 있다.
② 국민은 법령에 따라 행정권한을 위임 또는 위탁받은 개인에게 청원을 제출할 수 없다.
③ 현행 헌법규정에 의하면 청원은 문서 또는 구두(口頭)로 할 수 있다.
④ 허위의 사실로 타인으로 하여금 형사처분 또는 징계처분을 받게 하는 사항이나 사인간의 권리관계 또는 개인의 사생활에 관한 사항은 청원을 수리하지 아니한다.

해설

① [O]

> 청원법 제5조【청원사항】 국민은 다음 각 호의 어느 하나에 해당하는 사항에 대하여 청원기관에 청원할 수 있다.
> 3. 법률 · 명령 · 조례 · 규칙 등의 제정 · 개정 또는 폐지

② [×]

> 청원법 제4조【청원기관】 이 법에 따라 국민이 청원을 제출할 수 있는 기관(이하 "청원기관"이라 한다)은 다음 각 호와 같다.
> 3. 법령에 따라 행정권한을 가지고 있거나 행정권한을 위임 또는 위탁받은 법인 · 단체 또는 그 기관이나 개인

③ [×]

> 헌법 제26조 ① 모든 국민은 법률이 정하는 바에 의하여 국가기관에 문서로 청원할 권리를 가진다.

④ [×]

> 청원법 제6조【청원 처리의 예외】 청원기관의 장은 청원이 다음 각 호의 어느 하나에 해당하는 경우에는 처리를 하지 아니할 수 있다. 이 경우 사유를 청원인(제11조제3항에 따른 공동청원의 경우에는 대표자를 말한다)에게 알려야 한다.
> 1. 국가기밀 또는 공무상 비밀에 관한 사항
> 2. 감사 · 수사 · 재판 · 행정심판 · 조정 · 중재 등 다른 법령에 의한 조사 · 불복 또는 구제절차가 진행 중인 사항
> 3. 허위의 사실로 타인으로 하여금 형사처분 또는 징계처분을 받게 하는 사항
> 4. 허위의 사실로 국가기관 등의 명예를 실추시키는 사항
> 5. 사인간의 권리관계 또는 개인의 사생활에 관한 사항
> 6. 청원인의 성명, 주소 등이 불분명하거나 청원내용이 불명확한 사항

03 청원권에 대한 설명으로 가장 적절하지 않은 것은? (다툼이 있는 경우 헌법재판소 판례에 의함) 25. 경찰간부

① 국회에 청원하는 방법으로 국회의원의 소개를 받도록 정한 구 국회법 조항은 무책임한 청원서의 제출을 예방하여 청원 심사의 실효성을 확보하는 것으로서 청원권을 침해하였다고 볼 수 없다.

② 국회에 청원하는 방법을 '국회규칙으로 정하는 기간 동안 국회규칙으로 정하는 일정한 수 이상의 국민의 동의를 받아'라고 규정한 국회법 조항은, 국회가 한정된 자원과 심의역량 등을 고려하여 국민동의 요건을 탄력적으로 정하도록 그 구체적인 내용을 하위법령에 위임할 필요성이 인정된다.

③ 국회에 청원하는 방법을 '국회규칙으로 정하는 기간 동안 국회규칙으로 정하는 일정한 수 이상의 국민의 동의를 받아'라고 규정한 국회법 조항은, 국회규칙에서는 국회가 처리할 수 있는 범위 내에서 국민의 의견을 취합하여 국민 다수가 동의하는 의제가 효과적으로 국회의 논의 대상이 될 수 있도록 적정한 수준으로 구체적인 국민동의 요건과 절차가 설정될 것임을 예측할 수 있어, 포괄위임금지원칙에 위반되지 않는다.

④ 국회 전자청원시스템에 등록된 청원서가 등록일부터 30일 이내에 100명 이상의 찬성을 받아 일반인에게 공개되면, 공개된 날부터 30일 이내에 10만 명 이상의 동의를 받은 경우 국민동의청원으로 접수된 것으로 보는 국회법 및 국회청원심사규칙 조항은 의원소개조항에 더하여 추가적으로 요건과 절차를 규정하고 있는 것으로 입법형성의 한계를 위반한 것이다.

해설

④ [×] 국민동의법령조항들은 의원소개조항에 더하여 추가적으로 국민의 동의를 받는 방식으로 국회에 청원하는 방법을 허용하면서 그 구체적인 요건과 절차를 규정하고 있는 것으로, 청원권의 구체적인 입법형성에 해당한다. … 국회에 대한 청원은 법률안 등과 같이 의안에 준하여 위원회 심사를 거쳐 처리되고, 다른 행정부 등 국가기관과 달리 국회는 합의제 기관이라는 점에서 청원 심사의 실효성을 확보할 필요성 또한 크다. 이와 같은 점에서 국민동의법령조항들이 설정하고 있는 청원찬성 · 동의를 구하는 기간 및 그 인원수는 불합리하다고 보기 어렵다. 따라서 국민동의법령조항들은 입법재량을 일탈하여 청원권을 침해하였다고 볼 수 없다(헌재 2023.3.23, 2018헌마460 등).

① [O] 헌법재판소는 구 의원소개조항의 목적이 무책임한 청원서의 제출을 예방하여 청원 심사의 실효성을 확보하려는 데에 있는 점, 입법자는 청원권의 구체적 입법형성에 있어 광범위한 재량권을 가지고 있는 점, 청원의 소개의원은 1인으로 족한 점 등을 감안할 때, 위 조항이 입법형성의 재량의 범위를 넘어 청원권을 침해하였다고 볼 수 없다고 판단한 바 있다(2012헌마330). 구 의원소개조항이 이후 개정되면서 국회에 대한 청원방법으로 국민의 동의를 받는 방식이 추가되었다. 그러나 이 사건에서 문제되는, 의원소개를 받아 하는 청원방법에 근본적인 변화가 있었던 것은 아니며, 또한 구 의원소개조항의 실질적인 내용은 현 의원소개조항과 동일하므로, 위 선례의 판단은 구 의원소개조항 및 현 의원소개조항 모두에 대해서 그대로 타당하고, 이를 변경할 만한 사정변경이 없다. 따라서 의원소개조항이 청원권을 침해한다고 보기 어렵다(헌재 2023.3.23, 2018헌마460 등).

②③ [O] 국민의 의견을 효과적으로 반영하여 청원제도의 목적을 높은 수준으로 달성하기 위해서는 국회가 국회의 한정된 자원과 심의역량 등을 고려하여 국민동의기간이나 인원 등 국민동의 요건을 탄력적으로 정할 필요가 있으므로, 그 구체적인 내용을 하위법령에 위임할 필요성이 인정된다. 아울러 국회규칙에서는 국회가 처리할 수 있는 범위 내에서 국민의 의견을 취합하여 국민 다수가 동의하는 의제가 효과적으로 국회의 논의 대상이 될 수 있도록 적정한 수준으로 구체적인 국민동의 요건과 절차가 설정될 것임을 예측할 수 있다. 따라서 국민동의조항은 포괄위임금지원칙에 위반되어 청원권을 침해하지 않는다(헌재 2023.3.23, 2018헌마460 등).

정답 | 02 ① 03 ④

04 청원권에 대한 설명으로 옳지 않은 것은? (다툼이 있는 경우 판례에 의함) 25. 5급

① 헌법상 청원권은 문서로 행사하도록 하고 있으나 청원법은 국민의 기본권 보장을 강화하기 위하여 구두로도 청원할 수 있도록 하고 있다.

② 국회에 청원을 할 때 국회의원의 소개를 얻어 청원서를 제출하도록 한 것은 입법형성의 재량의 범위를 넘어 국회에 청원을 하려는 자의 청원권을 침해한다고 볼 수 없다.

③ 공무원의 직무에 속한 사항의 알선에 관하여 금품이나 이익을 수수·요구 또는 약속한 자를 형사처벌하는 특정범죄가중처벌등에관한법률 조항은 국민의 청원권을 침해하는 것으로 볼 수 없다.

④ 청원기관의 장은 동일인이 같은 내용의 청원서를 같은 청원기관에 2건 이상 제출한 반복청원의 경우에는 나중에 제출된 청원서를 반려하거나 종결처리할 수 있고, 종결처리하는 경우 이를 청원인에게 알려야 한다.

해설

① [×]

> 헌법 제26조 ① 모든 국민은 법률이 정하는 바에 의하여 국가기관에 문서로 청원할 권리를 가진다.
>
> 청원법 제9조【청원방법】① 청원은 청원서에 청원인의 성명(법인인 경우에는 명칭 및 대표자의 성명을 말한다)과 주소 또는 거소를 적고 서명한 문서(전자문서 및 전자거래 기본법에 따른 전자문서를 포함한다)로 하여야 한다.

② [O] 청원은 일반의안과 같이 처리되므로 청원서 제출단계부터 의원의 관여가 필요하고, 의원의 소개가 없는 민원의 경우에는 진정으로 접수하여 처리하고 있으며, 청원의 소개의원은 1인으로 족한 점 등을 감안할 때 이 사건 법률조항이 국회에 청원을 하려는 자의 청원권을 침해한다고 볼 수 없다(헌재 2006.6.29, 2005헌마604).

③ [O] 공무원의 직무와 관련하여 알선자 내지는 중개자로서 알선을 명목으로 금품 등을 수수하는 등의 행위를 하게 되면, 현실적으로 담당 공무원에게 알선을 주선했는지 여부와 관계없이 공무원의 직무 집행의 공정성은 의심받게 될 것이므로 이 사건 규정이 공무의 공정성과 그에 대한 사회의 신뢰성 등을 보호하기 위해 알선 명목의 금품수수행위를 형사처벌하고 있다고 하더라도 이것이 입법의 한계를 일탈한 것이라고 볼 수 없다. … 청원권 등의 구체적인 내용 형성에 폭넓은 재량을 가진 입법부가 대가를 받는 로비제도를 인정하고 않고, 공무원의 직무에 속한 사항의 알선에 관하여 금품 등을 수수하는 모든 행위를 형사처벌하고 있다고 하더라도 이것이 청원권이나 일반적 행동자유권을 침해하는 것으로 볼 수 없다(헌재 2005.11.24, 2003헌바108).

④ [O]

> 청원법 제16조【반복청원 및 이중청원】① 청원기관의 장은 동일인이 같은 내용의 청원서를 같은 청원기관에 2건 이상 제출한 반복청원의 경우에는 나중에 제출된 청원서를 반려하거나 종결처리할 수 있고, 종결처리하는 경우 이를 청원인에게 알려야 한다.

05 청원에 대한 설명으로 가장 적절하지 않은 것은? (다툼이 있는 경우 판례에 의함) 21. 경찰승진

① 법률·명령·조례·규칙 등의 제정·개정 또는 폐지는 청원법상 청원사항에 해당하지 않는다.

② 청원이 청원법상 처리기간 이내에 처리되지 아니하는 경우 청원인은 청원을 관장하는 기관에 이의신청을 할 수 있다.

③ 정부에 제출 또는 회부된 정부의 정책에 관계되는 청원의 심사는 국무회의의 심의를 거쳐야 한다.

④ 청원권 행사를 위한 청원사항이나 청원방식, 청원절차 등에 관해서는 입법자가 그 내용을 자유롭게 형성할 재량권을 가지고 있으므로 공무원이 취급하는 사건 또는 사무에 관한 사항의 청탁에 관해 금품을 수수하는 등의 행위를 청원권의 내용으로서 보장할지 여부에 대해서도 입법자에게 폭넓은 재량권이 주어져 있다.

해설

① [×]

> 청원법 제5조 【청원사항】 국민은 다음 각 호의 어느 하나에 해당하는 사항에 대하여 청원기관에 청원할 수 있다.
> 3. 법률 · 명령 · 조례 · 규칙 등의 제정 · 개정 또는 폐지

② [O]

> 청원법 제22조 【이의신청】 ① 청원인은 다음 각 호의 어느 하나에 해당하는 경우로서 공개 부적합 결정 통지를 받은 날 또는 제21조에 따른 처리기간이 경과한 날부터 30일 이내에 청원기관의 장에게 문서로 이의신청을 할 수 있다.
> 1. 청원기관의 장의 공개 부적합 결정에 대하여 불복하는 경우
> 2. 청원기관의 장이 제21조에 따른 처리기간 내에 청원을 처리하지 못한 경우

③ [O]

> 헌법 제89조 다음 사항은 국무회의의 심의를 거쳐야 한다.
> 15. 정부에 제출 또는 회부된 정부의 정책에 관계되는 청원의 심사

④ [O] 청원권 행사를 위한 청원사항이나 청원방식, 청원절차 등에 관해서는 입법자가 그 내용을 자유롭게 형성할 재량권을 가지고 있으므로 공무원이 취급하는 사건 또는 사무에 관한 사항의 청탁에 관해 금품을 수수하는 등의 행위를 청원권의 내용으로서 보장할지 여부에 대해서도 입법자에게 폭넓은 재량권이 주어져 있다. 또한 금전적 대가를 받는 청탁 등 로비활동을 합법적으로 보장할 것인지 여부도 그 시대 국민의 법 감정이나 사회적 상황에 따라 입법자가 판단할 사항이므로 위 제도의 도입 여부나 시기에 대한 판단 역시 입법자의 재량이 폭넓게 인정되는 분야이다(헌재 2012.4.24, 2011헌바40).

06 청원에 대한 설명으로 옳은 것은? (다툼이 있는 경우 판례에 의함) 23. 입법고시

① 청원은 청원인의 성명과 주소 또는 거소를 적고 서명한 문서로 하여야 하고, 전자문서로 한 청원은 효력이 없다.
② 청원권은 국민이 국정에 관하여 자신의 의견이나 희망을 해당 기관에 직접 진술하는 것을 내용으로 하고, 본인을 대리하거나 중개하는 제3자를 통해 진술하는 것은 보호되지 않는다.
③ 국회에 청원을 하려는 자는 반드시 의원의 소개를 받아야 한다.
④ 청원권의 보호범위에는 청원사항의 처리결과에 심판서나 재결서에 준하여 이유를 명시할 것을 요구하는 것이 포함된다.
⑤ 청원에 대한 처리결과가 청원인이 기대한 바에 미치지 않는다고 하더라도 헌법소원의 대상이 되는 공권력의 행사 내지 불행사라고는 볼 수 없다.

해설

⑤ [O] 적법한 청원에 대하여 국가기관이 수리, 심사하여 그 처리결과를 청원인 등에게 통지하였다면 이로써 당해국가기관은 헌법 및 청원법상의 의무이행을 필한 것이라 할 것이고, 비록 그 처리내용이 청원인 등이 기대하는 바에 미치지 않는다고 하더라도 더 이상 헌법소원의 대상이 되는 공권력의 행사 내지 불행사라고는 볼 수 없다(헌재 1997.7.16, 93헌마239).

① [×] 전자문서로 한 청원도 효력이 있다.

> 청원법 제9조 【청원방법】 ① 청원은 청원서에 청원인의 성명(법인인 경우에는 명칭 및 대표자의 성명을 말한다)과 주소 또는 거소를 적고 서명한 문서(전자문서 및 전자거래 기본법에 따른 전자문서를 포함한다)로 하여야 한다.

정답 | 04 ① 05 ① 06 ⑤

② [×] 이러한 청원권의 행사는 자신이 직접 하든 아니면 제3자인 중개인이나 대리인을 통해서 하든 청원권으로서 보호된다. 우리 헌법은 문서로 청원을 하도록 한 것 이외에 그 형식을 제한하고 있지 않으며, 청원권의 행사방법이나 그 절차를 구체화하고 있는 청원법도 제3자를 통해 하는 방식의 청원을 금지하고 있지 않다. 따라서 국민이 여러 가지 이해관계 또는 국정에 관해서 자신의 의견이나 희망을 해당 기관에 직접 진술하는 외에 그 본인을 대리하거나 중개하는 제3자를 통해 진술하더라도 이는 청원권으로서 보호될 것이다(헌재 2005.11.24, 2003헌바108).

③ [×] 국회규칙으로 정하는 일정한 수 이상의 국민의 동의를 받을 경우 국회의원의 소개가 불요하다.

국회법 제123조 【청원서의 제출】 ① 국회에 청원을 하려는 자는 의원의 소개를 받거나 국회규칙으로 정하는 기간 동안 국회규칙으로 정하는 일정한 수 이상의 국민의 동의를 받아 청원서를 제출하여야 한다.

④ [×] 헌법상 보장된 청원권은 공권력과의 관계에서 일어나는 여러 가지 이해관계, 의견, 희망 등에 관하여 적법한 청원을 한 모든 당사자에게 국가기관이 청원을 수리할 뿐만 아니라 이를 심사하여 청원자에게 그 처리결과를 통지할 것을 요구할 수 있는 권리를 말하나, 청원사항의 처리결과에 심판서나 재결서에 준하여 이유를 명시할 것까지를 요구하는 것은 청원권의 보호범위에 포함되지 아니하므로 청원 소관관서는 청원법이 정하는 절차와 범위 내에서 청원사항을 성실·공정·신속히 심사하고 청원인에게 그 청원을 어떻게 처리하였거나 처리하려고 하는지를 알 수 있는 정도로 결과통지함으로써 충분하고, 비록 그 처리내용이 청원인이 기대하는 바에 미치지 않는다고 하더라도 헌법소원의 대상이 되는 공권력의 행사 내지 불행사라고는 볼 수 없다(헌재 1997.7.16, 93헌마239).

07 청원권에 관한 다음 설명 중 가장 옳지 않은 것은? (다툼이 있는 경우 헌법재판소 결정 및 대법원 판례에 의함)

22. 법원직 9급

① 정부에 제출 또는 회부된 정부의 정책에 관계되는 청원의 심사는 국무회의의 심의를 거쳐야 한다.

② 청원사항의 처리결과에 대하여 재결서에 준하는 이유를 명시할 의무는 있으나, 청원인이 청원한 내용대로의 결과를 통지할 의무는 없다.

③ 지방의회에 청원을 할 때 지방의회 의원의 소개를 얻도록 한 조항은 청원권을 침해하지 않는다.

④ 공무원이 취급하는 사건 또는 사무에 관하여 사건 해결의 청탁 등을 명목으로 금품을 수수하는 행위를 규제하는 조항은 일반적 행동자유권뿐만 아니라 청원권을 제한한다.

해설

② [×] 헌법 제26조와 청원법규정에 의할 때 헌법상 보장된 청원권은 공권력과의 관계에서 일어나는 여러 가지 이해관계·의견·희망 등에 관하여 적법한 청원을 한 모든 국민에게 국가기관이(그 주관관서가) 청원을 수리할 뿐만 아니라 이를 심사하여 청원자에게 적어도 그 처리결과를 통지할 것을 요구할 수 있는 권리를 말한다. 그러나 청원권의 보호범위에는 청원사항의 처리결과에 심판서나 재결서에 준하여 이유를 명시할 것까지를 요구하는 것은 포함되지 아니한다고 할 것이다(헌재 1994.2.24, 93헌마213).

① [O]

헌법 제89조 다음 사항은 국무회의의 심의를 거쳐야 한다. 15. 정부에 제출 또는 회부된 정부의 정책에 관계되는 청원의 심사

③ [O] 지방의회에 청원을 할 때에 지방의회 의원의 소개를 얻도록 한 것은 의원이 미리 청원의 내용을 확인하고 이를 소개하도록 함으로써 청원의 남발을 규제하고 심사의 효율을 기하기 위한 것이고, 지방의회 의원 모두가 소개의원이 되기를 거절하였다면 그 청원내용에 찬성하는 의원이 없는 것이므로 지방의회에서 심사하더라도 인용가능성이 전혀 없어 심사의 실익이 없으며, 청원의 소개의원도 1인으로 족한 점을 감안하면 이러한 정도의 제한은 공공복리를 위한 필요·최소한의 것이라고 할 수 있다(헌재 1999.11.25, 97헌마54).

④ [O] 국민은 여러 가지 이해관계 또는 국정에 관하여 자신의 의견이나 희망을 해당 기관에 직접 진술하는 외에 그 본인을 대리하거나 중개하는 제3자를 통하여 진술하더라도 이는 청원권으로서 보호된다. 그런데 이 사건 법률조항은 공무원의 직무에 속하는 사항에 관하여 금품을 대가로 다른 사람을 중개하거나 대신하여 그 이해관계나 의견 또는 희망을 해당 기관에 진술할 수 없게 하므로 일반적 행동자유권 및 청원권을 제한한다(헌재 2012.04.24, 2011헌바40).

08 청원권에 관한 설명 중 가장 적절한 것은? (다툼이 있는 경우 판례에 의함) 23. 경찰승진

① 의원의 소개를 얻어야만 국회에 청원을 할 수 있도록 하는 것은 의원의 소개가 없는 한 국민이 국회에 자신의 이해관계나 국정에 관하여 의견을 진술할 권리인 청원권 자체를 박탈하는 결과가 되므로 청원권의 본질적인 내용을 침해하고 있다.

② 청원법은 국민이 편리하게 청원권을 행사하고 국민이 제출한 청원이 객관적이고 공정하게 처리되도록 함을 그 목적으로 하므로, 동일인이 같은 내용의 청원서를 같은 청원기관에 2건 이상 제출한 반복청원의 경우라도 청원기관의 장은 나중에 제출된 청원서를 반려하거나 종결처리하여서는 아니 된다.

③ 청원사항의 처리결과에 심판서나 재결서에 준하여 이유를 명시할 것을 요구하는 것은 청원권의 보호범위에 포함되지 않는다.

④ 헌법은 '정부에 제출 또는 회부된 정부의 정책에 관계되는 청원의 심사'를 국무회의의 심의 사항으로 규정하지 않고 있다.

해설

③ [O] 청원권의 보호범위에는 청원사항의 처리결과에 심판서나 재결서에 준하여 이유를 명시할 것까지를 요구하는 것은 포함되지 아니한다고 할 것이다(헌재 1997.7.16, 93헌마239).

① [×] 청원권의 구체적 내용은 입법활동에 의하여 형성되며, 입법형성에는 폭넓은 재량권이 있으므로 입법자는 청원의 내용과 절차는 물론 청원의 심사·처리를 공정하고 효율적으로 행할 수 있게 하는 합리적인 수단을 선택할 수 있는 바, 의회에 대한 청원에 국회의원의 소개를 얻도록 한 것은 청원 심사의 효율성을 확보하기 위한 적절한 수단이다. 또한 청원은 일반의안과 같이 처리되므로 청원서 제출단계부터 의원의 관여가 필요하고, 의원의 소개가 없는 민원의 경우에는 진정으로 접수하여 처리하고 있으며, 청원의 소개의원은 1인으로 족한 점 등을 감안할 때 이 사건 법률조항이 국회에 청원을 하려는 자의 청원권을 침해한다고 볼 수 없다(헌재 2006.6.29, 2005헌마604).

② [×]

> 청원법 제16조 【반복청원 및 이중청원】 ① 청원기관의 장은 동일인이 같은 내용의 청원서를 같은 청원기관에 2건 이상 제출한 반복청원의 경우에는 나중에 제출된 청원서를 반려하거나 종결처리할 수 있고, 종결처리하는 경우 이를 청원인에게 알려야 한다.

④ [×]

> 헌법 제89조 다음 사항은 국무회의의 심의를 거쳐야 한다.
> 15. 정부에 제출 또는 회부된 정부의 정책에 관계되는 청원의 심사

정답 | 07 ② 08 ③

09 현행 청원법 규정에 대한 설명으로 가장 적절하지 않은 것은?

22. 경찰간부

① 청원기관의 장은 청원이 감사·수사·재판·행정심판·조정·중재 등 다른 법령에 의한 조사·불복 또는 구제절차가 진행 중인 사항인 경우에는 처리를 하지 아니할 수 있다.

② 공개청원을 접수한 청원기관의 장은 접수일부터 15일 이내에 청원심의회의 심의를 거쳐 공개 여부를 결정하고 결과를 청원인에게 알려야 한다.

③ 청원기관의 장은 청원을 접수한 때에는 특별한 사유가 없으면 60일 이내에 처리결과를 청원인에게 알려야 한다. 이 경우 공개청원의 처리결과는 온라인청원시스템에 공개하여야 한다.

④ 청원은 청원서에 청원인의 성명과 주소 또는 거소를 적고 서명한 문서(전자문서 및 전자거래 기본법에 따른 전자문서를 포함한다)로 하여야 한다.

해설

③ [×]

> 청원법 제21조【청원의 처리 등】① 청원기관의 장은 청원심의회의 심의를 거쳐 청원을 처리하여야 한다. 다만, 청원심의회의 심의를 거칠 필요가 없는 사항에 대해서는 심의를 생략할 수 있다.
> ② 청원기관의 장은 청원을 접수한 때에는 특별한 사유가 없으면 90일 이내(제13조 제1항에 따른 공개청원의 공개 여부 결정 기간 및 같은 조 제2항에 따른 국민의 의견을 듣는 기간을 제외한다)에 처리결과를 청원인(공동청원의 경우 대표자를 말한다)에게 알려야 한다. 이 경우 공개청원의 처리결과는 온라인청원시스템에 공개하여야 한다.

① [O]

> 청원법 제6조【청원 처리의 예외】청원기관의 장은 청원이 다음 각 호의 어느 하나에 해당하는 경우에는 처리를 하지 아니할 수 있다. 이 경우 사유를 청원인(제11조 제3항에 따른 공동청원의 경우에는 대표자를 말한다)에게 알려야 한다.
> 1. 국가기밀 또는 공무상 비밀에 관한 사항
> 2. 감사·수사·재판·행정심판·조정·중재 등 다른 법령에 의한 조사·불복 또는 구제절차가 진행 중인 사항
> 3. 허위의 사실로 타인으로 하여금 형사처분 또는 징계처분을 받게 하는 사항
> 4. 허위의 사실로 국가기관 등의 명예를 실추시키는 사항
> 5. 사인간의 권리관계 또는 개인의 사생활에 관한 사항
> 6. 청원인의 성명, 주소 등이 불분명하거나 청원내용이 불명확한 사항

② [O]

> 청원법 제13조【공개청원의 공개 여부 결정 통지 등】① 공개청원을 접수한 청원기관의 장은 접수일부터 15일 이내에 청원심의회의 심의를 거쳐 공개 여부를 결정하고 결과를 청원인(공동청원의 경우 대표자를 말한다)에게 알려야 한다.

④ [O]

> 청원법 제9조【청원방법】① 청원은 청원서에 청원인의 성명(법인인 경우에는 명칭 및 대표자의 성명을 말한다)과 주소 또는 거소를 적고 서명한 문서(전자문서 및 전자거래 기본법에 따른 전자문서를 포함한다)로 하여야 한다.

10 청원권에 관한 설명으로 가장 적절한 것은? (다툼이 있는 경우 판례에 의함)
23. 경찰 1차

① 수용자가 발송하는 서신이 국가기관에 대한 청원적 성격을 가지고 있는 경우에 교도소장의 허가를 받도록 한 것은, 교도소수용자가 수용생활 중 부당한 대우를 당하여 국가기관에 이에 대한 조사와 시정을 요구할 목적으로 서신을 보내는 경우 이를 사전에 교도소장의 허가를 받도록 요구하는 것으로 수용자에게 보장된 청원권을 침해하는 것이다.

② 국회에 청원을 하려고 하는 자는 국회의원의 소개를 얻도록 한 국회법 조항은 행정편의적 목적을 위하여 국민의 청원권 행사를 의원 개인의 판단에 맡겨 놓아 사실상 청원권을 박탈하고 본질적인 내용을 침해하는 것이다.

③ 청원서를 접수한 국가기관은 이를 수리 · 심사하여 그 결과를 통지하여야 할 헌법에서 유래하는 작위의무를 지고 있고, 이에 상응하여 청원인에게는 청원에 대하여 위와 같은 적정한 처리를 할 것을 요구할 수 있는 권리가 있다.

④ 청원서를 접수한 국가기관은 청원사항을 성실 · 공정 · 신속히 심사하고 청원인에게 그 청원을 어떻게 처리하였는지 알 수 있을 정도로 결과통지하여야 하므로, 만일 그 처리내용이 청원인이 기대한 바에 미치지 않는다면 헌법소원의 대상이 되는 공권력의 불행사에 해당한다.

해설

③ [O] 헌법 제26조와 청원법의 규정에 의할 때, 헌법상 보장된 청원권은 공권력과의 관계에서 일어나는 여러 가지 이해관계, 의견, 희망 등에 관하여 적법한 청원을 한 모든 국민에게, 국가기관이 청원을 수리 · 심사하여 그 결과를 통지할 것을 요구할 수 있는 권리를 말하므로, 청원서를 접수한 국가기관은 이를 수리 · 심사하여 그 결과를 통지하여야 할 헌법에서 유래하는 작위의무를 지고 있고, 이에 상응하여 청원인에게는 청원에 대하여 위와 같은 적정한 처리를 할 것을 요구할 수 있는 권리가 있다(헌재 2004.5.27, 2003헌마851).

① [×] 교도소 수용자로 하여금 제한 없이 서신을 발송할 수 있게 한다면, 서신교환의 방법으로 마약이나 범죄에 이용될 물건을 반입할 수 있고, 외부 범죄세력과 연결하여 탈주를 기도하거나 수용자끼리 연락하여 범죄행위를 준비하는 등 수용질서를 어지럽힐 우려가 많으므로 이들의 도주를 예방하고 교도소내의 규율과 질서를 유지하여 구금의 목적을 달성하기 위해서는 서신에 대한 검열이 불가피하며, 만약 국가기관과 사인에 대한 서신을 따로 분리하여 사인에 대한 서신의 경우에만 검열을 실시하고, 국가기관에 대한 서신의 경우에는 검열을 하지 않는다면 사인에게 보낼 서신을 국가기관의 명의를 빌려 검열 없이 보낼 수 있게 됨으로써 검열을 거치지 않고 사인에게 서신을 발송하는 탈법수단으로 이용될 수 있게 되므로 수용자의 서신에 대한 검열은 국가안전보장 · 질서유지 또는 공공복리라는 정당한 목적을 위하여 부득이 할 뿐만 아니라 유효 적절한 방법에 의한 최소한의 제한이며, 통신비밀의 자유의 본질적 내용을 침해하는 것이 아니어서 헌법에 위반된다고 할 수 없다(헌재 2001.11.29, 99헌마713).

② [×] 청원권의 구체적 내용은 입법활동에 의하여 형성되며, 입법형성에는 폭넓은 재량권이 있으므로 입법자는 청원의 내용과 절차는 물론 청원의 심사 · 처리를 공정하고 효율적으로 행할 수 있게 하는 합리적인 수단을 선택할 수 있는 바, 의회에 대한 청원에 국회의원의 소개를 얻도록 한 것은 청원 심사의 효율성을 확보하기 위한 적절한 수단이다. 또한 청원은 일반의안과 같이 처리되므로 청원서 제출단계부터 의원의 관여가 필요하고, 의원의 소개가 없는 민원의 경우에는 진정으로 접수하여 처리하고 있으며, 청원의 소개의원은 1인으로 족한 점 등을 감안할 때 이 사건 법률조항이 국회에 청원을 하려는 자의 청원권을 침해한다고 볼 수 없다(헌재 2006.6.29, 2005헌마604).

④ [×] 청원서를 접수한 국가기관은 청원법이 정하는 절차와 범위 내에서 청원사항을 성실 · 공정 · 신속히 심사하고 청원인에게 그 청원을 어떻게 처리하였거나 처리하려 하는지를 알 수 있을 정도로 결과통지함으로써 충분하고, 비록 그 처리내용이 청원인이 기대한 바에 미치지 않는다고 하더라도 헌법소원의 대상이 되는 공권력의 불행사가 있다고 볼 수 없다(헌재 2004.5.27, 2003헌마851).

정답 | 09 ③ 10 ③

11 청원권에 관한 설명으로 가장 적절하지 않은 것은? (다툼이 있는 경우 판례에 의함) 23. 경찰경채

① 청원권의 행사는 자신이 직접 하든 아니면 제3자인 중개인이나 대리인을 통해서 하든 청원권으로서 보호된다.

② 청원법상 청원기관의 장은 청원을 접수한 때에는 특별한 사유가 없으면 60일 이내에 처리결과를 청원인에게 알려야 한다.

③ 청원권의 보호범위에는 청원사항의 처리결과에 심판서나 재결서에 준하여 이유를 명시할 것까지를 요구하는 것은 포함되지 않는다.

④ 청원법상 국민은 공무원의 위법·부당한 행위에 대한 시정이나 징계의 요구에 대하여 청원기관에 청원할 수 있다.

해설

② [×] 60일 이내가 아닌 90일 이내이다.

> 청원법 제21조【청원의 처리 등】② 청원기관의 장은 청원을 접수한 때에는 특별한 사유가 없으면 90일 이내(제13조 제1항에 따른 공개청원의 공개 여부 결정기간 및 같은 조 제2항에 따른 국민의 의견을 듣는 기간을 제외한다)에 처리결과를 청원인(공동청원의 경우 대표자를 말한다)에게 알려야 한다. 이 경우 공개청원의 처리결과는 온라인청원시스템에 공개하여야 한다.

① [O] 청원권의 행사는 자신이 직접 하든 아니면 제3자인 중개인이나 대리인을 통해서 하든 청원권으로서 보호된다. 우리 헌법은 문서로 청원을 하도록 한 것 이외에 그 형식을 제한하고 있지 않으며, 청원권의 행사방법이나 그 절차를 구체화하고 있는 청원법도 제3자를 통해 하는 방식의 청원을 금지하고 있지 않다. 따라서 국민이 여러 가지 이해관계 또는 국정에 관해서 자신의 의견이나 희망을 해당 기관에 직접 진술하는 외에 그 본인을 대리하거나 중개하는 제3자를 통해 진술하더라도 이는 청원권으로서 보호될 것이다(헌재 2005.11.24, 2003헌바108).

③ [O] 청원권의 보호범위에는 청원사항의 처리결과에 심판서나 재결서에 준하여 이유를 명시할 것까지를 요구하는 것은 포함되지 아니한다고 할 것이다. 왜냐하면 국민이면 누구든지 널리 제기할 수 있는 민중적 청원제도는 재판청구권 기타 준사법적 구제청구와는 완전히 성질을 달리하는 것이기 때문이다. 그러므로 청원소관서는 청원법이 정하는 절차와 범위 내에서 청원사항을 성실·공정·신속히 심사하고 청원인에게 그 청원을 어떻게 처리하였거나 처리하려 하는지를 알 수 있을 정도로 결과통지함으로써 충분하다고 할 것이다(헌재 1994.2.24, 93헌마213 등).

④ [O]

> 청원법 제5조【청원사항】국민은 다음 각 호의 어느 하나에 해당하는 사항에 대하여 청원기관에 청원할 수 있다.
> 2. 공무원의 위법·부당한 행위에 대한 시정이나 징계의 요구

12 청원권에 대한 설명으로 가장 적절한 것은? (다툼이 있는 경우 헌법재판소 판례에 의함) 23. 경찰간부

① 국가유공자가 철도청장에게 자신을 기능직공무원으로 임용하여 줄 것을 청원하는 경우에 취업보호대상자의 기능직공무원채용의무비율 규정이 있는 때에는 그 국가유공자가 채용시험 없이 바로 자신을 임용해 줄 것을 요구할 수 있는 구체적인 신청권을 갖고 있는 것으로 볼 수 있다.

② 정부에 제출 또는 회부된 정부의 정책에 관계되는 청원의 심사는 국무회의의 심의를 거쳐야 한다.

③ 국민이 여러 가지 이해관계 또는 국정에 관해서 자신의 의견이나 희망을 해당 기관에 직접 진술하여야 하며, 본인을 대리하거나 중개하는 제3자를 통해 진술하는 것은 청원권으로서 보호되지 않는다.

④ 청원법에 따르면 청원기관의 장은 청원이 허위의 사실로 타인으로 하여금 형사처분 또는 징계처분을 받게 하는 사항에 해당하는 경우에는 처리를 하지 아니한다.

해설

② [O]

> 헌법 제89조 다음 사항은 국무회의의 심의를 거쳐야 한다.
> 15. 정부에 제출 또는 회부된 정부의 정책에 관계되는 청원의 심사

① [×] 헌법과 그 밖의 관련규정을 종합하여 볼 때, 이 사건 청구인이 취업보호대상자의 기능직공무원 채용의무비율 규정만을 근거로 피청구인 철도청장에 대해 채용시험 없이 바로 자신을 임용해 줄 것을 요구할 수 있는 구체적인 신청권을 갖고 있는 것으로 볼 수는 없다(헌재 2004.10.28, 2003헌마898).

③ [×] 우리 헌법은 문서로 청원을 하도록 한 것 이외에 그 형식을 제한하고 있지 않으며, 청원권의 행사방법이나 그 절차를 구체화하고 있는 청원법도 제3자를 통해 하는 방식의 청원을 금지하고 있지 않다. 따라서 국민이 여러 가지 이해관계 또는 국정에 관해서 자신의 의견이나 희망을 해당 기관에 직접 진술하는 외에 그 본인을 대리하거나 중개하는 제3자를 통해 진술하더라도 이는 청원권으로서 보호될 것이다(헌재 2005.11.24, 2003헌바108).

④ [×] '처리를 하지 아니한다'가 아닌 '처리를 하지 아니할 수 있다'이므로 표현을 조심해야 한다.

> 청원법 제6조【청원 처리의 예외】 청원기관의 장은 청원이 다음 각 호의 어느 하나에 해당하는 경우에는 처리를 하지 아니할 수 있다. 이 경우 사유를 청원인(제11조 제3항에 따른 공동청원의 경우에는 대표자를 말한다)에게 알려야 한다.
> 3. 허위의 사실로 타인으로 하여금 형사처분 또는 징계처분을 받게 하는 사항

13 청원권에 관한 설명 중 가장 적절한 것은? (다툼이 있는 경우 판례에 의함) 24. 경정승진

① 청원권은 공권력과의 관계에서 일어나는 여러 가지 이해관계, 의견, 희망 등에 관하여 적법한 청원을 한 모든 국민에게 그 주관관서인 국가기관이 청원을 수리할 뿐만 아니라 이를 심사하여 청원자에게 그 처리결과를 통지할 것을 요구할 수 있는 권리를 말한다.

② 정부에 제출된 정부의 정책에 관계되는 청원의 심사와는 달리, 정부에 회부된 정부의 정책에 관계되는 청원의 심사는 반드시 국무회의의 심의를 거쳐야 하는 것은 아니다.

③ 국회에 청원하는 방법을 정한 국회법 조항 중 '국회규칙으로 정하는 기간 동안 국회규칙으로 정하는 일정한 수 이상의 국민의 동의를 받아' 부분은 국회규칙으로 규정될 내용 및 범위의 기본사항을 구체적으로 규정하고 있지 않아 그 대강을 예측할 수 없으므로 포괄위임금지원칙에 위반되어 청원권을 침해한다.

④ 청원이 단순한 호소나 요청이 아닌 구체적인 권리행사로서의 성질을 갖더라도 그에 대한 국가기관의 거부행위가 당연히 헌법소원의 대상이 되는 공권력의 행사라고 할 수는 없다.

해설

① [O] 헌법은 제26조 제1항에서 "모든 국민은 법률이 정하는 바에 의하여 국가기관에 문서로 청원할 권리를 가진다."라고 하여 청원권을 보장하고 있는바 청원권은 공권력과의 관계에서 일어나는 여러 가지 이해관계, 의견, 희망 등에 관하여 적법한 청원을 한 모든 국민에게 국가기관이(그 주관관서가) 청원을 수리할 뿐만 아니라 이를 심사하여 청원자에게 그 처리결과를 통지할 것을 요구할 수 있는 권리를 말한다(헌재 2023.3.23, 2018헌마460 등).

② [×]

> 헌법 제89조 다음 사항은 국무회의의 심의를 거쳐야 한다.
> 15. 정부에 제출 또는 회부된 정부의 정책에 관계되는 청원의 심사

③ [×] 국민의 의견을 효과적으로 반영하여 청원제도의 목적을 높은 수준으로 달성하기 위해서는 국회가 국회의 한정된 자원과 심의역량 등을 고려하여 국민동의기간이나 인원 등 국민동의 요건을 탄력적으로 정할 필요가 있으므로, 그 구체적인 내용을 하위법령에 위임할 필요성이 인정된다. 아울러 국회규칙에서는 국회가 처리할 수 있는 범위 내에서 국민의 의견을 취합하여 국민 다수가 동의하는 의제가 효과적으로 국회의 논의 대상이 될 수 있도록 적정한 수준으로 구체적인 국민동의 요건과 절차가 설정될 것임을 예측할 수 있다. 따라서 국민동의조항은 포괄위임금지원칙에 위반되어 청원권을 침해하지 않는다(헌재 2023.3.23, 2018헌마460 등).

④ [×] 청구인의 청원이 단순한 호소나 요청이 아닌 구체적인 권리행사로서의 성질을 갖는 경우라면 그에 대한 위 피청구인의 거부행위는 청구인의 법률관계나 법적 지위에 영향을 미치는 것으로서 당연히 헌법소원의 대상이 되는 공권력의 행사라고 할 수 있을 것이다(헌재 2004.10.28, 2003헌마898).

정답 | 11 ② 12 ② 13 ①

제2절 | 재판청구권

01 재판을 받을 권리에 관한 설명으로 가장 적절한 것은? (다툼이 있는 경우 헌법재판소 판례에 의함)

24. 경찰 2차

① 피고인이 정식재판을 청구한 사건에 대하여는 약식명령의 형보다 중한 종류의 형을 선고하지 못하도록 하는 형사소송법 조항은 불이익변경금지원칙을 적용하지 않아 과잉금지원칙에 위반되어 피고인의 공정한 재판을 받을 권리를 침해한다.

② 기피신청이 소송의 지연을 목적으로 함이 명백한 경우에는 그러한 신청을 받은 법원 또는 법관이 스스로 신속하게 신청을 기각할 수 있도록 하는 형사소송법 조항은, 소송절차의 지연을 목적으로 한 기피신청의 남용을 방지하여 형사소송절차의 신속성의 실현이라는 공익을 달성하기 위한 것으로 헌법 제27조 제1항, 제37조 제2항에 위반된다고 할 수 없다.

③ 교정시설의 장이 미결수용자에게 교정시설 내 규율위반에 대해 징벌을 부과한 뒤 그 규율위반 내용 및 징벌처분 결과 등을 관할 법원에 양형 참고자료로 통보한 것은, 법관이 양형에 참고할 수 있는 자료로 작용할 수 있어 미결수용자의 공정한 재판을 받을 권리를 제한한다.

④ 영상물에 수록된 '19세 미만 성폭력범죄 피해자'의 진술에 관하여 조사 과정에 동석하였던 신뢰관계인의 법정진술에 의하여 그 성립의 진정함이 인정된 경우에도 증거능력을 인정할 수 있도록 정한 성폭력범죄의 처벌 등에 관한 특례법 조항 중 해당 부분은, 피고인의 형사절차상 권리의 보장과 미성년 피해자의 보호 사이의 조화를 도모한 것으로 피고인의 공정한 재판을 받을 권리를 침해하지 않는다.

해설

② [O] 형사소송절차에서 당사자 일방의 기피신청이 소송의 지연을 목적으로 하는 것이 분명한 경우에도 당해 법관을 배제시키고 새로운 재판부를 구성하여 기피 신청에 대한 재판을 하게 하면서 그 재판이 확정될 때까지 소송절차의 진행을 정지시킨다면, 그로 인하여 소송절차가 지연될 것이고 기피신청의 남용을 방지하기 어려울 것이므로 이 사건 법률조항들의 입법목적은 정당하고, 이를 달성하기 위하여 채택한 방법도 적절하다. … 따라서 이 사건 법률조항들은 헌법 제27조 제1항, 제37조 제2항에 위반된다고 할 수 없다(헌재 2009.12.29, 2008헌바124).

① [×] 심판대상조항은 피고인의 정식재판청구에 대한 불이익변경금지원칙 적용에 따른 문제점을 해소하면서 피고인의 정식재판청구권 행사를 보장하기 위해 도입된 것이다. 또한 형사소송법 제457조의2 제2항은 피고인이 정식재판을 청구한 사건에 대하여 약식명령의 형과 동종의 중한 형을 선고하는 경우에는 판결서에 양형의 이유를 적도록 함으로써 법관으로 하여금 양형 판단 시 신중을 기하도록 하고 있다. 이는 피고인의 정식재판청구권 행사가 위축되는 것을 최소화하면서 동시에 피고인이 정식재판청구권 행사를 남용하는 것을 방지하여 사법의 효율성을 도모한 것으로, 심판대상조항이 약식명령에 대하여 피고인만이 정식재판을 청구한 사건에 불이익변경금지원칙을 적용하지 아니하였다는 이유만으로 재판청구권에 관한 합리적인 입법형성권의 범위를 일탈하여 공정한 재판을 받을 권리를 침해한다고 볼 수 없다(헌재 2024.5.30, 2021헌바6 등).

③ [×] 이 사건 통보행위로 인하여 형사재판에서 양형상 불이익을 받게 되므로 공정한 재판을 받을 권리가 침해된다고 주장한다. … 그런데 교정시설의 장이 미결수용자의 교정시설 내 규율위반 내용 및 징벌처분 결과를 법원에 통보한다고 하더라도 이는 법관이 양형에 참고할 수 있는 자료 중 하나로 작용할 수 있을 뿐이고, 그 내용이 공개된 법정에서 양형을 위한 증거조사의 대상이 되는 데에 어떠한 장애가 되거나, 이와 관련한 청구인의 공격·방어권 행사에 영향을 미치는 것은 아니다. 청구인은 그 내용이 양형에 불리하게 작용하지 않도록 자신에게 유리한 주장을 하거나 반증을 제출할 수 있다. 따라서 이 사건 통보행위가 청구인의 공정한 재판을 받을 권리를 제한한다고 보기 어렵다. … 이 사건 통보행위는 과잉금지원칙에 위배되어 청구인의 개인정보자기결정권을 침해하였다고 볼 수 없다(헌재 2023.9.26, 2022헌마926).

④ [×] 성폭력범죄의 특성상 영상물에 수록된 미성년 피해자 진술이 사건의 핵심 증거인 경우가 적지 않음에도 심판대상조항은 진술증거의 오류를 탄핵할 수 있는 효과적인 방법인 피고인의 반대신문권을 보장하지 않고 있다. 심판대상조항은 영상물로 그 증거방법을 한정하고 신뢰관계인 등에 대한 신문 기회를 보장하고 있기는 하나 위 증거의 특성 및 형성과정을 고려할 때 이로써 원진술자에 대한 반대신문의 기능을 대체하기는 어렵다. 그 결과 피고인은 사건의 핵심 진술증거에 관하여 충분히 탄핵할 기회를 갖지 못한 채 유죄 판결을 받을 수 있는바, 그로 인한 방어권 제한의 정도는 매우 중대하다. … 우리 사회에서 미성년 피해자의 2차 피해를 방지하는 것이 중요한 공익에 해당함에는 의문의 여지가 없다. 그러나 심판대상조항으로 인한 피고인의 방어권 제한의 중대성과 미성년 피해자의 2차 피해를 방지할 수 있는 여러 조화적인 대안들이 존재함을 고려할 때, 심판대상조항이 달성하려는 공익이 제한되는 피고인의 사익보다 우월하다고 쉽게 단정하기는 어렵다. 따라서 심판대상조항은 과잉금지원칙을 위반하여 공정한 재판을 받을 권리를 침해한다(헌재 2021.12.23, 2018헌바524).

02 재판청구권에 대한 설명으로 옳지 않은 것은? 24. 국회직 8급

① 재판이란 사실 확정과 법률의 해석적용을 본질로 함에 비추어 법관에 의한 사실 확정과 법률의 해석적용의 기회에 접근하기 어렵도록 제약이나 장벽을 쌓아서는 안 될 것이며, 만일 그러한 보장이 제대로 이루어지지 않는다면 재판을 받을 권리의 본질적 내용을 침해하는 것이다.

② 입법자가 행정심판을 전심절차가 아니라 종심절차로 규정함으로써 정식재판의 기회를 배제하거나, 어떤 행정심판을 필요적 전심절차로 규정하면서도 그 절차에 사법절차가 준용되지 않는다면 이는 재판청구권을 보장하고 있는 헌법 제27조에 위반된다.

③ 지방공무원이 면직처분에 대해 불복할 경우 행정소송 제기에 앞서 반드시 소청심사를 거치도록 한 지방공무원법 조항은 시간적, 절차적으로 합리적인 범위를 벗어나 재판청구권을 제한한다고 볼 수 있으므로 지방공무원의 재판청구권을 침해한다.

④ 상속재산분할에 관한 다툼이 발생한 경우 이를 가사소송 또는 민사소송 절차에 의하도록 할 것인지, 아니면 가사비송절차에 의하도록 할 것인지 등을 정하는 것은 원칙적으로 입법자가 소송법의 체계, 소송 대상물의 성격, 분쟁의 일회적 해결 가능성 등을 고려하여 형성할 정책적 문제이다.

⑤ 형의 선고와 함께 소송비용 부담의 재판을 받은 피고인이 '빈곤'을 이유로 해서만 집행면제를 신청할 수 있도록 한 형사소송법 제487조 중 제186조 제1항 본문에 따른 소송비용에 관한 부분은 피고인의 재판청구권을 침해하지 아니한다.

해설

③ [×] 직권면직처분을 받은 지방공무원이 그에 대해 불복할 경우 행정소송의 제기에 앞서 반드시 소청심사를 거치도록 규정한 것은 행정기관 내부의 인사행정에 관한 전문성 반영, 행정기관의 자율적 통제, 신속성 추구라는 행정심판의 목적에 부합한다. … 이 사건 필요적 전치조항은 입법형성의 한계를 벗어나 재판청구권을 침해하거나 평등원칙에 위반된다고 볼 수 없다(헌재 2015.3.26, 2013헌바186).

① [O] 재판이란 사실 확정과 법률의 해석적용을 본질로 함에 비추어 법관에 의한 사실 확정과 법률의 해석적용의 기회에 접근하기 어렵도록 제약이나 장벽을 쌓아서는 안 될 것이며, 만일 그러한 보장이 제대로 이루어지지 않는다면 재판을 받을 권리의 본질적 내용을 침해하는 것으로서 우리 헌법상 허용되지 아니한다(헌재 2014.2.27, 2013헌바178).

② [O] 입법자가 행정심판을 전심절차가 아니라 종심절차로 규정함으로써 정식재판의 기회를 배제하거나, 어떤 행정심판을 필요적 전심절차로 규정하면서도 그 절차에 사법절차가 준용되지 않는다면 이는 헌법 제107조 제3항, 나아가 재판청구권을 보장하고 있는 헌법 제27조에도 위반된다 할 것이다(헌재 2001.6.28, 2000헌바30).

정답 | 01 ② 02 ③

④ [O] 이 사건과 같이 상속재산분할에 관한 다툼이 발생한 경우 이를 가사소송 또는 민사소송 절차에 의하도록 할 것인지, 아니면 가사비송 절차에 의하도록 할 것인지 등을 정하는 것은 원칙적으로 입법자가 소송법의 체계, 소송 대상물의 성격, 분쟁의 일회적 해결 가능성 등을 고려하여 형성할 정책적 문제이다. … 따라서 가사비송 조항이 입법재량의 한계를 일탈하여 상속재산분할에 관한 사건을 제기하고자 하는 자의 공정한 재판을 받을 권리를 침해한다고 볼 수 없다(헌재 2017.4.27, 2015헌바24).

⑤ [O] 소송비용의 범위가 '형사소송비용 등에 관한 법률'에서 정한 증인·감정인·통역인 또는 번역인과 관련된 비용 등으로 제한되어 있고, 법원이 피고인에게 소송비용 부담을 명하는 재판을 할 때에 피고인의 방어권 남용 여부, 경제력 능력 등을 종합적으로 고려하여 소송비용 부담 여부 및 그 정도를 정하므로, 소송비용 부담의 재판이 확정된 이후에 빈곤 외에 다른 사유를 참작할 여지가 크지 않다. 따라서 집행면제 신청 조항은 피고인의 재판청구권을 침해하지 아니한다(헌재 2021.2.25, 2019헌바64).

03 재판청구권에 대한 설명으로 옳지 않은 것은?

24. 국가직 7급

① 대법원이 법관에 대한 징계처분 취소청구소송을 단심으로 재판하는 경우에는 사실확정도 대법원의 권한에 속하여 법관에 의한 사실확정의 기회가 박탈되었다고 볼 수 없다.

② 헌법과 법률이 정한 법관에 의한 재판을 받을 권리는 직업법관에 의한 재판을 주된 내용으로 하므로, '국민참여재판을 받을 권리'는 헌법 제27조 제1항에서 규정한 재판을 받을 권리의 보호범위에 속하지 않는다.

③ 사법보좌관에 의한 소송비용액 확정결정절차를 규정한 법원조직법 조항 중 "민사소송법(동법이 준용되는 경우를 포함한다)상의 소송비용액 확정결정절차에서의 법원의 사무" 부분은 법관에 의한 사실확정과 법률해석의 기회를 보장하고 있으므로 헌법 제27조 제1항에 위반된다고 할 수 없다.

④ 수형자와 소송대리인인 변호사의 접견을 일반 접견에 포함시켜 시간은 30분 이내로, 횟수는 월 4회로 제한한 구 형의 집행 및 수용자의 처우에 관한 법률 시행령 해당 조항들은 입법목적 달성에 필요한 범위를 넘어 수형자와 변호사 사이의 접견권을 지나치게 제한한다고 볼 수 없으므로 청구인의 재판청구권을 침해하지 않는다.

해설

④ [×] 수형자의 재판청구권을 실효적으로 보장하기 위해서는 소송대리인인 변호사와의 접견 시간 및 횟수를 적절하게 보장하는 것이 필수적이다. … 이와 같이 심판대상조항들은 법률전문가인 변호사와의 소송상담의 특수성을 고려하지 않고 소송대리인인 변호사와의 접견을 그 성격이 전혀 다른 일반 접견에 포함시켜 접견 시간 및 횟수를 제한함으로써 청구인의 재판청구권을 침해한다(헌재 2015.11.26, 2012헌마858).

① [O] 구 법관징계법 제27조는 법관에 대한 대법원장의 징계처분 취소청구소송을 대법원에 의한 단심재판에 의하도록 규정하고 있는바, 이는 독립적으로 사법권을 행사하는 법관이라는 지위의 특수성과 법관에 대한 징계절차의 특수성을 감안하여 재판의 신속을 도모하기 위한 것으로 그 합리성을 인정할 수 있고, 대법원이 법관에 대한 징계처분 취소청구소송을 단심으로 재판하는 경우에는 사실확정도 대법원의 권한에 속하여 법관에 의한 사실확정의 기회가 박탈되었다고 볼 수 없으므로, 헌법 제27조 제1항의 재판청구권을 침해하지 아니한다(헌재 2012.2.23, 2009헌바34).

② [O] 우리 헌법상 헌법과 법률이 정한 법관에 의한 재판을 받을 권리는 직업법관에 의한 재판을 주된 내용으로 하는 것이므로 국민참여재판을 받을 권리가 헌법 제27조 제1항에서 규정한 재판을 받을 권리의 보호범위에 속한다고 볼 수 없다(헌재 2009.11.26, 2008헌바12).

③ [O] 법원조직법 제54조 제3항 등에서는 사법보좌관의 처분에 대한 이의신청을 허용함으로써 동일 심급 내에서 법관으로부터 다시 재판받을 수 있는 권리를 보장하고 있는데, 이 사건 조항에 의한 소송비용액 확정결정절차의 경우에도 이러한 이의절차에 의하여 법관에 의한 판단을 거치도록 함으로써 법관에 의한 사실확정과 법률해석의 기회를 보장하고 있다. … 따라서 사법보좌관에게 소송비용액 확정결정절차를 처리하도록 한 이 사건 조항이 그 입법재량권을 현저히 불합리하게 또는 자의적으로 행사하였다고 단정할 수 없으므로 헌법 제27조 제1항에 위반된다고 할 수 없다(헌재 2009.2.26, 2007헌바8 등).

04 다음 재판청구권에 관한 설명 중 가장 옳지 않은 것은? (다툼이 있는 경우 판례에 의함) 24. 해경간부

① 상속개시 후 인지 또는 재판의 확정에 의하여 공동상속인이 된 자의 상속분가액지급청구권의 제척기간을 정하고 있는 민법 제999조 제2항의 '상속권의 침해행위가 있은 날부터 10년' 중 민법 제1014조에 관한 부분은 재판청구권을 침해하지 않는다.

② 사법보좌관에 의한 소송비용액 확정결정절차를 규정한 법원조직법 조항은 소송비용액 확정절차의 경우에 이의절차 등 법관에 의한 판단을 거치도록 하고 있기 때문에 헌법 제27조 제1항에 위반되지 않는다.

③ 검사가 보관하고 있는 서류에 대하여 법원의 열람·등사 허용 결정이 있었음에도 검사가 청구인에 대한 형사사건과의 관련성을 부정하면서 해당 서류의 열람·등사를 허용하지 아니한 행위는 신속하고 공정한 재판을 받을 권리를 침해한다.

④ 간이기각제도는 형사소송절차의 신속성이라는 공익을 달성하는 데 필요하고 적절한 방법으로써 즉시항고에 의한 불복도 가능하므로, 소송의 지연을 목적으로 함이 명백한 기피신청의 경우 그 신청을 받은 법원 또는 법관이 결정으로 기각할 수 있도록 한 형사소송법 제20조 제1항은 공정한 재판을 받을 권리를 침해하지 아니한다.

해설

① [×] '침해행위가 있은 날'부터 10년 후에 인지 또는 재판의 확정이 이루어진 경우에도 추가된 공동상속인이 상속분가액지급청구권을 원천적으로 행사할 수 없도록 하는 것은, '가액반환의 방식'이라는 우회적·절충적 형태를 통해서라도 인지된 자의 상속권을 뒤늦게나마 보상해 주겠다는 상속분가액지급청구권의 입법취지에 반하며, 추가된 공동상속인의 권리구제 실효성을 완전히 박탈하는 결과를 초래한다. … 심판대상조항은 입법형성의 한계를 일탈하여 청구인의 재산권과 재판청구권을 침해한다(헌재 2024.6.27, 2021헌마1588).

② [O] 법원조직법 제54조 제3항 등에서는 사법보좌관의 처분에 대한 이의신청을 허용함으로써 동일 심급 내에서 법관으로부터 다시 재판받을 수 있는 권리를 보장하고 있는데, 이 사건 조항에 의한 소송비용액 확정결정절차의 경우에도 이러한 이의절차에 의하여 법관에 의한 판단을 거치도록 함으로써 법관에 의한 사실확정과 법률해석의 기회를 보장하고 있다. … 따라서 사법보좌관에게 소송비용액 확정결정절차를 처리하도록 한 이 사건 조항이 그 입법재량권을 현저히 불합리하게 또는 자의적으로 행사하였다고 단정할 수 없으므로 헌법 제27조 제1항에 위반된다고 할 수 없다(헌재 2009.2.26, 2007헌바8 등).

③ [O] 형사소송법이 공소가 제기된 후의 피고인 또는 변호인의 수사서류 열람·등사권에 대하여 규정하면서 검사의 열람·등사 거부처분에 대하여 별도의 불복절차를 마련한 것은 신속하고 실효적인 권리구제를 통하여 피고인의 신속·공정한 재판을 받을 권리 및 변호인의 조력을 받을 권리를 보장하기 위함이다. 법원이 검사의 열람·등사 거부처분에 정당한 사유가 없다고 판단하고 그러한 거부처분이 피고인의 헌법상 기본권을 침해한다는 취지에서 수사서류의 열람·등사를 허용하도록 명한 이상, 법치국가와 권력분립의 원칙상 검사로서는 당연히 법원의 그러한 결정에 지체 없이 따라야 하며, 이는 별건으로 공소제기되어 확정된 관련 형사사건 기록에 관한 경우에도 마찬가지이다. 그렇다면 피청구인의 이 사건 거부행위는 청구인의 신속·공정한 재판을 받을 권리 및 변호인의 조력을 받을 권리를 침해한다(헌재 2022.6.30, 2019헌마356).

④ [O] 심판대상조항은 기피신청이 소송의 지연을 목적으로 함이 명백한 경우에는 그러한 신청을 받은 법원 또는 법관이 스스로 신속하게 신청을 기각할 수 있도록 하는 간이기각제도에 관하여 정하고 있는데, 이는 소송절차의 지연을 목적으로 한 기피신청의 남용을 방지하여 형사소송절차의 신속성의 실현이라는 공익을 달성하기 위한 것이다. … 간이기각제도는 형사소송절차의 신속성이라는 공익을 달성하는 데 필요하고 적절한 방법으로써 즉시항고에 의한 불복도 가능하므로, 심판대상조항은 공정한 재판을 받을 권리를 침해하지 아니한다(헌재 2021.2.25, 2019헌바551).

정답 | 03 ④ 04 ①

05 다음 재판청구권에 관한 설명 중 가장 옳지 않은 것은? (다툼이 있는 경우 판례에 의함) 24. 해경

① 특허무효심결에 대한 소(訴)는 심결의 등본을 송달받은 날로부터 30일 이내에 제기하도록 규정한 특허법 조항은 재판청구권을 침해하지 않는다.

② 심급제도가 몇 개의 심급으로 형성되어야 하는가에 관하여 헌법이 전혀 규정하는 바가 없으므로, 이는 입법자의 광범위한 형성권에 맡겨져 있는 것이며, 모든 구제절차나 법적 분쟁에서 반드시 보장되는 것은 아니다.

③ 특수임무수행 등으로 인하여 입은 피해에 대해 특수임무수행자보상심의회의 보상금 등 지급결정에 대해 동의한 때에는 재판상 화해가 성립된다고 보는 특수임무수행자 보상에 관한 법률 조항은 재판청구권을 침해한다.

④ 헌법은 "군인 또는 군무원이 아닌 국민은 대한민국의 영역 안에서는 중대한 군사상 기밀 · 초병 · 초소 · 유독음식물 공급 · 포로 · 군용물에 관한 죄 중 법률이 정한 경우와 비상계엄이 선포된 경우를 제외하고는 군사법원의 재판을 받지 아니한다."고 규정하고 있다.

해설

③ [×] 개정 보상법상의 위원회는 국무총리 소속으로 관련분야의 전문가들로 구성되고, 임기가 보장되며, 국무총리의 위원에 대한 지휘 · 감독권 규정이 없는 등 제3자성 및 독립성이 보장되어 있는 점, 위원회가 보상금 지급심사를 함에 있어서 심의절차의 공정성 · 신중성이 충분히 갖추어져 있는 점, … 감안하여 볼 때, 이 사건 재판상 화해조항으로 인하여 청구인들의 동의 과정에 실체법상 무효 또는 취소사유가 있더라도 재심절차 이외에는 더 이상 재판을 청구할 수 있는 길이 막히게 된다고 하더라도, 위 재판상 화해조항이 합리적인 범위를 벗어나 청구인들의 재판청구권을 과도하게 제한하였다고 보기는 어렵다(헌재 2009.4.30, 2006헌마1322).

① [O] 특허권의 효력 여부에 대한 분쟁은 신속히 확정할 필요가 있는 점, 특허무효심판에 대한 심결은 특허법이 열거하고 있는 무효사유에 대해 특허법이 정한 방법과 절차에 따라 청구인과 특허권자가 다툰 후 심결의 이유를 기재한 서면에 의하여 이루어지는 것이므로, 당사자가 그 심결에 대하여 불복할 것인지를 결정하고 이를 준비하는 데 그리 많은 시간이 필요하지 않은 점, 특허법은 심판장으로 하여금 30일의 제소기간에 부가기간을 정할 수 있도록 하고 있고, 제소기간 도과에 대하여 추후보완이 허용되기도 하는 점 등을 종합하여 보면, 이 사건 제소기간 조항이 정하고 있는 30일의 제소기간이 지나치게 짧아 특허무효심결에 대하여 소송으로 다투고자 하는 당사자의 재판청구권 행사를 불가능하게 하거나 현저히 곤란하게 한다고 할 수 없으므로, 재판청구권을 침해하지 아니한다(헌재 2018.8.30, 2017헌바258).

② [O] 적어도 한번의 재판을 받을 권리, 적어도 하나의 심급을 요구할 권리인 것이며, 그 구체적인 형성은 입법자의 광범위한 입법재량에 맡겨져 있는 것이다. 즉, 심급제도가 몇 개의 심급으로 형성되어야 하는가에 관하여 헌법이 전혀 규정하는 바가 없으므로, 이는 입법자의 광범위한 형성권에 맡겨져 있는 것이며, 모든 구제절차나 법적분쟁에서 반드시 보장되는 것은 아니다(헌재 2005.3.31, 2003헌바34).

④ [O]

헌법 제27조 ② 군인 또는 군무원이 아닌 국민은 대한민국의 영역안에서는 중대한 군사상 기밀 · 초병 · 초소 · 유독음식물공급 · 포로 · 군용물에 관한 죄중 법률이 정한 경우와 비상계엄이 선포된 경우를 제외하고는 군사법원의 재판을 받지 아니한다.

06 다음 설명 중 가장 옳지 않은 것은? 24. 법원직

① 비용보상청구권의 제척기간을 무죄판결이 확정된 날부터 6개월 이내로 규정한 구 군사법원법 해당 조항은 헌법에 위반된다.

② 누구든지 금융회사 등에 종사하는 자에게 타인의 금융거래의 내용에 관한 정보 또는 자료를 요구하는 것을 금지하고, 이를 위반 시 형사처벌하는 금융실명거래 및 비밀보장에 관한 법률 해당 조항은 공익에 비하여 지나치게 국민의 일반적 행동자유권을 제한한다.

③ 임신 32주 이전에 태아의 성별을 고지하는 것을 금지하는 의료법 해당 조항은 낙태로 나아갈 의도가 없는 부모까지 규제하여 기본권을 제한하는 과도한 입법으로 부모가 태아의 성별 정보에 대한 접근을 방해받지 않을 권리를 침해한다.

④ 남북합의서 위반행위로서 전단 등 살포를 하여 국민의 생명 · 신체에 위해를 끼치거나 심각한 위험을 발생시키는 것을 금지하고, 이를 위반한 경우 처벌하도록 하는 남북관계 발전에 관한 법률 해당 조항은 접경지역 주민의 생명과 신체의 안전을 확보하여야 할 공익이 침해되는 사익보다 더 작다고 볼 수 없으므로 표현의 자유를 침해한다고 볼 수 없다.

해설

④ [×] 심판대상조항으로 북한의 적대적 조치가 유의미하게 감소하고 이로써 접경지역 주민의 안전이 확보될 것인지, 나아가 남북 간 평화통일의 분위기가 조성되어 이를 지향하는 국가의 책무 달성에 도움이 될 것인지 단언하기 어려운 반면, 심판대상조항이 초래하는 정치적 표현의 자유에 대한 제한은 매우 중대하다. 그렇다면 심판대상조항은 과잉금지원칙에 위배되어 청구인들의 표현의 자유를 침해한다(헌재 2023.9.26, 2020헌마1724 등).

① [O] (1) 심판대상조항의 제척기간을 보다 장기로 규정하더라도 국가재정의 합리적인 운영을 저해한다고 보기 어려운 점 등을 고려하면, 심판대상조항은 과잉금지원칙을 위반하여 비용보상청구권자의 재판청구권 및 재산권을 침해한다(헌재 2023.8.31, 2020헌바252 - 재판관 4인).

(2) 형사소송법은 2014.12.30. 비용보상청구권의 제척기간을 '무죄판결이 확정된 사실을 안 날부터 3년, 무죄판결이 확정된 때부터 5년 이내'로 개정하였다. 무죄를 선고받은 비용보상청구권자가 형사소송법이 적용되는지와 군사법원법이 적용되는지는 본질적인 차이가 없는데, 심판대상조항의 제척기간이 형사소송법보다 짧은 것에는 그 차별을 정당화할 합리적인 이유를 찾아보기 어렵다. 군사법원법이 규정하는 비용보상청구권은 군사재판의 특수성이 적용될 영역이 아니기 때문이다. 따라서 심판대상조항은 군사법원법과 형사소송법의 적용을 받는 비용보상청구권자를 자의적으로 다르게 취급하여 평등원칙에 위반된다(헌재 2023.8.31, 2020헌바252 - 재판관 4인).

▶ 위헌의 이유는 다르지만 재판관 8인이 위헌결정을 했다.

② [O] 금융거래의 비밀보장이 중요한 공익이라는 점은 인정할 수 있으나, 심판대상조항이 정보제공요구를 하게 된 사유나 행위의 태양, 요구한 거래정보의 내용을 고려하지 아니하고 일률적으로 일반 국민들이 거래정보의 제공을 요구하는 것을 금지하고 그 위반 시 형사처벌을 하는 것은 그 공익에 비하여 지나치게 일반 국민의 일반적 행동자유권을 제한하는 것이다. 따라서 심판대상조항은 과잉금지원칙에 반하여 일반적 행동자유권을 침해한다(헌재 2022.2.24, 2020헌가5).

③ [O] 태아의 생명 보호를 위해 국가가 개입하여 규제해야 할 단계는 성별고지가 아니라 낙태행위인데, 심판대상조항은 낙태로 나아갈 의도가 없는 부모까지 규제하여 기본권을 제한하는 과도한 입법으로 침해의 최소성에 반하고, 법익의 균형성도 상실하였다. 따라서 심판대상조항은 과잉금지원칙을 위반하여 부모가 태아의 성별 정보에 대한 접근을 방해받지 않을 권리를 침해한다(헌재 2024.2.28, 2022헌마356 등).

정답 | 05 ③ 06 ④

07 재판청구권에 대한 설명으로 가장 적절하지 않은 것은? (다툼이 있는 경우 헌법재판소 판례에 의함)

25. 경찰간부

① 상속개시 후 인지 또는 재판의 확정에 의하여 공동상속인이 된 자의 상속분가액지급청구권의 제척기간을 정하고 있는 민법 제999조 제2항의 '상속권의 침해행위가 있은 날부터 10년' 중 민법 제1014조에 관한 부분은 입법형성의 한계를 일탈하여 재판청구권을 침해한다.

② 피고인이 정식재판을 청구한 사건에 대하여는 약식명령의 형보다 중한 종류의 형을 선고하지 못한다고 규정하고 있는 형사소송법조항은 공정한 재판을 받을 권리를 침해한다고 볼 수 없다.

③ 조세범 처벌절차법에 따른 통고처분을 행정쟁송의 대상에서 제외시킨 국세기본법 제55조 제1항 단서 제1호는 재판청구권을 침해한다고 할 수 없다.

④ 시장·군수·구청장은 급여비용의 지급을 청구한 의료급여기관이 의료법 또는 약사법 해당 조항을 위반하였다는 사실을 수사기관의 수사결과로 확인한 경우에는 해당 의료급여기관이 청구한 급여비용의 지급을 보류할 수 있다고 규정하고 있는 의료급여법 해당 조항은 의료급여기관 개설자의 재판청구권을 침해한다.

해설

④ [×] 제청법원은 심판대상조항이 의료급여기관 개설자의 재판청구권 및 직업수행의 자유를 제한한다는 취지도 위헌제청의 이유로 기재하고 있다. 먼저 심판대상조항은 의료급여비용의 지급보류처분에 관한 실체법적 근거규정으로서 권리구제절차 내지 소송절차에 관한 규정이 아니므로, 이로 인하여 재판청구권이 침해될 여지는 없다. 그리고 직업수행의 자유 제한 주장은 심판대상조항이 재산권을 제한한다는 주장과 다르지 아니하므로, 이는 재산권 침해 여부 판단에서 함께 살펴보고 별도로 판단하지 아니한다. … 심판대상조항은 과잉금지원칙에 반하여 의료급여기관 개설자의 재산권을 침해한다(헌재 2024.6.27, 2021헌가19).

▶ 이 사건에서 무죄추정의 원칙 위배여부도 쟁점이었으나, 무죄추정의 원칙에 위반되는 것은 아니라고 했다.

① [O] '침해행위가 있은 날'부터 10년 후에 인지 또는 재판의 확정이 이루어진 경우에도 추가된 공동상속인이 상속분가액지급청구권을 원천적으로 행사할 수 없도록 하는 것은, '가액반환의 방식'이라는 우회적·절충적 형태를 통해서라도 인지된 자의 상속권을 뒤늦게나마 보상해 주겠다는 상속분가액지급청구권의 입법취지에 반하며, 추가된 공동상속인의 권리구제 실효성을 완전히 박탈하는 결과를 초래한다. … 심판대상조항은 입법형성의 한계를 일탈하여 청구인의 재산권과 재판청구권을 침해한다(헌재 2024.6.27, 2021헌마1588).

② [O] 심판대상조항은 피고인의 정식재판청구에 대한 불이익변경금지원칙 적용에 따른 문제점을 해소하면서 피고인의 정식재판청구권 행사를 보장하기 위해 도입된 것이다. 또한 형사소송법 제457조의2 제2항은 피고인이 정식재판을 청구한 사건에 대하여 약식명령의 형과 동종의 중한 형을 선고하는 경우에는 판결서에 양형의 이유를 적도록 함으로써 법관으로 하여금 양형 판단 시 신중을 기하도록 하고 있다. 이는 피고인의 정식재판청구권 행사가 위축되는 것을 최소화하면서 동시에 피고인이 정식재판청구권 행사를 남용하는 것을 방지하여 사법의 효율성을 도모한 것으로, 심판대상조항이 약식명령에 대하여 피고인만이 정식재판을 청구한 사건에 불이익변경금지원칙을 적용하지 아니하였다는 이유만으로 재판청구권에 관한 합리적인 입법형성권의 범위를 일탈하여 공정한 재판을 받을 권리를 침해한다고 볼 수 없다(헌재 2024.5.30, 2021헌바6 등).

③ [O] '조세범 처벌절차법'에 따른 통고처분은 형벌의 비범죄화 정신에 접근하는 제도로서 형벌적 제재의 불이익을 감면해주는 제도이다. 심판대상조항으로 인해 통고처분을 받은 당사자가 행정쟁송을 제기하는 등으로 적극적·능동적으로 다툴 수는 없지만, 통고받은 벌금상당액을 납부하지 않음으로써 고발, 나아가 형사재판절차로 이행되게 하여, 여기에서 재판절차에 따라 법관에 의한 판단을 받을 수 있으므로, 당사자에게는 정식재판의 절차도 보장되어 있다. '조세범 처벌절차법'에 따른 통고처분에 대하여 형사절차와 별도의 행정쟁송절차를 두는 것은 신속한 사건 처리를 저해할 수 있고, 절차의 중복과 비효율을 초래할 수 있다. 위와 같은 점을 종합하여 보면, '조세범 처벌절차법'에 따른 통고처분에 대하여 행정쟁송을 배제하고 있는 입법적 결단이 현저히 불합리하다고 보기 어렵다. 따라서 심판대상조항이 청구인의 재판청구권을 침해한다고 할 수 없다(헌재 2024.4.25, 2022헌마251).

08 재판청구권에 대한 〈보기〉의 설명 중 옳은 것만을 모두 고르면? (다툼이 있는 경우 판례에 의함) 25. 입법고시

ㄱ. 의견제출 기한 내에 감경된 과태료를 자진납부한 경우 해당 질서위반행위에 대한 과태료 부과 및 징수절차는 종료한다고 규정하여 당사자가 질서위반행위에 대한 의견제출이나 이의제기를 할 수 없도록 하더라도 재판청구권을 침해한 것은 아니다.
ㄴ. 형의 선고를 하는 때에 피고인에게 소송비용의 부담을 명할 수 있도록 하는 형사소송법 조항은 피고인의 재판청구권을 침해하지 않는다.
ㄷ. 형사보상의 청구에 대하여 한 보상의 결정에 대하여는 불복을 신청할 수 없도록 하여 형사보상의 결정을 단심재판으로 규정한 것은 보상제도의 성격상 재판청구권을 침해하지 않는다.
ㄹ. 소취하 간주의 경우에도 소송이 재판에 의하여 종료된 경우와 마찬가지로 변호사 보수를 소송비용에 산입하도록 한 규정은 당사자에게 과도한 재산적 부담을 가지게 한다는 점에서 재판을 받을 권리를 침해한다.

① ㄱ, ㄴ ② ㄱ, ㄷ ③ ㄱ, ㄹ
④ ㄴ, ㄷ ⑤ ㄴ, ㄹ

해설

옳은 것은 ㄱ, ㄴ이다.

ㄱ. [O] 행정청이 과태료를 부과하기 전에 미리 당사자에게 사전통지를 하면서 의견제출 기한을 부여하고, 그 기한 내에 과태료를 자진납부한 당사자에게 과태료 감경의 혜택을 부여하는 주된 목적은 과태료를 신속하고 효율적으로 징수하려는 것인 점, 당사자는 의견제출 기간 내에 과태료를 자진납부하여 과태료의 감경을 받을 것인지, 아니면 과태료의 부과 여부나 그 액수를 다투어 법원을 통한 과태료 재판을 받을 것인지를 선택할 수 있는 점 등을 고려하면, 의견제출 기한 내에 감경된 과태료를 자진 납부하는 경우 해당 질서위반행위에 대한 과태료 부과 및 징수절차가 종료되도록 함으로써 당사자가 질서위반행위규제법에 따라 의견을 제출하거나 이의를 제기할 수 없도록 하였다고 하더라도, 이것이 입법형성의 한계를 일탈하여 재판청구권을 침해하였다거나 당사자의 의견제출 권리를 충분히 보장하지 않음으로써 적법절차원칙을 위반하였다고 보기 어렵다(헌재 2019.12.27, 2017헌바413).

ㄴ. [O] 심판대상조항은 형사재판절차에서 피고인의 방어권 남용을 방지하는 측면이 있고, 법원은 피고인의 방어권 행사의 적정성, 경제적 능력 등을 종합적으로 고려하여 피고인에 대한 소송비용 부담 여부 및 그 정도를 재량으로 정함으로써 사법제도의 적절한 운영을 도모할 수 있다. 소송비용의 범위도 '형사소송비용 등에 관한 법률'에서 정한 증인·감정인·통역인 또는 번역인과 관련된 비용 등으로 제한되어 있고 피고인은 소송비용 부담 재판에 대해 불복할 수 있으며 빈곤을 이유로 추후 집행 면제를 신청할 수도 있다. 따라서 심판대상조항은 피고인의 재판청구권을 침해하지 아니한다(헌재 2021.2.25, 2018헌바224).

ㄷ. [×] 이 사건 불복금지조항은 형사보상의 청구에 대하여 한 보상의 결정에 대하여는 불복을 신청할 수 없도록 하여 형사보상의 결정을 단심재판으로 규정하고 있다. … 보상액의 산정에 기초되는 사실인정이나 보상액에 관한 판단에서 오류나 불합리성이 발견되는 경우에도 그 시정을 구하는 불복신청을 할 수 없도록 하는 것은 형사보상청구권 및 그 실현을 위한 기본권으로서의 재판청구권의 본질적 내용을 침해하는 것이라 할 것이고, … 이 사건 불복금지조항은 형사보상청구권 및 재판청구권을 침해한다고 할 것이다(헌재 2010.10.28, 2008헌마514 등).

ㄹ. [×] 이 사건 변호사보수조항은 정당한 권리행사를 위하여 소송을 제기하거나 부당한 제소에 대하여 응소하려는 당사자를 위하여 실효적인 권리구제를 보장하고, 부당한 제소를 방지하여 사법제도의 적정하고 합리적인 운영을 도모하려는 데에 그 취지가 있으므로 그 입법목적이 정당하고, 이로써 정당한 권리실행을 위하여 소송을 제기하거나 응소한 사람의 경우 지출한 변호사비용을 상환 받을 수 있게 되는 반면 패소할 경우 비교적 고액인 변호사비용을 부담하게 될 수도 있다는 점 때문에 부당한 제소 및 방어를 자제하게 되어 입법목적의 달성에 실효적인 수단이 된다고 할 것이므로 수단의 적절성도 인정된다. … 따라서 이 사건 변호사보수조항은 재판청구권을 침해하지 아니한다(헌재 2017.7.27, 2015헌바1).

정답 | 07 ④ 08 ①

09 재판청구권에 관한 설명으로 가장 적절하지 않은 것은? (다툼이 있는 경우 헌법재판소 판례에 의함)

25. 경찰 1차

① 기피신청에 대한 결정이 확정되기 전에 기피신청을 당한 법관으로 하여금 소송절차를 정지하지 않고 종국판결을 선고할 수 있도록 하는 민사소송법 제48조 단서 중 '종국판결을 선고하거나'에 관한 부분은 공정한 재판을 받을 권리를 침해하지 않는다.

② 전자문서 등재사실을 통지한 날부터 1주 이내에 확인하지 아니하는 때에는 통지한 날부터 1주가 지난 날에 송달된 것으로 보는 민사소송 등에서의 전자문서 이용 등에 관한 법률 제11조 제4항 단서는 재판청구권을 침해한 것이라 할 수 없다.

③ 검사의 불기소처분에 대한 항고권자를 고소인·고발인으로 한정한 검찰청법 제10조 제1항 전문은 고소하지 않은 범죄피해자가 검찰항고를 하지 못하게 하므로 재판청구권을 제한한다.

④ 피고인이 정식재판을 청구한 사건에 대하여는 약식명령의 형보다 중한 다른 종류의 형을 선고하지 못하도록 하는 형사소송법 제457조의2 제1항은 공정한 재판을 받을 권리를 침해하지 아니한다.

해설

③ [×] 청구인은 심판대상조항으로 인하여 검찰항고를 하지 못하는 탓에 검찰항고를 거쳐야 할 수 있는 재정신청도 할 수 없으므로 청구인의 재판청구권이 침해된다고 주장한다. 그러나 청구인이 재정신청을 할 수 없는 것은 재정신청을 하려면 원칙적으로 검찰항고를 거치도록 규정한 형사소송법 제260조 제2항 때문이고, 검찰항고권자를 고소인·고발인으로 한정한 심판대상조항은 이 같은 기본권 제한과 간접적인 연관이 있는 것에 불과하다. 따라서 심판대상조항으로 인하여 청구인의 재판청구권이 제한된다고 보기 어렵다. … 심판대상조항은 고소하지 않은 범죄피해자의 평등권을 침해하지 않는다(헌재 2024.7.18, 2021헌마248).

① [O] 사법자원은 한정되어 있기에, 기피신청과 같은 재판절차를 형성할 때에는 사법자원이 합리적으로 분배되도록 하는 것을 중요하게 고려할 수밖에 없고, 사법자원의 분배에 있어서는 재판의 적정과 신속이라는 상반되는 요청을 조화시킬 필요가 있다. 심판대상조항은 뒤늦게 제기되는 기피신청에 대해서는 재판절차의 정지 효과를 제한함으로써 분쟁 미해결 상태 장기화 등을 방지하여 재판의 공정과 신속을 도모하기 위한 것이므로, 사법자원 분배에 관한 입법형성권의 범위 내에 있다. 심판대상조항에 의하여 기피신청의 효과가 일부 제한되더라도 본안사건의 종국판결에 대한 불복 내지는 법관의 회피·제척제도와 같이, 공정한 재판을 받을 권리를 실효적으로 보장받기 위해 필요한 다른 절차들이 마련되어 있다. 따라서 심판대상조항은 청구인의 공정한 재판을 받을 권리를 침해하지 않는다(헌재 2024.8.29, 2021헌바146).

② [O] 심판대상조항은 소송지연을 방지함과 동시에 민사소송 등에서의 전자문서 이용을 활성화함으로써 소송당사자의 편의 증진 및 권리 실현에 이바지하고자 하는 것이다. 소송당사자가 전자소송 진행에 대한 동의를 하여야 전자적 송달제도가 사용되는 점, 현대사회에서는 컴퓨터와 휴대전화의 이용이 보편화되었다는 점, 전자송달 간주 조항을 두지 않을 경우 소송당사자의 의지에 따라 재판이 지연될 우려가 있다는 점, 민소전자문서법 등은 소송당사자가 전자적 송달을 받을 수 없는 경우에 대한 규정을 충분히 마련하고 있다는 점 등을 고려하면, 심판대상조항은 입법자의 형성적 재량을 일탈한 것이라고 보기 어려우므로 재판청구권을 침해하지 않는다(헌재 2024.7.18, 2022헌바4).

④ [O] 심판대상조항은 피고인의 정식재판청구에 대한 불이익변경금지원칙 적용에 따른 문제점을 해소하면서 피고인의 정식재판청구권 행사를 보장하기 위해 도입된 것이다. 또한 형사소송법 제457조의2 제2항은 피고인이 정식재판을 청구한 사건에 대하여 약식명령의 형과 동종의 중한 형을 선고하는 경우에는 판결서에 양형의 이유를 적도록 함으로써 법관으로 하여금 양형 판단 시 신중을 기하도록 하고 있다. 이는 피고인의 정식재판청구권 행사가 위축되는 것을 최소화하면서 동시에 피고인이 정식재판청구권 행사를 남용하는 것을 방지하여 사법의 효율성을 도모한 것으로, 심판대상조항이 약식명령에 대하여 피고인만이 정식재판을 청구한 사건에 불이익변경금지원칙을 적용하지 아니하였다는 이유만으로 재판청구권에 관한 합리적인 입법형성권의 범위를 일탈하여 공정한 재판을 받을 권리를 침해한다고 볼 수 없다(헌재 2024.5.30, 2021헌바6 등).

10 재판을 받을 권리에 관한 설명으로 가장 적절한 것은? (다툼이 있는 경우 판례에 의함) 25. 경정승진

① 국방부장관, 각군 참모총장 및 관할관이 군판사 및 심판관의 임명권과 재판관의 지정권을 갖고 심판관은 일반장교 중에서 임명할 수 있도록 규정한 구 군사법원법 조항은 군사법원의 헌법적 한계를 일탈하여 사법권의 독립과 재판의 독립을 침해하고 정당한 재판을 받을 권리를 침해한다.

② 헌법 제27조의 '재판을 받을 권리'는 적어도 한번의 재판을 받을 권리, 적어도 하나의 심급을 요구할 권리이고, 심급제도가 몇 개의 심급으로 형성되어야 하는가에 관하여는 헌법이 전혀 규정하고 있지 않으므로, 이는 입법자의 광범위한 형성권에 맡겨져 있는 것이다.

③ 사법보좌관에게 민사소송법에 따른 독촉절차에서의 법원의 사무를 처리할 수 있도록 규정한 법원조직법 조항 중 '민사소송법에 따른 독촉절차에서의 법원의 사무'에 관한 부분은 입법재량권의 한계를 벗어난 자의적인 입법으로 헌법상 보장된 재판을 받을 권리의 본질적 내용을 침해한다.

④ 판결주문에 영향이 없는 당사자의 공격방어방법에 대한 판단이 누락된 경우와 달리 판결주문과 간접적으로만 연관되는 판단이유가 누락된 경우에는 재심의 소를 통해 기판력 등 확정된 판결의 효력을 배제하는 것이 재심제도의 취지에 부합한다.

해설

② [O] 재판을 받을 권리라는 것은, '법적 분쟁시 독립된 법원에 의하여 사실관계와 법률관계에 관하여 한번 포괄적으로 심사를 받을 수 있도록 국민이 소송을 제기할 수 있는 권리'로서, 적어도 한번의 재판을 받을 권리, 적어도 하나의 심급을 요구할 권리인 것이며, 그 구체적인 형성은 입법자의 광범위한 입법재량에 맡겨져 있는 것이다. 즉, 심급제도가 몇 개의 심급으로 형성되어야 하는가에 관하여 헌법이 전혀 규정하는 바가 없으므로, 이는 입법자의 광범위한 형성권에 맡겨져 있는 것이며, 모든 구제절차나 법적 분쟁에서 반드시 보장되는 것은 아니다(헌재 2005.3.31, 2003헌바34).

① [×] 국방부장관, 각 군참모총장 및 관할관이 군판사 및 심판관의 임명권과 재판관의 지정권을 가지며(군사법원법 제38조, 제39조, 제40조, 제41조), 심판관은 일반장교 중에서 임명할 수 있도록 규정하였다고 하여 바로 위 조항들 자체가 군사법원의 헌법적 한계를 일탈하여 사법권의 독립과 재판의 독립을 침해하고 죄형법정주의에 반하거나 인간의 존엄과 가치, 행복추구권, 평등권, 신체의 자유, 정당한 재판을 받을 권리 및 정신적 자유를 본질적으로 침해하는 것이라고 할 수 없다(헌재 1996.10.31, 93헌바25).

③ [×] 사법보좌관의 처분에 대하여는 법원조직법에서 법관에게 이의신청을 할 수 있음을 명시하고 있고, 사법보좌관규칙에서 그 이의절차에 관하여 상세히 규정하고 있는바, 이를 통해 법관에 의한 사실확정과 법률의 해석·적용의 기회를 보장하고 있다. … 따라서 이 사건 법원조직법 조항이 입법재량권의 한계를 벗어난 자의적인 입법으로 법관에 의한 재판받을 권리를 침해한다고 할 수 없다(헌재 2020.12.23, 2019헌바353).

④ [×] 판결주문에 영향이 없는 당사자의 공격방어방법에 대한 판단이 누락된 경우나, 판결주문과 간접적으로만 연관되는 판단이유가 누락된 경우에 재심의 소를 통하여 확정된 판결의 효력을 배제하는 것을 허용해야 할 만큼 정의의 요청이 절박하다고 할 수 없다. 오히려 판결의 결론에 영향을 미칠 수 없는 불필요한 재심이 제기되어 재심제도의 취지에 어긋날 수 있다. … 이상을 종합하면, '판단이유의 누락'이 아니라 '판단누락'을 재심사유로 규정하였다 하여도 재판의 적정성을 현저히 희생하였다고 보기는 어렵다. 따라서 심판대상조항은 재판청구권을 침해하지 아니한다(헌재 2016.12.29, 2016헌바43).

정답 | 09 ③ 10 ②

11 재판절차진술권에 관한 설명으로 옳지 않은 것은? (다툼이 있는 경우 판례에 의함) 25. 변호사

① 직계혈족, 배우자, 동거친족, 동거가족 또는 그 배우자간의 권리행사방해죄에 대해 법관으로 하여금 여러 사정을 전혀 고려할 수 없도록 하고 획일적으로 형면제 판결을 선고하도록 하는 형법 조항은 형사피해자가 법관에게 적절한 형벌권을 행사하여 줄 것을 청구할 수 없도록 하는 것으로서 입법재량을 일탈하여 현저히 불합리하거나 불공정하므로 형사피해자의 재판절차진술권을 침해한다.

② 헌법 제27조 제5항에 정한 형사피해자의 개념은 반드시 형사실체법상의 보호법익을 기준으로 한 피해자개념에 한정하여 결정할 것이 아니라, 형사실체법상으로는 직접적인 보호법익의 향유주체로 해석되지 않는 자라 하더라도 문제된 범죄행위로 말미암아 법률상 불이익을 받게 되는 자의 뜻으로 이해하여야 한다.

③ 재정신청에 대한 결정을 할 때 구두변론 실시 여부를 법관의 재량에 맡기고 있는 형사소송법 조항은 재정신청절차를 신속하고 원활하게 진행함으로써 관계 당사자 사이의 법률관계를 확정하여 사회 안정을 도모한다는 공익보다 재정신청인이 받게 되는 불이익이 크다고 볼 수 있으므로 피해자의 재판절차진술권을 침해한다.

④ 재판절차진술권에 관한 헌법 제27조 제5항이 정한 법률유보는 법률에 의한 기본권의 제한을 목적으로 하는 자유권적 기본권에 대한 법률유보의 경우와는 달리, 기본권으로서의 재판절차진술권을 보장하고 있는 헌법규범의 의미와 내용을 법률로써 구체화하기 위한 이른바 기본권형성적 법률유보에 해당한다.

⑤ 공정거래위원회는 독점규제 및 공정거래에 관한 법률이 추구하는 법 목적에 비추어 행위의 위법성과 가벌성이 중대하고 피해의 정도가 현저하여 형벌을 적용하지 아니하면 법 목적의 실현이 불가능하다고 봄이 객관적으로 상당한 사안에 있어서 당연히 고발을 하여야 할 의무가 있고, 이러한 작위의무에 위반한 고발권의 불행사는 명백히 자의적인 것으로서 피해자의 재판절차진술권을 침해하는 것이다.

해설

③ [×] 재정신청절차의 효율적 진행과 법률관계의 신속한 확정으로 형사피해자와 피의자의 법적 안정성을 조화시킨다는 심판대상조항의 입법목적은 정당하고, 이를 위해 법관에게 재량을 부여한 입법수단도 적절하다. … 심판대상조항이 청구인의 재판절차진술권과 재판청구권을 침해한다고 볼 수 없다(헌재 2018.4.26, 2016헌마1043).

① [○] 심판대상조항은 재산범죄의 가해자와 피해자 사이의 일정한 친족관계를 요건으로 하여 일률적으로 형을 면제하도록 규정하고 있는바, 적용대상 친족의 범위가 지나치게 넓고, 심판대상조항이 준용되는 재산범죄들 가운데 불법성이 경미하다고 보기 어려운 경우가 있다는 점에서 제도적 취지에 부합하지 않는 결과를 초래할 우려가 있고, 미성년자나 질병, 장애 등으로 가족과 친족 사회 내에서 취약한 지위에 있는 구성원에 대한 경제적 착취를 용인할 우려가 있다. 그럼에도 법관으로 하여금 이러한 사정을 전혀 고려할 수 없도록 하고 획일적으로 형면제 판결을 선고하도록 한 심판대상조항은 형사피해자가 법관에게 적절한 형벌권을 행사하여줄 것을 청구할 수 없도록 하는 것으로서 입법재량을 일탈하여 현저히 불합리하거나 불공정하므로 형사피해자의 재판절차진술권을 침해한다(헌재 2024.6.27, 2020헌마468 등).

② [○] 헌법 제27조 제5항에서 형사피해자의 재판절차진술권을 독립된 기본권으로 보장한 취지는 피해자 등에 의한 사인소추를 전면 배제하고 형사소추권을 검사에게 독점시키고 있는 현행 기소독점주의의 형사소송체계 아래에서 형사피해자로 하여금 당해 사건의 형사재판절차에 참여할 수 있는 청문의 기회를 부여함으로써 형사사법의 절차적 적정성을 확보하기 위한 것이므로, 위 헌법조항의 형사피해자의 개념은 반드시 형사실체법상의 보호법익을 기준으로 한 피해자개념에 한정하여 결정할 것이 아니라 형사실체법상으로는 직접적인 보호법익의 향유주체로 해석되지 않는 자라 하더라도 문제된 범죄행위로 말미암아 법률상 불이익을 받게 되는 자의 뜻으로 풀이하여야 할 것이다(헌재 1997.2.20, 96헌마76).

④ [○] 재판절차진술권에 관한 헌법 제27조 제5항이 정한 법률유보는 법률에 의한 기본권의 제한을 목적으로 하는 자유권적 기본권에 대한 법률유보의 경우와는 달리 기본권으로서의 재판절차진술권을 보장하고 있는 헌법규범의 의미와 내용을 법률로써 구체화하기 위한 이른바 기본권 형성적 법률유보에 해당한다(헌재 1993.3.11, 92헌마48).

⑤ [○] 공정거래위원회는 심사의 결과 인정되는 공정거래법위반행위에 대하여 일응 고발을 할 것인가의 여부를 결정할 재량권을 갖는다고 보아야 할 것이나, 공정거래법이 추구하는 법목적에 비추어 행위의 위법성과 가벌성이 중대하고 피해의 정도가 현저하여 형벌을 적용하지 아니하면 법목적의 실현이 불가능하다고 봄이 객관적으로 상당한 사안에 있어서는 공정거래위원회로서는 그에 대하여 당연히 고발을 하여야 할 의무가 있고 이러한 작위의무에 위반한 고발권의 불행사는 명백히 자의적인 것으로서 당해 위반행위로 인한 피해자의 평등권과 재판절차진술권을 침해하는 것이라고 보아야 한다(헌재 1995.7.21, 94헌마136).

12 재판청구권에 대한 설명으로 가장 적절하지 않은 것은? (다툼이 있는 경우 판례에 의함) 21. 경찰승진

① 과학기술의 발전으로 인해 기존의 확정판결에서 인정된 사실과는 다른 새로운 사실이 드러난 경우를 민사소송법상 재심의 사유로 인정하고 있지 않는 민사소송법 조항은 입법자의 합리적인 재량의 범위를 벗어나 재판청구권을 침해한다고 할 수 없다.

② 사법보좌관에 의한 소송비용액 확정결정절차를 규정한 법원조직법 조항은 소송비용액 확정절차의 경우에 이의절차 등 법관에 의한 판단을 거치도록 하고 있기 때문에 헌법 제27조 제1항에 위반되지 않는다.

③ 헌법과 법률이 정한 법관에 의한 재판을 받을 권리는 직업법관에 의한 재판을 주된 내용으로 하는 것이므로, 국민참여재판을 받을 권리가 헌법 제27조 제1항에서 규정한 재판을 받을 권리의 보호범위에 속한다고 볼 수 없다.

④ 재심제도의 규범적 형성에 있어서는 재판의 적정성과 정의의 실현이라는 법치주의의 요청에 의해 입법자의 입법형성의 자유가 축소된다.

해설

④ [×] 재심이나 준재심은 확정판결이나 화해조서 등에 대한 특별한 불복방법이고, 확정판결에 대한 법적 안정성의 요청은 미확정판결에 대한 그것보다 훨씬 크다고 할 것이므로 재심을 청구할 권리가 헌법 제27조에서 규정한 재판을 받을 권리에 당연히 포함된다고 할 수 없고 어떤 사유를 재심사유로 하여 재심이나 준재심을 허용할 것인가는 입법자가 확정된 판결이나 화해조서에 대한 법적 안정성, 재판의 신속, 적정성, 법원의 업무부담 등을 고려하여 결정하여야 할 입법정책의 문제이다(헌재 1996.3.28, 93헌바27).

① [O] 과학의 진전을 통하여 기존의 확정판결에서 인정된 사실과는 다른 새로운 사실이 발견된다 하더라도, 이는 확정판결 이후 언제라도 일어날 수 있는 일이므로 이를 재심사유로 인정하는 것은 확정판결에 기초하여 형성된 복잡·다양한 사법적(私法的) 관계들을 항시 불안전한 상태로 두는 것이라 할 수 있다. 또한, 시효제도 등 다소간 실체적 진실의 희생이나 양보하에 법적 안정성을 추구하는 여러 법적 제도들이 있다는 점 등을 함께 고려해 볼 때, 이 사건 법률조항은 입법자의 합리적인 재량의 범위를 벗어나 재판청구권 내지 평등권을 침해한다고 할 수 없다(헌재 2009.4.30, 2007헌바121).

② [O] 헌법 제27조 제1항의 재판청구권 보장과 관련하여 최소한 법관이 사실을 확정하고 법률을 해석·적용하는 재판을 받을 권리를 보장할 것이 요구되므로 사법보좌관의 처분에 대한 이의절차가 중요하다. 법원조직법 제54조 제3항 등에서는 사법보좌관의 처분에 대한 이의신청을 허용함으로써 동일 심급 내에서 법관으로부터 다시 재판받을 수 있는 권리를 보장하고 있는데, 이 사건 조항에 의한 소송비용액 확정결정절차의 경우에도 이러한 이의절차에 의하여 법관에 의한 판단을 거치도록 함으로써 법관에 의한 사실확정과 법률해석의 기회를 보장하고 있다. … 따라서 사법보좌관에게 소송비용액 확정결정절차를 처리하도록 한 이 사건 조항이 그 입법재량권을 현저히 불합리하게 또는 자의적으로 행사하였다고 단정할 수 없으므로 헌법 제27조 제1항에 위반된다고 할 수 없다(헌재 2009.2.26, 2007헌바8 등).

③ [O] 우리 헌법상 헌법과 법률이 정한 법관에 의한 재판을 받을 권리는 직업법관에 의한 재판을 주된 내용으로 하는 것이므로 국민참여재판을 받을 권리가 헌법 제27조 제1항에서 규정한 재판을 받을 권리의 보호범위에 속한다고 볼 수 없다(헌재 2009.11.26, 2008헌바12).

정답 | 11 ③ 12 ④

13 재판청구권에 관한 설명 중 가장 적절하지 않은 것은? (다툼이 있는 경우 판례에 의함) 22. 경찰 1차

① 헌법은 "군인 또는 군무원이 아닌 국민은 대한민국의 영역 안에서는 중대한 군사상 기밀 · 초병 · 초소 · 유독음식물 공급 · 포로 · 군용물에 관한 죄중 법률이 정한 경우와 비상계엄이 선포된 경우를 제외하고는 군사법원의 재판을 받지 아니한다."고 규정하고 있다.

② 소환된 증인 또는 그 친족 등이 보복을 당할 우려가 있는 경우, 재판장은 피고인을 퇴정시키고 증인신문을 행할 수 있도록 규정한 특정범죄신고자 등 보호법 조항은 피고인의 형사소송법상의 반대신문권을 제한하고 있어 피고인의 공정한 재판을 받을 권리를 침해한다.

③ 법관기피신청이 소송의 지연을 목적으로 함이 명백한 경우에 신청을 받은 법원 또는 법관은 결정으로 이를 기각할 수 있도록 규정한 형사소송법 제20조 제1항이 헌법상 보장되는 공정한 재판을 받을 권리를 침해하는 것은 아니다.

④ 형사재판에 계속 중인 사람에 대하여 출국을 금지할 수 있다고 규정한 출입국관리법 제4조 제1항 제1호는 유죄를 근거로 형사재판에 계속 중인 사람에게 사회적 비난 내지 응보적 의미의 제재를 가하려는 것이라고 보기 어려우므로 무죄추정의 원칙에 위배된다고 볼 수 없다.

해설

② [×] 이 사건 법률조항들은 특정범죄에 관한 형사절차에서 국민이 안심하고 자발적으로 협조할 수 있도록 그 범죄신고자 등을 실질적으로 보호함으로써 피해자의 진술을 제약하는 요소를 제거하고 이를 통해 범죄로부터 사회를 방위함에 이바지함과 아울러 실체적 진실의 발견을 용이하게 하기 위한 것으로서, 그 목적의 정당성 및 수단의 적합성이 인정되며, 피고인 퇴정조항에 의하여 피고인 퇴정 후 증인신문을 하는 경우에도 피고인은 여전히 형사소송법 제161조의2에 의하여 반대신문권이 보장되고, 이때 변호인이 반대신문 전에 피고인과 상의하여 반대신문사항을 정리하면 피고인의 반대신문권이 실질적으로 보장될 수 있는 점, 인적사항이 공개되지 아니한 증인에 대하여는 증인신문 전에 수사기관 작성의 조서나 증인 작성의 진술서 등의 열람 · 복사를 통하여 그 신문내용을 어느 정도 예상할 수 있고, 변호인이 피고인과 상의하여 반대신문의 내용을 정리한 후 반대신문할 수 있는 점 등에 비추어, 기본권 제한의 정도가 특정범죄의 범죄신고자 등 증인 등을 보호하고 실체적 진실의 발견에 이바지하는 공익에 비하여 크다고 할 수 없어 법익의 균형성도 갖추고 있으며, 기본권 제한에 관한 피해의 최소성 역시 인정되므로, 공정한 재판을 받을 권리를 침해한다고 할 수 없다(헌재 2010.11.25, 2009헌바57).

① [O] 군인 또는 군무원이 아닌 국민은 대한민국의 영역 안에서는 중대한 군사상 기밀 · 초병 · 초소 · 유독음식물공급 · 포로 · 군용물에 관한 죄중 법률이 정한 경우와 비상계엄이 선포된 경우를 제외하고는 군사법원의 재판을 받지 아니한다(헌법 제27조 제2항).

③ [O] 구체적인 재판을 담당하는 법관에 대하여 기피신청이 있는 경우 당해 법관을 배제시키고 새로운 재판부를 구성하여 기피신청에 대한 재판을 하게 하면서 그 재판이 확정될 때까지 소송절차의 진행을 정지시키는 것은 공정한 재판을 받을 권리를 보장하기 위하여 필요하고 적절한 조치라고 할 수 있다. 그러나 형사소송절차에서 당사자 일방의 기피신청이 소송의 지연을 목적으로 하는 것이 분명한 경우에도 위와 같이 재판절차를 진행할 경우에는 그로 인하여 소송절차가 지연될 것이고, 재판을 지연시킬 목적으로 기피신청을 남용하는 것을 방지하기 어려울 것이다. 그래서 기피신청이 소송절차 지연을 목적으로 하는 것임이 명백한 경우에는 소송절차를 그대로 진행시키고 당해 법관이 포함된 합의부 또는 당해 법관으로 하여금 기피신청을 기각할 수 있는 간이기각제도를 채택한 것이다. 따라서 심판대상조항의 입법목적은 정당하고, 그러한 입법목적을 달성하기 위하여 채택한 방법도 필요하고도 적절하다고 할 수 있다. 그리고 심판대상조항은 기피신청 중에서 '소송의 지연을 목적으로 함이 명백한 때'에 한정하여 소송절차의 속행과 당해 법관에 의한 간이기각을 허용한 것이고, 그러한 간이기각결정에 대하여 형사소송법은 즉시항고에 의한 불복을 허용하여 상급심에 의한 시정의 기회를 부여하고 있다. 따라서 심판대상조항으로 인하여 기피신청을 기각 당하는 당사자가 입을 수 있는 불이익을 최소화하고 있다고 할 것이다. 나아가 심판대상조항은 형사재판절차에서의 공정성과 아울러 신속성까지도 조화롭게 보장하기 위한 것이라고 할 것이고, 신속한 재판에 치우쳐서 재판의 공정성을 필요한 한도를 넘어서 침해한다고 보기도 어렵다. 따라서 심판대상조항은 헌법 제27조 제1항, 제37조 제2항에 위반된다고 할 수 없다(헌재 2021.2.25, 2019헌바551).

④ [O] 심판대상조항은 형사재판에 계속 중인 사람이 국가의 형벌권을 피하기 위하여 해외로 도피할 우려가 있는 경우 법무부장관으로 하여금 출국을 금지할 수 있도록 하는 것일 뿐으로, 무죄추정의 원칙에서 금지하는 유죄 인정의 효과로서의 불이익 즉, 유죄를 근거로 형사재판에 계속 중인 사람에게 사회적 비난 내지 응보적 의미의 제재를 가하려는 것이라고 보기 어렵다. 따라서 심판대상조항은 무죄추정의 원칙에 위배된다고 볼 수 없다(헌재 2015.9.24, 2012헌바302).

14 재판청구권에 대한 설명으로 옳은 것은?

23. 5급 공채

① 선거범죄에 대한 재정신청절차에서 사전에 검찰청법상의 항고를 거치도록 한 것은 신속한 재판을 받을 권리를 침해한다.

② 운전자의 업무상 과실 또는 중대한 과실로 인하여 교통사고 피해자가 '중상해가 아닌 상해'를 입은 경우, 가해 운전자에 대하여 공소를 제기할 수 없도록 한 것은 과잉금지원칙에 반한다.

③ '피고인이 스스로 치료감호를 청구할 수 있는 권리'는 헌법상 재판청구권의 보호범위에 포함된다.

④ 현역병의 군대 입대 전 범죄에 대한 군사법원의 재판권을 규정하고 있는 군사법원법 조항은 재판청구권을 침해하지 않는다.

해설

④ [O] 군사법원의 상고심은 대법원에서 관할하고 군사법원에 관한 내부규율을 정함에 있어서도 대법원이 종국적인 관여를 하고 있으므로 이 사건 법률조항이 군사법원의 재판권과 군인의 재판청구권을 형성함에 있어 그 재량의 헌법적 한계를 벗어났다고 볼 수 없다(헌재 2009.7.30, 2008헌바162).

① [×] 형사소송법 제260조 제2항의 항고전치주의는 재정신청 남용의 폐해를 줄이기 위한 방안으로 도입된 것인데, 검찰 항고제도는 상급 검찰청이 해당 불기소처분을 재검토하여 항고가 이유 있다고 인정할 경우에는 그 처분을 경정하도록 함으로써 사건관계인의 신속한 권리구제에 이바지하는 측면이 있다. 한편, 항고 이후 재기수사가 이루어진 다음에 다시 공소를 제기하지 아니한다는 통지를 받은 경우, 항고 신청 후 항고에 대한 처분이 행하여지지 아니하고 3개월이 경과한 경우, 검사가 공소시효 만료일 30일 전까지 공소를 제기하지 아니하는 경우에는 항고를 거치지 않고도 재정신청을 할 수 있도록 항고전치주의의 예외를 인정함으로써 항고로 인하여 절차가 부당하게 지연되는 것을 방지하기 위한 대책도 함께 마련되어 있으므로, 형사소송법 제260조 제2항의 항고전치주의가 합리적 근거 없이 자의적으로 신속한 재판을 받을 권리를 침해하는 것이라고 볼 수 없다(헌재 2015.2.26, 2014헌바181).

② [×] 이 사건 법률조항이 교통사고로 인한 피해자에게 중상해가 아닌 상해의 결과만을 야기한 경우 가해 운전자에 대하여 가해차량이 종합보험 등에 가입되어 있음을 이유로 공소를 제기하지 못하도록 규정한 한도 내에서는, 그 제정목적인 교통사고로 인한 피해의 신속한 회복을 촉진하고 국민생활의 편익을 도모하려는 공익과 동 법률조항으로 인하여 침해되는 피해자의 재판절차에서의 진술권과 비교할 때 상당한 정도 균형을 유지하고 있으며, 단서조항에 해당하지 않는 교통사고의 경우에는 대부분 가해 운전자의 주의의무태만에 대한 비난가능성이 높지 아니하고, 경미한 교통사고 피의자에 대하여는 비형벌화하려는 세계적인 추세 등에 비추어도 위와 같은 목적의 정당성, 방법의 적절성, 피해의 최소성, 이익의 균형성을 갖추었으므로 과잉금지의 원칙 내지 비례의 원칙에도 반하지 않는다고 할 것이다(헌재 2009.2.26, 2005헌마764).

③ [×] 피고인 스스로 치료감호를 청구할 수 있는 권리나, 법원으로부터 직권으로 치료감호를 선고받을 수 있는 권리는 헌법상 재판청구권의 보호범위에 포함되지 않는다(헌재 2021.1.28, 2019헌가24 등).

정답 | 13 ② 14 ④

15 재판을 받을 권리에 관한 설명 중 가장 적절하지 않은 것은? (다툼이 있는 경우 판례에 의함) 22. 경찰승진

① 행정심판절차의 구체적 형성에 관한 입법자의 입법형성의 한계를 고려할 때, 어떤 행정심판이 필요적 전심절차로 규정되어 있는 경우 사법절차가 준용되어야 한다.

② 상속재산분할에 관한 사건은 상속재산의 범위 등 실체법상 권리 관계의 확정을 전제로 하므로 가사소송절차에 따라야 함에도 불구하고 이를 가사비송사건으로 분류하고 있는 가사소송법의 규정은 입법재량의 한계를 일탈하여 상속재산분할에 관한 사건을 제기하고자 하는 자의 공정한 재판을 받을 권리를 침해한다.

③ 검사의 기소유예처분에 대하여 피의자가 불복하여 법원의 재판을 받을 수 있는 절차를 국가가 법률로 마련해야 할 헌법적 의무는 존재하지 않는다.

④ 교원징계재심위원회의 재심결정에 대하여 교원에게만 행정소송을 제기할 수 있도록 하고 학교법인을 제외한 것은 학교법인의 재판청구권을 침해한다.

해설

② [×] 상속재산분할에 관한 사건의 결과는 가족공동체의 안정에 커다란 영향을 미친다는 특수성을 감안할 때, 구체적인 상속분의 확정과 분할의 방법에 관하여서는 가정법원이 당사자의 주장에 구애받지 않고 후견적 재량을 발휘하여 합목적적으로 판단하여야 할 필요성이 인정된다. 이와 같은 점을 고려하여 가사비송조항은 상속재산분할에 관한 사건을 법원의 후견적 재량이 인정되는 가사비송절차에 의하도록 한 것이다. 가사소송법 관계법령은 상속재산분할에 관한 사건을 가사비송사건으로 규정하면서도 절차와 심리방식에 있어 당사자의 공격방어권과 처분권을 담보하기 위한 여러 제도들을 마련하고 있다. 따라서 가사비송조항이 입법재량의 한계를 일탈하여 상속재산분할에 관한 사건을 제기하고자 하는 자의 공정한 재판을 받을 권리를 침해한다고 볼 수 없다(헌재 2017.4.27, 2015헌바24).

① [○] 따라서 입법자가 행정심판을 전심절차가 아니라 종심절차로 규정함으로써 정식재판의 기회를 배제하거나, 어떤 행정심판을 필요적 전심절차로 규정하면서도 그 절차에 사법절차가 준용되지 않는다면 이는 헌법 제107조 제3항, 나아가 재판청구권을 보장하고 있는 헌법 제27조에도 위반된다 할 것이다(헌재 2000.6.1, 98헌바8).

③ [○] 입법자가 기소유예처분에 대하여 피의자가 불복하여 법원의 재판을 받을 수 있는 절차를 전혀 마련하지 아니한 것은 '진정입법부작위'에 해당하는바, 헌법은 공소제기의 주체, 방법, 절차나 사후통제 등에 관하여 직접적인 규정을 두고 있지 아니하며, 검사의 자의적인 불기소처분에 대한 통제방법에 관하여도 헌법에 아무런 규정을 두고 있지 않기 때문에 헌법이 명시적인 입법의무를 부여하였다고 볼 수 없다(헌재 2013.9.26, 2012헌마562).

④ [○] 교원이 제기한 민사소송에 대하여 응소하거나 피고로서 재판절차에 참여함으로써 자신의 권리를 주장하는 것은 어디까지나 상대방인 교원이 교원지위법이 정하는 재심절차와 행정소송절차를 포기하고 민사소송을 제기하는 경우에 비로소 가능한 것이므로 이를 들어 학교법인에게 자신의 침해된 권익을 구제받을 수 있는 실효적인 권리구제절차가 제공되었다고 볼 수 없고, 교원지위부존재확인 등 민사소송절차도 교원이 처분의 취소를 구하는 재심을 따로 청구하거나 또는 재심결정에 불복하여 행정소송을 제기하는 경우에는 민사소송의 판결과 재심결정 또는 행정소송의 판결이 서로 모순·저촉될 가능성이 상존하므로 이 역시 간접적이고 우회적인 권리구제수단에 불과하다. 이 사건 법률조항은 분쟁의 당사자이자 재심절차의 피청구인인 학교법인의 재판청구권을 침해한다(헌재 2006.2.23, 2005헌가7).

16 소송비용에 관한 다음 설명 중 가장 옳지 않은 것은? (다툼이 있는 경우 대법원 판례 및 헌법재판소 결정에 의함)

22. 법원행시

① 민사 소액사건에서 소송기록에 의하여 청구가 이유 없음이 명백한 때 법원이 변론 없이 청구를 기각할 수 있도록 한 법률 규정은 소액사건이 소송비용 부담이 크지 않고, 소송절차에 편의적인 규정에 따라 소송절차를 남용할 가능성이 다른 민사사건에 비하여 크다는 점에서 합리적인 이유가 있다고 할 것이므로 평등원칙에 위배되지 않는다.

② 민사소송에서 소장·준비서면, 그 밖의 소송기록에 의하여 청구가 이유 없음이 명백한 때 등 소송비용에 대한 담보제공이 필요하다고 판단되는 경우에 피고의 신청이 있으면 원고에게 소송비용에 대한 담보를 제공하도록 명하여야 한다고 규정한 민사소송법 규정은 피고의 소송비용상환청구권의 이행을 확보해 줌으로써 피고의 소송비용에 대한 부담을 덜고, 원고가 명백히 부당한 소송을 제기하거나 남소를 제기하는 것을 방지하여 사법자원의 효율적 활용과 합리적 분배에 기여하므로 과잉금지원칙에 반하여 원고의 재판청구권을 침해한다고 볼 수 없다.

③ 형사소송에서 발생하는 제반 비용 중 어떤 범위의 것을 '소송비용'으로 할 것인지, 이를 누구의 부담으로 할 것인지 그리고 그 비용집행의 면제 사유 등은 형사소송의 구조, 절차 운영의 적정성, 국가 재정, 국민의 법감정 등에 따라 정해지는 입법정책적 문제라고 할 수 있다.

④ 형사재판에서 형의 선고와 함께 소송비용 부담의 재판을 받은 피고인이 '빈곤'을 이유로 해서만 집행면제를 신청할 수 있도록 한 형사소송법 규정은 '빈곤'이 경제적 사정으로 소송비용을 납부할 수 없는 경우를 지칭하는 것으로 해석될 수 있으므로 명확성의 원칙에는 위배되지 아니하나, 피고인의 방어 방법 제출이나 정식재판 청구 또는 상소 가능성을 과도하게 제한하므로 재판청구권을 침해한다.

⑤ 형사재판에서 법원이 형의 선고를 하는 때에는 피고인에게 소송비용의 전부 또는 일부를 부담하게 하여야 한다고 규정한 형사소송법 조항은 피고인의 방어권 남용을 방지하는 측면이 있고, 법원은 피고인의 방어권 행사의 적정성, 경제적 능력 등을 종합적으로 고려하여 피고인에 대한 소송비용 부담 여부 및 그 정도를 재량으로 정함으로써 사법제도의 적절한 운영을 도모할 수 있다는 점에서 피고인의 재판청구권을 침해하지 아니한다.

해설

④ [×] 형의 선고와 함께 소송비용 부담의 재판을 받은 피고인이 '빈곤'을 이유로 해서만 집행면제를 신청할 수 있도록 한 형사소송법 제487조 중 제186조 제1항 본문에 따른 소송비용에 관한 부분 중 '빈곤'은 경제적 사정으로 소송비용을 납부할 수 없는 경우를 지칭하는 것으로 해석될 수 있으므로 집행면제 신청 조항은 명확성원칙에 위배되지 않는다. 한편 소송비용의 범위가 '형사소송비용 등에 관한 법률'에서 정한 증인·감정인·통역인 또는 번역인과 관련된 비용 등으로 제한되어 있고, 법원이 피고인에게 소송비용 부담을 명하는 재판을 할 때에 피고인의 방어권 남용 여부, 경제력 능력 등을 종합적으로 고려하여 소송비용 부담 여부 및 그 정도를 정하므로, 소송비용 부담의 재판이 확정된 이후에 빈곤 외에 다른 사유를 참작할 여지가 크지 않다. 따라서 집행면제 신청 조항은 피고인의 재판청구권을 침해하지 아니한다(헌재 2021.2.25, 2019헌바64).

① [O] 소액사건은 소액사건심판법이 절차의 신속성과 경제성에 중점을 두어 규정한 심리절차의 특칙에 따라 소송당사자가 소송절차를 남용할 가능성이 다른 민사사건에 비하여 크다고 할 수 있는바, 심판대상조항은 소액사건에서 남소를 방지하고 이러한 소송을 신속히 종결하고자 필요적 변론 원칙의 예외를 규정하였다. 심판대상조항에 의하더라도 남소로 판단되는 사건의 구두변론만이 제한될 뿐 준비서면, 각종 증거방법을 제출할 권리가 제한되는 것은 아니고 법관에 의한 서면심리가 보장되며 구두변론을 거칠 것인지 여부를 법원의 판단에 맡기고 있으므로 심판대상조항이 재판청구권의 본질적 내용을 침해한다고 볼 수 없다. 심판대상조항은 입법자가 민사재판 절차에서 요구되는 이상인 적정·공평·신속·경제라는 법익과 사법자원의 적정한 배분 등 여러 법익을 두루 형량하여 구두변론원칙의 예외를 규정한 것이고, 이러한 법익 형량이 자의적이거나 현저하게 불합리하다고 볼 수 없으므로 청구인들의 재판청구권을 침해하거나 평등원칙에 위배된다고 볼 수 없다(헌재 2021.6.24, 2019헌바133).

② [O] 심판대상조항에 따라 소장·준비서면, 그 밖의 소송기록에 의하여 청구가 이유 없음이 명백한 때에 피고의 신청이 있으면 법원이 원고에게 소송비용 담보제공명령을 하도록 하고, 이를 이행하지 않는 경우 법원은 변론 없이 판결로 소를 각하할 수 있게 되므로, 원고는 변론을 통하여 본안에 관한 재판을 받을 권리를 제한받는다. … 심판대상조항은 피고의 신청에 따라 소장·준비서면, 그 밖의 소송기록에 의하여 청구가 이유 없음이 명백한 때에는 원고에게 소송비용에 대한 담보제공을 명하도록 규정하고 있고, 이는 피고의 소송비용상환청구권의 이행을 확보하고 남소를 제한하기 위하여 필요하고도 적절한 수단이라고 할 것이므로 그 입법목적의 정당성과 수단의 적절성을 인정할 수 있다. … 따라서 심판대상조항은 과잉금지원칙에 위배되지 않으므로 재판청구권을 침해하지 않는다(헌재 2012.11.29, 2011헌바173).

정답 | 15 ② 16 ④

③ [O] 형사소송에서 발생하는 제반 비용 중 어떤 범위의 것을 '소송비용'으로 할 것인지, 이를 누구의 부담으로 할 것인지 그리고 그 비용집행의 면제 사유 등은 결국 형사소송의 구조, 절차 운영의 적정성, 국가 재정, 국민의 법감정 등에 따라 정해지는 입법정책적 문제라 할 수 있다(헌재 2021.2.25, 2019헌바64).

⑤ [O] 피고인에게 소송비용을 부담하도록 하는 경우, 경제적 능력이 부족한 피고인은 적극적인 방어권을 행사하는 데 다소 부담을 느낄 수 있다. 이에 입법자는 소송비용 부담의 재판을 할 때는 법 제186조 제1항 단서에 따라 피고인의 경제적 능력을 고려하도록 하고, 그 재판의 집행을 할 때는 집행면제 신청 조항에 따라 피고인의 경제적 능력을 고려하여 그 집행을 감면받을 수 있도록 하였다. 집행면제 신청 조항은 소송비용 부담 재판의 집행을 감면할 수 있는 사유로 '빈곤'만을 규정하여, 경제적 능력의 부족을 제외한 다른 사유로 이를 면제할 수 없도록 제한하고 있다. 그런데 법원이 피고인에게 소송비용을 부담하도록 하면 그는 금전 지출이라는 경제적 부담이 발생할 뿐 다른 부담을 진다고 할 수 없으므로, 소송비용 부담의 감면에 있어 경제적 능력 외 다른 사정을 참작하지 않는 것이 재판청구권을 과도하게 제한하는 것이라 할 수 없다(헌재 2021.2.25, 2019헌바64).

17 재판청구권, 적법절차원리에 관한 다음 설명 중 옳지 않은 것은 모두 몇 개인가? (다툼이 있는 경우 대법원 판례 및 헌법재판소 결정에 의함)

22. 법원행시

ㄱ 재심기각결정이 있는 경우 동일한 이유로 하여서는 다시 재심을 청구하지 못하도록 규정한 형사소송법 관련 조항은 권리구제의 측면에서 불합리하므로 재판청구권을 침해한다.
ㄴ 법인에 대한 추징판결을 범인 외의 제3자가 그 정황을 알면서 취득한 불법재산 및 그로부터 유래한 재산에 대하여 제3자를 상대로 집행할 수 있도록 규정한 공무원범죄에 관한 몰수 특례법 조항은 적법절차원리에 위반되지 않는다.
ㄷ 검사만 치료감호를 청구할 수 있고 법원은 검사에게 치료감호청구를 요구할 수 있다고만 규정한 치료감호 등에 관한 법률 조항은 피고인 스스로 치료감호를 청구할 수 있는 권리를 인정하고 있지 아니하지만, 재판청구권을 침해하거나 적법절차원칙을 위반한 것은 아니다.
ㄹ 헌법 제27조 제1항이 규정하는 재판청구권을 보장하기 위해서는 입법자에 의한 재판청구권의 구체적 형성이 불가피하므로 입법자의 광범위한 입법재량이 인정된다.

① 없음 ② 1개 ③ 2개
④ 3개 ⑤ 4개

해설

옳지 않은 것은 1개(ㄱ)이다.

ㄱ [×] 동일한 이유로 다시 재심을 청구하는 것을 금지하는 심판대상조항은 재심절차가 진행되어 그 청구 이유에 관한 실체적 판단이 한번 이루어진 경우, 확정된 결정의 법적 안정성을 유지하고 동일한 재심 이유에 대해 반복적으로 소송이 제기되는 것을 막아 사법자원의 낭비를 방지하기 위한 것이다. 심판대상조항에 따라 사실상 주장이 동일한 이상, 청구인이 법률상 주장을 달리하여 재심을 재차 청구하는 것이 불가능하나, 법률해석에 관한 이견이나 하급심 법원간 법 해석의 통일성은 대법원으로 수렴되는 즉시항고절차를 통하여 해결할 수 있는 점 등을 고려할 때 심판대상조항은 청구인의 재판청구권을 침해하지 아니한다(헌재 2020.2.27, 2017헌바420).

ㄴ [O] 심판대상조항에 따른 추징판결의 집행은 그 성질상 신속성과 밀행성을 요구하는데, 제3자에게 추징판결의 집행사실을 사전에 통지하거나 의견 제출의 기회를 주게 되면 제3자가 또다시 불법재산 등을 처분하는 등으로 인하여 집행의 목적을 달성할 수 없게 될 가능성이 높다. 따라서 심판대상조항이 제3자에 대하여 특정공무원범죄를 범한 범인에 대한 추징판결을 집행하기에 앞서 제3자에게 통지하거나 의견을 진술할 기회를 부여하지 않은 데에는 합리적인 이유가 있다. 나아가 제3자는 심판대상조항에 의한 집행에 관한 검사의 처분이 부당함을 이유로 재판을 선고한 법원에 재판의 집행에 관한 이의신청을 할 수 있다(형사소송법 제489조). 또한 제3자는 각 집행절차에서 소송을 통해 불복하는 등 사후적으로 심판대상조항에 의한 집행에 대하여 다툴 수 있다. 따라서 심판대상조항은 적법절차원칙에 위배된다고 볼 수 없다(헌재 2020.2.27, 2015헌가4).

ㄷ [O] '피고인 스스로 치료감호를 청구할 수 있는 권리'가 헌법상 재판청구권의 보호범위에 포함된다고 보기는 어렵고, 검사뿐만 아니라 피고인에게까지 치료감호 청구권을 주어야만 절차의 적법성이 담보되는 것도 아니므로, 치료감호 청구권자를 검사로 한정한 이 사건 법률조항이 청구인의 재판청구권을 침해하거나 적법절차의 원칙에 반한다고 볼 수 없다(헌재 2010.4.29, 2008헌마622).

ㄹ [O] 국민이 재판을 통하여 권리보호를 받기 위해서는 그 전에 최소한 법원조직법에 의하여 법원이 설립되고 민사소송법 등 절차법에 의하여 재판관할이 확정되는 등 입법자에 의한 재판청구권의 구체적 형성이 불가피하므로, 재판청구권에 대해서는 입법자의 입법재량이 인정된다(헌재 2013.3.21, 2011헌바219).

18 재판을 받을 권리에 대한 설명으로 옳은 것은? (다툼이 있는 경우 판례에 의함) 22. 입법고시

① 약식명령은 경미하고 간이한 사건을 대상으로 하지만 형사피해자가 약식명령을 고지받지 못하는 것은 형사재판절차에서의 참여기회를 봉쇄하는 것이므로 형사피해자의 재판절차진술권을 침해하는 것이다.

② 심리불속행 재판의 판결이유를 생략할 수 있도록 한 상고심절차에 관한 특례법 규정은 개별적 권리구제보다 법령해석의 통일을 더 우위에 둔 규정으로서 그 합리성이 있다고 할 것이므로 헌법에 위반되지 아니한다.

③ 재판청구권은 민사재판 · 형사재판 · 행정재판을 받을 권리를 의미하므로, 헌법상 보장되는 기본권인 '공정한 재판을 받을 권리'에는 '공정한 헌법재판을 받을 권리'는 포함되지 아니한다.

④ 공시송달의 방법으로 기일통지서를 송달받은 당사자가 변론기일에 출석하지 아니한 경우 자백간주 규정을 준용하지 않는 민사소송법 규정은 상대방의 효율적이고 공정한 재판을 받을 권리를 침해한다.

⑤ 학교법인의 기본재산을 매도함에 있어 관할청의 허가를 받도록 하는 사립학교법 규정은 강제경매절차를 통하여 사법적 청구권을 실현하려는 채권자 내지 최고가매수신고인의 신속한 재판을 받을 권리를 침해한다.

해설

② [O] 심리불속행 재판의 판결이유를 생략할 수 있도록 규정한 이 사건 제5조 제1항은 심리불속행제도의 내용을 구성하는 절차적 규정으로서 헌법재판소는 이미 심리불속행제도에 대하여 여러 차례 합헌결정을 선고한 바 있다. 심리불속행 상고기각판결에 이유를 기재한다고 해도, 당사자의 상고이유가 법률상의 상고이유를 실질적으로 포함하고 있는지 여부만을 심리하는 심리불속행 재판의 성격 등에 비추어 현실적으로 특례법 제4조의 심리속행사유에 해당하지 않는다는 정도의 이유기재에 그칠 수밖에 없고, 나아가 그 이상의 이유기재를 하게 하더라도 이는 법령해석의 통일을 주된 임무로 하는 상고심에게 불필요한 부담만 가중시키는 것으로서 심리불속행제도의 입법취지에 반하는 결과를 초래할 수 있으므로, 이 사건 제5조 제1항은 재판청구권 등을 침해하여 위헌이라고 볼 수 없다(헌재 2007.7.26, 2006헌마55).

① [×] 약식명령은 경미하고 간이한 사건을 대상으로 하기 때문에, 대부분 범죄사실에 다툼이 없는 경우가 많고, 형사피해자도 이미 범죄사실을 충분히 인지하고 있어, 범죄사실에 대한 별도의 확인 없이도 얼마든지 법원이나 수사기관에 의견을 제출할 수 있으며, 직접 범죄사실의 확인을 원하는 경우에는 소송기록의 열람 · 등사를 신청하는 것도 가능하므로, 형사피해자가 약식명령을 고지받지 못한다고 하여 형사재판절차에서의 참여기회가 완전히 봉쇄되어 있다고 볼 수 없다. 따라서 이 사건 고지조항은 형사피해자의 재판절차진술권을 침해하지 않는다(헌재 2019.9.26, 2018헌마1015).

③ [×] 1. 헌법 제27조는 국민의 재판청구권을 보장하고 있는데, 여기에는 공정한 재판을 받을 권리가 포함되어 있다(헌재 2006.7.27, 2005헌바58).
2. 그런데 재판청구권에는 민사재판, 형사재판, 행정재판뿐만 아니라 헌법재판을 받을 권리도 포함되므로, 헌법상 보장되는 기본권인 '공정한 재판을 받을 권리'에는 '공정한 헌법재판을 받을 권리'도 포함된다(헌재 2014.4.24, 2012헌마2).

④ [×] 이 사건 법률조항에서 공시송달로 기일통지를 받은 당사자가 불출석한 경우 자백으로 간주되지 않도록 규정한 것은, 공시송달의 경우 당사자가 기일이 있음을 현실적으로 알았다고 볼 수 없으므로 당사자의 자백의사가 있었다고도 볼 수 없다는 데에 기초한 것으로, 이는 입법자가 민사소송절차를 변론주의에 따라 합리적으로 형성한 결과이다. 이 사건 법률조항에 따라 자백간주가 배제된다고 하더라도, 그 상대방 당사자는 자신이 주장하는 사실을 증명하는 데에 지장이 없으므로, 민사소송을 통한 상대방 당사자의 실체적 권리구제의 실효성은 충분히 보장된다. 한편, 한쪽 당사자가 불출석함으로써 자백으로 간주된 경우에도 그 당사자가 이후 사실심의 변론기일에 출석하여 그 자백을 취소하면, 상대방 당사자는 여전히 자신이 주장한 사실에 대한 증명책임을 지므로, 자백간주의 배제가 상대방 당사자에게 불리하게 작용하는 정도는 그다지 크지 않고, 공시송달에 따라 한쪽 당사자의 출석 없이도 소송절차는 그대로 진행됨으로써 그 상대방 당사자는 신속한 재판을 받을 수 있게 되므로, 공시송달의 경우 자백간주를 배제한다고 하여 민사소송에서 대립당사자에 적용되는 절차상 공정성이 훼손된다고 볼 수도 없다. 따라서 이 사건 법률조항은 공시송달로 기일통지를 받은 당사자의 대립당사자가 가지는 효율적이고 공정한 재판을 받을 권리를 침해하지 아니한다(헌재 2013.3.21, 2012헌바128).

⑤ [×] 이 사건 법률조항에 의하여 학교법인의 기본재산에 대한 강제경매절차에서 관할청의 허가가 없으면 경매가 개시되더라도 매각허가결정을 받을 수 없어 매각이 불허가되는 사태가 반복됨으로써 결과적으로 강제경매를 신청한 학교법인의 채권자나 경매절차를 통해 학교법인의 기본재산을 취득하려는 자들의 신속한 재판을 받을 권리가 일부 제한되고 있다. 하지만, 학교법인의 기본재산에 대한 강제경매의 경우에 학교법인의 전반적인 재정상태에 대해 파악하고 있는 관할청으로 하여금 사립학교법 제28조 제1항의 입법취지 등을 고려하여 그 허가 여부를 최종 결정하도록 함으로써 확보하려는 학교재정의 건전화라는 공익상의 필요가 학교법인의 채권자가 입는 절차의 지연이라는 희생보다 더 크고, 학교법인의 채권자 등으로서는 학교법인의 정관이나 재산목록을 열람하여 이 사건 법률조항으로 인한 불측의 손해를 어느 정도 예방할 수 있다고 보여지므로, 위와 같은 제한이 필요한 정도를 넘는 과도한 제한이라고 보기는 어렵다. 따라서 이 사건 법률조항은 학교법인의 채권자 등의 신속한 재판을 권리를 침해하지 아니한다(헌재 2012.2.23, 2011헌바14).

정답 | 17 ② 18 ②

19 청구권적 기본권에 대한 설명으로 옳지 않은 것은? (다툼이 있는 경우 헌법재판소 판례에 의함) 22. 국회직 8급

① 재판청구기간에 관한 입법자의 재량과 관련하여 제소기간 또는 불복기간을 너무 짧게 정하여 재판을 제기하거나 불복하는 것을 사실상 불가능하게 하거나 합리적인 이유로 정당화될 수 없는 방법으로 이를 어렵게 한다면 재판청구권은 사실상 형해화될 수 있으므로, 이러한 점에서 입법형성권의 한계가 있다.

② 지방공무원이 면직처분에 대해 불복할 경우 소청심사청구기간을 처분사유 설명서 교부일부터 30일 이내로 정한 것은 일반행정심판 청구기간 또는 행정소송 제기기간인 처분이 있음을 안 날부터 90일 보다 짧기는 하나, 지방공무원의 권리구제를 위한 재판청구권의 행사를 불가능하게 하거나 형해화한다고 볼 수는 없다.

③ 직권면직처분을 받은 지방공무원이 그에 대해 불복할 경우 행정소송의 제기에 앞서 반드시 소청심사를 거치도록 규정한 것은 재판청구권을 침해하거나 평등원칙에 위반된다고 볼 수 없다.

④ 입법자는 행정심판을 통한 권리구제의 실효성, 행정청에 의한 자기 시정의 개연성, 문제되는 행정처분의 특수성 등을 고려하여 행정심판을 임의적 전치절차로 할 것인지, 아니면 필요적 전치절차로 할 것인지를 결정할 입법형성권을 가지고 있다.

⑤ 재판청구권과 같은 절차적 기본권은 원칙적으로 제도적 보장의 성격이 강하기 때문에, 자유권적 기본권 등 다른 기본권의 경우와 비교하여 볼 때 상대적으로 광범위한 입법형성권이 인정되므로, 관련 법률에 대한 위헌심사기준은 과잉금지원칙이 적용된다.

해설

⑤ [×] 재판청구권과 같은 절차적 기본권은 원칙적으로 제도적 보장의 성격이 강하기 때문에, 자유권적 기본권 등 다른 기본권의 경우와 비교하여 볼 때 상대적으로 광범위한 입법형성권이 인정되므로, 관련 법률에 대한 위헌심사기준은 합리성원칙 내지 자의금지원칙이 적용된다(헌재 2005.5.26, 2003헌가7).

① [O] 재판을 청구할 수 있는 기간 또는 재판에 불복할 수 있는 기간을 정하는 것 역시 입법자가 그 입법형성재량에 기초한 정책적 판단에 따라 결정할 문제라고 할 것이고 그것이 입법부에 주어진 합리적인 재량의 한계를 일탈하지 아니하는 한 위헌이라고 할 수 없다. 다만, 이러한 입법재량도 제소기간 또는 불복기간을 너무 짧게 정하여 재판을 제기하거나 불복하는 것을 사실상 불가능하게 하거나 합리적인 이유로 정당화될 수 없는 방법으로 이를 어렵게 한다면 재판청구권은 사실상 형해화될 수 있으므로, 이러한 점에서 입법형성권의 한계가 있다(헌재 2013.10.24, 2012헌바428).

② [O] 이 사건 청구기간 조항이 일반행정심판 청구기간 또는 행정소송 제기기간인 처분이 있음을 안 날부터 90일보다 짧기는 하나, 지방공무원법에 어떤 경우에 임용권자가 직권으로 면직처분을 할 수 있는지 구체적으로 규정(지방공무원법 제62조 제1항)하고 있을 뿐만 아니라 실제로 면직처분 등을 하는 경우에는 당해 공무원에게 그 처분사유를 적은 설명서를 교부하도록 하고 있다(지방공무원법 제67조 제1항). 따라서 당해 처분의 당사자로서는 그 설명서를 받는 즉시 자신이 면직처분 등을 받은 이유 등을 상세히 알 수 있고, 30일이면 그 면직처분을 소청심사 등을 통해 다툴지 여부를 충분히 숙고할 수 있다고 할 것이어서 처분사유 설명서 교부일부터 30일 이내 소청심사를 청구하도록 한 것이 지나치게 짧아 청구인의 권리구제를 위한 재판청구권의 행사를 불가능하게 하거나 형해화한다고 볼 수 없으므로 이 사건 청구기간 조항은 청구인의 재판청구권을 침해하지 아니한다(헌재 2015.3.26, 2013헌바186).

③ [O] 직권면직처분을 받은 지방공무원이 그에 대해 불복할 경우 행정소송의 제기에 앞서 반드시 소청심사를 거치도록 규정한 것은 행정기관 내부의 인사행정에 관한 전문성 반영, 행정기관의 자율적 통제, 신속성 추구라는 행정심판의 목적에 부합한다. 소청심사제도에도 심사위원의 자격요건이 엄격히 정해져 있고, 임기와 신분이 보장되어 있는 등 독립성과 공정성이 확보되어 있으며, 증거조사절차나 결정절차 등 심리절차에 있어서도 사법절차가 상당 부분 준용되고 있다. 나아가 소청심사위원회의 결정기간은 엄격히 제한되어 있고, 행정심판전치주의에 대해 다양한 예외가 인정되고 있으며, 행정심판의 전치요건은 행정소송 제기 이전에 반드시 갖추어야 하는 것은 아니어서 전치요건을 구비하면서도 행정소송의 신속한 진행을 동시에 꾀할 수 있으므로, 이 사건 필요적 전치조항은 입법형성의 한계를 벗어나 재판청구권을 침해하거나 평등원칙에 위반된다고 볼 수 없다(헌재 2015.3.26, 2013헌바186).

④ [O] 입법자는 행정심판을 통한 권리구제의 실효성, 행정청에 의한 자기 시정의 개연성, 문제되는 행정처분의 특수성 등을 고려하여 행정심판을 임의적 전치절차로 할 것인지, 아니면 필요적 전치절차로 할 것인지를 결정할 입법형성권을 가지고 있다(헌재 2007.1.17, 2005헌바86).

20 재판청구권에 관한 다음 설명 중 가장 옳지 않은 것은? (다툼이 있는 경우 헌법재판소 결정 및 대법원 판례에 의함)

22. 법원직 9급

① 군인이 상관의 지시나 명령에 대하여 재판청구권을 행사하는 경우에 그것이 위법·위헌인 지시와 명령을 시정하려는 데 목적이 있을 뿐, 군 내부의 상명하복관계를 파괴하고 명령불복종 수단으로서 재판청구권의 외형만을 빌리거나 그 밖에 다른 불순한 의도가 있지 않다면, 정당한 기본권의 행사이므로 군인의 복종의무를 위반하였다고 볼 수 없다.

② 특허법이 규정하고 있는 30일의 제소기간은 90일의 제소기간을 규정하고 있는 행정소송법에 비하여 지나치게 짧아 특허무효심결에 대하여 소송으로 다투고자 하는 당사자의 재판청구권 행사를 불가능하게 하거나 현저히 곤란하게 하여 헌법에 위반된다.

③ 법정소동죄 등을 규정한 형법 제138조에서의 '법원의 재판'에 헌법의 규정에 따라 헌법재판소가 담당하게 된 '헌법재판'도 포함된다.

④ 헌법 제27조 제1항의 재판청구권은 법적 분쟁의 해결을 가능하게 하는 적어도 한번의 권리구제절차가 개설될 것을 요청할 뿐 아니라 그를 넘어서 소송절차의 형성에 있어서 실효성 있는 권리보호를 제공하기 위하여 그에 필요한 절차적 요건을 갖출 것을 요청한다.

해설

② [×] 특허권의 효력 여부에 대한 분쟁은 신속히 확정할 필요가 있는 점, 특허무효심판에 대한 심결은 특허법이 열거하고 있는 무효사유에 대해 특허법이 정한 방법과 절차에 따라 청구인과 특허권자가 다툰 후 심결의 이유를 기재한 서면에 의하여 이루어지는 것이므로, 당사자가 그 심결에 대하여 불복할 것인지를 결정하고 이를 준비하는 데 그리 많은 시간이 필요하지 않은 점, 특허법은 심판장으로 하여금 30일의 제소기간에 부가기간을 정할 수 있도록 하고 있고, 제소기간 도과에 대하여 추후보완이 허용되기도 하는 점 등을 종합하여 보면, 이 사건 제소기간 조항이 정하고 있는 30일의 제소기간이 지나치게 짧아 특허무효심결에 대하여 소송으로 다투고자 하는 당사자의 재판청구권 행사를 불가능하게 하거나 현저히 곤란하게 한다고 할 수 없으므로, 재판청구권을 침해하지 아니한다(헌재 2018.8.30, 2017헌바258).

① [O] 종래 군인이 상관의 지시나 명령에 대하여 사법심사를 청구하는 행위를 무조건 하극상이나 항명으로 여겨 극도의 거부감을 보이는 태도 역시 모든 국가권력에 대하여 사법심사를 허용하는 법치국가의 원리에 반하는 것으로 마땅히 배격되어야 한다. 따라서 군인이 상관의 지시나 명령에 대하여 재판청구권을 행사하는 경우에 그것이 위법·위헌인 지시와 명령을 시정하려는 데 목적이 있을 뿐, 군 내부의 상명하복관계를 파괴하고 명령불복종 수단으로서 재판청구권의 외형만을 빌리거나 그 밖에 다른 불순한 의도가 있지 않다면, 정당한 기본권의 행사이므로 군인의 복종의무를 위반하였다고 볼 수 없다(대판 2018.3.22, 2012두26401).

③ [O] 법원의 재판 또는 국회의 심의를 방해 또는 위협할 목적으로 법정이나 국회회의장 또는 그 부근에서 모욕 또는 소동한 자를 처벌하는 형법 제138조(이하 '본조'라고 한다)의 규정은, 법원 혹은 국회라는 국가기관을 보호하기 위한 것이 아니라 법원의 재판기능 및 국회의 심의기능을 보호하기 위하여 마련된 것으로, 제정 당시 그 입법경위를 살펴보면 행정기관의 일상적인 행정업무와 차별화되는 위 각 기능의 중요성 및 신성성에도 불구하고 경찰력 등 자체적 권력집행수단을 갖추지 못한 국가기관의 한계에서 생길 수 있는 재판 및 입법기능에 대한 보호의 흠결을 보완하기 위한 것임을 알 수 있다. 이와 같은 본조의 보호법익 및 입법 취지에 비추어 볼 때 헌법재판소의 헌법재판기능을 본조의 적용대상에서 제외하는 해석이 입법의 의도라고는 보기 어렵다. 본조 제정 당시 헌법재판소가 설치되어 있지 않았고 오히려 당시 헌법재판의 핵심적 부분인 위헌법률심사 기능을 맡은 헌법위원회가 헌법상 법원의 장에 함께 규정되어 있었으며 탄핵심판 기능을 맡은 탄핵재판소 역시 본조의 적용대상인 국회의 장에 함께 규정되어 있었고, 더 나아가 1962년 제3공화국 헌법에서는 위헌법률심사와 정당해산심판 기능이 대법원 관장사항으로 규정되기까지 한 사정도 이를 뒷받침한다. 이는 본조의 적용대상으로 규정한 법원의 '재판기능'에 '헌법재판기능'이 포함된다고 보는 것이 입법 취지나 문언의 통상적인 의미에 보다 충실한 해석임을 나타낸다(대판 2021.8.26, 2020도12017).

④ [O] 헌법 제27조 제1항은 권리구제절차에 관한 구체적 형성을 완전히 입법자의 형성권에 맡기지는 않는다. 입법자가 단지 법원에 제소할 수 있는 형식적인 권리나 이론적인 가능성만을 제공할 뿐 권리구제의 실효성이 보장되지 않는다면 권리구제절차의 개설은 사실상 무의미할 수 있다. 그러므로 재판청구권은 법적 분쟁의 해결을 가능하게 하는 적어도 한번의 권리구제절차가 개설될 것을 요청할 뿐 아니라 그를 넘어서 소송절차의 형성에 있어서 실효성있는 권리보호를 제공하기 위하여 그에 필요한 절차적 요건을 갖출 것을 요청한다. 비록 재판절차가 국민에게 개설되어 있다 하더라도, 절차적 규정들에 의하여 법원에의 접근이 합리적인 이유로 정당화될 수 없는 방법으로 어렵게 된다면, 재판청구권은 사실상 형해화될 수 있으므로, 바로 여기에 입법형성권의 한계가 있다(헌재 2002.10.31, 2001헌바40).

정답 | 19 ⑤ 20 ②

21 재판청구권에 대한 설명으로 가장 적절하지 않은 것은? (다툼이 있는 경우 헌법재판소 판례에 의함)

22. 경찰간부

① 사법보좌관의 지급명령에 대한 이의신청기간을 2주 이내로 규정한 민사소송법 조항은 재판청구권을 침해한다.

② 특허무효심결에 대한 소(訴)는 심결의 등본을 송달받은 날로부터 30일 이내에 제기하도록 규정한 특허법 조항은 재판청구권을 침해하지 않는다.

③ 국가배상사건인 당해사건 확정판결에 대해 헌법재판소 위헌결정을 이유로 한 재심의 소를 제기할 경우 재심제기기간을 재심사유를 안 날부터 30일 이내로 한 헌법재판소법 조항은 재판청구권을 침해하지 않는다.

④ 즉시항고 제기기간을 3일로 제한하고 있는 형사소송법 조항은 재판청구권을 침해한다.

해설

① [×] 재판을 청구할 수 있는 기간을 정하는 것은 입법자가 그 입법형성재량에 기초한 정책적 판단에 따라 결정할 문제이고 합리적인 재량의 한계를 일탈하지 아니하는 한 위헌이라고 판단할 것은 아니다. … 사법보좌관의 처분에 대하여는 법원조직법에서 법관에게 이의신청을 할 수 있음을 명시하고 있고, 사법보좌관규칙에서 그 이의절차에 관하여 상세히 규정하고 있는바, 이를 통해 법관에 의한 사실확정과 법률의 해석·적용의 기회를 보장하고 있다. … 이러한 사정들을 종합하면, 사법보좌관의 지급명령에 대한 2주의 이의신청기간이 지나치게 짧아 입법재량의 한계를 일탈함으로써 재판청구권을 침해한다고 할 수 없다(헌재 2020.12.23, 2019헌바353).

② [O] 특허권의 효력 여부에 대한 분쟁은 신속히 확정할 필요가 있는 점, 특허무효심판에 대한 심결은 특허법이 열거하고 있는 무효사유에 대해 특허법이 정한 방법과 절차에 따라 청구인과 특허권자가 다툰 후 심결의 이유를 기재한 서면에 의하여 이루어지는 것이므로, 당사자가 그 심결에 대하여 불복할 것인지를 결정하고 이를 준비하는 데 그리 많은 시간이 필요하지 않은 점, 특허법은 심판장으로 하여금 30일의 제소기간에 부가기간을 정할 수 있도록 하고 있고, 제소기간 도과에 대하여 추후보완이 허용되기도 하는 점 등을 종합하여 보면, 이 사건 제소기간 조항이 정하고 있는 30일의 제소기간이 지나치게 짧아 특허무효심결에 대하여 소송으로 다투고자 하는 당사자의 재판청구권 행사를 불가능하게 하거나 현저히 곤란하게 한다고 할 수 없으므로, 재판청구권을 침해하지 아니한다(헌재 2018.8.30, 2017헌바258).

③ [O] 재심에 있어 제소기간을 둘 것인가 등은 확정판결에 대한 법적 안정성, 재판의 신속·적정성 등을 고려하여 결정하여야 할 입법정책의 문제로, 위헌결정을 이유로 한 재심의 소에서 재심제기기간을 둔 것이 입법형성권을 현저히 일탈하였다고 볼 수 없다. 그리고 위헌결정을 받은 당사자는 스스로 재심사유가 있음을 충분히 알거나 알 수 있는 점, 위헌결정을 이유로 한 재심의 소를 제기하기 위하여 관련 기록이나 증거를 면밀히 검토할 필요가 크지 않은 점, 30일의 재심제기기간은 불변기간이어서 추후보완이 허용되는 점 등을 종합하면, 재심사유가 있음을 안 날로 30일이라는 재심제기기간이 재심청구를 현저히 곤란하게 하거나 사실상 불가능하게 할 정도로 짧다고 보기도 어렵다. 심판대상조항은 재판청구권을 침해하지 않는다(헌재 2020.9.24, 2019헌바130).

④ [O] 형사재판절차의 당사자가 직접 또는 다른 사람의 도움을 받아 인편으로 법원에 즉시항고장을 제출하기 어려운 상황은 얼마든지 발생할 수 있고, 교도소 또는 구치소에 있는 피고인에게 적용되는 형사소송법 제344조의 재소자 특칙 규정은 개별적으로 준용규정이 있는 경우에만 그 적용을 받게 되며, 형사소송법상의 법정기간 연장조항이나 상소권회복청구 조항들만으로는 3일이라는 지나치게 짧은 즉시항고 제기기간의 도과를 보완하기에 미흡하다. 나아가 민사소송, 민사집행, 행정소송, 형사보상절차 등의 즉시항고기간 1주나, 외국의 입법례와 비교하더라도 3일이라는 제기기간은 지나치게 짧다. 즉시항고 자체가 형사소송법상 명문의 규정이 있는 경우에만 허용되므로 기간 연장으로 인한 폐해가 크다고 볼 수도 없는 점 등을 고려하면, 심판대상조항은 즉시항고 제도를 단지 형식적이고 이론적인 권리로서만 기능하게 함으로써 헌법상 재판청구권을 공허하게 하므로 입법재량의 한계를 일탈하여 재판청구권을 침해하는 규정이다(헌재 2018.12.27, 2015헌바77).

22 대한민국의 과거사 정리 과업과 관련한 기본권 침해 여부에 대해 가장 적절하지 않은 것은? (다툼이 있는 경우 헌법재판소 판례에 의함)

22. 경찰간부

① 특수임무수행 등으로 인하여 입은 피해에 대해 특수임무수행자보상심의회의 보상금 등 지급결정에 대해 동의한 때에는 재판상 화해가 성립된다고 보는 특수임무수행자 보상에 관한 법률상 조항은 재판청구권을 침해한다.

② 5·18 민주화운동 보상심의위원회의 보상금지급결정에 동의하면 정신적 손해에 관한 부분도 재판상 화해가 성립된 것으로 보는 구 광주민주화운동 관련자 보상에 관한 법률상 조항은 국가배상청구권을 침해한다.

③ 진실·화해를 위한 과거사 정리 기본법상 민간인 집단희생사건, 중대한 인권침해·조작의혹사건에 민법상 소멸시효 조항의 객관적 기산점이 적용되도록 하는 것은 청구인들의 국가배상청구권을 침해한다.

④ 부마민주항쟁을 이유로 30일 미만 구금된 자를 보상금 또는 생활지원금의 지급대상에서 제외하는 부마민주항쟁 관련자의 명예훼손 및 보상 등에 관한 법률상 조항은 청구인의 평등권을 침해한다.

해설

① [×] 보상금 수급권에 관한 구체적인 사항을 정하는 것은 광범위한 입법재량의 영역에 속한다. 보상법상의 위원회는 국무총리 소속으로 관련분야의 전문가들로 구성되고, 임기가 보장되며 제3자성 및 독립성이 보장되어 있는 점, 위원회심의절차의 공정성·신중성이 충분히 갖추어져있는 점, 보상금은 보상법 및 시행령에서 정하는 기준에 따라 그 금액이 확정되는 것으로서 위원회에서 결정되는 보상액과 법원의 그것 사이에 별 다른 차이가 없게 되는 점, 청구인이보상금 지급결정에 대한 동의 여부를 자유롭게 선택할 수 있는 상황에서 보상금 지급결정에 동의한 다음 보상금까지 수령한 점까지 감안하여볼 때, 이 사건 법률조항으로 인하여 재심절차 이외에는 더 이상 재판을 청구할 수 있는 길이 막히게 된다고 하더라도, 위 법률조항이 입법재량을 벗어나 청구인의 재판청구권을 과도하게 제한하였다고 보기는 어렵다(헌재 2011.2.24, 2010헌바199).

④ [×] 이 사건 생활지원금 조항은 부마민주항쟁을 이유로 30일 이상 구금된 자, 부마민주항쟁과 관련하여 상이를 입은 자 또는 질병을 앓고 있는 자로서 그 정도가 경미하여 보상금을 받지 못한 자, 재직기간 1년 이상인 해직자 및 그 유족에 대하여 생활을 보조하기 위한 지원금을 지급할 수 있도록 하고 있다. 그런데 위에서 본 바와 같이 생활지원금을 비롯한 부마항쟁보상법상 보상금 등은 배·보상 외에 사회보장적 성격도 가지고 있는바, 국가는 관련자의 경제활동이나 사회생활에 미치는 영향, 생활정도 등을 고려하여 지급대상자와 지원금의 액수를 정하여 지급할 수 있으므로 위와 같은 요건을 갖춘 자들에 한하여 생활지원금을 지급할 수 있도록 하는 것이 불합리하다고 보기는 어렵다. 이상의 점을 종합하여 보면, 심판대상조항이 30일 미만 구금된 자와 유죄판결을 받은 자로서 '관련자' 결정을 받은 자를 보상금과 생활지원금의 지급대상에 포함시키지 않았다고 하더라도, 그 차별이 현저하게 불합리하거나 자의적인 차별이라고 보기 어렵다. 따라서 심판대상조항은 청구인의 평등권을 침해하지 않는다(헌재 2019.4.11, 2016헌마418).

② [O] 5·18보상법 및 같은 법 시행령의 관련조항을 살펴보면 정신적 손해배상에 상응하는 항목은 존재하지 아니하고, 보상심의위원회가 보상금 등 항목을 산정함에 있어 정신적 손해를 고려할 수 있다는 내용도 발견되지 아니한다. 그럼에도 불구하고 심판대상조항은 정신적 손해에 대해 적절한 배상이 이루어지지 않은 상태에서, 5·18민주화운동과 관련하여 사망하거나 행방불명된 자 및 상이를 입은 자 또는 그 유족이 적극적·소극적 손해의 배상에 상응하는 보상금 등 지급결정에 동의하였다는 사정만으로 재판상 화해의 성립을 간주하고 있다. 이는 국가배상청구권에 대한 과도한 제한이고, 해당 손해에 대한 적절한 배상이 이루어졌음을 전제로 하여 국가배상청구권 행사를 제한하려 한 5·18보상법의 입법목적에도 부합하지 않는다. 따라서 이 조항이 5·18보상법상 보상금 등의 성격과 중첩되지 않는 정신적 손해에 대한 국가배상청구권의 행사까지 금지하는 것은 국가배상청구권을 침해한다(헌재 2021.5.27, 2019헌가17).

③ [O] 국가가 소속 공무원들의 조직적 관여를 통해 불법적으로 민간인을 집단 희생시키거나 장기간의 불법구금·고문 등에 의한 허위자백으로 유죄판결을 하고 사후에도 조작·은폐를 통해 진상규명을 저해하였음에도 불구하고, 그 불법행위 시점을 소멸시효의 기산점으로 삼는 것은 피해자와 가해자 보호의 균형을 도모하는 것으로 보기 어렵고, 발생한 손해의 공평·타당한 분담이라는 손해배상제도의 지도원리에도 부합하지 않는다. 그러므로 과거사정리법 제2조 제1항 제3, 4호에 규정된 사건에 민법 제166조 제1항, 제766조 제2항의 '객관적 기산점'이 적용되도록 하는 것은 합리적 이유가 인정되지 않는다. 결국, 민법 제166조 제1항, 제766조 제2항의 객관적 기산점을 과거사정리법 제2조 제1항 제3, 4호의 민간인 집단희생사건, 중대한 인권침해·조작의혹사건에 적용하도록 규정하는 것은, 소멸시효제도를 통한 법적 안정성과 가해자 보호만을 지나치게 중시한 나머지 합리적 이유 없이 위 사건 유형에 관한 국가배상청구권 보장 필요성을 외면한 것으로서 입법형성의 한계를 일탈하여 청구인들의 국가배상청구권을 침해한다(헌재 2018.8.30, 2014헌바148 등).

정답 | 21 ① 22 ①④[복수정답]

23 재판청구권에 관한 다음 설명 중 가장 옳지 않은 것은? (다툼이 있는 경우 대법원 판례 및 헌법재판소 결정에 의함. 이하 같음)

22. 법무사

① 법관에 의한 재판을 받을 권리를 보장한다고 함은 법관이 사실을 확정하고 법률을 해석·적용하는 재판을 받을 권리를 보장한다는 뜻이고, 그와 같은 법관에 의한 사실확정과 법률의 해석·적용의 기회에 접근하기 어렵도록 제약이나 장벽을 쌓아서는 아니 된다.

② 재판청구권은 재판이라는 국가적 행위를 청구할 수 있는 적극적 측면과 헌법과 법률이 정한 법관이 아닌 자에 의한 재판이나 법률에 의하지 아니한 재판을 받지 아니하는 소극적 측면을 아울러 가지고 있다.

③ 법원이 직권으로 치료감호를 선고할 수 있는지 여부는 재판청구권의 적극적 측면은 물론 소극적 측면에도 해당하지 않는다. 따라서 '피고인 스스로 치료감호를 청구할 수 있는 권리' 뿐만 아니라 '법원으로부터 직권으로 치료감호를 선고받을 수 있는 권리'는 헌법상 재판청구권의 보호범위에 포함된다고 보기 어렵다.

④ 헌법에 '공정한 재판'에 관한 명문의 규정은 없지만, 재판청구권이 국민에게 효율적인 권리보호를 제공하기 위해서는 법원에 의한 재판이 공정하여야 할 것임은 당연하므로 '공정한 재판을 받을 권리'는 헌법 제27조의 재판청구권에 의하여 함께 보장된다고 보아야 한다.

⑤ 재판에 대한 불복기간의 제한은 입법자가 상소심의 구조와 성격 등을 고려하여 결정할 입법재량의 문제이므로, 즉시항고 제기기간에 관하여 민사소송법은 1주로 규정하고 있음에도 형사소송법이 그 절반 가량인 3일로 규정한 것은 상대적으로 신속한 확정이 필요한 형사재판의 특성을 반영한 것으로서 그 차별취급에 합리적 이유가 있다.

해설

⑤ [×] 형사재판절차의 당사자가 직접 또는 다른 사람의 도움을 받아 인편으로 법원에 즉시항고장을 제출하기 어려운 상황은 얼마든지 발생할 수 있고, 교도소 또는 구치소에 있는 피고인에게 적용되는 형사소송법 제344조의 재소자 특칙 규정은 개별적으로 준용규정이 있는 경우에만 그 적용을 받게 되며, 형사소송법상의 법정기간 연장조항이나 상소권회복청구 조항들만으로는 3일이라는 지나치게 짧은 즉시항고 제기기간의 도과를 보완하기에 미흡하다. 나아가 민사소송, 민사집행, 행정소송, 형사보상절차 등의 즉시항고기간 1주나, 외국의 입법례와 비교하더라도 3일이라는 제기기간은 지나치게 짧다. 즉시항고 자체가 형사소송법상 명문의 규정이 있는 경우에만 허용되므로 기간 연장으로 인한 폐해가 크다고 볼 수도 없는 점 등을 고려하면, 심판대상조항은 즉시항고 제도를 단지 형식적이고 이론적인 권리로서만 기능하게 함으로써 헌법상 재판청구권을 공허하게 하므로 입법재량의 한계를 일탈하여 재판청구권을 침해하는 규정이다(헌재 2018.12.27, 2015헌바77).

① [O] 법관에 의한 재판을 받을 권리를 보장한다고 함은 법관이 사실을 확정하고 법률을 해석·적용하는 재판을 받을 권리를 보장한다는 뜻이고, 그와 같은 법관에 의한 사실확정과 법률의 해석·적용의 기회에 접근하기 어렵도록 제약이나 장벽을 쌓아서는 아니 되며, 만일 그러한 보장이 제대로 이루어지지 아니한다면 헌법상 보장된 재판을 받을 권리의 본질적 내용을 침해하는 것으로서 우리 헌법상 허용되지 아니한다(헌재 2000.6.29, 99헌가9).

② [O] 헌법 제27조 제1항은 "모든 국민은 헌법과 법률이 정한 법관에 의하여 법률에 의한 재판을 받을 권리를 가진다."라고 하여 법률에 의한 재판과 법관에 의한 재판을 받을 권리를 보장하고 있다. 재판청구권은 재판이라는 국가적 행위를 청구할 수 있는 적극적 측면과 헌법과 법률이 정한 법관이 아닌 자에 의한 재판이나 법률에 의하지 아니한 재판을 받지 아니하는 소극적 측면을 아울러 가지고 있다(헌재 1998.5.28, 96헌바4).

③ [O] '피고인 스스로 치료감호를 청구할 수 있는 권리'가 헌법상 재판청구권의 보호범위에 포함된다고 보기는 어렵고, 검사뿐만 아니라 피고인에게까지 치료감호 청구권을 주어야만 절차의 적법성이 담보되는 것도 아니므로, 치료감호 청구권자를 검사로 한정한 이 사건 법률조항이 청구인의 재판청구권을 침해하거나 적법절차의 원칙에 반한다고 볼 수 없다(헌재 2010.4.29, 2008헌마622).

④ [O] 헌법에 '공정한 재판'에 관한 명문의 규정은 없지만 재판청구권이 국민에게 효율적인 권리보호를 제공하기 위해서는, 법원에 의한 재판이 공정하여야만 할 것은 당연한 전제이므로 '공정한 재판을 받을 권리'는 헌법 제27조의 재판청구권에 의하여 함께 보장된다(헌재 2013.3.21, 2011헌바219).

24 재판청구권에 대한 설명으로 옳은 것은? (다툼이 있는 경우 판례에 의함)

22. 국가직 7급

① 정식재판 청구기간을 약식명령의 고지를 받은 날로부터 7일 이내로 정하고 있는 형사소송법 조항은 합리적인 입법재량의 범위를 벗어나 약식명령 피고인의 재판청구권을 침해한다.

② 항소심 확정판결에 대한 재심소장에 붙일 인지액을 항소장에 붙일 인지액과 같게 정한 민사소송 등 인지법 조항은 항소심 확정판결에 대해서 재심을 청구하는 사람의 재판청구권을 침해하지 아니한다.

③ 헌법 제27조 제1항이 규정하는 '법률에 의한' 재판청구권을 보장하기 위해서는 입법자에 의한 재판청구권의 구체적 형성이 불가피하므로 입법자의 광범위한 입법재량이 인정되며, 그러한 입법을 함에 있어서 헌법 제37조 제2항의 비례의 원칙은 적용되지 않는다.

④ 심리불속행 상고기각판결의 경우 판결이유를 생략할 수 있도록 규정한 상고심절차에 관한 특례법 조항은 재판의 본질에 반하여 당사자의 재판청구권을 침해한다.

해설

② [O] 항소심 확정판결에 대한 재심을 청구하는 사람에 대하여, 소송 목적의 값에 비례하여 계산한 제1심 소장에 붙여야 할 인지액에 1.5를 곱한 값의 인지를 붙이도록 하는 것은 재판유상주의, 재판 업무의 완성도와 효율성 보장, 확정판결의 법적 안정성 보장을 위해 적합한 수단이다. 인지상한제와 같은 방법으로 인지액을 일률적으로 낮추면 재판유상주의가 후퇴하고, 반드시 필요하지 않는 소송이 늘어나 재판업무의 완성도나 효율성이 떨어질 위험이 있고, 확정판결의 법적 안정성이 후퇴될 우려도 있다. 심판대상조항은 인지액 산정의 기초가 되는 제1심 인지액 자체를 정하는 비율을 낮게 정하고 있고, 개정 전 조항에 비해 항소심 가중치도 낮추었으며, 재심에 대해 특별한 가중치를 부여하지도 않는다. 아울러 법원이 소송구조제도를 통해 인지액을 납부할 경제적 능력이 부족한 사람들을 구제할 수 있다는 점을 고려하면 심판대상조항은 침해의 최소성원칙에 위반되지 않는다(헌재 2017.8.31, 2016헌바447).

① [×] 약식명령에 대하여 단기의 불복기간을 설정한 것은, 경미하고 간이한 사건들을 신속하게 처리하게 함으로써 사법자원의 효율적인 배분을 통하여 국민의 재판청구권을 충실하게 보장하고자 하는 것으로서 그 합리성이 인정된다. 형사 입건된 피의자로서는 수사 및 재판에 관한 서류를 정확하게 송달받을 수 있도록 스스로 조치하여야 하므로, 입법자가 그러한 전제 하에 불복기간을 정하였더라도 입법재량을 현저하게 일탈하였다고 할 수 없다. 또한 정식재판청구서에는 불복의 이유를 따로 기재할 필요가 없으므로 약식명령에 대한 불복 여부의 결정에 많은 시간과 노력이 소요된다고 보기도 어렵다. 따라서 이 사건 법률조항이 합리적인 입법재량의 범위를 벗어나 약식명령 피고인의 재판청구권을 침해한다고 볼 수 없다(헌재 2013.10.24, 2012헌바428).

③ [×] 재판청구권을 보장하기 위해서는 입법자에 의한 재판청구권의 구체적 형성이 불가피하므로 입법자의 광범위한 입법재량이 인정되기는 하나, 그러한 입법을 함에 있어서는 비록 완화된 의미에서일지언정 헌법 제37조 제2항의 비례의 원칙은 준수되어야 한다. 특히, 당해 입법이 단지 법원에 제소할 수 있는 형식적인 권리나 이론적인 가능성만을 허용하는 것이어서는 아니되고, 상당한 정도로 권리구제의 실효성이 보장되도록 하는 것이어야 할 것이다(헌재 2001.6.28, 2000헌바77).

☑ 비교 판례

> 국민이 재판을 통하여 권리보호를 받기 위해서는 그 전에 최소한 법원조직법에 의하여 법원이 설립되고 민사소송법 등 절차법에 의하여 재판관할이 확정되는 등 입법자에 의한 재판청구권의 구체적 형성이 불가피하므로, 재판청구권에 대해서는 입법자의 입법재량이 인정된다. 특히 이 사건 법률조항은 기피신청에 대한 결정을 하는 법원의 직분관할을 정한 규정으로서, 관할을 배분하는 문제는 기본적으로 입법형성권을 가진 입법자가 사법정책을 고려하여 결정할 사항이고, 기피신청권 자체가 법률에 의하여 구체적으로 형성되는 권리라는 점에서 완화된 심사기준이 적용될 필요가 있다(헌재 2013.3.21, 2011헌바219).

④ [×] 심리불속행제도와 관련된 상고심절차에 관한 특례법 제4조 제1항은 비록 국민의 재판청구권을 제약하고 있기는 하지만 상고심재판을 받을 수 있는 객관적 기준을 정함에 있어 개별적 사건에서의 권리구제보다 법령해석의 통일을 더 우위에 둔 규정으로서 그 합리성이 있다고 할 것이므로 헌법에 위반되지 아니한다(헌재 2012.5.31, 2010헌마625).

정답 | 23 ⑤ 24 ②

25 재판을 받을 권리에 대한 설명으로 옳지 않은 것은? (다툼이 있는 경우 판례에 의함) 23. 입법고시

① 검사가 보관하고 있는 서류에 대하여 법원의 열람·등사 허용 결정이 있었음에도 검사가 청구인에 대한 형사사건과의 관련성을 부정하면서 해당 서류의 열람·등사를 허용하지 아니한 행위는 신속하고 공정한 재판을 받을 권리를 침해한다.

② 형사피고인은 상당한 이유가 없는 한 지체없이 공개재판을 받을 권리를 가진다.

③ 재심도 재판절차 중의 하나이므로 재심청구권은 헌법 제27조에서 규정한 재판을 받을 권리에 당연히 포함된다.

④ 국민참여재판을 받을 권리는 헌법이 보장하는 재판을 받을 권리의 보호범위에 속하지 않는다.

⑤ 재판을 받을 권리에는 민사재판, 형사재판, 행정재판뿐 아니라 헌법재판도 포함된다.

해설

③ [×] 재심은 확정판결에 대한 특별한 불복방법이고, 확정판결에 대한 법적 안정성의 요청은 미확정판결에 대한 그것보다 훨씬 크다고 할 것이므로 재심을 청구할 권리가 헌법 제27조에서 규정한 재판을 받을 권리에 당연히 포함된다고 할 수 없고, 심판대상법조항에 의한 재심청구의 혜택은 일정한 적법요건하에 헌법재판소법 제68조 제2항에 의한 헌법소원을 청구하여 인용된 자에게는 누구에게나 일반적으로 인정되는 것이고, 헌법소원청구의 기회가 규범적으로 균등하게 보장되어 있기 때문에, 심판대상법조항이 헌법재판소법 제68조 제2항에 의한 헌법소원을 청구하여 인용결정을 받지 않은 사람에게는 재심의 기회를 부여하지 않는다고 하여 청구인의 재판청구권이나 평등권, 재산권과 행복추구권을 침해하였다고는 볼 수 없다(헌재 2000.6.29, 99헌바66 등).

① [O] 법원의 열람·등사 허용 결정에도 불구하고 검사가 이를 신속하게 이행하지 아니하는 경우에는 해당 증인 및 서류 등을 증거로 신청할 수 없는 불이익을 받는 것에 그치는 것이 아니라, 그러한 검사의 거부행위는 피고인의 열람·등사권을 침해하고, 나아가 피고인의 신속·공정한 재판을 받을 권리 및 변호인의 조력을 받을 권리까지 침해하게 되는 것이다(헌재 2010.6.24, 2009헌마257).

② [O] 헌법 제27조 제3항에 대한 옳은 내용이다.

> 헌법 제27조 ③ 모든 국민은 신속한 재판을 받을 권리를 가진다. 형사피고인은 상당한 이유가 없는 한 지체없이 공개재판을 받을 권리를 가진다.

④ [O] 청구인은 심판대상조항이 청구인의 재판받을 권리를 침해한다고 주장하나, 헌법 제27조 제1항의 재판을 받을 권리는 신분이 보장되고 독립된 법관에 의한 재판의 보장을 주된 내용으로 하므로 국민참여재판을 받을 권리는 헌법 제27조 제1항에서 규정하는 재판 받을 권리의 보호범위에 속하지 아니한다(헌재 2015.7.30, 2014헌바447).

⑤ [O] 그런데 재판청구권에는 민사재판, 형사재판, 행정재판뿐만 아니라 헌법재판을 받을 권리도 포함되므로, 헌법상 보장되는 기본권인 '공정한 재판을 받을 권리'에는 '공정한 헌법재판을 받을 권리'도 포함된다(헌재 2014.4.24, 2012헌마2).

26 재판청구권에 대한 설명으로 가장 적절한 것은? (다툼이 있는 경우 헌법재판소 판례에 의함) 23. 경찰간부

① 범죄인인도법 제3조가 법원의 범죄인인도심사를 서울고등법원의 전속관할로 하고 그 심사결정에 대한 불복절차를 인정하지 않은 것은 재판청구권을 침해한다.

② '피고인 스스로 치료감호를 청구할 수 있는 권리'뿐만 아니라 '법원으로부터 직권으로 치료감호를 선고받을 수 있는 권리'는 헌법상 재판청구권의 보호범위에 포함된다.

③ 행정심판이 재판의 전심절차로서 기능할 뿐만 아니라 사실확정에 관한 한 사실상 최종심으로 기능하더라도 재판청구권을 침해하는 것은 아니다.

④ 국세기본법 해당 조항 중 주세법 규정에 따른 의제주류판매업면허의 취소처분에 대하여 필요적 행정심판전치주의를 채택한 것이 재판청구권을 침해하는 것은 아니다.

해설

④ [O] 주세법에 따른 의제주류판매업면허취소처분에 대한 불복절차에 관하여는, 주류의 특성, 주류의 제조 및 유통과정에 대한 지식과 주세법의 관련 내용, 주류의 제조 · 유통과정에서 부과되는 각종 조세에 관한 관련법령의 내용 등을 감안하여야 하는 전문성과 기술성이 요구되고, 대량 · 반복적으로 이루어지는 주류판매업면허 및 그 취소처분에 관한 행정의 통일성을 기하여야 하므로, 행정소송 전에 먼저 행정심판을 거치게 하는 것이 적절하다. 국세기본법은 행정심판청구에 관한 심의 · 결정을 하는 준사법기관인 조세심판원의 지위와 심판의 공정성을 확보하기 위한 내용들과 대심적 심리구조 등 심판청구인의 절차적 권리보장에 관한 내용을 규정하고 있으므로, 행정심판절차는 권리구제절차로서의 실효성을 가지고 있다. 나아가 행정심판 전치요건은 행정소송 제기 이전에 반드시 갖추어야 하는 것은 아니고 사실심 변론종결 시까지 갖추면 되므로, 전치요건을 구비하면서도 행정소송의 신속한 진행을 동시에 꾀할 수 있다. 따라서 심판대상조항이 재판청구권을 침해한다고 할 수 없다(헌재 2016.12.29, 2015헌바229).

① [×] 범죄인인도법 제3조가 법원의 범죄인인도심사를 서울고등법원의 전속관할로 하고 그 심사결정에 대한 불복절차를 인정하지 않은 것은 적법절차원칙에 위배하거나, 재판청구권 등을 침해한 것으로 볼 수 없다(헌재 2003.1.30, 2001헌바95).

② [×] '피고인 스스로 치료감호를 청구할 수 있는 권리'가 헌법상 재판청구권의 보호범위에 포함된다고 보기는 어렵고, 검사뿐만 아니라 피고인에게까지 치료감호 청구권을 주어야만 절차의 적법성이 담보되는 것도 아니므로, 이 사건 법률조항이 청구인의 재판청구권을 침해하거나 적법절차의 원칙에 반한다고 볼 수 없다(헌재 2010.4.29, 2008헌마622).

③ [×] 변호사법 제100조 제4항 내지 제6항은 행정심판에 불과한 법무부변호사징계위원회의 결정에 대하여 법원의 사실적 측면과 법률적 측면에 대한 심사를 배제하고 대법원으로 하여금 변호사징계사건의 최종심 및 법률심으로서 단지 법률적 측면의 심사만을 할 수 있도록 하고 재판의 전심절차로서만 기능해야 할 법무부변호사징계위원회를 사실확정에 관한 한 사실상 최종심으로 기능하게 하고 있으므로, 일체의 법률적 쟁송에 대한 재판기능을 대법원을 최고법원으로 하는 법원에 속하도록 규정하고 있는 헌법 제101조 제1항 및 재판의 전심절차로서 행정심판을 두도록 하는 헌법 제107조 제3항에 위반된다(헌재 2002.2.28, 2001헌가18).

▶ 행정심판이 재판의 전심절차로서 기능할 뿐만 아니라 사실확정에 관한 한 사실상 최종심으로 기능하면 재판청구권을 침해하는 것이다.

27 다음 설명 중 가장 옳지 않은 것은? (다툼이 있는 경우 헌법재판소 결정 및 대법원 판례에 의함) 23. 법원직

① 헌법재판소는 국민참여재판을 받을 권리도 헌법 제27조 제1항에서 규정한 재판을 받을 권리의 보호범위에 속한다고 보고 있다.

② 헌법은 피고인의 반대신문권을 미국이나 일본과 같이 헌법상의 기본권으로까지 규정하지는 않았으나, 형사소송법은 제161조의2에서 피고인의 반대신문권을 포함한 교호신문권을 명문으로 규정하여 피고인에게 불리한 증거에 대하여 반대신문할 수 있는 권리를 원칙적으로 보장하고 있는바, 이는 헌법 제12조 제1항, 제27조 제1항, 제3항 및 제4항에 의한 공정한 재판을 받을 권리를 구현한 것이다.

③ 국가보안법위반죄로 구속기소된 청구인의 변호인이 청구인의 변론준비를 위하여 피청구인인 검사에게 그가 보관 중인 수사기록일체에 대한 열람 · 등사신청을 하였으나 피청구인은 국가기밀의 누설이나 증거인멸, 증인협박, 사생활침해의 우려 등 정당한 사유를 밝히지 아니한 채 이를 전부 거부한 것은 청구인의 신속 · 공정한 재판을 받을 권리와 변호인의 조력을 받을 권리를 침해하는 것으로 헌법에 위반된다 할 것이다.

④ 상고심에서 재판을 받을 권리를 헌법상 명문화한 규정이 없는 이상, 헌법 제27조에서 규정한 재판을 받을 권리에 모든 사건에 대해 상고심 재판을 받을 권리까지도 포함된다고 단정할 수 없고, 모든 사건에 대해 획일적으로 상고할 수 있게 할지 여부는 입법재량의 문제라고 할 것이므로 소액사건심판법 제3조가 소액사건에 대하여 상고의 이유를 제한하였다고 하여 그것만으로 재판청구권을 침해하였다고 볼 수 없다.

해설

① [×] 우리 헌법상 헌법과 법률이 정한 법관에 의한 재판을 받을 권리는 직업법관에 의한 재판을 주된 내용으로 하는 것이므로 국민참여재판을 받을 권리가 헌법 제27조 제1항에서 규정한 재판을 받을 권리의 보호범위에 속한다고 볼 수 없다(헌재 2009.11.26, 2008헌바12).

정답 | 25 ③ 26 ④ 27 ①

② [O] 헌법은 피고인의 반대신문권을 미국이나 일본과 같이 헌법상의 기본권으로까지 규정하지는 않았으나, 형사소송법은 제161조의2에서 피고인의 반대신문권을 포함한 교호신문권을 명문으로 규정하여 피고인에게 불리한 증거에 대하여 반대신문할 수 있는 권리를 원칙적으로 보장하고 있는바, 이는 헌법 제12조 제1항, 제27조 제1항, 제3항 및 제4항에 의한 공정한 재판을 받을 권리를 구현한 것이다(헌재 1994.4.28, 93헌바26).

③ [O] 청구인의 변호인 김선수가 1994.3.21. 국가보안법위반죄로 구속기소된 청구인의 변론준비를 위하여 같은 달 22. 피청구인에게 한 서울지방검찰청 1994년 형제19005호 사건 수사기록 일체에 대한 열람·등사신청에 대하여 같은 달 26. 국가기밀의 누설이나 증거인멸, 증인협박, 사생활침해의 우려 등 정당한 사유를 밝히지 아니한 채 피청구인이 이를 거부한 것은 청구인의 신속하고 공정한 재판을 받을 권리와 변호인의 조력을 받을 권리를 침해한 것으로서 위헌이라 할 것이다(헌재 1997.11.27, 94헌마60).

④ [O] 모든 국민에게 상고심의 재판을 받을 권리를 보장하는 헌법상의 명문규정을 두지 아니하고 상고의 허용 여부를 법률이 정하는 바에 따르도록 한 우리의 법제하에서는 헌법 제27조에서 규정한 재판을 받을 권리에 상고법원의 구성법관에 의한, 상고심절차에 의한 재판을 받을 권리까지도 포함된다고 할 수는 없다. 따라서 특별한 사정이 없는 한, 모든 사건에 대하여 획일적으로 상고할 수 있게 하느냐 않느냐의 여부는 입법재량의 문제라고 할 것이므로 소액사건심판법 제3조가 소액사건에 대하여 상고의 이유를 제한하였다고 하여 그것만으로 재판청구권을 침해하였다고 볼 수 없다(대판 2004.8.20, 2003카기33).

28 다음 설명 중 가장 옳지 않은 것은? (다툼이 있는 경우 헌법재판소 결정 및 대법원 판례에 의함) 23. 법원직

① 근로자의 날을 관공서의 공휴일에 포함시키지 않은 '관공서의 공휴일에 관한 규정' 제2조 본문은 공무원의 평등권을 침해하지 않는다.

② 공무원연금법에서 유족급여수급권의 대상을 19세 미만의 자녀로 한정한 것은 19세 이상 자녀들의 재산권과 평등권을 침해하지 않는다.

③ 사법보좌관에게 민사소송법에 따른 독촉절차에서의 법원의 사무를 처리할 수 있도록 규정한 법원조직법 제54조 제2항 제1호 중 '민사소송법에 따른 독촉절차에서의 법원의 사무'에 관한 부분은 법관에 의한 재판받을 권리를 침해하지 않는다.

④ 사법보좌관의 지급명령에 대한 이의신청 기간을 2주 이내로 규정한 민사소송법 제470조 제1항 중 '사법보좌관의 지급명령'에 관한 부분은 재판청구권을 침해한다.

해설

④ [×] 민사소송법에 따른 독촉절차에서의 지급명령은 대한민국에서 채무자에게 공시송달 외의 방법으로 송달할 수 있는 경우에 한하여 허용되고, 채무자에게 송달이 이루어진 경우에만 원칙적으로 그 효력이 인정된다. 즉, 채무자가 지급명령신청서를 확인할 수 있는 상태에 있음을 전제로 그때부터 이의신청 기간을 기산하는 것이다. 더욱이 민사소송법상 이의신청 방법에 관한 특별한 규정이 없으므로 서면뿐만 아니라 구두로도 이의가 가능하고, 불복의 이유나 방어방법을 구체적으로 밝힐 필요도 없다. 이의신청에는 인지를 붙이지 아니하고, 송달료도 납부할 필요가 없다. 이러한 사정들을 종합하면, 사법보좌관의 지급명령에 대한 2주의 이의신청 기간이 지나치게 짧아 입법재량의 한계를 일탈함으로써 재판청구권을 침해한다고 할 수 없다(헌재 2020.12.23, 2019헌바353).

① [O] 심판대상조항이 근로자의 날을 공무원의 유급휴일로 규정하지 않았다고 하여 일반근로자에 비해 현저하게 부당하거나 합리성이 결여되어 있다고 보기 어려우므로, 헌법재판소의 위 선례의 입장은 그대로 타당하고, 심판대상조항은 청구인들의 평등권을 침해한다고 볼 수 없다(헌재 2022.8.31, 2020헌마1025).

② [O] 유족급여수급권은 공무원의 사망이라는 위험에 대비하여 그 유족의 생활안정과 복지향상을 도모하기 위한 사회보장적 급여의 성격을 가지므로 입법자는 구체적인 내용을 형성함에 있어서 국가의 재정능력과 전반적인 사회보장수준, 국민 전체의 소득 및 생활수준, 그 밖의 여러 가지 사회적·경제적 여건 등을 종합하여 합리적인 수준에서 결정할 수 있는 광범위한 형성의 자유를 가진다. 따라서 입법자가 연령과 장애 상태를 독자적 생계유지가능성의 판단기준으로 삼아 대통령령이 정하는 정도의 장애 상태에 있지 아니한 19세 이상의 자녀를 유족의 범위에서 제외하였음을 들어 유족급여수급권의 본질적 내용을 침해하였다거나 입법형성권의 범위를 벗어났다고 보기 어렵다(헌재 2019.11.28, 2018헌바335).

③ [O] 이 사건 법원조직법 조항은 사법보좌관의 처분에 대하여는 법원조직법에서 법관에게 이의신청을 할 수 있음을 명시하고 있고, 사법보좌관규칙에서 그 이의절차에 관하여 상세히 규정하고 있는바, 이를 통해 법관에 의한 사실확정과 법률의 해석·적용의 기회를 보장하고 있다. 나아가 법원조직법 및 사법보좌관규칙 등에서 전문성과 능력을 갖춘 사법보좌관을 선발할 수 있도록 객관적인 선발자격 및 절차에 관하여 규정하고 있고, 사법보좌관에 관한 법관의 구체적 감독권, 사법보좌관에 대한 제척·기피·회피절차 등 사법보좌관의 공정성과 중립성을 확보할 수 있는 여러 보장 장치를 마련하고 있다. 따라서 이 사건 법원조직법 조항이 입법재량권의 한계를 벗어난 자의적인 입법으로 법관에 의한 재판받을 권리를 침해한다고 할 수 없다(헌재 2020.12.23, 2019헌바353).

29 재판청구권에 관한 헌법 제27조의 규정으로 옳고 그름의 표시(O, ×)가 바르게 된 것은? 23. 경찰 2차

㉠ 모든 국민은 법률이 정한 법관에 의하여 공개재판을 받을 권리를 가진다.
㉡ 군인 또는 군무원이 아닌 국민은 대한민국의 영역 안에서는 중대한 군사상 기밀 · 초병 · 초소 · 유독음식물공급 · 포로 · 군용물에 관한 죄 중 법률이 정한 경우와 계엄, 긴급명령이 선포된 경우를 제외하고는 군사법원의 재판을 받지 아니한다.
㉢ 모든 국민은 신속한 재판을 받을 권리를 가진다. 형사피고인은 정당한 이유가 없는 한 지체없이 공정한 재판을 받을 권리를 가진다.
㉣ 형사피고인은 유죄의 판결이 확정될 때까지는 무죄로 추정된다.

	㉠	㉡	㉢	㉣
①	○	○	○	×
②	×	○	×	○
③	○	×	○	○
④	×	×	×	○

해설

㉠ [×] '헌법과 법률이 정한'이며, 공개재판을 받을 수 있는 권리는 모든 국민이 아닌 형사피고인에게 유보된다.

> 헌법 제27조 ① 모든 국민은 헌법과 법률이 정한 법관에 의하여 법률에 의한 재판을 받을 권리를 가진다.
> ③ 모든 국민은 신속한 재판을 받을 권리를 가진다. 형사피고인은 상당한 이유가 없는 한 지체없이 공개재판을 받을 권리를 가진다.

㉡ [×] 군사법원의 재판을 받지 않는 경우에 경비계엄과 긴급명령은 없고 비상계엄만 있다.

> 헌법 제27조 ② 군인 또는 군무원이 아닌 국민은 대한민국의 영역 안에서는 중대한 군사상 기밀 · 초병 · 초소 · 유독음식물공급 · 포로 · 군용물에 관한 죄 중 법률이 정한 경우와 비상계엄이 선포된 경우를 제외하고는 군사법원의 재판을 받지 아니한다.

㉢ [×] 공정한 재판은 헌법상 규정은 없으며, 형사피고인에게는 공개재판을 받을 권리가 유보된다.

> 헌법 제27조 ③ 모든 국민은 신속한 재판을 받을 권리를 가진다. 형사피고인은 상당한 이유가 없는 한 지체없이 공개재판을 받을 권리를 가진다.

㉣ [O]

> 헌법 제27조 ④ 형사피고인은 유죄의 판결이 확정될 때까지는 무죄로 추정된다.

정답 | 28 ④ 29 ④

30 다음 설명 중 가장 옳지 않은 것은? (다툼이 있는 경우 헌법재판소 결정 및 대법원 판례에 의함) 23. 법원직

① 소액사건은 소액사건심판법이 절차의 신속성과 경제성에 중점을 두어 규정한 심리절차의 특칙에 따라 소송당사자가 소송절차를 남용할 가능성이 다른 민사사건에 비하여 크다고 할 수 있는바, 소송기록에 의하여 청구가 이유 없음이 명백한 때 법원이 변론 없이 청구를 기각할 수 있도록 규정한 소액사건심판법 조항은 소액사건에서 남소를 방지하고 이러한 소송을 신속히 종결하고자 필요적 변론 원칙의 예외를 규정한 것이므로 재판청구권의 본질적 내용을 침해한다고 볼 수 없다.

② 이해관계인에 대한 매각기일 및 매각결정기일의 통지는 집행기록에 표시된 이해관계인의 주소에 발송하도록 한 민사집행법 제104조 제3항의 이해관계인 중 '민사집행법 제90조 제3호의 등기부에 기입된 부동산 위의 권리자'에 관한 부분은 재판청구권을 침해한다.

③ 간이기각제도는 형사소송절차의 신속성이라는 공익을 달성하는 데 필요하고 적절한 방법으로써 즉시항고에 의한 불복도 가능하므로, 소송의 지연을 목적으로 함이 명백한 기피신청의 경우 그 신청을 받은 법원 또는 법관이 결정으로 기각할 수 있도록 한 형사소송법 제20조 제1항은 공정한 재판을 받을 권리를 침해하지 아니한다.

④ '사형, 무기 또는 10년 이상의 징역이나 금고가 선고된 사건'에 한하여 중대한 사실오인 또는 양형부당을 이유로 한 상고를 허용한 형사소송법(1963.12.13. 법률 제1500호로 개정된 것) 제383조 제4호는 재판청구권을 침해하지 아니한다.

해설

② [×] 이해관계인에 대한 매각기일 및 매각결정기일의 통지는 집행기록에 표시된 이해관계인의 주소에 발송하도록 한 민사집행법 제104조 제3항의 이해관계인 중 '등기부에 기입된 부동산 위의 권리자'에 관한 부분은 법률유보원칙에 위반되지 아니한다. … 심판대상조항은 포괄위임금지원칙에 위반되지 아니한다. … 따라서 심판대상조항은 재판청구권을 침해하지 아니한다(헌재 2021.4.29, 2017헌바390).

① [O] 소액사건은 소액사건심판법이 절차의 신속성과 경제성에 중점을 두어 규정한 심리절차의 특칙에 따라 구술에 의한 소의 제기가 가능하고 배우자 또는 직계혈족 등이 법원의 허가 없이도 소송대리인이 될 수 있으며, 시·군법원의 관할에 해당하여 법원에 대한 접근성이 강화되어 있는바, 이와 같이 소송절차에 편의적인 규정에 따라 소송절차를 남용할 가능성이 다른 민사사건에 비하여 크다고 할 수 있다. … 심판대상조항은 남소를 방지하고 이러한 소송을 신속히 종결하고자 필요적 변론 원칙의 예외를 규정한 것이다. 이러한 사정들을 고려하여 보면, 심판대상조항이 재판청구권의 본질적 내용을 침해한다고 볼 수 없다(헌재 2021.6.24, 2019헌바133).

③ [O] 간이기각제도는 형사소송절차의 신속성이라는 공익을 달성하는 데 필요하고 적절한 방법으로써 즉시항고에 의한 불복도 가능하므로, 심판대상조항은 공정한 재판을 받을 권리를 침해하지 아니한다(헌재 2021.2.25, 2019헌바551).

④ [O] 한정된 사법자원을 효율적으로 분배하고 상고심 재판의 법률심 기능을 제고할 필요성이 있고, 당사자는 제1심과 제2심에서 사실오인이나 양형부당을 다툴 충분한 기회를 부여받고 있으므로, 심판대상조항은 입법형성권의 범위 내에 있어 재판청구권을 침해하지 아니한다(헌재 2020.7.16, 2020헌바14).

31 재판을 받을 권리에 관한 설명 중 가장 적절하지 않은 것은? (다툼이 있는 경우 판례에 의함) 24. 경정승진

① 공정한 재판을 받을 권리는 헌법 제27조의 재판청구권에 의하여 함께 보장되고, 재판청구권에는 민사재판, 형사재판, 행정재판뿐만 아니라 헌법재판을 받을 권리도 포함되므로, 헌법상 보장되는 기본권인 '공정한 재판을 받을 권리'에는 '공정한 헌법재판을 받을 권리'도 포함된다.

② 헌법이 대법원을 최고법원으로 규정하고 있다는 점과 함께 절차법이 정한 절차에 따라 실체법이 정한 내용대로 재판을 받을 권리를 보장하고자 하는 헌법 제27조의 취지에서 본다면, 재판청구권에는 대법원이 모든 사건을 상고심으로서 관할하여야 한다는 결론을 당연히 도출할 수 있다.

③ 헌법 제27조 제1항이 보장하는 공정한 재판을 받을 권리에는 공격, 방어권이 충분히 보장되는 재판을 받을 권리가 포함되어 있지만, 외국에 나가 증거를 수집할 권리까지 포함되는 것은 아니다.

④ 신속한 재판을 받을 권리의 실현을 위해서는 구체적인 입법형성이 필요하며, 다른 사법절차적 기본권에 비하여 폭넓은 입법재량이 허용되므로, 법률에 의한 구체적 형성없이는 신속한 재판을 위한 어떤 직접적이고 구체적인 청구권이 발생하지 아니한다.

해설

② [×] 헌법이 위와 같이 대법원을 최고법원으로 규정하였다고 하여 곧바로 대법원이 모든 사건을 상고심으로서 관할하여야 한다는 결론이 당연히 도출되는 것은 아니다. 헌법 제102조 제3항에 따라 법률로 정할 "대법원과 각급 법원의 조직"에는 그 관할에 관한 사항도 포함되며, 따라서 대법원이 어떤 사건을 제1심으로서 또는 상고심으로서 관할할 것인지는 법률로 정할 수 있는 것으로 보아야 하기 때문이다(헌재 1995.1.20, 90헌바1).

① [O] 공정한 재판을 받을 권리는 헌법 제27조의 재판청구권에 의하여 함께 보장되고, 재판청구권에는 민사재판, 형사재판, 행정재판뿐만 아니라 헌법재판을 받을 권리도 포함되므로, 헌법상 보장되는 기본권인 '공정한 재판을 받을 권리'에는 '공정한 헌법재판을 받을 권리'도 포함된다(헌재 2014.4.24, 2012헌마2).

③ [O] 헌법 제27조 제1항이 보장하는 공정한 재판을 받을 권리에는 당사자주의와 구두변론주의가 보장되어 당사자가 공소사실에 대한 답변과 입증 및 반증을 하는 등 공격, 방어권이 충분히 보장되는 재판을 받을 권리가 포함되어 있다. 청구인은 심판대상조항이 외국에 유리한 증거가 있는 피고인의 증거수집과 제출을 어렵게 하여 방어권을 제한함으로써 공정한 재판을 받을 권리를 침해한다는 취지로 주장한다. 그러나 심판대상조항은 법무부장관으로 하여금 피고인의 출국을 금지할 수 있도록 하는 것일 뿐 피고인의 공격·방어권 행사와 직접 관련이 있다고 할 수 없고, 공정한 재판을 받을 권리에 외국에 나가 증거를 수집할 권리가 포함된다고 보기도 어렵다(헌재 2015.9.24, 2012헌바302).

④ [O] 헌법 제27조 제3항 제1문은 "모든 국민은 신속한 재판을 받을 권리를 가진다"라고 규정하고 있다. 그러나 신속한 재판을 받을 권리의 실현을 위해서는 구체적인 입법형성이 필요하며, 다른 사법절차적 기본권에 비하여 폭넓은 입법재량이 허용된다. 특히 신속한 재판을 위해서 적정한 판결선고기일을 정하는 것은 법률상 쟁점의 난이도, 개별사건의 특수상황, 접수된 사건량 등 여러 가지 요소를 복합적으로 고려하여 결정되어야 할 사항인데, 이때 관할 법원에게는 광범위한 재량권이 부여된다. 따라서 법률에 의한 구체적 형성 없이는 신속한 재판을 위한 어떤 직접적이고 구체적인 청구권이 발생하지 아니한다(헌재 1999.9.16, 98헌마75).

정답 | 30 ② 31 ②

제3절 | 국가배상청구권

01 다음 설명 중 가장 옳지 않은 것은?

24. 법원직

① 국가배상법 제2조 소정의 "공무원"이라 함은 국가공무원법이나 지방공무원법에 의하여 공무원으로서의 신분을 가진 자에 국한하지 않고, 널리 공무를 위탁받아 실질적으로 공무에 종사하고 있는 일체의 자를 가리키는 것이라고 봄이 상당하다.

② 헌법재판소는 헌법 제28조는 형사보상청구권의 내용을 법률에 의해 구체화하도록 규정하고 있으므로 형사보상법에서 형사보상청구의 제척기간을 1년의 단기로 규정하거나, 형사보상의 청구에 대한 보상의 결정에 불복을 할 수 없도록 하여 단심재판으로 규정한 것은 형사보상청구권을 침해하는 것이 아니라고 보았다.

③ 대법원은 국회의원의 입법행위는 그 입법 내용이 헌법의 문언에 명백히 위반됨에도 불구하고 국회가 굳이 당해 입법을 한 것과 같은 특수한 경우가 아닌 한 국가배상법 제2조 제1항 소정의 위법행위에 해당된다고 볼 수 없다고 보았다.

④ 대법원은 국가 또는 지방자치단체라 할지라도 공권력의 행사가 아니고 단순한 사경제의 주체로 활동하였을 경우에는 그 손해배상책임에 국가배상법이 적용될 수 없고 민법상의 사용자책임 등이 인정된다고 보고 있다.

해설

② [×] 1. 형사보상청구에 제척기간을 설정한 것 자체가 헌법에 위반된다는 것이 아니고, 그 기간을 정함에 있어 형사피고인이 무죄재판을 알았는지 여부를 고려하지 아니하고 일률적으로 '무죄재판이 확정된 때로부터' 제척기간을 기산하게 하고, 그 기간조차 '1년'이라는 단기의 권리행사기간을 규정하였다는 점이 헌법에 위반된다(헌재 2010.7.29, 2008헌가4).
2. 보상액의 산정에 기초되는 사실인정이나 보상액에 관한 판단에서 오류나 불합리성이 발견되는 경우에도 그 시정을 구하는 불복신청을 할 수 없도록 하는 것은 형사보상청구권 및 그 실현을 위한 기본권으로서의 재판청구권의 본질적 내용을 침해하는 것이라 할 것이고, … 이 사건 불복금지조항은 형사보상청구권 및 재판청구권을 침해한다(헌재 2010.10.28, 2008헌마514 등).

① [O] 국가배상법 제2조 소정의 '공무원'이라 함은 국가공무원법이나 지방공무원법에 의하여 공무원으로서의 신분을 가진 자에 국한하지 않고, 널리 공무를 위탁받아 실질적으로 공무에 종사하고 있는 일체의 자를 가리키는 것으로서, 공무의 위탁이 일시적이고 한정적인 사항에 관한 활동을 위한 것이어도 달리 볼 것은 아니다(대판 2001.1.5, 98다39060).

③ [O] 국회의원은 입법에 관하여 원칙적으로 국민 전체에 대한 관계에서 정치적 책임을 질 뿐 국민 개개인의 권리에 대응하여 법적 의무를 지는 것은 아니므로, 국회의원의 입법행위는 그 입법 내용이 헌법의 문언에 명백히 위반됨에도 불구하고 국회가 굳이 당해 입법을 한 것과 같은 특수한 경우가 아닌 한 국가배상법 제2조 제1항 소정의 위법행위에 해당된다고 볼 수 없다(대판 1997.6.13, 96다56115).

④ [O] 국가 또는 지방자치단체라 할지라도 공권력의 행사가 아니고 단순한 사경제의 주체로 활동하였을 경우에는 그 손해배상책임에 국가배상법이 적용될 수 없고 민법상의 사용자책임 등이 인정되는 것이고 국가의 철도운행사업은 국가가 공권력의 행사로서 하는 것이 아니고 사경제적 작용이라 할 것이므로, 이로 인한 사고에 공무원이 관여하였다고 하더라도 국가배상법을 적용할 것이 아니고 일반 민법의 규정에 따라야 한다(대판 1997.7.22, 95다6991).

02 다음 국가배상청구권에 관한 설명 중 가장 옳지 않은 것은? (다툼이 있는 경우 판례에 의함) 24. 해경간부

① 국가배상법은 외국인이 피해자인 경우에는 해당 국가와 상호보증이 있을 때에만 국가배상법을 적용한다고 규정하고 있다.

② 지구심의회에서 배상신청이 기각된 신청인은 결정정본이 송달된 날부터 2주일 이내에 그 심의회를 거쳐 본부심의회나 특별심의회에 재심을 신청할 수 있으나, 지구심의회에서 배상신청이 각하된 신청인은 재심을 신청할 수 없다.

③ 공무원이 직무수행 중 불법행위로 타인에게 손해를 입힌 경우에 국가나 지방자치단체가 국가배상책임을 부담하는 외에 공무원 개인도 고의 또는 중과실이 있는 경우에는 불법행위로 인한 손해배상책임을 지지만, 공무원에게 경과실이 있을 뿐인 경우에는 공무원 개인은 불법행위로 인한 손해배상책임을 부담하지 아니한다.

④ 국가배상법은 법치국가원리에 따라 국가의 공권력 행사는 적법해야 함을 전제로 모든 공무원의 직무행위상 불법행위로 발생한 손해에 대해 국가가 책임지도록 규정한 것이므로, 동법 제2조(배상책임)의 의미와 목적을 살펴볼 때 법관과 다른 공무원은 본질적으로 다른 집단이라고 볼 수는 없다.

해설

② [×]

> 국가배상법 제15조의2【재심신청】① 지구심의회에서 배상신청이 기각(일부기각된 경우를 포함한다) 또는 각하된 신청인은 결정정본이 송달된 날부터 2주일 이내에 그 심의회를 거쳐 본부심의회나 특별심의회에 재심(再審)을 신청할 수 있다.

① [○]

> 국가배상법 제7조【외국인에 대한 책임】이 법은 외국인이 피해자인 경우에는 해당 국가와 상호 보증이 있을 때에만 적용한다.

③ [○] 공무원이 직무 수행 중 불법행위로 타인에게 손해를 입힌 경우에 국가나 지방자치단체가 국가배상책임을 부담하는 외에 공무원 개인도 고의 또는 중과실이 있는 경우에는 불법행위로 인한 손해배상책임을 지고, 공무원에게 경과실이 있을 뿐인 경우에는 공무원 개인은 불법행위로 인한 손해배상책임을 부담하지 아니하는데, 여기서 공무원의 중과실이란 공무원에게 통상 요구되는 정도의 상당한 주의를 하지 않더라도 약간의 주의를 한다면 손쉽게 위법·유해한 결과를 예견할 수 있는 경우임에도 만연히 이를 간과함과 같은 거의 고의에 가까운 현저한 주의를 결여한 상태를 의미한다(대판 2011.9.8, 2011다34521).

④ [○] 국가배상법은 법치국가원리에 따라 국가의 공권력 행사는 적법해야 함을 전제로 모든 공무원의 직무행위상 불법행위로 발생한 손해에 대해 국가가 책임지도록 규정한 것이다. 이에 대한 예외는 헌법 제29조 제2항에 따른 국가배상법 제2조 제1항 단서의 경우뿐이다. 이러한 심판대상조항의 의미와 목적을 살펴볼 때 법관과 다른 공무원은 본질적으로 다른 집단이라고 볼 수는 없다(헌재 2021.7.15, 2020헌바1).

03 국가배상청구권에 대한 설명으로 가장 적절한 것은? (다툼이 있는 경우 판례에 의함) 21. 경찰승진

① 국가배상법에 따른 손해배상의 소송은 배상심의회에 배상신청을 하여야만 제기할 수 있다.

② 국가배상법에 소멸시효에 관한 규정을 두지 않고 소멸시효에 관해서는 민법 규정을 준용하도록 한 국가배상법 조항은 헌법에 위반되지 않는다.

③ 국가배상청구의 요건인 '공무원의 직무'에는 권력적 작용, 비권력적 작용 이외에 사경제주체의 활동도 포함된다.

④ 국가배상법상 소정의 '공무원'은 국가공무원과 지방공무원에 국한하고, 공무를 수탁받은 사인은 포함되지 않는다.

정답 | 01 ② 02 ② 03 ②

해설

② [O] 국가배상법에 소멸시효에 관한 규정을 두지 않고 소멸시효에 관해서는 민법 규정을 준용하도록 한 국가배상법 조항은 헌법에 위반되지 않는다.

① [×]

국가배상법 제9조【소송과 배상신청의 관계】이 법에 따른 손해배상의 소송은 배상심의회(이하 "심의회"라 한다)에 배상신청을 하지 아니하고도 제기할 수 있다.

③ [×] 국가배상법이 정한 배상청구의 요건인 '공무원의 직무'에는 권력적 작용만이 아니라 행정지도와 같은 비권력적 작용도 포함되며 단지 행정주체가 사경제주체로서 하는 활동만 제외된다(대판 1998.7.10, 96다38971).

④ [×] 국가배상법 제2조 소정의 '공무원'이라 함은 국가공무원법이나 지방공무원법에 의하여 공무원으로서의 신분을 가진 자에 국한하지 않고, 널리 공무를 위탁받아 실질적으로 공무에 종사하고 있는 일체의 자를 가리키는 것으로서, 공무의 위탁이 일시적이고 한정적인 사항에 관한 활동을 위한 것이어도 달리 볼 것은 아니다(대판 2001.1.5, 98다39060).

04 국가배상청구권에 관한 설명 중 가장 적절한 것은? (다툼이 있는 경우 판례에 의함)

22. 경찰 2차

① 구 국가배상법 제8조가 "국가 또는 지방자치단체의 손해배상책임에 관하여는 이 법의 규정에 의한 것을 제외하고는 민법의 규정에 의한다."고 규정하여, 소멸시효에 관하여 별도의 규정을 두지 아니함으로써 국가배상청구권에도 소멸시효에 관한 일반 민법 제766조가 적용되게 된 것은 입법자의 입법재량 범위를 벗어난 것으로 국가배상청구권의 본질적인 내용을 침해한다고 볼 수 있다.

② 당초 유효한 법률에 근거한 공무원의 직무집행이 사후에 그 근거가 되는 법률에 대한 헌법재판소의 위헌결정으로 위법하게 된 경우, 이에 이르는 과정에 있어 공무원의 고의, 과실을 어느 정도 인정할 수 있고, 그로써 국가의 청구인들에 대한 손해배상책임이 성립한다고 볼 수 있다.

③ 국가배상법 조항이 국가배상청구권의 성립요건으로서 공무원의 고의 또는 과실을 규정한 것은 법률로 이미 형성된 국가배상청구권의 행사 및 존속을 제한할 뿐만 아니라, 국가배상청구권의 내용을 새롭게 형성하는 것이라고 할 것이므로, 국가배상법 조항이 국가배상청구권의 성립요건으로서 공무원의 고의 또는 과실을 요구함으로써 무과실책임을 인정하지 않은 것은 입법형성의 범위를 벗어나 헌법 제29조에서 규정한 국가배상청구권을 침해한다.

④ 특수임무수행자는 보상금 등 산정과정에서 국가 행위의 불법성이나 구체적인 손해 항목 등을 주장·입증할 필요가 없고 특수임무수행자의 과실이 반영되지도 않으며, 국가배상청구에 상당한 시간과 비용이 소요되는 데 반해 보상금등 지급결정은 비교적 간이·신속한 점까지 고려하면, 특수임무수행자 보상에 관한 법률이 정한 보상금을 지급받는 것이 국가배상을 받는 것에 비해 일률적으로 과소 보상된다고 할 수 없으므로 국가배상청구권 또는 재판청구권을 침해한다고 보기 어렵다.

해설

④ [O] 특수임무수행자보상심의위원회는 위원 구성에 제3자성과 독립성이 보장되어 있고, 보상금 등 지급 심의절차의 공정성과 신중성이 갖추어져 있다. 특수임무수행자는 보상금 등 지급결정에 동의할 것인지 여부를 자유롭게 선택할 수 있으며, 보상금 등을 지급받을 경우 향후 재판상 청구를 할 수 없음을 명확히 고지받고 있다. 보상금 중 기본공로금은 채용·입대경위, 교육훈련여건, 특수임무종결일 이후의 처리사항 등을 고려하여 위원회가 정한 금액으로 지급되는데, 위원회는 음성적 모집 여부, 기본권 미보장 여부, 인권유린, 종결 후 사후관리 미흡 등을 참작하여 구체적인 액수를 정하므로, 여기에는 특수임무교육훈련에 관한 정신적 손해 배상 또는 보상에 해당하는 금원이 포함된다. 특수임무수행자는 보상금 등 산정과정에서 국가 행위의 불법성이나 구체적인 손해 항목 등을 주장·입증할 필요가 없고 특수임무수행자의 과실이 반영되지도 않으며, 국가배상청구에 상당한 시간과 비용이 소요되는 데 반해 보상금 등 지급결정은 비교적 간이·신속한 점까지 고려하면, 특임자보상법령이 정한 보상금 등을 지급받는 것이 국가배상을 받는 것에 비해 일률적으로 과소 보상된다고 할 수도 없다. 따라서 심판대상조항이 과잉금지원칙을 위반하여 국가배상청구권 또는 재판청구권을 침해한다고 보기 어렵다(헌재 2021.9.30, 2019헌가28).

① [×] 국가배상법 제8조가 '국가 또는 지방자치단체의 손해배상책임에 관하여는 이 법의 규정에 의한 것을 제외하고는 민법의 규정에 의한다. …'고 하고 소멸시효에 관하여 별도의 규정을 두고 아니함으로써 국가배상청구권에도 소멸시효에 관한 민법상의 규정인 민법 제766조가 적용되게 되었다 하더라도 이는 국가배상청구권의 성격과 책임의 본질, 소멸시효제도의 존재이유 등을 종합적으로 고려한 입법재량 범위 내에서의 입법자의 결단의 산물인 것으로 국가배상청구권의 본질적인 내용을 침해하는 것이라고는 볼 수 없고 기본권 제한에 있어서의 한계를 넘어서는 것이라고 볼 수도 없으므로 헌법에 위반되지 아니한다(헌재 1997.2.20, 96헌바24).

② [×] 일반적으로, 법률이 헌법에 위반된다는 사정은 헌법재판소의 위헌결정이 있기 전에는 객관적으로 명백한 것이라고 할 수 없으므로, 법률이 헌법에 위반되는지 여부를 심사할 권한이 없는 공무원으로서는 그 법률을 적용할 수밖에 없다. 따라서 법률에 근거한 공무원의 직무집행이 사후에 그 근거가 되는 법률에 대한 헌법재판소의 위헌결정으로 결과적으로 위법하게 되었다고 하더라도, 이에 이르는 과정에 있어서 공무원의 고의, 과실을 인정할 수는 없다(헌재 2008.4.24, 2006헌바72).

③ [×] 헌법 제29조 제1항 제1문은 '공무원의 직무상 불법행위'로 인한 국가 또는 공공단체의 책임을 규정하면서 제2문은 '이 경우 공무원 자신의 책임은 면제되지 아니한다'고 규정하여 헌법상 국가배상책임은 공무원의 책임을 일정 부분 전제하는 것으로 해석될 수 있고, 헌법 제29조 제1항에 법률유보 문구를 추가한 것은 국가재정을 고려하여 국가배상책임의 범위를 법률로 정하도록 한 것으로 해석된다. 공무원의 고의 또는 과실이 없는데도 국가배상을 인정할 경우 피해자 구제가 확대되기는 하겠지만 현실적으로 원활한 공무수행이 저해될 수 있어 이를 입법정책적으로 고려할 필요성이 있다. 외국의 경우에도 대부분 국가에서 국가배상책임에 공무수행자의 유책성을 요구하고 있으며, 최근에는 국가배상법상의 과실관념의 객관화, 조직과실의 인정, 과실 추정과 같은 논리를 통하여 되도록 피해자에 대한 구제의 폭을 넓히려는 추세에 있다. 이러한 점들을 고려할 때, 이 사건 법률조항이 국가배상청구권의 성립요건으로서 공무원의 고의 또는 과실을 규정한 것을 두고 입법형성의 범위를 벗어나 헌법 제29조에서 규정한 국가배상청구권을 침해한다고 보기는 어렵다(헌재 2015.4.30, 2013헌바395).

05 국가배상청구권에 대한 설명으로 가장 적절한 것은? (다툼이 있는 경우 판례에 의함)

23. 경찰간부

① 국가배상법에 따른 손해배상의 소송은 배상심의회에 배상신청을 하지 아니하면 제기할 수 없다.

② 5 · 18 민주화운동과 관련하여 사망하거나 행방불명된 자 및 상이를 입은 자 또는 그 유족이 적극적 · 소극적 손해의 배상에 상응하는 보상금 등 지급결정에 동의하였다는 사정만으로 재판상 화해의 성립을 간주하는 것은 국가배상청구권에 대한 과도한 제한이다.

③ 법관의 재판에 법령의 규정을 따르지 않은 잘못이 있다면 이로써 바로 그 재판상 직무행위가 국가배상법에서 말하는 위법한 행위로 되어 국가의 손해배상책임이 발생하는 것이다.

④ 행위의 근거가 된 법률조항에 대하여 위헌결정이 선고된 경우에는 위 법률조항에 따라 행위한 당해 공무원에게 고의 또는 과실이 있는 것이므로 국가배상책임이 성립한다.

해설

② [O] 5 · 18보상법 및 같은 법 시행령의 관련조항을 살펴보면 정신적 손해배상에 상응하는 항목은 존재하지 아니하고, 보상심의위원회가 보상금 등 항목을 산정함에 있어 정신적 손해를 고려할 수 있다는 내용도 발견되지 아니한다. 그럼에도 불구하고 심판대상조항은 정신적 손해에 대해 적절한 배상이 이루어지지 않은 상태에서, 5 · 18민주화운동과 관련하여 사망하거나 행방불명된 자 및 상이를 입은 자 또는 그 유족이 적극적 · 소극적 손해의 배상에 상응하는 보상금 등 지급결정에 동의하였다는 사정만으로 재판상 화해의 성립을 간주하고 있다. 이는 국가배상청구권에 대한 과도한 제한이고, 해당 손해에 대한 적절한 배상이 이루어졌음을 전제로 하여 국가배상청구권 행사를 제한하려 한 5 · 18보상법의 입법목적에도 부합하지 않는다. 따라서 이 조항이 5 · 18보상법상 보상금 등의 성격과 중첩되지 않는 정신적 손해에 대한 국가배상청구권의 행사까지 금지하는 것은 국가배상청구권을 침해한다(헌재 2021.5.27, 2019헌가17).

① [×] 국가배상법에 따른 손해배상의 소송은 배상심의회에 배상신청을 하지 아니하고도 제기할 수 있다.

> 국가배상법 제9조【소송과 배상신청의 관계】이 법에 따른 손해배상의 소송은 배상심의회(이하 "심의회"라 한다)에 배상신청을 하지 아니하고도 제기할 수 있다.

정답 | 04 ④ 05 ②

③ [×] 법관의 재판에 법령의 규정을 따르지 아니한 잘못이 있다 하더라도 이로써 바로 그 재판상 직무행위가 국가배상법 제2조 제1항에서 말하는 위법한 행위로 되어 국가의 손해배상책임이 발생하는 것은 아니고, 그 국가배상책임이 인정되려면 당해 법관이 위법 또는 부당한 목적을 가지고 재판을 하였다거나 법이 법관의 직무수행상 준수할 것을 요구하고 있는 기준을 현저하게 위반하는 등 법관이 그에게 부여된 권한의 취지에 명백히 어긋나게 이를 행사하였다고 인정할 만한 특별한 사정이 있어야 한다(대판 2003.7.11, 99다24218).

④ [×] 일반적으로 법률이 헌법에 위반된다는 사정은 헌법재판소의 위헌결정이 있기 전에는 객관적으로 명백한 것이라고 할 수 없어, 법률이 헌법에 위반되는지 여부를 심사할 권한이 없는 공무원으로서는 행위 당시의 법률에 따를 수밖에 없으므로, 행위의 근거가 된 법률조항에 대하여 위헌결정이 선고되더라도 위 법률조항에 따라 행위한 당해 공무원에게는 고의 또는 과실이 있다 할 수 없어 국가배상책임은 성립되지 아니한다(헌재 2014.4.24, 2011헌바56).

06 국가배상청구권에 관한 설명으로 가장 적절하지 않은 것은? (다툼이 있는 경우 판례에 의함)

23. 경찰 2차

① 군인 · 군무원 · 경찰공무원 기타 법률이 정하는 자가 전투 · 훈련등 직무집행과 관련하여 받은 손해에 대하여는 법률이 정하는 보상 외에 국가 또는 공공단체에 공무원의 직무상 불법행위로 인한 정당한 배상을 청구할 수 있다.

② 특수임무수행자 등이 보상금 등의 지급결정에 동의한 때에는 특수임무수행 또는 이와 관련한 교육훈련으로 입은 피해에 대하여 재판상 화해가 성립된 것으로 보는 특수임무수행자 보상에 관한 법률 제17조의2 가운데 특수임무수행 또는 이와 관련한 교육훈련으로 입은 피해 중 '정신적 손해'에 관한 부분이 과잉금지원칙을 위반하여 국가배상청구권을 침해한다고 보기 어렵다.

③ 국가배상청구권의 성립요건으로서 공무원의 고의 또는 과실을 규정함으로써 무과실책임을 인정하지 않은 국가배상법 조항이 입법자의 입법형성권의 자의적 행사로서 국가배상청구권을 침해한다고 볼 수 없다.

④ 국가배상법은 외국인이 피해자인 경우에는 해당 국가와 상호 보증이 있을 때에만 국가배상법을 적용한다고 규정하고 있다.

해설

① [×] 법률이 정하는 보상 외에 국가 또는 공공단체에 공무원의 직무상 불법행위로 인한 배상은 청구할 수 없다.

> 헌법 제29조 ② 군인 · 군무원 · 경찰공무원 기타 법률이 정하는 자가 전투 · 훈련등 직무집행과 관련하여 받은 손해에 대하여는 법률이 정하는 보상 외에 국가 또는 공공단체에 공무원의 직무상 불법행위로 인한 배상은 청구할 수 없다.

② [O] 특수임무수행자는 보상금등 산정과정에서 국가 행위의 불법성이나 구체적인 손해 항목 등을 주장 · 입증할 필요가 없고 특수임무수행자의 과실이 반영되지도 않으며, 국가배상청구에 상당한 시간과 비용이 소요되는 데 반해 보상금등 지급결정은 비교적 간이 · 신속한 점까지 고려하면, 특임자보상법령이 정한 보상금등을 지급받는 것이 국가배상을 받는 것에 비해 일률적으로 과소 보상된다고 할 수도 없다. 따라서 심판대상조항이 과잉금지원칙을 위반하여 국가배상청구권 또는 재판청구권을 침해한다고 보기 어렵다(헌재 2021.9.30, 2019헌가28).

③ [O] 국가배상책임의 본질에 관한 논의로부터 국가배상에 무과실책임이 포함되는지에 관한 결론이 필연적으로 도출되는 것은 아니고, 국가배상제도에 피해자 구제기능 및 손해분산기능이 있는 것 외에 제재기능 및 위법행위 억제기능도 있음이 일반적으로 인정되는 사정 등에 비추어 볼 때, 헌법상 국가배상책임은 공무원의 책임을 일정 부분 전제하는 것으로 해석할 수 있는 점, 헌법 제29조 제1항에 법률유보 문구를 추가한 것은 국가배상 관련 입법에 국가재정을 고려할 수 있게 한 것으로 해석할 수 있고, 공무원의 고의 또는 과실이 없는데도 국가배상을 인정하면 원활한 공무수행이 저해될 수 있음을 입법정책적으로 고려할 필요가 있는 점 등을 근거로, 심판대상조항이 국가배상청구권의 성립요건으로 공무원의 고의 또는 과실을 규정한 것을 두고 입법형성의 범위를 벗어나 헌법 제29조의 국가배상청구권을 침해하는 것으로 보기 어렵다(헌재 2015.4.30, 2013헌바395).

④ [O]

> 국가배상법 제7조 【외국인에 대한 책임】 이 법은 외국인이 피해자인 경우에는 해당 국가와 상호 보증이 있을 때에만 적용한다.

07 국가배상청구권에 관한 설명 중 옳은 것을 모두 고른 것은? (다툼이 있는 경우 판례에 의함) 24. 경정승진

> ㉠ 국가배상청구권의 성립요건으로서 공무원의 고의 또는 과실을 규정한 것은 원활한 공무집행을 위한 입법정책적 고려에 따라 법률로 이미 형성된 국가배상청구권의 행사 및 존속을 제한한 것이다.
> ㉡ 청구기간 내에 제기된 헌법소원심판청구 사건에서 헌법재판소 재판관이 청구기간을 오인하여 각하결정을 한 경우, 이에 대한 불복절차 내지 시정절차가 없는 때에는 국가배상책임을 인정할 수 있다.
> ㉢ 법률이 헌법에 위반되는지 여부를 심사할 권한이 없는 공무원으로서는 행위 당시의 법률에 따를 수밖에 없으므로, 행위의 근거가 된 법률조항에 대하여 행위 후에 위헌결정이 선고되더라도 위 법률조항에 따라 행위한 당해 공무원에게는 고의 또는 과실이 있다 할 수 없어 국가배상책임은 성립되지 아니한다.
> ㉣ 보상금 등의 지급결정에 동의한 때 "민주화운동과 관련하여 입은 피해"에 대해 재판상 화해의 성립을 간주하는 구 민주화운동 관련자 명예회복 및 보상 등에 관한 법률 조항은 적극적·소극적 손해에 관한 부분에 있어서는 민주화운동 관련자와 유족의 국가배상청구권을 침해하지 않는다.

① ㉠, ㉢　　② ㉡, ㉢
③ ㉠, ㉡, ㉣　　④ ㉡, ㉢, ㉣

해설

옳은 것은 ㉡, ㉢, ㉣이다.

㉠ [×] 심판대상조항이 국가배상청구권의 성립요건으로서 공무원의 고의 또는 과실을 규정한 것은 법률로 이미 형성된 국가배상청구권의 행사 및 존속을 제한한다고 보기보다는 국가배상청구권의 내용을 형성하는 것이라고 할 것이므로, 헌법상 국가배상제도의 정신에 부합하게 국가배상청구권을 형성하였는지의 관점에서 심사하여야 한다. … 이 사건 법률조항이 국가배상청구권의 성립요건으로서 공무원의 고의 또는 과실을 규정한 것을 두고 입법형성의 범위를 벗어나 헌법 제29조에서 규정한 국가배상청구권을 침해한다고 보기는 어렵다(헌재 2020.3.26, 2016헌바55 등).

㉡ [O] 재판에 대하여 불복절차 내지 시정절차 자체가 없는 경우에는 부당한 재판으로 인하여 불이익 내지 손해를 입은 사람은 국가배상 이외의 방법으로는 자신의 권리 내지 이익을 회복할 방법이 없으므로, 이와 같은 경우에는 위에서 본 배상책임의 요건이 충족되는 한 국가배상책임을 인정하지 않을 수 없다 할 것이다(대판 2003.7.11, 99다24218).

㉢ [O] 헌법재판소는, 일반적으로 법률이 헌법에 위반된다는 사정은 헌법재판소의 위헌결정이 있기 전에는 객관적으로 명백한 것이라고 할 수 없어 법률이 헌법에 위반되는지 여부를 심사할 권한이 없는 공무원으로서는 행위 당시의 법률에 따를 수밖에 없다 할 것이므로, 행위의 근거가 된 법률조항에 대하여 위헌결정이 선고된다 하더라도 위 법률조항에 따라 행위한 당해 공무원에게는 고의 또는 과실이 있다 할 수 없어 국가배상책임은 성립되지 아니하고, … 판단하여 왔다(헌재 2014.4.24, 2011헌바56).

㉣ [O] 민주화보상법상 보상금 등에는 적극적·소극적 손해에 대한 배상의 성격이 포함되어 있는바, 관련자와 유족이 위원회의 보상금 등 지급결정이 일응 적절한 배상에 해당된다고 판단하여 이에 동의하고 보상금 등을 수령한 경우 보상금 등의 성격과 중첩되는 적극적·소극적 손해에 대한 국가배상청구권의 추가적 행사를 제한하는 것은, 동일한 사실관계와 손해를 바탕으로 이미 적절한 배상을 받았음에도 불구하고 다시 동일한 내용의 손해배상청구를 금지하는 것이므로, 이를 지나치게 과도한 제한으로 볼 수 없다(헌재 2018.8.30, 2014헌바180 등).

☑ 비교 판례

> 심판대상조항 중 정신적 손해에 관한 부분이 국가배상청구권을 침해하는지 여부를 본다. 앞서 본 바와 같이 민주화보상법상 보상금 등에는 정신적 손해에 대한 배상이 포함되어 있지 않은바, 이처럼 정신적 손해에 대해 적절한 배상이 이루어지지 않은 상태에서 적극적·소극적 손해에 상응하는 배상이 이루어졌다는 사정만으로 정신적 손해에 대한 국가배상청구마저 금지하는 것은, 해당 손해에 대한 적절한 배상이 이루어졌음을 전제로 하여 국가배상청구권 행사를 제한하려 한 민주화보상법의 입법목적에도 부합하지 않으며, 국가의 기본권 보호의무를 규정한 헌법 제10조 제2문의 취지에도 반하는 것으로서, 국가배상청구권에 대한 지나치게 과도한 제한에 해당한다. 따라서 심판대상조항 중 정신적 손해에 관한 부분은 민주화운동 관련자와 유족의 국가배상청구권을 침해한다.

정답 | 06 ① 07 ④

제4절 | 형사보상청구권

01 다음 형사보상청구권에 관한 설명 중 가장 옳지 않은 것은? 24. 해경간부

① 보상청구는 대리인을 통하여서도 할 수 있다.

② 보상청구는 무죄재판을 한 법원의 상급법원에 대하여 하여야 한다.

③ 형사피의자 또는 형사피고인으로서 구금되었던 자가 법률이 정하는 불기소처분을 받거나 무죄판결을 받은 때에는 법률이 정하는 바에 의하여 국가에 정당한 보상을 청구할 수 있다.

④ 형사피고인의 형사보상청구권은 제헌헌법에서 처음으로 규정되었고, 현행헌법에서 이를 형사피의자까지 확대하였다.

해설

② [×] 보상청구는 무죄재판을 한 법원에 대하여 하여야 한다.

형사보상 및 명예회복에 관한 법률 제7조【관할법원】 보상청구는 무죄재판을 한 법원에 대하여 하여야 한다.

① [O]

형사보상 및 명예회복에 관한 법률 제13조【대리인에 의한 보상청구】 보상청구는 대리인을 통하여서도 할 수 있다.

③ [O]

헌법 제28조 형사피의자 또는 형사피고인으로서 구금되었던 자가 법률이 정하는 불기소처분을 받거나 무죄판결을 받은 때에는 법률이 정하는 바에 의하여 국가에 정당한 보상을 청구할 수 있다.

④ [O] 형사피고인의 형사보상청구권은 제헌헌법에서 처음으로 규정되었고, 현행헌법에서 이를 형사피의자까지 확대하였다.

02 형사보상에 대한 설명으로 가장 적절하지 않은 것은? (다툼이 있는 경우 판례에 의함) 25. 경찰간부

① 헌법상 형사보상청구권은 국가의 형사사법절차에 내재하는 불가피한 위험에 의하여 국민의 신체의 자유에 관하여 형사사법기관의 귀책사유로 인해 피해가 발생한 경우 국가에 대하여 정당한 보상을 청구할 수 있는 권리로서, 실질적으로 국민의 재판청구권과 밀접하게 관련된 중대한 기본권이다.

② 판결 주문에서 무죄가 선고된 경우뿐만 아니라 판결 이유에서 무죄로 판단된 경우에도 미결구금 가운데 무죄로 판단된 부분의 수사와 심리에 필요하였다고 인정된 부분에 관하여는 보상을 청구할 수 있다.

③ 원판결의 근거가 된 가중처벌규정에 대하여 헌법재판소의 위헌결정이 있었음을 이유로 개시된 재심절차에서, 공소장의 교환적 변경을 통해 위헌결정된 가중처벌규정보다 법정형이 가벼운 처벌규정으로 적용법조가 변경되어 피고인이 무죄판결을 받지는 않았으나 원판결보다 가벼운 형으로 유죄판결이 확정됨에 따라 원판결에 따른 구금형 집행이 재심판결에서 선고된 형을 초과하게 된 경우, 재심판결에서 선고된 형을 초과하여 집행된 구금에 대하여 보상요건을 규정하지 아니한 형사보상 및 명예회복에 관한 법률 제26조 제1항은 평등권을 침해한다.

④ 피고인이 대통령긴급조치 제9호 위반으로 제1, 2심에서 유죄판결을 선고받고 상고하여 상고심에서 구속집행이 정지된 한편 대통령긴급조치 제9호가 해제됨에 따라 면소판결을 받아 확정된 다음 사망한 경우 피고인의 처는 형사보상을 청구할 수 있다.

해설

① [×] 헌법상 형사보상청구권은 국가의 형사사법절차에 내재하는 불가피한 위험에 의하여 국민의 신체의 자유에 관하여 피해가 발생한 경우 형사사법기관의 귀책사유를 따지지 않고 국가에 대하여 정당한 보상을 청구할 수 있는 권리로서, 실질적으로 국민의 신체의 자유와 밀접하게 관련된 중대한 기본권이다(헌재 2022.2.24, 2018헌마998 등).

▶ 형사보상청구권은 무과실의 손실보상청구권이다.

② [O] 형사보상법 조항은 입법 취지와 목적 및 내용 등에 비추어 재판에 의하여 무죄의 판단을 받은 자가 재판에 이르기까지 억울하게 미결구금을 당한 경우 보상을 청구할 수 있도록 하기 위한 것이므로, 판결 주문에서 무죄가 선고된 경우뿐만 아니라 판결 이유에서 무죄로 판단된 경우에도 미결구금 가운데 무죄로 판단된 부분의 수사와 심리에 필요하였다고 인정된 부분에 관하여는 보상을 청구할 수 있고, 다만 형사보상법 제4조 제3호를 유추적용하여 법원의 재량으로 보상청구의 전부 또는 일부를 기각할 수 있을 뿐이다(대결 2016.3.11, 2014모2521).

③ [O] 원판결의 근거가 된 가중처벌규정에 대하여 헌법재판소의 위헌결정이 있었음을 이유로 개시된 재심절차에서, 공소장의 교환적변경을 통해 위헌결정된 가중처벌규정보다 법정형이 가벼운 처벌규정으로 적용법조가 변경되어 피고인이 무죄판결을 받지는 않았으나 원판결보다 가벼운 형으로 유죄판결이 확정됨에 따라 원판결에 따른 구금형 집행이 재심판결에서 선고된 형을 초과하게 된 이사건과 같은 경우, 소송법상 이유로 무죄재판을 받을 수는 없으나 그러한 사유가 없었다면 무죄재판을 받았을 것임이 명백하고 원판결의 형 가운데 재심절차에서 선고된 형을 초과하는 부분의 전부 또는 일부에 대해서는 결과적으로 부당한 구금이 이루어진 것으로 볼 수 있다는 점에서 심판대상조항이 형사보상 대상으로 규정하고 있는 경우들과 본질적으로 다르다고 보기 어렵다. … 그럼에도 불구하고 심판대상조항이 이 사건에서 문제되는 경우를 형사보상 대상으로 규정하지 아니한 것은 현저히 자의적인 차별로서 평등원칙을 위반하여 청구인들의 평등권을 침해한다(헌재 2022.2.24, 2018헌마998 등).

④ [O] 피고인이 대통령긴급조치 제9호 위반으로 제1, 2심에서 유죄판결을 선고받고 상고하여 상고심에서 구속집행이 정지된 한편 대통령긴급조치 제9호가 해제됨에 따라 면소판결을 받아 확정된 다음 사망하였는데, 그 후 피고인의 처(妻) 甲이 형사보상을 청구한 사안에서, 甲은 대통령긴급조치 제9호 위반으로 피고인이 구금을 당한 데 대한 보상을 청구할 수 있다(대결 2013.4.18, 2011초기689).

03 형사보상에 관한 설명 중 가장 적절하지 않은 것은? (다툼이 있는 경우 판례에 의함)

22. 경찰 1차

① 형사보상의 청구에 대한 보상의 결정에 대하여는 불복을 신청할 수 없도록 단심재판으로 규정한 형사보상법 조항은 형사보상인용결정의 안정성을 유지하고, 신속한 형사보상절차의 확립을 통해 형사보상에 관한 국가예산 수립의 안정성을 확보하며, 나아가 상급법원의 부담을 경감하고자 하는 데 그 목적이 있으므로 청구인들의 형사보상청구권을 침해하지 않는다.

② 형사보상의 청구를 무죄재판이 확정된 때로부터 1년 이내에 하도록 규정하고 있는 형사보상법 조항은 입법재량의 한계를 일탈하여 청구인의 형사보상청구권을 침해한다.

③ 형사보상 및 명예회복에 관한 법률에 따르면 본인이 수사 또는 심판을 그르칠 목적으로 거짓 자백을 하거나 다른 유죄의 증거를 만듦으로써 기소, 미결구금 또는 유죄재판을 받게 된 것으로 인정된 경우에는 법원은 재량으로 보상청구의 전부 또는 일부를 기각할 수 있다.

④ 국가의 형사사법행위가 고의 과실로 인한 것으로 인정되는 경우에는 국가배상청구 등 별개의 절차에 의하여 인과관계 있는 모든 손해를 배상받을 수 있으므로, 형사보상절차로써 인과관계 있는 모든 손해를 보상하지 않는다고 하여 반드시 부당하다고 할 수는 없다.

해설

① [×] 보상액의 산정에 기초되는 사실인정이나 보상액에 관한 판단에서 오류나 불합리성이 발견되는 경우에도 그 시정을 구하는 불복신청을 할 수 없도록 하는 것은 형사보상청구권 및 그 실현을 위한 기본권으로서의 재판청구권의 본질적 내용을 침해하는 것이라 할 것이고, 나아가 법적 안정성만을 지나치게 강조함으로써 재판의 적정성과 정의를 추구하는 사법제도의 본질에 부합하지 아니하는 것이다. 또한, 불복을 허용하더라도 즉시항고는 절차가 신속히 진행될 수 있고 사건수도 과다하지 아니한 데다 그 재판내용도 비교적 단순하므로 불복을 허용한다고 하여 상급심에 과도한 부담을 줄 가능성은 별로 없다고 할 것이어서, 이 사건 불복금지조항은 형사보상청구권 및 재판청구권을 침해한다고 할 것이다(헌재 2010.10.28, 2008헌마514).

정답 | 01 ② 02 ① 03 ①

② [O] 권리의 행사가 용이하고 일상 빈번히 발생하는 것이거나 권리의 행사로 인하여 상대방의 지위가 불안정해지는 경우 또는 법률관계를 보다 신속히 확정하여 분쟁을 방지할 필요가 있는 경우에는 특별히 짧은 소멸시효나 제척기간을 인정할 필요가 있으나, 이 사건 법률조항은 위의 어떠한 사유에도 해당하지 아니하는 등 달리 합리적인 이유를 찾기 어렵고, 일반적인 사법상의 권리보다 더 확실하게 보호되어야 할 권리인 형사보상청구권의 보호를 저해하고 있다. 또한, 이 사건 법률조항은 형사소송법상 형사피고인이 재정하지 아니한 가운데 재판할 수 있는 예외적인 경우를 상정하고 있는 등 형사피고인은 당사자가 책임질 수 없는 사유에 의하여 무죄재판의 확정사실을 모를 수 있는 가능성이 있으므로, 형사피고인이 책임질 수 없는 사유에 의하여 제척기간을 도과할 가능성이 있는바, 이는 국가의 잘못된 형사사법작용에 의하여 신체의 자유라는 중대한 법익을 침해받은 국민의 기본권을 사법상의 권리보다도 가볍게 보호하는 것으로서 부당하다(헌재 2010.7.29, 2008헌가4).

③ [O] 형법 제9조(형사미성년자) 및 제10조 제1항(심신상실)의 사유로 무죄재판을 받은 경우, 본인이 수사 또는 심판을 그르칠 목적으로 거짓 자백을 하거나 다른 유죄의 증거를 만듦으로써 기소(起訴), 미결구금 또는 유죄재판을 받게 된 것으로 인정된 경우, 1개의 재판으로 경합범(競合犯)의 일부에 대하여 무죄재판을 받고 다른 부분에 대하여 유죄재판을 받았을 경우에는 법원은 재량(裁量)으로 보상청구의 전부 또는 일부를 기각(棄却)할 수 있다(형사보상법 제4조).

④ [O] 형사보상청구권은 헌법 제28조에 따라 '법률이 정하는 바에 의하여' 행사되므로 그 내용은 법률에 의해 정해지는바, 형사보상의 구체적 내용과 금액 및 절차에 관한 사항은 입법자가 정하여야 할 사항이다. 이 사건 보상금조항 및 이 사건 보상금 시행령조항은 보상금을 일정한 범위 내로 한정하고 있는데, 형사보상은 형사사법절차에 내재하는 불가피한 위험으로 인한 피해에 대한 보상으로서 국가의 위법 · 부당한 행위를 전제로 하는 국가배상과는 그 취지 자체가 상이하므로 형사보상절차로서 인과관계 있는 모든 손해를 보상하지 않는다고 하여 반드시 부당하다고 할 수는 없으며, 보상금액의 구체화 · 개별화를 추구할 경우에는 개별적인 보상금액을 산정하는데 상당한 기간의 소요 및 절차의 지연을 초래하여 형사보상제도의 취지에 반하는 결과가 될 위험이 크고 나아가 그로 인하여 형사보상금의 액수에 지나친 차등이 발생하여 오히려 공평의 관념을 저해할 우려가 있는바, 이 사건 보상금조항 및 이 사건 보상금 시행령조항은 청구인들의 형사보상청구권을 침해한다고 볼 수 없다(헌재 2010.10.28, 2008헌마514).

04 형사보상청구권에 대한 설명으로 가장 적절한 것은? (다툼이 있는 경우 판례에 의함) 21. 경찰승진

① 형사보상 결정에 대하여는 불복을 신청할 수 없도록 하여 형사보상의 결정을 단심재판으로 규정한 형사보상법 조항은 형사보상청구권을 침해한다.

② 형사보상청구는 무죄재판이 확정된 때로부터 1년 이내에 하여야 한다.

③ 형사피의자로서 구금되었던 자에게 보상을 하는 것이 선량한 풍속 그 밖에 사회질서에 위배된다고 인정할 특별한 사정이 있는 경우라도 피의자보상의 전부를 지급하여야 한다.

④ 형사보상제도에 따라 형사보상금을 수령한 피고인은 다시 국가배상법에 의한 손해배상을 청구할 수 없다.

해설

① [O] 보상액의 산정에 기초되는 사실인정이나 보상액에 관한 판단에서 오류나 불합리성이 발견되는 경우에도 그 시정을 구하는 불복신청을 할 수 없도록 하는 것은 형사보상청구권 및 그 실현을 위한 기본권으로서의 재판청구권의 본질적 내용을 침해하는 것이라 할 것이고, 나아가 법적 안정성만을 지나치게 강조함으로써 재판의 적정성과 정의를 추구하는 사법제도의 본질에 부합하지 아니하는 것이다. 또한, 불복을 허용하더라도 즉시항고는 절차가 신속히 진행될 수 있고 사건수도 과다하지 아니한데다 그 재판내용도 비교적 단순하므로 불복을 허용한다고 하여 상급심에 과도한 부담을 줄 가능성은 별로 없다고 할 것이어서, 이 사건 불복금지조항은 형사보상청구권 및 재판청구권을 침해한다고 할 것이다(헌재 2010.10.28, 2008헌마514 등).

② [×]

형사보상 및 명예회복에 관한 법률 제8조 【보상청구의 기간】 보상청구는 무죄재판이 확정된 사실을 안 날부터 3년, 무죄재판이 확정된 때부터 5년 이내에 하여야 한다.

③ [×]

형사보상 및 명예회복에 관한 법률 제27조 【피의자에 대한 보상】 ② 다음 각 호의 어느 하나에 해당하는 경우에는 피의자보상의 전부 또는 일부를 지급하지 아니할 수 있다. 3. 보상을 하는 것이 선량한 풍속이나 그 밖에 사회질서에 위배된다고 인정할 특별한 사정이 있는 경우

④ [×]

> 형사보상 및 명예회복에 관한 법률 제6조【손해배상과의 관계】① 이 법은 보상을 받을 자가 다른 법률에 따라 손해배상을 청구하는 것을 금지하지 아니한다.
> ③ 다른 법률에 따라 손해배상을 받을 자가 같은 원인에 대하여 이 법에 따른 보상을 받았을 때에는 그 보상금의 액수를 빼고 손해배상의 액수를 정하여야 한다.

05 헌법 제28조와 관련한 설명으로 옳지 않은 것은? (다툼이 있는 경우 헌법재판소 판례에 의함) 22. 소방간부

① 형사피의자 또는 형사피고인으로서 구금되었던 자가 법률이 정하는 불기소처분을 받거나 무죄판결을 받은 때에는 법률이 정하는 바에 의하여 국가에 정당한 보상을 청구할 수 있다.

② 형사피고인으로서 구금되었던 자가 법률이 정한 무죄판결을 받은 경우에 국가에 대하여 물질적·정신적 피해에 대한 정당한 보상을 청구할 수 있는 권리를 보장하여 국가의 형사사법작용에 의하여 신체의 자유가 침해된 국민에게 그 구제를 인정하여 국민의 기본권 보호를 강화하는 데 그 목적이 있다.

③ 형사보상청구에 관하여 어느 정도의 제척기간을 둘 것인가의 문제는 원칙적으로 입법권자의 재량에 맡겨져 있는 것이지만, 그 청구기간이 지나치게 단기간이거나 불합리하여 무죄재판이 확정된 형사피고인이 형사보상을 청구하는 것을 현저히 곤란하게 하거나 사실상 불가능하게 한다면 이는 입법재량의 한계를 넘어서는 것으로서 헌법이 보장하는 형사보상청구권을 침해하는 것이라 하지 않을 수 없다.

④ 권리의 행사가 용이하고 일상 빈번히 발생하는 것이거나 권리의 행사로 인하여 상대방의 지위가 불안정해지는 경우 또는 법률관계를 보다 신속히 확정하여 분쟁을 방지할 필요가 있는 경우에는 특별히 짧은 소멸시효나 제척기간을 인정할 필요가 있기에 형사보상의 청구를 무죄재판이 확정된 때로부터 1년 이내에 하도록 하는 것은 헌법 제28조를 침해하지 않는다.

⑤ 형사보상청구에 관한 제척기간을 두고 있는 것은 형사보상에 관한 국가의 채무 관계를 조기에 확정하고 예산 수립의 불안정성을 제거하여 국가재정을 합리적으로 운영하기 위한 것이다.

해설

④ [×] 권리의 행사가 용이하고 일상 빈번히 발생하는 것이거나 권리의 행사로 인하여 상대방의 지위가 불안정해지는 경우 또는 법률관계를 보다 신속히 확정하여 분쟁을 방지할 필요가 있는 경우에는 특별히 짧은 소멸시효나 제척기간을 인정할 필요가 있으나, 이 사건 법률조항은 위의 어떠한 사유에도 해당하지 아니하는 등 달리 합리적인 이유를 찾기 어렵고, 일반적인 사법상의 권리보다 더 확실하게 보호되어야 할 권리인 형사보상청구권의 보호를 저해하고 있다. 또한, 이 사건 법률조항은 형사소송법상 형사피고인이 재정하지 아니한 가운데 재판할 수 있는 예외적인 경우를 상정하고 있는 등 형사피고인은 당사자가 책임질 수 없는 사유에 의하여 무죄재판의 확정사실을 모를 수 있는 가능성이 있으므로, 형사피고인이 책임질 수 없는 사유에 의하여 제척기간을 도과할 가능성이 있는바, 이는 국가의 잘못된 형사사법작용에 의하여 신체의 자유라는 중대한 법익을 침해받은 국민의 기본권을 사법상의 권리보다도 가볍게 보호하는 것으로서 부당하다(헌재 2010.7.29, 2008헌가4).

① [O]

> 헌법 제28조 형사피의자 또는 형사피고인으로서 구금되었던 자가 법률이 정하는 불기소처분을 받거나 무죄판결을 받은 때에는 법률이 정하는 바에 의하여 국가에 정당한 보상을 청구할 수 있다.

② [O] 헌법 제28조는 "형사피의자 또는 형사피고인으로서 구금되었던 자가 법률이 정하는 불기소처분을 받거나 무죄판결을 받은 때에는 법률이 정하는 바에 의하여 국가에 정당한 보상을 청구할 수 있다."고 규정함으로써, 형사피고인으로서 구금되었던 자가 법률이 정한 무죄판결을 받은 경우에 국가에 대하여 물질적·정신적 피해에 대한 정당한 보상을 청구할 수 있는 권리를 보장하고 있다. 형사보상청구권은 국가의 형사사법작용에 의하여 신체의 자유가 침해된 국민에게 그 구제를 인정하여 국민의 기본권 보호를 강화하는 데 그 목적이 있다(헌재 2010.7.29, 2008헌가4).

정답 | 04 ① 05 ④

③ [O] 헌법 제28조의 형사보상청구권은 '법률이 정하는 바에 의하여' 행사되는 것이므로 그 구체적 내용은 입법에 맡겨져 있다. 그러나 국가의 형사사법절차에 내재하는 불가피한 위험에 의하여 국민의 신체의 자유에 관하여 중대한 피해가 발생한 경우 국가가 이에 대하여 보상할 것을 헌법에서 명문으로 선언하고 있고, 형사보상청구권은 이미 신체의 자유를 침해받은 자에 대하여 사후적으로 구제해 주는 기본권이므로, 그 실효적인 구제를 요청할 수 있는 권리가 충분히 보장되지 않는다면 헌법상 천명된 기본권 보장의 정신은 요원해 질 수 있다. 이러한 점에서 형사보상청구의 구체적 절차에 관한 입법은 단지 형사보상을 청구할 수 있는 형식적인 권리나 이론적인 가능성만을 허용하는 것이어서는 아니되고, 상당한 정도로 권리구제의 실효성이 보장되도록 하는 것이어야 한다. 따라서 형사보상청구에 관하여 어느 정도의 제척기간을 둘 것인가의 문제는 원칙적으로 입법권자의 재량에 맡겨져 있는 것이지만, 그 청구기간이 지나치게 단기간이거나 불합리하여 무죄재판이 확정된 형사피고인이 형사보상을 청구하는 것을 현저히 곤란하게 하거나 사실상 불가능하게 한다면 이는 입법재량의 한계를 넘어서는 것으로서 헌법이 보장하는 형사보상청구권을 침해하는 것이라 하지 않을 수 없다(헌재 2010.7.29, 2008헌가4).

⑤ [O] 이 사건 법률조항에서 형사보상청구에 관한 제척기간을 두고 있는 것은 형사보상에 관한 국가의 채무 관계를 조기에 확정하고 예산 수립의 불안정성을 제거하여 국가재정을 합리적으로 운영하기 위한 것이므로, 이는 공공복리를 추구하기 위한 정당한 입법 목적이라 할 것이다(헌재 2010.7.29, 2008헌가4).

06 청구권적 기본권과 관련된 법 규정으로 가장 적절하지 않은 것은?

22. 경찰간부

① 청원법 규정에 의하면 청원기관의 장은 공개청원의 공개결정일부터 60일간 청원사항에 관하여 국민의 의견을 들어야 한다.

② 형사보상 및 명예회복에 관한 법률 규정에 의하면 형사보상청구는 무죄재판이 확정된 사실을 안 날부터 3년, 무죄재판이 확정된 때부터 5년 이내에 하여야 한다.

③ 형사보상 및 명예회복에 관한 법률 규정에 의하면 형사보상을 받을 자는 다른 법률에 따라 손해배상을 청구하는 것이 금지되지 아니한다.

④ 범죄피해자 보호법 규정에 의하면 구조금의 신청은 해당 구조대상 범죄피해의 발생을 안 날부터 3년이 지나거나 해당 구조대상 범죄피해가 발생한 날부터 10년이 지나면 할 수 없다.

해설

① [×]

> 청원법 제13조 【공개청원의 공개 여부 결정 통지 등】 ① 공개청원을 접수한 청원기관의 장은 접수일부터 15일 이내에 청원심의회의 심의를 거쳐 공개 여부를 결정하고 결과를 청원인(공동청원의 경우 대표자를 말한다)에게 알려야 한다.
> ② 청원기관의 장은 공개청원의 공개결정일부터 30일간 청원사항에 관하여 국민의 의견을 들어야 한다.

② [O]

> 형사보상 및 명예회복에 관한 법률 제8조 【보상청구의 기간】 보상청구는 무죄재판이 확정된 사실을 안 날부터 3년, 무죄재판이 확정된 때부터 5년 이내에 하여야 한다.

③ [O]

> 형사보상 및 명예회복에 관한 법률 제6조 【손해배상과의 관계】 ① 이 법은 보상을 받을 자가 다른 법률에 따라 손해배상을 청구하는 것을 금지하지 아니한다.

④ [O]

> 범죄피해자보호법 제25조 【구조금의 지급신청】 ① 구조금을 받으려는 사람은 법무부령으로 정하는 바에 따라 그 주소지, 거주지 또는 범죄 발생지를 관할하는 지구심의회에 신청하여야 한다.
> ② 제1항에 따른 신청은 해당 구조대상 범죄피해의 발생을 안 날부터 3년이 지나거나 해당 구조대상 범죄피해가 발생한 날부터 10년이 지나면 할 수 없다.

07 형사보상청구권에 관한 설명 중 가장 적절하지 않은 것은? (다툼이 있는 경우 판례에 의함)

23. 경찰승진

① 비용보상청구권의 제척기간을 무죄판결이 확정된 날부터 6개월로 제한한 구 형사소송법은 과잉금지원칙에 위반되어 청구인의 재판청구권 및 재산권을 침해하지 않는다.

② 형사소송법은 비용보상 청구를 무죄판결이 확정된 사실을 안 날부터 3년, 무죄판결이 확정된 때부터 5년 이내에 하여야 한다고 규정하고 있다.

③ 헌법 제28조는 '불기소처분을 받거나 무죄판결을 받은 때' 구금에 대한 형사보상을 청구할 수 있는 권리를 헌법상 기본권으로 명시하고 있으므로, 외형상·형식상으로 무죄재판이 없었다면 형사사법절차에 내재하는 불가피한 위험으로 인하여 국민의 신체의 자유에 관한 피해가 발생하였다 하더라도 형사보상청구권을 인정할 수 없다.

④ 형사보상은 국가배상과는 그 취지 자체가 상이하므로 형사보상절차로서 인과관계 있는 모든 손해를 보상하지 않는다고 하여 반드시 부당하다고 할 수 없다.

해설

③ [×] 헌법 제28조의 형사보상청구권이 국가의 형사사법작용에 의하여 신체의 자유가 침해된 국민에게 그 구제를 인정하여 국민의 기본권 보호를 강화하는 데 그 목적이 있는 점에 비추어 보면, 외형상·형식상으로 무죄재판이 없다고 하더라도 형사사법절차에 내재하는 불가피한 위험으로 인하여 국민의 신체의 자유에 관하여 피해가 발생하였다면 형사보상청구권을 인정하는 것이 타당하다(헌재 2022.2.24, 2018헌마998).

① [O] 비용보상청구권은 그 보상기준이 법령에 구체적으로 정해져 있어 비용보상청구인은 특별한 증명책임이나 절차적 의무의 부담 없이 객관적 재판 진행상황에 관한 간단한 소명만으로 권리의 행사가 가능하므로 이 사건 법률조항에 규정된 제척기간이 현실적으로 비용보상청구권 행사를 불가능하게 하거나 현저한 곤란을 초래할 정도로 지나치게 짧다고 단정할 수 없다. 따라서 이 사건 법률조항은 과잉금지원칙에 위반되어 청구인의 재판청구권 및 재산권을 침해하지는 않는다(헌재 2015.4.30, 2014헌바408).

② [O]

> 형사소송법 제194조의3【비용보상의 절차 등】② 제1항에 따른 청구는 무죄판결이 확정된 사실을 안 날부터 3년, 무죄판결이 확정된 때부터 5년 이내에 하여야 한다.

④ [O] 형사보상은 형사사법절차에 내재하는 불가피한 위험으로 인한 피해에 대한 보상으로서 국가의 위법·부당한 행위를 전제로 하는 국가배상과는 그 취지 자체가 상이하므로 형사보상절차로서 인과관계 있는 모든 손해를 보상하지 않는다고 하여 반드시 부당하다고 할 수는 없다(헌재 2010.10.28, 2008헌마514).

08 형사보상청구권에 관한 설명으로 가장 옳지 않은 것은?

22. 법무사

① 헌법상 형사보상청구권은 구금되었던 형사피고인뿐만 아니라 구금되었던 형사피의자에게도 인정된다.

② 입법자는 형사보상청구권의 구체적인 내용과 절차를 정함에 있어 광범위한 입법형성의 자유를 가진다. 따라서 형사보상청구권의 구체적인 내용과 절차를 정한 법률의 위헌 심사에서는 그 심사기준으로 자의금지원칙이 적용된다.

③ 형사보상청구권에 관한 헌법 제28조에서 규정하는 '정당한 보상'은 헌법 제23조 제3항에서 재산권의 침해에 대하여 규정하는 '정당한 보상'과는 차이가 있다.

④ 형사피고인으로서 구금되었던 자의 형사보상청구 사건은 무죄재판을 한 법원이 관할한다.

⑤ 형사피고인으로서 구금되었던 자의 형사보상청구는 무죄재판이 확정된 사실을 안 날부터 3년, 무죄재판이 확정된 때부터 5년 이내에 하여야 한다.

정답 | 06 ① 07 ③ 08 ②

해설

② [×] 형사보상청구권이라 하여도 '법률이 정하는 바에 의하여' 행사되므로(헌법 제28조) 그 내용은 법률에 의하여 정해지는바, 이 과정에서 입법자에게 일정한 입법재량이 부여될 수 있고, 따라서 형사보상의 구체적 내용과 금액 및 절차에 관한 사항은 입법자가 정하여야 할 사항이라 할 것이다. 그러나 이러한 입법을 함에 있어서는 비록 완화된 의미일지언정 헌법 제37조 제2항의 비례의 원칙이 준수되어야 한다. 형사보상청구권은 국가가 형사사법절차를 운영함에 있어 결과적으로 무고한 사람을 구금한 것으로 밝혀진 경우 구금당한 개인에게 인정되는 권리이고, 헌법 제28조는 이에 대하여 '정당한 보상'을 명문으로 보장하고 있으므로, 따라서 법률에 의하여 제한되는 경우에도 이러한 본질적인 내용은 침해되어서는 아니되기 때문이다(헌재 2010.10.28, 2008헌마514).

① [O] 1987년 제9차 헌법개정에서 형사보상청구권의 범위를 피의자에게까지 확대하였다. 피고인에 대한 형사보상청구권은 제헌헌법에서부터 규정하였다.

③ [O] 형사보상은 형사피고인 등의 신체의 자유를 제한한 것에 대하여 사후적으로 그 손해를 보상하는 것인바, 구금으로 인하여 침해되는 가치는 객관적으로 평가하기 어려운 것이므로, 그에 대한 보상을 어떻게 할 것인지는 국가의 경제적, 사회적, 정책적 사정들을 참작하여 입법재량으로 결정할 수 있는 사항이라 할 것이다. 이러한 점에서 헌법 제28조에서 규정하는 '정당한 보상'은 헌법 제23조 제3항에서 재산권의 침해에 대하여 규정하는 '정당한 보상'과는 차이가 있다 할 것이다(헌재 2010.10.28, 2008헌마514).

④ [O]

> 형사보상법 제7조【관할법원】보상청구는 무죄재판을 한 법원에 대하여 하여야 한다.

⑤ [O]

> 형사보상법 제8조【보상청구의 기간】보상청구는 무죄재판이 확정된 사실을 안 날부터 3년, 무죄재판이 확정된 때부터 5년 이내에 하여야 한다.

09 형사보상청구권에 대한 설명으로 가장 적절하지 않은 것은? (다툼이 있는 경우 헌법재판소 판례에 의함)

23. 경찰간부

① 외형상·형식상으로 무죄의 재판이 없는 경우에는 형사사법절차에 내재하는 불가피한 위험으로 인하여 국민의 신체의 자유에 관하여 피해가 발생하였더라도 형사보상청구권을 인정할 수는 없다.

② 형사보상청구는 무죄재판이 확정된 사실을 안 날부터 3년, 무죄재판이 확정된 때부터 5년 이내에 하여야 한다.

③ 형사보상 및 명예회복에 관한 법률에 따른 보상을 받을 자가 같은 원인에 대하여 다른 법률에 따라 손해배상을 받은 경우에 그 손해배상의 액수가 형사보상 및 명예회복에 관한 법률에 따라 받을 보상금의 액수와 같거나 그보다 많을 때에는 보상하지 아니한다.

④ 사형 집행에 대한 보상을 할 때에는 집행 전 구금에 대한 보상금 외에 3천만 원 이내에서 모든 사정을 고려하여 법원이 타당하다고 인정하는 금액을 더하여 보상하며, 이 경우 본인의 사망으로 인하여 발생한 재산상의 손실액이 증명되었을 때에는 그 손실액도 보상한다.

해설

① [×] 헌법 제28조의 형사보상청구권이 국가의 형사사법작용에 의하여 신체의 자유가 침해된 국민에게 그 구제를 인정하여 국민의 기본권 보호를 강화하는 데 그 목적이 있는 점에 비추어 보면, 외형상·형식상으로 무죄재판이 없다고 하더라도 형사사법절차에 내재하는 불가피한 위험으로 인하여 국민의 신체의 자유에 관하여 피해가 발생하였다면 형사보상청구권을 인정하는 것이 타당하다. 심판대상조항은 소송법상 이유 등으로 무죄재판을 받을 수는 없으나 그러한 사유가 없었더라면 무죄재판을 받을 만한 현저한 사유가 있는 경우 그 절차에서 구금되었던 개인 역시 형사사법절차에 내재하는 불가피한 위험으로 인하여 신체의 자유에 피해를 입은 것은 마찬가지이므로 국가가 이를 마땅히 책임져야 한다는 고려에서 마련된 규정이다(헌재 2022.2.24, 2018헌마998).

② [O]

> 형사보상 및 명예회복에 관한 법률 제8조【보상청구의 기간】보상청구는 무죄재판이 확정된 사실을 안 날부터 3년, 무죄재판이 확정된 때부터 5년 이내에 하여야 한다.

③ [O]

형사보상 및 명예회복에 관한 법률 제6조【손해배상과의 관계】② 이 법에 따른 보상을 받을 자가 같은 원인에 대하여 다른 법률에 따라 손해배상을 받은 경우에 그 손해배상의 액수가 이 법에 따라 받을 보상금의 액수와 같거나 그보다 많을 때에는 보상하지 아니한다. 그 손해배상의 액수가 이 법에 따라 받을 보상금의 액수보다 적을 때에는 그 손해배상 금액을 빼고 보상금의 액수를 정하여야 한다.

④ [O]

형사보상 및 명예회복에 관한 법률 제5조【보상의 내용】③ 사형 집행에 대한 보상을 할 때에는 집행 전 구금에 대한 보상금 외에 3천만원 이내에서 모든 사정을 고려하여 법원이 타당하다고 인정하는 금액을 더하여 보상한다. 이 경우 본인의 사망으로 인하여 발생한 재산상의 손실액이 증명되었을 때에는 그 손실액도 보상한다.

10 **형사보상청구권에 관한 설명으로 가장 적절하지 않은 것은? (다툼이 있는 경우 판례에 의함)** 23. 경찰 2차

① 형사보상 및 명예회복에 관한 법률은 법원의 형사보상결정에 대하여는 1주일 이내에 즉시항고를 할 수 있으나, 형사보상 청구기각 결정에 대하여는 즉시항고를 할 수 없다고 규정하고 있다.

② 형사피의자 또는 형사피고인으로서 구금되었던 자가 법률이 정하는 불기소처분을 받거나 무죄판결을 받은 때에는 법률이 정하는 바에 의하여 국가에 정당한 보상을 청구할 수 있다.

③ 형사보상청구는 무죄재판이 확정된 사실을 안 날부터 3년, 무죄재판이 확정된 때부터 5년 이내에 하여야 한다.

④ 무죄판결이 확정된 피고인에게 국선변호인 보수를 기준으로 소송비용의 보상을 청구할 수 있는 권리는 구금되었음을 전제로 하는 헌법 제28조의 형사보상청구권과는 달리 헌법적 차원의 권리라고 볼 수는 없고, 입법자가 입법의 목적, 국가의 경제적 · 사회적 · 정책적 사정들을 참작하여 제정하는 법률에 적용요건, 적용대상, 범위 등 구체적인 사항이 규정될 때 비로소 형성되는 법률상의 권리에 불과하다.

해설

① [×] 형사보상 청구기각 결정에 대하여 즉시항고를 할 수 있다.

형사보상법 제20조【불복신청】① 제17조 제1항에 따른 보상결정에 대하여는 1주일 이내에 즉시항고(卽時抗告)를 할 수 있다.
② 제17조 제2항에 따른 청구기각 결정에 대하여는 즉시항고를 할 수 있다.

② [O]

헌법 제28조 형사피의자 또는 형사피고인으로서 구금되었던 자가 법률이 정하는 불기소처분을 받거나 무죄판결을 받은 때에는 법률이 정하는 바에 의하여 국가에 정당한 보상을 청구할 수 있다.

③ [O]

형사보상법 제8조【보상청구의 기간】보상청구는 무죄재판이 확정된 사실을 안 날부터 3년, 무죄재판이 확정된 때부터 5년 이내에 하여야 한다.

④ [O] 이 사건 법률조항이 규정하고 있는 '소송비용'의 보상은 형사사법절차에 내재된 위험에 의해 발생되는 손해를 국가가 보상한다는 취지에서 비롯된 것이다. 그러나 구금되었음을 전제로 하는 헌법 제28조의 형사보상청구권과는 달리 소송비용의 보상을 청구할 수 있는 권리는 헌법적 차원의 권리라고 볼 수는 없고, 입법자가 입법의 목적, 국가의 경제적 · 사회적 · 정책적 사정들을 참작하여 제정하는 법률에 적용요건, 적용대상, 범위 등 구체적인 사항이 규정될 때 비로소 형성되는 법률상의 권리에 불과하다(헌재 2012.3.29, 2011헌바19).

정답 | 09 ① 10 ①

제5절 | 범죄피해자구조청구권

01 다음 범죄피해자구조청구권에 관한 설명 중 가장 옳지 않은 것은? (다툼이 있는 경우 판례에 의함)

24. 해경간부

① 구조피해자나 유족이 해당 구조대상 범죄피해를 원인으로 하여 국가배상법이나 그 밖의 법령에 따른 급여 등을 받을 수 있는 경우에는 대통령령으로 정하는 바에 따라 구조금을 지급하지 아니한다.

② 범죄피해구조금은 국가의 재정에 기반을 두고 있는바, 구조금에 대한 청구권 행사대상을 우선적으로 대한민국의 영역 안의 범죄피해에 한정하고, 향후 해외에서 발생한 범죄피해의 경우에도 구조를 하는 방향으로 운영하는 것은 입법형성의 재량의 범위 내라고 할 것이다.

③ 범죄피해자 보호법에 제척기간을 범죄피해가 발생한 날부터 5년으로 정하는 것은, 5년이라는 기간이 지나치게 단기이며 불합리하여 범죄피해자의 구조청구권 행사를 현저히 곤란하게 하거나 사실상 불합리하게 하는 것으로 볼 수 있다.

④ 범죄피해구조금의 지급신청은 해당 구조대상 범죄피해의 발생을 안 날부터 3년이 지나거나 해당 구조대상 범죄피해가 발생한 날부터 10년이 지나면 할 수 없다.

해설

③ [×] 위 법률조항은 제척기간을 범죄피해가 발생한 날부터 5년으로 정하고 있는바, 오늘날 현대사회에서 인터넷의 보급 등 교통·통신수단이 상대적으로 매우 발달하여 여러 정보에 대한 접근이 용이해진 점과 일반 국민의 권리의식이 신장된 점 등에 비추어 보면, 그 5년이라는 기간이 지나치게 단기라든지 불합리하여 범죄피해자의 구조청구권 행사를 현저히 곤란하게 하거나 사실상 불가능하게 하는 것으로는 볼 수 없다. 비록 범죄피해자 보호법 제25조가 그 신청기간을 범죄피해발생일부터 10년으로 확장하였지만, 이 역시 입법재량의 범위 내라고 할 수 있을 뿐이고, 종래 그 기간을 5년으로 정한 것 자체가 불합리하다고 보기는 어렵다고 할 것이다(헌재 2011.12.29, 2009헌마354).

① [O]

> 범죄피해자 보호법 제20조【다른 법령에 따른 급여 등과의 관계】 구조피해자나 유족이 해당 구조대상 범죄피해를 원인으로 하여 국가배상법이나 그 밖의 법령에 따른 급여 등을 받을 수 있는 경우에는 대통령령으로 정하는 바에 따라 구조금을 지급하지 아니한다.

② [O] 국가의 주권이 미치지 못하고 국가의 경찰력 등을 행사할 수 없거나 행사하기 어려운 해외에서 발생한 범죄에 대하여는 국가에 그 방지책임이 있다고 보기 어렵고, 상호보증이 있는 외국에서 발생한 범죄피해에 대하여는 국민이 그 외국에서 피해구조를 받을 수 있으며, 국가의 재정에 기반을 두고 있는 구조금에 대한 청구권 행사대상을 우선적으로 대한민국의 영역 안의 범죄피해에 한정하고, 향후 해외에서 발생한 범죄피해의 경우에도 구조를 하는 방향으로 운영하는 것은 입법형성의 재량의 범위 내라고 할 것이다. 따라서 범죄피해자구조청구권의 대상이 되는 범죄피해에 해외에서 발생한 범죄피해의 경우를 포함하고 있지 아니한 것이 현저하게 불합리한 자의적인 차별이라고 볼 수 없어 평등원칙에 위배되지 아니한다(헌재 2011.12.29, 2009헌마354).

④ [O]

> 범죄피해자 보호법 제25조【구조금의 지급신청】 ② 제1항에 따른 신청은 해당 구조대상 범죄피해의 발생을 안 날부터 3년이 지나거나 해당 구조대상 범죄피해가 발생한 날부터 10년이 지나면 할 수 없다.

02 범죄피해자구조청구권에 대한 설명으로 가장 적절하지 않은 것은? (다툼이 있는 경우 헌법재판소 판례에 의함)

25. 경찰간부

① 범죄피해자구조청구권이라 함은 타인의 범죄행위로 말미암아 생명을 잃거나 신체상의 피해를 입은 국민이나 그 유족이 가해자로부터 충분한 피해배상을 받지 못한 경우에 국가에 대하여 일정한 보상을 청구할 수 있는 권리이며, 그 법적 성격은 생존권적 기본권으로서의 성격을 가지는 청구권적 기본권이다.

② 구 범죄피해자구조법 조항에서 범죄피해가 발생한 날부터 5년이 경과한 경우에는 구조금의 지급신청을 할 수 없다고 규정한 것은 오늘날 여러 정보에 대한 접근이 용이해진 점 등에 비추어 보면 합리적인 이유가 있다고 할 것이어서 평등원칙에 위반되지 아니한다.

③ 범죄피해자 보호법에 따르면 "범죄피해자"란 타인의 범죄행위로 피해를 당한 사람과 그 배우자(사실상의 혼인관계를 제외한다), 4촌 이내의 직계혈족 및 형제자매를 말한다.

④ 범죄피해자 보호법상 구조피해자나 유족이 해당 구조대상 범죄피해를 원인으로 하여 국가배상법이나 그 밖의 법령에 따른 급여 등을 받을 수 있는 경우에는 대통령령으로 정하는 바에 따라 구조금을 지급하지 아니한다.

해설

③ [×] "범죄피해자"의 배우자에는 사실상 혼인관계를 포함한다.

> 범죄피해자 보호법 제3조 【정의】 ① 이 법에서 사용하는 용어의 뜻은 다음과 같다.
> 1. "범죄피해자"란 타인의 범죄행위로 피해를 당한 사람과 그 배우자(사실상의 혼인관계를 포함한다), 직계친족 및 형제자매를 말한다.

① [O] 헌법 제30조는 "타인의 범죄행위로 인하여 생명·신체에 대한 피해를 받은 국민은 법률이 정하는 바에 의하여 국가로부터 구조를 받을 수 있다."라고 규정하고 있다. 범죄피해자구조청구권이라 함은 타인의 범죄행위로 말미암아 생명을 잃거나 신체상의 피해를 입은 국민이나 그 유족이 가해자로부터 충분한 피해배상을 받지 못한 경우에 국가에 대하여 일정한 보상을 청구할 수 있는 권리이며, 그 법적 성격은 생존권적 기본권으로서의 성격을 가지는 청구권적 기본권이라고 할 것이다(헌재 2011.12.29, 2009헌마354).

② [O] 위 법률조항은 제척기간을 범죄피해가 발생한 날부터 5년으로 정하고 있는바, 오늘날 현대사회에서 인터넷의 보급 등 교통·통신수단이 상대적으로 매우 발달하여 여러 정보에 대한 접근이 용이해진 점과 일반 국민의 권리의식이 신장된 점 등에 비추어 보면, 그 5년이라는 기간이 지나치게 단기라든지 불합리하여 범죄피해자의 구조청구권 행사를 현저히 곤란하게 하거나 사실상 불가능하게 하는 것으로는 볼 수 없다. 비록 범죄피해자 보호법 제25조가 그 신청기간을 범죄피해발생일부터 10년으로 확장하였지만, 이 역시 입법재량의 범위 내라고 할 수 있을 뿐이고, 종래 그 기간을 5년으로 정한 것 자체가 불합리하다고 보기는 어렵다고 할 것이다(헌재 2011.12.29, 2009헌마354).

④ [O]

> 범죄피해자 보호법 제20조 【다른 법령에 따른 급여 등과의 관계】 구조피해자나 유족이 해당 구조대상 범죄피해를 원인으로 하여 국가배상법이나 그 밖의 법령에 따른 급여 등을 받을 수 있는 경우에는 대통령령으로 정하는 바에 따라 구조금을 지급하지 아니한다.

정답 | 01 ③ 02 ③

03 범죄피해자 구조청구권에 관한 설명으로 가장 적절한 것은? (다툼이 있는 경우 판례에 의함) 25. 경정승진

① 범죄피해자 보호법에 의하면, '범죄피해자'는 타인의 범죄행위로 피해를 당한 사람과 그 배우자(사실상의 혼인관계는 제외한다), 직계친족 및 형제자매를 말한다.

② 범죄피해자구조청구권의 대상이 되는 범죄피해의 범위에 해외에서 발생한 범죄피해의경우를 포함하고 있지 아니한 구 범죄피해자구조법 조항은 현저하게 불합리한 자의적인 차별이므로 평등원칙에 위배된다.

③ 범죄피해자 보호법에 의하면, 유족구조금을 받을 유족의 순위는 제18조 규정에서 열거한 순서로 하며, 부모의 경우에는 친부모를 선순위로 하고 양부모를 후순위로 한다.

④ 범죄피해가 발생한 날로부터 5년이 경과한 경우에는 구조금의 지급신청을 할 수 없다고 규정한 구 범죄피해자구조법 조항은 합리적인 이유가 있다고 할 것이어서 평등원칙에 위반되지 아니한다.

해설

④ [O] 위 법률조항은 제척기간을 범죄피해가 발생한 날부터 5년으로 정하고 있는바, 오늘날 현대사회에서 인터넷의 보급 등 교통 · 통신수단이 상대적으로 매우 발달하여 여러 정보에 대한 접근이 용이해진 점과 일반 국민의 권리의식이 신장된 점 등에 비추어 보면, 그 5년이라는 기간이 지나치게 단기라든지 불합리하여 범죄피해자의 구조청구권 행사를 현저히 곤란하게 하거나 사실상 불가능하게 하는 것으로는 볼 수 없다. 비록 범죄피해자 보호법 제25조가 그 신청기간을 범죄피해 발생일부터 10년으로 확장하였지만, 이 역시 입법재량의 범위 내라고 할 수 있을 뿐이고, 종래 그 기간을 5년으로 정한 것 자체가 불합리하다고 보기는 어렵다고 할 것이다(헌재 2011.12.29, 2009헌마354).

① [×]

> 범죄피해자 보호법 제3조【정의】① 이 법에서 사용하는 용어의 뜻은 다음과 같다.
> 1. "범죄피해자"란 타인의 범죄행위로 피해를 당한 사람과 그 배우자(사실상의 혼인관계를 포함한다), 직계친족 및 형제자매를 말한다.

② [×] 국가의 주권이 미치지 못하고 국가의 경찰력 등을 행사할 수 없거나 행사하기 어려운 해외에서 발생한 범죄에 대하여는 국가에 그 방지책임이 있다고 보기 어렵고, 상호보증이 있는 외국에서 발생한 범죄피해에 대하여는 국민이 그 외국에서 피해구조를 받을 수 있으며, 국가의 재정에 기반을 두고 있는 구조금에 대한 청구권 행사대상을 우선적으로 대한민국의 영역 안의 범죄피해에 한정하고, 향후 해외에서 발생한 범죄피해의 경우에도 구조를 하는 방향으로 운영하는 것은 입법형성의 재량의 범위 내라고 할 것이다. 따라서 범죄피해자구조청구권의 대상이 되는 범죄피해에 해외에서 발생한 범죄피해의 경우를 포함하고 있지 아니한 것이 현저하게 불합리한 자의적인 차별이라고 볼 수 없어 평등원칙에 위배되지 아니한다(헌재 2011.12.29, 2009헌마354).

③ [×]

> 범죄피해자 보호법 제18조【유족의 범위 및 순위】① 유족구조금을 지급받을 수 있는 유족은 다음 각 호의 어느 하나에 해당하는 사람으로 한다.
> 1. 배우자(사실상 혼인관계를 포함한다) 및 구조피해자의 사망 당시 구조피해자의 수입으로 생계를 유지하고 있는 구조피해자의 자녀
> 2. 구조피해자의 사망 당시 구조피해자의 수입으로 생계를 유지하고 있는 구조피해자의 부모, 손자 · 손녀, 조부모 및 형제자매
> 3. 제1호 및 제2호에 해당하지 아니하는 구조피해자의 자녀, 부모, 손자 · 손녀, 조부모 및 형제자매
>
> ③ 유족구조금을 받을 유족의 순위는 제1항 각 호에 열거한 순서로 하고, 같은 항 제2호 및 제3호에 열거한 사람 사이에서는 해당 각 호에 열거한 순서로 하며, 부모의 경우에는 양부모를 선순위로 하고 친부모를 후순위로 한다.

04 범죄피해자구조청구권에 관한 설명 중 가장 적절하지 않은 것은? (다툼이 있는 경우 판례에 의함) 22. 경찰승진

① 타인의 범죄행위로 인하여 생명·신체에 대한 피해를 받은 국민은 법률이 정하는 바에 의하여 국가로부터 구조를 받을 수 있다.

② 범죄피해자 보호법 제17조 제2항의 유족구조금은 사람의 생명 또는 신체를 해치는 죄에 해당하는 행위로 인하여 사망한 피해자 또는 그 유족들에 대한 손해배상을 목적으로 하는 것으로서, 위 범죄행위로 인한 손해를 전보하기 위하여 지급된다는 점에서 불법행위로 인한 적극적 손해의 배상과 같은 종류의 금원이라고 봄이 타당하다.

③ 범죄피해자 보호법에 따르면 구조금의 지급신청은 해당 구조 대상 범죄피해의 발생을 안 날부터 3년이 지나거나 해당 구조 대상 범죄피해가 발생한 날부터 10년이 지나면 할 수 없다.

④ 범죄피해자 보호법에 따르면 국가는 구조피해자나 유족이 해당 구조대상 범죄피해를 원인으로 하여 손해배상을 받았으면 그 범위에서 구조금을 지급하지 아니한다.

해설

② [×] 범죄피해자 보호법에 의한 범죄피해 구조금 중 위 법 제17조 제2항의 유족구조금은 사람의 생명 또는 신체를 해치는 죄에 해당하는 행위로 인하여 사망한 피해자 또는 그 유족들에 대한 손실보상을 목적으로 하는 것으로서, 위 범죄행위로 인한 손실 또는 손해를 전보하기 위하여 지급된다는 점에서 불법행위로 인한 소극적 손해의 배상과 같은 종류의 금원이라고 봄이 타당하다(대판 2017.11.9, 2017다228083).

① [O]

헌법 제30조 타인의 범죄행위로 인하여 생명·신체에 대한 피해를 받은 국민은 법률이 정하는 바에 의하여 국가로부터 구조를 받을 수 있다.

③ [O]

범죄피해자 보호법 제25조【구조금의 지급신청】② 제1항에 따른 신청은 해당 구조대상 범죄피해의 발생을 안 날부터 3년이 지나거나 해당 구조대상 범죄피해가 발생한 날부터 10년이 지나면 할 수 없다.

④ [O]

범죄피해자 보호법 제21조【손해배상과의 관계】① 국가는 구조피해자나 유족이 해당 구조대상 범죄피해를 원인으로 하여 손해배상을 받았으면 그 범위에서 구조금을 지급하지 아니한다.

정답 | 03 ④ 04 ②

05 범죄피해자구조청구권에 관한 다음 설명 중 가장 옳지 않은 것은? (다툼이 있는 경우 헌법재판소 결정 및 대법원 판례에 의함)

22. 법원직 9급

① 범죄피해자구조청구권의 주체는 자연인과 법인이며, 외국인은 상호보증이 있는 경우에 한하여 주체가 될 수 있다.

② 범죄피해자구조청구권의 대상이 되는 범죄피해의 범위에 관하여 해외에서 발생한 범죄피해는 포함하고 있지 아니한 조항이 평등원칙에 위배된다고 볼 수 없다.

③ 범죄피해자구조대상이 되는 범죄피해의 범위에는 형법 제20조 또는 제21조 제1항에 따라 처벌되지 아니하는 행위, 과실에 의한 행위는 제외한다.

④ 타인의 범죄행위로 피해를 당한 사람과 그 배우자, 직계친족뿐만 아니라 범죄피해 방지 및 범죄피해자 구조 활동으로 피해를 당한 사람도 범죄피해자로 본다.

해설

① [×] 범죄피해자구조청구권은 생명 또는 신체를 해치는 죄에 해당하는 행위만을 대상으로 하므로 성질상 법인은 범죄피해자구조청구권의 주체가 될 수 없다.

> 범죄피해자 보호법 제3조【정의】① 이 법에서 사용하는 용어의 뜻은 다음과 같다.
> 1. "범죄피해자"란 타인의 범죄행위로 피해를 당한 사람과 그 배우자(사실상의 혼인관계를 포함한다), 직계친족 및 형제자매를 말한다.
> 4. "구조대상 범죄피해"란 대한민국의 영역 안에서 또는 대한민국의 영역 밖에 있는 대한민국의 선박이나 항공기 안에서 행하여진 사람의 생명 또는 신체를 해치는 죄에 해당하는 행위(형법 제9조, 제10조 제1항, 제12조, 제22조 제1항에 따라 처벌되지 아니하는 행위를 포함하며, 같은 법 제20조 또는 제21조 제1항에 따라 처벌되지 아니하는 행위 및 과실에 의한 행위는 제외한다)로 인하여 사망하거나 장해 또는 중상해를 입은 것을 말한다.
>
> 제23조【외국인에 대한 구조】이 법은 외국인이 구조피해자이거나 유족인 경우에는 해당 국가의 상호보증이 있는 경우에만 적용한다.

② [O] 국가의 주권이 미치지 못하고 국가의 경찰력 등을 행사할 수 없거나 행사하기 어려운 해외에서 발생한 범죄에 대하여는 국가에 그 방지책임이 있다고 보기 어렵고, … 따라서 범죄피해자구조청구권의 대상이 되는 범죄피해에 해외에서 발생한 범죄피해의 경우를 포함하고 있지 아니한 것이 현저하게 불합리한 자의적인 차별이라고 볼 수 없어 평등원칙에 위배되지 아니한다(헌재 2011.12.29, 2009헌마354).

③④ [O]

> 범죄피해자 보호법 제3조【정의】① 이 법에서 사용하는 용어의 뜻은 다음과 같다.
> 1. "범죄피해자"란 타인의 범죄행위로 피해를 당한 사람과 그 배우자(사실상의 혼인관계를 포함한다), 직계친족 및 형제자매를 말한다.
> 4. "구조대상 범죄피해"란 대한민국의 영역 안에서 또는 대한민국의 영역 밖에 있는 대한민국의 선박이나 항공기 안에서 행하여진 사람의 생명 또는 신체를 해치는 죄에 해당하는 행위(형법 제9조, 제10조 제1항, 제12조, 제22조 제1항에 따라 처벌되지 아니하는 행위를 포함하며, 같은 법 제20조 또는 제21조 제1항에 따라 처벌되지 아니하는 행위 및 과실에 의한 행위는 제외한다)로 인하여 사망하거나 장해 또는 중상해를 입은 것을 말한다.
>
> ② 제1항 제1호에 해당하는 사람 외에 범죄피해 방지 및 범죄피해자 구조 활동으로 피해를 당한 사람도 범죄피해자로 본다.

06 범죄피해자구조청구권 및 범죄피해자 보호법에 대한 설명으로 가장 적절한 것은? (다툼이 있는 경우 헌법재판소 판례에 의함)

23. 경찰간부

① 구조대상 범죄피해를 받은 사람 또는 그 유족과 가해자 사이의 관계, 그 밖의 사정을 고려하여 구조금의 전부 또는 일부를 지급하는 것이 사회통념에 위배된다고 인정될 때에는 구조금의 전부 또는 일부를 지급하지 아니한다.

② 국가의 주권이 미치지 못하고 국가의 경찰력 등을 행사할 수 없거나 행사하기 어려운 해외에서 발생한 범죄에 대하여 국가에 그 방지책임이 없다고 보기는 어렵다.

③ 구조대상 범죄피해를 받은 사람이나 유족이 해당 구조대상범죄피해를 원인으로 하여 국가배상법이나 그 밖의 법령에 따른 급여 등을 받을 수 있는 경우에는 대통령령으로 정하는 바에 따라 구조금을 지급하지 아니한다.

④ 범죄피해 구조금의 지급신청은 해당 구조대상 범죄피해의 발생을 안 날부터 2년간 행사하지 아니하면 시효로 인하여 소멸된다.

해설

③ [O]

> 범죄피해자 보호법 제20조【다른 법령에 따른 급여 등과의 관계】 구조피해자나 유족이 해당 구조대상 범죄피해를 원인으로 하여 국가배상법이나 그 밖의 법령에 따른 급여 등을 받을 수 있는 경우에는 대통령령으로 정하는 바에 따라 구조금을 지급하지 아니한다.

① [×] 구조금의 전부 또는 일부를 지급하는 것이 사회통념에 위배된다고 인정될 때에는 구조금의 전부 또는 일부를 지급하지 아니할 수 있다.

> 범죄피해자 보호법 제19조【구조금을 지급하지 아니할 수 있는 경우】 ⑥ 구조피해자 또는 그 유족과 가해자 사이의 관계, 그 밖의 사정을 고려하여 구조금의 전부 또는 일부를 지급하는 것이 사회통념에 위배된다고 인정될 때에는 구조금의 전부 또는 일부를 지급하지 아니할 수 있다.

② [×] 국가의 주권이 미치지 못하고 국가의 경찰력 등을 행사할 수 없거나 행사하기 어려운 해외에서 발생한 범죄에 대하여는 국가에 그 방지책임이 있다고 보기 어렵고, 상호보증이 있는 외국에서 발생한 범죄피해에 대하여는 국민이 그 외국에서 피해구조를 받을 수 있으며, 국가의 재정에 기반을 두고 있는 구조금에 대한 청구권 행사대상을 우선적으로 대한민국의 영역 안의 범죄피해에 한정하고, 향후 해외에서 발생한 범죄피해의 경우에도 구조를 하는 방향으로 운영하는 것은 입법형성의 재량의 범위 내라고 할 것이다. 따라서 범죄피해자구조청구권의 대상이 되는 범죄피해에 해외에서 발생한 범죄피해의 경우를 포함하고 있지 아니한 것이 현저하게 불합리한 자의적인 차별이라고 볼 수 없어 평등원칙에 위배되지 아니한다(헌재 2011.12.29, 2009헌마354).

④ [×] 지급신청 기한과 소멸시효를 구별해야 한다. 구조금지급신청은 범죄피해의 발생을 안 날부터 3년이 지나거나 해당 구조대상 범죄피해가 발생한 날부터 10년이 지나면 할 수 없다.

> 범죄피해자 보호법 제25조【구조금의 지급신청】 ① 구조금을 받으려는 사람은 법무부령으로 정하는 바에 따라 그 주소지, 거주지 또는 범죄 발생지를 관할하는 지구심의회에 신청하여야 한다.
> ② 제1항에 따른 신청은 해당 구조대상 범죄피해의 발생을 안 날부터 3년이 지나거나 해당 구조대상 범죄피해가 발생한 날부터 10년이 지나면 할 수 없다.
>
> 제31조【소멸시효】 구조금을 받을 권리는 그 구조결정이 해당 신청인에게 송달된 날부터 2년간 행사하지 아니하면 시효로 인하여 소멸된다.

정답 | 05 ① 06 ③

07 범죄피해자구조청구권에 관한 설명으로 가장 적절하지 않은 것은? (다툼이 있는 경우 판례에 의함)

24. 경찰 1차

① 범죄피해자구조청구권은 제9차 개정헌법에서 처음으로 도입되었다.

② 범죄피해자구조청구권은 생존권적 기본권으로서의 성격을 가지는 청구권적 기본권이다.

③ 범죄피해자구조청구권은 국민의 권리로서 외국인에게는 인정되지 않는 권리이므로 외국인이 범죄피해자 보호법에 따른 범죄피해구조금을 신청할 수는 없다.

④ 범죄피해자 보호법에서 제척기간을 범죄피해가 발생한 날부터 5년으로 정하더라도, 5년이라는 기간이 지나치게 단기라든지 불합리하여 범죄피해자의 구조청구권 행사를 현저히 곤란하게 하거나 사실상 불가능하게 하는 것으로는 볼 수 없다.

해설

③ [×] 범죄피해자구조청구권은 외국인에게도 상호보증이 있는 경우에 범죄피해구조금을 신청할 수 있다.

> 범죄피해자 보호법 제23조 【외국인에 대한 구조】 이 법은 외국인이 구조피해자이거나 유족인 경우에는 해당 국가의 상호보증이 있는 경우에만 적용한다.

① [O] 제9차 개정헌법인 현행헌법(1987년)에서 범죄피해자에 대한 보호와 구제를 위해 범죄피해자구조청구권을 처음으로 도입하고 범죄피해자 보호법이 제정되어 시행되고 있다.

② [O] 범죄피해자구조청구권이라 함은 타인의 범죄행위로 말미암아 생명을 잃거나 신체상의 피해를 입은 국민이나 그 유족이 가해자로부터 충분한 피해배상을 받지 못한 경우에 국가에 대하여 일정한 보상을 청구할 수 있는 권리이며, 그 법적 성격은 생존권적 기본권으로서의 성격을 가지는 청구권적 기본권이라고 할 것이다(헌재 2011.12.29, 2009헌마354).

④ [O] 위 법률조항은 제척기간을 범죄피해가 발생한 날부터 5년으로 정하고 있는바, 오늘날 현대사회에서 인터넷의 보급 등 교통·통신수단이 상대적으로 매우 발달하여 여러 정보에 대한 접근이 용이해진 점과 일반 국민의 권리의식이 신장된 점 등에 비추어 보면, 그 5년이라는 기간이 지나치게 단기라든지 불합리하여 범죄피해자의 구조청구권 행사를 현저히 곤란하게 하거나 사실상 불가능하게 하는 것으로는 볼 수 없다. 비록 범죄피해자 보호법 제25조가 그 신청기간을 범죄피해발생일부터 10년으로 확장하였지만, 이 역시 입법재량의 범위 내라고 할 수 있을 뿐이고, 종래 그 기간을 5년으로 정한 것 자체가 불합리하다고 보기는 어렵다고 할 것이다(헌재 2011.12.29, 2009헌마354).

정답 | 07 ③

제7장 | 사회권적 기본권

제1절 | 인간다운 생활을 할 권리

01 인간다운 생활을 할 권리에 관한 설명으로 가장 적절한 것은? (다툼이 있는 경우 헌법재판소 판례에 의함)

24. 경찰 2차

① 지방자치단체장을 공무원연금법상 퇴직급여 및 퇴직수당의 지급 대상에서 제외하고 있는 구 공무원연금법 조항은, 근무형태 및 보수체계에 있어서 다른 일반 공무원과 차이가 없음에도 차별을 두는 것으로 지방자치단체장의 인간다운 생활을 할 권리를 침해한다.

② 외국인만으로 구성된 가구 중 영주권자 및 결혼이민자만을 긴급재난지원금 지급대상에 포함시키고 난민인정자를 제외한 관계부처합동 '긴급재난지원금 가구구성 및 이의신청 처리기준(2차)' 중 해당 부분은, '영주권자 및 결혼이민자'와 '난민인정자' 간 합리적 차별이라 할 것이므로 난민인정자의 인간다운 생활을 할 권리를 침해하지 아니한다.

③ 산업재해보상보험법상 유족급여를 수령할 수 있는 소정의 유족의 범위에 '직계혈족의 배우자'를 포함시키고 있지 않은 동법 조항은, 입법형성의 한계를 일탈하여 청구인의 인간다운 생활을 할 권리를 침해하고 있다고 보기는 어렵다.

④ 공무원연금법에 따른 퇴직연금일시금을 받은 사람에게 기초연금을 지급하지 아니하도록 한 기초연금법 및 동법 시행령 조항은 퇴직연금일시금의 액수 및 수령시점, 현존 여부 등을 고려하지 않은 채 퇴직연금일시금을 받은 사람을 무조건 기초연금 지급대상에서 제외하고 있으므로, 퇴직연금일시금 수령자의 인간다운 생활을 할 권리를 침해한다.

해설

③ [○] 산재보험법상 유족급여는 헌법 제34조의 인간다운 생활을 할 권리에 근거하여 산재보험법에 구체화된 사회보장적 성격의 보험급여로서 입법자의 광범위한 입법형성권이 인정된다. 근로자의 직계혈족의 배우자는 직접적인 혈연관계가 없고 근로자와 생계를 같이하는 경우에만 가족으로 인정되는 것이어서 가족으로서의 유대관계와 결속력이 완화되어 있고, 민법상 상속인의 범위에서도 제외되어 있으며, 다른 사회보장법에서도 유족의 범위에 포함되지 않고 있다. 따라서 이 사건 법률조항이 직계혈족의 배우자를 유족의 범위에 포함시키지 않고 있다 하더라도 그것이 입법형성의 한계를 일탈하여 청구인의 인간다운 생활을 할 권리를 침해하고 있다고 보기는 어렵다(헌재 2012.3.29, 2011헌바133).

① [×] 헌법재판소는 2014.6.26, 2012헌마459 결정에서, 지방자치단체장을 공무원연금법의 적용대상에서 제외하고 있다고 하더라도, 국민연금법에 따른 노령연금, 연계퇴직연금 제도, 국민기초생활보장법에 따른 사회보장 등을 고려하면, 인간다운 생활을 보장하기 위하여 국가가 실현해야 할 객관적 내용의 최소한도 보장에도 이르지 못하였다고 보기 어려우므로 인간다운 생활을 할 권리를 침해하였다고 볼 수 없고, 지방자치단체장은 특정 정당을 정치적 기반으로 할 수 있는 선출직공무원으로, 정해진 임기가 대체로 짧고 총 재임기간을 미리 특정할 수 없다는 점에서, 경력직공무원 및 다른 특수경력직공무원과 근본적인 차이가 있으므로, 장기근속을 전제로 운용되는 공무원연금법의 적용대상에서 이들을 제외하는 것에는 합리적 이유가 있어 평등권을 침해하지 않는다고 판단한 바 있다(헌재 2024.4.25, 2020헌바322).

② [×] 이 사건 처리기준이 긴급재난지원금 지급 대상인 외국인만으로 구성된 가구에 '영주권자 및 결혼이민자'를 포함시키면서 '난민인정자'를 제외한 것은 합리적 이유 없는 차별이라 할 것이므로, 이 사건 처리기준은 난민인정자인 청구인의 평등권을 침해한다. … 청구인은 심판대상조항이 난민인정자인 청구인의 인간다운 생활을 할 권리도 침해한다는 주장을 하고 있으나 이는 결국 영주권자 및 결혼이민자에 대해서는 재난지원금을 지급하면서 난민인정자에 대해서는 이를 지급하지 않는 것이 현저히 불합리하다는 주장과 다르지 아니하므로, 평등권 침해 여부를 판단하는 이상 이에 관하여는 따로 판단하지 아니한다(헌재 2024.3.28, 2020헌마1079).

정답 | 01 ③

④ [×] 심판대상조항은 공무원연금법에 따른 퇴직연금일시금을 지급받은 사람 및 그 배우자를 기초연금 수급권자의 범위에서 제외하고 있는바, 이는 한정된 재원으로 노인의 생활안정과 복리향상이라는 기초연금법의 목적을 달성하기 위한 것으로서 합리성이 인정되고, 국가가 기초연금제도 외에도 다양한 노인복지제도와 저소득층 노인의 노후소득보장을 위한 기초생활보장제도를 실시하고 있으며, 퇴직 공무원의 후생복지 및 재취업을 위한 사업을 실시하고 있는 점을 고려할 때 인간다운 생활을 할 권리를 침해한다고 볼 수 없다(헌재 2018.8.30, 2017헌바197 등).

02 사회적 기본권에 관한 다음 설명 중 가장 옳지 않은 것은?

24. 법원직

① 공무원연금법상 연금수급권과 같은 사회보장수급권은 헌법 제34조의 규정으로부터 도출되는 사회적 기본권의 하나로서, 국가에 대하여 적극적으로 급부를 요구하는 것이므로 헌법규정만으로는 이를 실현할 수 없고, 법률에 의한 형성을 필요로 한다.

② 보건복지부장관이 고시한 생활보호사업지침상의 생계보호급여의 수준이 일반 최저생계비에 미치지 못한다고 하더라도 그 사실만으로 국민의 인간다운 생활을 보장하기 위하여 국가가 실현해야 할 객관적 내용의 최소한도의 보장에 이르지 못하였다거나 헌법상 용인될 수 있는 재량의 범위를 명백히 일탈하였다고 볼 수 없다.

③ 헌법 제119조 제2항은 국가가 경제영역에서 실현하여야 할 목표의 하나로서 '적정한 소득의 분배'를 들고 있으므로, 이로부터 소득에 대하여 누진세율에 따른 종합과세를 시행하여야 할 구체적인 헌법적 의무가 입법자에게 부과된다.

④ 기초연금 수급권자의 범위에서 공무원연금법상 퇴직연금일시금을 받은 사람과 그 배우자를 제외하도록 한 규정은 제외대상에 해당하는 자의 인간다운 생활을 할 권리를 침해하지 아니한다.

해설

③ [×] 헌법 제119조 제2항은 국가가 경제영역에서 실현하여야 할 목표의 하나로서 "적정한 소득의 분배"를 들고 있지만, 이로부터 반드시 소득에 대하여 누진세율에 따른 종합과세를 시행하여야 할 구체적인 헌법적 의무가 조세입법자에게 부과되는 것이라고 할 수 없다. 오히려 입법자는 사회·경제정책을 시행함에 있어서 소득의 재분배라는 관점만이 아니라 서로 경쟁하고 충돌하는 여러 목표, 예컨대 "균형있는 국민경제의 성장 및 안정", "고용의 안정" 등을 함께 고려하여 서로 조화시키려고 시도하여야 하고, 끊임없이 변화하는 사회·경제상황에 적응하기 위하여 정책의 우선순위를 정할 수도 있다(헌재 1999.11.25, 98헌마55).

① [O] 공무원연금법상의 연금수급권과 같은 사회보장수급권은 헌법 제34조의 규정으로부터 도출되는 사회적 기본권의 하나이며, 따라서 국가에 대하여 적극적으로 급부를 요구하는 것이므로 헌법규정만으로는 이를 실현할 수 없고, 법률에 의한 형성을 필요로 한다(헌재 2012.8.23, 2010헌바425).

② [O] 1994년도를 기준으로 생활보호대상자에 대한 생계보호급여와 그 밖의 각종 급여 및 각종 부담감면의 액수를 고려할 때, 이 사건 생계보호기준이 청구인들의 인간다운 생활을 보장하기 위하여 국가가 실현해야 할 객관적 내용의 최소한도의 보장에도 이르지 못하였다거나 헌법상 용인될 수 있는 재량의 범위를 명백히 일탈하였다고는 보기 어렵고, 따라서 비록 위와 같은 생계보호의 수준이 일반 최저생계비에 못 미친다고 하더라도 그 사실만으로 곧 그것이 헌법에 위반된다거나 청구인들의 행복추구권이나 인간다운 생활을 할 권리를 침해한 것이라고는 볼 수 없다(헌재 1997.5.29, 94헌마33).

④ [O] 심판대상조항의 입법목적의 합리성, 다른 법령상의 사회보장체계, 공무원에 대한 후생복지제도 등을 종합적으로 고려할 때, 국가가 노인의 최저생활보장에 관한 입법을 함에 있어 그 내용이 현저히 불합리하여 헌법상 용인될 수 있는 재량의 범위를 일탈하였다고 보기 어려우므로, 심판대상조항이 공무원연금법에 따른 퇴직연금일시금을 받은 사람과 그 배우자의 인간다운 생활을 할 권리를 침해한다고 할 수 없다(헌재 2020.5.27, 2018헌바398).

03 인간다운 생활을 할 권리에 대한 설명으로 가장 적절하지 않은 것은? (다툼이 있는 경우 헌법재판소 판례에 의함)

25. 경찰간부

① 공영방송은 사회 · 문화 · 경제적 약자나 소외계층이 마땅히 누려야 할 문화에 대한 접근기회를 보장하여 인간다운 생활을 할 권리를 실현하는 기능을 수행하므로 우리 헌법상 그 존립가치와 책무가 크다.

② 재요양을 받는 경우에 재요양 당시의 임금을 기준으로 휴업급여를 산정하도록 한 구 산업재해보상보험법 조항은 진폐 근로자의 인간다운 생활을 할 권리를 침해하지 아니한다.

③ 공무원에게 재해보상을 위하여 실시되는 급여의 종류로 휴업급여 또는 상병보상연금 규정을 두고 있지 않은 공무원 재해보상법 제8조가 인간다운 생활을 할 권리를 침해할 정도에 이르렀다고 할 수는 없다.

④ 자동차사고 피해가족 중 유자녀에 대한 대출을 규정한 구 자동차손해배상 보장법 시행령 조항 중 '유자녀의 경우에는 생계유지 및 학업을 위한 자금의 대출' 부분은, 대출을 신청한 법정대리인이 상환의무를 부담하지 않으므로, 유자녀의 아동으로서의 인간다운 생활을 할 권리를 침해한다.

해설

④ [×] 심판대상조항이 유자녀에게 상환의무를 지우고 있는 것은 유자녀에게 대출금이 지급되며, 이는 유자녀의 생활 곤란을 위해 사용될 것임이 예정된 금전이기 때문이다. … 대출을 신청하는 자는 친권자 내지 후견인인 반면, 상환의무를 부담하는 자는 유자녀로서 이러한 이원화구조를 취함에 따라 법정대리인과 유자녀 간의 이해충돌이라는 부작용이 일부 발생할 가능성이 있지만, 이를 이유로 생활자금 대출 사업 전체를 폐지하면, 대출로라도 생활자금의 조달이 필요한 유자녀에게 불이익이 돌아가게 될 수 있다. … 심판대상조항이 청구인의 아동으로서의 인간다운 생활을 할 권리를 아동의 최선의 이익이라는 입법재량의 한계를 일탈하여 침해하였다고 보기 어렵다(헌재 2024.4.25, 2021헌마473).

① [O] 공영방송은 민주주의를 실현하기 위한 필수조건인 다양하고 민주적인 여론을 매개하고, 공적 정보를 제공함으로써 시민의 알 권리를 보장하며, 사회 · 문화 · 경제적 약자나 소외계층이 마땅히 누려야 할 문화에 대한 접근기회를 보장하여 인간다운 생활을 할 권리를 실현하는 기능을 수행하므로 우리 헌법상 그 존립가치와 책무가 크다(헌재 2024.5.30, 2023헌마820 등).

② [O] 진폐근로자라 하더라도 노동능력을 상실한 정도의 장해에 이르지 않는 한 재취업을 할 수 있고, 재취업한 사업장의 임금이 최초 진폐진단 시의 평균임금에 증감을 거쳐 산정된 금액보다 더 큰 경우도 얼마든지 상정할 수 있으므로, 재요양 당시의 임금을 기준으로 휴업급여를 산정하도록 한 것이 반드시 진폐근로자에게 불리하다고 단정할 수도 없다. … 이 사건 휴업급여조항은 그 내용이 현저히 불합리하여 헌법상 용인될 수 있는 재량의 범위를 명백히 일탈한 경우에 해당하지 아니하므로, 인간다운 생활을 할 권리를 침해하지 아니한다(헌재 2024.4.25, 2021헌바316).

③ [O] 청구인의 인간다운 생활을 할 권리가 침해되었는지 여부는 그에게 지급되는 재해보상의 실질을 가진 급여를 모두 포함하여도 공무상 부상 또는 질병으로 인해 발생한 소득 공백이 보전되고 있지 않은지 여부를 살펴보아야 한다. 공무상 질병 또는 부상으로 인한 공무원의 병가 및 공무상 질병휴직 기간에는 봉급이 전액 지급되고, 그 휴직기간이 지나면 직무에 복귀할 수도 있으며, 직무 복귀가 불가능하여 퇴직할 경우 장해급여를 지급받을 수도 있다. … 이를 종합하면, 심판대상조항이 현저히 불합리하여 인간다운 생활을 할 권리를 침해할 정도에 이르렀다고 할 수는 없다(헌재 2024.2.28, 2020헌마1587).

정답 | 02 ③ 03 ④

04 인간다운 생활을 할 권리에 관한 설명으로 가장 적절하지 않은 것은? (다툼이 있는 경우 헌법재판소 판례에 의함)

25. 경찰 1차

① 공영방송은 사회·문화·경제적 약자나 소외계층이 마땅히 누려야 할 문화에 대한 접근기회를 보장하여 인간다운 생활을 할 권리를 실현하는 기능을 수행하므로 우리 헌법상 그 존립가치와 책무가 크다.

② 재요양을 받는 경우에 재요양 당시의 임금을 기준으로 휴업급여를 산정하도록 한 구 산업재해보상보험법 제56조 제1항과 재요양 당시 임금이 없으면 최저임금액을 기준으로 휴업급여를 지급하도록 한 산업재해보상보험법 제56조 제2항은 근로자의 인간다운 생활을 할 권리를 침해한다.

③ 자동차사고 피해가족 중 유자녀에 대한 대출을 규정한 구 자동차손해배상 보장법 시행령 제18조 제1항 제2호 중 '유자녀의 경우에는 생계유지 및 학업을 위한 자금의 대출' 부분은 유자녀가 자신에 대한 양육비용을 국가에게 상환할 채무를 부담하기로 약속하고 자금을 지원받는 것이므로 유자녀의 아동으로서의 인간다운 생활을 할 권리를 침해하지 않는다.

④ 공무원에게 재해보상을 위하여 실시되는 급여의 종류로 휴업급여 또는 상병보상연금 규정을 두고 있지 않은 공무원 재해보상법 제8조는 공무원의 인간다운 생활을 할 권리를 침해하지 않는다.

해설

② [×] 재요양은 최초 상병진단 시로부터 시간적·의학적으로 단절되어 있으므로 재요양 당시의 임금 수준은 최초 상병진단 시의 임금 수준과 어느 정도 차이가 날 수밖에 없고, 휴업급여는 요양 또는 재요양을 전제로 지급되는 급여이므로 요양의 필요성 인정 여부와 상관없이 최초 진폐 진단 시의 임금을 기준으로 휴업급여를 지급하는 것은 휴업급여의 본질에 부합하지 아니하며 다른 재해근로자와의 형평에도 어긋난다. … 이 사건 휴업급여조항은 진폐 근로자의 인간다운 생활을 할 권리를 침해하지 아니한다(헌재 2024.4.25, 2021헌바316).

① [O] 우리나라는 방송의 공공성을 고려하여 공익향상과 문화발전을 위한 공영방송제도를 두고 방송운영에 대하여 국가가 직·간접적인 지원과 규율을 하고 있다. 공영방송은 민주주의를 실현하기 위한 필수조건인 다양하고 민주적인 여론을 매개하고, 공적 정보를 제공함으로써 시민의 알 권리를 보장하며, 사회·문화·경제적 약자나 소외계층이 마땅히 누려야 할 문화에 대한 접근기회를 보장하여 인간다운 생활을 할 권리를 실현하는 기능을 수행하므로 우리 헌법상 그 존립가치와 책무가 크다(헌재 2024.5.30, 2023헌마820 등).

③ [O] 심판대상조항이 대출의 형태로 유자녀의 양육에 필요한 경제적 지원을 하는 것은 유자녀가 향후 소득활동을 할 수 있게 된 후에는 자금을 회수하여, 자동차 운전자들의 책임보험료로 마련된 기금을 가급적 많은 유자녀를 위해 사용할 수 있게 하기 위함이다. 심판대상조항에 따르면 대출을 신청한 법정대리인이 상환의무를 부담하지 않으므로 법정대리인과 유자녀 간의 이해충돌이라는 부작용이 일부 발생할 가능성이 있지만, 이를 이유로 생활자금 대출 사업 전체를 폐지하면, 대출로라도 생활자금의 조달이 필요한 유자녀에게 불이익이 돌아가게 될 수 있다. 유자녀에 대한 적기의 경제적 지원 및 자동차 피해지원사업의 지속가능성 확보는 중요하다는 점, 민법상 부당이득반환청구와 같은 구제수단이 있다는 점 등을 고려하면, 심판대상조항은 청구인의 아동으로서의 인간다운 생활을 할 권리를 침해하지 않는다(헌재 2024.4.25, 2021헌마473).

④ [O] 공무상 질병 또는 부상으로 인한 공무원의 병가 및 공무상 질병휴직 기간에는 봉급이 전액 지급되고, 그 휴직기간이 지나면 직무에 복귀할 수도 있으며, 직무 복귀가 불가능하여 퇴직할 경우 장해급여를 지급받을 수도 있다. 장해급여가 지급될 수 있는 요건을 충족하지 못하는 경우에도 요양급여와 함께 공무원연금법에 따른 퇴직일시금 또는 퇴직연금이 지급된다. … 이를 종합하면, 심판대상조항이 현저히 불합리하여 인간다운 생활을 할 권리를 침해할 정도에 이르렀다고 할 수는 없다(헌재 2024.2.28, 2020헌마1587).

05 인간다운 생활을 할 권리에 관한 설명으로 가장 적절하지 않은 것은? (다툼이 있는 경우 판례에 의함)

25. 경정승진

① 모든 국민은 인간다운 생활을 할 권리를 가지며 국가는 생활능력 없는 국민을 보호할 의무가 있다는 헌법의 규정은 모든 국가기관을 기속하지만, 그 기속의 의미는 적극적 · 형성적 활동을 하는 입법부 또는 행정부의 경우와 헌법재판에 의한 사법적 통제기능을 하는 헌법재판소에 있어서 동일하지 아니하다.

② 공무원연금법상의 퇴직급여, 유족급여 등 각종 급여를 받을 권리인 연금수급권은 일부 재산권으로서의 성격과 사회보장수급권의 성격이 불가분적으로 혼재되어 있으므로 입법자로서는 연금수급권의 구체적 내용을 정함에 있어 이를 전체로서 파악하여 어느 한쪽의 요소에 보다 중점을 두어서는 아니된다.

③ 재혼을 유족연금수급권 상실사유로 규정한 구 공무원연금법 조항 중'유족연금'에 관한 부분은 한정된 재원의 범위 내에서 부양의 필요성과 중요성 등을 고려하여 유족들을 보다 효과적으로 보호하기 위한 것이므로, 입법재량의 한계를 벗어나 재혼한 배우자의 인간다운 생활을 할 권리를 침해하였다고 볼 수 없다.

④ 국가유공자 등록신청을 한 날이 속하는 달부터 보상을 받을 권리가 발생한다고 규정하고 있는 국가유공자 등 예우 및 지원에 관한 법률 조항은 지급대상자의 범위 파악과 보상수준의 결정에 있어서의 용이성, 국가의 재정적 상황 등 입법정책적 상황을 고려한 것이며, 보상금 이외에 생활조정수당 등을 지급함으로써 국가유공자에게 최소한의 물질적 수요를 충족시켜주고 있으므로 인간다운 생활을 할 권리를 침해하는 것은 아니다.

해설

② [×] 공무원연금법상의 퇴직급여, 유족급여 등 각종 급여를 받을 권리, 즉 연금수급권은 일부 재산권으로서의 성격을 지니는 것으로 파악되고 있으나 이는 앞서 본 바와 같이 사회보장수급권의 성격과 불가분적으로 혼재되어 있으므로, 비록 연금수급권에 재산권의 성격이 일부 있다 하더라도 그것은 이미 사회보장법리의 강한 영향을 받지 않을 수 없다 할 것이고, 입법자로서는 연금수급권의 구체적 내용을 정함에 있어 이를 전체로서 파악하여 어느 한 쪽의 요소에 보다 중점을 둘 수 있다 할 것이다(헌재 2009.5.28, 2008헌바107).

① [O] 모든 국민은 인간다운 생활을 할 권리를 가지며 국가는 생활능력 없는 국민을 보호할 의무가 있다는 헌법의 규정은 모든 국가기관을 기속하지만, 그 기속의 의미는 적극적 · 형성적 활동을 하는 입법부 또는 행정부의 경우와 헌법재판에 의한 사법적 통제기능을 하는 헌법재판소에 있어서 동일하지 아니하다(헌재 1997.5.29, 94헌마33).

③ [O] 심판대상조항이 배우자의 재혼을 유족연금수급권 상실사유로 규정한 것은 배우자가 재혼을 통하여 새로운 부양관계를 형성함으로써 재혼 상대방 배우자를 통한 사적 부양이 가능해짐에 따라 더 이상 사망한 공무원의 유족으로서의 보호의 필요성이나 중요성을 인정하기 어렵다고 보았기 때문이다. 이는 한정된 재원의 범위 내에서 부양의 필요성과 중요성 등을 고려하여 유족들을 보다 효과적으로 보호하기 위한 것이므로, 입법재량의 한계를 벗어나 재혼한 배우자의 인간다운 생활을 할 권리와 재산권을 침해하였다고 볼 수 없다(헌재 2022.8.31, 2019헌가31).

④ [O] 이 사건 조항이 국가유공자로 등록된 자에게 예우법 제6조에 의한 등록신청일이 속한 달 이후의 보상금만 지급하도록 규정하고 있는 것은 지급대상자의 범위 파악과 보상수준의 결정에 있어서의 용이성, 국가의 재정적 상황 등 입법정책적 상황을 고려한 것이며, 앞서 살펴본 바와 같이 예우법은 보상금 이외에 생활조정수당이나(예우법 제14조) 간호수당(예우법 제15조) 등을 지급함으로써 국가유공자에게 인간다운 생활에 필요한 최소한의 물질적 수요를 충족시켜 주고 있다고 할 것이므로, 이 사건 조항이 입법재량의 범위를 넘어선 것으로 인간다운 생활을 할 권리를 침해하는 것은 아니다(헌재 2011.7.28, 2009헌마27).

정답 | 04 ② 05 ②

06 다음 인간다운 생활을 할 권리에 관한 설명 중 가장 옳지 않은 것은? (다툼이 있는 경우 판례에 의함)

24. 해경간부

① 인간다운 생활을 할 권리에 관한 헌법상 규정은 모든 국가기관을 기속하지만, 그 기속의 의미는 적극적·형성적 활동을 하는 입법부 또는 행정부의 경우와 헌법재판에 의한 사법적 통제기능을 하는 헌법재판소에 있어서 동일하지 아니하다.

② 사적자치에 의해 규율되는 사인 사이의 법률관계에서 계약갱신을 요구할 수 있는 권리나 보증금을 우선하여 변제받을 수 있는 권리 등은 헌법 제34조의 인간다운 생활을 할 권리의 보호대상에 포함된다.

③ 인간다운 생활을 할 권리로부터 인간의 존엄에 상응하는 '최소한의 물질적인 생활'의 유지에 필요한 급부를 요구할 수 있는 구체적인 권리가 상황에 따라서는 직접 도출될 수 있다고 할 수는 있어도, 직접 그 이상의 급부를 내용으로 하는 구체적인 권리를 발생케 한다고 볼 수는 없다.

④ 국가는 노인과 청소년의 복지향상을 위한 정책을 실시할 의무를 진다.

해설

② [×] 헌법 제34조 제1항의 인간다운 생활을 할 권리는 인간의 존엄에 상응하는 최소한의 물질적인 생활의 유지에 필요한 급부를 요구할 수 있는 권리일 뿐, 사적자치에 의해 규율되는 사인 사이의 법률관계에서 계약갱신을 요구할 수 있는 권리나 보증금을 우선하여 변제받을 수 있는 권리 등은 헌법 제34조 제1항에 의한 보호대상이 아니므로, 청구인의 인간다운 생활을 할 권리를 침해한다고 볼 수 없다(헌재 2014.3.27, 2013헌바198).

① [○] 모든 국민은 인간다운 생활을 할 권리를 가지며 국가는 생활능력 없는 국민을 보호할 의무가 있다는 헌법의 규정은 모든 국가기관을 기속하지만, 그 기속의 의미는 적극적·형성적 활동을 하는 입법부 또는 행정부의 경우와 헌법재판에 의한 사법적 통제기능을 하는 헌법재판소에 있어서 동일하지 아니하다(헌재 1997.5.29, 94헌마33).

③ [○] 인간다운 생활을 할 권리로부터 인간의 존엄에 상응하는 "최소한의 물질적인 생활"의 유지에 필요한 급부를 요구할 수 있는 구체적인 권리가 상황에 따라서는 직접 도출될 수 있다고 할 수는 있어도, 직접 그 이상의 급부를 내용으로 하는 구체적인 권리를 발생케 한다고 볼 수는 없다. 이러한 구체적 권리는 국가가 재정형편 등 여러 가지 상황들을 종합적으로 감안하여 법률을 통하여 구체화할 때에 비로소 인정되는 법률적 차원의 권리이다(헌재 2006.11.30, 2005헌바25).

④ [○]

헌법 제34조 ④ 국가는 노인과 청소년의 복지향상을 위한 정책을 실시할 의무를 진다.

07 다음 사회적 기본권에 관한 설명 중 가장 옳지 않은 것은? (다툼이 있는 경우 판례에 의함)

24. 해경간부

① 업무상 질병으로 인한 업무상 재해에 있어 업무와 재해 사이의 상당인과관계에 대한 입증책임을 이를 주장하는 근로자나 그 유족에게 부담시키는 산업재해보상보험법 규정이 근로자나 그 유족의 사회보장수급권을 침해한다고 볼 수 없다.

② 교도소 수용자들의 자살을 방지하기 위하여 독거실 내 화장실 창문에 안전철망을 설치한 행위는 수형자의 환경권을 침해하지 않는다.

③ 유족연금수급권은 그 급여의 사유가 발생한 날로부터 5년간 이를 행사하지 아니하면 시효로 인하여 소멸하도록 규정한 구 군인연금법 조항은 유족연금수급권자의 인간다운 생활을 할 권리를 침해한다고 볼 수 없다.

④ 보건복지부장관이 최저생계비를 고시함에 있어서 장애인가구와 비장애인가구를 구분하지 않고 일률적으로 동일한 최저생계비를 적용한 것은 생활능력 없는 장애인가구 구성원의 평등권을 침해하였다.

해설

④ [×] 국가가 생활능력 없는 장애인의 인간다운 생활을 보장하기 위한 조치를 취함에 있어서 국가가 실현해야 할 객관적 내용의 최소한도의 보장에도 이르지 못하였다거나 헌법상 용인될 수 있는 재량의 범위를 명백히 일탈하였다고는 보기 어렵고, 또한 장애인가구와 비장애인가구에게 일률적으로 동일한 최저생계비를 적용한 것을 자의적인 것으로 볼 수는 없다. 따라서, 보건복지부장관이 2002년도 최저생계비를 고시함에 있어 장애로 인한 추가지출비용을 반영한 별도의 최저생계비를 결정하지 않은 채 가구별 인원수만을 기준으로 최저생계비를 결정한 것은 생활능력 없는 장애인가구 구성원의 인간의 존엄과 가치 및 행복추구권, 인간다운 생활을 할 권리, 평등권을 침해하였다고 할 수 없다(헌재 2004.10.28, 2002헌마328).

① [O] 입증책임분배에 있어 권리의 존재를 주장하는 당사자가 권리근거사실에 대하여 입증책임을 부담한다는 것은 일반적으로 받아들여지고 있고, 통상적으로 업무상 재해를 직접 경험한 당사자가 이를 입증하는 것이 용이하다는 점을 감안하면, 이러한 입증책임의 분배가 입법재량을 일탈한 것이라고는 보기 어렵다. … 근로자 측이 현실적으로 부담하는 입증책임이 근로자 측의 보호를 위한 산업재해보상보험제도 자체를 형해화시킬 정도로 과도하다고 보기도 어렵다. 따라서 심판대상조항이 사회보장수급권을 침해한다고 볼 수 없다(헌재 2015.6.25, 2014헌바269).

② [O] 이 사건 설치행위는 수용자의 자살을 방지하여 생명권을 보호하고 교정시설 내의 안전과 질서를 보호하기 위한 것이다. … 교정시설 내 자살사고는 수용자 본인이 생명을 잃는 중대한 결과를 초래할 뿐만 아니라 다른 수용자들에게도 직접적으로 부정적인 영향을 미치고 나아가 교정시설이나 교정정책 전반에 대한 불신을 야기할 수 있다는 점에서 이를 방지할 필요성이 매우 크고, 그에 비해 청구인에게 가해지는 불이익은 채광·통풍이 다소 제한되는 정도에 불과하다. 따라서 이 사건 설치행위는 청구인의 환경권 등 기본권을 침해하지 아니한다(헌재 2014.6.26, 2011헌마150).

③ [O] 심판대상조항은 권리의무관계를 조기에 확정하고 재정운용의 불안정성을 제거하여 연금재정을 합리적으로 운용하기 위한 것으로서 합리적인 이유가 있고, 그 내용이 현저히 불합리하여 헌법상 용인될 수 있는 재량의 범위를 명백히 벗어났다고 볼 수 없으므로, 유족연금수급권자의 인간다운 생활을 할 권리나 재산권을 침해하여 헌법에 위반된다고 볼 수 없다(헌재 2021.4.29, 2019헌바412).

08 사회적 기본권에 대한 설명으로 가장 적절하지 않은 것은? (다툼이 있는 경우 헌법재판소 판례에 의함)

22. 경찰간부

① 사실혼 배우자에게 상속권을 인정하지 않는 민법 제1003조 제1항 중 '배우자' 부분이 사실혼 배우자의 상속권 및 평등권을 침해하고, 헌법 제36조 제1항에 위반된다.

② 가족제도에 관한 전통문화란 가족제도에 관한 헌법이념인 개인의 존엄과 양성평등에 반하는 것이어서는 안 된다는 한계가 도출되므로 어떤 가족제도가 개인의 존엄과 양성평등에 반한다면 헌법 제9조를 근거로 그 헌법적 정당성을 주장할 수는 없다.

③ 악취가 배출되는 사업장이 있는 지역을 악취관리지역으로 지정함으로써 악취방지를 위한 예방적·관리적 조치를 할 수 있도록 한 것은 헌법상 국가와 국민의 환경보전의무를 바탕으로 주민의 건강과 생활환경의 보전을 위하여 사업장에서 배출되는 악취를 규제·관리하기 위한 적합한 수단이다.

④ 교도소 수용자들의 자살을 방지하기 위하여 독거실 내 화장실 창문에 안전철망을 설치한 행위는 수형자의 환경권 등 기본권을 침해하지 않는다.

해설

① [×] 법률혼주의를 채택한 취지에 비추어 볼 때 제3자에게 영향을 미쳐 명확성과 획일성이 요청되는 상속과 같은 법률관계에서는 사실혼을 법률혼과 동일하게 취급할 수 없으므로, 이 사건 법률조항이 사실혼 배우자의 평등권을 침해한다고 보기 어렵다(헌재 2014.8.28, 2013헌바119).

② [O] 헌법전문과 헌법 제9조에서 말하는 '전통', '전통문화'란 역사성과 시대성을 띤 개념으로서 헌법의 가치질서, 인류의 보편가치, 정의와 인도정신 등을 고려하여 오늘날의 의미로 포착하여야 하며, 가족제도에 관한 전통·전통문화란 적어도 그것이 가족제도에 관한 헌법이념인 개인의 존엄과 양성의 평등에 반하는 것이어서는 안 된다는 한계가 도출되므로, 전래의 어떤 가족제도가 헌법 제36조 제1항이 요구하는 개인의 존엄과 양성평등에 반한다면 헌법 제9조를 근거로 그 헌법적 정당성을 주장할 수는 없다(헌재 2005.2.3, 2001헌가9).

정답 | 06 ② 07 ④ 08 ①

③ [O] 보전의무를 바탕으로 주민의 건강과 생활환경의 보전을 위하여 사업장에서 배출되는 악취를 규제·관리하고자 하는 데 그 목적이 있으므로, 정당성이 인정된다. 그리고 심판대상조항이 악취가 배출되는 사업장이 있는 지역을 악취관리지역으로 지정함으로써 악취방지를 위한 예방적·관리적 조처를 할 수 있도록 한 것은 이러한 목적을 달성하기에 적합한 수단이다(헌재 2020.12.23, 2019헌바25).

④ [O] 이 사건 설치행위는 수용자의 자살을 방지하여 생명권을 보호하고 교정시설 내의 안전과 질서를 보호하기 위한 것이다. 안전철망을 설치한 이후 교도소 내 화장실 창문 철격자를 이용한 자살사고는 단 한 건도 발생하지 않았고, 교도소 내 전체 자살사고도 현저히 감소하였다. 안전철망의 구멍의 크기는 일반 방충망의 구멍의 크기보다 크고, 모든 독거실에 CCTV를 설치하여 계호하는 것은 수용자들의 사생활의 비밀과 자유에 대한 침해의 정도가 더 커 적절한 대안이라 할 수 없으며, 수용자들은 매일 30분 내지 1시간에 이르는 실외운동시간에 햇빛을 볼 수 있다. 교정시설 내 자살사고는 수용자 본인이 생명을 잃는 중대한 결과를 초래할 뿐만 아니라 다른 수용자들에게도 직접적으로 부정적인 영향을 미치고 나아가 교정시설이나 교정정책 전반에 대한 불신을 야기할 수 있다는 점에서 이를 방지할 필요성이 매우 크고, 그에 비해 청구인에게 가해지는 불이익은 채광·통풍이 다소 제한되는 정도에 불과하다. 따라서 이 사건 설치행위는 청구인의 환경권 등 기본권을 침해하지 아니한다(헌재 2014.6.26, 2011헌마150).

09 사회적 기본권에 대한 설명으로 옳지 않은 것은? (다툼이 있는 경우 판례에 의함)

22. 5급 공채

① 국민기초생활 보장법 시행령상 '대학원에 재학 중인 사람'과 '부모에게 버림받아 부모를 알 수 없는 사람'을 조건부과 유예의 대상자에 포함시키지 않았다는 사정만으로 국가가 인간다운 생활을 보장하기 위한 조치를 취함에 있어서 실현해야 할 객관적 내용의 최소한도 보장에 이르지 못하였다거나 헌법상 용인될 수 있는 재량의 범위를 명백히 일탈하였다고는 보기 어렵다.

② 지뢰피해자 및 그 유족에 대한 위로금 산정 시 사망 또는 상이를 입을 당시의 월평균임금을 기준으로 하고, 그 기준으로 산정한 위로금이 2천만 원에 이르지 아니할 경우 2천만 원을 초과하지 아니하는 범위에서 조정·지급할 수 있도록 한 지뢰피해자 지원에 관한 특별법 조항은 인간다운 생활을 할 권리를 침해한다고 볼 수 없다.

③ 구 공무원연금법상 유족급여수급권이 헌법상 보장되는 재산권에 포함되기 때문에 대통령령이 정하는 정도의 장애상태에 있지 아니한 19세 이상의 자녀를 유족의 범위에서 제외한 것은 유족급여수급권의 본질적 내용을 침해하여 입법형성권의 범위를 벗어난 것이다.

④ 산재피해 근로자에게 인정되는 산재보험수급권은 입법재량권의 행사에 의하여 제정된 산업재해보상보험법에 의하여 비로소 구체화되는 '법률상의 권리'이며, 개인에게 국가에 대한 사회보장·사회복지 또는 재해예방 등과 관련된 적극적 급부청구권이 인정되는 것은 아니다.

해설

③ [×] 공무원연금법상의 연금수급권에는 사회적 기본권의 하나인 사회보장수급권의 성격과 재산권의 성격이 불가분적으로 혼재되어 있으므로, 입법자로서는 연금수급권의 구체적 내용을 정함에 있어 반드시 민법상 상속의 법리와 순위에 따라야 하는 것이 아니라 공무원연금제도의 목적달성에 알맞도록 독자적으로 규율할 수 있다. … 공무원연금법 제3조 제2항에서 18세 이상으로서 폐질상태에 있지 않은 자는 사회생활에 적응할 수 있고 독자적 노동능력을 갖추어 적어도 최소한의 생활은 스스로 영위해 나갈 수 있는 것으로 보아 유족의 범위에서 배제하여 유족급여를 받을 수 없게 하였다 하더라도, 이는 입법형성의 한계를 벗어나 사회보장수급권·재산권·평등권을 침해하는 것이라고 할 수 없다(헌재 1999.4.29, 97헌마333).

① [O] 입법자가 이 사건 시행령조항을 제정함에 있어 '대학원에 재학 중인 사람'과 '부모에게 버림받아 부모를 알 수 없는 사람'을 조건부과 유예의 대상자에 포함시키지 않았다고 하더라도, 그러한 사정만으로 국가가 청구인의 인간다운 생활을 보장하기 위한 조치를 취함에 있어서 국가가 실현해야 할 객관적 내용의 최소한도의 보장에도 이르지 못하였다거나 헌법상 용인될 수 있는 재량의 범위를 명백히 일탈하였다고는 보기는 어렵다(헌재 2017.11.30, 2016헌마448).

② [O] 지뢰피해자 및 그 유족에 대한 위로금 산정 시 사망 또는 상이를 입을 당시의 월평균임금을 기준으로 위로금을 산정하도록 한 것은 한정된 국가재정 하에서 위로금의 취지, 국가배상청구권의 소멸시효 제도와의 균형점 모색, '지뢰피해자 지원에 관한 특별법' 시행 전 이미 국가배상을 받은 피해자 및 그 유족과의 형평성 등을 고려한 것이다. 다만, 사망 또는 상이 당시의 월평균임금을 기준으로 위로금을 산정함으로 인하여 피해시기에 따라 위로금 액수에 현격한 차이가 나는 문제를 보완하기 위해 입법자는 지뢰피해자법 제정 당시 고려한 국가재정부담 정도를 현저히 초과하지 아니하는 범위 내에서 2천만원을 조정상한금액으로 정하여 위로금 격차 해소를 위한 보완책을 마련하였다. 따라서 심판대상조항이 인간다운 생활을 할 권리를 침해한다고 볼 수 없다(헌재 2019.12.27, 2018헌바236·294, 2019헌바392).

④ [O] 헌법재판소의 선례에 의하면, 헌법 제34조 제2항 및 제6항의 국가의 사회보장·사회복지 증진의무나 재해예방노력의무 등의 성질에 비추어 국가가 어떠한 내용의 산재보험을 어떠한 범위와 방법으로 시행할지 여부는 입법자의 재량영역에 속하는 문제이고, 산재피해 근로자에게 인정되는 산재보험수급권도 그와 같은 입법재량권의 행사에 의하여 제정된 산재보험법에 의하여 비로소 구체화되는 '법률상의 권리'이며, 개인에게 국가에 대한 사회보장·사회복지 또는 재해예방 등과 관련된 적극적 급부청구권은 인정하고 있지 않다(헌재 2005.7.21, 2004헌바2).

10 인간다운 생활을 할 권리에 관한 설명 중 가장 적절하지 않은 것은? (다툼이 있는 경우 판례에 의함)

22. 경찰 1차

① 국가가 인간다운 생활을 보장하기 위한 헌법적 의무를 다하였는지의 여부가 사법적 심사의 대상이 된 경우에는, 국가가 최저생활보장에 관한 입법을 전혀 하지 아니하였다든가 그 내용이 현저히 불합리하여 헌법상 용인될 수 있는 재량의 범위를 명백히 일탈한 경우에 한하여 헌법에 위반된다.

② 65세 미만의 일정한 노인성 질병이 있는 사람의 장애인 활동지원급여 신청자격을 제한하는 장애인활동 지원에 관한 법률 제5조 제2호 본문 중 ' 노인장기요양보험법 제2조 제1호에 따른 노인 등' 가운데 '65세 미만의 자로서 치매 뇌혈관성질환 등 대통령령으로 정하는 노인성 질병을 가진 자'에 관한 부분은 합리적 이유가 있다고 할 것이므로 평등원칙에 위반되지 않는다.

③ 업무상 질병으로 인한 업무상 재해에 있어 업무와 재해 사이의 상당인과관계에 대한 입증책임을 이를 주장하는 근로자나 그 유족에게 부담시키는 산업재해보상보험법 규정이 근로자나 그 유족의 사회보장수급권을 침해한다고 볼 수 없다.

④ 공무원연금법에 따른 퇴직연금일시금을 지급받은 사람 및 그 배우자를 기초연금 수급권자의 범위에서 제외하는 것은 한정된 재원으로 노인의 생활안정과 복리향상이라는 기초연금법의 목적을 달성하기 위한 것으로서 합리성이 인정되므로 인간다운 생활을 할 권리를 침해한다고 볼 수 없다.

해설

② [×] 65세 미만의 비교적 젊은 나이인 경우, 일반적 생애주기에 비추어 자립 욕구나 자립지원의 필요성이 높고, 질병의 치료효과나 재활의 가능성이 높은 편이므로 노인성 질병이 발병하였다고 하여 곧 사회생활이 객관적으로 불가능하다거나, 가내에서의 장기요양의 욕구·필요성이 급격히 증가한다고 평가할 것은 아니다. 또한 활동지원급여와 장기요양급여는 급여량 편차가 크고, 사회활동 지원 여부 등에 있어 큰 차이가 있다. 그럼에도 불구하고 65세 미만의 장애인 가운데 일정한 노인성 질병이 있는 사람의 경우 일률적으로 활동지원급여 신청자격을 제한한 데에 합리적 이유가 있다고 보기 어려우므로 심판대상조항은 평등원칙에 위반된다(헌재 2020.12.23, 2017헌가22).

① [O] 국가가 인간다운 생활을 보장하기 위한 헌법적 의무를 다하였는지의 여부가 사법적 심사의 대상이 된 경우에는, 국가가 생계보호에 관한 입법을 전혀 하지 아니하였다든가 그 내용이 현저히 불합리하여 헌법상 용인될 수 있는 재량의 범위를 명백히 일탈한 경우에 한하여 인간다운 생활을 할 권리를 보장한 헌법에 위반된다고 할 수 있다(헌재 1997.5.29, 94헌마33).

③ [O] 업무상 재해의 인정요건 중 하나로 '업무와 재해 사이에 상당인과관계'를 요구하고 근로자 측에게 그에 대한 입증을 부담시키는 것은 재해근로자와 그 가족에 대한 보상과 생활보호를 필요한 수준으로 유지하면서도 그와 동시에 보험재정의 건전성을 유지하기 위한 것으로 서 그 합리성이 있다. 입증책임분배에 있어 권리의 존재를 주장하는 당사자가 권리근거사실에 대하여 입증책임을 부담한다는 것은 일반적으로 받아들여지고 있고, 통상적으로 업무상 재해를 직접 경험한 당사자가 이를 입증하는 것이 용이하다는 점을 감안하면, 이러한 입증책임의 분배가 입법재량을 일탈한 것이라고는 보기 어렵다. 또한 산업재해보상보험법 시행령 [별표 3]은 업무상 질병에 대한 구체적인 인정기준을 규정하면서 각 질환별로 업무상 질병에 해당하는 경우를 예시하고 있는바, 적어도 그에 해당하는 질병에 대하여는 근로자 측의 입증부담이 어느 정도 완화되어 있다고 볼 수 있는 점, 대법원도 업무상 질병으로 인한 업무상 재해에 있어 업무와 재해 사이의 상당인과관계에 대한 입증 정도를 완화하는 판시를 하고 있는 점, 산업재해보상보험법 등은 근로복지공단으로 하여금 사업장 조사 등 업무상 재해 여부를 판단할 수 있는 자료를 실질적으로 조사·수집하게 하도록 하고 있는데 이는 근로자 측의 입증부담을 사실상 완화하는 역할을 할 수 있는 점 등을 고려할 때, 근로자 측이 현실적으로 부담하는 입증책임이 근로자 측의 보호를 위한 산업재해보상보험제도 자체를 형해화시킬 정도로 과도하다고 보기도 어렵다. 따라서 심판대상조항이 사회보장 수급권을 침해한다고 볼 수 없다(헌재 2015.6.25, 2014헌바269).

정답 | 09 ③ 10 ②

④ [O] 심판대상조항은 공무원연금법에 따른 퇴직연금일시금을 지급받은 사람 및 그 배우자를 기초연금 수급권자의 범위에서 제외하고 있는바, 이는 한정된 재원으로 노인의 생활안정과 복리향상이라는 기초연금법의 목적을 달성하기 위한 것으로서 합리성이 인정되고, 국가가 기초연금제도 외에도 다양한 노인복지제도와 저소득층 노인의 노후소득보장을 위한 기초생활보장제도를 실시하고 있으며, 퇴직 공무원의 후생복지 및 재취업을 위한 사업을 실시하고 있는 점을 고려할 때 인간다운 생활을 할 권리를 침해한다고 볼 수 없다(헌재 2018.8.30, 2017헌바197).

11 인간다운 생활을 할 권리에 관한 설명 중 가장 적절하지 않은 것은? (다툼이 있는 경우 판례에 의함)

22. 경찰 2차

① 인간다운 생활을 할 권리는 자연인의 권리이므로 법인에게는 인정되지 않고, 또한 국민의 권리이므로 원칙적으로 외국인에게는 인정되지 아니한다.

② 인간다운 생활을 할 권리에 관한 헌법상 규정은 모든 국가기관을 기속하지만, 그 기속의 의미는 적극적 · 형성적 활동을 하는 입법부 또는 행정부의 경우와 헌법재판에 의한 사법적 통제기능을 하는 헌법재판소에 있어서 동일하지 아니하다.

③ 주거환경개선사업 및 주택재개발사업의 시행으로 철거되는 주택의 소유자에 대해서는 임시수용시설의 설치 등을 사업시행자의 의무로 규정한 반면, 도시환경정비사업의 경우에는 이와 같은 규정을 두지 아니한 것은 청구인의 인간다운 생활을 할 권리를 제한한다.

④ 국가가 인간다운 생활을 보장하기 위한 헌법적 의무를 다하였는지의 여부가 사법적 심사의 대상이 된 경우에는, 국가가 최저생활보장에 관한 입법을 전혀 하지 아니하였다든지, 그 내용이 현저히 불합리하여 헌법상 용인될 수 있는 재량의 범위를 명백히 일탈한 경우에 한하여 헌법에 위반된다고 보아야 한다.

해설

③ [×] 청구인은 이 사건 법률조항이 공공사업의 시행에 필요한 주택을 제공하여 생활의 근거를 상실하게 되는 사람들의 인간다운 생활을 할 권리를 침해한다고 주장한다. 헌법 제34조 제1항에 따른 인간다운 생활을 할 권리는 사회권적 기본권의 일종으로서 인간의 존엄에 상응하는 최소한의 물질적인 생활의 유지에 필요한 급부를 국가에게 적극적으로 요구할 수 있는 권리를 의미한다(헌재 2013.8.29, 2012헌바168 등 참조). 그런데 도시환경정비사업의 시행으로 인하여 철거되는 주택의 소유자를 위하여 사업시행기간 동안 거주할 임시수용시설을 설치하는 것은 국가에 대하여 최소한의 물질적 생활을 요구할 수 있는 인간다운 생활을 할 권리의 향유와 관련되어 있다고 할 수 없다. 또한, 청구인과 같은 주택의 소유자는 정비사업에 의하여 건설되는 주택을 자신의 선택에 따라 분양받을 수 있는 우선적 권리를 향유하게 되고, 정비사업의 완료 후에는 종전보다 주거환경이 개선된 기존의 생활근거지에서 계속 거주할 수 있으므로 청구인의 주장처럼 생활의 근거를 상실하는 것도 아니다. 그렇다면 이 사건 법률조항이 인간다운 생활을 할 권리를 제한하거나 침해한다고 할 수 없다(헌재 2014.3.27, 2011헌바396).

① [O] 인간다운 생활을 할 권리는 자연인의 권리이기 때문에 법인에게는 인정되지 아니한다. 또한 원칙적으로 자연인 중 내국인, 즉 국민의 권리이며 외국인에게는 인정되지 아니한다. 다만 인권의 국제적 보장의 정신에 따라 외국인에게도 최소한의 인간다운 생활을 할 권리를 보장해 주는 것이 바람직하지만, 당해 국가의 재정능력 등에 따를 수밖에 없다.

② [O] 인간다운 생활을 할 권리에 관한 헌법의 규정은 모든 국가기관을 기속하지만, 그 기속의 의미는 적극적 · 형성적 활동을 하는 입법부 또는 행정부의 경우와 헌법재판에 의한 사법적 통제기능을 하는 헌법재판소에 있어서 동일하지 아니하다. 위와 같은 헌법의 규정이, 입법부나 행정부에 대하여는 국민소득, 국가의 재정능력과 정책 등을 고려하여 가능한 범위 안에서 최대한으로 모든 국민이 물질적인 최저생활을 넘어서 인간의 존엄성에 맞는 건강하고 문화적인 생활을 누릴 수 있도록 하여야 한다는 행위의 지침, 즉 행위규범으로서 작용하지만, 헌법재판에 있어서는 다른 국가기관 즉 입법부나 행정부가 국민으로 하여금 인간다운 생활을 영위하도록 하기 위하여 객관적으로 필요한 최소한의 조치를 취할 의무를 다하였는지를 기준으로 국가기관의 행위의 합헌성을 심사하여야 한다는 통제규범으로 작용하는 것이다(헌재 1997.5.29, 94헌마33).

④ [O] 국가가 인간다운 생활을 보장하기 위한 헌법적인 의무를 다하였는지의 여부가 사법적 심사의 대상이 된 경우에는, 국가가 생계보호에 관한 입법을 전혀 하지 아니하였다든가 그 내용이 현저히 불합리하여 헌법상 용인될 수 있는 재량의 범위를 명백히 일탈한 경우에 한하여 헌법에 위반된다고 할 수 있다(헌재 1997.5.29, 94헌마33).

12 사회적 기본권에 관한 설명으로 옳지 않은 것은? (다툼이 있는 경우 헌법재판소 판례에 의함) 23. 소방간부

① 공무원이거나 공무원이었던 사람이 재직 중의 사유로 금고 이상의 형을 받거나 형이 확정된 경우 퇴직급여 및 퇴직수당의 일부를 감액하여 지급함에 있어 그 이후 형의 선고의 효력을 상실하게 하는 특별사면 및 복권을 받은 경우를 달리 취급하는 규정을 두지 아니한 구 공무원연금법 규정은 인간다운 생활을 할 권리를 침해하지 않는다.

② 형의 집행 및 수용자의 처우에 관한 법률에 의한 교도소·구치소에 수용 중인 자는 당해 법률에 의하여 생계유지의 보호를 받고 있으므로 이러한 생계유지의 보호를 받고 있는 교도소·구치소에 수용 중인 자에 대하여 국민기초생활 보장법에 의한 중복적인 보장을 피하기 위하여 개별가구에서 제외키로 한 입법자의 판단은 인간다운 생활을 할 권리를 침해한다.

③ 공무원연금법상 퇴직급여수급권은 사회보장적 급여로서의 성격을 가짐과 동시에 공로보상 내지 후불임금으로서의 성격도 함께 가지고, 이와 동시에 헌법 제23조에 의하여 보장되는 재산권으로서의 성격을 갖는다.

④ 국가가 인간다운 생활을 보장하기 위한 헌법적인 의무를 다하였는지의 여부가 사법적 심사의 대상이 된 경우에는, 국가가 생계보호에 관한 입법을 전혀 하지 아니하였다든가 그 내용이 현저히 불합리하여 헌법상 용인될 수 있는 재량의 범위를 명백히 일탈한 경우에 한하여 헌법에 위반된다고 할 수 있다.

⑤ 재혼을 유족연금수급권 상실사유로 규정한 구 공무원연금법 조항 중 '유족연금'에 관한 부분은 헌법에 위반되지 아니한다.

해설

② [×] 생활이 어려운 국민에게 필요한 급여를 행하여 이들의 최저생활을 보장하기 위해 제정된 '국민기초생활 보장법'은 부양의무자에 의한 부양과 다른 법령에 의한 보호가 이 법에 의한 급여에 우선하여 행하여지도록 하는 보충급여의 원칙을 채택하고 있는바, '형의 집행 및 수용자의 처우에 관한 법률' 및 치료감호법에 의한 구치소·치료감호시설에 수용 중인 자는 당해 법률에 의하여 생계유지의 보호와 의료적 처우를 받고 있으므로 이러한 구치소·치료감호시설에 수용 중인 자에 대하여 '국민기초생활 보장법'에 의한 중복적인 보장을 피하기 위하여 개별가구에서 제외하기로 한 입법자의 판단이 헌법상 용인될 수 있는 재량의 범위를 일탈하여 인간다운 생활을 할 권리와 보건권을 침해한다고 볼 수 없다(헌재 2012.2.23, 2011헌마123).

① [O] 공무원이 범죄행위로 형사처벌을 받은 경우 국민의 신뢰가 손상되고 공직 전체에 대한 신뢰를 실추시켜 공공의 이익을 해하는 결과를 초래하는 것은 그 이후 특별사면 및 복권을 받아 형의 선고의 효력이 상실된 경우에도 마찬가지이다. 또한, 형의 선고의 효력을 상실하게 하는 특별사면 및 복권을 받았다 하더라도 그 대상인 형의 선고의 효력이나 그로 인한 자격상실 또는 정지의 효력이 장래를 향하여 소멸되는 것에 불과하고, 형사처벌에 이른 범죄사실 자체가 부인되는 것은 아니므로, 공무원 범죄에 대한 제재수단으로서의 실효성을 확보하기 위하여 특별사면 및 복권을 받았다 하더라도 퇴직급여 등을 계속 감액하는 것을 두고 현저히 불합리하다고 평가할 수 없다. 나아가 심판대상조항에 의하여 퇴직급여 등의 감액대상이 되는 경우에도 본인의 기여금 부분은 보장하고 있다. 따라서 심판대상조항은 그 합리적인 이유가 인정되는바, 재산권 및 인간다운 생활을 할 권리를 침해한다고 볼 수 없어 헌법에 위반되지 아니한다(헌재 2020.4.23, 2018헌바402).

③ [O] 공무원연금법상의 각종 급여는 기본적으로 모두 사회보장적 급여로서의 성격을 가짐과 동시에 공로보상 내지 후불임금으로서의 성격도 함께 가진다고 할 것이다. 공무원연금법상 퇴직 공무원의 퇴직연금·퇴직일시금·퇴직수당 수급권 역시 모두 사회보장 수급권으로서의 성격과 아울러 재산권으로서의 성격도 가지고 있다(헌재 2008.2.28, 2005헌마872).

④ [O] 국가가 인간다운 생활을 보장하기 위한 헌법적 의무를 다하였는지의 여부가 사법적 심사의 대상이 된 경우에는, 국가가 생계보호에 관한 입법을 전혀 하지 아니하였다든가 그 내용이 현저히 불합리하여 헌법상 용인될 수 있는 재량의 범위를 명백히 일탈한 경우에 한하여 인간다운 생활을 할 권리를 보장한 헌법에 위반된다고 할 수 있다(헌재 1997.5.29, 94헌마33).

⑤ [O] 심판대상조항이 배우자의 재혼을 유족연금수급권 상실사유로 규정한 것은 배우자가 재혼을 통하여 새로운 부양관계를 형성함으로써 재혼 상대방 배우자를 통한 사적 부양이 가능해짐에 따라 더 이상 사망한 공무원의 유족으로서의 보호의 필요성이나 중요성을 인정하기 어렵다고 보았기 때문이다. 이는 한정된 재원의 범위 내에서 부양의 필요성과 중요성 등을 고려하여 유족들을 보다 효과적으로 보호하기 위한 것이므로, 입법재량의 한계를 벗어나 재혼한 배우자의 인간다운 생활을 할 권리와 재산권을 침해하였다고 볼 수 없다(헌재 2022.8.31, 2019헌가31).

정답 | 11 ③ 12 ②

13 인간다운 생활을 할 권리에 대한 설명으로 가장 적절하지 않은 것은? (다툼이 있는 경우 헌법재판소 판례에 의함)

23. 경찰간부

① 재혼을 유족연금수급권 상실사유로 규정한 구 공무원연금법 해당 조항 중 '유족연금'에 관한 부분은 입법재량의 한계를 벗어나 재혼한 배우자의 인간다운 생활을 할 권리를 침해하였다고 볼 수 없다.

② 연금보험료를 낸 기간이 그 연금보험료를 낸 기간과 연금보험료를 내지 아니한 기간을 합산한 기간의 3분의 2보다 짧은 경우 유족연금 지급을 제한한 구 국민연금법 해당 조항 중 '유족연금'에 관한 부분은 인간다운 생활을 할 권리를 침해한다고 볼 수 없다.

③ 노인장기요양보험법은 요양급여의 실시와 그에 따른 급여비용 지급에 관한 기본적이고도 핵심적인 사항을 이미 법률로 규정하고 있으므로, '시설 급여비용의 구체적인 산정방법 및 항목 등에 관하여 필요한 사항'을 보건복지부령에 위임하였다고 하여 그 자체로 법률유보원칙에 반한다고 볼 수는 없다.

④ 생계급여를 지급함에 있어 자활사업 참가조건의 부과를 유예할 수 있는 대상자를 정하면서 입법자가 '대학원에 재학 중인 사람'과 '부모에게 버림받아 부모를 알 수 없는 사람'을 포함시키지 않은 것은 인간다운 생활을 보장하기 위한 조치를 취함에 있어서 국가가 실현해야 할 객관적 내용의 최소한도의 보장에 이르지 못한 것이다.

해설

④ [×] 입법자가 이 사건 시행령조항을 제정함에 있어 '대학원에 재학 중인 사람'과 '부모에게 버림받아 부모를 알 수 없는 사람'을 조건부과 유예의 대상자에 포함시키지 않았다고 하더라도, 그러한 사정만으로 국가가 청구인의 인간다운 생활을 보장하기 위한 조치를 취함에 있어서 국가가 실현해야 할 객관적 내용의 최소한도의 보장에도 이르지 못하였다거나 헌법상 용인될 수 있는 재량의 범위를 명백히 일탈하였다고는 보기는 어렵다(헌재 2017.11.30, 2016헌마448).

① [O] 심판대상조항이 배우자의 재혼을 유족연금수급권 상실사유로 규정한 것은 배우자가 재혼을 통하여 새로운 부양관계를 형성함으로써 재혼 상대방 배우자를 통한 사적 부양이 가능해짐에 따라 더 이상 사망한 공무원의 유족으로서의 보호의 필요성이나 중요성을 인정하기 어렵다고 보았기 때문이다. 이는 한정된 재원의 범위 내에서 부양의 필요성과 중요성 등을 고려하여 유족들을 보다 효과적으로 보호하기 위한 것이므로, 입법재량의 한계를 벗어나 재혼한 배우자의 인간다운 생활을 할 권리와 재산권을 침해하였다고 볼 수 없다(헌재 2022.8.31, 2019헌가31).

② [O] 심판대상조항에서 연금보험료를 낸 기간이, 연금보험료를 낸 기간과 연금보험료를 내지 아니한 기간을 합산한 기간의 3분의 2보다 짧은 경우 유족연금의 지급을 제한한 것이 입법형성의 한계를 벗어나 청구인의 인간다운 생활을 할 권리 및 재산권을 침해한다고 볼 수 없다(헌재 2020.5.27, 2018헌바129).
▶ 위 사건은 평등권 침해도 아니었음.

③ [O] '시설 급여비용의 구체적인 산정방법 및 항목 등에 관하여 필요한 사항'을 반드시 법률에서 직접 정해야 한다고 보기는 어렵고, 이를 보건복지부령에 위임하였다고 하여 그 자체로 법률유보원칙에 반한다고 볼 수는 없다(헌재 2021.8.31, 2019헌바73).

14 인간다운 생활을 할 권리에 관한 설명으로 가장 적절하지 않은 것은? (다툼이 있는 경우 판례에 의함)

23. 경찰 2차

① 인간다운 생활을 할 권리로부터 인간의 존엄에 상응하는 생활에 필요한 '최소한의 물질적인 생활'의 유지에 필요한 급부를 요구할 수 있는 구체적인 권리가 상황에 따라서는 직접 도출될 수 있어도, 동 기본권이 직접 그 이상의 급부를 내용으로 하는 구체적인 권리까지 발생케 한다고 볼 수 없다.

② 국가가 행하는 최저생활보장 수준이 국민의 인간다운 생활을 보장하기 위한 객관적인 내용의 최소한을 보장하고 있는지 여부는 특정한 법률에 의한 급부만을 가지고 판단하여서는 아니 되고, 국가가 최저생활보장을 위하여 지급하는 각종 급여나 각종 부담의 감면 등을 총괄한 수준으로 판단하여야 한다.

③ 직장가입자가 소득월액보험료를 일정 기간 이상 체납한 경우 그 체납한 보험료를 완납할 때까지 국민건강보험공단이 그 가입자 및 피부양자에 대하여 보험급여를 실시하지 아니할 수 있도록 한 구 국민건강보험법 조항은 해당 직장가입자인 청구인의 인간다운 생활을 할 권리를 침해한 것이라고 볼 수 없다.

④ 구치소·치료감호시설에 수용 중인 자에 대하여 국민기초생활 보장법에 의한 중복적인 보장을 피하기 위하여 기초생활보장제도의 보장단위인 개별가구에서 제외하기로 한 입법자의 판단은 헌법상 용인될 수 있는 재량의 범위를 일탈하여 구치소·치료감호시설에 수용 중인 자인 청구인의 인간다운 생활을 할 권리를 침해한다.

해설

④ [×] 생활이 어려운 국민에게 필요한 급여를 행하여 이들의 최저생활을 보장하기 위해 제정된 '국민기초생활 보장법'은 부양의무자에 의한 부양과 다른 법령에 의한 보호가 이 법에 의한 급여에 우선하여 행하여지도록 하는 보충급여의 원칙을 채택하고 있는바, '형의 집행 및 수용자의 처우에 관한 법률' 및 치료감호법에 의한 구치소·치료감호시설에 수용 중인 자는 당해 법률에 의하여 생계유지의 보호와 의료적 처우를 받고 있으므로 이러한 구치소·치료감호시설에 수용 중인 자에 대하여 '국민기초생활 보장법'에 의한 중복적인 보장을 피하기 위하여 개별가구에서 제외하기로 한 입법자의 판단이 헌법상 용인될 수 있는 재량의 범위를 일탈하여 인간다운 생활을 할 권리와 보건권을 침해한다고 볼 수 없다(헌재 2012.2.23, 2011헌마123).

① [O] 인간다운 생활을 할 권리로부터는 인간의 존엄에 상응하는 생활에 필요한 '최소한의 물질적인 생활'의 유지에 필요한 급부를 요구할 수 있는 구체적인 권리가 상황에 따라서는 직접 도출될 수 있다고 할 수는 있어도, 동 기본권이 직접 그 이상의 급부를 내용으로 하는 구체적인 권리를 발생케 한다고는 볼 수 없다(헌재 2003.5.15, 2002헌마90).

② [O] 국가가 행하는 최저생활보장수준이 그 재량의 범위를 명백히 일탈하였는지 여부, 즉 인간다운 생활을 보장하기 위한 객관적인 내용의 최소한을 보장하고 있는지 여부는 특정한 법률에 의한 생계급여만을 가지고 판단하여서는 안 되고, 다른 법령에 의거하여 국가가 최저생활보장을 위하여 지급하는 각종 급여나 각종 부담의 감면 등을 총괄한 수준으로 판단하여야 한다(헌재 2019.12.27, 2017헌마1299).

③ [O] 빈곤 등 경제적 어려움으로 인하여 보험료를 체납하는 가입자에 대하여 보험급여를 제한하는 것은 경우에 따라 가혹한 처사가 될 수도 있다. 그러나 소득월액보험료는 근로소득을 제외한 보수외소득이 상당한 수준에 이르는 경우에만 부과된다는 점을 감안하면, 심판대상조항으로 인하여 저소득 체납자가 보험급여 제한의 불이익을 받을 가능성은 매우 낮다고 볼 수 있다. 심판대상조항은 청구인의 인간다운 생활을 할 권리나 재산권을 침해하지 아니한다(헌재 2020.4.23, 2017헌바244).

정답 | 13 ④ 14 ④

15 생존권적 기본권에 관한 설명으로 가장 적절하지 않은 것은? (다툼이 있는 경우 판례에 의함) 23. 경찰경채

① 사회보장수급권은 개인에게 직접 주어지는 헌법적 차원의 권리이며, 사회적 기본권의 하나이다.

② 8촌 이내 혈족 사이의 혼인금지조항을 위반한 혼인을 전부 무효로 하는 민법 조항은 과잉금지원칙을 위배하여 혼인의 자유를 침해한다.

③ 입양신고 시 신고사건 본인이 시·읍·면에 출석하지 아니하는 경우에는 신고사건 본인의 신분증명서를 제시하도록 한 가족관계등록법 규정은 입양당사자의 가족생활의 자유를 침해한다고 보기 어렵다.

④ 직장가입자가 소득월액보험료를 일정 기간 이상 체납한 경우 그 체납한 보험료를 완납할 때까지 국민건강보험공단이 그 가입자 및 피부양자에 대하여 보험급여를 실시하지 아니할 수 있도록 한 것은 인간다운 생활을 할 권리나 재산권을 침해하지 아니한다.

해설

① [×] 사회보장수급권은 헌법 제34조 제1항 및 제2항 등으로부터 개인에게 직접 주어지는 헌법적 차원의 권리라거나 사회적 기본권의 하나라고 볼 수는 없고, 다만 위와 같은 사회보장·사회복지 증진의무를 포섭하는 이념적 지표로서의 인간다운 생활을 할 권리를 실현하기 위하여 입법자가 입법재량권을 행사하여 제정하는 사회보장입법에 그 수급요건, 수급자의 범위, 수급액 등 구체적인 사항이 규정될 때 비로소 형성되는 법률적 차원의 권리에 불과하다 할 것이다(헌재 2003.7.24, 2002헌바51).

② [O] 이 사건 무효조항의 입법목적은 가령 직계혈족 및 형제자매 사이의 혼인과 같이 근친혼이 가족제도의 기능을 심각하게 훼손하는 경우에 한정하여 무효로 하고 그 밖의 근친혼에 대하여는 혼인이 소급하여 무효가 되지 않고 혼인의 취소를 통해 장래를 향하여 해소할 수 있도록 규정함으로써 기왕에 형성된 당사자나 자녀의 법적 지위를 보장하더라도 충분히 달성할 수 있다. … 그럼에도 이 사건 무효조항은 이 사건 금혼조항을 위반한 경우를 전부 무효로 하고 있으므로 침해최소성과 법익균형성에 반한다. 따라서 이 사건 무효조항은 과잉금지원칙에 위배하여 혼인의 자유를 침해한다(헌재 2022.10.27, 2018헌바115).

③ [O] 이 사건 법률조항은 입양의 당사자가 출석하지 않아도 입양신고를 하여 가족관계를 형성할 수 있는 자유를 보장하면서도, 출석하지 아니한 당사자의 신분증명서를 제시하도록 하여 입양당사자의 신고의사의 진실성을 담보하기 위한 조항이다. … 신분증명서를 부정사용하여 입양신고가 이루어질 경우 형법에 따라 형사처벌되고, 그렇게 이루어진 허위입양은 언제든지 입양무효확인의 소를 통하여 구제받을 수 있다. 비록 출석하지 아니한 당사자의 신분증명서를 요구하는 것이 허위의 입양을 방지하기 위한 완벽한 조치는 아니라고 하더라도 이 사건 법률조항이 원하지 않는 가족관계의 형성을 방지하기에 전적으로 부적합하거나 매우 부족한 수단이라고 볼 수는 없다. 따라서 이 사건 법률조항이 입양당사자의 가족생활의 자유를 침해한다고 보기 어렵다(헌재 2022.11.24, 2019헌바108).

④ [O] 가입자들에 대한 안정적인 보험급여 제공을 보장하기 위해서는 보험료 체납에 따른 보험재정의 악화를 방지할 필요가 있다. 보험료 체납에 대하여 보험급여 제한과 같은 제재를 가하지 않는다면, 가입자가 충분한 자력이 있음에도 보험료를 고의로 납부하지 않은 채 보험급여만을 받고자 하는 도덕적 해이가 만연하여 건강보험제도 자체의 존립이 위태로워질 수 있다. … 따라서 심판대상조항은 청구인의 인간다운 생활을 할 권리나 재산권을 침해하지 아니한다(헌재 2020.4.23, 2017헌바244).

16 인간다운 생활을 할 권리에 관한 설명 중 가장 적절한 것은? (다툼이 있는 경우 판례에 의함) 24. 경정승진

① 인간다운 생활을 할 권리는 인간의 존엄에 상응하는 최소한의 물질적인 생활의 유지에 필요한 급부를 요구할 수 있는 권리를 의미하는데, 국가가 행하는 최저생활보장수준이 그 재량의 범위를 명백히 일탈하였는지 여부는 특정한 법률에 의한 생계급여만을 가지고 판단하여야 하는 것이지, 다른 법령에서의 각종 급여를 총괄한 수준으로 판단하여야 하는 것은 아니다.

② 사적자치에 의해 규율되는 사인 사이의 법률관계에서 계약갱신을 요구할 수 있는 권리나 보증금을 우선하여 변제받을 수 있는 권리 등은 헌법 제34조의 인간다운 생활을 할 권리의 보호대상에 포함된다.

③ 국가에게 헌법 제34조에 의하여 장애인의 복지를 위하여 노력을 해야 할 의무가 있다는 것은 장애인도 인간다운 생활을 누릴 수 있는 정의로운 사회질서를 형성해야 할 국가의 일반적인 의무를 뜻하는 것이다.

④ 구치소에 수용 중인 자의 경우 수용시설의 예산이 부족하여 적절한 의료적 처우를 받지 못하는 것이 현실이고 경제활동을 할 수 없어 의료비의 자비 부담이 어려움에도 불구하고, 국민기초생활 보장법에 따른 보장의 기본단위인 '개별가구'에서 제외하여 의료급여 수급 자격을 부여하지 않기로 한 입법자의 판단은 구치소에 수용 중인 자들의 인간다운 생활을 할 권리를 침해한다.

해설

③ [O] 장애인의 복지를 향상해야 할 국가의 의무가 다른 다양한 국가과제에 대하여 최우선적인 배려를 요청할 수 없을 뿐 아니라, 나아가 헌법의 규범으로부터는 '장애인을 위한 저상버스의 도입'과 같은 구체적인 국가의 행위의무를 도출할 수 없는 것이다. 국가에게 헌법 제34조에 의하여 장애인의 복지를 위하여 노력을 해야 할 의무가 있다는 것은, 장애인도 인간다운 생활을 누릴 수 있는 정의로운 사회질서를 형성해야 할 국가의 일반적인 의무를 뜻하는 것이지, 장애인을 위하여 저상버스를 도입해야 한다는 구체적 내용의 의무가 헌법으로부터 나오는 것은 아니다(헌재 2002.12.18, 2002헌마52).

① [×] 헌법 제34조 제1항이 보장하는 인간다운 생활을 할 권리는 사회권적 기본권의 일종으로서 인간의 존엄에 상응하는 최소한의 물질적인 생활의 유지에 필요한 급부를 요구할 수 있는 권리를 의미한다. 그리고 국가가 인간다운 생활을 보장하기 위한 생계급여의 수준을 구체적으로 결정함에 있어서는 국민 전체의 소득수준과 생활수준, 국가의 재정규모와 정책, 국민 각 계층의 상충하는 갖가지 이해관계 등 복잡하고 다양한 요소를 함께 고려하여야 하며, 국가가 행하는 최저생활보장수준이 그 재량의 범위를 명백히 일탈하였는지 여부, 즉 인간다운 생활을 보장하기 위한 객관적인 내용의 최소한을 보장하고 있는지 여부는 특정한 법률에 의한 생계급여만을 가지고 판단하여서는 안 되고, 다른 법령에 의거하여 국가가 최저생활보장을 위하여 지급하는 각종 급여나 각종 부담의 감면 등을 총괄한 수준으로 판단하여야 한다(헌재 2012.2.23, 2009헌바47).

② [×] 헌법 제34조 제1항의 인간다운 생활을 할 권리는 인간의 존엄에 상응하는 최소한의 물질적인 생활의 유지에 필요한 급부를 요구할 수 있는 권리일 뿐, 사적자치에 의해 규율되는 사인 사이의 법률관계에서 계약갱신을 요구할 수 있는 권리나 보증금을 우선하여 변제받을 수 있는 권리 등은 헌법 제34조 제1항에 의한 보호대상이 아니므로, 이 사건 법률조항들이 청구인의 인간다운 생활을 할 권리를 침해한다고 볼 수 없다(헌재 2014.3.27, 2013헌바198).

④ [×] 다른 법령에 의하여 이러한 생계유지의 보호를 받고 있는 교도소·구치소에 수용 중인 자에 대하여 '국민기초생활 보장법'의 보충급여의 원칙에 따라 중복적인 보장을 피하기 위하여 개별가구에서 제외키로 한 입법자의 판단이, 국가가 최저생활보장에 관한 입법을 전혀 하지 아니하였다든가 그 내용이 현저히 불합리하여 헌법상 용인될 수 있는 재량의 범위를 명백히 일탈한 경우에 해당한다고 볼 수 없으므로, 위 조항이 교도소·구치소에 수용 중인 자들의 인간다운 생활을 할 권리를 침해한다고 볼 수 없다(헌재 2023.8.31, 2021헌마34).

정답 | 15 ① 16 ③

제2절 | 교육을 받을 권리

01 교육을 받을 권리에 대한 설명으로 가장 적절하지 않은 것은? (다툼이 있는 경우 헌법재판소 판례에 의함)

25. 경찰간부

① '2021학년도 대학입학전형기본사항' 중 재외국민 특별전형 지원자격 가운데 학생 부모의 해외체류요건 부분은 부모의 해외체류 가능성을 기준으로 학생의 지원자격을 인정함으로써 균등하게 교육받을 권리를 침해한다.

② 헌법 제31조 제1항과 제6항은 변호사시험을 준비하는 법학전문대학원 졸업생에 대해 법학전문대학원에서의 보수교육을 시행하도록 하는 내용의 구체적이고 명시적인 입법의무를 입법자에게 부여하고 있다고 볼 수 없다.

③ 서울대학교 총장의 '2022학년도 대학 신입학생 정시모집('나'군) 안내' 중 수능 성적에 최대 2점의 교과이수 가산점을 부여하고, 2020년 2월 이전 고등학교 졸업자에게 모집단위별 지원자의 가산점 분포를 고려하여 모집단위 내 수능점수 순위에 상응하는 가산점을 부여하도록 한 부분은 균등하게 교육받을 권리를 침해하는 것이라고 볼 수 없다.

④ 국가는 국민의 교육을 받을 권리라는 기본권을 보장하고 의무교육을 시행하기 위하여 적기에 적절한 학교교지를 확보하여야 할 의무가 있다는 점 및 이를 고려하여 학교교지에 대하여는 유상으로 취득하도록 하는 점에 비추어 보면, 학교교지의 조성·개발에 소요된 비용역시 국가 등이 부담하는 것이 상당하다.

해설

① [×] 부모 중 일방이 해외에 근무·체류하는 경우와 부모 모두가 해외에 근무·체류하는 경우는 그 자녀의 국내 체류 및 수학의 선택 가능성에서 현저한 차이가 있고, 제도의 본래 목적에 맞게 부모의 해외근무로 국내 교육과정의 수학 결손이 있는 재외국민에 한정하여 혜택을 부여하는 것에는 합리적 이유가 있다. … 결국 이 사건 전형사항은 청구인을 불합리하게 차별하여 균등하게 교육을 받을 권리를 침해하는 것이라고 볼 수 없다(헌재 2020.3.26, 2019헌마212).

② [O] 헌법 제31조 제1항은 "모든 국민은 능력에 따라 균등하게 교육을 받을 권리를 가진다."라고 규정하고, 같은 조 제6항은 "학교교육 및 평생교육을 포함한 교육제도와 그 운영, 교육재정 및 교원의 지위에 관한 기본적인 사항은 법률로 정한다."라고 규정하고 있다. 그런데 위와 같은 헌법규정만으로는 변호사시험을 준비하는 법학전문대학원 졸업생에 대해 법학전문대학원에서의 보수교육을 시행하도록 하는 내용의 구체적이고 명시적인 입법의무를 입법자에게 부여하고 있다고 볼 수 없고, 그 밖에 다른 헌법조항을 살펴보아도 위와 같은 내용에 대한 명시적인 입법위임을 발견할 수 없다(헌재 2024.1.25, 2021헌마113 등).

③ [O] 2015 개정 교육과정을 이수할 수 없는 2020년 2월 이전 고등학교 졸업자, 검정고시 출신자, 외국 소재 고등학교 졸업자 등의 경우에는 '모집단위별 지원자의 가산점 분포를 고려하여 모집단위 내 수능점수 순위에 상응하는 가산점'을 부여하며 … 이는 2015 개정 교육과정을 따를 수 없는 지원자의 유형별로 동등한 기회를 제공하는 취지로 이해된다. … 2015 개정 교육과정을 이수한 사람들이 대부분 가산점 2점을 받는다면 해당 모집단위에 지원한 다른 교육과정 지원자들도 대부분 가산점 2점을 받게 되는 구조이고, 서로 다른 지원자 집단 사이의 편차와 동일한 지원자 집단 내부의 편차를 동시에 고려하면서도 양 집단에게 부여하는 혜택의 크기를 비례적으로 유지할 수 있는 방법으로 이해된다. … 결국 이 사건 가산점 사항은 청구인을 불합리하게 차별하여 균등하게 교육받을 권리를 침해하는 것이라고 볼 수 없다(헌재 2022.3.31, 2021헌마1230).

④ [O] 국가는 국민의 교육을 받을 권리라는 기본권을 보장하고 의무교육을 시행하기 위하여 적기에 적절한 학교교지를 확보하여야 할 의무가 있다는 점 및 이를 고려하여 학교교지에 대하여는 유상으로 취득하도록 규정한 것이라는 점에 비추어 보면, 학교교지의 조성·개발에 소요된 비용 역시 국가 등이 부담하는 것이 상당하다(헌재 2021.4.29, 2019헌바444 등).

02 다음 설명 중 가장 옳지 않은 것은? 24. 법원직

① 헌법상 초등교육에 대한 의무교육과는 달리 중등교육의 단계에 있어서는 어느 범위에서 어떠한 절차를 거쳐 어느 시점에서 의무교육으로 실시할 것인가는 입법자의 형성의 자유에 속하는 사항으로서 국회가 입법정책적으로 판단하여 법률로 구체적으로 규정할 때에 비로소 헌법상의 권리로서 구체화되는 것으로 보아야 한다.

② 헌법 제31조 제6항의 취지는 교육에 관한 기본정책 또는 기본방침을 최소한 국회가 입법절차를 거쳐 제정한 법률(이른바 형성적 의미의 법률)로 규정함으로써 국민의 교육을 받을 권리가 행정관계에 의하여 자의적으로 무시되거나 침해당하지 않도록 하고, 교육의 자주성과 중립성도 유지하려는 것이나, 반면 교육제도에 관한 기본방침을 제외한 나머지 세부적인 사항까지 반드시 형성적 의미의 법률만으로 정하여야 하는 것은 아니다.

③ 헌법 제31조 제4항은 "교육의 자주성 · 전문성 · 정치적 중립성 및 대학의 자율성은 법률이 정하는 바에 의하여 보장된다."고 규정하는 한편 제31조 제6항은 "학교교육 및 평생교육을 포함한 교육제도와 그 운영, 교육재정 및 교원의 지위에 관한 기본적인 사항은 법률로 정한다."라고 규정함으로써 교육의 물적기반이 되는 교육제도와 아울러 교육의 인적 기반으로서 가장 중요한 교원의 근로기본권을 포함한 모든 지위에 관한 기본적인 사항을 국민의 대표기관인 입법부의 권한으로 규정하고 있다. 헌법 제31조 제6항은 단순히 교원의 권익을 보장하기 위한 규정이라거나 교원의 지위를 행정 권력에 의한 부당한 침해로부터 보호하는 것만을 목적으로 한 규정이 아니고, 국민의 교육을 받을 기본권을 실효성 있게 보장하기 위한 것까지 포함하여 교원의 지위를 법률로 정하도록 한 것이다. 그러므로 위 헌법조항을 근거로 하여 제정되는 법률에는 교원의 신분보장, 경제적 · 사회적 지위 보장 등 교원의 권리에 해당하는 사항만 규정할 수 있을 뿐 교원의 기본권을 제한하는 사항은 규정할 수 없다.

④ "교원의 지위에 관한 기본적인 사항은 법률로 정한다"고 규정한 헌법 제31조 제6항에서 말하는 '법률'이라 함은 국민의 대표자로서 민주적 정당성을 가진 국회가 제정하는 형식적 의미의 법률을 의미한다. 헌법이 교육의 물적 기반인 교육 제도 이외에도 인적 기반인 교원의 지위를 특별히 국회가 제정하는 법률로 정하도록 한 것은 그에 관한 사항을 행정부의 결정에 맡겨두거나 전적으로 사적자치의 영역에만 귀속시킬 수 없을 만큼, 교육을 담당하는 교원들의 지위에 관한 문제가 교육본연의 사명을 완수함에 있어서 중대한 의미를 갖는다고 보았기 때문이다.

해설

③ [×] 우리 헌법 제31조 제4항은 "교육의 자주성 · 전문성 · 정치적 중립성 및 대학의 자율성은 법률이 정하는 바에 의하여 보장된다." 고 규정하는 한편 제31조 제6항은 "학교교육 및 평생교육을 포함한 교육제도와 그 운영, 교육재정 및 교원의 지위에 관한 기본적인 사항은 법률로 정한다."라고 규정함으로써 교육의 물적기반이 되는 교육제도와 아울러 교육의 인적기반으로서 가장 중요한 교원의 근로기본권을 포함한 모든 지위에 관한 기본적인 사항을 국민의 대표기관인 입법부의 권한으로 규정하고 있다. … 헌법 제31조 제6항은 단순히 교원의 권익을 보장하기 위한 규정이라거나 교원의 지위를 행정권력에 의한 부당한 침해로부터 보호하는 것만을 목적으로 한 규정이 아니고, 국민의 교육을 받을 기본권을 실효성있게 보장하기 위한 것까지 포함하여 교원의 지위를 법률로 정하도록 한 것이다. … 그러므로 위 헌법조항을 근거로 하여 제정되는 법률에는 교원의 신분보장 · 경제적 · 사회적 지위보장 등 교원의 권리에 해당하는 사항뿐만 아니라 국민의 교육을 받을 권리를 저해할 우려 있는 행위의 금지 등 교원의 의무에 관한 사항도 당연히 규정할 수 있는 것이므로 결과적으로 교원의 기본권을 제한하는 사항까지도 규정할 수 있게 되는 것이다(헌재 1991.7.22, 89헌가106).

① [O] 헌법상 초등교육에 대한 의무교육과는 달리 중등교육의 단계에 있어서는 어느 범위에서 어떠한 절차를 거쳐 어느 시점에서 의무교육으로 실시할 것인가는 입법자의 형성의 자유에 속하는 사항으로서 국회가 입법정책적으로 판단하여 법률로 구체적으로 규정할 때에 비로소 헌법상의 권리로서 구체화되는 것으로 보아야 한다(헌재 1991.2.11, 90헌가27).

② [O] 헌법 제31조 제6항의 취지는 교육에 관한 기본정책 또는 기본방침을 최소한 국회가 입법절차를 거쳐 제정한 법률(이른바 형성적 의미의 법률)로 규정함으로써 국민의 교육을 받을 권리가 행정관계에 의하여 자의적으로 무시되거나 침해당하지 않도록 하고, 교육의 자주성과 중립성도 유지하려는 것이나, 반면 교육제도에 관한 기본방침을 제외한 나머지 세부적인 사항까지 반드시 형성적 의미의 법률만으로 정하여야 하는 것은 아니다(헌재 1991.2.11, 90헌가27).

정답 | 01 ① 02 ③

④ [O] “교원의 지위에 관한 기본적인 사항은 법률로 정한다.”고 규정한 헌법 제31조 제6항의 구체적인 내용을 대학교원과 관련하여 보면 다음과 같다. … 위 헌법조항에서 말하는 ‘법률’이라 함은 국민의 대표자로서 민주적 정당성을 가진 국회가 제정하는 형식적 의미의 법률을 의미한다. 헌법이 교육의 물적 기반인 교육제도 이외에도 인적 기반인 교원의 지위를 특별히 국회가 제정하는 법률로 정하도록 한 것은 그에 관한 사항을 행정부의 결정에 맡겨두거나 전적으로 사적자치의 영역에만 귀속시킬 수 없을 만큼, 교육을 담당하는 교원의 지위에 관한 문제가 교육 본연의 사명을 완수함에 있어서 중대한 의미를 갖는다고 보았기 때문이다(헌재 2006.5.25, 2004헌바72).

03 교육을 받을 권리에 관한 설명으로 가장 적절하지 않은 것은? (다툼이 있는 경우 헌법재판소 판례에 의함)

25. 경찰 1차

① 한국대학교육협의회가 2018.8.30. 공표한 ‘2021학년도 대학입학전형기본사항’ Ⅱ. 3. 다. (6) 재외국민과 외국인 특별전형 중 ‘지원자격에 따른 부모 및 학생의 세부 지원자격’ 가운데 ‘해외근무자의 배우자의 체류’에 관한 부분은 신뢰보호원칙에 반하여 학생인 청구인의 균등하게 교육받을 권리를 침해한다.

② 서울대학교 2023학년도 저소득학생 특별전형의 모집인원을 모두 수능위주전형으로 선발하도록 정한, ‘서울대학교 2023학년도 대학 신입학생 입학전형 시행계획’ 중 ‘2023학년도 모집단위와 모집인원’ 가운데 해당 부분은 저소득학생 특별전형에 응시하고자 하는 수험생들의 균등하게 교육을 받을 권리를 침해하지 않는다.

③ 고등학교 퇴학일부터 검정고시 공고일까지의 기간이 6개월 이상이 되지 않은 사람은 고졸검정고시에 응시할 수 없도록 규정한 초·중등교육법 시행규칙 제35조 제6항 제2호 본문 중 ‘고등학교’에 관한 부분은 고등학교를 자진퇴학한 청구인들의 교육을 받을 권리를 침해한다고 볼 수 없다.

④ 학교는 헌법 제31조 제1항, 제2항에서 규정하고 있는 모든 국민의 교육을 받을 권리와 아동에게 의무교육을 받게 할 의무라는 중대한 가치를 실현하고 도시 및 주거환경의 수준 및 국민의 삶의 질을 향상시키기 위한 필수적인 기반시설로서, 국가는 국민의 교육을 받을 권리라는 기본권을 보호하기 위하여 학교교지를 적절하게 확보하여야 할 의무가 있다.

해설

① [×] 이 사건 전형사항은 재외국민 특별전형의 공정하고 합리적인 운영을 위해 규정된 것으로, 대학입학전형기본사항은 매년 수립·공표되는 점, 이 사건 전형사항은 2014년 공표된 2017학년도 대학입학전형기본사항에서부터 예고된 점 등을 종합할 때, 이 사건 전형사항이 신뢰보호원칙에 반하여 청구인 학생의 균등하게 교육받을 권리를 침해한다고 볼 수 없다(헌재 2020.3.26, 2019헌마212).

② [O] 농어촌학생 특별전형과 저소득학생 특별전형의 전형방법을 동일하게 정하여야 하는 것은 아니고, 수능 성적이 사회통념적 가치기준에 적합한 합리적인 입학전형자료 중 하나인 이상, 이 사건 입시계획이 저소득학생 특별전형에서 학생부 기록 등을 반영함이 없이 수능 성적만으로 학생을 선발하도록 정하였다 하더라도, 이는 대학의 자율성의 범위 내에 있는 것으로서 저소득학생의 응시기회를 불합리하게 박탈하고 있다고 보기 어렵다. … 이 사건 입시계획은 청구인의 균등하게 교육을 받을 권리를 침해하지 않는다(헌재 2022.9.29, 2021헌마929).

③ [O] 심판대상조항이 추구하는 공익은 고등학교 퇴학자의 고졸검정고시 응시 증가를 억제하여 정규 학교교육 과정의 이수를 유도함으로써 공교육의 내실화를 도모하고자 하는 것으로, 달성하려는 공익이 제한받는 사익보다 큰 점 등을 종합하여 보면, 심판대상조항은 청구인들의 교육을 받을 권리를 침해한다고 볼 수 없다(헌재 2022.5.26, 2020헌마1512).

④ [O] 학교는 헌법 제31조 제1항, 제2항에서 규정하고 있는 모든 국민의 교육을 받을 권리와 아동에게 의무교육을 받게 할 의무라는 중대한 가치를 실현하고 도시 및 주거환경의 수준 및 국민의 삶의 질을 향상시키기 위한 필수적인 기반시설로서, 국가는 국민의 교육을 받을 권리라는 기본권을 보호하기 위하여 학교교지를 적절하게 확보하여야 할 의무가 있다(헌재 2021.4.29, 2019헌바444 등).

04 다음 교육을 받을 권리에 관한 설명 중 가장 옳지 않은 것은? (다툼이 있는 경우 판례에 의함) 24. 해경간부

① 사립학교법상 교비회계의 세입·세출에 관한 사항을 대통령령으로 정하도록 한 규정은 포괄위임금지원칙에 위반되지 않는다.

② 대학수학능력시험의 문항 수 기준 70%를 한국교육방송공사 교재와 연계하여 출제하는 것이 대학수학능력시험을 준비하는 자들의 능력에 따라 균등하게 교육을 받을 권리를 직접 제한한다고 보기는 어렵다.

③ 부모의 자녀교육권은 기본권의 주체인 부모의 자기결정권이라는 의미에서 보장되는 자유일 뿐만 아니라 자녀의 보호와 인격발현을 위하여 부여되는 기본권이다.

④ 검정고시 응시자격을 제한하는 것은, 국민의 교육받을 권리 중 그 의사와 능력에 따라 균등하게 교육받을 것을 국가로부터 방해받지 않을 권리를 제한하는 것이다.

해설

③ [×] 부모의 자녀교육권은 다른 기본권과는 달리, 기본권의 주체인 부모의 자기결정권이라는 의미에서 보장되는 자유가 아니라, 자녀의 보호와 인격발현을 위하여 부여되는 기본권이다. 다시 말하면, 부모의 자녀교육권은 자녀의 행복이란 관점에서 보장되는 것이며, 자녀의 행복이 부모의 교육에 있어서 그 방향을 결정하는 지침이 된다(헌재 2009.10.29, 2008헌마635).

① [O] '교비회계의 세입'과 '교비회계의 세출' 항목은 기술적이고 세부적인 특성을 가지고 있어 그와 관련된 사항을 하위법령에서 정하도록 위임할 필요성이 인정되고, 이 사건 위임조항에서 위임하고 있는 '교비회계의 세입' 항목은 등록금이나 기부금, 학교시설 대여료나 이자수익 등과 같이 학생으로부터 징수하는 각종 금원과 학교시설이나 재산으로부터 발생하는 수익 등이 될 것이고, '교비회계의 세출' 항목은 학교의 운영이나 교육과 관련하여 지출하는 비용 등이 됨을 충분히 예측할 수 있다는 점에서, 이 사건 위임조항은 포괄위임금지 원칙에 위반되지 아니한다(헌재 2023.8.31, 2021헌바180).

② [O] 청구인은 수능시험을 준비하는 사람들로서 심판대상계획에서 정한 출제 방향과 원칙에 영향을 받을 수밖에 없다. 따라서 수능시험을 준비하면서 무엇을 어떻게 공부하여야 할지에 관하여 스스로 결정할 자유가 심판대상계획에 따라 제한된다. 이는 자신의 교육에 관하여 스스로 결정할 권리, 즉 교육을 통한 자유로운 인격발현권을 제한받는 것으로 볼 수 있다. 청구인들은 심판대상계획으로 인해 교육을 받을 권리가 침해된다고 주장하지만, 심판대상계획이 헌법 제31조 제1항의 한편, 능력에 따라 균등하게 교육을 받을 권리를 직접 제한한다고 보기는 어렵다. … 심판대상계획이 과잉금지원칙에 위배하여 청구인의 자유로운 인격발현권을 침해한다고 볼 수 없다(헌재 2018.2.22, 2017헌마691).

④ [O] 검정고시 응시자격을 제한하는 것은, 국민의 교육받을 권리 중 그 의사와 능력에 따라 균등하게 교육받을 것을 국가로부터 방해받지 않을 권리, 즉 자유권적 기본권을 제한하는 것이므로, 그 제한에 대하여는 헌법 제37조 제2항의 비례원칙에 의한 심사, 즉 과잉금지원칙에 따른 심사를 받아야 할 것이다(헌재 2012.5.31, 2010헌마139 등).

정답 | 03 ① 04 ③

05 교육을 받을 권리에 관한 설명으로 가장 적절한 것은? (다툼이 있는 경우 판례에 의함) 25. 경정승진

① 청소년은 인격의 발전을 위하여 어느 정도 부모와 학교의 교사 등 타인에 의한 결정을 필요로 하는 아직 성숙하지 못한 인격체이므로 국가의 교육권한과 부모의 교육권의 범주 내에서도 자신의 교육에 관하여 스스로 결정할 권리를 가지지 못한다.

② 헌법 제31조 제1항에 의해서 보장되는 교육을 받을 권리는 자신의 교육환경을 최상 혹은 최적으로 만들기 위해 타인의 교육시설참여 기회를 제한할 것을 청구할 수 있는 기본권까지 포함하므로, 기존의 재학생들에 대한 교육환경이 상대적으로 열악해질 수 있음을 이유로 새로운 편입학 자체를 하지 말도록 요구하는 것은 교육을 받을 권리의 내용으로 포섭될 수 있다.

③ 헌법 제31조 제3항의 의무교육 무상의 원칙은 의무교육을 위탁받은 사립학교를 설치·운영하는 학교법인 등과의 관계에서 관련법령에 의하여 이미 학교법인이 부담하도록 규정되어 있는 경비까지 종국적으로 국가나 지방자치단체의 부담으로 한다는 취지로 볼 수 있다.

④ 고등학교 졸업학력 검정고시 응시자격을 제한하는 것은, 국민의 교육받을 권리 중 그 의사와 능력에 따라 균등하게 교육받을 것을 국가로부터 방해받지 않을 권리, 즉 자유권적 기본권을 제한하는 것이므로, 그 제한에 대하여는 헌법 제37조 제2항의 비례원칙에 의한 심사를 받아야 한다.

해설

④ [O] 검정고시 응시자격을 제한하는 것은, 국민의 교육받을 권리 중 그 의사와 능력에 따라 균등하게 교육받을 것을 국가로부터 방해받지 않을 권리, 즉 자유권적 기본권을 제한하는 것이므로, 그 제한에 대하여는 헌법 제37조 제2항의 비례원칙에 의한 심사, 즉 과잉금지원칙에 따른 심사를 받아야 할 것이다(헌재 2012.5.31, 2010헌마139 등).

① [×] 헌법 제10조의 행복추구권은 일반적인 행동의 자유와 인격의 자유로운 발현권을 포함하는바, 학습자로서의 청소년은 교육을 받음에 있어서 자신의 인격, 특히 성향이나 능력을 자유롭게 발현할 수 있는 권리가 있다. 청소년은 인격의 발전을 위하여 어느 정도 부모와 학교의 교사 등 타인에 의한 결정을 필요로 하는 아직 성숙하지 못한 인격체이지만, 부모와 국가에 의한 교육의 단순한 대상이 아닌 독자적인 인격체이며, 그의 인격권은 성인과 마찬가지로 인간의 존엄성 및 행복추구권을 보장하는 헌법 제10조에 의하여 보호되어야 한다. 따라서 청소년은 국가의 교육권한과 부모의 교육권의 범주 내에서 자신의 교육에 관하여 스스로 결정할 권리, 즉 자유롭게 교육을 받을 권리를 가진다(헌재 2019.4.11, 2017헌바140 등).

② [×] 교육을 받을 권리는 국민이 국가에 대해 직접 특정한 교육제도나 학교시설을 요구할 수 있음을 뜻하지는 않으며, … 나아가 헌법 제31조 제1항에 의해서 보장되는 교육을 받을 권리는 교육영역에서의 기회균등을 내용으로 하는 것이지, 자신의 교육환경을 최상 혹은 최적으로 만들기 위해 타인의 교육시설 참여 기회를 제한할 것을 청구할 수 있는 기본권은 아니므로, 기존의 재학생들에 대한 교육환경이 상대적으로 열악해질 수 있음을 이유로 새로운 편입학 자체를 하지 말도록 요구하는 것은 교육을 받을 권리의 내용으로는 포섭할 수 없다(헌재 2003.9.25, 2001헌마814 등).

③ [×] 의무교육 등에 소요되는 경비의 재원에 관한 지방교육자치에 관한 법률 제37조, 지방교육재정교부금법 제11조 제1항은 헌법이 규정한 의무교육 무상의 원칙에 따라 경제적 능력에 관계없이 교육기회를 균등하게 보장하기 위하여 의무교육대상자의 학부모 등이 교직원의 보수 등 의무교육에 관련된 경비를 부담하지 않도록 국가와 지방자치단체에 교육재정을 형성·운영할 책임을 부여하고, 그 재원 형성의 구체적인 내용을 규정하고 있는 데 그칠 뿐, 더 나아가 의무교육을 위탁받은 사립학교를 설치·운영하는 학교법인 등과의 관계에서 관련 법령에 의하여 이미 학교법인이 부담하도록 규정되어 있는 경비까지 종국적으로 국가나 지방자치단체의 부담으로 한다는 취지까지 규정한 것으로 볼 수 없다(대판 2015.1.29, 2012두7387).

06 교육권 또는 교육을 받을 권리에 대한 설명으로 가장 적절하지 않은 것은? (다툼이 있는 경우 판례에 의함)

21. 경찰승진

① 학교 내·외의 교육영역에서 국가는 헌법 제31조에 의하여 원칙적으로 독립된 독자적인 교육권한을 부여받았고, 학교 밖의 교육영역에서는 원칙적으로 부모의 교육권보다 국가의 교육권한이 우위를 차지한다.

② 부모의 자녀에 대한 교육권은 비록 헌법에 명문으로 규정되어 있지는 않지만, 이는 모든 인간이 국적과 관계없이 누리는 양도할 수 없는 불가침의 인권이다.

③ 학교용지부담금의 부과대상을 수분양자가 아닌 개발사업자로 규정하고 있는 구 학교용지 확보 등에 관한 특례법 조항은 의무교육의 무상원칙에 위배되지 않는다.

④ 의무교육의 무상성에 관한 헌법상 규정은 의무교육의 비용을 오로지 국가 또는 지방자치단체의 예산, 즉 조세로 해결해야 함을 의미하는 것은 아니다.

해설

① [×] 자녀의 교육은 헌법상 부모와 국가에게 공동으로 부과된 과제이므로 부모와 국가의 상호연관적인 협력관계를 필요로 한다. … 자녀의 양육과 교육에 있어서 부모의 교육권은 교육의 모든 영역에서 존중되어야 하며, 다만, 학교교육의 범주 내에서는 국가의 교육권한이 헌법적으로 독자적인 지위를 부여받음으로써 부모의 교육권과 함께 자녀의 교육을 담당하지만, 학교 밖의 교육영역에서는 원칙적으로 부모의 교육권이 우위를 차지한다(헌재 2000.4.27, 98헌가16 등).

② [○] '부모의 자녀에 대한 교육권'은 비록 헌법에 명문으로 규정되어 있지는 아니하지만, 이는 모든 인간이 누리는 불가침의 인권으로서 혼인과 가족생활을 보장하는 헌법 제36조 제1항, 행복추구권을 보장하는 헌법 제10조 및 "국민의 자유와 권리는 헌법에 열거되지 아니한 이유로 경시되지 아니한다"고 규정하는 헌법 제37조 제1항에서 나오는 중요한 기본권이다(헌재 2000.4.27, 98헌가16 등).

③ [○] 의무교육의 무상성에 관한 헌법상 규정은 교육을 받을 권리를 보다 실효성 있게 보장하기 위해 의무교육 비용을 학령아동 보호자의 부담으로부터 공동체 전체의 부담으로 이전하라는 명령일 뿐 의무교육의 모든 비용을 조세로 해결해야 함을 의미하는 것은 아니므로, 학교용지부담금의 부과대상을 수분양자가 아닌 개발사업자로 정하고 있는 이 사건 법률조항은 의무교육의 무상원칙에 위배되지 아니한다(헌재 2008.9.25, 2007헌가1).

④ [○] 의무교육의 무상성에 관한 헌법상 규정은 교육을 받을 권리를 보다 실효성 있게 보장하기 위해 의무교육 비용을 학령아동 보호자의 부담으로부터 공동체 전체의 부담으로 이전하라는 명령일 뿐 의무교육의 모든 비용을 조세로 해결해야 함을 의미하는 것은 아니므로, 학교용지부담금의 부과대상을 수분양자가 아닌 개발사업자로 정하고 있는 이 사건 법률조항은 의무교육의 무상원칙에 위배되지 아니한다(헌재 2008.9.25, 2007헌가1).

정답 | 05 ④ 06 ①

07 교육을 받을 권리에 관한 설명으로 가장 적절하지 않은 것은? (다툼이 있는 경우 판례에 의함) 23. 경찰 1차

① 검정고시로 고등학교 졸업학력을 취득한 사람들(검정고시출신자)의 수시모집 지원을 제한하는 내용의 국립교육대학교 수시모집 입시요강은 검정고시 출신자를 합리적인 이유 없이 차별함으로써 균등하게 교육을 받을 권리를 침해한다.

② 헌법은 국가의 교육권한과 부모의 교육권의 범주 내에서 학생에게도 자신의 교육에 관하여 스스로 결정할 권리, 즉 자유롭게 교육을 받을 권리를 부여하고, 학생은 국가의 간섭을 받지 아니하고 자신의 능력과 개성, 적성에 맞는 학교를 자유롭게 선택할 권리를 가진다.

③ 헌법 제31조 제3항의 의무교육 무상의 원칙은 교육을 받을 권리를 보다 실효성 있게 보장하기 위하여 의무교육 비용을 학령아동의 보호자 개개인의 직접적 부담에서 공동체 전체의 부담으로 이전하라는 명령일 뿐, 의무교육의 비용을 오로지 국가 또는 지방자치단체의 예산으로 해결해야 함을 의미하는 것은 아니다.

④ 학교폭력 가해학생에 대해서 수개의 조치를 병과하고 출석정지기간의 상한을 두지 않은 학교폭력예방 및 대책에 관한 법률 조항은 피해학생의 보호에만 치중하여 가해학생에 대해 무기한 내지 지나치게 장기간의 출석정지조치가 취해지는 경우 가해학생에게 가혹한 결과가 초래될 수 있어 학교폭력 가해학생의 자유롭게 교육을 받을 권리를 침해한다.

해설

④ [×] 이상과 같은 학교폭력 가해학생에 대한 다양한 조치의 필요성, 학교폭력예방법과 초·중등교육법상 징계의 차이점 등에서 살펴본 바를 종합하면, 이 사건 징계조치 조항보다 가해학생의 학습의 자유를 덜 제한하면서, 피해학생에게 심각한 피해와 지속적인 영향을 미칠 수 있는 학교폭력에 구체적·탄력적으로 대처하고, 피해학생을 우선적으로 보호하면서 가해학생도 선도·교육하려는 입법 목적을 이 사건 징계조치 조항과 동일한 수준으로 달성할 수 있는 입법의 대안이 있다고 보기 어렵다. 또한 학교폭력예방법에 따른 학교폭력사안 처리 절차 및 기준, 그 처리 과정에서 가해학생 측에게 보장된 각종 기회 및 권리구제절차 등에 비추어 볼 때, 이 사건 징계조치 조항이 가해학생에 대하여 수개의 조치를 병과할 수 있도록 하고 출석정지조치를 취함에 있어 기간의 상한을 두고 있지 않다고 하더라도, 가해학생의 학습의 자유에 대한 제한이 입법 목적 달성에 필요한 최소한의 정도를 넘는다고 볼 수 없다. 따라서 이 사건 징계조치 조항은 침해의 최소성 원칙에 위반되지 아니한다(헌재 2019.4.11, 2017헌바140).

① [O] 이 사건 수시모집요강은 검정고시 출신자인 청구인들을 합리적인 이유 없이 차별하여 청구인들의 교육을 받을 권리를 침해한다고 할 수 있다(헌재 2017.12.28, 2016헌마649).

② [O] 헌법은 국가의 교육권한과 부모의 교육권의 범주 내에서 학생에게도 자신의 교육에 관하여 스스로 결정할 권리, 즉 자유롭게 교육을 받을 권리를 부여하고, 학생은 국가의 간섭을 받지 아니하고 자신의 능력과 개성, 적성에 맞는 학교를 자유롭게 선택할 권리를 가진다(헌재 2012.11.29, 2011헌마827).

③ [O] 의무교육무상에 관한 헌법 제31조 제3항은 교육을 받을 권리를 보다 실효성 있게 보장하기 위하여 의무교육 비용을 학령아동의 보호자 개개인의 직접적 부담에서 공동체 전체의 부담으로 이전하라는 명령일 뿐이고 의무교육의 비용을 오로지 국가 또는 지방자치단체의 예산, 즉 조세로 해결해야 함을 의미하는 것은 아니다(헌재 2008.9.25, 2007헌가1).

08 교육을 받을 권리에 관한 설명 중 가장 적절하지 않은 것은? (다툼이 있는 경우 판례에 의함) 22. 경찰승진

① 서울대학교 재학생이 재학 중인 학교의 법적 형태를 법인이 아닌 공법상 영조물인 국립대학으로 유지하여 줄 것을 요구할 권리는 학생의 교육받을 권리에 포함되지 아니한다.

② 헌법 제31조 제1항에 따라 국가에게 능력에 따라 균등한 교육기회를 보장할 의무가 부여되어 있다 하더라도, 군인이 자기계발을 위하여 해외 유학하는 경우의 교육비를 청구할 수 있는 권리가 도출된다고 할 수는 없다.

③ 국·공립대학 도서관장이 승인하지 아니하여 대학구성원이 아닌 자가 대학도서관에서 도서를 대출할 수 없거나 열람실을 이용할 수 없게 되었다고 하여 그의 교육을 받을 권리가 침해된다고 볼 수는 없다.

④ 헌법 제31조 제1항에 따라 모든 국민은 능력에 따라 균등하게 교육을 받을 권리를 가지는바, 교육을 받을 권리는 국가에 대하여 특정한 교육제도나 시설의 제공을 요구할 수 있는 권리까지 내포하고 있다.

해설

④ [×] 교육의 기회균등이란 국민 누구나가 교육에 대한 접근 기회 즉, 취학의 기회가 균등하게 보장되어야 함을 뜻하므로, 교육을 받을 권리는 국가로 하여금 능력이 있는 국민이 여러 가지 사회적·경제적 이유로 교육을 받지 못하는 일이 없도록 국가의 재정능력이 허용하는 범위 내에서 모든 국민에게 취학의 기회가 골고루 주어지게끔 그에 필요한 교육시설 및 제도를 마련할 의무를 부과한다. 그러나 교육을 받을 권리는 국민이 국가에 대하여 직접 특정한 교육제도나 교육과정 또는 학교시설을 요구할 수 있는 것을 뜻하지는 않는다고 할 것이다(헌재 2008.9.25, 2008헌마456).

① [O] 서울대학교 재학생은 공무담임권이 침해될 가능성이 없고, 재학 중인 학교의 법적 형태를 공법상 영조물인 국립대학으로 유지하여 줄 것을 요구할 권리는 교육받을 권리에 포함되지 아니하며, 대학의 관리·운영에 관한 사항은 학생의 학문의 자유와 관련되어 있다고 볼 수 없어 자기관련성이 인정되지 않는다(헌재 2014.4.24, 2011헌마612).

② [O] 헌법 제31조 제1항에 의하여 국가에게 능력에 따라 균등한 교육의 기회를 보장할 의무가 부여되어 있다 하더라도 이로부터 군인이 자기계발을 위하여 해외유학하는 경우에 그 교육비를 청구할 수 있는 권리가 도출된다고 할 수는 없다(헌재 2009.4.30, 2007헌마290).

③ [O] 교육을 받을 권리가 국가에 대하여 특정한 교육제도나 시설의 제공을 요구할 수 있는 권리를 뜻하는 것은 아니므로, 청구인이 이 사건 도서관에서 도서를 대출할 수 없거나 열람실을 이용할 수 없더라도 청구인의 교육을 받을 권리가 침해된다고 볼 수 없다(헌재 2016.11.24, 2014헌마977).

09 교육을 받을 권리에 관한 설명 중 옳지 않은 것은? (다툼이 있는 경우 판례에 의함) 22. 변호사

① 대학 입학전형자료의 하나인 수능시험은 고등학교 교육과정에 대한 최종적이고 종합적인 평가로서 학교교육 제도와 밀접한 관계가 있기 때문에, 수능시험의 출제 방향이나 원칙을 어떻게 정할 것인지에 대하여 국가는 폭넓은 재량권을 갖는다.

② 의무교육 무상의 원칙은 의무교육을 위탁받은 사립학교를 설치·운영하는 학교법인이 관련 법령에 의하여 이미 부담하도록 규정되어 있는 경비까지 종국적으로 국가나 지방자치단체의 부담으로 한다는 취지는 아니다.

③ 국민의 수학권과 교사의 수업의 자유는 다 같이 보호되어야 하겠지만, 그 중에서도 국민의 수학권이 더 우선적으로 보호되어야 한다.

④ 헌법은 국가의 교육권한과 부모의 교육권의 범주 내에서 학생에게도 자신의 교육에 관하여 스스로 결정할 권리, 즉 자유롭게 교육을 받을 권리를 부여하고, 학생은 국가의 간섭을 받지 아니하고 자신의 능력과 개성, 적성에 맞는 학교를 자유롭게 선택할 권리를 가진다.

⑤ 검정고시로 고등학교 졸업학력을 취득한 사람들에게는 정규 고등학교 학교생활기록부가 없어 초등교사로서의 품성과 자질 등을 다방면으로 평가할 자료가 부족하므로, 국립 교육대학교 수시모집요강에서 이들에게 수시모집에 응시할 수 있는 기회를 부여하지 않았더라도 검정고시로 고등학교 졸업학력을 취득한 사람들의 교육을 받을 권리를 침해한 것은 아니다.

정답 | 07 ④ 08 ④ 09 ⑤

해설

⑤ [×] 피청구인들은 정규 고등학교 학교생활기록부가 있는지 여부, 공교육 정상화, 비교내신 문제 등을 차별의 이유로 제시하고 있으나 이러한 사유가 차별취급에 대한 합리적인 이유가 된다고 보기 어렵다. 그렇다면 이 사건 수시모집요강은 검정고시 출신자인 청구인들을 합리적인 이유 없이 차별함으로써 청구인들의 균등하게 교육을 받을 권리를 침해한다(헌재 2017.12.28, 2016헌마649).

① [O] 국가는 학교에서의 교육목표, 학습계획, 학습방법, 학교조직 등 교육제도를 정하는 데 포괄적 규율권한과 폭넓은 입법형성권을 갖는다. 대학 입학전형자료의 하나인 수능시험은 대학 진학을 위해 필요한 것이지만, 고등학교 교육과정에 대한 최종적이고 종합적인 평가로서 학교교육 제도와 밀접한 관계에 있다. 따라서 국가는 수능시험의 출제 방향이나 원칙을 어떻게 정할 것인지에 대해서도 폭넓은 재량권을 갖는다(헌재 2018.2.22, 2017헌마691).

② [O] 헌법 제31조 제3항의 의무교육 무상의 원칙이 의무교육을 위탁받은 사립학교를 설치·운영하는 학교법인 등과의 관계에서 관련 법령에 의하여 이미 학교법인이 부담하도록 규정되어 있는 경비까지 종국적으로 국가나 지방자치단체의 부담으로 한다는 취지로 볼 수는 없다(헌재 2017.7.27, 2016헌바374).

③ [O] 국민의 수학권(헌법 제31조 제1항의 교육을 받을 권리)과 교사의 수업의 자유는 다 같이 보호되어야 하겠지만 그중에서도 국민의 수학권이 더 우선적으로 보호되어야 한다(헌재 1992.11.12, 89헌마88).

④ [O] 초등학교 재학 중인 아동은 아직 성숙하지 못한 인격체이긴 하지만, 부모와 국가에 의한 교육의 단순한 대상이 아닌 독립적인 인격체이며, 그의 인격권은 성인과 마찬가지로 인간의 존엄성 및 행복추구권을 보장하는 헌법 제10조에 의하여 보호되므로, 아동은 국가의 교육권한과 부모의 자녀교육권의 범주 내에서 자신의 교육에 관하여 스스로 결정할 권리를 가진다(헌재 2016.2.25, 2013헌마838).

10 다음 설명 중 가장 옳지 않은 것은? (다툼이 있는 경우 대법원 판례 및 헌법재판소 결정에 의함) 22. 법원행시

① '부모의 자녀에 대한 교육권'은 비록 헌법에 명문으로 규정되어 있지는 아니하지만, 이는 모든 인간이 누리는 불가침의 인권으로서 혼인과 가족생활을 보장하는 헌법 제36조 제1항, 행복추구권을 보장하는 헌법 제10조 및 "국민의 자유와 권리는 헌법에 열거되지 아니한 이유로 경시되지 아니한다."고 규정하는 헌법 제37조 제1항에서 나오는 중요한 기본권이다.

② 헌법 제31조 제1항에서 보장되는 교육의 기회균등권은 국가가 모든 국민에게 균등한 교육을 받게 하고 특히 경제적 약자가 실질적인 평등교육을 받을 수 있도록 적극적 정책을 실현해야 한다는 것을 의미하므로 여기에서 국민이 직접 실질적 평등교육을 위한 교육비를 청구할 권리가 도출된다.

③ 헌법 제31조 제3항에 규정된 의무교육 무상원칙에 있어서 무상의 범위에는 수업료나 입학금의 면제, 학교와 교사 등 인적·물적 시설 및 그 시설을 유지하기 위한 인건비와 시설유지비 등의 부담제외가 포함되고, 그 외에도 의무교육을 받는 과정에 수반하는 비용으로서 의무교육의 실질적인 균등보장을 위해 필수불가결한 비용은 무상의 범위에 포함된다.

④ 부모는 자녀의 교육에 있어서 자녀의 정신적, 신체적 건강을 고려하여 교육의 목적과 그에 적합한 수단을 선택해야 할 것이고, 부모가 자녀의 건강에 반하는 방향으로 자녀교육권을 행사할 경우 국가는 부모의 자녀교육권을 제한할 수 있다.

⑤ 부모의 교육권은 다른 교육의 주체와의 관계에서 원칙적인 우위를 가진다.

해설

② [×] 헌법 제31조 제1항에서 보장되는 교육의 기회균등권은 '정신적·육체적 능력 이외의 성별·종교·경제력·사회적 신분 등에 의하여 교육을 받을 기회를 차별하지 않고, 즉 합리적 차별사유 없이 교육을 받을 권리를 제한하지 아니함과 동시에 국가가 모든 국민에게 균등한 교육을 받게 하고 특히 경제적 약자가 실질적인 평등교육을 받을 수 있도록 적극적 정책을 실현해야 한다는 것'을 의미하므로, 실질적인 평등교육을 실현해야 할 국가의 적극적인 의무가 인정되지만, 이러한 의무조항으로부터 국민이 직접 실질적 평등교육을 위한 교육비를 청구할 권리가 도출되는 것은 아니다(헌재 2003.11.27, 2003헌바39).

① [O] '부모의 자녀에 대한 교육권'은 비록 헌법에 명문으로 규정되어 있지는 아니하지만, 이는 모든 인간이 누리는 불가침의 인권으로서 혼인과 가족생활을 보장하는 헌법 제36조 제1항, 행복추구권을 보장하는 헌법 제10조 및 "국민의 자유와 권리는 헌법에 열거되지 아니한 이유로 경시되지 아니한다"고 규정하는 헌법 제37조 제1항에서 나오는 중요한 기본권이다(헌재 2000.4.27, 98헌가16).

③ [O] 의무교육 무상의 범위에 있어서 학교 교육에 필요한 모든 부분을 무상으로 제공하는 것이 바람직한 방향이라고 하겠으나, 균등한 교육을 받을 권리와 같은 사회적 기본권을 실현하는 데는 국가의 재정상황 역시 도외시할 수 없으므로, 원칙적으로 의무교육 무상의 범위는 헌법상 교육의 기회균등을 실현하기 위해 필수불가결한 비용, 즉 모든 학생들이 의무교육을 받음에 있어서 경제적인 차별 없이 수학하는 데 반드시 필요한 비용에 한한다고 할 것이다. 따라서, 의무교육에 있어서 무상의 범위에는 의무교육이 실질적이고 균등하게 이루어지기 위한 본질적 항목으로, 수업료나 입학금의 면제, 학교와 교사 등 인적·물적 시설 및 그 시설을 유지하기 위한 인건비와 시설유지비, 신규시설투자비 등의 재원 부담으로부터의 면제가 포함된다 할 것이며, 그 외에도 의무교육을 받는 과정에 수반하는 비용으로서 의무교육의 실질적인 균등보장을 위해 필수불가결한 비용은 무상의 범위에 포함된다. 한편, 의무교육에 있어서 본질적이고 필수불가결한 비용 이외의 비용을 무상의 범위에 포함시킬 것인지는 국가의 재정상황과 국민의 소득수준, 학부모들의 경제적 수준 및 사회적 합의 등을 고려하여 입법자가 입법정책적으로 해결해야 할 문제이다(헌재 2012.4.24, 2010헌바164).

④ [O] 헌법 제31조가 보호하는 교육의 자주성·전문성·정치적 중립성은 국가의 안정적인 성장 발전을 도모하기 위하여서는 교육이 외부세력의 부당한 간섭에 영향받지 않도록 교육자 내지 교육전문가에 의하여 주도되고 관할되어야 할 필요가 있다는 데서 비롯된 것인 바, 비록 사립학교에도 학교운영위원회를 의무적으로 설치하도록 한 초·중등교육법 조항에 의하여 사립학교 교육의 자주성·전문성이 어느 정도 제한된다고 하더라도, 그 입법취지 및 학교운영위원회의 구성과 성격 등을 볼 때, 사립학교 학교운영위원회제도가 현저히 자의적이거나 비합리적으로 사립학교의 공공성만을 강조하고 사립학교의 자율성을 제한한 것이라 보기 어렵다(헌재 2001.11.29, 2000헌마278).

⑤ [O] 자녀의 양육과 교육은 일차적으로 부모의 천부적인 권리인 동시에 부모에게 부과된 의무이기도 하다. '부모의 자녀에 대한 교육권'은 비록 헌법에 명문으로 규정되어 있지는 아니하지만, 이는 모든 인간이 누리는 불가침의 인권으로서 혼인과 가족생활을 보장하는 헌법 제36조 제1항, 행복추구권을 보장하는 헌법 제10조 및 "국민의 자유와 권리는 헌법에 열거되지 아니한 이유로 경시되지 아니한다."고 규정하는 헌법 제37조 제1항에서 나오는 중요한 기본권이다. 부모는 자녀의 교육에 관하여 전반적인 계획을 세우고 자신의 인생관·사회관·교육관에 따라 자녀의 교육을 자유롭게 형성할 권리를 가지며, 부모의 교육권은 다른 교육의 주체와의 관계에서 원칙적인 우위를 가진다(헌재 2000.4.27, 98헌가16).

11 **헌법상 대학의 자율성에 관한 다음 설명 중 옳지 않은 것은 모두 몇 개인가? (다툼이 있는 경우 대법원 판례 및 헌법재판소 결정에 의함)**

22. 법원행시

㉠ 교수의 자유는 대학 등 고등교육기관에서 교수 및 연구자가 자신의 학문적 연구와 성과에 따라 가르치고 강의를 할 수 있는 자유로서 교수의 내용과 방법 등에 있어 어떠한 지시나 간섭·통제를 받지 아니할 자유를 의미한다.
㉡ 헌법은 학문적 연구와 교수의 자유의 기초가 되는 대학의 자율성을 보장하고 있는데, 그 내용은 법률이 정하는 바에 의하도록 하고 있다.
㉢ 대학의 자율성은 대학시설의 관리·운영이나 연구와 교육의 내용, 방법과 대상, 교과과정의 편성, 학생의 선발, 학생의 전형 등을 보호영역으로 하며, 대학 교수 개개인이 퇴직 여부 등 인사에 관한 사항을 스스로 결정할 권리도 대학의 자율성의 보호영역에 포함된다.
㉣ 헌법이 대학의 자율을 보장하는 취지는 대학에 대한 공권력 등 외부세력의 간섭을 배제하고 대학구성원 자신이 대학을 자주적으로 운영할 수 있도록 하기 위함이므로 국립대학법인인 서울대학교의 이사회에 일정 비율 이상의 외부인사를 포함하는 내용을 담고 있는 법률조항은 대학의 자율을 침해한다.
㉤ 사립학교의 설립자가 사립학교를 자유롭게 운영할 자유는 헌법에 명문 규정은 없으나 행복추구권의 한 내용을 이루는 일반적인 행동의 자유권과 모든 국민의 능력에 따라 균등하게 교육을 받을 권리를 규정하고 있는 헌법 제31조 제1항 그리고 교육의 자주성·전문성·정치적 중립성 및 대학의 자율성을 규정하고 있는 헌법 제31조 제4항에 의하여 인정되는 기본권이다.

① 1개 ② 2개 ③ 3개
④ 4개 ⑤ 5개

정답 | 10 ② 11 ②

해설

옳지 않은 것은 2개(㉢, ㉣)이다.

㉠㉡ [O] 교수(敎授)의 자유는 대학 등 고등교육기관에서 교수 및 연구자가 자신의 학문적 연구와 성과에 따라 가르치고 강의를 할 수 있는 자유로서 교수의 내용과 방법 등에 있어 어떠한 지시나 간섭·통제를 받지 아니할 자유를 의미한다. 이러한 교수의 자유는 헌법 제22조 제1항이 보장하는 학문의 자유의 한 내용으로서 보호되고, 헌법 제31조 제4항도 학문적 연구와 교수의 자유의 기초가 되는 대학의 자율성을 보장하고 있다. 정신적 자유의 핵심인 학문의 자유는 기존의 인식과 방법을 답습하지 아니하고 끊임없이 문제를 제기하거나 비판을 가함으로써 새로운 인식을 얻기 위한 활동을 보장하는 데에 그 본질이 있다. 교수의 자유는 이러한 학문의 자유의 근간을 이루는 것으로, 교수행위는 연구결과를 전달하고 학술적 대화와 토론을 통해 새롭고 다양한 비판과 자극을 받아들여 연구성과를 발전시키는 행위로서 그 자체가 진리를 탐구하는 학문적 과정이며 이러한 과정을 자유롭게 거칠 수 있어야만 궁극적으로 학문이 발전할 수 있다. 헌법이 대학에서의 학문의 자유와 교수의 자유를 특별히 보호하고 있는 취지에 비추어 보면 교수의 자유에 대한 제한은 필요 최소한에 그쳐야 한다. 따라서 어느 교수행위의 내용과 방법이 기존의 관행과 질서에서 다소 벗어나는 것으로 보이더라도 함부로 위법한 행위로 평가하여서는 아니 되고, 그 교수행위가 객관적으로 보아 외형만 교수행위의 모습을 띠고 있을 뿐 그 내용과 방법이 학문적 연구결과의 전달이나 학문적 과정이라고 볼 수 없음이 명백하다는 등의 특별한 사정이 없는 한 원칙적으로 학문적 연구와 교수를 위한 정당한 행위로 보는 것이 타당하다(대판 2018.7.12, 2014도3923).

㉢ [×] 대학의 자율성은 대학시설의 관리·운영이나 연구와 교육의 내용, 방법과 대상, 교과과정의 편성, 학생의 선발, 학생의 전형 등을 보호영역으로 한다고 할 것인데 대학 교수 개개인의 퇴직 여부 등 인사에 관한 사항을 스스로 결정할 권리가 해당 교수의 대학의 자율성의 보호영역에 포함된다고 보기 어렵다(헌재 2021.9.30, 2019헌마747).

▶ 대학의 자율은 대학시설의 관리·운영만이 아니라 학사관리 등 전반적인 것이라야 하므로 연구와 교육의 내용, 그 방법과 그 대상, 교과과정의 편성, 학생의 선발, 학생의 전형도 자율의 범위에 속해야 하고 따라서 입학시험제도도 자주적으로 마련될 수 있어야 한다(헌재 1992.10.1, 92헌마68).

㉣ [×] 학교법인의 이사회 등에 외부인사를 참여시키는 것은 다양한 이해관계자의 참여를 통해 개방적인 의사결정을 보장하고, 외부의 환경 변화에 민감하게 반응함과 동시에 외부의 감시와 견제를 통해 대학의 투명한 운영을 보장하기 위한 것이며, 대학 운영의 투명성과 공공성을 높이기 위해 정부도 의사형성에 참여하도록 할 필요가 있는 점, 사립학교의 경우 이사와 감사의 취임 시 관할청의 승인을 받도록 하고, 관련법령을 위반하는 경우 관할청이 취임 승인을 취소할 수 있도록 하고 있는 점 등을 고려하면, 외부인사 참여 조항은 대학의 자율의 본질적인 부분을 침해하였다고 볼 수 없다(헌재 2014.4.24, 2011헌마612).

㉤ [O] 설립자가 사립학교를 자유롭게 운영할 자유는 비록 헌법에 독일기본법 제7조 제4항과 같은 명문규정은 없으나 헌법 제10조에서 보장되는 행복추구권의 한 내용을 이루는 일반적인 행동의 자유권과 모든 국민의 능력에 따라 균등하게 교육을 받을 권리를 규정하고 있는 헌법 제31조 제1항 그리고 교육의 자주성·전문성·정치적 중립성 및 대학의 자율성을 규정하고 있는 헌법 제31조 제3항에 의하여 인정되는 기본권의 하나라 하겠다(헌재 2001.1.18, 99헌바63).

12 교육을 받을 권리에 대한 설명으로 옳은 것은? (다툼이 있는 경우 판례에 의함)

22. 입법고시

① 대학수학능력시험의 문항 수 기준 70%를 한국교육방송공사(EBS) 교재와 연계하여 출제하는 내용의 '2018학년도 대학수학능력시험 시행기본계획'은 대학수학능력시험을 준비하는 자의 교육을 받을 권리를 제한한다.

② 학교교육에 관한 한, 국가는 헌법 제31조에 의하여 부모의 교육권으로부터 원칙적으로 독립된 독자적인 교육권한을 부여받음으로써 부모의 교육권과 함께 자녀의 교육을 담당하므로 학교 밖의 교육영역에서도 국가의 교육권한은 부모의 교육권보다 언제나 우위를 차지한다.

③ 학교교육에 있어서 교원의 가르치는 권리를 수업권이라고 한다면 이것은 교원의 지위에서 생기는 것으로서 학생에 대한 일차적인 교육상의 직무권한이지만 어디까지나 학생의 학습권 실현을 위하여 인정되는 것이므로, 학생의 학습권은 교원의 수업권에 대하여 우월한 지위에 있다.

④ 교육을 받을 권리는 국민이 국가에 대하여 직접 특정한 교육제도나 교육과정을 요구할 수 있는 것을 포함한다.

⑤ 학교운영지원비는 학부모의 경제적 부담능력, 물가에 미치는 영향 및 수업료 인상률, 학교의 재정수요 등을 고려하여 학교운영위원회의 심의를 거쳐 결정되는 자발적 협찬금의 성격을 지니고 있으므로 이를 중학교 학생으로부터 징수하도록 하는 초·중등교육법 규정은 의무교육의 무상원칙에 위배되지 않는다.

해설

③ [O] 학교교육에 있어서 교원의 가르치는 권리를 수업권이라고 한다면, 이것은 교원의 지위에서 생기는 학생에 대한 일차적인 교육상의 직무권한이지만 어디까지나 학생의 학습권 실현을 위하여 인정되는 것이므로, 학생의 학습권은 교원의 수업권에 대하여 우월한 지위에 있다. 특히, 교원이 고의로 수업을 거부할 자유는 어떠한 경우에도 인정되지 아니하며, 교원은 계획된 수업을 지속적으로 성실히 이행할 의무가 있다(대판 2007.9.20, 2005다25298).

① [×] 청구인 권O환, 허O민은 수능시험을 준비하는 사람들로서 심판대상계획에서 정한 출제 방향과 원칙에 영향을 받을 수밖에 없다. 따라서 수능시험을 준비하면서 무엇을 어떻게 공부하여야 할지에 관하여 스스로 결정할 자유가 심판대상계획에 따라 제한된다. 이는 자신의 교육에 관하여 스스로 결정할 권리, 즉 교육을 통한 자유로운 인격발현권을 제한받는 것으로 볼 수 있다. 한편, 청구인들은 심판대상계획으로 인해 교육을 받을 권리가 침해된다고 주장하지만, 심판대상계획이 헌법 제31조 제1항의 능력에 따라 균등하게 교육을 받을 권리를 직접 제한한다고 보기는 어렵다. 청구인들은 행복추구권도 침해된다고 주장하지만, 행복추구권에서 도출되는 자유로운 인격발현권 침해 여부에 대하여 판단하는 이상 행복추구권 침해 여부에 대해서는 다시 별도로 판단하지 않는다(헌재 2018.2.22, 2017헌마691).

② [×] 자녀의 양육과 교육에 있어서 부모의 교육권은 교육의 모든 영역에서 존중되어야 하며, 다만, 학교교육에 관한 한, 국가는 헌법 제31조에 의하여 부모의 교육권으로부터 원칙적으로 독립된 독자적인 교육권한을 부여받음으로써 부모의 교육권과 함께 자녀의 교육을 담당하지만, 학교 밖의 교육영역에서는 원칙적으로 부모의 교육권이 우위를 차지한다(헌재 2000.4.27, 98헌가16).

④ [×] 헌법 제31조 제1항에 의해 보장되는 교육을 받을 권리는 교육영역에서의 기회균등을 내용으로 하며, 국가로 하여금 능력이 있는 국민이 여러 가지 사회적·경제적 이유로 교육을 받지 못하는 일이 없도록 재정능력이 허용하는 범위 내에서 모든 국민에게 취학의 기회가 골고루 주어지도록 그에 필요한 교육시설 및 제도를 마련할 의무를 부과한다. 그러나 교육을 받을 권리는 국민이 국가에 대해 직접 특정한 교육제도나 학교시설을 요구할 수 있음을 뜻하지 않는다. 또한 교육을 받을 권리는 자신의 교육환경이 상대적으로 열악해질 수 있음을 이유로 타인의 교육시설 참여 기회를 제한할 것을 청구하거나, 자신의 교육시설 참여 기회가 축소될 수 있다는 우려를 이유로 타인의 교육시설 참여 기회를 제한할 것을 청구할 수 있는 권리가 아니다(헌재 2019.2.28, 2018헌마37·38).

⑤ [×] 학교운영지원비는 그 운영상 교원연구비와 같은 교사의 인건비 일부와 학교회계직원의 인건비 일부 등 의무교육과정의 인적기반을 유지하기 위한 비용을 충당하는데 사용되고 있다는 점, 학교회계의 세입상 현재 의무교육기관에서는 국고지원을 받고 있는 입학금, 수업료와 함께 같은 항에 속하여 분류되고 있음에도 불구하고 학교운영지원비에 대해서만 학생과 학부모의 부담으로 남아있다는 점, 학교운영지원비는 기본적으로 학부모의 자율적 협찬금의 외양을 갖고 있음에도 그 조성이나 징수의 자율성이 완전히 보장되지 않아 기본적이고 필수적인 학교 교육에 필요한 비용에 가깝게 운영되고 있다는 점 등을 고려해보면 이 사건 세입조항은 헌법 제31조 제3항에 규정되어 있는 의무교육의 무상원칙에 위배되어 헌법에 위반된다(헌재 2012.8.23, 2010헌바220).
▶ 해당 선지는 반대의견의 내용이다.

13 교육을 받을 권리에 대한 설명으로 가장 적절하지 않은 것은? (다툼이 있는 경우 헌법재판소 판례에 의함)

22. 입법고시

① 대학수학능력시험의 문항 수 기준 70%를 한국교육방송공사 교재와 연계하여 출제하는 것이 대학수학능력시험을 준비하는 자들의 능력에 따라 균등하게 교육을 받을 권리를 직접 제한한다고 보기는 어렵다.

② 학문의 자유와 대학의 자율성에 따라 대학이 학생의 선발 및 전형 등 대학입시제도를 자율적으로 마련할 수 있다 하더라도 이를 내세워 국민의 교육받을 권리를 침해할 수 없다.

③ 학교폭력예방 및 대책에 관한 법률에서 학교폭력 가해학생에 대하여 수개의 조치를 병과할 수 있도록 하고, 출석정지기간의 상한을 두지 아니한 부분은 과잉금지원칙에 위배되어 청구인들의 학습의 자유를 침해한다.

④ 2년제 전문대학의 졸업자에게만 대학·산업대학 또는 원격대학의 편입학 자격을 부여하고, 3년제 전문대학의 2년 이상 과정 이수자에게는 편입학 자격을 부여하지 않는 것은 교육을 받을 권리를 침해하지 않는다.

정답 | 12 ③ 13 ③

해설

③ [×] 학교폭력의 심각성, 피해학생 및 가해학생에게 미치는 영향 등을 고려해 볼 때, 학교폭력을 행사하거나 이에 가담한 가해학생에 대하여 수개의 조치를 병과하거나 장기간의 출석정지조치를 하는 근거조항인 이 사건 징계조치 조항으로 인해 가해학생이 받게 되는 학교에서 교육받을 학습권의 제한 정도가, 학생의 인권 보호 및 건전한 사회구성원 육성 등 이 사건 징계조치 조항으로 달성하고자 하는 공익에 비하여 크다고 할 수 없다. 따라서 이 사건 징계조치 조항은 법익의 균형성 원칙에 위반되지 아니한다. 이 사건 징계조치 조항은 학습의 자유를 침해하지 아니한다(헌재 2019.4.11, 2017헌바140 · 141).

① [O] 청구인 권O환, 허O민은 수능시험을 준비하는 사람들로서 심판대상계획에서 정한 출제 방향과 원칙에 영향을 받을 수밖에 없다. 따라서 수능시험을 준비하면서 무엇을 어떻게 공부하여야 할지에 관하여 스스로 결정할 자유가 심판대상계획에 따라 제한된다. 이는 자신의 교육에 관하여 스스로 결정할 권리, 즉 교육을 통한 자유로운 인격발현권을 제한받는 것으로 볼 수 있다. 한편, 청구인들은 심판대상계획으로 인해 교육을 받을 권리가 침해된다고 주장하지만, 심판대상계획이 헌법 제31조 제1항의 능력에 따라 균등하게 교육을 받을 권리를 직접 제한한다고 보기는 어렵다. 청구인들은 행복추구권도 침해된다고 주장하지만, 행복추구권에서 도출되는 자유로운 인격발현권 침해 여부에 대하여 판단하는 이상 행복추구권 침해 여부에 대해서는 다시 별도로 판단하지 않는다(헌재 2018.2.22, 2017헌마691).

② [O] 헌법 제22조 제1항이 보장하고 있는 학문의 자유와 헌법 제31조 제4항에서 보장하고 있는 대학의 자율성에 따라 대학이 학생의 선발 및 전형 등 대학입시제도를 자율적으로 마련할 수 있다 하더라도, 이러한 대학의 자율적 학생 선발권을 내세워 국민의 '균등하게 교육을 받을 권리'를 침해할 수 없으며, 이를 위해 대학의 자율권은 일정부분 제약을 받을 수 있다(헌재 2017.12.28, 2016헌마649).

④ [O] 이 사건 법률조항은 대학에 편입학하기 위하여는 전문대학을 졸업할 것을 요구하고 있어, '3년제 전문대학의 2년 이상 과정을 이수한 자'는 편입학을 할 수 없다. 우선 '3년제 전문대학의 2년 이상 과정을 이수한 자'를 '2년제 전문대학을 졸업한 자'와 비교하여 보면 객관적인 과정인 졸업이라는 요건을 갖추지 못하였다. 또한, '4년제 대학에서 2년 이상 과정을 이수한 자'와 비교하여 보면, 고등교육법이 그 목적과 운영방법에서 전문대학과 대학을 구별하고 있는 이상, 전문대학 과정의 이수와 대학과정의 이수를 반드시 동일하다고 볼 수 없어, 3년제 전문대학의 2년 이상 과정을 이수한 자에게 편입학 자격을 부여하지 아니한 것이 현저하게 불합리한 자의적인 차별이라고 볼 수 없다. 나아가 평생교육을 포함한 교육시설의 입학자격에 관하여는 입법자에게 광범위한 형성의 자유가 있다고 할 것이어서, 3년제 전문대학의 2년 이상의 이수자에게 의무교육기관이 아닌 대학에의 일반 편입학을 허용하지 않는 것이 교육을 받을 권리나 평생교육을 받을 권리를 본질적으로 침해하지 않는다(헌재 2010.11.25, 2010헌마144).

14 **교육을 받을 권리에 대한 설명으로 옳지 않은 것은? (다툼이 있는 경우 판례에 의함)** 22. 지방직 7급

① 검정고시응시자격을 제한하는 것은 국민의 교육받을 권리 중 그 의사와 능력에 따라 균등하게 교육받을 것을 국가로부터 방해받지 않을 권리를 제한하는 것이므로 그 제한에 대하여는 과잉금지원칙에 따른 심사를 받아야 한다.

② 헌법 제31조 제1항이 보장하는 국민의 교육을 받을 권리로부터 국가 및 지방자치단체에게 사립유치원에 대한 교사 인건비, 운영비 및 영양사 인건비를 예산으로 지원하라는 작위의무가 도출된다.

③ 헌법 제31조 제3항에 규정된 의무교육 무상의 원칙에 있어서 무상의 범위는 헌법상 교육의 기회균등을 실현하기 위해 필수불가결한 비용, 즉 모든 학생이 의무교육을 받음에 있어서 경제적인 차별 없이 수학하는 데 반드시 필요한 비용에 한한다.

④ 의무교육 대상인 중학생의 학부모에게 급식 관련 비용 일부를 부담하도록 규정한 구 학교급식법의 조항은 헌법상 의무교육의 무상원칙에 반하지 않는다.

해설

② [×] 국가 및 지방자치단체에게 사립유치원에 대한 교사 인건비, 운영비 및 영양사 인건비를 예산으로 지원하라는 헌법상 명문규정이 없음은 분명하다. 그리고 헌법 제31조 제1항은 국민의 교육을 받을 권리를 보장하고 있지만 그 권리는 통상 국가에 의한 교육 조건의 개선 · 정비와 교육기회의 균등한 보장을 적극적으로 요구할 수 있는 권리로 이해되고 있을 뿐이고, 그로부터 위와 같은 작위의무가 헌법해석상 바로 도출된다고 볼 수 없다(헌재 2006.10.26, 2004헌마13).

① [O] 검정고시 응시자격을 제한하는 것은, 국민의 교육받을 권리 중 그 의사와 능력에 따라 균등하게 교육받을 것을 국가로부터 방해받지 않을 권리, 즉 자유권적 기본권을 제한하는 것이므로, 그 제한에 대하여는 헌법 제37조 제2항의 비례원칙에 의한 심사, 즉 과잉금지원칙에 따른 심사를 받아야 할 것이다(헌재 2012.5.31, 2010헌마139 등).

③ [O] 헌법 제31조 제3항에 규정된 의무교육의 무상원칙에 있어서 의무교육 무상의 범위는 원칙적으로 헌법상 교육의 기회균등을 실현하기 위해 필수불가결한 비용, 즉 모든 학생이 의무교육을 받음에 있어서 경제적인 차별 없이 수학하는 데 반드시 필요한 비용에 한한다(헌재 2012.4.24, 2010헌바164).

④ [O] 학교급식은 학생들에게 한 끼 식사를 제공하는 영양공급 차원을 넘어 교육적인 성격을 가지고 있지만, 이러한 교육적 측면은 기본적이고 필수적인 학교 교육 이외에 부가적으로 이루어지는 식생활 및 인성교육으로서의 보충적 성격을 가지므로 의무교육의 실질적인 균등보장을 위한 본질적이고 핵심적인 부분이라고까지는 할 수 없다. 이 사건 법률조항들은 비록 중학생의 학부모들에게 급식관련 비용의 일부를 부담하도록 하고 있지만, … 이 사건 법률조항들이 입법형성권의 범위를 넘어 헌법상 의무교육의 무상원칙에 반하는 것으로 보기는 어렵다(헌재 2012.4.24, 2010헌바164).

15 교육을 받을 권리에 대한 설명으로 옳지 않은 것은?

23. 5급 공채

① 검정고시로 고등학교 졸업학력을 취득한 사람들의 수시모집 지원을 제한하는 내용의 국립교육대학교 등의 '2017학년도 신입생 수시모집 입시요강'은 청구인들의 균등하게 교육을 받을 권리를 침해한다.

② 자녀의 양육과 교육은 일차적으로 부모의 천부적인 권리인 동시에 부모에게 부과된 의무이기도 하다.

③ 학교운영지원비를 학교회계 세입항목에 포함시키도록 한 구 초·중등교육법 규정은 헌법 제31조 제3항에 규정되어 있는 의무교육 무상의 원칙에 위배되지 않는다.

④ 의무교육제도는 국민에 대하여 보호하는 자녀들을 취학시키도록 한다는 의무부과의 면보다는 국가에 대하여 인적·물적 교육시설을 정비하고 교육환경을 개선하여야 한다는 의무부과의 측면이 보다 더 중요한 의미를 갖는다.

해설

③ [×] 학교운영지원비는 그 운영상 교원연구비와 같은 교사의 인건비 일부와 학교회계직원의 인건비 일부 등 의무교육과정의 인적기반을 유지하기 위한 비용을 충당하는데 사용되고 있다는 점, 학교회계의 세입상 현재 의무교육기관에서는 국고지원을 받고 있는 입학금, 수업료와 함께 같은 항에 속하여 분류되고 있음에도 불구하고 학교운영지원비에 대해서만 학생과 학부모의 부담으로 남아있다는 점, 학교운영지원비는 기본적으로 학부모의 자율적 협찬금의 외양을 갖고 있음에도 그 조성이나 징수의 자율성이 완전히 보장되지 않아 기본적이고 필수적인 학교 교육에 필요한 비용에 가깝게 운영되고 있다는 점 등을 고려해보면 이 사건 세입조항은 헌법 제31조 제3항에 규정되어 있는 의무교육의 무상원칙에 위배되어 헌법에 위반된다(헌재 2012.8.23, 2010헌바220).

① [O] 수시모집에서 검정고시 출신자에게 수학능력이 있는지 여부를 평가받을 기회를 부여하지 아니하고 이를 박탈한다는 것은 수학능력에 따른 합리적인 차별이라고 보기 어렵다. 피청구인들은 정규 고등학교 학교생활기록부가 있는지 여부, 공교육 정상화, 비교내신 문제 등을 차별의 이유로 제시하고 있으나 이러한 사유가 차별취급에 대한 합리적인 이유가 된다고 보기 어렵다. 그렇다면 이 사건 수시모집요강은 검정고시 출신자인 청구인들을 합리적인 이유 없이 차별함으로써 청구인들의 균등하게 교육을 받을 권리를 침해한다(헌재 2017.12.28, 2016헌마649).

② [O] 헌법은 제36조 제1항에서 혼인과 가정생활을 보장함으로써 가족의 자율영역이 국가의 간섭에 의하여 획일화·평준화되고 이념화되는 것으로부터 보호하고자 하는바, 가족생활을 구성하는 핵심적 내용 중의 하나가 바로 자녀의 양육과 교육이다. 자녀의 양육과 교육은 일차적으로 부모의 천부적인 권리인 동시에 부모에게 부과된 의무이기도 하다(헌재 2009.10.29, 2008헌마635).

④ [O] 의무교육제도는 국민에 대하여 보호하는 자녀들을 취학시키도록 한다는 의무부과의 면보다는 국가에 대하여 인적·물적 교육시설을 정비하고 교육환경을 개선하여야 한다는 의무부과의 측면이 보다 더 중요한 의미를 갖는다(헌재 2005.3.31, 2003헌가20).

정답 | 14 ② 15 ③

16 교육을 받을 권리에 대한 설명으로 옳지 않은 것은? (다툼이 있는 경우 판례에 의함)

23. 입법고시

① 고등학교 퇴학일부터 검정고시 공고일까지의 기간이 6개월 이상이 되지 않은 사람에게 고졸검정고시에 응시자격을 부여하지 않는 것이 교육을 받을 권리를 침해하는 것은 아니다.

② 헌법 제31조 제1항에서 실질적인 평등교육을 실현하여야 할 국가의 적극적인 의무가 인정되지만, 이러한 의무조항으로부터 국민이 직접 실질적 평등교육을 위한 교육비를 청구할 권리가 도출되는 것은 아니다.

③ 학교교육에 관한 한, 국가는 헌법 제31조에 의하여 부모의 교육권으로부터 원칙적으로 독립된 독자적인 교육권한을 부여받음으로써 부모의 교육권과 함께 자녀의 교육을 담당한다.

④ 국·공립학교와는 달리 사립학교의 경우에 학교운영위원회의 설치를 임의적인 사항으로 하는 것은 자의금지원칙 위반으로 평등권과 학부모의 교육참여권을 침해하는 것이다.

⑤ 헌법 제31조 제3항의 의무교육의 무상의 범위는 국가의 재정상황과 국민의 소득수준, 학부모의 경제적 수준 및 사회적 합의 등을 고려하여 입법정책적으로 결정할 수 있다.

해설

④ [×] 사립학교에도 국·공립학교처럼 의무적으로 운영위원회를 두도록 할 것인지, 아니면 임의단체인 기존의 육성회 등으로 하여금 유사한 역할을 계속할 수 있게 하고 법률에서 규정된 운영위원회를 재량사항으로 하여 그 구성을 유도할 것인지의 여부는 입법자의 입법형성영역인 정책문제에 속하고, 그 재량의 한계를 현저하게 벗어나지 않는 한 헌법위반으로 단정할 것은 아니다. 청구인이 위 조항으로 인하여 사립학교의 운영위원회에 참여하지 못하였다고 할지라도 그로 인하여 교육참여권이 침해되었다고 볼 수 없다. 입법자가 국·공립학교와는 달리 사립학교를 설치·경영하는 학교법인 등이 당해학교에 운영위원회를 둘 것인지의 여부를 스스로 결정할 수 있도록 한 것은 사립학교의 특수성과 자주성을 존중하는데 그 목적이 있으므로 결국 위 조항이 국·공립학교의 학부모에 비하여 사립학교의 학부모를 차별취급한 것은 합리적이고 정당한 사유가 있어 평등권을 침해한 것이 아니다(헌재 1999.3.25, 97헌마130).

① [O] 고졸검정고시 공고일 기준 고등학교를 퇴학한 이후 6개월 동안 고졸검정고시의 응시자격을 제한한 심판대상조항은 청구인들의 교육을 받을 권리를 침해한다고 볼 수 없다(헌재 2022.5.26, 2020헌마1512 등).

② [O] 헌법 제31조 제1항에서 보장되는 교육의 기회균등권은 '정신적·육체적 능력 이외의 성별·종교·경제력·사회적 신분 등에 의하여 교육을 받을 기회를 차별하지 않고, 즉 합리적 차별사유 없이 교육을 받을 권리를 제한하지 아니함과 동시에 국가가 모든 국민에게 균등한 교육을 받게 하고 특히 경제적 약자가 실질적인 평등교육을 받을 수 있도록 적극적 정책을 실현해야 한다는 것'을 의미하므로, 실질적인 평등교육을 실현해야 할 국가의 적극적인 의무가 인정되지만, 이러한 의무조항으로부터 국민이 직접 실질적 평등교육을 위한 교육비를 청구할 권리가 도출되는 것은 아니다(헌재 2003.11.27, 2003헌바39).

③ [O] 자녀의 양육과 교육에 있어서 부모의 교육권은 교육의 모든 영역에서 존중되어야 하며, 다만, 학교교육에 관한 한, 국가는 헌법 제31조에 의하여 부모의 교육권으로부터 원칙적으로 독립된 독자적인 교육권한을 부여받음으로써 부모의 교육권과 함께 자녀의 교육을 담당하지만, 학교 밖의 교육영역에서는 원칙적으로 부모의 교육권이 우위를 차지한다(헌재 2000.4.27, 98헌가16).

⑤ [O] 의무교육에 있어서 본질적이고 필수불가결한 비용 이외의 비용을 무상의 범위에 포함시킬 것인지는 국가의 재정상황과 국민의 소득수준, 학부모들의 경제적 수준 및 사회적 합의 등을 고려하여 입법자가 입법정책적으로 해결해야 할 문제이다(헌재 2012.4.24, 2010헌바164).

17 교육을 받을 권리에 대한 설명으로 가장 적절한 것은? (다툼이 있는 경우 헌법재판소 판례에 의함) 23. 경찰간부

① 검정고시응시자격을 제한하는 것은 국민의 교육받을 권리 중 그 의사와 능력에 따라 균등하게 교육을 받을 것을 국가로부터 방해받지 않을 권리를 제한하는 것이므로 과소보호금지의 원칙에 따른 심사를 받아야 할 것이다.

② 고시 공고일을 기준으로 고등학교에서 퇴학된 날로부터 6월이 지나지 아니한 자를 고등학교 졸업학력 검정고시를 받을 수 있는 자의 범위에서 제외하고 있는 '고등학교 졸업학력 검정고시 규칙'의 조항은 교육을 받을 권리를 침해한다.

③ 자율형 사립고등학교(이하 '자사고'라 함)와 일반고등학교(이하 '일반고'라 함)가 동시선발을 하게 되면 해당 자사고의 교육에 적합한 학생을 선발하는 데 지장이 있고 자사고의 사학운영의 자유를 침해하므로 자사고를 후기학교로 정하여 신입생을 일반고와 동시에 선발하도록 한 초·중등교육법 시행령 해당 조항은 국가가 학교 제도를 형성할 수 있는 재량 권한의 범위를 일탈하였다.

④ '서울대학교 2023학년도 대학 신입학생 입학전형 시행계획' 중 저소득학생 특별전형의 모집인원을 모두 수능위주전형으로 선발하도록 정한 부분이 저소득학생 특별전형에 응시하고자하는 수험생들의 기회를 불합리하게 박탈하는 것은 아니다.

해설

④ [O] 저소득학생 특별전형과 달리 농어촌학생 특별전형은 학생부종합전형으로 실시된다. 저소득학생 특별전형과 농어촌학생 특별전형은 그 목적, 지원자들 특성 등이 동일하지 아니하므로, 전형방법을 반드시 동일하게 정해야 한다고 볼 수 없다. 수능 성적으로 학생을 선발하는 전형방법이 사회통념적 가치기준에 적합한 합리적인 방법인 이상, 대입제도 공정성을 강화하기 위해 수능위주전형 비율을 높이면서 농어촌학생 특별전형과 달리 저소득학생 특별전형에서는 모집인원 전체를 수능위주전형으로 선발한다고 하더라도, 이것이 저소득학생의 응시기회를 불합리하게 박탈하는 것이라고 보기는 어렵다. 결국 이 사건 입시계획은 청구인의 균등하게 교육을 받을 권리를 침해하지 않는다(헌재 2022.9.29, 2021헌마929).

① [×] 검정고시 응시자격을 제한하는 것은, 국민의 교육받을 권리 중 그 의사와 능력에 따라 균등하게 교육받을 것을 국가로부터 방해받지 않을 권리, 즉 자유권적 기본권을 제한하는 것이므로, 그 제한에 대하여는 헌법 제37조 제2항의 비례원칙에 의한 심사, 즉 과잉금지원칙에 따른 심사를 받아야 할 것이다(헌재 2012.5.31, 2010헌마139).

② [×] 고시 공고일을 기준으로 고등학교에서 퇴학된 날로부터 6월이 지나지 아니한 자를 고등학교 졸업학력 검정고시를 받을 수 있는 자의 범위에서 제외하고 있는 고등학교 졸업학력 검정고시 규칙 제10조 제1항은 교육을 받을 권리를 침해하지 않는다(헌재 2008.4.24, 2007헌마1456).

③ [×] 국가가 일반고의 경쟁력을 강화시키는 정책을 시행함과 동시에 자사고를 후기학교로 정한 것은 국가의 공적인 학교 제도를 보장하여야 할 책무에 의거하여 학교 제도를 형성할 수 있는 광범위한 재량 권한의 범위 내에 있는 것이다(헌재 2019.4.11, 2018헌마221).

정답 | 16 ④ 17 ④

18 교육을 받을 권리에 관한 설명으로 가장 적절하지 않은 것은? (다툼이 있는 경우 판례에 의함) 23. 경찰 2차

① 헌법 제31조 제1항의 '교육을 받을 권리'는 국가로부터 교육에 필요한 시설의 제공을 요구할 수 있는 권리 및 각자의 능력에 따라 교육시설에 입학하여 배울 수 있는 권리를 의미한다.

② 부모는 자녀의 교육에 있어서 자녀의 정신적, 신체적 건강을 고려하여 교육의 목적과 그에 적합한 수단을 선택해야 할 것이고, 부모가 자녀의 건강에 반하는 방향으로 자녀교육권을 행사할 경우에는 헌법 제31조는 부모 외에도 국가에게 자녀의 교육에 대한 과제와 의무가 있다는 것을 규정하고 있으므로 국가는 부모의 자녀교육권을 제한할 수 있다.

③ 학교급식의 실시에 필요한 시설·설비에 요하는 경비를 원칙적으로 학교의 설립·경영자가 부담하도록 한 학교급식법 조항은 사립학교 운영의 자유를 필요한 범위를 넘어서 지나치게 제한하고 있고 공익의 비중에 비추어 사립학교에게 과도한 부담을 지우는 것이라고 볼 수 있으므로 사립학교 운영의 자유를 침해한다.

④ 헌법 제31조 제4항에 의해 보장되는 교육의 자주성과 전문성은 '교육기관의 자유'와 '교육의 자유'를 보장함으로써 비로소 달성할 수 있는데, '교육기관의 자유'는 교육을 담당하는 교육기관의 교육운영에 관한 자주적인 결정권을 그 내용으로 하고, '교육의 자유'는 교육내용이나 교육방법 등에 관한 자주적인 결정권을 그 내용으로 한다.

해설

③ [×] 이 사건 법률조항이 적용될 당시는 학교급식후원회를 통하여 학교급식시설 설치·유지비의 일부를 조달받을 수도 있었으며, 학교(직영)급식과 위탁급식을 선택적으로 운영할 수 있었던 점 등에 비추어 보면, 사립학교의 경우에도 국·공립학교와 마찬가지로 학교급식 시설·경비의 원칙적 부담을 학교의 설립경영자로 하는 것은 합리적이라고 할 것이어서, 평등원칙에 위반되지 않는다. 나아가 사립학교 운영의 자유를 필요한 범위를 넘어서 지나치게 제한하고 있다거나, 공익의 비중에 비추어 사립학교에게 과도한 부담을 지우는 것이라고 보기 어려워, 사립학교 운영의 자유를 침해하지 아니한다(헌재 2010.7.29, 2009헌바40).

① [O] 헌법 제31조 제1항은 '모든 국민은 능력에 따라 균등하게 교육을 받을 권리를 가진다.'라고 규정하여 국민의 교육을 받을 권리를 보장하고 있고, 그 '교육을 받을 권리'는 국가로부터 교육에 필요한 시설의 제공을 요구할 수 있는 권리 및 각자의 능력에 따라 교육시설에 입학하여 배울 수 있는 권리를 국민의 기본권으로서 보장하면서, 한편, 국민 누구나 능력에 따라 균등한 교육을 받을 수 있게끔 노력해야 할 의무와 과제를 국가에게 부과하고 있는 것이다(헌재 2011.6.30, 2010헌마503).

② [O] 부모는 자녀의 교육에 있어서 자녀의 정신적, 신체적 건강을 고려하여 교육의 목적과 그에 적합한 수단을 선택해야 할 것이고, 부모가 자녀의 건강에 반하는 방향으로 자녀교육권을 행사할 경우에는 헌법 제31조는 부모 외에도 국가에게 자녀의 교육에 대한 과제와 의무가 있다는 것을 규정하고 있으므로 국가는 부모의 자녀교육권을 제한할 수 있다(헌재 2009.10.29, 2008헌마635).

④ [O] 헌법 제31조 제4항에 의해 보장되는 교육의 자주성과 전문성은 '교육기관의 자유'와 '교육의 자유'를 보장함으로써 비로소 달성할 수 있는데, '교육기관의 자유'는 교육을 담당하는 교육기관의 교육운영에 관한 자주적인 결정권을 그 내용으로 하고, '교육의 자유'는 교육내용이나 교육방법 등에 관한 자주적인 결정권을 그 내용으로 한다(헌재 2013.5.30, 2011헌바227).

19 교육을 받을 권리에 관한 설명 중 가장 적절한 것은? (다툼이 있는 경우 판례에 의함) 24. 경정승진

① 헌법 제31조 제1항에서 보장되는 교육의 기회균등권은 '특히 경제적 약자가 실질적인 평등교육을 받을 수 있도록 국가가 적극적 정책을 실현해야 한다는 것'을 의미하므로 이로부터 국민이 직접 실질적 평등교육을 위한 교육비를 청구할 권리가 도출된다고 할 수 있다.

② 부모의 자녀교육권은 기본권의 주체인 부모의 자기결정권이라는 의미에서 보장되는 자유일 뿐만 아니라 자녀의 보호와 인격발현을 위하여 부여되는 기본권이다.

③ 한자를 국어과목에서 분리하여 초등학교 재량에 따라 선택적으로 가르치도록 하는 것은, 국어교과의 내용으로 한자를 배우고 일정 시간 이상 필수적으로 한자교육을 받음으로써 교육적 성장과 발전을 통해 자아를 실현하고자 하는 학생들의 자유로운 인격발현권을 제한하기는 하나 학부모의 자녀교육권을 제한하는 것은 아니다.

④ 교원의 지위를 포함한 교육제도 등의 법정주의를 규정하고 있는 헌법 제31조 제6항은 교원의 기본권보장 내지 지위보장뿐만 아니라 교원의 기본권을 제한하는 근거가 될 수도 있다.

해설

④ [O] 이 헌법조항에 근거하여 교원의 지위를 정하는 법률을 제정함에 있어서는 교원의 기본권보장 내지 지위보장과 함께 국민의 교육을 받을 권리를 보다 효율적으로 보장하기 위한 규정도 반드시 함께 담겨 있어야 할 것이다. 그러므로 위 헌법조항을 근거로하여 제정되는 법률에는 교원의 신분보장 · 경제적 · 사회적 지위보장 등 교원의 권리에 해당하는 사항 뿐만 아니라 국민의 교육을 받을 권리를 저해할 우려있는 행위의 금지 등 교원의 의무에 관한 사항도 당연히 규정할 수 있는 것이므로 결과적으로 교원의 기본권을 제한하는 사항까지도 규정할 수 있게 되는 것이다(헌재 1991.7.22, 89헌가106).

① [×] 헌법 제31조 제1항에서 보장되는 교육의 기회균등권은 '정신적 · 육체적 능력 이외의 성별 · 종교 · 경제력 · 사회적 신분 등에 의하여 교육을 받을 기회를 차별하지 않고, 즉 합리적 차별사유 없이 교육을 받을 권리를 제한하지 아니함과 동시에 국가가 모든 국민에게 균등한 교육을 받게 하고 특히 경제적 약자가 실질적인 평등교육을 받을 수 있도록 적극적 정책을 실현해야 한다는 것'을 의미하므로, 실질적인 평등교육을 실현해야 할 국가의 적극적인 의무가 인정되지만, 이러한 의무조항으로부터 국민이 직접 실질적 평등교육을 위한 교육비를 청구할 권리가 도출되는 것은 아니다(헌재 2003.11.27, 2003헌바39).

② [×] 부모의 자녀교육권은 다른 기본권과는 달리, 기본권의 주체인 부모의 자기결정권이라는 의미에서 보장되는 자유가 아니라, 자녀의 보호와 인격발현을 위하여 부여되는 기본권이다. 다시 말하면, 부모의 자녀교육권은 자녀의 행복이란 관점에서 보장되는 것이며, 자녀의 행복이 부모의 교육에 있어서 그 방향을 결정하는 지침이 된다(헌재 2009.10.29, 2008헌마635).

③ [×] 이 사건 한자 관련 고시는 한자를 국어과목에서 분리하여 학교 재량에 따라 선택적으로 가르치도록 하고 있으므로, 국어교과의 내용으로 한자를 배우고 일정 시간 이상 필수적으로 한자교육을 받음으로써 교육적 성장과 발전을 통해 자아를 실현하고자 하는 학생들의 자유로운 인격발현권을 제한한다. 또한 학부모는 자녀의 개성과 능력을 고려하여 자녀의 학교교육에 관한 전반적인 계획을 세우고, 자신의 인생관 · 사회관 · 교육관에 따라 자녀를 교육시킬 권리가 있는바, 이 사건 한자 관련 고시는 자녀의 올바른 성장과 발전을 위하여 한자교육이 반드시 필요하고 국어과목 시간에 이루어져야 한다고 생각하는 학부모의 자녀교육권도 제한할 수 있다(헌재 2016.11.24, 2012헌마854).

정답 | 18 ③ 19 ④

제3절 | 근로의 권리

01 다음 근로의 권리에 관한 설명 중 가장 옳지 않은 것은? (다툼이 있는 경우 판례에 의함) 24. 해경간부

① 근로의 권리는 근로자를 개인의 차원에서 보호하기 위한 권리로서 개인인 근로자가 근로의 권리의 주체가 되는 것이고, 노동조합은 그 주체가 될 수 없다.

② 근로의 권리는 '일할 자리에 관한 권리'만이 아니라 '일할 환경에 관한 권리'도 함께 내포하고 있다.

③ 축산업 근로자들에게 육체적·정신적 휴식을 보장하고 장시간 노동에 대한 경제적 보상을 해야 할 필요성이 요청됨에도 동물의 사육 사업 근로자에 대하여 근로시간 및 휴일 규정의 적용을 제외하도록 한 것은 근로의 권리를 침해한다.

④ 근로기준법 조항이 근로연도 중도퇴직자의 중도퇴직 전 근로에 대해 유급휴가를 보장하지 않음으로써 청구인의 근로의 권리를 침해하는지 여부는 이것이 현저히 불합리하여 헌법상 용인될 수 있는 재량의 범위를 명백히 일탈하고 있는지 여부에 달려있다고 할 수 있다.

해설

③ [×] 축산업은 가축의 양육 및 출하에 있어 기후 및 계절의 영향을 강하게 받으므로, 근로시간 및 근로내용에 있어 일관성을 담보하기 어렵고, 축산업에 종사하는 근로자의 경우에도 휴가에 관한 규정은 여전히 적용되며, 사용자와 근로자 사이의 근로시간 및 휴일에 관한 사적 합의는 심판대상조항에 의한 제한을 받지 않는다. 현재 우리나라 축산업의 상황을 고려할 때, 축산업 근로자들에게 근로기준법을 전면적으로 적용할 경우, 인건비 상승으로 인한 경제적 부작용이 초래될 위험이 있다. 위 점들을 종합하여 볼 때, 심판대상조항이 입법자가 입법재량의 한계를 일탈하여 인간의 존엄을 보장하기 위한 최소한의 근로조건을 마련하지 않은 것이라고 보기 어려우므로, 심판대상조항은 청구인의 근로의 권리를 침해하지 않는다(헌재 2021.8.31, 2018헌마563).

① [O] 헌법 제32조 제1항은 "모든 국민은 근로의 권리를 가진다. 국가는 사회적·경제적 방법으로 근로자의 고용의 증진과 적정임금의 보장에 노력하여야 하며, 법률이 정하는 바에 의하여 최저임금제를 시행하여야 한다."라고 규정하고 있다. 이는 국가의 개입·간섭을 받지 않고 자유로이 근로를 할 자유와, 국가에 대하여 근로의 기회를 제공하는 정책을 수립해 줄 것을 요구할 수 있는 권리 등을 기본적인 내용으로 하고 있고, 이 때 근로의 권리는 근로자를 개인의 차원에서 보호하기 위한 권리로서 개인인 근로자가 근로의 권리의 주체가 되는 것이고, 노동조합은 그 주체가 될 수 없는 것으로 이해되고 있다(헌재 2009.2.26, 2007헌바27).

② [O] 근로의 권리가 "일할 자리에 관한 권리"만이 아니라 "일할 환경에 관한 권리"도 함께 내포하고 있는바, 후자는 인간의 존엄성에 대한 침해를 방어하기 위한 자유권적 기본권의 성격도 갖고 있어 건강한 작업환경, 일에 대한 정당한 보수, 합리적인 근로조건의 보장 등을 요구할 수 있는 권리 등을 포함한다고 할 것이므로 외국인 근로자라고 하여 이 부분에까지 기본권 주체성을 부인할 수는 없다(헌재 2007.8.30, 2004헌마670).

④ [O] 유급휴가권의 구체적 내용을 형성함에 있어 입법자는 국가적 노동 상황, 경영계(사용자)의 의견, 국민감정, 인정 대상자의 업무와 지위, 기타 여러 가지 사회적·경제적 여건 등을 함께 고려해야 할 것이므로 유급휴가를 어느 범위에서 인정하고, 어느 경우에 제한할 것인지 등에 대하여는 입법자 또는 입법에 의하여 다시 위임을 받은 행정부 등 해당기관의 재량에 맡겨져 있다고 할 것이다. 따라서 이 사건 법률조항이 근로연도 중도퇴직자의 중도퇴직 전 근로에 대해 유급휴가를 보장하지 않음으로써 청구인의 근로의 권리를 침해하는지 여부는 이것이 현저히 불합리하여 헌법상 용인될 수 있는 재량의 범위를 명백히 일탈하고 있는지 여부에 달려있다고 할 수 있다. … 근로연도 중도퇴직자의 중도퇴직 전 근로에 대해 1개월 개근 시 1일의 유급휴가를 부여하지 않더라도 이것이 청구인의 근로의 권리를 침해한다고 볼 수 없다(헌재 2015.5.28, 2013헌마619).

02 다음 근로의 권리에 관한 설명 중 가장 옳지 않은 것은? (다툼이 있는 경우 판례에 의함)

24. 해경

① 여성 근로자에 대한 특별한 보호가 현행헌법에 명시적으로 규정되어 있다.

② 노동조합 및 노동관계조정법 그리고 대법원 판례는 해고된 자는 설사 해고의 효력을 다투고 있다고 할지라도 근로자의 지위에 있지 않다고 해석하고 있다.

③ 근로조건의 기준은 인간의 존엄성을 보장하도록 법률로 정한다는 것이 헌법의 명시적인 입장이다.

④ '가구 내 고용활동'에 대해서는 근로자퇴직급여보장법을 적용하지 않도록 규정한 같은 법 제3조 단서 중 '가구 내 고용활동' 부분은 합리적 이유가 있는 차별로서 평등원칙에 위배되지 아니한다.

해설

② [×] 근로자가 회사로부터 해고를 당하였다고 하더라도 상당한 기간 내에 노동위원회에 부당노동행위 구제신청을 하여 그 해고의 효력을 다투고 있었다면, 위 법규정의 취지에 비추어 노동조합원으로서의 지위를 상실하는 것이라고 볼 수 없다(대판 1992.3.31, 91다14413).

노동조합 및 노동관계조정법 제5조【노동조합의 조직 · 가입 · 활동】 ③ 종사근로자인 조합원이 해고되어 노동위원회에 부당노동행위의 구제신청을 한 경우에는 중앙노동위원회의 재심판정이 있을 때까지는 종사근로자로 본다.

① [O]

헌법 제32조 ④ 여자의 근로는 특별한 보호를 받으며, 고용 · 임금 및 근로조건에 있어서 부당한 차별을 받지 아니한다.

③ [O]

헌법 제32조 ③ 근로조건의 기준은 인간의 존엄성을 보장하도록 법률로 정한다.

④ [O] 가사사용인도 근로자에 해당하지만, 제공하는 근로가 가정이라는 사적 공간에서 이루어지는 특수성이 있다. 그런데 퇴직급여법은 사용자에게 여러 의무를 강제하고 국가가 사용자를 감독하고 위반 시 처벌하도록 규정하고 있다. 가구 내 고용활동에 대하여 다른 사업장과 동일하게 퇴직급여법을 적용할 경우 이용자 및 이용자 가족의 사생활을 침해할 우려가 있음은 물론 국가의 관리 감독이 제대로 이루어지기도 어렵다. … 이를 종합하면 심판대상조항이 가사사용인을 일반 근로자와 달리 퇴직급여법의 적용범위에서 배제하고 있다 하더라도 합리적 이유가 있는 차별로서 평등원칙에 위배되지 아니한다(헌재 2022.10.27, 2019헌바454).

정답 | 01 ③ 02 ②

03 근로의 권리에 관한 설명으로 가장 적절하지 않은 것은? (다툼이 있는 경우 헌법재판소 판례에 의함)

25. 경찰 1차

① 최저임금 산입을 위하여 임금지급 주기에 관한 취업규칙을 변경하는 경우 노동조합 또는 근로자 과반수의 동의를 받을 필요 없도록 규정한 최저임금법 제6조의2 중 '제6조 제4항 제2호 및 제3호 나목에 따라 산입되는 임금'에 관한 부분은 노동조합 및 근로자의 단체교섭권을 침해한다고 볼 수 없다.

② 헌법상 근로의 권리에, 열악한 근로환경을 갖춘 사업장을 이탈하여 다른 사업장으로 이직함으로써 사적(私的)으로 근로환경을 개선하거나 해결하는 방법을 보장하는 것도 포함된다고 할 것이므로, 외국인근로자의 사업장 변경 횟수를 제한하는 외국인근로자의 고용 등에 관한 법률 제25조 제4항은 근로의 권리를 제한한다.

③ 근로조건의 보장은 기본적으로 근로자의 생활보장 및 인간의 존엄성을 보장해주는 기초적인 근로의 권리의 내용이지만, 이는 일방적으로 근로자를 두텁게 보호하는 것만으로 달성되는 것이 아니라, 사용자의 효율적인 기업경영 및 기업의 생산성이라는 측면과 조화를 이룰 때 달성이 가능하고, 이것이 헌법 제32조 제3항이 근로조건의 기준을 법률로 정하도록 한 취지이다.

④ 근로자 4명 이하 사용 사업장에 적용될 근로기준법 조항을 정하고 있는 근로기준법 시행령 제7조, 구 근로기준법 시행령 [별표 1]이 부당해고제한조항과 노동위원회 구제절차를 4인 이하 사업장에 적용되는 조항으로 나열하지 않은 것은 근로의 권리를 침해하지 아니한다.

해설

② [×] 청구인들은 본안 심판대상조항들이 근로의 권리를 침해한다고 주장하나, 근로의 권리를 구체화한 근로기준법이나 산업안전보건법 등 법령은 외국인근로자에게도 모두 적용되고, 사용자가 의무를 위반한 경우 외국인근로자가 그에 따른 법정 구제절차를 이용하는 데 아무런 제한이 없다. 나아가 헌법상 근로의 권리에, 열악한 근로환경을 갖춘 사업장을 이탈하여 다른 사업장으로 이직함으로써 사적(私的)으로 근로환경을 개선하거나 해결하는 방법을 보장하는 것까지 포함된다고 볼 수는 없다. 따라서 본안 심판대상조항들은 근로의 권리를 제한하지 않는다(헌재 2021.12.23, 2020헌마395).

▶ 직업선택의 자유 중 직장선택의 자유를 제한하지만, 직장선택의 자유를 침해하지 아니한다는 판례이다.

① [O] 이 사건 특례조항은 사용자가 일방적으로 상여금 등의 지급주기를 변경할 수 있도록 함으로써 근로자가 근로자단체를 통해 사용자와 집단적으로 교섭하는 것을 제한하므로, 노동조합과 그 조합원의 단체교섭권을 제한한다. 이 사건 특례조항은 이 사건 산입조항 및 부칙조항의 실효성을 확보하고, 근로자에게 임금의 최저수준을 매월 보장함으로써 근로자의 생활안정을 꾀하고자 하는 조항이다. 이 사건 특례조항은 최저임금 산입을 위한 목적에서, 임금 총액의 변동 없이 상여금 등 및 복리후생비의 지급주기를 매월 지급하는 것으로 변경하는 경우에만 적용된다. 최저임금 산입범위 개편으로 인해 영향을 받는 근로자의 규모나 그 영향의 정도가 비교적 한정적인 점 등을 감안하면, 이 사건 특례조항에 따라 청구인들의 단체교섭권이 제한되는 정도 역시 크다고 보기 어렵다. 따라서 이 사건 특례조항은 과잉금지원칙에 위배되어 청구인들의 단체교섭권을 침해한다고 볼 수 없다(헌재 2021.12.23, 2018헌마629 등).

③ [O] 근로조건의 보장은 기본적으로 근로자의 생활보장 및 인간의 존엄성을 보장해주는 기초적인 근로의 권리의 내용이지만, 이는 일방적으로 근로자를 두텁게 보호하는 것만으로 달성되는 것이 아니라, 사용자의 효율적인 기업경영 및 기업의 생산성이라는 측면과 조화를 이룰 때 달성이 가능하고, 이것이 헌법 제32조 제3항이 근로조건의 기준을 법률로 정하도록 한 취지이다(헌재 2021.11.25, 2015헌바334 등).

④ [O] 4인 이하 사업장에 부당해고제한조항이나 노동위원회 구제절차를 적용되는 근로기준법 조항으로 나열하지 않았다 하여 헌법상 용인될 수 있는 재량의 범위를 벗어난 것이라고 볼 수 없으므로, 심판대상조항은 청구인의 근로의 권리를 침해하지 아니한다(헌재 2019.4.11, 2017헌마820).

04 근로의 권리에 관한 설명으로 가장 적절한 것은? (다툼이 있는 경우 판례에 의함)

25. 경정승진

① "근로조건의 기준은 인간의 존엄성을 보장하도록 법률로 정한다."라는 내용은 1948년 제헌헌법부터 계속하여 헌법에 규정되어 왔다.

② 헌법에서는 사회적 · 경제적 방법으로 근로자의 고용의 증진과 적정임금의 보장에 노력하여야 할 국가의 의무를 규정하고 있다.

③ 헌법에서는 여자, 장애인, 연소자의 근로는 특별한 보호를 받는다고 규정하고 있다.

④ 헌법에서는 국가유공자, 상이군경의 유가족, 전몰군경의 유가족에 대한 근로의 기회는 특별한 보호를 받는다고 규정하고 있다.

해설

② [O]

> 헌법 제32조 ① 모든 국민은 근로의 권리를 가진다. 국가는 사회적 · 경제적 방법으로 근로자의 고용의 증진과 적정임금의 보장에 노력하여야 하며, 법률이 정하는 바에 의하여 최저임금제를 시행하여야 한다.

① [×] 제헌헌법(1948년)은 근로조건 법정주의만을 규정하였으나, 제8차 개정헌법(1980년)에서 근로조건 법정주의에 인간의 존엄성을 명시하였다.

> 제헌헌법(1948년) 제17조 ② 근로조건의 기준은 법률로써 정한다.
>
> 제8차 개정헌법(1980년) 제30조 ③ 근로조건의 기준은 인간의 존엄성을 보장하도록 법률로 정한다.

③ [×] 헌법에는 여자, 연소자의 근로는 특별한 보호를 받는다고 규정하고 있으나, 장애인의 근로에 대한 특별한 보호 규정은 없다. 주의할 것은 '신체장애자에 대한 국가의 보호'규정은 있다.

> 헌법 제32조 ④ 여자의 근로는 특별한 보호를 받으며, 고용 · 임금 및 근로조건에 있어서 부당한 차별을 받지 아니한다.
> ⑤ 연소자의 근로는 특별한 보호를 받는다.
>
> 제34조 ⑤ 신체장애자 및 질병 · 노령 기타의 사유로 생활능력이 없는 국민은 법률이 정하는 바에 의하여 국가의 보호를 받는다.

④ [×]

> 헌법 제32조 ⑥ 국가유공자 · 상이군경 및 전몰군경의 유가족은 법률이 정하는 바에 의하여 우선적으로 근로의 기회를 부여받는다.

정답 | 03 ② 04 ②

05 근로의 권리에 관한 설명 중 가장 적절하지 않은 것은? (다툼이 있는 경우 판례에 의함) 22. 경찰 1차

① 근로의 권리는 국가의 개입 · 간섭을 받지 않고 자유로이 근로를 할 자유와, 국가에 대하여 근로의 기회를 제공하는 정책을 수립해 줄 것을 요구할 수 있는 권리 등을 기본적인 내용으로 하고 있고, 이때 근로의 권리는 근로자를 개인의 차원에서 보호하기 위한 권리로서 개인인 근로자가 근로의 권리의 주체가 되는 것이고, 노동조합은 그 주체가 될 수 없다.

② 일용근로자로서 3개월을 계속 근무하지 아니한 자를 해고예고제도의 적용제외사유로 규정하고 있는 근로기준법 규정은 일용근로자인 청구인의 근로의 권리를 침해하지 않는다.

③ 청원경찰의 복무에 관하여 국가공무원법의 해당 조항을 준용함으로써 노동운동을 금지하는 청원경찰법의 해당 조항 중 국가공무원법의 해당 조항 가운데 '노동운동' 부분을 준용하는 부분은 국가기관이나 지방자치단체 이외의 곳에서 근무하는 청원경찰인 청구인들의 근로3권을 침해한다.

④ 공항 · 항만 등 국가중요시설의 경비업무를 담당하는 특수경비원에게 경비업무의 정상적인 운영을 저해하는 일체의 쟁의행위를 금지하는 경비업법의 해당 조항은 특수경비원의 단체행동권을 박탈하여 근로3권을 규정하고 있는 헌법 제33조 제1항에 위배된다.

해설

④ [×] 이 사건 법률조항은 헌법이 인정한 일반근로자의 단체행동권을 전면적으로 박탈하고 있으므로 헌법 제33조 제1항 자체에 위반된다는 반대견해가 있다. 그러나 이 사건 법률조항에 의한 쟁의행위의 금지는, 특수경비원에게 보장되는 근로3권 중 단체행동권의 제한에 관한 법률조항에 해당하는 것으로서, 헌법 제37조 제2항의 과잉금지원칙에 위반되는지 여부가 문제될 뿐이지, 그 자체로 근로3권의 보장에 관한 헌법 제33조 제1항에 위배된다고 볼 수는 없는 것이다. 특히 반대견해에서는 헌법 제33조 제2항과 제3항의 규정에서 '공무원'과 '주요방위산업체에 종사하는 근로자'에 대해서만 특별히 유보조항을 두고 있는 점을 근거로 제시하고 있으나, 이 사건 법률조항에 의한 단체행동권의 제한은 헌법 제33조 제2항과 제3항의 개별유보조항에 의한 것이 아니라 헌법 제37조 제2항의 일반유보조항에 의한 것인 만큼, 헌법 제33조 제2항과 제3항으로부터 이 사건 법률조항이 헌법 제33조 제1항에 위배된다는 결론은 도출될 수 없는 것이다(헌재 2009.10.29, 2007헌마1359).

① [O] 헌법 제32조 제1항은 "모든 국민은 근로의 권리를 가진다. 국가는 사회적 · 경제적 방법으로 근로자의 고용의 증진과 적정임금의 보장에 노력하여야 하며, 법률이 정하는 바에 의하여 최저임금제를 시행하여야 한다."라고 규정하고 있다. 이는 국가의 개입 · 간섭을 받지 않고 자유로이 근로를 할 자유와, 국가에 대하여 근로의 기회를 제공하는 정책을 수립해 줄 것을 요구할 수 있는 권리 등을 기본적인 내용으로 하고 있고, 이때 근로의 권리는 근로자를 개인의 차원에서 보호하기 위한 권리로서 개인인 근로자가 근로의 권리의 주체가 되는 것이고, 노동조합은 그 주체가 될 수 없는 것으로 이해되고 있다. 그렇다면 사업소세 비과세 대상의 근거규정인 이 사건 법률조항이 노동조합을 비과세 대상으로 규정하지 않았다 하여 개인인 근로자를 주체로 하는 권리 규정인 헌법 제32조 제1항에 반한다고 볼 여지는 없다 할 것이다(헌재 2009.2.26, 2007헌바27).

② [O] 근로제공이 일시적이거나 계약기간이 짧은 경우에는 근로자에게 계속하여 근로를 제공할 수 있다는 기대나 신뢰가 존재한다고 볼 수 없다. 해고예고는 본질상 일정기간 이상을 계속하여 사용자에게 고용되어 근로제공을 하는 것을 전제로 하는데, 일용근로자는 계약한 1일 단위의 근로기간이 종료되면 해고의 절차를 거칠 것도 없이 근로관계가 종료되는 것이 원칙이므로, 그 성질상 해고예고의 예외를 인정한 것에 상당한 이유가 있다. 다만 3개월 이상 근무하는 경우에는 임시로 고용관계를 유지하고 있다고 보기 어렵고, 소득세법이나 산업재해보상보험법의 적용과 관련하여서도 상용근로자와 동일한 취급을 받게 되므로, 근로계약의 형식 여하에 불구하고 일용근로자를 상용근로자와 동일하게 취급하기 위한 최소한의 기간으로 3개월이라는 기준을 설정한 것이 입법재량의 범위를 현저히 일탈하였다고 볼 수 없다. 해고예고제도는 30일 전에 예고를 하거나 30일분 이상의 통상임금을 해고예고수당으로 지급하도록 하고 있는바, 일용근로계약을 체결한 후 근속기간이 3개월이 안 된 근로자를 해고할 때에도 이를 적용하도록 한다면 사용자에게 지나치게 불리하다는 점에서도 심판대상조항이 입법재량의 범위를 현저히 일탈하였다고 볼 수 없다. 따라서 심판대상조항이 청구인의 근로의 권리를 침해한다고 보기 어렵다(헌재 2017.5.25, 2016헌마640).

③ [O] 청원경찰은 일반근로자일 뿐 공무원이 아니므로 원칙적으로 헌법 제33조 제1항에 따라 근로3권이 보장되어야 한다. 청원경찰은 제한된 구역의 경비를 목적으로 필요한 범위에서 경찰관의 직무를 수행할 뿐이며, 그 신분보장은 공무원에 비해 취약하다. 또한 국가기관이나 지방자치단체 이외의 곳에서 근무하는 청원경찰은 근로조건에 관하여 공무원뿐만 아니라 국가기관이나 지방자치단체에 근무하는 청원경찰에 비해서도 낮은 수준의 법적 보장을 받고 있으므로, 이들에 대해서는 근로3권이 허용되어야 할 필요성이 크다. 청원경찰에 대하여 직접행동을 수반하지 않는 단결권과 단체교섭권을 인정하더라도 시설의 안전 유지에 지장이 된다고 단정할 수 없다. 헌법은 주요방위산업체 근로자들의 경우에도 단체행동권만을 제한하고 있고, 경비업법은 무기를 휴대하고 국가중요시설의 경비 업무를 수행하는 특수경비원의 경우에도 쟁의행위를 금지할 뿐이다. 청원경찰은 특정 경비구역에서 근무하며 그 구역의 경비에 필요한 한정된 권한만을 행사하므로, 청원경찰의 업무가 가지는 공공성이나 사회적 파급력은 군인이나 경찰의 그것과는 비교하여 견주기 어렵다. 그럼에도 심판대상조항은 군인이나 경찰과 마찬가지로 모든 청원경찰의 근로3권을 획일적으로 제한하고 있다. 이상을 종합하여 보면, 심판대상조항이 모든 청원경찰의 근로3권을 전면적으로 제한하는 것은 과잉금지원칙을 위반하여 청구인들의 근로3권을 침해하는 것이다(헌재 2017.9.28, 2015헌마653).

06 사회적 기본권에 관한 설명 중 가장 적절하지 않은 것은? (다툼이 있는 경우 판례에 의함) 22. 경찰승진

① 형의 집행 및 수용자의 처우에 관한 법률 및 치료감호법에 의한 구치소 치료감호시설에 수용 중인 자는 당해 법률에 의하여 생계유지의 보호와 의료적 처우를 받고 있으므로 이러한 자에 대하여 국민기초생활 보장법에 의한 중복적인 보장을 피하기 위하여 개별가구에서 제외하기로 한 입법자의 판단이 헌법상 용인될 수 있는 재량의 범위를 일탈하여 인간다운 생활을 할 권리를 침해한다고 볼 수 없다.

② 인간다운 생활을 할 권리로부터 인간의 존엄에 상응하는 '최소한의 물질적인 생활'의 유지에 필요한 급부를 요구할 수 있는 구체적인 권리가 상황에 따라서는 직접 도출될 수 있다고 할 수는 있어도, 직접 그 이상의 급부를 내용으로 하는 구체적인 권리를 발생케 한다고 볼 수는 없다.

③ 근로자가 사업주의 지배관리 아래 출퇴근하던 중 발생한 사고로 부상 등이 발생한 경우에만 업무상 재해로 인정하는 산업재해보상보험법 규정은 도보나 자기 소유 교통수단 또는 대중교통 수단 등을 이용하여 출퇴근하는 산업재해보상보험 가입 근로자를 합리적 이유 없이 자의적으로 차별하는 것이 아니므로 헌법상 평등원칙에 위배되지 않는다.

④ 지방자치단체장은 특정 정당을 정치적 기반으로 하여 선거에 입후보할 수 있고 선거에 의하여 선출되는 공무원이라는 점에서 헌법 제7조 제2항에 따라 신분보장이 필요하고 정치적 중립성이 요구되는 공무원에 해당한다고 보기 어려우므로 헌법 제7조의 해석상 지방자치단체장을 위한 퇴직급여제도를 마련하여야 할 입법적 의무가 도출된다고 볼 수 없다.

해설

③ [×] 사업장 규모나 재정여건의 부족 또는 사업주의 일방적 의사나 개인 사정 등으로 출퇴근용 차량을 제공받지 못하거나 그에 준하는 교통수단을 지원받지 못하는 비혜택근로자는 비록 산재보험에 가입되어 있다 하더라도 출퇴근 재해에 대하여 보상을 받을 수 없는데, 이러한 차별을 정당화할 수 있는 합리적 근거를 찾을 수 없다. 통상의 출퇴근 재해를 산재보험법상 업무상 재해로 인정할 경우 산재보험 재정상황이 악화되거나 사업주 부담 보험료가 인상될 수 있다는 문제점은 보상대상을 제한하거나 근로자에게도 해당 보험료의 일정 부분을 부담시키는 방법 등으로 어느 정도 해결할 수 있다. 반면에 통상의 출퇴근 중 재해를 입은 비혜택근로자는 가해자를 상대로 불법행위 책임을 물어도 충분한 구제를 받지 못하는 것이 현실이고, 심판대상조항으로 초래되는 비혜택근로자와 그 가족의 정신적·신체적 혹은 경제적 불이익은 매우 중대하다. 따라서 심판대상조항은 합리적 이유 없이 비혜택근로자를 자의적으로 차별하는 것이므로, 헌법상 평등원칙에 위배된다(헌재 2016.9.29, 2014헌바254).

① [O] 생활이 어려운 국민에게 필요한 급여를 행하여 이들의 최저생활을 보장하기 위해 제정된 '국민기초생활 보장법'은 부양의무자에 의한 부양과 다른 법령에 의한 보호가 이 법에 의한 급여에 우선하여 행하여지도록 하는 보충급여의 원칙을 채택하고 있는바, '형의 집행 및 수용자의 처우에 관한 법률' 및 치료감호법에 의한 구치소·치료감호시설에 수용 중인 자는 당해 법률에 의하여 생계유지의 보호와 의료적 처우를 받고 있으므로 이러한 구치소·치료감호시설에 수용 중인 자에 대하여 '국민기초생활 보장법'에 의한 중복적인 보장을 피하기 위하여 개별가구에서 제외하기로 한 입법자의 판단이 헌법상 용인될 수 있는 재량의 범위를 일탈하여 인간다운 생활을 할 권리와 보건권을 침해한다고 볼 수 없다(헌재 2012.2.23, 2011헌마123).

② [O] '인간다운 생활을 할 권리'로부터는, 그것이 사회복지·사회보장이 지향하여야 할 이념적 목표가 된다는 점을 별론으로 하면, 인간의 존엄에 상응하는 생활에 필요한 "최소한의 물질적인 생활"의 유지에 필요한 급부를 요구할 수 있는 구체적인 권리가 상황에 따라서는 직접 도출될 수 있다고 할 수는 있어도, 동 기본권이 직접 그 이상의 급부를 내용으로 하는 구체적인 권리를 발생케 한다고는 볼 수 없다고 할 것이다. 이러한 구체적 권리는 국가가 재정형편 등 여러 가지 상황들을 종합적으로 감안하여 법률을 통하여 구체화할 때에 비로소 인정되는 법률적 차원의 권리라고 할 것이다(헌재 2003.5.15, 2002헌마90).

④ [O] 지방자치단체장을 위한 별도의 퇴직급여제도를 마련하지 않은 것은 진정입법부작위에 해당하는데, 헌법상 지방자치단체장을 위한 퇴직급여제도에 관한 사항을 법률로 정하도록 위임하고 있는 조항은 존재하지 않는다. 나아가 지방자치단체장은 특정 정당을 정치적 기반으로 하여 선거에 입후보할 수 있고 선거에 의하여 선출되는 공무원이라는 점에서 헌법 제7조 제2항에 따라 신분보장이 필요하고 정치적 중립성이 요구되는 공무원에 해당한다고 보기 어려우므로 헌법 제7조의 해석상 지방자치단체장을 위한 퇴직급여제도를 마련하여야 할 입법적 의무가 도출된다고 볼 수 없고, 그 외에 헌법 제34조나 공무담임권 보장에 관한 헌법 제25조로부터 위와 같은 입법의무가 도출되지 않는다(헌재 2014.6.26, 2012헌마459).

정답 | 05 ④ 06 ③

07 근로의 권리에 대한 설명으로 옳은 것은? (다툼이 있는 경우 판례에 의함) 22. 5급 공채

① 고용 허가를 받아 국내에 입국한 외국인근로자의 출국만기보험금을 출국 후 14일 이내에 지급하도록 한 외국인근로자의 고용 등에 관한 법률 조항 중 '피보험자등이 출국한 때부터 14일 이내' 부분은 해당 외국인근로자의 근로의 권리를 침해한다.

② 근로의 권리는 사회적 기본권으로서, 고용증진을 위한 사회적·경제적 정책을 요구할 수 있는 권리뿐만 아니라, 국가에 대하여 직접 일자리(직장)를 청구하거나 일자리에 갈음하는 생계비의 지급청구권을 의미한다.

③ 해고예고제도의 적용제외사유 중 하나로 일용근로자로서 3개월을 계속 근무하지 아니한 자를 규정하고 있는 근로기준법 조항은 해당 일용근로자의 근로의 권리를 침해한다.

④ 사용자로 하여금 2년을 초과하여 기간제근로자를 사용할 수 없도록 한 기간제 및 단시간근로자 보호 등에 관한 법률 조항은 해당 기간제근로자의 계약의 자유를 침해하지 않는다.

해설

④ [O] 심판대상조항이 기간제근로자의 경우 동일한 사용자와는 2년을 초과하여 원칙적으로 기간제근로계약을 체결할 수 없도록 한 것은 2년을 초과하는 기간제근로자사용을 억제함으로써 이들의 고용불안을 해소하고 그 근로조건을 개선하기 위한 것인바, 기간제근로계약을 제한 없이 허용할 경우 일반 근로자층은 단기의 근로계약체결을 강요당하더라도 이를 거부할 수 없을 것이며, 이 경우 불안정고용은 증가할 것이고, 정규직과의 격차는 심화될 것이므로 이러한 사태를 방지하기 위해서는 기간제근로자 사용 기간을 제한하여 무기계약직으로의 전환을 유도할 수밖에 없다. 기본적으로 사적 관계인 노사관계에서 기간제근로자의 고용을 유지하기 위한 입법수단은 제한적일 수밖에 없으므로 심판대상조항으로 인하여 경우에 따라서는 개별 근로자들에게 일시실업이 발생할 수 있으나, 이는 기간제근로자의 무기계약직전환유도와 근로조건개선을 위하여 불가피한 것이고, 심판대상조항이 전반적으로는 고용불안해소나 근로조건개선에 긍정적으로 작용하고 있다는 것을 부인할 수 없다고 할 것인바, 통계청이나 고용노동부에서 나온 자료에 의하면 전체 임금근로자 중 기간제근로자가 차지하는 비율은 점차 낮아져 무기계약직으로의 전환을 통한 고용안정이 이루어지고 있다는 것을 알 수 있다. 따라서 심판대상조항이 기간제근로자인 청구인들의 계약의 자유를 침해한다고 볼 수 없다(헌재 2013.10.24, 2010헌마219).

① [×] 불법체류자는 임금체불이나 폭행 등 각종 범죄에 노출될 위험이 있고, 그 신분의 취약성으로 인해 강제 근로와 같은 인권침해의 우려가 높으며, 행정관청의 관리 감독의 사각지대에 놓이게 됨으로써 안전사고 등 각종 사회적 문제를 일으킬 가능성이 있다. 또한 단순기능직 외국인근로자의 불법체류를 통한 국내 정주는 일반적으로 사회통합 비용을 증가시키고 국내 고용 상황에 부정적 영향을 미칠 수 있다. 따라서 이 사건 출국만기보험금이 근로자의 퇴직 후 생계 보호를 위한 퇴직금의 성격을 가진다고 하더라도 불법체류가 초래하는 여러 가지 문제를 고려할 때 불법체류 방지를 위해 그 지급시기를 출국과 연계시키는 것은 불가피하므로 심판대상조항이 청구인들의 근로의 권리를 침해한다고 보기 어렵다(헌재 2016.3.31, 2014헌마367).

② [×] 근로의 권리의 보장은 생활의 기본적인 수요를 충족시킬 수 있는 생활수단을 확보해 주며, 나아가 인격의 자유로운 발현과 인간의 존엄성을 보장해 주는 의의를 지닌다. 근로의 권리는 사회적 기본권으로서, 국가에 대하여 직접 일자리(직장)를 청구하거나 일자리에 갈음하는 생계비의 지급청구권을 의미하는 것이 아니라, 고용증진을 위한 사회적·경제적 정책을 요구할 수 있는 권리에 그친다. 근로의 권리를 직접적인 일자리 청구권으로 이해하는 것은 사회주의적 통제경제를 배제하고, 사기업 주체의 경제상의 자유를 보장하는 우리 헌법의 경제질서 내지 기본권규정들과 조화될 수 없다(헌재 2002.11.28, 2001헌바50).

③ [×] 일용근로계약을 체결한 후 근속기간이 3개월이 안 된 근로자를 해고할 때에도 이를 적용하도록 한다면 사용자에게 지나치게 불리하다는 점에서도 심판대상조항이 입법재량의 범위를 현저히 일탈하였다고 볼 수 없다. 심판대상조항이 근로의 권리를 침해한다고 보기 어렵다(헌재 2017.5.25, 2016헌마640).

08 근로의 권리에 대한 설명으로 옳은 것은? (다툼이 있는 경우 판례에 의함)

22. 입법고시

① 근로의 권리는 사회적 기본권으로서 국가에 대하여 직접 일자리를 청구하거나 일자리에 갈음하는 생계비의 지급청구권을 의미하는 권리이다.

② 계속근로기간 1년 이상인 근로자가 근로연도 중도에 퇴직한 경우 중도퇴직 전 1년 미만의 근로에 대하여 유급휴가를 보장하지 않는 것은 근로의 권리를 침해한다.

③ 근로기준법 제23조 제1항의 부당해고제한조항을 4인 이하 사업장에 적용되는 조항으로 포함하지 않은 것은 근로자 보호의 필요성이 크고 4인 이하 사업장에 그다지 큰 경제적 부담 전가가 되지 않으므로, 4인 이하 사업장을 5인 이상 사업장과 달리 차별하는 데에 합리적인 이유를 인정할 수 없어 청구인의 평등권을 침해한다.

④ 월급근로자로서 6개월이 되지 못한 자를 해고예고제도의 적용예외 사유로 규정하고 있는 근로기준법 조항은 근로자보호와 사용자의 효율적인 기업경영 및 기업의 생산성이라는 측면의 조화를 고려한 합리적 규정이므로 헌법에 위배되지 않는다.

⑤ 근로자가 퇴직급여를 청구할 수 있는 권리는 헌법상 바로 도출되는 것이 아니라 근로자퇴직급여 보장법 등 관련 법률이 구체적으로 정하는 바에 따라 비로소 인정될 수 있는 것이므로, 계속근로기간 1년 미만인 근로자가 퇴직급여를 청구할 수 있는 권리는 헌법 제32조 제1항에 의하여 보장된다고 보기 어렵다.

해설

⑤ [O] 근로자가 퇴직급여를 청구할 수 있는 권리도 헌법상 바로 도출되는 것이 아니라 퇴직급여법 등 관련 법률이 구체적으로 정하는 바에 따라 비로소 인정될 수 있는 것이므로 계속근로기간 1년 미만인 근로자가 퇴직급여를 청구할 수 있는 권리가 헌법 제32조 제1항에 의하여 보장된다고 보기는 어렵다(헌재 2011.7.28, 2009헌마408).

① [×] 근로의 권리는 사회적 기본권으로서 국가에 대하여 직접 일자리를 청구하거나 일자리에 갈음하는 생계비의 지급청구권을 의미하는 것이 아니라 고용증진을 위한 사회적·경제적 정책을 요구할 수 있는 권리에 그치며, 근로의 권리로부터 국가에 대한 직접적인 직장존속청구권이 도출되는 것도 아니다(헌재 2011.7.28, 2009헌마408).

② [×] 연차유급휴가는 매년 일정 기간 근로의무를 면제하여 근로자에게 정신적·육체적 휴양의 기회를 부여하려는 것으로, 근로기준법 제60조 제1항이 15일의 연차유급휴가를 부여함에 있어 근로연도 1년간 재직과 출근율 80% 이상일 것을 요건으로 정한 것은 근로자의 정신적·육체적 휴양의 필요성이 기본적으로는 상당기간 계속되는 근로의무의 이행과 불가분의 관계에 있다는 점을 고려한 것이다. 연차유급휴가의 판단기준으로 근로연도 1년간의 재직요건을 정한 이상, 이 요건을 충족하지 못한 근로연도 중도퇴직자의 중도퇴직 전 근로에 관하여 반드시 그 근로에 상응하는 등의 유급휴가를 보장하여야 하는 것은 아니므로, 근로연도 중도퇴직자의 중도퇴직 전 근로에 대하여 1개월 개근시 1일의 유급휴가를 부여하지 않더라도 이것이 청구인의 근로의 권리를 침해한다고 볼 수 없다(헌재 2015.5.28, 2013헌마619).

③ [×] 상시 4명 이하의 근로자를 사용하는 사업 또는 사업장에 대하여 대통령령으로 정하는 바에 따라 근로기준법의 일부 규정을 적용할 수 있도록 위임한 근로기준법 제11조 제2항은 헌법에 위반되지 않는다(헌재 2019.4.11, 2013헌바112).

④ [×] "월급근로자로서 6월이 되지 못한 자"는 대체로 기간의 정함이 없는 근로계약을 한 자들로서 근로관계의 계속성에 대한 기대가 크다고 할 것이므로, 이들에 대한 해고 역시 예기치 못한 돌발적 해고에 해당한다. 따라서 6개월 미만 근무한 월급근로자 또한 전직을 위한 시간적 여유를 갖거나 실직으로 인한 경제적 곤란으로부터 보호받아야 할 필요성이 있다. 그럼에도 불구하고 합리적 이유 없이 "월급근로자로서 6개월이 되지 못한 자"를 해고예고제도의 적용대상에서 제외한 이 사건 법률조항은 근무기간이 6개월 미만인 월급근로자의 근로의 권리를 침해하고, 평등원칙에도 위배된다(헌재 2015.12.23, 2014헌바3).

정답 | 07 ④ 08 ⑤

09 근로의 권리에 대한 설명으로 옳지 않은 것은? (다툼이 있는 경우 헌법재판소 판례에 의함) 22. 국회직 8급

① 축산업 근로자들에게 육체적·정신적 휴식을 보장하고 장시간 노동에 대한 경제적 보상을 해야 할 필요성이 요청됨에도 동물의 사육 사업 근로자에 대하여 근로시간 및 휴일 규정의 적용을 제외하도록 한 것은 근로의 권리를 침해한다.

② 해고예고제도는 근로관계 종료 전 사용자에게 근로자에 대한 해고예고를 하게 하는 것이어서, 근로조건을 이루는 중요한 사항에 해당하고 근로의 권리의 내용에 포함된다.

③ 계속근로기간 1년 이상인 근로자가 근로연도 중도에 퇴직한 경우 중도퇴직 전 1년 미만의 근로에 대하여 유급휴가를 보장하지 않는 것은 근로의 권리를 침해하지 않는다.

④ 정직처분을 받은 공무원에 대하여 정직일수를 연차유급휴가인 연가일수에서 공제하도록 하는 것은 근로의 권리를 침해하지 않는다.

⑤ 고용 허가를 받아 국내에 입국한 외국인근로자의 출국만기보험금을 출국 후 14일 이내에 지급하도록 한 것은 외국인근로자의 근로의 권리를 침해하지 않는다.

해설

① [×] 축산업은 가축의 양육 및 출하에 있어 기후 및 계절의 영향을 강하게 받으므로, 근로시간 및 근로내용에 있어 일관성을 담보하기 어렵고, 축산업에 종사하는 근로자의 경우에도 휴가에 관한 규정은 여전히 적용되며, 사용자와 근로자 사이의 근로시간 및 휴일에 관한 사적 합의는 심판대상조항에 의한 제한을 받지 않는다. 현재 우리나라 축산업의 상황을 고려할 때, 축산업 근로자들에게 근로기준법을 전면적으로 적용할 경우, 인건비 상승으로 인한 경제적 부작용이 초래될 위험이 있다. 위 점들을 종합하여 볼 때, 심판대상조항이 입법자가 입법재량의 한계를 일탈하여 인간의 존엄을 보장하기 위한 최소한의 근로조건을 마련하지 않은 것이라고 보기 어려우므로, 심판대상조항은 청구인의 근로의 권리를 침해하지 않는다(헌재 2021.08.31, 2018헌마563).

② [O] 해고예고제도는 근로조건의 핵심적 부분인 해고와 관련된 사항일 뿐만 아니라, 근로자가 갑자기 직장을 잃어 생활이 곤란해지는 것을 막는 데 목적이 있으므로 근로자의 인간 존엄성을 보장하기 위한 최소한의 근로조건으로서 근로의 권리의 내용에 포함된다(헌재 2015.12.23, 2014헌바3).

③ [O] 근로자가 퇴직급여를 청구할 수 있는 권리도 헌법상 바로 도출되는 것이 아니라 퇴직급여법 등 관련 법률이 구체적으로 정하는 바에 따라 비로소 인정될 수 있는 것이므로 계속근로기간 1년 미만인 근로자가 퇴직급여를 청구할 수 있는 권리가 헌법 제32조 제1항에 의하여 보장된다고 보기는 어렵다(헌재 2011.7.28, 2009헌마408).

④ [O] [1] 이 사건 법령조항은 정직처분을 받은 공무원에 대하여 정직일수를 연차유급휴가인 연가일수에서 공제하도록 규정하고 있는바, 연차유급휴가는 일정기간 근로의무를 면제함으로써 근로자의 정신적·육체적 휴양을 통하여 문화적 생활의 향상을 기하려는 데 그 의의가 있으므로 근로의무가 면제된 정직일수를 연가일수에서 공제하였다고 하여 이 사건 법령조항이 현저히 불합리하다고 보기 어렵다. 또한 정직기간을 연가일수에서 공제할 때 어떠한 비율에 따라 공제할 것인지에 관하여는 입법자에게 재량이 부여되어 있다 할 것이므로 정직기간의 비율에 따른 일수가 공제되는 일반휴직자와 달리, 공무원으로서 부담하는 의무를 위반하여 징계인 정직처분을 받은 자에 대하여 입법자가 정직일수 만큼의 일수를 연가일수에서 공제하였다고 하여 재량을 일탈한 것이라고 볼 수 없으므로 이 사건 법령조항이 청구인의 근로의 권리를 침해한다고 볼 수 없다.
[2] 일반근로자들의 경우 정직일수를 연차유급휴가일수에서 공제할 것인지 여부 등 징계와 휴가에 관한 세부적 사항은 각 사업장의 취업규칙이나 단체협약에서 규정할 사항이므로 이 사건 법령과 같은 조항이 근로기준법에 없다고 하여 청구인을 부당하게 차별한다고 볼 수 없고, 징계처분인 정직처분을 받은 자에 대하여 일반휴직자의 경우와 동일하게 정직기간의 비율에 따른 일수를 공제하지 않고 정직일수 자체를 공제하였다고 하여 이러한 차별이 자의적이라거나 합리적인 이유가 없다고 할 수는 없으므로 이 사건 법령조항은 청구인의 평등권을 침해하지 아니한다(헌재 2008.9.25, 2005헌마586).

⑤ [O] 불법체류자는 임금체불이나 폭행 등 각종 범죄에 노출될 위험이 있고, 그 신분의 취약성으로 인해 강제 근로와 같은 인권침해의 우려가 높으며, 행정관청의 관리 감독의 사각지대에 놓이게 됨으로써 안전사고 등 각종 사회적 문제를 일으킬 가능성이 있다. 또한 단순기능직 외국인근로자의 불법체류를 통한 국내 정주는 일반적으로 사회통합 비용을 증가시키고 국내 고용 상황에 부정적 영향을 미칠 수 있다. 따라서 이 사건 출국만기보험금이 근로자의 퇴직 후 생계 보호를 위한 퇴직금의 성격을 가진다고 하더라도 불법체류가 초래하는 여러 가지 문제를 고려할 때 불법체류 방지를 위해 그 지급시기를 출국과 연계시키는 것은 불가피하므로 심판대상조항이 청구인들의 근로의 권리를 침해한다고 보기 어렵다(헌재 2016.3.31, 2014헌마367).

10 근로의 권리에 관한 설명 중 가장 적절하지 않은 것은? (다툼이 있는 경우 판례에 의함) 22. 경찰 2차

① 헌법 제32조 및 제33조에 각 규정된 근로기본권은 근로자의 근로조건을 개선함으로써 그들의 경제적 · 사회적 지위의 향상을 기하기 위한 것으로서 자유권적 기본권으로서의 성격보다는 생존권 내지 사회적 기본권으로서의 측면이 보다 강한 것으로서 그 권리의 실질적 보장을 위해서는 국가의 적극적인 개입과 뒷받침이 요구되는 기본권이다.

② 근로의 권리는 사회적 기본권으로서 국가에 대하여 직접 일자리를 청구하거나 일자리에 갈음하는 생계비의 지급을 청구할 수 있는 권리를 의미하는 것이 아니라 고용증진을 위한 사회적 · 경제적 정책을 요구할 수 있는 권리에 그치며, 근로의 권리로부터 국가에 대한 직접적인 직장존속청구권이 도출되는 것도 아니다.

③ 매월 1회 이상 정기적으로 지급하는 상여금 등 및 복리후생비의 일부를 새롭게 최저임금에 산입하도록 한 최저임금법상 산입조항은 헌법상 용인될 수 있는 입법재량의 범위를 명백히 일탈하였다고 볼 수 없으므로 근로자들의 근로의 권리를 침해하지 아니한다.

④ 퇴직급여제도가 갖는 사회보장적 급여의 성격과 근로자의 장기간 복무 및 충실한 근무를 유도하는 기능을 감안하더라도, 소정근로시간이 1주간 15시간 미만인 이른바 '초단시간근로자'에 대해 퇴직급여제도 적용대상에서 제외하는 것은 "근로조건의 기준은 인간의 존엄성을 보장하도록 법률로 정하도록 규정"한 헌법 제32조 제3항에 위배된다.

해설

④ [×] 인간의 존엄성을 보장하는 근로조건의 보장은 근로자를 두텁게 보호하는 것뿐만 아니라 사용자의 효율적인 기업경영 및 기업의 생산성이라는 측면과 조화를 이룰 때 달성 가능하고, 이것이 헌법 제32조 제3항이 근로조건의 기준을 법률로 정하도록 한 취지이다. 사용자가 모든 근로자에 대하여 퇴직급여 지급의무를 부담하는 것은 근로자의 노후 생계보장이라는 목적을 달성하지도 못한 채 사용자가 감당하기 어려운 경제적 부담만을 가중시켜 오히려 근로조건을 악화시키는 부작용을 초래할 우려가 있다. 퇴직급여제도는 사회보장적 급여의 성격과 근로자의 장기간 복무 및 충실한 근무를 유도하는 기능을 갖고 있으므로, 해당 사업 또는 사업장에의 전속성이나 기여도가 낮은 일부 근로자를 한정하여 사용자의 부담이 요구되는 퇴직급여 지급대상에서 배제한 것이 입법형성권의 한계를 일탈하여 명백히 불공정하거나 불합리한 판단이라 볼 수는 없다. 소정근로시간이 1주간 15시간 미만인 이른바 '초단시간근로'는 일반적으로 임시적이고 일시적인 근로에 불과하여, 해당 사업 또는 사업장에 대한 기여를 전제로 하는 퇴직급여제도의 본질에 부합한다고 보기 어렵다. 소정근로시간이 짧은 경우에는 고용이 단기간만 지속되는 현실에 비추어 볼 때에도, '소정근로시간'을 기준으로 해당 사업 또는 사업장에 대한 전속성이나 기여도를 판단하도록 규정한 것 역시 합리성을 상실하였다고 보기도 어렵다. 따라서 심판대상조항은 헌법 제32조 제3항에 위배되는 것으로 볼 수 없다(헌재 2021.11.25, 2015헌바334).

① [O] 헌법 제32조 및 제33조에 각 규정된 근로기본권은 근로자의 근로조건을 개선함으로써 그들의 경제적 사회적 지위의 향상을 기하기 위한 것으로서 자유권적 기본권으로서의 성격보다는 생존권 내지 사회권적 기본권으로서의 측면이 보다 강한 것으로서 그 권리의 실질적 보장을 위해서는 국가의 적극적인 개입과 뒷받침이 요구되는 기본권이다(헌재 1991.7.22, 89헌가106).

② [O] 근로의 권리는 사회적 기본권으로서 국가에 대하여 직접 일자리를 청구하거나 일자리에 갈음하는 생계비의 지급청구권을 의미하는 것이 아니라 고용증진을 위한 사회적 · 경제적 정책을 요구할 수 있는 권리에 그치며, 근로의 권리로부터 국가에 대한 직접적인 직장존속청구권이 도출되는 것도 아니다(헌재 2011.7.28, 2009헌마408).

③ [O] 이 사건 산입조항 및 부칙조항이 매월 1회 이상 정기적으로 지급하는 상여금 등 및 복리후생비를 새롭게 최저임금에 산입하도록 한 것이 현저히 불합리하여 헌법상 용인될 수 있는 입법재량의 범위를 명백히 일탈하였다고 볼 수 없으므로, 위 조항들은 청구인 근로자들의 근로의 권리를 침해하지 아니한다(헌재 2021.12.23, 2018헌마629 · 630).

정답 | 09 ① 10 ④

11 근로의 권리에 관한 설명 중 가장 적절하지 않은 것은? (다툼이 있는 경우 판례에 의함)

23. 경찰승진

① 계속근로기간 1년 미만인 근로자가 퇴직급여를 청구할 수 있는 권리는 헌법 제32조 제1항에 의하여 보장된다고 보기는 어렵다.

② 사용자로 하여금 2년을 초과하여 기간제근로자를 사용할 수 없도록 한 기간제 및 단시간근로자 보호 등에 관한 법률 조항은 근로의 권리 침해 문제를 발생시키지 않는다.

③ 현행 헌법은 근로의 권리와 관련하여 여자와 연소자 근로의 특별한 보호를 명문으로 규정하고 있다.

④ 연차유급휴가에 관한 권리는 인간의 존엄성을 보장받기 위한 최소한의 근로조건을 요구할 수 있는 권리가 아니므로 근로의 권리의 내용에 포함되지 않는다.

해설

④ [×] 연차유급휴가는 인간의 존엄성을 보장받기 위한 최소한의 근로조건으로서 근로의 권리에 포함되고, 이와 동일한 맥락에서 비록 연차유급휴가의 요건을 충족하지는 못하였더라도 일정기간 계속적으로 근로를 제공한 경우에는 최소한의 휴양 기회를 보장받을 수 있어야 할 것이므로 이 역시 연차유급휴가에 상응하는 권리로서 근로의 권리 내용에 포함된다(헌재 2015.5.28, 2013헌마619).

① [O] 계속근로기간 1년 미만인 근로자가 퇴직급여를 청구할 수 있는 권리가 헌법 제32조 제1항에 의하여 보장된다고 보기는 어려우므로 이 사건 법률조항은 헌법 제32조 제1항에 위배된다고 볼 수 없다(헌재 2011.7.28, 2009헌마408).

② [O] 청구인들의 주장은 기간제근로자라 하더라도 한 직장에서 계속해서 일할 자유를 보장해야(근로관계의 존속보장) 한다는 취지로 읽힌다. 그런데 헌법 제15조 직업의 자유와 제32조 근로의 권리는 국가에게 단지 사용자의 처분에 따른 직장 상실에 대하여 최소한의 보호를 제공해 줄 의무를 지울 뿐이고, 여기에서 직장 상실로부터 근로자를 보호하여 줄 것을 청구할 수 있는 권리가 나오지는 않는다. 따라서 직업의 자유, 근로의 권리 침해 문제는 이 사건에서 발생하지 않는다(헌재 2013.10.24, 2010헌마219).

③ [O]

> 헌법 제32조 ④ 여자의 근로는 특별한 보호를 받으며, 고용·임금 및 근로조건에 있어서 부당한 차별을 받지 아니한다.
> ⑤ 연소자의 근로는 특별한 보호를 받는다.

12 근로의 권리에 대한 설명으로 옳지 않은 것은? (다툼이 있는 경우 판례에 의함)

23. 입법고시

① 연차유급휴가는 근로자의 건강하고 문화적인 생활의 실현에 이바지할 수 있도록 여가를 부여하는 데 그 목적이 있는 것으로서 인간의 존엄성을 보장하기 위한 합리적인 근로조건에 해당하므로 연차유급휴가에 관한 권리도 근로의 권리의 내용에 포함된다.

② 근로의 권리는 국가의 개입·간섭을 받지 않고 자유로이 근로를 할 자유와 국가에 대하여 근로의 기회를 제공하는 정책을 수립해 줄 것을 요구할 수 있는 권리 등을 기본적인 내용으로 하므로 개인인 근로자는 물론 노동조합도 그 주체가 될 수 있다.

③ 헌법 제32조 제3항의 근로조건 법정주의에서 근로조건이란 근로계약에 의하여 근로자가 근로를 제공하고 임금을 수령하는 데에 관한 조건들로서, 근로조건에 관한 기준을 법률로써 정한다는 것은 근로조건에 관하여 법률이 최저한의 제한을 설정한다는 의미이다.

④ 근로의 권리로부터 국가에 대한 직접적인 직장존속청구권을 도출할 수는 없지만, 사용자의 처분에 따른 직장상실에 대하여 최소한의 보호를 제공하여야 할 의무를 국가에 지우는 것으로 볼 수는 있다.

⑤ 해고예고제도는 근로관계 종료 전 사용자에게 근로자에 대한 해고예고를 하게 하는 것으로서 근로자의 인간 존엄성을 보장하기 위한 최소한도의 근로조건 가운데 하나에 해당하므로 근로의 권리의 내용에 포함된다.

해설

② [×] 헌법 제32조 제1항은 "모든 국민은 근로의 권리를 가진다. 국가는 사회적·경제적 방법으로 근로자의 고용의 증진과 적정임금의 보장에 노력하여야 하며, 법률이 정하는 바에 의하여 최저임금제를 시행하여야 한다."라고 규정하고 있다. 이는 국가의 개입·간섭을 받지 않고 자유로이 근로를 할 자유와, 국가에 대하여 근로의 기회를 제공하는 정책을 수립해 줄 것을 요구할 수 있는 권리 등을 기본적인 내용으로 하고 있고, 이 때 근로의 권리는 근로자를 개인의 차원에서 보호하기 위한 권리로서 개인인 근로자가 근로의 권리의 주체가 되는 것이고, 노동조합은 그 주체가 될 수 없는 것으로 이해되고 있다(헌재 2009.2.26, 2007헌바27).

① [O] 헌법 제32조 제3항은 위와 같은 근로의 권리가 실효적인 것이 될 수 있도록 "근로조건의 기준은 인간의 존엄성을 보장하도록 법률로 정한다."고 하여 근로조건 법정주의를 규정하고 있고, 연차유급휴가는 근로자의 건강하고 문화적인 생활의 실현에 이바지할 수 있도록 여가를 부여하는 데 그 목적이 있는 것으로, 인간의 존엄성을 보장하기 위한 합리적인 근로조건에 해당하므로 연차유급휴가에 관한 권리는 근로의 권리의 내용에 포함된다(헌재 2008.9.25, 2005헌마586).

③ [O] 헌법 제32조 제3항은 "근로조건의 기준은 인간의 존엄성을 보장하도록 법률로 정한다."라고 규정하고 있다. 근로조건이라 함은 임금과 그 지불방법, 근로시간과 휴식시간, 휴일, 안전시설과 위생시설, 재해보상 등 근로계약에 의하여 근로자가 근로를 제공하고 임금을 수령하는 것에 관한 조건들로서, 근로조건에 관한 기준을 법률로써 정한다는 것은 근로조건에 관하여 법률이 최저한의 제한을 설정한다는 의미이다(헌재 2021.8.31, 2018헌마563).

④ [O] 사회국가원리, 경제에 관한 규제와 조정을 예정하고 있는 헌법 제119조 제2항, 헌법 제10조의 기본권보호의무로부터도 국가에 대한 직접적인 직장존속청구권을 도출할 수 없다. 따라서 결론적으로, 헌법 제15조의 직업의 자유 또는 헌법 제32조의 근로의 권리, 사회국가원리 등에 근거하여 실업방지 및 부당한 해고로부터 근로자를 보호하여야 할 국가의 의무를 도출할 수는 있을 것이나, 국가에 대한 직접적인 직장존속보장청구권을 근로자에게 인정할 헌법상의 근거는 없다(헌재 2002.11.28, 2001헌바50).

⑤ [O] 해고예고제도는 근로관계 종료 전 사용자에게 근로자에 대한 해고예고를 하게 하는 것이어서, 근로조건을 이루는 중요한 사항에 해당하고 근로의 권리의 내용에 포함된다(헌재 2017.5.25, 2016헌마640).

13 근로의 권리에 대한 설명으로 가장 적절하지 않은 것은? (다툼이 있는 경우 헌법재판소 판례에 의함) 23. 경찰간부

① 매월 1회 이상 정기적으로 지급하는 상여금 등이나 복리후생비는 그 성질이나 실질적 기능 면에서 기본급과 본질적인 차이가 있다고 보기 어려우므로, 기본급과 마찬가지로 이를 최저임금에 산입하는 것은 그 합리성을 수긍할 수 있다.

② 최저임금의 적용을 위해 주(週) 단위로 정해진 근로자의 임금을 시간에 대한 임금으로 환산할 때, 해당 임금을 1주 동안의 소정근로시간 수와 법정 주휴시간 수를 합산한 시간 수로 나누도록 한 최저임금법 시행령 해당 조항은 사용자의 계약의 자유 및 직업의 자유를 침해한다.

③ 고용허가를 받아 국내에 입국한 외국인근로자의 출국만기보험금을 출국 후 14일 이내에 지급하도록 한 외국인근로자의 고용등에 관한 법률의 해당 조항 중 '피보험자등이 출국한 때부터 14일 이내' 부분이 청구인들의 근로의 권리를 침해한다고 보기 어렵다.

④ '가구 내 고용활동'에 대해서는 근로자퇴직급여 보장법을 적용하지 않도록 규정한 같은 법 제3조 단서 중 '가구 내 고용활동' 부분은 합리적 이유가 있는 차별로서 평등원칙에 위배되지 아니한다.

해설

② [×] 근로기준법이 근로자에게 유급주휴일을 보장하도록 하고 있다는 점을 고려할 때, 소정근로시간 수와 법정 주휴시간 수 모두에 대하여 시간급 최저임금액 이상을 지급하도록 하는 것이 그 자체로 사용자에게 지나치게 가혹하다고 보기는 어렵다. 따라서 이 사건 시행령조항은 과잉금지원칙에 위배되어 사용자의 계약의 자유 및 직업의 자유를 침해한다고 볼 수 없다(헌재 2020.6.25, 2019헌마15).

① [O] 매월 1회 이상 정기적으로 지급하는 상여금 등이나 복리후생비는 그 성질이나 실질적 기능 면에서 기본급과 본질적인 차이가 있다고 보기 어려우므로, 기본급과 마찬가지로 이를 최저임금에 산입하는 것은 그 합리성을 수긍할 수 있다(헌재 2021.12.23, 2018헌마629).

③ [O] 단순기능직 외국인근로자의 불법체류를 통한 국내 정주는 일반적으로 사회통합 비용을 증가시키고 국내 고용 상황에 부정적 영향을 미칠 수 있다. 따라서 이 사건 출국만기보험금이 근로자의 퇴직 후 생계 보호를 위한 퇴직금의 성격을 가진다고 하더라도 불법체류가 초래하는 여러 가지 문제를 고려할 때 불법체류 방지를 위해 그 지급시기를 출국과 연계시키는 것은 불가피하므로 심판대상조항이 청구인들의 근로의 권리를 침해한다고 보기 어렵다(헌재 2016.3.31, 2014헌마367).

④ [O] 가사사용인 이용 가정의 경우 일반적인 사업 또는 사업장과 달리 퇴직급여법이 요구하는 사항들을 준수할 만한 여건과 능력을 갖추지 못한 경우가 대부분인 것이 현실이다. 이러한 현실을 무시하고 퇴직급여법을 가사사용인의 경우에도 전면 적용한다면 가사사용인 이용자가 감당하기 어려운 경제적·행정적 부담을 가중시키는 부작용을 초래할 우려가 있다. … 심판대상조항이 가사사용인을 일반 근로자와 달리 퇴직급여법의 적용범위에서 배제하고 있다 하더라도 합리적 이유가 있는 차별로서 평등원칙에 위배되지 아니한다(헌재 2022.10.27, 2019헌바454).

정답 | 11 ④ 12 ② 13 ②

14 다음 설명 중 가장 옳지 않은 것은? (다툼이 있는 경우 헌법재판소 결정 및 대법원 판례에 의함) 23. 법원직

① 노동조합 및 노동관계조정법상 근로자란 타인과의 사용종속관계하에서 근로를 제공하고 그 대가로 임금 등을 받아 생활하는 사람을 의미하며, 특정한 사용자에게 고용되어 현실적으로 취업하고 있는 사람뿐만 아니라 일시적으로 실업 상태에 있는 사람이나 구직 중인 사람을 포함하여 노동3권을 보장할 필요성이 있는 사람도 여기에 포함되는 것으로 보아야 한다.

② 출입국관리 법령에서 외국인고용제한규정을 두고 있는 것은 취업활동을 할 수 있는 체류자격(이하 '취업자격'이라고 한다) 없는 외국인의 고용이라는 사실적 행위 자체를 금지하고자 하는 것뿐이지, 나아가 취업자격 없는 외국인이 사실상 제공한 근로에 따른 권리나 이미 형성된 근로관계에서 근로자로서의 신분에 따른 노동관계법상의 제반 권리 등의 법률효과까지 금지하려는 것으로 보기는 어렵다.

③ 타인과의 사용종속관계하에서 근로를 제공하고 그 대가로 임금 등을 받아 생활하는 사람은 노동조합 및 노동관계조정법(이하 '노동조합법'이라고 한다)상 근로자에 해당하고, 노동조합법상의 근로자성이 인정되는 한, 그러한 근로자가 외국인인지 여부나 취업자격의 유무에 따라 노동조합법상 근로자의 범위에 포함되지 아니한다고 볼 수는 없다.

④ 헌법 제15조의 직업의 자유 또는 헌법 제32조의 근로의 권리, 사회국가원리 등에 근거하여 실업방지 및 부당한 해고로부터 근로자를 보호하여야 할 국가의 의무를 도출할 수 있으므로, 국가에 대한 직접적인 직장존속보장청구권을 근로자에게 인정할 헌법상의 근거가 있다. 따라서 근로관계의 당연승계를 보장하는 입법을 반드시 하여야 할 헌법상의 의무를 인정할 수 있다.

해설

④ [×] 헌법 제15조의 직업의 자유 또는 헌법 제32조의 근로의 권리, 사회국가원리 등에 근거하여 실업방지 및 부당한 해고로부터 근로자를 보호하여야 할 국가의 의무를 도출할 수는 있을 것이나, 국가에 대한 직접적인 직장존속보장청구권을 근로자에게 인정할 헌법상의 근거는 없다. 이와 같이 우리 헌법상 국가에 대한 직접적인 직장존속보장청구권을 인정할 근거는 없으므로 근로관계의 당연승계를 보장하는 입법을 반드시 하여야 할 헌법상의 의무를 인정할 수 없다(헌재 2002.11.28, 2001헌바50).

① [O] 노동조합법상 근로자란 타인과의 사용종속관계하에서 근로를 제공하고 그 대가로 임금 등을 받아 생활하는 사람을 의미하며, 특정한 사용자에게 고용되어 현실적으로 취업하고 있는 사람뿐만 아니라 일시적으로 실업 상태에 있는 사람이나 구직 중인 사람을 포함하여 노동3권을 보장할 필요성이 있는 사람도 여기에 포함되는 것으로 보아야 한다(대판 2004.2.27, 2001두8568).

② [O] 구 출입국관리법 제15조 제1항에서 외국인이 대한민국에서 체류하여 행할 수 있는 활동이나 대한민국에 체류할 수 있는 신분 또는 지위에 관한 체류자격과 그 체류기간에 관하여 규율하면서 아울러 같은 조 제2항에서 외국인 고용제한을 규정하고 있는바, 이는 취업자격 없는 외국인의 고용이라는 사실적 행위 자체를 금지하고자 하는 것뿐이지 나아가 취업자격 없는 외국인이 사실상 제공한 근로에 따른 권리나 이미 형성된 근로관계에 있어서의 근로자로서의 신분에 따른 노동 관계법상의 제반 권리 등의 법률효과까지 금지하려는 규정으로는 보기 어렵다(대판 1995.9.15, 94누1206).

③ [O] 따라서 타인과의 사용종속관계하에서 근로를 제공하고 그 대가로 임금 등을 받아 생활하는 사람은 노동조합법상 근로자에 해당하고, 노동조합법상의 근로자성이 인정되는 한, 그러한 근로자가 외국인인지 여부나 취업자격의 유무에 따라 노동조합법상 근로자의 범위에 포함되지 아니한다고 볼 수는 없다(대판 2015.6.25, 2007두4995).

15 근로의 권리 및 근로3권에 관한 설명 중 가장 적절하지 않은 것은? (다툼이 있는 경우 판례에 의함)

24. 경정승진

① 헌법 제32조 근로의 권리는 근로자를 개인의 차원에서 보호하기 위한 권리로서 개인인 근로자가 근로의 권리의 주체가 되는 것이고, 노동조합은 그 주체가 될 수 없다.

② 근로관계 종료 전 사용자로 하여금 근로자에게 해고예고를 하도록 하는 것은 개별 근로자의 근로조건이라 할 수 없으므로 해고예고에 관한 권리는 근로의 권리의 내용에 포함되지 않는다.

③ 근로자의 단결권이 근로자 단결체로서 사용자와의 관계에서 특별한 보호를 받아야 할 경우에는 근로3권에 관한 헌법 제33조가 우선적으로 적용되지만, 그렇지 않은 통상의 결사 일반에 대한 문제일 경우에는 헌법 제21조 제2항이 적용되므로 노동조합에도 헌법 제21조 제2항의 결사에 대한 허가제금지원칙이 적용된다.

④ 사인 간 기본권 충돌의 경우 입법자에 의한 규제와 개입은 개별 기본권 주체에 대한 기본권 제한의 방식으로 흔하게 나타나며, 근로계약이 사적 계약관계라는 이유로 국가가 개입할 수 없다고 볼 것은 아니다.

해설

② [×] 근로기준법에 마련된 해고예고제도는 근로조건의 핵심적 부분인 해고와 관련된 사항일 뿐만 아니라, 근로자가 갑자기 직장을 잃어 생활이 곤란해지는 것을 막는 데 목적이 있으므로, 근로자의 인간 존엄성을 보장하기 위한 합리적 근로조건에 해당한다. 따라서 근로관계 종료 전 사용자로 하여금 근로자에게 해고예고를 하도록 하는 것은 개별 근로자의 인간 존엄성을 보장하기 위한 최소한의 근로조건 가운데 하나에 해당하므로, 해고예고에 관한 권리는 근로의 권리의 내용에 포함된다(헌재 2015.12.23, 2014헌바3).

① [O] 헌법 제32조 제1항은 "모든 국민은 근로의 권리를 가진다. 국가는 사회적 · 경제적 방법으로 근로자의 고용의 증진과 적정임금의 보장에 노력하여야 하며, 법률이 정하는 바에 의하여 최저임금제를 시행하여야 한다."라고 규정하고 있다. 이는 국가의 개입 · 간섭을 받지 않고 자유로이 근로를 할 자유와, 국가에 대하여 근로의 기회를 제공하는 정책을 수립해 줄 것을 요구할 수 있는 권리등을 기본적인 내용으로 하고 있고, 이 때 근로의 권리는 근로자를 개인의 차원에서 보호하기 위한 권리로서 개인인 근로자가 근로의 권리의 주체가 되는 것이고, 노동조합은 그 주체가 될 수 없는 것으로 이해되고 있다(헌재 2009.2.26, 2007헌바27).

③ [O] 노동3권 중 근로자의 단결권은 결사의 자유가 근로의 영역에서 구체화된 것으로서, 근로자의 단결권에 대해서는 헌법 제33조가 우선적으로 적용된다. 근로자의 단결권도 국민의 결사의 자유 속에 포함되나, 헌법이 노동3권과 같은 특별 규정을 두어 별도로 단결권을 보장하는 것은 근로자의 단결에 대해서는 일반 결사의 경우와 다르게 특별한 보장을 해준다는 뜻으로 해석된다. … 따라서 근로자의 단결권이 근로자 단결체로서 사용자와의 관계에서 특별한 보호를 받아야 할 경우에는 헌법 제33조가 우선적으로 적용되지만, 그렇지 않은 통상의 결사 일반에 대한 문제일 경우에는 헌법 제21조 제2항이 적용되므로 노동조합에도 헌법 제21조 제2항의 결사에 대한 허가제금지원칙이 적용된다(헌재 2012.3.29, 2011헌바53).

④ [O] 사인간 기본권 충돌의 경우 입법자에 의한 규제와 개입은 개별 기본권 주체에 대한 기본권 제한의 방식으로 흔하게 나타나며, 노사관계의 경우도 마찬가지이다. 예컨대, 사용자와 근로자는 근로계약 체결단계에서부터 계약상 의무 위반에 이르기까지 근로기준법, 최저임금법 등 노동 관계법령에 의한 국가적 개입을 받고 있으며, 이러한 국가의 개입이 기본권을 침해하는지 여부가 문제될 수는 있으나, 사적 계약관계라는 이유로 국가가 개입할 수 없다고 볼 것은 아니다(헌재 2022.5.26, 2012헌바66).

정답 | 14 ④ 15 ②

제4절 I 근로3권

01 다음 근로3권에 관한 설명 중 가장 옳지 않은 것은? (다툼이 있는 경우 판례에 의함) 24. 해경간부

① 쟁의행위는 업무의 저해라는 속성상 그 자체 시민형법상의 여러 가지 범죄의 구성요건에 해당될 수 있음에도 불구하고 그것이 정당성을 가지는 경우에는 형사책임이 면제되며, 민사상 손해배상책임도 발생하지 않는다.

② 업무의 공공성과 특수성을 이유로, 공항·항만 등 국가중요시설의 경비업무를 담당하는 특수경비원에게 경비업무의 정상적인 운영을 저해하는 일체의 쟁의행위를 금지하는 것은, 단체행동권을 전면 박탈하는 것으로 과잉금지원칙에 위배된다.

③ 교원노조를 설립하거나 가입하여 활동할 수 있는 자격을 초·중등교원으로 한정함으로써 '교육공무원이 아닌 대학교원'에 대하여 근로기본권의 핵심인 단결권조차 전면적으로 부정한 교원의 노동조합 설립 및 운영 등에 관한 법률 조항에 대하여는 입법목적의 정당성과 수단의 적합성을 인정할 수 없다.

④ 하나의 사업 또는 사업장에 복수 노동조합이 존재하는 경우 '교섭대표노동조합'을 정하여 교섭을 요구하도록 하는 노동조합법 조항과, 자율적으로 교섭창구를 단일화하지 못하거나 사용자가 단일화 절차를 거치지 아니하기로 동의하지 않은 경우 과반수 노동조합이 '교섭대표노동조합'이 되도록 하는 노동조합법 조항은 단체교섭권을 침해하지 아니한다.

해설

② [×] 이 사건 법률조항으로 인하여 특수경비원의 단체행동권이 제한되는 불이익을 받게 되는 것을 부정할 수는 없으나 국가나 사회의 중추를 이루는 중요시설 운영에 안정을 기함으로써 얻게 되는 국가안전보장, 질서유지, 공공복리 등의 공익이 매우 크다고 할 것이므로, 이 사건 법률조항에 의한 기본권제한은 법익의 균형성 원칙에 위배되지 아니한다. 따라서 이 사건 법률조항은 과잉금지원칙에 위배되지 아니하므로 헌법에 위반되지 아니한다(헌재 2009.10.29, 2007헌마1359).

① [O] 단체행동권이라 함은 노동쟁의가 발생한 경우 쟁의행위를 할 수 있는 쟁의권을 의미하며, 이는 근로자가 그의 주장을 관철하기 위하여 업무의 정상적인 운영을 저해하는 행위를 할 수 있는 권리라고 할 수 있다. 따라서 쟁의행위는 업무의 저해라는 속성상 그 자체 시민형법상의 여러 가지 범죄의 구성요건에 해당될 수 있음에도 불구하고 그것이 정당성을 가지는 경우에는 형사책임이 면제되며, 민사상 손해배상 책임도 발생하지 않는다(헌재 1998.7.16, 97헌바23).

③ [O] 교원노조를 설립하거나 가입하여 활동할 수 있는 자격을 초·중등교원으로 한정함으로써 교육공무원이 아닌 대학 교원에 대해서는 근로기본권의 핵심인 단결권조차 전면적으로 부정한 측면에 대해서는 그 입법목적의 정당성을 인정하기 어렵고, 수단의 적합성 역시 인정할 수 없다. … 최근 들어 대학 사회가 다층적으로 변화하면서 대학 교원의 사회·경제적 지위의 향상을 위한 요구가 높아지고 있는 상황에서 단결권을 행사하지 못한 채 개별적으로만 근로조건의 향상을 도모해야 하는 불이익은 중대한 것이므로, 심판대상조항은 과잉금지원칙에 위배된다(헌재 2018.8.30, 2015헌가38).

④ [O] 교섭창구 단일화 제도는 근로조건의 결정권이 있는 사업 또는 사업장 단위에서 복수 노동조합과 사용자 사이의 교섭절차를 일원화하여 효율적이고 안정적인 교섭체계를 구축하고, 소속 노동조합이 어디든 관계없이 조합원들의 근로조건을 통일하기 위한 것이다. '노동조합 및 노동관계조정법'이 규정한 개별교섭 조항(제29조의2 제1항 단서), 교섭단위 분리 조항(제29조의3 제2항), 공정대표의무 조항(제29조의4) 등은 모두 교섭창구 단일화를 일률적으로 강제할 경우 발생하는 문제점을 보완하기 위한 것으로서, 노동조합의 단체교섭권 침해를 최소화하기 위한 제도라 볼 수 있다. 따라서 제1조항 및 제2조항은 과잉금지원칙을 위반하여 청구인들의 단체교섭권을 침해하지 아니하며 단체교섭권의 본질적 내용을 침해하지도 아니한다(헌재 2024.6.27, 2020헌마237 등).

02 근로기본권에 대한 설명으로 옳지 않은 것은? 24. 국회직 8급

① 월급근로자로서 6개월이 되지 못한 자를 해고예고제도의 적용 예외 사유로 규정하고 있는 근로기준법 규정은 근무기간이 6개월 미만인 월급근로자의 근로의 권리를 침해한다.

② 지방의회의원이 지방공사 직원의 직을 겸할 수 없도록 규정하고 있는 지방자치법 제35조 제1항 제5호 중 '지방공사의 직원'에 관한 부분은 지방의회의원에 당선된 지방공사 직원의 근로의 권리를 제한한다고 볼 수 없다.

③ 매월 1회 이상 정기적으로 지급하는 상여금 등 및 복리후생비의 일부를 최저임금에 산입하도록 규정한 최저임금법 제6조 제4항 제2호, 제3호 나목 및 최저임금법 부칙 제2조는 근로자의 근로의 권리를 침해한다고 볼 수 없다.

④ 헌법 제33조 제2항이 공무원인 근로자는 '법률이 정하는 자'에 한하여 노동3권을 향유할 수 있다고 규정하고 있어, '법률이 정하는 자' 이외의 공무원은 노동3권의 주체가 되지 못하므로 노동3권이 인정됨을 전제로 하는 헌법 제37조 제2항의 과잉금지원칙은 적용될 수 없다.

⑤ 헌법 제33조 제3항에 의하면, 법률이 정하는 주요방위산업체에 종사하는 근로자의 단체교섭권이나 단체행동권은 법률이 정하는 바에 의하여 이를 제한하거나 인정하지 아니할 수 있다.

해설

⑤ [×] 근로자의 단체교섭권이나 단체행동권이 아니라 '단체행동권'만 제한하거나 인정하지 아니할 수 있다.

> 헌법 제33조 ③ 법률이 정하는 주요방위산업체에 종사하는 근로자의 단체행동권은 법률이 정하는 바에 의하여 이를 제한하거나 인정하지 아니할 수 있다.

① [O] 6개월 미만 근무한 월급근로자 또한 전직을 위한 시간적 여유를 갖거나 실직으로 인한 경제적 곤란으로부터 보호받아야 할 필요성이 있다. 그럼에도 불구하고 합리적 이유 없이 "월급근로자로서 6개월이 되지 못한 자"를 해고예고제도의 적용대상에서 제외한 이 사건 법률조항은 근무기간이 6개월 미만인 월급근로자의 근로의 권리를 침해하고, 평등원칙에도 위배된다(헌재 2015.12.23, 2014헌바3).

② [O] 근로의 권리란 인간이 자신의 의사와 능력에 따라 근로관계를 형성하고, 타인의 방해를 받음이 없이 근로관계를 계속 유지하며, 근로의 기회를 얻지 못한 경우에는 국가에 대하여 근로의 기회를 제공하여 줄 것을 요구할 수 있는 권리를 의미하는바, 이 사건 법률조항에 의하여 이러한 근로의 권리가 제한된다고 볼 수는 없고, 행복추구권은 다른 기본권에 대한 보충적 기본권으로서의 성격을 지니므로, 직업선택의 자유라는 우선적으로 적용되는 기본권이 존재하여 그 침해 여부를 판단한 이상, 행복추구권 침해 여부를 독자적으로 판단하지 않기로 한다. … 따라서 이 사건 법률조항은 헌법상 과잉금지원칙에 위배하여 청구인의 직업선택의 자유를 침해하지 아니한다(헌재 2012.4.24, 2010헌마605).

③ [O] 이 사건 산입조항 및 부칙조항은 근로자들이 실제 지급받는 임금과 최저임금 사이의 괴리를 극복하고, 근로자 간 소득격차 해소에 기여하며, 최저임금 인상으로 인한 사용자의 부담을 완화하고자 한 것이다. 매월 1회 이상 정기적으로 지급하는 상여금 등이나 복리후생비는 그 성질이나 실질적 기능 면에서 기본급과 본질적인 차이가 있다고 보기 어려우므로, 이를 최저임금에 산입하는 것은 그 합리성을 수긍할 수 있다. … 따라서 이 사건 산입조항 및 부칙조항이 입법재량의 범위를 일탈하여 청구인 근로자들의 근로의 권리를 침해한다고 볼 수 없다(헌재 2021.12.23, 2018헌마629 등).

④ [O] 헌법 제33조 제2항이 직접 '법률이 정하는 자'만이 노동3권을 향유할 수 있다고 규정하고 있어서 '법률이 정하는 자' 이외의 공무원은 노동3권의 주체가 되지 못하므로, 노동3권이 인정됨을 전제로 하는 헌법 제37조 제2항의 과잉금지원칙은 적용이 없는 것으로 보아야 할 것이다(헌재 2008.12.26, 2005헌마971 등).

정답 | 01 ② 02 ⑤

03 근로3권에 대한 설명으로 가장 적절하지 않은 것은? (다툼이 있는 경우 헌법재판소 판례에 의함) 25. 경찰간부

① 교원의 노동조합 설립 및 운영 등에 관한 법률의 적용을 받는 교원의 범위를 초·중등학교에 재직 중인 교원으로 한정하고 있는 같은 법 제2조는 전국교직원노동조합 및 해직 교원들의 단결권을 침해하지 아니한다.

② 사용자가 노동조합의 운영비를 원조하는 행위를 부당노동행위로 금지하는 노동조합 및 노동관계조정법 제81조 제4호 중 '노동조합의 운영비를 원조하는 행위'에 관한 부분은 단서에서 정한 두 가지 예외를 제외한 일체의 운영비 원조 행위를 금지함으로써 노동조합의 자주성을 저해할 위험이 없는 경우까지 금지하고 있으므로, 입법목적달성을 위한 적합한 수단이라고 볼 수 없다.

③ 하나의 사업 또는 사업장에 복수 노동조합이 존재하는 경우 '교섭대표노동조합'을 정하여 교섭을 요구하도록 하는 노동조합 및 노동관계조정법 제29조 제2항은 과잉금지원칙을 위반하여 단체교섭권을 침해한다.

④ 국가비상사태하에서 근로자의 단체교섭권 및 단체행동권을 제한한 구 국가보위에 관한 특별조치법 조항 중 해당 부분은 단체교섭권·단체행동권의 행사요건 및 한계 등에 관한 기본적 사항조차 법률에서 정하지 아니한 채, 그 허용 여부를 주무관청의 조정결정에 포괄적으로 위임하고 이에 위반할 경우 형사처벌하도록 하고 있는바, 이는 근로3권의 본질적 내용을 침해하는 것이다.

해설

③ [×] 교섭창구 단일화 제도는 근로조건의 결정권이 있는 사업 또는 사업장 단위에서 복수 노동조합과 사용자 사이의 교섭절차를 일원화하여 효율적이고 안정적인 교섭체계를 구축하고, 소속 노동조합이 어디든 관계없이 조합원들의 근로조건을 통일하기 위한 것이다. … 과잉금지원칙을 위반하여 청구인들의 단체교섭권을 침해하지 아니하며 단체교섭권의 본질적 내용을 침해하지도 아니한다(헌재 2024.6.27, 2020헌마237등).

① [O] 교원노조는 교원을 대표하여 단체교섭권을 행사하는 등 교원의 근로조건에 직접적이고 중대한 영향력을 행사하고, 교원의 근로조건의 대부분은 법령이나 조례 등으로 정해지므로 교원의 근로조건과 직접 관련이 없는 교원이 아닌 사람을 교원노조의 조합원 자격에서 배제하는 것이 단결권의 지나친 제한이라고 볼 수 없고, 교원으로 취업하기를 희망하는 사람들이 '노동조합 및 노동관계조정법'에 따라 노동조합을 설립하거나 그에 가입하는 데에는 아무런 제한이 없으므로 이들의 단결권이 박탈되는 것도 아니다. … 이 사건 법률조항은 청구인들의 단결권을 침해하지 아니한다(헌재 2015.5.28, 2013헌마671 등).

② [O] 사용자가 노동조합의 운영비를 원조하더라도 그 목적과 경위, 원조된 운영비의 내용, 금액, 원조 방법, 원조된 운영비가 노동조합의 총수입에서 차지하는 비율, 원조된 운영비의 관리 방법 및 사용처 등에 따라서 노동조합의 자주성을 저해할 위험이 없는 경우도 존재하고, 이러한 경우에는 운영비 원조 행위를 금지하더라도 노동조합의 자주성을 확보하고자 하는 입법목적의 달성에 아무런 도움이 되지 않는다. 그런데 운영비원조금지조항은 운영비 원조 행위를 금지하면서, 근로자의 후생자금 또는 경제상의 불행 기타 재액의 방지와 구제 등을 위한 기금의 기부와 최소한의 규모의 노동조합사무소의 제공만을 예외적으로 허용하고 있다. 이처럼 운영비원조금지조항이 위 두 가지 예외에 해당하지 않지만 노동조합의 자주성을 저해할 위험이 없는 경우까지도 운영비 원조 행위를 금지하는 것은 입법목적 달성을 위한 적합한 수단이라고 볼 수 없다. … 운영비원조금지조항은 과잉금지원칙을 위반하여 청구인의 단체교섭권을 침해하므로 헌법에 위반된다(헌재 2018.5.31, 2012헌바90).

④ [O] 심판대상조항은 단체교섭권·단체행동권이 제한되는 근로자의 범위를 구체적으로 제한함이 없이, 단체교섭권·단체행동권의 행사요건 및 한계 등에 관한 기본적 사항조차 법률에서 정하지 아니한 채, 그 허용 여부를 주무관청의 조정결정에 포괄적으로 위임하고 이에 위반할 경우 형사처벌하도록 하고 있는바, 이는 모든 근로자의 단체교섭권·단체행동권을 사실상 전면적으로 부정하는 것으로서 헌법에 규정된 근로3권의 본질적 내용을 침해하는 것이다(헌재 2015.3.26, 2014헌가5).

04 근로의 권리, 근로3권에 관한 다음 설명 중 가장 옳은 것은? (다툼이 있는 경우 대법원 판례 및 헌법재판소 결정에 의함)

22. 법원행시

① 헌법 제32조 제1항이 규정한 근로의 권리는 근로자를 개인의 차원에서 보호하기 위한 권리로서 개인인 근로자가 그 주체가 되는 것이고 노동조합은 그 주체가 될 수 없다.

② '계속근로기간 1년 미만인 근로자'를 퇴직급여 지급대상에서 제외하여 '계속근로기간이 1년 이상인 근로자'와 차별 취급하는 것은 합리적 이유 없는 차별로서 평등원칙에 위반된다.

③ 헌법 제33조 제1항은 "근로자는 근로조건의 향상을 위하여 자주적인 단결권·단체교섭권 및 단체행동권을 가진다." 고 규정하고 있다. 여기서 헌법상 보장된 근로자의 단결권은 단결하지 아니할 자유, 이른바 '소극적 단결권'을 포함한다.

④ 근로3권은 근로자의 단결권 등에 관한 부당한 침해를 배제할 수 있는 자유권이므로 국가가 근로3권이 실질적으로 기능할 수 있도록 하기 위하여 필요한 법적 제도와 법규범을 마련하여야 할 의무가 있다고 할 수는 없다.

⑤ 이른바 '유니언 샵(Union Shop)' 협정은 근로자의 소극적 단결권을 침해하므로 헌법상 용인되기 어렵다.

해설

① [O] 헌법 제32조 제1항이 규정한 근로의 권리는 근로자를 개인의 차원에서 보호하기 위한 권리로서 개인인 근로자가 그 주체가 되는 것이고 노동조합은 그 주체가 될 수 없으므로, 이 사건 법률조항이 노동조합을 비과세 대상으로 규정하지 않았다 하여 헌법 제32조 제1항에 반한다고 볼 여지는 없다(헌재 2009.2.26, 2007헌바27).

② [×] 이 사건 법률조항에서 '계속근로기간이 1년 미만인 근로자'를 퇴직급여 대상에서 제외하여 '계속근로기간이 1년 이상인 근로자'와 차별취급하는 것은, 퇴직급여가 1년 이상 장기간 근속한 근로자의 공로를 보상하고 업무의 효율성과 생산성의 증대 등을 위해 장기간 근무를 장려하기 위한 것으로 볼 수 있으며, 입법자가 퇴직급여법의 확대적용을 위한 지속적인 노력을 기울이는 과정에서 한편으로 사용자의 재정적 부담능력 등의 현실적인 측면을 고려하고, 다른 한편으로 퇴직급여제도 이외에 국민연금제도나 실업급여제도 등 퇴직 근로자의 생활을 보장하기 위한 다른 사회보장적 제도도 함께 고려하였다고 할 것이다. 따라서, 그 차별에 합리적 이유가 있으므로 청구인의 평등권이 침해되었다고 보기 어렵다(헌재 2011.7.28, 2009헌마408).

③ [×] 헌법 제33조 제1항은 "근로자는 근로조건의 향상을 위하여 자주적인 단결권·단체교섭권 및 단체행동권을 가진다."고 규정하고 있다. 여기서 헌법상 보장된 근로자의 단결권은 단결할 자유만을 가리킬 뿐이고, 단결하지 아니할 자유 이른바 소극적 단결권은 이에 포함되지 않는다고 보는 것이 우리 재판소의 선례라고 할 것이다(헌재 1999.11.25, 98헌마141).

④ [×] 근로3권은 사회적 보호기능을 담당하는 자유권 또는 사회권적 성격을 띤 자유권이라고 할 수 있다. 자유권적 성격과 사회권적 성격을 함께 갖는 근로3권은, 국가가 근로자의 단결권을 존중하고 부당한 침해를 하지 아니함으로써 보장되는 자유권적 측면인 국가로부터의 자유뿐만 아니라, 근로자의 권리행사의 실질적 조건을 형성하고 유지해야 할 국가의 적극적인 활동을 필요로 한다(헌재 1998.2.27, 94헌바13).

⑤ [×] 구 노동조합법(1996.12.31. 법률 제5244호로 폐지되기 이전의 것) 제39조 제2호 단서 소정의 조항, 이른바 유니언 숍(Union Shop) 협정은 노동조합의 단결력을 강화하기 위한 강제의 한 수단으로서 근로자가 대표성을 갖춘 노동조합의 조합원이 될 것을 '고용조건'으로 하고 있는 것이므로 단체협약에 유니언 숍 협정에 따라 근로자는 노동조합의 조합원이어야만 된다는 규정이 있는 경우에는 다른 명문의 규정이 없더라도 사용자는 노동조합에서 탈퇴한 근로자를 해고할 의무가 있다...단체협약상의 유니언 숍 협정에 의하여 사용자가 노동조합을 탈퇴한 근로자를 해고할 의무는 단체협약상의 채무일 뿐이고, 이러한 채무의 불이행 자체가 바로 구 노동조합법 제39조 제4호 소정 노동조합에 대한 지배·개입의 부당노동행위에 해당한다고 단정할 수 없다(대판 1998.3.24, 96누16070).

정답 | 03 ③ 04 ①

05 근로의 권리와 근로3권에 관한 설명으로 옳지 않은 것만을 모두 고르면? (다툼이 있는 경우 판례에 의함)

22. 국회직 9급

> ㉠ 고용 허가를 받아 국내에 입국한 외국인근로자의 출국만기보험금을 출국 후 14일 이내에 지급하도록 한 외국인 근로자의 고용 등에 관한 법률조항은 외국인근로자의 근로의 권리를 침해한다.
> ㉡ 연차유급휴가는 근로자의 건강하고 문화적인 생활의 실현에 이바지할 수 있도록 여가를 부여하는 데 그 목적이 있지만, 인간의 존엄성을 보장하기 위한 합리적인 근로조건에 해당하지 않으므로 연차유급휴가에 관한 권리는 근로의 권리의 내용에 포함되지 않는다.
> ㉢ 교원은 학생들에 대한 지도·교육이라는 노무에 종사하고 그 대가로 받는 임금·급료 그 밖에 이에 준하는 수입으로 생활하는 사람이므로 근로자에 해당한다.
> ㉣ 단결권은 개별 근로자가 노동조합 등 근로자단체를 조직하거나 그에 가입하여 활동할 수 있는 개별적 단결권만을 의미하는 것으로, 근로자단체가 존립하고 활동할 수 있는 것은 단결권이 아닌 헌법 제21조 결사의 자유에 의하여 보장된다.
> ㉤ 근로자가 퇴직급여를 청구할 수 있는 권리는 헌법상 바로 도출되는 것이 아니라 퇴직급여법 등 관련 법률이 구체적으로 정하는 바에 따라 비로소 인정될 수 있다.

① ㉠, ㉡, ㉢
② ㉠, ㉡, ㉣
③ ㉡, ㉢, ㉣
④ ㉡, ㉣, ㉤
⑤ ㉢, ㉣, ㉤

해설

옳지 않은 것은 ㉠, ㉡, ㉣이다.

㉠ [×] 외국인근로자의 경우 체류기간 만료가 퇴직과 직결되고, 체류기간이 만료되면 출국한다는 것을 전제로 고용허가를 받았다는 점에서 출국만기보험금의 지급시기를 출국 후 14일 이내로 정한 것이 근로자퇴직급여보장법이나 근로기준법상의 퇴직금 지급시기와 다르게 정한 것이라고 보기 어렵다. 즉, 심판대상조항은 고용허가를 받아 국내에 들어온 외국인근로자의 특수한 지위에서 기인하는 것이므로, 심판대상조항이 외국인근로자에 대하여 내국인근로자와 달리 규정하였다고 하여 청구인들의 평등권을 침해한다고 볼 수 없다(헌재 2016.3.31, 2014헌마367).

㉡ [×] 헌법 제32조 제3항은 위와 같은 근로의 권리가 실효적인 것이 될 수 있도록 "근로조건의 기준은 인간의 존엄성을 보장하도록 법률로 정한다."고 하여 근로조건 법정주의를 규정하고 있고, 연차유급휴가는 근로자의 건강하고 문화적인 생활의 실현에 이바지할 수 있도록 여가를 부여하는 데 그 목적이 있는 것으로, 인간의 존엄성을 보장하기 위한 합리적인 근로조건에 해당하므로 연차유급휴가에 관한 권리는 근로의 권리의 내용에 포함된다(헌재 2008.9.25, 2005헌마586).

㉢ [O] '근로자'라 함은 직업의 종류를 불문하고 임금·급료 기타 이에 준하는 수입에 의하여 생활하는 자(노동조합법 제2조 제1호), 즉 '임금생활자'를 의미하고, 교원도 학생들에 대한 지도·교육이라는 노무에 종사하고 그 대가로 받는 임금·급료 그 밖에 이에 준하는 수입으로 생활하는 사람이므로 근로자에 해당한다(헌재 2015.5.28, 2013헌마671).

㉣ [×] 근로3권 중 단결권에는 개별 근로자가 노동조합 등 근로자단체를 조직하거나 그에 가입하여 활동할 수 있는 개별적 단결권뿐만 아니라 근로자단체가 존립하고 활동할 수 있는 집단적 단결권도 포함된다(헌재 1999.11.25, 95헌마154).

㉤ [O] 헌법 제32조 제1항이 규정하는 근로의 권리는 사회적 기본권으로서 국가에 대하여 직접일자리를 청구하거나 일자리에 갈음하는 생계비의 지급청구권을 의미하는 것이 아니라 고용증진을 위한 사회적·경제적 정책을 요구할 수 있는 권리에 그치며, 근로의 권리로부터 국가에 대한 직접적인 직장존속청구권이 도출되는 것도 아니다. 나아가 근로자가 퇴직급여를 청구할 수 있는 권리도 헌법상 바로 도출되는 것이 아니라 퇴직급여법 등 관련 법률이 구체적으로 정하는 바에 따라 비로소 인정될 수 있는 것이므로 계속근로기간 1년 미만인 근로자가 퇴직급여를 청구할 수 있는 권리가 헌법 제32조 제1항에 의하여 보장된다고 보기는 어렵다(헌재 2011.7.28, 2009헌마408).

06 근로3권에 관한 설명 중 옳지 않은 것은? (다툼이 있는 경우 판례에 의함)

23. 변호사

① 국가기관이나 지방자치단체 이외의 곳에서 근무하는 청원경찰은 사용자인 청원주와의 고용계약에 의한 근로자일 뿐, 국민전체에 대한 봉사자로서 국민에 대하여 책임을 지며 그 신분과 정치적 중립성이 법률에 의해 보장되는 공무원 신분이 아니므로, 이러한 청원경찰에게는 기본적으로 근로3권이 보장되어야 한다.

② 고등교육법에서 규율하는 대학 교원들에게 단결권을 인정하지 않는 것은, 교원노조를 설립하거나 가입하여 활동할 수 있는 자격을 초·중등교원으로 한정함으로써 교육공무원 아닌 대학 교원에 대해서 근로기본권의 핵심인 단결권조차 부정한 것으로 목적의 정당성을 인정할 수 없고, 수단의 적합성도 인정할 수 없다.

③ 업무의 공공성과 특수성을 이유로, 공항·항만 등 국가중요시설의 경비업무를 담당하는 특수경비원에게 경비업무의 정상적인 운영을 저해하는 일체의 쟁의행위를 금지하는 것은, 단체행동권을 전면 박탈하는 것으로 과잉금지원칙에 위배된다.

④ 노동조합에 대한 단체교섭권 보장은 사회적 약자인 근로자가 사용자와의 사이에서 대등성을 확보하여 적정한 근로조건을 형성할 수 있도록 하는 수단이므로, 반드시 사업장 내 모든 노동조합에 각각 단체교섭권을 보장하여야 하는 것은 아니다.

⑤ 단결권에는 근로자단체가 존립하고 활동할 수 있는 집단적 단결권도 포함되므로, 교원노조를 설립하거나 그에 가입하여 활동할 수 있는 자격을 초·중등학교에 재직 중인 교원으로 한정하는 것은, 해직 교원이나 실업·구직 중에 있는 교원 및 이들을 조합원으로 하여 교원노조를 조직·구성하려고 하는 교원노조의 단결권을 제한하는 것이다.

해설

③ [×] 특수경비원 업무의 강한 공공성과 특히 특수경비원은 소총과 권총 등 무기를 휴대한 상태로 근무할 수 있는 특수성 등을 감안할 때, 특수경비원의 신분이 공무원이 아닌 일반근로자라는 점에만 치중하여 특수경비원에게 근로3권 즉 단결권, 단체교섭권, 단체행동권 모두를 인정하여야 한다고 보기는 어렵고, 적어도 특수경비원에 대하여 단결권, 단체교섭권에 대한 제한은 전혀 두지 아니하면서 단체행동권 중 '경비업무의 정상적인 운영을 저해하는 일체의 쟁위행위'만을 금지하는 것은 입법목적 달성에 필요불가결한 최소한의 수단이라고 할 것이어서 침해의 최소성 원칙에 위배되지 아니한다. 이 사건 법률조항으로 인하여 특수경비원의 단체행동권이 제한되는 불이익을 받게 되는 것을 부정할 수는 없으나 국가나 사회의 중추를 이루는 중요시설 운영에 안정을 기함으로써 얻게 되는 국가안전보장, 질서유지, 공공복리 등의 공익이 매우 크다고 할 것이므로, 이 사건 법률조항에 의한 기본권 제한은 법익의 균형성 원칙에 위배되지 아니한다. 따라서 이 사건 법률조항은 과잉금지원칙에 위배되지 아니하므로 헌법에 위반되지 아니한다(헌재 2009.10.29, 2007헌마1359).

① [O] 국가기관이나 지방자치단체 이외의 곳에서 근무하는 청원경찰은 근로조건에 관하여 공무원뿐만 아니라 국가기관이나 지방자치단체에 근무하는 청원경찰에 비해서도 낮은 수준의 법적 보장을 받고 있으므로, 이들에 대해서는 근로3권이 허용되어야 할 필요성이 크다(헌재 2017.9.28, 2015헌마653).

② [O] 심판대상조항의 입법목적이 재직 중인 초·중등교원에 대하여 교원노조를 인정해 줌으로써 교원노조의 자주성과 주체성을 확보한다는 측면에서는 그 정당성을 인정할 수 있을 것이나, 교원노조를 설립하거나 가입하여 활동할 수 있는 자격을 초·중등교원으로 한정함으로써 교육공무원이 아닌 대학 교원에 대해서는 근로기본권의 핵심인 단결권조차 전면적으로 부정한 측면에 대해서는 그 입법목적의 정당성을 인정하기 어렵고, 수단의 적합성 역시 인정할 수 없다(헌재 2018.8.30, 2015헌가38).

④ [O] 노동조합에 대한 단체교섭권 보장은 사회적 약자인 근로자가 사용자와의 사이에 대등성을 확보하여 적정한 근로조건을 형성할 수 있도록 하는 수단이므로, 반드시 모든 노동조합에게 각별로 단체교섭권을 보장하여야 하는 것은 아니고, 교섭대표노동조합이 사용자와의 사이에서 노사관계의 안정과 적정한 근로조건을 형성하는 기능을 충분히 담당할 수 있다면, 그러한 기능을 할 수 있는 노동조합에 단체교섭권을 인정하는 것이 노동3권을 기본권으로 보장하는 취지에 더 부합할 수 있다(헌재 2012.4.24, 2011헌마338).

⑤ [O] 이 사건 법률조항은 교원의 근로조건에 관하여 정부 등을 상대로 단체교섭 및 단체협약을 체결할 권한을 가진 교원노조를 설립하거나 그에 가입하여 활동할 수 있는 자격을 초·중등학교에 재직 중인 교원으로 한정하고 있으므로, 해직 교원이나 실업·구직 중에 있는 교원 및 이들을 조합원으로 하여 교원노조를 조직·구성하려고 하는 교원노조의 단결권을 제한한다(헌재 2015.5.28, 2013헌마671).

정답 | 05 ② 06 ③

07 헌법상 근로3권에 관한 설명 중 가장 적절한 것은? (다툼이 있는 경우 판례에 의함)

23. 경찰승진

① 헌법 제33조 제1항이 "근로자는 근로조건의 향상을 위하여 자주적인 단결권, 단체교섭권, 단체행동권을 가진다."고 규정하여 '단체협약체결권'을 명시하여 규정하고 있지 않다고 하더라도 '단체교섭권'에는 단체협약체결권이 포함되어 있다고 보아야 한다.

② 헌법재판소는 소방공무원을 노동조합 가입대상에서 제외한 공무원의 노동조합 설립 및 운영 등에 관한 법률 조항이 소방공무원들의 단결권을 침해한다고 판단하였다.

③ 교원의 노동조합 설립 및 운영 등에 관한 법률의 적용을 받는 교원의 범위를 초·중등학교에 재직 중인 교원으로 한정하고 있는 동법 조항은 과잉금지원칙에 위배된다.

④ 교육공무원이 아닌 대학 교원의 단결권을 인정하지 않는 것은 헌법에 위배되지만, 교육공무원인 대학 교원의 단결권을 인정하지 않는 것은 헌법에 위배되지 않는다.

해설

① [O] 헌법 제33조 제1항이 "근로자는 근로조건의 향상을 위하여 자주적인 단결권, 단체교섭권, 단체행동권을 가진다."고 규정하여 근로자에게 "단결권, 단체교섭권, 단체행동권"을 기본권으로 보장하는 뜻은 근로자가 사용자와 대등한 지위에서 단체교섭을 통하여 자율적으로 임금 등 근로조건에 관한 단체협약을 체결할 수 있도록 하기 위한 것이다. 비록 헌법이 위 조항에서 '단체협약체결권'을 명시하여 규정하고 있지 않다고 하더라도 근로조건의 향상을 위한 근로자 및 그 단체의 본질적인 활동의 자유인 '단체교섭권'에는 단체협약체결권이 포함되어 있다고 보아야 한다(헌재 1998.2.27, 94헌바13).

② [×] 심판대상조항은 소방공무원이 그 업무의 성격상 사회공공의 안녕과 질서유지에 미치는 영향력이 크고, 그 책임 및 직무의 중요성, 신분 및 근로조건의 특수성이 인정되므로, 노동조합원으로서의 지위를 가지고 업무를 수행하는 것이 적절하지 아니하다고 보아 노동조합 가입대상에서 제외한 것이다. 또한 소방공무원은 특정직 공무원으로서 '소방공무원법'에 의하여 신분보장이나 대우 등 근로조건의 면에서 일반직공무원에 비하여 두텁게 보호받고 있다. 따라서 심판대상조항이 헌법 제33조 제2항의 입법형성권의 한계를 일탈하여 소방공무원인 청구인의 단결권을 침해한다고 볼 수 없다(헌재 2008.12.26, 2006헌마462).

③ [×] 이 사건 법률조항은 대내외적으로 교원노조의 자주성과 주체성을 확보하여 교원의 실질적 근로조건 향상에 기여한다는 데 그 입법목적이 있는 것으로 그 목적이 정당하고, 교원노조의 조합원을 재직 중인 교원으로 한정하는 것은 이와 같은 목적을 달성하기 위한 적절한 수단이라 할 수 있다. 이 사건 법률조항으로 인하여 교원 노조 및 해직 교원의 단결권 자체가 박탈된다고 할 수는 없는 반면, 교원이 아닌 자가 교원노조의 조합원 자격을 가질 경우 교원노조의 자주성에 대한 침해는 중대할 것이어서 법익의 균형성도 갖추었으므로, 이 사건 법률조항은 청구인들의 단결권을 침해하지 아니한다(헌재 2015.5.28, 2013헌마671).

④ [×] 교원노조를 설립하거나 가입하여 활동할 수 있는 자격을 초·중등교원으로 한정함으로써 교육공무원이 아닌 대학 교원에 대해서는 근로기본권의 핵심인 단결권조차 전면적으로 부정한 측면에 대해서는 그 입법목적의 정당성을 인정하기 어렵고, 수단의 적합성 역시 인정할 수 없다. 설령 일반 근로자 및 초·중등교원과 구별되는 대학 교원의 특수성을 인정하더라도, 대학 교원에게도 단결권을 인정하면서 다만 해당 노동조합이 행사할 수 있는 권리를 다른 노동조합과 달리 강한 제약 아래 두는 방법도 얼마든지 가능하므로, 단결권을 전면적으로 부정하는 것은 필요 최소한의 제한이라고 보기 어렵다. 그러므로 교육공무원인 대학 교원에게 노동조합을 조직하고 가입할 권리인 단결권을 전혀 인정하지 않는 심판대상조항은 입법형성권의 범위를 벗어난 것으로서 헌법에 위반된다(헌재 2018.8.30, 2015헌가38).

08 근로3권에 대한 설명으로 가장 적절한 것은? (다툼이 있는 경우 판례에 의함)

23. 경찰간부

① 교원의 노동조합 설립 및 운영 등에 관한 법률의 적용대상을 초·중등교육법 제19조 제1항의 교원이라고 규정함으로써 고등교육법에서 규율하는 대학 교원들의 단결권을 인정하지 않는 것은 그 입법목적의 정당성을 인정하기 어렵다.

② 출입국관리법령에서 외국인고용제한규정을 두고 있으므로 취업자격 없는 외국인은 노동조합 및 노동관계조정법상의 근로자의 범위에 포함되지 아니한다.

③ 근로자가 노동조합을 결성하지 아니할 자유나 노동조합에 가입을 강제당하지 아니할 자유 그리고 가입한 노동조합을 탈퇴할 자유는 근로자에게 보장된 단결권의 내용에 포섭되는 권리이다.

④ 공항·항만 등 국가중요시설의 경비업무를 담당하는 특수경비원에게 경비업무의 정상적인 운영을 저해하는 일체의 쟁의행위를 금지하는 경비업법 해당 조항에 의한 단체행동권의 제한은 근로3권에 관한 헌법 제33조 제2항과 제3항의 개별유보조항에 의한 제한이다.

해설

① [O] 심판대상조항의 입법목적이 재직 중인 초·중등교원에 대하여 교원노조를 인정해 줌으로써 교원노조의 자주성과 주체성을 확보한다는 측면에서는 그 정당성을 인정할 수 있을 것이나, 교원노조를 설립하거나 가입하여 활동할 수 있는 자격을 초·중등교원으로 한정함으로써 교육공무원이 아닌 대학 교원에 대해서는 근로기본권의 핵심인 단결권조차 전면적으로 부정한 측면에 대해서는 그 입법목적의 정당성을 인정하기 어렵고, 수단의 적합성 역시 인정할 수 없다(헌재 2018.8.30, 2015헌가38).

② [×] 타인과의 사용종속관계하에서 근로를 제공하고 그 대가로 임금 등을 받아 생활하는 사람은 노동조합법상 근로자에 해당하고, 노동조합법상의 근로자성이 인정되는 한, 그러한 근로자가 외국인인지 여부나 취업자격의 유무에 따라 노동조합법상 근로자의 범위에 포함되지 아니한다고 볼 수는 없다(대판 2015.6.25, 2007두4995).

③ [×] 근로자가 노동조합을 결성하지 아니할 자유나 노동조합에 가입을 강제당하지 아니할 자유 그리고 가입한 노동조합을 탈퇴할 자유는 근로자에게 보장된 단결권의 내용에 포섭되는 권리로서가 아니라 헌법 제10조의 행복추구권에서 파생되는 일반적 행동의 자유 또는 제21조 제1항의 결사의 자유에서 그 근거를 찾을 수 있다(헌재 2005.11.24, 2002헌바95).

④ [×] 특수경비원에게 경비업무의 정상적인 운영을 저해하는 일체의 쟁의행위를 금지하는 경비업법 해당 조항에 의한 단체행동권의 제한은 근로3권에 관한 헌법 제33조 제2항과 제3항의 개별유보조항에 의한 제한이 아니다. 헌법 제33조 제1항에서는 근로자의 단결권·단체교섭권 및 단체행동권을 보장하고 있는바, 현행 헌법에서 공무원 및 법률이 정하는 주요방위산업체에 종사하는 근로자와는 달리 특수경비원에 대해서는 단체행동권 등 근로3권의 제한에 관한 개별적 제한규정을 두고 있지 않다고 하더라도, 헌법 제37조 제2항의 일반유보조항에 따른 기본권제한의 원칙에 의하여 특수경비원의 근로3권 중 하나인 단체행동권을 제한할 수 있다(헌재 2009.10.29, 2007헌마1359).

정답 | 07 ① 08 ①

09 근로3권에 관한 설명으로 가장 적절하지 않은 것은? (다툼이 있는 경우 판례에 의함) 23. 경찰 2차

① 노동조합을 설립할 때 행정관청에 설립신고서를 제출하게 하고 그 요건을 충족하지 못하는 경우 설립신고서를 반려하도록 하고 있는 노동조합 및 노동관계조정법 조항의 노동조합 설립신고서 반려제도가 헌법 제21조 제2항 후단에서 금지하는 결사에 대한 허가제라고 볼 수 없다.

② 법령 등에 의하여 국가 또는 지방자치단체가 그 권한으로 행하는 정책결정에 관한 사항, 임용권의 행사 등 그 기관의 관리 · 운영에 관한 사항으로서 근무조건과 직접 관련되지 아니하는 사항을 공무원노동조합의 단체교섭 대상에서 제외하고 있는 공무원의 노동조합 설립 및 운영 등에 관한 법률 조항이 명확성의 원칙에 위반되는 것은 아니다.

③ 근로자들의 단체행동권은 집단적 실력행사로서 위력의 요소를 가지고 있으므로, 사용자의 재산권이나 직업의 자유, 경제활동의 자유를 현저히 침해하고, 거래질서나 국가 경제에 중대한 영향을 미치는 일정한 단체행동권의 행사에 대하여는 제한이 가능하다.

④ 노동조합 및 노동관계조정법상 방위사업법에 의하여 지정된 주요 방위산업체에 종사하는 근로자 중 전력, 용수 및 주로 방산물자를 생산하는 업무에 종사하는 자는 단체교섭을 할 수 없다.

해설

④ [×] 방위사업법에 의하여 지정된 주요방위산업체에 종사하는 근로자 중 전력, 용수 및 주로 방산물자를 생산하는 업무에 종사하는 자는 쟁의행위를 할 수 없다. 위와 같은 규정들을 위반하면 노동조합법에서 정한 형사처벌의 대상이 된다(헌재 2022.5.26, 2012헌바66).
▶ 주요방위산업체에 종사하는 근로자는 쟁의행위를 할 수 없지만, 단체교섭권은 원칙적으로 보장된다.

> 헌법 제33조 ③ 법률이 정하는 주요방위산업체에 종사하는 근로자의 단체행동권은 법률이 정하는 바에 의하여 이를 제한하거나 인정하지 아니할 수 있다.
>
> 노동조합 및 노동관계조정법 제41조 【쟁의행위의 제한과 금지】 ② 방위사업법에 의하여 지정된 주요방위산업체에 종사하는 근로자 중 전력, 용수 및 주로 방산물자를 생산하는 업무에 종사하는 자는 쟁의행위를 할 수 없으며 주로 방산물자를 생산하는 업무에 종사하는 자의 범위는 대통령령으로 정한다.

① [O] 이 사건 법률조항은 노동조합 설립에 있어 노동조합법상의 요건 충족 여부를 사전에 심사하도록 하는 구조를 취하고 있으나, 이 경우 노동조합법상 요구되는 요건만 충족되면 그 설립이 자유롭다는 점에서 일반적인 금지를 특정한 경우에 해제하는 허가와는 개념적으로 구분되고, 더욱이 행정관청의 설립신고서 수리 여부에 대한 결정은 재량 사항이 아니라 의무 사항으로 그 요건 충족이 확인되면 설립신고서를 수리하고 그 신고증을 교부하여야 한다는 점에서 단체의 설립 여부 자체를 사전에 심사하여 특정한 경우에 한해서만 그 설립을 허용하는 '허가'와는 다르다. 따라서 이 사건 법률조항의 노동조합 설립신고서 반려제도가 헌법 제21조 제2항 후단에서 금지하는 결사에 대한 허가제라고 볼 수 없다(헌재 2012.3.29, 2011헌바53).

② [O] 국가 또는 지방자치단체의 정책결정에 관한 사항이나 기관의 관리 · 운영에 관한 사항으로서 근무조건과 직접 관련되지 아니하는 사항을 공무원노동조합의 단체교섭대상에서 제외하고 있는 공무원의 노동조합 설립 및 운영 등에 관한 법률은 명확성원칙에 위반되지 않는다(헌재 2013.6.27, 2012헌바169).

③ [O] 근로자들의 단체행동권은 집단적 실력행사로서 위력의 요소를 가지고 있으므로, 사용자의 재산권이나 직업의 자유, 경제활동의 자유를 현저히 침해하고, 거래질서나 국가 경제에 중대한 영향을 미치는 일정한 단체행동권의 행사에 대하여는 제한이 가능하다. 헌법재판소는 심판대상조항에 대하여 이미 세 차례에 걸쳐 합헌결정(97헌바23, 2003헌바91, 2009헌바168)을 내리면서 '권리행사로서의 성격을 갖는 쟁의행위에 대한 형사처벌이 단체행동권의 보장 취지에 부합하지 않는다는 점'과, '단체행동권의 행사로서 노동법상의 요건을 갖추어 헌법적으로 정당화되는 행위를 구성요건에 해당하는 행위로 보고 다만 위법성이 조각되는 것으로 해석하는 것은 기본권의 보호영역을 하위 법률을 통해 축소하는 것임'을 밝힌 바 있다. 이후 대법원은 2007도482 전원합의체 판결에서 구성요건해당성 단계부터 심판대상조항의 적용범위를 축소함으로써 헌법재판소 선례가 지적한 단체행동권에 대한 과도한 제한이나 위축 문제를 해소하였다. 이에 따라 심판대상조항에 의하여 처벌되는 쟁의행위는 단체행동권의 목적에 부합한다고 보기 어렵거나 사용자의 재산권, 직업의 자유 등에 중대한 제한을 초래하는 행위로 한정되므로, 심판대상조항은 침해의 최소성 및 법익균형성 요건을 갖추었다. 따라서 심판대상조항은 단체행동권을 침해하지 않는다(헌재 2022.5.26, 2012헌바66).

10 근로기본권에 대한 설명으로 옳은 것은?

24. 5급 공채

① 헌법에는 최저임금제에 관한 규정이 없지만, 근로자에 대하여 임금의 최저수준을 보장하여 근로자의 생활안정과 노동력의 질적 향상을 도모하고자 최저임금제를 실시하고 있다.

② 헌법은 국가유공자의 유가족은 법률이 정하는 바에 의하여 우선적으로 근로의 기회를 부여받는다고 규정하고 있다.

③ 법률이 정하는 주요방위산업체에 종사하는 근로자의 단체행동권은 법률이 정하는 바에 의하여 이를 제한하거나 인정하지 아니할 수 있다.

④ 근로의 권리는 근로자를 개인의 차원에서 보호하기 위한 권리로서 개인인 근로자가 그 주체가 되는 것은 물론이고 노동조합도 그 주체가 될 수 있다.

해설

③ [O]

> 헌법 제33조 ③ 법률이 정하는 주요방위산업체에 종사하는 근로자의 단체행동권은 법률이 정하는 바에 의하여 이를 제한하거나 인정하지 아니할 수 있다.

① [×] 헌법은 국가에게 근로자의 적정임금의 보장에 노력할 것과 법률이 정하는 바에 의하여 최저임금제를 시행할 의무를 부과하고 있으며(제32조 제1항), 최저임금법은 근로자에 대하여 임금의 최저수준을 보장하여 근로자의 생활안정과 노동력의 질적 향상을 꾀함으로써 국민경제의 건전한 발전에 이바지하는 것을 목적으로 한다(헌재 2023.2.23, 2020헌바11등).

② [×]

> 헌법 제32조 ⑥ 국가유공자·상이군경 및 전몰군경의 유가족은 법률이 정하는 바에 의하여 우선적으로 근로의 기회를 부여받는다.

④ [×] 헌법 제32조 제1항은 "모든 국민은 근로의 권리를 가진다. 국가는 사회적·경제적 방법으로 근로자의 고용의 증진과 적정임금의 보장에 노력하여야 하며, 법률이 정하는 바에 의하여 최저임금제를 시행하여야 한다."라고 규정하고 있다. 이는 국가의 개입·간섭을 받지 않고 자유로이 근로를 할 자유와, 국가에 대하여 근로의 기회를 제공하는 정책을 수립해 줄 것을 요구할 수 있는 권리 등을 기본적인 내용으로 하고 있고, 이 때 근로의 권리는 근로자를 개인의 차원에서 보호하기 위한 권리로서 개인인 근로자가 근로의 권리의 주체가 되는 것이고, 노동조합은 그 주체가 될 수 없는 것으로 이해되고 있다(헌재 2009.2.26, 2007헌바27).

정답 | 09 ④ 10 ③

제5절 | 환경권

01 다음 환경권에 관한 설명 중 가장 옳지 않은 것은? (다툼이 있는 경우 판례에 의함) 24. 해경간부

① 독서실과 같이 정온을 요하는 사업장의 실내소음 규제기준을 만들어야 할 입법의무가 헌법의 해석상 곧바로 도출된다고 보기는 어렵다.

② 비사업용자동차의 타인광고를 제한하는 것은, 자동차 이용 광고물의 난립을 방지하여 도시미관과 도로 안전 등을 확보함으로써, 국민이 안전하고 쾌적한 환경에서 생활할 수 있도록 하기 위한 것이다.

③ 학교시설에서의 유해중금속 등 유해물질의 예방 및 관리 기준을 규정한 학교보건법 시행규칙 조항에 마사토 운동장에 대한 규정을 두지 아니한 것이 당시 마사토 운동장이 설치된 고등학교에 재학 중이던 학생의 환경권을 침해하지 아니한다.

④ 구 동물보호법상 동물장묘업 등록에 관하여 장사 등에 관한 법률 제17조 외에 다른 지역적 제한사유를 규정하지 않은 것은 환경권을 보호해야 하는 입법자의 의무를 과소하게 이행한 것이다.

해설

④ [×] '동물보호법', '장사 등에 관한 법률', '동물장묘업의 시설설치 및 검사기준' 등 관계규정에서 동물장묘시설의 설치제한 지역을 상세하게 규정하고, 매연, 소음, 분진, 악취 등 오염원 배출을 규제하기 위한 상세한 시설 및 검사기준을 두고 있는 등의 사정을 고려할 때, 심판대상조항에서 동물장묘업 등록에 관하여 '장사 등에 관한 법률' 제17조 외에 다른 지역적 제한사유를 규정하지 않았다는 사정만으로 청구인들의 환경권을 보호하기 위한 입법자의 의무를 과소하게 이행하였다고 평가할 수는 없다. 따라서 심판대상조항은 청구인들의 환경권을 침해하지 않는다(헌재 2020.3.26, 2017헌마1281).

① [O] 정온을 요하는 사업장의 실내소음 규제기준을 마련할 것인지 여부나 소음을 제거·방지할 수 있는 다양한 수단과 방법 중 어떠한 방법을 채택하고 결합할 것인지 여부는 당시의 기술 수준이나 경제적·사회적·지역적 여건 등을 종합적으로 고려하지 않을 수 없으므로, 독서실과 같이 정온을 요하는 사업장의 실내소음 규제기준을 만들어야 할 입법의무가 헌법의 해석상 곧바로 도출된다고 보기도 어렵다(헌재 2017.12.28, 2016헌마45).

② [O] 심판대상조항이 비사업용자동차의 타인광고를 제한하는 것은, 자동차 이용 광고물의 난립을 방지하여 도시미관과 도로안전 등을 확보함으로써 국민이 안전하고 쾌적한 환경에서 생활할 수 있도록 하기 위한 것이다(헌재 2022.1.27, 2019헌마327).

③ [O] 학교보건법 시행규칙과 관련 고시의 내용을 전체적으로 보면 필요한 경우 학교의 장이 마사토 운동장에 대한 유해중금속 등의 점검을 실시하는 것이 가능하고, 또한 토양환경보전법령에 따른 학교용지의 토양 관리체제, 교육부 산하 법정기관이 발간한 운동장 마감재 조성 지침 상의 권고, 학교장이나 교육감에게 학교 운동장의 유해물질 관리를 의무화하고 있는 각 지방자치단체의 조례 등을 통해 마사토 운동장에 대한 유해중금속 등 유해물질의 관리가 이루어지고 있다. … 심판대상조항에 마사토 운동장에 대한 기준이 도입되지 않았다는 사정만으로 국민의 환경권을 보호하기 위한 국가의 의무가 과소하게 이행되었다고 평가할 수는 없다. 따라서 심판대상조항은 청구인의 환경권을 침해하지 아니한다(헌재 2024.4.25, 2020헌마107).

02 환경권에 대한 설명으로 옳지 않은 것은? 24. 국회직 8급

① 환경권은 건강하고 쾌적한 생활을 유지하는 조건으로서 양호한 환경을 향유할 권리이고, 생명 · 신체의 자유를 보호하는 토대를 이루며, 궁극적으로 '삶의 질' 확보를 목표로 하는 권리이다.

② 환경권을 행사함에 있어 국민은 국가로부터 건강하고 쾌적한 환경을 향유할 수 있는 자유를 침해당하지 않을 권리를 행사할 수 있고, 일정한 경우 국가에 대하여 건강하고 쾌적한 환경에서 생활할 수 있도록 요구할 수 있는 권리가 인정되기도 하므로 환경권은 종합적 기본권으로서의 성격을 지닌다.

③ '건강하고 쾌적한 환경에서 생활할 권리'를 보장하는 헌법 제35조 제1항의 환경권 보호대상이 되는 환경에는 자연환경뿐만 아니라 인공적 환경과 같은 생활환경도 포함된다.

④ 헌법 제35조 제1항은 환경정책에 관한 국가적 규제와 조정을 뒷받침하는 헌법적 근거이므로, 여기에서 대기오염으로 인한 국민건강 및 환경에 대한 위해를 방지하여야 할 국가의 구체적 작위의무가 도출된다.

⑤ 환경권의 내용과 행사에 관하여는 법률로 정하며, 국가는 주택개발정책 등을 통하여 모든 국민이 쾌적한 주거생활을 할 수 있도록 노력하여야 한다.

해설

④ [×] 헌법 제35조 제1항은 환경정책에 관한 국가적 규제와 조정을 뒷받침하는 헌법적 근거로서 대기오염으로 인한 국민건강 및 환경에 대한 위해를 방지하여야 할 국가의 추상적인 의무는 도출될 수 있으나, 이로부터 청구인들이 주장하는 바와 같이 피청구인이 위 주식회사 등에게 자동차교체명령을 하여야 할 구체적이고 특정한 작위의무가 도출된다고는 볼 수 없다. … 따라서 청구인들이 주장하는 바와 같은 공권력 주체의 작위의무가 법령에 구체적으로 규정되어 있다고 볼 수 없다. 결국 피청구인에게 청구인들이 주장하는 바와 같은 내용의 헌법상 작위의무가 있다고 볼 수 없다(헌재 2018.3.29, 2016헌마795).

① [O] 환경권은 건강하고 쾌적한 생활을 유지하는 조건으로서 양호한 환경을 향유할 권리이고, 생명 · 신체의 자유를 보호하는 토대를 이루며, 궁극적으로 '삶의 질' 확보를 목표로 하는 권리이다(헌재 2014.6.26, 2011헌마150).

② [O] 환경권을 행사함에 있어 국민은 국가로부터 건강하고 쾌적한 환경을 향유할 수 있는 자유를 침해당하지 않을 권리를 행사할 수 있고, 일정한 경우 국가에 대하여 건강하고 쾌적한 환경에서 생활할 수 있도록 요구할 수 있는 권리가 인정되기도 하는바, 환경권은 그 자체 종합적 기본권으로서의 성격을 지닌다(헌재 2019.12.27, 2018헌마730).

③ [O] '건강하고 쾌적한 환경에서 생활할 권리'를 보장하는 환경권의 보호대상이 되는 환경에는 자연환경뿐만 아니라 인공적 환경과 같은 생활환경도 포함되므로(환경정책기본법 제3조), 일상생활에서 소음을 제거 · 방지하여 '정온한 환경에서 생활할 권리'는 환경권의 한 내용을 구성한다(헌재 2019.12.27, 2018헌마730).

⑤ [O]

> 헌법 제35조 ② 환경권의 내용과 행사에 관하여는 법률로 정한다.
> ③ 국가는 주택개발정책 등을 통하여 모든 국민이 쾌적한 주거생활을 할 수 있도록 노력하여야 한다.

정답 | 01 ④ 02 ④

03 환경권에 대한 설명으로 가장 적절하지 않은 것은? (다툼이 있는 경우 헌법재판소 판례에 의함) 25. 경찰간부

① 환경침해는 사인에 의해서 빈번하게 유발되므로 입법자가 그 허용범위에 관해 정할 필요가 있다는 점, 환경피해는 생명 · 신체의 보호와 같은 중요한 기본권적 법익 침해로 이어질 수 있다는 점 등을 고려할 때, 일정한 경우 국가는 사인인 제3자에 의한 국민의 환경권 침해에 대해서도 적극적으로 기본권 보호조치를 취할 의무를 진다.

② 구 동물보호법 제33조 제3항 제5호가 동물장묘업 등록에 관하여 장사 등에 관한 법률 제17조 외에 다른 지역적 제한사유를 규정하지 않았다는 사정만으로 동물장묘시설에 관한 건축신고가 이루어진 지역에 사는 청구인들의 환경권을 보호하기 위한 입법자의 의무를 과소하게 이행하였다고 평가할 수는 없다.

③ 헌법 제35조 제1항은 국민의 환경권의 보장, 국가와 국민의 환경보전의무를 규정하고 있는데, 이는 국가뿐만 아니라 국민도 오염방지와 오염된 환경의 개선에 관한 책임을 부담함을 의미한다.

④ 학교시설에서의 유해중금속 등 유해물질의 예방 및 관리 기준을 규정한 학교보건법 시행규칙 해당 조항에 마사토 운동장에 대한 규정을 두지 아니한 것은 과잉금지원칙에 위반하여 마사토 운동장이 설치된 고등학교에 재학 중이던 학생인 청구인의 환경권을 침해하지 아니한다.

해설

④ [×] 심판대상조항이 마사토 운동장에 대한 유해중금속 등의 예방 및 관리 기준을 규정하지 아니한 것이 청구인의 환경권을 침해하는 것인지 문제된다. 청구인의 평등권, 보건권 침해 주장은 마사토 운동장에 대한 유해중금속 등 관리 기준의 부재를 다투는 것으로서 그 취지가 환경권 침해 주장과 실질적으로 다르지 않으므로, 환경권 침해 여부에 관하여 판단하는 이상 평등권, 보건권 침해 여부에 관하여는 더 나아가 살피지 않기로 한다. … 국가가 국민의 건강하고 쾌적한 환경에서 생활할 권리에 관한 보호의무를 다하지 않았는지를 헌법재판소가 심사할 때에는 국가가 이를 보호하기 위하여 적어도 적절하고 효율적인 최소한의 보호조치를 취하였는가 하는 이른바 '과소보호금지원칙'의 위반 여부를 기준으로 삼아야 한다. … 심판대상조항에 마사토 운동장에 대한 기준이 도입되지 않았다는 사정만으로 국민의 환경권을 보호하기 위한 국가의 의무가 과소하게 이행되었다고 평가할 수는 없다. 따라서 심판대상조항은 청구인의 환경권을 침해하지 아니한다(헌재 2024.4.25, 2020헌마107).

① [O] 국가가 국민의 기본권을 적극적으로 보장하여야 할 의무가 인정된다는 점, 헌법 제35조 제1항이 국가와 국민에게 환경보전을 위하여 노력하여야 할 의무를 부여하고 있는 점, 환경침해는 사인에 의해서 빈번하게 유발되므로 입법자가 그 허용 범위에 관해 정할 필요가 있다는 점, 환경피해는 생명 · 신체의 보호와 같은 중요한 기본권적 법익 침해로 이어질 수 있다는 점 등을 고려할 때, 일정한 경우 국가는 사인인 제3자에 의한 국민의 환경권 침해에 대해서도 적극적으로 기본권 보호조치를 취할 의무를 진다(헌재 2019.12.27, 2018헌마730).

② [O] 동물보호법, '장사 등에 관한 법률', '동물장묘업의 시설설치 및 검사기준' 등 관계규정에서 동물장묘시설의 설치제한 지역을 상세하게 규정하고, 매연, 소음, 분진, 악취 등 오염원 배출을 규제하기 위한 상세한 시설 및 검사기준을 두고 있는 등의 사정을 고려할 때, 심판대상조항에서 동물장묘업 등록에 관하여 '장사 등에 관한 법률' 제17조 외에 다른 지역적 제한사유를 규정하지 않았다는 사정만으로 청구인들의 환경권을 보호하기 위한 입법자의 의무를 과소하게 이행하였다고 평가할 수는 없다. 따라서 심판대상조항은 청구인들의 환경권을 침해하지 않는다(헌재 2020.3.26, 2017헌마1281).

③ [O] 헌법 제35조 제1항은 국민의 환경권의 보장, 국가와 국민의 환경보전의무를 규정하고 있다. 이는 국가뿐만 아니라 국민도 오염방지와 오염된 환경의 개선에 관한 책임을 부담함을 의미한다(헌재 2012.8.23, 2010헌바167).

04 환경권에 대한 〈보기〉의 설명 중 옳은 것만을 모두 고르면? (다툼이 있는 경우 판례에 의함) 25. 입법고시

> ㄱ. 일정한 경우 국가는 사인에 의한 국민의 환경권 침해에 대해서도 적극적으로 기본권 보호조치를 취할 의무를 부담한다.
> ㄴ. 환경영향평가지역 안의 주민들이 가지고 있는 환경상의 이익은 국민 개개인에 대하여 개별적으로 보호되는 직접적·구체적인 이익이라 보아야 한다.
> ㄷ. 어떠한 경우에 '과소보호금지원칙'에 미달하게 되는지에 대해서는 일반적·일률적으로 확정할 수 없고 국가마다 처한 환경이 다르므로 헌법재판소는 '과소보호금지원칙'의 위반 여부를 판단함에 있어서 국제기준을 고려하지 않는다.
> ㄹ. 기후위기 대응을 위한 탄소중립·녹색성장 기본법 제8조 제1항이 2031년부터 2049년까지의 국가 온실가스 배출량 감축목표에 관하여 어떤 형태의 정량적 기준을 제시하지 않은 것은 미래 예측의 어려움 때문에 불가피한 사정이 인정되므로 '과소보호금지원칙'에 위배되지 않는다.

① ㄱ, ㄴ ② ㄱ, ㄴ, ㄷ ③ ㄱ, ㄴ, ㄹ
④ ㄱ, ㄷ, ㄹ ⑤ ㄴ, ㄷ, ㄹ

해설

옳은 것은 ㄱ, ㄴ이다.

ㄱ. [○] 국가가 국민의 기본권을 적극적으로 보장하여야 할 의무가 인정된다는 점, 헌법 제35조 제1항이 국가와 국민에게 환경보전을 위하여 노력하여야 할 의무를 부여하고 있는 점, 환경침해는 사인에 의해서 빈번하게 유발되므로 입법자가 그 허용 범위에 관해 정할 필요가 있다는 점, 환경피해는 생명·신체의 보호와 같은 중요한 기본권적 법익 침해로 이어질 수 있다는 점 등을 고려할 때, 일정한 경우 국가는 사인인 제3자에 의한 국민의 환경권 침해에 대해서도 적극적으로 기본권 보호조치를 취할 의무를 진다(헌재 2019.12.27, 2018헌마730).

ㄴ. [○] 환경영향평가에 관한 자연공원법령 및 환경영향평가법령의 규정들의 취지는 … 환경영향평가대상지역 안의 주민들이 개발 전과 비교하여 수인한도를 넘는 환경침해를 받지 아니하고 쾌적한 환경에서 생활할 수 있는 개별적 이익까지도 이를 보호하려는 데에 있다 할 것이므로, 위 주민들이 당해 변경승인 및 허가처분과 관련하여 갖고 있는 위와 같은 환경상의 이익은 단순히 환경공익 보호의 결과로 국민일반이 공통적으로 가지게 되는 추상적·평균적·일반적인 이익에 그치지 아니하고 주민 개개인에 대하여 개별적으로 보호되는 직접적·구체적인 이익이라고 보아야 한다(대판 1998.4.24, 97누3286).

ㄷ. [×] 국가가 국민의 건강하고 쾌적한 환경에서 생활할 권리에 관한 보호의무를 다하지 않았는지를 헌법재판소가 심사할 때에는 '과소보호금지원칙'의 위반 여부를 기준으로 삼아, 개별 사례에서 기본권침해가 예상되어 보호가 필요한 '위험상황'에 대응하는 '보호조치'의 내용이, 문제 되는 위험상황의 성격에 상응하는 보호조치로서 필요한 최소한의 성격을 갖고 있는지에 따라 판단하는데, 위험상황의 성격 등은 '과학적 사실'과 '국제기준'에 근거하여 객관적으로 검토되어야 한다(헌재 2024.8.29, 2020헌마389 등).

ㄹ. [×] 탄소중립기본법 제8조 제1항에서 2031년부터 2049년까지의 감축목표에 관하여 어떤 형태의 정량적 기준도 제시하지 않은 것은, 2050년 탄소중립의 목표 시점에 이르기까지 점진적이고 지속적인 감축을 실효적으로 담보할 수 없으므로, 미래에 과중한 부담을 이전하는 방식으로 온실가스 감축목표를 규율한 것이다. 따라서 탄소중립기본법 제8조 제1항은 2031년부터 2049년까지의 감축목표에 대한 규율에 관하여 기후위기라는 위험상황에 상응하는 보호조치로서 필요한 최소한의 성격을 갖추지 못하였으므로 과소보호금지원칙을 위반하였다(헌재 2024.8.29, 2020헌마389).

정답 | 03 ④ 04 ①

05 환경권에 관한 설명으로 옳지 않은 것은? (다툼이 있는 경우 판례에 의함) 25. 소방간부

① 헌법 제35조 제1항은 국민의 환경권을 보장함과 아울러 국가와 국민에게 환경보전을 위하여 노력할 의무를 부과하고 있으나, 이는 국가뿐만 아니라 국민도 오염방지와 오염된 환경의 개선에 관한 책임까지 부담함을 의미하는 것은 아니다.

② 국민은 국가로부터 건강하고 쾌적한 환경을 향유할 수 있는 자유를 침해당하지 않을 권리를 행사할 수 있고, 일정한 경우 국가에 대하여 건강하고 쾌적한 환경에서 생활할 수 있도록 요구할 수 있는 권리가 인정되기도 한다.

③ 헌법 제35조 제2항에 따라 환경권의 내용과 행사는 법률에 의해 구체적으로 정해지는데, 입법자는 환경권의 구체적인 실현에 있어 광범위한 형성의 자유를 가진다.

④ 환경권의 보호대상이 되는 환경에는 자연환경뿐만 아니라 인공적 환경과 같은 생활환경도 포함되므로 일상생활에서 악취, 오염된 공기 등을 제거·방지하여 쾌적한 환경에서 생활할 권리도 환경권의 한 내용을 구성한다.

⑤ 헌법 제35조 제1항은 환경정책에 관한 국가적 규제와 조정을 뒷받침하는 헌법적 근거가 되고, 따라서 이 규정으로부터 대기오염으로 인한 국민건강 및 환경에 대한 위해를 방지하여야 할 국가의 추상적인 의무가 도출될 수 있다.

해설

① [×] 헌법 제35조 제1항은 국민의 환경권의 보장, 국가와 국민의 환경보전의무를 규정하고 있다. 이는 국가뿐만 아니라 국민도 오염방지와 오염된 환경의 개선에 관한 책임을 부담함을 의미한다(헌재 2012.8.23, 2010헌바167).

② [O] 환경권을 행사함에 있어서 국민은 국가로부터 건강하고 쾌적한 환경을 향유할 수 있는 자유를 침해당하지 않을 권리를 행사할 수 있고, 일정한 경우 국가에 대하여 건강하고 쾌적한 환경에서 생활할 수 있도록 요구할 수 있는 권리가 인정되기도 하는바, 환경권은 그 자체 종합적 기본권으로서의 성격을 지닌다(헌재 2020.3.26, 2017헌마1281).

③ [O] 헌법 제35조 제1항, 제2항만으로는 헌법이 독서실과 같이 정온을 요하는 사업장의 실내소음 규제기준을 마련하여야 할 구체적이고 명시적인 입법의무를 부과하였다고 볼 수 없고, 다른 헌법조항을 살펴보아도 위와 같은 사항에 대한 명시적인 입법위임은 존재하지 아니한다. 환경권의 내용과 행사는 법률에 의해 구체적으로 정해지므로(헌법 제35조 제2항), 입법자는 환경권의 구체적인 실현에 있어 광범위한 형성의 자유를 가진다(헌재 2017.12.28, 2016헌마45).

④ [O] '건강하고 쾌적한 환경에서 생활할 권리'를 보장하는 환경권의 보호대상이 되는 환경에는 자연환경뿐만 아니라 인공적 환경과 같은 생활환경도 포함된다. 환경권을 구체화한 입법이라 할 환경정책기본법 제3조에서도 환경을 자연환경과 생활환경으로 분류하면서, 생활환경에 대기, 물, 토양, 폐기물, 소음·진동, 악취 등 사람의 일상생활과 관계되는 환경을 포함시키고 있다. 그러므로 일상생활에서 악취, 오염된 공기 등을 제거·방지하여 쾌적한 환경에서 생활할 권리는 환경권의 한 내용을 구성한다(헌재 2020.3.26, 2017헌마1281).

⑤ [O] 헌법 제35조 제1항은 환경정책에 관한 국가적 규제와 조정을 뒷받침하는 헌법적 근거로서 대기오염으로 인한 국민건강 및 환경에 대한 위해를 방지하여야 할 국가의 추상적인 의무는 도출될 수 있으나, 이로부터 청구인들이 주장하는 바와 같이 피청구인이 위 주식회사 등에게 자동차교체명령을 하여야 할 구체적이고 특정한 작위의무가 도출된다고는 볼 수 없다(헌재 2018.3.29, 2016헌마795).

06 환경권에 관한 설명으로 가장 적절하지 않은 것은? (다툼이 있는 경우 헌법재판소 판례에 의함) 25. 경찰 1차

① LPG를 연료로 사용할 수 있는 자동차 또는 그 사용자의 범위를 제한하고 있는 액화석유가스의 안전관리 및 사업법 시행규칙 제40조는 LPG를 운송연료로 사용할 수 있는 자동차 또는 그 사용자의 범위를 제한하는 규정일 뿐이므로 청구인들의 환경권을 제한한다고 볼 수 없다.

② 일상생활에서 접하게 되는 토양에서 유해중금속 등의 화학물질을 제거 · 방지하여 건강한 환경에서 생활할 권리는 환경권의 한 내용을 구성한다.

③ 동물보호법, 장사 등에 관한 법률, '동물장묘업의 시설설치 및 검사기준' 등 관계규정에서 동물장묘시설의 설치제한 지역을 상세하게 규정하고, 매연, 소음, 분진, 악취 등 오염원 배출을 규제하기 위한 상세한 시설 및 검사기준을 두고 있는 등의 사정을 고려할 때, 구 동물보호법 해당 조항이 동물장묘업 등록에 관하여 장사 등에 관한 법률 제17조 외에 다른 지역적 제한사유를 규정하지 않았다는 사정만으로 해당 지역에 거주하는 청구인들의 환경권을 침해한다고 볼 수는 없다.

④ 기후위기 대응을 위한 탄소중립 · 녹색성장 기본법 시행령 제3조 제1항은 같은 법 제8조 제1항의 위임을 받아 2030년 중장기 감축목표의 구체적인 비율의 수치를 정한 것으로서, 과소보호금지원칙에 반하여 기본권 보호의무를 위반하였으므로 청구인들의 환경권을 침해하였다.

해설

④ [×] 탄소중립기본법 시행령 제3조 제1항은 같은 법 제8조 제1항의 위임을 받아 2030년 중장기 감축목표의 구체적인 비율의 수치를 정한 것일 뿐이므로, 과소보호금지원칙에 반하여 기본권 보호의무를 위반하였다고 볼 수 없어 청구인들의 환경권 등 기본권을 침해하지 않는다(헌재 2024.8.29, 2020헌마389 등).

▶ 주의할 것은 '탄소중립기본법 제8조 제1항'은 과소보호금지원칙 및 법률유보원칙에 반하여 기본권 보호의무를 위반하였으므로 청구인들의 환경권을 침해한다.

① [O] 이 사건 시행규칙조항은 LPG를 운송연료로 사용할 수 있는 자동차 또는 그 사용자의 범위를 제한하는 규정일 뿐이므로, 위 청구인들의 환경권을 제한한다고 볼 수 없다. 따라서 위 청구인들의 이 부분 주장에 관하여서도 별도로 판단하지 아니한다. … 시행규칙조항은 LPG승용자동차를 소유하고 있거나 LPG승용자동차를 운행하려는 청구인들의 일반적 행동자유권 및 재산권을 침해하지 않는다(헌재 2017.12.28, 2015헌마997).

② [O] '건강하고 쾌적한 환경에서 생활할 권리'를 보장하는 환경권의 보호대상이 되는 환경에는 자연환경뿐만 아니라 인공적 환경과 같은 생활환경도 포함된다. 환경권을 구체화한 입법이라 할 환경정책기본법 제3조에서도 환경을 자연환경과 생활환경으로 분류하면서, 생활환경에 토양, 화학물질 등 사람의 일상생활과 관계되는 환경을 포함시키고 있다. 그러므로 일상생활에서 접하게 되는 토양에서 유해중금속 등의 화학물질을 제거 · 방지하여 건강한 환경에서 생활할 권리는 환경권의 한 내용을 구성한다(헌재 2024.4.25, 2020헌마107).

③ [O] 동물보호법, '장사 등에 관한 법률', '동물장묘업의 시설설치 및 검사기준' 등 관계규정에서 동물장묘시설의 설치제한 지역을 상세하게 규정하고, 매연, 소음, 분진, 악취 등 오염원 배출을 규제하기 위한 상세한 시설 및 검사기준을 두고 있는 등의 사정을 고려할 때, 심판대상조항에서 동물장묘업 등록에 관하여 '장사 등에 관한 법률' 제17조 외에 다른 지역적 제한사유를 규정하지 않았다는 사정만으로 청구인들의 환경권을 보호하기 위한 입법자의 의무를 과소하게 이행하였다고 평가할 수는 없다. 따라서 심판대상조항은 청구인들의 환경권을 침해하지 않는다(헌재 2020.3.26, 2017헌마1281).

정답 | 05 ① 06 ④

07 환경권에 관한 설명으로 가장 적절하지 않은 것은? (다툼이 있는 경우 판례에 의함) 25. 경정승진

① 환경권을 행사함에 있어서 국민은 국가로부터 건강하고 쾌적한 환경을 향유할 수 있는 자유를 침해당하지 않을 권리를 행사할 수 있고, 일정한 경우 국가에 대하여 건강하고 쾌적한 환경에서 생활할 수 있도록 요구할 수 있는 권리가 인정되기도 하는바, 환경권은 그 자체가 종합적 기본권으로서의 성격을 지닌다.

② 국가와 국민이 '환경보전'을 위하여 노력할 의무에는 기후변화로 인하여 생활의 기반이 되는 제반 환경이 훼손되고 생명 · 신체의 안전 등을 위협할 수 있는 위험에 대하여, 기후변화의 원인을 줄여 이를 완화하거나 그 결과에 적응하는 조치를 하는 국가의 기후위기에 대한 대응의 의무도 포함된다.

③ 기후위기 대응을 위한 탄소중립 · 녹색성장 기본법 제7조는 정부의 '2050년 탄소중립'을 목표로 하고 있는바, 정부가 '국가온실가스 배출량을 2030년까지 2018년의 국가 온실가스 배출량대비 35퍼센트 이상의 범위에서 대통령령으로 정하는 비율만큼 감축하는 것을 중장기 국가 온실가스 감축 목표'로 하도록 규정한 동법 제8조 제1항에서 2031년부터 2049년까지의 감축목표에 대하여 어떤 형태의 정량적 기준도 제시하지 않았더라도 국민인 청구인의 환경권을 침해한다고 할 수 없다.

④ 국가가 국민의 건강하고 쾌적한 환경에서 생활할 권리에 관한 보호의무를 다하지 않았는지를 헌법재판소가 심사할 때에는 이른바 '과소보호금지원칙'의 위반 여부를 기준으로 삼아야하는바, 개별 사례에서 과소보호금지원칙 위반 여부는 기본권침해가 예상되어 보호가 필요한 '위험상황'에 대응하는 '보호조치'의 내용이, 문제 되는 위험상황의 성격에 상응하는 보호조치로서 필요한 최소한의 성격을 갖고 있는지에 따라 판단한다.

해설

③ [×] 탄소중립기본법 제8조 제1항과 같은 법 시행령 제3조 제1항이 설정한 2030년까지의 중장기 감축목표로서 국가 온실가스 배출량을 2018년 대비 40%만큼 감축한다는 감축비율의 수치만으로는, 전 지구적 온실가스 감축 노력의 관점에서 우리나라가 기여해야 할 몫에 현저히 미치지 못한다거나, 기후변화의 영향과 온실가스 배출 제한의 측면에서 미래에 과중한 부담을 이전하는 것이라고 단정하기 어렵다. … 그러나 탄소중립기본법 제8조 제1항에서 2031년부터 2049년까지의 감축목표에 관하여 어떤 형태의 정량적 기준도 제시하지 않은 것은, 2050년 탄소중립의 목표 시점에 이르기까지 점진적이고 지속적인 감축을 실효적으로 담보할 수 없으므로, 미래에 과중한 부담을 이전하는 방식으로 온실가스 감축목표를 규율한 것이다. … 결국 탄소중립기본법 제8조 제1항은 과소보호금지원칙 및 법률유보원칙에 반하여 기본권 보호의무를 위반하였으므로 청구인들의 환경권을 침해한다(헌재 2024.8.29, 2020헌마389 등).

① [O] 환경권을 행사함에 있어서 국민은 국가로부터 건강하고 쾌적한 환경을 향유할 수 있는 자유를 침해당하지 않을 권리를 행사할 수 있고, 일정한 경우 국가에 대하여 건강하고 쾌적한 환경에서 생활할 수 있도록 요구할 수 있는 권리가 인정되기도 하는바, 환경권은 그 자체 종합적 기본권으로서의 성격을 지닌다(헌재 2024.8.29, 2020헌마389 등).

② [O] 국가와 국민이 '환경보전'을 위하여 노력할 의무에는, 자연환경과 생활환경을 오염 및 훼손으로부터 보호하고, 오염되거나 훼손된 환경을 개선함과 동시에 쾌적한 환경 상태를 유지 · 조성하기 위한 행위 등을 할 의무가 포함된다. 기후변화로 인하여 생활의 기반이 되는 제반 환경이 훼손되고 생명 · 신체의 안전 등을 위협할 수 있는 위험에 대하여, 기후변화의 원인을 줄여 이를 완화하거나 그 결과에 적응하는 조치를 하는 국가의 기후위기에 대한 대응의 의무도 여기에 포함된다(헌재 2024.8.29, 2020헌마389 등).

④ [O] 국가가 국민의 건강하고 쾌적한 환경에서 생활할 권리에 관한 보호의무를 다하지 않았는지를 헌법재판소가 심사할 때에는 '과소보호금지원칙'의 위반 여부를 기준으로 삼아, 개별 사례에서 기본권 침해가 예상되어 보호가 필요한 '위험상황'에 대응하는 '보호조치'의 내용이, 문제 되는 위험상황의 성격에 상응하는 보호조치로서 필요한 최소한의 성격을 갖고 있는지에 따라 판단하는데, 위험상황의 성격 등은 '과학적 사실'과 '국제기준'에 근거하여 객관적으로 검토되어야 한다(헌재 2024.8.29, 2020헌마389 등).

08 환경권에 관한 설명 중 가장 적절하지 않은 것은? (다툼이 있는 경우 판례에 의함) 22. 경찰 1차

① 공직선거법이 정온한 생활환경이 보장되어야 할 주거지역에서 출근 또는 등교 이전 및 퇴근 또는 하교 이후 시간대에 확성장치의 최고출력 내지 소음을 제한하는 등 사용시간과 사용지역에 따른 수인한도 내에서 확성장치의 최고출력 내지 소음 규제기준에 관한 규정을 두지 아니한 것은 청구인의 건강하고 쾌적한 환경에서 생활할 권리를 침해한다.

② 독서실과 같이 정온을 요하는 사업장의 실내소음 규제기준을 만들어야 할 입법의무가 헌법의 해석상 곧바로 도출된다고 보기는 어렵다.

③ 환경권의 내용과 행사는 법률에 의해 구체적으로 정해지는 것이기는 하나(헌법 제35조 제2항), 이 헌법조항의 취지는 특별히 명문으로 헌법에서 정한 환경권을 입법자가 그 취지에 부합하도록 법률로써 내용을 구체화하도록 한 것이지 환경권이 완전히 무의미하게 되는데도 그에 대한 입법을 전혀 하지 아니하거나, 어떠한 내용이든 법률로써 정하기만 하면 된다는 것은 아니다.

④ 국가가 국민의 건강하고 쾌적한 환경에서 생활할 권리에 대한 보호의무를 다하지 않았는지 여부를 헌법재판소가 심사할 때에는 국가가 이를 보호하기 위하여 적어도 적절하고 효율적인 최소한의 보호조치를 취하였는가 하는 이른바 '과잉입법금지원칙' 내지 '비례의 원칙'의 위반 여부를 기준으로 삼아야 한다.

해설

④ [×] 국가가 국민의 건강하고 쾌적한 환경에서 생활할 권리에 대한 보호의무를 다하지 않았는지 여부를 헌법재판소가 심사할 때에는 국가가 이를 보호하기 위하여 적어도 적절하고 효율적인 최소한의 보호조치를 취하였는가 하는 이른바 '과소보호금지원칙'의 위반 여부를 기준으로 삼아야 한다(헌재 2019.12.27, 2018헌마730).

① [O] 공직선거법에는 확성장치를 사용함에 있어 자동차에 부착하는 확성장치 및 휴대용 확성장치의 수는 '시·도지사선거는 후보자와 구·시·군 선거연락소마다 각 1대·각 1조, 지역구지방의회의원선거 및 자치구·시·군의 장 선거는 후보자마다 1대·1조를 넘을 수 없다'는 규정만 있을 뿐 확성장치의 최고출력 내지 소음 규제기준이 마련되어 있지 아니하다. 기본권의 과소보호금지원칙에 부합하면서 선거운동을 위해 필요한 범위 내에서 합리적인 최고출력 내지 소음 규제기준을 정할 필요가 있다. 공직선거법에는 야간 연설 및 대담을 제한하는 규정만 있다. 그러나 대다수의 직장과 학교는 그 근무 및 학업 시간대를 오전 9시부터 오후 6시까지로 하고 있어 그 전후 시간대의 주거지역에서는 정온한 환경이 더욱더 요구된다. 그러므로 출근 또는 등교 시간대 이전인 오전 6시부터 7시까지, 퇴근 또는 하교 시간대 이후인 오후 7시부터 11시까지에도 확성장치의 사용을 제한할 필요가 있다. 공직선거법에는 주거지역과 같이 정온한 생활환경을 유지할 필요성이 높은 지역에 대한 규제기준이 마련되어 있지 아니하다. 따라서 심판대상조항이 선거운동의 자유를 감안하여 선거운동을 위한 확성장치를 허용할 공익적 필요성이 인정된다고 하더라도 정온한 생활환경이 보장되어야 할 주거지역에서 출근 또는 등교 이전 및 퇴근 또는 하교 이후 시간대에 확성장치의 최고 출력 내지 소음을 제한하는 등 사용시간과 사용지역에 따른 수인한도 내에서 확성장치의 최고출력 내지 소음 규제기준에 관한 규정을 두지 아니한 것은, 국민이 건강하고 쾌적하게 생활할 수 있는 양호한 주거환경을 위하여 노력하여야 할 국가의 의무를 부과한 헌법 제35조 제3항에 비추어 보면, 적절하고 효율적인 최소한의 보호조치를 취하지 아니하여 국가의 기본권 보호의무를 과소하게 이행한 것으로서, 청구인의 건강하고 쾌적한 환경에서 생활할 권리를 침해하므로 헌법에 위반된다(헌재 2019.12.27, 2018헌마730).

② [O] 헌법 제35조 제1항, 제2항만으로는 헌법이 독서실과 같이 정온을 요하는 사업장의 실내소음 규제기준을 마련하여야 할 구체적이고 명시적인 입법의무를 부과하였다고 볼 수 없고, 다른 헌법조항을 살펴보아도 위와 같은 사항에 대한 명시적인 입법위임은 존재하지 아니한다. 환경권의 내용과 행사는 법률에 의해 구체적으로 정해지므로(헌법 제35조 제2항), 입법자는 환경권의 구체적인 실현에 있어 광범위한 형성의 자유를 가진다. 정온을 요하는 사업장의 실내소음 규제기준을 마련할 것인지 여부나 소음을 제거·방지할 수 있는 다양한 수단과 방법 중 어떠한 방법을 채택하고 결합할 것인지 여부는 당시의 기술 수준이나 경제적·사회적·지역적 여건 등을 종합적으로 고려하지 않을 수 없으므로, 독서실과 같이 정온을 요하는 사업장의 실내소음 규제기준을 만들어야 할 입법의무가 헌법의 해석상 곧바로 도출된다고 보기도 어렵다. 결국 독서실과 같이 정온을 요하는 사업장의 실내소음 규제기준을 제정하여야 할 입법자의 입법의무를 인정할 수 없으므로, 이 사건 심판청구는 헌법소원의 대상이 될 수 없는 입법부작위를 대상으로 한 것으로서 부적법하다(헌재 2017.12.28, 2016헌마45).

③ [O] 환경권의 내용과 행사는 법률에 의해 구체적으로 정해지는 것이기는 하나, 이 헌법조항의 취지는 특별히 명문으로 헌법에서 정한 환경권을 입법자가 그 취지에 부합하도록 법률로써 내용을 구체화하도록 한 것이지 환경권이 완전히 무의미하게 되는데도 그에 대한 입법을 전혀 하지 아니하거나, 어떠한 내용이든 법률로써 정하기만 하면 된다는 것은 아니다. 그러므로 일정한 요건이 충족될 때 환경권 보호를 위한 입법이 없거나 현저히 불충분하여 국민의 환경권을 과도하게 침해하고 있다면 헌법재판소에 그 구제를 구할 수 있다(헌재 2008.7.31, 2006헌마711).

정답 | 07 ③ 08 ④

09 환경권에 관한 설명으로 옳지 않은 것은? (다툼이 있는 경우 헌법재판소 판례에 의함) 23. 소방간부

① 헌법 제35조 제1항은 국민의 환경권의 보장, 국가와 국민의 환경보전의무를 규정하고 있는데, 이는 국가뿐만 아니라 국민도 오염방지와 오염된 환경의 개선에 관한 책임을 부담함을 의미한다.

② 구 동물보호법 해당 규정이 동물장묘업 등록에 관하여 장사 등에 관한 법률 제17조 외에 다른 지역적 제한사유를 규정하지 않은 것은 환경권을 보호해야 하는 입법자의 의무를 과소하게 이행한 것이다.

③ 비사업용자동차의 타인광고를 제한하는 것은, 자동차 이용 광고물의 난립을 방지하여 도시미관과 도로안전 등을 확보함으로써 국민이 안전하고 쾌적한 환경에서 생활할 수 있도록 하기 위한 것이다.

④ 보조금 지원을 받아 배출가스저감장치를 부착한 자동차소유자가 자동차 등록을 말소하려면 배출가스저감장치 등을 서울특별시장등에게 반납하여야 한다고 규정한 구 수도권 대기환경개선에 관한 특별법규정 중 '배출가스저감장치'에 관한 부분은 지역주민의 건강을 보호하고 쾌적한 생활환경을 조성하기 위한 것이다.

⑤ 교정시설 내 자살사고는 이를 방지할 필요성이 매우 크고, 그에 비해 수용자에게 가해지는 불이익은 채광·통풍이 다소 제한되는 정도에 불과하므로 교도소장이 교도소 독거실 내 화장실 창문과 철격자 사이에 안전 철망을 설치한 행위는 수용자의 환경권을 침해하지 않는다.

해설

② [×] 동물보호법, '장사 등에 관한 법률', '동물장묘업의 시설설치 및 검사기준' 등 관계규정에서 동물장묘시설의 설치제한 지역을 상세하게 규정하고, 매연, 소음, 분진, 악취 등 오염원 배출을 규제하기 위한 상세한 시설 및 검사기준을 두고 있는 등의 사정을 고려할 때, 심판대상조항에서 동물장묘업 등록에 관하여 '장사 등에 관한 법률' 제17조 외에 다른 지역적 제한사유를 규정하지 않았다는 사정만으로 청구인들의 환경권을 보호하기 위한 입법자의 의무를 과소하게 이행하였다고 평가할 수는 없다. 따라서 심판대상조항은 청구인들의 환경권을 침해하지 않는다(헌재 2020.3.26, 2017헌마1281).

① [O] 헌법 제35조 제1항은 국민의 환경권의 보장, 국가와 국민의 환경보전의무를 규정하고 있다. 이는 국가뿐만 아니라 국민도 오염방지와 오염된 환경의 개선에 관한 책임을 부담함을 의미한다(헌재 2012.8.23, 2010헌바28).

③ [O] 심판대상조항이 비사업용자동차의 타인광고를 제한하는 것은, 자동차 이용 광고물의 난립을 방지하여 도시미관과 도로안전 등을 확보함으로써 국민이 안전하고 쾌적한 환경에서 생활할 수 있도록 하기 위한 것이다(헌재 2022.1.27, 2019헌마327).

④ [O] 심판대상조항으로써 달성하고자 하는 공익은 앞서 본 것처럼 대기환경개선에 소요되는 자원을 재활용하고 그에 투입되는 공적 예산을 절감하는 것에서 나아가 대기오염이 심각한 수도권지역의 대기환경을 개선하고, 대기오염원을 체계적으로 관리함으로써 지역주민의 건강을 보호하고 쾌적한 생활환경을 조성하는 것으로서, 위와 같은 공익의 중요성은 차량소유자가 가진 신뢰에 비하여 크다고 할 것이다(헌재 2019.12.27, 2015헌바45).

⑤ [O] 이 사건 설치행위는 수용자의 자살을 방지하여 생명권을 보호하고 교정시설 내의 안전과 질서를 보호하기 위한 것이다. 안전철망을 설치한 이후 교도소 내 화장실 창문 철격자를 이용한 자살사고는 단 한 건도 발생하지 않았고, 교도소 내 전체 자살사고도 현저히 감소하였다. 안전철망의 구멍의 크기는 일반 방충망의 구멍의 크기보다 크고, 모든 독거실에 CCTV를 설치하여 계호하는 것은 수용자들의 사생활의 비밀과 자유에 대한 침해의 정도가 더 커 적절한 대안이라 할 수 없으며, 수용자들은 매일 30분 내지 1시간에 이르는 실외운동시간에 햇빛을 볼 수 있다. 교정시설 내 자살사고는 수용자 본인이 생명을 잃는 중대한 결과를 초래할 뿐만 아니라 다른 수용자들에게도 직접적으로 부정적인 영향을 미치고 나아가 교정시설이나 교정정책 전반에 대한 불신을 야기할 수 있다는 점에서 이를 방지할 필요성이 매우 크고, 그에 비해 청구인에게 가해지는 불이익은 채광·통풍이 다소 제한되는 정도에 불과하다. 따라서 이 사건 설치행위는 청구인의 환경권 등 기본권을 침해하지 아니한다(헌재 2014.6.26, 2011헌마150).

10 **환경권에 대한 설명으로 가장 적절하지 않은 것은? (다툼이 있는 경우 헌법재판소 판례에 의함)** 23. 경찰간부

① 국가가 국민의 건강하고 쾌적한 환경에서 생활할 권리에 대한 보호의무를 다하지 않았는지 여부를 헌법재판소가 심사할 때에는 국가가 이를 보호하기 위하여 적어도 적절하고 효율적인 최소한의 보호조치를 취하였는가 하는 이른바 '과소보호금지원칙'의 위반 여부를 기준으로 삼아야 한다.

② 헌법 제35조 제1항은 "모든 사람은 건강하고 쾌적한 환경에서 생활할 권리를 침해받지 아니하며, 국가는 환경보전을 위하여 노력하여야 한다."라고 규정하고 있다.

③ 환경권을 행사함에 있어 국민은 국가로부터 건강하고 쾌적한 환경을 향유할 수 있는 자유를 침해당하지 않을 권리를 행사할 수 있고, 일정한 경우 국가에 대하여 건강하고 쾌적한 환경에서 생활할 수 있도록 요구할 수 있는 권리가 인정되기도 하는바, 환경권은 그 자체 종합적 기본권으로서의 성격을 지닌다.

④ 일상생활에서 소음을 제거・방지하여 '정온한 환경에서 생활할 권리'는 환경권의 한 내용을 구성한다.

해설

② [×]

헌법 제35조 ① 모든 국민은 건강하고 쾌적한 환경에서 생활할 권리를 가지며, 국가와 국민은 환경보전을 위하여 노력하여야 한다.

① [O] 국가가 국민의 건강하고 쾌적한 환경에서 생활할 권리에 대한 보호의무를 다하지 않았는지 여부를 헌법재판소가 심사할 때에는 국가가 이를 보호하기 위하여 적어도 적절하고 효율적인 최소한의 보호조치를 취하였는가 하는 이른바 '과소보호금지원칙'의 위반 여부를 기준으로 삼아야 한다(헌재 2019.12.27, 2018헌마730).

③ [O] 환경권을 행사함에 있어 국민은 국가로부터 건강하고 쾌적한 환경을 향유할 수 있는 자유를 침해당하지 않을 권리를 행사할 수 있고, 일정한 경우 국가에 대하여 건강하고 쾌적한 환경에서 생활할 수 있도록 요구할 수 있는 권리가 인정되기도 하는바, 환경권은 그 자체 종합적 기본권으로서의 성격을 지닌다(헌재 2019.12.27, 2018헌마730).

④ [O] 환경권은 건강하고 쾌적한 생활을 유지하는 조건으로서 양호한 환경을 향유할 권리이고, 생명・신체의 자유를 보호하는 토대를 이루며, 궁극적으로 '삶의 질' 확보를 목표로 하는 권리이다. '건강하고 쾌적한 환경에서 생활할 권리'를 보장하는 환경권의 보호대상이 되는 환경에는 자연 환경뿐만 아니라 인공적 환경과 같은 생활환경도 포함되므로, 일상생활에서 소음을 제거・방지하여 정온한 환경에서 생활할 권리는 환경권의 한 내용을 구성한다(헌재 2017.12.28, 2016헌마45).

정답 | 09 ② 10 ②

11 환경권에 관한 설명으로 가장 적절하지 않은 것은? (다툼이 있는 경우 판례에 의함)

23. 경찰경채

① 환경권은 생명 · 신체의 자유를 보호하는 토대를 이루며, 궁극적으로 '삶의 질' 확보를 목표로 하는 권리이다.

② 환경권을 행사함에 있어 국민은 국가로부터 건강하고 쾌적한 환경을 향유할 수 있는 자유를 침해당하지 않을 권리를 행사할 수 있고, 일정한 경우 국가에 대하여 건강하고 쾌적한 환경에서 생활할 수 있도록 요구할 수 있는 권리가 인정되기도 하는바, 환경권은 그 자체 종합적 기본권으로서의 성격을 지닌다.

③ 환경침해는 사인에 의해서 빈번하게 유발되므로 입법자가 그 허용 범위에 관해 정할 필요가 있는 점, 환경피해는 생명 · 신체의 보호와 같은 중요한 기본권적 법익 침해로 이어질 수 있는 점 등을 고려할 때, 일정한 경우 국가는 사인인 제3자에 의한 국민의 환경권 침해에 대해서도 적극적으로 기본권 보호조치를 취할 의무를 부담한다.

④ 국가가 국민의 건강하고 쾌적한 환경에서 생활할 권리에 관한 보호의무를 다하지 않았는지를 헌법재판소가 심사할 때에는 국가가 이를 보호하기 위하여 적절하고 효율적인 최대한의 보호조치를 취하였는가 여부를 기준으로 삼아야 한다.

해설

④ [×] 최대한이 아닌 최소한의 보호조치이다. 국가가 국민의 건강하고 쾌적한 환경에서 생활할 권리에 대한 보호의무를 다하지 않았는지 여부를 헌법재판소가 심사할 때에는 국가가 이를 보호하기 위하여 적어도 적절하고 효율적인 최소한의 보호조치를 취하였는가 하는 이른바 '과소보호금지원칙'의 위반 여부를 기준으로 삼아야 한다(헌재 2019.12.27, 2018헌마730).

① [O] 헌법은 "모든 국민은 건강하고 쾌적한 환경에서 생활할 권리를 가지며, 국가와 국민은 환경보전을 위하여 노력하여야 한다."라고 규정하여(제35조 제1항) 국민의 환경권을 보장함과 동시에 국가에게 국민이 건강하고 쾌적하게 생활할 수 있는 양호한 환경을 유지하기 위하여 노력하여야 할 의무를 부여하고 있다. 이러한 환경권은 생명 · 신체의 자유를 보호하는 토대를 이루며, 궁극적으로 '삶의 질' 확보를 목표로 하는 권리이다(헌재 2019.12.27, 2018헌마730).

② [O] 환경권을 행사함에 있어 국민은 국가로부터 건강하고 쾌적한 환경을 향유할 수 있는 자유를 침해당하지 않을 권리를 행사할 수 있고, 일정한 경우 국가에 대하여 건강하고 쾌적한 환경에서 생활할 수 있도록 요구할 수 있는 권리가 인정되기도 하는바, 환경권은 그 자체 종합적 기본권으로서의 성격을 지닌다(헌재 2019.12.27, 2018헌마730).

③ [O] 국가가 국민의 기본권을 적극적으로 보장하여야 할 의무가 인정된다는 점, 헌법 제35조 제1항이 국가와 국민에게 환경보전을 위하여 노력하여야 할 의무를 부여하고 있는 점, 환경침해는 사인에 의해서 빈번하게 유발되므로 입법자가 그 허용 범위에 관해 정할 필요가 있다는 점, 환경피해는 생명 · 신체의 보호와 같은 중요한 기본권적 법익 침해로 이어질 수 있다는 점 등을 고려할 때, 일정한 경우 국가는 사인인 제3자에 의한 국민의 환경권 침해에 대해서도 적극적으로 기본권 보호조치를 취할 의무를 진다(헌재 2019.12.27, 2018헌마730).

12 환경권에 대한 설명으로 옳은 것은? (다툼이 있는 경우 판례에 의함)

24. 입법고시

① 독서실과 같이 특별히 정온을 요하는 사업장에 대해서는 실내 소음규제기준을 만들어야 할 입법의무가 헌법의 해석상 곧바로 도출된다.

② 헌법상 환경권의 보호대상이 되는 환경에는 자연환경만 포함될 뿐 인공적 환경과 같은 생활환경은 포함되지 아니한다.

③ 헌법재판소가 사인인 제3자에 의한 국민의 환경권 침해에 대해서 국가의 적극적 기본권 보호조치를 취할 의무를 심사할 때는 국가가 국민의 기본권적 법익 보호를 위하여 적어도 적절하고 효율적인 최소한의 보호조치를 취했는가 하는 이른바 과소보호금지원칙의 위반 여부를 기준으로 삼아야 한다.

④ 교도소 독거실 내 화장실 창문과 철격자 사이에 안전 철망을 설치한 행위는 수용자의 햇빛과 통풍 등과 관련한 환경권을 침해한다.

⑤ 공직선거법이 정온한 생활환경이 보장되어야 할 주거지역에서 출근 또는 등교 이전 및 퇴근 또는 하교 이후 시간대에 확성장치의 최고출력 내지 소음을 제한하는 등 사용시간과 사용 지역에 따른 수인한도 내에서 확성장치의 최고출력 내지 소음 규제기준에 관한 규정을 두지 아니하였다 하여 건강하고 쾌적한 환경에서 생활할 권리를 침해하였다는 결론이 도출되지는 아니한다.

해설

③ [O] 일정한 경우 국가는 사인인 제3자에 의한 국민의 환경권 침해에 대해서도 적극적으로 기본권 보호조치를 취할 의무를 지나, 헌법재판소가 이를 심사할 때에는 국가가 국민의 기본권적 법익 보호를 위하여 적어도 적절하고 효율적인 최소한의 보호조치를 취했는가 하는 이른바 "과소보호금지원칙"의 위반 여부를 기준으로 삼아야 한다(헌재 2008.7.31, 2006헌마711).

① [×] 정온을 요하는 사업장의 실내소음 규제기준을 마련할 것인지 여부나 소음을 제거·방지할 수 있는 다양한 수단과 방법 중 어떠한 방법을 채택하고 결합할 것인지 여부는 당시의 기술 수준이나 경제적·사회적·지역적 여건 등을 종합적으로 고려하지 않을 수 없으므로, 독서실과 같이 정온을 요하는 사업장의 실내소음 규제기준을 만들어야 할 입법의무가 헌법의 해석상 곧바로 도출된다고 보기도 어렵다(헌재 2017.12.28, 2016헌마45).

② [×] '건강하고 쾌적한 환경에서 생활할 권리'를 보장하는 환경권의 보호대상이 되는 환경에는 자연환경뿐만 아니라 인공적 환경과 같은 생활환경도 포함되므로(환경정책기본법 제3조), 일상생활에서 소음을 제거·방지하여 '정온한 환경에서 생활할 권리'는 환경권의 한 내용을 구성한다(헌재 2019.12.27, 2018헌마730).

④ [×] 이 사건 설치행위는 수용자의 자살을 방지하여 생명권을 보호하고 교정시설 내의 안전과 질서를 보호하기 위한 것이다. … 따라서 이 사건 설치행위는 청구인의 환경권 등 기본권을 침해하지 아니한다(헌재 2014.6.26, 2011헌마150).

⑤ [×] 심판대상조항이 선거운동의 자유를 감안하여 선거운동을 위한 확성장치를 허용할 공익적 필요성이 인정된다고 하더라도 정온한 생활환경이 보장되어야 할 주거지역에서 출근 또는 등교 이전 및 퇴근 또는 하교 이후 시간대에 확성장치의 최고출력 내지 소음을 제한하는 등 사용시간과 사용지역에 따른 수인한도 내에서 확성장치의 최고출력 내지 소음 규제기준에 관한 규정을 두지 아니한 것은, 국민이 건강하고 쾌적하게 생활할 수 있는 양호한 주거환경을 위하여 노력하여야 할 국가의 의무를 부과한 헌법 제35조 제3항에 비추어 보면, 적절하고 효율적인 최소한의 보호조치를 취하지 아니하여 국가의 기본권 보호의무를 과소하게 이행한 것으로서, 청구인의 건강하고 쾌적한 환경에서 생활할 권리를 침해하므로 헌법에 위반된다(헌재 2019.12.27, 2018헌마730).

정답 | 11 ④ 12 ③

13 보건권에 관한 설명 중 옳지 않은 것은 모두 몇 개인가? (다툼이 있는 경우 판례에 의함) 22. 경찰 2차

> ㉠ 우리 헌법은 1948년 제헌헌법에서 "가족의 건강은 국가의 특별한 보호를 받는다."라고 규정한 이래 1962년 제3공화국 헌법에서 "모든 국민은 보건에 관하여 국가의 보호를 받는다."라고 정하여 현행 헌법까지 이어져 오고 있다.
> ㉡ 치료감호 청구권자를 검사로 한정하고, 피고인의 치료감호청구권을 따로 인정하지 않은 구 치료감호법 조항은 국민의 보건에 관한 권리를 침해하는 것이다.
> ㉢ 국가의 국민보건에 관한 보호의무를 명시한 헌법 제36조 제3항에 의한 권리를 헌법소원을 통하여 주장할 수 있는 자는 직접 자신의 보건이나 의료문제가 국가에 의해 보호받지 못하고 있는 의료 수혜자적 지위에 있는 국민이라고 할 것이므로, 의료시술자적 지위에 있는 안과의사가 자기 고유의 업무범위를 주장하여 다투는 경우에는 위 헌법규정을 원용할 수 없다.
> ㉣ 무면허 의료행위를 일률적, 전면적으로 금지하고 이를 위반한 경우 그 치료결과에 관계없이 형사처벌을 받게 하는 의료법 조항은 헌법 제10조가 규정하는 인간으로서의 존엄과 가치를 보장하고 헌법 제36조 제3항이 규정하는 국민보건에 관한 국가의 보호의무를 다하고자 하는 것으로서, 국민의 생명권, 건강권, 보건권 및 그 신체활동의 자유 등을 보장하는 규정이지, 이를 제한하는 규정이라고 할 수 없다.

① 1개　　② 2개
③ 3개　　④ 4개

해설

옳지 않은 것은 1개(㉡)이다.

㉠ [O]

> 제헌헌법 제20조 혼인은 남녀동권을 기본으로 하며 혼인의 순결과 가족의 건강은 국가의 특별한 보호를 받는다.
> 제5차 개정헌법 제31조 모든 국민은 혼인의 순결과 보건에 관하여 국가의 보호를 받는다.
> 제8차 개정헌법 제34조 ② 모든 국민은 보건에 관하여 국가의 보호를 받는다.

㉡ [×] (1) '피고인 스스로 치료감호를 청구할 수 있는 권리'가 헌법상 재판청구권의 보호범위에 포함된다고 보기는 어렵고, 검사뿐만 아니라 피고인에게까지 치료감호 청구권을 주어야만 절차의 적법성이 담보되는 것도 아니므로, 이 사건 법률조항이 청구인의 재판청구권을 침해하거나 적법절차의 원칙에 반한다고 볼 수 없다.
(2) 이 사건 법률조항에서 치료감호 청구권자를 검사로 한정한 것은, 개인적인 감정이나 집단적 이해관계 또는 여론에 좌우되지 않고 국가 형벌권을 객관적으로 행사하도록 하여 재판의 적정성 및 합리성을 기하고자 하는 것이므로, 이 사건 법률조항이 청구인의 평등권을 침해한다고 볼 수 없다.
(3) 마약류 중독자들에 대한 국가적 급부와 배려는 다른 법률조항들에 의하여 충분히 이루어지고 있으므로, 이 사건 법률조항에서 청구인의 치료감호 청구권을 인정하지 않는다 하더라도 청구인의 보건에 관한 권리를 침해한다고 볼 수 없다(헌재 2010.4.29, 2008헌마622).

㉢ [O] 과학기술자의 특별보호를 명시한 헌법 제22조 제2항은 과학·기술의 자유롭고 창조적인 연구개발을 촉진하여 이론과 실제 양면에 있어서 그 연구와 소산을 보호함으로써 문화창달을 제고하려는 데 그 목적이 있는 것이므로, 이는 국민의 건강을 보호증진함을 목적으로 국민의료에 관한 사항을 규정한 의료법에 의하여 보호되는 의료인과는 보호의 차원이 다르고, 또한 국가의 국민보건에 관한 보호의무를 명시한 헌법 제36조 제3항에 의한 권리를 헌법소원을 통하여 주장할 수 있는 자는 직접 자신의 보건이나 의료문제가 국가에 의해 보호받지 못하고 있는 의료 수혜자적 지위에 있는 국민이라고 할 것이므로 청구인과 같은 의료시술자적 지위에 있는 안과의사가 자기 고유의 업무범위를 주장하여 다투는 경우에는 위 헌법규정을 원용할 수 없다(헌재 1993.11.25, 92헌마87).

㉣ [O] 의료행위는 인간의 존엄과 가치의 근본인 사람의 신체와 생명을 대상으로 하는 것이므로 단순한 의료기술 이상의 '인체 전반에 관한 이론적 뒷받침'과 '인간의 신체 및 생명에 대한 외경심'을 체계적으로 교육받고 이 점에 관한 국가의 검증을 거친 의료인에 의하여 행하여져야 하고, 과학적으로 검증되지 아니한 방법 또는 무면허 의료행위자에 의한 약간의 부작용도 존엄과 가치를 지닌 인간에게는 회복할 수 없는 치명적인 위해를 가할 수 있는 것이다. 또 무면허 의료행위자 중에서 부작용이 없이 의료행위를 할 수 있는 특별한 능력을 갖춘 사람이 있다고 하더라도 이를 구분하는 것은 실제로는 거의 불가능하며, 또 부분적으로 그 구분이 가능하다고 하더라도 일반인들이 이러한 능력이 있는 무면허 의료행위자를 식별할 수 있는 것은 결국 국가에서 일정한 형태의 자격인증을 하는 방법 이외에는 달리 대안이 없고, 외국의 입법례를 보더라도 의료인 면허제도를 채택하고 무면허 의료행위를 사전에 전면금지하는 것 이외의 다른 규제방법을 찾아볼 수 없다. 이와 같은 사정들을 종합해 보면, 무면허 의료행위를 일률적, 전면적으로 금지하고 이를 위반한 경우에는 그 치료결과에 관계없이 형사처벌을 받게 하는 이 법의 규제방법은, '대안이 없는 유일한 선택'으로서 실질적으로도 비례의 원칙에 합치되는 것이다(헌재 2005.11.24, 2003헌바95).

정답 | 13 ①

제8장 | 국민의 기본적 의무

01 **국방의무에 관한 설명으로 가장 적절하지 않은 것은? (다툼이 있는 경우 헌법재판소 판례에 의함)** 24. 경찰 2차

① 민주국가에서 병역의무는 납세의무와 더불어 국가라는 정치적 공동체의 존립 · 유지를 위하여 국가 구성원인 국민에게 그 부담이 돌아갈 수밖에 없는 것으로서, 병역의무 부과를 통해서 국가방위를 도모하는 것은 국가공동체에 필연적으로 내재하는 헌법적 가치이다.

② 남자만을 징병검사의 대상이 되는 병역의무자로 정한 것은 현저히 자의적인 차별취급이라 보기 어려워 평등권을 침해하지 않는다.

③ 병역의무를 부과하게 되면 그 의무자의 기본권은 여러 가지 면에서 제약을 받으므로, 법률에 의한 병역의무 형성에도 헌법적 한계가 없다고 할 수 없고 헌법의 일반원칙, 기본권보장 정신에 의한 한계를 준수하여야 한다.

④ 국가정보원이 주관하는 신규채용경쟁시험에서 '남자는 병역을 필한 자'로 제한하여, 현역군인 신분자의 시험응시기회를 제한하는데, 이는 병역의무를 이행하느라 받는 불이익이므로 헌법 제39조 제2항에서 금지하는 '불이익한 처우'에 해당한다.

해설

④ [×] 이 사건 공고(국가정보원의 2005년도 7급 제한경쟁시험 채용공고 중 '남자는 병역을 필한 자' 부분)는 현역군인 신분자에게 다른 직종의 시험응시기회를 제한하고 있으나 이는 병역의무 그 자체를 이행하느라 받는 불이익으로서 병역의무 중에 입는 불이익에 해당될 뿐, 병역의무의 이행을 이유로 한 불이익은 아니므로 이 사건 공고로 인하여 현역군인이 타 직종에 시험응시를 하지 못하는 것은 헌법 제39조 제2항에서 금지하는 '불이익한 처우'라 볼 수 없다(헌재 2007.5.31, 2006헌마627).

① [O] 민주국가에서 병역의무는 납세의무와 더불어 국가라는 정치적 공동체의 존립 · 유지를 위하여 국가 구성원인 국민에게 그 부담이 돌아갈 수밖에 없는 것으로서, 병역의무의 부과를 통하여 국가방위를 도모하는 것은 국가공동체에 필연적으로 내재하는 헌법적 가치라 할 수 있는바, 우리 헌법 제5조 제2항, 제39조는 국방과 병역의무가 지닌 이러한 헌법적 가치성을 분명히 밝히고 있다(헌재 2004.8.26, 2002헌바13).

② [O] 집단으로서의 남자는 집단으로서의 여자에 비하여 보다 전투에 적합한 신체적 능력을 갖추고 있으며, 개개인의 신체적 능력에 기초한 전투적합성을 객관화하여 비교하는 검사체계를 갖추는 것이 현실적으로 어려운 점, 신체적 능력이 뛰어난 여자의 경우에도 월경이나 임신, 출산 등으로 인한 신체적 특성상 병력자원으로 투입하기에 부담이 큰 점 등에 비추어 남자만을 징병검사의 대상이 되는 병역의무자로 정한 것이 현저히 자의적인 차별취급이라 보기 어렵다. … 이 사건 법률조항이 성별을 기준으로 병역의무자의 범위를 정한 것은 자의금지원칙에 위배하여 평등권을 침해하지 않는다(헌재 2010.11.25, 2006헌마328).

③ [O] 입법자는 이러한 국방의무를 법률로써 구체적으로 형성할 수 있는바, 국가의 안보상황, 재정능력 등의 여러 가지 사정을 고려하여 국가의 독립을 유지하고 영토를 보전함에 필요한 범위내에서 병역의무를 부과할 수 있다. 다만, 병역의무를 부과하게 되면 그 의무자의 기본권은 여러 가지 면에서(일반적 행동의 자유, 신체의 자유, 거주 · 이전의 자유, 직업의 자유, 양심의 자유 등) 제약을 받으므로, 법률에 의한 병역의무의 형성에도 헌법적 한계가 없다고 할 수 없고 헌법의 일반원칙, 기본권보장의 정신에 의한 한계를 준수하여야 한다(헌재 1999.2.25, 97헌바3).

정답 | 01 ④

02 다음 중 국민의 기본의무에 관한 설명으로 옳은 것을 모두 고른 것은? (다툼이 있는 경우 판례에 의함)

24. 해경

> ㉠ 헌법 규정상 모든 국민은 그 보호하는 자녀에게 고등교육과 법률이 정하는 교육을 받게 할 의무를 진다.
> ㉡ 학교운영지원비를 학교회계 세입항목에 포함시키도록 하는 구 초·중등교육법 제30조의2 제2항 제2호 중 중학교 학생으로부터 징수하는 것에 관한 부분은 의무교육의 무상원칙에 위배되어 헌법에 위반된다.
> ㉢ 향토예비군설치법에 따라 예비군훈련소집에 응하여 훈련을 받는 것은 국민이 마땅히 하여야 할 의무를 다하는 것일 뿐 국가나 공익목적을 위하여 특별한 희생을 하는 것이라고 할 수 없다.
> ㉣ 납세의무자인 국민은 자신이 납부한 세금을 국가가 효율적으로 사용하는지 여부를 감시하고 이에 대하여 이의를 제기하거나 잘못 사용되는 세금에 대하여 그 사용을 중지할 것을 요구할 수 있는 헌법상의 권리를 가진다.

① ㉠, ㉡
② ㉠, ㉢
③ ㉡, ㉢
④ ㉢, ㉣

해설

옳은 것은 ㉡, ㉢이다.

㉠ [×]

> 헌법 제31조 ② 모든 국민은 그 보호하는 자녀에게 적어도 초등교육과 법률이 정하는 교육을 받게 할 의무를 진다.

㉡ [O] 학교운영지원비는 그 운영상 교원연구비와 같은 교사의 인건비 일부와 학교회계직원의 인건비 일부 등 의무교육과정의 인적기반을 유지하기 위한 비용을 충당하는 데 사용되고 있다는 점, 학교회계의 세입상 현재 의무교육기관에서는 국고지원을 받고 있는 입학금, 수업료와 함께 같은 항에 속하여 분류되고 있음에도 불구하고 학교운영지원비에 대해서만 학생과 학부모의 부담으로 남아있다는 점, 학교운영지원비는 기본적으로 학부모의 자율적 협찬금의 외양을 갖고 있음에도 그 조성이나 징수의 자율성이 완전히 보장되지 않아 기본적이고 필수적인 학교 교육에 필요한 비용에 가깝게 운영되고 있다는 점 등을 고려해보면 이 사건 세입조항은 헌법 제31조 제3항에 규정되어 있는 의무교육의 무상원칙에 위배되어 헌법에 위반된다(헌재 2012.8.23, 2010헌바220).

㉢ [O] 헌법 제39조 제1항은 "모든 국민은 법률이 정하는 바에 의하여 국방의 의무를 진다"고 규정하고 있는바, 이러한 국방의 의무는 외부 적대세력의 직·간접적인 침략행위로부터 국가의 독립을 유지하고 영토를 보전하기 위한 의무로서, 헌법에서 이러한 국방의 의무를 국민에게 부과하고 있는 이상 향토예비군설치법에 따라 예비군훈련소집에 응하여 훈련을 받는 것은 국민이 마땅히 하여야 할 의무를 다하는 것일 뿐, 국가나 공익목적을 위하여 특별한 희생을 하는 것이라고 할 수 없다(헌재 2003.6.26, 2002헌마484).

㉣ [×] 헌법상 조세의 효율성과 타당한 사용에 대한 감시는 국회의 주요책무이자 권한으로 규정되어 있어(헌법 제54조, 제61조) 재정지출의 효율성 또는 타당성과 관련된 문제에 대한 국민의 관여는 선거를 통한 간접적이고 보충적인 것에 한정된다. 따라서 헌법상 납세의 의무가 부과되어 있다는 이유만으로 국민에게 자신이 납부한 세금을 국가가 효율적으로 적재적소에 사용하고 있는가를 감시하고, 이에 대하여 이의를 제기하거나, 잘못 사용되고 있는 세금에 대하여 그 사용을 중지할 것을 요구할 수 있는 헌법상 권리가 인정된다고 볼 수 없다(헌재 2006.6.29, 2005헌마165 등).

03 다음 국민의 기본의무에 관한 설명 중 가장 옳지 않은 것은? (다툼이 있는 경우 판례에 의함) 24. 해경간부

① 대체복무요원의 복무기간을 '36개월'로 한 대체역법 제18조 제1항, 대체복무기관을 '교정시설'로 한정한 대체역의 편입 및 복무 등에 관한 법률 시행령 제18조, 대체복무요원으로 하여금 '합숙'하여 복무하도록 한 대체역법 제21조 제2항은 청구인들의 양심의 자유를 침해하지 않는다.

② 헌법 규정상 모든 국민은 법률이 정하는 바에 의하여 납세의 의무를 진다.

③ 지원에 의하여 현역복무를 마친 여성의 경우 현역복무 과정에서의 훈련과 경험을 통해 예비전력으로서의 자질을 갖추고 있을 것으로 추정할 수 있으므로 지원에 의하여 현역복무를 마친 여성을 예비역 복무의무자의 범위에서 제외한 군인사법 제41조 제4호 및 단서, 제42조는 예비역 복무의무자인 남성인 청구인의 평등권을 침해한다.

④ 세금의 사용에 대해 이의를 제기하거나 잘못된 사용의 중지를 요구하는 내용의 기본권은 인정되지 않는다.

해설

③ [×] 지원에 의하여 현역복무를 마친 여성의 경우, 현역복무에 필요한 신체적 능력을 갖추었다고 볼 수 있고, 현역복무 과정에서의 훈련과 경험을 통해 예비전력으로서 갖추어야 할 자질을 갖추고 있을 것으로 추정할 수 있으므로, 이러한 집단에 대하여 예비역 복무의무를 부과하지 않으면서 현역복무를 마친 남자에게만 예비역 복무의무를 부과하는 것이 합리적인지 여부에 의문이 제기될 수 있다. 그러나 국가 비상시 요청되는 예비전력의 성격이나 전시 요구되는 장교와 병의 비율, 예비역 인력 운영의 효율성 등을 고려하면, 현역복무를 마친 여성에 대한 예비역 복무 의무 부과는 국방력의 유지 및 병역동원의 소요(所要)를 충족할 수 있는 합리적 병력충원제도의 설계와 국방의 의무의 공평한 분담, 건전한 국가 재정, 여군의 역할 확대 및 복무 형태의 다양성 요구 충족 등을 복합적으로 고려하여 결정할 사항으로, 현재의 시점에서 제반 상황을 종합적으로 고려한 입법자의 판단이 현저히 자의적이라고 단정하기 어렵다. 이 사건 예비역 조항으로 인한 차별취급을 정당화할 합리적 이유가 인정되므로, 이 사건 예비역 조항은 청구인의 평등권을 침해하지 아니한다(헌재 2023.10.26, 2018헌마357).

① [O] 법률에서 대체역의 복무형태로 규정한 대체복무요원의 복무 내용과 범위를 정함에 있어서 입법자는 폭넓은 입법형성권을 가진다. … 이와 같은 현역병 복무의 실질적 강도와 현역 등의 복무를 대신하여 병역을 이행한다는 대체복무제의 목적에 비추어 볼 때, 복무기관조항, 기간조항 및 합숙조항으로 인한 고역의 정도가 지나치게 과도하여 양심적 병역거부자가 도저히 대체복무를 선택하기 어렵게 만드는 것으로 볼 수는 없다. 따라서 위 조항들은 과잉금지원칙을 위반하여 청구인들의 양심의 자유를 침해한다고 볼 수 없다(헌재 2024.5.30, 2022헌마707 등).

② [O]

헌법 제38조 모든 국민은 법률이 정하는 바에 의하여 납세의 의무를 진다.

④ [O] 헌법상 조세의 효율성과 타당한 사용에 대한 감시는 국회의 주요책무이자 권한으로 규정되어 있어(헌법 제54조, 제61조) 재정지출의 효율성 또는 타당성과 관련된 문제에 대한 국민의 관여는 선거를 통한 간접적이고 보충적인 것에 한정된다. 따라서 헌법상 납세의 의무가 부과되어 있다는 이유만으로 국민에게 자신이 납부한 세금을 국가가 효율적으로 적재적소에 사용하고 있는가를 감시하고, 이에 대하여 이의를 제기하거나, 잘못 사용되고 있는 세금에 대하여 그 사용을 중지할 것을 요구할 수 있는 헌법상 권리가 인정된다고 볼 수 없다(헌재 2006.6.29, 2005헌마165 등).

정답 | 02 ③ 03 ③

04 국민의 기본적 의무에 관한 설명 중 옳은 것을 모두 고른 것은? (다툼이 있는 경우 판례에 의함) 22. 경찰 2차

> ㉠ 납세의 의무, 국방의 의무, 근로의 의무는 제헌헌법에서부터 규정되었고, 교육을 받게 할 의무는 1962년 제3공화국 헌법에서 처음 규정되었다.
> ㉡ 국방의 의무는 직접적인 병력형성의 의무뿐만 아니라 향토예비군설치법, 민방위기본법 등에 의한 간접적인 병력형성의무 및 병력형성 이후 군작전 명령에 복종하고 협력하여야 할 의무를 포함하는 것이다.
> ㉢ 향토예비군설치법에 따라 예비군훈련소집에 응하여 훈련을 받는 것은 국민의 의무를 다하는 것일 뿐만 아니라 국가나 공익목적을 위하여 특별한 희생을 하는 것이므로 보상하여야 한다.
> ㉣ 조세는 국가 또는 지방자치단체가 재정수요를 충족시키거나 경제적·사회적 특수정책의 실현을 위하여 국민 또는 주민에 대하여 아무런 특별한 반대급부 없이 강제적으로 부과징수하는 과징금을 의미한다.

① ㉠, ㉡, ㉢ ② ㉠, ㉡, ㉣
③ ㉠, ㉢, ㉣ ④ ㉡, ㉢, ㉣

해설

옳은 것은 ㉠, ㉡, ㉣이다.

㉠ [O]

> 제헌헌법 제29조 모든 국민은 법률의 정하는 바에 의하여 납세의 의무를 진다.
> 제30조 모든 국민은 법률의 정하는 바에 의하여 국토방위의 의무를 진다.
> 제17조 모든 국민은 근로의 권리와 의무를 가진다.
> 제5차 개정헌법 제27조 ① 모든 국민은 능력에 따라 균등하게 교육을 받을 권리를 가진다.
> ② 모든 국민은 그 보호하는 어린이에게 초등교육을 받게 할 의무를 진다.

▶ 교육을 받을 권리는 제헌헌법에서 규정되었다.

> 제헌헌법 제16조 모든 국민은 균등하게 교육을 받을 권리가 있다. 적어도 초등교육은 의무적이며 무상으로 한다.

㉡ [O] 헌법 제39조 제1항은 "모든 국민은 법률이 정하는 바에 의하여 국방의 의무를 진다."고 규정하고 있다. 여기서 말하는 국방의 의무는 외부 적대세력의 직·간접적인 침략행위로부터 국가의 독립을 유지하고 영토를 보전하기 위한 의무로서, 현대전이 고도의 과학기술과 정보를 요구하고 국민전체의 협력을 필요로 하는 이른바 총력전인 점에 비추어 단지 병역법에 의하여 군복무에 임하는 등의 직접적인 병력형성의무만을 가리키는 것이 아니라, 병역법, 향토예비군설치법, 민방위기본법, 비상대비자원관리법 등에 의한 간접적인 병력형성의무 및 병력형성 이후 군작전 명령에 복종하고 협력하여야 할 의무도 포함한다(헌재 1995.12.28, 91헌마80).

㉢ [×] 교육훈련을 위하여 소집된 예비군에게도 동원훈련을 위하여 소집된 예비군에 준하는 보상이 행해져야 한다고 주장하나, 헌법 제39조 제2항은 병역의무를 이행한 사람에게 보상조치를 취할 의무를 국가에게 지우는 것이 아니라 법문 그대로 병역의무의 이행을 이유로 불이익한 처우를 하는 것을 금지하고 있을 뿐이고, 이 조항에서 금지하는 '불이익한 처우'라 함은 단순한 사실상, 경제상의 불이익을 모두 포함하는 것이 아니라 법적인 불이익을 의미하는 것으로 이해하여야 하므로, 이와 같은 의미를 갖는 헌법 제39조 제2항으로부터 피청구인의 청구인에 대한 훈련보상비 지급의무가 도출된다고 할 수 없다(헌재 2003.6.26, 2002헌마484).

㉣ [O] 헌법이나 국세기본법에 조세의 개념정의는 없으나 조세는 국가 또는 지방자치단체가 재정수요를 충족시키거나 경제적·사회적 특수정책의 실현을 위하여 국민 또는 주민에 대하여 아무런 특별한 반대급부없이 강제적으로 부과징수하는 과징금을 의미하는 것이다(헌재 1990.9.3, 89헌가95).

05 국민의 기본의무에 관한 설명으로 가장 적절한 것은? (다툼이 있는 경우 판례에 의함) 24. 경찰 1차

① 향토예비군설치법에 따라 예비군훈련소집에 응하여 훈련을 받는 것은 국민이 마땅히 하여야 할 의무를 다하는 것일 뿐 국가나 공익목적을 위하여 특별한 희생을 하는 것이라고 할 수 없다.

② 납세의무자인 국민은 자신이 납부한 세금을 국가가 효율적으로 사용하는지 여부를 감시하고 이에 대하여 이의를 제기하거나 잘못 사용되는 세금에 대하여 그 사용을 중지할 것을 요구할 수 있는 헌법상의 권리를 가진다.

③ 헌법은 국방의 의무를 국민에게 부과하면서 병역의무의 이행을 이유로 불이익한 처우를 하는 것을 금지하고 있는데, 여기서 '불이익한 처우'라 함은 법적인 불이익뿐만이 아니라 사실상, 경제상의 불이익을 모두 포함하는 것으로 이해해야 한다.

④ 공중보건의사에 편입되어 군사교육에 소집된 사람에게 사회복무요원과 달리 군사교육 소집기간 동안의 보수를 지급하지 않도록 규정한 군인보수법 조항은 공중보건의사의 경우 사회복무요원과 같은 보충역으로서 대체복무를 한다는 점에서 양자를 달리 취급할 합리적인 이유가 없으므로 공중보건의사의 평등권을 침해한다.

해설

① [O] 헌법 제39조 제1항은 "모든 국민은 법률이 정하는 바에 의하여 국방의 의무를 진다"고 규정하고 있는바, 이러한 국방의 의무는 외부 적대세력의 직·간접적인 침략행위로부터 국가의 독립을 유지하고 영토를 보전하기 위한 의무로서, 헌법에서 이러한 국방의 의무를 국민에게 부과하고 있는 이상 향토예비군설치법에 따라 예비군훈련소집에 응하여 훈련을 받는 것은 국민이 마땅히 하여야 할 의무를 다하는 것일 뿐, 국가나 공익목적을 위하여 특별한 희생을 하는 것이라고 할 수 없다(헌재 2003.6.26, 2002헌마484).

② [×] 헌법상 조세의 효율성과 타당한 사용에 대한 감시는 국회의 주요책무이자 권한으로 규정되어 있어(헌법 제54조, 제61조) 재정지출의 효율성 또는 타당성과 관련된 문제에 대한 국민의 관여는 선거를 통한 간접적이고 보충적인 것에 한정된다. 따라서 헌법상 납세의 의무가 부과되어 있다는 이유만으로 국민에게 자신이 납부한 세금을 국가가 효율적으로 적재적소에 사용하고 있는가를 감시하고, 이에 대하여 이의를 제기하거나, 잘못 사용되고 있는 세금에 대하여 그 사용을 중지할 것을 요구할 수 있는 헌법상 권리가 인정된다고 볼 수 없다(헌재 2006.6.29, 2005헌마165 등).

③ [×] 헌법 제39조 제2항은 병역의무를 이행한 사람에게 보상조치를 취할 의무를 국가에게 지우는 것이 아니라, 법문 그대로 병역의무의 이행을 이유로 불이익한 처우를 하는 것을 금지하고 있을 뿐이다. 그리고 이 조항에서 금지하는 '불이익한 처우'라 함은 단순한 사실상, 경제상의 불이익을 모두 포함하는 것이 아니라 법적인 불이익을 의미하는 것으로 이해하여야 한다(헌재 2003.6.26, 2002헌마484).

④ [×] 공중보건의사는 의사 등 전문자격 보유자를 대상으로 하고, 현역병보다 자유로운 환경에서 복무하며, 임기제 공무원으로 신분이 보장되고, 자신의 전문지식과 능력을 그대로 활용할 수 있으며, 장교에 해당하는 보수를 지급받고 있어 그 복무의 내용이나 성격이 현역병이나 사회복무요원과 같다고 보기 어렵고, … 따라서 심판대상조항이 공중보건의사로 편입되어 군사교육 소집된 자에게 군사교육 소집기간 동안의 보수를 지급하지 않도록 규정하였다고 하더라도 이는 한정된 국방예산의 범위 내에서 효율적인 병역 제도의 형성을 위하여 공중보건의사의 신분, 복무 내용, 복무 환경, 전체 복무기간 동안의 보수 수준 및 처우, 군사교육의 내용 및 기간 등을 종합적으로 고려하여 결정한 것이므로, 평등권을 침해한다고 보기 어렵다(헌재 2020.9.24, 2017헌마643).

정답 | 04 ② 05 ①

MEMO

MEMO

MEMO

2026 대비 최신개정판

해커스경찰

신동욱 경찰헌법 기출문제집

개정 5판 1쇄 발행 2025년 4월 30일

지은이	신동욱 편저
펴낸곳	해커스패스
펴낸이	해커스경찰 출판팀
주소	서울특별시 강남구 강남대로 428 해커스경찰
고객센터	1588-4055
교재 관련 문의	gosi@hackerspass.com 해커스경찰 사이트(police.Hackers.com) 교재 Q&A 게시판 카카오톡 플러스 친구 [해커스경찰]
학원 강의 및 동영상강의	police.Hackers.com
ISBN	979-11-7244-595-9 (13360)
Serial Number	05-01-01